Karpenstein/Kotzur/Vasel
Handbuch Rechtsschutz in der Europäischen Union

Handbuch Rechtsschutz in der Europäischen Union

Herausgegeben von
Dr. Ulrich Karpenstein
Rechtsanwalt in Berlin

Prof. Dr. Markus Tobias Kotzur
Prodekan für Internationales und Forschung und
Professor für Europa- und Völkerrecht an der Universität Hamburg

Prof. Dr. Johann Justus Vasel
Juniorprofessor für Öffentliches Recht und Rechtsfragen der
künstlichen Intelligenz an der Heinrich-Heine-Universität Düsseldorf

Bearbeitet von
Dr. Katarína Andová, Attaché beim Kanzler des Gerichtshofs der Europäischen Union, Luxemburg; *Prof. Dr. Daniel Dittert,* Referentsleiter am Gerichtshof der Europäischen Union, Luxemburg, *Dr. Ulrich Forsthoff,* Rechtsreferent am Gerichtshof der Europäischen Union, Luxemburg, *Prof. Dr. Klaus Ferdinand Gärditz,* Universität Bonn; *Ludmila Hustus,* Universität Heidelberg, wissenschaftliche Mitarbeiterin beim Generalbundesanwalt beim Bundesgerichtshof; *Dr. Ulrich Karpenstein,* Rechtsanwalt, Berlin; *Dr. Matthias Kottmann,* Rechtsanwalt, Berlin; *Prof. Dr. Markus Kotzur,* Universität Hamburg; *Maria Krausenböck,* Verwaltungsrätin der Kanzlei des Gerichtshofs der Europäischen Union, Luxemburg, *Prof. Dr. Christoph Krönke,* Universität Bayreuth, *Dr. Gregor Maderbacher,* Rechtsanwalt, Wien; *Prof. Dr. Peter Mankowski,* Universität Hamburg; *Andreas Müller,* wissenschaftlicher Mitarbeiter, Universität Düsseldorf; *Dr. Jan Neumann,* Richter am Oberverwaltungsgericht für das Land Nordrhein-Westfalen; *Dr. Marc Ruttloff,* Rechtsanwalt, Berlin; *Prof. Dr. Kyrill-Alexander Schwarz,* Universität Würzburg; *Dr. Roya Sangi,* Rechtsanwältin, Berlin; *Prof. Dr. Johann Justus Vasel,* Universität Düsseldorf.

4. Auflage 2024

beck.de

ISBN 978 3 406 75695 5

© 2024 Verlag C.H.Beck oHG
Wilhelmstraße 9, 80801 München
Druck und Bindung: Beltz Grafische Betriebe GmbH
Am Fliegerhorst 8, 99947 Bad Langensalza
Satz und Umschlag: Druckerei C.H.Beck Nördlingen

chbeck.de/nachhaltig

Gedruckt auf säurefreiem, alterungsbeständigem Papier
(hergestellt aus chlorfrei gebleichtem Zellstoff)

Alle urheberrechtlichen Nutzungsrechte bleiben vorbehalten.
Der Verlag behält sich auch das Recht vor, Vervielfältigungen dieses Werkes
zum Zwecke des Text and Data Mining vorzunehmen.

Vorwort

Mit der vorliegenden vierten Auflage übernimmt ein neues Herausgeberteam die Verantwortung für das „Handbuch des Rechtschutzes in der Europäischen Union". Wir danken den Begründern und bisherigen Herausgebern des Werks, Hans-Werner Rengeling, Andreas Middeke und Martin Gellermann ebenso wie dem Verlag C. H. Beck herzlich für das in uns gesetzte Vertrauen. Gerne knüpfen wir an das bewährte Konzept und die bisherigen Strukturen des Handbuchs an. Dass ein Jahrzehnt nach der letzten Neuauflage Änderungen dennoch nicht ausbleiben, liegt auf der Hand. Verbunden mit großem Dank an die ausscheidenden Autorinnen und Autoren heißen wir die „Neuen" herzlich willkommen und freuen uns auf deren – expertisegestützte – frische Perspektiven. Die rechte Balance zwischen theoretischer Reflexion und praktischen Einblicken ist uns dabei ein wichtiges Anliegen. Handbücher gleichen – um eine berühmte verfassungsbezogene Metapher des kanadischen Supreme Court in Abwandlung aufzugreifen – „living trees": Sie setzen Jahresringe an und wachsen. So frucht- und mitunter unvermeidbar solche Wachstumsprozesse sind, haben wir im Bemühen um den rechten Fokus und notwendige Konzentration doch auch neue Akzente gesetzt und Abschnitte gestrichen, die aus unserer Sicht entweder an Relevanz verloren haben oder andernorts – anders kontextualisiert – besser nachzulesen sind. Wandel und Kontinuitäten im Integrationsprozess respektive Unionsrecht waren dafür wegleitend.

Effektiver Rechtsschutz und vertrauensstiftende Rechtsdurchsetzung im europäischen Verfassungs-, Verwaltungs- und Rechtsprechungsverbund haben an Relevanz, gerade auch an Grundrechtsrelevanz noch hinzugewonnen. Zu denken ist etwa an den Rechtsschutz gegen die europäischen Agenturen (besonders grundrechtssensibel: FRONTEX) oder an die Durchsetzung der Charta-Grundrechte durch nationale (Verfassungs-)Gerichte (wie neuerdings auch vom deutschen Bundesverfassungsgericht in Anspruch genommen). Die gleichermaßen umstrittene wie komplexe Frage, welche Rolle (wenn überhaupt) Gerichte als politische Akteure spielen sollten, wird durch aktuelle Entwicklungen im Bereich der „strategic litigation" – Stichwort Klimaklagen – befeuert. Durch die Abschaffung des einzig existierenden Fachgerichts hat sich, ohne Primärrechtsänderung, die Struktur des Gerichtshofs der Europäischen Union stark verändert. Nicht nur quantitativ wächst die Bedeutung des EuG. Von übergreifender – und vielleicht noch grundsätzlicherer – Bedeutung ist der Einfluss multipler (teils nur disruptiver, oft transformativer) Krisen auf den Integrationsprozess: insbes. die Covid19-Pandemie, die Flüchtlingsschutz- und Migrationskrise, die Rechtsstaatskrise (insbes. in Polen und Ungarn), erstarkende Populismen und wachsende Integrationszweifel, der russische Angriffskrieg gegen die Ukraine und jüngst der Krieg im Nahen Osten. Je weniger selbstverständlich das Integrationsprojekt im Bewusstsein der Unionsbürgerinnen und -bürger bewusst ist, umso wichtiger wird Stärkung der Bürgerstellung durch die dritte Gewalt. Die Rolle von Prozess-, Verfahrens-, Geschäftsordnungen und anderen vermeintlichen technischen Regelungen für eine bürgernahe europäische Rechtsgemeinschaft sollte keinesfalls unterschätzt werden. Auch und gerade dazu will vorliegendes Handbuch seinen Beitrag leisten.

Die Herausgeber sind den an der Erstellung des Handbuches beteiligten Autorinnen und Autoren aus der Wissenschaft und Praxis zu größtem Dank verpflichtet, ebenso dem Verlag C. H. Beck, namentlich Frau Barbara Schmid, Herrn Dr. Thomas Schäfer und Frau Gabriele Atzenhofer. Dank schulden wir auch unseren Mitarbeiterinnen und Mitarbeiterinnen bei Recherche-, Aktualisierungs- und Korrekturarbeiten: Luca Scheid (Berlin), Jannik Luhm und Christian Kisczio (Hamburg), Andreas P. Müller, Annika Heck und Lasse Zehler (Düsseldorf).

Berlin/Hamburg/Düsseldorf, im November 2023
                                                   Ulrich Karpenstein
                                                          Markus Kotzur
                                                    Johann Justus Vasel

Inhaltsübersicht

Vorwort	V
Inhaltsverzeichnis	IX
Abkürzungsverzeichnis	XXXV
Literaturverzeichnis	XLI

1. Teil. Rechtsschutz durch den Europäischen Gerichtshof

Erster Abschnitt. Grundlagen europäischer Rechtskontrolle	1
§ 1 Einleitung	1
§ 2 Der EuGH als Rechtsprechungsorgan	16
§ 3 Die Organisationsstruktur der Europäischen Gerichtsbarkeit	24
§ 4 Funktionen und funktionelle Zuständigkeit der europäischen Gerichte	49
Zweiter Abschnitt. Direktklagen	67
§ 5 Überblick über die Klage- und Verfahrensarten	67
§ 6 Vertragsverletzungsverfahren	112
§ 7 Nichtigkeitsklagen	147
§ 8 Untätigkeitsklagen	194
§ 9 Amtshaftungsklagen	209
Dritter Abschnitt. Zwischen- und Inzidentverfahren	230
§ 10 Das Vorabentscheidungsverfahren	230
§ 11 Inzidente Normenkontrolle	274
§ 12 Prozesshindernde Einrede und Zwischenverfahren	287
Vierter Abschnitt. Sonstige Klage- und Verfahrensarten	296
§ 13 Klagen betreffend die Europäische Investitionsbank (EIB) und die Europäische Zentralbank (EZB)	296
§ 14 Klagen aufgrund vertraglicher Schiedsklauseln	319
§ 15 Klagen aufgrund von Schiedsverträgen	329
§ 16 Gutachten und Vorschläge	337
§ 17 Einstweiliger Rechtsschutz	344
Fünfter Abschnitt. Das Gerichtsverfahren vor dem EuGH und dem Gericht der EU	390
§ 18 Allgemeines und Verfahrensgrundsätze	390
§ 19 Die Verfahrensbeteiligten	406
§ 20 Das schriftliche Verfahren	433
§ 21 Beweisrecht	452
§ 22 Das mündliche Verfahren	468
§ 23 Abweichungen vom normalen Verfahrensablauf	476
§ 24 Die gerichtlichen Entscheidungen	490
§ 25 Rechtsmittel, Rechtsbehelfe und Überprüfungsverfahren	507
§ 26 Kostenrecht	536
§ 27 Fristversäumnis und Wiedereinsetzung in den vorigen Stand	553
Sechster Abschnitt. Durchsetzung unionsrechtlicher Titel	558
§ 28 Voraussetzungen der Zwangsvollstreckung	558

§ 29 Durchführung der Zwangsvollstreckung 565
§ 30 Rechtsbehelfe in der Zwangsvollstreckung 570

2. Teil. Rechtsschutz durch deutsche Gerichte

§ 31 Rechtsschutz durch das Bundesverfassungsgericht 581
§ 32 Verwaltungsgerichtlicher Rechtsschutz 647
§ 33 Rechtsschutz im Bereich der Zivilgerichtsbarkeit 695

3. Teil. Rechtsschutz im Straf- und Bußgeldrecht

§ 34 Strafgerichtsbarkeit 771

Sachverzeichnis 951

Inhaltsverzeichnis

Vorwort V
Inhaltsübersicht VII
Abkürzungsverzeichnis XI
Literaturverzeichnis XVII

1. Teil. Rechtsschutz durch den Europäischen Gerichtshof

Erster Abschnitt. Grundlagen europäischer Rechtskontrolle 1
  § 1 Einleitung 1
    A. Rechtsgrundlagen der Europäischen Union 2
    B. Rechtsschutz in der Europäischen Union 10
      I. Allgemeine Bedeutung 10
      II. Gerichtliche Kontrolle 11
  § 2 Der EuGH als Rechtsprechungsorgan 16
    A. Überblick 17
      I. Einleitung 17
      II. Bedeutung, Stellung und Wirkung des Gerichtshofes 17
    B. Rechtliche Grundlagen des Gerichtshofes 20
      I. Primärrecht 20
      II. Satzung 20
      III. Verfahrensordnungen 21
        1. Gerichtshof 21
        2. Zusätzliche Verfahrensordnung 21
        3. Gericht 21
      IV. Sonstiges 22
        1. Dienstanweisungen 22
        2. Vorabentscheidungsempfehlung 22
        3. Praktische Anweisungen 22
        4. Geschäftsverteilung 22
        5. Der digitale Gerichtshof 23
  § 3 Die Organisationsstruktur der Europäischen Gerichtsbarkeit 24
    A. Äußere Organisationsstruktur des Gerichtshofes 25
      I. Allgemeines 25
      II. Grundlegende Reformen 27
        1. Der Vertrag von Nizza 27
          a) Erweiterter Zuständigkeitsbereich 28
          b) Einführung „gerichtlicher Kammern" 29
        2. Der Vertrag von Lissabon 30
        3. Reformvorschlag 2022 für das EuG und das
          Vorabentscheidungsverfahren 31
          a) Hintergrund 31
          b) Inhalt und Umfang des Reformvorschlags 31
          c) Kritik 32
    B. Zusammensetzung 33
      I. Zusammensetzung des Gerichtshofs (EuGH) 33
        1. Richter 33
        2. Generalanwälte 35

Inhaltsverzeichnis

II. Zusammensetzung des Gerichts (EuG)	38
III. Zusammensetzung der Fachgerichte	39
C. Innere Organisation der Europäischen Gerichte	41
I. Gerichtsverwaltung	41
1. Die Präsidenten der einzelnen Gerichte	41
2. Die Kanzler	41
II. Spruchkörper	42
1. Plenum	42
2. Große Kammer	43
3. Kammern	43
4. Beschwerdekammern	44
5. Einzelrichter	44
III. Zuständigkeiten	45
IV. Instanzenzug	46
V. Kompetenzkonflikte	47
§ 4 Funktionen und funktionelle Zuständigkeit der europäischen Gerichte	49
A. Allgemeines	51
B. Aufgabe der Europäischen Gerichte	51
I. Auslegung des Rechts	54
II. Anwendung des Rechts	59
1. Unionsrecht	59
2. Völkerrecht	59
3. Nationales Recht der Mitgliedstaaten	59
C. Sachliche Zuständigkeit der Gerichte	60
D. Gerichtsbarkeiten im europäischen Rechtsschutzsystem	61
I. Verfassungsgerichtsbarkeit	61
II. Verwaltungsgerichtsbarkeit	62
III. Zivilgerichtsbarkeit	63
IV. Strafgerichtsbarkeit	64
V. Sonstige Funktionen	66
Zweiter Abschnitt. Direktklagen	67
§ 5 Überblick über die Klage- und Verfahrensarten	67
A. Einleitung	69
B. Rechtsgrundlagen	70
C. Übersicht/Grundsätze	70
D. Zulässigkeit	71
I. Allgemeines	71
II. Zulässigkeit des Antrags selbst	71
1. Gesonderte Antragsschrift	71
2. Zuständigkeit	71
3. Zeitpunkt; keine Frist	71
4. Form und Inhalt	72
5. Akzessorietät	72
6. Antrag	74
a) Bestimmtheit des Antrags	74
b) Beantragte Maßnahme im Rahmen der Zuständigkeit des Richters	74
c) Flankierende Maßnahmen; Zwangsgeld	76
7. Rechtsschutzinteresse	76
III. Zulässigkeit des Hauptsacheverfahrens	77
IV. Prüfung von Amts wegen	78

E. Begründetheit	78
I. Allgemeines	78
1. Drei (kumulative) Voraussetzungen	78
2. Wechselwirkung	79
II. Dringlichkeit	80
1. Allgemeines	80
2. Eigener Schaden	80
3. Kausal- und Wertungszusammenhang zwischen Rechtsverletzung und drohendem Schaden	82
4. Vermeidbarkeit des Schadens/Schadensabwehr – Risikogeneigtheit der Geschäftspolitik	83
5. Hinreichende Wahrscheinlichkeit eines nahen Schadenseintritts	83
6. Natur des Schadens – schwer und irreparabel	84
a) Die Unterscheidung zwischen Irreparabilität und Schwere	84
b) Definitionsmacht des Antragstellers; kein numerus clausus	84
c) Ausnahme: Dringlichkeit auch ohne Irreparabilität im Vergaberecht	84
d) Ausnahme: Analoge Erweiterung der Rechtsprechung im Vergaberecht?	84
e) Ausnahme: Spielraum des Richters des einstweiligen Rechtsschutzes	84
f) Ausnahme: Erhebliche Verletzung wichtiger Grundrechte	85
7. Irreparabilität	85
a) Entwicklung der Rechtsprechung	85
b) Die Unterscheidung zwischen finanziellen und anderen Schäden	86
c) Irreparabler finanzieller Schaden – Dienstleistungen nach Art. 106 Abs. 2 AEUV	86
d) Irreparabler finanzieller Schaden – Schaden nicht bezifferbar	86
e) Irreparabler finanzieller Schaden – Existenzgefährdung	87
f) Verlust von Marktanteilen	89
8. Schwere	93
9. Geeignetheit der beantragten Maßnahme, den Schaden abzuwehren	93
10. Prüfung; Darlegungs-und Beweislast	94
III. Fumus boni juris	95
IV. Interessenabwägung	96
F. Entscheidung	97
I. Aussetzung	97
II. Einstweilige Anordnung	98
III. Rechtsfolge/Rechtswirkungen	99
G. Verfahren	100
I. Gesonderter Schriftsatz; Aktenführung	100
II. Kontradiktorisches Verfahren	100
III. Fristen; Sprache; Dauer	101
IV. Entscheidung	101
H. Besondere Verfahrensgestaltungen	102
I. Zwischenverfügung; inaudita alter parte	102
II. Neuer Antrag	102
III. Abänderung/Aufhebung	103

Inhaltsverzeichnis

IV. Rechtsmittel	103
V. Intervention	104
I. Besonderheiten in bestimmten Rechtsmaterien	105
I. Vergaberecht	105
1. Allgemeines, Entwicklung der Rechtsprechung	105
2. „Besonders ernsthafter fumus"	106
3. Stellung des Antrags vor Ablauf der Stillhaltefrist	106
4. Ausnahme: Unbeachtlichkeit des Fristablaufs	106
5. Schwerer Schaden	107
6. Sonderfall: es gilt keine Stillhaltepflicht	107
7. Prüfung im Übrigen	108
8. Bewertung	108
II. Vertrauliche Informationen	108
III. Restriktive Maßnahmen	110
§ 6 Vertragsverletzungsverfahren	112
A. Allgemeines	113
I. Rechtsgrundlagen	113
II. Wesen und Bedeutung des Vertragsverletzungsverfahrens	113
B. Zulässigkeit	116
I. Europäische Gerichtsbarkeit	116
II. Sachliche Zuständigkeit	116
III. Klageberechtigung und Klagebefugnis	117
IV. Ordnungsgemäße Durchführung des Vorverfahrens	118
1. Aufsichtsklage der Kommission gem. Art. 258 AEUV	118
a) Mahnschreiben	119
b) Begründete Stellungnahme	121
c) Frist	123
d) Pflicht zur Verfahrenseinleitung?	124
2. Vertragsverletzungsverfahren zwischen einzelnen Mitgliedstaaten gem. Art. 259 AEUV	125
a) Anhörungsverfahren der Mitgliedstaaten vor der Kommission	125
b) Begründete Stellungnahme	126
c) Frist	127
3. Entbehrlichkeit des Vorverfahrens	128
V. Form	128
1. Ordnungsgemäße Klageerhebung	128
2. Identität des Streitgegenstandes	129
VI. Klagefrist/Verwirkung des Klagerechts	130
VII. Klagegegner	130
VIII. Allgemeines Rechtsschutzbedürfnis	130
C. Begründetheit	132
I. Rechtsverstoß des Mitgliedstaates	132
1. Staatliche Funktionen	132
2. Öffentliche Unternehmen und Private	134
II. Vertragspflichtverletzung	135
III. Verteidigungsmöglichkeiten des beklagten Mitgliedstaates	137
D. Die abschließende Entscheidung	139
I. Feststellungsurteil	139
II. Durchsetzung des vertragskonformen Zustands	140
1. Finanzielle Sanktionen	141
2. Erneutes Vertragsverletzungsverfahren ohne finanzielle Sanktionen	144

Inhaltsverzeichnis

3. Politische Mittel	144
4. Staatshaftung	145
E. Praktische Hinweise	145
I. Beschwerde bei der Kommission	145
II. Vertragsverletzungsverfahren	146
§ 7 Nichtigkeitsklagen	**147**
A. Einleitung	148
I. Allgemeines	148
II. Verhältnis zu anderen unionsrechtlichen Rechtsbehelfen	149
B. Zulässigkeit	151
I. Sachliche Zuständigkeit	151
II. Verfahrensbeteiligte	152
1. Klageberechtigte	152
a) Privilegiert Klageberechtigte	152
b) Teilprivilegiert Klageberechtigte	154
c) Nichtprivilegiert Klageberechtigte	155
2. Klagegegner	156
III. Klagegegenstand	158
IV. Klagebefugnis	162
1. Klagebefugnis der privilegierten und teilprivilegierten Kläger	162
2. Klagebefugnis der natürlichen und juristischen Personen	163
a) Adressatenstellung	163
b) Unmittelbare und individuelle Betroffenheit	163
c) Klagen natürlicher und juristischer Personen gegen Rechtsakte mit Verordnungscharakter	172
V. Geltendmachung der Klagegründe	176
VI. Klagefrist	177
VII. Rechtsschutzbedürfnis	179
VIII. Sonstige Voraussetzungen	180
C. Begründetheit	180
I. Unzuständigkeit	181
II. Verletzung wesentlicher Formvorschriften	182
III. Vertragsverletzung	184
IV. Ermessensmissbrauch	186
D. Nichtigkeitsurteil	188
E. Praktische Hinweise	190
I. Allgemeine Hinweise	190
II. Muster einer Klageschrift	191
§ 8 Untätigkeitsklagen	**194**
A. Allgemeines	194
B. Zulässigkeit	195
I. Sachliche Zuständigkeit	195
II. Verfahrensbeteiligte	195
1. Klageberechtigte	195
a) Privilegiert Klageberechtigte	196
b) Nichtprivilegiert Klageberechtigte	197
2. Klagegegner	197
III. Klagegegenstand	198
IV. Klagebefugnis	199
1. Privilegiert Klageberechtigte	199
2. Nichtprivilegiert Klageberechtigte	199
a) Klagen von Adressaten unterlassener Rechtsakte	200
b) Klagen mit Drittbezug	200

Inhaltsverzeichnis

c) Keine Klagebefugnis Einzelner bezüglich unterlassener Rechtsakte mit Verordnungscharakter	200
V. Ordnungsgemäße Durchführung des Vorverfahrens	201
1. Aufforderung an das betreffende Organ	201
2. Fristen	202
3. Fehlende Stellungnahme	202
VI. Klagefrist	203
VII. Rechtsschutzbedürfnis	204
VIII. Anforderungen an die Klageschrift	205
C. Begründetheit	206
I. Unionsrechtliche Handlungspflicht	206
II. Rechtswidrige Untätigkeit	206
D. Feststellungsurteil	207
E. Praktische Hinweise	208
§ 9 Amtshaftungsklagen	209
A. Allgemeines	210
I. Grundlagen	210
II. Wesen und Bedeutung der Amtshaftungsklagen	211
B. Zulässigkeit	212
I. Sachliche Zuständigkeit	212
II. Parteifähigkeit	213
1. Aktive Parteifähigkeit	213
2. Passive Parteifähigkeit	213
III. Vorverfahren	214
IV. Ordnungsgemäße Klageerhebung	214
V. Verjährung	215
VI. Rechtsschutzbedürfnis	216
1. Verhältnis zu anderen unionsrechtlichen Rechtsschutzmöglichkeiten	216
2. Verhältnis zu nationalen Rechtsbehelfen	217
C. Begründetheit	219
I. Haftungsbegründende Voraussetzungen	220
1. Organe und Bedienstete	220
2. Ausübung einer Amtstätigkeit	221
a) Arten des haftungsbegründenden Verhaltens	221
b) Handeln in Ausübung der Amtstätigkeit	222
3. Rechtswidrigkeit	222
a) Verletzung einer Schutznorm	223
b) Hinreichend qualifizierte Verletzung	224
c) Keine Haftung für rechtmäßiges Verhalten	225
4. Kein Verschuldenserfordernis	226
5. Schaden	226
6. Kausalität	227
II. Rechtsfolge: Schadensersatz	228
1. Art der Ersatzleistung	228
2. Umfang des Ersatzanspruchs	228
3. Verzinsung	229
D. Die abschließende Entscheidung	229
Dritter Abschnitt. Zwischen- und Inzidentverfahren	**230**
§ 10 Das Vorabentscheidungsverfahren	230
A. Allgemeines	232
I. Bedeutung	232

II. Wesen	233
III. Funktionen	234
1. Einheitliche Auslegung und Anwendung	235
2. Fortentwicklung des Unionsrechts	235
3. Individualrechtsschutz	236
IV. Statistisches	236
V. Rechtsgrundlagen	237
B. Zulässigkeit	238
I. Zuständigkeit	238
II. Vorlageberechtigung	239
III. Vorlagegegenstand	242
1. Auslegungsfragen	242
a) Auslegung der Verträge	242
b) Auslegung von Handlungen der Organe	244
2. Gültigkeitsfragen	245
a) Handlungen der Organe	245
b) Bestandskraft/Verhältnis zur Nichtigkeitsklage	246
IV. Entscheidungserheblichkeit	246
1. Anhängiger Ausgangsrechtsstreit	247
2. Entscheidungserhebliche Vorlagefrage	248
V. Vorabentscheidungsersuchen	248
1. Vorlagefragen	249
2. Begründung	250
C. Vorlagepflicht	251
I. Vorlagepflicht letztinstanzlicher Gerichte	251
1. Verpflichtete Gerichte	252
2. Ausnahmen von der Vorlagepflicht	253
II. Vorlagepflicht für Gültigkeitsfragen	255
III. Durchsetzung der Vorlagepflicht	256
1. Vertragsverletzungsverfahren	257
2. Staatshaftung	257
3. Verfassungsbeschwerde	258
4. Menschenrechtsbeschwerde	259
D. Verfahren	259
I. Verfahren auf nationaler Ebene	260
1. Vorlage von Amts wegen	260
2. Vorlagebeschluss	260
3. Bestand des Vorlagebeschlusses	261
II. Verfahren vor dem Gerichtshof	263
1. Behandlung des Vorabentscheidungsersuchens	263
2. Schriftliches Verfahren	264
3. Mündliches Verfahren	265
4. Beschleunigtes Verfahren und Eilvorabentscheidungsverfahren	266
a) Beschleunigtes Verfahren	267
b) Eilvorabentscheidungsverfahren	268
E. Die Vorabentscheidung	269
I. Auslegungsentscheidungen	269
1. Bindungswirkung im Ausgangsverfahren	269
2. Bindungswirkung	270
3. Zeitliche Wirkung	271
II. Gültigkeitsentscheidungen	272
III. Kosten und Prozesskostenhilfe	273

Inhaltsverzeichnis

§ 11 Inzidente Normenkontrolle	274
A. Allgemeines	274
I. Dogmatik und Funktion	274
II. Historische Entwicklung	276
B. Formelle Voraussetzungen	277
I. Anhängigkeit eines anderweitigen Rechtsstreits vor den Unionsgerichten	277
II. Zuständigkeiten des EuGH/EuG	278
III. Entscheidungserheblichkeit	279
IV. Rügegegenstand	280
1. Zum Merkmal der „allgemeinen Geltung"	280
2. Differenzierung nach Art des Rechtsaktes	280
V. Rügeberechtigung	281
1. Nicht-privilegierte Kläger	281
2. Privilegierte Kläger	281
3. Streithelfer	282
VI. Form / Prüfung von Amts wegen	282
VII. Kein Fristerfordernis	283
VIII. Präklusion	283
C. Materielle Voraussetzungen	284
D. Wirkungen einer erfolgreichen Inzidentrüge	284
§ 12 Prozesshindernde Einrede und Zwischenverfahren	287
A. Allgemeines	287
I. Rechtsgrundlagen und Funktion	287
II. Abgrenzung zur inzidenten Normenkontrolle	288
B. Voraussetzungen	288
I. Statthafter Antragsgegenstand	288
1. Prozesshindernde Einrede	289
2. Andere Zwischenstreitigkeiten	290
II. Statthafte Verfahrensart	291
III. Antragsberechtigung	292
IV. Begründeter Antrag	292
V. Frist	293
C. Ablauf des Zwischenverfahrens	293
I. Fristsetzung nach Ermessen des Präsidenten	293
II. Mündliche Verhandlung nach Ermessen	294
III. Anhörung des Generalanwalts	294
D. Entscheidung der Unionsgerichte	294
Vierter Abschnitt. Sonstige Klage- und Verfahrensarten	296
§ 13 Klagen betreffend die Europäische Investitionsbank (EIB) und die Europäische Zentralbank (EZB)	296
A. Allgemeines	297
I. Rechtsgrundlagen	297
1. Die Europäische Investitionsbank	298
2. Die Europäische Zentralbank	300
II. Wesen und Bedeutung dieser Klagen	301
B. Klagen betreffend die Erfüllung von Verpflichtungen	306
I. Zulässigkeit der Klagen	306
1. Sachliche Zuständigkeit	306
2. Verfahrensbeteiligte	306
a) Klageberechtigte	306
b) Klagegegner	307

3. Klagegegenstand	307
4. Klageart	308
5. Sonstige Sachurteilsvoraussetzungen	308
II. Begründetheit	308
III. Abschließende Entscheidung	309
C. Klagen, die Organbeschlüsse der EIB betreffend	310
I. Zulässigkeit der Klagen	310
1. Sachliche Zuständigkeit	310
2. Verfahrensbeteiligte	310
a) Klageberechtigte	310
b) Klagegegner	311
3. Klagegegenstand	311
4. Klageart	312
5. Sonstige Sachurteilsvoraussetzungen	312
II. Begründetheit	313
III. Abschließende Entscheidung	313
D. Sonstige, die EIB betreffende Streitigkeiten	314
E. Die Europäische Zentralbank und das System der gerichtlichen Kontrolle	314
I. Klage-, Rüge- und Antragsrechte der EZB	314
1. Nichtigkeitsklage nach Art. 263 AEUV	314
2. Untätigkeitsklage nach Art. 265 AEUV	315
3. Inzidente Normenkontrolle nach Art. 277 AEUV	316
4. Klagen nach Art. 14.2. ESZB-Satzung	316
5. Klagen nach Art. 36.2. ESZB-Satzung	316
6. Antragsrecht nach Art. 11.4. ESZB-Satzung	316
II. Die EZB als Beklagte	317
1. Nichtigkeitsklage nach Art. 263 AEUV	317
2. Untätigkeitsklage nach Art. 265 AEUV	317
3. Schadensersatzansprüche nach Art. 268 AEUV iVm Art. 340 Abs. 2 AEUV	317
4. Vorabentscheidungsverfahren nach Art. 267 AEUV	318
5. Klagen nach Art. 36.2. ESZB-Satzung	318
§ 14 Klagen aufgrund vertraglicher Schiedsklauseln	319
A. Allgemeines	319
I. Rechtsgrundlagen	319
II. Wesen und Bedeutung dieser Klagen	320
III. Verhältnis zu den anderen Rechtsbehelfen	321
B. Zulässigkeit	321
I. Sachliche Zuständigkeit	321
1. Materiell-rechtlicher Vertrag	322
2. Vereinbarung einer Schiedsklausel	323
3. Wirksamkeit der Schiedsklausel	324
II. Klageart	325
III. Besondere Sachurteilsvoraussetzungen	325
C. Begründetheit	326
D. Abschließende Entscheidung	328
§ 15 Klagen aufgrund von Schiedsverträgen	329
A. Allgemeines	329
I. Rechtsgrundlagen	329
II. Wesen und Bedeutung dieser Klagen	330
B. Zulässigkeit	331
I. Sachliche Zuständigkeit	331

1. Vorliegen eines Schiedsvertrages	331
2. Wirksamkeit des Schiedsvertrages	332
II. Verfahrensbeteiligte	333
III. Klagegegenstand	333
IV. Klageart	334
V. Sonstige Sachurteilsvoraussetzungen	334
C. Begründetheit	334
D. Abschließende Entscheidung	335
§ 16 Gutachten und Vorschläge	337
A. Das Gutachterverfahren nach Art. 218 Abs. 11 AEUV	337
I. Sinn und Zweck	338
II. Antragsberechtigte	339
III. Antragsgegenstand	339
IV. Zeitpunkt der Antragstellung	340
V. Prüfungsumfang	341
VI. Wirkungen des Gutachtens	342
VII. Verhältnis zu anderen Rechtsbehelfen	342
B. Vorschläge	343
§ 17 Einstweiliger Rechtsschutz	344
A. Einleitung	346
B. Rechtsgrundlagen	347
C. Zulässigkeit	348
I. Allgemeines	348
II. Zulässigkeit des Antrags selbst	348
1. Gesonderte Antragsschrift	348
2. Zuständigkeit	348
3. Zeitpunkt; keine Frist	348
4. Form und Inhalt	349
5. Akzessorietät	349
6. Antrag	350
a) Bestimmtheit des Antrags	350
b) beantragte Maßnahme im Rahmen der Zuständigkeit des Richters	350
c) Flankierende Maßnahmen; Zwangsgeld	352
7. Rechtsschutzinteresse	352
III. Zulässigkeit des Hauptsacheverfahrens	353
IV. Prüfung von Amts wegen	353
D. Begründetheit	354
I. Allgemeines	354
1. Drei (kumulative) Voraussetzungen	354
2. Wechselwirkung	354
II. Dringlichkeit	355
1. Allgemeines	355
2. Eigener Schaden	356
3. Kausal- und Wertungszusammenhang; alternative Rechtsschutzmöglichkeiten	358
4. Hinreichende Wahrscheinlichkeit eines nahen Schadenseintritts	360
5. Natur des Schadens – schwer und irreparabel	360
a) Die Unterscheidung zwischen Irreparabilität und Schwere	360
b) Definitionsmacht des Antragstellers; kein numerus clausus	360
c) Dringlichkeit auch ohne Irreparabilität; keine rein mechanische Prüfung	361

Inhaltsverzeichnis

      6. Schwere 362
      7. Irreparabilität 362
          a) Entwicklung der Rechtsprechung 363
          b) Die Unterscheidung zwischen finanziellen und andern Schäden 363
          c) Irreparabler finanzieller Schaden – Dienstleistungen nach 106 (2) AEUV 364
          d) Irreparabler finanzieller Schaden – Schaden nicht bezifferbar 364
          e) Irreparabler finanzieller Schaden -Existenzgefährdung ... 365
          f) Verlust von Marktanteilen 367
      8. Darlegungs-und Beweislast 370
   III. Fumus boni juris 371
   IV. Interessenabwägung 372
E. Entscheidung 374
   I. Aussetzung 374
   II. Einstweilige Anordnung 375
   III. Rechtsfolge/Rechtswirkungen 376
F. Verfahren 376
   I. Gesonderter Schriftsatz; Aktenführung 376
   II. Kontradiktorisches Verfahren 377
   III. Fristen; Sprache; Dauer; Entscheidung 378
G. Besondere Verfahrensgestaltungen 378
   I. Zwischenverfügung; inaudita alter parte 378
   II. Neuer Antrag 379
   III. Abänderung/Aufhebung 379
   IV. Rechtsmittel 379
   V. Intervention (Streithilfe) 380
H. Besonderheiten in bestimmten Rechtsmaterien 381
   I. Vergaberecht 381
      1. Allgemeines, Entwicklung der Rechtsprechung 381
      2. „Besonders ernsthafter " 382
      3. Stellung des Antrags vor Vertragsschluss oder Ablauf der Stillhaltefrist 382
      4. Ausnahme: Unbeachtlichkeit des Fristablaufs 383
      5. Schwerer Schaden 383
      6. Sonderfall: es gilt keine Stillhaltepflicht 383
      7. Prüfung im Übrigen 384
      8. Bewertung 384
   II. Vertrauliche Informationen 385
   III. Restriktive Maßnahmen 386
I. Bewertung und Ausblick 387

Fünfter Abschnitt. Das Gerichtsverfahren vor dem EuGH und dem Gericht der EU 390
§ 18 Allgemeines und Verfahrensgrundsätze 390
A. Überblick 391
B. Verfahrensgrundsätze 391
   I. Vorbemerkung 391
   II. Der Verfügungsgrundsatz 393
   III. Verhandlungs- und Untersuchungsgrundsatz 394
   IV. Die Konzentrationsmaxime 395
   V. Grundsatz der Mündlichkeit und Unmittelbarkeit 397

Inhaltsverzeichnis

VI. Grundsatz der Öffentlichkeit	398
VII. Grundsatz des fairen Verfahrens	399
VIII. Rechtliches Gehör	400
IX. Recht auf Akteneinsicht und Transparenzgrundsatz	401
C. Die Sprachenregelung	403
§ 19 Die Verfahrensbeteiligten	406
A. Allgemeines	407
B. Kontradiktorische Verfahren	407
I. Parteifähigkeit	407
II. Prozessfähigkeit	409
III. Privilegierte und andere Parteien	410
IV. Vertretung der Parteien	411
V. Streitgenossenschaft	413
VI. Streithilfe	416
1. Allgemeines	416
2. Zulassungsvoraussetzungen	417
a) Anhängiger Rechtsstreit	417
b) Interventionsberechtigte	418
c) Interventionsgrund	419
3. Das Zulassungsverfahren	420
a) Form und Inhalt des Antrags auf Zulassung	420
b) Frist	421
c) Ablauf des Verfahrens	422
d) Entscheidung über die Zulassung	422
4. Rechtsstellung des Streithelfers und Fortgang des Verfahrens	423
5. Rechtsmittel	426
6. Streithilfe in Rechtsstreitigkeiten betreffend die Rechte des geistigen Eigentums	427
7. Schriftsatzmuster	428
a) Antrag auf Zulassung als Streithelfer vor dem EuG	428
b) Stellungnahme zum Antrag auf Zulassung als Streithelfer	430
c) Antrag auf vertrauliche Behandlung	430
C. Vorabentscheidungsverfahren	431
D. Gutachtenverfahren	432
§ 20 Das schriftliche Verfahren	433
A. Vorbemerkung	433
B. Einreichung und Zustellung von Schriftstücken via e-Curia	434
C. Allgemeine Anforderungen an die Schriftsätze	435
D. Behandlung neu eingehender Rechtssachen	437
I. Eintragung in das Register, Aktenzeichen	437
II. Veröffentlichung im Amtsblatt	438
III. Geschäftsverteilung	438
E. Das schriftliche Verfahren in Klageverfahren	439
I. Klageerhebung	439
1. Form und Inhalt der Klageschrift	439
2. Klagenhäufung	442
3. Widerklage	443
4. Rechtshängigkeit	443
5. Klageänderung	443
6. Zustellung der Klage	446
II. Die weiteren Schriftsätze der Parteien im Klageverfahren	446
III. Muster einer Klageschrift	447
F. Abschluss des schriftlichen Verfahrens und Vorbericht	448

Inhaltsverzeichnis

G. Sonstiges	449
I. Die Verbindung von Verfahren	449
II. Aussetzung	450
§ 21 Beweisrecht	452
A. Sachverhaltsaufklärung im Verfahren vor den Gerichten der Europäischen Union	452
B. Darlegungs- und Beweislast	455
C. Prozessleitende Maßnahmen	459
D. Formelle Beweisaufnahme	462
I. Beweismittelkatalog	462
II. Beweisverfahren	463
E. Beweismaß und Beweiswürdigung	466
§ 22 Das mündliche Verfahren	468
A. Die mündliche Verhandlung: Kern des mündlichen Verfahrens	468
B. Zweck der mündlichen Verhandlung	469
C. Vorbereitung der mündlichen Verhandlung	470
D. Ablauf der mündlichen Verhandlung	471
E. Schlussanträge des Generalanwalts	473
F. Wiedereröffnung des mündlichen Verfahrens	474
§ 23 Abweichungen vom normalen Verfahrensablauf	476
A. Überblick	476
B. Das summarische Verfahren	477
C. Die Sonderverfahren zur Verkürzung der Verfahrensdauer	478
I. Direktklageverfahren	479
II. Vorabentscheidungsverfahren	481
1. Beschleunigtes Vorabentscheidungsverfahren	481
2. Eilvorlageverfahren	482
III. Vorrangige Behandlung	485
D. Die „vereinfachten" Verfahren	485
I. Direktklageverfahren	485
II. Vorabentscheidungsverfahren	486
E. Das Versäumnisverfahren	487
I. Allgemeines	487
II. Säumnis	488
III. Verfahren und Versäumnisurteil	489
IV. Rechtsbehelfe	489
§ 24 Die gerichtlichen Entscheidungen	490
A. Überblick	490
B. Beratung und Entscheidung	492
C. Form und Inhalt der Entscheidungen	493
I. Urteile	493
II. Beschlüsse	495
D. Verkündung und Veröffentlichung	495
E. Entscheidungswirkungen	496
I. Rechtskraft und innerprozessuale Bindungswirkung	496
II. Gestaltungswirkung	497
III. Vollstreckbarkeit	498
IV. Die Pflicht, die sich aus dem Urteil ergebenden Maßnahmen zu ergreifen	498
F. Urteilsauslegung	498
I. Gegenstand	498
II. Antragsbefugnis	500

Inhaltsverzeichnis

III. Verfahren und Entscheidung	501
IV. Verhältnis zu anderen Rechtsbehelfen	502
G. Urteilsberichtigung und Urteilsergänzung	503
I. Urteilsberichtigung	503
II. Urteilsergänzung	504
H. Verfahrensbeendigung ohne Sachentscheidung	505
I. Direktklagen	505
1. Einigung der Parteien	505
2. Klagerücknahme	505
3. Erledigung der Hauptsache	506
II. Vorabentscheidungsverfahren	506
§ 25 Rechtsmittel, Rechtsbehelfe und Überprüfungsverfahren	**507**
A. Vorbemerkung	508
B. Das Rechtsmittel gegen Entscheidungen des EuG	509
I. Allgemeines	509
II. Die anfechtbaren Entscheidungen	510
III. Die Berechtigung zum Einlegen des Rechtsmittels	511
1. Die Parteien des erstinstanzlichen Verfahrens	511
2. Die autonome Rechtsmittelbefugnis der Mitgliedstaaten und der Unionsorgane	513
IV. Zulassung des Rechtsmittels	513
V. Anträge der Parteien	515
VI. Anschlussrechtsmittel	515
VII. Rechtsrügen	516
1. Verbot der Veränderung des Streitgegenstandes und notwendige Präzisierung von Rechtsrügen	516
2. Die Abgrenzung von Rechts- und Tatsachenfragen	517
3. Zulässige Rügen	519
VIII. Ablauf des Rechtsmittelverfahrens	521
1. Rechtsmittelfrist	521
2. Rechtsmittelschrift und Rechtsmittelbeantwortung	522
IX. Die Entscheidung des EuGH	526
X. Das Verfahren vor dem EuG nach Aufhebung und Zurückverweisung	528
XI. Schriftsatzmuster	529
1. Rechtsmittelschrift	529
2. Zusammenfassung der geltend gemachten Rechtsgründe und -argumente	529
3. Antrag auf vertrauliche Behandlung und tabellarische Übersicht der vertraulichen Informationen	530
4. Antrag auf Zulassung eines Rechtsmittels	531
C. Das Überprüfungsverfahren	531
D. Die außerordentlichen Rechtsbehelfe	533
I. Allgemeines	533
II. Der Drittwiderspruch	533
III. Die Wiederaufnahme des Verfahrens	534
§ 26 Kostenrecht	**536**
A. Allgemeines	536
B. Prozesskosten	537
I. Gerichtskosten	537
II. Außergerichtliche Kosten der Parteien	538
C. Kostenentscheidung	538
I. Zeitpunkt	538

Inhaltsverzeichnis

II. Inhalt	539
1. Regelfall	539
2. Kostenentscheidung bei Parteienmehrheit	541
3. Sonderfälle	541
a) Kostenentscheidung zu Lasten der obsiegenden Partei	541
b) Klage- oder Antragsrücknahme und Erledigung der Hauptsache	542
4. Die Kostenentscheidung im Vorabentscheidungsverfahren	543
D. Kostenfestsetzung	543
E. Prozesskostenhilfe	547
I. Allgemeines	547
II. Voraussetzungen	547
1. Bedürftigkeit	547
2. Erfolgsaussichten in der Hauptsache	548
III. Verfahren und Inhalt der Entscheidung	548
IV. Erstattungsanspruch der Gerichtskasse	550
V. Schriftsatzmuster	550
1. Antrag auf Prozesskostenhilfe im Rahmen eines Vorabentscheidungsverfahrens	550
2. Vorabantrag auf Bewilligung von Prozesskostenhilfe in Rechtsmittelverfahren	551
§ 27 Fristversäumnis und Wiedereinsetzung in den vorigen Stand	553
A. Fristen	553
I. Allgemeines	553
II. Fristbeginn	553
III. Fristende	554
IV. Fristwahrung, Fristversäumnis	555
B. Wiedereinsetzung in den vorigen Stand	555
C. Nationale Verfahrensfristen	556
Sechster Abschnitt. Durchsetzung unionsrechtlicher Titel	558
§ 28 Voraussetzungen der Zwangsvollstreckung	558
A. Allgemeines	558
B. Vollstreckungstitel	559
I. Rechtsakt gem. Art. 299 Abs. 1 AEUV	559
II. Titel gem. Art. 280 iVm 299 AEUV	561
1. Urteile iSd Art. 280 AEUV	561
2. Umfang des Verweises auf Art. 299 AEUV	561
a) Keine Beschränkung auf Zahlungsverpflichtungen	561
b) Keine Herausnahme von Titeln gegen Mitgliedstaaten	562
3. Urteil hinsichtlich eines Vollstreckungstitels nach Art. 299 Abs. 1 AEUV	563
4. Zusammenfassung	563
C. Vollstreckungsparteien	563
I. Vollstreckungsgläubiger	563
II. Vollstreckungsschuldner	563
1. Natürliche und juristische Personen	563
2. Mitgliedstaaten	563
3. Drittstaaten	564
4. Union und Unionsorgane	564
§ 29 Durchführung der Zwangsvollstreckung	565
A. Allgemeines	565

B. Vollstreckungsklausel	566
I. Erteilung durch mitgliedstaatliche Behörde	566
II. Umfang der Prüfung der mitgliedstaatlichen Behörde	567
C. Zustellung des Titels	568
D. Anrufung des Vollstreckungsorgans	568
§ 30 Rechtsbehelfe in der Zwangsvollstreckung	570
A. Allgemeines	570
B. Unionsrecht	571
I. Aussetzung der Zwangsvollstreckung	571
1. Rechtlicher Rahmen	571
2. Unterscheidung zwischen vollstreckungs- und verwaltungsgerichtlichem Rechtsschutz	571
3. Mögliche Reichweite	571
a) Regelfall	571
b) Teilweise Aussetzung	571
c) Endgültige Beendigung	572
4. Das Verfahren im Rahmen des Aussetzungsantrages	572
a) Zulässigkeit	572
b) Begründetheit	573
5. Rechtsfolgen	574
II. Nachprüfung von Zwangsmaßnahmen, Art. 261 AEUV	574
1. Grundsätzliches	574
2. Reichweite	575
a) Zwangsmaßnahmen	575
b) Prüfungskompetenz	576
c) Rechtsmittelverfahren	576
3. Auswirkungen	577
a) Entscheidungskompetenz	577
b) Erstmalige Verhängung einer Zwangsmaßnahme und reformatio in peius	577
4. EuratomV	578
5. Verbundene Anträge und Anordnungen	578
C. Mitgliedstaatliches Recht	579
I. Grundsätzliches	579
II. Deutsches Recht	579
1. Zulässige Rechtsbehelfe	579
2. Unzulässigkeit der Vollstreckungsgegenklage	580

2. Teil. Rechtsschutz durch deutsche Gerichte

§ 31 Rechtsschutz durch das Bundesverfassungsgericht	581
A. Einleitung	585
B. Verfassungsgerichtlicher Rechtsschutz und Unionsrecht	585
I. Unionsrechtsakte als unmittelbarer Prüfungsgegenstand	585
1. Konkrete Normenkontrolle	586
a) Gegenüber primärem Unionsrecht	586
b) Gegenüber sekundärem Unionsrecht	586
2. Abstrakte Normenkontrolle	590
3. Individualverfassungsbeschwerde	590
4. Organstreit und Bund-Länder-Streit	593
5. Einrichtung eines Kompetenzgerichtshofs	593

Inhaltsverzeichnis

II. Mittelbare Kontrolle von Unionsrechtsakten und vergleichbaren völkerrechtlichen Bindungen im Zusammenhang mit der Europäischen Union	594
1. Nationale Gesetzgebung als Anknüpfungspunkt der verfassungsgerichtlichen Kontrolle	594
a) Zustimmungsgesetze	594
b) Begleitgesetzgebung	595
c) Flankierungsgesetzgebung	596
2. Mittelbare Kontrolle von Rechtsakten im Zusammenhang mit der Europäischen Union	596
a) Primäres Unionsrecht	596
b) Sekundäres Unionsrecht	597
c) Sonstige Unionsrechtsakte	598
d) Sonstige Angelegenheiten der Europäischen Union	598
3. Besondere Sachentscheidungsvoraussetzungen	599
a) Hinreichende Begründung	599
b) Vorhergehende Auslegung der Unionsrechtsakte durch den EuGH	601
4. Verfahrensarten	603
a) Normenkontrollverfahren	603
b) Individualverfassungsbeschwerde	603
c) Sonstige Hauptsacheverfahren	605
5. Prüfungsmaßstab	606
a) Historie	606
b) Schranken der Integrationsermächtigung	607
C. Verfassungsgerichtlicher Rechtsschutz gegen nationale Ausführungs- und Vollzugsakte	615
I. Normative Ausführungsakte	615
1. Verfahrensarten	615
a) Individualverfassungsbeschwerde	616
b) Normenkontrolle	617
c) Organstreitverfahren	617
d) Bund-Länder-Streit	617
2. Besondere Sachentscheidungsvoraussetzungen und Prüfungsmaßstab	617
a) Unionsrechtlich bedingte Verfassungsverstöße	618
b) Allein ausführungsbedingte Verfassungsverstöße	619
II. Administrative Vollzugsakte	622
III. Vollzugsakte der Judikative	622
D. Durchsetzung des Unionsrechts in verfassungsgerichtlichen Rechtsschutzverfahren	624
I. Verletzung der Vorlagepflicht staatlicher Gerichte	624
1. Vorlagepflichten staatlicher Gerichte und das Recht auf den gesetzlichen Richter	625
2. Prüfungsmaßstab	625
II. Verfassungsgerichtliche Überprüfung der Unionskonformität staatlicher Hoheitsakte	630
E. Rechtsschutz gegen Verletzungen des sogenannten Rückschrittsverbotes	631
F. Verfassungsgerichtliche Kontrolle der deutschen Mitwirkung am Entscheidungsprozess der Europäischen Union	632
I. Verfahrensarten	632
1. Individualverfassungsbeschwerde	632

2. Bund-Länder Streit	634
3. Organstreitverfahren	635
II. Prüfungsmaßstab	635
1. Schranken der Integrationsermächtigung	635
2. Schranken der organschaftlichen Rechte	640
a) Beteiligungsrechte aus Art. 23 Abs. 2–6 GG	640
b) Statusrechte aus Art. 38 Abs. 1 S. 2 GG	642
c) Exkurs: Subsidiaritätsklage nach Art. 23 Abs. 1a GG	645
G. Annex: Einstweiliger Rechtsschutz	645
§ 32 Verwaltungsgerichtlicher Rechtsschutz	647
A. Einleitung	649
B. Unionsrechtliche Vorgaben für das nationale Verwaltungsrecht	649
I. Grundsatz der Verfahrensautonomie der Mitgliedstaaten	649
1. Fehlen einer einheitlichen Regelung	650
2. Mindeststandards der guten Verwaltung	651
II. Äquivalenz- und Effektivitätsprinzip	651
1. Der Äquivalenzgrundsatz	652
2. Der Effektivitätsgrundsatz	652
C. Erstinstanzliche Hauptsacheverfahren	653
I. Rechtsweg zu den Verwaltungsgerichten	653
II. Rechtsschutzformen	655
1. Anfechtungs- und Verpflichtungsklagen	655
2. Leistungsklagen	656
3. Feststellungsklagen	657
4. Normenkontrollen	659
III. Sachentscheidungsvoraussetzungen	661
1. Klage- bzw. Antragsbefugnis	661
a) Klagefähige Rechtspositionen des Unionsrechts	661
b) Unionsrechtlich veranlasste Rechtseinräumung	666
c) Vorbehalt anderweitiger Regelungen – Verbandsklagen im Umweltrecht	666
d) Präklusion	670
2. Widerspruchsverfahren	672
3. Fristen	672
IV. Besonderheiten der Begründetheitsprüfung	676
1. Beurteilungszeitpunkt	676
2. Vereinbarkeit streitentscheidender Normen mit dem Unionsrecht	678
3. Gerichtliche Kontrolldichte	680
4. Beweisrecht	681
5. Sonstige Aspekte	682
D. Das Rechtsmittelverfahren	682
I. Berufung und Revision	683
II. Beschwerde	685
III. Wiederaufnahme des Verfahrens	686
E. Vorläufiger Rechtsschutz	687
I. Die Rechtsprechung des Gerichtshofs	687
II. Vorläufiger Rechtsschutz gegen belastende Verwaltungsakte	689
1. Der Suspensiveffekt	689
a) Konfliktlage beim Vollzug des Unionsrechts	689
b) Konfliktbewältigung	690
2. Die gerichtliche Aussetzungsentscheidung	690
III. Die einstweilige Anordnung	694

§ 33 Rechtsschutz im Bereich der Zivilgerichtsbarkeit	695
A. Einleitung	699
B. Zuständigkeitsfragen im Verhältnis der europäischen zur nationalen Zivilgerichtsbarkeit	701
I. Zivilgerichtliche Zuständigkeiten des Gerichtshofs	701
1. Außervertragliche Haftung der Union	701
2. Streitsachen zwischen der Union und ihren Bediensteten ...	702
3. Kartellsachen	703
4. Schiedssachen	703
II. Kompetenzkonflikte	704
C. Unionalisierung des Internationalen Zivilverfahrensrechts für den europäischen Raum	706
I. Überblick über die wichtigsten Entwicklungsschritte im Europäischen Zivilverfahrensrecht	706
II. Erleichterung des Zugangs zum Recht	710
1. E-Justiz-Aktionsplan und Europäisches E-Justiz-Portal	710
2. Prozesskostenhilferichtlinie	712
3. Mediationsrichtlinie, ADR-Richtlinie, ODR-VO	712
III. Die Brüssel Ia-VO als Kernstück des Europäischen Zivilverfahrensrechts	713
IV. Europäische Erkenntnisverfahren	714
V. Die schrittweise Abschaffung des Exequaturverfahrens	715
D. Europäisches Recht und deutsches Zivilprozessrecht	717
I. Ausgewählte Fragen der internationalen Zuständigkeit	718
1. Die Regelung der internationalen Zuständigkeit durch die §§ 12 ff. ZPO	718
a) Kein Verlust der Doppelfunktionalität der §§ 12 ff. ZPO durch die Brüssel Ia-VO	718
b) Die Regelung der örtlichen Zuständigkeit durch europäische Normen	720
2. Der Gerichtsstand des Vermögens (forum fortunae)	720
a) Kein europäischer Vermögensgerichtsstand in der Brüssel Ia-VO	720
b) Der Vermögensgerichtsstand in § 23 ZPO	721
3. Staatsangehörigkeitszuständigkeit im Internationalen Erbverfahrensrecht	722
a) Staatsangehörigkeitszuständigkeit nach § 343 Abs. 2 FamFG	722
b) Subsidiäre Staatsangehörigkeitszuständigkeit nach Art. 10 Abs. 1 lit. a EuErbVO	722
4. Staatsangehörigkeitszuständigkeit im Internationalen Familienprozessrecht	723
a) Art. 3 Abs. 1 lit. a sechster Gedankenstrich Var. 1 Brüssel IIa-VO	723
b) Art. 3 Abs. 1 lit. b Brüssel IIa-VO	724
5. Die Missbräuchlichkeit von Gerichtsstandsklauseln und Schiedsklauseln nach der Klausel-RL	725
II. Prozessfähigkeit und persönliches Erscheinen	726
1. Alternative Anknüpfung der Prozessfähigkeit	726
2. Anordnung persönlichen Erscheinens der Parteien	727
3. Zugang von Ausländern zur deutschen Justiz	728
III. Sprache und Recht im Verfahren	728
1. Deutsch als Gerichtssprache	728

a) Englisch als Gerichtssprache im Hinblick auf den
   Justizstandort Deutschland 729
b) Vereinbarkeit von Englisch als Gerichtssprache mit
   Verfassungs- und Unionsrecht 730
c) Modellprojekt des OLG-Bezirks Köln seit 2010 732
d) Gesetzesentwurf auf Initiative der Länder Nordrhein-
   Westfalen und Hamburg (KfiHG) 732
2. § 293 ZPO und die Ermittlung des Rechts von EU-
   Mitgliedstaaten 733
   a) § 293 ZPO im Hinblick auf Diskriminierungsverbot und
      Grundfreiheiten 733
   b) Die Möglichkeiten der Ermittlung mitgliedstaatlichen
      ausländischen Rechts 733
3. Revisibilität ausländischen Rechts 734
   a) Irrevisibilität ausländischen Rechts nach § 545 Abs. 1
      ZPO aF 734
   b) Revisibilität ausländischen Rechts nach § 545 Abs. 1 ZPO
      nF 735
   c) Revisibilität ausländischen mitgliedstaatlichen Rechts nach
      europarechtskonformer Auslegung des § 545 Abs. 1 ZPO
      nF 736
IV. Zustellungs- und beweisrechtliche Fragen 737
   1. Europäische Zustellungsverordnung (EuZVO) und
      Europäische Beweisverordnung (EuBVO) 737
   2. Verhältnis der EuZVO zu nationalen Zustellungsvorschriften,
      insbes. zur fiktiven Inlandszustellung 738
   3. Beweiskraft ausländischer öffentlicher Urkunden 739
      a) Beweiskraft ausländischer öffentlicher Urkunden nach
         § 438 ZPO 739
      b) Beweiskraft ausländischer öffentlicher Urkunden nach Artt.
         59 EuErbVO; 8 EuGüVO; 58 EuPartVO 740
      c) Beweiskraft ausländischer öffentlicher Urkunden nach der
         UrkundenVO 741
   4. Beweismaß und europäisches Unionsrecht 742
V. Die Absicherung des Zivilverfahrens mit mitgliedstaatlichem
   Bezug 742
   1. Ausländersicherheit nach § 110 ZPO 742
   2. Der Arrestgrund der Auslandsvollstreckung nach § 917 Abs. 2
      ZPO 743
VI. Revision und Wiederaufnahme bei fehlerhafter Anwendung des
    Unionsrechts 745
    1. Fehlerhafte Nichtzulassung der Revision 745
    2. Aufhebung des nationalen Urteils bzw. Wiederaufnahme des
       Verfahrens 745
    3. Durchbrechung der materiellen Rechtskraft wegen eines
       unionsrechtlichen effet utile 747
VII. Prozessbürgschaft einer Bank aus dem EU-Ausland 748
VIII. Europäisches Verbraucherschutzrecht und Beschränkung von
      Klagerechten der Verbraucher 750
IX. Ausgewählte Beispiele für Einflüsse einzelner Sekundärrechtsakte
    auf das nationale Zivilprozessrecht 751
    1. Handelsregistergebühren für gesellschaftsrechtliche
       Eintragungen. 751

    a) Fantask-Rechtsprechung des EuGH 751
    b) Sachliche Reichweite bei Handelsregistergebühren 753
    c) Nationalrechtliche Ausdehnung auf andere
     Registergebühren? 754
  2. Bindung an Entscheidungen der EU-Kommission im Kartell-,
   Fusionskontroll- und Beihilferecht 755
  3. Kostenerstattung und Enforcement-Richtlinie 755
E. Materielles Zivilrecht und Unionsrecht 756
 I. Unionsrechtskonforme Auslegung 756
 II. Richtlinienwirkungen und Private 757
  1. Keine horizontale Direktwirkung 757
  2. Ausnahme bei nur gemeinsam möglicher
   Rechtswahrnehmung 757
  3. Ausnahme bei öffentlichrechtlichen Vorfragen (indirekte
   horizontale Wirkung) 758
  4. Ausnahme bei Durchsetzung öffentlicher Interessen durch
   Private 758
  5. Ausnahme bei Verweigerung vertraglicher Erfüllung unter
   Berufen auf richtlinienwidriges nationales Recht? 759
  6. Indirekte horizontale Wirkung über „Vergrundrechtlichung"
   von Richtlinieninhalten 759
  7. Indirekte horizontale Wirkung über Äquivalenz- und
   Effektivitätsprinzip im Prozessrecht? 759
 III. Staatshaftung und Unionsrecht 760
  1. Staatshaftung wegen Verletzung von jeder Art Unionsrecht . 760
  2. Beabsichtigte Verleihung subjektiver Rechte durch das
   Unionsrecht 762
  3. Qualifizierter Verstoß gegen Unionsrecht 763
  4. Haftungssubjekt 766
  5. Umfang des Schadensersatz 766
  6. Mitverschuldenseinwand 767
  7. Haftungsprivilegien des nationalen Rechts 768
   a) Haftungsausschluss wegen Nichtinanspruchnahme von
    Primärrechtsschutz 768
   b) Spruchrichterprivileg 768
   c) Subsidiarität der Staatshaftung 770
  8. Verjährung 770
  9. Prozessuale Durchsetzung in Deutschland 770

3. Teil. Rechtsschutz im Straf- und Bußgeldrecht

§ 34 Strafgerichtsbarkeit 771
 A. Einführung 782
 B. Kompetenzen der Europäischen Union auf dem Gebiet des Straf- und
  Bußgeldrechts und des Rechts sonstiger Verwaltungssanktionen mit
  punitivem Charakter 786
  I. Kriminalstrafrechtliche Kompetenzen 786
   1. Grundsatz der begrenzten Einzelermächtigung 786
   2. Kompetenz zur Angleichung strafrechtlicher
    Rechtsvorschriften der Mitgliedstaaten (Art. 83 Abs. 1
    UAbs. 1, Abs. 2 AEUV) 787

Inhaltsverzeichnis

3. Kompetenz zur Bekämpfung von Betrugsdelikten und sonstigen rechtswidrigen Handlungen zum Nachteil der Europäischen Union (Art. 325 AEUV)	790
II. Kompetenz zur Einführung unionsrechtlicher Geldbußen	790
III. Kompetenz zur Einführung sonstiger Verwaltungssanktionen punitiven Charakters	792
C. Von den mitgliedstaatlichen Gerichten zu berücksichtigender Einfluss des Unionsrechts auf das nationale Strafrecht	793
I. Erweiterung des nationalen Strafrechtsschutzes	793
1. Ausweitung des Anwendungsbereichs des nationalen Strafrechts mittels Assimilierung	793
a) Assimilierung durch die Europäische Union	793
b) Assimilierung durch die Mitgliedstaaten	795
2. Erstreckung der nationalen Straf- und Bußgeldvorschriften auf Verstöße gegen das Unionsrecht durch nationale Blankettgesetze	797
II. Verpflichtung der Mitgliedstaaten zur Verfolgung und Sanktionierung der Verletzung von Unionsrecht	798
III. Begrenzungen des nationalen Strafrechts durch Unionsrecht	799
1. Anwendungsvorrang des Unionsrechts	799
2. Unionsrechtskonforme Auslegung des nationalen Rechts	801
IV. Rechtsschutz zur Sicherstellung der unionsrechtlichen Vorgaben im Rahmen des Vorabentscheidungsverfahrens	803
1. Vorlageberechtigung und -verpflichtung der Gerichte	803
a) Strafgerichte als Gerichte iSd Art. 267 AEUV	803
b) Berechtigung zur Vorlage in Straf- und Bußgeldverfahren	805
c) Berechtigung oder Verpflichtung zur Vorlage	805
2. Durchführung des Vorabentscheidungsverfahrens im strafrechtlichen Haupt-, Zwischen- und Ermittlungsverfahren	806
a) Vorlageverfahren im Haupt- und Zwischenverfahren	806
b) Vorlageverfahren im Ermittlungsverfahren	810
3. Überprüfung des Vorabentscheidungsverfahrens nach dem Rechtsmittelsystem der Strafprozessordnung	813
a) Fehlende Anfechtbarkeit des Vorlagebeschlusses	813
b) Anfechtung der unterlassenen Vorlage im Revisionsverfahren	813
c) Berücksichtigung des Vorabentscheidungsverfahrens bei der Entscheidung über die Nichtannahme der Berufung oder Revision	814
d) Keine sofortige Beschwerde gegen die Ablehnung eines Rechtsmittels als „offensichtlich unbegründet"	816
e) Bindung der Tatsachengerichte an die rechtliche Beurteilung des Revisionsgerichts?	816
f) Konkurrenz supranationaler und innerstaatlicher Vorlagepflichten	817
4. Rechtskraft unionsrechtswidriger Strafurteile und ihre Durchbrechung	818
a) Rechtskraft unionsrechtswidriger Strafurteile	818
b) Durchbrechung der Rechtskraft unionsrechtswidriger Strafurteile	818
5. Praktische Bedeutung des Vorabentscheidungsverfahrens auf dem Gebiet des Strafrechts	821
6. Rechtsschutz gegen die Nichtvorlage	821

D. Geldbußen im Europäischen Wettbewerbsrecht	826
I. Geldbußen wegen verbotener Wettbewerbsbeschränkungen	827
1. Rechtsgrundlagen der wettbewerbsrechtlichen Bußgeldvorschriften	827
2. Geldbußen bei Verstößen gegen die wettbewerbsrechtlichen Verbotsnormen der Art. 101, 102 AEUV	829
a) Anwendungsbereich der wettbewerbsrechtlichen Vorschriften	829
b) Rechtsnatur des Verfahrens	834
c) Sanktionierung von Verfahrensverstößen und Verletzungen des materiellen Wettbewerbsrechts	834
3. Rechtsschutz bei Bußgeldentscheidungen	840
a) Ermächtigung des Rates zur Erweiterung der gerichtlichen Nachprüfung und Entscheidung (Art. 261 AEUV)	840
b) Erweiterung der gerichtlichen Nachprüfung und Entscheidung	841
4. Zuständigkeit des Gerichts und des Gerichtshofs	846
a) Anwendbarkeit von Art. 31 VO (EG) Nr. 1/2003 auf das Verfahren vor dem Gericht	846
b) Zuständigkeit des Gerichts im ersten Rechtszug	847
c) Zuständigkeit des Gerichtshofs als Rechtsmittelinstanz	848
II. Geldbußen wegen Verstößen gegen die EG-Fusionskontrollverordnung	850
1. Rechtsgrundlagen der Fusionskontrolle	850
2. Anwendungsbereich der EG-Fusionskontrollverordnung	851
3. Fusionskontrollverfahren	852
a) Anmeldung von Zusammenschlüssen	853
b) Aufschub des Vollzugs von Zusammenschlüssen	853
c) Prüfung der Anmeldung und Einleitung des Verfahrens	853
d) Ermittlungs- und Entscheidungsbefugnisse der Kommission	854
4. Bußgeldvorschriften der EG-Fusionskontrollverordnung	854
a) Minderschwere Verstöße	854
b) Schwerwiegende Verstöße	855
5. Rechtsschutz bei Bußgeldentscheidungen	855
III. Geldbußen wegen Verstöße gegen das Gesetz über digitale Märkte (Digital Markets Act)	856
1. Geldbußen wegen Nichteinhaltung der Verpflichtungen in den Art. 5, 6 und 7 DMA und Verstößen gegen Verfahrensregeln	857
a) Unternehmen als Normadressaten	858
b) Bußgeldtatbestände	858
2. Rechtsschutz bei Bußgeldentscheidungen	859
IV. Geldbußen im Abkommen über den Europäischen Wirtschaftsraum	859
1. Geltung der Wettbewerbsregeln	859
2. Zuständigkeit im Verwaltungsverfahren	860
3. Rechtsschutz bei Bußgeldentscheidungen	860
E. Geldbußen im Europäischen Datenschutzrecht	860
I. Das Sanktionsregime der DS-GVO	861
II. Geldbußen wegen Verstößen gegen die DS-GVO	862
1. Normadressaten	863
a) Unternehmen als Adressaten der Bußgeldentscheidung	864
b) Unternehmensbegriff	864

2. Bußgeldtatbestände	870
a) Formelle Verstöße gegen die Bestimmungen der DS-GVO	870
b) Materielle Verstöße gegen die Bestimmungen der DS-GVO	871
3. Rechtsschutz bei Bußgeldentscheidungen	872
a) Gewährleistung eines effektiven Rechtsschutzes als Zielvorgabe des Art. 83 Abs. 8 DS-GVO	872
b) Administrative und gerichtliche Kontrolle	874
F. Geldbußen im Europäischen Bankenrecht	876
I. Verordnung (EG) Nr. 2532/98 des Rates vom 23. November 1998 über das Recht des Europäischen Zentralbank, Sanktionen zu verhängen	878
1. Unternehmen als Sanktionsadressaten	878
2. Grenzen und Bedingungen für die Ausübung der Sanktionskompetenz der Europäischen Zentralbank	878
II. Verordnung (EG) Nr. 2157/1999 der Europäischen Zentralbank vom 23. September 1999 über das Recht der Europäischen Zentralbank, Sanktionen zu verhängen	879
III. Verordnung (EU) Nr. 1024/2013 des Rates vom 15. Oktober 2013 zur Übertragung besonderer Aufgaben im Zusammenhang mit der Aufsicht über Kreditinstitute auf die Europäische Zentralbank	881
1. Sanktionen „nach Maßgabe der Verordnung (EG) Nr. 2532/98" gemäß Art. 18 Abs. 7 SSM-VO	881
a) Bedeutende und weniger bedeutende beaufsichtigte Unternehmen als Sanktionsadressaten	882
b) Verfahrensregeln	883
2. Verwaltungsgeldbußen oder gegebenenfalls andere im einschlägigen Unionsrecht vorgesehene Geldbußen gemäß Art. 18 Abs. 1 SSM-VO	883
a) Kreditinstitute, Finanzholdinggesellschaften und gemischte Finanzholdiggesellschaften als Adressaten der Verwaltungsgeldbußen bzw. anderen im einschlägigen Unionsrecht vorgesehenen Geldbußen	883
b) Sanktionierung der Verstöße gegen eine Anforderung aus direkt anwendbaren Rechtsakten der Union	885
3. Grenzen und Bedingungen für die Ausübung der Sanktionskompetenz der Europäischen Zentralbank	885
4. Rechtsschutz gegen die Sanktionsbeschlüsse	886
a) Administrativer Rechtsschutz	887
b) Gerichtlicher Rechtsschutz	888
5. Entscheidungen in Rechtsformen des nationalen Rechts	891
G. Justizielle Zusammenarbeit in Strafsachen und polizeiliche Zusammenarbeit	892
I. Entwicklung der justiziellen Zusammenarbeit in Strafsachen und polizeilichen Zusammenarbeit	892
II. Justizielle Zusammenarbeit in Strafsachen (Art. 82–86 AEUV)	894
1. Europäischer Haftbefehl	896
a) Rechtlicher Rahmen	896
b) Anwendungsbereich des Europäischen Haftbefehls und der Grundsatz der beiderseitigen Strafbarkeit	898
c) Zuständigkeit	898

	d) Auslieferungsverfahren	900
	e) Rechtsschutz gegen den Europäischen Haftbefehl	901
2.	Europäische Ermittlungsanordnung	903
	a) Rechtlicher Rahmen	904
	b) Anwendungsbereich der Europäischen Ermittlungsanordnung	905
	c) Zuständigkeit	906
	d) Erlass und Ausführung der Europäischen Ermittlungsanordnung	907
	e) Rechtsschutz gegen die Europäische Ermittlungsanordnung	907
	f) Verwertung	914
3.	Eurojust	915
	a) Zuständigkeiten und Aufgaben	915
	b) Rechtsschutz gegen Maßnahmen von Eurojust	917
4.	Europäische Staatsanwaltschaft	919
	a) Zuständigkeit und Aufgaben	921
	b) Rechtsschutz gegen Maßnahmen der Europäischen Staatsanwaltschaft	925
5.	Europäisches Amt für Betrugsbekämpfung (Office européen de lutte anti fraude – OLAF)	935
	a) Zuständigkeiten und Aufgaben	936
	b) Rechtsschutz gegen Maßnahmen von OLAF	939
III. Polizeiliche Zusammenarbeit		941
1. Rechtsschutz vor nationalen Gerichten		944
2. Rechtsschutz vor dem Gerichtshof der Europäischen Union bei Rechtsakten nach Inkrafttreten des Vertrags von Lissabon		944
3. Europol		945
	a) Zuständigkeit und Aufgaben	945
	b) Rechtsschutz gegen Maßnahmen von Europol	948
	c) Immunität von Europol und deren Personal	950

Sachverzeichnis 951

Abkürzungsverzeichnis

aA	anderer Ansicht
aaO	am angegebenen Orte
aE	am Ende
aF	alte Fassung
ABl.	Amtsblatt der Europäischen Gemeinschaft
Abs.	Absatz
AEUV	Vertrag über die Arbeitsweise der EU (in Kraft seit 1.12.2009)
Anm.	Anmerkung
AöR	Archiv des öffentlichen Rechts
Art.	Artikel
Aufl.	Auflage
AWD	Außenwirtschaftsdienst des Betriebs-Beraters bzw. der Zeitschrift Recht der internationalen Wirtschaft
Az.	Aktenzeichen
BAG	Bundesarbeitsgericht
BayVBl.	Bayerische Verwaltungsblätter
BB	Betriebs-Berater
BBankG	Bundesbankgesetz
BBesG	Bundesbesoldungsgesetz
Bd.	Band
BeamtStat	Beamtenstatut
Bek.	Bekanntmachung
Beschl.	Beschluss
BFH	Bundesfinanzhof
BGBl.	Bundesgesetzblatt
BGH	Bundesgerichtshof
BMWi	Bundesminister für Wirtschaft
BR	Bundesrat
BR-Drs.	Bundesratsdrucksache
BRRG	Beamtenrechtsrahmengesetz
BSB	Beschäftigungsbedingungen für die sonstigen Bediensteten
bspw.	beispielsweise
BT	Bundestag
BT-Drs.	Bundestagsdrucksache
Bull.EG	Bulletin der Europäischen Gemeinschaft
Bull.EU	Bulletin der Europäischen Union
BVerfG	Bundesverfassungsgericht
bzw.	beziehungsweise
ca.	circa
CLMR	Common Market Law Report
CMLRev.	Common Market Law Review
DB	Der Betrieb
ders.	derselbe
dh	das heißt

Abkürzungsverzeichnis

DienstA	....	Dienstanweisung (für den Kanzler)
dies.	....	dieselbe/n
Diss.jur.	....	juristische Dissertation
DÖV	....	Die Öffentliche Verwaltung
DRiZ	....	Deutsche Richterzeitung
DStR	....	Deutsches Steuerrecht
dt.	....	deutsch/e
DV	....	Die Verwaltung
DVBl	....	Deutsches Verwaltungsblatt
DVP	....	Deutsche Verwaltungspraxis
E	....	Amtliche Entscheidungssammlung
EA	....	Europa-Archiv
EAG	....	Europäische Atomgemeinschaft
EAGV	....	Vertrag über die EAG
EEC	....	European Economic Community
EG	....	Europäische Gemeinschaft/en
EGKS	....	Europäische Gemeinschaft für Kohle und Stahl
EGKSV	....	Vertrag über die EGKS
EGV-Nizza	....	Vertrag über die EG (Nizza-Fassung)
EIB	....	Europäische Investitionsbank
ELR	....	European Law Review
Empf.	....	Empfehlung
endg.	....	endgültig
engl.	....	englisch
ESZB	....	Europäisches System der Zentralbanken
etc	....	et cetera
EU	....	Europäische Union
EuG	....	Gericht (erster Instanz) der Europäischen Union
EuGVfO	....	Verfahrensordnung des Gerichts der Europäischen Union
EuGH	....	Gerichtshof der Europäischen Union
EuGH-Satzung	..	Protokoll über die Satzung des Gerichtshofs der Europäischen Union
EuGHVfO	....	Verfahrensordnung des Gerichtshofs der Europäischen Union
EGMR	....	Europäischer Gerichtshof für Menschenrechte
ER	....	Europäischer Rat
EuGöD	....	Gericht für den öffentlichen Dienst der Europäischen Union
EuGRZ	....	Europäische Grundrechte-Zeitschrift
EuGV	....	Europäisches Gerichtsstands- und Vollstreckungsübereinkommen
EuR	....	Europarecht
EuRH	....	Europäischer Rechnungshof
EUV	....	Vertrag über die EU (Lissabon-Fassung, in Kraft seit 1.12.2009)
EUV-Nizza	....	Vertrag über die Europäische Union (Nizza-Fassung)
EuZW	....	Europäische Zeitschrift für Wirtschaftsrecht
EWG	....	Europäische Wirtschaftsgemeinschaft
EWGV	....	Vertrag über die EWG
EWI	....	Europäisches Währungsinstitut
EWR	....	Europäischer Wirtschaftsraum
EWS	....	Europäisches Währungssystem
EZB	....	Europäische Zentralbank
f., ff.	....	fort-/folgende
FAZ	....	Frankfurter Allgemeine Zeitung

Abkürzungsverzeichnis

FG	Festgabe
FIDE	Fédération Internationale pour le Droit Européen
Fn.	Fußnote
frz.	französisch
FS	Festschrift
FusV	Fusionsvertrag
GA	Generalanwalt
GATT	General Agreement on Tariffs and Trade
GG	Grundgesetz
ggf.	gegebenenfalls
GMBl.	Gemeinsames Ministerialblatt
GRCh	Charta der Grundrechte der Europäischen Union
GRUR-Int.	Gewerblicher Rechtsschutz und Urheberrecht, Internationaler Teil
GS	Gedächtnisschrift, Großer Senat
HER	Handbuch des Europäischen Rechts
hM	herrschende Meinung
Hrsg.	Herausgeber
Hs.	Halbsatz
idF	in der Fassung
iE	im Einzelnen
IGH	Internationaler Gerichtshof
iErg	im Ergebnis
Inf.	Information
InfAuslR	Informationsbrief Ausländerrecht
insbes.	insbesondere
IPR	Internationales Privatrecht
IPRax	Praxis des Internationalen Privat- und Verfahrensrechts
iSd	im Sinne des/der
iSv	im Sinne von
it.	italienisch
iVm	in Verbindung mit
JA	Juristische Arbeitsblätter
Jb.	Jahrbuch
JR	Juristische Rundschau
jur.	juristisch
JuS	Juristische Schulung
JZ	Juristenzeitung
KOM	Europäische Kommission (so zitiert in ihren Dokumenten)
Kom.	Europäische Kommission
Lfg.	Lieferung
lit.	littera (Buchstabe)
maW	mit anderen Worten
MDR	Monatsschrift für Deutsches Recht
Mitt.	Mitteilung

Abkürzungsverzeichnis

Mrd.	Milliarden
mwN	mit weiteren Nachweisen
niederl.	niederländisch
NJW	Neue Juristische Wochenschrift
(n.) nv	(noch) nicht veröffentlicht
Nr.	Nummer
NuR	Natur und Recht
NVwZ	Neue Zeitschrift für Verwaltungsrecht
OECD	Organization for Economic Cooperation and Development
og	oben genannte/r/s
OLG	Oberlandesgericht
P	Pourvoi (Rechtsmittel)
p. a.	per annum
R	Référé (vorläufiger Rechtsschutz)
RabelsZ	Rabels Zeitschrift für ausländisches und internationales Privatrecht
RDP	Revue de Droit Public
REV	Révision (Wiederaufnahme)
resp.	respektive
RIW	Recht der Internationalen Wirtschaft
RL	Richtlinie
Rn.	Randnummer/n
Rs.	Rechtssache
Rspr.	Rechtsprechung
S.	Seite
SA	Saisie-arrêt (Zwangsvollstreckung) oder Société anonyme (Aktiengesellschaft)
SchlA	Schlussantrag
scil.	scilicet
SGb	die Sozialgerichtsbarkeit
SGB	Sozialgesetzbuch
Slg.	Amtliche Sammlung des EuGH
sog.	sogenannte/r/s
Stellungn.	Stellungnahme
stRspr	ständige Rechtsprechung
StVj	Steuerliche Vierteljahresschrift
TO	Tierce opposition (Drittwiderspruch)
Tz.	Trennziffer/n, Textzahl/en
ua	unter anderem
UAbs.	Unterabsatz
UPR	Umwelt- und Planungsrecht
usw	und so weiter
uU	unter Umständen
UVP	Umweltverträglichkeitsprüfung

Abkürzungsverzeichnis

v.	vom
verb.	verbunden
VerfO/VfO	Verfahrensordnung
VerfO EuGöD	Verfahrensordnung des Gerichts für den öffentlichen Dienst der Europäischen Union
VerwArch	Verwaltungsarchiv
VGH	Verwaltungsgerichtshof
vgl.	vergleiche
VO	Verordnung
VR	Verwaltungsrundschau
VVDStRL	Veröffentlichungen der Vereinigung der Deutschen Staatsrechtslehrer
VwGO	Verwaltungsgerichtsordnung
VwVfG	Verwaltungsverfahrensgesetz
WiVerw	Wirtschaft und Verwaltung
WPK-Mitt.	Wirtschaftsprüferkammer-Mitteilungen
WSA	Wirtschafts- und Sozialausschuss
WuR	Wirtschaft und Recht
WuW	Wirtschaft und Wettbewerb
ZaöRV	Zeitschrift für ausländisches öffentliches Recht und Völkerrecht
zB	zum Beispiel
ZBR	Zeitschrift für Beamtenrecht
ZfG	Zeitschrift für Gesetzgebung
ZfSR	Zeitschrift für Schweizerisches Recht
ZfZ	Zeitschrift für Zölle und Verbrauchssteuern
ZGR	Zeitschrift für Unternehmens- und Gesellschaftsrecht
ZHR	Zeitschrift für das gesamte Handels- und Wirtschaftsrecht
Ziff.	Ziffer
zit.	zitiert
ZPO	Zivilprozessordnung
ZRP	Zeitschrift für Rechtspolitik
ZStW	Zeitschrift für die gesamte Strafrechtswissenschaft
zT	zum Teil
ZVerfO	Zusätzliche Verfahrensordnung
ZZP	Zeitschrift für Zivilprozess

Literaturverzeichnis

Beispielzitat	Titel
Arnull EU and Court of Justice S. …	Arnull, The European Union and its Court of Justice, Handbuch, 2. Aufl. 2006
Bearbeiter in BeckOK VwGO Gesetz § … Rn. …	Posser/Wolff/Decker, BeckOK VwGO, Kommentar, 66. Aufl. 2023
Bearbeiter in Bieber/Epiney/Haag/Kotzur EU § … Rn. …	Bieber/Epiney/Haag/Kotzur, Die Europäische Union – Europarecht und Politik, Lehrbuch, 15. Aufl. 2022
Bearbeiter in BK GG Gesetz Art. … Rn. …	Kahl/Waldhoff/Walter, Bonner Kommentar zum Grundgesetz, Kommentar, 218. Aufl. 2022
Bleckmann EuropaR Rn. …	Bleckmann, Europarecht: Das Recht der Europäischen Union und der Europäischen Gemeinschaften, Lehrbuch, 6. Aufl. 1997
Borchardt Rechtl. Grundlagen EU Rn. …	Borchardt, Die rechtlichen Grundlagen der Europäischen Union, Handbuch, 7. Aufl. 2020
Bearbeiter in Calliess/Ruffert Gesetz Art. … Rn. …	Calliess/Ruffert, EUV/AEUV, Kommentar, 6. Aufl. 2022
Bearbeiter in Calliess/Ruffert EU-Verfassung Gesetz Art. … Rn. …	Calliess/Ruffert, Verfassung der Europäischen Union, Kommentar, 1. Aufl. 2006
v. Danwitz EurVerwR S. …	von Danwitz, Europäisches Verwaltungsrecht, Lehrbuch, 1. Aufl. 2008
Bearbeiter in Dauses/Ludwigs EU-WirtschaftsR-HdB Teil … Rn. …	Ludwigs, Handbuch des EU-Wirtschaftsrechts, Handbuch, 58. Aufl. 2023
Dittert EuropaR S. …	Dittert, Europarecht, Lehrbuch, 5. Aufl. 2017
Bearbeiter in Dreier Gesetz Art. … Rn. …	Dreier, Grundgesetz-Kommentar, Kommentar, 4. Aufl. 2023
Dörr/Lenz EurVerwRS Rn. …	Dörr/Lenz, Europäischer Verwaltungsrechtsschutz, Handbuch, 2. Aufl. 2019
Ehlermann/Bieber/Haag HER Kap. … Rn. …	Ehlermann/Bieber/Haag, Handbuch des Europäischen Rechts (HER), Handbuch, 1. Aufl. 2010
Bearbeiter in Ehlers/Pünder AllgVerwR § … Rn. …	Ehlers/Pünder, Allgemeines Verwaltungsrecht, Lehrbuch, 16. Aufl. 2022

Literaturverzeichnis

Bearbeiter in Ehlers GuG § … Rn. …	Ehlers, Europäische Grundrechte und Grundfreiheiten, Monografie, 4. Aufl. 2015
Bearbeiter in Eyermann Gesetz § … Rn. …	Happ/Hoppe/Kraft/Schübel-Pfister/Wöckel, Verwaltungsgerichtsordnung: VwGO, Kommentar, 16. Aufl. 2022
Fetzer/Fischer EuropaR Rn. …	Fetzer/Fischer, Europarecht, Lehrbuch, 12. Aufl. 2019
Finkelnburg/Dombert/Külpmann VorlRS § … Rn. …	Finkelnburg/Dombert/Külpmann, Vorläufiger Rechtsschutz im Verwaltungsstreitverfahren, Lehrbuch, 7. Aufl. 2017
Fischer/Köck/Karollus EuropaR Rn. …	Fischer/Köck/Karollus, Europarecht, Lehrbuch, 4. Aufl. 2002
Fischer Lissabon-Vertrag S. …	Fischer, Der Vertrag von Lissabon, Kommentar, 2. Aufl. 2010
Bearbeiter in FK-EUV/GRC/AEUV Gesetz Art. … Rn. …	Pechstein/Nowak/Häde, Frankfurter Kommentar EUV, GRC und AEUV, Kommentar, 1. Aufl. 2017
Frenz EuropaR-HdB I Rn. …	Frenz, Handbuch Europarecht, Band 1: Europäische Grundfreiheiten, Handbuch, 2. Aufl. 2012
Frenz EuropaR-HdB II Rn. …	Frenz, Handbuch Europarecht, Bd. 2: Europäisches Kartellrecht, Handbuch, 2. Aufl. 2014
Frenz EuropaR-HdB III Rn. …	Frenz, Handbuch Europarecht, Band 3: Beihilfe- und Vergaberecht, Lehrbuch, 1. Aufl. 2007
Frenz EuropaR-HdB V Rn. …	Frenz, Handbuch Europarecht, Band 5: Wirkungen und Rechtsschutz, Handbuch, 1. Aufl. 2010
Bearbeiter in Frowein/Peukert Gesetz Art. … Rn. …	Frowein/Peukert, Europäische Menschenrechtskonvention – EMRK-Kommentar, Kommentar, 3. Aufl. 2009
Bearbeiter in Geiger/Khan/Kotzur/Kirchmair Gesetz Art. … Rn. …	Geiger/Khan/Kotzur/Kirchmair, EUV/AEUV, Kommentar, 7. Aufl. 2023
Bearbeiter in Grabitz/Hilf Gesetz Art. … Rn. …	Grabitz/Hilf, Das Recht der Europäischen Union: EUV/EGV, Kommentar, 40. Aufl. 2009
Bearbeiter in Grabitz/Hilf/Nettesheim Gesetz Art. … Rn. …	Nettesheim, Das Recht der Europäischen Union: EUV/AEUV, Kommentar, 79. Aufl. 2023
Bearbeiter in Gräber Gesetz § … Rn. …	Gräber, FGO, Kommentar, 9. Aufl. 2019
Hailbronner/Jochum EuropaR I oder II § … Rn. …	Hailbronner/Jochum, Europarecht, Lehrbuch, 1. Aufl. 2005

Bearbeiter in Hailbronner/Klein/ Magiera/Müller-Graff Gesetz Art. … Rn. … ……………	Hailbronner/Klein/Magiera/Müller-Graff, Handkommentar zum EU-Vertrag, Kommentar, 1. Aufl. 1998
Bearbeiter in Hailbronner/Wilms Gesetz Art. … Rn. … …………	Hailbronner/Wilms, Recht der Europäischen Union, Loseblatt, Kommentar, 20. Aufl. 2010
Hakenberg EuropaR Rn. … …	Hakenberg, Europarecht, Lehrbuch, 9. Aufl. 2021
Haltern EuropaR I § … Rn. … ……………………	Haltern, Europarecht Dogmatik im Kontext – Band I: Entwicklung – Institutionen – Prozesse, Lehrbuch, 3. Aufl. 2017
Haratsch/Koenig/Pechstein EuropaR Rn. … ……………	Haratsch/Koenig/Pechstein, Europarecht, Lehrbuch, 12. Aufl. 2020
Bearbeiter in HdB-EuropaR § … Rn. … …………………	Schulze/Janssen/Kadelbach, Europarecht, Handbuch, 4. Aufl. 2020
Herdegen EuropaR § … Rn. … ……………………	Herdegen, Europarecht, Lehrbuch, 24. Aufl. 2023
Bearbeiter in Heselhaus/Nowak EU-Grundrechte-HdB § … Rn. … ……………………	Heselhaus/Nowak, Handbuch der Europäischen Grundrechte, Handbuch, 2. Aufl. 2020
Hesse Grundzüge VerfassungsR Rn. … ……………………	Hesse, Grundzüge des Verfassungsrechts der Bundesrepublik Deutschland, Monografie, 20. Aufl. 1999
Bearbeiter in HK-EurVerfVertrag Gesetz Art. … Rn. … ……	Vedder/Heintschel von Heinegg, Europäischer Verfassungsvertrag – Handkommentar, Kommentar, 1. Aufl. 2007
Bearbeiter in HK-UnionsR Gesetz Art. … Rn. … …………	Vedder/Heintschel von Heinegg, Europäisches Unionsrecht, Kommentar, 2. Aufl. 2018
Hobe EuropaR Rn. … ………	Hobe, Europarecht, Lehrbuch, 10. Aufl. 2020
Hufen VerwProzR § … Rn. … ……………………	Hufen, Verwaltungsprozessrecht, Lehrbuch, 12. Aufl. 2021
Hummer/Vedder/Lorenzmeier Fälle EuropaR S. … …………	Hummer/Vedder/Lorenzmeier, Europarecht in Fällen, Lehrbuch, 7. Aufl. 2020
Häberle/Kotzur EurVerfassungslehre Rn. … ……………	Häberle/Kotzur, Europäische Verfassungslehre, Lehrbuch, 8. Aufl. 2016
Ipsen EurGemeinschaftsR § … Rn. … ……………………	Ipsen, Europäisches Gemeinschaftsrecht, Lehrbuch, 1. Aufl. 1972
Ipsen VölkerR § … Rn. … ……	Ipsen, Völkerrecht, Lehrbuch, 7. Aufl. 2018
Bearbeiter in Isensee/Kirchhof StaatsR-HdB § … Rn. … ……	Isensee/Kirchhof, Handbuch des Staatsrechts der Bundesrepublik Deutschland, Handbuch, 3. Aufl. 2003

Literaturverzeichnis

Bearbeiter in Jarass/Pieroth Gesetz Art. … Rn. … …………	Jarass/Kment, Grundgesetz für die Bundesrepublik Deutschland: GG, Kommentar, 17. Aufl. 2022
Jochum EuropaR ………………	Jochum, Europarecht, Lehrbuch, 3. Aufl. 2018
Kilian/Wendt EurWirtschaftsR Rn. … ………………………	Kilian/Wendt, Europäisches Wirtschaftsrecht, Lehrbuch, 8. Aufl. 2021
Bearbeiter in Knack/Henneke Gesetz § … Rn. … ……………	Knack/Henneke, Verwaltungsverfahrensgesetz: VwVfG, Kommentar, 11. Aufl. 2019
Bearbeiter in Kopp/Ramsauer Gesetz § … Rn. … ……………	Ramsauer, Verwaltungsverfahrensgesetz: VwVfG, Kommentar, 24. Aufl. 2023
Bearbeiter in Kopp/Schenke Gesetz § … Rn. … ……………	Kopp/Schenke, Verwaltungsgerichtsordnung: VwGO, Kommentar, 29. Aufl. 2023
Bearbeiter in Kuhla/Hüttenbrink Verwaltungsprozess Kap. … Rn. … ………………………………	Kuhla/Hüttenbrink/Endler, Der Verwaltungsprozeß, Handbuch, 3. Aufl. 2002
Lecheler/Gundel/Germelmann EuropaR ………………………	Lecheler/Gundel/Germelmann, Europarecht, Lehrbuch, 3. Aufl. 2019
Bearbeiter in Leibholz/Rinck Gesetz Art. … Rn. … …………	Leibholz/Rinck, Grundgesetz für die Bundesrepublik Deutschland, Kommentar, 83. Aufl. 2022
Bearbeiter in Lenz/Borchardt Gesetz Art. … Rn. … …………	Lenz/Borchardt, EU-Verträge Kommentar EUV – AEUV – GRCh, Kommentar, 6. Aufl. 2012
Bearbeiter in Dürig/Herzog/ Scholz Gesetz Art. … Rn. … ..	Herzog/Scholz/Herdegen/Klein, Grundgesetz-Kommentar, 99. Aufl. 2022
Maurer/Waldhoff AllgVerwR § … Rn. … ………………	Maurer/Waldhoff, Allgemeines Verwaltungsrecht, Lehrbuch, 20. Aufl. 2020
Bearbeiter in Mayer/Stöger Gesetz Art. … Rn. … …………	Mayer/Stöger, Kommentar zu EUV und AEUV, Kommentar, 1. Aufl. 2016
Bearbeiter in Meyer-Ladewig/ Keller/Schmidt Gesetz Art. … Rn. … ………………………	Keller/Schmidt, Sozialgerichtsgesetz: SGG, Kommentar, 14. Aufl. 2023
Bearbeiter in NK-VwGO Gesetz § … Rn. … ………………	Sodan/Ziekow, Verwaltungsgerichtsordnung, Kommentar, 5. Aufl. 2018
Oppermann/Classen/Nettesheim EuropaR § … Rn. … …………	Classen/Nettesheim, Europarecht, Lehrbuch, 9. Aufl. 2021
Pechstein EUProzR Rn. … …..	Pechstein, EU-Prozessrecht, Lehrbuch, 4. Aufl. 2011
Bearbeiter in Redeker/ v. Oertzen Gesetz § … Rn. … .	Redeker/Kothe/von Nicolai, Verwaltungsgerichtsordnung, Kommentar, 17. Aufl. 2022

Literaturverzeichnis

Bearbeiter in Rengeling/Middeke/Gellermann Rechtsschutz-HdB § … Rn. …	Rengeling/Middeke/Gellermann, Handbuch des Rechtsschutzes in der Europäischen Union, Handbuch, 3. Aufl. 2014
Rengeling/Szczekalla EU-Grundrechte § … Rn. …	Rengeling/Szcekalla, Grundrechte in der Europäischen Union – Charta der Grundrechte und Allgemeine Rechtsgrundsätze, Handbuch, 1. Aufl. 2004
Bearbeiter in Sachs Gesetz Art. … Rn. …	Sachs, Grundgesetz: GG, Kommentar, 9. Aufl. 2021
Bearbeiter in Schmidt-Bleibtreu/Hofmann/Hennek Gesetz Art. … Rn. …	Hofmann/Henneke, Kommentar zum Grundgesetz, Kommentar, 15. Aufl. 2021
Bearbeiter in Schoch/Schneider Gesetz § … Rn. …	Schoch/Schneider, Verwaltungsgerichtsordnung: VwGO, Kommentar, 44. Aufl. 2023
Schoch BesVerwR Kap. … Rn. …	Schoch, Besonderes Verwaltungsrecht, Lehrbuch, 15. Aufl. 2013
Bearbeiter in Schwarze Gesetz Art. … Rn. …	Schwarze/Becker/Hatje/Schoo, EU-Kommentar, Kommentar, 4. Aufl. 2019
Schweitzer/Hummer/Obwexer EuropaR Rn. …	Schweitzer/Hummer/Obwexer, Europarecht – Das Recht der europäischen Union, Lehrbuch, 1. Aufl. 2007
Seidl-Hohenveldern/Loibl Internationale Organisationen Rn. …	Seidl-Hohenveldern/Loibl, Das Recht der internationalen Organisationen einschliesslich der supranationalen Gemeinschaften, Handbuch, 6. Aufl. 1996
Bearbeiter in Stelkens/Bonk/Sachs Gesetz § … Rn. …	Stelkens/Bonk/Sachs, VwVfG: Verwaltungsverfahrensgesetz, Kommentar, 10. Aufl. 2023
Stern StaatsR I Kap. … Rn. …	Stern, Das Staatsrecht der Bundesrepublik Deutschland, Band 1: Grundbegriffe und Grundlagen des Staatsrechts, Handbuch, 1. Aufl. 1984
Bearbeiter in Streinz Gesetz Art. … Rn. …	Streinz, EUV/AEUV, Kommentar, 3. Aufl. 2018
Streinz/Ohler/Herrmann Vertrag Lissabon S. …	Streinz/Ohler/Herrmann, Der Vertrag von Lissabon zur Reform der EU, Lehrbuch, 3. Aufl. 2010
Streinz EuropaR Rn. …	Streinz, Europarecht, Lehrbuch, 12. Aufl. 2023
Thiele EuProzR § … Rn. …	Thiele, Europäisches Prozessrecht, Lehrbuch, 2. Aufl. 2014
v. Bogdandy/Bast Eur. Constitutional Law S. …	von Bogdandy/Bast, Principles of European Constitutional Law, Lehrbuch, 2. Aufl. 2010

Literaturverzeichnis

v. Bogdandy/Bast EurVerfassungsR S. … …	von Bogdandy/Bast, Europäisches Verfassungsrecht – Theoretische und dogmatische Grundzüge, Lehrbuch, 2. Aufl. 2009
v. Bogdandy/Cruz Villalón/Huber Ius Publicum Europaeum-HdB I S. … …	von Bogdandy/Cruz Villalón/Huber, Handbuch Ius Publicum Europaeum, Band 1: Grundlagen und Grundzüge staatlichen Verfassungsrechts, Handbuch, 1. Aufl. 2007
Bearbeiter in von der Groeben/Schwarze/Hatje Gesetz Art. … Rn. … …	von der Groeben/Schwarze/Hatje, Europäisches Unionsrecht, Kommentar, 7. Aufl. 2015
Bearbeiter in von der Groeben/v. Boeckh/Thiesing/Ehlermann EWG Gesetz Art. … Rn. … …	von der Groeben/von Boeckh/Thiesing/Ehlermann, Kommentar zum EWG-Vertrag, Kommentar, 3. Aufl. 1986
Bearbeiter in v. Mangoldt/Klein/Starck Gesetz Art. … Rn. … …	von Mangoldt/Klein/Starck, Grundgesetz, Kommentar, 7. Aufl. 2018
Verdross/Simma Universelles VölkerR …	Verdross/Simma, Universelles Völkerrecht, Monografie, 3. Aufl. 2010
Bearbeiter in von der Groeben/Thiesing/Ehlermann EGV Gesetz Art. … Rn. … …	von der Groeben/Thiesing/Ehlermann, Kommentar zum EU-/EG-Vertrag, Kommentar, 5. Aufl. 1997
Wyatt/Dashwood EU-Law S. … …	Wyatt/Dashwood, Wyatt and Dashwood's European Union Law, Handbuch, 6. Aufl. 2011
Bearbeiter in Wysk Gesetz Art. … Rn. … …	Wysk, Verwaltungsgerichtsordnung: VwGO, Kommentar, 3. Aufl. 2020
Wägenbaur EuGHVfO Art. … Rn. … …	Wägenbaur, EuGH VerfO, Kommentar, 2. Aufl. 2017

1. Teil. Rechtsschutz durch den Europäischen Gerichtshof

Erster Abschnitt. Grundlagen europäischer Rechtskontrolle

§ 1 Einleitung

Übersicht

	Rn.
A. Rechtsgrundlagen der Europäischen Union	1
B. Rechtsschutz in der Europäischen Union	14
I. Allgemeine Bedeutung	14
II. Gerichtliche Kontrolle	17

Schrifttum:

Bieber/Epiney/Haag/Kotzur, Die Europäische Union, 15. Aufl. 2023; Bleckmann/Pieper, Maastricht, die grundgesetzliche Ordnung und die „Superrevisionsinstanz", RIW 1993, 989 ff.; Borchmann, Der Vertrag von Nizza, EuZW 2001, 170 ff.; Brauneck, Wunderwaffe Sondervermögen: Europäische Friedensfazilität für Waffenlieferungen an die Ukraine, EuZW 2022, 402; Calliess, Die neue Europäische Union nach dem Vertrag von Lissabon, 2010; Calliess, Konfrontation statt Kooperation zwischen BVerfG und EuGH? Zu den Folgen des Karlsruher PSPP-Urteils, NVwZ 2020, 897; Classen, Rechtsschutz, in Schulze/Janssen/Kadelbach (Hrsg.), Europarecht. Handbuch für die deutsche Rechtspraxis, 4. Aufl. 2020; von Danwitz, Die Garantie effektiven Rechtsschutzes im Recht der Europäischen Gemeinschaft, NJW 1993, 1108 ff.; Ehlermann, Die Europäische Gemeinschaft, das Recht und die Juristen, NJW 1992, 1857 ff.; Epiney/Apt/Mosters, Der Vertrag von Nizza, DVBl 2001, 941 ff.; Everling, Bindung und Rahmen: Recht und Integration, in Weidenfeld (Hrsg.), Die Identität Europas, 1985, S. 125 ff.; Everling, Die Mitgliedstaaten der Europäischen Gemeinschaft vor ihrem Gerichtshof, EuR 1983, 101 ff.; Everling, Die Errichtung des Gerichts erster Instanz, in Schwarze (Hrsg.), Fortentwicklung des Rechtsschutzes in der Europäischen Gemeinschaft, 1987, S. 39 ff.; Everling, Ansprache, EuR 1988, 344; Everling, Die Stellung der Judikative im Verfassungssystem der Europäischen Gemeinschaft, ZfSR 1993, 338 ff.; Everling, Stand und Zukunftsperspektive der Europäischen Gerichtsbarkeit, FS für Deringer, Europarecht, Kartellrecht, Wirtschaftsrecht, 1993, 48 ff.; Everling, Zur Fortbildung der Gerichtsbarkeit der Europäischen Gemeinschaften durch den Vertrag von Nizza, in Cremer/Giegerich/Richter/Zimmermann, Tradition und Weltoffenheit des Rechts, FS für Steinberger, 2002, 1103 ff.; Everling, Quis custodiet custodes ipsos?, EuZW 2002, 364 ff.; Everling, 50 Jahre Gerichtshof der Europäischen Gemeinschaften, DVBl 2002, 1293 ff.; Everling, Grundlagen der Reform der Gerichtsbarkeit der Europäischen Union und ihres Verfahrens durch den Vertrag von Nizza, EuR-Beiheft 1/2003, 7 ff.; Everling, Rechtsschutz in der Europäischen Union nach dem Vertrag von Lissabon, EuR-Beiheft 1/2009, 71 ff.; Gött, Die ultra vires-Rüge nach dem OMT-Vorlagebeschluss des Bundesverfassungsgerichts, EuR 2014, 514; Goll/Keuntner, Brauchen wir ein Europäisches Kompetenzgericht?, EuZW 2002, 101; Graf Vitzthum, Gemeinschaftsgericht und Verfassungsgericht – rechtsvergleichende Aspekte, JZ 1998, 161 ff.; Grimmel/Jakobeit, Die integrationstheoretischen Grundlagen des Europarechts, in Hatje/Müller-Graff (Hrsg.), EnzEUR, Bd. 1: Europäisches Organisations- und Verfassungsrecht, 2. Aufl. 2022, § 2; Hallstein, Der unvollendete Bundesstaat, 1969; Hallstein, Die Europäische Gemeinschaft, 5. Aufl. 1979; Häberle, Europäische Rechtskultur, 1994; Häberle/Kotzur, Europäische Verfassungslehre, 8. Aufl. 2016; Hatje, Die institutionelle Reform der Europäischen Union – der Vertrag von Nizza auf dem Prüfstand, EuR 2001, 143 ff.; Hilf/Pache, Der Vertrag von Amsterdam, NJW 1998, 705 ff.; Hirsch, Dezentralisierung des Gerichtssystems der Europäischen Union?, ZRP 2000, 57 ff.; Hölscheidt/Baldus, EU und EG als terminologisches Problem, DVBl 1996, 1409; Hoffmann, Der Gerichtshof der Europäischen Union – Re-organisiert, EuR 2016, 197; Iliopoulos, Die Reform des Gerichts der Europäischen Union, EuR 2018, 487; Jung, Ein erstinstanzliches Gericht für die Europäischen Gemeinschaften, EuGRZ 1986, 229 ff.; Jung, Das Gericht erster Instanz, EuR 1992, 253; Kämmerer, Bahn frei der Bankenunion?, NVwZ 2013, 830; Kahl, Optimierungspotential im „Kooperationsverhältnis" zwischen EuGH und BVerfG, NVwZ 2020, 824; Kirchhof, Rechtsschutz durch Bundesverfassungsgericht und Europäischen Gerichtshof, in Merten (Hrsg.), Föderalismus und Europäische Gemeinschaften, 1990, S. 118 ff.; Klinke, Der Gerichtshof der Europäischen Gemeinschaften, 1989; Kotzur, Die europäische Gerichtsbarkeit, in Leible/Terhechte (Hrsg.), EnzEUR, Bd. 3, Europäisches Rechtsschutz- und Verfahrensrecht, 2. Aufl. 2021, § 5; Krings, Die Kompetenzkontrolle der EU – einer muss es ja machen, ZRP 2020, 160; Lang, Die Verfassungsgerichtsbarkeit in der vernetzten Weltordnung, 2020; Lecheler, Die Fortentwicklung des Rechts der Europäischen Union durch den Amsterdam-Vertrag, JuS 1998, 392 ff.; Leeb, Alle Rechtsschutzlücken geschlossen? Zum System des Individualrechtsschutzes im Unionsrecht nach Inuit II, ZfRV 2015, 4; Lenz, Der Vertrag von Maastricht nach dem

Urteil des BVerfG, NJW 1993, 3038 f.; Lenz, Die Gerichtsbarkeit in der Europäischen Gemeinschaft nach dem Vertrag von Nizza, EuGRZ 2001, 433 ff.; Limbach, Die Kooperation der Gerichte in der zukünftigen europäischen Grundrechtsarchitektur, EuGRZ 2000, 417 ff.; Lorenzmeier, Der Beitritt der Ukraine zur EU: Rechtliche und politische Fragestellungen, UkuR 2022, 390; Mangold, Gemeinschaftsrecht und deutsches Recht. Die Europäisierung der deutschen Rechtsordnung in historisch-empirischer Sicht, 2011; Martenczuk, Die dritte Gewalt in der Europäischen Union, in Demel/Hausotter/Heybein, Funktionen und Kontrolle der Gewalten, 2001, S. 242 ff.; Meier, Zur Mitverantwortung deutscher Richter für die Vollendung des Binnenmarktes, EuZW 1990, 81 ff.; Meessen, Maastricht nach Karlsruhe, NJW 1994, 549 ff.; Meyer, Aufbau- und Resilienzpläne im Rahmen von NextGenerationEU sowie Vorschläge für neue EU-Eigenmittel, EuZW 2022, 789; Middeke/Szczekalla, Änderungen im europäischen Rechtsschutzsystem, JZ 1993, 284 ff.; Müller-Graff/Scheuing (Hrsg.), Gemeinschaftsgerichtsbarkeit und Rechtsstaatlichkeit, EuR-Beiheft 3/2008; Nemitz, 10 Jahre Gericht Erster Instanz der Europäischen Gemeinschaften, DÖV 2000, 437 ff.; Nicolaysen, Das Lissabon-Urteil des Bundesverfassungsgerichts im Kontext der Europarechtsprechung des Bundesverfassungsgerichts, EuR-Beiheft 1/2010; Nicolaysen/Nowak, Teilrückzug des BVerfG aus der Kontrolle der Rechtmäßigkeit gemeinschaftlicher Rechtsakte: Neuere Entwicklungen und Perspektiven, NJW 2001, 1233 ff.; Niemeyer, Erweiterte Zuständigkeiten für das Gericht erster Instanz der Europäischen Gemeinschaften, EuZW 1993, 529 ff.; Oppermann, Die Europäische Union von Lissabon, DVBl 2008, 473 ff.; Pache/Schorkopf, Der Vertrag von Nizza, NJW 2001, 1377 ff.; Pehle, Die Europäische Union im Kampf um den Rechtsstaat, GWP 2019, 29; Pernice, Karlsruhe locuta – Maastricht in Kraft, EuZW 1993, 649; Rabe, Das Gericht erster Instanz der Europäischen Gemeinschaften, NJW 1989, 3041 ff.; Reich, Brauchen wir eine Diskussion um ein Europäisches Kompetenzgericht?, EuZW 2002, 257; Rengeling, Brauchen wir die Verfassungsbeschwerde auf Gemeinschaftsebene?, in Due/Lutter/Schwarze (Hrsg.), FS für U. Everling, 1995, 1187 ff.; Riedel, Der Vertrag von Amsterdam und die institutionelle Reform der Europäischen Union, BayVBl. 1998, 545 ff.; Rodriguez Iglesias, Der Gerichtshof der Europäischen Gemeinschaften als Verfassungsgericht, 1992; Rösler, Zur Zukunft des Gerichtssystems der EU, ZRP 2000, 52 ff.; Roth, Der EuGH und die Mitgliedstaaten – ein zunehmend schwieriges Verhältnis, in Isak (Hrsg.), Krise – Kompetenz – Kooperation, 2010, S. 127 ff.; Sander, Europäischer Gerichtshof und nationale Verfassungsgerichtsbarkeit, DÖV 2000, 588 ff.; Sarcevic, Der EuGH als Gesetzlicher Richter (Art. 101 Abs. 1 GG), DÖV 2000, 941 ff.; Schlacke, Klimaschutzrecht im Mehrebenensystem, EnWZ 2020, 355; Schwarze/v. Simson, Nutzen und Kosten des Rechtsschutzes in der Europäischen Gemeinschaft, in Schwarze (Hrsg.), Fortentwicklung des Rechtsschutzes in der Europäischen Gemeinschaft, 1987, S. 23 ff.; Schwarze, Der Anspruch auf effektiven Rechtsschutz im europäischen Gemeinschaftsrecht, FS Starck, 2007, 645 ff.; Schwarze, 20 Jahre Gericht erster Instanz – der Zugang zur Justiz, EuR 2010, 717 ff.; Schorkopf, Der europäische Weg, 3. Aufl. 2020; Streinz, Der Vertrag von Amsterdam, EuZW 1998, 137 ff.; Streinz, Individualrechtsschutz im Kooperationsverhältnis, EuZW 2014, 17; Swoboda, Definitionsmacht und ambivalente justizielle Entscheidungen. Der Dialog der europäischen Gerichte über Grundrechtsschutzstandards und Belange der nationalen Verfassungsidentität, ZIS 2018, 276; Terhechte, Der Vertrag von Lissabon: Grundlegende Verfassungsurkunde der europäischen Rechtsgemeinschaft oder technischer Änderungsvertrag?, EuR 2008, 143 ff.; Thiele, Das Rechtsschutzsystem nach dem Vertrag von Lissabon – (K)ein Schritt nach vorn?, EuR 2010, 30 ff.; Tomuschat, Der Streit um die Auslegungshoheit: Die Autonomie der EU als heiliger Grad – das EuGH-Gutachten gegen den Beitritt der EU zur EMRK, EuGRZ 2015, 133; Tomuschat, Die Europäische Union unter der Aufsicht des BVerfG, EuGRZ 1993, 489 ff.; Triantafyllou, Zur Europäisierung des vorläufigen Rechtsschutzes, NVwZ 1992, 129 ff.; Tsatsos, Die Europäische Unionsgrundordnung im Schatten der Effektivitätsdiskussion, EuGRZ 2000, 517 ff.; Tsatsos (Hrsg.), Die Unionsgrundordnung. Handbuch zur Europäischen Verfassung, 2010; Wägenbaur, Stolpersteine des Vorabentscheidungsverfahrens, EuZW 2000, 37 ff.; Weidenfeld (Hrsg.), Lissabon in der Analyse, 2008; Wienke, Der Europäische Gerichtshof und sein Einfluss auf das Recht, DB 1990, 1463 ff.; Zuleeg, Die Rolle der rechtsprechenden Gewalt in der europäischen Integration, JZ 1994, 1 ff.; Zuleeg, Die föderativen Grundsätze der Europäischen Union, NJW 2000, 2846.

A. Rechtsgrundlagen der Europäischen Union

1 Ein „immer engerer" Zusammenschluss der europäischen Völker und Staaten, wie ihn heute Art. 1 Abs. 2 EUV zum programmatischen Integrationsziel der in ihrer Finalität nach wie vor offenen Union macht, war von Anfang an die zentrale Grundidee des europäischen Integrationsprojekts.[1] Wenn Art. 1 Abs. 2 EUV in gleichem Atemzug von einer „neuen Stufe" im Integrationsprozess spricht, verweist auch diese Formulierung auf die ursprüngliche Idee eines stufen- bzw. schrittweisen Zusammenwachsens zu einem Integrationsverbund neuen Typs. Er sollte kein bloßer Staatenbund klassischen Zuschnitts sein, muss(te) aber ebenso wenig zu einem vollendeten Bundesstaat erwachsen.[2] Das „piecemeal enginee-

---
[1] Bieber/Epiney/Haag/Kotzur EU § 1 Rn. 1; zu den ideengeschichtlichen Grundlagen Grimmel/Jakobeit in Hatje/Müller-Graff EnzEUR I § 2 Rn. 1 ff.
[2] Schon klassisch Hallstein Der unvollendete Bundesstaat S. 1 ff.

ring" (*K. Popper*) mit seiner Dynamik aus Fort- und Rückschritten wurde schon in den Gründerjahren zum maßgeblichen Integrationsmodus. Daran hat sich seither nichts geändert. Wer die Rechtsgrundlagen der heutigen Union entwicklungsgeschichtlich einordnen und aus ihrem weniger revolutionären als evolutionären Werden heraus deuten will, kommt kaum umhin, das europäische Fortschritts- als Krisennarrativ zu lesen – und vice versa. Alles Integrationsbemühen trägt die Möglichkeit des (partiellen) Gelingens genauso in sich wie die Gefahr des (partiellen) Scheiterns. Konsolidierung und Verfall liegen oft nahe beieinander, integrative und desintegrative Momente greifen mitunter sogar ineinander. Letztlich ist der meist spannungsreiche, nie lineare, bei aller Dialektik kontinuierliche Entwicklungsprozess eine der großen Stärken der krisenerfahrenen und krisenerprobten Union.[3] So leiteten in der ersten Dekade des 21. Jh. Finanz- und Staatsschuldenkrise[4] nicht nur das Zeitalter des Zentralbankkapitalismus ein, sondern erforderten auch die Schaffung einer europäischen Bankenunion.[5] In Reaktion auf die globale Klimakrise und in Anknüpfung an das Pariser Klimaabkommen von 2015 begann die Europäische Union ihre gemeinsame Klimapolitik zu intensivieren.[6] Weitreichende Solidarität zeigte sich – manchen nationalen Egoismen zum Trotz – im unionalen Bemühen um Covid19-Vakzine. Ein weiterer Integrationsschritt folgte mit der Auflegung eines 750-Milliarden-Fonds zur Bekämpfung der ökonomischen Pandemiefolgen. Stimmen in der Literatur machten gar einen europäischen „Hamilton-Moment" aus.[7] Zuletzt zeigte sich europäische Geschlossenheit in Reaktion auf den Angriffskrieg der Russischen Föderation gegen die Ukraine, genannt seien etwa die zahlreichen Sanktionspakete, die Friedensfazilität[8] oder die konkrete Beitrittsperspektive für das in die europäische Familie drängende Land.[9] Der Krieg macht schließlich eine tiefgreifende Umgestaltung der europäischen Energiepolitik erforderlich. In Anbetracht dieser zahlreichen Herausforderungen steht die EU, wie so oft, vor großen Erwartungen und begegnet nicht minder großer Skepsis. Was bei all der Krisen- und Wandlungsdynamik bleibt, sind zwei Konstanten. EWG, EG und EU waren und sind das einzigartige Experiment eines freiwilligen Zusammenschlusses demokratisch verfasster Staaten mit dem Ziel, den Frieden, die Werte, und das Wohlergehen ihrer Bürgerinnen und Bürger im Verbund zu fördern (Art. 3 Abs. 1 EUV).[10] Ihr Integrationsmittel war und ist das Recht. Der erste Kommissionspräsident *Walter Hallstein* spricht plastisch von einem „Geschöpf" des Rechts[11] und preist, nicht ohne Pathos, dessen integrative Kraft für eine Friedensordnung: „Nicht Gewalt, nicht Unterwerfung ist als Mittel eingesetzt, sondern eine geistige, eine kulturelle Kraft: das Recht. Die Majestät des Rechts soll schaffen, was Blut und Eisen in Jahrhunderten nicht vermochten."[12] Umso schwerer wiegt, wenn Mitgliedstaaten wie Polen oder Ungarn diese Rechtsgemeinschaft in ihren Grundfesten herausfordern[13]; umso gewichtiger wird zugleich die Rolle des EuGH für die „Wahrung des Rechts bei der Auslegung und Anwendung der Verträge" (Art. 19 Abs. 1 S. 2 EUV).[14] Ihn trifft die anspruchsvolle Aufgabe, normative Bindung möglichst bürgernah in politische Inklusion zu übersetzen und so, weit über die wirtschaftlichen Ambitionen des Binnenmarktes hinaus, politische Gemeinschaft mitzustiften.[15]

---

3   Bieber/Epiney/Haag/Kotzur EU § 40 Rn. 1.
4   Calliess/Schorkopf VVDStRL 71 (2012), 113 ff. (183 ff.) jeweils mit zahlreichen weiteren Nachweisen.
5   Kämmerer NVwZ 2013, 830. Siehe hierzu auch BVerfG 30.7.2019 – 3 BvR 1685/14, BVerfGE 151, 202 ff. = NJW 2019, 3204.
6   S. nur Schlacke EnWZ 2020, 355.
7   Zu den Aufbau- und Resilienzplänen Meyer EuZW 2022, 789.
8   Brauneck EuZW 2022, 402.
9   Zu der Beitrittsperspektive s. Lorenzmeier UkuR 2022, 390.
10 Nochmals Bieber/Epiney/Haag/Kotzur EU § 40 Rn. 1.
11 Hallstein Die Europäische Gemeinschaft S. 53; dazu auch Everling in Weidenfeld Identität Europas S. 152 ff.
12 Hallstein Der unvollendete Bundesstaat S. 33.
13 Pehle GWP 2019, 29.
14 Dazu Kotzur in Leible/Terhechte EnzEUR III § 5.
15 Kotzur in Leible/Terhechte EnzEUR III § 5 Rn. 3.

2 Dabei war das europäische Integrationsprojekt zu Beginn ein primär ökonomisches. Wo es an weiterreichendem Integrationswillen der sechs Gründerstaaten (Belgien, Deutschland, Frankreich, Italien, Luxemburg, Niederlande) noch fehlte und eine funktionale Integrationslogik dominierte, war das Vertrauen in einen „spill over" von der wirtschaftlichen hin zur politischen Integration indes schon präsent. Jenseits der Marktintegration hat, ganz folgerichtig, die Idee einer auf gemeinsame Werte gegründeten (Art. 2 EUV) und von gemeinsamen (politischen) Zielen geleiteten (Art. 3 EUV) **Union** immer deutlichere Gestalt angenommen.[16] Die entscheidenden Impulse dafür setzte der am 1.11.1993 in Kraft getretene Vertrag über die Europäische Union (Maastricht).[17] Er legte die Grundlagen für eine Wirtschafts- und Währungsunion, ermöglichte eine, freilich intergouvernementale, gemeinsame Außen- und Sicherheitspolitik sowie die Zusammenarbeit von Justiz und Innerem in einem „Raum der Freiheit, der Sicherheit und des Rechts".[18] Seitdem hat sich die Europäische Union kontinuierlich fortentwickelt und **schrittweise konstitutionalisiert.** Mit Inkrafttreten des „Amsterdamer Vertrages – (AV)" am 1.5.1999[19] wurden grundlegende Neuerungen vor allem zur Stärkung der rechtsstaatlichen und demokratischen Grundlagen in den Unionsvertrag und die Verträge der drei europäischen Gemeinschaften aufgenommen.[20] Ein weiterer Höhepunkt war der Regierungsgipfel in Nizza Anfang Dezember 2000. Er sollte die Erweiterung der Union um die Staaten Ost- und Mitteleuropas (2004 und 2007) primär, aber nicht ausschließlich durch institutionelle Reformen vorbereiten. Wegweisend war vor allem der Schritt hin zu einer europäischen Grundrechtsgemeinschaft durch die Unterzeichnung der zunächst noch unverbindlichen Charta der Grundrechte. Ein europäischer Konvent unter der Leitung von *Roman Herzog* hatte sie ausgearbeitet. In vielem, vor allem den Abstimmungsmodalitäten, blieb der Vertrag von Nizza indes defizitär. Weitere Reformbedarfe waren in ihm gewissermaßen schon strukturell angelegt und sollten durch den großen Wurf eines europäischen Verfassungsvertrages überwunden werden (2004).[21] Nach dessen Scheitern verordnete sich die Union eine Denkpause. Unter deutscher Ratspräsidentschaft fand der Reformprozess schließlich eine Fortsetzung, und zwar mit dem Vertrag von Lissabon (13.12.2007, in Kraft getreten am 1.12.2009).[22] Mit diesem in vielem die konstitutionellen Impulse des gescheiterten Verfassungsprozesses aufgreifenden Vertragswerk hat auch die EU-Grundrechtecharta Rechtsverbindlichkeit erlangt.[23]

3 Im Folgenden sei der Weg hin zur politischen Union noch etwas detaillierter nachgezeichnet: Durch den **Unions-Vertrag (EUV-Maastricht)** gründeten die beteiligten Mitgliedstaaten untereinander eine „Europäische Union".[24] Damit war eine neue *politische* Stufe in der Entwicklung der europäischen Integration erreicht, die durch Gründung der drei Europäischen Gemeinschaften – Montanunion, EURATOM und Europäische Wirtschaftsgemeinschaft – primär marktbezogen eingeleitet worden war. Die europäische Integration beruhte nunmehr auf dem sog. **„Drei-Säulen-Konzept".[25]** Die Grundlage der Union bildeten die genannten drei **Europäischen Gemeinschaften,** wobei die Europäische Wirtschaftsgemeinschaft mit dem Maastrichter Unionsvertrag in „Europäische Ge-

---

[16] Häberle/Kotzur EurVerfassungslehre S. 208 ff.
[17] Vertrag über die Europäische Union v. 7.2.1992, ABl. 1992 C 191, 1 = BGBl. 1992 II 1253 – in Kraft getreten am 1.11.1993; dazu Classen in Oppermann/Classen/Nettesheim EuropaR § 3 Rn. 1 ff.
[18] Dazu Bieber/Epiney/Haag/Kotzur EU § 1 Rn. 2.
[19] ABl. 1997 C 340, 97 = BGBl. 1998 II 386, BGBl. 1999 II 296.
[20] Vgl. dazu Hilf/Pache NJW 1998, 705 ff.; Lecheler JuS 1998, 392 ff.; Riedel BayVBl. 1998, 545 ff.; Streinz EuZW 1998, 137.
[21] Entwurf eines Vertrages über eine Verfassung für Europa v. 29.10.2004, ABl. 2004 C 310, 1.
[22] Vertrag von Lissabon zur Änderung des Vertrages über die Europäische Union und des Vertrages zur Gründung der Europäischen Gemeinschaft, ABl. 2007 C 306, 1; dazu etwa Streinz/Ohler/Herrmann Vertrag Lissabon S. 26 ff.
[23] Kotzur in Geiger/Khan/Kotzur/Kirchmair AEUV Anh. 1 Rn. 1 ff.
[24] Art. A Abs. 1 EUV.
[25] Art. A Abs. 3 EUV.

meinschaft" umbenannt wurde.[26] Auch nach Inkrafttreten des Unionsvertrags in der Gestalt des „Amsterdamer Vertrages" und des „Nizza-Vertrages" handelte es sich bei allen drei Gemeinschaften um eigenständige Rechtssubjekte[27] mit unterschiedlichen Zielsetzungen und eigenständigen, freilich interdependenten Aufgabenbereichen. Da die Gültigkeit des EGKSV aber zum 24.7.2002 ausgelaufen ist (vgl. Art. 97 EGKSV), beschlossen die Mitgliedstaaten in Nizza, das gesamte Vermögen und die Verbindlichkeiten des EGKSV (Stand: 23.7.2002) auf die EG zu übertragen (zum Lissabon-Vertrag → Rn. 6).

Danach galt es, nicht nur diese zwei Gemeinschaften rechtlich auseinanderzuhalten, **4** sondern auch ihr Verhältnis zum Dach der Europäischen Union und dessen neue rechtliche Qualität differenziert zu betrachten. Als wichtiger Beschreibungsmodus konnte sich nach Maastricht rasch der Verbundbegriff, sei es in der stärker intergubernativen Lesart des Staatenverbundes,[28] sei es in der stärker konstitutionellen Lesart des Verfassungsverbundes durchsetzen.[29] Art. 3 EUV in der Fassung des Amsterdamer Vertrages bestätigte das Verbundmodell. Ihm zufolge verfügte die Union über einen einheitlichen institutionellen Rahmen, der die Kohärenz und Kontinuität der Maßnahmen zur Erreichung ihrer Ziele unter gleichzeitiger Wahrung und Weiterentwicklung des gemeinschaftlichen Besitzstandes (acquis communautaire) sicherstellte. Art. 5 EUV-Amsterdam nannte die Gemeinschaftsorgane und stellte klar, dass diese ihre Befugnisse nach Maßgabe und im Sinne der Verträge zur Gründung der Europäischen Gemeinschaften (also EG und EAG) ausüben. Dementsprechend verfügte die Union – abgesehen von dem Europäischen Rat – nicht über eigene Organe. Vielmehr bediente sich die EU der Organe der Europäischen Gemeinschaften. Daraus wurde – juristisch gesehen – kein Konglomerat. In der Öffentlichkeit setzte sich indes ohne Rücksicht auf solche strukturelle Komplexität mehr und mehr das Kürzel „EU" für die Gesamtheit der Gemeinschaftskonstruktion durch.[30] Die Normierung in Art. 3, 5 EUV-Amsterdam für einen institutionellen Rahmen der EU mag dazu geführt haben, bei den Gemeinschaftsorganen bald schon ohne genaue Differenzierung von EU-Organen zu sprechen. Dies spiegelte aber nicht die Rechtswirklichkeit wider. Eine Fusion der Europäischen Gemeinschaften mit der EU hat weder nach Inkrafttreten des Amsterdamer Vertrages noch nach den Veränderungen infolge des Vertrages von Nizza stattgefunden.[31] Art. 3, 5 EUV-Amsterdam sahen nur vor, dass die Gemeinschaftsverträge innerhalb ihrer Befugnisse auch die Interessen/Zielvorstellungen der EU im Auge behalten und kohärent und konsequent mit berücksichtigen sollten. Im Übrigen ließ der EUV-Amsterdam die Gemeinschaftsverträge unberührt (Art. 47 EUV). Eigene Rechtsgrundlagen zum Tätigwerden der Gemeinschaftsorgane enthielt er nicht.

Ergänzt wurde die erste Säule durch zwei im Unionsvertrag vorgesehene Formen der **5** Zusammenarbeit: die **Gemeinsame Außen- und Sicherheitspolitik** (Art. 11 ff. EUV-Amsterdam) und die Zusammenarbeit in den Bereichen **Justiz und Inneres** (Art. 29 ff. EUV-Amsterdam). Nach Art. 46 EUV-Amsterdam, der die Zuständigkeit des Gerichtshofs

---

[26] Vor diesem Hintergrund soll im Folgenden hinsichtlich des Vertragstextes der EG (Stand Nizza) von EGV-Nizza die Rede sein.
[27] Vgl. Art. 6 EGKSV, Art. 210 EGV, Art. 184 EAGV.
[28] BVerfG 12.10.1993 – 2 BvR 2134/92 u. 2 BvR 2159/92, BVerfGE 89, 155 (156, 181) = NJW 1993, 3047; BVerfG 10.6.2009 – 2 BvE 2/08 ua, BVerfGE 123, 267 (348) = NJW 2009, 2267: „Der Begriff des Verbundes erfasst eine enge, auf Dauer angelegte Verbindung souverän bleibender Staaten, die auf vertraglicher Grundlage öffentliche Gewalt ausübt, deren Grundordnung jedoch allein der Verfügung der Mitgliedstaaten unterliegt und in der die Völker – dh die staatsangehörigen Bürger – der Mitgliedstaaten die Subjekte demokratischer Legitimation bleiben." Prägend wirkt Kirchhof in v. Bogdandy/Bast EuVerfR S. 1009 ff., 1019 ff.
[29] Wegweisend Pernice EuR 1996, 27 (33): „Der Begriff des Verfassungsverbundes kennzeichnet (...) die materielle Einheit von Gemeinschafts- und innerstaatlichem (Verfassungs-)Recht"; Pernice JöR 48 (2000), 205 ff.; Pernice VVDStRL 60 (2001), 148 ff.; Pernice in Calliess, Verfassungswandel im europäischen Staaten- und Verfassungsverbund, 2007, S. 61 ff.
[30] Vgl. dazu Hölscheidt/Baldus DVBl 1996, 1409.
[31] Oppermann EuropaR, 2. Aufl. 1999, Rn. 154 mit Hinweisen auf abweichende Auffassungen zur damaligen Rechtslage.

im Wege eines Enumerationsprinzips abschließend aufführte, blieben die Bereiche der Zusammenarbeit im intergouvernementalen Bereich der Gemeinsamen Außen- und Sicherheitspolitik sowie der überwiegende Teil der Zusammenarbeit in den Bereichen Justiz und Inneres ausgenommen,[32] auch wenn sich durch den Amsterdamer Vertrag im Bereich der dritten Säule Änderungen ergeben haben. Diese Änderungen betreffen die polizeiliche und justizielle Zusammenarbeit, die verstärkte Zusammenarbeit und die Überwachung und Einhaltung der Grundrechtsbindung (Art. 46b, 46c EUV).

6   Der seit seinem Inkrafttreten 2009 maßgebliche **Lissabon-Vertrag** ordnet – sich anlehnenden an den im Jahre 2005 nach Referenden in Frankreich und den Niederlanden gescheiterten Verfassungsvertrag – das europäische Integrationswerk neu.[33] Die EU nach Lissabon erschließt sich in der Zusammenschau der konsolidierten Texte des EU-Vertrags (EUV) sowie des „Vertrags über die Arbeitsweise der Union" (AEUV). Die beiden Verträge sind die **Grundlage der einheitlichen und einzigen Rechtspersönlichkeit der neuen Europäischen Union,** Art. 47 EUV.[34] Hinzu tritt die rechtliche gleichrangige EU-Grundrechtecharta als gewissermaßen dritter Gründungsvertrag (Art. 6 Abs. 1 EUV). Der Vertrag von Lissabon beruht, wie schon angedeutet, auf einer weitgehenden Übernahme der Substanz des Verfassungsvertrages von 2004.[35] Zwar wurde das „Verfassungskonzept" – jedenfalls terminologisch – aufgegeben, die Verfassungsidee aber lebt fort und findet normativen Niederschlag. So stellt der EUV im Zusammenklang mit „verfassungsqualitativen" *(D. Th. Tsatsos)* Bestimmungen aus dem AEUV die verfassungsmäßige Grundordnung der Union dar.[36] Zu Zielen und Zuständigkeiten ist wie bisher geregelt, dass die Union ihre Ziele nur insoweit verfolgen darf, als ihr Zuständigkeiten nach dem Prinzip der begrenzten Einzelermächtigung (Art. 5 Abs. 1 EIUV) zugewiesen sind, Art. 3 Abs. 6 EUV und Art. 7 AEUV.[37] Der neue „institutionelle Rahmen" ist weitgehend dem Verfassungsvertrag entnommen und kann, bei allen verbleibenden Defiziten, als Konstitutionalisierungserfolg gewertet werden.

7   Weder im Kontext des gescheiterten Verfassungsvertrages noch bei den Beratungen zum anschließenden Vertragswerk von Lissabon bildete die Reform des unionalen Rechtsschutzsystems einen entscheidenden Schwerpunkt politischen Bemühens oder wissenschaftlicher Kontroversen.[38] Substantielle Neuerungen der Gerichtsverfassung hatte schon der Vertrag von Nizza eingeführt,[39] vor allem die „Erweiterungsfähigkeit" des unter übergroßer Arbeitsbelastung leidenden EuGH sichergestellt[40] (die Änderungen betrafen etwa die Organisation des Gerichtshofs und des Gerichts sowie der damaligen gerichtlichen Kammern – später Fachgerichte, heute aber abgeschafft –, die Zuständigkeit für Vorabentscheidungen und Direktklagen sowie Verfahrensfragen[41]). Hier galt es Kontinuität zu wahren. Und doch wird substantiell Neues greifbar: Die Grundlagenbestimmungen zum Gerichtshof der Europäischen Union finden sich nunmehr dort, wo die prägenden Konturen der Unionsgrundordnung gezeichnet,[42] anders formuliert, wo die konstitutionellen Fundamente der Union gelegt werden: im EUV, konkret in seinem neugefassten Art. 19.[43]

---

[32] Vgl. hierzu Middeke/Szczekalla JZ 1993, 291 f.
[33] Mayer JuS 2010, 189 ff.; Terhechte EuR 2008, 143 ff.
[34] Classen in Oppermann/Classen/Nettesheim EuropaR § 2 Rn. 12.
[35] Dazu und zu Unterschieden Classen in Oppermann/Classen/Nettesheim EuropaR § 2 Rn. 11; Oppermann DVBl 2008, 473 ff.; Streinz/Ohler/Herrmann Vertrag Lissabon S. 27, 30.
[36] Kotzur in Geiger/Khan/Kotzur/Kirchmair EUV Art. 1 Rn. 1; Haratsch/Schiffauer/Tsatsos in Tsatsos, Die Unionsgrundordnung, 2010, S. 1 ff., 9.
[37] Näheres bei Oppermann DVBl 2008, 477 f.
[38] Thiele EUR 2010, 30; Calliess EU nach Lissabon S. 148; Schwarze EuR Beiheft 1/2009, 9 (14); zum Reformdruck auf das unionale Rechtsschutzsystem, der mit einer Kompetenzerweiterung der Union indes verbunden ist v. Danwitz EuR 2008, 769 (785).
[39] Dazu Everling EuR Beiheft 1/2009, 71 ff.; Streinz/Ohler/Herrmann Vertrag Lissabon S. 60.
[40] So Bast in v. Bogdandy/Bast EuVerfR 489 ff., 554.
[41] Im Einzelnen Everling EuR Beiheft 1/2003, 7 (17).
[42] Tsatsos EuGRZ 1995, 287 ff.; EuGRZ 2000, 517 ff.
[43] Von einer „Zentralnorm der Rechtsgemeinschaftlichkeit" spricht Terhechte EuR 2008, 143 (159).

Gewiss ist die Aufnahme aller Unionsorgane in Titel III des Unionsvertrages auch der formalen Auflösung der bisherigen Säulenstruktur geschuldet, sie weist in ihrer konstitutionellen Dynamik aber weit über dieses Moment hinaus. Neben der kontinuierlichen Konstitutionalisierung verändert ein ebenso kontinuierliches Anwachsen von Zuständigkeiten und Tätigkeiten der Union das Aufgaben- und Verantwortungsprofil jenes Organs, das zur Wahrung ihres Rechts (Art. 19 Abs. 1 S. 2 EUV) berufen bleibt.[44] Das wiegt umso schwerer, als der EuGH eine Doppelrolle als höchstes unionales Fach- und Verfassungsgericht zu erfüllen hat, dabei Bürgergericht[45] sein soll, und keine der Funktionen von den jeweils anderen überlagert werden darf.[46] War der Luxemburger Gerichtshof bisher schon – von den Mitgliedstaaten teils konstruktiv-kritisch begleitet, teils misstrauisch beäugt – „Motor der Integration" und damit auch „Motor der Konstitutionalisierung", so wächst die verfassungsgerichtliche Verantwortung. Diesen Verantwortungszuwachs untermauert neben dem Wertekatalog aus Art. 2 EUV die Garantie effektiven Rechtsschutzes in Art. 47 Abs. 1 GRCh. Der Vertrag von Lissabon wandelt, wie oben gesagt, das „soft law" der feierlichen Erklärung v. 7.12.2000 in das „hard law" eines dritten Gründungvertrages und leistet damit die entscheidende konstitutionelle Verdichtung, von Art. 6 Abs. 1 Hs. 2 EUV unmissverständlich formuliert: „die Charta der Grundrechte und die Verträge sind rechtlich gleichrangig." Diese Rechtsschutzgarantie ist nicht auf Rechte und Freiheiten im Sinne der Charta beschränkt, sondern muss für alle auf EU-Ebene gewährten Rechte zur Verfügung stehen.[47]

Augenfällige Neuerungen betreffen die Nomenklatur. Der Lissabon-Vertrag[48] übernimmt im Wesentlichen die Terminologie des Verfassungsvertrages, insbes. die Bezeichnungen „Gerichtshof der Europäischen Union" als Oberbegriff für den Gerichtshof (vormals Gerichtshof der Europäischen Gemeinschaften), „Gericht" (vormals Gericht erster Instanz) und die „Fachgerichte" (vormals Gerichtliche Kammern), Art. 19 EUV; Art. 251–281 AEUV. Überdies ist der Rechtsschutz erweitert worden,[49] und zwar ua der Rechtsschutz Privater gegen Rechtsakte mit allgemeiner Wirkung, Art. 263 Abs. 4 AEUV,[50] und der Rechtsschutz gegen Agenturen. Ferner ist die Gerichtsbarkeit auf den Bereich der Union (im vormaligen Drei-Säulen-Modell war sie nur Dach ohne eigene Rechtspersönlichkeit) erstreckt. Einschränkungen der Gerichtsbarkeit im Bereich der Gemeinsamen Außen- und Sicherheitspolitik – GASP – sind weitgehend aufgehoben worden. Art. 46 EUV-Nizza ist ersatzlos entfallen. Auch im Bereich des Raumes der Freiheit, der Sicherheit und des Rechts entfallen (wie schon im Verfassungsvertrag angelegt) vormalige Beschränkungen. Insbesondere werden Art. 35 EUV-Nizza und Art. 68 EGV-Nizza aufgehoben.

Zusammenfassend sei an dieser Stelle festgehalten: Nach dem Vertrag von Lissabon fällt unter den Begriff „Europäischer Gerichtshof" die gesamte unionsunmittelbare Gerichtsbarkeit, vgl. Art. 19 Abs. 1 EUV.[51] Diese ist dreiteilig konzipiert, wird derzeit aber nur zweiteilig gelebt. Ein echter dreistufiger Instanzenzug sollte ohnehin nie entstehen. Zur konzeptionellen Anlage des Instanzenzugs gehören formell der Gerichtshof, das Gericht sowie die Fachgerichte, die als gerichtliche Kammern bereits im Vertrag von Nizza vorgesehen waren. Als einziges Fachgericht wurde das Gericht für den öffentlichen Dienst der EU 2004 gegründet, 2015 jedoch wieder aufgelöst und zur Stärkung des Gerichts in dieses

---

[44] Pernice EuR 2011, 151.
[45] So schon Häberle Europäische Rechtskultur S. 157.
[46] Grundlegend Häberle/Kotzur EurVerfassungslehre S. 778 ff.; Manthey/Unseld ZeuS 2011, 323 ff. (325); Meyer in v. Bogdandy/Bast EuVerfR S. 559 ff., 593 ff.; Arnull, The European Union and ist Court of Justice, S. 661 f.
[47] Eser/Kubiciel in NK-EuGRCh GRCh Art. 47 Rn. 9, 11.
[48] Vgl. zu den Änderungen betr. den Europäischen Gerichtshof auch Streinz/Ohler/Herrmann Vertrag Lissabon S. 71 f.
[49] Dazu iE Everling EuR-Beiheft 1/2009, 73 ff. mwN.
[50] Kottmann ZaöRV 70 (2010), 547 ff.
[51] Dazu und zum Folgenden Streinz/Ohler/Herrmann Vertrag Lissabon S. 71 f.

integriert.[52] Seit dem besteht faktisch ein zweistufiger Instanzenzug. Die Aufgaben des Gerichtshofes sind auf den Bereich der Freiheit, der Sicherheit und des Rechts ausgedehnt worden – eine Folge der Verschmelzung der ehemaligen Säulen. Andererseits unterliegt die Gemeinsame Außen- und Sicherheitspolitik, eingeschlossen die Europäische Sicherheits- und Verteidigungspolitik, der inhaltlichen Kontrolle durch den Gerichtshof weitgehend nicht, Art. 24 Abs. 1 UAbs. 2 S. 6 EUV und Art. 275 AEUV.

10 Im Verhältnis der einzelnen Gerichte zueinander erfolgt keine weitere Verschiebung der Zuständigkeiten. Im Kern bleibt es also bei der Gerichtsverfassung von Nizza. Wie bereits durch den Art. 225 EGV-Nizza vorgesehen war, ist das Gericht grundsätzlich für alle Nichtigkeits- und Untätigkeitsklagen zuständig, abgesehen von dem Fall, dass ein Fachgericht (aktuell obsolet, aber es besteht jederzeit die Möglichkeit, ein neues Fachgericht einzurichten) oder der Gerichtshof gemäß seiner Satzung zuständig ist, Art. 256 Abs. 1 AEUV. Darüber hinaus wird das Gericht (wie auch schon nach dem EGV möglich) für die Entscheidung bei Vorabentscheidungsersuchen in bestimmten Sachgebieten zuständig, die in der Satzung festgelegt werden, Art. 256 Abs. 3 AEUV. Neu ist das Klagerecht des Ausschusses der Regionen gem. Art. 263 Abs. 3 AEUV.[53] Ebenfalls neu ist die Bestimmung des Art. 255 AEUV, der regelt, dass ein hochrangig besetzter Ausschuss Stellungnahmen über die Eignung der Bewerber für das Amt eines Richters oder Generalanwalts abgeben muss. Dieser „Eignungsprüfungsausschuss" vertraut weniger auf die große öffentliche Anhörung nach Vorbild des US-amerikanischen Supreme Court als auf die Prüfung durch ein kleines Gremium, das für hohe ethische Standards, sachliche Unabhängigkeit und fachliche Expertise steht. Dem Europäischen Parlament steht das Vorschlagsrecht für die Ernennung eines Mitgliedes zu.[54]

11 Weitreichend könnten die Folgen sein, die sich aus der Bestimmung des Art. 19 Abs. 1 UAbs. 2 EUV (verstärkt durch den Rechtsgedanken aus Art. 47 GRCh) ergeben. Danach schaffen die Mitgliedstaaten die erforderlichen Rechtsbehelfe, um einen wirksamen Rechtsschutz in den vom Unionsrecht erfassten Bereichen zu gewährleisten. Die „grundrechtliche Gewährleistung" gibt an sich die Rechtsprechung des EuGH wieder, könnte sich aber zu einer umfassenden Garantie wirksamen Rechtsschutzes entwickeln, vergleichbar mit Art. 19 Abs. 4 GG, Art. 6 EMRK und auch vorgezeichnet in Art. 47 GRCh.[55] Bis dato deutet sich ein solcher Weg in letzter Konsequenz freilich nicht an, wie gleich am Beispiel einer fehlenden Grundrechtsbeschwerde zu zeigen sein wird.

12 Vor der Ratifizierung des Vertrages von Maastricht ist vielfach kritisch die Frage gestellt worden, ob bereits durch Abschluss des Vertrages ein europäischer Bundesstaat geschaffen werde, und zwar entweder durch den Vertragsabschluss oder infolge der damit zwangsläufig eingeleiteten Entwicklung. Diese Frage war auch für die Entscheidung des **Bundesverfassungsgerichts** bedeutsam,[56] da das Grundgesetz keine tragfähige Basis für ein Aufgehen der Bundesrepublik Deutschland in einen europäischen Bundesstaat gibt. Wie das Bundesverfassungsgericht jedoch ausgeführt hat, ist damit der Weg zu einer europäischen Bundesstaatlichkeit nicht versperrt. Dieser führt allerdings über die vom Grundgesetz vorgesehenen Verfahren repräsentativ-demokratischer Entscheidung, für die mit fortschreitender Integration künftig auch die Legitimation durch das frei gewählte Europäische Parlament notwendig sein wird. Gefordert ist hier die originäre Selbstbestimmung der europäischen Völker.[57] Auch wenn mittlerweile zwischen dem deutschen BVerfG und dem EuGH seit dem sog. Maastricht-Urteil des BVerfG ein **Kooperationsverhältnis** mit dem weitgehenden Rück-

---

[52] Wegener in Callies/Ruffert AEUV Art. 270 Rn. 1.
[53] Kotzur/Dienelt in Geiger/Khan/Kotzur/Kirchmair AEUV Art. 263 Rn. 17.
[54] Hakenberg/Schilhan ZfRV 2008, 104 ff.; Kotzur/Dienelt in Geiger/Khan/Kotzur AEUV Art. 255 Rn. 1 f.
[55] Vgl. Wegener in Calliess/Ruffert EU-Verfassung VVE Art. I-29 Rn. 4 ff.; Huber in Streinz EUV Art. 19 Rn. 18 f.; Streinz/Ohler/Herrmann Vertrag Lissabon S. 72.
[56] Vgl. dazu Tomuschat EuGRZ 1993, 489 ff.; Bleckmann/Pieper RIW 1993, 989 ff.; Lenz NJW 1993, 3038 f.; Pernice EuZW 1993, 649; Meessen NJW 1994, 549 ff.
[57] BVerfG 12.10.1993 – 2 BvR 2134/92, 2 BvR 2159/92, BVerfGE 89, 155 ff. = NJW 1993, 3047.

zug des deutschen Verfassungsgerichts aus gemeinschaftsrechtlich determinierten Fallgestaltungen besteht,[58] zeigt sich durch Rechtssetzungsakte und jüngere Geschehnisse (BSE, MKS,[59] Beihilfen, Mechanismen zur Bekämpfung der Finanzkrise[60], PSPP,[61] Rechtsstaatsmechanismus,[62] NGEU[63] etc), wie das Unionsrecht die nationalen Rechtsordnungen der einzelnen Mitgliedstaaten in vielfältiger Weise beeinflussen kann und welches Konfliktpotenzial dort besteht (vgl. dazu iE → §§ 31 ff.). Nicht zuletzt in dem Bemühen, den Grundrechtsschutz auch auf europäischer Ebene zu verbessern und bestehende Rechtsschutz- und Legitimationslücken im europäischen Rechtsschutzsystem zu überbrücken,[64] ist bereits eine „Verfassungsbeschwerde" zum EuGH vorgeschlagen worden,[65] die allerdings im politischen Raum auf wenig Resonanz gestoßen ist und mit der Vertragsrevision von Lissabon auch nicht aufgegriffen worden ist. In diese Lücken streben nun einige nationale Verfassungsgerichte, indem sie – als eine Art Treuhänder – mitgliedstaatliche Handlungen im Anwendungsbereich des Unionsrechts an der Grundrechtecharta messen.[66] In jüngerer Zeit wurde die Rolle des EuGH bei der Sicherung der Kompetenzgrenzen zwischen der Union den Mitgliedstaaten intensiv diskutiert; besonders kontrovers beurteilt wurde das PSPP-Urteil des BVerfG, wobei das BVerfG erstmalig einen europäischen Akt als ultra-vires deklariert hat.[67] Auch wenn die Kommission das Vertragsverletzungsverfahren gegen Deutschland eingestellt hat, kann eine Lösung letztendlich nur im europäischen Verfassungsgerichtsverbund gefunden werden. Im Ringen um die Rechtsstaatlichkeit in Polen und Ungarn gewinnt dieses Problem zunehmend an Bedeutung.[68] Die in diesem Zuge diskutierte Einführung eines europäischen Kompetenzgerichtshofs erscheint wenig aussichtsreich.[69]

Auch im Zusammenhang mit dem Lissabon-Vertrag wurde die „vor" und im Umfeld **13** von „Maastricht" diskutierte Frage nach den Grenzen der Übertragung von Hoheitsrechten und der damit möglicher Weise verbundenen Erosion souveräner Staatlichkeit (neu) gestellt. Das Bundesverfassungsgericht hat allerdings die verfassungsrechtlichen Bedenken gegen das deutsche Zustimmungsgesetz nicht geteilt.[70] Sein Konzept der Integrationsverantwortung[71] mit einem antieuropäischen Reflex zu unterfüttern, wäre verfehlt. Vielmehr

---

[58] Zum Verhältnis BVerfG und EuGH vgl. Kahl NVwZ 2020, 824; Swoboda ZIS 2018, 276; Graf Vitzthum JZ 1998, 161 ff.; Nicolaysen/Nowak NJW 2001, 1233 ff.; Sander DÖV 2000, 588; Limbach EuGRZ 2000, 418; Sarcevic DÖV 2000, 941; krit. zum Prüfungs-Vorbehalt europäischer Rechtsakte innerhalb der national eingeräumten Hoheitsrechte Zuleeg NJW 2000, 2846 (2848); Zuleeg ELR 1997, 19.
[59] Dazu EuGH 12.7.2001 – C-189/01, ECLI:EU:C:2001:420 = NVwZ 2001, 1145 (1146) – Jippes; Schwarze FS 50 Jahre BVerfG, 2001, 223 ff.
[60] Gött EuR 2014.
[61] BVerfG 5.5.2020 – 2 BvR 859/15, BVerfGE 154, 17 ff. = NJW 2020, 1647 – PSPP; sowie u.
[62] VO (EU, Euratom) Nr. 2092/2020 des Europäischen Parlaments und des Rates vom 16. Dezember 2020 über eine allgemeine Konditionalitätsregelung zum Schutz des Haushalts der Union, welche vom EuGH als für mit Unionsrecht vereinbar klassifiziert wurde, EuGH 16.2.2022 – C-157/21, ECLI:EU:C:2022:98 = EuZW 2022, 467.
[63] BVerfG 6.12.2022 – 2 BvR 547/21, NJW 2023, 425.
[64] Dazu insgesamt Szczekalla in Rengeling EU-Grundrechte.
[65] Rengeling/Szczekalla FS Everling, 1995, 1187 ff.
[66] BVerfG 6.11.2019 – 1 BvR 276/17, BVerfGE 152, 216 ff. = NJW 2020, 341 – Recht auf Vergessen II; Kämmerer/Kotzur NVwZ 2020, 177; Muckel JA 2020, 237; Hoffmann NVwZ 2020, 33.
[67] BVerfG 5.5.2020 – 2 BvR 859/15, BVerfGE 154, 17 ff. = NJW 2020, 1647 – PSPP. Zur Kritik am PSPP-Urteil s. nur Kelemen/Eeckhout/Fabbrini/Pech/Uitz Verfassungsblog 26.5.2020; Calliess NVwZ 2020, 897.
[68] Pehle GWP 2019, 29.
[69] Für einen europäischen Kompetenzgerichtshof plädierend Krings ZRP 2020, 160.
[70] BVerfG 30.6.2009 – 2 BvE 2/08 ua, BVerfGE 123, 267 ff. = NJW 2009, 2267; die Begleitliteratur war schon nach kurzer Zeit kaum mehr zu überblicken, in Auswahl etwa Calliess ZG 2010, 1 ff.; Cremer Jura 2010, 296 ff.; Häberle JöR 58 (2010), 317 ff.; Lindner BayVBl. 2010, 193 ff.; Mayer NJW 2010, 714 ff.; Müller-Graff Parl-Beilage Heft 18/2010, 22 ff.; Schröder DÖV 2010, 303 ff.; Weber JZ 2010, 157 ff.; Wiemers VR 2010, 73 ff.; Classen JZ 2009, 881 ff.; Gärditz/Hillgruber JZ 2009, 872 ff.; Grimm Der Staat 48 (2009), 475 ff.; Jestaedt Der Staat 48 (2009), 497 ff.; Terhechte EuZW 20609, 724 ff.; Thym Der Staat 48 (2009), 559 ff.; Wahl Der Staat 48 (2009), 587 ff.
[71] Schorkopf in BK GG Art. 23 (Stand 2011) Rn. 129 ff.

sind alle unionalen wie nationalen Akteure in eine Mitgestaltungsverantwortung genommen. Gemeinsam mit den mitgliedstaatlichen (Verfassungs-)Gerichten erfüllt der EuGH diese Verantwortung im europäischen Verfassungsgerichtsverbund[72], der zugleich als Kommunikations- und Lernverbund einzuordnen ist.[73]

B. Rechtsschutz in der Europäischen Union

I. Allgemeine Bedeutung

14 Zu den wesensgemäßen Merkmalen einer Rechtsgemeinschaft,[74] wie sie die EU darstellt und in ihrem Wertebekenntnis zur „Rechtsstaatlichkeit" (Art. 2 EUV) unzweideutig vermittelt,[75] gehört ein funktionierendes **Rechtsschutzsystem.** Ein, wenn nicht das zentrale Element einer sich zur Rechtsstaatlichkeit bekennenden Rechtsgemeinschaft ist die Gewährung **effektiven Rechtsschutz.** Deshalb hat der EuGH die sich aus der Rechtsordnung ergebenden Rechte und Pflichten wirksam zu kontrollieren und ggf. auch durchzusetzen. Im Rahmen der hier vorgesehenen Darstellung ist der Begriff des „Rechtsschutzes" im Sinne eines umfassenden gerichtlichen Schutzes bei der Anwendung bzw. der Verletzung des Unionsrechts zu verstehen,[76] wie ihn Art. 47 GRCh vor Augen hat und mit Grundrechtsqualität sicherstellt.[77] Insgesamt geht es aber nicht nur um den subjektiven Rechtsschutz des einzelnen Unionsbürgers, sondern ebenso um Rechtsschutzmöglichkeiten der Unionsorgane, der Mitgliedstaaten und ihrer nationalstaatlichen Organe.

15 Für einen funktionierenden Rechtsschutz ist nicht nur der Aufbau einer qualitativ und quantitativ allen Anforderungen gerecht werdenden **Gerichtsbarkeit** unabdingbare Voraussetzung,[78] sondern auch das Vorhandensein bestimmter Rechtsschutzmöglichkeiten, die den Zugang zu dieser unabhängigen Kontrollinstanz eröffnen. Nach dem Rechtsschutzsystem der Union ist die Aufgabe der **Streitschlichtung** und des Interessenausgleichs primär dem Gerichtshof der Europäischen Union (Art. 19 Abs. 1 S. 1 EUV) zugewiesen, dessen Entscheidungskompetenz sich allerdings allein auf die dort enumerativ festgelegten Klage- und Verfahrensarten beschränkt. Infolge dieser Determination können im europäischen Rechtsschutzsystem bei bestimmten Fallkonstellationen Lücken entstehen, die auch nicht vollständig durch den Rückgriff auf die nationalen Rechtsbehelfsmöglichkeiten geschlossen werden können.[79] So fehlt auf Unionsebene bspw. eine allgemeine Leistungs- und Unterlassungsklage (vgl. aber → §§ 7–9). Gleichwohl wird mit dem vorhandenen Kontrollsystem aber ein Rechtsschutz gewährleistet, der im Rahmen internationaler Organisationen seinesgleichen sucht[80] und grundsätzlich **rechtsstaatlichen Anforderungen** (Art. 2 EUV) entspricht.[81]

16 Wie der Gerichtshof früh und lange vor Inkrafttreten der Grundrechtecharta festgestellt hat, handelt es sich bei der **Gewährung effektiven Rechtsschutzes** um einen allgemeinen Rechtsgrundsatz, der den gemeinsamen Verfassungstraditionen der Mitgliedstaaten zugrunde liegt.[82] Er ist nicht nur im Rahmen des Unionsrechts zu berücksichtigen, sondern

---

[72] Voßkuhle NVwZ 2010, 1 ff.; zur Weiterführung der Debatte Lang, Die Verfassungsgerichtsbarkeit in der vernetzten Weltordnung, 2020.
[73] Der Terminus ist inspiriert von Merli VVDStRL 66 (2007), 392 ff. Er spricht, bezogen auf das Miteinander von mitgliedstaatlicher und Unionsgerichtsbarkeit, von einem „höchstgerichtlichen Lernverbund, der im Zuge der europäischen Integration des letzten halben Jahrhunderts entstanden ist" ebd., 418.
[74] Hallstein Die Europäische Gemeinschaft S. 53, spricht pointiert von einem „Geschöpf des Rechts".
[75] Allg. Mandry, Europa als Wertegemeinschaft, 2009.
[76] Vgl. zum Nutzen und Kosten des Rechtsschutzes in der EG, v. Simson in Schwarze, Fortentwicklung des Rechtsschutzes in der Europäischen Gemeinschaft, 1987, S. 23 ff.; ferner Zuleeg JZ 1994, 6.
[77] Eser/Kubiciel in NK-EuGRCh GRCh Art. 47 Rn. 11 ff.
[78] EuGH 14.12.1991 – C-1/91, ECLI:EU:C:1991:490 = BeckRS 2004, 74009.
[79] Vgl. dazu Sack EuR 1985, 319 ff.; v. Winterfeld NJW 1988, 1409 ff.; v. Danwitz NJW 1993, 1111 ff.
[80] Ehlermann NJW 1992, 1857.
[81] Zur Gemeinschaftsgerichtsbarkeit und Rechtsstaatlichkeit iE Müller-Graff/Scheuing EuR-Beiheft 3/2008.
[82] EuGH 15.5.1986 – 222/84, ECLI:EU:C:1986:205 Rn. 15–20 = BeckRS 2004, 72403 – Johnston; EuGH 15.10.1987 – 222/86, ECLI:EU:C:1987:442 Rn. 14–17 = BeckRS 2004, 72405 – Unectef; vgl.

auch auf der Ebene der Mitgliedstaaten, um eine effektive richterliche Kontrolle der einschlägigen Gemeinschaftsbestimmungen zu gewährleisten.[83] Gemäß Art. 47 GRCh hat, wie schon erwähnt, jede Person, deren durch das Recht der Union garantierte Rechte oder Freiheiten verletzt worden sind, das Recht, nach Maßgabe der in diesem Artikel vorgesehenen Bedingungen, bei einem Gericht einen wirksamen Rechtsbehelf einzulegen.[84] Neben ihrer Rechtsschutzfunktion stellen die einzelnen Rechtsbehelfsmöglichkeiten für den EuGH auch Mittel und Wege zur Stabilisierung und **Fortentwicklung** der Europäischen Union als Rechtsgemeinschaft dar.[85] Die Metapher vom „Motor der Integration" – angesichts seines verfassungsgerichtlichen Profils mag man sogar von einem „Motor der Konstitutionalisierung" sprechen – ist hinlänglich bekannt. Sofern das Unionsrecht Rechtsschutzmöglichkeiten in besonderen Verwaltungsverfahren vorsieht,[86] soll hierauf in dem entsprechenden Zusammenhang eingegangen werden.

II. Gerichtliche Kontrolle

Die Europäische Union hätte eine genuin andere Gestalt ohne den Gerichtshof der Europäischen Union. Auch wenn er formal gleichberechtigt neben Kommission, Rat und Parlament steht, ist er in gewisser Hinsicht doch *primus inter pares, jedenfalls movens inter pares*. Die „Dritte" Gewalt fungiert hinsichtlich Einflusses und Bedeutung im Europäischen Integrationsprojekt gewissermaßen als „Erste" und immer auch treibende Gewalt. In den Ursprüngen der Integration war dies keinesfalls gewiss. Emblematisch ist eine Depesche *Walter Hallsteins* an das Auswärtige Amt, die das Ringen um die Ausgestaltung der Unionsgerichtsbarkeit abbildet. Während die französische Seite etwa in den Augen *Jean Monnets* durch ein mächtiges – damals noch permanentes Schiedsgericht – die Privilegierung und Stellung der Hohen Behörde gefährdet sah, erblickte man von deutscher Seite einen potentiellen „Erzieher" und eine Möglichkeit zur Stabilisierung und Fortentwicklung des Gemeinschaftsrechts.[87] Die Vereinigten Staaten von Amerika begrüßten eingedenk ihrer verfassungsgerichtlichen Tradition und der zeitlichen Nähe zu den Machtkonzentrationen im Zweiten Weltkrieg ein solches Gericht als gewichtigen Faktor im Prozess der Gewaltenteilung bzw. Gewaltengliederung,[88] erhofften vielleicht gar das eine oder andere europäische „Marbury vs. Madison".[89] Die historischen Hoffnungen sind Wirklichkeit geworden. Der EuGH verantwortet mitunter die folgenreichsten Integrationsleistungen und Fortentwicklungsmöglichkeiten des einstigen Gemeinschafts- bzw. heutigen Unionsrechts. Er gilt, wie schon zitiert, als Motor der Integration. Unzweifelhaft provoziert ein solcher judikativer Expansionsdrang nicht nur Zustimmung, sondern auch vehemente Kritik. Allgemeine Sorgen einer „Juristocracy"[90], eines „Governing with Judges"[91] bzw. einer „Judicialication

17

---

auch Classen in Schulze/Janssen/Kadelbach HdB-EuropaR § 4 Rn. 1; Rengeling, Grundrechtsschutz in der Europäischen Gemeinschaft, 1992, S. 158 ff., 188 ff.; Schwarze FS Starck, 2007, 645 ff.; v. Danwitz EuVerwR S. 273.

[83] EuGH 15.5.1986 – 222/84, ECLI:EU:C:1986:206 Rn. 15–20 = BeckRS 2004, 72403 – Johnston; EuGH 15.10.1987 – 222/86, ECLI:EU:C:1987:442 Rn. 14–17 = BeckRS 2004, 72405 – Unectef; Oppermann in Oppermann/Classen/Nettesheim EuropaR § 13 Rn. 3.

[84] Vgl. in diesem Zusammenhang zum effektiven Rechtsschutz Streinz in Streinz GRCh Art. 47 Rn. 7; vgl. auch Szczekalla in Rengeling EU-Grundrechte § 44.

[85] Vgl. Görgmaier DÖV 1981, 360; Wienke DB 1990, 1463 ff.; Everling ZfSR 1993, 338 ff.

[86] ZB die Kartellverordnung Nr. 17/62 (ABl. 1962 L 13, 240 ff.); die Überwachungsrichtlinie bei der Vergabe öffentlicher Bau- und Lieferaufträge ABl. 1989 L 395, 33; ferner: Vorschlag einer Zollkodex-Verordnung ABl. 1990 C 128, 1.

[87] Vgl. dazu Nachweise bei Schorkopf Der europäische Weg S. 189.

[88] Vgl. dazu Nachweise bei Schorkopf Der europäische Weg S. 189 f.

[89] Marbury v. Madison (5 U. S. 137 (1803)); dazu Black, The Building Work of Judicial Review, in: The People and the Court, 1962, S. 337 ff.; Bickel, Establishment and General Justification of Judicial Review, in: The Least Dangerous Branch, 1962, S. 16 ff.

[90] Hirschl, Towards Juristocracy, 2007.

[91] Stone Sweet, Governing with Judges, 2000.

18 of Politics"[92] sind mitunter ausgelöst worden bzw. werden durch den in weiten Phasen der Integration aktivistischen EuGH bestärkt.

18 Blickt man in die Vergangenheit, war diese Zukunft des EuGH allerdings keineswegs vorbestimmt. Aufgrund der Art. 3, 4 des **Abkommens über gemeinsame Organe** v. 25.3.1957[93] wurde bereits frühzeitig ein einheitlicher **Gerichtshof** für die damals noch bestehenden drei Europäischen Gemeinschaften geschaffen. Der EuGH war schon damals **oberstes Rechtsprechungsorgan** der Gemeinschaften und „Wahrer des Gemeinschaftsrechts".[94] Insoweit ist der EuGH die vielleicht „europäischste" Institution der EU, da er sich bei seiner Tätigkeit allein am Unionsrecht orientiert und auf eine europäische Sicht der Dinge beschränken kann und beschränkt (autonome Auslegung des Unionsrechts).[95] Seine Rechtsprechungsfunktion übt der EuGH nun schon seit mehr als 70 Jahre aus.[96] Neben dem EuGH gibt es seit 1989 auch noch das vormals sog. **Gericht erster Instanz (heute „Gericht")**, welches aufgrund des durch die EEA[97] eingefügten Art. 168a EGV-Nizza, Art. 140a EAGV, Art. 32d EGKSV durch Ratsbeschluss v. 24.10.1988[98] neu geschaffen wurde. Mit der Novellierung der Gründungsverträge durch den EUV ist das Gericht dem Gerichtshof auch primärrechtlich in Art. 224 EGV-Nizza, Art. 140a EAGV, Art. 32d EGKSV beigeordnet worden. Das Gericht zielte auf die Entlastung des EuGH. Es wird in bestimmten Sachgebieten als Tatsacheninstanz, die der Kontrolle eines Rechtsmittelgerichts unterliegt, tätig.[99] Nachdem sich die Rechtsprechungstätigkeit des Gerichts erster Instanz bewährt hatte, wurde sein Zuständigkeitsbereich durch Beschluss des Ministerrates v. 8.6.1993 auf das Beihilfenrecht erweitert.[100] Seine erfolgreiche Tätigkeit übt das Gericht nunmehr bereits über 30 Jahre aus.[101] Mit den vorangegangenen Novellierungen ist die Institution des Gerichts beständig gefestigt und ausgebaut worden. Dass mit dem Wegfall der „Europäischen Gemeinschaft" auch der Name „Gerichtshof der Europäischen Gemeinschaften" obsolet geworden ist, gehört zu den terminologischen Selbstverständlichkeiten des Reformprozesses.[102] Dass mit den Termini „Gerichtshof" – in der englischen Sprachfassung „Court of Justice" – und „Gericht" – in der englischen Sprachfassung „General Court" – ohne namensprägenden Bezug auf die EU neue begriffliche Unsicherheiten geschaffen werden bzw. zwischen dem „Gerichtshof der Europäischen Union", dem „Court of Justice of the European Union" und dem „Gerichtshof", dem „Court of Justice", unglückliche Verwechslungsgefahren entstehen, bleibt aber ein semantisches Defizit.[103]

19 Tatsächlich konnte der EuGH nach Einführung des Gerichts einen beträchtlichen Teil der bei ihm anhängigen Verfahren an dieses Gericht abgeben, wodurch sich eine nicht unerhebliche Arbeitsentlastung des EuGH ergab.[104] Die zunächst eingetretene Entlastung ist aber nach der EU-Aufnahme weiterer Mitgliedstaaten und durch neue Rechtsprechungszuständigkeiten des Gerichtshofes sowie eine stark angestiegene Zahl der Vorabentscheidungsverfahren, die heute mehr als die Hälfte der Neuzugänge beim Gerichtshof ausmachen, schon wieder verbraucht. Die Erfahrungen mit dem zweigliedrigen Instanzenzug

---

[92] Tate/Vallinder, The Global Expansion of Judicial Power, 1995, S. 67 et passim.
[93] BGBl. 1957 II 1156.
[94] Hölscheidt JA 1990, 256.
[95] Hitzler, Europahandbuch, 1990, S. 11; Everling EuR 1983, 101 ff. passim.
[96] Vgl. Everling DVBl 2002, 1293 ff.
[97] ABl. 1987 L 169, 29.
[98] ABl. 1988 L 319, 1 idF v. 21.8.1989, ABl. 1989 C 215, 1; zuletzt geändert ABl. 1994 L 66, 26.
[99] Jung EuR 1992, 253; zur Forderung nach einem Gericht erster Instanz vgl. Jung EuGRZ 1986, 229 ff.; Everling in Schwarze, Fortentwicklung des Rechtsschutzes in der Europäischen Gemeinschaft, 1987, S. 39 ff.; Everling EuR 1988, 344; Rabe NJW 1989, 3041 ff.
[100] Beschluss 93/350/EGKS, EWG, Euratom, ABl. 1993 L 144, 21.
[101] Dazu Schwarze EuR 2010, 717 ff.
[102] Barents Common Market Law Review 47 (2010), 709 ff.
[103] Krit. zur neuen Terminologie Everling EuR-Beiheft 1/2009, 71 (81); Barents Common Market Law Review 47 (2010), 709 (710).
[104] Zur Arbeitsbelastung bei den Gerichten gibt der EuGH einen Jahresbericht heraus, vgl. zB EuGH, Jahresbericht 2021, 2022.

zeigen zudem, dass sich die Rechtsmittelquote zum EuGH im Rahmen hält. Die nach wie vor anhaltende Flut von Rechtsschutzverfahren zum Gerichtshof, die sich jetzt auf zwei Instanzen verteilt, ergibt sich neben der Erweiterung und einer nicht unerheblichen Steigerung von Vorabentscheidungsersuchen auch aus der Zahl der Wettbewerbsklagen und der nach wie vor hohen Zahl von Beamtenklagen.[105] Kritische Stimmen haben bereits Anfang der 1990er Jahre nach einem konsequenteren Ausbau des Gerichts verlangt.[106] Vor diesem Hintergrund hat der Rat bereits 1993 auf Vorschlag des Gerichtshofs und zur Verbesserung der Wirksamkeit des europäischen Rechtsschutzsystems beschlossen, die Zuständigkeit des Gerichts auf alle Direktklagen natürlicher und juristischer Personen auszudehnen.[107] Damit wurde der Individualrechtsschutz vollständig vom EuGH auf das Gericht verlagert. Der EuGH erhält damit mehr und mehr die Funktion eines **Verfassungs- und Rechtsmittelgerichts**.[108] Allerdings hat dies nicht zu einem Belastungsrückgang geführt, sodass insbes. mit Blick auf die Osterweiterung der EU eine grundlegende Reform der europäischen Gerichtsstruktur immer wieder gefordert wurde.[109] Selbst der EuGH hat mit zunehmender Belastung einen „Hilferuf" ertönen lassen, um auf seine prekäre Krisensituation aufmerksam zu machen und um die Diskussion um die Neugestaltung des europäischen Rechtssystems anzustoßen.[110] Ob die 2016 initiierten Reformen hinreichend Abhilfe schaffen, kann bezweifelt werden.[111] Mit der Vertragsänderung durch den **Nizza-Vertrag** sind einige dieser Vorschläge aufgegriffen und einschlägige Änderungen im europäischen Rechtssystem zur Entlastung des Rechtsprechungsorgans übernommen worden. Die Stichworte noch einmal zu einer entwicklungsgeschichtlichen Vergegenwärtigung: Die Zuständigkeit des EuG sollte ausgeweitet werden; es sollten sog. gerichtliche **Kammern** eingeführt werden; für besondere Sachgebiete sollte das Gericht auch für Vorabentscheidungen zuständig sein.[112] Die Änderungen, zu denen es nun aufgrund des **Reformvertrages von Lissabon** gekommen ist, sind bereits beschrieben worden.[113] Der Gerichtshof, der einst als geradezu „familiäres" Unterfangen begann, ist mittlerweile zu einer „Fabrik" des Rechts herangereift.[114] Er umfasst knapp 2.000 Mitarbeiter, wirft im Jahr rund 1.000 Entscheidungen aus und ist materiell Kern des oben skizzierten europaweiten Rechtsprechungsverbundes. Angesichts dieser enormen Arbeitslast wurde der Gerichtshof der Europäischen Union 2016 zum Teil reorganisiert. Die Zahl der Richterinnen und Richter des Gerichts wurde bis 2019 schrittweise auf 54 erhöht (zwei pro Mitgliedstaat). Das Gericht für den öffentlichen Dienst wurde, wie ebenfalls bereits ausgeführt, in das Gericht eingegliedert, um das innergerichtliche spezialisierte Kammersystem zu stärken.[115] Der Gerichtshof wird damit freilich nur indirekt entlastet.

Hier ein noch etwas genauerer Blick auf das schon mehrfach angesprochene Verbundmodell: In der Europäischen Union besteht ein **duales Rechtsschutzsystem**,[116] noch

20

---

[105] EuGH, Jahresbericht 2021, 2022, S. 5, 27.
[106] Vgl. Middeke/Szczekalla JZ 1993, 286; Everling FS Deringer, 1993, 48 ff.
[107] ABl. 1993 L 144, 21; ABl. 1994 L 66, 29; vgl. auch Niemeyer EuZW 1993, 529 ff.
[108] IE → § 4 Rn. 19, 24.
[109] Lipp JZ 1997, 3229; Martenczuk in Demel/Hausotter/Heybein, Funktionen und Kontrolle der Gewalten, 2001, S. 242 ff.
[110] Reflexionspapier des EuGH, EuZW 1999, 750 ff. = EuGRZ 2000, 101 ff.; vgl. dazu Wägenbaur EuZW 2000, 37 ff.; Hirsch ZRP 2000, 57 ff.; Rösler ZRP 2000, 52 ff.; Lenz EuGRZ 2001, 433 ff.; Everling FS Steinberger, 2002, 1103 ff.; Streinz in Streinz GRCh Art. 47 Rn. 6 mwN.
[111] Zu diesen überblicksartig Hoffmann EuR 2016, 197; Iliopoulos EuR 2018, 487.
[112] ABl. 2001 C 80, 01. Hierzu ist es bisher nicht gekommen, vgl. Kotzur/Dienelt in Geiger/Khan/Kotzur/ Kirchmair AEUV Art. 256 Rn. 4.
[113] Siehe die Ausführungen unter → Rn. 6.
[114] Haltern EuropaR II S. 17 f. mit Verweis auf Interview with Judge Sacha Prechal, Working at the CJEU, EU Law Blog, 18.12.2013, abrufbar unter: http://europeanlawblog.eu/?p=2115 (zuletzt abgerufen am: 29.9.2023).
[115] Hoffman EuR 2016, 197.
[116] v. Danwitz EuVerwR S. 274 ff.; zur Aufgabenteilung zwischen nationalen und Unionsgerichten Classen in Schulze/Janssen/Kadelbach HdB-EuropaR § 4 Rn. 3, 4; Streinz/Ohler/Herrmann Vertrag Lissabon S. 114 ff.

weiter ausgreifend ein **Rechtsschutzverbund**.[117] Er ist im Mehrebenenkonstitutionalismus angelegt,[118] bindet EuGH, EGMR sowie mitgliedstaatliche Gerichte *komplementär* ein und nimmt sie in *gemeinsame Verantwortung* für die Wahrung des ihrer jeweiligen Jurisdiktionsgewalt unterfallenden europäischen Rechts. Die unionale Gerichtsverfassung nach Lissabon widerspiegelt so mehr denn je den horizontal wie vertikal *dezentralen* Charakter des europäischen Rechtsschutzsystems in seiner Gesamtheit.[119] Seiner treffenden Beschreibung dient *das Verbundmodell:* der Verfassungsverbund findet sein Gegenbild im „Rechtsprechungsverbund" (spezifischer auch im „Verfassungsgerichtsverbund").[120] Es geht vor diesem Hintergrund denn auch weniger um Letztentscheidungskompetenzen, es geht vielmehr um gemeinsam wahrgenommene und verantwortete Entscheidungskompetenzen zunächst der unionalen und mitgliedstaatlichen Gerichte. Art. 19 Abs. 1 UAbs. 2 EUV spricht insoweit eine eindeutige Sprache: „Die Mitgliedstaaten schaffen die erforderlichen Rechtsbehelfe, damit ein wirksamer Rechtsschutz in den vom Unionsrecht erfassten Bereichen gewährleistet ist." Die Vorschrift qualifiziert als Verbundnorm par excellence.[121] Sie fordert die Verantwortung der mitgliedstaatlichen Gerichte für den Rechtsschutz, gerade auch den Individualrechtsschutz in der Union ein.[122] Sie impliziert damit die unionsrechtliche Kompetenz der je nationalen Richter[123] und macht, nicht nur idealiter, sondern realiter die mitgliedstaatlichen Gerichte zu europäischen Gerichten.[124] Hatte schon das BVerfG in seiner Solange II-Entscheidung auf die „funktionelle Verschränkung der Gerichtsbarkeit der Europäischen Gemeinschaften mit der Gerichtsbarkeit der Mitgliedstaaten"[125] verwiesen, so trifft der Reformvertrag von Lissabon die explizite Entscheidung für dezentralen, kooperativ mitverantworteten und komplementär konzipierten gerichtlichen Rechtsschutz in der Union.[126] Art. 6 Abs. 2 EUV zeichnet darüber hinaus den Beitritt der EU zur EMRK vor und bindet in Grundrechtsfragen den EGMR als weiteres europäisches Verfassungsgericht ein.[127] Der so skizzierte europäische Rechtsschutzverbund lässt sich aus der je eigenständigen Perspektive von Union, Mitgliedstaaten und Europarat (EMRK) mit durchaus unterschiedlicher Akzentuierung – und durchaus unterschiedlichen Sensibilitäten für die wechselseitigen Öffnungen – deuten. Dass der Gerichtshof mit dem Gutachten 2/13[128] dem Beitritt ebenso unmissverständlich – zumindest vorläufig bis mittelfristig – eine Absage erteilt hat, ist rechtspolitisch zu bedauern und angesichts des Postulats des Primärrechts problematisch.[129] Noch einmal sei betont, dass gerade die **innerstaatlichen Gerichte** eine erhebliche Verantwortung für die wirksame und kohärente Anwen-

---

[117] Dazu iE Classen in Schulze/Janssen/Kadelbach HdB-EuropaR § 4 Rn. 1 ff.
[118] Pernice Common Market Law Review 1999, 703; Pernice Columbia Journal of European Law 2009, 349.
[119] Barents Common Market Law Review 47 (2010), 709 (714).
[120] Zuleeg JZ 1994, 1 ff.; Pernice EuR 1996, 27 ff.; Pernice Schriftenreihe der Juristischen Gesellschaft zu Berlin, Heft 180 (2006), 53 ff.; Classen JZ 2006, 157 ff.; Merli VVDStRL 66 (2007), 392 (418) spricht von einem „höchstgerichtlichen Lernverbund, der im Zuge der europäischen Integration des letzten halben Jahrhunderts entstanden ist"; Oeter VVDStRL 66 (2007), 361 (383); v. Danwitz ZRP 2010, 143 ff.; Voßkuhle NVwZ 2010, 1 ff.
[121] Zum Gedanken solcher „Verbund-" oder Verbindungsnormen wiederum v. Bogdandy/Schill ZaöRV 70 (2010), 701 (705).
[122] Angesichts der restriktiven Auslegung von Art. 263 Abs. 4 AEUV nehmen die mitgliedstaatlichen Gerichte weiterhin die Kernaufgabe des Individualrechtsschutzes im europäischen Gerichtsverbund wahr, s. hierzu Streinz EuZW 2014, 17.
[123] Schon bei Dauses Vorabentscheidungsverfahren S. 44, findet sich die Wendung vom nationalen Richter als „ordentlichem Richter des Gemeinschaftsrechts"; darauf verweist zB Everling EuZW 2010, 572 (573).
[124] Pernice EuR 2011, 151 (154), unter Verweis auf Vesterdorf European Law Review (2003), 303 (317) und Haratsch EuR-Beiheft 2/2008, 81 (83); verbunden mit dem Postulat nach „europäischen Juristen" als Interpreten des unionalen wie des mitgliedstaatlichen Rechts Häberle/Kotzur EurVerfassungslehre S. 236.
[125] BVerfG 22.10.1986 – 2 BvR 197/83, BVerfGE 73, 339 (366) = NJW 1987, 577.
[126] Calliess EU nach Lissabon S. 152 mwN; Hatje/Kind NJW 2008, 1761 ff. (1767).
[127] Häberle/Kotzur EurVerfassungslehre S. 778 ff.
[128] EuGH 18.12.2014 – Gutachten 2/13, ECLI:EU:C:2014:2454 = DÖV 2016, 36.
[129] S. hierzu Tomuschat EuGRZ 2015, 133.

dung des Unionsrechts tragen.[130] Sie gewähren dem Einzelnen soweit Rechtsschutz, als keine ausdrückliche gemeinschaftsrechtliche Zuständigkeit für die europäische Gerichtsbarkeit begründet ist (Art. 274 AEUV). Für die Betroffenen hat das den Vorteil, dass sie es mit einem ihnen vertrauten Rechtsschutzsystem zu tun haben.[131] Dies bedeutet aber nicht, dass die nationalen Gerichte auch über Unionsrecht entscheiden dürfen. Nach dem Prinzip der begrenzten Einzelermächtigung (Art. 4 Abs. 1, Art. 5 EUV) ist dies alleinige Aufgabe des EuGH. Über die Klammerfunktion der Vorabentscheidung gem. Art. 267 AEUV wird die Einheitlichkeit der Rechtsprechung gewahrt.

Zusammenfassend sei festgehalten: Nach Lissabon ist der **Verfassungsverbund** noch stärker zum dezentral ausdifferenzierten **Rechtsschutzverbund** erwachsen. Das steigert die **Integrationsverantwortung** aller beteiligten Akteure – nicht zuletzt der mitgliedstaatlichen Gerichte, wenn es um die europarechtskonforme Auslegung geht. Zugleich findet sich der Gerichtshof der Union noch stärker als bisher in einer verfassungsgerichtlichen Rolle – mit allen Konsequenzen gerade auch angesichts der dadurch geweckten **Erwartungen.** Kompetenzrechtliche Fragen werden auch in Zukunft den gesamten Verfassungsgerichtsverbund vor große Herausforderungen stellen. Von *ihrem* Gerichtshof erwarten die Unionsbürgerinnen und Unionsbürger effektiven Rechtsschutz (nicht zuletzt Grundrechtsschutz)[132] unter strikter Beachtung des Prinzips der begrenzten Einzelermächtigung.[133] Dass umfassend-effektive Kontrolle bei gleichzeitiger Rücknahme des eigenen Kontrollanspruchs nicht immer reibungslos ineinandergreifen, liegt auf der Hand. Bürgerverständliche Urteile bleiben umso mehr ein Desiderat, wenn und wo Integrationskrisen drohen. Bei aller mitunter gebotenen Zurückhaltung (judicial restraint) sollte der Gerichtshof doch gestalterischen Mut im täglichen Prozess der politischen Einheitsbildung wagen und zugleich den selbstkritisch-lernbereiten Dialog mit den mitgliedstaatlichen Verfassungsgerichten suchen. Er steht für die Stärke des Rechts, damit in Europa das Recht des Stärkeren niemals mehr eine Zukunft haben möge.

21

---

[130] EuGH 14.12.1995 – C-312/93, ECLI:EU:C:1995:437 = BeckRS 2004, 76259 Rn. 12 – Peterbroeck ua; Meier EuZW 1990, 83; vgl. auch Kirchhof in Merten, Föderalismus und Europäische Gemeinschaften, 1990, S. 118 ff.; Ehlers DVBl 1991, 611 (613); Triantafyllou NVwZ 1992, 129; Zuleeg JZ 1994, 1 ff.
[131] Klinke Der Gerichtshof der Europäischen Gemeinschaften S. 18.
[132] Schroeder EuZW 2011, 462 ff.
[133] Hillgruber in v. Danwitz, Aus dem Wege zu einer Europäischen Staatlichkeit, 1993, S. 31 ff.; Schroeder FS Roth, 2011, 735 ff.

§ 2 Der EuGH als Rechtsprechungsorgan

Übersicht

	Rn.
A. Überblick	1
I. Einleitung	1
II. Bedeutung, Stellung und Wirkung des Gerichtshofes	2
B. Rechtliche Grundlagen des Gerichtshofes	8
I. Primärrecht	9
II. Satzung	11
III. Verfahrensordnungen	14
1. Gerichtshof	16
2. Zusätzliche Verfahrensordnung	17
3. Gericht	18
IV. Sonstiges	19
1. Dienstanweisungen	20
2. Vorabentscheidungsempfehlung	21
3. Praktische Anweisungen	22
4. Geschäftsverteilung	23
5. Der digitale Gerichtshof	26

Schrifttum:

Alemanno/Pech, Thinking Justice outside the Docket: A Critical Assessment of the Reform of the EU's Court System, CMLR 2017, 129; Alter, Establishing the Supremacy of European Law. The Making of an International Rule of Law in Europe, 2003; Azizi, Ausgewählte Aspekte der Gerichtsarchitektur der Europäischen Union: grundlegende Prämissen und aktuelle Entlastungsfragen, in: Leidenmühler et al. (Hrsg.), Grundfreiheiten, Grundrechte, europäisches Haftungsrecht. 2012, 23; Barents, EU procedural law and effective legal protection, CMLR 2014, 1437; Barents, Remedies and procedures before the EU Courts, 2. Aufl. 2020; Becker/Lippert, Handbuch Europäische Union, 2020; Benqoetxea, The Legal Reasoning of the European Court of Justice, 1993; Bobek, The Court of Justice of the European Union, in: Chalmers/Arnull (Hrsg.), The Oxford Handbook of European Union Law, 2015; de Búrca/Weiler (Hrsg.), The European Court of Justice, 2002; Dehousse, The European Court of Justice. The Politics of Judicial Integration, 1998; Frenz, Handbuch Europarecht, 6. Bd. 2011; Guinchard/Granger, The New EU Judiciary. An Analysis of Current Judicial Reforms, 2017; Haltern, Europarecht – Dogmatik im Kontext. Band II: Das politische System der Union – Institutionen und Prozesse, 3. Aufl. 2017; Jacobs/Münder/Richter, Subject Matter Specialization of European Union Jurisdiction in the Preliminary Rulings Procedure, GLJ 2019, 1214; Karper, Reformen des Europäischen Gerichts- und Rechtsschutzsystems, 2. Aufl. 2011; Kilpatrick/Scott (Hrsg.), New Legal Approaches to Studying the Court of Justice. Revisiting Law in Context, 2021; Klinke, Der Gerichtshof der Europäischen Gemeinschaften, 1989; Kokott/Sobotta, The CJEU. An insiders' view of an integration workshop, Human Rights Law Journal 2014, 4; Krenn, The Procedural and Organisational Law of the European Court of Justice. An Incomplete Transformation, 2022; Lenaerts et al. (Hrsg.), An Ever-Changing Union? Perspectives on the Future of EU Law in Honour of Allan Rosas, 2021; Lenaerts/Gutman/Nowak, EU Procedural Law, 2. Aufl. 2023; Luszcz, European Court Procedure. A Practical Guide, 2020; Madsen/Nicola/Vauchez, Researching the European Court of Justice. Methodological Shifts and Law's Embeddedness, 2022; Majone, Dilemmas of the European Intergration – The Ambiguities and Pitfalls of Integration by Stealth, 2005; Martinsen, An Ever More Powerful Court? The Political Constraints of Legal Integration in the European Union, 2015; Oppermann, Die dritte Gewalt in der Europäischen Union, DVBl 1994, 901; Pechstein, Das Verhältnis europäischer zu nationalen Gerichten im europäischen Verfassungsverbund, 2006; Pechstein, EU-Prozessrecht, 4. Aufl. 2011; Pernice, Die dritte Gewalt im europäischen Verfassungsverbund, EuR 1996, 27; Pernice, Die Zukunft der Unionsgerichtsbarkeit. Zu den Bedingungen einer nachhaltigen Sicherung effektiven Rechtsschutzes im Europäischen Verfassungsverbund, EuR 2011, 151; Pernice/Kokott/Saunders (Hrsg.), The Future of the European Judicial System in a Comparative Perspective, 2006; Phelan, Great Judgments of the European Court of Justice. Rethinking the Landmark Decisions of the Foundational Period, 2020; Rodriguez Iglesias, Der Gerichtshof der Europäischen Gemeinschaften als Verfassungsgericht, EuR 1992, 229; Rönnau/Hoffmann, „Vertrauen ist gut, Kontrolle ist besser": Das Prinzip des gesetzlichen Richters am EuGH, ZIS 2018, 233; Sack, Zur künftigen europäischen Gerichtsbarkeit nach Nizza, EuZW 2001, 77; Schmid, Der EuGH und das Recht auf ein Verfahren vor dem geschäftsverteilungsmäßigen Spruchkörper, ZöR 2015, 541; Schorkopf, Der europäische Weg, 3. Aufl. 2020; Schroeder, Grenzen der Rechtsprechungsbefugnis des EuGH, Festschrift für Günther H. Roth, 2011, 735; Stein, Lawyers, Judges, and the Making of a Transnational Constitution, American Journal of International Law 75 (1981), 1; Stone Sweet, The Judicial Construction of Europe, 2004; Streinz, Europarecht, 12. Aufl. 2023; Tate/Vallnider, The Global Expansion of Judicial Power, 1997; v. Danwitz, Funktionsbedingungen der Rechtsprechung des Europäischen Gerichtshofs, EuR 2008, 769; v. Aaken et al., The Oxford

Handbook of International Law in Europe, 2023 (im Erscheinen); Vasel, Regionaler Menschenrechtsschutz als Finanzipationsprozess, 2017; Voßkuhle, Der Europäische Verfassungsgerichtsverbund, NVwZ 2010, 1; Wagenbäur, Satzung und Verfahrensordnungen des Gerichtshofs und des Gerichts der Europäischen Union, 2. Aufl. 2017; Weiler, The Court of Justice on Trial, CMLR 1987, 555; Weiler, The Transformation of Europe, Yale Law Journal 100 (1991), 2405; Weitbrecht, 70 Jahre Europäischer Gerichtshof: Baulichkeiten, Menschen, Institution, EuZW 2022, 1133; Zhang, The Faceless Court, University of Pennsylvania Journal of International Law 38 (2016) 71.

A. Überblick

I. Einleitung

Kaum ein anderes Gericht ist mächtiger, einflussreicher und erfolgreicher als die Europäische Gerichtsbarkeit. Vergegenwärtigt man sich die finale Entscheidungsmacht über 450 Millionen Europäische Bürger, den größten Binnenmarkt der Erde und die Integrations- bzw. Harmonisierungsleistungen, die 27 Rechtskulturen betreffen, ist der immense Erfolg evident. Weder ein nationales noch ein internationales Gericht kann sich gleicher Wirkmächtigkeit rühmen. Die Entwicklung der Gerichtsbarkeit – von den Anfängen in der schon damals zu kleinen neoklassizistischen Villa Vauban mit ursprünglich 60 Mitarbeitern zum heute insgesamt mehr als 2.250 Mitarbeiter beschäftigenden Gebilde in dem den Aufgaben und ihrer Bewältigung entsprechenden, sachlich-funktionalen Hochhäusern auf dem Luxemburger Plateau de Kirchberg –[1] zeigt dies unmittelbar an. Mit Macht und Erfolg korrespondieren Kritik und Krise. So ist die Europäische Gerichtsbarkeit zwar anders als der Europäischer Gerichtshof für Menschenrechte nicht „Opfer seines eigenen Erfolges"[2] geworden, doch sind Überlastung, unbotmäßige Verfahrenslänge und Fundamentalkritik[3] auch hier mittlerweile Probleme mit Permanenz, die zu stetigen Reformversuchen verleiten. 1

II. Bedeutung, Stellung und Wirkung des Gerichtshofes

Der Gerichtshof ist formal *eines* der Hauptorgane der EU, in praxi vielleicht *das* herausragende Organ – neben Kommission und Rat. Bereits mit den Römischen Verträgen von 1957 wurde er als gemeinsames Gericht für alle Gemeinschaften errichtet, im geltenden Recht wird der einheitliche institutionelle Rahmen, der auch für den Gerichtshof gilt, von Art. 13 EUV festgelegt.[4] Die heutige Union wiese ein gänzlich anderes Gepräge auf, hätte der Gerichtshof den unaufhörlichen Integrationsprozess in materieller Tiefe nicht permanent begleitet bzw. maßgeblich angeleitet. Mag die Entwicklung vom Kontinent zur Union[5] politisch gesteuert sein, vollzog und vollzieht sich die **Supranationalisierung**[6] dieser einst eher klassischen internationalen Organisation rechtstechnisch maßgeblich auch durch den Gerichtshof.[7] Zur Beweisführung genügt bereits ein Verweis auf die Grundlagenentscheidungen, die Vorrang und Eigenständigkeit des Unionsrechts postulierten und propagierten.[8] Ohne sie wäre die Union nicht was sie ist. Die Leistungen erschöpfen sich indes keineswegs in diesen historischen Judikaten.[9] Über Jahrzehnte hat der Gerichtshof 2

---

[1] S. dazu Weitbrecht EuZW 2022, 1133.
[2] Dazu Grabenwarter, Der Europäische Gerichtshof für Menschenrechte: Opfer des eigenen Erfolges?, in Grewe/Gusy, Menschenrechte in der Bewährung, 2005, S. 81.
[3] Dazu eingehend Haltern EuropaR II S. 27 ff.
[4] Der institutionelle Rahmen kann als Vorbedingung für die Erreichung der Werte der Union betrachtet werden, vgl. Geiger/Kotzur in Geiger/Khan/Kotzur/Kirchmair EUV Art. 13 Rn. 1.
[5] Van Middelaar, Vom Kontinent zur Union, 2016.
[6] Dazu Schorkopf Der europäische Weg S. 44.
[7] S. etwa Stone Sweet, The Judicial Construction of Europe, 2004.
[8] EuGH 5.2.1963 – Rs. 26–62, Slg. 1963, 3 – Van Gend & Loos = BeckRS 1963, 104732; EuGH 15.7.1964 – Rs. 6–64, Slg. 1964, 1141 – Costa v. E.N.E.L. = BeckRS 1964, 105086; dazu vertiefend Schorkopf Der europäische Weg S. 190, der von einem „Gründungsmythos" spricht; s. auch CJEU Conference Proceedings, 50th Anniversary of the Judgment in Van Gend en Loos, 2013.
[9] Phelan, Great Judgments of the European Court of Justice, 2020; Alter, Establishing the Supremacy of European Law, 2003.

den (v. a. wirtschaftlichen) Integrationsprozess judikativ forciert und motiviert, die sog. negative wie positive Integration befördert.[10] In jüngeren Jahren widmet er sich neben Grundfreiheitsbelangen und anderen Grundsatzfragen auch verstärkt Grundrechtsbelangen,[11] wenngleich es zu einer „grundrechtlichen Wende" noch ein weiter Weg ist. Mit seiner Rechtsprechungstätigkeit von gegenwärtig ca. 1500 Entscheidungen im Jahr[12] in der ganzen Bandbreite genuiner, europarechtlich determinierter oder auch nur tangierter Materien[13] ist er ein ungemein aktiver Gerichtshof und praktisch von herausragender Bedeutung – dies zumal für den bevölkerungsmäßig und wirtschaftlich größten Mitgliedstaat, die Bundesrepublik Deutschland. Obwohl der Gerichtshof weder konflikträchtige Dialoge insbesondere mit mitgliedstaatlichen Verfassungs- und Höchstgerichten scheut,[14] noch sich in seinen Möglichkeiten zurücknimmt, ein mächtiges Korrektiv gegenüber anderen EU-Organen wie etwa der Kommission zu sein,[15] wird er im Gefüge der Institutionen wie auch extern nicht übermäßig negativ wahrgenommen. Dazu trägt auch der Kontrast zum immer noch unter Reputationsproblemen leidenden Parlament[16] sowie der mit technokratischer Bürokratie assoziierten Kommission[17] bei.

3   Darstellung, Analyse und Verständnis des Gerichtshofes sind keineswegs trivial. Die Komplexität gründet bereits darin, dass der Gerichtshof gewissermaßen ein **Universalgericht**[18] ist und sowohl verwaltungs- als auch verfassungsrechtliche Aufgaben wahrnimmt.[19] Überdies werden weite Bereiche des Zivilrechts – vom Ehe- bis hin zum Wirtschaftsrecht – behandelt. Seine Gerichtsbarkeit ist zudem zwingend, eine Unterwerfungserklärung o. ä. ist, im Unterschied zu anderen internationalen Gerichten, nicht nötig. Die Verfahrensarten sind zwar begrenzt, eine allgemeine unionrechtliche Klage, mit der jede unterstellte Rechtsverletzung gerügt werden könnte, besteht nicht. Die diversen Vorlage- und Verfahrensmöglichkeiten führen indes zu einer ungemeinen Weite des Rechtsprechungsspektrums, woraus die zunehmende Arbeitsüberlastung resultiert.

4   Der Gerichtshof und seine Rechtsprechung sind für ihre besondere Wichtigkeit im Hinblick auf die Entwicklung der Unionsrechtsordnung bekannt. Die integrative, nachgerade **konstitutionalisierende Wirkung** seiner Entscheidungen war schon früh Gegenstand akademischer Erörterungen.[20] Viel bemüht und berühmt sind Bild und Narrativ vom **„Motor der Integration".**[21] Dass dieses simplifizierende Bild nur einen Bruchteil einfängt, steht außer Frage. Gewiss hat der Gerichtshof neben der Kommission einen dominanten

---

[10] Vgl. zu diesen Begriffen Majone, Dilemmas of European Integration, 2005, S. 143 ff.

[11] S. etwa EuGH 11.7.2002 – C-60/00, Slg. 2002 I-6279 = BeckRS 2002, 70350 – Carpenter; EuGH 22.11.2005 – C-144/04, Slg. 2005 I-9981 = NJW 2005, 3695 – Mangold; EuGH 3.9.2008 – C-402/05 P und C-415/05 P, Slg. 2008 I-6351 = NJOZ 2008, 4499 – Kadi.

[12] Durch gerichtliche Entscheidung erledigte Rechtssachen vor Gerichtshof und Gericht im Jahre 2022, s. Rechtsprechungsstatistiken unter https://curia.europa.eu/jcms/jcms/Jo2_7041/de/, zuletzt abgerufen 4.10.2023 sowie https://curia.europa.eu/jcms/jcms/Jo2_7032/de/, zuletzt abgerufen 4.10.2023.

[13] S. im Überblick zuletzt etwa Epiney NVwZ 2023, 1379.

[14] Zuletzt insb. in der Rs. Weiss/PSPP (EuGH 11.12.2018 – C-493/17, ECLI:EU:C:2018:1000 = EuZW 2019, 162; BVerfGE 154, 17); vgl. früh auch Herzog/Gerken, Stoppt den Europäischen Gerichtshof, FAZ v. 8.9.2008.

[15] Aktuell etwa EuG 10.5.2023 – T-34/21 und T-87/21, ECLI:EU:T:2023:248 = BeckRS 2023, 9561.

[16] Zum vieldiskutierten Demokratiedefizit vgl. nur Abels, Legitimität, Legitimation und das Demokratiedefizit der Europäischen Union, in: Becker/Lippert, Handbuch Europäische Union, 2020, S. 175 ff.

[17] Diesen Stereotyp feiner analysierend und auflösend Ellinas/Suleiman, The European Commission and Bureaucratic Autonomy, 2012.

[18] Besonderheiten gelten auch im Hinblick auf das Verhältnis zwischen Gericht und Gerichtshof, welches sich anstatt der aus nationalen Rechtsordnungen Pyramide wohl eher als Wolkenkratzer auf instabiler Basis beschreiben lässt, s. Bobek, The Court of Justice of the European Union, in: Chalmers/Arnull, The Oxford Handbook of European Union Law, 2015, S. 155.

[19] Weitbrecht EuZW 2022, 1133 (1134) mwN zur Konzeption in der Anfangszeit; Haltern EuropaR II S. 30 ff.; zum Gerichtshof früh Dehousse, The European Court of Justice, 1998.

[20] Klassisch Stein American Journal of International Law 75 (1981), 1; Weiler Yale Law Journal 100 (1991), 2405; Alter International Organizations 52 (1998), 121.

[21] S. etwa Pollack, The Engines of European Integration, 2003, S. 155 ff.; in diese Richtung auch Haltern EuropaR II S. 35.

Anteil daran, dass die Union ist, wie sie ist. Er hat die Europäische Union aber nicht nur maßgeblich konstitutionalisiert, sondern allgemein den politischen Prozess juridifiziert.[22] Derlei **judicial activism**[23] – zumal operierend auf vergleichsweise schwacher demokratischer Legitimationsgrundlage[24] – provoziert Kritik, die oftmals unter dem unscharfen Etikett der „Juristocracy" oder einer „Judicialization of politics" firmiert.[25] Insbesondere schirmt der EuGH in Kritik hervorrufender Weise die Unionsrechtsordnung ab, lässt kaum andere, äußere Maßstäbe zu[26] und ist nicht gewillt, seine Autorität und die Finalität seiner Entscheidungen mit anderen Rechtsprechungsorganen zu teilen bzw. sich dieser dialogisch zu öffnen, wie der primärrechtlich vorgegebene (Art. 6 Abs. 3 EUV) und gerichtlich verhinderte Beitritt zur EMRK emblematisch aufzeigt.[27]

Der Unionsrechtsordnung ist die aus dem mitgliedstaatlichen Kontext bekannte Gewaltenteilung fremd. Indes besteht ein **institutionelles Gleichgewicht.**[28] Die Abhängigkeit der Organe voneinander zeichnet sich durch wechselseitig bezogene, verschränkte Befugnisse und gegenseitige Kontrollmöglichkeiten aus. Gewichtige Unterschiede zur Gewaltenteilung bzw. Gewaltengliederung verbleiben gleichwohl. So besteht keine klare institutionelle Trennung zwischen Legislative und Exekutive innerhalb der Union. Stattdessen sind diese wesentlich stärker miteinander verbunden als dies in üblichen nationalen Rechts- und Verfassungsordnungen der Fall ist. Die exekutivisch geprägten Institutionen Kommission und Rat sind weiterhin zentral für die Legislativtätigkeit der Union, wenngleich die Rolle des Parlaments zunehmend aufgewertet wurde.[29] 5

Die judikative Funktion hingegen ist seit Anbeginn ausschließlich und unverändert dem Gerichtshof vorbehalten. In dieser Rolle obliegt es ihm, das vertikale Gleichgewicht zwischen der Union und den Mitgliedstaaten wie auch die horizontale Balance zwischen den Institutionen der Union zu wahren. Auch hier kommt dem vom Gerichtshof näher konturierten und präzisierten Prinzip des institutionellen Gleichgewichts eine wesentliche Rolle zu, nach dem ein Unionsorgan seine Befugnisse nur unter Beachtung der Befugnisse der anderen Organe ausüben darf.[30] 6

Im Rahmen seiner Rechtsprechungstätigkeit wirkt der Gerichtshof insbesondere durch eine **dynamische, teleologische, rechtsfortbildende Auslegung,** mittels derer er massiven Einfluss auf die Unionsrechtsordnung nimmt.[31] Im Sinne der Funktionenordnung können Mitgliedstaaten und Unionsorgane jedoch auch rechtsetzend tätig werden, um die (Auslegungs-)Spielräume des Gerichtshofes zu reduzieren oder ungewünschte Auswirkungen von gerichtlichen Entscheidungen zu kompensieren.[32] Ebenfalls sind Änderungen der Kompetenzen zwischen den Unionsorganen denkbar. So kann der Gerichtshof etwa auf 7

---

[22] Dehousse, The European Court of Justice, 1998, S. 36 ff. und 97 ff.
[23] Dazu Kombos, The ECJ and Judicial Activism, 2010.
[24] Haltern EuropaR II, 27 ff.
[25] Klassisch Tate/Vallinder, The Global Expansion of Judicial Power, 1997; Stone Sweet, The Judicial Construction of Europe, 2004; Hirschl, Towards Juristocracy, 2007; Alter, The European Court's Political Power, 2010.
[26] Dazu Vasel, The European Union – Silent Superpower or Noahs Ark?, in van Aaken et al., The Oxford Handbook of International Law in Europe, 2023 (im Erscheinen); d'Argent, Using International Law to Replace It: The EU, in van Aaken et al., The Oxford Handbook of International Law in Europe, 2023 (im Erscheinen).
[27] EuGH 18.12.2014 – Gutachten 2/13 ECLI:EU:C:2014:2454 Rn. 176 = BeckEuRS 2014, 407776; vgl. auch Vasel, Regionaler Menschenrechtsschutz als Emanzipationsprozess, 2017, S. 206 ff.
[28] Geiger in Geiger/Khan/Kotzur/Kirchhoff EUV Art. 13 EUV Rn. 13 ff.
[29] Insb. durch die Einführung des ordentlichen Gesetzgebungsverfahrens, s. Kluth in Calliess/Ruffert AEUV Art. 294 Rn. 1 ff.; Gellermann in Streinz AEUV Art. 294 Rn. 2 f.
[30] EuGH 17.12.1970 – C-25/70, Slg. 1970, 1161 Rn. 9 = NJW 1971, 1006; EuGH 22.5.1990 – C-70/88, Slg. 1990, I-2041 Rn. 22 = NJW 1990, 1899; Streinz EuropaR Rn. 279; Oppermann/Classen/Nettesheim EuropaR § 5 Rn. 20; Rengeling VVDStRL 53 (1994), 233.
[31] Bengoetxea, The Legal Reasoning of the European Court of Justice, 1993; Koopmans, The Theory of Interpretation and the Court of Justice, in O'Keeffe/Bavasso, Judicial review in EU Law, 2001.
[32] So etwa geschehen durch das Protokoll (Nr. 35) über Artikel 40.3.3 der Verfassung Irlands als Reaktion auf EuGH 4.10.1991 – C-159/90, Slg. 1991, I-4685.

dem Gebiet seiner Verfahrensordnungen weitläufig selbstständig tätig werden – solange die Belange der anderen Unionsorgane gewahrt bleiben.

B. Rechtliche Grundlagen des Gerichtshofes

8   Der Gerichtshof der Europäischen Union wird in verschiedenen Konstellationen tätig. In Ermangelung entsprechend spezialisierter, separater Gerichtsbarkeiten entscheidet der Gerichtshof in der vollen Bandbreite der möglichen Verfahren. Eine Prozessordnung, wie sie in den Rechtsordnungen der Mitgliedstaaten üblich ist – in Deutschland etwa in Gestalt von ZPO, VwGO, StPO, BVerfGG pp – und erwartbar wäre, existiert für die Gerichtsbarkeit der Union nicht. Vielmehr lassen sich die relevanten Normen auf verschiedenen Ebenen finden. Ergänzt werden diese durch nichtverbindliche, aber gleichsam relevante Empfehlungen und Hinweise.

I. Primärrecht

9   Grundlagennorm des Gerichtshofes bildet Art. 19 EUV.[33] Dieser regelt in seinem ersten Absatz zunächst, dass unter dem Begriff „Gerichtshof der Europäischen Union" drei rechtsprechende Körper zusammengeführt werden: die (möglichen) Fachgerichte, das Gericht und der Gerichtshof. Sodann ist seine Aufgabe mit der lakonischen Formulierung von „Wahrung des Rechts" bei der Auslegung und Anwendung der Verträge umschrieben. Diese konservierende, protektive und bescheidene Aufgabenbeschreibung bleibt weit hinter den aktivistischen Leistungen des Gerichts zurück. Im zweiten Absatz wird sodann die Zusammensetzung aus Richtern und Generalanwälten in Umrissen bestimmt. Der dritte Absatz verweist auf die möglichen Verfahrensarten.

10   Die wesentlichen Details der von Art. 19 EUV aufgegebenen Ausgestaltung in Form von Zuständigkeiten und Zusammensetzungen, also der Gerichtsverfassung,[34] sind ebenfalls primärrechtlich normiert. Der AEUV regelt in seinem 6. Teil, 1. Kapitel, Abschn. 5 in Art. 251 bis 281 die entsprechenden Modalitäten.

II. Satzung

11   Auf Grundlage des Art. 281 AEUV wurde für den Gerichtshof eine Satzung in Form eines Protokolls festgelegt.[35] Als Protokoll ist die Satzung Bestandteil der Verträge, Art. 51 EUV. Dort geregelt sind insb. die Verhältnisse der Richterinnen und Richter (Titel I), die Gerichtsorganisation (Titel II), die grundsätzlichen Regeln der Verfahren vor dem Gerichtshof (Titel III, bspw. Anwaltszwang, Art. 19, Gliederung in schriftliches und mündliches Verfahren, Art. 20, Beratungsgeheimnis, Art. 35) und die Ausgestaltung des Gerichts (Titel IV).[36]

12   Die Satzung hat ihren Ursprung im Jahre 1957[37] und wurde seitdem mehrfach geändert, zuletzt 2019.[38] Änderungen sind gem. Art. 281 AEUV im Rahmen des ordentlichen Gesetzgebungsverfahrens gem. Art. 294 AEUV möglich, wobei Titel I sowie Art. 64, der die Sprachenfrage regelt, der legislativen Disposition entzogen sind – diesbezüglich wäre eine Vertragsänderung nötig.[39] Eine Besonderheit ist die Wahrung der Interessen des Gerichtshofes im Verfahren: Nach Art. 281 Abs. 2 S. 2 AEUV beschließen das Europäische Parlament und der Rat entweder auf Antrag des Gerichts-

---

[33] Geiger/Kotzur in Geiger/Khan/Kotzur/Kirchmair EUV Art. 19 Rn. 1; Schwarze/Wunderlich in Schwarze/Becker/Hatje/Schoo EUV Art. 19 Rn. 1; Mayer in Grabitz/Hilf/Nettesheim EUV Art. 19 Rn. 1.
[34] Ehricke in Streinz AEUV Art. 281 Rn. 1.
[35] Protokoll über die Satzung des Gerichtshofs der Europäischen Union, ABl. 2001 C 80, 53.
[36] Dazu im Detail ausführlich Klinke in Grabitz/Hilf/Nettesheim Art. 281 AEUV.
[37] BGBl. 1957 II 1166.
[38] Art. 1 ÄndVO (EU, Euratom) 2019/629 vom 17.4.2019 (ABl. 2019 L 111, 1).
[39] Kotzur/Dienelt in Geiger/Khan/Kotzur/Kirchmair AEUV Art. 281 Rn. 4.

hofs nach Anhörung der Kommission oder auf Vorschlag der Kommission nach Anhörung des Gerichtshofs.

Bei Normkonflikten zwischen Satzung und sonstigem Primärrecht kann nur die Auslegung eine hinreichende Lösungsperspektive bieten – eine Nichtigerklärung durch den Gerichtshof ist unmöglich.[40]

III. Verfahrensordnungen

Gem. Art. 253 UAbs. 6 AEUV erlässt der Gerichtshof mit Genehmigung des Rates seine eigene Verfahrensordnung. Dies gilt entsprechend Art. 254 UAbs. 5 AEUV für das Gericht wie auch für mögliche Fachgerichte, Art. 257 UAbs. 5 AEUV: Diese erlassen ihre Verfahrensordnungen ebenfalls mit Genehmigung des Rates, allerdings zusätzlich auch im Einvernehmen mit dem Gerichtshof. Die Genehmigung des Rates ist gem. Art. 16 Abs. 3 EUV als qualifizierte Mehrheit und nicht – wie noch zuvor – Einstimmigkeit zu verstehen.

Die Verfahrensordnungen stellen sekundärrechtliche Rechtsakte sui generis dar.[41] Sie sind damit den primärrechtlichen Normen, d.h. den Verträgen wie auch der protokollförmigen Satzung, nachgeordnet. Eine inzidente Rüge im Rahmen eines Verfahrens und die subsequente Prüfung durch den Gerichtshof erscheinen somit möglich.[42]

1. Gerichtshof. Die zuletzt 2019 aktualisierte, über 200 Artikel umfassende Verfahrensordnung des Gerichtshofes regelt die Details der Verfahren vor dem Gerichtshof.[43] Erster Regelungsgegenstand ist dabei die nähere Struktur des Gerichtshofes (1. Titel), darauf folgen die allgemeinen Verfahrensbestimmungen (2. Titel) und sodann besondere Bestimmungen in Bezug auf das Vorabentscheidungsverfahren (3. Titel) und die Klagen (4. Titel). Daraufhin werden Rechtsmittel gegen (5. Titel) und die Überprüfung von (6. Titel) Entscheidungen des Gerichts geregelt. Abschließend folgen Vorschriften zu Gutachten (7. Titel) und zu sonstigen Verfahrensarten, etwa Rechtsmitteln gegen Entscheidungen des Schiedsausschusses (8. Titel).

2. Zusätzliche Verfahrensordnung. Art. 207 VerfO EuGH ermächtigt den Gerichtshof dazu, im Benehmen mit den beteiligten mitgliedstaatlichen Regierungen ein weiteres Regelwerk in Form der zusätzlichen Verfahrensordnung zu erlassen. Erstmalig wurde die Zusätzliche Verfahrensordnung des Gerichtshofes der Europäischen Gemeinschaften im Jahre 1974 erlassen,[44] der aktuelle Änderungsstand wurde 2014 erreicht.[45] Sie regelt die Angelegenheiten der Rechtshilfeersuchen (Kapitel I), Prozesskostenhilfe (Kapitel II) und Anzeigen des Gerichtshofs wegen Eidesverletzungen von Zeugen und Sachverständigen gemäß Artikel 30 der Satzung (Kapitel III).

3. Gericht. Die Verfahrensordnung des Gerichts besteht seit 1991,[46] der aktuelle Stand stammt aus dem Jahre 2022.[47] Inhaltlich entspricht diese in weiten Teilen der Verfahrensordnung des Gerichtshofes, welche ergänzend herangezogen werden kann.[48] Dennoch bestehen wesentliche Unterschiede, die in den differenzierten Aufgabenbereichen und Arbeitsstilen begründet sind. Eine zusätzliche Verfahrensordnung des Gerichtes existiert nicht, vielmehr wurden diese Vorschriften in die (Haupt-)Verfahrensordnung eingearbeitet.[49]

---

[40] Klinke in Grabitz/Hilf/Nettesheim AEUV Art. 281 Rn. 18.
[41] Karpenstein/Dingemann in Grabitz/Hilf/Nettesheim AEUV Art. 253 Rn. 33; Pechstein in Pechstein/Nowak/Häde AEUV Art. 253 Rn. 15.
[42] Pechstein in Pechstein/Nowak/Häde AEUV Art. 253 Rn. 15.
[43] Verfahrensordnung des Gerichtshofs (ABl. 2012 L 265, 1), zuletzt aktualisiert am 26.11.2019 (ABl. 2019 L 316, 103).
[44] ABl. 1974 L 350, 29.
[45] ABl. 2014 L 32, 37.
[46] ABl. 1991 L 136, 1.
[47] ABl. 2023 L 44, 8.
[48] Huber in Streinz AEUV Art. 254 Rn. 15.
[49] Kirschner/Klüpfel, Das Gericht erster Instanz der Europäischen Gemeinschaften, 2. Aufl. 1998, Rn. 9.

IV. Sonstiges

19 Insgesamt ist das Unionsverfahrensrechts also sowohl auf primär- als auch sekundärrechtlicher Ebene verteilt. Das Verhältnis dieser ist hierarchisch zueinander – sowohl hinsichtlich des rechtlichen Vorrangs wie auch im Hinblick auf den inhaltlichen Detailgrad, von den Verträgen über die Satzung als Bindeglied[50] hin zur VerfO.[51] Es empfiehlt sich, die vereinzelten Normen des Unionsprozessrechts in einer Gesamtschau zu betrachten, um dem überaus fragmentierten, wenig übersichtlichen Rechtsgebiet Herr zu werden.[52]

20 **1. Dienstanweisungen.** Der Gerichtshof hat 1974 Dienstanweisungen für den Kanzler (auch: EuGHKanzlDA) erlassen,[53] die letzte Änderung dieser Vorschriften erfolgte 1986.[54] Ihr Regelungsgehalt umfasst insb. administrative Belange wie etwa die Einzelheiten der Ausfertigungen und Zustellung (Art. 3) oder die Veröffentlichungen (Art. 23 ff.). Bis 2015 bestand auch eine Dienstanweisung für den Kanzler des Gerichts,[55] diese wurde jedoch durch die praktischen Durchführungsbestimmungen des Gerichts ersetzt.[56]

21 **2. Vorabentscheidungsempfehlung.** Der Gerichtshof hat 2019 eine aktualisierte Empfehlung an die nationalen Gerichte bezüglich der Vorlage von Vorabentscheidungsersuchen abgegeben.[57] In dieser werden die Bestimmungen des dritten Titels der Verfahrensordnung des Gerichtshofes weiter ausgeführt und präzisiert, um eine effektive Durchführung des Vorabentscheidungsverfahrens zu gewährleisten. In Anbetracht der herausragenden Rolle der mitgliedstaatlichen Gerichte und des Vorlageverfahrens gem. Art. 267 AEUV als Schlüsselelement[58] für die Einheitlichkeit des Unionsrechts sind weitere Hilfen für vorlagebereite Gerichte zu begrüßen. Inhaltlich sind unter anderem materiellrechtliche Hilfestellungen sowie Hinweise zur Form und der Anonymisierung von Vorlagebeschlüssen angelegt. Auch zur möglichen Beschleunigung des Vorlageverfahrens sind praxisbezogene Hinweise enthalten.

22 **3. Praktische Anweisungen.** Sowohl der Gerichtshof als auch das Gericht haben auf Basis ihrer Verfahrensordnungen praktische Anweisungen bzw. Durchführungsbestimmungen für das Verfahren erlassen. Im Falle des Gerichtshofes handelt es sich um die praktischen Anweisungen für die Parteien in den Rechtssachen vor dem Gerichtshof.[59] Die Ermächtigung zum Erlass dieser findet sich in Art. 208 VerfO EuGH. Auf Ebene des Gerichts existieren die Praktischen Durchführungsbestimmungen zur Verfahrensordnung des Gerichts.[60] Art. 224 VerfO EuG dient als diesbezügliche Ermächtigung. Die enthaltenen Regelungen sind umfassend. Bei Fragestellungen insb. im Hinblick auf Schriftstücke oder die mündliche Verhandlung empfiehlt sich, diese praxisnahen Hinweise zu konsultieren.

23 **4. Geschäftsverteilung.** Die Geschäftsverteilung ist weder am Gerichtshof noch am Gericht in Form eines Geschäftsverteilungsplans deutscher Couleur geregelt. Dies liegt einerseits daran, dass es auf unionsrechtlicher Ebene keine Vorschrift iSd Art. 101 Abs. 1 S. 2 GG besteht. Andererseits hat dies historische Gründe, da der Gerichtshof zu Beginn seiner Existenz als Unionsjudikative lediglich aus sieben Richtern bestand, die in jedem Fall gemeinsam entschieden.

24 In der aktuellen Gestaltung geschieht die Zuweisung von Rechtssachen am Gerichtshof zunächst auf Veranlassung des Gerichtspräsidenten, der gem. Art. 15 Abs. 1 EuGHVfO

---

[50] Klinke in Grabitz/Hilf/Nettesheim AEUV Art. 281 Rn. 16.
[51] Ehricke in Streinz AEUV Art. 281 Rn. 4 mwN.
[52] Klinke in Grabitz/Hilf/Nettesheim AEUV Art. 281 Rn. 16.
[53] ABl. 1974 L 350, 33.
[54] ABl. 1986 C 286, 4.
[55] ABl. 2007 Nr. L 232, 1.
[56] ABl. 2015 Nr. L 152, 1.
[57] ABl. 2019 C 380, 1.
[58] EuGH 18.12.2014 – Gutachten 2/13, ECLI:EU:C:2014:2454 Rn. 176 = BeckEuRS 2014, 407776.
[59] ABl. 2020 L 42, 1.
[60] ABl. 2015 L 152, 1, zuletzt aktualisiert in ABl. 2023 L 73, 58.

einen Berichterstatter wählt.[61] Nachfolgend weist die Generalversammlung des Gerichtshofes die Sache einer Kammer nach internen, (intransparenten) Kriterien zu.[62] Am Gericht wird dies hingegen durch zwei veröffentliche Bestimmungen zur Kammerbesetzung und Zuweisungspraxis gestaltet.[63] Eine Abweichung ist möglich, wenngleich begründungspflichtig, Art. 27 Abs. 2, 3 EuGVfO.

Die Absenz eines verbindlichen, detaillierten Geschäftsverteilungsplans wird aus deutscher rechtswissenschaftlicher Perspektive regelmäßig kritisiert.[64] Die dogmatische Verknüpfung mit der Frage des gesetzlichen Richters ist jedoch bei Betrachtung der Rechtsordnungen der anderen Mitgliedstaaten eine Besonderheit, da eine so enge Auslegung ähnlicher Rechtsvorschriften ansonsten kaum ersichtlich ist.[65]

5. Der digitale Gerichtshof. Mit e-Curia besteht seit einiger Zeit die Möglichkeit, auf digitalem Wege Verfahrensschriftstücke einzureichen. Diesbezüglich halten sowohl die Verfahrensordnungen als auch separate Beschlüsse von Gerichtshof[66] und Gericht[67] Regelungen bereit. Auch bieten Gerichtshof und Gericht auf ihren Websites verschiedene Informationen an. Neben verfahrensrechtlichen Vorschriften lassen sich allgemeine Hinweise und Merklisten, etwa für Klageschriften oder die mündliche Verhandlung finden. Ebenfalls werden dort Reformvorschläge sowie Pressemitteilungen veröffentlicht. Auch die aktuelle und historische Rechtsprechung ist abrufbar.

---

[61] Dabei soll eine übermäßige Spezialisierung vermieden werden, vgl. insoweit und zur Praxis Karpenstein/Dingemann in Grabitz/Hilf/Nettesheim AEUV Art. 251 Rn. 17; zur Manipulationsanfälligkeit Huber in Streinz AEUV Art. 251 Rn. 10.
[62] Karpenstein/Dingemann in Grabitz/Hilf/Nettesheim AEUV Art. 251 Rn. 15; s. auch Krenn, Legitimacy in the Making – The Procedural and Organizational Law of the European Court of Justice, 2018, S. 197 ff.
[63] ABl. 2023 C 286, 2; ABl. 2022 C 398, 3.
[64] Vgl. nur ausführlich Rönnau/Hoffmann ZIS 2018, 233 mwN; Wegener in Calliess/Ruffert AEUV Art. 251 Rn. 6; anders etwa Kokott/Sobotta EuGRZ 2013, 465; Schmidt ZöR 2015, 541.
[65] Schwarze/Wunderlich in Schwarze AEUV Art. 251 Rn. 7; Rönnau/Hoffmann ZIS 2018, 233 (238 ff.); Kotzur in Rengeling/Middeke/Gellermann Rechtsschutz-HdB § 3 Rn. 7.
[66] ABl. 2018 L 293, 36.
[67] ABl. 2018 L 240, 72.

§ 3 Die Organisationsstruktur der Europäischen Gerichtsbarkeit

Übersicht

	Rn.
A. Äußere Organisationsstruktur des Gerichtshofes	1
I. Allgemeines	1
II. Grundlegende Reformen	5
1. Der Vertrag von Nizza	5
a) Erweiterter Zuständigkeitsbereich	6
b) Einführung „gerichtlicher Kammern"	8
2. Der Vertrag von Lissabon	10
3. Reformvorschlag 2022 für das EuG und das Vorabentscheidungsverfahren	13
a) Hintergrund	14
b) Inhalt und Umfang des Reformvorschlags	16
c) Kritik	19
B. Zusammensetzung	24
I. Zusammensetzung des Gerichtshofs (EuGH)	24
1. Richter	24
2. Generalanwälte	34
II. Zusammensetzung des Gerichts (EuG)	41
III. Zusammensetzung der Fachgerichte	47
C. Innere Organisation der Europäischen Gerichte	54
I. Gerichtsverwaltung	54
1. Die Präsidenten der einzelnen Gerichte	54
2. Die Kanzler	55
II. Spruchkörper	58
1. Plenum	59
2. Große Kammer	62
3. Kammern	65
4. Beschwerdekammern	68
5. Einzelrichter	70
III. Zuständigkeiten	73
IV. Instanzenzug	77
V. Kompetenzkonflikte	84

Schrifttum:
Alber, Die Generalanwälte beim Gerichtshof der Europäischen Gemeinschaften, DRiZ 2006, 168 ff.; Alemanno/Pech, Thinking Justice outside the Docket: A critical assessment of the reform of the EU's Court System, Common Market Law Review 54 (2017) 129; Alemanno/Stefan, Openness at the Court of Justice of the European Union: Toppling a taboo, Common Market Law Review 51 (2014) 97; Baltes, Die demokratische Legitimation und die Unabhängigkeit des EuGH und des EuG, 2011; Bast, Handlungsformen und Rechtsschutz, in v. Bogdandy/Bast (Hrsg.), Europäisches Verfassungsrecht, 2. Aufl. 2009, S. 489 ff.; Barents, The Court of Justice after the Treaty of Lisbon, CMLR 2010, 709 ff.; Berrisch, Die neue Verfahrensordnung des EuGH – Verfahrensbeschleunigung auf Kosten des Anhörungsrechts, EuZW 2012, 881; Bobek, The Court of Justice of the European Union in Chalmers/Arnull, The Oxford Handbook of European Union Law, 2015, 153; v. Bogdandy/Krenn, On the Democratic legitimacy of Europe's Judges. A Principled and Comparative Reconstruction of the Selection Procedures, Oxford University Press 2015, 162; Bollmann, Erhöhung der Anzahl der Richter am Gericht der Europäischen Union, ZRP 2014, 149; Borgsmidt, Der Generalanwalt beim Europäischen Gerichtshof und einige vergleichbare Institutionen, EuR 1987, 162 ff.; Brügmann, Aufgaben und Wahl des Ersten Generalanwalts am Gerichtshof der Europäischen Union, EuR 2021, 493; Calliess, Die neue Europäische Union nach dem Vertrag von Lissabon, 2010; Chalmers, Judicial Performance, Membership, and Design at the Court of Justice, Oxford University Press 2015, 51; v. Danwitz, Kooperation der Gerichtsbarkeiten in Europa, ZRP 2010, 143; Dauses/Henkel, Verfahrenskonkurrenzen bei gleichzeitiger Anhängigkeit verwandter Rechtssachen vor dem EuGH und dem EuG, EuZW 1999, 325 ff.; Detjen, Richter mit Makel, DRiZ 2000, 208; Epiney/Abt/Mosters, Der Vertrag von Nizza, DVBl 2001, 941 (949); Everling, Der Beitrag des deutschen Rechts zur Rechtsprechung des Gerichtshofs der Europäischen Gemeinschaften, in Nicolaysen/Quaritsch (Hrsg.), Lüneburger Symposium für Hans Peter Ipsen zur Feier des 80. Geburtstages, 1988, S. 63 ff.; Everling, Die Zukunft der Europäischen Gerichtsbarkeit in einer erweiterten Union, EuR 1997, 398 ff.; Everling, Zur Fortbildung der Gerichtsbarkeit der Europäi-

schen Gemeinschaften durch den Vertrag von Nizza, in Cremer/Giegerich/Richter/Zimmermann (Hrsg.), Tradition und Weltoffenheit des Rechts, FS für Steinberger, 2002, 1103 ff.; Everling, Rechtsschutz in der Europäischen Union nach dem Vertrag von Lissabon, EuR-Beiheft 1/2009, 71 ff.; Gabriel, Justizfreie Hoheitsakte und die Unabhängigkeit des EuGH – Die Rechtssachen „Sharpston", EuZW 2020, 971; Gundel, Gemeinschaftsrichter und Generalanwälte als Akteure des Rechtsschutzes im Lichte des gemeinschaftsrechtlichen Rechtsstaatsprinzips, EuR-Beiheft 3/2008, 23; Haltern, Europarecht – Dogmatik im Kontext. Band II: Das politische System der Union – Institutionen und Prozesse, 3. Aufl. 2017; Haltern/Bergman, Der EuGH in der Kritik, 2012; Hatje, Die institutionelle Reform der Europäischen Union – der Vertrag von Nizza auf dem Prüfstand, EuR 2001, 147 ff.; Hakenberg, Das Gericht für den öffentlichen Dienst der EU – Eine neue Ära in der Gemeinschaftsgerichtsbarkeit, EuZW 2006, 391 f.; Hakenberg, Zur Reform am Gerichtshof der Europäischen Union, ERA Forum 2015, 563; Herr/Grunwald, Schwerer Rückschlag für die Europäische Patentgerichtsbarkeit (Gastkommentar), EuZW 2011, 321; Hoffmann, Der Gerichtshof der Europäischen Union – re-organisiert, EuR 2016, 197; Iliopoulos, Die Reform des Gerichts der Europäischen Union, EuR 2018, 487; Jaeger, Das Gericht der Europäischen Union als Garant eines wirksamen Rechtsschutzes, in Schwarze (Hrsg.), Verfahren und Rechtsschutz im europäischen Wirtschaftsrecht, 2010, S. 57 ff.; Kirschner, Das Gericht erster Instanz der Europäischen Gemeinschaften, 1995; Kirschner, Entwicklungen im Gerichtshof der Europäischen Gemeinschaften, in Ipsen/Rengeling/Mössner/Weber (Hrsg.), Verfassungsrecht im Wandel, 1995, S. 373 ff.; Klinke, Der Gerichtshof der Europäischen Gemeinschaften, 1989; Kokott, Die Institution des Generalanwalts im Wandel, in FS Ress, 2005, 577; Kokott, Anwältin des Rechts – Zur Rolle der Generalanwälte beim Europäischen Gerichtshof, 2006; Kokott/Sobotta, Der EuGH – Blick in eine Werkstatt der Integration, EuGRZ 2013, 465; Lenz, Die Gerichtsbarkeit in der Europäischen Gemeinschaft nach dem Vertrag von Nizza, EuGRZ 2001, 433 ff.;; Lock, The European Court of Justice and International Courts, 2015; Müller, Die Errichtung des Europäischen Patentgerichts – Herausforderung für die Autonomie des EU-Rechtssystems?, EuZW 2010, 851 ff.; Müller-Huschke, Verbesserungen des Individualrechtsschutzes durch das neue Europäische Gericht Erster Instanz (EuGEI), EuGRZ 1989, 213 ff.; Nemitz, 10 Jahre Gericht Erster Instanz der Europäischen Gemeinschaften, DÖV 2000, 437 ff.; Nentwich, Institutionelle und verfahrensrechtliche Neuerungen im Vertrag über die Europäische Union, EuZW 1992, 240; Nettesheim, Kompetenzkonflikte zwischen EuGH und den Mitgliedstaaten, Zeitschrift für Rechtspolitik 8/2021, 222; Pache/Schorkopf, Der Vertrag von Nizza, NJW 2001, 1377 ff.; Rabe, Das Gericht erster Instanz der Europäischen Gemeinschaften, NJW 1989, 3041 ff.; Pernice, Die Zukunft der Unionsgerichtsbarkeit, EuR 2011, 151; Phelan, Great Judgements of the European Court of Justice – Rethinking the landmark decisions of the foundational period, 2019; Rabe, Neuerungen im Europäischen Gerichtsverfahrensrecht, EuZW 1991, 596 f.; Rapp, Das neue Zulassungsverfahren für Rechtsmittel am EuGH, EuZW 2019, 587; Reischl, Die Funktion der Generalanwälte in der Europäischen Rechtsprechung, in Schwarze (Hrsg.), Der Europäische Gerichtshof als Verfassungsgericht und Rechtsschutzinstanz, 1983, S. 121 ff.; Reischl, 20 Jahre Gericht erster Instanz in Luxemburg – Der Zugang zur Justiz, EuR 2009, 717 ff.; Rönnau/Hoffmann, „Vertrauen ist gut, Kontrolle ist besser": Das Prinzip des gesetzlichen Richters am EuGH, ZIS 2018, 233; Sack, Zur künftigen europäischen Gerichtsbarkeit nach Nizza, EuZW 2001, 77 ff.; Saurugger/Terpan, The Court of Justice of the European Union and the Politics of Law, 2017; Sarmiento, The Reform of the General Court: An Exercise in Minimalist (but Radical) Institutional Reform, Cambridge Yearbook of European Legal Studies 19 (2017), 236; Schröder, Neuerungen im Rechtsschutz der Europäischen Union durch den Vertrag von Lissabon, DÖV 2009, 61 ff.; Schwarze, 20 Jahre Gericht erster Instanz in Luxemburg, EuR 2009, 717; Siebert, Die Auswahl der Richter am Gerichtshof der Europäischen Gemeinschaften, 1997; Skouris, Höchste Gerichte an ihren Grenzen, FS Starck, 2007, 998 ff.; Streinz, Die Rolle des EuGH im Prozess der Europäischen Integration. Anmerkungen zu gegenläufigen Tendenzen in der neueren Rechtsprechung, AöR 135 (2010), 1; Szczekalla, Anmerkung zu EuGH Rs. C-7/94 (Lubar Gaal), EuZW 1995, 671 f.; Szpunar, The Advocate General in the judicial architecture of the EU Court of Justice, EuZW 2022, 1139; Theato, Der Europäische Rat von Nizza, EuZW 2001, 129; Thiele, Das Rechtsschutzsystem nach dem Vertrag von Lissabon – (K)ein Schritt nach vorn?, EuR 2010, 30 ff.; Tridimas, The role of the advocate general in the development of Community law: Some reflections, CMLR 34 (1997), 1349 ff.; Ver Loren van Themaat, Der Gerichtshof der Europäischen Gemeinschaften, BayVBl. 1986, 486; Wägenbaur, Court of Justice of the European Union, 2013; Wägenbaur, Neue Richter am EuG – aus eins mach zwei, EuZW 2015, 889; Wegener, Die Neuordnung der EU-Gerichtsbarkeit durch den Vertrag von Nizza, DVBl 2001, 1258 ff.; Weitbrecht, 70 Jahre Europäischer Gerichtshof: Baulichkeiten, Menschen, Institutionen, EuZW 2022, 1133.

A. Äußere Organisationsstruktur des Gerichtshofes

I. Allgemeines

Was vor über 70 Jahren (1952) in der Villa Vauban, auch „Villa Pescatore" genannt, organisatorisch-institutionell als Gerichtshof der Europäischen Gemeinschaft für Kohle und Stahl (EGKS) begann[1], kann als eine der größten judikativen Erfolgsgeschichten

---

[1] Dazu Weitbrecht EuZW 2022, 1133.

überhaupt bezeichnet werden. Dies gilt insbesondere vor einem doppelten Hintergrund: Zum einen, weil die damalige Gemeinschaft als internationale Organisation die „normative Textur" des Völkerrechts aufwies,[2] zum anderen, weil die Notwendigkeit eines Gerichtshofes schon im Ursprung umstritten war. Jean Monnet als französischer Repräsentant des europäischen Projekts sah dafür keine Notwendigkeit. Im Gegenteil: er wähnte die Gefahr, dass die Autorität der Europäischen Behörde unterminiert werden könnte.[3] Die deutsche Position – prominent von Walter Hallstein vorgetragen – plädierte hingegen dafür, der Hohen Behörde einen „Erzieher" an die Seite zu stellen. Da damit auch erste Ansätze einer Gewaltenteilung verbunden waren, fand dies bei den US-Amerikanern Gefallen und fiel in Europa auf ungemein fruchtbaren Boden.[4] Gleichwohl waren die Anfänge widrig. Mit den Römischen Verträgen von 1957 wurde der Gerichtshof für alle drei Gemeinschaften zuständig und die Optionen für Vorabentscheidungsverfahren erweitert (vgl. Art. 41 EGKS und Art. 177 EWGV) wozu es 1961 das erste Mal kam.[5]

2 Der einstige „Erzieher" der Hohen Behörde ist zu Beginn der achten Dekade seiner Existenz und mehr als sechzig Jahre nach der ersten Vorabentscheidung jene Institution, die die Union maßgeblich konstruiert und integriert hat. War der **EuGH** ursprünglich das einzige Rechtsprechungsorgan innerhalb der damaligen Gemeinschaften führte die Europäische Integration mit der wachsenden Zahl von Gemeinschafts-, heute Unionsrechtsakten zu einer ständig steigenden Zahl von Verfahren vor dem EuGH und machte weitere Spruchkörper unabdingbar. Dies nicht zuletzt deshalb, weil die Verfahren immer komplizierter und länger wurden, was zu einer zunehmend als dramatisch empfundenen Belastung und Überlastung des einst unausgelasteten EuGH führte.[6] Umfang und Anzahl der Rechtssachen zeitigten nicht nur Auswirkungen auf die Verfahrensdauer vor dem Gerichtshof,[7] sondern im Rahmen von Vorabentscheidungen auch Rückwirkungen auf die Verfahrensdauer vor nationalen Gerichten. Um diesen Ansturm zu bewältigen und gleichzeitig eine angemessene Dauer der Prozesse zu wahren, fügte der Rat 1988 mit der EEA zur Entlastung des EuGH einen Art. 168a EGV-Maastricht (später Art. 225 EGV-Amsterdam) in den Vertragstext ein und schuf damit das **Gericht erster Instanz** der Europäischen Gemeinschaften (EuG). Nach dem heute geltenden Art. 256 AEUV heißt es „Gericht".

3 Der Vertrag von Lissabon hat insgesamt eine geänderte Nomenklatur für die Unionsgerichtsbarkeit eingeführt. Als „Gerichtshof der Europäischen Union" bezeichnet der neu eingefügte Art. 19 Abs. 1 EUV heute das EU-Gerichtssystem in seiner Gesamtheit. Der Gerichtshof der Europäischen Union besteht aus dem „Gerichtshof" respektive EuGH, dem „Gericht", vormals das Gericht erster Instanz, und den Fachgerichten, vormals „gerichtlichen Kammern".[8] Die Einsetzung letzterer erfolgt durch Verordnung im ordentlichen Gesetzgebungsverfahren, Art. 257 Abs. 1 AEUV.[9] In dieser Hinsicht bestand von 2004 bis 2016 das Gericht für den öffentlichen Dienst der Europäischen Union (EuGöD), das für sämtliche Streitigkeiten zwischen den Beamten und Bediensteten nach Art. 270 AEUV zuständig war. Im Zuge der Reform des EuG (→ Rn. 49) ist das EuGöD 2016 in das EuG inkorporiert worden. Als weiteres Fachgericht ist die Schaffung eines Gerichts für den Schutz des geistigen Eigentums gem. Art. 262 AEUV erwogen worden. Diese Pläne haben sich bislang nicht materialisiert, so dass gegenwärtig keine Fachgerichte bestehen.

---

[2] So treffend Haltern EuropaR II S. 4.
[3] Schorkopf Der europäische Weg S. 189; Weitbrecht EuZW 2022, 1134.
[4] Schorkopf Der europäische Weg S. 189 f.
[5] Weitbrecht EuZW 2022, 1135; EuGH 6.4.1962 – C-13/6, ECLI:EU:C 1962:11 = BeckRS 2004, 71489 – De Geus en Uitdenbogerd/Bosch ua.
[6] Rabe NJW 1989, 3041 ff.; Everling DRiZ 1993, 5 (7); Lipp JZ 1997, 326 ff.; Pernice EuR 2011, 151 ff.; Huber in Streinz EUV Art. 19 Rn. 9 f.
[7] Ottaviano, Der Anspruch auf rechtzeitigen Rechtsschutz im Gemeinschaftsprozessrecht, 2009.
[8] Geiger/Kotzur in Geiger/Khan/Kotzur/Kirchmair EUV Art. 19 Rn. 1.
[9] Thiele EuR 2010, 30 (31).

Dass mit den Termini „Gerichtshof" – in der englischen Sprachfassung „Court of Justice" – und „Gericht" – in der englischen Sprachfassung „General Court" – ohne namensprägenden Bezug auf die EU begriffliche Unsicherheiten geschaffen werden bzw. zwischen dem „Gerichtshof der Europäischen Union", dem „Court of Justice of the European Union" und dem „Gerichtshof", dem „Court of Justice", Verwechslungsgefahren entstehen, bleibt ein Defizit.[10]

Das dem EuGH beigeordnete Gericht (erster Instanz) sollte für die zahlenmäßig starken **4** Verfahren der Wettbewerbsstreitigkeiten von natürlichen und juristischen Personen sowie für die Vielzahl von dienstrechtlichen Streitigkeiten natürlicher Personen zuständig sein, um den Gerichtshof von diesen, nicht immer grundsätzliche Bedeutung erlangenden Rechtsstreitigkeiten, zu entlasten.[11] Nachdem die Mitglieder des Gerichts wirksam ernannt waren, hat sich das EuG mit Beschluss v. 11.10.1989[12] ordnungsgemäß konstituiert und seine Arbeit zum 31.10.1989 aufgenommen. Nachdem die Institutionalisierung eines weiteren Rechtsprechungszuges auch in der Rechtspraxis angenommen wurde und sich als Entlastung für den EuGH herausstellte, wurde die Zuständigkeit des EuG vom Ministerrat 1993 um die Subventionsstreitigkeiten erweitert.[13] Wichtig bleibt festzuhalten: Bei dem EuG handelt es sich nicht um ein weiteres Organ der Union, sondern um eine **weitere Organisationsform** innerhalb einer einheitlichen, heute grundsätzlich dreistufigen Unionsgerichtsbarkeit.[14] Von seinem Selbstverständnis her versteht sich das EuG als Teil des Organs „Gerichtshof der Europäischen Union" mit Sitz in Luxemburg.[15] Sowohl von seiner administrativen Struktur als auch haushaltsrechtlich ist das EuG in dieses **Organ** eingegliedert (s. Art. 19 Abs. 1 EUV).[16] Sofern das EuG gelegentlich als „eigenständiger Spruchkörper" bezeichnet wird,[17] ist dies zumindest missverständlich. Unter **„Spruchkörper"** versteht man allgemein die Abteilungen (Kammern, Senate) innerhalb eines bestimmten Gerichts, denen aufgrund des Geschäftsverteilungsplans die Entscheidung in der konkreten Rechtssache zugewiesen ist.[18] Mittlerweile ist das EuG längst aus dem Schatten seines großen Bruders herausgetreten und als eigenständige Tatsacheninstanz der ihm zugewiesenen Streitigkeiten anerkannt, auch wenn es in bestimmten Bereichen noch Abstimmungsprobleme zwischen den Instanzen gibt.[19] Die Tätigkeit des „Gerichts erster Instanz", heute des „Gerichts", kann nach weit mehr als 30 Jahren Rechtsprechungstätigkeit[20] ganz überwiegend als eine „Erfolgsgeschichte" gelten, wie auch die jüngsten Reformbestrebungen und die Willigkeit des EuGH mehr Verantwortung auf das EuG zu verlagern indizieren.

II. Grundlegende Reformen

1. Der Vertrag von Nizza. Im Hinblick auf die starke Belastung des Gerichtshofes durch **5** anhängige und neu eingehende Rechtssachen, sowie mit Blick auf die damals beabsichtigte, heute realisierte Erweiterung der Europäischen Union nach Osten, haben der Gerichtshof und die Kommission schon Ende 1999 Vorschläge zur **Reformierung des europäischen**

---

[10] Krit. zur neuen Terminologie Everling EuR-Beiheft 1/2009, 71 (81); Barents Common Market Law Review 47 (2010), 709 (710).
[11] Nachw. bei Kotzur/Dienelt in Geiger/Khan/Kotzur/Kirchmair AEUV Art. 256 Rn. 1 ff.
[12] ABl. 1989 L 317, 48, geändert durch Beschluss v. 26.4.1999, ABl. 1999 L 114, 52.
[13] Beschluss des Rates 93/350/EGKS/EWG/Euratom v. 8.6.1993, ABl. 1993 L 144, 21.
[14] Everling FS Deringer, 1993, 51; Everling FS Steinberger, 2002, 1105; Schwarze/Wunderlich in Schwarze EUV Art. 19 Rn. 11.
[15] Kotzur/Dienelt in Geiger/Khan/Kotzur/Kirchmair AEUV Art. 256 Rn. 1.
[16] Huber in Streinz EUV Art. 19 Rn. 4 ff.
[17] So Rabe NJW 1989, 3041 (3042); Müller-Huschke EuGRZ 1989, 213 (215); Schweitzer/Hummer/Obwexer EuropaR S. 64; Wohlfahrt in Grabitz/Hilf/Nettesheim, 40. Aufl. 2009, EGV Art. 168a Rn. 5, vgl. Pache/Schorkopf NJW 2001, 1377 (1380).
[18] Klinke Der Gerichtshof der Europäischen Gemeinschaften Rn. 81 ff.; Middeke/Szczekalla JZ 1993, 285 ff.
[19] Vgl. dazu Nemitz DÖV 2000, 437 (438 ff.).
[20] Eine erfolgreiche Zwischenbilanzierung etwa von Schwarze EuR 2009, 717 ff.

Gerichtssystems unterbreitet.[21] Allen Vorschlägen gemeinsam war und ist das Bestreben, die Belastungsgrenzen des Gerichtshofes abzubauen, die Dauer der anhängigen Verfahren zu reduzieren, gleichzeitig aber die Qualität der Gemeinschaftsrechtsprechung, heute Unionsrechtsprechung zu sichern. Mit dem **Vertrag von Nizza** sind diese Reformvorschläge nur zum Teil aufgegriffen worden.[22] Das Gerichtssystem der EU/EG ist durch den Nizza-Vertrag – stärker als durch den späteren Entwurf eines Verfassungsvertrages und den Lissabonner Reformvertrag – verschiedenen, durchaus substantiellen Veränderungen unterworfen worden, um den geänderten Eingangszahlen in den verschiedenen Rechtsmaterien einerseits, aber auch einem weiteren Anstieg künftiger Rechtsstreitigkeiten in neu hinzukommenden Rechtsmaterien (Asylrecht und Recht am geistigen Eigentum) andererseits, sowie weiteren Verfahren durch Beitritte neuer Mitgliedstaaten Rechnung zu tragen.[23] Da die primärrechtlichen Veränderungen durch den Vertrag von Nizza letztlich die Grundlage für gegenwärtige Reformvorhaben bilden und Problem wie Lösungsversuche in ihrer historischen Entwicklung abbilden, soll auf die Darstellung auch zwei Dekaden nach diesem Vertrag nicht verzichtet werden.

6 **a) Erweiterter Zuständigkeitsbereich.** Für das EuG brachte der **Vertrag von Nizza** zunächst die formal-rechtliche Aufwertung eines eigenständigen Rechtsprechungsorgans neben dem EuGH. Art. 225 EGV-Nizza sprach nicht mehr von einem dem Gerichtshof beigeordneten **Gericht,** sondern wies dem EuG explizit eigene Zuständigkeitsbereiche neben dem EuGH zu. War das EuG bisher nur für bestimmte Direktklagen bestimmter Sachbereiche zuständig, erweiterte der Vertrag von Nizza den **Zuständigkeitsbereich** des EuG auf alle Direktklagen mit Ausnahme der Vertragsverletzungsverfahren (Art. 225 Abs. 1 EGV aF). Allerdings schränkte Art. 51 EuGH-Satzung aF den umfassenden Zuständigkeitsbereich dahingehend ein, als für Direktklagen der Mitgliedstaaten, der damaligen Gemeinschaftsorgane und der Europäischen Zentralbank der EuGH zuständig blieb. Insoweit war das EuG als Eingangsgericht nur für alle Direktklagen zuständig, die von natürlichen und juristischen Personen erhoben wurden, ohne auf bestimmte Rechtsgebiete beschränkt zu sein.[24] Darin war eine Aufwertung zu sehen, die jedoch nur das nachvollzog (oder in Anlehnung an eine von *K. Eichenberger* geläufige Terminologie aus dem Schweizer Bundesverfassungsrecht „nachführte"), was die Rechtspraxis in den letzten Jahren ohnehin wahrgenommen hatte, nämlich die Spruchpraxis einer gegenüber dem EuGH eigenständigen Rechtsprechungsinstanz. Soweit teilweise von einer „statusrechtlichen Gleichstellung" gesprochen wurde,[25] ist diese Bewertung hinsichtlich der Aufgabenverteilung und der Überordnung des EuGH als Revisionsinstanz des EuG missverständlich. Unzweifelhaft ist durch die Vertragsänderung aber der Status des Gerichts als erstinstanzliches Rechtsprechungsorgan gefestigt worden. Auch primärrechtlich ist eine Gleichbehandlung mit dem EuGH erfolgt, indem Regelungen, die vorher in der Verfahrensordnung (EuG) oder in der Satzung (EG) enthalten waren, nunmehr in den Vertrag überführt wurden. Allerdings haben die Staats- und Regierungschefs davon abgesehen, dem EuG einen eigenen Organstatus im Sinne des damaligen Art. 7 EGV zu verleihen,[26] sodass das EuG nach wie vor eine

---

[21] Vgl. Reflexionspapier des Gerichtshofes EuZW 1999, 750 = EuGRZ 2000, 101 = VersR 2000, 516; Vorschläge des Gerichtshofes für Rechtsstreitigkeiten über geistiges Eigentum EuZW 1999, 756; Bericht der Reflexionsgruppe der Kommission, Sonderbeilage Heft 9/2000; ergänzender Beitrag der Kommission KOM(2000) 109 endgültig v. 1.3.2000; Everling EuR 1997, 398 ff.

[22] Krit. insoweit Sack EuZW 2001, 77 ff. „viel gewerkelt, wenig gebaut"; Theato EuZW 2001, 129, Berg hat eine Maus geboren; Hatje EuR 2001, 147 (165 ff.), manche Wünsche offen gelassen; Lenz EuGRZ 2001, 433 (439), Gelegenheit verpasst; positiver Everling FS Steinberger, 2002, 1119 ff.; insgesamt Everling/Müller-Graff/Schwarze EuR-Beiheft 1/2003.

[23] Krit. zu der damit de facto verbundenen „Unitarisierung des europäischen Rechtsschutzsystems" Huber in Streinz EUV Art. 19 Rn. 34.

[24] Zur Entwicklungsgeschichte auch Wegener in Calliess/Ruffert AEUV Art. 256 Rn. 1 mwN; Iliopoulos EuR 2018, 487 (488 ff.).

[25] Pache/Schorkopf NJW 2001, 1377 (1380).

[26] Hatje EuR 2001, 147 (165); Wegener DVBl 2001, 1258 (1260).

Rechtsprechungsinstitution innerhalb des seinerzeitigen Gemeinschaftsorgans „Gerichtshof" geblieben ist. Der heutige Art. 19 EUV ändert daran, wie bereits gezeigt, nichts. Es wurde künftigen Vertragsänderungen vorbehalten, die institutionellen Änderungen auch im Sprachgebrauch anzupassen. So war das „Gericht erster Instanz" nach Einführung der gerichtlichen Kammern (vgl. → Rn. 8 f.) nicht mehr bloßes Eingangsgericht, sondern auch Rechtsmittelgericht im zweiten Rechtszug.[27] Dem trägt die heutige Bezeichnung „Gericht" (Art. 256 AEUV) Rechnung. Die schon oben beklagte semantische Uneindeutigkeit ist vielleicht der Preis für die von der Sache her gebotene inhaltliche Korrektur.

Die Regelung des Art. 225 EGV-Nizza stellte die Zuständigkeit des damaligen Gerichts 7 erster Instanz auf eine neue Grundlage und teilte ihm teilweise neue Kompetenzen zu. Das EuG war nunmehr generell für Nichtigkeits-, Untätigkeits-, Schadensersatz-, Dienstrechtliche Klagen und Klagen betreffend die EIB und EZB zuständig. Ausgenommen von dieser generellen Zuständigkeit waren diejenigen Klagen, die einer gerichtlichen Kammer iSd Art. 225a EGV-Nizza (heute einem Fachgericht, Art. 257 AEUV) übertragen wurden und Klagen, die gemäß der Satzung dem Gerichtshof vorbehalten blieben. Gemäß Art. 51 der Satzung in ihrer alten Fassung war der Gerichtshof für die im Art. 225 Abs. 1 EGV-Nizza genannten Rechtsstreitigkeiten zuständig, wenn ein Mitgliedstaat, ein Gemeinschaftsorgan (heute Unionsorgan) oder die EZB klagte. Damit lag die Zuständigkeit für alle Klagen von natürlichen und juristischen Personen beim EuG. Überdies wurde das Gericht erster Instanz als Vorabentscheidungsinstanz in jenen Fällen zuständig, die die Satzung vorsah. War indes die Einheit oder Kohärenz des Gemeinschaftsrechts (heute Unionsrechts) in Gefahr, räumte die Satzung dem EuGH die Prüfungskompetenz ein.

b) Einführung „gerichtlicher Kammern". Mit dem Vertrag von Nizza wurde zur 8 weiteren Entlastung des Gerichtshofes die Grundlage für eine weitere Rechtsprechungsinstitution gelegt. Art. 225a EGV-Nizza eröffnete die Möglichkeit für die Schaffung eines weiteren Rechtsprechungskörpers im europäischen Gerichtssystem. Seiner sachlichen wie funktionalen Ausdifferenzierung korrespondierte die instantielle Weiterentwicklung zur Dreistufigkeit.[28] Der Überlastung des EuGH wurde, neben einer Stärkung des Gerichts erster Instanz, auch durch die per Ratsbeschluss einzurichtenden „gerichtlichen Kammern" für bestimmte Sachgebiete Rechnung getragen. Nach dem in Nizza eingefügten Art. 225a EGV-Nizza konnte der Rat durch einstimmigen Beschluss auf Vorschlag der Kommission und nach Anhörung des Europäischen Parlaments und des Gerichtshofs, oder auf Antrag des Gerichtshofs und nach Anhörung des Parlaments und der Kommission, gerichtliche Kammern bilden, die für Entscheidungen im ersten Rechtszug über bestimmte Kategorien von Klagen zuständig sind, die in besonderen Sachgebieten erhoben werden. Die Regeln für die Zusammensetzung sollten aber, ebenso wie die Festlegung des Zuständigkeitsbereiches, erst mit dem Errichtungsbeschluss festgelegt werden. Als Sachgebiete, die in die Zuständigkeit solcher noch zu bildenden Rechtsprüfungseinrichtungen gelangen, wurden im Vorfeld für die erstinstanzliche Zuständigkeit die Spezialbereiche der Marken- oder Beamtensachen sowie der gewerblichen Muster genannt.[29] Die besonders intensive Diskussion um ein Europäisches Patentgericht hat im Jahre 2012 zu einem (vorläufigen) Durchbruch geführt. Es sollte mit Sitzen in Paris, London und München eingerichtet werden.[30]

Schon in einem frühen Memorandum hatte der EuGH, im Vorgriff auf zu erwartende 9 Rechtsstreitigkeiten über die Gemeinschaftsmarken-Verordnung, eine personelle und sachliche Aufstockung insbes. des EuG gefordert.[31] Die ursprünglichen Pläne der Kommission

---

[27] Wegener in Calliess/Ruffert AEUV Art. 256 Rn. 26 ff.
[28] Huber in Streinz EUV Art. 19 Rn. 8; sa Karpenstein/Dingemann in Grabitz/Hilf/Nettesheim AEUV Art. 256 Rn. 1 ff.
[29] Vgl. Pache/Schorkopf NJW 2001, 1377 (1380).
[30] Dazu das jüngste Arbeitspapier des Rates v. 27.9.2012, 14268/12 (PI 113 COUR 66); aus der Literatur etwa Thiem GRUR-Prax 2012, 182 ff.
[31] Vorschläge des Gerichtshofes und des Gerichts für die neuen Rechtsstreitigkeiten über geistiges Eigentum EuZW 1999, 756.

hat der EuGH indes mit einem Gutachten aus dem Jahre 2011 (Gutachten 1/09) als unionsrechtswidrig verworfen;[32] dem mussten die nun vorliegenden neuen Vorschläge Rechnung tragen. Nach Art. 220 Abs. 2 EGV-Nizza sollten die gerichtlichen Kammern dem EuG beigeordnet werden. Ob es sich bei diesen noch zu bildenden Kammern um Spruchkörper des EuG handelt,[33] war angesichts der separaten Stellung, die die gerichtlichen Kammern von ihrer Vertragskonzeption im Rechtsprechungsgefüge einnehmen sollten, fraglich. Zwar wurden die gerichtlichen Kammern dem EuG beigeordnet, gleichwohl entscheiden die Kammermitglieder nicht als EuG, sondern als gerichtliche Kammer. Sie erhielten eine eigene Verfahrensordnung; iÜ fanden die Bestimmungen des EuG und die Satzung (EG) auf sie entsprechende Anwendung. Die gerichtlichen Kammern stellten damit eine eigene Rechtsprüfungsinstanz für bestimmte vorgesehene Zuständigkeitsbereiche im Rahmen des EuG dar, der Begriff „Kammer" war deshalb unsauber gewählt. Mit der Zuständigkeit für bestimmte Sach- und Rechtsgebiete wurde das Tor zu einer „Fachgerichtsbarkeit" und damit einem dreistufigen Aufbau der EU-Gerichtsbarkeit insgesamt geöffnet.[34] Nach bisherigen Überlegungen waren diese Kammern nicht einmal zwingend am Ort der EU-Gerichtsbarkeit in Luxemburg angesiedelt. Aus einer Protokoll-Erklärung Luxemburgs zum Nizza-Vertrag[35] ergibt sich, dass der Sitz der **Beschwerdekammern** des Harmonisierungsamtes für den Binnenmarkt (Marken, Muster und Modelle) in Alicante bleiben kann, wenn diese einmal „gerichtliche Kammer" iSd Art. 220 EGV aF werden sollte. Damit wurden erste Ansätze für eine Dezentralisierung der EU-Gerichtsbarkeit vorgegeben.[36]

10   **2. Der Vertrag von Lissabon.** Der Vertrag von Lissabon hat vor allem terminologische Änderungen mit sich gebracht. Nach Art. 19 Abs. 1 EUV umfasst der Gerichtshof der Europäischen Union neben dem „Gerichtshof" das „Gericht" und die „Fachgerichte". Zum „Gerichtshof der Europäischen Union" gehört somit die gesamte unionsunmittelbare Gerichtsbarkeit.[37] Diese ist dreiteilig aufgebaut, womit allerdings kein dreistufiger, sondern zumeist nur ein zweistufiger Instanzenzug entsteht. Dazu zählen der **Gerichtshof der EU (EuGH),** das **Gericht** (bisher das „Gericht erster Instanz") und die **Fachgerichte,** die nach dem Vertrag von Nizza als gerichtliche Kammern vorgesehen waren.[38]

11   Durch den Vertrag von Lissabon werden einerseits die **Aufgaben des Europäischen Gerichtshofs** auf den Bereich der Freiheit, der Sicherheit und des Rechts erweitert – eine Folge der Verschmelzung der bisherigen drei Säulen.[39] Andererseits bleibt die Gemeinsame Außen- und Sicherheits- und Verteidigungspolitik einer inhaltlichen Kontrolle durch den Europäischen Gerichtshof weitgehend entzogen, Art. 24 Abs. 1 UAbs. 2 S. 6 EUV und Art. 275 Abs. 1 AEUV. Ausnahmen sind für die in Art. 275 Abs. 2 AEUV aufgeführten Fälle vorgesehen, die dem bisherigen Rechtszustand entsprechen.[40]

12   Gemäß Art. 256 Abs. 1 AEUV ist das **Gericht** für Entscheidungen im ersten Rechtszug über die in den Art. 263, 265, 268, 270, 272 AEUV genannten Klagen zuständig, mit Ausnahme der Klagen, die einem nach Art. 257 AEUV gebildeten Fachgericht übertragen werden und der Klagen, die gemäß der Satzung dem Gerichtshof vorbehalten sind.[41]

---

[32] Dazu die redaktionelle Anm. in EuZW 2011, 243.
[33] Pache/Schorkopf NJW 2001, 1377 (1380).
[34] Wegener DVBl 2001, 1258 (1260 f.).
[35] ABl. 2001 C 80, 87.
[36] Wegener DVBl 2001, 1258 (1261).
[37] Krit. gegenüber einer solchen Zusammenfassung Wegener in Calliess/Ruffert Verfassungsvertrag VVE Art. I-29 Rn. 2.
[38] Streinz/Ohler/Herrmann Vertrag Lissabon S. 71; zum Rechtsschutzsystem nach dem Vertag von Lissabon Thiele EuR 2010, 30 ff.
[39] Streinz/Ohler/Herrmann Vertrag Lissabon S. 71.
[40] Vgl. Schröder DÖV 2009, 61 (64); Streinz/Ohler/Herrmann Vertrag Lissabon S. 71.
[41] Huber in Streinz AEUV Art. 256 Rn. 4 ff.; Karpenstein/Dingemann in Grabitz/Hilf/Nettesheim AEUV Art. 256 Rn. 3 ff.; Kotzur/Dienelt in Geiger/Khan/Kotzur/Kirchmair AEUV Art. 256 Rn. 1 ff.; Schwarze/Wunderlich in Schwarze EUV Art. 256 Rn. 2 ff.; Wegener in Calliess/Ruffert AEUV Art. 256 Rn. 3 ff.

Außerdem kann in der Satzung vorgesehen sein, dass das Gericht für andere Kategorien von Klagen zuständig ist.

3. Reformvorschlag 2022 für das EuG und das Vorabentscheidungsverfahren. Im 13 November 2022 legte der Gerichtshof der Europäischen Union einen Vorschlag zur Reform des Vorabentscheidungsverfahrens vor.[42] Die Möglichkeit einer solchen Reform besteht seit dem Vertrag von Nizza in Art. 256 Abs. 3 AEUV (ehemals Art. 225 Abs. 3 EG-Vertrag), welcher aufgrund der schon damals herrschenden hohen Arbeitsbelastung eingeführt wurde.[43] Dem Reformvorschlag nach soll in bestimmten Fällen auch das Gericht für Vorabentscheidungsverfahren zuständig sein.[44] Nach Beschlussfassung im Plenum des EuGH und Zustimmung des EuG hat der EuGH einen Reformvorschlag an den EU-Ministerrat und das Europäische Parlament im November 2022 übermittelt, der 2024 Wirklichkeit werden könnte.[45]

a) Hintergrund. Dieser Reformvorschlag einer partiellen **Zuständigkeitsübertragung** 14 hinsichtlich des **Vorabentscheidungsverfahrens an das EuG** durch den EuGH motiviert durch andauernde Überlastung bzw. mit dem Ziel der Entlastung sowie durch kapazitives Anwachsen des EuG zunächst auf 40 Richterposten (2015), sodann auf 47 (2016) und nunmehr auf 54 seit 2018 (vgl. Art. 48 EuGH-Satzung).

Die **Überlastung**[46] resultiert aus einer permanenten Steigerung der Eingänge – ins- 15 besondere der Vorabentscheidungsverfahren. Waren es 2003 noch 210 Vorabentscheidungsverfahren, hat sich die Anzahl binnen 20 Jahren verdreifacht. 2021 verzeichnete der EuGH über 800 Eingänge am EuG, rund 2/3 davon Vorabentscheidungsverfahren. Entsprechend verlängerte sich auch die Bearbeitungszeit. Sie lag 2016 (470 Verfahren) noch bei 15 Monate, 2021 bei fast 17 Monaten.

b) Inhalt und Umfang des Reformvorschlags. Die Reform sieht vor, dass nunmehr, 16 Qualität und Einheitlichkeit der Rechtsprechung fördernde **spezialisierte Kammern gebildet** werden. Beabsichtigt wird die Übertragung in insgesamt **sechs Sachbereichen:** Im Bereich der Mehrwertsteuer, Ausgleichs- und Unterstützungsleistungen für Fahr- und Fluggäste, mit Blick auf Treibhausgasemissionszertifikate, Verbrauchssteuern, den Zollkodex sowie die zoll-tarifliche Einreihung.[47] Grund für die Auswahl just dieser Rechtsgebiete ist, dass sie zum einen Sachbereiche repräsentieren, die rund 25 % aller Vorabentscheidungsverfahren bergen ergo das Potenzial aufweisen, eine signifikante Entlastungswirkung zu zeitigen, zum anderen laut EuGH gefestigte, umfängliche Rechtsprechung existent ist, auf die das EuG zurückgreifen kann.[48] **Vorlageempfänger** bleibt indes stets der EuGH, der – sofern diese Materie betroffen – und die Kriterien der *specificity* und *exclusivity* erfüllt sind[49] die Sache an das EuG weiterleitet. Wie schon durch den Vertrag von Nizza vorgesehen, sollen Fälle von **grundsätzlicher Bedeutung** wieder an den EuGH zurückverwiesen werden.[50] Kohärenz- und Einheitsschutz wird weiterhin über Art. 194 EuGHVfO durch den Ersten Generalanwalt gewährt.

Zur Reform soll in der Satzung des EuGH ein neuer Art. 50b eingefügt werden – die 17 EuGH-Satzung kann gem. Art. 281 EU-Arbeitsvertrag (AEUV) jeder Zeit mit einfacher Mehrheit von EU-Ministerrat und Europäischem Parlament geändert werden.

---

[42] Antrag des Gerichtshofs nach Artikel 281 Abs. 2 AEUV zur Änderung des Protokolls Nr. 3 über die Satzung des Gerichtshofs der Europäischen Union („Reformvorschlag").
[43] Reformvorschlag, 2; Petrić, European Papers 2023, 25 (26).
[44] Reformvorschlag, 4; Petrić, European Papers 2023, 25.
[45] Antrag des Gerichtshofs nach Artikel 281 Abs. 2 AEUV zur Änderung des Protokolls Nr. 3 über die Satzung des Gerichtshofs der Europäischen Union („Reformvorschlag").
[46] Reformvorschlag, 1.
[47] Reformvorschlag, 5; Petrić, European Papers 2023, 25 (28).
[48] Reformvorschlag, 4; Petrić, European Papers 2023, 25 (30).
[49] Reformvorschlag, 5; Petrić, European Papers 2023, 25 (28).
[50] Reformvorschlag, 6; Petrić, European Papers 2023, 25 (34).

18　Auch wenn mit dem Reformvorhaben realisiert würde, was bereits vor mehr als zwei Dekaden durch den Vertrag von Nizza ermöglicht wurde (siehe bereits Art. 225 EGV, nunmehr Art. 256 AEUV), stellte die Reform einen mehrfachen **Paradigmenwechsel** dar. Denn die Zuständigkeit des EuG erschöpfte sich bislang in Individualbeschwerden, insbesondere von Unternehmen gegen EU-Rechtsakte. Bisher – obgleich seit Nizza möglich – war das EuG nicht für das Vorabentscheidungsverfahren zuständig, da dieses von zentraler Bedeutung ist, um die Einheitlichkeit des Unionsrechts abzusichern. Das ist ua auch daran ablesbar, dass sich potenziell alle Mitgliedstaaten beteiligen, und Verfahrensdokumente in alle Amtssprachen übersetzt werden müssen. 2017 hatte der EuGH noch in seinem Bericht an das Europäische Parlament mit Verweis auf die mangelnde Leistungsfähigkeit des EuG[51] – das auch selbst lange Zeit wegen zahlreicher Nichtigkeitsklagen überlastet war – abgelehnt. Allerdings ist, wie bereits dargelegt, 2019 die Richterschaft kapazitiv auf 54 Stellen verdoppelt worden (wenngleich stricto sensu die inkorporierten Stellen durch Auflösung des EuGöD abzuziehen wären). Paradigmatisch ist es auch, weil überdies die Möglichkeit geschaffen würde, dass auch am EuG ein Generalanwalt Schlussanträge formulieren können wird.[52] Schließlich wird dem Gericht die Möglichkeit eingeräumt in Spruchkörpern zu tagen, die sich in einer Größenordnung zwischen denen der 5er-Kammern und Großen Kammer bewegen – sie können als mit mindestens sechs und höchstens 15 Richtern besetzt werden.[53]

19　**c) Kritik.** Naturgemäß ist der Reformvorschlag nicht ohne Kritik geblieben. Dies fokussiert vor allen auf vier Punkte: Gefahr der Verkennung der Bedeutung einer Rechtssache, Umgehung des EuG, Kriterienlosigkeit und Reform ohne langfristige Wirkung.

20　Kritisiert worden ist zunächst, dass einige Vorabentscheidungsverfahren zwar möglicherweise prima facie eine technische Frage zum Gegenstand haben, dahinter sich jedoch Fragen von fundamentaler Bedeutung für die Europäische Union verbergen,[54] gleichwohl das Ersuchen zunächst an das Gericht weitergeleitet würde.[55] Eingedenk der zunächst erfolgenden Prüfung durch den Gerichtshof und der Möglichkeit des Gerichts, das Verfahren auch wieder an den Gerichtshof zurückzuweisen,[56] dürften diese Sorgen indes nicht durchgreifen.

21　Weiterhin wurden Bedenken geäußert, dass die nationalen Gerichte die Kompetenz des Gerichts nicht als gleichwertig zu der des Gerichtshofs erachten könnten und aufgrund dessen absichtlich Fragen mit fundamentaler Bedeutung vorschützen bzw. konstruieren, um eine Entscheidung des Gerichtshofs – nicht des Gerichts – zu erreichen.[57] Hiergegen spricht jedoch perspektivisch die mögliche Spezialisierung des Gerichts einschließlich einer geringeren Verfahrensdauer.[58] Zudem wird auch ein strategisches Gegenargument genannt: nationale Gerichte – nach Auffassung mancher wohl eher die das Verfahren treibenden Anwälte[59] – strengen Vorabentscheidungsverfahren an, um ihre Ansicht durch die Rechtsprechung des EuGH zu stärken, was durch eine Entscheidung des Gerichts ebenso möglich wäre wie durch den Gerichtshof.[60]

---

[51] Bericht gem. Art. 3 Abs. 2 zur Änderung des Protokolls Nr. 3 über die Satzung des Gerichtshofs der Europäischen Union.
[52] Reformvorschlag, 7; Petrić, European Papers 2023, 25 (29).
[53] Reformvorschlag, 7; Petrić, European Papers 2023, 25 (29).
[54] Court of Justice of the European Union, Report submitted pursuant to Article 3(2) of Regulation (EU, Euratom) 2015/2422 of the European Parliament and of the Council amending Protocol No 3 on the Statute of the Court of Justice of the European Union, 12; Iglesias Sánchez, EULawLive Weekend Edition N. 125, 9.
[55] Petrić, European Papers 2023, 25 (33).
[56] Iglesias Sánchez, EULawLive Weekend Edition N. 125, 9 f.; Petrić, European Papers 2023, 25 (34).
[57] Iglesias Sánchez, EULawLive Weekend Edition N. 125, 10 f.; Petrić, European Papers 2023, 25 (38).
[58] Petrić, European Papers 2023, 25 (38 f.).
[59] So T. Pavone, The Ghostwriters, 2022.
[60] Petrić, European Papers 2023, 25 (39).

Weiterhin wird kritisiert, dass bislang keine Kriterien formuliert worden sind, ab wann **22** eine Überprüfung der Entscheidung des Gerichts durch den Gerichtshof erfolgt, insbesondere vor dem Hintergrund, dass eine solche nur in Ausnahmefällen möglich sein soll.[61] Die Praxis des Gerichtshofes mit Blick auf Überprüfungsverfahren von Rechtsmittelentscheidungen des EuG gegen Urteile des EuGöD lässt diese Kritik durchaus als veritabel erscheinen.

Kritisch angemerkt wird schließlich, dass durch die Reform die Zahl der Vorabent- **23** scheidungsverfahren auch in Zukunft weiter steigen wird und die Reform somit nicht langfristig das Problem der Überlastung des Gerichtshofs wird lösen können.[62] Vergegenwärtigt man sich, dass die Grundlagen dieser Reform im Grunde seit dem Vertrag von Nizza bestehen, ist in der Tat zu konstatieren, dass mehr Reformnotwendigkeiten und -möglichkeiten der Vergangenheit nachgeholt werden, als das weit in die Zukunft ausgegriffen wird.

B. Zusammensetzung

I. Zusammensetzung des Gerichtshofs (EuGH)

1. Richter. Nach dem **Vertrag von Lissabon** umfasst der Gerichtshof eine Zahl von **24** Richtern, die der Zahl der Mitgliedstaaten entspricht, Art. 19 Abs. 2 EUV. Nach dem somit normierten Repräsentationsprinzip waren dies im Jahre 2023 27 Richter (vormals 28; durch den erfolgten Austritt des Vereinigten Königreiches im Jahre 2020 ist ein Richter ausgeschieden). Indem die Möglichkeit, die Anzahl der Richter durch einstimmigen Beschluss des Rates zu erhöhen, mit der Novellierung weggefallen ist, führt die Aufnahme eines neuen Mitgliedstaates künftig dazu, dass dieser automatisch einen Richter zum EuGH entsenden kann, ohne dass es dafür eines eigenen Beschlusses des Rates bedarf.[63]

Durch den Reformvertrag von Lissabon ist Art. 223 EGV-Nizza, abgesehen von seinem **25** Abs. 1, inhaltlich in Art. 253 AEUV übernommen worden.[64] Die Änderung in Abs. 1 bezieht sich auf das Auswahlverfahren der Richter und Generalanwälte. Bevor die Regierungen der Mitgliedstaaten in gegenseitigem Einvernehmen die Ernennungsentscheidung treffen, sind sie von einem neu eingerichteten Prüfungsausschuss (Art. 255 AEUV) anzuhören.[65] Dadurch sollen (wie etwa beim amerikanischen Supreme Court) Transparenzdefizite beseitigt werden.[66]

Art. 253 Abs. 1 AEUV nennt einheitliche Voraussetzungen für die Qualifikation[67] bei **26** Richtern und Generalanwälten. In der Praxis sind indes die Kriterien des Eignungsprüfungsausschusses maßgeblich. Insgesamt sind Auswahl und Amtsdauer sowie Geschäftsverteilung nicht ohne berechtigte Kritik geblieben.[68] Die in Betracht kommenden Personen müssen „jede Gewähr für Unabhängigkeit bieten". Während ihrer Zugehörigkeit zum Gerichtshof dürfen sie weder ein politisches Amt noch ein Amt in der Verwaltung ausüben. Entgeltliche oder unentgeltliche Berufstätigkeit ist ihnen versagt, wenn nicht der Rat ausnahmsweise eine Befreiung erteilt.

Da die Ernennung der Richter und Generalanwälte von den Regierungen der Mitglied- **27** staaten in gegenseitigem Einvernehmen erfolgt, handelt es sich dabei also nicht um einen

---

[61] Iglesias Sánchez, EULawLive Weekend Edition N. 125, 13 f.
[62] Petrić, European Papers 2023, 25 (40). Zum „richtigen" Vorabentscheidungsersuchen, Latzel/T. Streinz NJOZ 2013, 97.
[63] Zur Zusammensetzung Huber in Streinz EUV Art. 19 Rn. 25 ff. mwN.
[64] Schwarze/Wunderlich in Schwarze AEUV Art. 253 Rn. 1.
[65] Kotzur/Dienelt in Geiger/Khan/Kotzur/Kirchmair AEUV Art. 253 Rn. 1; Bieber/Haag in Schulze/Janssen/Kadelbach HdB-EuropaR § 1 Rn. 84; allg. Gundel EuR-Beiheft 3/2008, 23 ff.
[66] Kotzur/Dienelt in Geiger/Khan/Kotzur/Kirchmair AEUV Art. 253 Rn. 6.
[67] Kritisch zur Auswahl und Qualifikation der Richter am EuGH, v. Bogdandy/Krenn JZ 2014, 529.
[68] Haltern, Europarecht. Dogmatik im Kontext Bd. II S. 9 ff.

Ratsbeschluss, sondern um einen gemeinsamen Beschluss der Regierungen (uneigentlicher Ratsbeschluss).[69] Hiergegen gibt es keinen effektiven Rechtsschutz wie die sog. „Sharpston-Affäre" zeigt.[70]

28   Die Amtsdauer beträgt sechs Jahre. Obwohl eine Verlängerung der Amtsdauer auf 12 Jahre ohne die Möglichkeit der Wiederwahl auch vorgeschlagen wurde,[71] konnten sich die Mitgliedstaaten bislang nicht auf eine entsprechende Änderung verständigen. Eine solche Verlängerung der Amtszeit wäre aber im Hinblick auf die größere personelle und kompetenzielle Kontinuität sinnvoll und wünschenswert.[72] Mitgliedstaatliche Verfassungsgerichte wie etwas das Bundesverfassungsgericht, dessen Richter auf 12 Jahre ernannt werden, geben ein entsprechendes Vorbild.

29   Eine Wiederernennung ist zulässig und in der Praxis die Regel. Die Amtszeit endet vorzeitig im Fall des Rücktritts (Art. 5, 8 der Satzung) oder im Fall einer Amtsenthebung. Diese erfolgt ggf. durch einstimmigen Beschluss der übrigen Richter und Generalanwälte, Art. 6, 8 der Satzung. Art. 4 EuGHVfO enthält Regelungen zum Amtseid der Richter und Generalanwälte.

30   Um die Kontinuität der Rechtsprechung des Gerichtshofs sicherzustellen, werden die Stellen der Richter und Generalanwälte alternierend besetzt. Die teilweise Neuernennung geschieht alle drei Jahre. Einzelheiten dazu sind in der Satzung geregelt.

31   **Plenum**entscheidungen sind aufgrund der gestiegenen Größe des Gerichtshofes nicht mehr die Regel, sondern die absolute Ausnahme. 2015 wurde beispielsweise kein einziger Fall durch das Plenum entschieden.[73] Dies mag auch an der starken Beschränkung auf Fälle des Art. 16 Abs. 4 Satzung-EuGH sowie auf Fälle mit einer außergewöhnlichen Bedeutung liegen. Ob der EuGH hierdurch eines Tages „personell völlig überdimensioniert" ist,[74] wird zwar immer wieder angeführt, scheint aber angesichts der Verfahrensdauer und faktischen Überlastungsprobleme sowie im Vergleich mit anderen Gerichten auf nationaler und internationaler Ebene (EGMR, BGH, BVerwG) verfehlt. Aufgrund seiner Funktion und Aufgabenstellung (vgl. dazu → § 4 Rn. 2 ff.) sollen sich die nationalen Identitäten durch die aus den einzelnen Mitgliedstaaten kommenden Richter auch auf Unionsebene und damit in der Europäischen Gerichtsbarkeit wiederfinden – ein Gedanke, der letztlich auch in Art. 4 Abs. 2 EUV mit angelegt ist.[75] Die von den Mitgliedstaaten an den Gerichtshof entsandten Richter vertreten aber nicht die nationalen Interessen ihres Landes, sondern die ebengenannten nationalen Identitäten, so wie sie durch Geschichte, Kultur und die verschiedenen Rechtsordnungen geprägt sind,[76] dabei sollen sie das „gemeineuropäische" Moment stets im Auge haben.[77]

32   Die Richter des Europäischen Gerichtshofes sind gem. Art. 3 EuGH-Satzung keiner Gerichtsbarkeit unterworfen, dh sie genießen **Immunität.** Sie dürfen weder ein politisches Amt noch eine entgeltliche oder unentgeltliche Berufstätigkeit ausüben, es sei denn, der Rat hat ausnahmsweise eine Befreiung von dieser **Inkompatibilitäts**regelung erteilt (Art. 4 EuGH-Satzung). Verstößt ein Richter gegen diese Voraussetzungen, oder erfüllt er diese nicht mehr, oder kommt ein Richter seinen sich aus dem Amt ergebenden Verpflichtungen nicht mehr nach, kann ihn der Gerichtshof nach einstimmigem Urteil der Richter und der Generalanwälte seines Amtes für verlustig erklären (Amtsenthebung, Art. 6 EuGH-Sat-

---

[69] Schwarze/Wunderlich in Schwarze AEUV Art. 253 Rn. 5; Kotzur/Dienelt in Geiger/Khan/Kotzur/Kirchmair AEUV Art. 253 Rn. 5.
[70] EuGH 16.6.2021 – C-685/20 P, ECLI:EU:C:2021:485 – Eleanor Sharpston/Rat der Europäischen Union und Vertreter der Regierungen der Mitgliedstaaten; EuG 6.10.2020 – T-550/20, ECLI:EU:T:2020:475 – Eleanor Sharpston/Rat und Vertreter der Regierungen der Mitgliedstaaten.
[71] Vgl. etwa Reflexionsgruppe, Sonderbeilage zur NJW 19/2000 = EuZW-Beiheft 9/2000.
[72] Sa Sack EuZW 2001, 77 (79); Hatje EuR 2001, 147 (170); Wegener DVBl 2001, 1258 (1263).
[73] Vgl. Wägenbaur EuGHVfO Art. 60 Rn. 4.
[74] Sack EuZW 2001, 77 (79).
[75] Dazu Schill/Krenn in Grabitz/Hilf/Nettesheim EUV Art. 4 Rn. 7 ff.
[76] Everling in Nicolaysen/Quaritsch S. 65; Everling DRiZ 1993, 5 (6).
[77] Häberle EuGRZ 1991, 261 ff.

zung). Endet das Amt vor Ablauf der Amtszeit (zB durch Amtsenthebung, Tod), wird es für die verbleibende Amtszeit neu besetzt (Art. 7 EuGH-Satzung).

Unterstützt werden die einzelnen Richter der europäischen Gerichtsbarkeit von drei 33 persönlichen **Referenten,** welche die EuGH-Richter sich selbst auswählen können und die nicht zwingend aus dem jeweiligen Mitgliedstaat kommen müssen. Die Referenten um den EuGH-Richter bilden zusammen ein sog. **Kabinett.** Bei ihnen handelt es sich quasi um die „Berichterstatter" des Richters, ohne dass sie allerdings selbst einen Richterstatus besitzen. Insofern könnte man sie mit den Wissenschaftlichen Mitarbeitern beim BVerfG vergleichen. Sie bekommen von dem Richter die diesem vom Präsidenten zugewiesenen Verfahren überantwortet, die sie begleiten und entsprechend dem Stand von Literatur und Rechtsprechung vorbereiten. Die Letztverantwortung für das Verfahren, den Entscheidungsvorschlag und letztlich das Urteil trägt jedoch allein der Richter. Hierdurch wird deutlich, dass zwischen dem Richter und seinen Referenten ein enges Vertrauensverhältnis bestehen muss. Die Rechtsreferenten im Kabinett eines Richters sind Angestellte des Gerichtshofes.

2. Generalanwälte. Die Richter am EuGH werden zudem durch mittlerweile **elf Ge-** 34 **neralanwälte** unterstützt, Art. 19 Abs. 2 EUV, Art. 252 Abs. 1 AEUV.[78] Zwar spricht das Primärrecht noch von acht Generalanwälten, doch kann der Rat nach Art. 252 Abs. 1 S. 2 AEUV die Anzahl auf Antrag des Gerichtshofs einstimmig erhöhen.[79] Der Schlussakte zum Vertrag von Lissabon ist als Erklärung Nr. 38 (zu Art. 252 AEUV, s. ABl. 2007 C 306, 262) ein Vorhaben des Rates beigefügt worden, die Zahl der Generalanwälte von 8 auf 11 zu erhöhen. Ein entsprechender Antrag wurde 2013 gestellt und die Erhöhung im selben Jahr durch den Rat beschlossen. Seitdem stellt auch Polen wie bisher schon Deutschland, Frankreich, Italien, Spanien und das Vereinigte Königreich einen Generalanwalt.[80] Nach Inkrafttreten des britischen Austritts aus der EU (Brexit) ersetzten die Mitgliedstaaten die britische Generalanwältin Eleanor Sharpston durch den griechischen Generalanwalt Athanasios Rantos.[81] Die hiergegen gerichteten, allesamt erfolglosen Nichtigkeitsklagen und Rechtsmittel der ehemaligen Generalanwältin Sharpston,[82] legten eine Rechtsschutzlücke offen, weil die Mitgliedstaaten die Generalanwälte durch „uneigentlichen Ratsbeschluss" ernennen, der vor den Unionsgerichten nicht angegriffen werden kann.[83] Innerhalb der Generalanwälte gibt es einen sog. **„Ersten Generalanwalt"** (s. Art. 14 EuGHVfO und Art. 62 EuGH-Satzung). Hierbei handelt es sich um die Funktion eines „primus inter pares", dem die Aufgabe zufällt, auf die Einheit und Kohärenz der Rechtsprechung zu achten und ggf. auf die Überprüfung der Entscheidungen des Gerichts und der Fachgerichte durch den Gerichtshof hinzuwirken. Die Rolle hat sich über die Jahre gewandelt und so fungiert der „Erste Generalanwalt" zudem auch als Interessenvertreter der Generalanwälte selbst – so etwa mit Blick auf die Zuweisung der Rechtssachen (Art. 16 EuGHVerfO).[84]

Die Ernennungsmodalitäten entsprechen denen der Richter, Art. 253 Abs. 1 AEUV. 35 Nach dem Ausscheiden der britischen Generalanwältin, stammen fünf der Generalanwälte aufgrund politischer Absprachen aus Deutschland, Spanien, Frankreich, Italien und Polen, während die sechs anderen Generalanwälte turnusmäßig von den weiteren Mitgliedstaaten

---

[78] Ausf. zu den Aufgaben der Generalanwälte Schwarze/Wunderlich in Schwarze AEUV Art. 252 Rn. 4 ff.; Gundel EuR-Beiheft 3/2008, 23 ff.
[79] Dazu Alber DRiZ 2006, 168 ff.
[80] Einzelheiten bei Schwarze/Wunderlich in Schwarze AEUV Art. 252 Rn. 1.
[81] Beschluss (EU) 2020/1251 der Vertreter der Regierungen der Mitgliedstaaten vom 2. September 2020 zur Ernennung von drei Richtern und eines Generalanwalts beim Gerichtshof, ABl. 2020 L 292 vom 7.9.2020, p. 17.
[82] EuGH 16.6.2021 – C-685/20 P, ECLI:EU:C:2021:485 – Eleanor Sharpston/Rat der Europäischen Union und Vertreter der Regierungen der Mitgliedstaaten; EuG 6.10.2020 – T-550/20, ECLI:EU:T:2020:475 – Eleanor Sharpston/Rat und Vertreter der Regierungen der Mitgliedstaaten.
[83] Kritisch Kochenov/Butler ELJ 28 (2022), 262 (295); Jaeger EuZW 2020, 953; Gabriel EuZW 2020, 971.
[84] Brügmann EuR 2021, 493.

gestellt werden.[85] Die Generalanwälte werden, ebenso wie die Richter, von einem Stab bestehend aus früher drei, nunmehr vier juristischen Mitarbeitern unterstützt,[86] die sie sich frei auswählen können.

36 Die Einrichtung des Generalanwalts entstammt dem französischen Rechtsraum und ist hierzulande unbekannt.[87] Vor diesem Hintergrund sind Vergleiche der Institution des Generalanwaltes mit dem im deutschen Rechtssystem bekannten Vertreter des öffentlichen Interesses[88] im Verwaltungsgerichtsverfahren zumindest mit Vorsicht zu sehen, Vergleiche mit dem Staatsanwalt im Strafverfahren abzulehnen.[89] Hinsichtlich der Rolle, Funktion und Wirkung[90] des Generalanwalts bestehen eine Reihe von Missverständnissen und Mythen, zu deren Erhalt auch besagter Umstand beitragen mag, dass der Generalanwalt dem deutschen Rechtskreis fremd ist und die genannten Analogieversuche sich als wenig hilfreich erweisen.

37 Zu den verbreiteten Stereotypen[91] gehört insbesondere, dass der Gerichtshof in der weitaus überwiegenden Zahl der Fälle den Schlussanträgen folgt und man ihn als „Vorhut des Gerichtshofes" bezeichnen könne.[92] Diese vorherrschende Vorstellung ist in mehrfacher Hinsicht mit zweifelnden Fragen zu konfrontieren. Sie bringt zunächst die Frage danach auf, wie sich der Begriff des „Folgens" versteht. Bezieht sich dieses auf das tenorierte Ergebnis, die als einschlägig erkannten Rechtsgrundlagen und rechtlichen Maßstäbe oder auf die Argumentationslinien? Skepsis ist auch mit Blick auf die Behauptung der überwiegenden Zahl der Fälle angebracht. Versteht sich dies rein quantitativ oder spielen auch qualitative Faktoren eine Rolle? Zudem ist – soweit ersichtlich – die Literatur selbst eine rein quantitative Analyse, in der die dominante These des Folgens Abstützung fände, schuldig geblieben. Betrachtet man historisch bedeutsame Entscheidungen – wie etwa Van Gend & Loos, Costa ENEL pp –, so ist zu konstatieren, dass der EuGH gerade nicht den Schlussanträgen des Generalanwalts gefolgt ist. Zweifelhaft ist der Begriff des Folgens schließlich auch insofern, als dass er in temporal-prozesshafter Hinsicht etwas Konsekutives insinuiert. In praxi verhält es sich indes so, dass der EuGH parallel zur Erstellung der Schlussanträge seine Entscheidung zu fertigen beginnt. Das begründet Zweifel an der Charakterisierung als „Vorhut" und verweist auf eine **diskursive bzw. dialogische Funktion** des Generalanwalts. Das Bild eines (gar reziproken) Befruchtungsprozesses mag demnach passender sein als das eines finalen Folgens. Der verbreiteten Vorstellung, dass der EuGH sein Urteil nach und in zeitlich sich anschließender Reaktion auf die Schlussanträge in tendenzieller Folgewilligkeit fertigt ist jedenfalls entgegenzutreten.

38 So ist rein sachlich festzuhalten, dass die Generalanwälte wie die Richter zum Gerichtshof gehören und die **Funktion eines juristischen Gutachters** innehaben,[93] dh eines unabhängigen Berichterstatters, der allein dem Unionsrecht verpflichtet ist.[94] Die Generalanwälte vertreten entsprechend weder einen der am Verfahren Beteiligten noch gehören sie zur „Richterbank". Gleichwohl haben sie eine **richterähnliche Stellung** und gehören als

---

[85] Gemeinsame Erklärung Nr. 2 zur Schlussakte v. 24.6.1994, ABl. 1994 C 241, 381; vgl. auch Schwarze/Wunderlich in Schwarze AEUV Art. 252 Rn. 1.
[86] Kokott/Sobotta EuGRZ 2013, 465.
[87] Vgl. Borgsmidt EuR 1987, 162.
[88] So etwa Huber in Streinz AEUV Art. 252 Rn. 3.
[89] EuGH 8.12.2000 – C-17/98, Slg. 2000, I-667 Rn. 10 = DVBl 2000, 548 = BeckRS 2004, 74644 – Emesa Sugar.
[90] Dazu allgemein Burrows/Greaves, The Advocate General ad EC Law, 2007; Bobek, A Fourth in the Court: Why are there Advocates-General in the Court of Justice?, CYELS 14 (2012), 529. Zur Entwicklung der Rolle des Generalanwalts s. Kokott FS Ress, 2005, 577.
[91] Hobe/Fremuth, Europarecht, 11. Aufl. 2023, § 7 Rn. 71; Haratsch/Koenig/Pechstein EuropaR Rn. 312; Oppermann/Classen/Nettesheim EuropaR § 5 Rn. 143.
[92] Lenz in Battis, Europäischer Binnenmarkt und nationaler öffentlicher Dienst, 1989, S. 5; vgl. auch Tridimas CMLR 34 (1997), 1349.
[93] Klinke Der Gerichtshof der Europäischen Gemeinschaften Rn. 61; vgl. auch Reischl in Schwarze, Der Europäische Gerichtshof als Verfassungsgericht und Rechtsschutzinstanz, 1983, S. 121 ff.; vgl. dazu insbes. auch Gündisch/Wienhues, Rechtsschutz in der Europäischen Union, 2003, S. 81 ff.; weiterhin Huber in Streinz AEUV Art. 252 Rn. 4 ff.
[94] Lenz EuZW 1993, 10 (12).

Mitglieder zum Organ des Gerichtshofes.[95] Zur Vorbereitung und Unterstützung seines Gutachtens stehen dem Generalanwalt, ebenso wie dem Richter, Anhörungs- und Fragerechte zu.[96] Sie üben ihr unterstützendes Amt in völliger Unabhängigkeit und voller Unparteilichkeit aus. In dieser Doppelcharakterisierung – **Unterstützung und Unabhängigkeit** – liegt nur vordergründig ein Widerspruch, der sich aus Wirkperspektive der Schlussanträge aufheben lässt.

Der Generalanwalt nimmt durch seine **Schlussanträge** eine wichtige Funktion innerhalb der dem Gerichtshof zugewiesenen Rechtsprechungsaufgabe wahr und wirkt dadurch am Entstehen der künftigen Entscheidung des Gerichtshofes mit. Die vom Generalanwalt erstellten Schlussanträge sollen einerseits die Grundlinien sicherstellen und die Einheitlichkeit der Rechtsprechung gewährleisten – können sich andererseits aber auch gegen tradierte Rechtsprechungslinien wenden. Das mündliche Verfahren umfasst die Schlussanträge des Generalanwalts, Art. 20 Abs. 4 EuGH-Satzung. Die Schlussanträge werden am Ende der mündlichen Verhandlung gestellt und begründet, Art. 82 EuGHVfO nF. Ein Recht auf Stellungnahme haben die Parteien hingegen nicht.[97] Das ist nach Auffassung des EGMR problematisch.[98] Es besteht allerdings die Möglichkeit das mündliche Verfahren wiederzueröffnen, um auf die Schlussanträge reagieren zu können. Es handelt sich bei den Schlussanträgen um die individuell begründete und öffentlich dargelegte Auffassung eines Mitglieds des Rechtsprechungsorgans Gerichtshof.[99] Früher musste der Generalanwalt noch den gesamten Text seines Schlussantrages im Anschluss an die mündliche Verhandlung, oder in einem gesonderten Termin, vortragen. Aus Gründen der Prozessökonomie verliest der Generalanwalt heute nur noch die *eigentlichen* Schlussanträge, dh den konkreten Entscheidungsvorschlag, also nicht die vorausgehende Begründung.[100] Der vollständige Inhalt des Schlussantrages wird dann den Richtern zugeleitet. Als wesentliche Neuerung durch den Vertrag von Nizza – nunmehr in Art. 252 Abs. 2 AEUV normiert – wurde vorgesehen, dass der Generalanwalt nur noch in den Rechtssachen einen Schlussantrag stellt, in denen gemäß der Satzung des Gerichtshofs seine Mitwirkung erforderlich ist. Nach Art. 20 Abs. 5 EuGH-Satzung kann der Gerichtshof beschließen, dass dann ohne die Schlussanträge des Generalanwalts entschieden wird, wenn der Gerichtshof der Auffassung ist, dass eine Rechtssache keine neue Rechtsfrage aufwirft. Das ist in etwa in der Hälfte der Entscheidungen der Fall.[101] Kritisch bemängelt wurde, dass dem Generalanwalt insoweit nur ein Anhörungsrecht zugestanden wird und er deshalb von bestimmten Verfahren nach einer (Mehrheits-)Entscheidung des EuGH auch gegen seinen Willen ausgeschlossen werden kann; ein Zustimmungserfordernis wäre deshalb sachgerechter.[102] An die rechtliche Beurteilung der Streitgegenstände durch die Generalanwälte ist der Gerichtshof nicht gebunden. Wie dargelegt, ist das weitverbreitete Vorurteil, der Gerichtshof schlösse sich in der weitaus überwiegenden Zahl der Fälle dem Schlussantrag an, weder empirisch nachgewiesen noch überzeugend. Entsprechend ist die Verkündung für die Beteiligten der Rechtssache kein Gradmesser, wie das Verfahren wohl ausgehen werde. Vielmehr – und darin liegt der eigentliche Wert der Schlussanträge – erweisen sie sich für das Verständnis der Urteile, wie auch für die Problematik des Streitgegenstandes, von zentraler Bedeutung, da sie im Gegensatz zu den Urteilen die konkrete Rechtsproblematik umfassender untersuchen und die Entscheidungsvorschläge

39

---

[95] EuGH 8.12.2000 – C-17/98, Slg. 2000, I-667 Rn. 10 f. = DVBl 2000, 548 (549) = BeckRS 2004, 74644 – Emesa Sugar.
[96] Borgsmidt EuR 1987, 162 ff.; Wienke DB 1990, 1463 f.
[97] Dazu Wägenbaur EuGHVfO Art. 82 Rn. 3.
[98] Siehe EGMR 7.6.2001 – 39594/98, BeckRS 2001, 165262 – Kress/Frankreich.
[99] EuGH 8.12.2000 – C-17/98, Slg. 2000, I-667 Rn. 10 f. = DVBl 2000, 548 (549) = BeckRS 2004, 74644 – Emesa Sugar.
[100] Wägenbaur EuGHVfO Art. 82 Rn. 2; vgl. auch Klinke EG-Magazin 1991, 8.
[101] Siehe Jahresbericht 2015 EuGH http://curia.europa.eu/jcms/upload/docs/application/pdf/2016-08/de_rapport_annuel_2015_activite_judiciaire_de.pdf.
[102] Hatje EuR 2001, 147 (171).

häufig eine ausführlichere Begründung enthalten.[103] Den Schlussanträgen kommt damit über die bereits erwähnte **Diskursfunktion** eine **Kompensations- und Komplementaritätsfunktion** zu: Während die Urteile des EuGH in französischer Tradition frei von Literaturhinweisen und Alternativlösungen lakonisch und apodiktisch ausfallen, um eine gewisse Unangreifbarkeit und autoritative, geradezu majestätische Finalität zu evozieren,[104] die der Rechtsprechung oftmals einen kryptischen bisweilen apokryphen Charakter verleihen,[105] kommt den Schlussanträgen konturierende, kontextualisierende und **explikative Wirkung** zu. Erst durch den Vergleich bzw. die Zusammenschau von Schlussanträgen des Generalanwalts und Urteilsgründen des EuGH ergibt sich oftmals ein verständlicheres und vollständigeres Bild der Entscheidung und Entscheidungsfindung.[106] Schließlich werden die Schlussanträge angesichts ihrer ausholenden und ggf. alternativen Beantwortung der Rechtsfrage auch in die Nähe der im Unionsrecht inexistenten[107] Sondervoten bzw. dissenting opinion gesetzt.[108]

40 Die Schlussanträge stehen außerhalb der Verhandlung zwischen den Parteien und eröffnen formal die Phase der Beratung des EuGH. Ein Anspruch der Prozessbeteiligten oder Anhörungsberechtigten auf Einreichung einer **Stellungnahme** zu dem Schlussantrag eines Generalanwaltes ist weder in der EuGH-Satzung (EG) noch in der EuGHVfO vorgesehen, noch ergibt sich ein solcher Anspruch aus allgemeinen Rechtsgrundsätzen des Unionsrechts.[109] Ein solcher Anspruch würde zudem auf erhebliche gerichtsinterne Schwierigkeiten stoßen und die ohnehin nicht kurze Verfahrensdauer noch verlängern. Ein Verstoß gegen den Grundsatz des rechtlichen Gehörs ist darin grundsätzlich nicht zu sehen, da der Gerichtshof gem. Art. 83 EuGHVfO die mündliche Verhandlung von Amts wegen nach Anhörung des Generalanwaltes wiedereröffnen kann, wenn er sich für unzureichend unterrichtet hält oder ein zwischen den Parteien nicht erörtertes Vorbringen für entscheidungserheblich erachtet.[110]

II. Zusammensetzung des Gerichts (EuG)

41 Nach dem **Vertrag von Lissabon** besteht das Gericht aus **mindestens** einem Richter je Mitgliedstaat, Art. 19 Abs. 2 UAbs. 2 EUV.[111] Auch hier gilt mithin grundsätzlich das Repräsentationsprinzip. Die genaue Zahl wird in der Satzung festgelegt, Art. 254 Abs. 1 S. 1 AEUV. Art. 48 EuGH-Satzung sieht derzeit zwei Richter pro Mitgliedstaat vor.[112] Entsprechend besteht das Gericht gegenwärtig aus 54 Richtern.

42 Die Anforderungen an die Qualität der Richter sind in Art. 254 Abs. 2 AEUV geregelt. Es sind Personen auszuwählen, die Gewähr für ihre Unabhängigkeit bieten und über die Befähigung zur Ausübung hoher richterlicher Tätigkeiten verfügen.[113] Formal sind die Voraussetzungen niedriger als für den Gerichtshof. Im Gegensatz zu ihren EuGH-Kollegen müssen die Richter des Gerichts neben der Gewähr für ihre Unabhängigkeit gem. Art. 254

---

[103] Ipsen EurGemeinschaftsR S. 15/7; vgl. auch Ver Loren van Themaat BayVBl. 1986, 486.
[104] Weitbrecht EuZW 2022, 1133 (1138).
[105] So Haltern EuropaR II S. 22.
[106] Haltern EuropaR II S. 22, spricht nicht ganz unzutreffend von „zwei aufeinander liegenden transparenten Folien".
[107] Dagegen Rasmussen, Plädoyer für ein Ende des judikativen Schweigens: Für Transparenz und abweichende Meinungen am EuGH in Haltern/Bergmann (Hrsg.), Der EuGH in der Kritik, 2012, 113.
[108] Haltern EuropaR II S. 22.
[109] EuGH 8.12.2000 – C-17/98, Slg. 2000, I-667 Rn. 10 = DVBl 2000, 548 = BeckRS 2004, 74644 – Emesa Sugar.
[110] EuGH 4.5.1999 – C-262/96, Slg. 1999, I-2685 = BauR 2001, 1004 – Sürül. Der EGMR besteht indes grundsätzlich auf ein aus dem fair trial Grundsatz (Art. 6 EMRK) folgendem Erwiderungsrecht, siehe grdlg. EGMR 7.6.2001 – 39594/98, BeckRS 2001, 165262 Rn. 76– Kress/Frankreich.
[111] Huber in Streinz EUV Art. 19 Rn. 27.
[112] Zur allgemeinen Debatte um die Erhöhung der Anzahl der Richter s. Bollmann ZRP 2014, 149. Die Erhöhung der Richterzahl 2015 diskutierend Wägenbaur EuZW 2015, 889 sowie Hoffmann EuR 2016, 197.
[113] Wegener in Calliess/Ruffert AEUV Art. 254 Rn. 4 f.

Abs. 2 AEUV „nur" über die Befähigung zur Ausübung richterlicher Tätigkeiten verfügen. Der Vertrag verweist damit auf das Recht des Heimatstaates des Richters.[114] Da es hinsichtlich des innerstaatlichen Vorschlagrechts an einschlägigen Bestimmungen fehlt,[115] bedarf es in Deutschland für die innerstaatliche Bestellung nur der Voraussetzung, dass der gewählte Kandidat über die Befähigung zum Richteramt gem. § 5 DRiG verfügt.

Die Ernennung erfolgt in einem Verfahren, das mit dem für den Gerichtshof vorgesehenen Verfahren übereinstimmt. Nach Art. 254 Abs. 2 AEUV werden sie von den Regierungen der Mitgliedstaaten in gegenseitigem Einvernehmen nach Anhörung des in Art. 255 AEUV vorgesehenen Ausschusses ernannt. Alle drei Jahre erfolgt eine teilweise **Neubesetzung** des Gerichts, wobei auch hier die Wiederwahl ausscheidender Mitglieder zulässig ist.[116] 43

Die Mitglieder des Gerichts wählen für die Dauer von drei Jahren aus ihrer Mitte den Präsidenten, Art. 254 Abs. 3 AEUV. 44

Ein weiterer bedeutender Unterschied zum Gerichtshof besteht bzgl. der Einrichtung von Generalanwälten. Die **Entwicklungen** sind hier wie folgt verlaufen: Der Ratsbeschluss 88/591 hat davon abgesehen, eigene ständige Generalanwälte beim Gericht erster Instanz einzurichten. Nach Art. 2 Abs. 3 des Beschlusses können einzelne Richter, also Mitglieder des Gerichts, dazu bestellt werden, die Tätigkeit eines **Generalanwaltes** auszuüben. Der Vorschlag, dem EuG die Unterstützung durch ständige Generalanwälte zukommen zu lassen, wurde von der **Regierungskonferenz in Nizza** nicht aufgenommen. In welchen Fällen und nach welchen Kriterien ein Richter als Generalanwalt bestellt werden kann, wird dem Beschluss zufolge in der Verfahrensordnung des Gerichts festgelegt. Dieser Ermächtigung ist das Gericht in Art. 30 f. EuGVfO nachgekommen. Während danach bei einem in Vollsitzungen tagenden Gericht die Teilnahme eines vom Präsidenten bestellten Generalanwalts, da die Entscheidung mit ungerader Richterzahl gefällt werden muss,[117] obligatorisch ist, kann ein als Kammer tagendes Gericht von einem durch den Präsidenten zu bestellenden Generalanwalt dann unterstützt werden, wenn die Rechtssache rechtlich schwierig oder in tatsächlicher Hinsicht kompliziert ist (Art. 30 EuGVfO). Bei der Bestellung eines Richters zum Generalanwalt handelt es sich um ein zweischneidiges Schwert: Einerseits muss er sich eingehend mit den Tatsachen- und Rechtsfragen des betreffenden Rechtsstreits befassen, um einen umfassenden Entscheidungsvorschlag zu unterbreiten, andererseits leiden hierunter seine sonstigen Berichterstattertätigkeiten.[118] Von den anfänglich unternommenen Versuchen macht das EuG aufgrund der organisatorischen Schwierigkeiten lange keinen Gebrauch mehr.[119] 45

Diese Rechtslage ist auch nach der Vertragsänderung von Lissabon beibehalten worden. Das Gericht kann einzelne seiner Mitglieder zu Generalanwälten bestellen, Art. 49 der Satzung. In der Verfahrensordnung ist dazu vorgesehen, dass für Sachen, die vor dem Plenum verhandelt werden, stets ein Generalanwalt vom Präsidenten des Gerichts bestellt wird. Für Verfahren, über die eine Kammer entscheidet, kann das Plenum auf Antrag der Kammer, der die Rechtssache zugewiesen wurde oder an die diese verwiesen worden ist, einen Generalanwalt bestellen, wenn die rechtliche Schwierigkeit oder der tatsächlich komplizierte Streitstoff dies gebietet, Art. 31 f. EuGVfO. 46

III. Zusammensetzung der Fachgerichte

Nach dem Lissabon-Vertrag können das Europäische Parlament und der Rat gem. Art. 257 Abs. 1 S. 1 AEUV im ordentlichen Gesetzgebungsverfahren dem Gericht beigeordnete 47

---
[114] Kirschner Das Gericht erster Instanz Rn. 11.
[115] Siehe hierzu Pieper/Schollmeier, Europarecht, 2000, S. 10 ff.; krit. Zum Richterwahlrecht Detjen DriZ 2000, 208.
[116] Art. 254 Abs. 2 S. 3, 4 AEUV.
[117] Art. 15 Satzung (EWG) iVm Art. 44 Satzung (EWG).
[118] Jung EuR 1992, 246 (250).
[119] Everling FS Steinberger, 2002, 1105 Fn. 9.

Fachgerichte bilden, die für Entscheidungen im ersten Rechtszug über bestimmte Kategorien von Klagen zuständig sind, die auf besonderen Sachgebieten erhoben werden.[120] Beschlossen wird gem. S. 2 der Bestimmung durch Verordnungen. In der Verordnung über die Bildung eines Fachgerichts werden die Regeln für die Zusammensetzung dieses Gerichts und der ihm übertragene Zuständigkeitsbereich festgelegt, Art. 257 Abs. 2 AEUV.

48   Der Vertrag von **Nizza** sah noch die Bildung „gerichtlicher Kammern" vor. Der Grund war die effektive Bewältigung einer Vielzahl gleich gearteter, politisch nicht so gewichtiger Rechtsstreitigen, vor allem „Beamtenstreitigkeiten" gem. Art. 236 EGV-Nizza, heute Art. 270 AEUV. Der alte Terminus „gerichtliche Kammern" war, wie bereits gezeigt, jedenfalls insoweit irreführend, als er verschleierte, dass es sich bei den vermeintlichen „Kammern" um eigenständige Spruchkörper handelt.[121]

49   Nach Lissabon ist deshalb nicht mehr von gerichtlichen Kammern die Rede, sondern treffender von Fachgerichten (was implizit auch auf das „Zugleich" von fach- und verfassungsgerichtlicher Funktion des EuGH hinweist). Das Rechtsetzungsverfahren hat sich geändert. Für die Errichtung der **Fachgerichte** gilt das ordentliche Gesetzgebungsverfahren, Art. 294 AEUV; dabei ist das Initiativrecht dem Gerichtshof beibehalten.[122] Als ein „Fachgericht" kann das von 2004 bis 2016 bestehende **„Gericht für den öffentlichen Dienst"** (GöD) genannt werden. Es war im ersten Rechtszug zuständig für die Entscheidung von Streitsachen zwischen der Europäischen Union und ihren Bediensteten gem. Art. 270 AEUV. Bei einer Gesamtzahl von zwischenzeitlich 50.000 Beschäftigten der Unionsorgane fielen weit mehr als einhundert Rechtssachen im Jahr an. Diese Streitsachen betreffen nicht nur Fragen des Arbeitsverhältnisses im engeren Sinne (Bezüge, dienstliche Laufbahn, Einstellung, Disziplinarmaßnahmen usw.), sondern auch die soziale Sicherheit (Krankheit, Alter, Invalidität, Arbeitsunfall, Familienzulagen usw.). Darüber hinaus war es zuständig für die Streitsachen zwischen den Einrichtungen, Ämtern und Agenturen und deren Bediensteten, für die der Gerichtshof der Europäischen Union zuständig ist (zB Streitsachen zwischen Europol, dem Harmonisierungsamt für den Binnenmarkt (HABM) oder der Europäischen Investitionsbank und deren Beschäftigten). Über Streitigkeiten zwischen nationalen Verwaltungen und ihren Bediensteten konnte es hingegen nicht entscheiden. Die Entscheidungen des Gerichts für den öffentlichen Dienst konnten innerhalb von zwei Monaten mit einem Rechtsmittel, das auf Rechtsfragen beschränkt ist, beim Gericht angefochten werden.[123] Nach dem das Fachgericht für den öffentlichen Dienst 2016 aufgelöst wurde, wurde die entsprechende Zuständigkeit dem Gericht übertragen.[124]

50   Als Mitglieder der (erst wieder zu schaffenden) **Fachgerichte waren und wären** Personen auszuwählen, die „über die Befähigung zur Ausübung richterlicher Tätigkeiten" verfügen. Sie werden einstimmig vom Rat ernannt, Art. 257 Abs. 4 AEUV. Die Anzahl und Amtsdauer dieser Richter ist in einem gesonderten Ratsbeschluss festzulegen.[125] Wenn nichts Näheres dazu bestimmt ist, sind die nach dem Vertrag und der Satzung für den Gerichtshof gültigen Vorschriften anzuwenden, Art. 257 Abs. 6 AEUV.

51   Die Fachgerichte bilden eine besondere Ebene **in der Hierarchie des dreistufigen Gerichtsaufbaus.** Es handelt sich um Spezialgerichte, die im ersten Rechtszug über bestimmte Kategorien von Klagen für besondere Sachgebiete entscheiden. Gemäß Art. 257 Abs. 3 AEUV kann gegen Entscheidungen der Fachgerichte vor dem Gericht ein auf Rechtsfragen beschränktes Rechtsmittel eingelegt werden oder, wenn die Verordnung das

---

[120] Huber in Streinz AEUV Art. 257 Rn. 5.
[121] Huber in Streinz AEUV Art. 257 Rn. 3.
[122] Kotzur/Dienelt in Geiger/Khan/Kotzur/Kirchmair AEUV Art. 257 Rn. 1.
[123] http://curia.europa.eu/jcms/jcms/T5_5230/ (zuletzt abgerufen am 17.12.2023).
[124] Zur Auflösung und Neustrukturierung des Gerichtshofs der Europäischen Union Hoffmann EuR 2016, 197.
[125] Bieber/Haag in Schulze/Janssen/Kadelbach HdB-EuropaR § 1 Rn. 86, unter Hinweis auf den Beschl. des Rates v. 2.11.2004 zur Errichtung eines Gerichts für den öffentlichen Dienst der Europäischen Union, ABl. 2004 L 333, 7. Danach wird ein Gericht von sieben Richtern geschaffen.

vorsieht, auch ein Sachfragen betreffendes Rechtsmittel. Die Fachgerichte erlassen ihre Verfahrensordnung im Einvernehmen mit dem Gerichtshof; sie bedarf der Genehmigung des Rates, Art. 257 Abs. 5 AEUV.[126]

Bisher wurde nur das mittlerweile wieder aufgelöste bzw. in den EuG inkorporierte **52** Gericht für den öffentlichen Dienst geschaffen. In der Diskussion sind, wie angedeutet, ein Fachgericht für Europäisches Marken- und Patentrecht, sowie ein Fachgericht für Zustellungs- und Vollstreckungsrecht.[127] Die Vorschläge in Sachen Patentgericht wurden seinerzeit (November 2012) im EU-Ministerrat erörtert.[128] Im Sommer 2013 deuteten sich Erfolge an, welche jedoch nicht realisierten. Zwar wurde mit dem europäischen Patentpaket nunmehr die Einrichtung eines Einheitlichen Patentgerichts geebnet.[129] Dabei handelt es sich jedoch um ein losgelöstes Gericht und damit nicht um ein Fachgericht im vorbezeichneten Sinne.[130]

Folglich existiert derzeit kein Fachgericht iSd Art. 257 AEUV. Ob von der Möglichkeit **53** der Errichtung zukünftig Gebrauch gemacht werden wird, erscheint unter Beachtung der zunehmenden Spezialisierung der einzelnen Kammern und der Verdoppelung der Richter am Gericht fraglich.

C. Innere Organisation der Europäischen Gerichte

I. Gerichtsverwaltung

1. Die Präsidenten der einzelnen Gerichte. Der Präsident des Gerichtshofs wird von **54** den Richtern aus ihrer Mitte in geheimer Wahl für drei Jahre gewählt; seine Wiederwahl ist zulässig, Art. 253 Abs. 3 AEUV.[131] Eine entsprechende Regelung für das Gericht findet sich in Art. 254 Abs. 3 AEUV. Einzelheiten sind in Art. 8 Abs. 1–5 EuGHVfO und Art. 9 Abs. 1–5 EuGVfO geregelt. Der Präsident leitet die rechtsprechende Tätigkeit und die Verwaltung des Gerichtshofs. Er führt den Vorsitz in den Sitzungen (vgl. etwa Art. 9 Abs. 2 EuGHVfO) und bei den Beratungen des Plenums und der Großen Kammer.[132] Er ist – auch gegenüber den unabhängigen Richtern – Dienstvorgesetzter aller Bediensteten des Gerichtshofs. Im Kreis der übrigen Richter wirkt er als primus inter pares.[133]

2. Die Kanzler. Gemäß Art. 253 Abs. 5 AEUV ernennt der Gerichtshof seinen Kanzler **55** und bestimmt dessen Stellung.[134] Eine entsprechende Regelung für das Gericht ist in Art. 254 Abs. 4 AEUV enthalten. Der Kanzler des jeweiligen Gerichts hat eine besonders hervorgehobene, den Richtern und Generalanwälten angenäherte, Rechtsstellung.[135] Er wird von den Richtern und Generalanwälten nach dem für den Präsidenten des Gerichtshofs vorgesehenen Verfahren für sechs Jahre gewählt bzw. ernannt, Art. 18 Abs. 4 EuGHVfO. Er leistet den für die Richter und Generalanwälte vorgesehenen Amtseid, Art. 10 EuGH-Satzung, Art. 18 Abs. 5 EuGHVfO. Er kann seines Amtes nur enthoben werden, wenn er nicht mehr die erforderlichen Voraussetzungen erfüllt oder seinen Amtspflichten nicht mehr nachkommt. Darüber entscheidet der Gerichtshof, Art. 18 Abs. 6 EuGHVfO.

Die Kanzleien sind für den innerorganisatorischen Ablauf der beiden gerichtlichen **56** Institutionen EuGH und Gericht verantwortlich. Durch die Existenz zweier unabhängiger Kanzleien dokumentiert sich auch die organisatorische Selbständigkeit von Gerichtshof und

---
[126] Wegener in Calliess/Ruffert AEUV Art. 257 Rn. 11.
[127] Vgl. Hakenberg EuZW 2006, 391 ff.
[128] Council of the European Union, Brussels, 14.11.2012, 16222/12, PI 146, COUR 74.
[129] Dazu ausführlich Blanke-Roeser NJW 2023, 135.
[130] Vgl. Kotzur/Dienelt in Geiger/Khan/Kotzur/Kirchmair AEUV Art. 257 Rn. 2.
[131] Huber in Streinz AEUV Art. 253 Rn. 10.
[132] Kotzur/Dienelt in Geiger/Khan/Kotzur/Kirchmair AEUV Art. 253 Rn. 10.
[133] Huber in Streinz, 1. Aufl. 2003, AEUV Art. 223 Rn. 4.
[134] Karpenstein/Dingemann in Grabitz/Hilf/Nettesheim AEUV Art. 253 Rn. 26 ff.
[135] Schwarze/Wunderlich in Schwarze AEUV Art. 253 Rn. 10.

Gericht nach außen.[136] Die Kanzleien der Gerichte entsprechen nicht etwa dem Schreibdienst der deutschen Gerichte, sondern sind mit den Eingangs- und Verwaltungsgeschäftsstellen vergleichbar. Der Kanzler des EuGH bzw. des Gerichts ist quasi der **„Hauptgeschäftsstellenbeamte"**, also der Leiter der Verwaltung des Gerichts. Der Kanzler leitet gemäß der Dienstanweisung des Gerichtshofs (vgl. Art. 20 Abs. 4 EuGHVfO) die Gerichtskanzlei. Er trägt die Verantwortung für die organisatorischen Voraussetzungen, Art. 20 EuGHVfO. Auch die allgemeine Verwaltung des Gerichtshofs, die Finanzverwaltung eingeschlossen, wird im Auftrag des Präsidenten vom Kanzler wahrgenommen, Art. 20 Abs. 4 EuGHVfO.

57   Der Kanzler nimmt an der rechtsprechenden Tätigkeit nicht Teil. Er übt bestimmte Funktionen der Justizverwaltung aus. Deshalb ist er verpflichtet, unparteiisch zu handeln.[137] Die Funktionen des Kanzlers umfassen neben jurisdiktionellen Aufgaben, die mit denen des Urkundsbeamten der Geschäftsstelle eines deutschen Gerichts vergleichbar sind, auch die Aufgaben eines Generalsekretärs oder Personal- und Verwaltungschefs.[138] Als Personal- und Verwaltungschef sind die Kanzler Leiter der allgemeinen Verwaltung des Gerichtshofs bzw. des EuG. Sie sind ihren Präsidenten gegenüber für die ordnungsgemäße Durchführung der Verwaltungsaufgaben verantwortlich. Gemäß Art. 12 S. 1 EuGH-Satzung werden dem Gerichtshof Beamte und sonstige Bedienstete beigegeben, um ihm die Erfüllung seiner Aufgaben zu ermöglichen. Diese unterstehen dem Kanzler und der Aufsicht des Präsidenten, Art. 12 S. 2 EuGH-Satzung.

II. Spruchkörper

58   **EuGH und das Gericht** sind zwei organisatorische Einheiten der Europäischen Gerichtsbarkeit, bei denen wiederum einzelne **„Spruchkörper"** bestehen. Es ist zu unterscheiden zwischen dem Gerichtshof als Institution und dem **Gerichtshof als Spruchkörper.** Dem Gerichtshof als Institution gehören Richter gem. Art. 19 Abs. 2 EUV und die Generalanwälte gem. Art. 252 AEUV an. Der Gerichtshof als Spruchkörper besteht nur aus Richtern. Zum Gericht ist auf Art. 19 EUV iVm Art. 254 AEUV zu verweisen.[139] Spruchkörper des Gerichtshofs sind in Art. 251 AEUV genannt.[140] Nach dieser Regelung tagt der Gerichtshof in Kammern oder als Große Kammer entsprechend den hierfür in der Satzung des Gerichtshofs vorgesehenen Regeln. Wenn die Satzung es bestimmt, kann der Gerichtshof auch als Plenum tagen.

59   **1. Plenum.** Die ursprünglich bestehende Regelzuständigkeit des Plenums ist durch den Vertrag von Nizza aufgegeben worden. Grundsätzlich entscheiden also die Kammern.[141] Gemäß Art. 251 Abs. 2 AEUV kann der Gerichtshof als Plenum tagen, wenn die Satzung es vorsieht. Gemäß Art. 16 Abs. 4 der EuGH-Satzung tagt der Gerichtshof als Plenum gem. Art. 228 Abs. 2 AEUV (Disziplinarmaßnahmen oder Amtsenthebungsverfahren gegen den Bürgerbeauftragten), Art. 245 Abs. 2 AEUV, Art. 247 AEUV (Amtsenthebungsverfahren gegen ein Kommissionsmitglied) und Art. 286 Abs. 6 AEUV (Amtsenthebungsverfahren gegen ein Mitglied des Rechnungshofs). Außerdem kann der Gerichtshof gem. Art. 16 Abs. 5 der EuGH-Satzung, wenn er zu der Auffassung gelangt, dass eine Rechtssache, mit der er befasst ist, von außergewöhnlicher Bedeutung ist, nach Anhörung des Generalanwalts entscheiden, diese Rechtssache an das Plenum zu verweisen.

60   Bereits früh wurde darauf aufmerksam gemacht, dass die Arbeitsweise im großen Plenum mit damals 15 Richtern, für den rechtlichen Diskurs einer Streitsache ungeeignet sei. Es wurde vorgeschlagen, das Plenum durch drei Kammern mit je fünf Richtern zu besetzen.

---

[136] Lenaerts EuR 1990, 228 (234).
[137] Wägenbaur EuGH-Satzung Art. 10 Rn. 1.
[138] Vgl. dazu Klinke Der Gerichtshof der Europäischen Gemeinschaften Rn. 67 ff.
[139] Kotzur/Dienelt in Geiger/Khan/Kotzur/Kirchmair AEUV Art. 251 Rn. 3.
[140] Karpenstein/Dingemann in Grabitz/Hilf/Nettesheim AEUV Art. 251 Rn. 7 ff.
[141] Dazu Skouris FS Starck, 1993, 998 ff.

Innerhalb eines solchen Spruchkörpers könnten die rechtlichen Erörterungen mit dem Generalanwalt am besten erfolgen, da das Plenum dann klein genug sei, um auf die einzelnen Rechtsfragen einzugehen, aber immer noch groß genug, um eine ausgewogene unvoreingenommene Rechtsprechung zu gewährleisten. Dieser Vorschlag hat sich jedoch nicht durchgesetzt.

Das Plenum ist beschlussfähig, wenn mindestens 17 Richter anwesend sind, Art. 17 Abs. 4 EuGH-Satzung. In dem Fall, dass sich infolge der Abwesenheit oder Verhinderung eine gerade Zahl von Richtern ergibt, nimmt gem. Art. 33 der EuGHVfO der in der Rangordnung iSv Art. 7 EuGHVfO dienstjüngste Richter grundsätzlich an den Beratungen nicht teil. **61**

2. Große Kammer. Der Gerichtshof tagt als Große Kammer, wenn ein am Verfahren beteiligter Mitgliedstaat oder ein am Verfahren beteiligtes Unionsorgan dies beantragt, Art. 16 Abs. 3 der EuGH-Satzung. Die Große Kammer besteht aus 15 Richtern, Art. 16 Abs. 2 EuGH-Satzung. Den Vorsitz führt der Präsident des Gerichtshofs. Außerdem gehören der Großen Kammer der Vizepräsident des Gerichtshofs, drei der Präsidenten der Kammern mit fünf Richtern und weitere Richter an, die nach Maßgabe der Verfahrensordnung ernannt werden, Art. 16 Abs. 2 EuGH-Satzung. **62**

Aufgrund der in Art. 17 Abs. 3 EuGH-Satzung normierten Regelung sind die in der Großen Kammer des Gerichtshofs getroffenen Entscheidungen aber auch dann gültig, wenn nur elf Richter anwesend sind. **63**

Wie bedeutsam die Kammern sind, belegt die Zahl der durch sie entschiedenen Rechtssachen. Um aber die Arbeitsfähigkeit zu gewährleisten, sind die Sitzungen des großen Plenums beim EuGH durch Verhandlungen einer Großen Kammer, zunächst mit elf Richtern, abgelöst worden (Art. 221 EGV-Nizza iVm Art. 16 Abs. 2 EuGH-Satzung aF, von denen mindestens neun Richter an der Entscheidungsfindung mitwirken mussten (Art. 17 Abs. 3 EuGH-Satzung aF). **64**

3. Kammern. Art. 16 der Satzung des Gerichtshofs in der Fassung des Vertrages von Nizza sah vor, dass der Gerichtshof Kammern mit drei oder fünf Richtern hat. Daran hat sich auch mit der Neufassung nichts geändert. Die Bildung der Kammern ist heute in Art. 11 EuGHVfO geregelt. Die vor Nizza mögliche Kammer mit sieben Richtern ist seither aufgegeben.[142] Im Regelfall entscheidet der EuGH in (kleinen) Kammern mit drei oder fünf Richtern.[143] Die Mandatsdauer der Präsidenten von „5er-Kammern" beträgt drei Jahre, Art. 12 Abs. 1 EuGHVfO. Im Gegensatz zum EuGH tagt das Gericht grundsätzlich in **Kammern** zu drei oder fünf Richtern, Art. 50 Abs. 1 EuGH-Satzung. Gemäß Art. 50 Abs. 2 S. 2 EuGH-Satzung kann das Gericht in bestimmten, in der Verfahrensordnung festgelegten Fällen als **Plenum** oder als **Einzelrichter** tagen, siehe auch Art. 14 Abs. 3 der EuGVfO. Beim EuGH gibt es keinen Einzelrichter.[144] **65**

Wenn die rechtliche Schwierigkeit oder die Bedeutung einer Rechtssache oder besondere Umstände es rechtfertigen, kann eine Rechtssache gem. Art. 28 Abs. 1 EuGVfO an die Große Kammer oder eine Kammer mit einer anderen Richterzahl verwiesen werden. Eine Verweisung an das Plenum ist in der Verfahrensordnung nicht mehr vorgesehen. **66**

Die **Generalversammlung** (alle Mitglieder des Gerichtshofes, dh Richter und Generalanwälte) bestimmen den **gesetzlichen Richter** („judge legal") aufgrund des „rapport preleable" des Berichterstatters, der seinerseits – aus Rechtsstaatsgesichtspunkten nicht unbedenklich – vom Präsidenten bestimmt wird. Die Generalversammlung schlägt daraufhin vor, ob der Rechtsstreit von dem großen Plenum, der Großen Kammer oder von einer Kammer entschieden werden soll. Zur Besetzung der Spruchkörper hatte der EuGH seinerzeit entschieden, dass Art. 165 Abs. 2 S. 2 EGV aF es nicht verbiete, „dass die drei oder **67**

---

[142] Art. 221 Abs. 2 S. 2 EGV iVm Art. 9 § 1 EuGHVfO; vgl. dazu auch Jung EuR 1980, 372 (374 ff.).
[143] Schwarze/Wunderlich in Schwarze AEUV Art. 254 Rn. 8.
[144] Wägenbaur EuGH-Satzung Art. 16 Rn. 2.

fünf Richter, die eine bestimmte Rechtssache zu entscheiden haben, aus Gründen der gerichtlichen Organisation des Gerichtshofes zu einem Spruchkörper gehören, der mit einer höheren Zahl von Richtern besetzt ist."[145] Der EuGH weist in seiner apodiktischen Art ferner darauf hin, dass die konkrete Besetzung in der zu entscheidenden Rechtssache nicht gerügt worden sei und iÜ auch nicht festgestellt werden könne, inwiefern die Besetzung der Kammer die Rechte der Beteiligten beeinträchtigen könnte.

68 **4. Beschwerdekammern.** Von „Beschwerdekammern" ist in Art. 190 Abs. 2 EuGVfO die Rede. Danach gelten die Aufwendungen der Parteien, die für das Verfahren vor der Beschwerdekammer notwendig waren, als erstattungsfähige Kosten.[146]

69 Diese erstinstanzlichen gerichtlichen Kammern setzen sich jedoch nicht – wie man auf den ersten Blick meinen könnte – aus Mitgliedern des EuG zusammen. Nach dem Vertragstext ist es vielmehr so, dass als **Mitglieder** solcher Kammern Personen auszuwählen sind, die jede Gewähr für Unabhängigkeit bieten und über die Befähigung zur Ausübung richterlicher Tätigkeiten verfügen. Sie werden vom Rat einstimmig benannt. Je nach Mitgliedstaat können theoretisch auch Nichtjuristen (zB Kaufleute, sofern sie richterliche Funktionen ausüben können) zu gerichtlichen Kammermitgliedern berufen werden. Welcher Status diesen Kammermitgliedern im Vergleich zu den Richtern des EuGH und des EuG zukommt, lässt sich der Novellierung und ihren Materialien nicht entnehmen. Die Kammer-Richter sind jedenfalls nicht Teil der Richterschaft des EuG, da sie zum einen diesem nur beigeordnet sind und sie zum anderen nicht die dafür notwendigen Qualifikationen aufweisen müssen (vgl. Art. 254 Abs. 2 AEUV, Art. 257 Abs. 4 AEUV).[147]

70 **5. Einzelrichter.** Zu den **Entwicklungen:** Seit der Änderung des Errichtungsbeschlusses 88/591 durch den Ratsbeschluss v. 26.4.1999 besteht bei dem EuG die Möglichkeit, dass in bestimmten, in der Verfahrensordnung festgelegten Fällen, das Gericht auch durch einen **Einzelrichter** tagen kann (Art. 2 Abs. 4 S. 3 des Beschlusses).[148] Hintergrund für diese Einführung waren die begründeten Befürchtungen des Gerichtshofes einer Arbeitsüberlastung durch eine zu erwartende Flut von Rechtsstreitigkeiten über geistiges Eigentum und die damals so genannte „Gemeinschaftsmarkenverordnung", in deren Zuge der EuGH und das EuG dem Rat bestimmte Änderungsvorschläge unterbreitet hatten.[149] Um das Gericht in die Lage zu versetzen, den Anstieg der Rechtsstreitigkeiten in akzeptabler Zeit zu bewältigen, hatte sich der Rat jedoch entschlossen, vor der vom Gerichtshof vorgeschlagenen Erhöhung der Mitgliederzahl der EuG-Richter zunächst sämtliche internen Möglichkeiten auszuschöpfen, um die Effizienz des EuG in der gegenwärtigen Zusammensetzung zu verbessern. Maßgeblich hierfür nannte er Erfahrungen in den Rechtsordnungen der Mitgliedstaaten, die zeigten, dass es in einer Reihe von Fällen weder die Natur der aufgeworfenen rechtlichen oder tatsächlichen Fragen noch die Bedeutung der Rechtssachen noch andere besondere Umstände rechtfertigen, dass bestimmte Rechtssachen erster Instanz von einem Richterkollegium entschieden würden; durch die Übertragung der Zuständigkeit für die Entscheidung bestimmter Rechtssachen auf einen Einzelrichter könne die Zahl der von einem Gericht entschiedenen Rechtssachen beträchtlich gesteigert werden. Demgemäß hatte das damalige Gericht erster Instanz am 17.5.1999 mit einstimmiger Genehmigung des Rates seine Verfahrensordnung geändert, und die Fälle, in denen ein Einzelrichter zur Entscheidung über eine Rechtssache berufen sein kann, sowie die Moda-

---

[145] EuGH 24.5.1995 – C-7/94, Slg. 1995, I-1031 Rn. 13 = NVwZ 1996, 53 – Gaal.
[146] Vgl. dazu Wägenbaur EuGVfO Art. 190.
[147] Sack EuZW 2001, 77 (80).
[148] ABl. 1999 L 114, 52; vgl. auch Wägenbaur EuGVfO Art. 14 Rn. 4.
[149] Vgl. Vorschläge des Gerichtshofes und des Gerichts für die neuen Rechtsstreitigkeiten über geistiges Eigentum EuZW 1999, 756 und Entwurf eines Beschlusses des Rates zur Änderung des Beschlusses 88/591 (R. G. v. 27.10.1998), nachzulesen unter www.curia.eu.int/; vgl. auch Kirschner in Ipsen/Rengeling/Mössner/Weber S. 373 ff.; Lipp JZ 1997, 326 ff.

litäten festgelegt, nach denen eine Rechtssache von einem Einzelrichter entschieden werden kann.

Nach derzeit weiterhin gültiger **Rechtslage** können gem. Art. 29 Abs. 1 EuGVfO bestimmte Rechtssachen bei fehlender Schwierigkeit der aufgeworfenen Tatsachen- und Rechtsfragen, begrenzter Bedeutung der Rechtssache und Fehlen anderer besonderer Umstände, auf den Berichterstatter als Einzelrichter nach Maßgabe des Abs. 1 und 2 EuGVfO übertragen bzw. dem Einzelrichter nach Maßgabe der Art. 162 Abs. 1 und 216 Abs. 3 EuGVfO zugewiesen werden.[150] Gemäß Art. 29 Abs. 1 EuGVfO können die folgenden Rechtssachen, die einer Kammer mit drei Richtern zugewiesen sind, vom Berichterstatter als Einzelrichter unter näher bestimmten Voraussetzungen entschieden werden: **71**

- Streitsachen mit Bezug zum Recht des geistigen Eigentums, Art. 171 EuGVfO;
- Direktklagen natürlicher oder juristischer Personen gegen Entscheidungen des Europäischen Parlaments, des Rates, der Kommission und der EZB, die an sie ergangen sind oder die sie unmittelbar und individuell betreffen, sowie Direktklagen auf dem Gebiet der außervertraglichen Haftung der Union, wenn diese nur Fragen aufwerfen, die bereits durch eine gesicherte Rechtsprechung geklärt sind oder zu einer Serie von Rechtssachen gehören, die den gleichen Gegenstand haben und von denen eine bereits rechtskräftig entschieden ist, Art. 263 Abs. 4 AEUV, Art. 265 Abs. 3 AEUV und Art. 268 AEUV;
- Rechtssachen, für deren Entscheidung das Gericht aufgrund einer Schiedsklausel in einem von der Union oder für ihre Rechnung geschlossenen Vertrag zuständig ist, Art. 272 AEUV.

Die Kriterien für die Zuweisung an den Einzelrichter sind durch Art. 29 Abs. 1 EuGVfO vorgegeben und liegen somit nicht in der Hand des Gerichts.[151] Die Übertragung auf einen Einzelrichter ist gem. Art. 29 Abs. 2 EuGVfO ausgeschlossen: **72**

- bei Nichtigkeitsklagen gegen Handlungen mit allgemeiner Geltung oder bei Rechtssachen, in denen ausdrücklich eine Einrede der Rechtswidrigkeit gegen eine Handlung mit allgemeiner Geltung erhoben worden ist;
- bei Rechtssachen betreffend die Durchführung der Wettbewerbsregeln oder der Vorschriften über die Kontrolle von Unternehmenszusammenschlüssen, der Vorschriften über staatliche Beihilfen, der Vorschriften über handelspolitische Schutzmaßnahmen, der Vorschriften über die gemeinsamen Agrarmarktorganisationen mit Ausnahme von Rechtssachen, die zu einer Serie von Rechtssachen gehören, die den gleichen Gegenstand haben und von denen eine bereits rechtskräftig entschieden ist.

III. Zuständigkeiten

Art. 256 AEUV regelt die **Zuständigkeiten des Gerichts** umfassend.[152] Das Gericht ist in erster Instanz zuständig für Klagen gegen Organe der EU, wenn nicht in der EuGH-Satzung Einschränkungen oder Erweiterungen vorgesehen sind (Art. 281 AEUV) oder eine Übertragung auf ein Fachgericht besteht (Art. 257 AEUV).[153] Die entsprechenden Klagen sind in Art. 265 Abs. 1 UAbs. 1 AEUV aufgezählt: Nichtigkeitsklage gem. Art. 263 AEUV, Untätigkeitsklage gem. Art. 265 AEUV, Amtshaftungsklage gem. Art. 268 AEUV, Beamtenklage gem. Art. 270 AEUV und Schiedsklage gem. Art. 272 AEUV. **73**

Eine Einschränkung enthält Art. 51 der EuGH-Satzung. Für Nichtigkeits- und Untätigkeitsklagen der Unionsorgane und der EZB ist der **EuGH** zuständig. Dasselbe gilt für Nichtigkeits- und Untätigkeitsklagen eines Mitgliedstaats gegen die Kommission nach Art. 331 Abs. 2 AEUV, ferner allgemein gegen das Europäische Parlament und/oder den Rat, im zuletzt genannten Fall allerdings mit Ausnahme von Klagen gegen Beihilfeent- **74**

---

[150] ABl. 1999 L 135, 92.
[151] Wägenbaur EuGVfO Art. 29 Rn. 1 f.
[152] Vgl. Schwarz/Wunderlich in Schwarze AEUV Art. 256 Rn. 2; Wegener in Calliess/Ruffert AEUV Art. 256 Rn. 3 ff.
[153] Kotzur/Dienelt in Geiger/Khan/Kotzur/Kirchmair AEUV Art. 256 Rn. 1.

scheidungen des Rates gem. Art. 108 Abs. 2 UAbs. 3 AEUV, gegen Rechtsakte des Rates aufgrund einer Ratsverordnung über handelspolitische Schutzmaßnahmen iSd Art. 207 AEUV und gegen Handlungen des Rates aufgrund von Durchführungsbestimmungen nach Art. 291 Abs. 2 AEUV.[154]

75 Zur Entlastung des EuGH kann das **Gericht** auf besonderen Sachgebieten mit **Vorabentscheidungen** betraut werden, Art. 267 AEUV. Die betreffenden Sachgebiete sind in der EuGH-Satzung festzulegen, Art. 256 Abs. 2, 3 AEUV. Auch mit dem Reformvertrag von Lissabon und durch die nachfolgende Satzungsnovellierung ist das nicht geschehen,[155] wird aber durch das gegenwärtige Reformvorhaben (→ Rn. 13 ff.) anzielt.

76 Das **Gericht als Rechtsmittelinstanz** ist für Entscheidungen der Fachgerichte zuständig, Art. 257 AEUV. Es ist von der Verordnung zur Gründung der Fachgerichte abhängig, ob das Rechtsmittel auf Rechtsfragen beschränkt ist oder auch auf die Prüfung von Sachfragen erweitert werden kann, Art. 257 Abs. 3 AEUV.[156]

IV. Instanzenzug

77 Seit der Konstituierung des EuG 1989 besteht innerhalb der Europäischen Gerichtsbarkeit ein **Instanzenweg.** Entsprechend dem Prinzip der zugewiesenen Zuständigkeiten ist das EuG, jetzt das Gericht, im ersten Rechtszug zur Entscheidung über bestimmte Streitsachen berufen. Gemäß Art. 256 Abs. 1 AEUV ist das **Gericht** im ersten Rechtszug über die in den Art. 263 AEUV (Nichtigkeitsklage), Art. 265 AEUV (Untätigkeitsklage), Art. 268 AEUV (Schadensersatzklage), Art. 270 AEUV (dienstrechtliche Streitigkeiten) und Art. 272 AEUV (gewisse Streitigkeiten betr. EIB und EZB) genannten Klagen zuständig, abgesehen von denjenigen Klagen, die einem nach Art. 257 AEUV gebildeten Fachgericht übertragen werden und den Klagen, die gemäß der EuGH-Satzung dem EuGH vorbehalten sind. Allerdings kann in der Satzung vorgesehen werden, dass das Gericht für andere Kategorien von Klagen zuständig ist.

78 Gegen die Entscheidungen des Gerichts auf Grund des Art. 256 Abs. 1 AEUV kann nach Maßgabe der Bedingungen und innerhalb der Grenzen, die in der Satzung vorgesehen sind, ein auf Rechtsfragen beschränktes **Rechtsmittel beim Gerichtshof** eingelegt werden, Art. 256 Abs. 1 UAbs. 2 AEUV.[157] Art. 58 Abs. 1 S. 2 der EuGH-Satzung benennt die drei möglichen Rechtsmittelgründe: Das Rechtsmittel kann nur auf die Unzuständigkeit des Gerichts, auf einen Verfahrensfehler, durch den die Interessen des Rechtsmittelführers beeinträchtigt werden, sowie auf eine Verletzung des Unionsrechts durch das Gericht gestützt werden.

79 Als **rechtsmittelfähig** sind die Entscheidungen des Gerichts anzusehen (auch Teil- und Endentscheidungen), ferner Entscheidungen, die einen Zwischenstreit über die Unzuständigkeit oder die Unzulässigkeit als Gegenstand haben; iE dazu Art. 55, 56 EuGH-Satzung. Die **Rechtsmittelfrist** beträgt zwei Monate ab Zustellung der Entscheidung, Art. 56 Abs. 1 EuGH-Satzung.[158]

80 Das Rechtsmittel kann von einer Partei oder grundsätzlich von einem Streithelfer eingelegt werden. Andere Streithelfer als Mitgliedstaaten oder Unionsorgane können das Rechtsmittel nur dann einlegen, wenn die Entscheidung des Gerichts sie unmittelbar berührt, Art. 56 Abs. 2 EuGH-Satzung. Abgesehen von „Beamtenstreitigkeiten" kann das Rechts-

---

[154] Kotzur/Dienelt in Geiger/Khan/Kotzur/Kirchmair AEUV Art. 256 Rn. 2.
[155] Dazu Schwarze/Wunderlich in Schwarze AEUV Art. 256 Rn. 7 aE.
[156] Im Einzelnen dazu Bölhoff, Das Rechtsmittelverfahren vor dem Gerichtshof der europäischen Gemeinschaften, 2001, S. 131; Kotzur/Dienelt in Geiger/Kahn/Kotzur/Kirchmair AEUV Art. 256 Rn. 5; zur Unterscheidung von Rechts- und Tatfragen: EuGH 10.5.2007 – C-328/05, Slg. 2007, I-3921 = EuZW 2007, 408 – SGL Carbon/Kommission.
[157] Vgl. auch Kotzur/Dienelt in Geiger/Khan/Kotzur/Kirchmair AEUV Art. 256 Rn. 8 ff. Zum neu eingeführten Zulassungsverfahren Rapp EuZW 2019, 587.
[158] Kotzur/Dienelt in Geiger/Khan/Kotzur/Kirchmaier AEUV Art. 256 Rn. 9.

mittel auch von den Mitgliedstaaten und den Unionsorganen eingelegt werden, die dem Rechtsstreit vor dem Gericht nicht beigetreten sind, Art. 56 Abs. 3 EuGH-Satzung.

Nach Art. 256 Abs. 2 AEUV ist das Gericht für Entscheidungen über **Rechtsmittel gegen Entscheidungen der Fachgerichte** – sofern existent – zuständig.[159] Entscheidungen des Gerichts aufgrund von Art. 256 Abs. 2 AEUV können nach Maßgabe der Bedingungen und innerhalb der Grenzen, die in der Satzung vorgesehen sind, in Ausnahmefällen vom Gerichtshof, überprüft werden, wenn die ernste Gefahr besteht, dass die Einheit oder Kohärenz des Unionsrechts berührt wird.[160] 81

Das Gericht ist nach Maßgabe der Satzung auch für Vorabentscheidungen nach Art. 267 AEUV zuständig, Art. 256 Abs. 3 AEUV. Wenn das Gericht in diesem Zusammenhang der Auffassung ist, dass eine Rechtssache eine Grundsatzentscheidung erfordert, die die Einheit oder die Kohärenz des Unionsrechts berühren könnte, kann es die Rechtssache zur Entscheidung an den Gerichtshof verweisen. 82

Weiterhin ist in Art. 256 Abs. 3 AEUV geregelt,[161] dass die Entscheidungen des Gerichts über Anträge auf Vorabentscheidung nach Maßgabe der Satzung in Ausnahmefällen vom Gerichtshof überprüft werden, wenn die ernste Gefahr besteht, dass die Einheit oder Kohärenz des Unionsrechts berührt wird, UAbs. 3. 83

V. Kompetenzkonflikte

Der **EuGH** hat nicht nur die Funktion des Rechtsmittelgerichts, sondern ist neben dem EuG auch als **Eingangsgericht** im Rahmen der ihm zugewiesenen Streitsachen zuständig. Um insoweit **Kompetenzkonflikte** zwischen beiden Gerichten zu vermeiden, wurden in der Gerichtshofsatzung entsprechende Verweisungs- und Kompetenznormen aufgenommen, Art. 54 EuGH-Satzung.[162] Stellen der EuGH oder das EuG fest, dass sie für die anhängig gemachte Rechtssache formell nicht zuständig sind, verweisen sie den Rechtsstreit unverzüglich an das zuständige Gericht. Wenn das Gericht feststellt, dass es für eine Klage nicht zuständig ist, die in die Zuständigkeit des Gerichtshofs fällt, verweist es gem. Art. 54 Abs. 2 der EuGH-Satzung den Rechtsstreit an den Gerichtshof; stellt der Gerichtshof fest, dass eine Klage in die Zuständigkeit des Gerichts fällt, so verweist er den Rechtsstreit an das Gericht, das sich dann nicht für unzuständig erklären kann. Sofern es zwischen beiden Gerichten im Einzelfall zu materiellen Kompetenzkonflikten kommt, sieht Art. 54 Abs. 3 EuGH-Satzung die Aussetzung des Verfahrens vor.[163] Möglich ist dies immer dann, wenn bei beiden Gerichten Streitigkeiten anhängig sind, die den gleichen Gegenstand haben, die gleiche Auslegungsfrage aufwerfen oder die Gültigkeit desselben Rechtsaktes betreffen. 84

Schwierigkeiten im Zuständigkeitsbereich der beiden Gerichte können sich bspw. bei parallelen Klagen in Beihilfesachen ergeben. Während ein Unternehmen (natürliche oder juristische Person) eine iErg ihn betreffende (negative) Beihilfenentscheidung der Kommission vor dem Gericht angreifen muss, muss der Mitgliedstaat als Adressat der Beihilfenentscheidung der Kommission vor dem EuGH klagen. Fraglich ist in diesen Fällen, welches der beiden Gerichte sein Verfahren wegen Vorrangigkeit des anderen aussetzt. Unter Hinweis auf einen effektiven Rechtsschutz hat das EuG in einem Beschluss festgestellt: „Da natürliche und juristische Personen nach Art. 37 Abs. 2 EuGH-Satzung (aF) Rechtsstreitigkeiten zwischen Mitgliedstaaten und Organen der Gemeinschaft nicht beitreten können, besteht für diese Personen die einzige Möglichkeit, in sie betreffenden Streitigkeiten ihren 85

---

[159] Wegener in Calliess/Ruffert AEUV Art. 256 Rn. 26 ff.
[160] Vgl. zum instanziellen Verhältnis zwischen EuG und EuGH auch Koenig/Pechstein/Sander, EU-/EG Prozessrecht, 2. Aufl. 2002, Rn. 103.
[161] Wegener in Calliess/Ruffert AEUV Art. 256 Rn. 33.
[162] Vgl. auch EuGH 23.5.1990 – C-72/90, Slg. 1990, I-2181 Rn. 16 ff. = NVwZ 1991, 1169 – Asia Motor France.
[163] Vgl. auch Dauses/Henkel EuZW 1999, 325 ff., Verfahrenskonkurrenzen bei gleichzeitiger Anhängigkeit verwandter Rechtssachen vor dem EuGH und dem EuG; Möschel NVwZ 1999, 1045 ff., Aussetzung bei Konkurrenz gleichzeitiger Verfahren vor dem EuG und dem EuGH.

Standpunkt in tatsächlicher wie in rechtlicher Hinsicht zur Geltung zu bringen, darin, dass sie selbst, soweit sie dies zulässigerweise tun können, bei dem für die Entscheidung zuständigen Gericht Klage erheben. Wenn der Gerichtshof das bei ihm anhängige Verfahren nicht aussetzt, liegt es im Interesse einer geordneten Rechtspflege, dass das für die Entscheidung über die Klage eines Mitgliedstaates zuständige Gericht in der Lage ist, die verschiedenen rechtlichen und tatsächlichen Klagegründe und Argumente zu berücksichtigen, die die natürlichen und juristischen Personen zur Begründung ihrer Klagen auf Nichtigerklärung desselben Rechtsaktes vorgebracht haben."[164] Vor diesem Hintergrund hat das EuG das bei ihm anhängige Verfahren nicht ausgesetzt, sondern sich nach Art. 54 Abs. 3 der EuGH-Satzung und Art. 80 EuGVfO aF für unzuständig erklärt. Der EuGH hat den Hinweis auf die Problematik verstanden und setzt seitdem die bei ihm anhängigen Verfahren in parallelen Rechtsstreitigkeiten von Privaten und Mitgliedstaaten nach Art. 54 EuGH-Satzung aus.[165]

86 Da diese Rechtspraxis inzwischen bekannt und akzeptiert wird, sind einige Mitgliedstaaten bereits dazu übergegangen, keine eigenständige Klage vor dem EuGH mehr zu erheben, sondern nur noch dem erstinstanzlichen Verfahren vor dem EuG bzw. Gericht als Streithelfer beizutreten (vgl. dazu iE → § 4 Rn. 18 ff.). Zum Verfahren der Aussetzung ist in die Verfahrensordnung des EuGH in ihrer alten Fassung ein neuer Art. 82a eingefügt worden (in der konsolidierten Neufassung Art. 55), dem in der Verfahrensordnung des EuG/Gerichts die Art. 69–71 entsprechen.[166]

---

[164] EuGH 23.2.1995 – T-488/93, ECLI:EU:T:1995:38 Rn. 12 f. – Hanseatische Industrie.
[165] Vgl. dazu Nemitz DÖV 2000, 437 (438 ff.) mwN zur Rspr. des EuGH.
[166] Siehe dazu Rabe EuZW 1991, 596 ff.

§ 4 Funktionen und funktionelle Zuständigkeit der europäischen Gerichte

Übersicht

	Rn.
A. Allgemeines	1
B. Aufgabe der Europäischen Gerichte	2
I. Auslegung des Rechts	7
II. Anwendung des Rechts	14
1. Unionsrecht	14
2. Völkerrecht	15
3. Nationales Recht der Mitgliedstaaten	16
C. Sachliche Zuständigkeit der Gerichte	18
D. Gerichtsbarkeiten im europäischen Rechtsschutzsystem	23
I. Verfassungsgerichtsbarkeit	24
II. Verwaltungsgerichtsbarkeit	27
III. Zivilgerichtsbarkeit	29
IV. Strafgerichtsbarkeit	31
V. Sonstige Funktionen	34

Schrifttum:

Adam, Die Kontrolldichte-Konzeption des EuGH und deutscher Gerichte, 1993; Baltes, Die demokratische Legitimation und die Unabhängigkeit des EuGH, 2011; Barents, The Court of Justice after the Treaty of Lisbon, CMLR 2010, 709 ff.; Bernhardt, Verfassungsprinzipien-Verfassungsgerichtsfunktionen-Verfassungsprozeßrecht im EWG-Vertrag, 1987; Beukelmann, Europäisierung des Strafrechts – Die neue strafrechtliche Ordnung nach dem Vertrag von Lissabon, NJW 2010, 2081; Bieber/Epiney/Haag/Kotzur, Die Europäische Union, 15. Aufl. 2023; Biernat/Łętowska, This Was Not Just Another Ultra Vires Judgment!, Verfassungsblog, 27.10.2021; Bogdandy, Grundprinzipien, in v. Bogdandy/Bast (Hrsg.), Europäisches Verfassungsrecht, 2. Aufl. 2009, S. 13 ff.; Borchardt, Der Grundsatz des Vertrauensschutzes im Europäischen Gemeinschaftsrecht, 1987; Brodowski, Strafrechtsrelevante Entwicklungen in der Europäischen Union – ein Überblick, ZIS 2021, 373; de Búrca/Weiler (Hrsg.), The European Court of Justice, 2001; Calliess, Konfrontation statt Kooperation zwischen BVerfG und EuGH? Zu den Folgen des Karlsruher PSPP-Urteils, NVwZ 2020, 897; Colneric, Der Gerichtshof der Europäischen Gemeinschaften als Kompetenzgericht, EuZW 2002, 709 ff.; v. Danwitz, Funktionsbedingungen der Rechtsprechung des Europäischen Gerichtshofs, EuR 2008, 769 ff.; v. Danwitz, Kooperation der Gerichtsbarkeiten in Europa, ZRP 2010, 143 ff.; Dänzer-Vanotti, Unzulässige Rechtsfortbildung des Europäischen Gerichtshofs, RIW 1992, 733 ff.; Di Fabio, Eine europäische Charta, JZ 2000, 737 ff.; Eichenhofer, Die Rolle des Europäischen Gerichtshofes bei der Entwicklung des Sozialrechts, SGb 1992, 573 ff.; Eickmeier, Eine europäische Charta der Grundrechte, DVBl 1999, 1026 ff.; Epiney, Zur Stellung des Völkerrechts in der EU, EuZW 1999, 5 ff.; Everling, Zur Funktion des Gerichtshofs der Europäischen Gemeinschaften als Verwaltungsgericht, in Bender/Breuer/Ossenbühl/Sendler (Hrsg.), Rechtsstaat zwischen Sozialgestaltung und Rechtsschutz, FS Redeker, 293 ff.; Everling, Die Stellung der Judikative im Verfassungssystem der Europäischen Gemeinschaft, ZfSR 1993, 346 f.; Everling, Justiz im Europa von morgen, DRiZ 1993, 5; Everling, Die Zukunft der europäischen Gerichtsbarkeit in einer erweiterten Europäischen Union, EuR 1997, 398 ff.; Everling, Richterliche Rechtsfortbildung in der Europäischen Gemeinschaft, JZ 2000, 217 ff.; Everling, Zur Gerichtsbarkeit der Europäischen Union, FS Hans-Werner Rengeling, 2008, 527 ff.; Everling, Rechtsschutz in der Europäischen Union nach dem Vertrag von Lissabon, EuR-Beiheft 1/2009, 71 ff.; Gellermann, Beeinflussung bundesdeutschen Rechts, 1994; Gilsdorf/Bardenhewer, Das EuGH-Urteil im Fall „Crispoltoni" und die Rückwirkungsproblematik, EuZW 1992, 267 ff.; Häberle/Kotzur, Europäische Verfassungslehre, 8. Aufl. 2016; Hallstein, Die echten Probleme der Integration, Kieler Vorträge, NS 37 (1965), 9; Hecker, Der Anwendungsvorrang des Unionsrechts im deutschen Strafrecht, in FS Gerhard Dannecker, 2023, 413; Henze/Jahn, Die Gemeinsame Außen- und Sicherheitspolitik der EU unter der Kontrolle des EuGH, EuZW 2017, 506; Heukels, Intertemporales Gemeinschaftsrecht, 1990; Hilf, Die Richtlinie der EG – ohne Richtung, ohne Linie?, EuR 1993, 1 ff.; Hilf/Wilms, Rechtsprechungsbericht, EuGRZ 1988, 58 f.; Hilf/Schorkopf, WTO und EG: Rechtskonflikte vor dem EuGH?, EuR 2000, 74; Hoffmeister, Die Bindung der Europäischen Gemeinschaft an das Völkergewohnheitsrecht der Verträge, EWS 1998, 365; Karper, Reformen des Europäischen Gerichts- und Rechtsschutzsystems, 2. Aufl. 2011; Kirschner, Das Gericht erster Instanz der Europäischen Gemeinschaften, 1995; Klein, Der Verfassungsstaat als Glied einer Europäischen Gemeinschaft, VVDStRL 50 (1991), 56 ff.; Klinke, Entwicklungen in der EU-Gerichtsbarkeit, EuR-Beiheft 1/2012, 61 ff.; Kotzur, Neuerungen auf dem Gebiet des Rechtsschutzes durch den Vertrag von Lissabon, EuR-Beiheft 1/2012, 7 ff.; Kotzur, Verfassung – Begriff und Bedeutung im Mehrebenensystem, in Kahl/Ludwigs (Hrsg.), Handbuch des Verwaltungsrechts, Bd. III, 2022, § 58; Kotzur, Völkerrechtliche Grundlagen der Europäischen Union, in Hatje/Müller-Graff (Hrsg.), EnzEUR, Bd. 1: Europäisches Organisations- und Verfassungsrecht, 2. Aufl. 2022, § 5; Last, Garantie wirksamen Rechtsschutzes gegen Maßnahmen der Europäischen Union, 2008; Lenaerts, Das Gericht erster Instanz der Europäischen Gemeinschaften, EuR 1990, 228 ff.; Lenz/Mölls, Arbeitsrecht vor dem Gerichtshof der Europäischen Gemeinschaften, DB-Beilage Heft 15/1990, 90; Lindner, EG-Grundrechtscharta und gemeinschaftsrechtlicher Kompetenzvorbehalt, DÖV 2000, 543 ff.; Lutter, Die Auslegung angeglichenen Rechts, JZ 1992, 593 (599 ff.); Martenzcuk, Die dritte Gewalt in der Europäischen Union, in Demel/Hausotter/Heybein (Hrsg.), Funktionen und Kontrolle der Gewalten, 2001, S. 242 ff.; Mayer, Europa als Rechtsgemeinschaft, in Schuppert/Pernice/Haltern (Hrsg.): Europawissenschaft, 2005, S. 429; Middeke, Nationaler Umweltschutz im Binnenmarkt, 1994; Middeke/Szczekalla, Änderungen im europäischen Rechtsschutzsystem, JZ 1993, 290 f.; Müller-Graff, Europäisches Gemeinschaftsrecht und Privatrecht, NJW 1993, 13 ff.; Müller-Graff/Kainer, Die justizielle Zusammenarbeit in Zivilsachen in der Europäischen Union, DRiZ 2000, 350 ff.; Müller-Huschke, Verbesserungen des Individualrechtsschutzes durch das neue Europäische Gericht erster Instanz, EuGRZ 1989, 213 ff.; Nemitz, 10 Jahre Gericht Erster Instanz der Europäischen Gemeinschaften, DÖV 2000, 437; Niedobitek, Kollisionen zwischen EG-Recht und nationalem Recht, VerwArch 2001, 58 ff.; Oppermann, Die Europäische Union von Lissabon, DVBl 2008, 473 ff.; Oppermann/Hiermaier, Das Rechtsschutzsystem des EWG-Vertrages, JuS 1980, 783; Ossenbühl, Der gemeinschaftsrechtliche Staatshaftungsanspruch, DVBl 1992, 993 ff.; Pache, Zur Sanktionskompetenz der Europäischen Wirtschaftsgemeinschaft, EuR 1993, 173 ff.; Pache, Die Kontrolldichte in der Rechtsprechung des Gerichtshofs der Europäischen Gemeinschaften, DVBl 1998, 380 ff.; Pescatore, Le recours, dans la jurisprudence de la Cour de justice des Communautés européennes, à des normes déduites de la comparaison des droits des États membres, RID comp. 1980, 337 ff.; Pernice, Die dritte Gewalt im europäischen Verfassungsverbund, EuR 1996, 27 ff.; Pernice, Das Verhältnis europäischer zu nationalen Gerichten im europäischen Verfassungsverbund, 2006; Pernice, Die Zukunft der Unionsgerichtsbarkeit. Zu den Bedingungen einer nachhaltigen Sicherung effektiven Rechtsschutzes im Europäischen Verfassungsverbund, EuR 2011, 151 ff.; Prieß, Die Verpflichtung der Europäischen Gemeinschaft zur Rechts- und Amtshilfe, EuR 1991, 342 ff.; Rabe, Das Gericht erster Instanz der Europäischen Gemeinschaften, NJW 1989, 3042; Rengeling, Das Beihilfenrecht der Europäischen Gemeinschaften, in Börner/Neundörfer (Hrsg.), Recht und Praxis der Beihilfen im Gemeinsamen Markt, 1984, S. 23 ff.; Rengeling, Grundrechtsschutz in der Europäischen Gemeinschaft, 1992; Rengeling, Deutsches und europäisches Verwaltungsrecht, VVDStRL 53 (1994), 202 ff.; Rengeling, Europäische Normgebung und ihre Umsetzung in nationales Recht, DVBl 1995, 945 ff.; Rengeling/Heinz, Die dänische Pfandflaschenregelung, JuS 1990, 616 ff.; Rodriguez Iglesias, Der EuGH als Verfassungsgericht, EuR 1992, 225 ff.; Rodriguez Iglesias, Gedanken zum Entstehen einer europäischen Rechtsordnung, NJW 1999, 1 ff.; Roth, Der EuGH und die Souveränität der Mitgliedstaaten: Eine kritische Analyse richterlicher Rechtsschöpfung auf ausgewählten Rechtsgebieten, 2008; Schiemann, The Functioning of the Court of Justice in an Enlarged Union, Essays in Honour of Sir Francis Jacobs, 2008, 3 ff.; Schilling, Bestand und allgemeine Lehren der bürgerschützenden allgemeinen Rechtsgrundsätze des Gemeinschaftsrechts, EuGRZ 2000, 3 ff.; Schlemmer-Schulte/Ukrow, Haftung des Staates gegenüber dem Marktbürger für gemeinschaftsrechtswidriges Verhalten, EuR 1992, 82 ff.; Schlette, Der Anspruch auf Rechtsschutz innerhalb angemessener Frist – Ein neues Prozessgrundrecht auf EG-Ebene, EuGRZ 1999, 369 ff.; Schneider, Die Rechtsfigur des Verfassungswandels im Europäischen Gemeinschaftsrecht, DVBl 1990, 282 ff.; Schneider/Burgard, Die zunehmende Bedeutung der Rechtsprechung des EuGH auf dem Gebiet des Privatrechts, EuZW 1993, 617 ff.; Scholz, Das Verhältnis von europäischem Gemeinschaftsrecht und nationalem Verwaltungsverfahrensrecht, DÖV 1998, 261 ff.; C. Schröder, Europäische Richtlinien und deutsches Strafrecht, 2002; M. Schröder, Neuerungen im Rechtsschutz der Europäischen Union durch den Vertrag von Lissabon, DÖV 2009, 61 ff.; Schwarze, Grundzüge und neuere Entwicklungen des Rechtsschutzes im Recht der Europäischen Gemeinschaft, NJW 1992, 1065 f.; Schwarze, Der Beitrag des Europarates zur Entwicklung von Rechtsschutz und Verfahrensgarantien im Verwaltungsrecht, EuGRZ 1993, 377 ff.; Schwarze in Schwarze (Hrsg.), Der Europäische Gerichtshof als Verfassungsgericht und Rechtsschutzinstanz, 1983, S. 11; Schwarze, The Role of the European Court of Justice, 2000, S. 11; Schwarze, Die Wahrung des Rechts als Aufgabe und Verantwortlichkeit des Europäischen Gerichtshofs, in Bohnert/Gramm/Kindhäuser/Lege/Rinken/Robbers (Hrsg.), FS für Alexander Hollerbach, Verfassung-Philosophie-Kirche, 2001; Schwarze/Bieber, Eine Verfassung für Europa, 1984, S. 24; Sevenster, Criminal Law and EC Law, CMLRev. 1992, 29 ff.; Skouris, Der Europäische Gerichtshof als Verfassungsgericht, in Kloepfer/Merten/Papier/Skouris, Die Bedeutung der Europäischen Gemeinschaften, Seminar zum 75. Geburtstag August Bettermanns, 1994, S. 67 ff.; Spannowsky, Schutz der Finanzinteressen der EG zur Steigerung des Mitteleinsatzes, JZ 1992, 1160 ff.; Stein, Richterrecht wie anderswo auch?, FS der Jur. Fakultät zur 600 Jahr-Feier der Ruprecht-Wals-Universität, 1986, S. 619 ff.; Steindorff, Sanktionen des staatlichen Privatrechts für Verstöße gegen EG-Recht, Jura 1992, 561 ff.; Stone Sweet, The Judicial Construction of Europe, 2004; Streinz, Anmerkung zu EuGH Rs. C-149/96 (Portugal/Rat), JuS 2000, 909; Streinz, Die Rolle des EuGH im Prozess der Europäischen Integration, AöR 135 (2010), 1 ff.; Szczekalla, Allgemeine Rechtsgrundsätze, in Rengeling (Hrsg.), Handbuch zum europäischen und deutschen Umweltrecht, 1998; Szczekalla, Anmerkung zu EuGH Rs. C-122/99P (D.: Schweden/Rat), DVBl 2001, 1203 ff.; Teske, Die Sanktion von Vertragsverstößen im Gemeinschaftsrecht, EuR 1992, 265 ff.; Thiele, Das Rechtsschutzsystem nach dem Vertrag von Lissabon, EuR 2010, 30 ff.; Thomas, Die Anwendung europäischen materiellen Rechts im Strafverfahren, NJW 1991, 2233 ff.; Tiedemann, Der Strafschutz der Finanzinteressen der Europäischen Gemeinschaft, NJW 1990, 2226 ff.; Tiedemann, Europäisches Gemeinschaftsrecht und Strafrecht, NJW 1993, 25 ff.; Tilmann, EG-Kodifikation des wirtschaftlichen Zivilrechts, ZRP 1992, 23 ff.; Ullerich, Rechtsstaat und Rechtsgemeinschaft im Europarecht, 2011; Ulmer, Vom deutschen zum europäischen Privatrecht, JZ 1992, 1 ff.; Ver Loren van Themaat, Der Gerichtshof der Europäischen Gemeinschaften, BayVBl. 1986, 481; Voßkuhle, Der Europäische Verfassungsgerichtsverbund, NVwZ 2010, 1 ff.; Walter, Rechtsfortbildung durch den EuGH, 2009; Wegener, Die Neuordnung der EU-Gerichtsbarkeit durch den Vertrag von Nizza, DVBl 2001, 1258 ff.; Wieland, Der EuGH im Spannungsverhältnis zwischen Rechtanwendung und Rechtsfortbildung, NJW 2009, 1841 ff.; Wiethoff, Das konzeptionelle Verhältnis von EuGH und EGMR, 2008; Zuleeg, Der Beitrag des Strafrechts zur europäischen Integration, JZ 1992, 761 ff.; Zuleeg, Die Europäische Gemeinschaft als Rechtsgemeinschaft, NJW 1994, 545 ff.; Zuleeg, Zum Verhältnis nationaler und europäischer Grundrechte, EuGRZ 2000, 511 ff.

A. Allgemeines

Im Rahmen des Rechtsschutzes fällt dem Europäischen Gerichtshof die konstitutionelle Rolle eines „Wahrers des Unionsrechts" zu. Er ist – wie vom Demokratieprinzip gefordert – ein jedenfalls mittelbar demokratisch legitimiertes, er ist – wie im Rechtsstaatsprinzip angelegt – ein unabhängiges Organ der EU.[1] Sein Aufgabenprofil kann nur als multidimensional beschrieben werden: Der EuGH soll höchstes unionales Fachgericht,[2] europäisches Verfassungsgericht[3] und die Unionsbürgerinnen und -bürger im wahrsten Sinne des Wortes „ansprechendes", ihnen Antwort gebendes (responsives)[4] europäisches „Bürgergericht" sein.[5] Seit dem Reformvertrag von Lissabon bestimmt Art. 19 Abs. 1 EUV, die Zentralnorm der unionalen Gerichtsverfassung: „Der Gerichtshof der Europäischen Union umfasst den Gerichtshof, das Gericht und die Fachgerichte. Er sichert die Wahrung des Rechts bei der Auslegung und Anwendung der Verträge". Auf diese Aufgabe wie auch auf die verschiedenen Funktionen des Gerichtshofs soll im Folgenden näher eingegangen werden.[6]

B. Aufgabe der Europäischen Gerichte

Nach der knappen Formel des Art. 19 Abs. 1 S. 2 EUV ist der Gerichtshof für die Auslegung und Anwendung des gesamten, dh sowohl des primären wie auch des sekundären Unionsrechts zuständig.[7] Durch Art. 19 EUV in der Fassung des Reformvertrages von Lissabon wird Art. 220 EGV-Nizza aufgehoben und in systematischem Zusammenhang mit den organisationsrechtlichen Grundlagenbestimmungen der „Unionsverfassung" von Art. 19 Abs. 1 EUV abgelöst.[8] Während den anderen Organen somit die politische Initiative der Rechtssetzung überlassen ist, obliegt dem Gerichtshof der **Rechtsschutzauftrag**. In subjektiv-rechtlicher Perspektive wird dieser Rechtsschutzauftrag durch Art. 47 GRCh unterfüttert.[9] Als „Hüter der Verfassung" ist der EuGH auch für die mitgliedstaatliche Einhaltung des Unionsrechts im Rahmen der Rechtsgemeinschaft, insbesondere der Rechtsstaatlichkeit (Art. 2 EUV), zuständig.[10] Die Herausforderungen, die mit dieser Rolle einhergehen, zeigen sich derzeit bei Vertragsverletzungsverfahren gegen Ungarn und

---

[1] Kotzur in Leible/Terhechte, EnzEUR III § 5 Rn. 3 ff.; Baltes, Die demokratische Legitimation und die Unabhängigkeit des EuGH, 2011.
[2] Weiß in Weiß, Rechtsschutz als Element der Rechtsstaatlichkeit, 2011, S. 9 ff., 42 f.
[3] Iglesias, Der Gerichtshof der Europäischen Gemeinschaften als Verfassungsgericht, 1992.
[4] Dixon, Responsive Judicial Review: Democracy and Dysfunction in the Modern Age, 2023.
[5] So schon Häberle, Europäische Rechtskultur, 1994, S. 157; Kotzur EuR-Beiheft 1/2012, 7 ff. (9).
[6] Dazu auch Schwarze FS Hollerbach, 2001, 177 ff.
[7] Vgl. dazu Schwarze FS Hollerbach, 2001, 172 ff.; zu den Aufgaben iE Wegener in Calliess/Ruffert EUV Art. 19 Rn. 4 ff.; Huber in Streinz EUV Art. 19 Rn. 12 ff.; Mayer in Grabitz/Hilf/Nettesheim EUV Art. 19 Rn. 2 ff.
[8] Überzeugend spricht Mayer in Grabitz/Hilf/Nettesheim EUV Art. 19 Rn. 18 ff. von einer „Garantie der Verfasstheit der Union"; sa Jacobs in Essays for O'Higgins, 1992, 25 ff.
[9] Huber in Streinz EUV Art. 19 Rn. 18; Last, Garantie wirksamen Rechtsschutzes gegen Maßnahmen der Europäischen Union, 2008, S. 52 ff., 123 ff.
[10] EuGH 24.6.2019 – 619/18, ECLI:EU:C:2019:531 = NVwZ 2019, 1109 Rn. 47: „In diesem Kontext überträgt Art. 19 EUV, mit dem der in Art. 2 EUV proklamierte Wert der Rechtsstaatlichkeit konkretisiert wird, den nationalen Gerichten und dem Gerichtshof die Aufgabe, die volle Anwendung des Unionsrechts in allen Mitgliedstaaten und den gerichtlichen Schutz, die den Einzelnen aus diesem Recht erwachsen, zu gewährleisten."

Polen, die die Grundsätze der Rechtsstaatlichkeit in Frage stellen.[11] Prozessual abgesichert wird dies mit dem Vertragsverletzungsverfahren aus Art. 258 AEUV. Im interinstitutionellen Bereich entscheidet der Gerichtshof im Rahmen von Nichtigkeitsklagen (Art. 263 AEUV) über Streitigkeiten zwischen den Unionsorganen. Der Rechtsschutzauftrag umfasst aber nicht nur die Überprüfung des Unionsrechts im engeren Sinn, dh in seiner gleichmäßigen Anwendung, sondern auch die Überwachung der Einhaltung der kompetenziellen Grenzen der Union, ihrer Organe und der Mitgliedstaaten.[12] Gleichwohl begründet Art. 19 Abs. 1 EUV keine allumfassende Zuständigkeit für die Wahrung des Rechts und den Rechtsschutz. Das *Prinzip der begrenzten Einzelermächtigung* gilt auch für den Rechtsschutz: Der Europäische Gerichtshof wird gem. Art. 5 Abs. 2 EUV nur nach Maßgabe der in den Verträgen enumerativ aufgeführten Einzelzuständigkeiten tätig.[13] Eine umfassende Generalklausel, wie sie etwa § 40 Abs. 1 VwGO für verwaltungsgerichtliche Streitigkeiten in Deutschland vorsieht, ist den Unionsverträgen schon aus kompetenziell-rechtlichen Gründen fremd.[14] Allerdings besteht in der Union ein System möglichst umfassenden Rechtsschutzes.[15] Die Zuständigkeit für den Gerichtshof ergibt sich zum einen aus den Verträgen selbst, über deren Auslegung indes der EuGH entscheidet, zum anderen aus der Abgrenzung zu den Zuständigkeiten der mitgliedstaatlichen Gerichtsbarkeiten.[16]

3 Erhebliche Bedeutung kommt der Regelung des Art. 19 Abs. 1 UAbs. 2 EUV zu. Danach schaffen die Mitgliedstaaten die erforderlichen Rechtsbehelfe, damit ein wirksamer Rechtsschutz in den vom Unionsrecht erfassten Bereichen gewährleistet ist.[17] Ihr Rechtsschutzsystem ist also so auszugestalten, dass alle Normen und Einzelakte der Mitgliedstaaten respektive der ihnen zugeordneten Rechtsträger effektiv auf ihre Vereinbarkeit mit dem Unionsrecht hin überprüft werden können.[18] Das gilt für den Primär- wie den Sekundärrechtsschutz. Der EuGH selbst hat die staatlichen Amtshaftungsverfahren so „ausgebaut", dass mit ihnen Schadensersatzansprüche wegen Europarechtsverletzung durch alle drei staatliche Gewalten (Haftung für exekutives, legislatives und sogar judikatives Unrecht) verfolgt werden können.[19] Damit wirkt die Bestimmung im Sinne einer umfassenden Garantie wirksamen Rechtsschutzes durch mitgliedstaatliche Gerichte in allen Unionsangelegenheiten. Im europäischen Verfassungsverbund ist sie sowohl parallel als auch komplementär zu Rechtsschutzgarantien wie Art. 19 Abs. 4 GG, Art. 6 EMRK und Art. 47 GRCh zu lesen.[20] Die nationalen Gerichte qualifizieren so als **„funktionale Unionsgerichte"**.[21]

4 Getragen wird Art. 19 Abs. 1 S. 2 EUV von dem Grundgedanken, dass der Gerichtshof „Recht spricht", seine Auslegung und Anwendung der Verträge also im Geist der allgemeinen Vorstellungen vorzunehmen hat, welche die Völker der Mitgliedstaaten und die

---

[11] EuGH C-448/23 – Kommission/Polen; EuGH 16.2.2022 – C-156/21, ECLI:EU:C:2022:97 = EuZW 2022, 467 – Ungarn/Parlament und Rat; Pehle GWP 2019 29.
[12] Härtel, Handbuch Europäische Rechtsetzung, 2006, S. 75 mwN zum EuGH als Kompetenzgericht.
[13] Streinz in Streinz EUV Art. 5 Rn. 4 ff.; Langguth in Lenz/Borchardt EUV Art. 5 Rn. 10 ff.
[14] Vgl. aber Prieß EuR 1991, 342 (354).
[15] Mayer in Grabitz/Hilf/Nettesheim EUV Art. 19 Rn. 1 bringt diesen Auftrag treffend auf den Punkt: „Über seinen mit dem Vertrag von Nizza und mit dem Vertrag von Lissabon (…) immer stärker konkretisierten *organisationsrechtlichen Gehalt* hinaus ist er zum anderen der Schlüssel der *materiellrechtlichen Bindung* des Unionshandelns an Rechtsstaatlichkeit und Grundrechte, kurz, an die Rechtlichkeit im Sinne der abendländischen Verfassungstraditionen. Art. 19 EUV ist die Basis der Qualifizierung der Union als Rechtsgemeinschaft."
[16] Wofür wiederum die Verbundidee nutzbar gemacht werden kann, dazu Voßkuhle NVwZ 2010, 1 ff.
[17] Mayer in Grabitz/Hilf/Nettesheim EUV Art. 19 Rn. 23.
[18] Geiger/Kotzur in Geiger/Khan/Kotzur/Kirchmair EUV Art. 19 Rn. 3.
[19] Geiger/Kotzur in Geiger/Khan/Kotzur/Kirchmair EUV Art. 19 Rn. 3; Berg in Schwarze/Hatje/Becker/Schoo AEUV Art. 340 Rn 77 ff.; Böhm in Schulze/Janssen/Kadelbach HdB-EuropaR § 12 Rn. 83 ff.
[20] Streinz/Ohler/Herrmann Vertrag Lissabon S. 72. S. zudem Jacob/Kottmann in Grabitz/Hilf/Nettesheim AEUV Art. 340 Rn. 13 ff. Zum Verhältnis Böhm in Schulze/Janssen/Kadelbach HdB-EuropaR § 12 Rn. 130 ff.
[21] Huber in Streinz EUV Art. 19 Rn. 49 ff.

demokratische und zivilisierte Völkergesamtheit mit dem Begriff und dem Wert des Rechts verbinden.[22] Die von den Mitgliedstaaten auf die Union übertragene Hoheitsgewalt umfasst auch die Jurisdiktionsgewalt des Gerichtshofes – für eine Rechtsgemeinschaft letztlich eine konstitutive, ihrer Funktionslogik geschuldete Selbstverständlichkeit. Entscheidungen des EuGH sind demnach für die Mitgliedstaaten verbindlich, selbst wenn es sich um ein Fehlurteil handeln sollte.[23] Das Bundesverfassungsgericht vertritt freilich im viel diskutierten PSPP-Urteil die Gegenauffassung, ein kompetenzwidriges EuGH-Urteil könne zum nicht mehr bindenden „ausbrechenden Akt" werden.[24] Auch andere Gerichte, wie bereits zuvor das Verfassungsgericht der Tschechischen Republik,[25] aber auch der polnische Verfassungsgerichtshof[26] haben Urteile als *ultra vires* klassifiziert. Generell bleibt im Falle fragwürdiger EuGH-Entscheidungen – von wissenschaftlicher Kritik abgesehen – nur die Möglichkeit, im Wege der Vertragsänderung den Willen des Normgebers zu verdeutlichen[27] oder den EuGH durch neue Klagen bzw. Vorlagen zu einer Änderung seiner Rechtsprechung zu veranlassen.[28] Der Ultra-Vires-Ansatz nach Karlsruher Modell weist in eine falsche Richtung. Dem EuGH aufgrund einer (vermeintlichen) Verkennung des Verhältnismäßigkeitsgrundsatzes eine Kompetenzüberschreitung vorzuwerfen (eine Fehlurteil wäre keineswegs notwendig kompetenzwidrig), ist selbst eine Kompetenzanmaßung.[29] Noch mehr beunruhigt die Entscheidung des polnischen Verfassungsgerichtshofes vom 7.10.2021 (K 3/21), in welcher schlicht behauptet wurde, das polnische Verfassungsrecht stehe generell über dem Unionsrecht. Durchsichtiges Ziel dieses Judikats war, die polnische Justizreform, die in Teilen die richterliche Unabhängigkeit relativiert, gegen Vorgaben europäischer Rechtsstaatlichkeit abzuschirmen.[30] Nationale Verfassungsgerichte sollten ebenso wie der EuGH ihr Kooperationsverhältnis sehr ernst nehmen und das wechselseitige Rechtsgespräch im Verfassungsgerichtsverbund suchen. Folgen mitgliedstaatliche Gerichte den Entscheidungen des EuGH nicht mehr, so stellt das nicht nur den Vorrang des Unionsrechts, sondern

---

[22] Zur Unabhängigkeit der Rspr. als Wesensmerkmal der europäischen Rechtskultur Häberle, Europäische Rechtskultur, 1994 (TB 1997), 24 f.; grdl. zur damaligen Europäischen Gemeinschaft als Rechtsgemeinschaft Hallstein, Die Europäische Gemeinschaft, S. 53 et passim; Mayer in Grabitz/Hilf/Nettesheim EUV Art. 19 Rn. 23 „Der Begriff „Recht" in Art. 19 EUV ist im umfassenden Sinne zu verstehen. Er kann nicht ausschließlich auf das Unionsrecht bezogen werden. Vielmehr ist er *Inbegriff der Gerechtigkeitsidee* der abendländischen Verfassungskultur, die in den Unionsverträgen wie in den staatlichen Verfassungen einen jeweils spezifischen Ausdruck gefunden hat" (Hervorhebung im Original).
[23] Klein VVDStRL 50 (1991), 66.
[24] So formuliert der zweite Senat im zweiten Leitsatz des PSPP-Urteils BVerfG 5.5.2020 – 2 BvR 859/15, BVerfGE 154, 17 (152) = NJW 2020, 1647: „Der mit der Funktionszuweisung der Art. 19 Abs. 1 Satz 2 EUV verbundene Rechtsprechungsauftrag des Gerichtshofs der Europäischen Union endet dort, wo eine Auslegung der Verträge nicht mehr nachvollziehbar und daher objektiv willkürlich ist. Überschreitet der Gerichtshof diese Grenze, ist sein Handeln vom Mandat des Art. 19 Abs. 1 Satz 2 EUV in Verbindung mit dem Zustimmungsgesetz nicht mehr gedeckt, so dass jedenfalls für Deutschland das gemäß Art. 23 Abs. 1 Satz 2 in Verbindung mit Art. 20 Abs. 1 und Abs. 2 und Art. 79 Abs. 3 GG erforderliche Mindestmaß an demokratischer Legitimation fehlt." Zur Kritik am Urteil s. nur Calliess NVwZ 2020, 897. Die *ultra-vires*-Kontrolle wurde bereits angedeutet in BVerfG 12.10.1993 – 2 BvR 2134/92, 2 BvR 2159/92, BVerfGE 89, 155 (188) = NJW 1993, 3047.
[25] Dazu Faix EuGRZ 2012, 597 ff.
[26] Polnischer Verfassungsgerichtshof K 2/21, 7.10.2021. S. hierzu insb. Biernat/Łętowska, Verfassungsblog, 27.10.2021.
[27] Vgl. hierzu Iglesias EuR 1992, 225 (244 f.), unter Hinweis auf Klarstellungen in Protokollen zum Unionsvertrag; ferner Middeke/Szczekalla JZ 1993, 290 f.
[28] Klein VVDStRL 50 (1991), 67.
[29] Das Gericht argumentiert, die EZB habe *ultra vires* gehandelt, desgleichen der EuGH, dessen unterkomplexe Verhältnismäßigkeitsprüfung „schlechterdings nicht mehr nachvollziehbar" und „objektiv willkürlich" sei. Deshalb sei das auf die Vorlagefrage aus Karlsruhe ergangene EuGH-Urteil ebenfalls „ultra vires" und somit für die Bundesrepublik nicht verbindlich. Dazu Kämmerer, Ein problematisches Urteil, 6.6.2020 abrufbar unter: www.faz.net/einspruch/bverfg-zum-anleihenkauf-ein-problematisches-urteil-16804066.html (zuletzt besucht am 23.8.2023); zugespitzt Mayer, Verfassungsblog, 7.5.2020; weiterhin Ogorek JA 2020, 795; Haltern NVwZ 2020, 817.
[30] Dazu ein Beitrag von ehemaligen Richtern des polnischen Verfassungsgerichtshofes auf dem Verfassungsblog vom 10.10.2021.

die europäische Rechtsgemeinschaft als solche in Frage. Es ist von daher mehr denn je die gemeinsame Aufgabe von Union und Mitgliedstaaten, den Rechtsstaat als Grundlage ihrer rechtsbegründeten Gemeinschaft mit allen Mitteln des Rechts zu verteidigen.

5 Während der Gerichtshof nach dem **Vertrag von Maastricht** für das Unionsrecht der zweiten Säule (GASP) und der dritten Säule (Justiz und Inneres) von den Mitgliedstaaten – ganz im Sinne strikter Intergouvernementalität und nur politisch gedachter Kooperation – zunächst keine Jurisdiktionsgewalt eingeräumt bekommen hatte, stellte schon der **Vertrag von Amsterdam** die Weichen ein Stück weit anders. Danach entschied im Bereich der Regelungen über die polizeiliche und justizielle Zusammenarbeit in Strafsachen der EuGH nach Art. 35 EUV-Nizza unter bestimmten Voraussetzungen über die Gültigkeit und die Auslegung der Rahmenbeschlüsse und Beschlüsse im Wege der Vorabentscheidung. Eine weitere Zuständigkeit des EuGH sah Art. 46 EUV-Nizza für spezifische Teilfelder der justiziellen Zusammenarbeit vor.

6 Mit dem **Vertrag von Lissabon** wurden die Aufgaben des EuGH umfassend auf den Bereich der Freiheit, der Sicherheit und des Rechts erstreckt – eine Folge der Verschmelzung der einstigen Säulen.[31] Demgegenüber bleibt die Gemeinsame Außen- und Sicherheitspolitik der inhaltlichen Kontrolle durch den Gerichtshof gem. Art. 24 Abs. 1 UAbs. 2 S. 6 EUV und Art. 275 Abs. 1 AEUV weitgehend entzogen;[32] Ausnahmen gelten – das war allerdings auch vor der Lissabonner Vertragsreform nicht anders – für die in Art. 275 Abs. 2 AEUV genannten Fälle[33], seit geraumer Zeit auch für Ratsbeschlüsse mit individuellen restriktiven Maßnahmen im Rahmen des Vorabentscheidungsverfahrens.[34]

I. Auslegung des Rechts

7 „Recht" iSv Art. 19 Abs. 1 S. 2 EUV umfasst alle verbindlichen geschriebenen und ungeschriebenen Normen des Unionsrechts. Dies sind neben dem Primär- und Sekundärrecht auch die allgemeinen Rechtsgrundsätze und das Gewohnheitsrecht.[35] „**Auslegung**" versteht sich dabei als Interpretation einer unionsrechtlichen Norm im Sinne der abstrakten Ermittlung des Norminhaltes unter Zugrundelegung der allgemeinen Methodenlehre.[36] Allerdings erfordern die Spezifika des Unionsrechts (seine Begründung durch völkerrechtlichen Vertragsschluss, sein supranationaler Charakter, seine zunehmende konstitutionelle Qualität) besondere Akzentuierungen, die der EuGH pionierhaft (und der Spannungen zwischen mutigem *judicial activism* und notwendigem *judicial restraint* durchaus bewusst) vorgenommen hat.[37] Bei der Entstehung des Unionsrechts hatten die Gründerstaaten primär wirtschaftspolitische Zielvorstellungen vor Augen. Im Zuge der wachsenden europäischen Integration erwiesen sich die Vertragsgrundlagen aber zunehmend als lückenhaft wie auch für den Prozess konstitutioneller Verdichtung nicht hinreichend durchdacht. Es ist vornehmlich dem EuGH zu verdanken, dass sich die EU immer weiter zu einer normativ sehr viel engmaschigeren, bis hin zu den Strukturprinzipen demokratischer Herrschaftsorganisation ausgreifenden und grundrechtlich radizierten **Rechtsgemeinschaft** entwickeln konnte. Der Gerichtshof hat das materielle Unionsrecht schrittweise richterrechtlich ausgeformt und die Verfahren zu einer gerichtsförmigen Durchsetzung konsequent präzisiert.[38] Seine Rechtsprechung war so integrationsfördernd,

---

[31] Streinz/Ohler/Herrmann Vertrag Lissabon S. 71; Barents CMLRev. 47 (2010), 709 ff. (717 ff.).
[32] Cremer in Calliess/Ruffert AEUV Art. 275 Rn. 1 ff.; Vranes EuR 2009, 44 ff.
[33] Vgl. auch Schröder DÖV 2009, 61 (64).
[34] EuGH 28.3.2017 – C-72/15, ECLI:EU:C:2017:236 = NVwZ 2018, 50. S. hierzu Henze/Jahn EuZW 2017, 506.
[35] Dazu Wegener in Calliess/Ruffert EUV Art. 19 Rn. 25; vgl. iE Schwarze FS Hollerbach, 2001, 172 f.; Rengeling DVBl 1995, 945 ff.
[36] Zu den Methoden der Rechtsfindung durch den EuGH Huber in Streinz EUV Art. 19 Rn. 12 f.; weiterhin Bieber/Epiney/Haag/Kotzur EU § 9 Rn. 11.
[37] Bieber/Epiney/Haag/Kotzur EU § 9 Rn. 11. mit Verweis auf EuGH 20.1.2021 – C-420/19, ECLI:EU:C:2021:33, Rn. 27 ff. – Tolliamet.
[38] Everling FS Redeker, 1993, 301; Zuleeg NJW 1994, 545 ff.; Streinz EuropaR Rn. 628 ff.

dass Kritiker Sorge haben, ob der EuGH einer (potentiellen) Kompetenzusurpation der EU je einen effektiven Riegel vorschieben würde. Sie wollen den unionalen Kontrolleur im „Ultra-Vires"-Fall gern unter der Kontrolle mitgliedstaatlicher Gerichte wissen. Aber keiner dürfte die maßgebliche Rolle Luxemburgs als „Motor der Integration" in Zweifel ziehen[39] – heute lässt sich sogar von einem „Motor der Konstitutionalisierung" sprechen.[40] Zu erinnern sei hier bloß an die Entwicklung eigener Unionsgrundrechte in Gestalt allgemeiner Rechtsgrundsätze,[41] ferner an die Rücknahme rechtswidriger begünstigender Verwaltungsakte[42] sowie die Anerkennung eines unmittelbaren (Anwendungs-)Vorrangs des Unionsrechts gegenüber dem nationalen Recht und seiner unmittelbaren Wirkung bei nicht fristgerechter oder nicht ordnungsgemäßer Umsetzung von Richtlinien.[43]

Für die dynamische Weiterentwicklung des Unionsrechts bedient sich der EuGH, wie bereits angeklungen, der aus dem innerstaatlichen Recht geläufigen **Auslegungsmethoden** mit den unionsrechtlich bedingten Modifikationen.[44] Da eine sprachvergleichende *Wortlautauslegung* bei 23 verschiedenen Amtssprachen (s. Art. 55 EUV) an ihre (nicht nur semantischen) Grenzen stößt[45] und auch die *historische Auslegung* aufgrund der kompromisshaften Einigungen im Rat eine eindeutige Genese oft weder erkennen lässt noch auf transparent offengelegte Regelungsmotive vertrauen kann,[46] kommt insbes. der *systematisch-teleologischen Methode*[47] und der speziellen Methode der *rechtsvergleichenden Sinnermittlung*[48] sowie dem Grundsatz der praktischen Wirksamkeit *(effet utile)*[49] eine maßgebliche Bedeutung zu. In der Rechtsprechung finden sich Beispiele aller Auslegungsmethoden, wobei sich in der Regel mehrere Auslegungsgesichtspunkte ergänzen.[50] Kommt für die Auslegung einer unionsrechtlichen Bestimmung mehr als eine Methode in Betracht, ist die mit dem Unionsrecht vereinbare einer unvereinbaren/schwer vereinbaren vorzuzie-

8

---

[39] Der Ausdruck geht zurück auf Hallstein NS 37 (1965), 9; übernommen von Oppermann/Hiermaier JuS 1980, 783; Schweitzer/Hummer/Obwexer EuropaR S. 104; Stein FS Jur. Fakultät Heidelberg, 1986, 619 ff.; krit. im Verhältnis zu den Kompetenzen der Mitgliedstaaten Klein VVDStRL 50 (1991), 72 mwN.

[40] Giegerich, Europäische Verfassung und deutsche Verfassung im transnationalen Konstitutionalisierungsprozess, 2003, S. 1052.

[41] EuGH 12.11.1969 – 29/69, Slg. 1969, 419 Rn. 7 = NJW 1970, 1016 – Stauder; EuGH 17.12.1970 – 11/70, Slg. 1970, 1125 Rn. 4 = NJW 1971, 343 – Internationale Handelsgesellschaft; EuGH 14.5.1974 – 4/73, Slg. 1974, 491 Rn. 13 = NJW 1975, 518 – Nold; EuGH 28.10.1975 – 36/75, Slg. 1975, 1219 Rn. 32 = NJW 1976, 467 – Rutili; EuGH 13.12.1979 – 44/79, Slg. 1979, 3727 Rn. 15 = NJW 1980, 505 – Hauer; EuGH 16.6.1980 – 136/79, Slg. 1980, 2033 Rn. 20 = NJW 1980, 513 – National Panasonic; EuGH 17.1.1984 – verb. Rs. 43/82, 63/82, Slg. 1984, 19 Rn. 33 f. = NJW 1985, 546 – VBVB und VBBB; EuGH 10.7.1984 – 63/83, Slg. 1984, 2689 Rn. 22 – Regina; s. iE Szczekalla in Rengeling EU-Grundrechte § 1 Rn. 2 ff.

[42] EuGH 1.6.1961 – 15/60, Slg. 1961, 239 (259) = NJW 1962, 839 – Simon; EuGH 24.6.1976 – 56/75, Slg. 1976, 1097 Rn. 14, 17 – Elz.

[43] Siehe nur EuGH 5.4.1979 – 148/78, Slg. 1979, 1629 Rn. 23 = NJW 1979, 1764 – Ratti; EuGH 22.2.1984 – 70/83, Slg. 1984, 1075 Rn. 14 = BeckRS 2004, 73577 – Kloppenburg; EuGH 26.2.1986 – 152/84, Slg. 1986, 723 Rn. 46 = NJW 1986, 2178 – Marshall; EuGH 12.7.1990 – C-188/89, Slg. 1990, I-3313 Rn. 16 = NJW 1991, 3086 – Foster; EuGH 4.12.1997 – verb. Rs. C-253/96 ua, Slg. 1997, I-6907 Rn. 37 = NZA 1998, 137 – Kampelmann; vgl. dazu Gellermann, Beeinflussung bundesdeutschen Rechts, 1994, S. 125 ff.; Niedobitek VerwArch 2001, 66 ff.

[44] Bieber/Epiney/Haag/Kotzur EU § 9 Rn. 14 ff.; Mayer in Grabitz/Hilf/Nettesheim EUV Art. 19 Rn. 53 ff. mit zahlreichen weiteren Nachweisen.

[45] Mayer in Grabitz/Hilf/Nettesheim EUV Art. 19 Rn. 53.

[46] Vgl. dazu Lutter JZ 1992, 593 (599 ff.).

[47] Baur JA 1992, 67.

[48] Häberle JZ 1989, 913 ff. (916 ff.); Schwarze FS Hollerbach, 2001, 175 (178); vgl. zum Ganzen auch Pieper/Schollmeier, Europarecht, 2000, S. 40 ff.; Iglesias NJW 1999, 6 ff.

[49] EuGH 6.10.1970 – 9/70, Slg. 1970, 825 Rn. 5 = NJW 1970, 2182 (Leberpfennig) – Grad/FA Traunstein.

[50] EuGH 24.10.1996 – C-72/95, Slg. 1996, I-5403 Rn. 28 = NVwZ 1997, 462 – Kraijeveld; EuGH 7.7.1981 – 158/80, Slg. 1981, 1805 = NJW 1981, 1886 – Rewe; EuGH 19.3.1991 – C-202/88, Slg. 1991, I-1223 Rn. 40 f. *(Endgeräte)* – Frankreich/Kommission; EuGH 20.9.1988 – 190/87, Slg. 1988, 4689 Rn. 5 f. = DVBl 1989, 34 = BeckRS 2004, 72137 – Borken/Moormann.

hen.⁵¹ Zur Annahme ungeschriebener, aber in ausdrücklichen Kompetenzen angelegter Zuständigkeiten bedient sich der EuGH der „implied-powers-Doktrin".⁵² Sie ist strikt von der subsidiären Kompetenzergänzungsklausel aus Art. 352 Abs. 1 AEUV abzugrenzen, die den Gerichtshof nicht ermächtigt und nur dann greift, wenn es an den erforderlichen Befugnissen vollständig fehlt.⁵³ Zur Lückenfüllung und Auslegungshilfe kann der EuGH aber auf allgemeine Rechtsgrundsätze rekurrieren, die allen Mitgliedstaaten gemeinsam sind und deren gemeinsamen Verfassungstraditionen entsprechen.⁵⁴ Für die Ermittlung dieser Rechtsgrundsätze nutzt der Gerichtshof die Methode des sog. „wertenden Rechtsvergleichs".⁵⁵ Dabei begnügt sich der Gerichts nicht mit der Ermittlung des kleinsten gemeinsamen Nenners, maßt sich aber auch nicht an, Maximalstandards zu formulieren, sondern sucht nach Einzelfalllösungen, die den Werten, Zielen und Interessen der Unionsrechtsordnung am besten entsprechen.⁵⁶

9   Besondere Bedeutung haben in der Rechtsprechung des EuGH dabei Rechtsgrundsätze erlangt, die sich weniger auf einzelne Rechtsgebiete beziehen, sondern vielmehr die Struktur der Rechtsordnung als solche betreffen.⁵⁷ Ein wichtiges Ziel richterlicher Rechtsfortbildung war es vor allem, verschiedene **rechtsstaatliche Grundsätze** auf die Unionsebene zu übernehmen und im Unionsrecht zu verankern, noch bevor Art. 2 EUV dazu einen positivrechtlichen Ansatz bot.⁵⁸ Hierzu zählen etwa der Grundsatz des Vertrauensschutzes⁵⁹ in der Ausprägung des Rückwirkungsverbots⁶⁰ sowie der Grundsatz der Verhältnismäßigkeit⁶¹ und das Prinzip „nulla poena sine lege".⁶² Ferner gehören hierzu der Grundsatz der Gesetzmäßigkeit der Verwaltung,⁶³ das Bestimmtheitsgebot⁶⁴ und der allgemeine

---

⁵¹ EuGH 18.12.1997 – verb. Rs. C-286/94 ua, Slg. 1997, I-7281 Rn. 64 = BeckRS 2004, 76005 – Molenheide.
⁵² EuGH 31.3.1971 – 22/70, Slg. 1971, 263 Rn. 23, 29 = DVBl 1972, 264 – AETR.
⁵³ Khan in Geiger/Khan/Kotzur/Kirchmair AEUV Art. 352 AEUV, Rn. 13.
⁵⁴ Hilf/Wilms EuGRZ 1988, 58 f.; EuGRZ 1988, 401 ff.; EuGRZ 1989, 195 ff.; zahlreiche weitere Nachweise aus der Rspr. bei Mayer in Grabitz/Hilf/Nettesheim EUV Art. 19 Rn. 59.
⁵⁵ v. Bogdandy in v. Bogdandy/Bast, Europäisches Verfassungsrecht, 2. Auflage 2009, S. 13 ff.
⁵⁶ Pescatore RID comp. 1980, 337 ff.
⁵⁷ Vgl. Iglesias NJW 1999, 1 (2 ff.); zu einer „Wissenschaft unionaler Grundprinzipien" v. Bogdandy in v. Bogdandy/Bast, Europäisches Verfassungsrecht, 2. Aufl. 2009, S. 13 ff., 15 ff.
⁵⁸ Zur frühen Rechtsprechung des EuGH zur Rechtsstaatlichkeit Schmahl in Schulze/Janssen/Kadelbach § 6 Rn. 2 ff. mwN sowie Szczekalla in Rengeling, Handbuch zum europäischen und deutschen Umweltrecht, 2003, § 11; Szczekalla in Rengeling EU-Grundrechte § 1 Rn. 30. Zur Rechtsfortbildung im Allgemeinen Borchard in Schulze/Janssen/Kadelbach § 15 Rn. 57 ff.
⁵⁹ EuGH 20.9.1990 – C-5/89, Slg. 1990, I-3437 Rn. 16 = NVwZ 1990, 1161 – Kommission/Deutschland; EuGH 19.5.1992 – verb. Rs. C-104/89, C-37/90, Slg. 1992, I-3061 Rn. 15 = NVwZ 1992, 1077 – Mulder; EuGH 10.1.1992 – C-177/90, Slg. 1992, I-35 Rn. 13 = EuZW 1992, 155 f. = NJW 1993, 316 – Kühn; Borchardt, Der Grundsatz des Vertrauensschutzes im Europäischen Gemeinschaftsrecht, 1987, S. 4 ff.
⁶⁰ ZB EuGH 25.1.1979 – 98/78, Slg. 1979, 69 Rn. 20 = NJW 1979, 1771 – Racke; EuGH 25.1.1979 – 99/79, Slg. 1979, 101 Rn. 8 = BeckRS 2004, 73997 – Decker; EuGH 12.11.1981 – verb. Rs. 212–217/80, Slg. 1981, 2735 Rn. 12 = BeckRS 2004, 72321 – Amministrazione delle finanze dello Stato; EuGH 13.11.1990 – C-331/88, Slg. 1990, I-4023 Rn. 42 = BeckRS 2004, 70848 – Fedesa ua; EuGH 11.7.1991 – C-368/89, Slg. 1991, I-3695 Rn. 17 = BeckRS 2004, 76790 – Crispoltoni; EuGH 19.5.1992 – verb. Rs. C-104/89, C-37/90, Slg. 1992, I-3061 Rn. 15 = NVwZ 1992, 1077 (1078) – Mulder; vgl. hierzu *Heukels*, Intertemporales Gemeinschaftsrecht, 1990, S. 50 ff.; Gilsdorf/Bardenhewer EuZW 1992, 267 ff.
⁶¹ ZB EuGH 19.3.1964 – 18/63, Slg. 1964, 175 (204) = BeckRS 2004, 72031 – Schmitz; EuGH 5.7.1977 – 114/76, Slg. 1977, 1211 Rn. 5 = NJW 1977, 1581 – Bela-Mühle; EuGH 19.6.1980 – verb. Rs. 41/79, 796/79, Slg. 1980, 1979 Rn. 21 – Testa; EuGH 16.10.1991 – C-26/90, Slg. 1991, I-4961 Rn. 13 = BeckRS 2004, 75770 – Wünsche; vgl. auch Rengeling/Heinz JuS 1990, 616 ff.; Middeke, Nationaler Umweltschutz im Binnenmarkt, 1994, S. 183 ff.
⁶² EuGH 10.7.1984 – 63/83, Slg. 1984, 2689 Rn. 22 – Regina; EuGH 25.9.1984 – 117/83, Slg. 1984, 3291 Rn. 11 = BeckRS 2004, 71319 – Koenecke; EuGH 12.12.1990 – C-172/89, Slg. 1990, I-4677 Rn. 9 = BeckRS 2004, 74665 – Vandemoortele.
⁶³ EuGH 21.5.1987 – verb. Rs. 133–136/85, Slg. 1987, 2342 Rn. 29 = GRUR-Int 1987, 583 – Rau.; siehe auch L. Hering, Fehlerfolgen im europäischen Eigenverwaltungsrecht, 2019.
⁶⁴ EuGH 9.7.1981 – 169/80, Slg. 1981, 1942 Rn. 18 = BeckRS 2004, 71922 – Gondrand Frères; EuGH 30.5.1991 – C-361/88, Slg. 1991, I-2567 Rn. 21 = NVwZ 1991, 866 – Schwefeldioxid;

Grundsatz der Rechtssicherheit[65] sowie der Anspruch auf Rechtsschutz innerhalb angemessener Frist.[66]

Zu den allgemeinen Rechtsgrundsätzen zählen auch die vom EuGH anerkannten Unionsgrundrechte.[67] Das ist für den unionalen Grundrechtsschutz heutigen Zuschnitts entwicklungsgeschichtlich besonders bedeutsam. Die Grundrechtsbindung hat schon zu einer Zeit Eingang in das Primärrecht gefunden, als dort nur auf die Menschenrechte der EMRK verwiesen wurde (vgl. etwa Art. 6 Abs. 2 EUV-Nizza) und von einem verbindlichen positivierten Grundrechtekatalog noch lange keine Rede sein konnte. An diese Rechtsprechung suchte der EU-Grundrechtekonvent bei seiner Erarbeitung einer EU-Grundrechtecharta, auf dem Regierungsgipfel in Nizza im Dezember 2000 feierlich unterzeichnet[68], bewusste Anknüpfung. Die Charta „führt" teils „nach"[69], d. h. übersetzt in positives Recht, was vorher der EuGH schon richterrechtlich ausbuchstabiert hat, teils weist sie mit ihren modernen Grundrechtsgehalten progressiv darüber hinaus. Seit Lissabon gilt gem. Art. 6 Abs. 1 EUV die Grundrechtecharta v. 7.12.2000 in der am 12.12.2007 in Straßburg angepassten Fassung und ist geltendes Unionsrecht. Richterrecht des EuGH ist zu einem „dritten Gründungsvertrag" mit Primärrechtsqualität geronnen; neue Garantien kamen hinzu, die ihrerseits Anlass für richterliche Rechtsfortbildung auf unionaler und mitgliedstaatlicher Ebene werden können. **10**

Die allgemeinen, den Mitgliedstaaten gemeinsamen Rechtsgrundsätze des Unionsrechts sind Maßstäbe zur Prüfung der Gültigkeit der Rechtsvorschriften sowie der unionalen Rechtsakte.[70] Insoweit stellen sie keine eigene Rechtsquelle dar, vielmehr kann man sie allenfalls als **Rechtserkenntnisquelle** bei der vergleichenden Auslegung des Unionsrechts bezeichnen.[71] Der EuGH wird in diesem Fall also nicht als „Normerzeuger" tätig, sondern handelt, wie bereits angeklungen, im Rahmen der Rechtsfortbildung.[72] Im Bereich des europäischen Rechtsschutzsystems hat der Gerichtshof der Europäischen Union aus der den Unionsorganen im Verhältnis zu den nationalen Behörden grundsätzlich obliegenden Verpflichtung zur loyalen Zusammenarbeit (Art. 4 Abs. 3 EUV)[73] einen Rechtshilfe- **11**

EuGH 17.11.1992 – verb. Rs. C-271/90 ua, Slg. 1992, I-5833 Rn. 20 = BeckRS 2004, 75870 – Spanien ua/Kommission; EuGH 13.2.1996 – C-143/93, Slg. 1996, I-431 Rn. 27 = BeckRS 2004, 74401 – van Es.

[65] Vgl. dazu EuGH 8.4.1976 – 43/75, Slg. 1976, 455 Rn. 74 = NJW 1976, 2068 – Defrenne; EuGH 8.10.1987 – 80/86, Slg. 1987, 3969 Rn. 13 = BeckRS 2004, 73753 – Kolpinghuis Nijmegen; EuGH 23.3.1993 – C-314/91, Slg. 1993, I-1093 Rn. 22 = BeckRS 2004, 7627 – Weber; EuGH 16.6.1993 – C-325/91, Slg. 1993, I-3283 Rn. 26 = BeckRS 2004, 76382 – Frankreich/Kommission.

[66] EuGH 17.12.1998 – C-185/95, Slg. 1998, I-8417 = EuZW 1999, 115 = JuS 1999, 597 – Baustahlgewerbe; vgl. dazu Schlette EuGRZ 1999, 369 ff.

[67] Vgl. dazu EuGH 21.9.1989 – verb. Rs. 46/87, 227/88, Slg. 1989, 2859 Rn. 13 = NJW 1989, 3080 – Hoechst; EuGH 17.10.1989 – 85/87, Slg. 1989, 3137 Rn. 24 = BeckRS 2004, 73822 – Dow Benelux BV; EuGH 17.10.1989 – verb. Rs. 97/87 bis 99/87, Slg. 1989, 3165 Rn. 10 = BeckRS 2004, 73983 – Dow Chemical Ibiria SA; EuGH 21.2.1991 – verb. Rs. C-143/88, C-92/89, Slg. 1991, I-383 Rn. 73 = NVwZ 1991, 460 – Süderdithmarschen; EuGH 18.6.1991 – C-260/89, Slg. 1991, I-2925 Rn. 41 = ZUM 1992, 418 – ERT; EuGH 27.6.1991 – C-49/88, Slg. 1991, I-3187 Rn. 15 = BeckRS 2004, 73199 – Al-Jubail Fertilizer; ausf. dazu v. Bogdandy JZ 2001, 147 ff.; Rengeling, Grundrechtsschutz in der Europäischen Gemeinschaft, 1992, S. 16 ff.; Schilling EuGRZ 2000, 3 ff.; Zuleeg EuGRZ 2000, 511 ff.; Kotzur in Geiger/Khan/Kotzur/Kirchmair Anhang 1 Rn. 1 ff.

[68] Grundrechte-Charta in EuGRZ 2000, 554 ff. = Sonderbeilage zu NJW, EuZW, NVwZ und JuS; vgl. dazu Eickmeier DVBl 1999, 1026 ff.; Lindner DÖV 2000, 543 ff.; Di Fabio JZ 2000, 737 ff.; Zuleeg EuGRZ 2000, 511 ff.; wiederum Kotzur in Geiger/Khan/Kotzur Anhang 1 Rn. 1 ff.

[69] Der Begriff der Nachführung geht zurück auf Eichenberger, Der Staat der Gegenwart, 1980.

[70] Siehe EuGH 16.7.1992 – C-67/91, Slg. 1992, I-4785 Rn. 30 = EuZW 1992, 671 (673) = NJW 1993, 251 – DGDC; zur Herleitung allgemeiner Rechtsgrundsätze aus der EMRK s. Schwarze EuGRZ 1993, 377 (382 ff.); ferner Zuleeg NJW 1994, 547; Jacoby, Allgemeine Rechtsgrundsätze, 1997; v. Arnauld in Riesenhuber/Takayama, Rechtsangleichung: Grundlagen, Methoden und Inhalte, 2006, S. 236 ff.

[71] Zu diesen Huber in Streinz EUV Art. 19 Rn. 20 ff.

[72] Vgl. dazu ausf. Rengeling in Börner/Neundörfer, Recht und Praxis der Beihilfen im Gemeinsamen Markt, 1984, S. 203 ff.

[73] Streinz in Streinz EUV Art. 4 Rn. 30 ff.

anspruch anerkannt[74] sowie den unionsrechtlichen vorläufigen Rechtsschutz im Zusammenhang mit dem Vorabentscheidungsverfahren fortentwickelt.[75] Augenfälliges Beispiel für die Stärkung des Individualrechtsschutzes war bspw. die Begründung eines sekundären unionsrechtlichen „Staatshaftungsanspruchs", der von einem Unionsbürger (insbes. Marktbürger) gegen einen sich unionsrechtswidrig verhaltenden Mitgliedstaat unter bestimmten Voraussetzungen geltend gemacht werden kann.[76] Aber auch die Rechtsprechung zum Gleichbehandlungsgrundsatz zeigt die einschneidenden Auswirkungen der EuGH-Rechtsprechung auf das nationale Rechtssystem.[77] Neben dem Verbundmodell mag sich gerade für das Richterrecht das Bild kommunizierender Röhren anbieten.

12 Nicht zuletzt vor dem einer solchen, oft progressiven Rechtsprechungsdynamik wurde in der Literatur die Frage nach den Grenzen zulässiger Auslegung und **Rechtsfortbildung**[78] auf der einen Seite und unzulässiger Rechtserzeugung durch den Gerichtshof auf der anderen Seite gestellt.[79] Eine **judizielle Rechtserzeugung** wird danach ausnahmsweise in dringenden Fällen für zulässig gehalten, wenn eine Normierung durch den Unionsgesetzgeber nicht in angemessener Zeit zu erwarten ist, keine rechtlichen Alternativen bestehen, es sich nicht um einen grundlegenden Bereich des Unionsrechts handelt und das Unionsrecht im zu regelnden Bereich eine planwidrige Lücke aufweist,[80] auch wenn zum Teil der Ruf des *ultra vires* ertönt.[81] Unter Zugrundelegung der Befugnisnorm aus Art. 19 Abs. 1 EUV wird die Legitimität der Rechtsfortbildung ferner davon abhängig gemacht, dass der Gerichtshof zu Zwecken der Nachprüfbarkeit in den Entscheidungsgründen nachvollziehbar mitteilt, aus welchen Rechtsquellen er die von ihm vorgenommene Rechtsfortbildung bzw. Rechtserzeugung deduziert.[82] Ein Bürgergericht muss sich seinen Normadressaten erklären.

13 Die Fortbildung der Rechtsordnung gehört zwar zur Aufgabe des Gerichtshofes, doch steht diese unter dem Vorbehalt der Wahrung der Verantwortungsbereiche der anderen Unionsorgane. Je mehr die Exekutive und Legislative, allen voran das Europäische Parlament und die Kommission (zusammen mit dem Rat), die Integration der Europäischen Union vorantreiben, das Unionsrecht fortentwickeln und die Mitgliedstaaten zu einem kooperativen Zusammenschluss einen, desto mehr kann sich der Gerichtshof auf seine Funktion der bloßen Rechtsaufsicht und Wahrung der Einheit des Unionsrechts beschränken. Davon, dass der gerade in den 1980er und 1990er Jahren besonders aktive Motor der Integration zu einem reinen **Hüter und Bewahrer der Rechtsgemeinschaft**[83] geworden wäre, kann freilich nicht die Rede sein. Gerade mit Blick auf die Resilienz des Rechts, die Stärkung von Rechtsstaatlichkeit und Demokratie wächst ihm immer mehr die Rolle eines

---

[74] EuGH 13.7.1990 – C-2/88, Slg. 1990, I-3365 Rn. 23 = NJW 1991, 2409 – Zwartfeld; dazu Prieß EuR 1991, 342 ff.
[75] EuGH 21.2.1991 – verb. Rs. C-143/88, C-92/89, Slg. 1991, I-383 Rn. 19 ff. = NVwZ 1991, 460 – Süderdithmarschen.
[76] EuGH 19.11.1991 – verb. Rs. C-6/90, C-9/90, Slg. 1991, I-5357 = NJW 1992, 165 – Francovich ua; vgl. dazu Schlemmer-Schulte/Ukrow EuR 1992, 82 ff.; Ossenbühl DVBl 1992, 993 ff.; weiterhin EuGH 19.11.1991 – verb. Rs. C-6/90, C-9/90, Slg. 1991, I-5357 Rn. 38 ff. = NJW 1992, 165 – Francovich ua; vgl. dazu Schlemmer-Schulte/Ukrow EuR 1992, 82 ff.; Ossenbühl DVBl 1992, 994 f.; umfänglich Böhm in Schulze/Janssen/Kadelbach HdB-EuropaR § 12; iE § 9.
[77] EuGH 17.10.1995 – C-450/93, Slg. 1995, I-3051 = NJW 1995, 3109 – Kalanke; Monen, Das Verbot der Diskriminierung, 2008, Kap. 2.
[78] Zum Spannungsverhältnis zwischen Rechtsanwendung und Rechtsfortbildung: Wieland NJW 2009, 1842 ff.
[79] Vgl. dazu Stein FS Jur. Fakultät Heidelberg, 1968, 627 ff.; Dänzer-Vanotti BB 1991, 1016 f.; RIW 1992, 733 ff.; Rengeling VVDStRL 53 (1994), Text bei Fn. 105 aE; mwN; Scholz DÖV 1998, 261 ff.; Schoch in Schoch/Schmidt-Assmann/Pietzner, Verwaltungsgerichtsordnung, 17. EL, 2008, VwGO § 80 Rn. 270; demgegenüber Everling FS Redeker, 1993, 301 f.; Everling JZ 2000, 217 ff.
[80] Dänzer-Vanotti RIW 1992, 736 f.
[81] S. überblicksartig Wegener in Calliess/Ruffert AEUV Art. 19 Rn. 34.
[82] So schon Ipsen, Richterrecht und Verfassung, 1975, S. 190; ihm folgend Dänzer-Vanotti RIW 1992, 733 (737).
[83] Everling EuR 1997, 398.

„Motors der Konstitutionalisierung" zu, der auch den Konflikt mit den Mitgliedstaaten – etwa in den Rechtsstaatsverfahren gegen Polen und Ungarn (s. dazu → Rn. 2) – nicht scheuen darf.

II. Anwendung des Rechts

1. Unionsrecht. „Anwendung" ist die Übertragung des Unionsrechts auf den konkreten Fall, dh die Beurteilung und Subsumtion, ob ein konkreter Sachverhalt von dem Norminhalt der europäischen Norm umfasst wird. Der EuGH hat grundsätzlich nur das Unionsrecht anzuwenden, dh die Vorschriften der Verträge (sog. Primärrecht) und das von ihnen abgeleitete Unionsrecht (sog. Sekundärrecht – Art. 288 AEUV) sowie die allgemeinen Rechtsgrundsätze und das unionsrechtliche Gewohnheitsrecht.[84] Hierzu zählen auch die von der Union abgeschlossenen Abkommen mit den EFTA-Staaten[85] sowie die Assoziierungsabkommen mit Drittstaaten.[86] Im Rahmen der Anwendung des Unionsrechts überprüft der Gerichtshof bei den Direktklagen auch die Sachverhaltsfeststellungen, die der Anwendung zugrunde liegen. Soweit der Gerichtshof im Rahmen der Klageverfahren Eingangsgericht ist, ist er auch Tatsachengericht und an die Sachverhaltsfeststellungen anderer Organe nicht gebunden.[87] Grundsätzlich ist der Gerichtshof im Rahmen der Tatsachenfeststellungen zu einer umfassenden Sachverhaltsaufklärung befugt, doch setzen sowohl die Verfahrensarten als auch die aus der Dispositionsmaxime folgenden Klagegründe der Überprüfungsbefugnis gewisse Grenzen.[88]

2. Völkerrecht. Bei der **Anwendung des** allgemeinen **Völkerrechts**[89] muss differenziert werden. Das Völkerrecht wird verdrängt für den Bereich der Binnenorganisation des „**Integrationsverbands**" und für die Ordnung der Beziehungen zwischen der Europäischen Union mit ihren Mitgliedstaaten; ein Rückgriff auf das Völkerrecht kommt nur in Betracht, wenn das EU-Recht es vorsieht.[90] Im innerunionalen Bereich spielt das Völkerrecht eine unterschiedliche Rolle; es kommt darauf an, ob es um die Geltung des Völkergewohnheitsrechts, der allgemeinen Rechtsgrundsätze oder der völkerrechtlichen Verträge geht.[91]

3. Nationales Recht der Mitgliedstaaten. Die **Anwendung des nationalen Rechts** ist nicht Aufgabe des EuGH. Gleichwohl kann er gelegentlich aus Anlass einer Klage wegen Verstoßes eines Mitgliedstaats gegen das Unionsrecht der Sache nach darüber zu befinden haben, ob und inwieweit eine nationale Vorschrift mit dem Unionsrecht vereinbar ist.[92] Sofern Begriffe und Institute des nationalen Rechts zu den tatbestandlichen Voraussetzungen einer Norm des Unionsrechts gehören,[93] muss der EuGH die Ausformung des Begriffs, die dieser durch innerstaatliche Rechtsprechung und Lehre erhalten hat, als Rechtstatsache

---

[84] Mayer in Grabitz/Hilf/Nettesheim EUV Art. 19 Rn. 23 ff.
[85] EuGH 14.12.1991 – Gutachten 1/91, Slg. 1991, I-6079 (6099 ff.) = BeckRS 2004, 74009 – EWR I; EuGH 10.4.1992 – 1/92, Slg. 1992, I-2821 ff. = BeckRS 2004, 74010 – EWR II.
[86] EuGH 16.12.1992 – C-237/91, Slg. 1992, I-6781 Rn. 9 = EuZW 1993, 96 ff. – Kazim Kus.
[87] Pache DVBl 1998, 380 (382).
[88] Kirschner, Das Gericht erster Instanz der Europäischen Gemeinschaften, 1995, S. 109 ff.; Adam, Die Kontrolldichte-Konzeption des EuGH und deutscher Gerichte, 1993, S. 224; Pache DVBl 1998, 380 (382).
[89] Dazu Kotzur in Hatje/Müller-Graff EnzEUR I§ 5, Rn. 10 ff.
[90] Vgl. dazu und zu weiteren Einzelheiten Nettesheim in Oppermann/Classen/Nettesheim EuropaR § 9 Rn. 152.
[91] Dazu iE Nettesheim in Oppermann/Classen/Nettesheim EuropaR § 9 Rn. 154 ff.; Einzelheiten wiederum bei Kotzur in Hatje/Müller-Graff EnzEUR I § 5, Rn. 10 ff.
[92] Vgl. zB EuGH 22.6.1989 – 103/88, Slg. 1989, 1839 Rn. 31 ff. = NVwZ 1990, 647 – Costanzo. Die Problematik einer entsprechenden Formulierung der Vorlagefrage im Vorabentscheidungsverfahren ist hinlänglich bekannt, dazu Wegener in Calliess/Ruffert AEUV Art. 267 Rn. 6.
[93] ZB „Rechtsvorschriften eines Mitgliedstaates" in Art. 54 AEUV; „Recht der Mitgliedstaaten" in Art. 65 AEUV.

hinnehmen.[94] Seine Befugnis zur autonomen Auslegung des Unionsrechts ist davon indes nicht betroffen.

17 Aus der Funktion des Gerichtshofs zur Sicherung der **Anwendung des Unionsrechts** ergibt sich auch seine Aufgabe zur Rechtmäßigkeitskontrolle der unionsrechtlichen Maßnahmen. Hierbei beschränkt sich der EuGH allein auf die Überprüfung der Rechtsgrundlagen, ohne im weiteren Zweckmäßigkeit und Billigkeit einer solchen Maßnahme zu kontrollieren.[95] Sofern der EuGH ausnahmsweise auch diese Gesichtspunkte zu berücksichtigen hat – zB bei Klagen wegen Verhinderung von Zwangsmaßnahmen, Art. 261 AEUV (s. dazu iE → § 30) –, unterliegt er rechtlichen Bindungen und darf nicht etwa politisch entscheiden.

C. Sachliche Zuständigkeit der Gerichte

18 Aufgrund der Errichtung eines weiteren erstinstanzlichen Gerichts bedurfte es seinerzeit einer **Neuverteilung der Zuständigkeiten zwischen EuGH und EuG**. Ursprünglich wurde die Zuständigkeitsverteilung gem. Art. 168a Abs. 1 S. 2 EGV-Nizza, Art. 140a Abs. 1 S. 2 EAGV negativ dadurch begrenzt, dass das EuG „weder für von Mitgliedstaaten oder Gemeinschaftsorganen unterbreitete Rechtssachen noch für Vorabentscheidungen" zuständig war. Rechtssachen dieser Art betrafen vielfach grundlegende Fragen des seinerzeitigen Gemeinschaftsrechts, bei denen eine abschließende Klärung durch den EuGH angezeigt war.[96] Dem EuG waren nur Entscheidungen über bestimmte Gruppen von Klagen natürlicher und juristischer Personen übertragen worden, die sich zum einen durch umfangreiche Tatsachenkomplexe und eine intensive Sachverhaltsaufklärung auszeichneten,[97] deren Hauptprobleme aber zum anderen durch eine bestehende umfangreiche EuGH-Rechtsprechung als geklärt angesehen werden konnten.[98] Zu diesen Verfahren zählten namentlich Beamtenklagen, Verfahren in Wettbewerbssachen (Art. 81 ff. EGV aF) sowie Schadensersatzklagen. 1991 wurde zur Entlastung des immer stärker geforderten EuGH die Zuständigkeit des EuG auf sämtliche Streitigkeiten von natürlichen und juristischen Personen ohne Beschränkung auf bestimmte Sachgebiete ausgedehnt.[99]

19 Weitergehende Zuweisungen von Rechtssachen an das EuG wurden mit dem **Maastrichter Unionsvertrag** ermöglicht, ohne dabei auf die Übertragung des bloßen Individualrechtsschutzes beschränkt zu sein.[100] Lediglich Vorabentscheidungsverfahren sollten danach auch künftig von einer Delegation an das erstinstanzliche Gericht ausgenommen sein.[101] Auf lange Sicht sollte der EuGH seiner Funktion als **unionales Verfassungsgericht** entsprechend nur noch „Verfassungssachen" bearbeiten, und zwar vor allem solche, in denen es um eine einheitliche Auslegung des Unionsrechts (Vorabentscheidungsverfahren) bzw. um die Klärung der Zuständigkeitsverteilung zwischen der Union und den Mitgliedstaaten (Subsidiaritätsprinzip, Art. 5 Abs. 3 EUV) und zwischen den Unionsorganen geht.[102] Dem EuG verbleiben dann die Klagen, die einen eher verwaltungsrechtlichen Charakter haben, wie bspw. Beihilfeaufsichtsklagen oder wettbewerbs- und kartellrechtliche Streitigkeiten.

20 Bei der Vertragsrevision durch den **Vertrag von Amsterdam** blieb das Gericht ausgespart. Lediglich die Nummerierung wurde angepasst (Art. 225 EGV-Nizza). Angesichts

---

[94] Bieber/Epiney/Haag/Kotzur EU § 9 Rn. 83.
[95] Huber in Streinz EUV Art. 19 Rn. 12 ff.
[96] Lenaerts EuR 1990, 228 (236).
[97] Rabe NJW 1989, 3042; Deringer RIW 1989, 122 f.
[98] Müller-Huschke EuGRZ 1989, 213 (214).
[99] Vgl. Herdegen EuZW 1992, 589; Ratsbeschluss 94/149/EGKS/EG zur Änderung des Ratsbeschlusses 88/591, ABl. 1994 L 66, 29.
[100] Vgl. hierzu Middeke/Szczekalla JZ 1993, 285 f.; Everling DRiZ 1993, 13 ff.
[101] Zu den Gründen Schwarze NJW 1992, 1075.
[102] EP-Dok. A3-228/92 = EuZW 1992, 589; sa Everling DRiZ 1993, 5 (12 ff.).

der angespannten Situation des Gerichtshofs mit Klageverfahren war eine erneute Änderung jedoch nur eine Frage der Zeit.

Eine grundlegende Novellierung ist vor dem Hintergrund der Vorschläge zur Reformierung des europäischen Gerichtssystems mit dem **Vertrag von Nizza** durchgeführt worden. Die Regelung des Art. 225 EGV aF stellte die Zuständigkeit des Gerichts erster Instanz künftig auf eine neue Grundlage und teilt ihm teilweise neue Kompetenzen zu (vgl. auch → § 3 Rn. 6 f.). Das EuG war nunmehr im ersten Rechtszug ohne Beschränkung für die Nichtigkeits-, die Untätigkeits-, die Schadenersatzklagen (Art. 230, 232, 235 EGV-Nizza) sowie die dienstrechtlichen Streitigkeiten (Art. 236 EGV-Nizza) und solche aufgrund einer Schiedsklausel (Art. 238 EGV-Nizza) zuständig.[103] Ausgenommen von dieser generellen Zuständigkeit waren diejenigen Klagen, die einer gerichtlichen Kammer übertragen wurden und Klagen, die gemäß der Satzung dem Gerichtshof vorbehalten waren. Abweichend von dieser Grundsatzregelung war der Gerichtshof gem. Art. 51 der ebenfalls in Nizza neu gefassten Satzung für die im Art. 225 Abs. 1 EGV-Nizza genannten Rechtsstreitigkeiten zuständig, wenn ein Mitgliedstaat, ein Unionsorgan oder die EZB klagt. Dies hatte (und hat noch immer) iErg zur Konsequenz, dass das EuG für alle Klagen von natürlichen und juristischen Personen zuständig ist. Überdies wird das Gericht (erster Instanz) als Vorabentscheidungsinstanz in jenen Fällen zuständig, die die Satzung (EG) vorsieht. Von einer solchen Bestimmung wurde aber in Nizza, wie auch bis heute, noch abgesehen. Das Gericht erster Instanz wurde gem. Art. 225 Abs. 2 EGV-Nizza zum Rechtsmittelgericht für Entscheidungen der gerichtlichen Kammern eingesetzt.

Auf die Rechtslage und neue Nomenklatur nach dem **Vertrag von Lissabon** wurde bereits eingegangen (dazu → § 3 Rn. 10 ff.).

D. Gerichtsbarkeiten im europäischen Rechtsschutzsystem

Aus dem Vorangegangenen ergibt sich bereits, dass dem EuGH – verglichen mit den nationalstaatlichen Rechtsschutzsystemen – zur Wahrung des Rechts verschiedene **Gerichtsbarkeiten** übertragen worden sind, die er je nach Rechtsbeziehung, Streitgegenstand und Verfahrensart unterschiedlich wahrnimmt. Da sich diese Funktionen häufig nicht trennscharf unterscheiden lassen, soll auf diese Art der Einteilung des Rechtsschutzsystems im Folgenden lediglich hingewiesen werden.[104]

I. Verfassungsgerichtsbarkeit

Die Gründungsverträge bildeten als Grundlage des Unionsrechts gleichsam die „Verfassungsurkunden".[105] Der Begriff der **„Verfassung"**[106] kann durchaus verwendet werden, wenngleich der Ausdruck „Verfassung" im Reformvertrag von Lissabon bewusst nicht auftaucht und alle staatsähnlichen Elemente bzw. Symbole (Flagge, Hymne) des Verfassungsvertrages durch den Lissabon-Vertrag nicht übernommen worden sind.[107] Auch wo das anspruchsvolle Prädikat der Verfassung fehlt, entfalten die „verfassungsqualitativen Momente" (Institutionenordnung, rechtsstaatliche Bindung, demokratische Rückbindung, Grundrechtsschutz etc) des Primärrechts ihre Wirkkraft.[108] Auch die Verfassungsfunktionen

---
[103] Vgl. dazu Wegener DVBl 2001, 1258 (1259).
[104] Dazu ausführlich Kotzur in Leible/Terhechte EnzEUR III § 5 Rn. 3 ff.; Classen in Oppermann/Classen/Nettesheim EuropaR § 13 Rn. 1 ff.
[105] EuGH 23.4.1986 – 294/83, Slg. 1986, 1339 ff. = DVBl 1986, 995 = BeckRS 2004, 72996 – Les Verts; EuGH 14.12.1991 – Gutachten 1/91, Slg. 1991, I-6079 ff. = BeckRS 2004, 74009 – EWR I; s. dazu auch Schwarze in Schwarze, Der Europäische Gerichtshof als Verfassungsgericht und Rechtsschutzinstanz, 1983, S. 11; vgl. auch Schwarze/Bieber, Eine Verfassung für Europa, 1984, S. 24; Schwarze, The Role of the European Court of Justice, 2000, S. 11; Skouris in Kloepfer/Merten/Papier/Skouris, Die Bedeutung der Europäischen Gemeinschaften, S. 71; Schneider DVBl 1990, 282 (283).
[106] Vgl. dazu etwa Classen/Nettesheim in Oppermann/Classen/Nettesheim EuropaR § 4 Rn. 6 ff.
[107] Streinz/Ohler/Herrmann Vertrag Lissabon S. 16.
[108] Tsatsos, Zur Verfassungsentwicklung Europas, 2008, § 3 S. 48 ff.

der Begründung, Ermöglichung, Begrenzung und Kontrolle hoheitlicher, eben nicht notwendig staatlicher Macht[109] finden im Unionsverfassungsrecht funktionellen Widerklang.

25 Zutreffend erscheint die Bezeichnung der „verschleierten EU-Verfassung" von Lissabon.[110] Sofern der Gerichtshof über die Auslegung der Verträge aus Anlass von Streitigkeiten über den Umfang der sich aus dem Primärrecht für die Organe und die Mitgliedstaaten ergebenden Rechte und Pflichten entscheiden muss, könnte man diese Verfahren der **„Verfassungsgerichtsbarkeit"**[111] zuordnen.[112] Hierunter fallen nicht nur die Beziehungen zwischen den einzelnen Unionsorganen, sondern auch die Beziehungen der Mitgliedstaaten untereinander sowie solche zwischen den EU-Institutionen und den Mitgliedstaaten.[113] Die verfassungsgerichtliche Funktion des Gerichtshofs lässt sich aber nicht nur formell, sondern auch materiell verstehen. Dementsprechend kann die gerichtliche Überprüfung der Verfassungsmäßigkeit des Sekundärrechts, die Wahrung des institutionellen Gleichgewichts, die Kompetenzabgrenzung zwischen der Union und ihren Mitgliedstaaten sowie nicht zuletzt die institutionelle und judizielle Rechtsfortbildung diesem Aufgabenbereich zugerechnet werden.[114] Dass die verfassungsgerichtliche Kontrolle einen wesentlichen Baustein im komplexen Legitimationsgefüge darstellt, sei nur ergänzend hinzugefügt.[115]

26 Obwohl das Gericht nach seiner Zielsetzung und Zuständigkeit primär Tatsachengericht für Klagen natürlicher und juristischer Personen sein und es sich auf „ausgetretenen Pfaden" der Rechtsprechung des Gerichtshofes bewegen soll, kann seine Rechtsprechung in bestimmten Bereichen auch die Auslegung von Primärvorschriften zum Gegenstand haben und deshalb die Rechte und Pflichten zwischen den Mitgliedstaaten und den Organen beeinflussen. Dies betrifft namentlich die judizielle Tätigkeit des Gerichts in Beihilfestreitigkeiten. Das Gericht interpretiert die Vorschriften der Art. 107, 108 AEUV, und wirkt mit seiner Rechtsprechung so – wenn auch nicht unmittelbar, so doch mittelbar – auf das Verhältnis zwischen der Kommission und den Mitgliedstaaten ein.[116] Soweit das Gericht mit seiner Rechtsprechung Fragen beantwortet, die noch nicht Gegenstand von Entscheidungen des Gerichtshofes waren, gestaltet es Primärrecht. Damit regelt es im Bereich von Beihilfestreitigkeiten Rechte und Pflichten über die am Rechtsstreit Beteiligten hinaus und greift in die unionale materielle Wirtschaftsverfassung bzw. in entsprechendes Verfahrensrecht ein.

II. Verwaltungsgerichtsbarkeit

27 Soweit der Rechtsschutz von einzelnen natürlichen oder juristischen Personen gegen Maßnahmen der Unionsorgane in Anspruch genommen werden kann, handelt es sich um eine Art **Verwaltungsgerichtsbarkeit,** wenn man die Verwaltungsgerichtsbarkeit als eine Einrichtung versteht, durch die dem Einzelnen Rechtsschutz gegen Maßnahmen der „Exekutive" gewährt wird.[117] Einer allgemeinen Einteilung entsprechend werden hierunter

---

[109] Kotzur in Kahl/Ludwigs, Handbuch des Verwaltungsrechts Bd. III § 58 Rn. 32.
[110] Oppermann DVBl 2008, 473 (476).
[111] So auch Schwarze/Wunderlich in Schwarze/Becker/Hatje/Schoo EUV Art. 19 Rn. 19.
[112] Bernhardt, Verfassungsprinzipien-Verfassungsgerichtsfunktionen-Verfassungsprozeßrecht im EWG-Vertrag, 1987, S. 60; Iglesias EuR 1992, 225; Schwarze NJW 1992, 1065 f.; Everling DRiZ 1993, 5 ff.
[113] GA Lenz 26.3.1987 – SchlA 45/86, Slg. 1987, 1493 (1506) = NJW 1987, 3073.
[114] Iglesias EuR 1992, 225 (227 f.); Schwarze/Wunderlich in Schwarze/Becker/Hatje/Schoo EUV Art. 19 Rn. 18 ff.
[115] Kotzur in Leible/Terhechte EnzEUR III § 5 Rn. 3: „Deshalb trifft die über ihren völkerrechtlichen Gründungsakt längst hinausgewachsene, zum rechtsstaatlich gebundenen, grundrechtlich radizierten und damit letztlich konstitutionellen Gemeinwesen erstarkte Union ein umfassender Rechtsschutzauftrag. Er ist ihr verfassungsrechtlicher Normalfall."
[116] Nemitz DÖV 2000, 437 (442).
[117] Zum Rechtsschutzsystem des Europäischen Verwaltungsrechts insbes. v. Danwitz EuVerwR S. 273 ff.; zu den verwaltungsgerichtlichen Verfahren Schwarze in Schwarze EGV Art. 251 Rn. 7.

alle Rechtsstreitigkeiten gefasst, die den Vollzug des Unionsrechts im Einzelfall – entweder durch die Unionsorgane selbst oder aber durch die Behörden der einzelnen Mitgliedstaaten – betreffen.[118] Hierher gehören auch Klagen, die sich gegen die Unterlassung von Maßnahmen der Exekutive wenden und Klagen, mittels derer Schadensersatz wegen rechtswidriger Vornahmen oder Unterlassungen solcher Maßnahmen begehrt wird. Die Verträge kennen daher im Bereich des verwaltungsgerichtlichen Rechtsschutzes nicht nur die Rechtsfigur der Nichtigkeits- und der Untätigkeitsklage, sondern auch die der Amtshaftungsklage (Art. 340 AEUV).[119] Dieser Rechtsschutz gilt auch für die Bediensteten der Union, für die der Gerichtshof der Europäischen Union die Funktion eines Dienst- und Disziplinargerichts zu erfüllen hat (quasi Arbeitsgerichtsbarkeit). Durch diese Ausgestaltung unterscheidet sich der Rechtsschutz vor dem EuGH grundsätzlich von demjenigen der internationalen Gerichte. Auch wenn diese Rechtsstreitigkeiten nach Inkrafttreten des Vertrages von Nizza erstinstanzlich vor dem EuG verhandelt und entschieden werden, kommt dem EuGH jedenfalls als Revisionsgericht noch eine entsprechende verwaltungsgerichtliche Funktion zu.

Unter diese Funktion des Gerichtshofs ist auch seine Aufgabe bei der Interpretation des **28** Unionsrechts und der Kontrolle der Unionsorgane sowie der Mitgliedstaaten im Rahmen des Europäischen Steuerrechts (direkte und indirekte Steuern)[120] und des Europäischen Sozialrechts (gleiches Entgelt und gleiche Sozialleistungen – Familienbeihilfen, Invaliditäts-, Alters- und Hinterbliebenensicherung)[121] zu fassen. Die vom deutschen Recht her bekannte **Finanz- und Sozialgerichtsbarkeit** geht deshalb in der **„verwaltungsgerichtlichen" Funktion** des EuGH und des EuG auf.[122]

III. Zivilgerichtsbarkeit

Neben diesen beiden Arten kann der Gerichtshof auch als **„Zivilgericht"** tätig werden. **29** Dabei ist weniger an die Zuständigkeit zu denken, die der Gerichtshof bei Streitigkeiten nichtbeamteter Bediensteter ausübt,[123] als vielmehr an die Streitigkeiten, die ihm aufgrund der von den Gemeinschaftsorganen bzw. Unionsorganen in privatrechtlichen Verträgen vereinbarten Schiedsklauseln übertragen worden sind.[124] Jedoch hat diese Funktion in der Rechtsprechung des Gerichtshofs insgesamt keine größere Rolle gespielt.[125] Daneben übernimmt der Gerichtshof auch die Auslegung der Bestimmungen verschiedener zivilrechtlicher Verordnungen und Richtlinien, mit denen zivilrechtliche Materien unionsweit harmonisiert wurden (vgl. zB Produkthaftungsrichtlinie,[126] Verbraucherrechterichtlinie,[127] Verbraucherkreditrichtlinie,[128] Pauschalreiserichtlinie,[129] Klauselrichtlinie,[130] Timesharing-Richtlinie,[131] Zahlungsdiensterichtlinie,[132] Verbandsklagenrichtlinie,[133] Warenkaufricht-

---

[118] Everling FS Redeker, 1993, 297.
[119] Zu Einzelheiten Berg in Schwarze/Hatje/Becker/Schoo AEUV Art. 340 Rn. 1 ff.
[120] Dautzenberg BB 1992, 2400 ff.
[121] Eichenhofer SGb 1992, 573 ff.
[122] Siehe aber Everling FS Redeker, 1993, 294, der dem Gerichtshof auch insoweit eigene Gerichtsfunktionen zugestehen will und diesbezüglich von einem „Universalgericht" spricht.
[123] Vgl. Lenz/Mölls DB-Beilage Heft 15/1990, 90.
[124] Bereits innerhalb der ursprünglichen Gemeinschaften: Art. 42 EGKSV (nicht mehr in Kraft), Art. 181 EGV aF; Art. 143 EAGV aF; s. heute Art. 272 AEUV, dazu Schwarze in Schwarze AEUV Art. 272 Rn. 1 ff.
[125] Vgl. aber Tilmann ZRP 1992, 23 (28); Ulmer JZ 1992, 1 ff.; Müller-Graff NJW 1993, 13 ff. mwN; für Fallbeispiele s. Schwarze/Wunderlich in Schwarze/Hatje/Becker/Schoo AEUV Art. 272 Rn. 1 ff.
[126] ABl. 1985 L 210, 29.
[127] ABl. 2011 L 304, 64.
[128] ABl. 2008 L 133, 66.
[129] ABl. 1990 L 158, 59.
[130] ABl. 1993 L 95, 23.
[131] ABl. 2009 L 33, 10.
[132] ABl. 2015 L 337, 35.
[133] ABl. 2020 L 409, 1.

linie¹³⁴). Mit der Schaffung europäischer Gesellschaftsformen auf Unionsebene, der Europäischen wirtschaftlichen Interessenvereinigung (EWIV),¹³⁵ der Societas Europaea (SE)¹³⁶ und der Societas Corporativa Europaea (SCE),¹³⁷ hat sich der EuGH ggf. auch mit gesellschaftsrechtlich relevanten Auslegungsfragen zu befassen. Seit der Aufnahme einiger Teile der damaligen dritten Säule des EU-Vertrages in das Vertragsrecht der „alten" EG, namentlich die Verbesserung und Vereinfachung des Systems für die grenzüberschreitende Zustellung gerichtlicher und außergerichtlicher Schriftstücke (heute Art. 81 AEUV), fällt somit auch dieser Bereich in die grundsätzliche Zuständigkeit des Gerichtshofes.¹³⁸

30   Seit der zunehmenden Einflussnahme des Unions(privat)rechts auf die klassischen Bereiche der nationalen Privatrechtsordnungen, wie bspw. das Vertragsrecht,¹³⁹ das Haftungsrecht, das Recht der beweglichen und unbeweglichen Sachen sowie das gesamte Handels- und Gesellschaftsrecht und den gewerblichen Rechtsschutz,¹⁴⁰ hat sich der Gerichtshof künftig mehr und mehr auch mit den damit zusammenhängenden „zivilrechtlichen" Fragen zu beschäftigen.¹⁴¹ Dies zeigt sich auch an den stetig zunehmenden Rechtsstreitigkeiten zum unionsrechtlichen Markenrecht als Teil der Rechte des geistigen Eigentums.¹⁴² Mitgliedstaatliche Befürchtungen, europäisches Antidiskriminierungsrecht führe zu einer Erosion der Privatautonomie, haben sich freilich nicht bestätigt.¹⁴³

IV. Strafgerichtsbarkeit

31   Eine Aufgabe als Strafgericht ist für den EuGH in den Verträgen nicht vorgesehen worden.¹⁴⁴ Wohl aber regeln Art. 82 ff. AEUV die justizielle Zusammenarbeit in Strafsachen und enthält Art. 325 AEUV zur Betrugsbekämpfung strafrechtsrelevante Regelungsgehalte.¹⁴⁵ Zudem wurde 2017 die in Art. 86 AEUV primärrechtlich vorgesehene Europäische Staatsanwaltschaft gegründet.¹⁴⁶ Auch im Bereich des Sekundärrechts gibt es inzwischen viele Normen mit strafrechtlichem Gehalt. In den Regelungen über die polizeilich-justizielle Zusammenarbeit in Strafsachen finden sich, wie eben angedeutet, Ermächtigungen zur unionsrechtlichen Verhütung und Verfolgung von Straftaten, die die Union zur Grundlage von Sekundärrechtsakten heranzieht.¹⁴⁷ Es gibt weiterhin Maßnahmen mit strafrechtlichem Bezug, und zwar betreffend die Geldwäsche und Terrorismusbekämpfung sowie die Bekämpfung von Betrug und Fälschung im Zusammenhang mit Zahlungsmitteln.¹⁴⁸ Vor allem aber kommt der **innerstaatlichen Strafgerichtsbarkeit** eine besondere Bedeutung zu.¹⁴⁹

---

¹³⁴ ABl. 2019 L 136, 28.
¹³⁵ ABl. 1985 L 199, 1 = BGBl. 1988 I 514.
¹³⁶ Dazu Jung in Schwarze/Hatje/Becker/Schoo AEUV Art. 54 Rn. 67 ff. mit zahlreichen weiteren Nachweisen.
¹³⁷ Jung in Schwarze/Hatje/Becker/Schoo AEUV Art. 54 Rn. 72 ff.; zu bislang noch nicht realisierten supranationalen Gesellschaftsformen Jung in Schwarze/Hatje/Becker/Schoo AEUV Art. 54 Rn. 75 ff.
¹³⁸ Vgl. dazu Müller-Graff/Kainer DRiZ 2000, 350 ff.; Stumpf in Schwarze/Hatje/Becker/Schoo AEUV Art. 81 Rn. 1 ff.
¹³⁹ Krit. zur Einschränkung der Vertragsfreiheit Canaris FS Lerche, 1993, 887 ff.; s. aber auch EuG 18.9.1992 – T-24/90, Slg. 1992, II-2223 ff. = EuZW 1993, 103 – Automec, das die Vertragsfreiheit als elementaren Grundsatz im Unionsrecht hervorhebt.
¹⁴⁰ Vgl. hierzu ie Müller-Graff NJW 1993, 13 (14 ff.).
¹⁴¹ Schneider/Burgard EuZW 1993, 617; Wagner IPRax 2007, 290 ff.
¹⁴² Nachw. bei Bings in Streinz AEUV Art. 118 Rn. 1 ff.
¹⁴³ Kritisch Streinz in Streinz AEUV Art. 19 Rn. 25 f. S. zudem Epiney NVwZ 2012, 930. Zu der Umsetzung Schäffer in Geiger/Khan/Kotzur/Kirchmair AEUV Art. 19 Rn. 16. Zu den Entwicklungen Carlson RdA 2022, 280 sowie Jacobs RdA 2018, 263.
¹⁴⁴ GA Jakob 27.10.1992 – SchlA C-240/90, ECLI:EU:C:1992:408 = NJW 1993, 47; allgemein Classen in Oppermann/Classen/Nettesheim EuropaR § 37 Rn. 1 ff.
¹⁴⁵ Allg. Ambos, Internationales Strafrecht, 3. Aufl. 2011; Zöller FS Schenke, 2011, 579 ff.
¹⁴⁶ ABl. 2017 L 283, 1.
¹⁴⁷ Vgl. Müller-Graff/Kainer in Weidenfeld/Wessels, Europa von A bis Z, 2006, S. 388 ff.
¹⁴⁸ Dazu Weißer in Schulze/Janssen/Kadelbach HdB-EuropaR § 16 Rn. 32 ff.
¹⁴⁹ Bieber/Epiney/Haag/Kotzur EU S. 278 f.; Tiedemann NJW 1990, 2226 ff.; Spannowsky JZ 1992, 1160 ff.; vgl. auch Thomas NJW 1991, 2233 ff.

Nach Art. 4 Abs. 3 EUV und Art. 19 Abs. 1 UAbs. 2 EUV sind die Mitgliedstaaten verpflichtet, alle geeigneten Maßnahmen zu treffen, um die Geltung und Wirksamkeit des Unionsrechts zu gewährleisten. Demzufolge haben die Mitgliedstaaten auch darauf zu achten, dass Verstöße gegen das Unionsrecht nach ähnlichen sachlichen und verfahrensrechtlichen Regeln geahndet werden wie gleichartige Verstöße gegen nationales Recht.[150] Sofern innerstaatlich keine ausreichenden Maßnahmen zum Schutz der europäischen finanziellen Interessen vorhanden sind, sind die einzelnen Mitgliedstaaten gehalten, effektive Strafbestimmungen zu erlassen.[151] Ferner müssen die mitgliedstaatlichen Behörden bei der Ermittlung unionsrechtswidriger Verstöße dieselbe Sorgfalt walten lassen wie bei der Ahndung von innerstaatlichen Rechtsverstößen.[152]

Noch unterliegt das materielle und formelle Strafrecht – trotz einer stetigen Europäisierung (vgl. einige Verordnungen und Richtlinien[153]) – in weiten Teilen der Souveränität der einzelnen Mitgliedstaaten.[154] Die Forderung nach einem einheitlichen **europäischen Strafrecht** zum Schutz der finanziellen Interessen der Union und als weiterer Beitrag hin zur europäischen Integration wurde seit langem laut[155] und in Art. 325 AEUV – jedenfalls ein Stück weit – realisiert.[156] Gestritten wurde, ob die Union überhaupt die Kompetenz besitzt, straf- und bußgeldbewehrte Tatbestände außerhalb des Wettbewerbsrechts zu erlassen.[157] Für den Bereich der gemeinsamen Agrarorganisation hatte der EuGH die seinerzeitige Gemeinschaftskompetenz zur Einführung von Sanktionen, die durch die nationalen Behörden gegenüber den betreffenden Wirtschaftsteilnehmern verhängt werden, grundsätzlich bejaht.[158] Im konkreten Fall ging es um die Zahlung eines Zuschlags sowie den Ausschluss eines Wirtschaftsteilnehmers von der Subventionierung für einen bestimmten Zeitraum. Gleichzeitig hatte der EuGH aber ausdrücklich festgestellt, dass er mit seiner Entscheidung keine Bewertung über die Zuständigkeit der damaligen Gemeinschaft auf dem Gebiet des Strafrechts insgesamt vorgenommen hat.[159] Gleichzeitig hatte er die gemeinschaftsrechtliche (heute unionsrechtliche) Sanktionskompetenz bewusst offen gehalten und den Unionsorganen einen weiten Ermessensspielraum bei der Auswahl der geeigneten Sanktionen zugebilligt.[160] Aus solchen Ansätzen wird indes der Schluss gezogen, dass die Mitgliedstaaten auch sonstige unionsrechtswidrige Verletzungen (Schädigung europäischer Sachen, Bestechung europäischer Beamter) durch ihre innerstaatlichen Strafbestimmungen verfolgen müssen.[161]

Mit dem Vertrag zur Europäischen Union (Maastricht) ist der Art. 209a in den damaligen EGV eingefügt worden (= Art. 280 EGV-Amsterdam, jetzt Art. 325 AEUV), der die bisher geltende Rechtslage,[162] insbes. die Pflicht der Mitgliedstaaten zur Bekämpfung von

---

[150] EuGH 21.9.1989 – 68/88, Slg. 1989, 2965 Rn. 24 = NJW 1990, 2245 – Griechische Republik; EuGH 10.7.1990 – C-326/88, Slg. 1990, I-2911 Rn. 17 = BeckRS 2004, 70816 – Hansen; zu den Sanktionen des staatlichen Privatrechts für Verstöße gegen das EG-Recht s. Steindorff Jura 1992, 561 ff.; Kokott/Dervisopoulos/Henze EuGRZ 2008, 10 (14 f.); Nehl in Fastenrath/Nowak, Der Lissabonner Reformvertrag, 2009, S. 149 (158 f.); Wegener EuR-Beiheft 3/2008, 45 (49 ff.).
[151] Bleckmann FS Stree/Wessels, 1993, 110.
[152] EuGH 21.9.1989 – 68/88, Slg. 1989, 2965 Rn. 25 = NJW 1990, 2245 – Griechische Republik.
[153] Vgl. dazu näher Beukelmann NJW 2010, 2081; Hecker in FS Dannecker, 2023, 413; Thomas NJW 1991, 2233 ff.; Sevenster CMLRev. 1992, 29 ff. Zuleeg JZ 1992, 761 ff., Tiedemann NJW 1993, 25 ff.; vgl. Schröder, Europäische Richtlinien und deutsches Strafrecht, 2002; zu neueren Entwicklungen auf dem Gebiet des Europäischen Strafrechts s. Brodowski ZIS 2021, 373.
[154] Vgl. etwa Schröder, Europäische Richtlinien und deutsches Strafrecht, 2002, S. 103 ff.; Hecker, Europäisches Strafrecht, 6. Aufl. 2021, S. 6 f.
[155] Zuleeg JZ 1992, 761 (762 ff.); Teske EuR 1992, 265 (271 f.).
[156] Zur Entstehungsgeschichte Schoo in Schwarze/Hatje/Becker/Schoo AEUV Art. 325 Rn. 4 ff.
[157] Vgl. einerseits Tiedemann NJW 1990, 2226 (2232); andererseits Sieber ZStW 1991, 957 ff.
[158] EuGH 27.10.1992 – C-240/90, Slg. 1992, I-5383 Rn. 22 f. = NJW 1993, 47 – Deutschland/Kommission; s. hierzu Pache EuR 1993, 173 ff.
[159] EuGH 27.10.1992 – C-240/90, Slg. 1992, I-5383 Rn. 24 = NJW 1993, 47 – Deutschland/Kommission.
[160] Pache EuR 1993, 173 (179).
[161] Bleckmann FS Stree/Wessels, 1993, 11; Hecker Europäisches Strafrecht, 6. Aufl. 2021, S. 211 ff.
[162] Dazu Zuleeg JZ 1992, 761 ff.

Betrügereien zum Nachteil der Union, primärrechtlich festschreibt.¹⁶³ Je mehr sich also europäisches Strafrecht herausbildet, desto mehr wird auch dem EuGH die Funktion einer Strafgerichtsbarkeit zuwachsen, in deren Rahmen er über die dort geltenden Grundsätze zu wachen hat.¹⁶⁴ Dies betrifft namentlich Fragen der Wirtschaftskriminalität und der verfahrensrechtlichen Problematik grenzüberschreitender Kriminalitätsbekämpfung.¹⁶⁵

V. Sonstige Funktionen

34 Neben diesen Zuständigkeiten obliegen dem Gerichtshof auch noch **andere Funktionen,** die jedoch keiner der bisher genannten Kategorien zugerechnet werden können. Hierzu zählen die schiedsgerichtlichen Verfahren sowie die vom Gerichtshof erstellten Gutachten, die von ihm unterbreiteten Vorschläge und Stellungnahmen. Auf sie soll an den entsprechenden Stellen im Rahmen der folgenden Darstellung eingegangen werden (vgl. dazu → §§ 14–16). Abschließend sei noch einmal daran erinnert, dass die europäische Gerichtsbarkeit in einem immer stärker dezentral ausdifferenzierten Rechtsschutzverbund von Kooperation und geteilter Verantwortung lebt.¹⁶⁶ Dabei trifft den EuGH eine funktionell und verfahrensspezifisch angelegte Integrationsverantwortung, der er einmal durch mutige Rechtsfortbildung, ein andermal durch vorsichtige Zurückhaltung gerecht werden sollte. Patentrezepte sind dafür genauso wenig hilfreich wie das Pochen auf letzte Worte.

---

¹⁶³ Zum geltenden Recht Khan in Geiger/Khan/Kotzur/Kirchmair AEUV Art. 325 Rn. 1 ff.
¹⁶⁴ Everling FS Redeker, 1993, 294; vgl. hierzu Tiedemann NJW 1993, 25 (27 ff.); Bleckmann FS Stree/Wessels, 1993, 113; Hecker Europäisches Strafrecht, 4. Aufl. 2012, S. 130 ff.
¹⁶⁵ Hilf EuR 1993, 1 (2).
¹⁶⁶ Kotzur in Leible/Terhechte EnzEUR III § 5 Rn. 28.

Zweiter Abschnitt. Direktklagen

§ 5 Überblick über die Klage- und Verfahrensarten

Übersicht

	Rn.
A. Einleitung	1
B. Rechtsgrundlagen	11
C. Übersicht/Grundsätze	12
D. Zulässigkeit	17
I. Allgemeines	17
II. Zulässigkeit des Antrags selbst	19
1. Gesonderte Antragsschrift	19
2. Zuständigkeit	21
3. Zeitpunkt; keine Frist	22
4. Form und Inhalt	24
5. Akzessorietät	25
6. Antrag	37
a) Bestimmtheit des Antrags	39
b) Beantragte Maßnahme im Rahmen der Zuständigkeit des Richters	43
c) Flankierende Maßnahmen; Zwangsgeld	47
7. Rechtsschutzinteresse	49
III. Zulässigkeit des Hauptsacheverfahrens	54
IV. Prüfung von Amts wegen	57
E. Begründetheit	58
I. Allgemeines	58
1. Drei (kumulative) Voraussetzungen	61
2. Wechselwirkung	64
II. Dringlichkeit	68
1. Allgemeines	68
2. Eigener Schaden	74
3. Kausal- und Wertungszusammenhang zwischen Rechtsverletzung und drohendem Schaden	82
4. Vermeidbarkeit des Schadens/Schadensabwehr – Risikogeneigtheit der Geschäftspolitik	86
5. Hinreichende Wahrscheinlichkeit eines nahen Schadenseintritts	89
6. Natur des Schadens – schwer und irreparabel	92
a) Die Unterscheidung zwischen Irreparabilität und Schwere	92
b) Definitionsmacht des Antragstellers; kein numerus clausus	93
c) Ausnahme: Dringlichkeit auch ohne Irreparabilität im Vergaberecht	95
d) Ausnahme: Analoge Erweiterung der Rechtsprechung im Vergaberecht?	96
e) Ausnahme: Spielraum des Richters des einstweiligen Rechtsschutzes	97
f) Ausnahme: Erhebliche Verletzung wichtiger Grundrechte	99
7. Irreparabilität	100
a) Entwicklung der Rechtsprechung	101
b) Die Unterscheidung zwischen finanziellen und anderen Schäden	103
c) Irreparabler finanzieller Schaden – Dienstleistungen nach Art. 106 Abs. 2 AEUV	106
d) Irreparabler finanzieller Schaden – Schaden nicht bezifferbar	107
e) Irreparabler finanzieller Schaden – Existenzgefährdung	110
f) Verlust von Marktanteilen	129
8. Schwere	146
9. Geeignetheit der beantragten Maßnahme, den Schaden abzuwehren	153
10. Prüfung; Darlegungs- und Beweislast	154

	Rn.
III. Fumus boni juris	161
IV. Interessenabwägung	167
F. Entscheidung	174
I. Aussetzung	176
II. Einstweilige Anordnung	180
III. Rechtsfolge/Rechtswirkungen	187
G. Verfahren	195
I. Gesonderter Schriftsatz; Aktenführung	195
II. Kontradiktorisches Verfahren	197
III. Fristen; Sprache; Dauer	202
IV. Entscheidung	205
H. Besondere Verfahrensgestaltungen	206
I. Zwischenverfügung; inaudita alter parte	206
II. Neuer Antrag	211
III. Abänderung/Aufhebung	212
IV. Rechtsmittel	214
V. Intervention	219
I. Besonderheiten in bestimmten Rechtsmaterien	223
I. Vergaberecht	223
1. Allgemeines, Entwicklung der Rechtsprechung	223
2. „Besonders ernsthafter fumus"	227
3. Stellung des Antrags vor Ablauf der Stillhaltefrist	228
4. Ausnahme: Unbeachtlichkeit des Fristablaufs	229
5. Schwerer Schaden	230
6. Sonderfall: es gilt keine Stillhaltepflicht	233
7. Prüfung im Übrigen	235
8. Bewertung	237
II. Vertrauliche Informationen	238
III. Restriktive Maßnahmen	245

Literatur:
Barbier de la Serre, Les offices du juge des référés communautaire, in Liber amicorum en l'honneur de Bo Vesterdorf, 2007, 237; ders., La place des tiers dans le référé communautaire en matière de concurrence, Revue Lamy de la concurrence, 2008, n°16; ders., Accelerated and expedited procedures before the EC Courts: A review of the practise, CMLR 2006, 783; Barbier de la Serre/Lavin, Le droit du référé européen: entre prudence et coup d'audace, Cahiers de droit européen 2019, 613; Barents, Remedies and Procedures before the EU Courts, 2016; Castillo de la Torre, Interim measures in Community Courts: recent trends, CMLR 2007, 273; Estler, Zur Effektivität des einstweiligen Rechtsschutzes im Gemeinschaftsrecht, 2002; Iannucelli, Interim Judicial Protection Against Publication of Confidential Information in Commission Antitrust Decisions, World Competition 42 (2019), 43; Jäger, Eilverfahren vor dem Gericht der Europäischen Union, EuR 2013, 3; ders., Rechtsschutz in Eilverfahren vor dem Gericht der Europäischen Union, IWRZ 2016, 201; ders.; Le référé devant le président du Tribunal de l'Union européenne depuis septembre 2007, Journal de droit européen 2010, 197; Lenaerts/Maselis/Gutman, EU Procedural Law, Oxford, OUP, 2014; Lenaerts/Radley, Recent case law of the European Court of Justice in interim measures cases, Eur. Law Reporter 2016, 2; Lengauer, Einstweiliger Rechtsschutz und Rechtsstaatlichkeit im Gemeinschaftsrecht, EuR 2008 Beiheft 3, 69; Martin, Le large pouvoir d'appréciation du juge des référés au service de l'efficacité du droit de l'Union européenne, Cahiers de droit européen 2018, 495; Picod, Référé devant la Cour de justice et le Tribunal de l'Union européen, JurisClasseur Europe Traité, Fasc. 390, 2020; Van Raepenbusch, Le contrôle juridictionnel dans l'Union européenne, in Commentaire Mégret, 2018; Sladic, Einstweiliger Rechtsschutz im Gemeinschaftsprozessrecht, 2008; Terrien, Interim Measures, in European court procedure: a practical guide, V. Lszcz (Hrsg,), 2020, 571; ders., La divulgation provisoire de documents confidentiels et la protection provisoire en droit de l'Union, Chronique de contentieux de l'Union européenne 2016, 39; Vesterdorf, De l'interprétation par le juge communautaire des référés, in Problèmes d'interprétation à la mémoire de C. N. Kakouris: Athènes, 2004, 431; Wiedmann, Der Prüfungsmaßstab für den Erlass einer einstweilgen Anordnung nach § 32 Abs. 1 BVerfGG, in Emmenegger/Wiedmann (Hrsg.), Leitlinien der Rechtsprechung des Bundesverfassungsgerichts – erörtert von den wissenschaftlichen Mitarbeitern, Band 2, 3.

A. Einleitung

Wie jede entwickelte Rechtsordnung enthält auch das Unionsrecht Bestimmungen über 1 die Gewährung einstweiligen Rechtsschutzes. Dem liegt die Erkenntnis zu Grunde, dass die Wahrung eines umfassenden und effektiven gerichtlichen Rechtsschutzes, welchen der Einzelne kraft Unionsrecht hat, es erforderlich machen kann, durch die Gewährung einstweiligen Rechtsschutzes die volle Wirksamkeit der zukünftigen Entscheidung in der Hauptsache sicherzustellen.[1]

Die Gewährung einstweiligen Rechtsschutzes durch die Unionsgerichtsbarkeit erfolgt im 2 Kern nach ähnlichen Grundsätzen wie sie auch aus dem deutschen Recht geläufig sind: es bedarf eines Anordnungsgrundes (Dringlichkeit), eines Anordnungsanspruchs (Erfolgsaussichten in der Hauptsache; „fumus boni juris"), es findet eine Interessenabwägung statt, es gilt grundsätzlich das Verbot der Vorwegnahme oder des Überschreitens der Hauptsache, es ist ein summarisches und abgekürztes Verfahren und die den Antrag stützenden Umstände müssen glaubhaft gemacht werden.

Allerdings bestehen auch signifikante Unterschiede im Vergleich zu den Verfahren nach 3 nationalem Recht. Das Erfordernis der Dringlichkeit hat eine überragende Bedeutung; schätzungsweise 70% der Anträge scheitern an fehlender Dringlichkeit. Die Interessenabwägung spielt bei weitem nicht die Rolle, die ihr im deutschen Verwaltungs- und insbesondere im Verfassungsprozessrecht zukommt. Die Prüfung der Rechtslage entfällt häufig und der Standard, um Erfolgsaussichten in der Hauptsache konstatieren zu können, ist – zumindest nach den üblichen Obersätzen – deutlich geringer als dies aus dem deutschen Verwaltungsprozessrecht geläufig ist. Zudem kennt das europäische Recht nicht eine vergleichbare Ausdifferenzierung in verschiedene Formen der Anordnungen und eine Aufgliederung je nach den betroffenen Rechtsmaterien. Das einstweilige Verfahren kann nicht selbständig und isoliert betrieben werden, sondern ist streng akzessorisch zu der Hauptsacheklage. Schließlich: das Unionsrecht kennt keine Schadensersatzpflicht entsprechend § 945 ZPO; die Praxis von Schutzschriften ist unbekannt.

Diese Unterschiede dürften, soweit sie nicht lediglich Ausdruck eines im Einzelnen 4 anderen Rechtsrahmens sind, im Wesentlichen auf folgende Umstände zurückzuführen sein Die europäische Judikatur ist Zivil-, Verwaltungs-, und Verfassungsgericht in einem und die Instrumente der Aussetzung und einstweiligen Anordnung sind die gleichen in diesen unterschiedlichen Materien. Die sofortige Vollziehbarkeit ist ausnahmslos der Standard. Über den einstweiligen Rechtsschutz entscheidet nicht der Spruchkörper, der über die Hauptsache befindet, sondern beim EuG dessen Präsident und beim EuGH dessen Vizepräsident, sofern nicht ausnahmsweise die Sache an die große Kammer des EuGH verwiesen wird. Dieser Umstand mag eine gewisse Zurückhaltung bei der Beurteilung der Erfolgsaussichten in der Hauptsache nahelegen. Das System des europäischen Rechtsschutzes ist weniger entwickelt, als man dies aus dem deutschen Prozessrecht kennt: es gibt keine Verpflichtungs-, keine Unterlassungs- und keine Feststellungsklage (sieht man von der Vertragsverletzungsklage und einigen Sonderfällen ab). Schließlich liegt die Mutmaßung nicht fern, dass die Kriterien der Dringlichkeit, die seit den 1980iger Jahren angelegt werden, einen Import aus der seinerzeitigen französischen Rechtsprechung darstellen.

Jenseits dieser Unterschiede verkennt der gelegentlich erhobene Vorwurf, dass der 5 europäische Richter des einstweiligen Rechtsschutzes zuvörderst ein Richter der „Dringlichkeit" sei und insgesamt der einstweilige Rechtsschutz auf Unionsebene unterentwickelt und nicht hinreichend effektiv sei, wichtige **Entwicklungen und Trends** der Rechtsprechung der letzten Jahre.

So hat im **Vergaberecht** das EuG durch seine Rechtsprechung in der Rs. Vanbreda eine 6 Rechtsprechungslinie begründet, die die Darlegung der Dringlichkeit wesentlich erleichtert

---

[1] Beschluss des Präsidenten des Gerichtshofs 29.1.1997 – C-393/96 P(R), ECLI:EU:C:1997:42 Rn. 36 – Antonissen/Rat und Kommission.

und so den Schwerpunkt der Prüfung von der Dringlichkeit auf die Erfolgsaussichten in der Hauptsache und die Interessenabwägung verlagert (siehe → Rn. 223 ff.).

7 Ebenso hat das EuG mit seinem Beschluss in der Rechtssache Pilkington eine Rechtsprechung im Bereich des **Schutzes vertraulicher Informationen** angestoßen, in welcher der Schwerpunkt der Prüfung nunmehr bei den Erfolgsaussichten und nicht mehr bei der Dringlichkeit liegt (siehe → Rn. 238 ff.).

8 Vor allem aber ist auf die bahnbrechenden Entscheidungen des EuGH zum Schutze des **Waldes von *Białowieża*** und zur Sicherung einer **unabhängigen Justiz in Polen** zu verweisen. Der EuGH hat hierbei die Effektivität des einstweiligen Rechtsschutzes geschärft und damit gleichzeitig die Grundlage für ein besseres Verständnis dessen Charakteristika gelegt (siehe → Rn. 37 ff.).

9 Weiter ist zu beobachten, dass der **Interessenabwägung** eine immer größere Bedeutung beigemessen wird. So hat erst jüngst das EuG bei bestehender Dringlichkeit und Erfolgsaussichten in der Hauptsache die Gewährung einstweiligen Rechtsschutzes mit Blick auf eine negativ ausfallende Interessenabwägung versagt[2] und der Interessenabwägung eine entscheidende Bedeutung bei der Bestimmung des Inhalts eines stattgebenden Beschlusses gegeben.[3] Es erscheint daher nicht fernliegend anzunehmen, dass diesem Kriterium in Zukunft ein größeres Gewicht zugemessen wird, wenn auch nicht zu erwarten steht, dass es in kurzer Zeit eine Bedeutung einnehmen könnte, die annähernd der „Folgenbetrachtung" des Bundesverfassungsgerichts[4] entspricht.

10 Schließlich erscheint auch nicht ausgeschlossen, dass die sehr strikte Rechtsprechung zur Dringlichkeit, insbesondere zur **Irreparabilität** des Schadens, eine **Nuancierung,** etwa im Wege einer Fallgruppenbildung für die Fälle erfährt, in welchen ein eventueller Schadensersatz nicht genügt, um die Reparabilität des Schadens zu begründen.

B. Rechtsgrundlagen

11 Die Art. 278, 279 AEUV und Art. 157 EAGV bilden die Rechtsgrundlage für die Gewährung eines einstweiligen Rechtsschutzes durch den EuGH und auch für das EuG als Teil des „Gerichtshof der Europäischen Union". Die Zuständigkeit ist entsprechend der Zuständigkeit für die Hauptsache verteilt; Art. 256 AEUV, Art. 51 EuGH-Satzung. Näher ausgestaltet werden diese Rechtsgrundlagen durch die Art. 39 und 57 EuGH-Satzung und durch die jeweiligen Verfahrensordnungen: Art. 160 bis 164 EuGHVerfO und Art. 156–160 EuGVerfO. Die Vorschriften in den Verfahrensordnungen sind weitgehend äquivalent – allerdings bestehen auch einige Unterschiede im Verfahren vor den beiden Gerichten: So kann gem. Art. 39 UAbs. 2 EuGH-Satzung der Präsident des EuGH seine Kompetenz auf den Vizepräsidenten übertragen; von dieser Möglichkeit macht der Präsident seit Schaffung des Amtes des Vizepräsidenten Gebrauch. Der Präsidenten des EuG verfügt nicht über eine entsprechende Möglichkeit. Außerdem kann der Präsident des EuGH (bzw. dessen Vizepräsident) gem. Art. 161 Abs. 1 EuGHVerfO die Entscheidung über den Antrag auf einstweiligen Rechtsschutz dem Gerichtshof übertragen; diese Möglichkeit besteht nicht für den Präsidenten des EuG.

C. Übersicht/Grundsätze

12 Das Verfahren des einstweiligen Rechtsschutzes ist **abgekürzt und summarisch;** Art. 39 UAbs. 1 EuGH-Satzung. Zwar können eine Beweisaufnahme oder prozessleitende Maßnahmen angeordnet werden (Art. 160 Abs. 6 EuGHVerfO; Art. 157 Abs. 3 EuGVerfO); allerdings ist dies in der Praxis selten der Fall. Nach derzeitiger Praxis wird die Entscheidung

---

[2] EuG 26.5.2021 – T-54/21 R, ECLI:EU:T:2021:292 – OHB System/Kommission.
[3] EuG 29.10.2020 – T-452/20 R, ECLI:EU:T:2020:516 Rn. 119 f. – Facebook Ireland/Kommission.
[4] Siehe dazu Wiedmann in Emmenegger/Wiedmann S. 41 ff.

in der Regel nach einer Schriftsatzrunde getroffen und findet keine mündliche Verhandlung statt.

Das Verfahren des einstweiligen Rechtsschutzes ist im Grundsatz **kontradiktorisch.** Es obliegt den Parteien, den Prozessstoff dem Gericht beizubringen; das Gericht trifft im Grundsatz keine Feststellungen von Amts wegen. 13

Das Verfahren des einstweiligen Rechtsschutzes ist **akzessorisch;** Art. 160 Abs. 1 und 2 EuGHVerfO; Art. 156 Abs. 1 und 2 EuGVerfO. Ein Antrag auf einstweiligen Rechtsschutz ist daher nur zulässig, soweit spätestens gleichzeitig mit diesem Antrag eine Klage in der Hauptsache eingelegt wird. 14

Das Verfahren des einstweiligen Rechtsschutzes ist Gegenstand eines **gesonderten Verfahrens** mit eigenem Aktenzeichen und wird durch einen gesonderten Schriftsatz eingeleitet; Art. 160 Abs. 4 EuGHVerfO; Art. 156 Abs. 5 EuGVerfO. 15

Das Verfahren des einstweiligen Rechtsschutzes ist **einstweiliger Natur;** eine **Vorwegnahme** der Hauptsache ist grundsätzlich unstatthaft (Art. 39 UAbs. 4 EuGH-Satzung; Art. 162 Abs. 4 EuGHVerfO; Art. 158 Abs. 4 EuGVerfO); dies gilt nur eingeschränkt für ein **Überschreiten** der Hauptsache. 16

D. Zulässigkeit

I. Allgemeines

Das Verfahren des einstweiligen Rechtsschutzes vor den Unionsgerichten ist streng **akzessorisch,** das heißt, es steht in **dienender Abhängigkeit zu einem anhängigen (zulässigen) Hauptverfahren.** 17

Bei der Zulässigkeit ist zu unterscheiden zwischen der Zulässigkeit des Antrags auf einstweiligen Rechtsschutz und der Zulässigkeit der Klage im Hauptverfahren. 18

II. Zulässigkeit des Antrags selbst

1. Gesonderte Antragsschrift. Die Zulässigkeit des Antrags setzt zunächst voraus, dass er in einer gesonderten Antragsschrift formuliert ist, Art. 160 Abs. 4 EuGHVerfO; Art. 156 Abs. 5 EuGVerfO. 19

Ein Antrag auf einstweiligen Rechtsschutz, der in der Hauptsacheklage neben anderen Anträgen gestellt wird, wird als unzulässig verworfen, wobei dies generell nicht in einem separaten Beschluss erfolgt, sondern mit der das Verfahren abschließenden Entscheidung in der Hauptsache. Es ergeht in solchen Fällen in der Regel auch kein Hinweisbeschluss des Gerichts, der den Antragsteller auf die Unzulässigkeit eines derart vorgebrachten Antrags auf einstweiligen Rechtsschutz verweist. 20

2. Zuständigkeit. Formell zuständig für die Gewährung einstweiligen Rechtsschutz ist, sofern die Rechtssache vor dem EuG anhängig ist, dessen Präsident, in den Fällen, in denen die Hauptsache vor dem EuGH verhandelt wird, dessen Vizepräsident,[5] der auch gem. Art. 161 Abs. 1 VerfO EuGH die Sache an den Gerichtshof (Große Kammer oder Plenum) verweisen kann; die Mitgliedstaaten und die Unionsorgane können nicht bindend den Verweis an die Große Kammer beantragen.[6] 21

3. Zeitpunkt; keine Frist. Der Antrag auf einstweiligen Rechtsschutz **kann frühestens** zeitgleich mit der Hauptsacheklage, auf welche er sich bezieht (Akzessorietät), erhoben werden und nur **solange** eine Rechtssache vor dem betreffenden Gericht anhängig ist. 22

---

[5] Gem. Art. 39 UAbs. 2 EuGH-Satzung kann der Präsident des EuGH seine Kompetenz auf den Vizepräsidenten übertragen; von dieser Möglichkeit macht der Präsident seit Schaffung des Amtes des Vizepräsidenten Gebrauch; vgl. Beschluss des Gerichtshofs vom 23. Oktober 2012 über die richterlichen Aufgaben des Vizepräidenten des Gerichtshofs, ABl. 2012 L 300, 47.
[6] EuGH 6.10.2021 – C-204/21 R, ECLI:EU:C:2021:834 Rn. 4–8 – Kommission/Polen; 20.9.2021 – C-121/21 R, ECLI:EU:C:2021:752 Rn. 7–14 – Tschechische Republik/Polen.

Insbesondere gilt keine bestimmte Frist innerhalb derer der Antrag einzureichen wäre; die Bestimmung dieses Zeitpunktes obliegt nach der Rechtsprechung im Grundsatz dem Antragsteller.[7]

23 Allerdings kann eine verhältnismäßig späte Erhebung des Antrags oder bereits die späte Klageerhebung im Rahmen der Beurteilung der Dringlichkeit berücksichtigt werden.[8] Die Rechtsprechung ist insoweit nicht besonders streng. Insbesondere wendet sie keine starren Grundsätze an, wonach etwa bei Ablauf einer gewissen Zeitdauer grundsätzlich davon auszugehen wäre, dass der Antragsteller durch Zuwarten seinen prozessualen Anspruch verwirkt hat. Eine Grenze ist allerding erreicht, wenn keinerlei Gründe ersichtlich und auch vom Antragsteller nicht vorgetragen sind, warum er erst deutlich nach Klageerhebung seinen Antrag auf einstweiligen Rechtsschutz eingereicht hat.[9]

24 **4. Form und Inhalt.** Es gelten die allgemeinen Anforderungen, wie sie auch für die Einreichung von Klagen gelten; siehe Art. 160 Abs. 4 EuGHVerfO; Art. 156 Abs. 5 EuG-VerfO. Zusätzlich bestimmen die Vorschriften der Verfahrensordnungen, dass der Antrag den Streitgegenstand und die Umstände bezeichnen muss, aus denen sich die Dringlichkeit ergibt; außerdem sind die den Erlass der beantragten einstweiligen Anordnung dem ersten Anschein nach rechtfertigenden Sach- und Rechtsgründe anzuführen.

25 **5. Akzessorietät.** Wie sich bereits aus den Art. 278 und 279 AEUV ergibt, ist das Verfahren des einstweiligen Rechtsschutzes vor den Unionsgerichten streng akzessorisch zu einem Hauptsacheverfahren.

26 Was den Antrag auf **Aussetzung der Vollziehung** betrifft, folgt bereits aus Art. 278 AEUV, dass diesen Antrag nur ein Kläger stellen kann, der den Akt, dessen Vollziehung ausgesetzt werden soll, mit einer Klage angefochten hat.[10] Hierfür genügt es, dass er den Antrag auf einstweiligen Rechtsschutz gleichzeitig oder nach Erhebung der Klage einreicht. Sofern noch keine Klage erhoben ist, ist der Antrag auf einstweiligen Rechtsschutz unzulässig. Dabei dürfte davon auszugehen sein, dass der ursprünglich unzulässig, weil verfrüht erhobene Antrag nicht nachträglich dadurch zulässig wird, dass später die Klage eingereicht wird. Allerdings könnte man im **Vergaberecht** an eine behutsame **Rechtsfortbildung** denken: Der Antrag auf einstweiligen Rechtsschutz wird erst unzulässig und ein etwaiger, stattgebender Beschluss obsolet, wenn der Kläger nicht binnen der Klagefrist Klage in der Hauptsache erhebt.

27 Aus der ausdrücklichen Bezugnahme in der Verfahrensordnung auf den Kläger (Art. 160 Abs. 1 EuGHVerfO; Art. 156 Abs. 1 EuGVerfO) wird man schließen müssen, dass nur der Kläger (oder Berufungskläger), nicht aber ein Intervenient einen Antrag auf Aussetzung stellen kann.

28 Was den Antrag auf **Erlass einstweiliger Maßnahmen** betrifft, ist Art. 279 AEUV offener formuliert. Danach kann der EuGH/ das EuG einstweilige Maßnahmen „in den bei

---

[7] EuG 28.9.2017 – T-737/14 R, ECLI:EU:T:2017:681 Rn. 28 – Vnesheconombank/Rat.
[8] EuG 11.6.2020 – T-652/19 R, ECLI:EU:T:2020:263 Rn. 53 – Elevolution Engenharia/Kommission; 2.10.2019 – T-542/19 R, ECLI:EU:T:2019:718 Rn. 37 – FV/Rat; 28.9.2017 – T-737/14 R, ECLI:EU: T:2017:681 Rn. 28, Vnesheconombank/Rat.
[9] Siehe EuGH 12.6.2014 – C-21/14 P-R, ECLI:EU:C:2014:1749 Rn. 42 – Kommission/Rusal Armenal; 17.12.2018 – C-619/18 R, ECLI:EU:C:2018:1021 Rn. 80–86 – Kommission/Polen; EuG 2.10.2019 – T-542/19 R, ECLI:EU:T:2019:718 Rn. 34–38 – FV/Rat; EuG 30.5.2017 – T-690/16 R, ECLI:EU: T:2017:370 Rn. 56 – Enrico Colombo und Corinti Giacomo/Kommission; siehe aber EuG 28.9.2017 – T-737/14 R, ECLI:EU:T:2017:681 Rn. 29 – Vnesheconombank/Rat, in welchem festgehalten wird, dass der Antragsteller darzulegen hat, warum gegenüber der bisherigen Situation nunmehr Dringlichkeit eingetreten ist. Siehe auch den Rs. Czernacki, in welcher die späte Anrufung des EuG allerdings im Rahmen der Prüfung der Zulässigkeit des Inhalts der begehrten Anordnung berücksichtigt wurde: EuG 4.5.2018 – T-230/18 R, ECLI:EU:T:2018:262 Rn. 34–39 – Czarnecki/Parlament.
[10] Dies erlaubt es theoretisch, dass jeder von mehreren Klägern, die zusammen Klage erhoben haben, einen gesonderten Antrag auf einstweiligen Rechtsschutz stellt (siehe die Verfahren die zu den Beschlüssen vom 8.6.2020 – T-77/20 R, ECLI:EU:T:2020:246 – Ascenza Agro/Kommission und T-77/20 RII, ECLI: EU:T:2020:247 – Industrias Afrasa/Kommission geführt haben).

ihm anhängigen" Verfahren treffen. Aus der Rechtsprechung ergibt sich einschränkend, dass, um die Akzessorietät zu wahren, die beantragten Maßnahmen nicht außerhalb des Rahmens der in der Hauptsache begehrten Entscheidung liegen dürfen und insofern ein hinreichend enger Zusammenhang zwischen den im Hauptsacheverfahren verfolgten Anträgen und den beantragten Maßnahmen des einstweiligen Rechtsschutzes bestehen muss.[11]

Ob – anders als bei der Aussetzung der Vollziehung – der zugelassene Intervenient über **29** die Möglichkeit verfügt, einen Antrag auf Erlass einstweiliger Maßnahmen zu stellen, ist bisher in der Rechtsprechung, soweit ersichtlich, nicht beantwortet.[12]

Die **Akzessorietät kennt bisher keine Ausnahmen,** sondern **lediglich** eine **Modula- 30 tion im Bereich des Beamtenrechts.** So setzt an sich die Klage in Beamtensachen voraus, dass der Kläger zunächst eine Beschwerde gegen die Behördenentscheidung erhebt und deren ausdrückliche oder implizite Bescheidung abwartet, siehe Art. 91 Abs. 2 Beamtenstatut. Mit Blick auf den effektiven Rechtsschutz erlaubt Art. 156 Abs. 3 EuGVerfO, dass der Beamte unmittelbar mit Einlegung seiner Beschwerde das Gericht um einstweiligen Rechtsschutz ersuchen kann. Er muss zu diesem Zweck auch zusätzlich eine Klage einreichen, deren Bearbeitung allerdings zunächst ausgesetzt ist, bis die Behördenentscheidung über die Beschwerde ergangen ist.

De lege ferenda, evtl. sogar im Wege der **Rechtsfortbildung,** sollten Modulationen der **31** Akzessorietät bzw. sogar Durchbrechungen der Akzessorietät geschaffen werden:

In Analogie zu den Vorschriften für Beamte sollte auch in den Fällen, in welchen **32** sekundärrechtlich ein **behördeninternes obligatorisches Prüfverfahren** der Erhebung einer Klage vorgeschaltet ist,[13] dem Kläger die Möglichkeit gegeben werden, direkt das EuG anzurufen, wenn anderenfalls ein effektiver gerichtlicher Rechtsschutz vereitelt würde.

Im Bereich des **Vergaberechts** ist zu erwägen, durch eine Änderung der Prozessordnung **33** dem Antragsteller zu erlassen, während der Stillhaltefrist (siehe → Rn. 223 ff.) Klage und Antragsschrift einzureichen. Alternativ könnte auch eine behutsame **Rechtsfortbildung** helfen: Der Antrag auf einstweiligen Rechtsschutz, der vor Erhebung der Klage eingelegt wird, ist schwebend zulässig und wird erst unzulässig (und ein etwaiger, stattgebender Beschluss obsolet), wenn der Kläger nicht binnen der Klagefrist Klage in der Hauptsache erhebt.

Im Bereich des **Vertragsverletzungsverfahrens** hat sich in den letzten Jahren nicht nur **34** erwiesen, dass es bisher für nicht erforderlich erachteter Absicherungen der Wirksamkeit einstweiliger Anordnungen des Gerichtshofes bedarf (siehe dazu → Rn. 47 f. 6c), sondern dass bereits im Vorfeld des gerichtlichen Vertragsverletzungsverfahrens, also während oder bevor das Vorverfahren nach Art. 258 AEUV geführt wird, die Gefahr besteht, dass schwer reversible Fakten geschaffen werden.

Es unterliegt keinem Zweifel, dass die Logik des einstweiligen Rechtsschutzes erfordert, **35** auch für diese Fälle zu verhindern, dass irreversible Fakten geschaffen und damit das (spätere) gerichtliche Verfahren entwertet wird.

Vor diesem Hintergrund erscheint es *de lege ferenda* erwägenswert, das Beschreiten des **36** einstweiligen Verfahrens vor dem EuGH abzukoppeln vom Vertragsverletzungsverfahren in der Hauptsache. Zwar könnte man die Ansicht vertreten, dass die Kommission als Herrin des Vorverfahrens die Fristen so bestimmen kann, dass dessen Durchführung zeitlich nicht bedeutend in das Gewicht fällt und daher kein echtes Bedürfnis für eine Auflösung der Akzessorietät spricht. Diese Ansicht verkennt aber, dass damit gerade das Vorverfahren

---

[11] EuG 25.11.2021 – T-534/21 R, ECLI:EU:T:2021:825 Rn. 25 f. mwN – VP/Cedefop; 13.4.2021 – T-12/21 R, ECLI:EU:T:2021:184 Rn. 40, 45 f. – PJ/EIT.
[12] Befürwortend, Picod, Fasc. 390, Référé, 2020, Rn. 27.
[13] In der Tendenz führt die „Agenturisierung" der Unionsverwaltung nicht nur dazu, dass immer mehr Entscheidungen von Agenturen und ähnlichen Stellen erlassen werden, sondern auch, dass entsprechend Art. 263(5) AEUV die Zulässigkeit einer Klage voraussetzt, dass zunächst erfolglos ein behördeninternes Beschwerdeverfahren durchlaufen wird.

seines guten Sinnes beraubt würde, wenn auf Grund der Eiligkeit der Angelegenheit dieses Verfahren so schnell wie möglich durchgeführt werden müsste, um Zugang zu Gericht zu erhalten. Alternativ wäre *de lege ferenda* zu erwägen, der Kommission für das Vorverfahren die Möglichkeit einzuräumen, einstweilige Maßnahmen anzuordnen, wie etwa im Beihilfe- und Kartellrecht.

37 **6. Antrag.** Der Antragsteller muss in der Antragsschrift einen Antrag formulieren. Der Richter ist grundsätzlich (siehe zur Ausnahme → Rn. 47 f.) an den Antrag gebunden und kann nicht „*ultra petita*" entscheiden.[14] Selbstverständlich kann der Antragsteller in einer Antragsschrift mehrere **Anträge kombinieren,** insbesondere auch Anträge auf Aussetzung mit solchen auf einstweilige Anordnung und auch durch hilfsweise gestellte Anträge ergänzen.

38 Der Antrag muss **hinreichend bestimmt** sein und die beantragte Maßnahme muss im **Rahmen der Zuständigkeiten** des Richters des einstweiligen Rechtsschutzes liegen. Beide Erfordernisse wurden in der Vergangenheit zuweilen sehr streng gehandhabt und die neuere Rechtsprechung des EuGH hat hier wichtige Weichenstellungen vorgenommen, die allerdings bisher noch nicht stets vollständig Niederschlag in der Rechtsprechung des EuG gefunden haben.

39 a) **Bestimmtheit des Antrags.** Der Antrag muss **hinreichend bestimmt** sein. Sofern es um die Aussetzung geht, muss der Antrag den Akt bezeichnen, welcher ausgesetzt werden soll. Sofern es um eine einstweilige Anordnung geht, muss die Antragsschrift die beantragte Anordnung bestimmen.

40 Probleme können sich ergeben sich gelegentlich bei der **Bestimmung des Inhalts der begehrten einstweiligen Anordnung.** Nach bisheriger ständiger Rechtsprechung des EuG muss der Antragsteller den Inhalt der begehrten einstweiligen Anordnung genau bezeichnen. Danach werden insbesondere Anträge als unzulässig angesehen, die den Inhalt lediglich final bestimmen, etwa in dem Sinne, dass das Gericht „alle zweckdienlichen Maßnahmen zu ergreifen hat". Das EuG stellt insoweit darauf ab, dass ihm nicht angesonnen werden kann, den Inhalt der beantragten Maßnahmen zu bestimmen um dann anschließend das Vorliegen deren rechtlichen Voraussetzungen zu prüfen.[15]

41 Diese **Rechtsprechung** muss vor dem Hintergrund der neueren Rechtsprechung des EuGH als **überholt** angesehen werden. So hat der EuGH in der **bahnbrechenden** Rs. *Kommission/Polen (Wald von Białowieża)* zunächst festgestellt, dass zwar grundsätzlich der Richter des einstweiligen Rechtsschutzes an den Antrag gebunden ist. Dies hindere ihn aber nicht, im Rahmen seines weiten Beurteilungsspielraums den Gegenstand und den Umfang der einstweiligen Maßnahmen zu präzisieren und (gegebenenfalls von Amts wegen) alle akzessorischen Maßnahmen zu treffen, die insbesondere erforderlich sind, um die Wirksamkeit seiner Anordnungen sicherzustellen.[16] Bislang hat das EuG hieraus keine Konsequenzen für seine Rechtsprechung gezogen und scheint bei seiner restriktiven Linie bleiben zu wollen.

42 Angesichts dieser restriktiven Rechtsprechung des EuG ist ein Antragsteller gut beraten, in seinem Antrag die begehrte Anordnung möglichst präzise zu fassen und nur hilfsweise eine finale Formulierung zu wählen.

43 b) **Beantragte Maßnahme im Rahmen der Zuständigkeit des Richters.** Die beantragte Maßnahme muss im **Rahmen der Zuständigkeit** des Richters des einstweiligen Rechtsschutzes liegen. Für diese Prüfung ist es wichtig zu unterscheiden zwischen dem in der Hauptsache verfolgtem prozessualen Ziel und dem prozessualen Ziel des einstweiligen Verfahrens, welches auf die **Sicherung** oder eventuell auch auf eine **Leistung** oder eine

---

[14] EuG 4.5.2018 – T-230/18 R, ECLI:EU:T:2018:262 Rn. 23 – Czarnecki/Parlament.
[15] Vgl. EuG 22.6.2021 – T-207/21 R, ECLI:EU:T:2021:382 Rn. 39 – Polynt/ECHA; 4.5.2018 – T-230/18 R, ECLI:EU:T:2018:262 Rn. 23, 26 – Czarnecki/Parlament.
[16] EuGH 20.11.2017 – C-441/17 R, ECLI:EU:C:2017:877 Rn. 98–100 – Kommission/Polen.

einstweilige **Regelung** gerichtet sein kann. Der Antragsteller hat insofern einen **unmittelbar aus dem Prozessrecht erwachsenden prozessualen Anspruch** auf den einstweiligen Schutz seiner im Hauptverfahren geltend gemachten Rechtsposition.[17] Die Zuständigkeit des Richters des einstweiligen Rechtsschutzes ist in Bezug auf diesen prozessualen Anspruch des Antragstellers zu untersuchen. Dies erlaubt es, dem Richter des einstweiligen Rechtsschutzes Zuständigkeiten gegenüber anderen Organen (auch mitgliedstaatlichen Organen) zuzuerkennen, die dem Richter in der Hauptsache verschlossen sind. Damit geht selbstverständlich auch eine **Durchbrechung** des Grundsatzes des **Verbots des Überschreitens** der Hauptsache einher.

Sofern es das Gebot des effektiven gerichtlichen Rechtsschutzes gebietet, nimmt das EuG/der EuGH für sich in Anspruch, **Anordnungen gegenüber den Mitgliedstaaten** (ausnahmsweise auch dann, wenn diese nicht Partei sind)[18] zu erlassen, die dem Richter der Hauptsache nicht zu Gebote stehen. Insbesondere der Umstand, dass der Tenor eines Urteils im Vertragsverletzungsverfahren lediglich feststellenden Charakter hat und der betreffende Mitgliedstaat gem. Art. 260 AEUV verpflichtet ist, die sich aus dem Urteil ergebenden Konsequenzen zu ziehen, steht, wie der EuGH gerade in seiner neueren Rechtsprechung zu Recht betont, der Anordnung konkreter Maßnahmen, die dieser Mitgliedstaat zu ergreifen hat, nicht entgegen.[19] Denn es würde gerade dem Wesen des einstweiligen Rechtsschutzes und im Übrigen auch dem (weiten) Wortlaut des Art. 279 AEUV zuwiderlaufen, wollte man annehmen, dass der EuGH nicht einstweilige Anordnung gegenüber den Mitgliedstaaten treffen könne, um so den prozessualen Anspruch auf einstweiligen Schutz der im Hauptverfahren von der Kommission geltend gemachten Rechtsposition durchzusetzen.[20] 44

In der gleichen Weise kann der Umstand, dass gem. Art. 266 AEUV das Unionsorgan die Konsequenzen aus einem Nichtigkeitsurteil zu ziehen hat, den Richter des einstweiligen Rechtsschutzes nicht daran hindern, der **Unionsverwaltung** konkrete Maßnahmen vorzuschreiben. 45

Bislang war allerdings die **Rechtsprechung des EuG** nicht einheitlich, häufig sehr **zurückhaltend** und betonte, dass grundsätzlich der Richter der Unionsverwaltung keine konkreten Maßnahmen vorschreiben dürfe, sondern das institutionelle Gleichgewicht beachten müsse.[21] Diese Rechtsprechung ist schwer in Einklang mit Art. 279 AEUV zu bringen, wurde bereits in der Vergangenheit durch den EuGH sanktioniert[22] und sollte spätestens durch die neuere, eben referierte Rechtsprechung des EuGH als **überholt** angesehen werden. Ebenso wie dies der EuGH im Hinblick auf gegen Mitgliedstaaten gerichtete Maßnahmen judiziert hat, lässt eine Versagung des einstweiligen Rechtsschutzes gegenüber der Unionsverwaltung mit Blick auf das „institutionelle Gleichgewicht" den Kern des von Art. 279 AEUV gewährleisteten Anspruchs praktisch leerlaufen. Auf einem anderen Blatt steht natürlich die Frage, welche Anforderungen für einen erfolgreichen 46

---

[17] Vgl. EuGH 21.5.2021 – C-121/21 R, ECLI:EU:C:2021:420 Rn. 28 f. – Tschechische Republik/Polen; 8.4.2020 – C-791/19 R, ECLI:EU:C:2020:277 Rn. 40 – Kommission/Polen.
[18] EuG 3.3.2020 – T-24/20 R, ECLI:EU:T:2020:78 Rn. 37 – Junqueras i Vies/Parlament; 18.3.2008 – T-411/07 R, ECLI:EU:T:2008:80 Rn. 56 – Aer Lingus Group/Kommission.
[19] EuGH 14.7.2021 – C-204/21 R, ECLI:EU:C:2021:834 Rn. 73 – Kommission/Polen; 21.5.2021 – C-121/21 R, ECLI:EU:C:2021:420 Rn. 29 f. – Tschechische Republik/Polen; 8.4.2020 – C-791/19 R, ECLI:EU:C:2020:277 Rn. 29–41 – Kommission/Polen.
[20] EuGH 14.7.2021 – C-204/21 R, ECLI:EU:C:2021:834 Rn. 73 – Kommission/Polen.
[21] EuG 25.11.2021 – T-534/21 R, ECLI:EU:T:2021:825 Rn. 29 – VP/Cedefop; 3.3.2020 – T-24/20 R, ECLI:EU:T:2020:78 Rn. 34 – Junqueras i Vies/Parlament; 31.1.2020 – T-627/19 R, ECLI:EU:T:2020:23 Rn. 24 – Shindler ua/Kommission; weniger pauschal und ausgewogener: EuG 13.4.2021 – T-12/21 R, ECLI:EU:T:2021:184 Rn. 41–47 – PJ/EIT; 12.7.2019 – T-280/19 R, ECLI:EU:T:2019:545 Rn. 83–85 – Highgate Capital Management/Kommission; 4.5.2018 – T-230/18 R, ECLI:EU:T:2018:262 Rn. 31–33 – Czarnecki/Parlament; 11.9.2018 – T-504/18 R, ECLI:EU:T:2018:526 Rn. 51 – XG/Kommission.
[22] Siehe EuGH 29.1.1997 – C-393/96 P(R), ECLI:EU:C:1997:42 Rn. 33 ff. – Antonissen/Rat und Kommission; 17.12.1998 – ECLI:EU:C:1998:629, Rn. 44 ff. – Emesa Sugar/Kommission.

Antrag auf Anordnung einstweiliger Maßnahmen gegen die Unionsverwaltung erfüllt sein müssen (siehe dazu → Rn. 180 ff.).

47 **c) Flankierende Maßnahmen; Zwangsgeld.** Nach der neueren und zu begrüßenden Rechtsprechung des EuGH räumt Art. 279 AEUV dem Richter des einstweiligen Rechtsschutzes die Befugnis ein, **flankierende Maßnahmen** anzuordnen, die erforderlich sind, um die Wirksamkeit seiner einstweiligen Anordnungen sicherzustellen.[23] Dies schließt insbesondere die Androhung und Verhängung eines **Zwangsgeldes** ein.[24] Hierfür bedarf es **keines bezifferten Antrags**;[25] nach der Rechtsprechung scheint der Richter sogar die Befugnis zu haben, flankierende Maßnahmen auch ohne einen entsprechenden Antrag androhen zu können.[26]

48 Aus den bisher entschiedenen Fällen ist nicht zwingend abzuleiten, dass die Androhung/Verhängung von Zwangsgeldern nur im Wege eines „Zweitverfahrens" in Betracht kommt, also nachdem das Gericht zunächst eine einstweilige Anordnung erlassen und dann festgestellt hat, dass der Verpflichtete der gerichtlichen Anordnung bisher nicht entsprochen hat.[27] Im Sinne der Effektivität des einstweiligen Rechtsschutzes sollte es möglich sein, bereits in dem (ersten) Antrag auf Erlass einstweiliger Anordnungen unmittelbar die Verhängung eines Zwangsgeldes für den Fall zu beantragen, dass der Verpflichtete der einstweiligen Anordnung nicht binnen einer angemessenen Frist nachkommt. Einschränkend könnte man fordern, dass dies nur für die Fälle in Betracht kommt, in welchen begründeter Anlass zur Sorge besteht, dass die (unflankierte) einstweilige Anordnung nicht beachtet werden wird.

49 **7. Rechtsschutzinteresse.** Die allgemeine Zulässigkeitsvoraussetzung des Rechtsschutzinteresses spielt eine besondere Rolle im einstweiligen Rechtsschutz. Nach der Rechtsprechung muss der Antragsteller darlegen, dass er ein Interesse an den beantragten Maßnahmen hat, was voraussetzt, dass diese ihm dazu verhelfen, sein im einstweiligen Rechtsschutz verfolgtes prozessuales Ziel zu verwirklichen.[28]

50 Nach ständiger Rechtsprechung fehlt einem Antrag auf Aussetzung der Vollziehung einer **negativen Entscheidung** (beispielsweise der Versagung einer Erlaubnis) das Rechtsschutzinteresse:[29] Durch die Aussetzung erlange der Antragsteller keinen Vorteil, seine rechtliche Position verändere sich nicht. Etwas anderes gilt allerdings dann, wenn durch die Aussetzung erreicht werden soll, dass eine (zusätzliche) einstweilige Anordnung ergehen kann.[30]

---

[23] Grundlegend: EuGH 20.11.2017 – C-441/17 R, ECLI:EU:C:2017:877 Rn. 98–108 – Kommission/Polen; siehe auch 27.10.2021 – C-204/21 R, ECLI:EU:C:2021:877 Rn. 20 – Kommission/Polen; 20.9.2021 – C-121/21 R, ECLI:EU:C:2021:752 Rn. 35 f. – Tschechische Republik/Polen.
[24] EuGH 27.10.2021 – C-204/21 R, ECLI:EU:C:2021:877 Rn. 20 – Kommission/Polen; 20.9.2021 – C-121/21 R, ECLI:EU:C:2021:752 Rn. 36 – Tschechische Republik/Polen.
[25] EuGH 27.10.2021 – C-204/21 R, ECLI:EU:C:2021:877 Rn. 18–24 – Kommission/Polen.
[26] So dürfte der EuGH in seinem grundlegenden Beschluss vom 20.11.2017 – C-441/17 R, ECLI:EU:C:2017:877, Rn. 99 f. – Kommission/Polen zu verstehen sein.
[27] So aber in den bisher entschiedenen Fällen: EuGH 27.10.2021 – C-204/21 R, ECLI:EU:C:2021:877 – Kommission/Polen; 20.9.2021 – C-121/21 R, ECLI:EU:C:2021:752 – Tschechische Republik/Polen; 20.11.2017 – C-441/17 R, ECLI:EU:C:2017:877 – Kommission/Polen.
[28] EuG 12.7.2019 – T-280/19 R, ECLI:EU:T:2019:545, Rn. 58–63 – Highgate Capital Management/Kommission; bestätigt durch EuGH 16.1.2020 – C-605/19 P(R) u. C-605/19 P(R)–R, ECLI:EU:C:2020:12, Rn. 49–51 mwN – Highgate Capital Management/Kommission; EuG 20.7.2017 – T-244/17 R, ECLI:EU:T:2017:545 Rn. 15 – António Conde & Companhia/Kommission.
[29] EuGH 21.2.2002 – C-486/01 P–R u. C-488/01 P–R, ECLI:EU:C:2002:116 Rn. 73 – Front national und Martinez/Parlament; 30.4.1997 – C-89/97 P(R), ECLI:EU:C:1997:226 Rn. 45 – Moccia Irme/Kommission; EuG 2.10.1997 – T-213/97 R, ECLI:EU:T:1997:147 Rn. 41 – Eurocoton ua/Rat; 26.3.2010 – T-16/10 R, ECLI:EU:T:2010:130 Rn. 25 – Alisei/Kommission; 3.3.2020 – T-24/20 R, ECLI:EU:T:2020:78 Rn. 29 – Junqueras i Vies/Parlament; 13.4.2021 – T-12/21 R, ECLI:EU:T:2021:184 Rn. 39 – PJ/EIT.
[30] EuG 26.3.2010 – T-16/10 R, ECLI:EU:T:2010:130 Rn. 26 – Alisei/Kommission; 18.3.2008 – T-411/07 R, ECLI:EU:T:2008:80 Rn. 48 – Aer Lingus Group/Kommission; 13.4.2021 – T-12/21 R, ECLI:EU:T:2021:184 Rn. 47 – PJ/EIT.

Wenn auch in der Praxis diese Rechtsprechung nicht immer streng zur Anwendung **51** gebracht wird, so erscheint es doch angebracht, neben der Aussetzung eines negativen Aktes stets zusätzlich eine einstweilige Anordnung zu beantragen. Angesichts der sehr großen Zurückhaltung der Unionsgerichte, der Unionsverwaltung eine Verpflichtung aufzuerlegen,[31] wird allerdings der Antrag auf Erlass der im Verwaltungsverfahren begehrten Entscheidung kaum erfolgreich sein.

Es besteht grundsätzlich auch kein Rechtsschutzinteresse an der Aussetzung von Rechts- **52** akten, die **bereits vollzogen und in ihrer Wirkung erschöpft** sind[32] oder die nachträglich aufgehoben wurden.[33] Ebenso wenig besteht ein Rechtsschutzinteresse für die Anordnung von Handlungen oder Unterlassungen, wenn der betreffende Akt bereits vorgenommen wurde.[34]

Die Untersuchung des Rechtsschutzinteresses kann gelegentlich auch implizieren, sofern **53** diese Frage nicht im Rahmen der Dringlichkeit erörtert wird, auf den Rechtsschutz abzustellen, der **national** zu gewährleisten ist oder – genereller – auf die **Interaktion nationalen und unionalen Rechtsschutzes.** Allerdings: Ebenso wenig wie der Unionsrichter bei behaupteten Insuffizienzen des nationalen Rechtsschutzes „in die Bresche springen" muss,[35] sollte auch der einstweilige Rechtsschutz auf Unionsebene nicht mit Blick auf seine angebliche Subsidiarität gegenüber nach nationalem Recht offenstehenden Möglichkeiten versagt werden.[36] Grundsätzlich sollte der einstweilige Rechtsschutz durch das Gericht gewährt werden, welches sachnäher ist.[37]

III. Zulässigkeit des Hauptsacheverfahrens

Aus **Opportunitätsgründen** prüft der Unionsrichter grundsätzlich **nicht** die Zulässigkeit **54** des Hauptsacheverfahrens. Da aber angesichts der Akzessorietät das Verfahren des einstweiligen Rechtsschutzes nur im Hinblick auf ein anhängiges Hauptsachverfahren eröffnet ist, kann in Ausnahmefällen der Richter sich veranlasst sehen, eine provisorische Prüfung der Zulässigkeit des Hauptsacheverfahrens im Rahmen des Verfahrens des einstweiligen Rechtsschutzes vorzunehmen. Dabei stützt er sich lediglich auf den im einstweiligen Verfahren vorgetragenen Prozessstoff und prüft insoweit, ob sich hieraus Anhaltspunkte für oder gegen die Zulässigkeit des Hauptsachverfahrens ergeben.[38] Dies gilt auch für Fragen der Kompetenz des EuG / des EuGH, auch im Verhältnis zu der nationalen Gerichtsbarkeit.[39]

Dies gilt allerdings nicht, wenn dem Antrag stattgegeben werden soll. So hat der EuGH **55** einen Rechtsfehler des EuG darin erkannt, dass dieses einem Antrag auf einstweiligen Rechtsschutz stattgegeben hat, obwohl die Hauptsacheklage offensichtlich unzulässig gewesen ist.[40]

---

[31] Siehe etwa EuG 2.10.1997 – T-213/97 R, ECLI:EU:T:1997:147 Rn. 40 – Eurocoton ua/Rat; siehe allerdings auch: EuG 13.4.2021 – T-12/21 R, ECLI:EU:T:2021:184 Rn. 41 ff. – PJ/EIT; siehe außerdem → Fn. 25.
[32] EuG 4.5.2018 – T-230/18 R, ECLI:EU:T:2018:262 Rn. 15–18 – Czarnecki/Parlament.
[33] EuGH 30.3.2022 – C-703/21 P(R), ECLI:EU:C:2022:250 Rn. 26 f. – Girardi/EUIPO; siehe auch 26.6.2018 – T-784/17 RII, ECLI:EU:T:2018:388 – Strabag Belgium/Parlament.
[34] EuG 20.7.2017 – T-244/17 R, ECLI:EU:T:2017:545 Rn. 15–22 – António Conde & Companhia/Kommission.
[35] EuG 6.2.2017 – T-645/16 R, ECLI:EU:T:2017:62 Rn. 37–41 – Vorarlberger Landes- und Hypothekenbank/CRU.
[36] Vergleiche aber im Rahmen der Prüfung des schweren und irreparablen Schadens: EuG 5.7.2013 – T-309/12 R, ECLI:EU:T:2013:347 Rn. 38 – Zweckverband Tierkörperbeseitigung/Kommission.
[37] EuG 12.7.2019 – T-280/19 R, ECLI:EU:T:2019:545 Rn. 87–105 – Highgate Capital Management/Kommission; 15.5.2018 – T-901/16 R, ECLI:EU:T:2018:268 Rn. 104 – Elche Club de Fútbol/Kommission.
[38] EuG 13.11.2020 – T-646/20 R, ECLI:EU:T:2020:540 Rn. 16 – NG ua/Parlament und Rat; 24.6.2020 – T-231/20 R, ECLI:EU:T:2020:280 Rn. 19–21 – Price/Rat; bestätigt durch EuGH 8.12.2020 – C-298/20 P(R), ECLI:EU:C:2020:1006 Rn. 51–53 – Price/Rat; 23.10.2019 – T-383/19 R, ECLI:EU:T:2019:754 Rn. 19–21 – Walker/Parlament und Rat.
[39] Vgl. EuG 24.6.2020 – T-231/20 R, ECLI:EU:T:2020:280 Rn. 47–53 – Price/Rat.
[40] EuGH 10.9.2020 – C-424/20 P(R), ECLI:EU:C:2020:705 Rn. 21–30 – Rat/Sharpston.

56 Ungeachtet des provisorischen Charakters dieser Prüfung und des spezifischen Prüfungsansatzes kann die Intensität der Zulässigkeitsprüfung durchaus der Prüfung im Hauptsacheverfahren entsprechen.[41]

IV. Prüfung von Amts wegen

57 An sich erfolgt die Prüfung der Zuständigkeit[42] und der Zulässigkeit[43] von Amts wegen, wobei dies so zu verstehen ist, dass der Richter von Amts wegen Fragen der Zulässigkeit prüfen *kann,* hierzu bei einer ablehnenden Entscheidung aber nicht gehalten ist, wenn aus Opportunitätsgründen andere Aspekte vorrangig zu prüfen sind.

E. Begründetheit

I. Allgemeines

58 Die materiellen Voraussetzungen für die Gewährung einstweiligen Rechtsschutzes sind die gleichen, unabhängig davon, ob die Aussetzung oder eine einstweilige Anordnung beantragt wird. Sie werden daher hier gemeinsam behandelt. Unterschiede bestehen allerdings bei der Bestimmung des Inhalts eines stattgebenden Beschlusses; insoweit wird hierfür zwischen Aussetzung und einstweiliger Anordnung unterschieden (siehe → Rn. 174 ff.).

59 Die materiellen Voraussetzungen für die Gewährung einstweiligen Rechtsschutzes sind in den vertraglichen Vorschriften der Art. 278 und 279 AEUV und des Art. 157 EAGV nicht näher spezifiziert. Art. 278 AEUV und Art. 157 EAGV lassen genügen, dass der Gerichtshof die Aussetzung „den Umständen nach für nötig hält"; Art. 279 AEUV erlaubt sogar schlicht „die erforderlichen einstweiligen Anordnungen zu treffen".

60 Eine mittelbare Konkretisierung ergibt sich aus den einschlägigen Bestimmungen der Verfahrensordnungen. Mittelbar insofern, als die Verfahrensvorschriften nicht unmittelbar materielle Anforderungen formulieren, sondern formelle Vorgaben machen: So müssen die Anträge auf einstweiligen Rechtsschutz „den Streitgegenstand bezeichnen und die Umstände, aus denen sich die Dringlichkeit ergibt, sowie die den Erlass der beantragten einstweiligen Anordnung dem ersten Anschein nach rechtfertigende Sach- und Rechtsgründe anführen"; Art. 160 Abs. 3 EuGHVerfO; Art. 156 EuGVerfO.

61 **1. Drei (kumulative) Voraussetzungen.** Entsprechend diesen Vorgaben ist die Gewährung vorläufigen Rechtsschutzes an **zwei kumulative Voraussetzungen** gebunden: **Dringlichkeit** und **„fumus boni juris".**

62 Ergänzend gilt eine von der Rechtsprechung geschöpfte **dritte Voraussetzung:** die **Abwägung der widerstreitenden Interessen.** Die rechtliche Relevanz dieses Kriteriums war bislang nicht ganz eindeutig. Allerdings darf nach der neueren Rechtsprechung des EuG, welches einen Antrag trotz gegebenen fumus und Dringlichkeit mit Blick auf die Interessabwägung zurückgewiesen hat,[44] davon auszugehen sein, dass für die Gewährung einstweiligen Rechtsschutzes **kumulativ** die Voraussetzungen der Dringlichkeit, des fumus und einer positiven Interessenabwägung gelten (siehe → Rn. 167 ff.).

63 Das mit den Voraussetzungen „Dringlichkeit" und „fumus" umrissene und um die Interessenabwägung ergänzte Prüfungsprogramm gibt nach ständiger Rechtsprechung[45] dem für die Gewährung vorläufigen Rechtsschutzes zuständigen Richter ein weites **Ermessen.** Er kann im Hinblick auf die Besonderheiten des Einzelfalls die Art und Weise, in

---

[41] Siehe zB: EuG 13.11.2020 – T-646/20 R, ECLI:EU:T:2020:540 Rn. 16 ff. – NG ua/Parlament und Rat; 24.6.2020 – T-231/20 R, ECLI:EU:T:2020:280 Rn. 22 ff. – Price/Rat.
[42] EuG 27.8.2018 – T-475/18 R, ECLI:EU:T:2018:518 Rn. 16 – Boyer/Wallis-et-Futuna.
[43] EuG 7.5.2002 – T-306/01 R, ECLI:EU:T:2002:113 Rn. 43 – Aden ua/Rat und Kommission.
[44] EuG 26.5.2021 – T-54/21 R, ECLI:EU:T:2021:292 Rn. 102 ff. – OHB System/Kommission.
[45] St. Rspr., EuGH 29.1.1997 – C-393/96 P(R), ECLI:EU:C:1997:42 Rn. 28 – Antonissen/Rat und Kommission; 19.7.2012 – C-110/12 P(R), ECLI:EU:C:2012:507 Rn. 23 – Akhras/Rat; EuG 11.9.2019 – T-578/19 R, ECLI:EU:T:2019:583 Rn. 17 – Sophia Group/Parlament.

der diese verschiedenen Voraussetzungen zu prüfen sind, sowie die Reihenfolge der Prüfung frei bestimmen. Ein rechtlich vorgeschriebenes Prüfungsschema besteht nicht. In der großen Zahl der Fälle, in den die Gewährung einstweiligen Rechtsschutzes abgelehnt wird, begnügt sich das Gericht lediglich mit der Prüfung und anschließenden Verneinung der Dringlichkeit. Sofern hingegen dem Antrag stattgegeben wird, prüft das Gericht in aller Regel in der Reihenfolge: fumus, Dringlichkeit, Interessenabwägung.

2. Wechselwirkung. Ungeachtet des Umstandes das die Voraussetzungen Dringlichkeit, fumus, positive Interessenabwägung kumulativ sind, stehen diese Kriterien nicht unabhängig und isoliert nebeneinander. Zum einen nimmt der Richter des einstweiligen Rechtsschutzes zuweilen eine parallele oder kombinierte Prüfung der Dringlichkeit und der Interessenabwägung vor, insbesondere um eine ablehnende Entscheidung besser zu begründen. Zum anderen besteht nach ständiger Rechtsprechung eine gewisse **Wechselwirkung**. 64

So erlaubt ein besonders fundierter fumus, Abstriche bei den sonst sehr strengen Voraussetzungen der Dringlichkeit zu machen.[46] Eine durch eine konstante Rechtsprechung abgesicherte Ausprägung dieser Wechselwirkung ist die Rechtsprechung im Vergaberecht, nach welcher bei einem „ernsthaften" fumus keine Darlegung der Irreparabilität des Schadens erforderlich ist (siehe → Rn. 223 ff.). Eine ähnliche Form der Wechselwirkung wird zuweilen auch angenommen im Verhältnis zwischen dem fumus oder der Interessenabwägung und der begehrten Maßnahme des einstweiligen Rechtsschutzes, insbesondere dann, wenn unumkehrbare Folgen gesetzt werden[47] oder in den Entscheidungsspielraum anderer Organe eingegriffen wird.[48] 65

Nach älterer Rechtsprechung soll es ganz ausnahmsweise auch in Betracht kommen, dass der Richter des einstweiligen Rechtsschutzes keine nähere Prüfung der Dringlichkeit vornimmt oder dann, wenn nach den hierfür in der Rechtsprechung entwickelten Kriterien die Dringlichkeit nicht gegeben ist, die beantragte Maßnahme unmittelbar auf den Wortlaut der Art. 278, 279 AEUV gestützt erlässt, um so schnell wie möglich einen Zustand zu beseitigen, der dem ersten Anschein nach als eine offenkundige und äußerst schwerwiegende Rechtsverletzung erscheint.[49] Ob diese Rechtsprechung heute noch Bestand hat, erscheint zweifelhaft, insbesondere angesichts der zurückhaltenden Äußerungen des EuGH.[50] 66

Insgesamt wird aus der gerichtlichen Praxis deutlich, dass die Wechselwirkung, sofern hierdurch Abstriche bei der Prüfung der Dringlichkeit gemacht werden, Ausdruck des richterlichen Ermessens ist und, jenseits einer gesicherten Rechtsprechung wie im Vergaberecht, nur dann zum Tragen kommt, wenn der Richter der Auffassung ist, dass einstweiliger Rechtsschutz zu gewähren ist. Dementsprechend wird die Argumentation des Antragstellers, wonach einstweiliger Rechtsschutz wegen einer eindeutigen oder schweren Rechtsverletzung zu gewähren ist, in der Regel zurückgewiesen und festgehalten, dass es, 67

---

[46] Siehe etwa EuGH 30.11.2021 – C-466/21 P-R, ECLI:EU:C:2021:972 Rn. 35 – Land Rheinland-Pfalz/Deutsche Lufthansa; 22.3.2018 – C-576/17 P(R), ECLI:EU:C:2018:208 Rn. 35 – Wall Street Systems UK/EZB; 12.6.2014 – C-21/14 P-R, ECLI:EU:C:2014:1749 Rn. 40 – Kommission/Rusal Armenal.
[47] EuGH 29.1.1997 – C-393/96 P(R), ECLI:EU:C:1997:42 Rn. 41 – Antonissen/Rat und Kommission.
[48] EuGH 17.12.1998 – C-364/98 P(R), ECLI:EU:C:1998:629 Rn. 49 – Emesa Sugar/Kommission.
[49] Diese Möglichkeit wird gelegentlich erwähnt, ohne dass sie allerdings praktisch zum Zuge gekommen wäre: siehe EuG 21.5.2021 – T-38/21 R, ECLI:EU:T:2021:287 Rn. 35 – Inivos und Inivos/Kommission; 19.3.2021 – T-742/20 R, ECLI:EU:T:2021:199 Rn. 36 – UPL Europe und Indofil Industries (Netherlands)/Kommission; 4.12.2014 – T-199/14 R, ECLI:EU:T:2014:1024 Rn. 160 – Vanbreda Risk & Benefits/Kommission; 24.2.2014 – T-45/14 R, ECLI:EU:T:2014:85 Rn. 50, 51 – HTTS und Bateni/Rat; 11.3.2013 – T-4/13 R, ECLI:EU:T:2013:121 Rn. 45 – Communicaid Group/Kommission; 25.7.2014 – T-189/14 R, ECLI:EU:T:2014:686 Rn. 105 – Deza/ECHA. Vgl. auch 7.7.1981 – 60/81 R u. 190/81 R, ECLI:EU:C:1981:165 Rn. 7 f. – IBM/Kommission; 26.3.1987 – 46/87 R, ECLI:EU:C:1987:167 Rn. 31 f. – Hoechst/Kommission.
[50] Siehe etwa: EuGH 30.11.2021 – C-466/21 P–R, ECLI:EU:C:2021:972 Rn. 33–37 – Land Rheinland-Pfalz/Deutsche Lufthansa.

ungeachtet einer Wechselwirkung, es dabei bleibt, dass es sich um eigenständige, kumulative Kriterien handelt.[51]

II. Dringlichkeit

68　**1. Allgemeines.** In der Praxis kommt der Voraussetzung der **Dringlichkeit überragende Bedeutung** zu. In der ganz überwiegenden Mehrzahl der Fälle ist die Versagung der Gewährung einstweiligen Rechtsschutzes damit begründet, dass die Voraussetzung der Dringlichkeit nicht gegeben ist. Demensprechend wird diese Voraussetzung hier besonders ausführlich dargestellt.

69　Nach ständiger Rechtsprechung ist im Ausgangspunkt die Dringlichkeit in Bezug auf den Zweck des Verfahrens des vorläufigen Rechtsschutzes zu bestimmen, der darin besteht, die volle Wirksamkeit der künftigen endgültigen Entscheidung zu gewährleisten, um eine Lücke in dem vom Unionsrichter gewährten Rechtsschutz zu vermeiden. Hierfür kommt es darauf an, ob die Gewährung einstweiligen Rechtsschutzes erforderlich ist, um den Eintritt eines **schweren und nicht wiedergutzumachenden Schadens** bei der Partei zu verhindern, die vorläufigen Rechtsschutz beantragt.[52]

70　Das Erfordernis eines „schweren und nicht wiedergutzumachenden Schadens" zur Ausfüllung der Voraussetzung der Dringlichkeit ist eine Schöpfung der Rechtsprechung des EuGH zu Beginn der 80er Jahren. So hatte es der EuGH noch im Jahr 1977 ausreichen lassen, dass der Antragsteller zur Begründung der Dringlichkeit einen Schaden geltend macht, der „nicht zu vernachlässigen ist".[53] Im Jahr 1981 wurde hingegen das Erfordernis eines „schweren und irreparablen Schadens" bereits als Ausdruck der ständigen Rechtsprechung verstanden.[54]

71　Wenn auch diese Begriffsfestsetzung als solche nicht zu beanstanden ist, ist zu beobachten, dass seit Einführung dieses Kriteriums die Erfolgsaussichten in Anträgen auf Gewährung einstweiligen Rechtsschutzes deutlich gesunken sind.

72　Über die Jahre haben der EuGH und das EuG die Anforderungen konsolidiert und standardisiert, die in den immer wieder gleichen Textblöcken wiederholt werden. Dies ist sicherlich im Interesse der Rechtssicherheit. Allerdings birgt es auch die nicht von der Hand zu weisende Gefahr der Petrifizierung der Rechtsprechung und damit die Gefahr, die an sich vom Vertragsgeber weitgehend in das Ermessen gestellte Gewährung vorläufigen Rechtsschutzes zu stark durch ein Netz von Präjudizien eingeschränkt ist.

73　Die „Dringlichkeit" und die für ihr Vorliegen relevanten Kriterien sind nicht mit den Grundsätzen zu verwechseln, die für die Durchführung eines **beschleunigten Verfahrens** gelten. Ebenso wenig wie der Umstand, dass eine Rechtssache nicht im beschleunigten Verfahren betrieben wird, der Annahme der „Dringlichkeit" entgegensteht,[55] kann der Umstand alleine, dass die Hauptsache im Wege des beschleunigten Verfahrens betrieben wird, die Dringlichkeit ausschließen.[56]

74　**2. Eigener Schaden.** Nach ständiger Rechtsprechung kann der Antragsteller sich nur auf den Schaden berufen, **der ihn selbst trifft** oder zu treffen droht.[57] Denn nur in dieser

---

[51] EuGH 10.9.2013 – C-278/13 P(R), ECLI:EU:C:2013:558 Rn. 41 – Kommission/Pilkington Group; EuG 8.10.2021 – T-148/21 R, ECLI:EU:T:2021:687 Rn. 22–24 – Paccor Packaging/Kommission; 5.3.2020 – T-795/19 R, ECLI:EU:T:2020:88 Rn. 72–78 – HB/Kommission.
[52] Siehe etwa EuGH 14.1.2016 – C-517/15 P(R), ECLI:EU:C:2016:21 Rn. 27 – AGC Glass Europe ua/Kommission und die dort angeführte Rechtsprechung; EuG 8.5.2019 – T-254/19 R, ECLI:EU:T:2019:316 Rn. 19 – AlpaSuri/Kommission.
[53] EuGH 14.10.1977 – C-113/77 R, ECLI:EU:C:1977:156 Rn. 6 – NTN Toyo Bearing/Rat.
[54] EuGH 20.7.1981 – C-206/81 R, ECLI:EU:C:1981:189 Rn. 6 – Alvarez/Parlament.
[55] EuGH 8.4.2020 – C-791/19 R, ECLI:EU:C:2020:277 Rn. 99–102 – Kommission/Polen.
[56] EuGH 17.12.2018 – C-619/18 R, ECLI:EU:C:2018:1021 Rn. 89 – Kommission/Polen.
[57] St. Rspr.; siehe: EuGH 12.6.2014 – C-21/14 P-R, ECLI:EU:C:2014:1749 Rn. 51 – Kommission/Rusal Armenal; 8.5.1991 – C-356/90 R, ECLI:EU:C:1991:201 Rn. 20–25 – Belgien/Kommission; EuG 23.2.2021 – T-656/20 R, ECLI:EU:T:2021:99 Rn. 20 – Symrise/ECHA – bestätigt durch EuGH 16.7.2021 – C-282/21 P(R), ECLI:EU:C:2021:631 Rn. 26–29 u. 47 – Symrise/ECHA.

Situation besteht ansonsten eine Lücke im Rechtsschutz des Antragstellers.[58] Die Geltendmachung von Schäden Dritter genügt nicht, wobei allerdings in Rechnung zu stellen ist, dass beispielsweise die Belastungen naher Familienangehöriger auch den Antragsteller selbst treffen können.[59] Die Frage, ob die eigene Rechtssphäre betroffen ist, richtet sich nach den Charakteristika des Antragstellers. So bestehen Unterschiede, ob es sich hierbei etwa um eine natürliche Person, eine private juristische Person, eine Interessenvereinigung oder eine öffentliche Körperschaft, ein Mitgliedstaat oder ein Unionsorgan handelt.

So kann etwa ein **Unternehmen** sich nicht auf die Interessen der Verwender des betroffenen Produkts berufen,[60] auf den Verlust der Arbeitsplätze seiner Mitarbeiter[61] oder auf den Schutz der Umwelt.[62]   75

Interessenvereinigungen können die von ihr satzungsgemäß verfolgten Anliegen unmittelbar oder auch die Interessen ihrer Mitglieder geltend machen. Angesichts der strengen Anforderungen, die für die Darlegung eines schweren, irreparablen Schadens bei individuellen Antragstellern bestehen, erscheint es allerdings schwer vorstellbar, dass es einer wirtschaftlichen Interessenvereinigung gelingen kann, für eine Vielzahl ihrer Mitglieder diesen Nachweis zu führen.[63] Etwas anderes mag für Interessenvereinigung mit ideellen Zielen gelten.   76

Mitgliedstaaten können sich, entsprechend ihrem Gemeinwohlauftrag, auf **Gemeinwohlbelange** berufen[64] und wohl auch kumulativ die Interessen ihrer Bürger vertreten.[65] Hingegen können sie in der Regel nicht den Schaden anführen, den nur einzelne Unternehmen erleiden.[66] Der Verwaltungsaufwand, der mit der angegriffenen Maßnahme verbunden ist, genügt in aller Regel nicht, einen relevanten Schaden zu begründen; die Schwelle ist erst dann erreicht, wenn auf Grund des Verwaltungsaufwands der Staat seinen anderen Aufgaben nicht mehr hinreichend nachkommen kann.[67]   77

Entsprechendes gilt für infra-mitgliedstaatliche **öffentlich-rechtliche Körperschaften,** die die in ihre **Wahrnehmungszuständigkeit** fallenden Allgemeininteressen geltend machen können, um die Dringlichkeit zu begründen,[68] nicht aber Allgemeininteressen, zu deren Schutz sie nicht berufen sind.[69]   78

Die **Kommission** als Wächterin des Unionsrechts kann nicht nur ganz allgemein das **Allgemeininteresse der Union** geltend machen,[70] sondern auch die **Verletzung der Unionsrechte Einzelner** anführen, jedenfalls soweit sie diese zum Gegenstand eines Ver-   79

---

[58] EuG 19.8.2019 – T-472/19 R, ECLI:EU:T:2019:555 Rn. 31 – BASF/Kommission.
[59] Siehe EuG 31.3.2022 – T-22/22 R, BeckRS 2022, 5933 Rn. 25–30 – AL/Rat.
[60] EuG 19.7.2007 – T-31/07 R, ECLI:EU:T:2007:236 Rn. 147 f. – Du Pont de Nemours (France) ua/Kommission.
[61] EuG 19.7.2007 – T-31/07 R, ECLI:EU:T:2007:236 Rn. 147, 168 – Du Pont de Nemours (France) ua/Kommission.
[62] EuG 30.6.1999 – T-13/99 R, ECLI:EU:T:1999:130 Rn. 136 – Pfizer Animal Health/Rat.
[63] EuG 29.8.2017 – T-451/17 R, ECLI:EU:T:2017:587 Rn. 21 ff. – Verband der Deutschen Biokraftstoffindustrie/Kommission. Vgl. auch EuG 2.10.1997 – T-213/97 R, ECLI:EU:T:1997:147 Rn. 47 – Eurocoton ua/Rat; EuG 2.4.1998 – T-86/96 R, ECLI:EU:T:1998:70 Rn. 63 ff. – Arbeitsgemeinschaft Deutscher Luftfahrt-Unternehmen und Hapag Lloyd/Kommission.
[64] Ständige Rechtsprechung: EuGH 29.6.1993 – C-280/93 R, ECLI:EU:C:1993:270 Rn. 27 – Deutschland/Rat; 13.12.2021 – C-547/21 P(R), ECLI:EU:C:2021:1007 Rn. 23 – Portugal/Kommission; 13.4.2021 – C-541/20 R, ECLI:EU:C:2021:264 Rn. 21 – Litauen/Parlament und Rat; EuG 23.3.2017 – T-20/17 R, ECLI:EU:T:2017:203 Rn. 14 – Ungarn/Kommission.
[65] Vgl. (implizit) EuGH 14.7.2021 – C-204/21 R, ECLI:EU:C:2004:372 Rn. 63 – Kommission/Polen.
[66] EuGH 8.5.1991 – C-356/90 R, ECLI:EU:C:1991:201 Rn. 24 – Belgien/Kommission; EuGH 22.6.2021 – T-95/21 R, ECLI:EU:T:2021:383 Rn. 25 – Portugal/Kommission.
[67] EuGH 27.2.2018 – C-482/17 R, ECLI:EU:C:2018:119 Rn. 41 – Tschechische Republik/Parlament und Rat.
[68] Siehe etwa (implizit) EuG 7.7.2004 – T-37/04 R, ECLI:EU:T:2004:215 – Região autónoma dos Açores/Rat.
[69] EuGH 2.7.2018 – C-182/18 R, ECLI:EU:C:2018:524 Rn. 29 – Comune di Milano/Rat.
[70] Wahrung der Unabhängigkeit der Justiz: EuGH 8.4.2020 – C-791/19 R, ECLI:EU:C:2020:277 Rn. 92 – Kommission/Polen; Gesundheitsschutz: EuGH 21.11.2019 – C-389/19 P-R, ECLI:EU:C:2019:1007 Rn. 74 – Kommission/Schweden.

tragsverletzungsverfahren machen kann. Entsprechendes dürfte für die anderen Institutionen und nachgeordneten Unionseinrichtungen gelten, soweit ihre Wahrnehmungszuständigkeit betroffen ist.

80 Die Frage, ob es sich bei dem geltend gemachten Schaden um einen eigenen oder fremden handelt, kann schwierige **Definitions- und Abgrenzungsfragen** aufwerfen. So kann beispielsweise ein Unternehmen sich nicht auf die Interessen seiner Arbeitnehmer, etwa dem Schutz vor Entlassung, berufen.[71] Etwas anderes gilt, wenn das Unternehmen sein eigenes Interesse an dem Erhalt einer **qualifizierten Arbeitnehmerschaft** geltend macht.[72] Noch nicht entschieden ist in diesem Zusammenhang die Frage, ob ein Antragsteller sich Interessen, die dem Grundsatz nach nicht seine Rechtssphäre betreffen, durch eine entsprechende Definition zu eigenen machen kann. So kann zwar nach ständiger Rechtsprechung ein Unternehmen das **Tierwohl,** etwa von Versuchstieren, nicht als zu schützendes Anliegen geltend machen.[73] So hat beispielsweise in der Rs. *BASF Grenzach* die Antragstellerin im Einklang mit der referierten Rechtsprechung das Wohl der Tiere nicht angeführt, um einen sie treffenden Schaden durch die durchzuführenden Tierversuche zu begründen.[74] Interessant, aber nicht von der Antragstellerin vorgebracht, wäre das Argument gewesen, dass das Zufügen von Leid den Tieren ihr, bzw. ihren Mitarbeitern, selbst Leid zufügt.[75] Es ist unschwer erkennbar, dass eine solche reflexive Definition des Schadens den Kreis der geltend zumachenden Interessen erheblich erweitern könnte. Es bleibt abzuwarten, wie sich die Rechtsprechung hierzu verhalten wird. Einen ersten Schritt in diese Richtung hat das EuG mit seinem bemerkenswerten Beschluss in der Rs. *Facebook* beschritten, in welchem es anerkannt hat, dass die das Unternehmen treffende Pflicht, persönliche Daten seiner Beschäftigten herauszugeben, für das Unternehmen selbst einen Schaden darstellen kann.[76]

81 Sofern die Drittinteressen nicht geltend gemacht werden können, um die Dringlichkeit zu begründen, so können solche Interessen aber nach ständiger Rechtsprechung im Rahmen der Interessenabwägung berücksichtigt werden.[77]

82 **3. Kausal- und Wertungszusammenhang zwischen Rechtsverletzung und drohendem Schaden.** Nach ständiger Rechtsprechung kommt es darauf an, dass der angegriffene Rechtsakt **tatsächlich und wertungsmäßig** die entscheidende Ursache für den geltend gemachten Schaden bildet.[78]

83 Daher sind solche Schäden auszusondern, die nicht unmittelbar den angegriffenen Akt zur Ursache haben, sondern bereits durch **andere oder frühere Umstände** angelegt waren,[79] auf die Geschäftspolitik des Antragstellers zurückgehen[80] oder auf **Entscheidungen Dritter** beruhen.[81]

---

[71] EuGH 12.6.2014 – C-21/14 P-R, ECLI:EU:C:2014:1749 Rn. 51 – Kommission/Rusal Armenal.
[72] EuGH 12.6.2014 – C-21/14 P-R, ECLI:EU:C:2014:1749 Rn. 52 – Kommission/Rusal Armenal; EuG 22.7.2021 – T-189/21 R, BeckRS 2021, 19691 Rn. 53 – Aloe Vera of Europe/Kommission.
[73] EuG 23.2.2021 – T-656/20 R, ECLI:EU:T:2021:99 Rn. 21–23 – Symrise/ECHA, bestätigt durch EuGH, 16.7.2021 – C-282/21 P(R), ECLI:EU:C:2021:631 Rn. 29–31 – Symrise/ECHA.
[74] Siehe EuG 28.5.2018 – C-565/17 P(R), ECLI:EU:C:2018:340 Rn. 67 – BASF Grenzach/ECHA.
[75] Der Prüfung dieser, zugegeben sehr vage formulierten These ist das EuG in seinem Beschluss vom 22.6.2021, Polynt/ECHA (T-207/21 R) aus dem Wege gegangen (siehe → Rn. 19–21).
[76] EuG 29.10.2020 – T-452/20 R, ECLI:EU:T:2020:516 Rn. 89–93 – Facebook Ireland/Kommission.
[77] Vgl. EuG 23.2.2021 – T-656/20 R, ECLI:EU:T:2021:99 Rn. 24 – Symrise/ECHA; EuGH 13.1.2009 – C-512/07 P(R) u. C-15/08 P(R), ECLI:EU:C:2009:3 Rn. 11 – Occhetto und Parlament/Donnici; EuG 2.10.1997 – T-213/97 R, ECLI:EU:T:1997:147 Rn. 46 – Eurocoton ua/Rat.
[78] St. Rspr., EuGH 17.12.2020 – C-114/20 P(R), ECLI:EU:C:2020:1059 Rn. 54 – Anglo Austrian AAB und Belegging-Maatschappij „Far-East"/EZB; 14.1.2016 – C-517/15 P-R, ECLI:EU:C:2016:21 Rn. 45 f. – AGC Glass Europe ua/Kommission; EuG 22.6.2021 – T-95/21 R, ECLI:EU:T:2021:383 Rn. 43 – Portugal/Kommission; 29.11.2017 – T-252/15 R, ECLI:EU:T:2017:850 Rn. 15–20 – Ferrovial ua/Kommission.
[79] EuG 30.3.2022 – T-125/22 R, ECLI:EU:T:2022:199 Rn. 49–51 – RT France/Rat.
[80] EuG 8.5.2019 – T-734/18 R, ECLI:EU:T:2019:314 Rn. 46 ff. – Sumitomo Chemical und Tenka Best/Kommission.
[81] EuG 28.4.2009 – T-95/09 R, ECLI:EU:T:2009:124 Rn. 56 – United Phosphorus/Kommission.

Ebenso sind solche Schäden auszusondern, die zwar unmittelbar durch den angegriffenen 84
Akt veranlasst sind, die ein **sorgfältiger Antragsteller aber hätte vermeiden können**
(siehe dazu → Rn. 86 ff.).[82]

Nahe verwandt mit dem Erfordernis eines Nexus zwischen Rechtsverletzung und Scha- 85
den ist das Erfordernis, dass die beantragte einstweilige Maßnahme geeignet und notwendig
sein muss, den drohenden Schaden abzuwenden (siehe dazu → Rn. 153).

4. Vermeidbarkeit des Schadens/Schadensabwehr – Risikogeneigtheit der Ge- 86
schäftspolitik. Ein Schaden, der absehbar war und gegen welchen sich der Antragsteller
hätte schützen können, kann grundsätzlich nicht einen schweren und irreparablen Schaden
bilden.[83]

Nach der Rechtsprechung kann sich daher der Antragsteller nicht auf seine drohende 87
Insolvenz oder den Verlust von Marktanteilen zur Begründung eines irreparablen Schadens
berufen, wenn sich hierin ein Risiko realisiert, welches der Geschäftsstrategie des Unternehmens inhärent ist. Diese Rechtsprechung gilt insbesondere für Fälle, in welchen Unternehmen in ihrem Geschäftserfolg stark von regulatorischen Entscheidungen abhängig
sind.[84]

Diese Rechtsprechung reduziert ganz erheblich die Möglichkeiten, einen schweren 88
irreparablen Schaden geltend zu machen: Hierdurch wird dem Unternehmen angesonnen,
eine Geschäftspolitik zu verfolgen, in welcher seine Existenz nicht durch eine einzelne
regulatorische Entscheidung bedroht ist. Verfolgt es allerdings eine solche Geschäftspolitik,
wird ihm die Darlegung einer Existenzgefährdung gerade aus diesem Grund nicht gelingen.

5. Hinreichende Wahrscheinlichkeit eines nahen Schadenseintritts. Nach ständiger 89
Rechtsprechung ist ein Fall der Dringlichkeit nur dann gegeben, wenn der von der Partei,
die die vorläufigen Maßnahmen beantragt, befürchtete schwere und nicht wiedergutzumachende Schaden in der Weise unmittelbar bevorsteht, dass sein Eintreten mit einem
hinreichenden Grad an Wahrscheinlichkeit vorhersehbar ist; ein rein hypothetischer Schaden, da er vom Eintritt künftiger und ungewisser Ereignisse abhängt, kann den Erlass
einstweiliger Anordnungen nicht rechtfertigen.[85] Dieses Kriterium stellt im Grundsatz zwei
separate Anforderungen, die allerdings in der Praxis häufig zusammenfallen können, bzw. in
einem gewissen Abhängigkeitsverhältnis stehen. Zum einen muss der Schadenseintritt
hinreichend wahrscheinlich sein. Zum anderen muss der Schadenseintritt **zeitnah** zu
befürchten sein. Hat sich der Schaden hingegen bereits (vollständig) realisiert, so kann
hierauf gestützt nicht die Dringlichkeit begründet werden.[86] Etwas anderes gilt, wenn der
bereits eingetretene Schaden sich verlängert oder vertieft.

Sofern der Schadenseintritt noch nicht hinreichend sicher und wahrscheinlich abzusehen 90
ist, wird der Antrag in der Regel als „verfrüht" verworfen. Dies kann nicht als Hinweis des
Gerichts verstanden werden, dass dem Antrag stattzugeben wäre, wenn der drohende
Schaden sich näher konkretisiert hat. Jedenfalls bleibt es dem Antragsteller unbenommen,
im Hinblick auf die sich geänderten Umstände einen neuen Antrag zu stellen.

Sofern der Erlass von einstweiligen Anordnungen gegenüber der Unionsverwaltung im 91
Raume steht, mag im Hinblick auf deren Bindung an das Recht zweifelhaft erscheinen,

---

[82] EuG 20.2.2018 – T-260/15 R, ECLI:EU:T:2018:87 Rn. 36 – Iberdrola/Kommission.
[83] EuG 6.4.2017 – T-131/17 R, ECLI:EU:T:2017:271 Rn. 36 – Argus Security Projects/EAD.
[84] EuG 19.3.2021 – T-742/20 R, ECLI:EU:T:2021:199 Rn. 34 – UPL Europe und Indofil Industries (Netherlands)/Kommission; 23.11.2018 – T-733/17 R, ECLI:EU:T:2018:839 Rn. 46 – GMPO/Kommission; 8.5.2019 – T-734/18 R, ECLI:EU:T:2019:314 Rn. 46 ff. – Sumitomo Chemical und Tenka Best/Kommission; EuGH 16.6.2016 – C-170/16 P(R), ECLI:EU:C:2016:462 Rn. 29 – ICA Laboratories ua/Kommission.
[85] EuG 8.5.2019 – T-254/19 R, ECLI:EU:T:2019:316 Rn. 21 – AlpaSuri/Kommission; siehe auch EuG 31.12.2020 – T-731/20 R, ECLI:EU:T:2020:654 Rn. 16 f. – ExxonMobil Production Deutschland/Kommission.
[86] EuG 8.5.2019 – T-734/18 R, ECLI:EU:T:2019:314 Rn. 35 – Sumitomo Chemical und Tenka Best/Kommission.

dass diese sehenden Auges einen Rechtsverstoß begehen und so den geltend gemachten Schaden auslöst. Daher kann es der Richter des einstweiligen Rechtsschutzes in solchen Fällen genügen lassen, deren Rechtspflichten zu verdeutlichen, ohne aber eine Anordnung zu erlassen, da davon ausgegangen werden kann, dass sie sich rechtstreu verhalten.[87]

92 **6. Natur des Schadens – schwer und irreparabel. a) Die Unterscheidung zwischen Irreparabilität und Schwere.** In der Rechtsprechung wird häufig das Vorliegen eines schweren und irreparablen Schadens zusammen geprüft, ohne zwischen dem Kriterium der „Schwere" und der „Irreparabilität" des Schadens zu unterscheiden. Allerdings darf dies nicht darüber hinwegtäuschen, dass es sich um **zwei eigenständige Kriterien** handelt, die **kumulativ** vorliegen müssen. Allerdings kommt dem Kriterium der **„Irreparabilität"** in der Praxis eine wesentlich größere Bedeutung zu und die Rechtsprechung hat diesem Kriterium klare Konturen gegeben.

93 **b) Definitionsmacht des Antragstellers; kein numerus clausus.** Es obliegt dem Antragsteller den Schaden darzulegen, der seiner Ansicht nach droht, wenn der von ihm begehrte einstweilige Rechtsschutz nicht gewährt wird. Es gibt **keinen numerus clausus** der drohenden Schäden oder Nachteile, die angeführt werden können, um die Dringlichkeit zu begründen. Insbesondere ist es auch zulässig, mehrere bzw. verschiedene drohende Schäden oder Nachteile anzuführen.

94 Ist somit der **Antragsteller** grundsätzlich **frei,** den von ihm geltenden gemachten **Schaden oder Nachteil zu bezeichnen,** sollte er hierbei die etablierte Rechtsprechung des Gerichts im Blick haben, wonach beispielsweise sehr hohe Hürden gelten, sofern Schäden finanzieller Natur geltend gemacht werden, um die Dringlichkeit zu begründen.

95 **c) Ausnahme: Dringlichkeit auch ohne Irreparabilität im Vergaberecht.** In den bahnbrechenden Entscheidungen in der Rs. *Vanbreda* haben das EuG und ihm nachfolgend der EuGH eine wichtige Weichenstellung vorgenommen: Für den im Vergabeverfahren unterlegenen Bieter, wenn er seinen Antrag auf einstweiligen Rechtsschutz binnen der Stillhaltefrist von 10 Tagen einreicht und einen besonders ernsthaften *„fumus"* darlegen kann, genügt es, um die Dringlichkeit zu begründen, einen schweren Schaden vorzutragen; er ist nicht gehalten, auch darzutun, dass der Schaden irreparabel ist.[88]

96 **d) Ausnahme: Analoge Erweiterung der Rechtsprechung im Vergaberecht?** Es hat nicht an Versuchen der Antragsteller gefehlt, anknüpfend an die Rechtsprechung im Vergaberecht, zu vertreten, dass die dort entwickelten Grundsätze auch auf andere Rechtsgebiete zu übertragen sind. Bisher sind EuG und EuGH dem nicht gefolgt.[89] Dies sollte aber nicht dahin verstanden werden, dass eine solche Fortentwicklung der Rechtsprechung vollständig ausgeschlossen ist. Insoweit wird es darauf ankommen, ob die für das EuG und den EuGH leitenden Gesichtspunkte auch in der fraglichen Materie gegeben sind, also der Umstand, dass eine gleichsam systemische, über den Einzelfall hinausgehende praktische oder rechtliche Unmöglichkeit besteht, einen irreparablen Schaden darzutun.

97 **e) Ausnahme: Spielraum des Richters des einstweiligen Rechtsschutzes.** Wie schon oben ausgeführt, mag es nach älterer Rechtsprechung ganz ausnahmsweise auch in Betracht kommen, dass der Richter des einstweiligen Rechtsschutzes keine nähere Prüfung der Dringlichkeit vornimmt oder von den von der Rechtsprechung entwickelten Kriterien abweicht. Ob diese Rechtsprechung heute noch Bestand hat, erscheint allerdings zweifelhaft (siehe → Rn. 66 f. I.2.).

---

[87] Vgl. EuG 20.7.2018 – T-417/18 R, ECLI:EU:T:2018:502 – CdT/EUIPO.
[88] EuG 4.12.2014 – T-199/14 R, ECLI:EU:T:2014:1024 – Vanbreda Risk & Benefits/Kommission; EuGH 23.4.2015 – Kommission/Vanbreda Risk & Benefits.
[89] EuGH 30.11.2021 – C-466/21 P-R, ECLI:EU:C:2021:972 Rn. 36 f. – Land Rheinland-Pfalz/Deutsche Lufthansa; EuG 20.2.2018 – T-260/15 R, ECLI:EU:T:2018:87 Rn. 39–56 – Iberdrola/Kommission.

Nach einer älteren, nach wie vor aktuellen aber selten angewandten Rechtsprechungs- 98
linie ist außerdem der Richter des einstweiligen Rechtsschutzes nicht gehalten, eine rein
mechanische Anwendung der Kriterien vorzunehmen, sondern er kann (und muss) die
Besonderheiten des Einzelfalles berücksichtigen.[90] Hatte das EuG in dem seinerzeit entschiedenen Fall (Rs. *United Phosphorus*) hierauf gestützt die Dringlichkeit bejaht (obgleich
nach den üblicherweise verwandten Kriterien die Dringlichkeit nicht gegeben war),[91] so
hat das EuG in der Folgezeit diese Rechtsprechung zwar wiederholt und sich hiervon nicht
abgekehrt, aber ihre Anwendung im konkreten Fall abgelehnt.[92] Dies sollte aber nicht dahin
verstanden werden, dass diese Rechtsprechung aufgegeben sei; sofern der Richter die
Gewährung einstweiligen Rechtsschutzes für geboten erachtet, wird er diese Rechtsprechung wieder reaktivieren.

f) Ausnahme: Erhebliche Verletzung wichtiger Grundrechte. Die drohende Ver- 99
letzung von Grundrechten begründet grundsätzlich nicht per se die Dringlichkeit.[93] Etwas
anderes mag ausnahmsweise bei einer drohenden schweren Verletzung wichtiger Grundrechte gelten.[94]

7. Irreparabilität. Der Schaden ist grundsätzlich nur dann irreparabel, wenn die beanstan- 100
deten Folgen des angegriffenen Aktes nicht durch dessen Aufhebung beseitigt werden
(erstes Kriterium) **und** auch nicht im Wege einer Entschädigung ausgeglichen werden
können (zweites Kriterium).

a) Entwicklung der Rechtsprechung. In früheren Jahren hat der Gerichtshof das Vor- 101
liegen des ersten Kriteriums für die Feststellung eines irreparablen Schadens ausreichen
lassen.[95] In einem späteren Stadium seiner Rechtsprechung stellte er zwar auch auf das
zweite Kriterium ab. Insoweit stellte er fest, dass die bloße Möglichkeit, Ersatz des Schadens
im Wege einer Schadensersatzklage zu erlangen, zu ungewiss sei und zudem nur zu einem
späteren Zeitraum den Schaden ausgleichen könne. Sie könne daher nicht der Feststellung
eines irreparablen Schadens entgegenstehen.[96] Die in der Folgezeit ergangene Rechtsprechung hat diesen maßvollen Ansatz verlassen und lässt es nunmehr ausreichen, dass die
(lediglich abstrakte) Möglichkeit besteht, den Schaden im Wege eines Schadensersatzanspruchs auszugleichen. Leitentscheidungen sind die in dem Verfahren „*Euroalliages*"
ergangenen Beschlüsse. In seiner Entscheidung über das Rechtsmittel hat der EuGH
befunden, dass die Erfolgsaussichten einer Schadensersatzklage naturgemäß unsicher seien,
dass es aber dem Richter des einstweiligen Rechtsschutzes nicht anstehe, über die Erfolgsaussichten eines (noch nicht anhängigen) Schadensersatzanspruchs zu befinden und daher
die bloße Möglichkeit, im Wege des Schadensersatzes Ausgleich zu erlangen, die Irreparabilität des Schadens ausschließe.[97]

---

[90] EuG 28.4.2009 – T-95/09 R, ECLI:EU:T:2009:124 Rn. 74 – United Phosphorus/Kommission; EuG 4.12.2014 – T-199/14 R, ECLI:EU:T:2014:1024 Rn. 159 – Vanbreda Risk & Benefits/Kommission; siehe auch EuG 26.5.2021 – T-92/21 R, ECLI:EU:T:2021:293 Rn. 45 – Darment/Kommission.
[91] EuG 28.4.2009 – T-95/09 R, ECLI:EU:T:2009:124 Rn. 69–82 – United Phosphorus/Kommission.
[92] Siehe beispielsweise EuG 8.10.2021 – T-148/21 R, ECLI:EU:T:2021:687 Rn. 37 – Paccor Packaging/Kommission; 26.5.2021 – T-92/21 R, ECLI:EU:T:2021:293 Rn. 45–47 – Darment/Kommission; 8.6.2020 – T-77/20 R, ECLI:EU:T:2020:246 Rn. 40–50 – Ascenza Agro/Kommission; 20.2.2018 – T-260/15 R, ECLI:EU:T:2018:87 Rn. 39–56 – Iberdrola/Kommission.
[93] EuGH 10.9.2013 – C-278/13 P(R), ECLI:EU:C:2013:558 Rn. 40 – Kommission/Pilkington Group.
[94] EuGH 10.9.2013 – C-278/13 P(R), ECLI:EU:C:2013:558 Rn. 41 – Kommission/Pilkington Group; 19.10.2018 – C-619/18 R, ECLI:EU:C:2018:852 Rn. 21 – Kommission/Polen.
[95] Siehe beispielsweise EuGH 14.10.1977 – 113/77 R, ECLI:EU:C:1977:156 Rn. 5 – NTN Toyo Bearing/Rat.
[96] EuGH 21.8.1981 – 232/81 R, ECLI:EU:C:1981:191 Rn. 9 – Agricola commerciale olio ua/Kommission.
[97] EuGH 14.12.2001 – C-404/01 P(R), ECLI:EU:C:2001:710 Rn. 69–75 – Kommission/Euroalliages ua.

102 Wenn auch diese Rechtsprechungslinie immer wieder Kritik erfahren hat, so wird sie in ständiger Rechtsprechung fortgeführt[98] und gelegentlich auch ausdrücklich bestätigt.[99]

103 **b) Die Unterscheidung zwischen finanziellen und anderen Schäden.** Wie eingangs erläutert, liegt es in der Hand des Antragstellers, den von ihm geltend gemachten Schaden zu benennen und zu charakterisieren. Er mag dabei versucht sein, den ihm drohenden Schaden einen nicht finanziellen Charakter zu geben. Dies hindert allerding nicht das Gericht, kraft seiner eigenen Wertung den vom Antragsteller geltend gemachten Schaden seiner Natur nach als finanziellen Schaden zu qualifizieren.

104 Finanzieller Natur sind zunächst alle Schäden, die darin bestehen, dass der Antragsteller eine Geldleistung zu entrichten hat oder dass er geltend macht, hierauf einen Anspruch zu haben. Jenseits dessen werden aber auch Schäden, die sich nicht unmittelbar auf einen Geldbetrag beziehen, von der Rechtsprechung als finanzielle Schäden **qualifiziert.**

105 Diese Rechtsprechung zur **Qualifizierung** kann im Einzelfall Bedenken begegnen. Zwar ist es im Ansatz richtig, dass der Richter nicht an die Charakterisierung des Schadens durch die Parteien gebunden ist und eine eigenständige Qualifizierung vorzunehmen hat. Angesichts der überragenden Bedeutung, die die Qualifizierung des Schadens als finanzieller Schaden für die Erfolgsaussichten des Antrags auf einstweiligen Rechtsschutz hat, sollte der Richter hier aber Vorsicht walten lassen. Insbesondere ist darauf zu achten, das vom Antragsteller verfolgte Primärziel nicht aus den Augen zu verlieren. Dies wird anschaulich an dem Verfahren *Pilkington*. Das Unternehmen *Pilkington* wandte sich gegen die Veröffentlichung von Informationen, die es als Geschäftsgeheimnisse betrachtete. Zwar mag *Pilkington* mit seinem Antrag auf einstweiligen Rechtsschutz auch wirtschaftliche Interessen verfolgt haben. Aber das Primärrechtsschutzziel war darauf gerichtet, die Verbreitung dieser Informationen zu verhindern. Vor diesem Hintergrund birgt die vom EuGH vorgenommene Umqualifizierung in wirtschaftliche Interessen[100] die Gefahr, dass vom Antragsteller geltend gemachte Primärrechtsschutzziel zu verkennen und damit den Anspruch auf einstweiligen Rechtsschutz zu verkürzen.

106 **c) Irreparabler finanzieller Schaden – Dienstleistungen nach Art. 106 Abs. 2 AEUV.** Sofern ein **Unternehmen** mit Dienstleistungen von allgemeinem wirtschaftlichen Interesse gem. Art. 106 Abs. 2 AEUV betraut ist, kann es zur Begründung eines irreparablen Schadens geltend machen, dass ihm die Erfüllung dieses Dienstes finanziell unmöglich gemacht werde.[101] Entsprechendes gilt, wenn eine **öffentliche Körperschaft** geltend macht, dass sie finanziell nicht in der Lage ist, die ihr obliegenden Aufgaben zu erfüllen.[102]

107 **d) Irreparabler finanzieller Schaden – Schaden nicht bezifferbar.** Eine **wichtige Ausnahme** von der Regel, wonach ein finanzieller Schaden grundsätzlich reparabel ist, hat die Rechtsprechung für den Fall anerkannt, dass der Schaden bei seinem Eintritt **nicht beziffert** werden kann.[103] Dies darf aber nicht dahin missverstanden werden, dass die

---

[98] Siehe aus der jüngsten Rechtsprechung: EuGH 17.12.2020 – C-114/20 P(R), ECLI:EU:C:2020:1059 Rn. 51 – Anglo Austrian AAB und Belegging-Maatschappij „Far-East"/EZB; EuG 24.1.2022 – T-731/21 R, BeckRS 2021, 19691 Rn. 27 – Společnost pro eHealth databáze/Kommission; 23.4.2015 – C-35/15 P(R), ECLI:EU:C:2015:275 Rn. 24 – Kommission/Vanbreda Risk & Benefits und die dort angeführte Rechtsprechung; EuG 7.2.2020 – T-797/19 R, ECLI:EU:T:2020:37 Rn. 29 – Anglo Austrian AAB Bank und Belegging-Maatschappij „Far-East"/EZB.
[99] Siehe etwa EuGH 10.9.2013 – C-278/13 P(R), ECLI:EU:C:2013:558 Rn. 53 – Kommission/Pilkington Group.
[100] EuGH 10.9.2013 – C-278/13 P(R), ECLI:EU:C:2013:558 Rn. 48–51 – Kommission/Pilkington Group.
[101] EuG 28.5.2001 – T-53/01 R, ECLI:EU:T:2001:143 Rn. 118–121 – Poste Italiane/Kommission.
[102] EuG 16.11.2007 – T-312/07 R, ECLI:EU:T:2007:345 Rn. 36 – Dimos Peramatos/Kommission; 8.1.2010 – T-446/09 R, ECLI:EU:T:2010:5 Rn. 25 – Escola Superior Agrária de Coimbra/Kommission.
[103] EuGH 10.9.2013 – C-278/13 P(R), ECLI:EU:C:2013:558 Rn. 52 – Kommission/Pilkington Group; siehe auch EuGH 7.3.2013 – C-551/12 P(R), ECLI:EU:C:2013:157 Rn. 60 – EDF/Kommission.

allgemein bestehenden Schwierigkeiten, einen Schaden zu beziffern, der erst im Entstehen begriffen ist oder zu entstehen droht, ausreichen würden.

Sondern darüber hinaus ist erforderlich, dass der geltend gemachte Schaden in **Anbetracht seiner Natur und der Vorhersehbarkeit** seines Eintritts nicht angemessen festgestellt und beziffert werden kann und dass er durch eine Schadensersatzklage praktisch nicht ersetzt werden kann. Dies hat der EuGH für einen Fall angenommen, in welchem es um die Veröffentlichung spezifischer geschäftlicher, angeblich vertraulicher Informationen ging. Dabei war maßgeblich, dass der Schaden, sowohl nach seiner Art als auch nach seinem Umfang notwendiger Weise unbestimmt war, da sowohl der Kreis der möglichen Anspruchsgegner als der durch sie verursachte Schaden nicht absehbar war.[104]

Es obliegt dem Antragsteller, der geltend macht, dass der Schaden nicht bezifferbar sei, hierzu „genaue und überzeugende Gesichtspunkte und Beweise vorzubringen".[105] Da es generell dem Richter des einstweiligen Rechtsschutzes nicht obliegt, die Erfolgsaussichten oder Schwierigkeiten bei der Geltendmachung eines Schadensersatzes zu würdigen, müssen die Schwierigkeiten von prinzipieller Natur sein und bereits bei Beantragung des einstweiligen Rechtsschutzes evident sein.[106]

e) Irreparabler finanzieller Schaden – Existenzgefährdung. Nach der Rechtsprechung ist ausnahmsweise dann ein finanzieller Schaden irreparabel, wenn erkennbar ist, dass der Antragsteller andernfalls in eine Lage geriete, die seine finanzielle Existenzfähigkeit vor dem Ergehen der abschließenden Entscheidung im Verfahren zur Hauptsache bedrohen könnte.[107] Der Ausgangspunkt der Rechtsprechung ist die schon oben referierte Weichenstellung, dass ein finanzieller Schaden grundsätzlich immer reparabel ist, weil er im Wege eines Schadensersatzes ausgeglichen werden kann. Insofern ist es hiervon ausgehend konsequent, eine Ausnahme für den Fall anzunehmen, in welchem der finanzielle Schaden derart ist, dass er die (wirtschaftliche) Existenz des Antragstellers berührt. Der irreparable Schaden, der in der Existenzgefährdung liegt, ist auch stets als „schwer" anzusehen, ohne dass es hierzu einer eigenständigen Prüfung oder Begründung bedarf.

Es gibt eine geradezu überbordende Rechtsprechung zu der Frage, in welchen Situationen ein finanzieller Schaden nicht irreparabel ist, weil er nicht zu einer Existenzgefährdung führt. Die Rechtsprechung hat die Anforderungen für die Darlegung einer Existenzgefährdung (sowohl in materieller als auch in prozessualer Hinsicht – siehe dazu → Rn. 158 f.) über die Jahre und Jahrzehnte immer weiter verfeinert und verschärft, so dass der Nachweis einer Existenzgefährdung extrem schwierig geworden ist.

Diese Rechtsprechung sieht sich daher zahlreichen Einwänden ausgesetzt. (1) Sie führt dazu, dass es für große, finanzstarke Unternehmen nahezu unmöglich ist, einstweiligen Rechtsschutz zu erlangen, sofern finanzielle Schäden im Raum stehen. (2) Sie steht der Entwicklung einer sachangemessenen „Opfergrenze" im Wege. (3) Sie führt zu einer Transformation der Aufgaben des Richters des einstweiligen Rechtsschutzes. Statt rechtliche Feststellungen zu treffen, obliegt es dem Richter, ökonomische Sachverhalte und insbesondere Prognosen zu beurteilen, ob die vom Antragsteller vorgetragenen Elemente es hinreichend wahrscheinlich erscheinen lassen, dass in absehbarer Zeit eine Existenzgefährdung droht.

Die Darstellung hier konzentriert sich darauf, den gegenwärtigen Stand der Rechtsprechung nachzuzeichnen und beschränkt sich auf einzelne Bemerkungen, wie die Rechtsprechung im Sinne eines effektiveren einstweiligen Rechtsschutzes fortentwickelt werden könnte.

In der Darstellung ist sinnvoller Weise zwischen juristischen Personen, zu denen die große Mehrzahl der Fälle ergangen ist, und natürlichen Personen zu unterscheiden.

---

[104] EuGH 10.9.2013 – C-278/13 P(R), ECLI:EU:C:2013:558 Rn. 54–57 – Kommission/Pilkington Group.
[105] EuGH 7.3.2013 – C-551/12 P(R), ECLI:EU:C:2013:157 Rn. 61 – EDF/Kommission.
[106] EuGH 10.9.2013 – C-278/13 P(R), ECLI:EU:C:2013:558 Rn. 53 f. – Kommission/Pilkington Group.
[107] EuG 7.2.2020 – T-797/19 R, ECLI:EU:T:2020:37 Rn. 30 – Anglo Austrian AAB Bank und Belegging-Maatschappij „Far-East"/EZB; EuGH 12.6.2014 – C-21/14 P-R, ECLI:EU:C:2014:1749 Rn. 46 – Kommission/Rusal Armenal.

115 **aa) Juristische Personen.** Die Existenzgefährdung des Antragstellers wurde schon frühzeitig von der Rechtsprechung als Grund angesehen, die Dringlichkeit anzunehmen.[108] Allerdings wäre es kurzschlüssig hieraus schließen zu wollen, dass stets dann, wenn die Existenz des Antragstellers gefährdet ist, das Kriterium des drohenden irreparablen Schadens gegeben wäre. So hat die Rechtsprechung über Jahre die prozessualen (siehe dazu → Rn. 158 f.) und materiellen Anforderungen an die Darlegung einer Existenzgefährdung erhöht:

116 **(1) Konnex mit behaupteter Rechtsverletzung.** Wie sonst auch (siehe oben → Rn. 82 ff.), kommt es darauf an, ob die Existenzgefährdung in einem **Zusammenhang** mit der angegriffenen Rechtsverletzung steht[109] und nicht auf die **Risikogeneigtheit** des Geschäftsmodells zurückgeht (siehe → Rn. 86 ff.).

117 **(2) Berücksichtigung der Finanzkraft der Gesellschafter.** Zudem betrachtet die Rechtsprechung nicht isoliert den Antragsteller und dessen wirtschaftliche Situation,[110] sondern stellt auf die **Finanzkraft der Gruppe,** zu der der Antragsteller gehört, oder die **Finanzkraft der hinter ihm stehenden Gesellschafter,** seien es natürliche oder juristische Personen, ab.

118 Die Rechtsprechung begründet dies damit, dass die objektiven Interessen des betroffenen Unternehmens nicht unabhängig von den Interessen der es kontrollierenden natürlichen oder juristischen Personen sind und dass daher auf der Ebene der Gruppe, die diese Personen bilden, beurteilt werden muss, ob der behauptete Schaden schwer und irreparabel ist. Diese Verquickung der Interessen rechtfertige insbesondere, dass das Überlebensinteresse des betroffenen Unternehmens nicht unabhängig von dem Interesse beurteilt wird, das diejenigen, die es kontrollieren, an seinem Fortbestand haben.[111]

119 Ausgehend hiervon kommt es auf die bloße Existenz einer Unternehmensgruppe an, bzw. darauf an, ob der Antragsteller von einem anderen Unternehmen oder einer natürlichen Person kontrolliert wird. Hingegen ist nicht erforderlich, dass eine Pflicht zum Verlustausgleich oder dergleichen besteht, da es lediglich darauf ankommt, dass die Interessen des antragstellenden Unternehmens und der Unternehmensgruppe oder des hinter ihm stehenden Anteilseigners, der das Unternehmen kontrolliert, gleichgerichtet sind.[112]

120 In einer Weiterführung dieser Rechtsprechung hat das Gericht sogar entschieden, dass auch seitens eines Minderheitsgesellschafters mit einer Beteiligung von 30 % grundsätzlich von gleichgerichteten Interessen auszugehen ist, und der Antragsteller daher, um ein umfassendes Bild seiner wirtschaftlichen Situation zu geben, auch darauf einzugehen hat, ob seitens dieses Anteilseigners eine finanzielle Hilfe zu erlangen ist.[113]

121 Bei der Prüfung der Existenzgefährdung unter Einschluss der Möglichkeit einer finanziellen Stützung durch den Gesellschafter soll es nach der Rechtsprechung nicht ausreichen, dass letzterer eine Unterstützung versagt. Denn es könne nicht angehen, dass das Vorliegen eines irreparablen Schadens von der freien, einseitigen Willensbetätigung des Gesellschafters abhänge.[114]

---

[108] Siehe etwa EuGH 3.4.1974 – 20/74 R, ECLI:EU:C:1974:33 Rn. 1 f. – Kali-Chemie/Kommission.
[109] Vgl. 7.2.2020 – T-797/19 R, ECLI:EU:T:2020:37 Rn. 83 – Anglo Austrian AAB Bank und Belegging-Maatschappij „Far-East"/EZB; 15.5.2018 – T-901/16 R, nv, ECLI:EU:T:2018:268 Rn. 91 – Elche Club de Fútbol/Kommission.
[110] Wohl zuerst in EuGH 7.5.1982 – 86/82 R, ECLI:EU:C:1982:151 Rn. 4 – Hasselblad/Kommission; seitdem st. Rspr. siehe in neuerer Zeit: EuGH 28.5.2018 – C-565/17 P(R), ECLI:EU:C:2018:340 Rn. 58 mwN – BASF Grenzach/ECHA; EuG 23.2.2022 – T-764/21 R, ECLI:EU:T:2022:91 Rn. 35 mwN – Atesos medical ua/Kommission.
[111] EuGH 14.12.1999 – C-335/99 P(R), ECLI:EU:C:1999:608 Rn. 62 – HFB ua/Kommission.
[112] EuG 23.11.2018 – T-733/17 R, ECLI:EU:T:2018:839 Rn. 32 f. – GMPO/Kommission.
[113] EuG 7.5.2010 – T-410/09 R, ECLI:EU:T:2010:179 Rn. 57 f. – Almamet/Kommission; EuG 23.11.2018 – T-733/17 R, ECLI:EU:T:2018:839 Rn. 35 – GMPO/Kommission.
[114] EuG 23.11.2018 – T-733/17 R, ECLI:EU:T:2018:839 Rn. 34 mwN – GMPO/Kommission.

(3) Insolvenz. Dokumentiert sich zwar in der Insolvenz oder drohenden Insolvenz die 122 Existenzgefährdung eines Unternehmens, so bedeutet diese nicht notwendiger Weise, dass die Insolvenz oder drohende Insolvenz stets die Irreparabilität des Schadens begründet. So ist zu untersuchen, ob die (drohende) Insolvenz ihre entscheidende Ursache in dem angegriffenen Akt hat (siehe oben 3. und 4.). Dies ist grundsätzlich dann nicht der Fall ist, wenn das Unternehmen sich bereits in der Insolvenz befindet, es sei denn, dass der angegriffene Akt die Situation insofern verschärft als die Fortführung der Geschäfte aus der Insolvenz in Frage gestellt wird.[115] Die Insolvenz kann auch dann nicht die Irreparabilität begründen, wenn sie durch die Gesellschafter abgewendet werden könnte (siehe → Rn. 117 ff.).[116]

(4) Bewertung. Die referierte Rechtsprechung hat sich zwar in sich folgerichtig ent- 123 wickelt. Im Ergebnis führt sie aber zu einem immer engeren Netz aus Präjudizen mit der Konsequenz, dass es für Antragsteller extrem schwierig (wenn auch nicht unmöglich)[117] ist, das Vorliegen eines irreparablen wirtschaftlichen Schadens durch eine Existenzgefährdung zu belegen.

Eine Neujustierung der Rechtsprechung erscheint erwägenswert. Insbesondere erscheint 124 bedenkenswert, danach zu unterscheiden, ob die angegriffene Entscheidung unmittelbar (so etwa im Falle einer Geldbuße, eines Zahlungs-/Rückzahlungsanspruchs, einer Beitragspflicht) eine Geldleistungspflicht betrifft oder eine Geldleistungspflicht zumindest wertungsmäßig eng mit der angefochtenen Entscheidung verknüpft ist (so etwa im Falle einer Beihilfe, die zurückzuzahlen ist). Für diese Fälle erscheint es weiter sachgerecht, an den sehr strengen Vorgaben festzuhalten.

Etwas Anderes sollte aber gelten, soweit der angefochtene Akt die freie wirtschaftliche 125 Tätigkeit des betroffenen Unternehmens beschränkt und der finanzielle Schaden sich als ein Folgeschaden dieser Beschränkung erweist (so etwa bei der Versagung der Zulassung eines Arzneimittels, des Verbots einer Substanz und dergl.). In diesen Fällen erscheint es angebracht, einen wenig strengeren Maßstab für die Prüfung der Dringlichkeit anzulegen und möglicherweise sachgerechter, die Kriterien für die Gewährung einstweiligen Rechtsschutzes aus der Interessenabwägung statt aus der Dringlichkeit zu gewinnen.

bb) Natürliche Personen. Es gibt vergleichsweise wenig Rechtsprechung, die die Opfer- 126 grenze für natürliche Personen betrifft, die erreicht sein muss, um davon sprechen zu können, dass ein wirtschaftlicher Nachteil irreparabel ist.

Im Bereich der **Sanktionsmaßnahmen**[118] und im **Beamtenrecht**[119] hat sich eine recht 127 strenge Rechtsprechung entwickelt, wonach von einem irreparablen Schaden nicht auszugehen ist, solange das Existenzminimum gesichert bleibt. Ein Antragsteller kann also nicht verlangen, dass ihm ein „standesgemäßer Lebensstandard" erhalten bleiben muss.

Dagegen ist bisher nicht entschieden, ob einem Antragsteller zugemutet werden kann, 128 sein Eigenheim zu verkaufen, um seinen Lebensunterhalt zu bestreiten oder weil er nicht mehr die Finanzierungsraten bedienen kann.

f) Verlust von Marktanteilen. aa) Allgemeines. Nach der Rechtsprechung ist ein 129 irreparabler finanzieller Schaden auch dann gegeben, wenn erkennbar ist, dass die Marktanteile des Antragstellers insbesondere im Hinblick auf den Zuschnitt und den Umsatz seines Unternehmens sowie die Merkmale des Konzerns, dem er angehört, wesentlich verändert würden.[120] Nach einer früheren Rechtsprechung wurde der Verlust an Markt-

---
[115] EuG 15.5.2018 – T-901/16 R, ECLI:EU:T:2018:268 Rn. 77 ff. – Elche Club de Fútbol/Kommission.
[116] EuG 22.3.2018 – T-732/16 R, ECLI:EU:T:2018:171 Rn. 49 ff. – Valencia Club de Fútbol/Kommission.
[117] Siehe EuG 15.5.2018 – T-901/16 R, ECLI:EU:T:2018:268 – Elche Club de Fútbol/Kommission.
[118] Siehe EuG 24.2.2014 – T-45/14 R, ECLI:EU:T:2014:85 Rn. 37–39 – HTTS und Bateni/Rat.
[119] Siehe EuG 27.4.2010 – T-103/10 P(R), ECLI:EU:T:2010:164 Rn. 42–52 – Parlament/U; 15.7.2019 – T-367/19 R, ECLI:EU:T:2019:544 – Camerin/Kommission.
[120] EuGH 12.6.2014 – C-21/14 P-R, ECLI:EU:C:2014:1749 Rn. 46 – Kommission/Rusal Armenal.

anteilen als ein grundsätzlich irreparabler Schaden angesehen[121] und hatte diese Kategorie des Schadens das Potential, einen erweiterten Spielraum für Unternehmen zu schaffen, einen irreparablen wirtschaftlichen Schaden geltend zu machen.

130   Allerdings ist die Folgerechtsprechung hierüber hinweggegangen und ist nach der aktuellen Rechtsprechung auch die Geltendmachung eines Verlusts von Marktanteilen um einen irreparablen Schaden zu belegen, extrem schwierig.

131   So hat die Rechtsprechung einerseits festgehalten, dass der Verlust von Marktanteilen ein rein wirtschaftlicher Schaden ist, da es um den Verlust späterer Erwerbsaussichten geht.[122] Anderseits geht die Rechtsprechung davon aus, dass verlorene Marktanteile grundsätzlich zurückerobert werden können, so dass nur dann ein irreparabler Schaden vorliegen soll, wenn der Wiedereroberung der Marktanteile strukturelle oder juristische Gründe entgegenstehen.[123] Außerdem zieht die Rechtsprechung in der Prüfung Elemente heran, die die „Schwere" des Schadens betreffen und fordert dabei in ständiger Rechtsprechung (entgegen der Rechtsprechung des EuGH – siehe → Rn. 142), dass die Schwere des Schadens durch den Verlust von Marktanteilen die Schwelle der Existenzgefährdung erreichen muss.[124]

132 **bb) Bezugspunkt der Prüfung.** Der **Bezugspunkt** für die Prüfung des Verlusts von Marktanteilen ist nicht ganz eindeutig und scheint in der Rechtsprechung schwankend. Insbesondere hat es den Anschein, dass häufig der Verlust von Marktanteilen (unzutreffender Weise) synonym zu „Umsatzeinbußen" verstanden wird.

133   Grundsätzlich kommen drei unterschiedliche Bezugspunkte in Betracht: So könnte entweder auf den Verlust von Marktanteilen des betroffenen Produkts im Markt der betroffenen Produktkategorie oder auf den Verlust von Marktanteilen des Antragstellers insgesamt oder gar auf den Verlust von Marktanteilen der Gruppe, zu welcher das Unternehmen gehört, abgestellt werden. Der unterschiedliche Bezugspunkt hat eine große Bedeutung für den Ausgang der Prüfung. In einer produktbezogenen Betrachtung wird sich viel eher die Schwelle erreicht sein, ab welcher ein Verlust von Marktanteilen eine kritische Größe erreicht; zudem wären in einem solchen Fall die Darlegungslasten wesentlich geringer.

134   Im Beschluss in der Rs. *Du Pont de Remours* stellte das EuG offensichtlich auf die Marktanteile für das betroffene Produkt ab[125] und prüfte auch die Schwere des Schadens in erster Linie in Bezug auf dieses Produkt und ohne die Bedeutung des Verlusts von Marktanteilen in Relation zur Größe des Unternehmens oder gar der gesamten Gruppe zu setzen.[126] In der Rs. *BASF Grenzach* hat das Gericht hierzu keine Feststellung getroffen, da angesichts des vollständigen Fehlens jeglicher Angaben zum Umsatz, welches das Unternehmen mit dem betreffenden Produkt erzielt, eine Prüfung der Schwere des Schadens ausgeschlossen war.[127] In den Rs. *Taminco* und *Arysta* stellte das EuG jedenfalls nicht auf den Marktanteil

---

[121] EuG 7.7.1998 – Van den Bergh Foods/Kommission.
[122] EuG 28.4.2009 – T-95/09 R, ECLI:EU:T:2009:124 Rn. 64 – United Phosphorus/Kommission.
[123] EuGH 11.4.2001 – C-471/00 P(R), ECLI:EU:C:2001:218 Rn. 111 – Kommission/Cambridge Healthcare Supplies.
[124] EuG 22.6.2018 – T-476/17 R, ECLI:EU:T:2018:407 Rn. 32 f. – Arysta LifeScience Netherlands/Kommission; 11.7.2018 – T-783/17 R, ECLI:EU:T:2018:503 Rn. 32 – GE Healthcare/Kommission; 26.9.2019 – T-740/18 R, EU:T:2019:717 Rn. 38 – Taminco/Kommission; 23.11.2018 – T-733/17 R, ECLI:EU:T:2018:839 Rn. 27 – GMPO/Kommission; 22.6.2021 – T-207/21 R, ECLI:EU:T:2021:382 Rn. 27 – Polynt/ECHA; 25.10.2021 – T-297/21 R, ECLI:EU:T:2021:733 Rn. 34 – Troy Chemical Company und Troy/Kommission; 21.1.2019 – T-574/18 R, ECLI:EU:T:2019:25 Rn. 33 – Agrochem-Maks/Kommission; 19.3.2021 – T-742/20 R, ECLI:EU:T:2021:199 Rn. 31 – UPL Europe und Indofil Industries (Netherlands)/Kommission.
[125] EuG 19.7.2007 – T-31/07 R, ECLI:EU:T:2007:236 Rn. 183–195 – Du Pont de Nemours (France) ua/Kommission.
[126] EuG 19.7.2007 – T-31/07 R, ECLI:EU:T:2007:236 Rn. 201–205 – Du Pont de Nemours (France) ua/Kommission.
[127] EuG 13.7.2017 – T-125/17 R, ECLI:EU:T:2017:496 Rn. 56–59 – BASF Grenzach/ECHA; bestätigt durch 28.5.2018 – C-565/17 P(R), ECLI:EU:C:2018:340 Rn. 58 – BASF Grenzach/ECHA.

für das betroffene Produkt ab, wobei unklar bleibt, ob ein unternehmensbezogener oder unternehmensgruppenspezifischer Ansatz gewählt wird.[128]

Richtigerweise sollte in einem **ersten Schritt** ein **produktbezogener Ansatz** verfolgt werden, also dargelegt und geprüft werden, welche Marktanteile der Antragsteller mit dem streitigen Produkt in einem bestimmten Markt hat, **wobei möglicherweise dieser Markt näher zu definieren ist.** Dieser produktbezogene Ansatz folgt daraus, dass das Unternehmen ja nicht allgemein Umsatzeinbußen geltend macht, die sowieso stets von vielen Variablen bedingt sein können, sondern dass es spezifisch darum geht, dass durch den angegriffenen Akt die Vermarktung, Verwendung oder Herstellung eines bestimmten Produkts untersagt oder eingeschränkt ist. Stellte man hingegen von vorneherein auf die Umsatzeinbußen für das Unternehmen oder gar die Unternehmensgruppe ab, so verlöre die Fallgruppe des „Verlusts von Marktanteilen" seine eigenständige Bedeutung. Unter diesem Stichwort würde lediglich eine inhaltlich weitgehend gleichlaufende Prüfung wie in der Fallgruppe der „Existenzgefährdung" erfolgen. Allerdings scheint dies der aktuellen Rechtsprechung zu entsprechen. 135

In einem **zweiten Schritt** ist dann zu prüfen, inwieweit der Antragsteller die Marktanteile, die ihm aufgrund des angegriffenen Aktes verloren gehen, wieder zurückgewinnen kann. 136

Erst in einem **dritten Schritt** ist zu prüfen, welches Gewicht der Schaden hat. Erst im Rahmen dieser Prüfung kann es auf die relative Bedeutung des Verlusts von Marktanteilen für das das betroffene Unternehmen oder die Unternehmensgruppe ankommen. 137

cc) Unwiederbringlicher Verlust von Marktanteilen. Die Rechtsprechung geht mittlerweile davon aus, dass verlorene Marktanteile grundsätzlich zurückerobert werden können, und sei es mit einer Werbekampagne, so dass nur dann ein irreparabler Schaden vorliegen soll, wenn der Wiedereroberung der Marktanteile strukturelle oder juristische Gründe entgegenstehen.[129] 138

Diese Ausnahmesituation hat beispielsweise das EuG in der Rs. *Du Pont de Nemours* mit Blick auf folgende Gesichtspunkte anerkannt:[130] Verminderte Wahrscheinlichkeit, dass Zwischenhändler das Produkt wieder vertreiben; Schwierigkeit, das Vertrauen der Nutzer nach mehreren Jahren zurückzugewinnen, insbesondere da die angegriffene Entscheidung auf gesundheitliche Bedenken gestützt war; Gefährdung des Rufs des Antragstellers; Werbekampagne gewährleistet nicht, dass Marktanteile in nennenswertem Umfang zurückerobert werde können. 139

In späteren Beschlüssen hat das EuG allerdings sehr viel strengere Anforderungen gestellt und diese Gründe nicht mehr gelten lassen.[131] Insbesondere wird in der Rechtsprechung des EuG zuweilen gefordert, dass der Antragsteller belegen müsse, dass es ihm „unmöglich" sein müsse, die verlorenen Marktanteile wieder zurückerobern.[132] Hat der Gerichtshof insoweit das EuG nicht förmlich sanktioniert, wird man doch seiner Rechtsprechung entnehmen dürfen, dass insoweit des EuG nicht die Anforderungen überspannen darf.[133] 140

---

[128] EuG 26.9.2019 – T-740/18 R, ECLI:EU:T:2019:717 Rn. 41–45 – Taminco/Kommission; 22.6.2018 – T-476/17 R, ECLI:EU:T:2018:407 Rn. 35–38 – Arysta LifeScience Netherlands/Kommission.
[129] EuGH 11.4.2001 – C-471/00 P(R), ECLI:EU:C:2001:218 Rn. 111 – Kommission/Cambridge Healthcare Supplies.
[130] EuG 19.7.2007 – T-31/07 R, ECLI:EU:T:2007:236 Rn. 186–192 – Du Pont de Nemours (France) ua/Kommission.
[131] Siehe beispielsweise EuG 26.9.2019 – T-740/18 R, ECLI:EU:T:2019:717 Rn. 96 ff. – Taminco/Kommission; 22.6.2018 – T-476/17 R, ECLI:EU:T:2018:407 Rn. 85 ff. – Arysta LifeScience Netherlands/Kommission; 11.7.2018 – T-783/17 R, ECLI:EU:T:2018:503 Rn. 72 ff. – GE Healthcare/Kommission.
[132] Siehe beispielsweise EuG 26.9.2019 – T-740/18 R, ECLI:EU:T:2019:717 Rn. 96 – Taminco/Kommission.
[133] EuGH 15.12.2009 – C-391/08 P(R), ECLI:EU:C:2009:785 Rn. 80 – Dow AgroSciences ua/Kommission; 24.3.2009 – C-60/08 P(R), ECLI:EU:C:2009:181 Rn. 65–69 – Cheminova ua/Kommission.

141 dd) Kein Ausgleich durch Schadensersatz? Es ist nicht ganz eindeutig, ob das EuG in seiner neuesten Rechtsprechung zusätzlich prüft, ob der durch den Verlust von Marktanteilen erlittene finanzielle Verlust durch eine Schadensersatzklage ausgeglichen werden kann.[134] Sollte die Rechtsprechung tatsächlich in diesem Sinne zu verstehen sein, wäre sie abzulehnen. Sie würde dazu führen, dass die Kategorie des Verlusts von Marktanteilen jeglichen eigenständigen Charakter und Nutzen verlieren würde.

142 ee) „Schwere". Die „Schwere" des Schadens bildet einen integrierenden Bestandteil der Prüfung. Den Ausgangspunkt bildet die Rechtsprechung des EuGH, wonach der drohende Verlust von Marktanteilen grundsätzlich in Bezug auf den Zuschnitt und den Umsatz des Unternehmens sowie die Merkmale des Konzerns, dem es angehört, zu setzen ist und erforderlich ist, dass eine wesentliche Änderung der Marktanteile zu besorgen ist.[135] Typischerweise ist also die Schwere in einer Relation zu der Größe (Umsätze) und Finanzkraft des Unternehmens / der Unternehmensgruppe darzulegen – mit den entsprechenden Anforderung an die Darlegung und den Beleg entsprechender Angaben (siehe dazu unten Rn. 154 ff. 10.). Jenseits der relativen Betrachtung sollte es, wie auch sonst, gestattet sein, die Schwere des Schadens objektiv darzulegen, also im Sinne eines „objektiv erheblichen Schadens" im Sinne der EDF-Rechtsprechung (siehe dazu → Rn. 149 ff. 8.).

143 Allerdings ist darauf hinzuweisen, dass die Prüfung des Verlusts von Marktanteilen in zahlreichen entschiedenen Fällen [insbesondere betreffend Zulassung/Verbot von Substanzen (Chemikalien, Pflanzenschutz, Düngemittel, Arzneimittel)] Gegenstand einer kritikwürdigen **Sonderrechtsprechung** ist.

144 Nach dieser Rechtsprechung kommt es für die „Schwere" des Schadens darauf an, dass durch den Verlust von Marktanteilen die Schwelle der Existenzgefährdung erreichen muss.[136] Eine **Umsatzeinbuße von weniger als 10 %** und zwar bezogen auf das Unternehmen und gegebenenfalls die Unternehmensgruppe soll **keinen schweren Schaden** darstellen.[137] Dass Abstellen auf die „Existenzgefährdung" als Bezugspunkt für die Prüfung ist gleich in mehrfacher Hinsicht fragwürdig: So hatte schon der Beschluss in der Rs. *Du Pont de Nemours* zutreffend festgehalten, dass es sich bei der Existenzgefährdung und dem Verlust von Marktanteilen um zwei eigenständige Fallgruppen handelt und daher nicht gefordert werden kann, dass der Verlust von Marktanteilen eine Existenzgefährdung bedingen muss.[138] Aus dem Beschluss in der Rs. *EDF* folgt außerdem zweierlei. Zum einen impliziert die Heranziehung des Kriteriums der Existenzgefährdung im Rahmen der Prüfung der Schwere eine Verwechselung der Kriterien Irreparabilität und Schwere.[139] Zum anderen ist dem Antragsteller zu gestatten, die Schwere nicht nur in relativer, sondern auch in absoluter Betrachtung zu begründen.[140]

145 ff) Konnex mit behaupteter Rechtsverletzung. Weiter kommt es, wie auch sonst (siehe → Rn. 82 ff. 3.), darauf an, ob der erhebliche Verlust von Marktanteilen in einem **Zusammenhang** mit der angegriffenen Rechtsverletzung steht[141] und nicht lediglich Folge einer risikogeneigten Geschäftspolitik ist (vgl. → Rn. 86 ff. 4.).

---

[134] Eventuell in diesem Sinne: 19.3.2021 – T-742/20 R, ECLI:EU:T:2021:199 Rn. 54–56 – UPL Europe und Indofil Industries (Netherlands)/Kommission.
[135] EuGH 12.6.2014 – C-21/14 P-R, ECLI:EU:C:2014:1749 Rn. 46 – Kommission/Rusal Armenal.
[136] Nachweise siehe → Fn. 132.
[137] EuG 25.10.2021 – T-297/21 R, ECLI:EU:T:2021:733 Rn. 36 – Troy Chemical Company und Troy/Kommission; 22.7.2021 – T-189/21 R, ECLI:EU:T:2021:487 Rn. 31–33 – Aloe Vera of Europe/Kommission; 19.3.2021 – T-742/20 R, ECLI:EU:T:2021:199 Rn. 34 – UPL Europe und Indofil Industries (Netherlands)/Kommission; 26.9.2019 – T-740/18 R, ECLI:EU:T:2019:717 Rn. 41–45 – Taminco/Kommission.
[138] EuG 19.7.2007 – T-31/07 R, ECLI:EU:T:2007:236 Rn. 199–201 – Du Pont de Nemours (France) ua/Kommission.
[139] EuGH 7.3.2013 – C-551/12 P(R), ECLI:EU:C:2013:157 Rn. 34 – EDF/Kommission.
[140] EuGH 7.3.2013 – C-551/12 P(R), ECLI:EU:C:2013:157 Rn. 30–33 – EDF/Kommission.
[141] Vgl. 7.2.2020 – T-797/19 R, ECLI:EU:T:2020:37 Rn. 83 – Anglo Austrian AAB Bank und Belegging-Maatschappij „Far-East"/EZB; 15.5.2018 – T-901/16 R, ECLI:EU:T:2018:268 Rn. 91 – Elche Club de Fútbol/Kommission.

8. Schwere. In der Rechtsprechung wird häufig das Vorliegen eines schweren und **146** irreparablen Schadens zusammen geprüft, ohne zwischen dem Kriterium der „Schwere" und der „Irreparabilität" des Schadens zu unterscheiden.

Zwar handelt es sich um **zwei eigenständige Kriterien.** Allerdings kommt dem **147** Kriterium der „Irreparabilität" in der Praxis eine wesentliche größere Bedeutung zu. Dies schon alleine deswegen, weil in den beiden bedeutenden Fallgruppen der Existenzgefährdung und des Verlusts von Marktanteilen die Schwere entweder per se gegeben ist (so bei der Existenzgefährdung) oder aber die Schwere des Schadens einen integralen Bestandteil der Prüfung bildet (so bei dem Verlust von Marktanteilen).

Das Kriterium der **„Schwere"** hat bislang in der Rechtsprechung keine ganz klaren **148** Konturen erhalten.

Die Bestimmung dessen, was ein „schwerer" Schaden darstellt, bereitet einige Schwie- **149** rigkeiten. Im Kern handelt es sich um einen Skalenbegriff, der zu seiner Bestimmung eines Bezugspunktes bedarf. In der Rechtsprechung wird daher häufig die Schwere des Schadens in **Relation** zu der **Größe oder Finanzkraft** des Unternehmens geprüft.[142] Allerdings hat dies zur Folge, dass systematisch größere Unternehmen benachteiligt werden. Mit dem nicht ganz von der Hand zu weisenden Argument konfrontiert, dass die Rechtsprechung zur Voraussetzung des „schweren und irreparablen Schadens" dazu führe, dass große, finanzstarke Unternehmen dieses Kriterium nicht erfüllen können,[143] hat der EuGH daher in der Rs. *EDF* festgehalten, dass ein objektiv beträchtlicher finanzieller Schaden als ein schwerer Schaden qualifiziert werden kann, auch ohne, dass es insoweit auf eine relative Betrachtung in Bezug auf die Größe und Finanzkraft des Unternehmens ankommt.[144] Außerdem beanstandete der EuGH, dass das Gericht zur Bestimmung der Schwere auf Kriterien zurückgegriffen hat, die die Irreparabilität des Schadens betreffen.[145]

Ausgehend von der Klärung durch den eben erwähnten Beschluss EDF kann die Schwere **150** zwar grundsätzlich in einer **Relation** zu der Größe und Finanzkraft des Unternehmens bestimmt werden, ist dies aber **nicht zwingend geboten.** Insbesondere kann dem Antragsteller nicht entgegengehalten werden, dass sein Vortrag zur Schwere des Schadens bereits deshalb nicht ausreichend sei, weil er es unterlässt, eine Darlegung der Schwere anhand einer Relation zu Größe und Finanzkraft des Unternehmens darzustellen und dementsprechend keine näheren Angaben hierzu macht, bzw. diese nicht belegt. Und der Schwellenwert, ab wann ein Schaden als „schwer" angesehen werden kann, darf nicht so hoch gesetzt werden, dass bereits eine Existenzgefährdung im Raum stehen müsste.

Nach einem zutreffenden Verständnis dieses Kriteriums kann die Schwere folgenderma- **151** ßen dargelegt werden. (1) In Relation zu Größe und Finanzkraft des Unternehmens, wobei nicht erforderlich ist, dass die Existenzfähigkeit bedroht ist. (2) Im Hinblick auf eine im konkreten Fall zu begründende „objektive" Schwere des Schadens (3) In Relation zu anderen Vergleichsgrößen, wie etwa die Auftragssumme in einem Ausschreibungsverfahren,[146] die strategische Bedeutung für den Antragsteller, so etwa die Relevanz für die Marktanteile oder, generell, für die Position im Wettbewerb[147] oder dergl.

Eine **besondere Bedeutung** kommt dem Kriterium der Schwere im Bereich des **Ver-** **152** **gaberechts** zu (siehe → Rn. 230 ff.).

9. Geeignetheit der beantragten Maßnahme, den Schaden abzuwehren. Genauso **153** wie der geltend gemachte Schaden seine (wertungsmäßige) Ursache in dem angegriffenen

---

[142] EuG 22.12.2004 – T-201/04 R, ECLI:EU:T:2004:372 Rn. 257 – Microsoft/Kommission; 26.3.2010 – T-6/10 R, ECLI:EU:T:2010:129 Rn. 27 – Sviluppo Globale/Kommission.
[143] EuGH 7.3.2013 – C-551/12 P(R), ECLI:EU:C:2013:157 Rn. 27 – EDF/Kommission.
[144] EuGH 7.3.2013 – C-551/12 P(R), ECLI:EU:C:2013:157 Rn. 32–35 – EDF/Kommission.
[145] EuGH 7.3.2013 – C-551/12 P(R), ECLI:EU:C:2013:157 Rn. 28–35 – EDF/Kommission.
[146] EuG 18.1.2018 – T-784/17 R, ECLI:EU:T:2018:17 Rn. 74 f. – Strabag Belgium/Parlament.
[147] EuG 20.7.2006 – T-114/06 R, ECLI:EU:T:2006:221 Rn. 135 mwN – Globe/Kommission.

Akt haben muss, muss die beantragte einstweilige Maßnahme geeignet sein, den Schaden abzuwehren.[148]

154 **10. Prüfung; Darlegungs- und Beweislast.** Die Prüfung ist summarischer Natur. Es wird grundsätzlich nach Aktenlage entschieden; der Richter des einstweiligen Rechtsschutzes beschließt in der Regel keine prozessleitenden Maßnahmen zur Ermittlung des Sachverhalts oder gar Maßnahmen der Beweisaufnahme.[149]

155 Den Antragsteller trifft hat die Darlegungs- und Beweislast für die die Dringlichkeit begründenden Umstände. Dies entspricht ständiger Rechtsprechung[150] und folgt bereits aus den Vorgaben der Verfahrensordnungen (Art. 160 Abs. 3 EuGHVerfO; Art. 156 Abs. 4 EuGVerfO), wobei letzterer Bestimmung spezifisch fordert, dass der Antrag „sämtliche verfügbaren Beweise und Beweisangebote enthalten [muss], die dazu bestimmt sind, der Erlass einer einstweiligen Anordnung zu rechtfertigen."

156 Das Beweisrecht vor den Unionsgerichten ist relativ wenig entwickelt. So wird nicht zwischen Beweis und Glaubhaftmachung entschieden. In der Regel wird der „Beweis" in den Verfahren des einstweiligen Rechtsschutzes durch die Vorlage von Schriftstücken erbracht. **Eidesstaatliche Versicherungen** sind nicht eigens in der Liste der zulässigen Beweismittel nach Art. 64 EuGHVerfO oder Art. 91 EuGVerfO erwähnt. In der Praxis werden jedenfalls eidesstattliche Versicherungen als solche unproblematisch akzeptiert; angesichts der Anforderung der Rechtsprechung, dass die Angabe durch „bestätige Unterlagen" belegt sein müssen (siehe unten), dürfte der Beleg allein durch Eidesstaatliche Versicherungen alleine nicht ausreichend sein und insbesondere nicht genügen, sofern es nicht um den Nachweis solcher Elemente geht, die typischer Weise von dritter Seite testiert werden (zB Jahresabschluss).

157 Anknüpfend an die Vorgaben der Verfahrensordnungen gem. Art. 160 Abs. 3 EuGHVerfO und Art. 156 Abs. 4 EuGVerfO, können Anträge, die diesen Anforderungen nicht genügen, bereits als unzulässig, weil formal den Vorgaben der Verfahrensordnung nicht entsprechend, zurückgewiesen werden. In der Vergangenheit wurde hierauf gestützt recht häufig die Unzulässigkeit festgestellt. Nach neuerer Praxis ist zu unterscheiden. Nur wenn der Antrag keinerlei oder nur völlig unzureichende Darlegungen zur Dringlichkeit enthält, wird er als unzulässig zurückgewiesen. Anderenfalls nimmt das Gericht eine Prüfung der vorgetragenen Umstände vor, schließt dann aber gegebenenfalls, dass die vorgetragenen Umstände nicht hinreichen, den drohenden Eintritt eines schweren und nicht wiedergutzumachenden Schadens zu belegen.

158 Die Erfüllung der Darlegungs- und Beweislast ist besonders anspruchsvoll, sofern die Darlegung der Existenzgefährdung oder des Verlusts von Marktanteilen betroffen ist. So reicht es nicht aus, dass eine Existenzgefährdung nach allgemeiner Erfahrung in bestimmten Situationen absehbar ist, sondern es bedarf in jedem Falle einer durch Dokumente gestützten Darlegung. So gilt nach ständiger Rechtsprechung, dass „der für die Gewährung vorläufigen Rechtsschutzes zuständige Richter über konkrete und genaue, **durch ausführliche und bestätigte Unterlagen** belegte Angaben verfügen [muss], die zeigen, in welcher Situation sich die die einstweiligen Anordnungen begehrende Partei befindet, und die es erlauben, die Auswirkungen abzuschätzen, die ohne den Erlass der beantragten Maßnahmen wahrscheinlich eintreten würden. Folglich muss diese Partei, insbesondere wenn sie den Eintritt eines Schadens finanzieller Art geltend macht, grundsätzlich anhand von Belegen ein getreues und umfassendes Abbild ihrer finanziellen Situation beibringen".[151]

---

[148] St. Rspr., EuGH 13.4.2021 – C-541/20 R, ECLI:EU:C:2021:264 Rn. 30 – Litauen/Parlament und Rat; EuG 28.11.2018 – T-671/18 R, ECLI:EU:T:2018:862 Rn. 36 – ZU/Kommission; 12.7.2019 – T-355/19 R, ECLI:EU:T:2019:543 Rn. 37 – CE/Ausschuss der Regionen.
[149] EuGH 8.12.2020 – C-298/20 P(R), ECLI:EU:C:2020:1006 Rn. 24–34 – Price/Rat; vgl. auch 21.5.2021 – C-121/21 R, ECLI:EU:C:2021:420 Rn. 59 – Tschechische Republik/Polen.
[150] EuGH 1.12.2021 – C-471/21 P(R), ECLI:EU:C:2021:984 Rn. 64 – Inivos und Inivos/Kommission.
[151] Siehe etwa Beschluss vom 7.2.2020 – T-797/19 R, ECLI:EU:T:2020:37 Rn. 33 – Anglo Austrian AAB Bank und Belegging-Maatschappij „Far-East"/EZB.

Die hierzu erforderlichen Angaben und Nachweise müssen grundsätzlich bereits in der 159
Antragsschrift enthalten sein. Die Antragsschrift muss für sich allein dem Antragsgegner die
Vorbereitung seiner Stellungnahme und dem für die Gewährung vorläufigen Rechtsschutzes zuständigen Richter die Entscheidung über den Antrag, gegebenenfalls ohne weitere
Informationen, ermöglichen, wobei sich die wesentlichen tatsächlichen und rechtlichen
Umstände, auf die sich der Antrag stützt, unmittelbar aus der Antragsschrift ergeben
müssen.[152] Die Antragsschrift kann zwar in spezifischen Punkten durch Verweise auf ihm
beigefügte Anlagen vervollständigt werden, doch vermag dies das Fehlen wesentlicher
Bestandteile in der Antragsschrift nicht zu beheben. Dem für die Gewährung vorläufigen
Rechtsschutzes zuständigen Richter obliegt es nicht, anstelle der betreffenden Partei die in
den Anlagen zum Antrag auf vorläufigen Rechtsschutz enthaltenen Bestandteile zu ermitteln, die den Antrag auf vorläufigen Rechtsschutz untermauern könnten.[153]

Die **praktische Bedeutung** der Darlegungs- und Beweislast bezüglich der die Dring- 160
lichkeit begründenden Umstände ist **kaum zu überschätzen.** Angesichts der generell
hohen Anforderungen, die bereits an das Bestehen und die Darlegung der Umstände, die
die Dringlichkeit begründen, gestellt werden, ist das Erfordernis, diese Umstände zu
belegen, eine weitere, **ganz erhebliche Hürde** für den Erfolg eines Antrags auf einstweiligen Rechtsschutz. Dementsprechend ist in zahlreichen Verfahren die Versagung einstweiligen Rechtsschutzes darauf gestützt, dass die vom Antragsteller vorgetragenen Umstände nicht hinreichend dargetan oder belegt sind.

III. Fumus boni juris

„Nach ständiger Rechtsprechung ist die Voraussetzung des *fumus boni iuris* erfüllt, wenn 161
zumindest einer der Gründe, die die Partei, die die einstweiligen Anordnungen beantragt,
zur Hauptsache geltend macht, auf den ersten Blick nicht ohne ernsthafte Grundlage
erscheint. Dies ist insbesondere der Fall, wenn einer dieser Gründe komplexe rechtliche
Fragen aufwirft, deren Lösung sich nicht sogleich aufdrängt und die daher einer eingehenden
Prüfung bedürfen, die nicht von dem für die Gewährung vorläufigen Rechtsschutzes zuständigen Richter vorgenommen werden kann, sondern Gegenstand des Verfahrens zur
Hauptsache sein muss, oder wenn ausweislich des Vorbringens der Parteien eine bedeutsame
rechtliche Kontroverse besteht, deren Lösung sich nicht offensichtlich aufdrängt."[154]

Der **Bezugspunkt der Begründetheitsprüfung** ist in der oben wiedergegebenen 162
Formulierung etwas **ungenau bezeichnet.** Anders als diese Formulierung nahelegt, ist
Bezugspunkt der Prüfung nicht der klägerische Vortrag im Hauptsacheverfahren (die Akte
des Hauptsacherfahrens wird getrennt geführt), sondern der Vortrag in der Antragsschrift.[155]

Die oben wiedergegebene Formulierung entspricht, bei manchen inhaltlich nicht erheb- 163
lichen Varianten,[156] im Grundsatz der ständigen Rechtsprechung des EuG und des EuGH.
Allerdings besteht zumindest nach dem Wortlaut der vom EuGH in jüngerer Zeit verwendeten Formulierung und der des EuG ein möglicherweise bedeutsamer Unterschied.
Während nach der Formulierung des EuG auch ein bedeutender **Streit um Tatsachen**
den *fumus* begründen kann,[157] scheint dies nach der wiedergegebenen Formulierung des

---
[152] St. Rspr.; siehe 7.2.2020 – T-797/19 R, ECLI:EU:T:2020:37 Rn. 32 – Anglo Austrian AAB Bank und Belegging-Maatschappij „Far-East"/EZB.
[153] St. Rspr.; siehe 7.2.2020 – T-797/19 R, ECLI:EU:T:2020:37 Rn. 34 – Anglo Austrian AAB Bank und Belegging-Maatschappij „Far-East"/EZB.
[154] EuGH 21.5.2021 – C-121/21 R, ECLI:EU:C:2021:420 Rn. 35 mwN – Tschechische Republik/Polen.
[155] Siehe, implizit, EuGH 8.10.2020 – C-201/20 P(R), ECLI:EU:C:2020:818 Rn. 105 – Junqueras i Vies/Parlament.
[156] Siehe etwa die leicht abweichende Formulierung, die das EuG regelmäßig verwendet: EuG 29.10.2020 – T-452/20 R, ECLI:EU:T:2020:516 Rn. 30 mwN – Facebook Ireland/Kommission.
[157] Siehe: EuG 15.5.2018 – T-901/16 R, ECLI:EU:T:2018:268 Rn. 56 mwN – Elche Club de Fútbol/Kommission; EuG 29.10.2020 – T-452/20 R, ECLI:EU:T:2020:516 Rn. 30 mwN – Facebook Ireland/Kommission.

EuGH nur bei einem **Streit um Rechtsfragen** der Fall zu sein. Allerdings sollten aus den unterschiedlichen Formulierungen nicht voreilig Schlüsse gezogen werden. So hatte der EuGH nach früherer Rechtsprechung ebenso einen Streit über Tatsachenfragen ausreichen lassen.[158]

164 Der Antragsteller muss durch seinen Vortrag in der Antragsschrift den fumus belegen; ein pauschaler Verweis auf die Ausführungen in der Hauptsache reicht nicht aus.[159] Anträge, die diesen Erfordernissen offensichtlich nicht entsprechen, werden als unzulässig verworfen.[160] Selbstverständlich kann der Antragsteller seinen Vortrag aus dem Hauptsacheverfahren wiederholen.[161]

165 Die Intensität und Ausführlichkeit der Prüfung hat über die Jahre deutlich zugenommen. Während in früheren Jahren der EuGH und das EuG häufig eine äußerst kursorische Prüfung haben genügen lassen, ist die Prüfung mittlerweile deutlich ausführlicher und auch intensiver, was sicherlich auch darin einen Grund findet, dass der Gerichtshof eine zu laxe Prüfung des EuG beanstandet hatte.[162] Insbesondere dann, wenn der *fumus* verneint wird, erfolgt eine ausführlichere Prüfung.

166 Die gelegentlich aufgestellte Behauptung, dass in der Praxis die Prüfung nicht darin bestehe, das Vorliegen eines fumus zu erörtern, sondern es ausreiche, dass dieser jedenfalls nicht offensichtlich nicht vorhanden sei, trifft jedenfalls nicht mehr auf die neuere Rechtsprechung zu.

IV. Interessenabwägung

167 „Es ist Sache des für die Gewährung vorläufigen Rechtsschutzes zuständigen Richters, der mit einem Aussetzungsantrag befasst ist, die mit beiden Entscheidungsmöglichkeiten verbundenen Risiken gegeneinander abzuwägen. Konkret bedeutet dies ua, dass zu prüfen ist, ob das Interesse der Partei, die die einstweiligen Anordnungen beantragt, an der Aussetzung des Vollzugs schwerer wiegt als das Interesse an deren sofortiger Anwendung. Dabei ist zu bestimmen, ob eine Aufhebung dieser Vorschriften, nachdem der Gerichtshof der Klage in der Hauptsache stattgegeben hat, die Umkehrung der Lage erlauben würde, die durch ihren sofortigen Vollzug entstünde, und inwieweit andererseits die Aussetzung des Vollzugs die Erreichung der mit diesen Vorschriften verfolgten Ziele behindern würde, falls die Klage abgewiesen würde."[163]

168 Diese Formel, möglicherweise leicht variiert, entspricht der ständigen Rechtsprechung des EuGH und des EuG. Nach ihrem Wortlaut bezieht sie sich nur auf die Interessenabwägung im Rahmen eines Antrags auf Aussetzung; sie gilt aber entsprechend auch für den Erlass positiver einstweiliger Anordnungen.[164]

169 Der Status der Interessenabwägung ist nicht ganz eindeutig. Während sich die Kriterien der Dringlichkeit und des fumus unmittelbar aus den Bestimmungen der Verfahrensordnungen ableiten lassen, gilt dies nicht für die Interessenabwägung. In der Rechtsprechung wird einerseits stets betont, dass „der für die Gewährung vorläufigen Rechtsschutzes zuständige Richter *gegebenenfalls* auch eine Abwägung der widerstreitenden Interessen" vornimmt, um dann anzuschließen, dass „diese Voraussetzungen […] kumulativ [bestehen],

---

[158] So etwa EuGH 3.12.2014 – C-431/14 P–R, ECLI:EU:C:2014:2418 Rn. 20 – Griechenland/Kommission.
[159] EuGH 23.5.2019 – C-163/19 P(R) u. C-163/19 P(R)–R, ECLI:EU:C:2019:453 Rn. 58 mwN – Trifolio-M ua/EFSA.
[160] EuGH 8.10.2020 – C-201/20 P(R), ECLI:EU:C:2020:818 Rn. 102–108 – Junqueras i Vies/Parlament.
[161] EuGH 17.12.2018 – C-619/18 R, ECLI:EU:C:2018:1021 Rn. 51 – Kommission/Polen.
[162] Siehe etwa EuGH 11.4.2001 – C-471/00 P(R), ECLI:EU:C:2001:218 Rn. 53–67 – Kommission/Cambridge Healthcare Supplies.
[163] EuGH 17.12.2018 – C-619/18 R, ECLI:EU:C:2018:1021 Rn. 91 – Kommission/Polen.
[164] Dass der EuGH hier nicht klar unterscheidet, ergibt sich schon aus der zitierten Passage. In dem zitierten Beschluss ging es nicht um die Aussetzung von Unionsrechtsakten, sondern um die Anordnung der „Aussetzung" nationaler Rechtsakte und um weitere begleitende Maßnahmen; siehe auch Beschluss vom 14.7.2021 – C-204/21 R, ECLI:EU:C:2021:593 Rn. 142 – Kommission/Polen.

so dass der Antrag auf einstweilige Anordnungen zurückzuweisen ist, sofern es an einer von ihnen fehlt".[165]

Hieraus leitet sich die Frage ab, ob auch dann, wenn fumus und Dringlichkeit gegeben sind, der Antrag mit Blick auf die Interessabwägung zurückgewiesen werden kann. In diesem Sinne hat kürzlich das EuG in einem bemerkenswerten Beschluss entschieden.[166] Es bleibt abzuwarten, ob der EuGH sich diese Linie zu eigen machen wird. Dies böte Spielraum, die Dringlichkeit stärker in den Fokus zu rücken. **170**

Schon nach bisheriger Rechtsprechung wird gelegentlich die Dringlichkeit und die Interessenabwägung zusammen oder nebeneinander geprüft, um die Versagung einstweiligen Rechtsschutzes besser nachvollziehbar zu begründen. Dies gilt insbesondere in Verfahren, in welchen die Gesundheit betroffen ist. Ausgehend von der Erkenntnis, dass der Gesundheitsschutz grundsätzlich Vorrang vor wirtschaftlichen Interessen genießt,[167] erschiene es in diesen Fällen „ehrlicher", die Interessenabwägung in den Vordergrund zu stellen und die Beantragung einstweiligen Rechtsschutzes davon abhängig zu machen, dass der Antragsteller Elemente vorgetragen hat, die es rechtfertigen, dass ausnahmsweise der Gesundheitsschutz zurückzutreten hat, anstatt schematisch und sehr streng die Erfordernisse der Darlegung eines „schweren und irreparablen Schadens" abzuprüfen. **171**

Im Kern betrifft die Interessenabwägung die Interessen der Parteien. Sie ist aber nicht hierauf beschränkt, sondern bezieht sich nach ständiger Rechtsprechung auch auf die Interessen Dritter oder der Allgemeinheit.[168] **172**

Schließlich erschöpft sich die Bedeutung der Interessenabwägung nicht darin, Voraussetzung für die Gewährung einstweiligen Rechtsschutzes zu sein, sondern kann auch das richterliche Ermessen bei der Bestimmung des Inhalts des stattgebenden Beschlusses leiten.[169] **173**

F. Entscheidung

Liegen die Voraussetzungen (Dringlichkeit, fumus, positive Interessenabwägung) vor, ergeht ein stattgebender Beschluss. Die Bestimmung des Inhalts des stattgebenden Beschlusses liegt weitgehend im Ermessen des Richters des einstweiligen Rechtsschutzes, wobei er allerdings insoweit an den Antrag gebunden ist, als er (grundsätzlich)[170] **nicht ultra petita** entscheiden darf, wohl aber hinter dem Antrag zurückbleiben kann sowie sachdienliche Vorgaben der einstweiligen Regelung treffen kann. **174**

Während die Voraussetzungen für die Gewährung einstweiligen Rechtsschutzes durch Aussetzung oder einstweilige Anordnung die gleichen sind, und daher gemeinsam behandelt wurden, liegt dies anders bei der Bestimmung des Inhalts des stattgebenden Beschlusses, weswegen hier eine Unterscheidung geboten ist. **175**

I. Aussetzung

Im Falle der beantragten Aussetzung eines Unionsrechtsakts, ergibt sich die Rechtsfolge, soweit die Voraussetzungen (Dringlichkeit, fumus und positive Interessenabwägung) gegeben sind, in der Regel ohne Probleme aus dem zu Grunde liegenden Antrag: Der angegriffene Rechtsakt ist auszusetzen. **176**

---

[165] Siehe etwa EuGH 17.12.2018 – C-619/18 R, ECLI:EU:C:2018:1021 Rn. 29 – Kommission/Polen.
[166] EuG 26.5.2021 – T-54/21 R, ECLI:EU:T:2021:292 Rn. 102 ff. – OHB System/Kommission.
[167] St. Rspr.; siehe schon EuGH 12.7.1996 – C-180/96 R, ECLI:EU:C:1996:308 Rn. 96 f. – Vereinigtes Königreich/Kommission; 11.4.2001 – C-471/00 P(R), ECLI:EU:C:2001:218 Rn. 121 mwN – Kommission/Cambridge Healthcare Supplies; 24.8.2018 – T-337/18 R u. T-347/18 R, ECLI:EU:T:2018:587 Rn. 81 – Laboratoire Pareva und Biotech3D/Kommission.
[168] St. Rspr.; siehe schon EuGH 22.5.1978 – 92/78 R, ECLI:EU:C:1978:106 Rn. 15 f. – Simmenthal/Kommission; vgl. auch EuGH 24.4.2008 – C-76/08 R, ECLI:EU:C:2008:252 Rn. 44 – Kommission/Malta; EuG 3.12.2002 – T-181/02 R, ECLI:EU:T:2002:294 Rn. 112 f. – Neue Erba Lautex/Kommission.
[169] Siehe EuG 29.10.2020 – T-452/20 R, ECLI:EU:T:2020:516 Rn. 119 f. – Facebook Ireland/Kommission.
[170] Siehe zur Ausnahme bei flankierenden Maßnahmen → Rn. 47 f.

177 Die Aussetzung kann, nach Ermessen des Richters, gegenüber dem Antrag eingeschränkt sein. So kann die Aussetzung von einer Sicherheitsleistung abhängig gemacht werden (Art. 162 Abs. 2 VerfO EuGH; Art. 158 Abs. 2 VerfO EuG). Dies gilt allerdings nicht gegenüber der Union.[171] Die Aussetzung kann auch zeitlich beschränkt sein (Art. 162 Abs. 3 VerfO EuGH; Art. 158 Abs. 3 VerfO EuG). Von diesen Möglichkeiten macht der Richter des einstweiligen Rechtsschutzes gelegentlich, wenn in den letzten Jahren auch recht selten, Gebrauch.

178 Jenseits dieser ausdrücklich in den Prozessordnungen verankerten Möglichkeiten kann der Richter des einstweiligen Rechtsschutzes die Aussetzung auch insofern beschränken, als er den angegriffenen Akt nicht vollständig aussetzt, sondern nur einige seiner Wirkungen. So kann es gerade im Interesse eines effektiven einstweiligen Rechtsschutzes geboten sein, eine solche, hinter dem Antrag zurückbleibende Aussetzung anzuordnen, etwa dann, wenn die Interessenabwägung gegen eine vollständige Aussetzung ausfällt. Dies könnte etwa bei restriktiven Maßnahmen der Fall sein, wenn es um das Einfrieren von Vermögenswerten geht (siehe → Rn. 247). Ausnahmsweise kann der Richter des einstweiligen Rechtsschutzes auch ergänzende Regelungen treffen, um eine sachgerechte weiteres Verfahren nach der Aussetzung zu gewährleisten.[172]

179 Die Entscheidung über die nähere Ausgestaltung des stattgebenden Beschlusses wird maßgeblich durch die Interessenabwägung bestimmt.

II. Einstweilige Anordnung

180 Anträge auf Erlass einstweiliger Anordnungen sind regelmäßig entweder auf eine Nichtigkeitsklage oder im Falle der Vertragsverletzungsklage auf eine Feststellungsklage gestützt. Eine Verpflichtungsklage oder allgemeine Leistungsklage kennt das europäische Rechtsschutzsystem grundsätzlich nicht. **Die begehrte einstweilige Anordnung muss also notwendigerweise über die Hauptsache hinausgehen.** Daher kann im Verfahren auf einstweilige Anordnungen dem Antragsteller **nicht ein Verbot des Überschreitens der Hauptsache** entgegengehalten werden.

181 Völlig zu Recht hat der EuGH befunden, das ein Überschreiten der Hauptsache den Richter des einstweiligen Rechtsschutzes nicht darin hindern kann, Vorgaben an den Mitgliedstaat in einem Vertragsverletzungsverfahren zu richten, weil anderenfalls Art. 279 AEUV entgegen seinem ausdrücklichen Wortlaut seines Sinns und Zwecks beraubt würde (siehe → Rn. 44 f.). Entsprechendes muss auch auf Nichtigkeitsklagen gestützte Anträge auf einstweilige Anordnungen gegen die Unionsverwaltung gelten (siehe → Rn. 45 f.).

182 Besteht daher bei Vorliegen der Voraussetzungen (Dringlichkeit, fumus und positive Interessenabwägung) ein **Anspruch** auf Erlass einer einstweiligen Anordnung, so ist deren Inhalt näher zu bestimmen. Maßgeblich hierfür ist zunächst die Erkenntnis, dass es sich um einen aus dem Prozessrecht erwachsenen Anspruch auf Wahrung der im Hauptverfahren geltend gemachten Rechtsposition handelt (siehe → Rn. 43). Dementsprechend kommt es nicht darauf an, ob der Antragsteller materiell-rechtlich einen Anspruch auf die von ihm begehrte Anordnung hat, sondern darauf, ob die beantragte Maßnahme, entsprechend dem Wortlaut des Art. 279 AEUV, „erforderlich" ist zur Wahrung seiner im Hauptverfahren geltend gemachten Rechtsposition.

183 Die „**Erforderlichkeit**" der einstweiligen Anordnung bildet in der Praxis bisher nicht den Gegenstand einer eigenständigen Prüfung, sondern erfolgt in der Regel im Rahmen der Interessenabwägung oder aber auch schon im Rahmen der Zulässigkeitsprüfung.[173] Entscheidender ist das Prüfungsprogramm. Gedanklich ist, anders als bei der Aussetzung, als erster Schritt zunächst der Konnex zwischen der zu schützenden Rechtsposition und der

---

[171] EuGH 20.11.2017 – C-441/17 R, ECLI:EU:C:2017:877 Rn. 86 f. – Kommission/Polen.
[172] EuG 29.10.2020 – T-452/20 R, ECLI:EU:T:2020:516 Rn. 119 f. – Facebook Ireland/Kommission.
[173] Siehe etwa EuGH 14.7.2021 – C-204/21 R, BeckRS 2021, 21867 Rn. 65 ff. u. 142 ff. – Kommission/Polen; EuG 13.4.2021 – T-12/21 R, ECLI:EU:T:2021:184 Rn. 83 ff. – PJ/EIT.

beantragten Maßnahme zu etablieren, dann ist zu prüfen, inwieweit diese Maßnahme hierfür „erforderlich" ist. Nach der Rechtsprechung ist ein strenger Maßstab anzulegen. Danach muss die einstweilige Anordnung strikt geeignet und erforderlich sein und nicht über das hinausgehen, was erforderlich ist zur Wahrung der im Hauptverfahren geltenden gemachten Rechtsposition. Dies impliziert insbesondere, dass die einstweilige Anordnung nur für die Dauer des Hauptverfahrens gelten darf, dass sie dem Hauptverfahren nicht vorgreifen darf und dass jenes nicht jeder praktischen Wirksamkeit beraubt werden darf.[174] Zudem gelten umso höhere Anforderungen an die Erforderlichkeit, je mehr die politischen Prärogative (eines Organs der Union) betroffen sind.[175]

Grenzen der Befugnis des Richters des einstweiligen Rechtsschutzes bestehen insoweit, als er den Antragsgegner nicht zu Handlungen verpflichten kann, für die jener keine Kompetenz hat.[176] Grundsätzlich kann der Richter auch nicht Anordnungen gegenüber Dritten, die nicht Partei des Rechtsstreites sind, erlassen.[177] Ausnahmsweise, wenn anderenfalls ein effektiver Rechtsschutz nicht zu gewährleisten ist, nimmt der Richter für sich die Befugnis in Anspruch, auch gegenüber Dritten Anordnungen zu erlassen.[178] **184**

Ebenso wie die Aussetzung kann die einstweilige Anordnung gegenüber dem Antrag eingeschränkt sein. So kann sie von einer Sicherheitsleistung abhängig gemacht werden (Art. 162 Abs. 2 VerfO EuGH; Art. 158 Abs. 2 VerfO EuG). Dies gilt allerdings nicht gegenüber der Union.[179] Die Anordnung kann auch zeitlich beschränkt sein (Art. 162 Abs. 3 VerfO EuGH; Art. 158 Abs. 3 VerfO EuG). **185**

Die einstweilige Maßnahme kann durch **flankierende Maßnahmen,** die ihre effektive Befolgung sicherstellen sollen, ergänzt werden (siehe → Rn. 47 f.). **186**

III. Rechtsfolge/Rechtswirkungen

Stattgebende Beschlüsse im einstweiligen Rechtsschutz **verlieren** ihre **Wirksamkeit,** soweit diese nicht von vorneherein zeitlich beschränkt war (siehe Art. 162 Abs. 3 EuGHVerfO; Art. 158 Abs. 3 EuGVerfO) oder eine Abänderung oder Aufhebung erfolgt ist (Art. 163 EuGHVerfO; Art. 159 EuGVerfO) oder eine Aufhebung im Rechtsmittel erfolgt ist, automatisch mit der **Verkündung des Endurteils** (Art. 162 Abs. 3 EuGHVerfO; Art. 158 Abs. 3 EuGVerfO). **187**

Ablehnende Beschlüsse bleiben wirksam bis zur Verkündung des Endurteils, sofern sie nicht durch einen neuen Beschluss infolge eines erneuten, auf neue Tatsachen gestützten Antrags, ersetzt werden (Art. 164 EuGHVerfO; Art. 160 EuGVerfO) oder im Rechtsmittel aufgehoben werden. **188**

In diesem Umfang kommt den Beschlüssen **Rechtskraft** zwischen den Parteien zu. Selbstverständlich binden sie nicht den EuGH / das EuG in der rechtlichen Würdigung der Hauptsacheklage. **189**

Die **Unionsorgane** haben in entsprechender Anwendung des Art. 266 AEUV die erforderlichen Maßnahmen zu ergreifen, die sich aus einem stattgebenden Beschluss im einstweiligen Rechtsschutz ergeben. **190**

---

[174] EuG 13.4.2021 – T-12/21 R, ECLI:EU:T:2021:184 Rn. 41 mwN – PJ/EIT.
[175] Instruktiv: EuG 4.5.2018 – T-230/18 R, ECLI:EU:T:2018:262 Rn. 28 ff. – Czarnecki/Parlament, in welchem der Präsident des EuG darauf hinwies, dass die Schaffung, kraft einstweiliger Anordnung, eines zusätzlichen Vizepräsidentenpostens und dessen Besetzung mit dem Antragsteller schon deshalb nicht in Betracht komme, weil eine solche Anordnung eine erhebliche Einmischung in die Selbstorganisation des Parlaments bedeute und angesichts der Säumnis des Antragstellers nicht als geboten angesehen werden könne.
[176] EuG 3.5.2007 – T-12/07 R, ECLI:EU:T:2007:124 Rn. 52 – Polimeri Europa/Kommission.
[177] EuG 1.12.1994 – T-353/94 R, ECLI:EU:T:1994:288 Rn. 33 – Postbank/Kommission.
[178] EuG 3.3.2020 – T-24/20 R, ECLI:EU:T:2020:78 Rn. 37 – Junqueras i Vies/Parlament; 18.3.2008 – T-411/07 R, ECLI:EU:T:2008:80 Rn. 56 – Aer Lingus Group/Kommission; vgl. auch EuGH 17.3.1986 – 23/86 R, ECLI:EU:C:1986:125 – Vereinigtes Königreich/Parlament.
[179] EuGH 20.11.2017 – C-441/17 R, ECLI:EU:C:2017:877 Rn. 86 f. – Kommission/Polen.

191 Stattgebende Beschlüsse bilden, soweit sie ihrem Inhalt nach vollstreckungsfähig sind, einen **Vollstreckungstitel.** Soweit dem Beschluss eine Feststellungs- oder Gestaltungswirkung (wie etwa im Falle der Aussetzung) zukommt, ist der Beschluss „self-executing".

192 Die primärrechtlichen Normen hierzu sind allerdings nicht ganz eindeutig.

193 So heißt es in Art. 280 AEUV lapidar, dass die „Urteile" des Gerichtshofs gemäß Art. 299 AEUV vollstreckbar sind. Allerdings kann vernünftiger Weise kein Zweifel daran bestehen, dass dies auch für stattgebende Beschlüsse des einstweiligen Rechtsschutzes gelten muss. So geht aus Art. 162 Abs. 2 EuGHVerfO und aus Art. 158 Abs. 2 EuGVerfO ausdrücklich hervor, dass die Beschlüsse vollstreckbar sind.

194 Weiter ergibt sich aus Art. 299 AEUV, dass die dort aufgeführten Rechtsakte, die eine Zahlung auferlegen, vollstreckbare Titel sind, dies aber nicht gegenüber „Staaten" gilt. Nach überwiegender und zutreffender Ansicht gilt die Einschränkung gegenüber „Staaten" nicht für Mitgliedstaaten, soweit es um die Vollstreckung eines Urteils,[180] und damit entsprechend dem eben gesagten, um die Vollstreckung eines Beschlusses des einstweiligen Rechtsschutzes geht.

G. Verfahren

I. Gesonderter Schriftsatz; Aktenführung

195 Das Verfahren wird eingeleitet durch Einreichung des Antrags „mit gesondertem Schriftsatz", der „Antragsschrift", bei der Kanzlei des Gerichtshofes / des Gerichts.

196 Für das Verfahren des einstweiligen Rechtsschutzes wird eine gesonderte Akte angelegt; das Aktenzeichen wird durch den Zusatz „R" (steht für référé – französisch für einstweiliges Verfahren) zu dem Aktenzeichen des Hauptsacheverfahrens gebildet.

II. Kontradiktorisches Verfahren

197 Grundsätzlich ist das Verfahren kontradiktorisch. Dies impliziert unter anderem, dass die jeweils andere Seite Gelegenheit hat, zu den Ausführungen der Gegenseite Stellung zu beziehen. Allerdings sind im Hinblick auf die Eilbedürftigkeit Einschränkungen geboten. Dies kommt schon darin zum Ausdruck, dass die Prozessordnungen nur einen einmaligen (in der Regel) schriftlichen Austausch vorsehen.

198 In aller Regel erfolgt eine **Entscheidung erst, nachdem die Gegenpartei ihre Stellungnahme** abgegeben hat und ohne dass der Richter des einstweiligen Rechtsschutzes prozessleitende Maßnahmen anordnet. Die Stellungnahmen der Gegenseite kann nach den Verfahrensordnungen schriftlich oder mündlich erfolgen, wobei die aktuelle Praxis das schriftliche Verfahren privilegiert.

199 Eine **Ausnahme,** von der relativ häufig Gebrauch gemacht wird, besteht für besonders eilbedürftige Verfahren, in denen der Richter zunächst durch eine Zwischenverfügung dem Antrag stattgibt, damit während der Dauer des einstweiligen Verfahrens keine irreversiblen Schäden eintreten; siehe hierzu unten H., I. Eine **weitere,** in der Praxis gelegentlich vorkommende **Ausnahme** besteht für die Fälle, in denen der Richter des einstweiligen Rechtsschutzes zu der Überzeugung gelangt, dass der Antrag offensichtlich unzulässig oder offensichtlich unbegründet ist und er daher den Antrag verwirft auch ohne die Gegenseite vorher angehört zu haben.

200 Der Richter verfügt über ein **weites Ermessen** für die sachdienliche Gestaltung des Verfahrens.[181] Rügen, dass der Richter dem Antragsteller nicht die Möglichkeit eingeräumt

---

[180] Ruffert in Calliess/Ruffert EUV AEUV Art. 299 Rn. 3.
[181] St. Rspr., EuGH 1.12.2021 – C-471/21 P(R), ECLI:EU:C:2021:984 Rn. 45–47 – Inivos und Inivos/Kommission; 8.12.2020 – C-298/20 P(R), ECLI:EU:C:2020:1006 Rn. 24–34 – Price/Rat; 17.12.2020 – C-207/20 P(R), ECLI:EU:C:2020:1057 Rn. 42–45 – Anglo Austrian AAB und Belegging-Maatschappij „Far-East"/EZB; 13.6.2018 – C-315/18 P(R)-R, ECLI:EU:C:2018:443 Rn. 57 – Valencia Club de Fútbol/Kommission.

hat, auf den schriftsätzlichen Vortrag der Gegenseite zu reagieren, werden ohne weiteres verworfen.[182] Insbesondere ist der Richter grundsätzlich nicht gehalten, dem Antragsteller Gelegenheit zur Ergänzung seines Vortrags in der Antragsschrift zu geben[183] oder ihn gar dazu anzuhalten[184] oder abzuwarten, bis dieser von ihm angekündigte Unterlagen unterbreitet.[185] Nur in Ausnahmefällen kommt eine Verletzung der prozessualen Rechte der Parteien in Betracht.[186]

201 Die Zulassung **nachgereichter Schriftstücke** orientiert sich daran, ob dies die rasche Erledigung behindern würde, und insbesondere daran, ob lediglich Tatsachen und Gründe nachgeschoben werden, die bereits vorher hätten vorgebracht werden können. Anders liegt es, wenn der neue Vortrag als „neue Tatsachen" (Art. 164 EuGHVerfO; Art. 160 EuGVerfO) oder als „Änderung der Umstände" (Art. 163 EuGHVerfO; Art. 159 EuGVerfO) zu werten ist. In diesem Falle können prozessökonomische Gründe für die Zulassung sprechen: anderenfalls müsste der Antragsteller oder die Gegenseite den aufwendigeren Weg eines erneuten Antrags beschreiten bzw. die Aufhebung des erlassenen Beschlusses beantragen.

III. Fristen; Sprache; Dauer

202 Die Verfahrensordnungen bestimmen keine **Fristen** für die einzelnen Verfahrensschritte. Diese werden vom Richter des einstweiligen Rechtsschutzes je nach Lage des Falles bestimmt. In der Regel wird der Gegenpartei eine Frist von zwei Wochen zur Stellungnahme eingeräumt.

203 Die Verfahrenssprache ist die **Sprache,** in welcher die Hauptsache anhängig gemacht wird. Da die Beschlüsse insbesondere des EuG nicht mehr in alle EU-Sprachen übersetzt werden, sind viele Beschlüsse nur in Französisch und in der jeweiligen Verfahrenssprache zugänglich. Das interne strenge Spracheregime des Gerichtshofs, wonach alle Schriftsätze in die Arbeitssprache Französisch übertragen werden, der Beschluss in Französisch redigiert und anschließend in die Verfahrenssprache übertragen wird, gilt am EuG in der Praxis nur eingeschränkt. So werden, je nach Sprachkompetenz des Richters des einstweiligen Rechtsschutzes, gelegentlich auch Beschlüsse unmittelbar in der Verfahrenssprache redigiert, um Zeit zu sparen, so etwa in der Vergangenheit insbesondere in Deutsch und Englisch. Die Beschlüsse in diesen Verfahren sind nur in der jeweiligen Verfahrenssprache verfügbar.

204 Die **Dauer** des Verfahrens vom Eingang bis zur abschließenden Entscheidung liegt beim EuG im Schnitt zwischen zwei und drei Monaten, je nach Lage des Falles und nach Dringlichkeit. Gelegentlich erfolgt eine abschließende Entscheidung auch innerhalb einer Woche oder – in extremen Ausnahmefällen – am selben Tag oder binnen 48 Stunden. Hinzuweisen ist auch auf die Möglichkeit, Zwischenverfügungen zu erlassen, siehe unten H., I.

IV. Entscheidung

205 Die Entscheidung erfolgt durch begründeten Beschluss, der den Parteien zugestellt wird, Art. 162 Abs. 1 EuGHVerfO, Art. 158 Abs. 1 EuGVerfO.

---

[182] EuGH 8.12.2020 – C-298/20 P(R), ECLI:EU:C:2020:1006 Rn. 27 f. – Price/Rat.
[183] EuGH 17.12.2020 – C-207/20 P(R), ECLI:EU:C:2020:1057 Rn. 42 mwN – Anglo Austrian AAB und Belegging-Maatschappij „Far-East"/EZB.
[184] EuGH 23.5.2019 – C-163/19 P(R) u. C-163/19 P(R)–R, ECLI:EU:C:2019:453 Rn. 60–62 mwN – Trifolio-M ua/EFSA.
[185] EuGH 13.6.2018 – C-315/18 P(R)–R, ECLI:EU:C:2018:443 Rn. 55–60 – Valencia Club de Fútbol/Kommission.
[186] EuGH 5.7.2018 – C-334/18 P(R)–R, ECLI:EU:C:2018:548 Rn. 45–52 – Hércules Club de Fútbol/Kommission: Heranziehung von Sachverhaltselementen, die sich nicht aus der Akte ergeben.

H. Besondere Verfahrensgestaltungen

I. Zwischenverfügung; inaudita alter parte

206 Art. 160 Abs. 7 EuGHVerfO und Art. 157, Abs. 2 EuGVerfO erlauben dem Richter des einstweiligen Rechtsschutzes, dem Antrag vorläufig stattzugeben, ohne eine Stellungnahme der Gegenpartei abzuwarten. Die Entscheidung liegt im richterlichen Ermessen; eines gesonderten Antrags in der Antragsschrift bedarf es nicht. Allerdings ist ein solcher gesonderte Antrag üblich und es ist auch empfehlenswert, die besondere Eilbedürftigkeit, die noch nicht einmal das Abwarten der Stellungnahme der Gegenpartei erlaubt, gesondert zu begründen.

207 Eine Zwischenverfügung ergeht, wenn zu besorgen ist, dass schon während der Dauer des Verfahrens des einstweiligen Rechtsschutzes irreversible Fakten geschaffen werden (typischer Weise im Vergaberecht oder bei der Veröffentlichung vertraulicher Informationen). Die Zwischenverfügung dient damit dem Zweck, die Effektivität des einstweiligen Rechtsschutzes sicherzustellen. Die Zwischenverfügungen des Gerichts sind sehr kurz und im Kern damit begründet, dass eine Zwischenverfügung erforderlich ist, weil anderenfalls zu besorgen wäre, dass die abschließende Entscheidung im Verfahren des einstweiligen Rechtsschutzes ihrer Wirkung beraubt wäre. Jenseits dieses in den Gründen zum Ausdruck kommenden Prüfungsprogramms prüft der Richter des einstweiligen Rechtsschutzes in der Regel die Erfolgsaussichten des Antrags; ist von vorneherein erkennbar, dass der Antrag keine Erfolgsaussichten hat, ergeht keine Zwischenverfügung. Die Zwischenverfügungen des EuGH sind ausführlicher begründet; dies heißt nicht, dass ein anderer Prüfungsmaßstab zu Grunde gelegt würde.

208 Die Zwischenverfügungen sind ein ganz wesentliches Element des einstweiligen Rechtsschutzes. Das EuG erlässt seine Zwischenverfügungen häufig noch am Tag des Eingangs des Antrags und grundsätzlich binnen 48 Stunden. Zudem sorgt die Kanzlei durch Kontakte mit der Gegenseite dafür, dass noch vor Ergehen der Zwischenverfügung keine vollendeten Tatsachen geschaffen werden.

209 Die Zwischenverfügungen können gem. Art. 160 Abs. 7 EuGHVerfO und Art. 157 Abs. 2 EuGVerfO jederzeit, auch von Amts wegen, abgeändert oder aufgehoben werden.

210 Die Zwischenverfügungen des EuG und des EuGH werden häufig nicht veröffentlicht, auch nicht auf der Webseite. Hierin liegt begründet, dass die praktische Bedeutung der Zwischenverfügungen häufig übersehen wird.

II. Neuer Antrag

211 Gem. Art. 164 EuGHVerfO und Art. 160 EuGVerfO kann der Antragsteller nach Ablehnung seines Antrags weitere, auf „neue Tatsachen gestützte" Anträge stellen. „Neue Tatsachen" sind nach ständiger Rechtsprechung solche, die der Antragsteller nicht hat geltend machen können und die relevant für die Beurteilung des Falles sind.[187] Maßgeblicher Zeitpunkt für die Frage, welche Tatsachen als „neu" anzusehen ist, ist nicht die Einlegung des Antrags, sondern die gerichtliche Entscheidung.[188] Sofern der Antragsteller nicht hinreichend dartun kann, warum er die angeführten Tatsachen nicht bereits hat geltend machen können oder wenn die Tatsachen für die Beurteilung irrelevant sind, wird der neue Antrag als unzulässig verworfen.[189] Anderenfalls findet eine erneute Sachprüfung unter Berücksichtigung der neuen Tatsachen statt.[190]

---

[187] EuG 19.9.2017 – T-244/17 RII, ECLI:EU:T:2017:634 Rn. 13 mwN – António Conde & Companhia/Kommission; 19.10.2020 – T-377/20 RII, ECLI:EU:T:2020:505 Rn. 24 – KN/EWSA.
[188] EuG 25.10.2018 – T-337/18 RII, ECLI:EU:T:2018:729 Rn. 12 – Laboratoire Pareva/Kommission.
[189] Siehe 19.9.2017 – T-244/17 RII, ECLI:EU:T:2017:634 Rn. 15–23 – António Conde & Companhia/Kommission.
[190] Siehe EuG 26.11.2021 – T-272/21 RII, ECLI:EU:T:2021:834 – Puigdemont i Casamajó ua/Parlament.

III. Abänderung/Aufhebung

Bei einer „Änderung der Umstände" kann der Beschluss aufgehoben oder abgeändert werden, Art. 163 EuGHVerfO, Art. 159 EuGVerfO. Der nicht ganz eindeutig formulierte Text der Verfahrensordnungen ist dahin ergänzend zu lesen, dass er sich auf den „stattgebenden Beschluss" bezieht. Dies entspricht Sinn und Zweck der Vorschrift und der einschlägigen Rechtsprechung.[191] **212**

Unter „Änderung der Umstände" ist jeder neue tatsächliche oder rechtliche Gesichtspunkt gemeint, der geeignet ist, die Erwägungen des Richters des einstweiligen Rechtsschutzes in Frage zu stellen, auf welche der stattgebende Beschluss gestützt ist.[192] Der Umstand, dass ein nationales Verfassungsgericht urteilt, dass die gegen den betreffenden Mitgliedstaat erlassene einstweilige Anordnung verfassungswidrig sei, stellt keinen solche „Änderung der Umstände" dar.[193] Für die Aufhebung eines Beschlusses, mit welchem der Vollzug einer mittlerweile aufgehobenen Entscheidung ausgesetzt wurde, besteht kein Rechtschutzinteresse.[194] **213**

IV. Rechtsmittel

Gegen Beschlüsse des EuG über die Gewährung einstweiligen Rechtsschutzes kann ein Rechtsmittel beim EuGH eingelegt werden, Art. 57, UAbs. 2, EuGH-Satzung. **214**

Das Rechtsmittelverfahren vor dem EuGH wird unter dem Aktenzeichen der Rechtssache mit dem Zusatz P(R) registriert, wobei „R" für „référé" (französisch für einstweiliges Verfahren) und „P" für „pourvoi" (französisch für Rechtsmittel) steht.[195] **215**

Für die Einlegung des Rechtsmittels gelten die allgemeinen Vorschriften. Auch der Prüfungsmaßstab ist derselbe – dies gilt insbesondere auch für den zurückgenommenen Prüfungsmaßstab bei der Beurteilung von Tatsachenfragen[196] und die Unzulässigkeit von Angriffs- oder Verteidigungsmitteln, die nicht bereits erstinstanzlich geltend gemacht wurden.[197] **216**

Eine gewisse Komplizierung des Rechtsmittelverfahrens hat sich in den letzten Jahren eingeschlichen, soweit ein Rechtsmittel gegen die Versagung einstweiligen Rechtsschutzes durch das EuG erhoben wird. So hatte es bis dato genügt, gegen den ablehnenden Beschluss ein Rechtsmittel einzulegen. Sofern dieses begründet war, hat der EuGH nach den allgemeinen Kriterien gem. Art. 61 EuGH-Satzung, also dann wenn die Sache spruchreif war, den vor dem EuG gestellten Antrag geprüft und gegebenenfalls die beantragte Maßnahme erlassen.[198] Nunmehr geht die Praxis der Prozessvertreter immer mehr dahin, dass der Rechtsmittelführer gegen einen ablehnenden Beschluss nicht nur ein Rechtsmittel vor dem EuGH einlegt, sondern gleichzeitig damit einen gesonderten Antrag, in welchem er die Gewährung einstweiligen Rechtsschutzes durch den Gerichts- **217**

---

[191] EuGH 14.2.2002 – C-440/01 P(R), ECLI:EU:C:2002:95 Rn. 62 – Kommission/Artegodan; EuG 19.9.2017 – T-244/17 RII, ECLI:EU:T:2017:634 Rn. 7–11 – António Conde & Companhia/Kommission; 11.11.2019 – T-525/19 RII, ECLI:EU:T:2019:787 Rn 17 – Intering ua/Kommission.
[192] EuGH 14.2.2002 – C 440/01 P(R), ECLI:EU:C:2002:95 Rn. 63 – Kommission/Artegodan; EuG 23.5.2016 – T-235/15 R, ECLI:EU:T:2016:309 Rn. 28 – Pari Pharma/EMA.
[193] EuGH 6.10.2021 – C-204/21 R, ECLI:EU:C:2021:834 Rn. 23–25 – Kommission/Polen.
[194] EuG 26.6.2018 – T-784/17 RII, ECLI:EU:T:2018:388 – Strabag Belgium/Parlament.
[195] Das Aktenzeichen „P (R)" darf nicht verwechselt werden mit dem Aktenzeichen „P-R". Letzteres Aktenzeichen steht für ein vor dem EuGH erhobenen Antrag auf einstweiligen Rechtsschutz in einem vor dem EuGH anhängigen Rechtsmittelverfahren gegen eine in der Hauptsache ergangene Entscheidung des EuG. Schließlich gibt es noch das Aktenzeichen „P(R)-R". Hiermit wird ein Antrag auf einstweiligen Rechtsschutz im Rahmen eines Rechtsmittelverfahrens gegen eine Entscheidung des EuG im einstweiligen Rechtsschutz gekennzeichnet.
[196] Siehe EuGH 17.12.2020 – C-207/20 P(R), ECLI:EU:C:2020:1057 Rn. 84 – Anglo Austrian AAB und Belegging-Maatschappij „Far-East"/EZB.
[197] Siehe etwa EuGH 17.12.2020 – C-207/20 P(R), ECLI:EU:C:2020:1057 Rn. 72 – Anglo Austrian AAB und Belegging-Maatschappij „Far-East"/EZB.
[198] Siehe etwa EuGH 14.6.2012 – C-644/11 P(R), ECLI:EU:C:2012:354 Rn. 60 ff. – Qualitest FZE / Rat.

hof beantragt.[199] Diese Verfahren werden unter dem Aktenzeichen „P(R)-R" geführt, womit ausgedrückt werden soll, dass ein Antrag auf einstweiligen Rechtsschutz im Rahmen eines Rechtsmittelverfahrens gegen eine Entscheidung des EuG im einstweiligen Rechtsschutz betroffen ist.

218 Für ein solches Procedere mag eine orthodoxe Auslegung des Art. 160 Abs. 4 EuGHVerfO sprechen, wonach der Antrag auf einstweiligen Rechtsschutz durch gesonderten Schriftsatz geltend zu machen ist. Allerdings führt eine solche Auslegung nicht nur zu einer unnötigen Komplizierung des Verfahrens, sondern sie erscheint auch rechtlich nicht geboten. In diesem Sinne ist auch der Beschluss der Vizepräsidentin des EuGH in der Rechtssache C-646/19 P(R) zu verstehen, in welchem ausdrücklich festgestellt wird, dass Art. 61 der EuGH-Satzung, welcher den Gerichtshof zur Entscheidung der erstinstanzlich anhängigen Sache ermächtigt, auch im Rahmen des Rechtsmittelverfahrens gem. Art. 57 EuGH-Satzung gegen Beschlüsse im einstweiligen Rechtsschutz gilt.[200]

V. Intervention

219 Die Intervention von Streithelfern, sei es auf der Seite des Antragstellers oder auf der Gegenseite ist nach den gleichen Vorschriften zulässig wie für das Hauptsacheverfahren. Allerdings bestehen einige Besonderheiten auf Grund der Charakteristika des einstweiligen Verfahrens.

220 So erfolgt die Amtsblattmitteilung über die Erhebung der Klage häufig erst zu einem Zeitpunkt, zu welcher das einstweilige Verfahren schon weit fortgeschritten oder bereits abgeschlossen ist. Eine Mitteilung über die Einlegung eines Antrags auf einstweiligen Rechtsschutz erfolgt nicht im Amtsblatt. In der Regel kennen daher potentielle Streithelfer nicht die Existenz eines derartigen Antrags. Dementsprechend ist die Zahl von Interventionen in einstweiligen Verfahren gering.

221 Ein Antrag auf Streithilfe im Hauptverfahren wird nicht als gleichzeitige Beantragung der Streithilfe im einstweiligen Verfahren betrachtet. Der potentielle Intervenient muss daher grundsätzlich mit gesondertem Schriftsatz seine Intervention im einstweiligen Verfahren beantragen. Tut er dies nicht und hat er lediglich seine Intervention im Hauptsacheverfahren beantragt, so wird das einstweilige Verfahren abgeschlossen, ohne das der potentielle Intervenient gehört würde. Eine Besonderheit gilt allerdings dann, wenn eine Partei im Hauptverfahren bereits als Streithelfer zugelassen ist. Hierdurch erlangt sie automatisch den Status eines Streithelfers auch im einstweiligen Verfahren – sofern dies noch anhängig ist.

222 Für die Zulassung von Streithelfern gelten grundsätzlich die gleichen Grundsätze wie auch im Hauptsacheverfahren. Gelegentlich konnte man eine relativ großzügige Handhabung der Kriterien durch den Richter des einstweiligen Rechtsschutzes beobachten.[201] Diese Tendenz dürfte als überholt anzusehen sein. Es hat sich zu Recht die Erkenntnis durchgesetzt, dass das Interesse der Hauptparteien an einer raschen Durchführung des einstweiligen Verfahrens empfindlich durch eine Intervention betroffen ist. Denn der hierdurch verursachte Zeitverlust darf keinesfalls unterschätzt werden, insbesondere dann, wenn sich Fragen der Vertraulichkeit von Verfahrenstücken gegenüber den Intervenienten stellen. Potentielle Intervenienten sollten sich daher fragen, ob eine eventueller Streithilfeantrag tatsächlich im Interesse der unterstützten Partei liegt.

---

[199] Siehe etwa EuGH 2.2.2018 – C-65/18 P(R)–R, ECLI:EU:C:2018:62 – Nexans France und Nexans/Kommission.
[200] EuGH 20.12.2019 – C-646/19 P(R), ECLI:EU:C:2019:1149 Rn. 80 – Puigdemont i Casamajó und Comín i Oliveres/Parlament.
[201] Vgl. EuG 26.7.2004 – T-201/04 R, ECLI:EU:T:2004:246 – Microsoft/Kommission.

I. Besonderheiten in bestimmten Rechtsmaterien

I. Vergaberecht

1. Allgemeines, Entwicklung der Rechtsprechung. In der bahnbrechenden Entscheidung *Vanbreda* ist das EuG zu der Feststellung gelangt, dass – in Anwendung der bisherigen Rechtsprechung – der abgelehnte Bieter aus systembedingten Gründen die Voraussetzung des Eintritts eines irreparablen Schadens nur übermäßig schwer nachweisen kann.[202] Ein solches Ergebnis sei nicht mit den Erfordernissen eines effektiven vorläufigen Rechtsschutzes vereinbar.[203] Hieraus hat es gefolgert, dass im Rahmen von Rechtsstreitigkeiten im Vergaberecht davon auszugehen ist, dass, sofern der abgelehnte Bieter das Vorliegen eines besonders ernsthaften fumus boni iuris, also eine hinreichend offenkundige und schweren Rechtswidrigkeit dartun kann,[204] von ihm nicht gefordert werden kann, den Nachweis zu erbringen, dass ihm ein irreparabler Schaden droht.[205]

Auf das von der Kommission eingelegte Rechtsmittel hat der EuGH in seinem Beschluss *Vanbreda* zwar den Beschluss des EuG aufgehoben und in der Sache den Antrag auf einstweiligen Rechtsschutz zurückgewiesen.[206] Allerdings hat er im Kern die Analyse des EuG und den von ihm beschrittenen Lösungsweg bestätigt, wonach der abgelehnte Bieter, sofern er das Vorliegen eines besonders ernsthaften fumus boni iuris darlegen kann, nicht nachweisen muss, dass ihm ein irreparabler Schaden droht.[207] Mit Blick auf die sekundärrechtliche Ausgestaltung des Vergabeverfahrens schränkt der EuGH diese Privilegierung des Antragstellers allerdings ein auf die Zeit der sog. Stillhaltefrist von 10 Tagen, also der Zeit, in welcher der Auftraggeber nach der Zuschlagsentscheidung den Vertrag noch nicht zeichnen darf.[208] Dabei weist er einschränkend daraufhin, dass die Stillhaltefrist nur dann maßgeblich ist, wenn der Antragsteller über ausreichende Informationen verfügt, um das Vorliegen einer eventuellen Rechtswidrigkeit der Zuschlagsentscheidung zu ermitteln.[209] Angesichts der Anforderungen des Grundsatzes der Rechtssicherheit soll ein solcher Umstand nur in den außergewöhnlichen Fällen anzunehmen sein, wenn der abgelehnte Bieter keinen Anlass hatte, eine Rechtswidrigkeit der Zuschlagsentscheidung anzunehmen.[210]

Seit diesen bahnbrechenden Entscheidungen ist die Rechtsprechung in diesem Bereich weitgehend konsolidiert[211] und folgt dem vom EuGH näher aufgezeigten Prüfungsschema.

---

[202] EuG 4.12.2014 – T-199/14 R, ECLI:EU:T:2014:1024 Rn. 157 – Vanbreda Risk & Benefits/Kommission.
[203] EuG 4.12.2014 – T-199/14 R, ECLI:EU:T:2014:1024 Rn. 158 – Vanbreda Risk & Benefits/Kommission.
[204] EuG 4.12.2014 – T-199/14 R, ECLI:EU:T:2014:1024 Rn. 162 – Vanbreda Risk & Benefits/Kommission.
[205] EuG 4.12.2014 – T-199/14 R, ECLI:EU:T:2014:1024 Rn. 162 – Vanbreda Risk & Benefits/Kommission.
[206] EuGH 23.4.2015 – C-35/15 P(R), ECLI:EU:C:2015:275 – Kommission/Vanbreda Risk & Benefits.
[207] EuGH 23.4.2015 – C-35/15 P(R), ECLI:EU:C:2015:275 Rn. 41 – Kommission/Vanbreda Risk & Benefits.
[208] EuGH 23.4.2015 – C-35/15 P(R), EU:C:2015:275 Rn. 42 – Kommission/Vanbreda Risk & Benefits.
[209] EuGH 23.4.2015 – C-35/15 P(R), ECLI:EU:C:2015:275 Rn. 47 – Kommission/Vanbreda Risk & Benefits.
[210] EuGH 23.4.2015 – C-35/15 P(R), ECLI:EU:C:2015:275 Rn. 48 – Kommission/Vanbreda Risk & Benefits. Siehe dazu aus der neueren Rspr.: EuG 3.3.2022 – T-46/22 R, BeckRS 2022, 3309 Rn. 26–31 – Esedra/Parlament; 27.7.2021 – T-285/21 R, BeckRS 2021, 20252 Rn. 34–43 – Alliance française de Bruxelles-Europe ua/Kommission.
[211] Siehe aus jüngerer Zeit: EuGH 4.10.2017 – C-576/17 P(R)–R, ECLI:EU:C:2017:735 – Wall Street Systems UK/EZB; EuG 3.3.2022 – T-46/22 R BeckRS 2022, 3309 – Esedra/Parlament; 22.12.2021 – T-665/21 R, ECLI:EU:T:2021:937 – Civitta Eesti/Kommission; 27.7.2021 – T-285/21 R BeckRS 2021, 20252 – Alliance française de Bruxelles-Europe ua/Kommission; 26.5.2021 – T-54/21 R, ECLI:EU:T:2021:292 – OHB System/Kommission; 21.5.2021 – T-38/21 R, ECLI:EU:T:2021:287 – Inivos und Inivos/Kommission; 25.5.2020 – T-163/20 R u. T-163/20 RII, ECLI:EU:T:2020:215 – Isopix/Parlament; 13.3.2020 – T-20/20 R, ECLI:EU:T:2020:108 – Intertranslations (Intertransleïsions) Metafraseis/Parlament; 20.4.2020 – T-849/19 R, ECLI:EU:T:2020:154 – Leonardo/Frontex; 11.6.2020 – T-652/19 R, ECLI:EU:T:2020:263 – Elevolution – Engenharia/Kommission; 13.9.2019 – T-525/19 R,

Hieran orientieren sich in der Praxis auch die Antragsteller, die in der ganz überwiegenden Mehrzahl den Antrag während der Stillhaltefrist einreichen.

226 Um sich in deutscher Sprache einen Überblick über die nach derzeitiger Rechtsprechung angelegten Kriterien zu informieren, wird auf die Beschlüsse *OHB System*,[212] *Interring*[213] und *ICA Traffic*[214] verwiesen.

227 **2. „Besonders ernsthafter fumus".** Wann der von der Rechtsprechung geforderte „besonders ernsthafte fumus" vorliegt, hat die Rechtsprechung nicht näher ausdifferenziert. In der Gegenüberstellung zu dem gewöhnlichen fumus, für den es nach der Rechtsprechung ausreicht, dass die Klage nicht ohne ernsthafte Grundlage erscheint, und anderen Fällen, in welchen die Rechtsprechung von einer „offensichtlichen Rechtswidrigkeit" des angefochtenen Rechtsakts ausgegangen ist, die dieser „gewissermaßen auf der Stirn" trägt,[215] ist davon auszugehen, dass ein „besonders ernsthafter fumus" vorliegt, sofern der Richter des einstweiligen Rechtsschutzes zu der Überzeugung gelangt, dass gute Gründe dafür sprechen, dass der angefochtene Rechtsakt rechtswidrig ist.[216] In der Sache nimmt das EuG jedenfalls eine ausführliche rechtliche Prüfung vor, die zumindest nicht wesentlich hinter der Prüfung in der Hauptsache zurückbleibt.[217] Fehlen dem Richter des einstweiligen Rechtsschutzes allerdings die notwendigen tatsächlichen Grundlagen, um seine rechtliche Bewertung vorzunehmen, geht dies zu Lasten des Antragstellers, insofern als kein „besonders ernsthafter fumus" festgestellt werden kann.[218]

228 **3. Stellung des Antrags vor Ablauf der Stillhaltefrist.** Das Gericht prüft, ob der Antrag auf einstweiligen Rechtsschutz innerhalb der 10-Tagesfrist eingereicht wurde. Hierbei ist darauf hinzuweisen, dass es sich um eine Frist handelt, die in Kalendertagen ausgedrückt ist. Sie ist daher auch dann beachtlich, wenn der Fristablauf auf einen gesetzlichen Feiertag fällt oder wenn innerhalb der Frist Feiertage (auch mehrere) liegen, wie etwa bei Ostern oder Weihnachten. Die darin *de facto* liegende Verkürzung der 10-Tagesfrist nimmt die Rechtsprechung hin, hat allerdings erkennen lassen, dass möglicherweise auf Grund einer derartig verkürzten Frist geringere Anforderungen an den Umfang der Darlegungen zur Dringlichkeit gestellt werden können.[219]

229 **4. Ausnahme: Unbeachtlichkeit des Fristablaufs.** Bei der Prüfung, ob ausnahmsweise der Ablauf der Stillhaltefrist dem Antragsteller nicht entgegengehalten werden kann, wird geprüft, über welche Informationen der Antragsteller verfügt hat, und ob er hierauf gestützt den Antrag hätte formulieren können.[220] Mit dem Einwand, der Auftraggeber hätte dem

---

ECLI:EU:T:2019:606 – Intering ua/Kommission; 18.1.2018 – T-784/17 R, ECLI:EU:T:2018:17 – Strabag Belgium/Parlament; 26.6.2018 – T-299/18 R, ECLI:EU:T:2018:389 – Strabag Belgium/Parlament; 17.5.2018 – T-228/18 R, ECLI:EU:T:2018:281 – Transtec/Kommission; 29.9.2017 – T-211/17 R, ECLI:EU:T:2017:683 – Amplexor Luxembourg/Kommission; 26.9.2017 – T-579/17 R, ECLI:EU:T:2017:668 – Wall Street Systems UK/EZB.

[212] EuG 26.5.2021 – T-54/21 R, ECLI:EU:T:2021:292 – OHB System/Kommission.
[213] EuG 13.9.2019 – T 525/19 R, ECLI:EU:T:2019:606 – Intering ua/Kommission.
[214] EuG 26.1.2022 – T-717/21 R, BeckRS 2022, 500 – ICA Traffic/Kommission.
[215] EuG 4.12.2014 – T-199/14 R, ECLI:EU:T:2014:1024 Rn. 161 mwN – Vanbreda Risk & Benefits/Kommission.
[216] Aufschlussreich EuG 26.6.2018 – T-299/18 R, ECLI:EU:T:2018:389 Rn. 40–63 – Strabag Belgium/Parlament, in welcher das EuG zwar einen fumus, aber nicht einen „besonders ernsthaften fumus" konstatierte; siehe auch EuG 26.5.2021 – T-54/21 R, ECLI:EU:T:2021:292 Rn. 84 – OHB System/Kommission.
[217] Siehe etwa EuG 4.12.2014 – T-199/14 R, ECLI:EU:T:2014:1024 Rn. 25–137 – Vanbreda Risk & Benefits/Kommission; 18.1.2018 – T-784/17 R, ECLI:EU:T:2018:17 Rn. 30–66 – Strabag Belgium/Parlament; 26.5.2021 – T-54/21 R, ECLI:EU:T:2021:292 Rn. 32–84 – OHB System/Kommission.
[218] Siehe EuG 26.6.2018 – T-299/18 R, ECLI:EU:T:2018:389 Rn. 40–63 – Strabag Belgium/Parlament, in welcher das EuG zwar einen fumus, aber nicht einen „besonders ernsthaften fumus" konstatierte.
[219] EuG 17.5.2018 – T-228/18 R, ECLI:EU:T:2018:281 Rn. 54–57 – Transtec/Kommission.
[220] EuGH 23.4.2015 – C-35/15 P(R), ECLI:EU:C:2015:275 Rn. 43 ff. – Kommission/Vanbreda Risk & Benefits; EuG 24.11.2016 – T-690/16, ECLI:EU:T:2016:696 Rn. 37 ff. – Enrico Colombo und Giaco-

Antragsteller nicht „alle Informationen über das erfolgreiche Angebot" zugänglich gemacht, kann der Antragsteller nicht durchdringen.[221]

5. Schwerer Schaden. Angesichts eines immer wieder aus den Antragsschriften hervorscheinenden Missverständnisses ist ausdrücklich darauf hinzuweisen, dass die Erleichterung der Darlegung der Dringlichkeit sich nur auf die Irreparabilität des Schadens, nicht aber auf dessen „Schwere" bezieht, die nach wie vor dargelegt werden muss.[222] 230

Allerdings ist zuzugeben, dass die Qualifizierung dessen, was ein „schwerer" Schaden ist, schwerfällt (siehe → Rn. 146 ff.). Die Rechtsprechung behilft sich häufig mit einer Kombination des relativen und absoluten Ansatzes und stellte auch auf den Volumen des Auftrags im Verhältnis zu dem betroffenen Sektor und zum Auftraggeber ab.[223] Gelegentlich fließen auch Erwägungen zum fumus ein und zwar dann, um das Ergebnis, das eine schwerer Schaden im konkreten Fall droht, zusätzlich abzustützen.[224] Jedenfalls ist das Kriterium der Schwere des Schadens nicht mechanisch oder zu streng anzuwenden, sondern die individuellen Umstände sind zu berücksichtigen.[225] 231

Die Ausführungen des EuG in der Rs. *Isopix,* wonach es für das Kriterium der Schwere des Schadens darauf ankommen soll, ob das wirtschaftliche Überleben des Unternehmens bedroht ist,[226] sind abzulehnen. Hierbei vermengt das EuG die Kriterien der Schwere des Schadens und seines irreparablen Charakters. Nur in Bezug auf Letzteres kommt es auf die Existenzbedrohung des Unternehmens an (siehe → Rn. 147). Der Umstand, dass dieses Kriterium bei Teilnehmern an einem Ausschreibungsverfahren praktisch nicht zu erfüllen ist, war ja gerade Anlass für die vom EuG angestoßene Rechtsprechungsänderung. 232

6. Sonderfall: es gilt keine Stillhaltepflicht. Die oben referierte Rechtsprechung ist auf die sekundärrechtlich verankerte Stillhaltepflicht bezogen. Für die Fälle, in denen die Stillhaltepflicht nicht gilt, etwa weil das Vergabeverfahren im Verhandlungswege geführt wurde, oder weil andere Akte als die Zuschlagsentscheidung angefochten werden, ist mittlerweile geklärt, dass der in den Entscheidungen *Vanbreda* entwickelte Ansatz jedenfalls nicht ohne weiteres zu übertragen ist. 233

So hat das EuG nunmehr entschieden, dass die Erleichterung bei der Darlegung der Dringlichkeit nicht gilt für eine Vergabe im Verhandlungswege.[227] Der Beschluss wurde im Rechtsmittel bestätigt.[228] Bislang hatte das EuG diese Frage offengelassen. Nach bisheriger Rechtsprechung konnte sich aber ein Antragsteller, der seinen Antrag erst nach der Ver- 234

---

mo Corinti/Kommission; 11.9.2019 – T-578/19 R, ECLI:EU:T:2019:583 Rn. 26–35 – Sophia Group/Parlament; 13.3.2020 – T-20/20 R, ECLI:EU:T:2020:108 Rn. 33–35 – Intertranslations (Intertransleïsions) Metafraseis/Parlament.

[221] EuG 24.11.2016 – T-690/16, ECLI:EU:T:2016:696 Rn. 41 ff. – Enrico Colombo und Giacomo Corinti/Kommission.

[222] Siehe etwa EuG 17.5.2018 – T-228/18 R, ECLI:EU:T:2018:281 Rn. 32 – Transtec/Kommission.

[223] EuG 26.5.2021 – T-54/21 R, ECLI:EU:T:2021:292 Rn. 96–101 – OHB System/Kommission; 18.1.2018 – T-784/17 R, ECLI:EU:T:2018:17 Rn. 71–77 – Strabag Belgium/Parlament. Siehe aber auch EuG 17.5.2018 – T-228/18 R, ECLI:EU:T:2018:281 Rn. 34–46 – Transtec/Kommission, in welchem das Gericht die Darlegungen zur Schwere des Schadens nicht hat ausreichen lassen. Sehr streng: EuG 22.12.2021 – T-665/21 R, ECLI:EU:T:2021:937 Rn. 26–34 – Civitta Eesti/Kommission; 26.9.2017 – T-579/17 R, ECLI:EU:T:2017:668 – Wall Street Systems UK/EZB – das Rechtsmittel wurde zurückgewiesen – EuGH 4.10.2017 – C-576/17 P(R)-R, ECLI:EU:C:2017:735 – Wall Street Systems UK/EZB – allerdings hatte das Rechtsmittel nicht eine zu strenge Prüfung des Kriteriums „schwerer Schaden" angegriffen.

[224] So in EuG 18.1.2018 – T-784/17 R, ECLI:EU:T:2018:17 Rn. 71–77 – Strabag Belgium/Parlament; anders aber 26.9.2017 – T-579/17 R, ECLI:EU:T:2017:668 – Wall Street Systems UK/EZB.

[225] EuG 4.12.2014 – T-199/14 R, ECLI:EU:T:2014:1024 Rn. 159 – Vanbreda Risk & Benefits/Kommission.

[226] EuG 25.5.2020 – T-163/20 R u. T-163/20 RII, ECLI:EU:T:2020:215 Rn. 60 – Isopix/Parlament.

[227] EuG 21.5.2021 – T-38/21 R, ECLI:EU:T:2021:287 Rn. 27–33 – Inivos und Inivos/Kommission.

[228] EuGH 1.12.2021 – C-471/21 P(R), ECLI:EU:C:2021:984 Rn. 62–84 – Inivos und Inivos/Kommission.

tragsunterzeichnung erhebt, nicht auf die Erleichterung berufen.[229] Ebenso hatte das EuG die Frage offengelassen, ob für den Fall, dass der Antrag nicht die Zuschlagsentscheidung, sondern eine Entscheidung im Vorfeld zum Gegenstand hat, die Anwendung der *Vanbreda* Grundsätze in Betracht kommt.[230]

235 **7. Prüfung im Übrigen.** Sofern der Antragsteller sich auf die Abmilderung des Erfordernisses der Dringlichkeit berufen kann, weil er innerhalb der 10 Tagesfrist seinen Antrag eingereicht und einen besonders ernsthaften fumus dargelegt hat, und er auch dartun konnte, dass ihm ein schwerer Schaden droht, muss immer noch, für den Erfolg seines Antrags, die Interessenabwägung zu seinen Gunsten ausfallen. Hier hat kürzlich das EuG einen bemerkenswerten Beschluss erlassen, der nicht mit einem Rechtsmittel angegriffen wurde, wonach der Erlass der begehrten Anordnung gleichwohl mit Blick auf die Interessenabwägung abgelehnt wurde.[231]

236 Sofern der Antragsteller sich nicht auf die von der Rechtsprechung anerkannte Abmilderung der Kriterien der Dringlichkeit berufen kann, muss er zusätzlich darlegen, dass ihm ein nicht wiedergutzumachender Schaden droht. Angesichts der Strenge, mit welcher dieses Erfordernis traditionell geprüft wird, steht kaum zu erwarten, dass einem Antragsteller dieser Nachweis gelingen wird.

237 **8. Bewertung.** Die Beachtung der 10-Tagesfrist stellt denn Antragsteller vor erhebliche Herausforderungen, denn er hat binnen der kurzen Frist nicht nur den Antrag auf einstweiligen Rechtsschutz, sondern auch die Hauptsacheklage einzureichen. Initiativen zur Änderung der Verfahrensordnung, um den Antragsteller von dieser Doppellast zu befreien, sind bisher nicht in die Verfahrensordnung eingegangen. Dies ist bedauerlich, denn die Beachtung der 10-Tagesfrist impliziert auch, dass die üblicherweise bestehende, sehr viel längere Klagefrist *de facto* stark abgekürzt wird. Dem sollte zumindest im Hauptsacheverfahren Rechnung getragen werden durch eine großzügigere Praxis gegenüber der sonst üblichen strikten Verfahrensweise, was die Zulassung neuer Tatsachen oder rechtlicher Gesichtspunkte anbelangt.[232] Siehe → Rn. 25 ff. zu weiteren Überlegungen *de lege lata* et *de lege ferenda*.

II. Vertrauliche Informationen

238 Sofern es um die Veröffentlichung von Informationen geht, die der Antragsteller als vertraulich einschätzt, scheint, prima facie, die Dringlichkeit gegeben und, vorbehaltlich einer Prüfung des „fumus", die Gewährung einstweiligen Rechtsschutzes geboten. Denn, so wird man in der Regel annehmen dürfen, durch eine Veröffentlichung sind die Informationen in der Welt, so dass irreversible Tatsachen geschaffen werden, die drohen, dass die Klage in der Hauptsache obsolet wird.

239 Auf dieser Linie hat das EuG in der Rs. *Pilkington* entschieden, in welcher es um die Veröffentlichung einer Entscheidung der Kommission ging, die ein Kartell verschiedener Autoglas Hersteller feststellte. Dabei stellte das EuG maßgeblich darauf ab, dass der auch primärrechtlich und grundrechtlich abgestützte Anspruch auf Vertraulichkeit drohe, völlig ausgehöhlt zu werden.[233]

---

[229] EuG 29.9.2017 – T-211/17 R, ECLI:EU:T:2017:683 Rn. 30 ff. – Amplexor Luxembourg/Kommission; 3.7.2017 – T-117/17 R, ECLI:EU:T:2017:600 Rn. 27 ff. – Proximus/Rat.
[230] 20.4.2020 – T-849/19 R, ECLI:EU:T:2020:154 Rn. 19–21 – Leonardo/Frontex.
[231] EuG 26.5.2021 – T-54/21 R, ECLI:EU:T:2021:292 Rn. 102 ff. – OHB System/Kommission. Siehe aber auch 25.5.2020 – T-163/20 R u. T-163/20 RII, ECLI:EU:T:2020:215 – Isopix/Parlament, in welchem das Interesse des Antragstellers überwogen hat.
[232] EuGH 7.3.2013 – C-551/12 P(R), ECLI:EU:C:2013:157 Rn. 32 f. – EDF/Kommission; EuG 26.6.2018 – T-299/18, ECLI:EU:T:2018:389 Rn. 73 – Strabag Belgium/Parlament; 26.5.2021 – OHB System/Kommission.
[233] EuG 11.3.2013 – T-462/12 R, ECLI:EU:T:2013:119 Rn. 31, 32, 45 – Pilkington Group/Kommission.

Der EuGH wies zwar das Rechtsmittel in der Rs. *Pilkington* zurück, legte seiner **240** Begründung aber einige Wertungen zu Grunde, die in der nachfolgenden Rechtsprechung allerdings nur zum Teil oder gar nicht aufgegriffen wurden.

So stellte der EuGH zunächst darauf ab, dass der Richter bei der Prüfung der Dringlich- **241** keit von der Prämisse ausgehen müsse, dass die Informationen, deren Vertraulichkeit behauptet wird, tatsächlich vertraulich sind.[234] Entscheidend sei, dass im vorliegenden Fall die Veröffentlichung der Informationen unumkehrbar sei.[235] Der dadurch entstehende Schaden sei hinreichend schwer[236] und auch per se irreparabel.[237] Allerdings macht der EuGH dann einen beachtlichen Schwenk und **qualifiziert** den zu besorgenden Schaden als finanziellen Schaden, da es um den Schutz von Geschäfts- und Wirtschaftsinteressen gehe.[238] Zwar sei ein Schaden finanzieller Natur grundsätzlich nicht irreparabel im Hinblick auf die Möglichkeit einer Schadensersatzklage. Dies könne aber im konkreten Fall dem Antragsteller nicht entgegengehalten werden, da bereits jetzt absehbar sei, dass der Schaden nicht bezifferbar sei.[239] Was den „fumus" anbelangt, ergibt sich aus dem Beschluss des EuGH jedenfalls, dass keine Erleichterungen für dessen Darlegung gelten, sondern die allgemeinen Kriterien; insbesondere ist der *fumus* nicht erst dann nicht gegeben, wenn die streitgegenständlichen Informationen offensichtlich keinen vertraulichen Charakter haben.[240]

Offensichtlich wurde der Beschluss des EuGH in der Rs. *Pilkington* als unbefriedigend **242** empfunden und hat keinen vollständigen Anschluss gefunden.

Über die Zwischenstationen in der Rs. *Nexans*[241] und *RATP*,[242] in welcher das EuG den **243** *fumus* im Rahmen der Prüfung der Dringlichkeit untersucht, ist die Rechtsprechung in der Tendenz dazu übergegangen, in Fällen, in welchen es um die Verbreitung von Informationen geht, den Prüfungsschwerpunkt von der Dringlichkeit auf den *fumus* zu verlagern.[243] Damit geht auch einher, dass der Sache wenn auch nicht den Formulierungen nach, sich die Anforderungen an den *fumus* erhöht haben: Wenn auch nach wie vor lediglich eine vorläufige Beurteilung erfolgt, kommt die Intensität der Prüfung dem Standard, der in der Hauptsache gilt, nahe. Dies erscheint auch vor dem Hintergrund gerechtfertigt, dass der einstweilige Rechtsschutz endgültige Fakten schafft. Dies wird auch dadurch dokumentiert,

---

[234] EuGH 10.9.2013 – C-278/13 P(R), ECLI:EU:C:2013:558 Rn. 38 – Kommission/Pilkington Group.
[235] EuGH 10.9.2013 – C-278/13 P(R), ECLI:EU:C:2013:558 Rn. 46 – Kommission/Pilkington Group.
[236] R EuGH 10.9.2013 – C-278/13 P(R), ECLI:EU:C:2013:558 Rn. 47 – Kommission/Pilkington Group.
[237] EuGH 10.9.2013 – C-278/13 P(R), ECLI:EU:C:2013:558 Rn. 48 – Kommission/Pilkington Group.
[238] Der EuGH scheint hier eine eindeutige Festlegung vermeiden zu wollen und referiert insofern den Vortrag der Kommission (→ Rn. 49), den er dann allerdings seinen weiteren Ausführungen zu Grunde legt. Siehe auch EuGH 28.11.2013 – C-390/13 P(R), EU:C:2013:795 Rn. 48 – EMA/InterMune UK ua; 28.11.2013 – C-389/13 P(R), EU:C:2013:794 Rn. 46 – EMA/AbbVie.
[239] EuGH 10.9.2013 – C-278/13 P(R), ECLI:EU:C:2013:558 Rn. 50–55 – Kommission/Pilkington Group.
[240] EuGH 10.9.2013 – C-278/13 P(R), ECLI:EU:C:2013:558 Rn. 68 – Kommission/Pilkington Group.
[241] EuG 23.11.2017 – T-423/17 R, ECLI:EU:T:2017:835 – Nexans France und Nexans/Kommission, bestätigt durch EuGH 12.6.2018 – C-65/18 P(R) u. C-65/18 P(R)–R, ECLI:EU:C:2018:426 – Nexans France und Nexans/Kommission.
[242] EuG 25.8.2017 – T-653/16, ECLI:EU:T:2017:583 – Malta / Kommission; 12.7.2018 – T-250/18 R, ECLI:EU:T:2018:458 – RATP/Kommission.
[243] Siehe: EuG 12.8.2020 – T-162/20 R, ECLI:EU:T:2020:366 – Indofil Industries (Netherlands)/EFSA; 25.10.2018 – T-420/18 R, ECLI:EU:T:2018:724 – JPMorgan Chase ua/Kommission, bestätigt durch: EuGH 21.3.2019 – C-1/19 P(R), ECLI:EU:C:2019:230 – JPMorgan Chase ua/Kommission; EuG 25.10.2018 – T-419/18 R, nv, ECLI:EU:T:2018:726 – Crédit agricole und Crédit agricole Corporate and Investment Bank/Kommission, bestätigt durch EuGH 21.3.2019 – C-4/19 P (R) u. C-4/19 P(R)–R, ECLI:EU:C:2019:229 – Crédit agricole und Crédit agricole Corporate and Investment Bank/Kommission; EuG 2.4.2019 – T-79/19 R, ECLI:EU:T:2019:212 – Lantmännen und Lantmännen Agroetanol/Kommission, bestätigt durch EuGH 10.9.2019 – C-318/19 P(R), ECLI:EU: C:2019:698 – Lantmännen und Lantmännen Agroetanol/Kommission; EuG 5.2.2019 – T-675/18 R, ECLI:EU:T:2019:64 – Trifolio-M ua/EFSA, bestätigt durch EuGH 23.5.2019 – C-163/19 P(R) u. C-163/19 P(R)–R, ECLI:EU:C:2019:453 – Trifolio-M ua/EFSA.

dass bei Erfolglosigkeit des Antrags auf einstweiligen Rechtsschutz in der Regel die Hauptsacheklage zurückgezogen wird.

244 Beim Schutz (vorgeblich) vertraulicher Informationen geht es im Kern um drei Fallgruppen: Die Veröffentlichung von Kommissionentscheidungen insbesondere des Wettbewerbsrechts, die Elemente enthalten, die von den Betroffenen als vertraulich eingestuft werden (hier legt die Rechtsprechung mittlerweile einen strengen Maßstab an);[244] die Veröffentlichung von Dokumenten aufgrund eines Antrags auf Zugang zu Informationen[245] und die Veröffentlichung von Informationen im Rahmen eines Zulassungsverfahrens.[246]

III. Restriktive Maßnahmen

245 Bei den restriktiven Maßnahmen kommen mehrere Umstände zusammen, die der Gewährung effektiven Rechtsschutzes im Wege stehen. Restriktive Maßnahmen werden im Wege von Durchführungsverordnungen umgesetzt. Diese werden in der Regel jedes Jahr neu beschlossen. Gem. Art. 60 UAbs. 2 Satzung EuGH entfalten Entscheidungen des EuG, die eine Verordnung aufheben, erst mit Ablauf der Rechtsmittelfrist Wirkung. Da das Hauptsacheverfahren vor dem EuG (plus Rechtsmittelfrist) in der Regel länger als ein Jahr beansprucht, kann dies zu der Situation führen, dass der Betroffene, obwohl die jeweils angefochtene Verordnung vom EuG annulliert wurde und die Urteile in Rechtskraft erwachsen sind, weiter auf Grund der jeweils aktuellen Durchführungsverordnung den restriktiven Maßnahmen unterworfen ist. Siehe hierzu die Rs. *Klyuyev*, die diesen Sachverhalt anschaulich macht.[247]

246 Es ist offensichtlich, dass in einer solchen Situation der Rechtsschutz, der im Hauptsacheverfahren zu erlangen ist, uneffektiv erscheinen muss.[248] Deswegen hat das EuG, um die Effektivität seiner Entscheidungen in der Hauptsache sicherzustellen, den Rat an seine Pflicht erinnert, die Implikationen, die aus der Annullierung einer früheren Durchführungsverordnung für die aktuell in Kraft befindliche Durchführungsverordnung folgen, sorgfältig zu prüfen.[249] Darüber hinaus kann man dem Beschluss des EuG in der Rs. *Klyuyev* das deutliche Unbehagen des Gerichts mit dieser Situation entnehmen, sowie die Bereitschaft, sollte der Rat seinen Pflichten nicht nachkommen, festzustellen, dass effektiver Rechtsschutz nicht im Hauptsacheverfahren, sondern nur im Wege des einstweiligen Rechtsschutzes zu erlangen ist.[250]

247 Sofern die restriktive Maßnahme sich auf das Einfrieren von Vermögenswerten bezieht, mag dies auf den ersten Blick gegen die Gewährung einstweiligen Rechtsschutzes sprechen. Denn im Rahmen der Interessenabwägung wird zu berücksichtigen sein, dass eine auch nur temporäre Aufhebung der Maßnahme irreversible Folgen zeitigen dürfte. Dieser Umstand sollte jedoch der Gewährung einstweiligen Rechtsschutzes nicht generell entgegen-

---

[244] Siehe aus neuerer Zeit: EuG 23.11.2017 – T-423/17 R, ECLI:EU:T:2017:835 Rn. 32, 45–48 – Nexans France und Nexans/Kommission, bestätigt durch EuGH 12.6.2018 – C-65/18 P(R) u. C-65/18 P(R)–R, ECLI:EU:C:2018:426 – Nexans France und Nexans/Kommission; EuG 25.10.2018 – T-420/18 R, ECLI:EU:T:2018:724 – JPMorgan Chase ua/Kommission, bestätigt durch: EuGH 21.3.2019 – C-1/19 P (R) u. C-1/19 P(R)–R, ECLI:EU:C:2019:230 – JPMorgan Chase ua/Kommission; EuG 25.10.2018 – T-419/18 R, EU:T:2018:726 – Crédit agricole und Crédit agricole Corporate and Investment Bank/Kommission, bestätigt durch EuGH 21.3.2019 – C-4/19 P(R) u. C-4/19 P(R)–R, EU:C:2019:229 – Crédit agricole und Crédit agricole Corporate and Investment Bank/Kommission.
[245] Siehe EuG 25.8.2017 – T-653/16 R, ECLI:EU:T:2017:583 – Malta/Kommission; 12.7.2018 – T-250/18 R, ECLI:EU:T:2018:458 – RATP/Kommission; 2.4.2019 – T-79/19 R, ECLI:EU:T:2019:212 – Lantmännen und Lantmännen Agroetanol/Kommission.
[246] Siehe EuG 29.2.2016 – T-725/15 R, ECLI:EU:T:2016:128 – Chemtura Netherlands/EFSA, bestätigt durch EuGH 14.6.2016 – C-134/16 P(R) u. C-134/16 P(R)–R, ECLI:EU:C:2016:442 – Chemtura Netherlands/EFSA; EuG 12.10.2018 – T-621/17 R, BeckRS 2018, 27919 – Taminco/EFSA; 5.2.2019 – T-675/18 R, ECLI:EU:T:2019:64 – Trifolio-M ua/EFSA.
[247] EuG 28.11.2018 – T-305/18 R, ECLI:EU:T:2018:849 – Klyuyev/Rat.
[248] EuG 28.11.2018 – T-305/18 R, ECLI:EU:T:2018:849 Rn. 96–99 – Klyuyev/Rat.
[249] EuG 28.11.2018 – T-305/18 R, ECLI:EU:T:2018:849 Rn. 100–113 – Klyuyev/Rat.
[250] EuG 28.11.2018 – T-305/18 R, ECLI:EU:T:2018:849 Rn. 112, 113 – Klyuyev/Rat.

stehen. So ist zu erwägen, ob die Maßnahme in Bezug auf bestimmte Vermögenswerte oder Vermögenswerte bis zu einer gewissen Höhe ausgesetzt werden kann.

Es wird interessant sein, wie sich der einstweilige Rechtsschutz im Rahmen der Sanktionen gegen den russischen Überfall der Ukraine bewährt. Erstaunlicher Weise scheint die Aussetzung der Sendelizenz in dem Verfahren *RT* vom Antragsteller vornehmlich als vermögensrechtlicher Schaden vorgetragen worden zu sein.[251] **248**

---

[251] EuG 30.3.2022 – T-125/22 R, ECLI:EU:T:2022:199 – RT France/Rat.

§ 6 Vertragsverletzungsverfahren

Übersicht

	Rn.
A. Allgemeines	1
I. Rechtsgrundlagen	1
II. Wesen und Bedeutung des Vertragsverletzungsverfahrens	2
B. Zulässigkeit	6
I. Europäische Gerichtsbarkeit	6
II. Sachliche Zuständigkeit	7
III. Klageberechtigung und Klagebefugnis	9
IV. Ordnungsgemäße Durchführung des Vorverfahrens	10
1. Aufsichtsklage der Kommission gem. Art. 258 AEUV	10
a) Mahnschreiben	12
b) Begründete Stellungnahme	18
c) Frist	22
d) Pflicht zur Verfahrenseinleitung?	25
2. Vertragsverletzungsverfahren zwischen einzelnen Mitgliedstaaten gem. Art. 259 AEUV	26
a) Anhörungsverfahren der Mitgliedstaaten vor der Kommission	27
b) Begründete Stellungnahme	29
c) Frist	31
3. Entbehrlichkeit des Vorverfahrens	32
V. Form	33
1. Ordnungsgemäße Klageerhebung	33
2. Identität des Streitgegenstandes	34
VI. Klagefrist/Verwirkung des Klagerechts	35
VII. Klagegegner	36
VIII. Allgemeines Rechtsschutzbedürfnis	37
C. Begründetheit	39
I. Rechtsverstoß des Mitgliedstaates	40
1. Staatliche Funktionen	40
2. Öffentliche Unternehmen und Private	43
II. Vertragspflichtverletzung	45
III. Verteidigungsmöglichkeiten des beklagten Mitgliedstaates	48
D. Die abschließende Entscheidung	49
I. Feststellungsurteil	49
II. Durchsetzung des vertragskonformen Zustands	51
1. Finanzielle Sanktionen	52
2. Erneutes Vertragsverletzungsverfahren ohne finanzielle Sanktionen	61
3. Politische Mittel	62
4. Staatshaftung	63
E. Praktische Hinweise	64
I. Beschwerde bei der Kommission	64
II. Vertragsverletzungsverfahren	67

Schrifttum:
Arnull, The European Union and its Court of Justice, 2. Aufl. 2006, S. 34; Böhm, Rechtsschutz im Europarecht, JA 2009, 679 ff.; Breuer, Urteile mitgliedstaatlicher Gerichte als möglicher Gegenstand eines Vertragsverletzungsverfahrens gem. Art. 226 EG?, EuZW 2004, 199 ff.; Burgi, Die öffentlichen Unternehmen im Gefüge des primären Gemeinschaftsrechts, EuR 1997, 261 ff.; Candela Castillo/Mongin, Les infractions au droit communautaire commises par les Etats membres, RDMC 1996, 51 ff.; Däubler, Die Klage der EWG-Kommission gegen einen Mitgliedstaat, NJW 1968, 325 ff.; Dashwood/White, Enforcement Actions under Articles 169 und 170 EEC, ELR 1989, 388 ff.; Ehlermann, Die Verfolgung von Vertragsverletzungen der Mitgliedstaaten durch die Kommission, in Grewe/Rupp/Schneider (Hrsg.), Europäische Gerichtsbarkeit und nationale Verfassungsgerichtsbarkeit, FS zum 70. Geburtstag von Hans Kutscher, 1981, 135 ff.; Ehlermann, Die Europäische Gemeinschaft und das Recht, in Börner/Jahrreiß/Stern (Hrsg.), Einigkeit und Recht und Freiheit, FS für Karl Carstens zum 70. Geburtstag, 1984, 81 ff.; Ehlers, Vertrags-

verletzungsklage des Europäischen Gemeinschaftsrechts, Jura 2007, 684 ff.; Ehlers, Anforderungen an den Rechtsschutz nach dem Europäischen Unions- und Gemeinschaftsrecht, in Ehlers/Schoch (Hrsg.), Rechtsschutz im Öffentlichen Recht, 2009, S. 133; Ehlers, Vertragsverletzungsklage, in Ehlers/Schoch (Hrsg.), Rechtsschutz im Öffentlichen Recht, 2009, S. 153; El-Shabassy, Die Durchsetzung finanzieller Sanktionen der Europäischen Gemeinschaften gegen ihre Mitgliedstaaten, 2007; Everling, Die Mitgliedstaaten der Europäischen Gemeinschaft vor ihrem Gerichtshof, EuR 1983, 101 ff.; Everling, Rechtsschutz in der Europäischen Union nach dem Vertrag von Lissabon, EuR 2009, 71 ff.; Hailbronner, Europa 1992: Das institutionelle System der Europäischen Gemeinschaften, JuS 1990, 439 ff.; Haltern, Verschiebungen im europäischen Rechtssystem, VerwArch 2005, 311 ff.; Hakenberg, Die Befolgung und Durchsetzung der Urteile der Gemeinschaftsgerichte, EuR-Beiheft 3/2008, 163 ff.; Hammen, Das VW-Gesetz in dem Vertragsverletzungsverfahren nach Art. 228 Abs. 2 EGV, Der Konzern 2009, 391 ff.; Hauschild, Das neue Frühwarnsystem für den freien Warenverkehr in der EG, EuZW 1999, 236; Härtel, Durchsetzbarkeit von Zwangsgeld-Urteilen des EuGH gegen Mitgliedstaaten, EuR 2001, 617 ff.; Heidig, Die Verhängung von Zwangsgeldern nach Art. 228 Abs. 2 EGV, EuR 2000, 782 ff.; Hein, Die Inzidentkontrolle sekundären Gemeinschaftsrechts durch den Europäischen Gerichtshof, 2000; Huck/Klieve, Neue Auslegung des Art. 228 Abs. 2 EG und ein Zeichen gesteigerter Autorität des EuGH: Erstmalige Verhängung von Zwangsgeld und Pauschalbetrag gegen einen Mitgliedstaat, EuR 2006, 413 ff.; Jacob, Sanktionen gegen vertragsbrüchige Mitgliedstaaten der Europäischen Gemeinschaft (EWG), 1988; Kenntner, Ein Dreizack für die offene Flanke: Die neue EuGH-Rechtsprechung zur judikativen Gemeinschaftsrechtsverletzung, EuZW 2005, 235 ff.; Kilbey, Financial Penalties under Article 228 (2) EC: Excessive Complexity, CMLR 2007, 743 ff.; Pechstein, EU-Prozessrecht, Lehrbuch, 4. Aufl. 2011; Kokott/Henze/Sabotta, Die Pflicht zur Vorlage an den Europäischen Gerichtshof und die Folgen ihrer Verletzung, JZ 2006, 633 ff.; Kommission der Europäischen Gemeinschaften (Hrsg.), 30 Jahre Gemeinschaftsrecht, 1983; Kort, Verstoß eines EG-Mitgliedstaats gegen europäisches Recht: Probleme des Vertragsverletzungsverfahrens gem. Art. 169 EGV, DB 1996, 1323 ff.; Kremer, Gemeinschaftsrechtliche Grenzen der Rechtskraft, EuR 2007, 470 ff.; Lenski/Mayer, Vertragsverletzung wegen Nichtvorlage durch oberste Gerichte?, EuZW 2005, 225 ff.; Meier, Zur Einwirkung des Gemeinschaftsrechts auf nationales Verfahrensrecht im Falle höchstrichterlicher Vertragsverletzungen, EuZW 1991, 11 ff.; Middeke/Szczekalla, Änderungen im europäischen Rechtsschutzsystem, JZ 1993, 284 ff.; Mulert, Die deutschen Bundesländer vor dem Europäischen Gerichtshof, 2004, 525 ff.; Nettesheim, Gemeinschaftsrechtliche Vorgaben für das deutsche Staatshaftungsrecht, DÖV 1992, 999 ff.; Nicolaysen, Vertragsverletzung durch mitgliedstaatliche Gerichte, EuR 1985, 368 ff.; Ortlepp, Das Vertragsverletzungsverfahren als Instrument zur Sicherung der Legalität im Europäischen Gemeinschaftsrecht, 1987; Pache/Bielitz, Verwaltungsprozessuale Wiederaufnahmepflicht kraft Völker- oder Gemeinschaftsrechts?, DVBl 2006, 325 ff.; Pauling, Es wird teuer – Neuer Bußgeldkatalog der Kommission zur Anwendung von Art. 228 EG liegt vor, EuZW 2006, 492 ff.; Pechstein, Entscheidungen des EuGH, 5. Aufl. 2009; Rodriguez Gil, Der Gerichtshof der Europäischen Gemeinschaften als Verfassungsgericht, EuR 1992, 225 ff.; Sabotta, Die Verregelung der Vertragsverletzungsbeschwerde, ZUR 2008, 72 ff.; Sack, Verstoßverfahren und höchstrichterliche Vertragsverletzungen – eine Klarstellung, EuZW 1991, 246 ff.; Schäfer, Anmerkung zu EuGH Rs. C-129/00, JA 2004, 525 ff.; Scholl, Haftung zwischen EG-Mitgliedstaaten bei Verletzung von Gemeinschaftsrecht, 2005; Steiner, Die Verhängung einer Geldbuße nach Art. 228 EGV, ZfRV 2008, 152 ff.; Steiner/Woods/Twigg-Flesner, EU Law, 9. Aufl. 2006, S. 225; Stotz, Rechtsschutz vor europäischen Gerichten, in Rengeling (Hrsg.), Handbuch zum europäischen und deutschen Umweltrecht (EUDUR), Bd. I, 2. Aufl. 2003, S. 1658; Thewes, Bindung und Durchsetzung der gerichtlichen Entscheidungen in der EU, 2003; Thiele, Sanktionen gegen EU-Mitgliedstaaten zur Durchsetzung von Gemeinschaftsrecht, EuR 2008, 320 ff.; Thiele, Das Rechtsschutzsystem nach dem Vertrag von Lissabon – (K)ein Schritt nach vorn?, EuR 2010, 30 ff.; Waldhoff, Rückwirkung von EuGH-Entscheidungen, 2006; Wollenschläger, Die Gemeinschaftsaufsicht über die Rechtsprechung der Mitgliedstaaten, 2006; Wunderlich, Das Verhältnis von Union und Mitgliedstaaten, EuR-Beiheft 1/2012, 49 ff.

A. Allgemeines

I. Rechtsgrundlagen

Nach den Art. 258, 259 AEUV können die Kommission und jeder Mitgliedstaat den 1
EuGH anrufen, wenn nach ihrer Meinung ein anderer Mitgliedstaat gegen eine Verpflichtung der Verträge verstoßen hat. Des Weiteren ist auf der Ebene des Primärrechts Art. 260 AEUV maßgeblich.

II. Wesen und Bedeutung des Vertragsverletzungsverfahrens

Im Rahmen ihrer Aufgabe, das ordnungsgemäße Funktionieren und die Entwicklung des 2
Gemeinsamen Marktes zu gewährleisten, obliegt es der Kommission gem. Art. 17 Abs. 1
EUV für die Anwendung der Verträge sowie der von den Organen getroffenen Bestim-

mungen Sorge zu tragen. Der Kommission obliegt somit die Rolle einer „Hüterin der Verträge".[1] Sie kontrolliert die Einhaltung des primären und sekundären Unionsrechts sowie die Befolgung der gerichtlichen Entscheidungen des EuGH und des EuG.[2] Insoweit fällt es auch der Kommission zu, Vertragsverletzungen der Mitgliedstaaten und ihrer Organe zu verhindern und ggf. im Wege eines amtlichen Verfahrens zu verfolgen (**Aufsichtsklage**).[3] Neben dieser **objektiv-rechtlichen Funktion** der Sicherstellung des Unionsrechts können Art. 258, 259 AEUV auch eine individualrechtliche Wirkung in der Weise haben, als die Kommission die von einzelnen Unionsbürgern an sie herangetragenen **Beschwerden** zum Anlass nehmen kann, ein Vertragsverletzungsverfahren einzuleiten.[4] Obwohl ein solches Beschwerdeverfahren in den Gründungsverträgen nicht vorgesehen ist und demnach für die Kommission keine Rechtspflicht zum Tätigwerden besteht,[5] hat sie sich gleichwohl – quasi im Wege der Selbstbindung – verpflichtet, allen bei ihr eingehenden Beschwerden nachzugehen.[6] In der Praxis sind die Beschwerden von einzelnen Bürgern die wichtigste Informationsquelle der Kommission über Vertragsverstöße der Mitgliedstaaten.[7] 2008 wurden rund 54 % der Vorgänge aufgrund von Beschwerden aufgegriffen.[8] Um dem Unionsbürger sein Beschwerderecht zu erleichtern, hat die Kommission ein Beschwerdeformular veröffentlicht und dem einzelnen bestimmte Verfahrensgarantien eingeräumt (vgl. noch → Rn. 64 ff.).[9] Voraussetzung ist aber stets, dass die Beschwerde schriftlich eingereicht wird und hinreichend substantiiert ist. Aus dem Vorbringen des Bürgers muss sich mit hinreichender Deutlichkeit der Hinweis auf einen objektiven Verstoß gegen das Unionsrecht ergeben; die Geltendmachung einer Beeinträchtigung in subjektiven Rechten ist nicht erforderlich.[10] Das Beschwerdeverfahren ist

---

[1] EuGH 26.4.2005 – C-494/01, Slg. 2005, I-3331 Rn. 29 = NVwZ 2005, 1166 – Kommission/Irland; Bleckmann EuropaR Rn. 254; Kotzur in Geiger/Kahn/Kotzur AEUV Art. 258 Rn. 1; Nettesheim in Oppermann/Classen/Nettesheim EuropaR § 5 Rn. 119, 130; Kaufhold in Dauses/Ludwigs EU-WirtschaftsR-HdB Abschn. A Kap. II Rn. 200; Schwarze/Wunderlich in Schwarze AEUV Art. 258 Rn. 2; Wollenschläger, Die Gemeinschaftsaufsicht über die Rechtsprechung der Mitgliedstaaten, 2006, S. 79 ff.; Sabotta ZUR 2008, 72; 26. Jahresbericht über die Kontrolle der Anwendung des Gemeinschaftsrechts, KOM(2009) 675 endgültig.

[2] EuGH C-304/02, Slg. 2005, I-6263 Rn. 80 = EuR 2005, 509 – Kommission/Frankreich; EuGH C-514/07 P, BeckEuRS 2010, 536159, nachgewiesen bei Juris Rn. 119 – API.

[3] Zum verwaltungstechnischen Ablauf vgl. Frenz EuropaR-HdB V Rn. 18; Classen in Oppermann/Classen/Nettesheim EuropaR § 13 Rn. 29; Pechstein EU-ProzessR Rn. 264.

[4] Vgl. hierzu Borchardt in Dauses/Ludwigs EU-WirtschaftsR-HdB Abschn. P Kap. I Rn. 23 f.; Frenz EuropaR-HdB V Rn. 2519, 2521; Karpenstein in Grabitz/Hilf/Nettesheim AEUV Art. 258 Rn. 18; Pechstein EU-ProzessR Rn. 256 f.; Thiele EurProzR § 5 Rn. 2.

[5] EuGH 14.2.1989 – C-247/87, Slg. 1989, I-291 Rn. 11 = BeckRS 2004, 72605 – Starfruit/Kommission; EuGH 20.2.1997 – C-107/95, Slg. 1997, I-947 Rn. 19 = BB 1997, 342 = BeckRS 2004, 74093 – Bundesverband der Bilanzbuchhalter; Frenz EuropaR-HdB V Rn. 2577, 2581, 2583; Hailbronner JuS 1990, 443; Kotzur in Geiger/Khan/Kotzur AEUV Art. 258 Rn. 9; Wollenschläger, Die Gemeinschaftsaufsicht über die Rechtsprechung der Mitgliedstaaten, 2006, S. 99; Thiele EurProzR § 5 Rn. 2; aA Däubler NJW 1968, 329.

[6] Mitteilung der Europäischen Kommission über die Beziehungen zum Beschwerdeführer bei Verstößen gegen das Gemeinschaftsrecht v. 20.3.2002, KOM(2002) 141 endgültig, 2.

[7] 25. Jahresbericht über die Kontrolle der Anwendung des Gemeinschaftsrechts, KOM(2007) 502 endgültig, Ziff. 2.2; Arnull The European Union S. 34, 35; Cremer in Calliess/Ruffert AEUV Art. 258 Rn. 4; Frenz EuropaR-HdB V Rn. 2519, 2521; Classen in Oppermann/Classen/Nettesheim EuropaR § 13 Rn. 30; Ehlers Jura 2007, 684 (689) und Sabotta ZUR 2008, 72 (73).

[8] Vgl. 25. Jahresbericht der Europäischen Kommission über die Kontrolle der Anwendung des Gemeinschaftsrechts, KOM(2007) 502 endgültig, Ziff. 2.2.

[9] Mitteilung der Europäischen Kommission über die Beziehungen zum Beschwerdeführer bei Verstößen gegen das Gemeinschaftsrecht, v. 20.3.2002, KOM(2002) 141 endgültig, 6, abrufbar unter http://europa.eu.int/comm/secretariatgeneral/sgb/lexcomm/index_de.htm; ABl. 1989 C 26, 6 abrufbar unter http://ec.europa.eu/community_law/your_rights/your_rights_forms_de.htm. Die Beschwerdemöglichkeiten in Wettbewerbs- und Beihilfeangelegenheiten werden gesondert im Zusammenhang der Nichtigkeitsklage dargestellt.

[10] Karpenstein in Grabitz/Hilf/Nettesheim, AEUV Art. 258 Rn. 18; Borchardt in Dauses/Ludwigs EU-WirtschaftsR-HdB Abschn. P Kap. I Rn. 25.

für den Bürger kostenlos und vertraulich;[11] subjektive Rechte entstehen hierbei nicht (vgl. noch → Rn. 25).[12]

Im Unterschied zur Aufsichtsklage muss bei **Klagen zwischen Mitgliedstaaten** zunächst die Kommission als „Dritter" eingeschaltet werden. Dies hat vor allem zwei Gründe: Zum einen soll es der Kommission ermöglicht werden, von solchen mitgliedstaatlichen Verstößen offiziell Kenntnis zu erlangen, die sie selbst noch nicht entdeckt hat, damit sie auch in diesen Fällen ihren Kontrollaufgaben gerecht werden kann. Andererseits hat sie im Fall eines unbegründeten Vorwurfs die Möglichkeit, darauf hinzuwirken, dass der betreffende Mitgliedstaat seine Klageabsichten nicht weiter verfolgt. Hierdurch kann die Kommission nicht nur eine unnötige Inanspruchnahme des Gerichtshofs, sondern auch mögliche Spannungen zwischen den betreffenden Mitgliedstaaten vermeiden. Klagen nach Art. 259 AEUV sind in der Praxis selten,[13] da auch die Mitgliedstaaten aufeinander politische Rücksichten nehmen (müssen) und ein gerichtliches Vorgehen lieber der Kommission überlassen, um die Beziehungen zwischen ihnen nicht zu belasten.[14] Insoweit ziehen die Mitgliedstaaten es regelmäßig vor, den Aufsichtsklagen der Kommission ggf. als Intervenienten beizutreten.[15] 2019 wurden von der Kommission 797 neue Vertragsverletzungsverfahren eingeleitet; 1564 Vertragsverletzungsverfahren waren Ende 2019 insgesamt noch anhängig.[16] Die Zahl der von der Kommission im Jahr 2019 eingeleiteten Vertragsverletzungsverfahren ist gegenüber dem Vorjahr (mit 644 eingeleiteten Vertragsverletzungsverfahren) leicht gestiegen.[17] Davon betreffen die meisten Fälle die Nichtübereinstimmung mitgliedstaatlicher Normen mit dem Europarecht oder nicht erfolgte bzw. verzögerte Umsetzungsmaßnahmen (insbes. in Bezug auf Richtlinien).[18] Während die Einleitung eines Vertragsverletzungsverfahrens keine Seltenheit ist, wird nur in relativ wenigen Fällen tatsächlich Klage vor dem EuGH erhoben. Ende 2018 waren zwar insgesamt noch 758 Vertragsverletzungsverfahren anhängig, nur 9 wurden jedoch an den EuGH weitergeleitet.[19]

---

[11] Borchardt in Dauses/Ludwigs EU-WirtschaftsR-HdB Abschn. P Kap. I Rn. 24; Cremer in Calliess/Ruffert AEUV Art. 258 Rn. 4; Ehlers in Ehlers/Schoch, Rechtsschutz im Öffentlichen Recht, 2009, § 7 Rn. 12; Karpenstein in Grabitz/Hilf/Nettesheim AEUV Art. 258 Rn. 18; Schwarze/Wunderlich in Schwarze AEUV Art. 258 Rn. 12.

[12] Borchardt in Dauses/Ludwigs EU-WirtschaftsR-HdB Abschn. P Kap. I Rn. 25; Pechstein EU-ProzessR Rn. 257.

[13] Demgegenüber sind Klagen nach Art. 258 AEUV zahlreich, s. hierzu die Zahlen bei Ehlers in Ehlers/Schoch, Rechtsschutz im Öffentlichen Recht, 2009, § 7 Rn. 3. Einen Gesamtüberblick über die Vertragsverletzungsverfahren im Hinblick auf die Richtlinienumsetzung gibt auch die Europäische Kommission, abrufbar unter https://ec.europa.eu/info/law/infringements_en.

[14] Vgl. Cremer in Calliess/Ruffert AEUV Art. 259 Rn. 1; Karpenstein in Grabitz/Hilf/Nettesheim AEUV Art. 259 Rn. 6, 7; Haratsch/Koenig/Pechstein EuropaR Rn. 512; Classen in Oppermann/Classen/Nettesheim EuropaR § 13 Rn. 29; Pechstein EU-ProzessR Rn. 325; Thewes, Bindung und Durchsetzung gerichtlicher Entscheidungen in der EU, 2003, S. 50; Thiele EurProzR § 5 Rn. 3; Scholl, Haftung zwischen EG-Mitgliedstaaten bei Verletzung von Gemeinschaftsrecht, 2005, S. 49, 50; Schwarze/Wunderlich in Schwarze AEUV Art. 259 Rn. 3.

[15] Vgl. zur Streithilfe: Art. 40 Abs. 1 EuGH-Satzung.

[16] Vgl. hierzu die Rechtsprechungsstatistik des Europäischen Gerichtshofs, Jahresbericht 2019, abrufbar unter https://ec.europa.eu/info/publications/2019-eu-28-countries-factsheet-monitoring-application-eu-law_en.

[17] Vgl. hierzu die Rechtsprechungsstatistik des Europäischen Gerichtshofs, Jahresberichte 2018 und 2019, abrufbar unter https://ec.europa.eu/info/publications/annual-reports-monitoring-application-eu law_dc.

[18] Vgl. dazu die Rechtsprechungsstatistik des Europäischen Gerichtshofs, Jahresbericht 2019, abrufbar unter https://ec.europa.eu/info/publications/2019-eu-28-countries-factsheet-monitoring-application-eu-law_en; Arnull The European Union S. 47; Böhm JA 2009, 679 (680); Cremer in Calliess/Ruffert AEUV Art. 258 Rn. 3; Karpenstein in Grabitz/Hilf/Nettesheim AEUV Art. 258 Rn. 8 f; Schwarze/Wunderlich in Schwarze AEUV Art. 258 Rn. 5; Wollenschläger, Die Gemeinschaftsaufsicht über die Rechtsprechung der Mitgliedstaaten, 2006, S. 86.

[19] Vgl. dazu die Rechtsprechungsstatistik des Europäischen Gerichtshofs, Jahresbericht 2019, abrufbar unter https://ec.europa.eu/info/publications/2018-eu-28-countries-factsheet-monitoring-application-eu-law_de; Karpenstein in Grabitz/Hilf/Nettesheim AEUV Art. 258 Rn. 8 f.

4 Sowohl bei der Aufsichtsklage der Kommission als auch bei dem von einem Mitgliedstaat eingeleiteten Vertragsverletzungsverfahren handelt es sich der Art nach um **Feststellungsklagen**.[20] Dies bedeutet, dass die als vertragswidrig empfundene nationale Maßnahme weder aufgehoben oder für rechtswidrig erklärt,[21] noch der betreffende Staat förmlich zur Beseitigung des rechtswidrigen Zustandes verpflichtet werden kann.[22]

5 Neben diesen Verfahren sieht das Unionsrecht noch weitere Spielarten der Vertragsverletzungsklage vor. Der Gerichtshof der Europäischen Union kann auch über Art. 108 Abs. 2 AEUV, Art. 114 Abs. 9 AEUV und Art. 348 Abs. 2 AEUV angerufen werden (vgl. → Rn. 32). In Abweichung zum traditionellen Verfahren nach Art. 258 AEUV besitzt nach Art. 271 lit. a AEUV der Verwaltungsrat der EIB für Streitsachen über die Verpflichtungen der Mitgliedstaaten aus der Satzung der Europäischen Investitionsbank die der Kommission in Art. 258 AEUV übertragenen Befugnisse. Ähnliches sieht Art. 271 lit. d AEUV vor, durch den dem Rat der Gouverneure der Europäischen Zentralbank für Streitsachen über die sich aus den Verträgen und der Satzung des ESZB und der EZB ergebenden Verpflichtungen der nationalen Zentralbanken die Befugnisse aus Art. 258 AEUV übertragen worden sind (vgl. eing. in → § 13).

B. Zulässigkeit

I. Europäische Gerichtsbarkeit

6 Die Unvereinbarkeit nationaler Handlungsweisen mit dem Unionsrecht kann auch auf andere Weise als durch Aufsichtsklage gerichtlich festgestellt werden. Auf Grund der Bindung der Mitgliedstaaten und ihrer „Gewalten" an das Unionsrecht (vgl. → § 1) sind insbes. auch die **nationalen Gerichte** berechtigt und verpflichtet, nationale Maßnahmen aufgrund unionsrechtswidrigem nationalen Rechts aufzuheben bzw. solche Normen nicht anzuwenden (vgl. eing. → § 32).[23] Obwohl sich beide Verfahrensmöglichkeiten nicht ausschließen,[24] ist als Sachentscheidungsvoraussetzung für das Vertragsverletzungsverfahren in Abgrenzung zur nationalen Gerichtsbarkeit zunächst das Bestehen der europäischen Gerichtsbarkeit zu prüfen.[25]

II. Sachliche Zuständigkeit

7 Bis zur Errichtung des EuG war der EuGH für alle europäischen Rechtsbehelfe zuständig. Erst mit der Einführung eines weiteren Instanzgerichts, dem durch Art. 3 des Ratsbeschlus-

---

20 Wunderlich EuR 2012, 49 (53).
21 GA Reischl, SchlA 4.10.1979 – C-141/78, Slg. 1979, 2923 (2946) = NJW 1980, 1207 – Seefischerei; EuGH 29.9.1998 – C-191/95, ECLI:EU:C:1998:441 Rn. 45 = WM 1998, 2525 = BeckRS 2004, 74831 – Kommission/Deutschland; EuGH 14.4.2005 – C-104/02, ECLI:EU:C:2005:219 Rn. 49 = BeckRS 2005, 70265 – Kommission/Deutschland; EuGH 5.10.2006 – C-105/02, ECLI:EU:C:2006:637 Rn. 44 = BeckRS 2006, 70776 – Kommission/Deutschland; Frenz EuropaR-HdB V Rn. 2518, 2628; Haratsch/Koenig/Pechstein EuropaR Rn. 524; Karpenstein in Grabitz/Hilf/Nettesheim AEUV Art. 258 Rn. 11; Kotzur in Geiger/Khan/Kotzur AEUV Art. 260 Rn. 2, 3; Schwarze/Wunderlich in Schwarze AEUV Art. 258 Rn. 4; Hammen, Der Konzern 2009, 391.
22 EuGH 5.10.2006 – C-105/02, ECLI:EU:C:2006:637 Rn. 44 = BeckRS 2006, 70776 – Kommission/Deutschland; Frenz EuropaR-HdB V Rn. 2628; Haratsch/Koenig/Pechstein EuropaR Rn. 524; Karpenstein in Grabitz/Hilf/Nettesheim AEUV Art. 258 Rn. 12.
23 Vgl. auch Classen in Schulze/Janssen/Kadelbach HdB-EuropaR § 4 Rn. 4.
24 EuGH 5.2.1963 – 26/62, ECLI:EU:C:1963:1 = NJW 1963, 974 – van Gend & Loos; EuGH 21.5.1987 – 133/85, 136/85, ECLI:EU:C:1987:244 = NJW 1987, 2148 – Rau/BALM; EuGH 24.3.2009 – C-445/06, ECLI:EU:C:2009:178 Rn. 67 = NVwZ 2009, 771 – Dänische Schlachthofgesellschaft/Deutschland über das Verhältnis zwischen nationaler Staatshaftungsklage und Vertragsverletzungsverfahren; Frenz EuropaR-HdB V Rn. 2523; Kotzur in Geiger/Khan/Kotzur AEUV Art. 258 Rn. 10; Pechstein EU-/EG-ProzessR, 3. Aufl. 2007, Rn. 253; Pechstein, Entscheidungen des EuGH, 5. Aufl. 2009, S. 294.
25 Ebenso Ehlers in Ehlers/Schoch, Rechtsschutz im Öffentlichen Recht, 2009, § 7 Rn. 5; Pechstein EU-/EG-ProzessR, 3. Aufl. 2007, Rn. 253 ff.; Pechstein, Entscheidungen des EuGH, 5. Aufl. 2009, S. 293, 294.

ses 88/591 (auf der Grundlage des Art. 225 Abs. 2 EGV, heute Art. 256 Abs. 2 AEUV) eigene Zuständigkeiten übertragen wurden,[26] ergab sich die Notwendigkeit der Abgrenzung und damit der Prüfung dieser Sachurteilsvoraussetzung. Aufgrund der in Art. 3 des Ratsbeschlusses 88/591 vorgenommenen enumerativen Zuständigkeitsauflistung wurde die Prüfung der Zuständigkeit des EuGH im Wege einer **Negativ-Abgrenzung** vorgenommen. Dies bedeutete, dass für alle Fälle, die nicht ausdrücklich dem EuG zugewiesen waren, die Zuständigkeit des EuGH gegeben war. Vertragsverletzungsverfahren fielen demnach ausschließlich in den Zuständigkeitsbereich des EuGH.

Mit Inkrafttreten des Vertrages von Nizza ist die Zuständigkeitsverteilung unmittelbar nach Art. 225 EGV (Art. 256 AEUV) überführt worden (ohne sachliche Änderung betreffend die Vertragsverletzungsverfahren), wobei die Satzung des Gerichtshofs ggf. Abweichungen vorsehen kann. Dass allein der EuGH berufen ist,[27] über die Vertragsverletzungsverfahren zu entscheiden, ergibt sich sachlich aus der Bedeutung dieser Rechtssachen für die beteiligten Parteien und den daraus resultierenden möglichen Folgewirkungen für die anderen Mitgliedstaaten. Hier kann nur eine letztinstanzliche Entscheidung des EuGH Klarheit bringen.[28]

8

III. Klageberechtigung und Klagebefugnis

Im Vertragsverletzungsverfahren sind die klageberechtigten Handlungseinheiten – die Kommission und die Mitgliedstaaten[29] – gem. Art. 258, 259 AEUV nur dann klagebefugt,[30] wenn sie der „Auffassung" sind, dass der beklagte Mitgliedstaat gegen eine Verpflichtung aus dem jeweiligen Vertrag verstoßen hat (siehe zu der Vertragspflichtverletzung ausf. → Rn. 45–47). Die klagende Partei muss demnach von der Vertragsverletzung in tatsächlicher und rechtlicher Hinsicht **überzeugt sein**.[31] Bloße Vermutungen oder Zweifel hinsichtlich der Vertragstreue des betreffenden Mitgliedstaates reichen nicht aus und führen demgemäß zur Unzulässigkeit der Klage.[32] Andererseits ist ein subjektives Interesse bzw. spezifisches Betroffensein der Kommission oder des klagenden Mitgliedstaats nicht erforderlich. Beim Vertragsverletzungsverfahren handelt es sich um ein objektiv-rechtliches Verfahren, das im Allgemeininteresse durchgeführt wird.[33]

9

---

[26] ABl. 1988 L 319, 1 zuletzt geändert durch ABl. 1999 L 114, 52.
[27] Böhm JA 2009, 679; Hakenberg EuR 2008, 163 (164).
[28] Frenz EuropaR-HdB V Rn. 2524.
[29] Zur fehlenden Parteifähigkeit der Bundesländer und ihren Beteiligungsmöglichkeiten im Vertragsverletzungsverfahren Mulert, Die deutschen Bundesländer vor dem Europäischen Gerichtshof, 1996, S. 164 ff.; Thiele EurProzR § 5 Rn. 6.
[30] Es ist darauf hinzuweisen, dass im europarechtlichen Schrifttum eine uneinheitliche Terminologie für die Klageberechtigung verwandt wird.
[31] EuGH 26.6.2003 – C-404/00, ECLI:EU:C:2003:373 Rn. 26 = BeckRS 2004, 77063 – Kommission/Spanien; EuGH 26.4.2007 – C-135/05, ECLI:EU:C:2007:250 Rn. 26 = NVwZ 2007, 1165 – Kommission/Italien; EuGH 18.12.2007 – C-532/03, ECLI:EU:C:2007:801 Rn. 29, 36 = BeckRS 2007, 71084 – Kommission/Irland; Ehlers in Ehlers/Schoch, Rechtsschutz im Öffentlichen Recht, 2009, § 7 Rn. 19; Pechstein EU-ProzessR Rn. 288; Schwarze/Wunderlich in Schwarze AEUV Art. 258 Rn. 19; Thiele EurProzR § 5 Rn. 13.
[32] EuGH 26.6.2003 – C-404/00, ECLI:EU:C:2003:373 Rn. 26 = BeckRS 2004, 77063 – Kommission/Spanien; EuGH 26.4.2007 – C-135/05, ECLI:EU:C:2007:250 Rn. 26 = NVwZ 2007, 1165 – Kommission/Italien; EuGH 18.12.2007 – C-532/03, ECLI:EU:C:2007:801 Rn. 36 = NVwZ 2008, 541 – Kommission/Irland; EuGH 18.11.2010 – C-458/08, ECLI:EU:C:2010:692 Rn. 54 = BeckEuRS 2010, 555276 – Kommission/Portugal.
[33] EuGH 10.5.1995 – C-422/92, ECLI:EU:C:1995:125 = NVwZ 1995, 885 – Kommission/Deutschland; EuGH 11.8.1995 – C-431/92, ECLI:EU:C:1995:260 = NVwZ 1996, 369 – Großkrotzenburg; Cremer in Calliess/Ruffert AEUV Art. 258 Rn. 2, 30; Ehlers in Ehlers/Schoch, Rechtsschutz im Öffentlichen Recht, 2009, § 7 Rn. 2; Haratsch/Koenig/Pechstein EuropaR Rn. 508; Karpenstein in Grabitz/Hilf/Nettesheim AEUV Art. 258 Rn. 2; Pechstein EU-ProzessR Rn. 289; Schwarze/Wunderlich in Schwarze AEUV Art. 258 Rn. 2; Thiele EurProzR § 5 Rn. 13; Sabotta ZUR 2008, 72 (73).

IV. Ordnungsgemäße Durchführung des Vorverfahrens

10 1. Aufsichtsklage der Kommission gem. Art. 258 AEUV. Der Klageerhebung durch die Kommission ist zunächst ein **außergerichtliches Vorverfahren** vorgeschaltet. Diese von Amts wegen[34] zu prüfende obligatorische Zulässigkeitsvoraussetzung[35] dient einerseits dem Zweck, zunächst auf außergerichtlichem Wege zu einer Streitbeilegung zu gelangen und den betreffenden Mitgliedstaat zur Wiederherstellung des vertragskonformen Zustandes zu veranlassen; andererseits soll der Staat Gelegenheit haben, sich gegenüber der Kommission zu rechtfertigen.[36] Außerdem wird auf diese Weise zunächst die „Anprangerungswirkung" eines gerichtlichen Verfahrens und somit ein diplomatischer Gesichtsverlust des betroffenen Staates vermieden.[37] Schließlich kommt dem Vorverfahren auch bzgl. der Eingrenzung des Streitgegenstandes Bedeutung zu.[38] Während die Kommission bis Mitte der siebziger Jahre in den meisten Fällen von der Einleitung eines Vertragsverletzungsverfahrens abgesehen hatte,[39] hat sich die Zahl seitdem auf regelmäßig weit mehr als 1.000 Verfahren pro Jahr gesteigert.[40] Insbesondere ist eine steigende Anzahl von Sanktionsurteilen, die auf eine mangelnde Urteilsakzeptanz hinweisen, zu beklagen.[41] Die Zahl von 208 Klagen der Kommission gegen Mitgliedstaaten bei 3.400 eingeleiteten Verstoßverfahren im Jahre 2008[42] beweist, dass der Zweck einer gütlichen Einigung und damit einer verminderten Inanspruchnahme des EuGH in den weit überwiegenden Fällen erreicht wird. Im Jahr 2016 schloss die Kommission bei insgesamt 986 neu eingeleiteten Verfahren beispielsweise 520 Fälle nach Versendung von Aufforderungsschreiben, 126 Fälle nach Versendung einer mit Gründen versehenen Stellungnahme und 18 Fälle nach der Entscheidung, den EuGH anzurufen, jedoch noch vor Übermittlung des entsprechenden Antrags ab.[43]

11 Nach dem Vertragstext ist das Vorverfahren zweistufig ausgestaltet. Gleichwohl hat es sich in der Praxis eingebürgert, den vertragsbrüchigen Mitgliedstaat zunächst formlos, dh durch **bilaterale Besprechungen** zwischen den verantwortlichen Behörden oder durch Anschreiben der Regierung des betroffenen Mitgliedstaates auf die Vertragsverletzung hinzuweisen und so eine einvernehmliche Lösung zu erzielen.[44] So kann die Kommission

---

[34] Cremer in Calliess/Ruffert AEUV Art. 258 Rn. 4; Frenz EuropaR-HdB V Rn. 2546.
[35] EuGH 11.7.1984 – C-51/83, ECLI:EU:C:1984:261 = NJW 1986, 657 – Kommission/Italien.
[36] EuGH 2.2.1988 – 293/85, ECLI:EU:C:1988:40 = NJW 1993, 47 – Kommission/Belgien; EuGH 28.10.1999 – C-328/96, ECLI:EU:C:1999:526 = NZBau 2000, 150 – Kommission-Österreich; EuGH 4.5.2006 – C-98/04, ECLI:EU:C:2006:288 = BeckRS 2006, 70365 – Kommission/Vereinigtes Königreich Großbritannien und Nordirland; EuGH 1.2.2007 – C-199/04, ECLI:EU:C:2007:72 Rn. 21 = NVwZ 2007, 435 – Kommission/Vereinigtes Königreich Großbritannien und Nordirland; Frenz EuropaR-HdB V Rn. 2549; Karpenstein in Grabitz/Hilf/Nettesheim AEUV Art. 258 Rn. 28; Streinz EuropaR Rn. 641; Thiele EurProzR § 5 Rn. 15.
[37] Cremer in Calliess/Ruffert AEUV Art. 258 Rn. 3; Pechstein EU-ProzessR Rn. 266; Thiele EurProzR § 5 Rn. 15.
[38] EuGH 4.12.2008 – C-247/07, ECLI:EU:C:2008:682 Rn. 20, 21 = BeckEuRS 2008, 487356 – Kommission/Litauen; EuGH 18.11.2010 – C-458/08, ECLI:EU:C:2010:692 Rn. 42, 43 = BeckEuRS 2010, 555276 – Kommission/Portugal; Pechstein EU-ProzessR Rn. 266; Streinz EuropaR Rn. 642; EuGH 29.9.1998 – C-191/95, ECLI:EU:C:1998:441 Rn. 45, 46 = ZIP 1998, 1716 – Kommission/Deutschland; Thiele EurProzR § 5 Rn. 16; El-Shabassy, Die Durchsetzung finanzieller Sanktionen der Europäischen Gemeinschaften gegen ihre Mitgliedstaaten, 2007, S. 33, 34; Wunderlich EuR 2012, 49 (51).
[39] Karpenstein in Grabitz/Hilf/Nettesheim AEUV Art. 258 Rn. 8.
[40] Vgl. dazu den 28. Jahresbericht über die Kontrolle der Anwendung des Gemeinschaftsrechts, KOM(2011) 588 endgültig; Karpenstein in Grabitz/Hilf/Nettesheim AEUV Art. 258 Rn. 8.
[41] Karpenstein in Grabitz/Hilf/Nettesheim AEUV Art. 260 Rn. 24; Schwarze in Schwarze AEUV Art. 258 Rn. 13; Huck/Klieve EuR 2006, 413 (414); Steiner ZfRV 2008, 152.
[42] 26. Jahresbericht über die Kontrolle der Anwendung des Gemeinschaftsrechts, KOM(2009) 675 endgültig, Ziff. 2.2; Rechtsprechungsstatistik des Europäischen Gerichtshofs, Jahresbericht 2009, S. 89, abrufbar unter der Website Curia; Ausweislich dieses Jahresberichts werden 94 % aller Verfahren vor einem Urteil des EuGH abgeschlossen.
[43] Vgl. dazu die Rechtsprechungsstatistik des Europäischen Gerichtshofs, Jahresbericht 2016, abrufbar unter https://ec.europa.eu/info/publications/2016-commission-report-monitoring-application-eu-law-34th_de.
[44] Arnull The European Union S. 38; Borchardt in Dauses/Ludwigs EU-WirtschaftsR-HdB Abschn. P Kap. I Rn. 27; Cremer in Calliess/Ruffert AEUV Art. 258 Rn. 1; Frenz EuropaR-HdB V Rn. 2548;

bspw. offizielle Beschwerden an das SOLVIT-Netzwerk weiterleiten. Dazu haben die Mitgliedstaaten (neben Liechtenstein, Island und Norwegen) sogenannte SOLVIT-Stellen eingerichtet, deren Aufgabe es ist, innerhalb von zehn Wochen eine adäquate Problemlösung zu erarbeiten.[45] Erst wenn dies nicht gelingt und eine Lösung auf informellem Wege nicht gefunden werden kann, leitet die Kommission das förmliche Vertragsverletzungsverfahren ein.

a) Mahnschreiben. Nach den vertraglichen Vorschriften muss die Kommission dem betroffenen Mitgliedstaat „Gelegenheit zur Äußerung" gewähren. Hierbei handelt es sich um die positiv-rechtliche Ausformung der wesentlichen Verfahrensgarantie auf **Gewährung rechtlichen Gehörs**.[46] Danach muss dem Mitgliedstaat allein die Möglichkeit der Äußerung eingeräumt werden; ob er sich tatsächlich zu den erhobenen Vorwürfen äußert, ist nicht entscheidend.[47] Die Einzelheiten des Anhörungsverfahrens sind in den Verträgen über die europäische Union und die Arbeitsweise der europäischen Union nicht ausdrücklich geregelt. Aus dem Sinn und Zweck ergibt sich aber, dass die Kommission für die ordnungsgemäße Einleitung dieses Verfahrens einige Förmlichkeiten zu beachten hat.[48] Eine spezielle Regelung enthält Art. 5 der VO (EG) Nr. 2679/98,[49] der die Kommission im Rahmen des sog. Frühwarnsystems bei privat verursachten massiven Behinderungen des **freien Warenverkehrs** (vgl. auch noch → Rn. 44) dazu verpflichtet (vgl. demgegenüber → Rn. 25), eine „Mitteilung" zu erstellen, die in formeller Hinsicht näher ausgestaltet ist und nach einer Entschließung des Rates und der im Rat vereinigten Vertreter der Regierungen der Mitgliedstaaten[50] binnen fünf Tagen (vgl. demgegenüber → Rn. 14) zu beantworten ist. 12

aa) Förmlichkeiten. Die Kommission muss dem betreffenden Mitgliedstaat unter Hinweis auf die relevanten Tatsachen **schriftlich** mitteilen, dass ein Vertragsverletzungsverfahren eingeleitet wurde.[51] Dabei hat sie den Mitgliedstaat mit allen Rügen bekannt zu machen, die sie im Falle des Gerichtsverfahrens gegen ihn zu erheben gedenkt. Überdies muss sie zu erkennen geben, auf welche wesentlichen **rechtlichen und tatsächlichen Erwägungen** sie diese Rügen stützt.[52] Der Grund hierfür liegt nicht allein darin, dass dem Mitgliedstaat die Möglichkeit eingeräumt werden muss, sich mit den Gründen ausführlich auseinander zu setzen, um so die Vertragsverletzung ggf. abstellen zu kön- 13

Karpenstein in Grabitz/Hilf/Nettesheim AEUV Art. 258 Rn. 10; Kotzur in Geiger/Khan/Kotzur AEUV Art. 258 Rn. 6; Pechstein EU-ProzessR Rn. 267; Schwarze/Wunderlich in Schwarze AEUV Art. 258 Rn. 3, 14.

[45] Nähere Informationen zum SOLVIT-Netzwerk können abgerufen werden auf der Seite http://ec.europa.eu/solvit/site/index_de.htm.

[46] EuGH 15.12.1982 – 286/81, ECLI:EU:C:1982:438, NJW 1983, 1256 – Oesthoek; EuGH 12.3.1987 – 176/84, ECLI:EU:C:1987:125 = BeckRS 2004, 72002 – Kommission/Griechenland; EuGH 12.3.1987 – 178/84, ECLI:EU:C:1987:126 = NJW 1987, 1133 – Kommission/Deutschland; EuGH 17.9.1996 – C-289/94, ECLI:EU:C:1996:330 = BeckRS 2004, 76025 – Kommission/Italien; EuGH 18.12.2007 – C-186/06, ECLI:EU:C:2007:813 Rn. 15 = BeckRS 2008, 70104 – Kommission/Spanien; EuGH 15.2.2007 – C-34/04, ECLI:EU:C:2007:95 Rn. 49 = BeckRS 2007, 70133 – Kommission/Niederlande; Frenz EuropaR-HdB V Rn. 2549; Karpenstein in Grabitz/Hilf/Nettesheim AEUV Art. 258 Rn. 32; Kotzur in Geiger/Khan/Kotzur AEUV Art. 258 Rn. 12 f; Pechstein EU-ProzessR Rn. 271; Thiele EurProzR § 5 Rn. 18.

[47] EuGH 17.2.1970 – 31/69, ECLI:EU:C:1970:10 = BeckRS 2004, 73127 – Kommission/Italien; Cremer in Calliess/Ruffert AEUV Art. 258 Rn. 14; Frenz EuropaR-HdB V Rn. 2564; Pechstein EU-ProzessR Rn. 267; Thiele EurProzR § 5 Rn. 21.

[48] Siehe Borchardt in Dauses/Ludwigs EU-WirtschaftsR-HdB Abschn. P Kap. I Rn. 28; Pechstein EU-ProzessR Rn. 266.

[49] ABl. 1998 L 337, 8; vgl. hierzu Hauschild EuZW 1999, 236.

[50] ABl. 1998 L 337, 10.

[51] EuGH 2.2.1994 – C-315/92, ECLI:EU:C:1994:34 = NJW 1994, 1207 – Verband sozialer Wettbewerb/Clinique Laboratoires and Estée Lauder.

[52] EuGH 11.12.1985 – 192/84, ECLI:EU:C:1985:497 = BeckRS 2004, 72150 – Kommission/Griechenland; EuGH 17.9.1996 – 289/94, ECLI:EU:C:1996:330 = BeckRS 2004, 76025 – Kommission/Italien; EuGH C-279/94, Slg. 1997, I-4743 (4766) = BeckRS 2004, 75934 – Kommission/Italien.

nen,[53] sondern auch in dem Umstand, dass nach herrschender Meinung mit dem ersten Mahnschreiben bereits der Streitgegenstand des späteren gerichtlichen Hauptverfahrens festgelegt wird.[54] Unterliegt die Kommission in ihrer rechtlichen Bewertung einem Irrtum, ist dies für das Vorverfahren ohne Bedeutung; die Auswirkungen betreffen lediglich die Begründetheit der späteren Klage. Will die Kommission demnach im Laufe des Verfahrens weitere Vorwürfe erheben, also über das ursprüngliche Mahnschreiben hinausgehen oder neue rechtliche Gesichtspunkte geltend machen, ist der betroffene Mitgliedstaat zu diesen Veränderungen erneut zu hören. Davon zu unterscheiden ist jedoch der Fall, dass der Streitgegenstand identisch bleibt und lediglich durch einige Ergänzungen präzisiert[55] oder aber durch eine in tatsächlicher und rechtlicher Hinsicht gleichgelagerte Regelung des Mitgliedstaates ersetzt wird.[56] Eines neuen Mahnschreibens bedarf es also nur, wenn der Kreis der rechtlichen Vorwürfe erweitert werden soll.[57] Das Mahnschreiben unterliegt geringeren Anforderungen als die begründete Stellungnahme (vgl. → Rn. 18 ff.). Es reicht aus, wenn im Mahnschreiben die Beanstandungen in allgemeiner Form zusammengefasst sind; erst in der begründeten Stellungnahme sind die Vorwürfe näher darzulegen.[58] Die Klage ist daher abzuweisen, wenn die Kommission den Gegenstand des Verfahrens auf ein vertragswidriges Verhalten des Mitgliedstaates umstellt, ohne dass dieser sich zuvor im Vorverfahren dazu hat äußern können.[59]

14 bb) Frist. Obwohl eine Frist zur Abgabe der Äußerung des betroffenen Mitgliedstaates in den vertraglichen Bestimmungen nicht ausdrücklich als Voraussetzung genannt wird, ist aus Gründen eines geordneten Vorverfahrens im Mahnschreiben eine den Umständen nach **angemessene Frist** festzusetzen.[60] Diese beträgt in der Regel zwei Monate;[61] in Ausnahmefällen kann sie sogar bis auf wenige Stunden verkürzt werden.[62] Sehr kurze Fristen können gerechtfertigt sein, wenn einer Vertragsverletzung schnell begegnet werden muss, oder wenn der betroffene Staat den Standpunkt der Kommission schon vor Einleitung des

---

[53] EuGH 23.10.1997 – C-159/94, ECLI:EU:C:1997:501 = BeckRS 2004, 74543 – Kommission/Frankreich; Karpenstein in Grabitz/Hilf/Nettesheim AEUV Art. 258 Rn. 32.

[54] EuGH 9.12.1981 – 193/80, ECLI:EU:C:1981:298 = NJW 1982, 1212 – Kommission/Italien; EuGH 325/82, Slg. 1984, 777 = BeckRS 2004, 70810 – Kommission/Deutschland; EuGH C-279/94, Slg. 1997, I-4743 (4766) = BeckRS 2004, 75934 – Kommission/Italien; EuGH 23.10.1997 – C-159/94, ECLI:EU: C:1997:501 = BeckRS 2004, 74543 – Kommission/Frankreich; EuGH 5.6.2003 – C-145/01, ECLI:EU: C:2003:324 Rn. 17 = BeckRS 2004, 74415 – Kommission/Italien; Cremer in Calliess/Ruffert AEUV Art. 258 Rn. 8; Frenz EuropaR-HdB V Rn. 2556 f.; Karpenstein in Grabitz/Hilf/Nettesheim AEUV Art. 258 Rn. 32; Kotzur in Geiger/Khan/Kotzur AEUV Art. 258 Rn. 11; Thiele EuProzR § 5 Rn. 19; aA Pechstein EU-ProzessR Rn. 272.

[55] EuGH 2.2.1994 – C-315/92, ECLI:EU:C:1994:34 = NJW 1994, 1207 – Verband sozialer Wettbewerb/Clinique Laboratoires und Estée Lauder; EuGH 16.1.1997 – C-134/95, ECLI:EU:C:1997:16 = BeckRS 2004, 74337 – Kommission/Italien; EuGH 16.9.1997 – C-279/94, ECLI:EU:C:1997:396 = BeckRS 2004, 75934 – Kommission/Italien.

[56] EuGH 1.12.1965 – 45/64, ECLI:EU:C:1965:116 = NJW 1966, 1631 – Kommission/Italien; Cremer in Calliess/Ruffert AEUV Art. 258 Rn. 16; Frenz EuropaR-HdB V Rn. 2558; Schwarze/Wunderlich in Schwarze AEUV Art. 258 Rn. 17.

[57] Classen in Schulze/Janssen/Kadelbach HdB-EuropaR § 4 Rn. 53; Cremer in Calliess/Ruffert AEUV Art. 258 Rn. 19 ff.; Frenz EuropaR-HdB V Rn. 2559; Karpenstein in Grabitz/Hilf/Nettesheim AEUV Art. 258 Rn. 39 ff; Pechstein EU-ProzessR Rn. 274, 276; Schwarze/Wunderlich in Schwarze AEUV Art. 258 Rn. 17.

[58] EuGH 17.9.1996 – C-289/94, ECLI:EU:C:1996:330 Rn. 16 = BeckRS 2004, 76025 – Kommission/Italien; EuGH 29.9.1998 – C-191/95, ECLI:EU:C:1998:441 = WM 1998, 2525 – Kommission/Deutschland; EuGH 6.11.2003 – C-358/01, ECLI:EU:C:2003:599 Rn. 29 = BeckRS 2004, 76707 – Kommission/Spanien; Cremer in Calliess/Ruffert AEUV Art. 258 Rn. 8, 9; Pechstein EU-ProzessR Rn. 276 f.; Schwarze/Wunderlich in Schwarze AEUV Art. 258 Rn. 16; Thiele EuProzR § 5 Rn. 18.

[59] EuG 25.6.1997 – T-7/96, ECLI:EU:T:1997:94 – Kommission/Italien.

[60] Vgl. EuGH 2.2.1988 – 293/85, ECLI:EU:C:1988:40 = BeckRS 2004, 72990 – Kommission/Belgien; Cremer in Calliess/Ruffert AEUV Art. 258 Rn. 12.

[61] Cremer in Calliess/Ruffert AEUV Art. 258 Rn. 12; Frenz EuropaR-HdB V Rn. 2561; Karpenstein in Grabitz/Hilf/Nettesheim AEUV Art. 258 Rn. 45; Pechstein EU-ProzessR Rn. 278; Schwarze/Wunderlich in Schwarze AEUV Art. 258 Rn. 21; Thiele EuProzR § 5 Rn. 20.

[62] Karpenstein in Grabitz/Hilf/Nettesheim AEUV Art. 258 Rn. 45.

vorprozessualen Verfahrens vollständig kannte.[63] Die Mitgliedstaaten müssen sich zum einen im Hinblick auf ihre Verteidigungsinteressen darauf einrichten können, wann sie mit einer begründeten Stellungnahme durch die Kommission zu rechnen haben. Zum anderen muss das Vorverfahren entsprechend der Aufgabe der Kommission zügig durchgeführt werden. Verzögerungstaktiken der Mitgliedstaaten brauchen nicht hingenommen zu werden. Allerdings sind Fristverlängerungen möglich und in der Praxis auch üblich.[64]

cc) Adressat. Das Mahnschreiben richtet sich an die Regierung des Mitgliedstaates, dem die Vertragsverletzung von der Kommission vorgeworfen wird.[65] Die Zustellung erfolgt an den Repräsentanten der bei der EU akkreditierten Ständigen Vertretung des betreffenden Mitgliedstaates.[66]

dd) Einlassungsermessen. Wie oben bereits erwähnt, steht es dem betreffenden Mitgliedstaat frei, sich bereits nach Erhalt des Mahnschreibens zu dem Vorwurf der Kommission zu äußern. Da die Darlegungs- und Beweislast bzgl. des erhobenen Vertragsverletzungsvorwurfs auf Seiten der Kommission liegt,[67] kann sich der Mitgliedstaat auch erst zu einem späteren Zeitpunkt zu dem Vorstoß einlassen.[68] Den Mitgliedstaat trifft allerdings in jedem Verfahrensstadium eine dahingehende **Mitwirkungspflicht,** dass er bei der Aufklärung des Sachverhalts Unterstützung zu leisten hat.[69]

ee) Nicht justitiabler Rechtsakt. Bei der Einleitung des Vertragsverletzungsverfahrens durch die Kommission handelt es sich nicht um einen verbindlichen Rechtsakt, weswegen die Einleitung von dem betroffenen Mitgliedstaat nicht im Wege einer Nichtigkeitsklage angefochten werden kann.[70]

b) Begründete Stellungnahme. Hatte der betreffende Mitgliedstaat Gelegenheit zur Äußerung und ist die „angemessene Frist" verstrichen, ohne dass der betreffende Mitgliedstaat seinen europarechtlichen Verpflichtungen nachgekommen ist, sich zum erhobenen Vorwurf eingelassen hat oder dies in einer Weise getan hat, die von der Kommission nicht akzeptiert wird,[71] muss diese eine mit Gründen versehene Stellungnahme abgeben. Dabei handelt es sich um die **formalisierte Zusammenfassung** des bisherigen Sach- und Streit-

---

[63] EuGH C-328/96, Slg. 1999, I-7479 (7519) = NZBau 2000, 150 – Kommission/Österreich; Karpenstein in Grabitz/Hilf/Nettesheim AEUV Art. 258 Rn. 45.
[64] Karpenstein in Grabitz/Hilf/Nettesheim AEUV Art. 258 Rn. 45; Thiele EurProzR § 5 Rn. 22.
[65] Karpenstein in Grabitz/Hilf/Nettesheim AEUV Art. 258 Rn. 32; Kotzur in Geiger/Khan/Kotzur AEUV Art. 258 Rn. 12.
[66] Karpenstein in Grabitz/Hilf/Nettesheim AEUV Art. 258 Rn. 32.
[67] EuGH 17.2.1970 – 31/69, ECLI:EU:C:1970:10 = BeckRS 2004, 73127 – Kommission/Italien; EuGH 25.5.1982 – 97/81, ECLI:EU:C:1982:193 = BeckRS 2004, 73978 – Trinkwasser; EuGH 9.4.1987 – 363/85, ECLI:EU:C:1987:196 = BeckRS 2004, 73990 – Kommission/Italien; EuGH 23.10.1997 – C-160/94, ECLI:EU:C:1997:502 = BeckRS 2004, 74559 – Kommission/Spanien; EuGH 18.12.2007 – C-532/03, ECLI:EU:C:2007:801 Rn. 36, 38 = BeckRS 2007, 71084 – Kommission/Irland; EuGH 26.6.2003 – C-404/00, ECLI:EU:C:2003:373 Rn. 26 = BeckRS 2004, 77063 – Kommission/Spanien; EuGH 20.10.2005 – C-6/04, ECLI:EU:C:2005:626 Rn. 75 = BeckRS 2005, 70813 – Kommission/Vereinigtes Königreich; EuGH 26.4.2007 – C-135/05, ECLI:EU:C:2007:250 Rn. 26 = NVwZ 2007, 1165 – Kommission/Italien.
[68] EuGH 16.9.1999 – C-414/97, ECLI:EU:C:1999:417 = BeckRS 2004, 77125 – Kommission/Spanien; Cremer in Calliess/Ruffert AEUV Art. 258 Rn. 14; Frenz EuropaR-HdB V Rn. 2565; Karpenstein in Grabitz/Hilf/Nettesheim AEUV Art. 258 Rn. 32.
[69] Vgl. EuGH 11.12.1985 – 192/84, ECLI:EU:C:1985:497 = BeckRS 2004, 72150 – Kommission/Griechenland; EuGH 13.7.2004 – C-82/03, ECLI:EU:C:2004:433 Rn. 13 – Kommission/Italien; Cremer in Calliess/Ruffert AEUV Art. 258 Rn. 14; Karpenstein in Grabitz/Hilf/Nettesheim AEUV Art. 258 Rn. 32, 77.
[70] EuGH 1.3.1966 – 48/65, ECLI:EU:C:1966:8 = BeckRS 2004, 73171 – Lütticke; El-Shabassy, Die Durchsetzung finanzieller Sanktionen der Europäischen Gemeinschaften gegen ihre Mitgliedstaaten, 2007, S. 35.
[71] Vgl. EuGH 23.10.1997 – C-157/94, ECLI:EU:C:1997:499 = BeckRS 2004, 74525 – Kommission/Niederlande; EuGH 29.9.1998 – C-191/95, ECLI:EU:C:1998:441 = WM 1998, 2525 – Kommission/Deutschland.

standes. Für die Klageerhebung stellt die Stellungnahme eine obligatorische Zulässigkeitsvoraussetzung dar. Dabei ist allerdings zu berücksichtigen, dass die Einleitung eines Vertragsverletzungsverfahrens durch die Kommission nicht auch zwingend zu einer begründeten Stellungnahme führen muss.[72]

19 **aa) Anforderungen.** Die Anforderungen an die Begründung der Stellungnahme unterscheiden sich nicht grundsätzlich von denen, die an sonstige verbindliche Rechtsakte gestellt werden (vgl. Art. 296 UAbs. 2 AEUV). Die Stellungnahme muss insgesamt, dh in Tenor und Begründung, klar erkennen lassen, **gegen welche Vorschriften** des Unionsrechts der Mitgliedstaat verstoßen haben soll, **welches Verhalten** den angeblichen Vertragsverstoß begründet und **welche Erwägungen** dazu geführt haben, dieses Verhalten als Verstoß gegen die jeweilige Vorschrift zu qualifizieren. Eine ausreichende Begründung liegt also erst dann vor, wenn die Stellungnahme eine detaillierte und zusammenhängende Darstellung der Gründe enthält, die die Kommission zu der Überzeugung geführt haben, dass der betreffende Staat gegen eine Verpflichtung aus dem Vertrag verstoßen hat.[73] Nach der Rechtsprechung ist die Kommission jedoch in ihrer Stellungnahme nicht verpflichtet, auch die Mittel anzugeben, mit denen die Vertragsverletzung behoben werden kann.[74] Beim Erlass der begründeten Stellungnahme ist ebenso wie bei der späteren Klageerhebung das **Kollegialprinzip** beachtlich, wobei nicht erforderlich ist, dass das Kollegium („die Kommission") über den ausformulierten Wortlaut berät und abstimmt,[75] sofern die die Stellungnahme tragenden Elemente den Mitgliedern des Kollegiums zur Verfügung gestanden haben.

20 **bb) Identität des Gegenstandes.** Fehlt jegliche Begründung oder ist sie in wesentlichen Punkten unklar, widersprüchlich oder unvollständig, ist das Vorverfahren nicht ordnungsgemäß durchgeführt und die später erhobene Klage unzulässig.[76] Zu beachten ist ferner, dass die Stellungnahme keine Rügen enthalten darf, die nicht schon Gegenstand des ersten Mahnschreibens waren, dh die Kommission darf in ihrer Stellungnahme **weder neue tatsächliche noch neue rechtliche Gesichtspunkte** einbringen.[77] Die Klage ist folglich

---

[72] Vgl. insoweit Borchardt in Dauses/Ludwigs EU-WirtschaftsR-HdB Abschn. P Kap. I Rn. 30; Pechstein EU-ProzessR Rn. 279.
[73] EuGH 19.12.1961 – 7/61, ECLI:EU:C:1961:31 = BeckRS 2004, 73552 – Kommission/Italien; EuGH 14.2.1984 – 325/82, ECLI:EU:C:1984:60 = BeckRS 2004, 70810 – Kommission/Deutschland; EuGH 28.3.1985 – 274/83, ECLI:EU:C:1985:148 = BeckRS 2004, 72848 – Kommission/Italien; EuGH 11.7.1991 – C-247/89, ECLI:EU:C:1991:305 = BeckRS 2004, 75416 – Kommission/Portugal; EuGH 20.3.1997 – C-96/95, ECLI:EU:C:1997:165 = NVwZ 1998, 48 – Kommission/Deutschland; EuGH 16.9.1997 – C-279/94, ECLI:EU:C:1997:396 Rn. 15, 19 = BeckRS 2004, 75934 – Kommission/Italien; EuGH 16.5.2000 – C-78/98, ECLI:EU:C:2000:247 = EuZW 2000, 565 – Preston; EuGH 4.5.2006 – C-98/04, ECLI:EU:C:2006:288 Rn. 17, 21 = BeckRS 2006, 70365 – Kommission/Vereinigtes Königreich; EuGH 1.2.2007 – C-199/04, ECLI:EU:C:2007:72 Rn. 21 = EuZW 2007, 187 – Kommission/Vereinigtes Königreich und Nordirland; Cremer in Calliess/Ruffert AEUV Art. 258 Rn. 17; Thiele EurProzR § 5 Rn. 21.
[74] EuGH 11.7.1991 – C-247/89, ECLI:EU:C:1991:305 = BeckRS 2004, 75416 – Kommission/Portugal; ebenso Karpenstein in Grabitz/Hilf/Nettesheim AEUV Art. 258 Rn. 37f.; Schwarze/Wunderlich in Schwarze AEUV Art. 258 Rn. 19.
[75] EuGH 15.6.1994 – C-137/92 P, ECLI:EU:C:1994:247 Rn. 62 = BeckRS 2004, 74359 – Kommission/BASF zum Kollegialprinzip im Allgemeinen; EuGH 29.9.1998 – C-191/95, ECLI:EU:C:1998:441 Rn. 54 = ZIP 1998, 1716 – Kommission/Deutschland; EuGH 22.4.1999 – C-272/97, ECLI:EU:C:1999:195 = DStRE 1999, 455 – Kommission/Deutschland; Cremer in Calliess/Ruffert AEUV Art. 258 Rn. 23; Frenz EuropaR-HdB V Rn. 2569; Karpenstein in Grabitz/Hilf/Nettesheim AEUV Art. 258 Rn. 31; Pechstein EU-ProzessR Rn. 281.
[76] Vgl. EuGH 14.2.1984 – 325/82, ECLI:EU:C:1984:60 = BeckRS 2004, 70810 – Kommission/Deutschland; ebenso Karpenstein in Grabitz/Hilf/Nettesheim AEUV Art. 258 Rn. 47; teilweise aA Cremer in Calliess/Ruffert AEUV Art. 258 Rn. 17, bei unklarer oder widersprüchlicher Begründung sei die Klage zulässig, aber unbegründet.
[77] EuGH 1.12.1965 – 45/64, ECLI:EU:C:1965:116 = NJW 1966, 1631 – Kommission/Italien; EuGH 29.9.1998 – C-191/95, ECLI:EU:C:1998:441 Rn. 55 = WM 1998, 2525 – Kommission/Deutschland; EuGH 4.5.2006 – C-98/04, ECLI:EU:C:2006:288 Rn. 18 = BeckRS 2006, 70365 – Kommission/Vereinigtes Königreich; Frenz EuropaR-HdB V Rn. 2571; Karpenstein in Grabitz/Hilf/Nettesheim

nur insoweit zulässig, als sie auf Gründe und Angriffsmittel gestützt wird, die in der mit Gründen versehenen Stellungnahme bereits angeführt worden sind, wobei Beschränkungen und Präzisierungen möglich sind (vgl. → Rn. 34). Ferner darf die Stellungnahme von der Kommission nur dann abgegeben werden, wenn der Vertragsverstoß im Zeitpunkt der Beschlussfassung über die Stellungnahme noch fortbesteht. Die Beurteilung des „Andauerns" der Vertragsverletzung richtet sich wiederum nach dem Streitgegenstand, wie er bereits durch das erste Mahnschreiben festgelegt worden ist.[78]

cc) Nicht justitiabler Rechtsakt. Ebenso wenig wie die Einleitung des Vertragsverletzungsverfahrens stellt auch die begründete Stellungnahme einen konstitutiven Rechtsakt dar, der von dem betroffenen Mitgliedstaat im Wege der Nichtigkeitsklage gem. Art. 263 AEUV angefochten werden könnte.[79] Die Unverbindlichkeit dieser Rechtshandlung ergibt sich bereits aus Art. 288 Abs. 5 AEUV. 21

c) Frist. Entsprechend dem Text der einzelnen Verträge muss die Kommission in ihrer Stellungnahme den betreffenden Mitgliedstaaten eine Frist setzen, innerhalb derer die Beseitigung der Vertragsverletzung vorgenommen werden muss. Mit dieser Frist soll dem Mitgliedstaat letztmalig Gelegenheit zum Einlenken gegeben werden. Über die Bemessung dieser Frist treffen die Gründungsverträge keine Aussage. Auch der EuGH hat sich bislang nicht zu einer absoluten Höchst- oder Mindestdauer der Beseitigungsfrist geäußert.[80] In der Literatur wird vereinzelt die Einräumung einer Monatsfrist als ausreichend angesehen.[81] In der Praxis hat sich eine **Frist von zwei Monaten eingebürgert.**[82] Je nach den einzelnen Fallumständen kann die Frist kürzer oder länger anzusetzen sein. Ob die festgesetzte Frist angemessen ist, ist dabei unter Berücksichtigung sämtlicher für den Einzelfall maßgeblichen Umstände zu beurteilen.[83] In der Regel muss die Frist so kalkuliert sein, dass der betroffene Mitgliedstaat bei gutem Willen und bei Anspannung aller Kräfte tatsächlich in der Lage ist, seine Pflicht vor Fristablauf zu erfüllen. Ist die Frist zu kurz bestimmt, muss der betreffende Mitgliedstaat bei der Kommission um Fristverlängerung nachsuchen. 22

Lediglich unter ganz besonderen Umständen ist es nach der Rechtsprechung gerechtfertigt, sehr kurze Fristen festzusetzen, insbes. dann, wenn einer Vertragsverletzung schnell begegnet werden muss oder wenn der Mitgliedstaat den Standpunkt der Kommission bereits vor der Einleitung des vorprozessualen Verfahrens kannte.[84] Jedoch nicht nur bei der Verkürzung der Beseitigungsfrist, auch bei der Verlängerung ist besonderen Gegebenheiten im betroffenen Mitgliedstaat, etwa einer bevorstehenden Parlamentsauflösung, 23

AEUV Art. 258 Rn. 40; Kotzur in Geiger/Khan/Kotzur AEUV Art. 258 Rn. 13; Thiele EurProzR § 5 Rn. 21, 22.
[78] Karpenstein in Grabitz/Hilf/Nettesheim AEUV Art. 258 Rn. 42 f.
[79] EuGH 1.3.1966 – 48/65, ECLI:EU:C:1966:8 = BeckRS 2004, 73171 – Lütticke; EuGH 27.5.1981 – 142/80 und 143/80, ECLI:EU:C:1981:121 = BeckRS 2004, 71643 – Salengo; EuGH 29.9.1998 – C-191/95, ECLI:EU:C:1998:441 Rn. 44 = WM 1998, 2525 – Kommission/Deutschland; Arnull The European Union S. 35; Frenz EuropaR-HdB V Rn. 2575; Karpenstein in Grabitz/Hilf/Nettesheim AEUV Art. 258 Rn. 47; Kotzur in Geiger/Khan/Kotzur AEUV Art. 258 Rn. 14; Schwarze/Wunderlich in Schwarze AEUV Art. 258 Rn. 18; Thiele EurProzR § 5 Rn. 26.
[80] Offenlassend EuGH 10.4.1984 – 324/82, ECLI:EU:C:1984:152 = BeckRS 2004, 70805 – Kommission/Belgien; EuGH 2.7.1996 – C-473/93, ECLI:EU:C:1996:263 = NJW 1996, 3199 – Kommission/Luxemburg.
[81] Bleckmann EuropaR Rn. 821; Dashwood/White ELR 1989, 397.
[82] Vgl. Cremer in Calliess/Ruffert AEUV Art. 258 Rn. 24; Frenz EuropaR-HdB V Rn. 2572; Karpenstein in Grabitz/Hilf/Nettesheim AEUV Art. 258 Rn. 45; Schwarze/Wunderlich in Schwarze AEUV Art. 258 Rn. 21; Thiele EurProzR § 5 Rn. 23.
[83] EuGH 2.2.1988 – 293/85, ECLI:EU:C:1988:40 = BeckRS 2004, 72990 – Kommission/Belgien; EuGH 2.7.1996 – C-473/93, ECLI:EU:C:1996:263 = NJW 1996, 3199 – Kommission/Luxemburg; EuGH 2.7.1996 – C-473/93, ECLI:EU:C:1996:263 Rn. 20 = NJW 1996, 31 – Kommission/Luxemburg; Karpenstein in Grabitz/Hilf/Nettesheim AEUV Art. 258 Rn. 44 f.; Schwarze/Wunderlich in Schwarze AEUV Art. 258 Rn. 21.
[84] EuGH 2.2.1988 – 293/85, ECLI:EU:C:1988:40 = BeckRS 2004, 72990 – Kommission/Belgien; EuGH 28.10.1999 – C-328/96, ECLI:EU:C:1999:526 = NZBau 2000, 150 – Kommission/Österreich.

Rechnung zu tragen. Die Bemessung der Fristen seitens der Kommission wird in der Literatur bisweilen als großzügig angesehen.[85] Der Gerichtshof ist von sich aus nicht berechtigt, eine von der Kommission zu kurz bemessene Frist durch eine angemessen lange Frist zu ersetzen,[86] vielmehr ist die Klage wegen des nicht ordnungsgemäß durchgeführten Vorverfahrens als unzulässig abzuweisen.[87] Den Mitgliedstaaten ist das Ende der gewährten Frist in der begründeten Stellungnahme durch ein präzises Datum mitzuteilen. Kommt der betreffende Mitgliedstaat der in der Stellungnahme zum Ausdruck kommenden Aufforderung zur Beseitigung der Vertragsverletzung nicht innerhalb der gesetzten Frist nach, ist das Vorverfahren abgeschlossen[88] und die Kommission nunmehr zur Klageerhebung berechtigt.

24 Für eine Berechtigung der Kommission zur Klageerhebung kommt es allein auf die **Situation bei Ablauf der gesetzten Frist** an.[89] In Fällen, in denen zwischen Fristablauf und Klageerhebung oder kurz nach Klageerhebung durch den betreffenden Mitgliedstaat die Beseitigung der Vertragsverletzung erfolgt ist, bleibt nach neuerer Rechtsprechung des EuGH eine Klage in der Regel zulässig (vgl. näher → Rn. 38).[90]

25 **d) Pflicht zur Verfahrenseinleitung?** Ob angesichts des Wortlautes des Art. 258 Abs. 2 AEUV („kann") eine Pflicht der Kommission zur Verfahrenseinleitung bzw. sogar zur Klageerhebung besteht, ist angesichts des eingeräumten Ermessensspielraums zweifelhaft und in der Literatur umstritten. Wurde anfangs in der Literatur zwischen den verschiedenen Verfahrensstadien differenziert und hinsichtlich des Vorverfahrens eine Verfolgungspflicht angenommen und der Kommission für die Anrufung des EuGH Ermessen eingeräumt,[91] wird mittlerweile mehrheitlich ein Einleitungsermessen angenommen.[92] Eine Rechtspflicht der Kommission zur Verfahrenseinleitung sollte schon angesichts einer Vielzahl von Bagatellfällen verneint werden (vgl. aber → Rn. 11), allein um eine unnötige Überlastung des EuGH zu vermeiden.[93] Dieses Ergebnis wird auch durch die mittlerweile ständige Rechtsprechung des EuGH bestätigt, der der Kommission ausdrücklich ein **Ermessen zur Verfahrenseinleitung** zubilligt.[94] Das der Kommission im Rahmen der Aufsichtsklage einge-

---

[85] So Karpenstein in Grabitz/Hilf/Nettesheim AEUV Art. 258 Rn. 45; Thiele EurProzR § 5 Rn. 24.
[86] EuGH 10.11.1981 – 28/81, ECLI:EU:C:1981:257 = BeckRS 2004, 72902 – Kommission/Italien; Schwarze/Wunderlich in Schwarze AEUV Art. 258 Rn. 21.
[87] EuGH 2.2.1988 – 293/85, ECLI:EU:C:1988:40 = BeckRS 2004, 72990 – Kommission/Belgien; Schwarze/Wunderlich in Schwarze AEUV Art. 258 Rn. 21.
[88] EuGH 9.9.2004 – C-125/03, ECLI:EU:C:2004:511 = ZfBR 2005, 199 – Kommission/Deutschland; Frenz EuropaR-HdB V Rn. 2576; Thiele EurProzR § 5 Rn. 25.
[89] Vgl. EuGH 13.4.1994 – C-313/93, ECLI:EU:C:1994:132 = BeckRS 2004, 76269 – Kommission/Luxemburg; EuGH 18.5.1994 – C-118/92, ECLI:EU:C:1994:198 = BeckRS 2004, 74194 – Kommission/Luxemburg; EuGH 18.5.2006 – C-221/04, ECLI:EU:C:2006:329 Rn. 23 = BeckRS 2006, 70377 – Kommission/Spanien; EuGH 27.10.2005 – C-23/05, ECLI:EU:C:2005:660 Rn. 9 = BeckRS 2005, 70821 – Kommission/Luxemburg; EuGH 29.7.2010 – C-189/09, ECLI:EU:C:2010:455 = CR 2010, 587 ff. – Kommission/Österreich; Cremer in Calliess/Ruffert AEUV Art. 258 Rn. 33; Sabotta ZUR 2008, 72 (73).
[90] Vgl. auch EuGH C-243/89, Slg. 1993, I-3353 Rn. 30 = BeckRS 2004, 75382 – Kommission/Dänemark; EuGH C-243/89, ZfBR 2005, 199 (200) – Kommission/Deutschland; EuGH C-115/07, Slg. 2007, I-26 Rn. 9, Kommission/Tschechien.
[91] Krück in Groeben/Thiesing/Ehlermann, 4. Aufl. 1991, EWGV Art. 169 Rn. 65 ff.; Schweitzer/Hummer/Obwexer EuropaR S. 469; Kort DB 1996, 1324 f.
[92] Cremer in Calliess/Ruffert AEUV Art. 258 Rn. 42; Dörr/Lenz EuVerwRS S. 20; eine Pflicht auch zur Verfahrenseinleitung abl. Frenz EuropaR-HdB V Rn. 2522, 2577, 2581; Haltern VerwArch 2005, 311 (313); Karpenstein in Grabitz/Hilf/Nettesheim AEUV Art. 258 Rn. 14 ff., 49; Kotzur in Geiger/Khan/Kotzur AEUV Art. 258 Rn. 8; Classen in Oppermann/Classen/Nettesheim EuropaR § 13 Rn. 30; Thiele EurProzR § 5 Rn. 25.
[93] Borchardt in Dauses/Ludwigs EU-WirtschaftsR-HdB Abschn. P Kap. I Rn. 31; El-Shabassy, Die Durchsetzung finanzieller Sanktionen der Europäischen Gemeinschaften gegen ihre Mitgliedstaaten, 2007, S. 31 ff.; Frenz EuropaR-HdB V Rn. 2580; Pechstein EU-ProzessR Rn. 258; Classen in Oppermann/Classen/Nettesheim EuropaR § 13 Rn. 36; Thiele EurProzR § 5 Rn. 25.
[94] EuGH 14.2.1989 – 247/87, ECLI:EU:C:1989:58 = BeckRS 2004, 72605 – Star Fruit Company; EuGH 6.12.1989 – 329/88, ECLI:EU:C:1989:395 = BeckRS 2004, 70821 – Kommission/Griechenland; EuGH 17.5.1990 – C-87/89, ECLI:EU:C:1990:213 = NVwZ 1991, 1169 – Sonito; EuGH 23.5.1990 – C-72/

räumte Ermessen muss sich zwar stets an sachgerechten Erwägungen ausrichten[95] und insbes. den Grundsatz der Gleichheit der Mitgliedstaaten vor dem Europarecht wahren;[96] es ist jedoch einer Überprüfung durch den Gerichtshof nicht zugänglich. Die ablehnende Entscheidung der Kommission, kein Vertragsverletzungsverfahren einzuleiten, kann mangels Rechtsqualität auch nicht im Wege der Nichtigkeitsklage angefochten werden.[97] Durch die ablehnende Entscheidung der Kommission, ein Vertragsverletzungsverfahren gegenüber einem Mitgliedstaat einzuleiten, wird auch ein etwaiger privater Antragsteller nicht unmittelbar und individuell iSv Art. 263 Abs. 4 AEUV betroffen.[98] Ebenso wenig kann die Nichtentscheidung der Kommission auf einen entsprechenden „Antrag" hin mit der Untätigkeitsklage gerügt werden.[99]

2. Vertragsverletzungsverfahren zwischen einzelnen Mitgliedstaaten gem. Art. 259 AEUV. Bevor ein Mitgliedstaat gegenüber einem anderen Klage wegen angeblicher Vertragsverletzung erheben kann, muss sich nach Art. 259 Abs. 2 AEUV zunächst die Kommission mit der Angelegenheit befassen. Ähnlich wie beim Vorverfahren der Aufsichtsklage durch die Kommission handelt es sich auch bei dem Verfahren nach Art. 259 AEUV um eine obligatorische Zulässigkeitsvoraussetzung für die spätere Klage. Darüber hinaus bestehen hinsichtlich Funktion und Bedeutung der beiden Vorverfahren einige wesentliche Unterschiede.[100] Anders als im Vorverfahren der Aufsichtsklage kommt der Kommission nicht die Rolle eines „Inquisitors", sondern die des „Schiedsrichters" und „Puffers" zu.[101] Wie bereits erwähnt, vermeiden die Mitgliedstaaten das direkte Aufeinanderprallen. Durch die **Befassung der Kommission** mit der angeblichen Vertragsverletzung soll vorab die gutachterliche Äußerung eines „unbeteiligten" Dritten eingeholt werden, so dass das Vorverfahren nach Art. 259 AEUV eher eine „clearing-Funktion" hat als die der unmittelbaren Verfolgung und Abstellung einer möglichen Vertragsverletzung.

a) Anhörungsverfahren der Mitgliedstaaten vor der Kommission. Wie sich aus Art. 259 Abs. 4 AEUV ergibt, erfolgt die Einleitung des Vorverfahrens durch einen Antrag des Mitgliedstaates, der den Gerichtshof wegen der Vertragsverletzung eines anderen Mitgliedstaates anrufen will. In der Regel erfolgt die Antragstellung schriftlich. Sofern der Antrag ausnahmsweise einmal mündlich erhoben wird, sollte er durch die Kommission zu

---

90, ECLI:EU:C:1990:230 = BeckRS 2004, 77739 – Asia Motor France; EuGH 20.2.1997 – C-107/95, ECLI:EU:C:1997:71 = BeckRS 2004, 74093 – Bundesverband der Bilanzbuchhalter; EuGH 17.7.1998 – C-422/97, ECLI:EU:C:1998:395 = BeckRS 2004, 77 171 – Sateba; EuGH 4.7.2000 – C-62/98, ECLI:EU:C:2000:358 Rn. 37 = BeckRS 2004, 77637 – Kommission/Portugal; vgl. auch Candela Castillo/Mongin RDMC 1996, 52 ff.

[95] Vgl. EuGH 10.4.1984 – 324/82, ECLI:EU:C:1984:152 = BeckRS 2004, 70805 – Kommission/Belgien.
[96] Stotz in Rengeling, Handbuch zum europäischen und deutschen Umweltrecht, Bd. I, 2. Aufl. 2003, § 45 Rn. 31a mwN aus der Spruchpraxis des EuGH.
[97] EuGH C-87/89, Slg. 1990, I-1981 (2009) = NVwZ 1991, 1169 – Sonito; EuGH 20.2.1997 – C-107/95, ECLI:EU:C:1997:71 = BeckRS 2004, 70805 – Bundesverband der Bilanzbuchhalter; Arnull The European Union S. 35.
[98] EuGH 14.2.1989 – 247/87, ECLI:EU:C:1989:58 = BeckRS 2004, 72605 – Star Fruit Company; Cremer in Calliess/Ruffert AEUV Art. 258 Rn. 44.
[99] EuGH 14.2.1989 – 247/87, ECLI:EU:C:1989:58 = BeckRS 2004, 72605 – Star Fruit Company; EuGH 30.3.1990 – C-371/89, ECLI:EU:C:1990:158 = BeckRS 2004, 76818 – Emrich/Kommission; EuGH 23.5.1990 – C-72/90, ECLI:EU:C:1990:230 = BeckRS 2004, 77739 – Asia Motor France; EuGH 20.2.1997 – C-107/95, ECLI:EU:C:1997:71 = BB 1997, 342 = BeckRS 2004, 74093 – Bundesverband der Bilanzbuchhalter; Frenz EuropaR-HdB V Rn. 2577, 2583; Kotzur in Geiger/Khan/Kotzur AEUV Art. 258 Rn. 9; Wollenschläger, Gemeinschaftsaufsicht über die Rechtsprechung der Mitgliedstaaten, 2006, S. 99.
[100] Ehlers in Ehlers/Schoch, Rechtsschutz im Öffentlichen Recht, 2009, § 7 Rn. 18.
[101] Frenz EuropaR-HdB V Rn. 2682, 2687; Wunderlich in von der Groeben/Schwarze/Hatje AEUV Art. 259 Rn. 8 f.; Haratsch/Koenig/Pechstein EuropaR Rn. 514; Karpenstein in Grabitz/Hilf/Nettesheim AEUV Art. 259 Rn. 6; Pechstein EU-ProzessR Rn. 326; Schwarze/Wunderlich in Schwarze AEUV Art. 259 Rn. 5; Thiele EurProzR § 5 Rn. 28.

Protokoll genommen werden.[102] Obwohl dies weder im Vertragstext der Römischen Verträge ausdrücklich erwähnt, noch durch den Vertrag von Lissabon klargestellt wurde sollte der Antrag gewissen inhaltlichen Anforderungen genügen, da mit ihm nicht nur weitere verfahrensrechtliche Schritte ausgelöst werden (Anhörung der Parteien, Beginn der 3-Monats-Frist), sondern auch der **Streitgegenstand zwischen den Parteien festgelegt** wird.[103] Aus diesem Grunde sollte der Antrag die den Vertragsverstoß begründenden Tatsachen darlegen sowie die unionsrechtlichen Vorschriften nennen, die angeblich verletzt sein sollen.[104] Ferner sollte sich aus dem Antrag ergeben, dass eine Klageerhebung nach Art. 259 AEUV und nicht lediglich eine Anregung des Verfahrens nach Art. 258 AEUV beabsichtigt ist.[105] Bei einem unklaren Antrag hat die Kommission auf dessen Ergänzung hinzuwirken,[106] zumal erst mit Vorliegen eines vollständigen Antrags die 3-Monats-Frist zu laufen beginnt.[107] Liegen die beschriebenen Mindestanforderungen des Antrags vor, so gibt die Kommission den beteiligten Mitgliedstaaten Gelegenheit, sich in einem kontradiktorischen Verfahren schriftlich und mündlich gem. Art. 259 Abs. 3 AEUV zu äußern. Hierdurch wird bereits klargestellt, dass das Anhörungsverfahren von der Kommission geleitet wird, wobei es sich in eine schriftliche und eine mündliche Phase gliedert. Da es sich um ein echtes kontradiktorisches Verfahren handelt, hat die Kommission auf unbedingte Chancengleichheit zu achten.[108] Dies bedeutet, dass jeder der beteiligten Staaten in jeder Phase zumindest einmal die Gelegenheit zur Äußerung haben muss, unabhängig davon, ob er diese Gelegenheit tatsächlich wahrnimmt.[109] Demgegenüber steht es im Ermessen der Kommission, wie lang sie die Einlassungsfristen der beteiligten Staaten bemisst. Durch die zeitliche Rahmenvorgabe der in Art. 259 Abs. 4 AEUV normierten **3-Monats-Frist** kommt es bei der schriftlichen Anhörung in der Regel nur zum Austausch von jeweils einem Schriftsatz.[110] Im Rahmen der mündlichen Verhandlung, die nicht unbedingt vor einem Kommissionsmitglied stattfinden muss, finden die verfahrensrechtlichen Grundsätze (vgl. dazu → § 19) keine Anwendung, da die Kommission hier nicht in richterlicher Funktion auftritt.[111]

28 Das Vorverfahren darf sich nur auf diejenigen Verhaltensweisen beziehen, mit denen der beschuldigte Mitgliedstaat die Kommission befasst hat. Will die Kommission zusätzlich weitere Verstöße aufgreifen, ist sie gehalten, ein eigenes Verfahren nach Art. 258 AEUV einzuleiten.[112]

29 **b) Begründete Stellungnahme.** Ist das Anhörungsverfahren durchgeführt, erlässt die Kommission eine mit Gründen versehene Stellungnahme. Im Gegensatz zur Stellungnahme im Rahmen der Aufsichtsklage der Kommission gem. Art. 258 AEUV handelt es sich hierbei aber nicht um eine obligatorische Sachurteilsvoraussetzung, wie sich auch aus

---

[102] Frenz EuropaR-HdB V Rn. 2686; Karpenstein in Grabitz/Hilf/Nettesheim AEUV Art. 259 Rn. 9; Thiele EurProzR § 5 Rn. 29.
[103] Frenz EuropaR-HdB V Rn. 2684; Kotzur in Geiger/Khan/Kotzur AEUV Art. 259 Rn. 5; Pechstein EU-ProzessR Rn. 327, 314; Schwarze/Wunderlich in Schwarze AEUV Art. 259 Rn. 5.
[104] Karpenstein in Grabitz/Hilf/Nettesheim AEUV Art. 259 Rn. 9; Schwarze/Wunderlich in Schwarze AEUV Art. 259 Rn. 3, 4; Thiele EurProzR § 5 Rn. 29.
[105] Frenz EuropaR-HdB V Rn. 2685; Karpenstein in Grabitz/Hilf/Nettesheim AEUV Art. 259 Rn. 9; Pechstein EU-ProzessR Rn. 327; Schwarze/Wunderlich in Schwarze AEUV Art. 259 Rn. 4; Thiele EurProzR § 5 Rn. 29.
[106] Karpenstein in Grabitz/Hilf/Nettesheim AEUV Art. 259 Rn. 10; Thiele EurProzR § 5 Rn. 29.
[107] Karpenstein in Grabitz/Hilf/Nettesheim AEUV Art. 259 Rn. 10; Thiele EurProzR § 5 Rn. 50.
[108] Frenz EuropaR-HdB V Rn. 2688; Karpenstein in Grabitz/Hilf/Nettesheim AEUV Art. 259 Rn. 11; Schwarze/Wunderlich in Schwarze AEUV Art. 259 Rn. 5; Thiele EurProzR § 5 Rn. 30.
[109] Frenz EuropaR-HdB V Rn. 2688; Karpenstein in Grabitz/Hilf/Nettesheim AEUV Art. 259 Rn. 11; Schwarze/Wunderlich in Schwarze AEUV Art. 259 Rn. 5.
[110] Karpenstein in Grabitz/Hilf/Nettesheim AEUV Art. 259 Rn. 11; Pechstein EU-ProzessR Rn. 328; Schwarze/Wunderlich in Schwarze AEUV Art. 259 Rn. 6; Thiele EurProzR § 5 Rn. 30.
[111] Karpenstein in Grabitz/Hilf/Nettesheim AEUV Art. 259 Rn. 12.
[112] Cremer in Calliess/Ruffert AEUV Art. 259 Rn. 4; Frenz EuropaR-HdB V Rn. 2696; Karpenstein in Grabitz/Hilf/Nettesheim AEUV Art. 259 Rn. 13; Schwarze/Wunderlich in Schwarze AEUV Art. 259 Rn. 9.

Art. 259 Abs. 4 AEUV ergibt. Inhaltlich hat die Kommission ihre Auffassung zu den erhobenen Vorwürfen darzulegen. Es handelt sich dabei um eine **gutachtliche Äußerung** der Kommission.[113] Ob sie die Rechtsauffassung des antragstellenden Mitgliedstaats teilt, ist für sein Klagerecht unerheblich. Auch wenn die Kommission eine negative Stellungnahme abgibt und einen Vertragsverstoß ganz oder teilweise verneint, kann der Mitgliedstaat in ursprünglichem Umfang Klage erheben. Dies folgt aus der Schiedsrichterfunktion der Kommission in diesem Verfahren und aus Art. 259 Abs. 4 AEUV, der ein Klagerecht selbst in den Fällen vorsieht, in denen die Kommission überhaupt keine Stellungnahme abgegeben hat.[114] Die Anforderungen an die Begründung der Stellungnahme unterscheiden sich nicht von denen, die an die Stellungnahme im Vorverfahren der Aufsichtsklage der Kommission (vgl. → Rn. 19) gestellt werden. Zu berücksichtigen ist aber, dass die Kommission bei der Abfassung ihrer Stellungnahme hinsichtlich des Gegenstandes gebunden ist.[115] Die Stellungnahme muss sich daher auf alle Punkte beziehen, die der beschuldigende Staat vorgebracht hat. Umgekehrt darf sie keine Vorwürfe enthalten, die nicht im Antrag erhoben wurden und inzwischen fallengelassen worden sind. Dies bedeutet umgekehrt für den klagenden Mitgliedstaat, dass er auch nur solche Verletzungen rügen kann, mit denen sich die Kommission zuvor rechtswirksam befasst hat. Wie oben bereits dargelegt (→ Rn. 21), ist die von der Kommission erlassene Stellungnahme kein bindender und daher selbständig mit der Nichtigkeitsklage angreifbarer Akt. Eine abweichende Stellungnahme der Kommission eröffnet dem Mitgliedstaat deshalb kein selbstständiges und weitergehendes Klagerecht.

Bezüglich des Vorliegens dieser Prozessvoraussetzung ist ferner zu berücksichtigen, dass 30 die Durchführung des ordnungsgemäßen Vorverfahrens in entscheidendem Maße auch von der Kommission abhängt. Infolgedessen darf das Klagerecht eines Mitgliedstaates nicht durch Säumnisse oder Mängel geschmälert werden, die ausschließlich von der Kommission zu vertreten sind. Dieses Ergebnis folgt aus einem Analogieschluss zu Art. 259 Abs. 4 AEUV.[116] Sollte die Stellungnahme der Kommission nicht den og Erfordernissen entsprechen, beeinträchtigt dies somit nicht die Zulässigkeit einer späteren Klage.

c) Frist. Unabhängig von der Abgabe einer Stellungnahme durch die Kommission räumt 31 Art. 259 Abs. 4 AEUV dem betreffenden Mitgliedstaat in jedem Fall ein Klagerecht ein, wenn seit Antragstellung bei der Kommission drei Monate verstrichen sind. Aufgrund dieser abweichenden Regelung zum Vorverfahren der Aufsichtsklage wird gefolgert, dass es einer Fristsetzung wie bei Art. 258 Abs. 2 AEUV im Vorverfahren des Art. 259 AEUV nicht bedarf.[117] Gleichwohl kann sich die 3-Monats-Frist bei schwierigen Sachverhaltskonstellationen als zu kurz erweisen. Die in einem solchen Fall möglicherweise gebotene **Fristverlängerung** begründet nach einhelliger Meinung aber keine Verpflichtung für den betreffenden Mitgliedstaat, mit seiner Klage bis zum Fristablauf zu warten.[118] Allerdings könnte sich dann aus dem aus Art. 4 Abs. 3 EUV (Art. 10 EGV) herzuleitenden Grundsatz

---

[113] Frenz EuropaR-HdB V Rn. 2690; Karpenstein in Grabitz/Hilf/Nettesheim AEUV Art. 259 Rn. 16; Kotzur in Geiger/Khan/Kotzur AEUV Art. 259 Rn. 7; Pechstein EU-ProzessR Rn. 329; Schwarze/Wunderlich in Schwarze EurProzR § 5 Rn. 31.
[114] Cremer in Calliess/Ruffert AEUV Art. 259 Rn. 3; Frenz EuropaR-HdB V Rn. 2694; Karpenstein in Grabitz/Hilf/Nettesheim AEUV Art. 259 Rn. 14; Kotzur in Geiger/Khan/Kotzur AEUV Art. 259 Rn. 3, 9; Schwarze/Wunderlich in Schwarze AEUV Art. 259 Rn. 6; Thiele EurProzR § 5 Rn. 31.
[115] Cremer in Calliess/Ruffert AEUV Art. 259 Rn. 3; Frenz EuropaR-HdB V Rn. 2691; Karpenstein in Grabitz/Hilf/Nettesheim AEUV Art. 259 Rn. 16; Schwarze/Wunderlich in Schwarze AEUV Art. 259 Rn. 5.
[116] Cremer in Calliess/Ruffert, AEUV Art. 259 Rn. 3; Frenz EuropaR-HdB V Rn. 2683, 2695; Wunderlich in von der Groeben/Schwarze/Hatje AEUV Art. 259 Rn. 11; Karpenstein in Grabitz/Hilf/Nettesheim AEUV Art. 259 Rn. 19; Schwarze/Wunderlich in Schwarze AEUV Art. 259 Rn. 6.
[117] Karpenstein in Grabitz/Hilf/Nettesheim AEUV Art. 259 Rn. 15; Schwarze/Wunderlich in Schwarze AEUV Art. 259 Rn. 6.
[118] Cremer in Calliess/Ruffert AEUV Art. 259 Rn. 2; Frenz EuropaR-HdB V Rn. 2703; Karpenstein in Grabitz/Hilf/Nettesheim AEUV Art. 259 Rn. 17; Pechstein EU-ProzessR Rn. 327; Schwarze/Wunderlich in Schwarze AEUV Art. 259 Rn. 6.

der loyalen Unionstreue[119] (früher: Gemeinschaftstreue[120]) ergeben, dass es dem betreffenden Mitgliedstaat verwehrt ist, von seinem Klagerecht Gebrauch zu machen und er zunächst die Stellungnahme der Kommission abwarten muss.

3. Entbehrlichkeit des Vorverfahrens. In bestimmten, vom AEUV vorgesehenen Fällen, können die Kommission und einzelne Mitgliedstaaten auf die Durchführung eines Vorverfahrens verzichten. So gestatten die Art. 108 Abs. 2 UAbs. 2, Art. 114 Abs. 9, Art. 348 Abs. 2 AEUV in Abweichung zu den Art. 258, 259 AEUV in Fällen der Beihilfenkontrolle, der Kontrolle nationaler Sonderregelungen[121] sowie bei Missbrauch bestimmter nationaler Befugnisse[122] die unmittelbare Anrufung des Gerichtshofs. Der Grund hierfür liegt in der Tatsache, dass die Kommission ihre Auffassung bereits in den entsprechenden Kontrollverfahren dargelegt hat, so dass das Erfordernis der Durchführung eines weiteren Vorverfahrens einen unnötigen Formalismus darstellen würde. Während die Sonderregelung des Art. 108 Abs. 2 UAbs. 2 AEUV im Bereich der Beihilfenkontrolle fraglos dem herkömmlichen Vertragsverletzungsverfahren vorgeht,[123] ist das Verhältnis der anderen beiden Kontrollverfahren zum Vertragsverletzungsverfahren noch nicht abschließend geklärt. Da allein auf die Durchführung des Vorverfahrens, nicht aber auf die sonstigen Sachurteilsvoraussetzungen verzichtet wird, handelt es sich nicht um „spezielle Vertragsverletzungsklagen",[124] sondern lediglich um eine **Modifizierung der Zulässigkeitsvoraussetzungen,** wobei der Kommission und den Mitgliedstaaten ein Wahlrecht zwischen jenen Sonderregeln und dem „Normal"-Verfahren nach Art. 258 f. AEUV zusteht.[125]

V. Form

1. Ordnungsgemäße Klageerhebung. Wie sich aus Art. 21 EuGH-Satzung iVm Art. 120 Abs. 1 EuGHVfO ergibt, ist die an den Kanzler (Art. 20 Abs. 1 EuGHVfO) zu richtende Klage schriftlich beim EuGH einzureichen. Eine irrtümlich beim Gericht erster Instanz eingereichte Klage wird unverzüglich zum EuGH weitergeleitet (vgl. Art. 54 Abs. 1 EuGH-Satzung). Sie muss von einem **Bevollmächtigten** der klagenden Partei – dies ist in der Regel der Fall – oder von einem Anwalt unterzeichnet sein. Die Klageschrift selbst muss Namen und Wohnsitz des Klägers, die Bezeichnung des Beklagten, den Streitgegenstand und eine kurze Darstellung der Klagegründe sowie die Anträge des Klägers und ggf. die Bezeichnung der Beweismittel enthalten. Im Rahmen des Vertragsverletzungsverfahrens kann der Antrag lediglich auf Feststellung lauten, dass der beklagte Mitgliedstaat durch ein bestimmtes Verhalten gegen Bestimmungen des Europarechts verstoßen hat (vgl. näher → Rn. 49 f.).[126] Sonstige Begehren können im Rahmen dieser Klage zulässigerweise nicht verfolgt werden. Hinsichtlich des **Streitgegenstandes** muss unmittelbar aus der Kla-

---

[119] Frenz EuropaR-HdB V Rn. 2326.
[120] Vgl. allg. EuGH 230/81, Slg. 1983, 255 (287) = BeckRS 2004, 72469 – Luxemburg/Parlament; EuGH 15.1.1986 – 44/84, ECLI:EU:C:1986:2 = BeckRS 2004, 71209 – Derrick Guy Edmund Hurd/Kenneth Jones; Bleckmann EuropaR Rn. 697 ff.
[121] Vgl. dazu EuGH 17.5.1994 – C-41/93, ECLI:EU:C:1994:196 = NJW 1994, 3341 – Frankreich/Kommission.
[122] Vgl. dazu EuGH 29.6.1994 – C-120/94, ECLI:EU:C:1994:275 = BeckRS 2004, 74220 – Kommission/Griechenland.
[123] Vgl. EuGH 30.1.1985 – 290/83, ECLI:EU:C:1985:37 = NJW 1985, 2889 – Kommission/Frankreich; Hein, Die Inzidentkontrolle sekundären Gemeinschaftsrechts durch den Europäischen Gerichtshof, 2000, S. 88.
[124] So aber Cremer in Calliess/Ruffert AEUV Art. 258 Rn. 39; El-Shabassy, Die Durchsetzung finanzieller Sanktionen der Europäischen Gemeinschaften gegen ihre Mitgliedstaaten, 2007, S. 38; Frenz EuropaR-HdB V Rn. 2669; wohl auch Steiner/Woods/Twigg-Flesner, EU Law, 9. Aufl. 2006, S. 241.
[125] Ebenso Karpenstein in Grabitz/Hilf/Nettesheim AEUV Art. 258 Rn. 28.
[126] Vgl. auch EuGH 5.10.2006 – C-105/02, ECLI:EU:C:2006:637 = BeckRS 2006, 70776 – Kommission/Deutschland; Karpenstein in Grabitz/Hilf/Nettesheim AEUV Art. 258 Rn. 54; Kotzur in Geiger/Khan/Kotzur AEUV Art. 258 Rn. 16; Pechstein EU-ProzessR Rn. 290.

geschrift eindeutig erkennbar sein, gegen welche unionsrechtlichen Vorschriften die gerügte Verhaltensweise angeblich verstoßen soll.[127] Aus diesem Grunde sind die rechtlichen und tatsächlichen Gründe, auf die die geltend gemachten Rügen gestützt werden, zusammenhängend und in verständlicher Form anzugeben.[128] Nicht ausreichend ist es, wenn die Verurteilung eines Mitgliedstaates lediglich „aus all den im Aufforderungsschreiben und der mit Gründen versehenen Stellungnahme aufgeführten Gründen" begehrt wird.[129]

2. Identität des Streitgegenstandes. Mit der Klage angreifbar sind nur solche Verhaltensweisen, die bereits Gegenstand des Vorverfahrens, insbes. der Stellungnahme waren. Der Streitgegenstand wird also durch den Inhalt der begründeten Stellungnahme bzw. durch die Befassung der Kommission bestimmt.[130] Da es allerdings auch möglich ist, dass die Kommission die von ihr im Aufforderungsschreiben und in der mit Gründen versehenen Stellungnahme erhobenen Vorwürfe bei entsprechender Argumentation fallen lässt und im Wege des Klageverfahrens nicht weiter verfolgt,[131] ist es für eine genaue Abgrenzung des Klagegegenstandes unerlässlich, dass in der Klageschrift die Rügen angegeben werden, über die der Gerichtshof entscheiden soll. Dementsprechend entscheidet der EuGH **nur über Vorwürfe, die mit der Klageschrift vorgebracht werden.** Rügen, die zwar im Aufforderungsschreiben und in der begründeten Stellungnahme, nicht aber in der Klageschrift enthalten sind, können nicht Streitgegenstand eines Vertragsverletzungsverfahrens sein.[132] Eine darauf gestützte Klage wäre unzulässig. Eine Ergänzung oder Vertiefung der Begründung ist allerdings ebenso zulässig wie eine Klage gegen zwischenzeitlich geänderte Vorschriften des Mitgliedstaats mit unverändertem Regelungsgehalt.[133] Werden demgegenüber in der Zwischenzeit weitere Verstöße festgestellt, müssen die Kommission bzw. die Mitgliedstaaten ein neues selbstständiges Vertragsverletzungsverfahren einleiten.[134] Die weitergehende Verfahrensphase orientiert sich dementsprechend in rechtlicher und tatsächlicher Hinsicht immer an dem vorangegangenen Verfahrensabschnitt.[135]

---

[127] EuGH 30.9.2010 – C-132/09, ECLI:EU:C:2010:562 Rn. 37 = BeckRS 2010, 91141 – Kommission/Belgien; EuGH 11.11.2010 – C-543/98, EuZW 2011, 17 ff. Rn. 21 – Kommission/Portugal.
[128] EuGH 13.12.1990 – C-347/88, ECLI:EU:C:1990:470 = BeckRS 2004, 70910 – Kommission/Griechenland; EuGH 20.3.2003 – C-187/00, ECLI:EU:C:2003:168 = JuS 2003, 806 – Kommission/Italien; EuGH 20.11.2003 – C-296/01, ECLI:EU:C:2003:626 = BeckRS 2004, 76097 – Kommission/Frankreich; EuGH 15.9.2005 – C-199/03, ECLI:EU:C:2005:548 = BeckRS 2005, 70690 – Kommission/Irland; EuGH 26.4.2007 – C-195/04, ECLI:EU:C:2007:248 Rn. 22, NZBau 2007, 387 – Kommission/Finnland.
[129] EuGH 13.3.1992 – C-43/90, ECLI:EU:C:1992:121 = NVwZ 1992, 765 – Kommission/Deutschland.
[130] EuGH 10.3.1970 – 7/69, ECLI:EU:C:1970:15 = BeckRS 2004, 73555 – Kommission/Italien; EuGH 27.5.1981 – verb. Rs. 142/80 und 143/80, Slg. 1981, 1413 (1433) = BeckRS 2004, 71643 – Salengo; EuGH 10.9.1996 – C-11/95, Slg. 1996, I-4115 (4177) = BeckRS 2004, 74122 – Kommission/Belgien; EuGH 20.3.1997 – C-96/95, Slg. 1997, I-1653 (1676) = NVwZ 1998, 48 – Kommission/Deutschland; EuGH 28.10.1999 – C-328/96, Slg. 1999, I-7479 (7515) = NZBau 2000, 150 – Kommission/Österreich; stRspr, EuGH 4.5.2006 – C-98/04, Slg. 2006, Rn. 18 = BeckRS 2006, 70365 – Kommission/Vereinigtes Königreich; Cremer in Calliess/Ruffert AEUV Art. 258 Rn. 16, 29; Kotzur in Geiger/Khan/Kotzur AEUV Art. 258 Rn. 18; Thiele EuProzR § 5 Rn. 35.
[131] Vgl. hierzu EuGH 16.9.1997 – C-279/94, Slg. 1997, I-4743 (4768) = BeckRS 2004, 75934 – Kommission/Italien; EuGH 29.9.1998 – C-191/95, Slg. 1998, I-5449 (5501 f.) = EuZW 1998, 758 – Kommission/Deutschland.
[132] EuGH 13.12.1990 – C-347/88, Slg. 1990, I-4747 (4786) = BeckRS 2004, 70910 – Kommission/Griechenland; EuGH 10.9.1996 – C-11/95, Slg. 1996, I-4115 (4177) = BeckRS 2004, 74122 – Kommission/Belgien; EuGH 16.9.1997 – C-279/94, Slg. 1997, I-4743 (4768) = BeckRS 2004, 75934 – Kommission/Italien; EuGH 29.9.1998 – C-191/95, Slg. 1998, I-5449 (5501) = WM 1998, 2525 – Kommission/Deutschland; EuGH 6.7.2006 – C-251/05, Slg. 2007, I-67 = IStR 2006, 594 – Kommission/Griechenland; aA aber wohl Bleckmann EuropaR Rn. 825, der dem EuGH eine weitergehende Prüfungskompetenz einräumt, die sich auf das Gesamtverhalten des Staates bezieht.
[133] Vgl. EuGH 10.9.1996 – C-11/95, Slg. 1996, I-4115 (4177) = BeckRS 2004, 74122 – Kommission/Belgien; EuGH 17.9.2015 – C-145/01, Slg. 2003, I-5581 Rn. 17 = BeckRS 2004, 74415 – Kommission/Portugal; GA Villalon, 14.9.2010 = SchlA C-52/08, BeckRS 2010, 91091 – Kommission/Portugal; Karpenstein in Grabitz/Hilf/Nettesheim AEUV Art. 258 Rn. 55.
[134] Krück in Groeben/Thiesing/Ehlermann, 4. Aufl. 1991, EWGV Art. 169 Rn. 18.
[135] Frenz EuropaR-HdB V Rn. 2605; Karpenstein in Grabitz/Hilf/Nettesheim AEUV Art. 258 Rn. 78 f.

VI. Klagefrist/Verwirkung des Klagerechts

35 Für die Erhebung der Klage vor dem Gerichtshof ist in den Verträgen **keine besondere Klagefrist** vorgesehen. Es ist Sache der Kommission bzw. des betroffenen Mitgliedstaats den Zeitpunkt der Klageerhebung zu wählen.[136] Das Klagerecht seitens der Kommission oder des betreffenden Mitgliedstaates kann allenfalls als **verwirkt** anzusehen sein, wenn der beklagte Mitgliedstaat aus dem Verhalten der Kommission oder des klagenden Mitgliedstaates nach Treu und Glauben mit einem gerichtlichen Verfahren schlechthin nicht mehr zu rechnen braucht und aufgrund dessen seine Verteidigungsmöglichkeiten beeinträchtigt sind.[137] Ob ein solcher Vertrauenstatbestand vorliegt, lässt sich allgemein schwer beschreiben und muss deshalb von Fall zu Fall beurteilt werden.[138] Der EuGH ist mit der Möglichkeit einer Verwirkung bisher äußerst zurückhaltend umgegangen; in einem Verfahren hat er selbst bei einem sechsjährigen Abwarten der Kommission vor Klageerhebung die Klage für zulässig gehalten.[139]

VII. Klagegegner

36 Bei einem Vertragsverletzungsverfahren nach Art. 258, 259 AEUV ist Klagegegner immer der Mitgliedstaat, dem die Vertragsverletzung durch die Kommission oder einen anderen Mitgliedstaat vorgeworfen wird.[140] Verklagt wird also immer das Völkerrechtssubjekt in seiner Gesamtheit, welches im Verfahren durch die jeweilige Regierung als handlungsfähiges Organ vertreten wird.

VIII. Allgemeines Rechtsschutzbedürfnis

37 Allgemein wird ein schutzwürdiges Interesse an der Verurteilung eines Mitgliedstaates durch den Gerichtshof so lange gegeben sein, wie die gerügte Vertragsverletzung ganz oder teilweise fortbesteht,[141] selbst wenn aufgrund vollendeter Tatsachen eine Wiederherstellung des vertragsgemäßen Zustandes nicht mehr möglich ist.[142] Das Vorliegen dieser Zulässigkeitsvoraussetzung bedarf dann einer besonderen Prüfung, wenn das Klageziel durch die zwischenzeitliche **Beseitigung des gerügten Vertragsverstoßes** an sich erreicht ist. Wird die Herstellung des vertragskonformen Zustandes noch innerhalb der in der begründeten Stellungnahme gesetzten Frist vorgenommen, so lässt sich bereits dem Wortlaut des Art. 258 AEUV entnehmen, dass einer Klage der Kommission das Rechtsschutzbedürfnis fehlt.[143] Entsprechendes muss auch im Vertragsverletzungsverfahren zwischen den Mit-

---

[136] Vgl. EuGH 11.6.1992 – C-358/89, Slg. 1991, I-2461 (2491) = BeckRS 2004, 76710 – Kommission/Niederlande; EuGH 10.5.1995 – C-422/92, Slg. 1995, I-1097 (1130 f.) = NVwZ 1995, 885 – Kommission/Deutschland; Cremer in Calliess/Ruffert AEUV Art. 258 Rn. 32; Karpenstein in Grabitz/Hilf/Nettesheim AEUV Art. 258 Rn. 49; Kotzur in Geiger/Khan/Kotzur AEUV Art. 258 Rn. 21; Pechstein EU-ProzessR Rn. 291; Schwarze/Wunderlich in Schwarze AEUV Art. 258 Rn. 23; Thiele EurProzR § 5 Rn. 33.
[137] Cremer in Calliess/Ruffert AEUV Art. 258 Rn. 32; Frenz EuropaR-HdB V Rn. 2606; Haratsch/Koenig/Pechstein EuropaR Rn. 517, 522; Karpenstein in Grabitz/Hilf/Nettesheim AEUV Art. 258 Rn. 49; Kotzur in Geiger/Khan/Kotzur AEUV Art. 258 Rn. 21; Pechstein EU-ProzessR Rn. 291; Schwarze/Wunderlich in Schwarze AEUV Art. 258 Rn. 23; Thiele EurProzR § 5 Rn. 33.
[138] Thiele EurProzR § 5 Rn. 33 ff.
[139] EuGH 11.6.1992 – C-358/89, Slg. 1991, I-2461 (2491) = BeckRS 2004, 76710 – Kommission/Niederlande; EuGH 1.6.1994 – C-317/92, Slg. 1994, I-2039 (2057) = BeckRS 2004, 76306 – Kommission/Deutschland; EuGH 10.5.1995 – C-422/92, Slg. 1995, I-1097 (1130 f.) = NVwZ 1995, 885 – Kommission/Deutschland.
[140] Steiner/Woods/Twigg-Flesner, EU Law, 9. Aufl. 2006, S. 227.
[141] EuGH 7.2.1973 – 39/72, Slg. 1973, 359 (369) = BeckRS 2004, 71063 – Kommission/Italien; EuGH 4.4.1974 – 167/73, Slg. 1974, 359 (369) = BeckRS 2004, 71904 – Kommission/Frankreich; EuGH 21.9.1978 – 69/77, Slg. 1978, 1749 (1756) = BeckRS 2004, 73538 – Kommission/Italien; Haratsch/Koenig/Pechstein EuropaR Rn. 518, 522.
[142] GA Lenz, SchlA 13.3.1991 – C-247/89, Slg. 1991, I-3659 (3675 f.) = BeckRS 2004, 75416 – Kommission/Portugal.
[143] Cremer in Calliess/Ruffert AEUV Art. 258 Rn. 30; Pechstein EU-ProzessR Rn. 293.

gliedstaaten nach Art. 259 AEUV gelten, wenn der gerügte Verstoß innerhalb der dort geltenden 3-Monats-Frist bereinigt wird.

Fraglich ist, welche Konsequenzen sich für das Rechtsschutzbedürfnis ergeben, wenn **38** die gerügte Vertragsverletzung von den betreffenden Mitgliedstaaten erst nach Ablauf der Beseitigungsfrist, aber noch vor Klageerhebung bzw. nach Rechtshängigkeit, aber noch vor der letzten mündlichen Verhandlung abgestellt wird und mithin auf der außerprozessualen Ebene Erledigung eingetreten ist. In diesen Fällen bedurfte es nach der früheren Rechtsprechung des EuGH einer besonderen Prüfung des Rechtsschutzinteresses.[144] Dabei bejahte der Gerichtshof das Rechtsschutzbedürfnis dann, wenn nach Lage des Falles mit einer Wiederholung der Vertragsverletzung durch den Mitgliedstaat zu rechnen war oder wenn es um die Klärung essentieller Fragen des Unionsrechts ging.[145] Daneben erkannte der EuGH ein besonderes Rechtsschutzbedürfnis auch für den Fall an, dass dem Urteil eine Präjudizwirkung für spätere Schadensersatzklagen des Einzelnen gegenüber dem betroffenen Staat zukam.[146] In der Kommentarliteratur wird dieser Rechtsprechung nur noch selten gefolgt,[147] denn mittlerweile hat der Gerichtshof vom Erfordernis eines besonderen Rechtsschutzbedürfnisses Abstand genommen. Nach neuerer Rechtsprechung kommt es allein auf die **Situation bei Ablauf der in der begründeten Stellungnahme gesetzten Frist** an; eine anschließende Beseitigung des Vertragsverstoßes – auch vor Klageerhebung – wird nicht mehr berücksichtigt und ändert nichts an der Zulässigkeit einer Klage.[148] Die praktische Relevanz dieser Fragen ist jedoch gering, da die Kommission in Fällen nachträglicher Beseitigung der Vertragsverletzung regelmäßig auf eine Entscheidung durch den EuGH verzichtet und die Klage zurücknimmt.[149] In einer solchen Situation kann auch der betroffene Mitgliedstaat keine Entscheidung des EuGH mehr herbeiführen, selbst wenn er seinerseits ein besonderes Rechtsschutzbedürfnis geltend macht.[150]

---

[144] EuGH 19.12.1961 – 7/61, Slg. 1961, 693 (715 f.) = BeckRS 2004, 73552 – Kommission/Italien; EuGH 9.7.1970 – 26/69, Slg. 1970, 565 (577) = BeckRS 2004, 72711 – Kommission/Frankreich.
[145] EuGH 9.7.1970 – 26/69, Slg. 1970, 565 (577) = BeckRS 2004, 72711 – Kommission/Frankreich.
[146] EuGH 7.2.1973 – 39/72, Slg. 1973, 101 (112) = BeckRS 2004, 71063 – Kommission/Italien; EuGH 20.2.1986 – 309/84, Slg. 1986, 599 = BeckRS 2004, 73115 – Kommission/Italien; EuGH 30.5.1991 – C-361/88, Slg. 1991, I-2567 (2605) = NVwZ 1991, 866 – Kommission/Deutschland; EuGH 30.5.1991 – C-59/89, Slg. 1991, I-2607 = NVwZ 1991, 868 – Kommission/Deutschland; EuGH 25.7.1991 – C-353/89, Slg. 1991, I-4069 (4096) = GRUR-Int. 1993, 226 – Kommission/Niederlande; Streinz EuropaR Rn. 643.
[147] Frenz EuropaR-HdB V Rn. 2613, für eine Beseitigung vor Ablauf der in der Stellungnahme gesetzten Frist (verneinend dagegen bei der Nichtanwendung einer noch nicht umgesetzten Richtlinie); Kotzur in Geiger/Khan/Kotzur AEUV Art. 258 Rn. 18.
[148] EuGH 27.11.1990 – C-200/88, Slg. 1990, I-4299 (4311) = BeckRS 2004, 72245 – Kommission/Griechenland; EuGH 18.3.1992 – C-29/90, Slg. 1992, I-1971 Rn. 12 = BeckRS 2004, 76032 – Kommission/Griechenland; EuGH 13.4.1994 – C-313/93, Slg. 1994, I-1279 (1286 f.) = BeckRS 2004, 76269 – Kommission/Luxemburg; EuGH 18.5.1994 – C-118/92, Slg. 1994, I-1891 (1898) = BeckRS 2004, 74194 – Kommission/Luxemburg; EuGH 17.9.1996 – C-289/94, Slg. 1996, I-4405 (4424 f.) = BeckRS 2004, 76025 – Kommission/Italien; EuGH 12.12.1996 – C-302/95, Slg. 1996, I-6765 (6773) = BeckRS 2004, 76162 – Kommission/Italien; EuGH 3.7.1997 – C-60/96, Slg. 1997, I-3827 (3840) = BeckRS 2004, 77618 – Kommission/Frankreich; EuGH 27.10.2005 – C-23/05, Slg. 2005, I-9535 Rn. 9 = BeckRS 2005, 70821 – Kommission/Luxemburg; EuGH 29.7.2010 – C-189/09, ECLI:EU:C:2010:455 = CR 2010, 587 Rn. 19 – Kommission/Österreich; vgl. auch Arnull The European Union S. 41; Cremer in Calliess/Ruffert AEUV Art. 258 Rn. 31; Karpenstein in Grabitz/Hilf/Nettesheim AEUV Art. 258 Rn. 50; Schwarze/Wunderlich in Schwarze AEUV Art. 258 Rn. 25; Thiele EurProzR § 5 Rn. 40.
[149] Vgl. Karpenstein in Grabitz/Hilf/Nettesheim AEUVV Art. 258 Rn. 51; Kilbey CMLR 2007, 743 (758) ist demgegenüber der Auffassung, dass die Kommission in Anbetracht der hinzugekommenen Sanktionsmöglichkeiten in Zukunft seltener Klagen zurücknehmen wird.
[150] Vgl. EuGH 19.3.1996 – C-120/94, Slg. 1996, I-1513 (1535 ff.) = BeckRS 2004, 74220 – Kommission/Griechenland.

C. Begründetheit

39 Die Klage auf Feststellung einer Vertragsverletzung ist begründet, wenn die von der klägerischen Partei behaupteten Tatsachen zutreffend einen **Vertragsverstoß** ergeben, der dem beklagten **Mitgliedstaat zugerechnet** werden kann. Maßgeblich hierfür ist die Rechtslage in dem Zeitpunkt, die bei Ablauf der in der Stellungnahme vorgesehenen Frist bestand.[151] Ob sich die Rechtslage auf der mitgliedstaatlichen Ebene[152] oder auch auf Europarechtsebene[153] später geändert hat, ist unerheblich.

I. Rechtsverstoß des Mitgliedstaates

40 **1. Staatliche Funktionen.** Aus der Perspektive des Unionsrechts werden die Mitgliedstaaten als „Handlungseinheiten" angesehen.[154] Demzufolge werden einem Mitgliedstaat alle europarechtswidrigen Handlungen oder Unterlassungen im innerstaatlichen Bereich zugerechnet, unabhängig davon, welches nachgeordnete Staatsorgan bzw. welche **Körperschaft** oder **Behörde** den Verstoß iE verursacht hat, selbst wenn es sich um ein verfassungsmäßig unabhängiges Organ handelt.[155] Urheber der Vertragsverletzung können im innerstaatlichen Bereich danach sowohl das nationale Parlament als auch die Regierung sowie nachgeordnete Exekutivbehörden (einschließlich nach nationalem Recht gleichstehende Einheiten, wie etwa die Beliehenen) sein.[156] Bei föderativ gegliederten Staaten wie der Bundesrepublik Deutschland ist der Bund auch für Verstöße der einzelnen **Bundesländer** und der **Kommunen** verantwortlich, etwa wenn die Länderparlamente sich wei-

---

[151] EuGH 13.12.1990 – C-347/88, Slg. 1990, I-4747 (4788) = BeckRS 2004, 70910 – Kommission/Griechenland; EuGH 13.4.1994 – C-313/93, Slg. 1994, I-1279 (1286 f.) = BeckRS 2004, 76269 – Kommission/Luxemburg; EuGH 18.5.1994 – C-118/92, Slg. 1994, I-1891 (1898) = BeckRS 2004, 74194 – Kommission/Luxemburg; EuGH 11.1.2007 – C-183/05, Slg. 2007, I-137 Rn. 17 = BeckRS 2007, 70008 – Kommission/Irland; EuGH 26.4.2007 – C-135/05, Slg. 2007, I-3475 Rn. 36, NVwZ 2007, 1165 – Kommission/Italien; EuGH 6.3.2008 – C-196/07, Slg. 2008, I-41 Rn. 25 = BeckEuRS 2008, 469321 – Kommission/Spanien; EuGH 18.11.2010 – C-458/08, Slg. 2010, I-11599 Rn. 81 = BeckEuRS 2010, 555276 – Kommission/Portugal; Cremer in Calliess/Ruffert AEUV Art. 258 Rn. 33; Karpenstein in Grabitz/Hilf/Nettesheim AEUV Art. 258 Rn. 60.

[152] Vgl. EuGH 17.9.1996 – C-289/94, Slg. 1996, I-4405 (4424 f.) = BeckRS 2004, 76025 – Kommission/Italien; EuGH 12.12.1996 – C-302/95, Slg. 1996, I-6765 (6773) = BeckRS 2004, 76162 – Kommission/Italien; EuGH 3.7.1997 – C-60/96, Slg. 1997, I-3827 (3840) = BeckRS 2004, 77618 – Kommission/Frankreich; EuGH 9.10.1997 – C-21/96, Slg. 1997, I-5481 (5493) = BeckRS 2004, 74991 – Kommission/Spanien; EuGH 12.7.1990 – C-188/89, Slg. 1998, I-3313 (3363) = NJW 1991, 3086 – Foster; EuGH 9.3.2000 – C-355/98, Slg. 2000, I-1221 Rn. 22 = EuZW 2000, 344 – Kommission/Belgien; EuGH 3.10.2002 – C-47/01, Slg. 2002, I-8231 Rn. 15 = BeckRS 2004, 77396 – Kommission/Belgien; EuGH 14.4.2005 – C-519/03, Slg. 2005, I-3067 Rn. 18 = EuZW 2005, 382 – Kommission/Luxemburg; Karpenstein in Grabitz/Hilf/Nettesheim AEUV Art. 258 Rn. 60.

[153] Vgl. EuGH 1.6.1995 – C-182/94, Slg. 1995, I-1465 (1472) = BeckRS 2004, 74753 – Kommission/Italien; EuGH 10.9.1996 – C-61/94, Slg. 1996, I-3989 (4018) = BeckRS 2004, 77623 – Kommission/Deutschland.

[154] EuGH 9.12.2003 – C-129/00, Slg. 2003, I-14637 Rn. 50, 55 = EuZW 2004, 151 – Kommission/Italien; Frenz EuropaR-HdB V Rn. 2527; Pechstein EU-ProzessR Rn. 299; Thiele EurProzR § 5 Rn. 8; Breuer EuZW 2004, 199 (200, 201); Schäfer JA 2004, 525 (526).

[155] EuGH 5.5.1970 – 77/69, Slg. 1970, 237 (243) = BeckRS 2004, 73660 – Kommission/Belgien; EuGH 18.11.1970 – 8/70, Slg. 1970, 961 (966) = BeckRS 2004, 73727 – Kommission/Italien; EuGH 26.2.1976 – 52/75, Slg. 1976, 277 (285) = BeckRS 2004, 73264 – Kommission/Italien; EuGH 4.2.1981 – 45/80, Slg. 1981, 353 (357) = BeckRS 2004, 71220 – Kommission/Italien; EuGH 227/85, Slg. 1988, 1 (11) = BeckRS 2004, 72428 – Kommission/Belgien; EuGH 22.9.1988 – C-45/87, Slg. 1988, 4929 (4965) = EuZW 2017, 895 – Kommission/Irland; EuGH 17.10.1991 – C-58/89, Slg. 1991, I-4983 (5023 f.) = NVwZ 1992, 459 – Kommission/Deutschland; EuGH 13.12.1991 – C-33/90, Slg. 1991, I-5987 (5988) = BeckRS 2004, 76485 – Kommission/Deutschland; EuGH 9.12.2003 – C-129/00, Slg. 2003, I-14637 Rn. 50, 56 = EuZW 2004, 151 – Kommission/Italien; Cremer in Calliess/Ruffert AEUV Art. 258 Rn. 27, 28; Frenz EuropaR-HdB V Rn. 2529; Classen in Oppermann/Classen/Nettesheim EuropaR § 13 Rn. 37; Schwarze/Wunderlich in Schwarze AEUV Art. 258 Rn. 8; Thiele EurProzR § 5 Rn. 8; Breuer EuZW 2004, 199 (200, 201); Schäfer JA 2004, 525 (526).

[156] Frenz EuropaR-HdB V Rn. 2529; Karpenstein in Grabitz/Hilf/Nettesheim AEUV Art. 258 Rn. 62; Kotzur in Geiger/Khan/Kotzur AEUV Art. 258 Rn. 5; Schwarze/Wunderlich in Schwarze AEUV Art. 258 Rn. 8.

gern, eine staatengerichtete Richtlinie innerhalb der ausdrücklich festgesetzten Frist bzw. innerhalb eines angemessenen Zeitraums in ein Gesetz zu transformieren[157] oder unionsrechtlich vorgeschriebenen Notifizierungspflichten nachzukommen.[158] Dies erscheint zwar – soweit es um Maßnahmen geht, für die ausschließlich die Gebietskörperschaften verantwortlich sind – nicht unbedenklich. Ein Übergang der Passivlegitimation auf diese Einheiten ist dennoch abzulehnen, da dies die Durchsetzung des Unionsrechts erheblich erschweren würde.[159]

Besonders problematisch sind europarechtswidrige **Entscheidungen nationaler Gerichte,** die den Vorrang des Unionsrechts nicht beachten (vgl. allg. dazu → § 33)[160] und einschlägige, unmittelbar geltende Unionsvorschriften nicht anwenden. Die nationalen Gerichte sind andere „verfassungsmäßig unabhängige Organe",[161] so dass ihre Tätigkeit ebenfalls einen Pflichtverstoß des verantwortlichen Mitgliedstaates begründen kann. Ob in diesen Fällen jedoch die Durchführung eines Vertragsverletzungsverfahrens sinnvoll erscheint, wird von der weit überwiegenden Literaturmeinung eher skeptisch beurteilt.[162] Neben der Unabhängigkeit der nationalen Gerichte[163] wird insbes. der Umstand hervorgehoben, dass auf das feststellende Urteil des EuGH weder die Regierung des verurteilten Mitgliedstaates noch das Gericht selbst eine rechtskräftige Entscheidung aufheben können.[164] Die feststellende Verurteilung durch den Gerichtshof hat damit allenfalls Einfluss auf die künftige Rechtsprechung.[165] Im Übrigen darf nicht übersehen werden, dass für unterinstanzliche Gerichte, die von einer europarechtswidrigen höchstrichterlichen Rechtsprechung abweichen wollen, die Möglichkeit einer Vorlage gem. Art. 267 Abs. 2 AEUV an den EuGH besteht. An die Vorabentscheidung wären dann auch die nachfolgenden Instanzen gebunden. Die Missachtung der Vorlagepflicht kommt demnach als Gegenstand eines Vertragsverletzungsverfahrens in Betracht.[166] Andererseits sind unterinstanzliche Gerichte keineswegs zu einer Vorlage verpflichtet (vgl. Art. 267 Abs. 2 AEUV), was gegen die Einleitung von Vertragsverletzungsverfahren in diesen Fällen spricht,[167] die Betroffenen können gegen die unionswidrige Rechtsprechung unterinstanzlicher Gerichte immerhin mittels nationaler Rechtsbehelfe vorgehen. Kommt demgegenüber ein letztinstanzliches Gericht seiner Vorlagepflicht gem. Art. 267 Abs. 3 AEUV nicht nach, liegt darin nach der

---

[157] Vgl. EuGH 3.7.1974 – 9/74, Slg. 1974, 773 (779 f.) = FamRZ 1974, 477 – Donato Casagrande/München; vgl. auch EuGH 27.3.1984 – 169/82, Slg. 1984, 1603 (1616 ff.) = BeckRS 2004, 71923 – Kommission/Italien; EuGH 17.6.1987 – 1/86, Slg. 1987, 2797 (2805) = BeckRS 2004, 70573 – Kommission/Belgien; EuGH 30.5.1991 – C-361/88, Slg. 1991, I-2567 (2603) = NVwZ 1991, 866 – Kommission/Deutschland.
[158] EuGH 24.11.1992 – C-237/90, Slg. 1990, I-5973 (6017) = NVwZ 1993, 257 – Kommission/Deutschland.
[159] Vgl. iE Mulert, Die deutschen Bundesländer vor dem Europäischen Gerichtshof, 1996, S. 172 f.
[160] Vgl. auch EuGH 17.12.1970 – 11/70, Slg. 1970, I-1125 Rn. 3 = NJW 1971, 343 – Internationale Handelsgesellschaft zum Anwendungsvorrang des Unionsrechts auch vor nationalem Verfassungsrecht; EuGH 9.12.2003 – C-129/00, Slg. 2003, I-41637 Rn. 50, 61 = EuZW 2004, 151 – Kommission/Italien.
[161] EuGH 5.5.1970 – 77/69, Slg. 1970, 237 (243) = BeckRS 2004, 73660 – Kommission/Belgien; EuGH 26.2.1976 – 52/75, Slg. 1976, 277 (285) = BeckRS 2004, 73264 – Kommission/Italien; ebenso Cremer in Calliess/Ruffert AEUV Art. 258 Rn. 28; Frenz EuropaR-HdB V Rn. 2531; Thiele EurProzR § 5 Rn. 11.
[162] Vgl. Frenz EuropaR-HdB V Rn. 2531 ff.; Karpenstein in Grabitz/Hilf/Nettesheim AEUV Art. 258 Rn. 67 ff.; Schwarze/Wunderlich in Schwarze AEUV Art. 258 Rn. 8.
[163] Frenz EuropaR-HdB V Rn. 2532; Karpenstein in Grabitz/Hilf/Nettesheim AEUV Art. 258 Rn. 68; Kotzur in Geiger/Khan/Kotzur AEUV Art. 258 Rn. 5; Wollenschläger, Die Gemeinschaftsaufsicht über die Rechtsprechung der Mitgliedstaaten, 2006, S. 95; Thiele EurProzR § 5 Rn. 11; Kremer EuR 2007, 470; Lenski/Mayer EuZW 2005, 225.
[164] Frenz EuropaR-HdB V Rn. 2533; Wollenschläger, Die Gemeinschaftsaufsicht über die Rechtsprechung der Mitgliedstaaten, 2006, S. 95; Kremer EuR 2007, 470.
[165] Breuer EuZW 2004, 199 (200); Kokott/Henze/Sobotta JZ 2006, 633 (640).
[166] EuGH 9.12.2003 – C-129/00, Slg. 2003, I-14637 Rn. 61 = EuZW 2004, 151 – Kommission/Italien; Cremer in Calliess/Ruffert AEUV Art. 258 Rn. 28; Frenz EuropaR-HdB V Rn. 2534; Kotzur in Geiger/Khan/Kotzur AEUV Art. 258 Rn. 5; Schwarze/Wunderlich in Schwarze AEUV Art. 258 Rn. 8; Breuer EuZW 2004, 199 (200); Haltern VerwArch 2005, 311 (319); Lenski/Mayer EuZW 2005, 225; Pache/Bielitz DVBl 2006, 325 (330, 331).
[167] Frenz EuropaR-HdB V Rn. 2534; Karpenstein in Grabitz/Hilf/Nettesheim AEUV Art. 258 Rn. 68.

Rechtsprechung des BVerfG ein Verstoß gegen das Prinzip des gesetzlichen Richters gem. Art. 101 Abs. 1 S. 2 GG (vgl. näher → § 34),[168] der mit der Verfassungsbeschwerde angegriffen werden kann. Ihre Grenze findet die Verfassungsbeschwerde allerdings dort, wo die Vertragsverletzungen den Einzelnen begünstigen bzw. die Vertragsverletzung durch das BVerfG selbst erfolgt.[169]

42 Neben jenen rechtlichen Bedenken würde die Durchführung eines Vertragsverletzungsverfahrens wegen europarechtswidriger Entscheidungen nationaler Gerichte zu erheblichen politischen Schwierigkeiten zwischen den Mitgliedstaaten und der Europäischen Union führen.[170] Dies insbes. dann, wenn finanzielle Sanktionen nach Art. 260 AEUV verhängt würden.[171] Sich dieser Friktionen bewusst, hat die Kommission auf schriftliche Anfragen hin zu erkennen gegeben, dass sie nur dann auf das Infraktionsverfahren zurückgreifen will, wenn die Nichtvorlage an den EuGH auf einer „bewussten Haltung" des Gerichts beruht oder auf eine offensichtliche Unkenntnis des Gerichts zurückzuführen ist.[172] Soweit ersichtlich vermeidet die Kommission die Einleitung von Vertragsverletzungsverfahren gegen mitgliedstaatliche Rechtsprechungsinstanzen und bevorzugt stattdessen den „Umweg" über ein Vertragsverletzungsverfahren gegen Einheiten der Legislativgewalt[173] oder Exekutivgewalt.[174]

43 **2. Öffentliche Unternehmen und Private.** Zurechnungsprobleme können sich auch im Hinblick auf die Tätigkeit von **öffentlichen Unternehmen,** dh juristischen Personen des Öffentlichen Rechts oder des Privatrechts, die eine wirtschaftliche Tätigkeit ausüben und auf die der jeweilige Mitgliedstaat einen beherrschenden Einfluss ausüben kann,[175] ergeben, die dem Unionsrecht zuwiderläuft. Im Bereich des öffentlichen Auftragswesens[176] hat der EuGH Verstöße ausschreibungspflichtiger öffentlicher Unternehmen gegen die (insoweit unmittelbar wirksamen) europäischen Vergaberichtlinien dem Mitgliedsstaat zugerechnet, obwohl die Umsetzung der unionsrechtlichen Vorgaben in nationales Recht als solche nicht zu beanstanden war und das Fehlverhalten ausschließlich im Vorgehen des öffentlichen Unternehmens als Auftraggeber lag.[177] Dessen Verhalten müsse dem Mitgliedstaat zugerechnet werden, um die Richtlinien über die Vergabe öffentlicher Aufträge nicht ihrer praktischen Wirksamkeit zu berauben; es sei ausreichend, wenn der Auftraggeber mittelbar

---

[168] St. Rspr., BVerfG 2.10.1973 – 1 BvR 345/73, NJW 1973, 2099; BVerfG 8.4.1987 – 2 BvR 687/85, BVerfGE 75, 223 (233 f.) = NJW 1988, 1459; BVerfG 9.1.2001 – 1 BVR 1036/99, NJW 2001, 1267 f.; BVerfG 11.12.2008 – 1 BvR 1563/08, BeckRS 2009, 220306; BFH 4.9.2009 – IV K 1/09, BeckRS 2009, 25015756; vgl. auch Kenntner EuZW 2005, 235 (236).
[169] Nicolaysen EuR 1985, 373 f.
[170] Vgl. dazu Cremer in Calliess/Ruffert AEUV Art. 258 Rn. 28; Frenz EuropaR-HdB V Rn. 2536; Karpenstein in Grabitz/Hilf/Nettesheim AEUV Art. 258 Rn. 67 f.; Kotzur in Geiger/Khan/Kotzur EGV Art. 226 Rn. 5.
[171] GA Geelhoed, SchlA 9.12.2003 – C-129/00, Slg. 2003, I-14637 Rn. 66 – Kommission/Italien.
[172] Siehe auch die Ausführungen von GA Geelhoed, SchlA 9.12.2003 – C-129/00, Slg. 2003, I-14637 Rn. 67 – Kommission/Italien, der für ein Vertragsverletzungsverfahren gegen nationale Rechtsprechungspraktiken auf den jeweiligen Einzelfall abstellen will; Antworten auf die schriftlichen Anfragen Nr. 100/67, ABl. 1967 C 270, 2 sowie Nr. 28/68 sowie Nr. 608/78, ABl. 1979 C 28, 8; Arnull The European Union S. 46; Cremer in Calliess/Ruffert AEUV Art. 258 Rn. 28; Dörr/Lenz EuVerwRS S. 60; Frenz EuropaR-HdB V Rn. 2529, 2531 ff.; Karpenstein in Grabitz/Hilf/Nettesheim AEUV Art. 258 Rn. 67 f.; Kotzur in Geiger/Khan/Kotzur AEUV Art. 258 Rn. 5; Schwarze/Wunderlich in Schwarze AEUV Art. 258 Rn. 8; Haltern VerwArch 2005, 311 (320, 358 s. Fn. 58); zur gemeinschaftlichen Haftung wegen Gerichtsverletzungen: EuGH 13.6.2006 – C-173/03, Slg. 2006, I-5177 Rn. 32 = NJW 2006, 3337 – Traghetti del Mideiterraneo SpA/Italien.
[173] EuGH 9.12.2003 – C-129/00, Slg. 2003, I-14637 Rn. 41 = EuZW 2004, 151 – Kommission/Italien; Cremer in Calliess/Ruffert AEUV Art. 258 Rn. 28; Kenntner EuZW 2005, 235 (237).
[174] Cremer in Calliess/Ruffert AEUV Art. 258 Rn. 28; Karpenstein in Grabitz/Hilf/Nettesheim AEUV Art. 258 Rn. 69; Kenntner EuZW 2005, 235 (237).
[175] Näher Karpenstein in Grabitz/Hilf/Nettesheim AEUV Art. 258 Rn. 61 mwN; Burgi EuR 1997, 261 (265 f.).
[176] Demgegenüber offenlassend EuGH 11.7.1991 – C-247/89, Slg. 1991, I-3659 (3688) = BeckRS 2004, 75416 – Kommission/Portugal; EuGH C-87/94, Slg. 1996, I-2043 (2094) = NVwZ 1997, 374 – Kommission/Belgien.
[177] EuGH 17.12.1998 – C-353/96, Slg. 1998, I-8565 (8590) = BeckRS 2004, 76674 – Kommission/Irland.

der Kontrolle des Mitgliedsstaats unterstehe.[178] Dies überzeugt iErg, nicht in der Begründung. Zunächst ist davon auszugehen, dass der Mitgliedstaat im Umfang seiner Verpflichtungen als Träger eines öffentlichen Unternehmens ohne Weiteres in einem Vertragsverletzungsverfahren belangt werden kann. Begründungsbedürftig ist jedoch die Anwendung der Art. 258, 259 AEUV in Anbetracht der Infriktion unionsrechtlicher Pflichten durch das öffentliche Unternehmen selbst. Zwar ist dieses aufgrund des Art. 106 Abs. 1 EUV an die Grundfreiheitsbestimmungen gebunden und auch die unmittelbare Wirkung von Richtlinien kann ihm entgegengehalten werden.[179] Dass der Mitgliedstaat hierfür prozessual einzustehen hat, folgt aber nicht aus materiell-rechtlichen Erwägungen (etwa aus der praktischen Wirksamkeit von Richtlinien), sondern aus der allgemein rechtsschutzbegründenden Überlegung, dass eine materiell-rechtlich fundierte Pflicht (des öffentlichen Unternehmens als eine dem Mitgliedstaat zuzurechnende Einheit) auch einem prozessualen Forum zugewiesen sein muss – eben dem das Zurechnungsendsubjekt in die Verantwortung nehmende Vertragsverletzungsverfahren.

Für das unionsrechtswidrige Verhalten **Privater** muss der einzelne Mitgliedstaat hingegen nicht prozessual einstehen, weil es ihm nicht zurechenbar ist. Ausnahmen von diesem Grundsatz können sich allerdings dann ergeben, wenn der Staat das Verhalten Privater maßgeblich bestimmt oder beeinflusst hat.[180] Durchaus dem Mitgliedstaat zuzurechnen ist indessen das Unterlassen von Gegenmaßnahmen gegen Übergriffe von Privatpersonen, wie im Fall der französischen Bauernproteste gegen Importe landwirtschaftlicher Erzeugnisse aus anderen Mitgliedstaaten, da insofern eine unionale Handlungspflicht des Staates zum Einschreiten aufgrund von Art. 34 AEUV iVm Art. 4 Abs. 3 EUV (früher: Art. 28 iVm Art. 10 EGV) besteht.[181] Hat ein Mitgliedstaat das Verhalten Privater maßgeblich bestimmt oder beeinflusst oder hat er entgegen einer Handlungspflicht nicht auf Private eingewirkt (wie im Falle der den freien Warenverkehr beeinträchtigenden französischen Bauernproteste), dann geht es um seine eigenen Verpflichtungen; diesbezüglich ist die bereits oben (→ Rn. 12) erwähnte VO (EG) Nr. 2679/98 mit ihrem „Frühwarnsystem" bei Warenverkehrsstörungen zu beachten.[182]

II. Vertragspflichtverletzung

Der beklagte Mitgliedstaat muss „gegen eine Verpflichtung aus den Verträgen"[183] verstoßen haben. Entgegen diesem an sich eindeutigen Wortlaut des Vertragstextes werden hiervon nicht nur **primärrechtliche Verpflichtungen** erfasst, sondern in extensiver Auslegung auch **sekundärrechtliche Vorschriften,** für die Mitgliedstaaten bindende Abkommen der Union mit Drittstaaten[184] bzw. mit internationalen Organisationen[185] sowie die all-

---

[178] EuGH 17.12.1998 – C-353/96, Slg. 1998, I-8565 (8590, 8592 ff.) = BeckRS 2004, 76674 – Kommission/Irland.
[179] Vgl. EuGH 12.7.1990 – C-188/89, Slg. 1990, I-3313 (3348) = NJW 1991, 3086 – Foster; Frenz EuropaR-HdB II Rn. 4199 ff.; Burgi EuR 1997, 282 f.
[180] EuGH 24.11.1982 – 249/81, Slg. 1982, 4005 (4023) = NJW 1983, 2755 – Kommission/Irland; Cremer in Calliess/Ruffert AEUV Art. 258 Rn. 27; Frenz EuropaR-HdB V Rn. 2540; Haratsch/Koenig/Pechstein EuropaR Rn. 507; Karpenstein in Grabitz/Hilf/Nettesheim AEUV Art. 258 Rn. 61 f.; Schwarze/Wunderlich in Schwarze AEUV Art. 258 Rn. 9.
[181] EuGH 9.12.1997 – C-265/95, Slg. 1997, I-7006 = NJW 1998, 1931 – Kommission/Frankreich; zur Möglichkeit des Vertragsverletzungsverfahrens Haratsch/Koenig/Pechstein EuropaR Rn. 507; Pechstein EU-ProzessR Rn. 253; Schwarze/Wunderlich in Schwarze AEUV Art. 258 Rn. 5, 9.
[182] Vgl. iE Pechstein EU-ProzessR Rn. 304; Hauschild EuZW 1999, 236.
[183] Art. 258, 259 AEUV.
[184] Vgl. zB EuGH 10.9.1996 – C-61/94, Slg. 1996, I-3989 (4012) = BeckRS 2004, 77623 – Kommission/Deutschland; abgelehnt für Rechtsstreitigkeiten bzgl. eines Sitzstaatabkommen nur eines Mitgliedstaats, EuGH 30.9.2010 – C-132/09, Slg. 2010, I-8695 = BeckRS 2010, 91141 – Kommission/Belgien; Cremer in Calliess/Ruffert AEUV Art. 258 Rn. 33; Ehlers Jura 2007, 484 (489); El-Shabassy, Die Durchsetzung finanzieller Sanktionen der Europäischen Gemeinschaften gegen ihre Mitgliedstaaten, 2007, S. 27, 28; Haratsch/Koenig/Pechstein EuropaR Rn. 516; Frenz EuropaR-HdB V Rn. 2544.
[185] Vgl. zB Art. 191 Abs. 4 AEUV, Art. 207 Abs. 3 AEUV und Art. 211 AEUV (früher Art. 174 Abs. 4 EGV, Art. 133 Abs. 3 EGV, Art. 181 EGV).

gemeinen Rechtsgrundsätze in ihrer durch den EuGH gewonnenen Ausgestaltung.[186] Dieses Ergebnis wird gestützt von der Aufgabenumschreibung der Kommission in Art. 17 EUV, deren wichtigstes Instrument zur Aufrechterhaltung und Durchsetzung der Rechtsordnung der Union gerade die Aufsichtsklage ist. Prüfungsmaßstab für eine Pflichtverletzung der Mitgliedstaaten ist danach das gesamte (geschriebene und ungeschriebene) Unionsrecht.[187] Von einer Vertragsverletzung kann demzufolge dann gesprochen werden, wenn der beklagte Mitgliedstaat die in Betracht kommenden Bestimmungen des Unionsrechts nicht oder nicht richtig anwendet, insbes. einer **Handlungspflicht** nicht genügt oder einer **Unterlassungspflicht** zuwiderhandelt.[188] Ein erheblicher Teil der Vertragsverletzungsverfahren betrifft die unterlassene oder mangelhafte Umsetzung von Richtlinien zur Rechtsangleichung in nationales Recht,[189] wobei die verstoßanfälligsten Politikbereiche (Umwelt, Binnenmarkt, Industrie, Unternehmertum und KMU) allein 36 % aller Verstoßfälle ausmachten.[190]

46 Dabei ist es Sache der klagenden Parteien, insbes. der Kommission, das Vorliegen der behaupteten Vertragsverletzung **nachzuweisen**.[191] Sie müssen dem Gerichtshof die erforderlichen Anhaltspunkte liefern, anhand derer dieser das Vorliegen der Vertragsverletzung prüfen kann; eine allein auf unzureichenden Informationen beruhende Vermutung reicht nicht aus.[192] Wenn die Kommission allerdings hinreichende Tatsachen vorgetragen

---

[186] Karpenstein in Grabitz/Hilf/Nettesheim AEUV Art. 258 Rn. 59; Schwarze/Wunderlich in Schwarze AEUV Art. 258 Rn. 7; Thiele EurProzR § 5 Rn. 9.

[187] HM vgl. EuGH 15.7.1960 – 20/59, Slg. 1960, 681 (691) = BeckRS 2004, 72222 – Italien/Hohe Behörde; EuGH 15.7.1960 – 20/59, Slg. 1960, 743 (780 ff.) = BeckRS 2004, 72222 – Niederlande/Hohe Behörde; Cremer in Calliess/Ruffert AEUV Art. 258 Rn. 33; Dörr/Lenz EuVerwRS S. 21; Frenz EuropaR-HdB V Rn. 2542; Karpenstein in Grabitz/Hilf/Nettesheim AEUV Art. 258 Rn. 29; Kotzur in Geiger/Khan/Kotzur AEUV Art. 258 Rn. 4; Schwarze/Wunderlich in Schwarze AEUV Art. 258 Rn. 7; Thiele EurProzR § 5 Rn. 9; Ehlers Jura 2007, 684 (689).

[188] EuGH 17.2.1970 – 31/69, Slg. 1970, 25 (33) = BeckRS 2004, 73127 – Kommission/Italien; EuGH 25.5.1982 – 96/81, Slg. 1982, 1791 (1803) = BeckRS 2004, 73970 – Kommission/Niederlande; EuGH 9.12.1997 – C-265/95, Slg. 1997, I-6959 (7006) = NJW 1998, 1931 – Kommission/Frankreich; Borchardt in Dauses/Ludwigs EU-WirtschaftsR-HdB Abschn. P Kap. I Rn. 17; Cremer in Calliess/Ruffert AEUV Art. 258 Rn. 28; Dörr/Lenz EuVerwRS S. 21; Frenz EuropaR-HdB V Rn. 2530; Karpenstein in Grabitz/Hilf/Nettesheim AEUV Art. 258 Rn. 65; Schwarze/Wunderlich in Schwarze AEUV Art. 258 Rn. 5; Wollenschläger, Gemeinschaftsaufsicht über die Rechtsprechung der Mitgliedstaaten, 2006, S. 86.

[189] Vgl. dazu den 28. Jahresbericht über die Kontrolle der Anwendung des Gemeinschaftsrechts, KOM(2011) 588 endgültig, 6 sowie den 26. Jahresbericht über die Kontrolle der Anwendung des Gemeinschaftsrechts, KOM(2009) 675 endgültig, Ziff. 3.8.; Karpenstein in Grabitz/Hilf/Nettesheim Art. 258 AEUV Rn. 65.

[190] Vgl. dazu die Rechtsprechungsstatistik des Europäischen Gerichtshofs, Jahresbericht 2019, abrufbar unter https://ec.europa.eu/info/publications/2019-eu-28-countries-factsheet-monitoring-application-eu-law_en, gemessen an den Ende 2019 anhängigen Verfahren. Vor allem Spanien, Griechenland und Italien gelten als „Spitzenreiter" bei den laufenden Vertragsverletzungsverfahren.

[191] St. Rspr., EuGH 9.2.1994 – C-119/92, Slg. 1994, I-293 (419) = BeckRS 2004, 74202 – Kommission/Italien; EuGH 23.10.1997 – C-160/94, Slg. 1997, I-5851 (5860) = BeckRS 2004, 74559 – Kommission/Spanien; EuGH 13.2.2003 – C-458/00, Slg. 2003, I-1553 = EuZW 2003, 220 – Kommission/Luxemburg; EuGH 11.1.2007 – C-404/04, Slg. 2003, I-6695 Rn. 26 = BeckRS 2005, 70361 – Kommission/Spanien; EuGH 6.11.2003 – C-434/01, Slg. 2003, I-13239 = BeckRS 2004, 77352 – Kommission/Vereinigtes Königreich; EuGH 20.10.2005 – C-6/04, Slg. 2005, I-9017 Rn. 75 = BeckRS 2005, 70813 – Kommission/Vereinigtes Königreich Großbritannien; EuGH 26.4.2007 – C-135/05, Slg. 2007, I-3475 Rn. 26 = NVwZ 2007, 1165 – Kommission/Italien; EuGH 18.12.2007 – C-532/03, Slg. 2007, I-11353 Rn. 36, 38 = BeckRS 2007, 71084 – Kommission/Irland; Frenz EuropaR-HdB V Rn. 2618; Karpenstein in Grabitz/Hilf/Nettesheim AEUV Art. 258 Rn. 74; Schwarze/Wunderlich in Schwarze AEUV Art. 258 Rn. 28; Wollenschläger, Die Gemeinschaftsaufsicht über die Rechtsprechung der Mitgliedstaaten, 2006, S. 86; Sabotta ZUR 2008, 72.

[192] EuGH 25.5.1982 – 96/81, Slg. 1982, 1791 = BeckRS 2004, 73970 – Kommission/Niederlande und EuGH 25.5.1982 – 97/81, Slg. 1982, 1819 = BeckRS 2004, 73978 – Kommission/Niederlande; EuGH 12.9.2000 – C-408/97, Slg. 2000, I-6417 Rn. 15 = BeckRS 2004, 77084 – Kommission/Niederlande; EuGH 27.2011 – C-490/09, Slg. 2007, I-6095 Rn. 48 = NZA 2007, 917 – Kommission/Deutschland; EuGH 4.10.2007 – C-179/06, Slg. 2007, I-8131 Rn. 37 = BeckRS 2007, 70782 – Kommission/Italien.

hat, die einen Vertragsverstoß erkennen lassen, kommt es zu einer Umkehr der Beweislast.[193]

Schwierig ist der Nachweis einer Vertragsverletzung immer dann, wenn sich die Mitgliedstaaten auf eine Umsetzung durch das bereits geltende Recht berufen und zum Beweis dafür umfangreiche und komplexe Vorschriften vorlegen.[194] Ein Verstoß gegen das geltende Recht der Union liegt ebenfalls vor, wenn die betreffende Norm dem Mitgliedstaat zwar einen Ermessensspielraum zubilligt, dessen Grenzen bei der Umsetzung aber eindeutig überschritten wurden.[195] Desgleichen ist nach Auffassung des Gerichtshofs ein Vertragsverstoß dann gegeben, wenn europarechtswidrige nationale Vorschriften in der Verwaltungspraxis zwar nicht mehr angewendet werden, aber formal bestehen bleiben.[196] Zunehmend wichtiger wird die Kontrolle des Vollzuges des Unionsrechts durch die Mitgliedstaaten (vgl. iE → § 32). Auch im Falle des Verstoßes gegen nicht angefochtene, **primärrechtswidrige Richtlinien oder Entscheidungen** liegt grundsätzlich eine Vertragsverletzung vor, da der betreffende Mitgliedstaat es unterlassen hat, fristgemäß Klage gegen den jeweiligen Rechtsakt zu erheben, weshalb dieser als verbindlich gilt.[197] Lediglich bei **primärrechtswidrigen Verordnungen** kann sich der Mitgliedstaat auch später noch auf deren Unanwendbarkeit aus den in Art. 263 Abs. 2 AEUV genannten Gründen berufen (Art. 277 AEUV). Hier kommt es maßgeblich darauf an, wie der normative Gehalt unionsrechtlich zu interpretieren ist, eine Aufgabe, die mit nicht unerheblichen Schwierigkeiten verbunden ist. Vertragsverletzungen nimmt der Gerichtshof auch in Fällen an, in denen die Unionswidrigkeit nicht auf ein bewusstes Handeln oder Unterlassen eines Mitgliedstaates zurückzuführen ist, sondern die Effektivität des Unionsrechts aufgrund unterschiedlicher innerstaatlicher verfahrensrechtlicher Regelungen unterlaufen wird,[198] etwa durch die Anwendung des § 80 Abs. 1 VwGO (Suspensiveffekt), vgl. hierzu → § 35.

III. Verteidigungsmöglichkeiten des beklagten Mitgliedstaates

Da es sich bei dem Vertragsverletzungsverfahren um die objektive Feststellung eines vertragswidrigen Zustandes handelt, kommt es auf ein Verschulden seitens der Mitgliedstaaten regelmäßig nicht an.[199] Daher kann sich ein Mitgliedstaat auch nicht mit dem Nachweis mangelnden Verschuldens exkulpieren.[200] Möglich ist allenfalls der Einwand der vollständigen **objektiven Unmöglichkeit** vertragsgemäßen Verhaltens, jedoch nur soweit dies der

---

[193] EuGH 13.4.1994 – C-313/93, Slg. 1994, I-1279 (1286) = BeckRS 2004, 76269 – Kommission/Luxemburg; EuGH 18.5.1994 – C-118/92, Slg. 1994, I-1891 (1898) = BeckRS 2004, 74194 – Kommission/Luxemburg; aA Karpenstein in Grabitz/Hilf/Nettesheim AEUV Art. 258 Rn. 75 f.; Schwarze/Wunderlich in Schwarze AEUV Art. 258 Rn. 28.
[194] Vgl. auch EuGH 30.5.1991 – C-361/88, Slg. 1991, I-2567 (2599) = NVwZ 1991, 866 – Kommission/Deutschland; EuGH 30.5.1991 – C-59/89, Slg. 1991, I-2607, (2628, 2611 ff.) = NVwZ 1991, 868 – Kommission/Deutschland.
[195] Daig in Groeben/Thiesing/Ehlermann, 3. Aufl. 1983, EWGV Art. 169 Rn. 45.
[196] EuGH 4.4.1974 – 167/73, Slg. 1974, 359 (372) = BeckRS 2004, 71904 – Kommission/Frankreich; EuGH 15.12.1976 – 41/76, Slg. 1976, 1921 = NJW 1977, 1007 – Suzanne Donckerwolcke/Lille; EuGH 28.2.1991 – C-131/88, Slg. 1991, I-825 (879) = NVwZ 1991, 866 – Kommission/Deutschland.
[197] EuGH 21.5.1977 – 31/77, Slg. 1977, 921 (923 f.) = BeckRS 2004, 70715 – Kommission/Vereinigtes Königreich Großbritannien und Nordirland; EuGH 10.2.1983 – C-130/82, Slg. 1984, 2849 (2859 f.) = BeckRS 2004, 71512 – Kommission/Italien; EuGH 226/87, Slg. 1988, 3611 (3623 f.) = BeckRS 2004, 72423 – Kommission/Griechenland; EuGH 16.7.1998 – C-285/97, Slg. 1998, I-4895 = BeckRS 2004, 75999 – Kommission/Portugal; EuGH 6.3.2008 – C-196/07, Slg. 2008, I-41 Rn. 34 = BeckEuRS 2008, 469321 – Kommission/Spanien; EuGH 29.7.2010 – C-189/09, CR 2010, 587 Rn. 15, 16 – Kommission/Österreich; Hein, Die Inzidentkontrolle sekundären Gemeinschaftsrechts durch den Europäischen Gerichtshof, 2000, S. 21 ff.; Karpenstein in Grabitz/Hilf/Nettesheim AEUV Art. 258 Rn. 72, anders allerdings bei Verordnungen → Rn. 73.
[198] EuGH 10.7.1990 – C-217/88, Slg. 1990, I-2879 (2908) = EuZW 1990, 384 – Kommission/Deutschland.
[199] Hein, Die Inzidentkontrolle sekundären Gemeinschaftsrechts durch den Europäischen Gerichtshof, 2000, S. 84; Kotzur in Geiger/Khan/Kotzur AEUV Art. 258 Rn. 4.
[200] EuGH 18.11.1970 – 8/70, Slg. 1970, 961 (966) = BeckRS 2004, 73727 – Kommission/Italien; EuGH 26.2.1976 – 52/75, Slg. 1976, 277 (282) = BeckRS 2004, 73264 – Kommission/Italien.

Kommission rechtzeitig mitgeteilt worden ist.[201] Nicht anerkannt werden vorwiegend aus den nationalen Rechtsordnungen abgeleitete und von den Mitgliedstaaten geltend gemachte Verteidigungsmöglichkeiten.[202] So kann sich ein Mitgliedstaat nicht darauf berufen, dass einer Beseitigung der Vertragsverletzung objektive Hindernisse technischer, institutioneller oder politischer Natur entgegengestanden hätten.[203] In strikter Anwendung des Vorrangs des Unionsrechts (vgl. näher → § 33) erkennt der EuGH ein unionsrechtswidriges Verhalten selbst dann nicht an, wenn dieses in entgegenstehendem nationalen (Verfassungs-) Recht begründet ist.[204] Dies gilt auch für den Verweis auf die Tatsache, dass für bestimmte Umsetzungsmaßnahmen in Deutschland die Länder zuständig sind.[205] Da der völkerrechtliche Grundsatz der Gegenseitigkeit im Recht der Union nicht gilt,[206] können sich die beklagten Mitgliedstaaten ferner nicht darauf berufen, dass andere Mitgliedstaaten ebenfalls ihren vertraglichen Verpflichtungen nicht nachgekommen seien.[207] In gleicher Weise hat der EuGH die Versuche der Mitgliedstaaten verworfen, sich damit zu verteidigen, dass der

---

[201] EuGH 29.1.1998 – C-161/96, Slg. 1988, 281 (300 f.) = BeckRS 2004, 74569 – Südzucker; EuGH 29.1.1998 – C-280/95, Slg. 1998, I-259 (276) = BeckRS 2004, 75957 – Kommission/Italien; EuGH 27.6.2000 – C-404/97, Slg. 2000, I-4897 Rn. 39 = NVwZ 2001, 310 – Kommission/Portugal; EuGH 18.10.2007 – C-441/06, Slg. 2007, I-8887 Rn. 27 = BeckRS 2008, 70118 – Kommission/Frankreich; Cremer in Calliess/Ruffert AEUV Art. 258 Rn. 34; Hein, Die Inzidentkontrolle sekundären Gemeinschaftsrechts durch den Europäischen Gerichtshof, 2000, S. 86; Frenz EuropaR-HdB V Rn. 2626; Karpenstein in Grabitz/Hilf/Nettesheim AEUV Art. 258 Rn. 57, 80; Schwarze/Wunderlich in Schwarze AEUV Art. 258 Rn. 31.

[202] Vgl. EuGH 4.10.2001 – C-450/00, Slg. 2001, I-7069 Rn. 8 = BeckRS 2004, 77326 – Kommission/Luxemburg; EuGH 9.12.2008 – C-121/07, Slg. 2008, I-9159 Rn. 72 = BeckRS 2008, 71295 – Kommission/Frankreich; EuGH 25.2.2010 – C-295/09, ABl. 2015 C 256, 10 Rn. 10 = BeckEuRS 2010, 511554 – Kommission/Spanien; EuGH 29.7.2010 – C-189/09, CR 2010, 587 ff. Rn. 18 – Kommission/Österreich; Karpenstein in Grabitz/Hilf/Nettesheim AEUV Art. 258 Rn. 58; Schwarze/Wunderlich in Schwarze AEUV Art. 258 Rn. 29 f.; Hammen Der Konzern 2009, 391 (398).

[203] ZB zur Kürze der Frist EuGH 26.2.1976 – 52/75, Slg. 1976, 277 (284 f.) = BeckRS 2004, 73264 – Kommission/Italien; EuGH 13.12.1990 – C-240/89, Slg. 1990, I-4853 (4861) = BeckRS 2004, 75358 – Kommission/Italien; EuGH 1.10.1998 – C-71/97, Slg. 1990, I-4853 (4861) = BeckRS 2004, 77736 – Kommission/Spanien; zur Frage institutioneller Reformen: EuGH 2.2.1982 – 68/81, Slg. 1982, 153 (157) = BeckRS 2004, 73531 – Kommission/Belgien; EuGH 6.4.1995 – C-147/94, Slg. 1995, I-1015 (1020 f.) = BeckRS 2004, 74429 – Kommission/Spanien; zu politischen Schwierigkeiten: EuGH 21.6.1973 – 79/72, Slg. 1973, 667 (671) = BeckRS 2004, 73698 – Kommission/Italien; EuGH 26.2.1976 – 52/75, Slg. 1976, 277 (284) = BeckRS 2004, 73264 – Kommission/Italien; EuGH 18.3.1980 – 91/79, Slg. 1980, 1099 (1105 f.) = BeckRS 2004, 73909 – Kommission/Italien.

[204] EuGH 2.12.1980 – 42/80, Slg. 1980, 3635 (3640) = BeckRS 2004, 71160 – Kommission/Italien; EuGH 15.12.1982 – 160/82, Slg. 1982, 4637 (4642) = BeckRS 2004, 71856 – Kommission/Niederlande; EuGH 1.3.1983 – 301/81, Slg. 1983, 467 (477) = BeckRS 2004, 73075 – Kommission/Belgien; EuGH 6.11.1985 – 131/84, Slg. 1984, 3531 (3536) = BeckRS 2004, 71527 – Kommission/Italien; EuGH 14.1.1988 – 227/85, Slg. 1988, 1 (11) = BeckRS 2004, 72428 – Kommission/Belgien; EuGH 27.4.1989 – 324/87, Slg. 1989, 1013 = BeckRS 2004, 70808 – Kommission/Italien; EuGH 3.10.1989 – 383/85, Slg. 1989, 3069 (3080) = BeckRS 2004, 71052 – Kommission/Belgien.

[205] EuGH 12.12.1996 – C-297/95, Slg. 1996, I-6739 (6744) = NVwZ 1997, 370 – Kommission/Deutschland; EuGH 18.7.2006 – C-119/04, Slg. 2006, I-6885 Rn. 25 = JuS 2007, 268 – Kommission/Italien; Dörr/Lenz EuVerwRS S. 21; Karpenstein in Grabitz/Hilf/Nettesheim AEUV Art. 258 Rn. 62; Kotzur in Geiger/Khan/Kotzur AEUV Art. 258 Rn. 22; Schwarze/Wunderlich in Schwarze AEUV Art. 258 Rn. 29; Thiele EuR 2010, 50 (30).

[206] Vgl. dazu EuGH 25.9.1979 – 232/78, Slg. 1979, 2729 = NJW 1980, 1208 – Kommission/Frankreich; EuGH 22.3.1977 – 78/76, Slg. 1977, 595 = NJW 1977, 1005 – Steinike & Weinlig; EuGH 11.1.1990 – C-38/89, Slg. 1990, I-83 (92 f.) = BB 1990, 2372 – Guy Blanguernon; Kotzur in Geiger/Khan/Kotzur AEUV Art. 258 Rn. 22; Schwarze/Wunderlich in Schwarze AEUV Art. 258 Rn. 30; Steiner/Woods/Twigg-Flesner, EU Law, 9. Aufl. 2006, S. 232.

[207] St. Rspr., EuGH 13.11.1964 – 90/63 und 91/63, Slg. 1964, 625 (631) = BeckRS 2004, 73890 – Kommission/Luxemburg und Belgien; EuGH 25.9.1979 – 232/78, Slg. 1979, 2729 (2739) = NJW 1980, 1208 – Kommission/Frankreich; EuGH 14.2.1984 – 325/82, Slg. 1984, 777 (793) = BeckRS 2004, 70810 – Kommission/Deutschland; vgl. auch Arnull The European Union S. 45; Cremer in Calliess/Ruffert AEUV Art. 258 Rn. 34; Frenz EuropaR-HdB V Rn. 2623; Haratsch/Koenig/Pechstein EuropaR Rn. 522; Karpenstein in Grabitz/Hilf/Nettesheim AEUV Art. 258 Rn. 58; Kotzur in Geiger/Khan/Kotzur AEUV Art. 258 Rn. 22; Schwarze/Wunderlich in Schwarze Art. 258 Rn. 30; Wollenschläger, Die Gemeinschaftsaufsicht über die Rechtsprechung der Mitgliedstaaten, 2006, S. 87.

Verstoß bereits „weitgehend" beseitigt sei[208] bzw. keinen nachteiligen Einfluss auf das Funktionieren des Europäischen Marktes habe.[209] Ebenso wenig greift der Einwand durch, dass wegen des Vorrangs des Europarechts eine Änderung nationaler Vorschriften bzw. innerstaatliche Umsetzungsmaßnahmen ohnehin entbehrlich seien, denn bereits der Schein anderslautenden nationalen Rechts kann die Einhaltung des Unionsrechts gefährden.[210] Die Mitgliedstaaten können sich auch nicht auf europarechtskonforme Änderungen in ihrer Rechtsordnung berufen, wenn diese erst nach Ablauf der in der mit Gründen versehenen Stellungnahme gesetzten Frist erlassen wurden (vgl. → Rn. 38). Die Spruchpraxis des EuGH zeigt, dass den beklagten Mitgliedstaaten neben der soeben bereits erwähnten Geltendmachung höherer Gewalt im Grunde nur zwei Möglichkeiten der Verteidigung bleiben: Zum einen das – praktisch seltene – Bestreiten des ihnen zur Last gelegten Sachverhaltes und zum anderen die – regelmäßig vorgetragene – Darlegung, dass ihr Verhalten aus Rechtsgründen keinen Vertragsverstoß darstelle.[211] Die insgesamt restriktive Rechtsprechung hat bewirkt, dass sich die Mitgliedstaaten im Hinblick auf den zu erwartenden Prozessausgang insgesamt nur noch halbherzig gegen die ihnen zur Last gelegten Vertragsverstöße verteidigen.[212]

D. Die abschließende Entscheidung

I. Feststellungsurteil

Ist das Vertragsverletzungsverfahren begründet, so erlässt der Gerichtshof nach Maßgabe **49** des Art. 260 AEUV ein Feststellungsurteil. Im Falle der Verurteilung eines Mitgliedstaates stellt der EuGH in seiner Entscheidung fest, dass der Mitgliedstaat mit dem konkreten Verhalten gegen Verpflichtungen aus bestimmten Vorschriften des Unionsrechts verstoßen hat. Daraus folgt, dass der EuGH in seiner abschließenden Entscheidung **keine gestaltende Anordnung** in Form einer Aufhebung, Änderung oder im Falle der Unterlassung eine Verpflichtung vornehmen darf.[213] Dieses Ergebnis ergibt sich zum einen aus der Kompetenzordnung zwischen den Mitgliedstaaten und der Europäischen Union, zum anderen explizit aus Art. 260 AEUV.

Obwohl dem Urteil nur eine feststellende Wirkung zukommt, haben die verurteilten **50** Mitgliedstaaten nach den zuvor genannten Vorschriften die sich aus dem Urteil ergebenden Konsequenzen zu ziehen, dh den unionswidrigen Zustand im innerstaatlichen Bereich zu beseitigen und den status quo ante wiederherstellen.[214] Diese Handlungspflicht trifft

---

[208] EuGH 18.3.1980 – 91/79, Slg. 1980, 1099 (1105) = BeckRS 2004, 73909 – Kommission/Italien.
[209] EuGH 11.4.1978 – 95/77, Slg. 1978, 863 (871) = BeckRS 2004, 73957 – Kommission/Niederlande; EuGH 10.4.2003 – C-20/01 und 28/01, Slg. 2003, I-3609 Rn. 37 = NVwZ 2003, 1231 – Kommission/Deutschland.
[210] EuGH 15.10.1986 – 168/85, Slg. 1986, 2945 (2960 f.) = BeckRS 2004, 71917 – Kommission/Italien; EuGH 11.8.1995 – C-433/93, Slg. 1995, I-2303 (2318 ff.) = ZIP 1995, 1895 – Kommission/Deutschland; EuGH C-253/93, Slg. 1996, I-2423 (2430) = NVwZ 1996, 991 – Kommission/Deutschland; Arnull The European Union S. 44; Karpenstein in Grabitz/Hilf/Nettesheim AEUV Art. 258 Rn. 58; Kotzur in Geiger/Khan/Kotzur AEUV Art. 258 Rn. 21; Schwarze/Wunderlich in Schwarze Art. 258 Rn. 30.
[211] Vgl. Cremer in Calliess/Ruffert AEUV Art. 258 Rn. 34; Karpenstein in Grabitz/Hilf/Nettesheim AEUV Art. 258 Rn. 57; Kotzur in Geiger/Khan/Kotzur AEUV Art. 258 Rn. 21; Pechstein EU-ProzessR Rn. 297, 307 Schwarze/Wunderlich in Schwarze AEUV Art. 258 Rn. 29; Wollenschläger, Gemeinschaftsaufsicht über die Rechtsprechung der Mitgliedstaaten, 2006, S. 87.
[212] Schwarze/Wunderlich in Schwarze AEUV Art. 258 Rn. 28.
[213] Ortlepp, Das Vertragsverletzungsverfahren als Instrument zur Sicherung der Legalität im Europäischen Gemeinschaftsrecht, 1987, S. 107; Dörr/Lenz EuVerwRS S. 22; El-Shabassy, Die Durchsetzung finanzieller Sanktionen der Europäischen Gemeinschaften gegen ihre Mitgliedstaaten, 2007, S. 36; Frenz EuropaR-HdB V Rn. 2518; Karpenstein in Grabitz/Hilf/Nettesheim AEUV Art. 260 Rn. 4, 5; Kotzur in Geiger/Khan/Kotzur AEUV Art. 258 Rn. 4; Schwarze/Wunderlich in Schwarze AEUV Art. 260 Rn. 3; Pechstein EU-ProzessR Rn. 312; Pache/Bielitz DVBl 2006, 325 (331).
[214] Vgl. dazu iE Karpenstein in Grabitz/Hilf/Nettesheim AEUV Art. 260 Rn. 9 f.; Classen in Oppermann/Classen/Nettesheim EuropaR § 13 Rn. 37; Pechstein EU-ProzessR Rn. 311; Schwarze/Wunderlich in Schwarze AEUV Art. 260 Rn. 5 ff.

nicht nur den Mitgliedstaat als solchen, sondern auch alle seine innerstaatlichen Organe.[215] Obgleich Art. 260 AEUV keine Frist für die Beseitigung des vertragswidrigen Zustands nennt, wird allgemein eine **Pflicht zu unverzüglichem Tätigwerden** angenommen.[216] Infolge der bloßen Feststellung der Infriktion kann es für die betreffenden Mitgliedstaaten im Einzelfall jedoch schwierig sein, zu ermitteln, welche Maßnahmen sie iE vornehmen müssen, um den gerügten Verstoß zu beseitigen. In solchen Fällen ist der Gerichtshof bemüht, in den Urteilsgründen nähere Hinweise über den Rahmen zu geben, innerhalb dessen die beanstandete Maßnahme noch als vertragskonform angesehen werden wird.[217] Darüber hinaus kann der Gerichtshof auch im Rahmen des Urteilstenors **Interpretationshilfen** geben, indem er die festgestellte Pflichtverletzung weiter oder enger umschreibt.[218] Dementsprechend können schon die Kläger ihren Klageantrag formulieren. Grundsätzlich besteht die mitgliedstaatliche Pflicht, den Vertragsverstoß für die Zukunft (ex nunc) zu beseitigen.[219] Ob die Mitgliedstaaten außerdem gehalten sind, rückwirkend alle Folgen zu beseitigen, die sich aus dem vertragswidrigen Verhalten ergeben, ist in der Literatur heftig umstritten und auch in der Rechtsprechung immer noch nicht eindeutig geklärt.[220] Die Beseitigung von Verstoßfolgen kann jedenfalls durch eine entsprechende Formulierung des Klageantrags zum Gegenstand des Verfahrens gemacht werden, wie es in Verfahren über die Rückforderung europarechtswidriger Beihilfen regelmäßig der Fall ist.[221]

II. Durchsetzung des vertragskonformen Zustands

51 Der Natur des Feststellungsurteils entspricht es, dass eine Vollstreckung gegenüber den Mitgliedstaaten nicht möglich ist.[222] Insoweit ergibt sich eine Diskrepanz zu den im Vertragsverletzungsverfahren ebenfalls möglichen einstweiligen Anordnungen gem. Art. 278, 279 AEUV, mittels derer der Gerichtshof konkrete vorläufige Maßnahmen anordnen kann

---

[215] EuGH 14.12.1982 – 314/81, Slg. 1982, 4337 (4360 f.) = BeckRS 2004, 70739 – Procureur de la République/Alex Waterkeyn und andere; vgl. auch Borchardt in Dauses/Ludwigs EU-WirtschaftsR-HdB Abschn. P Kap. I Rn. 47; Cremer in Calliess/Ruffert AEUV Art. 260 Rn. 4 f.; Karpenstein in Grabitz/ Hilf/Nettesheim AEUV Art. 260 Rn. 9; Kotzur in Geiger/Khan/Kotzur AEUV Art. 260 Rn. 10; Schwarze/Wunderlich in Schwarze AEUV Art. 260 Rn. 6; Ehlers Jura 2007, 684.
[216] EuGH 19.1.1993 – C-101/91, Slg. 1993, I-191 (206) = BeckRS 2004, 74039 – Kommission/Italien; EuGH 4.7.2000 – C-387/97, Slg. 2000, I-5047 Rn. 82 = EuR 2000, 768 – Kommission/Griechenland; El-Shabassy, Die Durchsetzung finanzieller Sanktionen der Europäischen Gemeinschaften gegen ihre Mitgliedstaaten, 2007, S. 37; Karpenstein in Grabitz/Hilf/Nettesheim AEUV Art. 260 Rn. 5; Kotzur in Geiger/Khan/Kotzur AEUV Art. 260 Rn. 8; Schwarze/Wunderlich in Schwarze AEUV Art. 260 Rn. 5; Waldhoff, Rückwirkung von EuGH-Entscheidungen, 2006, S. 29.
[217] El-Shabassy, Die Durchsetzung finanzieller Sanktionen der Europäischen Gemeinschaften gegen ihre Mitgliedstaaten, 2007, S. 36; Karpenstein in Grabitz/Hilf/Nettesheim AEUV Art. 260 Rn. 6; Pechstein EU-ProzessR Rn. 309.
[218] EuGH 12.7.1973 – 70/72, Slg. 1973, 813 (829) = NJW 1974, 434 – Kommission/Deutschland; EuGH 20.9.1990 – C-5/89, Slg. 1990, I-3437 (3459) = NVwZ 1990, 1161 – Kommission/Deutschland; Karpenstein in Grabitz/Hilf/Nettesheim AEUV Art. 260 Rn. 6; Schwarze/Wunderlich in Schwarze AEUV Art. 260 Rn. 3; Wollenschläger, Die Gemeinschaftsaufsicht über die Rechtsprechung der Mitgliedstaaten, 2006, S. 85.
[219] Frenz EuropaR-HdB V Rn. 2631; Karpenstein in Grabitz/Hilf/Nettesheim AEUV Art. 260 Rn. 11; Schwarze/Wunderlich in Schwarze AEUV Art. 260 Rn. 5; Pache/Bielitz DVBl 2006, 325 (331); Ehlers Jura 2007, 684 (689).
[220] Dafür EuGH C-206/03, Slg. 2006, I-415 Rn. 51 = BeckRS 2005, 70359 – Smithkline; GA Colomer, SchlA 18.4.2002 – C-299/01, Slg. 2002, I-5899 Rn. 23 = BeckRS 2004, 76125 – Kommission/ Luxemburg; Cremer in Calliess/Ruffert AEUV Art. 260 Rn. 7; Dörr/Lenz EuVerwRS S. 22; Karpenstein in Grabitz/Hilf/Nettesheim AEUV Art. 260 Rn. 12 ff.; Schwarze/Wunderlich in Schwarze AEUV Art. 260 Rn. 7; krit. dagegen Frenz EuropaR-HdB V Rn. 2635; Kotzur in Geiger/Khan/Kotzur AEUV Art. 260 Rn. 12; Pechstein EU-ProzessR Rn. 311.
[221] Cremer in Calliess/Ruffert AEUV Art. 260 Rn. 3; Karpenstein in Grabitz/Hilf/Nettesheim AEUV Art. 260 Rn. 7, 15; Schwarze/Wunderlich in Schwarze AEUV Art. 260 Rn. 4,
[222] Ehlers in Ehlers/Schoch, Rechtsschutz im Öffentlichen Recht, 2009, § 7 Rn. 34; Frenz EuropaR-HdB V Rn. 2637; Kotzur in Geiger/Khan/Kotzur AEUV Art. 260 Rn. 13.

(vgl. dazu ausf. → §§ 17, 18).[223] Um die Beseitigung der festgestellten Vertragsverletzung durchzusetzen, kommen verschiedene Möglichkeiten in Betracht, die in ihrer Intensität sehr unterschiedlich sind.

1. Finanzielle Sanktionen. Mit der Verabschiedung des in Maastricht unterzeichneten Vertrages über die Europäische Union ist Art. 171 EGV-Maastricht (Art. 228 EGV-Nizza jetzt Art. 260 AEUV) um einen Abs. 2 ergänzt und das Sanktionsverfahren eingeführt worden.[224] Der Vertrag von Lissabon bewirkte Änderungen zu Abs. 2 und ergänzt Art. 228 EGV-Nizza um einen Abs. 3. Die Schärfungen des Sanktionsregimes sollen die schnellere und effektivere Durchsetzbarkeit der Urteile des Europäischen Gerichtshofs bezwecken.[225] Nach **Art. 260 Abs. 2 AEUV** kann (zum Ermessen vgl. bereits → Rn. 25) die Kommission den Gerichtshof erneut, freilich nur innerhalb des durch das erste Urteil gezogenen Rahmens, anrufen, wenn der betreffende Mitgliedstaat die sich aus dem Urteil ergebenden Maßnahmen nicht getroffen hat.[226] Im Vergleich mit Art. 228 Abs. 2 EGV-Nizza verlangt Art. 260 Abs. 2 AEUV der Kommission weder eine begründete Stellungnahme noch die Benennung einer Frist ab. Die Neuregelung erlaubt die Anrufung des EuGH bereits im unmittelbaren Anschluss an die Anhörung des betreffenden Mitglieds.[227] Mit der Anrufung des EuGH benennt die Kommission zugleich die Höhe eines von dem betreffenden Mitgliedstaat zu zahlenden „**Pauschalbetrags**" oder „**Zwangsgelds**", welches sie den Umständen nach für angemessen hält. Stellt der Gerichtshof die Nichtbefolgung seines ersten Urteils fest, so verhängt er die Sanktion der Zahlung des Pauschalbetrags oder des Zwangsgeldes, allerdings ohne hierbei an den Vorschlag der Kommission gebunden zu sein.[228] Auch die vorgeschlagenen Berechnungskriterien sind nicht bindend. Damit werden Art und Höhe der Sanktion den politischen Entscheidungsträgern entzogen und in richterliches Ermessen überführt.[229] Der neu hinzugefügte **Art. 260 Abs. 3 AEUV** ermächtigt den Gerichtshof im Falle eines von der Kommission gerügten mitgliedstaatlichen Verstoßes gegen die Verpflichtung zur Mitteilung über Umsetzungsmaßnahmen von Richtlinien,[230] bereits mit dem ersten Urteil Sanktionsmittel zu verhängen. Diesem Verstoß wird in der Literatur teilweise auch der Fall fehlender Richtlinienumsetzung, und sogar der Fall fehlerhafter Umsetzung gleichgesetzt.[231] Auf Richtlinien, die vor Inkrafttreten des Lissabonner Vertrages in Kraft getreten sind, findet das Sanktionsregime des Art. 260 Abs. 3 AEUV hingegen keine Anwendung. Denn bei diesen handelt es sich nicht um Richtlinien, die gemäß einem Gesetzgebungsverfahren erlassen wurden.[232] Das erste Urteil zum einstufigen Vertragsverletzungsverfahren gem. Art. 260 Abs. 3 AEUV erging am 8.7.2019, mit welchem der EuGH eine Reihe an Rechtsfragen (insbes. betreffend die Anforderungen an eine

---

[223] Vgl. dazu auch EuGH 21.5.1977 – 31/77, Slg. 1977, 921 = BeckRS 2004, 70715 – Kommission/Vereinigtes Königreich Großbritannien und Nordirland; EuGH 16.2.1978 – 61/77, Slg. 1977, 937 (942 f.) = NJW 1978, 1737 – Kommission/Irland; EuGH 16.2.1978 – 61/77, Slg. 1977, 1411 (1414) = NJW 1978, 1737 – Kommission/Irland; EuGH 25.4.1996 – C-87/94, Slg. 1994, I-1395 Rn. 31 = NVwZ 1997, 374 – Kommission/Belgien; EuGH 19.3.1996 – C-120/94, Slg. 1994, I-3037 = BeckRS 2004, 74220 – Kommission/Griechenland; vgl. auch Cremer in Calliess/Ruffert AEUV Art. 258 Rn. 36 f.; Frenz EuropaR-HdB V Rn. 2586 ff.; Karpenstein in Grabitz/Hilf/Nettesheim AEUV Art. 260 Rn. 78.; Schwarze/Wunderlich in Schwarze AEUV Art. 258 Rn. 34.
[224] Steiner/Woods/Twigg-Flesner, EU Law, 9. Aufl. 2006, S. 226.
[225] CONV 636/03 Nr. 28; Frenz EuropaR-HdB V Rn. 2640; Thiele EuR 2010, 30 (34); Wunderlich EuR 2012, 49 (56).
[226] Hammen, Der Konzern 2009, 391 (394).
[227] Borries FS Rengeling, 2008, 485 (502); Frenz EuropaR-HdB V Rn. 2641; Scholl, Haftung zwischen EG-Mitgliedstaaten bei Verletzung von Gemeinschaftsrecht, 2005, S. 73.
[228] EuGH 4.7.2000 – C-387/97, Slg. 2000, I-5047 Rn. 89 = EuR 2000, 768 – Kommission/Griechenland; EuGH 12.7.2005 – C-304/02, Slg. 2005, I-6263 Rn. 89 = EuR 2005, 509 – Kommission/Frankreich; Arnull The European Union S. 48; Classen in Schulze/Zuleeg/Kadelbach HdB-EuropaR, 3. Aufl. 2014, § 4 Rn. 59; Huck/Klieve EuR 2006, 413 (418); Kilbey CMLR 2008, 743 (759).
[229] EuGH 12.7.2005 – C-304/02, Slg. 2005, I-6363 Rn. 90 = EuR 2005, 509 – Kommission/Frankreich.
[230] Sabotta ZUR 2008, 72 (73).
[231] Steiner ZfRV 2008, 152 (156); Thiele EuR 2010, 30 (35).
[232] Ausf. Wunderlich EuR 2012, 49 (59 f.).

Umsetzungsmitteilung der Mitgliedstaaten und den Zeitpunkt der Anordnung von Sanktionen) klärte.[233]

53 Die Kommission ist verpflichtet,[234] die in Frage kommenden Sanktionsmittel vor einer Anrufung des EuGH zu benennen. Ausweislich Art. 260 Abs. 3 UAbs. 2 S. 1 AEUV ist der Gerichtshof bei der Verhängung der Sanktionsmittel nach Art. 260 Abs. 3 AEUV allerdings insofern an den Kommissionsvorschlag gebunden, als dass er die Höhe des benannten Betrages wegen des Grundsatzes ne ultra petita[235] nicht überschreiten darf.[236]

54 Während das **Zwangsgeld** die Summe der Tagessätze darstellt, die ein Mitgliedstaat zwischen dem zweiten (unter den Voraussetzungen des Art. 260 Abs. 3 AEUV sogar dem ersten) Urteil und der Behebung des Vertragsverstoßes zu zahlen hat (vgl. sogleich) und somit Beugecharakter aufweist,[237] blieb die Bedeutung des **Pauschalbetrags** lange Zeit ungeklärt. Nunmehr scheint höchstrichterlich festzustehen, dass der Pauschalbetrag eine einmalige finanzielle Sanktion mit Strafcharakter darstellt,[238] die insbes. dann in Betracht kommen kann, wenn die Vertragsverletzung lange Zeit fortbestanden hat und die Folgen für die privaten und öffentlichen Interessen dies im Einzelfall einfordern.

55 Hinsichtlich der Anwendung der finanziellen Sanktionen und der Berechnung des Zwangsgelds hat die Kommission im Laufe der 30-jährigen Geschichte des Vertragsverletzungsverfahrens drei Bekanntmachungen veröffentlicht.[239] Den Bekanntmachungen von 1996 und 1997 war zu entnehmen, dass die Kommission das Zwangsgeld für das geeignetere Mittel ansah, eine schnellstmögliche Beendigung des Verstoßes zu erreichen.[240] Die Mitteilung aus dem Jahre 2005 ersetzt die Mitteilungen aus den 90-er Jahren. Abweichend vom Wortlaut der Art. 260 Abs. 2 AEUV, schlägt die Kommission dem Gerichtshof vor, in Zukunft stets die **kumulative Verhängung von Zwangsgeld und Pauschalbetrag** durchzuführen.[241] Der EuGH selbst hatte in dem Rechtsstreit zwischen der Kommission und Frankreich erstmalig auf beide Sanktionsmittel zurückgegriffen und seine Vorgehensweise für alle Fälle gerechtfertigt, in denen die Vertragsverletzung von langer Dauer ist und die Tendenz hat, sich fortzusetzen.[242] Die Frage, ob eine kumulative Verhängung auch für das Verfahren nach Art. 260 Abs. 3 AEUV möglich ist, hat der EuGH bislang noch nicht entschieden.[243]

56 Die **Höhe des Zwangsgelds** orientiert sich an der Schwere des Verstoßes (Schwerekoeffizient), seiner Dauer (Dauerkoeffizient) und der zur Verhinderung eines erneuten Verstoßes erforderlichen Abschreckungswirkung, wobei diesbezüglich nach der Zahlungsfähigkeit der Mitgliedstaaten und ihrer Stimmenzahl im Rat differenziert wird (Zahlungs-

---

[233] Vgl. dazu ausf. Wendenburg EuR 2019, 637 (637 ff.).
[234] Zur Beantragungspflicht der Kommission bzgl. finanzieller Sanktionen s. nur Thiele EuR 2008, 320 (343).
[235] Dieser Grundsatz gilt jedoch nicht in Bezug auf Art. 260 Abs. 2 AEUV, s. die vorangehenden Bemerkungen sowie Thiele EuR 2008, 320 (329 f.).
[236] EuGH 10.1.2008 – C-70/06, BeckRS 2008, 70012 – Kommission/Portugal; Thiele EuR 2010, 30 (35); zum Grundsatz sa Classen in Schulze/Janssen/Kadelbach HdB-EuropaR § 4 Rn. 102.
[237] SEK(2005) 1658; Cremer in Calliess/Ruffert AEUV Art. 260 Rn. 12 ff; El-Shabassy, Die Durchsetzung finanzieller Sanktionen der Europäischen Gemeinschaften gegen ihre Mitgliedstaaten, 2007, S. 49 f.; Ehlers Jura 2007, 684 (689); Steiner ZfRV 2008, 152 (153).
[238] EuGH 12.7.2005 – C-304/02, Slg. 2005, I-6363 Rn. 80, 81, EuR 2005, 509 – Kommission/Frankreich; El-Shabassy, Die Durchsetzung finanzieller Sanktionen der Europäischen Gemeinschaften gegen ihre Mitgliedstaaten, 2007, S. 51; Frenz EuropaR-HdB V Rn. 2644; Scholl, Haftung zwischen EG-Mitgliedstaaten bei Verletzung von Gemeinschaftsrecht, 2005, S. 76; krit. Everling FS Isensee, 2007, 773 (788, 791); Steiner ZfRV 2008, 152 (153); Hammern, Der Konzern 2009, 391 (399).
[239] ABl. 1996 C 242, 6 und ABl. 1997 C 63, 2; SEK(2005) 1658.
[240] ABl. 1996 C 242, 6 Ziff. 4.
[241] SEK(2005) 1658 Rn. 10.3.
[242] EuGH 12.7.2005 – C-304/02, Slg. 2005, I-6363 Rn. 81, 82 = EuR 2005, 509 – Kommission/Frankreich; zuvor schon angedacht in: EuGH 22.10.2002 – C-241/01, Slg. 2002, I-9079 = BeckRS 2004, 75366 – National Farmers Union.
[243] Vgl. dazu Wendenburg EuR 2019, 637 (644).

fähigkeitskoeffizient).[244] Das beantragte tägliche Zwangsgeld kann diesen Kriterien zufolge minimal 216 EUR für Malta und maximal 914.400 EUR für Deutschland betragen.[245] Die Kommission schlägt in ihrer (nicht bindenden) Mitteilung aus dem Jahre 2005 vor, die **Höhe des Pauschalbetrags** unter Berücksichtigung von Gleichbehandlungsgrundsatz und Verhältnismäßigkeitsprinzip durch Multiplikation eines festen Mindestpauschalbetrags mit dem Ergebnis einer komplizierten[246] Berechnung, bei dem ein Tagessatz (Schwere- und Zahlungsfähigkeitskoeffizient) mit der Anzahl der Tage der Zuwiderhandlung multipliziert wird, zu errechnen.[247] So ergibt sich ein Mindestpauschalbetrag von minimal 180.000 EUR für Malta und maximal 12.700.000 EUR für Deutschland.[248]

Bisher ist es in einer Reihe von Fällen zur Verhängung finanzieller Sanktion gekommen: **57** Den Anfang machte das Verfahren gegen Griechenland wegen Nichtbeachtung eines Urteils aus dem Jahre 1992. Am 4.7.2000 wurde Griechenland zur Zahlung eines Zwangsgelds iHv 20.000 EUR pro Tag Verzug verurteilt.[249] Dabei hat der Gerichtshof – obwohl er weder dem von der Kommission errechneten Betrag von 24.600 EUR zugestimmt noch eine eigene Berechnungsmethode vorgeschlagen hat – die Kriterien der Kommission für die Berechnung des Zwangsgelds grundsätzlich gebilligt.[250] Im November 2003 erging ein Zwangsgeldurteil (Zahlung von 624.150 EUR) gegen Spanien, in dem das Gericht den Kommissionsvorschlag herabsetzte. Als „bahnbrechend" wurde sodann das Urteil des EuGH in der Rechtssache **Kommission gegen Frankreich** empfunden, mit dem das Gericht Frankreich für die Nichtbeachtung eines 14 Jahre zurückliegenden Infraktionsurteils kumulativ zur Zahlung eines Zwangsgeldes und eines Pauschalbetrags verpflichtete (vgl. → Rn. 55). Im jüngsten Urteil des EuGH (Kommission/Portugal) beantragte die Kommission entgegen ihrer Ankündigung, in Zukunft stets auf beide Sanktionsmittel zurückzugreifen, nur die Verhängung eines Zwangsgeldes. Der EuGH, die Mitteilung der Kommission aus dem Jahre 2005 billigend, stufte jedoch die Höhe des von der Kommission beantragten Zwangsgeldes herab.

War die Einführung finanzieller Sanktionsmöglichkeiten in der Literatur zu Anfang **58** teilweise noch auf Skepsis gestoßen,[251] wird dem weiter verschärften Sanktionsregime nunmehr nahezu unisono ein erhebliches Maß an Effektivität qua Abschreckungswirkung attestiert.[252]

Zweifelhaft erschien zu Beginn, ob ein Mitgliedstaat, der die Erfüllung der ihm obliegen- **59** den Vertragspflichten ernsthaft verweigert, zur Zahlung einer entsprechenden „Geldstrafe" bereit sein würde. Diese Befürchtung scheint sich bislang angesichts sinkender Urteilsakzeptanz und vermehrt ergehenden Zweiturteilen auch bewahrheitet zu haben.[253] Es wird sich zeigen, ob die Verschärfung über Art. 260 Abs. 3 AEUV Wirkung zeigt.

---

[244] Vgl. ABl. 1996 C 242, 6 Ziff. 5, und ABl. 1997 C 63, 2 Ziff. 3, 4; SEK(2005) 1658 Rn. 14 ff.; Arnull The European Union S. 49; Cremer in Calliess/Ruffert EGV Art. 260 Rn. 13 ff.; El-Shabassy, Die Durchsetzung finanzieller Sanktionen der Europäischen Gemeinschaften gegen ihre Mitgliedstaaten, 2007, S. 48; Karpenstein in Grabitz/Hilf/Nettesheim AEUV Art. 260 Rn. 53 ff.; Pauling EuZW 2006, 492 (493).
[245] Vgl. ABl. 1997 C 63, 2 Ziff. 2, 4; SEK(2005) 1658 Rn. 10 sowie Steiner ZfRV 2008, 152 (157).
[246] Für eine Vereinfachung des Berechnungssystems streiten Kilbey CMLR 2008, 743 (759).
[247] SEK(2005) 1658 Rn. 19.
[248] Pauling EuZW 2006, 492 (494).
[249] EuGH 4.7.2000 – C-387/97, Slg. 2000, I-5047 = EuZW 2000, 531 mAnm Karpenstein = EuR 2000, 768 (782) mAnm Heidig – Kommission/Griechenland.
[250] EuGH 4.7.2000 – C-387/97, Slg. 2000, I-5047 = EuR 2000, 768 Rn. 87–92 – Kommission/Griechenland.
[251] Rodríguez Iglesias EuR 1992, 243; Thiele EuR 2008, 320 (325) mwN.
[252] Rechtsprechungsstatistik des Europäischen Gerichtshofs, Jahresbericht 2009, S. 10, abrufbar unter Curia; Arnull The European Union S. 49; Haltern EuropaR Rn. 318, 319 zur Effektivität des Vertragsverletzungsverfahrens insgesamt; Everling FS Isensee, 2007, 773 (788, 791); Karpenstein in Grabitz/Hilf/Nettesheim AEUV Art. 260 Rn. 1; Scholl, Haftung zwischen EG-Mitgliedstaaten bei Verletzung von Gemeinschaftsrecht, 2005, S. 73, 80; Haltern VerwArch 2005, 311 (328); Steiner ZfRV 2008, 152 (157); Thiele EuR 2008, 320 (343) sowie Thiele EuR 2010, 30 (34); krit. hingegen Gundel in Schulze/Janssen/Kadelbach HdB-EuropaR § 3 Rn. 123.
[253] Borries FS Rengeling, 2008, 485 (506).

60 Ob der mit dem erneuten Urteil des Gerichtshofs geschaffene Zahlungstitel nach Art. 280, 299 AEUV (Art. 244, 256 EGV) überhaupt durchgesetzt werden kann, ist ebenso umstritten.[254] Fraglich ist bereits, wie eine **Vollstreckung** praktisch durchzuführen wäre (vgl. → §§ 29 ff.). Ferner ist zu beachten, dass sich durch die über Art. 280 AEUV eingeräumte Möglichkeit der Zwangsvollstreckung die grundsätzlich ablehnende Haltung des betreffenden Mitgliedstaats zusätzlich verhärten könnte. Für eine Staatenunion, die sich im Prozess fortschreitender Integration befindet und damit maßgeblich auf die freiwillige Befolgung ihrer getroffenen Vereinbarungen angewiesen ist, könnte dies zu negativen Folgen im Integrationsprozess führen.[255] Ungeklärt bleibt auch weiterhin, ob der Kommission zur Durchsetzung des Sanktionsinstruments „Zwangsgeld" das Sanktionsinstrument der **Aufrechnung** gegen Zahlungsforderungen des betroffenen Mitgliedstaates aus Fonds der Union zur Verfügung steht.[256] Der EuGH[257] und das EuG[258] halten die Aufrechnung gegen Forderungen privater Marktteilnehmer zwar trotz des Fehlens einer Aufrechnungsregelung im Unionsrecht grundsätzlich für statthaft, allerdings unter der Voraussetzung, dass dadurch nicht die Durchführung von im unionalen Interesse liegenden Maßnahmen finanziell gefährdet wird; das aber dürfte die regelmäßige Folge von Aufrechnungen gegen Forderungen der Mitgliedstaaten sein. All dies zeigt, dass nach wie vor der politische Wille des jeweils betroffenen Mitgliedstaates entscheidend ist, weshalb auch in Zukunft über politische Maßnahmen versucht werden sollte, den betreffenden Mitgliedstaat zu der Zahlung der verhängten Sanktionssumme zu bewegen (vgl. → Rn. 62).[259]

61 **2. Erneutes Vertragsverletzungsverfahren ohne finanzielle Sanktionen.** Während die anderen Mitgliedstaaten – auch nach Einführung finanzieller Sanktionsmöglichkeiten – gegen den sich nach einer ersten Verurteilung immer noch vertragswidrig verhaltenden Mitgliedstaat ein erneutes (sanktionsloses) Vertragsverletzungsverfahren – jetzt wegen Verletzung des Art. 260 AEUV – anstrengen können (Art. 260 Abs. 2 UAbs. 3 AEUV), dürfte diese Möglichkeit für die Kommission seit dem Vertrag von Maastricht nicht mehr bestehen. Stattdessen ist wegen der insoweit eindeutigen Regelung in Art. Art. 260 Abs. 2 UAbs. 2 S. 2 AEUV anzunehmen, dass die Kommission eine Sanktion beantragen muss, wenn sie denn den Gerichtshof ein zweites Mal anruft.[260]

62 **3. Politische Mittel.** Daneben sind gewisse „politische" Repressalien der Unionsorgane denkbar, die den betreffenden Mitgliedstaat zu einem vertragskonformen Handeln ver-

---

[254] Ausf., iErg bejahend, El-Shabassy, Die Durchsetzung finanzieller Sanktionen der Europäischen Gemeinschaften gegen Mitgliedstaaten, 2007, S. 68 ff.; Karpenstein in Grabitz/Hilf/Nettesheim AEUV Art. 260 Rn. 59; Schwarze/Wunderlich in Schwarze AEUV Art. 260 Rn. 12; Huck/Klieve EuR 2006, 413 (417 f., 422); Steiner ZfRV 2008, 152 (157).
[255] El-Shabassy, Die Durchsetzung finanzieller Sanktionen der Europäischen Gemeinschaften gegen ihre Mitgliedstaaten, 2007, S. 41 ff.; Scholl, Haftung zwischen EG-Mitgliedstaaten bei Verletzung von Gemeinschaftsrecht, 2005, S. 78.
[256] Vgl. auch Borchardt in Dauses/Ludwigs EU-WirtschaftsR-HdB Abschn. P Kap. I Rn. 54, bejahend; El-Shabassy, Die Durchsetzung finanzieller Sanktionen der Europäischen Gemeinschaften gegen ihre Mitgliedstaaten, 2007, S. 87 ff.; Karpenstein in Grabitz/Hilf/Nettesheim AEUV Art. 260 Rn. 76; Scholl, Haftung zwischen EG-Mitgliedstaaten bei Verletzung von Gemeinschaftsrecht, 2005, S. 78, 79; Dashwood/White ELR 1989, 412; Steiner ZfRV 2008, 152 (158).
[257] EuGH 1.3.1983 – 250/78, Slg. 1983, 421 (431) = NJW 1980, 1214 – DEKA Getreideprodukte; EuGH 19.5.1998 – C-132/95, Slg. 1998, I-2975 (3018 ff.) = EuZW 1999, 448 – Bent Jensen und Korn; EuGH 10.7.2003 – C-87/01, Slg. 2003, I-7617 Rn. 62 = BeckRS 2004, 77856 – Kommission/CCRE.
[258] EuGH 10.7.2003 – C-87/01, Slg. 2003, I-7617 = BeckRS 2004, 77856 – Kommission/CCRE.
[259] Karpenstein in Grabitz/Hilf/Nettesheim AEUV Art. 260 Rn. 75; Steiner ZfRV 2008, 152 (157).
[260] GA Fenelly, SchlA 16.11.1995 – C-334/94, Slg. 1996, I-1307 (1316 f.) = BeckRS 2004, 76517 – Kommission/Frankreich; Borchardt in Dauses/Ludwigs EU-WirtschaftsR-HdB Abschn. P Kap. I Rn. 50; El-Shabassy, Die Durchsetzung finanzieller Sanktionen der Europäischen Gemeinschaften gegen ihre Mitgliedstaaten, 2007, S. 57 f.; Karpenstein in Grabitz/Hilf/Nettesheim AEUV Art. 260 Rn. 33; Schwarze/Wunderlich in Schwarze AEUV Art. 260 Rn. 9.

anlassen sollen.²⁶¹ Der Rückgriff auf völkerrechtliche Sanktionen erscheint demgegenüber zweifelhaft und ist in der Praxis nie ernsthaft erwogen worden.²⁶²

4. Staatshaftung. Ein höchst wirkungsvolles „Sanktionsmittel", über das aber nicht die Kommission verfügt und über dessen Erfolg zunächst vor den Gerichten der Mitgliedstaaten entschieden wird, ist die in → § 36 näher behandelte Möglichkeit einer Staatshaftung von vertragswidrig handelnden Mitgliedstaaten ihren Staatsbürgern gegenüber.²⁶³ Um die volle Wirksamkeit des Unionsrechts zu gewährleisten und insbes. die Rechte der Einzelnen zu schützen, müssen die Unions*bürger* nach der Rechtsprechung des EuGH die Möglichkeit haben, für den Fall eine Entschädigung zu erlangen, dass ihre Rechte infolge eines Verstoßes gegen das Unionsrecht verletzt werden, der einem Mitgliedstaat zuzurechnen ist. Die **gerichtliche Feststellung** einer bestehenden Vertragsverletzung nach Art. 258, 259 AEUV ist allerdings **nicht Voraussetzung** für den europarechtlich begründeten Staatshaftungsanspruch;²⁶⁴ dieser besteht vielmehr selbständig neben dem Vertragsverletzungsverfahren. Da die Geschädigten ja nicht zur Einleitung eines Vertragsverletzungsverfahrens befugt sind, kann ihnen insoweit auch nicht der Vorwurf der Unterlassung bestehender Primärrechtsschutzmöglichkeiten gemacht werden. 63

E. Praktische Hinweise

I. Beschwerde bei der Kommission

Wie oben (→ Rn. 2) ausgeführt, sind Bürger oder Unternehmen berechtigt, mit einer Beschwerde bei der Kommission Rechtsverstöße auf mitgliedstaatlicher Ebene zu rügen. Die Kommission hat ein **Standardformular** zur Einreichung einer Beschwerde wegen Nichtbeachtung des unionalen Rechts veröffentlicht.²⁶⁵ Die Verwendung des Formulars ist allerdings nicht verbindlich; die Beschwerde kann auch formlos erhoben werden. Sie kann bei einer Vertretung der Kommission in den Mitgliedstaaten eingereicht werden. 64

Für Deutschland entweder in Berlin: Unter den Linden 78, 10117 Berlin, oder in Bonn: Bertha-von-Suttner-Platz 2–4, 53111 Bonn, oder in München: Erhardtstraße 27, 80469 München oder an folgende Anschrift: 65
Europäische Kommission
(z. H. der Generalsekretärin)
Rue de la Loi/Wetstraat 200
B-1049 Brüssel.

Neben Angaben zur Person und zum betreffenden Mitgliedstaat bzw. zur betreffenden öffentlichen Einrichtung hat der Beschwerdeführer den Beschwerdegegenstand möglichst genau darzustellen sowie die angeblich verletzten Bestimmungen des Unionsrechts zu nennen.²⁶⁶ Ferner sollen etwaige bereits unternommene Schritte bei europäischen Einrich- 66

---

²⁶¹ Vgl. hierzu die Vorschläge der Kommission, Bull. EG-Beilage 2/1991, 163 ff.
²⁶² Schwarze/Wunderlich in Schwarze AEUV Art. 258 Rn. 14.
²⁶³ Seit EuGH 19.11.1991 – C-6/90, Slg. 1991, I-5357 (5413 ff.) = NJW 1992, 165 – Francovich; EuGH 5.3.1996 – C-46/93, Slg. 1996, I-1029 (1142 ff.) = NJW 1996, 1267 – Brasserie du pêcheur und Factortame; EuGH 8.10.1996 – C-178/94, Slg. 1996, I-4845 = NJW 1996, 3141 – Dillenkofer; EuGH 1.6.1999 – C-302/97, Slg. 1999, I-3099 = NVwZ 2000, 303 – Konle; EuGH 4.7.2000 – C-424/97, Slg. 2000, I-5123 = ZIP 2000, 1215 – Salomone Haim; EuGH 30.9.2003 – C-224/01, Slg. 2003, I-10239 = NJW 2003, 3539 – Köbler; EuGH 7.7.2011 – C-445/09, Slg. 2009, I-2119 = NVwZ 2009, 771 – Dänische Schlachthofgesellschaft/Deutschland; EuGH 26.1.2010 – C-118/08, NJW 2010, 2716 – Transportes Urbanos/Administracion del Estado zur Rechtswegerschöpfung.
²⁶⁴ EuGH 5.3.1996 – C-46/93, Slg. 1996, I-1029 (1159 f.) = NJW 1996, 1267 – Brasserie du pêcheur und Factortame; EuGH 24.3.2009 – C-445/06, Slg. 2009, I-2119 Rn. 67 = NVwZ 2009, 771 – Dänische Schlachthofgesellschaft/Deutschland; Berg in Schwarze, AEUV Art. 340 Rn. 96.
²⁶⁵ ABl. 1989 C 26, 6; modifiziert im April 1999 (ABl. 1999 C 199, 5). Die elektronische Fassung kann im Internet unter https://ec.europa.eu/assets/sg/report-a-breach/complaints_de/abgerufen werden; vgl. ferner Stotz in Rengeling, Handbuch zum europäischen und deutschen Umweltrecht, Bd. I, 2. Aufl. 2003, § 45 Rn. 18 ff.
²⁶⁶ Ein Schema einer Klageschrift findet sich bei Frenz EuropaR-HdB V Rn. 2719 ff.

tungen oder bei den nationalen Behörden beschrieben werden. Gegebenenfalls sind Belege und Beweismittel zum Nachweis des Verstoßes anzugeben. Die Beschwerde wird auf Wunsch vertraulich behandelt, allerdings weist die Kommission darauf hin, dass die Offenbarung der Identität des Beschwerdeführers in manchen Fällen für die Bearbeitung unerlässlich ist. Die Kommission bemüht sich um eine Entscheidung (Einleitung eines Vertragsverletzungsverfahrens oder Einstellung der Untersuchung) innerhalb von zwölf Monaten. Der Beschwerdeführer wird sowohl von einer beabsichtigten Einstellung als auch bei Einleitung eines Vertragsverletzungsverfahrens über dessen Fortgang informiert.

II. Vertragsverletzungsverfahren

67 Im Vertragsverletzungsverfahren ist der Klageantrag auf die *Feststellung* zu richten, dass der beklagte Staat durch ein *bestimmtes Verhalten* gegen *bestimmte Normen* des Unionsrechts verstoßen hat.[267] In der Klageerwiderung wird der betroffene Staat in der Regel die Abweisung der Klage beantragen. Verfahrenssprache ist gem. Art. 37 Abs. 1 lit. a EuGHVfO die Amtssprache des betroffenen Mitgliedstaats; bestehen mehrere Amtssprachen, kann der Kläger eine von ihnen wählen. Die verfahrensbeteiligten Staaten und die Kommission werden gem. Art. 19 Abs. 1 EuGH-Satzung durch einen Bevollmächtigten vertreten, der sich der Hilfe eines Beistands oder Anwalts bedienen kann.

68 Der EuGH hat als **Arbeitshilfe** „Hinweise für die Prozessvertreter der Verfahrensbeteiligten für das schriftliche und das mündliche Verfahren vor dem Gerichtshof" veröffentlicht.[268] Für verfahrenseinleitende Schriftsätze schlägt der Gerichtshof folgendes Schema vor:

- Angabe der Verfahrensart durch Bezeichnung der Art der beantragten Entscheidung;
- Darstellung des relevanten Sachverhalts;
- Darstellung sämtlicher Hauptpunkte der Klage- oder Antragsbegründung;
- Vorbringen zu den einzelnen Klage- oder Antragsgründen (mit Verweisen auf die einschlägige Rechtsprechung des Gerichtshofs);
- Stellung der Anträge.

69 Der Aufbau der weiteren Schriftsätze sollte genau auf das Vorbringen des Schriftsatzes abgestimmt sein, auf den erwidert werden soll. Ferner sind den Schriftsätzen ggf. die in Art. 21 Abs. 2 der EuGH-Satzung bezeichneten Unterlagen beizufügen (Art. 122 Abs. 1 EuGHVfO). Beweise für bestrittene Tatsachen sind ebenfalls anzugeben. Im Übrigen sei auf die Darstellung in → §§ 20 ff. verwiesen.[269]

---

[267] Vgl. Pechstein EU-ProzessR Rn. 330.
[268] Im Internet abrufbar auf der Seite: http://www.era-comm.eu/Understanding_the_Role_of_the_CJEU_in_Criminal_Matters/de/C04HinweiseProzessvertreter.pdf.
[269] Vgl. hier noch Pechstein EU-ProzessR Rn. 132 ff.

§ 7 Nichtigkeitsklagen*

Übersicht

	Rn.
A. Einleitung	1
I. Allgemeines	1
II. Verhältnis zu anderen unionsrechtlichen Rechtsbehelfen	6
B. Zulässigkeit	9
I. Sachliche Zuständigkeit	9
II. Verfahrensbeteiligte	12
1. Klageberechtigte	12
a) Privilegiert Klageberechtigte	13
b) Teilprivilegiert Klageberechtigte	18
c) Nichtprivilegiert Klageberechtigte	21
2. Klagegegner	23
III. Klagegegenstand	34
IV. Klagebefugnis	43
1. Klagebefugnis der privilegierten und teilprivilegierten Kläger	44
2. Klagebefugnis der natürlichen und juristischen Personen	46
a) Adressatenstellung (erste Variante von Art. 263 Abs. 4 AEUV)	47
b) Unmittelbare und individuelle Betroffenheit (zweite Variante von Art. 263 Abs. 4 AEUV)	48
c) Klagen natürlicher und juristischer Personen gegen Rechtsakte mit Verordnungscharakter	70
V. Geltendmachung der Klagegründe	81
VI. Klagefrist	82
VII. Rechtsschutzbedürfnis	92
VIII. Sonstige Voraussetzungen	96
C. Begründetheit	97
I. Unzuständigkeit	100
II. Verletzung wesentlicher Formvorschriften	102
III. Vertragsverletzung	105
IV. Ermessensmissbrauch	112
D. Nichtigkeitsurteil	117
E. Praktische Hinweise	122
I. Allgemeine Hinweise	122
II. Muster einer Klageschrift	126

Schrifttum:

Allkemper, Der Rechtsschutz des einzelnen nach dem EG-Vertrag, 1995; Annacker, Die Inexistenz als Angriffs- und Verteidigungsmittel vor dem EuGH und dem EuG, EuZW 1995, 755; Baumhof, Die deutschen Bundesländer im europäischen Einigungsprozess, 1991; Calliess, Kohärenz und Konvergenz beim europäischen Individualrechtsschutz, NJW 2002, 3577; Classen, Die Europäisierung der Verwaltungsgerichtsbarkeit, 1996; Cujo, L'autonomie du recours en indemnité par rapport au recours en annulation, RDMC 1999, 414; Daig, Nichtigkeits- und Untätigkeitsklagen in Recht der Europäischen Gemeinschaften, 1985; Dervisopoulos, Zum Verhältnis von WTO-Recht und Gemeinschaftsrecht: Optionen nach Van Parys, Außenwirtschaft 2005, 415; Dittert, Effektiver Rechtsschutz gegen EG-Verordnungen: Zwischen Fischfangnetzen, Olivenöl und kleinen Landwirten, EuR 2002, 708; Drewes, Entstehen und Entwicklung des Rechtsschutzes vor den Gerichten der Europäischen Gemeinschaften am Beispiel der Nichtigkeitsklage, 2000; Everling, Zur richterlichen Kontrolle der Tatsachenfeststellungen und der Beweiswürdigung durch die Kommission in Wettbewerbssachen, WuW 1989, 877; Everling, Zur Funktion des Gerichtshofs der Europäischen Gemeinschaften als Verwaltungsgericht, in Bender/Breuer/Ossenbühl/Sendler (Hrsg.), Rechtsstaat zwischen Sozialgestaltung und Rechtsschutz. FS Redeker, 1993, 293; Everling, Rechtsschutz in der Europäischen Union nach dem Vertrag von Lissabon, EuR-Beiheft 1/2009, 71; Everling, Klagerecht Privater gegen Rechtsakte der EU mit allgemeiner Geltung, EuZW 2012, 376; Faber, Die Klagebefugnis des Europäischen Parlaments, DVBl 1990, 1095; Friedrich/Inghelram, Die Klagemöglichkeiten des Europäischen Rechnungshofs vor dem Europäischen Gerichtshof, DÖV 1999, 669; Giegerich, Organstreit vor dem Gerichtshof der Europäischen Gemeinschaften, ZaöRV 50 (1990), 812; Görlitz/Kubicki, Rechtsakte „mit schwierigem Charakter". Zum bislang unterschätzten, deutlich erweiterten

---

* Der vorliegende Beitrag bringt allein die persönliche Auffassung des Autors zum Ausdruck.

Rechtsschutz des Individualklägers im Rahmen des neuen Art. 263 Abs. 4 AEUV, EuZW 2011, 248; Gundel, Rechtsschutzlücken im Gemeinschaftsrecht?, VerwArch 91 (2001), 81; Gröpl, Die neue Gestalt der Nichtigkeitsklage gegen normative EU-Rechtsakte, EWS 2012, 65; Hahn/Häde, Die Zentralbank vor Gericht, ZHR 165 (2001), 30; Hatje, Die institutionelle Reform der Europäischen Union – der Vertrag von Nizza auf dem Prüfstand, EuR 2001, 143; Hatje, Kontrolldichte bei Maßnahmen der europäischen Wirtschaftsverwaltung, in Schwarze (Hrsg.), Verfahren und Rechtsschutz im Europäischen Wirtschaftsrecht, 2010, S. 124; Hatje/Kindt, Der Vertrag von Lissabon – Europa endlich in guter Verfassung?, NJW 2008, 1761; Herrmann, Individualrechtsschutz gegen Rechtsakte der EU,mit Verordnungscharakter' nach dem Vertrag von Lissabon, NVwZ 2011, 1352; Hilf, Das Klagerecht des Europäischen Parlaments im Organstreit, EuR 1990, 273; Joss/Scheuerle, Die Bundesstaatliche Ordnung im Integrationsprozess – unter besonderer Berücksichtigung der EuGH-Rechtsprechung und der Rechtsschutzmöglichkeiten der Länder, EuR 1989, 226; Kees, Die Rechtsnatur der Subsidiaritätsklage nach dem Europäischen Verfassungsvertrag, ZEuS 2004, 423; Klüpfel, Zur Anfechtbarkeit von Richtlinien durch nicht-privilegierte Kläger, EuGRZ 1996, 393; Kokott/Dervisopoulos/Henze, Aktuelle Fragen des effektiven Rechtsschutzes durch die Gemeinschaftsgerichte, EuGRZ 2008, 10; Kottmann, Plaumanns Ende: Ein Vorschlag zu Art. 263 Abs. 4 AEUV, ZaöRV 2010, 547; Last, Garantie wirksamen Rechtsschutzes gegen Maßnahmen der Europäischen Union, 2008; Lenaerts, Le traité de Lisbonne et la protection juridictionnelle des particuliers en droit de l'Union, CDE 45 (2009), 711; Malferrari, Neues zur Kompetenzverteilung zwischen Kommission und nationaler Gerichtsbarkeit auf dem Gebiet des Wettbewerbs und zum Verhältnis zwischen der Nichtigkeitsklage und dem Vorabentscheidungsverfahren, EuR 2001, 605; Malferrari/Lerche, Zulässigkeit der Nichtigkeitsklage von Privatpersonen nach Art. 230 EG – Niedergang und Wiederaufleben des Plaumann-Tests, EWS 2003, 254; Moitinho de Almeida, Le recours en annulation des particuliers (article 173, deuxième alinéa, du traité CE): nouvelles réflexions sur l'expression „la concernent ... individuellement", in Due/Lutter/Schwarze (Hrsg.), FS Everling, 1995, 849; Montag/Leibenath, Die Rechtsschutzmöglichkeiten Dritter in der europäischen Fusionskontrolle, ZHR 164 (2000), 176; Mulert, Die deutschen Bundesländer vor dem Europäischen Gerichtshof, 1996; Nettesheim, Effektive Rechtsschutzgewährleistung im arbeitsteiligen System europäischen Rechtsschutzes, JZ 2002, 928; Nicolaysen, Europarecht, Bd. I, 2. Aufl. 2002; Nowak, Das Verhältnis zwischen zentralem und dezentralem Individualrechtsschutz im Europäischen Gemeinschaftsrecht, EuR 2000, 724; Pache, Keine Vorlage ohne Anfechtung?, EuZW 1994, 615; Pechstein, Die Justitiabilität des Unionsrechts, EuR 1999, 1; Petzold, Individualrechtsschutz an der Schnittstelle zwischen deutschem und Gemeinschaftsrecht, 2008; Riedel, Rechtsschutz gegen Akte Europäischer Agenturen, EuZW 2009, 565; Saurer, Individualrechtsschutz gegen das Handeln der Europäischen Agenturen, EuR 2010, 51; Schenke, Der Rechtsschutz gegen Europol auf dem Prüfstein des Art. 47 GR-Charta, in Hilgendorf/Eckert (Hrsg.), Subsidiarität, Sicherheit, Solidarität, FS Knemeyer, 2012, 365; Schödermeier/Wagner, Rechtsschutz gegen Verwaltungsschreiben der EG-Kommission, WuW 1994, 403; Schröder, Neuerungen im Rechtsschutz der Europäischen Union durch den Vertrag von Lissabon, DÖV 2009, 61; Schwarze, Der Rechtsschutz Privater vor dem Europäischen Gerichtshof: Grundlagen, Entwicklungen und Perspektiven des Individualrechtsschutzes im Gemeinschaftsrecht, DVBl 2002, 1297; Sedemund/Heinemann, Rechtsschutzdefizite in der EG, DB 1995, 1161; Shirvani, Die europäische Subsidiaritätsklage und ihre Umsetzung ins deutsche Recht, JZ 2010, 753; Stotz, Rechtsschutz vor europäischen Gerichten, in Rengeling (Hrsg.), Handbuch zum europäischen und deutschen Umweltrecht (EUDUR), Bd. I, 2. Aufl. 2003, § 45; Thalmann, Zur Auslegung von Art. 263 Abs. 4 AEUV durch Rechtsprechung und Lehre, EuR 2012, 452; A. Thiele, Das Rechtsschutzsystem nach dem Vertrag von Lissabon – (K)ein Schritt nach vorn?, EuR 2010, 30.

A. Einleitung

I. Allgemeines

1 Mit der **Nichtigkeitsklage** eröffnet Art. 263 AEUV die Möglichkeit, die Rechtmäßigkeit sämtlicher Handlungen der Organe, Einrichtungen und sonstigen Stellen der Union (im Folgenden zusammen auch als **„Unionsinstitutionen"** bezeichnet) von den Unionsgerichten überprüfen zu lassen.

2 Die Nichtigkeitsklage nach Art. 263 AEUV ist als **Gestaltungsklage** im europäischen Rechtsschutzsystem von eminent praktischer Bedeutung, da sie es den Rechtsunterworfenen gestattet, die Einhaltung und rechtmäßige Anwendung des Unionsrechts zu sichern.[1] Damit ist sie Ausdruck der Garantie effektiven (individuellen) Rechtsschutzes, die nunmehr auch in Art. 47 Abs. 1 GRCh verankert ist.[2] Sie gehört zu den wichtigsten Verfahrensarten im Rechtsschutzsystem der Union.

---

[1] Thiele DVP 1990, 311 (312); Stotz in Dauses/Ludwigs EU-WirtschaftsR-HdB P I Rn. 61.

[2] Stotz in Dauses/Ludwigs EU-WirtschaftsR-HdB P I Rn. 61; zur historischen Dimension des Rechtsschutzgedankens auf gemeinschaftlicher Ebene vgl. Drewes Entstehen und Entwicklung des Rechtsschutzes S. 23 ff.

Der Vertrag von Lissabon hat den **Anwendungsbereich** der Nichtigkeitsklage an 3
einigen wichtigen Stellen erweitert.³ Die sicherlich bedeutendste Änderung betrifft die
Nichtigkeitsklagen natürlicher und juristischer Personen, die fortan auch gegen „Rechtsakte mit Verordnungscharakter, die sie unmittelbar betreffen und keine Durchführungsmaßnahmen nach sich ziehen", Klage erheben dürfen. Außerdem wurde der Kreis der
möglichen Klagegegner um den Europäischen Rat sowie um sämtliche Einrichtungen und
sonstigen Stellen der Union erweitert, während der Kreis der Klageberechtigten um den
Ausschuss der Regionen ergänzt wurde.

Der Euratom-Vertrag (EAGV) in der Fassung des Vertrags von Lissabon regelt die 4
Nichtigkeitsklage nicht mehr selbst, sondern verweist in Art. 106a Abs. 1 auf die Bestimmungen des AEUV.⁴

Ein Sonderfall der Nichtigkeitsklage für Rechtsakte im Bereich der Polizeilichen und 5
justiziellen Zusammenarbeit in Strafsachen (PJZS, ehemalige „dritte Säule" der EU) war
bislang in Art. 35 Abs. 6 EUV-Nizza normiert. Dieser unterschied sich insbes. bzgl. des
Kreises der Klageberechtigten von der allgemeinen Nichtigkeitsklage. Seit dem Vertrag
von Lissabon fällt jedoch auch dieser Bereich unter die allgemeine Regelung des
Art. 263 AEUV.⁵ Es galten anfangs Übergangsbestimmungen.⁶ Für den Bereich der
GASP bleibt es hingegen dabei, dass gem. Art. 24 Abs. 1 UAbs. 2 S. 6 EUV und
Art. 275 Abs. 1 AEUV der Gerichtshof grundsätzlich unzuständig ist. Gemäß Art. 275
Abs. 2 AEUV obliegen dem Gerichtshof nur die Kontrolle der Einhaltung der „Unberührtheitsklausel" (Art. 40 EUV) sowie bestimmte Individualklagen, die unter den Voraussetzungen des Art. 263 Abs. 4 AEUV erhoben werden und die Rechtmäßigkeit von
Beschlüssen über restriktive Maßnahmen gegenüber natürlichen oder juristischen Personen zum Gegenstand haben, insbes. im Bereich der Bekämpfung des Terrorismus und
diktatorischer Regime.

II. Verhältnis zu anderen unionsrechtlichen Rechtsbehelfen

Als Klagebegehren der Nichtigkeitsklage kann immer nur die **Beseitigung eines Unions-** 6
rechtsakts in Betracht kommen, nicht hingegen kann mit ihr eine Feststellung gegenüber
einer Unionsinstitution, die Verpflichtung einer Unionsinstitution zu einer Handlung oder
Schadensersatz für rechtswidriges Verhalten einer Unionsinstitution verlangt werden.⁷
Denn die Urteilsfolgen sind in Art. 264 AEUV abschließend geregelt.⁸ Zwar kann die
jeweilige Institution durch die Nichtigerklärung veranlasst sein, den Kläger in den früheren
Stand zu versetzen oder dafür zu sorgen, dass keine identische Handlung zu der für nichtig
erklärten vorgenommen wird;⁹ jedoch sind die Unionsgerichte nicht befugt, der Institution
gegenüber bestimmte Anordnungen wie zB eine Fristsetzung zu erlassen.¹⁰ Nichtigkeitsklagen gem. Art. 263 AEUV und **Schadensersatzklagen** gem. Art. 268 AEUV sind

---

[3] Die Neufassung von Art. 263 AEUV gilt für Klagen, die nach dem Inkrafttreten des Vertrags von Lissabon erhoben wurden, s. EuG 7.9.2010 – T-539/08, ECLI:EU:T:2010:354, BeckEuRS 2010, 531226 Rn. 73 ff. – Etimine und Etiproducts/Kommission.
[4] Für eine Nichtigkeitsklage aus diesem Bereich s. EuGH 21.1.1993 – C-308/90, ECLI:EU:C:1993:23 = BeckRS 2004, 76213 – Advanced Nuclear Fuels/Kommission, zur Zulässigkeit der Anordnung gemeinschaftsrechtlicher Zwangsmaßnahmen gegenüber einem Unternehmen, das mit Kernbrennstoffen handelt.
[5] Siehe hierzu Everling EuR-Beiheft 1/2009, 71.
[6] Art. 10 Protokoll (Nr. 36) über die Übergangsbestimmungen, ABl. 2007 C 306, 159.
[7] EuGH 17.12.1981 – 197/80 ua, ECLI:EU:C:1981:311 Rn. 4 = BeckRS 9998, 103150 – Ludwigshafener Walzmühle Erling ua/Rat und Kommission; EuG 11.7.1996 – T-146/95, ECLI:EU:T:1996:105 Rn. 23 – Bernardi/Parlament.
[8] EuG 9.11.1995 – T-346/94, ECLI:EU:T:1995:187 Rn. 42 = BeckEuRS 1995, 207726 – France-aviation/Kommission.
[9] EuG 14.9.1995 – verb. Rs. T-480/93 u. T-483/93, ECLI:EU:T:1995:162 Rn. 60 – Antillean Rice Mills e.a./Commission.
[10] EuG 10.7.1997 – T-227/95, ECLI:EU:T:1997:108 Rn. 97 = BeckEuRS 1997, 221682 – AssiDomän Kraft Products e.a./Kommission; EuG 15.9.1998 – T-374/94 ua, ECLI:EU:T:1998:198 Rn. 53 = LSK 1999, 480325 – European Night Services ua/Kommission.

voneinander unabhängig.¹¹ Im Verhältnis zu Art. 263 AEUV stellen die **dienstrechtlichen Klagen** nach Art. 270 AEUV das speziellere und umfassendere Klagerecht der EU-Bediensteten gegen ihre jeweilige Anstellungsbehörde dar. Auch von der **Untätigkeitsklage** nach Art. 265 AEUV (→ § 8) unterscheidet sich die Nichtigkeitsklage nach Klageziel und Urteilsfolgen. Im Übrigen wird der Rechtsschutz nach Art. 263 AEUV durch die Möglichkeit **inzidenter Rechtsbehelfe** gem. Art. 277 AEUV ergänzt.

7   Auch nach der Erweiterung der Klagebefugnis Einzelner durch die Neufassung von Art. 263 Abs. 4 AEUV wird im Hinblick auf einige Arten von Rechtsakten eine Klagebefugnis und damit die Zulässigkeit einer Nichtigkeitsklage zu verneinen sein (→ Rn. 70–78). Im Hinblick auf diese Rechtsakte stellt das **Vorabentscheidungsverfahren** nach Art. 267 AEUV eine wichtige Kompensationsmöglichkeit zur Sicherung eines effektiven Rechtsschutzes Privater dar.¹² Im Wege einer **Gültigkeitsvorlage** eines nationalen Gerichts an den EuGH (Art. 267 Abs. 1 lit. b AEUV) kann so die Rechtmäßigkeit des jeweiligen Unionsrechtsakts überprüft werden. Allerdings verspricht ein solches Vorlageverfahren nach der **Deggendorf-Rechtsprechung** des EuGH aus Gründen der Rechtssicherheit dann keinen Erfolg, wenn der Kläger berechtigt war, den fraglichen Unionsrechtsakt mit der Nichtigkeitsklage selbst anzugreifen und dies nicht fristgerecht getan hat.¹³ Wenngleich nämlich kein Subsidiaritätsverhältnis¹⁴ zwischen dem innerstaatlichen und dem unionsrechtlichen Rechtsschutz besteht, sind nationale Gerichte aus Gründen der Rechtssicherheit an bestandskräftige Rechtsakte der Unionsorgane gebunden, die weder von ihrem Adressaten noch von einem hierzu berechtigten Dritten fristgerecht vor den Unionsgerichten angefochten worden sind.¹⁵ Dies gilt für alle Unionsrechtsakte¹⁶, ausdrücklich auch für die sog. Rechtsakte mit Verordnungscharakter iSd Art. 263 Abs. 4 dritte Variante AEUV¹⁷. In solchen Fällen kann im Vorabentscheidungsverfahren die Rechtmäßigkeit des streitigen Unionsrechtsakts nicht mehr überprüft werden,¹⁸ und eine dahin gehende Gültigkeitsvorlage an den EuGH wäre unzulässig.¹⁹ Das besagte Hindernis für ein Vorlageverfahren ist allerdings auf eindeutige Fälle beschränkt, in denen eine Nichtigkeitsklage **zweifellos** („ohne jeden Zweifel") zulässig gewesen wäre.²⁰ Sofern bei einer Verordnung bspw. im Vorfeld unklar ist, ob eine natürliche Person unmittelbar und individuell betroffen und damit klagebefugt ist, muss eine Berufung auf die Nichtigkeit der Verordnung auch in einem Vorlageverfahren noch inzident möglich sein, da diese Kläger sonst rechtsschutzlos gestellt wären.²¹

---

11   EuGH 17.12.1981 – verb. Rs. 197/80 ua, ECLI:EU:C:1981:311 Rn. 4 = NJW 1982, 2722 – Ludwigshafener Walzmühle Erling ua/Rat und Kommission; sa Cujo RDMC 1999, 414.
12   Vgl. Dörr in Grabitz/Hilf/Nettesheim AEUV Art. 263 Rn. 203.
13   EuGH 9.3.1994 – C-188/92, ECLI:EU:C:1994:90 Rn. 17 = BeckRS 2004, 74797 – TWD Textilwerke Deggendorf; EuGH 17.2.2011 – C-494/09, ECLI:EU:C:2011:87 Rn. 22 f. = BeckEuRS 2011, 568621 – Bolton Alimentari.
14   Vgl. aber auch die Ausführungen des EuGH 25.7.2002 – C-50/00 P, ECLI:EU:C:2002:462 Rn. 42 = NJW 2002, 2935 – Unión de Pequeños Agricultores/Rat zur Pflicht der Mitgliedstaaten, auf nationaler Ebene einen effektiven gerichtlichen Rechtsschutz zu gewährleisten; ferner Nettesheim JZ 2002, 928 (932 ff.).
15   EuGH 9.3.1994 – C-188/92, ECLI:EU:C:1994:90 Rn. 17 = BeckRS 2004, 74797 – TWD Textilwerke Deggendorf; EuGH 30.1.1997 – C-178/95, ECLI:EU:C:1997:46 Rn. 19 = BeckRS 2004, 74711 – Wiljo; Nowak EuR 2000, 724 (730 f.).
16   Für Verordnungen vgl. grundlegend EuGH 15.2.2001 – C-239/99, ECLI:EU:C:2001:101 Rn. 37 = BeckRS 2004, 75346 – Nachi Europe; Gröpl EuGRZ 1995, 583 (585 ff.); speziell für Rechtsakte mit Verordnungscharakter EuGH 25.7.2018 – C-135/16, ECLI:EU:C:2018:582 – Georgsmarienhütte.
17   Skeptisch insoweit Kokott/Dervisopoulos/Henze EuGRZ 2008, 10; Dörr in Grabitz/Hilf/Nettesheim AEUV Art. 263 Rn. 143; Pechstein EUProzR Rn. 792.
18   Vgl. Pache EuZW 1994, 615; Nowak EuZW 2001, 293 (303).
19   EuGH 25.7.2018 – C-135/16, ECLI:EU:C:2018:582 Rn. 44 und Tenor = BeckEuRS 2018, 572826 – Georgsmarienhütte; im selben Sinne bereits früher EuGH 23.2.2006 – C-346/03, ECLI:EU:C:2006:130 Rn. 30, 34 – Atzeni ua.
20   EuGH 15.2.2001 – C-239/99, ECLI:EU:C:2001:101 Rn. 37 = BeckRS 2004, 75346 – Nachi Europe; EuGH 8.3.2007 – C-441/05, ECLI:EU:C:2007:150 Rn. 40 = BeckRS 2007, 70167 – Roquette Frères; EuGH 25.7.2018 – C-135/16, ECLI:EU:C:2018:582 Rn. 43 f. = BeckEuRS 2018, 572826 – Georgsmarienhütte.
21   Vgl. Gröpl EuGRZ 1995, 583 (586 f.).

Die Geltendmachung der Rechtswidrigkeit eines Unionsrechtsakts im Vorabentschei- 8
dungsverfahren setzt freilich grundsätzlich einen anfechtbaren nationalen Vollzugsakt voraus, der den Rechtsweg zu den nationalen Gerichten eröffnet und damit die Grundlage für
eine mögliche Gültigkeitsvorlage schafft. Fehlt es an einem solchen Vollzugsakt, könnten
für Rechtsakte, die nicht im Wege der Individualklage angefochten werden können,
Rechtsschutzlücken bestehen.[22] Ein Rechtsschutz wäre dann ggf. nur gegen Sanktionen
möglich, die auf einen Verstoß gegen das Unionsrecht hin von nationalen Stellen verhängt
werden. In diesem Zusammenhang kommt Art. 19 Abs. 1 UAbs. 2 EUV besondere
Bedeutung zu, nach dem die Mitgliedstaaten die erforderlichen Rechtsbehelfe schaffen
müssen, damit ein **wirksamer Rechtsschutz** in den vom Unionsrecht erfassten Bereichen
gewährleistet ist.[23] Hierzu müssen keine gänzlich neuen Klagetypen oder Verfahrensarten
geschaffen werden. Jedoch sind die innerstaatlichen Gerichte verpflichtet, das nationale
Verfahrensrecht rechtsschutzfreundlich auszulegen und anzuwenden, insbesondere Feststellungsklagen oder vorbeugende Unterlassungsklagen zuzulassen, mit Hilfe derer die
Rechtswidrigkeit von Unionsrechtsakten (nach Vorlage an den EuGH) überprüft werden
kann, selbst wenn kein nationaler Vollzugsakt vorliegt.[24]

B. Zulässigkeit

I. Sachliche Zuständigkeit

Die Unionsgerichte prüfen ihre **sachliche Zuständigkeit** von Amts wegen.[25] Seit dem 9
Vertrag von Nizza sind grundsätzlich alle Nichtigkeitsklagen dem EuG zugewiesen
(Art. 256 Abs. 1 AEUV, vormals Art. 225 Abs. 1 EGV-Nizza). Der EuGH fungiert hier
also im Regelfall lediglich als Rechtsmittelgericht (Art. 256 Abs. 1 UAbs. 1 AEUV iVm
Art. 56 Abs. 1 EuGH-Satzung). Nur höchst ausnahmsweise behält Art. 51 EuGH-Satzung
dem Gerichtshof noch die **erstinstanzliche Zuständigkeit** für bestimmte Kategorien von
Nichtigkeitsklagen vor, die ihrer Natur nach entweder Organstreitverfahren verfassungs-
rechtlicher Art sind oder aber Rechtsbehelfe von Mitgliedstaaten mit verfassungsrechtlicher
Dimension zum Gegenstand haben – insbesondere Klagen von Mitgliedstaaten gegen
Gesetzgebungsakte.

Werden nach Art. 257 AEUV **Fachgerichte** geschaffen, so kommt diesen in ihrem 10
Kompetenzbereich die erstinstanzliche Zuständigkeit für Nichtigkeitsklagen zu. Allerdings
besteht derzeit – seit der Auflösung des Gerichts für den Öffentlichen Dienst zum 1.9.2016
– kein einziges Fachgericht der Union, und mit der Schaffung neuer Fachgerichte ist auf
absehbare Zeit nicht zu rechnen.

Für den Fall der Anrufung der sachlich unzuständigen Instanz innerhalb der einheitlichen 11
Rechtsprechungsinstitution „Gerichtshof der Europäischen Union" (Art. 19 Abs. 1 EUV)
regelt Art. 54 EuGH-Satzung die **Übermittlung** bzw. **Verweisung** der jeweiligen
Rechtssache zwischen den beiden Gerichtsbarkeiten. Wird eine Klage, die an das sachlich
zuständige Gericht adressiert ist, nur irrtümlich beim falschen Gericht eingereicht, wird
diese an den jeweiligen Kanzler des zuständigen Gerichts übermittelt (Art. 54 Abs. 1
EuGH-Satzung). Eine an das sachlich unzuständige Gericht gerichtete Klage wird hingegen

---

[22] Vgl. Sedemund/Heinemann DB 1995, 1161 (1163).
[23] Zu den Anforderungen an den nationalen Gesetzgeber nach der Rspr. vor Lissabon s. EuGH 1.4.2004 –
C-263/02 P, ECLI:EU:C:2004:210 Rn. 31 = EuZW 2004, 343 – Kommission/Jégo-Quéré; EuGH
13.3.2007 – C-432/05, ECLI:EU:C:2007:163 = JA 2007, 830 – Unibet; EuGH 27.2.2007 – C-354/04 P,
ECLI:EU:C:2007:115 Rn. 56 = BeckRS 2007, 144787 – Gestoras Pro Amnistía ua/Rat.
[24] Dittert EuR 2002, 708 (717 f.); vgl. auch Gundel VerwArch 91 (2001), 81 (85 ff.), der bereits vor
Einführung von Art. 19 EUV für ein großzügiges Vorgehen bei der Prüfung der nationalen Rechtsweg-
eröffnung (zB in Gestalt einer Feststellungsklage) plädierte, in deren Folge dann ein Vorabentscheidungsverfahren durchgeführt werden könnte; Nettesheim JZ 2002, 928 (933 f.); Calliess NJW 2002, 3577
(3581).
[25] EuG 15.3.2005 – T-29/02, ECLI:EU:T:2005:99 Rn. 72 = BeckRS 2005, 70201 – GEF/Kommission;
Dörr in Grabitz/Hilf/Nettesheim AEUV Art. 263 Rn. 156.

durch Beschluss an das zuständige Gericht verwiesen (Art. 54 Abs. 2 EuGH-Satzung). Für die Wahrung der Klagefrist ist die Erhebung der Klage oder ihre Einreichung beim unzuständigen Gericht unschädlich.

II. Verfahrensbeteiligte

12 **1. Klageberechtigte.** Hinsichtlich der **Aktivlegitimation** für Verfahren der Nichtigkeitsklage ist grundlegend zwischen privilegiert Klageberechtigten, teilprivilegiert Klageberechtigten und nichtprivilegiert Klageberechtigten zu unterscheiden. Je nachdem, wer die Klage einlegt, kommt es entweder zu einem Rechtsstreit mit verfassungsrechtlichem Charakter (Organstreitverfahren[26] bzw. abstrakte Normenkontrolle[27]) oder aber zu einem Individualklageverfahren[28], in dem die Gewährung von Rechtsschutz für einzelne Rechtsunterworfene im Vordergrund steht.[29] **Privilegiert Klageberechtigte** müssen keinerlei eigene Betroffenheit geltend machen, **teilprivilegiert Klageberechtigte** dürfen zur Wahrung ihrer institutionellen Rechte vor Gericht ziehen, wohingegen **nichtprivilegiert Klageberechtigte** nur insoweit klagen dürfen, als sie selbst von einem Unionsrechtsakt betroffen sind.

13 **a) Privilegiert Klageberechtigte.** Privilegiert klageberechtigt sind nach Art. 263 Abs. 2 AEUV die Mitgliedstaaten, das Europäische Parlament, der Rat der Europäischen Union und die Europäische Kommission. Der Europäische Rat ist seit dem **Vertrag von Lissabon** möglicher Klagegegner, ohne jedoch selbst klageberechtigt zu sein. Dies entspricht seiner Rolle als politisches Führungsorgan und Impulsgeber der Union (Art. 15 Abs. 1 EUV). Rechtsschutzlücken entstehen dadurch nicht, da die Mitgliedstaaten zum einen jederzeit einzeln klagen dürfen und sie zum anderen allesamt auch im Rat vertreten sind, der seinerseits klageberechtigt ist. Klagen von **Mitgliedstaaten** betreffen häufig Streitgegenstände, bei denen sie im Abstimmungsverfahren im Rat unterlegen waren.[30]

14 **Unterstaatlichen Organisationseinheiten,** wie zB den deutschen Bundesländern oder den kommunalen Gebietskörperschaften, steht *kein* privilegiertes Klagerecht nach Art. 263 Abs. 2 AEUV zu.[31] Als Körperschaften des öffentlichen Rechts können sie ihre Rechtsinteressen aber über die Klagemöglichkeit nach Art. 263 Abs. 4 AEUV wahrnehmen[32] bzw. uU von ihrem jeweiligen Mitgliedstaat einklagen lassen.[33] § 7 Abs. 1 des deutschen Gesetzes über die Zusammenarbeit von Bund und Ländern in Angelegenheiten der Europäischen Union (EUZBLG)[34] enthält eine Verpflichtung der Bundesregierung, auf Ver-

---

[26] Giegerich ZaöRV 50 (1990), 812 (814); Hilf EuR 1990, 273 (273); Pechstein EUProzR Rn. 339.
[27] Stotz in Rengeling UmweltR-HdB I § 45 Rn. 64; Pechstein EUProzR Rn. 338.
[28] Thiele DVP 1990, 311 (312); Hölscheidt JA 1990, 253 (257); Erichsen/Weiß Jura 1990, 528 (530); Pechstein EUProzR Rn. 340.
[29] Zur Rolle der Nichtigkeitsklage zwischen subjektivem Rechtsschutz und objektiver Rechtskontrolle vgl. Drewes Entstehen und Entwicklung des Rechtsschutzes S. 115 ff.
[30] Vgl. Hakenberg/Stix-Hackl, Handbuch zum Verfahren vor dem Europäischen Gerichtshof, 3. Aufl. 2005, S. 48.
[31] Siehe nur EuGH 21.3.1997 – C-95/97, ECLI:EU:C:1997:184 Rn. 6 = BeckRS 2004, 77926 – Wallonische Region/Kommission; und EuGH 2.5.2006 – C-417/04 P, ECLI:EU:C:2006:282 Rn. 21 = BeckRS 2006, 70355 – Regione Siciliana/Kommission; näher Mulert, Die deutschen Bundesländer vor dem Europäischen Gerichtshof, 1996, S. 65 ff.; vgl. ferner die Kritik des Bundesrates (BR-Drs. 780/90, 6), sowie Arnull CMLR 2001, 7 (11 f.).
[32] Siehe ua EuGH 29.6.1993 – C-298/89, ECLI:EU:C:1993:267 Rn. 14 = BeckRS 2004, 76117 – Gibraltar/Rat; EuGH 22.11.2001 – C-452/98, ECLI:EU:C:2001:623 Rn. 51 = BeckRS 2004, 77334 – Nederlandse Antillen/Rat; EuGH 22.3.2007 – C-15/06 P, ECLI:EU:C:2007:183 Rn. 24 = JA 2007, 828 – Regione Siciliana/Kommission; EuG 15.12.1999 – T-132/96 u. T-143/96, ECLI:EU:T:1999:326 Rn. 81 = JA 2007, 828 – Freistaat Sachsen ua/Kommission; vgl. auch Joss/Scheuerle EuR 1989, 226 (232); Leibrock EuR 1990, 20 (22 ff.); zu der nach Art. 263 Abs. 4 AEUV geforderten unmittelbaren und individuellen Betroffenheit s. Stotz in Dauses/Ludwigs EU-WirtschaftsR-HdB Abschn. P Kap. I Rn. 70.
[33] Siehe zB EuGH 44/81, Slg. 1982, 1855 Rn. 1 = BeckRS 2004, 71208 – Bundesrepublik Deutschland und Bundesanstalt für Arbeit/Kommission.
[34] BGBl. 1993 I 313.

langen des Bundesrats in Bereichen der ausschließlich den Ländern zugewiesenen Gesetzgebungskompetenzen Klage vor dem EuGH zu erheben.[35] Angesichts der bisweilen für unbefriedigend gehaltenen Klagemöglichkeit nach Art. 263 Abs. 4 AEUV und vor dem Hintergrund der stärkeren Anerkennung der regionalen Gebietskörperschaften durch den Vertrag von Maastricht wurde teilweise gefordert, den Bundesländern und vergleichbaren regionalen Gebietskörperschaften anderer Mitgliedstaaten eine Teilprivilegierung nach dem Vorbild von Art. 263 Abs. 3 AEUV einzuräumen;[36] diese Forderung wurde jedoch in den diversen Regierungskonferenzen nie aufgegriffen.

Die neuartige **Subsidiaritätsklage** sieht nunmehr eine besondere Rechtsschutzmöglichkeit für die nationalen Parlamente wegen behaupteter Verletzung des Subsidiaritätsprinzips vor. Sie stellt einen Sonderfall der Nichtigkeitsklage dar. Mit dem Vertrag von Lissabon eingeführt, ist sie in Art. 12 lit. b EUV verbrieft und im Subsidiaritätsprotokoll[37] näher ausgestaltet. **15**

Art. 8 Abs. 1 des Subsidiaritätsprotokolls regelt die mitgliedstaatliche Subsidiaritätsklage. Er bestimmt, dass der Gerichtshof nach Maßgabe des Art. 263 AEUV für Klagen wegen Verstoßes eines Gesetzgebungsakts iSv Art. 289 Abs. 3 AEUV gegen das Subsidiaritätsprinzip zuständig ist, die von einem Mitgliedstaat erhoben oder entsprechend der jeweiligen innerstaatlichen Rechtsordnung von einem Mitgliedstaat im Namen seines nationalen Parlaments oder einer Kammer dieses Parlaments „übermittelt" werden. Vor dem Hintergrund dieser Formulierung kann die Frage aufkommen, ob die Klageberechtigung hier nur dem Mitgliedstaat oder auch dem nationalen Parlament selbst zusteht. Der Wortlaut von Art. 8 Subsidiaritätsprotokoll, in dem zwischen „Klageerhebung" und „Klageübermittlung" differenziert wird, spricht eher gegen eine unmittelbare Klägereigenschaft der nationalen Parlamente.[38] Es kann von einer Art **Prozessstandschaft** ausgegangen werden.[39] Die Möglichkeit der Subsidiaritätsklage besteht auch dann, wenn zuvor keine Subsidiaritätsrüge gem. Art. 6 Abs. 1 Subsidiaritätsprotokoll erhoben wurde. In Deutschland ist die Subsidiaritätsklage in Art. 23 Abs. 1a S. 1 GG und in § 12 des Integrationsverantwortungsgesetzes (IntVG)[40] geregelt, der ua bestimmt, dass Bundestag und Bundesrat selbst die Prozessführung übernehmen. Praktische Relevanz hatte die Subsidiaritätsklage bisher noch nicht. **16**

Das **Europäische Parlament** gehörte ursprünglich nicht zum Kreis der klageberechtigten Unionsorgane. Der EuGH hat jedoch in der sog. *Tschernobyl*-Entscheidung eine ungeschriebene Klageberechtigung des Parlaments angenommen, nachdem er feststellen musste, dass die seinerzeit in den Verträgen ausdrücklich normierten Rechtsbehelfe nicht genügten, „um die gerichtliche Überprüfung einer Handlung des Rates oder der Kommission, die die Befugnisse des Parlaments missachtet, unter allen Umständen mit Gewissheit zu gewährleisten".[41] Begründet wurde dies insbes. mit der **Wahrung des institutionellen Gleichgewichts,** wonach jedes Organ seine Befugnisse nur unter Beachtung der Befugnisse der anderen Organe ausüben kann (vgl. heute Art. 13 Abs. 2 EUV). Dieser Grundsatz gebiete auch die Sicherstellung einer richterlichen Kontrolle, um eventuelle Beeinträchtigungen der Befugnisse ahnden zu können. Dementsprechend hat der Gerichtshof dem **17**

---

[35] Vgl. dazu Schwarze DVBl 1995, 1265 (1267 f.); Mulert, Die deutschen Bundesländer vor dem Europäischen Gerichtshof, 1996, S. 208 ff.
[36] So etwa bei Mulert, Die deutschen Bundesländer vor dem Europäischen Gerichtshof, 1996, S. 87 ff., 97 ff., 118 f., 136 ff.; Arnull CMLR 2001, 7 (11 f.); abgelehnt in EuGH 26.11.2009 – C-444/08 P, ECLI: EU:C:2009:733 Rn. 32 = BeckRS 2011, 87169 – Região autónoma dos Açores/Rat.
[37] Protokoll (Nr. 2) über die Anwendung der Grundsätze der Subsidiarität und der Verhältnismäßigkeit (ABl. 2010 C 83, 206).
[38] So Dörr in Grabitz/Hilf/Nettesheim AEUV Art. 263 Rn. 12; s. hierzu auch Shirvani JZ 2010, 753; Kees ZEuS 2006, 423.
[39] Dittert EuropaR S. 95, 170.
[40] BGBl. 2009 I 3022.
[41] EuGH 4.10.1991 – C-70/88, ECLI:EU:C:1991:373 Rn. 20 = NJW 1990, 1899 – Parlament/Rat; vgl. auch das Hauptteil EuGH C-70/88, Slg. 1991, I-4529 = NJW 1990, 1899 – Parlament/Rat.

Europäischen Parlament das Recht auf die Erhebung der Nichtigkeitsklage zuerkannt, sofern diese Klage auf den Schutz von dessen Befugnissen gerichtet und nur auf Klagegründe gestützt war, mit denen die Verletzung jener Befugnisse geltend gemacht wurde.[42] Mit der Verabschiedung des Maastrichter Vertrags wurde dieser Rechtsprechung Rechnung getragen, indem dem Parlament ausdrücklich eine Klageberechtigung zur Wahrung seiner Rechte zuerkannt, also der Status eines teilprivilegiert Klageberechtigten eingeräumt wurde (Art. 173 Abs. 3 EGV-Maastricht). Durch den Vertrag von Nizza wurde das Europäische Parlament schließlich in den Rang eines „vollprivilegierten" Klägers erhoben (Art. 230 Abs. 2 EGV-Nizza). Dies ist die logische Konsequenz der Aufwertung des Parlaments und seiner wachsenden politischen Bedeutung im Lauf der Jahrzehnte.

18 **b) Teilprivilegiert Klageberechtigte.** Gemäß Art. 263 Abs. 3 AEUV sind der Europäische Rechnungshof, die Europäische Zentralbank (EZB) und der Europäische Ausschuss der Regionen (EAdR) **teilprivilegierte Kläger.** Sie dürfen eine Nichtigkeitsklage erheben, sofern diese auf die Wahrung ihrer Rechte abzielt. Die EZB wurde bereits durch den Vertrag von Maastricht in den Kreis der teilprivilegiert Klageberechtigten aufgenommen,[43] der Rechnungshof erst durch den Vertrag von Amsterdam.[44] Der Vertrag von Lissabon hat nun auch den Ausschuss der Regionen dieser Kategorie hinzugefügt (Art. 263 Abs. 3 AEUV) und ihm darüberhinaus auch das zusätzliche Recht eingeräumt, **Subsidiaritätsklage** zu erheben, sofern seine Anhörung im Gesetzgebungsverfahren vorgeschrieben ist (Art. 8 Abs. 2 des Subsidiaritätsprotokolls).

19 Die Unterscheidung zwischen privilegierten und teilprivilegierten Klägern wird bisweilen kritisch hinterfragt. Zutreffend ist, dass Art. 263 Abs. 3 AEUV einerseits drei in ihrem rechtlichen Status unterschiedliche Institutionen zusammenfasst und andererseits den beiden Unionsorganen unter ihnen weniger Rechte angedeihen lässt als anderen Unionsorganen[45]. Zu berücksichtigen ist allerdings, dass weder der Rechnungshof noch die Zentralbank und erst recht nicht der Ausschuss der Regionen zu den Hauptorganen der Union zählen, weswegen es sich durchaus rechtfertigen lässt, ihnen nicht die gleichen weitgehenden Klagemöglichkeiten zukommen zu lassen wie Parlament, Rat und Kommission, die eine herausgehobene Stellung in politischen und gesetzgeberischen Fragen haben und demzufolge eine besondere Verantwortung für die Wahrung der Unionsrechtsordnung tragen.

20 Aus heutiger Sicht kann sich allenfalls noch die Frage stellen, inwieweit – in Anlehnung an die EuGH-Rechtsprechung zur Stellung des Parlaments – auch eine Klageberechtigung des Europäischen Wirtschafts- und Sozialausschusses (EWSA) angenommen werden darf[46]. Immerhin ist dessen Stellung und Funktion in vielerlei Hinsicht mit der des Ausschusses der Regionen vergleichbar. Der Umstand, dass der EWSA bei den letzten Vertragsänderungen trotz einer stetigen Erweiterung des Kreises der Klageberechtigten nicht berücksichtigt wurde, mag gegen die Anerkennung einer impliziten Klagebefugnis sprechen.[47] Gleichwohl erscheint es keineswegs abwegig anzunehmen, dass der EuGH dem EWSA im Fall des Falles, sollte es einmal ganz offensichtlich um die Verteidigung seiner Mitwirkungsrechte im Gesetzgebungsverfahren gehen, eine implizite Klageberechtigung zuerkennen würde, so wie er es seinerzeit zugunsten des Parlaments getan hatte.

---

[42] EuGH C-70/88, Slg. 1991, I-4529 Rn. 27 = NJW 1990, 1899 – Parlament/Rat; EuGH 7.7.1992 – C-295/90, ECLI:EU:C:1992:294 Rn. 9 = NVwZ 1990, 1181 – Parlament/Rat; vgl. dazu auch Dauses EuZW 1990, 169; Faber DVBl 1990, 1095 ff.; Schoo EuGRZ 1990, 525 ff.; Triantafyllou DÖV 1990, 1040 ff.; Giegerich ZaöRV 50 (1990), 812 (813 ff.); Röttinger EuZW 1993, 117 f.
[43] Zu deren Klagemöglichkeiten vgl. Gaiser EuR 2002, 517 (518 f.).
[44] Vgl. zu dessen Klagemöglichkeiten Friedrich/Inghelram DÖV 1999, 669 (672 ff.).
[45] Dörr in Grabitz/Hilf/Nettesheim AEUV Art. 263 Rn. 18.
[46] Vgl. Pechstein EUProzR Rn. 358; Schwarze/Voet van Vormizeele in Schwarze AEUV Art. 263 Rn. 14; ferner Gesser, Die Nichtigkeitsklage nach Art. 173 EGV, 1995, S. 212 ff.
[47] Cremer in Calliess/Ruffert AEUV Art. 263 Rn. 5; Ehricke in Streinz AEUV Art. 263 Rn. 9; zur passiven Parteifähigkeit allerdings Rn. 31 f.

c) **Nichtprivilegiert Klageberechtigte.** Zur Wahrung des individuellen Rechtsschutzes 21 eröffnet Art. 263 Abs. 4 AEUV außerdem **natürlichen und juristischen Personen** die Möglichkeit, Nichtigkeitsklagen zu erheben. Für diese Klageberechtigung von Einzelpersonen (oder „Einzelnen") kommt es nicht darauf an, ob es sich um Staatsangehörige eines Mitgliedstaats der Union handelt oder ob sie ihren Wohnsitz oder gewöhnlichen Aufenthalt bzw. ihren Gründungs- oder Geschäftssitz in einem Mitgliedstaat haben. Auch Angehörigen von Drittstaaten kann unter den Voraussetzungen von Art. 263 Abs. 4 AEUV ein Klagerecht zustehen,[48] was insbes. im Wettbewerbsrecht, bei handelspolitischen Schutzmaßnahmen und bei restriktiven Maßnahmen von Relevanz ist.[49]

Bei **„juristischen Personen"** handelt es sich um einen eigenständigen, unionsrecht- 22 lichen Rechtsbegriff, der nicht notwendigerweise mit den Konzepten übereinstimmen muss, die in den verschiedenen Rechtsordnungen der Mitgliedstaaten verwendet werden.[50] Juristische Personen sind alle selbständigen Einheiten des öffentlichen und privaten Rechts, denen Rechtspersönlichkeit zukommt.[51] Ob einer Personenvereinigung Rechtspersönlichkeit zukommt, beurteilt sich regelmäßig anhand der Rechtsordnung, der sie untersteht.[52] Sie kann sich nach innerstaatlichem Recht, nach dem Unionsrecht oder dem Völkerrecht richten.[53] Auch Drittstaaten können demnach Klage erheben.[54] In der deutschen Rechtsordnung sind nicht nur juristische Personen des Privatrechts, sondern auch diejenigen des öffentlichen Rechts klageberechtigt.[55] Dementsprechend sind neben Unternehmen und Unternehmensvereinigungen auch Berufsvereinigungen, Gewerkschaften[56] oder Gebietskörperschaften aktivlegitimiert.[57] Einem deutschen Landtag hat das EuG hingegen die Klageberechtigung unter Verweis auf das nationale Recht abgesprochen.[58] Insgesamt kann aber die Praxis der Unionsgerichte in Bezug auf die Anerkennung des Status von juristischen Personen als großzügig beurteilt werden. Es reicht aus, dass der Kläger spätestens zum Zeitpunkt des Ablaufs der Klagefrist seine Rechtspersönlichkeit gemäß dem auf seine Gründung anwendbaren Recht erlangt hat oder dass er von den Unionsorganen als

---

[48] Siehe zB EuG 19.5.2010 – T-181/08, ECLI:EU:T:2010:209 = BeckRS 2010, 90593 – Tay Za/Rat; EuG 8.6.2011 – T-86/11, ECLI:EU:T:2011:260 = BeckRS 2013, 80979 – Bamba/Rat.
[49] Cremer in Calliess/Ruffert AEUV Art. 263 Rn. 26; Pechstein EUProzR Rn. 360.
[50] Vgl. EuGH 28.10.1982–135/81, ECLI:EU:C:1982:371 Rn. 10 = BeckRS 2004, 71562 – Groupement des Agences de voyages/Kommission; Dörr in Grabitz/Hilf/Nettesheim AEUV Art. 263 Rn. 22; Schwarze/Voet van Vormizeele in Schwarze AEUV Art. 263 Rn. 15; Cremer in Calliess/Ruffert AEUV Art. 263 Rn. 27.
[51] Dörr in Grabitz/Hilf/Nettesheim AEUV Art. 263 Rn. 22.
[52] Vgl. idS EuG 30.4.1998 – T-214/95, ECLI:EU:T:1998:77 Rn. 28 – Vlaams Gewest/Kommission; EuG 3.4.2008 – T-236/06, ECLI:EU:T:2008:91 Rn. 22 = BeckRS 2008, 70511 – Landtag Schleswig-Holstein/Kommission; Dörr in Grabitz/Hilf/Nettesheim Art. 263 Rn. 22.
[53] Erichsen/Weiß Jura 1990, 528 (530); Pechstein EUProzR Rn. 361; Niedermühlbichler, Verfahren vor dem EuG und EuGH, 1998, Rn. 170; Schwarze/Voet van Vormizeele in Schwarze AEUV Art. 263 Rn. 15.
[54] Pechstein EUProzR Rn. 361; Dörr in Grabitz/Hilf/Nettesheim AEUV Art. 263 Rn. 22; allg. auf Drittstaaten abstellend auch EuG 10.6.2009 – T-257/04, ECLI:EU:T:2009:182 Rn. 52 = BeckRS 2009, 70653 – Polen/Kommission, allerdings in einem Fall, der einen neuen Mitgliedstaat vor dem Beitritt betraf. In einem Fall, der einen sonstigen Drittstaat betraf, dahingestellt in EuG 9.9.2010 – T-319/05, ECLI:EU:T:2010:367 Rn. 54 ff. – Schweiz/Kommission.
[55] Daig, Nichtigkeits- und Untätigkeitsklagen im Recht der Europäischen Gemeinschaften, 1985, Rn. 14; Constantinesco, Das Recht der Europäischen Gemeinschaften, Bd. I, 1977, S. 852 f.; Dörr in Grabitz/Hilf/Nettesheim AEUV Art. 263 Rn. 22.
[56] EuGH 8.10.1974 – 18/74, ECLI:EU:C:1974:96 Rn. 13, 16 = BeckRS 2004, 72042 – Allgemeine Gewerkschaft.
[57] Siehe ua EuGH 29.6.1993 – C-298/89, ECLI:EU:C:1993:267 Rn. 14 = BeckRS 2004, 76117 – Gibraltar/Rat; EuGH 22.11.2001 – C-452/98, ECLI:EU:C:2001:623 Rn. 51 = BeckRS 2004, 77334 – *Nederlandse* Antillen/Rat; EuGH 22.3.2007 – C-15/06 P, ECLI:EU:C:2007:183 Rn. 24 = JA 2007, 828 – Regione Siciliana/Kommission; EuGH 10.9.2009 – C-445/07 P, ECLI:EU:C:2009:529 Rn. 42 = BeckRS 2009, 70981 – Kommission/Ente per le Ville Vesuviane.
[58] EuG 3.4.2008 – T-236/06, ECLI:EU:T:2008:91 = BeckRS 2008, 70511 – Landtag Schleswig-Holstein/Kommission, bestätigt durch EuGH 24.11.2009 – C-281/08 P, ECLI:EU:C:2009:728 = BeckRS 2010, 90222.

unabhängige rechtliche Einheit behandelt worden ist.[59] Für den **Nachweis der Rechtspersönlichkeit** müssen juristische Personen mit der Klageschrift nicht mehr notwendigerweise ihre Satzung einreichen, vielmehr reicht nach Art. 78 Abs. 4 EuGVfO auch jeder andere Nachweis ihrer Rechtspersönlichkeit aus (zB Auszug aus dem Handelsregister). Klageberechtigt sind auch die nationalen Zentralbanken, die als juristische Personen[60] gegen „Beschlüsse" und „Verordnungen" der EZB vorgehen können.[61]

23 **2. Klagegegner.** Die Nichtigkeitsklage ist grundsätzlich gegenüber derjenigen Institution der Europäischen Union zu erheben, welche den streitgegenständlichen Rechtsakt erlassen hat. In Art. 263 Abs. 1 AEUV sind als mögliche Klagegegner der Rat der Europäischen Union, die Europäische Kommission, das Europäische Parlament, die Europäische Zentralbank und – seit dem Vertrag von Lissabon – auch der Europäische Rat genannt. Daneben kann gegen die Einrichtungen und sonstigen Stellen der Union geklagt werden. Es sind also – im Sinne eines umfassenden gerichtlichen Rechtsschutzes – **sämtliche Unionsinstitutionen** passivlegitimiert, die verbindliche Rechtsakte mit Außenwirkung erlassen können. Was die Europäische Investitionsbank (EIB) anbelangt, enthält Art. 271 lit. b, c AEUV im Hinblick auf Beschlüsse ihres Rats der Gouverneure und auf Beschlüsse ihres Verwaltungsrats eine eingeschränkte Verweisung auf Art. 263 AEUV, so dass die EIB in den dort genannten Grenzen ebenfalls verklagt werden kann.

24 Zur Identifizierung des richtigen Klagegegners im Rahmen der Nichtigkeitsklage kommt es maßgeblich darauf an, wem der angefochtene **Rechtsakt letztverantwortlich zuzurechnen** ist. In der Regel wird dies ein Organ allein sein. Nur wenn ein Gesetzgebungsakt im ordentlichen Gesetzgebungsverfahren erlassen wurde (Art. 289 Abs. 1 AEUV), sind das Europäische Parlament und der Rat als Ko-Gesetzgeber gemeinsam zu verklagen. In Fällen des besonderen Gesetzgebungsverfahrens nach Art. 289 Abs. 2 AEUV ist hingegen nur entweder das Parlament oder der Rat für sich allein genommen Beklagter.[62]

25 Die **Kommission** ist zunächst immer dann richtiger Klagegegner, wenn sie selbst gehandelt hat oder einzelne gem. Art. 13 ihrer Geschäftsordnung ermächtigte Kommissare tätig geworden sind. Des Weiteren werden Handlungen untergeordneter Dienststellen der Kommission zugerechnet.[63] Der EuGH hat der Kommission sogar die Entscheidung einer privaten Einrichtung zugerechnet, von der sie sich auf vertraglicher Basis unterstützen ließ.[64] Hat die Kommission hingegen den angefochtenen Rechtsakt (des Rates oder des Europäischen Parlaments und des Rates) lediglich vorgeschlagen, so ist sie *nicht* die richtige Beklagte.[65]

26 Seit dem Vertrag von Lissabon gehört überdies der **Europäische Rat** zum Kreis der Passivlegitimierten der Nichtigkeitsklage. Nach Art. 263 Abs. 1 AEUV können seine Handlungen angegriffen werden, sofern sie Rechtswirkungen gegenüber Dritten entfalten. Zwar bestimmt der Europäische Rat im Wesentlichen die politische Grundausrichtung der Union und ist kein Gesetzgebungsorgan (Art. 15 Abs. 1 EUV), so dass der Erlass verbindlicher Rechtsakte durch dieses Organ eher selten sein wird. Doch dort, wo der Europäische Rat nach den Verträgen Ernennungen vornimmt oder eine echte Entscheidungs- oder Schiedsrichterfunktion ausübt (Art. 17 Abs. 7 aE EUV; Art. 26 Abs. 1 EUV;

---

[59] Vgl. EuG 11.7.1997 – T-161/94, ECLI:EU:T:1996:101 Rn. 31 = BeckRS 1996, 55290 – Sinochem Heilongjiang/Rat; EuG 25.9.1997 – T-170/94, ECLI:EU:T:1997:134 Rn. 26 – Shanghai Bicycle/Rat.
[60] Vgl. § 2 BBankG. Im Zweifel ergibt sich die Rechtspersönlichkeit aus den europarechtlichen Vorschriften, die ihnen bestimmte Rechte und Pflichten zuordnen, vgl. Gaiser EuR 2002, 517 (533).
[61] Vgl. dazu Potacs EuR 1993, 23 (39); Koenig EuZW 1993, 661 (665 f.); Gaiser EuR 2002, 517 (533 ff.).
[62] Vgl. Dörr in Grabitz/Hilf/Nettesheim AEUV Art. 263 Rn. 23.
[63] EuG 18.5.1994 – T-37/92, ECLI:EU:T:1994:54 Rn. 38 – BEUC et NCC/Kommission; EuG 4.5.1998 – T-84/97, ECLI:EU:T:1998:81 Rn. 48 – BEUC/Kommission.
[64] EuG T-369/84, Slg. 1998, II-357 Rn. 53, ZUM 1998, 403 – DIR International Film ua.
[65] Wird die Klage gleichwohl gegen die Kommission gerichtet, so ist sie unzulässig: EuGH 20.2.1987 – 121/86, Slg. 1987, 1183 (1186) = BeckRS 2004, 71395 – Epichiriseon Metalleftikon ua/Rat und Kommission; Schwarze/Voet van Vormizeele in Schwarze AEUV Art. 263 Rn. 35 aE.

Art. 82 Abs. 3 und 83 Abs. 3 AEUV), erlangt seine Passivlegitimation im Rahmen der Nichtigkeitsklage ihre volle Bedeutung.

Ein Beschluss des **Ausschusses der ständigen Vertreter** im Rat (AStV oder CORE- 27 PER, Art. 240 Abs. 1 AEUV) kann grundsätzlich nicht selbständig angefochten werden, da es sich nur um ein Hilfsorgan des Rates handelt, welches dessen Beschlüsse vorbereitet und keine eigenen Kompetenzen ausübt.[66] Verlässt dieses Gremium jedoch den Rahmen der bloßen Vorbereitungs- und Ausführungsfunktionen und fasst – zu Recht oder zu Unrecht – Beschlüsse, die als solche Rechtswirkungen erzeugen sollen, so sind diese Beschlüsse einer gerichtlichen Überprüfung zugänglich.[67] Passivlegitimiert ist insoweit der Rat, dem die Handlungen des AStV zuzurechnen sind.[68]

Hingegen können intergouvernementale **Beschlüsse der im Rat vereinigten Ver-** 28 **treter der Mitgliedstaaten** dem Rat als Unionsorgan nicht zugerechnet werden und sind als solche der Rechtmäßigkeitskontrolle durch die Unionsgerichte entzogen.[69] Gegen sie ist Rechtsschutz vor den nationalen Gerichten sowie ggf. vor dem EGMR zu suchen.

Gemäß Art. 263 Abs. 1 AEUV können auch **alleinige Handlungen** des Parlaments 29 angefochten werden, die Rechtswirkungen gegenüber Dritten entfalten. Letzteres ist Ausfluss einer Rechtsprechung des EuGH, die dem Parlament bereits vor seiner Aufnahme in den Kreis der möglichen Klagegegner durch den Vertrag von Maastricht die Passivlegitimation zuerkannt hatte:[70] Unter Hinweis auf das mit den Verträgen geschaffene umfassende Rechtsschutzsystem und unter Bezug auf seine Überprüfungskompetenz hinsichtlich der Rechtmäßigkeit von Organhandlungen war der EuGH zu dem Schluss gekommen, dass es dem Geist der Verträge wie auch ihrem System zuwiderliefe, die Handlungen des Parlaments vom Kreis der anfechtbaren Handlungen ausnehmen.[71] In diesem Fall könnten Rechtsakte des Parlaments nämlich die Rechte Dritter verletzen – seien es Mitgliedstaaten, Unionsinstitutionen oder Einzelne –, ohne dass die Möglichkeit bestünde, sie gerichtlich überprüfen zu lassen.[72]

Nach Art. 263 Abs. 1 AEUV können ferner Akte der **Europäischen Zentralbank** 30 angefochten werden.[73] Die EZB agiert also nicht im rechtsfreien Raum. Ihre Unabhängigkeit in geldpolitischen Fragen entzieht sie nicht der richterlichen Kontrolle in einem rechtsstaatlichen Verfahren.[74]

Unter den Begriff der „**Einrichtungen und sonstigen Stellen der Union**" fallen als 31 mögliche Klagegegner nicht zuletzt der **Europäische Rechnungshof**, der **Europäische Wirtschafts- und Sozialausschuss**, der **Europäische Ausschuss der Regionen** sowie der **Europäische Auswärtige Dienst**.[75] Bereits unter der Geltung des EG-Vertrags hat

---

[66] EuGH 19.3.1996 – C-25/94, ECLI:EU:C:1996:114 Rn. 26 f. = BeckRS 2004, 75439 – Kommission/Rat (FAO).
[67] EuGH 20.11.2018 – verb. Rs. C-626/15, C-659/16, ECLI:EU:C:2018:925 Rn. 61 – Kommission/Rat (Meeresschutzgebiet Antarktis).
[68] Vgl. ergänzend GA Kokott 20.11.2018 – verb. Rs. C-626/15, C-659/16, ECLI:EU:C:2018:362 Rn. 48–51 – Kommission/Rat (Meeresschutzgebiet Antarktis).
[69] Vgl. EuGH 30.6.1993 – C-181/91, ECLI:EU:C:1993:271 Rn. 12 = BeckRS 2004, 74742 – Parlament/Rat.
[70] EuGH 23.4.1986 – 294/83, ECLI:EU:C:1986:166 = BeckRS 2004, 72996 – Les Verts/Parlament; EuGH 3.7.1986 – 34/86, Slg. 1986, 2155 (2201) = BeckRS 2004, 70881 – Rat/Parlament; EuGH verb. Rs. C-312/88, C-39/89, Slg. 1991, I-5643 (5696) = BeckRS 2004, 72329 – Luxemburg/Parlament.
[71] EuGH 23.4.1986 – 294/83, ECLI:EU:C:1986:166 Rn. 25 = BeckRS 2004, 72996 – Les Verts/Parlament.
[72] EuGH 23.4.1986 – 294/83, ECLI:EU:C:1986:166 Rn. 25 = BeckRS 2004, 72996 – Les Verts/Parlament.
[73] Vgl. hierzu Hahn/Häde ZHR 165 (2001), 30 (41 ff.); Gaiser EuR 2002, 517 (526 f.); sa die am EuG anhängigen Verfahren in EuG 14.11.2016 – T-492/12,ECLI:EU:T:2016:668, BeckRS 2016, 82981 – von Storch ua/EZB, zu den Beschlüssen der Europäischen Zentralbank v. 6.9.2012 zu einer Reihe technischer Merkmale der Outright-Geschäfte des Eurosystems an den Sekundärmärkten für Staatsanleihen sowie EuG 4.3.2015 – T-496/11, ECLI:EU:T:2015:133, BeckRS 2015, 80373 – Vereinigtes Königreich/EZB.
[74] EuGH 10.7.2003 – C-11/00, ECLI:EU:C:2003:395 Rn. 135 = EuR 2003, 847 – Kommission/EZB.
[75] Dörr in Grabitz/Hilf/Nettesheim AEUV Art. 263 Rn. 24.

das EuG insoweit entschieden, dass eine Klage gegen den EWSA zulässig sein muss. Es hat dabei Bezug genommen auf das Urteil des Gerichtshofs in der Rechtssache „Les Verts"[76] (zur Passivlegitimation des Parlaments) und auf den allgemeinen Grundsatz des Unionsrechts, dass jede Handlung einer Einrichtung der Union, die gegenüber Dritten Rechtswirkungen entfalten soll, einer gerichtlichen Kontrolle unterliegen muss.[77] In praktischer Hinsicht gehören zu den Einrichtungen und sonstigen Stellen der EU aber vor allem die zahlreichen **Ämter und Agenturen der Union**[78] sowie die Koordinierungsstellen **Europol** und **Eurojust**.[79]

32 Die Einrichtungen und sonstigen Stellen der EU waren in Art. 230 EGV-Nizza noch nicht als mögliche Klagegegner aufgeführt. Unter dem EGV wurde daher versucht, die potentielle Rechtsschutzlücke dadurch zu kompensieren, dass die Rechtsakte zur Errichtung von Ämtern und Agenturen selbst Regelungen zum Rechtsschutz mit Rechtsmittelmöglichkeiten zu den Unionsgerichten vorsahen.[80] Waren solche Regelungen im Einrichtungsakt nicht vorhanden, zog das EuG Art. 230 Abs. 4 EGV-Nizza analog heran.[81] Im Einklang mit dem **Ziel eines umfassenden Rechtsschutzes** gegen jegliche Rechtsakte von Unionsinstitutionen erwähnt der AEUV nunmehr alle Einrichtungen und sonstigen Stellen der EU als mögliche Klagegegner in Bezug auf deren Handlungen, sofern diese Rechtswirkungen gegenüber Dritten erzeugen. Hierdurch wurde eine mögliche Rechtsschutzlücke in den Vorgängerverträgen geschlossen. Art. 263 Abs. 5 AEUV sieht allerdings vor, dass besondere Bedingungen und Einzelheiten für die Erhebung von Klagen natürlicher und juristischer Personen vorgesehen werden können, bspw. ein vorheriges internes **Beschwerde-, Einspruchs- oder Widerspruchsverfahren,** wie dies etwa beim Amt der Europäischen Union für geistiges Eigentum (EUIPO) der Fall ist.

33 *Keine* Einrichtungen oder sonstigen Stellen der Union, gegen deren Tätigkeit mit der Nichtigkeitsklage vorgegangen werden könnte, sind der **Europäische Stabilitätsmechanismus** – basierend auf einer intergouvernementalen völkerrechtlichen Vereinbarung vieler, aber nicht aller Mitgliedstaaten[82] – sowie die in Art. 137 AEUV vorgesehene **Eurogruppe,** welche als Koordinationseinrichtung der Mitgliedstaaten der Eurozone ebenfalls zwischenstaatlichen Charakter hat und deshalb keine Stelle der Union iSv Art. 263 Abs. 1 AEUV ist.[83] Sobald aber Unionsorgane – etwa die Kommission oder der Rat – im Zusammenhang mit der Tätigkeit solcher Einrichtungen in Erscheinung treten (gleichviel, ob sie unterstützende Handlungen vornehmen oder aber es unterlassen, gegen unionsrechtswidrige Zustände einzuschreiten), unterliegen sie dabei der Kontrolle durch die Unionsgerichte.[84]

III. Klagegegenstand

34 Gegenstand der Nichtigkeitsklage können alle **Handlungen** der Organe, Einrichtungen und sonstigen Stellen der Union sein. Der Begriff der Handlung ist im Sinne eines umfassenden gerichtlichen Rechtsschutzes denkbar weit zu verstehen, allerdings mit der Einschränkung, dass es sich um Akte handeln muss, die **verbindliche Rechtswirkungen**

---

[76] EuGH 23.4.1986 – 294/83, ECLI:EU:C:1986:166 = BeckRS 2004, 72996 – Les Verts/Parlament.
[77] EuG 31.3.2011 – T-117/08, ECLI:EU:T:2011:131 Rn. 31 = BeckRS 2011, 80341 – Italien/CESE.
[78] Siehe hierzu Saurer EuR 2010, 51; Kühling EuZW 2008, 129; Riedel EuZW 2009, 565.
[79] Vgl. Dörr in Grabitz/Hilf/Nettesheim AUEV Art. 263 Rn. 25.
[80] Pechstein EUProzR Rn. 373.
[81] EuG 8.10.2008 – T-411/06, ECLI:EU:T:2008:419 Rn. 37 ff. = BeckRS 2008, 71042 – Sogelma/Europäische Agentur für den Wiederaufbau; EuG 2.3.2010 – T-70/05, ECLI:EU:T:2010:55 Rn. 61 ff. = BeckRS 2010, 90234 – Evropaïki Dynamiki/EMSA.
[82] EuGH 27.11.2012 – C-370/12, ECLI:EU:C:2012:756, NJW 2013, 29 Rn. 178 ff. – Pringle.
[83] EuGH 26.12.2020 – C-597/18 P ua, ECLI:EU:C:2020:1028 Rn. 90 = BeckRS 2020, 35152 – Rat/K. Chrysostomides & Co. ua (bezogen auf eine Klage wegen außervertraglicher Haftung nach Art. 268 iVm Art. 340 Abs. 2 AEUV).
[84] IdS EuGH 26.12.2020 – C-597/18 P ua, ECLI:EU:C:2020:1028 Rn. 96 = BeckRS 2020, 35152 – Rat/K. Chrysostomides & Co. ua

erzeugen. Dabei wird es sich in aller Regel um eine der typischen Handlungsformen der Unionsinstitutionen iSv Art. 288 Abs. 1–4 AEUV drehen, also Verordnungen, Richtlinien oder Beschlüsse. Im Wege der Nichtigkeitsklage angreifbar sind aber auch atypische Rechtsakte wie „Leitlinien", „Gemeinschaftsrahmen"[85] oder gewisse „Mitteilungen" der Kommission, allerdings nur, sofern diese verbindliche Rechtswirkungen erzeugen,[86] was im Einzelfall durchaus umstritten sein mag[87]. Daneben können als Klagegegenstand auch „einfache" Beschlüsse des Rates oder des Europäischen Parlaments[88] sowie der Abschluss völkerrechtlicher Abkommen durch die Organe der Union in Betracht kommen.[89] Die Nichtigkeitsklage gegen den Abschluss eines völkerrechtlichen Vertrags kann indes nur die unionsinterne Wirkung, nicht eine bereits eingegangene völkerrechtliche Bindung der Union gegenüber den Vertragspartnern beseitigen.[90]

Insgesamt entscheidend ist für die Statthaftigkeit der Nichtigkeitsklage weniger die äußere **35 Form,** in der der angefochtene Akt erlassen wurde, als vielmehr sein **Inhalt** und die **Rechtswirkungen,** die er erzeugt. Auch eine atypische, im Katalog des Art. 288 AEUV nicht ausdrücklich aufgezählte Handlung – etwa ein Beschluss der Kommission, der in Anlehnung an den früheren Sprachgebrauch als „Entscheidung" ergeht – ist unproblematisch anfechtbar. Sogar in einem schlichten Verwaltungsschreiben kann ein anfechtbarer Beschluss enthalten sein. Voraussetzung ist allerdings auch hier stets, dass der angefochtene Akt geeignet ist, verbindliche Rechtswirkungen zu erzeugen. Daran fehlt es bei **Empfehlungen** und **Stellungnahmen** iSv Art. 288 Abs. 5 AEUV, weswegen gegen sie *keine* Nichtigkeitsklage statthaft ist.[91]

Für die Feststellung, ob einer Maßnahme **Rechtswirkung** zukommt, ist weniger auf die **36** formelle Bezeichnung abzustellen als vielmehr auf die nach außen gerichtete **Verbindlichkeit** der Maßnahme,[92] wobei bisweilen auch interne Organisationsregelungen eines Organs verbindliche Rechtswirkungen nach außen oder zumindest gegenüber seinen Mitgliedern entfalten können.[93] Entscheidend ist, dass die Organhandlung die Rechtslage des Adressaten entweder rechtsgestaltend oder durch rechtsverbindliche Feststellung berührt.[94] Erfasst sind damit Willenskundgebungen von einer gewissen Selbstständigkeit, Förmlichkeit und Endgültigkeit.

Anfechtbar sind in erster Linie **verfahrensabschließende Handlungen,** die den **37** Standpunkt der betreffenden Unionsinstitution endgültig festlegen, nicht hingegen lediglich vorbereitende oder bestätigende Maßnahmen.[95] Die **Wiederholung** einer früheren

---

[85] Cremer in Calliess/Ruffert AEUV Art. 263 Rn. 17.
[86] Vgl. EuGH 19.9.2019 – C-325/19, ECLI:EU:C:2019:768 Rn. 23 = BeckEuRS 2013, 741375 – Frankreich/Kommission; EuGH 20.3.1997 – C-57/95, ECLI:EU:C:1997:164 Rn. 7 ff. = BeckRS 2004, 77579 – Frankreich/Kommission; Schwarze/Voet van Vormizeele in Schwarze AEUV Art. 263 Rn. 26.
[87] Vgl. EuGH 17.12.2020 – C-475/19 P u. C-688/19 P, ECLI:EU:C:2020:1036 = BeckEuRS 2020, 667546 – Deutschland/Kommission.
[88] EuGH 23.4.1986 – 294/83, ECLI:EU:C:1986:166 Rn. 20 ff. = BeckRS 2004, 72996 – Les Verts/Parlament; EuGH 28.11.1991 – verb. Rs. C-213/88, C-39/89, ECLI:EU:C:1991:449 Rn. 15 ff. = BeckRS 2004, 72329 – Luxemburg/Parlament.
[89] Vgl. EuGH 12.12.2002 – C-281/01, ECLI:EU:C:2002:761 = BeckRS 2004, 75961 – Kommission/Rat; EuGH 10.1.2006 – C-94/03, ECLI:EU:C:2006:2 = BeckRS 2006, 70033 – Kommission/Rat; Dörr in Grabitz/Hilf/Nettesheim AEUV Art. 263 Rn. 36.
[90] Kotzur in Geiger/Khan/Kotzur AEUV Art. 263 Rn. 14.
[91] Im Rahmen des Vorabentscheidungsverfahrens (Art. 267 AEUV) können allerdings auch Empfehlungen und Stellungnahmen auf ihre Gültigkeit überprüft und damit einer umfassenden gerichtlichen Rechtmäßigkeitskontrolle unterzogen werden.
[92] EuGH 28.11.1991 – C-213/88, C-39/89, ECLI:EU:C:1991:449 Rn. 15 = BeckRS 2004, 72329 – Luxemburg/Parlament; EuGH 26.1.2010 – C-362/08 P, ECLI:EU:C:2010:40 = NVwZ 2010, 431 – Internationaler Hilfsfonds/Kommission; Cremer in Calliess/Ruffert AEUV Art. 263 Rn. 13.
[93] Vgl. EuGH 30.4.1996 – C-58/94, ECLI:EU:C:1996:171 Rn. 38 = BeckRS 2004, 77586 – Niederlande/Rat; EuG 25.11.1999 – T-222/99 R, ECLI:EU:T:1999:299 Rn. 67 – Martinez und de Gaulle/Parlament.
[94] Vgl. Pechstein EUProzR Rn. 392 ff.
[95] Vgl. Cremer in Calliess/Ruffert AEUV Art. 263 Rn. 18 f.; Dörr in Grabitz/Hilf/Nettesheim AEUV Art. 263 Rn. 39.

Handlung („Zweitbescheid", „wiederholende Verfügung") kann nur insoweit gerichtlich angegriffen werden, als sie aufgrund einer neuen Prüfung der Sach- und Rechtslage erfolgt ist oder sonstwie eine neue Beschwer enthält. Während eines laufenden Verwaltungverfahrens getroffene Entscheidungen werden im Regelfall als **vorbereitende Akte** einzustufen sein, die als solche nicht anfechtbar sind, so dass etwaige ihnen anhaftende Rechtsfehler nur im Rahmen einer Klage gegen den verfahrensabschließenden Akt gerügt werden können. Anders verhält es sich nur, wenn von einer während eines Verfahrens vorgenommenen Handlung eine **eigenständige Beschwer** ausgeht, die eine Rechtsschutzmöglichkeit unabhängig von der späteren verfahrensabschließenden Handlung erforderlich macht. Letzteres ist etwa im Wettbewerbsrecht bei verpflichtenden Auskunftsersuchen der Kommission gegenüber bestimmten Unternehmen und bei verpflichtenden Durchsuchungsbeschlüssen (sog. Nachprüfungsanordnungen) der Fall, zumal diesen Ermittlungshandlungen nicht notwendigerweise eine Entscheidung in der Sache folgen muss.

38 Bloße **Realakte** sind mit der Nichtigkeitsklage nicht angreifbar, da sie keine verbindlichen Rechtswirkungen erzeugen. Sie können aber womöglich Anlass zu Schadensersatzklagen geben (Art. 268 AEUV). Ergeht ein Realakt – wie so häufig – in **Vollzug** eines ihm zugrunde liegenden **Beschlusses,** ist Rechtsschutz im Wege der Nichtigkeitsklage gegen diesen Beschluss zu suchen. So verhält es sich normalerweise bei Streitigkeiten über erteilte Auskünfte, erfolgte Veröffentlichungen oder an Dritte übermittelte Aktenbestandteile.

39 Keiner Anfechtbarkeit unterliegen hingegen in aller Regel bloße **Meinungsäußerungen**[96], Presseerklärungen[97], Rechtsauskünfte oder innerbehördliche Dienstanweisungen, da es sich bei ihnen lediglich um Verlautbarungen ohne rechtliche Außenwirkung handeln wird. Ebenso wenig können ein Verhaltenskodex, der nur einen Rahmen für spätere Beschlüsse vorgibt,[98] oder eine bloße Verwaltungspraxis[99] als solche Gegenstand einer Nichtigkeitsklage sein;[100] die Verwaltungspraxis kann jedoch unter dem Gesichtspunkt der **Selbstbindung der Verwaltung** zur gerichtlichen Überprüfung konkreter Beschlüsse der betreffenden Unionsinstitution herangezogen werden.

40 Nicht angefochten werden können ferner **rechtlich inexistente Handlungen,** weil eine dagegen gerichtete Klage gegenstandslos und somit unzulässig wäre.[101] Dennoch trägt der Kläger in diesen Fällen normalerweise kein Kostenrisiko, da bei Klagen gegen vermeintlich existente Akte, die sich im Laufe des Gerichtsverfahrens als rechtlich inexistent herausstellen, die Kosten der beklagten Unionsinstitution auferlegt werden, welche die Rechtsunsicherheit zu verantworten hat.[102] Solche **„Nichtakte"** liegen allerdings nur dann vor, wenn Handlungen mit einem **Fehler** behaftet sind, **dessen Schwere so offensichtlich ist,** dass er von der Unionsrechtsordnung schlechtweg nicht geduldet werden kann,[103] zB bei krasser Überschreitung der Unions- oder Organkompetenzen.[104] Diese Annahme

---

[96] EuGH 5.5.1998 – C-180/96, ECLI:EU:C:1998:192 Rn. 25 ff. = BeckRS 2004, 74735 – Vereinigtes Königreich/Kommission.
[97] Siehe jedoch EuG T-3/93, Slg. 1994, II-121 Rn. 50 = BeckRS 1994, 123021 – Air France/Kommission.
[98] EuGH 30.4.1996 – C-58/94, ECLI:EU:C:1996:171 Rn. 23 ff. = BeckRS 2004, 77586 – Niederlande/Rat.
[99] EuGH 19.11.1998 – C-159/96, ECLI:EU:C:1998:550 Rn. 24 = BeckRS 2004, 74544 – Portugal/Kommission.
[100] Vgl. zum Ganzen auch Cremer in Calliess/Ruffert AEUV Art. 263 Rn. 15 ff., mit zahlreichen Beispielen.
[101] EuGH 8.7.1999 – C-199/92 P, ECLI:EU:C:1999:358 Rn. 85 = BeckRS 1999, 55277 – Hüls AG/Kommission; Schwarze/Voet van Vormizeele in Schwarze AEUV Art. 263 Rn. 23; Cremer in Calliess/Ruffert AEUV Art. 263 Rn. 8 f.
[102] EuG 27.2.1992 – T-79/89 ua, ECLI:EU:T:1992:26 Rn. 103, EuZW 1992, 607– BASF ua/Kommission; EuG 10.7.1990 – T-64/89, ECLI:EU:T:1990:42 Rn. 80 = BeckEuRS 1990, 165386; Cremer in Calliess/Ruffert AEUV Art. 263 Rn. 8.
[103] EuGH 15.6.1994 – C-137/92 P, ECLI:EU:C:1994:247 Rn. 49 = BeckRS 2004, 74359 – Kommission/BASF ua; EuGH 5.10.2004 – C-475/01, ECLI:EU:C:2004:585 Rn. 19 f. = EuR 2005, 755 – Kommission/Griechenland.
[104] Pechstein EUProzR Rn. 380; Schwarze/Voet van Vormizeele in Schwarze AEUV Art. 263 Rn. 24; Annacker EuZW 1995, 755 (756 ff.).

hat der EuGH ganz außergewöhnlichen Fällen vorbehalten.[105] Eine klare Abgrenzung zwischen Nichtakten und rechtsfehlerhaften Handlungen ist schwierig, da die praktischen Anschauungsbeispiele äußerst selten sind und die Unionsgerichte demgemäß hierfür noch keine eindeutigen und allgemeingültigen Merkmale herausgearbeitet haben.[106] Grundsätzlich spricht eine Vermutung für die Gültigkeit der Rechtsakte der Unionsorgane, solange sie nicht aufgehoben oder zurückgenommen werden.[107] In aller Regel ist also die Nichtigkeitsklage das richtige Mittel zur Anfechtung solcher Handlungen der Unionsorgane, und es wäre aus prozesstaktischen Gründen riskant, die Klagefrist für eine Nichtigkeitsklage ungenutzt verstreichen zu lassen. Eine Klage auf Feststellung der Inexistenz des fraglichen Rechtsakts ist im numerus clausus der Klagearten vor den Unionsgerichten nicht vorgesehen.[108]

Delegieren die Unionsorgane Handlungsbefugnisse auf ihre **Mitglieder** oder **Dienststellen,** werden die von diesen vorgenommenen Handlungen dem entsprechenden Organ zugerechnet.[109] Anfechtbar sind die von ihnen erlassenen Akte dann, wenn sich die Delegatare im Rahmen ihrer Zuständigkeiten und Befugnisse bewegen[110] bzw. vorhandene Mängel im Übertragungsvorgang für den Adressaten nicht offensichtlich sind.[111] 41

Sofern in bestimmten Bereichen eine **Zusammenarbeit** zwischen Unionsinstitutionen und nationalen Behörden stattfindet (zB im Beihilferecht oder Kartellrecht), muss hinsichtlich des Klagegegenstands genau geprüft werden, ob der angefochtene Rechtsakt seitens der Unionsinstitution oder durch die mitwirkende innerstaatliche Verwaltungsbehörde erlassen wurde. Da die Unionsgerichte nur für Nichtigkeitsklagen gegen Unionsrechtsakte zuständig sind (anderenfalls entscheiden die nationalen Gerichte), ist die Klärung dieser Frage entscheidend für die Wahl des richtigen Rechtswegs.[112] Ausführungsmaßnahmen der nationalen Behörden gelten ausnahmsweise dann als solche des betreffenden Unionsorgans, wenn sie lediglich Weisungen desselben vollziehen, bei denen ihnen kein eigener Entscheidungsspielraum verbleibt.[113] 42

---

[105] EuGH 15.6.1994 – C-137/92 P, ECLI:EU:C:1994:247 Rn. 50 = BeckRS 2004, 74359 – Kommission/BASF ua.
[106] Pechstein EUProzR Rn. 381.
[107] EuGH 15.6.1994 – C-137/92 P, ECLI:EU:C:1994:247 = BeckRS 2004, 74359 – Kommission/BASF ua; Annacker EuZW 1995, 755 (755 f.); Schwarze/Voet van Vormizeele in Schwarze AEUV Art. 263 Rn. 23; Dörr in Grabitz/Hilf/Nettesheim AEUV Art. 263 Rn. 38.
[108] Die gegenteilige Auffassung in der Vorauflage (Dervisopoulos in Rengeling/Middeke/Gellermann Rechtsschutz-HdB § 7 Rn. 35) wird aufgegeben. Insbesondere kann die Anerkennung einer Feststellungsklage nicht dem Urteil EuGH 26.2.1987 – 15/85, ECLI:EU:C:1987:111 Rn. 10 = NJW 1987, 3074 – Consorzio Cooperative d'Abruzzo, entnommen werden, in dem das Wort „Feststellung" lediglich *en passant* im untechnischen Sinne gebraucht wurde.
[109] EuGH 17.7.19559 – 32/58, Slg. 1958/59, 289 (312) = BeckRS 2004, 70760 – S. N. U. P. A.T/Hohe Behörde; EuGH 15.5.1975 – 71/74, ECLI:EU:C:1975:61 Rn. 20 = NJW 1975, 515 – Frubo/Kommission; vgl. auch EuGH 14.7.1972 – 52/69, ECLI:EU:C:1972:73 Rn. 5 = BeckRS 2004, 73261 – Geigy/Kommission; EuGH 17.1.1984 – 43/82, ECLI:EU:C:1984:9 Rn. 12 ff. – GRUR-Int. 1985, 187 – VBVB und VBBB/Kommission.
[110] EuGH 4.3.1982 – 182/80, ECLI:EU:C:1982:78 Rn. 17 f. = BeckRS 2004, 72064 – Gauff/Kommission.
[111] So Krück in von der Groeben/Thiesing/Ehlermann EWGV Art. 173 Rn. 28; vgl. auch EuGH 15.5.1975 – 71/74, ECLI:EU:C:1975:61 Rn. 19, 20 = NJW 1975, 515 – Frubo/Kommission.
[112] Gegen Maßnahmen der Mitgliedstaaten ist hingegen nur der Rechtsweg zu den nationalen Gerichten eröffnet, die dann jedoch gem. Art. 267 AEUV dem Gerichtshof unionsrechtliche Fragen zur Vorabentscheidung vorlegen können. Vgl. hierzu bspw. EuGH 21.5.1987 – verb. Rs. 133/85 bis 136/85, ECLI:EU:C:1987:244 Rn. 11, NJW 1987, 2148 – Rau.
[113] Vgl. einerseits EuGH 13.5.1971 – verb. Rs. 41/70 bis 44/70, ECLI:EU:C:1971:53 Rn. 23, 29 = BeckRS 2004, 71130 – International Fruit Company e.a./Kommission; andererseits EuGH 10.5.1978 – 132/77, ECLI:EU:C:1978:99 Rn. 23, 27 = BeckRS 2004, 71532 – Société pour l'exportation des sucres/Kommission; vgl. auch EuGH 10.6.1982 – 217/81, ECLI:EU:C:1982:222 Rn. 8 f. = BeckRS 2004, 72351 – Interagra/Kommission.

IV. Klagebefugnis

43 Die **Klagebefugnis** ist eine **spezifische Sachurteilsvoraussetzung,** ohne deren Vorliegen die Nichtigkeitsklage bereits als unzulässig abgewiesen wird. In Art. 263 AEUV ist diese Zulässigkeitsvoraussetzung je nach Klageberechtigung differenziert ausgestaltet.

44 **1. Klagebefugnis der privilegierten und teilprivilegierten Kläger.** Im Gegensatz zu Einzelpersonen brauchen die nach Art. 263 Abs. 2 AEUV privilegierten Klageberechtigten (Mitgliedstaaten, Europäisches Parlament, Rat der Europäischen Union und Europäische Kommission) **kein spezifisches Interesse** für die Erhebung einer Nichtigkeitsklage darzulegen.[114] Vielmehr sind sie kraft ihrer herausgehobenen Stellung im Unionssystem und ihrer institutionellen Verantwortung für die Unionsrechtsordnung ohne Weiteres befugt, jeden verbindlichen Unionsrechtsakt von den Unionsgerichten überprüfen zu lassen. In der vorgenommenen Differenzierung der Klagebefugnis spiegeln sich gleichzeitig die unterschiedlichen Funktionen der Nichtigkeitsklage im unionsrechtlichen Rechtsschutzsystem wieder. Als Organstreit (bzw. Normenkontrolle)[115] ist die Nichtigkeitsklage gem. Art. 263 Abs. 2 AEUV ein objektives Verfahren,[116] in welchem die Kläger im Rahmen ihrer allgemeinen Verantwortung für die kohärente Anwendung des Unionsrechts handeln.[117] Für die Klagebefugnis der privilegiert Klageberechtigten besteht demnach eine Vermutung,[118] und zwar selbst dann, wenn die Kläger an der angefochtenen Handlung mitgewirkt haben sollten.[119] Insoweit sind die einzelnen Mitgliedstaaten auch befugt, gegen einen Beschluss der Kommission zu klagen, den diese gegenüber einer juristischen Person mit Sitz in einem anderen Mitgliedstaat erlassen hat.[120] Ausnahmsweise wurde aber auch die Nichtigkeitsklage eines Mitgliedstaats wegen mangelnder Beschwer abgewiesen.[121]

45 Anders als die privilegiert Klageberechtigten müssen die sog. **teilprivilegiert Klageberechtigten** nach Art. 263 Abs. 3 AEUV (Europäischer Rechnungshof, Europäische Zentralbank, Europäischer Ausschuss der Regionen) eine Verletzung in eigenen Rechten geltend machen.[122] Dabei handelt es sich namentlich um die vertraglich verbrieften Anhörungs-, Beteiligungs- und Informationsrechte dieser Institutionen.[123] Besondere Bedeutung erlangte in der Vergangenheit die **Klagebefugnis des Parlaments** bei der Wahl der richtigen Rechtsgrundlage zum Erlass von Unionsrechtsakten und den damit einzuhaltenden Rechtsetzungsverfahren, da sich danach die einzelnen Mitwirkungsrechte des Parlaments und seine unterschiedlichen Einwirkungsmöglichkeiten bestimmen.[124] Seit dem Inkrafttreten des Vertrags von Nizza ist das Parlament in den Kreis der privilegierten Kläger

---

[114] EuGH 26.3.1987 – 45/86, ECLI:EU:C:1987:163 Rn. 3 = NJW 1987, 3073 – Kommission/Rat; EuGH 23.2.1988 – 131/86, ECLI:EU:C:1988:86 Rn. 6 = BeckRS 2004, 71529 – Vereinigtes Königreich/Rat.
[115] So Stotz in Rengeling UmweltR-HdB I Bd. I § 45 Rn. 64; Pechstein EUProzR Rn. 440.
[116] Erichsen/Weiß Jura 1990, 528 (531).
[117] EuGH 13.7.1971 – 2/60, Slg. 1961, 283 (310) = BeckRS 2004, 72195 – Niederrheinische Bergwerks-AG/Hohe Behörde; EuGH 31.3.1971 – 22/70, ECLI:EU:C:1971:32 Rn. 38, 42 = BeckRS 2004, 72371 – Kommission/Rat; Nicolaysen EuropaR I S. 183; Schwarze/Voet van Vormizeele in Schwarze AEUV Art. 263 Rn. 36; Erichsen/Weiß Jura 1990, 528 (531).
[118] IdS auch Schwarze/Voet van Vormizeele in Schwarze AEUV Art. 263 Rn. 36.
[119] EuGH 12.7.1979 – 166/78, ECLI:EU:C:1979:195 Rn. 6 = BeckRS 2004, 71898 – Italien/Rat; Niedermühlbichler, Verfahren vor dem EuG und EuGH, 1998, Rn. 165.
[120] EuGH 20.3.1985 – 41/83, ECLI:EU:C:1985:120 Rn. 30 = BeckRS 2004, 71140 – Italien/Kommission.
[121] EuGH 18.6.2002 – C-242/00, ECLI:EU:C:2002:380 Rn. 46 = NVwZ 2002, 975 – Deutschland/Kommission; s. hierzu auch Cremer in Calliess/Ruffert AEUV Art. 263 Rn. 21.
[122] Vgl. näher Pechstein EUProzR Rn. 444 f.; Schwarze/Voet van Vormizeele in Schwarze AEUV Art. 263 Rn. 37; Dörr in Grabitz/Hilf/Nettesheim AEUV Art. 263 Rn. 53 f.; Ehricke in Streinz AEUV Art. 263 Rn. 27.
[123] Cremer in Calliess/Ruffert AEUV Art. 263 Rn. 22.
[124] EuGH 22.5.1990 – C-70/88, ECLI:EU:C:1990:217 = NJW 1990, 1899 – Parlament/Rat; EuGH 28.6.1994 – C-187/93, Slg. 1994, I-2857 (2880) = NVwZ 1995, 261 – Parlament/Rat; EuGH 7.3.1996 – C-360/93, Slg. 1996, I-1195 (1216) = BeckRS 2004, 76735 – Parlament/Rat.

aufgerückt, so dass es nunmehr ohne Geltendmachung einer Verletzung in eigenen Rechten jegliche Rechtsfehler rügen darf.[125]

2. Klagebefugnis der natürlichen und juristischen Personen. Demgegenüber kommt **46** es für die Zulässigkeit der Nichtigkeitsklagen von Einzelpersonen oder „Einzelnen" (Individualklagen) in entscheidendem Maße darauf an, ob die natürlichen oder juristischen Personen klagebefugt sind oder nicht. Hinsichtlich der Klagebefugnis sind seit dem Vertrag von Lissabon gem. Art. 263 Abs. 4 AEUV folgende drei Varianten zu unterscheiden: (a) Nichtigkeitsklagen natürlicher und juristischer Personen gegen die an sie gerichteten Handlungen, (b) Nichtigkeitsklagen gegen diejenigen Handlungen, die sie unmittelbar und individuell betreffen, sowie (c) Nichtigkeitsklagen gegen Rechtsakte mit Verordnungscharakter, die sie unmittelbar betreffen und keine Durchführungsmaßnahmen nach sich ziehen. Nur hinsichtlich dieser neuen, dritten Variante besteht kein Erfordernis der individuellen Betroffenheit, wohl aber ein Erfordernis der unmittelbaren Betroffenheit.

a) Adressatenstellung (erste Variante von Art. 263 Abs. 4 AEUV). Soweit die angefochte- **47** ne Handlung an den Kläger selbst gerichtet ist, ergibt sich dessen Klagebefugnis bereits aus seiner **Adressatenstellung.** Mit der Verwendung des Begriffs „Handlung" (Vertrag von Lissabon) statt „Entscheidung" (frühere Vertragstexte) in Art. 263 AEUV geht keine inhaltliche Änderung einher.[126] Wer Adressat eines Rechtsakts – in der Regel eines Beschlusses gem. Art. 288 Abs. 4 S. 2 AEUV – ist, braucht, soweit dieser ihn in seinen Interessen beeinträchtigen kann, keine besonderen Umstände zur Begründung der Klagebefugnis darzulegen.[127] Maßgeblich ist dabei grundsätzlich der Tenor der Entscheidung; durch lediglich in den Gründen getroffene Feststellungen wird der Kläger in der Regel nicht zum Adressaten.[128]

b) Unmittelbare und individuelle Betroffenheit (zweite Variante von Art. 263 Abs. 4 **48** AEUV). Sofern eine natürliche oder juristische Person nicht Adressatin einer Handlung ist, kann sie diese grundsätzlich nur nach Maßgabe der zweiten Variante von Art. 263 Abs. 4 AEUV anfechten, wenn sie also von jener Handlung unmittelbar und individuell betroffen ist. Das Erfordernis der unmittelbaren und individuellen Betroffenheit hat zum Ziel, Einzelnen einen effektiven Rechtsschutz zu gewährleisten, ohne zugleich den Anwendungsbereich der Nichtigkeitsklage zu einer **Popularklage** auszuweiten.[129]

aa) Betroffenheit. Mit dem Begriff der „Betroffenheit" lehnt sich das Unionsrecht an die **49** Klagebefugnis im französischen Verwaltungsprozessrecht an, das im Gegensatz zum deutschen Recht nicht auf eine mögliche (subjektive) Rechtsverletzung des Klägers abstellt, sondern die Beeinträchtigung eines relevanten Interesses ausreichen lässt.[130] Darüber, welcher Art dieses Interesse sein muss, gehen die Meinungen in der Literatur auseinander.[131] Der EuGH stellt jedoch keine allzu hohen Anforderungen an das Klägerinteresse.[132] Ausreichend ist insbesondere ein wirtschaftliches Interesse, wie es beispielsweise im Wett-

---

[125] Vgl. Wegener DVBl 2001, 1258 (1263).
[126] Schwarze/Voet van Vormizeele in Schwarze AEUV Art. 263 Rn. 40; Frenz EuropaR-HdB V Rn. 2903.
[127] EuGH 11.5.1989 – 193/87, ECLI:EU:C:1989:185 Rn. 42 = BeckRS 2004, 72160 – Maurissen ua/Rechnungshof; v. Burchard EuR 1991, 140 (146); Pechstein EUProzR Rn. 446; näher Stotz in Dauses/Ludwigs EU-WirtschaftsR-HdB Abschn. P Kap. I Rn. 71 ff.
[128] Vgl. EuGH 22.3.2000 – 125/97, ECLI:EU:T::84 Rn. 77 ff. = BeckRS 2000, 13589 – Coca-Cola/Kommission; krit. hierzu Bartosch EWS 2000, 350 (352 f.).
[129] GA Kokott 3.10.2013 – SchlA C-583/11 P, ECLI:EU:C:2013:21 – Inuit Tapiriit Kanatami ua/Parlament und Rat.
[130] Bleckmann EuropaR Rn. 889; Erichsen/Weiß Jura 1990, 528 (532); Pechstein EUProzR Rn. 449; Schwarze/Voet van Vormizeele in Schwarze AEUV Art. 263 Rn. 39; vgl. EuGH 31.3.1977 – 88/76, ECLI:EU:C:1977:61 Rn. 8 ff. = BeckRS 2004, 73842 – Société pour l'exportation des sucres/Kommission.
[131] Vgl. Pechstein EUProzR Rn. 450 ff.; Erichsen/Weiß Jura 1990, 528 (532), tatsächliches Interesse; Daig, Nichtigkeits- und Untätigkeitsklagen im Recht der Europäischen Gemeinschaften, 1985, Rn. 122, schutzwürdiges Interesse.
[132] Vgl. Pechstein EUProzR Rn. 449; Cremer in Calliess/Ruffert AEUV Art. 263 Rn. 35.

bewerbsrecht und im Außenhandelsrecht regelmäßig zum Tragen kommt. Allgemein wird der Begriff der „Betroffenheit" dahingehend verstanden, dass er die **Zugehörigkeit des Klägers zu einem Kreis materiell beschwerter Personen** umschreibt.[133] Die Wirtschaftsteilnehmer müssen somit ein bereits entstandenes und noch bestehendes Interesse an der Aufhebung der angefochtenen Maßnahme darlegen.[134]

50 Von enormer praktischer Relevanz ist, dass das Merkmal der Betroffenheit durch die Kriterien „unmittelbar" und „individuell" näher konkretisiert und eingeschränkt wird. Obwohl beide Voraussetzungen nicht selten mit ein und denselben Erwägungen begründet oder abgelehnt werden, ist es im Rahmen ihrer Prüfung angezeigt, zwischen beiden Erfordernissen zu trennen, da ihnen im Rahmen der Klagebefugnis unterschiedliche Funktionen zukommen.[135]

51 Durch das **Unmittelbarkeitskriterium** soll das Klagerecht Einzelner gegen Normativakte ausgeschlossen werden, die einer behördlichen Anwendung im Einzelfall bedürfen.[136] In der Regel obliegt die Anwendung solcher Rechtsakte den Behörden der Mitgliedstaaten, nur selten wird sie in unionseigener Verwaltung durch die Kommission oder eine Agentur der Union vollzogen. Demgegenüber dient das **Kriterium der individuellen Betroffenheit** dem Ausschluss der Popularklage.[137] Hierdurch soll verhindert werden, dass der zwar potenziell, aber nicht oder noch nicht selbst Betroffene ein Klagerecht gegen normative Rechtsakte der Union erhält.[138] Eine feste Reihenfolge für die Prüfung der beiden Betroffenheitsmerkmale existiert nicht.

52 **bb) Die individuelle Betroffenheit. (1) Individuelle Betroffenheit bei Rechtsnormen.** Das Kriterium der individuellen Betroffenheit nach Art. 263 Abs. 4 AEUV ist nicht anders auszulegen als in der bisherigen Rechtsprechung zu Art. 230 Abs. 4 EGV.[139] Die Prüfung dieser Voraussetzung wird sich auch weiterhin insbes. in den Fällen als problematisch erweisen, in denen der Kläger gegen eine Verordnung oder Richtlinie vorgehen will.[140] Für die Abgrenzung der individuellen von der allgemeinen Betroffenheit bedienen sich die Unionsgerichte der sog. **Plaumann-Formel,** die in ständiger Rechtsprechung wiederholt wird. Danach ist der Kläger nur dann individuell betroffen, wenn die angefochtene Handlung ihn „wegen bestimmter persönlicher Eigenschaften oder besonderer, ihn aus dem Kreis aller übrigen Personen heraushebender Umstände berührt und ihn daher in ähnlicher Weise individualisiert wie den Adressaten".[141] Nur wenn zum Zeitpunkt des

---

[133] EuGH 31.3.1977 – 88/76, ECLI:EU:C:1977:61 Rn. 8 ff. = BeckRS 2004, 73842 – Société pour l'exportation des sucres/Kommission; v. Burchard EuR 1991, 140 (146); vgl. zum Ganzen auch Arnull CMLR 2001, 7 (23 ff.).

[134] EuG 17.9.1992 – T-138/89, ECLI:EU:T:1992:95 Rn. 33 = BeckEuRS 1992, 189930 – NBV und NVB/Kommission; Pechstein EUProzR Rn. 390, 449.

[135] Daig, Nichtigkeits- und Untätigkeitsklagen im Recht der Europäischen Gemeinschaften, 1985, Rn. 125; v. Burchard EuR 1991, 140 (147); Scherer/Zuleeg in Schweitzer, Europäisches Verwaltungsrecht, 1991, S. 197 (211).

[136] St. Rspr., EuGH 6.10.1982 – 307/81, ECLI:EU:C:1982:337 Rn. 13 = BeckRS 2004, 73106 – Alusuisse Italia/Rat und Kommission.

[137] EuGH verb. Rs. 16/62, 17/62, Slg. 1962, 963 (980) – Confédération nationale des producteurs de fruits et légumes ua/Rat; GA Roemer 15.7.1963 – SchlA 25/62, Slg. 1963, 213 (256 f.) = NJW 1963, 2246 – Plaumann/Kommission; Niedermühlbichler, Verfahren vor dem EuG und EuGH, 1998, Rn. 183; Schwarze/Voet van Vormizeele in Schwarze AEUV Art. 263 Rn. 39.

[138] Scherer/Zuleeg in Schweitzer, Europäisches Verwaltungsrecht, 1991, S. 197 (211); v. Burchard EuR 1991, 140 (147); Schwarze FS Schlochauer, 1981, 927 (936).

[139] GA Kokott 3.10.2013 – SchlA C-583/11 P, ECLI:EU:C:2013:21 – Inuit Tapiriit Kanatami ua/Parlament und Rat; vgl. auch Schwarze/Voet van Vormizeele in Schwarze AEUV Art. 263 Rn. 46; Thiele EuR 2010, 30 (42); aA Mayer DVBl 2004, 606 (610).

[140] Vgl. Pechstein EUProzR Rn. 470.

[141] St Rspr. seit EuGH 15.7.1963 – 25/62, Slg. 1963, 213 (238) = NJW 1963, 2246 – Plaumann/Kommission; s. aus der letzten Zeit EuGH 13.12.2005 – C-78/03 P, ECLI:EU:C:2005:761 Rn. 33 = NJ 2006, 233 – Kommission/Aktionsgemeinschaft Recht und Eigentum; EuGH 9.6.2011 – C-71/09 P u. C-73/09 P, C-76/09 P, ECLI:EU:C:2011:368 = BeckRS 2011, 80956 – Comitato „Venezia vuole vivere" ua/Kommission.

Erlasses der Maßnahme ein bestimmter Personenkreis besonders herausgehoben ist und beeinträchtigt wird, sind also dessen Mitglieder klagebefugt.[142] Der EuGH hatte in Anwendung der Plaumann-Formel **drei Fallgruppen** der individuellen Betroffenheit durch Entscheidungen in Gestalt von Verordnungen entwickelt, die sich auch auf die neu gefasste zweite Variante von Art. 263 Abs. 4 AEUV übertragen lassen.[143]

In einer ersten Gruppe bejaht der EuGH die Individualisierbarkeit in solchen Fällen, in denen Anzahl und Identität der betroffenen Personen bereits im Zeitpunkt des Erlasses des Rechtsakts feststehen.[144] Der Kläger muss sich also bereits vor Erlass des Rechtsakts aus dem Kreis der potenziell Betroffenen herausheben.[145] Der Gerichtshof sprach insofern von einer **Sammelentscheidung,** bei der in einer Verordnung viele Einzelfallentscheidungen gebündelt sind.[146] Die Individualisierung des betroffenen Klägers muss allerdings anhand objektiver Kriterien feststellbar sein,[147] insbes. muss ausgeschlossen sein, dass sich der Kreis der Betroffenen nach Erlass der Maßnahme noch erweitern kann.[148] Die bloß abstrakte Bestimmbarkeit der Betroffenen reicht nicht aus.[149] **53**

Die zweite Gruppe bilden diejenigen Fälle, bei denen den Betroffenen im zum Erlass des Rechtsakts führenden Verfahren bestimmte **Beteiligungs-, Informations- und Mitwirkungsrechte** eingeräumt sind, wie dies insbes. in Antidumping- und Antisubventionsverfahren der Fall ist.[150] In diesem Zusammenhang hat der EuGH eine individuelle Betroffenheit angenommen, wenn ein Unternehmen in dem angefochtenen Rechtsakt namentlich genannt ist oder nachweislich von den vorhergehenden Untersuchungsmaßnahmen berührt wurde.[151] **54**

Die dritte Gruppe betrifft schließlich Rechtsakte, die in **besondere Rechte des Klägers eingreifen.** In diesen Konstellationen stehen nur dem Kläger oder einem Teil der von der Regelung Betroffenen Rechte zu, die ihn bzw. sie gegenüber allen übrigen Rechtsunterworfenen besonders hervorheben.[152] **55**

Um die allgemein-generellen Unionsakte nicht zur Disposition einer unübersehbaren Anzahl potenzieller Privatkläger zu stellen, sind die Unionsgerichte bei der Annahme der **56**

---

[142] Vgl. Pechstein EUProzR Rn. 471 ff.
[143] Vgl. Schwarze/Voet van Vormizeele in Schwarze AEUV Art. 263 Rn. 46; Schwarze DVBl 2002, 1297 (1301 f.); Nettesheim JZ 2002, 928 (930).
[144] EuGH 1.7.1965 – 106/63, 107/63, Slg. 1965, 548 (556) = BeckRS 2004, 70665 – Töpfer/Kommission; EuGH 21.2.1984 – 239/82 u. 275/82, ECLI:EU:C:1984:68 Rn. 12 ff. = NJW 1985, 1277 – Allied Corporation ua/Kommission; EuGH 18.12.1997 – C-409/96 P, ECLI:EU:C:1997:635 – Sveriges Betodlares und Henrikson/Kommission.
[145] Krück in von der Groeben/Thiesing/Ehlermann EWGV Art. 173 Rn. 55.
[146] Vgl. Moitinho de Almeida FS Everling, 1995, 849 (858); Schwarze/Voet van Vormizeele in Schwarze AEUV Art. 263 Rn. 47; Stotz in Rengeling UmweltR-HdB I § 45 Rn. 83.
[147] EuGH 28.3.1996 – C-270/95 P, ECLI:EU:C:1996:155 Rn. 11 ff. = GRUR-Int. 1996, 943 – Kik/Rat und Kommission; vgl. auch EuGH 21.1.1999 – C-73/97 P, ECLI:EU:C:1999:13 Rn. 32 ff. = LMRR 1999, 135 – Frankreich/Comafrica ua.
[148] Scherer/Zuleeg in Schweitzer, Europäisches Verwaltungsrecht, 1991, S. 197 (212); Nicolaysen EuropaR I S. 186; Schwarze FS Schlochauer, 1981, 927 (937); Schwarze/Voet van Vormizeele in Schwarze AEUV Art. 263 Rn. 47; Krück in von der Groeben/Thiesing/Ehlermann EWGV Art. 173 Rn. 57.
[149] EuGH 30.9.1982 – 242/81, ECLI:EU:C:1982:325 Rn. 7 ff. = BeckRS 2004, 72573 – Roquette Frères/Rat; EuGH 6.10.1982 – 307/81, ECLI:EU:C:1982:337 Rn. 8 ff. = BeckRS 2004, 73106 – Alusuisse Italia/Rat und Kommission; EuGH 21.2.1984 – 239/82, 275/82, ECLI:EU:C:1984:68 Rn. 12 = BeckRS 2004, 72534 – Allied Corporation ua/Kommission.
[150] Vgl. EuGH 4.10.1983 – 191/82, ECLI:EU:C:1983:259 Rn. 27 ff. = NJW 1984, 2026 – Fediol/Kommission; EuGH 24.11.1992 – C-15/91, ECLI:EU:C:1992:454 Rn. 29 = BeckRS 2004, 7445 – Buckl & Söhne ua/Kommission; EuG 3.6.1997 – T-60/96, ECLI:EU:T:1997:81 Rn. 73 – Merck & Co. Inc./Kommission.
[151] EuGH 21.2.1984 – 239/82, 275/82, ECLI:EU:C:1984:68 Rn. 12 = BeckRS 2004, 72534 – Allied Corporation/Kommission; EuG 8.7.1999 – T-12/96, ECLI:EU:T:1999:142 Rn. 59 ff. – Area Cova ua/Rat und Kommission.
[152] EuGH 18.5.1994 – C-309/89, ECLI:EU:C:1994:197 Rn. 21 f. = BeckRS 2004, 76220 – Codorniu/Rat; vgl. auch EuGH 23.11.1995 – 10/95 P, ECLI:EU:C:1995:406 Rn. 43 = BeckRS 2004, 74024 – Asocarne/Rat; EuG 8.7.1999 – T-12/96, ECLI:EU:T:1999:142 Rn. 59 ff. – Area Cova ua/Rat und Kommission.

individuellen Betroffenheit insgesamt eher zurückhaltend.[153] Die **restriktive Handhabung** des Merkmals der individuellen Betroffenheit wurde in der Literatur vielfach kritisiert.[154] Der EuGH hielt und hält allerdings daran fest und weist darauf hin, dass eine Änderung des derzeit geltenden Rechtsschutzsystems Sache der Mitgliedstaaten im Wege der Vertragsänderung wäre.[155] Es stellt sich daher die Frage, ob mit dem durch den Vertrag von Lissabon eingeführten neuen Klagegegenstand der „Rechtsakte mit Verordnungscharakter" eine Verbesserung erzielt wurde (dazu → Rn. 70 ff.).

57 Lediglich bei Verordnungen zur Einführung vorläufiger und endgültiger Antidumpingzölle neigen die Unionsgerichte einer großzügigeren Handhabung zu, was auf die Besonderheiten jener Fälle zurückzuführen sein dürfte.[156] Allgemein lässt sich hierzu feststellen, dass die mit eigenen Rechten in **Antidumping- und Antisubventionsverfahren** ausgestatteten Personen dann individuell betroffen sind, wenn sie durch Beschwerden oder Stellungnahmen an dem der Maßnahme vorangehenden Verwaltungsverfahren mitgewirkt haben und die Maßnahme sie in ihrer wirtschaftlichen Tätigkeit erheblich beeinträchtigt.[157] Individuell betroffen können insoweit nicht nur Wirtschaftsunternehmen (Hersteller, Exporteure und Importeure[158]), sondern auch ganze **Wirtschaftszweige bzw. Dachorganisationen** sein, wenn ihre Beanstandungen der Einleitung des Antidumpingverfahrens zugrunde lagen und der Zoll unter Berücksichtigung der Auswirkungen auf diese Unternehmen festgesetzt wurde.[159] Hinzuweisen ist jedoch auf Probleme bei der Beurteilung des Klagerechts solcher Organisationen, denen neben den geschädigten Herstellern weitere Unternehmen angehören.[160] Eine über die allgemeine Betroffenheit hinausgehende individuelle Klagebefugnis kann hier nur dann angenommen werden, wenn das wirtschaftliche Interesse mehrerer Organisationsmitglieder, die ihrerseits hinreichend individuell betroffen sind, durch unfaire Einfuhrpraktiken beeinträchtigt ist, so dass eine gemeinsame Klage über den Verband gegenüber einer größeren Zahl gleichartiger Einzelklagen vorteilhaft erscheint.[161]

58 **(2) Individuelle Betroffenheit bei an Dritte gerichteten Handlungen.** Individualklagen nach Art. 230 Abs. 4 EGV waren auch möglich gegen Entscheidungen (nunmehr Beschlüsse), die sich an andere Adressaten richteten. Dabei wurde zwischen Entscheidungen an einen Mitgliedstaat und Entscheidungen an einen anderen Privaten (Konkurrenten) unterschieden. Art. 263 Abs. 4 AEUV spricht nicht mehr explizit von an Dritte gerichteten

---

[153] Schwarze/Voet van Vormizeele in Schwarze AEUV Art. 263 Rn. 46; Gundel VerwArch 91 (2001), 81 (81 f.).
[154] Bleckmann FS Menger, 1985, 871 (882); Moitinho de Almeida FS Everling, 1995, 849 (865); Sedemund/Heinemann DB 1995, 1161 (1161 f.); Gundel VerwArch 91 (2000), 81 (82 mwN); Arnull CMLR 2001, 7 (51 f.); sa EuG T-177/01, EuZW 2002, 412 Rn. 39 ff. – Jégo-Quéré.
[155] EuGH 25.7.2002 – C-50/00 P, ECLI:EU:C:2002:462 Rn. 45 = NJW 2002, 2935 – Unión de Pequeños Agricultores/Rat.
[156] Vgl. Lux RIW 1991, 828 (837 ff.); Stotz in Dauses/Ludwigs EU-WirtschaftsR-HdB Abschn. P Kap. I Rn. 124 ff.; zu den gleichwohl noch bestehenden Rechtsschutzdefiziten in diesem Bereich vgl. Middeke DVBl 1991, 149 (151); Rabe EuR 1991, 236.
[157] Schwarze EuR 1986, 217 ff.; Landsittel/Sack NJW 1987, 2105 ff.; Bierwagen/Hailbronner NJW 1989, 1385 ff.; Landsittel EuZW 1990, 177; Leibrock EuR 1990, 20 ff.; Petermann RIW 1990, 279 ff.; Wenig EuZW 1991, 439.
[158] Zu letzteren vgl. EuGH 14.3.1990 – C-133/87, ECLI:EU:C:1990:115 Rn. 8 ff. = BeckRS 2004, 71551 – Nashua Corporation/Kommission; EuGH 14.3.1990 – C-156/87, ECLI:EU:C:1990:116 Rn. 7 ff. = BeckRS 2004, 71808 – Gestetner Holdings/Kommission; EuGH C-358/89, Slg. 1991, I-2501 Rn. 17 = BeckRS 2004, 76710 – Extramet/Rat.
[159] EuGH 4.10.1983 – 191/82, ECLI:EU:C:1983:259 Rn. 31 = NJW 1984, 2026 – FEDIOL/Kommission; EuGH 20.3.1985 – 264/82, ECLI:EU:C:1985:119 Rn. 15 f. = NJW 1985, 2088 – Timex/Kommission; EuGH 22.6.1989 – 70/87, ECLI:EU:C:1989:254 Rn. 22 = BeckRS 2004, 73579 – FEDIOL/Kommission; vgl. auch Moitinho de Almeida FS Everling, 1995, 849.
[160] Vgl. dazu Hailbronner/v. Heydebrand u. d. Lasa RIW 1986, 889 (889 ff.).
[161] Vgl. EuG 6.7.1995 – T-447/93, ECLI:EU:T:1995:130 Rn. 60 = BeckRS 1996, 121786 – AITEC ua/Kommission.

Beschlüssen; der neue, weite Handlungsbegriff umfasst allerdings unzweifelhaft auch diese Konstellation.¹⁶² Die bisherige Rechtsprechung hierzu ist daher weiter relevant.

Beschlüsse, die **an einen Mitgliedstaat gerichtet** sind, können eine Doppelnatur auf- 59 weisen, indem sie für den jeweiligen Mitgliedstaat streng genommen nur einen Einzelfall regeln, gleichzeitig aber für bestimmte oder gar eine Vielzahl von Einzelnen praktisch relevant werden.¹⁶³ Eine individuelle Betroffenheit von natürlichen oder juristischen Personen kann gleichwohl dann bestehen, wenn diese zu einem Kreis der Betroffenen gehören, die bei Beschlussfassung bereits feststanden.¹⁶⁴ Von besonderer Relevanz sind in diesem Zusammenhang die an Mitgliedstaaten gerichteten Beschlüsse der Kommission im Bereich der **Beihilfenkontrolle**¹⁶⁵ (vgl. Art. 31 Abs. 2 VO (EU) 2015/1589).¹⁶⁶ **Beihilfenbegünstigte** sind durch Verbotsentscheidungen der Kommission gegenüber dem betreffenden Mitgliedstaat jedenfalls dann individuell betroffen, wenn es sich um die Gewährung von Einzelbeihilfen handelt.¹⁶⁷ Schwieriger ist die individuelle Betroffenheit festzustellen im Zusammenhang mit Maßnahmen allgemeiner Tragweite, zB bei nationalen Beihilfeprogrammen. Ein nur potentiell von der nationalen Beihilferegelung Begünstigter ist insofern nicht individuell betroffen.¹⁶⁸ Die individuelle Betroffenheit ist allerdings zu bejahen, wenn der Kläger schon eine Zuwendung aufgrund der Beihilferegelung erhalten hat, die nun auf Entscheidung der Kommission zurückgefordert werden soll, oder wenn er zumindest bereits einen Antrag auf eine Beihilfe gestellt hatte, der nach der Entscheidung der Kommission nunmehr abzulehnen ist.¹⁶⁹

In **Konkurrenzsituationen** ist im Rahmen des in Art. 108 AEUV vorgesehenen Ver- 60 fahrens zur Kontrolle staatlicher Beihilfen zwischen der Vorprüfungsphase und der formellen Hauptprüfung zu unterscheiden.¹⁷⁰ Die Vorprüfungsphase nach Art. 108 Abs. 3 AEUV dient nur dazu, der Kommission eine erste Meinungsbildung über die Vereinbarkeit der fraglichen Beihilfe mit dem Binnenmarkt zu ermöglichen; erst in der Hauptprüfungsphase nach Art. 108 Abs. 2 AEUV, die es der Kommission ermöglichen soll, sich umfassende Kenntnis von allen Gesichtspunkten des Falles zu verschaffen, sieht der Vertrag die Verpflichtung der Kommission vor, den Beteiligten Gelegenheit zur Äußerung zu geben.¹⁷¹ Beteiligte sind gem. Art. 1 lit. h VO (EU) 2015/1589¹⁷² Personen und Unternehmen, deren Interessen aufgrund der Gewährung einer Beihilfe beeinträchtigt sein können, insbes. Wettbewerber. Stellt die Kommission im Rahmen der **Vorprüfung** ohne Durchführung des Hauptverfahrens die Vereinbarkeit einer Beihilfe mit dem Binnenmarkt fest, können die potentiell Beteiligten die Einhaltung ihrer Verfahrensrechte nur sicherstellen, indem sie

---

¹⁶² Vgl. Schwarze/Voet van Vormizeele in Schwarze AEUV Art. 263 Rn. 55.
¹⁶³ Vgl. EuG 14.9.1995 – 480/93, ECLI:EU:T:1995:162 Rn. 66 ff. – Antillean Rice Mills ua/Kommission; EuG 7.2.2001 – T-38/99, ECLI:EU:T:2001:43 Rn. 37 f. – Sociedade Agricola dos Arimhos ua/Kommission; Stotz in Dauses/Ludwigs EU-WirtschaftsR-HdB Abschn. P Kap. I Rn. 112 ff.
¹⁶⁴ EuGH 1.7.1965 – 106/63, Slg. 1965, 548 (556) – BeckRS 2004, 70665 – Töpfer/Kommission; EuGH 23.11.1971 – 62/70, ECLI:EU:C:1971:108 Rn. 7 – = BeckRS 2004, 73441 Bock/Kommission; EuG 14.9.1995 – 480/93, ECLI:EU:T:1995:162 Rn. 66 ff. – Antillean Rice Mills ua/Kommission.
¹⁶⁵ Siehe hierzu ausf. Pechstein EUProzR Rn. 478 ff.; Dörr in Grabitz/Hilf/Nettesheim AEUV Art. 263 Rn. 95 ff.
¹⁶⁶ ABl. 1999 L 83, 1.
¹⁶⁷ EuGH 19.10.2000 – C-15/98, C-105/99, ECLI:EU:C:2000:570 Rn. 34 = BeckRS 2004, 74455 – Italien und Sardegna Lines/Kommission; EuGH 5.10.2006 – C-232/05, ECLI:EU:C:2006:651 Rn. 58 = BeckRS 2006, 70779 – Kommission/Frankreich.
¹⁶⁸ EuGH 2.2.1988 – verb. Rs. 67/85 ua, ECLI:EU:C:1988:38 Rn. 15 = BeckRS 2004, 73521 – Van der Kooy/Kommission; EuGH 17.9.2009 – C-519/07 P, ECLI:EU:C:2009:556 Rn. 53 = BeckRS 2009, 71021 – Kommission/Koninklijke Friesland Campina.
¹⁶⁹ EuGH 19.10.2000 – verb. Rs. C-15/98, C-105/99, ECLI:EU:C:2000:570 Rn. 34 = BeckRS 2004, 74455 – Italien und Sardegna Lines/Kommission; EuGH 17.9.2009 – C-519/07 P, ECLI:EU:C:2009:556 Rn. 55 = BeckRS 2009, 71021 – Kommission/Koninklijke Friesland Campina.
¹⁷⁰ EuGH 11.9.2008 – verb. Rs. C-75/05 P, C-80/05 P, ECLI:EU:C:2008:482 Rn. 37 = EuZW 2008, 723 – Deutschland ua/Kronofrance mwN.
¹⁷¹ Siehe ua EuGH 2.4.1998 – C-367/95 P, ECLI:EU:C:1998:154 Rn. 38 = BeckRS 2004, 76786 – Kommission/Sytraval und Brink's France.
¹⁷² ABl. 1999 L 83, 1.

schon gegen diese Entscheidung Klage erheben. Insofern sind diese dann auch von der Entscheidung unmittelbar und individuell betroffen.[173] Das darüber hinaus aufgestellte Erfordernis, dass der Kläger eine spürbare Beeinträchtigung seiner Marktstellung darlegen musste,[174] wird nicht mehr explizit verlangt; es reicht aus, dass der Konkurrent hinreichend darlegt, wie sich die Beihilfe auf seine Situation konkret auswirken kann.[175] Bei Klagen eines Konkurrenten gegen den **Abschluss der formellen Hauptprüfung** muss dieser hingegen eine spürbare Beeinträchtigung seiner Markstellung darlegen. Die bisherige Rechtsprechung verlangte insofern darüber hinaus, dass der Kläger aktiv am Verfahren beteiligt war.[176] Letzteres Erfordernis scheint jedoch nicht mehr relevant zu sein, so dass nur noch die spürbare Beeinträchtigung der Markstellung entscheidend ist.[177]

61 Außerhalb des Beihilfenbereichs können Klagen auch gegen **an Private gerichtete Beschlüsse** erhoben werden. Derartige Konkurrentenklagen kommen etwa im Beamtenrecht, im Außenwirtschaftsrecht, im Kartellrecht und in der Fusionskontrolle in Betracht.[178] Eine individuelle Betroffenheit von Konkurrenten kann sich auch hier aus ihren **Verfahrensrechten** bzw. aus ihrer tatsächlichen Einbeziehung ins Verfahren ergeben. Unternehmen mit „berechtigtem Interesse" können nach der VO (EG) Nr. 1/2003 einen Antrag auf Feststellung einer Zuwiderhandlung gegen das EU-Kartellrecht stellen. Die Situation ist insofern derjenigen im Beihilfenrecht vergleichbar.[179] Werden solche Anträge oder Einwendungen (teilweise) zurückgewiesen, liegt eine individuelle Betroffenheit vor.[180] Ähnlich ist die Situation im Bereich der Fusionskontrolle, wo Konkurrenzunternehmen nach Art. 18 VO (EG) Nr. 139/2004[181] Gelegenheit zur Stellungnahme haben.[182] Ob der Kläger auch bei nicht wahrgenommenen Verfahrensrechten individuell betroffen sein kann, ist allerdings zweifelhaft.[183]

62 Sofern ein Recht auf Verfahrensbeteiligung nicht bereits im Sekundärrecht vorgesehen ist und auch keine tatsächliche Einbindung ins Verfahren erfolgte, ist nur ganz ausnahms-

---

[173] EuGH 2.4.1998 – C-367/95 P, ECLI:EU:C:1998:154 Rn. 41 = BeckRS 2004, 76786 – Kommission/Sytraval et Brink's France; EuGH 13.12.2005 – C-78/03 P, ECLI:EU:C:2005:761 Rn. 35 = BeckRS 2005, 70963 – Kommission/Aktionsgemeinschaft Recht und Eigentum.

[174] EuGH 13.12.2005 – C-78/03 P, ECLI:EU:C:2005:761 Rn. 37 = BeckRS 2005, 70963 – Kommission/Aktionsgemeinschaft Recht und Eigentum; EuGH 11.9.2008 – verb. Rs. C-75/05 P u. C-80/05 P, ECLI:EU:C:2008:482 Rn. 40 = BeckRS 2008, 70925 – Deutschland ua/Kronofrance.

[175] EuGH 24.5.2011 – C-83/09 P, ECLI:EU:C:2011:341 Rn. 65 = BeckEuRS 2009, 494559 – Kommission/Kronoply und Kronotex; vgl. Stotz in Dauses/Ludwigs EU-WirtschaftsR-HdB Abschn. P I Rn. 115.

[176] EuGH 28.1.1986 – 169/84, ECLI:EU:C:1986:42 Rn. 24 ff. = BeckRS 2004, 71925 – Cofaz ua/Kommission.

[177] EuGH 22.11.2007 – C-260/05, ECLI:EU:C:2007:700 Rn. 57 ff. = BeckRS 2007, 70940 – Sniace/Kommission; vgl. Pechstein EUProzR Rn. 487.

[178] Vgl. EuGH 25.11.1977 – 26/76, ECLI:EU:C:1977:167 Rn. 13 = GRUR-Int. 1978, 254 – Metro/Kommission; EuGH 4.10.1983 – 191/82, ECLI:EU:C:1983:259 Rn. 28 = NJW 1984, 2026 – Fediol/Kommission; Scherer/Zuleeg in Schweitzer, Europäisches Verwaltungsrecht, 1991, S. 197 (214 ff.); Nicolaysen EuropaR I S. 187 ff.; Arnull CMLR 1995, 7 (30 ff.); Weber DZWir 1997, 524 (524 f.); Ritter in Immenga/Mestmäcker WettbR Bd. 1 Kap. XIV A Rn. 23.

[179] Vgl. Schroth/Koch, Subventionsbeschwerde, 2001, S. 7.

[180] EuGH 27/76, Slg. 1977, 1875 Rn. 13 = NJW 1978, 2439 – Metro I; EuGH 22.10.1986 – 75/84, ECLI:EU:C:1986:399 Rn. 20 ff. = NJW 1988, 1444 – Metro II; Schwarze/Voet van Vormizeele in Schwarze AEUV Art. 263 Rn. 58.

[181] ABl. 2004 C 24, 1.

[182] EuG 24.3.1994 – T-3/93, ECLI:EU:T:1994:36 Rn. 80 = BeckRS 1994, 123021 – Air France I; EuG 19.3.1994 – T-2/93, ECLI:EU:T:1994:55 Rn. 44 = BeckEuRS 1994, 203949 – Air France II; Immenga in Immenga/Mestmäcker WettbR Bd. 1 Kap. VII G Rn. 30 ff.; Körber RIW 1998, 910 (913); ausf. zum Rechtsschutz von Konkurrenten bei der Fusionskontrolle vgl. Zilles, Die Anfechtungslegitimation von Dritten im europäischen Fusionskontrollrecht, 1997, S. 92 ff., 126 ff.; Montag/Leibenath ZHR 164 (2000), 176 ff.

[183] Bejahend EuG 11.7.1996 – verb. Rs. T-528/93 ua, ECLI:EU:T:1996:99 Rn. 62 = EuZW 1996, 660 – Métropole télévision ua/Kommission; ablehnend: EuGH 17.11.1998 – C-70/97 P, ECLI:EU:C:1998:545 Rn. 39 = EuZW 1999, 181 – Kruidvat/Kommission; vgl. auch Schwarze/Voet van Vormizeele in Schwarze AEUV Art. 263 Rn. 58.

weise eine **hinreichende Individualisierung aufgrund besonderer Umstände** anzunehmen.[184] Die Rechtsprechung ist insofern zurückhaltend.[185] Nicht ausreichend ist, dass der Kläger in irgendeiner Weise – bspw. durch die Zusendung von Briefen – ins Verfahren einzugreifen versucht.[186] In der Literatur wird einer zu starken Verengung der individuellen Betroffenheit auf die vorherige Verfahrensbeteiligung widersprochen und darauf aufmerksam gemacht, dass jedenfalls bei der Gefahr schwerwiegender (Grund-)Rechtsverletzungen auch ohne bestehende Verfahrensrechte ein gerichtlicher Rechtsschutz geboten sei.[187]

(3) Klagebefugnis von Vereinigungen. Problematisch ist die individuelle Betroffenheit 63 von Vereinigungen (→ Rn. 22), wenn sie nicht selbst Adressaten der angefochtenen Handlung sind. Die Rechtsprechung hat eine Klagebefugnis in **folgenden Konstellationen** angenommen:[188] Im Beihilfenrecht kann eine Vereinigung klagebefugt sein, wenn sie aktiv am förmlichen Prüfungsverfahren teilgenommen hat;[189] die bloße Ausübung der Verfahrensrechte, die den Beteiligten zugebilligt werden, genügt aber nicht.[190] Im Antidumpingrecht und im Kartellrecht kann sich die Klagebefugnis aus Verfahrensrechten ergeben.[191] Daneben liegt eine individuelle Betroffenheit vor, wenn ihre eigenen Interessen als Vereinigung berührt sind.[192] Schließlich ist sie klagebefugt, wenn sie die Interessen von Unternehmen wahrnimmt, die ihrerseits klagebefugt sind, wobei dies nicht bei allen Mitgliedern der Vereinigung erforderlich ist.[193] Demgegenüber ist nicht ausreichend, dass die angegriffene Handlung nur die allgemeinen Interessen der Mitglieder einer Vereinigung berührt.[194]

Dass es jedenfalls keine allgemeine Verbandsklagebefugnis gibt, wirkt sich va zu Lasten 64 der **Repräsentation nicht-kommerzieller Interessen** aus (zB im Bereich des Umwelt- oder Verbraucherschutzes), wo der EuGH die Betroffenheit von Vereinigungen zurückhaltend beurteilt.[195] Mittlerweile ergibt sich aus der Århus-Verordnung (EG) Nr. 1367/

---

[184] Vgl. EuGH 21.11.1991 – C-269/90, ECLI:EU:C:1991:438 Rn. 25 = NVwZ 1992, 358 – TU München; EuG 9.11.1995 – T-346/94, ECLI:EU:T:1995:187 Rn. 38 f. = BeckEuRS 1995, 207726 – France-aviation/Kommission; Schwarze/Voet van Vormizeele in Schwarze AEUV Art. 263 Rn. 58.
[185] Vgl. EuGH 13.12.1995 – T-481/93, ECLI:EU:T:1995:209 Rn. 54 f. – Exporteurs in Levende Varkens ua/Kommission; EuG 8.7.1999 – T-12/96, ECLI:EU:T:1999:142 Rn. 59 f. – Area Cova ua/Rat; krit. zur restriktiven Interpretation des Merkmals der individuellen Betroffenheit bei Individualklagen allgemein: Moitinho de Almeida FS Everling, 1995, 849 (865 ff.).
[186] Vgl. EuG 13.12.1995 – verb. Rs. T-481/93, T-484/93, ECLI:EU:T:1995:209 Rn. 59 – Exportateurs in Levende Varkens ua/Kommission.
[187] Vgl. Cremer EWS 1999, 48 (53 f.); Nowak EuR 2000, 724 (729 f.).
[188] Vgl. Pechstein EUProzR Rn. 491 ff.
[189] EuGH 2.2.1988 – verb. Rs. 67/85, 68/85, 70/85, ECLI:EU:C:1988:38 Rn. 19 ff. = BeckRS 2004, 73521 – Van der Kooy ua/Kommission.
[190] EuGH 13.12.2005 – C-78/03 P, ECLI:EU:C:2005:761 Rn. 58 = BeckRS 2005, 70963 – Kommission/Aktionsgemeinschaft Recht und Eigentum.
[191] EuGH 20.3.1985 – 264/82, Slg. 1985, 391 Rn. 23 = NJW 1985, 2088 – Timex/Rat und Kommission; speziell zur Fusionskontrolle vgl. Zilles, Die Anfechtungslegitimation von Dritten im europäischen Fusionskontrollrecht, 1997, S. 172 ff. Bei der Fusionskontrolle umfasst dies auch die Arbeitnehmervertretungen: EuG 27.4.1995 – T-96/92, ECLI:EU:T:1995:77 Rn. 31 – CCE de la Société générale des grandes sources ua/Kommission.
[192] EuGH 24.3.1993 – C-313/90, ECLI:EU:C:1993:111 Rn. 29 f. = BeckRS 2004, 76267 – CIRFS ua/Kommission; Cremer in Calliess/Ruffert AEUV Art. 263 Rn. 48.
[193] EuG 6.7.1995 – T-447/93, ECLI:EU:T:1995:130 Rn. 60 f. = BeckRS 1996, 121786 – AITEC ua/Kommission; EuG 12.12.1996 – T-380/94, ECLI:EU:T:1996:195 Rn. 50 – AIUFFASS und AKT/Kommission; Cremer in Calliess/Ruffert AEUV Art. 263 Rn. 48; speziell zu Unternehmensverbänden von Begünstigten und Konkurrenten im Beihilfenbereich vgl. Nowak EuZW 2001, 293 (304 f.); Lübbig-Martn-Ehlers EU-BeihilfenR Rn. 649 ff.
[194] EuG 6.7.1995 – T-447/93, ECLI:EU:T:1995:130 Rn. 54 = BeckRS 1996, 121786 – AITEC ua/Kommission; EuG 29.9.1995 – T-381/94, ECLI:EU:T:1995:174 Rn. 25 – Sindicato Pensionati Italiani ua/Kommission; EuG 30.9.1997 – T-122/96, ECLI:EU:T:1997:142 Rn. 69 – Federolio/Kommission; EuG 2.4.1998 – C-321/95 P, ECLI:EU:C:1998:153 Rn. 29 = ZUR 1998, 136 – Greenpeace Council/Kommission.
[195] Diese Einschätzung belegen Hakenberg/Stix-Hackl, Handbuch zum Verfahren vor dem Europäischen Gerichtshof, 3. Aufl. 2005, S. 51; Stotz in Rengeling UmweltR-HdB I § 45 Rn. 95 f., 99 f.; aus der

2006 für einen begrenzten Anwendungsbereich die Möglichkeit einer Verbandsklage für im Umweltschutz tätige Nichtregierungsorganisationen.[196] Arbeitnehmervertretungen sind im Verfahren der Fusionskontrolle mit Anhörungsrechten ausgestattet und dadurch hinreichend individualisiert, im Bereich der Beihilfenkontrolle ist hinsichtlich der Klagebefugnis von Gewerkschaften zu differenzieren.[197]

65 **(4) Klagebefugnis von unterstaatlichen Organisationseinheiten.** Unterstaatliche Organisationseinheiten wie etwa die deutschen Bundesländer sind als juristische Personen ebenfalls nach Art. 263 Abs. 4 AEUV klagebefugt, sofern sie individuell und unmittelbar betroffen sind. Von besonderer Relevanz sind Klagen im Bereich der **Beihilfenkontrolle.** Diesbezügliche Entscheidungen der Kommission sind gem. Art. 31 Abs. 2 VO (EU) 2015/1589 immer an den betreffenden Mitgliedstaat gerichtet. Regionale Gebietskörperschaften sind dann individuell betroffen, wenn sie in finanzieller Hinsicht an der Beihilfe beteiligt sind oder ihnen Befugnisse bei der Vergabe bzw. bei der Rückforderung zukommen.[198] Nicht ausreichend ist hingegen, dass die Beihilfeentscheidung lediglich allgemein die sozioökonomischen Bedingungen im Gebiet der betreffenden Region berühren kann.[199] Ergibt sich die individuelle Betroffenheit bereits aus dem Eingriff in autonome Befugnisse bei der Gewährung der Beihilfe, ist die Gebietskörperschaft zugleich auch unmittelbar betroffen.[200] Im Übrigen liegt in Beihilfefällen immer dann eine unmittelbare Betroffenheit der unterstaatlichen Organisationseinheit vor, wenn der Mitgliedstaat als Adressat der Entscheidung kein eigenes Ermessen hat.[201]

66 **cc) Das unmittelbare Betroffensein.** Neben der individuellen ist die unmittelbare Betroffenheit Voraussetzung für die Klagebefugnis. Das Kriterium der Unmittelbarkeit nach Art. 263 Abs. 4 AEUV ist nicht enger auszulegen als das wortlautgleiche Kriterium in der Vorgängerregelung des Art. 230 Abs. 4 EGV-Nizza.[202] Ob dieses Kriterium erfüllt ist, beurteilt sich daher nach der Rechtswirkung der angefochtenen Maßnahme.[203] Nach ständiger Rechtsprechung der Unionsgerichte ist ein Einzelner dann unmittelbar betroffen, wenn die beanstandete Maßnahme sich **auf seine Rechtsstellung unmittelbar auswirkt** und ihren Adressaten, die mit ihrer Durchführung betraut sind, keinerlei Ermessensspielraum lässt, diese Durchführung vielmehr rein automatisch erfolgt und sich allein aus der Unionsregelung ergibt, ohne dass weitere Vorschriften angewendet werden.[204] Dies gilt auch, wenn für

---

Rspr. vgl. EuGH 28.11.1991 – C-170/89, ECLI:EU:C:1991:450 Rn. 26 = BeckRS 2004, 74648 – BEUC/Kommission.
[196] VO (EG) Nr. 1367/2006 des Europäischen Parlaments und des Rates, ABl. 2006 L 264, 13.
[197] Vgl. EuGH 23.5.2000 – C-106/98 P, ECLI:EU:C:2000:277 Rn. 51 = EuZW 2001, 19 – Comité d'entreprise de la Société française de production ua/Kommission; EuGH 9.7.2009 – C-319/07 P, ECLI:EU:C:2009:435 Rn. 33 = BeckRS 2009, 70791 – 3F/Kommission; sa Nowak EuZW 2001, 293 (305) mwN.
[198] EuG 15.12.1999 – verb. Rs. T-132/96, T-143/96, ECLI:EU:T:1999:326 Rn. 81 ff. = EuZW 2000, 115 – Freistaat Sachsen ua/Kommission.
[199] EuG 16.6.1998 – T-238/97, ECLI:EU:T:1998:126 Rn. 49 – Comunidad Autónoma de Cantabria/Rat.
[200] EuG 30.4.1998 – T-214/95, ECLI:EU:T:1998:77 Rn. 29 f. = BeckRS 1998, 55290 – Vlaams Gewest/Kommission; Bartosch ZIP 2000, 601 (606); Nowak EuZW 2001, 293 (304).
[201] EuGH 22.3.2007 – C-15/06 P, ECLI:EU:C:2007:183 Rn. 31 = JA 2007, 828 – Regione Siciliana/Commission; EuGH 10.9.2009 – C-445/07 P, C-455/07 P, ECLI:EU:C:2009:529 Rn. 34 ff. = BeckRS 2009, 70981 – Kommission/Ente per le Ville Vesuviane und Ente per le Ville Vesuviane/Kommission; vgl. zum Ganzen auch Koenig/Kühling/Ritter EG-BeihilfenR-HdB S. 200 f.; Lübbig/Martín-Ehlers EU-BeihilfenR Rn. 624 ff.
[202] EuG 25.10.2011 – T-262/10, ECLI:EU:T:2011:623 Rn. 32 = BeckRS 2011, 81550 – Microban International und Microban (Europe)/Kommission; GA Kokott 3.10.2013 – SchlA C-583/11 P, ECLI:EU:C:2013:21 – Inuit Tapiriit Kanatami ua/Rat und Parlament.
[203] EuGH 6.10.1982 – 307/81, ECLI:EU:C:1982:337 Rn. 13 = BeckRS 2004, 73106 – Alusuisse Italia/Rat et Kommission.
[204] EuGH 5.5.1998 – C-404/96 P, ECLI:EU:C:1998:196 Rn. 41 – Glencore Grain/Kommission; EuGH 13.3.2008 – C-125/06 P, ECLI:EU:C:2008:159 Rn. 47 = BeckRS 2008, 70337 – Kommission/Infront WM; EuGH 2.7.2009 – C-343/07, ECLI:EU:C:2009:415 Rn. 43 = BeckRS 2009, 70732 – Bavaria und Bavaria Italia; EuGH 13.10.2011 – C-463/10 P, ECLI:EU:C:2011:656 – Deutsche Post und Deutsch-

die Adressaten nur eine rein theoretische Möglichkeit besteht, dem Unionsrecht nicht nachzukommen.[205] Ein Indiz für die Unmittelbarkeit kann dabei sein, dass die Aufhebung des angegriffenen Akts durch das Urteil dem Kläger ohne Weiteres den angestrebten Erfolg bringen würde.[206] Die Unionsgerichte lassen es genügen, dass die Auswirkungen auf die Kläger nicht rechtlicher, sondern lediglich tatsächlicher Natur sind, etwa weil sie in ihrer Eigenschaft als Marktteilnehmer im Wettbewerb mit anderen Marktteilnehmern unmittelbar betroffen sind.[207] Bei Verordnungen liegt in aller Regel eine unmittelbare Wirkung vor, es sei denn, den Mitgliedstaaten verbleibt bei der Ausführung der Verordnung ein Ermessensspielraum.[208] Nicht ohne Weiteres zu bejahen ist die Unmittelbarkeit bei einem an einen anderen gerichteten Rechtsakt. Sie liegt vor in Fällen, in denen eine endgültige und erschöpfende Regelung bereits im Unionsrechtsakt selbst enthalten ist (zB bei der Festlegung von Produktionsquoten für bestimmte Unternehmen oder bei der Freistellung bestimmter Unternehmen vom Verbot wettbewerbsbeeinträchtigender Kartellvereinbarungen).[209]

Schwieriger ist die Feststellung der unmittelbaren Betroffenheit dann, wenn die betref- 67 fende Regelung in einem **zweistufigen Verfahren,** also sowohl auf Unionsebene als auch auf Ebene der Mitgliedstaaten erfolgt, bei der es für die Wirksamkeit des Rechtsakts noch einer mitgliedstaatlichen Durchführungsmaßnahme bedarf. In diesen Fällen wird der Einzelne meist nur mittelbar betroffen sein, da seine Interessenbeeinträchtigung erst durch den mitgliedstaatlichen Vollzug konkret wird,[210] der vor dem nationalen Gericht anzugreifen ist. Ob in einem zweistufigen Verfahren gleichwohl eine unmittelbare Betroffenheit bejaht werden kann, hängt nach der Rechtsprechung der Unionsgerichte davon ab, ob die einzelstaatliche Maßnahme zwingende Folge des Unionsrechtsakts ist oder ob sie im Ermessen der nationalen Behörde steht.[211]

Unmittelbar betroffen ist der Kläger von einer staatengerichteten Maßnahme, wenn für 68 den Vollzug der Regelung **kein weiterer nationaler Durchführungsakt** erforderlich ist oder aber dem Mitgliedstaat kein eigener Ermessensspielraum verbleibt.[212] Dies kann etwa in den Rückforderungsfällen europarechtswidrig gewährter staatlicher Beihilfen der Fall sein, die an ein Unternehmen vergeben wurden. Hinsichtlich der Rückforderung haben die nationalen Behörden dann von Unionsrechts wegen kein eigenes Ermessen, gleichgültig ob theoretisch im nationalen Recht ein Ermessensspielraum bestünde (wie zB in § 48 Abs. 1 VwVfG).[213] Aber auch wenn dem Mitgliedstaat ein Ermessensspielraum zugestanden

---

land/Kommission, EuZW 2012, 148 und EuGH C-475/10 P, BeckRS 2012, 80038 – Deutsche Post/Kommission.
[205] EuGH 10.9.2009 – C-445/07 P, ECLI:EU:C:2009:529, BeckEuRS 2009, 504106 und EuGH C-455/07 P, ECLI:EU:C:2009:529 Rn. 46 = BeckRS 2009, 70981 – Kommission/Ente per le Ville Vesuviane und Ente per le Ville Vesuviane/Kommission mwN.
[206] EuGH 16.6.1970 – 69/69, ECLI:EU:C:1970:53 Rn. 13, 16 = EuR 1986, 261 – Alcan Aluminium Raeren ua/Kommission; vgl. auch EuGH 28.1.1986 – 169/84, ECLI:EU:C:1986:42 Rn. 30 = DVBl 1986, 553 – Cofaz/Kommission.
[207] Zur Klageberechtigung von Wettbewerbern gegen Entscheidungen der Kommission zur Genehmigung von staatlichen Beihilfen EuGH 22.11.2007 – C-525/04 P, ECLI:EU:C:2007:698 = BeckRS 2007, 70945 – Spanien/Lenzing; zur Genehmigung von Unternehmenszusammenschlüssen EuGH 30.9.2003 – T-158/00, ECLI:EU:T:2003:246 Rn. 60 – ARD/Kommission.
[208] Schwarze/Voet van Vormizeele in Schwarze AEUV Art. 263 Rn. 45.
[209] EuGH 29.10.1980 – 138/79, ECLI:EU:C:1980:249 Rn. 16 = BeckRS 2004, 71586 – Roquette Frères/Rat; Pechstein EUProzR Rn. 394.
[210] Vgl. nur EuG 9.4.1997 – T-47/95, ECLI:EU:T:1997:49 Rn. 57 = BeckRS 2001, 70151 – Terres rouges ua/Kommission.
[211] EuGH 17.1.1985 – 11/82, ECLI:EU:C:1985:18 Rn. 7 ff. = BeckRS 2004, 71239 – Piraiki-Patraiki/Kommission; EuGH 5.5.1998 – C-386/96, ECLI:EU:C:1998:193 Rn. 43 ff. = BeckRS 2004, 76933 – Dreyfus/Kommission.
[212] EuGH 13.5.1971 – verb. Rs. 41/70 bis 44/70, ECLI:EU:C:1971:53 Rn. 23, 29 – International Fruit Company/Kommission; EuGH 10.9.2009 – C-445/07 P, ECLI:EU:C:2009:529, BeckEuRS 2009, 504106 und EuGH C-455/07 P, ECLI:EU:C:2009:529 Rn. 45 = BeckEuRS 2009, 504106 – Kommission/Ente per le Ville Vesuviane.
[213] Vgl. hierzu EuGH 20.3.1997 – C-24/95, ECLI:EU:C:1997:163 Rn. 23 = NJW 1998, 47 – Alcan Deutschland; BVerwG 11 C 47/92, BVerwGE 92, 81 (87) = NJW 1993, 2764; Pechstein EUProzR

wird, kann eine unmittelbare Betroffenheit dann vorliegen, wenn sich der Mitgliedstaat in seiner Ermessensausübung bereits dergestalt gebunden hat, dass er bei Erlass der Entscheidung nur noch im Sinne bloßer Vollziehung tätig werden kann, oder wenn mit hinreichender Wahrscheinlichkeit vorherzusehen war, dass dieses Ermessen in bestimmter Weise ausgeübt werden würde.[214]

69 Im Zusammenhang mit der Frage nach der unmittelbaren Betroffenheit sind schließlich die Fälle problematisch, in denen die Interessenbeeinträchtigung Einzelner erst durch die **Willensbetätigung privater Dritter** vermittelt wird. Diskutiert wird diese Problematik bei Konkurrentenklagen (insbes. aus dem Bereich der Fusionskontrolle)[215] und bei unionalen oder mitgliedstaatlichen Fördermaßnahmen (zB Subventionen), die die Wettbewerbssituation für bestimmte Bereiche ändern können. Hier stellt sich die Frage, ob sich diese Situationsänderung bereits durch die Förderung als solche oder erst infolge weitergehender Maßnahmen der begünstigten Unternehmen ergibt. Nach der von Teilen der Literatur entwickelten Konzeption der „materiellen" Unmittelbarkeit,[216] welcher sich die Unionsgerichte zwar nicht ausdrücklich, aber doch im Ergebnis angenähert haben,[217] kommt es bei Zugrundelegung einer wirtschaftlichen Betrachtungsweise für die Beurteilung des Unmittelbarkeitskriteriums allein auf die Unionsmaßnahme als solche an. Soweit Dritten durch Unionsakt eine begünstigende Rechtsposition eingeräumt wird und die Beeinträchtigung des Klägers die Kehrseite der Inanspruchnahme dieser Vergünstigung darstellt, wird letztere grundsätzlich nicht als eigenständiger Umstand anzusehen sein, der die für die Klagebefugnis erforderliche Unmittelbarkeitsbeziehung zwischen unionaler Maßnahme und individueller Beeinträchtigung ausschließt; denn der Unionsakt selbst determiniert bereits durch die Gewährung einer begünstigenden Position für einen privaten Dritten die Interessenbeeinträchtigung des Klägers.[218]

70 c) Klagen natürlicher und juristischer Personen gegen Rechtsakte mit Verordnungscharakter. aa) Rechtsakt mit Verordnungscharakter. Die Rechtsschutzmöglichkeiten Einzelner gegen Unionsrechtsakte waren in der Vergangenheit wiederholt als nicht ausreichend kritisiert worden.[219] Auch Generalanwalt Jacobs hatte für eine Aufweichung der strengen Kriterien zur Klagebefugnis plädiert.[220] Versuche des EuG, diese Kriterien großzügiger zu handhaben, hat der EuGH nicht akzeptiert und sich für die Beibehaltung der bisherigen Linie entschieden. So hatte das EuG über die Klage eines Fischereiunternehmens gegen eine Verordnung zu entscheiden, die die Mindestgröße von Schleppnetzmaschen auf 10 cm festgelegt hatte.[221] Nach den bis dahin maßgeblichen

---

Rn. 397; vgl. auch Nowak EuZW 2001, 293 (302 f.), und näher in § 36. Anders ist die Rechtslage bei rechtswidrig von einem Mitgliedstaat ausgezahlten Beihilfen zu Lasten eines Gemeinschaftsfonds, EuG 25.4.2001 – T-244/00, ECLI:EU:T:2001:124 Rn. 37 ff. – Coillte Teoranta/Kommission.
[214] EuGH 23.11.1971 – 62/70, ECLI:EU:C:1971:108 Rn. 6–8 = BeckRS 2004, 73441 – Bock/Kommission; EuGH 17.1.1985 – 11/82, ECLI:EU:C:1985:18 Rn. 8–10 = BeckRS 2004, 71239 – Piraiki-Patraiki e.a./Kommission; EuGH 5.5.1998 – C-386/96 P, ECLI:EU:C:1998:193 Rn. 44 – Dreyfus/Kommission.
[215] Immenga in Immenga/Mestmäcker WettbR Bd. 1, Kap. VII G Rn. 23 ff.
[216] Vgl. H. P. Ipsen EuR 1966, 58 (62); Wegmann, Die Nichtigkeitsklage Privater gegen Normativakte der Europäischen Gemeinschaften, 1976, S. 132 mwN; Allkemper, Der Rechtsschutz des einzelnen nach dem EG-Vertrag, 1995, S. 77 ff.
[217] Vgl. EuGH 17.1.1985 – 11/82, ECLI:EU:C:1985:18 Rn. 7 ff. = BeckRS 2004, 71239 – Piraiki-Patraiki/Kommission; EuGH 28.1.1986 – 169/84, ECLI:EU:C:1986:42 Rn. 30 = BeckRS 2004, 71925 – Cofaz/Kommission.
[218] v. Burchard EuR 1991, 140 (154); sa Cremer in Calliess/Ruffert AEUV Art. 263 Rn. 38.
[219] Bleckmann FS Menger, 1985, 871 (879); v. Danwitz NJW 1993, 1108 (1111 f., 1114); Cremer in Calliess/Ruffert EGV/EUV, 3. Aufl. 2007, EGV Art. 230 Rn. 36; Calliess NJW 2002, 3577 (3580 ff.); ebenso Arnull CMLR 2001, 7 (51 f.).
[220] GA Jacobs 25.7.2002 – SchlA C-50/00 P, ECLI:EU:C:2002:462 = NJW 2002, 2935 – Unión de pequeños Agricultores; GA Jacobs 1.4.2004 – SchlA C-263/02 P, ECLI:EU:C:2004:210 = EuZW 2002, 412 – Kommission/Jégo-Quéré.
[221] EuG T-177/01, EuZW 2002, 412 Rn. 38 ff. – Jégo-Quéré mAnm Lübbig; vgl. auch Schneider NJW 2002, 2927 (2927 f.); Nettesheim JZ 2002, 928 ff.; Calliess NJW 2002, 3577 (3580 ff.).

Kriterien zur Beurteilung der unmittelbaren und individuellen Betroffenheit wäre das klagende Fischereiunternehmen, das Netze mit einer Maschenweite von 8 cm benutzte, nicht als individuell betroffen anzusehen gewesen, weil es nur einer von vielen potenziell betroffenen Wirtschaftsteilnehmern gewesen wäre.

Das EuG war sich zwar der primärrechtlichen Grenzen auf Grund des Wortlauts des Art. 230 Abs. 4 EGV-Nizza bewusst, hielt es aber für angebracht, die bisherige enge Auslegung des Begriffs der individuellen Betroffenheit zu überdenken, und zwar dahingehend, dass es ausreichen sollte, wenn die streitige Bestimmung die Rechtsposition einer natürlichen oder juristischen Person „unzweifelhaft und gegenwärtig beeinträchtigt, indem sie ihre Rechte einschränkt oder ihr Pflichten auferlegt".[222] Die Zahl und die Lage anderer Personen, die gleichfalls beeinträchtigt sind, seien insoweit irrelevant. Die Legitimation für eine erweiternde Auslegung entnahm das EuG der europäischen Rechtsschutzgarantie, die sich bislang aus den gemeinsamen Verfassungsüberlieferungen der Mitgliedstaaten sowie aus Art. 6 und 13 EMRK ergeben habe und nunmehr durch Art. 47 GRC zusätzlich verstärkt worden sei.[223] Den hiernach zu gewährleistenden effektiven Rechtsschutz könnten in Fällen der vorliegenden Art weder die Schadensersatzklage noch eine etwaige Klage bei einem nationalen Gericht mit Vorlage an den EuGH bewirken (mangels nationaler Durchführungsmaßnahme). 71

Der EuGH ist dieser Argumentation des EuG allerdings nicht gefolgt und ist von der Unzulässigkeit der Klage ausgegangen.[224] Der Gerichtshof begründete seine ablehnende Haltung damit, dass die vom EuG vorgenommene Auslegung nicht bis zum Wegfall der Voraussetzung einer individuellen Betroffenheit gehen könne. Im Ergebnis verwies der EuGH darauf, dass es Sache der Mitgliedstaaten sei, als die vielbeschworenen „Herren der Verträge" das bestehende System im Wege der Vertragsänderung zu reformieren.[225] 72

Mit dem Verfassungskonvent und dem späteren Vertrag von Lissabon wurde dieser Reformauftrag aufgegriffen und eine zusätzliche Variante der Klageberechtigung Einzelner in den Vertrag aufgenommen. Diese neue dritte Variante von Art. 263 Abs. 4 AEUV eröffnet nunmehr die Möglichkeit von Nichtigkeitsklagen natürlicher und juristischer Personen „gegen Rechtsakte mit Verordnungscharakter, die sie unmittelbar betreffen und keine Durchführungsmaßnahmen nach sich ziehen". Klar ist, dass somit Rechtsakte mit Verordnungscharakter von Einzelnen unabhängig davon angefochten werden können, ob diese sie individuell betreffen oder nicht. Das Kriterium der individuellen Betroffenheit spielt in der neuen dritten Variante von Art. 263 Abs. 4 AEUV keine Rolle. 73

Allerdings hat die Begrifflichkeit des „Rechtsakts mit Verordnungscharakter", die im Vertrag an keiner Stelle näher definiert ist, zu Kontroversen in der Literatur geführt und wurde sehr unterschiedlich gedeutet. Der EuGH war schon bald dazu aufgerufen, zur Auslegung des Begriffs „Rechtsakt mit Verordnungscharakter" Stellung zu nehmen.[226] Anlass war ein vom Unionsgesetzgeber per Verordnung im ordentlichen Gesetzgebungsverfahren erlassenes Verbot des Inverkehrbringens von Robbenerzeugnissen. Hiergegen klagten eine Interessenvertretung der kanadischen Inuit sowie Hersteller bzw. Händler von Robbenerzeugnissen. Das EuG hatte deren Klagen abgewiesen und dabei insbes. darauf 74

---

[222] EuGH T-177/01, EuZW 2002, 412 Rn. 50 f. – Jégo-Quéré.
[223] EuGH T-177/01, EuZW 2002, 412 Rn. 47 – Jégo-Quéré.
[224] EuGH 1.4.2004 – C-263/02 P, ECLI:EU:C:2004:210 Rn. 29 ff. = EuZW 2004, 343 – Kommission/Jégo-Quéré; sa zur Nichtigkeitsklage gegen die Abschaffung von Beihilfen für olivenölerzeugende Kleinbauern per Verordnung EuGH 25.7.2002 – C-50/00 P, ECLI:EU:C:2002:462 = EuZW 2002, 529 Rn. 44 f. – Unión de pequeños Agricultores mAnm Feddersen und Götz DVBl 2002, 1350; vgl. auch Schneider NJW 2002, 2927 (2928); Nettesheim JZ 2002, 928 ff.; Schwarze DVBl 2002, 1297 (1300 f., 1308 ff.).
[225] EuGH 1.4.2004 – C-263/02 P, ECLI:EU:C:2004:210 Rn. 31 = EuZW 2002, 412 – Kommission/Jégo-Quéré.
[226] EuGH 3.10.2013 – C-583/11 P, ECLI:EU:C:2013:625 = BeckEuRS 2011, 648147 – Inuit Tapiriit Kanatami ua/Parlament und Rat.

abgestellt, dass Gesetzgebungsakte iSv Art. 289 Abs. 3 AEUV keine „Rechtsakte mit Verordnungscharakter" seien.[227] In der Literatur war diese Frage umstritten.[228]

75 In seinem Urteil[229] folgt der Gerichtshof den Schlussanträgen der Generalanwältin Kokott[230] und bestätigt die Entscheidung des Gerichts. Der Gerichtshof stützt sich dabei zunächst auf die grammatikalische und systematische Auslegung. Die ersten beiden Varianten von Art. 263 Abs. 4 AEUV ließen Klagen natürlicher Personen gegen „Handlungen der Union" zu. Der Begriff der „Handlungen" umfasse unzweifelhaft alle Handlungen mit allgemeiner Geltung, auch Gesetzgebungsakte. Nichtigkeitsklagen hiergegen seien zulässig, sofern der Kläger von ihnen unmittelbar und individuell betroffen sei. Schon der Begriff „Rechtsakt mit Verordnungscharakter" in der dritten Variante habe eine geringere Tragweite als die beiden ersten Varianten des Art. 263 Abs. 4 AEUV und könne sich nicht auf sämtliche Handlungen mit allgemeiner Geltung beziehen. Würde dieser genauso weit verstanden wie die beiden ersten Varianten, würde die im Wortlaut getroffene Unterscheidung zwischen „Handlungen" im Allgemeinen und „Rechtsakten mit Verordnungscharakter" im Besonderen ihres Sinnes entleert.

76 Darüber hinaus verweist der Gerichtshof auf die Entstehungsgeschichte von Art. 263 Abs. 4 AEUV. Dieser entspreche unverändert Art. III-365 Abs. 4 des Vertrags über eine Verfassung für Europa. Aus den Vorarbeiten zum Verfassungsvertrag gehe hervor, dass die Änderung von Art. 230 Abs. 4 EGV-Nizza zwar dazu dienen sollte, die Zulässigkeitsvoraussetzungen für Klagen natürlicher und juristischer Personen zu erweitern, doch sollten die in Art. 230 Abs. 4 EGV-Nizza vorgesehenen Zulässigkeitsvoraussetzungen für Klagen gegen Gesetzgebungsakte nicht geändert werden. Die Änderung durch den Vertrag von Lissabon könne daher auch nur eine Aufweichung der Voraussetzung von Nichtigkeitsklagen gegen Handlungen mit allgemeiner Geltung unter Ausschluss von Gesetzgebungsakten betreffen. Die Generalanwältin sah in einer erleichterten Klagemöglichkeit auch gegen Gesetzgebungsakte darüber hinaus ein Spannungsverhältnis mit der besonders hohen demokratischen Legitimation der parlamentarischen Gesetzgebung.[231]

77 Rechtsakte mit Verordnungscharakter iSd dritten Variante von Art. 263 Abs. 4 AEUV sind somit alle Rechtsakte allgemeiner Geltung mit Ausnahme von Gesetzgebungsakten.[232] Der Gerichtshof sieht in dieser Auslegung keine Gefahr einer Rechtsschutzlücke und somit keinen Verstoß gegen das Grundrecht auf effektiven gerichtlichen Rechtsschutz nach Art. 47 GRC. Denn aus Art. 19 Abs. 1 EUV ergebe sich, dass die gerichtliche Kontrolle der Wahrung der Rechtsordnung der Union nicht nur dem Gerichtshof, sondern auch den Mitgliedstaaten obliege. Könnten natürliche oder juristische Personen gegen eine Handlung mit allgemeiner Geltung wegen der Zulässigkeitsvoraussetzung des Art. 263 Abs. 4 AEUV keine Nichtigkeitsklage erheben, stünde ihnen entweder eine Nichtigkeitsklage gegen die Durchführungsmaßnahmen der Unionsorgane vor den Unionsgerichten offen oder – bei Durchführung durch nationale Behörden – der Rechtsschutz vor den nationalen Gerichten mit der Möglichkeit einer Gültigkeitsvorlage im Vorabentscheidungsverfahren. Insofern sei es Sache der Mitliedstaaten, ein System von effektiven Rechtsbehelfen vorzusehen. Pro-

---

[227] EuG T-18/10, EuZW 2012, 395 – Inuit Tapiriit Kanatami ua/Parlament und Rat.
[228] Gegen eine Einbeziehung von Rechtsakten mit Gesetzescharakter plädieren bspw. Dörr in Grabitz/Hilf/Nettesheim AEUV Art. 263 Rn. 89; Cremer in Calliess/Ruffert AEUV Art. 263 Rn. 54 ff; Gundel EWS 2012, 65 (69); Last, Garantie wirksamen Rechtsschutzes gegen Maßnahmen der Europäischen Union, 2008; Schröder DÖV 2009, 61 (63); Thiele EuR 2010, 30 (43); dafür sprechen sich aus Bast in v. Bogdandy/Bast EurVerfassungsR S. 556 ff.; Everling EuZW 2012, 376; Kottmann ZaöRV 2010, 547 (560 ff.); Schwarze/Voet von Vormizeele in Schwarze AEUV Art. 263 Rn. 51 f.
[229] EuGH 3.10.2013 – C-583/11 P, ECLI:EU:C:2013:625 = BeckEuRS 2011, 648147 – Inuit Tapiriit Kanatami ua/Parlament und Rat.
[230] GA Kokott 17.1.2013 – SchlA C-583/11 P, ECLI:EU:C:2013:21 – Inuit Tapiriit Kanatami ua/Parlament und Rat.
[231] GA Kokott 17.1.2013 – SchlA C-583/11 P, ECLI:EU:C:2013:21 Rn. 38 – Inuit Tapiriit Kanatami ua/Parlament und Rat.
[232] So nun auch EuGH 6.11.2018 – C-622/16 P bis C-624/16 P, ECLI:EU:C:2018:873 Rn. 23, 28 = BeckEuRS 2016, 494346 – Scuola Elementare Maria Montessori ua/Kommission.

blematisch werden solche Konstellationen, in denen zunächst keine Durchführungsmaßnahme vorliegt. Der Gerichtshof betont insofern, dass ein Verstoß gegen Art. 19 Abs. 1 EUV vorläge, wenn eine Rechtsschutzmöglichkeit für den Einzelnen erst bestünde, nachdem er gegen den streitigen Rechtsakt verstoßen hat.

Für die beiden Rechtssachen Unión de Pequeños Agricultores[233] und Jégo-Quéré,[234] die **78** in der Vergangenheit Stein des Anstoßes für die Forderung nach einer erweiternden Auslegung von Art. 230 EGV waren, ergibt sich damit nach den Schlussanträgen der Generalanwältin folgende Konsequenz.[235] Gegenstand der Rechtssache Jégo-Quéré war eine Durchführungsverordnung der Kommission auf dem Gebiet der Fischerei. Ein solcher Rechtsakt wäre nach dem dargelegten Verständnis ein Rechtsakt mit Verordnungscharakter, der keine Durchführungsmaßnahme nach sich zieht und somit zulässiger Klagegegenstand. In der Rechtssache Unión de Pequeños Agricultores ging es hingegen um eine landwirtschaftliche Verordnung im Bereich der Gemeinsamen Marktorganisation. Da eine solche heute im ordentlichen Gesetzgebungsverfahren zu erlassen wäre (Art. 43 Abs. 2 AEUV), würde sie einen Gesetzgebungsakt darstellen. Auch nach dem neugefassten Art. 263 Abs. 4 AEUV wäre daher eine Klage gegen diese Verordnung als unzulässig abzuweisen. Der Rechtsschutz kann daher nur gegenüber Durchführungsmaßnahmen erfolgen, entweder vor nationalen Gerichten (bei nationalen Durchführungsmaßnahmen) oder im Rahmen einer Nichtigkeitsklage (bei einer Durchführungsmaßnahme der Kommission).

bb) Unmittelbare Betroffenheit. Das Kriterium der unmittelbaren Betroffenheit in der **79** dritten Variante von Art. 263 Abs. 4 AEUV entspricht demjenigen in der zweiten Variante (→ Rn. 66 ff.).[236] Nach ständiger Rechtsprechung ist insofern eine unmittelbare Betroffenheit anzunehmen, wenn sich die Maßnahme auf die Rechtsstellung des Klägers unmittelbar auswirkt und ihren Adressaten, die mit ihrer Durchführung betraut sind, keinerlei Ermessensspielraum lässt, sondern vielmehr rein automatisch erfolgt.[237] Da aber ein Rechtsakt im Sinne der dritten Variante des Art. 263 Abs. 4 AEUV per definitionem keine Durchführungsmaßnahme nach sich zieht, ist der zweite Teil der Definition der unmittelbaren Betroffenheit in diesem Zusammenhang unerheblich. Es kommt somit allein darauf an, ob sich der angefochtene Rechtsakt unmittelbar auf die Rechtsstellung des Klägers auswirkt.

cc) Rechtsakt, der keine Durchführungsmaßnahme nach sich zieht. Eine gewisse **80** Einschränkung erfährt die Klagemöglichkeit Einzelner nach der neuen dritten Variante von Art. 263 Abs. 4 AEUV schließlich auch durch das Erfordernis, dass der angefochtene Rechtsakt mit Verordnungscharakter keine Durchführungsmaßnahmen nach sich ziehen darf. Ob Durchführungsmaßnahmen erforderlich sind, ist nicht abstrakt, sondern in einer **konkreten Betrachtungsweise** aus der **Perspektive des jeweiligen Klägers** zu beurteilen.[238] Entscheidend ist, ob für ihn der angefochtene Rechtsakt abschließende Wirkungen entfaltet, ohne dass weitere Durchführungsmaßnahmen erforderlich wären. Wie der Gerichtshof inzwischen klargestellt hat, ist dies nicht der Fall, wenn die Kommission eine Beihilferegelung für mit dem Binnenmarkt unvereinbar erklärt: Die Position des einzelnen Beihilfeempfängers ist in einem solchen Fall nämlich erst dann konkret betroffen, wenn

---

[233] EuGH 25.7.2002 – C-50/00 P, ECLI:EU:C:2002:462 = EuZW 2002, 529 – Unión de Pequeños Agricultores/Rat.
[234] EuGH 1.4.2004 – C-263/02 P, ECLI:EU:C:2004:210 = EuZW 2002, 412 – Kommission/Jégo-Quéré.
[235] GA Kokott 25.7.2002 – SchlA C-583/11 P, ECLI:EU:C:2013:21 Rn. 59 f. – Inuit Tapiriit Kanatami ua/Parlament und Rat.
[236] GA Kokott 25.7.2002 – SchlA C-583/11 P, ECLI:EU:C:2013:21 Rn. 68 f. – Inuit Tapiriit Kanatami ua/Parlament und Rat; Cremer in Calliess/Ruffert AEUV Art. 263 Rn. 72.
[237] Vgl. EuGH C-463/10 P, EuZW 2012, 148 und EuGH C-475/10 P, BeckRS 2012, 80038 – Deutsche Post/Kommission.
[238] EuGH 19.12.2013 – C-274/12 P, ECLI:EU:C:2013:852 Rn. 30 = EuZW 2014, 228 – Telefónica/Kommission.

gegen ihn ein Rückforderungsbescheid erlassen wird bzw in einer steuerrechtlichen Konstellation ein Steuerbescheid[239]. Gegen einen solchen Bescheid steht ihm dann der Rechtsweg offen, so dass sein Recht auf effektiven Rechtsschutz gewahrt ist. Anders verhält es sich im umgekehrten Fall: Geht die Kommission per Beschluss davon aus, dass in einer für Unternehmen vorteilhaften Abgabenregelung gar keine Beihilfe liegt oder dass eine Beihilfe nicht zurückgefordert werden muss, können Wettbewerber der Begünstigten den Beschluss der Kommission nach der dritten Variante von Art. 263 Abs. 4 AEUV direkt anfechten, da ihnen gegenüber keine weiteren Durchführungsmaßnahmen zu erwarten sind. Die Wettbewerber müssen nicht erst versuchen, selbst in den Genuss der streitigen Begünstigung zu kommen, um dann gegen einen etwaigen ablehnenden Bescheid einer nationalen Behörde zu klagen.[240]

V. Geltendmachung der Klagegründe

81 Gemäß Art. 21 EuGH-Satzung iVm Art. 120 lit. c EuGHVfO bzw. Art. 76 lit. c EuGVfO[241] muss die Klageschrift den Streitgegenstand, die geltend gemachten Klagegründe und Argumente sowie – zum Zweck der Veröffentlichung einer Mitteilung im Amtsblatt – zusätzlich eine kurze (zusammenfassende) Darstellung der Klagegründe enthalten. Voraussetzung für die Zulässigkeit einer Nichtigkeitsklage ist deshalb, dass der Kläger zumindest einen der in den Art. 263 AEUV genannten vier Klagegründe (Unzuständigkeit, Verletzung wesentlicher Formvorschriften, Vertragsverletzung oder Ermessensmissbrauch) (→ Rn. 97 ff.) geltend macht.[242] Bezüglich der **Darstellung der Klagegründe** hat der Gerichtshof es ausreichen lassen, dass sich aus dem Klagevorbringen mit hinreichender Deutlichkeit entnehmen lässt, auf welchen der vier Klagegründe ein Kläger seine Klage stützt.[243] Auch die seinem jeweiligen Klagegrund zugrundeliegenden **tatsächlichen Umstände** muss der Kläger hinreichend genau schildern.[244] Da die Grenzen zwischen den einzelnen Klagegründen fließend sind, ist es für die Zulässigkeit der Nichtigkeitsklage letztlich unerheblich, auf welchen von mehreren möglichen Klagegründen der Kläger rekurriert.[245] Ebenso unschädlich ist es, wenn die zur Klageerhebung berechtigenden Vorschriften nicht genau angegeben werden[246] oder wenn ein Irrtum bei der Bezeichnung dieser Vorschriften unterläuft.[247] Notwendig ist allerdings, dass die wesentlichen Merkmale des behaupteten Mangels konkret angegeben werden; eine insoweit lediglich abstrakte Bezeichnung des Klagegrundes reicht nicht aus.[248] Ob der geltend gemachte Klagegrund im konkreten Fall auch tatsächlich durchgreift, ist hingegen eine Frage der Begründetheit.[249]

---

[239] EuGH 19.12.2013 – C-274/12 P, ECLI:EU:C:2013:852 Rn. 35 = EuZW 2014, 228 – Telefónica/Kommission.
[240] EuGH 6.11.2018 – C-622/16 P bis C-624/16 P, ECLI:EU:C:2018:873 Rn. 66 = BeckEuRS 2016, 494346 – Scuola Elementare Maria Montessori ua/Kommission.
[241] IVm Art. 53 Abs. 1 EuGH-Satzung.
[242] Vgl. auch Pechstein EUProzR Rn. 416 f.; zu der Frage, welche Mängel der Gerichtshof von Amts wegen zu beachten hat, vgl. → Rn. 98, 101, 102 und 105.
[243] EuGH 11.7.1985 – 42/84, ECLI:EU:C:1985:327 Rn. 16 = GRUR-Int. 1986, 55 – Remia/Kommission; EuGH 17.5.1984 – 338/82, ECLI:EU:C:1984:181 Rn. 5 f. = BeckRS 2004, 70862 – Albertini und Montagnani/Kommission.
[244] St. Rspr., EuG 21.11.1996 – T-53/96, Slg. 1996, II-1579 (1588 f.) – Syndicat des producteurs de viande bovine ua.
[245] Krück in von der Groeben/Thiesing/Ehlermann, 4. Aufl. 1991, EWGV Art. 173 Rn. 20; Koenig/Pechstein/Sander, EU-/EG-Prozessrecht, 2. Aufl. 2002, Rn. 417; Niedermühlbichler, Verfahren vor dem EuG und EuGH, 1998, Rn. 194.
[246] EuGH verb. Rs. 2/63 bis 10/63, Slg. 1963, 707 (737 f.) – Società Industriale Acciaierie San Michele/Hohe Behörde.
[247] EuGH 12/68, Slg. 1969, 109 Rn. 7 = BeckRS 2004, 71356 – X./Kontrollausschuss.
[248] Niedermühlbichler, Verfahren vor dem EuG und EuGH, 1998, Rn. 194.
[249] EuGH 3/54, Slg. 1954/55, 133 (146) = BeckRS 2004, 73027 – ASSIDER/Hohe Behörde; EuGH 5/54, Slg. 1954/55, 191 (205) – ISA/Hohe Behörde; Scherer/Zuleeg in Schweitzer, Europäisches Verwaltungsrecht, 1991, S. 197 (216).

VI. Klagefrist

Wie sich aus Art. 263 Abs. 6 AEUV ergibt, ist die Nichtigkeitsklage binnen zweier Monate 82 zu erheben. Mit Rücksicht auf die räumliche Entfernung zum Sitz des Gerichtshofs in Luxemburg verlängert sich diese Frist allerdings gem. Art. 45 Abs. 1 EuGH-Satzung iVm Art. 51 EuGHVfO, Art. 60 EuGVfO um eine zusätzliche pauschale **Entfernungsfrist** von zehn Tagen.[250] Die Klagefrist beträgt also insgesamt **zwei Monate und zehn Tage**.

Gemäß Art. 263 Abs. 6 AEUV berechnet sich der **Fristbeginn** je nach Lage des Falles 83 von der Bekanntgabe der betroffenen Handlung, von ihrer Mitteilung an den Kläger oder in Ermangelung dessen von dem Zeitpunkt an, zu dem der Kläger von dieser Handlung Kenntnis erlangt.[251] Gemäß Art. 49 Abs. 1 lit. a EuGHVfO, Art. 58 Abs. 1 lit. a EuGVfO wird der Tag, an dem das Ereignis eintritt, ab dem eine Frist zu berechnen ist, nicht mitgerechnet.

Mit **Bekanntgabe der betreffenden Handlung** ist die Veröffentlichung im Amtsblatt 84 der Europäischen Union gemeint.[252] Für diesen besonderen Fall folgt aus Art. 50 EuGHVfO bzw. Art. 59 EuGVfO, dass die Klagefrist erst vom Ablauf des vierzehnten Tages nach der Veröffentlichung im Amtsblatt an zu berechnen ist.[253] Die Veröffentlichung im Amtsblatt ist für den Fristlauf auch dann maßgeblich, wenn die angefochtene Maßnahme erst später in Kraft treten oder anwendbar werden sollte. Denn obwohl in derartigen Konstellationen noch keine aktuelle Beschwer für den Kläger vorliegt, hat der Kläger bereits vor dem Inkrafttreten ein Interesse an der Aufhebung; effektiver Rechtsschutz könnte sonst durch die bloße Bestimmung eines späten Zeitpunkts für das Inkrafttreten vereitelt werden.[254]

Die **Mitteilung an den Kläger** stellt hingegen auf eine individuelle Zustellung des 85 angefochtenen Rechtsakts iSv Art. 297 Abs. 2 UAbs. 3 AEUV ab.[255] Wenn eine direkte Mitteilung mangels Kenntnis einer zustellfähigen Anschrift nicht möglich ist, kann auch die Veröffentlichung einer (individuellen) Bekanntmachung im Amtsblatt in Betracht kommen. In einem solchen Fall kann der Kläger sich nicht darauf berufen, dass er nicht auf direktem Weg in Kenntnis gesetzt wurde oder erst später tatsächlich Kenntnis erlangt hat.[256] Eine **Rechtsbehelfsbelehrung** ist im Unionsrecht nicht generell vorgeschrieben[257], und ihr Fehlen hindert somit den Fristbeginn nicht.

Subsidiär beginnt die Klagefrist ab einer **anderweitigen Kenntniserlangung**.[258] Ein 86 Kläger hat von einer Handlung ab dem Zeitpunkt tatsächliche Kenntnis erlangt, zu dem er deren Inhalt und Begründung erfahren hat, denn nur dann ist er zu einer sinnvollen Ausübung seines Klagerechts in der Lage.[259] Unabhängig vom Zeitpunkt der tatsächlichen Kenntniserlangung wird eine Klage dann als verfristet angesehen, wenn derjenige, der von dem Vorliegen einer ihn betreffenden Handlung erfährt, es unterlässt, binnen angemessener Frist ihren vollständigen Wortlaut anzufordern (sog. **Anforderungsfrist**).[260] Der EuGH hat

---

[250] Die früheren, je nach Mitgliedstaat unterschiedlichen Entfernungsfristen gelten nach Änderungen der Verfahrensordnungen nicht mehr.
[251] Speziell zum Fristbeginn in Beihilfesachen vgl. Koenig/Kühling/Ritter EG-Beihilferecht-Hdb S. 198.
[252] Cremer in Calliess/Ruffert AEUV Art. 263 Rn. 82; zu einer Bekanntgabe durch Veröffentlichung auf der Internetseite einer Agentur s. EuG 25.9.2015 – T-268/10, Slg. 2011, II-6595 Rn. 32 ff. = BeckEuRS 2011, 626977 – PPG und SNF/ECHA sowie das anhängige Rechtsmittel EuGH 21.3.2013 – C-625/11 P, ECLI:EU:C:2013:193.
[253] Siehe hierzu iE EuGH 17.5.2002 – C-406/01, Slg. 2002, I-4561 Rn. 12 f. = JuS 2002, 1116 – Deutschland/Parlament und Rat, sowie Pechstein EUProzR Rn. 420 f.
[254] Vgl. Pechstein EUProzR Rn. 422.
[255] Cremer in Calliess/Ruffert AEUV Art. 263 Rn. 83.
[256] EuGH 23.4.2013 – C-478/11 P, BeckEuRS 2013, 729787 – Gbagbo/Rat.
[257] EuGH 5.3.1999 – C-154/98 P, Slg. 1999, I-1451 Rn. 15 = BeckRS 2004, 74501– Guérin Automobiles/Kommission.
[258] EuGH 10.3.1998 – C-122/95, Slg. 1998, I-973 Rn. 35 = EuZW 1998, 243 – Deutschland/Rat.
[259] EuGH 76/79, Slg. 1980, 665 Rn. 7 = BeckRS 2004, 73652 – Koenecke; EuGH C-180/88, Slg. 1990, I-4413 Rn. 22 = BeckRS 2004, 72052 – Wirtschaftsvereinigung Eisen- und Stahlindustrie.
[260] EuGH 14.5.1998 – C-48/96 P, Slg. 1998, I-2873 Rn. 20 = BeckRS 2004, 72052 – Windpark Groothusen.

bei einer Anforderung zwei Monate nach Kenntnis über das Vorliegen einer Entscheidung die angemessene Frist bereits als überschritten angesehen.[261]

87 Das **Ende der Klagefrist** bestimmt sich gem. Art. 49 Abs. 1 lit. b EuGHVfO bzw. Art. 58 Abs. 1 lit. b EuGVfO. Fällt das Ende der Frist auf einen Samstag, Sonntag oder gesetzlichen Feiertag,[262] so endet die Frist gem. Art. 49 Abs. 2 EuGHVfO, Art. 58 Abs. 2 EuGVfO erst mit dem Ablauf des nächstfolgenden Werktags. Vor Fristablauf muss die Klageschrift bei der Kanzlei des EuGH oder des EuG eingehen (vgl auch Art. 57 Abs. 6 EuGHVfO).

88 Die **Einreichung der Verfahrensschriftstücke** muss in Verfahren vor dem EuG zwingend auf elektronischem Weg über die eigens dafür vorgesehene EDV-Anwendung „e–Curia" erfolgen (Art. 56a Abs. 1 EuGVfO). Ein über e–Curia eingereichtes Verfahrensschriftstück gilt als dessen Urschrift im Sinne der Verfahrensordnung, wenn bei der Einreichung die Benutzerkennung und das Passwort des Prozessvertreters der jeweiligen Partei verwendet worden sind. Dieser Identifizierungsvorgang ersetzt die handschriftliche Unterzeichnung.[263]

89 Vor dem EuGH ist zwar die Nutzung von e-Curia noch nicht verpflichtend. Da jedoch in Verfahren über Nichtigkeitsklagen vor dem EuGH praktisch nur Unionsorgane und Mitgliedstaaten beteiligt sein können, die allesamt e–Curia nutzen, hat sich auch hier die elektronische Kommunikation komplett durchgesetzt.[264]

90 Bei den Fristen der Nichtigkeitsklage handelt es sich um **Ausschlussfristen.**[265] Da sie der Rechtssicherheit dienen, stehen sie weder zur Disposition der Parteien noch der Unionsgerichte.[266] Demzufolge können sich auch nationale Vorschriften über gesetzliche Feiertage oder Fristverlängerungen bzw. -hemmungen nicht auf sie auswirken.[267] Ihre Einhaltung überprüft der Unionsrichter von Amts wegen.[268] Lediglich in vereinzelten Fällen, wenn der Kläger einem entschuldbaren Irrtum über den Fristbeginn erlegen war, hat der Gerichtshof von dieser obligatorischen Zulässigkeitsvoraussetzung Ausnahmen zugelassen.[269] Da es sich bei den Fristbestimmungen zur Nichtigkeitsklage um zwingendes Recht handelt, kann sich aber der Begriff des **entschuldbaren Irrtums** nur auf solche Ausnahmefälle beziehen, in denen ein gutgläubiger und sorgfältiger Rechtsunterworfener durch das Verhalten der beklagten Unionsinstitution entgegen den Grundsätzen der Rechtssicherheit und des Vertrauensschutzes in die Irre geführt wurde.[270]

91 **Wiedereinsetzung in den vorigen Stand** ist nach den eng auszulegenden Voraussetzungen von Art. 45 Abs. 2 EuGH-Satzung möglich, wenn der Betroffene nachweist,

---

[261] EuGH 5.3.1993 – C-102/92, Slg. 1993, I-801 Rn. 9 = BeckRS 2004, 74047 – Ferriere Acciaierie Sarde.
[262] Gem. Art. 24 Abs. 6 EuGHVfO wird ein Verzeichnis der gesetzlichen Feiertage jährlich im Amtsblatt der EU veröffentlicht.
[263] Die detailliert geregelten Voraussetzungen für die Nutzung der Anwendung e-Curia sind abrufbar auf der Webseite der Unionsgerichte unter http://curia.europa.eu in der jeweiligen Rubrik „Verfahren".
[264] Anders verhält es sich in Vorabentscheidungsverfahren nach Art. 267 AEUV, in denen nach wie vor zahlreiche nationale Gerichte und auch manche Prozessvertreter von Parteien auf die hergebrachten Methoden der Einreichung von Verfahrensschriftstücken zurückgreifen (Art. 57 Abs. 1, 7 EuGHVfO), was ihre Bearbeitung deutlich erschwert und vermeidbare Gefahren mit Blick auf die Fristwahrung beinhaltet.
[265] Stotz in Dauses EU-WirtschaftsR-HdB P I Rn. 146; Cremer in Calliess/Ruffert AEUV Art. 263 Rn. 80.
[266] EuGH 15.1.1987 – 152/85, Slg. 1987, 223 Rn. 11 = BeckRS 2004, 71771 – Misset/Rat; EuGH 23.1.1997 – C-246/95, Slg. 1997, I-403 Rn. 21 = BeckRS 2004, 75412 – Coen.
[267] EuGH 12.7.1984 – 209/83, Slg. 1984, 3089 Rn. 12 = BeckRS 2004, 72291 – Ferriera Valsabbia SpA/Kommission; EuGH 12.7.1984 – 227/83, Slg. 1984, 3133 Rn. 12 = BeckRS 2004, 72426 – Moussis/Kommission; EuGH C-12/90 21.11.1990, Slg. 1990, I-4265 Rn. 10 = BeckRS 2004, 74210 – Infortec/Kommission.
[268] EuGH 8.5.1973 – 33/72, Slg. 1973, 475 Rn. 3 f. = BeckRS 2004, 70831 – Gunella/Kommission; EuGH C-246/95 23.1.1997, Slg. 1997, I-403 Rn. 21 = BeckRS 2004, 75412 – Coen.
[269] EuGH 18.10.1977 – 25/68, Slg. 1977, 1729 Rn. 19, 29 = BeckRS 2004, 72629 – Schertzer/Parlament; EuGH 5.4.1979 – 117/78, Slg. 1979, 1613 Rn. 9 ff. = BeckRS 2004, 72629 – Orlandi/Kommission.
[270] EuG 29.5.1991 – T-12/90, Slg. 1991, II-219 Rn. 29 = EuZW 1991, 476 – Bayer AG/Kommission; EuG 29.9.1999 – T-148/98, Slg. 1999, II-2837 Rn. 29 ff. – Evans ua/Kommission; EuG 27.11.2007 – T-3/00, ECLI:EU:T:2007:357 = BeckRS 2007, 70956 – Pitsiorlas/Rat und EZB.

dass seine Fristversäumung auf **Zufall** oder **höherer Gewalt** beruht.[271] Erforderlich ist, dass zum einen außergewöhnliche, unvorhersehbare und außerhalb seiner Sphäre liegende Umstände es dem Betroffenen unmöglich gemacht haben, die Klagefrist einzuhalten, und dass er sich zum anderen nicht durch geeignete und zumutbare Maßnahmen gegen die Folgen dieser Umstände wappnen konnte.[272] So ist etwa ein Fall höherer Gewalt angenommen worden, wenn die Fristversäumnis auf Verzögerungen der Verwaltung eines Mitgliedstaats beruhte, obwohl diese vom Kläger zur Vornahme einer Handlung angehalten worden war.[273] Auch während der Gesundheitskrise der Jahre 2020/2021 ist in zahlreichen Fällen Wiedereinsetzung gewährt worden, weil den Verfahrensbeteiligten angesichts der damals geltenden Beschränkungen im öffentlichen Leben die Vorbereitung von Schriftsätzen erschwert wurde, und weil sich die Beförderung von Briefpost zeitweise ungewöhnlich stark verzögert hatte. Eine allgemeine, pauschale Fristverlängerung fand jedoch für verfahrenseinleitende Schriftsätze wie die Klageschrift nach Art. 263 AEUV nicht statt.[274]

VII. Rechtsschutzbedürfnis

Grundsätzlich bedarf es für die Erhebung der Nichtigkeitsklage wie bei jeder anderen Klage eines Rechtsschutzbedürfnisses,[275] an welches von den Unionsgerichten allerdings keine allzu strengen Anforderungen gestellt werden. Im Zeitpunkt der Klageerhebung muss lediglich ein aktuelles, rechtlich relevantes und schutzwürdiges Interesse an der Aufhebung der angefochtenen Maßnahme vorhanden sein.[276] Wie bereits bei den anderen Zulässigkeitsvoraussetzungen ist auch hier wiederum zwischen privilegierten und nichtprivilegierten Klägern zu differenzieren. 92

Da die **Unionsorgane und Mitgliedstaaten** die Nichtigkeitsklage in Wahrnehmung ihrer institutionellen Verantwortung für die Unionsrechtsordnung erheben, brauchen sie als **privilegiert Klageberechtigte** kein über das allgemeine Aufhebungsinteresse hinausgehendes besonderes Rechtsschutzinteresse darzulegen.[277] Dies gilt sogar für Mitgliedstaaten, die einem Unionsrechtsakt im Rat zugestimmt haben.[278] 93

Allgemein wird sich die Prüfung des Rechtsschutzinteresses deshalb auf die Klagen von **natürlichen oder juristischen Personen** als **nichtprivilegiert Klageberechtigten** beschränken. In aller Regel konkretisiert sich deren Rechtsschutzinteresse bereits im Rahmen 94

---

[271] EuGH 12.7.1984 – 209/83, Slg. 1984, 3089 Rn. 14 = BeckRS 2004, 72291 – Ferrica Valsabbia/Kommission; EuGH 7.5.1998 – C-239/97, Slg. 1998, I-2655 Rn. 7 = BeckRS 2004, 75344 – Irland/Kommission.
[272] Vgl. EuGH 18.12.2007 – C-314/06, Slg. 2007, I-12273 Rn. 24 = BeckEuRS 2007, 465588 – Société Pipeline Méditerranée et Rhône mwN.
[273] EuGH 18.3.1993 – C-50/92, Slg. 1993, I-1035 Rn. 12 = BeckRS 2004, 77503 – Molkerei-Zentrale Süd/Bundesanstalt.
[274] Etwas Anderes galt auf dem Höhepunkt der Gesundheitskrise 2020/2021 zeitweise für sonstige Fristen in laufenden Verfahren, zB für die Klagebeantwortung, Klageerwiderung und Gegenerwiderung. Diese wurden vom EuGH (nicht jedoch vom EuG!) im Wege einer Art vorweggenommener und pauschalierter Anwendung von Art. 45 Abs. 2 EuGH-Satzung zeitweise um einen Monat verlängert, worüber die Parteien in den Zustellungsschreiben der Kanzlei sowie über eine Veröffentlichung im Internet informiert worden waren.
[275] EuGH 22.3.1961 – 42/59, Slg. 1961, 111 (155) = BeckRS 2004, 71150 – SNUPAT/Hohe Behörde; EuGH 16.12.1963 – 14/63, Slg. 1963, 769 (799) = BeckRS 2004, 71603– Forges de Clabecq/Hohe Behörde.
[276] EuG 15.12.1999 – T-22/97, Slg. 1999, II-3775 Rn. 57 – Kesko/Kommission; Thiele DVP 1990, 311 (312); Gaitanides in von der Groeben/Schwarze/Hatje Art. 263 AEUV Rn. 99; Stotz in Dauses/Ludwigs EU-WirtschaftsR-HdB P I Rn. 141.
[277] EuGH 13.7.1961 – 2/60, Slg. 1961, 283 (310) = BeckRS 2004, 72195 – Niederrheinische Bergwerks AG/Hohe Behörde; EuGH 23.2.1988 – 131/86, Slg. 1988, 905 Rn. 6 = BeckRS 2004, 71529 – Vereinigtes Königreich/Rat; EuGH 27.11.2001 – C-208/99, Slg. 2001, I-9183 Rn. 22 f. = BeckRS 2004, 74977 – Portugal/Kommission; Dörr in Grabitz/Hilf/Nettesheim AEUV Art. 263 Rn. 110.
[278] EuGH 12.7.1979 – 166/78, Slg. 1979, 2775 Rn. 6 = BeckRS 2004, 71898 – Italien/Rat; zur Problematik der Zustimmung, Ablehnung oder Enthaltung im Rahmen von Gemeinschaftsmaßnahmen auf der Grundlage des Art. 95 Abs. 1 EGV vgl. Middeke Nationale Umweltmaßnahmen im Binnenmarkt, 1993, S. 312 ff.

der Klagebefugnis nach Art. 263 Abs. 4 AUEV.²⁷⁹ Dementsprechend überprüfen die Unionsgerichte das allgemeine Rechtsschutzinteresse in der Regel nur bei Bestehen erheblicher Zweifel.²⁸⁰ Daneben prüft der EuGH auf entsprechendes Vorbringen des Klägers vielfach das Bestehen eines positiven Rechtsschutzinteresses, namentlich dann, wenn bei Abweisung der Nichtigkeitsklage als unzulässig andere Verfahrensgarantien (zB die Möglichkeit einer Vorabentscheidung gem. Art. 267 AEUV) fehlen würden.²⁸¹

95 Vom **Fehlen des Rechtsschutzinteresses** ist sowohl bei privilegierten als auch bei nicht privilegierten Klägern auszugehen, wenn der einem Rechtsakt anhaftende Rechtsmangel zum Zeitpunkt der Klageerhebung von der betreffenden Unionsinstitution bereits behoben ist bzw. der angefochtene Rechtsakt keinerlei Wirkungen mehr entfaltet, etwa weil er mit Wirkung *ex tunc* zurückgenommen wurde. Erfolgt die Rücknahme des angefochtenen Rechtsakts während des Gerichtsverfahrens zur Prüfung seiner Rechtmäßigkeit, wird der Rechtsstreit für erledigt erklärt, und die Kosten werden dem Beklagten auferlegt.²⁸² Das **Rechtschutzinteresse** kann allerdings ausnahmsweise gleichwohl **fortbestehen,** namentlich bei Bestehen einer Wiederholungsgefahr²⁸³ oder zur Vorbereitung sich möglicherweise anschließender Haftungsansprüche.²⁸⁴ Wird der angefochtene Rechtsakt während des laufenden Gerichtsverfahrens durch einen neuen, im Wesentlichen gleichlautenden Rechtsakt ersetzt, erlaubt Art. 86 EuGVfO vor Abschluss des mündlichen Verfahrens eine **Anpassung der Klageschrift,** um den veränderten Umständen Rechnung zu tragen und dem Grundsatz des effektiven gerichtlichen Rechtsschutzes zur Entfaltung zu verhelfen. Letzteres kann vor allem in beamtenrechtlichen Streitigkeiten sowie in Prozessen über restriktive Maßnahmen gegen Einzelpersonen (Sanktionen) vorkommen.

VIII. Sonstige Voraussetzungen

96 Weitere Zulässigkeitsvoraussetzungen, wie etwa jene, dass die Streitsache nicht bereits rechtskräftig entschieden²⁸⁵ oder anderweitig rechtshängig sein darf,²⁸⁶ kennt das Unionsrecht ebenso wie das nationale Prozessrecht.²⁸⁷ Unerheblich ist indes für die Zulässigkeit einer Klage zu den Unionsgerichten, ob Anträge oder Argumente des Klägers schon in einem nationalen Gerichtsverfahren zurückgewiesen worden sind.²⁸⁸

C. Begründetheit

97 In Anlehnung an das französische Verwaltungsprozessrecht²⁸⁹ ist die Nichtigkeitsklage begründet, wenn einer der vier in Art. 263 Abs. 2 AEUV aufgezählten **Klagegründe (Nichtigkeitsgründe)** vorliegt: Unzuständigkeit, Verletzung wesentlicher Formvorschrif-

---

²⁷⁹ Vgl. EuG 30.1.1997 – T-117/95, Slg. 1997, II-95 Rn. 83 – Corman/Kommission; EuG 18.12.1997 – T-178/94, Slg. 1997, II-2529 Rn. 53 = BeckRS 2008, 71137 – ATM/Kommission; Pechstein EUProzR Rn. 538.
²⁸⁰ Stotz in Dauses/Ludwigs EU-WirtschaftsR-HdB P I Rn. 104.
²⁸¹ Vgl. EuGH 15.2.1996 – C-209/94 P, Slg. 1996, I-615 Rn. 36 – Buralux ua/Rat; EuGH 2.4.1998 – C-321/95 P, Slg. 1998, I-1651 Rn. 32 f. – Greenpeace Council/Kommission, wobei darauf hinzuweisen ist, dass in den genannten Verfahren trotz dieser Erwägungen die Zulässigkeit jeweils verneint wurde.
²⁸² Vgl. zB EuG 28.5.1997 – T-145/95, Slg. 1997, II-823 Rn. 26 ff. = BeckRS 2012, 81041 – Proderec/Kommission.
²⁸³ EuGH 6.3.1979 – 92/78, Slg. 1979, 777 Rn. 32 = BeckRS 2004, 73922 – Simmenthal/Kommission; EuGH 7.6.2007 – C-362/05 P, Slg. 2007, I-4333 Rn. 50 = BeckRS 2007, 70385 – Wunenburger/Kommission.
²⁸⁴ EuGH 5.3.1980 – 76/79, Slg. 1980, 665 Rn. 9 = BeckRS 2004, 73652 – Könnecke/Kommission; EuGH 31.3.1998 – C-68/94, Slg. 1998, I-1375 Rn. 74 = EuZW 1998, 299 – Frankreich ua/Kommission.
²⁸⁵ EuGH 24.6.1971 – 57/70, Slg. 1971, 613 Rn. 6 = BeckRS 2004, 73352 – Van Eick/Kommission.
²⁸⁶ EuGH 22.9.1988 – verb. Rs. 358/85, 51/86, Slg. 1988, 4821 Rn. 12 = NJW 1990, 1411 – Frankreich/Parlament.
²⁸⁷ Krück in von der Groeben/Thiesing/Ehlermann, 4. Aufl. 1991, EWGV Art. 173 Rn. 35.
²⁸⁸ EuGH – 5.11.1997 T-149/95, Slg. 1997, II-2031 Rn. 30 = BeckRS 2012, 81506 – Ducros/Commission; Ehricke in Streinz AEUV Art. 263 Rn. 2.
²⁸⁹ Vgl. Bleckmann EuropaR Rn. 851 ff.; Drewes Entstehen und Entwicklung des Rechtsschutzes S. 91 ff.

ten, Verletzung der Verträge oder einer bei ihrer Durchführung anzuwendenden Rechtsnorm, sowie Ermessensmissbrauch. Der angefochtene Unionsrechtsakt muss also mit mindestens einem dieser Rechtsmängel behaftet sein, um für nichtig erklärt zu werden, wobei Überschneidungen zwischen ihnen keine Seltenheit sind. Aus der abschließenden Aufzählung der möglichen Nichtigkeitsgründe darf nicht voreilig geschlossen werden, Handlungen der Organe, Einrichtungen und sonstigen Stellen der Union würden im Rahmen der Nichtigkeitsklage nur einer eingeschränkten Rechtskontrolle unterliegen. Denn angesichts der weiten Fassung der Klagegründe, insbesondere jenes zur Verletzung der Verträge, üben die Unionsgerichte in Wahrheit eine **umfassende Rechtmäßigkeitskontrolle** aus, die der in den Mitgliedstaaten üblichen in nichts nachsteht und die Beanstandung jeglichen Rechtsfehlers ermöglicht.[290] Der Grundsatz des effektiven gerichtlichen Rechtsschutzes (Art. 47 GRC) ist damit voll gewahrt.

Während die Unzuständigkeit und die Verletzung von Formvorschriften auch ohne **98** entsprechendes Klägervorbringen **von Amts wegen** zu prüfen sind,[291] werden die Nichtigkeitsgründe der Verletzung der Verträge und des Ermessensmissbrauchs nur **auf substantiierte Rüge** des Klägers hin untersucht.[292] Die Gewaltenteilung bzw. das institutionelle Gleichgewicht gebieten, dass die Unionsgerichte sich auf eine **Kontrolle der Rechtmäßigkeit** beschränken, nicht jedoch die **Zweckmäßigkeit** des angefochtenen Unionsrechtsakts überprüfen – abgesehen vom Sonderfall der **unbeschränkten Ermessensnachprüfung** nach Art. 261 AEUV, in dem sie ihr eigenes Ermessen hinsichtlich der Notwendigkeit und Höhe einer finanziellen Sanktion an die Stelle des Ermessens der Europäischen Kommission setzen dürfen.

Maßgeblicher **Beurteilungszeitpunkt** für die Begründetheit der Nichtigkeitsklage ist **99** die Sach- und Rechtslage im Zeitpunkt des Erlasses des angefochtenen Rechtsakts,[293] so dass eine mögliche spätere Behebung („Heilung") des gerügten Mangels für den Erfolg der Klage unerheblich ist.[294]

I. Unzuständigkeit

Der Klagegrund der **Unzuständigkeit** ist Ausdruck des Prinzips der begrenzten Einzel- **100** ermächtigung (Art. 5 Abs. 1 und 2 EUV, Art. 4 Abs. 1 EUV, Art. 7 AEUV)[295] und sichert gleichzeitig die Wahrung des institutionellen Gleichgewichts.[296] Ein Rechtsakt der Union ist deshalb immer dann für nichtig zu erklären, wenn es der handelnden Unionsinstitution zu dessen Erlass an einer ausreichenden Befugnis fehlte. Dabei kann sich die mangelnde Befugnis sowohl auf die **vertikale Kompetenzverteilung** zwischen der Union und den Mitgliedstaaten *(Verbandskompetenz)*[297] als auch auf die **horizontale Kompetenzvertei-**

---

[290] Daig Nichtigkeits- und Untätigkeitsklagen im Recht der Europäischen Gemeinschaften Rn. 153; Nicolaysen EuropaR I S. 191; Erichsen/Weiß Jura 1990, 528 (533); Bleckmann EuropaR Rn. 853.
[291] EuGH 30.9.1982 – 110/81, Slg. 1982, 3159 Rn. 34 = BeckRS 2004, 71247 – Roquettes Frères/Rat; EuGH 2.4.1998 – C-367/95 P, Slg. 1998, I-1719 Rn. 67 = BeckRS 2004, 76786 – Kommission/Sytraval und Brink's France; EuGH 10.7.2008 – C-413/06 P, Slg. 2008, I-4951 Rn. 174 = BeckRS 2008, 70755 – Bertelsmann und Sony Corporation of America/Impala.
[292] EuGH 2.4.1998 – C-367/95 P, Slg. 1998, I-1719 Rn. 67 = BeckRS 2004, 76786 – Kommission/Sytraval und Brink's France.
[293] EuGH 7.2.1979 – verb. Rs. 15/76, 16/76, Slg. 1979, 321 Rn. 7, 8 = BeckRS 2004, 71735 – Frankreich/Kommission; EuGH 28.3.1985 – 298/83, Slg. 1985, 1105 Rn. 19 = GRUR-Int. 1986, 49 – CICCE/Kommission; EuG 22.1.1997 – T-115/94, Slg. 1997, II-39 Rn. 87 = EuZW 1997, 664 – Opel Austria/Rat.
[294] EuG 29.6.1995 – T-36/91, Slg. 1995, II-1847 Rn. 108 – ICI/Kommission; Dörr in Grabitz/Hilf/Nettesheim AEUV Art. 263 Rn. 161; vgl. aber → Rn. 99 ff.
[295] Nicolaysen EuropaR I S. 192; Lienbacher in Schwarze EGV Art. 5 Rn. 7; näher dazu vgl. Bleckmann EuropaR Rn. 380 ff.
[296] Zum institutionellen Gleichgewicht vgl. Dittert EuropaR S. 29.
[297] EuGH 9.7.1987 – 281/85 ua, Slg. 1987, 3203 Rn. 9 ff. = BeckRS 2004, 72915 – Deutschland/Kommission; EuGH C-376/98, EuZW 2000, 694 = JZ 2001, 32 mAnm Götz – Deutschland/Parlament und Rat.

lung zwischen den Unionsorganen untereinander (*Organkompetenz*, Art. 13 Abs. 2 S. 1 EUV)[298] beziehen.[299] Darüber hinaus kann der Klagegrund der Unzuständigkeit auch bei räumlicher oder sachlicher Unzuständigkeit eingreifen.[300] Die **räumliche** oder **territoriale Kompetenz** der Union richtet sich zum einen nach bestimmten ausdrücklichen Bestimmungen des Unionsrechts (Art. 52 EUV, 355 AEUV), zum anderen nach dem Völkerrecht, insbesondere nach dem Völkergewohnheitsrecht. Zweifelsfragen im Hinblick auf die territoriale Kompetenz können sich etwa im Wettbewerbsrecht ergeben, wenn Unternehmen aus Drittstaaten an wettbewerbswidrigen Vereinbarungen beteiligt sind oder sich ihre wettbewerbswidrigen Handlungen nicht im Unionsgebiet auswirken.[301] Im Umweltbereich können Rechtsvorschriften zum Klimaschutz, insbesondre zur Bekämpfung grenzüberschreitender Emissionen, einer näheren Prüfung bedürfen.[302] Die Rüge der **sachlichen Unzuständigkeit** greift schließlich dann ein, wenn ein Unionsorgan eine andere als die zulässige Rechtsform für den von ihm erlassenen Rechtsakt wählt,[303] etwa eine Verordnung statt einer Richtlinie. Das EuG hat auch die Verletzung des Kollegialprinzips innerhalb der Kommission als Fall der sachlichen Unzuständigkeit angesehen,[304] es erschiene aber treffender, hierin einen Formfehler zu sehen.[305]

101 Bei der Bestimmung der Reichweite der Kompetenzen der Unionsorgane ist stets zu beachten, dass zur Auslegung der Zuständigkeitsbestimmungen der Verträge auch die allgemeinen, aus dem Staatsrecht und dem Völkerrecht bekannten Regeln heranzuziehen sind. Aus ihnen kann sich eine **Zuständigkeit kraft Sachzusammenhangs,** eine **Annexkompetenz** oder eine **implizite Komptenz** (Letztere nach der *Implied-powers-Doktrin*) ergeben. Eine Unzuständigkeit der Unionsorgane sollte also nicht vorschnell bejaht werden. Da die Zuständigkeitsregeln zu den Grundnormen des Unionsrechts zählen, haben die Unionsgerichte die Frage der Zuständigkeit von Amts wegen zu prüfen.[306]

II. Verletzung wesentlicher Formvorschriften

102 Der Begriff der „Formvorschriften" wird in Anlehnung an das französische Verwaltungsprozessrecht[307] weiter als im deutschen Recht verstanden. Er umfasst neben den Vorschriften, die die **äußere Form** eines Unionsakts betreffen, auch die **innere Form,** also die **Verfahrensregeln,** die beim Zustandekommen von Rechtsakten zu beachten sind.[308] Formvorschriften können sich nicht nur aus den Verträgen, sondern auch aus dem Sekun-

---

[298] EuGH 15.12.1987 – 332/85, Slg. 1987, 5143 Rn. 20 ff. = BeckRS 2004, 70849 – Deutschland/Kommission.
[299] Erichsen/Weiß Jura 1990, 528 (533); Schwarze/Voet van Vormizeele in Schwarze AEUV Art. 263 Rn. 74; Cremer in Calliess/Ruffert AEUV Art. 263 Rn. 88; Stotz in Dauses/Ludwigs EU-WirtschaftsR-HdB P I Rn. 153 ff., unterscheidet insoweit zwischen absoluter und relativer Unzuständigkeit.
[300] Vgl. dazu Dörr in Grabitz/Hilf/Nettesheim AEUV Art. 263 Rn. 164 f.; Schwarze/Voet van Vormizeele in Schwarze AEUV Art. 263 Rn. 75; Cremer in Calliess/Ruffert AEUV Art. 263 Rn. 88; Stotz in Dauses/Ludwigs EU-WirtschaftsR-HdB P I Rn. 162 ff.
[301] Vgl. EuGH 14.7.1972 – 48/69, Slg. 1972, 619 Rn. 125 ff. = BeckRS 2004, 73172 – ICI/Kommission; EuGH 21.3.1973 – 6/72, Slg. 1973, 215 Rn. 14 ff. = NJW 1973, 966 – Euroemballage und continental Can/Kommission; EuGH 20.1.1994 – 89/85 ua, Slg. 1988, 5193 Rn. 11 ff. = NJW 1988, 3086 – Ahlström ua/Kommission.
[302] Stotz in Dauses/Ludwigs EU-WirtschaftsR-HdB P I Rn. 163; vgl. hierzu auch EuGH 21.12.2011 – C-366/10, ECLI:EU:C:2011:864 = EWS 2012, 151 – Air Transport Association of America ua.
[303] EuGH 28.2.1984 – verb. Rs. 228/82, 229/82, Slg. 1984, 1129 Rn. 23 = BeckRS 2004, 72431 – Ford of Europe und Ford-Werke/Kommission.
[304] EuG 6.4.1995 – T-80/89 ua, Slg. 1995, II-729 Rn. 95 ff. – BASF ua/Kommission.
[305] Booß in Grabitz/Hilf 40. EL 2009 EGV Art. 230 Rn. 101.
[306] EuGH 30.9.1982 – 110/81, Slg. 1982, 3159 Rn. 34 = BeckRS 2004, 71247 – Roquette Frères/Rat; Pechstein EUProzR Rn. 546; Schwarze/Voet van Vormizeele in Schwarze AEUV Art. 263 Rn. 73; Krück in von der Groeben/Thiesing/Ehlermann, 4. Aufl. 1991, EWGV Art. 173 Rn. 74.
[307] Vgl. Drewes Entstehen und Entwicklung des Rechtsschutzes S. 102.
[308] Ule, DJT-Gutachten 1966, S. 23; Daig Nichtigkeits- und Untätigkeitsklagen im Recht der Europäischen Gemeinschaften Rn. 159; Bleckmann EuropaR Rn. 857.

därrecht – einschließlich den Geschäftsordnungen der Unionsorgane[309] – sowie aus den allgemeinen Rechtsgrundsätzen ergeben.[310] Der EuGH prüft die Verletzung wesentlicher Formvorschriften von Amts wegen.[311]

Zu den Formvorschriften gehören erstens diejenigen Bestimmungen und Rechtsprinzipien, welche die **Anhörung und Mitwirkung** anderer Organe und Gremien vorsehen, also Vorschriften, mittels derer der spätere Rechtsakt vorbereitet werden soll.[312] Zweitens ist die **Gewährung rechtlichen Gehörs** in einem Verfahren, das zu einer den Beteiligten beschwerenden Maßnahme führen kann, ein fundamentaler Grundsatz des Unionsrechts, der mittlerweile auch in Art. 41 Abs. 2 GRC als Ausfluss des Rechts auf gute Verwaltung verankert ist.[313] Sekundärrechtliche Konkretisierungen hierzu sind ua in den einschlägigen Vorschriften des Außenwirtschaftsrechts (Antidumping- und Antisubventionsmaßnahmen) sowie des Wettbewerbsrechts (Kartellrecht, Beihilfen- und Fusionskontrolle) verankert. Drittens ist in formaler Hinsicht die **Begründungspflicht** gem. Art. 296 Abs. 2 AEUV zu beachten, wobei die Begründung nach ständiger Rechtsprechung der Natur des betreffenden Rechtsakts angepasst sein muss und die Überlegungen des Organs, das den Rechtsakt erlassen hat, so klar und eindeutig zum Ausdruck bringen muss, dass die Betroffenen ihr die Gründe für die erlassene Maßnahme entnehmen können und das zuständige Gericht seine Kontrollaufgabe wahrnehmen kann.[314] Ob die Begründung inhaltlich richtig ist, spielt in diesem Zusammenhang keine Rolle, sondern ist im Rahmen des Klagegrundes der Verletzung der Verträge zu thematisieren. Viertens gehören zu den Formvorschriften schließlich auch die Normen, die das eigentliche **Beschlussverfahren** regeln, also zB die Einhaltung eines bestimmten Quorums, die Beachtung des Kollegialprinzips auf der Ebene der Kommission[315], sowie die Vorschriften über die Bekanntmachung eines Rechtsakts. **103**

Für die Begründetheit der Nichtigkeitsklage ist die Verletzung einer **„wesentlichen" Formvorschrift** erforderlich, worin im Verhältnis zu den anderen Klagegründen eine Einschränkung liegt.[316] Dabei wird weniger zwischen „wesentlichen" und „unwesentlichen" Formvorschriften unterschieden, als vielmehr die „Wesentlichkeit" des Verstoßes zur Voraussetzung für eine Nichtigerklärung des angefochtenen Rechtsakts gemacht.[317] Ob eine „wesentliche" Formverletzung gegeben ist, beurteilt sich nach der Lage im Einzelfall, **104**

---

[309] EuGH 23.2.1988 – 68/86, Slg. 1988, 855 Rn. 46 ff. = NJW 1989, 1425 – Vereinigtes Königreich/Rat; Krück in von der Groeben/Thiesing/Ehlermann, 4. Aufl. 1991, EWGV Art. 173 Rn. 82.
[310] Vgl. EuGH 29.10.1980 – 138/79, Slg. 1980, 3333 Rn. 32 ff. = BeckRS 2004, 71586 – Roquette Frères/Rat.
[311] St. Rspr., vgl. EuGH 2.4.1998 – C-367/95 P, Slg. 1998, I-1719 Rn. 67 = BeckRS 2004, 76786 – Kommission/Sytraval und Brink's France; Schwarze/Voet van Vormizeele in Schwarze AEUV Art. 263 Rn. 76.
[312] Vgl. EuGH 29.10.1980 – 138/79, Slg. 1980, 3333 Rn. 32 ff. = BeckRS 2004, 71586 – Roquette Frères/Rat; EuGH 25.1.1994 – C-212/91, Slg. 1994, I-171 Rn. 29 ff. = BeckRS 2004, 75121 – Angelopharm; Cremer in Calliess/Ruffert AEUV Art. 263 Rn. 90; zu Beteiligungsrechten des Parlaments s. Stotz in Dauses/Ludwigs EU-WirtschaftsR-HdB P I Rn. 167.
[313] Vgl. EuGH 29.6.1994 – C-135/92, Slg. 1994, I-2885 Rn. 38 ff. = BeckRS 2004, 74341 – Fiskano/Kommission; EuGH 24.10.1996 – C-32/95 P, Slg. 1996, I-5373 Rn. 21 ff. – Kommission/Lisrestal ua; EuGH 25.10.2011 – C-110/10 P, BeckEuRS 2011, 629071 Rn. 47 ff. – Solvay/Kommission; Dörr in Grabitz/Hilf/Nettesheim AEUV Art. 263 Rn. 167; Cremer in Calliess/Ruffert AEUV Art. 263 Rn. 91.
[314] Vgl. EuGH 10.7.2008 – C-413/06 P, Slg. 2008, I-4951 Rn. 166 = BeckRS 2008, 70755 – Bertelsmann und Sony Corporation of America/Impala; zu den Anforderungen an die Begründungspflicht im Zusammenhang mit Maßnahmen der Terrorismusbekämpfung s. EuGH 15.11.2012 – verb. Rs. C-539/10 P, C-550/10 P, ECLI:EU:C:2012:711 = BeckEuRS 2012, 694179 – Al-Aqsa/Rat und Niederlande/Al-Aqsa; EuGH 15.11.2012 – C-417/11 P, ECLI:EU:C:2012:718 = BeckEuRS 2012, 694157 – Rat/Bamba.
[315] EuGH 15.6.1994 – C-137/92 P, Slg. 1994, I-2555 Rn. 62 ff. = BeckRS 2004, 74359 – Kommission/BASF ua; vgl. ferner Stotz in Dauses/Ludwigs EU-WirtschaftsR-HdB P I Rn. 172 ff.; Dörr in Grabitz/Hilf/Nettesheim AEUV Art. 263 Rn. 168.
[316] Nicolaysen EuropR I S. 378.
[317] Schwarze/Voet van Vormizeele in Schwarze AEUV Art. 263 Rn. 76; Cremer in Calliess/Ruffert AEUV Art. 263 Rn. 89; aA unter Verweis insbes. auf andere Sprachfassungen des Vertrags Dörr in Grabitz/Hilf/Nettesheim AEUV Art. 263 Rn. 171.

da die Verletzung ein und derselben Norm je nach den Umständen gravierender oder weniger gravierend sein kann. Allgemein wird die Wesentlichkeit einer Formvorschrift dann bejaht, wenn der Formfehler Einfluss auf die inhaltliche Ausgestaltung des Rechtsakts gehabt haben könnte[318] oder wenn die Formvorschrift gerade zum Schutz des Betroffenen erlassen wurde.[319] Besondere Bedeutung kommt hierbei der Wahl einer **unzutreffenden Rechtsgrundlage** beim Erlass eines Rechtsakts zu, da die Rechtsgrundlagen zum Teil erhebliche Unterschiede im Willensbildungsprozess wie im Beschlussverfahren aufweisen können, was nicht unerhebliche Auswirkungen auf den Inhalt des betreffenden Unionsaktes haben kann.[320] Im Rahmen des Zuständigkeitssystems der Union muss sich die Wahl der Rechtsgrundlage eines Unionsrechtsakts auf objektive, gerichtlich nachprüfbare Umstände gründen, zu denen das Ziel und der Inhalt des Rechtsakts gehören.[321]

III. Vertragsverletzung

105 Bei dem Tatbestand der „Verletzung der Verträge oder einer bei seiner[322] Durchführung anzuwendenden Rechtsnorm" handelt es sich um den weitesten Klagegrund, der die bereits erörterten Klagegründe der Unzuständigkeit und der Formverletzung, aber auch den des Ermessensmissbrauchs eigentlich mit umfasst, weil Letztere zugleich immer auch eine Verletzung der Verträge beinhalten. Der Klagegrund der Vertragsverletzung fungiert damit gleichsam als **Auffangtatbestand,** auf den erst dann zurückgegriffen werden sollte, wenn keiner der spezielleren anderen Klagegründe einschlägig ist.[323] Gleichwohl handelt es sich bei diesem Nichtigkeitsgrund um den in der Praxis bedeutsamsten, da er die Tür zu einer umfassenden Prüfung der Rechtmäßigkeit des angefochtenen Rechtsakts öffnet und es im Fall einer erfolgreichen Klage nicht gestattet, einen gleichlautenden Akt erneut zu erlassen, was bei den anderen Klagegründen je nach Sachlage durchaus möglich ist.[324] Die Unionsgerichte prüfen das Vorliegen eines bestimmten Vertragsverstoßes allerdings nicht von Amts wegen, sondern nur, wenn der Kläger sich darauf beruft.[325]

106 Mit Verletzung der Verträge oder ihrer Durchführungsnormen ist das gesamte Unionsrecht gemeint, also **geschriebenes** oder **ungeschriebenes, primäres** oder **sekundäres Unionsrecht.** Prüfungsmaßstab für die Rechtmäßigkeit des angefochtenen Rechtsakts ist also sämtliches höherrangiges Unionsrecht.[326] Zu den „Verträgen" gehören in diesem Zusammenhang nicht nur die Grundverträge der Europäischen Union (dh konkret EUV und AEUV einschließlich der ihnen beigefügten Protokolle und Anhänge), sondern auch sämtliche sie ergänzenden Primärrechtsakte, also namentlich die Änderungsverträge sowie die Akte über den Beitritt neuer Mitgliedstaaten)[327]. Als ungeschriebenes Primärrecht

---

[318] EuGH 10.7.1980 – 30/78, Slg. 1980, 2229 Rn. 26 ff. = BeckRS 2004, 73064 – Distillers Company/Kommission; EuGH 6.7.1983 – 117/81, Slg. 1983, 2191 Rn. 7 = BeckRS 2004, 71318 – Geist/Kommission; EuGH 15.11.2011 – verb. Rs. C-106/09 P C-107/09 P, ECLI:EU:C:2011:732, BeckRS 2011, 81624 – Kommission/Government of Gibraltar und Vereinigtes Königreich; Bleckmann EuropaR Rn. 857; Hölscheidt JA 1990, 253 (257).
[319] Nicolaysen EuropR I S. 378; Booß in Grabitz/Hilf 40. EL, 2009, EGV Art. 230 Rn. 103.
[320] Vgl. dazu EuGH 20.9.1988 – 203/86, Slg. 1988, 4563 Rn. 36 ff. = BeckRS 2004, 72258 – Spanien/Rat; EuGH 1.10.2009 – C-370/07, Slg. 2009, I-8917 Rn. 38 ff. = BeckRS 2009, 71087 – Kommission/Rat.
[321] EuGH 6.11.2008 – C-155/07, Slg. 2008, I-8103 Rn. 34 = BeckRS 2008, 71147 – Parlament/Rat; EuGH 19.7.2012 – C-130/10, BeckEuRS 2012, 689381 – Parlament/Rat; zum Kompetenznormenkonflikt vgl. auch Röttinger EuZW 1993, 117 (118 f.); Middeke DVBl 1993, 769 ff.
[322] Sprachlich korrekt wäre eigentlich „einer bei *ihrer* Durchführung". Es ist anzunehmen, dass es hier im Zuge der Neufassung durch den Vertrag von Lissabon zu einer redaktionellen Ungenauigkeit kam.
[323] Constantinesco, Das Recht der Europäischen Gemeinschaften, Bd. I, 1977, S. 867; Nicolaysen EuropaR I S. 377; Cremer in Calliess/Ruffert AEUV Art. 263 Rn. 96; Dörr in Grabitz/Hilf/Nettesheim AEUV Art. 263 Rn. 174; Stotz in Dauses/Ludwigs EU-WirtschaftsR-HdB P I Rn. 189.
[324] Daig Nichtigkeits- und Untätigkeitsklagen im Recht der Europäischen Gemeinschaften Rn. 183.
[325] EuGH 2.4.1998 – C-367/95 P, Slg. 1998, I-1719 Rn. 67 = EuZW 1998, 336 – Kommission/Sytraval et Brink's France.
[326] Stotz in Dauses/Ludwigs EU-WirtschaftsR-HdB P I Rn. 144; Cremer in Calliess/Ruffert AEUV Art. 263 Rn. 96; Dörr in Grabitz/Hilf/Nettesheim AEUV Art. 263 Rn. 174.
[327] Vgl. Daig Nichtigkeits- und Untätigkeitsklagen im Recht der Europäischen Gemeinschaften Rn. 190.

gehören dazu ferner auch die **allgemeinen Rechtsgrundsätze**[328]. Die **Unionsgrundrechte** sind heute maßgeblich in der **Charta der Grundrechte** der Europäischen Union kodifiziert, die seit dem Vertrag von Lissabon einen verbindlichen Grundrechtekatalog beinhaltet und den gleichen Rang wie die Grundverträge hat, also mit Verfassungsrang ausgestattet ist (Art. 6 Abs. 1 Hs. 2 EUV).[329] Nationale Grundrechte können hingegen im Rahmen einer Nichtigkeitsklage – wie auch sonst in Verfahren vor den Unionsgerichten – nicht geltend gemacht werden; eine Bezugnahme auf sie kann aber als Rüge mit dem Ziel der Prüfung entsprechender Unionsgrundrechte uminterpretiert werden.[330]

Unter den Klagegrund der Vertragsverletzung ließe sich neben der **Begründungspflicht** (Art. 296 Abs. 2 AEUV) im Prinzip auch die Verletzung der dem Betroffenen zustehenden **Verteidigungsrechte** – namentlich ein Verstoß gegen den Anspruch auf rechtliches Gehör[331] – subsumieren, bei denen es sich ebenfalls um allgemeine Rechtsgrundsätze handelt, deren fundamentalen Charakter der Gerichtshof bereits mehrfach hervorgehoben hat[332]; es erscheint jedoch vorzugswürdig, solche Rechtsprobleme im Zusammenhang mit der Verletzung wesentlicher Formvorschriften zu prüfen. **107**

Prüfungsmaßstab können des Weiteren **völkerrechtliche Abkommen** mit Drittstaaten oder internationalen Organisationen sein.[333] Von der Union geschlossene internationale Übereinkünfte sind, wie auch das Völkergewohnheitsrecht, wesentlicher (bzw „integraler" oder „integrierender") Bestandteil der Unionsrechtsordnung.[334] Aus Art. 216 Abs. 2 AEUV folgt zudem, dass solche Übereinkünfte die Unionsorgane und die Mitgliedstaaten binden, so dass sie einen Zwischenrang zwischen dem Primärrecht und dem sonstigen Sekundärrecht einnehmen. Allerdings kann der EuGH die Gültigkeit eines Unionsrechtsakts nur dann an einer Bestimmung des Völkerrechts messen, wenn deren Art und Struktur dem nicht entgegenstehen.[335] Um als Kontrollmaßstab herangezogen werden zu können, ist außerdem erforderlich, dass die insoweit geltend gemachten Bestimmungen des in Rede stehenden völkerrechtlichen Vertrags oder die jeweilige Regel des Völkergewohnheitsrechts inhaltlich unbedingt und hinreichend genau erscheinen.[336] Das Erfordernis, dass eine Berufung Einzelner auf völkerrechtliche Bestimmungen nur möglich ist, wenn diese für den Einzelnen ein subjektives Recht begründen, scheint der Gerichtshof allerdings aufgegeben zu haben.[337] Der Gerichtshof hat in Bezug auf die Regeln der Welthandelsorganisation (WTO) und die Beschlüsse der WTO-Organe entschieden, dass diese im Grundsatz **108**

---

[328] Dörr in Grabitz/Hilf/Nettesheim AEUV Art. 263 Rn. 174; Stotz in Rengeling, Handbuch zum europäischen und deutschen Umweltrecht, Bd. I, 2. Aufl. 2003, § 45 Rn. 116.
[329] Für eine Prüfung am Maßstab der Grundrechte im Zusammenhang mit einer Gültigkeitsvorlage s. bspw. EuGH 9.11.2010 – verb. Rs. C-92/09, C-93/09, Slg. 2010, I-11063 = EuZW 2010, 939 – Volker und Markus Schecke und Eifert.
[330] Vgl. iE Rengeling, Grundrechtsschutz in der Europäischen Gemeinschaft, 1992, S. 187 ff.
[331] EuGH 21.11.1991 – C-269/90, Slg. 1991, I-5469 Rn. 25 = NVwZ 1992, 358 – Technische Universität München.
[332] EuGH 21.11.1991 – C-269/90, Slg. 1991, I-5469 Rn. 25 ff. = NVwZ 1992, 358 – Technische Universität München; EuGH 24.10.1996 – C-32/95 P, Slg. 1996, I-5373 Rn. 21 ff. – Kommission/Lisrestal ua.
[333] Vgl. EuGH 12.12.1972 – 21/72, Slg. 1972, 1219 Rn. 5 ff. = BeckRS 2004, 72303 – International Fruit Company; EuGH I 3.6.2008 – C-308/06, ECLI:EU:C:2008:312 = EuZW 2008, 439 – Intertanko ua; Nicolaysen EuropaR I S. 192; Dörr in Grabitz/Hilf/Nettesheim AEUV Art. 263 Rn. 174 ff.
[334] Vgl. EuGH 181/73, Slg. 1974, 449 Rn. 5 = BeckRS 1974, 106490 – Haegeman; EuGH C-366/10 Rn. 73 = EWS 2012, 151– Air Transport Association of America ua.
[335] EuGH 9.9.2008 – verb. Rs. C-120/06 P, C-121/06 P, Slg. 2008, I-6513 Rn. 110 = BeckRS 2008, 70914 – FIAMM ua/Rat und Kommission; EuGH 21.12.2011 – C-366/10, ECLI:EU:C:2011:864, EWS 2012, 151 – Air Transport Association of America ua.
[336] EuGH 10.1.2006 – C-344/04, Slg. 2006, I-403 Rn. 39 = NJW 2006, 351 – IATA und ELFAA; EuGH 3.6.2008 – C-308/06, Slg. 2008, I-4057 Rn. 45 = EuZW 2008, 439 – Intertanko ua; EuGH 21.12.2011 – C-366/10, ECLI:EU:C:2011:864, EWS 2012, 151– Air Transport Association of America ua.
[337] EuGH 21.12.2011 – C-366/10, ECLI:EU:C:2011:864, EWS 2012, 151– Air Transport Association of America ua; zur früheren Rspr. s. EuGH 26.10.1982 – 104/81, Slg. 1982, 3641 Rn. 22 = NJW 1983, 508 – HZA Mainz/Kupferberg; EuGH 12.12.1972 – 21/72, Slg. 1972, 1219 Rn. 19 ff. = BeckRS 2004, 72303 – International Fruit Company.

aufgrund ihrer Art und Struktur nicht als Maßstab für die Prüfung der Gültigkeit von Unionsrechtsakten herangezogen werden können.[338] Im Wesentlichen begründet der Gerichtshof dies mit der großen „Flexibilität" des GATT (bzw. heute des WTO-Rechts), das auf Verhandlungslösungen ausgelegt ist und auf dem Gedanken der Gegenseitigkeit (Reziprozität) beruht. Dies gilt auch dann, wenn das Streitbeilegungsgremium der WTO die Unvereinbarkeit einer Unionsmaßnahme mit den WTO-Regeln festgestellt hat.[339] Eine Ausnahme von diesem Grundsatz gilt nur, wenn der angefochtene Unionsrechtsakt ausdrücklich auf spezielle Bestimmungen der WTO-Übereinkünfte verweist oder die Union explizit eine bestimmte, im Rahmen der WTO übernommene Verpflichtung erfüllen wollte.[340]

109 Nach dem Urteil des Gerichtshofs in der Rechtssache Kadi ist trotz der Bindung der Unionsorgane an das Völkerrecht eine gerichtliche Kontrolle der materiellen Rechtmäßigkeit einer Verordnung im Hinblick auf die Unionsgrundrechte grundsätzlich nicht deswegen ausgeschlossen, weil die Verordnung eine Resolution des Sicherheitsrats der Vereinten Nationen umsetzt. Denn die Verpflichtungen aufgrund einer internationalen Übereinkunft können nicht die Verfassungsgrundsätze des Unionsrechts beeinträchtigen, zu denen auch der Grundsatz zählt, dass alle Handlungen der Unionsorgane die Menschenrechte achten müssen.[341]

110 Hinsichtlich des sekundären Unionsrechts gilt eine **Rangordnung** insofern, als Durchführungsvorschriften den ihnen zugrundeliegenden Ermächtigungsverordnungen im Rang nachgehen diese nicht zu ändern vermögen, selbst wenn sie von dem verordnungsgebenden Organ selbst stammen.[342]

111 Eine Verletzung des Unionsrechts kann sich nicht nur durch die **unrichtige Auslegung oder Anwendung** unionsrechtlicher Vorschriften ergeben, sondern auch durch eine **fehlerhafte Tatsachenfeststellung**.[343] Sobald es allerdings um die **Tatsachenwürdigung** durch das handelnde Unionsorgan geht, überprüfen die Unionsgerichte in der Regel nur, ob ein **offensichtlicher Beurteilungsfehler** vorliegt, da die Organe insbes. bei komplexen wirtschaftlichen oder technischen Sachverhalten über einen weiten Beurteilungsspielraum verfügen.[344] Eine gewisse Intensivierung der richterlichen Kontrolle lässt sich jedoch seit geraumer Zeit im Kartellrecht feststellen, wo die Entscheidungen der Kommission in der Regel Sanktionscharakter haben.

IV. Ermessensmissbrauch

112 Für den deutschen Rechtsanwender handelt es sich beim **Ermessensmissbrauch** um den vielleicht schwierigsten Klagegrund, verbindet sich für ihn mit diesem Begriff auf der Ebene des Unionsrechts doch ein anderes Verständnis, als er es von der deutschen Verwaltungsrechtslehre her gewohnt ist.[345] Eine Differenzierung zwischen Beurteilungsspiel-

---

[338] Siehe EuGH 30.9.2003 – C-93/02 P, Slg. 2003, I-10497 Rn. 52 = EuR 2003, 1067 – Biret International/Rat mwN.
[339] EuGH 1.3.2005 – Slg. 2005, I-1465 Rn. 42 ff. = EuZW 2005, 214 – van Parys; s. hierzu auch Dervisopoulos, Optionen nach van Parys, Außenwirtschaft 2005, 415 sowie EuGH 9.9.2008 – verb. Rs. C-120/06 P, C-121/06 P, Slg. 2008, I-6513 = BeckRS 2008, 70914 – FIAMM ua/Rat und Kommission.
[340] EuGH 22.6.1989 – 70/87, Slg. 1989, 1781 Rn. 19 ff. = BeckRS 2004, 73579 – Fediol/Kommission; EuGH 7.5.1991 – C-69/89, Slg. 1991, I-2069 Rn. 31 = BeckRS 2004, 77702 – Nakajima All Precision/Rat.
[341] EuGH 3.9.2008 – verb. Rs. C-402/05 P, C-415/05 P, Slg. 2008, I-6351 Rn. 278 ff. = JuS 2009, 360 – Kadi und Al Barakaat International Foundation/Rat und Kommission.
[342] EuGH 10.3.1971 – 38/70, BeckRS 2004, 71033 – Deutsche Tradax; zur Rangordnung des Unionsrechts vgl. auch Dittert, EuropaR S. 142.
[343] Vgl. Stotz in Rengeling, Handbuch zum europäischen und deutschen Umweltrecht, Bd. I, 2. Aufl. 2003, § 45 Rn. 115.
[344] Vgl. EuG 25.2.1997 – verb. Rs. T-149/94, T-181/94, Slg. 1997, II-161 Rn. 90 – Kernkraftwerke Lippe-Ems/Kommission; s. hierzu Stotz in Dauses/Ludwigs EU-WirtschaftsR-HdB P I Rn. 191 ff.; zum Prüfungsumfang bei Beihilfeentscheidungen vgl. Schroth/Koch Subventionsbeschwerde S. 120.
[345] Vgl. dazu v. Fürstenwerth, Ermessensentscheidungen im Außenwirtschaftsrecht, 1985, S. 16 ff.; Everling FS Redeker, 1993, 293 (306 ff.); Drewes Entstehen und Entwicklung des Rechtsschutzes S. 127 ff.; Schwarze/Voet van Vormizeele in Schwarze AEUV Art. 263 Rn. 81.

raum auf der Tatbestandsseite und Ermessensspielraum auf der Rechtsfolgenseite wird in der Rechtsprechung der Unionsgerichte nicht konsequent vorgenommen, vielmehr scheinen die Begriffe Ermessensbefugnis,[346] Ermessensspielraum,[347] Beurteilungsspielraum[348] oder Beurteilungsermessen[349] weitgehend synonym verwendet zu werden.

Unter dem unionsrechtlichen Begriff des „Ermessens" ist jeder den Unionsinstitutionen (insbes. der Kommission und dem Rat) durch einschlägige Normen eröffnete **Entscheidungs-, Beurteilungs- oder Gestaltungsspielraum** zu verstehen.[350] **113**

Steht fest, dass für den angefochtenen Rechtsakt ein Ermessen besteht, ist ein Missbrauch dieses Ermessens nach der Rechtsprechung des EuGH dann gegeben, wenn „aufgrund objektiver, schlüssiger und übereinstimmender Indizien anzunehmen ist, dass die Handlung zu anderen als den in ihr angegebenen Zwecken oder mit dem Ziel getroffen wurde, ein Verfahren zu umgehen, das der Vertrag vorsieht, um die konkrete Sachlage zu bewältigen".[351] Lehnt sich damit das Verständnis des Ermessensmissbrauchs offensichtlich an den französischen Begriff des *„détournement de pouvoir",*[352] maW einer **Zweckverfehlung** an, wäre es gleichwohl unzutreffend, beide Begriffe gleichzusetzen.[353] Hatte der EuGH früher den Ermessensmissbrauch auf Fälle beschränkt, in denen mit den Mitteln des Unionsrechts ein subjektiv rechtswidriges Ziel oder ein dementsprechender Zweck verfolgt wurde,[354] können im Einzelfall auch die vom deutschen Recht her bekannten **Ermessensfehler** (Ermessensüber- oder -unterschreitung und Ermessensfehlgebrauch, letzterer insbes. im Fall der Selbstbindung des Unionsorgans) vorliegen.[355] In derartigen Fällen werden Ermessensentscheidungen zumindest auf offensichtliche Rechtswidrigkeit überprüft (Evidenzkontrolle).[356] **114**

Gemäß Art. 261 AEUV besitzt der EuGH nur in Ausnahmefällen[357] die Befugnis zu einer **unbeschränkten Ermessensnachprüfung.** Im Umkehrschluss folgt daraus, dass der Gerichtshof ansonsten nur zu einer eingeschränkten Ermessensüberprüfung berechtigt ist.[358] Im Bereich des Ermessens ist die **Kontrolldichte,** dh das Ausmaß der gerichtlichen Kontrolle, geringer ausgestaltet als in Deutschland.[359] Im Kern dürfte dies auf die Tradition des französischen Verwaltungsrechts zurückzuführen sein,[360] die sich in diesem Punkt von der deutschen unterscheidet. Gleichwohl ist auch im Unionsrecht eine umfassende Über- **115**

---

[346] EuGH 9.6.1964 – verb. Rs. 94/63, 96/63, Slg. 1964, 587 (671) = BeckRS 2004, 73942 – Bernusset/Kommission; EuGH 4.3.1999 – C-119/97 P, Slg. 1999, I-1341 Rn. 91 = WuW 1999, 391 – Ufex ua/Kommission.
[347] EuGH 22.5.1985 – 13/83, Slg. 1985, 1513 Rn. 22 = NJW 1985, 2080 – Parlament/Rat.
[348] EuGH 14.7.1983 – 144/82, Slg. 1983, 2421 Rn. 27 = BeckRS 2004, 71665 – Detti/Gerichtshof; EuGH 21.5.1987 – 249/85, Slg. 1987, 2345 Rn. 12 = NJW 1987, 2153 – Albako Margarinefabrik.
[349] EuGH 8.7.1965 – 110/63, Slg. 1965, 860 (878) = BeckRS 2004, 70709 – Willame/Kommission.
[350] Schwarze, Europäisches Verwaltungsrecht, Bd. I, 1988, S. 281; Everling WuW 1989, 877 (880 ff.).
[351] EuGH 13.11.1990 – C-331/88, Slg. 1990, I-4023 Rn. 24 = BeckRS 2004, 70848 – Fedesa ua; EuGH 14.5.1998 – C-48/96 P, Slg. 1998, I-2873 Rn. 52 = BeckRS 2004, 77449 – Windpark Groothusen/Kommission; EuGH 10.3.2005 – C-342/03, Slg. 2005, I-1975 Rn. 64 = BeckRS 2005, 70192 – Spanien/Rat.
[352] Vgl. Drewes Entstehen und Entwicklung des Rechtsschutzes S. 104 ff.
[353] Nicolaysen EuropaR I S. 378 f.; Bleckmann EuropaR Rn. 877 f.
[354] Vgl. Bleckmann EuropaR Rn. 878; Booß in Grabitz/Hilf, 40. EL 2009, EGV Art. 230 Rn. 126.
[355] EuGH 7.7.2005 – C-5/03, Slg. 2005, I-5925 Rn. 66 = BeckRS 2005, 70508 – Griechenland/Kommission; EuGH 15.9.2011 – C-544/09 P, ZUM 2011, 900 – Deutschland/Kommission sowie Rengeling, Rechtsgrundsätze beim Verwaltungsvollzug des Europäischen Gemeinschaftsrechts, 1977, S. 300; Bleckmann EuropaR Rn. 877 f.; vgl. auch Nicolaysen EuropaR I S. 193; Erichsen/Weiß Jura 1990, 528 (534); aA aber Krück in von der Groeben/Thiesing/Ehlermann 4. Aufl. 1991 EWGV Art. 173 Rn. 91, der in diesen Fällen auf den Klagegrund der Vertragsverletzung zurückgreifen möchte.
[356] Schwarze, Das Verwaltungsrecht unter europäischem Einfluß, 1996, S. 123 (199); Pache DVBl 1998, 380 (386); vgl. auch Classen Die Europäisierung der Verwaltungsgerichtsbarkeit S. 178 f.
[357] Praxisrelevant sind hier va die kartellrechtlichen Sanktionen (vgl. Art. 31 der VO (EG) Nr. 1/2003, ABl. 2003 L 1, 1; vgl. Ritter in Immenga/Mestmäcker EG-Wettbewerbsrecht, Bd. 1, 5. Aufl. 2012, Kap. XIV A Rn. 47.
[358] Pache DVBl 1998, 380 (382).
[359] Vgl. Classen, Die Europäisierung der Verwaltungsgerichtsbarkeit, S. 165 ff.; Pache DVBl 1998, 380 (384).
[360] Vgl. Classen, Die Europäisierung der Verwaltungsgerichtsbarkeit, S. 175 f.; Schwarze, Das Verwaltungsrecht unter europäischem Einfluß, S. 123 (197 ff.).

prüfung von Rechtsakten möglich, weil der Klagegrund der Vertragsverletzung die Sachverhaltsermittlung und allgemeine Rechtsprinzipien wie das Willkürverbot und das Verhältnismäßigkeitsprinzip einschließt.[361]

116 In der Rechtsprechung der Unionsgerichte ist der Klagegrund des Ermessensmissbrauchs bislang nur selten praktisch relevant geworden, was nicht zuletzt darauf zurückzuführen ist, dass es sich im Einzelfall als äußerst schwierig erweist, der handelnden Unionsinstitution eine fehlerhafte Zielvorstellung oder Zweckverfehlung nachzuweisen.[362] Der Gerichtshof will sich deshalb auf eine Prüfung der Frage beschränken, „ob die Verfahrensvorschriften eingehalten sind, ob die Begründung ausreichend ist, ob der Sachverhalt zutreffend festgestellt ist und ob keine offensichtlich unrichtige Würdigung des Sachverhaltes und kein Ermessensmissbrauch vorliegt".[363] Je schwieriger sich freilich die Ermittlung des Sachverhalts darstellt, desto geringer sind die Nachprüfungsmöglichkeiten des Unionsrichters.[364] In Bereichen, in denen die Tätigkeit des Unionsgesetzgebers sowohl politische als auch wirtschaftliche oder soziale Entscheidungen verlangt und in denen er komplexe Prüfungen und Beurteilungen vornehmen muss, gesteht der Gerichtshof dem Gesetzgeber ein weites Ermessen zu, insbes. in Bezug auf die Beurteilung der hoch komplexen wissenschaftlichen und technischen tatsächlichen Umstände bei der Festlegung von Art und Umfang der Maßnahmen, die er erlässt; die Kontrolle durch den Unionsrichter ist auf die Prüfung beschränkt, ob die Ausübung eines solchen Ermessens nicht offensichtlich fehlerhaft ist, einen Ermessensmissbrauch darstellt oder der Gesetzgeber die Grenzen seines Ermessens offensichtlich überschritten hat. Die Zubilligung eines den Unionsorganen eingeräumten **weiten Ermessens** kompensiert der Gerichtshof mit erhöhten Anforderungen an die Einhaltung von Form- und Verfahrensregeln und an die Sachverhaltsfeststellung.[365] Der Gerichtshof hat betont, dass in Fällen, in denen die Organe über einen weiten Ermessensspielraum verfügen, der Einhaltung der Garantien, die die Unionsrechtsordnung für Verwaltungsverfahren vorsieht, umso wesentlichere Bedeutung zukommt.[366] Über das korrekte Verfahren soll die objektive Abwägung aller Umstände gesichert werden, so dass die Aussichten für eine sachlich richtige Entscheidung der Verwaltung erhöht werden.[367] Die konkreten Ergebnisse der gerichtlichen Überprüfung vergleichbarer Fälle sind in der europäischen und deutschen Rechtsprechung nicht immer so unterschiedlich, wie man angesichts der unterschiedlichen Kontrolldichte vermuten würde. In grundrechtssensiblen Bereichen findet durchaus eine intensivere gerichtliche Kontrolle statt.[368]

D. Nichtigkeitsurteil

117 Gibt das jeweils zuständige Unionsgericht einer Nichtigkeitsklage statt, so erklärt es den angefochtenen Unionsrechtsakt gem. Art. 264 Abs. 1 AEUV ganz oder – bei Abtrenn-

---

[361] Vgl. Classen, Die Europäisierung der Verwaltungsgerichtsbarkeit, S. 165 ff.; Pache DVBl 1998, 380 (384).
[362] Krück in von der Groeben/Thiesing/Ehlermann 4. Aufl. 1991 EWGV Art. 173 Rn. 91; Classen Die Europäisierung der Verwaltungsgerichtsbarkeit S. 164; Booß in Grabitz/Hilf 40. EL 2009 EGV Art. 230 Rn. 127; vgl. auch EuGH 6.3.1979 – 92/78, Slg. 1979, 777 Rn. 98 ff. = BeckRS 2004, 73922 – Simmenthal/Commission; EuGH 13.7.1995 – C-156/93, Slg. 1995, I-2019 Rn. 32 ff. = BeckRS 2004, 74515 – Parlament/Kommission.
[363] EuGH 11.7.1985 – 42/84, Slg. 1985, 2545 Rn. 34 – Remia ua/Kommission; EuGH 28.5.1998 – C-7/95 P, Slg. 1998, I-3111 Rn. 34 = BeckRS 2004, 77716 mwN – Deere/Kommission.
[364] Vgl. EuGH 28.5.1998 – C-7/95 P, Slg. 1998, I-3111 = BeckRS 2004, 77716 – Deere/Kommission; EuG 27.1.1998 – T-67/94, Slg. 1998, II-1 Rn. 147 – Ladbroke Racing/Kommission.
[365] Siehe hierzu auch Schwarze/Voet van Vormizeele in Schwarze AEUV Art. 263 Rn. 72.
[366] EuGH 21.11.1991 – C-269/90, Slg. 1991, I-5469 Rn. 14 = NVwZ 1992, 358 – Technische Universität München; EuGH 19.7.2012 – C-337/09 P, EuZW 2012, 901 – Rat/Zhejiang Xinan Chemical Industrial Group.
[367] Everling WuW 1989, 877 (882 f.); Schwarze Das Verwaltungsrecht unter europäischem Einfluß S. 123 (202); Schwarze DVBl 2002, 1297 (1307); Classen Die Europäisierung der Verwaltungsgerichtsbarkeit S. 169 f.; Pache DVBl 1998, 380 (385).
[368] So Classen Die Europäisierung der Verwaltungsgerichtsbarkeit S. 180; Schwarze Das Verwaltungsrecht unter europäischem Einfluß S. 123 (201 f.).

barkeit des rechtswidrigen Teils – teilweise für nichtig, hebt ihn also im Wege eines **Gestaltungsurteils** auf.[369] Nur für den extrem seltenen Fall, dass es sich um einen „Nichtakt" handeln sollte, wird die Klage als unzulässig abgewiesen (→ Rn. 40).[370] Ein Nichtigkeitsurteil hat grundsätzlich **allgemeine Geltung** *("erga omnes")*,[371] während die Klageabweisung nur zwischen den Parteien *("inter partes")* wirkt.[372] Handelt es sich bei dem angefochtenen Unionsrechtsakt um ein Bündel von Einzelfallentscheidungen, wird er nur insoweit für nichtig erklärt, als er den Kläger betrifft; für die übrigen Adressaten, die keine Nichtigkeitsklagen erhoben haben, hat die Maßnahme auch nach einem stattgebenden Urteil Bestand.[373]

118 Das Nichtigkeitsurteil beseitigt den betreffenden Rechtsakt mit **Wirkung** *ex tunc*[374], dh die Rechtslage ist so zu beurteilen, als ob der Rechtsakt *de iure* niemals erlassen worden wäre. Etwaige auf der Grundlage des für nichtig erklärten Unionsrechtsakts vorgenommene Maßnahmen und Akte bleiben jedoch wirksam, sofern sie bereits in Bestandskraft erwachsen sind.[375] Für das Organ, die Einrichtung oder Stelle der Union, deren Rechtsakt für nichtig erklärt wurde, folgt dann aus Art. 266 Abs. 1 AEUV die Rechtspflicht, alle sich aus dem Nichtigkeitsurteil ergebenden Maßnahmen zu ergreifen. Aus Gründen der **Gewaltenteilung** bzw. des institutionellen Gleichgewichts obliegt es streng genommen nicht dem Unionsrichter, in seinem Urteil genau zu bezeichnen, welche Maßnahmen zu ergreifen sind[376]. Gleichwohl wird sich regelmäßig zumindest indirekt aus den Urteilsgründen ablesen lassen, ob der Erlass eines neuen, rechtsfehlerfreien Unionsrechtsakts möglich ist und welche rechtlichen Vorgaben dabei zu beachten sein werden. Unbeschadet des Erlasses etwaiger neuer Unionsrechtsakte kann unter den engen Voraussetzungen des Art. 340 Abs. 2 AEUV auch eine Schadensersatzpflicht bestehen (vgl. auch Art. 266 Abs. 2 AEUV).[377] In der Spruchpraxis der europäischen Gerichte ist es allerdings im Einzelfall auch vorgekommen, dass diese dem Rat als Rechtssetzungsorgan entgegen entsprechenden Anhaltspunkten im Vertragstext eine Frist gesetzt haben, innerhalb derer die notwendigen Maßnahmen zu ergreifen seien.[378] Dabei handelt es sich jedoch keineswegs um eine häufig vorkommende Praxis, wenngleich die Unionsgerichte in den Urteilsgründen durchaus feststellen können, dass die Pflicht besteht, „innerhalb einer angemessenen Frist" tätig zu werden.[379]

119 Für **Rechtsnormen** besteht eine Besonderheit insoweit, als die Urteilswirkung einer für nichtig erklärten Verordnung erst mit Rechtskraft des Urteils, dh nach Ablauf der Rechtsmittelfrist oder Beendigung des Rechtsmittelverfahrens eintritt (Art. 60 Abs. 2 EuGH-Satzung). Der Grund für diese Regelung liegt im Prinzip der **Rechtssicherheit.** Erklärt das EuG eine Verordnung per Urteil für nichtig, das dann aber im Wege des Rechtsmittelverfahrens wieder aufgehoben wird, kann dies in der Zwischenzeit zu Rechtsunsicherhei-

---

[369] Vgl. EuGH 31.3.1998 – verb. Rs. C-68/94, C-30/95, Slg. 1998, I-1375 Rn. 256 = EuZW 1998, 299 – Frankreich ua/Kommission.
[370] Vgl. EuG 27.2.1992 – verb. Rs. T-79/89 ua, Slg. 1992, II-315 Rn. 68 = EuZW 1992, 607 – BASF ua/Kommission.
[371] EuGH 3/54, Slg. 1954, 123 (147) = BeckRS 2004, 73027 – Assider/Hohe Behörde; Cremer in Calliess/Ruffert AEUV Art. 264 Rn. 2.
[372] Geiger in Geiger/Khan/Kotzur, EUV/EGV, 4. Aufl. 2004, EGV Art. 231 Rn. 8.
[373] EuG 10.7.1997 – T-227/95, Slg. 1997, II-1185 Rn. 55 ff. = EuZW 1997, 696 – AssiDomän Kraft Products ua/Kommission; EuGH 15.2.2001 – C-239/99, Slg. 2001, I-1197 = EuZW 2001, 181 – Nachi Europe; diff. Cremer in Calliess/Ruffert AEUV Art. 264 Rn. 2.
[374] EuGH 17.2.1987 – 21/86, Slg. 1987, 795 Rn. 7 ff. = BeckRS 2004, 72312 – Samara/Kommission; EuG 13.12.1995 – verb. Rs. T-481/93, T-484/93, Slg. 1995, II-2941 Rn. 46 – Exporteurs in Levende Varkens ua/Kommission.
[375] Scherer/Zuleeg in Schweitzer Europäisches Verwaltungsrecht 1991 S. 197 (219); im selben Sinne Cremer in Calliess/Ruffert AEUV Art. 264 Rn. 2.
[376] Vgl. EuG 24.1.1995 – T-114/92, Slg. 1995, II-147 Rn. 33 ff. – BEMIM/Kommission; Scherer/Zuleeg in Schweitzer Europäisches Verwaltungsrecht 1991 S. 197 (220); Nicolaysen EuropaR I S. 382.
[377] Vgl. EuG 20.5.1999 – T-220/97, Slg. 1999, II-1677 Rn. 55 ff. – H & R Ecroyd/Kommission.
[378] EuGH 6.3.1979 – 92/78, Slg. 1979, 777 = BeckRS 2004, 73922 – Simmenthal/Kommission.
[379] Vgl. zB EuGH 5.7.1995 – C-21/94, Slg. 1995, I-1827 Rn. 33 = BeckRS 2004, 74990 – Parlament/Rat.

ten bei den Adressaten der Verordnung führen.[380] Für die betroffenen Parteien wird diese Rechtsfolge insoweit abgemildert, als ihnen die Möglichkeit offen steht, gem. Art. 278, 279 AEUV iVm Art. 60 Abs. 2 EuGH-Satzung im Wege des einstweiligen Rechtsschutzes die Aussetzung des Vollzugs der streitgegenständlichen Verordnung oder etwaige einstweilige Anordnungen zu beantragen (→ §§ 19, 20).

120 Erklärt der Gerichtshof einen Unionsrechtsakt für nichtig, so kann er gem. Art. 264 AEUV, falls er dies für notwendig hält, diejenigen **Wirkungen des Rechtsakts** bezeichnen, die **als fortgeltend zu betrachten** sind. Der Vertrag von Lissabon hat insofern den früher verwendeten Begriff „Verordnung" in Art. 231 Abs. 2 EGV-Nizza durch den Begriff „Handlung" ersetzt. Durch die Verwendung des neuen, umfassenden Begriffs sind somit die Diskussionen unter der alten Rechtslage, inwieweit die Bestimmungen des Art. 231 Abs. 2 EGV auch auf Richtlinien und andere Rechtsakte zu übertragen waren, gegenstandslos geworden.[381] Mit dieser Möglichkeit können die Unionsgerichte in Einzelfällen allgemeinen Rechtsgrundsätzen wie dem Vertrauensschutz, der Rechtssicherheit und der Achtung wohlerworbener Rechte Dritter Rechnung tragen.[382] Der Unionsrichter entscheidet von Amts wegen über die Anwendung von Art. 264 Abs. 2 AEUV, es können jedoch auch entsprechende Anträge gestellt werden.[383] Inzwischen macht der EuGH von dieser Bestimmung häufiger Gebrauch als noch in den Anfangsjahren.[384] Wenn der EuGH einzelne Wirkungen des für nichtig erklärten Unionsrechtsakts als fortgeltend bezeichnet, führt dies nicht etwa zur Aufrechterhaltung der rechtswidrigen Handlung in Teilbereichen, sondern lediglich zur Beibehaltung ihrer Wirkungen, sei es für eine Übergangszeit oder auf Dauer. Besondere Umstände eines Falles – bspw bereits wirksame völkerrechtliche Verpflichtungen – können es sogar rechtfertigen, alle Wirkungen eines für nichtig erklärten Rechtsakts auf Dauer aufrechtzuerhalten.[385]

121 Unsicher ist, welche Rechtswirkungen sich aus einer für nichtig erklärten Richtlinie für den juristischen **Status der sie umsetzenden innerstaatlichen Rechtsakte** ergeben.[386] Angesichts der Tatsache, dass es sich bei den jeweiligen Umsetzungsakten weiterhin um nationales Recht handelt, ist davon auszugehen, dass sie von der Nichtigkeit des Unionsakts zunächst unberührt bleiben.[387] Unanwendbar sind sie aber jedenfalls dann, wenn auch ihre Rechtsfolgen sich als unionsrechtswidrig erweisen. Mögliche, infolge der rechtswidrigen Handlung eingetretene Schadensersatzansprüche bleiben von der Erhebung der Nichtigkeitsklage unberührt (Art. 266 Abs. 2 iVm Art. 340 Abs. 2 AEUV).

E. Praktische Hinweise

I. Allgemeine Hinweise

122 Je nach Sachlage ist für die Nichtigkeitsklage entweder das Gericht oder der Gerichtshof zuständig (Art. 51 EuGH-Satzung). Das Verfahren vor dem EuG und vor dem EuGH besteht jeweils aus einem schriftlichen und einem mündlichen Teil (vgl. Art. 20 Abs. 1

---

[380] Jung in von der Groeben/Thiesing/Ehlermann, 4. Aufl. 1991, EWGV Art. 168a Rn. 194.
[381] Der Gerichtshof hatte die Bestimmung auch auf andere Rechtsakte angewandt; zu Anwendung im Vorlageverfahren s. EuGH 26.4.1994 – C-228/92, Slg. 1994, I-1445 (1472) = NVwZ 1995, 366 – Roquette Frères.
[382] Cremer in Calliess/Ruffert AEUV Art. 264 Rn. 4 f.; vgl. auch EuGH 7.12.1995 – C-41/95, Slg. 1995, I-4411 Rn. 44 = BeckRS 2004, 77098 – Rat/Parlament.
[383] Schwarze/Voet van Vormizeele in Schwarze AEUV Art. 264 Rn. 9.
[384] Vgl. ua EuGH 28.5.1998 – C-22/96, Slg. 1998, I-3231 Rn. 42 = BeckRS 2004, 75185 – Parlament/Rat; EuGH 3.9.2008 – verb. Rs. C-402/05 P, C-415/05 P, Slg. 2008, I-6351 Rn. 373 f. = JuS 2009, 360 – Kadi und Al Barakaat/Rat und Kommission.
[385] Vgl. EuGH 5.7.1995 – C-21/94, Slg. 1995, I-1827 Rn. 31 f. = BeckRS 2004, 74990 – Parlament/Rat; EuGH 7.3.1996 – C-360/93, Slg. 1996, I-1195 Rn. 36 = BeckRS 2004, 76735 – Parlament/Rat; EuGH 25.2.1999 – C-164/97, Slg. 1999, I-1139 Rn. 24 = NVwZ 1999, 1212 – Parlament/Rat.
[386] Vgl. GA Jacobs, SchlA C-295/90, Slg. 1992, I-4193 Rn. 47 = NVwZ 1992, 1181 – Parlament/Rat.
[387] Röttinger EuZW 1993, 117 (120).

EuGH-Satzung, für das EuG iVm Art. 53 Abs. 1 EuGH-Satzung). Der EuGH hat als Arbeitshilfe „Praktische Anweisungen für die Parteien" und „Hinweise für den Vortrag in der mündlichen Verhandlung" veröffentlicht.[388] Das EuG hat „Praktische Durchführungsbestimmungen" zu seiner Verfahrensordnung, diverse „Merklisten" sowie „Hinweise für den Vortrag in der mündlichen Verhandlung" und ein „Prozesskostenhilfeformular" bereitgestellt.[389]

Gemäß Art. 21 (ggf. iVm 53 Abs. 1) EuGH-Satzung sind die Klageschriften beim Kanzler des EuG bzw. des EuGH einzureichen, und zwar beim EuG verpflichtend über die elektronische Plattform „e-Curia", beim EuGH vorzugsweise per e-Curia (→ Rn. 88 f.). **123**

Die Klageschrift muss den Anforderungen der Art. 120–122 EuGHVfO bzw. Art. 76 und 78 EuGVfO genügen (→ § 20). Das Gericht schlägt für den Inhalt und Aufbau der Klageschrift folgende Gliederung vor:[390] **124**
- Bezeichnung des Schriftsatzes
- Bezeichnung des Klägers: Name(n) und Anschrift/Niederlassung
- Bezeichnung des/der Vertreter(s)
- Bezeichnung des Beklagten
- Angabe der gewählten Zustellungsart
- Gegenstand des Rechtsstreits: Art der Klage, Grundlage/kurze Zusammenfassung des Sachverhalts und des rechtlichen Rahmens
- Gegliederte rechtliche Argumentation (Zulässigkeit und Begründetheit) mit Überschrift für jeden der geltend gemachten Klagegründe
- Anträge

Die zu stellenden Anträge orientieren sich am Tenor des angestrebten Urteils (zB „1. den Beschluss der Europäischen Kommission vom …, Az. …, für nichtig zu erklären, 2. die Beklagte zur Tragung der Kosten des Rechtsstreits zu verurteilen"). **125**

II. Muster einer Klageschrift

Im Folgenden soll als Orientierungshilfe eine Klage vor dem EuG gegen einen Beschluss der Europäischen Kommission über die Nichtgenehmigung einer staatlichen Beihilfe wegen ihrer Unvereinbarkeit mit dem Binnenmarkt („Negativentscheidung") skizziert werden:[391] **126**

An das
Gericht der Europäischen Union
–Kanzlei des Gerichts –
Rue du Fort Niedergrünewald
L-2925 Luxembourg
…, den …
Klage
der A-GmbH, A-Straße 1, D-23456 A-Stadt,

– Klägerin –

vertreten durch ihren Geschäftsführer B.,
Prozessbevollmächtigter: Rechtsanwalt C., C-Chaussee 2, D-34567 C-heim,
gegen

---

[388] Im Internet abrufbar auf der Seite http://curia.europa.eu in der Rubrik Gerichtshof\Verfahren.
[389] Im Internet abrufbar auf der Seite http://curia.europa.eu in der Rubrik Gericht\Verfahren.
[390] Siehe die „Merkliste Klageschrift" (http://curia.europa.eu/jcms/jcms/Jo2_7040/), sowie die detaillierten „Praktischen Anweisungen für die Parteien" (http://curia.europa.eu/jcms/jcms/Jo2_7040/), die ua Vorgaben bzgl. der Formatierung und Länge der Schriftsätze enthalten.
[391] Vgl. auch die Muster bei Pechstein EUProzR Rn. 132 (Konkurrentenklage gegen Freistellungsentscheidung), sowie Prieß in Locher/Mes, Beck'sches Prozessformularbuch, 11. Aufl. 2010, Kap. IX 2, Klage gegen Verordnung über Antidumpingzoll.

die Europäische Kommission,
Rue de la Loi/Wetstraat 200, B-1049 Brüssel

– Beklagte –

wegen

Nichtigerklärung (Art. 263, 264 AEUV) des Beschlusses der Kommission vom …, Az. …, mit dem die Gewährung eines staatlichen Zuschusses an die Klägerin für unvereinbar mit dem Binnenmarkt erklärt wurde.

Sachverhalt

127 Die Klägerin ist ein Unternehmen, das im Bereich … tätig ist. Sie beabsichtigt, ihre Produktion auf ein neuartiges, umweltschonendes Verfahren umzustellen. Im Einzelnen sind hierfür folgende Maßnahmen vorgesehen: … Im Bundesland L, in dem sich der Betrieb der Klägerin befindet, existieren „Förderrichtlinien zur Unterstützung von Unternehmen bei Umstrukturierungsmaßnahmen zugunsten der Umwelt" (Anlage 1). Diese Richtlinien sehen unter anderem vor, dass unter der Voraussetzung … Zuschüsse des Landes gewährt werden können. Gemäß Ziff. … jener Richtlinien stehen diese Zuschüsse unter dem Vorbehalt der Genehmigung durch die Europäische Kommission. Für die Umstellung ihrer Produktion hat die Klägerin am … einen Zuschuss beim Wirtschaftsministerium des Bundeslandes L beantragt (Anlage 2).

128 Mit Schreiben vom … (Anlage 3) teilte das Wirtschaftsministerium des Landes L der Klägerin mit, dass es beabsichtige, einen Zuschuss in Höhe von … Euro zu gewähren. Der beabsichtigte Zuschuss sei gemäß Art. 2 Abs. 1 VO (EU) 2015/1589 von der Bundesrepublik Deutschland bei der Kommission angezeigt worden. (…)

129 Am … erging gegenüber der Bundesrepublik Deutschland der angefochtene Beschluss der Kommission (Az. …), dass der seitens der Klägerin beantragte Zuschuss mit dem Binnenmarkt unvereinbar sei und daher nicht gewährt werden dürfe (Anlage 4). Eine Anhörung der Klägerin hat zu keinem Zeitpunkt des Verfahrens stattgefunden. Der angefochtene Beschluss der Kommission (Anlage 5) wurde gemäß Art. 32 Abs. 3 VO 2015/1589 veröffentlicht. Mit dieser Klage wehrt sich die Klägerin gegen die Versagung der Genehmigung des Zuschusses.

130 **Zur Zulässigkeit**

1. Der angefochtene Beschluss, nach dem der beantragte Zuschuss nicht gewährt werden darf, war an die Bundesrepublik Deutschland gerichtet. Dennoch ist die Klägerin unmittelbar und individuell von diesem Beschluss betroffen und demnach iSv Art. 263 Abs. 4 AEUV klagebefugt. Gegenstand des Beschlusses ist nämlich ein Zuschuss an die Klägerin als Einzelbeihilfe gemäß Art. 1 lit. e VO 2015/1589. (…)

2. Ferner ist die Klägerin als (potenzielle) Beihilfeempfängerin „Beteiligte" im Sinne von Art. 1 lit. h VO 2015/1589. Aufgrund dessen stehen ihr im Verfahren der Beihilfenkontrolle besondere Rechte zu (…). Diese Umstände heben die Klägerin aus dem Kreis aller übrigen Personen besonders heraus und individualisieren sie in ähnlicher Weise wie die Adressatin des Beschlusses.

3. Der angefochtene Beschluss betrifft die Klägerin darüber hinaus auch unmittelbar. Denn der Beschluss wirkt direkt auf die Rechtsstellung der Klägerin ein, da es den nationalen Stellen nicht möglich ist, entgegen der Entscheidung der Kommission den beantragten Zuschuss zu gewähren (…).

4. Der angefochtene Beschluss wurde am … im Amtsblatt der Europäischen Union veröffentlicht, somit ist die Klagefrist von zwei Monaten und zehn Tagen gem. Art. 263 Abs. 6 AEUV iVm Art. 60 EuGVfO gewahrt.

131 **Zur Begründetheit**

Der angefochtene Beschluss der Kommission ist unter Verletzung wesentlicher Formvorschriften (1.) sowie unter Verletzung des AEUV (2.) ergangen.

1. Beim Erlass des angefochtenen Beschlusses hat die Kommission gegen Art. 6 Abs. 1 S. 2 VO 2015/1589 des Rates über besondere Vorschriften für die Anwendung von Art. 108

AEUV verstoßen. Dieser Regelung zufolge ist die Kommission verpflichtet, die Beteiligten bei der Entscheidung über die Eröffnung eines förmlichen Prüfverfahrens zur Stellungnahme aufzufordern. Die Klägerin hat zu keiner Zeit eine Aufforderung seitens der Kommission erhalten. (…)

2. Der angefochtene Beschluss verstößt außerdem gegen Art. 107 Abs. 3 lit. b AEUV. Diese Vorschrift ermöglicht es, Beihilfen zur Förderung wichtiger Vorhaben von gemeinsamem europäischem Interesse als mit dem Binnenmarkt vereinbar anzusehen. Zu derartigen wichtigen Vorhaben zählen anerkanntermaßen auch Maßnahmen des Umweltschutzes, so dass der Zuschuss an die Klägerin hätte genehmigt werden können. (…)

Namens und im Auftrag meiner Mandantin beantrage ich daher,
1. den Beschluss der Europäischen Kommission vom …, Az. …, für nichtig zu erklären;
2. der Kommission die Kosten des Verfahrens aufzuerlegen.[392]

(Unterschrift des Rechtsanwalts)
Anlagen

---

[392] Antrag gem. Art. 134 Abs. 1 EuGVfO bzw. Art. 138 Abs. 1 EuGHVfO; das Verfahren vor den Unionsgerichten ist grundsätzlich kostenfrei (Art. 139 EuGVfO; Art. 143 EuGHVfO), erstattungsfähig sind in erster Linie Kosten für Zeugen und Sachverständige sowie die Auslagen der Gegenpartei (vgl. Art. 140 EuGVfO, Art. 144 EuGHVfO); vgl. ferner Prieß in Locher/Mes, Beck'sches Prozessformularbuch, 11. Aufl. 2010, Kap. IX 2.

§ 8 Untätigkeitsklagen*

Übersicht

	Rn.
A. Allgemeines	1
B. Zulässigkeit	4
I. Sachliche Zuständigkeit	4
II. Verfahrensbeteiligte	7
1. Klageberechtigte	8
a) Privilegiert Klageberechtigte	9
b) Nichtprivilegiert Klageberechtigte	13
2. Klagegegner	15
III. Klagegegenstand	19
IV. Klagebefugnis	22
1. Privilegiert Klageberechtigte	23
2. Nichtprivilegiert Klageberechtigte	25
a) Klagen von Adressaten unterlassener Rechtsakte	26
b) Klagen mit Drittbezug	27
c) Keine Klagebefugnis Einzelner bezüglich unterlassener Rechtsakte mit Verordnungscharakter	29
V. Ordnungsgemäße Durchführung des Vorverfahrens	30
1. Aufforderung an das betreffende Organ	31
2. Fristen	32
3. Fehlende Stellungnahme	34
VI. Klagefrist	37
VII. Rechtsschutzbedürfnis	38
VIII. Anforderungen an die Klageschrift	43
C. Begründetheit	46
I. Unionsrechtliche Handlungspflicht	47
II. Rechtswidrige Untätigkeit	48
D. Feststellungsurteil	50
E. Praktische Hinweise	51

Schrifttum:

Daig, Nichtigkeits- und Untätigkeitsklagen im Recht der Europäischen Gemeinschaften, 1985; Ehlers, Die Untätigkeitsklage des Europäischen Gemeinschaftsrechts (Art. 232 Abs. 1 EGV), Jura 2009, 366; Hahn/Häde, Die Zentralbank vor Gericht, ZHR 165 (2001), 30; Mulert, Die deutschen Bundesländer vor dem Europäischen Gerichtshof, 1996; Nettesheim, Horizontale Kompetenzkonflikte in der EG, EuR 1993, 243; Schedl, Die Untätigkeitsklage von Drittparteien in der EG-Fusionskontrolle, EWS 2006, 257; Stotz, Rechtsschutz vor europäischen Gerichten, in Rengeling (Hrsg.), Handbuch zum europäischen und deutschen Umweltrecht (EUDUR), Bd. I, 2. Aufl. 2003, S. 1658; Wegener, Die Neuordnung der EU-Gerichtsbarkeit durch den Vertrag von Nizza, DVBl 2001, 1258.

A. Allgemeines

1 Das Unionsrecht sieht nicht nur Rechtsbehelfe gegen ein positives Handeln der Unionsorgane vor. Mit Art. 265 AEUV steht auch eine Rechtsschutzmöglichkeit zur Verfügung, mittels derer **pflichtwidrige Unterlassungen** von Unionsorganen sowie von Einrichtungen und sonstigen Stellen der Union (im Folgenden zusammen auch als **„Unionsinstitutionen"** bezeichnet) einer gerichtlichen Kontrolle unterzogen werden können.

2 Die Untätigkeitsklage steht dabei in einem engen **Zusammenhang zur Nichtigkeitsklage.** Beide Klagearten können als zwei Seiten derselben Medaille angesehen werden und gelten nach der Rechtsprechung als Ausfluss „ein und desselben Rechtsbehelfs".[1] Während

---

* Der vorliegende Beitrag bringt allein die persönliche Auffassung des Autors zum Ausdruck.
[1] EuGH 26.11.1996 – C-68/95, Slg. 1996, I-6065 Rn. 59 = NJW 1997, 1225 – T.Port; Dittert in Kamann/Ohlhoff/Völcker, Kartellverfahren und Kartellprozess, 1. Aufl. 2017, § 14 Rn. 68; Dittert in Immenga/Mestmäcker, 6. Aufl. 2019, Bd. 1, Anhang 1 VO 1/2003, Rn. 69.

aber die Nichtigkeitsklage den Charakter einer Gestaltungsklage hat, ist die Untätigkeitsklage als bloße **Feststellungsklage** konzipiert, deren Gegenstand ausschließlich eine echte Untätigkeit von Organen, Einrichtungen oder sonstigen Stellen der Union sein kann. Das Unionsrecht kennt **keine Verpflichtungsklage,** auch nicht in der Form der Versagungsgegenklage. Sobald ein Organ, eine Einrichtung oder sonstige Stelle der Union in irgendeiner Weise gehandelt hat, ist dagegen Rechtsschutz allein im Wege der Nichtigkeitsklage statthaft.[2] Damit steht die Untätigkeitsklage zur Nichtigkeitsklage im Verhältnis der **Subsidiarität,** dh die Untätigkeitsklage ist nur dann die statthafte Rechtsschutzform, wenn kein im Wege der Nichtigkeitsklage anfechtbarer Rechtsakt vorliegt.[3] Vor diesem Hintergrund spielt die Untätigkeitsklage in der Praxis im Vergleich zur Nichtigkeitsklage eine eindeutig untergeordnete Rolle. Gleichwohl sollten ihre **Rechtsschutzfunktion** und die von ihr ausgehende **disziplinierende Wirkung** für die Unionsinstitutionen nicht unterschätzt werden.

Der Euratom-Vertrag (EAGV) in der Fassung des Vertrags von Lissabon regelt die Untätigkeitsklage nicht mehr selbst, sondern verweist in Art. 106a Abs. 1 auf die Bestimmungen des AEUV. 3

B. Zulässigkeit

I. Sachliche Zuständigkeit

Die Unionsgerichte prüfen ihre **sachliche Zuständigkeit** von Amts wegen.[4] Seit dem **Vertrag von Nizza** sind grundsätzlich alle Untätigkeitsklagen dem EuG zugewiesen (Art. 256 Abs. 1 AEUV, vormals Art. 225 Abs. 1 EGV-Nizza). Der EuGH fungiert hier also im Regelfall lediglich als Rechtsmittelgericht (Art. 256 Abs. 1 UAbs. 1 AEUV iVm Art. 56 Abs. 1 EuGH-Satzung). Nur höchst ausnahmsweise behält Art. 51 EuGH-Satzung dem EuGH noch die erstinstanzliche Zuständigkeit für bestimmte Kategorien von Untätigkeitsklagen vor, die ihrer Natur nach entweder Organstreitverfahren verfassungsrechtlicher Art sind oder aber Rechtsbehelfe von Mitgliedstaaten mit verfassungsrechtlicher Dimension beinhalten. 4

Werden nach Art. 257 AEUV **Fachgerichte** geschaffen, so kommt diesen in ihrem Kompetenzbereich die erstinstanzliche Zuständigkeit für Untätigkeitsklagen zu. Allerdings besteht derzeit – seit der Auflösung des Gerichts für den Öffentlichen Dienst zum 1.9.2016 – kein einziges Fachgericht der Union, und mit der Schaffung neuer Fachgerichte ist auf absehbare Zeit nicht zu rechnen. 5

Die Einreichung der Klage bei dem eigentlich unzuständigen Gericht führt nicht zur Abweisung als unzulässig, sondern gem. Art. 54 EuGH-Satzung zur **Übermittlung** bzw. **Verweisung** an das zuständige Gericht (→ § 7 Rn. 11). 6

II. Verfahrensbeteiligte

Ähnlich wie bei der Nichtigkeitsklage (→ § 7 Rn. 12 ff.) ist die Verfahrensbeteiligung bei der Untätigkeitsklage differenziert ausgestaltet. 7

1. Klageberechtigte. Was die **Aktivlegitimation** anbelangt, ist grundlegend zwischen **privilegierten Klägern** (Mitgliedstaaten und Unionsorgane) und **nichtprivilegierten** 8

---

[2] EuGH 1.3.1966 – 48/65, Slg. 1966, 28 (40) = BeckRS 2004, 73171 – Lütticke; EuGH 10.12.1969 – verb. Rs. 10/68, 18/68, Slg. 1969, 459 Rn. 17 = BeckRS 2004, 70585 – Eridania; EuGH 8.3.1972 – 42/71, Slg. 1972, 105 Rn. 4 = BeckRS 2004, 71154 – Nordgetreide; EuGH 24.11.1992 – verb. Rs. C-15/91, C-108/91, Slg. 1992, I-6061 Rn. 20 = BeckRS 2004, 74452 – Buckl & Söhne.
[3] Gaitanides in von der Groeben/Schwarze/Hatje AEUV Art. 265 AEUV Rn. 3; Schwarze/Voet van Vormizeele in Schwarze AEUV Art. 265 Rn. 3; Cremer in Calliess/Ruffert AEUV Art. 265 Rn. 11.
[4] EuG T-29/02, Slg. 2005, II-835 Rn. 72 = BeckRS 2005, 70201 – GEF/Kommission; Dörr in Grabitz/Hilf/Nettesheim AEUV Art. 263 Rn. 156.

Klägern (natürliche und juristische Personen) zu unterscheiden.[5] Je nachdem, wer von ihnen die Untätigkeitsklage einlegt, wird ein Verfahren in Gang gesetzt, das entweder den Charakter eines Verfassungsrechtsstreits oder den eines Individualklageverfahrens annimmt.[6]

9 **a) Privilegiert Klageberechtigte.** Gemäß Art. 265 Abs. 1 AEUV können die Mitgliedstaaten und „die anderen Organe der Union" Klage gegen ein Unterlassen des Europäischen Parlaments, des Europäischen Rates, des Rates der Europäischen Union, der Europäischen Kommission oder der Europäischen Zentralbank erheben.

10 Unter den **Unionsorganen** steht zunächst jedem in Art. 256 Abs. 1 AEUV ausdrücklich aufgezählten Organ[7] ein Klagerecht gegen Unterlassungen eines anderen Organs zu.[8] Zu den Klageberechtigten zählt ferner der Europäische Rechnungshof als vollwertiges Unionsorgan (vgl. Art. 13 Abs. 1 UAbs. 2 EUV). Er könnte mit der Untätigkeitsklage beispielsweise gegen eine Missachtung der Mitwirkungspflichten bei der Rechnungsprüfung (Art. 287 Abs. 3 AEUV) seitens des Parlaments, des Rates oder der Kommission vorgehen.[9] Die Institution Gerichtshof der Europäischen Union (Art. 13 Abs. 1, 19 Abs. 1 AEUV) gehört allerdings selbst – trotz ihrer Organstellung – nicht zu den Aktivlegitimierten, da die Unionsgerichte nicht gleichzeitig Rechtsschutz gewähren und begehren, also Kläger und Richter zugleich sein können.[10]

11 Unklar könnte bei bloßer Betrachtung des Wortlauts von Art. 256 Abs. 1 AEUV erscheinen, ob neben den Hauptorganen auch den sog. **Neben- oder Hilfsorganen** der Union wie dem Europäischen Wirtschafts- und Sozialausschuss (Art. 301–304 EUV) oder dem Europäischen Ausschuss der Regionen (Art. 305–307 EUV) ein Recht zur Erhebung der Untätigkeitsklage zusteht. Soweit ersichtlich, waren die Unionsgerichte mit dieser Fragestellung noch nicht befasst. Gleichwohl sollte bei Berücksichtigung von Sinn und Zweck der Untätigkeitsklage eine Klageberechtigung auch von Neben- oder Hilfsorganen zu bejahen sein. Dies müsste zumindest insoweit gelten, als die Genannten nach den Verträgen bestimmte Kompetenzen innehaben, zu deren Durchsetzung sie auf Rechtsschutz angewiesen sein können.[11] Wenig überzeugend erschiene es, ihnen die Klageberechtigung unter Verweis auf ihre lediglich beratenden Funktionen generell abzusprechen.[12] Ebenso wenig sollte ihnen die aktive Parteifähigkeit im Umkehrschluss zu Art. 263 Abs. 3 AEUV versagt werden, wo seit dem Vertrag von Lissabon ein ausdrückliches Klagerecht für den Ausschuss der Regionen normiert ist. Vielmehr ist daran zu erinnern, dass Nichtigkeits- und Untätigkeitsklage Ausdruck ein und desselben Rechtsbehelfs sind, so dass die wörtliche Nennung der einen oder anderen Institution in Art. 263 und 265 AEUV eher deklaratorischer Art sein dürfte.

12 Für die **Europäische Zentralbank** sah Art. 232 Abs. 4 EGV-Nizza ursprünglich nur ein auf ihren Zuständigkeitsbereich beschränktes Klagerecht vor.[13] Inzwischen wurde die

---

[5] Kotzur in Geiger/Khan/Kotzur/Kirchmair AEUV Art. 265 Rn. 7; Schwarze/Voet van Vormizeele in Schwarze AEUV Art. 265 Rn. 5.
[6] Vgl. auch Pechstein EUProzR Rn. 571.
[7] Das Klagerecht des Parlaments war vor dem Inkrafttreten des Maastrichter Vertrags nicht unumstritten, ist aber bereits 1985 vom Gerichtshof ausdrücklich anerkannt worden, EuGH 22.5.1985 – 13/83, Slg. 1985, 1513 Rn. 17–19 = NJW 1985, 2080 – Parlament/Rat.
[8] Vgl. Daig, Nichtigkeits- und Untätigkeitsklagen im Recht der Europäischen Gemeinschaften Rn. 232; Stotz in Rengeling, Handbuch zum europäischen und deutschen Umweltrecht, Bd. I, 2. Aufl. 2003, § 45 Rn. 134; Schwarze/Voet van Vormizeele in Schwarze AEUV Art. 265 Rn. 6.
[9] Vgl. Pechstein EUProzR Rn. 587; zurückhaltend bzgl. der Relevanz von Untätigkeitsklagen des Rechnungshofs: Friedrich/Inghelram DÖV 1999, 669 (674 f.).
[10] GA Lenz 7.2.1985 SchlA – 13/83, Slg. 1985, 1513 (1515) = NJW 1985, 2080; Gaitanides in von der Groeben/Schwarze/Hatje AEUV Art. 265 AEUV Rn. 6; Schwarze/Voet van Vormizeele in Schwarze AEUV Art. 265 Rn. 6; aA Dörr in Grabitz/Hilf/Nettesheim AEUV Art. 265 Rn. 10.
[11] Für den Wirtschafts- und Sozialausschuss abl. EuGH 4.2.1982 – 828/79, Slg. 1982, 269 Rn. 26 = BeckRS 2004, 73794 – Adams.
[12] So aber anscheinend Schwarze/Voet van Vormizeele in Schwarze AEUV Art. 265 Rn. 6.
[13] Vgl. hierzu Gaiser EuR 2002, 517 (520).

EZB jedoch mit dem Vertrag von Lissabon in den Kreis der Unionsorgane aufgenommen (Art. 13 Abs. 1 UAbs. 2 EUV) und besitzt somit zweifelsohne ein eigenes, uneingeschränktes Klagerecht.

b) Nichtprivilegiert Klageberechtigte. Über Art. 265 Abs. 3 AEUV sind ferner **natürliche und juristische Personen** aktivlegitimiert. Auch sie dürfen nach Maßgabe der Abs. 1 und 2 Klagen wegen Untätigkeit erheben. Der Vertrag verwendet hier die gleiche Terminologie wie im Fall einer Nichtigkeitsklage von Individuen gegen Unionsorgane (Art. 263 Abs. 4 AEUV), so dass auf die Erläuterungen im dortigen Zusammenhang (→ § 7 Rn. 21 f.) Bezug genommen werden kann. Was die Klageberechtigung **unterstaatlicher Organisationseinheiten** betrifft (zB die deutschen Bundesländer und Gebietskörperschaften), dürften Untätigkeitsklagen in der Praxis zwar weniger relevant sein als Nichtigkeitsklagen, durch welche Übergriffe der Unionsorgane in den Zuständigkeitsbereich der Gebietskörperschaften abgewehrt werden sollen. Dennoch sind solche Organisationseinheiten grundsätzlich ebenfalls gem. Art. 265 Abs. 3 AEUV als juristische Personen klageberechtigt,[14] wenn auch nicht als privilegierte Kläger.

Neben den einzelnen mitgliedstaatlichen Zentralbanken als juristische Personen können grundsätzlich auch **nationale Geschäftsbanken oder Unternehmen** eine Untätigkeitsklage gegen die Europäische Zentralbank erheben. In den meisten Fällen dürften solche Klagen jedoch mangels Klagebefugnis scheitern, da es insofern regelmäßig an der pflichtwidrigen Unterlassung einer an jene Unternehmen gerichteten begünstigenden Entscheidung fehlen wird.[15] Geschäftsbanken könnten jedoch zB gegen die EZB klagen, sollte diese einen Antrag auf Entbindung von der Mindestreservepflicht nicht bescheiden.[16]

2. Klagegegner. Die Untätigkeitsklage richtet sich nach dem Wortlaut des Art. 265 Abs. 1 AEUV gegen ein Unterlassen des Europäischen Parlaments, des Europäischen Rates, des Rates der Europäischen Union, der Europäischen Kommission oder der Europäischen Zentralbank. Diese Unionsorgane sind auch dann als passivlegitimiert anzusehen, wenn sie bestimmte Befugnisse auf andere Stellen delegiert haben, deren Untätigkeit ihnen aber zugerechnet werden kann.[17] Delikat ist die Frage nach dem richtigen Klagegegner bei sog. **mehrstufigen Rechtsakten,** bei denen das Unionsrecht die Vornahme einer Rechtshandlung durch ein Unionsorgan von der Mitwirkung eines anderen Organs abhängig macht. Sofern es sich um echte Mitwirkungsbefugnisse handelt, kann die Untätigkeitsklage immer nur gegen dasjenige Organ gerichtet werden, welches seiner Verpflichtung zur Vornahme einer Rechtshandlung bislang noch nicht nachgekommen ist.[18] Nicht statthaft ist hingegen eine Klage gegen alle Organe, die an dem begehrten Rechtsakt beteiligt sind, da aufgrund der verschiedenartigen Klagegegenstände und unterschiedlichen Parteien weder eine objektive noch subjektive Klagehäufung in Betracht kommt. Will etwa das Europäische Parlament eine bestimmte Rechtshandlung des Rates gerichtlich erzwingen, muss es zunächst das pflichtwidrige Unterlassen eines Vorschlags der Kommission gerichtlich geltend machen, bevor es sich in einem späteren Stadium möglicherweise gegen den Rat wenden kann, sofern dieser den Vorschlag der Kommission pflichtwidrig nicht behandelt.[19]

Entgegen dem Wortlaut des Art. 265 Abs. 1 AEUV dürfte auch eine passive Parteifähigkeit des **Rechnungshofs** anzunehmen sein. In der Tat sind dem Europäischen Rechnungshof gem. Art. 285, 287 AEUV verschiedene Rechte und Pflichten im Zusammenhang mit Rechnungsprüfung und Jahresbericht übertragen,[20] und er ist bereits seit dem Inkrafttreten

---

[14] Vgl. Mulert Die deutschen Bundesländer vor dem Europäischen Gerichtshof S. 153 ff., der iErg allerdings für eine analoge Anwendung des (nunmehr weggefallenen) Art. 232 Abs. 4 EGV plädiert.
[15] Vgl. Koenig EuZW 1993, 661 (664).
[16] Vgl. Hahn/Häde ZHR 165 (2001), 30 (52); Gaiser EuR 2002, 517 (529).
[17] Vgl. Schwarze/Voet van Vormizeele in Schwarze AEUV Art. 265 Rn. 9.
[18] Ebenso Schwarze/Voet van Vormizeele in Schwarze AEUV Art. 265 Rn. 9; vgl. beispielhaft EuGH 2.9.2021 – C-928/19 P, ECLI:EU:C:2021:656 – EPSU/Kommission.
[19] So auch Bleckmann EuropaR Rn. 906.
[20] Näher Friedrich/Inghelram DÖV 1999, 669 (671 f.).

des Maastrichter Vertrags ein vollwertiges Unionsorgan (vgl. jetzt Art. 13 Abs. 1 UAbs. 2 EUV). Gegen eine Passivlegitimation des Rechnungshofs spricht insbesondere nicht, dass er bislang weder durch den Vertrag von Amsterdam, noch durch den Vertrag von Nizza oder den Vertrag von Lissabon in den Kreis der explizit genannten Klagegegner in Art. 265 Abs. 1 AEUV aufgenommen wurde.[21]

17 Die Frage nach der passiven Beteiligtenfähigkeit könnte man ferner im Hinblick auf die **Neben- oder Hilfsorgane** stellen. Praktisch dürften jedoch Untätigkeitsklagen gegen sie kaum je relevant werden. Denn der Europäische Wirtschafts- und Sozialausschuss sowie der Europäische Ausschuss der Regionen genießen gemäß Art. 304 bzw. 307 AEUV lediglich Anhörungsrechte in bestimmten vertraglich vorgesehenen Fällen. Sollten diese Ausschüsse innerhalb einer ihnen gesetzten Frist keine Stellungnahme abgeben, könnte deren Fehlen im weiteren Verlauf des Gesetzgebungsverfahrens schlicht unberücksichtigt bleiben, und sie müsste nicht im Wege einer Untätigkeitsklage erzwungen werden.

18 Mit dem Lissaboner Vertrag wurden schließlich auch die **Einrichtungen und sonstigen Stellen der Union** in den Kreis der möglichen Klagegegner aufgenommen (Art. 265 Abs. 1 S. 2 AEUV). Damit wird dem Ziel Genüge getan, umfassenden gerichtlichen Rechtsschutz gegen die Unionsinstitutionen zu ermöglichen.

III. Klagegegenstand

19 Der **Gegenstand der Untätigkeitsklage** ist denkbar weit gefasst.[22] Gemäß dem Wortlaut von Art. 265 Abs. 1 S. 1 AEUV kann zwar mit der Untätigkeitsklage nur gerügt werden, dass es das beklagte Unionsorgan unterlassen habe, einen **Beschluss** zu fassen. Entgegen dem ersten Anschein sind damit jedoch keineswegs nur bestimmte Unionsrechtsakte gemeint, die in Gestalt eines förmlichen Beschlusses iSv Art. 288 Abs. 4 AEUV ergehen können. Schon ein Vergleich mit anderen Sprachfassungen der Verträge, in denen eine gänzlich andere Terminologie verwendet wird, relativiert die Bedeutung der Wortwahl „Beschluss" im deutschen Text. Insbesondere folgt aber aus dem Sinn und Zweck von Art. 265 AEUV, der im Zusammenspiel mit Art. 263 AEUV umfassenden Rechtsschutz gewährleisten will, dass mit der Begrifflichkeit „Beschluss" **sämtliches Handeln** der Unionsinstitutionen gemeint sein muss. Eine Untätigkeitsklage gegen ein Organ, eine Einrichtung oder eine sonstige Stelle der Union ist immer dann statthaft, wenn diese es **„unterlassen, tätig zu werden"** (in diesem Sinne Art. 265 Abs. 1 S. 2 AEUV).

20 Diese Auffassung wird letztlich auch vom EuGH geteilt, der unter dem Begriff „Beschluss" alle Maßnahmen versteht, deren Tragweite sich hinreichend bestimmen lässt, so dass sie konkretisiert und Gegenstand eines Vollzugs iSv Art. 266 Abs. 1 AEUV sein können.[23] Es können also auch solche Handlungen Gegenstand einer Untätigkeitsklage sein, die nicht unbedingt von der Nomenklatur der Rechtsakte gemäß Art. 288 AEUV (oder Art. 132 Abs. 1 AEUV für die EZB) erfasst werden.[24] Die Untätigkeitsklage kann damit theoretisch sogar Handlungen zum Gegenstand haben, deren Erlass nicht im Rahmen einer Nichtigkeitsklage überprüfbar wäre.

21 Im Einzelnen ist allerdings die **Statthaftigkeit der Untätigkeitsklage** nach Art. 265 AEUV unterschiedlich geregelt, je nachdem, ob es sich um einen Rechtsbehelf von privilegierten oder von nichtprivilegierten Klägern handelt. Denn die von einem Mitgliedstaat oder einem Unionsorgan gem. Art. 265 Abs. 1 AEUV erhobene Untätigkeitsklage

---

[21] Demzufolge wird er in der Literatur meist nicht bei den Klagegegnern erwähnt; vgl. Cremer in Calliess/Ruffert AEUV Art. 265 Rn. 3.
[22] Daig, Nichtigkeits- und Untätigkeitsklagen im Recht der Europäischen Gemeinschaften Rn. 321; Gaitanides in von der Groeben/Schwarze/Hatje AEUV Art. 265 Rn. 9; Cremer in Calliess/Ruffert AEUV Art. 265 Rn. 5.
[23] EuGH 22.5.1985 – 13/83, Slg. 1985, 1513 Rn. 37 = NJW 1985, 2080 – Parlament/Rat (seinerzeit noch bezogen auf die Vorläuferregelung des Art. 176 EGV).
[24] Daig, Nichtigkeits- und Untätigkeitsklagen im Recht der Europäischen Gemeinschaften Rn. 323; Gaitanides in von der Groeben/Schwarze/Hatje AEUV Art. 265 Rn. 9.

kann neben verbindlichen auch **rechtlich unverbindliche Handlungen** zum Gegenstand haben, wohingegen eine von natürlichen und juristischen Personen eingelegte Untätigkeitsklage sich nur auf **verbindliche Rechtsakte** beziehen darf. Dies zeigt ein Blick auf Art. 265 Abs. 3 letzter Hs. AEUV, wonach für nicht privilegierte Kläger Empfehlungen und Stellungnahmen vom Klagegegenstand ausdrücklich ausgeschlossen sind, wohingegen für privilegierte Kläger nach Art. 265 Abs. 1 AEUV keine solche Einschränkung gilt.

IV. Klagebefugnis

Ob es für die Zulässigkeit der Untätigkeitsklage einer Klagebefugnis bedarf, hängt ebenso 22 wie bei der Nichtigkeitsklage (→ § 7 Rn. 43 ff.) davon ab, wer den gerichtlichen Rechtsschutz gegen die unterlassene Maßnahme begehrt. Zu unterscheiden ist wiederum zwischen den Rechtsbehelfen privilegierter und nichtprivilegierter Kläger.

1. Privilegiert Klageberechtigte. Bei der von einem Mitgliedstaat oder einem Unions- 23 organ erhobenen Untätigkeitsklage gem. Art. 265 Abs. 1 AEUV handelt es sich ebenso wie bei der Nichtigkeitsklage und dem Vertragsverletzungsverfahren um ein **objektives Verfahren**, in welchem diese **privilegiert Klageberechtigten** aufgrund ihrer institutionellen Verantwortung für die Wahrung der Unionsrechtsordnung *ipso iure* zur Klageerhebung befugt sind.[25] Des Nachweises eines individuellen Anspruchs auf den Erlass des begehrten Rechtsakts bzw. der Geltendmachung einer besonderen Betroffenheit bedarf es somit nicht.[26] Infolgedessen können die privilegiert Klageberechtigten auch solche Rechtsakte einklagen, die weder an sie gerichtet wären noch unmittelbar sie selbst betreffen würden. Sofern ein Mitgliedstaat allerdings die Kommission im Wege der Untätigkeitsklage zur Einleitung eines Vertragsverletzungsverfahrens gegenüber einem anderen Mitgliedstaat veranlassen will, fehlt es zwar nicht an seiner Klagebefugnis, wohl aber an seinem allgemeinen Rechtsschutzbedürfnis, da der Mitgliedstaat über Art. 259 AEUV selbst das Vertragsverletzungsverfahren einleiten könnte; man könnte auch sagen, dass Art. 259 AEUV die speziellere Rechtsschutzform ist.

Eine **Untätigkeitsklage der EZB** war nach Art. 232 Abs. 4 EGV ursprünglich nur 24 zulässig, wenn sich ein Unterlassen auf ihren Zuständigkeitsbereich bezog. Diese Beschränkung wurde durch den Vertrag von Lissabon beseitigt, die Klagebefugnis der EZB folgt jetzt ganz allgemein aus Art. 265 Abs. 1 AEUV und unterscheidet sich nicht mehr von derjenigen anderer Unionsorgane.

2. Nichtprivilegiert Klageberechtigte. Anders als im Fall von Mitgliedstaaten und 25 Unionsorganen müssen die Klagebegehren der natürlichen oder juristischen Personen auf Maßnahmen gerichtet sein, die einen individuellen Bezug aufweisen. Die Kläger müssen schlüssig darlegen, dass die von ihnen begehrten Handlungen der beklagten Unionsinstitutionen „an sie zu richten" waren (Art. 265 Abs. 3 AEUV). Rechtsakte, die weder ihrer Form noch ihrer Rechtsnatur nach jemals an Einzelne gerichtet sein können, wie zB Verordnungen oder Richtlinien, aber auch jegliche Handlungen der Kommission gegenüber Mitgliedstaaten in Vertragsverletzungsverfahren (Art. 258, 260 AEUV), scheiden somit als Gegenstand einer Untätigkeitsklage Privater von vornherein aus.[27]

---

[25] GA Lenz 7.2.1985 SchlA – 13/83, Slg. 1985, 1513 (1521) = NJW 1985, 2080; Schwarze/Voet van Vormizeele in Schwarze AEUV Art. 265 Rn. 18.

[26] Vgl. Gaitanides in von der Groeben/Schwarze/Hatje AEUV Art. 265 Rn. 26; Cremer in Calliess/Ruffert AEUV Art. 265 Rn. 12 f.

[27] EuGH 26.10.1971 – 15/71, Slg. 1971, 797 Rn. 4 = BeckRS 2004, 71731 – Mackprang; EuGH 15.1.1974 – 134/73, Slg. 1974, 1 Rn. 5 = BeckRS 2004, 71553 – Holtz & Willemsen; EuGH 28.3.1979 – 90/78, Slg. 1979, 1081 Rn. 14 = BeckRS 2004, 73896 – Granaria; EuGH 11.7.1979 – 60/79, Slg. 1979, 2429 (2432) = BeckRS 2004, 72540 – Fédération nationale des producteurs de vins de table; EuGH T-167/95, Slg. 1996, II-1607 Rn. 20 f. – Kuchlenz-Winter; Gaitanides in von der Groeben/Schwarze/Hatje AEUV Art. 265 Rn. 13; Cremer in Calliess/Ruffert AEUV Art. 265 Rn. 6; Schwarze/Voet van Vormizeele in Schwarze AEUV Art. 265 Rn. 16; Ehricke in Streinz AEUV Art. 265 Rn. 19 f.

26 **a) Klagen von Adressaten unterlassener Rechtsakte.** Unproblematisch besteht die Klageberechtigung einer natürlichen oder juristischen Person immer dann, wenn diese Person selbst Adressatin des unterlassenen Rechtsakts einer Unionsinstitution gewesen wäre. So sind etwa Untätigkeitsklagen von Europaabgeordneten gegen das Europäische Parlament denkbar, soweit es um ihre Stellung und ihre Rechte als Parlamentarier geht, ebenso Klagen von Bürgern, deren Petitionen vom Parlament (noch) nicht behandelt wurden.

27 **b) Klagen mit Drittbezug.** Anders als es der vergleichsweise enge Wortlaut von Art. 265 Abs. 3 AEUV („an sie zu richten") bei vordergründiger Betrachtung suggerieren mag, beschränkt sich der mögliche Gegenstand der Untätigkeitsklage für natürliche und juristische Personen keineswegs nur auf unterlassene Rechtsakte, deren **Adressat** der Kläger selbst gewesen wäre. Ansonsten würden sich unerträgliche Rechtsschutzlücken auftun, die mit dem Ziel eines umfassenden, effektiven Systems des Rechtsschutzes gegen die Unionsinstitutionen nicht vereinbar wären. Zwar kennt das Unionsrecht **keine Popularklage** (→ § 7 Rn. 48, 51). Dementsprechend reicht es nicht aus, dass der Kläger ein bloß allgemeines oder mittelbares Interesse an einer zu erlassenden Maßnahme eines Organs, einer Einrichtung oder sonstigen Stelle der Union hat.[28] Ausreichend ist jedoch, dass der begehrte Akt den Kläger **unmittelbar und individuell** betreffen würde.[29] Um Wertungswidersprüche zu vermeiden, müssen hier dieselben Maßstäbe gelten wie bei der Nichtigkeitsklage (Art. 263 Abs. 4 AEUV; → § 7 Rn. 58 ff.), die nach der Rechtsprechung zusammen mit der Untätigkeitsklage ein und denselben Rechtsbehelf bildet.

28 Schwierige Abgrenzungsfragen ergeben sich insoweit zB im **Beihilfenrecht,** da dort gem. Art. 31 Abs. 2 VO 2015/1589 der jeweilige Mitgliedstaat Adressat der Beschlüsse der Kommission ist. Eine unmittelbare und individuelle Betroffenheit von Privaten ist in diesem Bereich etwa anzunehmen, wenn Beihilfen an Unternehmen gewährt werden und der Konkurrent, der ein Beihilfenkontrollverfahren in Gang gesetzt hat, in diesem Verfahren mit eigenen Rechten ausgestattet ist. Denkbar wäre auch die Konstellation, dass ein Mitgliedstaat bei der Kommission beantragt hat, Zahlungen an einen geschlossenen Kreis von Unternehmen zu genehmigen, die Bescheidung dieses Antrags von der Kommission aber ungebührlich hinausgezögert wird. Im Bereich der **Fusionskontrolle** hat der EuGH die Untätigkeitsklage eines Wettbewerbers ebenfalls nicht von vornherein als unzulässig angesehen.[30] Im **Kartellrecht** kommt eine Untätigkeitsklage des Konkurrenten in Betracht, dessen Beschwerde von der Kommission nicht durch Beschluss beschieden wird.

29 **c) Keine Klagebefugnis Einzelner bezüglich unterlassener Rechtsakte mit Verordnungscharakter.** Zu beachten ist, dass natürliche und juristische Personen als nichtprivilegiert Klageberechtigte den Erlass eines **„Rechtsakts mit Verordnungscharakter"** (→ § 7 Rn. 70 ff.) nicht mit Hilfe einer Untätigkeitsklage erzwingen können. Denn anders als im Rahmen der Nichtigkeitsklage hat der Vertrag von Lissabon die Klagebefugnis Einzelner für Untätigkeitsklagen nicht erweitert und damit den sonst bestehenden Parallelismus zwischen beiden Klagearten in diesem Punkt nicht fortgeführt.[31] Es fehlt in Art. 265 Abs. 3 AEUV schlicht an einer Entsprechung zur neuen dritten Variante des Art. 263 Abs. 4 AEUV, und man wird kaum annehmen dürfen, es handle sich dabei um eine planwidrige Regelungslücke.

---

[28] Vgl. EuGH 10.6.1982 – 246/81, Slg. 1982, 2277 Rn. 16 = BeckRS 2004, 72593 – Lord Bethell; Schwarze/Voet van Vormizeele in Schwarze AEUV Art. 265 Rn. 17.
[29] EuGH 15.1.1974 – 134/73, Slg. 1974, 1 Rn. 5 = BeckRS 2004, 71553 – Holtz & Willemsen; EuGH 10.6.1982 – 246/81, Slg. 1982, 2277 Rn. 16 = BeckRS 2004, 72593 – Lord Bethell; EuG 15.9.1998 – T-95/96, Slg. 1998, II-3407 Rn. 62 f. = BeckRS 2008, 71139 – Gestevisión Telecino; EuG 3.6.1999 – T-17/96, Slg. 1999, II-1757 Rn. 122 = BeckRS 2004, 90271 – TF1; Bleckmann EuropaR Rn. 912.
[30] EuGH 25.9.2003 – C-170/02 P, Slg. 2003, I-9809 Rn. 27 = BeckRS 2004, 74647 – Schlüsselverlag Moser; vgl. auch Schedl EWS 2006, 257 ff.
[31] So auch Schwarze/Voet van Vormizeele in Schwarze AEUV Art. 265 Rn. 17 a. E.

V. Ordnungsgemäße Durchführung des Vorverfahrens

Ebenso wie beim Vertragsverletzungsverfahren ist vor Erhebung einer Untätigkeitsklage 30
zunächst ein außergerichtliches Vorverfahren durchzuführen. Denn gemäß Art. 265
Abs. 2 AEUV ist eine Untätigkeitsklage „nur zulässig, wenn das in Frage stehende
Organ, die in Frage stehende Einrichtung oder sonstige Stelle zuvor aufgefordert worden
ist, tätig zu werden". Als Zulässigkeitsvoraussetzung im Rahmen der Untätigkeitsklage
gem. Art. 265 AEUV erfüllt die Durchführung des Vorverfahrens eine wichtige **Warn-
und Filterfunktion.**[32] Die vorherige Aufforderung durch den Kläger soll dem betreffenden Organ bzw. der Einrichtung oder sonstigen Stelle das als vertragswidrig gerügte
Unterlassen verdeutlichen und Gelegenheit geben, zur Vermeidung unnötiger Klagen
und damit zur Vorbeugung einer Überlastung der Unionsgerichte den Streitfall außergerichtlich zu klären.[33] Mit dem Vorverfahren werden darüber hinaus zugleich die **Person
des Klägers** und der **Streitgegenstand** für das möglicherweise nachfolgende Klageverfahren festgelegt.[34] Die Untätigkeitsklage darf nur von demjenigen erhoben werden,
der zuvor eine Aufforderung an das betreffende Organ bzw. die Einrichtung oder sonstige Stelle der Union gerichtet hat[35] und weder in tatsächlicher noch in rechtlicher
Hinsicht über das hinausgehen, was im Rahmen des Aufforderungsschreibens begehrt
wurde.[36] Die ordnungsgemäße Durchführung des Vorverfahrens ist von Amts wegen zu
beachten.

1. Aufforderung an das betreffende Organ. Obwohl es sich bei der Aufforderung an 31
die betreffende Unionsinstitution um eine außerprozessuale Willenserklärung handelt,
unterliegt sie gleichwohl aus praktischen Erwägungen gewissen **formalen und inhaltlichen Mindestanforderungen.** Da mit dieser Aufforderung zugleich Fristen für eine
Stellungnahme der betreffenden Institution in Lauf gesetzt werden und der Zeitpunkt der
Aufforderung bei der späteren Klageerhebung durch entsprechende Unterlagen belegt
werden muss,[37] ergibt sich aus Beweisgründen ein Schriftformerfordernis.[38] Bereits in dem
Aufforderungsschreiben muss der vom Kläger begehrte Rechtsakt mit hinreichender Genauigkeit bezeichnet sein.[39] Ferner sind die Normen und Umstände zu nennen, aus denen
sich nach Auffassung des Klägers eine Handlungspflicht des betroffenen Organs, der
betroffenen Einrichtung oder Stelle der Union ergibt.[40] Aus dem Aufforderungsschreiben
muss zudem die Absicht des Klägers erkennbar sein, eine Untätigkeitsklage zu erheben,

---

[32] Schwarze/Voet van Vormizeele in Schwarze AEUV Art. 265 Rn. 19.
[33] Gaitanides in von der Groeben/Schwarze/Hatje AEUV Art. 265 Rn. 15; Schwarze/Voet van Vormizeele in Schwarze AEUV Art. 265 Rn. 19.
[34] Gaitanides in von der Groeben/Schwarze/Hatje AEUV Art. 265 Rn. 16.
[35] GA Roemer 1.4.1960 SchlA – 24/58, Slg. 1960, 631 (641) = BeckRS 2004, 72538 – Chambre syndicale; EuG 6.2.1997 – T-64/96, Slg. 1997, II-127 Rn. 39 – de Jorio; Schwarze/Voet van Vormizeele in Schwarze AEUV Art. 265 Rn. 19.
[36] Vgl. EuGH 15.7.1960 – 24/58, Slg. 1960, 591 (626) = BeckRS 2004, 72538 – Chambre Syndicale; EuGH 16.12.1960 – 41/59, Slg. 1960, 1027 (1052) = BeckRS 2004, 71128 – Hamborner Bergbau; EuGH 8.7.1970 – 75/69, Slg. 1970, 535 Rn. 4 ff. = BeckRS 2004, 73635 – Hake; EuG 3.6.1999 – T-17/96, Slg. 1999, II-1757 Rn. 41 ff. = BeckRS 2000, 70271 – TF1; Pechstein EUProzR Rn. 594, 611; Gaitanides in von der Groeben/Schwarze/Hatje AEUV Art. 265 Rn. 16; Schwarze/Voet van Vormizeele in Schwarze AEUV Art. 265 Rn. 19.
[37] Art. 21 Abs. 2 EuGH-Satzung, Art. 122 Abs. 1 EuGHVfO, Art. 78 Abs. 1 EuGVfO; für das Aufforderungsschreiben selbst gelten keine Fristen.
[38] So auch Stotz in Dauses/Ludwigs EU-WirtschaftsR-HdB P I Rn. 239; Cremer in Calliess/Ruffert AEUV Art. 265 Rn. 10; Gaitanides in von der Groeben/Schwarze/Hatje AEUV Art. 265 Rn. 17; Kotzur/Dienelt in Geiger/Khan/Kotzur/Kirchmair AEUV Art. 265 Rn. 13; Schwarze/Voet van Vormizeele in Schwarze AEUV Art. 265 Rn. 20.
[39] EuGH 28.9.1993 – 84/92, Slg. 1984, 1451 Rn. 23 = NJW 1984, 1286 – Marchais; EuG 30.4.1999 – T-311/97, Slg. 1999, II-1407 Rn. 35 – Pescados Congelados Jogamar; EuG 3.6.1999 – T-17/96, Slg. 1999, II-1757 Rn. 41 ff. = BeckRS 2000, 70271 – TF1; EuGH 18.11.1999 – C-249/99 P, Slg. 1999, I-8333 Rn. 18 = BeckRS 2004, 75434 – Pescados Congelados Jogamar; vgl. auch Schwarze/Voet van Vormizeele in Schwarze AEUV Art. 265 Rn. 21.
[40] Schwarze/Voet van Vormizeele in Schwarze AEUV Art. 265 Rn. 21.

sollte eine Stellungnahme der betroffenen Institution innerhalb der nächsten zwei Monate ausbleiben.[41] Bloße Meinungsäußerungen – etwa dahingehend, dass ein bestimmtes Beihilfevorhaben eines Mitgliedstaats mit dem Binnenmarkt unvereinbar sei – stellen keine ausdrückliche Aufforderung zum Tätigwerden dar.[42]

32 **2. Fristen.** Das Aufforderungsschreiben selbst ist an **keine konkrete Frist** gebunden, so dass die Befassung der jeweiligen Unionsinstitution grundsätzlich auch dann noch möglich ist, wenn dem Kläger die Untätigkeit schon geraume Zeit bekannt war.[43] Ausnahmsweise kann jedoch in Bezug auf das Klagerecht aus Gründen der Rechtssicherheit und der Kontinuität der Unionstätigkeit **Verwirkung** eintreten, wenn der Kläger im Einzelfall mit seiner Aufforderung übermäßig lange zugewartet hat.[44] In Anlehnung an Art. 265 Abs. 2 AEUV sollte das Aufforderungsschreiben deshalb in der Regel nicht später als zwei Monate ab Kenntniserlangung von der Untätigkeit eingereicht werden.

33 Für die Stellungnahme der betroffenen Unionsinstitution gilt gemäß Art. 265 Abs. 2 AEUV eine **Zweimonatsfrist,** die mit Zugang des Aufforderungsschreibens in Gang gesetzt wird.[45] Ein Entfernungszuschlag im Sinne von Art. 51 EuGHVfO bzw. Art. 60 EuGVfO kommt dabei nicht zur Anwendung, da die Verfahrensordnungen der Unionsgerichte nicht für das außergerichtliche Vorverfahren gelten.

34 **3. Fehlende Stellungnahme.** Das Vorverfahren ist abgeschlossen, wenn das aufgeforderte Unionsorgan bzw. die aufgeforderte Einrichtung oder sonstige Stelle der Union nicht binnen zwei Monaten „Stellung genommen" haben. Da der Begriff der „Stellungnahme" offensichtlich nicht iSd Art. 288 Abs. 5 AEUV gemeint ist, stellt sich die Frage, ob jede irgendwie geartete Reaktion als Stellungnahme zu werten ist oder ob der Tatbestand der Stellungnahme bestimmten Anforderungen genügen muss. Ein Textvergleich der einzelnen Vertragsfassungen[46] zeigt, dass nur solche Äußerungen als Stellungnahmen iSd Art. 265 Abs. 2 AEUV anzusehen sind, mit denen das betroffene Unionsorgan eine **verbindliche und endgültige Festlegung seines Standpunkts** in der Sache trifft.[47]

35 Ob die Reaktion inhaltlich dem Begehren des Auffordernden entspricht, ist nach ständiger Rechtsprechung unerheblich, da die Untätigkeitsklage nur das Unterlassen eines Tätigwerdens sanktionieren soll, nicht aber auf den Erlass eines bestimmten, vom Auffordernden erstrebten Rechtsakts gerichtet ist.[48] Die Bestimmung des Begriffs der Stel-

---

[41] Vgl. EuGH 4.2.1959 – 17/57, Slg. 1959, 11 (27) = BeckRS 2004, 71929 – Gezamenlijke Steenkolenmijnen; EuGH 6.5.1986 – 25/85, Slg. 1986, 1531 Rn. 8 = BeckRS 2004, 72641 – Nuovo Campsider; EuGH 10.6.1986 – 81/85, Slg. 1986, 1777 Rn. 15 f. = BeckRS 2004, 73766 – Usinor; EuGH 18.11.1999 – C-249/99 P, Slg. 1999, I-8333 Rn. 18 = BeckRS 2004, 75434 – Pescados Congelados Jogamar; vgl. auch Daig, Nichtigkeits- und Untätigkeitsklagen im Recht der Europäischen Gemeinschaften, 1985, Rn. 336; Schwarze/Voet van Vormizeele in Schwarze AEUV Art. 265 Rn. 21.
[42] Stotz in Dauses/Ludwigs EU-WirtschaftsR-HdB P I Rn. 238.
[43] Gaitanides in von der Groeben/Schwarze/Hatje AEUV Art. 265 Rn. 19.
[44] EuGH 6.7.1971 – 59/70, Slg. 1971, 639 Rn. 15 ff. = NJW 1971, 2144 – Niederlande/Kommission; vgl. auch Gaitanides in von der Groeben/Schwarze/Hatje AEUV Art. 265 Rn. 19; Pechstein EUProzR Rn. 597.
[45] Gaitanides in von der Groeben/Schwarze/Hatje AEUV Art. 265 Rn. 19; Schwarze/Voet van Vormizeele in Schwarze AEUV Art. 265 Rn. 22.
[46] Französisch: „n'a pas pris position"; Italienisch: „non hanno preso posizione"; Spanisch: „no hubiere definido su posición"; Niederländisch: „haar standpunt nog niet heeft bepaald"; Englisch: „has not defined its position".
[47] Vgl. EuGH 16.2.1993 – C-107/91, Slg. 1993, I-599 Rn. 36 = BeckRS 2004, 74088 – ENU; EuG 15.9.1998 – T-95/96, Slg. 1998, II-3407 Rn. 88 = BeckRS 2008, 71139 – Gestevisión Telecinco; Daig, Nichtigkeits- und Untätigkeitsklagen im Recht der Europäischen Gemeinschaften, 1985, Rn. 343; Gaitanides in von der Groeben/Schwarze/Hatje AEUV Art. 265 Rn. 21.
[48] Vgl. EuGH 13.7.1971 – 8/71, Slg. 1971, 705 Rn. 2 = BeckRS 2004, 73728 – Komponistenverband; EuGH 24.11.1992 – C-15/91, Slg. 1992, 6061 Rn. 16 f. = BeckRS 2004, 74452 – Buckl & Söhne; EuGH 1.2.1993 – C-25/91, Slg. 1993, I-1719 Rn. 12 = BeckRS 2004, 75437 – Pesqueras Echebastar; EuG 10.7.1997 – T-38/96, Slg. 1997, II-1223 Rn. 24 = WuW 1998, 97 – Guérin automobiles; EuG 26.3.2003 verb. Rs. 344/00, 345/00, Slg. 2003, II-229 Rn. 83 – CEVA; Cremer in Calliess/Ruffert AEUV Art. 265 Rn. 11; Schwarze/Voet van Vormizeele in Schwarze AEUV Art. 265 Rn. 23.

lungnahme ist deshalb von maßgeblicher Bedeutung, weil sich insbes. am Vorliegen dieser Voraussetzung entscheidet, ob zur Verfolgung des Klagebegehrens die Untätigkeitsklage oder die Nichtigkeitsklage als zulässiger Rechtsbehelf einschlägig ist (→ Rn. 2). Für die Erhebung der Untätigkeitsklage muss eine Stellungnahme der betreffenden Unionsinstitution gerade ausgeblieben sein. Sobald also eine Stellungnahme vorliegt – sei es, dass der begehrte Rechtsakt erlassen[49] oder ausdrücklich abgelehnt[50] bzw. eine andere als die begehrte Maßnahme getroffen wird[51] – liegt ein „Handeln" iSd Art. 263 AEUV vor, welches fortan nur noch im Wege der Nichtigkeitsklage auf seine Rechtmäßigkeit überprüft werden kann.

Indessen stellt nicht jede Äußerung der untätigen Unionsinstitution eine Stellungnahme **36** im vorgenannten Sinne dar. Von einer Stellungnahme in Gestalt einer ausdrücklichen Ablehnung des begehrten Akts ist die **Weigerung** der Unionsinstitution zu unterscheiden, überhaupt tätig zu werden und das Aufforderungsschreiben zu prüfen. Durch eine solche Weigerung wird die Untätigkeit nicht beendet.[52] Auch ein lediglich hinhaltender Bescheid, der nicht eindeutig und endgültig die Haltung des Organs, der Einrichtung oder sonstigen Stelle der Union zu der gerügten Untätigkeit erkennen lässt, ist nicht als Stellungnahme anzusehen.[53] Entsprechendes gilt für den bloßen Hinweis, die Angelegenheit werde überprüft.[54] Derartige hinhaltende Äußerungen lassen sich nicht als Handeln iSv Art. 263 AEUV mit der Nichtigkeitsklage angreifen, so dass der Kläger schutzlos gestellt wäre, wenn man sie als Stellungnahmen iSv Art. 265 AEUV ansähe.[55] Die Qualifizierung als Stellungnahme ist ebenfalls dann abzulehnen, wenn ein nicht zu diesem Zweck ermächtigter Beamter in einem Schreiben Stellung bezieht.[56] Auch wenn hier das betreffende Organ in gewisser Weise auf die Aufforderung des Klägers reagiert hat, bleibt die Untätigkeitsklage in diesen Fällen nach wie vor der einschlägige Rechtsbehelf.

VI. Klagefrist

Nach erfolglosem Ablauf der Stellungnahmefrist steht es dem Kläger gem. Art. 265 Abs. 2 **37** AEUV frei, innerhalb einer weiteren **Frist von zwei Monaten** Untätigkeitsklage bei den Unionsgerichten zu erheben. Diese **Klagefrist** beginnt ab dem Zeitpunkt zu laufen, zu dem die Zweimonatsfrist zur Stellungnahme durch das aufgeforderte Organ bzw. die Einrichtung oder sonstige Stelle der Union fruchtlos abgelaufen ist.[57] Für die **Bestimmung des Fristbeginns** ist aus Gründen der Rechtssicherheit allein darauf abzustellen, ob dem Klageberechtigten innerhalb der Stellungnahmefrist eine Stellungnahme zugegangen ist, und nicht auf die Tatsache, ob innerhalb der Frist tatsächlich eine Stellungnahme abgegeben wurde, die den Kläger möglicherweise erst nach Ablauf der Frist erreicht. Im Einzelnen berechnet sich die Klagefrist anhand von Art. 49 EuGHVfO bzw. Art. 58 EuGVfO (→ § 7 Rn. 82 ff.).[58] Mit Rücksicht auf die räumliche Entfernung zum Sitz der Unionsgerichte in

---

[49] EuGH 18.10.1979 – 125/78, Slg. 1979, 3173 Rn. 21 f. = GRUR-Int. 1980, 110 – GEMA; EuGH 12.7.1988 – 377/87, Slg. 1988, 4017 Rn. 10 = BeckRS 2004, 71026 – Parlament/Rat.
[50] EuGH 8.3.1972 – 42/71, Slg. 1972, 105 Rn. 4 ff. = BeckRS 2004, 71154 – Nordgetreide; EuGH 18.10.1979 – 125/78, Slg. 1979, 3173 Rn. 19 f. = GRUR-Int. 1980, 110 – GEMA; EuGH 15.12.1988 – 166/86, Slg. 1988, 6473 Rn. 17 = BeckRS 2004, 71903 – Irish Cement.
[51] EuGH 13.7.1971 – 8/71, Slg. 1971, 705 Rn. 2 = BeckRS 2004, 73728 – Komponistenverband; EuGH 15.12.1988 – 166/86, Slg. 1988, 6473 Rn. 17 = BeckRS 2004, 71903 – Irish Cement; EuGH 24.11.1992 – C-15/91, Slg. 1992, 6061 Rn. 16 f. = BeckRS 2004, 74452 – Buckl & Söhne.
[52] Vgl. EuG 18.9.1992 – T-28/90, Slg. 1992, II-2285 Rn. 37 – Asia Motor France ua.
[53] EuGH 22.5.1985 – 13/83, Slg. 1985, 1513 Rn. 25 = NJW 1985, 2080 – Parlament/Rat.
[54] GA Gand 15.7.1970 SchlA – 6/70, Slg. 1970, 815 (822) = BeckRS 2004, 73391 – Borromeo Arese; EuG 15.9.1998 – T-95/96, Slg. 1998, II-3407 Rn. 87 ff. = BeckRS 2008, 71139 – Gestevisión Telecinco.
[55] Gaitanides in von der Groeben/Schwarze/Hatje AEUV Art. 265 Rn. 24; vgl. auch Kotzur/Dienelt in Geiger/Khan/Kotzur/Kirchmair AEUV Art. 265 Rn. 14.
[56] EuGH 42/59, Slg. 1961, 111 (154) = BeckRS 2004, 71150 – SNUPAT; vgl. ferner zum Ganzen Schwarze/Voet van Vormizeele in Schwarze AEUV Art. 265 Rn. 24.
[57] Vgl. Cremer in Calliess/Ruffert AEUV Art. 265 Rn. 14.
[58] Wägenbaur Art. 80 EuGHVfO/Art. 101 EuGVfO.

Luxemburg verlängert sich die Klagefrist außerdem gem. Art. 51 EuGHVfO bzw. Art. 60 EuGVfO um eine zusätzliche pauschale Entfernungsfrist von zehn Tagen, so dass sie insgesamt zwei Monate und zehn Tage beträgt.

VII. Rechtsschutzbedürfnis

38 Im Rahmen der Untätigkeitsklage ist die Frage des Rechtsschutzbedürfnisses von entscheidender Bedeutung, wenn die aufgeforderte Unionsinstitution doch noch tätig geworden ist und eine Stellungnahme abgegeben oder sogar die begehrte Maßnahme erlassen hat. Für die Beurteilung, ob ein **Rechtsschutzbedürfnis** und damit die Zulässigkeit einer Untätigkeitsklage gegeben ist, muss zum einen nach der Maßnahme – positive oder negative Stellungnahme – und zum anderen nach dem Zeitpunkt ihres Erlasses – vor oder nach Klageerhebung – differenziert werden.

39 Wird die begehrte Maßnahme **nach Ablauf der Stellungnahmefrist, aber noch vor Erhebung der Untätigkeitsklage** von der zum Tätigwerden aufgeforderten Unionsinstitution erlassen, fehlt es von vornherein an dem zur Rechtsverfolgung notwendigen Rechtsschutzbedürfnis. Nach ihrem Sinn und Zweck kommt der Untätigkeitsklage lediglich eine Ordnungsfunktion zu. Die vertragswidrig handelnde Unionsinstitution soll zur Einhaltung ihrer vertragsmäßigen Pflichten angehalten werden.[59] Mit dem Erlass einer Maßnahme ist dieser Zweck erfüllt. Eine Klageerhebung ist dann mangels Rechtsschutzbedürfnisses unzulässig.[60] Denkbar ist allenfalls eine Schadensersatzklage nach Art. 268 AEUV für den Fall, dass dem Kläger während der Phase der Untätigkeit ein Schaden entstanden sein sollte, wobei allerdings die Hürden für die Annahme einer Amtshaftung nach Art. 340 Abs. 2 AEUV hoch sind.

40 Ähnlich ist die Sachlage in dem Fall, dass die begehrte Rechtshandlung **nach Klageerhebung, aber noch vor Verkündung des Urteils** vorgenommen wurde. Wie der Gerichtshof festgestellt hat, ist der Rechtsstreit durch die Vornahme der Handlung gegenstandslos geworden, da die bei einem feststellenden Urteil ausgelösten Rechtsfolgen des Art. 266 AEUV bereits eingetreten sind.[61] Diesem Umstand tragen die Unionsgerichte in der Weise Rechnung, dass sie den Rechtsstreit in der Hauptsache gem. Art. 149 EuGHVfO bzw. Art. 131 Abs. 1 EuGVfO für erledigt erklären und nach Art. 142 EuGHVfO bzw. Art. 137 EuGVfO nurmehr über die Kosten nach freiem Ermessen entscheiden. Ähnlich wie im deutschen Recht werden die Kosten im Normalfall der Partei auferlegt, die bei Berücksichtigung des bisherigen Sach- und Streitstands in dem Rechtsstreit über die Untätigkeit aller Voraussicht nach unterlegen wäre.[62]

41 Eine andere Frage ist, welche Auswirkungen sich auf das Rechtsschutzbedürfnis ergeben, wenn **statt einer positiven Stellungnahme eine negative** erfolgt. Wird die beantragte Maßnahme von dem betreffenden Organ bzw. von der betreffenden Einrichtung oder sonstigen Stelle der Union nach Ablauf der Zweimonatsfrist, aber noch vor Erhebung der Untätigkeitsklage ausdrücklich abgelehnt bzw. wird eine andere als die beantragte Maßnahme getroffen, fehlt es ebenfalls am Rechtsschutzbedürfnis für die Untätigkeitsklage.[63]

---

[59] Vgl. EuGH 12.7.1988 – 377/87, Slg. 1988, 4017 Rn. 8 ff. = BeckRS 2004, 71026 – Parlament/Rat.
[60] Vgl. auch Kotzur in Geiger/Khan/Kotzur/Kirchmair AEUV Art. 265 Rn. 15; Schwarze/Voet van Vormizeele in Schwarze AEUV Art. 265 Rn. 26.
[61] EuGH 12.7.1988 – 377/87, Slg. 1988, 4017 Rn. 10 = BeckRS 2004, 71026 – Parlament/Rat; EuGH 12.7.1988 – 383/87, Slg. 1988, 4051 Rn. 10 = BeckRS 2004, 71053 – Parlament/Rat; EuGH 24.11.1992 – C-15/91, Slg. 1992, 6061 Rn. 15 = BeckRS 2004, 74452 – Buckl & Söhne ua; EuG 17.2.1998 – T-105/96, Slg. 1998, II-285 Rn. 42 – Pharos; Gaitanides in von der Groeben/Schwarze/Hatje AEUV Art. 265 Rn. 26; Cremer in Calliess/Ruffert AEUV Art. 265 Rn. 13; Schwarze/Voet van Vormizeele in Schwarze AEUV Art. 265 Rn. 27.
[62] Vgl. EuGH 12.7.1988 – 377/87, Slg. 1988, 4017 Rn. 12 = BeckRS 2004, 71026 – Parlament/Rat; EuGH 383/87, Slg. 1988, 4051 Rn. 12 = BeckRS 2004, 71053 – Parlament/Rat; EuG 17.2.1998 – T-105/96, Slg. 1998, II-285 Rn. 82 – Pharos.
[63] Schwarze/Voet van Vormizeele in Schwarze AEUV Art. 265 Rn. 27.

Die Erhebung einer solchen Klage ist in diesen Fällen unzulässig,[64] da der Kläger die Möglichkeit hat, gegen die ablehnende Stellungnahme im Wege der Nichtigkeitsklage vorzugehen.[65] Obwohl angesichts der fortbestehenden Unterlassung des begehrten Akts die Erhebung der Untätigkeitsklage bei dieser Sachverhaltsgestaltung theoretisch weiter denkbar wäre, folgt aus der Subsidiarität der Untätigkeitsklage und aus dem Fehlen einer Versagungsgegenklage, dass der Betroffene sein Ziel nunmehr allein über eine Nichtigkeitsklage erreichen kann.[66]

Erlässt die betroffene Unionsinstitution eine **negative Stellungnahme, nachdem der** 42 **Kläger bereits die Untätigkeitsklage erhoben hat,** wird der Rechtsstreit für erledigt erklärt und nach freiem Ermessen über die Kosten entschieden (Art. 142, 149 EuGHVfO bzw. Art. 131 Abs. 1, 137 EuGVfO), wobei ebenfalls der voraussichtliche Verfahrensausgang zu berücksichtigen ist, gleichzeitig aber zu bedenken sein kann, dass dem Kläger – obwohl er die beantragte Maßnahme nicht erreicht hat – durch das Verhalten der Unionsinstitution unnötige Kosten entstanden sind.[67]

VIII. Anforderungen an die Klageschrift

Der Klageantrag muss auf Feststellung einer Vertragsverletzung durch eine konkret zu 43 bezeichnende Untätigkeit lauten. In der **Klagebegründung** muss zum einen dargelegt werden, worin die gerügte Untätigkeit genau bestehen soll. Zum anderen sind die wesentlichen Umstände mitzuteilen, aus denen sich ergeben soll, dass diese Untätigkeit pflichtwidrig war, also gegen das Unionsrecht verstieß (vgl. Art. 265 Abs. 1 AEUV: „unter Verletzung der Verträge"). Dabei muss schlüssig dargelegt werden, dass eine spezifische Handlungspflicht für die beklagte Unionsinstitution bestand und von dieser missachtet wurde. Der Vortrag des Klägers muss so genau sein, dass die Unionsgerichte die Rechtmäßigkeit des Verhaltens des Beklagten überprüfen können.

Ein bestehender **Ermessensspielraum** für die betreffende Institution schließt die Zu- 44 lässigkeit der in Aussicht genommenen Klage nicht von vornherein aus.[68] Besteht allerdings **offensichtlich keine Verpflichtung** dieser Institution zur Vornahme der begehrten Handlung und damit offensichtlich kein Anspruch des Klägers – wie beispielsweise bzgl. der Einleitung eines Vertragsverletzungsverfahrens durch die Kommission,[69] ist die Klage unabhängig vom Vorliegen bzw. Nichtvorliegen sonstiger Voraussetzungen unzulässig (→ Rn. 25).[70]

Im Übrigen ergeben sich die Voraussetzungen aus den allgemeinen Vorschriften der 45 EuGH-Satzung sowie den Verfahrensordnungen der Unionsgerichte. Eine Klage, die weder einen förmlichen Antrag enthält noch die eindeutige Identifizierung der festzustellenden Untätigkeit ermöglicht, ist als offensichtlich unzulässig abzuweisen.[71]

---

[64] Vgl. EuGH 1.2.1993 – C-25/91, Slg. 1993, 1719 Rn. 11 ff. = BeckRS 2004, 75437 – Pesqueras Echebastar; EuG 26.11.1996 – T-164/95, Slg. 1996, II-1593 Rn. 36, 40 – Kuchlenz-Winter.
[65] EuGH 24.11.1992 – C-15/91, Slg. 1992, 6061 Rn. 20 = BeckRS 2004, 74452 – Buckl & Söhne ua.
[66] Vgl. Krück in Groeben/Thiesing/Ehlermann, EWGV, EGV Art. 175 Rn. 26.
[67] Vgl. EuGH 24.11.1992 – C-15/91, Slg. 1992, 6061 Rn. 32 ff. = BeckRS 2004, 74452 – Buckl & Söhne ua; EuG 10.7.1997 – T-212/95, Slg. 1997, II-1161 Rn. 69 ff. – Oficemen; EuG 17.2.1998 – T-107/96, Slg. 1998, II-311 Rn. 56 f. – Pantochim; s. ferner Schwarze/Voet van Vormizeele in Schwarze AEUV Art. 265 Rn. 27.
[68] EuGH 22.5.1985 – 13/83, Slg. 1985, 1513 Rn. 26 = NJW 1985, 2080 – Parlament/Rat.
[69] EuGH 14.2.1989 – 247/87, Slg. 1989, 291 Rn. 11 ff. = BeckRS 2004, 72605 – Star Fruit; EuG 13.11.1995 – T-126/95, Slg. 1995, II-2863 Rn. 44 – Dumez; EuG 3.7.1997 – T-201/96, Slg. 1997, II-1081 Rn. 2 f. – Smanor ua.
[70] Schwarze/Voet van Vormizeele in Schwarze AEUV Art. 265 Rn. 16; EuG T-443/03, Slg. 2005, II-1803 Rn. 44 – Retecal.
[71] Vgl. EuG T-64/96, Slg. 1997, II-127 Rn. 29 ff. – de Jorio.

C. Begründetheit

46 Eine Untätigkeitsklage ist begründet, wenn das beklagte Unionsorgan bzw. die beklagte Einrichtung oder Stelle der Union tatsächlich eine Handlung unterlassen haben, zu deren Vornahme sie nach dem Unionsrecht verpflichtet gewesen wären.

I. Unionsrechtliche Handlungspflicht

47 Voraussetzung für die Begründetheit der Klage ist zunächst, dass im Unionsrecht eine hinreichend konkretisierte Handlungspflicht für das betreffende Organ, die betreffende Einrichtung oder Stelle der Union enthalten ist. Solche Verpflichtungen lassen sich nicht nur aus den **Gründungsverträgen** ableiten, wie der Wortlaut des Art. 265 Abs. 1 AEUV („unter Verletzung der Verträge") vermuten lassen könnte. Handlungspflichten können sich aus dem **Primärrecht** ebenso ergeben wie aus dem **Sekundärrecht,** und die als verletzt gerügten Normen können sowohl geschriebener als auch ungeschriebener Natur sein, unter Einschluss der allgemeinen Rechtsgrundsätze.[72] Lässt sich der Umfang der Rechtspflicht nicht genau bestimmen oder ist der Unionsinstitution hinsichtlich ihrer Tätigkeit ein **Ermessensspielraum** eingeräumt, liegt keine rechtlich durchsetzbare Handlungspflicht vor.[73] Die Klage ist dann unbegründet. Bei einem bestehenden Ermessen ist allerdings zu untersuchen, ob sich im konkreten Fall nicht eine Ermessensreduzierung dergestalt ergeben hat, dass jedes andere Verhalten als der Erlass der begehrten Maßnahme ermessensfehlerhaft wäre.[74] Unter solchen besonderen Umständen würde sich der Ermessensspielraum dann höchst ausnahmsweise zu einer Rechtspflicht auf Vornahme einer bestimmten Handlung verdichten.[75] Beispielsweise darf der weite Ermessensspielraum, der der Kommission im Wettbewerbsrecht zusteht, nicht den im Primärrecht verankerten Schutz der Wirtschaftsteilnehmer zunichte machen.[76] Wenngleich ein Beschwerdeführer im Wettbewerbsrecht nicht den Erlass einer bestimmten Maßnahme gegenüber seinem Konkurrenten einklagen kann, so hat er doch gegenüber der Kommission einen Anspruch auf Bescheidung seiner Beschwerde.[77] Auch im Außenhandelsrecht sind Klagen wegen unterlassener Verfahrenseinleitung denkbar.[78]

II. Rechtswidrige Untätigkeit

48 Die Unterlassung einer unionsrechtlich gebotenen Maßnahme allein führt noch nicht zur Begründetheit der Klage. Die Vertragsverletzung muss auch objektiv rechtswidrig sein. Da das Unionsrecht nur in den seltensten Fällen bestimmte oder bestimmbare Fristen für das Entstehen einer **Handlungspflicht** statuiert, liegt ein Verstoß iSd Art. 265 AEUV dann nicht vor, wenn die Unionsinstitution ihrer Rechtspflicht irgendwann – in naher oder ferner Zukunft – genügen muss. Für die Rechtswidrigkeit der Untätigkeit kommt es deshalb auch auf den **Zeitpunkt** an, bis zu dem die Institution spätestens hätte tätig werden müssen.[79] Allgemein wird man der betreffenden Unionsinstitution eine **angemessene Frist** zur Konkretisierung und Durchführung der ihr obliegenden Handlungspflich-

---

[72] Gaitanides in von der Groeben/Schwarze/Hatje AEUV Art. 265 Rn. 30; Cremer in Calliess/Ruffert AEUV Art. 265 Rn. 15; Schwarze/Voet van Vormizeele in Schwarze AEUV Art. 265 Rn. 29.
[73] Vgl. EuG 27.10.1994 – T-32/93, Slg. 1994, II-1015 Rn. 35 ff. = EuZW 1995, 186 – Ladbroke Racing; EuGH 2.9.2021 – C-928/19 P, ECLI:EU:C:2021:656 – EPSU/Kommission; Gaitanides in von der Groeben/Schwarze/Hatje AEUV Art. 265 Rn. 31.
[74] Stotz in Rengeling, Handbuch zum europäischen und deutschen Umweltrecht § 45 Rn. 151 f.; Schwarze/Voet van Vormizeele in Schwarze AEUV Art. 265 Rn. 30.
[75] Vgl. Bleckmann EuropaR Rn. 900.
[76] Vgl. EuG 3.6.1999 T-17/96, Slg. 1999, II-1757 Rn. 51 = BeckRS 2000, 70271 – TF1.
[77] Vgl. EuGH 18.3.1997 C-282/95 P, Slg. 1997, I-1503 Rn. 36 f. = EuZW 1997, 762. – Guérin automobiles; Nowak EuZW 2000, 453 (454 f.).
[78] Nowak EuZW 2000, 453 (454, 456).
[79] Pechstein EUProzR Rn. 661 ff.

ten zubilligen müssen.⁸⁰ Die Angemessenheit dieses Zeitraums wird dabei zum einen von den real existierenden Bedürfnissen und der Notwendigkeit an einer entsprechenden Maßnahme sowie zum anderen von den damit verbundenen Risiken und Schwierigkeiten bestimmt, die sich bei bzw. durch Erlass eines Rechtsakts ergeben.⁸¹ Die Beurteilung der Rechtswidrigkeit der Unterlassung läuft somit letztlich auf eine **Abwägung** hinaus. Die Unionsinstitutionen können ein Tätigwerden jedenfalls nicht unbegrenzt hinausschieben, ohne gegen **Grundsätze der guten Verwaltung** (vgl. Art. 41 GRCh) zu verstoßen.⁸² Keine rechtswidrige Vertragsverletzung liegt hingegen vor, wenn eine Unionsinstitution bei vernünftiger Betrachtungsweise (etwa wegen noch nicht völlig geklärter Sachlage) bislang nicht in der Lage war, den angestrebten Beschluss zu fassen.⁸³ Die Untätigkeit ist auch dann nicht rechtswidrig, wenn die Institution zunächst eine Entscheidung der Unionsgerichte mit grundlegender Bedeutung für das Verfahren abwartet.⁸⁴

Verteidigen kann sich die beklagte Institution nur insoweit, als sie die ihr zur Last gelegte pflichtwidrige Untätigkeit aus tatsächlichen oder Rechtsgründen bestreitet. Demgegenüber kann sie sich nicht auf mögliche **interne Schwierigkeiten** berufen, die dem Erlass der beantragten Handlung entgegenstehen.⁸⁵ Sofern auf die Mitwirkungspflicht eines anderen Organs an dem begehrten Rechtsakt hingewiesen wird, ist dies keine Frage der Begründetheit, sondern eine der Zulässigkeit (→ Rn. 15). Wird nämlich ein Organ verklagt, das in einem gestuften Verfahren erst zu einem späteren Zeitpunkt tätig werden sollte, obschon ein anderes Organ noch nicht gehandelt hat, dessen Mitwirkung in einem früheren Verfahrensstadium erforderlich war, so ist die Klage bereits unzulässig. 49

D. Feststellungsurteil

Ist die Klage zulässig und begründet, stellt der Unionsrichter fest, dass es die betreffende Institution unter Verletzung einer bestimmten Vorschrift des Unionsrechts unterlassen hat, die begehrte Maßnahme vorzunehmen. Es handelt sich um ein reines **Feststellungsurteil.** Ebenso wie im Vertragsverletzungsverfahren können die Unionsgerichte die beantragte Handlung weder selbst treffen noch die beklagte Institution förmlich zum Erlass einer bestimmten Maßnahme verurteilen.⁸⁶ Vielmehr ist die unterlegene Institution gem. Art. 266 AEUV verpflichtet, die sich aus dem Urteil ergebenden Maßnahmen selbst zu ergreifen. Die Handlungspflicht zum Tätigwerden folgt dabei aus Art. 266 AEUV iVm der verletzten Vorschrift des Unionsrechts. Da diese Vorschrift in der Regel keine konkreten Fristbestimmungen enthalten wird, geht der Gerichtshof davon aus, dass die verurteilte Unionsinstitution über einen angemessenen Zeitraum zur Durchführung der Maßnahmen 50

---

[80] Vgl. Cremer in Calliess/Ruffert AEUV Art. 265 Rn. 15; Schwarze/Voet van Vormizeele in Schwarze AEUV Art. 265 Rn. 30; EuG 10.5.2006 – T-395/04, Slg. 2006, II-1343 Rn. 66f. = BeckRS 2006, 70367 – Air One SpA.
[81] GA Lenz 7.2.1985 SchlA – 13/83, Slg. 1985, 1513 (1538) = NJW 1985, 2080; EuG 15.9.1998 T-95/96, Slg. 1998, II-3407 Rn. 75 = BeckRS 2008, 71139 – Gestevisión Telecinco; Daig, Nichtigkeits- und Untätigkeitsklagen im Recht der Europäischen Gemeinschaften Rn. 366f.
[82] Vgl. EuGH 18.3.1997 – C-282/95 P, Slg. 1997, I-1503 Rn. 37 = EuZW 1997, 762 – Guérin automobiles; EuG 15.9.1998 – T-95/96, Slg. 1998, II-3407 Rn. 73ff. = BeckRS 2008, 71139 – Gestevisión Telecinco; EuG 3.6.1999 – T-17/96, Slg. 1999, II-1757 Rn. 74ff. = BeckRS 2000, 70271 – TF1; Núñez Müller/Kamann EWS 1999, 332 (335f.).
[83] Vgl. EuG 6.7.1998 – T-286/97, Slg. 1998, II-2629 Rn. 29 = BeckRS 2008, 71139 – Goldstein; Schwarze/Voet van Vormizeele in Schwarze AEUV Art. 265 Rn. 30.
[84] EuG 11.7.2007 – T-167/04, Slg. 2007, II-2379 Rn. 87 = EuZW 2007, 505 – Asklepios Kliniken.
[85] EuGH 22.5.1985 – 13/83, Slg. 1985, 1513 Rn. 48 = EuZW 2007, 505 – Parlament/Rat; Schwarze/Voet van Vormizeele in Schwarze AEUV Art. 265 Rn. 30.
[86] Vgl. auch EuGH 1.4.1993 – C-25/91, Slg. 1993, I-1719 Rn. 14 = BeckRS 2004, 75437 – Pesqueras Echebastar; Gaitanides in von der Groeben/Schwarze/Hatje AEUV Art. 265 Rn. 33; Kotzur/Dienelt in Geiger/Khan/Kotzur/Kirchmair AEUV Art. 265 Rn. 2; Schwarze/Voet van Vormizeele in Schwarze AEUV Art. 265 Rn. 31.

verfügt.[87] Art und Umfang der zu ergreifenden Maßnahmen können sich aus den Urteilsgründen ergeben.[88]

E. Praktische Hinweise

51 Angesichts der Tatsache, dass bereits das **Aufforderungsschreiben** den **Streitgegenstand** eingrenzt, ist darauf zu achten, die begehrte Maßnahme darin hinreichend genau zu umschreiben. Der Auffordernde muss schon in diesem vorgerichtlichen Verfahrensstadium eindeutig zum Ausdruck bringen, dass er den Erlass eines Beschlusses wünscht, und diesen möglichst präzise – ähnlich wie in einer etwaigen späteren Klageschrift – bezeichnen. Der Gegenstand des Verfahrens ist in rechtlicher und tatsächlicher Hinsicht so klar zu umreißen, dass die aufgeforderte Unionsinstitution erkennen kann, welche konkrete Tätigkeit von ihr verlangt wird und welche Rechtspflichtverletzung ihr zur Last gelegt wird.[89] Ebenso sind bei der Abfassung der **Klageschrift** die wesentlichen tatsächlichen und rechtlichen Umstände darzulegen, aus denen sich die Rechtspflichtverletzung ergeben soll.[90] Der Klageschrift ist eine Unterlage beizufügen, aus der sich der Zeitpunkt der Aufforderung gem. Art. 265 Abs. 2 AEUV ergibt (Art. 21 Abs. 2 EuGH-Satzung).

52 Der **Klageantrag** zielt darauf ab,
– festzustellen, dass es die beklagte Unionsinstitution unter Verstoß gegen [eine möglichst konkret zu bezeichnende Vorschrift des Unionsrechts] unterlassen hat, [eine konkret bezeichnete Handlung] vorzunehmen.
– der beklagten Institution die Kosten des Verfahrens aufzuerlegen.

53 Im Übrigen wird auf die Darstellung im Rahmen der Nichtigkeitsklage verwiesen (→ § 7 Rn. 122 ff.).[91]

---

[87] EuGH 13/83, Slg. 1985, 1513 Rn. 69 = NJW 1985, 2080 – Parlament/Rat; vgl. auch Schwarze/Voet van Vormizeele in Schwarze AEUV Art. 265 Rn. 31; aA Cremer in Calliess/Ruffert AEUV Art. 266 Rn. 2, der eine Pflicht zu unverzüglichem Tätigwerden annimmt.
[88] Vgl. Gaitanides in von der Groeben/Schwarze/Hatje AEUV Art. 266 Rn. 11; Cremer in Calliess/Ruffert AEUV Art. 266 Rn. 3; Schwarze/Voet van Vormizeele in Schwarze AEUV Art. 266 Rn. 2, 6.
[89] Vgl. Gaitanides in von der Groeben/Schwarze/Hatje AEUV Art. 266 Rn. 13 ff.
[90] Schwarze/Voet van Vormizeele in Schwarze AEUV Art. 265 Rn. 28.
[91] Ein Muster für eine Untätigkeitsklage findet sich bei Prieß in Locher/Mes, Beck'sches Prozessformularbuch, 11. Aufl. 2010, Kap. IX 3.

§ 9 Amtshaftungsklagen

Übersicht

	Rn.
A. Allgemeines	1
I. Grundlagen	1
II. Wesen und Bedeutung der Amtshaftungsklagen	4
B. Zulässigkeit	6
I. Sachliche Zuständigkeit	7
II. Parteifähigkeit	8
1. Aktive Parteifähigkeit	9
2. Passive Parteifähigkeit	10
III. Vorverfahren	12
IV. Ordnungsgemäße Klageerhebung	13
V. Verjährung	15
VI. Rechtsschutzbedürfnis	17
1. Verhältnis zu anderen unionsrechtlichen Rechtsschutzmöglichkeiten	18
2. Verhältnis zu nationalen Rechtsbehelfen	21
C. Begründetheit	25
I. Haftungsbegründende Voraussetzungen	26
1. Organe und Bedienstete	27
2. Ausübung einer Amtstätigkeit	29
a) Arten des haftungsbegründenden Verhaltens	30
b) Handeln in Ausübung der Amtstätigkeit	32
3. Rechtswidrigkeit	33
a) Verletzung einer Schutznorm	34
b) Hinreichend qualifizierte Verletzung	36
c) Keine Haftung für rechtmäßiges Verhalten	39
4. Kein Verschuldenserfordernis	40
5. Schaden	41
6. Kausalität	43
II. Rechtsfolge: Schadensersatz	44
1. Art der Ersatzleistung	44
2. Umfang des Ersatzanspruchs	45
3. Verzinsung	46
D. Die abschließende Entscheidung	47

Schrifttum:
Allkemper, Der Rechtsschutz des Einzelnen nach dem EG-Vertrag. Möglichkeiten seiner Verbesserung, 1995; Almhofer, Die Haftung der Europäischen Zentralbank für rechtswidrige Bankenaufsicht, 2019; Arnull, Liability for Legislative Acts under Article 215 (2) EC, in Heukels/McDonnel, The Action for Dammage in a Community Law Perspective, 1997, S. 129 ff.; Aubin, Die Haftung der Europäischen Wirtschaftsgemeinschaft und ihrer Mitgliedstaaten bei gemeinschaftswidrigen nationalen Verwaltungsakten, 1982; v. Bogdandy, Europa 1992 – Die außervertragliche Haftung der Europäischen Gemeinschaften, JuS 1990, 872 ff.; van Casteren, A. M., Article 215 (2) and the Question of Interests, in Heukels/McDonnel, The Action for Dammage in a Community Law Perspective, 1997, S. 199 ff.; Detterbeck, Haftung der Europäischen Gemeinschaft und gemeinschaftsrechtlicher Staatshaftungsanspruch, AöR 125 (2000), 202 ff.; Ehlers, Schadensersatzklage, in Ehlers/Schoch, Rechtsschutz im Öffentlichen Recht, 2009, § 10; Ewert, Die Funktion der allgemeinen Rechtsgrundsätze im Schadensersatzrecht der Europäischen Wirtschaftsgemeinschaft, 1991; Giegerich, Verantwortlichkeit und Haftung für Akte internationaler und supranationaler Organisationen, ZVglRWiss 104 (2005), 163 ff.; Gromitsaris, Rechtsgrund und Haftungsauslösung im Staatshaftungsrecht, 2006; Haack, Die außervertragliche Haftung der EG-Mitgliedstaaten für rechtmäßiges Verhalten, EuR 1999, 395 ff.; Heukels/McDonell (Hrsg.), The Action for Damages in a Community Law Perspective, 1997; König, Haftung der europäischen Gemeinschaft gem. Art. 288 Abs. 2 EGV wegen rechtswidriger Kommissionsentscheidung in Beihilfesachen, EuZW 2005, 202 ff.; Kryla-Cudna/Verbruggen, The Union's liability for failure to adjudicate within a reasonable time, CMLRev. 57 (2020), 191; Lenaerts/Maselis/Gutman, EU Procedural Law, 2014; Núnez Müller, Die Verjährung außervertraglicher Schadensersatzansprüche gegen die EG, EuZW 1999, 611 ff.; Ossenbühl, Die außervertragliche Haftung der Europäischen Gemeinschaft, in Rengeling, Handbuch zum europäischen und deutschen Umweltrecht, Bd. I: Allgemeines Umweltrecht (EUDUR), 2. Aufl. 2003, § 42; Ossenbühl, Staatshaftungsrecht, 6. Aufl. 2013; Rademacher, Die Amtshaftungsklage als allgemei-

ne Rechtsverletztenklage des Unionsrechts, ZÖR 2016, 331; Reimer, Die Klage aus vertraglicher Haftung im Europarecht, DÖV 2020, 52; Schermers/Heukels/Mead, Non-contractual liability of the Europeean Communities, 1988; Schmahl, Ungereimtheiten und Rechtsschutzlücken bei der außervertraglichen Haftung der Europäischen Gemeinschaft, ZEuS 1999, 415 ff.; Steiner, Die außervertragliche Haftung der Europäischen Union nach Art. 340 Abs. 2 AEUV für rechtswidriges Verhalten, 2015; Streinz, Primär- und Sekundärrechtsschutz im Öffentlichen Recht, VVDStRL 61 (2002), 300 ff.; Wils, Concurrent Liability of the Community and a Member State, ELR 1992, 191 ff.

A. Allgemeines

I. Grundlagen

1 Die Einräumung supranationaler Durchgriffsbefugnisse bringt die Möglichkeit mit sich, individuelle Rechtspositionen zu beeinträchtigen und dadurch Schäden hervorzurufen. Bereits die Gründungsverträge trugen diesem Umstand Rechnung, indem sie Haftungsansprüche für Schäden vorsahen, die durch die Gemeinschaften und ihre Bediensteten verursacht wurden (Art. 215 EWGV, Art. 188 EAGV, Art. 34, 40 EGKSV).[1] Für die **Europäische Union** bildet Art. 340 AEUV die zentrale Haftungsvorschrift, die – nicht anders als die Vorgängerregelung des Art. 288 EGV-Nizza – hinsichtlich der materiellen Voraussetzungen des Schadensersatzanspruchs auf die den Rechtsordnungen der Mitgliedstaaten gemeinsamen allgemeinen Rechtsgrundsätze verweist. Art. 268 AEUV weist dem Gerichtshof der Europäischen Union (Art. 19 Abs. 1 EUV) die ausschließliche Zuständigkeit für Klagen wegen außervertraglicher Haftung gemäß Art. 340 Abs. 2, 3 AEUV zu.[2] Für die **Europäische Atomgemeinschaft** treffen Art. 188 Abs. 2 EAGV und Art. 151 EAGV entsprechende Regelungen. Von deren gesonderter Darstellung wird im Folgenden aufgrund der inhaltlichen Übereinstimmung und geringeren Praxisrelevanz abgesehen.

2 Die durch Art. 268 AEUV begründete ausschließliche Zuständigkeit der Unionsgerichte bezieht sich allein auf die **außervertragliche Haftung** der Union bzw. der EZB gemäß Art. 340 Abs. 2 und 3 AEUV. Zur Entscheidung über Streitsachen, die eine **vertragliche Haftung** der Union betreffen (Art. 340 Abs. 1 AEUV), sind grundsätzlich die mitgliedstaatlichen Gerichte zuständig (Art. 274 AEUV).[3] Anderes gilt nur, wenn die Zuständigkeit der Unionsgerichte durch eine vertragliche Schiedsklausel gemäß Art. 272 AEUV begründet wird.[4] Insoweit kommt der **Abgrenzung** zwischen der vertraglichen und der außervertraglichen Haftung maßgebliche Bedeutung für die Gerichtszuständigkeit zu.[5] Die Begriffe sind unionsrechtsautonom und mit Blick auf eine sinnvolle Zuständigkeitsverteilung zwischen dem EuGH und den nationalen Gerichten auszulegen. Zu prüfen ist – insbesondere anhand der vermeintlich verletzten Rechtsvorschrift, der Art des geltend gemachten Schadens, des vorgeworfenen Verhaltens sowie der rechtlichen Beziehungen der Parteien –, ob es notwendig ist, einen zwischen den Parteien geschlossenen Vertrag auszulegen, um über die Begründetheit der Klage zu entscheiden.[6] Demnach sind Ansprüche wegen Verschuldens bei Vertragsschluss der außervertraglichen Haftung zuzuord-

---

[1] Nach Ablauf des EGKS-Vertrages zum 23.7.2002 ist dessen Vermögen ab diesem Stichtag am 24.7.2002 auf die Europäische Gemeinschaft übergegangen, vgl. ABl. 2001 C 80, 67; zur vormaligen Haftung der Hohen Behörde auf Grundlage des Art. 34 EGKSV instruktiv Meinhold RIW 1989, 455 ff.
[2] IdS bereits EuGH 18.12.1986 – 426/85, ECLI:EU:C:1986:500 Rn. 11 = BeckRS 2004, 71171 – Kommission/Zoubek; EuGH 9.10.2001 – verb. Rs. C-80–82/99, ECLI:EU:C:2001:525 Rn. 42 = DVBl 2001, 1834 = BeckRS 2004, 77815 – Flemmer; EuGH 29.7.2010 – C-377/09, ECLI:EU:C:2010:459 Rn. 17 = EuZW 2010, 677 – Hanssens-Ensch; ferner Kotzur in Geiger/Khan/Kotzur AEUV Art. 268 Rn. 1.
[3] EuGH 20.5.2009 – C-214/08 P, ECLI:EU:C:2009:330 Rn. 41 = BeckRS 2010, 87296 – Guigard/Kommission; EuGH C-377/09, ECLI:EU:C:2010:459 Rn. 19 = EuZW 2010, 677 – Hanssens-Ensch.
[4] Dazu Karpenstein in Grabitz/Hilf/Nettesheim AEUV Art. 272.
[5] Näher Jacob/Kottmann in Grabitz/Hilf/Nettesheim AEUV Art. 340 Rn. 20.
[6] EuGH 18.4.2013 – C-103/11 P, ECLI:EU:C:2013:245 Rn. 66 f. – Kommission/Systran; EuGH 10.7.2019 – C-19/18 P, ECLI:EU:C:2019:578 Rn. 30, 32 – VG/Kommission; EuGH 25.6.2020 – C-14/19 P, ECLI:EU:C:2020:492 Rn. 82 – SatCen/KF.

nen.⁷ Ebenso sieht der EuGH Bereicherungsansprüche als spezifischen Fall der außervertraglichen Haftung und unterstellt sie damit der Zuständigkeit der Unionsgerichte.⁸ Dem in der Literatur teilweise geäußerten Vorschlag, eine differenzierte Zuordnung in Abhängigkeit davon vorzunehmen, ob eine Leistungskondiktion oder eine Nichtleistungskondiktion in Rede steht,⁹ ist damit eine Absage erteilt.

Da sich Art. 268 AEUV iVm Art. 340 Abs. 2, 3 AEUV nur auf Haftungsansprüche **3** gegen die Europäische Union bzw. die EZB beziehen, können auf diesem Wege keine Ansprüche gegen die Mitgliedstaaten oder Dritte geltend gemacht werden.¹⁰ Schadensersatzklagen von Beamten und Bediensteten der Europäischen Union fallen nicht in den Anwendungsbereich des Art. 268 AEUV. Die Zuständigkeit für diese Streitverfahren bestimmt sich anhand der Vorschrift des Art. 270 AEUV, die den Unionsgerichten eine ausschließliche Zuständigkeit für sämtliche dienstrechtlichen Streitigkeiten vermittelt.¹¹ In verfahrensrechtlicher Beziehung gelangen dabei die besonderen Zulässigkeitsvoraussetzungen der Art. 90 f. EU-Beamtenstatut zur Anwendung. In materiell-rechtlicher Hinsicht kommen grundsätzlich die im Rahmen des Art. 340 Abs. 2 AEUV entwickelten Haftungsgrundsätze zum Tragen. Abweichend davon bedarf es jedoch im Beamtenrecht keiner „hinreichend qualifizierten" Rechtsverletzung; ein „einfacher" Rechtsverstoß genügt, um die Haftung der Union zu begründen.¹²

II. Wesen und Bedeutung der Amtshaftungsklagen

Die außervertragliche Haftung der EU ist Ausdruck eines auch auf europäischer Ebene **4** gewährleisteten **effektiven Rechtsschutzes**.¹³ Insofern ist die Amtshaftungsklage eine Konkretisierung des allgemeinen Rechtsstaatsprinzips,¹⁴ welches zu den anerkannten Rechtsgrundsätzen des Unionsrechts zählt. Sie vervollständigt das EU-Rechtsschutzsystem, in dem grundsätzlich keine hoheitliche Maßnahme der richterlichen Kontrolle entzogen ist.¹⁵ Dabei geht ihre Bedeutung über bloßen Schadensersatz hinaus: So kann über Art. 340 Abs. 2 AEUV grundsätzlich auch die Vornahme oder Unterlassung eines **Realakts** verlangt werden, was das Fehlen einer spezifischen Leistungs- und Unterlassungsklage im EU-Rechtsschutzsystem teilweise kompensiert.¹⁶ Zudem ermöglicht sie eine inzidente Kontrolle der Rechtmäßigkeit von **Gesetzgebungsakten** im Sinne von Art. 289 AEUV, gegen die nach Art. 264 Abs. 4 AEUV häufig kein direkter, individueller Primärrechtsschutz gegeben ist.¹⁷ Während der EuGH Schadensersatzklagen anfangs als akzessorisch zur Nichtigkeitsklage ansah,¹⁸ änderte sich bald darauf die Sichtweise. Nach heute ständiger

---

⁷ Siehe EuG 17.12.1998 – T-203/96, ECLI:EU:C:1998:302 Rn. 76 Embassy Limousines/Parlament; EuGH 8.5.2007 – T-271/04, ECLI:EU:T.2007:128 Rn. 86 ff. = BeckRS 2008, 70202 – Citymo/Kommission; Ruffert in Calliess/Ruffert AEUV Art. 340 Rn. 4; aA Detterbeck AöR 125 (2000), 202 (208).

⁸ EuGH 16.12.2008 – C-47/07 P, ECLI:EU:C:2008:726 Rn. 48, 50 = BeckRS 2010, 87127 – Masdar/Kommission; EuGH 9.7.2020 – C-575/18 P, ECLI:EU:C:2020:530 Rn. 82 – Tschechische Republik/Kommission.

⁹ Zum Streitstand vgl. Böhm in HdB-EuropaR § 12 Rn. 6; Berg in Schwarze AEUV Art. 340 Rn. 6; Gellermann in Streinz AEUV Art. 340 Rn. 4.

¹⁰ EuG 15.9.1998 – T-54/96, ECLI:EU:T:1998:204 Rn. 67 = BeckRS 2007, 70726 – Oleifici; EuG 25.10.2011 – T-472/11, ECLI:EU:T:2011:631 Rn. 8 = BeckRS 2011, 81621 – Hofmann.

¹¹ Hierzu Jacob/Kottmann in Grabitz/Hilf/Nettesheim AEUV Art. 268 Rn. 4; Ehlers Jura 2009, 187.

¹² Siehe etwa EuG 11.6.2019 – T-138/18, ECLI:EU:T:2019:398 Rn. 45 f. – De Esteban Alonso/Kommission.

¹³ Aubin Haftung S. 71; Pechstein EUProzR Rn. 675.

¹⁴ Dazu v. Bogdandy JuS 1990, 872.

¹⁵ Zur Ausdehnung der Amtshaftungsklage auf die Gemeinsame Außen- und Sicherheitspolitik siehe EuGH 6.10.2020 – C-134/19 P, ECLI:EU:2020:793 Rn. 23 ff. – Bank Refah Kargaran/Rat; Jacob/Kottmann in Grabitz/Hilf/Nettesheim AEUV Art. 268 Rn. 4.

¹⁶ Vgl. EuG 10.5.2006 – T-279/03, ECLI:EU:T:2006:121 Rn. 70 f. – Galileo International Technology/Kommission; näher Rademacher, ZÖR 2016, 331.

¹⁷ Vgl. EuGH 3.10.2013 – C-583/11 P, ECLI:EU:C:2013:625 Rn. 89 ff. – Inuit Tapiriit Kanatami/Parlament und Rat.

¹⁸ Siehe EuGH 15.7.63 – 25/62, ECLI:EU:C.1963:17 – Plaumann/Kommission.

Rechtsprechung stellt die Amtshaftungsklage im System der Klagemöglichkeiten einen selbstständigen Rechtsbehelf mit eigener Funktion dar, der grundsätzlich neben die Nichtigkeits- und Untätigkeitsklage tritt.[19] Während Nichtigkeits- und Untätigkeitsklagen die Ahndung der Rechtswidrigkeit oder des Fehlens eines Rechtsaktes zum Gegenstand haben, ist die Haftungsklage auf den Ersatz eines Schadens gerichtet, der sich aus unzulässigen Verhaltensweisen eines Organs ergibt.[20]

5   Die praktische **Bedeutung** der Amtshaftungsklagen hat sich im Laufe der Zeit **gewandelt**, insbesondere in Abhängigkeit von der Ausrichtung der EU-Verwaltung: Betrafen früher ca. $^4/_5$ aller beim Gerichtshof anhängigen Schadensersatzklagen den Bereich der Landwirtschaftspolitik,[21] ist das Spektrum heute deutlich breiter und umfasst etwa das Wettbewerbsrecht,[22] die Bankenaufsicht und -abwicklung,[23] die Wirtschafts- und Währungspolitik[24] und die Gemeinsame Außen- und Sicherheitspolitik.[25] Ihr Anteil an neu eingegangenen Klagen belief sich im Jahr 2022 auf rund 1%.[26]

B. Zulässigkeit

6   Im Unterschied zu anderen Rechtsbehelfen hat die Zulässigkeit der Amtshaftungsklage keine detaillierte vertragliche Regelung erfahren. Während sich die gerichtliche Zuständigkeit anhand der Art. 268, 256 Abs. 1 AEUV bestimmt, ergeben sich die Zulässigkeitsvoraussetzungen aus der EuGH-Satzung, der Verfahrensordnung des EuG und aus den Haftungsgrundlagen des Art. 340 Abs. 2 AEUV.

I. Sachliche Zuständigkeit

7   Art. 268 AEUV weist der Gerichtsbarkeit der Europäischen Union die ausschließliche Entscheidungszuständigkeit für Amtshaftungsklagen zu,[27] trifft aber keine Aussage über die Verteilung der sachlichen Zuständigkeit. Nach Art. 256 Abs. 1 AEUV ist das EuG im ersten Rechtszug zur Entscheidung über die in Art. 268 AEUV bezeichneten Klagen berufen. Ausgenommen sind hiervon lediglich jene Klagen, die nach Maßgabe der Satzung dem EuGH vorbehalten sind. Mit Blick auf Art. 51 EuGH-Satzung wird im Schrifttum die Auffassung vertreten, der EuGH sei erstinstanzlich zur Entscheidung über Schadensersatzklagen der Mitgliedstaaten berufen.[28] Das findet im Wortlaut der Regelung keine Stütze und lässt unberücksichtigt, dass Art. 51 EuGH-Satzung in Ansehung mitgliedstaatlicher Klagen eine von Art. 256 Abs. 1 AEUV abweichende Regelung einzig im Hinblick auf die von den Mitgliedstaaten erhobenen Nichtigkeits- und Untätigkeitsklagen trifft. Der EuGH ist nur noch als Rechtsmittelinstanz für Amtshaftungsklagen zuständig.[29]

---

[19] EuGH 28.4.1971 – 4/69, ECÖI:EU:C:1971:40 Rn. 6 = BeckRS 2004, 71090 – Lütticke; EuGH 2.12.1971 – 5/71, ECLI:EU:C:1971:116 Rn. 3 = BeckRS 2004, 73209 – Schöppenstedt; EuGH 17.12.1981 – verb. Rs. C-197/80 bis 200/80, 243/80, 245/80, 247/80, ECLI:EU:C:1981:311 = NJW 1982, 2722 Rn. 4 – Ludwigshafener Walzmühle; EuGH 15.1.1987 – 175/84, ECLI:EU:C:1987:85 Rn. 32 = BeckRS 2004, 71990 – Krohn; EuG 3.3.2010 – T-429/05, ECLI:EU:T:2010:60 Rn. 50 = BeckEuRS 2010, 511544 – Artegodan.
[20] EuG 27.11.2007 – verb. Rs. T-3/00, T-337/04, ECLI:Eu:T:2007:357 Rn. 283 = BeckRS 2007, 70956 – Pitsiorlas; EuG 3.3.2010 – T-429/05, ECLI:EU:T:2010:60 Rn. 50 = BeckEuRS 2010, 511544 – Artegodan.
[21] Niemeyer EuZW 1993, 530.
[22] EuGH 9.6.2010 – C-440/07, ECLI:EU:C:2010:324 – Kommission/Schneider Electric; EuG 12.2.2019 – T-201/17, ECLI:EU:T:2019:81 – Printeos/Kommission.
[23] Hierzu Almhofer, Die Haftung der Europäischen Zentralbank für rechtswidrige Bankenaufsicht, 2019.
[24] EuGH 16.12.2020 – C-597/18 P, ECLI:EU:C:2020:1028 – Rat/Chrysostomides.
[25] EuGH 6.10.2020 – C-134/19 P, ECLI:EU:2020:793 – Bank Refah Kargaran/Rat.
[26] EuGH, Jahresbericht 2022, Rechtsprechungsstatistiken des Gerichts, S. 4.
[27] EuGH 13.3.1992 – C-282/90, ECLI:EU:C:1992:124 Rn. 14 = BeckRS 2004, 75967 – Vreugdenhil; EuGH 18.4.2013 – C-103/11 P, ECLI:EU:C:2013:245 = BeckRS 2013, 80804 Rn. 60 mwN – Systran SA.
[28] Cremer in Calliess/Ruffert AEUV Art. 268 Rn. 1; Pechstein EU-ProzessR Rn. 684.
[29] Schwarze/Voet van Vormizeele in Schwarze AEUV Art. 268 Rn. 2; Ehlers in Ehlers/Schoch, Rechtsschutz im Öffentlichen Recht, 2009, § 10 Rn. 9.

II. Parteifähigkeit

Für Klagen nach Art. 268 AEUV auf den in Art. 340 Abs. 2, 3 AEUV vorgesehenen Schadensersatz ist nicht ausdrücklich geregelt, wer als Partei in Frage kommt. Ob jemand Verfahrensbeteiligter eines Amtshaftungsprozesses sein kann, berührt zugleich Fragen der **Aktiv- und Passivlegitimation,** die vom EuGH nicht im Rahmen der Begründetheit, sondern bereits auf der Ebene der Zulässigkeit geprüft und erörtert werden.[30] Insoweit bietet sich an, zwischen der aktiven und passiven Parteifähigkeit zu unterscheiden.[31]

1. Aktive Parteifähigkeit. Im Amtshaftungsprozess ist grundsätzlich jedes Rechtssubjekt aktiv parteifähig, dass nach seinem Vorbringen durch die Handlung eines Organs oder eines Bediensteten der Union einen Schaden erlitten hat.[32] Möglich ist auch ein Vorgehen aus abgetretenem Recht, jedenfalls soweit die Abtretung nicht missbräuchlich erfolgt ist.[33] Neben **natürlichen** Personen können dies auch **juristische Personen** der Mitgliedstaaten unter Einschluss öffentlich-rechtlicher Körperschaften sein (zB Bundesländer, Gemeinden).[34] Die Frage, ob eine Personenvereinigung oder eine juristische Person Rechtspersönlichkeit besitzt, beurteilt sich nach dem Recht des Staates, in welchem die Person ihren Hauptsitz hat.[35] Darüber hinaus hat der EuGH auch gewerkschaftlich organisierten **Berufsverbänden** die Parteifähigkeit zuerkannt, sofern sie ein „kollektives Recht auf Wiedergutmachung" einklagen.[36] Persönliche Vermögensinteressen ihrer Mitglieder oder Bediensteten können sie dagegen nicht einklagen.[37] Als Verfahrensbeteiligte kommen überdies Drittstaatsangehörige[38] ebenso wie **Drittstaaten** selbst[39] in Betracht. Umstritten war lange Zeit, ob auch die **Mitgliedstaaten** eine Amtshaftungsklage gegen die Union anstrengen können.[40] Der EuGH hat die Frage zwischenzeitlich für eine Klage aus ungerechtfertigter Bereicherung bejaht, die nach europäischer Dogmatik der außervertraglichen Haftung zuzuordnen ist.[41]

2. Passive Parteifähigkeit. Da die Europäische Union nach Art. 340 Abs. 2 AEUV für einen durch ihre Organe oder Bediensteten verursachten Schaden aufzukommen hat, ist die Klage gegen die Union, vertreten durch das betreffende Organ, zu richten.[42] Während verschiedene Entscheidungen in diese Richtung weisen,[43] finden sich aber auch immer

---

[30] EuGH 6.1.2004 – verb. Rs. C-104/89 und C-37/90, ECLI:EU:C:2004:1 Rn. 9, NVwZ 1992, 1077 – Mulder.

[31] In dieser Hinsicht Cremer in Calliess/Ruffert AEUV Art. 268 Rn. 2; Ehlers in Ehlers/Schoch, Rechtsschutz im Öffentlichen Recht, 2009, § 10 Rn. 10 f.; Pechstein EUProzR Rn. 685, 689.

[32] Pechstein EUProzR Rn. 685; Ehlers JURA 2009, 187 (188).

[33] Vgl. EuGH 4.10.1979 – C-238/78, ECLI:EU:C:1979:226 Rn. 5 – Ireks-Arkady; 1.3.1983 – C-250/78, ECLI:EU:C:1983:49 Rn. 14 ff. – DEKA; 24.3.2009 – C-445/06, ECLI:EU:C:2009:178 Rn. 11 – Danske Slagterier.

[34] Vgl. EuGH 15.3.1984 – 310/81, ECLI:EU:C:1984:105 – EISS; dazu Berg in Schwarze AEUV Art. 340 Rn. 13; Gellermann in Streinz AEUV Art. 340 Rn. 9.

[35] EuG 15.4.1997 – T-390/94, ECLI:EU:T:1997:51 Rn. 34 – Schröder.

[36] EuGH 8.10.1974 – C-18/74, ECLI:EU:C:1974:96 Rn. 13, 16 = BeckRS 2004, 72042 – Allgemeine Gewerkschaft; EuGH 18.3.1975 – C-72/74, ECLI:EU:C:1975:43 Rn. 20 f. = BeckRS 2004, 73595 – Union Syndicale; Pechstein EUProzR Rn. 686.

[37] EuG 30.9.1998 – T-149/96, ECLI:EU:T:1998:228 Rn. 57 – Coldiretti.

[38] EuGH 19.4.1993 – C-182/91, ECLI:EU:C:1993:165 Rn. 20 ff. = BeckRS 2004, 74752 – Forafrique.

[39] Hierzu Jacob/Kottmann in Grabitz/Hilf/Nettesheim AEUV Art. 340 Rn. 40.

[40] Vgl. etwa Böhm in Schulze/Janssen/Kadelbach HdB-EuropaR § 12 Rn. 52; Lenaerts/Maselis/Gutman EU Procedural Law Rn. 11.17.

[41] Siehe EuGH 9.7.2020 – C-575/18 P, ECLI:EU:C:2020:530 Rn. 83 – Tschechische Republik/Kommission.

[42] Ebenso Lenaerts/Maselis/Gutman EU Procedural Law Rn. 11.19; Cremer in Calliess/Ruffert AEUV Art. 268 Rn. 2; Kotzur in Geiger/Khan/Kotzur AEUV Art. 268 Rn. 2; Ehlers in Ehlers/Schoch, Rechtsschutz im Öffentlichen Recht, 2009, § 10 Rn. 12.

[43] EuGH 13.11.1973 – verb. Rs. 63/72 bis 69/72, ECLI:EU:C:1973:121 Rn. 14 f. = BeckRS 2004, 73458 – Werhahn; EuGH 9.11.1989 – 353/88, ECLI:EU:C:1989:415 Rn. 7 = BeckRS 2004, 70951 – Briantex ua; EuG 10.4.2002 – T-209/00, ECLI:EU:T:2002:94 Rn. 48 – Lamberts; EuG 26.1.2006 – T-364/03, ECLI:EU:T:2006:28 Rn. 47 = BeckRS 2006, 70075 – Medici Grimm.

wieder gegenläufige Aussagen, wonach „eine Klage, die zum Ziel hat, Ersatz für einen durch das Verhalten eines Organs oder einer Einrichtung der Gemeinschaft verursachten Schaden zu erlangen, gegen dieses Organ oder gegen diese Einrichtung zur richten (ist)."[44] In gleicher Weise hat das EuG unmittelbar gegen einzelne Organe gerichtete Amtshaftungsklagen zugelassen oder in entsprechender Weise umgedeutet.[45] Die zur Begründung bemühte Vorschrift des Art. 19 Abs. 1 EuGH-Satzung trägt das Ergebnis freilich nicht, zumal diese Bestimmung allein die Vertretung in Verfahren vor dem Gerichtshof regelt.[46] Wird überdies bedacht, dass die Vollstreckung von Amtshaftungsurteilen gegen Organe Probleme bergen kann, da diese im Unterschied zur Union nicht über eigene Haushalte verfügen,[47] erweist sich die am Wortlaut des Art. 340 Abs. 2 AEUV orientierende Bestimmung des Beklagten als vorzugswürdig. Da die Rechtsprechung in diesem Punkt uneinheitlich ist, können Klagen allerdings auch gegen das Organ gerichtet werden, dem das schadensstiftende Ereignis zugerechnet wird. Sollte dies von Seiten des zur Entscheidung berufenen Gerichts im Einzelfall abweichend beurteilt werden, zieht es nicht die Abweisung der Klage, sondern lediglich eine von Amts wegen erfolgende Richtigstellung der Parteibezeichnung nach sich.[48]

11   Während Art. 288 Abs. 3 EGV-Nizza bestimmte, dass die Gemeinschaft für Schäden haftet, die durch die **Europäische Zentralbank** und ihre Bediensteten in Ausübung ihrer Tätigkeiten verursacht wurden, ordnet Art. 340 Abs. 3 AEUV eine Eigenhaftung der EZB an. Haftungsklagen wegen Tätigkeiten der EZB sind daher gegen diese selbst zu richten.[49] Bei sekundärrechtlich begründeten **Agenturen** mit eigener Rechtspersönlichkeit wird regelmäßig eine Eigenhaftung in den entsprechenden Gründungsakten vorgesehen. Dies schließt aber eine jedenfalls subsidiäre Haftung der Union nach Art. 340 Abs. 2 AEUV nicht aus.[50]

III. Vorverfahren

12   Die **Durchführung eines Vorverfahrens** in dem Sinne, dass der Schaden vor Klageerhebung zunächst bei dem betreffenden Organ geltend gemacht werden muss, ist **nicht erforderlich**.[51] Stattdessen kann unmittelbar Klage beim zuständigen EuG erhoben werden. Gleichwohl empfiehlt sich der vorherige Versuch einer gütlichen Schadensregelung, zumal hierdurch nicht nur die Inanspruchnahme der Unionsgerichte vermieden, sondern auch die Verjährung unterbrochen wird (Art. 46 S. 2 EuGH-Satzung).[52]

IV. Ordnungsgemäße Klageerhebung

13   Die **Klageschrift** muss den Anforderungen des Art. 21 EuGH-Satzung, Art. 76 EuGHVfO bzw. des Art. 44 EuGVfO genügen. Diesen Regelungen entsprechend muss sie die Anträge des Klägers enthalten und den Streitgegenstand unter kurzer Darstellung der Klagegründe bezeichnen. Dabei müssen die wesentlichen tatsächlichen und rechtlichen Umstände, auf denen die Klage beruht, zumindest in gedrängter Form, jedenfalls aber zusammenhängend und verständlich, aus dem Wortlaut der Klageschrift selbst hervorgehen. Diesen Erfordernissen genügt eine Klageschrift nur, wenn sie Angaben enthält, anhand

---

[44] EuGH 23.3.2004 – C-234/02 P, ECLI:EU:C:2004:174 Rn. 47 = EuZW 2004, 436 – Lamberts.
[45] EuG 6.7.1995 – T-572/93, ECLI:EU:T:1995:131 Rn. 22 – Odigitra; EuG 12.12.2000 – T-201/99, ECLI:EU:T:2000:291 Rn. 20 – Royal Olympic Cruises.
[46] Pechstein EUProzR Rn. 689; ebenso Gellermann in Streinz AEUV Art. 340 Rn. 10; Ruffert in Calliess/Ruffert AEUV Art. 340 Rn. 10.
[47] Ehlers in Ehlers/Schoch, Rechtsschutz im Öffentlichen Recht, 2009, § 10 Rn. 12.
[48] Vgl. nur EuGH 9.11.1989 – C-353/88, ECLI:EU:C:1989:415 Rn. 7 = BeckRS 2004, 70951 – Briantex ua; EuG 26.1.2006 – T-364/03, ECLI:EU:T:2006:28 Rn. 47 = BeckRS 2006, 70075 – Medici Grimm.
[49] Vgl. etwa EuG 24.1.2017 – T-749/15, ECLI:EU:T:2017:21 – Nausicaa Anadyomène/EZB.
[50] Näher Augsberg in von der Groeben/Schwarze AEUV Art. 340 Rn. 19; Lenaerts/Maselis/Gutman Rn. 11.20 Fn. 92 mwN.
[51] Berg in Schwarze EGV Art. 288 Rn. 28; Dörr in NK-VwGO EVR Rn. 101.
[52] Cremer in Calliess/Ruffert AEUV Art. 268 Rn. 4; Kotzur in Geiger/Khan/Kotzur AEUV Art. 268 Rn. 7.

derer sich das dem Organ vorgeworfene Verhalten bestimmen lässt, zugleich die Gründe angibt, derentwegen ein Kausalzusammenhang zwischen dem Verhalten und dem geltend gemachten Schaden besteht, und die Art und den Umfang des Schadens bezeichnet.[53] Auf diesem Wege soll dem Beklagten und dem Gericht die Möglichkeit gegeben werden, sich ggf. ohne weitere Informationen vorzubereiten und eine Entscheidung zu treffen. Klagen werden als unzulässig abgewiesen, wenn der Kläger nicht die Tatsachen angibt, anhand derer sich das dem Organ vorgeworfene Verhalten bestimmen lässt, oder es versäumt, die Gründe zu benennen, aus denen sich nach seiner Auffassung der erforderliche Kausalzusammenhang zwischen dem pflichtwidrigen Verhalten und dem erlittenen Schaden sowie Art und Umfang des Schadens ergeben.[54]

Die substantiierte Darlegung der Haftungsvoraussetzungen hat besondere Bedeutung für die Zulässigkeit **unbezifferter Klageanträge.** Ein allgemein auf Schadensersatz lautender Antrag ist zu unbestimmt. Andererseits muss der Schaden nicht notwendigerweise bereits in der Klageschrift beziffert sein, sofern sich Art und Umfang im Wesentlichen aus dem Zusammenhang ermitteln lassen.[55] Einzelheiten hierzu können – ggf. nach einem Zwischenurteil – in einem späteren Verfahrensabschnitt nachgetragen werden.[56] Sofern die **Höhe des Schadens** zur Zeit der Klageerhebung noch nicht ermittelbar ist, kann der Kläger zunächst die Feststellung einer Haftung der Union dem Grunde nach beantragen, über die durch Erlass eines Zwischenurteils entschieden wird.[57] Sobald die Höhe des Schadenumfangs iE bestimmbar ist, kann der Feststellungsantrag in einen Leistungsantrag umgeändert oder aber durch ein weiteres Urteil festgesetzt werden.[58]

14

V. Verjährung

Ansprüche aus außervertraglicher Haftung gemäß Art. 340 Abs. 2 und 3 AEUV verjähren nach Art. 46 Satz 1 EuGH-Satzung innerhalb von fünf Jahren nach Eintritt des ihnen zugrundeliegenden Ereignisses. Nach hergebrachtem deutschem Verständnis ist die Verjährung eine materiell-rechtliche Frage. In diese Richtung ging zunächst auch die EuGH-Rechtsprechung.[59] Beginnend mit der Rechtssache *Birra Wührer* begriff der Gerichtshof die Verjährung dann jedoch als Zulässigkeitsfrage, die im Wege der „prozesshindernden Einrede" im Sinne des heutigen Art. 130 EuGVfO geltend gemacht werden kann.[60] Mögen spätere Judikate auch gelegentlich den Eindruck einer Rückbesinnung erweckt haben,[61] darf doch inzwischen als gesichert gelten, dass eine Amtshaftungsklage als unzulässig abgewiesen wird, wenn der ihr zugrundeliegende Haftungsanspruch nach Art. 46 Satz 2 EuGH-Satzung verjährt ist.[62] Anders als zwingende Verfahrensfristen, etwa die Klagefrist

15

---

[53] EuG 11.7.2019 – T-838/16, ECLI:EU:T:2019:494 = BeckRS 2019, 606987 Rn. 99 – BP/FRA; EuG 2.3.2010 – T-16/04, ECLI:EU:T:2010:54 Rn. 132 = BeckRS 2010, 90290 – Arcelor SA.
[54] Vgl. EuG 18.9.1996 – T-387/94, Slg. 1996, II-961 Rn. 107 – Asia Motors France; EuG 10.7.1997 T-38/96, Slg. 1997, II-1223 Rn. 42 = BeckEuRS 1997, 221929 – Guéren automobile.
[55] EuGH 3.2.1981 – 90/79, Slg. 1979, 1081 Rn. 6 = GRUR-Int. 1981, 631 – Granaria; Berg in Schwarze AEUV Art. 340 Rn. 29; Kotzur in Geiger/Khan/Kotzur AEUV Art. 268 Rn. 6.
[56] EuGH 6.1.2004 – C-104/89, C-37/90, Slg. 1992, I-3061 Rn. 37 = NVwZ 1992, 1077 – Mulder; EuG 31.1.2001 – T-76/94, Slg. 2001, II-469 Rn. 102 – Jansma; EuG 26.2.2003 – verb. Rs. T-344/00, T-345/00, Slg. 2003, II-229 Rn. 108 = BeckRS 2003, 155905 – CEVA Santé animale SA.
[57] EuGH 19.5.1992 – verb. Rs. C-104/89, C-37/90, Slg. 1992, I-3061 Rn. 37 = NVwZ 1992, 1077 – Mulder; EuG 26.2.2003 – verb. Rs. T-344/00, T-345/00, Slg. 2003, II-229 Rn. 108 = BeckRS 2003, 155905 – CEVA Santé animale SA; Cremer in Calliess/Ruffert AEUV Art. 268 Rn. 5.
[58] Ehlers in Ehlers/Schoch, Rechtsschutz im Öffentlichen Recht, 2009, § 10 Rn. 21; Pechstein EUProzR Rn. 692.
[59] EuGH 28.4.1971 – C-4/69, Slg. 1971, 325 Rn. 8 = BeckRS 2004, 71090 – Lütticke.
[60] Vgl. EuGH 27.1.1982 – verb. Rs. C-256/80, C-257/80, C-265/80, C-267/80, C-5/81, Slg. 1982, 85 Rn. 3 ff. = BeckRS 2004, 72681 – Birra Wührer; EuGH 30.5.1989 – C-20/88, Slg. 1989, 1553 Rn. 12 f. = BeckRS 2004, 72241 – Roquette frères; wohl auch EuGH 7.11.1985 – C-53/84, Slg. 1985, Rn. 17 3595 = BeckRS 2004, 73285 – Adams.
[61] Ausführlich zur Entwicklung der Rechtsprechung Cremer in Calliess/Ruffert AEUV Art. 268 Rn. 3.
[62] EuGH 17.7.2008 – C-51/05 P, Slg. 2008, I-5341 Rn. 70 = BeckRS 2008, 70799 – Cantina sociale die Dolianova; EuG 21.4.2005 – T-28/03, Slg. 2005, II-1357 Rn. 74 f. = BeckRS 2005, 70297 – Holcim;

gemäß Art. 263 Abs. 6 AEUV, ist die Verjährung jedoch nicht von Amts wegen zu beachten, sondern nur auf eine entsprechende Einrede des Beklagten hin.[63]

16 Die Verjährungsfrist des Art. 46 Satz 1 EuGH-Satzung **beginnt** erst, wenn alle Voraussetzungen der Ersatzpflicht erfüllt sind und sich insbesondere der zu ersetzende Schaden konkretisiert hat.[64] Da es für die Bestimmung des Anfangszeitpunkts allein auf objektive Umstände ankommt, beginnt der Fristenlauf zu dem Zeitpunkt, zu dem der Vermögensschaden tatsächlich eingetreten ist;[65] ob der Geschädigte dies wahrgenommen hat und den schadensbegründenden Sachverhalt in allen Einzelheiten kennt, ist dagegen nicht von Belang.[66] Allerdings **endet** die Verjährungsfrist erst nach Kenntnis des Geschädigten vom schadensstiftenden Ereignis und Ablauf eines angemessenen Zeitraums, in dem der Geschädigte Klage erheben konnte.[67] Die Verjährungsfrist wird durch Geltendmachung gegenüber dem betroffenen Unionsorgan oder durch Einreichung der Klageschrift **unterbrochen** (Art. 46 Satz 2 EuGH-Satzung). Allein eine Amtshaftungsklage kann die Verjährung unterbrechen; eine Nichtigkeits- oder Untätigkeitsklage (Art. 263, 265 AEUV) zeitigt keine solche Rechtsfolge.[68] Ebenso wenig reicht eine bei einem nationalen Gericht eingereichte Klage oder ein dort gestellter Antrag auf Beweisaufnahme oder den Erlass von Sicherungsmaßnahmen aus.[69]

VI. Rechtsschutzbedürfnis

17 Nicht anders als bei anderen Klagearten hängt auch die Zulässigkeit der Amtshaftungsklage vom Bestehen eines **Rechtsschutzbedürfnisses** ab. Daran fehlt es namentlich dann, wenn der Kläger das von ihm verfolgte Ziel auf sachgerechtere Weise unter Inanspruchnahme einer vorrangigen Rechtsschutzmöglichkeit hätte verwirklichen können.[70]

18 **1. Verhältnis zu anderen unionsrechtlichen Rechtsschutzmöglichkeiten.** Innerhalb des europäischen Rechtsschutzsystems stellt die Amtshaftungsklage nach ständiger Rechtsprechung der Unionsgerichte einen **selbstständigen Rechtsbehelf** mit eigener Funktion dar.[71] Während Nichtigkeits- und Untätigkeitsklagen (Art. 263, 265 AEUV) darauf abzielen, die Rechtswidrigkeit eines Rechtsaktes oder seines Fehlens zu ahnden (primärer Rechtsschutz), ist die Amtshaftungsklage auf den Ersatz von Schäden gerichtet, die dem Einzelnen aus einer unzulässigen Verhaltensweise eines Organs der Europäischen Union

---

EuG 14.9.2005 – T-140/04, Slg. 2005, II-3287 Rn. 48 = BeckRS 2006, 70044 – Adviesbureau Ehcon; ferner Kotzur in Geiger/Khan/Kotzur AEUV Art. 268 Rn. 7; Ehlers in Ehlers/Schoch, Rechtsschutz im Öffentlichen Recht, 2009, § 10 Rn. 19.

[63] EuGH 6.9.2012 – C-496/11 P, ECLI:EU:C:2012:705 Rn. 51 = DB 2012, 2142 – Evropaiki Dynamiki/Kommission; Lenaerts/Maselis/Gutman EU Procedural Law Rn. 11–93; aA Pechstein EUProzR Rn. 694: von Amts wegen zu prüfende Klagefrist.

[64] EuGH 19.4.2007 – C-282/05 P, Slg. 2007, I-2941 Rn. 29 = EuZW 2007, 434 – Holcim; EuGH 28.2.2013 – C-460/09 P, Slg. 2013, I-111 Rn. 55, 60 = BeckRS 2013, 80420 – Inalca SpA; EuG 7.2.2002 – T-187/94, Slg. 2002, II-370 Rn. 50 ff. = BeckRS 2008, 70979 – Rudolph.

[65] EuGH 6.9.2012 – C-496/11 P, ECLI:EU:C:2012:705 Rn. 34, 38 = DB 2012, 2142 – Evropaiki Dynamiki.

[66] EuGH 17.7.2008 – C-51/05 P, Slg. 2008, I-5341 Rn. 59 ff. = BeckRS 2008, 70799 – Cantina sociale di Dolianova; EuG 7.6.2017 T-673/15, ECLI:EU:T:2017:377 Rn. 26 – Guardian Europe/EU.

[67] EuG 20.3.2014 – T-43/13, ECLI:EU:T:2014:167 Rn. 49 – Donnici/Parlament.

[68] EuGH 19.4.2007 – C-282/05 P, Slg. 2007, I-2941 Rn. 36 = EuZW 2007, 434 – Holcim.

[69] EuGH 17.7.2008 – C-51/05 P, Slg. 2008, I-5341 Rn. 69 = BeckRS 2008, 70799 – Cantina sociale di Dolianova mwN.

[70] Ehlers in Ehlers/Schoch, Rechtsschutz im Öffentlichen Recht, 2009, § 10 Rn. 22; Pechstein EUProzR Rn. 695; Erichsen/Weiß Jura 1990, 588.

[71] Vgl. nur EuGH 17.12.1981 – verb. Rs. C-197/80 bis C-200/80, C-243/80, C-247/80, Slg. 1981, 3211 Rn. 4 = NJW 1982, 2722 – Ludwigshafener Walzmühle; EuGH 23.3.2004 – C-234/02 P, Slg. 2004, I-2803 Rn. 59 = EuZW 2004, 436 – Lamberts; EuG 3.3.2010 – T-429/05, Slg. 2010, II-491 Rn. 50 = BeckEuRS 2010, 511544 – Artegodan; EuG 23.11.2011 – T-341/07, Slg. 2011, II-7915 Rn. 32 = BeckRS 2012, 81260 – Sison; EuG 7.6.2017 – T-673/15, ECLI:EU:T:2017:377 Rn. 53 – Guardian Europe/EU.

erwachsen (sekundärer Rechtsschutz).[72] Die Anerkennung der Selbstständigkeit der Haftungsklage rechtfertigt sich aus der Erwägung, dass sich der Zweck dieser Klage von dem der Nichtigkeits- bzw. Untätigkeitsklage unterscheidet.[73] Ihre Eigenständigkeit schließt die – in der Praxis durchaus gebräuchliche – Verbindung mit der Nichtigkeitsklage nicht aus, bringt es aber doch mit sich, dass die Haftungsklage im Verhältnis zu den Klagearten des primären Rechtsschutzes nicht subsidiär ist. Ihrer Erhebung steht es daher grundsätzlich nicht entgegen, wenn sie sich gegen einen Hoheitsakt oder eine Unterlassung richtet, deren Rechtswidrigkeit nicht zuvor im Rahmen einer Nichtigkeits- bzw. Untätigkeitsklage festgestellt wurde.

Dieser Grundsatz gilt freilich nicht einschränkungslos. So ist eine Haftungsklage nach ständiger Rechtsprechung unzulässig, wenn sie auf einen **Verfahrensmissbrauch** hinausliefe, insbesondere auf eine Umgehung der Zulässigkeitsvoraussetzungen der Nichtigkeits- oder Untätigkeitsklage.[74] Eine solche Umgehung wird angenommen, wenn eine Haftungsklage der Sache nach das Ergebnis einer Nichtigkeits- oder Untätigkeitsklage zu erreichen sucht, die der Kläger nach Art. 263 bzw. 265 AEUV nicht (mehr) zulässigerweise erheben kann.[75] Das ist etwa der Fall, wenn die Klage auf Zahlung einer Geldsumme gerichtet ist, die dem Betrag einer Abgabe entspricht, welche von Seiten des Klägers gezahlt wurde, um einem unanfechtbaren Rechtsakt nachzukommen.[76] Zu denken ist daneben an die Situation, in der im Wege der Amtshaftungsklage ein Betrag erstritten werden soll, der als Zuschuss ausgezahlt worden wäre, wenn der Kläger einen zu Unrecht ergangenen Ablehnungsbescheid der Kommission rechtzeitig mit der Nichtigkeitsklage angefochten hätte.[77] 19

Insoweit lässt sich Parallele zur allgemeinen **Schadensminderungsobliegenheit** ziehen:[78] Will sich der Betroffene etwa gegen einen Bußgeld- oder Abgabenbescheid wehren, so muss er dagegen in erster Linie Primärrechtsschutz suchen. Unterlässt er dies innerhalb der dafür vorgesehenen Klagefrist, fehlt ihm das Rechtsschutzbedürfnis, um den festgesetzten Betrag im Wege der Amtshaftungsklage geltend zu machen. Allerdings bleibt es dabei, dass Schadensersatz-, Nichtigkeits- und Untätigkeitsklage voneinander unabhängige Rechtsbehelfe sind. Eine Amtshaftungsklage ist nicht schon immer dann unzulässig, wenn der Geschädigte gegen den schadenstiftenden Rechtsakt eine Nichtigkeitsklage hätte erheben können.[79] Entscheidend ist vielmehr allein, ob die Haftungsklage nach ihrem Ziel und ihrer Wirkung einer Nichtigkeitsklage gleichkommt. Dies ist beispielsweise dann nicht anzunehmen, wenn weitergehende Schäden, etwa aus entgangenem Gewinn, geltend gemacht werden.[80] 20

2. Verhältnis zu nationalen Rechtsbehelfen. Probleme kann auch das Verhältnis zwischen der unionsrechtlichen Haftungsklage und Rechtsbehelfen des nationalen Rechts aufwerfen. Der Vollzug des Unionsrechts obliegt in weiten Teilen den Mitgliedstaaten (Art. 291 Abs. 1 AEUV), teilweise wirken auch europäische und nationale Stellen zusam- 21

---

[72] Vgl. dazu EuGH 15.1.1987 – C-175/84, Slg. 1986, 753 Rn. 26, 32 = BeckRS 2004, 71990 – Krohn; EuGH 17.5.1990 – C-87/89, Slg. 1990, I-1981 Rn. 14 = NVwZ 1991, 1169 – Sonito; EuG 3.3.2010 – T-429/05, Slg. 2010, II-491 Rn. 50 = BeckEuRS 2010, 511544 – Artegodan.
[73] EuG 24.10.2000 – T-178/98, Slg. 2000, II-3331 Rn. 15 = BeckRS 2005, 70491 – Fresh Marine; EuG 21.6.2006 – T-47/02, Slg. 2006, II-1779 Rn. 27 = DStR 2006, 1197 – Danzer.
[74] EuGH 26.2.1986 – 175/84, Slg. 1986, 753 Rn. 30 = BeckRS 2004, 71990 – Krohn; EuGH 5.9.2019 – C-447/17 P, C-479/17 P, ECLI:EU:C:2019:672 Rn. 63 f. – EU/Guardian Europe; EuG 7.10.2015 – T-79/13, ECLI:EU:T:2015:756 Rn. 60 – Accorinti/EZB.
[75] Siehe EuGH 15.12.1982 – C-543/79, Slg. 1982, 4425 Rn. 28 = BeckRS 2004, 73311 – Birke; EuG 8.5.2019 – T-330/18, ECLI:EU:T:2019:324 Rn. 65 ff. – Carvalho ua/Parlament und Rat; Jacob/Kottmann in Grabitz/Hilf/Nettesheim AEUV Art. 340 Rn. 51; Augsberg in von der Groeben/Schwarze/Hatje AEUV Art. 340 Rn. 26.
[76] EuG 15.9.2004 – T-178/98, Slg. 2000, II-3331 Rn. 50 = BeckRS 2005, 70491 – Fresh Marine.
[77] EuG 7.2.2001 – T-186/98, Slg. 2001, II-557 Rn. 77 – Inpesca.
[78] Hierzu Jacob/Kottmann in Grabitz/Hilf/Nettesheim AEUV Art. 340 Rn. 52; Streinz VVDStRL 61 (2002), 300 (333).
[79] So aber Gellermann Vorauflage Rn. 21; Cremer in Calliess/Ruffert AEUV Rn. 268 Rn. 6.
[80] Siehe EuG 7.6.2017 – T-673/15, ECLI:EU:T:2017:377 Rn. 61 – Guardian Europe/EU.

men. Hieraus folgt die Notwendigkeit einer sachgerechten Verantwortungs- und Schadenszurechnung. Diese hat mit Blick auf das gesamte unionsrechtlich vorgesehene Rechtsschutzsystem zu erfolgen, das auch die mitgliedstaatlichen Gerichte umfasst (Art. 19 Abs. 2 EUV).[81] Vor diesem Hintergrund sehen die Unionsgerichte Amtshaftungsklagen gemäß Art. 268 AEUV iVm Art. 340 Abs. 2 AEUV **in bestimmten Konstellationen** – aber auch nur in diesen – als **subsidiär** und vor Ausschöpfung des innerstaatlichen Rechtswegs unzulässig an.[82] Hatte es zunächst den Anschein, als tendiere der EuGH zu einer generellen Subsidiarität der Amtshaftungsklage,[83] findet sich in späteren Entscheidungen die erhebliche Einschränkung, dass der Kläger nur dann auf den Rechtsweg vor nationalen Gerichten verwiesen ist, wenn ihm dieser einen wirksamen Rechtsschutz bietet und zum Entfall des geltend gemachten Schadens führen kann.[84]

22 Beruht ein Schaden darauf, dass eine nationale Behörde einen **rechtswidrigen Unionsakt** vollzieht, sind die Haftungsvoraussetzungen des Art. 340 Abs. 2 AEUV an sich erfüllt. Dennoch ist eine sich hierauf gründende Amtshaftungsklage nachrangig, wenn der Geschädigte das von ihm verfolgte Klageziel bereits unter Inanspruchnahme nationalen Rechtsschutzes erreichen kann.[85] Hat er mit Blick auf den Bescheid einer nationalen Behörde, der sich auf einen rechtswidrigen Akt der Union gründet, eine **Abgabe** gezahlt, kann er die sich hiermit verbindende Einbuße abwenden, indem er vor einem nationalen Gericht auf Aufhebung des Bescheides und Rückerstattung des entrichteten Betrages klagt.[86] Die Gültigkeit der unionsrechtlichen Grundlage kann dabei im Wege der Vorabentscheidung (Art. 267 AEUV) geklärt werden. Stellt sich in diesem Rahmen die Ungültigkeit heraus, kann das nationale Gericht den nationalen Bescheid aufheben, die Behörde zur Rückerstattung verurteilen und dem Betroffenen so wirksamen Rechtsschutz bieten. Gegenüber einer auf Rückerstattung einer rechtsgrundlos gezahlten Abgabe gerichteten Klage vor nationalen Gerichten ist die Haftungsklage daher subsidiär. Nichts anderes hat in Subventionsstreitigkeiten jedenfalls dann zu gelten, wenn eine nationale Behörde die in einer unionsrechtlichen Grundverordnung vorgesehene Zahlung mit Rücksicht auf eine rechtswidrige Durchführungsverordnung der Union verweigert.[87] Stellt sich im Verfahren der Vorabentscheidung die Ungültigkeit der Durchführungsverordnung heraus, kann das nationale Gericht die Behörde auf Basis des in der Grundverordnung geregelten Zahlungsanspruchs antragsgemäß verurteilen. Die aus der Weigerung der Subventionsgewährung resultierende Einbuße kann daher durch die Inanspruchnahme nationalen Rechtsschutzes abgewendet werden. Während die Haftungsklage in dieser Konstellation aus Gründen ihrer Subsidiarität unzulässig ist, hat allerdings anderes zu gelten, wenn der geltend gemachte Schaden auf dem Nichterlass eines rechtlich an sich gebotenen Unionsrechtsaktes beruht (zB aus Gründen des Gleichheitssatzes gebotene Beihilferegelung). Mitgliedstaatliche Gerichte können dann die begehrte Leistung nicht zusprechen. Kann der Kläger sein Begehren mit den Mitteln des nationalen Rechtsschutzes nicht erreichen, stellt sich die Subsidiaritätsfrage naturgemäß von vornherein nicht. Insoweit kann sofort Amtshaftungsklage erhoben

---

[81] Vgl. EuGH 30.5.1989 – 20/88, ECLI:EU:C:1989:221 Rn. 15 – Roquette frères/Kommission; EuG 23.9.2015 – T-206/14, ECLI:EU:T:2015:672 Rn. 19 – Hüpeden/Rat und Kommission.
[82] Vgl. die Darstellung bei Ehlers in Ehlers/Schoch, Rechtsschutz im Öffentlichen Recht, 2009, § 10 Rn. 27 ff.; Pechstein EUProzR Rn. 700 ff.
[83] EuGH 14.7.1967 – verb. Rs. C-5/66, C-7/66 und C-13/66 bis C-24/66, Slg. 1967, 331 (355 f.) = BeckRS 2004, 73204 – Kampffmeyer.
[84] EuGH 6.6.1985 – 157/84, Slg. 1986, 753 Rn. 27 = BeckRS 2004, 71813 – Krohn; EuGH 30.5.1989 – 20/88, Slg. 1989, 1553 Rn. 15 f. = BeckRS 2004, 72241 – Roquette Fréres; ferner EuG 20.3.2001 – T-18/99, Slg. 2001, II-913 Rn. 26 ff. = BeckRS 2001, 70151 – Cordis.
[85] EuGH 13.2.1997 – 101/78, Slg. 1979, 623 Rn. 14 = BeckRS 2004, 70620 – Granaria; EuGH 27.3.1980 – 133/79, Slg. 1980, 1299 Rn. 24 = NJW 1980, 2639 – Sucrimex; EuGH 21.6.2006 – T-47/02, Slg. 2006, II-1779 Rn. 32 = DStR 2006, 1197 mwN – Danzer.
[86] EuGH 27.3.1980 – 133/79, Slg. 1980, 1299 Rn. 24 = NJW 1980, 2639 – Sucrimex; EuGH 13.3.1992 – C-282/90, Slg. 1992, I-1937 Rn. 12 = BeckRS 2004, 75967 – Vreugdenhil.
[87] EuGH 27.9.1988 – verb. Rs. 106/87 bis 120/87, Slg. 1988, 5515 Rn. 18, 25 = FHOeffR 40 Nr. 3953 – Asteris; eingehend Jacob/Kottmann in Grabitz/Hilf/Nettesheim AEUV Art. 340 Rn. 58 f.

werden, ohne dass zuvor nationale Rechtsschutzmöglichkeiten ausgeschöpft werden müssten.[88] Das gilt iÜ auch dann, wenn das Klageziel nicht in der Rückzahlung zu Unrecht geleisteter Beträge oder der Zahlung unberechtigt vorenthaltener Leistungen, sondern im Ersatz hiermit im Zusammenhang stehender Folgeschäden besteht (zB Darlehenskosten).[89] Erschöpft sich der Beitrag staatlicher Stellen darin, rechtswidriges Unionsrecht vollzogen zu haben, sind nicht sie, sondern allein das Unionsorgan, das den Rechtsakt erlassen hat, für den Folgeschaden verantwortlich. Dementsprechend kann eine Amtshaftungsklage erhoben werden, ohne zuvor den Rechtsweg zu den nationalen Gerichten beschreiten zu müssen.[90]

Problematischer sind Konstellationen, in denen sich Organe der Union und mitgliedstaatlicher Stellen gleichermaßen rechtswidrig verhalten und im **Zusammenwirken** einen Schaden verursachen. Da in diesen Fällen immer auch eine nationale Behörde gehandelt hat, ist der Rechtsschutz nach der bisherigen Rechtsprechung selbst dann vor nationalen Gerichten zu suchen, wenn Organe der Union das Verhalten mitgliedstaatlicher Behörden in maßgeblicher Weise beeinflusst haben.[91] Eine unmittelbare Amtshaftungsklage kommt dagegen nur ausnahmsweise und namentlich dann in Frage, wenn ein Unionsorgan aufgrund gesetzlicher Ermächtigung verbindliche Weisungen an die mitgliedstaatliche Behörde richtet und insoweit selbst als Verantwortliche des Ausführungsaktes erscheint.[92] Im Schrifttum stößt das teilweise auf Kritik und die Forderung, in Fällen des Zusammenwirkens eine **gesamtschuldnerische Haftung** von Union und Mitgliedstaaten anzuerkennen.[93] Jedenfalls sekundärrechtlich wird dies teilweise auch anerkannt, so etwa bei der Haftung für rechtswidrige Datenverarbeitungsvorgänge nach der Europol-Verordnung.[94] Zu dieser Thematik sind derzeit potenziell wegweisende Fälle in Luxemburg anhängig.[95] Mit einer Fortentwicklung der Rechtsprechung ist daher zu rechnen. 23

Aus **praktischer Sicht** wird man in Zweifelsfällen kaum umhinkommen, aus Gründen der Vorsicht parallel auf nationaler wie auf europäischer Ebene vorzugehen: Während einer Amtshaftungsklage gegen die Union potentiell die Abweisung als subsidiär droht, birgt eine Klage vor nationalen Gerichten die Gefahr eines Anspruchsverlusts, da die Verjährung des unionsrechtlichen Amtshaftungsanspruchs dadurch nicht unterbrochen wird.[96] Der damit einhergehende höhere Aufwand ist unter Rechtsschutzgesichtspunkten misslich. Ähnliche Konstellationen sind freilich auch im nationalen (Verfassungs-)Prozessrecht nicht ganz unbekannt. 24

C. Begründetheit

Nach Art. 340 Abs. 2 AEUV ersetzt die Union den durch ihre Organe oder Bediensteten in Ausübung ihrer Amtstätigkeit verursachten Schaden nach den allgemeinen Rechtsgrundsätzen, die den Rechtsordnungen der Mitgliedstaaten gemeinsam sind. Entsprechendes gilt gemäß Art. 340 Abs. 3 AEUV für die Haftung Europäischen Zentralbank. Angesichts der nur rudimentären Normierung der Haftungsvoraussetzungen handelt es sich bei Art. 340 25

---

[88] EuGH 14.1.1987 – 281/84, Slg. 1987, 49 Rn. 10 ff. = BeckRS 2004, 72914 – Zuckerfabrik Bedburg; Jacob/Kottmann in Grabitz/Hilf/Nettesheim AEUV Art. 340 Rn. 57.
[89] EuGH 5.12.1979 – 143/77, Slg. 1979, 3583 Rn. 9 = NJW 1980, 1216 – Scholten-Honig.
[90] EuG 20.3.2001 – T-18/99, Slg. 2001, II-913 Rn. 26 = BeckRS 2001, 70151 – Cordis; Jacob/Kottmann in Grabitz/Hilf/Nettesheim AEUV Art. 340 Rn. 62.
[91] EuGH 2.3.1987 – verb. Rs. 12/77, 18/77 und 21/77, Slg. 1978, 553 Rn. 10 = BeckRS 2004, 71364 – Debayser; EuGH 10.6.1982 – 217/81, Slg. 1982, 2233 Rn. 8 ff. = BeckRS 2004, 72351 – Interagra.
[92] Vgl. EuGH 15.1.1987 – 175/84, Slg. 1986, 753 Rn. 21 ff. = BeckRS 2004, 71990 – Krohn; hierzu Kotzur in Geiger/Khan/Kotzur AEUV Art. 268 Rn. 3; Detterbeck AöR 125 (2000), 202 (209).
[93] Aubin Haftung, S. 212, 244 ff.; Czaja Haftung, S. 197 ff.; Augsberg in von der Groeben/Schwarze/Hatje AEUV Art. 340 Rn. 88.
[94] Siehe Art. 50 und Erwägungsgrund 57 der VO (EU) 2016/794, ABl. L 135 vom 24.5.2016, 53.
[95] Vgl. GA Rantos 15.6.2023 SchlA – C-755/21 P, ECLI:EU:C:2023:481 – Kočner/Europol; EuG 6.9.2023 – T-600/21, ECLI:EU:T:2023:492 – WS ua/ Frontex.
[96] EuGH 17.7.2008 – C-51/05 P, Slg. 2008, I-5341 Rn. 69 = BeckRS 2008, 70799 – Cantina sociale di Dolianova.

Abs. 2, 3 AEUV um einen „Rumpftatbestand"[97] mit nur teilweise subsumtionsfähigen Merkmalen. Für weitere Haftungskriterien verweist die Vorschrift auf die allgemeinen Rechtsgrundsätze, die den Rechtsordnungen der Mitgliedstaaten gemeinsam sind. Für den Unionsrichter liegt darin zugleich ein Auftrag, solche Rechtsgrundsätze und daraus abzuleitende Haftungskriterien zu entwickeln. Dies darf nicht als quasi mechanische Suche nach Schnittmengen oder dem „kleinsten gemeinsamen Nenner" (miss-)verstanden werden. In der Literatur verbreitete Zuschreibungen wie „wertende Rechtsvergleichung" verschleiern tendenziell, dass es im Kern um **schöpferische Rechtsfortbildung** geht.[98] Gleichwohl kommt rechtsvergleichenden Argumenten in der Praxis der Unionsgerichte eine nicht zu unterschätzende Bedeutung zu – auch wenn sich dies nicht immer in den Entscheidungsgründen widerspiegelt.

I. Haftungsbegründende Voraussetzungen

26 Nach ständiger Rechtsprechung hängt die außervertragliche Haftung der Union im Sinne von Art. 340 Abs. 2 AEUV von drei Voraussetzungen ab: nämlich der Rechtswidrigkeit des dem Unionsorgan vorgeworfenen Verhaltens, dem tatsächlichen Bestehen des Schadens und der Existenz eines Kausalzusammenhangs zwischen dem Verhalten des Organs und dem geltend gemachten Schaden.[99] Eine vierte Voraussetzung ist darin implizit enthalten, dass nämlich überhaupt ein Verhalten vorliegt, das einem Organ oder Bediensteten haftungsbegründend zugerechnet werden kann. Da diese Voraussetzungen kumulativ erfüllt sein müssen, wird die Amtshaftungsklage bereits dann als unbegründet abgewiesen, wenn auch nur eines dieser Merkmale nicht gegeben ist.[100]

27 **1. Organe und Bedienstete.** Ersatzfähig sind nach Art. 340 Abs. 2 AEUV nur Schäden, die von Organen oder Bediensteten verursacht worden sind. Der Begriff des **Organs im haftungsrechtlichen Sinne** umfasst zunächst alle Organe im Sinne des Art. 13 EUV. Er geht jedoch noch weit darüber hinaus und umfasst „alle Einrichtungen und sonstigen Stellen der Union, die mit den Verträgen oder kraft der Verträge errichtet wurden und zur Verwirklichung der Ziele der Union beitragen sollen".[101] Neben dem Europäischen Parlament, dem (Europäischen) Rat, der Kommission, dem Gerichtshof selbst und dem Rechnungshof zählen daher etwa auch die Europäische Investitionsbank,[102] der Wirtschafts- und Sozialausschuss und der Ausschuss der Regionen[103] sowie der Europäische Bürgerbeauftragte[104] zu den Organen im haftungsrechtlichen Sinne. Ebenso können die zahlreichen sekundärrechtlich errichteten Agenturen eine Haftung der Union nach Art. 340 Abs. 2 AEUV auslösen. In den Gründungsrechtsakten von Agenturen mit eigener Rechtspersönlichkeit und eigenem Budget ist häufig ein sekundärrechtlicher Haftungsanspruch gegen die Agentur selbst vorgesehen. Die schließt eine – jedenfalls subsidiäre – Haftung der Union unmittelbar aus dem Primärrecht aber nicht aus.[105] Die EZB ist ausweislich des Art. 13 Abs. 1 EUV eines der

---

[97] Schmahl ZEuS 1999, 416.
[98] Ausführlich Jacob/Kottmann in Grabitz/Hilf/Nettesheim AEUV Art. 340 Rn. 30 f.
[99] EuGH 17.12.1981 – verb. Rs. 197/80 bis 200/80, 243/80, 247/80, Slg. 1981, 3211 Rn. 18 = NJW 1982, 2722 – Ludwigshafener Walzmühle; EuGH 9.9.2008 – verb. Rs. C-120/06 P, C-121/06, Slg. 2008, I-6513 Rn. 106 = DÖV 2009, 38 – FIAMM; EuGH 16.12.2020 – C-597/18 P, ECLI:EU:2020:1028 Rn. 79 = DÖV 2021, 268 – Rat/Chrysostomides.
[100] EuGH 8.5.2003 – C-122/01 P, Slg. 2003, I-4261 Rn. 30 = BeckRS 2003, 154208 – T. Port; EuG 11.7.2007 – T-351/03, Slg. 2007, II-2237 Rn. 113 = FD-HGR 2007, 237406 – Schneider Electric; EuG 3.3.2010 – T-429/05, Slg. 2010, II-491 Rn. 39 = BeckEuRS 2010, 511544 – Artegodan.
[101] Vgl. EuGH 2.12.1992 – C-370/89, Slg. 1992, I-6211 Rn. 15 = BeckRS 2004, 76811 – Etroy; EuGH 10.4.2002 – T-209/00, Slg. 2002, II-2210 Rn. 49 – Lamberts; EuGH 16.12.2020 – C-597/18 P, ECLI: EU:2020:1028 Rn. 80 = DÖV 2021, 268 – Rat/Chrysostomides.
[102] EuGH 2.12.1992 – C-370/89, Slg. 1992, I-6211 Rn. 15 = BeckRS 2004, 76811 – Etroy.
[103] Ruffert in Calliess/Ruffert AEUV Art. 340 Rn. 8.
[104] EuGH 23.3.2004 – C-234/02 P, Slg. 2004, I-2803 Rn. 48 ff. = EuZW 2004, 436 – Lamberts.
[105] Siehe etwa Art. 110 VO (EG) Nr. 1907/2006; näher Lenaerts/Maselis/Gutman, EU Procedural Law, Rn. 11.20.

Organe der Union, indessen haftet sie nach Art. 340 Abs. 3 AEUV ausschließlich selbst. **Keine Organe** im Sinne des Art. 340 Abs. 2 AEUV sind dagegen Fraktionen des Europäischen Parlaments.[106] Ebenfalls kein Organ, sondern ein informelles Forum der Mitgliedstaaten, ist die Euro-Gruppe, auch wenn sie in Art 137 AEUV und im Protokoll Nr. 14 eine primärrechtliche Erwähnung findet. Dort gefasste Beschlüsse können jedoch mittelbar eine Haftung der Union auslösen, wenn sie anschließend durch Unionsorgane umgesetzt werden.[107] Schließlich haftet die Union auch nicht für das Verhalten internationaler Organisationen, an denen sie/und oder die Mitgliedstaaten beteiligt sind. Haftungsrelevant kann jedoch die Mitwirkung von Unionsorganen in solchen Organisationen sein.[108]

Bedienstete sind neben den Beamten alle Personen, die in einem Beschäftigungsverhältnis zur Union stehen.[109] Überdies kommt eine Haftung auch für das Handeln sonstiger Personen oder Hilfsorgane in Betracht, derer sich die Union zur Erfüllung ihrer Aufgaben bedient.[110] Hierunter fallen auch mitgliedstaatliche Behörden, die auf Weisung der Kommission belastende Entscheidungen treffen.[111] 28

2. Ausübung einer Amtstätigkeit. Zu den Haftungsmerkmalen des Art. 340 Abs. 2 AEUV zählt zunächst, dass der Schaden in Ausübung der Amtstätigkeit der genannten Organe oder Bediensteten entstanden ist. Dabei ist der Kreis des haftungsrelevanten Verhaltens denkbar weit gezogen. Neben aktivem Handeln unterfällt ihm auch das Unterlassen, soweit eine Rechtspflicht zum Handeln besteht.[112] Eine außervertragliche Haftung kommt nicht nur bei hoheitlichen Handlungen zum Tragen, sondern auch bei Handeln in Privatrechtsform[113] oder Realakten.[114] Auch unverbindliche Handlungen können eine Haftung auslösen.[115] Gleiches gilt für Maßnahmen, die ihre Rechtsgrundlage außerhalb der Unionsrechtsordnung haben, also zB in Fällen der Organleihe.[116] 29

a) Arten des haftungsbegründenden Verhaltens. Dem Begriff der Amtstätigkeit lassen sich mit dem administrativen, normativen sowie judikativen Handeln drei Arten haftungsbegründenden Verhaltens zuordnen. 30

Der Bereich des **administrativen Handelns** umfasst alle Einzelakte der Organe oder Bediensteten, zu denen neben dem Erlass oder Nichterlass von Rechtsakten auch Realakte und sonstiges faktisches Verhalten zählen.[117] Das Unterlassen einer rechtlich gebotenen Auskunftserteilung[118] oder die Nichteinhaltung der Verschwiegenheitspflicht[119] kann daher 31

---

[106] EuGH 22.3.1990 – C-201/89, Slg. 1990, I-1183 Rn. 14 f. = BeckRS 2004, 74926 – Le Pen.
[107] EuGH 16.12.2020 – C-597/18 P, ECLI:EU:C:2020:1028 Rn. 84 ff. – Rat/Chrysostomides.
[108] EuGH 20.9.2016 – verb. Rs. C-8/15 P bis C-10/15 P, ECLI:EU:C:2016:701 Rn. 54 ff. = EuZW 2016, 836 – Ledra/Kommission und EZB.
[109] Böhm in Rengeling, Handbuch zum europäischen und deutschen Umweltrecht § 12 Rn. 13.
[110] Vgl. EuGH 19.9.1985 – 33/82, Slg. 1985, 2759 Rn. 34 f. = BeckRS 2004, 70839 – Murri Fréres; Ehlers in Ehlers/Schoch, Rechtsschutz im Öffentlichen Recht, 2009, § 10 Rn. 31; Pechstein EUProzR Rn. 709.
[111] Kucsko-Stadlmayer in Mayer/Stöger EGV Art. 288 Rn. 22; Detterbeck AöR 125 (2000), 209.
[112] Vgl. nur EuGH 9.9.2008 – verb. Rs. C-120/06 P, C-121/06 P, Slg. 2008, I-6513 Rn. 178 = DÖV 2009, 38 – FIAMM; Ehlers in Ehlers/Schoch, Rechtsschutz im Öffentlichen Recht, 2009, § 10 Rn. 31 mwN.
[113] Vgl. EuGH 4.10.1991 – C-117/91, Slg. 1991, I-4837 Rn. 14, 20 – Bosman; dazu Detterbeck AöR 125 (2000), 210.
[114] Vgl. etwa EuG 11.7.2019 – T-838/16, ECLI:EU:T:2019:494 = BeckEuRS 2016, 494339 – BP/FRA.
[115] Siehe EuG 23.3.2019 – T-107/17, ECLI:EU:T:2019:353 Rn. 56 = BeckEuRS 2019, 606005 – Steinhoff/EZB; EuGH 15.9.1994 – C-146/91, Slg. 1994, I-4199 Rn. 27 ff. = BeckRS 2004, 74422 – KYDEP; EuG 26.10.1995 – T-185/94, Slg. 1995, II-2795 Rn. 40 ff. – FHOeffR 46 Nr. 609 – Geotronics.
[116] EuGH 20.9.2016 – verb. Rs. C-8/15 P bis C-10/15 P, ECLI:EU:C:2016:701 Rn. 54 ff. = EuZW 2016, 836 – Ledra/Kommission und EZB.
[117] Böhm in Rengeling, Handbuch zum europäischen und deutschen Umweltrecht § 12 Rn. 18 f.; Stotz in Rengeling, Handbuch zum europäischen und deutschen Umweltrecht § 45 Rn. 170.
[118] EuGH 9.7.1970 – 23/69, Slg. 1970, 547 Rn. 19 ff. = BeckRS 2004, 72451 – Fiehn; zum Unterlassen als die Haftung begründendes Verhalten auch 15.9.1994 – C-146/91, Slg. 1994, I-4199 Rn. 58 = BeckRS 2004, 74422 – KYDEP; EuG 26.6.2000 – verb. Rs. T-12/98, T-13/98, Slg. 2000, II-2473 Rn. 18 – Argon; EuG 10.4.2003 – T-195/00, Slg. 2003, II-1677 Rn. 143 = GRUR-Int. 2004, 54 – Travelex.
[119] EuGH 7.11.1985 – 145/83, Slg. 1985, 3539 Rn. 34 = BeckRS 2004, 71675 – Adams.

ebenso haftungsbegründend sein, wie unzutreffende Empfehlungen und Stellungnahmen, ungünstige Beurteilungen eines Beamten,[120] Rechtsverstöße bei der Beihilfeaufsicht[121] oder das pflichtwidrige Unterlassen diplomatischen Schutzes.[122] Vom administrativen ist das **normative Handeln** zu unterscheiden, dessen haftungsrechtliche Relevanz seit der grundlegenden Rechtssache *Schöppenstedt* in der Rechtsprechung des EuGH anerkannt ist.[123] Angesprochen ist hiermit der Erlass von Verordnungen und Richtlinien, aber auch von sonstigen Rechtsakten, denen eine allgemeine Geltung zukommt.[124] Zu denken ist etwa an Mitgliedstaaten gerichtete oder adressatenlose Beschlüsse, denen ein normativer Charakter zukommt.[125] Auch der Abschluss völkerrechtlicher Abkommen zählt hierzu.[126] Schließlich ist auch das **judikative Handeln** unter den Begriff der Amtstätigkeit zu subsumieren. Praktisch relevant wurde dies bislang vor allem bei Schadensersatzansprüchen wegen überlanger Verfahrensdauer.[127] Konsequenz davon ist, dass die Unionsgerichte gewissermaßen als Richter in eigener Sache tätig werden müssen. Dies mag auf den ersten Blick misslich erscheinen, kann aber auch bei nationalen Amtshaftungsansprüchen wegen judikativen Unrechts vorkommen (vgl. § 839 Abs. 2 BGB).

32 **b) Handeln in Ausübung der Amtstätigkeit.** Schon aus dem Begriff der „Amtstätigkeit", vor allem aber aus dem Umstand, dass der Schaden „in Ausübung" dieser Tätigkeit verursacht worden sein muss, folgt die Notwendigkeit einer „Konnexität" zwischen der schädigenden Handlung und der Wahrnehmung einer amtlichen Funktion.[128] Die Haftung setzt daher voraus, dass das schadensbegründende Verhalten in einem **unmittelbaren inneren Zusammenhang** mit den Aufgaben der Union steht,[129] während eine Schädigung, die „bei Gelegenheit" erfolgt oder bloß in einem räumlich-zeitlichen Zusammenhang mit der Amtstätigkeit steht, den Haftungstatbestand nicht erfüllt.[130] Relevant wurde dieses Kriterium bislang etwa im Zusammenhang mit Verkehrsunfällen von Unionsbediensteten[131] oder Mobbing am Arbeitsplatz.[132] Für Schäden, die von den Bediensteten der Union außerhalb ihrer Amtstätigkeit verursacht werden, haften sie persönlich nach dem einschlägigen nationalen Recht.[133]

33 **3. Rechtswidrigkeit.** Während der Wortlaut des Art. 340 Abs. 2 AEUV keine explizite Aussage dazu trifft, macht die ständige Rechtsprechung einen Schadensersatz auf dieser

---

[120] EuGH 16.12.1987 – 178/86, Slg. 1987, 5367 Rn. 20 ff. = BeckRS 2004, 72017 – Turner.
[121] EuG 17.2.1998 – T-107/96, Slg. 1998, II-311 = BeckRS 2008, 71139 Rn. 49 ff. – Pantochim.
[122] EuG 6.7.1995 – T-572/93, Slg. 1995, II-2025 Rn. 74 ff. – Odigitria.
[123] Vgl. nur EuGH 2.12.1971 – 5/71, Slg. 1971, 975 Rn. 11 = BeckRS 2004, 73209 – Schöppenstedt; ferner EuGH 6.6.1990 – C-119/88, Slg. 1990, I-2189 Rn. 18 = NJW 1991, 2471 – AERPO; EuGH 4.7.2000 – C-352/98 P, Slg. 2000, I-5291 Rn. 40 – Bergaderm; EuGH 9.9.2008 – verb. Rs. C-120/06 P, C-121/06 P, Slg. 2008, I-6513 Rn. 171 = DÖV 2009, 38 – FIAMM.
[124] Arnull in Heukels/McDonnel, The Action for Dammage in a Community Law Perspective, 1997, S. 135; Detterbeck AöR 125 (2000), 211.
[125] Vgl. EuGH 15.7.1963 – 25/62, Slg. 1963, 211 (240) = NJW 1963, 2246 – Plaumann.
[126] EuG 6.7.1995 – T-572/93, Slg. 1995, II-2025 Rn. 34 f. – Odigitria.
[127] Siehe etwa EuGH 26.11.2013 – C-58/12 P, ECLI:EU:C:2013:770 Rn. 83 – Groupe Gascogne/Kommission; EuGH 7.6.2018 – C-463/17 P, ECLI:EU:C:2018:411 Rn. 84 – Martin/Gerichtshof; näher Scheel, EuZW 2014, 138.
[128] Berg in Schwarze AEUV Art. 340 Rn. 32; Stotz in Rengeling, Handbuch zum europäischen und deutschen Umweltrecht § 45 Rn. 171.
[129] Vgl. EuGH 10.7.1969 – 9/69, Slg. 1969, 329 Rn. 5, 11 = BeckRS 2004, 73871 – Sayag; Jochum in Hailbronner/Wilms EGV Art. 288 Rn. 17.
[130] Kotzur in Geiger/Khan/Kotzur AEUV Art. 340 Rn. 8; Detterbeck AöR 125 (2000), 210; Schermers in Schermers/Heukels/Mead, Non-contractual liability of the Europeean Communities, 1988, S. 75.
[131] Siehe etwa EuGH 8.10.1986 – verb. Rs. 169/83 u. 136/84, Slg. 1986, 2801 Rn. 15 ff. – Leussink-Brummelhuis.
[132] Siehe EuG 13.7.2018 – T-377/17, ECLI:EU:T:2018:478 Rn. 168 = BeckRS 2018, 14991 – SQ/EIB.
[133] EuG 29.5.1995 – T-497/93, Slg. 1995, II-703 Rn. 48 – Hogan/Gerichtshof; dazu Berg in Schwarze AEUV Art. 340 Rn. 32.

Grundlage von der Rechtswidrigkeit der Amtstätigkeit abhängig,[134] auch wenn sich immer wieder offenere Aussagen finden.[135] Die Rechtswidrigkeit der Amtstätigkeit ist demnach eine notwendige, für sich betrachtet aber noch keine hinreichende Bedingung zur Aktivierung der Haftungsfolge. Vielmehr kommt eine Haftung nur in Frage, wenn die verletzte Bestimmung drittschützend und der Rechtsverstoß hinreichend qualifiziert ist.

a) Verletzung einer Schutznorm. Nach ständiger Rechtsprechung setzt Art. 340 Abs. 2 AEUV die Verletzung einer Rechtsnorm voraus, „die bezweckt, dem Einzelnen Rechte zu verleihen".[136] An diesen Schutznormcharakter werden indes keine hohen Anforderungen gestellt. Es reicht grundsätzlich aus, wenn die verletzte Norm, die in erster Linie Belange allgemeiner Art umfasst, auch individuelle Belange Interessen mitschützt.[137] Eine derartige Norm kann in den Bestimmungen des primären wie des sekundären Unionsrechts gefunden werden. So haben die Unionsgerichte neben dem Diskriminierungsverbot nach Art. 40 Abs. 2 UAbs. 2 AEUV,[138] den Grundfreiheiten[139] und den agrarpolitischen Zielen des Art. 39 Abs. 1 AEUV[140] auch die Unionsgrundrechte[141] und andere allgemeine Rechtsgrundsätze wie Vertrauensschutz[142] und Verhältnismäßigkeit[143] als Schutznormen im vorgenannten Sinne anerkannt. Aus dem Sekundärrecht haben etwa die Vorschriften zum Schutz personenbezogener Daten Schutznormcharakter.[144] Keine Schutznormen sind Aufgaben- und Befugniszuweisungen an Finanzmarktaufsichtsbehörden.[145] Der Schutznormcharakter muss gerade gegenüber dem Anspruchsteller – nicht gegenüber Dritten – bestehen.[146]

Keine Schutznormen sind dagegen Vorschriften über die Zuständigkeitsverteilung **35** zwischen der Union und den Mitgliedstaaten oder zwischen den Organen der Union.

---

[134] EuGH 28.4.1971 – 4/69, Slg. 1971, 325 Rn. 10 = BeckRS 2004, 71090 – Lütticke; EuGH 3.2.1994 – C-308/87, Slg. 1990, I-1203 Rn. 6 = BeckRS 2004, 73112 – Grifoni; EuGH 9.11.2006 – C-243/05 P, Slg. 2006, I-10833 Rn. 26 = BeckRS 2006, 137709 – Agraz; EuGH 9.9.2008 – verb. Rs. C-120/06 P, 121/06 P, Slg. 2008, I-6513 Rn. 167 = DÖV 2009, 38 – FIAMM; EuG 8.5.2007 – T-271/04, Slg. 2007, II-1375 Rn. 86 = BeckRS 2008, 70202 – Citymo SA; EuG 25.9.2019 – T-99/19, ECLI:EU:T:2019:693 Rn. 81 f. – Magnan/Kommission.

[135] Vgl. EuGH 15.6.2000 – C-237/98 P, Slg. 2000, I-4549 Rn. 53 = BeckRS 2004, 75331 – Dorsch Consult; EuG 28.4.1998 – T-184/95, Slg. 1998, II-667 Rn. 59 = BeckRS 1998, 55207 – Dorsch Consult; EuGH 25.3.2010 – C-414/08 P, Slg. 2010, I-2559 Rn. 140 f. – Sviluppo/Kommission; dazu Haack EuR 1999, 401.

[136] EuGH 4.7.2000 – C-352/98 P, Slg. 2000, I-5291 Rn. 42 – Bergaderm; 10.7.2003 – C-472/00 P, Slg. 2003, I-7541 Rn. 25 – Fresh Marine; 23.3.2004 – C-234/02 P, Slg. 2004, I-2803 Rn. 49 – Lamberts; 26.11.2013 – C-58/12 P, ECLI:EU:C:2013:770 Rn. 96 – Groupe Gascogne/Kommission.

[137] Ausführlich Jacob/Kottmann in Grabitz/Hilf/Nettesheim AEUV Art. 340 Rn. 78.

[138] EuGH 2.12.1971 – 5/71, Slg. 1971, 975 Rn. 12 = BeckRS 2004, 73209 – Schöppenstedt; EuGH 10.3.1998 – C-122/95, Slg. 1998, I-973 Rn. 62 = EuZW 1998, 243 – Deutschland/Rat.

[139] EuGH 14.7.1967 – verb. Rs. 5/66, 7/66, 13/66 bis 24/66, Slg. 1967, 331 (354 f.) = BeckRS 2004, 73204 – Kampffmeyer; EuGH 24.3.2009 – C-445/06, Slg. 2009, I-2119 Rn. 22 = DStR 2009, 703 – Danske Slagterier.

[140] EuGH 13.11.1973 – verb. Rs. 63/72 bis 69/72, Slg. 1973, 1229 Rn. 11 ff. = BeckRS 2004, 73458 – Werhahn; EuGH 2.6.1976 – verb. Rs. 56/74 bis 60/74, Slg. 1976, 711 Rn. 13 = NJW 1976, 2072 – Kampffmeyer; EuGH 15.9.1994 – C-146/91, Slg. 1994, I-4199 Rn. 60 ff. = BeckRS 2004, 74422 – KYDEP.

[141] EuGH 6.12.1984 – 59/83, Slg. 1984, 4057 Rn. 21 f. = BeckRS 2004, 73381 – Biovilac; EuGH 14.1.1987 – 281/84, Slg. 1987, 49 Rn. 25 ff. = BeckRS 2004, 72914 – Zuckerfabrik Bedburg; EuGH 7.6.2018 – C-463/17 P, ECLI:EU:C:2018:411 Rn. 11 – Martin/Gerichtshof; EuG 6.6.2019 – T-399/17, ECLI:EU:T:2019:384 Rn. 168 ff. – Dalli/Kommission.

[142] EuGH 6.1.2004 – verb. Rs. C-104/89, C-37/90, Slg. 1992, I-3061 Rn. 15 = NVwZ 1992, 1077 – Mulder; EuGH 6.12.2001 – T-43/98, Slg. 2001, II-3519 Rn. 64 = BeckRS 2001, 163356 – Emesa Sugar; EuG 8.5.2007 – T-271/04, Slg. 2007, II-1375 Rn. 108 = BeckRS 2008, 70202 – Citymo SA.

[143] EuGH 14.1.1987 – 281/84, Slg. 1987, 49 Rn. 35 ff. = BeckRS 2004, 72914 – Zuckerfabrik Bedburg; EuG 14.9.1995 – verb. Rs. T-480/93, T-483/93, Slg. 1995, II-2305 Rn. 189 = FHOeffR 46 Nr. 4304 – Antillean Rice Mills; Kotzur in Geiger/Khan/Kotzur AEUV Art. 340 Rn. 9.

[144] Vgl. EuG 11.7.2019 – T-838/16, ECLI:EU:T:2019:494 Rn. 276 ff. – BP/FRA.

[145] Vgl. EuGH 12.10.2004 – C-222/02, Slg. 2004, I-9425 Rn. 30 ff. – Paul; EuGH 4.10.2018 – C-571/16, ECLI:EU:C:2018:807 Rn. 90 ff. = WM 2019, 156 – Kantarev; EFTA-Gerichtshof 25.2.2021, E-5/20 – SMA/FMA Liechtenstein.

[146] EuG 23.5.2019 – T-107/17, ECLI:EU:T:2019:353 Rn. 77 – Steinhoff/EZB.

Verletzt ein Kompetenzverstoß jedoch zugleich eine materiell-rechtliche Bestimmung, so kann gleichwohl eine Haftung bestehen.[147] Form- und Verfahrensvorschriften, etwa die Begründungspflicht, sind ebenfalls grundsätzlich keine Schutznormen.[148] Auch den Vorgaben für die Wirtschafts- und Währungspolitik, etwa das Verbot monetärer Haushaltsfinanzierung (Art. 123 AEUV), das Verbot bevorrechtigten Zugangs (Art. 124 AEUV) und das sog. Bail-out-Verbot (Art. 125 AEUV) fehlt der Schutznormcharakter.[149] Gleiches gilt für die Aufgabe der Kommission als „Hüterin der Verträge", etwa im Rahmen von Vertragsverletzungsklagen (Art. 17 Abs. 1 EUV und Art. 258 AEUV).[150] Anderes soll jedoch gelten, wenn im Rahmen der Euro-Gruppe unionsrechtswidrige Abreden getroffen werden und die Kommission dagegen nicht vorgeht.[151]

36 **b) Hinreichend qualifizierte Verletzung.** Die Verletzung einer Schutznorm löst die Haftungsfolge nur aus, wenn sie im Einzelfall hinreichend qualifiziert ist. Dieses Kriterium wurde in Fällen einer Haftung für normatives Unrecht entwickelt,[152] ist hierauf aber nicht beschränkt,[153] sondern gelangt bei Handlungen von einzelfallbezogener Art gleichfalls zur Anwendung.[154] Seiner Funktion nach ist das Merkmal der hinreichend qualifizierten Verletzung dazu bestimmt, Behinderungen der Willensbildung der handelnden Organe zu vermeiden. Mit den Worten des EuG soll verhindert werden, dass unter dem Eindruck des Haftungsrisikos „die Fähigkeit des fraglichen Organs eingeschränkt wird, seine Befugnisse im Rahmen seiner normativen oder seiner wirtschaftlichen Entscheidungen einschließenden Tätigkeiten wie auch in der Sphäre seiner Verwaltungszuständigkeit im vollem Umfang im Allgemeininteresse auszuüben".[155] Dann aber ist für die Anwendung des Haftungskriteriums nicht die Art der jeweiligen Handlung, sondern einzig der Umstand von Belang, ob dem Organ bei seiner Tätigkeit ein Ermessens-, Gestaltungs- oder **Entscheidungsspielraum** zu Gebote steht.[156]

37 Nach ständiger Rechtsprechung ist ein Rechtsverstoß dann hinreichend qualifiziert, wenn das betreffende Unionsorgan die Grenzen, die seinem Ermessen gesetzt sind, **offenkundig und erheblich** überschritten hat.[157] Der Begriff des Ermessens erfasst im Unionsrecht sämtliche Gestaltungs-, Beurteilungs- und Entscheidungsspielräume, anders als in der

---

[147] EuGH 19.4.2012 – C-221/10 P, ECLI:EU:C:2012:216 = BeckRS 2012, 80741 Rn. 81 f. – Artegodan; hierzu Schmidt EuZW 2012, 548 f.
[148] EuGH 15.9.1982 – 106/81, Slg. 1982, 2885 Rn. 14 = BeckRS 2004, 70672 – Kind; EuGH 10.9.2019 – C-123/18 P, ECLI:EU:C:2019:694, Rn. 103 – HTTS/Rat; EuGH 6.10.2020 – C-134/19 P, E-CLI:EU:C:2020:793 Rn. 61 ff. – Bank Refah Kargaran/ Rat.
[149] Vgl. EuG 23.5.2019 – T-107/17, ECLI:EU:T:2019:353 Rn. 139 ff. – Steinhoff/EZB.
[150] EuGH 17.5.1990 – C-87/89, Slg. 1990, I-1981 Rn. 6 f., 17 – Sonito; EuGH 13.10.1992 – C-71/90, Slg. 1990, I-2182 Rn. 13 f. – Asia Motor France; EuG 14.9.1995 – T-571/93, Slg. 1995, II-2379 Rn. 60 – Lefebvre Frères; 3.7.1997 – T-201/96, Slg. 1997, II-1081 Rn. 30 – Smanor.
[151] EuGH 16.12.2020 – C-597/18 P, ECLI:EU:C:2020:1028 Rn. 96 – Rat/Chrysostomides.
[152] EuGH 25.5.1978 – verb. Rs. 83/76, 94/76, 4/77, 15/77, 40/77, Slg. 1978, 1209 Rn. 4 ff. = NJW 1978, 1742 – HNL; EuGH 6.1.2004 – verb. Rs. C-104/89, C-37/90, Slg. 1992, I-3061 Rn. 12 = NVwZ 1992, 1077 – Mulder; hierzu Berg in Schwarze AEUV Art. 340 Rn. 43 f.
[153] So aber Pache in HK-UnionsR Art. 431 Kap. III Rn. 13; Ruffert in Calliess/Ruffert AEUV Art. 340 Rn. 12 und 16.
[154] EuGH 10.12.2002 – C-312/00 P, Slg. 2002, I-11355 Rn. 55 = BeckRS 2004, 76253 – Camar und Tico; EuGH 19.4.2007 – C-282/05 P, Slg. 2007, I-2941 Rn. 48 = EuZW 2007, 434 – Holcim; EuGH 19.4.2012 – C-221/10 P, BeckRS 2012, 80741 Rn. 80 – Artegodan; Kotzur in Geiger/Khan/Kotzur AEUV Art. 340 Rn. 9; Ehlers in Ehlers/Schoch, Rechtsschutz im Öffentlichen Recht, 2009, § 10 Rn. 34 mwN.
[155] EuG 3.3.2010 – T-429/05, Slg. 2010, II-491 Rn. 55 = BeckEuRS 2010, 511544 – Artegodan; EuG 23.11.2011 – T-341/07, Slg. 2011, II-7915 Rn. 34 = BeckRS 2012, 81260 – Sison.
[156] Ausführlich Jacob/Kottmann in Grabitz/Hilf/Nettesheim AEUV Art. 340 Rn. 85.
[157] EuGH 4.7.2000 – C-352/98 P, Slg. 2000, I-5291 Rn. 43 – Bergaderm; 4.4.2017 – C-337/15 P, ECLI:EU:C:2017:256 Rn. 37 – Staelen/Bürgerbeauftragter; EuG 21.1.2014 – T-309/10, ECLI:EU:T:2014:19 Rn. 57 – Klein/Kommission; 23.9.2015 – T-206/14, ECLI:EU:T:2015:672 Rn. 37, 46 ff. – Hüpeden/Rat und Kommission; 7.10.2015 – T-79/13, ECLI:EU:T:2015:756 Rn. 67 – Accorinti/EZB; 25.9.2019 – T-99/19, ECLI:EU:T:2019:693 Rn. 76 – Magnan/Kommission.

deutschen Ermessenslehre.[158] Die Frage, ob eine offenkundige und erhebliche Überschreitung vorliegt, ist anhand aller Umstände des Einzelfalls zu beurteilen. Hierzu gehören die Komplexität des zu regelnden Sachverhalts, die Schwierigkeiten bei der Anwendung oder Auslegung der Vorschriften, das Maß an Klarheit und Genauigkeit der verletzten Bestimmungen sowie die Vertretbarkeit des gerügten Vorgehens.[159] Relevant ist auch, inwieweit das betreffende Organ komplexe technische oder wirtschaftliche Beurteilungen vornehmen oder Wertungs- und Abwägungsentscheidungen treffen musste.[160] Ein Verstoß ist jedenfalls dann hinreichend qualifiziert, wenn er entgegen einer einschlägigen Rechtsprechung fortbesteht.[161]

Verfügt das handelnde Organ im Einzelfall nicht über einen Entscheidungsfreiraum oder ist derselbe im Einzelfall in erheblichem Umfang verringert oder gar **„auf Null reduziert"**, kann nach der Rechtsprechung bereits der schlichte Verstoß gegen eine Schutznorm zur Begründung einer hinreichend qualifizierten Verletzung genügen.[162] Auch dabei besteht jedoch kein automatischer Zusammenhang.[163] Vielmehr ist auch hier der gesamte Kontext zu berücksichtigen.[164] Dies gilt insbesondere, wenn ein Verstoß gegen die (ungeschriebene) Sorgfaltspflicht im Raum steht. Die Ansicht des EuG, dass eine Haftung insoweit nur bestehe, wenn die Sorgfaltspflicht „völlig verkannt" worden sei, geht jedoch zu weit und wird vom EuGH nicht geteilt.[165] Letztlich stellt der Gerichtshof darauf ab, ob eine durchschnittlich umsichtige und sorgfältige Behörde unter ähnlichen Umständen den fraglichen Rechtsverstoß nicht begangen hätte.[166] 38

c) Keine Haftung für rechtmäßiges Verhalten. Die Rechtsprechung hat bislang keine Haftung für rechtmäßiges Verhalten der Unionsorgane anerkannt. Deutete sich in einzelnen Entscheidungen an, dass eine solche Haftung jedenfalls dann in Erwägung gezogen wird, wenn der Geschädigte einen außergewöhnlichen und besonderen Schaden erlitten hat,[167] lehnte der EuGH dieses Institut in einem **Urteil der Großen Kammer** vom 9.9.2008 entschieden ab.[168] Die gegenteilige erstinstanzliche Entscheidung des EuG wurde so korrigiert. Auch die Schlussanträge des Generalanwalts, die sich für die Anerkennung 39

---

[158] Craig EU Administrative Law, 2. Aufl. 2012, S. 404; Schwarze, Europäisches Verwaltungsrecht, 2. Aufl. 2005, 280 f.
[159] EuGH 10.9.2019 – C-123/18 P, ECLI:EU:C:2019:694 Rn. 43 – HTTS/Rat; EuG 23.11.2011 – T-341/07, ECLI:EU:T:2011:687 Rn. 40 – Sison/Rat.
[160] EuG 2.3.2010 – T-16/04, Slg. 2010, II-211 Rn. 143 – Arcelor; 7.10.2015 – T-79/13, ECLI:EU:T:2015:756 Rn. 68 – Accorinti/EZB; 13.7.2018 – T-680/13, ECLI:EU:T:2018:486 Rn. 291 – Chrysostomides/Rat.
[161] EuGH 19.4.2007 – C-282/05 P, Slg. 2007, I-2941 Rn. 50 f. – Holcim; EuG 9.9.2008 – T-212/03, Slg. 2008, II-1967 Rn. 38 ff. – MyTravel Group; T-341/07, Slg. 2011, II-7915 Rn. 40 – Sison/Rat.
[162] EuGH 4.7.2000 – C-424/97, Slg. 2000, I-5123 Rn. 38 = NVwZ 2001, 903 – Haim; EuGH 16.7.2009 – C-440/07 P, Slg. 2009, I-6413 Rn. 160 = BeckEuRS 2009, 500978 – Schneider Electric; EuG 3.3.2010 – T-429/05, Slg. 2010, II-491 Rn. 58 = BeckEuRS 2010, 511544 – Artegodan; EuG 19.3.2010 – T-42/06, Slg. 2010, II-1135 Rn. 93 = BeckRS 2011, 81267 – Gollnisch.
[163] EuG 3.3.2010 – T-429/05, Slg. 2010, II-491 Rn. 59 – Artegodan; 23.11.2011 – T-341/07, Slg. 2011, II-7915 Rn. 36 – Sison/Rat;
[164] Ebenso Lenaerts/Maselis/Gutman, EU Procedural Law, Rn. 11.61; GA Ćapeta 6.7.2023 SchlA – C-122/22 P, ECLI:EU:C:2023:552 Rn. 58 ff. – Dyson ua/ Kommission.
[165] Vgl. EuGH 4.4.2017 – C-337/15 P, ECLI:EU:C:2017:256 Rn. 41 – Staelen/Europ. Bürgerbeauftragter; EuG 23.9.2015 – T-206/14, ECLI:EU:T:2015:672 Rn. 48 – Hüpeden/Rat u. Kom.; 23.9.2015 – T-205/14, ECLI:EU:T:2015:673 Rn. 55 – Schroeder/Rat u. Kom.
[166] EuG 11.7.2007 – T-351/03, Slg. 2007, II-2237 Rn. 118 ff. – Schneider; 3.3.2010 – T-429/05, Slg. 2010, II-491 Rn. 62 – Artegodan/Kom.; 23.11.2011 – T-341/07, Slg. 2011, II-7915 Rn. 39 – Sison/Rat; EuGH 4.4.2017 – C-337/15 P, ECLI:EU:C:2017:256 Rn. 34 – Staelen/Europ. Bürgerbeauftragter; 10.9.2019 – C-123/18 P, ECLI:EU:C:2019:694 Rn. 43 – HTTS/Rat.
[167] In dieser Hinsicht EuGH 15.6.2000 – C-237/98 P, Slg. 2000, I-4549 Rn. 53 = BeckRS 2004, 75331 – Dorsch Consult; EuG 28.4.1998 – T-184/95, Slg. 1998, II-667 Rn. 59 = BeckRS 1998, 55207 – Dorsch Consult; vgl. auch EuG 10.4.2003 – T-195/00, Slg. 2003, II-1677 Rn. 161 ff. = GRUR-Int. 2004, 54 – Travelex; Haack EuR 1999, 395 (401).
[168] EuGH 9.9.2008 – verb. Rs. C-120/06 P, C-121/06 P, Slg. 2008, I-6513 Rn. 161 = DÖV 2009, 38 – FIAMM; hierzu Verlage EuZW 2009, 9 (11).

einer Rechtmäßigkeitshaftung aussprachen und dafür ua die deutsche Sonderopferlehre und vergleichbare Rechtsinstitute des französischen Rechts anführten, vermochten den Gerichtshof nicht zu überzeugen.[169] In der Folge scheint die vormals intensive rechtswissenschaftliche Diskussion mittlerweile etwas abgeflaut. Ob sich das Thema allerdings umfassend und endgültig erledigt hat, ist freilich weniger gewiss. So ließen **spätere Urteile** wieder offen, „ob die Haftung der Union für einen durch rechtmäßiges Handeln verursachten Schaden unter Umständen wie denen des vorliegenden Falles ausgelöst werden kann".[170] Klar ist allerdings, dass das Institut der Haftung für rechtmäßiges Verhalten, auch wenn es dem Grunde nach anerkannt würde, nur unter (sehr) restriktiven Voraussetzungen und damit allenfalls in Ausnahmefällen zur Anwendung käme.[171]

40 **4. Kein Verschuldenserfordernis.** Während der Gerichtshof in einer ersten Phase seiner Rechtsprechung der Frage des Verschuldens noch eine gewisse Bedeutung zuerkannte,[172] verzichtete er in späteren Urteilen darauf. Eines Verschuldens bedarf es daher nicht, um die Haftung der Union (bzw. der EZB) auszulösen.[173] Dennoch spielen subjektive Elemente, die etwa im deutschen Amtshaftungsrecht üblicherweise bei der Frage des Verschuldens erörtert werden, bei der Beurteilung des Rechtsverstoßes und namentlich bei der Beantwortung der Frage eine Rolle, ob eine hinreichend qualifizierte Verletzung einer Schutznorm vorliegt.[174]

41 **5. Schaden.** Als Schaden im Sinne von Art. 340 Abs. 2 AEUV lässt sich **jede Einbuße** betrachten, die der Betroffene durch ein bestimmtes Ereignis an seinem Vermögen oder an seinen sonstigen rechtlich geschützten Gütern erleidet.[175] Neben Schäden an Leben, Gesundheit und Eigentum umfasst der Begriff jeden Vermögensschaden. Hierzu gehört auch der entgangene Gewinn, sofern er nicht auf „spekulativen Faktoren" beruht.[176] Es geht daher nicht bloß um Einbußen im Sinne einer Minderung des vorhandenen Vermögens, sondern auch um das Ausbleiben einer Vermögenssteigerung, die ohne das schädigende Ereignis eingetreten wäre. An die Geltendmachung eines solchen Schadens werden allerdings erhöhte Anforderungen gestellt;[177] namentlich muss der Geschädigte hinreichend substantiiert darlegen, dass die Voraussetzungen für den entgangenen Gewinn bereits vor der Verletzungshandlung erfüllt waren.[178] Als ersatzfähiger Schaden werden überdies immaterielle Einbußen anerkannt.[179] Das gilt namentlich in Fällen, in denen Betroffene psy-

---

[169] Vgl. GA Maduro 20.2.2008 SchlA – verb. Rs. C-120/06 P, C-121/06 P, Slg. 2008, I-6513 Rn. 62 f. = DÖV 2009, 38 – FIAMM.
[170] EuGH 25.3.2010 – C-414/08 P, Slg. 2010, I-2559 Rn. 141 = BeckRS 2010, 90385 – Sviluppo Italia; vgl. auch EuG 8.2.2010 – T-481/08, Slg. 2010, II-117 Rn. 88 = BeckRS 2011, 87399 – Alisei.
[171] Näher Jacob/Kottmann in Grabitz/Hilf/Nettesheim AEUV Art. 340 Rn. 109 ff.
[172] EuGH 14.7.1967 – verb. Rs. 5/66, 7/66, 13/66 bis 24/66, Slg. 1967, 331 Rn. 26, 74 = BeckRS 2004, 73204 – Kampffmeyer.
[173] Augsberg in von der Groeben/Schwarze/Hatje AEUV Art. 340 Rn. 54; Böhm in Schulze/Janssen/Kadelbach, Europarecht, § 12 Rn. 43; Jacob/Kottmann in Grabitz/Hilf/Nettesheim AEUV Art. 340 Rn. 130.
[174] EuG 26.1.2006 – T-364/03, Slg. 2006, II-79 Rn. 79, 87 = BeckRS 2006, 70075 – Medici Grimm; EuG 3.3.2010 – T-429/05, Slg. 2010, II-491 Rn. 62 = BeckEuRS 2010, 511544 – Artegodan; entsprechend zur außervertraglichen Haftung der Mitgliedstaaten wegen Verletzung europäischen Rechts auch EuGH 4.7.2000 – C-424/97, Slg. 2000, I-5123 Rn. 41 ff. = NVwZ 2001, 903 – Haim.
[175] Terhechte in FK-EUV/GRC/AEUV Art. 340 AEUV Rn. 37; Pechstein EU-ProzessR Rn. 730; Kotzur in Geiger/Khan/Kotzur AEUV Art. 340 Rn. 7.
[176] EuGH 14.7.1967 – verb. Rs. 5/66, 7/66, 13/66 bis 24/66, Slg. 1967, 331 (358) = BeckRS 2004, 73204 – Kampffmeyer; EuGH 6.1.2004 – verb. Rs. C-104/89, C-37/90, Slg. 2000, I-203 Rn. 59 ff. = NVwZ 1992, 1077 – Mulder; EuGH 27.11.2007 – verb. Rs. T-3/00, T-337/04, Slg. 2007, II-4779 Rn. 319 = BeckRS 2008, 70204 – Pitsiorlas.
[177] EuGH 14.7.1967 – verb. Rs. 5/66, 7/66, 13/66 bis 24/66, Slg. 1967, 331 (358) = BeckRS 2004, 73204 – Kampffmeyer; Ossenbühl in Rengeling, Handbuch zum europäischen und deutschen Umweltrecht I § 42 Rn. 62.
[178] Detterbeck AöR 125 (2000), 202 (216).
[179] EuGH 7.11.1985 – 145/83, Slg. 1985, 3539 Rn. 53 = BeckRS 2004, 71675 – Adams; EuGH 14.3.1998 – C-259/96 P, Slg. 1998, I-2915 Rn. 25 f. = BeckRS 2004, 75768 – De Nil; EuG 17.12.1998 – T-203/96, Slg. 1998, II-4239 Rn. 108 – Embassy Limousines; EuG 27.11.2007 – verb. Rs. T-3/00, T-337/04,

chische Beeinträchtigungen infolge eines rechtswidrigen Handelns erleiden.[180] Dagegen stellen Anwaltskosten, die aus Anlass eines Verfahrens vor dem Europäischen Bürgerbeauftragten angefallen sind, keinen ersatzfähigen Schaden dar, weil es sich dabei um ein freiwilliges Vermögensopfer handelt.[181] Anwaltskosten, die in Verfahren der Unionsgerichtsbarkeit anfallen, werden von dem prozessualen Kostenerstattungsanspruch umfasst und können nicht im Wege einer außervertraglichen Haftung geltend gemacht werden.[182]

Der im Einzelfall geltend gemachte Schaden muss **tatsächlich und sicher,** d. h. entweder bereits eingetreten sein, oder aber zumindest unmittelbar bevorstehen. Demgegenüber muss seine genaue Höhe noch nicht feststehen.[183] Rein hypothetische Schäden begründen kein Recht auf Schadensersatz.[184] Eintritt und Umfang des Schadens nachzuweisen obliegt nach ständiger Rechtsprechung dem Anspruchsteller.[185] Dabei werden strenge Anforderungen gestellt. Bloße Mutmaßungen genügen zum Nachweis eines Schadens ebenso wenig[186] wie der Verweis auf globale Zahlen und Statistiken.[187] 42

6. Kausalität. Zwischen dem Schaden und dem rechtswidrigen Verhalten eines Organs muss ein **unmittelbarer ursächlicher Zusammenhang** bestehen.[188] Demnach führt nicht jede noch so entfernte nachteilige Folge einer rechtswidrigen Handlung zu einem Schadensersatzanspruch.[189] Insoweit liegt der im Schrifttum gezogene Vergleich mit der Adäquanztheorie des deutschen und österreichischen Haftungsrechts nahe.[190] Darüber hinaus muss der Schaden gerade auf dem rechtswidrigen Organhandeln beruhen.[191] Dieser **Zurechnungszusammenhang** fehlt etwa, wenn der Schaden auch bei rechtmäßigem Handeln des betreffenden Organs hätte eintreten können.[192] Dementsprechend führt ein Verstoß gegen die Begründungspflicht regelmäßig nicht zu einer Haftung nach Art. 340 43

Slg. 2007, II-4779 Rn. 324 = BeckRS 2008, 70204 – Pitsiorlas; Ruffert in Calliess/Ruffert AEUV Art. 340 Rn. 30; Chalmers/Davies/Monti, European Union Law, 2006, p. 436.
[180] Siehe EuGH 8.10.1986 – verb. Rs. 169/83, 136/84, Slg. 1986, 2801 Rn. 19 = FHOeffR 40 Nr. 4256 – Leussink; EuGH 13.12.2018 – C-150/17 P, ECLI:EU:C:2018:1014 Rn. 111 f. – EU/Kendrion; EuG 11.7.2019 – T-838/16, ECLI:EU:T:2019:494 Rn. 352 – BP/FRA.
[181] EuGH 28.6.2007 – C-331/05 P, Slg. 2007, I-5475 Rn. 27 = BeckRS 2007, 70445 – Internationaler Hilfsfonds.
[182] EuG 20.1.2010 – verb. Rs. T-252/07, T-271/07, T-272/07, Slg. 2010, II-55 Rn. 69 = BeckEuRS 2010, 508826 – Sungro SA.
[183] EuGH 14.10.2014 – C-611/12 P, ECLI:EU:C:2014:2282 Rn. 36, 40 – Giordano/Kommission; 3.5.2018 – C-376/16 P, ECLI:EU:C:2018:299 Rn. 91 – EUIPO/European Dynamics.
[184] EuG 11.7.1997 – T-267/94, Slg. 1997, II-1239 Rn. 72 f. = FHOeffR 48 Nr. 1839 – Oleifici Italiani; EuG 28.4.2010 – T-452/05, Slg. 2010, II-1373 Rn. 165 = BeckRS 2010, 90510 – Belgian Sewing Thread.
[185] Vgl. nur EuGH 16.9.1997 – C-362/95 P, Slg. 1997, I-4775 Rn. 31 = BeckRS 2004, 76750 – Blackspur; EuGH 9.11.2006 – C-243/05 P, Slg. 2006, I-10833 Rn. 27 = BeckRS 2006, 137709 – Agraz.
[186] EuG 13.12.1996 – T-230/94, Slg. 1996, II-195 Rn. 42 ff. – Farrugia.
[187] Vgl. EuGH 27.1.2000 – verb. Rs. C-104/89, C-37/90, Slg. 2000, I-203 Rn. 73 ff. = NVwZ 1992, 1077 – Mulder.
[188] EuGH 4.10.1979 – verb. Rs. 64/76, 113/76, 167/78, 239/78, 27/79, 28/79, 45/79, Slg. 1979, 3091 Rn. 21 = BeckRS 2004, 73475 – Dumortier Frères; EuGH 30.1.1992 – verb. Rs. C-363/88, C-64/88, Slg. 1992, I-359 Rn. 25 = BB 1993, 860 – Finsider; EuGH 28.6.2007 – C-331/05 P, Slg. 2007, I-5475 Rn. 23 = BeckRS 2007, 70445 – Internationaler Hilfsfonds; EuG 13.2.2003 – T-333/01, Slg. 2003, II-117 Rn. 32 = BeckRS 2007, 70956 – Meyer; EuG 27.11.2007 – verb. Rs. T-3/00, T-337/04, Slg. 2007, II-4779 Rn. 292 = BeckRS 2008, 70204 – Pitsiorlas; EuG 28.4.2010 – T-452/05, Slg. 2010, II-1373 Rn. 166 = BeckRS 2010, 90510 – Belgian Sewing Thread.
[189] EuGH 22.3.1977 – verb. Rs. 74/76, 113/76, 167/78, 239/78, 27/79, 28/79, 45/79, Slg. 1979, 3091 Rn. 21 = BeckRS 2004, 73475 – Dumortier frères; EuGH 18.3.2010 C-419/08 P, Slg. 2010, I-2259 Rn. 53 – Trubowest.
[190] Ruffert in Calliess/Ruffert AEUV Art. 340 Rn. 27; Augsberg in von der Groeben/Schwarze/Hatje AEUV Art. 340 Rn. 40; Böhm in Schulze/Janssen/Kadelbach, Europarecht, § 12 Rn. 38.
[191] Vgl. EuGH 7.7.1998 – C-401/96 P, Slg. 1998, I-2587 Rn. 71 = GRUR-Int. 2007, 718 – Somaco; EuG 18.9.1995 – T-168/94, Slg. 1995, II-2627 Rn. 40 = FHOeffR 46 Nr. 4235 – Blackspur; EuG 24.4.2002 – T-220/96, Slg. 2002, II-2268 Rn. 41 = EuZW 2004, 444 – EVO; EuG 8.5.2007 – T-271/04, Slg. 2007, II-1375 Rn. 159 = BeckRS 2008, 70202 – Citymo SA.
[192] EuG 11.7.2007 – T-351/03, ECLI:EU:T:2007:212 Rn. 263 ff. – Schneider Electric/Kommission.

Abs. 2 AEUV, da nicht feststeht, dass der Schaden bei ordnungsgemäßer Begründung ausgeblieben wäre.[193] Weiter kann der Zurechnungszusammenhang zwischen dem beanstandeten Verhalten und dem geltend gemachten Schaden infolge des eigenen Verhaltens des Geschädigten[194] oder durch **Dazwischentreten eines Dritten,**[195] etwa eines Mitgliedstaats,[196] unterbrochen werden. Nimmt der Geschädigte wirtschaftliche Risiken auf sich, gegen die er sich selbst hätte schützen können,[197] unterbricht dies den Kausalzusammenhang ebenso wie die Entscheidung eines Kunden, den Einkauf zu zentralisieren und die Geschäftsbeziehung zum Geschädigten zu beenden,[198] oder das Fehlverhalten eines Mitgliedstaates, das die eigentliche Ursache eines Schaden darstellt.[199]

II. Rechtsfolge: Schadensersatz

44 **1. Art der Ersatzleistung.** In der Praxis wird in den weitaus meisten Fällen **Schadensersatz in Geld** beantragt und zugesprochen. Nach der Rechtsprechung kommt jedoch auch eine **Naturalrestitution** in Betracht.[200] Hierfür spricht nicht zuletzt der Gegenschluss aus Art. 40 EGKSV. Insofern kann über Art. 340 Abs. 2 AEUV grundsätzlich auch die Vornahme oder Unterlassung eines Realakts verlangt werden, was das Fehlen einer Leistungs- und Unterlassungsklage im EU-Rechtsschutzsystem teilweise kompensiert.[201] Der „Schadensersatz" kann jedoch prinzipiell nicht in der Aufhebung oder im Erlass eines Rechtsakts bestehen, weil dies zu einer Umgehung der Zulässigkeitsvoraussetzungen der Nichtigkeits- bzw. Untätigkeitsklage führen würde.[202]

45 **2. Umfang des Ersatzanspruchs.** Soweit es den Umfang des Ersatzanspruchs anbelangt, erfolgt dessen Berechnung anhand der **Differenzhypothese.**[203] Der zu ersetzende Schaden beurteilt sich daher anhand eines Vergleichs des tatsächlichen Zustandes mit jenem Zustand, der bestünde, wenn das schädigende Ereignis nicht eingetreten wäre. Grundsätzlich wird der eingetretene Schaden vollständig ersetzt. Hat das Schadensereignis für den Geschädigten neben den Nachteilen auch Vorteile gebracht, muss er sich diese im Wege der **Vorteilsausgleichung** anrechnen lassen.[204] Ein **mitwirkendes Verschulden** des Geschädigten findet im Rahmen der Bemessung des Ersatzanspruchs Berücksichtigung und kann – je nach dem Maß der Mitverantwortung – zur Minderung oder gar zum vollständigen

---

[193] EuG 9.9.2010 – T-300/07, Slg. 2010, II-4521 Rn. 144 = BeckRS 2010, 91071 – Evropaiki Dynamiki.
[194] EuGH 18.3.2010 – C-419/08 P, Slg. 2010, I-2259 Rn. 61 = BeckRS 2010, 90339 – Trubowest; EuG 8.5.2007 – T-271/04, Slg. 2007, II-1375 Rn. 179 = BeckRS 2008, 70202 – Citymo SA.
[195] EuG 28.4.2010 – T-452/05, Slg. 2010, II-1373 Rn. 177 f. = BeckRS 2010, 90510 – Belgian Sewing Thread.
[196] EuGH 28.6.2007 – C-331/05 P, Slg. 2007, I-5475 Rn. 24 = BeckRS 2010, 90510 – Internationaler Hilfsfonds.
[197] EuGH 4.2.1975 – 169/73, Slg. 1975, 117 Rn. 22, 23 = BeckRS 2004, 71920 – Compagnie Continentale; EuGH 29.9.1982 – 26/81, Slg. 1982, 3057 Rn. 23 = BeckRS 2004, 72723 – Oleifici Mediterranei.
[198] EuG 28.4.2010 – T-452/05, Slg. 2010, II-1373 Rn. 177 f. = BeckRS 2010, 90510 – Belgian Sewing Thread.
[199] Vgl. EuGH 10.5.1978 – 132/77, Slg. 1978, 1061 Rn. 23, 27 = BeckRS 2004, 71532 – Exportation des Sucres; EuGH 17.12.1981 – verb. Rs. 197/80 bis 200/80, 243/80, 245/80, 247/80, Slg. 1981, 3211 Rn. 54 f. = NJW 1982, 2722 – Ludwigshafener Walzmühle.
[200] EuG 16.12.2010 – T-19/07, Slg. 2010, II-6083 Rn. 120 f. – Systran; 10.5.2006 – T-279/03, Slg. 2006, II-1291 Rn. 63 ff. – Galileo International Technology/Kommission; Lenaerts/Maselis/Gutman Rn. 11.69; Augsberg in von der Groeben/Schwarze AEUV Art. 340 Rn. 60; aA Gellermann in der Vorauflage, § 9 Rn. 44.
[201] Vgl. EuG 10.5.2006 – T-279/03, Slg. 2006, II-1291 Rn. 70 f. – Galileo International Technology/Kommission; näher Rademacher, ZÖR 2016, 331.
[202] EuG 8.5.2019 – T-330/18, ECLI:EU:T:2019:324 Rn. 65 ff. – Carvalho ua/ Parlament und Rat.
[203] EuGH 27.1.2000 – verb. Rs. C-104/89, C-37/90, Slg. 2000, I-203 Rn. 59 ff. = NVwZ 1992, 1077 – Mulder; EuGH 13.7.2005 – T-260/97, Slg. 2005, I-2741 Rn. 97 ff. = BeckRS 2005, 70519 – Camar.
[204] EuGH 19.5.1992 – verb. Rs. C-104/89, C-37/90, Slg. 1992, I-3094 Rn. 33 = NVwZ 1992, 1077 – Mulder.

Ausschluss des Anspruchs führen.[205] Den Geschädigten trifft eine Pflicht zur **Schadensminderung,** deren Nichtbeachtung die genannten Folgen nach sich ziehen kann. Er ist gehalten, durch Einlegung geeigneter Rechtsbehelfe unionsrechtlicher oder nationaler Provenienz den Schadenseintritt zu verhindern.[206] Auf die Höhe des Ersatzanspruchs wirkt sich dies aber nur aus, wenn die Inanspruchnahme gerichtlichen Rechtsschutzes zumutbar ist. Soweit die Unionsgerichte mitunter dazu neigen, Möglichkeiten der **Schadensabwälzung** auf Dritte anspruchsmindernd zu berücksichtigen,[207] sieht sich dies zu Recht der Kritik ausgesetzt, zumal sich die Union für ihre Rechtsverstöße auf Kosten Unbeteiligter entlastet.[208]

3. Verzinsung. In Übereinstimmung mit den allgemeinen Rechtsgrundsätzen, die den Rechtsordnungen der Mitgliedstaaten gemeinsam sind, haben die Unionsgerichte einen Anspruch auf Verzinsung des Entschädigungsbetrages ab dem Zeitpunkt des Urteilserlasses anerkannt.[209] Während der EuGH den Zinsanspruch ursprünglich meist mit 8% p. a. bemaß, sofern die ersatzfähige Zinshöhe nicht durch einen niedrigeren Antrag begrenzt war,[210] greift die jüngere Rechtsprechung des EuG – vorbehaltlich eines dahinter zurückbleibenden Antrags – auf den um zwei Prozentpunkte erhöhten Jahreszinssatz der Europäischen Zentralbank für die wichtigsten Refinanzierungsoperationen zurück.[211] Der Zinsanspruch entsteht mit der Verkündung des Urteils, soweit dort eine Schadensersatzpflicht der Union festgestellt wurde. 46

D. Die abschließende Entscheidung

Wird die Union zur Zahlung verurteilt, ergeht die stattgebende Entscheidung in Form eines Leistungsurteils, welches gem. Art. 280 AEUV iVm Art. 299 AEUV vollstreckbar ist.[212] Wird die Haftung der Union lediglich dem Grunde nach beantragt, ergeht die Entscheidung in Form eines nicht vollstreckbaren Feststellungsurteils.[213] Da der Schadensersatz regelmäßig in Geld festgesetzt wird, wird mit dem Urteil vom Gerichtshof zugleich auch ein Zinsanspruch zuerkannt.[214] In der Praxis der Unionsgerichte bleibt die Bestimmung des zu zahlenden Betrages in der Regel den Parteien überantwortet. Kann über die Höhe des Schadens noch nicht befunden werden, wird in einem ersten Verfahrensschritt ein Grundurteil über die Haftung der Union erlassen;[215] erst wenn sich die Parteien über die Höhe der Ersatzleistung innerhalb einer ihnen gesetzten Frist nicht verständigen können, trifft das Gericht selbst die Entscheidung über den konkreten Schadensersatzbetrag in einem Endurteil.[216] 47

---

[205] Vgl. EuGH 7.11.1985 – 145/83, Slg. 1985, 3539 = BeckRS 2004, 71675 Rn. 50 – Adams; EuGH 27.3.1990 – C-308/87, Slg. 1990, I-1203 Rn. 17 = BeckRS 2004, 73112 – Grifoni.
[206] Eing. Detterbeck AöR 125 (2000), 202 (220 ff.); Ossenbühl in Rengeling, Handbuch zum europäischen und deutschen Umweltrecht I § 42 Rn. 70.
[207] Vgl. nur EuGH 4.10.1979 – 238/78, Slg. 1979, 2955 Rn. 14 = BeckRS 2004, 72525 – Ireks Arkady; Ruffert in Calliess/Ruffert AEUV Art. 340 Rn. 32 mwN.
[208] Dazu Berg in Schwarze AEUV Art. 340 Rn. 70; Herdegen, Die Haftung der Europäischen Wirtschaftsgemeinschaft für fehlerhafte Rechtsetzungsakte, 1983, S. 142.
[209] EuGH 26.6.1990 – C-152/88, Slg. 1990, I-2477 Rn. 31 = BeckRS 2004, 71774 – Sofrimport; EuGH 19.5.1992 – verb. Rs. C-104/89, C-37/90, Slg. 1992, I-3061 Rn. 35 = NVwZ 1992, 1077 – Mulder; ausf. van Casteren in Heukels/McDonnel, The Action for Dammage in a Community Law Perspective, 1997, S. 199 ff.
[210] EuGH 26.6.1990 – C-152/88, Slg. 1990, I-2477 Rn. 30 = BeckRS 2004, 71774 – Sofrimport; Ruffert in Calliess/Ruffert EGV Art. 288 Rn. 31 mwN.
[211] EuG 28.2.2002 – T-134/00, Slg. 2002, II-3909 Rn. 78 – Fuchs; EuG 8.5.2007 – T-271/04, Slg. 2007, II-1375 Rn. 185 = BeckRS 2008, 70202 – Citymo SA.
[212] Ehlers in Ehlers/Schoch, Rechtsschutz im Öffentlichen Recht, 2009, § 10 Rn. 40; Stotz in Rengeling, Handbuch zum europäischen und deutschen Umweltrecht, Bd. I, 2. Aufl. 2003, § 45 Rn. 183.
[213] Kotzur in Geiger/Khan/Kotzur AEUV Art. 268 Rn. 9; Pechstein EU-ProzessR Rn. 737.
[214] EuGH 26.6.1990 – C-152/88, Slg. 1990, I-2477 – Sofrimport.
[215] Vgl. nur EuGH 19.5.1992 – C-104/89, C-37/90, Slg. 1992, I-3061 Rn. 37 = NVwZ 1992, 1077 – Mulder; EuG 31.1.2001 – T-76/94, Slg. 2001, II-243 Rn. 102 – Jansma.
[216] Näher Jacob/Kottmann in Grabitz/Hilf/Nettesheim AEUV Art. 268 Rn. 5.

Dritter Abschnitt. Zwischen- und Inzidentverfahren

§ 10 Das Vorabentscheidungsverfahren

Übersicht

	Rn.
A. Allgemeines	1
I. Bedeutung	1
II. Wesen	5
III. Funktionen	8
1. Einheitliche Auslegung und Anwendung	9
2. Fortentwicklung des Unionsrechts	11
3. Individualrechtsschutz	13
IV. Statistisches	15
V. Rechtsgrundlagen	18
B. Zulässigkeit	20
I. Zuständigkeit	21
II. Vorlageberechtigung	24
III. Vorlagegegenstand	35
1. Auslegungsfragen	36
a) Auslegung der Verträge	36
b) Auslegung von Handlungen der Organe	40
2. Gültigkeitsfragen	44
a) Handlungen der Organe	44
b) Bestandskraft/Verhältnis zur Nichtigkeitsklage	48
IV. Entscheidungserheblichkeit	50
1. Anhängiger Ausgangsrechtsstreit	51
2. Entscheidungserhebliche Vorlagefrage	54
V. Vorabentscheidungsersuchen	56
1. Vorlagefragen	57
2. Begründung	62
C. Vorlagepflicht	65
I. Vorlagepflicht letztinstanzlicher Gerichte	66
1. Verpflichtete Gerichte	67
2. Ausnahmen von der Vorlagepflicht	71
II. Vorlagepflicht für Gültigkeitsfragen	76
III. Durchsetzung der Vorlagepflicht	80
1. Vertragsverletzungsverfahren	81
2. Staatshaftung	83
3. Verfassungsbeschwerde	85
4. Menschenrechtsbeschwerde	89
D. Verfahren	90
I. Verfahren auf nationaler Ebene	91
1. Vorlage von Amts wegen	91
2. Vorlagebeschluss	94
3. Bestand des Vorlagebeschlusses	98
II. Verfahren vor dem Gerichtshof	102
1. Behandlung des Vorabentscheidungsersuchens	102
2. Schriftliches Verfahren	107
3. Mündliches Verfahren	113
4. Beschleunigtes Verfahren und Eilvorabentscheidungsverfahren	117
a) Beschleunigtes Verfahren	118
b) Eilvorabentscheidungsverfahren	122
E. Die Vorabentscheidung	126
I. Auslegungsentscheidungen	127
1. Bindungswirkung im Ausgangsverfahren	127

	Rn.
2. Bindungswirkung erga omnes	130
3. Zeitliche Wirkung	132
II. Gültigkeitsentscheidungen	135
III. Kosten und Prozesskostenhilfe	137

Schrifttum:

Allkemper, Wege zur Verbesserung des Individualrechtsschutzes im Vorabentscheidungsverfahren nach Art. 177 EG-Vertrag, EWS 1994, 253 ff.; Baudenbacher, Das Vorabentscheidungsverfahren im EFTA-Pfeiler des EWR, EuR 2013, 504; Baumeister, Effektiver Individualrechtsschutz im Gemeinschaftsrecht, EuR 2005, 1 ff.; Beckmann, Probleme des Vorabentscheidungsverfahrens nach Art. 177 EWG-Vertrag, 1988; Bergmann, Vorabentscheidungsverfahren nach dem EU-Reformvertrag von Lissabon, ZAR 2011, 41 ff.; Britz, Verfassungsrechtliche Effektuierung des Vorabentscheidungsverfahrens, NJW 2012, 1313 ff.; Broberg/Fenger, Das Vorabentscheidungsverfahren vor dem Gerichtshof der Europäischen Union, 2014; Broberg/Fenger, If You Love Somebody Set Them Free: On The Court Of Justice's Revision Of The Acte Clair Doctrine, CMLRev 59 (2022), 711; Clausnitzer, Die Vorlagepflicht an den EuGH – Zum (mangelnden) Rechtsschutz gegen Verstöße letztinstanzlicher Gerichte, NJW 1989, 641 ff.; Dauses, Das Vorabentscheidungsverfahren nach Art. 177 EGV, 2. Aufl. 1995; Dörr, Das beschleunigte Vorabentscheidungsverfahren im Raum der Freiheit, der Sicherheit und des Rechts, EuGRZ 2008, 349 ff.; Everling, Das Vorabentscheidungsverfahren vor dem Europäischen Gerichtshof, 1986; Fastenrath, Pflicht unterinstanzlicher nationaler Gerichte zur Einleitung eines Vorabentscheidungsverfahrens, JA 1986, 284; Fastenrath, BVerfG verweigert willkürlich die Kooperation mit dem EuGH, NJW 2009, 272 ff.; Foerster, Vorabentscheidungsersuchen nach Art. 267 AEUV und Anhängigkeit derselben Rechtsfrage am EuGH, EuZW 2011, 901 ff.; Füßer, Durchsetzung der Vorlagepflicht zum EuGH gem. Art. 234 Abs. 3 EG, DVBl 2001, 1574 ff.; Füßer/Höher, Das „parallele Vorabentscheidungsverfahren": Zulässigkeit und Grenzen der Beweiserhebung während eines Verfahrens gem. Art. 234 EGV, EuR 2001, 784 ff.; Glaesner, Die Vorlagepflicht unterinstanzlicher Gerichte im Vorabentscheidungsverfahren, EuR 1990, 143 ff.; Germelmann, Wie weit reicht die Wirkung von Ungültigerklärungen im Vorabentscheidungsverfahren?, EuR 2009, 254 ff.; Gervasoni, CJUE et cours suprêmes: repenser les termes du dialogue des juges?, AJDA 2019, 150; Glaesner, Die Vorlagepflicht unterinstanzlicher Gerichte im Vorabentscheidungsverfahren, EuR 1990, 143 ff.; Gundel, Die Öffnung des Vorabentscheidungsverfahrens zum EuGH für nichtmitgliedstaatliche Gerichte, EuZW 2019, 934; Hakenberg, Der Dialog zwischen nationalen und europäischen Richtern: Das Vorabentscheidungsverfahren zum EuGH, DRiZ 2000, 345 ff.; Hakenberg, Vorabentscheidungsverfahren und europäisches Privatrecht, RabelsZ 66 (2002), 367 ff.; Herrmann, Die Reichweite der gemeinschaftsrechtlichen Vorlagepflicht in der neueren Rechtsprechung des EuGH, EuZW 2006, 231 ff.; Hess, Rechtsfragen des Vorabentscheidungsverfahrens, RabelsZ 66 (2002), 470 ff.; Hirsch, Der EuGH im Spannungsverhältnis zwischen Unionsrecht und nationalem Recht, NJW 2000, 1817 ff.; Hummrich, Die Vorlage an den EuGH im Zivilprozess, DRiZ 2007, 43 ff.; Kenntner, Europarecht im deutschen Verwaltungsprozess – Das Europäische Rechtsschutzsystem, VBlBW 2000, 297 ff.; Koch, Zur Vorlagepflicht nationaler Gerichte an den EuGH in Verfahren des vorläufigen Rechtsschutzes, NJW 1995, 2331 f.; Kokott/Henze/Sobotta, Die Pflicht zur Vorlage an den Europäischen Gerichtshof und die Folgen ihrer Verletzung, JZ 2006, 633 ff.; Kokott/Henze, Der Anwalt vor dem Europäischen Gerichtshof, AnwBl. 2007, 309 ff.; Kokott/Dervisopoulos/Henze, Aktuelle Fragen des effektiven Rechtsschutzes durch die Gemeinschaftsgerichte, EuGRZ 2008, 10 ff.; Kornezov, The New Format of the Acte Clair Doctrine and its Consequences, CMLRev 53 (2016), 1317; Krommendijk, National Courts and Preliminary References to the Court of Justice, 2021; Kühling/Drechsler, Alles „acte clair"? – Die Vorlage an den EuGH als Chance, NJW 2017, 2950; Kühn, Grundzüge des neuen Eilverfahrens vor dem Gerichtshof der Europäischen Gemeinschaften im Rahmen des Vorabentscheidungsersuchen, EuZW 2008, 263 ff.; Lehr, Einstweiliger Rechtsschutz und Europäische Union, 1997; Lenaerts/Maselis/Gutman, EU Procedural Law, 2014; Lieber, Über die Vorlagepflicht des Art. 177 EWG-Vertrag und deren Missachtung, 1986; Lumma, Verfahrensbeschleunigung und Kohärenz beim EuGH, EuGRZ 2008, 381 ff.; Malferrari, Zurückweisung von Vorabentscheidungsersuchen durch den EuGH, 2003; Mohsseni, Kostentragung und Erstattung für Kosten im Vorabentscheidungsverfahren vor dem EuGH, JurBüro 2012, 340 ff.; Oexle, Einwirkungen des EG-Vorabentscheidungsverfahrens auf das nationale Verfahrensrecht, NVwZ 2002, 1328 ff.; Rauber, Vorlagepflicht und Rechtsmittelzulassung. Zur Problematik anfechtbarer Letztinstanzlichkeit im Lichte des Art. 267 Abs. 3 AEUV, EuR 2020, 22; Rennert, Effektivität des Rechtsschutzes und Vorabentscheidungsverfahren – Die Perspektive der nationalen Gerichtsbarkeit, EuGRZ 2008, 385 ff.; Rodriguez Iglesias, Der EuGH und die Gerichte der Mitgliedstaaten – Komponenten der richterlichen Gewalt in der Europäischen Union, NJW 2000, 1889 ff.; Schima, Das Vorabentscheidungsverfahren vor dem EuGH, 3. Aufl. 2015; Schmitt, Richtervorlagen in Eilverfahren?, 1997; Schröder, Die Vorlagepflicht zum EuGH aus europarechtlicher und nationaler Perspektive, EuR 2011, 808 ff.; Sellmann/Augsberg, Entwicklungstendenzen des Vorlageverfahrens nach Art. 234 EGV, DÖV 2006, 533 ff.; Sensburg, Die Vorlagepflicht an den EuGH: Eine einheitliche Rechtsprechung des BVerfG, NVwZ 2001, 1259 ff.; Skouris, Stellung und Bedeutung des Vorabentscheidungsverfahrens im europäischen Rechtsschutzsystem, EuGRZ 2008, 343 ff.; Steindorff, Vorlagepflicht nach Art. 177 Abs. 3 EWGV und Europäisches Gesellschaftsrecht, ZHR 156 (1992), 4 ff.; Terhechte, Nationale

Gerichte und die Durchsetzung des EU-Rechts, EuR 2020, 569; Thiele, Das Rechtsschutzsystem nach dem Vertrag von Lissabon – (K)ein Schritt nach vorn?, EuR 2010, 30 ff.; Tillmanns, Durchsetzung der Pflicht zur Vorlage an den EuGH im Wege des Art. 101 Abs. 1 S. 2 GG, BayVBl. 2002, 723 ff.; Ullrich, Internationale Gerichte bzw. Beschwerdeausschüsse und das Vorlageverfahren an den EuGH nach Art. 267 AEUV, EuR 2010, 573 ff.; Voß, Erfahrungen und Probleme bei der Anwendung des Vorabentscheidungsverfahrens nach Art. 177 EWGV, EuR 1986, 95 ff.; Wägenbaur, Stolpersteine des Vorabentscheidungsverfahrens, EuZW 2000, 37 ff.; Wiedmann, Zeitlos wie ungeklärt: Die Beschränkung der zeitlichen Wirkung von Urteilen des EuGH im Vorabentscheidungsverfahren nach Art. 234 EG, EuZW 2007, 692 ff.

A. Allgemeines

I. Bedeutung

1 Das Unionsrecht bildet seit den Leitentscheidungen des EuGH in van Gend en Loos und Costa/E. N. E. L. eine **„neue Rechtsordnung"**, deren Subjekte nicht nur die Mitgliedstaaten, sondern auch der und die Einzelne sind.[1] Kennzeichen dieser Rechtsordnung sind ihre **Autonomie** sowohl gegenüber dem Recht der Mitgliedstaaten als auch gegenüber dem Völkerrecht, der **Vorrang** des Unionsrechts vor jeglichem nationalem Recht, die **unmittelbare Wirkung** zahlreicher Bestimmungen innerhalb des nationalen Rechts sowie eine Reihe grundlegender **gemeinsamer Werte**.[2] Die Wahrung, Verwirklichung und Fortentwicklung des Unionsrechts obliegt nach Art. 19 Abs. 1 GG sowohl dem Gerichtshof der Europäischen Union als auch den Gerichten der Mitgliedstaaten. Diese haben die volle und einheitliche Anwendung des Unionsrechts in allen Mitgliedstaaten ebenso wie den Schutz der Rechte zu gewährleisten, die den Einzelnen aus ihm erwachsen. Die einheitliche Anwendung ist dabei nicht nur eine funktionale Notwendigkeit, sondern ein Gebot der Gleichheit der Rechtsunterworfenen (seien dies Staaten oder Bürger), das letztlich auf den Grundwert der Rechtsstaatlichkeit aus Art. 2 EUV zurückgeht.[3]

2 Das Vorabentscheidungsverfahren nach Art. 267 AEUV ist das prozessuale **Schlüsselelement** zur Entfaltung des Unionsrechts. Es etabliert einen richterlichen **Dialog,** der die Kohärenz, einheitliche Auslegung und Wirksamkeit des Unionsrechts gewährleisten und so den autonomen Charakter der Unionsrechtsordnung sichern soll.[4] Dabei kommt dem EuGH naturgemäß eine hervorgehobene Rolle zu – schließlich obliegt ihm die letztverbindliche Auslegung des Unionsrechts (Art. 19 Abs. 1 EUV, Art. 267 AEUV). Die rechtliche Ausgestaltung und praktische Handhabung des Verfahrens ist jedoch überwiegend von **Kooperation** und Arbeitsteilung, wenn auch nicht zwingend immer von Harmonie zwischen dem EuGH und den mitgliedstaatlichen Gerichten geprägt.[5] Der EuGH müht sich nach Kräften, die Vorlagebereitschaft der mitgliedstaatlichen Gerichte zu fördern und etwaige Hürden für Vorabentscheidungsersuchen abzubauen.

3 Angesichts der Bedeutung des Vorabentscheidungsverfahrens verwundert es wenig, dass der EuGH geradezu eifersüchtig darüber wacht und tatsächlichen wie auch vermeintlichen Beeinträchtigungen entschlossen entgegentritt. So verleiht Art. 267 AEUV nach ständiger Rechtsprechung den mitgliedstaatlichen Gerichten ein **„unbeschränktes Recht zur Vorlage"**. Nationale Vorschriften, die Gerichte an einer Vorlage zum EuGH hindern, Vorlagen verzögern oder sonst einschränken, die Kassation von Vorlagebeschlüssen ermöglichen oder gar Vorabentscheidungsersuchen oder die Umsetzung von EuGH-Urteilen mit

---

[1] EuGH 5.2.1963 – 26/62, Slg. 1963, 1 = NJW 1963, 974 – van Gend en Loos; EuGH 15.7.1964 – C6/64, ECLI:EU:C:1964:66 = Slg. 1964, 1141 = NJW 1964, 2371 – Costa/E. N. E.L; EuGH 10.12.2018 – C-621/18, ECLI:EU:C:2018:999 Rn. 44 = EuZW 2019, 31 – Wightman.

[2] EuGH 6.3.2018 – C-284/16, ECLI:EU:2018:158 Rn. 33 = EuZW 2018, 239 – Achmea; EuGH-Gutachten 18.12.2014 – 2/13, ECLI:EU:C:2014:2454 Rn. 166 ff. = JZ 2015, 773 – EMRK-Beitritt.

[3] Vgl. dazu EuGH 7.2.1973 – 39/72, Slg. 1973, 101 Rn. 24 = BeckRS 2004, 71063 – Kommission/Italien.

[4] EuGH 24.6.2019 – C-619/18, ECLI:EU:C:2019:531 Rn. 45 = NVwZ 2019, 1109 – Kommission/Polen; EuGH 6.3.2018 – C-284/16, ECLI:EU:2018:158 Rn. 37 = EuZW 2018, 239 – Achmea.

[5] Zur Rolle der nationalen Gerichte bei der Etablierung des Unionsrechts Stein AJIL 75 (1981), 1; Weiler YaleLJ 100 (1990), 2403; Lenaerts EuR 2015, 3, 5.

Disziplinarmaßnahmen bedrohen, sind grundsätzlich unionsrechtswidrig und unanwendbar.[6] Immer wieder auch in Deutschland geäußerte Vorschläge, Vorabentscheidungsersuchen bei den Höchstgerichten zu konzentrieren,[7] sind daher nicht nur sachlich verfehlt, sondern auch rechtlich zum Scheitern verurteilt.[8] Darüber hinaus erweist sich Art. 267 AEUV auch immer wieder als Hindernis für die Schaffung **internationaler Spruchkörper:** Die Übertragung von Rechtsprechungsaufgaben mit Bezug zum Unionsrecht auf (Schieds-)Gerichte außerhalb der mitgliedstaatlichen Gerichtssysteme, die keine Vorlagen an den EuGH richten können, ist regelmäßig mit Art. 267 AEUV unvereinbar. Gegen das einheitliche Patentgerichtssystem erhob der EuGH daher ebenso Einwände wie gegen sogenannte Intra-EU-Investitionsschiedsgerichte.[9]

In jüngerer Zeit ist der EuGH sogar dazu übergegangen, gestützt auf Art. 19 EUV und Art. 267 AEUV allgemeine Anforderungen an die **richterliche Unabhängigkeit** in den Mitgliedstaaten zu stellen.[10] Hierzu wurde er durch verschiedene „Justizreformen" insbesondere in Polen und Ungarn veranlasst, mithilfe derer sich eine politische Mehrheit den Justizapparat Untertan machen wollte. Das Vorabentscheidungsverfahren, das auf einer Kooperation unabhängiger Gerichte beruht, wird durch solche Entwicklungen auf nationaler Ebene bedroht. Zugleich kann es aber auch einen gewissen Beitrag dazu leisten, die Rechtsstaatlichkeit gegen populistische Übergriffe zu verteidigen, indem es unter Druck geratenen nationalen Richtern den Rücken stärkt.[11] 4

II. Wesen

Das Vorabentscheidungsverfahren stellt ein **Zwischenverfahren** dar, welches einen Teilausschnitt des vor dem nationalen Gericht anhängigen Gesamtverfahrens bildet.[12] Das Verfahren beginnt und endet vor dem Gericht eines Mitgliedstaats. Das nationale Gericht (Einzelrichter, Kammer oder Senat) ersucht den Gerichtshof zur Beantwortung einer für die Entscheidung in dem konkreten Rechtsstreit relevanten Frage des Unionsrechts. Allein diese Frage stellt den Gegenstand des Vorabentscheidungsersuchens dar, über die zeitlich und materiell getrennt vom Endurteil des nationalen Gerichts durch den EuGH entschieden wird. Über den geltend gemachten Streitgegenstand, dh über den (Klage-)Antrag und das ihm zugrundeliegende materielle Begehren erkennt nach der Zwischenentscheidung des Gerichtshofs allein das nationale Gericht. Das Unionsrecht und auch der EuGH gehen insoweit von einer strikten Aufgabentrennung zwischen nationaler und europäischer Gerichtsbarkeit aus.[13] **Herr des Gesamtverfahrens** bleibt das nationale Gericht: Es kann sein Vorabentscheidungsersuchen jederzeit bis zur Bekanntgabe des Termins der Urteilsverkündung durch den EuGH zurücknehmen und damit das Vorabentscheidungsverfahren wieder beenden (Art. 100 Abs. 1 EuGHVfO). Erledigt sich das Ausgangsverfahren, so führt dies ebenfalls regelmäßig zur Beendigung des Vorabentscheidungsverfahrens.[14] 5

---

6 Siehe etwa EuGH 22.6.2010 – C-188/10, ECLI:EU:C:2010:363 Rn. 57 = BeckRS 2010, 23023 – Melki; EuGH 26.3.2020 – C-558/18, ECLI:EU:C:2020:234 Rn. 56 ff. = EuGRZ 2020, 195 – Miasto Łowicz; GA Pikamäe 15.4.2021 SchlA – C-564/19, ECLI:EU:C:2021:292 Rn. 40 ff.; EuGH 22.2.2022 – C-430/21, ECLI:EU:C:2022:99 Rn. 79 ff. – RS (Effet des arrêts d'une cour constitutionnelle); EuGH 24.7.2023 – C-107/23 PPU, ECLI:EU:C:2023:606 Rn. 126 ff. – Lin.
7 So etwa F. Kirchhof NJW 2020, 1492 (1496).
8 Wie hier Terhechte EuR 2020, 569 (602).
9 EuGH-Gutachten 8.3.2011 – 1/09, ECLI:EU:C:2011:123 Rn. 64 ff. = BeckEuRS 2011, 576991 – Patentgericht; EuGH 6.3.2018 – C-284/16, ECLI:EU:C:2018:158 Rn. 31 ff. = EuZW 2018, 239 – Achmea.
10 Siehe EuGH 27.2.2018 – C-64/16, ECLI:EU:C:2018:117 Rn. 27 ff. = EuZW 2018, 469 – Associação Sindical dos Juízes Portugueses; EuGH 2.3.2021 – C-824/18, ECLI:EU:C:2021:153 Rn. 108 ff. = BeckRS 2021, 3004 – A. B. ua (Nomination des juges à la Cour suprême); hierzu Streinz JuS 2021, 566.
11 Hierzu v. Bogdandy/Kottmann ua CMLRev. 2012, 489.
12 Schaub NJW 1994, 84; Karpenstein in Grabitz/Hilf/Nettesheim AEUV Art 267 Rn. 3.
13 Vgl. EuGH 16.7.1964 – 6/64, Slg. 1964, 1259 (1269) = NJW 1964, 2371 – Costa/E. N. E. L.; EuGH 16.12.1981 – 244/80, Slg. 1981, 3045 Rn. 18 = BeckRS 1981, 107971 – Foglia Novello II.
14 Siehe EuGH 9.12.2010 – C-241/09, Slg. 2010, I-12773 Rn. 34 = BeckEuRS 2010, 560265 – Fluxys SA; EuGH 14.10.2010 – C-336/08, Slg. 2010, I-130 Rn. 16 = BeckEuRS 2010, 560574 – Reinke.

6 Insofern besteht zwischen dem vorlegenden nationalen Gericht und dem EuGH keine hierarchische Über- und Unterordnung. In ständiger Rechtsprechung betont der EuGH, das Wesen des Vorabentscheidungsverfahren als **Dialog von Gericht zu Gericht** zwischen dem Gerichtshof und den Gerichten der Mitgliedstaaten,[15] der im Geist der Zusammenarbeit verläuft.[16] Damit einher geht eine regelmäßig sehr **großzügige Handhabung** der Zulässigkeit: Eine Zurückweisung von Vorabentscheidungsersuchen kommt nur in Ausnahmefällen vor. Diese Herangehensweise kontrastiert auffällig mit der eher restriktiven Handhabung von Richtervorlagen nach Art. 100 Abs. 1 GG durch das Bundesverfassungsgericht.[17] Darüber hinaus ermöglicht der EuGH explizit auch mehrfache Vorlagen gleich oder ähnlich gelagerter Fragen. Damit wird den nationalen Gerichten Gelegenheit gegeben, auf Schwierigkeiten bei der Anwendung von EuGH-Entscheidungen hinzuweisen und ggf. auf eine Ergänzung oder **Änderung der Rechtsprechung** hinzuwirken.[18] In manchen Fällen haben von nationalen Gerichten geäußerte Bedenken im Rahmen einer erneuten Vorlage schon dazu geführt, dass der EuGH eine erst kurz zuvor getroffene Vorabentscheidung korrigiert hat.[19]

7 Das Vorabentscheidungsverfahren ist objektiver und **nicht-kontradiktorischer** Natur. Es kennt keine Parteien sondern gemäß Art. 23 EuGH-Satzung und Art. 96 EuGHVfO nur „Beteiligte". Nach ständiger Rechtsprechung begründet das Vorabentscheidungsverfahren eine unmittelbare Zusammenarbeit zwischen dem Gerichtshof und den nationalen Gerichten, die der **Parteiherrschaft entzogen** ist. Insbesondere stellt es keinen Rechtsbehelf für die Parteien des Ausgangsrechtsstreits dar.[20] Ob und gegebenenfalls wann ein nationales Gericht ein Vorabentscheidungsverfahren initiiert und welche Fragen es dem EuGH unterbreitet, obliegt – in den Grenzen der Vorlagepflicht (→ Rn. 65 ff.) – seiner eigenen Entscheidung. Die Parteien des Ausgangsverfahrens können ein Vorabentscheidungsverfahren ebenso wenig einleiten wie die Mitgliedstaaten oder die Unionsorgane. Den Inhalt der Vorlagefragen können sie gegenüber dem nationalen Gericht anregen, aber nicht bestimmen. Dem nicht-kontradiktorischen Charakter des Vorabentscheidungsverfahrens entspricht es auch, dass ein Beitritt als Streithelfer nicht möglich ist.[21]

III. Funktionen

8 Prägendes Merkmal des Vorabentscheidungsverfahrens ist die Verklammerung der nationalen mit der europäischen Judikative im Sinne eines Rechtsprechungsverbunds.[22] Insofern erfüllt das Verfahren eine Reihe wichtiger Funktionen für das europäische Rechtssystem.

---

[15] EuGH 2.3.2021 – C-824/18, ECLI:EU:C:2021:153 Rn. 108 ff. = BeckRS 2021, 3004 – A. B. ua (Nomination des juges à la Cour su-prême); GA Colomer 28.6.2007 SchlA – C-262/06, Slg. 2007, I-10057 Rn. 28 = EuZW 2008, 54 – Telekom.

[16] EuGH 4.5.2016 – C-547/14, ECLI:EU:C:2016:325 = BeckEuRS 2016, 479189 – Philip Morris Brands ua; EuGH 26.11.2020 – C-787/18 ECLI:EU:C:2020:964 Rn. 76 = DStRE 2021, 102 – Sögård Fastigheter; Wägenbaur EuZW 2000, 37.

[17] Hierzu Lenz/Hansel BVerfGG § 80 Rn. 123 ff.

[18] Vgl. EuGH 5.3.1986 – 69/85, Slg. 1986, 947 (953) = BeckRS 2004, 73545 – Wünsche; EuGH 11.6.1987 – 14/86, Slg. 1987, 2545 (2568 f.) = BeckRS 2004, 71620 – Pretore di Salò; EuGH 30.6.2016 – C-634/15, ECLI:EU:C:2016:510 Rn. 19 = BeckRS 2016, 81460 – Sokoll-Seebacher; hierzu Dauses/Ludwigs EU-WirtschaftsR-HdB/Kaufmann Teil P. II. Rn. 210.

[19] Siehe etwa EuGH 5.12.2017 – C-42/17, ECLI:EU:C:2017:936 = DÖV 2018, S. 626 – M.A.S. und M.B.; hierzu Ruffert JuS 2018, 496.

[20] EuGH 12.2.2008 – C-2/06, ECLI:EU:C:2008:78 Rn. 41 = BeckRS 2008, 70226 – Kempter; EuGH 18.7.2013 – C-136/12, ECLI:EU:C:2013:489 Rn. 28 = EuZW 2010, 824 – Consiglio nazionale dei geologi; EuGH 16.7.2015 – C-681/13 ECLI:EU:C:2015:471 Rn. 59 = EuZW 2015, 713 – Diageo Brands.

[21] EuGH 12.9.2007 – C-73/07, Slg. 2007, I-7075 Rn. 10 = EuZW 2009, 108 – Satakunnan Markkinapörssi und Satamedia; EuGH 9.11.2010 – C-92/09, Slg. 2010, I-11063 Rn. 76 f. = EuZW 2010, 939 – Schecke.

[22] Dazu Voßkuhle NVwZ 2010, 1; Lenaerts/Hartmann JZ 2017, 321.

1. Einheitliche Auslegung und Anwendung. Kernfunktion des Vorabentscheidungs- 9
verfahrens ist es, die einheitliche Auslegung und gleichmäßige Anwendung des Unionsrechts sicherzustellen.[23] Das Vorabentscheidungsverfahren ist ein notwendiges Korrelat des **dezentralen Rechtsschutzsystems** der EU. Auslegung und Anwendung des Unionsrechts obliegen in erster Linie den nationalen Gerichten, die insoweit als „ordentliche Unionsgerichte" tätig werden.[24] Die Möglichkeit und ggf. Pflicht, Vorabentscheidungen über die Auslegung und Gültigkeit von Unionsrecht einzuholen, sorgt unter diesen Gegebenheiten erst für die notwendige Rechtseinheit (Art. 19 Abs. 1 Satz 2 EUV). Mit anderen Worten ist das Vorabentscheidungsverfahren „von entscheidender Bedeutung dafür, dass das vom Vertrag geschaffene Recht wirklich gemeinsames Recht bleibt; es soll gewährleisten, dass dieses Recht in allen Mitgliedstaaten der Gemeinschaft immer die gleiche Wirkung hat".[25]

Hinter dem Topos der einheitlichen Auslegung und Wirksamkeit des Unionsrechts 10
stehen beileibe nicht nur funktionale und integrationstheoretische, sondern auch fundamentale verfassungsrechtliche Erwägungen. Dass ein Rechtssatz grundsätzlich innerhalb der gesamten Rechtsordnung gleichermaßen gilt, gleich ausgelegt und angewendet wird, ist ein Postulat der **Gleichheit der Rechtsunterworfenen,** seien es die Mitgliedstaaten (vgl. Art. 4 Abs. 2 Satz 1 EUV) oder die Einwohner der EU (Art. 18 AEUV, Art. 20 GRCh).[26] Kritisch ist es daher zu sehen, wenn das Bundesverfassungsgericht die Befolgung von Vorabentscheidungen des EuGH unter den Vorbehalt der sogenannten Ultra-vires- und Identitätskontrolle stellt.[27] Mag diese Rechtsprechung in ihrem Kern auch von nachvollziehbaren Erwägungen getragen sein, legt sie in ihrer konkreten Ausgestaltung doch die Axt an die europäische Rechtsgemeinschaft, nicht zuletzt aufgrund ihrer Vorbildwirkung auf andere, weniger rechtsstaatlich gesinnte Spruchkörper, etwa in Polen und Ungarn.

2. Fortentwicklung des Unionsrechts. Daneben kommt dem Vorabentscheidungsver- 11
fahren auch eine zentrale Bedeutung für die Fortentwicklung des Unionsrechts zu. Das Verfahren dient dem Gerichtshof als geeignetes Instrumentarium zur Lückenschließung bzw. dazu, das Unionsrecht aktuellen Fragestellungen anzupassen. Gerade in der täglichen Rechtsanwendung des Unionsrechts durch die nationalen Vollzugsorgane können sich Probleme ergeben, die bei der Rechtsetzung nicht oder nur unzureichend bedacht wurden. Das Vorabentscheidungsverfahren bietet so eine **zentrale Anlaufstelle** für die Rechtsanwendungspraxis. Die zum Gerichtshof gelangenden Fragen geben diesem die Gelegenheit, im Rahmen seiner Auslegungskompetenz Versäumnisse oder Unklarheiten zu beseitigen und das Unionsrecht praxisgerecht fortzuentwickeln.

Zugleich bietet das Vorabentscheidungsverfahren ein **Forum** zum Austausch und zur 12
gegenseitigen Befruchtung **verschiedener Rechtskulturen.** Für die Unionsbürger stellt es meist den wichtigsten Zugang zur Unionsgerichtsbarkeit dar. Nationale Gerichte und mitgliedstaatliche Regierungen können dem EuGH Besonderheiten ihrer jeweiligen Rechtsordnung und gegebenenfalls etwaige Friktionen mit dem Unionsrecht erläutern. Der EuGH kann hieraus Inspiration und Orientierung für die Auslegung und Fortbildung des Unionsrechts gewinnen.[28] Vor diesem Hintergrund verwundert es wenig, dass viele bedeutsame Institute des Unionsrechts in Vorabentscheidungsverfahren geprägt wurden. Zu nennen sind hier etwa der Grundsatz der unmittelbaren Wirkung,[29] der Vorrang des

---

[23] EuGH 24.6.2019 – C-619/18, ECLI:EU:C:2019:531 Rn. 45 = NVwZ 2019, 1109 – Kommission/Polen; EuGH 6.3.2018 – C-284/16, ECLI:EU:2018:158 Rn. 37 = EuZW 2018, 239 – Achmea.
[24] Hierzu Iglesias NJW 2000, 1889 (1890); Dauses, Das Vorabentscheidungsverfahren nach Art. 177 EGV, 2. Aufl. 1995, S. 43; Hirsch NJW 2000, 1817 (1819); Pache/Knauff NVwZ 2004, 16 (17); Lumma EuGRZ 2008, 381; Terhechte EuR 2020, 569 (570).
[25] EuGH 16.1.1974 – 166/73, Slg. 1974, 33 ff. = NJW 1974, 440 – Rheinmühlen.
[26] Fabbrini German Law Journal 16 (2015), 1003; Perju, German Law Journal 21 (2020), 1006.
[27] Vgl. jüngst BVerfG 5.5.2020 – 2 BvR 859/15 ua, BVerfGE 154, 17 = NVwZ 2020, 857; kritisch dazu Pernice EuZW 2020, 508; Wegener EuR 2020, 347.
[28] Hierzu Dörr EuGRZ 2008, 349 (350); Lenaerts/Maselis/Gutman EU Procedural Law Rn. 3.05.
[29] EuGH 26/62, Slg. 1963, 1 (24 ff.) = NJW 1963, 974 – Van Gend & Loos.

Unionsrechts,[30] die unmittelbare Wirkung von Richtlinien,[31] die unionsrechtliche Staatshaftung[32] und die Unionsgrundrechte sowie zahlreiche weiteren allgemeinen Grundsätze des Unionsrechts.[33]

13 **3. Individualrechtsschutz.** Wird das Unionsrecht – wie häufig – durch mitgliedstaatliche Behörden vollzogen, so steht den Rechtsunterworfenen hiergegen Rechtsschutz vor den jeweiligen nationalen Gerichten zu. In diesem Rahmen haben die mitgliedstaatlichen Gerichte die Aufgabe, die Einhaltung des Unionsrechts und den Schutz der daraus fließenden Individualrechte sicherzustellen.[34] Sie sind insoweit funktionell Unionsgerichte. Treten dabei Fragen der Auslegung des Unionsrechts auf, so können sich die mitgliedstaatlichen Gerichte an den EuGH wenden; letztinstanzliche Gerichte sind hierzu gemäß Art. 267 Abs. 3 AEUV verpflichtet. Ergibt sich, dass eine nationale Vorschrift unionsrechtswidrig ist, so sind die betreffenden Gerichte und alle anderen nationalen Stellen verpflichtet, sie unangewendet zu lassen.[35] Ein „Nichtanwendungsmonopol" etwa nationaler Verfassungsgerichte besteht insoweit nicht. Vor diesem Hintergrund ist das Vorabentscheidungsverfahren auch ein wesentliches Instrument zur **Durchsetzung des Unionsrechts.**

14 Indes kann sich ein Vorabentscheidungsersuchen gemäß Art. 267 Abs. 1 Buchst. b) AEUV auch auf die Gültigkeit von Unionsrechtsakten beziehen. Insofern stellt das Vorabentscheidungsverfahren ein wesentliches Instrument des **Rechtsschutzes gegen Unionsmaßnahmen** dar. Nach ständiger Rechtsprechung kommt allein den Unionsgerichten die Befugnis zu, Unionsrechtsakte für ungültig zu erklären.[36] Hält ein mitgliedstaatliches Gericht eine Unionsmaßnahme für unvereinbar mit höherrangigem Recht, so hat es daher ein Vorabentscheidungsersuchen an den EuGH zu richten. Diese Möglichkeit des **indirekten Rechtsschutzes** ist für Unionsbürger und Wirtschaftsakteure umso bedeutsamer, als der direkte Rechtsschutz durch die Nichtigkeitsklage gemäß Art. 263 Abs. 3 AEUV verhältnismäßig restriktiv ausgestaltet ist.[37] Nach ständiger Rechtsprechung besteht im Unionsrecht ein vollständiges System von Rechtsbehelfen und Verfahren, das die Kontrolle der Rechtmäßigkeit der Handlungen der Organe gewährleisten soll. Insoweit können natürliche und juristische Personen, denen die Klagebefugnis für eine Nichtigkeitsklage fehlt, die Ungültigkeit des betreffenden Rechtsakts vor den nationalen Gerichten geltend machen, um diese zu einer Vorlage an den EuGH zu veranlassen.[38] Das nationale Prozessrecht ist entsprechend rechtsschutzfreundlich auszulegen, namentlich mit Blick auf die Möglichkeit atypischer Feststellungsklagen gegen sog. selbstvollziehende Normen.[39]

IV. Statistisches

15 Die **Zahl** der anhängig gemachten Vorabentscheidungsverfahren stieg in den vergangenen Jahren nahezu konstant und erreichte im Jahr 2019 einen vorläufigen Höchststand bei 641

---

[30] EuGH 15.7.1964 – C-6/64, Slg. 1964, 1141 = NJW 1964, 2371 – Costa / E. N. E. L.
[31] EuGH 19.1.1982 – C-8/81, ECLI:EU:C:1982:7 Rn. 25 = NJW 1982, 499 – Becker.
[32] EuGH 19.11.1991 – verb. Rs. C-6/90, C-9/90, Slg. 1991, I-5357 Rn. 35 ff. = NJW 1992, 165 – Francovich; EuGH 5.3.1996 – verb. Rs. C-46/93, C-48/93, Slg. 1996, I-1029 Rn. 31 ff. = NJW 1996, 1267 – Brasserie du Pêcheur; EuGH 8.10.1996 – verb. Rs. C-178/94, C-179/94, C-188/94, C-189/94, C-190/94, ECLI:EU:C:1996:375 = Slg. 1996, I-4845 Rn. 20 ff. = NJW 1996, 3141 – Dillenkofer.
[33] EuGH 13.12.1979 – C-44/79, ECLI:EU:C:1979:290 Rn. 14 f. = NJW 1980, 505 – Hauer; hierzu Szczekalla in Rengeling EU-Grundrechte § 1 S. 2 ff.
[34] EuGH 9.3.1978 – C-106/77, Slg. 1978, 629 (644) = NJW 1978, 1741 – Simmenthal; hierzu Glaesner EuR 1990, 146; v. Danwitz NJW 1993, 1112 f.
[35] EuGH 14.5.2020 – C-924/19 PPU, ECLI:EU:C:2020:367 Rn. 139 = GRUR-RS 2020, 8429 – Országos Idegenrendészeti Főigazgatóság Dél-alföldi Regionális Igazgatóság.
[36] EuGH 22.10.1987 – 314/85, Slg. 1987, 4199 Rn. 20, NJW 1988, 1451 – Foto Frost; EuGH 18.7.2007 – C-119/05, Slg. 2007, I-6199 Rn. 53 mwN = EuZW 2007, 511 – Lucchini.
[37] Hierzu Kottmann, ZaöRV 2010, 547.
[38] EuGH 25.7.2002 – C-50/00 P, ECLI:EU:C:2002:462 Rn. 40 = EuR 2002, 699 – Unión de Pequeños Agricultores/Rat; EuGH 25.3.2021 – C-565/19 P, ECLI:EU:C:2021:252 Rn. 68 = BeckRS 2021, 5531 – Carvalho/Parlament und Rat.
[39] Hierzu Fellenberg/Karpenstein NVwZ 2006, 1133; Barczak DVBl 2019, 1040.

neuen Verfahren. Im Jahr 2020 war ein Rückgang auf 556 eingehende Vorabentscheidungsverfahren zu verzeichnen, der seinen Grund in der COVID-19-Pandemie haben dürfte. Insgesamt wurden 2020 beim Gerichtshof 735 Verfahren anhängig gemacht, Vorabentscheidungsverfahren machten also gut 75 % aller neuen Verfahren beim Gerichtshof aus. Die zweithäufigste Verfahrensart stellten mit rund 17 % Rechtsmittel gegen erstinstanzliche Entscheidungen des EuG dar. Mit 139 Verfahren stammten die meisten Vorabentscheidungsersuchen im Jahr 2020 von deutschen Gerichten. Auf dem zweiten und dritten Plätzen folgen mit erheblichem Abstand Österreich (50 Vorlagen) und Italien (44 Vorlagen).[40]

Vorlagefreudigstes deutsches Gericht mit insgesamt 347 Vorlagen seit 1952 ist der Bundesfinanzhof, gefolgt vom Bundesgerichtshof mit 267 Vorlagen und dem Bundesverwaltungsgericht mit 155 Vorlagen. Die historisch weitaus meisten Vorlagen (1.882) stammen freilich von den Instanzgerichten.[41]

Die **durchschnittliche Verfahrensdauer** von Vorabentscheidungsverfahren lag 2020 bei 15,8 Monaten. Damit ist in den letzten Jahren insgesamt eine deutliche Verringerung gelungen. 2007 hatte ein Verfahren noch durchschnittlich 19,3 Monate in Anspruch genommen.[42] Befürchtungen, die Vergrößerung der EU könne zu einer enormen Steigerung der Verfahrensdauer führen,[43] haben sich nicht realisiert. Die durchschnittliche Dauer von beschleunigten Verfahren nach Art. 105 EuGHVfO betrug im Jahr 2019 rund 9.9 Monate; im Jahr 2020 wurden keine beschleunigten Vorabentscheidungsverfahren durchgeführt. Die durchschnittliche Verfahrensdauer bei Eilvorlageverfahren nach Art. 107 EuGHVfO betrug 2020 etwa 3,9 Monate.[44]

V. Rechtsgrundlagen

Nach Art. 267 AEUV entscheidet der Gerichtshof im Wege der Vorabentscheidung auf Vorlage von Gerichten der Mitgliedstaaten über Fragen der Auslegung und Gültigkeit des Unionsrechts. Seit dem Vertrag von Lissabon ist das Vorabentscheidungsverfahren einheitlich in dieser Vorschrift geregelt. Über Art. 106a EAGV kommt es auch im Rahmen der Europäischen Atomgemeinschaft (**Euratom**) zur Anwendung. Gemäß Art. 107 EWR-Abkommen können auch Gerichte von EWR-Staaten Vorabentscheidungsersuchen zur Auslegung von EWR-Vorschriften an den EuGH richten.[45] Auch in weiteren völkerrechtlichen Abkommen mit **Drittstaaten** ist eine Vorlagemöglichkeit vorgesehen. Insoweit kommt Art. 267 AEUV in Verbindung mit Art. 272 oder 273 AEUV zur Anwendung.[46]

Weitere Regelungen zum Vorabentscheidungsverfahren finden sich in der **EuGH-Satzung**,[47] namentlich in deren Art. 23 und 23a, sowie in Art. 93 ff. der **EuGHVfO**.[48] Hinzu treten die vom EuGH erlassenen **Praktischen Anweisungen** für die Parteien in den Rechtssachen vor dem Gerichtshof.[49] Als Hilfestellung für die nationalen Gerichte hat der EuGH unverbindliche **Empfehlungen an die nationalen Gerichte** bezüglich der Vorlage von Vorabentscheidungsersuchen formuliert.[50] Sämtliche genannten Dokumente sowie

---

[40] EuGH Jahresbericht 2020 – Rechtsprechungstätigkeit, S. 225 ff., abrufbar unter: https://curia.europa.eu/jcms/jcms/Jo2_7000/de/; zur unterschiedlichen Vorlagefreudigkeit auch Rösler EuR 2012, 392.
[41] EuGH Jahresbericht 2020 – Rechtsprechungstätigkeit, S. 248, abrufbar unter: https://curia.europa.eu/jcms/jcms/Jo2_7000/de/; zur Bedeutung der Instanzgerichte für das Vorabentscheidungsverfahren Bergmann ZAR 2011, 41.
[42] EuGH Jahresbericht 2020 – Rechtsprechungstätigkeit, S. 225 ff., abrufbar unter: https://curia.europa.eu/jcms/jcms/Jo2_7000/de.
[43] Dazu Skouris EuGRZ 2008, 343 (347).
[44] EuGH Jahresbericht 2020 – Rechtsprechungstätigkeit, S. 237, abrufbar unter: https://curia.europa.eu/jcms/jcms/Jo2_7000/de.
[45] Hierzu Baudenbacher EuR 2013, 504.
[46] Ausführlich Gundel EuZW 2019, 934.
[47] ABl. 2012 L 228, 1.
[48] ABl. 2012 L 265, 1.
[49] ABl. 2020 L 42, 1.
[50] ABl. 2019 C 380, 1.

weitere nützliche Informationen zum Vorabentscheidungsverfahren können auf der Homepage des EuGH – www.curia.europa.eu – abgerufen werden.

B. Zulässigkeit

20 Die Zulässigkeitsvoraussetzungen für Vorabentscheidungsersuchen ergeben sich aus Art. 267 AEUV, Art. 23 und 23a EuGH-Satzung sowie Art. 93 ff. EuGHVfO. Dazu besteht eine reichhaltige Rechtsprechung des Gerichtshofs. Um nationalen Gerichten die Formulierung von Vorlageersuchen zu erleichtern, hat der EuGH zudem diesbezügliche Empfehlungen veröffentlicht. Diese sind nicht verbindlich, greifen aber verschiedene Vorgaben aus der Rechtsprechung auf und geben darüber hinaus eine hilfreiche Orientierung.

I. Zuständigkeit

21 Nach wie vor ist für Vorabentscheidungsverfahren gemäß Art. 267 AEUV allein der **EuGH** zuständig. Mit dem Vertrag von Lissabon wurde in Art. 256 Abs. 3 AEUV die Möglichkeit vorgesehen, dem EuG die Zuständigkeit für Vorabentscheidungsverfahren „in besonderen in der Satzung festgelegten Sachgebieten" zu übertragen. Hiervon wurde jedoch bis heute kein Gebrauch gemacht; die EuGH-Satzung enthält keine diesbezügliche Bestimmung.[51] Der Gerichtshof selbst hat sich in der Vergangenheit mehrfach gegen eine teilweise Übertragung auf das EuG ausgesprochen.[52] Hintergrund waren Zweifel, ob ein solches Vorgehen praktikabel und zielführend wäre. Neben der Schwierigkeit, die zu übertragenden Rechtsgebiete sachgerecht abzugrenzen, sprechen namentlich das Ziel der einheitlichen Auslegung sowie die ebenfalls nicht unerhebliche Arbeitsbelastung des EuG gegen eine teilweise Verlagerung. Schließlich droht – angesichts der in Art. 62 EuGH-Satzung vorgesehenen Möglichkeit der Überprüfung durch den EuGH – eine weitere Verfahrensverzögerung.[53]

22 Inzwischen ist jedoch ein Sinneswandel eingetreten: Am 30.11.2022 legte der Gerichtshof einen nach Artikel 281 Abs. 2 AEUV vor, die EuGH-Satzung dahingehend zu ändern, dass dem **EuG** die **Zuständigkeit für Vorabentscheidungsverfahren** in bestimmten Materien übertragen wird. Betreffen soll dies namentlich das gemeinsame Mehrwertsteuersystem, die Verbrauchsteuern, den Zollkodex und die zolltarifliche Einordnung von Waren in die Kombinierte Nomenklatur sowie Ausgleichs- und Unterstützungsleistungen für Fahr- und Fluggäste sowie das System für den Handel mit Treibhausgasemissionszertifikaten. Die genannten Bereiche machen ca. 20 % aller Vorabentscheidungsersuchen aus.[54] Der Vorschlag befindet sich im Gesetzgebungsverfahren.[55]

23 Auch im Falle einer teilweisen Übertragung auf das EuG würden die betreffenden Gebiete allerdings dem EuGH nicht gänzlich entzogen. Vielmehr kann das Gericht ein Verfahren an den EuGH verweisen, wenn es der Auffassung ist, dass „eine Rechtssache eine **Grundsatzentscheidung** erfordert, die die Einheit oder die Kohärenz des Unionsrechts berühren könnte" (Art. 256 Abs. 3 UAbs. 2 AEUV). In diesem Fall bleibt die letztinstanzliche Entscheidungsbefugnis allein dem EuGH vorbehalten, der die Rechtssache nicht an die erste Instanz zurückverweisen kann.[56] Ferner kann gemäß Art. 62 EuGH-Satzung binnen eines Monats nach der Vorabentscheidung des EuG der Erste General-

---

[51] Ausführlich dazu Karpenstein/Dingemann in Grabitz/Hilf/Nettesheim AEUV Art. 256 Rn. 67.
[52] Siehe etwa EuGH, Bericht gemäß Art. 3 Abs. 2 der Verordnung (EU, Euratom) 2015/2422 des Europäischen Parlaments und des Rates vom 16. Dezember 2015 zur Änderung des Protokolls Nr. 3 über die Satzung des Gerichtshofs der Europäischen Union, S. 7.
[53] Ablehnend etwa Rennert EuGRZ 2008, 385 (386 f.); Skouris EuGRZ 2008, 343 (347).
[54] Siehe EuGH, Antrag des Gerichtshofs nach Artikel 281 Absatz 2 des Vertrags über die Arbeitsweise der Europäischen Union zur Änderung des Protokolls Nr. 3 über die Satzung des Gerichtshofs der Europäischen Union, 30.11.2022; dazu von Danwitz, DVBl 2023, Heft 15, I.
[55] Siehe COM(2023) 135 final; 2022/0906 (COD).
[56] Epiney/Abt/Mosters DVBl 2001, 941 (950).

anwalt einen Antrag auf Überprüfung durch den EuGH stellen. Voraussetzung hierfür ist, dass nach seiner Auffassung die „ernste Gefahr einer Beeinträchtigung der Einheit oder der Kohärenz des Unionsrechts besteht".

II. Vorlageberechtigung

Gemäß Art. 267 Abs. 2 AEUV kann ein Vorabentscheidungsersuchen von einem „**Gericht eines Mitgliedstaats**" gestellt werden. Dies schließt von vornherein eine Vorlageberechtigung durch die Parteien des Ausgangsverfahrens,[57] die Organe der Union sowie Verwaltungsbehörden der Mitgliedstaaten aus.[58] Daraus folgt ferner, dass im Rahmen von reinen Verwaltungsverfahren einschließlich Widerspruchsverfahren – selbst wenn sich dort entscheidungserhebliche unionsrechtliche Fragestellungen ergeben sollten – ein Vorabentscheidungsersuchen der entscheidenden Behörden an den EuGH ebenso wenig zulässig ist, wie das von natürlichen oder juristischen Personen.[59] Den Verfahrensbeteiligten bleibt nur der Gang in das nationale gerichtliche Verfahren. Gerichte Dritter, also von nicht EU-Staaten oder internationale Gerichtshöfe[60] werden ebenso wenig von dem Vorlagerecht erfasst, es sei denn, es besteht eine entsprechende völkerrechtliche Vereinbarung (→ Rn. 18).

24

Der Begriff „Gericht" im Sinne von Art. 267 AEUV ist unionsrechtlicher Natur und unionsrechtlich autonom auszulegen.[61] Der EuGH hat **Kriterien** aufgestellt, denen eine mitgliedstaatliche Institution genügen muss, um vorlageberechtigt iSd Art. 267 AEUV zu sein. Vorlageberechtigtes „Gericht" ist danach

25

- eine **unabhängige,** zur Streitentscheidung berufene **Instanz,**
- die **durch** oder **aufgrund eines Gesetzes** eingerichtet ist,
- eine **obligatorische Zuständigkeit** aufweist, die der Wahl durch die Parteien nicht zugänglich ist,
- und unter **Anwendung von Rechtsnormen** und nicht allein nach Billigkeitsgesichtspunkten
bindend entscheidet.[62]

Diese Merkmale hat der EuGH in späteren Entscheidungen dahingehend konkretisiert, dass ein (einzelstaatliches) „Gericht" eine hinreichend enge **Beziehung zur öffentlichen Gewalt** des jeweiligen Mitgliedstaates aufweisen und unter Zustimmung der dortigen öffentlichen Gewalt seine Aufgabe wahrnehmen muss.[63] Ein Gericht ist somit ein unabhängiges Organ, welches in einem rechtsstaatlich geordneten Verfahren Streitigkeiten mit Rechtskraftwirkung zu entscheiden hat. Der Gerichtshof versteht als „mitgliedstaatliches Gericht" somit jedes „Organ, das in völliger Unabhängigkeit im Rahmen eines Verfahrens zu entscheiden hat, das auf eine Entscheidung mit Rechtsprechungscharakter abzielt".[64]

26

---

[57] EuGH 15.6.1972 – 5/72, Slg. 1972, 443 (448) = BeckRS 2004, 73210 – Fratelli Grassi; vgl. auch EuGH 11.3.2003 – C-186/01 R, ECLI:EU:C:2003:146 = EuGRZ 2002, 300 – Dory.
[58] Vgl. EuGH 19.10.1995 – C-111/94, Slg. 1995, I-3361 Rn. 11 = EuZW 1996, 47 = RIW 1996, 421 – Job Centre Coop; vgl. EuGH 21.1.2020 – C-274/14 ECLI:EU:C:2020:17, BeckEuRS 2020, 628848 – TEAC.
[59] EuG 19.5.2009 – T-528/08, ECLI:EU:T:2009:162 = BeckRS 2009, 70615 Rn. 21 – Delice.
[60] Everling, Das Vorabentscheidungsverfahren vor dem Europäischen Gerichtshof, 1986, S. 32.
[61] EuGH 12.6.2014 – C-377/13, ECLI:EU:C: 2014:1754 Rn. 23 = BeckEuRS 2014, 420889 – Ascendi Beiras Litoral e Alta.
[62] EuGH 30.6.1966 – C-61/65, ECLI:EU:C:1966:39 = Slg. 1966, 584 (602) = BeckRS 2004, 73421 – Vaassen-Göbbels; EuGH 20.10.2011 – C-94/10, ECLI:EU:C:2011:674 = Slg. 1989, 3199 (3224) = BeckEuRS 2011, 628710 – Danfoss; EuGH 30.3.1993 – C-24/92, ECLI:EU:C:1993:118 = Slg. 1993, I-1277 (1303) = BeckRS 2004, 75352 – Corbiau; EuGH 27.4.1994 – C-393/92, ECLI:EU:C:1994:171 = Slg. 1994, I-1477 Rn. 2 = BeckRS 2004, 76988 – Gemeinde Almelo; EuGH 3.5.2022 – C-453/20, ECLI:EU:C:2022:341 Rn. 41 – CityRail.
[63] EuGH 23.3.1982 – C-102/81, ECLI:EU:C:1982:107 = Slg. 1982, 1095 Rn. 10 ff. = NJW 1982, 1207 – Deutsche Hochseefischerei; EuGH 27.4.1994 – C-393/92, ECLI:EU:C:1994:171 = Slg. 1994, I-1477 Rn. 21 = BeckRS 2004, 76988 – Gemeinde Almelo.
[64] Vgl. EuGH 22.10.1998 – verb. Rs. C-9/97, C-118/97, ECLI:EU:C:1998:497 = Slg. 1998, I-6267 Rn. 18 ff. = BeckRS 2004, 77882 – Jokela; EuGH 12.11.1998 – C-134/97, ECLI:EU:C:1998:535 = Slg. 1998, I-7023 Rn. 14 = BeckRS 2004, 74338 – Victoria Film.

Der zur Entscheidung berufenen innerstaatlichen Stelle muss dabei im Verhältnis zu den am Ausgangsverfahren Beteiligten die Stellung eines „Dritten" zukommen. Dieser Begriff umfasst zwei Aspekte. Der erste, externe, Aspekt setzt voraus, dass die Stelle vor Interventionen oder Druck von außen geschützt ist, die die Unabhängigkeit des Urteils ihrer Mitglieder im Hinblick auf die ihnen unterbreiteten Streitigkeiten gefährden könnten.[65] Der zweite, interne, Aspekt steht mit dem Begriff der Unparteilichkeit im Zusammenhang und bezieht sich darauf, dass hinsichtlich der Parteien des Rechtsstreits und ihren jeweiligen Interessen an dessen Gegenstand ein gleicher Abstand gewahrt wird.[66]

27 Unproblematisch „Gerichte" im Sinne von Art. 267 AEUV sind danach die **klassischen Spruchkörper** der „Dritten Gewalt". Alle staatlichen Gerichte mit Jurisdiktionsgewalt fallen unter diesen Gerichtsbegriff, auch die der Verfassungsgerichtsbarkeit.[67] Daneben sind auch **gerichtsähnliche Spruchkörper,**[68] wie zB Berufskammern,[69] Schiedsgerichte in der Arbeits-, Finanz- und Sozialgerichtsbarkeit[70] und Vergabeüberwachungsausschüsse des Bundes[71] als vorlageberechtigte Gerichte anerkannt. Voraussetzung hierfür ist jedoch, dass es sich um Verfahren handelt, die mit echten Rechtsentscheidungen enden und nicht als bloße politische Entscheidungen zu bewerten sind.

28 Demgegenüber werden **private Schiedsgerichte,** also Schiedsgerichte aufgrund privatrechtlicher Vereinbarungen, regelmäßig nicht als vorlageberechtigte „Gerichte" iSd Art. 267 AEUV angesehen.[72] Begründet wird dies zum einen mit der fehlenden Staatlichkeit dieser Institutionen, zum andern mit der ggf. fehlenden Entscheidung nach Rechtsregeln, sofern die Schiedssprüche (auch) nach Billigkeitsgesichtspunkten erfolgen. In diesen Verfahren ist die deutsche öffentliche Gewalt weder am Rechtsweg noch am Verfahrensablauf selbst beteiligt. Auch handeln die Schiedsgerichte weder als Beliehene des Mitgliedstaates, noch ist ihnen eine Mitverantwortung an der öffentlichen Rechtspflege übertragen.[73] Auch Stellen der **Exekutive** sind regelmäßig nicht vorlageberechtigt. Dies gilt etwa für die Staatsanwaltschaft, da sie nicht in völliger Unabhängigkeit ein Strafverfahren entscheiden kann.[74] In die gleiche Richtung geht auch die Rechtsprechung des Gerichtshofes, wonach **administrative Kontrollbehörden,** die unter der Rechtsaufsicht der zuständigen Ministerien stehen, selbst wenn sie in gewisser Weise unabhängig agieren

---

[65] Ausführlich zu den Anforderungen des Unionsrechts an die richterliche Unabhängigkeit EuGH 2.3.2021 – C-824/18, ECLI:EU:C:2021:153 Rn. 108 ff., BeckRS 2021, 3004 – A. B. ua (Nomination des juges à la Cour suprême).

[66] Vgl. dazu EuGH 19.9.2006 – C-506/04, ECLI:EU:C:2006:587 = Slg. 2006, I-8613 Rn. 50 ff. = EuZW 2006, 658 – Wilson; EuGH 22.12.2010 – C-517/09, ECLI:EU:C:2010:821 = Slg. 2010, I-14093 Rn. 38 ff. = BeckEuRS 2010, 560606 – RTL Belgium SA.

[67] Vgl. etwa EuGH 16.6.2015 – C-62/14, ECLI:EU:C:2015:400 Rn. 11 ff. = EuZW 2015, 599 – Gauweiler.

[68] EuGH 30.6.1966 – C-61/65, ECLI:EU:C:1966:39 = Slg. 1966, 583 (601 f.) = BeckRS 2004, 73421 – Vaassen-Göbbels.

[69] EuGH 18.6.1980 – C-138/80, ECLI:EU:C:1980:162 = Slg. 1980, 1975 (1977) = BeckRS 2004, 71587 – Borker; EuGH 6.10.1981 – C-246/80, ECLI:EU:C:1981:218 = Slg. 1980, 2311 (2323) = NJW 1982, 502 – Broeckmeulen.

[70] EuGH 23.3.1982 – C-102/81, ECLI:EU:C:1982:107 = Slg. 1982, 1095 ff. = NJW 1982, 1207 – Deutsche Hochseefischerei; EuGH 17.10.1989 – C-109/88, ECLI:EU:C:1989:383 = Slg. 1989, 3220 (3224 f.) = NZA 1990, 772 – Dansk Arbejdsgverforening; EuGH 27.4.1994 – C-393/92, ECLI:EU:C:1994:171 = Slg. 1994, I-1477 ff. = BeckRS 2004, 76988 – Gemeinde Almelo; EuGH 12.6.2014 – C-377/13, ECLI:EU:C:2014:1754 Rn. 23 = BeckEuRS 2014, 420889 – Ascendi Beiras Litoral e Alta.

[71] EuGH 17.9.1997 – C-54/96, ECLI:EU:C:1997:413 = Slg. 1997, I-4961 Rn. 38 = NJW 1997, 3365 – Dorsch Consult.

[72] EuGH 23.3.1982 – C-102/81, ECLI:EU:C:1982:107 = Slg. 1982, 1095 Rn. 10 ff. = NJW 1982, 1207 – Deutsche Hochseefischerei; EuGH 17.10.1989 – C-109/88, ECLI:EU:C:1989:383 = Slg. 1989, 3199 Rn. 7 ff. = NZA 1990, 772 – Dansk Arbejdsgiverforening; EuGH 27.1.2005 – C-125/04, ECLI:EU: C:2005:69 = Slg. 2005, I-923 Rn. 13, 17 = EuZW 2005, 319 – Denuit ua.

[73] Pechstein EUProzR Rn. 810.

[74] EuGH 12.12.1996 – verb. Rs. C-74/95, C-129/95, ECLI:EU:C:1996:491 = Slg. 1996, I-6609 Rn. 19 = NZA 1997, 307 – Strafverfahren gegen X.

können, nicht als Gerichte iSd Art. 267 AEUV anzusehen sind.[75] Dies betrifft in Deutschland namentlich das Bundeskartellamt, die Bundesnetzagentur und das Bundesamt für Strahlenschutz. Im Markenrecht gilt entsprechendes für das Bundespatentamt oder das Bundespatentgericht.[76] Hier kommt nur dem BGH als letztentscheidendem Bundesgericht eine Vorlagepflicht zu.

Die Einordnung sog. **Verbandsgerichte** – bspw. die Sportgerichte des Deutschen Fuß- 29 ballbundes oder des Deutschen Leichtathletikverbandes – als „mitgliedstaatliche Gerichte" ist im Schrifttum diskutiert worden.[77] Als Differenzierungskriterium wird vorgeschlagen, darauf abzustellen, ob ähnlich wie bei einer öffentlich-rechtlichen Zwangsmitgliedschaft eine unfreiwillige Unterwerfung unter eine solche Gerichtsbarkeit vorliege oder ob der Einzelne die Möglichkeit habe, sich der Jurisdiktion der Verbandsgerichtsbarkeit zu entziehen. Fälle mit Bezügen zum Sport sind dem EuGH allerdings bislang allein von staatlichen Gerichten zur Vorabentscheidung vorgelegt worden, da hier jedes Mal Fragen der Arbeitnehmerfreizügigkeit im Vordergrund standen.[78]

In der Literatur ebenfalls diskutiert wird die Einordnung der **Vergabekammern** des 30 Bundes und der Länder als vorlageberechtigte „Gerichte", da sie in vergaberechtlichen Streitigkeiten nach § 156 GWB über die Nachprüfung der Vergabe öffentlicher Aufträge entscheiden.[79] Wiewohl es sich hierbei um Verwaltungsbehörden handelt (§ 168 Abs. 3 GWB), weisen sie zumindest auch eine gerichtsähnliche Entscheidungsfunktion auf. Es handelt sich um persönlich und sachlich unabhängige Kontrollinstanzen, die nicht die Zweck-, sondern (nur) die Rechtmäßigkeit der Vergabeentscheidung überprüfen.[80] Ihre Entscheidungen erwachsen in Rechtskraft und können einzig mit der sofortigen Beschwerde beim zuständigen Vergabesenat des OLG angefochten werden (§ 171 Abs. 3 GWB).

Liegt nach den oben genannten Voraussetzungen ein „mitgliedstaatliches Gericht" vor, 31 kommt es nicht auf die **Art des Verfahrens** (Klage-, Eil- oder Schiedsverfahren) oder die Natur des Rechtsstreits (Straf-, Zivil-, Arbeits-, Finanz-, Sozial- oder Verwaltungsprozess) oder gar das Ziel des vor dem nationalen Gericht anhängigen Verfahrens an.[81] Die Dringlichkeit oder der vorläufige Charakter des Ausgangsverfahrens beschränken das Vorlagerecht des nationalen Gerichts ebenfalls nicht.[82] Allerdings kann in dringlichen Verfahren die Vorabentscheidung im Wege des beschleunigten Verfahrens bzw. des Eilverfahrens (Art. 23a EuGH-Satzung, Art. 105 EuGHVfO) gesucht werden (vgl. dazu → Rn. 117 ff.).

Aus Art. 267 AEUV ergibt sich im weiteren, dass die nationalen Gerichte den Gerichts- 32 hof nur anrufen können, wenn bei ihnen ein Rechtsstreit anhängig ist, den sie im Rahmen eines laufenden Verfahrens zu entscheiden haben und der auf eine Entscheidung mit Rechtsprechungscharakter abzielt.[83] Dies ist in Fällen, in denen ein Gericht eine bloße

---

[75] EuGH 31.5.2005 – C-53/03, ECLI:EU:C:2005:333 = Slg. 2005, I-4609 Rn. 29 ff. = BeckRS 2005, 70414 – Syfait.
[76] Vgl. Streinz/Herrmann GRUR-Int. 2004, 459 (464 ff.).
[77] Vgl. dazu Pechstein EUProzR Rn. 814.
[78] EuGH 15.12.1995 – C-415/93, ECLI:EU:C:1995:463 = Slg. 1995, I-4921 = NJW 1996, 505 – Bosman; EuGH 11.4.2000 – verb. Rs. C-51/96, C-191/97, ECLI:EU:C:2000:199 = Slg. 2000, I-2549 – Deliège; EuGH 13.4.2000 – C-176/96, ECLI:EU:C:2000:201 = Slg. 2000, I-2681 = NJW 2000, 2011 – Lehtonen.
[79] Vgl. dazu Karpenstein in Grabitz/Hilf/Nettesheim AEUV Art. 267 Rn. 17; Sellmann/Augsberg DÖV 2006, 533 (535).
[80] Sellmann/Augsberg DÖV 2006, 533 (535).
[81] EuGH 21.3.1972 – C-82/71, ECLI:EU:C:1972:20 = Slg. 1972, 119 (136) = BeckRS 2004, 73779 – Sail.
[82] EuGH 12.11.1969 – C-29/69, ECLI:EU:C:1969:57 = Slg. 1969, 419 (424 f.) = BeckRS 2004, 72956 – Stauder; EuGH 9.2.1982 – C-270/80, ECLI:EU:C:1982:43 = Slg. 1982, 329 (344) = NJW 1982, 1208 – Polydor; vgl. auch → Rn. 102.
[83] EuGH 5.3.1986 – C-318/85, ECLI:EU:C:1986:106 = Slg. 1986, 955 = BeckRS 2004, 70755 – Greis Unterweger; EuGH 19.10.1995 – C-111/94, ECLI:EU:C:1995:340 = Slg. 1995, I-3361 Rn. 9 = BeckRS 2004, 74140 – Job Centre; EuGH 14.6.2001 – C-178/99, ECLI:EU:C:2001:331 = Slg. 2001, I-4421 Rn. 14 = BeckRS 2004, 74714 – Salzmann; vgl. auch EuGH 9.12.2010 – C-241/09, ECLI:EU:C:2010:753 Rn. 34 = BeckEuRS 2010, 560265 – Fluxys SA; EuGH 14.10.2010 – C-336/08, ECLI:EU:C:2010:604 = Slg. 2010, I-130 Rn. 16 = BeckEuRS 2010, 560574 – Reinke.

Verwaltungstätigkeit ausübt, die keinen Rechtsprechungscharakter hat und mit der iÜ in anderen Mitgliedstaaten Verwaltungsbehörden betraut sind, nicht gegeben. Dann handelt ein Gericht quasi als Verwaltungsbehörde, ohne gleichzeitig einen anhängigen Rechtsstreit zu entscheiden.[84] In einem Verfahren der freiwilligen Gerichtsbarkeit, zB bei einem Antrag auf Genehmigung der Satzung einer Gesellschaft oder auf Eintragung einer Gesellschaft in ein Register übt das Gericht keine Tätigkeit mit Rechtsprechungscharakter aus.[85] Erst wenn der Antragsteller, der nach nationalem Recht berechtigt ist, die Genehmigung zu beantragen, einen Rechtsbehelf gegen die Ablehnung der Eintragung einlegt, kann davon ausgegangen werden, dass das angerufene Gericht eine Rechtsstreitigkeit iSd Art. 267 AEUV zu entscheiden hat und insofern eine Rechtsprechungstätigkeit ausübt.

33 Vorlageberechtigt sind auch mehreren Mitgliedsstaaten **gemeinsame Gerichte,** wenn die Auslegung des Unionsrechts zu ihren Aufgaben gehört.[86] So bestätigte der Gerichtshof bereits 1997 die Vorlageberechtigung des **Benelux-Gerichtshofs**.[87] Als ein solches den Mitgliedstaaten gemeinsames Gericht wurde nach dem zunächst ablehnenden Gutachten des EuGH nunmehr auch das **Einheitliche Patentgericht** konstruiert.[88]

34 Nicht vorlageberechtigt sind demgegenüber **internationale Gerichte,** die nicht zum Gerichtssystem der Mitgliedstaaten gehören, sondern auf völkerrechtlicher Ebene agieren. Dies gilt etwa für die Beschwerdekammern der Europäischen Schulen, einer internationalen Organisation, auch wenn deren Entscheidungen teils auf unionsrechtlichen Maßstäben beruhen.[89] Ebenfalls nicht vorlageberechtigt sind **Investor-Staat-Schiedsgerichte** auf Grundlage von internationalen Investitionsschutzabkommen. Nach Auffassung des EuGH sollen diese Spruchkörper gerade kein Teil des nationalen Gerichtssystems sein und können daher nicht als Gericht eines Mitgliedsstaats im Sinne von Art. 267 AEUV angesehen werden.[90]

III. Vorlagegegenstand

35 Gegenstand eines Vorabentscheidungsverfahrens können gemäß Art. 267 Abs. 1 AEUV zum einen die Auslegung der Verträge sein, zum anderen die Auslegung und die Gültigkeit von Handlungen der Organe, der von der EU geschaffenen Einrichtungen oder sonstigen Stellen der Union. Damit ist in grundsätzlicher Weise zwischen Auslegungs- und Gültigkeitsfragen zu unterscheiden.

36 **1. Auslegungsfragen. a) Auslegung der Verträge.** Art. 267 Abs. 1 lit. a AEUV weist dem Gerichtshof die Zuständigkeit für die Auslegung der Verträge zu. Damit obliegt dem EuGH die autoritative Auslegungskompetenz für das **gesamte Unionsprimärrecht.** Dies ergibt sich aus Art. 19 EUV und Art. 267 AEUV sowie aus dem Protokoll Nr. 2 zur Änderung des Vertrages zur Gründung der Europäischen Atomgemeinschaft. Der Begriff der „Verträge" ist weit zu verstehen. Hierunter fallen nicht nur die Bestimmungen des EUV, AEUV und EAGV, sondern auch die Anhänge, Zusatzprotokolle und Änderungen sowie die Beitrittsverträge und beigefügten Beitrittsabsichten. Ebenso zu den Verträgen

---

[84] EuGH 27.4.2006 – C-96/04, ECLI:EU:C:2006:254 = Slg. 2006, I-3561 Rn. 11 ff. = BeckRS 2006, 70349 mwN – Standesamt Niebüll.
[85] EuGH 10.7.2001 – C-86/00, ECLI:EU:C:2001:394 = Slg. 2001, I-5353 Rn. 16 = EuZW 2001, 499 – HSB-Wohnbau; EuGH 22.1.2002 – C-447/00, ECLI:EU:C:2002:38 = Slg. 2002, I-735 Rn. 22 = BeckRS 2004, 77304 – Holto; EuGH 15.1.2002 – C-182/00, ECLI:EU:C:2002:19 = Slg. 2002, I-547 Rn. 14 = NZG 2002, 127 – Lutz GmbH ua.
[86] Vgl. dazu Ullrich EuR 2010, 573 ff.
[87] EuGH 4.11.1997 – C-337/95, Slg. 1997, I-6034 Rn. 21 = GRUR-Int. 1998, 140 – Parfums Christian Dior/Evora.
[88] Dazu Lenaerts/Maselis/Gutmann EU Procedural Law Rn. 3.14; vgl. zuvor EuGH Gutachten 8.3.2011 – 1/09, ECLI:EU:C:2011:123 Rn. 64 ff. = BeckEuRS 2011, 576991 – Patentgericht.
[89] EuGH 14.6.2011 – C-196/09, ECLI:EU:C:2011:388 = Slg. 2011, I-5105–5160 = EuZW 2011, 670 – Miles.
[90] Siehe EuGH 6.3.2018 – C-284/16, ECLI:EU:2018:158 Rn. 43 ff. = EuZW 2018, 239 – Achmea.

zählen die Charta der Grundrechte der Europäischen Union (Art. 6 Abs. 1 EUV) sowie die allgemeinen Rechtsgrundsätze des Unionsrechts (Art. 6 Abs. 3 EUV).

Die Auslegungskompetenz des EuGH erstreckt sich auch auf die Vorschriften zum **Raum der Freiheit, Sicherheit und des Rechts** gemäß Art. 67 ff. AEUV. Die insoweit zuvor bestehenden Beschränkungen nach Art. 35 EUV-Nizza sind mit Ablauf einer fünfjährigen Übergangsfrist nach Inkrafttreten des Vertrags von Lissabon entfallen. Dass dieser Schritt nicht jedem Mitgliedstaat leichtfiel, bezeugt Art. 276 AEUV. Danach soll der EuGH „nicht zuständig" für die Überprüfung der Gültigkeit oder Verhältnismäßigkeit von Maßnahmen der Polizei oder anderer Strafverfolgungsbehörden eines Mitgliedstaats oder der Wahrnehmung der Zuständigkeiten der Mitgliedstaaten für die Aufrechterhaltung der öffentlichen Ordnung und den Schutz der inneren Sicherheit sein. Da sich das Vorabentscheidungsverfahren ohnehin auf die Auslegung bzw. Gültigkeit von Unionsrecht beschränkt, ist Art. 276 AEUV insoweit rein deklaratorischer Natur. Dagegen bleiben die in Art. 24 ff. EUV enthaltenen Vorschriften der **Gemeinsamen Außen- und Sicherheitspolitik** nach wie vor grundsätzlich von der Auslegungskompetenz des EuGH ausgenommen. Anderes gilt nur mit Blick auf die von Art. 40 EUV geregelte Abgrenzung vom sonstigen Unionsrecht und den Rechtsschutz gegen gezielte Sanktionen (Art. 275 AEUV).[91]

37

Die Zuständigkeit des EuGH besteht grundsätzlich nur, wenn die entsprechenden Vorschriften *ratione temporis* und *ratione materiae* anwendbar sind. Unzulässig sind daher Vorabentscheidungsersuchen, die sich auf Sachverhalte vor dem Beitritt des betreffenden Mitgliedstaats beziehen.[92] Ebenso lehnt der EuGH regelmäßig Vorabentscheidungsersuchen zu den EU-Grundfreiheiten ab, wenn der zugrunde liegende Sachverhalt rein innerstaatlicher Natur ist, es also an einem grenzüberschreitenden Element fehlt.[93] Gleiches gilt für Vorlagen zur Auslegung der Unionsgrundrechte, wenn deren Anwendungsbereich nach Art. 51 Abs. 1 GRCh nicht eröffnet ist, etwa weil es um eine mitgliedstaatliche Maßnahme geht, die nicht in „Durchführung des Unionsrechts" ergangen ist.[94]

38

Demgegenüber ist der EuGH nach ständiger Rechtsprechung für die Auslegung von Unionsvorschriften zuständig, deren Anwendungsbereich an sich zwar nicht eröffnet ist, die aber im Ausgangsrechtsstreit gleichwohl entscheidungserheblich sind. Dies kann etwa der Fall sein, wenn das nationale Recht ein **Verbot der Inländerdiskriminierung** enthält. In solchen Konstellationen erachtet der EuGH-Vorlagen zur Auslegung von Grundfreiheiten auch dann für zulässig, wenn sie einen rein innerstaatlichen Sachverhalt betreffen. Grund dafür ist, dass die Auslegung des Unionsrechts über das nationale Recht mittelbar entscheidungserheblich ist.[95] Damit verwandt sind Fälle, in denen Vorschriften des Unionsrechts vom nationalen Recht in Bezug genommen werden. In einem solchen Fall kommt das Unionsrecht nicht als solches und aus sich heraus, sondern aufgrund eines **Verweises im nationalen Recht** zur Anwendung. Die Zuständigkeit des EuGH rechtfertigt sich damit, dass auch in solchen Konstellationen ein Bedürfnis nach einheitlicher Auslegung besteht.[96] Anwendungsbeispiele betreffen etwa die sog. „überschießende" Richtlinienumsetzung.[97] Auch insoweit ist es allerdings nicht Sache des Gerichtshofs, im Rahmen eines

39

---

[91] Hierzu Kottmann, Introvertierte Rechtsgemeinschaft, 2014, S. 194 ff., 211 ff.; Henze/Jahn EuZW 2017, 506.
[92] EuGH 27.6.2018 – C-364/17, ECLI:EU:C:2018:500 = BeckRS 2018, 13204 – Varna Holideis; EuGH 30.4.2020 – C-258/19, ECLI:EU:C:2020:345 Rn. 30 = BeckRS 2020, 7117 – EUROVIA.
[93] Siehe etwa EuGH 22.12.2010 – C-245/09, ECLI:EU:C:2010:808 Rn. 9 ff. = BeckRS 2010, 91489 – Omalet.
[94] Siehe etwa EuGH 12.7.2012 – C-466/11, ECLI:EU:C:2012:465 Rn. 25 = BeckEuRS 2011, 627257 – Currà.
[95] Siehe etwa EuGH 1.6.2010 – C-570/07, ECLI:EU:C:2008:138 Rn. 39 = EuZW 2010, 578 – Blanco Pérez; EuGH 5.12.2006 – C-94/04, ECLI:EU:C:2006:758 Rn. 30 = NZBau 2007, 43 – Cipolla.
[96] EuGH 18.10.1990 – C-297/88, ECLI:EU:C:1990:360 Rn. 37 = EuZW 1991, 319 – Dzodzi; EuGH 10.12.2020 – C-620/19, ECLI:EU:C:2020:1011 Rn. 34 = BeckEuRS 2020, 666442 – J & S Service.
[97] Vgl. dazu Heß RabelsZ 2002, 484 ff.; Hakenberg RabelsZ 2002, 378 f.

Vorabentscheidungsersuchens über die Auslegung nationaler Vorschriften zu befinden. Der Umfang und die Grenzen des Verweises auf Unionsrecht sind Fragen des nationalen Rechts, für die allein die nationalen Gerichte zuständig sind.[98]

40 **b) Auslegung von Handlungen der Organe.** Die Auslegungszuständigkeit des EuGH umfasst nach Art. 267 Abs. 1 lit. b AEUV auch die Handlungen der Organe, Einrichtungen oder sonstigen Stellen der Union. Der Kreis der Organe ist in Art. 13 EUV legaldefiniert. Zu den Einrichtungen und sonstigen Stellen zählen grundsätzlich alle primärrechtlich vorgesehenen Unionseinrichtungen, wie etwa die Europäische Investitionsbank (Art. 308 AEUV). Ebenso darunter fallen sämtliche durch Sekundärrechtsakt errichtete Agenturen, etwa die Europäische Chemikalienagentur (ECHA) oder Europol.[99] Die Auslegungszuständigkeit *ratione personae* des EuGH ist damit sehr weit gezogen.

41 Auch der Begriff der **„Handlungen"** und damit die gegenständliche Reichweite des Vorabentscheidungsverfahrens wird vom EuGH sehr weit verstanden. Umfasst sind nicht nur die in Art. 288 AEUV genannten Rechtsakte, sondern darüber hinaus sämtliche Maßnahmen, die einem Organ, einer Einrichtung oder sonstigen Stelle zugerechnet werden können. Hierfür reicht es grundsätzlich aus, wenn die betreffende Unionsstelle am Erlass der jeweiligen Handlung „mitgewirkt" hat.[100] Anders als die Nichtigkeitsklage nach Art. 263 AEUV erstreckt sich die Auslegungsbefugnis im Vorabentscheidungsverfahren auch auf rechtlich **unverbindliche Handlungen** wie zB Empfehlungen, Stellungnahmen, Mitteilungen oder Leitlinien.[101] Die von der Union geschlossenen **völkerrechtlichen Verträge** sind nach der Rechtsprechung ein „integrierender Bestandteil der Unionsrechtsordnung". Aus der Unionsperspektive sind sie daher Handlungen der Unionsorgane und unterliegen als solche der Auslegung durch den EuGH.[102] Dies gilt auch für diejenigen Bestimmungen sogenannter gemischter Abkommen – also Abkommen, an denen sowohl die Union als auch die Mitgliedstaaten beteiligt sind –, die in die Zuständigkeit der EU fallen.[103]

42 Noch weitergehend bejaht der EuGH seine Auslegungskompetenz bei solchen Maßnahmen, die zwar nicht von einem Organ, einer Einrichtung oder sonstigen Stelle der Union getroffen werden, die aber zur „Durchführung oder Anwendung eines Rechtsakts der Union" dienen.[104] Die betrifft zunächst die **Beschlüsse internationaler Gremien,** die durch einen von der Union geschlossenen völkerrechtlichen Vertrag eingesetzt werden.[105] Ferner sind auch **harmonisierte europäische Normen** tauglicher Gegenstand von Auslegungsvorlagen nach Art. 267 AEUV. Solche Normen sind ein Instrument des europäischen Produktsicherheitsrechts nach dem sogenannten *New Approach*. Sie werden auf Basis einer EU-Verordnung oder Richtlinie und eines entsprechenden Normungsauftrags der Kommission von privaten Normungsorganisationen wie dem Europäischen Komitee für Normung (CEN) oder dem Deutschen Institut für Normung (DIN) ausgearbeitet. Ihre jeweilige Fundstelle wird anschließend ggf. von der Kommission im Amtsblatt veröffentlicht. Diese Umstände rechtfertigen es laut EuGH, harmonisierte europäische

---

[98] EuGH 10.12.2020 – C-620/19, ECLI:EU:C:2020:1011 Rn. 35 = BeckEuRS 2020, 666442 – J & S Service.
[99] Hierzu Lenaerts/Maselis/Gutman EU Procedural law Rn. 6.10.
[100] Ausführlich Lenaerts/Maselis/Gutman EU Procedural law Rn. 6.09.
[101] Siehe etwa EuGH 13.12.1989 – C-322/88, ECLI:EU:C:1989:646 Rn. 7 ff. = NZA 1991, 283 – Grimaldi; EuGH 25.3.2021 – C-501/18, ECLI:EU:C:2021:249 Rn 82 = WM 2021, 826 – Balgarska Narodna Banka; dazu Schwarze EuR 2011, 3; Kauff EuR 2011, 735.
[102] EuGH 30.4.1974 – C-181/73, ECLI:EU:C:1974:41 = Slg. 1974, 449 (460) = BeckRS 1974, 106490 – Haegeman; EuGH 26.10.1982 – C-104/81, ECLI:EU:C:1982:362 = Slg. 1982, 3641 (3659) = NJW 1983, 508 – Kupferberg; EuGH 22.11.2017 – C-224/16, ECLI:EU:C:2017:880 Rn. 50 – Aebtri.
[103] Vgl. etwa EuGH 30.5.2006 – C-459/03, ECLI:EU:C:2006:345 Rn. 84 = ZUR 2006, 591 – Kommission/Irland (Sellafield).
[104] EuGH 27.10.2016 – C-613/14, ECLI:EU:C:2016:821 Rn. 34 = NJW 2017, 311 – James Elliott.
[105] EuGH 30.9.1987 – C-12/86, ECLI:EU:C:1987:400 = Slg. 1987, 3719 Rn. 9 = NVwZ 1988, 235 – Demirel; EuGH 20.9.1990 – C-192/89, ECLI:EU:C:1990:322 = Slg. 1990, I-3461 (3501) = NVwZ 1991, 255 – Sevince; vgl. auch Ehricke in Streinz AEUV Art. 267 Rn. 21.

Normen in den Kreis der Maßnahmen aufzunehmen, die im Vorabentscheidungsverfahren ausgelegt werden können.[106]

Urteile des Gerichtshofs selbst sind ebenfalls ein tauglicher Gegenstand von Auslegungsfragen,[107] nicht jedoch von Gültigkeitsfragen (→ Rn. 47). Große praktische Relevanz kommt dem freilich nicht zu, da eine Frage nach der Auslegung einer EuGH-Entscheidung meist auch als Frage nach der Auslegung der durch den EuGH angewandten Vorschriften des Unionsrechts formuliert werden könnte. 43

2. Gültigkeitsfragen. a) Handlungen der Organe. Nach Art. 267 Abs. 1 lit. b AEUV entscheidet der EuGH im Vorabentscheidungsverfahren über die Gültigkeit der Handlungen der Organe, Einrichtungen oder sonstigen Stellen der Union. Der zulässige Gegenstand von Gültigkeitsfragen unterscheidet sich damit in mehrfacher Hinsicht vom Gegenstand einer Auslegungsfrage. Insbesondere ist das gesamte **Primärrecht,** also die Verträge selbst, aber etwa auch Protokolle oder Beitrittsakte, der Gültigkeitskontrolle durch den EuGH entzogen.[108] Dies gilt allerdings nicht für Rechtsakte von Unionsorganen, die aufgrund einer entsprechenden Ermächtigung in den Verträgen das **Primärrecht ändern.** Damit kann zum Beispiel ein Beschluss des Europäischen Rates im Verfahren der vereinfachten Vertragsänderung gemäß Art. 48 Abs. 6 EUV Gegenstand einer Gültigkeitsvorlage sein.[109] Gleiches dürfte etwa für Eigenmittelbeschlüsse nach Art. 311 Abs. 3 AEUV oder eine Änderung der Satzung der Europäischen Investitionsbank nach Art. 308 Abs. 3 AEUV gelten. 44

Gemäß Art. 24 Abs. 1 UAbs. 2 letzter Satz EUV und Art. 275 Abs. 1 AEUV ist der EuGH grundsätzlich nicht für die Rechtskontrolle in Bezug auf Rechtsakte der **Gemeinsamen Außen- und Sicherheitspolitik** zuständig. Anderes gilt jedoch mit Blick auf deren Vereinbarkeit mit Art. 40 EUV. Daneben ist der EuGH nach dem Vertragswortlaut auch für „Nichtigkeitsklagen" natürlicher und juristischer Personen gegen gezielte Sanktionen in der GASP zuständig. Über diesen Wortlaut hinaus hat der EuGH allerdings auch Gültigkeitsvorlagen zu solchen Maßnahmen für zulässig erklärt. Dies rechtfertige sich, so der Gerichtshof, aus dem Umstand, dass Nichtigkeitsklagen und Gültigkeitsvorlagen nur zwei komplementäre Elemente der Rechtskontrolle von Unionsakten seien, für das die Verträge ein vollständiges System von Rechtsbehelfen geschaffen hätten.[110] 45

Die Beschlüsse von Unionsorganen zum Abschluss eines **völkerrechtlichen Abkommens** können nach ständiger Rechtsprechung mit der Nichtigkeitsklage angegriffen werden.[111] Dementsprechend bilden sie auch einen tauglichen Gegenstand von Gültigkeitsvorlagen. Für die betreffenden Abkommen selbst als Instrumente des Völkerrechts gilt dies freilich nicht – auch wenn sich der EuGH für befugt hält, diese auszulegen (→ Rn. 41). Ebenso dürften Beschlüsse völkerrechtlicher Gremien als solche nicht der Gültigkeitskontrolle des Gerichtshofs unterfallen.[112] Gegenstand einer Gültigkeitsvorlage können unter Umständen auch **unverbindliche Handlungen** der Unionsorgane, wie etwa Leitlinien, sein.[113] 46

Kein zulässiger Gegenstand von Gültigkeitsvorlagen sind **Entscheidungen des EuGH.**[114] Dies ergibt sich aus den Grundsätzen der Rechtskraft. (Vorab-)Entscheidungen 47

---

[106] EuGH 27.10.2016 – C-613/14, ECLI:EU:C:2016:821 Rn. 32 ff. = NJW 2017, 311 – James Elliott; dazu Winkelmüller/van Schewick IBR 2016, 697.
[107] Dazu Sellmann/Augsberg DÖV 2006, 533 (537); Lenaerts/Maselis/Gutman EU Procedural Law Rn. 6.11.
[108] Wegener in Calliess/Ruffert AEUV Art. 267 Rn. 3; Schwarze/Wunderlich in Schwarze AEUV Art. 267 Rn. 19.
[109] Siehe EuGH 27.11.2012 – C-370/12, ECLI:EU:C:2012:756 Rn. 30 ff. = NJW 2013, 29 – Pringle.
[110] Siehe EuGH 28.3.2017 – C-72/15, ECLI:EU:C:2017:236 Rn. 64 ff. = EuZW 2017, 529 – Rosneft.
[111] EuGH 9.8.1994 – C-327/91, ECLI:EU:C:1994:305 Rn. 16 = EuZW 1994, 566 – Frankreich/Kommission; vgl. auch EuGH 10.1.2006 – C-94/03, ECLI:EU:C:2006:2 = BeckRS 2006, 70033 – Kommission/Rat.
[112] Zur Diskussion Lenaerts/Maselis/Gutman EU Procedural Law Rn. 10.07.
[113] Siehe EuGH 15.7.2021 – C-911/19, ECLI:EU:C:2021:599 Rn. 66 ff. – FBF.
[114] EuGH 5.3.1986 – 69/85, Slg. 1986, 947 Rn. 16 = BeckRS 2004, 73545 – Wünsche; Everling, Das Vorabentscheidungsverfahren vor dem Europäischen Gerichtshof, 1986, S. 61 f.

des EuGH sind für die nationalen Gerichte bindend und können nicht im Rahmen eines Vorabentscheidungsersuchens zur Überprüfung gestellt werden.[115] Die Art. 42–44 EuGH-Satzung enthalten eine abschließende Auflistung außerordentlicher Rechtsbehelfe, mit denen die Rechtskraft von Urteilen durchbrochen werden kann.[116]

48 **b) Bestandskraft/Verhältnis zur Nichtigkeitsklage.** Anders als Nichtigkeitsklagen gemäß Art. 263 AEUV unterliegen Gültigkeitsvorlagen keiner Frist. Die Rechtmäßigkeit eines Unionsakts kann damit grundsätzlich auch noch Jahre nach dessen Erlass überprüft werden. Gegenteiliges gilt nach der sogenannten **Deggendorf-Rechtsprechung** des EuGH jedoch dann, wenn eine Umgehung der zweimonatigen Klagefrist der Nichtigkeitsklage droht. Danach ist eine Gültigkeitsvorlage unzulässig, wenn die jeweilige Partei vor dem vorlegenden Gericht gegen den betreffenden Unionsakt „ohne jeden Zweifel" eine Nichtigkeitsklage nach Art. 263 Abs. 4 AEUV hätte erheben können, dies aber nicht (fristgerecht) getan hat. Der Unionsakt erwächst dann ihr gegenüber in Bestandskraft. Nach Ansicht des EuGH ist dies ein Gebot der Rechtssicherheit und der Kohärenz des Rechtsschutzsystems der Union.[117]

49 Dieser Ausschluss von Gültigkeitsvorlagen greift nach ständiger Rechtsprechung nur, wenn die betreffende Partei „**ohne jeden Zweifel** nach Art. 263 Abs. 4 AEUV **klagebefugt**" gewesen wäre. Dies soll etwa für Beihilfenempfänger bei Beschlüssen der Fall sein, mit denen die Kommission gegenüber dem Mitgliedstaat die Rückforderung der Beihilfe anordnet.[118] Gleiches soll etwa für von der sogenannten Bankenabgabe betroffene Kreditinstitute mit Blick auf Beschlüsse des Einheitlichen Abwicklungsausschusses (SRB) gelten, durch welche die Höhe der einzelnen Abgabebeträge berechnet wird.[119] Auch die Gültigkeitsvorlage auf Initiative eines in einer Antidumpingverordnung namentlich benannten Unternehmens hat der EuGH für unzulässig erklärt.[120] Wann eine Nichtigkeitsklage „ohne jeden Zweifel" zulässig ist, kann in der **Praxis** durchaus schwierig zu beantworten sein. In Zweifelsfällen bleibt einer Partei daher nichts anderes übrig, als parallel eine Nichtigkeitsklage vor dem EuG zu erheben und Rechtsschutz vor nationalen Gerichten zu suchen, um auf diesem Wege eine Gültigkeitsvorlage an den EuGH zu initiieren. Eine praktikable andere Möglichkeit, die „Falle" der Deggendorf-Rechtsprechung zu vermeiden, besteht nicht. In einem solchen Fall machen die Unionsgerichte regelmäßig von der Möglichkeit Gebrauch, ein Verfahren bis zur Entscheidung des jeweils anderen Gerichts auszusetzen (vgl. Art. 54 Abs. 3 EuGH-Satzung). Dabei scheint der EuGH in jüngerer Zeit gewillt, regelmäßig einer Nichtigkeitsklage vor dem EuG den Vortritt zu lassen.[121]

IV. Entscheidungserheblichkeit

50 Nach Art 267 Abs. 2 AEUV ist ein nationales Gericht zur Vorlage an den EuGH berechtigt, wenn es eine Entscheidung über eine Frage des Unionsrechts „zum Erlass seines Urteils für erforderlich hält". Insoweit kommt es primär auf die Einschätzung des vorlegenden

---

[115] EuGH 5.3.1986 – 69/85, Slg. 1986, 947 Rn. 16 = BeckRS 2004, 73545 – Wünsche.
[116] EuGH 4.4.1968 – C-13/67, ECLI:EU:C:1968:19 = Slg. 1968, 296 (297) = BeckRS 2004, 71491 – Becher; EuGH 5.3.1986 – C-69/85, ECLI:EU:C:1986:104 = Slg. 1986, 947 Rn. 14 = BeckRS 2004, 73545 – Wünsche.
[117] EuGH 9.3.1994 – C-188/92, ECLI:EU:C:1994:90 = Slg. 1994, I-833 Rn. 15 = EuZW 1994, 250 (251) = DVBl 1994, 1122 ff. – TWD Textilwerke Deggendorf; EuGH 25.7.2018 – C-135/16, ECLI:EU:C:2018:582 Rn. 14 ff. = NVwZ 2018, 1288 – Georgsmarienhütte; näher Karpenstein in Grabitz/Hilf/Nettesheim AEUV Art. 267 Rn. 47 ff.
[118] Siehe EuGH 25.7.2018 – C-135/16, ECLI:EU:C:2018:582 Rn. 14 ff. = NVwZ 2018, 1288 – Georgsmarienhütte.
[119] Siehe EuGH 3.12.2019 – C-414/18, ECLI:EU:C:2019:1036 Rn. 63 ff. = EuZW 2020, 30 – Iccrea Banca.
[120] EuGH 15.2.2001 – C-239/99, ECLI:EU:C:2001:101 Rn. 28 ff. = BeckRS 2004, 75346 – Nachi Europe.
[121] Siehe EuGH 25.7.2018 – C-135/16, ECLI:EU:C:2018:582 Rn. 25 = NVwZ 2018, 1288 – Georgsmarienhütte; aA. Karpenstein in Grabitz/Hilf/Nettesheim AEUV Art. 267 Rn. 50.

Gerichts an.¹²² Nach ständiger Rechtsprechung ist es grundsätzlich allein **Sache des nationalen Gerichts,** bei dem der Rechtsstreit anhängig ist und das die Verantwortung für die zu fällende Entscheidung trägt, unter Berücksichtigung der Besonderheiten der jeweiligen Rechtssache sowohl die Erforderlichkeit einer Vorabentscheidung als auch die Erheblichkeit der jeweiligen Vorlagefragen zu beurteilen.¹²³ Als Korrektiv dazu hält sich der EuGH jedoch für befugt, zur **Prüfung seiner eigenen Zuständigkeit** die Umstände zu untersuchen, unter denen er vom nationalen Gericht angerufen wird. Denn der Geist der Zusammenarbeit, in dem das Vorabentscheidungsverfahren durchzuführen ist, verlangt auch, dass das nationale Gericht seinerseits auf die dem Gerichtshof übertragene Aufgabe Rücksicht nimmt, die darin besteht, zur Rechtspflege in den Mitgliedstaaten beizutragen, nicht aber darin, Gutachten zu allgemeinen oder hypothetischen Fragen abzugeben.¹²⁴

1. Anhängiger Ausgangsrechtsstreit. Ein Vorabentscheidungsersuchen ist nur zulässig, wenn vor dem vorlegenden Gericht ein Rechtsstreit anhängig ist, der potentiell von der Beantwortung der Vorlagefrage abhängt. Indes nimmt der EuGH insoweit regelmäßig nur eine **Prima-facie-Prüfung** vor. Nach ständiger Rechtsprechung ist es nicht Sache des Gerichtshofes, zu prüfen, ob die Vorlageentscheidung oder gar die Klage im Ausgangsverfahren den nationalen Vorschriften der Prozessordnung, über die Gerichtsorganisation und das Verfahren entspricht.¹²⁵ Das Argument, die Ausgangsklage sei unzulässig, steht der Beantwortung eines Vorabentscheidungsersuchens daher grundsätzlich nicht entgegen.¹²⁶ Soweit das nationale Gericht die Vorlage einer für den Ausgangsrechtsstreit entscheidungserheblichen Frage für erforderlich hält, kann es auch in jedem Verfahrensstadium die Vorlage an den EuGH beschließen. Dies gilt nicht nur für Rechtsstreitigkeiten im Hauptsacheverfahren, sondern grundsätzlich auch im einstweiligen Rechtsschutzverfahren (vgl. dazu → Rn. 117 ff.). 51

Ist das **Ausgangsverfahren beendet,** ist (bzw. wird) ein Vorabentscheidungsersuchen unzulässig.¹²⁷ Ob dies der Fall ist, prüft der Gerichtshof gemäß Art. 100 Abs. 2 EuGHVerfO von Amts wegen in jedem Verfahrensstadium. Hierzu kann er das vorlegende Gericht gemäß Art 101 EuGHVerfO um Klarstellung ersuchen. Auch insoweit kommt es primär auf die Einschätzung des vorlegenden Gerichts an, die der EuGH allerdings einer Plausibilitätskontrolle unterzieht. Die diesbezügliche Rechtsprechung ist reichlich kasuistisch; verallgemeinerungsfähige Aussagen sind selten. So bleibt ein Vorabentscheidungsersuchen trotz Eintritt eines erledigenden Ereignisses im Ausgangsverfahren zulässig, wenn der Kläger seinen Antrag auf eine (Fortsetzungs-)Feststellungsklage umstellt.¹²⁸ Umgekehrt reicht es aber nicht, wenn ein Kläger sein Begehren nur möglicherweise noch auf eine Schadensersatzklage umstellen könnte.¹²⁹ Unzulässig war auch ein Vorabentscheidungsersuchen, das ein deutsches Gericht (nur noch) für die Kostenentscheidung über einen erledigten Rechtsstreit aufrechterhalten wollte.¹³⁰ 52

---

[122] Bleckmann EuropaR Rn. 625; Everling, Das Vorabentscheidungsverfahren vor dem Europäischen Gerichtshof, 1986, S. 37; Everling DRiZ 1993, 5 (11); v. Danwitz NJW 1993, 1108 (1113).
[123] EuGH 16.12.1981 – C-244/80, ECLI:EU:C:1981:302 = Slg. 1981, 3045 (3062) = BeckRS 1981, 107971 – Foglia/Novello; EuGH 3.3.1994 – verb. Rs. C-332/92, 333/92, 335/92, ECLI:EU:C:1994:79 = Slg. 1994, I-711 Rn. 17 = BeckRS 2004, 76500 – Eurico Italia.
[124] EuGH 16.7.1992 – C-83/91, ECLI:EU:C:1992:332 = Slg. 1992, I-4871 Rn. 25 = EuZW 1992, 546 – Meilicke; EuGH 22.11.2005 – C-144/04, ECLI:EU:C:2005:709 Rn. 36 = EuZW 2006, 17 – Mangold; ausführlich dazu Malferrari, Zurückweisung von Vorabentscheidungsersuchen durch den EuGH, 2003, S. 163 ff.
[125] EuGH 7.12.2000 – C-79/99, Slg. 2000, I-10997 Rn. 22 = NVwZ 2001, 551 – Schnorbus.
[126] Siehe etwa EuGH 10.12.2018 – C-621/18, ECLI:EU:C:2018:999 Rn. 30 = EuZW 2019, 31 – Wightman; EuGH 16.6.2015 – C-62/14, ECLI:EU:C:2015:400 Rn. 26 = NJW 2015, 2013 – Gauweiler.
[127] Siehe EuGH 13.10.2011 – C-148/10, ECLI:EU:C:2011:654, Rn. 29 = BeckEuRS 2011, 628205 – DHL International; EuGH 13.4.2000 – C-176/96, ECLI:EU:C:2000:201 Rn. 19 = NZA 2000, 645 – Lehtonen.
[128] EuGH 12.5.2021 – C-505/19, ECLI:EU:C:2021:376 Rn. 59 = BeckRS 2021, 10502 – Bundesrepublik Deutschland (Notice rouge d'Interpol).
[129] EuGH 10.6.2011 – C-155/11 PPU, ECLI:EU:C:2011:387, Rn. 15 ff. = BeckRS 2013, 81217 – Imran.
[130] EuGH 14.10.2010 – C-336/08, ECLI:EU:C:2010:604, Rn. 13 ff. = BeckRS 2010, 144330 – Reinke.

53   Nach einer viel diskutierten, praktisch jedoch wenig relevanten Rechtsprechungslinie sind Vorabentscheidungsersuchen unzulässig, wenn der Ausgangsfall kein Rechtsstreit im eigentlichen Sinne, sondern **„fiktiv"** bzw. „konstruiert" ist.[131] Insoweit lässt der EuGH allerdings große Zurückhaltung walten und weist Vorabentscheidungsersuchen nur in absoluten Ausnahmefällen zurück. So führt etwa allein der Umstand, dass sich die Parteien des Ausgangsrechtsstreits möglicherweise über die Auslegung einschlägiger Vorschriften einig sind oder beide eine Klärung durch den EuGH anstreben, als solcher nicht zur Unzulässigkeit.[132]

54   **2. Entscheidungserhebliche Vorlagefrage.** Das Vorabentscheidungsersuchen muss zudem zur Entscheidung des Ausgangsrechtsstreits erforderlich, mit anderen Worten also entscheidungserheblich sein. Auch insoweit besteht jedoch ein erheblicher Einschätzungsspielraum des nationalen Gerichts, den der EuGH nur auf die Einhaltung äußerster Grenzen überprüft.[133] Nach ständiger Rechtsprechung hält sich der Gerichtshof grundsätzlich für verpflichtet, über die ihm vorgelegten Fragen zu befinden, wenn sie die Auslegung des Unionsrechts betreffen. Für Vorlagefragen gilt, so der EuGH wörtlich, „eine **Vermutung der Entscheidungserheblichkeit**".[134]

55   Vorlagefragen werden daher nach ständiger Rechtsprechung nur zurückgewiesen, wenn die erbetene Auslegung des Unionsrechts offensichtlich in keinem Zusammenhang mit der Realität oder dem Gegenstand des Ausgangsrechtsstreits steht, wenn das Problem **hypothetischer Natur** ist oder wenn der Gerichtshof nicht über die tatsächlichen und rechtlichen Angaben verfügt, die für eine zweckdienliche Beantwortung der ihm vorgelegten Fragen erforderlich sind.[135] In der Praxis wird dies von den Verfahrensbeteiligten häufig geltend gemacht, vom EuGH indes nur selten angenommen. Viel hängt davon ab, ob das Vorabentscheidungsersuchen nachvollziehbar begründet ist. Ebenso mag es eine Rolle spielen, ob der EuGH den Fall gerne in der Sache entscheiden möchte oder nicht. Aus prozesstaktischer Sicht kann es sich gleichwohl empfehlen, etwaigen Zweifeln an der Berechtigung von Vorlagefragen Ausdruck zu verleihen: Selbst wenn dies nicht zur Zurückweisung des Vorabentscheidungsersuchens führen sollte, kann es sich doch unter Umständen auf die Antwort in der Sache auswirken.

V. Vorabentscheidungsersuchen.

56   Weiter muss ein Vorabentscheidungsersuchen den **formalen und inhaltlichen Anforderungen** von Art. 267 AEUV und Art. 94 EuGHVerfO entsprechen. Vorlagen, bei denen dies nicht der Fall ist, können vom EuGH als unzulässig zurückgewiesen werden. Auch wenn die Anforderungen im Laufe der Zeit tendenziell gestiegen sind, lässt der EuGH bei weitem nicht die Strenge walten, die etwa das Bundesverfassungsgericht bei Richtervorlagen nach Art. 100 Abs. 1 GG an den Tag legt. Für vorlegende Gericht empfiehlt es sich gleichwohl, zumindest die vom EuGH veröffentlichten Empfehlungen an die nationalen Gerichte bezüglich der Vorlage von Vorabentscheidungsersuchen zu konsultieren.[136] Mit

---

[131] Siehe EuGH 16.12.1981 – C-244/80, ECLI:EU:C:1981:302 = Slg. 1981, 3045 (3062) = BeckRS 1981, 107971 – Foglia/Novello.
[132] EuGH 22.11.2005 – C-144/04, ECLI:EU:C:2005:709 Rn. 38 = EuZW 2006, 17 – Mangold; EuGH 29.4.2004 – C-341/01, ECLI:EU:C:2004:254 Rn. 30 = EuZW 2004, 541 – Plato Plastik Robert Frank.
[133] Hierzu Karpenstein in Grabitz/Hilf/Nettesheim AEUV Art. 267 Rn. 25; Ehricke in Streinz AEUV Art 267 Rn. 35 f.
[134] EuGH 12.5.2021 – C-505/19, ECLI:EU:C:2021:376 Rn. 50 = BeckRS 2021, 10502 – Bundesrepublik Deutschland (Notice rouge d'Interpol); EuGH 16.6.2015 – C-62/14, ECLI:EU:C:2015:400 Rn. 26 = NJW 2015, 2013 – Gauweiler.
[135] EuGH 10.12.2018 – C-621/18, ECLI:EU:C:2018:999 Rn. 27 = EuZW 2019, 31 – Wightman; EuGH 12.5.2021 – C-505/19, ECLI:EU:C:2021:376 Rn. 50 = BeckRS 2021, 10502 – Bundesrepublik Deutschland (Notice rouge d'Interpol); EuGH 22.6.2023 – C-711/21, ECLI:EU:C:2023:503 Rn. 30 – Belgischer Staat (Éléments postérieurs à la décision de retour).
[136] ABl. 2019 C 380, 1.

der Formulierung und Begründung des Vorabentscheidungsersuchens können entscheidende Weichen für die spätere Entscheidung des EuGH gestellt werden.

1. Vorlagefragen. Nach Art. 267 Abs. 1 AEUV kann sich ein Vorabentscheidungsersuchen nur auf die **Auslegung** oder die **Gültigkeit** von **Unionsrecht** beziehen. Der EuGH ist im Vorabentscheidungsverfahren nicht befugt, Vorschriften des nationalen Rechts auszulegen[137] oder im Hinblick auf ihre Vereinbarkeit mit Unionsrecht zu beurteilen.[138] Auch die Feststellung der streitentscheidenden Tatsachen und deren Subsumtion unter das einschlägige Unionsrecht obliegen grundsätzlich allein dem nationalen Gericht. Tatsachenfragen können daher ebenso wenig an den EuGH vorgelegt werden wie Fragen zur konkreten Entscheidung des Ausgangsrechtsstreits.[139] Zusammenfassend lässt sich festhalten, dass der EuGH im Vorabentscheidungsverfahren für die Auslegung und Gültigkeit des Unionsrechts zuständig ist, das nationale Gericht dagegen für dessen Anwendung.[140] Eine Ausnahme gilt freilich für **Gültigkeitsvorlagen.** Insoweit obliegt es grundsätzlich dem EuGH, die für die Vereinbarkeit eines Unionsrechtsakts mit höherrangigem Recht relevanten Tatsachen festzustellen.[141] 57

Die Grenzen zwischen Auslegung und Anwendung sind allerdings fließend und werden häufig missverstanden. Geradezu ein „Klassiker" ist es, wenn ein Gericht unzulässigerweise nach der Unionsrechtskonformität einer nationalen Bestimmung fragt („Ist § x mit Art. y AEUV vereinbar"). Richtigerweise ist stattdessen nach der Auslegung des Unionsrechts mit Blick auf die nationale Vorschrift zu fragen („Ist Art. y AEUV dahin auszulegen, dass er einer nationalen Norm wie § x entgegensteht, die anordnet, dass…?"). Dabei ist auf die richtige Balance zwischen der notwendigen **Abstraktion** einer Auslegungsfrage einerseits, der hinreichenden **Konkretisierung** für den zu entscheidenden Fall andererseits zu achten.[142] Umgekehrt wird nicht selten unzutreffend angenommen, dass die dem EuGH obliegende „Auslegung" des Unionsrechts nur die Entfaltung abstrakter Obersätze betreffe. Indes umfasst die Auslegung einer Rechtsvorschrift auch und gerade deren Konkretisierung zur fallentscheidenden Maßstabsnorm.[143] 58

Die Formulierung der Vorlagefragen obliegt im Grundsatz allein dem **nationalen Gericht.** Die Parteien im Ausgangsverfahren können (und sollten) zwar insoweit Anregungen geben, die in der Praxis nicht selten aufgegriffen werden. Einen Anspruch darauf, dass bestimmte Fragen vorgelegt oder nicht vorgelegt werden, haben sie indes nicht. Ebenso wenig können sie im Verfahren vor dem Gerichtshof die vorgelegten Fragen ändern.[144] Gleichwohl muss ein unglücklich oder unvollständig formuliertes Vorabentscheidungsersuchen nicht einfach schweigend hingenommen werden. Vielmehr kann eine Partei – in der gebotenen Zurückhaltung – dem Gerichtshof die vom vorlegenden Gericht übersehenen Aspekte nahebringen. 59

Der EuGH ist zur – unter Umständen auch weitgehenden – **Umformulierung von Vorlagefragen** befugt. Im Rahmen des durch Art. 267 AEUV eingeführten Verfahrens 60

---

[137] EuGH 21.7.2011 – C-159/10, ECLI:EU:C:2011:508 Rn. 30 = NVwZ 2011, 1249 – Fuchs und Köhler.
[138] EuGH 30.9.2003 – C-224/01, ECLI:EU:C:2003:513 = Slg. 2003, I-10239 Rn. 60 = NJW 2003, 3539 – Köbler; EuGH 17.9.2020 – C-648/18, ECLI:EU:C:2020:723 Rn. 20 = JuS 2021, 90 – Hidroelectrica.
[139] EuGH 10.6.2010 – C-140/09, ECLI:EU:C:2010:335 Rn. 22 = EuZW 2010, 824 – Fallimento Traghetti del Mediterraneo.
[140] EuGH 25.4.2013 – C-81/12, EU:C:2013:275, Rn. 41 = NZA 2013, 891 – Asociația Accept; EuGH 16.7.1992 – C-67/91, ECLI:EU:C:1992:330 = Slg. 1992, I-4785 = EuZW 1992, 671 (672) – DGCI; Gaitanides in von der Groeben/Schwarze/Hatje AEUV Art. 267 Rn. 30; Lenaerts/Maselis/Gutman EU Procedural Law Rn. 6.18.
[141] Lenaerts/Maselis/Gutman EU Procedural Law Rn. 10.17.
[142] Latzel/Streinz NJOZ 2013, 97 (101 f.); Schima Vorabentscheidungsverfahren S. 86 f.
[143] Dazu Kelsen, Reine Rechtslehre, 2. Aufl. 1960, S. 346; Kottmann NJW 2016, 3153 (3157 f.); teils abweichend GA Bobek 23.2.2021 SchlA – C-923/19, ECLI:EU:C:2021:125 Rn. 49 ff. – Van Ameyde España.
[144] EuGH 18.7.2013 – C-136/12, ECLI:EU:C:2013:489 Rn. 29 f. = EuZW 2010, 824 – Consiglio nazionale dei geologi; EuGH 26.6.2007 – C-305/05, ECLI:EU:C:2007:383 Rn. 18 = EuZW 2007, 473 – Ordre des barreaux francophones et germanophone.

der Zusammenarbeit ist es seine Aufgabe, dem nationalen Gericht eine für die Entscheidung des Ausgangsrechtsstreits sachdienliche Antwort zu geben. Insoweit enthält eine Vorabentscheidung alle Hinweise zur Auslegung des Unionsrechts, die dem vorlegenden Gericht von Nutzen sein können, unabhängig davon, ob explizit danach gefragt wurde.[145] Dementsprechend kann der Gerichtshof aus an sich unzulässigen Fragen einen zulässigen Kern herausschälen.[146] Ebenso ist er befugt, sämtliche Vorschriften des Unionsrechts auszulegen, die ein Vorabentscheidungsersuchen mit Blick auf seine Begründung, den Akteninhalt und die Stellungnahmen der Parteien aufwirft, auch wenn sie vom vorlegenden Gericht nicht ausdrücklich genannt wurden.[147] Sogar die Umformulierung einer Auslegungs- in eine Gültigkeitsfrage ist möglich, wenn sich das Vorabentscheidungsersuchen dahin auslegen lässt.[148] Bei der Umformulierung von Fragen ist jedoch **Zurückhaltung** geboten. Sie rechtfertigt sich nur mit der Erwägung, dem vorlegenden Gericht eine sachdienliche Antwort für die Entscheidung des dort anhängigen Rechtsstreits zu geben. Antworten auf Fragen, die das vorlegende Gericht nicht stellt und der Fall nicht aufwirft, sind mit der von Art. 267 AEUV vorgesehenen Arbeitsteilung unvereinbar. Sie kollidieren auch mit dem Recht der nach Art. 23 EuGH-Satzung Stellungnahmeberechtigten auf rechtliches Gehör.[149]

61   Vor diesem Hintergrund **beschränkt** der EuGH die Überprüfung der Gültigkeit eines Unionsrechtsakts grundsätzlich auf die **geltend gemachten Ungültigkeitsgründe**, die sich aus der Vorlagefrage nebst Begründung ergeben. Was aus Sicht deutscher Öffentlichrechtler überraschend erscheinen mag, rechtfertigt sich aus dem Grundsatz des rechtlichen Gehörs: Den Beteiligten nach Art. 23 EuGH-Satzung wird nur das Vorabentscheidungsersuchen zugestellt, nicht jedoch die Verfahrensakten.[150] Zudem gibt es regelmäßig nur eine Möglichkeit zur schriftlichen Stellungnahme. Kehrseite dieser Beschränkung ist, dass der EuGH einen angegriffenen Unionsrechtsakt nicht für gültig erklärt, wenn eine Gültigkeitsvorlage nicht durchgreift. Vielmehr beschränkt sich der Entscheidungstenor dann auf die Feststellung, dass die Prüfung nichts ergeben hat, was die Gültigkeit des Rechtsakts in Frage stellen könnte.[151] Die Vereinbarkeit mit höherrangigem Recht kann daher in späteren Verfahren (ggf. aus anderen Gründen) erneut infrage gestellt werden.[152]

62   **2. Begründung.** Das vorlegende Gericht muss sein Vorabentscheidungsersuchen begründen. Die Anforderungen an die Begründung ergeben sich aus **Art. 94 EuGHVfO**. Danach muss ein Vorabentscheidungsersuchen neben den Vorlagefragen die folgenden Punkte enthalten:
- eine kurze Darstellung des Streitgegenstands und des maßgeblichen Sachverhalts, wie er vom vorlegenden Gericht festgestellt worden ist, oder zumindest eine Darstellung der tatsächlichen Umstände, auf denen die Fragen beruhen;
- den Wortlaut der möglicherweise auf den Fall anwendbaren nationalen Vorschriften und gegebenenfalls die einschlägige nationale Rechtsprechung;

---

[145] EuGH 26.1.2010 – C-118/08, ECLI:EU:C:2010:39 Rn. 23 = JuS 2010, 835 – Transportes Urbanos; EuGH 6.5.2021 – C-142/20, ECLI:EU:C:2021:368 Rn. 26 = BeckRS 2021, 9860 – Analisi G. Caracciolo.
[146] Vgl. etwa EuGH 10.6.2010 – C-140/09, ECLI:EU:C:2010:335 Rn. 24 = EuZW 2010, 824 – Fallimento Traghetti del Mediterraneo.
[147] EuGH 27.10.2009 – C-115/08, ECLI:EU:C:2009:660 Rn. 81 = EuZW 2010, 26 – ČEZ.
[148] Siehe EuGH 1.12.1965 – C-16/65, Slg. 1965, 1081, 1164 – Schwarze; EuGH 6.10.2015 – C-362/14, ECLI:EU:C:2015:650 Rn. 67 = NJW 2015, 3151 – Schrems.
[149] Vgl. dazu EuGH 30.1.1997 – C-178/95, ECLI:EU:C:1997:46 Rn. 30 = BeckRS 2004, 74711 – Wiljo; EuGH 21.12.1995 – C-307/95, ECLI:EU:C:1995:465 Rn. 10 = BeckRS 2004, 76205 – Max Mara; EuGH 20.6.2019 – C-458/15, ECLI:EU:C:2019:522 Rn. 37 ff. = BeckRS 2019, 11777 – K.P.
[150] EuGH 20.6.2019 – C-458/15, ECLI:EU:C:2019:522 Rn. 37 ff. = BeckRS 2019, 11777 – K.P.
[151] Siehe etwa EuGH 27.11.2012 – C-370/12, ECLI:EU:C:2012:756 = NJW 2013, 29 – Pringle.
[152] Lenaerts/Maselis/Gutman EU Procedural Law Rn. 10.08; Ehricke in Streinz AEUV Art. 267 Rn. 71.

- eine Darstellung der Gründe, aus denen das vorlegende Gericht Zweifel bezüglich der Auslegung oder der Gültigkeit bestimmter Vorschriften des Unionsrechts hat, und den Zusammenhang, den es zwischen diesen Vorschriften und dem auf den Ausgangsrechtsstreit anwendbaren nationalen Recht herstellt.

Weitere hilfreiche Aspekte ergeben sich aus den vom EuGH veröffentlichten **Empfehlungen** an die nationalen Gerichte bezüglich der Vorlage von Vorabentscheidungsersuchen.[153] Darin bittet der EuGH darum, Vorabentscheidungsersuchen mit Blick auf die erforderliche Übersetzung in alle Amtssprachen „**einfach, klar und präzise** sowie ohne überflüssige Elemente" abzufassen. Die Erfahrung zeige, „dass ungefähr zehn Seiten oftmals ausreichen, um den tatsächlichen und rechtlichen Rahmen eines Vorabentscheidungsersuchens sowie die Gründe für die Anrufung des Gerichtshofs angemessen darzustellen". In der Praxis variiert die Länge von Vorabentscheidungsersuchen ganz erheblich – je nach Komplexität des Falles, nationaler Begründungskultur und Selbstbewusstsein des vorlegenden Spruchkörpers. Bezüglich des Inhalts der Begründung weisen die Empfehlungen darauf hin, dass das vorlegende Gericht die Hauptargumente der Parteien des Ausgangsrechtsstreits darstellen „kann", wenn dies zum Verständnis der Sache erforderlich ist. Ebenso „kann" im Vorabentscheidungsersuchen dargestellt werden, wie die Vorlagefragen nach Ansicht des vorlegenden Gerichts beantwortet werden sollten. In der Praxis ist dies häufig empfehlenswert. 63

Vorabentscheidungsersuchen, die den inhaltlichen Anforderungen des Art. 94 EuGHVfO nicht entsprechen, sind **unzulässig.** Dies leitet der EuGH aus dem Zweck des Vorabentscheidungsverfahrens gemäß Art. 267 AEUV ab, dem vorlegenden Gericht eine sachdienliche Antwort zur Entscheidung des dort anhängigen Rechtsstreits zu geben. Eine sachdienliche Antwort ist nur möglich, wenn das Vorabentscheidungsersuchen die Sach- und Rechtslage erläutert, in der sich die Vorlagefragen stellen, oder zumindest die tatsächlichen Annahmen, auf denen diese Fragen beruhen.[154] Die Zurückweisung unzulässiger Vorabentscheidungsersuchen erfolgt durch Beschluss gemäß Art. 53 Abs. 2 EuGHVfO. In der Praxis macht der EuGH von dieser Möglichkeit indes eher selten Gebrauch. 64

C. Vorlagepflicht

Die Vorlageberechtigung gemäß Art. 267 Abs. 2 AEUV kann sich unter bestimmten Umständen in eine Vorlagepflicht wandeln. Insoweit ist in grundsätzlicher Weise zwischen letztinstanzlichen und unterinstanzlichen Gerichten zu unterscheiden: Letztinstanzliche Gerichte sind gemäß Art. 267 Abs. 3 AEUV verpflichtet, entscheidungserhebliche Fragen der Auslegung oder Gültigkeit von Unionsrecht dem EuGH vorzulegen. Für unterinstanzliche Gerichte besteht grundsätzlich ein Vorlagerecht, keine Vorlagepflicht. Indes kommt dem EuGH nach ständiger Rechtsprechung ein Verwerfungsmonopol für Unionsrechtsakte zu. Hieraus folgt mittelbar eine Vorlagepflicht aller nationalen Gerichte, die einen Unionsrechtsakt für ungültig halten. 65

I. Vorlagepflicht letztinstanzlicher Gerichte

Gemäß Art. 267 Abs. 3 GG sind Gerichte, deren „Entscheidungen selbst nicht mehr mit Rechtsmitteln des innerstaatlichen Rechts angefochten werden können" verpflichtet, entscheidungserhebliche Fragen des Unionsrechts dem EuGH vorzulegen. Diese Pflicht besteht also nicht nur für **Auslegungsfragen,** sondern auch für **Gültigkeitsfragen,** und zwar auch dann, wenn ein letztinstanzliches Gericht einen zwischen den Parteien umstrittenen Unionsrechtsakts für gültig hält.[155] Zweck der Vorlagepflicht ist die Wahrung der 66

---
[153] ABl. 2019 C 380, 1.
[154] EuGH 30.4.2014 – C-390/12, EU:C:2014:281 = EuZW 2014, 597 Rn. 27 – Pfleger; EuGH 18.5.2021 – C-920/19, ECLI:EU:C:2021:395 Rn. 21 – Fluctus.
[155] Ebenso Karpenstein in Grabitz/Hilf/Nettesheim AEUV Art. 267 Rn. 51.

Rechtseinheit. In den Worten des EuGH soll damit verhindert werden, „dass sich in einem Mitgliedstaat eine nationale Rechtsprechung herausbildet, die mit den Normen des Gemeinschaftsrechts nicht im Einklang steht".[156]

67 **1. Verpflichtete Gerichte.** Bereits aus dem Wortlaut von Art. 267 Abs. 3 AEUV folgt, dass es insoweit auf eine materielle bzw. **konkrete Betrachtung** ankommt. Vorlageverpflichtet sind also nicht allein die obersten Gerichte, sondern vielmehr jedes Gericht, gegen dessen Entscheidung im konkreten Fall kein Rechtsmittel gegeben ist.[157] Vorlageverpflichtet ist daher etwa auch ein Amtsgericht, gegen dessen Entscheidung nach § 511 Abs. 2 ZPO die Berufung nicht statthaft ist.[158] Die früher teilweise vertretene abstrakte Betrachtungsweise, wonach nur die mitgliedstaatlichen Höchstgerichte vorlageverpflichtet sein sollten,[159] hat sich zu Recht nicht durchgesetzt. Sie hätte zwar eine gewisse Entlastung des EuGH mit sich gebracht, gleichzeitig aber die einheitliche Auslegung und Anwendung des Unionsrechts erheblich beeinträchtigt.

68 Ob gegen eine gerichtliche Entscheidung ein Rechtsmittel zur Verfügung steht, ist eine Frage des nationalen Rechts. Indes ist der Begriff des „Rechtsmittels" im Sinne von Art. 267 Abs. 3 AEUV unionsrechtlicher Natur und daher unionsrechtsautonom auszulegen. Nach dem Sinn und Zweck des Vorabentscheidungsverfahrens ist insoweit zu fragen, ob die entscheidungserhebliche Frage des Unionsrechts noch von einer weiteren Instanz überprüft werden kann. Demnach erfüllen **zulassungsgebundene Rechtsmittel** den Rechtsmittelbegriff des Art. 267 Abs. 3 AEUV, soweit die Zulassungsentscheidung (auch) von der nächsthöheren Instanz getroffen werden kann.[160] So sind etwa der Antrag auf Zulassung der Berufung gemäß § 124a Abs. 4 VwGO oder die Beschwerde gegen die Nichtzulassung der Revision gemäß § 544 ZPO Rechtsmittel im Sinne von Art. 267 Abs. 3 AEUV – mit der Folge, dass das jeweilige Ausgangsgericht nicht vorlageverpflichtet ist.[161] Dies führt zu der diffizilen Frage, ob dann die Vorlagepflicht bereits im Verfahren über die Zulassung des letzten Rechtsmittels – also regelmäßig die Nichtzulassungsbeschwerde – oder erst im Verfahren des letzten zugelassenen Rechtsmittels greift.[162] Der EuGH-Rechtsprechung lassen sich insoweit keine präzisen Vorgaben entnehmen. Danach soll die Vorlagepflicht „entweder im Stadium der Zulassungsprüfung oder in einem späteren Stadium" bestehen.[163] Für die zulassungsgebundenen Rechtsmittel im deutschen Recht ist die Antwort in dem beschränkten Prüfungsmaßstab der Zulassungsentscheidung zu suchen, die als solche regelmäßig keine unionsrechtlichen Fragen aufwirft. Insoweit kommt die Vorlagepflicht grundsätzlich erst im Rechtsmittelverfahren nach der Zulassung zum Tragen. Dafür sind die **Zulassungsgründe** kompensatorisch „vorlagefreundlich" auszulegen: So kommt einer Sache etwa dann „grundsätzliche Bedeutung" im Sinne von § 543

---

[156] EuGH 15.9.2005 – C-495/03, ECLI:EU:C:2005:552 Rn. 29 = BeckRS 2005, 70697 – Intermodal Transports; EuGH 4.11.1997 – C-337/95, ECLI:EU:C:1997:517 Rn. 25 = EuZW 1998, 22 – Parfums Christian Dior.
[157] EuGH 15.7.1964 – C-6/64, ECLI:EU:C:1964:66 = Slg. 1964, 1251 (1268) = NJW 1964, 2371 – Costa/ E. N. E. L.; EuGH 4.6.2002 – C-99/00, ECLI:EU:C:2002:329 = Slg. 2002, I-4839 Rn. 15 = BeckRS 2004, 77949 – Lyckeskog; Gaitanides in von der Groeben/Schwarze/Hatje AEUV Art. 267 Rn. 62; Kotzur in Geiger/Khan/Kotzur/Kirchmair AEUV Art. 267 Rn. 16.
[158] Vgl. BVerfG 14.1.2021 – 1 BvR 2853/19, NJW 2021, 1005.
[159] So etwa Tomuschat Gerichtliche Vorabentscheidung S. 44; vgl. auch Pescatore BayVBl. 1987, 33 (38).
[160] EuGH 4.6.2002 – C-99/00, ECLI:EU:C:2002:329 = Slg. 2002, I-4839 Rn. 16 ff. = BeckRS 2004, 77949 – Lyckeskog; EuGH 16.12.2008 – C-210/06, ECLI:EU:C:2008:723 Rn. 76 = DNotZ 2009, 553 – Cartesio.
[161] Ebenso Schwarze/Wunderlich in Schwarze/Becker/Hatje/Schoo AEUV Art. 267 Rn. 44; BVerwG 22.7.1986 – 3 B 104.85, RIW 1986, 914 = BeckRS 1986, 31317639; BVerwG 20.3.1986 – 3 B 3/86 = NJW 1987, 601; BFH 3.2.1987 – VII B 129/86 = NJW 1987, 3096; BVerwG 15.5.1990 – 1 B 64.90 = InfAuslR 1990, 293; BVerwG 14.12.1992 – 5 B 72/92 = NVwZ 1993, 770.
[162] Dazu ausführlich Rauber EuR 2020, 22.
[163] EuGH 4.6.2002 – C-99/00, ECLI:EU:C:2002:329 = Slg. 2002, I-4839 Rn. 18 = BeckRS 2004, 77949 – Lyckeskog.

Abs. 2 Satz 1 Nr. 1 ZPO zu, wenn im Revisionsverfahren voraussichtlich ein Vorabentscheidungsersuchen erforderlich sein wird.[164]

In Verfahren des **einstweiligen Rechtsschutzes** besteht eine Vorlagepflicht gemäß 69 Art. 267 Abs. 3 AEUV auch dann nicht, wenn gegen die Eilentscheidung als solche kein Rechtsmittel gegeben ist. Nach dem Zweck des Vorabentscheidungsverfahrens ist es vielmehr ausreichend – aber auch erforderlich –, wenn die betreffende Frage des Unionsrechts im Hauptsacheverfahren erneut überprüft werden kann.[165] Hieraus folgt aber zugleich, dass eine Vorlagepflicht im Eilverfahren für solche Rechtsfragen besteht, die sich nur dort stellen und die daher keiner Überprüfung im Hauptsacheverfahren zugänglich sind. Dies gilt namentlich für die Auslegung unionsrechtlicher Vorgaben an den Eilrechtsschutz durch nationale Gerichte, etwa in Art. 9 Abs. 1 Buchst. a) der Richtlinie 2004/48/EG.

Grundsätzlich kein Rechtsmittel im Sinne von Art. 267 Abs. 3 AEUV sind **außer-** 70 **ordentliche Rechtsbehelfe** außerhalb des Instanzenzugs, wie etwa Anhörungsrügen, Aufsichtsbeschwerden, Petitionen, Begnadigungs- und Wiederaufnahmeverfahren.[166] Auch die **Verfassungsbeschwerde** ist nach bisheriger Rechtsprechung kein Rechtsmittel im Sinne von Art 267 Abs. 3 AEUV. Vorlageverpflichtet sind daher bereits die letztinstanzlichen Fachgerichte, nicht erst das Bundesverfassungsgericht. Neben dem Charakter der Verfassungsbeschwerde als außerordentlichem Rechtsbehelf spricht dafür insbesondere auch, dass sich der Prüfungsmaßstab des Bundesverfassungsgerichts gemäß Art. 93 Abs. 1 Nr. 4a GG auf Grundrechte und grundrechtsgleiche Rechte beschränkt. Zweifel ergeben sich jedoch aus der jüngeren Rechtsprechung, wonach das Bundesverfassungsgericht in unionsrechtlich voll vereinheitlichten Bereichen die **Unionsgrundrechte** anwendet und sich insoweit als vorlageverpflichtetes letztinstanzliches Gericht ansieht.[167] Welche Folgen sich hieraus für die Vorlagepflicht der letztinstanzlichen Fachgerichte ergeben, hat das BVerfG dabei ausdrücklich offengelassen. Eine Doppelung der Vorlagepflicht liege jedoch „nicht nahe".[168] Praktische Relevanz dürfte die Frage freilich nur selten erlangen: Nach Art. 51 Abs. 1 GRCh binden die Unionsgrundrechte die Mitgliedstaaten „bei der Durchführung des Rechts der Union". Danach ist schwer vorstellbar, dass eine fachgerichtliche Entscheidung Grundrechtsfragen aufwirft, ohne zugleich etwa von der Auslegung eines Sekundärrechtsakts oder einer Grundfreiheit des AEUV abzuhängen.[169]

2. Ausnahmen von der Vorlagepflicht. Seit seinem Grundsatzurteil in der Sache CIL- 71 FIT anerkennt der EuGH in ständiger Rechtsprechung eine Reihe ungeschriebener Ausnahmen von der Vorlagepflicht gemäß Art. 267 Abs. 3 AEUV.[170] Diese gelten ausschließlich für die Vorlagepflicht letztinstanzlicher Gerichte gemäß Art. 267 Abs. 3 AEUV. Das **Verwerfungsmonopol** des EuGH über Unionsrechtsakte und die daraus resultierende Vorlagepflicht aller nationalen Gerichte bei Gültigkeitszweifeln bleiben davon **unberührt**.[171]

Eine erste Ausnahme von der Vorlagepflicht besteht in Fällen **fehlender Entschei-** 72 **dungserheblichkeit.** Das Vorabentscheidungsverfahren beruht auf einer Kooperation zwischen dem nationalen Gericht und dem EuGH. Es eröffnet keinen Rechtsbehelf für die

---

[164] BVerfG 8.10.2015 – 1 BvR 1320/14, BeckRS 2015, 55288 Rn. 13; Rauber EuR 2020, 22 (48 ff.).
[165] EuGH 24.5.1977 – C-107/76, ECLI:EU:C:1977:89 = Slg. 1977, 957 Rn. 6 = GRUR-Int. 1977, 417 – Hoffmann-La Roche; EuGH 27.10.1982 – verb. Rs. C-35/82, C-36/82, ECLI:EU:C:1982:368 = Slg. 1982, 3723 Rn. 8 f. = NJW 1983, 2751 – Morson und Jhanjan.
[166] Karpenstein in Grabitz/Hilf/Nettesheim AEUV Art. 267 Rn. 53; Gaitanides in von der Groeben/Schwarze/Hatje AEUV Art. 267 Rn. 63.
[167] Siehe BVerfG 6.11.2019 – 1 BvR 276/17, BVerfGE 152, 216 = NJW 2020, 314; BVerfG 1.12.2020 – 2 BvR 1845/18 = NJW 2021, 1518 Rn. 34 ff.
[168] BVerfG 6.11.2019 – 1 BvR 276/17, BVerfGE 152, 216 Rn. 73 = NJW 2020, 314.
[169] Dazu Karpenstein/Kottmann EuZW 2020, 185 (188).
[170] Siehe EuGH 6.10.1982 – C-283/81, ECLI:EU:C:1982:335 = Slg. 1982, 3415 (3429 f.) = NJW 1983, 1257 – CILFIT.
[171] EuGH 6.12.2005 – C-461/03, ECLI:EU:C:2005:742 = Slg. 2005, I-10513 Rn. 17 ff. = JuS 2006, 833 – Gaston Schul; anders noch Middeke in der Vorauflage, Rn. 59.

Parteien des Ausgangsrechtsstreits. Insofern obliegt es grundsätzlich allein dem nationalen Gericht, sich zu vergewissern, ob der vor ihm anhängige Rechtsstreit eine entscheidungserhebliche Frage des Unionsrechts aufwirft. Allein die Behauptung einer Partei des Ausgangsverfahrens, dass dem so sei, verpflichtet nicht zur Vorlage.[172]

73 Weiter sind letztinstanzliche Gerichte nicht zur Vorlage verpflichtet, wenn eine **gesicherte Rechtsprechung** des Gerichtshofs die sich im Ausgangsverfahren stellende Rechtsfrage bereits geklärt hat (sog. *acte éclairé*). Dabei ist unmaßgeblich, in welcher Verfahrensart sich die Rechtsprechung herausgebildet hat und ob die strittigen Fragen vollkommene Identität aufweisen.[173] Dagegen haben Entscheidungen oder Rechtsauffassungen der **Kommission** keine solche Wirkung, da diese nicht zur letztverbindlichen Auslegung des Unionsrechts befugt ist. Stellt die Kommission ein Vertragsverletzungsverfahren gegen einen Mitgliedstaat ein, so entbindet dies die nationalen Gerichte daher nicht von der Vorlagepflicht.[174] Bei der Annahme eines *acte éclairé* ist zudem Zurückhaltung geboten: Die Rechtsprechung des EuGH ist häufig kleinteilig, kasuistisch und entwickelt sich über eine gewisse Zeit. Die Gefahr, vorschnell eine Rechtsfrage als geklärt anzusehen ist daher hoch. Insbesondere kann ein *acte éclairé* nicht aufgrund einer **Einzelfallentscheidung** des EuGH angenommen werden.[175] Gleichwohl kommt es bisweilen zu augenscheinlich vorsätzlichen Missbräuchen, etwa wenn eine EuGH-Rechtsprechung gewissermaßen in ihr Gegenteil verkehrt und das so erzielte Ergebnis als „geklärt" bezeichnet wird.[176]

74 Aus Sicht von Art. 267 Abs. 3 AEUV unbedenklich ist dagegen die Praxis deutscher Höchstgerichte, Verfahren **ohne eigene Vorlage** (etwa analog § 94 VwGO) **auszusetzen,** wenn eine streitentscheidende Unionsrechtsfrage bereits in anderer Sache beim EuGH anhängig ist.[177] Insofern erfolgt gerade keine Sachentscheidung, welche die einheitliche Auslegung des Unionsrechts beeinträchtigen könnte. Zu betonen ist schließlich, dass eine gesicherte Rechtsprechung zwar die Vorlagepflicht entfallen lässt, nicht aber die Möglichkeit, ein erneutes Ersuchen an den EuGH zu richten, um so etwa auf eine Weiterentwicklung der Rechtsprechung hinzuwirken.[178]

75 Schließlich besteht keine Vorlagepflicht, „wenn die richtige Anwendung des Unionsrechts derart **offenkundig** ist, dass keinerlei Raum für vernünftige Zweifel an der Entscheidung der gestellten Frage bleibt" (sog. *acte clair*).[179] Von einer Offenkundigkeit in diesem Sinne kann der nationale Richter allerdings nur ausgehen, wenn er die Überzeugung gewonnen hat, dass auch die Gerichte anderer Mitgliedstaaten sowie der EuGH die unionsrechtliche Frage in derselben Weise beantworten würden.[180] Bei seiner Über-

---

[172] EuGH 6.10.1982 – C-283/81, ECLI:EU:C:1982:335 = Slg. 1982, 3415 (3429 f.) = NJW 1983, 1257 – CILFIT; EuGH 28.7.2016 – C-379/15, ECLI:EU:C:2016:603 Rn. 46 = BeckRS 2016, 81745 – Association France Nature Environnement.
[173] EuGH 27.3.1963 – verb. Rs. C-28/62 bis C-30/62, ECLI:EU:C:1963:6 = Slg. 1963, 60 (80) = BeckRS 2004, 72883 – Da Costa en Schaake; EuGH 6.10.1982 – C-283/81, ECLI:EU:C:1982:335 = Slg. 1982, 3415 (3429) = NJW 1983, 1257 – CILFIT; EuGH 9.9.2015 – C-72/14, ECLI:EU:C:2015:564 Rn. 55 = DÖV 2015, 974 – X.
[174] EuGH 22.2.2001 – C-393/98, ECLI:EU:C:2001:109 = Slg. 2001, I-1327 Rn. 19 = DStRE 2001, 882 – Gomes Valente.
[175] Vgl. EuGH 28.7.2016 – C-379/15, ECLI:EU:C:2016:603 Rn. 51 = BeckRS 2016, 81745 – Association France Nature Environnement.
[176] Vgl. etwa BVerfG 30.7.2019 – 2 BvR 1685/14, BVerfGE 151, 202 Rn. 317 = WM 2019, 1538.
[177] BVerwG 10.11.2000 – 3 C 3/00, BVerwGE 112, 166 = NVwZ 2001, 319 (320); ebenso BGH 25.2.1999 – VII ZR 408/97, NJW 1999, 2442; BFH 13.4.1995 – V B 22/95, BFH/NV 1996, 48; BSG B 3 KR 35/02 R, NZS 2004, 279; aA Foerster EuZW 2011, 901 (904 f.).
[178] EuGH 6.10.1982 – C-283/81, ECLI:EU:C:1982:335 = Slg. 1982, 3415 (3430) = NJW 1983, 1257 – CILFIT.
[179] EuGH 6.10.1982 – C-283/81, ECLI:EU:C:1982:335 = Slg. 1982, 3415 Rn. 14 ff. = NJW 1983, 1257 – CILFIT; vgl. hierzu BVerfG 27.8.1991 – 2 BvR 276/90, NJW 1992, 678; BVerwG 20.2.1987 – 1 A 94/86, NJW 1987, 3093 (3094); BGH 15.1.1990 – II ZR 164/88, NJW 1990, 982 (987); BGH 25.6.1992 – I ZR 155/90, EuZW 1992, 640 (646) – Cliff Richard.
[180] EuGH 15.9.2005 – C-495/03, ECLI:EU:C:2005:552 = Slg. 2005, I-8151 Rn. 33 = BeckRS 2005, 70697 – Intermodal Transports; Lieber, Über die Vorlagepflicht des Art. 177 EWG-Vertrag und deren Missachtung, 1986, S. 113 ff.; Fastenrath NJW 2009, 272 (273).

zeugungsbildung hat er sich der Eigenheiten des Unionsrechts sowie der besonderen Schwierigkeiten seiner Auslegung und der Gefahr voneinander abweichender Gerichtsentscheidungen bewusst zu sein.[181] Nur wenn diese grundsätzlich restriktiv zu handhabenden Kriterien erfüllt sind, ist das an sich vorlagepflichtige nationale Gericht berechtigt, von einem Vorabentscheidungsersuchen abzusehen und die unionsrechtliche Frage in eigener Verantwortung zu lösen.[182] Ob dies der Fall ist, obliegt jedoch grundsätzlich allein der **Einschätzung des Gerichts.** Dabei ist etwa der Umstand, dass ein anderes, unterinstanzliches Gericht die betreffende Frage an den EuGH vorgelegt hat, zu berücksichtigen. Er hindert aber als solcher nicht automatisch die Annahme eines *acte clair*.[183] Auch ist ein Gericht nicht daran gehindert, eine Rechtsauffassung als „offenkundig" anzunehmen, die der Verwaltungspraxis in einem anderen Mitgliedstaat widerspricht.[184] Selbst die Existenz widersprüchlicher Entscheidungen anderer Gerichte schließt die Annahme eines *acte clair* nicht zwingend in jedem Fall aus. Sofern sie allerdings Ausdruck von Auslegungsschwierigkeiten ist und die einheitliche Anwendung des Unionsrechts zu beeinträchtigen droht, besteht die Vorlagepflicht.[185] Jedenfalls dann, wenn ein letztinstanzliches Gericht von einer EuGH-Entscheidung abweicht bzw. diese für nicht einschlägig erklärt, kann ersichtlich nicht mehr von einem *acte clair* ausgegangen werden.[186] In jedem Fall muss das letztinstanzliche Gericht in seiner Entscheidung substantiiert **begründen,** weshalb es von einem *acte clair* ausgeht und daher von der Vorlage an den EuGH absieht.[187]

II. Vorlagepflicht für Gültigkeitsfragen

Nach ständiger Rechtsprechung seit der Grundsatzentscheidung in der Sache Foto-Frost kommt den Unionsgerichten ein **Verwerfungsmonopol** für Unionsrechtsakte zu. Hieraus folgt mittelbar eine Vorlagepflicht aller nationalen Gerichte, die einen Unionsrechtsakt für ungültig halten. Die nationalen Gerichte sind nicht befugt, selbst die Ungültigkeit von Handlungen der Unionsorgane festzustellen.[188] Dieses Verwerfungsmonopol leitet der EuGH primär aus seiner Aufgabe ab, die **einheitliche Anwendung** des Unionsrechts in den Mitgliedstaaten sicherzustellen, aber auch aus dem grundlegenden Erfordernis der Rechtssicherheit, die in erheblichem Maße gefährdet wäre, wenn mitgliedstaatliche Gerichte in unterschiedlicher Weise über die Wirksamkeit des abgeleiteten Unionsrechts judizieren würden. Darüber hinaus ist ein Vorabentscheidungsersuchen zur Gültigkeit einer Unionshandlung wie die Nichtigkeitsklage eine Form der Rechtmäßigkeitskontrolle. Die Kohärenz des unionsrechtlichen Rechtsschutzsystems gebietet es daher, dass die Berechtigung zur Ungültigkeitsfeststellung im Wege der Vorabentscheidung ebenfalls allein dem Gerichtshof vorbehalten bleibt. Schließlich ist der Gerichtshof am besten in der Lage, über die Gültigkeit von Sekundärrechtsakten der Union zu entscheiden, da die Unionsorgane, deren Rechtsakte angefochten werden, nach Art. 23 Abs. 2 EuGH-Satzung das Recht

76

---

[181] EuGH 6.10.1982 – C-283/81, ECLI:EU:C:1982:335 = Slg. 1982, 3430 f. Rn. 14 ff. = NJW 1983, 1257 – CILFIT.
[182] Ausführlich Kühling/Drechsler NJW 2017, 2950; Gervasoni AJDA 2019, 150; Kornezov CMLRev 53 (2016), 1317.
[183] EuGH 9.9.2015 – C-72/14, ECLI:EU:C:2015:564 Rn. 52 ff. = DÖV 2015, 974 – X.
[184] EuGH 15.9.2005 – C-495/03, ECLI:EU:C:2005:552 Rn. 33 ff. = BeckRS 2005, 70697 – Intermodal Transports.
[185] EuGH 9.9.2015 – C-160/14, ECLI:EU:C:2015:565 Rn. 36 ff. = BeckRS 2015, 81637 – Ferreira da Silva e Brito.
[186] Vgl. EuGH 4.10.2018 – C-416/17, ECLI:EU:C:2018:811 Rn. 111 ff. = JuS 2019, 82 – Kommission/Frankreich.
[187] EuGH 28.7.2016 – C-379/15, ECLI:EU:C:2016:603 Rn. 52 = BeckRS 2016, 81745 – Association France Nature Environnement; GA Bobek 15.4.2021 SchlA – C-561/19, ECLI:EU:C:2021:291 Rn. 166 ff. – Consorzio Italian Management.
[188] EuGH 22.10.1987 – C-314/85, Slg. 1987, 4199 Rn. 15 ff. = NJW 1988, 1451 – Foto-Frost; EuGH 10.1.2006 – C-344/04, Slg. 2006, I-403 Rn. 27 ff. = NJW 2006, 351 mwN – IATA; EuGH 19.12.2018 – C-219/17, ECLI:EU:C:2018:1023 Rn. 44 = EuZW 2019, 128 – Berlusconi; Everling DRiZ 1993, 11; Kaufmann in Dauses/Ludwigs EU-WirtschaftsR-HdB P. II, Rn. 140 ff.

haben, beim Gerichtshof schriftliche Erklärungen abzugeben, um die Gültigkeit dieser Rechtsakte zu verteidigen.[189]

77 Dagegen sind nationale Gerichte befugt, die Gültigkeit von Unionsmaßnahmen **eigenständig** zu prüfen und **zu bejahen** – vorbehaltlich der Vorlagepflicht letztinstanzlicher Gerichte aus Art. 267 Abs. 3 AEUV. Insoweit wird die Existenz des Rechtsaktes in keiner Weise berührt.[190] Ist das Gericht indes von der Ungültigkeit überzeugt, so muss es eine Vorabentscheidung des Gerichtshofes herbeiführen. Diese Grundsätze gelten auch für Beschlüsse über sog. restriktive Maßnahmen im Rahmen der Gemeinsamen Außen- und Sicherheitspolitik.[191] Die Ausnahmen von der Vorlagepflicht letztinstanzlicher Gerichte gemäß Art. 267 Abs. 3 AEUV nach der CILFIT-Rechtsprechung gelten für Gültigkeitsfragen nicht.[192]

78 Die Vorlagepflicht für Gültigkeitsfragen gilt **auch im Eilverfahren**. Während der EuGH insoweit zunächst noch eine Ausnahme anerkannte,[193] verwarf er diese Rechtsprechung später. Danach können die nationalen Gerichte im Eilverfahren vorläufigen Rechtsschutz gegen Unionsmaßnahmen gewähren, etwa indem sie deren Vollzug suspendieren. Dies ist jedoch an restriktive Voraussetzungen geknüpft, zu denen insbesondere eine Vorlage an den EuGH gehört. Hiernach kann ein Gericht Eilrechtsschutz gegen eine Unionsmaßnahme gewähren, wenn

- es erhebliche Zweifel an der Gültigkeit der Unionsrechtshandlung hat,
- es dem EuGH die Frage der Gültigkeit vorlegt,
- die Gewährung von Eilrechtsschutz erforderlich ist, um zu vermeiden, dass dem Antragsteller ein schwerer und nicht wiedergutzumachender Schaden droht,
- das Unionsinteresse angemessen berücksichtigt und
- die Unionsrechtsprechung gebührend beachtet wird.[194]

79 Ob in einem solchen Fall die EuGH-Vorlage im Eilverfahren erfolgen muss oder auch in das Hauptsacheverfahren verlagert werden kann, hat der EuGH bislang nicht ausdrücklich entschieden. In der deutschen Rechtsprechung und Literatur ist die Frage umstritten.[195] Richtigerweise ist von einer Pflicht zur **Vorlage bereits im Eilverfahren** auszugehen. Hierfür spricht namentlich, dass nach der EuGH-Judikatur ein Eilbeschluss gegen eine Unionsmaßnahme umgehend aufzuheben ist, wenn der Gerichtshof deren Rechtmäßigkeit bestätigt.[196] Zudem zieht nicht jede Eilentscheidung auch eine Hauptsacheentscheidung nach sich. Die einheitliche Anwendung des Unionsrechts wäre daher beeinträchtigt, wenn die Vorlagepflicht allein in einem Hauptsacheverfahren bestünde.

III. Durchsetzung der Vorlagepflicht

80 In der Praxis kommt es immer wieder zu **Verletzungen der Vorlagepflicht**. Auf diese kann mit verschiedenen Instrumenten des europäischen und des nationalen Rechts reagiert

---

[189] EuGH 22.10.1987 – C-314/85, Slg. 1987, 4199 Rn. 15 ff. = NJW 1988, 1451 – Foto-Frost; EuGH 3.7.2019 – C-644/17, ECLI:EU:C:2019:555 Rn. 27 ff. = BeckRS 2019, 12927 – Eurobolt.
[190] EuGH 22.10.1987 – C-314/85, Slg. 1987, 4199 Rn. 14 = NJW 1988, 1451 – Foto-Frost.
[191] EuGH 28.3.2017 – C-72/15, ECLI:EU:C:2017:236 Rn. 68 f. = EuZW 2017, 529 – Rosneft.
[192] EuGH 6.12.2005 – C-461/03, Slg. 2005, I-10513 Rn. 17 ff. = JuS 2006, 833 – Gaston Schul; anders noch Middeke in der Vorauflage, Rn. 59.
[193] EuGH 22.10.1987 – 314/85, Slg. 1987, 4199 (4232) = NJW 1988, 1451 – Foto-Frost.
[194] EuGH 21.2.1991 – verb. Rs. C-143/88, C-92/89, Slg. 1991, I-415 Rn. 22 ff. = NVwZ 1991, 460 – Zuckerfabrik Süderdithmarschen; EuGH 9.11.1995 – C-465/93, Slg. 1995, I-3761 Rn. 34 ff. = NJW 1996, 1333 – Atlanta; EuGH 8.2.2000 – C-17/98, ECLI:EU:C:2000:70 = Slg. 2000, I-675 Rn. 69 = EuGRZ 2000, 211 (216) – Emesa Sugar; EuGH 22.12.2010 – C-304/09, ECLI:EU:C:2010:812 Rn. 45 = BeckRS 2010, 91495 – Kommission/Italien.
[195] Für eine Vorlagepflicht bereits im Eilverfahren etwa Karpenstein in Grabitz/Hilf/Nettesheim AEUV Art. 267 Rn. 57 f.; Dombert in Finkelnburg/Dombert/Külpmann, Vorläufiger Rechtsschutz, Rn. 310; dagegen etwa Schoch in Schoch/Schneider VwGO § 123 Rn. 130b.
[196] EuGH 9.11.1995 – C-465/93, ECLI:EU:C:1995:369 = Slg. 1995, I-3761 Rn. 38 = NJW 1996, 1333 – Atlanta.

werden. Insoweit lebt das Vorabentscheidungsverfahren zwar weitgehend vom Geist der Kooperation zwischen EuGH und mitgliedstaatlichen Gerichten. Diese Kooperation kann jedoch erforderlichenfalls auch zu einem gewissen Grad erzwungen werden.

1. Vertragsverletzungsverfahren. Die Verletzung der Vorlagepflicht stellt einen Unionsrechtsverstoß durch ein staatliches Organ dar, der von der Kommission oder einem anderen Mitgliedstaat im Wege des Vertragsverletzungsverfahrens gemäß Art. 258 ff. AEUV gerügt und vor den EuGH gebracht werden kann.[197] Die Parteien des betreffenden Ausgangsverfahrens sind insoweit nicht antragsberechtigt. Sie können eine **Beschwerde** bei der Kommission einreichen, haben aber **keinen Anspruch** darauf, dass diese dann auch tatsächlich ein Vertragsverletzungsverfahren einleitet.[198] Die Kommission war lange Zeit sehr zurückhaltend, ein Vertragsverletzungsverfahren wegen Verstößen gegen die Vorlagepflicht (oder andere Unionsrechtsverstöße durch die Judikative eines Mitgliedstaats) einzuleiten. Begründet wurde dies mit der richterlichen Unabhängigkeit.[199] Vollständig überzeugend war und ist das nicht, zumal einem Mitgliedstaat auch Unionsrechtsverletzungen anderer kraft Verfassung unabhängiger Organe oder Untergliederungen zugerechnet werden. 81

Indes leitete die Kommission Anfang der 2000er Jahre ein Vertragsverletzungsverfahren gegen Italien ein, das sich formal gegen eine unionsrechtswidrige Gesetzgebung richtete, in der Sache aber mittelbar die Handhabung der Vorlagepflicht durch die Corte suprema di cassazione bei der Anwendung des betreffenden Gesetzes betraf.[200] In einem weiteren Fall stellte der EuGH dann mit Urteil vom 4. Oktober 2018 – auf eine entsprechende Klage der Kommission – **erstmals** unmittelbar eine **Vertragsverletzung** durch Verletzung der Vorlagepflicht fest. Betroffen war in diesem Fall der französische Conseil d'État.[201] Die praktische Bedeutung des Vertragsverletzungsverfahrens für die Durchsetzung der Vorlagepflicht bleibt gleichwohl gering. Insbesondere wird die Kommission kaum einen isolierten Fall aufgreifen, sondern sich eher auf strukturelle Missstände oder eine systematische Verweigerungshaltung konzentrieren. Ob und wann sie einschreitet, ist dabei auch immer eine von Opportunitätsgesichtspunkten geleitete Frage des politischen Ermessens. 82

2. Staatshaftung. Die Schwächen des Vertragsverletzungsverfahrens werden teilweise durch das Institut der Haftung der Mitgliedstaaten für Unionsrechtsverstöße kompensiert. Nach ständiger Rechtsprechung besteht ein **unionsrechtsunmittelbarer Staatshaftungsanspruch** für Schäden, die ein Mitgliedstaat durch eine hinreichend qualifizierte Verletzung einer individualschützenden Bestimmung des Unionsrechts verursacht hat. Der Anspruch ist vor den zuständigen mitgliedstaatlichen Gerichten einzuklagen.[202] Diese Grundsätze gelten auch für Unionsrechtsverstöße durch die mitgliedstaatliche Judikative. Der Grundsatz der Rechtskraft kann dem nicht entgegengehalten werden.[203] Haftungsrechtlicher Anknüpfungspunkt ist dabei nicht die Verletzung der Vorlagepflicht als solche, sondern ein Verstoß gegen eine materiell-rechtliche individualschützende Unionsnorm.[204] 83

---

[197] Karpenstein in Grabitz/Hilf/Nettesheim/Karpenstein AEUV Art. 267 Rn. 72; Gaitanides in von der Groeben/Schwarze/Hatje AEUV Art. 267 Rn. 69; Schwarze/Schwarze/Wunderlich AEUV Art. 267 Rn. 19.
[198] Ausführlich Grabitz/Hilf/Nettesheim AEUV Art. 258 Rn. 18 ff.
[199] Hierzu Lenaerts/Maselis/Gutman EU Procedural Law Rn. 3.57; Herrmann EuZW 2006, 231; Kokott/Henze/Sobotta JZ 2006, 633 (640).
[200] Vgl. EuGH 9.12.2003 – C-129/00, ECLI:EU:C:2003:656 = BeckRS 2004, 74287 – Kommission/Italien.
[201] Siehe EuGH 4.10.2018 – C-416/17, ECLI:EU:C:2018:811 Rn. 105 ff. = JuS 2019, 82 – Kommission/Frankreich; dazu Payandeh JuS 2019, 82; Kaufmann EuZW 2019, 1038.
[202] Siehe EuGH 19.11.1991 – verb. Rs. C-6/90, C-9/90, Slg. 1991, I-5357 Rn. 35 = NJW 1992, 165 – Francovich ua; ausführlich Jacob/Kottmann in Grabitz/Hilf/Nettesheim AEUV Art. 340 Rn. 139 ff.
[203] EuGH 30.9.2003 – C-224/01, Slg. 2003, I-10239 Rn. 34 ff. = NJW 2003, 3539 – Köbler; EuGH 13.6.2006 – C-173/03, Slg. 2006, I-5177 Rn. 31 ff. = JuS 2007, 68 – Traghetti del Mediterraneo; dazu v. Danwitz JZ 2004, 301 ff.; Kremer NJW 2004, 480 ff.; Wegener/Held Jura 2004, 479 ff.
[204] GA Bobek 15.4.2021 SchlA – C-561/19, ECLI:EU:C:2021:291 Rn. 115 – Consorzio Italian Management.

Die Nichtvorlage erlangt jedoch insoweit zentrale Bedeutung, als sie ein wichtiges Indiz für das Bestehen eines hinreichend qualifizierten Verstoßes ist.[205]

84 Nach ständiger Rechtsprechung greift die Staatshaftung für judikatives Unrecht nur im **Ausnahmefall**, wenn „das letztinstanzlich entscheidende nationale Gericht offenkundig gegen geltendes Recht verstoßen hat". Insoweit sind ua das Maß an Klarheit und Genauigkeit der verletzten Vorschrift, der Umfang des Ermessensspielraums, den die verletzte Vorschrift den nationalen Behörden belässt, die Frage, ob der Verstoß oder der Schaden vorsätzlich oder unbeabsichtigt begangen bzw. verursacht wurde, die Entschuldbarkeit oder Unentschuldbarkeit eines etwaigen Rechtsirrtums, der Umstand, dass die Verhaltensweisen eines Organs der Europäischen Union möglicherweise dazu beigetragen haben, dass unionsrechtswidrige nationale Maßnahmen oder Praktiken eingeführt oder aufrechterhalten wurden, und die **Verletzung der Vorlagepflicht** nach Art. 267 Abs. 3 AEUV durch das in Rede stehende nationale Gericht. Ein Unionsrechtsverstoß durch ein mitgliedstaatliches Gericht ist „jedenfalls dann hinreichend qualifiziert, wenn die einschlägige **Rechtsprechung** des Gerichtshofs **offenkundig verkannt** wurde".[206] Die konkrete Subsumtion, ob diese Kriterien im Ausgangsfall erfüllt sind, obliegt grundsätzlich dem mit der Staatshaftungsklage befassten mitgliedstaatlichen Gericht.[207]

85 **3. Verfassungsbeschwerde.** Eine Verletzung der Vorlagepflicht kann daneben als Verletzung der verfassungsrechtlichen Garantie des gesetzlichen Richters aus **Art. 101 Abs. 1 S. 2 GG** im Wege der Verfassungsbeschwerde gerügt werden. Nach ständiger Rechtsprechung des Bundesverfassungsgerichts ist der EuGH **gesetzlicher Richter** im Sinne dieser Norm. Eine Verletzung von Art. 267 Abs. 3 AEUV begründet daher prinzipiell zugleich eine Verletzung von Art. Art. 101 Abs. 1 S. 2 GG.[208] In einigen **anderen Mitgliedstaaten,** namentlich in Spanien, Tschechien, Kroatien und der Slowakei, bestehen ähnliche verfassungsgerichtliche Rechtsprechungslinien.[209]

86 Indes beanstandet das Bundesverfassungsgericht die Handhabung von Verfahrens- und Zuständigkeitsnormen durch die Fachgerichte nach ständiger Rechtsprechung grundsätzlich nur, wenn sie „bei verständiger Würdigung der das Grundgesetz bestimmenden Gedanken **nicht mehr verständlich** erscheint und **offensichtlich unhaltbar** ist". Dies gilt auch für die Vorlagepflicht zum EuGH. Hieraus haben sich drei – nicht abschließende – **Fallgruppen** herausgebildet, in denen das Bundesverfassungsgericht von einer nicht mehr verständlichen und offensichtlich unhaltbaren Handhabung der Vorlagepflicht ausgeht:

- wenn ein letztinstanzliches Gericht eine Vorlage trotz der – seiner Auffassung nach bestehenden – Entscheidungserheblichkeit der unionsrechtlichen Frage überhaupt nicht in Erwägung zieht, obwohl es selbst Zweifel hinsichtlich der richtigen Beantwortung der Frage hat **(grundsätzliche Verkennung der Vorlagepflicht);**
- wenn ein letztinstanzliches Gericht in seiner Entscheidung bewusst von der Rechtsprechung des Gerichtshofs zu entscheidungserheblichen Fragen abweicht und gleichwohl nicht oder nicht neuerlich vorlegt **(bewusstes Abweichen ohne Vorlagebereitschaft);**

---

[205] Jacob/Kottmann in Grabitz/Hilf/Nettesheim AEUV Art. 340 Rn. 168; Karpenstein in Grabitz/Hilf/Nettesheim AEUV Art. 267 Rn. 71.
[206] EuGH 30.9.2003 – C-224/01, ECLI:EU:C:2003:513 = Slg. 2003, I-10239 Rn. 53 ff. = NJW 2003, 3539 – Köbler; EuGH 29.7.2019 – C-620/17, ECLI:EU:C:2019:630 Rn. 41 ff. = EuZW 2019, 799 – Hochtief Solutions Magyarországi Fióktelepe.
[207] EuGH 29.7.2019 – C-620/17, ECLI:EU:C:2019:630 Rn. 40. = EuZW 2019, 799 – Hochtief Solutions Magyarországi Fióktelepe.
[208] BVerfG 16.12.1993 – 2 BvR 1725/88, NJW 1994, 2017; BVerfG 9.1.2001 – 1 BvR 1036/99, NJW 2001, 1267 (1268) mwN; vgl. dazu auch Bäcker NJW 2011, 270 ff.; Michael JZ 2012, 870; Britz NJW 2012, 1313.
[209] Dazu GA Bobek 15.4.2021 SchlA – C-561/19, ECLI:EU:C:2021:291 Rn. 106 – Consorzio Italian Management.

- wenn eine entscheidungserhebliche Frage des Unionsrechts nicht oder nicht abschließend durch den EuGH geklärt ist, und das letztinstanzliche Gericht seinen daraus folgenden Beurteilungsrahmen in unvertretbarer Weise überschreitet (**Unvollständigkeit der Rechtsprechung**). Dies kann insbesondere dann der Fall sein, wenn mögliche Gegenauffassungen zu der vom Gericht vertretenen Meinung eindeutig vorzuziehen sind. Jedenfalls bei willkürlicher Annahme eines *acte clair* oder eines *acte éclairé* liegt eine Verletzung von Art. 101 Abs. 1 Satz 2 GG vor.[210]

In diesem Zusammenhang ist auch zu prüfen, ob sich das letztinstanzliche Gericht hinsichtlich des Unionsrechts, einschließlich der Rechtsprechung des EuGH, **ausreichend kundig** gemacht hat. Zudem hat das Fachgericht seine Entscheidung in einer Weise zu **begründen**, die dem Bundesverfassungsgericht eine Kontrolle am Maßstab des Art. 101 Abs. 1 Satz 2 GG ermöglicht.[211]

Diese Maßstäbe ermöglichen dem Bundesverfassungsgericht ein Höchstmaß an **Flexibilität**. In der Praxis werden zahlreiche Verfassungsbeschwerden auf die angebliche Verletzung der Vorlagepflicht gestützt. Eher wenige haben Erfolg. Ob und wann das Bundesverfassungsgericht von einer nicht mehr verständlichen und offensichtlich unhaltbaren Handhabung der Vorlagepflicht ausgeht, hängt augenscheinlich von einer Vielzahl auch außerrechtlicher Faktoren ab und lässt sich daher oft nur schwer prognostizieren. Kritisch ist zudem zu bemerken, dass das Bundesverfassungsgericht offenbar strengere Prüfungsmaßstäbe anlegt, wenn es um eine unterlassene Richtervorlage zur konkreten Normenkontrolle nach Art. 100 Abs. 1 GG geht.[212] Mit dem unionsrechtlichen Äquivalenzprinzip, wonach bei Verstößen gegen Unionsrecht Rechtsschutz nach den gleichen Maßstäben gegeben sein muss wie bei Verstößen gegen nationales Recht, dürfte dies kaum vereinbar sein.

4. Menschenrechtsbeschwerde. Verstöße gegen die Vorlagepflicht können schließlich auch mit einer Beschwerde zum Europäischen Gerichtshof für Menschenrechte (EGMR) gerügt werden. Nach ständiger Rechtsprechung des EGMR enthält die Europäische Menschenrechtskonvention (EMRK) als solche keinen Anspruch einzelner Grundrechtsträger darauf, dass nationale Gerichte eine Vorlage an den EuGH richten. Indes kann ein Verstoß gegen die Vorlagepflicht aus Art. 267 EUV zugleich das **Recht auf ein faires Verfahren** nach Art. 6 Abs. 1 EMRK verletzen. Dies kann insbesondere dann der Fall sein, wenn eine Vorlage willkürlich verweigert wird. Der EGMR prüft dabei vornehmlich die Begründung, die das nationale Gericht für eine Nichtvorlage anführt.[213]

D. Verfahren

Das Vorabentscheidungsverfahren ist ein Zwischenverfahren auf europäischer Ebene, das von einem nationalen Gericht initiiert wird und Teil des dort anhängigen Verfahrens auf nationaler Ebene ist. Insofern ist zwischen den nationalen Verfahrenselementen und dem Verfahren vor dem EuGH selbst zu unterscheiden. Erstere richten sich grundsätzlich nach nationalem Verfahrensrecht, das freilich teilweise durch unionsrechtliche Vorgaben überlagert wird. Für zweiteres gilt das europäische Verfahrensrecht.

---

[210] BVerfG 31.5.1990 – 2 BvL 12/88, 2 BvL 13/88, 2 BvR 1436/87, BVerfGE 82, 159 (194 ff.) = NVwZ 1991, 53; BVerfG 18.7.2018 – 1 BvR 1675/16, BVerfGE 149, 222 Rn. 142 ff. = NVwZ 2018, 1293.
[211] BVerfG 1 BvR 2853/19, NJW 2021, 1005 Rn. 15.
[212] Siehe BVerfG 16.12.2014 – 1 BvR 2142/11, BVerfGE 138, 64 Rn. 77 = DÖV 2015, 430.
[213] EGMR 20.9.2011 – Nr. 3989/07 Rn. 54 ff. = BeckRS 2012, 20713 – Ullens de Schooten/Belgien; EGMR 19.1.2021 – Nr. 25137/16 Rn. 68 ff. = BeckRS 2021, 1484 – Sanofi Pasteur/Frankreich; dazu Meyer in Karpenstein/Mayer EMRK Art 6 Rn. 52; GA Bobek 15.4.2021 SchlA – C-561/19, ECLI:EU:C:2021:291 Rn. 108 – Consorzio Italian Management.

I. Verfahren auf nationaler Ebene

91 **1. Vorlage von Amts wegen.** Ein Vorabentscheidungsersuchen nach Art. 267 AEUV ergeht von Amts wegen. Eines Antrags der Parteien bedarf es nicht.[214] Folglich ist ein mitgliedstaatliches Gericht weder an einer Vorlage gehindert, noch ggf. von seiner Vorlagepflicht befreit, wenn sich die Parteien des Ausgangsverfahrens über eine Unionsrechtsfrage einig sind oder gar ein Vorabentscheidungsverfahren ablehnen. Umgekehrt können die Parteien eine Vorlage innerhalb eines anhängigen Verfahrens grundsätzlich nicht erzwingen. Das Vorabentscheidungsverfahren begründet eine Kooperation zwischen dem nationalen Gericht und dem EuGH; es stellt keinen Rechtsbehelf für die Parteien des Ausgangsrechtsstreits dar.[215] Die bestehenden Instrumente zur Durchsetzung einer Vorlagepflicht setzen erst auf einer nachgelagerten Ebene an (→ Rn. 80 ff.). Die Verantwortung für das „Ob" und „Wie" einer Vorlage obliegt grundsätzlich dem nationalen Gericht.

92 Auch den Zeitpunkt bzw. das geeignete Verfahrensstadium, in dem ein Vorabentscheidungsersuchen an den EuGH gerichtet wird, hat grundsätzlich das nationale Gericht zu bestimmen.[216] Das Unionsrecht macht hierzu keine spezifischen Vorgaben. Erforderlich ist freilich, dass im Zeitpunkt der Vorlage die relevanten Tatsachen und nationalen Rechtsfragen hinreichend geklärt sind, um eine den Anforderungen von Art. 94 EuGHVfO genügende Begründung des Vorabentscheidungsersuchens zu ermöglichen (→ Rn. 62). Insoweit heißt es in den Empfehlungen des EuGH an die nationalen Gerichte: „Daher ist es erforderlich, dass die Entscheidung über eine Vorlage zur Vorabentscheidung erst in einem Verfahrensstadium getroffen wird, in dem das vorlegende Gericht in der Lage ist, den tatsächlichen und rechtlichen Rahmen des Ausgangsrechtsstreits und die rechtlichen Fragen, die dieser aufwirft, mit hinreichender Genauigkeit zu bestimmen. Im Interesse einer geordneten Rechtspflege kann es außerdem angezeigt sein, dass die Vorlage erst nach streitiger Verhandlung erfolgt."[217]

93 Die Parteien des Ausgangsverfahrens sind damit nicht zur Passivität verdammt: Vor Erlass eines Vorabentscheidungsersuchens ist ihnen die Möglichkeit zur Stellungnahme zu geben.[218] Dies wird zwar unionsrechtlich nicht verlangt, folgt aber aus der nationalen Garantie rechtlichen Gehörs (Art. 103 Abs. 1 GG). Hierfür spricht insbesondere, dass ein Vorabentscheidungsersuchen gegen den Willen der Parteien ergehen kann und erhebliche verfahrensrechtliche Konsequenzen hat, insbesondere eine Verzögerung der Endentscheidung. Auch bei Aussetzungsentscheidungen allein auf Grundlage nationalen Rechts (etwa § 94 VwGO oder § 148 ZPO) ist allgemein anerkannt, dass zuvor rechtliches Gehör zu gewähren ist.[219] Eine gesonderte mündliche Verhandlung ist demgegenüber nicht zwingend. Darüber hinaus empfiehlt sich in der Praxis für eine Partei, die eine Vorlage an den EuGH anstrebt, ein Vorabentscheidungsersuchen frühzeitig bei dem Ausgangsgericht anzuregen. Hierzu ist es häufig sinnvoll, die aus Sicht der Partei zu stellenden Vorlagefragen schriftsätzlich vorzuformulieren und entsprechend zu begründen.

94 **2. Vorlagebeschluss.** Die Form der Vorlageentscheidung folgt dem nationalen Prozessrecht.[220] Während in einigen Mitgliedstaaten Vorlageurteile erlassen werden (so bspw. in Frankreich und Italien),[221] ergeht in Deutschland ein Beschluss. Dessen **Tenor** enthält in der Praxis regelmäßig zwei Entscheidungen: Zum einen wird das Verfahren in analoger Anwendung der jeweils einschlägigen Vorschriften – also etwa § 94 VwGO oder § 148

---

[214] Karpenstein in Grabitz/Hilf/Nettesheim AEUV Art. 267 Rn. 30; Gaitanides in von der Groeben/Schwarz/Hatje AEUV Art. 267 Rn. 50.
[215] EuGH 12.2.2008 – C-2/06, ECLI:EU:C:2008:78 Rn. 41 = BeckRS 2008, 70226 – Kempter.
[216] EuGH 11.6.1987 – 14/86, Slg. 1987, 2545 (2568) Rn. 11 = BeckRS 2004, 71620 – Pretore di Salò.
[217] EuGH, Empfehlungen an die nationalen Gerichte bezüglich der Vorlage von Vorabentscheidungsersuchen, ABl. 2019 C 380, 1, Nr. 15 ff.
[218] Karpenstein in Grabitz/Hilf/Nettesheim AEUV Art. 267 Rn. 30.
[219] Siehe etwa Peters/Schwarzburg in NK-VwGO § 94 Rn. 21; Fritsche in MüKoZPO § 148 Rn. 14.
[220] EuGH 6.4.1962 – 13/61, Slg. 1962, 97 (110) = GRUR Ausl 1962, 307 – Van Rijn.
[221] Vgl. Dauses, Das Vorabentscheidungsverfahren nach Art. 177 EGV, 2. Aufl. 1995, S. 124.

ZPO – ausgesetzt.²²² Zum anderen werden dem EuGH gemäß Art. 267 AEUV bestimmte Fragen zur Vorabentscheidung vorgelegt. Die **Begründung** des Vorlagebeschlusses muss sodann den Vorgaben von Art. 94 EuGHVfO entsprechen (→ Rn. 62). Sie sollte eine geordnete Darstellung (a) des entscheidungsrelevanten Sachverhalts, (b) der einschlägigen Vorschriften des innerstaatlichen Rechts sowie (c) des Unionsrechts und (d) eine Erläuterung zur Entscheidungsrelevanz der Vorlagefragen enthalten. Auch (e) eine (kurze) Wiedergabe des zentralen Parteivortrags und (f) Ausführungen dazu, wie die Fragen aus Sicht des vorlegenden Gerichts zu beantworten sind, können empfehlenswert sein.²²³

Ist ein **paralleles Vorabentscheidungsersuchen** bereits beim EuGH anhängig, so kann das nationale Gericht sein Verfahren auch aussetzen und die EuGH-Entscheidung abwarten, ohne selbst vorzulegen. Rechtsgrundlage hierfür ist wieder eine analoge Anwendung der einschlägigen Aussetzungsvorschriften.²²⁴ 95

Der Vorlagebeschluss ist gemäß Art. 23 Abs. 1 EuGH-Satzung dem Gerichtshof zu **übermitteln.** Dies kann entweder in Papierform per Einschreiben an die Adresse des Gerichtshofs²²⁵ erfolgen oder elektronisch. Für letzteres existiert die Anwendung e-Curia, die einen sicheren und benutzerfreundlichen Austausch von Dokumenten mit den Unionsgerichten ermöglicht und deren Nutzung nicht nur den nationalen Gerichten, sondern auch Prozessvertretern offensteht.²²⁶ Neben dem Vorabentscheidungsersuchen muss dem Gerichtshof die vollständige Verfahrensakte des Ausgangsprozesses – im Original oder in Kopie – übermittelt werden.²²⁷ 96

Während der Dauer des Vorabentscheidungsverfahrens vor dem EuGH bleibt das nationale Verfahren grundsätzlich ausgesetzt. Unionsrechtlich bestehen indes keine Einwände dagegen, in der Zwischenzeit weitere Verfahrenshandlungen vorzunehmen, die Aspekte des Falles betreffen, der vom Vorabentscheidungsersuchen nicht berührt wird.²²⁸ 97

3. Bestand des Vorlagebeschlusses. Nach Art. 100 Abs. 1 S. 2 EuGHVfO bleibt der Gerichtshof mit einem Vorabentscheidungsersuchen befasst, solange das vorlegende Gericht es nicht zurückgenommen hat. Die **Rücknahme des Vorabentscheidungsersuchens** kann gemäß Art. 100 Abs. 1 S. 2 EuGHVfO bis zur Bekanntgabe des Termins der Urteilsverkündung an die Beteiligten berücksichtigt werden. Art. 100 Abs. 1 EuGHVfO unterstreicht die prinzipielle Verfahrensherrschaft des nationalen Gerichts: Diesem kommt grundsätzlich die Entscheidung zu, ob es einer Antwort auf die Vorlagefragen noch bedarf. Solange ein Vorabentscheidungsersuchen anhängig bleibt, ist der EuGH regelmäßig gehalten, darüber zu befinden. Umgekehrt kann ihm das vorlegende Gericht den Fall aber auch entziehen, indem es sein Vorabentscheidungsersuchen rechtzeitig zurücknimmt. Auch ist es grundsätzlich möglich, ein Vorabentscheidungsersuchen zu berichtigen oder zu ergänzen; der Gerichtshof beantwortet dann die ergänzte Fassung der Vorlagefragen.²²⁹ 98

Ein gewisses Korrektiv ergibt sich allerdings aus Art. 100 Abs. 2 EuGHVfO. Danach kann der Gerichtshof jederzeit **von Amts wegen** feststellen, dass die Voraussetzungen für 99

---

²²² Siehe etwa BVerwG 18.2.2008 – 5 C 13/07, NVwZ 2008, 686; LG Bonn 31.10.1994 – 1 O 265/94, EuZW 1996, 159 (160); Peters/Schwarzburg in NK-VwGO § 94 Rn. 56.
²²³ Siehe EuGH, Empfehlungen an die nationalen Gerichte bezüglich der Vorlage von Vorabentscheidungsersuchen, ABl. 2019 C 380, 1, Nr. 13.
²²⁴ Siehe etwa BVerwG 10.11.2000 – 3 C 3/00, BVerwGE 112, 166 = NVwZ 2001, 319 f.; BAG 10.11.2011 – 6 AZR 481/09, NZA-RR 2012, 100; aA Foerster EuZW 2011, 901 (904 f.).
²²⁵ Gerichtshof der Europäischen Union, Kanzlei des Gerichtshofs, Rue du Fort Niedergrünewald, L-2925 Luxemburg.
²²⁶ Aufzurufen unter <https://curia.europa.eu/e-Curia/login.faces>; siehe hierzu EuGH, Beschluss über die Einreichung und die Zustellung von Verfahrensschriftstücken im Wege der Anwendung e-Curia, ABl. 2018 L 293, 36.
²²⁷ EuGH, Empfehlungen an die nationalen Gerichte bezüglich der Vorlage von Vorabentscheidungsersuchen, ABl. 2019 C 380, 1, Nr. 24; Latzel/Streinz NJOZ 2013, 97 (101).
²²⁸ EuGH 17.5.2023 – C-176/22, ECLI:EU:C:2023:416 Rn. 23 ff. – BK und ZhP (Suspension partielle de la procédure au principal).
²²⁹ Vgl. EuGH 11.6.1987 – C-406/85, ECLI:EU:C:1987:274 = Slg. 1987, 2525 Rn. 1 = NJW 1988, 2167 – Gofette; EuGH 22.10.1991 – C-44/89, Slg. 1991, I-5119 Rn. 9 = BeckRS 2004, 77264 – von Deetzen.

seine **Zuständigkeit** nicht mehr erfüllt sind. Dies betrifft insbesondere Fälle, in denen das Ausgangsverfahren zwischenzeitlich beendet ist.[230] Gemäß Art 101 EuGHVerfO kann der EuGH das vorlegende Gericht – etwa infolge von Hinweisen durch Beteiligte – um Klarstellung ersuchen. Mit der Möglichkeit, seine Zuständigkeit aufgrund prozessualer Entwicklungen im Ausgangsverfahren abzulehnen, geht der Gerichtshof im Allgemeinen aber sehr zurückhaltend um (→ Rn. 52).

100 Bis in jüngere Zeit diskutiert wird die Frage, ob **Rechtsmittel gegen ein Vorabentscheidungsersuchen** statthaft sind. Insoweit ist richtigerweise zwischen den Ebenen des nationalen und des europäischen Prozessrechts zu unterscheiden: Ob und ggf. inwieweit eine Vorlageentscheidung mit Rechtsmitteln angreifbar ist, ist zunächst einmal eine Frage des **nationalen Prozessrechts.** In Deutschland ist sie umstritten. Die wohl herrschende Auffassung geht aber dahin, dass gegen einen Aussetzungs- und Vorlagebeschluss Rechtsmittel wie etwa die Beschwerde grundsätzlich nicht statthaft sind.[231] Die Rechtslage in anderen Mitgliedstaaten ist uneinheitlich.[232]

101 Davon zu unterscheiden ist die Frage, welche Folgen die Einlegung eines Rechtsmittels oder gar die Aufhebung des Vorabentscheidungsersuchens durch das Rechtsmittelgericht im **europäischen Prozessrecht** hat. Insoweit hat sich ein Wandel in der Rechtsprechung des EuGH vollzogen. Nach **früherer Rechtsprechung** schloss Art. 267 AEUV es nicht aus, dass gegen ein Vorabentscheidungsersuchen die im nationalen Recht hierfür vorgesehenen Rechtsmittel eingelegt werden.[233] Erfuhr der Gerichtshof von einem Rechtsmittel gegen das Vorabentscheidungsersuchen, so setzte er sein Verfahren bis zur Rechtsmittelentscheidung aus.[234] Wurde das Vorabentscheidungsersuchen aufgehoben, so führte dies zur Unzulässigkeit der Fragen und der Streichung der betreffenden Sache aus dem Verfahrensregister.[235] Dagegen anerkennt die **neuere Rechtsprechung** zwar immer noch formal die Möglichkeit, nach nationalem Recht einen Rechtsbehelf gegen eine Vorlagenentscheidung einzulegen. Indes fügt sie hinzu, dass das betreffende Rechtsmittel und die Entscheidung darüber nicht die in Art. 267 AEUV verankerte Befugnis des Ausgangsgerichts einschränken können, sich mit einem Vorabentscheidungsersuchen an den Gerichtshof zu wenden.[236] Demnach verleiht Art. 267 AEUV den mitgliedstaatlichen Gerichten ein „unbeschränktes Recht zur Vorlage", das durch keine Vorschrift des nationalen Rechts beeinträchtigt werden kann. Die Aufhebung oder Abänderung von Vorabentscheidungsersuchen durch andere mitgliedstaatliche Stellen als das vorlegende Gericht selbst ist daher ebenso ausgeschlossen wie etwa Disziplinarmaßnahmen gegen Mitglieder des vorlegenden Spruchkörpers.[237] Von Bedeutung ist das insbesondere mit Blick auf jüngere „Justizreformen" in Ländern wie Polen und Ungarn. Die im deutschen Schrifttum anhaltende Diskussion, ob und ggf. unter welchen Umständen Rechtsmittel gegen Vorlagebeschlüsse gegeben sind, ist damit weitgehend obsolet.

---

[230] Siehe etwa EuGH 13.10.2011 – C-148/10, ECLI:EU:C:2011:654, Rn. 29 = BeckEuRS 2011, 628205 – DHL International; EuGH 13.4.2000 – C-176/96, ECLI:EU:C:2000:201 Rn. 19 = NZA 2000, 645 – Lehtonen.
[231] Siehe BFH 27.1.1981 – VII B 56/80, BFHE 132, 217 (218) = BeckRS 1981, 22005616; VGH Mannheim 17.4.198 – 11 S 216/86, EuGRZ 1986, 572 (573); VGH Mannheim 19.9.2001 – 9 S 1464/01, NVwZ-RR 2002, 236; Hakenberg DRiZ 2000, 345 (346); Bergmann ZAR 2011, 41 (43); aA Karpenstein in Grabitz/Hilf/Nettesheim AEUV Art. 267 Rn. 43.
[232] Hierzu Lenaerts/Maselis/Gutman EU Procedural Law Rn. 3.30.
[233] EuGH 12.2.1974 – 146/73, Slg. 1974, 139 (148) = BeckRS 2004, 71680 – Rheinmühlen-Düsseldorf; EuGH 16.6.1970 – C-31/68, Slg. 1970, 403 (404) = BeckRS 2004, 73126 – SA Chanel.
[234] EuGH 16.6.1970 – 31/68, Slg. 1970, 403 (405) = BeckRS 2004, 73126 – Chanel.
[235] EuGH 11.7.1996 – C-39/94, Slg. 1996, I-3547 Rn. 24 = BeckRS 2004, 76964 – SFEI.
[236] Siehe EuGH 16.12.2008 – C-210/06, ECLI:EU:C:2008:723 Rn. 93, DNotZ 2009, 553 – Cartesio.
[237] Siehe etwa EuGH 22.6.2010 – C-188/10, ECLI:EU:C:2010:363 Rn. 57 = BeckRS 2010, 23023 – Melki; EuGH 26.3.2020 – C-558/18, ECLI:EU:C:2020:234 Rn. 56 ff. = EuGRZ 2020, 195 – Miasto Łowicz; GA Pikamäe 15.4.2021 – SchlA C-564/19, ECLI:EU:C:2021:292 Rn. 40 ff.

II. Verfahren vor dem Gerichtshof.

1. Behandlung des Vorabentscheidungsersuchens. Das Verfahren vor dem Gerichtshof beginnt mit Eingang des Vorabentscheidungsersuchens. In der Folge trägt die Kanzlei des Gerichtshofs das Verfahren als neue Rechtssache in das Register ein (Art. 21 Abs. 1 EuGHVfO). Das Vorabentscheidungsersuchen wird sodann in alle Amtssprachen übersetzt und gemäß Art. 23 EuGH-Satzung und Art. 98 EuGHVfO den Parteien des Ausgangsverfahrens, den Mitgliedstaaten und der Kommission **zugestellt** sowie ggf. den Organen, Einrichtungen oder sonstigen Stellen der Union, von denen die Handlung, deren Gültigkeit oder Auslegung streitig ist, ausgegangen ist. In Verfahren mit EWR-Bezug wird das Ersuchen zudem den EFTA-Staaten und der EFTA-Überwachungsbehörde zugestellt. Daneben wird eine Kurzfassung im **Amtsblatt** der EU veröffentlicht (Art. 21 Abs. 4 EuGHVfO). „So bald wie möglich" bestimmt der Präsident des Gerichtshofs den Berichterstatter für die Rechtssache.

Am Verfahren vor dem EuGH **beteiligen** können sich die Parteien des Ausgangsverfahrens sowie die Mitgliedstaaten, die Kommission, andere betroffene Unionsorgane oder -einrichtungen sowie ggf. EFTA-Staaten und die EFTA-Überwachungsbehörde (Art. 23 EuGH-Satzung). Sofern das Vorabentscheidungsverfahren durch einen völkerrechtlichen Vertrag auf Drittstaaten erstreckt wurde, sind auch diese beteiligungsberechtigt (Art. 96 Abs. 1 Buchst. f EuGHVfO). Parteien des Ausgangsrechtsstreits sind gemäß Art. 97 Abs. 1 EuGHVfO diejenigen, die vom vorlegenden Gericht gemäß den nationalen Verfahrensvorschriften als solche bezeichnet werden. Der Begriff **„Partei"** ist dabei weiter als etwa derjenige des deutschen Zivilprozessrechts und umfasst auch am Ausgangsverfahren beteiligte Dritte, wie etwa Intervenienten, Beigeladene oder Nebenkläger.[238] Im Vorabentscheidungsverfahren selbst ist eine Streithilfe, Nebenintervention oder andere Art der Beteiligung Dritter nicht vorgesehen. Indes besteht für Dritte ggf. – nach Maßgabe des nationalen Prozessrechts – die Möglichkeit, sich bereits während des anhängigen Vorabentscheidungsverfahrens am Ausgangsverfahren zu beteiligen, um hierdurch eine Beteiligtenstellung auch vor dem EuGH zu erlangen. Erfolgt ein solcher späterer Beitritt, so muss die betreffende Person das Verfahren in dem Stadium annehmen, zu dem es sich in diesem Zeitpunkt befindet (Art. 97 Abs. 2 EuGHVfO).

Nach Art. 95 Abs. 1 EuGHVfO wahrt der EuGH die **Anonymität** der Parteien des Ausgangsverfahrens, wenn dies bereits vom vorlegenden Gericht so gehandhabt wurde. Darüber hinaus kann er gemäß Art. 95 Abs. 2 EuGHVfO auch zu einem späteren Zeitpunkt auf Ersuchen des vorlegenden Gerichts, auf Antrag einer Partei des Ausgangsrechtsstreits oder von Amts wegen eine oder mehrere Personen oder Einrichtungen, die von dem Rechtsstreit betroffen sind, anonymisieren. Auf dieser Grundlage ersetzt der EuGH seit dem Jahr 2018 in allen Veröffentlichungen im Zusammenhang mit Vorabentscheidungsverfahren die Namen der betroffenen natürlichen Personen durch zwei zufällig gewählte Großbuchstaben. Er behält sich jedoch vor, auf Antrag der betroffenen Person oder unter besonderen Umständen von dieser Praxis abzuweichen.[239] Die Zeit legendärer Urteilsnamen wie „Costa", „Bosman" oder „Mangold" scheint damit jedenfalls in Vorabentscheidungsverfahren vorerst vorbei – für Europarechtsnostalgiker ein schwerer Schlag.

Verfahrenssprache ist die Sprache des vorlegenden Gerichts (Art. 37 Abs. 3 S. 1 EuGHVfO). Sie ist von den Beteiligten sowohl im schriftlichen als auch im mündlichen Verfahren zu verwenden. Etwaigen Anlagen in anderen Sprachen ist grundsätzlich eine Übersetzung in der Verfahrenssprache beizufügen (Art. 38 Abs. 1 und 2 EuGHVfO). Mitgliedstaaten können sich jedoch sowohl schriftlich als auch mündlich in ihrer eigenen

---
[238] Wägenbaur EuGH-Satzung Art. 23 Rn. 20; Hackspiel in von der Groeben/Schwarze/Hatje EuGH-Satzung Art. 23 Rn. 17.
[239] Siehe EuGH, Schutz personenbezogener Daten im Rahmen der Veröffentlichungen betreffend die gerichtlichen Verfahren vor dem Gerichtshof, abrufbar unter <https://curia.europa.eu/jcms/jcms/Jo2_7031/de/>.

Amtssprache äußern (Art. 38 Abs. 4 EuGHVfO). Zudem kann auf gebührend begründeten Antrag einer Partei des Ausgangsrechtsstreits nach Anhörung der Gegenpartei und des Generalanwalts eine andere Sprache für das mündliche Verfahren zugelassen werden (Art. 37 Abs. 3 S. 2 EuGHVfO). Von der Verfahrenssprache zu unterscheiden ist die interne **Arbeitssprache** des Gerichtshofs, das Französische. In die Arbeitssprache werden für die interne Bearbeitung sämtliche Schriftsätze übersetzt, regelmäßig aber nicht die Anlagen.

106 Vor dem EuGH gilt grundsätzlich **Anwaltszwang** (Art. 19 EuGH-Satzung). Bei Vorabentscheidungsverfahren knüpft die Postulationsfähigkeit jedoch an das Prozessrecht im Ausgangsverfahren an. Demnach kann jede Person, die vor dem Ausgangsgericht postulationsfähig ist, auch vor dem EuGH auftreten. Bei Vorabentscheidungsersuchen von nationalen Gerichten ohne Anwaltszwang kann sich eine Partei dann folglich auch vor dem EuGH selbst vertreten.[240] Angesichts der Eigenheiten und verhältnismäßig starken Formalisierung des EuGH-Verfahrens kann davon jedoch nur abgeraten werden.

107 **2. Schriftliches Verfahren.** Die Beteiligungsberechtigten können binnen einer **Frist** von zwei Monaten ab Zustellung schriftlich zum Vorabentscheidungsersuchen Stellung nehmen (Art. 23 Abs. 2 EuGH-Satzung). Hinzu kommt gemäß Art. 51 EuGHVfO eine pauschale Entfernungsfrist von zehn Tagen, so dass die Stellungnahmefrist insgesamt zwei Monate und zehn Tage beträgt. Die Nichtteilnahme am schriftlichen Verfahren hindert nicht an der Teilnahme an einer ggf. später stattfindenden mündlichen Verhandlung (Art. 96 Abs. 2 EuGHVfO).

108 Vorgaben für die **inhaltliche Gestaltung** des betreffenden Schriftsatzes ergeben sich insbesondere aus den vom EuGH erlassenen Praktischen Anweisungen für die Parteien in den Rechtssachen vor dem Gerichtshof.[241] Danach ist es Zweck der schriftlichen Stellungnahme, dem Gerichtshof Aufschluss über die Tragweite des Vorabentscheidungsersuchens sowie darüber zu verschaffen, wie die vom vorlegenden Gericht gestellten Fragen zu beantworten sind. Insoweit ist es grundsätzlich nicht erforderlich, den rechtlichen Rahmen sowie den Sachverhalt des Ausgangsverfahrens wiederzugeben, sofern diese bereits zutreffend und vollständig im Vorlagebeschluss beschrieben werden. In der Praxis erscheint es jedoch häufig notwendig, hierzu jedenfalls ergänzende Ausführungen zu machen, da nicht jedes Vorabentscheidungsersuchen die Sach- und Rechtslage erschöpfend und zur Zufriedenheit aller Parteien darstellt. Da die Schriftsätze regelmäßig in die Arbeitssprache des Gerichtshofs übersetzt werden müssen, sollten möglichst kurze, einfache und klare Sätze verwendet werden. Spezifische Fachbegriffe des nationalen Rechts können zu Missverständnissen führen und sollten daher vermieden oder aber erforderlichenfalls erläutert werden. Die Argumentation muss vollständig im Schriftsatz enthalten sein – eine Auslagerung in Anlagen ist grundsätzlich unzulässig und sollte schon deshalb unterbleiben, weil die Anlagen regelmäßig nicht in die Arbeitssprache des EuGH übersetzt werden. Am Ende der Stellungnahme sollte die vorgeschlagene Antwort auf die Vorlagefragen stehen.

109 Mit Blick auf die erforderlichen Übersetzungen und eine maschinelle Bearbeitung unterliegen Schriftsätze verhältnismäßig strengen **Formalia,** die ebenfalls in den Praktischen Anweisungen aufgeführt sind. Insbesondere sollten sie „vorbehaltlich besonderer Umstände" eine Länge von 20 Seiten nicht überschreiten. In Abhängigkeit von der Zahl und Komplexität der Vorlagefragen zeigt sich der EuGH insoweit mal mehr, mal weniger großzügig. Ferner ist der Schriftsatz in Absätze zu gliedern, die mit fortlaufenden Randnummern versehen werden – vergleichbar den Urteilen des EuGH. Zusätzlich sind Seitenzahlen in der rechten oberen Ecke anzubringen. Etwaigen Anlagen ist ein Anlagenverzeichnis voranzustellen, aus der sich die Nummer, die Art der Anlage und die Textstelle, in der sie zitiert wird, ergeben. Wie der Schriftsatz sind auch die Anlagen beginnend von 1

---

[240] Praktische Anweisungen für die Parteien in den Rechtssachen vor dem Gerichtshof, ABl. 2020 L 42, 1, Ziff. 3.
[241] ABl. 2020 L 42, 1.

fortlaufend zu paginieren. Schriftliche Stellungnahmen, die diesen Vorgaben nicht entsprechen, sind nicht *per se* unzulässig. Vielmehr wird sich die Kanzlei des Gerichtshofs an den Absender wenden und ihn unter Fristsetzung zur Beseitigung der festgestellten Mängel auffordern. Da eine solche „Schleife" das Verfahren verzögert, sollte freilich ein von Anfang an den Vorgaben entsprechender Schriftsatz angestrebt werden.

Schriftliche Stellungnahmen können zum einen in Papierform eingereicht werden. In diesem Fall sind sie handschriftlich zu unterschreiben und nebst fünf beglaubigten Abschriften an die Kanzlei des Gerichtshofs zu senden (Art. 57 EuGHVfO).[242] Für die Praxis empfiehlt sich die **elektronische Einreichung** über die vom EuGH zur Verfügung gestellte Anwendung e-Curia. In diesem Fall entfällt die Notwendigkeit von Kopien. Zudem bedarf es keiner handschriftlichen Unterschrift; diese wird durch die Eingabe der Zugangsdaten und des Passworts ersetzt.[243] Hierfür muss allerdings zuvor ein Nutzerkonto angelegt werden, was einen gewissen Vorlauf erfordert. **110**

Die Möglichkeit zur schriftlichen Stellungnahme erschöpft sich grundsätzlich in einem Schriftsatz. Gelegenheit zur schriftlichen **Erwiderung** besteht nicht. Dies ist Ausdruck der nicht-kontradiktatorischen Natur des Vorabentscheidungsverfahrens. Insofern sollte die schriftliche Stellungnahme alle wesentlichen Argumente enthalten und nach Möglichkeit auch bereits auf denkbare Gegenargumente der anderen Parteien eingehen. **111**

Nach Abschluss des schriftlichen Verfahrens erstellt der Berichterstatter seinen sogenannten **Vorbericht** *(rapport préalable)*, der der Generalversammlung des Gerichtshofs vorgelegt wird. Dieser enthält insbesondere Vorschläge, ob prozessleitende Maßnahmen getroffen werden oder ein Klarstellungsersuchen an das vorlegende Gericht erfolgen sollen, an welchen Spruchkörper die Rechtssache verwiesen werden sollte und ob von einer mündlichen Verhandlung abgesehen werden kann (Art. 59 EuGHVfO). Auf dieser Grundlage können dann ggf. die Beteiligten aufgefordert werden, zB schriftliche Fragen zu beantworten oder Unterlagen vorzulegen (Art. 61 f. EuGHVfO), was jedoch in der Praxis eher selten geschieht. **112**

3. Mündliches Verfahren. Vom Abschluss des schriftlichen Verfahrens erhalten die Beteiligten durch ein Schreiben der Kanzlei Kenntnis, mit dem ihnen die Stellungnahmen der übrigen Beteiligten übersandt werden. Zugleich werden sie darauf hingewiesen, dass sie gemäß Art. 76 Abs. 1 EuGHVfO binnen drei Wochen einen begründeten **Antrag auf Durchführung einer mündlichen Verhandlung** stellen können. Ein solcher Antrag empfiehlt sich in der Praxis vor allem, wenn es notwendig erscheint, auf den schriftlichen Vortrag eines anderen Beteiligten zu erwidern. Er darf drei Seiten nicht überschreiten und muss konkret darlegen, weshalb und zu welchen Punkten eine mündliche Verhandlung erforderlich ist.[244] Der EuGH ist an einen etwaigen Antrag auf mündliche Verhandlung grundsätzlich nicht gebunden. Vielmehr kann er gemäß Art. 76 Abs. 2 EuGHVfO auf Vorschlag des Berichterstatters und nach Anhörung des Generalanwalts entscheiden, keine mündliche Verhandlung abzuhalten, wenn er sich durch die im schriftlichen Verfahren eingereichten Schriftsätze oder Erklärungen für ausreichend unterrichtet hält, um eine Entscheidung zu erlassen. In Abweichung davon können aber Beteiligungsberechtigte im Sinne von Art. 23 EuGH-Satzung, die am schriftlichen Verfahren nicht teilgenommen haben, die Durchführung einer mündlichen Verhandlung erzwingen. **113**

Führt der EuGH eine mündliche Verhandlung durch, so erhalten die Beteiligten eine **Ladung**, aus der insbesondere (erstmals) hervorgeht, an welchen Spruchkörper in welcher Besetzung die Sache verwiesen wurde. Zugleich werden sie gebeten, dem Gerichtshof **114**

---

[242] Gerichtshof der Europäischen Union, Kanzlei des Gerichtshofs, Rue du Fort Niedergrünewald, L-2925 Luxemburg.
[243] Siehe EuGH, Beschluss über die Einreichung und die Zustellung von Verfahrensschriftstücken im Wege der Anwendung e-Curia, ABl. 2018 L 293, 36.
[244] Praktische Anweisungen für die Parteien in den Rechtssachen vor dem Gerichtshof, ABl. 2020 L 42, 1, Ziff. 53.

115 Die **mündliche Verhandlung** selbst zeichnet sich gegenüber vielen deutschen Gerichten durch eine verhältnismäßig starke Formalisierung aus: Nach Eröffnung und Aufruf der Sache erfolgen zunächst die Plädoyers der Beteiligten (regelmäßig in folgender Reihenfolge: Kläger des Ausgangsverfahrens, Beklagter des Ausgangsverfahrens, Mitgliedstaaten, Kommission). Die Dauer der Plädoyers wird vom Gerichtshof festgelegt und in der Ladung mitgeteilt. Für Parteien des Ausgangsverfahrens beträgt sie regelmäßig 15 Minuten. Diese Zeitbegrenzung sollte unbedingt eingehalten werden. Die Ausführungen in der mündlichen Verhandlung werden in verschiedene Sprachen simultan gedolmetscht. Insofern empfiehlt es sich dringend, sehr langsam zu sprechen und auf nationale Fachtermini oder Abkürzungen nach Möglichkeit zu verzichten. Zudem bittet der Gerichtshof darum, den Text des Plädoyers spätestens am Vortag der Direktion Dolmetschen zu übersenden.[245] Auf die Plädoyers folgen üblicherweise Fragen der Mitglieder des Gerichtshofs an die Beteiligten. Auch diese Phase der Verhandlung ist eher formal gehalten. Ein Rechtsgespräch im Sinne eines Dialogs mit dem Gericht oder gar Diskussionen zwischen den Beteiligten finden regelmäßig nicht statt. Zum Abschluss hat jeder der Beteiligten die Gelegenheit für eine Erwiderung von maximal fünf Minuten – erneut in der Reihenfolge der Plädoyers. Diese Erwiderung muss sich mit dem Vortrag der Beteiligten in der mündlichen Verhandlung auseinandersetzen.[246] Eine Wiederholung von Ausführungen aus den Schriftsätzen oder dem eigenen Plädoyer ist unzulässig und wird in Extremfällen vom Präsidenten oder der Präsidentin unterbunden.

116 Üblicherweise einige Monate nach Schluss der mündlichen Verhandlung werden die **Schlussanträge des Generalanwalts** veröffentlicht, die formal den letzten Teil des mündlichen Verfahrens bilden (Art. 20 Abs. 4 EuGH-Satzung, Art. 82 EuGHVfO). Im Anschluss daran kann der EuGH die Wiedereröffnung des mündlichen Verfahrens beschließen, insbesondere wenn er sich für unzureichend unterrichtet hält, wenn eine Partei nach Abschluss des mündlichen Verfahrens eine neue Tatsache unterbreitet hat, die von entscheidender Bedeutung für die Entscheidung des Gerichtshofs ist, oder wenn ein zwischen den Beteiligten nicht erörtertes Vorbringen entscheidungserheblich ist. In der Praxis macht er davon nur selten Gebrauch. Eine Möglichkeit zur Stellungnahme auf die Schlussanträge besteht nicht.[247]

117 **4. Beschleunigtes Verfahren und Eilvorabentscheidungsverfahren.** Das Vorabentscheidungsverfahren ist ein Zwischenverfahren in einer Sache, die vor dem vorlegenden Gericht anhängig ist. Insofern obliegt es dem vorlegenden Gericht, gegebenenfalls Eilrechtsschutz zu gewähren, um die Rechte der Parteien des Ausgangsverfahrens zu wahren. Dabei folgt aus dem Unionsrecht die Befugnis und die Pflicht des **vorlegenden Gerichts,** im Ausgangsverfahren **einstweilige Anordnungen** zu erlassen, um die volle Wirksamkeit der vom EuGH zu treffenden Entscheidung sicherzustellen.[248] Indes sieht das europäische Prozessrecht in Art. 23a EuGH-Satzung und Art. 105 ff. EuGHVfO zwei besondere Verfahrensgestaltungen vor, die Fällen spezifischer Eilbedürftigkeit Rechnung tragen sollen. Das sogenannte beschleunigte Verfahren ist im Wesentlichen durch eine Verkürzung der Verfahrensfristen gekennzeichnet und kann im gesamten Unionsrecht zur Anwendung kommen. Demgegenüber stellt das sogenannte Eilvorlageverfahren eine spezifische Ver-

---

[245] E-Mail-Adresse: interpretation@curia.europa.eu.
[246] Praktische Anweisungen für die Parteien in den Rechtssachen vor dem Gerichtshof, ABl. 2020 L 42, 1, Ziff. 66.
[247] EuGH 18.7.2013 – C-584/10 P, ECLI:EU:C:2013:518 Rn. 57 = BeckRS 2013, 81524 – Kommission ua/Kadi.
[248] Vgl. EuGH 19.6.1990 – C-213/89, ECLI:EU:C:1990:257 = Slg. 1990, I-2433 Rn. 20 = NJW 1991, 2271 – Factortame; EuGH 22.6.2010 – C-188/10, 189/10, ECLI:EU:C:2010:363 = Slg. 2010, I-5667 = BeckRS 2010, 23023 – Melki; EuGH 25.2.2021 – C-14/21 und C-15/21, ECLI:EU:C:2021:149 Rn. 33 = BeckRS 2021, 3370 – Sea Watch.

fahrensart für besonders dringliche Sachen im Bereich des Raums der Freiheit, Sicherheit und des Rechts dar.

a) Beschleunigtes Verfahren. Nach Art. 105 Abs. 1 EuGHVfO kann der Präsident des Gerichtshofs auf Antrag des vorlegenden Gerichts oder ausnahmsweise von Amts wegen, nach Anhörung des Berichterstatters und des Generalanwalts, entscheiden, eine Vorlage zur Vorabentscheidung einem beschleunigten Verfahren zu unterwerfen, wenn die **Art der Rechtssache** ihre rasche Erledigung erfordert. Das beschleunigte Verfahren kann grundsätzlich innerhalb der gesamten Breite des Unionsrechts zur Anwendung kommen. 118

Von der Möglichkeit des beschleunigten Verfahrens macht der EuGH in flexibler Weise, grundsätzlich aber nur zurückhaltend Gebrauch. Nach ständiger Rechtsprechung ist hierzu eine **„außerordentliche Dringlichkeitssituation"** erforderlich, deren Vorliegen im Hinblick auf „außergewöhnliche Umstände" der Rechtssache festzustellen ist.[249] Diese Voraussetzung wird beispielsweise im Einklang mit Art. 267 Abs. 4 AEUV **bejaht,** wenn sich eine Partei des Ausgangsverfahrens in Haft befindet, deren Fortdauer von Unionsrechtsfragen abhängt.[250] Auch hat der Gerichtshof eine besondere Dringlichkeit in einem Fall angenommen, in dem einer Partei des Ausgangsverfahrens der Verlust der Wohnung drohte.[251] Schließlich hat der EuGH das beschleunigte Verfahren etwa auf Fragen des Brexit angewendet, weil die Rechtssache „große Ungewissheit" hervorrufe, die „Grundfragen des nationalen Verfassungsrechts und des Unionsrechts" berühre.[252] 119

Dagegen rechtfertigt der bloße Umstand, dass über eine Frage Rechtsunsicherheit besteht und die Parteien insofern ein berechtigtes Interesse an einer schnellen Klärung haben, als solcher **kein beschleunigtes Verfahren,** da dergleichen in zahlreichen Fällen auftreten kann. Hieran ändert sich grundsätzlich auch dann nichts, wenn die Rechtsunsicherheit eine Vielzahl von Fällen betrifft.[253] Auch die Dringlichkeit des Ausgangsverfahrens zwingt nach ständiger Rechtsprechung regelmäßig nicht dazu, auf europäischer Ebene ein beschleunigtes Verfahren anzuwenden. Grund dafür ist insbesondere, dass das nationale Gericht während der Dauer des Vorabentscheidungsverfahrens Eilrechtsschutz gewähren kann und muss.[254] Unter diesen Umständen führen auch drohende wirtschaftliche Schäden – einschließlich für öffentliche Finanzen – grundsätzlich nicht zur Annahme einer außerordentlichen Dringlichkeit.[255] Schließlich kann auch die „Sensibilität und Komplexität" von Vorlagefragen einem beschleunigten Verfahren entgegenstehen.[256] Im Verfahren über das Anleihenkaufprogramm der Europäischen Zentralbank PSPP lehnte der EuGH insoweit einen Antrag des Bundesverfassungsgerichts auf Entscheidung im beschleunigten Verfahren ab.[257] Der dem Vernehmen nach erhebliche Unmut in Karlsruhe darüber erscheint freilich nicht gerechtfertigt: Angesichts der zuvor bereits zweijährigen Verfahrensdauer beim vorlegenden Gericht hätte es einer eingehenden Begründung bedurft, weshalb die Sache nunmehr besonders eilbedürftig sei. 120

Im Falle der **Anordnung des beschleunigten Verfahrens** bestimmt der Präsident des Gerichtshofs gemäß Art 105 Abs. 2 EuGHVfO umgehend den Termin für die mündliche Verhandlung, der den in Artikel 23 EuGH-Satzung bezeichneten Beteiligten mit der 121

---

[249] EuGH 25.2.2021 – C-14/21 und C-15/21, ECLI:EU:C:2021:149 Rn. 22 = BeckRS 2021, 3370 – Sea Watch; siehe auch Schwarze/Wunderlich in Schwarze/Becker/Hatje/Schoo AEUV Art. 267 Rn. 63.
[250] Siehe EuGH 19.12.2019 – C-502/19, ECLI:EU:C:2019:1115 Rn. 45 = BeckRS 2019, 36043 – Junqueras Vies.
[251] Siehe EuGH 5.6.2014 – C-169/14, ECLI:EU:C:2014:1388 = BeckRS 2014, 81086 – Sánchez Morcillo.
[252] EuGH 19.10.2018 – C-621/18, ECLI:EU:C:2018:851 Rn. 10 = BeckRS 2018, 26589 – Wightman.
[253] EuGH 25.2.2021 – C-14/21 und C-15/21, ECLI:EU:C:2021:149 Rn. 21 ff. = BeckRS 2021, 3370 – Sea Watch.
[254] EuGH 25.2.2021 – C-14/21 und C-15/21, ECLI:EU:C:2021:149 Rn. 26 ff. = BeckRS 2021, 3370 – Sea Watch.
[255] EuGH 3.7.2008 – C-201/08, ECLI:EU:C:2008:385 Rn. 9 = BeckRS 2008, 70771 – Plantanol; EuGH 18.10.2017 – C-493/17, ECLI:EU:C:2017:792 Rn. 10 = BeckRS 2017, 129166 – Weiss.
[256] Siehe EuGH 18.10.2017 – C-493/17, ECLI:EU:C:2017:792 Rn. 13 = BeckRS 2017, 129166 – Weiss.
[257] Siehe EuGH 18.10.2017 – C-493/17, ECLI:EU:C:2017:792 = BeckRS 2017, 129166 – Weiss.

Zustellung des Vorabentscheidungsersuchens mitgeteilt wird. Zugleich setzt er den Beteiligten eine Frist für die schriftlichen Stellungnahmen, die hinter der gewöhnlichen Dauer zurückbleibt, aber mindestens 14 Tage betragen muss. Dabei kann er die Beteiligten auffordern, ihre Ausführungen auf bestimmte wesentliche Punkte zu beschränken (Art. 105 Abs. 3 EuGHVfO). Die Entscheidung des Gerichtshofs erfolgt nach Anhörung des Generalanwalts (Art. 105 Abs. 5 EuGHVfO). Die Verfahrensdauer liegt üblicherweise erheblich unter der gewöhnlicher Vorabentscheidungsverfahren, kann aber je nach Angelegenheit beträchtlich variieren. So betrug beispielsweise die durchschnittlich Dauer von beschleunigten Verfahren im Jahr 2018 lediglich 2,2 Monate, im Jahr 2019 dagegen 9.9 Monate. Im Jahr 2020 wurden keine beschleunigten Vorabentscheidungsverfahren durchgeführt.[258]

122 **b) Eilvorabentscheidungsverfahren.** Das Eilvorabentscheidungsverfahren ist ein spezifisches Instrument für den **Raum der Freiheit, der Sicherheit und des Rechts,** das im Wesentlichen bei besonders eilbedürftigen Haft-, Auslieferungs-, Asyl- und Familiensachen zur Anwendung kommt. Nach Art. 107 Abs. 1 EuGHVfO kann ein Vorabentscheidungsersuchen, das Fragen zu Titel V des Dritten Teils des AEUV aufwirft, auf Antrag des vorlegenden Gerichts oder ausnahmsweise von Amts wegen einem Eilverfahren unterworfen werden. Insoweit obliegt es dem nationalen Gericht, die rechtlichen und tatsächlichen Umstände darzustellen, aus denen sich die Dringlichkeit ergibt. Zugleich hat es soweit möglich anzugeben, welche Antwort es auf die Vorlagefragen vorschlägt (Art. 107 Abs. 2 EuGHVfO). Ohne einen Antrag des vorlegenden Gerichts kann der Präsident des EuGH die Anwendung des Eilvorabentscheidungsverfahrens initiieren, wenn dies dem ersten Anschein nach geboten ist (Art. 107 Abs. 3 EuGHVfO). Die Entscheidung über die Anwendung des Eilvorabentscheidungsverfahrens trifft in beiden Fällen eine besondere, hierfür konstituierte Kammer (Art. 108 EuGHVfO).

123 Die Anwendung des Eilvorabentscheidungsverfahrens setzt nach Art. 107 Abs. 2 EuGHVfO **Dringlichkeit** voraus.[259] Dabei legt der EuGH eine individualisierte Betrachtungsweise an, die auf die Auswirkungen auf die einzelne Person abstellt. Für die Beurteilung der Dringlichkeit ist der Zeitpunkt der Prüfung des Antrags maßgeblich.[260] In den Empfehlungen an die nationalen Gerichte hält der EuGH fest, dass die potenzielle Betroffenheit einer Vielzahl von Personen, Rechtsverhältnissen oder Rechtssachen von der zu beantwortenden Rechtsfrage noch keine besondere Dringlichkeit begründet.[261] Auch zählen rein wirtschaftliche Interessen nicht als dringende Gründe. Vielmehr sind vor allem Fälle umfasst, in denen ein Freiheitsentzug oder eine Freiheitsbeschränkung zu Lasten einer Partei des Ausgangsverfahrens vorliegt, deren Fortdauer von Unionsrechtsfragen abhängt (vgl. Art. 267 Abs. 4 AEUV).[262] Das gleiche gilt etwa in Umgangs- und Sorgerechtsstreitigkeiten, wenn die Entwicklung des Kindes und dessen Beziehungen zu den Eltern eine Entscheidung binnen kürzester Frist gebieten.[263]

124 Die Anwendung des Eilvorlageverfahrens führt zu erheblichen **verfahrensrechtlichen Abweichungen:** Beteiligungsberechtigt am schriftlichen Verfahren sind grundsätzlich allein die Parteien des Ausgangsverfahrens, der Mitgliedstaat des vorlegenden Gerichts, die Kommission und ggf. andere Unionsorgane, sofern die Gültigkeit einer von ihnen erlassenen Maßnahme in Frage steht (Art. 109 Abs. 1 EuGHVfO). Ihnen wird das Vorabentscheidungsersuchen sofort zugestellt, verbunden mit einer kurzen Stellungnahmefrist (Art. 109 Abs. 2 EuGHVfO). Alle übrigen im gewöhnlichen Verfahren Beteiligungsberechtigten

---

[258] Siehe EuGH, Jahresbericht 2020, Rechtsprechungstätigkeit, S. 237.
[259] Hierzu Karpenstein in Grabitz/Hilf/Nettesheim AEUV Art. 267 Rn. 92.
[260] Vgl. EuGH 7.3.2017 – C-638/16 PPU ECLI:EU:C:2017:173 Rn. 33 = NvwZ 2017, 611 – X und X gegen Belgien.
[261] ABl. 2019 C 380/1, Rn. 36.
[262] EuGH 25.6.2018 – C-216/18 PPU, ECLI:EU:C:2018:586 Rn. 29 = BeckEuRS 2018, 562630 – Minister for Justice and Equality.
[263] EuGH 10.4.2018 – C-85/18 PPU, ECLI:EU:C:2018:220 Rn. 30 = BeckRS 2018, 7521 – CV.

erhalten in Eilvorlageverfahren das Vorabentscheidungsersuchen wie auch die betreffenden schriftlichen Stellungnahmen nur zur Kenntnis (Art. 110 Abs. 1 EuGHVfO). In Fällen äußerster Dringlichkeit kann sogar auf das schriftliche Verfahren ganz verzichtet werden (Art. 111 EuGHVfO). Dies bedeutet eine bemerkenswerte Abkehr vom gewöhnlichen Vorabentscheidungsverfahren, das im Wesentlichen von den schriftlichen Stellungnahmen lebt. Damit erlangt die **mündliche Verhandlung** in Eilvorabentscheidungsverfahren eine zentrale Bedeutung. An ihr können alle nach Art. 23 EuGH-Satzung Beteiligungsberechtigten teilnehmen (Art. 110 Abs. 3 EuGHVfO).

Die **Entscheidung** in Eilvorlageverfahren trifft die hierfür eigens konstituierte Kammer nach Anhörung des Generalanwalts (Art. 112 EuGHVfO). Sie ist regelmäßig mit fünf Richtern besetzt, kann in besonderen Fällen aber auch mit drei Richtern oder in einer größeren Formation entscheiden (Art. 113 EuGHVfO). In Abweichung vom gewöhnlichen Vorabentscheidungsverfahren wird nicht zuvor die Generalversammlung des Gerichtshofs befasst. Die durchschnittliche Verfahrensdauer betrug 2019 rund 3,7 Monate, im Jahr 2020 etwa 3,9 Monate.[264]

E. Die Vorabentscheidung

Die Entscheidung des EuGH erfolgt regelmäßig durch **Urteil**. Abweichend hiervon kann der EuGH gemäß Art. 99 EuGHVfO durch mit Gründen versehenen **Beschluss** entscheiden, wenn ein Vorabentscheidungsersuchen mit einer Frage übereinstimmt, über die er bereits entschieden hat, wenn die Antwort klar aus der Rechtsprechung abgeleitet werden kann oder wenn die Beantwortung keinen Raum für vernünftige Zweifel lässt. Von dieser Möglichkeit macht der EuGH indes nur selten Gebrauch.[265] Vorabentscheidungsurteile werden in öffentlicher Sitzung verkündet. Den Beteiligten und dem vorlegenden Gericht wird eine Ausfertigung zugestellt (Art. 88 EuGHVfO). Hinzu tritt eine Veröffentlichung im Internet, in manchen Fällen auch eine zusätzliche Pressemitteilung. Beschlüsse werden nur zugestellt (Art. 90 EuGHVfO) und seltener im Internet veröffentlicht. In jedem Fall wird eine Mitteilung mit der Urteils- oder Beschlussformel in das Amtsblatt der EU aufgenommen (Art. 92 EuGHVfO). Das vorlegende Gericht muss im Anschluss daran den Ausgangsrechtsstreit unter Beachtung der Vorabentscheidung des EuGH entscheiden. Der EuGH bittet darum, ihm die Endentscheidung zu übersenden.[266]

I. Auslegungsentscheidungen

1. Bindungswirkung im Ausgangsverfahren. Gemäß Art. 267 Abs. 1 AEUV entscheidet der Gerichtshof über die Auslegung der Verträge und Handlungen der Organe und Einrichtungen. Die Entscheidung erwächst in Rechtskraft (Art. 91 EuGHVfO). Sie bindet das **vorlegende Gericht** bei der Entscheidung des Ausgangsrechtsstreits.[267] Die Bindungswirkung erstreckt sich darüber hinaus auch auf **alle anderen Gerichte,** die – etwa in Folge eines Rechtsmittels – in derselben Sache zu entscheiden haben.[268] Sie umfasst den Entscheidungstenor sowie die tragenden Entscheidungsgründe.[269] Ein Rechtsmittel gegen

---

[264] Siehe EuGH, Jahresbericht 2020, Rechtsprechungstätigkeit, S. 237.
[265] Hierzu Karpenstein in Grabitz/Hilf/Nettesheim AEUV Art. 267 Rn. 94.
[266] EuGH, Empfehlungen an die nationalen Gerichte bezüglich der Vorlage von Vorabentscheidungsersuchen, ABl. 2019 C 380, 1, Nr. 32.
[267] EuGH 3.2.1977 – C-52/76, ECLI:EU:C:1977:16 = Slg. 1977, 163 (183) = BeckRS 2004, 73265 – Benedetti; EuGH 16.6.2015 – C-62/14, ECLI:EU:C:2015:400 Rn. 16 = EuZW 2015, 599 – Gauweiler.
[268] EuGH 3.2.1977 – 52/76, ECLI:EU:C:1977:16 = Slg. 1977, 163 (183) = BeckRS 2004, 73265 – Benedetti; Beckmann, Probleme des Vorabentscheidungsverfahrens nach Art. 177 EWG-Vertrag, 1988, S. 96; Karpenstein in Grabitz/Hilf/Nettesheim AEUV Art. 267 Rn. 102; Kaufmann in Dauses/Ludwig EU-WirtschaftsR-HdB Teil P. II. Rn. 207.
[269] Vgl. EuGH 16.3.1978 – C-135/77, ECLI:EU:C:1978:75 Rn. 4 = BeckRS 2004, 71560 – Bosch; Lenaerts/Maselis/Gutman EU Procedural Law Rn. 6.27.

Vorabentscheidungen des EuGH ist nicht gegeben. Insbesondere können sie nicht selbst zum Gegenstand einer Gültigkeitsvorlage gemacht werden.[270] Auch findet Art. 158 EuGHVfO, der ein spezifisches Verfahren zur Auslegung von EuGH-Entscheidungen vorsieht, gemäß Art. 104 EuGHVfO keine Anwendung auf Vorabentscheidungen.

128 Allerdings hindert die Bindungswirkung einer Vorabentscheidung die nationalen Gerichte nicht, den EuGH im Wege einer **erneuten Vorlage** nochmals anzurufen, um eine weitere Klärung der für sie relevanten unionsrechtlichen Fragen herbeizuführen.[271] Dies kommt insbesondere dann in Betracht, wenn das nationale Gericht bei der Anwendung des Urteils Schwierigkeiten hat, wenn sich dem einzelstaatlichen Gericht oder dem Gericht eines anderen Mitgliedstaates aufgrund des EuGH-Urteils eine weitere Rechtsfrage stellt oder wenn ihm neue Gesichtspunkte auffallen, die den Gerichtshof veranlassen könnten, die Frage, über die er bereits entschieden hat, in anderer Weise zu beantworten.[272] In einzelnen Fällen haben von nationalen Gerichten geäußerte Bedenken im Rahmen einer erneuten Vorlage schon dazu geführt, dass der EuGH eine erst kurz zuvor getroffene Vorabentscheidung korrigiert bzw. weiterentwickelt hat.[273]

129 Missversteht oder missachtet ein nationales Höchstgericht eine Vorabentscheidung des EuGH, so liegt darin ein Unionsrechtsverstoß, der unter bestimmten Voraussetzungen unionsrechtliche Staatshaftungsansprüche auslösen kann. Demgegenüber verlangt das Unionsrecht – in den Grenzen des Effektivitäts- und des Äquivalenzgrundsatzes – keinen spezifischen Rechtsbehelf, mit dem die Wiederaufnahme des Verfahrens wegen (vermeintlicher) Missachtung einer Vorabentscheidung beantragt werden kann.[274]

130 **2. Bindungswirkung *erga omnes*.** Umstritten ist, ob und ggf. inwieweit eine Auslegungsentscheidung des EuGH **Bindungswirkung über das Ausgangsverfahren hinaus** entfaltet.[275] Das Meinungsspektrum reicht hier von einer bloßen Bindungswirkung *inter partes*[276] bis hin zu einer Bindungswirkung *erga omnes*.[277] Hinzu kommen vermittelnde Ansichten, die etwa von einer „faktischen Erga-omnes-Wirkung"[278] oder von einer „tatsächlichen rechtsbildenden Kraft"[279] sprechen. Richtigerweise ist von einer Bindungswirkung *erga omnes* auszugehen. Hierfür sprechen insbesondere der Wortlaut und Zweck von Art. 267 AEUV. Hiernach „entscheidet" der EuGH „über die Auslegung" des Unionsrechts. Ein Urteil im Vorlageverfahren ist danach keine Entscheidung eines Rechtsstreits zwischen zwei Parteien. Vielmehr legt es ausgehend von einem konkreten Streitfall verbindlich und allgemeingültig fest, wie eine bestimmte Vorschrift auszulegen ist. In den Worten des EuGH wird „durch die Auslegung einer Vorschrift des Unionsrechts, die der Gerichtshof in Ausübung seiner Befugnisse aus Art. 267 AEUV vornimmt, erläutert und

---

[270] EuGH 5.3.1986 – C-69/85, ECLI:EU:C:1986:104 = Slg. 1986, 947 Rn. 18 = BeckRS 2004, 73545 – Wünsche.
[271] EuGH 11.6.1987 – C-14/86, ECLI:EU:C:1987:275 = Slg. 1987, 2545 (2568) = BeckRS 2004, 71620 – Pretore di Salò mwN; Karpenstein in Grabitz/Hilf/Nettesheim AEUV Art. 267 Rn. 103.
[272] Vgl. 5.3.1986 – EuGH 5.3.1986 – C-69/85, ECLI:EU:C:1986:104 = Slg. 1986, 947 (953) = BeckRS 2004, 73545 – Wünsche; EuGH 11.6.1987 – C-14/86, ECLI:EU:C:1987:275 = Slg. 1987, 2545 (2568 f.) = BeckRS 2004, 71620 – Pretore di Salò; EuGH 30.6.2016 – C-634/15, ECLI:EU:C:2016:510 Rn. 19 = BeckRS 2016, 81460 – Sokoll-Seebacher; hierzu Kaufmann in Dauses/Ludwigs EU-WirtschaftsR-HdB Teil P. II. Rn. 210.
[273] Siehe etwa EuGH 5.12.2017 – C-42/17, ECLI:EU:C:2017:936 = DÖV 2018, 626 – M. A. S. und M.B.; hierzu Ruffert JuS 2018, 496.
[274] EuGH 7.7.2022 – C-261/21, ECLI:EU:C:2022:534 Rn. 38 ff. – Hoffmann-La Roche.
[275] Dazu Ehricke in Streinz AEUV Art. 267 Rn. 69 ff.
[276] Hakenberg DRiZ 2000, 345 (347); Lagrange RTDE 1974, 268 (295); Oppermann DVBl 1994, 901 (902); Lieber, Über die Vorlagepflicht des Art. 177 EWG-Vertrag und deren Missachtung, 1986, S. 124 f.; Everling, Das Vorabentscheidungsverfahren vor dem Europäischen Gerichtshof, 1986, S. 70.
[277] Lenaerts/Maselis/Gutman EU Procedural Law Rn. 6.30 ff.; Ehricke in Streinz AEUV Art. 267 Rn. 69 ff.; Karpenstein in Grabitz/Hilf/Nettesheim AEUV Art. 267 Rn. 104.
[278] Pechstein EU-ProzessR Rn. 868; Lumma EuGRZ 2008, 381.
[279] Vgl. Sarcevic DÖV 2007, 593 (598); Gaitanides in von der Groeben/Schwarz/Hatje AEUV Art. 267 Rn. 93; Dauses, Das Vorabentscheidungsverfahren nach Art. 177 EGV, 2. Aufl. 1995, S. 155.

verdeutlicht, in welchem Sinne und mit welcher Tragweite diese Vorschrift seit ihrem Inkrafttreten zu verstehen und anzuwenden ist oder gewesen wäre."[280]

Die Bindungswirkung erfasst **alle staatlichen Stellen,** dh die Gerichte ebenso wie den Gesetzgeber und die Exekutive.[281] Alle Hoheitsträger sind im Rahmen ihrer Zuständigkeiten verpflichtet, die Beachtung des Unionsrechts und der daraus fließenden subjektiven Rechte sicherzustellen. Das nationale Recht ist so weit wie methodisch möglich im Einklang mit dem Unionsrecht auszulegen und anzuwenden. Dabei sind sämtliche relevanten Rechtsnormen heranzuziehen, um das unionsrechtlich geforderte Ergebnis zu erreichen.[282] Ist eine unionsrechtskonforme Auslegung und Anwendung nicht möglich, so sind alle staatlichen Stellen gehalten, nationale Vorschriften, die sich in Folge einer Vorabentscheidung des EuGH als unionsrechtswidrig herausgestellt haben, unangewendet zu lassen.[283] Insoweit bedarf es weder einer verfassungsgerichtlichen Aufhebung, noch einer Gesetzesänderung oder eines Verwaltungserlasses. Für die Gerichte geht damit die Verpflichtung einher, gegebenenfalls eine ständige Rechtsprechung, die einer EuGH-Entscheidung widerspricht, aufzugeben.[284] **131**

3. Zeitliche Wirkung. In zeitlicher Hinsicht entfaltet eine Auslegungsentscheidung des EuGH grundsätzlich **Rückwirkung** auf den Zeitpunkt des Inkrafttretens der betreffenden Vorschrift, also sogenannte Ex-tunc-Wirkung. Nach ständiger Rechtsprechung wird durch die Auslegung einer Vorschrift des Unionsrechts, die der Gerichtshof in Ausübung seiner Befugnisse aus Art. 267 AEUV vornimmt, erläutert und verdeutlicht wird, in welchem Sinne und mit welcher Tragweite diese Vorschrift seit ihrem Inkrafttreten zu verstehen und anzuwenden ist oder gewesen wäre. Daraus folgt, dass alle Normadressaten die Vorschrift in dieser Auslegung auch auf Rechtsverhältnisse anwenden können und müssen, die vor dem Erlass der betreffenden EuGH-Entscheidung entstanden sind.[285] **132**

Die grundsätzliche Rückwirkung von Auslegungsentscheidungen des EuGH lässt allerdings die **Rechtskraft nationaler Gerichtsentscheidungen** unberührt. Nach ständiger Rechtsprechung sind die Grundsätze der Rechtssicherheit und des Rechtsfriedens von erheblicher Bedeutung sowohl in den mitgliedstaatlichen Rechtsordnungen als auch im Unionsrecht. Vor diesem Hintergrund verlangt das Unionsrecht nicht, die Rechtskraft einer nationalen Gerichtsentscheidung zu überwinden, um einer gegensätzlichen EuGH-Entscheidung Rechnung zu tragen. Sieht das nationale Verfahrensrecht allerdings ein Instrument zur Überwindung der Rechtskraft vor – etwa ein Wiederaufnahmeverfahren –, so muss dieses nach den Grundsätzen der Effektivität und Äquivalenz auch an dem Unionsrecht offen stehen.[286] Existiert für **bestandskräftige Verwaltungsakte** die Möglichkeit einer Rücknahme, so ist davon grundsätzlich Gebrauch zu machen, um einer zwischenzeitlichen EuGH-Entscheidung Rechnung zu tragen.[287] **133**

Unter sehr restriktiven Voraussetzungen kann der EuGH auf Antrag eines Beteiligten im Sinne von Art. 23 EuGH-Satzung die zeitlichen Wirkungen einer Auslegungsentscheidung beschränken, um eine bloße Ex-nunc-Wirkung zu erreichen.[288] Dabei ist in formaler **134**

---

[280] EuGH 22.10.1998 – C-10/97, Slg. 1998, I-6307 Rn. 23 = NJW 1999, 201 – IN.CO.GE; EuGH 24.11.2020 – C-510/19, ECLI:EU:C:2020:953 = BeckRS 2020, 31838 Rn. 73 – Openbaar.
[281] Vgl. EuGH 13.12.2018 – C-385/17, ECLI:EU:C:2018:1018 Rn. 49 = EuZW 2019, 176 – Hein; EuGH 21.6.2007 – C-231/06, ECLI:EU:C:2007:373 Rn. 38 = BeckRS 2007, 70413 – Jonkman.
[282] EuGH 17.4.2018 – C-414/16, ECLI:EU:C:2018:257 Rn. 71 ff. = NJW 2018, 1869 – Egenberger.
[283] EuGH 14.5.2020 – C-924/19 PPU, ECLI:EU:C:2020:367 Rn. 139 = GRUR-RS 2020, 8429 – Országos Idegenrendészeti Főigazgatóság Dél-alföldi Regionális Igazgatóság.
[284] EuGH 17.4.2018 – C 414/16, ECLI:EU:C:2018:257 Rn. 72 = NJW 2018, 1869 – Egenberger.
[285] EuGH 27.3.1980 – 61/79, Slg. 1980, 1205 Rn. 16 = NJW 1980, 2008 – Denkavit; EuGH 24.11.2020 – C-510/19, ECLI:EU:C:2020:953 = BeckRS 2020, 31838 Rn. 73 – Openbaar.
[286] EuGH 6.10.2015 – C-69/14, ECLI:EU:C:2015:662 Rn. 29 ff. = EuZW 2015, 917 – Târșia; EuGH 29.7.2019 – C-620/17, ECLI:EU:C:2019:630 Rn. 54 ff. = EuZW 2019, 799 – Hochtief Solutions Magyarországi Fióktelepe.
[287] EuGH 13.1.2004 – C-453/00, ECLI:EU:C:2004:17 Rn. 28 = EuZW 2004, 215 – Kühne & Heitz.
[288] Hierzu Wiedmann EuZW 2007, 692.

Hinsicht zu beachten, dass eine solche **Beschränkung der zeitlichen Wirkung** nur in der betreffenden Auslegungsentscheidung selbst angeordnet werden kann. Anträge, die auf eine Beschränkung der Wirkungen einer früheren Entscheidung zielen, sind unzulässig.[289] Ordnet der EuGH keine Beschränkung der Rückwirkung an, so sind nationale Stellen daran gehindert, dies ersatzweise zu tun oder den Rechtsunterworfenen „Übergangsfristen" einzuräumen.[290] Davon zu unterscheiden ist allerdings die Frage, welche konkreten Folgen eine festgestellte Unionsrechtswidrigkeit hat und ob zB bei Verfahrensverstößen eine Heilung oder Nachholung in Betracht kommt.[291] In materieller Hinsicht kommt eine Beschränkung der Entscheidungswirkungen nach ständiger Rechtsprechung „nur ganz **ausnahmsweise**" in Betracht. Sie setzt zum einen voraus, dass die Betroffenen – Private oder staatliche Stellen – gutgläubig auf die Vereinbarkeit ihres Verhaltens mit Unionsrecht vertraut haben. Hierfür kann es etwa ein Indiz sein, wenn eine „objektive und bedeutende Unsicherheit" bestand, zu der „gegebenenfalls das Verhalten anderer Mitgliedstaaten oder der Unionsorgane" beigetragen hat.[292] Zum anderen muss die „Gefahr schwerwiegender Störungen" bestehen. Eine solche kann sich etwa aus der großen Zahl betroffener Rechtsverhältnisse ergeben.[293] Ein erhöhter Verwaltungsaufwand oder rein finanzielle Folgen für den betroffenen Mitgliedstaat rechtfertigen nach ständiger Rechtsprechung aber grundsätzlich keine Beschränkung der Entscheidungswirkungen.[294] Umgekehrt hat der EuGH jedoch zB eine Beschränkung in einem Fall angeordnet, in dem die Rückwirkung des Urteils „das Finanzierungssystem der österreichischen Gemeinden rückwirkend in seinen Grundlagen" erschüttert hätte.[295]

II. Gültigkeitsentscheidungen

135 Greift eine Gültigkeitsvorlage nicht durch, so lautet der Entscheidungstenor regelmäßig, dass die Prüfung nichts ergeben hat, was die Gültigkeit des betreffenden Rechtsakts in Frage stellen könnte.[296] Damit stellt der EuGH sicher, dass eine Entscheidung, die einen Unionsrechtsakt als **gültig** ansieht, keine allgemeine Bindungswirkung entfaltet. Die Vereinbarkeit mit höherrangigem Recht kann daher in späteren Verfahren (ggf. aus anderen Gründen) erneut infrage gestellt werden.[297]

136 Erklärt der EuGH dagegen einen Unionsrechts Akt für **ungültig**, so kommt seiner Entscheidung Bindungswirkung *erga omnes* zu. Nicht nur das vorlegende Gericht, sondern auch alle anderen Gerichte und sonstigen europäischen oder staatlichen Stellen müssen den betreffenden Rechtsakt unangewendet lassen.[298] Dies hindert nationale Gerichte indes nicht

---

[289] EuGH 8.4.1976 – 43/75, Slg. 1976, 455 Rn. 74 = NJW 1976, 2068 – Defrenne; EuGH 2.2.1988 – 309/85, Slg. 1988, 371 Rn. 13 = BeckRS 2004, 73116 – Barra; EuGH 2.2.1988 – 24/86, Slg. 1988, 379 Rn. 28, 406 = NJW 1989, 3088 – Blaizot; EuGH 17.5.1990 – C-262/88, Slg. 1990, I-1889 (1956) = NJW 1991, 2204 – Barber; EuGH 4.5.1999 – C-262/96, Slg. 1999, I-2685 Rn. 108 = BeckRS 2004, 75795 – Sürül; EuGH 15.3.2005 – C-209/03, Slg. 2005, I-2119 Rn. 67 = ZAR 2005, 298 – Bidar.

[290] EuGH 2.2.1988 – 309/85, Slg. 1988, 371 Rn. 13 = BeckRS 2004, 73116 – Barra; bedenklich deshalb BVerfGE 115, 276 = NJW 2006, 1261.

[291] Vgl. EuGH 28.2.2012 – C-41/11, ECLI:EU:C:2012:103 Rn. 63 = NVwZ 2012, 553 – Inter-Environnement Wallonie.

[292] EuGH 15.3.2005 – C-209/03, Slg. 2005, I-2119 Rn. 69 = ZAR 2005, 298 – Bidar; EuGH 24.11.2020 – C-510/19, ECLI:EU:C:2020:953 = BeckRS 2020, 31838 Rn. 74 – Openbaar.

[293] EuGH 15.3.2005 – C-209/03, Slg. 2005, I-2119 Rn. 69 = ZAR 2005, 298 – Bidar; EuGH 24.11.2020 – C-510/19, ECLI:EU:C:2020:953 = BeckRS 2020, 31838 Rn. 74 – Openbaar.

[294] Siehe EuGH 20.9.2001 – C-184/99, Slg. 2001, I-6193 Rn. 52 f. = EuZW 2002, 52 – Grzelczyk; EuGH 10.5.2012 – C-338/11, ECLI:EU:C:2012:286 Rn. 62 = BeckRS 2012, 80910 – Santander Asset Management.

[295] Siehe EuGH 9.3.2000 – C-437/97, ECLI:EU:C:2000:110 Rn. 59 = BeckRS 2004, 77249 – EKW und Wein & Co.

[296] Siehe etwa EuGH 27.11.2012 – C-370/12, ECLI:EU:C:2012:756 = NJW 2013, 29 – Pringle.

[297] Lenaerts/Maselis/Gutman EU Procedural Law Rn. 10.08; Ehricke in Streinz AEUV Art. 267 Rn. 71.

[298] Siehe EuGH 13.5.1981 – 66/80, Slg. 1981, 1191 (1215) = NJW 1982, 1205 – International Chemical Corporation; EuG 14.2.2012 – T-305/08, ECLI:EU:T:2012:70 Rn. 22 f. = BeckRS 2012, 81119 – Italien/Kommission; näher Germelmann EuR 2009, 254.

daran, weitere Vorabentscheidungsersuchen etwa zur Tragweite und den Folgen der Ungültigkeit an den EuGH zu richten, wenn sich solche Fragen in einem Rechtsstreit stellen.[299] In zeitlicher Hinsicht entfaltet eine Ungültigkeitsentscheidung grundsätzlich **Rückwirkung.** Der betreffende Rechtsakt ist daher prinzipiell als von Anfang an ungültig zu behandeln.[300] Damit sind die Wirkungen einer Ungültigkeitsentscheidung gemäß Art. 267 AEUV denen einer stattgebenden Entscheidung im Nichtigkeitsklageverfahren gemäß Art. 263 AEUV vergleichbar. Vor diesem Hintergrund wendet der EuGH verschiedene Vorschriften für Nichtigkeitsentscheidungen analog auf Vorabentscheidungen an. Dies betrifft namentlich Art. 266 AEUV, wonach die Unionsorgane in Folge einer Nichtigkeitserklärung verpflichtet sind, die sich aus dem Urteil ergebenden Maßnahmen zu ergreifen.[301] Ferner hält sich der Gerichtshof in entsprechender Anwendung von Art. 264 AEUV für befugt, die zeitlichen Wirkungen einer Ungültigkeitsentscheidung einzuschränken.[302]

III. Kosten und Prozesskostenhilfe

Verfahren vor dem EuGH sind nach Art. 143 EuGHVfO grundsätzlich **gerichtskosten-** 137 **frei.** Insoweit fallen lediglich außergerichtliche Kosten an, namentlich Anwalts- und Reisekosten sowie sonstige Auslagen (vgl. Art. 144 EuGHVfO). Da das Vorabentscheidungsverfahren lediglich ein Zwischenverfahren ist, entscheidet über diese Kosten gemäß Art. 102 EuGHVfO das **nationale Gericht** im Rahmen seiner Endentscheidung des Ausgangsrechtsstreits. Zur Anwendung kommen dabei die einschlägigen nationalen Kostenvorschriften.[303] Kosten und Auslagen der Unionsorgane, Mitgliedstaaten und ggf. anderer Beteiligter sind nicht erstattungsfähig.[304]

Ist eine Partei des Ausgangsrechtsstreits außerstande, die Kosten des Vorabentscheidungs- 138 verfahrens ganz oder teilweise zu bestreiten, so kann sie gemäß Art. 115 ff. EuGHVfO jederzeit die Bewilligung von **Prozesskostenhilfe** beantragen. Dies ist jedoch gegenüber einer ggf. auf nationaler Ebene bestehenden Prozesskostenhilfe subsidiär.[305]

---

[299] EuGH 13.5.1981 – 66/80, Slg. 1981, 1191 (1215) = NJW 1982, 1205 – International Chemical Corporation.
[300] EuGH 26.4.1994 – C-228/92, Slg. 1994, I-1445 Rn. 17 = EuZW 1994, 570 (571) – Roquette Frères SA; EuGH 27.2.1985 – C-112/83, Slg. 1985, 719 (747) = BeckRS 2004, 71269 – Société des Produits de Maïs.
[301] Siehe EuGH 8.11.2007 – C-421/06, ECLI:EU:C:2007:662 Rn. 32 = BeckRS 2009, 70596 – Fratelli Martini und Cargill.
[302] Siehe EuGH 13.5.1981 – 66/80, Slg. 1981, 1191 (1215) = NJW 1982, 1205 – International Chemical Corporation; EuGH 29.6.1988 – C-300/86, ECLI:EU:C:1988:342 = Slg. 1988, 3443 Rn. 22 = BeckRS 2004, 73074 – van Landschoot.
[303] EuGH 1.3.1973 – C-62/72, ECLI:EU:C:1973:24 = Slg. 1973, 269 (275) = BeckRS 2004, 73442 – Bollmann; EuGH 6.12.2001 – C-472/99, ECLI:EU:C:2001:663 = Slg. 2001, I-9687 Rn. 26 = EuR 2001, 899 = EuZW 2002, 94 – Clean Car.
[304] EuGH 6.4.1962 – C-13/61, ECLI:EU:C:1962:11 = Slg. 1962, 99 (115) = GRUR Ausl 1962, 307 – Bosch; EuGH 15.7.1964 – 6/64, Slg. 1964, 1251 (1276) = NJW 1964, 2371 – Costa/E. N. E. L.
[305] Praktische Anweisungen für die Parteien in den Rechtssachen vor dem Gerichtshof, ABl. 2020 L 42, 1, Ziff. 5.

§ 11 Inzidente Normenkontrolle

Übersicht

	Rn.
A. Allgemeines	1
I. Dogmatik und Funktion	1
II. Historische Entwicklung	4
B. Formelle Voraussetzungen	7
I. Anhängigkeit eines anderweitigen Rechtsstreits vor den Unionsgerichten	7
II. Zuständigkeiten des EuGH/EuG	12
III. Entscheidungserheblichkeit	13
IV. Rügegegenstand	15
1. Zum Merkmal der „allgemeinen Geltung"	16
2. Differenzierung nach Art des Rechtsaktes	17
V. Rügeberechtigung	19
1. Nicht-privilegierte Kläger	19
2. Privilegierte Kläger	20
3. Streithelfer	21
VI. Form / Prüfung von Amts wegen	22
VII. Kein Fristerfordernis	24
VIII. Präklusion	25
C. Materielle Voraussetzungen	27
D. Wirkungen einer erfolgreichen Inzidentrüge	28

Schrifttum:

Barav, The Exception of Illegality in Community Law: A critical Analysis, in: CMLR 1974, S. 366; Classen, Inzidentrechtsschutz gegen Europäisches Tertiärrecht, ZHR 183 (2019), 577; Dubois, L'exption d'illégalité devant la Cour de Justice des CE, in: CDE 1978, S. 407; Ehle, Inzidenter Rechtsschutz gegen Handlungen der Europäischen Gemeinschaftsorgane, MDR 1964, 719 ff.; Kamann/Selmayr, Das Risiko der Bestandskraft – Praktische Hinweise zur Anfechtung von Gemeinschaftsentscheidungen, NVwZ 1999, 1043; Karpenstein, Rechtsfolgen der Aufhebung von EG-Recht für die nationalen (Umsetzungs-)Maßnahmen, in FS Sellner, 2010, 125; Lang, Actions for declarations that Community Regulations are invalid: The duties of national courts under Article 10 EC, ELRev. 28 (2003), 102; Lauwaars, Lawfulness and Legal Force of Community Decisions, 1973; CMLRev. 2002, 393; Luszcz, European Court Procedure – A Practical Guide, HART Publishing, 2020, 3.7.; Mariatte/Ritleng, Contentieux de L'Union européenne – 1: Annulation. Exception d'illégalité, Kluwer France – Lamy, Paris, 2011, 321; Schwarze, Rechtsschutz Privater gegenüber normativen Rechtsakten im Recht der EWG, in: v. Münch (Hrsg.), Staatsrecht-Völkerrecht-Europarecht, FS Schlochauer, 1981, 927; Türk, Judicial Review in EU Law, Edward Elgar Publishing, Cheltenham, 2009, 211; Ule, Empfiehlt es sich, die Bestimmungen des europäischen Gemeinschaftsrechts über den Rechtsschutz zu ändern und zu ergänzen?, Gutachten für den 46. Deutschen Juristentag, 1966, S. 64; Usher, Direct and individual concern – An effective remedy or a conventional solution?, ELRev. 28 (2003), 575; ders., The Use of Article 184 EEC by Individuals, ELR 1979, 273; Vogt, „Bestandskraft" von EG-Rechtsakten und Anwendungsbereich des Artikel 241 EGV, EuR 2004, 618 ff.; Wunderlich/Hickl, Zum Einwand der Grundrechtswidrigkeit von Richtlinien in Vertragsverletzungsverfahren vor dem Europäischen Gerichtshof, EuR 2013, 107 ff.

A. Allgemeines

I. Dogmatik und Funktion

1 Der auch als „Einrede der Rechtswidrigkeit"[1] (franz.: „l'exception d'illégalité") oder „Inzidentrüge"[2] (franz.: „l'exception d'illégalité invoquée à titre incident")[3] bezeichnete Inzidentrechtsschutz erfasst Konstellationen, in denen ein unionaler Rechtsakt nicht unmittelbar selbst Streitgegenstand eines gerichtlichen Verfahrens vor den Unionsgerichten ist, sondern indirekt zur Prüfung gestellt wird. **Art. 277 AEUV** sieht insoweit vor, dass

---

[1] Etwa EuG 10.4.2003 – T-93/00 u. T-46/01, ECLI:EU:T:2003:110 Rn. 73 ff. – Alessandrini ua/Kommission.
[2] GA Kokott 19.3.2015 – SchlA C-398/13 P, ECLI:EU:C:2015:190 Rn. 23 – Inuit Tapiriit Kanatami ua/Kommission; Stoll/Rigod in Grabitz/Hilf/Nettesheim AEUV Art. 277 Rn. 3.
[3] Dubois, L'exeption d'illégalité devant la Cour de Justice des CE, in CDE 1978, S. 407.

jede Partei, ungeachtet des Ablaufs der Zweimonatsfrist für die Erhebung einer Nichtigkeitsklage, „in einem Rechtsstreit, bei dem die Rechtmäßigkeit eines von einem Organ, einer Einrichtung oder einer sonstigen Stelle der Union erlassenen **Rechtsakts mit allgemeiner Geltung** angefochten wird, vor dem Gerichtshof der Europäischen Union die Unanwendbarkeit dieses Rechtsakts … geltend machen [kann]". Nach ständiger Rechtsprechung begründet diese Inzidentrüge **„kein selbstständiges Klagerecht"**[4], sondern soll „jeder Partei das Recht gewährleiste[n], zum Zweck der Nichtigerklärung einer sie unmittelbar und individuell betreffenden Handlung die Gültigkeit derjenigen früheren Rechtsakte der Organe zu bestreiten, die die Rechtsgrundlage für die angegriffene Handlung bilden, falls diese Partei nicht das Recht hatte, […] unmittelbar gegen diese Rechtsakte zu klagen, deren Folgen sie nunmehr erleidet."[5] Die Einrede der Rechtswidrigkeit ist insoweit Ausprägung des allgemeinen Rechtssatzes, dass eine Maßnahme rechtswidrig ist, wenn bereits der ihr zugrundeliegende Rechtsakt rechtswidrig ist.[6] Art. 277 AEUV und seine Vorgängervorschriften mögen damit in einer auf Normenbeachtung und -hierarchie angelegten Rechtsordnung selbstverständlich sein; bloß „deklaratorisch" sind sie damit nicht.[7]

Auch eine erfolgreiche Inzidentrüge wirkt demnach **nicht *erga omnes*,** sondern „lässt den Rechtsakt mit allgemeiner Geltung in der Rechtsordnung bestehen, ohne die Rechtmäßigkeit der anderen auf seiner Grundlage erlassenen Rechtsakte, die nicht innerhalb der Klagefrist angefochten wurden, zu berühren."[8] In diesem Sinne handelt es sich bei der Einrede der Rechtswidrigkeit um ein ergänzendes Mittel zur Klagebegründung,[9] die zusammen mit Art. 263 und Art. 267 AEUV Teil eines „vollständigen Systems von Rechtsbehelfen und Verfahren [bildet], das die Rechtmäßigkeitskontrolle der Unionshandlungen gewährleisten soll, mit der der Unionsrichter betraut ist."[10] 2

Die inzidente Normenkontrolle hat im Wesentlichen **zwei Funktionen** zu erfüllen. Zum einen gleicht sie die kurze Frist für Nichtigkeitsklagen (Art. 263 Abs. 6 AEUV) mit Blick auf Konstellationen aus, in denen die Rechtswidrigkeit und die Rechtswirkungen eines unionalen Rechtsaktes innerhalb von zwei Monaten noch nicht zu Tage getreten sind. Zum anderen gibt sie den nicht-privilegierten Klägern im Sinne von Art. 263 Abs. 4 3

---

[4] EuG 5.5.2021 – T-611/18, ECLI:EU:T:2021:241 Rn. 73 – Pharmaceutical Works Polpharma S.A./Europäische Arzneimittel-Agentur; EuG 6.7.1999 – T-194/95, ECLI:EU:T:1996:89 Rn. 78 – Area Cova ua/Rat; Usher, European Court Practice, 1983, 1–33; Millett, The Court of First Instance of the European Communities, 1990, 29; Ehricke in Streinz AEUV Art. 277 Rn. 4.
[5] EuG 19.6.2015 – T-358/11, ECLI:EU:T:2015:394 Rn. 180 – Italien/Kommission, und die dort angeführte Rechtspr.; EuGH 6.3.1979 – C-92/78, EU:C:1979:53 Rn. 39 – Simmenthal/Kommission; EuG 25.10.2018 – T-286/15, ECLI:EU:T:2018:718 Rn. 155 – KF/Satellitenzentrum der Europäischen Union; EuG 12.12.2019 – T-527/16, ECLI:EU:T:2019:856 Rn. 49 – Margarita Tàpias/Rat; EuG 14.12.2017 – T-575/16, ECLI:EU:T:2017:911 Rn. 26 – David Martinez De Prins ua/EAD; EuG 8.7.2020 – T-110/17, ECLI:EU:T:2020:315 Rn. 56 – Jiangsu Seraphim Solar System Co. Ltd/Kommission.
[6] Vgl. EuGH 17.9.2018 – C-542/18 RX-II u. C-543/18, ECLI:EU:C:2020:232 Rn. 53 f. – Réexamen Simpson/Rat; Stoll/Rigod in Grabitz/Hilf/Nettesheim AEUV Art. 277 Rn. 1; Brown/Jacobs, The Court of Justice of the European Communities, 1983, second edition, 113; Millett, The Court of First Instance of the European Communities, 1990, 29; Classen ZHR 183 (2019), 577 (584); Cremer in Calliess/Ruffert AEUV Art. 277 Rn. 1.
[7] So aber etwa Pache in HK-UnionsR AEUV Art. 277 Rn. 2.
[8] EuG 5.5.2021 – T-611/18, ECLI:EU:T:2021:241 Rn. 72 – Pharmaceutical Works Polpharma S.A./Europäische Arzneimittel-Agentur; EuG 25.10.2018 – T-286/15, EU:T:2018:718 Rn. 157 mwN – KF/SATCEN.
[9] GA Reischl 24.1.1979 – SchlA C-92/78, ECLI:EU:C:1979:12, S. 821 – Simmenthal/Kommission: „nichts anderes als eine besondere Klagebegründung"; Pechstein EUProzR Rn. 976.
[10] EuGH 15.6.2021 – C-911/19, ECLI:EU:C:2021:599 Rn. 60 – Fédération bancaire française (FBF)/Autorité de contrôle prudentiel et de résolution (ACPR); EuG 29.1.2016 – T-279/11, EU:T:2013:299 Rn. 45 – T&L Sugars und Sidul Açúcares/Kommission, sowie die dort angeführte Rechtspr.; EuGH 13.3.2018 – C-244/16 P, ECLI:EU:C:2018:177 Rn. 102 – Industrias Químicas del Vallés, SA/Kommission; EuGH 13.3.2018 – C-384/16 P, ECLI:EU:C:2018:176 Rn. 112 – European Union Copper Task Force/Kommission; Stoll/Rigod in Grabitz/Hilf/Nettesheim AEUV Art. 277 Rn. 1.

AEUV ein Instrumentarium an die Hand, das es ihnen erlaubt, gegen rechtswidrige Rechtsakte vorzugehen, die mangels Klagebefugnis nicht direkt angegriffen werden können.[11] Vor diesem Hintergrund und im Lichte des Art. 47 GRCh ist Art. 277 AEUV „**hinreichend weit auszulegen,** um den Personen, die von der direkten Klage gegen allgemeine Rechtshandlungen der Organe ausgeschlossen sind, [...] eine effektive Rechtmäßigkeitskontrolle dieser Rechtshandlungen zu gewährleisten".[12]

II. Historische Entwicklung

4   Bereits die Römischen Verträge enthielten in **Art. 184 EWGV** und Art. 156 EAGV den Grundsatz, dass „ungeachtet des Ablaufs der in Artikel 173 Absatz 3 [Art. 263 AEUV] genannten Frist [...] jede Partei in einem Rechtsstreit, bei dem es auf die Geltung einer Verordnung des Rates oder der Kommission ankommt, vor dem Gerichtshof die Unanwendbarkeit dieser Verordnung aus den in Artikel 173 Absatz 1 genannten Gründen geltend machen [kann]". Die Vorschrift zielte von Anbeginn darauf ab, den limitierten Rechtsschutz nicht-privilegierter Prozessparteien im Rahmen eines Nichtigkeitsverfahrens zu kompensieren.[13] Insofern spezifizierte der Gerichtshof die Funktion der Inzidentrüge wie folgt: „Artikel 184 [Art. 277 AEUV] hat also nur den Zweck, den Rechtsunterworfenen gegen die Anwendung rechtswidriger Verordnungen zu schützen, ohne daß dabei der Bestand der – durch den Ablauf der Klagefristen von Artikel 173 [Art. 263 AEUV] unanfechtbar gewordenen – Verordnungen selbst in Frage gestellt würde."[14] Seiner Konzeption nach **entstammt** die inzidente Normenkontrolle dem **französischen Verwaltungsprozessrecht** („l'exception d'illégalité").[15] Der Gerichtshof hatte auf dieser Grundlage schon frühzeitig „das Recht des Klägers" betont, seine Nichtigkeitsklage „gegen eine individuelle Entscheidung auch dann auf die Rechtswidrigkeit der dieser zugrunde liegenden allgemeinen Entscheidung oder Empfehlung zu stützen, wenn die Klagefrist gegen diese letztere abgelaufen ist."[16]

5   Zwischenzeitliche Änderungen dieser Vorschrift in den Verträgen von Maastricht und Lissabon zielten auf die **Anpassung des Inzidentrechtsschutzes an die Rechtsprechung des Gerichtshofs** einerseits sowie die Anpassung an den erweiterten Kreis der passivlegitimierten Unionsorgane und -Einrichtungen andererseits. Während etwa die Ausweitung des normativen Bezugspunktes auf „Rechtsakte mit allgemeiner Geltung" die Rechtsprechung des EuGH in der Rechtssache *Simmenthal* („gleichartige Wirkungen wie eine Verordnung") kodifiziert,[17] trägt die heutige – denkbar weite – Fassung der normsetzenden Unionseinrichtungen („Einrichtungen oder sonstige Stellen") der parallelen Erweiterung des Art. 263 Abs. 1 Satz 2 AEUV Rechnung.[18]

---

[11] Vgl. Lenaerts/Maselis/Gutman, EU Procedural Law, 2014, 9.03; Brown/Jacobs, The Court of Justice of the European Communities, 1983, second edition, 112; Millett, The Court of First Instance of the European Communities, 1990, 29; Behr, Judicial Control of the European Communities, 1962, 138; Cremer in Calliess/Ruffert AEUV Art. 277 Rn. 1.

[12] EuG 30.4.2019 – T-737/17, ECLI:EU:T:2019:273 Rn. 57 – Francis Wattiau/Parlament; Usher, European Court Practice, 1983, 1-09; Barav CMLR 1974, 366.

[13] Ministère des Affaires Étrangères, Rapport de la Délégation Française sur le Traité Instituant la Communauté Européene du Charbon et de l'Arcier 41 (1951); Wohlfahrt/Everling, Die Europäische Wirtschaftsgemeinschaft, Kommentar, Art. 184 Rn. 1; Usher, European Court Practice, 1983, 1–33.

[14] EuGH 14.12.1962 – C-31/62, ECLI:EU:C:1962:49, S. 1042 – Wöhrmann/Kommission der EWG.

[15] Brown/Jacobs, The Court of Justice of the European Communities, 1983, second edition, 112.

[16] EuGH 13.6.1958 – C-10/56, ECLI:EU:C:1958:8, 67 – Meroni/Hohe Behörde; Usher, European Court Practice, 1983, 1-09; Geiger/Khan/Kotzur/Kirchmair Art. 277 Rn. 2; Ehricke in Streinz AEUV Art. 277 Rn. 4.

[17] EuGH 6.3.1979 – C-92/78, EU:C:1979:53 Rn. 40 f., 43 – Simmenthal/Kommission; Lenaerts/Maselis/Gutman, EU Procedural Law, 2014, 9.02; Dörr/Lenz EurVerwRS Rn. 246.

[18] Classen ZHR 183 (2019), 577 (579); Kritisch hingegen etwa Pechstein EUProzR Rn. 944 („hochgradig mißlungen"); Pache in HK-UnionsR AEUV Art. 277 Rn. 1 („nicht nur in der deutschen Sprachfassung misslungen").

Die praktische Bedeutung der inzidenten Normenkontrolle im System des EU-Rechts- **6** schutzes leidet allerdings ein wenig unter der – problematischen – **Präklusions-Rechtsprechung** des Gerichtshofes (→ Rn. 25 f.), nach der sowohl nicht-privilegierte als auch privilegierte Kläger sich – etwa in einem Vertragsverletzungsverfahren – entgegen halten lassen müssen, dass sie den Rechtsakt mit allgemeiner Geltung nicht selbst binnen der in Art. 263 Abs. 6 AEUV vorgesehenen Frist angefochten haben.[19] Mit dem Wortlaut von 277 AEUV, nach dem die Einrede der Rechtswidrigkeit gerade „ungeachtet" (franz.: „nonobstant") des Ablaufs dieser Frist erhoben werden darf, erscheint der Präklusionseinwand ebenso wenig vereinbar wie mit dem Ziel, eine umfassende Überprüfung der Legalität des Unionsrechts auch dann zu gewährleisten, wenn sich erst einige Monate nach deren Inkrafttreten Zweifel an der Rechtmäßigkeit – etwa der Eignung oder Angemessenheit – einer allgemeinen Unionsregelung ergeben. Aufgegeben werden sollte diese Rechtsprechung insbesondere mit Blick auf die dritte Variante von Art. 263 Abs. 4 AEUV, dh die mit dem Lissabon-Vertrag eingeführte Klagebefugnis für „Rechtsakte mit Verordnungscharakter", die die Einzelnen „unmittelbar betreffen und keine Durchführungsmaßnahmen nach sich ziehen": Auch wenn nicht-privilegierten Klägern die Präklusion nur entgegen gehalten werden kann, wenn „zweifellos" feststeht, dass ihre Nichtigkeitsklage zulässig war,[20] ist es angesichts des allgemeinen Rechtsgedankens der Inzidentkontrolle einerseits und dem Ziel des Lissabon-Vertrages, den Rechtsschutz gegen Rechtsakte mit Verordnungscharakter auszuweiten, andererseits, angezeigt, die vom EuGH selbst aufgerissene Rechtsschutzlücke alsbald zu schließen.

B. Formelle Voraussetzungen

I. Anhängigkeit eines anderweitigen Rechtsstreits vor den Unionsgerichten

Als inzidentes Verfahren, das lediglich der Prüfung von Rechtsakten mit allgemeiner **7** Geltung „**im Wege der Vorfrage**"[21] dient, setzt die Einrede der Rechtswidrigkeit die Anhängigkeit und Zulässigkeit eines anderweitigen Rechtsstreits vor den Unionsgerichten voraus.[22] Sie ist demnach offensichtlich unzulässig, sofern die Klage unzulässig ist.[23] Erfasst sind allein die vor dem EuGH und dem EuG anhängigen – Rechtsstreitigkeiten, nicht jedoch die vor den innerstaatlichen Gerichten angestrengten Verfahren.

Primär aber nicht ausschließlich für eine Inzidentkontrolle in Betracht kommende **8** Rechtsstreitigkeit ist nach Wortlaut und Zweck des Art. 277 AEUV die **Nichtigkeitsklage** i. S. v. Art. 263, 264 AEUV (→ § 7 Rn. 6). Eng damit verbunden und als Grundlage einer Inzidentkontrolle anerkannt sind dienstrechtlichen Streitigkeiten im Sinne von Art. 270 AEUV[24] sowie Schadensersatzklagen gem. Art. 268 AEUV,[25] die beispielsweise auf Ersatz

---

[19] EuGH 12.10.1978 – C-156/77, ECLI:EU:C:1978:180 Rn. 21/24 f. – Kommission/Belgien; EuGH 10.12.1969 – C-6 u. 11/69, ECLI:EU:C:1969:68, 539 – Kommission/Frankreich; Usher, European Court Practice, 1983, 1–34; Schwarze/van Vormizeele in Schwarze/Becker/Hatje/Schoo AEUV Art. 277 Rn. 8.
[20] EuGH 25.6.2018 – C-135/16, ECLI:EU:C:2018:582 Rn. 30 ff. – Georgsmarienhütte GmbH ua/Deutschland; EuGH 2.7.2009 – C-343/07. ECLI:EU:C:2009:415, Rn. 40 ff. – Bavaria NV und Bavaria Italia Srl/Bayerischer Brauerbund e.V.; s. ferner Classen ZHR 183 (2019), 577 (587).
[21] EuGH 6.3.1979 – C-92/78, ECLI:EU:C:1979:53 Rn. 36, 42 – Simmenthal/Kommission.
[22] Brown/Jacobs, The Court of Justice of the European Communities, 1983, second edition, 114; Pache in HK-UnionsR AEUV Art. 277 Rn. 4; Cremer in Calliess/Ruffert AEUV Art. 277 Rn. 4.
[23] EuGH 5.3.2020 – C-69/19 P, ECLI:EU:C:2020:178 Rn. 64 mwN – Credito Fondiario/CRU.
[24] EuG 22.6.1990 – T-32/89 u. T-39/89, ECLI:EU:T:1990:39 – Marcopoulos/Gerichtshof; EuG 12.12.2019 – T-527/16, ECLI:EU:T:2019:856 Rn. 49 – Margarita Tàpias/Rat; EuG 4.10.2018 – T-546/16, EU:T:2018:644 Rn. 32 – Tataram/Kommission; EuGH 30.9.2010 – F-29/09, ECLI:EU:F:2010:120 Rn. 29 – Lebedef und Jones/Kommission; EuG 30.4.2009 – F-65/07, ECLI:EU:F:2009:43 – Aayhan ua/Parlament; Ehricke in Streinz AEUV Art. 277 Rn. 6.
[25] EuG 11.12.1996 – T-70/94, ECLI:EU:T:1996:185 Rn. 144 – Comafrica und Dole Fresh Fruit Europe/Kommission; EuG 10.11.2021 – T-602/15 RENV, ECLI:EU:T:2021:764 Rn. 47 – Jenkinson/Rat ua; Stoll/Rigod in Grabitz/Hilf/Nettesheim AEUV Art. 277 Rn. 6.

des einem Unternehmen durch einen Antidumping-Zoll rechtswidrig zugefügten Schadens gerichtet sind.[26] Nicht von vornherein ausgeschlossen, aber kaum praxisrelevant ist eine Inzidentkontrolle in Fällen der Untätigkeitsklage (Art. 265 AEUV).

9 In **Vorabentscheidungsverfahren** (→ § 10 Rn. 44) kann sich die Frage nach einer Inzidentkontrolle nur im Ausnahmefall stellen. Dies ist dann der Fall, wenn es für die vom vorlegenden Gericht zur Prüfung (Gültigkeit oder Auslegung) gestellte Unionsrechtsvorschrift – etwa einen Beschluss – darauf ankommt, ob ihre Rechtsgrundlage – oder diejenige Vorschrift, auf die sie rekurriert – ihrerseits mit höherrangigen Vorschriften des Unionsrechts vereinbar ist. Zwar hat der Gerichtshof schon früh entschieden, er könne auch mit Blick auf explizite Einreden der Rechtswidrigkeit im Vorabentscheidungsverfahren „nicht gezwungen werden, sich auf Antrag einer Partei mit einer Frage zu befassen, die ihm vorzulegen nicht den Parteien, sondern nur dem staatlichen Gericht selbst zukommt. (…). Die gegenteilige Ansicht verkennt, daß die Verfasser von Artikel 177 [Art. 267 AEUV] ein unmittelbares Zusammenwirken des Gerichtshofes mit den staatlichen Gerichten in einem nichtstreitigen Verfahren vorsehen wollten, in dem die Parteien keinerlei Initiativrechte, sondern nur Gelegenheit zur Äußerung haben."[27] Da die Einrede der Rechtswidrigkeit indes nur Ausdruck eines allgemeinen Rechtsgedankens und überdies im Lichte des effektiven Rechtsschutzes weit auszulegen ist (→ Rn. 3), ist der Gerichtshof indes nicht daran gehindert, **von Amts wegen** zu prüfen, ob der Gegenstand der Vorlagefrage aufgrund eines vom nationalen Gericht überhaupt nicht zur Prüfung gestellten Rechtsakts mit allgemeiner Geltung ungültig oder etwa einschränkend auszulegen ist.[28]

10 Hingegen soll sich in **Vertragsverletzungsverfahren** ein Mitgliedstaat „mangels einer Vorschrift dieses Vertrags, die ihn dazu ausdrücklich ermächtigte, zur Verteidigung gegenüber einer auf die Nichtdurchführung eines an ihn gerichteten Beschlusses oder einer (…) Richtlinie gestützten Vertragsverletzungsklage nicht mit Erfolg auf die Rechtswidrigkeit dieses Beschlusses oder dieser Richtlinie berufen" – nicht einmal dann, wenn dieser Mitgliedstaat (…) formell Adressat (…) war."[29] Ob der in diesem Zusammenhang regelmäßig ergangenen individuellen Entscheidung gegenüber dem Mitgliedstaat sei es „ausgeschlossen, daß ein Mitgliedstaat, der die in Artikel 173 Absatz 3 [Art. 263 AEUV] vorgesehene Ausschlußfrist hat verstreichen lassen, ohne die Rechtmäßigkeit der Entscheidung der Kommission auf dem durch diesen Artikel eröffneten Verfahrensweg anzugreifen, diese auf dem Umweg über Artikel 184 des Vertrages [Art. 277 AEUV] erneut in Frage stellen kann."[30]

11 Aufgrund der offenen Formulierung des Art. 277 AEUV ist die Einrede der Rechtwidrigkeit auch im Rahmen korrespondierender **Rechtsmittelverfahren** und im Verfahren des einstweiligen Rechtsschutzes möglich.[31] Voraussetzung ist lediglich, dass im Klageverfahren diese Einrede zumindest implizit erhoben worden ist.[32]

II. Zuständigkeiten des EuGH/EuG

12 Innerhalb des Europäischen Gerichtshofes richtet sich die Zuständigkeit für die Einrede der Rechtswidrigkeit nach der Zuständigkeit für die anhängige Hauptsache. In der Praxis ist sie

---

[26] EuGH 10.7.2003 – C-472/00 P, ECLI:EU:C:2003:399 Rn. 29 ff. – Kommission/French Marine Company A/S.
[27] EuGH 9.12.1965 – C-44/65, ECLI:EU:C:1965:122, 1275 – Hessische Knappschaft/Singer und Fils; s. auch Bebr, Development of Judicial Control of the European Communities, 1981, 206 mit angeführter Rspr.
[28] Usher, European Court Practice, 1983, 1-09; Schwarze/van Vormizeele in Schwarze/Becker/Hatje/Schoo AEUV Art. 277 Rn. Rn. 3.
[29] EuGH 27.3.2019 – C-620/16, ECLI:EU:C:2019:256 Rn. 89 f. – Kommission/Deutschland.
[30] S. bereits EuGH 12.10.1978 – C-156/77, ECLI:EU:C:1978:180 Rn. 21, 24 – Kommission/Belgien; später auch EuGH 27.6.2000 – C-404/97, ECLI:EU:C:2000:345, Rn. 34 ff. – Kommission/Portugal; EuGH 27.10.1992 – C-74/91, ECLI:EU:C:1992:409 Rn. 9 ff. – Kommission/Deutschland.
[31] So auch Herrmann/Rosenfeldt, Europäisches Prozessrecht, 2019, Rn. 577 f.
[32] Tanchev 3.10.2018 – SchlA C-236/17 P, ECLI:EU:C:2018:793 Rn. 49 – Canadian Solar Emea ua/Rat.

deshalb gemäß der vom Vertrag (Art. 256 AEUV) und der Satzung des EuGH (Art. 51) vorgesehenen Verteilungsregel **in erster Regel dem Gericht** überantwortet, das die Hauptlast für Nichtigkeitsklagen (nicht-privilegierter Kläger) trägt. Im Rechtsmittelverfahren bleibt der Gerichtshof allerdings auf Basis des Akteninhalts zu unbeschränkter Nachprüfung berechtigt.

III. Entscheidungserheblichkeit

Art. 277 AEUV setzt voraus, dass es für die Prüfung des unmittelbar angegriffenen Rechtsakts auf den inzident infrage gestellten Rechtsakt mit allgemeiner Geltung – wie Art. 241 EGV noch klarer formuliert hat – entscheidungserheblich „ankommt".[33] Die Einrede der Rechtswidrigkeit ist demnach auf jenes Maß zu beschränken, das zur Entscheidung über den anhängigen Rechtsstreit unerlässlich ist.[34] Es muss hiernach ein **„unmittelbarer rechtlicher Zusammenhang"** zwischen dem unmittelbar verfahrensgegenständlichen Unionsrechtsakt und der inzident gerügten Handlung der Unionsorgane bestehen.[35] Eine solche rechtliche Verbindung liegt insbesondere vor, wenn sich der angegriffene Rechtsakt formal oder inhaltlich auf den indirekt infrage gestellten Rechtsakt stützt, d. h. in diesem seine Ermächtigungsgrundlage oder – zumindest in Teilen – eine inhaltliche Bestimmung erfährt.[36] Waren die allgemeinen Rechtsakte für die unmittelbar angegriffene Entscheidung „tragend" in dem Sinne, „dass diese Entscheidung im Wesentlichen auf diesen beruht", kommt es nicht darauf an, ob der allgemeine Rechtsakt formell die Rechtsgrundlage war; denn zur Gewährleistung effektiven Rechtsschutzes muss der Rechtsunterworfene die Möglichkeit haben, „die Rechtmäßigkeit der Voraussetzungen anzufechten, von denen eine Vorschrift die Einräumung eines Rechts abhängig macht."[37] Ein unmittelbarer rechtlicher Zusammenhang ist ferner anzunehmen, wenn es sich bei den angefochtenen Entscheidungen um Maßnahmen zur Konkretisierung, Anwendung oder Durchführung einer allgemeinen Regelung handelt und es „zu einer künstlichen Trennung" führen würde, die gerügten Maßnahmen mit allgemeiner Geltung einer gesonderten Prüfung zu entziehen.[38]

Nicht entscheidungserheblich ist die Einrede der Rechtswidrigkeit, wenn sich die Rechtswidrigkeit der allgemeinen Vorschrift **auf den jeweiligen Klagegenstand nicht auswirken** kann. Da die Einrede der Rechtswidrigkeit „gegen einen Rechtsakt mit allgemeiner Geltung, zu dem die angefochtene Einzelentscheidung keine Durchführungsmaßnahme darstellt, unzulässig ist", kommt es auf darauf an, ob der Anwendungsbereich der allgemeinen Maßnahme auf den betreffenden Fall überhaupt eröffnet ist.[39] Nicht entscheidungserheblich ist die Maßnahme allgemeiner Geltung auch dann, wenn die unmittelbar angegriffene Maßnahme schon „wegen ihr selbst anhaftender Rechtsmängel"

---

[33] Stoll/Rigod in Grabitz/Hilf/Nettesheim AEUV Art. 277 Rn. 14.
[34] EuG 16.6.2021 – T-126/19, ECLI:EU:T:2021:360 Rn. 33 f. – Krajowa Izba Gospodarcza/Kommission.
[35] EuG 27.10.2016 – T-787/14 P, EU:T:2016:633 Rn. 44 – EZB/Cerafogli und die dort angeführte Rspr.; EuGH 16.3.2023 – C-511/21 P, EU:C:2023:208 Rn. 50 – Kommission/Calhau Correia de Paiva; EuG 25.10.2018 –T-286/15, ECLI:EU:T:2018:718 Rn. 156 – KF/Satellitenzentrum der Europäischen Union; EuG 4.12.2018 – T-518/16, ECLI:EU:T:2018:873 Rn. 30 – Francisco Carreras Sequeros ua/Kommission; EuG 12.12.2019 – T-527/16, ECLI:EU:T:2019:856, Rn. 119 – Margarita Tàpias/Rat, EuG 5.10.2020 – T-249/17, ECLI:EU:T:2020:458 Rn. 33 – Casino, Guichard-Perrachon u. Achats Marchandises Casino SAS (AMC)/Kommission; EuG 26.10.1992 – T-6/92 u. T-52/92, ECLI:EU:T:1993:89 Rn. 57 – Reinarz/Kommission; Classen ZHR 183 (2019), 577 (584); Dörr/Lenz EurVerwRS Rn. 245.
[36] EuGH 10.6.2003 – C-472/00 P, ECLI:EU:C:2003:399 Rn. 29 ff. – Kommission Fresh Marine Company A/S, betreffend VO 2529/97; EuGH 7.7.1982 – C-119/81, ECLI:EU:C:1982:259 Rn. 23 ff. – Klöckner-Werke/Kommission; EuG 26.10.1992 – T-6/92 u. T-52/92, ECLI:EU:T:1993:89 Rn. 55 ff. – Reinarz/Kommission; Behr, Development of Judicial Control of the European Communities, 1981, 210; Ehricke in Streinz AEUV, Art. 277, Rn. 8.
[37] EuG 16.6.2021 – T-126/19, ECLI:EU:T:2021:360 Rn. 42 – Krajowa Izba Gospodarcza/Kommission.
[38] EuGH 8.11.2020 – C-119/19 P u. C-126/19 P, ECLI:EU:C:2020:676 Rn. 74 f.; Kommission/Carreras Sequeros ua; Stoll/Rigod in Grabitz/Hilf/Nettesheim AEUV Art. 277 Rn. 14.
[39] EuGH 5.10.2000 – verb. Rs. C-432/98 P u. C-433/98 P, ECLI:EU:C:2000:545 – Rat/Chvatal ua, Rn. 15; EuGH 8.9.2020 – verb. Rs. C-119/19 P u. C-126/19 P, ECLI:EU:C:2020:676 Rn. 70 – Kommission/Carreras Sequeros ua.

zum Erfolg führt.⁴⁰ Demnach fehle es an der Entscheidungserheblichkeit, wenn die primär angegriffene Maßnahme andere, ihre Nichtigkeit begründende Mängel aufweist oder sich die Rechtswidrigkeit des gerügten Rechtsaktes auf die Gültigkeit der primär angegriffenen Maßnahme nicht auswirken kann.⁴¹

IV. Rügegegenstand

15 Der Vertrag von Lissabon hat mit der Erweiterung des Gegenstands der Inzidentrügen von „Verordnungen" (Art. 184 EWGV; Art. 241 EGV) auf **„Rechtsakte mit allgemeiner Geltung"** zum einen der Rechtsprechung (→ Rn. 5), zum anderen dem Umstand Rechnung getragen, dass zahlreiche neu geschaffene Einrichtungen der Union gesetzgebungsähnliche Befugnisse zustehen, die sich in den Kanon des Art. 288 AEUV nicht einordnen lassen.

16 **1. Zum Merkmal der „allgemeinen Geltung".** Ein Rechtsakt hat, unabhängig von seiner Bezeichnung, allgemeine Geltung, „wenn er objektiv für bestimmte Situationen gilt und Rechtswirkungen gegenüber allgemein und abstrakt umschriebenen Personengruppen erzeugt."⁴² Der Anwendungsbereich der inzidenten Normenkontrolle erstreckt sich daher auch „auf diejenigen Rechtshandlungen der Gemeinschaftsorgane […], die, obwohl nicht in Form einer Verordnung ergangen, **gleichartige Wirkungen wie eine Verordnung** entfalten und die aus diesen Gründen von keinem anderen Rechtssubjekt als den Organen und den Mitgliedstaaten im Rahmen des Artikels 173 [Art. 263 AEUV] angegriffen werden konnten."⁴³ Hintergrund ist die zweite der beiden beschriebenen Funktionen der Inzidentrüge (→ Rn. 3), wonach im Wege der Einrede der Rechtswidrigkeit gegenüber Personen, „die von der direkten Klage gegen Rechtshandlungen der Organe mit allgemeiner Geltung ausgeschlossen sind, eine effektive Kontrolle solcher Rechtshandlungen sichergestellt wird, wenn sie von Durchführungsentscheidungen betroffen sind, die sie unmittelbar und individuell betreffen."⁴⁴

17 **2. Differenzierung nach Art des Rechtsaktes.** Mit Blick auf die Wirkrichtung des Art. 288 AEUV sind **Verordnungen und allgemeine Beschlüsse** in jedem Fall vom Anwendungsbereich der inzidenten Normenkontrolle umfasst.⁴⁵ Problematischer gestaltet sich die Einordnung von sog. **binneninstitutionellen Rechtsakten,** dh Leitlinien, Beschäftigungsbedingungen oder Mitteilungen der Unionsorgane, die nicht auf eine Rechtsverbindlichkeit im Außenverhältnis zielen, sondern in erster Linie eine Selbstbindung im Innenverhältnis bezwecken. Nach Auffassung des Gerichtshofs soll entsprechenden nichtförmlichen Rechtshandlungen jedenfalls dann, wenn der adressierten Institution ein Ermessen eingeräumt wird oder es unbestimmte Rechtsbegriffe auszulegen gilt, eine rechtliche Bedeutung zukommen und damit der Anwendungsbereich der inzidenten Normenkontrolle eröffnet sein.⁴⁶ Typische Konstellationen sind die auf Art. 107 Abs. 3 AEUV gestützten Beihilferahmen der Kommission, auf denen eine vor dem EuG angegriffene

---

⁴⁰ Vgl. EuGH 20.5.2008 – C-91/05, ECLI:EU:C:2008:288 Rn. 111 – Kommission/Rat.
⁴¹ Cremer in Calliess/Ruffert AEUV Art. 277 Rn. 3.
⁴² EuGH 6.11.2018 – verb. Rs. C-622/16 P bis C-624/16 P, ECLI:EU:C:2018:873 – Scuola Elementare Maria Montessori/Kommission, Kommission/Scuola Elementare Maria Montessori u. Kommission/Ferracci, Rn. 29; EuG 5.5.2021 – T-611/18, ECLI:EU:T:2021:241 – Pharmaceutical Works Polpharma S.A./Europäische Arzneimittel-Agentur, Rn. 88, 96; Cremer in Calliess/Ruffert AEUV Art. 277 Rn. 5 f.
⁴³ EuGH 6.3.1979 – C-92/78, ECLI:EU:C:1979:53 – Simmenthal/Kommission; Usher, European Court Practice, 1983, 1-09.
⁴⁴ In diesem Sinne EuG 26.10.1993 – verb. Rs. T-6/92 u. T-52/92, ECLI:EU:T:1993:89 – Reinarz/Kommission, Rn. 56; EuG 5.5.2021 – T-611/18, ECLI:EU:T:2021:241 – Pharmaceutical Works Polpharma S.A./Europäische Arzneimittel-Agentur, Rn. 90 f.; Ehricke in Streinz AEUV Art. 277 Rn. 11.
⁴⁵ EuG 26.10.1993 – verb. Rs. T-6/92 u. T-52/92, ECLI:EU:T:1993:89 – Reinarz/Kommission, Rn. 56; Stoll/Rigod in Grabitz/Hilf/Nettesheim AEUV Art. 277 Rn. 10.
⁴⁶ EuGH 10.7.2003 – C-472/00 P, ECLI:EU:C:2003:399 – Kommission/French Marine Company A/S, Rn. 29 ff.; weitergehend Herrmann/Rosenfeldt, Europäisches Prozessrecht, 2019, Rn. 582.

Beihilfeentscheidung beruht oder Leitlinien der Kommission zur Verhängung von Bußgeldern bei Kartellrechtsverstößen.

Unter welchen Voraussetzungen auch **Richtlinien** ausnahmsweise Gegenstand der Inzidentkontrolle sind, richtet sich nicht nach deren – grundsätzlich fehlender – unmittelbarer Geltung, sondern nach den o. g. Kriterien. Sofern sich etwa die unmittelbar angefochtenen Einzelakte tragend auf Tatbestandsmerkmale oder Anwendungsbefehle einer Richtlinie stützen, ist nicht ausgeschlossen – und kann es durchaus notwendig sein –, dass auch diese zum Gegenstand einer Inzidentkontrolle gemacht wird.[47] Anerkannt hat der Gerichtshof, dass sich „ein Mitgliedstaat im Rahmen einer Nichtigkeitsklage [gegen eine Entscheidung] auf die Rechtswidrigkeit einer Gemeinschaftsrichtlinie berufen darf."[48] Lediglich angedeutet wurde die Möglichkeit, die Einrede der Rechtswidrigkeit auch dann auf Richtlinien anzuwenden, wenn eine entsprechende Rüge von nicht-privilegierten Klägern angestrengt wird.[49] 18

V. Rügeberechtigung

1. Nicht-privilegierte Kläger. In Kompensation der fehlenden individuellen Nichtigkeitsklagebefugnis wird natürlichen und juristischen Personen das indirekte Recht zur inzidenten Überprüfung von unionalen Rechtsakten zugestanden („jede Partei"). Insofern hebt der Gerichtshof in ständiger Rechtsprechung hervor, „dass in dem **vollständigen System von Rechtsbehelfen und Verfahren,** das der EG-Vertrag geschaffen hat, um die Kontrolle der Rechtmäßigkeit der Handlungen der Organe zu gewährleisten, natürliche oder juristische Personen, die wegen der Zulässigkeitsvoraussetzungen des Art. 230 Abs. 4 EGV [Art. 263 AEUV] Gemeinschaftshandlungen allgemeiner Geltung nicht unmittelbar anfechten können, die Möglichkeit haben, je nach den Umständen des Falles die Ungültigkeit solcher Handlungen inzident nach Art. 241 EGV [Art. 277 AEUV] vor dem Gemeinschaftsrichter feststellen [lassen zu] können."[50] 19

2. Privilegierte Kläger. Bestritten wird die Rügeberechtigung mit Blick auf sog. privilegierte Kläger im Sinne von Art. 263 Abs. 2 und 3 AEUV, da es ihnen offensteht, um unmittelbaren Rechtsschutz gegen die jeweilige Vorschrift allgemeiner Geltung nachzusuchen.[51] Die Einrede der Rechtswidrigkeit dürften sie allenfalls erheben, wenn sich die Rechtswidrigkeit eines Rechtsaktes erst nach Ablauf der in Art. 263 Abs. 6 AEUV bestimmten Klagefrist aufdrängen.[52] Der Gerichtshof hat sich diese Bedenken nicht zu eigen gemacht und geht – entsprechend dem **klaren Wortlaut von Art. 277 AEUV** („jede Partei"[53]) – davon aus, dass auch privilegierte Kläger rügeberechtigt sind.[54] So könne etwa 20

---

[47] Str., wie hier: Ehricke in Streinz AEUV Art. 277 Rn. 11; Cremer in Calliess/Ruffert AEUV Art. 277 Rn. 5; Dörr/Lenz EurVerwRS Rn. 245; a. A. Stoll/Rigod in Grabitz/Hilf/Nettesheim AEUV Art. 277 Rn. 11; Pechstein EUProzR Rn. 968.
[48] EuGH 15.12.2005 – C-86/03, ECLI:EU:C:2005:769 Rn. 86 – Griechenland/Kommission.
[49] EuG 21.9.2004 – T-310/03, ECLI:EU:T:2004:272 – Kreutzer Medien/Parlament und Rat.
[50] EuGH 8.7.2010 – C-343/09, ECLI:EU:C:2010:419 – Afton Chemical Limited, Rn. 18; EuGH 12.7.2012 – C-59/11, ECLI:EU:C:2012:447 – Association Kokopelli, Rn. 34; Stoll/Rigod in Grabitz/Hilf/Nettesheim AEUV Art. 277 Rn. 9; Ehricke in Streinz AEUV Art. 277 Rn. 9.
[51] Ausführlich Bebr, Development of Judicial Control of the European Communities, 1981, 195; Türk, Judicial Review in EU Law, Edward Elgar Publishing, Chelterham, 2009, 211; Mariatte/Ritleng, Contentieux de L'Union européenne – 1: Annulation. Exception d'illégalité, Kluwer France – Lamy, Paris, 2011, 321; Luszcz, European Court Procedure – A Practical Guide, HART Publishing, 2020, 3.666.
[52] Vgl. Ehricke in Streinz AEUV Art. 277 Rn. 9; Cremer in Calliess/Ruffert AEUV Art. 277 Rn. 7; Vogt, „Bestandskraft" von EG-Rechtsakten und Anwendungsbereich des Artikel 241 EGV, EuR 2004, 618 (633 ff.); Brown/Jacobs, The Court of Justice of the European Communities, 1983, 2. Ed., S. 116.
[53] Pointiert GA Slynn 16.12.1986 – SchlA C-181/85, ECLI:EU:C:1986:491 – Frankreich/Kommission, S. 703; ebenso GA Roemer 22.3.1966 – SchlA C-32/65, ECLI:EU:C:1966:14 – Italien/Hoher Rat und Kommission, S. 494.
[54] EuGH 15.12.2005 – C-86/03, ECLI:EU:C:2005:769 Rn. 85 – Griechenland/Kommission; EuGH 15.5.2008 – C-442/04, ECLI:EU:C:2008:276 – Spanien/Rat, Rn. 22; EuGH 20.5.2008 – C-91/05, ECLI:EU:C:2008:288 – Kommission/Rat, Rn. 34; a. A. Gaitanides in von der Groeben/Schwarze/Hatje AEUV Art. 277 Rn. 7; Lenaerts/Maselis/Gutman, EU Procedural Law, 2014, 9.12.

der – seinerzeit die Inzidentrüge erhebenden – „**EZB** nicht das Recht abgesprochen [werden], im Rahmen des vorliegenden Rechtsstreits die Rechtswidrigkeit der Verordnung ... nach Artikel 241 EG [Art. 277 AEUV] geltend zu machen."[55] Zur Verteidigung gegen eine von der Kommission gegen einen Rechtsakt der EZB erhobene Nichtigkeitsklage war es letzterer somit möglich, die Einrede der Rechtswidrigkeit gegen eine Verordnung des Parlaments und des Rates zu erheben.[56]

21 **3. Streithelfer.** Ob auch Streithelfer die Einrede der Rechtswidrigkeit erheben dürfen, ist bislang ungeklärt.[57] Streithelfer sind zwar keine „Hauptparteien", werden im Sprachgebrauch der Unionsgerichte und der Verfahrensordnungen von den „Parteien" allerdings kaum unterschieden (vgl. Art. 129 EuGHVerfO; Art. 110 Abs. 6 VerfO EuG-ÖD).[58] Dies könnte dafür sprechen, sie als rügeberechtigt anzuerkennen. Andererseits sind die Anträge der Streithelfer strikt **akzessorisch** zu jenen der Hauptparteien (s. etwa Art. 129 Abs. 2 EuGHVerfO). Eine förmliche Einrede der Rechtswidrigkeit dürfte ihnen deshalb verwehrt sein – was sie indes nicht hindert, bei derjenigen Hauptpartei, die sie unterstützen, auf einen entsprechenden Antrag zu drängen und diesen argumentativ entsprechend zu unterfüttern.

VI. Form / Prüfung von Amts wegen

22 Die Einrede der Rechtswidrigkeit setzt nicht notwendig einen förmlichen Antrag voraus; in den Verfahrensordnungen des Gerichtshofes und des Gerichts ist sie nicht vorgesehen. Vor diesem Hintergrund kann, insbesondere im Rahmen einer Nichtigkeitsklage davon ausgegangen werden, „dass die Einrede der Rechtswidrigkeit implizit erhoben wurde, sofern sich aus der Klageschrift relativ eindeutig ergibt", dass der Kläger sich auf eine entsprechende Rüge beruft.[59] Nach der insoweit recht **großzügigen Praxis der Unionsgerichte** bedarf es auch keiner ausdrücklichen Berufung auf Art. 277 AEUV.[60] Entscheidend ist nach Art. 21 Abs. 1 Satzung-EuGH und Art. 76 lit. d) und e) EuGVerfO, dass etwaige Inzidentrügen „durch ein rechtliches oder tatsächliches Vorbringen im Rest der Klageschrift untermauert" werden.[61]

23 Schließlich kennt die Judikatur des Gerichtshofs auch Beispiele einer **Inzidentprüfung von Amts wegen**.[62] Entsprechende Konstellationen betreffen in erster Linie Fälle, in denen die Rechtswidrigkeit des angefochtenen Rechtsaktes auf einer fehlenden sekundärrechtlichen Kompetenzgrundlage der Union beruht oder es an fundamentalen formellen Voraussetzungen mangelt.[63]

---

[55] EuGH 10.7.2003 – C-11/00, ECLI:EU:C:2003:395 Rn. 78 – Kommission/EZB; EuGH 15.5.2008 – C-442/04, ECLI:EU:C:2008:276 – Spanien/Rat, Rn. 22.
[56] EuGH 10.7.2003 – C-11/00, ECLI:EU:C:2003:395 Rn. 76 – Kommission/EZB.
[57] Luszcz, European Court Procedure – A Practical Guide, HART Publishing, 2020, 3.663.
[58] Dittert in von der Groeben/Schwarze/Hatje Satzung EuGH Art. 40 Rn. 40.
[59] EuG 6.6.1996 – T-262/94, ECLI:EU:T:1996:75 – Baiwir/Kommission, Rn. 37; EuG 27.11.2018 – T-829/16, ECLI:EU:T:2018:840 – Mouvement pour une Europe des nations et des libertés/Parlament, Rn. 66; EuG 15.9.2016 – T-346/14, ECLI:EU:T:2016:497 – Yanukovych/Rat, Rn. 56; EuG 15.9.2016 – T-348/14, ECLI:EU:T:2016:508 – Yanukovych/Rat, Rn. 57; Stoll/Rigod in Grabitz/Hilf/Nettesheim AEUV Art. 277 Rn. 12.
[60] EuG 5.10.2017 – T-175/15, ECLI:EU:T:2017:694 – Mohamed Marouen Ben Ali Ben Mohamed Mabrouk/Rat, Rn. 126; EuG 15.9.2016 – T-346/14, ECLI:EU:T:2016:497 – Yanukovych/Rat, Rn. 56; Usher, European Court Practice, 1983, 4–39; Bebr, Development of Judicial Control of the European Communities, 1981, 209.
[61] EuG 3.3.2021 – T-723/18, ECLI:EU:T:2021:113 – Barata/Parlament, Rn. 59 – 62; EuG 14.7.2016 – T-99/14, ECLI:EU:T:2016:413 – Alesa/Kommission, Rn. 87 – 91; EuG 14.5.2019 – T-751/17, ECLI:EU:T:2019:330 – Commune de Fessenheim ua/Kommission, Rn. 101 f.; EuGH 27.3.2019 – C-236/17 P, ECLI:EU:C:2019:258 – Canadian Solar Emea GmbH ua/Rat, Rn. 126.
[62] EuG 16.9.2013 – T-376/10, ECLI:EU:T:2013:442 – Mamoli Robinetteria SpA, Rn. 47; EuG 27.9.2005 – verb. Rs. T-134/03 u. T-135/03, ECLI:EU:T:2005:339 – Common Market Fertilizers SA/Kommission, Rn. 51f; Schwarze/van Vormizeele in Schwarze/Becker/Hatje/Schoo AEUV Art. 277 Rn. 12.
[63] Vgl. Lenaerts/Maselis/Gutman, EU Procedural Law, 2014, 9.13.

VII. Kein Fristerfordernis

Die Einrede der Rechtswidrigkeit kann während des gesamten Verfahrens vor dem Gerichtshof im Rahmen der jeweils zugelassenen Schriftsätze sowie **noch in der mündlichen Verhandlung** erhoben werden. Eine Frist zu ihrer Erhebung besteht nicht, d. h. das Recht zur inzidenten Normenkontrolle wird unter den vorgenannten Voraussetzungen zeitlich unbeschränkt gewährt, damit eine dauernde Überprüfbarkeit von Unionsrechtsakten – z. B. auch erstmalig im Rechtsmittelverfahren vor dem EuGH – gewährleistet ist.[64]

VIII. Präklusion

Nach der Deggendorf-Doktrin ist derjenige an der gerichtlichen Überprüfung des abgeleiteten Unionsrechts gehindert, der hiergegen eine Nichtigkeitsklage „nicht oder nicht rechtzeitig erhoben hat."[65] Dies soll generell auch für die Inzidentrüge gelten, da die Inzidentrüge andernfalls der Umgehung der primärrechtlich vorgesehenen Frist sowie der – mit deren Ablauf eintretenden – Bestandskraft des betroffenen Rechtsaktes diene (→ § 10 Rn. 48).[66] Im Einzelnen ist die Rechtsprechung indes **kasuistisch, ergebnisorientiert und widersprüchlich:** Während sich Mitgliedstaaten in Vertragsverletzungsverfahren generell auf die Rechtswidrigkeit eines Sekundärrechtsaktes, dessen Nichtumsetzung oder Fehlanwendung ihnen vorgeworfen wird, berufen können[67] – was speziell mit Blick auf den Einwand der Grundrechtswidrigkeit von Richtlinien besonders problematisch ist[68] –, hat ein Unionsorgan wie die EZB als Beklagte die Einrede der Rechtswidrigkeit gegen eine Verordnung erheben dürfen.[69] Darüber hinaus sind Konstellationen anerkannt, in denen der Nachweis, dass ein Rechtsakt Einzelpersonen unmittelbar oder individuell betrifft, nur schwerlich möglich ist und eine erhöhte Wahrscheinlichkeit dafür bestehe, dass eine Nichtigkeitsklage mangels Klagebefugnis als unzulässig abgelehnt wird.[70] In anderen Fällen hat der Gerichtshof darauf abgestellt, ob die Klagebefugnis offenkundig war,[71] in wiederum anderen Konstellationen, ob die Prozesspartei „nicht unbestreitbar befugt war", den streitgegenständlichen Rechtsakt im Wege der Nichtigkeitsklage anzufechten.[72] Denkbar sind schließlich Fälle, in denen „der fragliche Rechtsakt mit besonders schweren und offensicht-

---

[64] Ehle, MDR 1964, 719; Bebr, Development of Judicial Control of the European Communities, 1981, 212; Schwarze/van Vormizeele in Schwarze/Becker/Hatje/Schoo AEUV Art. 277 Rn. 12.
[65] S. stellvertretend EuGH 9.3.1994 – C-188/92, ECLI:EU:C:1994:90 – TWD Textilwerke Deggendorf GmbH/Deutschland, Rn. 23 ff.
[66] Lenaerts/Maselis/Gutman, EU Procedural Law, 2014, 9.07; kritisch insofern hingegen Classen ZHR 183 (2019), 577.
[67] EuGH 27.10.1992 – C-74/91, ECLI:EU:C:1992:409 – Kommission/Deutschland, Rn. 10; EuGH 6.3.2008 – C-196/07, ECLI:EU:C:2008:146 – Kommission/Spanien, Rn. 34; Karpenstein in Grabitz/Hilf/Nettesheim AEUV Art. 258 Rn. 68; Wunderlich/Hickl EuR 2013, 107 (108 f.).
[68] Wunderlich/Hickl EuR 2013, 107 (109 ff.).
[69] EuGH 10.7.2003 – C-11/00, ECLI:EU:C:2003:395 – Kommission/EZB, Rn. 78.
[70] EuGH 9.3.1994 – C-188/92, ECLI:EU:C:1994:90 – TWD Textilwerke Deggendorf GmbH/Deutschland, Rn. 23; Stoll/Rigod in Grabitz/Hilf/Nettesheim AEUV Art. 277 Rn. 9.
[71] Entsprechende Grundsätze lassen sich mit Blick auf anderweitige Klagearten in der Hauptsache verallgemeinern, vgl. EuGH 14.3.2017 – C-158/14, ECLI:EU:C:2017:202 – A ua/Minister van Buitenlandse Zaken, Rn. 66 ff.; EuGH 12.10.1978 – C-156/77, ECLI:EU:C:1978:180 – Kommission/Belgien, Rn. 21, 24; EuGH 10.6.1993 – C-183/91, ECLI:EU:C:1993:233 – Kommission/Griechenland, Rn. 10; EuGH 14.9.1999 – C-310/97 P, ECLI:EU:C:1999:407 – Kommission/AssiDomän Kraft Products AB ua, Rn. 57 f.; EuGH 15.5.2008 – C-442/04, ECLI:EU:C:2008:276 – Spanien/Rat, Rn. 22; EuGH 20.5.2008 – C-91/05, ECLI:EU:C:2008:288 – Kommission/Rat, Rn. 34; EuGH 20.7.2018 – C-135/16, ECLI:EU:C:2018:582 – Georgsmarienhütte GmbH ua/Deutschland, Rn. 30 ff.; EuGH 2.7.2009 – Rs. C-343/07, ECLI:EU:C:2009:415 – Bavaria NV und Bavaria Italia Srl/Bayerischer Brauerbund eV., Rn. 40 ff.; Kamann/Selmayr, NVwZ 1999, 1043; Cremer in Calliess/Ruffert, AEUV Art. 277 Rn. 4; Geiger/Khan/Kotzur/Kirchmair Art. 277, Rn. 5; Luszcz, European Court Procedure – A Practical Guide, HART Publishing, 2020, 3.664.
[72] EuGH 2.7.2009 – C-343/07, ECLI:EU:C:2009:415 – Bavaria NV und Bavaria Italia Srl/Bayerischer Brauerbund eV., Rn. 46.

lichen Fehlern behaftet wäre, so dass er als inexistenter Rechtsakt qualifiziert werden könnte."[73]

26 Dieser Kasuistik steht der eindeutige Wortlaut des Art. 277 AEUV entgegen, wonach das Rügerecht „ungeachtet des Ablaufs der in Art. 263 Abs. 6 AEUV genannten Frist" bestehen soll. Sie führt zu besonders problematischen Ergebnissen, wenn sie auch auf Rechtsakte mit Verordnungscharakter angewendet würde, die gem. Art. 263 Abs. 4 Var. 3 AEUV vor dem EuG angegriffen werden können, die die Rechtsunterworfenen unmittelbar betreffen und keine Durchführungsmaßnahmen nach sich ziehen: Aufgrund der insofern regelmäßig fehlenden individuellen Betroffenheit, die es gem. Art. 263 Abs. 4 Var. 3 AEUV im Rahmen der Nichtigkeitsklage nicht nachzuweisen gilt, würde es unsachgemäß erscheinen, entsprechenden Privatpersonen die inzidente Normkontrollbefugnis nach dem Verstreichen der in Art. 263 Abs. 6 AEUV vorgesehenen Anfechtungsfrist zu versagen.[74]

C. Materielle Voraussetzungen

27 Die Inzidentrüge hat entsprechend der expliziten Verweisung des Art. 277 AEUV Erfolg, wenn der Rechtsakt, gegen den sie sich richtet, einen der **vier in Art. 263 Abs. 2 AEUV genannten Nichtigkeitsgründe** verwirklicht (Unzuständigkeit, Verletzung wesentlicher Formvorschriften, Verletzung der Verträge oder einer bei seiner Durchführung anzuwendenden Rechtsnorm und Ermessensmissbrauch). Insofern prüft der EuGH – ähnlich der Begründetheit der Nichtigkeitsklage – regelmäßig nur diejenigen Klagegründe, die vom Kläger auch tatsächlich vorgebracht wurden.[75]

D. Wirkungen einer erfolgreichen Inzidentrüge

28 Der Gerichtshof hat bereits frühzeitig festgestellt, dass der vormalige „Artikel 184 [Art. 277 AEUV] nur bezweckt, den Rechtsbürger gegen die Anwendung einer rechtswidrigen Verordnung zu schützen, ohne daß auch die Verordnung selbst, die durch den Ablauf der Fristen des Artikels 173 [Art. 263 AEUV] unanfechtbar geworden ist, in Frage gestellt wird."[76] Ein **erfolgreiches inzidentes Normenkontrollverfahren wirkt** mithin *inter partes,* d. h. allein im Verhältnis der am Rechtsstreit beteiligten Parteien. Auch die Bezugnahme auf die einen individuellen Rechtsstreit betreffende Entscheidung im Rahmen anderweitiger gerichtlicher Verfahren ist somit nicht möglich.[77] Da es sich „bei der Einrede der Rechtswidrigkeit allgemeiner Akte lediglich um eine besondere Art der Klagebegründung handelt", wird die Rechtswidrigkeit der Norm auch im Urteilstenor nicht erwähnt.[78] Allein die unmittelbar angefochtene Einzelentscheidung, die auf der inzidenter erfolgreich angegriffenen Verordnung oder einem dieser gleichgestellten Rechtsakt beruht, wird in entsprechenden Konstellationen durch die Unionsgerichte für „nichtig erklärt"[79] oder

---

[73] EuGH 30.6.1988 – Rs. C-226/87, ECLI:EU:C:1988:354 – Kommission/Griechenland, Rn. 16.
[74] Schwarze/van Vormizeele in Schwarze/Becker/Hatje/Schoo AEUV Art. 277 Rn. 1, 8.
[75] Classen ZHR 183 (2019), 577 (588).
[76] EuGH 11.7.1985 – verb. Rs. C-87/77 u. C-130/77, ECLI:EU:C:1985:318 – Salerno ua/Kommission und Rat, Rn. 36; Ule, Empfiehlt es sich, die Bestimmungen des europäischen Gemeinschaftsrechts über den Rechtsschutz zu ändern und zu ergänzen?, Gutachten für den 46. Deutschen Juristentag, 1966, S. 64.
[77] EuGH 21.2.1974 – verb. Rs. C-15/73 bis C-33/73, ECLI:EU:C:1974:16 – Kortner ua/Rat, Rn. 36, 38; EuG 25.10.2018 – Rs. T-286/15, ECLI:EU:T:2018:718 – KF/Satellitenzentrum der Europäischen Union, Rn. 157; EuG 14.12.2018 – T-525/16, ECLI:EU:T:2018:964 – GQ ua/Kommission, Rn. 36; Brown/Jacobs, The Court of Justice of the European Communities, 1983, second edition, 114; Ehricke in Streinz AEUV Art. 277 Rn. 13.
[78] Vgl. GA Reischl 24.1.1979 – SchlA C-92/78, ECLI:EU:C:1979:12.
[79] EuGH 6.3.1979 – C-92/78, ECLI:EU:C:1979:53 – Simmenthal/Kommission; EuG 20.4.1999 – T-305/94, ECLI:EU:T:1999:80 – LVM/Kommission; EuG 20.3.2002 – T-9/99, ECLI:EU:T:2002:70 – HFB ua/Kommission; EuG 22.10.2002 – T-310/01, ECLI:EU:T:2002:254 – DEP – Schneider Electric/Kommission; EuGH 10.7.2003 – C-11/00, ECLI:EU:C:2003:395 – Kommission/EZB; EuG 2.10.2014 – T-177/12, ECLI:EU:T:2014:849 – Spraylat/ECHA; EuG 25.10.2018 – T-286/15, ECLI:EU:T:2018:718 – KF/CSUE.

„aufgehoben".[80] Eine explizite Würdigung der Rechtswidrigkeit der zugrundeliegenden Gemeinschaftsvorschrift erfolgt regelmäßig im Rahmen der Entscheidungsgründe.[81] Für gewöhnlich geben die Gerichte der gegen den Rechtsakt „gerichteten Einrede der Rechtswidrigkeit und damit dem zweiten Klagegrund statt"[82] bzw. erklären den Rechtsakt im streitgegenständlichen Verfahren für „unanwendbar".[83]

Eine **Pflicht der Unionsrechtsorgane zur Aufhebung oder Änderung** des – inter partes – für unanwendbar erklärten Rechtsaktes besteht nicht. Art. 277 AEUV spricht lediglich von der „Unanwendbarkeit dieses Rechtsaktes" und auch der individualrechtsschutzergänzende Charakter der inzidenten Normenkontrolle dürfte gegen eine solche Verpflichtung sprechen.[84] Dies hindert die Organe der Union indes nicht daran, von sich aus die für rechtswidrig befundene Norm abzuändern oder aufzuheben, muss doch davon ausgegangen werden, dass der Gerichtshof diese auch in künftigen Verfahren für rechtswidrig befindet oder Amtshaftungsansprüche wegen der Aufrechterhaltung der bereits für rechtswidrig erachteten Norm drohen.[85] 29

Wenngleich eine etwaige Aufhebung oder Abänderung des für rechtswidrig befundenen Rechtsakts den zuständigen Unionsorganen obliegt, mag sich dennoch die **Frage des Umgangs mit dem korrespondierenden Transformationsakt auf mitgliedstaatlicher Ebene** stellen. Abzugrenzen gilt es insofern gegenüber Konstellationen, in denen die Unionsgerichte einen Gemeinschaftsrechtsakt kraft ihres Verwerfungsmonopols erga omnes für nichtig erklären.[86] Da der Inzidentrüge hingegen nur eine auf den jeweiligen Rechtsstreit begrenzte Funktion zukommt, ist Art. 277 AEUV gerade nicht als „zweites Nichtigkeitsverfahren" mit allgemeingültiger Wirkung zu begreifen.[87] Mithin ist dem Grundsatz nach davon auszugehen, dass aus der Aufhebung unionsrechtlicher Vorschriften im Wege der inzidenten Normenkontrolle keine Folgen für das innerstaatliche Transformationsrecht erwachsen. Etwas anderes könnte jedoch in Fällen gelten, in denen die Aufhebung sekundären Unionsrechts – jedenfalls auch – auf einem Verstoß gegen die vom europäischen Primärrecht gewährleisteten Grundrechte einschließlich ihrer allgemeinen Grundsätze beruht.[88] Ob der bundesverfassungsrechtlich gebotenen Kongruenz von europäischem und 30

---

[80] EuGH 13.6.1985 – C-10/56, ECLI:EU:C:1958:8 – Meroni/Hohe Behörde; EuGH 7.6.1972 – C-32/71, ECLI:EU:C:1972:49 – Bauduin/Kommission; EuGH 7.6.1972 – C-20/71, ECLI:EU:C:1972:48 – Bertoni/Parlament; EuG 27.10.1994 – T-64/92, ECLI:EU:T:1994:260 – Chavane de Dalmassy ua/Kommission; EuG 14.12.2017 – T-575/16, ECLI:EU:T:2017:911 – Martinez De Prins ua/EAD; EuG 4.12.2018 – T-518/16, Carreras Sequeros ua/Kommission.
[81] Vgl. EuG 2.10.2014 – T-177/12, ECLI:EU:T:2014:849 – Spraylat/ECHA, Rn. 43.
[82] EuG 14.6.2012 – T-338/08, ECLI:EU:T:2012:300 – Stichting Natuur en Milieu und Pesticide Action Network Europe/Kommission, Rn. 84; EuG 14.6.2012 – Rs. T-396/09, ECLI:EU:T:2012:301 – Vereniging Milieudefensie und Stichting Stop Luchtverontreiniging Utrecht/Kommission, Rn. 77; EuG 30.4.2019 – T-737/17, ECLI:EU:T:2019:273 – Wattiau/Parlament, Rn. 99; EuG 8.7.2020 – T-110/17, ECLI:EU:T:2020:315 – Jiangsu Seraphim Solar System/Kommission, Rn. 157; EuG 16.3.2022 – verb. Rs. T-684/19 u. T-704/19, ECLI:EU:T:2022:138 – MEKH/ACER, Rn. 142; EuG 5.5.2021 – T-611/18, ECLI:EU:T:2021:241 – Pharmaceutical Works Polpharma/EMA, Rn. 295.
[83] EuG 11.12.2012 – T-15/11, ECLI:EU:T:2012:661 Sina Bank/Rat, Rn. 45; EuG 2.10.2014 – T-177/12, ECLI:EU:T:2014:849 – Spraylat/ECHA, Rn. 43; EuG 25.10.2018 – T-286/15, ECLI:EU:T:2018:718 – KF/CSUE, Rn. 160; EuG 16.3.2022 – verb. Rs. T-684/19 u. T-704/19, ECLI:EU:T:2022:138 – MEKH/ACER, Rn. 142; EuG 5.5.2021 – T-611/18, ECLI:EU:T:2021:241 – Pharmaceutical Works Polpharma/EMA, Rn. 295.
[84] So ua Pechstein EUProzR Rn. 981; Schwarze in v. Münch (Hrsg.), Staatsrecht-Völkerrecht-Europarecht, FS Schlochauer, 1981, 927, 938 f.; Stoll/Rigod in Grabitz/Hilf/Nettesheim AEUV Art. 277 Rn. 15.
[85] S. hinsichtlich der Notwendigkeit eines entsprechenden Vorgehens Bebr, Development of Judicial Control of the European Communities, 1981, 215 f.; Geiger/Khan/Kotzur/Kirchmair Art. 277 Rn. 7; Schwarze/van Vormizeele in Schwarze/Becker/Hatje/Schoo AEUV Art. 277 Rn. 13; Ehricke in Streinz AEUV Art. 277 Rn. 13.
[86] S. hierzu ausführlich: Karpenstein FS Sellner, 2010, 126 ff.
[87] Ehricke in Streinz AEUV Art. 277 Rn. 13.
[88] Karpenstein FS Sellner, 2010, 131.

nationalem Grundrechtsschutz[89] schlagen entsprechende durch die unionsrechtliche Jurisdiktion identifizierten Rechtsfehler unmittelbar auf das deutsche Verfassungsrecht durch. Betroffene haben mithin einen verfassungsrechtlich verbürgten Anspruch auf Aufhebung solcher Rechtsmängel. Einen weiteren Ausnahmetatbestand dürften Konstellationen darstellen, in denen die für nichtig erklärte Unionsvorschrift die unmittelbare Rechtsgrundlage für den nationalen Transformationsakt bildet. Derartigen Vollzugsakten – man denke an einen auf Grundlage des Beihilferahmens der Kommission ergangenen Bescheid der nationalen Behörden – würde es an der nach dem Gesetzesvorbehalt (Art. 20 Abs. 3 GG) erforderlichen wirksamen Rechtsgrundlage fehlen.[90]

---

[89] Vgl. BVerfGE 37, 238 – „Solange I"; BVerfGE 73, 339 – „Solange II"; BVerfGE 102, 147 – „Bananenmarktverordnung".
[90] Karpenstein FS Sellner, 2010, 135.

§ 12 Prozesshindernde Einrede und Zwischenverfahren

Übersicht

	Rn.
A. Allgemeines	1
I. Rechtsgrundlagen und Funktion	1
II. Abgrenzung zur inzidenten Normenkontrolle	4
B. Voraussetzungen	5
I. Statthafter Antragsgegenstand	5
1. Prozesshindernde Einrede	6
2. Andere Zwischenstreitigkeiten	8
II. Statthafte Verfahrensart	10
III. Antragsberechtigung	12
IV. Begründeter Antrag	14
V. Frist	15
C. Ablauf des Zwischenverfahrens	16
I. Fristsetzung nach Ermessen des Präsidenten	17
II. Mündliche Verhandlung nach Ermessen	19
III. Anhörung des Generalanwalts	20
D. Entscheidung der Unionsgerichte	21

Schrifttum:
Kirschner/Klüpfel, Das Gericht erster Instanz der Europäischen Gemeinschaften, 2. Aufl. 1998; Klinke, Der Gerichtshof der Europäischen Gemeinschaften, 1989; Lasok, Lasok's European Court Practice and Procedure, 3. Aufl. 2017; Lenaerts/Maselis/Gutman, EU Procedural Law, 2014; Reiling, Streitgegenstand und Einrede der „res indicata" in Direktklageverfahren vor den Gemeinschaftsgerichten, EuZW 2002, 136; Turmo, L'autorité de la chose jugée en droit de l'Union européenne, Bruylant, 2017.

A. Allgemeines

I. Rechtsgrundlagen und Funktion

Nach ihren Verfahrensordnungen führen die Unionsgerichte in Klageverfahren ein Zwi- **1** schenverfahren – insbesondere über die Zulässigkeit der Klage – durch, sofern eine Partei dies mit gesondert begründetem Antrag verlangt. Praktisch relevant sind insbesondere die sog. „Einreden der Unzulässigkeit", die es der beklagten Partei ermöglichen, „vorab eine Entscheidung des Gerichtshofs über eine prozesshindernde Einrede oder einen Zwischenstreit herbeizuführen" **(Art. 151 Abs. 1 EuGHVfO)** und damit den Rechtsstreit nicht unerheblich verzögern; aber auch zu sonstigen Fragen, etwa zur Erledigung der Hauptsache oder zur Nichtberücksichtigung oder Entfernung bestimmter Dokumente aus den Akten[1], können Zwischenverfahren beantragt werden. Während die (ältere) Verfahrensordnung des EuGH beide Varianten des Zwischenverfahrens gemeinsam regelt und an gleichlautende Voraussetzungen knüpft, unterscheidet der (jüngere) **Art. 130 EuGVfO** dezidiert zwischen der prozesshindernden Einrede[2] (Abs. 1) und dem Zwischenstreit (Abs. 2). Dies kann als Ausdruck der „Bemühungen um eine Verkürzung der Dauer der vor [dem Gericht] geführten Verfahren" verstanden werden, indem etwa „das Gericht die Möglichkeit erhält, ein Verfahren ohne mündliche Verhandlung zu entscheiden"[3], wie es nunmehr gem. Art. 130 Abs. 6 EuGHVfO dem Regelfall entspricht.

Sowohl die in der Praxis sehr häufige Einrede der Unzulässigkeit (engl.: „objection of **2** inadmissibility" und franz.: „exception d'irrecevabilité") als auch sonstige prozessuale Ein-

---

[1] Vgl. EuGH 16.2.2022 – C-157/21, ECLI:EU:C:2022:98 Rn. 31 ff. – Polen / Parlament und Rat; EuGH 31.1.2020 – C-457/18, ECLI:EU:C:2020:65 Rn. 48 ff. – Slowenien / Kroatien; GA Bobek 16.10.2020 – SchlA C-348/20 P, ECLI:EU:C:2021:831 Rn. 150 ff. – Nord Stream 2 AG ua/Parlament und Rat.
[2] „Entscheidungen des Gerichts über die Unzulässigkeit oder die Unzuständigkeit".
[3] ABl. 2015 L 105, 1.

reden betreffen **vorgreifliche Fragestellungen verfahrens- oder materiellrechtlicher Natur,** die im Zusammenhang mit dem streitgegenständlichen Verfahren stehen, ohne dessen substantiellen Kern zu berühren.[4] Gleichzeitig weisen entsprechende Rechtsfragen eine derartige Bedeutung auf, dass die Hauptsache an der Entscheidung über jene vorgelagerte Frage wie an einem seidenen Faden hängt: „Reißt dieser Faden und entscheidet diese Frage bereits den Rechtsstreit, vermeidet man viel überflüssige Arbeit."[5]

3   Prozesshindernde Einreden und Zwischenverfahren **erweitern** mithin die **Verteidigungsmöglichkeiten der Verfahrensbeteiligten** und tragen Gesichtspunkten der Prozessökonomie Rechnung, indem einzelne Aspekte des Verfahrens „vor die Klammer" gezogen und isoliert entschieden werden können. Einreden der Unzulässigkeit „zielen darauf ab, dass das angerufene Gericht einen Rechtsstreit beendet, ohne in die Erörterung zur Sache einzutreten."[6] Dies kann selbstverständlich auch nur für einen Teil der Klageanträge oder -gründe gelten.[7] Häufig treten auch erst im Laufe eines Verfahrens vor den Unionsgerichten Rechtsfragen auf, die den weiteren Fortgang des Verfahrens nachhaltig zu (un)gunsten einer Partei beeinflussen und daher aus **Gründen der Prozessökonomie** im Wege eines Zwischenstreits geklärt werden sollten. Durchaus häufig sind allerdings Fälle, in denen die beklagten Unionsorgane – ohne dass sich die Klage später als unzulässig erweist – die Einrede der Unzulässigkeit **aus prozesstaktischen Gründen** erheben, etwa um zusätzliche Zeit für eine umfassende Klagebeantwortung zu gewinnen oder den Rechtsstreit schlicht in die Länge zu ziehen.[8] Da die Klagebeantwortung (dh die Auseinandersetzung mit der Begründetheit der Klage) im Falle einer Fortsetzung des Verfahrens noch eingereicht werden kann, sind mit der Unzulässigkeitseinrede keine prozessualen Nachteile der beklagten Partei verbunden.

II. Abgrenzung zur inzidenten Normenkontrolle

4   Die inzidente Normenkontrolle (→ § 11 Rn. 1) erfasst Konstellationen, in denen ein unionaler Rechtsakt nicht unmittelbar selbst Streitgegenstand eines gerichtlichen Verfahrens vor den Unionsgerichten ist, sondern indirekt zur Prüfung gestellt wird. Erachtet der Gerichtshof den Rechtsakt für rechtswidrig, findet er im Verhältnis der am Rechtsstreit beteiligten Parteien, dh *inter partes,* keine Anwendung und betrifft somit die Begründetheit des Ausgangsverfahren. Demgegenüber ermöglicht das Zwischenverfahren in erster Linie die **Rüge des Fehlens von Sachentscheidungsvoraussetzungen,** was Auswirkungen auf die Zulässigkeit des anhängigen Rechtsstreits haben kann.

B. Voraussetzungen

I. Statthafter Antragsgegenstand

5   Die Verfahrensordnungen des EuGH und EuG unterscheiden **zwei Varianten von Zwischenverfahren:** Die **prozesshindernde Einrede** räumt den Prozessparteien die Möglichkeit ein, das Vorliegen notwendiger Sachentscheidungsvoraussetzungen unionsrechtlicher Rechtsbehelfe isoliert überprüfen zu lassen. Davon abzugrenzen gilt es die Konstellationen im Sinne der Art. 150 EuGHVfO und Art. 129 EuGVfO, wonach die Gerichte eine Klage von Amts wegen als unzulässig abweisen können, wenn es nach ihrem Dafürhalten an unverzichtbaren Prozessvoraussetzungen fehlt.[9] Im Rahmen eines **sons-**

---

[4] Vgl. Lenaerts/Maselis/Gutman, EU Procedural Law, 2014, 25.86.
[5] Klinke, Der Gerichtshof der Europäischen Gemeinschaften, 1989, Rn. 297.
[6] GA Szpunar 14.7.2022 – SchlA C-31/22 P(I), C-32/22 P(I) und C-74/22, P(I) ECLI:EU:C:2022:575 Rn. 46 – Atlas Copco Airpower ua/Kommission.
[7] Wägenbaur EuGHVfO Art. 130 Rn. 6.
[8] Vgl. beispielhaft EuG 13.7.2022 – T-165/20, ECLI:EU:T:2022:453 – JC / EUCAP Somalia; 10.9.2020 – T-246/19 ECLI:EU:T:2020:415 – Kambodscha / Kommission.
[9] Näher Lasok, Practice and Procedure, 2017, Rn. 7.90 ff.

tigen Zwischenstreits** können alle darüber hinausgehenden verfahrensrechtlichen, dh nicht unmittelbar das Vorliegen der Sachentscheidungsvoraussetzungen betreffenden Fragen bis zur verfahrensbeendigenden Entscheidung einer gerichtlichen Prüfung unterworfen werden. Gemein ist den beiden Verfahrensarten, dass es sich jeweils um isolierbare verfahrensrechtliche Rechtsfragen handelt, die für den in der Hauptsache verhandelten Prozess von entscheidender Bedeutung sind und mit einem verhältnismäßig geringen Aufwand gerichtlich geklärt werden können.

1. Prozesshindernde Einrede. Die prozesshindernde Einrede initiiert eine **Überprüfung bestimmter Prozessvoraussetzungen,** deren Vorliegen einer Sachentscheidung der Gerichte notwendig vorausgeht. Fehlt es an einer erforderlichen Prozessvoraussetzung, erübrigt sich eine weitergehende materielle Prüfung des Klagebegehrens, dh der Begründetheit. Aufgrund einer Einrede der Unzulässigkeit (oder Unzuständigkeit) kann die Klage insbesondere aus den folgenden Gründen – ohne dass es einer Klagebeantwortung oder eines Eintritts in die Sachprüfung bedurfte – als unzulässig abgewiesen werden. 6

- Den in der Praxis wichtigsten Fall bildet die erfolgreiche Geltendmachung der **fehlenden Klagebefugnis** einer nach Art. 263 Abs. 4 AEUV erhobenen Nichtigkeitsklage;[10]
- die Unzulässigkeitseinrede kann auch auf die Verfristung der Klage, dh auf die Versäumung der zweimonatigen Klagefrist nach Art. 263 Abs. 5 AEUV gestützt werden;[11]
- Prozesshindernde Einreden können ferner mit der **anderweitigen Rechtshängigkeit** des Verfahrens begründet werden;[12]
- wegen **Missachtung der Formvorschriften** der Klage oder der Klagebegründung, etwa der Benennung des falschen Beklagten, erweisen sich prozesshindernde Einreden immer wieder als erfolgreich;[13]
- **die Unzuständigkeit des EuGH bzw. des EuG** kann sowohl in Klageverfahren als etwa auch in Vertragsverletzungsklagen erfolgversprechend sein.[14] Es besteht hier allerdings zum einen die Möglichkeit der Verweisung vom Gericht an den Gerichtshof gem. Art. 127 EuGVfO. Zum anderen können die Unionsgerichte gem. Art. 53 Abs. 2 EuGHVfO bzw. Art. 126 EuGVfO im Falle der offensichtlichen Unzuständigkeit „nach Anhörung des Generalanwalts jederzeit die Entscheidung treffen, durch mit Gründen versehenen Beschluss zu entscheiden, ohne das Verfahren fortzusetzen";[15]

---

[10] Vgl. etwa EuG 1.3.2022 – T-632/21, ECLI:EU:T:2022:135 – Agreiter/Kommission; EuG 3.11.2021 – T-640/20 – Aurubis/Kommission; EuG 8.6.2021 – T-198/20, ECLI:EU:T:2021:348 – Shindler/Rat; EuG 18.1.2021 – T-34/20, ECLI:EU:T:2021:13 – Datenlotsen Informationssysteme GmbH.
[11] EuGH 7.5.1998 – C-239/97, ECLI:EU:C:1998:213 – Irland/Kommission; EuGH 5.4.1979 – C-220 u. 221/78, ECLI:EU:C:1979:114 Rn. 6 – ALA und ALFER/Kommission; EuGH 15.1.1987 – C-152/85, ECLI:EU:C:1987:10, Rn. 2 – Misset/Rat; EuGH 23.3.1988 – C-289/87, ECLI:EU:C:1988:168 Rn. 6 – Giubilini/Kommission; EuGH 27.4.1988 – C-352/87, ECLI:EU:C:1988:210 Rn. 5 ff. – Farzoo ua/Kommission; EuGH 6.12.1990 – C-180/88, ECLI:EU:C:1990:441 Rn. 18 ff. – Wirtschaftsvereinigung Eisen- und Stahlindustrie/Kommission; EuG 10.1.2017 – T-577/14, ECLI:EU:T:2017:1 – Gascogne Sack Deutschland und Gascogne/Union.
[12] EuG 12.11.2019 – T-158/19, ECLI:EU:T:2020:415 – Breyer/Kommission; EuGH 22.9.1988 – C-358/85 und 51/86, ECLI:EU:C:1988:431 – Frankreich/Parlament; EuGH 17.5.1973 – C-58/72 und 30.11.1972 – C-75/72, ECLI:EU:C:1973:52 Rn. 4, 5 – Perinciolo/Rat.
[13] EuGH 18.3.1986 – C-85/85, ECLI:EU:C:1986:129 Rn. 10 – Kommission/Belgien; EuG 28.2.1991 – T-57/89, ECLI:EU:T:1990:25 Rn. 8 – Alexandrakis/Kommission; EuGH 9.3.1977 – C-54/75, 77, ECLI:EU:C:1977:42, Rn. 10 ff. – Dapert ua/Parlament 77; EuG 10.1.2017 – T-577/14, ECLI:EU:T:2017:1 Rn. 10 („einmal aus der fehlenden Klarheit und Präzision der Klage ergebe") – Gascogne Sack Deutschland und Gascogne/Union.
[14] EuG 10.7.1985 – C-118/83, ECLI:EU:C:1985:308 Rn. 26 – CMC/Kommission; EuGH 28.4.1988 – C-31 u. 35/86, ECLI:EU:C:1988:211 Rn. 22 – LAISA ua/Rat; EuGH 5.3.1986 – C-69/85, ECLI:EU:C:1986:104 Rn. 10 – Wünsche/Deutschland; EuGH 5.3.1986 – C-318/85, ECLI:EU:C:1986:106 – Greis Unterwegen.
[15] EuGH 27.2.1991 – C-285/90, ECLI:EU:C:1991:84 Rn. 3 – Tsitouras ua/Griechenland; EuGH 30.3.1990 – C-371/89, ECLI:EU:C:1990:158 Rn. 3 – Emrich/Kommission.

- die beklagten Unionsorgane können sich auch auf die – ganz oder teilweise – **entgegenstehende Rechtskraft** berufen;[16]
- soweit, wie nach den Statuten einiger Agenturen oder nach dem Beamtenstatut, **vor Klageerhebung ein Vorverfahren** durchzuführen ist, kann bei Nichtbeachtung die Unzulässigkeitseinrede erhoben werden;[17]
- die Unzulässigkeitseinrede kann ferner erhoben werden, wenn das **Klagebegehren auf einen unzulässigen Gegenstand gerichtet** ist;[18]
- sofern die Kläger nicht nachweisen können, dass ihnen aus dem Urteil ein aktueller – und nicht nur hypothetischer – Vorteil erwachsen, können prozesshindernde Einreden ferner auf das **fehlende Rechtschutzinteresse** gestützt werden.[19]

7   Da es sich bei allen diesen Einreden um „unverzichtbare Prozessvoraussetzungen" handelt, die der Unionsrichter jederzeit von Amts wegen prüft (Art. 129 EuGVfO bzw. Art. 150 EuGHVfO), folgt aus der Nichterhebung einer prozesshindernden Einrede allerdings lediglich, dass es zu keinem Zwischenstreit kommt, nicht jedoch, dass die Begründetheit der Klage geprüft werden muss.

8   **2. Andere Zwischenstreitigkeiten.** Während des Verfahrens können ferner andere Zwischenverfahren und -entscheidungen zu vorgreiflichen prozessualen Fragen beantragt werden. Art. 130 Abs. 2, 7 EuGVfO spricht insoweit den „Antrag einer Partei auf Feststellung durch das Gericht, dass die **Klage gegenstandslos** geworden und die **Hauptsache erledigt** ist", nur beispielhaft an. Es muss sich dabei weder um Feststellungsanträge handeln noch müssen die Prozesshandlungen in der Verfahrensordnung zwingend vorgesehen sein. Dazu gehören zB.

- der – in der Regel erfolglose – Antrag auf **Wiedereröffnung der mündlichen Verhandlung** (Art. 113 Abs. 2 EuGVfO);[20]
- Anträge auf Schwärzung oder **Nichtberücksichtigung von Betriebs- und Geschäftsgeheimnissen** von Unternehmen;[21]
- Anträge auf **Zulassung bzw. Ausschluss behördeninterner Dokumente,** etwa den Rechtsgutachten der Unionsorgane oder eines Mitgliedstaates;[22]
- der Antrag auf einen **Wechsel der Verfahrenssprache;**[23]
- die Ablehnung eines Richters wegen **Befangenheit;**[24]

---

[16] EuGH 27.1.2000, C-104/89, ECLI:EU:C:2000:38 – Mulder/Kommission; EuG 8.3.1990 – T-28/89, ECLI:EU:T:1990:18 Rn. 25 – Maindiaux ua/WSA; EuG 5.6.1996 – T-162/94, ECLI:EU:T:1996:71, Rn. 37 – France ua/Kommission; vgl. Reiling EuZW 2002, 136; Turmo, L'autorité de la chose jugeé en droit de l'Union européene, 2017.

[17] EuG 20.6.1990 – T-47/89 und 5.12.1990 – T-82/89, ECLI:EU:T:1990:35 Rn. 32 – Marcato/Kommission.

[18] EuG 13.12.1990 – T-113/89, ECLI:EU:T:1990:82 Rn. 98 – Nefarma/Kommission; EuG 7.2.2001 – T-186/98, ECLI:EU:T:2001:42 Rn. 33 – Inpesca/Kommission; EuG 10.7.2002 – T-387/00, ECLI:EU:T:2002:186 Rn. 16 – Comitato organizzatore del convegno internazionale/Kommission; EuGH 23.5.1990 – C-68/90, ECLI:EU:C:1990:222 Rn. 10 – Blot und Front Nationale/Parlament.

[19] EuG 18.1.2023 – T-166/22 – Seifert/Rat; 28.5.2020, T-84/19 u. T-88/19 bis T-98/19 – ECLI:EU:T:2020:231 Rn. 77 ff., Cinkciarz.pl sp. z o.o / EUIPO; EuGH 4.7.1963 – 12/63, ECLI:EU:C:1963:16 – Diepenbruck/Haute autorité.

[20] EuGH 27.10.1971 – C-6/71, ECLI:EU:C:1971:100 Rn. 2 – Rheinmühlen Düsseldorf / Einfuhr- und Vorratsstelle für Getreide und Futtermittel.

[21] EuGH 30.3.1982 – C-236/81, ECLI:EU:C:1982:115 Rn. 8 – Celanese/Rat und Kommission.

[22] EuGH 8.11.2007 – C-221/06, ECLI:EU:C:2007:657 Rn. 17 und 19 – Stadtgemeinde Frohnleiten und Gemeindebetriebe Frohnleiten GmbH/Bundesminister für Land- und Forstwirtschaft, Umwelt und Wasserwirtschaft; EuGH 11.9.2002 – C-445/00, ECLI:EU:C:2003:445 – Österreich/Rat; EuG 29.2.1996 – T-280/94, ECLI:EU:T:1996:28 Rn. 37 – Lopes/Gerichtshof; EuG 4.6.2014 – T-526/12, ECLI:EU:T:2014:574 – Axa Versicherung/Kommission.

[23] Vgl. EuGH 16.2.1965 – C-14/64, ECLI:EU:C:1965:13 S. 9 f. – Barge/Hohe Behörde, wobei sich der korrespondierende Zwischenstreit im Bezug genommenen Verfahren erledigt hatte, da die Beklagte die Übersetzung der streitigen Schriftsätze vorgelegt hatte.

[24] EuG 14.12.1992 – T-47/92, ECLI:EU:T:1992:115 – Lenz/Kommission.

- die in der Praxis seltenen Anträge auf **Ausschluss der Öffentlichkeit** nach Art. 109 Abs. 2 EuGVfO oder Art. 348 Abs. 2 S. 2 AEUV;[25]
- die Behandlung von **Beweisanträgen**.[26]

Unabhängig von ihrer Kodifizierung in den Verfahrensordnungen sind derartige Anträge   9
Ausfluss eines rechtsstaatlichen Verfahrens und können deshalb – anders als die Unzulässigkeits- und Unzuständigkeitseinrede bei Direktklagen vor dem Gericht – in jedem beliebigen Stadium des Verfahrens gestellt werden.

II. Statthafte Verfahrensart

Nach ihrer Systematik im Titel über die „Klageverfahren" sowie ihrem inneren Aufbau   10
sind prozesshindernde Einreden und Zwischenstreitigkeiten im Sinne von Art. 151 EuGHVfO und Art. 130 EuGHVfO **auf sämtliche Direktklagen zugeschnitten** und finden auf Vorabentscheidungsverfahren keine Anwendung. In ständiger Praxis prüft der Gerichtshof allerdings, ohne damit „vorab" ein Zwischenverfahren auszulösen, auch die von den Beteiligten eines **Vorabentscheidungsverfahrens** erhobenen „Einreden der Unzulässigkeit" sowie sonstige Einwendungen, die im vorerwähnten Sinne (→ Rn. 8) von den Beteiligten erhoben werden.[27] Die Regelungen des Art. 151 EuGHVfO finden sinngemäße Anwendung, wenn sie Ausdruck allgemeiner prozessualer und rechtsstaatlicher Grundsätze sind. Dies bedeutet, dass die jeweiligen Antragsschriften als solche begründet und bezeichnet werden, und es muss den anderen Beteiligten dazu unter Ausschluss von Verfahrensverzögerungen „sogleich" rechtliches Gehör gewährt werden (Art. 151 Abs. 3 EuGHVfO).

Wird die Klage vom Gericht aufgrund eines Zwischenstreits als unzulässig abgewiesen, ist   11
hiergegen das Rechtsmittel zum EuGH gegeben (Art. 256 Abs. 2 AEUV; Art. 56 der Satzung/EuGH). Der Gerichtshof kann im Rahmen dieses Rechtsmittels (oder Anschlussrechtsmittels) allein darüber entscheiden, ob dem Gericht bei der Anwendung des Art. 263 AEUV Rechtsfehler unterlaufen sind.[28] Wegen Fehlens der spezifischen prozessualen Anforderungen an das Rechtsmittel kann hier ebenfalls die **Einrede der Unzulässigkeit des Rechtsmittels** erhoben werden.[29] In Verfahren des vorläufigen Rechtsschutzes nach Art. 278, 279 AEUV kann die Unzulässigkeitsrüge zwar erhoben werden, löst in der Regel wegen der – auch fehlenden – Dringlichkeit allerdings kein Zwischenstreit aus.[30] Ob die Unzulässigkeitseinrede auch in atypischen Verfahren, etwa zu Anträgen auf Aussetzung der Vollziehung von Urteilen des Gerichtshofes, Anwendung findet, ist bislang offen geblieben.[31]

---

[25] Vgl. EuG 27.11.2019 – T-31/18, ECLI:EU:T:2019:815 Rn. 22 f. – Semsroth/Frontex.
[26] EuG 22.10.1996 – T-266/94, ECLI:EU:T:1996:153 Rn. 23 f. – Foreningen af Jernskibs- og Maskinbyggerier i Danmark ua/Kommission.
[27] EuGH 31.1.2023 – C-702/20 u. C-17/21, ECLI:EU:C:2023:1 Rn. 50 – SIA „DOBELES HES"; 1.10.2020 – C-603/19, ECLI:EU:C:2020:774 Rn. 39 – TG; 18.12.2014 – verb. C-131/13, C-163/13 u. C-164/13, ECLI:EU:C:2014:2455 Rn. 29 – Staatssecretaris van Financiën.
[28] EuGH 17.7.2008 – C-521/06 P, ECLI:EU:C:2008:422 Rn. 66 – Athinaïki Techniki/Kommission; EuGH 16.6.1994 – C-39/93 P, ECLI:EU:C:1994:253 Rn. 38 – SFEI ua/Kommission; EuGH 10.1.2002 – C-480/99 P, ECLI:EU:C:2002:8 Rn. 57 – Plant ua/Kommission und South Wales Small Mines; EuGH 15.5.2003 – C-193/01, ECLI:EU:C:2003:281 Rn. 32 – P – Pitsiorlas/Rat und EZB; EuGH 18.1.2007 – C-229/05 P, ECLI:EU:C:2007:32 Rn. 91, 123 – PKK und KNK/Rat; EuGH 9.7.2009 – C-319/07 P Rn. 98 – 3F/Kommission; EuGH 17.12.2009 – C-197/09, ECLI:EU:T:2009:143 Rn. 29 – Réexamen M/EMEA.
[29] EuGH 16.7.2020 – C-378/16 P, ECLI:EU:C:2020:575 Rn. 52 ff. – Inclusion Alliance for Europe GEIE/Kommission; 28.2.2019 – C-466/16 P, ECLI:EU:C:2019:156 Rn. 31 ff. – Rat/Marquis de Energy; 14.12.2017 – C-61/16 P, ECLI:EU:C:2017:968 Rn. 16 ff. – European Bicycle Manufacturers Association/Rat.
[30] EuG 21.7.2017 – T-130/17 R, ECLI:EU:T:2017:541 Rn. 26 – Polskie Górnictwo Naftowe i Gazownictwo S. A./Kommission; 13.7.2006 – T-11/06 R, ECLI:EU:T:2006:217 Rn. 46 ff. – Romana Tabacchi SpA/Kommission.
[31] EuGH 30.5.2001 – C-334/97 R-EX, ECLI:EU:C:2001:297 Rn. 21 – Comune di Montorio al Vomano.

III. Antragsberechtigung

12 Die Befugnis, den anhängigen Rechtsstreit im Wege eines gesonderten Antrags auf verfahrensbezogene Fragen zu konzentrieren und diese einer isolierten gerichtlichen Beurteilung zuzuführen, obliegt **jedenfalls den unmittelbar am Prozess beteiligten Parteien**. Wird die Union, etwa in Schadensersatzklagen wegen überlanger Verfahrensdauer, vom Gerichtshof selbst vertreten, steht diese Befugnis selbstverständlich auch dem EuGH zu.[32] Während die Verfahrensordnung des Gerichtshofes, da sie zwischen prozesshindernden Einwendungen und sonstigen prozessualen Anträgen nicht unterscheidet, von einer „Partei" spricht, unterscheidet die Verfahrensordnung zwischen prozesshindernden Einreden, die ausschließlich vom „Beklagten" erhoben werden können (Art. 130 Abs. 1 EuGVfO) und sonstigen Zwischenstreitigkeiten, die von jeder „Partei" – mithin auch von der Klägerseite – beantragt werden können (Art. 130 Abs. 2 EuGVfO).

13 Während des durch eine Unzulässigkeitseinrede begründeten Zwischenverfahrens ruhen Anträge auf Streithilfe und erledigen sich, wenn die Klage vorab als unzulässig abgewiesen wird.[33] Zugelassene **Streithelfer** können die Anträge der Hauptpartei und folglich auch die nach Art. 151 EuGHVfO und Art. 130 EuGVfO zulässigen Anträge stellen. Die bislang offen gelassene „Frage, ob ein Streithelfer eine Einrede der Unzulässigkeit erheben kann, die von der Partei, deren Anträge er unterstützt, nicht erhoben worden ist",[34] ist zu verneinen: Wegen der primärrechtlich strikt vorgesehenen Akzessorietät der Streithilfe (Art. 40 Abs. 4 der Satzung des Gerichtshofs) können mit den aufgrund eines Beitritts gestellten Anträgen keine eigenständigen Anträge gestellt, sondern nur Anträge einer Hauptpartei unterstützt werden. Diese Bestimmung „verwehrt es einem Streithelfer jedoch nicht, Argumente vorzutragen, die neu oder anders sind als die der von ihm unterstützten Partei, sofern er die Anträge dieser Partei unterstützt."[35]

IV. Begründeter Antrag

14 Die prozesshindernde Einrede bzw. der Zwischenstreit werden gem. Art. 151 Abs. 1, 2 EuGHVfO und Art. 130 Abs. 1 bis 3 EuGVfO mit **„gesondertem Schriftsatz"** beantragt, der die „tragenden Gründe und Argumente, die Anträge und als Anlage die zur Unterstützung herangezogenen Belegstücke und Unterlagen enthalten" muss. Nach Ziffer 105 der „Praktischen Durchführungsbestimmungen zur Verfahrensordnung des Gerichts" bzw. Ziffer 13 der „Praktischen Anweisungen für die Parteien in den Rechtssachen vor dem Gerichtshof" dürfen Schriftsätze, die ein Zwischenverfahren einleiten, den Gesamtumfang von 20 bzw. 30 Seiten nicht überschreiten. Die allgemeinen Verfahrensvorschriften der Art. 57, 120 EuGHVfO bzw. Art. 43 f. EuGVfO sind zu beachten.[36] Bloße Anregungen, die nicht gesondert bezeichnet, hervorgehoben oder zu allgemein gehalten sind, sind unzulässig.[37] Eine (prozesshindernde) Einrede der Unzulässigkeit tritt **an die Stelle der Klagebeantwortung** (vgl. Art. 130 Abs. 1 EuGVfO), für die das Gericht eine (meist zweimonatige) Frist setzt, sofern die Unzulässigkeitseinrede förmlich zurückgewiesen wird oder – wie dies häufig der Fall ist – der Endentscheidung vorbehalten wird (vgl. Art. 130 Abs. 8 EuGVfO). Die gleichzeitige Unzulässigkeitseinrede und Klagebeantwortung ist demnach ebenso unzulässig wie „hilfsweise" Erwiderungen zur Begründetheit der Klage.

---

[32] EuG 10.1.2017 – T-577/14, ECLI:EU:T:2017:1 – Gascogne Sack Deutschland und Gascogne/Union; ebenso EuG 1.2.2017 – T-725/14, ECLI:EU:T:2017:47 Rn. 6 – Aalberts Industries/Europäische Union; EuGH 7.11.1985 – Rs. C-145/83, ECLI:EU:C:1985:448 Rn. 3 – Adams/Kommission.
[33] EuG 11.7.2019 – T-674/18, ECLI:EU:T:2019:501 Rn. 46 – Vattenfall Nuclear/Kommission.
[34] EuGH 11.7.1990 – C-305/86 u. C-160/87, ECLI:EU:C:1990:295 Rn. 18 – Neotype Techmashexport/Kommission und Rat.
[35] EuGH 21.12.2011 – C-28/09, ECLI:EU:C:2011:854 Rn. 50 ff. – Kommission/Österreich.
[36] Wolf in HER VerfO Art. 91 Anm. 2; Klinke, Der Gerichtshof der Europäischen Gemeinschaften, 1989, Rn. 300; siehe auch Lenaerts/Maselis/Gutman, EU Procedural Law, 2014, 25.87.
[37] EuGH 17.11.1965 – C-55/64, ECLI:EU:C:1965:113 – Lens/Gerichtshof.

V. Frist

Während **prozesshindernde Einreden** in Klageverfahren vor dem Gericht (EuG) zwingend innerhalb der für die Klagebeantwortung (zwingend) vorgesehenen **Frist von zwei Monaten** zu beantragen sind (Art. 130 Abs. 1 iVm Art. 81 EuGVfO), sehen die Verfahrensordnungen der Unionsgerichte für die Beantragung sonstiger Zwischenverfahren keine Fristen vor. Dies bedeutet zum einen, dass Zwischenverfahren, die nicht auf die Unzulässigkeit und Unzuständigkeit gerichtet sind, grundsätzlich – dh das Gericht und die Verfahrensordnung nicht ausnahmsweise etwas anderes bestimmen – während des gesamten Verfahrens beantragt werden können. Zum anderen kann in Klageverfahren vor dem Gerichtshof (EuGH) die Unzulässigkeitseinrede vom verklagten Mitgliedstaat auch noch in der Gegenerwiderung oder einer etwaigen mündlichen Verhandlung beantragt werden (wenngleich sie dann aufgrund des fortgeschrittenen Verfahrensstadiums kaum erfolgversprechend ist). Versäumt die beklagte Partei vor dem Gericht innerhalb der Frist von zwei Monaten eine prozesshindernde Einrede, ist sie allerdings nicht gehindert, in ihrer Gegenerwiderung oder einer mündlichen Verhandlung die aus ihrer Sicht entscheidenden Zulässigkeits- oder Zuständigkeitsfragen zu problematisieren.

C. Ablauf des Zwischenverfahrens

Die weiteren Verfahrensschritte eines Zwischenstreits sind in Art. 130 EuGVfO und Art. 151 EuGVfO vorgezeichnet, erweisen sich aber, da die Behandlung (bzw. Abweisung) der Anträge häufig nicht „vorab" erfolgt, sondern nur formelhaft dem Endurteil vorbehalten wird, in der Praxis als wenig nachvollziehbar und transparent. Normativ geprägt ist das Zwischenverfahren vom Grundsatz der **Verfahrensbeschleunigung.**

I. Fristsetzung nach Ermessen des Präsidenten

Unmittelbar nach Eingang des Antrags, mit dem vorab eine Entscheidung über eine prozesshindernde Einrede oder eine sonstige Zwischenentscheidung erwirkt werden soll, setzt der Präsident der jeweils befassten Kammer der Gegenpartei eine **Schriftsatzfrist** (in der Praxis hat die Kanzlei eine tabellarische Form für diese Fristen entwickelt), damit ggf. die Zurückweisung der Anträge einschl. der tragenden Gegenargumente beantragt werden kann (Art. 151 Abs. 3 EuGHVfO; ähnlich Art. 130 Abs. 4 und 4 EuGVfO). Als „Gegenpartei" gelten bei prozesshindernden Einreden der/die Kläger, bei der Beantragung sonstiger Zwischenentscheidungen auch die übrigen Parteien, dh auch die die Gegenpartei unterstützenden Streithelfer. Welche Fristen der Kammerpräsident jeweils setzt, steht in seinem Ermessen. Für die Beantwortung prozesshindernder Einreden – also insbes. der Einrede der Unzulässigkeit – hat sich eine Frist von zwei Monaten etabliert, für sonstige Anträge werden in der Regel zwei bis drei Wochen Schriftsatzfrist gewährt. Die Frist kann auf begründeten Antrag verlängert werden (Art. 61 EuGVfO). Verspätete Einlassungen sind präkludiert.

Mit ihrer (fakultativen) Stellungnahme beantragt die Gegenpartei die Zurückweisung des Antrags und begründet diese. Hat die Beklagte die Unzulässigkeitseinrede erhoben, kann sich der Kläger also darauf beschränken, diese zurückzuweisen und zu begründen, weshalb die Einwendungen der beklagten Einrichtung unzutreffend sind. Aus Gründen der Waffengleichheit darf, entgegen dem insoweit verkürzten Wortlaut der Verfahrensordnungen, selbstverständlich auch die Gegenpartei „Belegstücke und Unterlagen" (Art. 151 Abs. 2 EuGHVfO; ähnlich Art. 130 Abs. 2 EuGVfO) als Anlage einreichen. Auch die „Möglichkeit, in der Stellungnahme zu einer Unzulässigkeitseinrede **neue Beweismittel** vorzubringen, [ist] als dem Recht des Klägers, auf die vom Beklagten in seiner Unzulässigkeitseinrede vorgebrachten Argumente zu antworten, immanent anzusehen, da keine Verfahrensregel vom Kläger die Vorlage von Beweisen zur Zulässigkeit seiner Klage ab dem Stadium der

Klageschrift verlangt."[38] Gleichwohl hat das Gericht festgestellt, dass „Art. 130 der Verfahrensordnung nicht die Möglichkeit vorsieht, dass nach der Stellungnahme zu einem solchen Antrag Dokumente vorgelegt werden. Dies wäre auch nicht damit vereinbar, dass es sich um einen Zwischenstreit handelt." Auch eine darauffolgende „Erwiderung" durch den Antragsteller ist nicht zulässig. Erfolgt keine Stellungnahme durch die Gegenpartei, entscheidet das Gericht allein auf Grund der Aktenlage.[39]

II. Mündliche Verhandlung nach Ermessen

19 Über den Antrag zur Durchführung eines Zwischenverfahrens wird nach Vorstellung des Art. 151 Abs. 4 EuGHVfO „mündlich verhandelt, sofern das Gericht nichts anders bestimmt". In der Regel wird der EuGH allerdings auf **eine mündliche Verhandlung verzichten,** sollte er die Unterrichtung und rechtliche Würdigung im Wege der Schriftsätze und des Akteninhalts für ausreichend erachten.[40] Mit Blick auf Zwischenverfahren vor dem EuG zeugt die Neufassung des Art. 130 Abs. 6 Satz 1 EuGVfO davon, dass die mündliche Verhandlung nunmehr auch normativ die Ausnahme bildet.[41]

III. Anhörung des Generalanwalts

20 Über den Antrag entscheidet der Gerichtshof gem. Art. 151 Abs. 5 EuGHVfO erst „nach Anhörung des Generalanwalts", wobei die Form der Einbeziehung offenbleibt. In der Praxis ergehen zu Unzulässigkeitseinreden oder sonstigen Anträgen auf Entscheidung im Zwischenstreit in der Regel **keine (öffentlichen) Schlussanträge.**[42]

D. Entscheidung der Unionsgerichte

21 Nach ihren Verfahrensordnungen haben die Unionsgerichte jeweils **drei Möglichkeiten,** auf prozesshindernde Einreden oder (sonstige) Anträge auf Durchführung eines Zwischenstreits zu entscheiden:

- Sie können – nach oder auch ohne Durchführung einer mündlichen Verhandlung – **dem Antrag stattgeben** mit der Konsequenz der Abweisung der Klage als unzulässig bzw. einer (sonstigen) unmittelbaren Beendigung des Zwischenverfahrens.
- Sie können – ggf. auch nach Durchführung einer mündlichen Verhandlung – **den Antrag abweisen** mit der Konsequenz einer zügigen Fortsetzung des Verfahrens, entsprechend des vom Kammerpräsidenten jeweils bestimmten Zeitrahmens für weitere Schriftsätze (vgl. Art. 151 Abs. 6 EuGHVfO; Art. 130 Abs. 8 EuGVfO).
- Sie können, „wenn besondere Umstände dies rechtfertigen" – in der Praxis ein häufiger Fall – die Behandlung des jeweiligen Antrags **dem Endurteil (bzw. -beschluss) vorbehalten,** etwa dann, wenn sich der Erfolg einer Unzulässigkeitseinrede erst aus einem Verständnis des gesamten Verfahrensstoffs ergibt (Art. 151 Abs. 5 EuGHVfO; Art. 130 Abs. 7 EuGVfO).

---

[38] EuG 22.1.2015 – T-488/13, ECLI:EU:T:2015:64 Rn. 30 – GEA Group/HABM (engineering for a better world); EuG 17.5.2019 – T-764/15, ECLI:EU:T:2019:349 Rn. 48 – Deutsche Lufthansa/Kommission.

[39] EuG 17.5.2019 – T-764/15, ECLI:EU:T:2019:349 Rn. 37: „Das Gericht hält sich nach dem Schriftsatzwechsel nun aber für hinreichend unterrichtet, um durch Beschluss über die Einrede zu entscheiden." – Deutsche Lufthansa/Kommission.

[40] EuG T-295/16, ECLI:EU:T:2017:147 Rn. 15 – SymbioPharm/EMA; EuG 23.1.1991 – T-3/90, ECLI:EU:T:1991:2 Rn. 16 – Prodifarma/Kommission; EuGH 7.12.1988 – C-138/88, ECLI:EU:C:1988:534 Rn. 9 – Flourez/Rat; EuGH 18.11.1980 – C-141/80, ECLI:EU:C:1980:262 – Macevicius/Parlament; EuGH 13.7.1988 – C-160/88, ECLI:EU:C:1988:535 Rn. 11 – Fedesa/Rat; EuGH 3.2.1988 – C-191/87, ECLI:EU:C:1988:52 Rn. 8 – Covale/Kommission.

[41] So bereits Kirschner/Klüpfel, Das Gericht erster Instanz der Europäischen Gemeinschaften, 2. Aufl. 1998, Rn. 141.

[42] Für eine Ausnahme EuGH 31.1.2020 – C-457/18, ECLI:EU:C:2020:65 – Slowenien/Kroatien.

22 Für welche dieser drei Varianten es sich entscheidet, steht in **„dem souveränen Ermessen des Gerichts"**[43], ist also vom Gerichtshof im Rahmen eines Rechtsmittels allenfalls in einer den Art. 47 GRCh verletzenden Fallgestaltung (z.B. wegen überlanger Verfahrensdauer) überprüfbar. Insbesondere ist die Möglichkeit, eine Klage ohne mündliche Verhandlung durch mit Gründen versehenen Beschluss als unzulässig abzuweisen, „nach der Rechtsprechung nicht dadurch ausgeschlossen, dass das Gericht vorher einen Beschluss (…) erlassen hat, mit dem die Entscheidung über eine gemäß Art. 130 der Verfahrensordnung erhobene Einrede dem Endurteil vorbehalten wurde".[44]

23 Neben diesen drei Alternativen kann es aus Gründen des effektiven Rechtsschutzes **seltene Ausnahmefälle** geben, in denen über prozesshindernde Einreden „nicht zu entscheiden ist", etwa weil das Unionsgericht wegen unverschuldet fehlerhafter Bezeichnung des Beklagten die Kanzlei anweist, die Klageschrift fristwahrend dem richtigen Beklagten zuzustellen.[45]

---

[43] GA Pikamäe 2.3.2023 – SchlA verb. C-72/22 P und 77/22 P, ECLI:EU:2023:157 Rn. 75 – Grupa Azoty S. A./Kommission.
[44] EuGH 15.6.2023 – C-501/21 P, ECLI:EU:C:2023:480 Rn. 39 – Shindler ua/Rat; EuG 17.5.2019 – T-764/15, ECLI:EU:T:2019:349 Rn. 38 – Deutsche Lufthansa/Kommission unter Hinweis auf EuGH 19.2.2008 – C-262/07 P, ECLI:EU:C:2008:95 Rn. 26 bis 28 – Tokai Europe/Kommission.
[45] EuG 12.11.2019 – T-158/19 ECLI:EU:T:2019:791 – Breyer/Kommission.

Vierter Abschnitt. Sonstige Klage- und Verfahrensarten

§ 13 Klagen betreffend die Europäische Investitionsbank (EIB) und die Europäische Zentralbank (EZB)

Übersicht

	Rn.
A. Allgemeines	1
I. Rechtsgrundlagen	1
1. Die Europäische Investitionsbank	2
2. Die Europäische Zentralbank	5
II. Wesen und Bedeutung dieser Klagen	8
B. Klagen betreffend die Erfüllung von Verpflichtungen	26
I. Zulässigkeit der Klagen	26
1. Sachliche Zuständigkeit	26
2. Verfahrensbeteiligte	27
a) Klageberechtigte	27
b) Klagegegner	29
3. Klagegegenstand	30
4. Klageart	31
5. Sonstige Sachurteilsvoraussetzungen	32
II. Begründetheit	34
III. Abschließende Entscheidung	36
C. Klagen, die Organbeschlüsse der EIB betreffend	39
I. Zulässigkeit der Klagen	39
1. Sachliche Zuständigkeit	39
2. Verfahrensbeteiligte	40
a) Klageberechtigte	40
b) Klagegegner	43
3. Klagegegenstand	44
4. Klageart	46
5. Sonstige Sachurteilsvoraussetzungen	47
II. Begründetheit	48
III. Abschließende Entscheidung	49
D. Sonstige, die EIB betreffende Streitigkeiten	50
E. Die Europäische Zentralbank und das System der gerichtlichen Kontrolle	52
I. Klage-, Rüge- und Antragsrechte der EZB	53
1. Nichtigkeitsklage nach Art. 263 AEUV	53
2. Untätigkeitsklage nach Art. 265 AEUV	55
3. Inzidente Normenkontrolle nach Art. 277 AEUV	58
4. Klagen nach Art. 14.2. ESZB-Satzung	59
5. Klagen nach Art. 36.2. ESZB-Satzung	60
6. Antragsrecht nach Art. 11.4. ESZB-Satzung	61
II. Die EZB als Beklagte	62
1. Nichtigkeitsklage nach Art. 263 AEUV	62
2. Untätigkeitsklage nach Art. 265 AEUV	64
3. Schadensersatzansprüche nach Art. 268 AEUV iVm Art. 340 Abs. 2 AEUV	65
4. Vorabentscheidungsverfahren nach Art. 267 AEUV	67
5. Klagen nach Art. 36.2. ESZB-Satzung	68

Schrifttum:

v. Bogdandy, Europa 1992 – Die außervertragliche Haftung der Europäischen Gemeinschaften, JuS 1990, 872 ff.; Borries, Die Fortentwicklung der Europäischen Wirtschaftsgemeinschaft zur Wirtschafts- und Währungsunion, in Rengeling/v. Borries (Hrsg.), Aktuelle Entwicklungen in der Europäischen Gemeinschaft, 1992, S. 91 ff.; Borries, Die Europäische Zentralbank als Gemeinschaftsinstitution, ZeuS 1999, 281 ff.;

Calliess, Konfrontation statt Kooperation zwischen BVerfG und EuGH?, NVwZ 2020, 897 ff.; Dickertmann/Gelbhaar, Die Europäische Investitionsbank – Öffentliche Kreditwirtschaft im Schatten des Europäischen Haushalts, in: Cox (Hrsg.), Daseinsvorsorge und öffentliche Dienstleistungen in der Europäischen Union, 2000; Ehlers, Die Schadensersatzklage des europäischen Gemeinschaftsrechts, Jura 2009, 187; Endler, Europäische Zentralbank und Preisstabilität. Eine juristische und ökonomische Untersuchung der institutionellen Vorkehrungen des Vertrages von Maastricht zur Gewährleistung der Preisstabilität, 1998; Gärditz, Glaubwürdigkeitsprobleme im Unionsverfassungsrecht, EuZW 2020, 505 ff.; Gaiser, Gerichtliche Kontrolle im Europäischen System der Zentralbanken, EuR 2002, 517 ff.; Goetze, Die Tätigkeiten der nationalen Zentralbanken in der Wirtschafts- und Währungsunion, 1999; Haltern, Ultra-Vires-Kontrolle im Dienst europäischer Demokratie, NVwZ 2020, 817 ff.; Haratsch, Die Gleichheit der Mitgliedstaaten in den Institutionen und Entscheidungsverfahren der Europäischen Union – der rechtliche Rahmen, EuR 2020, 471; Hartig, Die Befugnisse von EZB und ESRB auf dem Gebiet der Finanzsystemstabilität, EuZW 2012, 775; Häde, Die Europäische Wirtschafts- und Währungsunion, EuZW 1992, 171 ff.; Hellwig, Die Verhältnismäßigkeit als Hebel gegen die Union, NJW 2020, 2497 ff.; Käser, Währungsrecht und Europäische Investitionsbank, in: Hahn (Hrsg.), Integration und Kooperation im Europäischen Währungswesen, Schriftenreihe des Arbeitskreises Europäische Integration Bd. 8, 1980; Kahl, Optimierungspotenzial im „Kooperationsverhältnis" zwischen EuGH und BVerfG, NVwZ 2020, 824 ff.; Kainer, Aus der nationalen Brille: Das PSPP-Urteil des BVerfG, EuZW 2020, 533 ff.; Kerber/Städter, Die EZB in der Krise: Unabhängigkeit und Rechtsbindung als Spannungsverhältnis. Ein Beitrag zum Individualrechtsschutz gegen Rechtsverstöße der EZB, EuZW 2011, 536; Koenig, Institutionelle Überlegungen zum Aufgabenzuwachs beim europäischen Gerichtshofs in der Währungsunion, EuZW 1993, 661 ff.; Kramer, Die Europäische Investitionsbank. Fusion und Kontrolle im unionalen Verfassungssystem, 2015; Ludwigs, Die Konsequenzen des PSPP-Urteils für die Kompetenzordnung der EU, EWS 2020, 186 ff.; ders., Scherbenhaufen oder Chance?, EuZW 2020, 530 ff.; Middeke/Szczekalla, Änderungen im europäischen Rechtsschutzsystem, JZ 1993, 284 ff.; Müller-Borle, Die Europäische Investitionsbank, 1983; Mögele, Von wilden Tieren und obersten Gerichten: Das EZB-Urteil des BVerfG, NJOZ 2020, 798 ff.; Möllers, das PSPP-Urteil des Bundesverfassungsgerichts und die Europäische Rechtsunion, EuZW 2020, 503 ff.; Nettesheim, Das PSPP-Urteil des BVerfG – ein Angriff auf die EU?, NJW 2020, 1631 ff.; Ossenbühl, Die außervertragliche Haftung der Europäischen Gemeinschaft, in: Rengeling, Handbuch zum europäischen und deutschen Umweltrecht (EUDUR), Band I: Allgemeines Umweltrecht, 2. Aufl. 2003, § 42; Pernice, Machtspruch aus Karlsruhe: „Nicht verhältnismäßig? – Nicht verbindlich? – Nicht zu fassen….", EuZW 2020, 508 ff.; Philipp, Aufsicht für die Europäische Investitionsbank?, EuZW 2011, 412; Piecha, Die Europäische Gemeinschaftsanleihe – Vorbild für EFSF, ESM und Euro-Bonds?, EuZW 2012, 532; Potacs, Nationale Zentralbanken in der Wirtschafts- und Währungsunion, EuR 1993, 23 ff.; Rademacher, Realakte im Rechtsschutzsystem der Europäischen Union, 2014; Schubert, Der Vertrag von Lissabon, EuZW 2008, 273; Seidel, Probleme der Verfassung der Europäischen Gemeinschaft als Wirtschafts- und Währungsunion, in Baur/Müller-Graff/Zuleeg (Hrsg.), FS Bodo Börner, 1992, 471 ff.; Selmayr, Die Wirtschafts- und Währungsunion als Rechtsgemeinschaft, AöR 124 (1999), 357 ff.; Siekmann, Gerichtliche Kontrolle der Käufe von Staatsanleihen durch das Euro-System, EuZW 2020, 491 ff.; Smits, The European Central Bank: Institutional Aspects, ICLQ 1996, 319 ff.; Stadler, Der rechtliche Handlungsspielraum des Europäischen Systems der Zentralbanken, 1996; Studt, Rechtsfragen einer Europäischen Zentralbank, 1993; Tiedemann, Neue eruopäische Förderung der Vergabe von Kleinstkrediten: Das Progress-Mikrofinanzierungsinstrument für Beschäftigung und soziale Eingliederung, EuZW 2010, 697 ff.; Ule, Empfiehlt es sich, die Bestimmungen des europäischen Gemeinschaftsrechts über den Rechtsschutz zu ändern und zu ergänzen? – Gutachten für den 46. Deutschen Juristentag, 1966; Ullrich, BVerfG contra EuGH: Der PSPP-Konflikt, EWS 2020, 301 ff.; Waigel, Die Unabhängigkeit der Europäischen Zentralbank: gemessen am Kriterium demokratischer Legitimation, 1999; Weber, Das Europäische System der Zentralbanken, WM 1998, 1465 ff.; Wegener, Karlsruher Urteil – Das Urteil des Bundesverfassungsgerichts vom 5. Mai 2020 (2 BvR 859/15) in Sachen Staatsanleihenkauf der Europäischen Zentralbank, EuR 2020, 347 ff.; Weinbörner, Die Stellung der Europäischen Zentralbank (EZB) und der nationalen Zentralbanken in der Wirtschafts- und Währungsunion nach dem Vertrag von Maastricht, 1998; Weiß, Kompetenzverteilung in der Währungspolitik und Außenvertretung des Euro, EuR 2002, 165 ff.

A. Allgemeines

I. Rechtsgrundlagen

Nach Art. 271 lit. a–c AEUV kommt dem **Gerichtshof der Europäischen Union** einerseits die **Entscheidungskompetenz** im Hinblick auf gewisse **Streitsachen betreffend die Europäische Investitionsbank (EIB)** und andererseits nach Art. 271 lit. d AEUV im Hinblick auf die **Europäische Zentralbank (EZB)** zu.[1] Weitere Regelungen zum

1

---

[1] Art. 271 AEUV entspricht inhaltlich der Vorgängerregelung des Art. 237 EGV; zur „wenig geglückten sprachliche Korrektur" Sademach/Häde in FK-EUV/GRC/AEUV AEUV Art. 271 Rn. 1.

Rechtsschutz finden sich für die EZB in Art. 35 der dem Unionsvertrag als Protokoll beigefügten Satzung der EZB[2] sowie den entsprechenden Rechtsschutzbestimmungen des AEUV. Zudem normiert Art. 51 Abs. 2 der EuGH-Satzung die Zuständigkeit für Nichtigkeits- bzw. Untätigkeitsklagen, die entweder von der EZB oder gegen die EZB erhoben werden.[3] Da die beiden Banken im Rahmen des Anwendungsbereiches des EAGV keine Erwähnung finden, sind dort auch keine Parallelvorschriften zum Art. 271 AEUV vorhanden. Bevor auf das die beiden Banken betreffende **Rechtsschutzverfahren** detailliert eingegangen wird, erscheint es sowohl vor dem Hintergrund, dass es sich hierbei – wie iE nachzuweisen ist – um **Sonderverfahren** handelt als auch im Hinblick darauf, dass die Aufgaben und die Struktur der beiden europäischen Banken nicht unbedingt zum allgemeinen Kenntnisstand über das Europäische Unionsrecht zählen, angezeigt, vorab auf die Stellung und ihre Aufgaben im System der Europäischen Union einzugehen.

2   **1. Die Europäische Investitionsbank.** Grundlegende Bestimmungen zur EIB waren bereits mit der Gründung der EWG in den Vertrag aufgenommen worden (Art. 129, 130 EWGV). Im Zuge des Vertragsänderungen durch den in Maastricht beschlossenen Unionsvertrag teilten sich diese Vorschriften unter leichter Modifizierung auf die Art. 4b, 198d, 198e EGV aF auf, wobei die in den ehemaligen Art. 129, 130 EWGV enthaltenen Kernaussagen allerdings im Wesentlichen unverändert beibehalten wurden. Weitere Vorschriften zur EIB, insbes. zur Zusammensetzung und der Aufgabenverteilung, sind in dem „Protokoll über die Satzung der Europäischen Investitionsbank"[4] enthalten, das dem EWGV als Anlage beigefügt worden war. Innerhalb des institutionellen Gefüges der Union nimmt die EIB eine **Sonderstellung** ein. Art. 308 Abs. 1 AEUV bringt mit konstitutiver Wirkung zum Ausdruck, dass der EIB eine eigene, **unionsinterne Rechtspersönlichkeit** zukommt.[5] Darauf folgt, dass es sich bei der Bank um eine **finanziell und organisatorisch selbständige öffentlich-rechtliche Unionseinrichtung mit eigenen Rechten und Pflichten** handelt. Der genaue Umfang dieser Rechtspersönlichkeit ist in Art. 26 EIB-Satzung geregelt. Die EIB genießt eine **Sonderstellung,** so dass es sich bei ihr nicht um ein Unionsorgan i. S. d. Art. 13 EUV handelt.[6] Die Sonderstellung ergibt sich zum anderen aber auch daraus, dass die EIB zwar den Unionsorganen nachgebildete eigene Organe hat, die aber eigenen Gesetzmäßigkeiten unterliegen und für die hinsichtlich der **Justiziabilität** ihrer Handlungen in Art. 271 lit. a–c AEUV eine – allerdings nicht abschließende – **Sonderregelung** besteht.[7] Ungeachtet der bestehenden funktionellen und institutionellen Autonomie ist die EIB auf die Ziele der Union verpflichtet.[8] Zudem genießt die EIB

---

[2]   Protokoll über die Satzung des Europäischen Systems der Zentralbanken und der Europäischen Zentralbank v. 7.2.1992 (BGBl. II 1253), zuletzt geändert durch Art. 1 Abs. 4 lit. b, Abs. 6 lit. a, Abs. 8 lit. b, Abs. 11 Protokoll Nr. 1 zum Vertrag von Lissabon v. 13.12.2007 (ABl. 2007 C 306, 163, ber. ABl. 2008 C 111, 56 und ABl. 2009 C 290, 1).
[3]   Dazu Wägenbaur, 2017, Satzung-EuGH Art. 51 Rn. 5.
[4]   Protokoll über die Satzung der Europäischen Investitionsbank v. 25.3.1957 (BGBl. 1957 II 964), zuletzt geändert durch Art. 1 B (EU) 2019/1255 vom 18.7.2019 ABl. L 196, 1 (geändert – ausweislich Art. 2 – mit noch unbestimmtem Inkrafttreten).
[5]   Vgl. dazu EuGH 17.11.1976 – 110/75, Slg. 1976, 955 Rn. 7 ff. = BeckRS 2004, 70712 – Mills/EIB; ferner aus dem Schrifttum Schilling in Schwarze AEUV Art. 308 Rn. 4; Frenz EuropaR-HdB V Rn. 3095 f.; Nienhaus in von der Groeben/Schwarze/Hatje, AEUV Art. 266 Rn. 8 f.; Classen/Nettesheim in Oppermann/Classen/Nettesheim EuropaR § 19 Rn. 33; Rossi in Calliess/Ruffert AEUV Art. 308 Rn. 5, 7 ff.; Stoll/Rigod in Grabitz/Hilf/Nettesheim AEUV Art. 308 Rn. 5 f.
[6]   Vgl. dazu EuGH 3.3.1988 – C-85/86, Slg. 1988, 1281 Rn. 28 ff. = BeckRS 2004, 73820 – Kommission/EIB; EuGH 10.7.2003 – C-15/00, Slg. 2003, I-7281 Rn. 102 ff. = BeckRS 2004, 74448 – Kommission/EIB, der der EIB insoweit eine Doppelnatur zuerkennt; dazu auch im Schrifttum Frenz EuropaR-HdB V Rn. 3094; Nienhaus in von der Groeben/Schwarze/Hatje AEUV Art. 266 Rn. 6; Ohler in Streinz AEUV Art. 308 Rn. 4 ff.; Rossi in Calliess/Ruffert AEUV Art. 308 Rn. 7 f.; Stoll/Rigod in Grabitz/Hilf/Nettesheim AEUV Art. 308 Rn. 5; vgl. auch Nowak in FK-EUV/GRC/AEUV EUV Art. 13 Rn. 7.
[7]   So Schilling in Schwarze AEUV Art. 308 Rn. 2.
[8]   Vgl. nur EuGH 3.3.1988 – C-85/86, Slg. 1988, 1281 Rn. 29 = BeckRS 2004, 73820 – Kommission/EIB.

funktionelle und institutionelle Autonomie, um auf den Kapitalmärkten frei von politischen Einflüssen agieren zu können.[9] Insgesamt ist die EIB damit hinsichtlich ihrer Geschäftsführung, insbes. im Rahmen ihrer Kapitaloperationen unabhängig, andererseits hinsichtlich ihrer Ziele eng mit der EU verbunden.[10]

Die **Funktion** der EIB als einer **Einrichtung der europäischen Integrationspolitik** besteht gem. Art. 309 AEUV vornehmlich in der Finanzierung der dort iE aufgeführter Vorhaben durch Gewährung von Darlehen oder Bürgschaften, um so zu einer ausgewogenen und reibungslosen Entwicklung des Gemeinsamen Marktes beizutragen.[11] Dabei hat die EIB ihre Aufgabenerfüllung durchweg an den strukturpolitischen Zielvorgaben der EU-Organe auszurichten („im Interesse der EU", → Rn. 7) Obwohl sie über eine von den Mitgliedstaaten aufgebrachte **Eigenkapitalausstattung** (Art. 4 EIB-Satzung) verfügt, die durch Beschluss des Rates der Gouverneure v. 30.3.2009 erhöht wurde, wird der überwiegende Teil der benötigten Mittel über den freien Kapitalmarkt durch Aufnahme von Anleihen oder Abtretung von Forderungen fremdfinanziert (Art. 18 Nr. 3, Art. 20 EIB-Satzung).[12] Dieses Kapital wird von der Bank, die gem. Art. 309 AEUV keine Gewinnzwecke verfolgt, zur **Finanzierung von Vorhaben** zur Erschließung der weniger entwickelten Gebiete (Art. 309 Abs. 1 lit. a AEUV), von Vorhaben zur Modernisierung oder Umstellung von Unternehmen oder zur Schaffung neuer Arbeitsmöglichkeiten, die sich aus der schrittweisen Errichtung des Gemeinsamen Marktes ergeben und wegen ihres Umfangs oder ihrer Art mit den in den einzelnen Mitgliedstaaten vorhandenen Mitteln nicht vollständig finanziert werden können (Art. 309 Abs. 1 lit. b AEUV) und von Vorhaben von gemeinsamem Interesse für mehrere Mitgliedstaaten, die wegen ihres Umfangs oder ihrer Art mit den in den einzelnen Mitgliedstaaten vorhandenen Mitteln nicht vollständig finanziert werden können (Art. 309 Abs. 1 lit. c AEUV), zur Verfügung gestellt.[13] Die abschließende Aufzählung förderungswürdiger Vorhaben in Art. 309 Abs. 1 lit. a – c AEUV stellt sich damit als eine Konkretisierung ihrer grundsätzlichen Aufgabe dar, zu einer ausgewogenen und reibungslosen Entwicklung des Binnenmarktes beizutragen. Nachdem dieser Beitrag „im Interesse der EU" erfolgen soll, sie sich mithin an den allgemeinen Zielsetzungen der europäischen Union zu orientieren hat, zu denen unter anderem die Entwicklung einer stabilen Marktwirtschaft gehört,[14] legt sie ihren Fokus im Rahmen der Aufgabenerfüllung aus Art. 309 Abs. 1 S. 1 AEUV insbesondere auch auf die Förderung von sog. KMU- und Midcapunternehmen.[15] So reagierte die EIB unmittelbar etwa mit der Gewährung von Krediten für jene Unternehmen aus dem 25 Milliarden Euro umfassenden „Paneuropäischen Garantiefonds (EGF)"[16] proaktiv auf die **wirtschaftlichen Folgen der Covid-19 Pandemie**. Gemeinsam mit den nationalen Förderinstituten trug die EIB durch die Bereitstellung von Darlehensvaluta in einer Gesamthöhe von 200 Milliarden Euro zur Konsolidierung

---

[9] Dazu Frenz EuropaR-HdB V Rn. 3097.
[10] Vgl. nur EuGH 3.3.1988 – C-85/86, Slg. 1988, 1281 Rn. 28 ff. = BeckRS 2004, 73820 – Kommission/EIB; EuGH C-15/00, Slg. 2003, I-7281 Rn. 102 ff. = BeckRS 2004, 74448 – Kommission/EIB.
[11] Ausf. hierzu Sademach/Häde in FK-EUV/GRC/AEUV AEUV Art. 309 Rn. 3 ff.
[12] So nahm die EIB im Jahr 2011 in ihren drei Hauptwährungen insgesamt einen Betrag von 66,9 Mrd. EUR auf; dabei erfolgte der Großteil (35 Mrd. EUR) in Euro-Anleihen, 6,8 Mrd. GBP betrug das Emissionsvolumen auf dem britischen Finanzmarkt und ungefähr 33 Mrd. USD wurden in Form von Anleihen auf dem US-Markt aufgenommen. Vgl. insgesamt dazu den Jahresbericht 2011 der EIB, S. 41, im Internet auf www.eib.org/report.
[13] Detailliert zu den Aufgaben der EIB auch Schilling in Schwarze AEUV Art. 309 Rn. 1 ff.; Frenz EuropaR-HdB V Rn. 3099 ff.; Kotzur in Geiger/Khan/Kotzur/Kirchmair AEUV Art. 309 Rn. 1; Nienhaus in von der Groeben/Schwarze/Hatje, AEUV Art. 267 Rn. 1 ff.; Ohler in Streinz AEUV Art. 309 Rn. 3 ff.; Classen/Nettesheim in Oppermann/Classen/Nettesheim EuropaR § 19 Rn. 39 ff.; Rossi in Calliess/Ruffert AEUV Art. 309 Rn. 3 ff.; Stoll/Rigod in Grabitz/Hilf/Nettesheim AEUV Art. 309 Rn. 1 ff.
[14] Vgl. auch Art. 3 EUV.
[15] Vgl. den operativen Gesamtplan der EIB Gruppe 2019, S. 32, abrufbar unter: https://www.eib.org/attachments/strategies/operational_plan_2019_de.pdf (zuletzt abgerufen am 24.11.2023).
[16] https://www.eib.org/de/press/all/2020-126-eib-board-approves-eur-25-billion-pan-european-guarantee-fund-to-respond-to-covid-19-crisis.html; siehe ferner Stöbener de Mora EuZW 2020, 251.

finanziell angeschlagener Unternehmen der Realwirtschaft bei. Nur am Rande sei dabei auf das sich hierin zeigende Spannungsverhältnis zwischen der Einrichtung einer unabhängige Finanzierungseinrichtung und der Realisierung konjunkturpolitischer Ziele durch die EIB hinzuweisen, das ihr aufgrund ihrer Funktion als Förderbank inhärent ist.[17] Neben der Wahrnehmung ihrer grundsätzlichen Aufgabe erleichtert die EIB nach Art. 309 Abs. 2 AEUV die Finanzierung von Investitionsprogrammen in Verbindung mit der Unterstützung aus den Strukturfonds und anderen Finanzierungsinstrumenten der Union.

4   **Mitglieder** der EIB sind die Mitgliedstaaten der EU (Art. 308 Abs. 2 AEUV; Art. 3 EIB-Satzung), die insoweit auch an der Organisation der Bank beteiligt sind. Gemäß Art. 6 EIB-Satzung wird die Bank von einem **Rat der Gouverneure,** einem **Verwaltungsrat** und einem **Direktorium** geleitet und verwaltet. An der Spitze steht der **Rat der Gouverneure,** der aus je einem Minister der Mitgliedstaaten gebildet wird und grundsätzlich mit der Mehrheit seiner Mitglieder (Art. 8 Abs. 1 EIB-Satzung) die allgemeinen **Richtlinien der Kreditpolitik** bestimmt (Art. 7 EIB-Satzung). Der **Verwaltungsrat** ist das **Entscheidungsgremium** der EIB, der über die Vergabe der Finanzmittel beschließt und die Einhaltung der Richtlinien überwacht (Art. 9 Abs. 1 EIB-Satzung). Die **laufenden Geschäfte der Bank** werden schließlich von einem **Direktorium,** bestehend aus einem Präsidenten und sechs Vizepräsidenten, wahrgenommen (Art. 11 Abs. 3 EIB-Satzung).

5   **2. Die Europäische Zentralbank.** Diese europäische Einrichtung ist im Zuge der Wirtschafts- und Währungsunion mit dem am 7.2.1992 in Maastricht unterzeichneten Vertrag über die Europäische Union in den EGV eingefügt worden. Die EZB ist neben den nationalen Zentralbanken[18] Teil des Europäischen Systems der Zentralbanken (ESZB).[19] Die EZB – nicht aber das ESZB[20] – besitzt ebenso wie die EIB eine **eigenständige Rechtspersönlichkeit** (Art. 129 Abs. 2 AEUV; Art. 9.1 EZB-Satzung). Art. 130 S. 1 AEUV normiert die **Unabhängigkeit** des Europäischen Systems der Zentralbanken.[21] Danach sind sowohl die EZB als auch die nationalen Zentralbanken bzw. ihre Beschlussorgane weisungsunabhängig. Dies erstreckt sich sowohl auf die **persönliche Unabhängigkeit** der Mitglieder als auch auf die **funktionale Unabhängigkeit** der EZB und der nationalen Zentralbanken.[22] Von zentraler Bedeutung ist daneben auch die **finanzielle Unabhängigkeit.**[23] Diese weitgehende Unabhängigkeit wird indes durch das Gebot einer prinzipiellen gerichtlichen Überprüfbarkeit des Agierens ergänzt.[24]

---

[17] Siehe hierzu auch Ohler in Streinz AEUV Art. 309 Rn. 1 f. mwN; vgl. ferner Art. 174 ff. AEUV.
[18] Ein Überblick über die verschiedenen nationalen Zentralbanken findet sich bei: Studt, Rechtsfragen einer Europäischen Zentralbank, 1993, S. 110 ff.; vgl. ferner im Schrifttum auch Häde in Calliess/Ruffert AEUV Art. 129 Rn. 6 ff.
[19] Vgl. dazu v. Borries in Rengeling/v. Borries, Aktuelle Entwicklungen in der Europäischen Gemeinschaft, 1992, S. 110 ff., 122 ff.; Häde EuZW 1992, 174 ff.; Heun JZ 1998, 869; Koenig EuZW 1993, 661 ff.; Potacs EuR 1993, 31 ff.; Seidel FS Börner, 1992, 425 ff.
[20] Zutr. Seidel, EuZW 2000, 552; Gaiser EuR 2002, 517 f.
[21] Dazu auch Blanke/Pilz in v. Mangoldt/Klein/Starck GG Art. 88 Rn. 52 ff.; Herdegen in Dürig/Herzog/Scholz GG Art. 88 Rn. 82; Heun JZ 1998, 874 ff.; Heun in Dreier GG Art. 88 Rn. 23; Wutscher in Schwarze AEUV Art. 130 Rn. 1; zum Geltungsanspruch des Demokratieprinzips in diesem Kontext Manger-Nestler, in: FK-EUV/GRC/AEUV AEUV Art. 130 Rn. 27 f.
[22] Vgl. dazu zunächst EuGH 3.3.1988 – C-85/86, Slg. 1988, 1281 Rn. 29 = BeckRS 2004, 73820 – Kommission/EIB; ferner auch Blanke/Pilz in v. Mangoldt/Klein/Starck GG Art. 88 Rn. 54, zur finanziellen Autonomie; Blanke/Pilz in v. Mangoldt/Klein/Starck GG Art. 88 Rn. 55, zur institutionell-funktionalen Autonomie; Blanke/Pilz in v. Mangoldt/Klein/Starck GG Art. 88 Rn. 69, zur persönlichen und sachlichen Autonomie, mwN; Häde in Calliess/Ruffert AEUV Art. 130 Rn. 9 ff., zur funktionellen Unabhängigkeit; Häde in Calliess/Ruffert AEUV Art. 130 Rn. 25 ff., zur persönlichen Unabhängigkeit; insgesamt auch noch Frenz EuropaR-HdB V Rn. 3097 f.; Heun JZ 1998, 874; Classen/Nettesheim in Oppermann/Classen/Nettesheim EuropaR Rn. § 19 Rn. 20; Wutscher in Schwarze AEUV Art. 130 Rn. 1; zu den divergierenden Unabhängigkeitsvorstellungen zwischen EZB und nationalen Zentralbanken auch Herdegen in Maunz/Dürig GG Art. 88 Rn. 82.
[23] Dazu weiterführend Blanke/Pilz in v. Mangoldt/Klein/Starck GG Art. 88 Rn. 54; Herdegen in Dürig/Herzog/Scholz GG Art. 88 Rn. 82; Heun in Dreier GG Art. 88 Rn. 31.
[24] Kerber/Städter EuZW 2011, 538.

Beschlussorgane der EZB[25] sind gem. Art. 129 Abs. 1 AEUV der EZB-Rat und ein **6** Direktorium, deren Funktion und Aufgaben in der dem Unionsvertrag als Protokoll beigefügten Satzung der EZB näher umschrieben sind (Art. 10, 11 EZB-Satzung). Dem EZB-Rat gehören neben den Mitgliedern des Direktoriums, welches aus dem Präsidenten, dem Vizepräsidenten und vier weiteren Mitgliedern besteht, die jeweiligen Präsidenten der einzelnen nationalen Zentralbanken an (Art. 283 AEUV).

Nach Maßgabe der ihr mit dem AEUV sowie der im Rahmen der Satzung der EZB **7** zugewiesenen Befugnisse unterstützt die EZB die **Ziele und Aufgaben des ESZB**,[26] die gem. Art. 127 Abs. 1 und 2 AEUV darin bestehen, die Preisstabilität innerhalb der Union aufrechtzuerhalten (vorrangiges Ziel), die gemeinschaftliche Geldpolitik festzulegen, die Devisengeschäfte durchzuführen sowie die offiziellen Währungsreserven der Mitgliedstaaten zu halten und zu verwalten wie auch das reibungslose Funktionieren der Zahlungssysteme zu fördern (letztere vier grundlegende Aufgaben). Wie sich aus Art. 127 Abs. 1 S. 3 AEUV ergibt, hat die EZB bei der Verfolgung dieser Ziele nach dem Grundsatz einer offenen Marktwirtschaft mit freiem Wettbewerb zu handeln. Unter der Prämisse, die Preisstabilität innerhalb der Union aufrechtzuerhalten, können sich Abweichungen hiervon – etwa in Gestalt marktbeeinflussender Anleihenkäufen – nur in besonders engen Grenzen als ausnahmsweise zulässig erweisen.[27]

II. Wesen und Bedeutung dieser Klagen

Obwohl nur die EZB nach Art. 13 EUV Organ der Union ist,[28] sind doch beide Banken so **8** mit den Zielen der Gemeinschaft eng verbunden,[29] dass die Gründungsväter sie in Fällen von Rechtsstreitigkeiten ausdrücklich der Gerichtsbarkeit des EuGH unterstellten. Aus diesem Grunde ist eine **Entscheidungskompetenz der** institutionellen Gemeinschaftsgerichte (EuGH und EuG) auch **in weiteren als den in Art. 271 AEUV ausdrücklich genannten Rechtsstreitigkeiten anerkannt**.[30]

Im Laufe seiner gesamten **Rechtsprechungstätigkeit** mussten sich der Europäische **9** Gerichtshof (seit Lissabon: Gerichtshof) und das Gericht erster Instanz (seit Lissabon: Gericht der Europäischen Union) bislang – soweit ersichtlich – mit folgenden, **die EIB betreffenden Verfahren** befassen:

In dem ersten Verfahren in der Rs. *Campolongo/Hohe Behörde*[31] mit Bezug zur EIB stand **10** die Frage der Zulässigkeit des Wechsels eines Bediensteten der Gemeinschaft (EGKS) zur EIB sowie der Kumulierung eines Abgangsgeldes der EGKS und einer Einrichtungsbeihilfe der EIB im Mittelpunkt. Der EuGH hielt die Kumulierung für unzulässig, da **innerhalb**

---

[25] Ausf. dazu Heun JZ 1998, 867 f.; Classen/Nettesheim in Oppermann/Classen/Nettesheim EuropaR § 19 Rn. 17; Wutscher in Schwarze AEUV Art. 129 Rn. 3.
[26] Vgl. Häde in Calliess/Ruffert Art. 130 Rn. 9 ff. mwN; Heun JZ 1998, 869 ff.; Classen/Nettesheim in Oppermann/Classen/Nettesheim EuropaR § 19 Rn. 26; Wutscher in Schwarze AEUV Art. 127 Rn. 2 ff., Ziele; Wutscher in Schwarze AEUV Art. 127 Rn. 7 ff., Aufgaben; Weiß EuR 2002, 186 f., speziell zu den Kompetenzen der EZB in der Außenwirtschaftspolitik.
[27] Selmayr in von der Groeben/Schwarze/Hatje, AEUV Art. 105 Rn. 7; vgl. zur Zulässigkeit dieses Instruments EuGH 11.12.2018 – C-493/17, ECLI:EU:C:2018:1000 = EuZW 2019, 162, 165 – Weiss/Bundesregierung; siehe dazu auch BVerfG 5.5.2020 – NJW 2020, 1647, 1653 Rn. 119 ff.; zum Diskurs aus dem Schrifttum auch: Calliess NVwZ 2020, 897 ff.; Gärditz EuZW 2020, 505 ff.; Haltern NVwZ 2020, 817 ff.; Hellwig NJW 2020, 2497 ff.; Kahl NVwZ 2020, 824 ff.; Ludwigs EWS 2020, 186 ff.; Mögele NJOZ 2020, 798 ff.; Möllers EuZW 2020, 503 ff.; Nettesheim, NJW 2020, 1631 ff.; Pernice EuZW 2020, 508 ff.; Siekmann EuZW 2020, 491 ff.; Ullrich EWS 2020, 301 ff.; Wegener EuR 2020, 347 ff.
[28] Statt aller zum abschließenden Charakter des Art. 13 EUV Nowak, in: FK-EUV/GRC/AEUV EUV Art. 13 Rn. 7 mwN.
[29] Für die EIB vgl. EuGH 3.3.1988 – C-85/86, Slg. 1988, 1281 (1320) = BeckRS 2004, 73820 – Kommission/EIB.
[30] Übereinstimmend Frenz EuropaR-HdB V Rn. 3108; Karpenstein in Grabitz/Hilf/Nettesheim AEUV Art. 271 Rn. 3; Schwarze/Wunderlich in Schwarze AEUV Art. 271 Rn. 7; siehe zur Zuständigkeit nationaler Gerichte Art. 27 EIB-Satzung.
[31] EuGH 27/59, Slg. 1960, 795 (819 ff.) = BeckRS 2004, 72800 – Campolongo/Höhere Behörde.

der **Europäischen Gemeinschaften und der angegliederten Organe eine funktionelle Einheit** bestünde.[32] Bemerkenswert an dieser Entscheidung ist aber, dass schon GA *Roemer* in seinen Schlussanträgen – anders als der Gerichtshof – zum einen den Begriff „Organ" im Hinblick auf die EIB vermied, er daneben der Bank ein Sonderstatut zubilligte, die EIB aber ungeachtet der ihr zustehenden Autonomie zugleich als Instrument der Europäischen Wirtschaftsgemeinschaft ansah.[33]

11   Grundlegend für die **institutionelle Stellung der EIB im europäischen Institutionengefüge** ist die Entscheidung des Europäischen Gerichtshofs in der Rs. *Mills/EIB*.[34] Mit diesem Zwischenurteil hat der Gerichtshof seine Zuständigkeit auf alle Rechtsstreitigkeiten zwischen der EIB und ihren Bediensteten erstreckt. Nach Art. 270 AEUV entscheidet der Gerichtshof über „alle Streitsachen zwischen der Gemeinschaft und ihren Bediensteten". Damit war die zentrale Frage aufgeworfen, wie in diesem Kontext die EIB einzuordnen sei, da die mit eigener Rechtspersönlichkeit ausgestattete EIB im engen Sinn gerade nicht zur Gemeinschaft gehört. Der Gerichtshof stellt die EIB als „Gemeinschaftseinrichtung" neben die Gemeinschaftsorgane, betont aber die Zugehörigkeit der Bank zum Gemeinschaftsgefüge und kommt so zu einer weiten Interpretation des Art. 270 AEUV. Ergänzend verweist der EuGH darauf, dass auch die Bestimmung des Art. 271 AEUV diesem Ergebnis nicht widerspräche, da die dort normierten Zuständigkeiten des EuGH im Hinblick auf die EIB nicht abschließender Natur seien.[35]

12   Diese Rechtsprechung bestätigte der EuGH in der Rs. *Alaimo/Kommission*,[36] in der auch das mit eigener Rechtspersönlichkeit ausgestattete Europäische Zentrum für die Förderung der Berufsbildung als „Gemeinschaftseinrichtung" angesehen wurde und damit die Zuständigkeit nach Art. 270 AEUV eröffnet war.

13   Von zentraler Bedeutung für die **Stellung der EIB im Gefüge der Gemeinschaftsinstitutionen (nach Lissabon: Unionsinstitutionen)** ist die Entscheidung in der Rs. *Kommission/Rat der Gouverneure der Europäischen Zentralbank*.[37] Der EuGH führte aus, dass die EIB als eine mit eigener Rechtspersönlichkeit ausgestattete Bank zur Erfüllung ihrer im Vertrag vorgesehenen Aufgaben auf den Kapitalmärkten ebenso wie jede andere Bank in völliger Unabhängigkeit agieren können müsse. Auch wenn der **EIB** damit eine **funktionelle und institutionelle Autonomie** zugestanden wird, sei sie aber nicht völlig von den Gemeinschaften gesondert und von den Bestimmungen des Gemeinschaftsrechts ausgenommen. Vielmehr solle die Bank zur Verwirklichung der Ziele der Gemeinschaft beitragen. Der EIB komme daher eine **Doppelnatur** in dem Sinne zu, dass sie einerseits hinsichtlich ihrer **Geschäftsführung**, insbes. im Rahmen ihrer Kapitaloperationen, **unabhängig**, andererseits hinsichtlich ihrer **Ziele eng mit der Gemeinschaft verbunden** sei.[38]

14   Durch das Zwischenurteil in der Rs. *Société générale d'entreprises électro-mécaniques (SGEEM) und Roland Etroy/EIB* hat der EuGH die in Art. 340 Abs. 2 AEUV normierte **außervertragliche Haftung der Gemeinschaft für die durch ihre Organe oder Bediensteten in Ausübung ihrer Amtstätigkeit verursachten Schäden auch auf die EIB erstreckt**.[39] Unter Hinweis auf die Rs. *Mills/EIB* qualifizierte der Gerichtshof die EIB erneut als eine durch den Vertrag errichtete Gemeinschaftseinrichtung.[40] Damit die

---

[32] EuGH 27/59, Slg. 1960, 795 (819, 849) = BeckRS 2004, 72800 – Campolongo/Höhere Behörde.
[33] GA Roemer 10.5.1960 – SchlA C-27/59, Slg. 1960, 795 (872 ff.) – Campolongo/Höhere Behörde.
[34] EuGH 15.6.1976 – 110/75, ECLI:EU:C:1976:88, Slg. 1976, 955 = BeckRS 2004, 70712 – Mills/EIB; vgl. auch EuG 27.4.2012 – T-37/10 P = BeckRS 2012, 81128 Rn. 38.
[35] Zum vorstehenden vgl. nur EuGH 15.6.1976 – 110/75, ECLI:EU:C:1976:88, Slg. 1976, 955 Rn. 15 ff. = BeckRS 2004, 70712 – Mills/EIB.
[36] EuGH 13.5.1982 – 16/81, Slg. 1982, 1559 = BeckRS 2004, 71847 – Alaimo/Kommission.
[37] EuGH 3.3.1988 – C-85/86, Slg. 1988, 1281 = BeckRS 2004, 73820 – Kommission/EIB.
[38] EuGH 3.3.1988 – C-85/86, Slg. 1988, 1281 Rn. 29 f. = BeckRS 2004, 73820 – Kommission/EIB.
[39] Vgl. insoweit EuGH 2.12.1992 – C-370/89, ECLI:EU:C:1993:202, Slg. 1992, I-6211 = BeckRS 2004, 76811 – SGEEM und Etroy/EIB.
[40] EuGH 2.12.1992 – C-370/89, ECLI:EU:C:1993:202, Slg. 1992, I-6211 Rn. 13 = BeckRS 2004, 76811 – SGEEM und Etroy/EIB.

Gemeinschaft sich aber nicht der außervertraglichen Haftung dadurch entziehen könne, dass sie durch eine Einrichtung handelt, die mit dem Vertrag geschaffen wurde und die berechtigt ist, im Namen und für Rechnung der Gemeinschaft zu handeln, dürfe der Begriff „Organ" in Art. 340 Abs. 2 AEUV nicht so verstanden werden, dass nur die in Art. 13 Abs. 1 EUV genannten Organe erfasst werden.[41]

Durch Beschluss in der Rs. *Tête ua/EIB*[42] hat das Gericht erster Instanz sich für unzuständig erklärt, über eine Klage gegen eine Darlehensentscheidung der EIB zu entscheiden. Zum einen lasse Art. 271 lit. c AEUV eine Anfechtung nur durch die Kommission oder die Mitgliedstaaten zu. Soweit Art. 263 AEUV auch **natürlichen oder juristischen Personen ein Klagerecht gegen die EZB** einräumt, sei dies darauf zurückzuführen, dass die EZB anders als die EIB Verordnungen und Entscheidungen mit verbindlicher Wirkung für die Betroffenen erlassen könne.

Von dieser Rechtsprechung ist das EuG in einer jüngeren Entscheidung nunmehr explizit abgerückt. In der Rs. *Evropaïki Dynamiki/EIB*[43] führt das Gericht erster Instanz aus, dass weder Art. 271 lit. b AEUV noch Art. 271 lit. c AEUV natürliche und juristische Personen daran hindere, endgültig und ihnen gegenüber Rechtswirkung entfaltende Beschlüsse des Direktoriums der EIB im Wege der Nichtigkeitsklage anzufechten. Dies folge – im Hinblick auf das Interesse einer vollständigen Kontrolle der Rechtmäßigkeit von Gemeinschaftshandlungen überzeugend – daraus, dass die Vorschriften sich ausschließlich auf Handlungen des Verwaltungsrates sowie des Rates der Gouverneure, nicht aber auf das Direktorium beziehen.

Durch Urteil in der Rs. *ClientEarth/EIB*[44] hat das Gericht erster Instanz in Bezug auf die in Art. 10 der Umweltinformationsverordnung (VO (EG) 1367/2006) vorgesehene Möglichkeit einer internen Überprüfung von „Verwaltungsakten" erklärt, dass bereits ein vom Verwaltungsrat der EIB gefasster Beschluss hinsichtlich einer Förderung (in Form eines an eine Zweckgesellschaft zu gewährenden Darlehens) einen „Verwaltungsakt" iSd Umweltinformationsverordnung darstellen kann, der im Rahmen einer internen Überprüfung nach Art. 10 der Umweltinformationsverordnung zu überprüfen und letztlich auch Gegenstand einer Klage vor dem EuGH nach Art. 12 der Umweltinformationsverordnung sein kann. Insofern Rechtsakte der EU einen breiten Zugang der Öffentlichkeit zu Gerichten intendieren, kann dem nach Ansicht des Gerichts erster Instanz nicht entgegenstehen, dass streitige Handlungen der EIB unter Umständen nicht rechtsverbindlich sind.

Durch Urteil in der Rs. *EZB/Bundesrepublik Deutschland*[45] hat der EuGH eine Klage der EZB, gerichtet auf die Erstattung von Umsatzsteuerbeträgen für die Anmietung von Immobilien für den Dienstbedarf, abgewiesen, da den Mitgliedstaaten bei der Frage der Erstattung von Steuern, die nicht gesondert ausgewiesen sind, ein gewisser Spielraum eingeräumt ist.

Durch Beschluss in der Rs. *2K-Teint SARL/Kommission und EIB*[46] hat das Gericht erster Instanz für Recht erkannt, dass der von der Klägerin geltend gemachte Schadensersatzanspruch infolge einer Pflichtverletzung der EIB bei der Nachverfolgung der Verwendung von Finanzmitteln für die Durchführung eines Finanzierungsvertrages verjährt sei.

Mit Art. 271 lit. d AEUV erstreckt sich die europäische Gerichtsbarkeit auch auf die Streitigkeiten innerhalb des neu geschaffenen ESZB. Umfasst werden damit nicht nur die Beziehungen einer auf der dritten Stufe der Wirtschafts- und Währungsunion neu zu gründenden EZB zu den einzelnen Notenbanken der Mitgliedstaaten, vielmehr erstreckt

---

[41] EuGH 2.12.1992 – C-370/89, ECLI:EU:C:1993:202, Slg. 1992, I-6211 Rn. 16 = BeckRS 2004, 76811 – SGEEM und Etroy/EIB.
[42] EuG 26.11.1993 – T-460/93 (92), ECLI:EU:T:1993:103, Slg. 1993, II-1257 – Tête ua/EIB.
[43] EuG 20.9.2011 – T-461/08, Slg 2011, II-6367 Rn 50 ff.
[44] EuG 27.1.2021 – T-9/19 0, ECLI:EU:T:2021:42 = BeckRS 2021, 564 – CientEarth/EIB.
[45] EuGH 8.12.2005 – C-220/03, Slg. 2005, I-10595 = BeckRS 2005, 70952 – EZB/Deutschland.
[46] EuG 10.4.2008 – T-336/06, Slg. 2008, II-57 = BeckEuRS 2008, 471944 – Teint ua/Kommission und EIB.

sich die **judizielle Zuständigkeit des Gerichtshofs** auch auf das **institutionelle System der ESZB**. Darüber hinaus wirkt sich Art. 271 lit. d AEUV mittelbar auf das supranationale Zuordnungsverhältnis der ESZB zu den verschiedenen Geschäftsbanken und Unternehmen aus.[47]

21 Während die EIB bereits – wie dargelegt – mehrfach Gegenstand von Entscheidungen der europäischen Gerichte war, lagen – soweit bekannt – bis zum Jahr 2015 keine Entscheidungen zur EZB bzw. zum ESZB vor. Ungeachtet diverser in der Zwischenzeit von Bediensteten der EZB gegen diese auf der Grundlage von Art. 36 Abs. 2 der ESZB-Satzung erhobenen Verfahren[48], sind aus der jüngsten Vergangenheit insbesondere drei, die EZB betreffende Judikate des EUGH hervorzuheben.

22 Durch die – in der Geschichte des Gerichts bis dahin erste – Vorlage des BVerfG v. 14.1.2014 sah sich der EuGH erstmals einer Frage zur unionsrechtlichen Gültigkeit eines EZB/ESZB-Kaufprogramms öffentlicher Schuldtitel gegenüber.[49] Das BVerfG sah in dem Beschluss des Rates der EZB vom 6.9.2012 über die „Technical features of Outright Monetary Transactions" (OMT-Beschluss) – seinen Wortlaut zugrunde gelegt – eine kompetenzwidrige wirtschaftspolitische Maßnahme, welche die sog. Honeywell-Kriterien für einen ausbrechenden Rechtsakt erfülle.[50] Da es aber eine primärrechtskonforme Auslegung des Beschlusses nicht für ausgeschlossen hielt, hatte der EuGH über die Vereinbarkeit des OMT-Beschlusses mit Art. 119, 123 Abs. 1, 127 Abs. 1, 2 AEUV sowie Art. 17–24 des Protokolls über die Satzung des ESZB und der EZB zu befinden. Der Entscheidung in der Rs. *Gauweiler ua/Deutscher Bundestag*[51] lassen sich dabei folgende zentralen Aussagen entnehmen: Zum einen macht der EuGH deutlich, dass die in Art. 130, Art. 282 Abs. 3 S. 3 AEUV festgeschriebenen Unabhängigkeit von EZB und ESZB einer Kompetenzkontrolle durch den EuGH nicht entgegensteht.[52] Zum anderen sieht er – anders als das Ergebnis der Auslegung des BVerfG – im OMT-Beschluss keine wirtschaftspolitische Maßnahme, zumal „eine währungspolitische Maßnahme (…) nicht allein deshalb einer wirtschaftspolitischen Maßnahme gleichgestellt werden [kann], weil sie mittelbare Auswirkungen auf die Stabilität des Euro-Währungsgebiets haben kann."[53] Besonderes Augenmerk genoss die Entscheidung ihrer Zeit schließlich durch das Aufzeigen von Grenzen der monetären Staatsfinanzierung.[54]

23 Erneut mit einer Vorlagefrage betreffend die unionsrechtliche Gültigkeit eines EZB/ESZB-Kaufprogramms öffentlicher Schuldtitel sah sich der EuGH in der Rs. *Weiss ua/Bundesregierung ua*.[55] gegenüber, in der die europarechtliche Zulässigkeit der Anleihekäufe durch die EZB streitgegenständlich waren. Vorlegendes Gericht war abermals das BVerfG, das im Rahmen einer Verfassungsbeschwerde gegen die Mitwirkung deutscher Staatsorgane an dem „Public Sector Purchase Programme" (PSPP) erneut im Wege einer ultra-vires Kontrolle Verstöße gegen EU-Primärrecht ausmachte.[56] Unter Rekurs auf die in der Rs. *Gauweiler ua/Deutscher Bundestag*[57] aufgestellten Maßstäbe negiert der EuGH abermals das Vorliegen einer wirtschaftspolitischen Maßnahme durch das Programm. Instruktiv geht er dabei auf die eigens aufgestellten Maßstäbe ein, unter denen eine Umgehung des so genannten Verbots der monetären Staatsfinanzierung aus Art. 123 Abs. 1 AEUV durch

---

[47] Koenig EuZW 1993, 663 f.
[48] Vgl. insoweit nur die Klagen Nielsen/EZB v. 25.11.1999 (ABl. 2000 C 79, 29); Pflugradt/EZB v. 10.11.2000 (ABl. 2001 C 4, 10); Nicastro/EZB v. 6.7.2001 (ABl. 2001 C 275, 11); Janusch/EZB (ABl. 2001 C 227, 11).
[49] BVerfGE 134, 366 = EuZW 2014, 192; vgl. auch die Anm. v. Müller-Franken, NVwZ 2014, 501, 514.
[50] BVerfGE 134, 366 Rn. 24, 36 ff. = EuZW 2014, 192, 193; siehe ferner BVerfGE 126, 286, 303 = NJW 2010, 3422 – Fall Honeywell.
[51] EuGH 16.6.2015 – C-62/14 = EuZW 2015, 599 – Gauweiler ua/Deutscher Bundestag.
[52] Vgl. EuGH 16.6.2015 – C-62/14 = EuZW 2015, 599 – Gauweiler ua/Deutscher Bundestag Rn. 41.
[53] EuGH 16.6.2015 – C-62/14 = EuZW 2015, 599 – Gauweiler ua/Deutscher Bundestag Rn. 52.
[54] Vgl. zu dieser Problematik auch Mensching, EuR 2014, 333 ff.
[55] EuGH 11.12.2018 – C-493/17 = EuZW 2019, 162 – Weiss ua/Bundesregierung ua.
[56] BVerfGE 146, 216 = NJW 2017, 2894.
[57] EuGH 16.6.2015 – C-62/14 = EuZW 2015, 599 – Gauweiler ua/Deutscher Bundestag.

mittelbare Anleihenkäufe anzunehmen ist. Obgleich das BVerfG hieran auch bereits im Zuge des OMT-Verfahrens durchgreifende Bedenken äußerte,[58] stellt der EuGH einmal mehr fest, dass auch dann keine monetäre Staatsfinanzierung vorläge, wenn die EZB die Anleihen bis zur Endfälligkeit halte.[59] Kontextuell augenfällig ist, dass der EuGH die Ausführungen der EZB größtenteils ohne Weiteres übernimmt und nicht einmal andeutungsweise untersucht, ob sich die währungspolitische Zielsetzung durch objektivierbare Kriterien greifen lässt.[60] *Kirchhof* wies in diesem Zusammenhang zutreffend deutlich darauf hin, dass die Garantie der Unabhängigkeit bei der EZB (wie beim Richter) allein die Unabhängigkeit von exekutiven Weisungen, nicht aber die Unabhängigkeit vom Recht bedeutet.[61] Zu Recht wird daher im Ergebnis die allzu geringe Kontrolle der EZB durch den EuGH moniert.[62] Zwar teilte das BVerfG auf die Entscheidung des EuGH hin – mit ausdrücklichen Bedenken – die Einschätzung, dass jedenfalls kein Verstoß gegen Art. 123 Abs. 1 AEUV vorliege, bemängelte jedoch, dass das Urteil des EuGH eine „schlechterdings nicht mehr nachvollziehbare und daher objektiv willkürliche Auslegung der Verträge" beinhalte, mit Blick auf seine Feststellungen zum Grundsatz der Verhältnismäßigkeit indes „methodisch nicht mehr vertretbar" sei.[63] Mit nachvollziehbarer Argumentation rügte der zweite Senat des BVerfG, dass der EuGH die wirtschaftspolitischen Auswirkungen des PSPP vollständig ausgeblendet habe, wodurch der Verhältnismäßigkeitsgrundsatz seine Korrektivfunktion zugunsten der mitgliedstaatlichen Kompetenzen für die Wirtschaftspolitik verloren habe.[64] Die hiesige ultra-vires Kontrolle des BVerfG zielt insofern appellierend an eine genuine europäische Verantwortung – aus rechtsstattlicher Perspektive nur zu begrüßen – auf eine vor dem Zweck demokratischer Kontrolle notwendige Verpflichtung der EZB ab, eine nachvollziehbare Verhältnismäßigkeitsprüfung für ihre Maßnahmen aufzuzeigen.[65] Die augenfällige Zurücknahme der gerichtlichen Kontrolle durch den EuGH erscheint dabei nicht zuletzt vor dem Hintergrund, dass sie (neben der parlamentarischen) im Bereich der EZB zentral als Legitimationsstrang fungiert, besonders kritikwürdig.[66]

---

[58] Vgl. BVerfGE 142, 123, 217 ff. = NJW 2016, 2473 Rn. 180.
[59] EuGH 16.6.2015 – C-62/14 = EuZW 2015, 599 – Gauweiler ua/Deutscher Bundestag Rn. 152.
[60] Vgl. Sander JZ 2018, 525, 530 f.; Gentzsch EuR 2019, 279, 290.
[61] P. Kirchhof NJW 2020, 2057, 2062.
[62] So ausdrücklich Ruffert JuS 2019, 181, 183; Haltern sieht den demokratischen Prozess für ein Ziel umgangen, das sich die EZB selbst setzt, NVwZ 2020, 817, 823; Pießkalla spricht dabei von der „größte[n] Enttäuschung im Rechtsstreit um das PSPP", EuZW 2020, 638, 542; vgl. auch Krings ZRP 2020, 160, 161; Dietz EuZW 2019, 925, 933.
[63] BVerfG 5.5.2020 – 2 BvR 859/15, 2 BvR 1651/15, 2 BvR 2006/15, 2 BvR 980/16, EuGRZ 2020, 246 = NJW 2020, 1647 Rn. 118 f.; 141; 180 ff.; umfassende Bewertung bei Calliess NVwZ 2020, 897 ff.; Gärditz EuZW 2020, 505 ff.; Haltern NVwZ 2020, 817 ff.; Hellwig NJW 2020, 2497 ff.; Kahl, NVwZ 2020, 824 ff.; Ludwigs, EWS 2020, 186 ff.; Ludwigs EuZW 2020, 530 ff.; Mögele NJOZ 2020, 798 ff.; Möllers EuZW 2020, 503 ff.; Nettesheim, NJW 2020, 1631 ff.; Pernice EuZW 2020, 508 ff.; Siekmann EuZW 2020, 491 ff.; Ullrich EWS 2020, 301 ff.; Wegener EuR 2020, 347 ff.
[64] BVerfG 5.5.2020 – 2 BvR 859/15, 2 BvR 1651/15, 2 BvR 2006/15, 2 BvR 980/16, EuGRZ 2020, 246 = NJW 2020, 1647 Rn. 133 ff, 232 ff, 235, in der Folge des konstatierten ultra-vires-Aktes bedeute das daher die Verpflichtung des Bundestages und der Bundesregierung, auf eine Verhältnismäßigkeitsprüfung durch die EZB hinzuwirken und, sofern die EZB nicht darlegen könne, dass die Verhältnismäßigkeit gewahrt ist, sei es der Deutschen Bundesbank untersagt, an Umsetzung und Vollzug des PSPP-Programms weiter mitzuwirken; zusammenfassend dazu Remmert in Epping/Hillgruber, GG, 44. Edition, Art. 88 Rn. 26; von einer „ernsten Verfassungskrise" spricht Kainer EuZW 2020, 533; umfasssend Ludwigs EuZW 2020, 530 ff.
[65] Zutr. Haltern NVwZ 2020, 817, 823, der dabei den Zweck, „die hinter den verschlossenen Türen der EZB, einer demokratisch nicht verantwortlichen Institution, getroffenen wirtschafts- und fiskalpolitischen Entscheidungen an das Licht der Öffentlichkeit [zu] zerren" anspricht; vgl. auch Pießkalla EuZW 2020, 538, 544, der insoweit eine „effektive Kontrolle des ESZB am Maßstab fundamentaler rechtsstaatlicher Grundsätze [durch den EuGH]" vermisst.
[66] Dazu Kahl, NVwZ 2020, 824, 828; vgl. auch Gärditz EuZW 2020, 505, 507; zur Demokratie und Rechtsstaatlichkeit als Grundlagen europäischer Verfassungsidentität Schorkopf NJW 2019, 3418, 3421; zur im Kontext des PSPP-Urteils bestehenden Aufgabe verfassungsrechtlicher Befassung, „den in den Normen geronnenen Konsens (…) auch gegen eine zeitgeistige Verschiebung des Verhältnisses von Recht und Politik zur Geltung zu bringen" Sander, DÖV 2020, 759, 768 f.

24 In der Rs. *Rimšēvičs/Republik Lettland*[67] kategorisiert der EuGH erstmals die in Art. 14.2 der Satzung der ESZB und EZB normierte Klage als eine besondere Nichtigkeitsklage.[68] Das erscheint deshalb recht beachtlich, da eine entsprechende Klage eine nationale Entscheidung als Streitgegenstand voraussetzt. Die Unvereinbarkeit solcher mit Unionsrecht werden jedoch insbesondere in einem Vertragsverletzungsverfahren festgestellt, deren Rechtswirkung – anders als im Rahmen des Art. 264 Abs. 1 AEUV – nur feststellender Art ist. Dass der EuGH einen nationalen Rechtsakt selbst für nichtig erklärt, ist insoweit ein bemerkenswertes Novum.[69] Vor dem Hintergrund der Annahme einer besonderen Nichtigkeitsklage ist dieses Ergebnis aber nur konsequent. Dass diese Einordnung durch den EuGH dabei nicht willkürlich ist, zeigt die Parallelität der in Ziff. 14.2 der Satzung der ESZB und EZB normierten Klagegründe zu denen des Art. 263 Abs. 2 AEUV, wonach im Falle einer erfolgreichen Anrufung des EuGH die Rechtswirkung des Art 264 Abs. 1 AEUV maßgeblich wäre.[70]

25 Die Rechtsstreitigkeiten im Zusammenhang mit den beiden europäischen Banken lassen sich im Wesentlichen in zwei große Komplexe unterteilen: Zum einen kann es sich um **Streitigkeiten über die Erfüllung bestimmter Verpflichtungen** und zum anderen **um Streitigkeiten über bestimmte Organbeschlüsse** handeln.

B. Klagen betreffend die Erfüllung von Verpflichtungen

I. Zulässigkeit der Klagen

26 **1. Sachliche Zuständigkeit.** Gemäß des bislang wenig praktisch bedeutsamen[71] Art. 271 lit. a, d AEUV ist der EuGH ausschließlich zuständig für **Streitsachen über die Erfüllung der Verpflichtungen der Mitgliedstaaten** aus der Satzung der EIB sowie der sich aus dem AEUV und der Satzung des ESZB ergebenden Verpflichtungen durch die nationalen Zentralbanken. Eine Übertragung dieser Zuständigkeit auf das EuG ist bisher nicht erfolgt.[72] Während bei der Aufsichtsklage nach Art. 271 lit. a AEUV den Mitgliedstaaten obliegende Zahlungspflichten im Hinblick auf die EIB in Rede stehen, dient Art. 271 lit. d AEUV einer jusitiellen Durchsetzbarkeit und insoweit Sicherung der Weisungsgewalt der EZB gegenüber den nationalen Zentralbanken.[73]

27 **2. Verfahrensbeteiligte. a) Klageberechtigte.** Entsprechend der Regelung des Art. 271 lit. a, d AEUV stehen dem **Verwaltungsrat** der EIB und dem Rat der EZB diejenigen **Befugnisse** zu, welche der Kommission in Art. 258 AEUV gegenüber den Mitgliedstaaten eingeräumt wurden. Hieraus folgt, dass im Verfahren betreffend die EIB der Verwaltungsrat und im Verfahren die EZB betreffend der EZB-Rat allein klagebefugt sind, um so auf Verpflichtungserfüllungen der Mitgliedstaaten bzw. der nationalen Zentralbanken hin-

---

[67] EuGH 26.2.2019 – verb. Rs. C-202/18, C-238/18, = BeckRS 2019, 2087 – Rimšēvičs/Republik Lettland.
[68] EuGH 26.2.2019 – verb. Rs. C-202/18, C-238/18, = BeckRS 2019, 2087 – Rimšēvičs/Republik Lettland Rn. 65 ff.
[69] Siehe insoweit auch Epiney NVwZ 2020, 995, 1001.
[70] Vgl. Zilioli/Athanassiou in von der Groeben/Schwarze/Hatje Satzung ESZB/EZB Art. 14 Rn. 20.
[71] Die restriktive Handhabung erklärt sich am Beispiel des Art. 271 lit. d AEUV nicht zuletzt daran, dass mit der Geldpolitik einer der sensibelsten politischen Felder der Europäischen Union berührt ist, womit sich die Bedeutung des Verfahren nach Art. 271 lit. d AEUV in der für die nationalen Zentralbanken erkennbar werdenden Mahnung konzentriert, geldpolitische Weisungen schließlich auch gerichtlich durchsetzen zu können, vgl. Sademach/Häde in FK-EUV/GRC/AEUV AEUV Art. 271 Rn. 5. mwN.
[72] Vgl. insoweit im Umkehrschluss Art. 3 des Beschlusses des Rates zur Errichtung eines Gerichts erster Instanz der Europäischen Gemeinschaften (EuG Errichtungs-Beschluss) v. 24.10.1988 (ABl. 1988 L 319, 1, ber. in ABl. 1989 L 241, 4), zuletzt mit Ausnahme von Art. 3 EuG Errichtungs-Beschluss aufgehoben mWv. 1.2.2003 durch Art. 10 Nizza-Vertrag v. 1.2.2003 (ABl. Nr. C 80 S. 1); vgl. dazu auch Frenz EuropaR-HdB V Rn. 3108.
[73] Wegener, in: Calliess/Ruffert AEUV Art. 271 Rn. 5; Ehricke in Streinz AEUV Art. 271 Rn. 5.

zuwirken. Umgekehrt ist es aus diesem Grund auch der Kommission ausdrücklich verwehrt, ein Vertragsverletzungsverfahren aus gleichen Gründen anzustrengen.

Ein **selbständiges Klagerecht der Mitgliedstaaten** im Hinblick auf die Erfüllung der 28 satzungsmäßigen Pflichten anderer Mitgliedstaaten ist in Art. 271 lit. a, d AEUV **nicht vorgesehen**. Da die Satzungen sowohl der EIB als auch der EZB bzw. des ESZB dem EWGV (nunmehr AEUV) bzw. dem Unionsvertrag (nunmehr EUV) im gegenseitigen Einvernehmen der Mitgliedstaaten als Protokolle beigefügt worden sind, so dass es sich gem. Art. 51 EUV um Bestandteile des Vertrages handelt, bleibt es den einzelnen Mitgliedstaaten unbenommen, über Art. 259 AEUV ein eigenes Vertragsverletzungsverfahren gegen einen anderen Mitgliedstaat wegen Verletzung seiner satzungsmäßigen Pflichten in Bezug auf die EIB oder EZB einzuleiten. Modifiziert wird dieses Vertragsverletzungsverfahren jedoch insofern, als an die Stelle der Kommission als prozessualem Vorklärungsorgan der Verwaltungsrat der jeweiligen europäischen Bank tritt.[74] Auffällig ist in diesem Zusammenhang, dass den nationalen Zentralbanken in Art. 271 lit. d AEUV kein eigenes Klagerecht gegenüber der EZB zB bei Verletzung ihr obliegender Vertrags- und Satzungspflichten eingeräumt wurde. Da es sich bei ihnen aber allgemein um juristische Personen handeln wird, können sich diese im Wege der Nichtigkeitsklage gegen die EZB und ihre Organe zur Wehr setzen.[75]

b) Klagegegner. Dem Vorstehenden ist bereits zu entnehmen, dass sich die **Klagen** 29 **gegen die ihre Verpflichtungen verletzenden Mitgliedstaaten oder gegen die nationalen Zentralbanken richten müssen**. Zwar könnte man auch bei Klagen die EZB betreffend zunächst der Auffassung sein, dass Pflichtverletzungen einzelner nationaler Zentralbanken auch dem jeweiligen Mitgliedstaat als Vertragsverletzung zuzurechnen sind,[76] da es sich bei dieser Klage um eine spezielle Art des Vertragsverletzungsverfahrens handelt, so dass die Verfahrensgrundsätze des Art. 258 AEUV grundsätzlich übertragbar sind. Gegen eine solche Argumentation ist aber einzuwenden, dass es sich bei den nationalen Zentralbanken, auch wenn ihnen – wie bspw. der Deutschen Bundesbank – die Stellung einer nationalen Behörde zukommt,[77] doch weitgehend um weisungsunabhängige Einrichtungen handelt, die die nationale Währungspolitik – mit verfassungsrechtlicher Absicherung in Art. 88 S. 2 GG[78] – in exekutiver Eigenverantwortung durchführen.[79] Dementsprechend hat sich die **Klage des Rates der EZB gegen diejenige nationale Zentralbank zu richten, der die entsprechende Vertragsverletzung zum Vorwurf gemacht wird**.[80] Hierfür spricht iÜ auch der Wortlaut des Art. 271 lit. d S. 3 AEUV, wonach die nationale Zentralbank im Urteilstenor zu nennen ist.[81]

3. Klagegegenstand. Im Wege des hier genannten Rechtsbehelfs können **Verpflichtun-** 30 **gen** kontrolliert und ggf. eingefordert werden, die sich für die **Mitgliedstaaten aus der**

---

[74] Dauses in Dauses/Ludwigs EU-WirtschaftsR-HdB P I Rn. 336; Frenz EuropaR-HdB V Rn. 3110; Karpenstein in Grabitz/Hilf/Nettesheim AEUV Art. 271 Rn. 4 f. mwN; Kotzur in Geiger/Khan/Kotzur/Kirchmair AEUV Art. 271 Rn. 3; Schwarze/Wunderlich in Schwarze AEUV Art. 271 Rn. 3; Wegener in Calliess/Ruffert AEUV Art. 271 Rn. 5.
[75] Koenig EuZW 1993, 666; Wegener in Calliess/Ruffert AEUV Art. 271 Rn. 6 mit Verweis auf Potacs EuR 1993, 23 (38).
[76] Zum Problem auch Karpenstein in Grabitz/Hilf/Nettesheim AEUV Art. 271 Rn. 6.
[77] Vgl. nur § 29 Abs. 1 S. 1 des Gesetzes über die Deutsche Bundesbank – BBankG – idF der Bekanntmachung v. 22.10.1992 (BGBl. 1992 I 1782), zuletzt geändert durch Gesetz v. 19.6.2020 (BGBl. I 1328); ferner aus dem Schrifttum Blanke/Pilz in v. Mangoldt/Klein/Starck GG Art. 88 Rn. 6 ff.
[78] Aufgrund der Verflechtung der EZB mit den nationalen Zentralbanken partizipiert die Deutsche Bundesbank an der Unabhängigkeitsgarantie des Art. 80 S. 2 GG, vgl. nur Blanke/Pilz, in: v. Mangoldt/Klein/Starck, GG, 7. Aufl. 2018, Art 88 Rn. 33.
[79] Vgl. § 12 S. 2 BbankG; Art. 130 AEUV.
[80] Zum Problem vgl. auch Ehricke in Streinz AEUV Art. 271 Rn. 20; Karpenstein in Grabitz/Hilf/Nettesheim AEUV Art. 271 Rn. 6; Koenig EuZW 1993, 663; Potacs EuR 1993, 38; Wegener in Calliess/Ruffert AEUV Art. 271 Rn. 6.
[81] Ebenso Potacs EuR 1993, 38; Koenig EuZW 1993, 663.

EIB-Satzung (zB die Pflicht zur ordnungsgemäßen Besetzung des Rats der Gouverneure nach Art. 7 Abs. 1 EIB-Satzung, zur Einzahlung eines Kapitalanteils nach Art. 5 EIB-Satzung oder die Transferierung von Tilgungen, Zinsen und Provisionen nach Art. 23 Abs. 4 EIB-Satzung) und für die nationalen Zentralbanken aus dem AEUV und der ESZB-Satzung (zB Art. 30 ff. ESZB-Satzung) ergeben.[82] Wie sich aus Art. 24 Abs. 1 EIB-Satzung ergibt, ist der Begriff der „Verpflichtung" in einem weiten Sinne zu verstehen, der **jeden Satzungsverstoß der Mitgliedstaaten** umfasst. Gleiches dürfte dann auch für die den nationalen Zentralbanken im ESZB obliegenden Verpflichtungen gelten.

31 **4. Klageart.** Wie die Verweisung des Art. 271 lit. a, d AEUV auf Art. 258 AEUV zeigt, handelt es sich bei dem vorliegenden Verfahren um eine **spezielle Ausgestaltung der Aufsichtsklage**, die ihrem Wesen nach eine **Feststellungsklage** ist.[83]

32 **5. Sonstige Sachurteilsvoraussetzungen.** Durch die Verweisung auf Art. 258 AEUV gelten für die Aufsichtsklagen des Art. 271 lit. a, d AEUV nicht nur die **allgemeinen Verfahrensgrundsätze**, sondern auch die **entsprechenden Verfahrensanforderungen des dort geregelten Vertragsverletzungsverfahrens.**[84] Die Verwaltungsräte der Banken haben nicht nur die gleiche prozessuale Stellung wie die Kommission im Vertragsverletzungsverfahren, auch die Stellung der Mitgliedstaaten bzw. der nationalen Zentralbanken entspricht der des Art. 258 AEUV.

33 Bevor die Verwaltungsräte Klage zum Gerichtshof erheben, bedarf es daher zunächst der **ordnungsgemäßen Durchführung eines Vorverfahrens.** Neben einem vorherigen Mahnschreiben und einer Anhörung des betreffenden Mitgliedstaates bzw. der betreffenden nationalen Zentralbank ist eine mit Gründen versehene Stellungnahme erforderlich.[85] Erst nach fruchtlosem Ablauf der in der Stellungnahme gesetzten Beseitigungsfrist ist der Weg zur gerichtlichen Klärung frei. Die Angemessenheit der Frist richtet sich dabei wie üblich nach den im Einzelfall maßgeblichen Umständen, wobei schon der Klagegegenstand (Kontrolle und Einforderung bestimmter Verpflichtungen) und die Tatsache, dass der Mitgliedstaat bzw. die nationale Zentralbank spätestens im Mahnverfahren von den erhobenen Vorwürfen Kenntnis erlangte, regelmäßig gegen ein allzu ausschweifendes Fristenerfordernis sprechen dürften. Gleichwohl ist stets auf die Einzelfallumstände abzustellen, da andererseits zu engherzig bemessene Beseitigungsfristen zur Abweisung von Klagen führen können.[86] Auch die übrigen Zulässigkeitsvoraussetzungen des Art. 258 AEUV finden im vorliegenden Verfahren entsprechende Anwendung.[87]

II. Begründetheit

34 Die **Aufsichtsklage** des Verwaltungsrates der EIB bzw. des Rates der EZB ist **begründet, wenn der betreffende Mitgliedstaat gegen eine ihm obliegende Verpflichtung aus der Satzung der EIB bzw. die betreffende nationale Zentralbank gegen eine für sie aufgrund des AEUV bzw. der Satzung des ESZB bestehende Verpflichtung tatsächlich verstoßen hat.**[88] Obwohl sich der Wortlaut des Art. 271 lit. a AEUV auf die Satzung der EIB als Prüfungsmaßstab beschränkt, ist zu berücksichtigen, dass sich auch aufgrund des allgemeinen Primärrechts wie auch aufgrund allgemeiner Grundsätze Rechtspflichten der einzelnen Mitgliedstaaten ergeben können, die ebenfalls Gegenstand der

---

[82] Karpenstein in Grabitz/Hilf/Nettesheim AEUV Art. 271 Rn. 7.
[83] Jacqué in von der Groeben/Schwarze/Hatje, AEUV Art. 237 Rn. 5; Schwarze/Wunderlich in Schwarze AEUV Art. 271 Rn. 4; Sademach/Häde in FK-EUV/GRC/AEUV AEUV Art 271 Rn. 11.
[84] Schwarze/Wunderlich in Schwarze AEUV Art. 271 Rn. 3.
[85] Vgl. iE dazu Karpenstein in Grabitz/Hilf/Nettesheim AEUV Art. 271 Rn. 8.
[86] EuGH 2.2.1988 – 293/85, Slg. 1988, 347, 351 ff. = BeckRS 2004, 72991 – Kommission/Belgien.
[87] Karpenstein in Grabitz/Hilf/Nettesheim AEUV Art. 271 Rn. 8; Schwarze/Wunderlich in Schwarze AEUV Art. 271 Rn. 3.
[88] Frenz EuropaR-HdB V Rn. 3113; Karpenstein in Grabitz/Hilf/Nettesheim AEUV Art. 271 Rn. 9; Schwarze/Wunderlich in Schwarze AEUV Art. 271 Rn. 4.

richterlichen Überprüfung sein können. Da der Klagegegenstand durch das Vorverfahren festgelegt wird,[89] beschränkt sich der EuGH im Rahmen der Begründetheit auf das gerügte Verhalten, welches Gegenstand des Vorverfahrens gewesen ist und das er auch nur anhand derjenigen Gründe überprüft, die von den Beteiligten im Vorverfahren geltend gemacht worden sind.[90]

Beweispflichtig für den Verstoß eines Mitgliedstaates gegen eine ihm nach der Satzung der EIB obliegende Verpflichtung ist – wie die Kommission im Vertragsverletzungsverfahren – **der Verwaltungsrat der EIB**, wobei dieser aber bei der Aufklärung des Sachverhaltes durch die jeweiligen Mitgliedstaaten zu unterstützen ist.[91] Richtigerweise wird sich diese aus dem Grundsatz loyaler Zusammenarbeit (Art. 4 Abs. 3 EUV) folgende **Unterstützungspflicht** zwar nicht auf solche Sachverhalte erstrecken, die auf bloß vagen Vermutungen gründen.[92] Für den Bereich substantiierter Vorwürfe ist die Verpflichtung zur Unterstützung jedoch umfassend zu verstehen, erstreckt sich insbesondere auch auf Behördeninterna (z. B. Pflicht zur Offenlegung interner Behördenanweisungen[93] oder -praktiken[94]). 35

III. Abschließende Entscheidung

Gibt der EuGH der Klage statt, richtet sich die abschließende Entscheidung im Fall des Art. 271 AEUV aufgrund des engen Zusammenhangs zum Vertragsverletzungsverfahren nach Art. 260 AEUV.[95] Der Gerichtshof entscheidet demnach durch **Feststellungsurteil**,[96] dass der betreffende Mitgliedstaat gegen eine Verpflichtung aus der Satzung der EIB verstoßen hat. Der Mitgliedstaat ist dann über Art. 260 AEUV iVm Art. 13 EUV verpflichtet, die sich aus dem Feststellungsurteil ergebenden Maßnahmen zu ergreifen. Insoweit besteht auch die Möglichkeit, soweit Verfahrensgegenstand die Nichtbeseitigung von Verstoßfolgen sind, dass der verurteilte Mitgliedstaat zur **Folgenbeseitigung,** dh zur Rückgängigmachung der aus dem Satzungsverstoß resultierenden tatsächlichen Auswirkungen verurteilt wird.[97] 36

Umstritten ist, ob der Verwaltungsrat nach den Art. 260 AEUV die Möglichkeit hat, den **Satzungsverstoß mit Hilfe eines Pauschalbetrages oder Zwangsgeldes sanktionieren zu lassen**.[98] Ausgehend von der Erwägung, dass Zwangsgelder und Pauschalbeträge nicht auf die Bestrafung der Mitgliedstaaten, sondern auf die Erzwingung eines vertragskonformen Verhaltens abzielen,[99] widerspricht die Anwendung von Art. 260 Abs. 2 AEUV zwar nicht dem Analogieverbot.[100] Es ist aber zu bedenken, dass nach Art. 260 Abs. 2 AEUV ausschließlich die Kommission zur Beantragung von Sanktionen ermächtigt ist und daher zum einen schon der **Grundsatz der begrenzten Einzelermächtigung** des Art. 5 Abs. 1 S. 1 EUV einer Ausdehnung auf andere Antragsberechtigte widerspricht. Zum 37

---

[89] Frenz EuropaR-HdB V Rn. 3113; Karpenstein in Grabitz/Hilf/Nettesheim AEUV Art. 271 Rn. 8.
[90] Bleckmann EuropaR Rn. 521.
[91] Karpenstein in Grabitz/Hilf/Nettesheim AEUV Art. 271 Rn. 9.
[92] So schon Wunderlich in von der Groeben/Schwarze/Hatje AEUV Art. 258 Rn. 24.
[93] EuGH 25.5.1982 – 96/81, Slg. 1982, 1791 = BeckRS 2004, 73970 – Kommission/Niederlande.
[94] EuGH 13.12.1991 – C-33/90, Slg. 1991, I-5987 = BeckRS 2004, 76485 – Kommission/Italien.
[95] Karpenstein in Grabitz/Hilf/Nettesheim AEUV Art. 271 Rn. 10 „Analog Art. 260 Abs. 1 AEUV"; Jacqué in von der Groeben/Schwarze/Hatje AEUV Art. 237 Rn. 5.
[96] Frenz EuropaR-HdB V Rn. 3114; Karpenstein in Grabitz/Hilf/Nettesheim AEUV Art. 271 Rn. 10; Sademach/Häde in FK-EUV/GRC/AEUV AEUV Art. 271 Rn. 11.
[97] Vgl. insoweit nur Karpenstein in Grabitz/Hilf/Nettesheim AEUV Art. 271 Rn. 10; Jacqué in von der Groeben/Schwarze/Hatje AEUV Art. 237 Rn. 5.
[98] Zum Problem ausf. Ehricke in Streinz AEUV Art. 271 Rn. 10; Karpenstein in Grabitz/Hilf/Nettesheim AEUV Art. 271 Rn. 11; Jacqué in von der Groeben/Schwarze/Hatje, AEUV Art. 237 Rn. 5; Schwarze/Wunderlich in Schwarze AEUV Art. 271 Rn. 4; ausdrücklich bejahend Gaitanides in von der Groeben/Schwarze/Hatje AEUV Art. 271 Rn 6.
[99] Vgl. insoweit aus dem Schrifttum nur Karpenstein in Grabitz/Hilf/Nettesheim AEUV Art. 260 Rn. 9 ff.
[100] Karpenstein in Grabitz/Hilf/Nettesheim AEUV Art. 271 Rn. 11; anders wohl aber für Art. 271 lit. d AEUV Borchardt in Lenz/Borchardt AEUV Art. 271 Rn. 10.

anderen ist zu berücksichtigen, dass **Art. 24 EIB-Satzung eine eigenständige Rechtsgrundlage für die Sanktionierung mitgliedstaatlichen Fehlverhaltens** enthält.[101] Danach kann, sofern ein Mitgliedstaat seinen Verpflichtungen nicht nachkommt, die Gewährung von Darlehen oder Bürgschaften an diesen Staat oder seine Angehörigen durch eine mit qualifizierter Mehrheit gefasste Entscheidung des Rates der Gouverneure ausgesetzt werden.

38 Da Art. 260 AEUV nur auf die Mitgliedstaaten Anwendung findet, wurde für die **nationalen Zentralbanken** im Falle ihrer Verurteilung eine dem Art. 260 Abs. 1 AEUV entsprechende Regelung in Art. 271 lit. d S. 3 AEUV aufgenommen. Eine **Sanktionsmöglichkeit** wie in Art. 260 AEUV **fehlt** jedoch. Für die Frage, ob es sich hier um eine planwidrige Regelungslücke handelt, die im Wege einer analogen Anwendung des Art. 260 Abs. 2 AEUV geschlossen werden kann, spricht zwar zunächst die Vergleichbarkeit der Sachverhalte. Allerdings sprechen auch hier die oben genannten grundsätzlichen Bedenken gegen die Zulässigkeit einer Erstreckung der Sanktionsmöglichkeit des Zwangsgeldes auch auf nationale Zentralbanken, wenn diese ihren aus dem Urteil ergebenden Verpflichtungen nicht nachkommen. Ferner sprechen entstehungsgeschichtliche Gründe gegen eine Planwidrigkeit: Art. 237 lit. a) EGV (heute Art. 271 lit. a) AEUV) erfuhr zum selben Zeitpunkt eine Änderung, als Art. 228 EGV (heute Art. 260 AEUV) um die Sanktionsmöglichkeit des Abs. 2 erweitert wurde. Art. 237 lit. a) EGV (heute Art. 271 lit. a) AEUV) erhielt jedoch keine vergleichbare Regelung, was darauf schließen lässt, dass gerade keine Möglichkeit zur Anrufung des EuGH bei Nichtbefolgung einer Maßnahme durch den Mitgliedstaat beabsichtigt war.[102] Dabei ist allerdings zu berücksichtigen, dass die Satzung der EZB keine dem Art. 24 EIB-Satzung entsprechenden Sanktionsmechanismen enthält, sondern im Verhältnis der EZB zu den nationalen Zentralbanken die EZB nach der Durchführung eines Vorverfahrens nach Art. 35.6. EZB-Satzung den Europäischen Gerichtshof anrufen kann.

C. Klagen, die Organbeschlüsse der EIB betreffend

I. Zulässigkeit der Klagen

39 **1. Sachliche Zuständigkeit.** Ebenso wie bei den Streitsachen gem. Art. 271 lit. a, d AEUV besitzt der EuGH die ausschließliche Zuständigkeit bei Streitigkeiten im Hinblick auf die von einigen Organen der EIB erlassenen Beschlüsse. Diese **Sonderregelungen** sind erforderlich, weil mit der Nichtigkeitsklage des Art. 263 AEUV nur Akte der Gemeinschaftsorgane[103] angefochten werden können, die EIB – wie oben (→ Rn. 7) dargelegt – gerade aber diese besondere Organstellung nicht aufweisen kann. Aufgrund ihrer weit reichenden Auswirkungen auf das Gemeinschaftssystem und die Rechte und Pflichten der Mitgliedstaaten sind diese Streitsachen nicht auf das EuG übertragen worden, sondern nach wie vor ausdrücklich der Gerichtsbarkeit des EuGH unterstellt.[104]

40 **2. Verfahrensbeteiligte. a) Klagberechtigte.** Der **Kreis der Klageberechtigten** ist in Art. 271 lit. b, c AEUV **abschließend festgelegt**.[105] Je nachdem, ob es sich um Beschlüs-

---
[101] Zum vorstehenden auch Karpenstein in Grabitz/Hilf/Nettesheim AEUV Art. 271 Rn. 11.
[102] Vgl. Ehricke in Streinz AEUV Art. 271 Rn. 10.
[103] Zum Klagegegenstand der Nichtigkeitsklage ausf. auch Booß in Grabitz/Hilf/Nettesheim AEUV Art. 230 Rn. 7 ff.; Cremer in Calliess/Ruffert AEUV Art. 263 Rn. 7 ff.; Classen/Nettesheim in Oppermann/Classen/Nettesheim EuropaR § 13 Rn. 44; Schwarze/Voet van Vormizeele in Schwarze AEUV Art. 263 Rn. 16 ff.; Stotz/Tonne in Dauses/Ludwigs EU-WirtschaftsR-HdB P I Rn. 71, 76 ff.; Streinz EuropaR Rn. 590.
[104] Vgl. insoweit im Umkehrschluss Art. 3 des Beschlusses des Rates zur Errichtung eines Gerichts erster Instanz der Europäischen Gemeinschaften v. 24.10.1988 (ABl. 1988 L 319, 1, ber. in ABl. 1989 L 241, 4), zuletzt geändert durch Beschluss v. 26.4.1999 (ABl. 1999 L 114, 52).
[105] Vgl. dazu übereinstimmend Frenz EuropaR-HdB V Rn. 3116; Ehricke in Streinz AEUV Art. 271 Rn. 12, 16; Karpenstein in Grabitz/Hilf/Nettesheim AEUV Art. 271 Rn. 13; Jacqué in von der Groeben/Schwarze/Hatje, AEUV Art. 237 Rn. 10, 13; Schwarze/Wunderlich in Schwarze AEUV Art. 271 Rn. 6; Wegener in Calliess/Ruffert AEUV Art. 271 Rn. 3.

se des Rates der Gouverneure der EIB[106] oder um solche des Verwaltungsrates der EIB[107] handelt, wird auch der Kreis der jeweils Aktivlegitimierten in den einschlägigen Vorschriften unterschiedlich festgelegt.

Gegen Beschlüsse des Rates der Gouverneure sind gem. Art. 271 lit. b AEUV zunächst **41** die Mitgliedstaaten in ihrer Eigenschaft als Mitglieder der Bank klageberechtigt, ferner die Kommission als Hüterin des Gemeinschaftsrechts sowie der Verwaltungsrat, der im Verhältnis zum Rat der Gouverneure eine ähnliche Stellung wie die Kommission im Gemeinschaftsrecht einnimmt. **Natürliche** und **juristische Personen** sind in diesen Vorschriften **nicht als Klageberechtigte** aufgeführt, so dass sie selbst dann nicht klageberechtigt sind, wenn sie von einem Beschluss des Rates der Gouverneure unmittelbar und individuell betroffen sind. Durch diese Einschränkung des Kreises der Klageberechtigten in Art. 271 lit. b AEUV gegenüber Art. 263 Abs. 4 AEUV soll sichergestellt werden, dass Privatpersonen keinen Einfluss auf die Politik der Bank und ihrer Kontrolle nehmen können.[108] Angemerkt sei in diesem Kontext, dass nach einer jüngeren Entscheidung hingegen weder Art. 271 lit. b AEUV noch Art. 271 lit. c AEUV Privatpersonen daran hindern soll, endgültige und sie beschwerende Beschlüsse des Direktoriums der EIB nach Art. 263 AEUV anzufechten, da Art. 271 lit. b, c AEUV sich nur auf den Verwaltungsrat und den Rat der Gouverneure, nicht jedoch auf Handlungen des Direktoriums beziehe.[109]

Bei **Streitsachen über Beschlüsse des Verwaltungsrates** gem. Art. 271 lit. c AEUV **42** sind lediglich die **Mitgliedstaaten** und die Kommission klageberechtigt. Während also die Beschlüsse des Rates der Gouverneure einer umfassenden Rechtskontrolle unterworfen sind, ist die Klagemöglichkeit gegen Beschlüsse des Verwaltungsrates demgegenüber eingeschränkt. Ebenso wenig wie natürlichen und juristischen Personen steht hier auch dem Rat der Gouverneure kein selbständiges Klagerecht zu, da sich seine Kontrollfunktion über den Verwaltungsrat in der Einsetzung und Amtsenthebung der Mitglieder des Gremiums erschöpft (Art. 9 Abs. 2, 3 EIB-Satzung).

b) Klagegegner. Die Bestimmung der **Passivlegitimation** in Art. 271 lit. b AEUV ist **43** wörtlich zu nehmen.[110] Klagegegner ist daher nicht die EIB selbst,[111] **Klagen gegen Organbeschlüsse der EIB** müssen sich vielmehr stets **gegen das Organ** richten, **welches den im Streit befindlichen Beschluss erlassen hat.**[112] Hierfür reicht es aus, wenn der Klageschrift zweifelsfrei der Klagegegner zu entnehmen ist. Im Fall des Art. 271 lit. b AEUV müssen die Klagen demgemäß gegen den Rat der Gouverneure und im Fall des Art. 271 lit. c AEUV gegen den Verwaltungsrat als das für die Gewährung von Darlehen oder Bürgschaften zuständige Organ der EIB gerichtet werden.[113]

3. Klagegegenstand. Die Klagen der Art. 271 lit. b, c AEUV müssen sich gegen die von **44** dem jeweiligen Bankorgan erlassenen **„Beschlüsse"** richten. Obwohl die Umschreibung des Klagegegenstandes damit sehr allgemein gehalten ist, ergeben sich aus dem Zusammenhang mit den zugrundeliegenden Vorschriften Restriktionen, die zu einer Begrenzung des Klagegegenstandes führen. Durch die Bezugnahme der Art. 271 lit. b, c AEUV auf die Nichtigkeitsklage gem. Art. 263 AEUV ergibt sich, dass unter „Beschlüsse" nur **rechtsverbindliche Organhandlungen** fallen, die geeignet sind, Rechtswirkungen gegenüber anderen nicht notwendigerweise außerhalb der Organe stehenden Personen zu

---

[106] Im folgenden Rat der Gouverneure genannt.
[107] Im folgenden Verwaltungsrat genannt.
[108] So übereinstimmend Borchardt in Lenz/Borchardt AEUV Art. 271 Rn. 4; Dauses in Dauses/Ludwigs EU-WirtschaftsR-HdB P I Rn. 341; Ehricke in Streinz AEUV Art. 271 Rn. 12; Frenz EuropaR-HdB V Rn. 3116; Karpenstein in Grabitz/Hilf/Nettesheim AEUV Art. 271 Rn. 13; Wegener in Calliess/Ruffert AEUV Art. 271 Rn. 3.
[109] EuG, Rs. T-461/08 – Slg 2011, II-6367 = BeckRS 2011, 81495 – Evropaïki Dynamiki/EIB.
[110] Karpenstein in Grabitz/Hilf/Nettesheim AEUV Art. 271 Rn. 14.
[111] Sademach/Häde in FK-EUV/GRC/AEUV AEUV Art 271 Rn. 12.
[112] EuGH 3.3.1988 – C-85/86, Slg. 1988, 1281 Rn. 11 = BeckRS 2004, 73820 – Kommission/EIB.
[113] Siehe nur Gaitanides in von der Groeben/Schwarze/Hatje AEUV Art. 271 Rn. 10, 13.

entfalten.[114] Die Beurteilung der Rechtsverbindlichkeit der vom Rat der Gouverneure und dem Verwaltungsrat der EIB erlassenen Handlungen erfolgt dabei nicht anhand der in Art. 288 AEUV aufgelisteten Rechtsakte, da es sich hierbei ausschließlich um Handlungsformen handelt, die dem Rat und der Kommission zur Verfügung stehen.[115] Ob den „Beschlüssen" der vorstehend genannten Bankorgane eine Rechtsverbindlichkeit zukommt, lässt sich daher nicht pauschal beantworten, sondern ist in jedem Einzelfall gesondert anhand der den Organen durch Art. 7 Abs. 3 EIB-Satzung zugewiesenen Aufgaben und Befugnisse zu überprüfen.[116] Festzuhalten ist aber, dass **Empfehlungen und Stellungnahmen,** die nach Art. 288 Abs. 5 AEUV gerade nicht verbindlich sind,[117] auch wenn sie in Beschlussform ergehen, **nicht mit der Nichtigkeitsklage angegriffen werden können,**[118] da diese Rechtsakte gerade vom Anwendungsbereich des Art. 288 AEUV ausgenommen sind.[119]

45 Durch den Verweis in Art. 271 lit. c AEUV auf die Abs. 2 und Abs. 5–7 des Art. 19 EIB-Satzung werden die **Beschlüsse des Verwaltungsrats** ferner dadurch **eingeschränkt,** dass sie **nur solche Handlungen** umfassen, die die **Gewährung von Darlehen oder die Übernahme von Bürgschaften** betreffen.[120] Anderweitige Maßnahmen des Verwaltungsrats der EIB, auch ein etwaiges pflichtwidriges Unterlassen, einen Beschluss zur Behandlung eines Darlehens- oder Bürgschaftsantrags zu fassen, können dementsprechend nicht im Wege des vorliegenden Verfahrens angegriffen werden.

46 **4. Klageart.** Die Bezugnahme der Art. 271 AEUV lit. b, c AEUV auf Art. 263 AEUV verdeutlicht, dass es sich bei diesen Klagen gegen die Bankorgane um **besondere Fälle der Nichtigkeitsklage** handelt.[121] Beschlüsse der Bankorgane können demnach lediglich angefochten werden. Eine **Untätigkeitsklage** gegen den Rat der Gouverneure oder den Verwaltungsrat ist folglich nicht möglich.[122]

47 **5. Sonstige Sachurteilsvoraussetzungen.** Infolge der allgemein gehaltenen Verweisung auf das Verfahren „nach Maßgabe des Art. 263" finden sämtliche weitere **Zulässigkeitsvoraussetzungen der Nichtigkeitsklage** auch bei Klagen gegen den Rat der Gouverneure bzw. den Verwaltungsrat der EIB **entsprechende Anwendung.** Erforderlich ist somit, dass die Klageberechtigten innerhalb der zweimonatigen Ausschlussfrist (Art. 263 Abs. 6 AEUV) ihre Klage beim Gerichtshof unter Nennung des „Streitgegenstands und einer kurzen Darstellung der Klagegründe" erheben.[123] Notwendig ist ferner nach Art. 120c EuGHVfO die schlüssige Darlegung, dass der angegriffene Beschluss mit mindestens einem der in Art. 263 Abs. 2 AEUV normierten Mängel (Unzuständigkeit, Verletzung wesentlicher Formvorschriften, Verletzung des Vertrages oder einer bei seiner Durchführung anzuwendenden Rechtsnorm, Ermessensmissbrauch) behaftet ist. Im Einklang mit seiner Rechtsprechung zu Art. 263 AEUV stellt der EuGH bei Klagen gem. Art. 271

---

[114] So übereinstimmend Karpenstein in Grabitz/Hilf/Nettesheim AEUV Art. 271 Rn. 15; Jacqué in von der Groeben/Schwarze/Hatje AEUV Art. 237 Rn. 8.
[115] Vgl. insoweit auch Karpenstein in Grabitz/Hilf/Nettesheim AEUV Art. 271 Rn. 15; Jacqué in von der Groeben/Schwarze/Hatje, AEUV Art. 237 Rn. 8.
[116] Entscheidend ist, ob die betreffende Handlung dazu bestimmt ist, außenwirksame Rechtswirkungen zu erzeugen. So GA Mancini 24.11.1987 – SchlA C-85/86, Slg. 1988, 1281 (1299) = BeckRS 2004, 73820 – Kommission/EIB; wie hier auch Frenz EuropaR-HdB V Rn. 3117.
[117] Dazu ausf. Biervert in Schwarze AEUV Art. 288 Rn. 36 f.; Ruffert in Calliess/Ruffert AEUV Art. 288 Rn. 95 ff.
[118] Vgl.: Karpenstein in Grabitz/Hilf/Nettesheim AEUV Art. 271 Rn. 15; Jacqué in von der Groeben/Schwarze/Hatje, AEUV Art. 237 Rn. 8.
[119] Cremer in Calliess/Ruffert AEUV Art. 263 Rn. 15; Karpenstein in Grabitz/Hilf/Nettesheim AEUV Art. 271 Rn. 15; Stotz/Tonne in Dauses/Ludwigs EU-WirtschaftsR-HdB P I Rn. 76.
[120] Hilf in von der Groeben/Schwarze/Hatje, AEUV Art. 180 Rn. 12; Schwarze/Wunderlich in Schwarze AEUV Art. 271 Rn. 7.
[121] Frenz EuropaR-HdB V Rn. 3119; Karpenstein in Grabitz/Hilf/Nettesheim AEUV Art. 271 Rn. 16, 23; Ule, DJT-Gutachten, 1966, S. 50.
[122] Dauses in Dauses/Ludwigs EU-WirtschaftsR-HdB P I Rn. 339 ff.
[123] Zu diesen konstitutiven Erfordernissen Karpenstein in Grabitz/Hilf/Nettesheim AEUV Art. 271 Rn. 16.

lit. b, c AEUV keine allzu strengen Anforderungen an das Vorliegen eines **Rechtsschutzbedürfnisses**.[124] Für die **Beschwer des Klageberechtigten** lässt es der EuGH insoweit ausreichen, wenn dieser theoretisch durch den streitgegenständlichen Beschluss in seinen Rechten berührt sein kann.[125]

II. Begründetheit

Infolge der Verweisung der Art. 271 lit. b, c AEUV auf die Vorschriften der Nichtigkeitsklage **überprüft** der EuGH die im Streit befindlichen Beschlüsse **lediglich auf ihre Rechtmäßigkeit, nicht aber auf ihre Zweckmäßigkeit**. Die Rechtmäßigkeitsüberprüfung erfolgt dabei anhand der in Art. 263 Abs. 2 AEUV aufgeführten Klagegründe. Prüfungsmaßstab ist insoweit nicht nur das Recht der EIB, sondern auch das von ihr zu beachtende primäre und sekundäre Gemeinschaftsrecht einschließlich seiner allgemeinen Rechtsgrundsätze.[126] Während die Rechtmäßigkeitsprüfung der vom Rat der Gouverneure erlassenen Beschlüsse anhand sämtlicher in Art. 263 Abs. 2 AEUV aufgeführten Klagegründe vorgenommen werden kann, wird die Überprüfung gem. Art. 271 lit. c AEUV bei Beschlüssen des Verwaltungsrats auf die Verletzung der in Art. 19 Abs. 2, 5–7 EIB-Satzung festgelegten Formvorschriften beschränkt.[127] Danach muss der Europäische Gerichtshof untersuchen, ob der Verwaltungsrat der EIB bei der Behandlung von Darlehen- oder Bürgschaftsanträgen 48

- bei der Kommission und/oder dem Mitgliedstaat, in dessen Hoheitsgebiet das Vorhaben durchgeführt werden soll, eine Stellungnahme eingeholt hat (Art. 19 Abs. 2 UAbs. 1 EIB-Satzung),
- die den Mitgliedstaaten und der Kommission zur Abgabe ihrer Stellungnahme eingeräumte Frist von zwei Monaten beachtet hat, vor deren Ablauf ein Vorhaben nicht als genehmigt betrachtet werden kann (Art. 19 Abs. 2 UAbs. 2 EIB-Satzung),
- das Einstimmigkeitserfordernis für die Gewährung eines Darlehens oder einer Bürgschaft im Falle einer vorangegangenen negativen Stellungnahme des Direktoriums oder Kommission befolgt hat (Art. 19 Abs. 5 und Art. 19 Abs. 6 Hs. 1 EIB-Satzung),
- die Pflicht zur Stimmenthaltung des von der Kommission benannten Mitglieds beachtet hat, sofern dem Antrag eine negative Stellungnahme der Kommission vorausgegangen ist (Art. 19 Abs. 6 Hs. 2 EIB-Satzung),
- den Antrag im Falle von negativen Stellungnahmen der Kommission und des Direktoriums zurückgewiesen hat (Art. 19 Abs. 7 EIB-Satzung).

III. Abschließende Entscheidung

Mangels einer in den Art. 271 lit. b, c AEUV enthaltenen vergleichbaren Vorschrift richtet sich die **abschließende Entscheidung** ebenfalls **nach Maßgabe der für die Nichtigkeitsklage geltenden Vorschriften**. Ist die gegen einen Beschluss des Rates der Gouverneure bzw. den Verwaltungsrat gerichtete Klage begründet, hebt der EuGH somit den Beschluss in analoger Anwendung zu Art. 264 AEUV auf.[128] Der Rat der Gouverneure muss die sich aus dem Urteil ergebenden Maßnahmen nach Art. 266 AEUV ergreifen. Bei Entscheidungen hinsichtlich des Verhaltens des Verwaltungsrates besteht die Möglichkeit, dass der Gerichtshof, soweit es die schützenswerten Rechte Dritter erfordern, diejenigen Wirkungen bezeichnet, „die als fortgeltend zu betrachten sind".[129] 49

---

[124] Vgl. Schlussanträge EuGH C-85/86, Slg. 1988, 1281 (1299) = BeckRS 2004, 73820 – Kommission/EIB.
[125] EuGH 3.3.1985 – C-85/86, Slg. 1988, 1281 Rn. 13 = BeckRS 2004, 73820 – Kommission/EIB.
[126] EuGH 3.3.1985 – C-85/86, Slg. 1988, 1281 Rn. 29 = BeckRS 2004, 73820 – Kommission/EIB.
[127] Karpenstein in Grabitz/Hilf/Nettesheim AEUV Art. 271 Rn. 24.
[128] Frenz EuropaR-HdB V Rn. 3121; Karpenstein in Grabitz/Hilf/Nettesheim AEUV Art. 271 Rn. 18, 25.
[129] Dazu Karpenstein in Grabitz/Hilf/Nettesheim AEUV Art. 271 Rn. 25.

D. Sonstige, die EIB betreffende Streitigkeiten

50 Die **Zuständigkeit des EuGH** für die EIB betreffende Streitigkeiten ist **nicht auf die in Art. 271 lit. a–c AEUV geregelten Fälle beschränkt**.[130] Für die dort aufgeführten Rechtsstreitigkeiten stellt die Vorschrift lediglich eine **Sonderregelung** dar, **die weitergehende Zuständigkeiten des EuGH nicht ausschließt**.[131] Da es sich insoweit um allgemeine Verfahren handelt, an denen die EIB als Partei beteiligt sein kann, soll hier eine kursorische Aufzählung ausreichen. Rechtsstreitigkeiten, an denen die EIB beteiligt sein kann und zu deren Rechtskontrolle die institutionellen Gemeinschaftsgerichte (*EuGH* und *EuG*) berufen sind, können insbes. sein:

- Streitsachen zwischen der EIB und ihren Bediensteten gem. Art. 270 AEUV[132]
- Rechtsstreitigkeiten zwischen der EIB und ihren Gläubigern, Kreditnehmern oder Drittpersonen gem. Art. 272 AEUV aufgrund einer zwischen ihnen vereinbarten Schiedsklausel.[133]

51 Für **gegen die EIB gerichtete Schadensersatzklagen** ist der EuGH ebenfalls zuständig, auch wenn Art. 268 AEUV mit dem Verweis auf Art. 340 Abs. 2 AEUV eine außervertragliche Haftung nur für Gemeinschaftsorgane vorsieht, zu denen die EIB infolge ihrer unabhängigen Rechtspersönlichkeit nicht zählt.[134] Maßgeblich für die Eröffnung des Klageweges ist der Gedanke, dass der **Begriff „Organ" in Art. 340 Abs. 2 AEUV** nicht so verstanden werden darf, dass nur die in Art. 13 EUV genannten Organe erfasst werden; erforderlich ist vielmehr eine **extensive Interpretation**.[135]

E. Die Europäische Zentralbank und das System der gerichtlichen Kontrolle

52 Mit der Europäischen Währungsunion kommen auf die institutionellen Gemeinschaftsgerichte insoweit neue Aufgaben zu, als die – im Gegensatz zum Europäischen System der Zentralbanken – mit eigener Rechtspersönlichkeit ausgestattete EZB Prozesspartei eines Verfahrens sein kann.[136] Nach Art. 35.1. ESZB-Satzung richten sich **Aktiv- und Passivlegitimation** nach den Bestimmungen der Verträge.

I. Klage-, Rüge- und Antragsrechte der EZB

53 **1. Nichtigkeitsklage nach Art. 263 AEUV.** Die EZB ist als teilprivilegierte Klägerin nach Art. 263 AEUV im Rahmen der Nichtigkeitsklage klageberechtigt,[137] soweit die **Klage auf die Wahrung ihrer Rechte** abzielt. Wenngleich der Begriff der „Handlungen" in Art. 263

---

[130] Übereinstimmend Karpenstein in Grabitz/Hilf/Nettesheim AEUV Art. 271 Rn. 3; Kotzur in Geiger/Khan/Kotzur/Kirchmair AEUV Art. 271 Rn. 8; Jacqué in von der Groeben/Schwarze/Hatje AEUV Art. 237 Rn. 15; Schwarze/Wunderlich in Schwarze AEUV Art. 271 Rn. 8; Sademach/Häde in FK-EUV/GRC/AEUV AEUV Art 271 Rn. 30.
[131] EuGH 15.6.1976 – 110/75, ECLI:EU:C:1976:88, Slg. 1976, 955 Rn. 15 ff. = BeckRS 2004, 70712 – Mills/EIB.
[132] Vgl. auch EuGH 15.6.1976 – 110/75, ECLI:EU:C:1976:88, Slg. 1976, 955 Rn. 18 = BeckRS 2004, 70712 – Mills/EIB; ferner aus dem Schrifttum Dauses in Dauses/Ludwigs EU-WirtschaftsR-HdB P I Rn. 342; Kotzur in Geiger/Khan/Kotzur/Kirchmair AEUV Art. 271 Rn. 8; Gaitanides in von der Groeben/Schwarze/Hatje AEUV Art. 237 Rn. 15; Schwarze/Wunderlich in Schwarze AEUV Art. 271 Rn. 8.
[133] Vgl. auch Dauses in Dauses/Ludwigs EU-WirtschaftsR-HdB P I Rn. 343; Kotzur in Geiger/Khan/Kotzur/Kirchmair AEUV Art. 271 Rn. 8; Jacqué in von der Groeben/Schwarze/Hatje AEUV Art. 237 Rn. 15; Schwarze/Wunderlich in Schwarze AEUV Art. 271 Rn. 8.
[134] Str., wie hier EuGH 2.12.1992 – C-370/89, ECLI:EU:C:1992:482, Slg. 1992, I-6211 = BeckRS 2004, 76811 – SGEEM und Etroy/EIB; ferner auch Wegener in Calliess/Ruffert AEUV Art. 271 Rn. 4; dagegen Dauses in Dauses/Ludwigs EU-WirtschaftsR-HdB P I Rn. 343; Ruffert in Calliess/Ruffert AEUV Art. 340 Rn. 5.
[135] EuGH 2.12.1992 – C-370/89, ECLI:EU:C:1992:482, Slg. 1992, I-6211 Rn. 16 = BeckRS 2004, 76811 – SGEEM und Etroy/EIB.
[136] Dazu ausf. Gaiser EuR 2002, 517 f.
[137] Siehe nur Pechstein/Görlitz in FK-EUV/GRC/AEUV AEUV Art. 263 Rn. 94.

Abs. 1 AEUV weit auszulegen ist,[138] so ist das **Klagerecht** der EZB **materiell** dadurch **beschränkt,** dass sie sich nur auf die ihr durch den Vertrag verliehenen Befugnisse und Rechte berufen kann.[139] Dabei ist im Rahmen der Zulässigkeit der schlüssige Vortrag einer Verletzung ausreichend; die Frage der tatsächlichen Verletzung ist der Begründetheit vorbehalten.[140]

Im Einzelnen kommen als möglicherweise verletzte Rechtspositionen der Verstoß eines Gemeinschaftsorgans gegen das **Weisungs- und Beeinflussungsverbot des Art. 130 S. 2 AEUV**[141] oder wegen einer **Verletzung des Anhörungserfordernisses des Art. 127 Abs. 4 AEUV**[142] in Betracht, wobei allein das Primärrecht eine Vielzahl rügefähiger Beteiligungsrechte bereithält (zB Art. 48 Abs. 3, 6 EUV, Art. 66 AEUV, Art. 133 AEUV, Art. 219 AEUV). Mit der Anknüpfung an die Verletzung organschaftlicher Rechte erweist sich Art. 263 Abs. 3 mithin als eine **besondere Gestaltung eines Organstreitverfahrens.**[143] 54

2. Untätigkeitsklage nach Art. 265 AEUV. Art. 265 Abs. 1 AEUV ermöglicht es der EZB, gegen **rechtswidrige Unterlassungen der Gemeinschaftsorgane** vorzugehen. Damit schließen sich die Klagen nach Art. 263 AEUV einerseits und Art. 265 AEUV andererseits gegenseitig aus. Während der gerügte Rechtsverstoß im Rahmen der Nichtigkeitsklage in einem Tun („Handlungen") besteht, muss er sich für die Untätigkeitsklage in einer relevanten Untätigkeit zeigen. 55

Streitig ist, ob die Aktivlegitimation weiterhin nur insoweit besteht, als der Zuständigkeitsbereich der EZB berührt ist.[144] Nach Art. 265 Abs. 1 AEUV sind zu den privilegierten Klageberechtigten – neben den Mitgliedstaaten – die „anderen Organe der Union" zu zählen. Nachdem auch die EZB durch den Vertrag von Lissabon in Art. 13 Abs. 1 EUV aufgenommen wurde (anders noch Art. 7 EGV), ist die besondere Regelung der Aktivlegitimation in Art. 232 Abs. 4 EGV als obsolet zu betrachten, die jedoch bestimmte, dass die EZB nur insoweit aktivlegitimiert sein sollte, als ihr in Art. 127 ff. AEUV geregelter Zuständigkeitsbereich berührt ist. Überzeugend erscheint es mit dem Entfallen dieser materiellen Einschränkung auch eine nunmehr umfassende Klageberechtigung der EZB anzunehmen.[145] Hierfür streitet neben dem klaren Wortlaut des Art. 265 Abs. 1 AEUV auch die Tatsache, dass der Untätigkeitsklage seit dem Vertrag von Lissabon generell teilprivilegierte Kläger fremd sind. 56

Klagegegenstand ist insoweit die unterlassene Beschlussfassung, wobei der Begriff des Beschlusses weit auszulegen ist und alle Maßnahmen beinhaltet, zu deren Vornahme die Unionsorgane aufgrund des primären oder des sekundären Unionsrechts verpflichtet sind.[146] Damit sind im Umkehrschluss des Art. 265 Abs. 3 AEUV – anders als i. R. d. Nichtigkeitsklage – auch unverbindliche, sogar schlicht vorbereitende Handlungen umfasst, Eine besondere **Klagebefugnis** setzt die Untätigkeitsklage nicht voraus.[147] Vor Klageer- 57

---

[138] Vgl. ausf. zum Begriff der „Handlungen": Dörr in Grabitz/Hilf/Nettesheim AEUV Art. 265 Rn. 32 ff.; Cremer in Calliess/Ruffert AEUV Art. 263 Rn. 10 ff.; Pechstein EU-ProzessR Rn. 348 ff.; Schwarze/Voet van Vormizeele in Schwarze AEUV Art. 263 Rn. 10 ff.
[139] Dazu Dörr, in: Grabitz/Hilf/Nettesheim AEUV Art. 265 Rn. 53 ff.; Cremer in Calliess/Ruffert AEUV Art. 263 Rn. 22; Gaiser EuR 2002, 518 f.; Frenz EuropaR-HdB V Rn. 3144; Kotzur in Geiger/Khan/Kotzur/Kirchmair AEUV Art. 263 Rn. 17; Pechstein EU-ProzessR Rn. 389 f.
[140] Schwarze/Voet van Vormizeele in Schwarze AEUV Art. 263 Rn. 72.
[141] Dazu Frenz EuropaR-HdB V Rn. 3137; Gaiser EuR 2002, 519.
[142] Vgl. insoweit auch Cremer in Calliess/Ruffert AEUV Art. 263 Rn. 22; Gaiser EuR 2002, 519.
[143] Umfassend Dörr in Grabitz/Hilf/Nettesheim AEUV Art. 263 Rn. 53 f.
[144] Vgl. Gaiser EuR 2002, 520; Pechstein EUProzR Rn. 616; Schwarze/Voet van Vormizeele in Schwarze AEUV Art. 265 Rn. 4 f.
[145] So auch Dörr, in: Grabitz/Hilf/Nettesheim AEUV Art. 265 Rn. 9; Pechstein in FK-EUV/GRC/AEUV, AEUV, Art. 265 Rn. 18 f.; wohl auch Stotz in Dauses/Ludwigs EU-WirtschaftsR-HdB P I Rn. 224, aA Ehricke in Streinz AEUV Art. 265 Rn. 2, 4; Gaitanides in von der Groeben/Schwarze/Hatje AEUV Art. 265 Rn. 6.
[146] Zum Klagegegenstand vgl. auch im Schrifttum Cremer in Calliess/Ruffert AEUV Art. 265 Rn. 4 f.; Pechstein EUProzR Rn. 609 ff.; Schwarze/Voet van Vormizeele in Schwarze AEUV Art. 265 Rn. 10 ff.
[147] Cremer in Calliess/Ruffert AEUV Art. 265 Rn. 12 f.; Pechstein EUProzR Rn. 628, 630; Schwarze/Voet van Vormizeele in Schwarze AEUV Art. 265 Rn. 8.

hebung ist die Durchführung eines – von Amts wegen zu prüfenden – **Vorverfahrens** erforderlich.[148] Stellt der Gerichtshof im Rahmen der **Begründetheitsprüfung** ein gemeinschaftsrechtswidriges Unterlassen fest, so sind nach Art. 266 AEUV die beklagten Organe verpflichtet, die im Urteil bezeichneten Maßnahmen zu ergreifen.[149]

58 **3. Inzidente Normenkontrolle nach Art. 277 AEUV.** Die in Art. 277 AEUV normierte inzidente Normenkontrolle soll die Vertragsunterworfenen vor der Anwendung rechtswidriger Gemeinschaftsakte schützen.[150] Allerdings **eröffnet die Bestimmung keinen selbständigen Klageweg,** sondern setzt vielmehr ein bereits vor dem Gerichtshof anhängiges Verfahren voraus. Dem entspricht es, dass die inzidente Normenkontrolle auch im Erfolgsfall nicht zur erga omnes wirkenden Nichtigkeit des Rechtsaktes führt, sondern bloß zu dessen Nichtanwendung in dem konkreten Verfahren.[151] **Prozessual** handelt es sich daher um ein **unselbständiges Rügerecht.**[152]

59 **4. Klagen nach Art. 14.2. ESZB-Satzung.** Unter den in Art. 14.2. ESZB-Satzung normierten Voraussetzungen kann der **Präsident einer nationalen Zentralbank** aus seinem Amt **entlassen** werden. Gegen eine solche Entscheidung können nach Art. 14.2. S. 3 ESZB-Satzung sowohl der unmittelbar von der Entscheidung betroffene Präsident einer nationalen Zentralbank oder der Rat der EZB binnen zwei Monaten Klage wegen einer Verletzung des Vertrages oder einer bei seiner Durchführung anzuwendenden Rechtsnorm erheben. Anders als im Verfahren nach Art. 271 lit. d AEUV, bei dem die Klage der EZB nicht gegen den Mitgliedstaat, sondern unmittelbar gegen die nationale Zentralbank gerichtet ist, wendet sich die auf Art. 14.2. ESZB-Satzung gestützte **Klage gegen den Mitgliedstaat,** der den Präsidenten der jeweiligen nationalen Notenbank satzungswidrig entlassen hat.[153] Nach jüngster Rechtsprechung des EUGH handelt es sich hierbei um eine **besondere Nichtigkeitsklage** (→ Rn. 23).[154]

60 **5. Klagen nach Art. 36.2. ESZB-Satzung.** Nach Art. 36.2. der ESZB-Satzung besteht auch eine Zuständigkeit für alle **Streitigkeiten** zwischen der **EZB** und ihren **Bediensteten.**[155] **Funktionell zuständig** ist das **Gericht erster Instanz.**[156]

61 **6. Antragsrecht nach Art. 11.4. ESZB-Satzung.** Auf **Antrag** des **EZB-Rates** oder des **Direktoriums** nach Art. 11.4. ESZB-Satzung kann ein **Mitglied des Direktoriums der EZB,** das entweder die Voraussetzungen für die Ausübung des Amtes nicht mehr erfüllt oder eine schwere Verfehlung begangen hat, durch den Gerichtshof **seines Amtes enthoben werden.**[157] Das Verfahren ähnelt dem für die Amtshebung von Mitgliedern der Kommission (Art. 245 Abs. 2 AEUV iVm Art. 247 AEUV) vorgesehenen Verfahren.

---

[148] Dazu Cremer in Calliess/Ruffert AEUV Art. 265 Rn. 9 ff.; Pechstein EUProzR Rn. 589 ff.; Schwarze/Voet van Vormizeele in Schwarze AEUV Art. 265 Rn. 19.
[149] Vgl. insoweit nur Cremer in Calliess/Ruffert AEUV Art. 266 Rn. 2; Schwarze/Voet van Vormizeele in Schwarze AEUV Art. 266 Rn. 2.
[150] Zur Bedeutung der inzidenten Normenkontrolle vgl. Cremer in Calliess/Ruffert AEUV Art. 277 Rn. 1; Pechstein EUProzR Rn. 914; Schwarze/Voet van Vormizeele in Schwarze AEUV Art. 277 Rn. 2.
[151] Ausf. Pechstein/Kubicki in FK-EUV/GRC/AEUV AEUV, Art. 277 Rn. 2 ff.; vgl. auch Ehricke in Streinz AEUV Art. 277 Rn. 13; Cremer in Calliess/Ruffert AEUV Art. 277 Rn. 8.
[152] Cremer in Calliess/Ruffert AEUV Art. 277 Rn. 2; Schwarze/Voet van Vormizeele in Schwarze AEUV Art. 277 Rn. 3.
[153] Übereinstimmend Gaiser EuR 2002, 524; Karpenstein in Grabitz/Hilf/Nettesheim AEUV Art. 271 Rn. 29.
[154] EuGH 26.2.2019 – verb. Rs. C-202/18, C-238/18, = BeckRS 2019, 2087 – Rimšēvičs/Republik Lettland Rn. 65 ff.
[155] Dazu auch Gaiser EuR 2002, 524.
[156] Art. 3 des Beschlusses des Rates zur Errichtung eines Gerichts erster Instanz der Europäischen Gemeinschaften v. 24.10.1988 (ABl. 1988 L 319, 1, ber. in ABl. 1989 L 241, 4), zuletzt geändert durch Art. 10 Vertrag von Nizza v. 26.2.2001 (ABl. 2001 C 80, 8).
[157] Dazu auch Gaiser EuR 2002, 526.

II. Die EZB als Beklagte

1. Nichtigkeitsklage nach Art. 263 AEUV. Mit der **Nichtigkeitsklage** nach Art. 263 AEUV können alle **Rechtsakte der EZB mit verbindlicher Wirkung**[158] einer **gerichtlichen Überprüfung** unterworfen werden. Dabei kommen als mögliche Klagegründe die in Art. 263 AEUV enumerativ aufgeführten Gründe (Unzuständigkeit, Verletzung wesentlicher Formvorschriften, Verletzung des Vertrages oder einer bei seiner Durchführung anzuwendenden Rechtsnorm, Ermessensmissbrauch) in Betracht.

Soweit eine Klage gegen die EZB durch einen Mitgliedstaat, das Europäische Parlament, den Rat oder Kommission nach Art. 263 Abs. 2 AEUV erhoben wird, bedarf es bei diesen **privilegierten Klägern** keiner Darlegung eines besonderen Rechtsschutzinteresses.[159] Demgegenüber sind die **Klagerechte der teilprivilegierten Kläger** (Rechnungshof und Ausschuss der Regionen) nach Art. 263 Abs. 3 AEUV insoweit beschränkt, als diese lediglich eine Verletzung ihrer eigenen, durch den Vertrag verliehenen Befugnisse und Rechte geltend machen können.[160] Unter den speziellen Voraussetzungen des Art. 263 Abs. 4 AEUV besteht auch eine **Klagebefugnis nichtprivilegierter Kläger**.[161] Der Rechtsschutz ist danach davon abhängig, dass die jeweilige natürliche oder juristische Person unmittelbar und individuell betroffen ist.[162] Insoweit ist nach Maßgabe von Abs. 263 Abs. 4 AEUV auch den **nationalen Zentralbanken** die Möglichkeit eröffnet, gegen die EZB Klage zu erheben.[163]

2. Untätigkeitsklage nach Art. 265 AEUV. Verletzt die EZB ihre obliegenden Handlungspflichten, so können unter den Voraussetzungen des Art. 265 Abs. 1 AEUV die Mitgliedstaaten und andere Organe der Gemeinschaft **Klage auf Feststellung der Vertragsverletzung durch die gemeinschaftsrechtswidrige Unterlassung** erheben.[164] Dieses Recht steht nach Art. 265 Abs. 3 AEUV auch **natürlichen** oder **juristischen Personen** zu. Insoweit ist nach Maßgabe von Art. 265 AEUV auch den **nationalen Zentralbanken** die Möglichkeit eröffnet, gegen die EZB Klage zu erheben.[165] Eine besondere **Klagebefugnis** setzt die Untätigkeitsklage nicht voraus.[166]

3. Schadensersatzansprüche nach Art. 268 AEUV iVm Art. 340 Abs. 2 AEUV. Nach Art. 268 AEUV iVm Art. 340 Abs. 2 AEUV besteht eine **ausschließliche Zuständigkeit** des Gerichtshofs für **Schadensersatzklagen wegen außervertraglicher Haftung**. Nach Art. 340 Abs. 3 AEUV gilt Art. 340 Abs. 2 AEUV in gleicher Weise auch für den durch die EZB oder ihre Bediensteten in Ausübung ihrer Amtstätigkeit verursachten Schaden.[167] Als haftungsauslösende Handlungen kommen etwa Fehler bei der Festlegung

---

[158] Gaiser EuR 2002, 526.
[159] Vgl. im einzelnen Dörr in Grabitz/Hilf/Nettesheim AEUV Art. 265 Rn. 10 ff.; Cremer in Calliess/Ruffert AEUV Art. 263 Rn. 21; Gaiser EuR 2002, 526 f.; Kerber/Städter EuZW 2011, 538; Pechstein EUProzR Rn. 384 f., 387; Schwarze/Voet van Vormizeele in Schwarze AEUV Art. 263 Rn. 36.
[160] Dazu Dörr in Grabitz/Hilf/Nettesheim AEUV Art. 265 Rn. 17 f.; Cremer in Calliess/Ruffert AEUV Art. 263 Rn. 22; Pechstein EUProzR Rn. 387; Schwarze/Voet van Vormizeele in Schwarze AEUV Art. 263 Rn. 37.
[161] Siehe insoweit Dörr in Grabitz/Hilf/Nettesheim AEUV Art. 265 Rn. 21 mwN; Cremer in Calliess/Ruffert AEUV Art. 263 Rn. 33 ff.; Schwarze/Voet van Vormizeele in Schwarze AEUV Art. 263 Rn. 38 ff.
[162] Dörr in Grabitz/Hilf/Nettesheim AEUV Art. 265 Rn. 21.; Cremer in Calliess/Ruffert AEUV Art. 263 Rn. 33 ff.; Kerber/Städter EuZW 2011, 538; Pechstein EUProzR Rn. 390 ff.; Schwarze/Voet van Vormizeele in Schwarze AEUV Art. 263 Rn. 45 ff.
[163] Dazu auch Gaiser EuR 2002, 533.
[164] Vgl. Gaiser EuR 2002, 529 mwN; Schwarze/Voet van Vormizeele in Schwarze AEUV Art. 265 Rn. 8.
[165] Dazu auch Gaiser EuR 2002, 535.
[166] Schwarze/Voet van Vormizeele in Schwarze AEUV Art. 265 Rn. 18.
[167] Vgl. iE dazu Berg in Schwarze AEUV Art. 340 Rn. 71; v. Bogdandy/Jacob in Grabitz/Hilf/Nettesheim AEUV Art. 340 Rn. 118 ff.; Pechstein EUProzR Rn. 744 ff.; Ruffert in Calliess/Ruffert AEUV Art. 340 Rn. 34.

von Mindestreserven, bei Maßnahmen der Refinanzierungspolitik oder der Verhängung von Sanktionen in Betracht.[168]

66 Auch wenn Art. 340 Abs. 2 AEUV eine Haftung der Gemeinschaft statuiert, so spricht gegen eine Haftung der Gemeinschaft insbes. die Rechtspersönlichkeit der EZB. Ist diese mit weit reichender Unabhängigkeit ausgestattet, so widerspricht dem eine Haftungsfreizeichnung mit der Konsequenz einer Haftung der Gemeinschaft.[169] **Schadensersatzklagen** sind daher **unmittelbar gegen die EZB** zu richten.[170]

67 **4. Vorabentscheidungsverfahren nach Art. 267 AEUV.** Als Ausdruck der **strikten Aufgabenverteilung zwischen nationaler Gerichtsbarkeit und europäischer Gerichtsbarkeit** dient das **Vorabentscheidungsverfahren** nach Art. 267 AEUV der Beurteilung der Gültigkeit von Handlungen der Gemeinschaftsorgane und damit der **Wahrung der Rechtseinheit in der Gemeinschaft.**[171] Auf Vorlage eines nationalen Gerichts kann der EuGH auch über die Gültigkeit und die Auslegung von Handlungen der EZB entscheiden.[172]

68 **5. Klagen nach Art. 36.2. ESZB-Satzung.** Auf der Grundlage von Art. 36.2. ESZB-Satzung ist der Gerichtshof zuständig für **Klagen**, die von **Bediensteten**[173] **der EZB** gegen diese erhoben werden. **Funktionell zuständig** ist das Gericht (vor Lissabon bekannt als **Gericht erster Instanz**).[174]

---

[168] Beispiele nach Jacob/Kottmann in Grabitz/Hilf/Nettesheim AEUV Art. 340 Rn. 134.
[169] Ausf. zum Problem auch Gaiser EuR 2002, 531; vgl. auch Ruffert in Calliess/Ruffert AEUV Art. 340 Rn. 34.
[170] Mit dogmatischem Hinweis auf die eigenständige Rechtspersönlichkeit der EZB nach Art. 282 Abs. 3 S. 1 AEUV Terhechte in FK-EUV/GRC/AEUV AEUV Art. 340 Rn. 63.
[171] Ausf. zu Funktion und Bedeutung Dauses in Dauses/Ludwigs EU-WirtschaftsR-HdB P II Rn. 32 ff.; Schwarze/Wunderlich in Schwarze AEUV Art. 267 Rn. 2; Wegener in Calliess/Ruffert AEUV Art. 267 Rn. 1.
[172] Umf. dazu Gaiser EuR 2002, 532 mwN.
[173] Vgl. insoweit beispielhaft die Klagen Nielsen/EZB v. 25.11.1999 (ABl. 2000 C 79, 29); Pflugradt/EZB v. 10.11.2000 (ABl. 2001 C 4, 10); Nicastro/EZB v. 6.7.2001 (ABl. 2001 C 275, 11); Janusch/EZB (ABl. 2001 C 227, 11).
[174] Art. 3 des Beschlusses des Rates zur Errichtung eines Gerichts erster Instanz der Europäischen Gemeinschaften v. 24.10.1988 (ABl. 1988 L 319, 1, ber. in ABl. 1989 L 241, 4), zuletzt geändert durch Beschluss v. 26.4.1999 (ABl. 1999 L 114, 52).

§ 14 Klagen aufgrund vertraglicher Schiedsklauseln

Übersicht

	Rn.
A. Allgemeines	1
I. Rechtsgrundlagen	1
II. Wesen und Bedeutung dieser Klagen	3
III. Verhältnis zu den anderen Rechtsbehelfen	5
B. Zulässigkeit	6
I. Sachliche Zuständigkeit	6
1. Materiell-rechtlicher Vertrag	8
2. Vereinbarung einer Schiedsklausel	12
3. Wirksamkeit der Schiedsklausel	14
II. Klageart	16
III. Besondere Sachurteilsvoraussetzungen	17
C. Begründetheit	18
D. Abschließende Entscheidung	23

Schrifttum:
Bleckmann, Die öffentlich-rechtlichen Verträge der EWG, NJW 1978, 464 ff.; Bleckmann, Der Verwaltungsvertrag als Handlungsmittel der Europäischen Gemeinschaften, DVBl 1981, 889 ff.; Classen, Der EuGH und die Schiedsgerichtsbarkeit in Investitionsschutzabkommen, EuR 2012, 611 ff.; Grunwald, Die nichtvölkerrechtlichen Verträge der Europäischen Gemeinschaften, EuR 1984, 227 ff.; Gundel, Die Öffnung des Vorabentscheidungsverfahrens zum EuGH für nichtmitgliedstaatliche Gerichte, EuZW 2019, 934 ff.; ders., Die Gewährleistung effektiven Rechtsschutzes bei vertraglichem Handeln der Union: Neue Weichenstellungen durch den EuGH, EWS 2020, 330 ff.; Niemeyer, Erweiterte Zuständigkeiten für das Gericht erster Instanz der Europäischen Gemeinschaften, EuZW 1993, 529 ff.; Reimer, Die Klage aus vertraglicher Haftung im Europarecht, DÖV 2020, 52; Stelkens, Probleme des Europäischen Verwaltungsvertrags nach dem Vertrag zur Gründung der Europäischen Gemeinschaft und dem Vertrag über eine Verfassung für Europa, EuZW 2005, 299 ff.; Wegener, Die Neuordnung der EU-Gerichtsbarkeit durch den Vertrag von Nizza, DVBl 2001, 1258 ff.; ders., Der Numerus Clausus der Klagearten – Eine Gefahr für die Effektivität des Rechtsschutzes im Gemeinschaftsrecht?, EuGRZ 2008, 354 ff.

A. Allgemeines

I. Rechtsgrundlagen

Aufgrund der Vorschrift des Art. 272 AEUV ist der Gerichtshof auch für solche **Rechtsstreitigkeiten** zuständig, die ihm im Wege von **Schiedsklauseln** übertragen werden und die in einem von der Union oder für ihre Rechnung abgeschlossenen **öffentlich-rechtlichen** oder **privatrechtlichen Vertrag** enthalten sind. Diese Schiedsklauseln sind für die Zuständigkeit des Gerichtshofs **konstitutiver Natur**[1] und – angesichts ihrer Abweichung von der grundsätzlich enumerativen Zuständigkeit des Gerichtshofs – als Ausnahmebestimmungen[2] **restriktiv auszulegen.**[3] Das gilt nicht zuletzt auch deshalb, da das Bestehen einer solchen Klausel den Ausschluss der Zuständigkeit eines anderen Gerichts impliziert.[4] Andersherum können Vorschriften des nationalen Rechts einer sich aus Art. 272 AEUV ergebenden Zuständigkeit des Gerichtshofs nicht entgegenstehen.[5]

1

---

[1] Ausf. Pechstein in Frankfurter FK-EUV/GRC/AEUV AEUV Art. 272 Rn. 1.
[2] Ausdrücklich statt aller EuGH 25.6.2020 – C-730/18 P, ECLI:EU:C:2020:505 = BeckRS 2020, 13476 Rn. 30: „spezielle Bestimmung".
[3] Vgl. insoweit EuGH 16.7.2020 – C-584/17 P, ECLI:EU:C:2020:576 = BeckRS 2020, 16086 Rn. 64; ferner auch EuGH 18.12.1986 – C-426/85, Slg. 1986, 4057 Rn. 11 = BeckRS 2004, 71171 – Kommission/Zoubek; EuGH 20.2.1997 – C-114/94, Slg. 1997, I-803 Rn. 82 = BeckRS 2004, 74163 – IDE/Kommission; s. ferner auch im Schrifttum Reimer DÖV 2020, 52 (54); Ehricke in Streinz AEUV Art. 272 Rn. 1.
[4] Instruktiv GA Szpunar 11.4.2018 – SchlA C-43/17 P, ECLI:EU:C:2018:231 = BeckRS 2018, 4928 Rn. 32 f.
[5] EuGH 26.2.2015 – C-564/13 P, ECLI:EU:C:2015:124 = BeckRS 2015, 80298 Rn. 21; EuGH 18.12.1986 – C-426/85, Slg. 1986, 4057 Rn. 11 = BeckRS 2004, 71171 – Kommission/Zoubek; EuGH 20.2.1997 – C-114/94, Slg. 1997, I-803 Rn. 10.

2 Bei der Kompetenzzuweisung durch eine Schiedsklausel nach Art. 272 AEUV ist aber zu berücksichtigen, dass diese dem Gerichtshof **weder die Stellung eines Schiedsgerichts im völkerrechtlichen noch im innerstaatlichen Sinne** einräumt;[6] der **Gerichtshof** wird vielmehr auch in diesen Fällen als **Unionsorgan** tätig mit der Folge, dass jedenfalls **Aufgabe, Besetzung und Verfahren einer Parteivereinbarung entzogen** sind und sich ausschließlich aus den allgemeinen unionsrechtlichen Bestimmungen ergeben.[7]

II. Wesen und Bedeutung dieser Klagen

3 Die über diese Regelungen eröffnete **Möglichkeit einer europäischen Rechtskontrolle** trägt dem Umstand Rechnung, dass durch derartige Vereinbarungen wichtige Unionsinteressen berührt werden können, die es im Falle von Unstimmigkeiten nahe legen, eine Entscheidung des Gerichtshofs herbeizuführen.[8] Da Streitigkeiten aus vertraglichen Rechtsbeziehungen der Union im Allgemeinen der innerstaatlichen Gerichtsbarkeit unterfallen,[9] handelt es sich bei den **Schiedsklauseln** um **Zuständigkeitsvereinbarungen**,[10] die sich in ihrem **Wesen** und ihrer **Funktion** nach nicht wesentlich von einer **Prorogation** unterscheiden.[11]

4 Sofern eine entsprechende Schiedsklausel zwischen den Vertragsparteien wirksam vereinbart wird, wird damit zugleich eine **ausschließliche Zuständigkeit des Gerichtshofs** begründet (Art. 274 AEUV);[12] etwaige entgegenstehende nationale Bestimmungen sind insoweit unbeachtlich.[13] Keine ausschließliche Zuständigkeit besteht ausnahmsweise nicht, wenn die Schiedsklausel den Gerichtshof ausdrücklich als Rechtsmittelinstanz benennt.[14] Sollte die Klage gleichwohl zunächst bei einem nationalen Gericht anhängig gemacht werden, müsste sich dieses von Amts wegen für unzuständig erklären.[15] Berücksichtigt werden muss jedoch, dass die **Schiedsklausel** in freiwilligem Einvernehmen zwischen den Vertragsparteien erfolgt, so dass sie auch **jederzeit einvernehmlich wieder aufgehoben werden kann**,[16] solange der Gerichtshof noch kein Urteil in der Sache

---

[6] Siehe dazu Borchardt in Lenz/Borchardt AEUV Art. 272 Rn. 5; Karpenstein in Grabitz/Hilf/Nettesheim AEUV Art. 272 Rn. 2.

[7] So übereinstimmend im Schrifttum Lenz/Borchardt AEUV Art. 272 Rn. 5; Cremer in Calliess/Ruffert AEUV Art. 272 Rn. 8; Wohlfahrt in Dauses/Ludwigs EU-WirtschaftsR-HdB Abschn. P Kap. I Rn. 370; Pechstein EUProzR Rn. 945; Gaitanides in von der Groeben/Schwarze/Hatje AEUV Art. 272 Rn. 2; Schwarze/Wunderlich in Schwarze AEUV Art. 272 Rn. 3.

[8] Zutr. Karpenstein in Grabitz/Hilf/Nettesheim AEUV Art. 272 Rn. 3; Schwarze/Wunderlich in Schwarze AEUV Art. 272 Rn. 2.

[9] Vgl. nur Art. 274, 340 Abs. 1 AEUV; für öffentlich-rechtliche Verträge allerdings krit. Bleckmann NJW 1978, 466.

[10] Vgl. nur EuGH 26.2.2015 – C-564/13 P, ECLI:EU:C:2015:124 = BeckRS 2015, 80298 Rn. 22 f.

[11] Ehricke in Streinz AEUV Art. 272 Rn. 3; Karpenstein in Grabitz/Hilf/Nettesheim AEUV Art. 272 Rn. 2; Kotzur in Geiger/Khan/Kotzur/Kirchmair AEUV Art. 272 Rn. 2; Gaitanides in von der Groeben/Schwarze/Hatje EGV Art. 238 Rn. 3; Wohlfahrt in Dauses/Ludwigs EU-WirtschaftsR-HdB Abschn. P Kap. I Rn. 365; Grunwald EuR 1984, 240; anders Kischel in Hailbronner/Wilms, 12. EL, 8/2006, der eine bloße Gerichtsstandsvereinbarung oder Prorogation ablehnt.

[12] Vgl. aus der Rspr., EuGH 8.4.1992 – C-209/90, Slg. 1992, I-2613 Rn. 13 = BeckRS 2004, 74982 – Kommission/Feilhauer; für den EGKSV vgl. EuGH 16.12.1960 – C-6/60-IMM, Slg. 1960, 1125 (1184) = Humblet/Belgischer Staat; GA Szpunar 11.4.2018 – SchlA C-43/17 P, ECLI:EU:C:2018:231 = BeckRS 2018, 4928 Rn. 32 f.; ferner aus dem Schrifttum Borchardt in Lenz/Borchardt AEUV Art. 272 Rn. 3; Cremer in Calliess/Ruffert AEUV Art. 272 Rn. 5; Pechstein EUProzR Rn. 944; Schwarze/Wunderlich in Schwarze AEUV Art. 272 Rn. 4.

[13] Siehe nur EuGH 8.4.1992 – C-209/90, Slg. 1992, I-2613 Rn. 13 = BeckRS 2004, 74982 – Kommission/Feilhauer.

[14] Borchardt in Lenz/Borchardt AEUV Art. 272 Rn. 3; Karpenstein in Grabitz/Hilf/Nettesheim AEUV Art. 272 Rn. 13; Pechstein EUProzR Rn. 944.

[15] EuGH 8.4.1992 – C-209/90, Slg. 1992, I-2613 Rn. 13 = BeckRS 2004, 74982 – Kommission/Feilhauer; EuGH 6.4.1995 – C-299/93, Slg. 1995, I-839 Rn. 12 = BeckRS 2004, 76127 – Bauer/Kommission; ferner aus Borchardt in Lenz/Borchardt AEUV Art. 272 Rn. 4; Karpenstein in Grabitz/Hilf/Nettesheim AEUV Art. 272 Rn. 4; Pechstein EUProzR Rn. 944; Gaitanides in von der Groeben/Schwarze/Hatje AEUV Art. 272 Rn. 3.

[16] Karpenstein Grabitz/Hilf/Nettesheim AEUV Art. 272 Rn. 4; Pechstein EUProzR Rn. 944.

selbst gefällt hat.¹⁷ Die **Aufhebung** muss dabei nicht unbedingt ausdrücklich geschehen, sondern kann auch **stillschweigend** erfolgen. Eine solche **stillschweigende Aufhebung** kann bspw. darin gesehen werden, dass die **Klage rügelos vor dem an sich unzuständigen nationalen Gericht erhoben wird.**¹⁸ Ob insoweit die Aufhebung der Schiedsklausel oder die Erhebung einer unzulässigen Klage vorliegt, hat das angerufene Gericht im jeweiligen Einzelfall zu klären. Je nachdem, bedarf es eines entsprechenden Hinweises durch das Gericht, wie dies von einigen nationalen Prozessordnungen ausdrücklich vorgesehen wird.

III. Verhältnis zu den anderen Rechtsbehelfen

Von den übrigen die Zuständigkeit des Gerichtshofs begründenden Vorschriften unterscheidet sich die Zuständigkeitsbegründung im Wege der Schiedsklausel in zweifacher Hinsicht. Zum einen können dem Gerichtshof über Art. 272 AEUV auch **Streitigkeiten privatrechtlicher Natur** (zB Erfüllungsansprüche, Bereicherungsansprüche, Schadensersatzansprüche etc) zugewiesen werden.¹⁹ Zum anderen eröffnen diese Vorschriften den Beteiligten einen **Spielraum bzgl. der Rechtskontrolle,** die ihnen in den übrigen Verfahren nicht gewährt wird. 5

B. Zulässigkeit

I. Sachliche Zuständigkeit

Da die Zuständigkeit des Gerichtshofs aufgrund einer Schiedsklausel eine **Abweichung vom allgemeinen Recht** darstellt, haben die beiden europäischen Gerichte im Rahmen der Zulässigkeit zunächst von Amts wegen zu prüfen, ob die Parteien die europäische Gerichtsbarkeit wirksam vereinbart haben.²⁰ Die Zuständigkeit des Gerichtshofs bestimmt sich dabei aufgrund des Ratsbeschlusses 88/591 sowie Art. 211 AEUV und der Schiedsklausel.²¹ Aufgrund des novellierten Art. 3 des Ratsbeschlusses 88/591 ist dem EuG die Zuständigkeit für Schiedsklagen von natürlichen und juristischen Personen insoweit übertragen worden, als die Zuständigkeit der europäischen Gerichtsbarkeit schiedsvertraglich vereinbart wurde.²² Für Klagen der Union oder ihrer Mitgliedstaaten aufgrund schiedsvertraglicher Klauseln bleibt – ungeachtet der Bestimmung des Art. 256 Abs. 1 UAbs. 1 S. 1 AEUV – weiterhin der EuGH zuständig.²³ Der Beschluss des Rates v. 8.6.1993 bereitet allerdings, soweit er eine Kompetenzverlagerung vorsieht, dann **Schwierigkeiten,** soweit eine **Widerklage** erhoben werden soll.²⁴ Aus Gründen des **effektiven Rechtsschutzes** und der **Prozessökonomie** sollte aber das **jeweils mit dem Rechtsstreit befasste institutionelle Unionsgericht** (EuGH oder EuG) über **sämtliche aus dem Vertragsverhältnis resultierende Streitigkeiten entscheiden.** 6

Da der **Gerichtshof** durch die **Schiedsklausel nur als letztinstanzlich entscheidender Spruchkörper** – also als einzige oder als Rechtsmittelinstanz mit einem anderen 7

---

17 Pechstein EUProzR Rn. 944; von der Groeben/Schwarze/Hatje AEUV Art. 272 Rn. 3 f.
18 Dazu Calliess/Ruffert AEUV Art. 272 Rn. 2 mwN; Frenz EuropaR-HdB V Rn. 3154 mwN; aA Grabitz/Hilf/Nettesheim AEUV Art. 272 Rn. 4.
19 Vgl. EuGH 18.12.1986 – C-426/85, Slg. 1986, 4057 Rn. 5 ff. = BeckRS 2004, 71171 – Kommission/Zoubek.
20 So GA Mayras 27.10.1976 – SchlA C-23/76, Slg. 1976, 1807 Rn. 8 ff. = BeckRS 2004, 72457 – Pellegrini ua/Kommission.
21 EuGH 8.4.1992 – C-209/90, Slg. 1992, I-2613 Rn. 13 = BeckRS 2004, 74982 – Kommission/Feilhauer.
22 ABl. 1993 L 144, 21.
23 Zu den Einzelheiten ausf. auch Cremer in Calliess/Ruffert AEUV Art. 272 Rn. 1; Pechstein EUProzR Rn. 946; Wegener DVBl 2001, 1260.
24 Vgl. zu diesem Problem Karpenstein in Grabitz/Hilf/Nettesheim AEUV Art. 272 Rn. 11, 23 mwN; Pechstein EUProzR Rn. 946; Niemeyer EuZW 1993, 530.

Spruchkörper als Eingangsinstanz[25] – bestimmt werden kann,[26] ist es nach allgemeiner Ansicht auch nicht möglich, die Zuständigkeit des Gerichtshofs nach Art. 272 AEUV wahlweise neben anderen Gerichten zu vereinbaren.[27] Die **Zuständigkeit** bestimmt sich **ausschließlich nach Unionsrecht**,[28] sodass **entgegenstehende Bestimmungen des nationalen Rechts** wegen des **Vorrangs des Unionsrechts nicht angewandt werden dürfen.**[29]

8   **1. Materiell-rechtlicher Vertrag.** Die Wortwahl in Art. 272 AEUV („Schiedsklausel, öffentlich-rechtlicher oder privatrechtlicher Vertrag") macht im Vergleich zu Art. 273 AEUV, der insoweit von einem „Schiedsvertrag" spricht, deutlich, dass es sich bei dem zwischen den Parteien geschlossenen Vertrag um ein **Abkommen** handeln muss, welches sich mit **materiell-rechtlichen Fragen** befasst. Abgesehen davon, dass Schiedsverträge nur zwischen einzelnen Mitgliedstaaten vereinbart werden können, sind diese zudem nicht in der Lage, eine Entscheidungskompetenz des EuGH für die Schlichtung außervertraglicher Streitfälle herbeizuführen.

9   Aus der gleichzeitigen Erwähnung des öffentlich-rechtlichen und privatrechtlichen Vertragstypus ergibt sich ferner, dass es auf die **Rechtsnatur des Vertrages nicht ankommt**.[30] Die explizite Erwähnung sowohl öffentlich-rechtlicher als auch privatrechtlicher Verträge, trägt vor dem Hintergrund dass eine Vielzahl der mitgliedstaatlichen Rechtsordnungen eine entsprechende Differenzierung kennt, der Intention Rechnung, einen möglichst weitgehenden Anwendungsbereich zu statuieren.[31] Daher werden von den Art. 272 AEUV alle Verträge erfasst, die die Union mit Dritten, also Mitgliedstaaten, Drittländern, internationalen Organisationen oder natürlichen und juristischen Personen schließt. Insoweit unterliegt auch der **Kreis der möglichen Vertragspartner keinen Beschränkungen.**[32] Es kann sich zudem auch um völkerrechtliche Abkommen handeln, wenn dies dem insoweit eindeutigen Willen der jeweiligen Vertragsparteien zu entnehmen ist.[33]

10 Der Vertrag muss „von der Union oder für ihre Rechnung" abgeschlossen werden. „**Von der Union**" wird ein Vertrag dann geschlossen, wenn die **Union selbst** als **Vertragspartei** auftritt, auch wenn die Verhandlungen und die Vereinbarungen letztlich von den dafür zuständigen Organen geführt bzw. getroffen werden.[34] Der Verweis auf „die Union" in Art. 272 AEUV ist weit zu verstehen. Dagegen wird ein Vertrag „**für Rechnung**" der Union abgeschlossen, wenn **diese aus einem Vertrag berechtigt oder verpflichtet wird, ohne selbst als Partei des zugrundeliegenden Vertragswerkes aufzutreten.** Nach teilweiser, allerdings umstrittener Ansicht, soll es insoweit genügen, wenn

---

[25] Frenz EuropaR-HdB V Rn. 3163; Gaitanides in von der Groeben/Schwarze/Hatje EGV Art. 238 Rn. 12; Schwarze/Wunderlich in Schwarze AEUV Art. 272 Rn. 12.

[26] Vgl. insoweit auch Cremer in Calliess/Ruffert AEUV Art. 272 Rn. 5; Gaitanides in von der Groeben/Schwarze/Hatje EGV Art. 238 Rn. 12; Schwarze/Wunderlich in Schwarze AEUV Art. 272 Rn. 12.

[27] Cremer in Calliess/Ruffert AEUV Art. 272 Rn. 5; Pechstein EUProzR Rn. 944.

[28] Vgl dazu Reimer DÖV 2020, 52 (54).

[29] EuGH 8.4.1992 – C-209/90, Slg. 1992, I-2613 Rn. 13 = BeckRS 2004, 74982 – Kommission/Feilhauer; EuGH 6.4.1995 – C-299/93, Slg. 1995, I-839 Rn. 11 = BeckRS 2004, 76127 – Bauer/Kommission; ferner Cremer in Calliess/Ruffert AEUV Art. 272 Rn. 5; Pechstein EUProzR Rn. 944; Schwarze/Wunderlich in Schwarze AEUV Art. 272 Rn. 4.

[30] Vgl. dazu Bleckmann DVBl 1981, 892; Cremer in Calliess/Ruffert AEUV Art. 272 Rn. 3; Gaitanides in von der Groeben/Schwarze/Hatje AEUV Art. 272 Rn. 7; Schwarze/Wunderlich in Schwarze AEUV Art. 272 Rn. 7.

[31] Zutr. mit Beispielen Reimer DÖV 2020, 52.

[32] Übereinstimmend Borchardt in Lenz/Borchardt AEUV Art. 272 Rn. 7; Cremer in Calliess/Ruffert AEUV Art. 272 Rn. 3; Pechstein EUProzR Rn. 948; Schwarze/Wunderlich in Schwarze AEUV Art. 272 Rn. 9.

[33] Str., wie hier Karpenstein in Grabitz/Hilf/Nettesheim AEUV Art. 272 Rn. 18; Kischel in Hailbronner/Wilms, 10. EL 8/2006; krit. Hailbronner in Hailbronner/Klein/Magiera/Müller-Graff EWGV Art. 181 Rn. 2; diff. nach dem jeweiligen Parteiwillen Pechstein EUProzR Rn. 949.

[34] Vgl. insoweit nur Pechstein EUProzR Rn. 948; Gaitanides in von der Groeben/Schwarze/Hatje AEUV Art. 272 Rn. 8; Schwarze/Wunderlich in Schwarze AEUV Art. 272 Rn. 8.

die Union ein materielles Interesse an den getroffenen Vereinbarungen hat.[35] Von dieser Alternative sollen nach Ansicht eines Teils der Literatur insbes. solche Abmachungen rechtlich unselbständiger Gemeinschaftsinstitutionen wie zB des Wirtschafts- und Sozialausschusses oder einiger Fonds erfasst werden.[36] Vor dem Hintergrund der rechtlichen Wirksamkeit solcher von unselbständigen Unionseinrichtungen getroffenen Vereinbarungen erscheint diese Interpretation aber eher zweifelhaft. Vielmehr dürften von dieser Alternative nur solche Verträge umfasst sein, die ein Unionsorgan oder eine mit eigenen Rechten ausgestattete Gemeinschaftseinrichtung[37] stellvertretend im Namen der Union schließt, um diese damit zu verpflichten. Die Frage, ob etwa die EZB (vgl. Art. 35.4 Satzung der EZB & ESZB) und die EIB als Gemeinschaftseinrichtungen nicht schon unter den Begriff der „Union" im Sinne des Art. 272 AEUV zu subsumieren sind oder, wie hier vertreten, durch sie Verträge „für ihre Rechnung" abgeschlossen werden, ist letztlich eine akademische. So agiert insbes. die EIB zwar hinsichtlich ihrer Geschäftsführung, insbesondere im Rahmen ihrer Kapitaloperationen unabhängig, ist bezüglich ihrer Ziele jedoch mit der Union derart eng verbunden (vgl. Art. 309 AEUV), dass ihre Einbeziehung generell jedenfalls unausweichlich ist.[38]

Der die Schiedsklausel enthaltende Vertrag muss entweder öffentlich-rechtlicher oder privatrechtlicher Natur sein. **Öffentlich-rechtliche Verträge** sind bspw. Verwaltungsverträge der Union im Bereich der **Subventionsvergabe** oder der **Forschungsförderung**.[39] Beispiele für **Verträge privatrechtlicher Natur** sind ua die von der Union abgeschlossenen **Anstellungs-**, **Versicherungs-** und **Lizenzverträge** sowie **Herstellungs-** und **Beschaffungsaufträge**.[40] **11**

2. Vereinbarung einer Schiedsklausel. Die Zuständigkeit des EuGH wird ferner nur dann begründet, wenn der Vertrag eine Klausel oder Bestimmung enthält, wonach der EuGH zur Entscheidung bei eventuellen Streitigkeiten aus dem Vertrag berufen ist oder der Vertrag auf eine entsprechende Klausel oder Bestimmung Bezug nimmt, die in einer Verordnung enthalten ist, auf deren Grundlage die vertragliche Beziehung beruht.[41] Diese **Vereinbarung** muss **bestimmten inhaltlichen Anforderungen** genügen. Die Parteien können nur die ausschließliche Zuständigkeit des Gerichtshofs vereinbaren.[42] Des Weiteren kann dem Gerichtshof eine Zuständigkeit nur für solche Rechtsstreitigkeiten überantwortet werden, für die keine spezielleren Zuständigkeitsregelungen bestehen.[43] **12**

---

[35] Ehricke in Streinz AEUV Art. 272 Rn. 7; Karpenstein in Grabitz/Hilf/Nettesheim AEUV Art. 272 Rn. 8; Pechstein EUProzR Rn. 948; Schwarze/Wunderlich in Schwarze AEUV Art. 272 Rn. 8.
[36] Siehe dazu Ehricke in Streinz AEUV Art. 272 Rn. 7, der ausdrücklich den Wirtschafts- und Sozialausschuss und sogar die selbständige Unionseinrichtung Europäische Investitionsbank nennt; nicht so deutlich Gaitanides in von der Groeben/Schwarze/Hatje AEUV Art. 272 Rn. 9.
[37] Für die EIB vgl. GA Warner 10.11.1976 – SchlA C-110/75, Slg. 1976, 955 (974) = GRUR 2018, 104 – Mills/EIB; zust. im Schrifttum auch Cremer in Calliess/Ruffert AEUV Art. 272 Rn. 3; Pechstein EUProzR Rn. 948.
[38] Siehe zu dieser Doppelnatur der EIB EuGH 3.3.1988 – 85/86, ECLI:EU:C:1988:110 = BeckRS 2004, 73820 Rn. 29 f.; vgl. auch Schwarze/Wunderlich in Schwarze AEUV Art. 272 Rn. 8.
[39] Karpenstein in Grabitz/Hilf/Nettesheim AEUV Art. 272 Rn. 17; Pechstein EUProzR Rn. 949, jeweils mwN.
[40] Karpenstein in Grabitz/Hilf/Nettesheim AEUV Art. 272 Rn. 16; Pechstein EUProzR Rn. 949, jeweils mwN.
[41] Vgl. GA Szpunar 11.4.2018 – SchlA C-43/17 P, ECLI:EU:C:2018:231 = BeckRS 2018, 4928 Rn. 31; GA Darmon, 6.6.1985 – SchlA C-43/84, Slg. 1985, 2581 (2593) = BeckRS 2004, 71188 – Maag/Kommission; zu letzterem ausdrücklich EuGH 11.2.1993 – C-142/91, Slg. 1993, I-553 = BeckRS 2004, 74394 Rn. 14.
[42] Siehe dazu EuGH 8.4.1992 – C-209/90, Slg. 1992, I-2613 Rn. 3 = BeckRS 2004, 74982 – Kommission/Feilhauer; zust. aus dem Schrifttum Borchardt in Lenz/Borchardt AEUV Art. 272 Rn. 7; Cremer in Calliess/Ruffert AEUV Art. 272 Rn. 5; Schwarze/Wunderlich in Schwarze AEUV Art. 272 Rn. 12.
[43] Str., wie hier Karpenstein in Grabitz/Hilf/Nettesheim AEUV Art. 272 Rn. 18; Kischel in Hailbronner/Wilms, 12. EL, 8/2006; krit. Hailbronner in Hailbronner in Hailbronner/Klein/Magiera/Müller-Graff EWGV Art. 181 Rn. 2; diff. nach dem jeweiligen Parteiwillen Pechstein EUProzR Rn. 949.

13 Darüber hinaus beschränkt sich die Entscheidungsbefugnis des Gerichts auf solche **Forderungen,** die sich **unmittelbar aus dem zugrundeliegenden Vertragsverhältnis** ergeben bzw. in **unmittelbarem Zusammenhang mit den vertraglichen Verpflichtungen** stehen.[44] Unerheblich ist dabei, ob es sich um **Klagen auf vertragliche Primäransprüche** oder auf **Sekundäransprüche** handelt,[45] wobei die Parteien innerhalb dieser Grenzen über die der Schiedsklausel unterfallenden Streitigkeiten frei disponieren können.[46]

14 **3. Wirksamkeit der Schiedsklausel.** Voraussetzung ist ferner, dass die zwischen den Vertragsparteien, die nicht notwendigerweise mit den späteren Verfahrensbeteiligten identisch sein müssen,[47] vereinbarte **Schiedsklausel** auch **wirksam** ist.[48] Wirksam ist die Zuständigkeitsvereinbarung dann, wenn sie gewissen **Formerfordernissen** genügt und nicht gegen vorrangiges Recht verstößt. Obwohl Art. 272 AEUV keine ausdrücklichen Formvorschriften für die Schiedsklauseln enthalten, ergibt sich aus Art. 122 Abs. 2 EuGHVfO, wonach der Klageschrift eine Ausfertigung der Schiedsklausel beizufügen ist, dass diese grundsätzlich der Schriftform bedarf.[49] Obgleich die faktische Implementierung eines an sich in den Verträgen über die Arbeitsweise der Union nicht vorgesehenen Schriftformerfordernisses durch das Prozessrecht nicht unbedenklich erscheint, ist zu sehen, dass vom EuGH an die Wahrung dieses Formerfordernisses jedoch keine allzu hohen Anforderungen gestellt werden. Der EuGH lässt es insoweit ausreichen, dass sich die Vereinbarung der Zuständigkeit aus einem lediglich einen Vertragsentwurf betreffenden Schriftwechsel ergibt.[50] Nach Ansicht der Rechtsprechung[51] ist auch ausreichend, dass die Schiedsklausel lediglich in der von dem Vertrag in Bezug genommenen Verdingungsordnung der Union enthalten ist. Daneben soll es auch genügen, wenn die Klausel in eine Verordnung der Union aufgenommen wird, auf deren Grundlage vertragliche Beziehungen zu einem Unionsorgan durchgeführt werden sollen.[52] **Ohne** das Vorliegen einer **Schiedsklausel** ist eine nach Art. 272 AEUV erhobene **Klage** allerdings **unzulässig.**[53] Nicht entscheidend ist dabei der **Zeitpunkt,** in welchem eine ansonsten wirksame Schiedsklausel vereinbart wurde. So lässt es der EuGH sogar ohne weiteres genügen, wenn sie erst nach Abschluss des dem konkreten Rechtsstreit zugrundeliegenden Vertragsverhältnisses in einem gesonderten Dokument, auf das die Vertragsparteien Bezug nehmen, vereinbar wird.[54]

---

[44] EuGH 18.12.1986 – C-426/85, Slg. 1986, 4057 Rn. 11 = BeckRS 2004, 71171 – Kommission/Zoubek; EuGH 20.2.1997 – C-114/94, Slg. 1997, I-803 Rn. 82 = BeckRS 2004, 74163 – IDE/Kommission.

[45] In Calliess/Ruffert AEUV Art. 272 Rn. 6; Karpenstein in Grabitz/Hilf/Nettesheim AEUV Art. 272 Rn. 14; Kotzur in Geiger/Khan/Kotzur/Kirchmair AEUV Art. 272 Rn. 5; Pechstein EUProzR Rn. 950; Schwarze/Wunderlich in Schwarze AEUV Art. 272 Rn. 13.

[46] So auch iErg Cremer in Calliess/Ruffert AEUV Art. 272 Rn. 6; Schwarze/Wunderlich in Schwarze Art. 272 Rn. 13.

[47] Siehe dazu EuGH 8.4.1992 – C-209/90, Slg. 1992, I-2613 Rn. 5 = BeckRS 2004, 74982 – Kommission/Feilhauer.

[48] Ausf. dazu Borchardt in Lenz/Borchardt AEUV Art. 272 Rn. 11; Frenz EuropaR-HdB V Rn. 3160 ff.; Kotzur in Geiger/Khan/Kotzur/Kirchmair AEUV Art. 272 Rn. 7; Pechstein EUProzR Rn. 947; Schwarze/Wunderlich in Schwarze AEUV Art. 272 Rn. 10 ff; zu einer Prüfung der Wirksamkeit von Amts wegen Pechstein in FK-EUV/GRC/AEUV Art. 272 Rn. 5; Ehricke, in: Streinz AEUV Art. 272 Rn. 8.

[49] Detailliert zum Problem des Verhältnisses von Art. 272 AEUV zu Art. 122 Abs. 2 EuGHVfO und Art. 44 § 51 EuGVfO: Schwarze/Wunderlich in Schwarze AEUV Art. 272 Rn. 11.

[50] EuGH 7.12.1976 – C-23/76, Slg. 1976, 1807 Rn. 10 = BeckRS 2004, 72457 – Pellegrini ua/Kommission.

[51] Vgl. dazu EuGH – C-318/81, Slg. 1985, 3693 Rn. 9 = BeckRS 2004, 70753 – Kommission/CO.DE.MI.

[52] Vgl. insoweit auch EuGH 11.2.1993 – C-142/91, Slg. 1993, I-553 Rn. 11 = BeckRS 2004, 74394 – Cebag/Kommission.

[53] Vgl. dazu EuGH 21.5.1987 – C-133/85, Slg. 1987, 2289 Rn. 9 = BeckRS 2004, 71549 – Rau/Balm; EuG 18.7.1997 – T-180/95, Slg. 1997, II-1317 Rn. 37 = BeckRS 2010, 91887 – Nutria/Kommission; EuG 18.7.1997 – T-44/96, Slg. 1997, II-1331 Rn. 36 = BeckRS 2011, 80485 – Oleifici Italiani/Kommission.

[54] Vgl. nur EuGH 1.7.1982 – C-109/81, Slg. 1982, 2469 = BeckRS 2004, 70703 Rn. 10.

Ferner darf die Zuständigkeitsvereinbarung dem Gerichtshof **keine Streitfälle** übertragen, die diesen nötigen würden, **gegen zwingende Grundsätze des Unionsrechts** zu **verstoßen.** Hierbei handelt es sich insbes. um solche Streitigkeiten, für die bereits spezielle Entscheidungskompetenzen des EuGH bestehen und die im Wege der Schiedsklausel nicht außer Kraft gesetzt werden dürfen.[55]

15

II. Klageart

Im Zusammenhang mit Streitigkeiten aus vertraglichen Rechtsbeziehungen richtet sich die Statthaftigkeit für eine **Klage** aus vertraglicher Haftung, bei der es sich – wie von Art. 272 AEUV implizit vorausgesetzt – um eine Klageart **sui generis** handelt,[56] zunächst nach dem **Streitgegenstand,** der sich wiederum am **Klageantrag und dem zugrundeliegenden Vertrag** orientiert. Für die Beurteilung des Streitgegenstandes kann auch die Schiedsklausel maßgeblich sein, da sie die Entscheidungskompetenz des EuGH nicht nur zu begründen, sondern im Hinblick auf bestimmte Streitgegenstände auch zu beschränken vermag.[57] Da weder Art. 272 AEUV noch die Verfahrensvorschriften des EuGH/EuG für aufgrund einer Schiedsklausel in Frage kommende Rechtsbehelfe einen abschließenden Katalog möglicher Klagearten vorgeben,[58] kann es sich je nach **Klagegegenstand, Rechtsnatur des Vertrages** und **Formulierung der Schiedsklausel** bei den Streitigkeiten um **Leistungs-, Unterlassungs-** oder **Feststellungsklagen** handeln. Das ergibt sich nicht zuletzt auch daraus, dass Art. 272 AEUV es den Parteien anheim stellt, ihre Rechtsstreitigkeiten den Unionsgerichten zur Entscheidung zu unterbreiten, sodass diese Gerichte auch für **sämtliche Begehren** grundsätzlich zuständig sein müssen, die im Kontext der maßgeblichen Rechtsstreitigkeiten vorgebracht werden können.[59]

16

III. Besondere Sachurteilsvoraussetzungen

Obwohl der Terminus Schiedsklausel darauf hindeuten könnte, wird der Gerichtshof nicht als ein „Schiedsgericht" tätig, dessen Besetzung und Verfahren von den Parteien frei bestimmt werden kann.[60] Das **Verfahren** und die dabei zu beachtenden **Voraussetzungen** richten sich vielmehr nach den allgemeinen, auch für die sonstigen vor dem Gerichtshof durchzuführenden Verfahren maßgeblichen **Vorschriften der Satzung und der Verfahrensordnung des EuGH bzw. des EuG.**[61] Besondere Bestimmungen für die Durchführung von Klagen aufgrund vertraglich vereinbarter Schiedsklauseln sind – abgesehen von Art. 122 Abs. 2 EuGHVfO – in den allgemeinen Verfahrensregeln nicht enthalten. Demzufolge sind bei diesem Klagetypus **grundsätzlich** auch **keine besonderen Sachurteilsvoraussetzungen** zu beachten. Gleichwohl kann es im Einzelfall durchaus von Relevanz sein, ob der Klageantrag ordnungsgemäß gestellt ist (insbes. Einreichung einer Ausfertigung der Schiedsklausel) oder ein **Rechtsschutzbedürfnis**[62] für die erhobene Klage besteht.

17

---

55 Gaitanides in von der Groeben/Schwarze/Hatje AEUV Art. 272 Rn. 12.
56 Zutr. Reimer DÖV 2020, 52 (55).
57 Dazu auch im Schrifttum Cremer in Calliess/Ruffert AEUV Art. 272 Rn. 6; Gaitanides in von der Groeben/Schwarze/Hatje AEUV Art. 272 Rn. 15 f. mwN.
58 So zutr. GA Kokott 6.11.2014 – SchlA C-564/13 P, ECLI:EU:C:2014:2352 = BeckRS 2014, 82326 Rn. 19.
59 Vgl. GA Kokott 6.11.2014 – SchlA C-564/13 P, ECLI:EU:C:2014:2352 = BeckRS 2014, 82326 Rn. 20.
60 Übereinstimmend Cremer in Calliess/Ruffert AEUV Art. 272 Rn. 8; Dauses in Dauses/Ludwigs EU-WirtschaftsR-HdB Abschn. P Kap. I Rn. 346; Pechstein EUProzR Rn. 945; Gaitanides in von der Groeben/Schwarze/Hatje AEUV Art. 272 Rn. 2, 19 f.; aA Kischel in Hailbronner/Wilms, 12. EL, 8/2006, der vom EuGH als „institutionalisiertem Schiedsgericht" spricht, bei dem jedoch die Verfahrensordnung nicht zur Disposition der Parteien steht.
61 So auch EuGH 18.12.1986 – C-426/85, Slg. 1986, 4057 Rn. 10 = BeckRS 2004, 71171 – Kommission/Zoubek.
62 Dazu EuGH 26.11.1985 – C-318/81, Slg. 1985, 3693 Rn. 16 = BeckRS 2004, 70753 – Kommission/CO.DE.MI; ferner auch Karpenstein in Grabitz/Hilf/Nettesheim AEUV Art. 272 Rn. 21; Pechstein EUProzR Rn. 951.

C. Begründetheit

18 Sofern sich aus der Schiedsklausel oder dem zugrundeliegenden Vertrag nicht etwas anderes ergibt, wird den institutionellen Unionsgerichten (*EuGH* und *EuG*) **mit der Zuständigkeitsübertragung ein umfassendes Prüfungsrecht** im Sinne eines „recours de pleine jurisdiction" eingeräumt, welches sich auf die **Überprüfung sowohl der tatsächlichen als auch der rechtlichen Voraussetzungen** erstreckt.[63] Gewissermaßen in Ausnahme hierzu dürfen die institutionellen Unionsgerichte (*EuGH* und *EuG*) aber über die Anträge der Parteien nicht hinausgehen *(ne eat iudex ultra petita partium).*[64]

19 Die **materiell-rechtlichen Voraussetzungen** beurteilen sich dabei in erster Linie nach dem **Recht, das** nach dem **ausdrücklichen oder stillschweigenden Willen der Vertragsparteien auf die getroffenen Vereinbarungen anwendbar sein soll.**[65] Im Allgemeinen legen die Beteiligten das auf den Vertrag anzuwendende Recht ausdrücklich in der Schiedsklausel oder in einer gesonderten Bestimmung fest.[66] Hierbei besteht für die Beteiligten eine Rechtswahlfreiheit. Neben dem nationalen Recht einzelner Mitgliedstaaten[67] können die Verfahrensbeteiligten auch das Recht von Drittstaaten, das Völkerrecht oder allgemeine Rechts- und Billigkeitsgrundsätze als auf den Vertrag für anwendbar erklären.[68] Im Regelfall entscheiden sich die vertragsschließenden Parteien zumeist für das Recht desjenigen Mitgliedstaates, in dessen Geltungsbereich der Vertragspartner seine Leistungen zu erbringen hat und in dessen Sprache der Vertrag abgefasst ist.

20 Problematisch wird die **Beurteilung der Rechtsanwendung** allein dann, **wenn** eine **ausdrückliche Verweisung auf** einen **bestimmten Rechtskreis fehlt** und in den Vertragsbestimmungen auch nicht stillschweigend enthalten ist. Hier bedarf es der Lückenfüllung. In diesem – eher theoretischen – Fall ist nach der Rechtsnatur des zugrundeliegenden Vertrages zu differenzieren. Bei den privatrechtlichen Verträgen kommt es auf den Vertragsgegenstand an. Handelt es sich um Rechtsgeschäfte im Bereich des öffentlichen Auftragswesens, dh um privatrechtliche Beschaffungs- oder Herstellungsverträge[69] gelten mangels ausdrücklicher anderer Regelungen die Bestimmungen der dem jeweiligen Geschäft zugrunde gelegten Verdingungsordnung.[70] Darüber hinaus wird das **anzuwendende Recht** nach den **Regeln des internationalen Privatrechts bestimmt.** Mit dem Inkrafttreten der bereits 1980 verabschiedeten römischen Vertragskonvention[71] gehen die dort auf

---

[63] Von der Prüfung umfasst sind daher neben Primär- auch Sekundäransprüche, vgl. EuGH 3.12.1998 – C-337/96, Slg. 1986, 4057 = BeckRS 2004, 76537 Rn. 49; vgl. zum Ganzen Borchardt in Lenz/Borchardt EGV Art. 238 Rn. 11 f.; Dauses in Dauses/Ludwigs EU-WirtschaftsR-HdB/ Abschn. P Kap. I Rn. 345; Ehricke in Streinz AEUV Art. 272 Rn. 12; Pechstein EUProzR Rn. 952; Schwarze/Wunderlich in Schwarze Art. 272 Rn. 14.

[64] Karpenstein in Grabitz/Hilf/Nettesheim AEUV Art. 272 Rn. 27.

[65] EuGH 7.12.1976 – C-23/76, Slg. 1976, 1807 Rn. 11 = BeckRS 2004, 72457 – Pellegrini ua/Kommission; EuGH 1.7.1982 – C-109/81, Slg. 1982, 2469 Rn. 11 = BeckRS 2004, 70703 – Porta/Kommission; EuGH 26.11.1985 – C-318/81, Slg. 1985, 3693 Rn. 18 ff. = BeckRS 2004, 70753 – Kommission/CO.DE.MI; EuGH 18.12.1986 – C-426/85, Slg. 1986, 4057 Rn. 4 = BeckRS 2004, 71171 – Kommission/Zoubek; ferner aus dem Schrifttum Cremer in Calliess/Ruffert AEUV Art. 272 Rn. 9; Frenz EuropaR-HdB V Rn. 3156; Karpenstein in Grabitz/Hilf/Nettesheim AEUV Art. 272 Rn. 25; Schwarze/Wunderlich in Schwarze AEUV Art. 272 Rn. 15; Pechstein in FK-EUV/GRC/AEUV AEUV Art. 272 Rn. 12.

[66] Daher gilt der insbes. im Vorabentscheidungsverfahren geltende Grundsatz, dass eine Auslegung des innerstaatlichen Rechts nicht erfolgen darf, hier ausdrücklich nicht, vgl. Pechstein in FK-EUV/GRC/AEUV AEUV Art. 272 Rn. 12.

[67] EuGH 8.4.1992 – C-209/90, Slg. 1992, I-2613 Rn. 13 = BeckRS 2004, 74982 – Kommission/Feilhauer.

[68] Siehe dazu Frenz EuropaR-HdB V Rn. 3156; Pechstein EUProzR Rn. 952; Gaitanides in von der Groeben/Schwarze/Hatje AEUV Art. 272 Rn. 17.

[69] Vgl. iE Grunwald EuR 1984, 242 f.

[70] Cremer in Calliess/Ruffert AEUV Art. 272 Rn. 9; Gaitanides in von der Groeben/Schwarze/Hatje AEUV Art. 272 Rn. 17; Schwarze/Wunderlich in Schwarze AEUV Art. 272 Rn. 15; vgl. auch EuGH 26.11.1985 – C-318/81, Slg. 1985, 3693 (3707) = BeckRS 2004, 70753 – Kommission/CO.DE.MI.

[71] ABl. 1980 L 266, 1; vgl. dazu das Gesetz zu dem Übereinkommen v. 19.6.1980 über das auf vertragliche Schuldverhältnisse anzuwendende Recht v. 25.7.1986 (BGBl. 1986 II 809) und die Bekanntmachung

vertragliche Schuldverhältnisse zugeschnittenen Bestimmungen dem IPR als speziellere Regelungen vor.[72]

Handelt es sich demgegenüber um **öffentlich-rechtliche Verträge,** die zwischen der Union und Dritten abgeschlossen werden,[73] ist in der Literatur **umstritten, welches Rechtsregime für diese Handlungsform gilt.** Während nach teilweiser Auffassung[74] insoweit grundsätzlich das Unionsrecht, ggf. ergänzt durch die den mitgliedstaatlichen Rechtsordnungen gemeinsamen Rechtsgrundsätze, zur Anwendung gelangen soll,[75] wollen andere Autoren den Streitfall allein nach dem öffentlichen Recht desjenigen Mitgliedstaates entscheiden, in dessen Geltungsbereich die Leistung zu erbringen ist, wobei bestehende Lücken durch das Unionsrecht und die den mitgliedstaatlichen Rechtsordnungen gemeinsamen Rechtsgrundsätze ergänzt werden können.[76] 21

Die Beantwortung der Frage des anzuwendenden Rechts dürfte vom **Einzelfall** abhängig sein. Da der öffentlich-rechtliche Vertrag nicht in allen mitgliedstaatlichen Rechtsordnungen als Handlungsform bekannt ist und in den übrigen Mitgliedstaaten, die von ihnen entwickelten Rechtsauffassungen zum Teil diametral entgegenstehen,[77] spricht dies bei den nicht geregelten Fallgestaltungen zunächst für eine Anwendung des Unionsrechts; nicht zuletzt vor dem Hintergrund, um so eine einheitliche Anwendung und Auslegung in allen Mitgliedstaaten zu gewährleisten. Ob demgegenüber auch die Zuständigkeitsverteilung zwischen der Union und den Mitgliedstaaten sowie die Immunität der EU für eine Anwendung des Unionsrechts sprechen,[78] erscheint demgegenüber fraglich. Die Handlungsform des öffentlich-rechtlichen Vertrages ist gerade dadurch gekennzeichnet, dass er nicht hoheitlich einseitig von der Union festgelegt wird, sondern im gegenseitigen Aushandeln mit dem jeweiligen Vertragspartner erfolgt. Auffällig ist in diesem Zusammenhang ferner, dass die Befürworter des Unionsrechts zwar dessen Anwendung propagieren, jedoch ohne iE die in Betracht kommenden Vorschriften zu benennen. Dies ist auch nicht weiter verwunderlich, da ein den Mitgliedstaaten gemeinsames oder gar europäisches Vertragsrecht bislang noch nicht besteht.[79] Im Gegensatz dazu enthalten die Rechtsordnungen einiger Mitgliedstaaten öffentlich-rechtliche Sonderregeln, die zum Teil speziell auf die Handlungsform des öffentlich-rechtlichen Vertrages zugeschnitten sind.[80] Sofern eine der Vertragsparteien aus einem Mitgliedstaat kommt, dessen Rechtsordnung über spezielle Vorschriften im öffentlich-rechtlichen Vertragswesen verfügt und der vertraglichen Absprache zwischen den Parteien keine gegenteilige Auffassung entnommen werden kann, dürften keine Bedenken bestehen, wenn auf in diesen Ländern abgeschlossene **Verträge der Union das einschlägige innerstaatliche öffentliche** 22

über das Inkrafttreten des Übereinkommens über das auf vertragliche Schuldverhältnisse anzuwendende Recht v. 12.7.1991 (BGBl. 1991 II 871).
[72] Cremer in Calliess/Ruffert AEUV Art. 272 Rn. 9 Anm. 17.
[73] Zu denken ist hier bspw. an Subventionsverträge oder Beleihungsverträge, vgl. insoweit auch Grunwald EuR 1984, 248 ff.; Karpenstein in Grabitz/Hilf/Nettesheim AEUV Art. 272 Rn. 17; Pechstein EUProzR Rn. 949, aber auch an Dienstverträge, vgl. EuGH 15.7.1960 – C-43/59, Slg. 1960, 965 (987) von Lochmüller/Kommission der EWG; EuGH 16.12.1960 – C-44/59, Slg. 1960, 1115 (1134) Fiddelaar/Kommission der EWG; s. zum Ganzen auch Bleckmann NJW 1978, 464 ff.
[74] So etwa Karpenstein in Grabitz/Hilf/Nettesheim AEUV Art. 272 Rn. 26; ausf. zum Streit mit differenzierender Ansicht Kischel in Hailbronner/Wilms, 12. EL, 8/2006.
[75] Bleckmann NJW 1978, 466; Bleckmann DVBl 1981, 894; Borchardt in Lenz/Borchardt AEUV Art. 272 Rn. 12; Cremer in Calliess/Ruffert AEUV Art. 272 Rn. 9.
[76] Hailbronner in Hailbronner/Klein/Magiera/Müller-Graff EWGV Art. 181 Rn. 6; Grunwald EuR 1984, 240; diff. Gaitanides in von der Groeben/Schwarze/Hatje EGV Art. 238 Rn. 18.
[77] Vgl. zum deutschen und französischen Rechtskreis Bleckmann NJW 1978, 465; Bleckmann DVBl 1981, 893; zum belgischen und griechischen Rechtskreis Schwarze, Europäisches Verwaltungsrecht, 2. Aufl. 2005, S. 150, 159.
[78] So Bleckmann DVBl 1981, 894.
[79] Cremer in Calliess/Ruffert AEUV Art. 272 Rn. 9; Grunwald EuR 1984, 239.
[80] Dies gilt namentlich für die Bundesrepublik Deutschland, Frankreich und Italien, vgl. Gaitanides in von der Groeben/Schwarze/Hatje AEUV Art. 272 Rn. 18.

§ 14   Klagen aufgrund vertraglicher Schiedsklauseln

Recht,[81] ggf. modifiziert durch die allgemeinen Rechtsgrundsätze des Unionsrechts, **Anwendung findet.**

D. Abschließende Entscheidung

23 Der Europäische Gerichtshof entscheidet durch **Urteil.** Wie bereits erwähnt, kommt dem EuGH in den Schiedsklauselverfahren nicht die Funktion eines privaten Schiedsgerichts zu. Aus diesem Grunde sind seine **Urteile,** sofern sie einen vollstreckungsfähigen Inhalt haben, **nach Maßgabe der Art. 280, 299 AEUV zu vollstrecken.**[82]

24 Dabei sind im vorliegenden Zusammenhang jedoch folgende **Modifikationen** zu beachten. Vollstreckungsfähig sind zum einen sämtliche Leistungsurteile des Gerichtshofs, so dass die in den Art. 299 Abs. 1 AEUV ausgesprochene Beschränkung auf Zahlungsurteile im Schiedsklauselverfahren keine Anwendung findet.[83] Für die Vollstreckbarkeit finden die Vorschriften des Zivilprozessrechts der einzelnen Mitgliedstaaten keine Anwendung, da die institutionellen Unionsgerichte (*EuGH* und *EuG*) nicht als private Schiedsgerichte, sondern als Unionsorgane tätig werden.[84] Wird demgegenüber die Union zu einer Leistung verurteilt, unterliegt die Vollstreckung gem. Art. 1 Abs. 3 des Protokolls über die Vorrechte und Befreiungen der EU gesonderten Voraussetzungen. Hat der EuGH den ihm zugewiesenen **Streitfall rechtskräftig entschieden,** sind die **Parteien an diese Entscheidung gebunden.** Eine darüber hinausgehende Vereinbarung der Parteien, den Fall noch einmal durch ein innerstaatliches Gericht entscheiden zu lassen, wäre unzulässig. Das gleichwohl angerufene innerstaatliche Gericht müsste sich aufgrund der entgegenstehenden Rechtskraft des europarechtlichen Urteils für unzuständig erklären und die Klage als unzulässig abweisen.

25 Die **Verfahrenskosten** trägt nach den allgemeinen Kostentragungsregeln der Unionsgerichte (Art. 134 Abs. 1 EuGVfO bzw. Art. 138 Abs. 1 EuGHVfO) die unterliegende Partei. Dabei gilt es zu beachten, dass die Unionsgerichte regelmäßig nur auf **eindeutigem Antrag** hin der unterliegenden Partei die Kosten des Verfahrens auferlegen.[85]

---

[81] So Cremer in Calliess/Ruffert AEUV Art. 272 Rn. 9; Gaitanides in von der Groeben/Schwarze/Hatje AEUV Art. 272 Rn. 18.
[82] Borchardt in Lenz/Borchardt AEUV Art. 272 Rn. 13; Cremer in Calliess/Ruffert AEUV Art. 272 Rn. 10; Kotzur in Geiger/Khan/Kotzur/Kirchmair AEUV Art. 272 Rn. 9; Schwarze/Wunderlich in Schwarze AEUV Art. 272 Rn. 16; Pechstein in FK-EUV/GRC/AEUV AEUV Art. 272 Rn. 13.
[83] Pechstein in FK-EUV/GRC/AEUV AEUV Art. 272 Rn. 13; Karpenstein in Grabitz/Hilf/Nettesheim AEUV Art. 272 Rn. 28.
[84] Karpenstein in Grabitz/Hilf/Nettesheim AEUV Art. 272 Rn. 28; Schwarze/Wunderlich in Schwarze AEUV Art. 272 Rn. 16.
[85] So hat etwa der EuGH den Antrag, über die Kosten gemäß den Bestimmungen der Verfahrensordnung zu entscheiden, nicht als Antrag auf Verurteilung des Rechtsmittelführers zur Tragung der Kosten verstehen wollen und demnach beiden Parteien die Tragung ihre eigenen Kosten auferlegt, EuGH 31.3.1992 – C-255/90 P, ECLI:EU:C:1992:153 Rn. 26 – Burban/Parlament.

§ 15 Klagen aufgrund von Schiedsverträgen

Übersicht

	Rn.
A. Allgemeines	1
I. Rechtsgrundlagen	1
II. Wesen und Bedeutung dieser Klagen	3
B. Zulässigkeit	5
I. Sachliche Zuständigkeit	5
1. Vorliegen eines Schiedsvertrages	7
2. Wirksamkeit des Schiedsvertrages	9
II. Verfahrensbeteiligte	11
III. Klagegegenstand	13
IV. Klageart	16
V. Sonstige Sachurteilsvoraussetzungen	17
C. Begründetheit	18
D. Abschließende Entscheidung	20

Schrifttum:
Bleckmann, Die öffentlich-rechtlichen Verträge der EWG, NJW 1978, 464 ff.; ders, Der Einfluss des Schiedsverfahrens vor dem EuGH auf das Abgabenrecht, in Holoubek/Lang (Hrsg.), Das EuGH-Verfahren in Steuersachen, 2000, S. 301 ff.; Cloer/Niemeyer, EuGH mit Entscheidungsbefugnis durch DBA-Schiedsklausel – Vorbildcharakter für die Streitbeilegung innerhalb der EU?, FR 2018, 674; Fischer-Lescano/Oberndorfer, Fiskalvertrag und Unionsrecht, NJW 2013, 9, 11; Gundel, Das Vertragsverletzungsverfahren als Instrument zur Entscheidung völkerrechtlicher Streitigkeiten zwischen EU-Mitgliedstaaten? Anmerkung zum Urteil des EuGH v. 31.1.2020, Rs. C-457/18 (Slowenien/Kroatien), EuR 2020, 554, 562; ders., Die Öffnung des Vorabentscheidungsverfahrens zum EuGH für nichtmitgliedstaatliche Gerichte, EuZW 2019, 934, 936 f.; Strotkemper, Schiedsgerichtsurteil des EuGH v. 12.9.2017 in Sachen Republik Österreich/Bundesrepublik Deutschland: Kritische Analyse und Folgen für die Praxis, IStR 2019, 235 ff.; Züger, Die Zuständigkeit des EuGH im neuen DBA Deutschland-Österreich, in Internationale Wirtschaftsbriefe 1999, 245 ff.

A. Allgemeines

I. Rechtsgrundlagen

Anders als Art. 272 AEUV, der eine Zuständigkeit der institutionellen Unionsgerichte **1** (EuGH und EuG) für Schiedsklauseln begründet, die unter Beteiligung der Union zustande gekommen sind, ist nach Art. 273 AEUV der **Gerichtshof für jede Streitigkeit zwischen den Mitgliedstaaten zuständig,** auf die das Unionsrecht zwar nicht unmittelbar anwendbar ist, die aber im Zusammenhang mit Gegenständen der Gründungsverträge steht und die **aufgrund eines Schiedsvertrages** bei ihm anhängig gemacht wird. Die Zuständigkeit des EuGH nach Art. 273 AEUV verstößt auch nicht gegen Bestimmungen des Völkerrechts, da die Charta der Vereinten Nationen in Art. 95 ihren Mitgliedern ausdrücklich gestattet, eine Beilegung von Streitigkeiten auch anderen Gerichten als dem IGH zuzuweisen.[1] Art. 273 AEUV trägt somit zur **Stärkung des unionsrechtlichen Rechtsschutzsystems** bei und betont insoweit aber auch die **Autonomie dieses Systems gegenüber dem internationalen Recht.**[2]

Wie bei Art. 272 AEUV wird dem Gerichtshof auch im Rahmen des Verfahrens nach **2** Art. 273 AEUV nicht **die Stellung eines Schiedsgerichts im völkerrechtlichen oder im innerstaatlichen Sinne** einräumt; der **Gerichtshof** wird vielmehr auch in diesen

---

[1] Schwarze/Wunderlich in Schwarze AEUV Art. 273 Rn. 3.
[2] Ehricke in Streinz AEUV Art. 273 Rn. 2; Frenz EuropaR-HdB V Rn. 3168, der indes zu Recht auf die praktische Bedeutungslosigkeit der Vorschrift hinweist; Karpenstein in Grabitz/Hilf/Nettesheim AEUV Art. 273 Rn. 1.

Fällen als **Unionsorgan**[3] tätig mit der Folge, dass jedenfalls **Aufgabe, Besetzung und Verfahren einer Parteivereinbarung entzogen sind** und sich ausschließlich aus den allgemeinen unionsrechtlichen Bestimmungen ergeben.

II. Wesen und Bedeutung dieser Klagen

3 Ebenso wie Art. 272 AEUV eröffnet diese Vorschrift eine weitere **Prorogationsmöglichkeit,** um die Zuständigkeit des Gerichtshofs für an sich außervertragliche Streitigkeiten zu vereinbaren.[4] Während sich Art. 272 AEUV auf vertragliche Vereinbarungen mit der Union oder eines ihrer Organe beziehen, kann die Zuständigkeit aufgrund der Art. 273 AEUV nur in einem **Schiedsvertrag** vereinbart werden, an dem **ausschließlich Mitgliedstaaten** beteiligt sind. Eine Rechtspflicht für die Mitgliedstaaten, sich der Gerichtsbarkeit des EuGH durch den Abschluss eines Schiedsvertrages zu unterwerfen, besteht indessen nicht.[5] Zum einen findet Art. 344 AEUV keine Anwendung,[6] zum anderen erfolgt die **Zuständigkeitsvereinbarung** allein **auf freiwilliger Basis.**

4 Bei der Aufnahme dieser Prorogationsnormen dürften die Gründungsväter weniger an **Abkommen** zwischen den Mitgliedstaaten zur Durchführung des eigentlichen Unionsrechts gedacht haben, als vielmehr an solche, die in Ergänzung desselben geschlossen werden und dadurch einen **Bezug zum Unionsrecht** aufweisen.[7] Allgemein dürften im Anwendungsbereich dieser Regelungen va die nach ex-Art. 293 EGV im Interesse der Unionsbürger abgeschlossenen Verträge liegen.[8] Da Schiedsverträge zwischen Mitgliedstaaten bislang kaum[9] abgeschlossen wurden und die erkennbar praxisrelevanteren Streitigkeiten darüber, ob ein Mitgliedstaat gegen das Unionsrecht im engeren Sinne verstoßen hat, in Ansehung des Art. 344 AEUV allein im Wege der Vertragsverletzungsklage (Art. 258 ff. AEUV) verfolgt werden können,[10] ist die **praktische Bedeutung** des Art. 273 AEUV bislang eminent **gering** geblieben. Erstmals als nach Art. 273 AEUV berufenes Schiedsgericht entschied der EuGH am 12.9.2017 einen Rechtsstreit zwischen der Bundesrepublik Deutschland und der Republik Österreich,[11] indem maßgeblich Auslegungs- und Anwendungsfragen von Art. 11 des Abkommens zwischen der Bundesrepublik Deutschland und der Republik Österreich zur Vermeidung der Doppelbesteuerung auf dem Gebiet der Steuern vom Einkommen und vom Vermögen in Rede standen.[12] Insofern eröffnete die Rechtssache dem EuGH auch die Gelegenheit, Konturen seiner sich aus Art. 273 AEUV ergebenden Zuständigkeit sowie, in Anbetracht der Art des Rechtsstreits, die in diesem Zusammenhang zur Anwendung kommenden Verfahrens-, Auslegungs- und materiell-rechtlichen Vorschriften zu präzisieren.[13]

---

[3] So im Schrifttum Cremer in Calliess/Ruffert AEUV Art. 273 Rn. 1; Karpenstein in Grabitz/Hilf/Nettesheim AEUV Art. 273 Rn. 2; Pechstein EUProzR Rn. 953; Schwarze/Wunderlich in Schwarze AEUV Art. 272 Rn. 3.
[4] Karpenstein in Grabitz/Hilf/Nettesheim AEUV Art. 273 Rn. 1.
[5] Siehe insoweit Cremer in Calliess/Ruffert AEUV Art. 272 Rn. 1; Frenz EuropaR-HdB V Rn. 3169; Karpenstein in Grabitz/Hilf/Nettesheim AEUV Art. 273 Rn. 5; Pechstein EUProzR Rn. 953; Schwarze/Wunderlich in Schwarze AEUV Art. 273 Rn. 3.
[6] AllgM, Hailbronner in Hailbronner/Klein/Magiera/Müller-Graff EWGV Art. 182 Rn. 1; Gaitanides in von der Groeben/Schwarze/Hatje EGV Art. 239 Rn. 4.
[7] Borchardt in Lenz/Borchardt AEUV Art. 273 Rn. 2; Gaitanides in von der Groeben/Schwarze/Hatje EGV Art. 239 Rn. 1.
[8] Vgl. insoweit nur Ipsen EG-R S. 239; Wohlfahrt in Dauses/Ludwigs EU-WirtschaftsR-HdB P I Rn. 349.
[9] Beispiele bei Ehricke in Streinz AEUV Art. 273 Rn. 5.
[10] Siehe nur Wohlfahrt in Dauses/Ludwigs EU-WirtschaftsR-HdB P I Rn. 375.
[11] EuGH 12.9.2017 – C-648/15, ECLI:EU:C:2017:664 = BeckRS 2017, 124001 – Österreich/Deutschland.
[12] Siehe auch die Urteilsbesprechung von Niemeyer, DStRK 2017, 319.
[13] Vgl. GA Mengozzi 27.4.2017 – SchlA C-648/15, ECLI:EU:C:2017:664 = BeckRS 2017, 111740.

B. Zulässigkeit

I. Sachliche Zuständigkeit

Nach dem Wortlaut des Art. 273 AEUV können die Mitgliedstaaten durch einen entsprechenden Schiedsvertrag die außerordentliche Zuständigkeit des Gerichtshofs begründen. Diese **Zuständigkeitsübertragung** bezieht sich dabei **ausschließlich auf den EuGH als Rechtsprechungsorgan** und nicht auf das EuG. Aufgrund des novellierten Art. 3 des Ratsbeschlusses 88/591 ist dem EuG zwar die Zuständigkeit für Schiedsklagen von natürlichen und juristischen Personen insoweit übertragen worden, als die Zuständigkeit der europäischen Gerichtsbarkeit schiedsvertraglich vereinbart wurde.[14] Für das Verfahren nach Art. 273 AEUV bleibt es jedoch bei der Zuständigkeit des EuGH, da die Bestimmung des Art. 256 Abs. 1 UAbs. 1 S. 1 AEUV den Art. 273 AEUV gerade nicht erwähnt.[15]

Angesichts der Bedeutung der mitgliedstaatlichen Rechtsstreitigkeiten und ihrer möglichen Folgewirkungen für die Union bietet nur die **letztinstanzliche Entscheidung** des EuGH **Aussicht auf Befriedung der Parteien.** Aus diesem Grunde dürfte auch von einer ausdrücklichen Verweisung an das EuG in dem Ratsbeschluss 88/591 abgesehen worden sein.[16] Ebenso wie bei den vertraglichen Schiedsklauseln wird die außerordentliche Zuständigkeit des EuGH allerdings nur dann begründet, wenn zwischen den streitenden Mitgliedstaaten ein wirksamer Schiedsvertrag vereinbart wurde.[17] Da diese Voraussetzungen eine Entscheidungskompetenz des EuGH überhaupt erst begründen, hat der EuGH ihr Vorliegen im jeweiligen Einzelfall von Amts wegen zu überprüfen.[18]

1. Vorliegen eines Schiedsvertrages. Die am Rechtsstreit beteiligten Staaten müssen daher zunächst eine Vereinbarung getroffen haben, in der sie übereinkommen, für den Fall eventueller Streitigkeiten, die im Zusammenhang mit einem Gegenstand des von ihrem Abkommen berührten Vertrages stehen, sich der ausschließlichen Gerichtsbarkeit des EuGH zu unterwerfen. Fraglich ist allerdings, ob es sich bei dieser **zwischenstaatlichen Vereinbarung** um ein **eigenständiges „Vertragswerk"** handeln muss, wie der Begriff „Schiedsvertrag" auf den ersten Blick vermuten lässt, oder ob sie auch als Teil des zwischenstaatlichen Abkommens vereinbart werden können.[19] Geht man von der Vertragsdefinition des Art. 2 lit. a der Wiener Vertragsrechtskonvention[20] aus, so bezeichnet „Vertrag" lediglich die Übereinkunft zwischen Staaten, gleichviel ob sie in einer oder in mehreren zusammengehörigen Urkunden enthalten ist und welche besondere Bezeichnung sie hat. Demzufolge kann der „Schiedsvertrag" durchaus in dem zwischenstaatlichen Abkommen selbst enthalten sein, was sich aus Einfachheitsgründen und Zweckmäßigkeitserwägungen in der Regel anbieten wird. Hierfür spricht ferner, dass nach Auffassung in der Literatur Streitigkeiten über die Auslegung und Anwendung eines zwischen den beteiligten Mitgliedstaaten geschlossenen Abkommens durch eine in den Vertrag aufgenommene entsprechende Schiedsabrede ebenfalls der Zuständigkeit des Gerichtshofs überantwortet werden kann, ohne dass es hierfür eines besonderen Schiedsvertrages bedarf.[21] Wollte man immer einen gesonderten Schiedsvertrag verlangen, würde dies einen unnötigen Formalis-

---

[14] ABl. 1993 L 144, 21.
[15] Pechstein EUProzR Rn. 954; Pechstein in FK-EUV/GRC/AEUV AEUVArt. 273 Rn. 5.
[16] ABl. 1994 L 66, 29.
[17] Siehe dazu Borchardt in Lenz/Borchardt AEUV Art. 273 Rn. 2; Pechstein EUProzR Rn. 955.
[18] EuGH 17.2.1972 – 31/69, Slg. 1970, 25 Rn. 9 = BeckRS 2004, 73127 – Kommission/Italien; dort allerdings noch für Art. 169 EWGV.
[19] Zum Problem vgl. auch Cremer in Calliess/Ruffert AEUV Art. 273 Rn. 2; Schwarze/Wunderlich in Schwarze AEUV Art. 273 Rn. 4.
[20] Wiener Übereinkommen über das Recht der Verträge v. 23.5.1969 (BGBl. 1985 II 926, in Kraft getreten für die Bundesrepublik Deutschland am 20.8.1987 – vgl. Bekanntmachung v. 26.11.1987, BGBl. 1987 II 757).
[21] Gaitanides in von der Groeben/Schwarze/Hatje EGV Art. 239 Rn. 9; ferner Pechstein in FK-EUV/GRC/AEUV AEUVArt. 273 Rn. 6.

mus darstellen. Dem hat sich iErg auch der EuGH angeschlossen, als er es unbeanstandet ließ, dass der Schiedsvertrag in der Rs. Österreich/Deutschland innerhalb der allgemeinen Bestimmung des zwischenstaatlichen Abkommens enthalten war.[22] So normierte das „Doppelbesteuerungsabkommen Österreich 2000", dass „auf Antrag der Person im Sinne des Absatzes 1 die Staaten verpflichtet [sind], den Fall im Rahmen eines Schiedsverfahrens entsprechend Artikel 239 EG-Vertrag vor dem Gerichtshof der Europäischen Gemeinschaften anhängig zu machen, [wenn] Schwierigkeiten oder Zweifel, die bei der Auslegung oder Anwendung dieses Abkommens entstehen, von den zuständigen Behörden nicht im Verständigungsverfahren nach den vorstehenden Absätzen dieses Artikels innerhalb einer Frist von 3 Jahren ab der Verfahrenseinleitung beseitigt werden [können] (Art. 25 Abs. 5 DBA AT 2000). Während dies dem EuGH genügte, stellte er obendrein fest, dass fernerhin nichts gegen den Abschluss eines **Schiedsvertrags bereits vor Entstehung einer etwaigen Streitigkeit** spreche.[23] Das **zwischenstaatliche Abkommen** selbst kann **bi- oder multilateraler Natur** sein. Von einer „Schiedsklausel" iSd Art. 272 AEUV unterscheidet sich der „Schiedsvertrag" daher kaum. Sowohl im einen wie im anderen Fall müssen die **Vertragsparteien** sich darüber einigen, dass der **Zuständigkeitsvereinbarung unbedingte Rechtsverbindlichkeit und Ausschließlichkeit** zukommt.

8   Wesentlich ist zudem, dass sich die beteiligten Mitgliedstaaten zum **Zeitpunkt der Klageerhebung** über den **Gerichtsstand des EuGH geeinigt** haben und ein **entsprechender Schiedsvertrag** besteht. Dies lässt sich einerseits dem Art. 122 Abs. 2 EuGHVfO entnehmen, wonach der Klageschrift eine Ausfertigung des abgeschlossenen Schiedsvertrages beizufügen ist.[24] Darüber hinaus müssen nicht nur den Parteien, sondern vor allem auch dem EuGH das Bestehen und damit der Umfang seiner Entscheidungskompetenz deutlich sein, da es sich um eine Abweichung von den normalen Zuständigkeitsregeln des Gerichtshofs handelt.[25] Die von einem Mitgliedstaat **ohne entsprechende Vereinbarung rügelos zum EuGH erhobene Klage vermag** somit dessen **Zuständigkeit nicht zu begründen**.

9   **2. Wirksamkeit des Schiedsvertrages.** Der EuGH wird im Weiteren jedoch nur dann tätig, wenn der zwischen den Parteien getroffene **Schiedsvertrag** auch **wirksam** ist. Dies setzt zunächst voraus, dass der Vertrag ähnlich wie bei den mit der Union vereinbarten Schiedsklauseln nicht gegen vorrangige Rechtsregeln verstößt.[26] Seinem Inhalt nach darf der Schiedsvertrag somit **weder gegen zwingende Grundsätze des Unionsrechts** noch aufgrund seiner völkerrechtlichen Natur **gegen allgemeine Regeln des Völkerrechts verstoßen**.

10 Darüber hinaus lässt sich der bereits erwähnten Vorschrift des Art. 122 Abs. 2 EuGHVfO entnehmen, dass der **Schiedsvertrag zumindest bei Klageerhebung in schriftlicher Abfassung** vorliegen muss. Ob es sich bei dieser Voraussetzung allerdings um eine formelle Wirksamkeitsvoraussetzung für den Schiedsvertrag handelt,[27] erscheint aber zweifelhaft. Sofern diese Auffassung allein auf den Art. 122 Abs. 2 EuGHVfO abstellt, lässt sich hieraus eine formelle Wirksamkeitsvoraussetzung nicht ohne weiteres begründen, da es sich dabei

---

[22] Vgl. EuGH 12.9.2017 – C-648/15, ECLI:EU:C:2017:664 = BeckRS 2017, 124001 Rn. 28 f. – Österreich/Deutschland.
[23] EuGH 12.9.2017 – C-648/15, ECLI:EU:C:2017:664 = BeckRS 2017, 124001 Rn. 29 – Österreich/Deutschland.
[24] IdS auch Ehricke in Streinz AEUV Art. 272 Rn. 13.
[25] Ehricke in Streinz AEUV Art. 272 Rn. 13 mit Verweis auf EuGH-Rechtsprechung.
[26] Borchardt in Lenz/Borchardt AEUV Art. 273 Rn. 5; Cremer in Calliess/Ruffert AEUV Art. 273 Rn. 2; Frenz EuropaR-HdB V Rn. 3173; Pechstein EUProzR Rn. 955; Kotzur in Geiger/Khan/Kotzur/Kirchmair AEUV Art. 273 Rn. 3; Gaitanides in von der Groeben/Schwarze/Hatje EGV Art. 239 Rn. 9; Schwarze/Wunderlich in Schwarze AEUV Art. 273 Rn. 4.
[27] Cremer in Calliess/Ruffert AEUV Art. 273 Rn. 3; Frenz EuropaR-HdB V Rn. 3173; Karpenstein in Grabitz/Hilf/Nettesheim AEUV Art. 273 Rn. 14; Pechstein EUProzR Rn. 955; Gaitanides in von der Groeben/Schwarze/Hatje EGV Art. 239 Rn. 9; Schwarze/Wunderlich in Schwarze AEUV Art. 273 Rn. 4.

um eine reine Verfahrensvorschrift handelt. Die ausdrückliche Wahrung der Schriftform ergibt sich darüber hinaus weder aus Art. 273 AEUV und dem materiellen Unionsrecht,[28] noch aus den allgemeinen völkervertraglichen Regelungen. Ein zwischen den Mitgliedstaaten vereinbarter Schiedsvertrag ist demnach unter den vorgenannten Voraussetzungen grundsätzlich auch dann wirksam, wenn er von den abschlussbefugten Verhandlungsführern nur mündlich geschlossen wird.[29] Aus **Beweis-, Kontroll-** und **verfahrensrechtlichen Erwägungen** dürfte es jedoch angezeigt sein, die **Verträge stets schriftlich abzuschließen.**

II. Verfahrensbeteiligte

Da Schiedsverträge nach der Regelung des Art. 273 AEUV nur zwischen Mitgliedstaaten abgeschlossen werden können, können **Prozessparteien nur solche Mitgliedstaaten sein, die zugleich Vertragspartei des zugrundeliegenden Schiedsvertrages sind.** Dies schließt nicht aus, dass auf der einen oder anderen Seite mehrere Prozessparteien vertreten sein können, wie dies zB bei multilateralen Abkommen der Fall sein kann.[30] **11**

Ob darüber hinaus auch **andere Mitgliedstaaten,** die an dem zugrundeliegenden Schiedsvertrag nicht beteiligt waren, **oder Unionsorgane als Verfahrensbeteiligte** in Betracht kommen, ist eine andere Frage. Sie könnten die Klage auf der einen oder anderen Seite als Streitgenossen unterstützen. Da Art. 40 Abs. 1 EuGH-Satzung diesbezüglich keine Einschränkungen enthält und lediglich einen „bei dem Gerichtshof anhängigen Rechtsstreit" voraussetzt, dürften insoweit keine Bedenken bestehen, zumal, wenn es sich um eine Streitigkeit im Zusammenhang mit einem elementaren Gegenstand der Verträge handelt. **12**

III. Klagegegenstand

Ausweislich der Regelungen des Art. 273 AEUV muss es sich bei dem **Klagegegenstand** um eine **„Streitigkeit zwischen Mitgliedstaaten"** handeln, die im Zusammenhang mit einem Gegenstand des jeweils betroffenen Vertrages steht. **13**

Durch diese Umschreibung wird der **Klagegegenstand in zweierlei Hinsicht eingegrenzt.** Zum einen können nur solche Streitigkeiten vor den EuGH gebracht werden, die zwischen zwei oder mehreren Mitgliedstaaten der Union bestehen. Streitigkeiten zwischen einzelnen Mitgliedstaaten und Drittstaaten bilden demzufolge selbst dann keinen zulässigen Klagegegenstand, wenn es sich bei dem Drittstaat um einen mit der EU assoziierten Vertragsstaat handelt[31] und somit durchaus Belange der Verträge berührt sein können.[32] Zum anderen werden damit solche Streitigkeiten ausgeklammert, die bereits von dem Anwendungsbereich des Art. 259 AEUV umfasst sind.[33] Streitigkeiten, die die Verletzung einer unionsrechtlich begründeten Verpflichtung eines Mitgliedstaates zum Gegenstand haben, unterfallen insoweit der ausschließlichen Rechtskontrolle des Art. 259 AEUV. Eine Umgehung des Vertragsverletzungsverfahrens durch Vereinbarung eines Schiedsvertrages verbietet sich bereits nach Art. 344 AEUV.[34] **14**

Ob und wann die **Streitigkeit** den geforderten **Bezug zu einem Gegenstand der Verträge** aufweist, wird von den Vorschriften nicht näher umschrieben. In der einschlägigen Literatur wird deshalb grundsätzlich ein weiter Anwendungsbereich angenom- **15**

---

[28] Siehe nur Pechstein in FK-EUV/GRC/AEUV AEUV Art. 273 Rn. 6.
[29] IdS wohl auch Hailbronner in Hailbronner/Klein/Magiera/Müller-Graff EWGV Art. 182 Rn. 3.
[30] Vgl. dazu Karpenstein in Grabitz/Hilf/Nettesheim AEUV Art. 273 Rn. 7.
[31] Zum Problem s. a. Borchardt in Lenz/Borchardt AEUV Art. 273 Rn. 3; Karpenstein in Grabitz/Hilf/Nettesheim AEUV Art. 273 Rn. 7; Pechstein EUProzR Rn. 956; Schwarze/Wunderlich in Schwarze AEUV Art. 273 Rn. 4.
[32] Wohlfahrt in Dauses/Ludwigs EU-WirtschaftsR-HdB P I Rn. 348.
[33] Vgl. insoweit nur aus dem Schrifttum Ehricke in Streinz AEUV Art. 273 Rn. 7; Karpenstein in Grabitz/Hilf/Nettesheim AEUV Art. 273 Rn. 9; Pechstein EU-ProzessR Rn. 956.
[34] Gaitanides in von der Groeben/Schwarze/Hatje EGV Art. 239 Rn. 10.

men.³⁵ Danach kann ein Zusammenhang zwischen Gegenständen der Verträge und der konkreten Streitigkeit immer schon dann bejaht werden, wenn ein objektiv erkennbarer Bezug zu den in den Verträgen niedergelegten Aufgaben und Zielen besteht.³⁶ Dem hat sich der EuGH angeschlossen („der Begriff „Zusammenhang" [ist]als ein Bezug und nicht als ein Verhältnis völliger Übereinstimmung zu verstehen").³⁷ Anders als bei den Vertragsverletzungsverfahren braucht der Klagegegenstand nicht im Unionsrecht zu wurzeln; ein objektiv feststellbarer Anknüpfungspunkt genügt mithin. Eine genaue Bestimmung und Abgrenzung kann im Einzelfall diffizil sein, so dass letztlich nur der EuGH entscheidet, ob eine Streitigkeit im vorgenannten Sinn gegeben ist.

IV. Klageart

16 Je nach **Klagegegenstand** lässt sich vorstellen, dass als Klageart neben **allgemeinen Feststellungsklagen in eng umgrenzten Fällen** auch **Unterlassungs-** oder sogar **Leistungsklagen** in Betracht kommen können.³⁸

V. Sonstige Sachurteilsvoraussetzungen

17 Ungeachtet des von den Gründungsvätern gewählten Begriffs des „Schiedsvertrages" wird der **EuGH nicht als privates Schiedsgericht,** sondern nach allgemeiner Auffassung als **Unionsorgan** tätig, so dass – wie in jedem anderen Verfahren – die allgemeinen Vorschriften der Satzung und der Verfahrensordnung des EuGH zur Anwendung gelangen.³⁹ Da den Parteien im Hinblick auf Besetzung und Durchführung des Verfahrens somit keine Dispositionsbefugnis zukommt, sind entsprechende abweichende Vereinbarungen im Schiedsvertrag unbeachtlich. Wie die sonstigen Verfahren vor dem Gerichtshof auch, unterliegen die Klagen aufgrund von Schiedsverträgen den **allgemeinen Sachurteilsvoraussetzungen.** Besondere Bedeutung dürften hier – ebenso wie bei den Klagen vertraglicher Schiedsklauseln – die **Formulierung der Klageanträge,** die **Anlage des Schiedsvertrags** zur Klageschrift und das **Rechtsschutzbedürfnis** haben.

C. Begründetheit

18 Soweit die Schiedsverträge nicht ausdrücklich etwas anderes bestimmen,⁴⁰ steht dem EuGH ebenso wie bei den Streitigkeiten auf Grundlage vertraglicher Schiedsklauseln eine **umfassende Prüfungskompetenz in tatsächlicher und rechtlicher Hinsicht** zu.⁴¹ Diese erstreckt sich nicht nur auf die **Rechtskontrolle,** sondern schließt eine **unbeschränkte Ermessensnachprüfung** mit ein.⁴²

19 Als **Prüfungsmaßstab** für die Entscheidung des Streitfalls können drei verschiedene Rechtsmaterien in Betracht kommen. Handelt es sich um eine Streitigkeit, die neben dem Unionsrecht vor allem das zwischen den beteiligten Mitgliedstaaten getroffene Abkommen

---

[35] Cremer in Calliess/Ruffert Art. 273 Rn. 2; Karpenstein in Grabitz/Hilf/Nettesheim AEUV Art. 273 Rn. 11; Gaitanides in von der Groeben/Schwarze/Hatje EGV Art. 239 Rn. 8.

[36] Siehe dazu auch Borchardt in Lenz/Borchardt AEUV Art. 273 Rn. 4; Cremer in Calliess/Ruffert Art. 273 Rn. 2; Wohlfahrt in Dauses/Ludwigs EU-WirtschaftsR-HdB P I Rn. 348; Hailbronner in Hailbronner/Klein/Magiera/Müller-Graff EWGV Art. 182 Rn. 2; Karpenstein in Grabitz/Hilf/Nettesheim AEUV Art. 273 Rn. 11; Pechstein EU-ProzessR Rn. 956.

[37] EuGH 12.9.2017 – C-648/15, ECLI:EU:C:2017:664, = BeckRS 2017, 124001 Rn. 23 – Österreich/Deutschland.

[38] Vgl. zur eher restriktiven Handhabung von Leistungsbegehren durch den EuGH, Urt. v. 12.9.2017 – C-648/15 = BeckRS 2017, 124001 Rn. 55 ff. – Österreich/Deutschland.

[39] Vgl. nur Ehricke in Streinz AEUV Art. 273 Rn. 4; Hailbronner in Hailbronner/Klein/Magiera/Müller-Graff EWGV Art. 182 Rn. 1; Pechstein EUProzR Rn. 953.

[40] Vgl. insoweit nur aus dem Schrifttum Karpenstein in Grabitz/Hilf/Nettesheim AEUV Art. 273 Rn. 16 mwN.

[41] Pechstein EUProzR Rn. 957.

[42] Gaitanides in von der Groeben/Schwarze/Hatje EGV Art. 239 Rn. 10.

betrifft, kommt es zunächst darauf an, ob die Streitigkeit über eine Auslegung des vereinbarten Vertragstextes gelöst werden kann. In Ergänzung dazu kann der Gerichtshof auf das bestehende Unionsrecht und dort insbes. auf die allen Rechtsordnungen der Mitgliedstaaten gemeinsamen allgemeinen Rechtsgrundsätze zurückgreifen. Da der Schiedsvertrag bzw. auch das zwischenstaatliche Abkommen völkerrechtlichen Charakter besitzen, können des Weiteren auch die allgemeinen völkervertragsrechtlichen Regeln, wie sie im Wiener Vertragsrechtsübereinkommen festgelegt sind, zur Anwendung gelangen.[43]

D. Abschließende Entscheidung

Ist die Klage zulässig und begründet, kann das stattgebende **Urteil des EuGH** je nach 20 Streitgegenstand[44] einen **feststellenden** oder **verpflichtenden Tenor** haben.[45] Da Art. 273 AEUV deutlich zum Ausdruck bringt, dass der EuGH über die Streitigkeit abschließend entscheiden soll, dürfte die Vereinbarung von Rechtsmitteln gegen seine Entscheidung indes unstatthaft sein.[46] Wird der beklagte Mitgliedstaat zur Vornahme einer Leistung oder einer Wiedergutmachung verurteilt, stellt sich die Frage nach der **Vollstreckungsfähigkeit dieses titulierten Anspruchs.** Während die überwiegende Auffassung in der Kommentarliteratur für Entscheidungen der vorliegenden Art eine Vollstreckung nach den Art. 280, 299 AEUV bejaht,[47] richtet sich die „Durchsetzung" dieser Titel nach anderer Ansicht aufgrund der in Art. 299 Abs. 1 AEUV von der Vollstreckung ausdrücklich ausgenommenen Mitgliedstaaten allein nach Art. 260 AEUV. Dementsprechend wird für den verurteilten Mitgliedstaat somit lediglich die Pflicht statuiert, die sich aus dem Urteil, dh insbes. die sich aus dem Tenor ergebenden Maßnahmen zu ergreifen. Obwohl zwangsweise Durchsetzung dieser Vornahmepflichten seit der Novellierung der Gemeinschaftsverträge durch den Unionsvertrag auch in den Art. 260 AEUV (ex Art. 228 EGV) vorgesehen ist, sprechen die besseren Argumente für die Auffassung der herrschenden Meinung. Zunächst streitet die vergleichbare Vollstreckungssituation bei Entscheidungen, die aufgrund vertraglicher Schiedsklauseln ergehen, für die Anwendbarkeit der Art. 280 AEUV, da diese allgemein auch dann vollstreckbar sind, wenn sich die Entscheidung gegen einen Mitgliedstaat richtet. Ferner ist das Verfahren des Art. 273 AEUV gerade von dem Vertragsverletzungsverfahren iSd Art. 259 AEUV auseinander zu halten und abzugrenzen, so dass diese grundsätzliche Trennung beider Verfahrensarten auch im Rahmen der Vollstreckbarkeit Berücksichtigung finden muss. Darüber hinaus zeigt die Novellierung der Art. 260 AEUV, Art. 143 EAGV durch den Unionsvertrag, dass die zwangsweise Durchsetzung von Entscheidungen gegen Mitgliedstaaten durchaus ihre Berechtigung hat. Vor diesem Hintergrund ist die Vollstreckung obsiegender vollstreckungsfähiger Entscheidungen, die auf Grundlage eines Schiedsvertrages ergehen, systematisch eher unter die Art. 280 AEUV einzuordnen, als bei den außen vor gelassenen Vertragsverletzungsverfahren.

Zu sehen ist gleichwohl, dass der EuGH in der Rs. Österreich/Deutschland davon 21 abgesehen hat, **weitergehende Anordnungen** zu treffen und sich auf eine Auslegung beschränkt hat. Offensichtlich anders als der Generalanwalt *Mengozzi*[48] hielt der Gerichtshof die Möglichkeit, Anordnungen zu treffen jedoch nicht per se für ausgeschlossen, sondern verzichtete darauf lediglich in Ermangelung dazumal fehlender Angaben, die für eine

---

[43] Ehricke in Streinz AEUV Art. 273 Rn. 10.
[44] Vgl. Pechstein in FK-EUV/GRC/AEUV AEUVArt. 273 Rn. 9.
[45] Borchardt in Lenz/Borchardt AEUV Art. 273 Rn. 6; Schwarze/Wunderlich in Schwarze AEUV Art. 273 Rn. 6.
[46] So bereits Pechstein in FK-EUV/GRC/AEUV AEUV Art. 273 Rn. 9.
[47] Borchardt in Lenz/Borchardt AEUV Art. 273 Rn. 13; Ehricke in Streinz AEUV Art. 273 Rn. 11; Frenz EuropaR-HdB V Rn. 3176; Hailbronner in Hailbronner/Klein/Magiera/Müller-Graff EWGV Art. 182 Rn. 3; Kotzur in Geiger/Khan/Kotzur/Kirchmair AEUV Art. 273 Rn. 5; Gaitanides in von der Groeben/Schwarze/Hatje EGV Art. 239 Rn. 11; Pechstein in FK-EUV/GRC/AEUV AEUV Art. 273 Rn. 9.
[48] GA Mengozzi 27.4.2017 – SchlA C-648/15, ECLI:EU:C:2017:311 = BeckRS 2017, 111740 Rn. 59 ff.

entsprechende Anordnung erforderlich gewesen wären.⁴⁹ Nach der eine Befugnis zum Ausspruch von Anordnungen grundsätzlich ablehnenden Ansicht des Generalanwalts *Mengozzi* soll der EuGH hierzu im Verfahren nach Art. 273 AEUV deshalb regelmäßig nicht in der Lage sein, weil er – wie alle Unionsorgane – dem im Wesentlichen in Art. 13 Abs. 2 EUV wiedergegebenen Grundsatz der begrenzten Einzelermächtigung unterliegt und sich eine etwaige Befugnis, einen Mitgliedstaat durch Anordnung zu einem bestimmten Verhalten zu verpflichten, sich eindeutig aus den Verträgen ergeben müsste.⁵⁰ Nichtsdestotrotz schloss der Generalanwalt *Mengozzi* in seinen Schlussanträgen die Möglichkeit, dass die einen Schiedsvertrag schießenden Mitgliedstaaten, dem EuGH ausnahmsweise selbst eine Anordnungsbefugnis einvernehmlich übertragen könnten, nicht aus.⁵¹ Die damit den Parteien zuzubilligende faktische Dispositionsbefugnis hinsichtlich der möglichen Tenorierung durch den EuGH erscheint mit Blick auf seine im Verfahren nach Art. 273 AEUV bestehende Rolle als Unionsorgan jedenfalls zweifelhaft.

22   Hinsichtlich der **Verfahrenskosten** gilt das zu Art. 272 AEUV Gesagte entsprechend. Die unterliegende Partei ist gem. Art. 138 Abs. 1 EuGHVerfO **auf Antrag** zur Tragung der Kosten zu verurteilen.⁵²

---

⁴⁹ EuGH, Urt. v. 12.9.2017 – C-648/15 = BeckRS 2017, 124001 Rn. 55 ff. – Österreich/Deutschland.
⁵⁰ So GA Mengozzi 27.4.2017 – SchlA C-648/15, ECLI:EU:C:2017:311 = BeckRS 2017, 111740 Rn. 59.
⁵¹ GA Mengozzi 27.4.2017 – SchlA C-648/15, ECLI:EU:C:2017:311 = BeckRS 2017, 111740 Rn. 60.
⁵² Vgl. EuGH 12.9.2017 – C-648/15, ECLI:EU:C:2017:664 = BeckRS 2017, 124001 Rn. 59 f. – Österreich/Deutschland.

§ 16 Gutachten und Vorschläge

Schrifttum:
Bäumler, Vom Vertragstext zum Inkrafttreten: Das Vertragsschlussverfahren im Mehrebenensystem am Beispiel CETA, EuR 2016, 607 ff.; Bleckmann, Die Kompetenz der Europäischen Gemeinschaft zum Abschluss völkerrechtlicher Verträge, EuR 1977, 109 ff.; ders., Die öffentlich-rechtlichen Verträge der EWG, NJW 1978, 464 ff.; Brauneck, Abgetrennte EU-Handelsabkommen ohne Beteiligung der Mitgliedstaaten?, EuZW 2018, 796 ff.; ders., Assoziierungs- oder Freihandelsabkommen: Die Neue Partnerschaft der EU mit dem Vereinigten Königreich, EuZW 2020, 364 ff.; Classen, Die Jurisdiktion des Gerichtshofs der Europäischen Gemeinschaften nach Amsterdam, EuR-Beiheft 1/1999, 73 ff.; Daiber, Das Freihandelsabkommen zwischen der EU und Südkorea, EuR 2015, 542 ff.; Dörr, Die Entwicklung der ungeschriebenen Außenkompetenzen der EG, EuZW 1996, 39 ff.; Dörr/Mager, Rechtswahrung und Rechtsschutz nach Amsterdam, AöR 2000, 386 ff.; Everling, Die Mitgliedstaaten der Europäischen Gemeinschaft vor ihrem Gerichtshof, EuR 1983, 101 ff.; Geiger, Außenbeziehungen der Europäischen Wirtschaftsgemeinschaft und auswärtige Gewalt der Mitgliedstaaten, ZaöRV 37 (1977), 640 ff.; Geiger, Vertragsschlusskompetenzen der Europäischen Gemeinschaft und auswärtige Gewalt der Mitgliedstaaten: zur neueren Rechtsprechung des Europäischen Gerichtshofs, JZ 1995, 973 ff.; Gundel, Das CETA-Gutachten des EuGH: Neue Grenzen des Unionsrechts für die Unterwerfung unter „fremde Richter"?, EWS 2019, 181 ff.; Heber, Die Kompetenzverteilung im Rahmen der Austrittsverhandlungen nach Art. 50 EUV unter besonderer Berücksichtigung bestehenden Sekundärrechts, EuR 2017, 581 ff.; Herrmann/Müller-Ibold, Die Entwicklung des Europäischen Außenwirtschaftsrechts, EuZW 2016, 646 ff.; Holterhus, Die Rolle des Deutschen Bundestags in der auswärtigen Handelspolitik der Europäischen Union - Insbesondere den parlamentarischen Einflussmöglichkeiten im völkerrechtlichen Vertragsschlussverfahren, EuR 2017, 234 ff.; Karpenstein, Der Vertrag von Amsterdam im Lichte der Maastricht-Entscheidung des BVerfG, DVBl 1998, 942 ff.; Mayer/Ermes, Rechtsfragen zu den EU-Freihandelsabkommen CETA und TTIP, ZRP 2014, 237 ff.; Müller, Begrenzte Möglichkeit zur Gründung eines Europäischen Patentgerichts, EuR 2011, 575 ff.; ders., Die Errichtung des Europäischen Patentgerichts – Herausforderung der Autonomie des EU-Rechtssystems, EuZW 2010, 851 ff.; Nettesheim, Das CETA-Urteil des BVerfG: eine verpasste Chance?. NJW 2016, 3567 ff.; Nowrot/Tietje, CETA an der Leine des Bundesverfassungsgerichts: Zum schmalen Grat zwischen Ultra-vires-Kontrolle und Ultra-vires-Handeln, EuR 2017, 137 ff.; Obwexer, Der Beitritt der EU zur EMRK: Rechtsgrundlagen, Rechtsfragen und Rechtsfolgen, EuR 2012, 115 ff.; Pautsch, Der Abschluss des Comprehensive Economic and Trade Agreement (CETA) als „gemischtes Abkommen", NVwZ 2016, 1294 ff.; Pechstein, Amsterdamer Vertrag und Grundgesetz, DÖV 1998, 576 ff.; Rengeling, Zur Kompetenz des Europäischen Parlaments beim Abschluss völkerrechtlicher Verträge, in v. Münch (Hrsg.), FS Hans Jürgen Schlochauer, 1981, 877 ff.; Schiffbauer, Mehrheitserfordernisse für Abstimmungen über TTIP, CETA und Co., EuZW 2016, 252 ff.; Schmahl/Neidinger: Die EU als Partnerin völkerrechtlicher Verträge, JuS 2021, 24, 27 ff.; Schneiderhan, CETA-Schiedsgericht und die Europäische Rule of Law, DRiZ 2016, 338 ff.; Schwarz, Die Außenkompetenzen der Gemeinschaft im Spannungsfeld von internationaler Umwelt- und Handelspolitik – zugleich eine Anmerkung zum Gutachten 2/00 des EuGH v. 6.12.2001, ZEuS 2003, 51 ff.; Stjerna, Das Gutachten 1/09 des EuGH – Geplantes EU-Patentgerichtssystem ist mit den EU-Verträgen unvereinbar, MittdtschPatAnw 2011, 213 ff.; Streinz, Der Vertrag von Amsterdam, EuZW 1998, 127 ff.; Terhechte, All's well that ends well? – Das EU/VK-Handelsund Kooperationsabkommen, NJW 2021, 417 ff.; Vedder, Die Unterscheidung von Unionsrecht und Gemeinschaftsrecht nach dem Vertrag von Amsterdam, EuR-Beiheft 1/1999, 7 ff.; Weiß, Onformations- und Beteiligungsrechte des Deutschen Bundestags bei gemischten Abkommen wie TTIP, DÖV 2016, 661 ff.; ders., Verfassungsanforderungen und Integrationsverantwortung bei beschließenden Vertragsorganen in Freihandelsabkommen, EuZW 2016, 286 ff.; ders., Umsetzung von CETA in der EU: Herausforderungen für Demokratie und institutionelles Gleichgewicht, EuR 2020, 407 ff.; ders., Die externe Autonomie des Unionsrechts als Schranke für den Investitionsschutz und weit darüber hinaus? – Zum CETA-Gutachten des EuGH als Ursprung einer überschießenden verfassungsrechtlichen Anforderung, EuR 2020, 621 ff.

A. Das Gutachterverfahren nach Art. 218 Abs. 11 AEUV

Nach **Art. 218 Abs. 11 AEUV** können der **Rat**, die **Kommission**, ein **Mitgliedstaat** – 1
und seit dem Vertrag von Nizza – das **Europäische Parlament** von dem Gerichtshof ein
Gutachten über die Vereinbarkeit eines geplanten völkerrechtlichen Abkommens mit dem
AEUV einholen. Ein ähnliches Verfahren ist in **Art. 103 Abs. 3 EAGV** geregelt,[1] der
insoweit allerdings nicht von „Gutachten", sondern von einem „Beschluss" in einem
Dringlichkeitsverfahren spricht. In der Sache dürfte jedoch kein nennenswerter Unter-

---

[1] Dazu Wohlfahrt in Dauses/Ludwigs EU-WirtschaftsR-HdB P III Rn. 2; Frenz EuropaR-HdB V Rn. 3179.

schied bestehen. Daneben sieht auch **Art. 104 Abs. 2 EAGV** eine besondere Zuständigkeit des Gerichtshofs vor, der auf Antrag der Kommission über die Vereinbarkeit von Abkommen und Verträgen mit den Bestimmungen des EAGV entscheidet. Bisher hat der EuGH neunzehn Gutachten nach Art. 218 Abs. 11 AEUV erstattet[2] und einen Beschluss nach Art. 103 Abs. 3 EAGV[3] erlassen. Der Gerichtshof hat damit maßgeblich zur dogmatischen Erfassung der **Lehre von den Außenkompetenzen der Union**[4] beigetragen.

I. Sinn und Zweck

2 Sofern die Union Verträge mit Drittstaaten oder internationalen Organisationen eingeht, unterliegt sie wie jedes andere Völkerrechtssubjekt der Wirkung des Art. 46 der Wiener Vertragsrechtskonvention,[5] wonach sie sich gegenüber ihrem Vertragspartner nach Abschluss des Vertrages nicht auf entgegenstehende unionsrechtliche Vorschriften oder Grundsätze berufen kann. Um ein „Auseinanderklaffen zwischen den Anforderungen der unionsrechtlichen Legalität und einer durch den Vertragsschluss eingetretenen völkerrechtlichen Bindungswirkung zu verhindern",[6] sieht Art. 218 Abs. 11 AEUV die Möglichkeit einer frühzeitigen, **präventiven**[7] **Vereinbarkeitsprüfung** durch den Gerichtshof vor. Im Ergebnis dient diese **a-priori-Kontrolle** dazu, eine spätere kassatorische Entscheidung zu vermeiden, die sowohl auf Unionsebene als auch auf dem Gebiet der internationalen Beziehungen zu erheblichen Schwierigkeiten führen könnte.[8] Zur Effektuierung dieser vorbeugenden Rechtskontrolle ist das Gutachten verbindlich (vgl. Art. 218 Abs. 1 S. 2 AEUV). Das Verfahren zielt damit letztendlich auf eine objektive Rechtskontrolle ab.

---

[2] In chronologischer Reihenfolge: EuGH 11.11.1975 – C-1/75, Slg. 1975, 1355 = BeckEuRS 1975, 47069 – Lokale Kosten; EuGH 26.4.1977 – C-1/76, Slg. 1977, 741 = BeckEuRS 1977, 60441 – Stilllegungsfonds; EuGH 4.10.1979 – 1/78, Slg. 1976, 281 = BeckRS 2004, 70564 – Internationales Naturkautschuk-Übereinkommen; EuGH 14.12.1991 – C-1/91, Slg. 1991, I-6079 = BeckEuRS 1991, 176966 – EWR I; EuGH 10.4.1992 – C-1/92, Slg. 1992, I-2821 = BeckRS 2004, 74010 – EWR II; EuGH 19.3.1993 – C-2/91, Slg. 1993, I-1061 = BeckRS 2004, 74897 – ILO; EuGH 15.11.1994 – 1/94, Slg. 1994, I-5267 = GRUR-Int. 1995, 239 – WTO; EuGH 24.3.1995 – 2/92, Slg. 1995, I-521 = BeckRS 2004, 74900 – OECD; EuGH 13.12.1995 – C-3/94, Slg. 1995, I-4577 = BeckEuRS 1995, 207952 – GATT-WTO-Rahmenabkommen über Bananen; EuGH Gutachten 28.3.1996 – C-2/94, **ECLI:EU:C:1996:140** = BeckEuRS 1996, 632691 – EMRK; EuGH Gutachten 6.12.2001 – 256/00, **ECLI:EU:C:2001:664** = NVwZ 2002, 1221 – Protokoll von Cartagena; EuGH 7.2.2006 – C-1/03, Slg. 2006, I-1145 = BeckEuRS 2006, 421995 – Übereinkommen von Lugano; EuGH 8.3.2011 – 1/09, GRUR-Int. 2011, 309 – Einheitliches Europäisches Patentgerichtssystem; EuGH Gutachten 14.10.2014 – 1/13 = BeckRS 2015, 80006 – Einverständniserklärungen betreffend den Beitritt eines Drittstaates zum Haager Übereinkommen; EuGH, Gutachten 18.12.2014 – 2/13 = DÖV 2016, 36 – Beitritt der EU zur EMRK; EuGH Gutachten 26.7.2017 –1/15 = BeckRS 2017, 123252 – Verwendung und Speicherung von Fluggastdatensätzen zwischen Kanada und der EU zur Bekämpfung von Terrorismus und grenzübergreifender Kriminalität; EuGH Gutachten 16.5.2017 – C-2/15 = BeckEuRS 2017, 502931 – Singapur; EuGH Gutachten 30.4.2019 –1/17 = BeckRS 2019, 7102 – Freihandelsabkommen der EU mit Kanada (CETA).

[3] EuGH 14.11.1978 – 1/78, Slg. 1978, 2151 (2151) = NJW 1979, 486 – Objektsschutz.

[4] Ausf. dazu Wohlfahrt in Dauses/Ludwigs EU-WirtschaftsR-HdB P III Rn. 10; Nettesheim in Oppermann/Classen/Nettesheim EuropaR § 38 Rn. 29; Schwarz ZEuS 2003, 51 (58 ff.).

[5] Wiener Übereinkommen über das Recht der Verträge v. 23.5.1969 (BGBl. 1985 II 926, in Kraft getreten für die Bundesrepublik Deutschland am 20.8.1987 – vgl. Bekanntmachung v. 26.11.1987, BGBl. II 757).

[6] Wohlfahrt in Dauses/Ludwigs EU-WirtschaftsR-HdB P III Rn. 5; Frenz EuropaR-HdB V Rn. 3181; allg. zu Rangfragen Tomuschat in von der Groeben/Schwarze/Hatje EGV Art. 300 Rn. 83 ff.

[7] Vgl. insoweit nur Wohlfahrt in Dauses/Ludwigs EU-WirtschaftsR-HdB P III Rn. 5 „vorbeugende Rechtskontrolle"; Mögele in Streinz AEUV Art. 218 Rn. 35 „Instrument vorbeugender Rechtsklärung"; Frenz EuropaR-HdB V Rn. 3180; Khan in Geiger/Khan/Kotzur/Kirchmair AEUV Art. 218 Rn. 19; Müller-Ibold in Lenz/Borchardt AEUV Art. 218 Rn. 24; Schmalenbach in Calliess/Ruffert AEUV Art. 218 Rn. 31; Tomuschat in von der Groeben/Schwarze/Hatje EGV Art. 300 Rn. 89 ff. „präventive Normenkontrolle".

[8] Dazu EuGH Gutachten 13.12.1995 – C-3/94, Slg. 1995, I-4577 Rn. 15 ff. = BeckEuRS 1995, 207952 – GATT-WTO-Rahmenabkommen über Bananen; bestätigt durch EuGH Gutachten 28.3.1996 – C-2/94, **ECLI:EU:C:1996:140** = BeckEuRS 1996, 632691 Rn. 3 ff. – EMRK; jüngst auch EuGH Gutachten 8.3.2011 – 1/09, GRUR Int. 2011, 309 Rn. 48 – Einheitliches Europäisches Patentgerichtssystem.

Sinn und Zweck der Gutachtertätigkeit durch den Europäischen Gerichtshof ist es, 3
die sich aus dem Abkommen ergebenden Verwicklungen mit dem Unionsrecht und daraus
resultierende Schwierigkeiten in internationalen Beziehungen frühzeitig zu erkennen und
offenzulegen.[9] Derartige Verwicklungen können insbes. dann entstehen, wenn in dem
geplanten Abkommen andere Entscheidungsstrukturen oder Kontrollmöglichkeiten vorgesehen
werden, mit denen die einheitliche Anwendung und Auslegung des Unionsrechts
unterlaufen werden kann.[10] Das bei der **Gutachtenerstellung** einzuhaltende **Verfahren**
richtet sich nach den Art. 196 ff. EuGHVfO.

II. Antragsberechtigte

Berechtigt – nicht aber verpflichtet[11] – ein Gutachten vom Gerichtshof anzufordern sind 4
ausschließlich[12] die Gemeinschaftsorgane **Europäisches Parlament,**[13] **Rat** und **Kommission**
sowie die **Mitgliedstaaten.** Andere Gemeinschaftsorgane im Sinne des Art. 13 EUV
sind nicht antragsberechtigt. Der Kreis dieser Antragsteller ist abschließend.[14] Privatpersonen
sind damit nicht berechtigt, ein entsprechendes Gutachten einzuholen. Für die
Möglichkeit, einen Gutachtenantrag zu stellen, ist nicht erforderlich, dass die betroffenen
Organe ein endgültiges Einvernehmen erzielt haben. Das Recht der Antragstellung kann
individuell und ohne Abstimmung untereinander ausgeübt werden.[15]

III. Antragsgegenstand

Gegenstand des Gutachtens ist eine „geplante Übereinkunft" iSd Art. 218 AEUV. 5
Dagegen sprach Art. 300 Abs. 6 EGV-Nizza noch von „Abkommen", wobei allerdings
keine substantiellen inhaltlichen Unterschiede mit dem Wechsel der Terminologie verbunden
sein sollen.[16] Als „Abkommen" bezeichnet der Europäische Gerichtshof „jede von
Völkerrechtssubjekten eingegangene bindende Verpflichtung ungeachtet ihrer Form".[17]
Damit wird der Gegenstand zugleich auf vertragliche Abmachungen zwischen der Union
und einem oder mehrerer Staaten oder einer internationalen Organisation beschränkt. In
Betracht kommen insoweit der Abschluss von bzw. der Beitritt zu bilateralen oder multilateralen
Abkommen sowie Akte der Gründung bzw. des Beitritts zu internationalen
Organisationen sowie völkerrechtliche Abkommen der Union mit einem oder mehreren
Mitgliedstaaten.[18] Obgleich der EuGH nach Art. 275 Abs. 1 AEUV nicht für die **Bestimmungen
hinsichtlich der Gemeinsamen Außen- und Sicherheitspolitik** zuständig

---

[9] EuGH 11.11.1975 – C-1/75, Slg. 1975, 1355 (1360 f.) = BeckEuRS 1975, 47069 – Lokale Kosten; ferner aus Schrifttum Wohlfahrt in Dauses/Ludwigs EU-WirtschaftsR-HdB P III Rn. 4; Frenz EuropaR-HdB V Rn. 3181; Pechstein EUProzR Rn. 965; Schwarz ZEuS 2003, 51 (54); Terhechte in Schwarz AEUV Art. 218 Rn. 32; Tomuschat in von der Groeben/Schwarze/Hatje EGV Art. 300 Rn. 89.
[10] EuGH 14.12.1991 – 1/91, Slg. 1991, I-6079 Rn. 34 ff. = BeckEuRS 1991, 176966 – EWR I; EuGH 10.4.1992 – C-1/92, Slg. 1992, I-2821 = BeckRS 2004, 74010 – EWR II.
[11] Zu diesem Aspekt Frenz EuropaR-HdB V Rn. 3193; uU eine Verpflichtung für die Kommission aufgrund der zukommenden Aufgabe der Kontrolle der Einhaltung der Verträge bejahend Bungenberg in von der Groeben/Schwarze/Hatje AEUV Art. 218 Rn. 93.
[12] Giegerich in FK-EUV/GRC/AEUV Art. 218 Rn. 206 mwN.
[13] Zu den Befugnissen des Europäischen Parlaments beim Abschluss völkerrechtlicher Verträge vor der durch den Vertrag von Nizza eingefügten Kompetenz vgl. nur Rengeling FS Schlochauer, 1981, 877 ff.
[14] Frenz EuropaR-HdB V Rn. 3193; Khan in Geiger/Khan/Kotzur/Kirchmair AEUV Art. 218 Rn. 19; Pechstein EUProzR Rn. 968.
[15] Dazu EuGH Gutachten 8.3.2011 – 1/09, GRUR-Int. 2011, 309 Rn. 55 – Einheitliches Europäisches Patentgerichtssystem.
[16] Selbst der EuGH verwendet teilweise noch den Begriff des Abkommens, vgl. nur EuGH Gutachten 30.4.2019 – 1/17, ECLI:EU:C:2019:341 = BeckRS 2019, 7102 Rn. 167 – Freihandelsabkommen der EU mit Kanada (CETA; siehe auch Frenz EuropaR-HdB V Rn. 3189.
[17] EuGH 11.11.1975 – C-1/75, Slg. 1975, 1355 (1360) = BeckEuRS 1975, 47069 – Lokale Kosten.
[18] Vgl. dazu aus der Rspr. Khan in Geiger/Khan/Kotzur/Kirchmair AEUV Art. 218 Rn. 20 mwN; Schmalenbach in Calliess/Ruffert AEUV Art. 218 Rn. 32 ff. mwN; vgl. zur nicht möglichen Analogie etwa auf politisch bindende Übereinkommen Giegerich in FK-EUV/GRC/AEUV Art. 218 Rn. 215.

ist, wird man aus systematischen Gründen auch geplante Übereinkünfte in diesem Bereich nicht prinzipiell aus dem Kreis tauglicher Antragsgegenstände ausschließen können, da Art. 218 Abs. 11 AEUV – anders als die vorigen Absätze der Vorschrift – keine Aussage hinsichtlich dieses Bereiches trifft und insofern anzunehmen ist, dass Art. 218 Abs. 11 AEUV gegenüber Art. 275 Abs. 1 AEUV lex specialis ist.[19] Trotz an sich tauglichem Antragsgegenstand können im Gutachtenersuchen hingegen solche Fragen nicht beantwortet werden, deren Bezugspunkt bloß die Klärung nachgelagerter interner Umsetzungsherausforderungen ist.[20] **Sonstige Rechtsakte,** die ebenfalls bestimmte völkerrechtliche Bindungen bewirken können (zB **einseitige Erklärungen**), fallen nicht in den Anwendungsbereich.[21]

6 Mit dem Gutachtenantrag können die Antragsteller sowohl einen **Teil des geplanten Abkommens**[22] als auch das **Abkommen insgesamt** vom Gerichtshof überprüfen lassen. Hierbei können ihm alle Fragen unterbreitet werden, die geeignet sind, aufgrund des Unionsrechts Zweifel in materiell- oder formell-rechtlicher Hinsicht an der Gültigkeit des Abkommens hervorzurufen.[23]

IV. Zeitpunkt der Antragstellung

7 Obwohl der Vertrag wegen der nichtstreitigen Natur des Verfahrens keine Frist für die Antragstellung normiert, muss sowohl vom Wortlaut („geplante Übereinkunft") als auch vom **Sinn und Zweck der Gutachtertätigkeit** ein entsprechender **Antrag vor Abschluss des zu begutachtenden Abkommens,** dh im einfachen Vertragsschlussverfahren vor der Unterzeichnung, im zusammengesetzten Verfahren spätestens vor der völkerrechtlichen Ratifikation gestellt werden.[24] Dabei bedarf es aber einer Differenzierung hinsichtlich der mit dem Gutachtenantrag aufgeworfenen Rechtsfragen:

8 Schon **vor der Aufnahme von Vertragsverhandlungen** kann der Gerichtshof angerufen werden, soweit zumindest der Gegenstand des geplanten Abkommens bekannt ist und die Frage der **Zuständigkeit** (Organ-/Verbandskompetenz) **für den Abschluss des Abkommens** geprüft werden soll.[25] Gerade die Frage der Zuständigkeit zum Abschluss eines Abkommens spielt eine besondere Rolle in der Gutachtenpraxis. In diesem Zusammenhang hat der Gerichtshof sowohl die Frage geprüft, ob die Union (ehemals Gemeinschaft) überhaupt eine Vertragsschlusskompetenz besitzt (EMRK[26]), als sich auch mit der Frage befasst, ob die Mitgliedstaaten im Rahmen ihrer Zuständigkeiten ein multilaterales Abkommen entweder als sog. gemischtes Abkommen gemeinsam mit der Union (ehemals Gemein-

---

[19] So auch Lorenzmeier in Grabitz/Hilf/Nettesheim AEUV Art. 218 Rn. 70; Khan in Geiger/Khan/Kotzur AEUV Art. 218 Rn. 20; Dittert in von der Groeben/Schwarze/Hatje/Schwarze/Hatje, AEUV Art. 275 Rn. 34 f.; diff. Regelsberger/Kugelmann in Streinz, AEUV Art. 275 Rn. 9.
[20] EuGH Gutachten 6.12.2001 – 2/00, Slg. 2001, I-9713 = NVwZ 2002, 1221 Rn. 17 – Protokoll von Cartagena.
[21] So Pechstein EUProzR Rn. 967; Schwarz ZEuS 2003, 51 (55); Terhechte in Schwarze AEUV Art. 218 Rn. 31; weitergehend aber Schmalenbach in Calliess/Ruffert AEUV Art. 218 Rn. 33, soweit die völkerrechtlich verbindlichen einseitigen Erklärungen in einem unmittelbaren Zusammenhang mit einem Abkommen stehen.
[22] Vgl. insoweit nur EuGH 11.11.1975 – C-1/75, Slg. 1975, 1355 (1361) = BeckEuRS 1975, 47069 – Lokale Kosten.
[23] Siehe dazu EuGH 11.11.1975 – C-1/75, Slg. 1975, 1355 (1361) = BeckEuRS 1975, 47069 – Lokale Kosten.
[24] Wohlfahrt in Dauses/Ludwigs EU-WirtschaftsR-HdB P III Rn. 8; Frenz EuroparR-HdB V Rn. 3196; Mögele in Streinz AEUV Art. 218 Rn. 39; Schwarz ZEuS 2003, 51 (55); aus der Rspr. EuGH Gutachten 15.11.1994 – C-1/94, Slg. 1994, I-5267 Rn. 12 = BeckEuRS 1994, 204227 – WTO.
[25] EuGH Gutachten 4.10.1979 – 1/78, ECLI:EU:C:1979:224 = BeckEuRS 1979, 74798 Rn. 33 – Internationales Naturkautschuk-Übereinkommen; EuGH Gutachten 8.3.2011 – 1/09, GRUR-Int. 2011, 309 Rn. 53 – Einheitliches Europäisches Patentgerichtssystem; ferner auch im Schrifttum Pechstein EUProzR Rn. 969; Schwarz ZEuS 2003, 51 (55); Terhechte in Schwarze AEUV Art. 218 Rn. 34; Schmalenbach in Calliess/Ruffert AEUV Art. 218 Rn. 31.
[26] EuGH Gutachten 28.3.1996 – C-2/94, **ECLI:EU:C:1996:140** = BeckEuRS 1996, 632691 – EMRK.

schaft) (zB WTO[27]) oder ohne Beteiligung der Union (ehemals Gemeinschaft) (zB ILO[28]) abschließen dürfen.

Ist dagegen die **inhaltliche Vereinbarkeit des Abkommens mit dem AEUV Gegenstand des Antrages**, so ist der frühestmögliche Termin für eine solche Antragstellung der Zeitpunkt, in dem die Vertragshandlungen zumindest ein Stadium erreicht haben, welches die „wesentlichen Züge des Übereinkommens mit hinreichender Genauigkeit" erkennen lässt.[29] Dies bedeutet, dass zumindest **konkrete Vertragsbestimmungen des Abkommens** vorliegen müssen.[30]

9

Ein **Gutachtenantrag** ist dagegen als **unzulässig** abzuweisen, wenn der völkerrechtliche Bindungswille der Union bereits endgültig zum Ausdruck gekommen ist, wenn also bspw. eine Ratifizierung des Abkommens erfolgt ist. Zu diesem Zeitpunkt besteht keine Möglichkeit mehr, Unvereinbarkeiten mit dem primären Unionsrecht noch rückgängig zu machen.[31]

10

V. Prüfungsumfang

Wird der Gerichtshof mit der Begutachtung beauftragt, steht diesem eine **umfassende Prüfungskompetenz** des geplanten Abkommens mit den Vorschriften des jeweiligen Vertrages zu. **Prüfungsmaßstab sind sämtliche Bestimmungen des Primärrechts einschließlich der ungeschriebenen Rechtsgrundsätze,**[32] und zwar unabhängig davon, ob sie den Inhalt, die Zuständigkeit oder das Verfahren betreffen.[33] Diese Auslegung des Gerichtshofs wird auch von Art. 196 Abs. 2 EuGHVfO gestützt, der ausdrücklich die Vereinbarung des Abkommens mit der Unionszuständigkeit hervorhebt. Aufgrund ihrer nur funktionalen Völkerrechtsfähigkeit kann die Union allerdings nur solche Abkommen schließen, die sich innerhalb der Ziele und Aufgaben der Union bewegen. **Unabhängig von ihrer völkerrechtlichen Wirksamkeit sind ultra vires geschlossene Verträge** jedenfalls **innerhalb der Union unwirksam** und damit **unanwendbar.**[34]

11

---

[27] EuGH Gutachten 15.11.1994 – 1/94, Slg. 1994, I-5267 = BeckEuRS 1994, 204227 – WTO; vgl. ferner zu diesem Themenkomplex auch EuGH Gutachten 11.11.1975 – 1/75, Slg. 1975, 1355 = BeckEuRS 1975, 47069 – Lokale Kosten; EuGH Gutachten 26.4.1977 – 1/76, Slg. 1977, 741 = NJW 1977, 2017 – Stilllegungsfonds; EuGH 24.3.1995 – 2/92, Slg. 1995, I-521 = BeckRS 2004, 74900 – OECD.

[28] EuGH Gutachten 19.3.1993 – C-2/91, ECLI:EU:C:1993:106, Slg. 1992, I-1061 = BeckRS 2004, 74897 – ILO.

[29] EuGH Gutachten 4.10.1979 – 1/78, ECLI:EU:C:1979:224 = BeckEuRS 1979, 74798 Rn. 19 – Internationales Naturkautschuk-Übereinkommen; ausf. dazu im Schrifttum Frenz EuropaR-HdB V Rn. 3195.

[30] EuGH Gutachten 11.11.1975 – 1/75, Slg. 1975, 1355 (1360) = BeckEuRS 1975, 47069 – Lokale Kosten; dazu auch Mögele in Streinz AEUV Art. 218 Rn. 40; Pechstein EUProzR Rn. 969; Schmalenbach in Calliess/Ruffert Art. 218 Rn. 31; Schwarz ZEuS 2003, 51 (56); weitergehend Müller-Ibold in Lenz/Borchardt AEUV Art. 218 Rn. 24 wonach es genügt, dass Grundzüge hinreichend beschrieben sind; ähnlich auch Wohlfahrt in Dauses/Ludwigs EU-WirtschaftsR-HdB P III Rn. 8; sowie Terhechte in Schwarze AEUV Art. 218 Rn. 34.

[31] AllgA, vgl. insoweit nur Pechstein EUProzR Rn. 969; Terhechte in Schwarze AEUV Art. 218 Rn. 34; Schmalenbach in Calliess/Ruffert AEUV Art. 218 Rn. 31; Schwarz ZEuS 2003, 51 (56); Tomuschat in von der Groeben/Schwarze/Hatje EGV Art. 300 Rn. 91.

[32] EuGH Gutachten 11.11.1975 – 1/75, Slg. 1975, 1355 (1360 f.) = BeckEuRS 1975, 47069 – Lokale Kosten; EuGH Gutachten 4.10.1979 – 1/78, ECLI:EU:C:1979:224 = BeckEuRS 1979, 74798 Rn. 30 – Internationales Naturkautschuk-Übereinkommen; aus dem Schrifttum Mögele in Streinz AEUV Art. 218 Rn. 42; Pechstein EUProzR Rn. 923; Schwarz ZEuS 2003, 51 (56 f.); Terhechte in Schwarze AEUV Art. 218 Rn. 38; Müller-Ibold in Lenz/Borchardt AEUV Art. 218 Rn. 25; Schmalenbach in Calliess/Ruffert AEUV Art. 218 Rn. 32.

[33] EuGH Gutachten 4.10.1979 – 1/78, ECLI:EU:C:1979:224 = BeckEuRS 1979, 74798 Rn. 30 = Internationales Naturkautschuk-Übereinkommen.

[34] Schwarz ZEuS 2003, 51 (57).

VI. Wirkungen des Gutachtens

12 Mit dem Gutachtenantrag beim Gerichtshof wird für den Vertragsschluss ein **Suspensiveffekt** ausgelöst.[35] Der Abschluss des Abkommens muss bis zur Entscheidung des Gerichtshofs unterbleiben. Dafür spricht nicht zuletzt die Tatsache, dass die Geschäftsordnung des Europäischen Parlaments in Art. 114 Nr. 6 vorsieht, dass, sofern das Parlament ein Gutachten über die Vereinbarkeit eines internationalen Abkommens mit den Verträgen einholt, die Abstimmung über ein Ersuchen um Zustimmung oder Stellungnahme vertagt wird, bis der EuGH sein Gutachten abgegeben hat. Ob darüber hinaus auch die Verhandlungen zwischen den Vertragsparteien auszusetzen sind, erscheint nicht erforderlich, zumal die Möglichkeit besteht, die strittigen Rechtsfragen auf dem Verhandlungswege auszuräumen.

13 Anders als die „advisory opinions" des Internationalen Gerichtshofs sind die vom EuGH erstellten **Gutachten für die Union verbindlich.**[36] Kommt der Gerichtshof also zu dem Ergebnis, dass das geplante Gutachten mit den Regeln des Unionsrechts unvereinbar ist, darf der völkerrechtliche Vertrag in dieser Form nicht abgeschlossen werden. Entweder muss der Entwurf des Abkommens oder aber das entgegenstehende Unionsrecht nach Maßgabe des Art. 48 EUV geändert werden.[37] In der Praxis dürfte jedoch sowohl die eine als auch die andere Änderung auf nicht unerhebliche Schwierigkeiten stoßen.[38]

14 Die **Konsequenzen dieses Ansatzes** zeigen sich besonders deutlich in dem Gutachten des Gerichtshofs betreffend den Beitritt der Union zur Konvention zum Schutz der Menschenrechte und Grundfreiheiten (EMRK). Gerade im Hinblick auf die weit reichenden institutionellen Auswirkungen eines Beitritts – dies betrifft insbes. die Zuständigkeiten des EuGH nach Art. 344 AEUV – war insoweit eine Vertragsänderung erforderlich.[39] Im Ergebnis darf jedenfalls durch Verträge nach Art. 218 AEUV weder das institutionelle Grundgefüge der Union zu Disposition gestellt werden noch kann ein kommunitärer Grundrechtskatalog durch sekundäres Unionsrecht, zu dem im Falle eines Beitritts der Gemeinschaft auch die EMRK zu rechnen wäre, geschaffen werden.[40]

VII. Verhältnis zu anderen Rechtsbehelfen

15 Mit dem Gutachten stellt das Unionsrecht eine Möglichkeit zur Verfügung, **im Vorfeld eines Unionsabkommens eine unionsinterne Klärung** damit im Zusammenhang stehender **umstrittener Rechtsfragen** herbeizuführen. **Nach Abschluss** des streitgegenständlichen Abkommens kann dessen Vereinbarkeit mit dem primären Unionsrecht daher durchaus auch im Wege der **allgemeinen Verfahrensarten** überprüft werden. Diese spätere gerichtliche Kontrollmöglichkeit wird weder durch ein unterbliebenes noch durch ein positives Gutachten ausgeschlossen.[41] Da es sich bei den Unionsabkommen um Handlungen der Unionsorgane handelt, können diese allgemein Gegenstand von Vertragsverlet-

---

[35] Dazu Pechstein EUProzR Rn. 971; Schwarz ZEuS 2003, 51 (57); Terhechte in Schwarze AEUV Art. 218 Rn. 35; a. A. Frenz EuropaR-HdB V Rn. 3201; Mögele in Streinz AEUV Art. 218 Rn. 54.
[36] Wohlfahrt in Dauses/Ludwigs EU-WirtschaftsR-HdB P III Rn. 6; Pechstein EU-ProzessR Rn. 971; Schwarz ZEuS 2003, 51 (57); Giegerich in FK-EUV/GRC/AEUV Art. 218 Rn. 229.
[37] Pechstein EUProzR Rn. 971.
[38] So auch Pechstein EU-ProzessR Rn. 971 aE; Terhechte in Schwarze AEUV Art. 218 Rn. 36 mwN; Mögele in Streinz AEUV Art. 218 Rn. 44 AEUV, spricht davon, dass ablehnende EuGH-Gutachten, die eine „Sperrwirkung" erzeugen, in der Praxis entweder den Verzicht auf den Abschluss des geplanten Abkommens oder dessen vertragskonforme Anpassung nach sich ziehen.
[39] Vgl. insoweit nur EuGH Gutachten 28.3.1996 – C-2/94, ECLI:EU:C:1996:140 = BeckEuRS 1996, 632691 Rn. 35 – EMRK.
[40] Zur Problematik auch insgesamt Wohlfahrt in Dauses/Ludwigs EU-WirtschaftsR-HdB P III Rn. 16; Schwarz ZEuS 2003, 51 (57).
[41] Terhechte in Schwarze AEUV Art. 218 Rn. 37; Giegerich in FK-EUV/GRC/AEUV Art. 218 Rn. 234 f.

zungsverfahren (Art. 258, 259 AEUV),[42] Nichtigkeitsklagen (Art. 263 AEUV)[43] oder Vorabentscheidungsverfahren (Art. 267 AEUV)[44] sein.[45]

B. Vorschläge

Gemäß Art. 18 Abs. 1 Hs. 2 EAGV obliegt es dem Gerichtshof ferner, dem Rat einen **Vorschlag für eine Geschäftsordnung im Fall der Einrichtung eines Schiedsausschusses** bei einer nicht gütlich beizulegenden Einigung über die Vergabe von nicht ausschließlichen Lizenzen zu unterbreiten.

16

---

[42] EuGH Gutachten 14.12.1991 – 1/91, Slg. 1991, I-6079 Rn. 38 = BeckEuRS 1991, 176966 – EWR I.
[43] Vgl. zB EuGH 31.3.1971 – C-22/70, Slg. 1971, 263 Rn. 1 = BeckRS 2004, 72371 – Kommission/Rat.
[44] Vgl. zB EuGH 26.10.1982 – C-104/81, Slg. 1982, 3641 Rn. 1 = NJW 1983, 508 – Hauptzollamt Mainz/Kupferberg & Cie.; EuGH Gutachten 26.4.1977 – 1/76, Slg. 1977, 741 (761) = NJW 1977, 2017 – Stilllegungsfonds; EuGH Gutachten 14.12.1991 –1/91, Slg. 1991, I-6079 Rn. 38 = BeckEuRS 1991, 176966 – EWR I.
[45] Vgl. dazu Pechstein EU-ProzessR Rn. 972 mwN; Schmalenbach in Calliess/Ruffert AEUV Art. 218 Rn. 35; Tomuschat in von der Groeben/Schwarze/Hatje EGV Art. 300 Rn. 95 ff.

§ 17 Einstweiliger Rechtsschutz*

Übersicht

	Rn.
A. Einleitung	1
B. Rechtsgrundlagen	9
C. Zulässigkeit	10
I. Allgemeines	10
II. Zulässigkeit des Antrags selbst	11
1. Gesonderte Antragsschrift	11
2. Zuständigkeit	12
3. Zeitpunkt; keine Frist	13
4. Form und Inhalt	15
5. Akzessorietät	16
6. Antrag	20
a) Bestimmtheit des Antrags	22
b) beantragte Maßnahme im Rahmen der Zuständigkeit des Richters	26
c) Flankierende Maßnahmen; Zwangsgeld	30
7. Rechtsschutzinteresse	32
III. Zulässigkeit des Hauptsacheverfahrens	37
IV. Prüfung von Amts wegen	39
D. Begründetheit	40
I. Allgemeines	40
1. Drei (kumulative) Voraussetzungen	43
2. Wechselwirkung	45
II. Dringlichkeit	49
1. Allgemeines	49
2. Eigener Schaden	54
3. Kausal- und Wertungszusammenhang; alternative Rechtsschutzmöglichkeiten	60
4. Hinreichende Wahrscheinlichkeit eines nahen Schadenseintritts	65
5. Natur des Schadens – schwer und irreparabel	68
a) Die Unterscheidung zwischen Irreparabilität und Schwere	68
b) Definitionsmacht des Antragstellers; kein numerus clausus	69
c) Dringlichkeit auch ohne Irreparabilität; keine rein mechanische Prüfung	70
6. Schwere	74
7. Irreparabilität	78
a) Entwicklung der Rechtsprechung	79
b) Die Unterscheidung zwischen finanziellen und andern Schäden	81
c) Irreparabler finanzieller Schaden – Dienstleistungen nach 106 (2) AEUV	84
d) Irreparabler finanzieller Schaden – Schaden nicht bezifferbar	85
e) Irreparabler finanzieller Schaden – Existenzgefährdung	88
f) Verlust von Marktanteilen	102
8. Darlegungs-und Beweislast	114
III. Fumus boni juris	120
IV. Interessenabwägung	125
E. Entscheidung	131
I. Aussetzung	133
II. Einstweilige Anordnung	136
III. Rechtsfolge/Rechtswirkungen	142
F. Verfahren	146
I. Gesonderter Schriftsatz; Aktenführung	146
II. Kontradiktorisches Verfahren	147
III. Fristen; Sprache; Dauer; Entscheidung	152

---

* Der vorliegende Beitrag bringt allein die persönliche Auffassung des Autors zum Ausdruck.

	Rn.
G. Besondere Verfahrensgestaltungen	156
I. Zwischenverfügung; inaudita alter parte	156
II. Neuer Antrag	159
III. Abänderung/Aufhebung	160
IV. Rechtsmittel	162
V. Intervention (Streithilfe)	166
H. Besonderheiten in bestimmten Rechtsmaterien	169
I. Vergaberecht	169
1. Allgemeines, Entwicklung der Rechtsprechung	169
2. „Besonders ernsthafter fumus"	172
3. Stellung des Antrags vor Vertragsschluss oder Ablauf der Stillhaltefrist	173
4. Ausnahme: Unbeachtlichkeit des Fristablaufs	174
5. Schwerer Schaden	175
6. Sonderfall: es gilt keine Stillhaltepflicht	177
7. Prüfung im Übrigen	179
8. Bewertung	181
II. Vertrauliche Informationen	182
III. Restriktive Maßnahmen	187
I. Bewertung und Ausblick	190

Schrifttum:

Berrang, Vorbeugender Rechtsschutz im Recht der Europäischen Gemeinschaften, 1994; Barbier de la Serre, Les offices du juge des référés communautaire, in: Liber amicorum en l'honneur de Bo Vesterdorf, Bruxelles, 2007, S. 237; ders., La place des tiers dans le référé communautaire en matière de concurrence, Revue Lamy de la concurrence, 2008, n°16.; ders., Accelerated and expedited procedures before the EC Courts: A review of the practise, CMLR 2006, 783; Barbier de la Serre/Lavin, Le droit du référé européen: entre prudence et coup d'audace, Cahiers de droit européen 2019, 613; Barents, Remedies and Procedures before the EU Courts, Kluwer, 2016; Castillo de la Torre, Interim measures in Community Courts: recent trends, CMLR 2007, 273; Da Cruz Vilaça, La procédure en référé comme instrument de protection juridictionnelle des particuliers en droit communautaire, in: Scritti in onore di G. F. Mancini: Milano, Giuffrè, 1998, 257; Estler, Zur Effektivität des einstweiligen Rechtsschutzes im Gemeinschaftsrecht, 2003; Iannucelli, Interim Judicial Protection Against Publication of Confidential Information in Commission Antitrust Decisions, World Competition 42 (2019), 43; Jacobs, Interim Measures in the Law and Practice of the Court of Justice of the European Communities, in: R. Bernhardt, Interim Measures Indicated by International Courts: Springer, Heidelberg, 1994, 37; Jäger, Eilverfahren vor dem Gericht der Europäischen Union, EuR 2013, 3; ders., Rechtsschutz in Eilverfahren vor dem Gericht der Europäischen Union, IWRZ 2016, 201; ders., Le référé devant le président du Tribunal de l'Union européenne depuis septembre 2007, Journal de droit européen 2010, 197; Kaessner, Der einstweilige Rechtsschutz im Europarecht, 1996; Lenaerts/Maselis/Gutman, EU Procedural Law, Oxford, OUP, 2014; Lenaerts/Radley, Recent case law of the European Court of Justice in interim measures cases, Eur. Law Reporter 2016, 2; Lengauer, Einstweiliger Rechtsschutz und Rechtsstaatlichkeit im Gemeinschaftsrecht, EuR 2008 Beiheft 3, 69; Levère/Nõmm, The availility of interim meausures before the General Court: Striking the right balance between the presumption of legality and the right to provisional protection, CMLR (60) 2023, 999; Martin, Le large pouvoir d'appréciation du juge des référés au service de l'efficacité du droit de l'Union européenne, Cahiers de droit européen 2018, 495; Picod, Référé devant la Cour de justice et le Tribunal de l'Union européen, JurisCalasseur Europe Traité, Fasc. 390, Dalloz Paris 2020; Rodriguez Iglesias, La tutela judicial cautelar en el Derecho comunitario, in: G. C. Rodriguez Iglesias et D. J. Linan Nogueras, El derecho comunitario europeo y su aplicacion judicial: Madrid, Civitas, 1993, 633; Van Raepenbusch, Le contrôle juridictionnel dans l'Union européenne, in Commentaire Mégret, Bruxelles, 2018; Schneider, Die einstweilige Anordnung gem. Art. 186 EWGV und der Grundsatz der Verhältnismäßigkeit, DÖV 1990, 924; Sladic, Einstweiliger Rechtsschutz im Gemeinschaftsprozessrecht, 2008; Terrien, Interim Measures, in: European court procedure: a practical guide, V. Lszcz, Oxford 2020, 571; ders., La divulgation provisoire de documents confidentiels et la protection provisoire en droit de l'Union, Chronique de contentieux de l'Union européenne 2016, 39; Vesterdorf, De l'interprétation par le juge communautaire des référés, in Problèmes d'interprétation à la mémoire de C. N. Kakouris: Athènes, Sakoulas, 2004, 431; Wiedmann, Der Prüfungsmaßstab für den Erlass einer einstweiligen Anordnung nach § 32 Abs. 1 BVerfGG, in Emmenegger/Wiedmann, Leitlinien der Rechtsprechung des Bundesverfassungsgerichts – erörtert von den wissenschaftlichen Mitarbeitern, Band 2, 3.

A. Einleitung

1 Wie jede entwickelte Rechtsordnung enthält auch das Unionsrecht Bestimmungen über die Gewährung einstweiligen Rechtsschutzes. Dem liegt die Erkenntnis zu Grunde, dass die Wahrung eines **umfassenden und effektiven gerichtlichen Rechtsschutzes,** welchen der Einzelne kraft Unionsrecht hat, es erforderlich machen kann, durch die Gewährung einstweiligen Rechtsschutzes die **volle Wirksamkeit der zukünftigen Entscheidung** in der Hauptsache sicherzustellen.[1]

2 Die Gewährung einstweiligen Rechtsschutzes durch die Unionsgerichtsbarkeit erfolgt im Kern nach ähnlichen Grundsätzen wie sie auch aus dem deutschen Recht geläufig sind: es bedarf eines Anordnungsgrundes **(Dringlichkeit),** eines Anordnungsanspruchs (Erfolgsaussichten in der Hauptsache; *„fumus boni juris"*), es findet eine **Interessenabwägung** statt, es gilt grundsätzlich das **Verbot der Vorwegnahme** oder des Überschreitens der Hauptsache, es ist ein summarisches und **abgekürztes Verfahren** und die den Antrag stützenden Umstände müssen glaubhaft gemacht werden.

3 Allerdings bestehen auch **signifikante Unterschiede** im Vergleich zu den Verfahren nach deutschem Recht. Das Erfordernis der Dringlichkeit hat eine überragende Bedeutung; **schätzungsweise 70 % der Anträge scheitern an fehlender Dringlichkeit.** Die Interessenabwägung spielt bei weitem nicht die Rolle, die ihr im deutschen Verwaltungs- und insbesondere im Verfassungsprozessrecht zukommt. Die Prüfung der Rechtslage entfällt häufig und der Standard, um Erfolgsaussichten in der Hauptsache konstatieren zu können, ist – zumindest nach den üblichen Obersätzen – deutlich geringer als dies aus dem deutschen Verwaltungsprozessrecht geläufig ist. Zudem kennt das europäische Recht nicht eine vergleichbare Ausdifferenzierung in verschiedene Formen der Anordnungen und eine Aufgliederung je nach den betroffenen Rechtsmaterien. Das einstweilige Verfahren kann nicht selbständig und isoliert betrieben werden, sondern ist streng akzessorisch zu der Hauptsacheklage. Das Unionsrecht kennt keine Schadensersatzpflicht entsprechend § 945 ZPO; die Praxis von Schutzschriften ist unbekannt.

4 Diese Unterschiede dürften, soweit sie nicht lediglich Ausdruck eines im Einzelnen anderen Rechtsrahmens sind, im Wesentlichen auf folgende Umstände zurückzuführen sein: Die europäische Judikatur ist Zivil-, Verwaltungs-, und Verfassungsgericht in einem und die Instrumente der Aussetzung und einstweiligen Anordnung sind die gleichen in diesen unterschiedlichen Materien. Die **sofortige Vollziehbarkeit** ist ausnahmslos der **Standard.** Zudem: Über den einstweiligen Rechtsschutz entscheidet nicht der Spruchkörper, der über die Hauptsache befindet, sondern beim EuG dessen Präsident und beim EuGH dessen Vizepräsident, sofern nicht ausnahmsweise die Sache an die große Kammer des EuGH verwiesen wird. Dieser Umstand mag eine gewisse **Zurückhaltung bei der Beurteilung der Erfolgsaussichten in der Hauptsache** nahelegen. Außerdem ist das System des europäischen Rechtsschutzes generell weniger entwickelt, als man dies aus dem deutschen Prozessrecht kennt: es gibt keine Verpflichtungs-, keine Unterlassungs- und keine Feststellungsklage (sieht man von der Vertragsverletzungsklage und einigen Sonderfällen ab). Schließlich gehen die sehr strikten Kriterien, die bei der Beurteilung der „Dringlichkeit" angelegt werden, wohl auf einen **Import aus dem französischen Recht** zurück; allerdings hat sich die **Rechtslage seit dem Jahr 2000 in Frankreich** gewandelt,[2] so dass die Rechtsprechung der Unionsgerichte aus der Zeit zu fallen droht.

5 Jenseits dieser Unterschiede verkennt der gelegentlich erhobene Vorwurf, dass der europäische Richter des einstweiligen Rechtsschutzes zuvörderst ein Richter der „Dringlichkeit" sei und insgesamt der einstweilige Rechtsschutz auf Unionsebene unterentwickelt

---

[1] EuGH 29.1.1997 – C-393/96 P(R), ECLI:EU:C:1997:42 Rn. 36 – Antonissen/Rat und Kommission.
[2] Das Erfordernis, dass ein Schaden nicht im Wege einer Entschädigung wieder gut gemacht werden kann, wurde durch das Gesetz n°2000-597 vom 30.7.2000 (JORF 151) aufgehoben; dementsprechend hat der Conseil d'État seine Rechtsprechung angepasst, siehe Lefèvre/Nõmm CMLR 2023, 999, 1017.

und nicht hinreichend effektiv sei, wichtige **Entwicklungen und Trends** der Rechtsprechung der letzten Jahre.

So hat im **Vergaberecht** das EuG durch seine Rechtsprechung in der Rs. *Vanbreda*[3] eine **6** Rechtsprechungslinie begründet, die die Darlegung der Dringlichkeit wesentlich erleichtert und so den Schwerpunkt der Prüfung von der Dringlichkeit auf die Erfolgsaussichten in der Hauptsache und die Interessenabwägung verlagert (siehe unten → Rn. 170 ff.). Ebenso hat das EuG mit seinem Beschluss in der Rs. *Pilkington*[4] eine Rechtsprechung im Bereich des **Schutzes vertraulicher Informationen** angestoßen, in welcher der Schwerpunkt der Prüfung nunmehr bei den Erfolgsaussichten und nicht mehr bei der Dringlichkeit liegt (siehe unten → Rn. 182 ff.). Vor allem aber ist auf die bahnbrechenden Entscheidungen des EuGH zum Schutze des **Waldes von *Białowieża***[5] und zur Sicherung einer **unabhängigen Justiz in Polen**[6] zu verweisen. Der EuGH hat hierbei die Effektivität des einstweiligen Rechtsschutzes geschärft und damit gleichzeitig die Grundlage für ein besseres Verständnis dessen Charakteristika gelegt (siehe unten → Rn. 30 f., 137).

Weiter ist zu beobachten, dass der **Interessenabwägung** eine immer größere Bedeutung **7** beigemessen wird. So hat erst jüngst das EuG bei bestehender Dringlichkeit und Erfolgsaussichten in der Hauptsache die Gewährung einstweiligen Rechtsschutzes mit Blick auf eine negativ ausfallende Interessenabwägung versagt,[7] beziehungsweise lediglich gestützt auf eine negative Interessenabwägung den Antrag zurückgewiesen[8] und der Interessenabwägung eine entscheidende Bedeutung bei der Bestimmung des Inhalts eines stattgebenden Beschlusses gegeben.[9] Es erscheint daher nicht fernliegend anzunehmen, dass diesem Kriterium in Zukunft ein größeres Gewicht zugemessen wird, wenn auch nicht zu erwarten steht, dass es in kurzer Zeit eine Bedeutung einnehmen könnte, die annähernd der „Folgenbetrachtung" des Bundesverfassungsgerichts[10] entspricht.

Schließlich erscheint auch nicht ausgeschlossen, dass die sehr strikte Rechtsprechung zur **8** Dringlichkeit, insbesondere zur **Irreparabilität** des Schadens, eine **Nuancierung,** etwa im Wege einer Fallgruppenbildung für die Fälle erfährt, in welchen ein eventueller Schadensersatz nicht genügt, um die Reparabilität des Schadens zu begründen.

B. Rechtsgrundlagen

Die Art. 278, 279 AEUV und 157 EAGV bilden die Rechtsgrundlage für die Gewährung **9** einstweiligen Rechtsschutzes durch den EuGH und auch für das EuG als Teil des „Gerichtshof der Europäischen Union". Die Zuständigkeit ist entsprechend der Zuständigkeit für die Hauptsache verteilt; Art. 256 AEUV, Art. 51 EuGH-Satzung. Näher ausgestaltet werden diese Rechtsgrundlagen durch die Art. 39 und 57 EuGH-Satzung und durch die jeweiligen Verfahrensordnungen: Art. 160 bis 164 EuGHVerfO und Art. 156–160 EuG-VerfO. Die Vorschriften in den Verfahrensordnungen sind weitgehend äquivalent – allerdings bestehen auch einige Unterschiede im Verfahren vor den beiden Gerichten: So kann gem. Art. 39 UAbs. 2 EuGH-Satzung der Präsident des EuGH seine Kompetenz auf den Vizepräsidenten übertragen; von dieser Möglichkeit macht der Präsident seit Schaffung des Amtes des Vizepräsidenten Gebrauch. Der Präsidenten des EuG verfügt nicht über eine

---

[3] EuG 4.12.2014 – T-199/14 R, ECLI:EU:T:2014:1024 Rn. 160 – Vanbreda Risk & Benefits/Kommission.
[4] EuG 11.3.2013 – T-462/12 R, ECLI:EU:T:2013:119 – Pilkington Group/Kommission.
[5] EuGH 20.11.2017 – C-441/17 R, ECLI:EU:C:2017:877 Rn. 98–100 – Kommission/Polen.
[6] EuGH 14.7.2021 – C-204/21 R – Kommission/Polen; 6.10.2021 – C-204/21 R, ECLI:EU:C:2021:834 – Kommission/Polen; 27.10.2021 – C-204/21 R, ECLI:EU:C:2021:877, – Kommission/Polen; 8.4.2020 C-791/19 R, ECLI:EU:C:2020:277 – Kommission/Polen; 17.12.2018 – C-619/18 R, ECLI:EU:C:2018:1021 – Kommission/Polen, C-619/18 R, ECLI:EU:C:2018:1021.
[7] EuG 26.5.2021 – T-54/21 R, ECLI:EU:T:2021:292 – OHB System/Kommission.
[8] EuG 27.3.2023 – T-1/23 R, ECLI:EU:T:2023:163, Rn. 36 ff. – Enmacc/Kommission.
[9] EuG 29.10.2020 – T-452/20 R, ECLI:EU:T:2020:516, Rn. 119 f. – Facebook Ireland/Kommission.
[10] Siehe dazu Wiedmann in Emmenegger/Wiedmann.

entsprechende Möglichkeit. Außerdem kann der Präsident des EuGH (bzw. dessen Vizepräsident) gem. Art. 161 Abs. 1 EuGHVerfO die Entscheidung über den Antrag auf einstweiligen Rechtsschutz dem Gerichtshof übertragen; diese Möglichkeit besteht ebenfalls nicht für den Präsidenten des EuG.

C. Zulässigkeit

I. Allgemeines

10 Das Verfahren des einstweiligen Rechtsschutzes vor den Unionsgerichten ist streng **akzessorisch**, das heißt, es steht in **dienender Abhängigkeit zu einem anhängigen (zulässigen) Hauptverfahren**. Bei der Zulässigkeit ist daher zu unterscheiden zwischen der Zulässigkeit des Antrags auf einstweiligen Rechtsschutz und der Zulässigkeit der Klage im Hauptverfahren.

II. Zulässigkeit des Antrags selbst

11 **1. Gesonderte Antragsschrift.** Die Zulässigkeit des Antrags setzt zunächst voraus, dass er in einer gesonderten Antragsschrift formuliert ist, Art. 160 Abs. 4 EuGHVerfO; Art. 156 Abs. 5 EuGVerfO. Ein Antrag auf einstweiligen Rechtsschutz, der in der Hauptsacheklage neben anderen Anträgen gestellt wird, wird als unzulässig verworfen, wobei dies häufig nicht in einem separaten Beschluss erfolgt, sondern mit der das Verfahren abschließenden Entscheidung in der Hauptsache.[11] Es ergeht in solchen Fällen in der Regel auch kein Hinweisbeschluss des Gerichts, der den Antragsteller auf die Unzulässigkeit eines derart vorgebrachten Antrags auf einstweiligen Rechtsschutz verweist.

12 **2. Zuständigkeit. Formell** zuständig für die Gewährung einstweiligen Rechtsschutz ist, sofern die Rechtssache vor dem EuG anhängig ist, dessen Präsident, in den Fällen, in denen die Hauptsache vor dem EuGH verhandelt wird, dessen Vizepräsident,[12] der auch gem. Art. 161 Abs. 1 VerfO EuGH die Sache an den Gerichtshof (Große Kammer oder Plenum) verweisen kann; die Mitgliedstaaten und die Unionsorgane können nicht bindend den Verweis an die Große Kammer beantragen.[13]

13 **3. Zeitpunkt; keine Frist.** Der Antrag auf einstweiligen Rechtsschutz **kann frühestens** zeitgleich mit der Hauptsacheklage, auf welche er sich bezieht (Akzessorietät), erhoben werden und nur **solange** eine Rechtssache vor dem betreffenden Gericht anhängig ist. Insbesondere gilt keine bestimmte Frist innerhalb derer der Antrag einzureichen wäre; die Bestimmung dieses Zeitpunktes obliegt nach der Rechtsprechung im Grundsatz dem Antragsteller.[14]

14 Allerdings kann eine verhältnismäßig späte Erhebung des Antrags oder bereits die späte Klageerhebung im Rahmen der Beurteilung der Dringlichkeit berücksichtigt werden.[15] Die Rechtsprechung ist insoweit nicht besonders streng. Insbesondere wendet sie keine starren Grundsätze an, wonach etwa bei Ablauf einer gewissen Zeitspanne grundsätzlich davon auszugehen wäre, dass der Antragsteller durch Zuwarten seinen prozessualen An-

---

[11] Siehe beispielsweise EuG 29.11.2017 – T-633/16, ECLI: EU:T:2017:849 – Bilde/Parlament.
[12] Gem. Art. 39 UAbs. 2 EuGH-Satzung kann der Präsident des EuGH seine Kompetenz auf den Vizepräsidenten übertragen; von dieser Möglichkeit macht der Präsident seit Schaffung des Amtes des Vizepräsidenten Gebrauch; vgl. Beschluss des Gerichtshofs vom 23.10.2012 über die richterlichen Aufgaben des Vizeprädienten des Gerichtshofs, ABl. 2012 L 300, 47.
[13] EuGH 6.10.2021 – C-204/21 R, ECLI:EU:C:2021:834 Rn. 4–8 – Kommission/Polen; 27.10.2021 – C-204/21 R, ECLI:EU:C:2021:877 Rn. 8–14 – Kommission/Polen; 20.9.2021 – C-121/21 R, ECLI: EU:C:2021:752 Rn. 7–14 – Tschechische Republik/Polen.
[14] EuG 28.9.2017 – T-737/14, ECLI:EU:T:2017:681 Rn. 28 – Vnesheconombank/Rat.
[15] EuG 11.6.2020 – T-652/19 R, ECLI:EU:T:2020:263 Rn. 53 – Elevolution – Engenharia/Kommission; 2.10.2019 – T-542/19 R, ECLI:EU:T:2019:718 Rn. 37 – FV/Rat; 28.9.2017 – T-737/14, ECLI:EU: T:2017:681 Rn. 28 – Vnesheconombank/Rat.

spruch verwirkt hat. Eine Grenze ist allerding erreicht, wenn keinerlei Gründe ersichtlich und auch vom Antragsteller nicht vorgetragen sind, warum er erst deutlich nach Klageerhebung seinen Antrag auf einstweiligen Rechtsschutz eingereicht hat.[16]

4. Form und Inhalt. Es gelten die allgemeinen Anforderungen, wie sie auch für die Einreichung von Klagen gelten; siehe Art. 160 Abs. 4 EuGHVerfO; Art. 156 Abs. 5 EuGVerfO. Zusätzlich bestimmen die Vorschriften der Verfahrensordnungen, dass der Antrag den Streitgegenstand und die Umstände bezeichnen muss, aus denen sich die Dringlichkeit ergibt; außerdem sind die den Erlass der beantragten einstweiligen Anordnung dem ersten Anschein nach rechtfertigenden Sach- und Rechtsgründe anzuführen. 15

5. Akzessorietät. Was den Antrag auf **Aussetzung der Vollziehung** betrifft, folgt bereits aus Art. 278 AEUV, dass diesen Antrag nur ein Kläger stellen kann, der den Akt, dessen Vollziehung ausgesetzt werden soll, mit einer Klage angefochten hat.[17] Hierfür genügt es, dass er den Antrag auf einstweiligen Rechtsschutz gleichzeitig oder nach Erhebung der Klage einreicht. Sofern noch keine Klage erhoben ist, ist der Antrag auf einstweiligen Rechtsschutz unzulässig. Dabei dürfte davon auszugehen sein, dass der ursprünglich unzulässig, weil verfrüht erhobene Antrag nicht nachträglich dadurch zulässig wird, dass später die Klage eingereicht wird; allerdings könnte man im **Vergaberecht** an eine behutsame **Rechtsfortbildung** denken (siehe unten → Rn. 181). 16

Aus der ausdrücklichen Bezugnahme in der Verfahrensordnung auf den Kläger (Art. 160 Abs. 1 EuGHVerfO; Art. 156 Abs. 1 EuGVerfO) wird man schließen müssen, dass nur der Kläger (oder Berufungskläger), nicht aber ein Intervenient **(Streithelfer)** einen Antrag auf Aussetzung stellen kann. 17

Was den Antrag auf **Erlass einstweiliger Maßnahmen** betrifft, ist Art. 279 AEUV offener formuliert. Danach kann der EuGH/ das EuG einstweilige Maßnahmen „in den bei ihm anhängigen" Verfahren treffen. Aus der Rechtsprechung ergibt sich einschränkend, dass, um die Akzessorietät zu wahren, die beantragten Maßnahmen nicht außerhalb des Rahmens der in der Hauptsache begehrten Entscheidung liegen dürfen und insofern ein hinreichend enger Zusammenhang zwischen den im Hauptsacheverfahren verfolgten Anträgen und den beantragten Maßnahmen des einstweiligen Rechtsschutzes bestehen muss.[18] Ob – anders als bei der Aussetzung der Vollziehung – der zugelassene **Intervenient** über die Möglichkeit verfügt, einen Antrag auf Erlass einstweiliger Maßnahmen zu stellen, ist bisher in der Rechtsprechung, soweit ersichtlich, nicht beantwortet.[19] 18

Die **Akzessorietät kennt bisher keine Ausnahmen,** sondern **lediglich** eine **Modulation im Bereich des Beamtenrechts.** So setzt an sich die Klage in Beamtensachen voraus, dass der Kläger zunächst eine Beschwerde gegen die Behördenentscheidung erhebt und deren ausdrückliche oder implizite Bescheidung abwartet, siehe Art. 91 Abs. 2 Beamtenstatut. Mit Blick auf den effektiven Rechtsschutz erlaubt Art. 156 Abs. 3 EuGVerfO, dass der Beamte unmittelbar mit Einlegung seiner Beschwerde das Gericht um einstweili- 19

---

[16] Siehe EuGH 12.6.2014 – C-21/14 P-R, ECLI:EU:C:2014:1749 Rn. 42 – Kommission/Rusal Armenal; 17.12.2018 – C-619/18 R, ECLI:EU:C:2018:1021 Rn. 80–86 – Kommission/Polen; EuG 2.10.2019 – T-542/19 R, ECLI:EU:T:2019:718 Rn. 34–38 – FV/Rat; EuG 30.5.2017 – T-690/16 R, ECLI:EU:T:2017:370 Rn. 56 – Enrico Colombo und Corinti Giacomo/Kommission; siehe aber EuG 28.9.2017 – T-737/14 R, ECLI:EU:T:2017:681 Rn. 29 – Vnesheconombank/Rat, in welchem festgehalten wird, dass der Antragsteller darzulegen hat, warum gegenüber der bisherigen Situation nunmehr Dringlichkeit eingetreten ist. Siehe auch den Rs. Czernacki, in welcher die späte Anrufung des EuG allerdings im Rahmen der Prüfung der Zulässigkeit des Inhalts der begehrten Anordnung berücksichtigt wurde: EuG 4.5.2018 – T-230/18 R, ECLI:EU:T:2018:262 Rn. 34–39 – Czarnecki/Parlament.
[17] Dies erlaubt es theoretisch, dass jeder von mehreren Klägern, die zusammen Klage erhoben haben, einen gesonderten Antrag auf einstweiligen Rechtsschutz stellt (siehe die Verfahren die zu den Beschlüssen vom 8.6.2020 – T-77/20 R, ECLI:EU:T:2020:246 – Ascenza Agro/Kommission und 8.6.2020 – T-77/20 R II, ECLI:EU:T:2020:247 – Industrias Afrasa/Kommission geführt haben).
[18] EuG 25.11.2021 – T-534/21 R, ECLI:EU:T:2021:825 Rn. 25 f. mwN – VP/Cedefop; 13.4.2021 – T-12/21 R, ECLI:EU:T:2021:184 Rn. 40, 45 f. – PJ/EIT.
[19] Befürwortend Picod Fasc. 390, Référé, 2020, Rn. 27.

gen Rechtsschutz ersuchen kann. Er muss zu diesem Zweck auch zusätzlich eine Klage einreichen, deren Bearbeitung allerdings zunächst ausgesetzt ist, bis die Behördenentscheidung über die Beschwerde ergangen ist.

20 **6. Antrag.** Der Antragsteller muss in der Antragsschrift einen Antrag formulieren. Der Richter ist grundsätzlich (siehe zur Ausnahme → Rn. 30 f.) an den Antrag gebunden und kann nicht *„ultra petita"* entscheiden.[20] Selbstverständlich kann der Antragsteller in einer Antragsschrift mehrere **Anträge kombinieren,** insbesondere auch Anträge auf Aussetzung mit solchen auf einstweilige Anordnung und auch durch hilfsweise gestellte Anträge ergänzen.

21 Der Antrag muss **hinreichend bestimmt** sein und die beantragte Maßnahme muss im **Rahmen der Zuständigkeiten** des Richters des einstweiligen Rechtsschutzes liegen. Beide Erfordernisse wurden in der Vergangenheit zuweilen sehr streng gehandhabt und die neuere Rechtsprechung des EuGH hat hier wichtige Weichenstellungen vorgenommen, die allerdings bisher noch nicht stets vollständig Niederschlag in der Rechtsprechung des EuG gefunden haben.

22 **a) Bestimmtheit des Antrags.** Der Antrag muss **hinreichend bestimmt** sein. Sofern es um die Aussetzung geht, muss der Antrag den Akt bezeichnen, welcher ausgesetzt werden soll. Sofern es um eine einstweilige Anordnung geht, muss die Antragsschrift die beantragte Anordnung bestimmen.

23 Probleme können sich ergeben sich gelegentlich bei der **Bestimmung des Inhalts der begehrten einstweiligen Anordnung.** Nach bisheriger ständiger Rechtsprechung muss der Antragsteller den Inhalt der begehrten einstweiligen Anordnung genau bezeichnen. Danach werden insbesondere Anträge als unzulässig angesehen, die den Inhalt lediglich final bestimmen, etwa in dem Sinne, dass das Gericht „alle zweckdienlichen Maßnahmen zu ergreifen hat". Das Gericht stellt insoweit darauf ab, dass ihm nicht angesonnen werden kann, den Inhalt der beantragten Maßnahmen zu bestimmen um dann anschließend das Vorliegen deren rechtlichen Voraussetzungen zu prüfen.[21]

24 Diese **Rechtsprechung** muss vor dem Hintergrund der neueren Rechtsprechung des EuGH als **überholt** angesehen werden, jedenfalls soweit flankierend Maßnahmen betroffen sind. So hat der EuGH in der **bahnbrechenden** Rs. *Kommission/Polen (Wald von Białowieża)* zunächst festgestellt, dass zwar grundsätzlich der Richter des einstweiligen Rechtsschutzes an den Antrag gebunden ist. Dies hindere ihn aber nicht, im Rahmen seines weiten Beurteilungsspielraums den Gegenstand und den Umfang der einstweiligen Maßnahmen zu präzisieren und (gegebenenfalls von Amts wegen) alle akzessorischen Maßnahmen zu treffen, die insbesondere erforderlich sind, um die Wirksamkeit seiner Anordnungen sicherzustellen.[22] Bislang hat das EuG hieraus keine Konsequenzen für seine Rechtsprechung gezogen und scheint bei seiner restriktiven Linie bleiben zu wollen.[23]

25 Angesichts dieser restriktiven Rechtsprechung des EuG ist ein Antragsteller gut beraten, in seinem Antrag die begehrte Anordnung möglichst präzise zu fassen und nur hilfsweise eine finale Formulierung zu wählen, also das Gericht zu ersuchen, die Anordnungen zu treffen, die es als geeignet erachtet, um die Rechtsposition einstweilen zu schützen.

26 **b) beantragte Maßnahme im Rahmen der Zuständigkeit des Richters.** Die beantragte Maßnahme muss im **Rahmen der Zuständigkeit** des Richters des einstweiligen Rechtsschutzes liegen. Für diese Prüfung ist es wichtig zu unterscheiden zwischen dem in der Hauptsache verfolgtem prozessualen Ziel und prozessualen Ziel des einstweiligen Verfahrens, welches auf die **Sicherung** oder eventuell auch auf eine **Leistung** oder eine

---

[20] EuG 4.5.2018 – T-230/18 R, ECLI:EU:T:2018:262 Rn. 23 – Czarnecki/Parlament.
[21] Vgl. EuGH 13.12.2004 – C-381/04 P(R), ECLI:EU:C:2004:796 Rn. 20 – Sumitomo Chemical/Kommission; EuG 22.6.2021 – T-207/21 R, ECLI:EU:T:2021:382 Rn. 39 – Polynt/ECHA; 4.5.2018 – T-230/18 R, ECLI:EU:T:2018:262 Rn. 23, 26 – Czarnecki/Parlament.
[22] EuGH 20.11.2017 – C-441/17 R, ECLI:EU:C:2017:877 Rn. 98–100 – Kommission/Polen.
[23] Siehe etwa EuG 27.7.2021 – T-285/21 R BeckRS 2021, 20252 Rn. 61 – Alliance française de Bruxelles-Europe ua/Kommission.

einstweilige **Regelung** gerichtet sein kann. Der Antragsteller hat insofern einen **unmittelbar aus dem Prozessrecht erwachsenden prozessualen Anspruch** auf den einstweiligen Schutz seiner im Hauptverfahren geltend gemachten Rechtsposition.[24] Die Zuständigkeit des Richters des einstweiligen Rechtsschutzes ist in Bezug auf diesen prozessualen Anspruch des Antragstellers zu untersuchen. Dies erlaubt es, dem Richter des einstweiligen Rechtsschutzes Zuständigkeiten gegenüber anderen Organen (auch mitgliedstaatlichen Organen) zuzuerkennen, die dem Richter in der Hauptsache verschlossen sind. Damit geht selbstverständlich auch eine **Durchbrechung** des Grundsatzes des **Verbots des Überschreitens** der Hauptsache einher.

Sofern es das Gebot des effektiven gerichtlichen Rechtsschutzes gebietet, nimmt das EuG/ der EuGH für sich in Anspruch, **Anordnungen gegenüber den Mitgliedstaaten** (ausnahmsweise auch dann, wenn diese nicht Partei sind)[25] zu erlassen, die dem Richter der Hauptsache nicht zu Gebote stehen. Insbesondere der Umstand, dass der Tenor eines Urteils im Vertragsverletzungsverfahren lediglich feststellenden Charakter hat und der betreffende Mitgliedstaat gem. Art. 260 AEUV verpflichtet ist, die sich aus dem Urteil ergebenden Konsequenzen zu ziehen, steht, wie der EuGH gerade in seiner neueren Rechtsprechung zu Recht betont, der Anordnung konkreter Maßnahmen, die dieser Mitgliedstaat zu ergreifen hat, nicht entgegen.[26] Denn es würde gerade dem Wesen des einstweiligen Rechtsschutzes und im Übrigen auch dem (weiten) Wortlaut des Art. 279 AEUV zuwiderlaufen, wollte man annehmen, dass der EuGH nicht einstweilige Anordnung gegenüber den Mitgliedstaaten treffen könne, um so den prozessualen Anspruch auf einstweiligen Schutz der im Hauptverfahren von der Kommission geltend gemachten Rechtsposition durchzusetzen.[27] 27

In der gleichen Weise kann der Umstand, dass gem. Art. 266 AEUV das Unionsorgan die Konsequenzen aus einem Nichtigkeitsurteil zu ziehen hat, den Richter des einstweiligen Rechtsschutzes nicht daran hindern, der **Unionsverwaltung** konkrete Maßnahmen vorzuschreiben. 28

Bislang war allerdings die **Rechtsprechung des EuG** nicht einheitlich, häufig sehr **zurückhaltend** und betonte, dass grundsätzlich der Richter der Unionsverwaltung keine konkreten Maßnahmen vorschreiben dürfe, sondern das institutionelle Gleichgewicht beachten müsse.[28] Diese Rechtsprechung ist schwer in Einklang mit Art. 279 AEUV zu bringen, wurde bereits in der Vergangenheit durch den EuGH korrigiert[29] und sollte spätestens durch die neuere, eben referierte Rechtsprechung des EuGH als **überholt** angesehen werden. Ebenso wie dies der EuGH im Hinblick auf gegen Mitgliedstaaten gerichtete Maßnahmen judiziert hat, lässt eine Versagung des einstweiligen Rechtsschutzes gegenüber der Unionsverwaltung mit Blick auf das „institutionelle Gleichgewicht" den Kern des von Art. 279 AEUV gewährleisteten Anspruchs praktisch leerlaufen. Auf einem anderen Blatt steht natürlich die Frage, welche Anforderungen für einen erfolgreichen 29

---

[24] Vgl. EuGH 21.5.2021 – C-121/21 R, ECLI:EU:C:2021:420 Rn. 28 f. – Tschechische Republik/Polen; 8.4.2020 – C-791/19 R, ECLI:EU:C:2020:277 Rn. 40 – Kommission/Polen.
[25] EuG 3.3.2020 – T-24/20 R, ECLI:EU:T:2020:78 Rn. 37 – Junqueras i Vies/Parlament; 18.3.2008 – T-411/07 R, ECLI:EU:T:2008:80, Rn. 56 – Aer Lingus Group/Kommission.
[26] EuGH 14.7.2021 – C-204/21 R, ECLI:EU:C:2021:593 Rn. 73 – Kommission/Polen; 21.5.2021 – C-121/21 R, ECLI:EU:C:2021:420 Rn. 29 f. – Tschechische Republik/Polen;8.4.2020 – C-791/19 R, ECLI:EU:C:2020:277 Rn. 29–41 – Kommission/Polen.
[27] EuGH 14.7.2021 – C-204/21 R, ECLI:EU:C:2021:593 Rn. 73 – Kommission/Polen.
[28] EuG 25.11.2021 – T-534/21 R, ECLI:EU:T:2021:825 Rn. 29 – VP/Cedefop; 3.3.2020 – T-24/20 R, ECLI:EU:T:2020:78 Rn. 34 – Junqueras i Vies/Parlament; 31.1.2020 – T-627/19 R, ECLI:EU:T:2020:23 Rn. 24 – Shindler ua/Kommission; weniger pauschal und ausgewogener: EuG 13.4.2021 – T-12/21 R, ECLI:EU:T:2021:184 Rn. 41–47 – PJ/EIT; 12.7.2019 – T-280/19 R, ECLI:EU:T:2019:545 Rn. 83–85 – Highgate Capital Management/Kommission; 4.5.2018 – T-230/18 R, ECLI:EU:T:2018:262 Rn. 31–33 – Czarnecki/Parlament; 11.9.2018 – T-504/18 R, ECLI:EU:T:2018:526 Rn. 51 – XG/Kommission.
[29] S. EuGH 29.1.1997 – C-393/96 P(R), ECLI:EU:C:1997:42 Rn. 33 ff. – Antonissen/Rat und Kommission; 17.12.1998 – C-364/98 P(R), ECLI:EU:C:1998:629 Rn. 44 ff. – Emesa Sugar/Kommission.

30 c) Flankierende Maßnahmen; Zwangsgeld. Nach der neueren und zu begrüßenden Rechtsprechung des EuGH räumt Art. 279 AEUV dem Richter des einstweiligen Rechtsschutzes die Befugnis ein, **flankierende Maßnahmen** anzuordnen, die erforderlich sind, um die Wirksamkeit seiner einstweiligen Anordnungen sicherzustellen.[30] Dies schließt insbesondere die Androhung und Verhängung eines **Zwangsgeldes** ein.[31] Hierfür bedarf es **keines bezifferten Antrags**;[32] nach der Rechtsprechung scheint der Richter sogar die Befugnis zu haben, flankierende Maßnahmen auch ohne einen entsprechenden Antrag androhen zu können.[33]

31 Aus den bisher entschiedenen Fällen ist nicht zwingend abzuleiten, dass die Androhung/Verhängung von Zwangsgeldern nur im Wege eines „Zweitverfahrens" in Betracht kommt, also nachdem das Gericht zunächst eine einstweilige Anordnung erlassen und dann festgestellt hat, dass der Verpflichtete der gerichtlichen Anordnung bisher nicht entsprochen hat.[34] Im Sinne der Effektivität des einstweiligen Rechtsschutzes sollte es möglich sein, bereits in dem (ersten) Antrag auf Erlass einstweiliger Anordnungen unmittelbar die Verhängung eines Zwangsgeldes für den Fall zu beantragen, dass der Verpflichtete der einstweiligen Anordnung nicht binnen einer angemessenen Frist nachkommt. Einschränkend könnte man fordern, dass dies nur für die Fälle in Betracht kommt, in welchen begründeter Anlass zur Sorge besteht, dass die (unflankierte) einstweilige Anordnung nicht beachtet werden wird.

32 7. Rechtsschutzinteresse. Die allgemeine Zulässigkeitsvoraussetzung des Rechtsschutzinteresses spielt eine besondere Rolle im einstweiligen Rechtsschutz. Nach der Rechtsprechung muss der Antragsteller darlegen, dass er ein Interesse an den beantragten Maßnahmen hat, was voraussetzt, dass diese ihm dazu verhelfen, sein im einstweiligen Rechtsschutz verfolgtes prozessuales Ziel zu verwirklichen.[35]

33 Nach ständiger Rechtsprechung fehlt einem Antrag auf Aussetzung der Vollziehung einer **negativen Entscheidung** (beispielsweise der Versagung einer Erlaubnis) das Rechtsschutzinteresse:[36] Durch die Aussetzung erlange der Antragsteller keinen Vorteil, seine rechtliche Position verändere sich nicht. Etwas anderes gilt allerdings dann, wenn durch die Aussetzung erreicht werden soll, dass eine (zusätzliche) einstweilige Anordnung ergehen kann.[37]

---

[30] Grundlegend: EuGH 20.11.2017 – C-441/17 R, ECLI:EU:C:2017:877 Rn. 98–108 – Kommission/Polen; sa 27.10.2021 – C-204/21 R, ECLI:EU:C:2021:877 Rn. 20 – Kommission/Polen; 20.9.2021 – C-121/21 R, ECLI:EU:C:2021:752 Rn. 35 f. – Tschechische Republik/Polen.

[31] EuGH 27.10.2021 – C-204/21 R, ECLI:EU:C:2021:877 Rn. 20 – Kommission/Polen; 20.9.2021, – C-121/21 R, ECLI:EU:C:2021:752 Rn. 36 – Tschechische Republik/Polen.

[32] EuGH 27.10.2021 – C-204/21 R, ECLI:EU:C:2021:877 Rn. 18–24 – Kommission/Polen.

[33] So dürfte der EuGH in seinem grundlegenden Beschluss 20.11.2017 – C-441/17 R, ECLI:EU:C:2017:877 Rn. 99 f. – Kommission/Polen zu verstehen sein.

[34] So aber in den bisher entschiedenen Fällen: EuGH 27.10.2021 – C-204/21 R, ECLI:EU:C:2021:877 – Kommission/Polen; 20.9.2021 – C-121/21 R, ECLI:EU:C:2021:752 – Tschechische Republik/Polen; 20.11.2017 – C-441/17 R, ECLI:EU:C:2017:877 – Kommission/Polen.

[35] EuG 12.7.2019 – T-280/19 R, ECLI:EU:T:2019:545 Rn. 58–63 – Highgate Capital Management/Kommission; bestätigt durch EuGH 16.1.2020 – C-605/19 P(R) und C-605/19 P(R)–R, ECLI:EU:C:2020:12 Rn. 49–51 mwN – Highgate Capital Management/Kommission; EuG 20.7.2017 – T-244/17 R, ECLI:EU:T:2017:545 Rn. 15 – António Conde & Companhia/Kommission.

[36] EuGH 21.2.2002 – C-486/01 P–R und C-488/01 P–R, ECLI:EU:C:2002:116 Rn. 73 – Front national und Martinez/Parlament; 30.4.1997 – C-89/97 P(R), ECLI:EU:C:1997:226 Rn. 45 – Moccia Irme/Kommission; EuG 2.10.1997 Eurocoton ua/Rat – T-213/97 R, ECLI:EU:T:1997:147 Rn. 41 – Eurocoton ua/Rat; 26.3.2010 – T-16/10 R, ECLI:EU:T:2010:130 Rn. 25 – Alisei/Kommission; 3.2020 – T-24/20 R, ECLI:EU:T:2020:78 Rn. 29 – Junqueras i Vies/Parlament; 13.4.2021 – T-12/21 R, ECLI:EU:T:2021:184 Rn. 39 – PJ/EIT.

[37] EuG 26.3.2010 – T-16/10 R, ECLI:EU:T:2010:130 Rn. 26 – Alisei/Kommission; 18.3.2008 – T-411/07 R, ECLI:EU:T:2008:80 Rn. 48 – Aer Lingus Group/Kommission; 13.4.2021 – T-12/21 R, ECLI:EU:T:2021:184 Rn. 47 – PJ/EIT.

34 Wenn auch in der Praxis diese Rechtsprechung nicht immer streng zur Anwendung gebracht wird, so erscheint es doch angebracht, neben der Aussetzung eines negativen Aktes stets zusätzlich eine einstweilige Anordnung zu beantragen. Angesichts der sehr großen Zurückhaltung der Unionsgerichte, der Unionsverwaltung eine Verpflichtung aufzuerlegen,[38] wird allerdings der Antrag auf Erlass der im Verwaltungsverfahren begehrten Entscheidung selten erfolgreich sein.

35 Es besteht grundsätzlich auch kein Rechtsschutzinteresse an der Aussetzung von Rechtsakten, die **bereits vollzogen und in ihrer Wirkung erschöpft** sind[39] oder die nachträglich aufgehoben wurden.[40] Ebenso wenig besteht ein Rechtsschutzinteresse für die Anordnung von Handlungen oder Unterlassungen, wenn der betreffende Akt bereits vorgenommen wurde.[41]

36 Die Untersuchung des Rechtsschutzinteresses kann gelegentlich auch implizieren, auf den Rechtsschutz abzustellen, der **national** zu gewährleisten ist oder – genereller – auf die **Interaktion nationalen und unionalen Rechtsschutzes** (siehe → Rn. 64).

III. Zulässigkeit des Hauptsacheverfahrens

37 Aus **Opportunitätsgründen** prüft der Unionsrichter grundsätzlich **nicht** die Zulässigkeit des Hauptsacheverfahrens. Da aber angesichts der Akzessorietät das Verfahren des einstweiligen Rechtsschutzes nur im Hinblick auf ein anhängiges Hauptsachverfahren eröffnet ist, kann in Ausnahmefällen der Richter sich veranlasst sehen, eine provisorische Prüfung der Zulässigkeit des Hauptsachverfahrens im Rahmen des Verfahrens des einstweiligen Rechtsschutzes vorzunehmen. Dabei stützt er sich lediglich auf den im einstweiligen Verfahren vorgetragenen Prozessstoff und prüft insoweit, ob sich hieraus Anhaltspunkte für oder gegen die Zulässigkeit des Hauptsachverfahrens ergeben.[42] Dies gilt auch für Fragen der Kompetenz des EuG / des EuGH, auch im Verhältnis zu der nationalen Gerichtsbarkeit.[43]

38 Dies gilt allerdings nicht, wenn dem Antrag stattgegeben werden soll. So hat der EuGH einen Rechtsfehler des EuG darin erkannt, dass dieses einem Antrag auf einstweiligen Rechtsschutz stattgegeben hat, obwohl die Hauptsacheklage offensichtlich unzulässig gewesen ist.[44] Ungeachtet des provisorischen Charakters dieser Prüfung und des spezifischen Prüfungsansatzes kann die Intensität der Zulässigkeitsprüfung durchaus der Prüfung im Hauptsacheverfahren entsprechen.[45]

IV. Prüfung von Amts wegen

39 An sich erfolgt die Prüfung der Zuständigkeit[46] und der Zulässigkeit[47] von Amts wegen, wobei dies so zu verstehen ist, dass der Richter von Amts wegen Fragen der Zulässigkeit prüfen *kann,* hierzu bei einer ablehnenden Entscheidung aber nicht gehalten ist, wenn aus Opportunitätsgründen andere Aspekte vorrangig zu prüfen sind.

---

[38] Siehe etwa EuG 2.10.1997 – T-213/97 R, ECLI:EU:T:1997:147 Rn. 40 – Eurocoton ua/Rat; siehe allerdings auch: EuG 13.4.2021 – T-12/21 R, ECLI:EU:T:2021:184 Rn. 41 ff. – PJ/EIT.
[39] EuG, 4.5.2018 – T-230/18 R, ECLI:EU:T:2018:262 Rn. 15–18 – Czarnecki/Parlament.
[40] EuGH 30.3.2022 – C-703/21 P(R), ECLI:EU:C:2022:250 Rn. 26 f. – Girardi/EUIPO; s. a. 26.6.2018 – T-784/17 RII, ECLI:EU:T:2018:388 – Strabag Belgium/Parlament.
[41] EuG 20.7.2017 – T-244/17 R, ECLI:EU:T:2017:545 Rn. 15–22 – António Conde & Companhia/Kommission.
[42] EuG 13.11.2020 – T-646/20 R, ECLI:EU:T:2020:540 Rn. 16 – NG ua/Parlament und Rat; 24.6.2020 – T-231/20 R, ECLI:EU:T:2020:280 Rn. 19–21 – Price/Rat; bestätigt durch EuGH 8.12.2020 – C-298/20 P(R), ECLI:EU:C:2020:1006 Rn. 51–53 – Price/Rat; 23.10.2019 – T-383/19 R, ECLI:EU:T:2019:754 Rn. 19–21 – Walker ua/Parlament und Rat.
[43] Vgl. EuG 24.6.2020 – T-231/20 R, ECLI:EU:T:2020:280 Rn. 47–53 – Price/Rat.
[44] EuGH 10.9.2020 – C-424/20 P(R), ECLI:EU:C:2020:705 Rn. 21–30 – Rat/Sharpston.
[45] Siehe zB: EuG 13.11.2020 – T-646/20 R, ECLI:EU:T:2020:540 Rn. 16 ff. – NG ua/Parlament und Rat; 24.6.2020 – T-231/20 R, ECLI:EU:T:2020:280 Rn. 22 ff. – Price/Rat.
[46] EuG 27.8.2018 – T-475/18 R, nv,, ECLI:EU:T:2018:518 Rn. 16 – Boyer/Wallis-et-Futuna.
[47] EuG 7.5.2002 – T-306/01 R, ECLI:EU:T:2002:113 Rn. 43 – Aden ua/Rat und Kommission.

D. Begründetheit

I. Allgemeines

40 Die materiellen Voraussetzungen für die Gewährung einstweiligen Rechtsschutzes sind die gleichen, unabhängig davon, ob die Aussetzung oder eine einstweilige Anordnung beantragt wird. Sie werden daher hier gemeinsam behandelt. Unterschiede bestehen allerdings bei der Bestimmung des Inhalts eines stattgebenden Beschlusses; insoweit wird hierfür zwischen Aussetzung und einstweiliger Anordnung unterschieden (siehe unten → Rn. 133 ff.).

41 Die materiellen Voraussetzungen für die Gewährung einstweiligen Rechtsschutzes sind in den vertraglichen Vorschriften der Art. 278 und 279 AEUV und des Art. 157 EAGV nicht näher spezifiziert. Art. 278 AEUV und Art. 157 EAGV lassen genügen, dass der Gerichtshof die Aussetzung „den Umständen nach für nötig hält"; Art. 279 AEUV erlaubt sogar schlicht „die erforderlichen einstweiligen Anordnungen zu treffen".

42 Eine mittelbare Konkretisierung ergibt sich aus den einschlägigen Bestimmungen der Verfahrensordnungen. Mittelbar insofern, als die Verfahrensvorschriften nicht unmittelbar materielle Anforderungen formulieren, sondern formelle Vorgaben machen: So müssen die Anträge auf einstweiligen Rechtsschutz „den Streitgegenstand bezeichnen und die Umstände, aus denen sich die Dringlichkeit ergibt, sowie die den Erlass der beantragten einstweiligen Anordnung dem ersten Anschein nach rechtfertigenden Sach- und Rechtsgründe anführen"; Art. 160 Abs. 3 EuGHVerfO; Art. 156 EuGVerfO.

43 **1. Drei (kumulative) Voraussetzungen.** Entsprechend diesen Vorgaben ist die Gewährung vorläufigen Rechtsschutzes an **zwei kumulative Voraussetzungen** gebunden: **Dringlichkeit** und *„fumus boni juris"* (kurz *„fumus"*). Ergänzend gilt eine von der Rechtsprechung geschöpfte **dritte Voraussetzung: die Abwägung der widerstreitenden Interessen.** Die rechtliche Relevanz dieses Kriteriums war bislang nicht ganz eindeutig. Allerdings darf nach der neueren Rechtsprechung des EuG, welches einen Antrag trotz gegebenen *fumus* und Dringlichkeit mit Blick auf die Interessabwägung[48] beziehungsweise lediglich gestützt auf eine negative Interessenabwägung zurückgewiesen hat,[49] davon auszugehen sein, dass für die Gewährung einstweiligen Rechtsschutzes **kumulativ** die Voraussetzungen der Dringlichkeit, des *fumus* und einer positiven Interessenabwägung gelten (siehe unten → Rn. 125 ff.).

44 Das mit den Voraussetzungen „Dringlichkeit" und *„fumus"* umrissene und um die Interessenabwägung ergänzte Prüfungsprogramm gibt nach ständiger Rechtsprechung[50] dem für die Gewährung vorläufigen Rechtsschutzes zuständigen Richter ein weites **Ermessen.** Er kann im Hinblick auf die Besonderheiten des Einzelfalls die Art und Weise, in der diese verschiedenen Voraussetzungen zu prüfen sind, sowie die Reihenfolge der Prüfung frei bestimmen. Ein rechtlich vorgeschriebenes Prüfungsschema besteht nicht. In der großen Zahl der Fälle, in den die Gewährung einstweiligen Rechtsschutzes abgelehnt wird, begnügt sich das Gericht lediglich mit der Prüfung und anschließenden Verneinung der Dringlichkeit. Sofern hingegen dem Antrag stattgegeben wird, prüft das Gericht in aller Regel in der Reihenfolge: *fumus*, Dringlichkeit, Interessenabwägung.

45 **2. Wechselwirkung.** Die drei kumulativen Voraussetzungen: Dringlichkeit, *fumus* und positive Interessenabwägung stehen nicht unabhängig und isoliert nebeneinander. Zum einen nimmt der Richter des einstweiligen Rechtsschutzes zuweilen eine parallele oder kombinierte Prüfung der Dringlichkeit und der Interessenabwägung vor, insbesondere um

---

[48] EuG 26.5.2021 – T-54/21 R, ECLI:EU:T:2021:292 Rn. 102 ff – OHB System/Kommission.
[49] EuG 27.3.2023 – T-1/23 R, ECLI:EU:T:2023:163 Rn. 36 ff. – Enmacc/Kommission.
[50] St. Rspr., EuGH 29.1.1997 – C-393/96 P(R), ECLI:EU:C:1997:42 Rn. 28 – Antonissen/Rat und Kommission; 19.7.2012 – C-110/12 P(R), ECLI:EU:C:2012:507 Rn. 23 – Akhras / Rat; EuG 11.9.2019 – T-578/19 R, ECLI:EU:T:2019:583 Rn. 17 – Sophia Group/Parlament.

eine ablehnende Entscheidung besser zu begründen. Zum anderen besteht nach ständiger Rechtsprechung eine gewisse **Wechselwirkung.**

So erlaubt ein besonders fundierter *fumus*, Abstriche bei den sonst sehr strengen Voraussetzungen der Dringlichkeit zu machen.[51] Eine durch eine konstante Rechtsprechung abgesicherte Ausprägung dieser Wechselwirkung ist die Rechtsprechung im Vergaberecht, nach welcher in bestimmten Konstellationen bei einem „ernsthaften" *fumus* keine Darlegung der Irreparabilität des Schadens erforderlich ist (siehe unten → Rn. 170 ff.). Eine ähnliche Form der Wechselwirkung wird zuweilen auch angenommen im Verhältnis zwischen dem *fumus* oder der Interessenabwägung und der begehrten Maßnahme des einstweiligen Rechtsschutzes, insbesondere dann, wenn unumkehrbare Folgen gesetzt werden[52] oder in den Entscheidungsspielraum anderer Organe eingegriffen wird.[53]

Nach älterer Rechtsprechung soll es ganz ausnahmsweise auch in Betracht kommen, dass der Richter des einstweiligen Rechtsschutzes keine nähere Prüfung der Dringlichkeit vornimmt oder dann, wenn nach den hierfür in der Rechtsprechung entwickelten Kriterien die Dringlichkeit nicht gegeben ist, die beantragte Maßnahme unmittelbar auf den Wortlaut der Art. 278, 279 AEUV gestützt erlässt, um so schnell wie möglich einen Zustand zu beseitigen, der dem ersten Anschein nach als eine offenkundige und äußerst schwerwiegende Rechtsverletzung erscheint, etwa weil der angegriffene Akt noch nicht einmal den Anschein der Rechtmäßigkeit hat.[54] Trotz gelegentlich zurückhaltender Äußerungen des EuGH[55] hat diese Rechtsprechung auch heute noch Bestand,[56] ist aber wohl nur für extreme Ausnahmesituationen einschlägig.

Insgesamt wird aus der gerichtlichen Praxis deutlich, dass die Wechselwirkung, sofern hierdurch Abstriche bei der Prüfung der Dringlichkeit gemacht werden, Ausdruck des richterlichen Ermessen ist und, jenseits einer gesicherten Rechtsprechung wie im Vergaberecht, nur dann zum Tragen kommt, wenn der Richter der Auffassung ist, dass einstweiliger Rechtsschutz zu gewähren ist. Dementsprechend wird die Argumentation des Antragstellers, wonach einstweiliger Rechtsschutz wegen einer eindeutigen oder schweren Rechtsverletzung zu gewähren ist, in der Regel zurückgewiesen und festgehalten, dass es, ungeachtet einer Wechselwirkung, dabei bleibt, dass es sich um eigenständige, kumulative Kriterien handelt.[57]

II. Dringlichkeit

1. Allgemeines. In der Praxis kommt der Voraussetzung der **Dringlichkeit überragende Bedeutung** zu. In der ganz überwiegenden Mehrzahl der Fälle scheitert hieran die

---

[51] Siehe etwa EuGH 30.11.2021 – C-466/21 P-R, ECLI:EU:C:2021:972 Rn. 35 – Land Rheinland-Pfalz/Deutsche Lufthansa; 22.3.2018 – C-576/17 P(R), ECLI:EU:C:2018:208 Rn. 35 – Wall Street Systems UK/EZB; 12.6.2014 – C-21/14 P-R, ECLI:EU:C:2014:1749 Rn. 40 – Kommission/Rusal Armenal.
[52] EuGH 29.1.1997 – C-393/96 P(R), ECLI:EU:C:1997:42 Rn. 41 – Antonissen/Rat und Kommission.
[53] EuGH 17.12.1998 – C-364/98 P(R), ECLI:EU:C:1998:629 Rn. 49 – Emesa Sugar/Kommission.
[54] Diese Möglichkeit wird gelegentlich erwähnt, ohne dass sie allerdings praktisch zum Zuge gekommen wäre: siehe EuG 21.5.2021 – T-38/21 R, ECLI:EU:T:2021:287 Rn 35 – Inivos und Inivos/Kommission; 19.3.2021 – T-742/20 R, ECLI:EU:T:2021:199 Rn. 36 – UPL Europe und Indofil Industries (Netherlands)/Kommission; 4.12.2014 – T-199/14 R, ECLI:EU:T:2014:1024 Rn. 160 – Vanbreda Risk & Benefits/Kommission; 24.2.2014 – T-45/14 R, ECLI:EU:T:2014:85 Rn. 50, 51 – HTTS und Bateni/Rat; 11.3.2013 – T-4/13 R, ECLI:EU:T:2013:121 Rn. 45 – Communicaid Group/Kommission; 25.7.2014 – T-189/14 R, ECLI:EU:T:2014:686 Rn. 105 – Deza/ECHA. Vgl. auch EuGH 7.7.1981 – 60/81 R und 190/81 R, ECLI:EU:C:1981:165 Rn. 7 f. – IBM/Kommission; 26.3.1987 – 46/87 R, ECLI:EU:C:1987:167 Rn. 31 f. – Hoechst/Kommission; 12.10.2022 – C-544/22 P(R), ECLI:EU:C:2022:798 Rn. 70 – Juvin/Parlament.
[55] Siehe etwa: EuGH 30.11.2021 – C-466/21 P-R, ECLI:EU:C:2021:972 Rn. 33–37 – Land Rheinland-Pfalz/Deutsche Lufthansa.
[56] Vgl. EuGH 12.10.2022 – C-544/22 P(R), ECLI:EU:C:2022:798 Rn. 70 – Juvin/Parlament.
[57] EuGH 10.9.2013 – C-278/13 P(R), ECLI:EU:C:2013:558 Rn. 41 – Kommission/Pilkington Group; EuG 8.10.2021 – T-148/21 R, ECLI:EU:T:2021:687 Rn. 22–24 – Paccor Packaging/Kommission; 5.3.2020 – T-795/19 R, ECLI:EU:T:2020:88 Rn. 72–78 – HB/Kommission.

Gewährung einstweiligen Rechtsschutzes. Zur Beurteilung der Dringlichkeit hat sich eine ausufernde, nicht immer ganz widerspruchsfreie Rechtsprechung entwickelt.

50   Nach ständiger Rechtsprechung ist im Ausgangspunkt die Dringlichkeit „in Bezug auf den Zweck des Verfahrens des vorläufigen Rechtsschutzes zu bestimmen, der darin besteht, die volle Wirksamkeit der künftigen endgültigen Entscheidung zu gewährleisten, um eine Lücke in dem vom Unionsrichter gewährten Rechtsschutz zu vermeiden. Hierfür kommt es darauf an, ob die Gewährung einstweiligen Rechtsschutzes erforderlich ist, um den Eintritt eines **schweren und nicht wiedergutzumachenden Schadens** bei der Partei zu verhindern, die vorläufigen Rechtsschutz beantragt".[58]

51   Das Erfordernis eines „schweren und nicht wiedergutzumachenden Schadens" zur Ausfüllung der Voraussetzung der Dringlichkeit ist eine Schöpfung der Rechtsprechung des EuGH, die wohl auf einen **Import aus dem französischen Recht** zurückgeht.[59] Kam dieses Erfordernis auch schon in den 60er Jahren zur Anwendung,[60] so scheint eine strikte Anwendung erst seit den 80er Jahren gegeben. So hatte es der EuGH noch im Jahr 1977 ausreichen lassen, dass der Antragsteller zur Begründung der Dringlichkeit einen Schaden geltend macht, der „nicht zu vernachlässigen ist".[61] Im Jahr 1981 wurde hingegen das Erfordernis eines „schweren und irreparablen Schadens" bereits als Ausdruck der ständigen Rechtsprechung verstanden.[62]

52   Wenn auch diese Begriffsfestsetzung als solche nicht zu beanstanden ist, ist zu beobachten, dass seit der generellen Anwendung dieses Kriteriums die Erfolgsaussichten von Anträgen auf Gewährung einstweiligen Rechtsschutzes deutlich gesunken sind. Über die Jahre haben der EuGH und das EuG die Anforderungen konsolidiert und in den immer wieder gleichen Textblöcken standardisiert. Dies ist sicherlich im Interesse der Rechtssicherheit. Allerdings birgt es auch die nicht von der Hand zu weisende Gefahr der Petrifizierung der Rechtsprechung und damit die Gefahr, die an sich vom Vertragsgeber weitgehend in das Ermessen gestellte Gewährung vorläufigen Rechtsschutzes zu stark durch ein Netz von Präjudizien eingeschränkt ist. Dies gilt gerade vor dem Hintergrund, dass die Kriterien der Dringlichkeit und die Anforderungen an deren Darlegung sich über die Jahre verschärft haben.

53   Die „Dringlichkeit" und die für ihr Vorliegen relevanten Kriterien sind nicht mit den Grundsätzen zu verwechseln, die für die Durchführung eines **beschleunigten Verfahrens** gelten. Ebenso wenig wie der Umstand, dass eine Rechtssache nicht im beschleunigten Verfahren betrieben wird, der Annahme der „Dringlichkeit" entgegensteht,[63] kann der Umstand alleine, dass die Hauptsache im Wege des beschleunigten Verfahrens betrieben wird, die Dringlichkeit ausschließen.[64]

54   **2. Eigener Schaden.** Nach ständiger Rechtsprechung kann der Antragsteller sich nur auf den Schaden berufen, **der ihn selbst trifft** oder zu treffen droht.[65] Denn nur in dieser Situation besteht ansonsten eine Lücke im Rechtsschutz des Antragstellers.[66] Die Geltendmachung von Schäden Dritter genügt nicht, wobei allerdings in Rechnung zu stellen ist, dass beispielsweise die Belastungen naher Familienangehörigen auch den Antragsteller selbst

---

[58] Siehe etwa EuGH 14.1.2016 – C-517/15 P(R), ECLI:EU:C:2016:21 Rn. 27 – AGC Glass Europe ua/Kommission und die dort angeführte Rechtsprechung; EuG 8.5.2019 – T-254/19 R, ECLI:EU:T:2019:316 Rn. 19 – AlpaSuri/Kommission.
[59] Lefèvre/Nõmm CMLR 2023, 1, 1017.
[60] Siehe etwa EuGH 4.5.1964 – 12/64 R, ECLI:EU:C:1964:25 S. 176 – Ley/Kommission.
[61] EuGH 14.10.1977 – 113/77 R, ECLI:EU:C:1977:156 Rn. 6 – NTN Toyo Bearing/Rat.
[62] EuGH 20.7.1981 – 206/81 R, ECLI:EU:C:1981:189 Rn. 6 – Alvarez/Parlament.
[63] EuGH 8.4.2020 – C-791/19 R, ECLI:EU:C:2020:277 Rn. 99–102 – Kommission/Polen.
[64] EuGH 17.12.2018 – C-619/18 R, ECLI:EU:C:2018:1021 Rn. 89 – Kommission/Polen.
[65] St. Rspr., siehe: EuGH 12.6.2014 – C-21/14 P-R, ECLI:EU:C:2014:1749 Rn. 51 – Kommission/Rusal Armenal; 8.5.1991 – C-356/90 R, ECLI:EU:C:1991:201 Rn. 20–25 – Belgien/Kommission; EuG 23.2.2021 – T-656/20 R, ECLI:EU:T:2021:99 Rn. 20 – Symrise/ECHA – bestätigt durch EuGH 16.7.2021 – C-282/21 P(R), ECLI:EU:C:2021:631 Rn. 26–29 u. 47 – Symrise/ECHA.
[66] EuG 19.8.2019 – T-472/19 R, ECLI:EU:T:2019:555 Rn. 31 – BASF/Kommission.

treffen können.⁶⁷ Die Frage, ob die eigene Rechtssphäre betroffen ist, richtet sich nach den Charakteristika des Antragstellers. So bestehen Unterschiede, ob es sich hierbei etwa um eine natürliche Person, eine private juristische Person, eine Interessenvereinigung oder eine öffentliche Körperschaft, ein Mitgliedstaat oder ein Unionsorgan handelt.

So kann etwa ein **Unternehmen** sich nicht auf die Interessen der Verwender des 55 betroffenen Produkts berufen,⁶⁸ auf den Schutz der Umwelt⁶⁹ oder auf den Verlust der Arbeitsplätze seiner Mitarbeiter⁷⁰ (siehe aber → Rn. 58). **Interessenvereinigungen** können die von ihr satzungsgemäß verfolgten Anliegen unmittelbar oder auch die Interessen ihrer Mitglieder geltend machen. Angesichts der strengen Anforderungen, die für die Darlegung eines schweren, irreparablen Schadens bei individuellen Antragstellern bestehen, erscheint es allerdings schwer vorstellbar, dass es einer wirtschaftlichen Interessenvereinigung gelingen kann, für eine Vielzahl ihrer Mitglieder diesen Nachweis zu führen.⁷¹ Etwas anderes mag für Interessenvereinigung mit ideellen Zielen gelten.

Mitgliedstaaten können sich, entsprechend ihrem Gemeinwohlauftrag, auf **Gemein-** 56 **wohlbelange** berufen⁷² und wohl auch kumulativ die Interessen ihrer Bürger vertreten.⁷³ Hingegen können sie in der Regel nicht den Schaden anführen, den nur einzelne Unternehmen erleiden.⁷⁴ Der Verwaltungsaufwand, der mit der angegriffenen Maßnahme verbunden ist, genügt in aller Regel nicht, einen relevanten Schaden zu begründen; die Schwelle ist erst dann erreicht, wenn auf Grund des Verwaltungsaufwands der Staat seinen anderen Aufgaben nicht mehr hinreichend nachkommen kann.⁷⁵ Entsprechendes gilt für infra-mitgliedstaatliche **öffentlich-rechtliche Körperschaften**, die die in ihre **Wahrnehmungszuständigkeit** fallenden Allgemeininteressen geltend machen können, um die Dringlichkeit zu begründen,⁷⁶ nicht aber Allgemeininteressen, zu deren Schutz sie nicht berufen sind.⁷⁷

Die **Kommission** als Wächterin des Unionsrechts kann nicht nur ganz allgemein das 57 **Allgemeininteresse der Union** geltend machen,⁷⁸ sondern auch die **Verletzung der Unionsrechte Einzelner** anführen, jedenfalls soweit sie diese zum Gegenstand eines Vertragsverletzungsverfahren machen kann. Entsprechendes dürfte für die anderen Institutionen und nachgeordneten Unionseinrichtungen gelten, soweit ihre Wahrnehmungszuständigkeit betroffen ist.

Die Frage, ob es sich bei dem geltend gemachten Schaden um einen eigenen oder 58 fremden handelt, kann schwierige **Definitions- und Abgrenzungsfragen** aufwerfen. So

---

67 Siehe EuG 31.3.2022 – T-22/22 R, BeckEuRS 2022, 751075 Rn. 25–30 – AL/Rat.
68 EuG 19.7.2007 – T-31/07 R, ECLI:EU:T:2007:236 Rn. 147 f. – Du Pont de Nemours (France) ua/Kommission.
69 EuG 30.6.1999 – T-13/99 R, ECLI:EU:T:1999:130 Rn. 136 – Pfizer Animal Health/Rat.
70 EuG 19.7.2007 – T-31/07 R, ECLI:EU:T:2007:236 Rn. 147, 168 – Du Pont de Nemours (France) ua/Kommission.
71 EuG 29.8.2017 – T-451/17 R, ECLI:EU:T:2017:587 Rn. 21 ff. – Verband der Deutschen Biokraftstoffindustrie/KommissionVgl. auch EuG 2.10.1997 – T-213/97 R, ECLI:EU:T:1997:147 Rn. 47 – Eurocoton ua/Rat; EuG 2.4.1998 – T-86/96 R, ECLI:EU:T:1998:70 Rn. 63 ff. – Arbeitsgemeinschaft Deutscher Luftfahrt-Unternehmen und Hapag Lloyd/Kommission.
72 Ständige Rechtsprechung: EuGH 29.6.1993 – C-280/93 R, ECLI:EU:C:1993:270 Rn. 27 – Deutschland/Rat; 13.12.2021 – C-547/21 P(R), ECLI:EU:C:2021:1007 Rn. 23 – Portugal/Kommission; 13.4.2021 – C-541/20 R, ECLI:EU:C:2021:264 Rn. 21 – Litauen/Parlament und Rat; EuG 23.3.2017 – T-20/17 R, ECLI:EU:T:2017:203 Rn. 14 – Ungarn/Kommission.
73 Vgl. (implizit) EuGH 14.7.2021 – C-204/21 R, ECLI:EU:C:2021:593 Rn. 63 – Kommission/Polen.
74 EuGH 8.5.1991 – C-356/90 R, ECLI:EU:C:1991:201 Rn. 24 – Belgien/Kommission; EuG 22.6.2021 – T-95/21 R, ECLI:EU:T:2021:383 Rn. 25 – Portugal/Kommission.
75 EuGH 27.2.2018 – C-482/17 R, ECLI:EU:C:2018:119 Rn. 41 – Tschechische Republik/Parlament und Rat.
76 Siehe etwa (implizit) EuG 7.7.2004 – T-37/04 R, ECLI:EU:T:2004:215 – Região autónoma dos Açores/Rat.
77 EuGH 2.7.2018 – C-182/18 R, ECLI:EU:C:2018:524 Rn. 29 – Comune di Milano/Rat.
78 Wahrung der Unabhängigkeit der Justiz: EuGH 8.4.2020 – C-791/19 R, ECLI:EU:C:2020:277 Rn. 92 – Kommission/Polen; Gesundheitsschutz: EuGH 21.11.2019 – C-389/19 P-R, ECLI:EU:C:2019:1007 Rn. 74 – Kommission/Schweden.

kann beispielsweise ein Unternehmen sich nicht auf die Interessen seiner Arbeitnehmer, etwa dem Schutz vor Entlassung, berufen.[79] Etwas anderes gilt, wenn das Unternehmen sein eigenes Interesse an dem Erhalt einer **qualifizierten Arbeitnehmerschaft** geltend macht.[80] Noch nicht entschieden ist in diesem Zusammenhang die Frage, ob ein Antragsteller sich Interessen, die dem Grundsatz nach nicht seine Rechtssphäre betreffen, durch eine entsprechende Definition zu eigenen machen kann. So kann zwar nach ständiger Rechtsprechung ein Unternehmen das **Tierwohl,** etwa von Versuchstieren, nicht als zu schützendes Anliegen geltend machen.[81] So hat beispielsweise in der Rs. *BASF Grenzach* die Antragstellerin im Einklang mit der referierten Rechtsprechung das Wohl der Tiere nicht angeführt, um einen sie treffenden Schaden durch die durchzuführenden Tierversuche zu begründen.[82] Interessant, aber nicht von der Antragstellerin vorgebracht, wäre das Argument gewesen, dass das Zufügen von Leid den Tieren ihr, bzw. ihren Mitarbeitern, selbst Leid zufügt.[83] Es ist unschwer erkennbar, dass eine solche reflexive Definition des Schadens den Kreis der geltend zumachenden Interessen erheblich erweitern könnte. Es bleibt abzuwarten, wie sich die Rechtsprechung hierzu verhalten wird. Einen ersten Schrit in diese Richtung hat das EuG mit seinem bemerkenswerten Beschluss in der Rs. *Facebook* beschritten, in welchem es anerkannt hat, dass die das Unternehmen treffende Pflicht, **persönliche Daten seiner Beschäftigten** herauszugeben, für das Unternehmen selbst einen Schaden darstellen kann.[84]

59 Sofern **Drittinteressen** nicht geltend gemacht werden können, um die Dringlichkeit zu begründen, so können solche Interessen aber nach ständiger Rechtsprechung im Rahmen der Interessenabwägung berücksichtigt werden.[85]

60 **3. Kausal- und Wertungszusammenhang; alternative Rechtschutzmöglichkeiten.** Nach ständiger Rechtsprechung kommt es darauf an, dass der angegriffene Rechtsakt **tatsächlich und wertungsmäßig** die entscheidende Ursache für den geltend gemachten Schaden bildet.[86] Daher sind solche Schäden auszusondern, die nicht unmittelbar den angegriffenen Akt zur Ursache haben, sondern bereits durch **andere oder frühere Umstände** angelegt waren,[87] auf die Geschäftspolitik des Antragstellers zurückgehen[88] oder auf **Entscheidungen Dritter** beruhen.[89] In dem kürzlich ergangenen Beschluss in der Rs. *Puigdemont i Casamajó ua/Parlament* hat der EuGH zu Recht darauf hingewiesen, dass der Schluss darauf, dass der geltend gemachte Schaden durch andere Ursachen gesetzt ist, eine sorgfältige Prüfung voraussetzt und nicht voreilig darauf geschlossen werden darf, dass der angegriffene Akt **nicht** die entscheidende Ursache gesetzt hat.[90] Insbesondere dann, wenn

---

[79] EuGH 12.6.2014 – C-21/14 P-R, ECLI:EU:C:2014:1749 Rn. 51 – Kommission/Rusal Armenal.
[80] EuGH 12.6.2014 – C-21/14 P-R, ECLI:EU:C:2014:1749 Rn. 52 – Kommission/Rusal Armenal; EuG 22.7.2021 – T-189/21 R, ECLI:EU:2021:487 Rn. 53 – Aloe Vera of Europe/Kommission.
[81] EuGH 23.2.2021 – T-656/20 R, ECLI:EU:T:2021:99 Rn. 21–23 – Symrise/ECHA, bestätigt durch EuGH 16.7.2021 – C-282/21 P(R), ECLI:EU:C:2021:631, Rn. 29–31 – Symrise/ECHA.
[82] Siehe EuGH 28.5.2018 – C-565/17 P(R), ECLI:EU:C:2018:340, Rn. 67 – BASF Grenzach/ECHA.
[83] Der Prüfung dieser, zugegeben sehr vage formulierten These ist das EuG in seinem Beschluss vom 22.6.2021 – T-207/21 R, ECLI:EU:T:2023:361 – Polynt/ECHA aus dem Wege gegangen (siehe Rn. 19–21).
[84] EuG 29.10.2020 – T-452/20 R, ECLI:EU:T:2020:516 Rn. 89–93 – Facebook Ireland/Kommission.
[85] Vgl. EuG 23.2.2021 – T-656/20 R, ECLI:EU:T:2021:99, Rn. 24 – Symrise/ECHA; EuGH 13.1.2009 – C-512/07 P(R) und C-15/08 P(R), ECLI:EU:C:2009:3 Rn. 70 – Occhetto und Parlament/Donnici; EuG 2.10.1997 – T-213/97 R, ECLI:EU:T:1997:147 Rn. 46 – Eurocoton ua/Rat.
[86] St. Rspr., EuGH 17.12.2020 – C-114/20 P(R), ECLI:EU:C:2020:1059, Rn. 54 – Anglo Austrian AAB und Belegging-Maatschappij „Far-East"/EZB; 14.1.2016 – C-517/15 P-R, ECLI:EU:C:2016:21 Rn. 45 f. – AGC Glass Europe ua/Kommission; EuG 22.6.2021 – T-95/21 R, ECLI:EU:T:2022:567 Rn. 43 – Portugal/Kommission; 29.11.2017 – T-252/15 R, ECLI:EU:T:2017:850, Rn. 15–20 – Ferrovial ua/Kommission.
[87] EuG 30.3.2022 – T-125/22 R, ECLI:EU:T:2022:199 Rn. 49–51 – RT France/Rat.
[88] EuG 8.5.2019 – T-734/18 R, ECLI:EU:T:2019:314 Rn. 46 ff. – Sumitomo Chemical und Tenka Best/Kommission.
[89] EuG 28.4.2009 – T-95/09 R, ECLI:EU:T:2009:124 Rn. 56 – United Phosphorus/Kommission.
[90] EuGH 24.5.2022 – C-629/21 P(R), ECLI:EU:C:2022:413 Rn. 85 ff. – Puigdemont i Casamajó ua/Parlament.

der angegriffene Akt nicht hinweggedacht werden kann, ohne dass der geltend gemachte Schaden entfiele, darf der Konnex nicht (ohne weiteres) negiert werden.[91]

Ebenso sind solche Schäden auszusondern, die zwar unmittelbar durch den angegriffenen Akt veranlasst sind, die ein **sorgfältiger Antragsteller aber hätte vermeiden können.**[92] Daher kann ein Schaden, der absehbar war und gegen welchen sich der Antragsteller hätte schützen können, grundsätzlich nicht einen schweren und irreparablen Schaden bilden.[93] Nach der Rechtsprechung kann sich daher der Antragsteller nicht auf seine drohende Insolvenz oder den Verlust von Marktanteilen zur Begründung eines irreparablen Schadens berufen, wenn sich hierin ein Risiko realisiert, welches der Geschäftsstrategie des Unternehmens inhärent ist. Diese Rechtsprechung gilt insbesondere für Fälle, in welchen Unternehmen in ihrem Geschäftserfolg stark von regulatorischen Entscheidungen abhängig sind.[94] 61

Diese Rechtsprechung reduziert ganz erheblich die Möglichkeiten, einen schweren irreparablen Schaden geltend zu machen: Hierdurch wird dem Unternehmen angesonnen, eine Geschäftspolitik zu verfolgen, in welcher seine Existenz nicht durch eine einzelne regulatorische Entscheidung bedroht ist. Verfolgt es allerdings eine solche Geschäftspolitik, wird ihm die Darlegung einer Existenzgefährdung gerade aus diesem Grund nicht gelingen. 62

Nahe verwandt mit dem Erfordernis eines Nexus zwischen Rechtsverletzung und Schaden ist das Erfordernis, dass die beantragte einstweilige Maßnahme **geeignet und notwendig** sein muss, den drohenden Schaden abzuwenden,[95] was dann nicht der Fall ist, wenn anderweitige Möglichkeiten der Schadensabwehr bestehen.[96] 63

In diesem Zusammenhang stellt sich auch gelegentlich die Frage nach dem **Verhältnis von nationalem und unionalem Rechtsschutz.** Es ist hierzu bislang keine eindeutige Linie der Rechtsprechung erkennbar. So haben EuGH und EuG einstweiligen Rechtsschutz mit Blick auf bestehende Rechtsschutzmöglichkeiten nach nationalem Recht versagt.[97] Allerdings sollte auch insoweit die vom EuGH in der Rs. *Puigdemont i Casamajó ua/Parlament* angenommene Pflicht zu einer sorgfältigen Prüfung gelten, um zu verhindern, dass vorschnell der einstweilige Rechtsschutz auf Unionsebene verkürzt wird. Grundsätzlich sollte der einstweilige Rechtsschutz durch das Gericht gewährt werden, welches **sachnäher** ist, was sich danach bestimmt, ob der Fall im Wesentlichen unionsrechtlich determiniert ist.[98] Dies bedeutet einerseits, dass der Unionsrichter bei behaupteter Insuffizienz des nationalen Rechtsschutzes nicht „in die Bresche springen" muss.[99] Dies bedeutet aber auch andererseits, dass der einstweilige Rechtsschutz auf Unionsebene nicht mit Blick auf seine angebliche Subsidiarität gegenüber nach nationalem Recht offenstehenden Mög- 64

---

[91] EuGH 24.5.2022 – C-629/21 P(R), ECLI:EU:C:2022:413 Rn. 240 ff. – Puigdemont i Casamajó ua/Parlament.
[92] EuG 20.2.2018 – T-260/15 R, ECLI:EU:T:2018:87 Rn. 36 – Iberdrola/Kommission.
[93] EuG 6.4.2017 – T-131/17 R, ECLI:EU:T:2017:271 Rn. 36 – Argus Security Projects/EAD.
[94] EuG 19.3.2021 – T-742/20 R, ECLI:EU:T:2021:199 Rn. 34 – UPL Europe und Indofil Industries (Netherlands)/Kommission; 23.11.2018 – T-733/17 R, ECLI:EU:T:2018:839 Rn. 46 – GMPO/Kommission; 8.5.2019 – T-734/18 R, ECLI:EU:T:2019:314 Rn. 46 ff. – Sumitomo Chemical und Tenka Best/Kommission; EuGH 16.6.2016 – C-170/16 P(R), ECLI:EU:C:2016:462 Rn. 29 – ICA Laboratories ua/Kommission.
[95] St. Rspr., EuGH 13.4.2021 – C-541/20 R, ECLI:EU:C:2021:264 Rn. 30 – Litauen/Parlament und Rat; EuG 28.11.2018 – T-671/18 R, ECLI:EU:T:2018:862 Rn. 36 – ZU/Kommission; 12.7.2019 – T-355/19 R, ECLI:EU:T:2019:543, Rn. 37 – CE/Ausschuss der Regionen.
[96] EuGH 16.9.2022 – C-526/22 P(R), ECLI:EU:C:2022:701 Rn. 37 – OT/Rat.
[97] EuGH 14.12.2011 – C-446/10 P(R), ECLI:EU:C:2011:829 Rn. 46 – Alcoa Trasformazioni/Kommission.
EuG 5.7.2013 – T-309/12 R, ECLI:EU:T:2013:347 Rn. 38 – Zweckverband Tierkörperbeseitigung/Kommission.
[98] EuG 12.7.2019 – T-280/19 R, ECLI:EU:T:2019:545 Rn. 87–105 – Highgate Capital Management/Kommission; 15.5.2018 – T-901/16 R, ECLI:EU:T:2018:268 Rn. 104 – Elche Club de Fútbol/Kommission.
[99] EuG 6.2.2017 – T-645/16 R, ECLI:EU:T:2017:62 Rn. 37–41 – Vorarlberger Landes- und Hypothekenbank/CRU.

lichkeiten versagt werden darf. So hat das EuG in der Rs. *Elche*, in welcher es um die Aussetzung eines Beihilfebeschlusses ging, nicht entscheidend sein lassen, ob gegen den Rückforderungsanspruch auf nationaler Ebene effektiver einstweiliger Rechtsschutz besteht.[100] Hingegen hat es in der Rs. *Highate Capital* den Antragsteller, der sich auf das Durchführungsverbot nach Art. 108 Abs 3 AEUV berufen hat, auf den nationalen Rechtsschutz verwiesen.[101]

65 **4. Hinreichende Wahrscheinlichkeit eines nahen Schadenseintritts.** Nach ständiger Rechtsprechung ist ein Fall der Dringlichkeit nur dann gegeben, wenn der von der Partei, die die vorläufigen Maßnahmen beantragt, befürchtete schwere und nicht wiedergutzumachende Schaden „in der Weise unmittelbar bevorsteht, dass sein Eintreten mit einem hinreichenden Grad an Wahrscheinlichkeit vorhersehbar ist; ein rein hypothetischer Schaden, da er vom Eintritt künftiger und ungewisser Ereignisse abhängt, kann den Erlass einstweiliger Anordnungen nicht rechtfertigen".[102] Dieses Kriterium stellt im Grundsatz zwei separate Anforderungen, die allerdings in der Praxis häufig zusammenfallen können, bzw. in einem gewissen Abhängigkeitsverhältnis stehen. Zum einen muss der Schadenseintritt **hinreichend wahrscheinlich** sein. Zum anderen muss der Schadenseintritt **zeitnah** zu befürchten sein. Hat sich der Schaden hingegen bereits (vollständig) realisiert, so kann hierauf gestützt nicht die Dringlichkeit begründet werden.[103] Etwas anderes gilt, wenn der bereits eingetretene Schaden sich verlängert oder vertieft. In einem kürzlich ergangenen Beschluss hat der EuGH zu Recht darauf hingewiesen, dass für die Darlegung der hinreichenden Wahrscheinlichkeit des Schadenseintritts **keine überzogenen Anforderungen** gestellt werden dürfen.[104]

66 Sofern der Schadenseintritt noch nicht hinreichend sicher und wahrscheinlich abzusehen ist, wird der Antrag in der Regel als „verfrüht" verworfen. Dies kann nicht als Hinweis des Gerichts verstanden werden, dass dem Antrag stattzugeben wäre, wenn der drohende Schaden sich näher konkretisiert hat. Jedenfalls bleibt es dem Antragsteller unbenommen, im Hinblick auf die sich geänderten Umstände einen neuen Antrag zu stellen.

67 Sofern der Erlass von einstweiligen Anordnungen gegenüber der Unionsverwaltung im Raume steht, kann es der Richter des einstweiligen Rechtsschutzes in Einzelfällen genügen lassen, deren Rechtspflichten zu verdeutlichen ohne aber eine Anordnung zu erlassen, da davon ausgegangen werden kann, dass sie sich rechtstreu verhalten wird und auf diese Weise der drohende Schaden nicht (mehr) wahrscheinlich ist.[105]

68 **5. Natur des Schadens – schwer und irreparabel. a) Die Unterscheidung zwischen Irreparabilität und Schwere.** In der Rechtsprechung wird häufig das Vorliegen eines schweren und irreparablen Schadens zusammen geprüft, ohne zwischen dem Kriterium der „Schwere" und der „Irreparabilität" des Schadens zu unterscheiden. Allerdings darf dies nicht darüber hinwegtäuschen, dass es sich um **zwei eigenständige Kriterien** handelt, die **kumulativ** vorliegen müssen. Allerdings kommt dem Kriterium der **„Irreparabilität"** in der Praxis eine wesentlich größere Bedeutung zu und die Rechtsprechung hat diesem Kriterium klare Konturen gegeben.

69 **b) Definitionsmacht des Antragstellers; kein numerus clausus.** Es obliegt dem Antragsteller den Schaden darzulegen, der seiner Ansicht nach droht, wenn der von ihm

---

[100] EuG 15.5.2018 – T-901/16 R, ECLI:EU:T:2018:268 Rn. 104 – Elche Club de Fútbol/Kommission.
[101] EuG 12.7.2019 – T-280/19 R, ECLI:EU:T:2019:545 Rn. 87–105 – Highate Capital Management/Kommission.
[102] EuG 8.5.2019 – T-254/19 R, ECLI:EU:T:2019:316 Rn. 21 – AlpaSuri/Kommission; siehe auch EuG 31.12.2020 – T-731/20 R, ECLI:EU:T:2020:654 Rn. 16 f. – ExxonMobil Production Deutschland/Kommission.
[103] EuG 8.5.2019 – T-734/18 R, ECLI:EU:T:2019:314 Rn. 35 – Sumitomo Chemical und Tenka Best/Kommission.
[104] EuGH 24.5.2022 – C-629/21 P(R), ECLI:EU:C:2022:413 Rn. 120 ff. – Puigdemont i Casamajó ua/Parlament.
[105] Vgl. EuG 20.7.2018 – T-417/18 R, ECLI:EU:T:2018:502 – CdT/EUIPO.

begehrte einstweilige Rechtsschutz nicht gewährt wird. Es gibt **keinen numerus clausus** der drohenden Schäden oder Nachteile, die angeführt werden können, um die Dringlichkeit zu begründen. Insbesondere ist es auch zulässig, mehrere bzw. verschiedene drohende Schäden oder Nachteile anzuführen. Ist somit der **Antragsteller** grundsätzlich **frei,** den von ihm geltenden gemachten **Schaden oder Nachteil zu bezeichnen,** sollte er hierbei die etablierte Rechtsprechung des Gerichts im Blick haben, wonach sehr hohe Hürden gelten, sofern Schäden finanzieller Natur geltend gemacht werden.

c) Dringlichkeit auch ohne Irreparabilität; keine rein mechanische Prüfung. In 70 den bahnbrechenden Entscheidungen in der Rs. *Vanbreda* haben das EuG und ihm nachfolgend der EuGH eine wichtige Weichenstellung vorgenommen: Für den im **Vergabeverfahren** unterlegenen Bieter, wenn er seinen Antrag auf einstweiligen Rechtsschutz binnen der Stillhaltefrist von 10 Tagen einreicht und einen besonders ernsthaften „*fumus*" darlegen kann, genügt es, um die Dringlichkeit zu begründen, einen schweren Schaden vorzutragen; er ist nicht gehalten, auch darzutun, dass der Schaden irreparabel ist.[106]

Es hat nicht an Versuchen der Antragsteller gefehlt, anknüpfend an die Rechtsprechung 71 im Vergaberecht, zu vertreten, dass die dort entwickelten Grundsätze auch auf andere Rechtsgebiete zu übertragen sind. Bisher sind EuG und EuGH dem nicht gefolgt.[107] Dies sollte aber nicht dahin verstanden werden, dass eine solche Fortentwicklung der Rechtsprechung vollständig ausgeschlossen ist. Insoweit wird es darauf ankommen, ob die für das EuG und den EuGH leitenden Gesichtspunkte auch in der fraglichen Materie gegeben sind, also der Umstand, dass eine gleichsam systemische, über den Einzelfall hinausgehende praktische oder rechtliche Unmöglichkeit besteht, einen irreparablen Schaden darzutun.

Die **drohende Verletzung von Grundrechten** begründet grundsätzlich nicht per se 72 die Dringlichkeit.[108] Etwas anderes mag ausnahmsweise bei einer **drohenden Verletzung wichtiger Grundrechte** gelten. Hatte dies der EuGH in der Rs. *Pilkington* lediglich als *obiter* mit Blick auf das **Verbot der Folter** und erniedrigender Strafen festgestellt,[109] stellt der EuGH in der Rs. *Polen/Kommission* fest, dass die Verletzung des **Rechts auf ein unparteiisches Gericht** per se einen schweren und irreparablen Schaden begründet.[110] Die bisherige Rechtsprechung wird man daher dahin deuten dürfen, dass die Verletzung wirtschaftlicher Grundrechte in der Regel nicht ausreichen wird, die Dringlichkeit zu begründen.

Nach einer älteren, nach wie vor aktuellen aber selten angewandten Rechtsprechungs- 73 linie ist **keine rein mechanische Anwendung der Kriterien** vorzunehmen, sondern der Richter des einstweiligen Rechtsschutzes kann (und muss) die Besonderheiten des Einzelfalles berücksichtigen.[111] Hatte das EuG in dem seinerzeit entschiedenen Fall (Rs. *United Phosphorus*) hierauf gestützt die Dringlichkeit bejaht (obgleich nach den üblicherweise verwandten Kriterien die Dringlichkeit nicht gegeben war),[112] so hat das EuG in der Folgezeit diese Rechtsprechung zwar wiederholt und sich hiervon nicht abgekehrt, aber ihre Anwendung im konkreten Fall abgelehnt.[113] Dies sollte aber nicht dahin verstanden

---

[106] EuG 4.12.2014 – T-199/14 R, ECLI:EU:T:2014:1024 – Vanbreda Risk & Benefits/Kommission; EuGH 23.4.2015 – C-35/15 P(R), ECLI:EU:C:2015:275 – Kommission/Vanbreda Risk & Benefits.
[107] EuGH 30.11.2021 – C-466/21 P–R, ECLI:EU:C:2021:972 Rn. 36 f. Land Rheinland-Pfalz/Deutsche Lufthansa; EuG 20.2.2018 – T-260/15 R, ECLI:EU:T:2018:87 Rn. 39–56 – Iberdrola/Kommission.
[108] EuGH 10.9.2013 – C-278/13 P(R), ECLI:EU:C:2013:558 Rn. 40 – Kommission/Pilkington Group.
[109] EuGH 10.9.2013 – C-278/13 P(R), ECLI:EU:C:2013:558 Rn. 41 – Kommission/Pilkington Group.
[110] EuGH 19.10.2018 – C-619/18 R, ECLI:EU:C:2018:852 Rn. 21 – Kommission/Polen.
[111] EuG 28.4.2009 – T-95/09 R, ECLI:EU:T:2009:124 Rn. 74 – United Phosphorus/Kommission; EuG 4.12.2014 – T-199/14 R, ECLI:EU:T:2014:1024 Rn. 159 – Vanbreda Risk & Benefits/Kommission; siehe auch EuG 26.5.2021– T-92/21 R, ECLI:EU:T:2021:293 Rn. 45 – Darment/Kommission.
[112] EuG 28.4.2009 – T-95/09 R, ECLI:EU:T:2009:124 Rn. 69–82 – United Phosphorus/Kommission.
[113] Siehe beispielsweise EuG 8.10.2021 – T-148/21 R, ECLI:EU:T:2021:687 Rn. 37 – Paccor Packaging/Kommission; 26.5.2021 – T-92/21 R, ECLI:EU:T:2021:293 Rn. 45–47 – Darment/Kommission; 8.6.2020 – T-77/20 R, ECLI:EU:T:2020:246, Rn. 40–50 – Ascenza Agro/Kommission; 20.2.2018 – T-260/15 R, ECLI:EU:T:2018:87 Rn. 39–56 – Iberdrola/Kommission.

werden, dass diese Rechtsprechung aufgegeben sei. Sofern der Richter die Gewährung einstweiligen Rechtsschutzes für geboten erachtet, wird er diese Rechtsprechung wieder reaktivieren.

74 **6. Schwere.** In der Rechtsprechung wird häufig das Vorliegen eines schweren und irreparablen Schadens zusammen geprüft, ohne zwischen dem Kriterium der „Schwere" und der „Irreparabilität" des Schadens zu unterscheiden. Zwar handelt es sich um **zwei eigenständige Kriterien.** Allerdings kommt dem Kriterium der „Irreparabilität" in der Praxis eine wesentliche größere Bedeutung zu. Dies schon alleine deswegen, weil in den beiden bedeutenden Fallgruppen der Existenzgefährdung und des Verlusts von Marktanteilen die Schwere entweder per se gegeben ist (so bei der Existenzgefährdung) oder aber die Schwere des Schadens einen integralen Bestandteil der Prüfung bildet (so bei dem Verlust von Marktanteilen).

75 Das Kriterium der **„Schwere"** hat bislang in der Rechtsprechung keine ganz klaren Konturen erhalten. Die Bestimmung dessen, was ein „schwerer" Schaden darstellt, bereitet einige Schwierigkeiten. Im Kern handelt es sich um einen Skalenbegriff, der zu seiner Bestimmung eines Bezugspunktes bedarf. In der Rechtsprechung wird daher häufig die Schwere des Schadens in **Relation** zu der **Größe oder Finanzkraft** des Unternehmens geprüft.[114] Allerdings hat dies zur Folge, dass systematisch größere Unternehmen benachteiligt werden. Mit dem nicht ganz von der Hand zu weisenden Argument konfrontiert, dass die Rechtsprechung zur Voraussetzung des „schweren und irreparablen Schadens" dazu führe, dass große, finanzstarke Unternehmen dieses Kriterium nicht erfüllen können,[115] hat der EuGH daher in der Rs. *EDF* festgehalten, dass ein objektiv beträchtlicher finanzieller Schaden als ein schwerer Schaden qualifiziert werden kann, auch ohne dass es insoweit auf eine relative Betrachtung in Bezug auf die Größe und Finanzkraft des Unternehmens ankommt.[116] Außerdem beanstandete der EuGH, dass das Gericht zur Bestimmung der Schwere auf Kriterien zurückgegriffen hat, die die Irreparabilität des Schadens betreffen.[117]

76 Ausgehend von der Klärung durch den eben erwähnten Beschluss EDF kann die Schwere zwar grundsätzlich in einer **Relation** zu der Größe und Finanzkraft des Unternehmens bestimmt werden, ist dies aber **nicht zwingend geboten.** Insbesondere kann dem Antragsteller nicht entgegengehalten werden, dass sein Vortrag zur Schwere des Schadens bereits deshalb nicht ausreichend sei, weil er es unterlässt, eine Darlegung der Schwere an Hand einer Relation zu Größe und Finanzkraft des Unternehmens darzustellen und dementsprechend keine näheren Angaben hierzu macht, bzw. diese nicht belegt. Und der Schwellenwert, ab wann ein Schaden als „schwer" angesehen werden kann, darf nicht so hoch gesetzt werden, dass bereits eine Existenzgefährdung im Raum stehen müsste.

77 Nach einem zutreffenden Verständnis dieses Kriteriums kann die Schwere folgendermaßen dargelegt werden. (1) In Relation zu Größe und Finanzkraft des Unternehmens, wobei nicht erforderlich ist, dass die Existenzfähigkeit bedroht ist. (2) Im Hinblick auf eine im konkreten Fall zu begründende „objektive" Schwere des Schadens (3) In Relation zu anderen Vergleichsgrößen, wie etwa die Auftragssumme in einem Ausschreibungsverfahren,[118] die strategische Bedeutung für den Antragsteller, so etwa die Relevanz für die Marktanteile oder, generell, für die Position im Wettbewerb[119] oder dergleichen.

78 **7. Irreparabilität.** Der Schaden ist grundsätzlich nur dann irreparabel, wenn die beanstandeten Folgen des angegriffenen Aktes nicht durch dessen Aufhebung beseitigt werden

---

[114] EuG 22.12.2004 – T-201/04 R, ECLI:EU:T:2004:372 Rn. 257 – Microsoft/Kommission; 26.3.2010 – T-6/10 R, ECLI:EU:T:2010:129, Rn. 27 – Sviluppo Globale/Kommission.
[115] EuGH 7.3.2013 – C-551/12 P(R), ECLI:EU:C:2013:157 Rn. 27 – EDF/Kommission.
[116] EuGH 7.3.2013 – C-551/12 P(R), ECLI:EU:C:2013:157 Rn. 32–35 – EDF/Kommission.
[117] EuGH 7.3.2013 – C-551/12 P(R), ECLI:EU:C:2013:157 Rn. 28–35 – EDF/Kommission.
[118] EuG 18.1.2018 – T-784/17 R, ECLI:EU:T:2018:17 Rn. 74 f. – Strabag Belgium/Parlament.
[119] EuG 20.7.2006 – T-114/06 R, ECLI:EU:T:2006:221 Rn. 135 mwN – Globe/Kommission.

(erstes Kriterium) **und** auch nicht im Wege einer Entschädigung ausgeglichen werden können (zweites Kriterium).

a) Entwicklung der Rechtsprechung. In früheren Jahren hat der Gerichtshof das Vorliegen des ersten Kriteriums für die Feststellung eines irreparablen Schadens ausreichen lassen.[120] In einem späteren Stadium seiner Rechtsprechung stellte er zwar auch auf das zweite Kriterium ab. Insoweit stellte er fest, dass die bloße Möglichkeit, Ersatz des Schadens im Wege einer Schadensersatzklage zu erlangen, **zu ungewiss** sei und zudem nur zu einem späteren Zeitraum den Schaden ausgleichen könne. Sie könne daher nicht der Feststellung eines irreparablen Schadens entgegenstehen.[121] Die in der **Folgezeit** ergangene Rechtsprechung hat diesen maßvollen Ansatz verlassen und lässt es nunmehr ausreichen, dass die **(lediglich abstrakte) Möglichkeit** besteht, den Schaden im Wege eines Schadensersatzanspruchs auszugleichen. 79

Leitentscheidungen sind die in dem Verfahren „*Euroalliages*" ergangenen Beschlüsse. In seiner Entscheidung über das Rechtsmittel hat der EuGH befunden, dass die Erfolgsaussichten einer Schadensersatzklage naturgemäß unsicher seien, dass es aber dem Richter des einstweiligen Rechtsschutzes nicht anstehe, über die Erfolgsaussichten eines (noch nicht anhängigen) Schadensersatzanspruchs zu befinden und daher die bloße Möglichkeit, im Wege des Schadensersatzes Ausgleich zu erlangen, die Irreparabilität des Schadens ausschließe.[122] Wenn auch diese Rechtsprechungslinie immer wieder Kritik erfahren hat, so wird sie in ständiger Rechtsprechung fortgeführt[123] und gelegentlich auch ausdrücklich bestätigt.[124] 80

b) Die Unterscheidung zwischen finanziellen und andern Schäden. Wie eingangs erläutert, liegt es in der Hand des Antragstellers, den von ihm geltend gemachten Schaden zu benennen und zu charakterisieren. Im Hinblick darauf, dass finanzielle Schäden generell als reparabel angesehen werden, wird er versucht sein, auch nicht finanzielle Schäden geltend zu machen (wie zum Beispiel einen **Reputationsschaden**,[125] das Interesse am **beruflichen Fortkommen**,[126] die **Fortsetzung des Beschäftigungsverhältnisses**[127]) und/oder den ihm drohenden Schaden einen nicht finanziellen Charakter zu geben. Dies hindert allerdings nicht das Gericht, kraft seiner eigenen Wertung den vom Antragsteller geltend gemachten Schaden seiner Natur nach als finanziellen Schaden zu qualifizieren. 81

Finanzieller Natur sind zunächst alle Schäden, die darin bestehen, dass der Antragsteller eine Geldleistung zu entrichten hat oder dass er geltend macht, hierauf einen Anspruch zu haben. Jenseits dessen werden aber auch Schäden, die sich nicht unmittelbar auf einen Geldbetrag beziehen, von der Rechtsprechung als finanzielle Schäden **qualifiziert.** 82

---

[120] Siehe beispielsweise EuGH 14.10.1977, 113/77 R, ECLI:EU:C:1977:156 Rn. 5 – NTN Toyo Bearing/Rat.
[121] EuGH 21.8.1981 – 232/81 R, ECLI:EU:C:1981:191 Rn. 9 – Agricola commerciale olio ua/Kommission.
[122] EuGH 14.12.2001 – C-404/01 P(R), ECLI:EU:C:2001:710 Rn. 69–75 – Kommission/Euroalliages ua.
[123] Siehe aus der jüngeren Rechtsprechung: EuGH 17.12.2020 – C-114/20 P(R), ECLI:EU:C:2020:1059 Rn. 51 – Anglo Austrian AAB und Belegging-Maatschappij „Far-East"/EZB; EuG 24.1.2022 – T-731/21 R, ECLI:EU:T:2022:17 Rn. 27 – Společnost pro eHealth databáze/Kommission; 23.4.2015 – C-35/15 P[R], ECLI:EU:C:2015:275 Rn. 24 und die dort angeführte Rechtsprechung – Kommission/Vanbreda Risk & Benefits; EuG 7.2.2020 – T-797/19 R, ECLI:EU:T:2020:37 Rn. 29 – Anglo Austrian AAB Bank und Belegging-Maatschappij „Far-East"/EZB.
[124] Siehe etwa EuGH 10.9.2013 – C-278/13 P(R), ECLI:EU:C:2013:558 Rn. 53 – Kommission/Pilkington Group.
[125] Während die Rechtsprechung bislang recht streng Reputationsschäden grundsätzlich nicht anerkannt hat (vgl. EuG 18.10.2022 – T-416/22 R, ECLI:EU:T:2022:636 Rn. 46 – Fresenius Kabi Austria ua/Kommission), hat es in einem neuerlich ergangen Beschluss anders judiziert: EuG 14.7.2023 – T-126/23 R, ECLI:EU:T:2023:405 Rn. 34 ff. – VC/EU-OSHA.
[126] EuG 1.3.2023 – T-743/22 R, ECLI:EU:T:2023:102 Rn. 75 – Mazepin/Rat.
[127] EuG 18.5.2017 – T-170/17 R, ECLI:EU:T:2017:351 Rn. 79 – RW/Kommission.

83 Diese Rechtsprechung zur **Qualifzierung** kann im Einzelfall Bedenken begegnen. Zwar ist es im Ansatz richtig, dass der Richter nicht an die Charakterisierung des Schadens durch die Parteien gebunden ist und eine eigenständige Qualifizierung vorzunehmen hat. Angesichts der überragenden Bedeutung, die die Qualifizierung des Schadens als finanzieller Schaden für die Erfolgsaussichten des Antrags auf einstweiligen Rechtsschutz hat, sollte der Richter hier aber Vorsicht walten lassen. Insbesondere ist darauf zu achten, das vom Antragsteller verfolgte Primärziel nicht aus den Augen zu verlieren. Dies wird anschaulich an dem Verfahren *Pilkington*. Das Unternehmen *Pilkington* wandte sich gegen die Veröffentlichung von Informationen, die es als Geschäftsgeheimnisse betrachtete. Zwar mag *Pilkington* mit seinem Antrag auf einstweiligen Rechtsschutz auch wirtschaftliche Interessen verfolgt haben. Aber das Primärrechtsschutzziel war darauf gerichtet, die Verbreitung dieser Informationen zu verhindern. Vor diesem Hintergrund birgt die vom EuGH vorgenommene Umqualifizierung in wirtschaftliche Interessen[128] die Gefahr, dass vom Antragsteller geltend gemachte Primärrechtsschutzziel zu verkennen und damit den Anspruch auf einstweiligen Rechtsschutz zu verkürzen.

84 **c) Irreparabler finanzieller Schaden – Dienstleistungen nach 106 (2) AEUV.** Sofern ein **Unternehmen** mit Dienstleistungen von allgemeinem wirtschaftlichen Interesse gem. Art. 106(2) AEUV betraut ist, kann es zur Begründung eines irreparablen Schadens geltend machen, dass ihm die Erfüllung dieses Dienstes finanziell unmöglich gemacht werde.[129] Entsprechendes gilt, wenn eine **öffentliche Körperschaft** geltend macht, dass sie finanziell nicht in der Lage ist, die ihr obliegenden Aufgaben zu erfüllen.[130]

85 **d) Irreparabler finanzieller Schaden – Schaden nicht bezifferbar.** Eine **wichtige Ausnahme** von der Regel, wonach ein finanzieller Schaden grundsätzlich reparabel ist, hat die Rechtsprechung für den Fall anerkannt, dass der Schaden bei seinem Eintritt **nicht beziffert** werden kann.[131] Dies darf aber nicht dahin missverstanden werden, dass die allgemein bestehenden Schwierigkeiten, einen Schaden zu beziffern, der erst im Entstehen begriffen ist oder zu entstehen droht, ausreichen würden.

86 Erforderlich ist hiernach, dass der geltend gemachte Schaden in **Anbetracht seiner Natur und der Vorhersehbarkeit** seines Eintritts nicht angemessen festgestellt und beziffert werden kann und dass er durch eine Schadensersatzklage praktisch nicht ersetzt werden kann. Dies hat der EuGH für einen Fall angenommen, in welchem es um die Veröffentlichung spezifischer geschäftlicher, angeblich vertraulicher Informationen ging. Dabei war maßgeblich, dass der Schaden, sowohl nach seiner Art als auch nach seinem Umfang notwendiger Weise unbestimmt war, da sowohl der Kreis der möglichen Anspruchsgegner als der durch sie verursachte Schaden nicht absehbar war.[132]

87 Es obliegt dem Antragsteller, der geltend macht, dass der Schaden nicht bezifferbar sei, hierzu „genaue und überzeugende Gesichtspunkte und Beweise vorzubringen".[133] Da es generell dem Richter des einstweiligen Rechtsschutzes nicht obliegt, die Erfolgsaussichten oder Schwierigkeiten bei der Geltendmachung eines Schadensersatzes zu würdigen, müssen die Schwierigkeiten von prinzipieller Natur sein und bereits bei Beantragung des einstweiligen Rechtsschutzes evident sein.[134]

---

[128] EuGH 10.9.2013 – C-278/13 P(R), ECLI:EU:C:2013:558 Rn. 48–51 – Kommission/Pilkington Group.
[129] EuG 28.5.2001 – T-53/01 R, ECLI:EU:T:2001:143 Rn. 118–121 – Poste Italiane/Kommission.
[130] EuG 16.11.2007 – T-312/07 R, ECLI:EU:T:2007:345 Rn. 36 – Dimos Peramatos/Kommission; 8.1.2010 – T-446/09 R, ECLI:EU:T:2010:5 Rn. 25 – Escola Superior Agrária de Coimbra/Kommission.
[131] EuGH 10.9.2013 – C-278/13 P(R), ECLI:EU:C:2013:558 Rn. 52 – Kommission/Pilkington Group; siehe auch EuGH 7.3.2013 – C-551/12 P(R), ECLI:EU:C:2013:157 Rn. 60 – EDF/Kommission.
[132] EuGH 10.9.2013 – C-278/13 P(R), ECLI:EU:C:2013:558 Rn. 54–57 – Kommission/Pilkington Group.
[133] EuGH 7.3.2013 – C-551/12 P(R), ECLI:EU:C:2013:157 Rn. 61 – EDF/Kommission.
[134] EuGH 10.9.2013 – C-278/13 P(R), ECLI:EU:C:2013:558 Rn. 53 f. – Kommission/Pilkington Group.

e) Irreparabler finanzieller Schaden – Existenzgefährdung. Nach der Rechtsprechung ist ausnahmsweise dann ein finanzieller Schaden irreparabel, wenn erkennbar ist, dass der Antragsteller andernfalls in eine Lage geriete, die seine **finanzielle Existenzfähigkeit** vor dem Ergehen der abschließenden Entscheidung im Verfahren zur Hauptsache bedrohen könnte.[135] Der Ausganspunkt der Rechtsprechung ist die schon oben referierte Weichenstellung, dass ein finanzieller Schaden grundsätzlich immer reparabel ist, weil er im Wege eines Schadensersatzes ausgeglichen werden kann. Insofern ist es hiervon ausgehend konsequent, eine Ausnahme für den Fall anzunehmen, in welchem der finanzielle Schaden derart ist, dass er die (wirtschaftliche) Existenz des Antragstellers berührt. Der irreparable Schaden, der in der Existenzgefährdung liegt, ist auch stets als „schwer" anzusehen, ohne dass es hierzu einer eigenständigen Prüfung oder Begründung bedarf. 88

Es gibt eine geradezu überbordende Rechtsprechung zu der Frage, in welchen Situationen ein finanzieller Schaden nicht irreparabel ist, weil er nicht zu einer Existenzgefährdung führt. Die Rechtsprechung hat die Anforderungen für die Darlegung einer Existenzgefährdung (sowohl in materieller als auch in prozessualer Hinsicht – siehe dazu unten → Rn. 114 ff.) über die Jahre und Jahrzehnte immer weiter verfeinert und verschärft, so dass der Nachweis einer Existenzgefährdung extrem schwierig geworden ist. 89

Diese Rechtsprechung sieht sich daher zahlreichen Einwänden ausgesetzt. (1) Sie führt dazu, dass es für große, finanzstarke Unternehmen nahezu unmöglich ist, einstweiligen Rechtsschutz zu erlangen, sofern finanzielle Schäden im Raum stehen. (2) Sie steht der Entwicklung einer sachangemessenen „Opfergrenze" im Wege. (3) Sie führt zu einer Transformation der Aufgaben des Richters des einstweiligen Rechtsschutzes. Statt rechtliche Feststellungen zu treffen, obliegt es dem Richter, ökonomische Sachverhalte und insbesondere Prognosen zu beurteilen, ob die vom Antragsteller vorgetragenen Elemente es hinreichend wahrscheinlich erscheinen lassen, dass in absehbarer Zeit eine Existenzgefährdung droht. 90

aa) Juristische Personen. Die Existenzgefährdung des Antragstellers wurde schon frühzeitig von der Rechtsprechung als Grund angesehen, die Dringlichkeit anzunehmen.[136] Allerdings wäre es kurzschlüssig hieraus schließen zu wollen, dass stets dann, wenn die Existenz des Antragstellers gefährdet ist, das Kriterium des drohenden irreparablen Schadens gegeben wäre. So hat die Rechtsprechung über Jahre die prozessualen (siehe → Rn. 30 f.) und materiellen Anforderungen an die Darlegung einer Existenzgefährdung erhöht: 91

(1) Konnex mit behaupteter Rechtsverletzung. Wie sonst auch (siehe oben → Rn. 60 ff.), kommt es darauf an, ob die Existenzgefährdung in einem **Zusammenhang** mit der angegriffenen Rechtsverletzung steht[137] und nicht auf die **Risikogeneigtheit** des Geschäftsmodells zurückgeht (siehe oben → Rn. 61). 92

(2) Berücksichtigung der Finanzkraft der Gesellschafter. Zudem betrachtet die Rechtsprechung nicht isoliert den Antragsteller und dessen wirtschaftliche Situation,[138] sondern stellt auf die **Finanzkraft der Gruppe** zu dem der Antragsteller gehört oder die **Finanzkraft der hinter ihm stehenden Gesellschafter,** seien es natürliche oder juristische Personen, ab. Die Rechtsprechung begründet dies damit, dass die objektiven Interessen des betroffenen Unternehmens nicht unabhängig von den Interessen der es kontrollie- 93

---

[135] EuG 7.2.2020 – T-797/19 R, ECLI:EU:T:2020:37 Rn. 30 – Anglo Austrian AAB Bank und Belegging-Maatschappij „Far-East"/EZB; EuGH 12.6.2014 – C-21/14 P-R, ECLI:EU:C:2014:1749 Rn. 46 – Kommission/Rusal Armenal.
[136] Siehe etwa EuGH 3.4.1974 – 20/74 R, ECLI:EU:C:1974:33 Rn. 1 f. – Kali-Chemie/Kommission.
[137] Vgl. 7.2.2020 – T-797/19 R, ECLI:EU:T:2020:37 Rn. 83 – Anglo Austrian AAB Bank und Belegging-Maatschappij „Far-East"/EZB; 15.5.2018 – T-901/16 R, ECLI:EU:T:2018:268 Rn. 91 – Elche Club de Fútbol/Kommission.
[138] Wohl zuerst in EuGH 7.5.1982 – 86/82 R, ECLI:EU:C:1982:151 Rn. 4 – Hasselblad/Kommission; seitdem ständige Rechtsprechung siehe in neuerer Zeit: EuGH 28.5.2018 – C-565/17 P(R), ECLI:EU:C:2018:340 Rn. 58 mwN – BASF Grenzach/ECHA; EuG 23.2.2022,– T-764/21 R, BeckRS 2022, 2461 Rn. 35 mwN – Atesos medical ua/Kommission.

renden natürlichen oder juristischen Personen sind und dass daher auf der Ebene der Gruppe, die diese Personen bilden, beurteilt werden muss, ob der behauptete Schaden schwer und irreparabel ist. Diese **Verquickung der Interessen** rechtfertige insbesondere, dass das Überlebensinteresse des betroffenen Unternehmens nicht unabhängig von dem Interesse beurteilt wird, das diejenigen, die es kontrollieren, an seinem Fortbestand haben.[139]

94 Ausgehend hiervon kommt es auf die bloße Existenz einer Unternehmensgruppe an, bzw. darauf an, ob der Antragsteller von einem anderen Unternehmen oder einer natürlichen Person kontrolliert wird. Hingegen ist nicht erforderlich, dass eine Pflicht zum Verlustausgleich oder dergleichen besteht, da es lediglich darauf ankommt, dass die Interessen des antragstellenden Unternehmens und der Unternehmensgruppe oder des hinter ihm stehenden Anteilseigners, der das Unternehmen kontrolliert, gleichgerichtet sind.[140]

95 In einer Weiterführung dieser Rechtsprechung hat das Gericht sogar entschieden, dass auch seitens eines Minderheitsgesellschafters mit einer Beteiligung von 30 % grundsätzlich von gleichgerichteten Interessen auszugehen ist, und der Antragsteller daher, um ein umfassendes Bild seiner wirtschaftlichen Situation zu geben, auch darauf einzugehen hat, ob seitens dieses Anteilseigners eine finanzielle Hilfe zu erlangen ist.[141]

96 Bei der Prüfung der Existenzgefährdung unter Einschluss der Möglichkeit einer finanziellen Stützung durch den Gesellschafter soll es nach der Rechtsprechung nicht ausreichen, dass letzterer eine Unterstützung versagt. Denn es könne nicht angehen, dass das Vorliegen eines irreparablen Schadens von der freien, einseitigen Willensbetätigung des Gesellschafters abhänge.[142]

97 **(3) Insolvenz.** Dokumentiert sich zwar in der Insolvenz oder drohenden Insolvenz die Existenzgefährdung eines Unternehmens, so bedeutet diese nicht notwendiger Weise, dass die Insolvenz oder drohende Insolvenz stets die Irreparabilität des Schadens begründet. So ist zu untersuchen, ob die (drohende) Insolvenz ihre entscheidende Ursache in dem angegriffenen Akt hat (siehe → Rn. 60 f.). Dies ist grundsätzlich dann nicht der Fall ist, wenn das Unternehmen sich bereits in der Insolvenz befindet, es sei denn, dass der angegriffene Akt die Situation insofern verschärft als die Fortführung der Geschäfte aus der Insolvenz in Frage gestellt wird.[143] Die Insolvenz kann auch dann nicht die Irreparabilität begründen, wenn sie durch die Gesellschafter abgewendet werden könnte (siehe → Rn. 93 ff.).[144]

98 **(4) Bewertung.** Die referierte Rechtsprechung hat sich zwar in sich folgerichtig entwickelt. Im Ergebnis führt sie aber zu einem immer engeren Netz aus Präjudizen mit der Konsequenz, dass es für Antragsteller extrem schwierig (wenn auch nicht unmöglich)[145] ist, das Vorliegen eines irreparablen wirtschaftlichen Schadens durch eine Existenzgefährdung zu belegen.

99 Eine Neujustierung der Rechtsprechung erscheint erwägenswert. Insbesondere erscheint bedenkenswert, danach zu unterscheiden, ob die angegriffene Entscheidung unmittelbar (so etwa im Falle einer Geldbuße, eines Zahlungs-/Rückzahlungsanspruchs, einer Beitragspflicht) eine Geldleistungspflicht betrifft oder eine Geldleistungspflicht zumindest wertungsmäßig eng mit der angefochtenen Entscheidung verknüpft ist (so etwa im Falle einer Beihilfe, die zurückzuzahlen ist). Für diese Fälle erscheint es weiter sachgerecht, an den sehr strengen Vorgaben festzuhalten.

---

[139] EuGH 14.12.1999 – C-335/99 P(R), ECLI:EU:C:1999:608 Rn. 62 – HFB ua/Kommission.
[140] EuG 23.11.2018 – T-733/17 R, ECLI:EU:T:2018:839 Rn. 32 f. – GMPO/Kommission.
[141] EuG 7.5.2010 – T-410/09 R, ECLI:EU:T:2010:179 Rn. 57 f. – Almamet/Kommission; EuG 23.11.2018 – T-733/17 R, ECLI:EU:T:2018:839 Rn. 35 – GMPO/Kommission.
[142] EuG 23.11.2018 – T-733/17 R, ECLI:EU:T:2018:839 Rn. 34 mwN – GMPO/Kommission.
[143] EuG 15.5.2018 – T-901/16 R, ECLI:EU:T:2018:268 Rn. 77 ff. – Elche Club de Fútbol/Kommission.
[144] EuG 22.3.2018 – T-732/16 R, ECLI:EU:T:2018:171 Rn. 49 ff. – Valencia Club de Fútbol/Kommission.
[145] Siehe EuG 15.5.2018– T-901/16 R, ECLI:EU:T:2018:268 – Elche Club de Fútbol/Kommission.

Etwas Anderes sollte aber gelten, soweit der angefochtene Akt die freie wirtschaftliche **100** Tätigkeit des betroffenen Unternehmens beschränkt und der finanzielle Schaden sich als ein Folgeschaden dieser Beschränkung erweist (so etwa bei der Versagung der Zulassung eines Arzneimittels, des Verbots einer Substanz und dergleichen). In diesen Fällen erscheint es angebracht, einen wenig strengeren Maßstab für die Prüfung der Dringlichkeit anzulegen und möglicherweise sachgerechter, die Kriterien für die Gewährung einstweiligen Rechtsschutzes aus der Interessenabwägung statt aus der Dringlichkeit zu gewinnen.

bb) Natürliche Personen. Es gibt vergleichsweise wenig Rechtsprechung, die die Opfer- **101** grenze für natürliche Personen betrifft, die erreicht sein muss, um davon sprechen zu können, dass ein wirtschaftlicher Nachteil irreparabel ist. Im Bereich der **Sanktionsmaßnahmen**[146] und im **Beamtenrecht**[147] hat sich eine recht strenge Rechtsprechung entwickelt, wonach von einem irreparablen Schaden nicht auszugehen ist, solange das Existenzminimum gesichert bleibt. Ein Antragsteller kann also nicht verlangen, dass ihm ein „standesgemäßer Lebensstandard" erhalten bleiben muss. Dagegen ist bisher nicht entschieden, ob einem Antragsteller zugemutet werden kann, sein Eigenheim zu verkaufen, um seinen Lebensunterhalt zu bestreiten oder weil er nicht mehr die Finanzierungsraten bedienen kann.

f) Verlust von Marktanteilen. aa) Allgemeines. Nach der Rechtsprechung ist ein **102** irreparabler finanzieller Schaden auch dann gegeben, wenn erkennbar ist, dass „die Marktanteile des Antragstellers insbesondere im Hinblick auf den Zuschnitt und den Umsatz seines Unternehmens sowie die Merkmale des Konzerns, dem er angehört, wesentlich verändert würden."[148] Nach einer **früheren Rechtsprechung** wurde der Verlust an Marktanteilen als ein grundsätzlich irreparabler Schaden angesehen[149] und hatte diese Kategorie des Schadens das Potential, einen erweiterten Spielraum für Unternehmen zu schaffen, einen irreparablen wirtschaftlichen Schaden geltend zu machen.

Allerdings ist die **Folgerechtsprechung** hierüber hinweggegangen und ist nach der **103** aktuellen Rechtsprechung auch die Geltendmachung eines Verlusts von Marktanteilen um einen irreparablen Schaden zu belegen, sehr schwierig. So hat die Rechtsprechung einerseits festgehalten, dass der Verlust von Marktanteilen ein rein wirtschaftlicher Schaden ist, da es um den Verlust spätere Erwerbsaussichten geht.[150] Anderseits geht die Rechtsprechung davon aus, dass verlorene Marktanteile grundsätzlich zurückerobert werden können, so dass nur dann ein irreparabler Schaden vorliegen soll, wenn der Wiedereroberung der Marktanteile strukturelle oder juristische Gründe entgegenstehen.[151] Außerdem zieht die Rechtsprechung in der Prüfung Elemente heran, die die „Schwere" des Schadens betreffen und fordert dabei in ständiger Rechtsprechung (entgegen der Rechtsprechung des EuGH – siehe oben → Rn. 75 f.), dass die Schwere des Schadens durch den Verlust von Marktanteilen die Schwelle der Existenzgefährdung erreichen muss.[152]

---

[146] Siehe EuG 24.2.2014 – T-45/14 R,EU:T:2014:85 Rn. 37–39 – HTTS und Bateni/Rat; 26.7.2023 – T-286/23 R, Rn. 34 ff. – OT/Rat.
[147] Siehe EuG 27.4.2010 – T-103/10 P(R), ECLI:EU:T:2010:164 Rn. 42–52 – Parlament/U; 15.7.2019 – T-367/19 R, ECLI:EU:T:2019:544 – Camerin/Kommission.
[148] EuGH 12.6.2014 – C-21/14 P-R, ECLI:EU:C:2014:1749 Rn. 46 – Kommission/Rusal Armenal.
[149] EuG 7.7.1998– T-65/98 R, ECLI:EU:T:1998:155 Rn. 64–66 – Van den Bergh Foods/Kommission.
[150] EuG 28.4.2009 – T-95/09 R, ECLI:EU:T:2009:124 Rn. 64 – United Phosphorus/Kommission.
[151] EuGH 11.4.2001 – C-471/00 P(R), ECLI:EU:C:2001:218 Rn. 111 – Kommission/Cambridge Healthcare Supplies.
[152] EuG 22.6.2018 – T-476/17 R, ECLI:EU:T:2018:407 Rn. 32 f. – Arysta LifeScience Netherlands/Kommission; 11.7.2018 – T-783/17 R, ECLI:EU:T:2018:503 Rn. 32 – GE Healthcare/Kommission; 26.9.2019 – T-740/18 R, ECLI:EU:T:2019:717 Rn. 38 – Taminco/Kommission; 23.11.2018 – T-733/17 R, ECLI:EU:T:2018:839 Rn. 27 – GMPO/Kommission; 22.6.2021 – T-207/21 R, ECLI:EU:T:2021:382 Rn. 27 – Polynt/ECHA; 25.10.2021 – T-297/21 R, ECLI:EU:T:2021:733 Rn. 34 – Troy Chemical Company und Troy/Kommission; 21.1.2019 – T-574/18 R, ECLI:EU:T:2019:25 Rn. 33 – Agrochem-Maks/Kommission; 19.3.2021 – T-742/20 R, ECLI:EU:T:2021:199 Rn. 31 – UPL Europe und Indofil Industries (Netherlands)/Kommission; 2.2.2023 – T-706/22 R, ECLI:EU:T:2023:39 Rn. 18 ff. – Nicoventures Trading ua/Kommission.

104 bb) Bezugspunkt der Prüfung. Der **Bezugspunkt** für die Prüfung des Verlusts von Marktanteilen ist nicht ganz eindeutig und scheint in der Rechtsprechung schwankend. Insbesondere hat es den Anschein, dass häufig der Verlust von Marktanteilen (unzutreffender Weise) synonym zu „Umsatzeinbußen" verstanden wird. Grundsätzlich kommen drei unterschiedliche Bezugspunkte in Betracht: So könnte entweder auf den Verlust von Marktanteilen des betroffenen Produkts im Markt der betroffenen Produktkategorie oder auf den Verlust von Marktanteilen des Antragstellers insgesamt oder gar auf den Verlust von Marktanteilen der Gruppe, zu welcher das Unternehmen gehört, abgestellt werden. Der unterschiedliche Bezugspunkt hat eine große Bedeutung für den Ausgang der Prüfung. In einer produktbezogenen Betrachtung wird sich viel eher die Schwelle erreicht sein, ab welcher ein Verlust von Marktanteilen eine kritische Größe erreicht; zudem wären in einem solchen Fall die Darlegungslasten wesentlich geringer.

105 Im Beschluss in der Rs. *Du Pont de Remours* stellte das EuG offensichtlich auf die Marktanteile für das betroffene Produkt ab[153] und prüfte auch die Schwere des Schadens in erster Linie in Bezug auf dieses Produkt und ohne die Bedeutung des Verlusts von Marktanteilen in Relation zur Größe des Unternehmens oder gar der gesamten Gruppe zu setzen.[154] In der Rs. *BASF Grenzach* hat das Gericht hierzu keine Feststellung getroffen, da angesichts des vollständigen Fehlens jeglicher Angaben zum Umsatz, welches das Unternehmen mit dem betreffenden Produkt erzielt, eine Prüfung der Schwere des Schadens ausgeschlossen war.[155] In den Rs. *Taminco* und *Arysta* stellte das EuG jedenfalls nicht auf den Marktanteil für das betroffene Produkt ab, wobei unklar bleibt, ob ein unternehmensbezogener oder unternehmensgruppenspezifischer Ansatz gewählt wird.[156]

106 Richtigerweise sollte in einem **ersten Schritt** ein **produktbezogener Ansatz** verfolgt werden, also dargelegt und geprüft werden, welche Marktanteile der Antragsteller mit dem streitigen Produkt in einem bestimmten Markt hat, **wobei möglicherweise dieser Markt näher zu definieren ist.** Dieser produktbezogene Ansatz folgt daraus, dass das Unternehmen ja nicht allgemein Umsatzeinbußen geltend macht, die sowieso stets von vielen Variablen bedingt sein können, sondern dass es spezifisch darum geht, dass durch den angegriffenen Akt die Vermarktung, Verwendung oder Herstellung eines bestimmten Produkts untersagt oder eingeschränkt ist. Stellte man hingegen von vorneherein auf die Umsatzeinbußen für das Unternehmen oder gar die Unternehmensgruppe ab, so verlöre die Fallgruppe des „Verlusts von Marktanteilen" seine eigenständige Bedeutung. Unter diesem Stichwort würde lediglich eine inhaltlich weitgehend gleichlaufende Prüfung wie in der Fallgruppe der „Existenzgefährdung" erfolgen. Allerdings scheint dies der aktuellen Rechtsprechung zu entsprechen.

107 In einem **zweiten Schritt** ist dann zu prüfen, inwieweit der Antragsteller die Marktanteile, die ihm aufgrund des angegriffenen Aktes verloren gehen, wieder zurückgewinnen kann. Erst in einem **dritten Schritt** ist zu prüfen, welches Gewicht der Schaden hat. Erst im Rahmen dieser Prüfung kann es auf die relative Bedeutung des Verlusts von Marktanteilen für das das betroffene Unternehmen oder die Unternehmensgruppe ankommen.

108 cc) Unwiederbringlicher Verlust von Marktanteilen. Die Rechtsprechung geht mittlerweile davon aus, dass verlorene **Marktanteile grundsätzlich zurückerobert** werden können, und sei es mit einer Werbekampagne, so dass nur dann ein irreparabler Schaden vorliegen soll, wenn der Wiedereroberung der Marktanteile **strukturelle oder juristische**

---

[153] EuG 19.7.2007 – T-31/07 R, ECLI:EU:T:2007:236 Rn. 183–195 – Du Pont de Nemours (France) ua/Kommission.
[154] EuG 19.7.2007 – T-31/07 R, ECLI:EU:T:2007:236 Rn. 201–205 – Du Pont de Nemours (France) ua/Kommission.
[155] EuG 13.7.2017 – T-125/17 R, ECLI:EU:T:2017:496 Rn. 56–59 – BASF Grenzach/ECHA; bestätigt durch 28.5.2018 – C-565/17 P(R), ECLI:EU:C:2018:340 Rn. 58 – BASF Grenzach/ECHA.
[156] EuG 26.9.2019 — T-740/18 R, ECLI:EU:T:2019:717 Rn. 41–45 – Taminco/Kommission; 22.6.2018 – T-476/17 R, ECLI:EU:T:2018:407 Rn. 35–38 – Arysta LifeScience Netherlands/Kommission.

Gründe entgegenstehen.[157] Diese Ausnahmesituation hat beispielsweise das EuG in der Rs. *Du Pont de Nemours* mit Blick auf folgende Gesichtspunkte anerkannt:[158] Verminderte Wahrscheinlichkeit, dass Zwischenhändler das Produkt wieder vertreiben; Schwierigkeit, das Vertrauen der Nutzer nach mehreren Jahren zurück zu gewinnen, insbesondere da die angegriffene Entscheidung auf gesundheitliche Bedenken gestützt war; Gefährdung des Rufs des Antragstellers; Werbekampagne gewährleistet nicht, dass Marktanteile in nennenswertem Umfang zurückerobert werde können.

In **späteren Beschlüssen** hat das EuG allerdings **viel strengere Anforderungen** 109 gestellt und diese Gründe nicht mehr gelten lassen.[159] Insbesondere wird in der Rechtsprechung des EuG zuweilen gefordert, dass der Antragsteller belegen müsse, dass es ihm „unmöglich" sein müsse, die verlorenen Marktanteile wieder zurückerobern.[160] Auch wenn der Gerichtshof dies nicht ausdrücklich beanstandet hat, wird man doch seiner Rechtsprechung entnehmen dürfen, dass das EuG **nicht diese Anforderungen überspannen darf**.[161]

dd) Kein Ausgleich durch Schadensersatz? Es ist nicht ganz eindeutig, ob das EuG in 110 seiner neuesten Rechtsprechung zusätzlich prüft, ob der durch den Verlust von Marktanteilen erlittene finanzielle Verlust durch eine Schadensersatzklage ausgeglichen werden kann.[162] Sollte die Rechtsprechung tatsächlich in diesem Sinne zu verstehen sein, wäre sie abzulehnen. Sie würde dazu führen, dass die Kategorie des Verlusts von Marktanteilen jeglichen eigenständigen Charakter und Nutzen verlieren würde.

ee) „Schwere". Die „Schwere" des Schadens bildet einen integrierenden Bestandteil der 111 Prüfung. Den Ausgangspunkt bildet die Rechtsprechung des EuGH, wonach der drohende Verlust von Marktanteilen grundsätzlich in Bezug auf den Zuschnitt und den Umsatz des Unternehmens sowie die Merkmale des Konzerns, dem es angehört, zu setzen ist und erforderlich ist, dass eine wesentliche Änderung der Marktanteile zu besorgen ist.[163] Typischerweise ist also die Schwere in einer Relation zu der Größe (Umsätze) und Finanzkraft des Unternehmens / der Unternehmensgruppe darzulegen – mit den entsprechenden Anforderungen an die Darlegung und den Beleg entsprechender Angaben; siehe dazu unten → Rn. 114 ff. Jenseits der relativen Betrachtung sollte es, wie auch sonst, gestattet sein, die Schwere des Schadens objektiv darzulegen, also im Sinne eines „objektiv erheblichen Schadens" im Sinne der *EDF*-Rechtsprechung (siehe dazu oben → Rn. 75 f.).

Allerdings ist darauf hinzuweisen, dass die Prüfung des Verlusts von Marktanteilen in 112 zahlreichen entschiedenen Fällen [insbesondere betreffend Zulassung/Verbot von Substanzen (Chemikalien, Pflanzenschutz, Düngemittel, Arzneimittel, Genussmittel)] Gegenstand einer kritikwürdigen aber ständigen **Sonderrechtsprechung** ist. Nach dieser Rechtsprechung kommt es für die „Schwere" des Schadens darauf an, dass durch den Verlust von Marktanteilen die Schwelle der Existenzgefährdung erreichen muss (Nachweise → Rn. 103). Eine **Umsatzeinbuße von weniger als 10%** und zwar bezogen auf das Unternehmen und gegebenenfalls die Unternehmensgruppe soll **keinen schweren Scha-**

---

[157] EuGH 11.4.2001 – C-471/00 P(R), ECLI:EU:C:2001:218 Rn. 111 – Kommission/Cambridge Healthcare Supplies.
[158] EuG 19.7.2007 – T-31/07 R, ECLI:EU:T:2007:236 Rn. 186–192 – Du Pont de Nemours (France) ua/Kommission.
[159] Siehe beispielsweise EuG 26.9.2019 — T-740/18 R, ECLI:EU:T:2019:717 Rn. 96 ff. – Taminco/Kommission; 22.6.2018 – T-476/17 R, ECLI:EU:T:2018:407 Rn. 85 ff. – Arysta LifeScience Netherlands/Kommission; 11.7.2018 – T-783/17 R, ECLI:EU:T:2018:503 Rn. 72 ff. – GE Healthcare/Kommission.
[160] Siehe beispielsweise EuG 26.9.2019 – T-740/18 R, ECLI:EU:T:2019:717 Rn. 96 – Taminco/Kommission.
[161] EuGH 15.12.2009 – C-391/08 P(R), ECLI:EU:C:2009:785 Rn. 80 – Dow AgroSciences ua/Kommission; 24.3.2009 – C-60/08 P(R), ECLI:EU:C:2009:181 Rn. 65–69 – Cheminova ua/Kommission.
[162] Eventuell in diesem Sinne: 19.3.2021 – T-742/20 R, ECLI:EU:T:2021:199 Rn. 54–56 – UPL Europe und Indofil Industries (Netherlands)/Kommission.
[163] EuGH 12.6.2014 – C-21/14 P-R, ECLI:EU:C:2014:1749 Rn. 46 – Kommission/Rusal Armenal.

den darstellen.¹⁶⁴ Dass Abstellen auf die „Existenzgefährdung" als Bezugspunkt für die Prüfung ist gleich in mehrfacher Hinsicht fragwürdig: So hatte schon der Beschluss in der Rs. *Du Pont de Nemours* zutreffend festgehalten, dass es sich bei der Existenzgefährdung und dem Verlust von Marktanteilen um zwei eigenständige Fallgruppen handelt und daher nicht gefordert werden kann, dass der Verlust von Marktanteilen eine Existenzgefährdung bedingen muss.¹⁶⁵ Aus dem Beschluss in der Rs. *EDF* folgt dass das Kriterium der Existenzgefährdung nicht im Rahmen der Prüfung der „Schwere", sondern der „Irreparabilität" relevant ist und dass es dem Antragsteller zu gestatten ist, die Schwere nicht nur in relativer, sondern auch in absoluter Betrachtung zu begründen.¹⁶⁶

113 **ff) Konnex mit behaupteter Rechtsverletzung.** Weiter kommt es, wie auch sonst (siehe oben → Rn. 60 ff.), darauf an, ob der erhebliche Verlust von Marktanteilen in einem **Zusammenhang** mit der angegriffenen Rechtsverletzung steht¹⁶⁷ und nicht lediglich Folge einer risikogeneigten Geschäftspolitik ist (vgl. oben → Rn. 61).

114 **8. Darlegungs- und Beweislast.** Die Prüfung ist summarischer Natur. Es wird grundsätzlich **nach Aktenlage** entschieden; der Richter des einstweiligen Rechtsschutzes beschließt in der Regel keine prozessleitenden Maßnahmen zur Ermittlung des Sachverhalts oder gar Maßnahmen der Beweisaufnahme.¹⁶⁸ Den Antragsteller trifft die **Darlegungs- und Beweislast** für die die Dringlichkeit begründenden Umstände. Dies entspricht ständiger Rechtsprechung¹⁶⁹ und folgt bereits aus den Vorgaben der Verfahrensordnungen (Art. 160 Abs. 3 EuGHVerfO; Art. 156 Abs. 4 EuGVerfO), wobei letzterer Bestimmung spezifisch fordert, dass der Antrag „sämtliche verfügbaren Beweise und Beweisangebote enthalten [muss], die dazu bestimmt sind, den Erlass dieser einstweiligen Anordnung zu rechtfertigen."

115 Das Beweisrecht vor den Unionsgerichten ist relativ wenig entwickelt. So wird nicht zwischen Beweis und Glaubhaftmachung entschieden. In der Regel wird der „Beweis" in den Verfahren des einstweiligen Rechtsschutzes durch die Vorlage von Schriftstücken erbracht. **Eidesstaatliche Versicherungen** sind nicht eigens in der Liste der zulässigen Beweismittel nach Art. 64 EuGHVerfO oder Art. 91 EuGVerfO erwähnt. In der Praxis werden jedenfalls eidesstattliche Versicherungen als solche unproblematisch akzeptiert. Angesichts der Anforderung der Rechtsprechung, dass die Angabe durch „bestätigte Unterlagen" belegt sein müssen (siehe unten → Rn. 117), dürfte der Beleg allein durch Eidesstaatliche Versicherungen allerdings nicht ausreichend sein und insbesondere dann nicht genügen, sofern es um den Nachweis solcher Elemente geht, die typischer Weise von dritter Seite testiert werden (zB Jahresabschluss).

116 Anknüpfend an die Vorgaben der Verfahrensordnungen gem. Art. 160 Abs. 3 EuGHVerfO und Art. 156 Abs. 4 EuGVerfO, können Anträge, die diesen Anforderungen nicht genügen, bereits als unzulässig, weil formal den Vorgaben der Verfahrensordnung nicht entsprechend, zurückgewiesen werden. In der Vergangenheit wurde hierauf gestützt recht häufig die Unzulässigkeit festgestellt. Nach neuerer Praxis ist zu unterscheiden. Nur

---
¹⁶⁴ EuG 2.2.2023 – T-706/22 R, ECLI:EU:T:2023:39 Rn. 18 ff. – Nicoventures Trading ua/Kommission; 25.10.2021 – T-297/21 R, ECLI:EU:T:2021:733 Rn. 36 – Troy Chemical Company und Troy/Kommission; 22.7.2021 – T-189/21 R, ECLI:EU:T:2024:487 Rn. 31–33 – Aloe Vera of Europe/Kommission; 19.3.2021 – T-742/20 R, ECLI:EU:T:2021:199 Rn. 34 – UPL Europe und Indofil Industries (Netherlands)/Kommission; 26.9.2019 — T-740/18 R, ECLI:EU:T:2019:717 Rn. 41–45 – Taminco/Kommission.
¹⁶⁵ EuG 19.7.2007 – T-31/07 R, ECLI:EU:T:2007:236 Rn. 199–201 – Du Pont de Nemours (France) ua/Kommission.
¹⁶⁶ EuGH 7.3.2013 – C-551/12 P(R), ECLI:EU:C:2013:157 Rn. 30–33 – EDF/Kommission.
¹⁶⁷ Vgl. 7.2.2020 – T-797/19 R, ECLI:EU:T:2020:37 Rn. 83 – Anglo Austrian AAB Bank und Belegging-Maatschappij „Far-East"/EZB; 15.5.2018 – T-901/16 R, ECLI:EU:T:2018:268 Rn. 91 – Elche Club de Fútbol/Kommission.
¹⁶⁸ EuGH 8.12.2020 – C-298/20 P(R), ECLI:EU:C:2020:1006 Rn. 24–34 – Price/Rat; vgl. auch 21.5.2021 – C-121/21 R, ECLI:EU:C:2021:420 Rn. 59 – Tschechische Republik/Polen.
¹⁶⁹ EuGH 1.12.2021 – C-471/21 P(R), ECLI:EU:C:2021:984 Rn. 64 – Inivos und Inivos/Kommission.

wenn der Antrag keinerlei oder nur völlig unzureichende Darlegungen zur Dringlichkeit enthält, wird er als unzulässig zurückgewiesen. Anderenfalls nimmt das Gericht eine Prüfung der vorgetragenen Umstände vor, schließt dann aber gegebenenfalls, dass die vorgetragenen Umstände nicht hinreichen, den drohenden Eintritt eines schweren und nicht wiedergutzumachenden Schadens zu belegen.

Die Erfüllung der Darlegungs- und Beweislast ist besonders anspruchsvoll, sofern die Darlegung der Existenzgefährdung oder des Verlusts von Marktanteilen betroffen ist. So reicht es nicht aus, dass eine Existenzgefährdung nach allgemeiner Erfahrung in bestimmten Situation absehbar ist, sondern es bedarf in jedem Falle einer durch Dokumente gestützten Darlegung. So gilt nach ständiger Rechtsprechung, dass „der für die Gewährung vorläufigen Rechtsschutzes zuständige Richter über konkrete und genaue, **durch ausführliche und bestätigte Unterlagen** belegte Angaben verfügen [muss], die zeigen, in welcher Situation sich die die einstweiligen Anordnungen begehrende Partei befindet, und die es erlauben, die Auswirkungen abzuschätzen, die ohne den Erlass der beantragten Maßnahmen wahrscheinlich eintreten würden. Folglich muss diese Partei, insbesondere wenn sie den Eintritt eines Schadens finanzieller Art geltend macht, grundsätzlich anhand von Belegen ein getreues und umfassendes Abbild ihrer finanziellen Situation beibringen".[170] Dabei nimmt das Gericht für sich auch in Anspruch, die Wahrscheinlichkeit und Exaktheit der Angaben kritisch zu würdigen, insbesondere auch im Hinblick auf den Urheber des Dokuments (gerade im Hinblick auf eine eventuelle Verbindung zum Antragsteller), die Umstände seiner Erstellung und seinen Empfänger.[171]

Die hierzu erforderlichen Angaben müssen grundsätzlich bereits **in der Antragsschrift** enthalten sein. „Die Antragsschrift muss für sich allein dem Antragsgegner die Vorbereitung seiner Stellungnahme und dem für die Gewährung vorläufigen Rechtsschutzes zuständigen Richter die Entscheidung über den Antrag, gegebenenfalls ohne weitere Informationen, ermöglichen, wobei sich die wesentlichen tatsächlichen und rechtlichen Umstände, auf die sich der Antrag stützt, unmittelbar aus der Antragsschrift ergeben müssen."[172] „Die Antragsschrift kann zwar in spezifischen Punkten durch Verweise auf ihm beigefügte Anlagen vervollständigt werden, doch vermag dies das Fehlen wesentlicher Bestandteile in der Antragsschrift nicht zu beheben. Dem für die Gewährung vorläufigen Rechtsschutzes zuständigen Richter obliegt es nicht, anstelle der betreffenden Partei die in den Anlagen zum Antrag auf vorläufigen Rechtsschutz enthaltenen Bestandteile zu ermitteln, die den Antrag auf vorläufigen Rechtsschutz untermauern könnten."[173]

Die **praktische Bedeutung** der Darlegungs- und Beweislast bezüglich der die Dringlichkeit begründenden Umstände ist **kaum zu überschätzen**. Angesichts der generell hohen Anforderungen, die bereits an das Bestehen und die Darlegung der Umstände, die die Dringlichkeit begründen, gestellt werden, ist das Erfordernis, diese Umstände zu belegen, eine weitere, **ganz erhebliche Hürde** für den Erfolg eines Antrags auf einstweiligen Rechtsschutz. Dementsprechend ist in zahlreichen Verfahren die Versagung einstweiligen Rechtsschutzes darauf gestützt, dass die vom Antragsteller vorgetragenen Umstände nicht hinreichend dargetan oder belegt sind.

III. Fumus boni juris

„Nach ständiger Rechtsprechung ist die Voraussetzung des *fumus boni iuris* erfüllt, wenn zumindest einer der Gründe, die die Partei, die die einstweiligen Anordnungen beantragt, zur Hauptsache geltend macht, auf den ersten Blick nicht ohne ernsthafte Grundlage

---

[170] Siehe etwa EuG 7.2.2020 – T-797/19 R, ECLI:EU:T:2020:37 Rn. 33 – Anglo Austrian AAB Bank und Belegging-Maatschappij „Far-East"/EZB.
[171] EuG 2.2.2023 – T-706/22 R, ECLI:EU:T:2023:39 Rn. 26 ff. – Nicoventures Trading ua/Kommission.
[172] St. Rspr.; siehe etwa EuG 7.2.2020 – T-797/19 R, ECLI:EU:T:2020:37 Rn. 32 – Anglo Austrian AAB Bank und Belegging-Maatschappij „Far-East"/EZB.
[173] St. Rspr.; siehe etwa EuG 7.2.2020 – T-797/19 R, ECLI:EU:T:2020:37 Rn. 34 – Anglo Austrian AAB Bank und Belegging-Maatschappij „Far-East"/EZB.

erscheint. Dies ist insbesondere der Fall, wenn einer dieser Gründe komplexe rechtliche Fragen aufwirft, deren Lösung sich nicht sogleich aufdrängt und die daher einer eingehenden Prüfung bedürfen, die nicht von dem für die Gewährung vorläufigen Rechtsschutzes zuständigen Richter vorgenommen werden kann, sondern Gegenstand des Verfahrens zur Hauptsache sein muss, oder wenn ausweislich des Vorbringens der Parteien eine bedeutsame rechtliche Kontroverse besteht, deren Lösung sich nicht offensichtlich aufdrängt."[174]

121 Der **Bezugspunkt der Begründetheitsprüfung** ist in der oben wiedergegebenen Formulierung etwas **ungenau bezeichnet.** Anders als diese Formulierung nahelegt, ist Bezugspunkt der Prüfung nicht der klägerische Vortrag im Hauptsacheverfahren (die Akte des Hauptsacherfahrens wird getrennt geführt), sondern der Vortrag in der Antragsschrift.[175]

122 Die oben wiedergegebene Formulierung entspricht, bei manchen inhaltlich nicht erheblichen Varianten,[176] im Grundsatz der ständigen Rechtsprechung des EuG und des EuGH. Allerdings besteht zumindest nach dem Wortlaut der vom EuGH in jüngerer Zeit verwendenden Formulierung und der des EuG ein möglicherweise bedeutsamer Unterschied. Während nach der Formulierung des EuG auch ein bedeutender **Streit um Tatsachen** den *fumus* begründen kann,[177] scheint dies nach der wiedergegebenen Formulierung des EuGH nur bei einem **Streit um Rechtsfragen** der Fall zu sein. Allerdings sollten aus den unterschiedlichen Formulierungen nicht voreilig Schlüsse gezogen werden. So hatte der EuGH nach früherer Rechtsprechung ebenso einen Streit über Tatsachenfragen ausreichen lassen.[178]

123 Der Antragsteller muss durch seinen Vortrag in der Antragsschrift den fumus belegen; ein pauschaler Verweis auf die Ausführungen in der Hauptsache reicht nicht aus.[179] Anträge, die diesen Erfordernissen offensichtlich nicht entsprechen, werden als unzulässig verworfen.[180] Selbstverständlich kann der Antragsteller seinen Vortrag aus dem Hauptsacheverfahren wiederholen.[181]

124 Die Intensität und Ausführlichkeit der Prüfung hat über die Jahre deutlich zugenommen. Während in früheren Jahren der EuGH und das EuG häufig eine äußerst kursorische Prüfung haben genügen lassen, ist die Prüfung mittlerweile deutlich ausführlicher und auch intensiver, was sicherlich auch darin einen Grund findet, dass der Gerichtshof eine zu laxe Prüfung des EuG beanstandet hatte.[182] Insbesondere dann, wenn der *fumus* verneint wird, erfolgt eine ausführlichere Prüfung.

IV. Interessenabwägung

125 „Es ist Sache des für die Gewährung vorläufigen Rechtsschutzes zuständigen Richters, der mit einem Aussetzungsantrag befasst ist, die mit beiden Entscheidungsmöglichkeiten verbundenen Risiken gegeneinander abzuwägen. Konkret bedeutet dies ua, dass zu prüfen ist,

---

[174] EuGH 21.5.2021 – C-121/21 R, ECLI:EU:C:2021:420 Rn. 35 mwN – Tschechische Republik/Polen.
[175] Siehe, implizit, EuGH 8.10.2020 – C-201/20 P(R), ECLI:EU:C:2020:818 Rn. 105 – Junqueras i Vies/Parlament.
[176] Siehe etwa die leicht abweichende Formulierung, die das EuG regelmäßig verwendet: EuG 29.10.2020 – T-452/20 R, ECLI:EU:T:2020:516 Rn. 30 mwN – Facebook Ireland/Kommission.
[177] Siehe: EuG 15.5.2018 – T-901/16, ECLI:EU:T:2018:268 Rn. 56 mwN – Elche Club de Fútbol/Kommission; EuG 29.10.2020 – T-452/20 R, ECLI:EU:T:2020:516 Rn. 30 mwN – Facebook Ireland/Kommission.
[178] So etwa EuGH 3.12.2014 – C-431/14 P-R, ECLI:EU:C:2014:2418 Rn. 20 – Griechenland/Kommission.
[179] EuGH EuGH 23.5.2019 – C-163/19 P(R) und C-163/19 P(R)–R, ECLI:EU:C:2019:453 Rn. 58 mwN – Trifolio-M ua/EFSA.
[180] EuGH 8.10.2020 – C-201/20 P(R), ECLI:EU:C:2020:818 Rn. 102–108 – Junqueras i Vies/Parlament.
[181] EuGH 17.12.2018 – C-619/18 R, ECLI:EU:C:2018:1021 Rn. 51 – Kommission/Polen.
[182] Siehe etwa EuGH 11.4.2001 – C-471/00 P(R), ECLI:EU:C:2001:218 Rn. 53–67 – Kommission/Cambridge Healthcare Supplies.

ob das Interesse der Partei, die die einstweiligen Anordnungen beantragt, an der Aussetzung des Vollzugs schwerer wiegt als das Interesse an deren sofortiger Anwendung. Dabei ist zu bestimmen, ob eine Aufhebung dieser Vorschriften, nachdem der Gerichtshof der Klage in der Hauptsache stattgegeben hat, die Umkehrung der Lage erlauben würde, die durch ihren sofortigen Vollzug entstünde, und inwieweit andererseits die Aussetzung des Vollzugs die Erreichung der mit diesen Vorschriften verfolgten Ziele behindern würde, falls die Klage abgewiesen würde."[183]

Diese Formel, möglicherweise leicht variiert, entspricht der ständigen Rechtsprechung des EuGH und des EuG. Nach ihrem Wortlaut bezieht sie sich nur auf die Interessenabwägung im Rahmen eines Antrags auf Aussetzung; sie gilt aber entsprechend auch für den Erlass positiver einstweiliger Anordnungen.[184] **126**

Der **Status** der Interessenabwägung ist nicht ganz eindeutig. Während sich die Kriterien der Dringlichkeit und des *fumus* unmittelbar aus den Bestimmungen der Verfahrensordnungen ableiten lassen, gilt dies nicht für die Interessenabwägung. In der Rechtsprechung wird einerseits stets betont, dass „der für die Gewährung vorläufigen Rechtsschutzes zuständige Richter *gegebenenfalls* auch eine Abwägung der widerstreitenden Interessen" vornimmt um dann anzuschließen, dass „diese Voraussetzungen […] kumulativ [bestehen], so dass der Antrag auf einstweilige Anordnungen zurückzuweisen ist, sofern es an einer von ihnen fehlt".[185] **127**

Hieraus leitet sich die Frage ab, ob auch dann, wenn *fumus* und Dringlichkeit gegeben sind, der Antrag mit Blick auf die Interessabwägung zurückgewiesen werden kann. In diesem Sinne hat kürzlich das EuG in einem bemerkenswerten Beschluss entschieden;[186] ähnlich auch insofern als es lediglich gestützt auf eine negative Interessenabwägung den Antrag zurückgewiesen hat.[187] Es bleibt abzuwarten, ob der EuGH sich diese Linie zu eigen machen wird. Dies böte Spielraum, die Interessenabwägung stärker in den Fokus zu rücken. **128**

Schon nach bisheriger Rechtsprechung wird gelegentlich die **Dringlichkeit und die Interessenabwägung zusammen oder nebeneinander geprüft,** um die Versagung einstweiligen Rechtsschutzes besser nachvollziehbar zu begründen. Dies gilt insbesondere in Verfahren, in welchen die Gesundheit betroffen ist. Ausgehend von der Erkenntnis, dass der Gesundheitsschutz grundsätzlich Vorrang vor wirtschaftlichen Interessen genießt,[188] erscheint es in diesen Fällen „ehrlicher", die Interessenabwägung in den Vordergrund zu stellen und die Beantragung einstweiligen Rechtsschutzes davon abhängig zu machen, dass der Antragsteller Elemente vorgetragen hat, die den Gesundheitsschutz als nicht betroffen erscheinen lassen oder es rechtfertigen, dass er ausnahmsweise zurückzutreten hat, anstatt schematisch und sehr streng die Erfordernisse der Darlegung eines „schweren und irreparablen Schadens" abzuprüfen. **129**

Im Kern betrifft die Interessenabwägung die Interessen der Parteien. Sie ist aber nicht hierauf beschränkt, sondern bezieht sich nach ständiger Rechtsprechung auch auf die Interessen Dritter oder der Allgemeinheit.[189] Schließlich erschöpft sich die Bedeutung der **130**

---

[183] EuGH 17.12.2018 – C-619/18 R, ECLI:EU:C:2018:1021 Rn. 91 – Kommission/Polen.
[184] Dass der EuGH hier nicht klar unterscheidet, ergibt sich schon aus der zitierten Passage. In dem zitierten Beschluss ging es nicht um die Aussetzung von Unionsrechtsakten, sondern um die Anordnung der „Aussetzung" nationaler Rechtsakte und um weitere begleitende Maßnahmen; siehe auch EuGH 14.7.2021 – C-204/21 R, ECLI:EU:2021:593 Rn. 142 – Kommission/Polen.
[185] Siehe etwa EuGH 17.12.2018 – C-619/18 R, ECLI:EU:C:2018:1021 Rn. 29 – Kommission/Polen.
[186] EuG 26.5.2021 – T-54/21 R, ECLI:EU:T:2021:292 Rn. 102 ff. – OHB System/Kommission.
[187] EuG 27.3.2023 – T-1/23 R, ECLI:EU:T:2023:163 Rn. 36 ff. – Enmacc/Kommission.
[188] St. Rspr.; siehe schon EuGH 12.7.1996 – C-180/96 R, ECLI:EU:C:1996:308 Rn. 96 f. – Vereinigtes Königreich/Kommission; 11.4.2001 – C-471/00 P(R), ECLI:EU:C:2001:218 Rn. 121 mwN – Kommission/Cambridge Healthcare Supplies; 24.8.2018 – T-337/18 R und T-347/18 R, ECLI:EU:T:2018:587 Rn. 81 – Laboratoire Pareva und Biotech3D/Kommission.
[189] St. Rspr.; siehe schon EuGH 22.5.1978 – 92/78 R, ECLI:EU:C:1978:106 Rn. 15 f. – Simmenthal/Kommission; vgl. auch EuGH 24.4.2008 – C-76/08 R, ECLI:EU:C:2008:252 Rn. 44 – Kommission/Malta; EuG 3.12.2002 – T-181/02 R, ECLI:EU:T:2002:294 Rn. 112 f. – Neue Erba Lautex/Kommission.

Interessenabwägung nicht darin, Voraussetzung für die Gewährung einstweiligen Rechtsschutzes zu sein, sondern kann auch das richterliche Ermessen bei der Bestimmung des Inhalts des stattgebenden Beschlusses leiten.[190]

E. Entscheidung

131 Liegen die Voraussetzungen (Dringlichkeit, *fumus,* positive Interessenabwägung) vor, ergeht ein stattgebender Beschluss. Die Bestimmung des Inhalts des stattgebenden Beschlusses liegt weitgehend im Ermessen des Richters des einstweiligen Rechtsschutzes, wobei er allerdings insoweit an den Antrag gebunden ist, als er (grundsätzlich; siehe zur Ausnahme bei flankierenden Maßnahmen → Rn. 30 ff.) **nicht ultra petita** entscheiden darf, wohl aber hinter dem Antrag zurückbleiben kann sowie sachdienliche Vorgaben der einstweiligen Regelung treffen kann. Die Entscheidung über die nähere Ausgestaltung des stattgebenden Beschlusses wird maßgeblich durch die Interessenabwägung bestimmt.

132 Während die Voraussetzungen für die Gewährung einstweiligen Rechtsschutzes durch Aussetzung oder einstweilige Anordnung die gleichen sind, und daher gemeinsam behandelt wurden, liegt dies anders bei der Bestimmung des Inhalts des stattgebenden Beschlusses, weswegen hier eine Unterscheidung geboten ist.

I. Aussetzung

133 Im Falle der beantragten Aussetzung eines Unionsrechtsakts, ergibt sich die Rechtsfolge, soweit die Voraussetzungen (Dringlichkeit, *fumus* und positive Interessenabwägung) gegeben sind, in der Regel ohne Probleme aus dem zu Grunde liegenden Antrag: Der angegriffene Rechtsakt ist auszusetzen.

134 Die Aussetzung kann, nach Ermessen des Richters, gegenüber dem Antrag **eingeschränkt** sein. So kann die Aussetzung von einer Sicherheitsleistung abhängig gemacht werden (Art. 162 Abs. 2 VerfO EuGH; Art. 158 Abs. 2 VerfO EuG). Dies gilt allerdings nicht gegenüber der Union.[191] Die Aussetzung kann auch zeitlich beschränkt sein (Art. 162 Abs. VerfO EuGH; Art. 158 Abs. 3 VerfO EuG). Von diesen Möglichkeiten macht der Richter des einstweiligen Rechtsschutzes gelegentlich, wenn in den letzten Jahren auch recht selten, Gebrauch.

135 Jenseits dieser ausdrücklich in den Prozessordnungen verankerten Möglichkeiten kann der Richter des einstweiligen Rechtsschutzes die Aussetzung auch insofern beschränken, als er den angegriffenen Akt nicht vollständig aussetzt, sondern nur einige seiner Wirkungen. So kann es gerade im Interesse eines effektiven einstweiligen Rechtsschutzes geboten sein, eine solche, hinter dem Antrag zurückbleibende Aussetzung anzuordnen, etwa dann, wenn die Interessenabwägung gegen eine vollständige Aussetzung ausfällt. Dies könnte etwa bei restriktiven Maßnahmen der Fall sein, wenn es um das Einfrieren von Vermögenswerten geht oder wenn anderweit sichergestellt werden soll, dass das die Aussetzung nicht über das hinausgeht, was notwendig ist, um den schweren und irreparablen Schaden zu vermeiden.[192] Ausnahmsweise kann der Richter des einstweiligen Rechtsschutzes auch ergänzende Regelungen treffen, um eine sachgerechtes weiteres Verfahren nach der Aussetzung zu gewährleisten.[193]

---

[190] Siehe EuG 29.10.2020 – T-452/20 R, ECLI:EU:T:2020:516 Rn. 119 f. – Facebook Ireland/Kommission.
[191] EuGH 20.11.2017 – C-441/17 R, ECLI:EU:C:2017:877 Rn. 86 f. – Kommission/Polen.
[192] EuG 1.3.2023 – T-743/22 R, ECLI:EU:T:2023:102 Rn. 101 – Mazepin/Rat.
[193] EuG 29.10.2020 – T-452/20 R, ECLI:EU:T:2020:516 Rn. 119 f. – Facebook Ireland/Kommission.

II. Einstweilige Anordnung

Anträge auf Erlass einstweiliger Anordnungen sind regelmäßig entweder auf eine Nichtigkeitsklage oder im Falle der Vertragsverletzungsklage auf eine Feststellungsklage gestützt. Eine Verpflichtungsklag oder allgemeine Leistungsklage kennt das europäische Rechtsschutzsystem grundsätzlich nicht. **Die begehrte einstweilige Anordnung muss also notwendiger Weise über die Hauptsache hinausgehen.** Daher kann im Verfahren auf einstweilige Anordnungen dem Antragsteller **nicht ein Verbot des Überschreitens der Hauptsache** entgegengehalten werden. 136

Völlig zu Recht hat der EuGH befunden, das ein Überschreiten der Hauptsache den Richter des einstweiligen Rechtsschutzes nicht darin hindern kann, Vorgaben an den Mitgliedstaat in einem Vertragsverletzungsverfahren zu richten, weil anderenfalls Art. 279 AEUV entgegen seinem ausdrücklichen Wortlaut seines Sinns und Zwecks beraubt würde (siehe oben → Rn. 27). Entsprechendes muss auch auf Nichtigkeitsklagen gestützte Anträge auf einstweilige Anordnungen gegen die Unionsverwaltung gelten (siehe oben → Rn. 28). 137

Besteht daher bei Vorliegen der Voraussetzungen (Dringlichkeit, *fumus* und positive Interessenabwägung) ein **Anspruch** auf Erlass einer einstweiligen Anordnung, so ist deren Inhalt näher zu bestimmen. Maßgeblich hierfür ist zunächst die Erkenntnis, dass es sich um einen aus dem Prozessrecht erwachsenen Anspruch auf Wahrung der im Hauptverfahren geltend gemachten Rechtsposition handelt (siehe oben → Rn. 26). Dementsprechend kommt es nicht darauf an, ob der Antragsteller materiell-rechtlich einen Anspruch auf die von ihm begehrte Anordnung hat, sondern darauf, ob die beantragte Maßnahme, entsprechend dem Wortlaut des Art. 279 AEUV, „erforderlich" ist zur Wahrung seiner im Hauptverfahren geltend gemachten Rechtsposition. 138

Die **„Erforderlichkeit"** der einstweiligen Anordnung bildet in der Praxis bisher nicht den Gegenstand einer eigenständigen Prüfung, sondern erfolgt in der Regel im Rahmen der Interessenabwägung oder aber auch schon im Rahmen der Zulässigkeitsprüfung.[194] Entscheidender ist das Prüfungsprogramm. Gedanklich ist, anders als bei der Aussetzung, als erster Schritt zunächst der Konnex zwischen der zu schützenden Rechtsposition und der beantragten Maßnahme zu etablieren, dann ist zu prüfen, inwieweit diese Maßnahme hierfür „erforderlich" ist. Nach der Rechtsprechung ist ein strenger Maßstab anzulegen. Danach muss die einstweilige Anordnung strikt geeignet und erforderlich sein und nicht über das hinausgehen, was erforderlich ist zur Wahrung der im Hauptverfahren geltenden gemachten Rechtsposition. Dies impliziert insbesondere, dass die einstweilige Anordnung nur für die Dauer des Hauptverfahrens gelten darf, dass sie dem Hauptverfahren nicht vorgreifen darf und dass jenes nicht jeder praktischen Wirksamkeit beraubt werden darf.[195] Zudem gelten umso höhere Anforderungen an die Erforderlichkeit, je mehr die Prärogative (eines Organs der Union) betroffen ist.[196] 139

Grenzen der Befugnis des Richters des einstweiligen Rechtsschutzes bestehen insoweit, als er den Antragsgegner nicht zu Handlungen verpflichten kann, für die jener keine Kompetenz hat.[197] Grundsätzlich kann der Richter auch nicht Anordnungen gegenüber Dritten, die nicht Partei des Rechtsstreites sind, erlassen.[198] Ausnahmsweise, wenn anderen- 140

---

[194] Siehe etwa EuGH 14.7.2021 – C-204/21 R Rn. 65 ff. und 142 ff. – Kommission/Polen; EuG 13.4.2021 – T-12/21 R, ECLI:EU:T:2021:184 Rn. 83 ff. – PJ/EIT.
[195] EuG 13.4.2021 – T-12/21 R, ECLI:EU:T:2021:184 Rn. 41 mwN – PJ/EIT.
[196] Instruktiv: EuG 4.5.2018 — T-230/18 R, ECLI:EU:T:2018:262 Rn. 28 ff. – Czarnecki/Parlament, in welchem der Präsident des EuG darauf hinwies, dass die Schaffung, kraft einstweiliger Anordnung, eines zusätzlichen Vizepräsidentenposten und dessen Besetzung mit dem Antragsteller schon deshalb nicht in Betracht komme, weil eine solche Anordnung eine erhebliche Einmischung in die Selbstorganisation des Parlaments bedeute und angesichts der Säumnis des Antragstellers nicht als geboten angesehen werden könne.
[197] EuG 3.5.2007 – T-12/07 R, ECLI:EU:T:2007:124 Rn. 52 – Polimeri Europa/Kommission.
[198] EuG 1.12.1994 – T-353/94 R, ECLI:EU:T:1994:288 Rn. 33 – Postbank/Kommission.

falls ein effektiver Rechtsschutz nicht zu gewährleisten ist, nimmt der Richter für sich die Befugnis in Anspruch, auch gegenüber Dritten Anordnungen zu erlassen.[199]

141 Ebenso wie die Aussetzung kann die einstweilige Anordnung gegenüber dem Antrag **eingeschränkt** sein. So kann sie von einer Sicherheitsleistung abhängig gemacht werden (Art. 162 Abs. 2 VerfO EuGH; Art. 158 Abs. 2 VerfO EuG). Dies gilt allerdings nicht gegenüber der Union.[200] Die Anordnung kann auch zeitlich beschränkt sein (Art. 162 Abs. 3 VerfO EuGH; Art. 158 Abs. 3 VerfO EuG). Die einstweilige Maßnahme kann durch **flankierende Maßnahmen,** die ihre effektive Befolgung sicherstellen sollen, ergänzt werden (siehe oben → Rn. 30 f.).

III. Rechtsfolge/Rechtswirkungen

142 **Stattgebende Beschlüsse** im einstweiligen Rechtsschutz **verlieren** ihre **Wirksamkeit,** soweit diese nicht von vornherein zeitlich beschränkt war (siehe Art. 162 Abs. 3 EuGHVerfO; Art. 158 Abs. 3 EuGVerfO) oder eine Abänderung oder Aufhebung erfolgt ist (Art. 163 EuGHVerfO; Art. 159 EuGVerfO) oder eine Aufhebung im Rechtsmittel erfolgt ist, automatisch mit der **Verkündung des Endurteils** (Art. 162 Abs. 3 EuGHVerfO; Art. 158 Abs. 3 EuGVerfO).

143 **Ablehnende Beschlüsse** bleiben wirksam bis zur Verkündung des Endurteils, sofern sie nicht durch einen neuen Beschluss infolge eines erneuten, auf neue Tatsachen gestützten Antrags, ersetzt werden (Art. 164 EuGHVerfO; Art. 160 EuGVerfO) oder im Rechtsmittel aufgehoben werden. In diesem Umfang kommt den Beschlüssen **Rechtskraft** zwischen den Parteien zu. Selbstverständlich binden sie nicht den EuGH / das EuG in der rechtlichen Würdigung der Hauptsacheklage. Die **Unionsorgane** haben in entsprechender Anwendung des Art. 266 AEUV die erforderlichen Maßnahmen zu ergreifen, die sich aus einem stattgebenden Beschluss im einstweiligen Rechtsschutz ergeben. Stattgebende Beschlüsse bilden, soweit sie ihrem Inhalt nach vollstreckungsfähig sind, einen **Vollstreckungstitel.** Soweit dem Beschluss eine Feststellungs- oder Gestaltungswirkung (wie etwa im Falle der Aussetzung) zukommt, ist der Beschluss „self-executing".

144 Diese Grundsätze finden allerding in den einschlägigen primärrechtlichen Normen nur einen unvollständigen Ausdruck. So heißt es in Art. 280 AEUV lapidar, dass die „Urteile" des Gerichtshofs gemäß Art. 299 AEUV vollstreckbar sind. Allerdings kann vernünftiger Weise kein Zweifel daran bestehen, dass dies auch für stattgebende Beschlüsse des einstweiligen Rechtsschutzes gelten muss. So geht aus Art. 162 Abs. 2 EuGHVerfO und aus Art. 158 Abs. 2 EuGVerfO ausdrücklich hervor, dass die Beschlüsse vollstreckbar sind.

145 Weiter ergibt sich aus Art. 299 AEUV, dass die dort aufgeführten Rechtsakte, die eine Zahlung auferlegen, vollstreckbare Titel sind, dies aber nicht gegenüber „Staaten" gilt. Nach überwiegender und zutreffender Ansicht, gilt die Einschränkung gegenüber „Staaten" nicht für Mitgliedstaaten, soweit es um die Vollstreckung eines Urteils,[201] und damit entsprechend dem eben gesagten, um die Vollstreckung eines Beschlusses des einstweiligen Rechtsschutzes geht.

F. Verfahren

I. Gesonderter Schriftsatz; Aktenführung

146 Das Verfahren wird eingeleitet durch Einreichung des Antrags „mit gesondertem Schriftsatz", der „Antragsschrift", bei der Kanzlei des Gerichtshofes / des Gerichts. Für das Verfahren des einstweiligen Rechtsschutzes wird eine gesonderte Akte angelegt; das Akten-

---

[199] EuG 3.3.2020 – T-24/20 R, ECLI:EU:T:2020:78 Rn. 37 – Junqueras i Vies/Parlament; 18.3.2008 – T-411/07 R, ECLI:EU:T:2008:80 Rn. 56 – Aer Lingus Group/Kommission; vgl. auch EuGH 17.3.1986 – 23/86 R, ECLI:EU:C:1986:125 – Vereinigtes Königreich/Parlament.
[200] EuGH 20.11.2017 – C-441/17 R, ECLI:EU:C:2017:877 Rn. 86 f. – Kommission/Polen.
[201] Ruffert in Calliess/Ruffert AEUV Art. 299 Rn. 3.

zeichen wird durch den Zusatz „R" (steht für référé – französisch für einstweiliges Verfahren) zu dem Aktenzeichen des Hauptsacheverfahrens gebildet.

II. Kontradiktorisches Verfahren

Grundsätzlich ist das Verfahren kontradiktorisch. Dies impliziert unter anderem, dass die jeweils andere Seite Gelegenheit hat, zu den Ausführungen der Gegenseite Stellung zu beziehen. Allerdings sind im Hinblick auf die Eilbedürftigkeit Einschränkungen geboten. Dies kommt schon darin zum Ausdruck, dass die Prozessordnungen nur einen einmaligen (in der Regel) schriftlichen Austausch vorsehen. 147

In aller Regel erfolgt eine **Entscheidung erst, nachdem die Gegenpartei ihre Stellungnahme** abgegeben hat und ohne dass der Richter des einstweiligen Rechtsschutzes prozessleitende Maßnahmen anordnet. Die Stellungnahmen der Gegenseite kann nach den Verfahrensordnungen schriftlich oder mündlich erfolgen, wobei die aktuelle Praxis das schriftliche Verfahren privilegiert. 148

Eine **Ausnahme,** von der relativ häufig Gebrauch gemacht wird, besteht für besonders eilbedürftige Verfahren, in denen der Richter zunächst durch eine Zwischenverfügung dem Antrag stattgibt, damit während der Dauer des einstweiligen Verfahrens keine irreversiblen Schäden eintreten; siehe hierzu unten → Rn. 156 ff. Eine **weitere,** in der Praxis gelegentlich vorkommende **Ausnahme** besteht für die Fälle, in denen der Richter des einstweiligen Rechtsschutzes zu der Überzeugung gelangt, dass der Antrag offensichtlich unzulässig oder offensichtlich unbegründet ist und er daher den Antrag verwirft auch ohne die Gegenseite vorher angehört zu haben. 149

Der Richter verfügt über ein **weites Ermessen** für die sachdienliche Gestaltung des Verfahrens.[202] Rügen, dass der Richter dem Antragsteller nicht die Möglichkeit eingeräumt hat, auf den schriftsätzlichen Vortrag der Gegenseite zu reagieren, werden ohne weiteres verworfen.[203] Insbesondere ist der Richter grundsätzlich nicht gehalten, dem Antragsteller Gelegenheit zur Ergänzung seines Vortrags in der Antragsschrift zu geben[204] oder ihn gar dazu anzuhalten[205] oder abzuwarten, bis dieser von ihm angekündigte Unterlagen unterbreitet.[206] Nur in Ausnahmefällen kommt eine Verletzung der prozessualen Rechte der Parteien in Betracht.[207] 150

Die Zulassung **nachgereichter Schriftstücke** orientiert sich daran, ob dies die rasche Erledigung behindern würde, und insbesondere daran, ob lediglich Tatsachen und Gründe nachgeschoben werden, die bereits vorher hätten vorgebracht werden können. Anders liegt es, wenn der neue Vortrag als „neue Tatsachen" (Art. 164 EuGHVerfO; Art. 160 EuGVerfO) oder als „Änderung der Umstände" (Art. 163 EuGHVerfO; Art. 159 EuGVerfO) zu werten ist. In diesem Falle können prozessökonomische Gründe für die Zulassung sprechen: anderenfalls müsste der Antragsteller oder die Gegenseite den aufwendigeren Weg eines erneuten Antrags beschreiten bzw. die Aufhebung des erlassenen Beschlusses beantragen. 151

---

[202] St. Rspr., EuGH 1.12.2021 – C-471/21 P(R), ECLI:EU:C:2021:984 Rn. 45–47 – Inivos und Inivos/Kommission; 8.12.2020 – C-298/20 P(R), ECLI:EU:C:2020:1006 Rn. 24–34 – Price/Rat; 17.12.2020 – C-207/20 P(R), ECLI:EU:C:2020:1057, Rn. 42–45 – Anglo Austrian AAB und Belegging-Maatschappij „Far-East"/EZB; 13.6.2018 – C-315/18 P(R)–R, ECLI:EU:C:2018:443 Rn. 57 – Valencia Club de Fútbol/Kommission.
[203] EuGH 8.12.2020 – C-298/20 P(R), ECLI:EU:C:2020:1006 Rn. 27 f. – Price/Rat.
[204] EuGH 17.12.2020 – C-207/20 P(R), ECLI:EU:C:2020:1057 Rn. 42 mwN – Anglo Austrian AAB und Belegging-Maatschappij „Far-East"/EZB.
[205] EuGH 23.5.2019 – C-163/19 P(R) und C-163/19 P(R)–R, ECLI:EU:C:2019:453 Rn. 60–62 mwN – Trifolio-M ua/EFSA.
[206] EuGH 13.6.2018 – C-315/18 P(R)–R, ECLI:EU:C:2018:443 Rn. 55–60 – Valencia Club de Fútbol/Kommission.
[207] EuGH 5.7.2018 – C-334/18 P(R)–R, ECLI:EU:C:2018:548 Rn. 45–52 – Hércules Club de Fútbol/Kommission: Heranziehung von Sachverhaltselementen, die sich nicht aus der Akte ergeben.

III. Fristen; Sprache; Dauer; Entscheidung

152 Die Verfahrensordnungen bestimmen keine **Fristen** für die einzelnen Verfahrensschritte. Diese werden vom Richter des einstweiligen Rechtsschutzes je nach Lage des Falles bestimmt. In der Regel wird der Gegenpartei eine Frist von zwei Wochen zur Stellungnahme eingeräumt.

153 Die Verfahrenssprache ist die **Sprache,** in welcher die Hauptsache anhängig gemacht wird. Da die Beschlüsse insbesondere des EuG nicht mehr in alle EU-Sprachen übersetzt werden, sind viele Beschlüsse nur in französisch und in der jeweiligen Verfahrenssprache zugänglich. Das interne strenge Spracheregime des Gerichtshofs, wonach alle Schriftsätze in die Arbeitssprache Französisch übertragen werden, der Beschluss in französisch redigiert und anschließend in die Verfahrenssprache übertragen wird, gilt am EuG in der Praxis nur eingeschränkt. So werden, je nach Sprachkompetenz des Richters des einstweiligen Rechtsschutzes, gelegentlich auch Beschlüsse unmittelbar in der Verfahrenssprache redigiert, um Zeit zu sparen, so etwa in der Vergangenheit insbesondere in Deutsch und Englisch. Die Beschlüsse in diesen Verfahren sind nur in der jeweiligen Verfahrenssprache verfügbar.

154 Die **Dauer** des Verfahrens vom Eingang bis zur abschließenden Entscheidung liegt beim EuG im Schnitt zwischen zwei und drei Monaten, je nach Lage des Falles und nach Dringlichkeit. Gelegentlich erfolgt eine abschließende Entscheidung auch innerhalb einer Woche oder – in extremen Ausnahmefällen – am selben Tag oder binnen 48 Stunden. Hinzuweisen ist auch auf die Möglichkeit, Zwischenverfügungen zu erlassen, siehe unten → Rn. 156 ff.

155 Die Entscheidung erfolgt **durch begründeten Beschluss,** der den Parteien zugestellt wird, Art. 162 Abs. 1 EuGHVerfO, Art. 158 Abs. 1 EuGVerfO.

G. Besondere Verfahrensgestaltungen

I. Zwischenverfügung; inaudita alter parte

156 Art. 160 Abs. 7 EuGHVerfO und Art. 157, Abs. 2 EuGVerfO erlauben dem Richter des einstweiligen Rechtsschutzes, dem Antrag vorläufig stattzugeben ohne eine Stellungnahme der Gegenpartei abzuwarten. Die Entscheidung liegt im richterlichen Ermessen; eines gesonderten Antrags in der Antragsschrift bedarf es nicht. Allerdings ist ein solcher gesonderte Antrag üblich und es ist auch empfehlenswert, die besondere Eilbedürftigkeit, die noch nicht einmal das Abwarten der Stellungnahme der Gegenpartei erlaubt, gesondert zu begründen.

157 Eine Zwischenverfügung ergeht, wenn zu besorgen ist, dass schon während der Dauer des Verfahrens des einstweiligen Rechtsschutzes irreversible Fakten geschaffen werden (typischer Weise im Vergaberecht oder bei der Veröffentlichung vertraulicher Informationen). Die Zwischenverfügung dient damit dem Zweck, die Effektivität des einstweiligen Rechtsschutzes sicherzustellen. Die Zwischenverfügungen des Gerichts sind sehr kurz und im Kern damit begründet, dass eine Zwischenverfügung erforderlich ist, weil anderenfalls zu besorgen wäre, dass die abschließende Entscheidung im Verfahren des einstweiligen Rechtsschutzes ihrer Wirkung beraubt wäre. Jenseits dieses in den Gründen zum Ausdruck kommenden Prüfungsprogramms mag der Richter des einstweiligen Rechtsschutzes sehr kursorisch die Erfolgsaussichten des Antrags prüfen; ist von vorneherein erkennbar, dass der Antrag keine Erfolgsaussichten hat, ergeht keine Zwischenverfügung. Die Zwischenverfügungen des EuGH sind ausführlicher begründet; dies heißt nicht, dass ein anderer Prüfungsmaßstab zu Grunde gelegt würde.

158 Die Zwischenverfügungen sind ein ganz wesentliches Element des einstweiligen Rechtsschutzes. Das EuG erlässt seine Zwischenverfügungen häufig noch am Tag des Eingangs des Antrags und grundsätzlich binnen 48 Stunden. Zudem sorgt die Kanzlei durch Kontakte mit der Gegenseite dafür, dass noch vor Ergehen der Zwischenverfügung keine vollendeten

Tatsachen geschaffen werden. Die Zwischenverfügungen können gem. Art. 160 Abs. 7 EuGHVerfO und Art. 157 Abs. 2 EuGVerfO jederzeit, auch von Amts wegen, abgeändert oder aufgehoben werden.

II. Neuer Antrag

Gem. Art. 164 EuGHVerfO und Art. 160 EuGVerfO kann der Antragsteller nach Ablehnung seines Antrags weitere, auf „neue Tatsachen gestützte" Anträge stellen. „Neue Tatsachen" sind nach ständiger Rechtsprechung solche, die der Antragsteller nicht hat geltend machen können und die relevant für die Beurteilung des Falles sind.[208] Maßgeblicher Zeitpunkt für die Frage, welche Tatsachen als „neu" anzusehen ist, ist nicht die Einlegung des Antrags, sondern die gerichtliche Entscheidung über den vorherigen Antrag.[209] Sofern der Antragsteller nicht hinreichend dartun kann, warum er die angeführten Tatsachen nicht bereits hat geltend machen können oder wenn die Tatsachen für die Beurteilung irrelevant sind, wird der neue Antrag als unzulässig verworfen.[210] Anderenfalls findet eine erneute Sachprüfung unter Berücksichtigung der neuen Tatsachen statt.[211]

159

III. Abänderung/Aufhebung

Bei einer „Änderung der Umstände" kann der Beschluss aufgehoben oder abgeändert werden, Art. 163 EuGHVerfO, Art. 159 EuGVerfO. Der nicht ganz eindeutig formulierte Text der Verfahrensordnungen ist dahin ergänzend zu lesen, dass er sich auf den „stattgebenden Beschluss" bezieht. Dies entspricht Sinn und Zweck der Vorschrift und der einschlägigen Rechtsprechung.[212]

160

Unter „Änderung der Umstände" ist jeder neue tatsächliche oder rechtliche Gesichtspunkt gemeint, der geeignet ist, die Erwägungen des Richters des einstweiligen Rechtsschutzes in Frage zu stellen, auf welche der stattgebende Beschluss gestützt ist.[213] Der Umstand, dass ein nationales Verfassungsgericht urteilt, dass die gegen den betreffenden Mitgliedstaat erlassene einstweilige Anordnung verfassungswidrig sei, stellt keinen solche „Änderung der Umstände" dar.[214] Für die Aufhebung eines Beschlusses, mit welchem der Vollzug einer mittlerweile aufgehobenen Entscheidung ausgesetzt wurde, besteht kein Rechtschutzinteresse.[215]

161

IV. Rechtsmittel

Gegen Beschlüsse des EuG über die Gewährung einstweiligen Rechtsschutzes kann ein Rechtsmittel beim EuGH eingelegt werden, Art. 57, UAbs. 2, EuGH-Satzung. Das Rechtsmittelverfahren vor dem EuGH wird unter dem Aktenzeichen der Rechtssache mit dem Zusatz P(R) registriert, wobei „R" für „référé" (französisch für einstweiliges Verfahren) und „P" für „pourvoi" (französisch für Rechtsmittel) steht.[216]

162

---

[208] EuG 19.9.2017 – T-244/17 RII, ECLI:EU:T:2017:634 Rn. 13 mwN – António Conde & Companhia/Kommission; 19.10.2020 – T-377/20 RII, ECLI:EU:T:2020:505 Rn. 24 – KN/EWSA.
[209] EuG 25.10.2018 – T-337/18 RII, ECLI:EU:T:2018:729 Rn. 12 – Laboratoire Pareva/Kommission.
[210] Siehe etwa 19.9.2017 – T-244/17 RII, ECLI:EU:T:2017:634 Rn. 15–23 – António Conde & Companhia/Kommission.
[211] Siehe EuG 26.11.2021 – T-272/21 RII, BeckRS 2021, 36381 – Puigdemont i Casamajó ua/Parlament.
[212] EuGH 14.2.2002 – C-440/01 P(R), ECLI:EU:C:2002:95 Rn. 62 – Kommission/Artegodan. EuG 19.9.2017 – T-244/17 RII, ECLI:EU:T:2017:634 Rn. 7–11 – António Conde & Companhia/Kommission; 11.11.2019 – T-525/19 RII, ECLI:EU:T:2019:787 Rn 17 – Intering ua/Kommission.
[213] EuGH 14.2.2002 – C 440/01 P(R), ECLI:EU:C:2002:95 Rn. 63 – Kommission/Artegodan; EuG 23.5.2016 – T-235/15 R, ECLI:EU:T:2016:309 Rn. 28 – Pari Pharma/EMA.
[214] EuGH 6.10.2021 – C-204/21 R, ECLI:EU:C:2021:834 Rn. 23–25 – Kommission/Polen.
[215] EuG 26.6.2018 – T-784/17 RII, ECLI:EU:T:2018:388 – Strabag Belgium/Parlament.
[216] Das Aktenzeichen „P (R)" darf nicht verwechselt werden mit dem Aktenzeichen „P-R". Letzteres Aktenzeichen steht für ein vor dem EuGH erhobenen Antrag auf einstweiligen Rechtsschutz in einem vor dem EuGH anhängigen Rechtsmittelverfahren gegen eine in der Hauptsache ergangene Entscheidung des EuG. Schließlich gibt es noch das Aktenzeichen „P(R)-R". Hiermit wird ein Antrag auf einstweiligen

§ 17 Einstweiliger Rechtsschutz

163 Für die Einlegung des Rechtsmittels gelten die allgemeinen Vorschriften. Auch der Prüfungsmaßstab ist derselbe – dies gilt insbesondere auch für den zurückgenommenen Prüfungsmaßstab bei der Beurteilung von Tatsachenfragen[217] und die Unzulässigkeit von Angriffs- oder Verteidigungsmitteln, die nicht bereits erstinstanzlich geltend gemacht wurden,[218] sofern sich die Rechtmittelgründe nicht gerade aus dem angefochtenen Beschluss ergeben.[219] Ändert sich die Sachlage nach Ergehen der erstinstanzlichen Entscheidung, ist einer erneuter Antrag vor dem EuG geboten, nicht das Rechtsmittel.[220]

164 Eine gewisse Komplizierung des Rechtsmittelverfahrens hat sich in den letzten Jahren eingeschlichen, soweit ein Rechtsmittel gegen die Versagung einstweiligen Rechtsschutzes durch das EuG erhoben wird. So hatte es bis dato genügt, gegen den ablehnenden Beschluss ein Rechtsmittel einzulegen. Sofern dieses begründet war, hat der EuGH nach den allgemeinen Kriterien gem. Art. 61 EuGH-Satzung, also dann wenn die Sache spruchreif war, den vor dem EuG gestellten Antrag geprüft und gegebenenfalls die beantragte Maßnahme erlassen.[221] Nunmehr geht die Praxis der Prozessvertreter immer mehr dahin, gegen einen ablehnenden Beschluss nicht nur ein Rechtsmittel vor dem EuGH einzulegen, sondern gleichzeitig damit einen gesonderten Antrag, in welchem die Gewährung einstweiligen Rechtsschutzes durch den Gerichtshof beantragt wird.[222] Diese Verfahren werden unter dem Aktenzeichen „P(R)-R" geführt, womit ausgedrückt werden soll, dass ein Antrag auf einstweiligen Rechtsschutz im Rahmen eines Rechtsmittelverfahrens gegen eine Entscheidung des EuG im einstweiligen Rechtsschutz betroffen ist.

165 Für ein solches Prozedere mag eine orthodoxe Auslegung des Art. 160 Abs. 4 EuGHVerfO sprechen, wonach der Antrag auf einstweiligen Rechtsschutz durch gesonderten Schriftsatz geltend zu machen ist. Allerdings führt eine solche Auslegung nicht nur zu einer unnötigen Komplizierung des Verfahrens, sondern sie erscheint auch rechtlich nicht geboten. In diesem Sinne ist auch der Beschluss der Vizepräsidentin des EuGH in der Rechtssache C-646/19 P(R) zu verstehen, in welchem ausdrücklich festgestellt wird, dass Art. 61 der EuGH-Satzung, welcher den Gerichtshof zur Entscheidung der erstinstanzlich anhängigen Sache ermächtigt, auch im Rahmen des Rechtsmittelverfahrens gem. Art. 57 EuGH-Satzung gegen Beschlüsse im einstweiligen Rechtsschutz gilt.[223]

V. Intervention (Streithilfe)

166 Die Intervention von Streithelfern, sei es auf der Seite des Antragstellers oder auf der Gegenseite ist nach den gleichen Vorschriften zulässig wie für das Hauptsacheverfahren. Allerdings bestehen einige Besonderheiten auf Grund der Charakteristika des einstweiligen Verfahrens. So erfolgt die Amtsblattmitteilung über die Erhebung der Klage häufig erst zu einem Zeitpunkt, zu welcher das einstweilige Verfahren schon weit fortgeschritten oder bereits abgeschlossen ist. Eine Mitteilung über die Einlegung eines Antrags auf einstweiligen Rechtsschutz erfolgt nicht im Amtsblatt. In der Regel kennen daher potentielle Streithelfer

---

Rechtsschutz im Rahmen eines Rechtsmittelverfahrens gegen eine Entscheidung des EuG im einstweiligen Rechtsschutz gekennzeichnet.

[217] Siehe etwa EuGH 17.12.2020 – C-207/20 P(R), ECLI:EU:C:2020:1057 Rn. 84 – Anglo Austrian AAB und Belegging-Maatschappij „Far-East"/EZB.

[218] Siehe etwa EuGH 17.12.2020 – C-207/20 P(R), ECLI:EU:C:2020:1057 Rn. 72 – Anglo Austrian AAB und Belegging-Maatschappij „Far-East"/EZB.

[219] EuGH 22.11.2022 – C-478/22 P(R), ECLI:EU:C:2022:914 Rn. 38 – Telefónica de España/Kommission.

[220] Vgl. EuGH 20.3.2023 – C-739/22 P(R), ECLI:EU:C:2023:228 Rn. 16 ff. – Xpand Consortium ua/Kommission.

[221] Siehe etwa EuGH 14.6.2012 – C-644/11 P(R), ECLI:EU:C:2012:354 Rn. 60 ff. – Qualitest FZE / Rat.

[222] Siehe etwa EuGH 2.2.2018 – C-65/18 P(R)–R, ECLI:EU:C:2018:62 – Nexans France und Nexans/Kommission.

[223] EuGH 20.12.2019 – C-646/19 P(R), ECLI:EU:C:2019:1149 Rn. 80 – Puigdemont i Casamajó und Comín i Oliveres/Parlament; ebenso EuGH 24.5.2022 – C-629/21 P(R), ECLI:EU:C:2022:413 Rn. 172 – Puigdemont i Casamajó ua/Parlament.

nicht die Existenz eines derartigen Antrags. Dementsprechend ist die Zahl von Interventionen in einstweiligen Verfahren gering.

Ein Antrag auf Streithilfe im Hauptverfahren wird nicht als gleichzeitige Beantragung der Streithilfe im einstweiligen Verfahren betrachtet. Der potentielle Intervenient muss daher grundsätzlich mit gesondertem Schriftsatz seine Intervention im einstweiligen Verfahren beantragen. Tut er dies nicht und hat er lediglich seine Intervention im Hauptsacheverfahren beantragt, so wird das einstweilige Verfahren abgeschlossen, ohne das der potentielle Intervenient gehört würde. Eine Besonderheit gilt allerdings dann, wenn eine Partei im Hauptverfahren bereits als Streithelfer zugelassen ist. Hierdurch erlangt sie automatisch den Status eines Streithelfers auch im einstweiligen Verfahren – sofern dies noch anhängig ist. 167

Für die Zulassung von Streithelfern gelten grundsätzlich die gleichen Grundsätze wie auch im Hauptsacheverfahren. Gelegentlich konnte man eine relativ großzügige Handhabung der Kriterien durch den Richter des einstweiligen Rechtsschutzes beobachten.[224] Diese Tendenz dürfte als überholt anzusehen sein. Es hat sich zu Recht die Erkenntnis durchgesetzt, dass das Interesse der Hauptparteien an einer raschen Durchführung des einstweiligen Verfahrens empfindlich durch eine Intervention betroffen ist. Denn der hierdurch verursachte Zeitverlust darf keinesfalls unterschätzt werden, insbesondere dann, wenn sich Fragen der Vertraulichkeit von Verfahrenstücken gegenüber den Intervenienten stellen. Potentielle Intervenienten sollten sich daher fragen, ob eine eventueller Streithilfeantrag tatsächlich im Interesse der unterstützten Partei liegt. 168

H. Besonderheiten in bestimmten Rechtsmaterien

I. Vergaberecht

1. Allgemeines, Entwicklung der Rechtsprechung. In der bahnbrechenden Entscheidung in der Rs. *Vanbreda* ist das EuG zu der Feststellung gelangt, dass – in Anwendung der bisherigen Rechtsprechung – der abgelehnte Bieter aus systembedingten Gründen die Voraussetzung des Eintritts eines irreparablen Schadens nur übermäßig schwer nachweisen kann.[225] Ein solches Ergebnis sei **nicht mit den Erfordernissen eines effektiven vorläufigen Rechtsschutzes vereinbar.**[226] Hieraus hat es gefolgert, dass im Rahmen von Rechtsstreitigkeiten im Vergaberecht davon auszugehen ist, dass, sofern der abgelehnte Bieter das Vorliegen eines besonders ernsthaften *fumus boni iuris,* also eine hinreichend offenkundige und schweren Rechtswidrigkeit dartun kann,[227] von ihm nicht gefordert werden kann, den Nachweis zu erbringen, dass ihm ein irreparabler Schaden droht.[228] 169

Auf das von der Kommission eingelegte Rechtsmittel hat der EuGH in der Rs. *Vanbreda* zwar den Beschluss des EuG aufgehoben und in der Sache den Antrag auf einstweiligen Rechtsschutz zurückgewiesen.[229] Allerdings hat er im Kern die Analyse des EuG und den von ihm beschrittenen Lösungsweg bestätigt, wonach der abgelehnte Bieter, sofern er das Vorliegen eines **besonders ernsthaften *fumus boni iuris*** darlegen kann, nicht nachweisen muss, dass ihm ein irreparabler Schaden droht.[230] Mit Blick auf die sekundärrechtliche Ausgestaltung des Vergabeverfahrens, schränkt der EuGH diese Privilegierung des Antragstellers allerdings ein auf die Zeit der sog. **Stillhaltefrist** von 10 Tagen, also der Zeit, in 170

---

[224] Vgl., EuG 26.7.2004 – T-201/04 R, ECLI:EU:T:2004:246 – Microsoft/Kommission.
[225] EuG 4.12.2014,– T-199/14 R, ECLI:EU:T:2014:1024 Rn. 157 – Vanbreda Risk & Benefits/Kommission.
[226] EuG 4.12.2014 – T-199/14 R, ECLI:EU:T:2014:1024 Rn. 158 – Vanbreda Risk & Benefits/Kommission.
[227] EuG 4.12.2014 – T-199/14 R, ECLI:EU:T:2014:1024 Rn. 162 – Vanbreda Risk & Benefits/Kommission.
[228] EuG 4.12.2014 – T-199/14 R, ECLI:EU:T:2014:1024 Rn. 162 – Vanbreda Risk & Benefits/Kommission.
[229] EuGH 23.4.2015 – C-35/15 P(R), ECLI:EU:C:2015:275 – Kommission/Vanbreda Risk & Benefits.
[230] EuGH 23.4.2015 – C-35/15 P(R), ECLI:EU:C:2015:275 Rn. 41 – Kommission/Vanbreda Risk & Benefits.

welcher der Auftraggeber nach der Zuschlagsentscheidung den Vertrag noch nicht zeichnen darf.[231] Dabei weist er einschränkend daraufhin, dass die Stillhaltefrist nur dann maßgeblich ist, wenn der Antragsteller über ausreichende Informationen verfügt, um das Vorliegen einer eventuellen Rechtswidrigkeit der Zuschlagsentscheidung zu ermitteln.[232] Angesichts der Anforderungen des Grundsatzes der Rechtssicherheit soll eine solcher Umstand nur in den außergewöhnlichen Fällen anzunehmen sein, wenn der abgelehnte Bieter keinen Anlass hatte, eine Rechtswidrigkeit der Zuschlagsentscheidung anzunehmen.[233]

171 In Fortführung dieser Rechtsprechung hat der EuGH in der Rs. *Telefónica de España* entschieden, dass die Erleichterung bei der Darlegung der Dringlichkeit stets in der **vorvertraglichen Phase** gilt, also auch dann, wenn die Stillhaltefrist abgelaufen, der Vertrag aber noch nicht geschlossen ist.[234] Die Rechtsprechung in diesem Bereich ist mittlerweile weitgehend konsolidiert und das EuG folgt dem vom EuGH näher aufgezeigten Prüfungsschema. Hieran orientieren sich in der Praxis auch die Antragsteller, die in der ganz überwiegenden Mehrzahl den Antrag während der Stillhaltefrist einreichen.

172 **2. „Besonders ernsthafter *fumus*".** Wann der von der Rechtsprechung geforderte „besonders ernsthafte *fumus*" vorliegt, hat die Rechtsprechung nicht näher ausdifferenziert. In der Gegenüberstellung zu dem gewöhnlichen *fumus*, für den es nach der Rechtsprechung ausreicht, dass die Klage nicht ohne ernsthafte Grundlage erscheint, und anderen Fällen, in welchen die Rechtsprechung von einer „offensichtlichen Rechtswidrigkeit" des angefochtenen Rechtsakts ausgegangen ist, die dieser „gewissermaßen auf der Stirn" trägt,[235] ist davon auszugehen, dass ein „besonders ernsthafter *fumus*" vorliegt, sofern der Richter des einstweiligen Rechtsschutzes zu der Überzeugung gelangt, dass gute Gründe dafür sprechen, dass der angefochtene Rechtsakt rechtswidrig ist.[236] In der Sache nimmt das EuG jedenfalls eine ausführliche rechtliche Prüfung vor, die zumindest nicht wesentlich hinter der Prüfung in der Hauptsache zurückbleibt.[237] Fehlen dem Richter des einstweiligen Rechtsschutzes allerdings die notwendigen tatsächlichen Grundlagen, um seine rechtliche Bewertung vorzunehmen, geht dies zu Lasten des Antragstellers, insofern als kein „besonders ernsthafter *fumus*" festgestellt werden kann.[238]

173 **3. Stellung des Antrags vor Vertragsschluss oder Ablauf der Stillhaltefrist.** Das Gericht prüft, ob der Antrag auf einstweiligen Rechtsschutz innerhalb der 10-Tagesfrist oder, alternativ, ob der Antrag vor Vertragsabschluss eingereicht wurde. Hierbei ist darauf hinzuweisen, dass es sich um eine Frist handelt, die in Kalendertagen ausgedrückt ist. Sie ist daher auch dann beachtlich, wenn der Fristablauf auf einen gesetzlichen Feiertag fällt oder wenn innerhalb der Frist Feiertage (auch mehrere) liegen, wie etwa bei Ostern oder Weih-

---

[231] EuGH 23.4.2015 – C-35/15 P(R), ECLI:EU:C:2015:275 Rn. 42 – Kommission/Vanbreda Risk & Benefits.
[232] EuGH 23.4.2015 – C-35/15 P(R), ECLI:EU:C:2015:275 Rn. 47 – Kommission/Vanbreda Risk & Benefits.
[233] EuGH 23.4.2015 – C-35/15 P(R), ECLI:EU:C:2015:275 Rn. 48 – Kommission/Vanbreda Risk & Benefits. Siehe dazu aus der neueren Rspr.: EuG 3.3.2022 – T-46/22 R, BeckRS 2022, 3309 Rn. 26–31 – sedra/Parlament; 27.7.2021 – T-285/21 R, ECLI:EU:T:2021:675 Rn. 34–43 – Alliance française de Bruxelles-Europe ua/Kommission.
[234] EuGH 22.11.2022 – C-478/22 P(R), ECLI:EU:C:2022:914 Rn. 53 ff. – Telefónica de España/Kommission.
[235] EuG 4.12.2014 – T-199/14 R, ECLI:EU:T:2014:1024 Rn. 161 mwN – Vanbreda Risk & Benefits/Kommission.
[236] Aufschlussreich EuG 26.6.2018 – T-299/18 R, ECLI:EU:T:2018:389 Rn. 40–63 – Strabag Belgium/Parlament, in welcher das EuG zwar einen *fumus*, aber nicht einen „besonders ernsthaften *fumus*" konstatierte; siehe auch EuG 26.5.2021 – T-54/21 R, ECLI:EU:T:2021:292 Rn. 84 – OHB System/Kommission.
[237] Siehe etwa EuG 4.12.2014 – T-199/14 R, ECLI:EU:T:2014:1024 Rn. 25–137 – Vanbreda Risk & Benefits/Kommission; 18.1.2018 – T-784/17 R, ECLI:EU:T:2018:17 Rn. 30–66 – Strabag Belgium/Parlament; 26.5.2021 – T-54/21 R, ECLI:EU:T:2021:292 Rn. 32–84 – OHB System/Kommission.
[238] Siehe EuG 26.6.2018 – T-299/18 R, ECLI:EU:T:2018:389 Rn. 40–63 – Strabag Belgium/Parlament, in welcher das EuG zwar einen *fumus*, aber nicht einen „besonders ernsthaften *fumus*" konstatierte.

nachten. Die darin *de facto* liegende Verkürzung der 10-Tagesfrist nimmt die Rechtsprechung hin, hat allerdings erkennen lassen, dass möglicherweise auf Grund einer derartig verkürzten Frist geringere Anforderungen an den Umfang der Darlegungen zur Dringlichkeit gestellt werden können.[239]

4. Ausnahme: Unbeachtlichkeit des Fristablaufs. Bei der Prüfung, ob ausnahmsweise, trotz Vertragsabschluss, der Ablauf der Stillhaltefrist dem Antragsteller nicht entgegengehalten werden kann, wird geprüft, über welche Informationen der Antragsteller verfügt hat, und ob er hierauf gestützt den Antrag hätte formulieren können.[240] Mit dem Einwand, der Auftraggeber hätte dem Antragsteller nicht „alle Informationen über das erfolgreiche Angebot" zugänglich gemacht, kann der Antragsteller nicht durchdringen.[241]

5. Schwerer Schaden. Angesichts eines immer wieder aus den Antragsschriften hervorscheinenden Missverständnisses ist ausdrücklich darauf hinzuweisen, dass die Erleichterung der Darlegung der Dringlichkeit sich nur auf die Irreparabilität des Schadens, nicht aber auf dessen „Schwere" bezieht, die nach wie vor dargelegt werden muss.[242] Allerdings ist zuzugeben, dass die Qualifizierung dessen, was ein „schwerer" Schaden ist, schwerfällt (siehe oben → Rn. 74 ff.). Die Rechtsprechung behilft sich häufig mit einer Kombination des relativen und absoluten Ansatzes und stellte auch auf den Volumen des Auftrags im Verhältnis zu dem betroffenen Sektor und zum Auftraggeber ab.[243] Gelegentlich fließen auch Erwägungen zum *fumus* ein und zwar dann, um das Ergebnis, das eine schwerer Schaden im konkreten Fall droht, zusätzlich abzustützen.[244] Jedenfalls ist das Kriterium der Schwere des Schadens nicht mechanisch oder zu streng anzuwenden, sondern sind die individuellen Umstände zu berücksichtigen.[245]

Die Ausführungen des EuG in der Rs. *Isopix,* wonach es für das Kriterium der Schwere des Schadens darauf ankommen soll, ob das wirtschaftliche Überleben des Unternehmens bedroht ist,[246] sind abzulehnen. Hierbei vermengt das EuG die Kriterien der Schwere des Schadens und seines irreparablen Charakters. Nur in Bezug auf Letzteres kommt es auf die Existenzbedrohung des Unternehmens an (siehe oben → Rn. 75 f.). Der Umstand, dass dieses Kriterium bei Teilnehmern an einem Ausschreibungsverfahren praktisch nicht zu erfüllen ist, war ja gerade Anlass für die vom EuG angestoßene Rechtsprechungsänderung.

6. Sonderfall: es gilt keine Stillhaltepflicht. Die oben referierte Rechtsprechung ist auf die sekundärrechtlich verankerte Stillhaltepflicht bezogen. Für die Fälle, in denen die Still-

---

[239] EuG 17.5.2018 – T-228/18 R, ECLI:EU:T:2018:281 Rn. 54–57 – Transtec/Kommission.
[240] EuGH 23.4.2015 – C-35/15 P(R), ECLI:EU:C:2015:275, Rn 43 ff. – Kommission/Vanbreda Risk & Benefits; EuG 24.11.2016 – T-690/16, ECLI:EU:T:2016:696 Rn. 37 ff. – Enrico Colombo und Giacomo Corinti/Kommission; 11.9.2019 – T-578/19 R, ECLI:EU:T:2019:583 Rn. 26–35 – Sophia Group/Parlament; 13.3.2020 – T-20/20 R, ECLI:EU:T:2020:108 Rn. 33–35 – Intertranslations (Intertransleïsions) Metafraseis/Parlament.
[241] EuG 24.11.2016 – T-690/16, ECLI:EU:T:2016:696 Rn. 41 ff. – Enrico Colombo und Giacomo Corinti/Kommission.
[242] Siehe etwa EuG 17.5.2018 – T-228/18 R, ECLI:EU:T:2018:281 Rn. 32 – Transtec/Kommission.
[243] EuG 26.5.2021 – T-54/21 R, ECLI:EU:T:2021:292 Rn. 96–101 – OHB System/Kommission; 18.1.2018 – T-784/17, ECLI:EU:T:2018:17 Rn. 71–77 – Strabag Belgium/Parlament. Siehe aber auch EuG 17.5.2018 – T-228/18 R, ECLI:EU:T:2018:281 Rn. 34–46 – Transtec/Kommission, in welchem das Gericht die Darlegungen zur Schwere des Schadens nicht hat ausreichen lassen. Sehr streng: EuG 22.12.2021 – T-665/21 R, ECLI:EU:T:2021:937 Rn. 26–34 – Civitta Eesti/Kommission; 26.9.2017 – T-579/17 R, ECLI:EU:T:2017:668 – Wall Street Systems UK/EZB – das Rechtsmittel wurde zurückgewiesen – EuGH 4.10.2017 – C-576/17 P(R)–R, ECLI:EU:C:2017:735 – Wall Street Systems UK/EZB – allerdings hatte das Rechtsmittel nicht eine zu strenge Prüfung des Kriteriums „schwerer Schaden" angegriffen.
[244] So in EuG 18.1.2018 – T-784/17, ECLI:EU:T:2018:17 Rn. 71–77 – Strabag Belgium/Parlament; anders in 26.9.2017 – T-579/17 R, ECLI:EU:T:2017:668 – Wall Street Systems UK/EZB.
[245] EuG 4.12.2014 – T-199/14 R, ECLI:EU:T:2014:1024 Rn. 159 – Vanbreda Risk & Benefits/Kommission.
[246] EuG 25.5.2020 – T-163/20 R und T-163/20 RII, ECLI:EU:T:2020:215 Rn. 60 – Isopix/Parlament.

haltepflicht nicht gilt, etwa weil das Vergabeverfahren im Verhandlungswege geführt wurde, oder weil andere Akte als die Zuschlagsentscheidung angefochten werden, ist mittlerweile geklärt, dass der in den Entscheidungen *Vanbreda* entwickelte Ansatz jedenfalls nicht ohne weiteres zu übertragen ist.

178 So hat das EuG nunmehr entschieden, dass die Erleichterung bei der Darlegung der Dringlichkeit nicht gilt für eine Vergabe im Verhandlungswege.[247] Der Beschluss wurde im Rechtsmittel bestätigt.[248] Allerdings dürfte man entsprechend dem Beschluss in der Rs. *Telefónica de España* davon auszugehen haben, dass anderes gilt, soweit noch kein Vertragsschluss erfolgt ist.[249] Ein Antragsteller, der seinen Antrag erst nach der Vertragsunterzeichnung erhebt, kann sich jedenfalls nicht auf die Erleichterung berufen.[250] Desgleichen kann sich der ursprünglich erfolgreiche Bieter hierauf nicht gegen eine Neuausschreibung berufen.[251] Bislang hat das EuG allerdings die Frage offengelassen, ob für den Fall, dass der Antrag nicht die Zuschlagsentscheidung, sondern eine Entscheidung im Vorfeld zum Gegenstand hat, die Anwendung der *Vanbreda* Grundsätze in Betracht kommt.[252]

179 **7. Prüfung im Übrigen.** Sofern der Antragsteller sich auf die Abmilderung des Erfordernisses der Dringlichkeit berufen kann, muss immer noch, für den Erfolg seines Antrags, die Interessenabwägung zu seinen Gunsten ausfallen. Hier hat kürzlich das EuG einen bemerkenswerten Beschluss erlassen, der nicht mit einem Rechtsmittel angegriffen wurde, wonach der Erlass der begehrten Anordnung gleichwohl mit Blick auf die Interessenabwägung abgelehnt wurde.[253]

180 Sofern der Antragsteller sich nicht auf die von der Rechtsprechung anerkannte Abmilderung der Kriterien der Dringlichkeit berufen kann, muss er zusätzlich darlegen, dass ihm ein nicht wiedergutzumachender Schaden droht. Angesichts der Strenge, mit welcher dieses Erfordernis traditionell geprüft wird, wird einem Antragsteller dieser Nachweis selten gelingen. Allerdings hat das EuG kürzlich einen Reputationsschaden ausreichen lassen.[254]

181 **8. Bewertung.** Die mit der Rs. Vanbreda markeitere Rechtsprechungsänderung ist sehr zu begrüßen. Allerdings stellt die Beachtung der 10-Tagesfrist den Antragsteller vor erhebliche Herausforderungen, denn er hat binnen der kurzen Frist nicht nur den Antrag auf einstweiligen Rechtsschutz, sondern auch die Hauptsacheklage einzureichen. Initiativen zur Änderung der Verfahrensordnung, um den Antragsteller von dieser Doppellast zu befreien, sind bisher nicht in die Verfahrensordnung eingegangen. Dies ist bedauerlich, denn die Beachtung der 10-Tagesfrist impliziert auch, dass die üblicherweise bestehende, sehr viel längere Klagefrist de facto stark abgekürzt wird. Dem sollte zumindest im Hauptsacheverfahren Rechnung getragen werden durch eine großzügigere Praxis gegenüber der sonst üblichen strikten Verfahrensweise, was die Zulassung neuer Tatsachen oder rechtlicher Gesichtspunkte anbelangt.[255] Darüber hinaus wäre zu erwägen, die Akzessorietät abzumildern und einen Antrag auf einstweiligen Rechtsschutz vor Einlegung der Klage in

---

[247] EuG 21.5.2021 – T-38/21 R, ECLI:EU:T:2021:287 Rn. 27–33 – Inivos und Inivos/Kommission.
[248] EuGH 1.12.2021 – C-471/21 P(R), ECLI:EU:C:2021:984 Rn. 62–84 – Inivos und Inivos/Kommission.
[249] Vgl. EuGH 22.11.2022 – C-478/22 P(R), ECLI:EU:C:2022:914 Rn. 53 ff. – Telefónica de España/Kommission.
[250] EuG 29.9.2017 – T-211/17 R, ECLI:EU:T:2017:683 Rn. 30 ff. – Amplexor Luxembourg/Kommission; 3.7.2017 – T-117/17 R, ECLI:EU:T:2017:600 Rn. 27 ff. – Proximus/Rat.
[251] EuG 21.9.2022 – T-281/22 R, ECLI:EU:T:2022:569 Rn. 37 – Xpand Consortium ua/Kommission.
[252] EuG 20.4.2020 – T-849/19 R, ECLI:EU:T:2020:154 Rn. 19–21 – Leonardo/Frontex.
[253] EuG 26.5.2021, – T-54/21 R, ECLI:EU:T:2021:292 Rn. 102 ff. – OHB System/Kommission. Siehe aber auch EuG 25.5.2020 – T-163/20 R und T-163/20 RII, ECLI:EU:T:2020:215 – Isopix/Parlament, in welchem die Interesse des Antragstellers überwogen hat.
[254] EuG 14.7.2023 – T-126/23 R, ECLI:EU:T:2023:405 Rn. 34 ff. – VC/EU-OSHA.
[255] EuGH 7.3.2013 – C-551/12 P[R], ECLI:EU:C:2013:157 Rn. 32 f. – EDF/Kommission; EuG 26.6.2018 – T-299/18 R, ECLI:EU:T:2018:389 Rn. 73 – Strabag Belgium/Parlament; 26.5.2021 – T-54/21 R, ECLI:EU:T:2021:292 Rn. 93 – OHB System/Kommission.

der Hauptsache zuzulassen, der erst dann unzulässig wird (und ein etwaiger, stattgebender Beschluss obsolet), sofern der Kläger nicht binnen der Klagefrist Klage in der Hauptsache erhebt.

II. Vertrauliche Informationen

Sofern es um die Veröffentlichung von Informationen geht, die der Antragsteller als vertraulich einschätzt, scheint, prima facie, die Dringlichkeit gegeben und, vorbehaltlich einer Prüfung des *fumus*, die Gewährung einstweiligen Rechtsschutzes geboten. Denn, so wird man in der Regel annehmen dürfen, durch eine Veröffentlichung sind die Informationen in der Welt, so dass irreversible Tatsachen geschaffen werden, die drohen, dass die Klage in der Hauptsache obsolet wird. 182

Auf dieser Linie hat das EuG in der Rs. *Pilkington* entschieden, in welcher es um die Veröffentlichung einer Entscheidung der Kommission ging, die ein Kartell verschiedener Autoglas Hersteller feststellte. Dabei stellte das EuG maßgeblich darauf ab, dass der auch primärrechtlich und grundrechtlich abgestützte Anspruch auf Vertraulichkeit drohe, völlig ausgehöhlt zu werden.[256] 183

Der EuGH wies zwar das Rechtsmittel in der Rs. *Pilkington* zurück, nahm aber in zentralen Punkten andere Wertungen vor. So stellte der EuGH zunächst darauf ab, dass der Richter bei der Prüfung der Dringlichkeit von der Prämisse ausgehen müsse, dass die Informationen, deren Vertraulichkeit behauptet wird, tatsächlich vertraulich sind.[257] Entscheidend sei, dass im vorliegenden Fall die Veröffentlichung der Informationen unumkehrbar sei.[258] Der dadurch entstehende Schaden sei hinreichend schwer[259] und auch per se irreparabel.[260] Allerdings macht der EuGH dann einen beachtlichen Schwenk und **qualifiziert** den zu besorgenden Schaden als finanziellen Schaden, da es um den Schutz von Geschäfts- und Wirtschaftsinteressen gehe.[261] Zwar sei ein Schaden finanzieller Natur grundsätzlich reparabel im Hinblick auf die Möglichkeit einer Schadensersatzklage. Dies könne aber im konkreten Fall dem Antragsteller nicht entgegengehalten werden, da bereits jetzt absehbar sei, dass der Schaden nicht bezifferbar sei.[262] Was den *fumus* anbelangt, ergibt sich aus dem Beschluss des EuGH jedenfalls, dass keine Erleichterungen für dessen Darlegung gelten, sondern die allgemeinen Kriterien; insbesondere genügt die negative Feststellung, dass die streitgegenständlichen Informationen nicht offensichtlich keinen vertraulichen Charakter haben, nicht um hierauf gestützt auf einen *fumus* annehmen zu können.[263] 184

Offensichtlich wurde der Beschluss des EuGH in der Rs. *Pilkington* als unbefriedigend empfunden und hat keinen vollständigen Anschluss gefunden. Über die Zwischenstationen in der Rs. *Nexans*[264] und *RATP*,[265] in welcher das EuG den *fumus* im Rahmen der Prüfung der Dringlichkeit untersucht, ist die Rechtsprechung in der Tendenz dazu übergegangen, in Fällen, in welchen es um die Verbreitung von Informationen geht, den Prüfungsschwer- 185

---

[256] EuG 11.3.2013 – T-462/12 R, ECLI:EU:T:2013:119 Rn. 31, 32, 45 – Pilkington Group/Kommission.
[257] EuGH 10.9.2013 – C-278/13 P(R), ECLI:EU:C:2013:558 Rn. 38 – Kommission/Pilkington Group.
[258] EuGH 10.9.2013 – C-278/13 P(R), ECLI:EU:C:2013:558 Rn. 46 – Kommission/Pilkington Group.
[259] EuGH 10.9.2013 – C-278/13 P(R), ECLI:EU:C:2013:558 Rn. 47 – Kommission/Pilkington Group.
[260] EuGH 10.9.2013 – C-278/13 P(R), ECLI:EU:C:2013:558 Rn. 48 – Kommission/Pilkington Group.
[261] Der EuGH scheint hier eine eindeutige Festlegung vermeiden zu wollen und referiert insofern den Vortrag der Kommission (siehe Rn. 49), den er dann allerdings seinen weiteren Ausführungen zu Grunde legt. Siehe auch EuGH 28.11.2013 – C-390/13 P(R), ECLI:EU:C:2013:795 Rn. 48 – EMA/InterMune UK ua; 28.11.2013 – C-389/13 P(R), ECLI:EU:C:2013:794 Rn. 46 – EMA/AbbVie.
[262] EuGH 10.9.2013 – C-278/13 P(R), ECLI:EU:C:2013:558 Rn. 50–55 – Kommission/Pilkington Group.
[263] EuGH 10.9.2013 – C-278/13 P(R), ECLI:EU:C:2013:558 Rn. 68 – Kommission/Pilkington Group.
[264] EuG 23.11.2017 – T-423/17 R, ECLI:EU:T:2017:835 – Nexans France und Nexans/Kommission, bestätigt durch EuGH 12.6.2018 – C-65/18 P(R) und C-65/18 P(R)–R, ECLI:EU:C:2018:426 – Nexans France und Nexans/Kommission.
[265] EuG 12.7.2018 – T-250/18 R, BeckRS 2018, 14947 – RATP/Kommission.

punkt von der Dringlichkeit auf den *fumus* zu verlagern.[266] Damit geht auch einher, dass der Sache wenn auch nicht den Formulierungen nach, sich die Anforderungen an den *fumus* erhöht haben: Wenn auch nach wie vor lediglich eine vorläufige Beurteilung erfolgt, kommt die Intensität der Prüfung dem Standard, der in der Hauptsache gilt, nahe. Dies erscheint auch vor dem Hintergrund gerechtfertigt, dass der einstweilige Rechtsschutz endgültige Fakten schafft. Dies wird auch dadurch dokumentiert, dass bei Erfolglosigkeit des Antrags auf einstweiligen Rechtsschutz häufig die Hauptsacheklage zurückgezogen wird. Allerdings scheint das EuG sich in neuester Zeit wieder stärker an der vom EuGH in der Rs. *Pilkington* eingeschlagenen Linie zu orientieren.[267]

186 Beim Schutz vertraulicher Informationen geht es im Kern um drei Fallgruppen: Die Veröffentlichung von Kommissionentscheidungen insbesondere des Wettbewerbsrechts, die Elemente enthalten, die von den Betroffenen als vertraulich eingestuft werden (hier legt die Rechtsprechung mittlerweile einen strengen Maßstab an);[268] die Veröffentlichung von Dokumenten aufgrund eines Antrags auf Zugang zu Informationen[269] und die Veröffentlichung von Informationen im Rahmen eines Zulassungsverfahrens.[270]

III. Restriktive Maßnahmen

187 Bei den restriktiven Maßnahmen kommen mehrere Umstände zusammen, die der Gewährung effektiven Rechtsschutzes im Wege stehen. Restriktive Maßnahmen werden im Wege von Durchführungsverordnungen umgesetzt. Diese werden in der Regel jedes Jahr neu beschlossen. Gem. Art. 60 UAbs. 2 Satzung EuGH entfalten Entscheidungen des EuG, die eine Verordnung aufheben, erst mit Ablauf der Rechtsmittelfrist Wirkung. Da das Hauptsacheverfahren vor dem EuG (plus Rechtsmittelfrist) in der Regel länger als ein Jahr beansprucht, kann dies zu der Situation führen, dass der Betroffene, obwohl die jeweils angefochtene Verordnung vom EuG annulliert wurde und die Urteile in Rechtskraft erwachsen sind, weiter auf Grund der jeweils aktuellen Durchführungsverordnung den restriktiven Maßnahmen unterworfen ist. Siehe hierzu die Rs. *Klyuyev*, die diesen Sachverhalt anschaulich macht.[271]

---

[266] Siehe: EuG 12.8.2020 – T-162/20 R, ECLI:EU:T:2020:366 – Indofil Industries (Netherlands)/EFSA; 25.10.2018 – T-420/18 R, ECLI:EU:T:2018:724 – JPMorgan Chase ua/Kommission, bestätigt durch: EuGH 21.3.2019 – C-1/19 P(R) und C-1/19 P(R)–R, ECLI:EU:C:2019:230 – JPMorgan Chase ua/ Kommission; EuG 25.10.2018 – T-419/18 R, ECLI:EU:T:2018:726 – Crédit agricole und Crédit agricole Corporate and Investment Bank/Kommission, bestätigt durch EuGH 21.3.2019 – C-4/19 P(R) und C-4/ 19 P(R)–R, ECLI:EU:C:2019:229 – Crédit agricole und Crédit agricole Corporate and Investment Bank/ Kommission; EuG 2.4.2019 – T-79/19 R, ECLI:EU:T:2019:212 – Lantmännen und Lantmännen Agroetanol/Kommission, bestätigt durch EuGH 10.9.2019 – C-318/19 P(R), ECLI:EU:C:2019:698 – Lantmännen und Lantmännen Agroetanol/Kommission; EuG 5.2.2019 – T-675/18 R, ECLI:EU:T:2019:64 – Trifolio-M ua/EFSA, bestätigt durch EuGH 23.5.2019 – C-163/19 P(R) und C-163/19 P(R)–R, ECLI: EU:C:2019:453 – Trifolio-M ua/EFSA.
[267] Vgl. EuG 21.7.2023, T-222/23 R BeckRS 2023, 19154 – Arysta Lifescience/EFSA.
[268] Siehe aus neuerer Zeit: EuG 23.11.2017 – T-423/17 R, ECLI:EU:T:2017:835 Rn. 32, 45–48 – Nexans France und Nexans/Kommission, bestätigt durch EuGH 12.6.2018 – C-65/18 P(R) und C-65/18 P(R) –R, ECLI:EU:C:2018:426 – Nexans France und Nexans/Kommission; EuG 25.10.2018 – T-420/18 R, ECLI:EU:T:2018:724 – JPMorgan Chase ua/Kommission, bestätigt durch: EuGH 21.3.2019 – C-1/19 P (R) und C-1/19 P(R)–R, ECLI:EU:C:2019:230 – JPMorgan Chase ua/Kommission; EuG 25.10.2018 – T-419/18 R, ECLI:EU:T:2018:726 – Crédit agricole und Crédit agricole Corporate and Investment Bank/Kommission, bestätigt durch EuGH 21.3.2019 – C-4/19 P(R) und C-4/19 P(R)–R, ECLI:EU: C:2019:229 – Crédit agricole und Crédit agricole Corporate and Investment Bank/Kommission.
[269] Siehe EuG 25.8.2017 – T-653/16 R, ECLI:EU:T:2017:583 – Malta/Kommission; EuG 12.7.2018 – T-250/18 R, ECLI:EU:T:2018:458 RATP/Kommission – 2.4.2019 – T-79/19 R, ECLI:EU:T:2019:212 – Lantmännen und Lantmännen Agroetanol/Kommission.
[270] Siehe EuG 29.2.2016 – T-725/15 R, ECLI:EU:T:2016:128 – Chemtura Netherlands/EFSA, bestätigt durch EuGH 14.6.2018 – C-134/16 P(R) und C-134/16 P(R)–R, ECLI:EU:C:2016:442 – Chemtura Netherlands/EFSA; EuG 12.10.2018 – T-621/17 R BeckRS 2018, 27919 – Taminco/EFSA; 5.2.2019 — T-675/18 R, ECLI:EU:T:2019:64 – Trifolio-M ua/EFSA.
[271] EuG 28.11.2018 – T-305/18 R, ECLI:EU:T:2018:849 – Klyuyev/R.at.

188 Es ist offensichtlich, dass in einer solchen Situation der Rechtsschutz, der im Hauptsacheverfahren zu erlangen ist, uneffektiv erscheinen muss.[272] Deswegen hat das EuG, um die Effektivität seiner Entscheidungen in der Hauptsache sicherzustellen, den Rat an seine Pflicht erinnert, die Implikationen, die aus der Annullierung einer früheren Durchführungsverordnung für die aktuell in Kraft befindliche Durchführungsverordnung folgen, sorgfältig zu prüfen.[273] Darüber hinaus kann man dem Beschluss des EuG in der Rs. *Klyuyev* das deutliche Unbehagen des Gerichts mit dieser Situation entnehmen, sowie die Bereitschaft, sollte der Rat seinen Pflichten nicht nachkommen, festzustellen, dass effektiver Rechtsschutz nicht im Hauptsacheverfahren, sondern nur im Wege des einstweiligen Rechtsschutzes zu erlangen ist.[274]

189 Sofern die restriktive Maßnahme sich auf das Einfrieren von Vermögenswerten bezieht, mag dies auf den ersten Blick gegen die Gewährung einstweiligen Rechtsschutzes sprechen. Denn im Rahmen der Interessenabwägung wird zu berücksichtigen sein, dass eine auch nur temporäre Aufhebung der Maßnahme irreversible Folgen zeitigen dürfte. Dieser Umstand sollte jedoch der Gewährung einstweiligen Rechtsschutzes nicht generell entgegenstehen. So ist zu erwägen, ob die Maßnahme in Bezug auf bestimmte Vermögenswerte oder Vermögenswerte bis zu einer gewissen Höhe ausgesetzt werden kann. In ähnlichem Sinne hat das EuG in der Rs. *Mazepin* entschieden, in welcher es die Aussetzung der angegriffenen Akte verfügt hat aber nur insoweit, als dies nötig ist, um zu vermeiden, dass der Betroffene einen schweren und irreparablen Schaden in seinem beruflichen Fortkommen erleidet.[275]

I. Bewertung und Ausblick

190 Überblickt man die Rechtsprechung seit ihren Anfängen in den 50er Jahren,[276] stellt man zunächst fest, dass die Beschlüsse über die Jahre sehr viel länger geworden sind. Außerdem waren die Anträge anfangs wesentlich öfter erfolgreich. Die Erfolgsaussichten sanken deutlich in den 80er Jahren durch eine schärfere Prüfung der Dringlichkeit. Seit Beginn der 2000er Jahre war eine weitere Verschärfung dadurch zu verzeichnen, dass finanzielle Schäden als grundsätzlich durch einen Schadensersatz ersetzbar angesehen wurden.[277] Ab diesem Zeitpunkt war einstweiliger Rechtsschutz in Rechtsstreitigkeiten mit einem wirtschaftlichen Kontext nur noch sehr schwer zu erlangen. In der Folgezeit setzte eine Gegenbewegung ein. Es hatte sich wohl die Erkenntnis gebildet, dass die immer mehr in ein Präjudiziennetz ausufernde Rechtsprechung zu streng geworden war, um noch dem Erfordernis eines effektiven einstweiligen Rechtsschutzes hinreichend zu entsprechen. Einen ersten Ausdruck fand diese **Neuorientierung** darin, dass keine „rein mechanische" Prüfung an Hand der Präjudizien erfolgen dürfe.[278] Weitere Meilensteine waren die durch die Rechtsprechung in der Rs. *Vanbreda*[279] angestoßene Entwicklung im **Vergaberecht** und durch die Rs. *Pilkington*[280] im Bereich des **Schutzes vertraulicher Informationen.** Insbesondere ist auch die Rechtsprechung des EuGH zum Schutze des **Waldes von Białowieża**[281] und zur Sicherung einer **unabhängigen Justiz in Polen**[282] zu erwähnen.

---

[272] EuG 28.11.2018 – T-305/18 R, ECLI:EU:T:2018:849 Rn. 96–99 – Klyuyev/Rat.
[273] EuG 28.11.2018 – T-305/18 R, ECLI:EU:T:2018:849 Rn. 100–113 – Klyuyev/Rat.
[274] EuG 28.11.2018 – T-305/18 R, ECLI:EU:T:2018:849 Rn. 112, 113 – Klyuyev/Rat.
[275] EuG 1.3.2023 – T-743/22 R, ECLI:EU:T:2023:102 Rn. 101 – Mazepin/Rat.
[276] Siehe EuGH 4.12.1957 – 18/57 R, EU:C:1957:11 – Nold/Hohe Behörde.
[277] EuGH 14.12.2001 – C-404/01 P(R), ECLI:EU:C:2001:710 Rn. 69–75 – Kommission/Euroalliages ua.
[278] EuG 28.4.2009 – T-95/09 R, ECLI:EU:T:2009:124 Rn. 74 – United Phosphorus/Kommission.
[279] EuG 4.12.2014 – T-199/14 R, ECLI:EU:T:2014:1024 Rn. 160 – Vanbreda Risk & Benefits/Kommission.
[280] EuG 11.3.2013 – T-462/12 R, ECLI:EU:T:2013:119 – Pilkington Group/Kommission.
[281] EuGH 20.11.2017 – C-441/17 R, ECLI:EU:C:2017:877 Rn. 98–100 – Kommission/Polen.
[282] EuGH 14.7.2021 – C-204/21 R 6.10.2021 – C-204/21 R, ECLI:EU:C:2021:834 – Kommission/Polen; 27.10.2021 – C-204/21 R, ECLI:EU:C:2021:877 – Kommission/Polen; 8.4.2020 – C-791/19 R, ECLI:

Wichtig erscheint auch die größere Bedeutung, die das EuG der **Interessenabwägung** einräumt.[283]

191 **Diese Tendenzen sind sehr zu begrüßen.** In der Tat bergen die zahlreichen Präjudizien aus Fällen, in welchen der einstweilige Rechtschutz versagt wurde, die **Gefahr einer Petrifizierung** der Rechtsprechung. Dies wird besonders anschaulich auch im Vergleich zur Entwicklungen im nationalen Recht. So liegt es nahe anzunehmen, dass die sehr strikten Kriterien, die bei der Beurteilung der „Dringlichkeit" angelegt werden, wohl auf einen **Import aus dem französischen Recht** zurückgehen. Allerdings hat sich die **Rechtslage seit dem Jahr 2000 in Frankreich** gewandelt,[284] ohne dass dies in der Rechtsprechung der Unionsgerichte nachvollzogen wurde, so dass diese aus der Zeit zu fallen droht.

192 Für die weitere Entwicklung der Rechtsprechung wird sicher eine Rolle spielen, inwieweit die Unionsgerichte es zulassen (können), dass sich der Schwerpunkt der rechtlichen Prüfung **vom Hauptsachverfahren auf den Eilrechtsschutz verlagert**. Im Bereich des Schutzes vertraulicher Informationen und im Vergaberecht ist dies mittlerweile weitgehend der Fall. Mit Blick auf beschränkte Kapazitäten und institutionelle Erwägungen (zuständig sind der Vizepräsident des EuGH und der Präsident des EuG) bestehen limitierende Faktoren, so dass nicht zu erwarten steht, dass im großen Stil für weitere Materien eine derartige Öffnung erfolgt. Es wird darauf ankommen, ob in einer Materie (wie in den eben genannten) der effektive Rechtsschutz insgesamt mit dem einstweiligen Rechtsschutz steht oder fällt.

193 Es ist wenig wahrscheinlich, dass die Unionsgerichte in absehbarer Zeit ihre Rechtsprechung zum **„schweren und irreparablen Schaden"** aufgeben werden. Allerdings erscheinen **Nuancierungen** durchaus möglich. So wäre erwägenswert, die strikte Rechtsprechung, wonach ein finanzieller Schaden grundsätzlich durch einen Schadensersatz als ersetzbar angesehen wird, auf die Fälle zu beschränken, in denen die angegriffene Entscheidung unmittelbar (so etwa im Falle einer Geldbuße, eines Zahlungs-/Rückzahlungsanspruchs, einer Beitragspflicht) eine Geldleistungspflicht betrifft oder einer Geldleistungspflicht zumindest wertungsmäßig sehr nahesteht (siehe oben → Rn. 99 f.). Weiter wäre bedenkenswert, in Fortführung der Rechtsprechung in der Rs. *EDF*[285] eine Opfergrenze zu entwickeln, die neben die mittlerweile sehr schwer darlegbare „Existenzgefährdung" treten könnte. Im Hinblick darauf, dass der Gesundheitsschutz grundsätzlich Vorrang vor wirtschaftlichen Interessen genießt,[286] erscheint auch ein stärkeres Abstellen auf die Interessenabwägung angebracht. So wäre in erster Linie zu prüfen, ob der Antragsteller Elemente vorgetragen hat, die den Gesundheitsschutz als nicht betroffen erscheinen lassen oder es rechtfertigen, dass er ausnahmsweise zurückzutreten hat, anstatt schematisch und sehr streng die Erfordernisse der Darlegung eines „schweren und irreparablen Schadens" abzuprüfen (siehe auch oben → Rn. 128).

194 *De lege ferenda,* evtl. sogar im Wege der **Rechtsfortbildung**, sollten Modulationen der **Akzessorietät** bzw. sogar Durchbrechungen der Akzessorietät geschaffen werden. **In Analogie zu den Vorschriften für Beamte** ist zu erwägen, auch in den Fällen, in welchen sekundärrechtlich ein **behördeninternes obligatorisches Prüfverfahren** der

---

EU:C:2020:277 – Kommission/Polen; 17.12.2018 – C-619/18 R, ECLI:EU:C:2018:1021 – Kommission/Polen.

[283] EuG 26.5.2021 – T-54/21 R, ECLI:EU:T:2021:292 – OHB System/Kommission; EuG 27.3.2023 – T-1/23 R, ECLI:EU:T:2023:163 Rn. 36 ff. – Enmacc/Kommission.

[284] Das Erfordernis, dass ein Schaden nicht im Wege einer Entschädigung wieder gut gemacht werden kann, wurde durch das Gesetz n°2000-597 vom 30.7.2000 (JORF 151) aufgehoben; dementsprechend hat der Conseil d'État seine Rechtsprechung angepasst, siehe Lefèvre/Nõmm CMLR (60) 2023, 999, 1017.

[285] EuGH 7.3.2013 – C-551/12 P(R), ECLI:EU:C:2013:157 Rn. 32–35 – EDF/Kommission.

[286] St. Rspr.; siehe schon EuGH 12.7.1996 – C-180/96 R, ECLI:EU:C:1996:308 Rn. 96 f. – Vereinigtes Königreich/Kommission; 11.4.2001 – C-471/00 P(R), ECLI:EU:C:2001:218 Rn. 121 mwN – Kommission/Cambridge Healthcare Supplies; 24.8.2018 – T-337/18 R und T-347/18 R, ECLI:EU:T:2018:587 Rn. 81 – Laboratoire Pareva und Biotech3D/Kommission.

Erhebung einer Klage vorgeschaltet ist,[287] dem Kläger die Möglichkeit zu gegeben, direkt das EuG anzurufen, wenn anderenfalls ein effektiver gerichtlicher Rechtsschutz vereitelt würde. Im Bereich des **Vergaberechts** ist zu erwägen (siehe auch oben → Rn. 181), durch eine Änderung der Prozessordnung dem Antragsteller zu erlassen, während der Stillhaltefrist Klage und Antragsschrift einzureichen. Alternativ könnte auch eine behutsame **Rechtsfortbildung** helfen: Der Antrag auf einstweiligen Rechtsschutz, der vor Erhebung der Klage eingelegt wird, ist schwebend zulässig und wird erst unzulässig (und ein etwaiger, stattgebender Beschluss obsolet), wenn der Kläger nicht binnen der Klagefrist Klage in der Hauptsache erhebt.

---

[287] In der Tendenz führt die „Agenturisierung" der Unionsverwaltung nicht nur dazu, dass immer mehr Entscheidungen von Agenturen und ähnlichen Stellen erlassen werden, sondern auch, dass entsprechend Art. 263(5) AEUV die Zulässigkeit einer Klage das erfolglose Durchlaufen eines behördeninternen Beschwerdeverfahrens voraussetzt.

Fünfter Abschnitt. Das Gerichtsverfahren vor dem EuGH und dem Gericht der EU

§ 18 Allgemeines und Verfahrensgrundsätze

Übersicht

	Rn.
A. Überblick	1
B. Verfahrensgrundsätze	2
I. Vorbemerkung	2
II. Der Verfügungsgrundsatz	4
III. Verhandlungs- und Untersuchungsgrundsatz	8
IV. Die Konzentrationsmaxime	12
V. Grundsatz der Mündlichkeit und Unmittelbarkeit	17
VI. Grundsatz der Öffentlichkeit	19
VII. Grundsatz des fairen Verfahrens	22
VIII. Rechtliches Gehör	25
IX. Recht auf Akteneinsicht und Transparenzgrundsatz	27
C. Die Sprachenregelung	30

Schrifttum:

Berger, Beweisaufnahme vor dem Europäischen Gerichtshof, Festschrift Schumann, 2001, S. 27 ff.; Berrisch, Die neue Verfahrensordnung des EuGH – Verfahrensbeschleunigung auf Kosten des Anhörungsrechts, EuZW 2012, 881; Berrisch, Schadensersatz für überlange Verfahrensdauer – erstmal nur ein Sturm im Wasserglas, EuZW 2017, 254; Brauneck, Einsichtsrecht für alle in alle Schriftsätze vor EU-Gerichten?, EuZW 2017, 928; Dittert, Die neue Verfahrensordnung des EuGH, EuZW 2013, 726; Dörr, Das beschleunigte Vorabentscheidungsverfahren im Raum der Freiheit, der Sicherheit und des Rechts, EuGRZ 2008, 349; Drexel, Der Beweis in der jüngeren EuGH-Judikatur zu den Grundfreiheiten, EuZW 2019, 533; Everling, Rechtsschutz in der Europäischen Union nach dem Vertrag von Lissabon, EuR 2009, 71; Gabriel, Justizfreie Hoheitsakte und die Unabhängigkeit des EuGH, EuZW 2020, 971; Gärditz, Europäisches Justizverfassungsrecht?, DRiZ 2019, 424; Germelmann/Gundel, Die Entwicklung der EuGH-Rechtsprechung zum europäischen Verfassungs- und Verwaltungsrecht im Jahr 2018, BayVBl. 2019, 583; Hoffmann, Der Gerichtshof der Europäischen Union – reorganisiert, EuR 2016, 197; Jaeger, Eilverfahren vor dem Gericht der Europäischen Union, EuR 2013, 3; Jaeger, Zur Unabhängigkeit der Justiz – diesmal beim EuGH, EuZW 2020, 953; Kamann/Weinzierl, Erledigung und Fortsetzungsfeststellung im Europäischen Prozessrecht, EuR 2016, 569; Klinke, Ein „Filter" für die Einlegung eines Rechtsmittels?, EuZW 2018, 968; Kühn, Grundzüge des neuen Eilverfahrens vor dem Gerichtshof der Europäischen Gemeinschaften, EuZW 2008, 263; Leible/Terhechte, Europäisches Rechtsschutz- und Verfahrensrecht, 2. Aufl. 2021; Lemonnier/Rustige, Der Verband als Streithelfer vor den Unionsgerichten, EuZW 2020, 884; Magiera, Verwaltungsrechtsschutz in der Europäischen Union, in: Sommermann/Schaffarzik, Handbuch der Geschichte der Verwaltungsgerichtsbarkeit in Deutschland und Europa, 2019, Bd. 2, § 52; Nissen, Die Intervention Dritter in Verfahren vor dem Gerichtshof der Europäischen Gemeinschaften, 2001; Pernice, Die Zukunft der Unionsgerichtsbarkeit, EuR 2011, 151; Rapp, Das neue Zulassungsverfahren für Rechtsmittel am EuGH, EuZW 2019, 587; Safjan, Rule of Law and Constitutional Dialogue, EuZW 2020, 865; Schmidt, Die Befugnis des Gemeinschaftsrichters zur unbeschränkten Ermessensnachprüfung, 2004; Schröder, Neuerungen im Rechtsschutz der EU durch den Vertrag von Lissabon, DÖV 2009, 61; Schwarze, 20 Jahre Gericht erster Instanz in Luxemburg, EuR 2009, 717; Seitz, Der Grundsatz des effektiven gerichtlichen Rechtsschutzes und die Nachprüfungsbefugnis im System der gerichtlichen Kontrolle, EuZW 2014, 774; Thiele, Das Rechtsschutzsystem nach dem Vertrag von Lissabon, EuR 2010, 30; von Danwitz, Funktionsbedingungen der Rechtsprechung des Europäischen Gerichtshofs, EuR 2008, 769; Weinzierl, Der EuGH erklärt erstmalig nationales Recht für ungültig, EuR 2019, 442; Wendel, Rechtsstaatlichkeitsaufsicht und gegenseitiges Vertrauen, EuR 2019, 111.

A. Überblick

Der EuGH und das EuG erfüllen die ihnen durch die Verträge (insb. Art. 19 EUV) zugewiesenen Rechtsprechungsaufgaben[1] im Rahmen verschiedener Verfahrensarten, zwischen denen erhebliche Unterschiede bestehen (näher dazu → § 5). So handelt es sich bei den Direktklageverfahren, wie den Vertragsverletzungsverfahren (Art. 258 und 259 AEUV) oder den Nichtigkeits- bzw. Untätigkeitsklagen (Art. 263 und 265 AEUV), um kontradiktorische Streitverfahren, während das Vorabentscheidungsverfahren (Art. 267 AEUV) keinen streitigen Charakter hat.[2] Dennoch gelten für die verschiedenen Verfahrensarten weitgehend dieselben Vorschriften der Satzung und der Verfahrensordnungen.[3] So gliedert sich das Verfahren gemäß Art. 20 Satzung (= Protokoll Nr. 3) – unabhängig von der jeweiligen Klage- oder Verfahrensart – normalerweise – in einen schriftlichen und einen mündlichen Teil (ebenso Art. 53 Abs. 1 EuGHVerfO). Nachdem die Verfahrensbeteiligten (vgl. → § 19) im schriftlichen Verfahren ihre Schriftsätze ausgetauscht haben (vgl. → § 20), verfasst der Berichterstatter seinen Vorbericht, in dem er dem zuständigen Spruchkörper den Fall kurz darstellt und vorschlägt, wie weiter verfahren werden soll, z. B. ob Beweisaufnahmen oder prozessleitende Maßnahmen erforderlich sind (vgl. → § 21). Ist das nicht der Fall oder sind die Maßnahmen zur Sachverhaltsfeststellung abgeschlossen, wird die mündliche Verhandlung (vgl. → § 22) eröffnet. In dieser können die Beteiligten ihren schriftlichen Vortrag erläutern und ergänzen. Nach Schließung der mündlichen Verhandlung erfolgen regelmäßig die Schlussanträge des Generalanwalts. Auf der Grundlage der anschließenden Beratung formuliert der Berichterstatter den Urteilsentwurf. Ist dieser vom Spruchkörper gebilligt worden, wird das Urteil (vgl. → § 24) in die Verfahrenssprache übersetzt und in öffentlicher Sitzung verkündet. Dieses „Standardverfahren" wird in bestimmten Konstellationen abgewandelt (vgl. → § 23). Schließlich ist über die Kosten des Verfahrens zu entscheiden (vgl. → § 26). Entscheidungen des EuG können mit einem Rechtsmittel beim EuGH angefochten werden.[4] EuG-Entscheidungen, die Entscheidungen der unabhängigen Beschwerdekammern von EUIPO, CPVO, ECHA oder EASA überprüfen, können vor dem EuGH aber nur angefochten werden, wenn eine für die Einheit, die Kohärenz oder die Entwicklung des Unionsrechts bedeutsame Frage aufgeworfen wird.[5] Zudem gibt es bestimmte außerordentliche Rechtsbehelfe gegen die Entscheidungen der Unionsgerichte (vgl. → § 25).

B. Verfahrensgrundsätze

I. Vorbemerkung

Das Verfahren vor dem EuGH und vor dem EuG ist von **Grundsätzen** geleitet. Die geschriebenen Rechtsquellen des Verfahrensrechts (Verträge, Satzung und Verfahrensordnungen, näher dazu → § 2) regeln die Prozessmaximen des Verfahrens der Unionsgerichte nicht ausdrücklich, doch lassen sie sich weitgehend aus ihnen ableiten. Die Verfahrensgrundsätze gelten nicht immer absolut, sondern stehen manchmal zueinander in einem Spannungsverhältnis, das durch die Verfahrensvorschriften bzw. die Rechtsprechung aufgelöst wird. Die sich dadurch ergebenden Einschränkungen der verschiedenen Verfahrens-

---

[1] Vgl. dazu EuGH 8.3.2011 – Gutachten 1/09, ECLI:EU:C:2011:123 Rn. 64 bis 87; 18.12.2014 – Gutachten 2/13, ECLI:EU:C:2014:2454 Rn. 174 bis 176, 246, und 30.4.2019 – Gutachten 1/17, ECLI:EU:C:2019:341 Rn. 111 und 190.
[2] Vgl. EuGH 19.1.1994 – C-364/92, Slg. 1994, I–43 Rn. 9 – Eurocontrol.
[3] Andere Regeln gelten für Verfahren, die man nicht unmittelbar der Rechtsprechung zurechnen kann, wie die Gutachten nach Art. 218 Abs. 11 AEUV, das Amtsenthebungsverfahren (Art. 247 AEUV), oder die Ermächtigung zur Zwangsvollstreckung in Vermögensgegenstände der Union nach dem Protokoll Nr. 7 über die Vorrechte und Befreiungen der Europäischen Union.
[4] Art. 167 ff. EuGHVerfO.
[5] Art. 58a der Satzung, Art. 170a, 170b EuGHVerfO, VO (EU) Nr. 2019/629; Rapp EuZW 2019, 587.

grundsätze sind notwendig, weil nur so den Erfordernissen eines sich an unterschiedlichen Rechtsordnungen orientierenden Rechtsschutzsystems Rechnung getragen werden kann. Wesentliche Unterschiede zwischen EuGH und dem EuG bestehen insoweit nicht. Die Verfahrensordnungen der Instanzen sind zu großen Teilen wortgleich und beruhen auf denselben Verfahrensgrundsätzen. Nach Art. 208 seiner Verfahrensordnung hat der EuGH durch gesonderte Rechtsakte praktische Durchführungsbestimmungen erlassen, die sich auf seiner Homepage finden.

3   Bei der Ermittlung der Prozessmaximen ist zu beachten, dass das EU-Prozessrecht, insbesondere bei den Direktklageverfahren, traditionell stark vom französischen Verwaltungsprozessrecht beeinflusst (gewesen) ist.[6] Auch das Verfahrensrecht des IGH stand seinerzeit für manche Bestimmungen des Verfahrensrechts Pate. Von besonderer Bedeutung für die Auslegung und Lückenfüllung des EU-Prozessrechts aber sind die Garantien der **Grundrechtecharta**, der **EMRK** und der gemeinsamen Grundsätze der Rechtsordnungen der Mitgliedstaaten. Seit die GRCh mit dem Vertrag von Lissabon gemäß Art. 6 EUV den Rang des Primärrechts einnimmt, sind insoweit insbesondere die Bestimmungen ihres Titels VI (Justizielle Rechte) zu beachten. Dieser schützt nicht nur natürliche, sondern auch juristische Personen.[7] So garantiert **Art. 47 GRCh das Recht auf einen wirksamen Rechtsbehelf** und ein faires Verfahren **vor einem unabhängigen, unparteiischen Gericht,** Art. 48 GRCh die Unschuldsvermutung und die Verteidigungsrechte, Art. 49 GRCh die Gesetzmäßigkeit und Verhältnismäßigkeit bei Straftaten und Strafen und Art. 50 GRCh das Verbot der Doppelbestrafung. Der EuGH hat vor allem Art. 47 GRCh in vielen Entscheidungen fruchtbar gemacht. Der dort verankerte Grundsatz des effektiven gerichtlichen Rechtsschutzes umfasst mehrere Elemente, zu denen ua die Verteidigungsrechte, der Grundsatz der Waffengleichheit,[8] der Zugang[9] zu unabhängigen, unparteiischen Gerichten[10] sowie das Recht, sich beraten, verteidigen und vertreten zu lassen, gehören.[11] Der Grundsatz des effektiven gerichtlichen Rechtsschutzes eröffnet dem Einzelnen – wie Art. 19 Abs. 4 GG – aber nur den Zugang zu einem Gericht und nicht zu mehreren Gerichtsinstanzen.[12] Da die EU eine Rechtsunion ist, unterliegen alle ihre Handlungen potentiell der Rechtmäßigkeitskontrolle durch den EuGH.[13] Art. 47 GRCh gebietet den Gerichten auch, zur Durchsetzung rechtskräftiger Entscheidungen wirksame Zwangsmaßnahmen anzuwenden, um zu gewährleisten, dass die Behörden ein Urteil umsetzen; allerdings hat das nationale Gericht unter Berücksichtigung des gesamten innerstaatlichen Rechts und der (unionsrechtlichen) Grundrechte

---

[6] v. Danwitz EurVerwR S. 301: „… zunehmende Überlagerung durch die grundrechtliche Traditionslinie der Gewährleistung effektiven Rechtsschutzes".
[7] EuGH 6.11.2012 – C-199/11, ECLI:EU:C:2012:684 Rn. 48 – Europese Gemeenschap.
[8] EuGH 13.12.2018 – C-150/17 P, ECLI:EU:C:2018:1014 Rn. 39 – Kendrion; bzgl. des nationalen Strafverfahrens zB EuGH 21.10.2021 – C-282/20, ECLI:EU:C:2021:874 Rn. 38 – ZX.
[9] S. auch Pabel in Grabenwarter, Europäischer Grundrechtsschutz, § 19 Rn. 35–41.
[10] EuGH 24.6.2019 – C-619/18, ECLI:EU:C:2019:531 Rn. 58, 71 ff. – Kommission / Polen; 6.10.2021 – C-487/19, ECLI:EU:C:2021:798 Rn. 107–111 – W. Z., und 13.12.2018 – C-150/17 P, ECLI:EU: C:2018:1014 Rn. 27 – Kendrion.
[11] S. ua EuGH 22.12.2010 – C-279/09, ECLI:EU:C:2010:811 Rn. 40 – DEB; 10.7.2014 – C-295/12 P, ECLI:EU:C:2014:2062 – Telefónica SA. und 25.7.2018 – C-216/18 PPU, ECLI:EU:C:2018:586 – LM.
[12] EuGH 28.7.2011 – C-69/10, ECLI:EU:C:2011:524 Rn. 69 – Samba Diouf und 11.3.2015 – C-464/13, ECLI:EU:C:2015:163 Rn. 73 – Europäische Schule.
[13] EuGH 18.7.2013 – C-584/10 P, ECLI:EU:C:2013:518 Rn. 66 f. – Kadi II; 5.11.2019 – C-663/17 P, ECLI:EU:C:2019:923 Rn. 54 f. ua – EZB/Trasta Komercbanka; 3.6.2021 – C-650/18, ECLI:EU: C:2021:426 – Ungarn/Parlament; 6.10.2020 – C-134/19 P, ECLI:EU:C:2020:793 Rn. 35–43 – Bank Refah Kargaran; 16.2.2022 – C-156/21, ECLI:EU:C:2022:97 Rn. 156 f. – Ungarn/Parlament; zur Ausnahme bei der Wahl der Richter und Generalanwälte durch die Vertreter der Mitgliedstaaten EuGH 10.9.2020 – C-423/20 P(R), ECLI:EU:C:2020:700 und 10.9.2020 – C-424/20 P(R), ECLI:EU: C:2020:705 Rn. 26 f. – Sharpston; zur fehlenden Haftung der Eurogruppe EuGH 16.12.2020 – C-597/ 18 P, ECLI:EU:C:2020:1028 Rn. 83 ff. – Chrysostomides.

zu prüfen, ob effektive Zwangsmaßnahmen (zB hohe Zwangsgelder, ggf. Zwangshaft) zulässig sind.[14]

II. Der Verfügungsgrundsatz

Gemäß dem **Verfügungsgrundsatz,** auch **Dispositionsmaxime** genannt, sind die Parteien Herren des Verfahrens und können frei über den Streitgegenstand und damit über die Einleitung und Beendigung des Verfahrens bestimmen. Soweit dieser Grundsatz gilt, legen die Parteien durch ihre Anträge und durch ihre Angriffs- und Verteidigungsmittel den Umfang der richterlichen Prüfung und der möglichen Entscheidung fest.[15] Das Gegenstück zum Verfügungsgrundsatz ist das Offizialprinzip, wonach die Einleitung des Verfahrens und die Bestimmung des Verfahrensinhalts von Amts wegen erfolgen. Das Prozessrecht der Unionsgerichte folgt der Dispositionsmaxime. Der Unionsrichter wird nur dann tätig, wenn er von einem Unionsorgan, einem Mitgliedstaat oder einem (klagebefugten) Individuum angerufen wird. Eine selbständige Verfolgung von Verstößen gegen das Unionsrecht durch den Gerichtshof ist nicht zulässig. Nach der institutionellen Konstruktion des Unionsrechts (Art. 17 EUV) obliegt die Überwachung der Einhaltung des (primären und sekundären) Unionsrechts der Kommission (vgl. → § 6). Die Einleitung eines Vertragsverletzungsverfahrens steht jedoch in ihrem pflichtgemäßen Ermessen (vgl. → § 6), so dass auch hier nicht von der Geltung des Offizialprinzips gesprochen werden kann. 4

Der Dispositionsmaxime entspricht der Grundsatz „ne ultra petita", der dem Gericht verbietet, ohne einen entsprechenden Antrag der Parteien eine Rechtsfolge anzuordnen,[16] ebenso wie der Grundsatz „ne infra petita", der den Richter verpflichtet, über alle Anträge der Parteien zu entscheiden.[17] Weitergehend als im deutschen Recht wird – jedenfalls in den Direktklageverfahren – auch der Streitstoff durch die Dispositionsmaxime bestimmt. So prüft z. B. der Unionsrichter (anders als regelmäßig der deutsche Verwaltungsrichter) im Rahmen einer Nichtigkeitsklage nicht die Rechtmäßigkeit des angefochtenen Aktes insgesamt, sondern beschränkt sich grundsätzlich auf die vom Kläger erhobenen Rügen, die auch als **Klagegründe** bezeichnet werden. Eine Einschränkung erfährt die Dispositonsbefugnis der Parteien über die Angriffs- und Verteidigungsmittel dadurch, dass ausnahmsweise bestimmte schwerwiegende Mängel des angefochtenen Aktes von Amts wegen geprüft werden.[18] Ebenso hat der Unionsrichter von Amts wegen zu überprüfen, ob die zwingenden Prozessvoraussetzungen vorliegen.[19] Auch wenn das Fehlen einer Prozessvoraussetzung von der Gegenseite nicht gerügt wird, müssen Gerichtshof und Gericht ihr Vorliegen prüfen und das Klage- oder Antragsbegehren ggf. als unzulässig zurückweisen. Das erfolgt aber nur, wenn Anhaltspunkte für ein Verfahrenshindernis vorliegen.[20] 5

Seine positivrechtliche Ausprägung hat der Verfügungsgrundsatz in verschiedenen Vorschriften der Verfahrensordnungen beider Instanzen erfahren. So kann der Kläger seine Klage jederzeit zurücknehmen (Art. 148 EuGHVerfO, Art. 125 EuGVerfO). Auch bleibt es den Parteien unbenommen, sich außergerichtlich über die streitigen Fragen zu einigen und auf die Geltendmachung ihrer Ansprüche zu verzichten (näher unten → § 24 Rn. 50 ff.). In diesem Fall ordnet der Präsident gemäß Art. 147 EuGHVerfO, Art. 124 EuGVerfO die Streichung der Rechtssache aus dem Register an. Einen Prozessvergleich 6

---
14 EuGH 19.12.2019 – C-752/18, ECLI:EU:C:2019:1114 Rn. 40–52 – Deutsche Umwelthilfe.
15 Oppermann/Classen/Nettesheim S. 213 Rn. 20; v. Danwitz EurVerwR S. 297 f.
16 Ausnahmen gibt es im Rahmen der „unbeschränkten Ermessensnachprüfung", insbesondere im Beamtenrecht und bei Zwangsmaßnahmen (Art. 291 AEUV), vgl. EuGH 8.2.2007 – C-3/06p, ECLI:EU: C:2007:88 Rn. 60 – Danone.
17 Zur Reichweite dieser Pflicht GA Ruiz-Jarabo 3.5.2001 – SchlA C-315/998, ECLI:EU:C:2001:243 Ismeri Europe/Rechnungshof.
18 EuGH 2.4.1998 – C-367/95, ECLI:EU:C:1998:154 = BeckRS 2004, 76786 – Sytraval.
19 ZB EuGH 7.6.2018 – C-671/17 P, ECLI:EU:C:2018:416 Rn. 20 f. – Gaki.
20 So wird zB normalerweise nicht von Amts wegen erforscht, wann die Klagefrist begonnen hat, wenn dies aus der Akte nicht hervorgeht und das beklagte Organ eine Verspätung nicht rügt.

gibt es dagegen nicht.[21] Für dienstrechtliche Streitigkeiten iSd Art. 270 AEUV sehen die Art. 125a bis 125d EuGVerfO ein Verfahren zur gütlichen Beilegung vor.

7 Eine Durchbrechung der Dispositionsmaxime dürfte darin zu sehen sein, dass die Bestimmungen der Verfahrensordnungen über die außergerichtliche Streitbeilegung auf wichtige Rechtsschutzverfahren, nämlich die Nichtigkeits- und Untätigkeitsklage, nicht anwendbar sind (Art. 147 Abs. 2 EuGHVerfO, Art. 98 Abs. 2 EuGVerfO). Die Bedeutung dieser Einschränkung ist indessen gering, da auch Nichtigkeits- und Untätigkeitsklagen jederzeit zurückgenommen werden können. Eine weitere Einschränkung der Verfügungsbefugnis der Parteien über den Streitstoff liegt darin, dass Klageänderungen nur unter sehr engen Voraussetzungen zulässig sind (näher → § 20 Rn. 35 ff.). Hier tritt die Dispositionsmaxime gegenüber der Konzentrationsmaxime zurück.

III. Verhandlungs- und Untersuchungsgrundsatz

8 Von der Frage, wer die Einleitung des Verfahrens und die Bestimmung des Streitstoffs beherrscht, ist die Frage zu unterscheiden, wer für die Ermittlung der entscheidungserheblichen Tatsachen im gerichtlichen Verfahren verantwortlich ist. Je nachdem, ob die Tatsachenermittlung dem Richter von Amts wegen obliegt oder ob ihm die entscheidungserheblichen Tatsachen von der Partei, der die materielle Darlegungs- und Beweislast obliegt, unterbreitet werden müssen, unterscheiden sich der **Untersuchungsgrundsatz** und der Beibringungsgrundsatz bzw. die **Verhandlungsmaxime**.[22]

9 Aus den einschlägigen Vorschriften des Unionsrechts ergibt sich, dass anders als in einigen Mitgliedstaaten keine generelle Amtsermittlungspflicht des Gerichtshofs besteht. Das heißt jedoch nicht, dass dort die Verhandlungsmaxime ohne Einschränkung gilt. Zwar bleibt es grundsätzlich den Parteien überlassen, welchen Tatsachenstoff sie dem Gerichtshof unterbreiten, und sie können Beweismittel benennen (Art. 66 Abs. 1 und 2 EuGHVerfO, Art. 88 EuGVerfO). EuGH und EuG sind jedoch nicht an die von den Parteien vorgebrachten Tatsachen und Beweisanträge gebunden, sondern zur **Sachverhaltsaufklärung**[23] **und zur Beweiserhebung von Amts wegen** befugt (Art. 24 ff. Satzung, Art. 63 ff. EuGHVerfO). Ob der Unionsrichter diese Möglichkeiten nutzt, steht in seinem pflichtgemäßen Ermessen. Die durch die **Dispositionsmaxime** gezogenen Grenzen darf er dabei jedoch nicht überschreiten. Das heißt, dass die Sachverhaltsaufklärung durch den Richter sich im Rahmen der von den Parteien vorgebrachten oder der von Amts wegen zu beachtenden Angriffs-und Verteidigungsmittel zu halten hat.

10 Der EuGH leitet aus Art. 47 GRCh die **Befugnis und Pflicht der Gerichte ab, alle relevanten Rechts- und Tatsachenfragen zu prüfen.**[24] Der Unionsrichter muss nicht nur die sachliche Richtigkeit der angeführten Beweise, ihre Zuverlässigkeit und ihre Kohärenz prüfen, sondern auch kontrollieren, ob diese Beweise alle relevanten Daten darstellen, die bei der Beurteilung einer komplexen Situation heranzuziehen waren, und ob sie die aus ihnen gezogenen Schlüsse untermauern können. Auch wenn zB in Wirtschaftsfragen der Kommission ein Wertungsspielraum eingeräumt ist, muss der Unionsrichter von Amts wegen prüfen, ob die Kommission ihre Entscheidung begründet und ua dargelegt hat, wie sie die berücksichtigten Faktoren gewichtet und bewertet hat.[25] Diese Rechtmäßigkeitskontrolle wird zum Teil ergänzt durch eine dem Unionsrichter eingeräumte

---

[21] Das hindert den Unionsrichter nicht daran, vor allem bei Klagen von Privatpersonen auf eine gütliche Beilegung des Rechtsstreits hinzuwirken, die prozessrechtlich meist die Klagerücknahme zur Folge hat.
[22] S. Berger FS Schumann, 2001, 29.
[23] Zu den prozessleitenden und vorbereitenden Maßnahmen, die es dem Richter ua erlauben, die Tatsachengrundlage seiner Entscheidung von Amts wegen zu erweitern oder zu präzisieren, näher unten → § 24 C.
[24] EuGH 6.11.2012 – C-199/11, ECLI:EU:C:2012:684 Rn. 49 – Europese Gemeenschap; 11.7.2019 – C-416/18 P, ECLI:EU:C:2019:602 Rn. 22 f. – Azarov.
[25] EuGH 6.11.2012 – C-199/11, ECLI:EU:C:2012:684 Rn. 59 f. – Europese Gemeenschap; 10.7.2014 – C-295/12 P, ECLI:EU:C:2014:2061 Rn. 53 ff. – Telefónica SA.

Befugnis zu unbeschränkter Nachprüfung gemäß Art. 261 AEUV, Zwangsmaßnahmen nach eigener Beurteilung zu ändern (zB nach Art. 31 der VO Nr. 1/2003). Diese Befugnis ermächtigt den Richter über die reine Kontrolle der Rechtmäßigkeit der Zwangsmaßnahme hinaus dazu, die Beurteilung der Kommission durch seine eigene zu ersetzen.[26] In anderen Rechtsbereichen verfügen die Behörden über einen gerichtlich nur eingeschränkt überprüfbaren Beurteilungsspielraum.[27]

Das überwiegende Schrifttum geht deshalb davon aus, dass Untersuchungsgrundsatz und Verhandlungsmaxime im europäischen Rechtsschutzsystem nebeneinander zur Anwendung gelangen.[28] Welcher Grundsatz im Vordergrund steht, wird ua dadurch beeinflusst, um welche Verfahrensart es sich handelt und welche Rechtsbereiche betroffen sind. Dabei ist nicht allein entscheidend, ob ein Verfahren in erster Linie dem Allgemeininteresse oder Individualinteressen dient. So erwartet der EuGH im Vertragsverletzungsverfahren von der Kommission, dass alle Tatsachen vorgetragen und, wenn erforderlich, von ihr bewiesen werden, aus denen sich der einem Mitgliedstaat zur Last gelegte Verstoß ergibt, obwohl das Verfahren im Unionsinteresse erfolgt. Auch in der Regelung des Versäumnisverfahrens kommen beide Grundsätze zum Ausdruck: Zwar gibt es, anders als in Verfahren mit Untersuchungsgrundsatz nach deutschem Recht, ein Versäumnisverfahren, doch die Säumnis des Beklagten schließt es nicht aus, dass der Richter das tatsächliche Vorbringen des Klägers (jedenfalls summarisch) auf seine Richtigkeit überprüft und ggf. den Sachverhalt weiter aufklärt (näher unten → § 23 Rn. 36 ff.). **11**

IV. Die Konzentrationsmaxime

Art. 47 GRCh (und nicht mehr Art. 6 EMRK)[29] garantiert den Parteien, dass ihr Rechtsstreit innerhalb angemessener Frist gehört und entschieden wird. Dieser Anspruch gehört zu den allgemeinen Rechtsgrundsätzen. Seiner Verwirklichung dient die Konzentrationsmaxime. Ziel und Bestreben des zuständigen Gerichts muss es nach diesem Grundsatz sein, das gerichtliche Verfahren so zu führen und vorzubereiten, dass nur ein Verhandlungstermin erforderlich und ein **möglichst rascher Abschluss** möglich ist. Der Gerichtshof fordert die Teilnehmer der Verhandlung „wann immer möglich" auf, ihre mündlichen Ausführungen auf eine oder mehrere festgelegte Fragen zu konzentrieren (Art. 61 Abs. 2 EuGHVerfO). Für mehrere gleichartige Rechtssachen, die den gleichen Gegenstand haben, kann eine gemeinsame mündliche Verhandlung durchgeführt werden (Art. 77 EuGHVerfO). Wenn der EuGH sich durch die von den Parteien eingereichten Schriftsätze und Erklärungen für hinreichend unterrichtet hält, ist er grundsätzlich **nicht gehalten, eine mündliche Verhandlung** durchzuführen (Art. 76 EuGHVerfO). Ausdruck des Beschleunigungsgrundsatzes sind auch der numerus clausus der Schriftsätze[30] und die Präklusionsvorschriften der Art. 127 Abs. 1 EuGHVerfO, Art. 48 Abs. 2 EuGVerfO (näher unten → § 20 Rn. 23). Danach können neue Angriffs- und Verteidigungsmittel, die nicht in der Klageschrift und der Klageerwiderung enthalten sind, im weiteren Verlauf des Verfahrens nicht mehr vorgebracht werden, es sei denn, dass sie auf rechtliche oder tatsächliche Gründe gestützt werden, die erst während des schriftlichen Verfahrens zutage getreten sind. Zudem kann der Gerichtshof durch zu veröffentlichenden Beschluss die maximale Länge der einzureichenden Schriftsätze bzw. Erklärungen festlegen (Art. 58 EuGHVerfO). So sollen die Klageschrift und die Klagebeantwortung, sofern keine besonderen Umstände **12**

---

[26] EuG 19.1.2022 – T-610/19, ECLI:EU:T:2022:15 Rn. 87 und 93 mwN – Deutsche Telekom.
[27] Zu Art. 32 Visakodex EuGH 24.11.2020 – C-225/19 ECLI:EU:C:2020:951 Rn. 48 ff. – R. N. N. S. ua, und zu Art. 7 der VO 2018/1806 EuGH 5.9.2023 – C-137/21, ECLI:EU:C:2023:625 Rn. 57 ff. – Parlament / Kommission.
[28] Berger FS Schumann, 2001, 29 ff.
[29] EuGH 8.12.2011 – C-386/10 P, ECLI:EU:C:2011:815 Rn. 51 – Chalkor.
[30] Grundsätzlich können Kläger und Beklagter je zwei Schriftsätze einreichen, Art. 126 EuGHVerfO, Art. 83 EuGVerfO. Das EuG kann auf den zweiten Schriftsatzwechsel verzichten, s. Karpenstein in Grabitz/Hilf/Nettesheim AEUV Art. 256 Rn. 15.

vorliegen, 30 Seiten nicht überschreiten (s. Nr. 13 und 16 der praktischen Anweisungen, ABl. 2020 L 42).

13 Ebenfalls als Ausdruck der Konzentrationsmaxime kann man die Art. 63 bis 75 EuGHVerfO (Art. 67 EuGVerfO) ansehen, wonach eine **etwaige Beweiserhebung in einem separaten Beweistermin** vor der mündlichen Verhandlung stattfindet. Der Konzentrationsmaxime dienen auch die prozessleitenden Maßnahmen (Art. 62 EuGHVerfO, Art. 64 EuGVerfO; siehe unten → § 22 Rn. 28). Das **beschleunigte Verfahren**[31] soll die schnelle Behandlung dringender Fälle dadurch ermöglichen, dass das schriftliche Verfahren abgekürzt wird und der mündlichen Verhandlung eine größere Rolle zukommt[32]. Den gleichen Zweck verfolgen mit anderen Mitteln die Vorschriften, die es dem EuGH (nicht aber dem EuG) erlauben, von der Durchführung einer mündlichen Verhandlung abzusehen und über Vorabentscheidungsersuchen, die schon früher entschiedene Fragen betreffen, durch Beschluss zu entscheiden (Art. 99 EuGHVerfO).

14 Für Verfahren, die den (besonders grundrechtssensiblen) **Raum der Freiheit, der Sicherheit und des Rechts** (Dritter Teil Titel V AEUV) betreffen, kann gemäß Art. 107 ff. EuGHVerfO ein **Eilvorlageverfahren** erfolgen. Dies kommt insbesondere bei (straf- oder ausländerrechtlichen) Haftsachen oder Kindesent-/-rückführungen in Betracht. Das schriftliche Verfahren ist dabei sehr komprimiert (Art. 109 Abs. 2) und kann in Fällen „äußerster Dringlichkeit" (Art. 111) entfallen. Dies führt dazu, dass der EuGH zum Teil innerhalb von wenigen Wochen nach Verfahrenseingang entschieden hat (zB *Rinau*, C-195/08 PPU, *J.McB*, C-400/10 PPU, *Spasic*, C-129/14 PPU).

15 Im Interesse der Verfahrensbeschleunigung können andere Prozessgrundsätze Einschränkungen erfahren. Das gilt im Verfahrensrecht der Unionsgerichte etwa für die Dispositionsmaxime (durch die sehr strengen Voraussetzungen einer Klageänderung), für den Verhandlungsgrundsatz (durch Mitwirkung des Richters bei der Sachverhaltsaufklärung, insbesondere mittels prozessleitender Maßnahmen) und für das Mündlichkeitsprinzip (durch die weitgehenden Möglichkeiten einer Entscheidung ohne mündliche Verhandlung).

16 Die **Angemessenheit der Verfahrensdauer** ist mangels Festlegung durch eine Norm des Unionsrechts anhand aller Umstände der einzelnen Rechtssache und insbesondere anhand der Interessen, die in dem Rechtsstreit für den Betroffenen auf dem Spiel stehen, der Komplexität der Rechtssache sowie des Verhaltens der Parteien zu beurteilen.[33] Führt die Missachtung der Konzentrationsmaxime zu einer **Überschreitung der angemessenen Verfahrensdauer** iSv Art. 47 Abs. 2 GRCh (bzw. Art. 6 EMRK[34]), so liegt darin ein Verfahrensverstoß, der, wenn er vom EuG begangen wurde, im Rechtsmittelverfahren vor dem EuGH gerügt werden kann. Welche Rechtsfolgen eine solche Rechtsverletzung nach sich zieht, hängt davon ab, ob die Verfahrensdauer sich auf den Ausgang des Rechtsstreits auswirken konnte.[35] Die Nichteinhaltung einer angemessenen Entscheidungsfrist durch die EU-Gerichte kann zu einem vor dem EuG einzuklagenden Schadensersatzanspruch (Art. 268, 340 Abs. 2 AEUV) führen, in Bezug auf immaterielle und etwaige materielle Schäden;[36] wenn offensichtlich ist, dass das Gericht seine Pflicht, die Rechtssache innerhalb

---

[31] Art. 105 EuGHVerfO für Vorabentscheidungsverfahren, Art. 133 EuGHVerfO und Art. 76a EuGVerfO für Direktklagen, dazu EuGH 6.10.2021 – C-487/19, ECLI:EU:C:2021:798 Rn. 53 f. – W. Z.; Kühn EuZW 2008, 263.
[32] Art. 134 EuGHVerfO; näher unten → § 26 B.
[33] EuGH 12.7.2012 – C-334/12 RX, ECLI:EU:C:2013:134 Rn. 28, 31 – Arango Jaramillo.
[34] EuGH 13.12.2018 – C-150/17 P, ECLI:EU:C:2018:1014 Rn. 76 – Kendrion.
[35] EuGH 9.9.2008 – C-120/06 P, ECLI:EU:C:2008:476 Rn. 203 – FIAMM; 20.5.2010 –C-583/08 P, ECLI:EU:C:2010:287 Gogos; Slg. 2010, I-4469, Rn. 56 f.; 10.7.2014 – C-295/12 P, ECLI:EU:C:2014:2062 Rn. 64 – Telefónica SA; 26.11.2013 – C-50/12 P, ECLI:EU:C:2013:771 Rn. 82–106 – Kendrion.
[36] EuGH 26.11.2013 – C-50/12 P, ECLI:EU:C:2013:771 Rn. 82–106 – Kendrion; 21.1.2016 – C-603/13 P, ECLI:EU:C:2016:38 Rn. 55 – Galp, und 13.12.2018 – C-150/17 P, ECLI:EU:C:2018:1014 Rn. 32–39, 79, 110–112 – Kendrion; dazu Berrisch EuZW 2017, 254.

angemessener Frist zu entscheiden, in hinreichend qualifizierter Weise verletzt hat, ohne dass es insoweit erforderlich wäre, dass die Parteien zusätzliche Nachweise beibringen, kann der Gerichtshof dies feststellen.[37] In Verfahren, in denen das EuG im Rahmen seiner Befugnis zur unbeschränkten Ermessensnachprüfung (Art. 261 AEUV) Zwangsmaßnahmen abändert oder selbst verhängt, kann die Verfahrensverzögerung bußgeldmindernd berücksichtigt werden.

V. Grundsatz der Mündlichkeit und Unmittelbarkeit

Wie sich den Vorschriften der Satzungen und der Verfahrensordnungen entnehmen lässt, gliedert sich das Verfahren vor dem Gerichtshof meist in ein schriftliches und in ein mündliches Verfahren (Art. 20 Satzung, Art. 76 ff., 120 ff. EuGHVerfO, Art. 63, 76, 106 bis 107a EuGVerfO). In diesen Vorschriften spiegelt sich der **Grundsatz der Mündlichkeit** wider, wonach die gerichtlichen Entscheidungen im Allgemeinen aufgrund mündlicher Verhandlung ergehen.[38] Allerdings ist dies **nicht zwingend** im europäischen Prozessrecht. Weder Art. 47 Abs. 2 GRCh noch Art. 6 Abs. 1 EMRK enthalten eine absolute Verpflichtung zur Durchführung einer mündlichen Verhandlung.[39] Wegen der Schwierigkeiten, die bei der mündlichen Verständigung in einem mehrsprachigen Umfeld auftreten können, kommt vor den Unionsgerichten dem **schriftlichen Verfahren traditionell eine besondere Bedeutung** zu. Das **Mündlichkeitsprinzip** wird durch die (schon hinsichtlich der Konzentrationsmaxime genannten) Art. 76 Abs. 2, Art. 99 EuGHVerfO **eingeschränkt**;[40] vor dem EuG erfolgt eine mündliche Verhandlung ggf. von Amts wegen oder auf Antrag eines Hauptbeteiligten (Art. 106 EuGVerfO). Auch bei Entscheidungen über prozesshindernde Einreden, über Klagen oder Rechtsmittel, die *offensichtlich* unzulässig oder unbegründet oder begründet sind oder bei Gutachtenverfahren kann von einer mündlichen Verhandlung abgesehen werden.[41] Im Interesse der Verfahrensbeschleunigung ist die Rolle der mündlichen Verhandlung in eiligen Verfahren aber nun wieder gestärkt worden.[42] In **Fällen äußerster Dringlichkeit** kann die für Eilverfahren zuständige Kammer entscheiden, vom schriftlichen Verfahren abzusehen (Art. 111 EuGHVerfO). In geeigneten Fällen kann die mündliche Erörterung des Streitgegenstandes mit den Parteien den raschen Abschluss des Verfahrens fördern, da Unklarheiten und Widersprüche sofort ausgeräumt werden können. Zur **Eröffnung bzw. Wiedereröffnung** der mündlichen Verhandlung s. Art. 83 EuGHVerfO bzw. Art. 113 EuGVerfO. Gemäß § 107a EuGVerfO kann dem Vertreter einer Partei gestattet werden, per **Videokonferenz** an der mündlichen Verhandlung teilzunehmen, wenn Gesundheitsgründe, Sicherheitsgründe oder andere triftige Gründe ihn daran hindern, physisch teilzunehmen. In den **COVID-19 – Hinweisen** des EuGH hieß es ua: „Ist es einer Partei unmöglich, sich nach Luxemburg zu begeben, kann ihr unter bestimmten Voraussetzungen gestattet werden, per Videokonferenz an der mündlichen Verhandlung teilzunehmen. Überdies kann nicht ausgeschlossen werden, dass einige mündliche Verhandlungen aufgrund der durch COVID-19 verursachten Probleme durch Fragen an die Parteien zur schriftlichen Beantwortung ersetzt werden müssen." Ist ein **nationales Gericht** der Auffassung, dass es seiner Pflicht zur umfassenden ex-nunc-Prüfung des Rechtsbehelfs nach Art. 46 Abs. 3 der **Asylverfahrens-Richtlinie 2013/32/EU** allein auf der Grundlage des Akteninhalts einschließlich der Niederschrift oder des Wortprotokolls der persönlichen Anhörung des Antragstellers nachkommen kann, kann es

17

---

[37] EuGH 21.1.2016 – C-603/13 P, ECLI:EU:C:2016:38 Rn. 57 – Galp.
[38] S. bereits H. P. Ipsen, Europäisches Gemeinschaftsrecht, S. 758 f.
[39] EuGH 4.6.2015 – C-682/13 P, ECLI:EU:C:2015:356 Rn. 44 – Andechser Molkerei.
[40] S. auch Berrisch EuZW 2012, 881; Dittert EuZW 2013, 726 (727, 731); Wagner NJW 2018, 1793.
[41] Art. 53 Abs. 2, Art. 181 f. EuGHVerfO bzw. Art. 126, 132 EuGVerfO; EuGH 7.6.2018 – C-671/17 P, ECLI:EU:C:2018:416 Rn. 20 f. – Gaki.
[42] Für das beschleunigte Verfahren s. → Rn. 12 und für das Eilvorlageverfahren → Rn. 13, sowie → § 23 7 ff.

die Entscheidung treffen, den Antragsteller im Rahmen des Rechtsbehelfs nicht anzuhören und von einer mündlichen Verhandlung abzusehen.[43]

18 Nach dem Grundsatz der **Unmittelbarkeit,** der eng mit dem Mündlichkeitsprinzip zusammenhängt,[44] dürfen nur die Richter bei der Entscheidungsfindung mitwirken, die an der mündlichen Verhandlung teilgenommen haben, weil nur sie sich in der Verhandlung einen unmittelbaren Eindruck von den Parteien und ihrem Vortrag verschaffen konnten. Besondere Bedeutung hat der Grundsatz der Unmittelbarkeit im Bereich der **Beweisaufnahme,** da es gerade dort auf den persönlichen Eindruck ankommt. Allerdings **kann abweichend** vom Unmittelbarkeitsprinzip **der Berichterstatter** (Art. 65 Abs. 1 EuGHVerfO) mit der Durchführung der Beweisaufnahme beauftragt werden;[45] das EuG kann für die Vernehmung von Zeugen und Sachverständigen auch die Rechtshilfe (inner-)staatlicher Gerichte in Anspruch nehmen (Art. 101 EuGVerfO). Aus dem Grundsatz der Unmittelbarkeit lässt sich ohne eine ausdrückliche Regelung in den Verfahrensvorschriften nicht ableiten, dass die Urteile des EuGH oder des EuG innerhalb einer bestimmten Frist nach der mündlichen Verhandlung ergehen müssten.[46]

VI. Grundsatz der Öffentlichkeit

19 Gemäß Art. 47 GRCh, Art. 31 Satzung sind die Verhandlungen vor den EU-Gerichten grundsätzlich **öffentlich.** Zweck des Öffentlichkeitsprinzips ist es, die Verhandlungen des Gerichtshofs einer Kontrolle durch die Allgemeinheit zu unterwerfen. Damit soll das Vertrauen der Unionsbürger in die unabhängige Rechtsprechung des Gerichtshofs gestärkt werden. Dem Öffentlichkeitsgrundsatz entsprechend muss einem unbestimmten, nicht direkt am Verfahren beteiligten Personenkreis die Möglichkeit eröffnet werden, an den Sitzungen teilzunehmen. Es ist mit dieser Prozessmaxime grundsätzlich vereinbar, wegen der begrenzten Kapazitäten der Sitzungssäle für einzelne Sitzungen den Zugang zu beschränken und von vorheriger Anmeldung abhängig zu machen.[47] Personen, deren Erscheinungsbild oder Verhalten der Würde des Gerichtshofs nicht entspricht, können zurückgewiesen werden.[48]

20 Der Öffentlichkeitsgrundsatz garantiert auch Medienvertretern den Zugang zu den Verhandlungen zwecks Berichterstattung. Seit dem 3. Mai 2022 werden die **Urteilsverkündung und** die Verlesung der **Schlussanträge in Verfahren der Großen Kammer auf der Website des EuGH live übertragen;** die mündlichen Verhandlungen werden während einer sechsmonatigen Pilotphase zeitversetzt übertragen.[49] Zudem ermöglicht *Europe by Satellite (EbS),* der TV-Nachrichtenkanal der EU, regelmäßig über das Internet, die Verlesung zumindest der Entscheidungsformel zu sehen. Ebenso wie bei deutschen Gerichtsverfahren umfasst die Öffentlichkeitsmaxime nur den unbeschränkten Zugang, nicht aber die ungehinderte Verbreitung des gesprochenen Wortes oder des Verhaltens der Prozessbeteiligten. Insoweit erlaubt der EuGH Fernsehaufnahmen nur von der Eröffnung der mündlichen Verhandlung und von der Urteilsverkündung.

21 Ausnahmen vom Grundsatz der Öffentlichkeit können der Gerichtshof und das Gericht im Einzelfall von Amts wegen oder auf Antrag der Parteien aus wichtigen Gründen beschließen (Art. 79 EuGHVerfO, Art. 109 EuGVerfO; s. auch Art. 348 Abs. 2 AEUV). Mit der Entscheidung über den Ausschluss der Öffentlichkeit geht das Verbot einer Veröffentlichung der Verhandlung einher.[50] Der **Ausschluss der Öffentlichkeit** kann bei

---

[43] EuGH 26.7.2017 – C-348/16, ECLI:EU:C:2017:591 Rn. 44 – Sacko; BVerwG 11.7.2019 – 1 B 55.19 Rn. 27.
[44] Zur Reichweite beider Grundsätze im Gemeinschafts-/Unionsrecht GA Léger 3.2.1998 – SchlA C-185/95 P, ECLI:EU:C:1998:37.
[45] Für das EuG ebenso nach Art. 92 Abs. 4 EuGVerfO, s. auch Berger FS Schumann, 2001, 34 f.
[46] EuGH 17.12.1998 – C-185/95 P, EuZW 1999, 115 – Baustahlgewebe.
[47] AA Schilling ZEuS 1999, 94.
[48] Im Rahmen der dem Präsidenten des Spruchkörpers nach Art. 78 EuGHVerfO, Art. 110 Abs. 1 EuGVerfO zustehenden Ordnungsbefugnisse.
[49] Pressemitteilung Nr. 62/22 des EuGH vom 22.4.2022.
[50] Art. 79 Abs. 2 EuGHVerfO, Art. 109 Abs. 3 EuGVerfO.

personenbezogenen (insbesondere beamtenrechtlichen) Streitigkeiten durch den Schutz der Privatsphäre ebenso gerechtfertigt sein wie bei wirtschaftsrechtlichen Verfahren durch den Schutz vertraulicher Angaben oder Geschäftsgeheimnisse oder bei Streitigkeiten, in denen es um die innere oder äußere Sicherheit von Mitgliedstaaten geht.[51] In diesen Fällen dürfen nur die Beteiligten und ihre Prozessvertreter sowie die am Verfahren beteiligten Amtspersonen anwesend sein („Parteiöffentlichkeit").[52] Bereits die Verhandlung über den Ausschluss der Öffentlichkeit kann nichtöffentlich stattfinden. Das Antragsrecht steht allen Verfahrensbeteiligten zu.

VII. Grundsatz des fairen Verfahrens

Art. 47 GRCh garantiert jedermann einen Anspruch auf das **Recht auf Zugang zu den Gerichten**[53] und auf einen **fairen Prozess.**[54] Dieser Grundsatz konkretisiert den Charakter der EU als Union des Rechts für alle Verfahren gerichtlicher Kontrolle. Das Gebot der fairen Prozessführung hat im Verfahren vor den EU-Gerichten verschiedenste Ausprägungen erfahren. Im Rahmen des **rechtlichen Gehörs** (dazu unten → Rn. 25) sind die **Verteidigungsrechte** für die Gestaltung und Durchführung eines fairen Verfahrens von herausragender Bedeutung. Zu diesen gehört der Grundsatz des kontradiktorischen Verfahrens, nach dem die Beteiligten sowohl die tatsächlichen als auch die rechtlichen Umstände, die für den Ausgang des Verfahrens entscheidend sind, kontradiktorisch erörtern können.[55] Um sein Recht auf einen wirksamen gerichtlichen Rechtsbehelf im Sinne von Art. 47 GRCh ausüben zu können, muss der Betroffene in Bezug auf eine ihn beschwerende Entscheidung **Kenntnis von deren Gründen** haben, sei es durch Kenntnisnahme der Entscheidung selbst oder durch eine auf seinen Antrag erfolgende Mitteilung der Gründe, damit er seine Rechte unter bestmöglichen Bedingungen verteidigen und in Kenntnis aller Umstände entscheiden kann, ob es für ihn von Nutzen ist, das zuständige Gericht anzurufen.[56] Das Gebot der **Waffengleichheit** bzw. der **verfahrensrechtlichen Gleichbehandlung,** das eine spezielle Ausprägung des allgemeinen Grundsatzes der Gleichheit vor dem Gesetz (Art. 20 GRCh) darstellt,[57] erfordert zudem, dass es jeder Partei angemessen ermöglicht wird, ihren Standpunkt sowie ihre Beweise unter Bedingungen vorzutragen, die sie nicht in eine gegenüber ihrem Gegner deutlich nachteilige Position versetzen,[58] wobei der Nachteil grundsätzlich von demjenigen zu beweisen ist, der ihn erlitten hat.[59] Jedes Dokument, das dem Gericht vorgelegt wird, muss von jedem am Verfahren Beteiligten kontrolliert und in Frage gestellt werden können.[60] Im Bereich der Übermittlung und **Zustellung gerichtlicher Schriftstücke** ist nicht nur dafür Sorge zu tragen, dass der Adressat des Schriftstücks dieses tatsächlich erhält, sondern auch dafür, dass er in die Lage versetzt wird, die Bedeutung und den Umfang der (im Ausland) gegen ihn erhobenen Klage tatsächlich und vollständig in einer Weise zu erfahren und zu verstehen, die es ihm ermöglicht, seine Rechte (im ersuchenden Mit-

---

[51] Entscheidung in nichtöffentlicher Sitzung sehen verschiedene Regelungen der Verfahrensordnungen vor, zB Art. 103 EuGHVerfO (Urteilsberichtigung) und entsprechende Normen der EuGVerfO.
[52] Parteiöffentlich sind auch Beweisaufnahmen außerhalb der mündlichen Verhandlung, vgl. Art. 65 Abs. 3 EuGHVerfO, Art. 92 Abs. 6 EuGVerfO.
[53] EuGH 30.6.2016 – C-205/15, ECLI:EU:C:2016:499 Rn. 42–46 – Direcția Generală Regională a Finanțelor Publice Brașov; C-156/21, ECLI:EU:C:2022:97 Rn. 156 f. – Ungarn / Parlament.
[54] Zuvor schon EuGH 28.3.2000 – C-7/98, ECLI:EU:C:2000:164 – Krombach.
[55] Art. 64 EuGVerfO; EuGH 17.12.2009 – C-197/09 RX-II Rn. 40 f. – M.
[56] EuGH 4.6.2013 – C-300/11, ECLI:EU:C:2013:363 Rn 53 – ZZ; 26.4.2018 – C-34/17, ECLI:EU:C:2018:282 Rn. 55 – Donnelan; 24.11.2020 – C-225/19, ECLI:EU:C:2020:951 Rn. 43 – R. N. N. S. ua; 16.11.2023 – C-333/22, ECLI:EU:C:2023:874 Rn. 53–70 – Lique des droits humains ASBL.
[57] EuGH 30.6.2016 – C-205/15, ECLI:EU:C:2016:499 Rn. 36 – Direcția Generală Regională a Finanțelor Publice Brașov.
[58] EuGH 6.11.2012 – C-199/11, ECLI:EU:C:2012:684 Rn. 71 – Europese Gemeenschap.
[59] EuGH 30.6.2016 – C-205/15, ECLI:EU:C:2016:499 Rn. 47 – Direcția Generală Regională a Finanțelor Publice Brașov.
[60] EuGH 12.11.2014 – C-580/12 P, ECLI:EU:C:2014:2363 Rn. 31 ff. – Guardian.

gliedstaat) wirksam geltend zu machen.⁶¹ Nach Art. 47 Abs. 3 GRCh wird Personen, die nicht über ausreichende Mittel verfügen, **Prozesskostenhilfe** bewilligt, soweit diese Hilfe erforderlich ist, um den Zugang zu den Gerichten wirksam zu gewährleisten. Die Prozesskostenhilfe kann sowohl den Beistand eines Rechtsanwalts als auch die Befreiung von den Gerichtskosten erfassen. Für juristische Personen ist sie nicht grundsätzlich ausgeschlossen, jedoch im Einzelfall nach Maßgabe der geltenden Vorschriften und der Situation der fraglichen Gesellschaft anhand verschiedener Kriterien zu beurteilen.⁶² Mit Art. 19 Abs. 1 UAbs. 2 EUV wird den Mitgliedstaaten aufgegeben, die **erforderlichen Rechtsbehelfe** zu schaffen, damit ein wirksamer Rechtsschutz in den vom Unionsrecht erfassten Bereichen gewährleistet ist.⁶³ Zur Bestimmung der **Intensität der gerichtlichen Überprüfung** nationaler Entscheidungen, die aufgrund eines Unionsrechtsakts erlassen wurden, ist auf dessen Zweck abzustellen und darauf zu achten, dass seine Wirksamkeit nicht beeinträchtigt wird.⁶⁴

23 Selbstverständlich ebenso von zentraler Bedeutung ist die Garantie der **Unabhängigkeit, Unparteilichkeit und Unabsetzbarkeit** der Richter⁶⁵ sowie die Möglichkeit, den Ausschluss eines Richters vom Verfahren zu beantragen⁶⁶.

24 Von dem Grundsatz des fairen Verfahrens kann auch das **Geheimhaltungsinteresse** einer Partei umfasst sein. Der Gerichtshof kann daher im Einzelfall, wenn es um die Wahrung von Geschäftsgeheimnissen geht, anordnen, dass Beteiligte, namentlich zugelassene Streithelfer, nur eine bereinigte Antrags- oder Klageschrift erhalten (siehe → § 20). oder dass die Öffentlichkeit vom Verfahren ausgeschlossen wird (→ Rn. 21).

VIII. Rechtliches Gehör

25 Die Gewährleistung des rechtlichen Gehörs ist ein elementarer Grundsatz des Unionsrechts.⁶⁷ Der Anspruch darauf, in jedem Verfahren gehört zu werden, ist für das EU-Verwaltungsverfahren durch Art. 41 GRCh und für Gerichtsverfahren, die den Anwendungsbereich des Unionsrechts betreffen, durch die Art. 47 und 48 GRCh verbürgt.⁶⁸ Auf den **Grundsatz des rechtlichen Gehörs** können sich alle am gerichtlichen Verfahren Beteiligten berufen.⁶⁹ Er besagt, dass die Parteien das Recht haben, zu allen tatsächlich oder rechtlich für den Ausgang des Rechtsstreits erheblichen (Rechts-)Fragen Stellung zu nehmen. Die gerichtlichen Entscheidungen dürfen nicht auf Tatsachen oder Beweisergebnissen basieren, die den Parteien nicht bekannt sind oder zu denen eine Äußerung nicht möglich war.⁷⁰ Der Grundsatz des rechtlichen Gehörs kann in einem Spannungsverhältnis zu Geheimhaltungsinteressen der Gegenpartei oder Dritter stehen (s. IX.). Der Umfang und Inhalt der tatsächlichen und rechtlichen Erörterungen, die der Unionsrichter mit den Parteien zu führen hat, wird von dem Zweck bestimmt, die Verfahrensbeteiligten vor überraschenden Beurteilungen zu schützen, indem ihnen Gelegenheit gegeben wird, zu allen rechtserheblichen Umständen, Tatsachen und Behauptungen Stellung zu nehmen. Dies kann Hinweise oder Fragen seitens des Spruchkörpers erfordern, insbesondere pro-

---

61 EuGH 16.9.2015 – C-519/13, ECLI:EU:C:2015:603 Rn. 31 f. – Alpha Bank Cyprus und 26.4.2018 – C-34/17, ECLI:EU:C:2018:282 Rn. 58 f. – Donnellan.
62 EuGH 22.12.2010 – C-279/09, ECI:EU:C:2010:811 Rn. 48, 52, 60 f. – DEB.
63 EuGH 26.6.2019 – C-723/17, ECLI:EU:C:2019:533 Rn. 31 – Craeynest.
64 EuGH 26.6.2019 – C-723/17, ECLI:EU:C:2019:533 Rn. 46 – Craeynest.
65 EuGH 6.11.2012 – C-199/11, ECLI:EU:C:2012:684 Rn. 64 – Europese Gemeenschap; 24.6.2019 – C-619/18, ECLI:EU:C:2019:531 Rn. 58, 71 ff. – Kommission/Polen und 6.10.2021 – C-487/19, ECLI: EU:C:2021:798 Rn. 107–111 – W. Z.
66 Vgl. Hackspiel in von der Groeben/Thiesing/Ehlermann EuGH-Satzung Art. 16 Rn. 9 ff.; Gärditz DRiZ 2019, 424 (426 f.).
67 S. bereits EuGHE 1961, 109 (169); EuGHE 1963, 107 (123); EuGHE 2001, I-5281 (5324).
68 EuGH 5.11.2014 – C-166/13, ECLI:EU:C:2014:2336 Rn. 43 f. – Mukarubega.
69 Rengeling, Grundrechtsschutz, S. 154. Zur Problematik des rechtlichen Gehörs für betroffene Dritte Nissen, Intervention Dritter, S. 174 ff.
70 Vgl. auch EuGHE 1961, 109 ff., 169 und EuGHE 2001, II–1087.

zessleitende Maßnahmen. Die Gewährleistung rechtlichen Gehörs gebietet nicht, sämtliche Streitfragen in der mündlichen Verhandlung zu erörtern; es reicht, wenn die Beteiligten während des schriftlichen Verfahrens Gelegenheit hatten, hierzu Stellung zu nehmen. Der Anspruch auf rechtliches Gehör umfasst kein Recht der Parteien, nach den Schlussanträgen des Generalanwalts zu diesen Stellung zu nehmen.[71]

Im erstinstanzlichen Verfahren vor dem EuG ist die Verletzung des rechtlichen Gehörs ein Verfahrensfehler, der zur Aufhebung einer Entscheidung führen kann, wenn er sich zu Lasten des Rechtsmittelführers auswirken konnte (näher unten → § 25). Bislang nicht gelöst ist die Frage nach den Rechtsfolgen, wenn der Grundsatz durch den EuGH[72] verletzt wird.[73] 26

IX. Recht auf Akteneinsicht und Transparenzgrundsatz

Zur Gewährleistung rechtlichen Gehörs gehört grundsätzlich das Recht der Verfahrensbeteiligten, von allen dem Richter unterbreiteten Unterlagen Kenntnis zu nehmen.[74] Dieses Recht wird im Wesentlichen durch die **Zustellung** der Schriftsätze und ihrer Anlagen an die anderen Verfahrensbeteiligten verwirklicht. Darüber hinaus umfasst es das Recht auf **Akteneinsicht.** Das Gericht gestattet den Anwälten bzw. Bevollmächtigten der Parteien und der Streithelfer[75] grds. die Einsichtnahme in die Verfahrensakte und in die vorgelegten Verwaltungsvorgänge sowie den (kostenpflichtigen) Erhalt von Kopien.[76] Die **Behandlung vertraulicher Auskünfte und Unterlagen** regelt Art. 103 EuGVerfO. Wenn das Gericht zu dem Ergebnis gelangt, dass vorgelegte Auskünfte oder Unterlagen entscheidungserheblich und gegenüber der anderen Hauptpartei vertraulich zu behandeln sind, wägt es deren vertraulichen Charakter und die Erfordernisse des Rechts auf effektiven gerichtlichen Rechtsschutz, insbesondere des Grundsatzes des kontradiktorischen Verfahrens, gegeneinander ab. Dabei kann das Gericht entscheiden, der anderen Hauptpartei die vertraulichen Auskünfte oder Unterlagen zur Kenntnis zu bringen, gegebenenfalls indem es deren Offenlegung von der Unterzeichnung besonderer Verpflichtungen abhängig macht, oder entscheiden, sie nicht bekannt zu geben und durch mit Gründen versehenen Beschluss die Modalitäten klarzustellen, die es dieser anderen Hauptpartei ermöglichen, so weitgehend wie möglich Stellung zu nehmen, indem insbesondere die Vorlage einer nichtvertraulichen Fassung oder einer nichtvertraulichen Zusammenfassung der Auskünfte oder Unterlagen, die deren wesentlichen Inhalt wiedergibt, angeordnet wird.[77] Das **in-camera-Verfahren** regeln Art. 104 und 105 EuGVerfO, insb. bzgl. der Sicherheit der Union oder der Mitgliedstaaten oder ihrer internationalen Beziehungen.[78] Bei einem diesbezüglichen Rechtsmittelverfahren gilt Art. 190a EuGHVerfO. Vor dem EuGH ist das Recht auf Einsichtnahme in die Akten nur teilweise geregelt; in der Praxis wird den Parteivertretern aber auch hier grundsätzlich Einsicht in die Verfahrensakte, die alle Schriftsätze mit ihren Anlagen enthält, gewährt. Nicht zur Verfahrensakte gehören Entscheidungsentwürfe sowie ein eventueller Schriftwechsel über die zu treffende Entschei- 27

---

[71] Näher unten → § 25 Rn. 15, sowie Gundel in Ehlers GuG § 27 Rn. 37 f.
[72] Vgl. auch EuGH 10.9.2020 – C-423/20 P(R), ECLI:EU:C:2020:700 und C-424/20 P(R), ECLI:EU: C:2020:705 Rn. 10 f. – Sharpston; dazu Gabriel EuZW 2020, 971 und Jaeger EuZW 2020, 953.
[73] Vor Erlass einer Entscheidung kann der EuGH gemäß Art. 83 EuGHVerfO jederzeit die mündliche Verhandlung wiedereröffnen.
[74] Schilling ZEuS 1999, 75 (87).
[75] Bei Streithelfern vorbehaltlich der vertraulichen Behandlung nach Art. 144 Abs. 5 und 7 EuGVerfO.
[76] Art. 38 EuGVerfO mit Verweis auf die Ausnahmen.
[77] Vgl. zur Abwägung zwischen Geheimschutz und effektivem Rechtsschutz im deutschen Recht BVerfGE 101, 106; BVerfG 14.3.2006, 1 BvR 2087/03 ua; sowie 19.5.2020, 1 BvR 2835/17, Rn. 265 f.; zum Geschäftsgeheimnis als (mögl.) Grenze gegenüber Auskunftsansprüchen nach IFG, KWG und Presserecht und zu Art. 11 GrCh bzw. RL (EU) 2016/943 s. BVerwG 30.1.2020, 10 C 18.19; zu Art. 16 GrCh BVerfG 27.4.2021, 2 BvR 206/14, Rn. 74 f.
[78] Vgl. auch Beschluss 2013/488/EU des Rates vom 23.9.2013 über die Sicherheitsvorschriften für den Schutz von EU-Verschlusssachen, ABl. 2013 L 274, 1.

dung innerhalb des Spruchkörpers. Derartige Schriftstücke, die der Vorbereitung der Entscheidungsfindung dienen, fallen unter das Beratungsgeheimnis nach Art. 35 Satzung. Zweifelhaft im Hinblick auf das rechtliche Gehör erscheint die Praxis des EuGH, nach der die Parteien keine Einsicht in die für die Bearbeitung der Rechtssachen erforderlichen Übersetzungen der Schriftsätze in die Arbeitssprache (dh ins Französische, → 30) erhalten und ihnen die vom Wissenschaftlichen Dienst des EuGH manchmal erstellten rechtsvergleichenden Studien nicht zugänglich sind.[79] **Interne Gutachten** eines Organs, zB des Juristischen Dienstes, sind zwar grundsätzlich vertraulich; wenn sie aber Gesetzgebungsverfahren betreffen, sind sie wegen der Grundsätze der Transparenz und Offenheit grds. vor der Einbringung ins Gerichtsverfahren nicht geschützt, es sei denn sie sind besonderes geheimhaltungsbedürftig, wofür das Organ darlegungspflichtig ist.[80] Die nationalen Steuerbehörden unterliegen zwar keiner allgemeinen Verpflichtung, ihre Akte vollständig zugänglich zu machen oder die Dokumente und Informationen, auf die die Entscheidung gestützt werden soll, von Amts wegen mitzuteilen, jedoch muss es in Mehrwertsteuerverwaltungsverfahren dem Einzelnen möglich sein, auf Antrag Zugang zu den Informationen und Dokumenten zu erhalten, die von der Behörde für den Erlass ihrer Entscheidung berücksichtigt werden, es sei denn, eine Beschränkung des Zugangs ist durch dem Gemeinwohl dienende Ziele gerechtfertigt.[81]

28 Mit dem rechtlichen Gehör und dem Akteneinsichtsrecht der Prozessbeteiligten nicht zu tun hat die Frage, ob **Dritte** vom Inhalt der Verfahrensakten Kenntnis nehmen dürfen. Anders als in manchen Rechtsordnungen, in denen Gerichte die Schriftsätze anhängiger Verfahren weitgehend im Internet zugänglich machen, wird der **Zugang Dritter zu den Verfahrensakten** des EuGH und EuG traditionell restriktiv gehandhabt. Nach Art. 15 Abs. 1 AEUV handeln die Organe, Einrichtungen und sonstigen Stellen der EU jedoch unter weitestgehender Beachtung des Grundsatzes der Offenheit.[82] Gemäß Art. 15 Abs. 3 UAbs. 1 AEUV hat jeder Unionsbürger (sowie jede natürliche oder juristische Person mit Wohnsitz oder satzungsgemäßem Sitz in einem Mitgliedstaat) das Recht auf Zugang zu Dokumenten der Organe, Einrichtungen und sonstigen Stellen der Union, unabhängig von der Form der für diese Dokumente verwendeten Träger, vorbehaltlich der Grundsätze und Bedingungen, die nach diesem Absatz festzulegen sind. Die allgemeinen Grundsätze und die aufgrund öffentlicher oder privater Interessen geltenden Einschränkungen für die Ausübung dieses Rechts auf Zugang zu Dokumenten werden vom Europäischen Parlament und vom Rat durch Verordnungen gemäß dem ordentlichen Gesetzgebungsverfahren festgelegt (Art. 15 Abs. 3 UAbs. 2 AEUV). Eine solche ist die – bereits nach Art. 255 EGV erlassene – VO (EG) Nr. 1049/2001 über den Zugang der Öffentlichkeit zu Dokumenten des Europäischen Parlaments, des Rates und der Kommission. Gemäß **Art. 3 Buchstabe b VO (EG) Nr. 1049/2001** umfasst das Recht auf Zugang zu den Dokumenten des Parlaments, des Rates und der Kommission nicht nur die von diesen Organen selbst erstellten Dokumente, sondern auch von Dritten erstellte Dokumente (ua von anderen EU-Einrichtungen oder von Mitgliedstaaten), darunter **Schriftsätze in Verfahren vor dem EuGH bzw. EuG**.[83] Es besteht jedoch eine – **widerlegbare** – **Vermutung,** dass die Verbreitung der von einem Organ oder einem Mitgliedstaat in einem **gerichtlichen Verfahren eingereichten Schriftsätze** den **Schutz eines Gerichtsverfahrens** im Sinne von **Art. 4 Abs. 2 VO (EG) Nr. 1049/2001 beeinträchtigt,** solange

---

[79] Kritisch insoweit Schilling ZEuS 1999, 88 ff. Die zuletzt genannten Studien dürften aber mit internen Arbeitspapieren vergleichbar sein, die die Mitarbeiter der Richter für diese vorbereiten und für die ein Zugangsrecht der Parteien auch nicht in Frage kommt.
[80] EuGH 16.2.2022 – C-156/21, ECLI:EU:C:2022:97 Rn. 53–60 – Ungarn / Parlament.
[81] EuGH 4.6.2020 – C-430/19, ECLI:EU:C:2020:429 Rn. 31 – SC C. F. SRL.
[82] EuGH 18.7.2017 – C-213/15, ECLI:EU:C:2017:563 Rn. 52 – Breyer; 4.9.2018 – C-57/16 P, ECLI:EU:C:2018:660 Rn. 74 – ClientEarth.
[83] EuGH 18.7.2017 – C-213/15, ECLI:EU:C:2017:563 Rn. 36 f., 44 – Breyer: Schriftsatz eines Mitgliedstaats im Besitz der Kommission nach Übermittlung durch den EuGH.

das Verfahren anhängig ist.⁸⁴ Gemäß **Art. 15 Abs. 3 UAbs. 4 AEUV** gilt das (grundsätzlich bestehende) **direkte Zugangsrecht** zu Dokumenten für den **EuGH**, die EZB und die EIB **nur**, wenn sie **Verwaltungsaufgaben** wahrnehmen;⁸⁵ für den EuGH regelt diese Modalitäten ein Beschluss des Gerichtshofs vom 11.10.2016.⁸⁶ Zur Wahrung der **Anonymität** s. Art. 95 EuGHVerfO und Art. 66 und 66a EuGVerfO sowie die Hinweise des EuGH auf seiner Homepage zum Schutz personenbezogener Daten im Rahmen der Veröffentlichungen.⁸⁷ Zum **Schutz** natürlicher Personen bei der Verarbeitung **personenbezogener Daten** durch die EU-Organe, s. VO (EU) 2018/1725.

Den **Verfahrensbeteiligten** steht es grundsätzlich frei, Dritten oder der Öffentlichkeit ihre **eigenen Schriftsätze** zugänglich zu machen.⁸⁸ Anders ist die Veröffentlichung von Schriftsätzen der Gegenpartei oder von Schriftsätzen durch **Unbeteiligte** zu beurteilen.⁸⁹ Die ungenehmigte Veröffentlichung ist eine unangemessene Verwendung von Verfahrensunterlagen, die der geordneten Rechtspflege schaden kann und der bei der Aufteilung der Kosten des Verfahrens Rechnung zu tragen ist.⁹⁰ 29

C. Die Sprachenregelung

Der Sprachenfrage kommt im Verfahren vor den Unionsgerichten sowohl politisch⁹¹ als auch praktisch erhebliche Bedeutung zu.⁹² Die Regelungen über die Verfahrenssprache finden sich in den Verfahrensordnungen (Art. 36–42 EuGHVerfO, Art. 44 – 49 EuGVerfO), welche der Genehmigung durch die qualifizierte Ratsmehrheit bedürfen (Art. 253 Abs. 5, Art. 254 Abs. 5, Art. 257 Abs. 6 AEUV). Nach Art. 64 Satzung werden die Regelungen über die Sprachenfrage in einer vom Rat (nach Anhörung des Parlaments) **einstimmig** beschlossenen **Verordnung** getroffen.⁹³ Bis dahin gelten die Bestimmungen der Verfahrensordnungen zur Sprachenfrage fort. In den Verfahrensordnungen von EuGH und EuG beruht die Sprachenregelung auf denselben Prinzipien. Geringfügige Abweichungen erklären sich durch die unterschiedlichen Zuständigkeiten der Instanzen. So fehlen in der EuGVerfO Regeln für die Verfahrensarten, für die das Gericht noch nicht zuständig ist. Dafür enthält sie in Art. 45 Abs. 4 Sondervorschriften über das Sprachregime in Rechtsstreitigkeiten, die das geistige Eigentum betreffen (→ Rn. 35). 30

Als **Verfahrenssprachen** kommen die 24 Amtssprachen der Union in Betracht.⁹⁴ In **Direktklageverfahren** wählt der Kläger die Verfahrenssprache immer dann, wenn ein Unionsorgan Beklagter ist, also insbesondere bei Nichtigkeits-, Untätigkeits- und Schadensersatzklagen.⁹⁵ Bei Personenmehrheit auf der Klägerseite müssen sich die Streitgenossen, die 31

---

⁸⁴ EuGH 18.7.2017 – C-213/15, ECLI:EU:C:2017:563 Rn. 41 f., 53 f. – Breyer; 4.9.2018 – C-57/16 P, ECLI:EU:C:2018:660 Rn. 81 – ClientEarth; 22.1.2020 – C-175/18 P, ECLI:EU:C:2020:23 Rn. 59–61 – PTC Therapeutics; 31.1.2020 – C-457/18, ECLI:EU:C:2020:65 Rn. 66–72 – Slowenien/Kroatien; s. auch EuG 20.5.2020 – T-526/19, ECLI:EU:T:2020:210 Rn. 39 ff. – Nord Stream 2 AG.
⁸⁵ S. auch Brauneck EuZW 2017, 928.
⁸⁶ ABl. 2016 C 445, 3.
⁸⁷ https://curia.europa.eu/jcms/upload/docs/application/pdf/2015-11/tra-doc-de-div-c-0000–2015-201508723-05_00.pdf.
⁸⁸ EuGHE 2000, I–2247, 2254. Ausführlich zur Problematik Schilling, ZEuS 1999, 97 ff.
⁸⁹ EuGH 31.1.2020 – C-457/18, ECLI:EU:C:2020:65 Rn. 72 – Slowenien/Kroatien.
⁹⁰ EuGH 18.7.2017 – C-213/15, ECLI:EU:C:2017:563 Rn. 62 f. – Breyer.
⁹¹ S. zu Einschränkungen der Sprachen in EU-Personalauswahlverfahren EuGH 27.11.2012 – C-566/10 P, ECLI:EU:C:2012:752 – Italien/Kommission.
⁹² Zur Auslegungsrelevanz EuGH 6.10.2021 – C-561/19, ECLI:EU:C:2021:799 Rn. 42–44 – Consorzio Italian Management; s. auch Oppermann NJW 2001, 2663 ff.
⁹³ Wägenbaur, EuGH VerfO, 2. Aufl. 2017, S. 119: „Damit haben die Mitgliedstaaten jeder Versuchung, die Anzahl an möglichen Verfahrenssprachen, derzeit vierundzwanzig, zu reduzieren, um Kosten und Zeit zu sparen, buchstäblich einen Riegel vorgeschoben."
⁹⁴ Der Unterschied zwischen der Zahl der Sprachen und der Zahl der Mitgliedstaaten beruht darauf, dass Französisch in Frankreich, Belgien und Luxemburg Amtssprache ist und Deutsch auch in Österreich.
⁹⁵ Im Gutachtenverfahren wählt der Antragsteller die Verfahrenssprache. Dauses/Ludwigs/Dauses, Handbuch, P IV, Rn. 54a.

aus unterschiedlichen Mitgliedstaaten kommen, auf eine gemeinsame Verfahrenssprache einigen. Ist dagegen ein Mitgliedstaat Beklagter (im **Vertragsverletzungsverfahren**), so ist dessen Amtssprache Verfahrenssprache. Werden in einem Mitgliedstaat mehrere Amtssprachen gesprochen, so ist der Kläger berechtigt, eine von ihnen zu wählen. In **Vorabentscheidungsverfahren** richtet sich die Verfahrenssprache nach der des vorlegenden Gerichts (Art. 37 Abs. 3 EuGHVerfO). Auch im Gerichtsverfahren obliegt es damit den Unionsorganen, bei der Kommunikation mit Bürgern und Mitgliedstaaten deren Sprache zu verwenden (vgl. Art. 24 Abs. 3 AEUV, Art. 41 Abs. 4 GrC). Bei Zuständigkeit aufgrund einer Schiedsklausel (Art. 272 AEUV) ist die Vertragssprache auch die Verfahrenssprache. Der einer Partei beigetretene **Streithelfer** hat im Prinzip keine Einflussmöglichkeit auf die Verfahrenssprache; er muss sich der vom Kläger vorgegebenen Sprache bedienen.[96] Demgegenüber dürfen **Mitgliedstaaten** als Streithelfer und bei ihren Äußerungen im Vorabentscheidungsverfahren sowohl schriftlich als auch mündlich ihre eigene Amtssprache benutzen (Art. 38 Abs. 4 EuGHVerfO, Art. 46 Abs. 4 EuGVerfO).[97] Der Kanzler veranlasst in diesen Fällen eine Übersetzung in die Verfahrenssprache. Entsprechendes gilt für die EWR-Staaten (Art. 38 Abs. 5 EuGHVerfO, Art. 46 Abs. 5 EuGVerfO).

32 Die Verfahrenssprache ist von den **Parteien** in ihren Schriftsätzen einschließlich aller Anlagen und in ihren mündlichen Ausführungen zu verwenden (Art. 38 Abs. 1 und 2 EuGHVerfO, Art. 46 Abs. 1 und 2 EuGVerfO). Ist eine als Anlage beigefügte Urkunde in einer anderen Sprache abgefasst, so muss eine Übersetzung in die Verfahrenssprache beigefügt werden, die sich bei umfangreichen Dokumenten auf Auszüge beschränken kann. Der Gerichtshof bzw. der Präsident des EuG kann jedoch jederzeit auf Antrag einer Partei oder von Amts wegen eine vollständige Übersetzung solcher Schriftstücke verlangen.[98]

33 Der **EuGH** und das **EuG** müssen in ihrem **Schriftverkehr** mit den Parteien, insbesondere in Protokollen und Entscheidungen, die Verfahrenssprache verwenden. In der mündlichen Verhandlung können sich die Gerichtsmitglieder, d. h. der Präsident des Spruchkörpers bei der Leitung der Verhandlung, Richter und Generalanwälte bei ihren Fragen und die Generalanwälte bei ihren Schlussanträgen, einer anderen Sprache als der Verfahrenssprache bedienen (Art. 38 Abs. 8 EuGHVerfO, Art. 46 Abs. 7 EuGVerfO). Die Generalanwälte halten ihre Schlussanträge im Allgemeinen in ihrer Muttersprache. Auch der Berichterstatter kann seinen Vorbericht und die Entscheidungsentwürfe in einer anderen Sprache als der Verfahrenssprache abfassen. Fast immer ist dies die französische Sprache, die interne **Arbeitssprache**.[99] Deshalb werden die Schriftsätze vom Sprachendienst des Gerichtshofs zunächst ins Französische übersetzt,[100] während die Entscheidungen aus der französischen „Arbeitsfassung" in die Verfahrenssprache übersetzt werden. Wie sich aus Art. 38 Abs. 7 EuGHVerfO, Art. 35 Abs. 4 EuGVerfO ergibt, brauchen **Zeugen** und **Sachverständige** sich nicht der Verfahrenssprache zu bedienen. Es steht im Ermessen des zuständigen Spruchkörpers bzw. des mit der Beweisaufnahme beauftragten Berichterstatters, in welcher Sprache die Vernehmung bzw. die Anhörung sachdienlich ist. Normalerweise wird dies eine der in Art. 36 EuGHVerfO genannten Sprachen sein. Zeugen oder Sachverständigen, die sich in keiner dieser Sprachen hinlänglich ausdrücken können, kann der zuständige Spruchkörper gestatten, ihre Erklärungen in einer anderen Sprache abzugeben, wobei auch diese selbstverständlich, wenn erforderlich, in die Verfahrenssprache zu übersetzen sind.

---

[96] Der Antrag auf Zulassung als Streithelfer kann nach der Praxis des EuGH auch in einer anderen Sprache eingereicht werden. Beim EuG kann der Antrag ebenfalls zunächst in einer anderen Sprache fristwahrend eingereicht werden, doch muss der Antragsteller innerhalb einer vom Kanzler gesetzten Frist eine Fassung in der Verfahrenssprache nachreichen. Erst dann wird sein Antrag den anderen Parteien zugestellt.
[97] Die EWR-Staaten und die EFTA-Überwachungsbehörde können statt der Verfahrenssprache eine andere der potentiellen Verfahrenssprachen für ihre Äußerungen wählen, Art. 38 Abs. 5 EuGHVerfO, Art. 46 Abs. 5 EuGVerfO.
[98] Art. 38 Abs. 3 EuGHVerfO, Art. 46 Abs. 3 EuGVerfO.
[99] Dauses/Ludwigs/Dauses, Handbuch, P IV, Rn. 75.
[100] Die Unionsorgane müssen die französische Übersetzung ihrer Schriftsätze selbst vorlegen.

Auf Antrag einer Partei kann eine der anderen in Art. 36 EuGHVerfO bzw. 45 Abs. 1 **34** und 2 EuGVerfO genannten Sprachen ganz oder teilweise als Verfahrenssprache zugelassen werden (Art. 37 Abs. 1 lit. c) EuGHVerfO bzw. 45 Abs. 1 und 2 EuGVerfO).[101] Der Antrag kann sowohl von einer Hauptpartei als auch von einem Streithelfer gestellt werden.[102] Er muss eingehend begründet werden und insbesondere darlegen, weshalb die Verwendung der Verfahrenssprache den Antragsteller bei der Wahrnehmung seiner Rechte erheblich beeinträchtigen würde. Die Zulassung selbst steht im Ermessen des Gerichtshofs bzw. des Gerichts.[103] Ein Kläger, der die Verfahrenssprache gewählt hat, kann sich nicht darauf berufen, dass seine Anwälte eine andere Muttersprache haben, um in der mündlichen Verhandlung die Zulassung einer anderen Sprache für die Plädoyers zu erreichen.[104] Bei Streithelfern, die auf die Verfahrenssprache keinen Einfluss hatten, kann eine großzügigere Haltung angebracht sein, doch dürfen auch ihre Anträge auf Zulassung anderer Sprachen nicht weiter gehen, als zur Wahrung ihres rechtlichen Gehörs unabdingbar ist.[105] So wird die Verwendung der Verfahrenssprache im schriftlichen Verfahren normalerweise als zumutbar angesehen, während es den Anwälten des Streithelfers eher gestattet wird, in der mündlichen Verhandlung in ihrer eigenen Sprache zu plädieren.[106] Dass das der angefochtenen Entscheidung vorangehende Verwaltungsverfahren in der Sprache geführt wurde, deren Verwendung der Streithelfer wünscht, reicht allein nicht aus, um eine Ausnahme von der Pflicht zur Verwendung der Verfahrenssprache zu rechtfertigen.[107]

Für **Streitigkeiten betreffend die Rechte des geistigen Eigentums** enthält Art. 45 **35** Abs. 4 EuGVerfO besondere Sprachenregelungen. Dem Kläger steht das Recht, die Verfahrenssprache zu wählen, nur dann allein zu, wenn er vor der Beschwerdekammer der einzige Beteiligte war. War am Verfahren vor der Beschwerdekammer eine andere Personen beteiligt, setzt der Kanzler des Gerichts der bzw. den anderen Parteien eine Frist zum Widerspruch gegen die vom Kläger gewählte Sprache. Innerhalb dieser Frist können sich die Parteien auf eine Verfahrenssprache einigen. Gelingt ihnen das nicht, so wird grundsätzlich die Sprache der beim Gericht angefochtenen Entscheidung Verfahrenssprache.

---

[101] Zu der Frage, ob damit die ursprünglich gewählte Verfahrenssprache durch eine andere Sprache ersetzt wird oder ob beide Sprachen nebeneinander als Verfahrenssprachen Anwendung finden, s. Dauses/Ludwigs/Dauses, Handbuch, P IV Rn. 52.
[102] EuGHE 1993, II–535.
[103] Vgl. zB EuGHE 1995, II–2881.
[104] EuGHE 1997, II–87.
[105] Vgl. EuGHE 1993, II–535 für den Antrag, sich generell einer anderen Sprache bedienen zu können und Übersetzungen der Verfahrensdokumente in diese Sprache zu erhalten.
[106] Vgl. EuGHE 1993, II–535.
[107] Vgl. EuG 26.11.1998 – T-59/98 – Honeywell/Kommission.

§ 19 Die Verfahrensbeteiligten*

Übersicht

	Rn.
A. Allgemeines	1
B. Kontradiktorische Verfahren	2
I. Parteifähigkeit	2
II. Prozessfähigkeit	6
III. Privilegierte und andere Parteien	7
IV. Vertretung der Parteien	9
V. Streitgenossenschaft	12
VI. Streithilfe	19
1. Allgemeines	19
2. Zulassungsvoraussetzungen	23
a) Anhängiger Rechtsstreit	23
b) Interventionsberechtigte	24
c) Interventionsgrund	27
3. Das Zulassungsverfahren	30
a) Form und Inhalt des Antrags auf Zulassung	30
b) Frist	33
c) Ablauf des Verfahrens	34
d) Entscheidung über die Zulassung	35
4. Rechtsstellung des Streithelfers und Fortgang des Verfahrens	36
5. Rechtsmittel	42
6. Streithilfe in Rechtsstreitigkeiten betreffend die Rechte des geistigen Eigentums	44
7. Schriftsatzmuster	49
a) Antrag auf Zulassung als Streithelfer vor dem EuG	49
b) Stellungnahme zum Antrag auf Zulassung als Streithelfer	50
c) Antrag auf vertrauliche Behandlung	51
C. Vorabentscheidungsverfahren	52
D. Gutachtenverfahren	55

Schrifttum:

Andova et Bardeleben, La refonte du règlement de procédure du Tribunal de l'Union européenne: pour une efficacité juridictionnelle renforcée, Europe, 2015 (7), 5 ff.; Coutron, Chronique Contentieux de l'Union européenne – Le Tribunal fait peau neuve. À propos de l'adoption de son nouveau règlement de procedure, Revue trimestrielle de droit européen, 2016 (2), 375 ff.; Dauses/Henkel, Streithilfe durch natürliche und juristische Personen in Verfahren vor dem EuGH und EuG, EuZW 2000, 581 ff.; Dörr, Staatshaftung in Europa – Nationales und Unionsrecht, De Gruyter 2014; Magnusson, Procedural Homogeneity v. Inconsistency of European Courts – Comments on Order of the EFTA Court President of 15 June 2012 in Case E-16/11 EFTA Surveillance Authority v. Iceland, September 1, 2012, S. 3 f., SSRN: http://ssrn.com/abstract=2140717 oder http://dx.doi.org/10.2139/ssrn.2140717; Hasselbach, Der Schutz von Verbandsinteressen vor dem EuGH: Verbandsklage, Streithilfe und amicus-curiae-briefs im System des europäischen Prozeßrechts, Zeitschrift für Zivilprozeß. No. 2 (1996), p. 195–219; Kirschner/Klüpfel, Das Gericht erster Instanz der Europäischen Gemeinschaften, 2. Aufl. 1998; Klinke, Der Gerichtshof der Europäischen Gemeinschaften. Aufbau und Arbeitsweise, 1989; Nissen, Die Intervention Dritter in Verfahren vor dem Gerichtshof der Europäischen Gemeinschaften, 2001; van Nuffel, What's in a Member State? Central and decentralized authorities before the community courts, CMLRev 2001, 871 ff.; O'Neill, Strategic litigation before the European Courts, ERA Forum 2015 (16), 495 ff.; Sachs, Die Ex-officio-Prüfung durch die Gemeinschaftsgerichte, Diss., 2008; Walicka, New Rules of Procedure of the General Court of the European Union as of 1 July 2015, JIPLP 2016 11(1) 64 ff.; Wägenbaur, Satzung und Verfahrensordnungen des Gerichtshofs und des Gerichts der Europäischen Union, 2. Aufl. 2017.

---

* Dieser Beitrag basiert auf einer Neubearbeitung der von Sabine Hackspiel und Thomas Laut verfassten Beiträge der Vorauflagen. Der vorliegende Beitrag bringt allein die persönliche Auffassung der Autorin zum Ausdruck.

A. Allgemeines

Die Voraussetzungen einer Beteiligung am Verfahren und die Rechtsstellung der Beteiligten sind für die verschiedenen Verfahrensarten nicht einheitlich geregelt. Insbesondere bestehen Unterschiede zwischen den Direktklageverfahren (zB Vertragsverletzungsverfahren, Nichtigkeitsklage, Untätigkeitsklage) und dem Vorabentscheidungsverfahren. Eigene Regeln gelten auch für die (in der Praxis seltenen) Sonderverfahren und Gutachtenverfahren (→ § 16). Der Ausdruck „Parteien" ist an und für sich nur in den Verfahren angemessen, die unmittelbar der Streitentscheidung dienen, also in den Direktklageverfahren. Hier kann er, anders als nach deutschem Verständnis, neben den Hauptparteien auch die Streithelfer umfassen (→ Rn. 36). Im Vorabentscheidungsverfahren ist die Entscheidung des Rechtsstreits dagegen Sache des vorlegenden nationalen Gerichts und nicht des EuGH, der dem nationalen Richter durch seine Entscheidung lediglich Hilfestellung bei der Auslegung des Unionsrechts leistet. Hier wird von den „Parteien im Ausgangsverfahren" und den „übrigen Verfahrensbeteiligten" gesprochen. Auch im Gutachtenverfahren nach Art. 218 Abs. 11 AEUV und in den Verfahren nach dem EWR-Vertrag (Art. 111 Abs. 3 EWRV bzw. Protokoll Nr. 34 zum EWRV) wird überwiegend die Bezeichnung „Verfahrensbeteiligte" verwendet.

1

B. Kontradiktorische Verfahren

I. Parteifähigkeit

Allgemeine Vorschriften über die Parteifähigkeit enthält das Prozessrecht der Unionsgerichte nicht. Aus den Bestimmungen der Verträge und des Sekundärrechts über die verschiedenen Klagearten ergibt sich aber, wer jeweils Kläger und Beklagter sein kann und damit auch parteifähig ist (Siehe dazu die Darstellung der verschiedenen Verfahrensarten (→ §§ 5–9). Das sind zunächst die Organe der Union, also das Europäische Parlament, der Europäische Rat,[1] der Rat, die Kommission, der Rechnungshof und die EZB,[2] ferner die durch die Verträge oder durch abgeleitete Rechtsakte geschaffenen rechtsfähigen Unionseinrichtungen wie die EIB,[3] oder das EUIPO,[4] außerdem der Ausschuss der Regionen[5] sowie sonstige Organe und Einrichtungen,[6] die Handlungen mit Rechtswirkung gegenüber Dritten vornehmen bzw. ihrem Personal gegenüber im Rahmen eines EU-rechtlichen Beschäftigungsverhältnisses als Dienstherren auftreten.[7] Auch die EFTA-Überwachungsbehörde ist parteifähig, wie sich aus ihrem in Art. 40 Abs. 3 EuGH-Satzung anerkannten Recht ergibt, bestimmten Rechtsstreitigkeiten als Streithelfer beizutreten.

2

Ob aus der Rechtsfähigkeit der Union und der EAG (Art. 47 EUV, Art. 335 AEUV und Art. 184 EAGV) auch die Parteifähigkeit vor den Unionsgerichten folgt, ist umstrit-

3

---

[1] Vgl. Art. 263 AEUV sowie Pechstein EU-ProzessR Rn. 354.
[2] Wie sich aus Art. 271 lit. d AEUV ergibt, ist neben der EZB auch der EZB-Rat parteifähig.
[3] Aus Art. 271 lit. a–c AEUV ergibt sich, dass neben der EIB auch deren Verwaltungsrat und der Rat der Gouverneure parteifähig sind. Näher zu Verfahren mit Beteiligung der EIB und der EZB in → § 13.
[4] Geschaffen durch die Gemeinschaftsmarken-VO (EWG) Nr. 40/94 (jetzt VO (EG) Nr. 207/2009).
[5] Vgl. Art. 263 Abs. 3 AEUV.
[6] Vgl. Art. 263 Abs. 1 S. 2, Art. 265 Abs. 1 S. 2 AEUV sowie Art. 1 EuGHVfO und Art. 1 EuGVfO, wonach der Ausdruck „Organ" von den Verfahrensordnungen in dem Sinne verwendet wird, dass er neben den Organen der Union auch die Einrichtungen umfasst, die durch die Verträge oder eine zu deren Durchführung erlassene Handlung geschaffen worden sind und die vor den Unionsgerichten Partei sein können (zB die Agenturen der Europäischen Union). Vgl. ferner Pechstein EU-ProzessR Rn. 373.
[7] Trotz des Wortlauts von Art. 270 AEUV ist in Personalstreitigkeiten nach stRspr nicht die Union, sondern das als Dienstherr handelnde Organ bzw. die entsprechende Einrichtung Partei. (Nur) insoweit ist auch die EuGH parteifähig, vgl. Frenz EuropaR-HdB V Rn. 2958 und Pechstein EU-ProzessR Rn. 586. Besonderheiten bestehen bei Personalstreitigkeiten, die internationale Missionen der EU betreffen (siehe EuGH 24.2.2022 – C-283/20, ECLI:EU:C:2022:126 – EULEX-Kosovo; siehe auch EuGH 5.7.2018 – C-43/17, ECLIEU:C:2018:531 – P, Jenkinson/Rat ua).

ten.[8] Von großer praktischer Bedeutung ist die Frage nicht. Für die meisten Direktklagen ergibt sich bereits aus dem Text der Verträge, dass nur Organe oder Einrichtungen Kläger oder Beklagte sein können, so dass der Union jedenfalls die Klagebefugnis fehlt bzw. sie nicht die richtige Klagegegnerin ist. Für Klagen nach Art. 268 AEUV auf den in Art. 340 AEUV vorgesehenen Schadensersatz und für Vertragsstreitigkeiten nach Art. 272 AEUV ist nicht ausdrücklich geregelt, wer als Partei in Frage kommt (näher → §§ 9, 14), regelmäßig treten jedoch die Organe als Parteien auf.[9] Die Zulässigkeit einer Schadensersatzklage hängt jedoch normalerweise nicht davon ab, ob sie gegen die Union oder gegen das Organ gerichtet ist, dem das schädigende Verhalten zur Last gelegt wird. Im Zweifel stellt das Gericht die Parteibezeichnung von Amts wegen richtig.[10]

4   Die **Mitgliedstaaten** der Union und die **Vertragsstaaten des EWR** sind als solche parteifähig. Untergliederungen der Mitgliedstaaten, wie Bundesländer, Gemeinden und andere juristische Personen des öffentlichen Rechts fallen nicht unter den Begriff des Mitgliedstaats, können aber in ihrer Eigenschaft als juristische Personen parteifähig sein.[11] Ob die mit dem Vertrag von Lissabon eingeführte sog. Subsidiaritätsklage nach Art. 8 des Subsidiaritätsprotokolls den nationalen Parlamenten prozessrechtlich ein eigenes Klagerecht einräumt, das nationale Parlament also selbst Partei der Klage sein kann, oder ob der betroffene Mitgliedstaat die Klage für das Parlament erheben muss, ist nach wie vor ungeklärt.[12] Für die nationalen Zentralbanken sieht Art. 271 Abs. d) AEUV ausdrücklich vor, dass sie parteifähig sind.

---

[8] Dagegen Kirschner/Klüpfel, Das Gericht erster Instanz der Europäischen Gemeinschaften, 2. Aufl. 1998, Rn. 25. Die Parteifähigkeit vor nationalen Gerichten ergibt sich aus Art. 335 AEUV. Zur Vertretung der Union vor nationalen Gerichten vgl. EuGH 5.5.2011 – C-137/10, ECLI:EU:C:2011:280 Rn. 25 = BeckRS 2011, 80456 – Région de Bruxelles-Capitale sowie EuGH 6.11.2012 – C-199/11, EU:C:2012:684 Rn. 36 – Otis ua.

[9] ZB EuGH 14.7.2022 – C-371/21 P, ECLI:EU:C:2022:566 = BeckRS 2022, 16609 – SGI Studio Galli Ingegneria/Kommission; 10.7.2019 – C-19/18 P, ECLI:EU:C:2019:578 – VG/Kommission; 16.7.2020 – C-584/17 P, ECLI:EU:C:2020:576 – ADR Center/Kommission; 14.3.2019 – C-428/17 P, ECLI:EU:C:2019:201 – Meta Group/Kommission; 5.7.2018 – C-43/17 P, ECLI:EU:C:2018:531 – Jenkinson/Rat ua; EuG 20.9.2021 – T-241/21, ECLI:EU:T:2021:617 – Kipper/Kommission; 22.10.2021 – T-22/21, BeckRS 2021, 32626 – Equinoccio-Compañía de Comercio Exterior/Kommission; 14.12.2022 – T-753/20, ECLI:EU:T:2022:806 – Green Power Technologies/Kommission; 13.7.2022 – T-165/20, ECLI:EU:T:2022:453 – JC/EUCAP Somalia; 27.10.2021 – T-610/20, ECLI:EU:T:2021:735 – Egis Bâtiments International und InCA/Parlament; 13.7.2022 – T-457/20, EU:T:2022:457 – VeriGraft/EASME; 19.10.2022 – T-242/17 RENV, ECLI:EU:T:2022:637 – SC/Eulex Kosovo (zum Zeitpunkt des Verfassens anhängiges Rechtsmittel: EuGH C-785/22 P, Eulex Kosovo/SC); 21.12.2021 – T-381/20, ECLI:EU:T:2021:932 – Datax/REA. In diesem Zusammenhang siehe auch EuGH 25.6.2020 – C-14/19 P, ECLI:EU:C:2020:492 – SATCEN/KF.

[10] Dies ist dann der Fall, wenn eine verantwortliche Institution klar ausgemacht werden kann (vgl. EuG 25.6.2020 – T-22/19, ECLI:EU:T:2020:295 – Noguer Enríquez ua/Kommission; EuG 23.1.2018 – T-759/16, ECLI:EU:T:2018:26 – Campailla/Europäische Union; EuG 12.12.2000 – T-201/99, ECLI:EU:T:2000:291 – Royal Olympic Cruises ua/Rat und Kommission und 10.4.2002 – T-209/00, ECLI:EU:T:2002:94 – Lamberts/Bürgerbeauftragter). Dies trifft jedoch nicht zu, wenn sich eine Klage offensichtlich und willentlich gegen die falsche Beklagte richtet: siehe EuGH 17.1.2023 – C-137/22 P, ECLI:EU:C:2023:41 = BeckRS 2023, 438 Rn. 46 ff. – Theodorakis und Theodoraki/Rat und 12.11.2015 – C-439/13 P, ECLI:EU:C:2015:753 Rn. 73 ff. – Elitaliana/Eulex Kosovo).

[11] Siehe EuG 15.6.1999 – Rs T-288/97, Slg. 1999, II-1871 Rn. 28 = BeckRS 1999, 55317 – Regione autonoma Friuli-Venezia Giulia/Kommission; ebenfalls zB EuGH 3.12.2020 – C-352/19 P, ECLI:EU:C:2020:978 – Région de Bruxelles-Capitale/Kommission und 21.12.2016 – C-524/14 P, EU:C:2016:971 – Kommission/Hansestadt Lübeck; ausf. zu den Klagemöglichkeiten von Untergliederungen der Mitgliedstaaten van Nuffel CMLRev 2001, 871 ff. Nicht parteifähig sind Organe derartiger Untergliederungen, die nach nationalem Recht nicht rechtsfähig sind, und zwar unabhängig von ihrer eventuellen Parteifähigkeit vor nationalen Gerichten, EuG 3.4.2008 – T-236/06, ECLI:EU:T:2008:91 Rn. 26, 30 = BeckRS 2008, 70511 – Landtag Schleswig-Holstein/Kommission, bestätigt durch EuGH 24.11.2009 – C-281/08 P, ECLI:EU:C:2009:728 Rn. 20 ff. = BeckRS 2010, 90222 – Landtag Schleswig-Holstein/Kommission; EuGH 22.3.2007 – C-15/06 P, ECLI:EU:C:2007:183 – Regione Siciliana/Kommission.

[12] Näher Pechstein EU-ProzessR Rn. 368 mwN; vgl. auch Thiele EuR 2010, 31 (46); Streinz/Ohler/Herrmann Vertrag Lissabon S. 75 f.

Parteifähig sind ferner **natürliche und juristische Personen,** wie sich insbes. aus den Bestimmungen der Art. 263 Abs. 4 AEUV und Art. 265 Abs. 3 AEUV ergibt. Die Rechtsfähigkeit einer juristischen Person (von der im Prinzip die Parteifähigkeit abhängt) beurteilt der EuGH nach dem Gründungsstatut.[13] EuGH und EuG legen hier meist einen großzügigen Maßstab an und machen die Parteifähigkeit von Personenvereinigungen nicht notwendigerweise von deren Rechtsfähigkeit abhängig.[14] So kann die Tatsache, dass die Unionsorgane einer Personenvereinigung gegenüber belastende Maßnahmen ergriffen haben, ausreichen, sie jedenfalls für die Anfechtung solcher Maßnahmen als parteifähig anzusehen.[15] Jedoch muss die Parteifähigkeit über die gesamte Verfahrensdauer Bestand haben.[16] Wie sich die Insolvenz einer Partei auswirkt, kann je nach Parteistellung und Verfahrensart unterschiedlich zu beurteilen sein, hängt aber auch, wie bereits im Vorangegangenen erwähnt, mit dem nationalen Recht zusammen, dem die betroffene juristische Person unterliegt.[17] Die Anwendung des nationalen Rechts darf allerdings zu keiner Verletzung auf wirksamen gerichtlichen Rechtsschutz der betroffenen juristischen Person führen.[18]

II. Prozessfähigkeit

Die Prozessfähigkeit, verstanden als die Fähigkeit, als Partei wirksam Prozesshandlungen[19] vorzunehmen, parallel zur zivilrechtlichen Geschäftsfähigkeit,[20] ist in den Verfahrensvorschriften nicht ausdrücklich geregelt. Die Rechtsprechung unterscheidet die Prozessfähigkeit oft nicht von der Parteifähigkeit.[21] Sie richtet sich bei natürlichen Personen nach

---

[13] EuGH 17.3.2005 – C-294/02, ECLI:EU:C:2005:172 Rn. 60 = BeckRS 2005, 70210 – Kommission/AMI Semiconductor Belgium ua. Der EuGH folgt damit seiner auf die Niederlassungsfreiheit gestützten Rspr. zur Parteifähigkeit vor nationalen Gerichten.

[14] EuGH 20.3.1959 – 18/57, ECLI:EU:C:1959:6 – Nold/Hohe Behörde; EuGH 28.10.1982 – 135/81, ECLI:EU:C:1982:371, Rn. 9 ff. = BeckRS 2004, 71562 – Groupement des Agences de voyages/Kommission; EuGH 18.1.2007 – C-229/05 P, ECLI:EU:C:2007:32 – PKK und KNK/Rat, näher Kohler/Knapp ZeuP 2002, 701 ff; EuGH 22.6.2021 – C-872/19 P, ECLI:EU:C:2021:507 Rn. 44 – Venezuela/Rat (Betroffenheit eines Drittstaats); GA Wathelet 13.9.2016 – SchlA C-104/16 P, EU:C:2016:677 Rn. 140 – Rat/Front Polisario. Siehe auch EuG 29.9.2021 – T-279/19, ECLI:EU:T:2021:639 – Front Polisario/Rat und 29.9.2021 – T-344/19 und T-356/19, ECLI:EU:T:2021:640 – Front Polisario/Rat (zur Zeit des Verfassens anhängige Rechtsmittel C-779/21 P und C-799/21 P).

[15] EuGH 18.1.2007 – C-229/05 P, ECLI:EU:C:2007:32 Rn. 112 = NVwZ 2007, 796 – PKK und KNK/Rat. Die Klage einer vom HABM als Inhaber einer Gemeinschaftsmarke eingetragenen Erbengemeinschaft hat das EuG mangels Nachweises der Rechtsfähigkeit als gemeinsame Klage der Erben behandelt (EuG 22.6.2004 – T-185/02, ECLI:EU:T:2004:189 Rn. 19–22 = GRUR-Int. 2004, 850 – Ruiz-Picasso ua/HABM – DaimlerChrysler (PICARO)).

[16] EuGH 15.6.2017 – C-19/16 P, ECLI:EU:C:2017:466 Rn. 30–35 – Al-Faqih ua/Kommission; EuG 21.3.2012 – T-113/06, ECLI:EU:T:2012:135 Rn. 27–29 – Marine Harvest Norway und Alsaker Fjordbruk/Rat; EuG 20.9.2007 – T-136/05, ECLI:EU:T:2007:295 Rn. 25–27 – Salvat père & fils ua/Kommission.

[17] Allgemein kann davon ausgegangen werden, dass die Parteifähigkeit für Verfahren vor den europäischen Gerichten erhalten bleibt, wenn dies im Rechtssystems des Gründungsstatuts der betroffenen juristischen Person der Fall wäre. Vgl. einerseits EuGH 17.3.2005 – C-294/02, ECLI:EU:C:2005:172 Rn. 64–72 = BeckRS 2005, 70210 – Kommission/AMI Semiconductor Belgium ua: Unzulässigkeit einer von der Kommission gegen einen Vertragspartner nach Eröffnung des Insolvenzverfahrens erhobenen Klage – und andererseits EuG 22.1.2009 – T-316/07, ECLI:EU:T:2009:14 Rn. 18–23 = BeckRS 2009, 70090 – Commercy/HABM – easyGroup IP Licensing (easyHotel): Nur die am Verfahren vor dem damaligen HABM beteiligte (bereits insolvente) juristische Person und nicht der Insolvenzverwalter ist Partei im Verfahren vor dem EuG.

[18] EuGH 5.11.2019 – C-663/17 P, C-665/17 P und C-669/17 P, ECLI:EU:C:2019:923 Rn. 78 – EZB ua/Trasta Komercbanka ua.

[19] Selbst bei fehlender Postulationsfähigkeit durch einen selbst bestellten Vertreter.

[20] GA Ruiz-Jarabo Colomer 15.10.2009 – SchlA C-408/08 P, ECLI:EU:C:2009:634 Rn. 63 = GRUR-Int. 2010, 506 – Lancôme/HABM und CMS Hasche Sigle.

[21] Auch der Unionsgesetzgeber verwendet den Begriff der „Prozessfähigkeit" ungenau zur Wiedergabe des französischen Begriffs der *capacité d'ester en justice*, der nicht scharf zwischen Partei- und Prozessfähigkeit trennt, vgl. zB Art. 63 Abs. 1 lit. a VO (EU) 2017/1001 über die Unionsmarke (ABl. 2017 L 154, 1).

nationalem Recht.[22] Juristische Personen sind nicht prozessfähig. Wer sie vertritt, hängt von dem Recht ab, dem sie unterstehen. Das gilt sowohl für juristische Personen des Privatrechts als auch für Staaten und für die Union selbst.

III. Privilegierte und andere Parteien

7 Hinsichtlich der Rechtsstellung der Parteien in den Direktklageverfahren ist zwischen „privilegierten" Parteien, dh den Mitgliedstaaten und den Unionsorganen, und „sonstigen" Parteien, dh insbes. den natürlichen und juristischen Personen, zu unterscheiden. Die Sonderstellung der „privilegierten" Parteien kommt zunächst in den Regeln über die **Klagebefugnis** zum Ausdruck. So brauchen bei der Nichtigkeitsklage nach Art. 263 AEUV die Mitgliedstaaten, Parlament, Rat und Kommission keine besondere Klagebefugnis geltend zu machen, sondern können jede Handlung eines Organs, welche Rechtswirkungen hat, der Rechtmäßigkeitskontrolle durch den Gerichtshof unterwerfen. Der Rechnungshof, die EZB und der Ausschuss der Regionen können dagegen die Nichtigkeitsklage nur zur Wahrung ihrer Rechte erheben, weshalb man sie auch als „eingeschränkt privilegierte Parteien" bezeichnet. Bei der Untätigkeitsklage sind demgegenüber die Mitgliedstaaten und die in Art. 13 Abs. 1 EUV genannten Unionsorgane[23] gleich gestellt. Anders als private Parteien brauchen sie keine besondere Klagebefugnis darzulegen. Ebenso können alle privilegierten Parteien in jedem Direktklageverfahren als **Streithelfer** einer Hauptpartei auftreten, ohne ein eigenes Interesse am Ausgang des Rechtsstreits darlegen zu müssen. Demgegenüber können natürliche und juristische Personen in Rechtsstreitigkeiten, in denen die Hauptparteien Mitgliedstaaten oder Unionsorgane sind, überhaupt nicht als Streithelfer gehört werden, und bei Streitigkeiten, an denen andere Privatleute beteiligt sind, setzt ihre Zulassung ein Interesse am Ausgang des Rechtsstreits voraus (näher → Rn. 27–29 Kap. VI). Weiterhin können die privilegierten Parteien die Entscheidungen des EuG[24] mit dem **Rechtsmittel** vor dem EuGH anfechten, auch wenn sie am erstinstanzlichen Verfahren nicht beteiligt waren. Auch sonst bestehen Unterschiede in der verfahrensrechtlichen Stellung. So gilt zB für die privilegierten Parteien kein Anwaltszwang. In diesen Regelungen kommt zum Ausdruck, dass die Beteiligung der „privilegierten Parteien" am Verfahren vor den Unionsgerichten nicht allein zur Verteidigung ihrer eigenen Rechte oder Interessen bestimmt ist, sondern zugleich der Wahrung und Fortentwicklung der Unionsrechtsordnung insgesamt dienen soll.

8 Eine Zwischenstellung nehmen die **EWR-Staaten** und die **EFTA-Überwachungsbehörde** ein. Hinsichtlich der Klagebefugnis stehen sie natürlichen und juristischen Personen gleich.[25] Dagegen gilt für sie kein Anwaltszwang, und sie können nach Art. 40 Abs. 3 EuGH-Satzung Rechtsstreitigkeiten, die einen der Anwendungsbereiche des EWR-Vertrages betreffen, ohne Nachweis eines besonderen Interventionsinteresses beitreten (näher → Rn. 25).[26] Dies gilt auch für Verfahren in welchen die Hauptparteien Mitgliedstaaten oder Unionsorgane sind, dh insbes. in Vertragsverletzungsverfahren.[27]

---

[22] Kirschner/Klüpfel Gericht erster Instanz Rn. 29 und Fn. 75. Ob dabei die Staatsangehörigkeit, der Wohnsitz oder der gewöhnliche Aufenthalt maßgeblich ist, wurde noch nicht entschieden, ist aber auch nur von geringer praktischer Relevanz.

[23] Sonstige Einrichtungen und Stellen der Union gehören nicht zu den privilegierten Parteien, wie sich aus Art. 40 Abs. 2 EuGH-Satzung ergibt.

[24] Ausgenommen in Personalstreitigkeiten, Art. 56 Abs. 3 EuGH-Satzung.

[25] Für bestimmte Klagen im Bereich der Fusionskontrolle haben die EWR-Staaten allerdings eine vergleichbare Stellung wie die Mitgliedstaaten (siehe Art. 6 Abs. 2 des Protokolls Nr. 24 zum EWR-Vertrag).

[26] Auch in Vorabentscheidungsverfahren haben sie ein Äußerungsrecht, wenn der Anwendungsbereich des EWR-Vertrages betroffen ist (→ § 10).

[27] Siehe EuGH 18.12.2020 – C-328/20, ECLI:EU:C:2020:1068 – Kommission/Österreich. Vor Änderung der Satzung durch die Verordnung (EU, Euratom) 2019/629 des Europäischen Parlaments und des Rates vom 17.4.2019 (ABl. 2019 L 111, 1) war den EWR-Staaten und der EFTA-Überwachungsbehörde die Streithilfe jedoch verwehrt, wenn die Hauptparteien im Verfahren Mitgliedstaaten oder Unionsorgane waren; siehe EuGH 15.7.2010 – C-493/09, ECLI:EU:C:2010:444 Rn. 9–11 = IStR 2011, 920 – Kommission/Portugal und EuGH 1.10.2010 – C-542/09, ECLI:EU:C:2010:576, 688 Rn. 5–7 = DÖV

IV. Vertretung der Parteien

In den Direktklageverfahren vor den Unionsgerichten werden die Parteien durch Bevollmächtigte oder Anwälte vertreten.[28] Für die Mitgliedstaaten und die Unionsorgane sieht Art. 19 Abs. 1 EuGH-Satzung die Vertretung durch **Bevollmächtigte** vor, die durch einen Anwalt oder einen sonstigen Beistand unterstützt werden können.[29] Für die Mitgliedstaaten werden meistens Beamte des innerstaatlich für die Prozessvertretung vor dem EuGH zuständigen Ministeriums (häufig das Außenministerium, seltener das Justizministerium) als Bevollmächtigte tätig. In Deutschland ist das Bundesministerium für Wirtschaft und Klimaschutz die zentrale Stelle für die gesamte Prozessvertretung der Bundesregierung vor dem EuGH. Lediglich in den Fällen, in denen der Gegenstand des Verfahrens in den fachlichen Zuständigkeitsbereich des Bundesministeriums der Justiz fällt, ist dieses Ministerium für die Vertretung zuständig. Für die Unionsorgane handeln die Mitglieder der juristischen Dienste, die gegebenenfalls durch einen Anwalt oder einen sonstigen Beistand unterstützt werden können. Dagegen besteht für natürliche und juristische Personen nach Art. 19 Abs. 3 EuGH-Satzung **Anwaltszwang.**[30] Sie müssen sich entweder durch einen Rechtsanwalt[31] vertreten lassen, der in einem der Mitgliedstaaten oder in einem Vertragsstaat des EWR vor Gericht auftreten kann oder, gem. Art. 19 Abs. 7 EuGH-Satzung, durch einen Hochschullehrer, der Angehöriger eines Mitgliedstaats ist und nach dessen Rechtsordnung die Befugnis hat, forensisch tätig zu werden.[32] In Drittstaaten außerhalb des EWR zugelassene Anwälte sind nicht postulationsfähig.[33] Strenge Anforderungen stellen die Unionsgerichte an die Unabhängigkeit des Anwalts von der vertretenen Partei. So kann ein Anwalt weder

---

2012 – Kommission/Niederlande (nur in französischer und portugiesischer bzw. französischer und niederländischer Sprache auf der Internetseite des EuGH veröffentlicht); siehe hierzu auch krit. Magnusson, Procedural Homogeneity v. Inconsistency of European Courts, 2012, S. 3 f.

[28] Art. 19 EuGH-Satzung, siehe auch Art. 119 EuGHVfO.

[29] Das gilt ebenfalls für die EWR-Staaten und die EFTA-Überwachungsbehörde, Art. 19 Abs. 2 EuGH-Satzung. Untergliederungen der Mitgliedstaaten unterliegen dagegen dem Anwaltszwang, EuG 5.7.2006 – T-357/05, ECLI:EU:T:2006:188 Rn. 8–11 – Comunidad Autónoma de Valencia – Generalidad Valenciana/Kommission, bestätigt durch EuGH 20.2.2008 – C-363/06 P, ECLI:EU:C:2008:99 Rn. 20 ff. = BeckRS 2010, 91826 – Comunidad Autónoma de Valencia – Generalidad Valenciana/Kommission und 14.7.2022 – C-110/21 P, ECLI:EU:C:2022:555 Rn. 40–42 – Universität Bremen/REA.

[30] Ausnahmen vom Anwaltszwang gelten für das Vorabentscheidungsverfahren (Art. 97 Abs. 3 EuGHVfO, näher → Rn. 54) sowie für den Antrag auf Prozesskostenhilfe in Klagen vor dem EuG oder im Rechtsmittelverfahren vor dem EuGH (Art. 186 Abs. 2 EuGHVfO, Art. 147 Abs. 6 EuGVfO). Zum Sinn des Anwaltszwangs GA Roemer 2.12.1964 –SchlA 108/63 R, ECLI:EU:C:1964:84 = BeckRS 2004, 70685 – Merlini/Hohe Behörde, der EuGH soll nur mit solchen tatsächlichen und rechtlichen Ausführungen konfrontiert werden, die ein Anwalt geprüft hat; EuGH 18.5.1982 – 155/79, ECLI:EU:C:1982:157 Rn. 24 = NJW 1983, 503 – AM & S Europe/Kommission und EuG 26.6.2006 – T-453/05, ECLI:EU:T:2006:175 Rn. 12 – Vonage Holdings/HABM (REDEFINING COMMUNICATIONS) heben die Rolle des Anwalts als Mitgestalter der Rechtspflege, seine Unabhängigkeit und die Bindung an Berufs- und Standespflichten hervor.

[31] Juristen, die nach nationalem Recht vor Gericht auftreten können, ohne als Anwälte zugelassen zu sein, gehören nicht dazu, vgl. EuG 5.7.2021 – T-191/21, ECLI:EU:T:2021:470 – Svenska Metallkompaniet/EUIPO – Otlav (Beschläge für Fenster); 5.7.2021 – T-128/21, ECLI:EU:T:2021:479 – Bese/EUIPO – Mixtec (rubyred CRANBERRY); 26.6.2006 – T-453/05, ECLI:EU:T:2006:175 Rn. 13 – Vonage Holdings/HABM (REDEFINING COMMUNICATIONS). Auch die Vertretung durch Patentanwälte ist – selbst in Streitigkeiten auf dem Gebiet des geistigen Eigentums – in Direktklageverfahren nicht möglich, EuG 14.11.2016 – T-221/16, ECLI:EU:T:2016:673 – Neonart svetlobni in reklamni napisi Krevh/EUIPO (neonart); 9.9.2004 – T-14/04, ECLI:EU:T:2004:258 Rn. 11 – Alto de Casablanca/HABM – Bodegas Chivite (VERAMONTE). Allerdings kann einem Patenanwalt gestattet werden, im Beisein und unter der Aufsicht eines Rechtsanwalts das Wort zu ergreifen, EuG 8.6.2005 – T-315/03, ECLI:EU:T:2005:211 Rn. 11 = GRUR-Int. 2005, 837 – Wilfer/HABM (ROCKBASS).

[32] Näher Hackspiel in von der Groeben EuGH-Satzung Art. 19 Rn. 24 f.

[33] EuG 24.2.2000 – T-37/98, ECLI:EU:T:2000:52 – FTA ua/Rat.

sich selbst³⁴ noch eine juristische Person, deren gesetzlicher Vertreter er ist, vor den Unionsgerichten vertreten.³⁵ Auch Syndikusanwälte erfüllen die strengen Anforderungen der Unionsgerichte an die Unabhängigkeit nicht.³⁶ Nachdem das EuG über die Jahre zu einer immer strengeren Auslegung von Art. 19 des Statuts gelangte, hat der EuGH mit zwei Urteilen in den Jahren 2020 und 2022 diesem Einhalt geboten.³⁷ Das für die Auslegung der Unabhängigkeit vorherrschende Kriterium besteht nunmehr darin, unter Beachtung der geltenden Berufs- und Standesregeln die Interessen des Mandanten zu schützen und zu verteidigen. Nach der Rechtsprechung des Gerichtshofs ist das Unabhängigkeitserfordernis demnach nicht nur negativ, dh durch das Fehlen eines Beschäftigungsverhältnisses, sondern auch positiv, dh unter Bezugnahme auf die berufsständischen Pflichten, zu definieren. Das bloße Bestehen einer wie auch immer gearteten zivilrechtlichen Vertragsbeziehung zwischen einem Anwalt und seinem Mandanten reicht daher nicht für die Annahme aus, dass sich dieser Anwalt in einer Situation befindet, die seine Fähigkeit, die Interessen seines Mandanten unter Beachtung des Unabhängigkeitskriteriums zu verteidigen, offensichtlich beeinträchtigt.³⁸

10 Die Prozessvertreter genießen die zur Ausübung ihres Mandates erforderlichen Rechte und Sicherheiten und unterstehen der Disziplinargewalt des Gerichtshofs nach Maßgabe der Verfahrensordnungen (Art. 19 Abs. 5, 6 EuGH-Satzung iVm Art. 43–47 EuGHVfO; Art. 52–55 EuGVfO). Zu den Vorrechten und Erleichterungen (von denen manche angesichts des inzwischen erreichten Integrationsstandes keine große praktische Bedeutung mehr haben) zählen Indemnität, Durchsuchungs- und Beschlagnahmefreiheit der Verfahrensdokumente und des anwaltlichen Schriftverkehrs, Anspruch auf Zuteilung ausländischer Zahlungsmittel und Reisefreiheit.³⁹ Verletzt ein Bevollmächtigter, Beistand oder Anwalt durch sein Verhalten die Würde des Gerichts oder missbraucht er seine Befugnisse, so kann er vom Verfahren ausgeschlossen werden.⁴⁰ Häufigeren Gebrauch machen die Unionsgerichte von einer Meldung des Fehlverhaltens an die Anwaltskammer des betroffenen Parteienvertreters und überlassen somit eventuelle Disziplinarmaßnahmen den nationalen Regulierungskörpern.

11 Die früher in Direktklagen erforderliche Benennung eines **Zustellungsbevollmächtigten** in Luxemburg oder allgemein einer physischen Zustellungsanschrift ist inzwischen, vor allem aufgrund der zunehmenden Verwendung der e-Curia Anwendung (obligatorisch vor dem EuG) nicht mehr notwendig.⁴¹

---

[34] EuGH 5.12.1996 – C-174/96 P, ECLI:EU:C:1996:473 Rn. 8, 11 = BeckRS 2004, 74685 – Lopes/Gerichtshof; EuGH 16.3.2006 – C-200/05 P, ECLI:EU:C:2006:187 Rn. 10–13 – Correia de Matos/Kommission; 10.10.2017 – C-405/17 P, ECLI:EU:C:2017:747 – Mladenova/Parlament; 20.10.2022 – C-79/22 P, ECLI:EU:C:2022:828 – Correia de Matos/Kommission.

[35] EuG 8.12.1999 – T-79/99, ECLI:EU:T:1999:312 Rn. 28 = DB 2000, 138 – Euro-Lex/HABM (EU-LEX); 13.1.2005 – T-184/04, ECLI:EU:T:2005:7 Rn. 10 – Sulvida/Kommission; EuGH 29.9.2010 – C-74/10 P und C-75/10 P, ECLI:EU:C:2010:557 Rn. 51–56 = BeckEuRS 2010, 561419 – EREF/Kommission.

[36] EuGH 14.9.2010 – C-550/07 P, ECLI:EU:C:2010:512 Rn. 47–49 – Akzo Nobel Chemicals und Akcros Chemicals/Kommission, bestätigt durch EuGH 6.9.2012 – C-422/11 P und C-423/11 P, ECLI:EU:C:2012:553 Rn. 24 und 25 – Prezes Urzędu Komunikacji Elektronicznej/ und PolenKommission.

[37] EuGH 4.2.2020 C-515/17 P und C-561/17 P, ECLI:EU:C:2020:73 Rn. 62–64 und Rn. 66 und 67 – Wrocławski und Polen/REA; 24.3.2022 – C-529/18 P und C-531/18 P, ECLI:EU:C:2022:218 Rn. 65 ff. und Rn. 81 – PJ und PC/EUIPO.

[38] Die Frage, ob das Gericht eine Partei drauf hinweisen muss, dass sie nicht ordnungsgemäß vertreten ist und ihr die Möglichkeit einräumen muss sich ordnungsgemäß zu vertreten, wird derzeit vom Gerichtshof erörtert (EuGH 30.1.2023, C-580/22 P, ECLI:EU:C:2023:126 – bonnanwalt/EUIPO.

[39] Das Recht auf Reisefreiheit erlangte überraschend wieder an Bedeutung im Rahmen der von den Mitgliedstaaten erlassenen Maßnahmen zu Beginn der COVID-19-Pandemie. Aufgrund der temporär in manchen Mitgliedstaaten beschlossenen Grenzschließungen erstellte der Gerichtshof demnach für die Parteienvertreter Bescheinigungen über die durch Artikel 19 der Satzung des Gerichtshofs gewährte Reisefreiheit, so dass ab dem 25.5.2020 wieder mündliche Verhandlungen stattfinden konnten.

[40] EuGöD 11.12.2014 – F-14/14, ECLI:EU:F:2014:273 = BeckEuRS 2014, 455355 – Marcuccio/Kommission und 29.4.2015 – F-14/14, ECLI:EU:F:2015:41 – Marcuccio/Kommission.

[41] Vgl. Art. 48 Abs. 2 und 3 EuGHVfO sowie Art. 57 EuGVfO).

V. Streitgenossenschaft

Die Streitgenossenschaft, also die Beteiligung mehrerer Personen als Kläger (aktive Streitgenossenschaft) oder als Beklagte (passive Streitgenossenschaft) an einem Verfahren, ist vor den Unionsgerichten grundsätzlich möglich.[42] Art. 21 Abs. 1 der EuGH-Satzung erwähnt seit einiger Zeit die Möglichkeit, eine Klage gegen mehrere Parteien zu richten. In der Rechtsprechung von EuGH und EuG ist die Streitgenossenschaft schon seit langem anerkannt.

Auch ohne dass die Unterscheidung zwischen einfacher und notwendiger Streitgenossenschaft in den Verfahrensordnungen oder in der Rechtsprechung ausdrücklich angesprochen wird, gibt es diesen Unterschied der Sache nach auch im Verfahrensrecht der Unionsgerichte. Die **notwendige Streitgenossenschaft** ist allerdings selten. Sie liegt vor, wenn der Rechtsstreit aufgrund materiellen oder prozessualen Unionsrechts nur von mehreren Klägern oder gegen mehrere Beklagte gemeinsam geführt werden kann. Letzteres ist insbes. dann der Fall, wenn ein von Rat und Parlament gemeinsam erlassener Rechtsakt angefochten wird.[43] Hier muss die Klage gegen beide Organe gerichtet werden, und es kann nur eine einheitliche Sachentscheidung ergehen. Auch bei der Drittwiderspruchsklage, die gegen alle Parteien des Hauptverfahrens zu richten ist, liegt ein Fall der notwendigen Streitgenossenschaft vor.[44] Häufiger ist die **einfache Streitgenossenschaft** anzutreffen. Wenn eine gemeinsame Verhandlung und Entscheidung nicht notwendig, sondern nur zweckmäßig ist, entscheiden die Kläger, ob sie gemeinsam als aktive Streitgenossen oder in getrennten Parallelverfahren klagen wollen. Ebenso steht es im Belieben der klagenden Partei(en), sachlich zusammenhängende Klagen gegen mehrere Gegner getrennt zu erheben oder die Beklagten als passive Streitgenossen mit einer einheitlichen Klage anzugreifen.[45] Auch wenn nur eine Klageschrift eingereicht wird, handelt es sich hier in der Sache um mehrere Rechtsstreitigkeiten, die zwar durch die gemeinsame Klageerhebung zu einem Verfahren zusammengefasst werden, deren Ausgang für die einzelnen Streitgenossen aber unterschiedlich sein kann.

Die Voraussetzungen und Folgen der Streitgenossenschaft sind in den Verfahrensordnungen der Unionsgerichte nicht ausdrücklich geregelt. Erforderlich ist jedenfalls, dass dieselbe **Instanz** für Klagen der verschiedenen Streitgenossen **sachlich zuständig** ist. So können zB Nichtigkeits- und Untätigkeitsklagen sowohl von Mitgliedstaaten als auch von Unionsorganen oder natürlichen und juristischen Personen erhoben werden, wobei Art. 51 EuGH-Satzung einen Teil dieser Klagen dem EuGH vorbehält. Eine gemeinsame Klage von Staaten und Organen ist nicht möglich, wenn zB bei der Anfechtung einer Handlung der Kommission das EuG für die Klage eines Mitgliedstaats und der EuGH für die Klage eines anderen Organs zuständig ist. Ebenso scheidet eine gemeinsame Klage von Privatpersonen und Mitgliedstaaten aus, wenn die Zuständigkeit für die Klage des Mitgliedstaats, zB gegen eine Handlung des Parlaments oder des Rates dem EuGH vorbehalten ist und für die entsprechende Klage einer Privatperson das EuG zuständig ist. Denkbar ist aber die Ver-

---

[42] Die Streitgenossenschaft kann unabhängig vom Parteiwillen auch dadurch entstehen, dass mehrere miteinander in Zusammenhang stehende Verfahren durch den Unionsrichter verbunden werden (s. Art. 54 EuGHVfO, Art. 68 EuGVfO).
[43] ZB EuGH 8.9.2015 – C-44/14, ECLI:EU:C:2015:554 – Spanien/Parlament und Rat (Eurosur-Verordnung); 5.5.2015 –C-146/13, ECLI:EU:C:2015:298 – Spanien/Parlament und Rat (Verordnung zum einheitlichen Patentschutz); C-377/98, Slg. 2001, I-7079 = EuR 2002, 67 (Biotechnologierichtlinie) – Niederlande/Parlament und Rat; EuG 27.9.2021 – T-633/20, ECLI:EU:T:2021:678 = BeckRS 2021, 29962 – CNMSE ua/Parlament und Rat; 6.5.2020 – T-141/19, ECLI:EU:T:2020:179 Sabo ua/Parlament und Rat; 15.9.2016 – T-456/14, ECLI:EU:T:2016:493 – TAO-AFI und SFIE-PE/Parlament und Rat.
[44] Art. 157 Abs. 2 EuGHVfO, Art. 167 Abs. 4 EuGVfO. Allerdings sind die Interessen dieser Streitgenossen nicht notwendigerweise gleichgerichtet.
[45] ZB EuGH 22.1.2004 – C-353/01 P, ECLI:EU:C:2004:42 = NVwZ 2004, 462 – Mattila/Rat und Kommission.

bindung solcher Klagen, wenn beide nach einer Verweisung vom EuG zum EuGH gem. Art. 54 Abs. 3 EuGH-Satzung vor dem EuGH anhängig sind.[46]

15 Welche Voraussetzungen im Hinblick auf den sachlichen **Zusammenhang** zwischen den von mehreren Klägern erhobenen oder gegen mehrere Beklagte gerichteten Klagebegehren erfüllt sein müssen, damit sie in einer einheitlichen Klage geltend gemacht werden können, ist mangels einer Regelung in den Verfahrensordnungen nicht eindeutig geklärt. In der Praxis ergibt sich hier normalerweise kein Problem. Bei der aktiven Streitgenossenschaft geht es meist darum, gleichartige Ansprüche, die im Wesentlichen auf einem einheitlichen Lebenssachverhalt beruhen, durchzusetzen, wie zB um die Anfechtung einer an mehrere Unternehmen gerichteten kartellrechtlichen Entscheidung,[47] einer mehrere Unternehmen betreffenden Antidumping-Verordnung[48] oder um Schadensersatz aus demselben Lebenssachverhalt.[49] Hierbei ist allerdings zu beachten, dass die Kanzleien der Unionsgerichte zunehmend die Einhaltung der empfohlenen maximalen Seitenzahl für Klageschriften forcieren und auch bei einer gemeinsamen eingereichten Klage oder eines Rechtsmittels ein größerer Umfang des Verfahrensdokuments meist nicht zugelassen wird.[50] Passive Streitgenossenschaft kommt insbes. bei Amtshaftungsprozessen häufig vor, da der Kläger oftmals Zweifel darüber hat, welchem Organ das schadensverursachende Verhalten zuzurechnen ist.[51] Auch bei der Nichtigkeitsklage können mehrere Organe gleichzeitig verklagt werden.[52] Ist der angefochtene Akt aber letztlich nur von einem dieser Organe erlassen worden, so wird die Klage gegen die anderen Organe als unzulässig abgewiesen.[53]

16 Wie sich die gemeinsame Klageerhebung auf die **prozessrechtliche Stellung** der Streitgenossen auswirkt, ist nicht vollständig geklärt. Bei einfacher Streitgenossenschaft wirken die Prozesshandlungen jedes Streitgenossen grundsätzlich nur für ihn und nicht auch für oder gegen andere Streitgenossen. Allerdings nehmen **aktive Streitgenossen** die

---

[46] In der Praxis ist jedoch die Aussetzung einer der Rechtssachen die deutlich häufiger umgesetzte Lösung. Vgl. zB EuGH 14.7.2022 – C-59/18 und C-182/18, ECLI:EU:C:2022:567 – Italien/Rat (Sitz der Europäischen Arzneimittel-Agentur); 25.7.2018 – C-135/16, ECLI:EU:C:2018:582 – Georgsmarienhütte ua; 2.3.2017 – C-274/14, ECLI:EU:C:2017:327 – Banco de Santander; 29.4.2010 – C-506/09 P, ECLI:EU:C:2010:240 – Portugal/Kommission; 30.4.2009 – C-393/07 und C-9/08, ECLI:EU:C:2009:275 – Italien und Donnici/Parlament; 14.7.2005 – C-70/04, ECLI:EU:C:2005:468 – Schweiz/Kommission; 8.6.2004 – C-368/01, ECLI:EU:C:2004:330 – Niederlande/Kommission; 8.6.2004 – C-280/03, ECLI:EU:C:2004:303 – Kommission/Lior ua.
[47] ZB EuG 28.2.2002 – T-395/94, ECLI:EU:T:2002:49 = BeckRS 2002, 70418 – Atlantic Container Line ua/Kommission.
[48] ZB EuGH 27.6.1991 – C-49/88, ECLI:EU:C:1991:276 = BeckRS 2004, 73199 – Al-Jubail Fertilizer/Rat.
[49] ZB EuGH 9.9.2008 – C-120/06 P und C-121/06 P, ECLI:EU:C:2008:476= DÖV 2009, 38 – FIAMM ua/Rat und Kommission.
[50] EuGH Punkt 13 der Praktischen Anweisungen für die Parteien in den Rechtssachen vor dem Gerichtshof (ABl. 2020 L 42 I, 1); EuG Punkt 105 ff. der Praktischen Durchführungsbestimmungen zur Verfahrensordnung des Gerichts (ABl. 2015 L 152, 1), (ABl. 2016 L 217, 78) und (ABl. 2018 L 294, 23, Berichtigung ABl. 2018 L 296, 40).
[51] ZB EuGH 22.10.2019 – T-71/19, ECLI:EU:T:2019:755 – BMC/Kommission und Gemeinsames Unternehmen Clean Sky 2 und 25.11.2020 – T-71/19, EU:T:2020:567 – BMC/Gemeinsames Unternehmen Clean Sky 2; EuG 23.10.2019 – T-108/18, ECLI:EU:T:2019:768 – Universität Koblenz-Landau/Kommission und EACEA und 24.2.2021 T-108/18, ECLI:EU:T:2021:104 – Universität Koblenz-Landau/EACEA; EuG 14.6.2018 – T-553/17, ECLI:EU:T:2018:371 – Cambra Abaurrea/CRU; EuG 4.2.2016 – T-618/15, ECLI:EU:T:2016:72 – Voigt/Parlament und 20.11.2017 – T-618/15, ECLI:EU:T:2017:821 – Voigt/Parlament; EuG 22.2.2001 – T-209/00, ECLI:EU:T:2001:66 – Lamberts/Bürgerbeauftragter und Parlament und 10.4.2002 – T-209/00, ECLI:EU:T:2002:94 – Lamberts/Bürgerbeauftragter.
[52] ZB EuGH 22.1.2004 – C-353/01 P, ECLI:EU:C:2004:42 = NVwZ 2004, 462 – Mattila/Rat und Kommission (Anfechtung von Entscheidungen des Rates und der Kommission, mit denen Anträge des Klägers auf Zugang zu Dokumenten abgelehnt worden waren).
[53] EuGH 11.3.1987 – 129/86, ECLI:EU:C:1987:123 = BeckRS 2004, 71484 – Griechenland/Rat und Kommission, Anfechtung der Einstellung eines Antidumpingverfahrens durch den Rat nach Untersuchung durch die Kommission; die Klage gegen die Kommission wurde als unzulässig abgewiesen; siehe auch EuG 18.11.2005 – T-299/04, ECLI:EU:T:2005:404 – Selmani/Rat und Kommission.

wichtigsten Prozesshandlungen (insbes. die Klageerhebung) gemeinsam vor, so dass sich ihre Klage auf einen einheitlichen Tatsachenvortrag und auf dieselben Klagegründe stützt.[54] Fraglich ist in diesem Fall, inwieweit die Prozessvoraussetzungen für alle Streitgenossen separat geprüft werden müssen. Im Urteil *CIRFS*[55] hat sich der EuGH damit begnügt, die Klagebefugnis eines von mehreren Streitgenossen festzustellen und es dahinstehen lassen, ob auch die anderen Kläger durch den angefochtenen Akt unmittelbar und individuell betroffen waren.[56] Dies mag aus Gründen der Prozessökonomie angebracht sein, wenn sich die evtl. fehlende Klagebefugnis eines Teils der Kläger auf den Ausgang des Rechtsstreits nicht auswirken kann.[57] Das war im Verfahren *CIRFS* der Fall. Dort wurde die Weigerung der Kommission, ein Beihilfeprüfungsverfahren nach Art. 93 Abs. 2 EWGV (jetzt Art. 108 Abs. 2 AEUV) zu eröffnen, von potentiellen Konkurrenten des begünstigten Unternehmens und deren Verband angegriffen. Dieser Akt war nicht an die Kläger, sondern an den Mitgliedstaat gerichtet, der die Beihilfe gewähren wollte. Die Aufhebung einer solchen Entscheidung durch Gestaltungsurteil wirkt *erga omnes* und beseitigt den angefochtenen Akt nicht nur den Streitgenossen, sondern auch den am Verfahren nicht beteiligten Dritten gegenüber. Anders liegt es, wenn der angefochtene Akt ein Bündel von Einzelentscheidungen darstellt, wie dies oft bei Entscheidungen der Kommission der Fall ist, die Wettbewerbsverstöße mehrerer Unternehmen feststellen und mit Geldbußen belegen. Hier kann jeder Kläger die Aufhebung des Rechtsakts nur insoweit erreichen, wie er selbst betroffen ist.[58] Deshalb müssen in einem solchen Fall die Prozessvoraussetzungen für jeden Kläger festgestellt werden, bevor sein Begehren in der Sache geprüft werden kann. Auch in Verfahren zur Gewährung einstweiligen Rechtsschutzes kann auf die (summarische) Prüfung der Klagebefugnis jedes Streitgenossen nicht verzichtet werden. Einstweiligen Rechtsschutz kann nämlich nur derjenige Kläger erlangen, der selbst in Gefahr schwebt, einen schweren und nicht wieder gutzumachenden Schaden zu erleiden. Droht der Schaden einem Dritten, welcher die Voraussetzungen des Art. 263 Abs. 4 AEUV nicht erfüllt, so kann dessen Einbeziehung in die Streitgenossenschaft nicht dazu benutzt werden, dieses Erfordernis zu umgehen.[59]

---

[54] Anders im Fall der Verbindung von Verfahren, zu den Folgen für die Präklusion von Angriffs- und Verteidigungsmitteln vgl. EuGH 21.6.2001 – C-280/99 P bis C-282/99 P, ECLI:EU:C:2001:348 Rn. 63 –67 – Moccia Irme ua/Kommission.

[55] EuGH 24.3.1993 – C-313/90, ECLI:EU:C:1993:111 Rn. 31 – CIRFS ua/Kommission.

[56] Das EuG ist dieser Rspr. in mehreren Fällen gefolgt, zB EuGH 14.12.2022 – T-687/20, ECLI:EU:T:2022:802 – Jinan Meide Casting ua/Kommission; EuG 15.9.2021 – T-337/18 und T-347/18, ECLI:EU:T:2021:594 – Laboratoire Pareva und Biotech3D/Kommission; EuG 28.11.2008 – T-254/00, T-270/00 und T-277/00, ECLI:EU:T:2008:537 Rn. 114 – Hotel Cipriani ua/Kommission; EuG 9.7.2007 – T-282/06, ECLI:EU:T:2007:203 Rn. 50 Sun Chemical Group ua/Kommission; sowie EuG 8.7.2003 – T-374/00, ECLI:EU:T:2003:188 Rn. 57 = BeckRS 2003, 70348 – Verband der freien Rohrwerke ua/Kommission; bestätigt durch EuGH 9.6.2011 – C-71/09 P, C-73/09 P und C-76/09 P, ECLI:EU:C:2011:368 Rn. 36 ff. = BeckEuRS 2011, 578554 – Comitato „Venezia vuole vivere" ua/Kommission; EuGH 22.6.2006 C-182/03 und C-217/03, ECLI:EU:C:2006:416 – Belgien und Forum 187/Kommission.

[57] Vgl. EuGH 10.9.2009 – C-97/08 P, ECLI:EU:C:2009:536 Rn. 34–36 – Akzo Nobel ua/Kommission und EuG 12.12.2007 – T-112/05, ECLI:EU:T:2007:381 Rn. 31–32 = BeckRS 2007, 71038 – Akzo Nobel ua/Kommission. Diese Situation wird man auch als „unechte notwendige Streitgenossenschaft" bezeichnen können, da eine getrennte Klage der Streitgenossen zwar möglich wäre, bei gemeinsamer Klage das Ergebnis aber für alle Streitgenossen gleich ist; vgl. Schoch/Schneider/Bier, 3. Aufl. 2022, VwGO § 64 Rn. 14–29.

[58] Vgl. zB EuGH 14.9.1999 – C-310/97 P, ECLI:EU:C:1999:407 = EuR 2000, 241 – Kommission/AssiDomän Kraft Products ua sowie EuG 27.9.2012 – T-361/06, ECLI:EU:T:2012:491 Rn. 72 ff. – Ballast Nedam/Kommission; ebenso bei Antidumping-Verordnungen, die mehrere Exporteure individuell betreffen, vgl. EuGH 10.3.1992 – C-174/87, ECLI:EU:C:1992:108 Rn. 7, 8 = BeckRS 2004, 71981 – Ricoh/Rat sowie EuG 19.5.2021 – T-254/18, ECLI:EU:T:2021:278 – China Chamber of Commerce for Import and Export of Machinery and Electronic Products ua/Kommission.

[59] EuG 4.12.2007 – T-326/07 R, ECLI:EU:T:2007:364 Rn. 48–51 = BeckRS 2009, 70920 – Cheminova ua/Kommission, bestätigt durch EuGH 12.6.2014 – C-21/14 P-R, ECLI:EU:C:2014:1749 – Kommission/Rusal Armenal; EuGH 24.3.2009 – C-60/08 P(R), ECLI:EU:C:2009:181 Rn. 32–37 – Cheminova ua/Kommission.

17 Dagegen reichen bei **passiver Streitgenossenschaft** die Beklagten – insbes., wenn es sich um Organe handelt – meist getrennte Schriftsätze ein. In diesem Fall sind ihre Verteidigungsmittel und ihr Tatsachenvortrag getrennt zu beurteilen. Bei der passiven Streitgenossenschaft stellt sich weiterhin die Frage, wie sich die Säumnis eines Streitgenossen auswirkt. Handelt es sich um einfache Streitgenossenschaft, so wird ein säumiger Streitgenosse nicht als durch den oder die anderen Beklagten vertreten angesehen, so dass ihm gegenüber ein Versäumnisurteil ergehen kann.[60]

18 Ebenso ist die Abweisung der Klage gegen einen von mehreren einfachen Streitgenossen möglich, wenn sich im Laufe des Verfahrens herausstellt, dass die Klage, soweit sie ihn betrifft, unzulässig oder unbegründet ist.[61] Das gleiche gilt bei der aktiven Streitgenossenschaft, wenn die Klage eines Streitgenossen abweisungsreif ist. In beiden Fällen kann durch Teilurteil oder – insbes. bei Unzulässigkeit – durch Beschluss entschieden werden. Eine solche Teilentscheidung besagt nicht, dass die Streitgenossenschaft als solche unzulässig war. Sie entfaltet keine Rechtskraft gegenüber den anderen Streitgenossen und präjudiziert den Ausgang des Rechtsstreits ihnen gegenüber nicht. Ebenso hat die Klägerrücknahme eines Streitgenossen keinen Einfluss auf den Ausgang des Rechtsstreits für die anderen Streitgenossen. Schließlich kann bei Prozessen vor dem EuG jeder einfache Streitgenosse unabhängig von den anderen ein Rechtsmittel zum Gerichtshof einlegen.[62] Auch dies berührt die Rechtsstellung der anderen Streitgenossen nicht.

VI. Streithilfe

19 **1. Allgemeines.** Streithilfe ist die Unterstützung des Klägers oder des Beklagten, also einer der sog. Hauptparteien, durch einen Dritten. Der Streithelfer begehrt keinen unmittelbaren Rechtsschutz für sich selbst, sondern unterstützt – meist im eigenen Interesse – eine der Hauptparteien. Die Intervention erlaubt ihm, seine Ansichten, seine rechtlichen und wirtschaftlichen Interessen und seinen Sachverstand in das laufende Verfahren einzubringen.[63] Damit ermöglicht die Streithilfe dem Intervenienten, seine Interessen zu wahren und die mit einem eventuellen Prozessverlust der unterstützten Hauptpartei für ihn verbundenen nachteiligen wirtschaftlichen und/oder rechtlichen Folgen schon im Rahmen des anhängigen Rechtsstreits abzuwenden.[64] Die Streithilfe kann aber auch zur Verbesserung der Urteilsgrundlage und damit zur Akzeptanz der Urteile der Unionsgerichte beitragen.[65]

20 Geregelt ist die Streithilfe in Art. 40 EuGH-Satzung, der durch die Verfahrensordnungen[66] ergänzt wird.

21 Das Unionsprozessrecht kennt die Prozessbeteiligung Dritter grundsätzlich nur als **freiwillige Nebenintervention.** Um potentielle Streithelfer über den Rechtsstreit zu informieren und ihnen die Gelegenheit zum Beitritt zu geben, schreiben Art. 21 Abs. 4 EuGHVfO und Art. 79 EuGVfO vor, dass über jede Klageerhebung eine **Mitteilung im Amtsblatt** der Europäischen Union zu veröffentlichen ist. Daneben werden bestimmte Dritte durch Übermittlung oder Zustellung der Klageschrift vom Verfahren informiert. Das gilt zum einen für das Parlament, den Rat und die Kommission, die, wenn sie selbst nicht Partei sind, Abschriften aller Klageschriften und Klagebeantwortungen erhalten, damit sie prüfen können, ob eine der Parteien nach Art. 277 AEUV die Unanwendbarkeit eines ihrer Rechtsakte geltend

---

[60] EuGH 11.10.2001 – C-77/99, ECLI:EU:C:2001:531 Rn. 72 und 73 = BeckRS 2004, 77780 – Kommission/Oder-Plan Architektur ua.
[61] ZB EuG 22.2.2001 – T-209/00, EU:T:2001:66 – Lamberts/Bürgerbeauftragter und Parlament.
[62] Vgl. zB EuGH C-570/22 P, ZA/Gerichtshof der Europäischen Union und EuG 15.6.2022 – T-545/16, ECLI:EU:T:2022:366 YY und ZA/Gerichtshof der Europäischen Union; oder EuGH 1.10.2020 – C-158/20 P, ECLI:EU:C:2020:773 – Whitehead und Evans/Rat und EuG 29.1.2020 –T-541/19, ECLI: EU:T:2020:28 – Shindler ua/Rat.
[63] Dauses/Henkel EuZW 2000, 581.
[64] Ehle/Schiller EuR 1982, 48 (49).
[65] Das gilt insbes. für die Streithilfe durch Mitgliedstaaten und Organe, deren Intervention kein eigenes Interesse am Ausgang des Rechtsstreits voraussetzt.
[66] Art. 129–132 EuGHVfO, Art. 142–145 EuGVfO.

macht.⁶⁷ Außerdem sieht der vierte Titel der EuGVfO in Verfahren, die Rechte des geistigen Eigentums betreffen, die Zustellung der Klageschrift an alle Beteiligten des vorhergegangenen Beschwerdekammerverfahrens vor (näher → § 20).⁶⁸ Dagegen besteht keine Möglichkeit zur **Beiladung** interessierter Dritter durch den Unionsrichter⁶⁹ oder zur **Streitverkündung** durch die Parteien des Rechtsstreits. Das ist insbes. dann bedenklich, wenn das zu erwartende Urteil Rechte des Dritten beeinträchtigen kann, etwa wenn eine ihn begünstigende Entscheidung angefochten wird.⁷⁰

Eine Versäumung der Interventionsmöglichkeit kann für den Dritten nachteilige Folgen haben. So muss er die Gestaltungswirkung eines Urteils, das einen ihn begünstigenden Akt aufhebt, gegen sich gelten lassen,⁷¹ ohne es mit der Drittwiderspruchsklage angreifen zu können, da diese ausscheidet, wenn eine Interventionsmöglichkeit bestanden hatte und nicht wahrgenommen worden ist.⁷² Angesichts dieser Folgen kann man die Veröffentlichung der Mitteilung über eine Klage im Amtsblatt durchaus als eine „von Amts wegen erfolgende Streitverkündung mit Wirkung erga omnes" ansehen.⁷³ Vor diesem Hintergrund sollte die Möglichkeit des Beitritts stets sorgfältig geprüft werden, wenn ein laufendes Verfahren die wirtschaftlichen und rechtlichen Interessen des potentiellen Streithelfers tangieren kann.⁷⁴ 22

2. Zulassungsvoraussetzungen. a) Anhängiger Rechtsstreit. Die Intervention setzt einen Rechtsstreit voraus, der vor einer der zwei Instanzen der Unionsgerichtsbarkeit anhängig ist. Das ist nur bei den **Direktklagen** und den mit ihnen zusammenhängenden Annexverfahren der Fall. Streithelfer können daher in Verfahren zur Gewährung einstweiligen Rechtsschutzes,⁷⁵ im Rechtsmittelverfahren gegen eine Entscheidung des EuG⁷⁶ oder in den Verfahren über außerordentliche Rechtsbehelfe, wie Wiederaufnahme, Drittwiderspruch oder Urteilsauslegung,⁷⁷ zugelassen werden. Die Streithilfe in einem dieser Nebenverfahren setzt die Intervention im Hauptprozess nicht zwingend voraus. Im Hinblick auf die Streithilfe im Rechtsmittelverfahren ergibt sich nach der Rechtsprechung des EuGH⁷⁸, dass „die Streithelfer vor dem Gericht als Parteien vor diesem Gericht angesehen werden". Art. 171 EuGHVfO erwähnt im Zusammenhang der Zustellung des Rechtsmittels allerdings nur die „Parteien der betreffenden Rechtssache vor dem Gericht". Das kann insbes. dann relevant werden, wenn das erstinstanzliche Verfahren aus mehreren verbundenen Rechtssachen besteht. Die Parteien der verbundenen Rechtssachen, die nicht von dem Rechtsmittel 23

---

67 Art. 125 EuGHVfO, Art. 82 EuGVfO.
68 Art. 173 EuGVfO.
69 EuG 20.3.1991 – T-1/90, ECLI:EU:T:1991:17 Rn. 43 – Pérez-Mínguez Casariego/Kommission, vgl. auch EuGH 10.12.1969 – 12/69, ECLI:EU:C:1969:70 Rn. 8 = BeckRS 2004, 71358 – Wonnerth/Kommission. Auch im Rahmen prozessleitender Maßnahmen des EuG ist eine Beiladung nicht möglich, EuG 10.6.2009 – T-396/05 und T-397/05, ECLI:EU:T:2009:184 Rn. 70–72 – ArchiMEDES/Kommission, bestätigt durch EuGH 18.11.2010 – C-317/09 P, ECLI:EU:C:2010:700 Rn. 119–125 = BeckRS 2011, 80576 – ArchiMEDES/Kommission.
70 Nach Nissen Intervention Dritter S. 192 f., 200 f., folgt deshalb aus dem Anspruch auf rechtliches Gehör eine Pflicht der Unionsgerichte zur Benachrichtigung Dritter, denen durch das Verfahren eine Rechtsbeeinträchtigung droht.
71 Kirschner/Klüpfel Gericht erster Instanz Rn. 169.
72 EuG 26.3.1992 – T-35/89 TO I, ECLI:EU:T:1992:47 Rn. 32 – Ascasibar Zubizarreta; EuG 17.9.2009 – T-284/08 TO, ECLI:EU:T:2009:340 Rn. 21 – Avaessian Avaki ua/People's Mojahedin Organization of Iran.
73 So Kirschner/Klüpfel Gericht erster Instanz Rn. 169.
74 Ehle/Schiller EuR 1982, 48 (50).
75 Im Verfahren des vorläufigen Rechtsschutzes kann dem Antragsteller gestattet werden, schon vor seiner Zulassung an der mündlichen Verhandlung teilzunehmen. Die Entscheidung über die Zulassung erfolgt dann gemeinsam mit der Entscheidung über den Antrag auf einstweiligen Rechtsschutz, vgl. EuG 14.8.1998, T-44/98 R – ECLI:EU:T:1998:191 Rn. 29 – Emesa Sugar/Kommission.
76 EuGH 14.2.1996 – C-245/95 P, ECLI:EU:C:1996:49 = EuZW 1998, 506 – Kommission/NTN Corporation.
77 EuGH 29.9.1983 – 9/81 INT, EU:C:1983:252 Rn. 7 = BeckRS 2004, 73882 – Rechnungshof/Williams.
78 EuGH 14.2.1996 – C-245/95 P, ECLI:EU:C:1996:49 = EuZW 1998, 506 – Kommission/NTN Corporation; vgl. auch EuGH 22.12.1993 – C-244/91 P, EU:C:1993:950 Rn. 16 – Pincherle/Kommission.

betroffen sind, werden dann nicht an dem Rechtsmittelverfahren beteiligt. Dementsprechend ist der Streithelfer eines verbundenen nicht betroffenen Verfahrens nicht automatisch Partei des Rechtsmittelverfahrens, mit der Folge, dass dann ein Streithilfeantrag im Rechtsmittelverfahren sinnvoll sein könnte. In Verfahren, die keinen streitigen Charakter haben, also im **Vorabentscheidungsverfahren** und im Gutachtenverfahren nach Art. 218 Abs. 11 AEUV, ist die Streithilfe nicht möglich.[79]

24 **b) Interventionsberechtigte.** Zu unterscheiden ist zwischen der „privilegierten" Streithilfe durch **Mitgliedstaaten** und **Unionsorgane,**[80] die nach Art. 40 Abs. 1 EuGH-Satzung in jedem Rechtsstreit intervenieren können, ohne ein eigenes Interesse an dessen Ausgang darlegen zu müssen und der Streithilfe durch andere Akteure, deren Beteiligung an fremden Prozessen mehr oder weniger weitreichenden Beschränkungen unterliegt. Für die nicht in Art. 13 Abs. 1 EUV aufgezählten **Einrichtungen und sonstigen Stellen** der Union[81] sowie für „alle anderen", dh für die **natürlichen und juristischen Personen,** setzt die Zulassung als Streithelfer nach Art. 40 Abs. 2 S. 1 EuGH-Satzung ein berechtigtes Interesse am Ausgang des Rechtsstreits voraus. Zudem schließt Art. 40 Abs. 2 S. 2 EuGH-Satzung[82] natürliche und juristische Personen[83] von der Streithilfe in den Verfahren aus, in denen die **Hauptparteien Mitgliedstaaten oder Unionsorgane** sind.[84] Eine Interventionsmöglichkeit von natürlichen und juristischen Personen besteht dementsprechend nur in den Fällen, in denen Nichtigkeits-, Untätigkeits- oder Schadensersatzklagen von Individualklägern erhoben worden sind. Diese Regelung ist im Grundsatz dadurch gerechtfertigt, dass die Beteiligung von Privatleuten an Streitigkeiten verfassungsrechtlicher oder institutioneller Art normalerweise nicht angemessen ist. Das trifft aber nicht auf alle Streitigkeiten zwischen privilegierten Parteien zu. So können auch Individualentscheidungen – wie zB die Genehmigung einer Fusion nach der Fusionskontrollverordnung (VO (EG) Nr. 1394/2004) – von Mitgliedstaaten angefochten werden.[85] Hier besteht die ernste Gefahr, dass die Rechte der durch den angefochtenen Akt begünstigten Unternehmen durch die Entscheidung des EuGH beeinträchtigt werden, ohne dass ihnen rechtliches Gehör gewährt werden kann.[86] Dies gilt umso mehr, als nach der Rechtsprechung des EuGH in dieser Konstellation auch keine Drittwiderspruchsklage möglich ist.[87]

---

[79] EuGH 12.9.2007 – C-73/07, EU:C:2007:507 Rn. 8–13 = EuZW 2009, 108 – Satakunnan Markkinapörssi und Satamedia. Zur Beteiligung Dritter im Vorabentscheidungsverfahren und im Gutachtenverfahren vgl. → Rn. 53 und 55 Teil D und E.
[80] Mit Ausnahme des Gerichtshofs, vgl. Nissen Intervention Dritter S. 117.
[81] Näher dazu Nissen Intervention Dritter S. 122 ff.
[82] Für Rechtsstreitigkeiten zwischen Drittstaaten und Unionsorganen gilt diese Bestimmung nicht, EuG 7.7.2006 – T-319/05, ECLI:EU:T:2006:195 Rn. 21–22 = BeckRS 2010, 91073 – Schweiz/Kommission.
[83] Nicht aber die Einrichtungen und sonstigen Stellen der Union.
[84] EuG 4.3.2022 – T-489/21, ECLI:EU:T:2022:132 – Spanien/Kommission bestätigt durch EuGH 7.6.2022 – C-212/22 P(I), ECLI:EU:C:2022:460 – SES Astra/Kommission; EuG 16.11.2017 – T-391/17, ECLI:EU:T:2017:831 – Rumänien/Kommission bestätigt durch EuGH 5.9.2018 – C-717/17 P(I), ECLI:EU:C:2018:691 – Minority SafePack – one million signatures for diversity in Europe/Rumänien und Kommission. Bzgl. Rechtsmittel in vor dem EuGH verbundenen Rechtsmitteln siehe näher EuGH 21.12.2016 – C-128/16 P, ECLI:EU:C:2016:1006 Rn. 6–8 – Kommission/Spanien ua und EuGH 21.12.2016 – C-128/16 P, ECLI:EU:C:2016:1007 – Kommission/Spanien ua bestätigt durch EuGH 15.10.2019 – C-337/19 P, ECLI:EU:C:2019:908 – Kommission/Belgien und Magnetrol International, 15.10.2019 – C-337/19 P, ECLI:EU:C:2019:909 – Kommission/Belgien und Magnetrol International, 15.10.2019 – C-337/19 P, ECLI:EU:C:2019:910 – Kommission/Belgien und Magnetrol International, 15.10.2019 – C-337/19 P, ECLI:EU:C:2019:911 – Kommission/Belgien und Magnetrol International und 15.10.2019 – C-337/19 P, ECLI:EU:C:2019:915 Rn. 8 ff. – Kommission/Belgien und Magnetrol International.
[85] So in EuGH 31.3.1998 – C-68/94 und C-30/95, ECLI:EU:C:1998:148 = EuZW 1998, 299 – Frankreich ua/Kommission.
[86] Ausf. zu dieser Problematik Nissen Intervention Dritter S. 167–192; Quack FS Vieregge, 1995, 747 (747–753).
[87] EuGH 6.12.1989 – C-147/86–TO1, ECLI:EU:C:1989:610, Rn. 12 ff. – Omospondia Idioktiton Frontistirion.

In Rechtsstreitigkeiten, die einen der Anwendungsbereiche des **EWR-Abkommens** 25 betreffen, gewährt Art. 40 Abs. 3 EuGH-Satzung den Vertragsstaaten des EWR, die keine EU-Mitgliedstaaten sind,[88] und der EFTA-Überwachungsbehörde die Möglichkeit zur Intervention ohne den Nachweis eines Interesses am Ausgang des Rechtsstreits.[89] (→ Rn. 8). Prozessen, die andere Sachbereiche betreffen, können diese EWR-Staaten unter den gleichen Voraussetzungen beitreten wie andere Personen.

Zu diesen „**anderen Personen**" gehören die natürlichen und juristischen Personen iSv 26 Art. 263 Abs. 4 AEUV und Art. 265 Abs. 3 AEUV. Damit sind auch Drittstaaten außerhalb des EWR und Untergliederungen der Mitgliedstaaten, wie Bundesländer und Regionen, gemeint. Darüber hinaus hat der Gerichtshof die Interventionsfähigkeit von Organisationen anerkannt, denen nach der jeweiligen mitgliedstaatlichen Rechtsordnung zwar keine Rechtspersönlichkeit zuerkannt wird, die aber ähnlich den juristischen Personen über organschaftliche Strukturen verfügen und haften können.[90] Demzufolge hat der Gerichtshof auch Wirtschafts-, Berufs- und Interessenverbände als Streithelfer zugelassen.[91] Diese Rechtsprechung geht konform mit der Anerkennung der Parteifähigkeit solcher Organisationen.[92]

c) Interventionsgrund. Während die Mitgliedstaaten und Unionsorgane aufgrund ihrer 27 privilegierten Stellung einem Rechtsstreit vor den Unionsgerichten ohne weiteres beitreten können,[93] sind „andere Personen" nur streithilfeberechtigt, wenn sie ein **berechtigtes Interesse am Ausgang des Rechtsstreits** glaubhaft machen können. Dieses berechtigte Interesse ist vom Begriff des „rechtlichen Interesses" des deutschen Prozessrechts zu unterscheiden.[94] Zwar wird ein rechtliches Interesse stets als Grund für einen Streitbeitritt ausreichen.[95] Daneben können auch wirtschaftliche[96] oder politische Interessen,[97] als Interventionsgrund ausreichend sein. Ein rein ideelles Interesse scheint den Beitritt zu einem laufenden Verfahren nicht rechtfertigen zu können.[98]

---

[88] Island, Liechtenstein und Norwegen.
[89] Vgl. EuGH 18.12.2020 – C-328/20, ECLI:EU:C:2020:1068 Rn. 8 – Kommission/Österreich und EuG 19.1.2012 – T-289/11, ECLI:EU:T:2012:20 Rn. 9 – Deutsche Bahn ua/Kommission.
[90] Dauses/Henkel EuZW 2000, 581; 28.5.2004 – T-253/03, ECLI:EU:T:2004:164 Rn. 16–19 = BeckRS 2003, 14100 – Akzo Nobel Chemicals und Akcros Chemicals/Kommission.
[91] Zu den Anforderungen EuG 28.5.2004 – T-253/03, ECLI:EU:T:2004:164 Rn. 16–19 = BeckRS 2003, 14100 mwN – Akzo Nobel Chemicals und Akcros Chemicals/Kommission und EuG 26.2.2007 – T-253/03, ECLI:EU:T:2007:58 Rn. 15 – Akzo Nobel Chemicals und Akcros Chemicals/Kommission.
[92] Vgl. EuGH 8.10.1974 – 18/74, ECLI:EU:C:1974:96 = BeckRS 2004, 72042 – Syndicat général du personnel des organismes européens/Kommission sowie Pechstein EU-ProzessR Rn. 365.
[93] Für den Europäischen Datenschutzbeauftragten gilt eine Sonderregelung. Er kann einem Rechtsstreit gem. Art. 47 Abs. 1 lit. i VO (EG) Nr. 45/2001 beitreten. Sein Beitrittsrecht besteht nur „innerhalb der Grenzen, die sich aus der ihm übertragenen Aufgabe ergeben" (EuGH 17.3.2005 – C-317/04, ECLI:EU:C:2005:189 = EuR 2006, 544 – Parlament/Rat). Pechstein EU-ProzessR Rn. 217.
[94] Nissen Intervention Dritter S. 134 f.
[95] Ausf. Nissen Intervention Dritter S. 136 f.
[96] ZB ein konkurrierendes Unternehmen im Fall eines Wettbewerbsverstoßes: EuG 17.12.2018 – T-612/17, ECLI:EU:T:2018:1008 – Google und Alphabet/Kommission. Siehe jedoch EuG 25.10.2011 – T-40/11, ECLI:EU:T:2011:626 – Lan Airlines und Lan Cargo/Kommission bestätigt durch EuGH 8.6.2012 – C-600/11 P(I), ECLI:EU:C:2012:336 – Schenker/Lan Airlines SA und Lan Cargo SA. Siehe auch EuGH 16.12.1975 – 41/73, Slg. 1973, 1465 Rn. 7 ff. = BeckRS 2004, 71110 – Société anonyme Générale Sucrière ua/Kommission; EuGH 18.11.1999 – C-151/98 P, Slg. 1998, I-5441 Rn. 6 = EuZW 2000, 62 (Interessenverband) – Pharos/Kommission; EuGH 11.11.2004 – C-186/02 P, Slg. 2003, I-2415 Rn. 8 f. = – Ramondín ua/Kommission, ausf. Nissen Intervention Dritter S. 138 f.
[97] Vgl. EuGH 10.5.1960 – 3/58 ua, Slg. 1960, 375 (379 ff.) = BeckRS 2004, 73029 – Barbara Erzbergbau/Hohe Behörde und EuG 18.5.1962 – 13/60, Slg. 1962, 285 (287 f.) = BeckRS 2004, 71488 – Geitling Ruhrkohlen-Verkaufsgesellschaft ua/Hohe Behörde (Streithilfe deutscher Bundesländer gem. Art. 34 Satzung (EGKS)); EuG 15.12.2017 – T-892/16, ECLI:EU:T:2017:925 – Apple Sales International und Apple Operations Europe/Kommission bestätigt durch EuGH 17.5.2018 – C-12/18 P(I), ECLI:EU:C:2018:330 – Vereinigte Staaten/Apple Sales International ua. Ausf. Nissen Intervention Dritter S. 139 f.
[98] EuG 6.11.2012 – T-57/11, ECLI:EU:T:2012:580 Rn. 10 – Castelnou Energía/Kommission; EuG 20.10.2014 – T-451/13, ECLI:EU:T:2014:951 Rn. 87 – Syngenta Crop Protection ua/Kommission; EuG 7.12.2018 – T-612/17, ECLI:EU:T:2018:996 Rn. 29-24 – Google und Alphabet/Kommission. Die

28 Das berechtigte Interesse muss gegenwärtig und unmittelbar am **Ausgang des Rechtsstreits** bestehen.[99] Ein Interesse, das nicht am Erfolg der Anträge der Hauptpartei, sondern nur am Erfolg bestimmter, von den Parteien vorgebrachter Angriffs- oder Verteidigungsmittel besteht, reicht normalerweise nicht aus.[100] Ebenso wenig genügt ein Interesse, das sich lediglich auf die Entscheidung einer abstrakten juristischen Streitfrage bezieht.[101] Kein ausreichendes Interesse am Erfolg der Anträge haben daher Dritte, die sich lediglich in einer vergleichbaren Situation befinden wie die Partei, die sie unterstützen wollen.[102] Zu unterscheiden ist hier zwischen Dritten, die durch den angefochtenen Rechtsakt selbst mitbetroffen sind, und Dritten, deren Interesse sich darauf gründet, dass ein dem angefochtenen Rechtsakt ähnlicher Akt ihnen gegenüber ergangen ist oder wahrscheinlich in Zukunft ergehen wird. Im zuerst genannten Fall werden die von dem angefochtenen Rechtsakt betroffenen Dritten als Intervenienten zugelassen, und zwar unabhängig davon, ob sie den Akt selbst auch angefochten haben oder nicht.[103] Im zuletzt genannten Fall verneint die Rechtsprechung ein Interesse am Ausgang des Rechtsstreits. Das Interesse des Streithelfers muss sich auf die konkreten Anträge der von ihm unterstützten Partei beziehen, kann sich aber auf einen Teil derselben beschränken.[104] Entscheidend für einen positiven Beschluss des Präsidenten ist auch, dass das berechtigte Interesse konkret und aufschlussreich im Antrag auf Zulassung zur Streithilfe dargelegt wurde.[105] So reicht es beispielsweise nicht aus darauf zu verweisen, wirtschaftlicher Konkurrent einer der Parteien zu sein. Der Antrag auf Streithilfe muss ganz konkret die für den Antragsteller maßgeblichen Konsequenzen aus dem Verfahren anführen.

29 Weniger streng ist die Rechtsprechung bei der Zulassung von Interessenverbänden als Streithelfer. Hier kann es ausreichen, dass im Rechtsstreit über Fragen von allgemeiner Bedeutung gestritten wird, die die Interessen betreffen, deren Vertretung der Verband zur Aufgabe hat.[106]

30 **3. Das Zulassungsverfahren. a) Form und Inhalt des Antrags auf Zulassung.** Die Zulassung als Streithelfer ist schriftlich bei dem Gericht zu beantragen, vor dem der Rechtsstreit anhängig ist. Die Anforderungen an den Antrag ergeben sich aus Art. 130

Zulassung als Streithelferin der Internationalen Liga für Menschenrechte in einer Beamtenstreitsache scheint dagegen eine Ausnahmeerscheinung zu sein (EuGH 5.10.1994 – C-404/92 P, ECLI:EU:C:1994:361 = NJW 1994 – X/Kommission); mit eingehender Begründung Nissen Intervention Dritter S. 140 f. Vgl. auch EuGH 4.10.1979 – 40/79, ECLI:EU:C:1979:231 – P./Kommission; EuGH 7.10.1999 – C-122/99 P, ECLI:EU:C:1999:637 Rn. 15 – D/Rat; EuG 18.5.2017 – T-624/16, ECLI:EU:T:2017:368 Rn. 21 – Gollnisch/Parlament.

[99] EuGH 11.12.1973 – 41/73, 43/73 bis 48/73, 50/73, 111/73, 113/73 und 114/73, ECLI:EU:C:1973:151 Rn. 8 = BeckRS 2004, 71110 – Générale sucrière ua/Kommission.
[100] EuGH 12.4.1978 – 116/77, 124/77 und 143/77, ECLI:EU:C:1978:81 Rn. 6 f. – Amylum ua/Rat und Kommission; EuG 20.3.1998 – T-191/96, ECLI:EU:T:1998:60 Rn. 28 – CAS Succhi di Frutta/Kommission; EuG 25.2.2003 – T-15/02, ECLI:EU:T:2003:38 Rn. 26 = BeckRS 2006, 16125 – BASF/Kommission.
[101] EuGH 13.7.1965 – 111/63, Slg. 1965, 941 (942 f.) = BeckRS 2004, 71251 – Lemmerz Werke/Hohe Behörde.
[102] ZB EuG verb. Rs. T-227/01, T-415/05 ua, Slg. 2006, II-1 = BeckEuRS 2009, 503101 Rn. 15 – Territorio Histórico de Álava ua/Kommission; eing. Nissen Intervention Dritter S. 144 ff.
[103] EuGH 29.3.1979 – 113/77, Slg. 1977, 1721 (1725) = BeckRS 2004, 71275 – NTN Toyo Bearing/Rat, einstweilige Rechtsschutz und Streithilfe; EuGH 10.2.1998 – C-245/95 P, Slg. 1996, I-559 = EuZW 1998, 506 – Kommission/NTN Corporation und Koyo Seiko; EuG– T-339/00 Rn. 11 ff., nv – Bactria/Kommission.
[104] Ehle/Schiller EuR 1982, 48 (55).
[105] EuG 16.10.2013 – T-201/13, ECLI:EU:T:2013:562 Rn. 10–13 – Rubinum/Kommission.
[106] EuG 7.12.2018 – T-612/17, ECLI:EU:T:2018:996 Rn. 10 und 11 – Google und Alphabet/Kommission; EuG 21.10.2014 – T-429/13, ECLI:EU:T:2014:920 – Bayer CropScience/Kommission; EuG 10.1.2006 – T-227/01, ECLI:EU:T:2006:3 – Diputación Foral de Álava und Gobierno Vasco/Kommission. Sa EuG 26.7.2004 – T-201/04 R, ECLI:EU:T:2004:246 Rn. 37 = BeckRS 2007, 70806 – Microsoft/Kommission; näher Hackspiel in von der Groeben Satzung EuGH Art. 40 Rn. 7 und Nissen Intervention Dritter S. 153 f.

EuGHVfO bzw. Art. 143 Abs. 2 EuGVfO.[107] Er muss insbes. die anhängige Rechtssache bezeichnen und die Parteien benennen sowie angeben, welche Anträge unterstützt werden sollen. Natürliche und juristische Personen müssen außerdem die Umstände darlegen, aus denen sich ihr Interesse am Ausgang des Verfahrens ergibt und ggf. Beweismittel und Unterlagen für ihre Angaben beibringen.

Die Vertretung des Streithelfers richtet sich sowohl bei der Einreichung des Zulassungsantrags als auch im weiteren Verfahren nach den Regeln, die für die Vertretung der Hauptparteien gelten (→ Rn. 9–11). Insbesondere besteht für natürliche und juristische Personen Anwaltszwang.[108] Auch hinsichtlich der Benennung eines Zustellungsbevollmächtigten gelten die gleichen Regeln.[109] Der Streithelfer kann seinen Antrag – selbst, wenn er schon zugelassen sein sollte – jederzeit wieder zurücknehmen.[110] 31

Der Zulassungsantrag braucht nicht in der Verfahrenssprache eingereicht zu werden. Wie sich aus Art. 38 Abs. 4 EuGHVfO und Art. 46 Abs. 4 EuGVfO ergibt, dürfen Mitgliedstaaten als Intervenienten ohnehin stets ihre eigene Sprache verwenden. Andere Streithelfer (auch die Organe) müssen sich zwar grundsätzlich der Verfahrenssprache bedienen. Der EuGH erlaubt dem Antragsteller jedoch bis zu seiner Zulassung als Streithelfer die Verwendung einer anderen Unionssprache.[111] Nicht ganz so großzügig ist das EuG. Dort wahrt der in einer anderen Sprache eingereichte Antrag auf Zulassung zwar die Antragsfrist, doch wird er den anderen Parteien erst zugestellt, wenn der Antragsteller eine Übersetzung in die Verfahrenssprache vorlegt.[112] 32

b) Frist. Der Antrag auf Zulassung als Streithelfer muss in Verfahren vor dem EuGH in Klageverfahren und dem EuG innerhalb von sechs Wochen (Art. 130 Abs. 1 EuGHVfO, Art. 143 Abs. 1 EuGVfO) nach Veröffentlichung der in Art. 21 Abs. 4 EuGHVfO, Art. 79 EuGVfO vorgesehenen Mitteilung im Amtsblatt der EU gestellt werden. In Rechtsmittelverfahren vor dem EuGH[113] beträgt die Antragsfrist einen Monat. Die Fristen verlängern sich um eine Entfernungsfrist von zehn Tagen.[114] Anträge, die nach Fristablauf gestellt werden, sind in Verfahren vor dem EuGH und dem EuG nicht zwingend als unzulässig 33

---

[107] Gemäß Art. 143 Abs. 4 EuGVfO finden außerdem die allgemeinen Vorschriften für Schriftsätze und die Bestimmungen über die Klageschrift, Art. 78 Abs. 4–6 EuGVfO, entsprechende Anwendung. Art. 130 Abs. 4 EuGHVfO verweist dagegen nur auf verschiedene Bestimmungen über die Klageschrift, da sich die Vorschriften über die Schriftsätze (Art. 57 EuGHVfO, „Einreichung der Verfahrensschriftstücke") ohnehin im Titel über die „Allgemein[n] Verfahrensbestimmungen" befinden.
[108] Art. 130 Abs. 3 EuGHVfO, Art. 143 Abs. 3 EuGVfO, Art. 19 EuGH-Satzung.
[109] Art. 130 Abs. 4 EuGHVfO iVm Art. 121 EuGHVfO. Da die Verwendung der e-Curia Anwendung vor dem EuG obligatorisch ist, muss kein Zustellungsbevollmächtigter benannt werden (vgl. Art. 80 EuGVfO).
[110] EuGH 14.3.1973 – 6/73 R und 7/73 R, ECLI:EU:C:1973:31 – Istituto Chemioterapico Italiano/Kommission; EuGH 26.11.1975 – 73/74, ECLI:EU:C:1975:160 (1496) = NJW 1976, 1027 – Groupement des fabricants de papiers peints de Belgique ua/Kommission; vgl. EuG 9.3.2005 – T-201/04, ECLI:EU:T:2005:587 Rn. 52 = BeckRS 2007, 70806 – Microsoft/Kommission; EuGH 15.11.2004 – C-244/04, ECLI:EU:C:2004:833 = NVwZ 2006, 313 – Kommission/Deutschland und 2.3.2005 – C-244/04, ECLI:EU:C:2005:800 – Kommission/Deutschland; EuGH 5.9.2019 – C-57/19 P, ECLI:EU:C:2019:699 – Kommission/Tempus Energy und Tempus Energy Technology und 18.8.2020 – C-57/19 P, ECLI:EU:C:2020:625 – Kommission/Tempus Energy und Tempus Energy Technology; EuGH 16.7.2020 – C-883/19 P, ECLI:EU:C:2020:561 – HSBC Holdings ua/Kommission und 16.7.2020 – C-883/19 P, ECLI:EU:C:2020:601 – HSBC Holdings ua/Kommission; EuGH 5.7.2011 – C-64/11, ECLI:EU:C:2011:454 – Kommission/Spanien und 25.10.2011 – C-64/11, ECLI:EU:C:2011:690 – Kommission/Spanien.
[111] EuGH 18.2.1960 – 30/59, ECLI:EU:C:1960:6 = BeckRS 2004, 73052 – De Gezamenlijke Steenkolenmijnen in Limburg/Hohe Behörde (zu Art. 34 Abs. 2 Satzung (EGKS)).
[112] Punkt 100 der Praktischen Durchführungsbestimmungen zur Verfahrensordnung des Gerichts vom 20.5.2015 (ABl. 2015 L 152, 1), konsolidierte Fassung unter http://www.curia.europa.eu. Dadurch kann sich die Zulassung des Streithelfers verzögern.
[113] Art. 190 Abs. 2 EuGHVfO. Diese Frist gilt nur für den erstmaligen Beitritt vor dem EuGH, denn wer bereits im erstinstanzlichen Verfahren als Streithelfer („der betreffenden Rechtssache") beteiligt war, ist automatisch Partei im Rechtsmittelverfahren (→ Rn. 23 Kap. VI 2a).
[114] Art. 51 EuGHVfO, Art. 60 EuGVfO.

abzuweisen. Der EuGH kann Anträge auf Streithilfe berücksichtigen, die nach Fristablauf, aber vor dem Beschluss zur Eröffnung der mündlichen Verhandlung eingehen.[115] Das EuG hat in diesem Fall kein Ermessen, sondern muss dem Antrag stattgeben, wenn die sonstigen Voraussetzungen der Zulassung vorliegen.[116] Nach der Eröffnung der mündlichen Verhandlung ist keine Zulassung von Streithelfern mehr möglich. Die Rechtsstellung von Streithelfern, die ihren Antrag nach Fristablauf gestellt haben, ist im Vergleich zu anderen Intervenienten eingeschränkt.[117] Sie können zwar in der mündlichen Verhandlung Stellung nehmen, sofern eine solche stattfindet,[118] dürfen aber keinen eigenen Schriftsatz einreichen und erhalten nicht die Schriftsätze der Hauptparteien.[119]

34 c) Ablauf des Verfahrens. Erfüllt der Antrag auf Zulassung nicht die formalen Anforderungen, so setzt der Kanzler dem Nebenintervenienten zwecks Beseitigung der Mängel eine angemessene Frist. Nach erfolglosem Fristablauf entscheidet das betreffende Gericht bzw. der Präsident des zuständigen Spruchkörpers, ob die Formwidrigkeit der Antragsschrift die Unzulässigkeit des Streithilfeantrags zur Folge hat.[120] Ein ordnungsgemäßer und nicht offensichtlich unstatthafter Antrag wird den anderen Prozessparteien zugestellt. Diese haben gem. Art. 131 Abs. 1 EuGHVfO bzw. Art. 144 Abs. 2 EuGVfO das Recht, schriftlich oder mündlich zu dem Antrag Stellung zu nehmen. Das gilt auch bei Anträgen privilegierter Streithelfer. Zwar können sich die Hauptparteien nicht gegen deren Zulassung wehren, die Stellungnahme gibt ihnen jedoch die Möglichkeit, ggf. vor der Zulassung des Streithelfers die vertrauliche Behandlung von Teilen ihrer Schriftsätze zu beantragen (näher → Rn. 37).

35 d) Entscheidung über die Zulassung. Über die Zulassung von Streithelfern entscheidet der Präsident des zuständigen Spruchkörpers durch Beschluss (Art. 131 Abs. 2, 3 EuGHVfO, Art. 144 Abs. 4 und 5 EuGVfO). Er kann die Entscheidung dem Spruchkörper übertragen.[121] Die Zulassung kann auf Teilaspekte des Rechtsstreits beschränkt werden.[122] Wird der Antrag auf Zulassung durch das EuG abgelehnt, so ist ein Rechtsmittel zum EuGH gegeben.[123] Daher muss das EuG eine Ablehnung begründen. Die durch den abgelehnten Antrag entstandenen Kosten können dem Antragsteller auferlegt werden insoweit dies von einer Partei beantragt wurde.[124] Wird der Streithelfer zugelassen, so bleibt die

---

[115] Art. 129 Abs. 4 EuGHVfO.
[116] Art. 144 Abs. 5 EuGVfO.
[117] Zur Frage, ob bei unverschuldeter Verspätung eine Wiedereinsetzung in den vorigen Stand erfolgen kann, obwohl der Ablauf der Frist nicht zum Verlust des Rechts auf Zulassung als Streithelfer führt, sondern nur eine Begrenzung der Verfahrensrechte des Streithelfers mit sich bringt: s. EuG 28.4.2005 – T-201/04, ECLI:EU:T:2005:149 Rn. 49 = BeckRS 2007, 70806 – Microsoft/Kommission und Pechstein EU-ProzessR Rn. 220.
[118] Ein Streithelfer kann vor dem EuGH gem. Art. 129 Abs. 1 S. 2 EuGHVfO nicht die Durchführung einer mündlichen Verhandlung beantragen.
[119] ZB EuGH 26.3.2009 – C-113/07 P, ECLI:EU:C:2009:191 = BeckEuRS 2009, 495313 Rn. 36 – Selex Sistemi Integrati/Kommission; EuG 13.9.2010 – T-314/06, ECLI:EU:T:2010:390 Rn. 59 = BeckRS 2010, 91072 – Whirlpool Europe/Rat.
[120] Näher Art. 130 Abs. 1 EuGHVfO iVm Art. 119 Abs. 4, Art. 122 Abs. 3 EuGHVfO; Art. 143 Abs. 2 EuGVfO iVm Art. 51 Abs. 4 EuGVfO.
[121] Wird in einem Verfahren vor dem EuGH der Antrag allerdings von einem Mitgliedstaat, einem Unionsorgan gem. Art. 40 Abs. 1 der EuGH-Satzung oder einem EWR-Staat gem. Art. 40 Abs. 3 der EuGH-Satzung gestellt, so wird die Streithilfe durch den Präsidenten und nicht den Spruchkörper zugelassen (Art. 131 Abs. 2 EuGHVfO).
[122] EuGH 16.12.1975 – 40/73 bis 48/73, 50/73, 54/73 bis 56/73, 111/73, 113/73 und 114/73, ECLI:EU:C:1975:174 (1697) = BeckRS 2004, 71110 – Suiker Unie ua/Kommission; EuG 15.6.2001 – T-339/00 R, ECLI:EU:T:2001:163 Rn. 15 – Bactria/Kommission (Zulassung zunächst auf die Unterstützung der Anträge des Klägers zur Zulässigkeit der Klage beschränkt).
[123] Art. 57 Abs. 1 EuGH-Satzung.
[124] Art. 144 Abs. EuGVfO. Siehe auch EuGH 12.4.1978 – 116/77, 124/77 und 143/77, ECLI:EU:C:1978:81 Rn. 12 – Amylum ua/Rat und Kommission; EuGH 15.1.2013 – C-133/12 P, ECLI:EU:C:2013:886 Rn. 12 – Stichting Woonlinie ua/Kommission; EuGH 17.5.2018 – C-12/18 P(I), ECLI:EU:C:2018:330 Rn. 27 – Vereinigte Staaten/Apple Sales International ua; EuGH 16.7.2020 – C-662/19 P,

Kostenentscheidung dem Endurteil vorbehalten. Ist die Klage oder das Rechtsmittel offensichtlich unzulässig oder offensichtlich unbegründet und das schriftliche Verfahren wird nie eröffnet, so braucht über den Antrag auf Zulassung nicht entschieden zu werden; er wird dann für erledigt erklärt.[125]

4. Rechtsstellung des Streithelfers und Fortgang des Verfahrens. Der EuGH hat entschieden, dass Streithelfer als Parteien angesehen werden.[126] Ein Streithelfer ist aber den Hauptparteien nicht gleich gestellt. Art. 129 Abs. 1 S. 2 EuGHVfO stellt ausdrücklich fest, dass die Streithilfe „nicht die gleichen Verfahrensrechte verleiht, wie sie den Parteien zustehen und insbes. nicht das Recht, eine mündliche Verhandlung zu beantragen." Der Streithelfer muss den Rechtsstreit in der Lage annehmen, in der er sich zur Zeit seines Beitritts befindet (Art. 129 Abs. 3 EuGHVfO). Ihm sind alle den Hauptparteien zugestellten Schriftstücke, also insbes. alle Schriftsätze der Hauptparteien und deren Anlagen, zu übermitteln (Art. 131 Abs. 4 EuGHVfO, Art. 144 Abs. 7 EuGVfO). Diese Schriftstücke erhält der Streithelfer üblicherweise jedoch nicht, wenn er seinen Antrag auf Zulassung erst nach Ablauf der Frist von sechs bzw. vier Wochen nach Veröffentlichung der Mitteilung über die Klage im Amtsblatt gestellt hatte.[127]

Vom Anspruch des Streithelfers auf Übermittlung aller Schriftsätze und Anlagen machen die Art. 131 Abs. 4 EuGHVfO, Art. 144 Abs. 7 EuGVfO eine Ausnahme. Auf Antrag einer Partei können geheime oder vertrauliche Unterlagen den Streithelfern vorenthalten werden. Ein Antrag auf **vertrauliche Behandlung** ist vor allem wichtig, wenn Konkurrenten einer Hauptpartei als Streithelfer auftreten. Er ist jedenfalls beim EuG mit **gesondertem Schriftsatz**[128] normalerweise gleichzeitig mit der Stellungnahme der Hauptpartei zum Antrag des Streithelfers auf Zulassung zu stellen und muss eingehend begründet werden. Dem EuG ist zugleich eine nicht vertrauliche Fassung der betroffenen Schriftstücke vorzulegen, die aus der Sicht der Hauptpartei dem Streithelfer übermittelt werden kann.[129] Geschützt werden durch die vertrauliche Behandlung in erster Linie Betriebs- und

---

ECLI:EU:C:2020:607 Rn. 21 – NRW. Bank/CRU; EuG 4.2.2004 – T-14/00, ECLI:EU:T:2004:32 Rn. 24 – Coöperatieve Aan- en Verkoopvereniging Ulestraten, Schimmert en Hulsberg ua/Kommission. Siehe auch EuG 20.3.1998 – T-191/96, ECLI:EU:T:1998:60 – CAS Succhi di Frutta/Kommission; EuG 25.10.2011 – T-40/11, ECLI:EU:T:2011:626 – Lan Airlines und Lan Cargo/Kommission.

[125] EuG 19.9.2001 – T-54/00 und T-73/00, ECLI:EU:T:2001:224 Rn. 5 f. – Federación de Cofradías de Pescadores de Guipúzcoa ua/Rat; EuG 7.12.2011 – T-255/11, ECLI:EU:T:2011:718 – Fellah/Rat; EuG 10.2.2017 – T-153/16, ECLI:EU:T:2017:73 = BeckRS 2017, 140876 – Acerga/Rat; EuG 26.3.2021 – T-484/20, ECLI:EU:T:2021:172 – SATSE/Kommission; EuGH 5.7.2001 – C-341/00 P, ECLI:EU:C:2001:387 – Conseil national des professions de l'automobile ua/Kommission; EuGH 12.9.2013 – C-616/12 P, ECLI:EU:C:2013:582 – Ellinika Nafpigeia und Hoern/Kommission; EuGH 25.10.2016 – C-637/15 P, ECLI:EU:C:2016:812 – VSM Geneesmiddelen/Kommission.

[126] EuGH 22.12.1993 – C-244/91 P, ECLI:EU:C:1993:950 Rn. 16 – Pincherle/Kommission, zu Art. 49 EWG-Satzung, jetzt Art. 56 EuGH-Satzung; EuGH 11.2.1999 – C-390/95 P, ECLI:EU:C:1999:66 Rn. 20 – Antillean Rice Mills ua/Kommission; EuGH 24.5.2011 – C-83/09 P, ECLI:EU:C:2010:715 Rn. 24 und 25 – Kommission/Kronoply und Kronotex; vgl. auch EuGH 20.4.1988 – 146/85-ITRP und 431/85-ITRP, ECLI:EU:C:1988:189 Rn. 4 = BeckRS 2004, 71686 – Diezler ua/WSA und EuGH 19.1.1999 – C-245/95 P-INT, ECLI:EU:C:1999:4 Rn. 15 = EuZW 1998, 506 – Kommission/NTN und Koyo Seiko, zu Art. 40 EWG-Satzung, jetzt Art. 43 EuGH-Satzung; Nissen Intervention Dritter S. 205 f.

[127] Der Präsident des EuGH kann jedoch Ausnahmen zu dieser Praxis beschließen (EuGH 25.10.2017 – C-588/16 P, ECLI:EU:C:2017:829 – Generics (UK)/Kommission).

[128] *Praktische Durchführungsbestimmungen zur Verfahrensordnung des Gerichts* (ABl. 2015 L 152, 1) (konsolidierte Fassung zugänglich unter www.curia.europa.eu), Punkte 177 bis 197. Sa Art. 103 und 104 EuGVfO und Punkt 32 der *Praktischen Anweisungen für die Parteien in den Rechtssachen vor dem Gerichtshof* (ABl. 2020 L 42 I,1).

[129] Dem Streithelfer wird zunächst nur die nicht vertrauliche Fassung zugestellt. Über die Frage, ob der Antrag auf vertrauliche Behandlung für alle darin nicht enthaltenen Angaben begründet ist, braucht erst und nur dann entschieden zu werden, wenn der Streithelfer Einwände erhebt (vgl. zB EuG 22.2.2005 – T-383/03, ECLI:EU:T:2005:57 Rn. 36 = BeckRS 2006, 70052 – Hynix Semiconductor/Rat; EuG 19.1.2012 – T-289/11, ECLI:EU:T:2012:20 Rn. 14 = BeckRS 2013, 80729 – Deutsche Bahn ua/Kommission.

Geschäftsgeheimnisse, wie Informationen über Marktanteile, Geschäftsergebnisse,[130] mit Geschäftspartnern geschlossene Verträge,[131] aber auch der Schriftverkehr zwischen Anwälten und ihren Mandanten[132] sowie personenbezogene Daten. Die Entscheidung darüber, ob im Einzelfall dem Antrag auf vertrauliche Behandlung von Unterlagen oder Angaben stattzugeben ist, ergeht auf der Grundlage einer Abwägung der Interessen der Hauptpartei und des Streithelfers.[133] Dabei geht das EuG davon aus, dass die vollständige Übermittlung aller Unterlagen der Regelfall ist und die vertrauliche Behandlung als Ausnahme hiervon einer besonderen Rechtfertigung bedarf.[134] Auf Rechtsmittelebene sollte der Antrag auf Vertraulichkeit mit Einreichen der Rechtsmittelschrift erfolgen da diese ansonsten unmittelbar an alle anderen Parteien vor dem EuG (inklusive Streithelfer) zugestellt werden könnte.[135] Anträgen auf Vertraulichkeit in Rechtsmittelverfahren vor dem EuGH wird grundsätzlich immer dann stattgegeben, wenn bereits eine vertrauliche Behandlung der entsprechenden Informationen vor dem EuG gewährt worden war. Eine weiterreichende Vertraulichkeit sollte üblicherweise auch nicht notwendig sein, da im Rechtsmittelverfahren keine neue Beweisaufnahme stattfindet und nur juristische Aspekte des EuG Urteils zulässigerweise Gegenstand des Rechtsmittels sein können (dazu → § 25).

38 Eine vertrauliche Behandlung von Unterlagen oder Informationen, die für die Ausübung der Verfahrensrechte der Streithelfer erforderlich sind, ist zwar grundsätzlich unzulässig.[136] Dennoch ist nicht auszuschließen, dass infolge der vertraulichen Behandlung ein Konflikt zwischen dem legitimen Interesse der Hauptparteien an der Geheimhaltung von bestimmten Angaben und dem Anspruch des Streithelfers auf rechtliches Gehör entstehen kann.[137] Insoweit ist umstritten, ob der Unionsrichter seine Entscheidung zum Nachteil des Streithelfers auf Tatsachen oder Unterlagen stützen darf, zu denen sich der Streithelfer nicht äußern konnte, weil sie ihm nicht zugänglich waren.[138] Der Vorschlag, dieses Dilemma dadurch zu lösen, dass die vertraulichen Angaben nur dem Prozessbevollmächtigten des Streithelfers mitgeteilt werden und dieser zur Vertraulichkeit (auch gegenüber seinem Mandanten) verpflichtet wird,[139] kann jedoch auf Schwierigkeiten stoßen. So ist das Standesrecht der Anwälte in den Mitgliedstaaten unterschiedlich ausgestaltet. Vielfach sind die Anwälte danach verpflichtet, Informationen an ihre Mandanten weiterzuleiten mit der Folge, dass sie sich einer Regresspflicht aussetzen, wenn sie dieser Pflicht nicht nachkommen.[140]

39 Mit der Übermittlung der Verfahrensdokumente setzt der Präsident des zuständigen Spruchkörpers des EuG dem Streithelfer eine Frist, innerhalb derer er seinen **Streithilfeschriftsatz** einreichen kann (Art. 145 Abs. 1 EuGVfO). Artikel 132 der EuGHVfO sieht

---

[130] EuG 10.3.1995 – T-395/94 R, ECLI:EU:T:1995:48 Rn. 6, 30 = BeckRS 2002, 70418 – Atlantic Container Line ua/Kommission; EuG 22.2.2005 – T-383/03, ECLI:EU:T:2005:57 Rn. 36, 63 – Hynix Semiconductor/Rat.
[131] EuG 6.2.1995 – T-66/94, ECLI:EU:T:1995:20 Rn. 29 ff. – Auditel/Kommission; EuG 22.2.2005 – T-383/03, ECLI:EU:T:2005:57 Rn. 64 = BeckRS 2006, 70052 – Hynix Semiconductor/Rat.
[132] EuG 4.4.1990 – T-30/89, ECLI:EU:T:1990:27 Rn. 12 – Hilti/Kommission.
[133] ZB EuG 22.2.2005 – T-383/03, ECLI:EU:T:2005:57 Rn. 42 ff. = BeckRS 2006, 70052 – Hynix Semiconductor/Rat.
[134] ZB EuG 22.2.2005 – T-383/03, ECLI:EU:T:2005:57 Rn. 18 = BeckRS 2006, 70052 – Hynix Semiconductor/Rat.
[135] Wird das Rechtsmittel von einer Partei eingebracht, die selbst kein Interesse an der vertraulichen Behandlung bestimmter Informationen hat, so setzt die Kanzlei üblicherweise eine kurze Frist um sich vor Zustellung zu vergewissern, dass sich keine Informationen in der Rechtsmittelschrift befinden, die vor dem EuG vertraulich behandelt wurden.
[136] EuG 22.2.2005 – T-383/03, ECLI:EU:T:2005:57 Rn. 46, 70 = BeckRS 2006, 70052 – Hynix Semiconductor/Rat; EuG 8.5.2012 – T-108/07, ECLI:EU:T:2012:226 Rn. 40 = BeckRS 2012, 82273 – Spira/Kommission.
[137] Kirschner/Klüpfel Gericht erster Instanz Rn. 173.
[138] Gegen ein Verwertungsverbot Nissen Intervention Dritter S. 219 f. Art. 103 Abs. 2 EuGVfO spricht dafür, dass Unterlagen grds. auch dann der Entscheidung des EuG zugrunde gelegt werden dürfen, wenn sie vertraulich behandelt wurden und deshalb den Streithelfern nicht zugänglich waren. Hackspiel in von der Groeben EuGH-Satzung Art. 40 Rn. 21.
[139] Jung EuR 1980, 379.
[140] Siehe Middeke DVBl 1991, 151; gegen diese Lösung auch Nissen Intervention Dritter S. 220 f.

eine Frist von einem Monat für die Einreichung des Streithilfeschriftsatzes vor (zuzüglich einer Entfernungsfrist von zehn Tagen, Art. 51 EuGHVfO). Diese Frist kann vom Präsidenten auf gebührend begründeten Antrag des Streithelfers verlängert werden.[141] Der Streithilfeschriftsatz enthält die Anträge des Streithelfers und seine Angriffs- und Verteidigungsmittel. Die Anträge müssen sich im Rahmen der Anträge der unterstützten Hauptpartei halten. Sind diese bspw. auf die Nichtigerklärung eines Unionsaktes gerichtet, kann der Streithelfer keinen Antrag auf Schadensersatz stellen. Beantragt die Hauptpartei allein, die Klage als unbegründet abzuweisen, so kann der Streithelfer nicht die Abweisung als unzulässig verlangen.[142] Da die unverzichtbaren Prozessvoraussetzungen der Klage von Amts wegen geprüft werden können[143] muss sich diese Einschränkung auf das Ergebnis des Rechtsstreits nicht unbedingt auswirken.[144] Bleibt der Beklagte säumig, stellt also keinen Antrag, so kann nach dem Wortlaut von Art. 40 Abs. 4 EuGH-Satzung der zu seiner Unterstützung beigetretene Streithelfer den Erlass eines Versäumnisurteils nicht abwenden.[145] Ebenso wenig darf der Streithelfer die Anträge beider Parteien durch Erhebung eines eigenen Antrags bekämpfen.[146] Die Unterstützung kann sich aber auf einen Teil der Anträge einer Hauptpartei beschränken. Obwohl die Unionsgerichte im Rahmen von Direktklageverfahren normalerweise nur die vom Kläger erhobenen Klagegründe oder Rügen prüfen und Angriffsmittel (dh Klagegründe), die nicht in der Klageschrift erhoben worden sind, als verspätet zurückgewiesen werden, wenn sie nicht auf neuen Tatsachen beruhen,[147] ist der Streithelfer, der den Kläger ja nur unterstützen soll und der den Rechtsstreit in der Lage annehmen muss, in der er sich zur Zeit seines Beitritts befindet, gewissermaßen weitergehend als der Kläger selbst befugt, den Streitstoff auf neue Klagegründe zu erstrecken.[148] Der Streithelfer kann nämlich selbständige Angriffs- und Verteidigungsmittel vorbringen,[149] solange der Rahmen des Rechtsstreits dadurch nicht geändert wird und keine separaten Anträge gestellt werden.[150]

---

[141] Gewährt wurde eine solche Fristverlängerung bisher vor allem während der COVID-19 Pandemie, aber auch aufgrund besonders komplexer Sachverhalte, die die Koordination mehrerer Ministerien auf Mitgliedstaatsebene erforderte; die Notwendigkeit Streithilfeschriftsätze in mehreren ähnlich gelagerten Rechtssachen zu koordinieren (Rechtssachen C-548/20 und C-552/20); oder aufgrund einer Naturkatastrophe (Erdbeben mit Strom- und Internetausfall zur Folge). Abgelehnt dagegen wurden Anträge auf Fristverlängerung, die einzig auf eine hohe Arbeitsbelastung oder einem Fristende in der Ferienzeit gestützt waren.

[142] EuG 17.6.1998 – T-174/95, ECLI:EU:T:1998:127 Rn. 77 f. = NVwZ 1999, 59 – Svenska Journalistförbundet/Rat; EuG 17.12.2003 – T-146/01, ECLI:EU:T:2003:344 Rn. 47 f. – DLD Trading/Rat.

[143] Vgl. Art. 150 EuGHVfO, Art. 129 EuGVfO.

[144] Vgl. zB EuG 17.6.1998 – T-174/95, ECLI:EU:T:1998:127 Rn. 79 = NVwZ 1999, 59 – Svenska Journalistförbundet/Rat; EuG 25.9.2015 – T-360/13, ECLI:EU:T:2015:695 Rn. 21 – VECCO ua/ Kommission; anders (keine Zulässigkeitsprüfung von Amts wegen) aber zB EuG 27.11.1997 – T-290/94, ECLI:EU:T:1997:186 Rn. 76 f. – Kaysersberg/Kommission; eing. zur Problematik Nissen Intervention Dritter S. 227–230; zur Prüfung der Zulässigkeitsvoraussetzungen vgl. auch Sachs, Die Ex-officio-Prüfung durch die Gemeinschaftsgerichte, 2008, S. 104 ff.

[145] aA Nissen, der jedenfalls dann, wenn mit der Klage eine den Streithelfer begünstigende Entscheidung angefochten wird, dem Anspruch des Intervenienten auf rechtliches Gehör Vorrang vor dem Wortlaut von Art. 40 EuGH-Satzung einräumen will. Dagegen erlaubte der Wortlaut von Art. 34 Abs. 2 Satzung (EGKS) dem Streithelfer auch, die Abweisung von Anträgen einer Hauptpartei zu beantragen.

[146] EuGH 3.12.2019 – C-482/17, ECLI:EU:C:2019:1035 Rn. 116 f. = EuZW 2020, 105 – Tschechische Republik/Parlament und Rat. Anders in Rechtsstreitigkeiten betr. die Rechte des geistigen Eigentums, (→ Rn. 44 ff.).

[147] Art. 127 EuGHVfO, Art. 84 EuGVfO.

[148] Dagegen Nissen Intervention Dritter S. 235 f.

[149] ZB EuGH 8.7.2010 – C-334/08, ECLI:EU:C:2010:414 Rn. 52 ff. = BeckRS 2010, 90871 – Kommission/Italien; vgl. auch GA Kokott 15.4.2010 – SchlA C-334/08, ECLI:EU:C:2010:187 Rn. 40 ff. = BeckRS 2010, 90871 – Kommission/Italien; EuGH 21.12.2011 – C-28/09 ECLI:EU:C:2021:854 = BeckRS 2011, 81937 Rn. 50; EuGH 28.7.2011 – C-471/09 P bis C-473/09 P, ECLI:EU:C:2011:521 Rn. 117 f. – Diputación Foral de Vizcaya/Kommission; EuGH 28.7.2011 – C-474/09 P bis C-476/09 P, ECLI:EU:C:2011:522 Rn. 109 f. – Diputación Foral de Vizcaya/Kommission; EuGH 4.6.2020 – C-456/18 P, ECLI:EU:C:2020:421 Rn. 22–25 – Ungarn/Kommission.

[150] ZB EuG 1.12.1999 – T-125/96 und T-152/96, ECLI:EU:T:1999:302 Rn. 184 – Boehringer/Rat und Kommission; EuG 15.6.2005 – T-171/02, ECLI:EU:T:2005:219 Rn. 151–154, 193, 195 = BeckRS

40 Der Rechtsstreit wird durch die Intervention nicht unterbrochen. So wird die Kanzlei nach Eingang der Klage- oder Rechtsmittelbeantwortung diese zustellen und die Frist für die Einreichung der Erwiderung – bzw. für den Antrag auf Einreichen einer Erwiderung – beginnt mit Abrufen der Dokumente, spätestens jedoch am 8. Tag nach Zustellung.[151] Die Hauptparteien haben später zudem Gelegenheit zum Vorbringen des oder der Streithelfer Stellung zu nehmen.[152]

41 Das Urteil wird auch dem Streithelfer zugestellt und erwächst ihm gegenüber in Rechtskraft.[153] Unterliegt die vom Streithelfer unterstützte Partei, so können dem Streithelfer neben seinen eigenen Kosten diejenigen Kosten auferlegt werden, die dem Gegner durch die Zulassung der Streithilfe entstanden sind.[154] Obsiegt die unterstützte Partei, so hat der Gegner, wenn ein entsprechender Antrag gestellt worden ist,[155] grundsätzlich auch die Kosten des Streithelfers zu tragen. Art. 140 EuGHVfO und Art. 138 Abs. 1 EuGVfO sehen aber vor, dass Mitgliedstaaten und Organe[156] in diesem Fall ihre eigenen Kosten tragen. Außerdem kann der zuständige Spruchkörper entscheiden, dass auch andere Streithelfer der obsiegenden Hauptpartei ihre eigenen Kosten tragen. Streithelfer, die dem Verfahren im Rechtsmittelstadium vor dem Gerichtshof beigetreten sind erlangen bei einer Rückverweisung vor das Gericht Parteistatus.[157]

42 **5. Rechtsmittel.** Gegen die Ablehnung des Antrages auf Zulassung als Streithelfer in einem Verfahren vor dem EuG besteht die Möglichkeit, innerhalb von zwei Wochen nach Zustellung der ablehnenden Entscheidung ein Rechtsmittel beim EuGH einzulegen.[158] Über das Rechtsmittel ist im summarischen Verfahren nach Art. 39 EuGH-Satzung zu entscheiden. Das heißt insbes., dass der Präsident bzw. der Vizepräsident (Art. 39 Abs. 2 EuGH-Satzung) des Gerichtshofs für die Entscheidung zuständig ist.[159]

43 Urteile des EuG in der Hauptsache kann der Streithelfer ebenso mit dem Rechtsmittel vor dem EuGH anfechten wie die Hauptparteien, und zwar unabhängig von der unterstützten Partei. Um als Streithelfer vor Gericht angesehen zu werden und somit die Grundvoraussetzung zur Einreichung eines Rechtsmittels zu erfüllen, muss eine Klagebeantwortung im Verfahren vor dem Gericht eingereicht worden sein. Das bloße Einreichen einer Prozessvollmacht oder ähnlicher Verfahrensdokumente ist nicht ausreichend.[160] Bei nicht privilegierten Streithelfern ist zusätzlich erforderlich, dass das Urteil den Streithelfer „unmittelbar

---

2005, 70449 – Regione autonoma della Sardegna/Kommission; EuG 12.12.2006 – T-155/04, ECLI:EU:T:2006:387 Rn. 42 = BeckRS 2006, 18840 – SELEX Sistemi Integrati/Kommission; EuG 20.9.2011 – T-394/08, T-408/08, T-453/08 und T-454/08, ECLI:EU:T:2011:493 Rn. 42 f. = BeckRS 2012, 80470 – Regione autonoma della Sardegna/Kommission; EuG 6.10.2021 – T-167/19, ECLI:EU:T:2021:645 Rn. 35 – Tempus Energy Germany und T Energy Sweden/Kommission; Dies war nicht immer so. Siehe Nissen, Die Intervention Dritter in Verfahren vor dem Gerichtshof der Europäischen Gemeinschaften, 2001 und Rengeling/Middeke/Gellermann, Handbuch des Rechtsschutzes in der Europäischen Union, 3. Aufl. (2014), § 22 Rn. 40.

[151] Punkt 24 der Voraussetzungen für die Nutzung der Anwendung e-Curia: Ein Verfahrensschriftstück gilt jedoch mit Ablauf des siebten Tages nach dem Tag, an dem dem Benutzer eine E-Mail übersandt wurde, um ihn von der Verfügbarkeit des Schriftstücks in e-Curia zu benachrichtigen, als zugestellt.

[152] Art. 132 Abs. 3 EuGHVfO; Art. 145 Abs. 3 EuGVfO.

[153] Ausf. Nissen Intervention Dritter S. 207–211.

[154] ZB EuG 15.6.2005 – T-171/02, ECLI:EU:T:2005:219 Rn. 203 – Regione autonoma della Sardegna/Kommission.

[155] Art. 138 Abs. 1 EuGHVfO, Art. 134 Abs. 1 EuGVfO; zB EuGH 20.6.2007 – T-246/99, ECLI:EU:T:2007:186 Rn. 175 f. - Tirrenia di Navigazione ua/Kommission.

[156] Desgleichen EWR-Vertragsstaaten und die EFTA-Überwachungsbehörde.

[157] EuGH 30.11.2022 – C-617/22 P(I), ECLI:EU:C:2022:941 – Euranimi/EAA und Kommission.

[158] Art. 57 Abs. 1 EuGH-Satzung. Siehe auch 30.11.2022 – C-617/22 P(I), ECLI:EU:C:2022:941 – Euranimi/EAA und Kommission.

[159] Vgl. zB 17.10.2011 – C-3/11 P(I), ECLI:EU:C:2011:665 Rn. 4 = NJW 2014, 2169 – Gesamtverband der deutschen Textil- und Modeindustrie ua/Rat ua.

[160] EuGH 12.2.2015 – C-35/14 P, ECLI:EU:C:2015:158 Rn. 21–26 – Enercon/Gamesa Eólica; EuGH 24.11.2015 – C-206/15 P, ECLI:EU:C:2015:773 Rn. 29–35 – Sun Mark und Bulldog Energy Drink/HABM.

berührt" (Art. 56 Abs. 2 S. 2 EuGH-Satzung). Ob dies der Fall ist, dürfte nach ähnlichen Maßstäben zu beurteilen sein wie die Frage der unmittelbaren und individuellen Betroffenheit im Rahmen der Nichtigkeitsklage, scheint aber in der Praxis nicht relevant zu sein, da grundsätzlich davon ausgegangen wird, dass ein Streithelfer, der mit seinen Anträgen vor dem EuG gescheitert ist, von dem entsprechenden Urteil „unmittelbar berührt" ist.[161] Der Streithelfer kann ebenfalls unabhängig von den Hauptparteien die Auslegung des Urteils[162] beantragen. Ob das auch für die Wiederaufnahme des Verfahrens gilt, ist umstritten.[163]

6. Streithilfe in Rechtsstreitigkeiten betreffend die Rechte des geistigen Eigentums. Eine besondere Regelung der Streithilfe enthält der den „Rechtsstreitigkeiten betreffend die Rechte des geistigen Eigentums" gewidmete, vierte Titel der EuGVfO. Er betrifft die Klagen gegen das EUIPO (Marken, Muster und Modelle) und gegen das Sortenamt der Union. Für diese Klagen erlaubt Art. 53 Abs. 2 EuGH-Satzung, dass die Verfahrensordnung von den in Art. 40 Abs. 4 EuGH-Satzung, Art. 41 der EuGH-Satzung enthaltenen Vorgaben abweicht, um den Besonderheiten Rechnung zu tragen, die diese Streitigkeiten auf dem Gebiet des gewerblichen Rechtsschutzes gegenüber den sonstigen Klagen natürlicher und juristischer Personen vor dem EuG aufweisen. Im Rechtsmittelverfahren vor dem EuGH sind dagegen keine Sonderregeln erforderlich. 44

Die Aufgabe des EuG und des EuGH ist auch im Bereich des geistigen Eigentums die Kontrolle von Entscheidungen der Unionseinrichtungen EUIPO und Sortenamt. Dem Prozess vor dem EuG ist hier ein Verfahren vor den zum jeweiligen Amt gehörenden gerichtsähnlichen Beschwerdekammern[164] vorgeschaltet. Erst deren Entscheidungen können mit einer – der Nichtigkeitsklage nach Art. 263 AEUV nachgebildeten – Klage vor dem EuG angefochten werden.[165] In diesen Verfahren gibt es neben den Streitigkeiten, in denen der Einzelne dem Amt als Gegner gegenübertritt, etwa weil das EUIPO die Eintragung einer Marke wegen absoluter Eintragungshindernisse verweigert,[166] vielfach Konstellationen, in denen das EUIPO und das Sortenamt dazu berufen sind, Konflikte zwischen mehreren privaten Parteien zu entscheiden. So kann sich zB der Inhaber einer Marke gegen die Eintragung einer ähnlichen Marke für die gleichen Waren oder Dienstleistungen durch das EUIPO mit einem an das Amt gerichteten Widerspruch wehren. Hier muss das Amt ähnlich wie ein Zivilrichter entscheiden, ob die Rechte der einen Partei der Eintragung der von der anderen Partei beantragten Marke entgegenstehen. Der Rechtsschutz gegen solche Entscheidungen des Amtes (Beschwerde an die Beschwerdekammer und anschließende Klage vor dem EuG) ist ähnlich einer verwaltungsgerichtlichen Anfechtungsklage mit Vorverfahren ausgestaltet, die von der unterlegenen Partei gegen das Amt erhoben wird. In der Sache stehen aber die privaten Parteien einander als Gegner gegenüber. In dieser Konstellation, die der eines zivilgerichtlichen Rechtsmittelverfahrens ähnelt, müssen alle am Verfahren vor dem Amt beteiligten Parteien die Möglichkeit haben, ihre Rechte ohne Bindung an die Position der Hauptparteien, insbes. des Amtes, zu verteidigen.[167] 45

---

[161] Karpenstein/Langner in Grabitz/Hilf, 37. EL 2008, EGV Art. 225 Rn. 23; Kirschner/Klüpfel Gericht erster Instanz Rn. 175; Nissen Intervention Dritter S. 241 f.; großzügiger Lasok, The European Court of Justice: practice and procedure, 2. Aufl. 1994, S. 473; vgl. auch Wägenbaur, Court of Justice of the EU, 2013, Stat, Art. 56 Rn. 19.
[162] EuGH 20.4.1988 – 146/85–ITRP und 431/85–ITRP, ECLI:EU:C:1988:189 Rn. 4 = BeckRS 2004, 71686 – Diezler ua/WSA; EuGH 19.1.1999 – C-245/95 P–INT, ECLI:EU:C:1999:4 Rn. 15 = EuZW 1998, 506 – Kommission/NTN und Koyo Seiko.
[163] Hackspiel in von der Groeben EuGH-Satzung Art. 44 Rn. 8 mwN.
[164] Zur Rechtsstellung der Beschwerdekammern des EUIPO Greco, EUIPO Boards of Appeal in the Light of Fair Trial, European Public Law 28(1) 2022, 19 ff.; Hildebrandt/Sosnitza, Deutsche Zeitschrift für Wirtschafts- und Insolvenzrecht, 2021, Vol.31 (10), Ss.581–584; Hildebrandt/Sosnitza, Unionsmarkenverordnung: Verordnung (EU) 2017/1001 über die Unionsmarke: Richtlinie 2004/48/EG zur Durchsetzung der Rechte des geistigen Eigentums: Kommentar, 2021.
[165] Näher hierzu Klüpfel MarkenR 2000, 237 ff.
[166] Nach Art. 7 Unionsmarken-VO (ABl. 2017 L 154, 1). S. auch Art. 165 Unionsmarken-VO.
[167] Eing. hierzu Jung FS Everling, Bd. 1, 1995, 611 (619 ff.).

46 Deshalb wird neben dem Kläger, der die Entscheidung der Beschwerdekammer anficht, auch den anderen am Verfahren vor dieser Kammer beteiligten Parteien eine im Verhältnis zu den Streithelfern in den „normalen" Direktklageverfahren vor den Unionsgerichten erheblich stärkere Stellung eigeräumt. Sie kommt zunächst darin zum Ausdruck, dass alle am Verfahren vor der Beschwerdekammer beteiligten Parteien sich ohne besondere Zulassung und ohne ihr Interesse am Ausgang des Rechtsstreits eigens darlegen zu müssen, als Streithelfer am Prozess beteiligen können. Um ihnen den Beitritt zu erleichtern, wird die Klageschrift ihnen von Amts wegen zugestellt, so dass sie nicht darauf angewiesen sind, von der Klageerhebung durch die Veröffentlichung im Amtsblatt informiert zu werden (vgl. Art. 173 Abs. 1 und 2 EuGVfO).

47 Die Streithelfer nach Art. 173 EuGVfO haben die gleichen prozessualen Rechte wie die Hauptparteien (Kläger und Amt). Insbesondere können sie eigene, von denen der Hauptparteien abweichende Anträge stellen und eigene Angriffs- und Verteidigungsmittel geltend machen. Wenn die angefochtene Entscheidung nicht nur den Kläger, sondern auch einen Streithelfer beschwert, kann dieser wie bei einer „unselbständigen Anschlussberufung"[168] die Aufhebung oder Abänderung der angefochtenen Entscheidung auch in Punkten beantragen, die der Kläger nicht angefochten hat. Dieser starken Stellung der Streithelfer entspricht es, dass sie keinen Streithilfeschriftsatz, sondern, wie das beklagte Amt, eine Klagebeantwortung einreichen können, was innerhalb einer Frist von zwei Monaten nach der Zustellung der Klageschrift zu erfolgen hat (Art. 179 EuGVfO). Auch wenn das beklagte Amt seine Klagebeantwortung nicht form- und fristgerecht einreicht oder keine Anträge stellt,[169] findet – abweichend von Art. 123 EuGVfO – kein Versäumnisverfahren statt, wenn ein Streithelfer seine Klagebeantwortung ordnungsgemäß eingereicht hat (Art. 173 Abs. 6 EuGVfO). Normalerweise ist das schriftliche Verfahren mit der Einreichung der Klagebeantwortung beendet; es gibt in Markensachen grundsätzlich nur einen Schriftsatz pro Partei.[170]

48 Die Streithilfe in Streitigkeiten über geistiges Eigentum ist trotz der starken Stellung des Intervenienten keine Hauptintervention[171] iSv § 64 ZPO. Eher ist sie – trotz der zivilrechtlichen Materie – der Beiladung iSv § 65 VwGO vergleichbar.[172] Art. 173 EuGVfO ist eine Spezialregelung, die die Beteiligten am Beschwerdekammerverfahren privilegiert. Sie schließt nicht aus, dass sonstige Dritte nach den allgemeinen Regeln über die Streithilfe dem Rechtsstreit beitreten.[173]

7. Schriftsatzmuster.[174] **a) Antrag auf Zulassung als Streithelfer vor dem EuG**

49 An das
Gericht der Europäischen Union
– Kanzlei des Gerichts –
Rue du Fort Niedergrünewald
L – 2925 Luxemburg

---

[168] Jung FS Everling, Bd. 1, 1995, 611 (622).
[169] Das kann insbes. dann vorkommen, wenn das Amt, das die Entscheidungen der Beschwerdekammern nicht anfechten kann, die angefochtene Entscheidung für falsch hält.
[170] Das ist in den anderen Direktklageverfahren anders. Dort findet normalerweise eine zweite „Schriftsatzrunde" statt. Selbst wenn das Gericht entschieden haben sollte, dass kein weiterer Schriftsatzwechsel erforderlich ist, so kann es den Hauptparteien dennoch gestatten, ergänzende Argumente vorzubringen, wenn der Kläger innerhalb von zwei Wochen nach Zustellung der Entscheidung zum Abschluss des schriftlichen Verfahrens einen entsprechenden Antrag stellt (Art. 83 Abs. 2 EuGVfO).
[171] So aber Klüpfel MarkenR 2000, 237 (239).
[172] Nissen Intervention Dritter S. 226 vergleicht die Stellung des Streithelfers in diesen Streitigkeiten mit der eines notwendig Beigeladenen iSv § 65 Abs. 2 VwGO.
[173] Nissen Intervention Dritter S. 166 f.
[174] Alle Schriftsätze sind zwingend per e-Curia einzureichen und gem. den formellen Vorgaben der Praktischen Durchführungsbestimmungen zur Verfahrensordnung des Gerichts (ABl. 2015 L 152, 1; konsolidierte Fassung unter www.curia.europa.eu > Gericht > Verfahren, besonders Punkte 80 ff.) bzw. der Praktischen Anweisungen für die Parteien in den Rechtssachen vor dem Gerichtshof (ABl. 2020 L 42 I, 1; auch unter www.curia.europa.eu > Gerichtshof > Verfahren, besonders Punkt 40) zu erstellen.

Antrag auf Zulassung als Streithelfer
nach Art. 143 der Verfahrensordnung des EuG
Der A. GmbH
vertreten durch ihren Geschäftsführer N. N.
Anschrift
Prozessbevollmächtigter: Rechtsanwalt B
[Zustellungsanschrift [xxx], wobei der Zustellung mittels e-Curia zugestimmt wird.]
In dem Rechtsstreit T-000/00
D. SA/Kommission
Gegenstand: Aufhebung der Entscheidung der Kommission vom …, ABl. C … vom …, betreffend die Genehmigung der an die A-GmbH gewährten Beihilfe …
beantrage ich namens der A. GmbH die Zulassung als Streithelferin zur Unterstützung der Anträge der Klägerin/ der Beklagten.
1. Begründung:
1 (kurze Darstellung des Sachverhalts)[175]
2 Mit ihrer am … erhobenen Klage beantragt die Klägerin:
   1. Die Entscheidung … aufzuheben
   2. Der Kommission die Kosten des Verfahrens aufzuerlegen.
3 Die Mitteilung über die Klage ist im Amtsblatt C … vom … veröffentlicht worden. Nach Art. 143 Abs. 1 der Verfahrensordnung des EuG ist der Antrag auf Zulassung als Streithelfer innerhalb von sechs Wochen nach der Veröffentlichung dieser Mitteilung zu stellen. Diese Frist verlängert sich um die in Art. 60 der Verfahrensordnung vorgesehene Entfernungsfrist. Sie endet am … Der vorliegende Antrag ist daher fristgemäß gestellt worden.
4 Das berechtigte Interesse der Antragstellerin am Ausgang des Rechtsstreits ergibt sich aus folgenden Umständen:
5 Die Antragstellerin ist durch die angefochtene Entscheidung, mit der die Kommission erklärt hat, gegen die Gewährung der Beihilfe … an die Antragstellerin keine Einwände zu erheben, begünstigt …
6 Außerdem hat die Antragstellerin am Verwaltungsverfahren, das zum Erlass dieser Entscheidung geführt hat, aktiv mitgewirkt …
7 Die Antragstellerin beabsichtigt, die Anträge der Kommission zu unterstützen, die darauf gerichtet sind
   1. Die Klage abzuweisen
   2. Der Klägerin die Kosten des Verfahrens aufzuerlegen.
2. Antrag auf teilweise Zulassung einer anderen Sprache als Verfahrenssprache[176]
8 Die Klägerin hat nach Art. 45 Abs. 1 der Verfahrensordnung die französische Sprache als Verfahrenssprache gewählt.
9 Nach Art. 45 Abs. 1 lit. d der Verfahrensordnung kann eine andere der in Art. 44 der Verfahrensordnung genannten Sprachen ganz oder teilweise als Verfahrenssprache zugelassen werden.
10 Die Sprache des Verwaltungsverfahrens und der rechtsverbindlichen Fassung der angefochtenen Entscheidung ist deutsch. Zahlreiche Dokumente, die den Schriftsätzen der Parteien als Anlagen beizufügen sind, existieren nur in deutscher Sprache. Die Prozessbevollmächtigten der Antragstellerin, die sie bereits während des Verwaltungsverfahrens vertreten haben, beherrschen die französische Sprache nicht so gut, dass sie bei der Vertretung der Klägerin vor dem Gericht diese Sprache verwenden könnten. Daher wäre die Antragstellerin bei der Verteidigung ihrer Rechte erheblich eingeschränkt, wenn sie sich auch in der mündlichen Verhandlung der französischen Sprache bedienen müsste.
11 Aus diesen Gründen wird beantragt:
   1. Die Antragstellerin als Streithelferin zur Unterstützung der Anträge der Beklagten zuzulassen

---

[175] Jeder Absatz eines an das EuG gerichteten Schriftsatzes ist zu nummerieren, EuG Punkt 81 der Praktischen Durchführungsbestimmungen zur Verfahrensordnung des Gerichts (ABl. 2015 L 152, 1) – eine konsolidierte Fassung ist unter www.curia.europa.eu verfügbar.
[176] Der Antrag auf Zulassung kann in einer anderen Sprache als der Verfahrenssprache fristwahrend eingereicht werden, wird den anderen Parteien aber erst zugestellt, wenn der Antragsteller eine in die Verfahrenssprache übersetzte Fassung einreicht (→ Rn. 32).

2. Der Antragstellerin zu gestatten, sich in der mündlichen Verhandlung der deutschen Sprache zu bedienen.
(Unterschrift)
Rechtsanwalt

b) Stellungnahme zum Antrag auf Zulassung als Streithelfer
50 An das
Gericht der Europäischen Union
– Kanzlei des Gerichts –
Rue du Fort Niedergrünewald
L – 2925 Luxemburg
Stellungnahme zum Antrag auf Zulassung als Streithelfer[177]
nach Art. 144 Abs. 2 der Verfahrensordnung des EuG
In dem Rechtsstreit T-000/00
D SA/Kommission
Gegenstand: Aufhebung der Entscheidung der Kommission vom …, ABl. C … vom …, betreffend die Genehmigung der an die A-GmbH gewährten Beihilfe …
nehme ich namens der Klägerin zum Antrag auf Streithilfe wie folgt Stellung:
1. Die Klägerin erkennt an, dass die A GmbH ein berechtigtes Interesse am Ausgang des Rechtsstreits hat und erhebt keine Einwände gegen die Zulassung als Streithelferin der Kommission.
2. Die Klägerin ist der Auffassung, dass es der A GmbH zuzumuten ist, sich der Verfahrenssprache zu bedienen. Sie beantragt daher, den Antrag der A. GmbH auf teilweise Zulassung einer anderen Sprache als Verfahrenssprache zurückzuweisen.
(Unterschrift)
Rechtsanwalt

c) Antrag auf vertrauliche Behandlung
51 An das
Gericht der Europäischen Union
– Kanzlei des Gerichts –
Rue du Fort Niedergrünewald
L – 2925 Luxemburg
Antrag auf vertrauliche Behandlung
nach Art. 144 Abs. 2 der Verfahrensordnung des EuG
In dem Rechtsstreit T-000/00
D SA/Kommission
Gegenstand: Aufhebung der Entscheidung der Kommission vom …, ABl. C … vom …, betreffend die Genehmigung der an die A-GmbH gewährten Beihilfe …
beantragt die Klägerin, folgende in der Klageschrift enthaltenen Angaben und folgende Anlagen zur Klageschrift von der Übermittlung an die Streithelferin auszunehmen:
1. Die Angaben zum Umsatz der Klägerin in → Rn. x der Klageschrift;
2. Den als Anlage y zur Klageschrift eingereichten Vertrag (genaue Bezeichnung);
3. Die Seiten 6–8 des als Anlage zur Klageschrift eingereichten Gutachtens;
4. etc
Begründung:
1 Die Klageschrift und die im Antrag genannten Unterlagen enthalten Geschäftsgeheimnisse der Klägerin, die der mit der Klägerin konkurrierenden A. GmbH nicht zugänglich gemacht werden dürfen.
2 Im Einzelnen: …
3 Eine nicht vertrauliche Fassung der Klageschrift und der Anlagen ist beigefügt.
4 Die Klägerin beantragt daher, gem. Art. 144 Abs. 5 und 7 der Verfahrensordnung die vorstehend aufgeführten Angaben und Unterlagen von der Übermittlung an die Streithelferin auszunehmen.
(Unterschrift)
Rechtsanwalt

---

[177] Dieser Schriftsatz ist in der Verfahrenssprache einzureichen.

C. Vorabentscheidungsverfahren

Am nicht streitigen Vorabentscheidungsverfahren vor dem EuGH ist beteiligt, wer das ihm **52** nach Art. 23 Abs. 2 EuGH-Satzung[178] zustehende Äußerungsrecht wahrnimmt. Äußerungsberechtigt sind zunächst die Verfahrensbeteiligten des nationalen Ausgangsrechtsstreits, und zwar sowohl die Hauptparteien als auch Drittbeteiligte, wie Beigeladene oder nach nationalem Recht zugelassene Streithelfer, Nebenkläger in Strafverfahren oder der Vertreter des öffentlichen Interesses. Wer zu den Beteiligten des nationalen Rechtsstreits gehört, bestimmt das nationale Recht.[179] Zugleich steht allen Mitgliedstaaten und der Kommission ein Äußerungsrecht zu, welches ihnen sowohl die Unterstützung des EuGH bei der Entscheidungsfindung im Sinne eines *amicus curiae* erlaubt als auch der Wahrnehmung eigener Interessen dienen kann. Andere Unionsorgane haben ein solches Äußerungsrecht in allen Fällen, in denen die Vorlage die Auslegung oder die Gültigkeit eines Rechtsaktes betrifft, der von diesen Organen erlassen wurde. Darüber hinaus können sich in Vorabentscheidungsverfahren nach Art. 267 AEUV die Vertragsstaaten des EWR, die nicht Mitgliedstaaten sind, und die EFTA-Überwachungsbehörde zu allen Vorlagen äußern, die einen der Anwendungsbereiche des EWR-Vertrages betreffen. Ferner kann ein vom Rat mit einem oder mehreren Drittstaaten geschlossenes Abkommen vorsehen, dass diese Drittstaaten in Vorabentscheidungsverfahren Stellung nehmen können, sofern die Vorlage den Anwendungsbereich dieses Abkommens betrifft.[180]

Andere als die in Art. 23 EuGH-Satzung genannten Personen und Organe können sich **53** am Vorabentscheidungsverfahren nicht beteiligen. Interessierte Dritte können weder beigeladen werden, noch als Streithelfer beitreten, noch als *„amicus curiae"* eine Stellungnahme abgeben. Auch das vorlegende Gericht hat von sich aus keine Möglichkeit, über den Inhalt der Vorlage hinaus eine eigene Stellungnahme abzugeben. Nach Art. 101 EuGHVfO kann aber der Gerichtshof nach Anhörung des Generalanwalts das vorlegende Gericht um Klarstellungen ersuchen. Darüber hinaus kann der EuGH nach Art. 24 Abs. 2 EuGH-Satzung von Mitgliedstaaten oder Organen, denen kein Äußerungsrecht zusteht oder die von sich aus keine Stellungnahme abgegeben haben, Auskünfte verlangen und sie auf diese Weise in das Verfahren einbeziehen.[181]

Für die Vertretung der Verfahrensbeteiligten gilt zwar auch im Vorabentscheidungsverfahren **54** grundsätzlich Art. 19 EuGH-Satzung, doch ist nach Art. 97 Abs. 3 EuGHVfO den nationalen Verfahrensvorschriften über die Prozessvertretung Rechnung zu tragen. Das heißt, dass sich die Vertretung der Verfahrensbeteiligten vor dem EuGH grundsätzlich nach

---

[178] Vgl. auch Art. 96 Abs. 1 EuGHVfO.
[179] Art. 97 Abs. 1 EuGHVfO bestimmt, dass Parteien des Ausgangsverfahrens diejenigen sind, die vom vorlegenden Gericht gemäß den nationalen Verfahrensvorschriften als solche bezeichnet werden. Wird im Ausgangsrechtsstreit während der Anhängigkeit des Vorlageverfahrens eine neue Partei zugelassen, muss diese das Verfahren in der Lage annehmen, in der es sich in dem Zeitpunkt befindet, in dem das nationale Gericht den EuGH von der Zulassung unterrichtet (Art. 97 Abs. 2 EuGHVfO).
[180] Ein Äußerungsrecht der Schweiz sehen beispielshalber vor:
Art. 5 Abs. 2 des Abkommens zwischen der Europäischen Gemeinschaft und der Schweizerischen Eidgenossenschaft über die Kriterien und Verfahren zur Bestimmung des zuständigen Staates für die Prüfung eines in einem Mitgliedstaat oder in der Schweiz gestellten Asylantrags (ABl. 2008 L 53, 5),
Art. 8 Abs. 2 des Abkommens zwischen der Europäischen Union, der Europäischen Gemeinschaft und der Schweizerischen Eidgenossenschaft über die Assoziierung dieses Staates bei der Umsetzung, Anwendung und Entwicklung des Schengen-Besitzstands (ABl. 2008 L 53, 52),
Art. 2 des Protokolls Nr. 2 zum Übereinkommen über die gerichtliche Zuständigkeit und die Anerkennung und Vollstreckung von Entscheidungen in Zivil- und Handelssachen (ABl. 2007 L 339, 3).
[181] ZB EuGH 23.32023 – C-470/21, ECLI:EU:C:2023:256 Rn. 5 – La Quadrature du Net ua (Données personnelles et lutte contre la contrefaçon) (Beiladung des Europäischen Datenschutzbeauftragten und der Agentur der Europäischen Union für Cybersicherheit (ENISA); EuGH 22.11.2022 – C-37/20 und C-601/20, ECLI:EU:C:2022:912 – Luxembourg Business Registers (Beiladung des Europäischen Datenschutzbeauftragten); EuGH 21.6.2022 – C-817/19, ECLI:EU:C:2022:491 – Ligue des droits humains (Beiladung des Europäischen Datenschutzbeauftragten und der Rechte-Agentur der EU); EuGH 12.11.2015 – C-439/13 P, ECLI:EU:C:2015:753 Rn. 32 – Elitaliana/Eulex Kosovo (Beiladung der Kommission und des Rates).

denselben Regeln richtet wie vor dem vorlegenden Gericht. Daher können auch die vom nationalen Verfahrensrecht evtl. zugelassenen Prozessvertreter wie Steuerberater, Wirtschaftsprüfer, Patentanwälte oder Gewerkschaftsfunktionäre – anders als im Direktklageverfahren oder im Rechtsmittelverfahren – die Verfahrensbeteiligten vor dem Gerichtshof vertreten.[182] Wenn sie vor dem vorlegenden Gericht postulationsfähig sind, können die Parteien auch vor dem Gerichtshof selbst handeln.[183]

D. Gutachtenverfahren

55 Die Beteiligung am Gutachtenverfahren nach Art. 218 Abs. 11 AEUV regelt Art. 196 EuGHVfO. Demnach ist eine Beteiligung am Gutachtenverfahren den Mitgliedstaaten, dem Parlament, dem Rat und der Kommission vorbehalten, die zu einem Gutachtenantrag Stellung nehmen können. Dies entspricht ebenfalls dem Kreis der möglichen Antragsteller. Auch im Gutachtenverfahren gilt für die Vertretung Art. 19 EuGH-Satzung.

---

[182] Artikel 47 EuGHVfO; siehe auch Dauses EU-WirtschaftsR-HdB/Dauses Abschn. P IV Rn. 107; sa EuGH 5.10.1988 – 357/87, ECLI:EU:C:1988:478 = BeckRS 2004, 70957 – Schmid.
[183] Vgl. EuGH 5.7.1984 – 238/83, ECLI:EU:C:1984:250 = BeckRS 2004, 72530 – Meade; GA La Pergola 6.2.1997 – SchlA C-299/95, ECLI:EU:C:1997:58 = BeckRS 2004, 76129 – Kremzow; Klinke Gerichtshof Rn. 106 mwN.

§ 20 Das schriftliche Verfahren

Übersicht

	Rn.
A. Vorbemerkung	1
B. Einreichung und Zustellung von Schriftstücken via e-Curia	3
C. Allgemeine Anforderungen an die Schriftsätze	7
D. Behandlung neu eingehender Rechtssachen	13
I. Eintragung in das Register, Aktenzeichen	13
II. Veröffentlichung im Amtsblatt	15
III. Geschäftsverteilung	16
E. Das schriftliche Verfahren in Klageverfahren	21
I. Klageerhebung	21
1. Form und Inhalt der Klageschrift	21
2. Klagenhäufung	27
3. Widerklage	32
4. Rechtshängigkeit	33
5. Klageänderung	35
6. Zustellung der Klage	43
II. Die weiteren Schriftsätze der Parteien im Klageverfahren	44
III. Muster einer Klageschrift	47
F. Abschluss des schriftlichen Verfahrens und Vorbericht	48
G. Sonstiges	49
I. Die Verbindung von Verfahren	49
II. Aussetzung	52

Schrifttum:

Dauses/Henkel, Verfahrenskonkurrenzen bei gleichzeitiger Anhängigkeit verwandter Rechtssachen vor dem EuGH und dem EuG, EuZW 1999, 325 ff.; Hakenberg/Seyr, Verfahren vor dem Gerichtshof der EU, 4. Aufl. 2020; Klinke, Quelques réflexions à propos de la relation entre la Cour de justice et le Tribunal de première instance des Communautés européennes, Revue des Affaires Européennes, 2000, 239 ff.; Lenaerts/Maselis/Gutman, EU Procedural Law, 2014; Schmid, Der EuGH und das Recht auf ein Verfahren vor dem geschäftsverteilungsmäßigen Spruchkörper, ZÖR 2015, 541; Seyr, Der verfahrensrechtliche Ablauf vor dem EuGH am Beispiel der Rechtssache „Prosciutto di Parma", JuS 2005, 315 ff.; Skouris, Höchste Gerichte an ihren Grenzen: Bemerkungen aus der Perspektive des Gerichtshofes der Europäischen Gemeinschaften, in Die Ordnung der Freiheit, FS für Christian Starck zum 70. Geburtstag, 2007.

A. Vorbemerkung

Das in den Art. 20 ff. EuGH-Satzung vorgesehene schriftliche Verfahren dient dazu, den **1** Verfahrensgegenstand zu definieren. Die jeweils zuständige Instanz soll umfassend über den entscheidungserheblichen Sachverhalt, die Anträge der Beteiligten, ihre Angriffs- und Verteidigungsgründe und ihre Argumente informiert werden. Hinsichtlich des Ablaufs des schriftlichen Verfahrens bestehen zwischen den verschiedenen Verfahrensarten Unterschiede. Die Vorschriften der EuGVfO über das schriftliche Verfahren beziehen sich in erster Linie auf die Klageverfahren (näher → Rn. 21 ff.), die EuGHVfO enthält hingegen in ihren Art. 57 f. unter der Überschrift „Schriftliches Verfahren" allgemeine Regeln, die für alle Verfahrensarten gelten. Daneben bestehen in den Verfahrensordnungen von EuG und EuGH Sonderbestimmungen für das schriftliche Verfahren in bestimmten Materien und Verfahrensarten.[1] Für das Rechtsmittelverfahren beim EuGH gelten neben den allgemeinen Bestimmungen die Art. 167 ff. EuGHVfO (näher → § 25). Hinsichtlich der allgemeinen Anforderungen an die Schriftsätze (dazu → Rn. 7 ff.) und bei der Behandlung der Verfahren durch den EuGH und das EuG bestehen Gemeinsamkeiten.

---

[1] Siehe zB Art. 177 ff. EuGVfO für Rechtsstreitigkeiten betr. die Rechte des geistigen Eigentums oder Art. 122 Abs. 2 EuGHVfO.

2   Der EuGH hat auf der Grundlage von Art. 208 EuGHVfO **„Praktische Anweisungen für die Parteien in den Rechtssachen vor dem Gerichtshof"**[2] erlassen, die ua die Bestimmungen der EuGHVfO zum schriftlichen Verfahren ergänzen und Erläuterungen zu dessen Ablauf sowie detaillierte formale Vorgaben für die einzureichenden Schriftstücke enthalten. Auch die Bestimmungen der EuGVfO über das schriftliche Verfahren werden durch die vom EuG auf der Grundlage von Art. 224 EuGVfO erlassenen **Praktischen Durchführungsbestimmungen zur Verfahrensordnung des Gerichts**[3] ergänzt und erläutert. Darüber hinaus stellen die Kanzleien der Gerichte weitere Informationen und Arbeitsbehelfe bereit. Hervorzuheben sind insoweit die **„Merkliste Klageschrift"**, die **„Muster einer Klageschrift"** (jeweils für Klageverfahren betreffend Rechtssachen des geistigen Eigentums und für andere Klageverfahren) sowie das **„Muster der Zusammenfassung der in der Klageschrift geltend gemachten Klagegründe und wesentlichen Argumente"**. Diese Arbeitsbehelfe sollen es den Vertretern der Parteien erleichtern, ihre Ausführungen in einer Form zu präsentieren, die der Arbeitsweise des Gerichts entspricht und die damit zu einem schnellen und effizienten Verfahrensablauf beiträgt. Die jeweils aktuelle Fassung aller dieser Texte findet sich auf der Website des EuGH.[4]

B. Einreichung und Zustellung von Schriftstücken via e-Curia

3   Für Bevollmächtigte und Anwälte[5] besteht die Möglichkeit, mittels der von EuGH und EuG gemeinsam betriebenen **EDV-Anwendung „e-Curia"** Verfahrensschriftstücke auf elektronischem Weg einzureichen und Zustellungen entgegenzunehmen. Zudem ist über e-Curia die Einsichtnahme in diese Schriftstücke möglich. Die Modalitäten der Eröffnung eines Benutzerkontos bei e-Curia sind in den auf der Website des EuGH abrufbaren „Voraussetzungen für die Nutzung der Anwendung e-Curia" beschrieben, die von den Kanzlern der beiden Gerichte gemeinsam festgelegt wurden. Unter https://curia.europa.eu/jcms/upload/docs/application/pdf/2018-11/e-curia_guide_de.pdf kann überdies online ein hilfreiches e-Curia Benutzerhandbuch abgerufen werden. Nähere Bestimmungen, insbes. zu den mit der Nutzung von e-Curia verbundenen Verfahrensbesonderheiten, sind zum einen im **Beschluss des Gerichtshofs vom 16. Oktober 2018 über die Einreichung und die Zustellung von Verfahrensschriftstücken im Wege der Anwendung e-Curia**[6] (EuGH) sowie im **Beschluss des Gerichts vom 11. Juli 2018 über die Einreichung und die Zustellung von Verfahrensschriftstücken im Wege der Anwendung e-Curia**[7] (EuG) geregelt.

4   Die Verwendung von e-Curia ist im Verfahren vor dem **EuG zwingend** angeordnet (Art. 56a Abs. 1, Art. 72 Abs. 1 EuGVfO).[8] Im schriftlichen Verfahren vor dem EuGH ist dies bislang nicht der Fall, jedoch wird die Nutzung von e-Curia empfohlen; in der Praxis stellt auch beim EuGH der elektronische Dokumentaustausch bereits den Regelfall dar. Hat ein Vertreter die Eröffnung eines Kontos im normalen Verfahren nicht rechtzeitig vor Ablauf einer für die Einreichung eines Schriftstücks in einem Verfahren vor dem Gericht gesetzten Frist erledigt, kann er nach einem „speziellen Verfahren" sehr rasch **vorläufig**

---

[2]   ABl. 2020 L 42 I, 1.
[3]   ABl. 2015 L 152, 1, zuletzt geändert durch ABl. 2023 L 73, 58.
[4]   Unter https://curia.europa.eu/jcms/jcms/Jo2_7031/de/ (EuGH) und https://curia.europa.eu/jcms/jcms/Jo2_7040/de/ (EuG).
[5]   Im Vorabentscheidungsverfahren vor dem EuGH auch für die in Art. 97 Abs. 3 EuGHVfO genannten Parteienvertreter, vgl. Nr. 7 der „Voraussetzungen für die Nutzung der Anwendung e-Curia", abrufbar auf der Website des EuGH (→ Fn. 5).
[6]   ABl. 2018 L 293, 36.
[7]   ABl. 2018 L 240, 72.
[8]   Art. 56a Abs. 1 und Art. 72 Abs. 1 EuGVfO enthalten Ausnahmen insbes. betreffend die Zustellung der Klageschrift an Personen ohne Benutzerkonto bei e-Curia sowie das Verfahren über die Gewährung von Prozesskostenhilfe, Art. 56a Abs. 4 regelt die Einreichung fristgebundener Schriftstücke vor abgeschlossener Anlage eines Zugangskontos.

ein Konto eröffnen, um die Einreichung innerhalb der Frist durchzuführen. Bei diesem Verfahren ist unbedingt darauf zu achten, dass die für die endgültige Einrichtung des Benutzerkontos erforderlichen Originalunterlagen binnen zehn Tagen in der Kanzlei des Gerichts einlagen.[9]

Parteienvertreter können die Eröffnung von Zugangskonten zu e-Curia auch für ihre **5** Assistenten beantragen. Assistenten mit einem solchen Zugangskonto sind befugt, wirksam Zustellungen entgegenzunehmen – und damit den Lauf von Verfahrensfristen in Gang zu setzen –, Einsicht in die über e-Curia eingereichten oder zugestellten Verfahrensschriftstücke zu nehmen und die Einreichung von Schriftstücken vorzubereiten. Ein Verfahrensschriftstück gilt jedoch nur als über e-Curia eingereicht, wenn für die Einreichung die Benutzerkennung und das Passwort des **Vertreters** selbst (und nicht des Assistenten) verwendet worden sind. Über e-Curia eingereichte Verfahrensschriftstücke gelten zu dem Zeitpunkt als beim EuGH oder EuG **eingegangen,** zu dem die Einreichung des Schriftstücks durch den Vertreter der Partei in der Anwendung e-Curia **validiert** wird, wobei die Ortszeit des Großherzogtums Luxemburg maßgebend ist.[10] Die **Entgegenahme der Zustellung** eines Verfahrensschriftstücks gilt hingegen zu dem Zeitpunkt als erfolgt, zu dem der Vertreter oder dessen Assistent darauf via e-Curia **zugreift.** Wird auf das Schriftstück nicht zugegriffen, gilt es mit Ablauf des siebten Tages nach Übersendung einer von der Gerichts-Kanzlei versandten Benachrichtigungs-E-Mail als zugestellt.[11]

Art. 7 Beschluss e-Curia (EuG) enthält Regeln für den Fall der **technischen Unmög-** **6** **lichkeit** der Einreichung eines Schriftstücks über e-Curia. Danach ist zur **Fristenwahrung** jedenfalls unverzüglich die Kanzlei des Gerichts per E-Mail oder Telefax vom technischen Hindernis zu verständigen und das einzureichende Verfahrensschriftstück in anderer geeigneter Weise zu übermitteln. Danach muss das Schriftstück **erneut über e-Curia eingereicht** werden, sobald die Nutzung der Anwendung technisch wieder möglich ist. Ob die Einreichung auf diese Art fristwahrende Wirkung hatte, wird je nach Fall vom Spruchkörper oder dem (Kammer-)Präsidenten im Einzelfall entschieden. Für den Fall, dass ein vorzulegendes Dokument schon seiner Art nach nicht für eine Übermittlung via e-Curia geeignet ist, enthält Art. 72 Abs. 4 EuGVfO eine Regelung.[12] Auch Art. 6 Abs. 3 Beschluss e-Curia (EuGH) bestimmt, dass Verfahrensschriftstücke auf eine andere in der Verfahrensordnung vorgesehene Übermittlungsart **zugestellt** werden können, wenn dies aufgrund des **Umfangs** oder der **Art des Schriftstücks** geboten ist oder sich die Nutzung von e-Curia als technisch unmöglich erweist (vgl. auch Art. 48 Abs. 3 EuGHVfO). Für technische Probleme bei der **Einreichung** von Schriftstücken via e-Curia halten die EuGHVfO und der Beschluss e-Curia (EuGH) hingegen keine ausdrücklichen Regeln vor.

C. Allgemeine Anforderungen an die Schriftsätze

Nach Art. 57 Abs. 1 EuGHVfO muss das Original jedes Verfahrensschriftstücks vom **7** Bevollmächtigten oder Anwalt der Partei, also einer postulationsfähigen Person, **handschriftlich unterzeichnet** sein.[13] Durch Verfahrensschriftstücke, die dieses Erfordernis nicht erfüllen, können grundsätzlich keine wirksamen Prozesshandlungen vorgenommen werden. Die Möglichkeit, Verfahrensschriftstücke fristwahrend durch Telefax oder sonstige

---

[9] ZB Voraussetzungen für die Nutzung der Anwendung e-Curia, Nr. 13.
[10] Art. 5 des Beschlusses e-Curia (EuG), Art. 5 Beschl. e-Curia (EuGH).
[11] Art. 6 Abs. 3 des Beschlusses e-Curia (EuG); Art. 7 Abs. 2 des Beschlusses e-Curia (EuGH). Zur Entkräftung dieser Zustellungsfiktion muss das Vorliegen einer Betriebsstörung nachgewiesen werden (EuGH 6.5.2021 – C-539/20 P, ECLI:EU:C:2021:361 Rn. 18 = EuZW 2021, 815 – Hochmann Marketing/Kommission).
[12] Übermittlung der Anlage samt je einem weiteren Exemplar für jede Verfahrenspartei entweder auf dem Postweg oder durch direkte Übergabe an die Kanzlei. Die Übereinstimmung der weiteren Exemplare mit dem Original ist von der Partei, die sie einreicht, zu bestätigen.
[13] Näher zu diesem Erfordernis zB EuG T-43/16, ECLI:EU:T:2016:402 Rn. 18 ff. = BeckEuRS 2016, 509450 – 1&1 Telecom/Kommission.

technische Kommunikationsmittel, insbes. per E-Mail, zu übermitteln (Art. 57 Abs. 7 EuGHVfO) (dazu auch → Rn. 21), ändert daran nichts. Erforderlich ist nämlich in diesem Fall die Übermittlung einer Kopie des unterzeichneten Originals, dessen Existenz somit vorausgesetzt wird. Dieses unveränderte Original muss jedoch, um die Frist zu wahren, spätestens zehn Tage nach der Einreichung per Fax oder E-Mail bei der Kanzlei eingehen,[14] wobei das Original in der Zwischenzeit nicht verändert werden darf. Für über **e-Curia** eingereichte Verfahrensschriftstücke gilt hingegen **kein Unterschriftserfordernis,** da der erforderliche Identifizierungsvorgang (Verwendung von Benutzerkennung und Passwort) die Unterzeichnung des betreffenden Schriftstücks ersetzt.[15]

8 Jedes Verfahrensschriftstück muss mit einem **Datum** versehen sein. Für die Wahrung von Fristen (zB die Verjährungsfrist nach Art. 46 EuGH-Satzung) kommt es allerdings nicht auf das im Schriftstück angegebene Datum an, sondern auf seinen **Eingang** bei der Kanzlei (Art. 57 Abs. 6 EuGHVfO).[16]

9 Um die elektronische Verwaltung der Verfahrensdokumente zu ermöglichen, haben die Gerichte in den Praktischen Anweisungen für die Parteien in den Rechtssachen vor dem Gerichtshof (EuGH) bzw. den Praktischen Durchführungsbestimmungen zur Verfahrensordnung des Gerichts (EuG) genaue Anforderungen an die **äußere Form der Schriftsätze** aufgestellt, die zB die Formalangaben auf der ersten Seite des Schriftsatzes, aber auch das Papierformat, Schrifttypen und -größen, Seitenzählung, Nummerierung der Absätze uä betreffen.[17] Diese formalen Vorgaben sind zwar nach der Rspr. des EuGH nicht verbindlich,[18] ihre Nichtbeachtung kann jedoch zu Mängelbehebungsaufforderungen durch die Kanzlei unter Setzung einer oft kurzen Frist führen. Sofern im Schriftsatz auf andere Dokumente Bezug genommen wird und sie zum Beweis oder zur Erläuterung seines Inhalts erforderlich sind, sind sie ihm als **Anlagen** beizufügen. Das kann im Verfahren vor dem EuGH bei umfangreichen Schriftstücken auch auszugsweise geschehen, doch ist in diesem Fall das ganze Dokument oder eine vollständige Abschrift bei der Kanzlei zu hinterlegen.[19] Ferner ist dem Schriftsatz zwingend ein **Verzeichnis aller Anlagen** beizufügen (Art. 57 Abs. 4 EuGHVfO, Art. 72 Abs. 3 EuGVfO). Auch für die Gestaltung von Anlagen und Anlagenverzeichnis enthalten die Praktischen Anweisungen genaue und umfangreiche Vorgaben.[20]

10 Zur Erleichterung und Beschleunigung des Geschäftsgangs verlangt die EuGHVfO, dass die Verfahrensbeteiligten mit jedem Schriftsatz **fünf Kopien** für das jeweils befasste Gericht sowie **je eine Kopie** für alle anderen am Rechtsstreit beteiligten **Parteien** einreichen. Ihre Übereinstimmung mit dem Original muss von der Partei (dh von ihrem Prozessbevollmächtigten) beglaubigt werden.[21] Dieses Erfordernis **entfällt** jedoch bei der mittlerweile auch beim EuGH den Regelfall darstellenden Einreichung über **e-Curia**. Die Unionsorgane müssen außerdem Übersetzungen ihrer Schriftsätze in die Arbeitssprache des Gerichtshofs bzw. des Gerichts (Französisch) vorlegen (vgl. Art. 57 Abs. 3 EuGHVfO, Art. 72 Abs. 5 EuGVfO, die allgemeiner eine Verpflichtung zur Vorlage von Übersetzungen in „den Amtssprachen" der Union vorsehen).

---

14 Siehe dazu zB EuGH 22.9.2011 – C-426/10 P, ECLI:EU:C:2011:612 Rn. 32 ff. = GRUR-Int. 2012, 240 – Bell & Ross/HABM; zur (abgelehnten) Wiedereinsetzung bei verzögertem Postlauf EuGH 19.6.2019 – C-660/17 P, ECLI:EU:C:2019:509 Rn. 39 = BeckRS 2019, 11619 – RF/Kommission.
15 Art. 3 des Beschlusses e-Curia (EuGH) und Art. 3 des Beschlusses e-Curia (EuG).
16 Zum Zeitpunkt des Eingangs bei Einreichung über e-Curia siehe → Rn. 5.
17 Siehe im Einzelnen EuGH, Praktische Anweisungen, Nr. 39 ff., EuG, Praktische Durchführungsbestimmungen, Nr. 80 ff.
18 Hakenberg/Seyr Verfahren Rn. 299 unter Hinweis auf EuGH 30.4.2010 – C-113/09 P (R), ECLI:EU: C:2010:242 – Ziegler/Kommission Rn. 33.
19 Art. 57 Abs. 5 EuGHVfO. Die entsprechende Bestimmung in Art. 72 Abs. 5 EuGVfO (alt) wurde hingegen ersatzlos gestrichen.
20 EuGH, Praktische Anweisungen Nr. 40, 44; EuG, Praktische Durchführungsbestimmungen Nr. 82–87.
21 Art. 57 Abs. 2 EuGHVfO; die Beglaubigung erfolgt herkömmlich durch einen paraphierten Vermerk auf der ersten Seite der Kopie.

Von einzelnen, besonders gravierenden Mängeln abgesehen (so insbes. das Erfordernis **11**
der Unterschrift eines Rechtsanwalts auf der Klageschrift[22]) handelt es sich bei den dargestellten Formalanforderungen in der Praxis[23] oft um Ordnungsvorschriften, da ihre Verletzung **heilbar** ist und nur dann zum Rechtsverlust führen wird, wenn die Partei eine ggf. vom Kanzler gesetzte Frist zur Behebung des Mangels ungenutzt verstreichen lässt. Ein solches Mängelbehebungsverfahren ist in vielen Bestimmungen ausdrücklich angeordnet.[24] Die Folgen der Nichtbehebung der Mängel bzw. der Nichtbefolgung entsprechender Aufforderungen des Kanzlers sind hingegen mitunter schwer vorhersehbar, da darüber jeweils im Einzelfall der Spruchkörper (EuG) oder der Präsident (EuGH) zu entscheiden hat.[25]

Bei der **Formulierung** aller Schriftsätze ist es wichtig, sich kurz zu fassen[26] und eines **12**
einfachen und unmissverständlichen Stils zu bedienen. Bei der Übersetzung der Schriftsätze in die Arbeitssprache, die stets unter Zeitdruck stattfindet, können sprachliche Finessen nicht immer getreu wiedergegeben werden, während leicht missverstehende Ausführungen die Gefahr unrichtiger Übersetzung erhöhen. Zudem gelten im Verfahren vor dem EuG und dem EuGH **Höchstgrenzen** für die **Länge der Schriftsätze.**[27] Eine Überschreitung dieser Höchstgrenzen kann zu einem Auftrag zur **Mängebehebung** führen,[28] aber auch **Gebühren- und Kostenfolgen** haben.[29]

D. Behandlung neu eingehender Rechtssachen

I. Eintragung in das Register, Aktenzeichen

Das schriftliche Verfahren beginnt mit der Klageerhebung durch Einreichung der Kla- **13**
geschrift beim EuGH oder EuG (Art. 21, 22 EuGH-Satzung) oder mit der Übersendung des Vorlagebeschlusses durch das nationale Gericht (Art. 23 EuGH-Satzung). Das Verfahren wird vom Kanzler des jeweils zuständigen Gerichts überwacht und formal begleitet. Jede Rechtssache wird nach Eingang des verfahrenseinleitenden Schriftstücks in das **Register** des Gerichtshofs eingetragen und mit einem Aktenzeichen (auch Rechtssachennummer genannt) versehen.

Der erste Buchstabe des **Aktenzeichens** gibt an, ob es sich um ein Verfahren vor dem **14**
EuGH (**C** [*Cour*]) oder dem EuG (**T** [*Tribunal*]) handelt. Daran schließt sich die laufende Nummer der Rechtssache und (zweistellig) das Eingangsjahr an. Grundsätzlich werden alle im Laufe eines Jahres eingehenden Verfahren ohne Rücksicht auf die Verfahrensart durchgezählt, ausgenommen bestimmte Sonderverfahren.[30] Annexverfahren (wie Anträge auf

---

[22] Oder – praktisch bedeutsamer – auf dem Formular des Antrags auf Eröffnung eines e-Curia-Kontos, wenn eine Klage beim EuG vor endgültiger Einrichtung des Benutzerkontos eingereicht werden soll, siehe EuG 16.7.2020 – T-309/20, ECLI:EU:T:2020:356 Rn. 9 f. = GRUR-RS 2020, 16854 – TRAVELNETTO.
[23] Pechstein EUProzR Rn. 139.
[24] Vgl. Art. 122 Abs. 3, Art. 168 Abs. 4 EuGHVfO; Art. 78 Abs. 6 EuGVfO. Anhänge 1 bis 3 EuG, Praktische Durchführungsbestimmungen, enthalten überdies Angaben zu den Auswirkungen einzelner Mängel und ihrer Behebung auf den weiteren Verfahrensablauf.
[25] Hakenberg/Seyr Verfahren Rn. 354.
[26] Siehe zB EuGH, Praktische Anweisungen, Nr. 42.
[27] EuGH, Praktische Anweisungen, Nr. 12–14, 16, 17, 21, 26, 29, 34 und 35 (zB Klageschrift 30 Seiten, schriftliche Erklärungen im Vorabentscheidungsverfahren 20 Seiten); EuG, Praktische Durchführungsbestimmungen, Nr. 105 ff. (zB 50 Seiten für Klage und Klagebeantwortung, Erwiderung und Gegenerwiderung 25 Seiten; nach Nr. 104a werden das Anlagenverzeichnis und ein etwaiges Inhaltsverzeichnis bei der Bestimmung der maximalen Seitenzahl eines Schriftsatzes nicht berücksichtigt).
[28] EuGH, Praktische Anweisungen, Nr. 45; Art. 75 Abs. 2 EuGVfO; EuG, Praktische Durchführungsbestimmungen, Nr. 109 ff.
[29] Gebührenfolgen sieht Art. 139 Buchst. c EuGVfO vor. Überlange Schriftsätze können überdies zu „vermeidbaren Kosten" führen, deren Ersatz die Partei, die sie veranlasst hat, aufgetragen werden kann (Art. 139 Buchst. a EuGVfO; Art. 143 Buchst. a EuGHVfO, vgl. zB EuG 13.12.2012 – verb. Rs. T-197/11 P, T-198/11 P, ECLI:EU:T:2012:690 Rn. 283 = BeckRS 2012, 82650 – Kommission/Strack; zu Kostenfolgen bei unrichtigen Angaben in Schriftsätzen vgl. EuG 12.12.2014 – T-551/08, ECLI:EU:T:2014:1081 Rn. 352 = BeckRS 2014, 82683 – H&R ChemPharm/Kommission).
[30] ZB Gutachten nach Art. 218 Abs. 11 AEUV.

vorläufigen Rechtsschutz oder auf Zulassung als Streithelfer, Wiederaufnahme des Verfahrens, Kostenfestsetzung usw) erhalten die gleiche Rechtssachennummer wie das Hauptsacheverfahren mit einem die Verfahrensart kennzeichnenden Zusatz. Rechtsmittel gegen Entscheidungen des EuG werden dadurch gekennzeichnet, dass dem Aktenzeichen des EuGH der Buchstabe **P** (*pourvoi*, dh Rechtsmittel) angefügt wird. Wird ein Urteil des EuG vom EuGH aufgehoben und der Rechtsstreit an das Gericht zurückverwiesen, so behält dieser das ursprüngliche Aktenzeichen des EuG mit einem nachgestellten Zusatz.[31]

II. Veröffentlichung im Amtsblatt

15 Über jede neue Rechtssache wird eine **Mitteilung im Amtsblatt C** der EU veröffentlicht,[32] die ua das Aktenzeichen und das Datum des Eingangs bei Gericht angibt. Bei Klageverfahren enthält die Mitteilung die Bezeichnung des Streitgegenstandes, die Anträge und eine Zusammenfassung der wesentlichen Klagegründe und Argumente des Klägers. Bei Vorabentscheidungsersuchen werden die vorgelegten Fragen wiedergegeben. Hierdurch erhalten die Mitgliedstaaten sowie die Öffentlichkeit Gelegenheit, sich über anhängige Verfahren zu informieren. In Klageverfahren erlaubt die Veröffentlichung interessierten Dritten insbes., zu entscheiden, ob sie dem Rechtsstreit als Streithelfer beitreten wollen (näher zur Streithilfe → § 19).

III. Geschäftsverteilung

16 Die Regeln über die Zuweisung von Rechtssachen an Kammern und die Bestimmung des Berichterstatters sowie des Generalanwaltes sind je nach Gericht unterschiedlich. Beim **EuGH** bestimmt der **Präsident** nach Eingang des verfahrenseinleitenden Schriftstücks so bald wie möglich den **Berichterstatter** für die Rechtssache (Art. 15 Abs. 1 EuGHVfO). Dieser betreut das Verfahren federführend. Trotz (oder gerade wegen) seiner wichtigen Rolle im Verfahren wird vor Abschluss des schriftlichen Verfahrens die Person des Berichterstatters weder den Parteien noch Dritten offenbart. In seinem **Vorbericht** erstattet er ua Vorschläge zu der Frage, ob besondere prozessleitende Maßnahmen, eine Beweisaufnahme oder ggf. ein Klarstellungsersuchen an das vorlegende Gericht erforderlich sind, sowie dazu, an welchen Spruchkörper die Rechtssache verwiesen werden soll. Die Entscheidung über diese Vorschläge trifft das Plenum. Der danach zuständige Spruchkörper kann jederzeit die Verweisung des Rechtsstreits an einen größeren Spruchkörper anregen (Art. 60 Abs. 3 EuGHVfO).

17 Eine Zuweisung der Rechtssachen nach bestimmten Sachgebieten findet normalerweise nicht statt. Grundsätzlich kann jedem Richter für Rechtsstreitigkeiten aus den unterschiedlichsten Rechtsbereichen die Berichterstattung übertragen werden, wenn es auch gelegentlich bei einzelnen Richtern zur Bildung von Schwerpunkten kommt.[33] Bei der Verteilung der eingehenden Rechtssachen auf die Berichterstatter kann der Präsident zB die Arbeitsbelastung der einzelnen Richter, die Verfahrenssprache oder die Kenntnis einer nationalen Rechtsordnung berücksichtigen. Dabei wird nach Möglichkeit vermieden, als Berichterstatter den Richter des Mitgliedstaats zu bestimmen, aus dem der Rechtsstreit vor den Gerichtshof getragen wird.[34] Es gibt somit keinen im Voraus festgelegten Geschäftsverteilungsplan im engeren Sinne; ein Spannungsverhältnis zum Grundrecht auf einen wirksamen Rechtsbehelf und ein unparteiisches Gericht (Art. 47 GRCh bzw. Art. 6 EMRK) ergibt sich daraus nach wohl zutreffender Auffassung nicht.[35]

---

[31] EuG, Praktische Durchführungsbestimmungen, Nr. 20.
[32] Art. 21 Abs. 4 EuGHVfO, Art. 79 EuGVfO.
[33] Hakenberg/Seyr Verfahren Rn. 52.
[34] Vgl. Skouris FS Starck, 2007, 991 (998). Ein durchsetzbarer Anspruch auf die Nichtteilnahme von Richtern einer bestimmten Nationalität an der Entscheidungsfindung besteht hingegen nicht (Lenaerts/Maselis/Gutman Procedural Law Rn. 2.12.
[35] Dazu näher Schmid ZÖR 2015, 541 (545 ff.).

Für die Geschäftsverteilung unter den **Generalanwälten** ist der **Erste Generalanwalt** 18 zuständig.[36] Auch hier zeigt sich in der Praxis, dass heikle Verfahren nicht einem Generalanwalt übertragen werden, der aus einem am Verfahren beteiligten Mitgliedstaat stammt, um den Anschein der Befangenheit zu vermeiden.

Beim **EuG** werden demgegenüber neu eingehende Rechtssachen sofort einer Kammer 19 zugewiesen.[37] Die Kriterien der Verteilung zwischen den Kammern werden vom Plenum des Gerichts festgelegt und im Amtsblatt C der EG veröffentlicht.[38] Die Verteilung folgt einem Rotationssystem, das dafür sorgen soll, dass die Verfahren aus verschiedenen Rechtsgebieten gleichmäßig auf alle Kammern verteilt werden. Im Einzelfall kann der Präsident, wegen der Konnexität mehrerer Rechtssachen oder um eine ausgewogene Verteilung der Arbeitslast zu erreichen, von diesem Rotationssystem abweichen. Der Präsident der Kammer, der die Sache zugewiesen wurde, schlägt dem Präsidenten des Gerichts ein Mitglied der Kammer als Berichterstatter vor.[39] Dabei bemüht er sich um eine gleichmäßige Verteilung unterschiedlicher Arten von Rechtssachen auf die Kammermitglieder, berücksichtigt aber zugleich deren Arbeitsbelastung durch bereits anhängige Fälle und ggf. die Konnexität oder Ähnlichkeit der Verfahren. Im Verfahren vor dem EuG wirkt nur in seltenen Ausnahmefällen ein Generalanwalt mit. Er wird, wenn das Plenum des EuG seine Mitwirkung beschlossen hat, ad hoc aus den Reihen der Richter vom Präsidenten bestimmt (Art. 30 f. EuGVfO).

Den Ausschluss von Richtern und Generalanwälten von der Mitwirkung an der Erledi- 20 gung einer Rechtssache wegen möglicher **Befangenheit** regelt Art. 18 EuGH-Satzung.[40] Ausgeschlossen sind insbes. Gerichtsmitglieder, die mit dem betroffenen Verfahren bereits vor ihrer Ernennung in anderer Eigenschaft befasst waren. Art. 18 Abs. 4 EuGH-Satzung stellt klar, dass die Staatsangehörigkeit der Mitglieder des Spruchkörpers die Besorgnis der Befangenheit auf keinen Fall rechtfertigt.

E. Das schriftliche Verfahren in Klageverfahren

I. Klageerhebung

1. Form und Inhalt der Klageschrift. Die Klage ist stets **schriftlich** zu erheben. Das 21 Unionsrecht kennt keine Klageerhebung zur Niederschrift des Urkundsbeamten der Geschäftsstelle. Die wirksame Klageerhebung erfordert, dass das vom postulationsfähigen Prozessvertreter des Klägers eigenhändig unterschriebene Original der Klageschrift in der Kanzlei des EuGH oder EuG eingeht oder (wie meist der Fall) die Einreichung der als PDF-Dokument erstellten Klageschrift via e-Curia unter Verwendung der Benutzerkenndaten des Vertreters validiert wird. Maßgeblich für die Wahrung der Klagefrist ist der Zeitpunkt des **Eingangs** beim Gericht (und nicht der Zeitpunkt der Absendung) bzw. im Standardfall der Einreichung via e-Curia der Zeitpunkt der **Validierung** (dazu → Rn. 5). Bei außergewöhnlichen Verzögerungen kann uU Wiedereinsetzung in den vorigen Stand gewährt werden.[41] Die Klagefrist kann beim EuGH auch dadurch gewahrt werden, dass eine **Kopie des unterzeichneten Originals** der Klageschrift einschließlich eines Anlagenverzeichnisses mittels **E-Mail** oder **Telefax** an die Kanzlei gesandt und das Original

---

[36] Art. 16 EuGHVfO.
[37] Es existieren grundsätzlich keine fachlich spezialisierten Kammern. Diese Praxis soll insbes. bewirken, dass kein Mitgliedstaat dauerhaft von der Behandlung bestimmter Rechtsbereiche ausgeschlossen wird, vgl. Seyr JuS 2005, 315 (318). Eine eingeschränkte Spezialisierung folgt jedoch aus der Aufteilung von Beamten- und Markensachen auf jeweils vier bzw. sechs der zehn Kammern des EuG mit fünf Richtern, vgl. Kriterien für die Zuweisung der Rechtssachen an die Kammern, ABl. 2023 C 286, 2 Nr. 3 f.
[38] Art. 25 EuGVfO.
[39] Der Kammerpräsident muss sich auch selbst berücksichtigen.
[40] Näher zB Wägenbaur Satzung-EuGH Art. 18 Rn. 1 ff. mwN.
[41] Die Fristversäumnis muss auf Zufall oder höhere Gewalt zurückzuführen sein (Art. 45 Abs. 2 EuGH-Satzung), die eher restriktive Rspr. gewährt darüber hinaus auch bei Vorliegen eines „entschuldbaren Irrtums" die Wiedereinsetzung in den vorigen Stand (näher → § 27).

mit allen Anlagen spätestens **zehn Tage danach**[42] bei der Kanzlei eingereicht wird (→ Rn. 7).

22 Die Anforderungen an den **Inhalt** der Klageschrift (neben den unter → Rn. 7 ff. dargestellten allgemeinen Anforderungen an alle Schriftsätze) ergeben sich aus Art. 21, 22 der EuGH-Satzung und den ergänzenden – und nicht ganz gleichlautenden – Bestimmungen der Verfahrensordnungen (Art. 120 f. EuGHVfO, Art. 76 EuGVfO[43]). Die Klageschrift muss insbes. den Kläger[44] und seinen Wohnsitz sowie den Beklagten benennen,[45] den Streitgegenstand angeben und eine kurze Darstellung der wesentlichen Klagegründe sowie die Anträge des Klägers enthalten. Beweismittel sind grundsätzlich bereits in der Klageschrift zu bezeichnen.[46] Insgesamt muss die Klageschrift so gestaltet sein, dass sie das Klagebegehren und die wesentlichen Tatsachen und rechtlichen Gesichtspunkte, auf die sich der Kläger stützt, eindeutig erkennen lässt, so dass der Beklagte seine Verteidigung vorbereiten und der Unionsrichter über die Klage ggf. auch ohne weitere Informationen entscheiden kann. Aus Gründen der Rechtssicherheit und der ordnungsgemäßen Rechtspflege ist es außerdem erforderlich, dass die wesentlichen Tatsachen und rechtlichen Gesichtspunkte, auf denen die Klage beruht, zumindest in gedrängter Form, jedenfalls aber zusammenhängend und verständlich, aus dem Wortlaut der **Klageschrift selbst** hervorgehen. Ein bloßer Verweis auf die beigefügten Anlagen genügt also regelmäßig nicht.[47] Bei Schadensersatzklagen muss sie insbes. Angaben enthalten, die es erlauben, das dem Organ vorgeworfene Verhalten und die Gründe zu bestimmen, aus denen nach Auffassung des Klägers ein Kausalzusammenhang zwischen dem Verhalten und dem erlittenen Schaden besteht. Art und Umfang des Schadens sind zu bezeichnen.[48] Klagen oder einzelne Klageanträge, die diese Erfordernisse nicht erfüllen, etwa Anträge, die nicht hinreichend bestimmt sind,[49] oder Klagen, die statt einer Darstellung der Klagegründe nur Verweisungen auf beigefügte Schriftstücke enthalten, werden als **unzulässig abgewiesen.**[50] Die Parteien werden also nicht etwa zur Behebung dieser Mängel aufgefordert. Das EuG gibt in seinen praktischen Durchführungsbestimmungen sowie insbes. in seiner **Merkliste Klageschrift** Hinweise für den Aufbau der Klageschrift (vgl. auch das Schriftsatzmuster, → Rn. 47).[51] Im Hinblick auf die Veröffentlichung der Mitteilung über die Klage vor dem

---

[42] Diese Frist beginnt jedenfalls mit der Einreichung des Originals und nicht erst mit Ablauf der Klagefrist zu laufen, vgl. EuGH 18.1.2005 – C-325/03 P, ECLI:EU:C:2005:28 Rn. 17 f. = BeckRS 2005, 70333 – Zuazaga Meabe/HABM.

[43] Bei Klagen gegen die Entscheidungen der Beschwerdekammern des Amtes der Europäischen Union für geistiges Eigentum oder des Gemeinschaftlichen Sortenamts ist Art. 177 EuGVfO zu beachten.

[44] Vor dem EuG gem. Art. 76 lit. b EuGVfO explizit auch seinen Vertreter samt Anschrift unter Hinweis auf seine Stellung (Anwalt, Bevollmächtigter, gesetzlicher Vertreter etc.; laut Wägenbaur EuGVfO Art. 76 Rn. 10 bezieht sich die Bestimmung hingegen nicht auf Anwälte).

[45] In Verfahren über Rechte des geistigen Eigentums auch die Parteien des Verfahrens vor der Beschwerdekammer samt Zustellanschrift, vgl. Art. 177 Abs. 2 EuGVfO.

[46] Art. 120 lit. a–e EuGHVfO, Art. 76 lit. a–f EuGVfO. Ferner sind die jeweils einschlägigen praktischen Anweisungen (Durchführungsbestimmungen) der Gerichte zu beachten (EuGH, praktische Anweisungen, Nr. 13 f.; EuG, Praktische Durchführungsbestimmungen, Nr. 112 ff.).

[47] EuG 20.4.1999 – T-305/94, ECLI:EU:T:1999:80 Rn. 39 = WuW 1999, 623 – Limburgse Vinyl Maatschappij ua/Kommission; EuG 14.9.2011 – T-308/07, ECLI:EU:T:2011:466 Rn. 18 = BeckRS 2011, 81347 – Tegebauer/Parlament; EuGH 30.9.2021 – C-130/19, ECLI:EU:C:2021:782 Rn. 310 = BeckRS 2021, 31070 – Rechnungshof/Pinxten und viele andere.

[48] EuG 1.2.2001 – T-1/99, ECLI:EU:T:2001:36 Rn. 55 – T. Port/Kommission; EuG 23.9.2015 – T-206/14, ECLI:EU:T:2015:672 Rn. 60 ff. = BeckRS 2015, 81227 – Hüpeden/Rat und Kommission.

[49] EuG 11.10.2001 – C-77/99, ECLI:EU:C:2001:531 Rn. 26 = BeckRS 2004, 77780 – Kommission/Oder-Plan Architektur ua; EuG 20.9.2011 – T-267/10, ECLI:EU:T:2011:499 Rn. 17 ff. = BeckRS 2011, 81488 – Land Wien/Kommission; siehe auch EuGH 15.11.2012 – C-34/11, ECLI:EU:C:2012:712 Rn. 46 ff. = BeckRS 2012, 82439 – Kommission/Portugal.

[50] EuGH 7.3.1994 – C-338/93 P, ECLI:EU:C:1994:85 Rn. 28 f. = BeckRS 2004, 76546 – De Hoe/Kommission; EuGH 18.7.2006 – C-214/05 P, ECLI:EU:C:2006:494 Rn. 37 = NZA 2007, 887 – Rossi/HABM; EuGH 17.9.2007 – T-201/04, ECLI:EU:T:2007:289 Rn. 94 = BeckRS 2007, 70806 – Microsoft/Kommission.

[51] EuG, Praktische Durchführungsbestimmungen, Nr. 112 ff.

EuG im Amtsblatt (→ Rn. 15) sehen die praktischen Durchführungsbestimmungen zudem vor, dass der Klageschrift eine **Zusammenfassung der Klagegründe und wesentlichen Argumente** beizufügen ist, die nach einem auf der Website des EuG abrufbaren Muster erstellt und in elektronischer Form (per e-Curia) übermittelt werden soll.[52]

Mit der Klageschrift legt der Kläger – gemäß der Dispositionsmaxime – den Inhalt des Rechtsstreits weitgehend fest. Zwar kann er die in der Klageschrift vorgebrachten Klagegründe im weiteren Verlauf des Verfahrens noch mit zusätzlichen Argumenten erläutern. Die strengen **Präklusionsvorschriften** der Art. 127 EuGHVfO und Art. 84 EuGVfO schließen aber neues Vorbringen aus, das sich nicht im Rahmen der in der Klageschrift erhobenen Rügen hält, es sei denn, es stützt sich auf rechtliche oder tatsächliche Gesichtspunkte, die erst während des Verfahrens zutage getreten sind (näher → Rn. 35 ff. [Klageänderung]). Beweismittel können zwar noch im weiteren Verlauf des schriftlichen Verfahrens benannt werden, doch muss diese Verspätung begründet werden.[53] 23

Ferner ist der Kläger im Verfahren vor dem EuGH gehalten, anzugeben, wie die **Zustellungen** an ihn erfolgen sollen. Dafür ist eine Zustelladresse und ein Zustellungsbevollmächtigter zu benennen. Der Kläger kann jedoch statt der Zustellung an den Zustellungsbevollmächtigten oder auch zusätzlich die Zustellung durch Telefax oder sonstige technische Kommunikationsmittel (E-Mail) wählen.[54] An die Inhaber eines **e-Curia-Kontos** werden jedoch gem. Art. 6 Abs. 1 Beschluss e-Curia (EuGH, EuG) sowohl im Verfahren vor dem EuGH als auch beim EuG die Verfahrensschriftstücke über e-Curia zugestellt. Wird ein Verfahrensschriftstück über e-Curia zugestellt, wird der Empfänger hiervon nach Art. 7 Abs. 1 Beschluss e-Curia (EuGH) bzw. Art. 6 Abs. 2 Beschluss e-Curia (EuG) gesondert per E-Mail verständigt. 24

Der Klageschrift sind bestimmte **Unterlagen** beizufügen. So verlangt Art. 21 EuGH-Satzung, dass zusammen mit einer Nichtigkeitsklage der angefochtene Akt vorgelegt wird, während bei einer Untätigkeitsklage Unterlagen eingereicht werden müssen, aus denen sich der Zeitpunkt der Aufforderung zum Handeln nach Art. 265 Abs. 2 AEUV ergibt. Klagen aufgrund vertraglicher Schiedsklauseln (dazu → § 14) oder aufgrund von Schiedsverträgen zwischen Mitgliedstaaten (dazu → § 15) ist eine Ausfertigung der entsprechenden Vereinbarung beizufügen (Art. 122 EuGHVfO). Im Verfahren vor dem EuG müssen **juristische Personen** nach Art. 78 Abs. 4 EuGVfO ihre Rechtspersönlichkeit nachweisen.[55] Juristische Personen müssen vor dem EuG ferner die **Prozessvollmacht** ihres Anwalts vorlegen;[56] vorzulegen ist daher in der Regel die Prozessvollmacht selbst sowie der Nachweis, dass die Person, die diese Vollmacht ausgestellt hat, zeichnungsbefugt ist (was in der Regel aus dem Handelsregisterauszug hervorgehen wird).[57] Notarielle Beurkundung ist nicht erforderlich. Ferner muss der Anwalt, der als Beistand oder Vertreter einer Partei auftritt, durch eine bei der Kanzlei zu hinterlegende Bescheinigung seine **Postulationsfähigkeit** nachweisen.[58] Wie bei anderen Schriftsätzen (näher → Rn. 9) sind auch sonstige Unterlagen, auf die sich die Klageschrift bezieht, und ein **Verzeichnis aller Anlagen** beizufügen. 25

Entspricht die Klageschrift diesen Formerfordernissen nicht, setzt der Kanzler dem Kläger eine Frist zur Behebung des Mangels, insbes. bei Fehlen der erforderlichen Unterlagen.[59] 26

---

[52] EuG, Praktische Durchführungsbestimmungen, Nr. 119.
[53] Art. 128 EuGHVfO, Art. 85 EuGVfO.
[54] Art. 121 Abs. 2 EuGHVfO. Die Bestimmung hat aufgrund des auch beim EuGH üblichen Austauschs der Verfahrensschriftstücke über e-Curia nur mehr geringe praktische Bedeutung.
[55] Das kann durch Vorlage der Satzung, durch einen neueren Auszug aus dem Handels- oder Vereinsregister oder in sonstiger Weise geschehen.
[56] Art. 51 Abs. 3 EuGVfO. Bei Vertretung natürlicher Personen ist die Vorlage einer Prozessvollmacht vor dem EuG nur erforderlich, wenn die Bevollmächtigung bestritten wird, was sich im Umkehrschluss aus Art. 53 Abs. 1 lit. b EuGVfO ergibt, zB EuG 22.2.2006 – T-34/02, ECLI:EU:T:2006:59 Rn. 63 – Le Levant 001 ua/Kommission.
[57] So früher ausdrücklich EuG, Praktische Anweisungen, Nr. 62c.
[58] Art. 119 Abs. 3 EuGHVfO, Art. 51 Abs. 2 EuGVfO. Hat ein Anwalt beim EuG eine solche Bescheinigung aus Anlass er Eröffnung des e-Curia-Kontos eingereicht, ist eine erneute Vorlage nicht erforderlich.
[59] Dazu → Rn. 9.

Werden die fehlenden Dokumente innerhalb der vom Kanzler gesetzten Frist nachgereicht, so beeinträchtigt die verspätete Beibringung, auch wenn sie nach Ablauf der Klagefrist erfolgt, die Zulässigkeit der Klage nicht. Andernfalls entscheidet der zuständige Spruchkörper (EuG) bzw. der Präsident (EuGH), welche Folgen sich aus dem Fehlen derartiger Unterlagen für die Zulässigkeit der Klage ergeben. Eine Heilung ist jedenfalls unmöglich, wenn gegen das Erfordernis der Originalunterschrift oder der anwaltlichen Vertretung verstoßen wurde.[60] Ebenso wenig können nach Ablauf der Klagefrist fehlende oder unverständliche Anträge nachgebessert oder Klagegründe ergänzt werden.

27 **2. Klagenhäufung.** Der Kläger kann in unionsrechtlichen Rechtsschutzverfahren ebenso wie im deutschen oder österreichischen Recht[61] mehrere Klagebegehren in einem Prozess verfolgen. Insoweit können auch hier subjektive und objektive Klagenhäufung unterschieden werden. Die „subjektive Klagenhäufung" ist ein Fall der Streitgenossenschaft (dazu → § 19); hier ist nur die **objektive Klagenhäufung** zu behandeln.[62] Auch wenn dies im Unionsprozessrecht nicht ausdrücklich vorgesehen ist, kann der Kläger mehrere prozessuale Begehren in einer Klage gegen denselben Beklagten zusammenfassen. Wie die Verbindung konnexer Verfahren durch das Gericht (→ Rn. 49) dient dies einerseits der Verfahrensökonomie und hilft andererseits, widersprechende Entscheidungen in sachlich zusammenhängenden Verfahren zu vermeiden.

28 Auch die **eventuale** oder **bedingte Klagenhäufung** ist in den Verfahrensordnungen nicht geregelt, wird jedoch in der Praxis zugelassen. So kann bei einer Untätigkeitsklage der Kläger, der vom beklagten Organ schriftlich vertröstet worden ist, für den Fall, dass dieses Schreiben vom Gericht als Stellungnahme iSv Art. 265 Abs. 2 S. 2 AEUV gewertet wird, hilfsweise dessen Nichtigerklärung beantragen.[63] Auch kann der Hauptantrag auf die Feststellung der Nichtigkeit (Inexistenz) eines angeblichen Rechtsakts gerichtet sein, während mit dem Hilfsantrag die Nichtigerklärung desselben Aktes begehrt wird.[64] Bei dienstrechtlichen Streitigkeiten kommt es zur bedingten Klagenhäufung, wenn der Kläger mit seinem Hauptantrag die Nichtigerklärung einer Maßnahme begehrt, deren Anfechtbarkeit zweifelhaft ist, und hilfsweise Schadensersatz verlangt.[65]

29 Eine besondere Form der eventualen Klagenhäufung ist die (in dt. Terminologie) **Stufenklage,** mit der aufeinander aufbauende Ansprüche geltend gemacht werden. Der zusätzliche Klageantrag wird (im Gegensatz zum hilfsweise gestellten Antrag) nur für den Fall gestellt, dass der Unionsrichter dem zunächst gestellten Antrag stattgibt.[66] So kann die Anfechtung eines Rechtsaktes für den Fall, dass dem Antrag auf Nichtigerklärung stattgegeben wird, mit dem Antrag auf Schadensersatz verbunden werden.[67]

30 Unter welchen **Voraussetzungen** die verschiedenen Formen einer Klagenhäufung zulässig ist, regeln die Verfahrensvorschriften nicht ausdrücklich. Jedenfalls muss für alle Klagebegehren dieselbe Instanz (EuGH oder EuG) sachlich zuständig sein. Nicht erforderlich ist, dass die verschiedenen Klagebegehren mit derselben Klageart verfolgt werden (eine Häufung von zB Untätigkeits- und Nichtigkeitsklage ist daher möglich). Teilweise wird

---

[60] Der EuGH ist nicht verpflichtet, fristgerecht auf das Fehlen der Anwaltsunterschrift hinzuweisen, EuGH 27.11.2007 – C-163/07 P, ECLI:EU:C:2007:717 Rn. 27 = NZBau 2008, 135 – Diy-Mar Insaat Sanayi ve Ticaret und Akar/Kommission.
[61] Vgl. § 44 VwGO, § 260 ZPO; § 227 öZPO.
[62] Auch die Kombination von subjektiver und objektiver Klagehäufung ist möglich, zB EuGH 19.7.2016 – C-455/14 P, ECLI:EU:C:2016:569 = BeckRS 2016, 81565 – H/Rat und Kommission.
[63] EuG 3.6.1999 – T-17/96, ECLI:EU:T:1999:119 Rn. 16, 104 ff. = BeckRS 2000, 70271 – TF1/Kommission.
[64] Siehe EuG 22.10.1997 – verb. Rs. T-213/95, T-18/96, ECLI:EU:T:1997:157 Rn. 36 = EuZW 1998, 410 – SCK und FNK/Kommission.
[65] ZB EuG 27.6.2001 – verb. Rs. T-164/99, T-37/00, T-38/00, ECLI:EU:T:2001:170 = BeckRS 2001, 166056 – Leroy/Rat.
[66] ZB EuG 8.6.2009 – T-173/09 R, ECLI:EU:T:2009:180 Rn. 31 = BeckEuRS 2009, 499834 – Z/Kommission.
[67] ZB EuG 2.6.2009 – T-47/03, ECLI:EU:T:2009:166 Rn. 42 = BeckRS 2007, 147885 – Sison/Rat.

jedoch gefordert, dass zwischen den verschiedenen Klagebegehren ein Zusammenhang besteht, der ihre Behandlung im Rahmen eines einheitlichen Prozesses rechtfertigt.[68] Der EuGH hat dazu bisher soweit ersichtlich nicht ausdrücklich Stellung genommen.[69]

Werden mit einer Klage mehrere Klageziele verfolgt, verhandelt und entscheidet das zuständige Gericht grundsätzlich über alle geltend gemachten Klagebegehren gemeinsam. Doch können einzelne unzulässige Anträge vorab durch Beschluss oder (Zwischen-)Urteil abgewiesen werden.[70] Eine Trennung der in einer einheitlichen Klage zusammengefassten Anträge durch das jeweils befasste Gericht ist in den Verfahrensordnungen nicht vorgesehen. **31**

3. Widerklage. Widerklagen sind auch in Rechtsstreitigkeiten vor den Unionsgerichten möglich. Sie kommen insbes. in vertraglichen Streitigkeiten nach Art. 272 AEUV oder in Rechtsstreitigkeiten über die Anwendung von Art. 101 AEUV vor.[71] **32**

4. Rechtshängigkeit. Mit der Klageerhebung – und nicht erst mit der Zustellung an den Beklagten – tritt **Rechtshängigkeit** ein (vgl. Art. 21 Abs. 1 S. 1 EuGH-Satzung). Sie dauert bis zur Beendigung des Verfahrens durch Entscheidung des Unionsrichters, Klagerücknahme oder Erledigung (dazu → § 24). Die Rechtshängigkeit steht als von Amts wegen zu beachtendes Prozesshindernis[72] einem weiteren Rechtsstreit zwischen denselben Parteien mit demselben Streitgegenstand entgegen.[73] **33**

Für die Frage, wann **Identität des Streitgegenstandes** (und damit Rechtshängigkeit) gegeben ist, hat der EuGH zunächst allein auf die **Anträge** des Klägers abgestellt.[74] In neueren Urteilen berücksichtigt er daneben jedoch stets auch die **Klagegründe**.[75] Der Gerichtshof scheint somit im Wesentlichen von einem „**zweigliedrigen**" **Streitgegenstandsbegriff** auszugehen.[76] **34**

5. Klageänderung. Eine Klageänderung kann im Unionsprozessrecht durch Änderung der Anträge, durch Änderung der Klagegründe oder durch Parteiwechsel eintreten. Dabei liegt eine Klageänderung nur vor, wenn Anträge, Klagegründe oder Parteien ganz oder teilweise ausgetauscht oder zusätzlich in den Prozess eingeführt werden sollen. Das Fallenlassen oder die Einschränkung von Anträgen oder Klagegründen ist dagegen als teilweise Klagerücknahme zu behandeln, ebenso wie das Ausscheiden von Streitgenossen auf der **35**

---

[68] ZB GA Fennelly 13.4.2000 SchlA – C-15/98, ECLI:EU:C:2000:203 Rn. 17 f. = BeckRS 2004, 74455 – Italien und Sardegna Lines/Kommission; GA Ruiz Jarabo 3.5.2001 SchlA – C-315/99 P, ECLI:EU:C:2001:243 Rn. 33 = BeckRS 2004, 76293 – Ismeri Europa/Rechnungshof.
[69] Siehe EuGH 19.10.2000 – C-15/98, ECLI:EU:C:2000:570 Rn. 28 = BeckRS 2004, 74455 – Italien und Sardegna Lines/Kommission; gegen ein solches Erfordernis zu Recht Pechstein EUProzR Rn. 192.
[70] Vgl. Art. 56 Abs. 1 EuGH-Satzung.
[71] ZB EuG 19.5.2010 – T-25/05, ECLI:EU:T:2010:206 = BeckRS 2010, 145804 – KME Germany ua/Kommission, Widerklage auf Erhöhung der Geldbuße; EuG 14.11.2017 – T-831/14, ECLI:EU:T:2017:804 = BeckRS 2017, 141669 – Alfamicro/Kommission, im Rechtsmittelverfahren bestätigt durch EuGH 28.2.2019 – C-14/18 P, ECLI:EU:C:2019:159 = BeckRS 2019, 2425 – Alfamicro/Kommission. Die abweichende Auffassung von Wägenbaur EuG VerfO Art. 81 Rn. 12 ist auf insoweit wohl überholte Rspr. gestützt.
[72] EuGH 26.5.1971 – 45/70, ECLI:EU:C:1971:56 = BeckRS 2004, 71215 – Bode/Kommission; EuGH 17.5.1973 – verb. Rs. 58/72, 75/72, ECLI:EU:C:1973:52 = BeckRS 2004, 73361 – Perinciolo/Rat.
[73] Pechstein EUProzR Rn. 138; EuGH 9.6.2011 – verb. Rs. C-71/09 P, C-73/09 P und C-76/09 P, ECLI:EU:C:2011:368 Rn. 27 ff. – Comitato „Venezia vuole vivere" ua.
[74] ZB EuGH 26.5.1971 – 45/70, ECLI:EU:C:1971:56 Rn. 11 = BeckRS 2004, 71215 – Bode/Kommission.
[75] EuGH 19.9.1985 – verb. Rs. 172/83, 226/83, ECLI:EU:C:1985:355 Rn. 9 = BeckRS 2004, 71965 – Hoogovens Groep/Kommission; EuGH 22.9.1988 – C-358/85, ECLI:EU:C:1988:431 Rn. 7 ff. = NJW 1990, 1411 – Frankreich/Parlament; EuGH 21.12.2021 – C-586/20 P, ECLI:EU:C:2021:1046 Rn. 51 = BeckRS 2021, 43549 – P. Krücken Organic/Kommission.
[76] Zur Berücksichtigung auch der Klagegründe GA Trstenjak 16.12.2010 SchlA – verb. Rs. C-71/09 P, C-73/09 P, C-76/09 P, ECLI:EU:C:2010:771 = BeckRS 2011, 80956 Rn. 52 – Comitato „Venezia vuole vivere" ua/Kommission; ferner idS Pechstein EUProzR Rn. 137.

Klägerseite oder der Verzicht auf die Klage gegen einzelne Streitgenossen auf der Beklagtenseite.

36 Ausdrücklich geregelt ist in Art. 127 EuGHVfO und Art. 84 EuGVfO nur die Änderung (Erweiterung) der Klagegründe. Wie alle Formen der Klageänderung ist sie im Unionsprozessrecht nur in Ausnahmefällen zulässig, obwohl im Verfahrensrecht von EuGH und EuG grundsätzlich der Dispositionsgrundsatz gilt.[77] Auf das Einverständnis der anderen Parteien kommt es für die Zulässigkeit der Klageänderung nicht an.

37 Grundsätzlich muss der Kläger in der Klageschrift den Streitstoff durch seine Anträge und Klagegründe definieren. Die spätere **Änderung der Klagegründe** ist nur dann zulässig, wenn sie sich auf rechtliche oder tatsächliche Gesichtspunkte stützt, die erst im Verlauf des Verfahrens zutage getreten sind (vgl. zB Art. 127 Abs. 1 EuGHVfO). Dagegen dürfen die in der Klageschrift erhobenen Klagegründe nachträglich **erweitert** und auf **neue Argumente** gestützt werden.[78] Die Abgrenzung zwischen der unzulässigen Einführung neuer Klagegründe und der zulässigen Erweiterung vorhandener Klagegründe kann im Einzelfall schwierig sein.

38 **Erst im Verlauf des Verfahrens zutage getreten** sind Tatsachen oder Beweismittel, von denen der Kläger vor der Klageerhebung **keine Kenntnis haben konnte,** etwa Umstände oder Dokumente, von denen der Kläger erst durch die Klagebeantwortung erfahren hat und für die keine andere Möglichkeit zur Kenntnisnahme bestand.[79] War dagegen die Existenz eines Dokuments bekannt, ist seine Vorlage als Anlage zur Klagebeantwortung keine neue Tatsache, auf die der Kläger in der Replik neue Angriffsgründe stützen könnte.[80] Berichtigt ein Organ eine Entscheidung, die bereits Gegenstand einer anhängigen Nichtigkeitsklage ist, stellt dies jedenfalls eine Tatsache dar, die den Kläger des betreffenden Verfahrens zur Änderung seiner Klage – innerhalb der Klagefrist ab dem Zeitpunkt der Berichtigung – berechtigt.[81] Ein auf erst im Verfahren zutage getretene Tatsachen gestützter neuer Klagegrund kann auch bloß **teilweise** zugelassen werden.[82] Hingegen berechtigt ein Urteil des Unionsrichters, das nach Klageerhebung erlassen wurde, nicht zu einer Klageänderung, wenn in diesem Urteil nur eine Rechtslage bestätigt wird, die dem Kläger bei Erhebung seiner Klage bekannt sein konnte.[83] Tritt ein Umstand erst im Verlauf des Verfahrens zutage, ist unklar, ob er **unverzüglich** bzw. binnen einer bestimmten Frist geltend gemacht werden muss. Im Verfahren vor dem EuG ist von einer solchen Verpflichtung zur unverzüglichen Geltendmachung auszugehen, da nach Art. 84 Abs. 2 EuGVfO neue Klage- oder Verteidigungsgründe gegebenenfalls im zweiten Schriftsatzwechsel geltend zu machen sind; bei dessen Unterbleiben sind die neuen Klagegründe jedoch vorzubringen, sobald die Partei von neuen Gesichtspunk-

---

[77] EuGH 25.10.2017 – C-467/15 P, ECLI:EU:C:2017:799 Rn. 14 = BeckRS 2017, 128918 – Kommission/Italien (berichtigt durch 21.11.2017 – C-467/15 P, ECLI:EU:C:2017:904 = BeckRS 2017, 133957).
[78] St. Rspr., zB EuGH 29.3.2012 – C-504/09 P, ECLI:EU:C:2012:178 Rn. 34 = BeckRS 2012, 80678 – Kommission/Polen.
[79] ZB EuG 13.1.2011 – T-362/08, ECLI:EU:T:2011:6 Rn. 133 = BeckRS 2011, 80044 – IFAW Internationaler Tierschutz-Fonds/Kommission. Das dürfte im Wesentlichen auf die Prüfung hinauslaufen, ob dem Kläger in Bezug auf seine Unkenntnis ein Sorgfaltsverstoß anzulasten ist; vgl. idS Pechstein EUProzR Rn. 198.
[80] EuG 14.2.2001 – T-62/99, ECLI:EU:T:2001:53 Rn. 67 f. = BeckRS 2002, 70028 – Sodima/Kommission.
[81] EuGH 13.3.1982 – 14/81, ECLI:EU:C:1982:76 Rn. 8 = BeckRS 2004, 71616 – Alpha Steel/Kommission; EuG 3.5.2018 – T-168/16, ECLI:EU:T:2018:246 Rn. 25 ff. = BeckRS 2018, 7144 – Grizzly Tools/ Kommission.
[82] ZB EuGH 15.10.2002 – verb. Rs. C-238/99 P, C-244/99 P, C-245/99 P, C-247/99 P, C-250/99 P, C-252/99 P, C-254/99 P, ECLI:EU:C:2002:582 = BeckRS 2004, 75338 – Limburgse Vinyl Maatschappij ua/Kommission.
[83] EuGH 1.4.1982 – 11/81, ECLI:EU:C:1982:120 = NJW 1982, 2727 – Dürbeck/Kommission; EuG 20.9.2012 – T-154/10, ECLI:EU:T:2012:452 Rn. 56 = BeckEuRS 2012, 688823 – Frankreich/Kommission.

ten **Kenntnis erlangt**.[84] Art. 127 EuGHVfO enthält hingegen keine solchen (ausdrücklichen) Regeln.

Grundsätzlich unzulässig ist die Änderung der **Anträge**.[85] Die in der Klageschrift gestell- **39** ten Anträge dürfen nachträglich weder erweitert noch durch andere Anträge ersetzt werden. Das gilt insbes. im Vertragsverletzungsverfahren.[86] Bei Schadensersatzklagen ist die Praxis etwas großzügiger. Hier kann die nachträgliche Präzisierung von Anträgen erlaubt werden, auch wenn sich der verlangte Betrag dadurch erhöht, wenn im Zeitpunkt der Klageerhebung der Schaden noch nicht eindeutig beziffert werden konnte oder wenn erst ein Zwischenurteil die für die Schadensberechnung erforderlichen Vorgaben enthält.[87] Ebenso wird die nachträgliche Berichtigung offensichtlicher Fehler bei der Formulierung der Anträge zugelassen.[88]

Aus Gründen der Prozessökonomie können die Anträge einer Nichtigkeitsklage aus- **40** nahmsweise geändert werden, wenn der angefochtene Akt im Laufe des Gerichtsverfahrens **durch eine andere Handlung ersetzt** wird.[89] Die Aufrechterhaltung der ursprünglichen Anträge führt nämlich in diesem Fall zur Abweisung der Klage als gegenstandslos, sofern der Kläger nicht ausnahmsweise ein hinreichendes Interesse an einem Urteil hat. Das gilt jedoch nicht, wenn – wie in Personalstreitigkeiten – der Klageerhebung ein Vorverfahren vorgeschaltet ist und dieses in Bezug auf den ersetzenden Akt noch nicht abgeschlossen ist.[90]

Bei **Untätigkeitsklagen** kann es vorkommen, dass während des laufenden Verfahrens **41** die Untätigkeit des beklagten Organs durch den Erlass eines Rechtsakts beendet wird. Hier hatte die Rspr. zum EGKS-Vertrag die Anfechtung des neu erlassenen Akts im Rahmen desselben Verfahrens im Wege der Klageänderung zugelassen.[91] Der EuGH sieht diese Rspr. jedoch als nicht auf die Untätigkeitsklage nach Art. 265 AEUV übertragbar an, da anders als diese die Klage nach Art. 35 Abs. 3 EGKSV als Nichtigkeitsklage gegen eine stillschweigende Ablehnungsentscheidung ausgestaltet war. Die Rspr. lässt daher den Übergang von der Untätigkeitsklage nach Art. 265 AEUV auf die Nichtigkeitsklage nicht zu, vielmehr wird die Untätigkeitsklage bei Beendigung der Untätigkeit nach Klageerhebung für erledigt erklärt.[92]

Den **Parteiwechsel** haben die Unionsgerichte bisher im Wesentlichen nur im Fall der **42** Gesamtrechtsnachfolge zugelassen.[93] Darüber hinaus lässt das EuG jedoch in Rechtsstreitigkeiten über Titel des geistigen Eigentums bisweilen auch in Fällen der Einzelrechtsnach-

---

[84] Anders noch Lenaerts/Maselis/Gutman Procedural Law Rn. 25.13 unter Verweis auf EuG 29.6.1995 – T-32/91, ECLI:EU:T:1995:117 Rn. 40 = FHOeffR 46 Nr. 2905 – Solvay/Kommission; die Ausführungen beziehen sich jedoch auf Art. 48 § 2 der alten Fassung der EuGVfO, in der die Bestimmung noch keine ausdrücklichen Regeln über den Zeitpunkt der Geltendmachung enthielt.
[85] EuG 3.5.2018 – T-168/16, ECLI:EU:T:2018:246 Rn. 23 = BeckRS 2018, 7144 – Grizzly Tools/Kommission.
[86] ZB EuGH 6.4.2000 – C-256/98, ECLI:EU:C:2000:192 Rn. 29 ff. = BeckRS 2004, 75743 – Kommission/Frankreich.
[87] EuGH 27.1.2000 – verb. Rs. C-104/89, C-37/90, ECLI:EU:C:2000:38 Rn. 39 = NVwZ 1992, 1077 – Mulder ua/Rat und Kommission.
[88] EuGH 23.2.2016 – C-179/14, ECLI:EU:C:2016:108 Rn. 143 = EWS 2016, 110 – Kommission/Ungarn.
[89] Grdl. EuGH 3.3.1982 – 14/81, ECLI:EU:C:1982:76 Rn. 8 = BeckRS 2004, 71616 – Alpha Steel/Kommission, Änderung der Klagegründe ebenso zulässig wie Änderung der Anträge; siehe auch EuG 10.10.2001 – T-111/00, ECLI:EU:T:2001:250 Rn. 22 ff. = BeckEuRS 2001, 250657 – British American Tobacco International (Investments)/Kommission.
[90] EuG 6.7.2001 – T-161/00, ECLI:EU:T:2001:180 Rn. 28 ff. = BeckRS 2001, 166050 – Tsarnavas/Kommission, jedenfalls dann, wenn die ersetzende Handlung auf der Grundlage einer Beurteilung neuer Sachverhaltselemente ergangen ist, vgl. Rn. 30 dieses Urteils; ebenso EuG 26.10.2004 – T-55/03, ECLI:EU:T:2004:316 Rn. 53 ff. = BeckRS 2004, 156693 – Brendel/Kommission.
[91] EuG 14.7.1988 – 103/85, ECLI:EU:C:1988:398 Rn. 10 ff. = BeckRS 2004, 70644 – Stahlwerke Peine-Salzgitter/Kommission.
[92] Cremer in Calliess/Ruffert AEUV Art. 265 Rn. 13 mwN.
[93] ZB EuGH 23.4.1986 – 294/83, ECLI:EU:C:1986:166 Rn. 13 ff. = BeckRS 2004, 72996 – Les Verts/Parlament.

folge (Veräußerung des betreffenden Titels) Parteiwechsel zu.[94] Als grundsätzlich unzulässig sieht der EuGH den **Parteibeitritt** an, bei dem sich eine weitere Person als Hauptpartei am Rechtsstreit beteiligen soll.[95]

43 **6. Zustellung der Klage.** Die Klageschrift wird dem Beklagten[96] durch den Kanzler zugestellt (Art. 123 EuGHVfO, Art. 80 EuGVfO).

II. Die weiteren Schriftsätze der Parteien im Klageverfahren

44 Nach Zustellung der Klageschrift hat der Beklagte – in Verfahren, die Entscheidungen der Beschwerdekammern des EUIPO oder des Sortenamts zum Gegenstand haben, auch die am Verfahren vor der Beschwerdekammer Beteiligten – **zwei Monate** Zeit, ihre **Klagebeantwortung** einzureichen. Anders als die Klagefrist, die sich in den meisten Fällen direkt aus dem Vertrag ergibt,[97] kann die Klagebeantwortungsfrist, obwohl sie sich unmittelbar aus den Verfahrensordnungen ergibt und daher keine vom Gerichtshof „gesetzte" (vgl. Art. 52 EuGHVfO) bzw. „aufgrund dieser Verfahrensordnung festgesetzte" Frist (Art. 61 Abs. 1 EuGVfO) ist, uU verlängert werden.[98] Die Klagebeantwortung muss ähnlichen Anforderungen genügen wie die Klageschrift (Art. 124 EuGHVfO, Art. 81 EuGVfO) und insbes. die Verteidigungsgründe und -argumente des Beklagten angeben.[99] Wie bei der Klageschrift reicht dazu die Bezugnahme auf andere Schriftstücke, auch wenn sie als Anlagen beigefügt sind, nicht aus.[100] Auch der Klagebeantwortung müssen (zumindest beim EuG) bestimmte **Anlagen** beigefügt werden.[101]

45 Klageschrift und Klagebeantwortung können im Verfahren vor dem EuGH und dem EuG durch eine **Erwiderung** (Replik) des Klägers und eine **Gegenerwiderung** des Beklagten (Duplik) ergänzt werden. Im Verfahren vor dem EuG gilt dies jedoch nur dann, wenn das Gericht den weiteren Schriftsatzwechsel im Hinblick auf den Akteninhalt als erforderlich ansieht (Art. 83 Abs. 1 EuGVfO). Wird vom EuG kein weiterer Schriftsatzwechsel zugelassen, kann das Gericht den Hauptparteien gestatten, die Akten der Rechtssache zu ergänzen, wenn der Kläger innerhalb von zwei Wochen nach Zustellung dieser Entscheidung einen dahin gehenden begründeten Antrag stellt (Art. 83 Abs. 2 EuGVfO).[102] In Rechtsstreitigkeiten betreffend die Rechte des **geistigen Eigentums** ist die Einreichung einer Erwiderung oder Gegenerwiderung **nicht mehr vorgesehen**.[103] Die Frist für Erwiderung und Gegenerwiderung bestimmt der Präsident bzw. für ihn der Kanzler (Art. 126 Abs. 2 EuGHVfO; Art. 83 Abs. 3 EuGVfO). Umgekehrt steht die Einreichung dieser Verfahrensschriftstücke grundsätzlich im Ermessen der Parteien; wird keine Erwiderung oder Gegenerwiderung eingereicht, wird das Verfahren

---

[94] Nach Anhörung aller Parteien mit Beschluss; s. zB EuG 28.11.2012 – T-29/12, ECLI:EU:T:2012:632 Rn. 15 = BeckRS 2012, 82518 – Bauer/HABM; EuG 17.3.2021 – T-719/17, ECLI:EU:T:2021:143 Rn. 40 ff. = BeckRS 2021, 4438 – FMC/Kommission.
[95] Vgl. Pechstein EUProzR Rn. 204 mwN.
[96] Allenfalls auch den am Verfahren vor der Beschwerdekammer beteiligten Parteien, Art. 178 Abs. 1 EuGVfO.
[97] Siehe jedoch zB Art. 72 Abs. 5 der VO (EU) 2017/1001 über die Unionsmarke oder Art. 91 des Beamtenstatuts.
[98] Art. 124 Abs. 3 EuGHVfO, Art. 81 Abs. 3 EuGVfO. Die Zeichnungsbefugnis zur Fristverlängerung kann dem Kanzler übertragen werden, Art. 52 Abs. 2 EuGHVfO (Wägenbaur EuG VerfO Art. 52 Rn. 3), Art. 61 Abs. 2 EuGVfO sowie EuG, Praktische Durchführungsbestimmungen, Nr. 69.
[99] Zu den Anforderungen an die Klagebeantwortung s. auch EuGH, Praktische Anweisungen, Nr. 15 f., EuG, Praktische Durchführungsbestimmungen, Nr. 123 ff.
[100] ZB EuG 20.4.1999 – verb. Rs. T-305/94 ua, ECLI:EU:T:1999:80 Rn. 39 = WuW 1999, 623 – Limburgse Vinyl Maatschappij ua/Kommission.
[101] Anwaltsausweis, Vollmacht bei juristischen Personen, Nachweis der Rechtspersönlichkeit, vgl. Art. 81 Abs. 2 EuGVfO. Die EuGHVfO sieht dies nicht ausdrücklich vor, entsprechende Nachweise müssen aber jedenfalls auf Verlangen beigebracht werden können (vgl. EuGH, Praktische Anweisungen, Nr. 2).
[102] Darunter werden kürzere Ausführungen zu einzelnen Aspekten zu verstehen sein, die nicht im Umfang einer Erwiderung oder Gegenerwiderung erreichen, vgl. Wägenbaur EuGVerfO Art. 83 Rn. 14.
[103] Art. 181 EuGVfO.

fortgesetzt.[104] Weitere als die vier in der Verfahrensordnung genannten Schriftsätze sind bei normalem Verfahrensablauf nicht vorgesehen (**numerus clausus der Schriftsätze**); dennoch eingereichte Schriftsätze werden den Parteien in der Regel zurückgeschickt. Allerdings können die Parteien durch den zuständigen Spruchkörper im Wege prozessleitender Maßnahmen (dazu → § 21) zu ergänzenden Stellungnahmen aufgefordert werden. Auch in der Erwiderung bzw. Gegenerwiderung können grundsätzlich **keine neuen Angriffs- und Verteidigungsgründe** mehr vorgebracht werden.

Neben den Hauptparteien können auch die in einem Verfahren zugelassenen **Streithelfer** in der Regel im Rahmen eines Schriftsatzes Stellung nehmen. Im Verfahren vor dem EuGH steht dem Streithelfer hierfür eine auf begründeten Antrag verlängerbare Frist von einem Monat nach der in Art. 131 Abs. 4 EuGHVfO vorgesehenen Übermittlung der Verfahrensschriftstücke zur Verfügung.[105] Im Verfahren vor dem EuG wird den Streithelfern vom Präsidenten eine Schriftsatzfrist gewährt (Art. 145 Abs. 1 EuGVfO). Die Parteien können zu diesem Schriftsatz schriftlich Stellung nehmen, wenn der Präsident des Spruchkörpers dies für sachdienlich hält und eine entsprechende Frist setzt (Art. 132 Abs. 3 EuGHVfO); im Verfahren vor dem EuG ist den Hauptparteien jedenfalls Gelegenheit zur Äußerung innerhalb der vom Präsidenten eingeräumten Frist zu geben (Art. 145 Abs. 3 EuGVfO).

46

III. Muster einer Klageschrift

Nichtigkeitsklage einer natürlichen oder juristischen Person[106]

47

Übermittlung via e-Curia[107]
Kanzlei des Gerichts der Europäischen Union
Rue du Fort Niedergrünewald
L-2925 Luxemburg
[Datum]

Klage nach Art. 263 Abs. 4 AEUV[108]

des A. (genaue Bezeichnung des Klägers mit ladungsfähiger Anschrift, bei juristischen Personen auch die Namen ihrer gesetzlichen Vertreter)
Kläger
Prozessbevollmächtigte: Rechtsanwälte X, Y und Z (mit genauer Anschrift), die sich mit der Zustellung via e–Curia einverstanden erklären,

gegen

Europäische Kommission (genaue Bezeichnung des beklagten Organs)
Beklagte
Wegen Nichtigerklärung des Beschlusses (genaue Angabe des angefochtenen Aktes, ggf. mit Aktenzeichen, Titel und Fundstelle im Amtsblatt sowie ggf. dem Datum der Zustellung an den Kläger)
Inhaltsübersicht
A. Sachverhalt
(mit Hinweisen auf relevante Schriftstücke, die als Anlagen beizufügen sind, und ggf. Beweisantritt)[109]
B. Zulässigkeit
(Wenn Ausführungen erforderlich sind, zB wenn der angefochtene Akt keine individuell an den Kläger gerichtete Entscheidung ist, vgl. Art. 263 Abs. 4 AEUV)
C. Begründetheit
(Nähere Ausführungen zu den einzelnen Klagegründen, ggf. mit Hinweisen auf die einschlägige Rechtsprechung der Unionsgerichte)

---

[104] Siehe zB Lenaerts/Maselis/Gutman Procedural Law Rn. 25.46.
[105] Siehe dazu und zu den besonderen Anforderungen an diesen Schriftsatz Art. 132 EuGHVfO.
[106] Vgl. insbes. EuG, Praktische Durchführungsbestimmungen, Nr. 112 ff., und die Merkliste Klageschrift.
[107] Die Nutzung von e-Curia ist im Verfahren beim EuG zwingend vorgeschrieben. In dringenden Fällen besteht die Möglichkeit der Einreichung der Klageschrift noch vor wirksamer Einrichtung eines Benutzerkontos („Spezielles Verfahren", siehe → Rn. 4).
[108] Die Klage ist als PDF-Datei einzureichen.
[109] Die Absätze und Seiten des Textes müssen fortlaufend (aufsteigend) nummeriert werden.

I. Erster Klagegrund
(zB: Unzuständigkeit des handelnden Organs)
II. Zweiter Klagegrund
(zB: Verfahrensfehler – Verletzung des Anspruchs auf rechtliches Gehör)
III. Dritter Klagegrund
(zB Verfahrensfehler – fehlende Anhörung eines anderen Organs)
IV. ...
Anträge
Namens und im Auftrag des Klägers beantragen wir,
1. die Entscheidung (genaue Bezeichnung des angefochtenen Rechtsakts) für nichtig zu erklären;
2. der Beklagten die Kosten des Verfahrens aufzuerlegen.
[Eigenhändige Unterschrift des Prozessbevollmächtigten bei Einreichung via e-Curia nicht erforderlich]
Anlagenverzeichnis[110]
[Anlagen][111]
[Die Anlagen umfassen inbes.:
- Kopie des angefochtenen Beschlusses oä
- Bei juristischen Personen: Satzung, neuerer Handelsregisterauszug oder sonstiger Nachweis der Rechtspersönlichkeit
- Bei juristischen Personen: ggf. Nachweis der Befugnis zum Ausstellen der Prozessvollmacht
- Bescheinigung über die Anwaltszulassung des Prozessbevollmächtigten
- Prozessvollmacht oder sonstiger Nachweis der Bevollmächtigung durch eine juristische Person (→ Rn. 25)
- ggf. weitere Anlagen]
[Die Zusammenfassung der Klagegründe und wesentlichen Argumente ist gesondert per e-Curia an die Kanzlei zu übermitteln (→ Rn. 22)]

F. Abschluss des schriftlichen Verfahrens und Vorbericht

48 Das schriftliche Verfahren ist bei Klageverfahren im Wesentlichen dann abgeschlossen, wenn der letzte Schriftsatz beim betreffenden Gericht eingegangen ist. Nach Abschluss des schriftlichen Verfahrens und der evtl. erforderlichen Übersetzungen bestimmt der Präsident einen Termin zur Abgabe eines **Vorberichts.**[112] Dieser wird vom Berichterstatter der jeweiligen Rechtssache vorgelegt und stellt für die anderen Richter (und die Generalanwälte im Verfahren beim EuGH) die wesentlichen tatsächlichen und rechtlichen Gesichtspunkte der Rechtssache dar. Meist enthält er bereits eine erste Würdigung dieser Probleme durch den Berichterstatter. Auf der Grundlage dieses Vorberichts entscheidet das Plenum des EuGH in einer Verwaltungssitzung, nach Anhörung des Generalanwalts, wie das weitere Verfahren gestaltet wird, insbes., von welchem Spruchkörper (Kammer mit drei oder fünf Richtern, große Kammer, Plenum) entschieden werden soll, ob eine Beweisaufnahme erforderlich ist, ob auf eine mündliche Verhandlung verzichtet werden kann und ob allenfalls nach Art. 20 Abs. 5 EuGH-Satzung von Schlussanträgen des Generalanwalts abgesehen wird (Art. 59 Abs. 2 EuGHVfO). Beim EuG wird der Vorbericht nicht dem Plenum, sondern der zuständigen Kammer vorgelegt. Er kann dort ebenfalls Vorschläge für

---

[110] Das Anlagenverzeichnis ist im Verfahren beim EuG Teil des Schriftsatzes und bildet dessen Schluss; zur Gestaltung des Anlagenverzeichnisses siehe EuG, Praktische Durchführungsbestimmungen, Nr. 82–84. Das Anlagenverzeichnis ist ebenso wie ein Inhaltsverzeichnis bei bei der Bestimmung der maximalen Seitenzahl eines Schriftsatzes nicht zu berücksichtigen (EuG, Praktische Durchführungsbestimmungen, Nr. 104a).

[111] Bei den elektronisch einzureichenden Anlagen ist deren maximale Dateigröße zu beachten (derzeit 30 MB pro Datei, wobei bis zu 50 Dateien mit Anlagen eingereicht werden können). Mehrere Anlagen dürfen in einer Datei zusammengefasst werden. Auch die Anlagen sind fortlaufend – getrennt von der Nummerierung der Seiten der Klageschrift – zu paginieren, vgl. EuG, Praktische Durchführungsbestimmungen, Nr. 85–87. Soweit den Anlagen (wie vom EuG empfohlen) ein Vorblatt vorangestellt wird, wird auch dieses paginiert.

[112] Art. 59 Abs. 1 EuGVfO, Art. 87 Abs. 1 EuGVfO.

die Verweisung der Sache an einen anderen Spruchkörper mit größerer oder geringerer Mitgliederzahl sowie für die Übertragung der Sache auf den Einzelrichter enthalten (Art. 87 Abs. 2 EuGVfO). Der Vorbericht ist ein **internes Arbeitsdokument,** das weder den Verfahrensbeteiligten noch Dritten zugänglich ist.

G. Sonstiges

I. Die Verbindung von Verfahren

Eine der subjektiven oder objektiven Klagenhäufung ähnliche Situation kann vom zuständigen Gericht durch die **Verbindung** von Verfahren zu gemeinsamem schriftlichen oder mündlichen Verfahren oder zu gemeinsamem Endurteil (gemeinsamer das Verfahren beendender Entscheidung) herbeigeführt werden (Art. 54 EuGHVfO, Art. 68 EuGVfO). Diese Möglichkeit besteht nicht nur bei Klageverfahren, sondern auch bei Vorabentscheidungsersuchen. Sie kann jederzeit, also sowohl während des schriftlichen Verfahrens als auch vor oder sogar nach der mündlichen Verhandlung erfolgen. Die **Voraussetzungen** der Verbindung sind zunächst, dass die Verfahren „den gleichen Gegenstand" betreffen und miteinander in Zusammenhang stehen. Damit ist allerdings nicht gemeint, dass die Verfahren im technischen Sinne denselben Streitgegenstand haben müssten. Entscheidend ist vielmehr, dass ein Zusammenhang zwischen den Verfahren besteht, der eine gemeinsame Verhandlung und Entscheidung als sinnvoll erscheinen lässt. So wird eine Verbindung oft angebracht sein, wenn derselbe Rechtsakt von mehreren Parteien angefochten wird.[113] Sie kann aber auch stattfinden, wenn von demselben Kläger mehrere aufeinander folgende oder parallele Handlungen angefochten[114] oder in demselben Sachzusammenhang sowohl Nichtigkeits- als auch Untätigkeitsklagen erhoben werden.[115] Auch Amtshaftungsklagen, die sich auf dasselbe schadenstiftende Verhalten stützen, können miteinander verbunden werden.[116] Mehrere Vorabentscheidungsverfahren können unabhängig davon miteinander verbunden werden, ob die Vorlagefragen vom selben Gericht oder aus demselben Mitgliedstaat stammen.[117] Verschiedene Verfahrenssprachen sind kein Hindernis für die Verbindung.[118] Ebenso ist die Verbindung möglich, wenn in einem der Verfahren die Klage von einem Mitgliedstaat und im anderen Verfahren von einer natürlichen oder juristischen Person erhoben wurde, sofern beide Verfahren vor der gleichen Instanz anhängig sind.[119] So kann die Klage einer natürlichen oder juristischen Person vor dem Gerichtshof anhängig werden, wenn das Gericht sich gem. Art. 54 Abs. 3 EuGH-Satzung für unzuständig erklärt[120] oder wenn gegen seine Entscheidung ein Rechtsmittel eingelegt wird. Die Verbindung von

49

---

[113] ZB EuG 15.3.2000 – verb. Rs. T-25/95, T-26/95, T-30/95–T-32/95, T-34/95–T-39/95, T-42/95–T-46/95, T-48/95, T-50/95–T-65/95, T-68/95–T-71/95, T-87/95, T-88/95, T-103/95, T-104/95, ECLI:EU:T:2000:77 = BeckRS 2000, 70143 – Cimenteries CBR ua/Kommission.

[114] Etwa in Markensachen, wenn ein Anmelder mehrere ähnliche Marken beantragt hat, zB EuG 14.6.2001 – verb. Rs. T-357/99, T-358/99, ECLI:EU:T:2001:162 = GRUR-Int. 2001, 973 – Telefon & Buch/HABM, Universaltelefonbuch und Universalkommunikationsverzeichnis; oder in Beamtensachen, wenn eine Vielzahl ähnlicher Entscheidungen verschiedenen Personen gegenüber ergeht, vgl. zB EuG 10.11.1999 – verb. Rs. T-103/98, T-104/98, T-107/98, T-113/98, T-118/98, ECLI:EU:T:1999:289 – Kristensen/Rat.

[115] ZB EuG 13.12.1999 – verb. Rs. T-189/95, T-39/96, T-123/96, ECLI:EU:T:1999:317 – SGA/Kommission.

[116] ZB EuG 13.7.1995 – verb. Rs. T-466/93, T-469/93, T-473/93, T-474/93, T-477/93, ECLI:EU:T:1995:136 = FHOeffR 46 Nr. 3037 – O'Dwyer ua/Kommission.

[117] ZB EuGH 27.6.2000 – verb. Rs. C-240/98–C-244/98, ECLI:EU:C:2000:346 = NJW 2000, 2571 – Océano Grupo Editorial und Salvat Editores; EuGH 10.12.1998 – verb. Rs. C-127/96, C-229/96, C-74/97 ECLI:EU:C:1998:594 = NZA 1999, 253 – Hernández Vidal.

[118] EuG 2.10.2001 – verb. Rs. T-222/99, T-327/99, T-329/99, ECLI:EU:T:2001:242 = BeckRS 2001, 70450 – Martinez ua/Parlament.

[119] ZB EuG 31.3.1998 – verb. Rs. C-68/94, C-30/95, ECLI:EU:C:1998:148 Rn. 33 = EuZW 1998, 299 – Frankreich und SCPA/Kommission.

[120] Ausführlich zu Art. 54 Abs. 3 EuGH-Satzung Klinke Revue des Affaires Européennes, 2000, 239, und Dauses/Henkel EuZW 1999, 325.

Klageverfahren mit Vorabentscheidungsverfahren ist mittlerweile jedoch ausgeschlossen, da vor dem EuGH nur mehr die Verbindung „gleichartiger" Rechtssachen vorgesehen ist (Art. 54 Abs. 1 EuGHVfO).[121]

50 **Zuständig** für die Verbindung ist der Präsident bzw. beim EuG der Präsident des mit dem Verfahren befassten Spruchkörpers (Art. 1 Abs. 2 lit. b EuGVfO), der nach Anhörung der Beteiligten und ggf. des Generalanwalts durch Beschluss entscheidet. Der Präsident des EuGH kann diese Entscheidung dem Spruchkörper übertragen (Art. 54 Abs. 2 letzter Satz EuGHVfO). Die Verbindung hat zur Folge, dass das gesamte Vorbringen aus den verbundenen Rechtsachen bei der Prüfung jeder einzelnen Rechtssache berücksichtigt wird. Den Parteien im Verfahren werden beim EuG die zu den Akten der verbundenen Rechtssachen gegebenen Verfahrensschriftstücke auf Antrag mittels e-Curia zugestellt, wobei jedoch der Präsident auf Antrag bestimmte geheime oder vertrauliche Unterlagen von der Einsichtnahme ausnehmen kann (Art. 68 Abs. 4 EuGVfO).[122] Die Parteien müssen jedenfalls zu diesen Verfahrensschriftstücken **Stellung nehmen** können, und die Entscheidung, soweit sie sie betrifft, darf nur auf solche Aktenbestandteile gestützt werden, von denen sie Kenntnis nehmen konnten.[123] Für das Verfahren vor dem EuGH fehlt derzeit eine vergleichbare ausdrückliche Regelung.[124] Die Verbindung der Verfahren hat keine Auswirkungen auf die Rechtsposition der einzelnen Parteien; die Entscheidung muss daher auch **nicht für sämtliche Parteien gleich** lauten.[125]

51 Sofern dies sinnvoll oder notwendig ist, steht es dem Präsidenten frei, die verbundenen Verfahren wieder zu trennen.[126] Die **Trennung** kann zB angebracht sein, wenn eines der verbundenen Verfahren sich erledigt hat. Sowohl bei der Verbindung als auch bei der Trennung handelt es sich um eine Zweckmäßigkeitsentscheidung.

II. Aussetzung

52 Die **Aussetzung** des Verfahrens kann erforderlich werden, wenn im Zusammenhang stehende Verfahren vor verschiedenen Instanzen anhängig sind. Sie kann ferner insbes. dann sinnvoll sein, wenn sich die Parteien um eine außergerichtliche Einigung bemühen oder wenn es das Ergebnis eines nationalen Verfahrens abzuwarten gilt. Art. 55 Abs. 1 lit. a EuGHVfO sieht als Grund für die Aussetzung primär den in Art. 54 Abs. 3 EuGH-Satzung geregelten Fall vor, dass beim EuGH und beim EuG Rechtssachen anhängig sind, die den gleichen Gegenstand haben, die gleiche Auslegungsfrage aufwerfen oder die Gültigkeit desselben Rechtsakts betreffen.[127] Darüber hinaus kann der Präsident nach seinem Ermessen ein Verfahren auch aus anderen Gründen aussetzen (Art. 55 Abs. 1 lit. b EuGHVfO). Demgegenüber schränkt Art. 69 EuGVfO das Ermessen des (Kammer-)Präsidenten im Verfahren beim EuG dem Wortlaut nach etwas stärker ein. Ausdrücklich zulässig ist danach die Aussetzung in den Fällen des Art. 54 Abs. 3 EuGH-Satzung, der Einlegung eines Rechtsmittels gegen bestimmte Teil- oder Zwischenentscheidungen oder Entscheidungen über einen Streitbeitritt und im Fall eines gleichlautenden Antrags der Hauptparteien.[128]

---

[121] Art. 54 Abs. 1 sowie Art. 77 EuGHVfO; dazu Lenaerts/Maselis/Gutman Procedural Law Rn. 23.43, die daraus ableiten, dass die Verbindung von Klageverfahren („direct actions") mit anderen Verfahren („indirect actions") beim EuGH ausgeschlossen sei (zum Begriff „Klageverfahren" vgl. Art. 1 Abs. 2 lit. i EuGVfO).
[122] Dazu näher EuG, Praktische Durchführungsbestimmungen, Nr. 185–187.
[123] EuGH 10.1.2002 – C-480/99 P, ECLI:EU:C:2002:8 Rn. 24 ff. = BeckRS 2002, 162017 – Plant ua/Kommission.
[124] Vgl. demgegenüber Art. 131 Abs. 2, 4 EuGHVfO, Streithilfe.
[125] Siehe Lenaerts/Maselis/Gutman Procedural Law Rn. 23.45 mwN.
[126] Art. 54 Abs. 3 EuGHVfO, Art. 68 Abs. 3 EuGVfO.
[127] Näher Klinke Revue des Affaires Européennes, 2000, 239 (239–253) und Dauses/Henkel EuZW 1999, 325 ff.
[128] Auch im Fall eines gemeinsamen Antrags steht die Aussetzung im Ermessen des Gerichts, vgl. Wägenbaur EuGVerfO Art. 69 Rn. 8.

Sonst ist die Aussetzung nur in „besonderen Fällen, wenn eine geordnete Rechtspflege es erfordert" zulässig (Art. 69 lit. d EuGVfO).

Zuständig für die Entscheidung über die Aussetzung ist beim EuGH in den meisten **53** Fällen der Präsident, nach Anhörung des Berichterstatters und des Generalanwalts sowie (außer in Vorlageverfahren) der Parteien. Nur in den Fällen des Art. 54 Abs. 3 EuGH-Satzung entscheidet, nach Anhörung des Generalanwalts, der Spruchkörper insgesamt. Im Verfahren vor dem EuG ist die Entscheidung über die Aussetzung Sache des Präsidenten (oder des Kammerpräsidenten Art. 1 Abs. 2 lit. b EuGVfO). Der Beschluss über die Aussetzung ist jedenfalls **unanfechtbar.**[129] Die Aussetzung bewirkt insbes. eine **Unterbrechung der Verfahrensfristen** (Art. 55 Abs. 5, 7 EuGHVfO, Art. 71 Abs. 2, 4 EuGVfO). Die EuGVfO macht hiervon ausdrücklich eine **Ausnahme für die Frist für den Antrag auf Zulassung als Streithelfer,** die trotz der Aussetzung weiterläuft (Art. 71 Abs. 2 EuGVfO); ob dies im Hinblick auf den Wortlaut von Art. 55 Abs. 5 EuGHVfO auch im Verfahren vor dem EuGH gilt, ist unklar.[130] Das Verfahren wird fortgesetzt, wenn der im Aussetzungsbeschluss angegebene Zeitpunkt für das Ende der Aussetzung erreicht ist oder nach dem gleichen Verfahren entschieden wird, das Verfahren fortzusetzen (allenfalls zu dem Zeitpunkt, der im letztgenannten Beschluss genannt ist).

---

[129] ZB EuGH 8.1.2002 – C-248/99 P, ECLI:EU:C:2002:1 Rn. 46 = LMRR 2002, 61 – Frankreich/Monsanto und Kommission.
[130] Danach laufen nur gegenüber den Parteien oder in Artikel 23 der Satzung bezeichneten Beteiligten Verfahrensfristen nicht ab.

§ 21 Beweisrecht*

Übersicht

	Rn.
A. Sachverhaltsaufklärung im Verfahren vor den Gerichten der Europäischen Union	1
B. Darlegungs- und Beweislast	6
C. Prozessleitende Maßnahmen	16
D. Formelle Beweisaufnahme	22
I. Beweismittelkatalog	22
II. Beweisverfahren	28
E. Beweismaß und Beweiswürdigung	34

Schrifttum:
André, Beweisführung und Beweislast im Verfahren vor dem Europäischen Gerichtshof, 1966; Baumhof, Die Beweislast im Verfahren vor dem Europäischen Gerichtshof, 1995; Berger, Beweisaufnahme vor dem Europäischen Gerichtshof, FS Schumann, 2001, 27 ff.; Brealey, The Burden of Proof before the European Court, ELR 1985, 250 ff.; Castillo de la Torre, Evidence and Judicial Review in Cartel Cases, in Ehlermann/Marquis, The Evaluation of Evidence and its Judicial Review in Competition Cases, European Competition Law Annual 2009, 319 ff.; Dammann, Materielles Recht und Beweisrecht im System der Grundfreiheiten, 2007; Drexel, Der Beweis in der jüngeren EuGH-Judikatur zu den Grundfreiheiten, EuZW 2019, 533 ff; Everling, Zur richterlichen Kontrolle der Tatsachenfeststellungen und der Beweiswürdigung durch die Kommission in Wettbewerbssachen, WuW 1989, 877 ff.; Gippini-Fournier, The Elusive Standard of Proof in EU Competition Cases, World Competition Law and Economic Review 2010, 187 ff.; Lasok, Judicial Review of Issues of Fact in Competition Cases, European Competition Law Review 1983, 85 ff.; Mehdi, La preuve devant les juridictions communautaires, in La preuve devant les juridictions internationales, 2007, 165 ff.; Muguet-Poullennec/Calvi, Les pouvoirs d'instruction du Tribunal: une panoplie rénovée au service d'une juridiction renforcée, Revue Lamy de la concurrence 48/2016, 22 ff; Ó Caoimh, Standard of Proof, Burden of Proof, Standards of Review and Evaluation of Evidence in Antitrust and Merger Cases: Perspective of Court of Justice of the European Union, in Ehlermann/Marquis, The Evaluation of Evidence and its Judicial Review in Competition Cases, European Competition Law Annual 2009, 271 ff.; Ress, Fact-finding at the European Court of Justice, in Fact-finding before international tribunals, 11th Sokol Colloquium, 1992, 177 ff.; Schuurmans, Review of Facts in Administrative Law Procedures; A European Community Law Perspective, Review of European Administrative Law 2008, 5 ff.; Sibony/Barbier de la Serre, Charge de la preuve et théorie do contrôle en droit communautaire de la concurrence: pour un changement de la perspective, Revue trimestrielle de droit européen 2007, 205 ff.; Sibony/Barbier de la Serre, Expert evidence before the EC Courts, CMLRev. 2008, 941 ff; Zierke, Die Steuerungswirkung der Darlegungs- und Beweislast im Verfahren vor dem Gerichtshof der Europäischen Union, 2015.

A. Sachverhaltsaufklärung im Verfahren vor den Gerichten der Europäischen Union

1 Die Aufgabenverteilung zwischen Parteien und Gericht bei der Ermittlung der tatsächlichen Entscheidungsgrundlagen wird vor dem EuGH und dem EuG durch ein Verfahren bestimmt, dass sowohl Elemente von **Verhandlungsgrundsatz** als auch der **Untersuchungsmaxime** aufweist.[1] Die Maxime „da mihi factum, dabo tibi ius" gilt hier nicht uneingeschränkt.[2] Einerseits kann der Unionsrichter sich die tatsächlichen Grundlagen seiner Entscheidungen zum Teil selbst verschaffen, denn er ist zur Sachverhaltsaufklärung

---

* Dieser Beitrag beruht auf der zweiten Auflage dieses Werks und somit auf dem Beitrag von Sabine Hackspiel. Ferner gibt dieser Beitrag ausschließlich die persönliche Auffassung der Verfasserin wider und bindet in keinerlei Hinsicht die Institution, für die sie arbeitet.

[1] Berger FS Schumann, 2001, 27 (29 ff.); Castillo de la Torre European Competition Law Annual 2009, 319 (336); Dammann, Materielles Recht und Beweisrecht im System der Grundfreiheiten, 2007, 14; Korsch in Zehn Jahre Rechtsprechung des Gerichtshofs der Europäischen Gemeinschaften, 1965, 122 (123); Lasok European Competition Law Review 1983, 85 (89); Ress, Fact-finding before international tribunals, 1992, 177 (183 f.); Wägenbaur Satzung-EuGH Art. 24 Rn. 1; Zierke, Die Steuerungswirkung der Darlegungs- und Beweislast im Verfahren vor dem Gerichtshof der Europäischen Union, 2015, 10.

[2] Lenaerts/Gutman/Nowak EU Procedural Law Rn. 24.47.

zwar nicht verpflichtet,[3] aber – im Rahmen der durch die Dispositionsmaxime gezogenen Grenzen – berechtigt.[4] Andererseits können die Parteien die Rechtsfragen nicht einfach dem Unionsrichter überlassen. Vielmehr beschränkt sich seine Prüfung in rechtlicher Hinsicht vorwiegend auf die vom Kläger erhobenen Rügen.[5]

Maßnahmen zur Sachverhaltsaufklärung und Beweisaufnahmen finden hauptsächlich in **Direktklageverfahren** statt, während in **Vorabentscheidungsverfahren** normalerweise auf der Grundlage des vom nationalen Richter festgestellten Sachverhaltes[6] Rechtsfragen zu klären sind. Auch in Vorabentscheidungsverfahren kann die Ermittlung von Tatsachen und die Erhebung von Beweisen aber zulässig und erforderlich sein, und zwar insbes. dann, wenn es um die Gültigkeit eines Rechtsaktes geht[7]. Im **Rechtsmittelverfahren** werden normalerweise nur Rechtsfragen geprüft.[8] Ausnahmsweise kann aber auch hier eine Sachverhaltsfeststellung erforderlich sein, so, wenn dem EuG, dessen Entscheidung überprüft wird, ein Verfahrensfehler vorgeworfen wird.[9]

Die Befugnisse der Gerichte der Europäischen Union zur Sachverhaltsaufklärung haben ihre **normative Grundlage** in den Art. 24–29 EuGH-Satzung. Die Maßnahmen, die die Unionsgerichte zu diesem Zweck ergreifen können, sind in Art. 61–74 EuGHVfO und Art. 87–105 EuGVfO geregelt. Die Verfahrensordnung des EuGH enthielt ursprünglich nur Regelungen über förmliche Beweisaufnahmen. Das EuG übernahm diese Bestimmungen in seine Verfahrensordnung von 1991 und führte zusätzlich Vorschriften über prozessleitende Maßnahmen ein, um seine Rolle als Tatsacheninstanz, die ihm der Rat im Beschluss zur Errichtung des EuG[10] übertragen hatte, besser erfüllen zu können. Der EuGH, der ohne ausdrückliche Regelung in seiner Verfahrensordnung vergleichbare Auf-

---

[3] Der Unionsrichter darf sich jedoch nicht darauf beschränken, die Behauptungen der Parteien wegen unzulänglichen Beweises zurückzuweisen, wenn es von ihm abhängt, einen Antrag auf Vorlage von Schriftstücken zu genehmigen, die Klarheit über die Begründetheit einer Rüge hätten bringen können (s. EuGH 4.3.1999 – C-119/97 P, ECLI:EU:C:1999:116 = BeckRS 2004, 74205 Rn. 107 ff. – Ufex ua/Kommission, EuGH 4.10.2007 – C-320/05 P, ECLI:EU:C:2007:573 Rn. 64 – Olsen/Kommission).

[4] Nach Art. 24 der EuGH-Satzung kann der Unionsrichter von den Parteien die Vorlage aller Urkunden und die Erteilung aller Auskünfte verlangen, die er für wünschenswert hält. Zu dem entsprechenden Ermessen s. zB Castillo de la Torre European Competition Law Annual 2009, 319 (337); Donnat, Contentieux communautaire de l'annulation, 2008, 143; Lenaerts/Gutman/Nowak EU Procedural Law Rn. 24.48; Muguet-Poullennec/Calvi, Revue Lamy de la concurrence 48/2016, 22 (25 f.).

[5] GA Bot 18.7.2013 SchlA – C-272/12 P, ECLI:EU:C:2013:499 Rn. 48 – Kommission/Irland ua; mit Einschränkungen EuGH 20.1.2021 – C-301/19 P, ECLI:EU:C:2021:39 Rn. 58 und die dort angeführte Rechtsprechung – Kommission/Printeos. Es können (und müssen) gewisse Rügen vom Unionsrichter von Amts wegen geprüft werden (vgl. zB EuGH 2.12.2009 – C-89/08 P, ECLI:EU:C:2009:742 Rn. 34 und die dort angeführte Rechtsprechung – Kommission/Irland ua).

[6] Nach ständiger Rspr. obliegt es nicht dem EuGH, sondern dem vorlegenden nationalen Gericht die dem Rechtsstreit zugrunde liegenden Tatsachen festzustellen (vgl. zB EuGH 6.12.2018 – C-675/17, ECLI:EU:C:2018:990 Rn. 24 und die dort angeführte Rechtsprechung – Preindl). Hierzu mit weiteren Nachweisen Lenaerts/ Gutman/Nowak EU Procedural Law Rn. 6.22.

[7] EuGH 15.6.2011 – C-338/10, ECLI:EU:C:2011:393 – GLS. Siehe auch Brealey ELR 1985, 250 (254); Everling WuW 1989, 877; Lenaerts/Gutman/Nowak, EU Procedural Law Rn. 10.17; Plender, European Courts Procedure, 2001, Rn. 11.017; Ress, Fact-finding before international tribunals, 1992, 177 (194 ff.).

[8] Vgl. Art. 58 EuGH-Satzung. Demzufolge können Rechtsmittel nach ständiger Rspr. nicht auf die Würdigung von Tatsachen gestützt werden, da für die Feststellung von Tatsachen – sofern sich nicht aus den Prozessakten ergibt, dass die Feststellungen tatsächlich falsch sind – und für ihre Würdigung – sofern die vorgelegten Beweise nicht verfälscht werden – allein das EuG zuständig ist (EuGH 7.1.2004 – verb. Rs. C-204/00 P, C-205/00 P, C-211/00 P, C-213/00 P, C-217/00 P, C-219/00 P, ECLI:EU:C:2004:6 = BeckRS 2004, 74942 Rn. 48 f. – Aalborg Portland ua/Kommission; EuGH 25.1.2007 – C-403/04 P, C-405/04 P, ECLI:EU:C:2007:52 Rn. 38 – Sumitomo Metal Industries und Nippon Steel/Kommission; EuGH 5.9.2019 – verb. Rs, C-447/17 P und C-479/17 P, ECLI:EU:C:2019:672 Rn. 137 – Europäische Union/Guardian Europe; EuGH 15.7.2021 – C-453/19 P, ECLI:EU:C:2021:608 Rn. 46 – Deutsche Lufthansa/Kommission).

[9] EuGH 10.1.2002 – C-480/99 P, ECLI:EU:C:2002:8 = BeckRS 2002, 162017 Rn. 20 – Plant ua/Kommission und South Wales Small Mines.

[10] ABl. 1988 L 319, 1. Der Vertrag von Nizza hat diesen Beschluss aufgehoben und seine wesentlichen Bestimmungen in die EuGH-Satzung aufgenommen.

klärungsmaßnahmen unmittelbar auf die Satzung gestützt hatte, fügte im Jahre 2000[11] eine eigene Regelung über „vorbereitende Maßnahmen" ein. Seit der grundlegenden Reform der Verfahrensordnung des EuGH aus dem Jahre 2012[12] ist die ausdrückliche Möglichkeit, prozessleitende Maßnahmen zu ergreifen, nunmehr auch in seiner Verfahrensordnung verankert.[13] Das EuG hat im Jahr 2015 seine Verfahrensordnung ebenfalls einer umfangreichen Reform unterzogen und einige Aspekte der Aufklärungsmaßnahmen präzisiert bzw. erstmalig ausdrücklich geregelt.[14]

4 Trotz der Neufassung der Verfahrensordnungen des EuGH und des EuG sind die in diesen enthaltenen Vorschriften zum Beweisrecht im Verhältnis zu den Rechtsordnungen der Mitgliedstaaten lückenhaft.[15] Dies erklärt sich vielleicht dadurch, dass der Beweiserhebung in den Verfahren vor dem EuGH eine geringe praktische Bedeutung zukommt und sich die Verfahrensordnung des EuG in Beweisfragen ursprünglich im Wesentlichen an der Verfahrensordnung des EuGH orientierte. Da Streit um Tatsachen insbes. in dem Verfahren vor dem EuG vorkommt, macht dieses Gericht von den zulässigen Aufklärungsmaßnahmen wesentlich mehr Gebrauch als der EuGH.[16] In diesem Zusammenhang ist daran zu erinnern, dass das EuG gerade mit dem Ziel geschaffen wurde, in Fällen, deren Entscheidung eine eingehende Prüfung komplexer Sachverhalte erfordert, die notwendige tatsächliche Aufklärung zu betreiben.[17] In der Praxis des EuG spielen aber die prozessleitenden Maßnahmen eine sehr viel wichtigere Rolle als die förmlichen Beweisaufnahmen.

5 Als **Gegenstand des Beweises** kommen wie im nationalen Recht **Tatsachen** und **Erfahrungssätze** in Betracht. Nicht beweisbedürftig sind Tatsachen, die offenkundig oder gerichtsbekannt sind,[18] sowie solche Tatsachen, für die im Recht der Europäischen Union eine Vermutung aufgestellt wird, wenn die Parteien keine Anhaltspunkte für einen abweichenden Sachverhalt darlegen. Ferner ist darauf hinzuweisen, dass der Unionsrichter nicht so streng an das Parteivorbringen gebunden ist wie der nationale Richter im Zivilprozess. Er kann seine Entscheidung auf das gesamte Vorbringen der Parteien und auf die Ergebnisse von prozessleitenden Maßnahmen und Beweisaufnahmen stützen, unabhängig davon, welche Partei diese Tatsachen in den Prozess eingeführt hat. Eine Bindung des Unionsrichters an nicht bestrittene Tatsachenbehauptungen der Parteien besteht nicht. Allerdings wird er unstreitige Tatsachen normalerweise nicht von Amts wegen überprüfen und diese in der Regel als gegeben ansehen.[19] **Rechtssätze** des Unionsrechts kommen als Gegenstand des Beweises nicht in Betracht. Fraglich ist dagegen, wie das Recht der Mitgliedstaaten zu

---

[11] Änderungen der Verfahrensordnung v. 16.5.2000 (ABl. 2000 L 122, 43).
[12] ABl. 2012 L 265, 1. Vgl. hierzu zB Dittert EuZW 2013, 726 ff; Gaudissart, La refonte du règlement de procédure de la Cour de justice, Cahier de droit européen, 3/2012, 60 3 ff.
[13] Art. 61, 62 EuGHVfO. Ferner kann der EuGH in Vorabentscheidungsverfahren nach Art. 101 EuGH-VfO das vorlegende Gericht um Klarstellungen ersuchen.
[14] ABl. 2015 L 105, 1. Zu den wesentlichen Merkmalen dieser Reform vgl. zB Andová/von Bardelben, La refonte du règlement de procédure du Tribunal de l'Union européenne: pour une efficacité juridictionnelle renforcée, Revue Europe 7/2015, 5 ff.; Biavati, The General Court's new rules of procedure, The new EU judiciary 2018, 293 ff.
[15] Allg. zum Beweisrecht vor den Unionsgerichten Berger FS Schumann, 2001, 27 ff.; Everling WuW 1989, 877 ff.; Lasok, Lasok's European Court, Practice and Procedure, 3. Aufl. 2017, 851 ff.; Lenaerts/Gutman/Nowak EU Procedural Law Rn. 24.46 ff.; Plender European Courts Procedure, 2001, Rn. 10.094 ff., 11.001 ff.
[16] Bis zu seiner Auflösung im Jahr 2016 galt dies auch für das EuGöD.
[17] Vgl. den Beschluss zur Errichtung des EuG, ABl. 1988 L 319, 1, 3 (Begründungserwägung).
[18] GA Bot 8.1.2015 SchlA – C-605/13 P und C-630/13 P, ECLI:EU:C:2015:2 Rn. 174 ff – Anbouba/Rat. Vgl. auch Ó Caoimh European Competition Law Annual 2009, 271 (275).
[19] Lasok, Lasok's European Court, Practice and Procedure, 3. Aufl. 2017, 876. Vgl.zB im Falle von einem Vertragsverletzungsverfahren EuGH 17.4.2018 – C-441/17, ECLI:EU:C:2018:255 Rn. 73 – Kommission/Polen (Wald von Białowieża), C-399/17, ECLI:EU:C:2019:200 Rn. 30 – Kommission/Tschechische Republik; und im Falle von einer Nichtigkeitsklage EuG 14.3.2019 – T-323/16, 28.11.2019 – ECLI:EU:T:2019:822 Rn. 67 und 68 – Banco Cooperativo Español/CRU, 15.12.2021 – T-158/19, ECLI:EU:T:2021:902 Rn. 106 – Breyer/REA.

behandeln ist. Neben dem Studium der nationalen Rechtsquellen durch die Richter[20] kommt als Erkenntnisgrundlage der Parteivortrag in Betracht. So hat der EuGH im Urteil zum deutschen Reinheitsgebot für Bier die Darstellung des deutschen Rechts durch die Bundesregierung seinem Urteil mit dem Hinweis zugrunde gelegt, dass die Kommission dieser Darstellung nicht widersprochen hatte.[21] Daneben können Fragen an den Mitgliedstaat, um dessen Recht es geht (und der nicht zu den Parteien des Rechtsstreits zu gehören braucht), gestellt werden.

B. Darlegungs- und Beweislast

Auch in Verfahren vor den Gerichten der EU kann zwischen **subjektiver** oder formeller Beweislast und **objektiver** oder materieller **Beweislast** unterschieden werden, wobei Anhaltspunkte hierfür in erster Linie aus der Rechtsprechung abgeleitet werden können.[22] Während die subjektive Beweislast dafür maßgeblich ist, welcher der Beteiligten den Tatsachenstoff vorzutragen und ggf. die erforderlichen Beweisanträge unter Angabe der jeweiligen Beweismittel zu stellen hat, ergibt sich aus den Regeln über die objektive Beweislast, wie die Richter zu entscheiden haben, wenn der Sachverhalt nicht aufgeklärt werden kann. Die Frage der subjektiven Beweislast (oder Beweisführungslast) stellt sich nur in Verfahren, in denen die Verhandlungsmaxime gilt. Die objektive Beweislast (sog. Feststellungslast) ist dagegen auch im Anwendungsbereich des Untersuchungsgrundsatzes von Bedeutung.

Das Verfahren vor den Gerichten der EU mit seiner Mischung aus Verhandlungs- und Untersuchungsgrundsatz kennt nicht nur die objektive, sondern auch die **subjektive Beweislast**. Auch wenn die Unionsgerichte den Sachverhalt von Amts wegen aufklären können, sind sie bei der Entscheidungsfindung weitgehend auf den Vortrag der Verfahrensbeteiligten angewiesen.[23] Die Sachverhaltsaufklärung durch den Unionsrichter ist fakultativ und hat gegenüber dem Parteivortrag nur ergänzende Funktion.[24] Insbesondere obliegt es dem Kläger, seine Klagegründe sowohl in tatsächlicher als auch in rechtlicher Hinsicht schlüssig darzustellen und seinen Vortrag, so weit möglich, durch Dokumente oder sonstige Beweismittel zu belegen. Nur wenn der Kläger die Voraussetzungen der Zulässigkeit und Begründetheit seiner Klage, bzw. der Beklagte seine Verteidigungsmittel substantiiert darlegt,[25] haben die Unionsgerichte Anlass, den Sachverhalt, wenn nötig, weiter aufzuklären.[26] Ist das Vorbringen einer Partei dagegen nicht ausreichend substantiiert, wird es normalerweise ohne weitere Aufklärungsmaßnahmen zurückgewiesen.

6

7

---

[20] Bei dem sie vom wissenschaftlichen Dienst des EuGH durch Vermerke zum nationalen Recht (sog. *notes de recherche*) unterstützt werden können.
[21] EuGH 12.3.1987 – 178/84, ECLI:EU:C:1987:126 Rn. 3 = NJW 1987, 1133 – Kommission/Deutschland.
[22] GA Kokott 8.12.2005 SchlA – C-105/04 P, ECLI:EU:C:2005:751 = BeckRS 2006, 137713, Rn. 73 – Nederlandse Federatieve Vereniging voor de Groothandel op Elektrotechnisch Gebied/Kommission; GA Trstenjak 15.5.2008 SchlA – C-510/06 P, ECLI:EU:C:2008:280 Rn. 144 und 145 – Archer Daniels Midland/Kommission. Die englischsprachige, vom *common law* beeinflusste Literatur unterscheidet in diesem Zusammenhang zwischen „*legal burden of proof*" bzw. „*burden of persuasion*" und „*evidential burden of proof*" bzw. „*burden of adducing evidence*" (vgl. zB Brealey ELR 1985, 250 ff.; Lasok, Lasok's European Court, Practice and Procedure, 3. Aufl. 2017, 980 ff; Nazzini ELR 2006, 518 (524)); sa Castillo de la Torre European Competition Law Annual 2009, 319 (330 ff.). Vgl. hierzu ausführlich Zierke, Die Steuerungswirkung der Darlegungs- und Beweislast im Verfahren vor dem Gerichtshof der Europäischen Union, 2015, 9 ff.
[23] Everling WuW 1989, 877 (880).
[24] Lenaerts/Gutman/Nowak, EU Procedural Law Rn. 24.48; Berger FS Schumann, 2001, 27 (30).
[25] GA Kokott spricht in diesem Zusammenhang vom Wechselspiel der Darlegungslasten, das der Beweislast vorgelagert ist (8.12.2005 SchlA – C-105/04 P, ECLI:EU:C:2005:751 = BeckRS 2006, 137713, Rn. 73 – Nederlandse Federatieve Vereniging voor de Groothandel op Elektrotechnisch Gebied/Kommission).
[26] Brealey ELR 1985, 250 (252), Everling WuW 1989, 884; Lenaerts/Gutman/Nowak, EU Procedural Law Rn. 24.48; Schuurmans Review of European Administrative Law 2008, 5 (17).

8 Für die **Verteilung der objektiven Beweislast** in den Verfahren vor den europäischen Gerichten existieren so gut wie keine ausdrücklichen Vorschriften.[27] Rechtsprechung und Literatur haben zumeist auf **verfahrensrechtliche Erwägungen** zurückgegriffen,[28] um Beweislastregeln für die verschiedenen Verfahren vor den europäischen Gerichten zu entwickeln. So wird oft der Grundsatz *actor incumbit probatio* herangezogen, der auf die Parteirolle abstellt und nach dem der Kläger die Beweislast für die zur Begründung seiner Klage erforderlichen Behauptungen trägt, während der Beklagte sein Verteidigungsvorbringen beweisen muss, soweit es sich nicht auf das Bestreiten des Klägervortrags beschränkt.[29] *Ule*[30] hält das „Wesen des Prozesses" für ausschlaggebend und unterscheidet nach den verschiedenen Klagearten. Dem steht ein **materiell-rechtlicher Ansatz** gegenüber, dessen Vertreter sich teils an die Normentheorie *Rosenbergs* anlehnen, nach der derjenige, der sich auf eine Norm beruft, deren tatsächliche Voraussetzungen zu beweisen hat, während rechtshindernde, rechtsvernichtende und rechtshemmende Tatsachen vom Gegner zu beweisen sind.[31] Eine Variante dieser Auffassung will die Verteilung der Beweislast „nach materiell-rechtlichen Gesichtspunkten [vornehmen], die aufgrund der Auslegung des materiellen Gemeinschaftsrechts nach Wortlaut, Systematik, Sinn und Zweck sowie Entstehungsgeschichte und Zielen – zu ermitteln sind".[32] Die Rechtsprechung lässt nicht immer erkennen, auf welche Grundsätze sie ihre Beweislastentscheidungen stützt, zumal die unterschiedlichen Ansichten oft zu den gleichen Lösungen führen. Es lassen sich jedoch Faustregeln für verschiedene Verfahrensarten erkennen, die von Fall zu Fall im Hinblick auf die anwendbaren materiellen Rechtsnormen angepasst werden.[33]

9 Im **Vertragsverletzungsverfahren** obliegt es so der Kommission, das Vorliegen der behaupteten Vertragsverletzung nachzuweisen.[34] Der EuGH klärt den Sachverhalt normalerweise nicht weiter auf, wenn der Kommission dieser Nachweis nicht mit ihren eigenen Mitteln gelingt. So hat er den Antrag der Kommission auf Einholung eines Sachverständigengutachtens zum Beweis der Vertragsverletzung eines Mitgliedstaates zurückgewiesen.[35] In manchen Fällen genügt es jedoch, wenn die Kommission genügend Anhaltspunkte für eine Vertragsverletzung beibringt. Wenn es zB um die Prüfung der Frage geht, ob die nationalen Bestimmungen, mit denen die wirksame Durchführung einer Richtlinie sichergestellt werden soll, in der Praxis korrekt angewandt werden, obliegt es dem Mitgliedstaat, wenn die Kommission genügend Anhaltspunkte dafür beigebracht hat, dass die nationalen Vorschriften zur Umsetzung einer Richtlinie im Hoheitsgebiet des beklagten Mitgliedstaats in der Praxis nicht ordnungsgemäß angewandt werden, diese Anhaltspunkte und die sich

---

[27] Baumhof, Die Beweislast im Verfahren vor dem Europäischen Gerichtshof, 1995, S. 21. Eine Ausnahme bildet Art. 2 der VO (EG) Nr. 1/2003. Dieser Vorschrift zu Folge obliegt in den Verfahren zur Anwendung der Art. 101, 102 AEUV die Beweislast für eine Zuwiderhandlung gegen Art. 101 Abs. 1 AEUV oder Art. 102 AEUV der Kommission. Die Beweislast dafür, dass die Voraussetzungen von Art. 101 Abs. 3 AEUV erfüllt sind, obliegt allerdings den Unternehmen oder Unternehmensvereinigungen, die sich auf diese Bestimmung berufen.
[28] Ausf. zu den verschiedenen Meinungen Baumhof, Die Beweislast im Verfahren vor dem Europäischen Gerichtshof, 1995, S. 44 ff.
[29] ZB Brealy ELR 1985, 250 (255); weitere Nachw. bei Baumhof, Die Beweislast im Verfahren vor dem Europäischen Gerichtshof, 1995, S. 45 Fn. 3; s. betr. das Wettbewerbsrecht auch Sibony/Barbier de la Serre Revue trimestrielle de droit européen, 2007, 205 (219 f.).
[30] Ule DJT-Gutachten, 1966, S. 84 ff.
[31] ZB André, Beweisführung und Beweislast im Verfahren vor dem Europäischen Gerichtshof, 1966, S. 195.
[32] Baumhof, Die Beweislast im Verfahren vor dem Europäischen Gerichtshof, 1995, S. 114.
[33] Hierzu ausf. Zierke, Die Steuerungswirkung der Darlegungs- und Beweislast im Verfahren vor dem Gerichtshof der Europäischen Union, 2015, 447 ff.
[34] EuGH 25.5.1982 – 96/81, ECLI:EU:C:1982:192 = BeckRS 2004, 73970 Rn. 6 – Kommission/Niederlande; EuGH 12.7.2012 – C-562/10, ECLI:EU:C:2012:442 = BeckRS 2012, 81450 Rn. 41 – Kommission/Deutschland; EuGH 22.4.2021 – C-537/19, ECLI:EU:C:2021:319 Rn. 55 – Kommission/Österreich; Ule DJT-Gutachten, 1966, S. 84 f.; Everling WuW 1989, 877 (885); ausf. zur Entwicklung der Rspr. Baumhof, Die Beweislast im Verfahren vor dem Europäischen Gerichtshof, 1995, S. 116 ff.
[35] EuGH 25.4.1989 – 141/87, ECLI:EU:C:1989:165 Rn. 17 = NJW 1990, 970 – Kommission/Italien.

daraus ergebenden Schlussfolgerungen substantiiert zu bestreiten.[36] Beruft sich ferner der beklagte Mitgliedstaat auf eine Ausnahmeregelung, so obliegt ihm normalerweise der Nachweis, dass der Ausnahmetatbestand erfüllt ist.[37]

Bei **Schadensersatzklagen**[38] obliegt dem Kläger, Beweise für das Vorliegen und den Umfang des von ihr geltend gemachten Schadens sowie für das Bestehen eines hinreichend unmittelbaren ursächlichen Zusammenhangs zwischen dem betreffenden Verhalten der Union und dem geltend gemachten Schaden zu erbringen.[39] Ausnahmsweise kann es zu einer **Beweislastumkehr** kommen, wenn der Beklagte besser in der Lage ist als der Kläger, den Beweis dafür zu erbringen, welcher von mehreren möglichen Umständen den Schaden verursacht hat.[40] Eine solche Sphärentheorie wendet der EuGH in einem Fall an, in dem ein Beamter Ersatz für Körperschäden verlangte, die er bei einem Verkehrsunfall während einer Dienstfahrt erlitten hatte. Zu dem Unfall war es durch die Ablösung der Laufläche des Reifens an dem verwendeten Dienstwagen gekommen, wofür nach einem Sachverständigengutachten verschiedene Ursachen in Betracht kamen, zu denen auch Wartungsmängel gehörten. Da die beklagte Kommission keinerlei Beweis dafür angetreten hatte, welche dieser möglichen Ursachen vorgelegen hatte, obwohl es sich um Umstände in ihrer Sphäre handelte, entschied der Gerichtshof zugunsten des Klägers, der behauptet hatte, ein Amtsfehler der Kommission in Form eines Wartungsmangels sei für den Unfall ursächlich gewesen. 10

Bei der **Untätigkeitsklage** trägt der Kläger die Beweislast für die Tatsachen, aus denen sich die Pflicht der Kommission zum Handeln und deren Verletzung ergibt,[41] sowie für die ordnungsgemäße Durchführung des Vorverfahrens. 11

Im Hinblick auf die **Nichtigkeitsklage** ist zu betonen, dass für die Handlungen der Organe der Europäischen Union grundsätzlich die Vermutung der Rechtmäßigkeit (présomption de légalité) gilt.[42] Hieraus wird abgeleitet, dass derjenige, der sich auf die Rechtswidrigkeit einer solchen Handlung beruft, den Nachweis dafür erbringen muss.[43] Demzufolge trifft die Beweislast bei einer Nichtigkeitsklage häufig den Kläger in Bezug auf das, was er geltend macht.[44] Beispielsweise wurde bereits entschieden, dass dem Unternehmen, das im Rahmen von einem Dumpingverfahren eine individuelle Behandlung beantragt, die Beweislast für das Vorliegen der Voraussetzungen für so eine Behandlung obliegt.[45] Ferner hat der Unionsrichter auf dem Gebiet der staatlichen Beihilfen bereits klargestellt, dass es 12

---

[36] EuGH 22.4.2021 – C-537/19, ECLI:EU:C:2021:319 Rn. 56 – Kommission/Österreich. Ausf. zur Darlegungs- und Beweislast für die nicht ordnungsgemäße Richtlinienumsetzung und -anwendung Zierke, Die Steuerungswirkung der Darlegungs- und Beweislast im Verfahren vor dem Gerichtshof der Europäischen Union, 2015, 254 ff.
[37] EuGH 15.10.2009 – C-275/08, ECLI:EU:C:2009:632 = BeckEuRS 2008, 477891 Rn. 56 – Kommission/Deutschland; EuGH 15.12.2009 – C-239/06, ECLI:EU:C:2009:784 = BeckRS 2009, 71403 Rn. 50 – Kommission/Italien; EuGH 2.4.2020 – verb. Rs. C-715/17, C-718/17 und C-719/17, ECLI:EU:C:2020:257 Rn. 147 – Kommission/Polen, Ungarn und Tschechische Republik.
[38] Dazu ausf. Baumhof, Die Beweislast im Verfahren vor dem Europäischen Gerichtshof, 1995, S. 263 ff.
[39] EuGH 30.5.2017 – C-45/15 P, ECLI:EU:C:2017:402 Rn. 62 – Safa Nicu Sepahan/Rat; EuGH 5.9.2019 – C-447/17 P, ECLI:EU:C:2019:672 Rn. 135 – Europäische Union/Guardian Europe; Everling WuW 1989, 877 (884); Baumhof, Die Beweislast im Verfahren vor dem Europäischen Gerichtshof, 1995, S. 27, 250 ff. mwN.
[40] EuGH 8.10.1986 – verb. Rs. 169/83, 136/84, ECLI:EU:C:1986:371 = BeckRS 2004, 71924 Rn. 17 – Leussink-Brummelhuis/Kommission; krit. Baumhof, Die Beweislast im Verfahren vor dem Europäischen Gerichtshof, 1995, S. 259 f.
[41] Ule DJT-Gutachten, 1966, S. 85.
[42] EuGH 15.6.1994 – C-137/92 P, ECLI:EU:C:1994:247 Rn. 48 – Kommission/BASF ua; EuGH 21.12.2011 – C-27/09 P, ECLI:EU:C:2011:853 Rn. 74 – Frankreich/People's Mojahedin Organization of Iran; EuGH 31.5.2017 – C-228/16 P, ECLI:EU:C:2017:409 Rn. 16 – DEI/Kommission.
[43] EuGH 12.7.1979 – 166/78, ECLI:EU:C:1979:195 = BeckRS 2004, 71898 Rn. 15 – Italien/Rat; EuG 8.3.2007 – T-340/04, ECLI:EU:T:2007:81 = BeckRS 2008, 70207 Rn. 131 – France Télécom/Kommission; EuG 8.3.2011 – T-37/05, ECLI:EU:T:2011:76 Rn. 156 – World Wide Tobacco España/Kommission.
[44] Brealy ELR 1985, 250 (255); Donnat, Contentieux communautaire de l'annulation, 2008, S. 138.
[45] EuG 26.9.2012 – T-269/10, ECLI:EU:T:2012:474 Rn. 42 – LIS/Kommission.

dem Mitgliedstaat, der eine Differenzierung zwischen Unternehmen im Bereich von Belastungen vorgenommen hat, obliegt darzutun, dass diese tatsächlich durch die Natur und den inneren Aufbau des fraglichen Systems gerechtfertigt ist.[46] Ebenfalls wurde bereits entschieden, dass der Kläger, der bei einem Verfahren, das auf die Kontrolle einer Entscheidung auf dem Gebiet des Zugangs der Öffentlichkeit zu Dokumenten gerichtet ist, das überwiegende öffentliche Interesse an der Verbreitung eines Dokuments geltend macht, konkrete Umstände anführen muss, die eine Verbreitung der betroffenen Dokumente rechtfertigen, um darzutun, dass ein öffentliches Interesse schwerer wiegt als die Gründe für die Verweigerung der Freigabe des fraglichen Dokuments.[47]

13 In einigen Bereichen – insbes. im Falle der Beurteilung komplexer wirtschaftlicher oder technischer Fragen – steht den Organen bei ihren Handlungen ein weiter Ermessensspielraum zu, dem eine **eingeschränkte Rechtmäßigkeitskontrolle** der Unionsgerichte entspricht. Diese prüfen nur, ob die Verfahrensregeln und die Vorschriften über die Begründung eingehalten wurden, ob der Sachverhalt zutreffend festgestellt wurde und ob kein offensichtlicher Beurteilungsfehler und kein Ermessensmissbrauch vorliegen.[48] Hier trifft die Beweislast für das Vorliegen eines offensichtlichen Beurteilungsfehlers den Kläger.[49] Auch den **Ermessensmissbrauch** iSv Art. 263 AEUV muss der Kläger nachweisen. Dazu muss er objektive, schlüssige und übereinstimmende Anhaltspunkte beibringen, aus denen sich der Schluss ziehen lässt, dass mit dem angefochtenen Akt ein anderer als der angegebene Zweck verfolgt wurde.[50]

14 Falls jedoch die Klage auf die Nichtigerklärung eines Rechtsaktes eines Organs der Europäischen Union gerichtet ist, durch den Sanktionen verhängt wurden, trifft die Beweislast für das Vorliegen einer Zuwiderhandlung die beklagte Partei. Somit obliegt im **Wettbewerbsrecht** grundsätzlich der Kommission der Nachweis, dass ein Wettbewerbsverstoß vorliegt,[51] insbes., dass ein Unternehmen sich an einem Kartell beteiligt hat,[52] und wie lange die Zuwiderhandlung gedauert hat[53].[54] Beim Nachweis des Vorliegens einer Zuwiderhandlung gegen das Wettbewerbsrecht kann sich die Kommission jedoch auf ein Bündel von Indizien stützen.[55] Ausgehend von der Unschuldsvermutung kommen eventu-

---

[46] EuGH 29.4.2004 – C-159/01, ECLI:EU:C:2004:246 = BeckRS 2004, 74538 Rn. 42 f. – Niederlande/Kommission.
[47] EuGH 11.5.2017 – C-562/14 P, ECLI:EU:C:2017:356 Rn. 56 – Schweden/Kommission.
[48] EuG 11.9.2002 – T-13/99, ECLI:EU:T:2002:209 Rn. 166 = LMRR 2002, 112 – Pfizer Animal Health/Rat; EuG 17.9.2007 – T-201/04, ECLI:EU:T:2007:289 = BeckRS 2007, 70806 Rn. 87 – Microsoft/Kommission; EuG 14.10.2009 – T-390/08, ECLI:EU:T:2009:401 = BeckRS 2011, 87097 Rn. 36 – Bank Melli Iran/Rat; EuG 18.3.2015 – T-30/12, ECLI:EU:T:2015:159 Rn. 20 – IDT Biologika/Kommission.
[49] EuG 17.9.2007 – T-201/04, ECLI:EU:T:2007:289 = BeckRS 2007, 70806 Rn. 380 – Microsoft/Kommission.
[50] EuGH 11.11.2004 – verb. Rs. C-186/02 P und 188/02 P, ECLI:EU:C:2004:702 Rn. 44 – Ramondín ua/Kommission; EuG 18.11.2020 – T-271/10 RENV II, ECLI:EU:T:2020:548 Rn. 48 – H/Rat.
[51] EuGH 22.11.2012 – C-89/11 P, ECLI:EU:C:2012:738 = BeckRS 2012, 81296 Rn. 71 – E.ON Energie/Kommission; EuGH 16.2.2017 – C-95/15 P, ECLI:EU:C:2017:125 Rn. 87 – ChemPharm/Kommission.
[52] EuGH 17.12.1998 – C-185/95 P, ECLI:EU:C:1998:608 Rn. 58 – Baustahlgewebe/Kommission; EuGH 7.1.2004 – verb. Rs. C-204/00 P, C-205/00 P, C-211/00 P, C-213/00 P, C-217/00 P, C-219/00 P, ECLI:EU:C:2004:6 Rn. 78 – Aalborg Portland ua/Kommission; EuG 3.3.2011 – verb. Rs. T-122/07 bis T-124/07, ECLI:EU:T:2011:70 Rn. 52 – Siemens Österreich ua/Kommission; sa Art. 2 VO (EG) Nr. 1/2003 und Fn. 30.
[53] EuGH 7.7.1994 – T-43/92, ECLI:EU:T:1994:79 Rn. 79 – Dunlop Slazenger/Kommission; EuG 27.6.2012 – T-439/07, ECLI:EU:T:2012:320 = BeckEuRS 2012, 680544 Rn. 161 – Coats Holdings/Kommission.
[54] Hierzu ausf. Zierke, Die Steuerungswirkung der Darlegungs- und Beweislast im Verfahren vor dem Gerichtshof der Europäischen Union, 2015, 322 ff.
[55] EuGH 27.6.2012 – verb. Rs. C-204/00 P, C-205/00 P, C-211/00 P, C-213/00 P, C-217/00 P, C-219/00 P, ECLI:EU:C:2004:6 Rn. – Aalborg Portland ua/Kommission; 1.7.2010 – C-407/08 P, ECLI:EU:C:2010:389 Rn. 47–49 – Knauf Gips/Kommission; EuGH 6.12.2012 – C-441/11 P, ECLI:EU:C:2012:778 = BeckRS 2012, 81393 Rn. 70, 71 – Kommission/Verhuizingen Coppens; EuGH 18.3.2021 – C-440/19 P, ECLI:EU:C:2021:214 Rn. 110 – Pometon/Kommission.

elle Zweifel dem Kläger zugute.[56] In gewissen Fällen genügt eine widerlegbare Vermutung, um den Nachweis einer Zuwiderhandlung zu erbringen,[57] bzw. um eine Muttergesellschaft in Haftung nehmen[58] zu können. Falls die Freistellung nach Art. 101 Abs. 3 AEUV beantragt wird, trägt das betroffene Unternehmen die Beweislast.[59]

Sofern die Verhängung **restriktiver Maßnahmen** im Rahmen der Gemeinsamen Außen- und Sicherheitspolitik, wie zB das Einfrieren von Geldern, Verfahrensgegenstand ist, kann der Rechtsprechung entnommen werden, dass die Beweislast dafür, dass diese Maßnahmen nach den einschlägigen Rechtsvorschriften gerechtfertigt sind, dem Rat obliegt.[60]

C. Prozessleitende Maßnahmen

Gemäß Art. 24 EuGH-Satzung können EuGH und EuG von den Parteien die **Vorlage aller Urkunden** und die **Erteilung sämtlicher Auskünfte** verlangen, die sie für wünschenswert halten. Darüber hinaus erlaubt Art. 24 Abs. 2 EuGH-Satzung das Einholen von Auskünften bei Mitgliedstaaten und Organen, Einrichtungen und sonstigen Stellen, die nicht Parteien sind. Nach Art. 25 EuGH-Satzung können die Unionsgerichte zudem jederzeit Gutachten in Auftrag geben und gem. Art. 26 EuGH-Satzung Zeugen vernehmen. Obwohl die Einholung von Gutachten und die Vernehmung von Zeugen lediglich im Rahmen einer formellen Beweisaufnahme (s. Teil D) angeordnet werden können, erfolgt das Anfordern von Auskünften und Unterlagen häufig formlos und ohne Beweisbeschluss. Beim EuG (vgl. Art. 88–90 EuGVfO) geschieht dies durch prozessleitende Maßnahmen. Wie bereits erwähnt, kann der EuGH seit der grundlegenden Reform seiner Verfahrensordnung im Jahre 2012 ebenfalls prozessleitende Maßnahmen beschließen (vgl. Art. 61, 62 EuGHVfO).

Im Verfahren vor dem EuGH können prozessleitende Maßnahmen neben den in Art. 24 EuGH-Satzung vorgesehenen Maßnahmen darin bestehen, bestimmte Fragen an die Verfahrensbeteiligten zur schriftlichen oder zur mündlichen Beantwortung zu stellen. Zugleich sollen sie, in den Verfahren, in denen eine mündliche Verhandlung durchgeführt wird, dazu dienen, die Verfahrensbeteiligten aufzufordern, ihre Plädoyers auf gewisse Fragen zu konzentrieren (Art. 61 Abs. 2 EuGHVfO). Prozessleitende Maßnahmen können sowohl von der zuständigen Kammer als auch vom Berichterstatter oder vom Generalanwalt beschlossen werden. Wenn so einer Aufforderung nicht nachgekommen wird, sind keine Sanktionen vorgesehen. In der Praxis kommt dies in den Verfahren vor dem EuGH jedoch kaum vor. Ferner ist auf die Sonderregelung für das Vorabentscheidungsverfahren hin-

---

[56] EuGH 8.7.1999 – C-199/92 P, ECLI:EU:C:1999:358 Rn. 149 f. = WuW 1999, 902 – Hüls/Kommission; EuGH 22.11.2012 – C-89/11 P, ECLI:EU:C:2012:738 = BeckRS 2012, 81296 Rn. 72 – E.ON Energie/Kommission; EUGH 16.2.2017 – C-90/15 P, ECLI:EU:C:2017:123 Rn. 18 –Hansen & Rosenthal und H&R Wax Company Vertrieb/Kommission; EuG 27.9.2006 – verb. Rs. T-44/02 OP, T-54/02 OP, T-56/02 OP, T- 60/02 OP, T-61/02 OP, ECLI:EU:T:2006:271= BeckRS 2006, 70837 Rn. 60 – Dresdner Bank ua/Kommission; EuG 24.9.2019 – T-105/17, ECLI:EU:T:2019:675 Rn. 204 – HSBC Holdings ua/Kommission.
[57] EuGH 25.1.2007 – verb. Rs. C-403/04 P, C-405/04 P, ECLI:EU:C:2007:52 Rn. 47 – Sumitomo Metal Industries und Nippon Steel/Kommssion.
[58] EuGH 10.9.2009 – C-97/08 P, ECLI:EU:C:2009:536 Rn. 60–62 = EuZW 2009, 816 – Akzo Nobel ua/Kommission; EuGH 15.4.2021 – C-694/19 P, ECLI:EU:C:2021:286 Rn. 47–49 – Italmobiliare ua/Kommission.
[59] EuGH 6.10.2009 – verb. Rs. C-501/06 P, C-513/06 P, C-515/06 P, C-519/06 P, ECLI:EU:C:2009:610 Rn. 83 = GRUR-Int. 2010, 509 – GlaxoSmithKline Services ua/Kommission ua; EuGH 25.3.2021 – C-588/16 P, ECLI:EU:C:2021:242 Rn. 110 – Generics (UK)/Kommission.
[60] EuG 4.12.2008 – T-284/08, ECLI:EU:T:2008:550 = BeckRS 2009, 70175 Rn. 54 – People's Mojahedin Organization of Iran/Rat; in diesem Zusammenhang sa EuG 14.10.2009 – T-390/08, ECLI:EU:T:2009:401 = BeckRS 2011, 87097 Rn. 37, 107 – Bank Melli Iran/Rat; EuGH 21.4.2015, C-605/13 P, EU:C:2015:248 Rn. 53 – Anbouba/Rat.

zuweisen. Nach Art. 101 EuGHVfO kann der Gerichtshof nach Anhörung des Generalanwalts das vorlegende Gericht um Klarstellungen ersuchen.

18 Nach Art. 89 EuGVfO kann das EuG prozessleitende Maßnahmen beschließen, um die Vorbereitung seiner Entscheidungen, den Verfahrensablauf, die Beweiserhebung und eine eventuelle gütliche Einigung der Parteien zu erleichtern. Dazu kann es insbes. den Parteien Fragen stellen, sie auffordern, zu bestimmten Aspekten des Rechtsstreits Stellung zu nehmen und ihr Vorbringen zu ergänzen, von den Parteien und sogar von Dritten Auskünfte verlangen, sich Unterlagen oder Beweismittel vorlegen lassen und die Parteien oder ihre Prozessbevollmächtigten zu Sitzungen laden.[61] Solche informellen Erörterungstermine *(réunions informelles)* können sowohl darauf abzielen, eine Einigung zwischen den Parteien herbeizuführen, als auch dazu, den weiteren Verlauf des Verfahrens im Einvernehmen mit den Parteien zu gestalten. ZB kann in komplexen Verfahren, etwa bei der Anfechtung von Bußgeldentscheidungen, die eine Vielzahl von Unternehmen betreffen, durch eine solche Sitzung die mündliche Verhandlung so vorbereitet werden, dass sich die Plädoyers auf diejenigen Punkte konzentrieren können, die einer mündlichen Erörterung bedürfen, und dass die Prozessvertreter der verschiedenen Parteien ihr Vorbringen miteinander abstimmen, um Wiederholungen zu vermeiden. So kann der Verfahrensablauf flexibel auf die jeweiligen Besonderheiten einer Rechtssache abgestimmt werden. Ebenfalls werden im Rahmen solcher informellen Sitzungen häufig Fragen der vertraulichen Behandlung von Schriftsätzen bzw. deren Anlagen erörtert. Wie der EuGH hat auch das EuG die Möglichkeit, wenn eine mündliche Verhandlung durchgeführt wird, die Parteien aufzufordern, ihre mündlichen Ausführungen auf eine oder mehrere Fragen zu konzentrieren.

19 Prozessleitende Maßnahmen werden in den Verfahren vor dem EuG – anders als Beweisaufnahmen – nicht durch förmlichen Gerichtsbeschluss angeordnet, sondern vom zuständigen Spruchkörper entschieden und den Parteien durch ein Schreiben des Kanzlers mitgeteilt. Dies erfolgt in der Regel nach Abschluss des schriftlichen Verfahrens und – falls das mündliche Verfahren eröffnet wurde – vor der mündlichen Verhandlung. Das EuG macht insbes. von der Möglichkeit, den Parteien Fragen zu stellen und sich dadurch genauere Kenntnis des Sachverhalts zu verschaffen oder Unklarheiten im Parteivorbringen auszuräumen, häufig Gebrauch.[62] Die Mitwirkung der Parteien an diesen Maßnahmen ist freiwillig, Zwangs- oder Sanktionsbefugnisse stehen dem Unionsrichter insoweit nicht zu.[63] In der Praxis wird die Mitwirkung an prozessleitenden Maßnahmen insbes. dann verweigert, wenn die betroffene Partei – häufig die Kommission – Unterlagen vorlegen soll, die ihrer Auffassung nach dem Kläger gegenüber vertraulich sind bzw. ihm nicht zugestellt und lediglich in der Kanzlei des EuG konsultiert werden sollten.[64] In so einem Fall kann ein förmlicher Beweisbeschluss erforderlich werden.[65] Sofern die Weigerung der Vorlage von Urkunden und der Erteilung von Auskünften nach Art. 24 Abs. 1 EuGH-Satzung auch nach einem Beweisbeschluss erfolgt, wird sie ausdrücklich festgestellt. Ob neben dieser Feststellung weitere Rechtsfolgen mit der Weigerung verbunden sind, ist nicht ausdrücklich

---

[61] Ausf. Wägenbaur EuGVerfO Art. 89 Rn. 1–22.
[62] Jaeger in Kanninen/Korjus/Rosas, EU Competition Law in Context: Essays in Honour of Virpi Tiili, 2009, S. 10 (11); Lenaerts/Gutman/Nowak, EU Procedural Law, 2. Aufl. 2023, Rn. 24.54.
[63] In Bezug auf die formelle Beweisaufnahme s. EuG 12.5.2010 – T-560/08 P, ECLI:EU:T:2010:192 = BeckEuRS 2010, 419948 Rn. 73 – Kommission/Meierhofer; Wägenbaur EuGVerfO Art. 90 Rn. 2.
[64] Hierbei ist zu berücksichtigen, dass die im Rahmen von prozessleitenden Maßnahmen vorgelegten Unterlagen den Hauptparteien gemäß Art. 65 Abs. 1 EuGVfO automatisch zugestellt werden.
[65] Vgl. Art. 92 EuGVfO; EuG 18.3.2009 – T-299/05, ECLI:EU:T:2009:72 = BeckRS 2009, 70289 Rn. 25 f. – Shanghai Excell M&E Enterprise und Shanghai Adeptech Precision/Rat; EuG 12.7.2011 – T-112/07, ECLI:EU:T:2011:342 = BeckRS 2011, 81112 Rn. 18 f. – Hitachi ua/Kommission; EuG 13.7.2011 – T-151/07, ECLI:EU:T:2011:365 = BeckRS 2012, 82573 Rn. 25 – KONE ua/Kommission; EuG 12.7.2019 – T-8/16, ECLI:EU:T:2019:522 Rn. 41 – Toshiba Samsung Storage Technology und Toshiba Samsung Storage Technology Korea/Kommission; EuG 28.11.2019 – verb. Rs. T-377/16, T-645/16 und T-809/16, ECLI:EU:T:2019:823 Rn. 34 – Hypo Vorarlberg Bank/CRU; EuG 27.10.2021 – T-411/18, ECLI:EU:T:2021:742 Rn. 21 – WM/Kommission.

geregelt, doch hat der Unionsrichter in seiner das Verfahren beendenden Entscheidung daraus die Konsequenzen zu ziehen.[66]

Prozessleitende Maßnahmen können in jedem Stadium des Verfahrens vor dem EuG (Art. 88 EuGVfO) von Amts wegen oder auf Antrag angeordnet werden. Nach dem Ende der mündlichen Verhandlung können prozessleitende Maßnahmen jedoch nur erfolgen, wenn deren Wiedereröffnung beschlossen wird.[67] Damit einem Antrag auf prozessleitende Maßnahmen stattgegeben werden kann, muss dieser die erbetenen Maßnahmen hinreichend bezeichnen und dem Gericht Anhaltspunkte dafür geben, dass diese Maßnahmen für das Verfahren zweckdienlich sind.[68] Ferner muss der Antragsteller, wenn der Antrag auf prozessleitende Maßnahmen nach dem ersten Schriftsatzwechsel, also zu einem Zeitpunkt gestellt wird, in dem neue Beweismittel in das Verfahren nicht mehr eingebracht werden können, begründen, warum der Antrag nicht früher gestellt werden konnte.[69] Bevor dem Antrag einer Partei auf Erlass oder Abänderung einer prozessleitenden Maßnahme stattgegeben wird, sind die anderen Parteien zu hören (Art. 88 Abs. 4 EuGVfO). Der EuGH hat bereits wiederholt klargestellt, dass es die Sache des EuG ist, zu entscheiden, ob es zur Vervollständigung der ihm vorliegenden Informationen erforderlich ist, von seiner Befugnis, prozessleitende Maßnahmen zu treffen, Gebrauch zu machen.[70] Wenn das EuG nicht gewillt ist, einem Antrag auf prozessleitende Maßnahmen stattzugeben, trifft es eine entsprechende Entscheidung in der Regel erst im Urteil oder im Beschluss, der das Verfahren beendet.[71]

Zu den Ergebnissen prozessleitender Maßnahmen ist den Parteien rechtliches Gehör zu gewähren.[72] Das kann durch Gelegenheit zur schriftlichen Stellungnahme oder in der mündlichen Verhandlung geschehen. Die Präklusion neuer Klage- und Verteidigungsgründe bzw. Beweise nach Art. 84 und 85 EuGVfO hindert das Gericht nicht daran, neue Elemente, die sich durch die prozessleitenden Maßnahmen ergeben haben, bei seiner Entscheidung zu berücksichtigen.[73]

---

[66] EuG 12.5.2010 – T-560/08 P, ECLI:EU:T:2010:192 = BeckEuRS 2010, 419948 Rn. 73 – Kommission/Meierhofer; EuG 13.12.2018 – T-76/18, ECLI:EU:T:2018:939 Rn. 83 – CN/Parlament; EuGH 10.6.1980 – 155/78, ECLI:EU:C:1980:150 Rn. 20, 21 – M./Kommission.
[67] EuGH 8.7.1999 – C-199/92 P, ECLI:EU:C:1999:358 Rn. 126 – Hüls/Kommission; in diesem Zusammenhang ist auch auf Rn. 128 desselben Urteils hinzuweisen, wonach einem Antrag auf Wiedereröffnung der mündlichen Verhandlung nur stattzugeben ist, wenn die betroffene Partei sich auf Tatsachen von entscheidender Bedeutung beruft, die sie nicht schon vor dem Ende der mündlichen Verhandlung geltend machen konnte.
[68] Dies ergibt sich nun ausdrücklich aus Art. 88 Abs. 2 EuGVfO, der die entsprechende Rechtsprechung kodifiziert; vgl. zB EuGH 17.12.1998 – C-185/95 P, ECLI:EU:C:1998:608 Rn. 93 = EuZW 1999, 115 – Baustahlgewebe/Kommission; EuG 7.5.2009 – T-151/05, ECLI:EU:T:2009:144 = BeckRS 2009, 70488 Rn. 218 – NVV ua/Kommission.
[69] Vgl. Art. 88 Abs. 2 EuGVfO; s. auch EuG 18.1.2005 – T-141/01, ECLI:EU:T:2005:10 = BeckRS 2005, 70041 Rn. 132 – Entorn/Kommission; EuG 13.12.2018 – T-591/15, ECLI:EU:T:2018:946 Rn. 260–264 – Transavia Airlines/Kommission.
[70] EuGH 28.1.2016 – C-61/15 P, ECLI:EU:C:2016:59 Rn. 94 und die dort zitierte Rechtsprechung – Heli-Flight/EASA.
[71] EuG 18.1.2005 – T-141/01, ECLI:EU:T:2005:10 = BeckRS 2005, 70041 Rn. 124–138 – Entorn/Kommission; EuG 25.10.2011 – T-190/08, ECLI:EU:T:2011:618 = BeckRS 2011, 81549 Rn. 239 – CHEMK und KF/Rat; EuG 20.10.2021 – T-296/18, ECLI:EU:T:2021:724 Rn. 176–178 – Polskie Linie Lotnicze „LOT"/Kommission.
[72] EuGH 2.12.2009 – C-89/08 P, ECLI:EU:C:2009:742 Rn. 52–55 – Kommission/Irland ua; EuGH 4.12.2019 – C-413/18 P, ECLI:EU:C:2019:1044 Rn. 103, 104, 114 – H/Rat.
[73] EuGH 14.5.1998 – C-259/96 P, ECLI:EU:C:1998:224 Rn. 31 – Rat/De Nil und Impens; EuG 14.12.2005 – T-210/01, ECLI:EU:T:2005:456 = BeckRS 2007, 70282 Rn. 505 – General Electric/Kommission.

D. Formelle Beweisaufnahme

I. Beweismittelkatalog

22 Als zulässige Beweismittel vor dem EuGH und dem EuG nennen Art. 64 Abs. 2 EuGHVfO und Art. 91 EuGVfO:

a) persönliches Erscheinen der Parteien,
b) Einholung von Auskünften und Vorlegung von Unterlagen,
c) Vernehmung von Zeugen (Zeugenbeweis),
d) Sachverständigengutachten und
e) Einnahme des Augenscheins.

23 Das **persönliche Erscheinen der Parteien** umfasst bei natürlichen Personen die Möglichkeit der Parteivernehmung. Anders als Zeugen und Sachverständige kann die Partei selbst nicht eidlich vernommen werden. Die persönliche Anwesenheit der Parteien kann auch dazu benutzt werden, auf eine gütliche Einigung hinzuwirken. Sanktionen gegenüber einer Partei, die der Anordnung des persönlichen Erscheinens keine Folge leistet, sind nicht vorgesehen.[74] In der Praxis kommt die Anordnung des persönlichen Erscheinens einer Partei sehr selten[75] und am ehesten in Sachen, die den öffentlichen Dienst betreffen, vor.[76]

24 Das **Einholen von Auskünften und das Anfordern von Dokumenten** im Wege des förmlichen Beweisverfahrens kommt von den zulässigen Beweismitteln am häufigsten vor und ist insbes. dann erforderlich, wenn entsprechende prozessleitende Maßnahmen nicht befolgt worden sind (s. → Rn. 16 ff.). Verlangt werden kann nur die Vorlage von Unterlagen, die zweckdienlich sind, dh für die Entscheidung des Rechtsstreits erheblich oder zumindest erforderlich sind.[77] Der Grundsatz des rechtlichen Gehörs, der vor dem EuG in Art. 64 EuGVfO zum Ausdruck kommt, gebietet es grundsätzlich, alle angeforderten Schriftstücke den Parteien des Rechtsstreits zu übermitteln.[78] Art. 65 Abs. 1 EuGVfO nennt jene Fälle, in denen hiervon abgewichen werden kann. Es ist uU im Verhältnis zu Streithelfern und für den Fall der Verbindung von Rechtssachen möglich. Sofern es sich um Unterlagen handelt, die dem Kläger bzw. dem Beklagten gegenüber vertraulichen Charakter haben sollen, erlaubt Art. 103 Abs. 1 EuGVfO so lange, wie das Gericht prüft, ob ein Schriftstück, das für die Entscheidung des Rechtsstreits von Belang sein kann, vertraulich ist, diesen der anderen Hauptpartei nicht bekannt zu gegeben.[79] Nach dieser Prüfungsphase wird der Gegenpartei bzw. lediglich ihren Prozessbevollmächtigten Zugang zu Unterlagen gewährt, die das Gericht bei seiner Entscheidung zu berücksichtigen gedenkt, und zwar auch dann, wenn sich ihr vertraulicher Charakter bestätigt. Falls dies für die Entscheidung des Gerichts ausreicht, werden nichtvertrauliche Fassungen bzw. Zusammenfassungen der betroffenen Unterlagen angefordert und der anderen Hauptpartei zugänglich gemacht.

---

[74] Lenaerts/Gutman/Nowak EU Procedural Law Rn. 24.56.
[75] EuG 12.5.2015 – T-562/12, ECLI:EU:T:2015:270 Rn. 33–37 – Dalli/Kommission.
[76] EuG 29.1.1990 – T-59/89, T-59/89, ECLI:EU:T:1990:8 Rn. 6 – Yorck von Wartenburg/Parlament; EuGöD 16.1.2007 – F-126/05, ECLI:EU:F:2007:12 Rn. 17 – Borbély/Kommission.
[77] Dies gilt für alle Beweismittel. Vgl. EuG 16.5.2001 – T-68/99, ECLI:EU:T:2001:138 Rn. 40 – Toditec/Kommission; EuG 23.4.2018 – T-747/16, ECLI:EU:T:2018:211 Rn. 87–88 – Vincenti/EUIPO; EuGH 14.3.2013 – C-276/11 P, ECLI:EU:C:2013:163 Rn. 39 – Viega/Kommission; EuGH 30.1.2019 – C-440/18 P, ECLI:EU:C:2019:77 Rn. 5 – Verein Deutsche Sprache/Kommission.
[78] Die kann uU gemäß Art. 92 Abs. 3 EuGVfO auch durch Einsicht bei der Kanzlei geschehen, ohne dass Kopien angefertigt werden dürfen. Dies muss dann ausdrücklich im Beweisbeschluss angeordnet werden und geschieht häufig, wenn es um den Zugang zu den Erklärungen von Kronzeugen in Wettbewerbssachen geht. Solche Zugangsmodalitäten sind der formellen Beweisaufnahme vorbehalten.
[79] Ein entsprechender Beschluss ist zB in der EuG 18.3.2009 – T-299/05, ECLI:EU:T:2009:72 – BeckRS 2009, 7028 – Shanghai Excell M&E Enterprise und Shanghai Adeptech Precision/Rat, in EuG 13.7.2011 – T-151/07, ECLI:EU:T:2011:365 – BeckRS 2012, 82573 – KONE ua/Kommission, in EuG 28.11.2019 – verb. Rs. T-377/16, T-645/16 und T-809/16, ECLI:EU:T:2019:823 – Hypo Vorarlberg Bank/CRU und in EuG 27.10.2021 – T-411/18, ECLI:EU:T:2021:742 – WM/Kommission ergangen.

Ferner bestimmt Art. 104 EuGVfO als Spezialvorschrift für Rechtsstreitigkeiten, die den Zugang zu Dokumenten eines Unionsorgans betreffen, dass das Schriftstück, zu dem der Zugang verwehrt worden ist, dem EuG vorgelegt wird, aber von der Übermittlung an die anderen Parteien ausgenommen ist. Zuletzt ist darauf hinzuweisen, dass Art. 105 EuGVfO, der durch die Reform[80] der EuGVfO im Jahr 2015 eingeführt wurde, regelt, wie besonders sensible Auskünfte und Unterlagen, die die Sicherheit der Union oder ihrer Mitgliedstaaten oder die Gestaltung ihrer internationalen Beziehungen berühren, zu behandeln sind.[81] Im Rechtsmittelverfahren ist auf solche Auskünfte und Unterlagen Art. 190a EuGHVfO anwendbar. Andere Vorschriften zur Behandlung von vertraulichen. durch Beweisaufnahme erlangten Informationen beinhaltet die Verfahrensordnung des EuGH nicht.

Zeugenvernehmungen kommen in Prozessen vor den Unionsgerichten nur selten vor.[82] Sie können von Amts wegen oder auf Antrag stattfinden. Der Beweisbeschluss, der die Vernehmung des Zeugen anordnet, hat die Tatsachen anzugeben, die bewiesen werden sollen (Art. 66 Abs. 3 EuGHVfO, Art. 93 EuGVfO). Zeugen sind verpflichtet, vor den Unionsgerichten zu erscheinen und auszusagen (Art. 69 EuGHVfO, Art. 95 EuGVfO). Sie können nach ihrer Aussage (Art. 68 EuGHVfO, Art. 94 Abs. 5 EuGVfO) vereidigt werden. Aus „berechtigtem Grund" darf ein Zeuge die Aussage verweigern (vgl. Art. 69 Abs. 3 EuGHVfO, Art. 95 Abs. 3 EuGVfO). Welche Gründe als berechtigt anzusehen sind, ist in den Verfahrensvorschriften nicht ausdrücklich geregelt. Gegen Zeugen, die trotz ordnungsgemäßer Ladung nicht erscheinen oder ihre Pflicht zur Aussage und zur Eidesleistung nicht erfüllen, kann eine Geldbuße von bis zu 5.000 EUR verhängt werden. 25

Sachverständigengutachten können durch Beweisbeschluss von Amts wegen oder auf Antrag einer Partei eingeholt werden. In der Praxis der Unionsgerichte kommt dies relativ selten vor.[83] Der Beschluss benennt den Sachverständigen, gibt seinen Auftrag genau an und setzt eine Frist für die Erstattung des Gutachtens (Art. 70 Abs. 1 EuGHVfO, Art. 96 Abs. 1EuGVfO). Der Sachverständige kann nach Erstattung seines Gutachtens mündlich angehört und vereidigt werden. Von den im Rahmen eines Beweisverfahrens eingeholten Sachverständigengutachten sind die von den Parteien vorgelegten Gutachten zu unterscheiden.[84] Sie sind keine Beweismittel, sondern Teil des Parteivorbringens. Wie sonstiges Parteivorbringen können solche Gutachten der Entscheidung des Richters zugrunde gelegt werden, wenn ihr Inhalt von der Gegenpartei nicht bestritten wird. 26

Die **Einnahme des Augenscheins** durch den Unionsrichter kommt äußerst selten vor. Regeln darüber, wie sie durchzuführen ist, enthalten die Verfahrensordnungen nicht. 27

II. Beweisverfahren

Beweisaufnahmen können **von Amts wegen oder auf Antrag** der Parteien durchgeführt werden. Für die Klageverfahren ist vorgesehen, dass die Klageschrift bzw. die Klagebe- 28

---

[80] Zur Notwendigkeit für diese Änderung siehe GA Sharpston 14.7.2011 SchlA – C-27/09 P, ECLI:EU: C:2011:482 = BeckRS 2011, 81133 Rn. 175 ff. – Frankreich/People's Mojahedin Organization of Iran.
[81] Siehe hierzu ausf. Jaeger in Lenaerts/Bonichot/Kanninen/Naômé/Pohjankoski, An Ever-Changing Union?: Perspectives on the Future of EU Law in Honour of Allan Rosas, 2019, 185 ff.
[82] Siehe zuletzt EuG 12.5.2015 – T-562/12, ECLI:EU:T:2015:270 Rn. 33–38 – Dalli/Kommission.
[83] Siehe hierzu ausf. Sibony/Barbier de la Serre CMLRev. 2008, 941 ff.
[84] Sibony/Barbier de la Serre (CMLRev. 2008, 941 (964 ff.)) sprechen in diesem Zusammenhang zutr. von „partisan expert evidence". Gutachter bzw. Berater der Parteien werden mitunter sogar autorisiert, im Rahmen der mündlichen Verhandlung das Wort zu ergreifen (s. zB EuG 21.2.1995 – T-29/92, ECLI: EU:T:1995:34 = BeckRS 2013, 80691 Rn. 42 – SPO ua/Kommission; EuG 11.9.2002 – verb. Rs. T-13/99, T-13/99, ECLI:EU:T:2002:209 Rn. 338 = LMRR 2002, 112 – Pfizer Animal Health/Rat; EuG verb. Rs. T-74/00, T-76/00, T-83/00–T-85/00, T-132/00, T-137/00, T-141/00, ECLI:EU: T:2002:283 Rn. 83, 164, 167 = PharmR 2000, 302 – Artegodan ua/Kommission; EuG 26.11.2002 – T-315/01, 8.6.2005 T-315/03, ECLI:EU:T:2005:211 Rn. 11 – GRUR-Int. 2005, 837 – Wilfer/HABM (ROCKBASS); EuG 10.10.2006 – T-172/05, ECLI:EU:T:2006:300 Rn. 13 = GRUR-Int. 2007, 55 – Armacell/HABM – nmc (ARMAFOAM); EuG 17.9.2007 – T-201/04, ECLI:EU:T:2007:289 = BeckRS 2007, 70806 Rn. 155 – Microsoft/Kommission; EuG 9.6.2021 – T-177/19, ECLI:EU:T:2021:336 Rn. 35, 37 – Exxonmobil Petroleum & Chemical/ECHA).

antwortung ggf. die Beweise und die Beweisangebote zu enthalten haben (Art. 120, 124 EuGHVfO, Art 76, Art 78 EuGVfO).[85] Sofern ein zweiter Schriftsatzwechsel stattfindet, können die Parteien noch in der Erwiderung bzw. Gegenerwiderung Beweise oder Beweisangebote vorlegen, doch muss die Verspätung begründet werden (Art. 128 Abs. 1 EuGHVfO, Art. 85 Abs. 2, Art 88 Abs. 2 EuGVfO).[86] Die Zulassung dieser Beweismittel und Beweisanträge hängt davon ab, ob der betreffenden Partei die Verspätung des Beweisantritts vorgeworfen werden kann.[87] Die vorgenannten Präklusionsvorschriften finden keine Anwendung, wenn es darum geht, die vom Gegner vorgebrachten Beweise durch Gegenbeweis oder Erweiterung des eigenen Beweisantritts zu entkräften.[88] Einem Beweisantrag, der nach dem Schluss der mündlichen Verhandlung gestellt wird, kann nur stattgegeben werden, wenn er Tatsachen von entscheidender Bedeutung für den Ausgang des Rechtsstreits betrifft, die die betroffene Partei nicht schon vor dem Ende der mündlichen Verhandlung geltend machen konnte.[89]

29 In Bezug auf Verfahren vor dem EuGH sind die Anforderungen an Beweisanträge nur hinsichtlich der Zeugenvernehmung ausdrücklich geregelt (Art. 66 Abs. 2 EuGHVfO). Danach muss der Antrag die Tatsachen bezeichnen, über die die Vernehmung stattfinden soll, und die Gründe angeben, die die Vernehmung rechtfertigen. Diese Anforderungen dürften auf Anträge, die andere Beweismittel betreffen, übertragbar sein.

30 Die Beweisanträge vor dem EuG müssen den Gegenstand der beantragten Maßnahmen und die sie zu rechtfertigenden Gründe genau bezeichnen (Art. 88 Abs. 2 EuGHVfO). Der Beweisantrag darf nicht auf Ausforschung gerichtet sein.[90] Der Antrag einer Partei auf Vorlage von Dokumenten durch die Gegenpartei muss diese Dokumente bezeichnen und darlegen, dass sie für das Verfahren von Belang sind.[91] Die Anforderungen dürfen allerdings nicht überspannt werden. So darf das EuG den Antrag einer Partei, die Vorlage eines offenbar für die Entscheidung des Rechtsstreits erheblichen Schriftstücks durch die Gegenpartei anzuordnen, nicht mit der Begründung zurückweisen, dieses Schriftstück sei nicht zu

---

[85] EuGH 14.4.2005 – C-243/04 P, ECLI:EU:C:2005:238 Rn. 29, 30 – Gaki-Kakouri/Gerichtshof; EuG 15.11.2007 – T-310/06, ECLI:EU:T:2007:343, Slg. 2007, II-4619 = BeckRS 2007, 70923 Rn. 164 – Ungarn/Kommission.

[86] Ausnahmsweise können auch nach dem Abschluss des schriftlichen Verfahrens Beweismittel vorgelegt bzw. Beweisangebote gemacht werden (Art. 128 Abs. 2 EuGHVfO, Art. 85 Abs. 3 EuGVfO). Die EuGH stellt klar, dass dies bis zum Abschluss der mündlichen Verhandlung bzw. vor einer Entscheidung des EuG, ohne mündliches Verfahren zu entscheiden, zu erfolgen hat. Siehe hierzu auch EuGH 14.4.2005 – C-243/04 P, ECLI:EU:C:2005:238 Rn. 32 – Gaki-Kakouri/Gerichtshof; EuG 8.10.2008 – T-51/07, ECLI:EU:T:2008:420 = BeckRS 2008, 71043 Rn. 57 – Agrar-Invest-Tatschl/Kommission; EuG 24.11.2011 – T-296/09, ECLI:EU:T:2011:693 = BeckRS 2011, 81686 Rn. 22 – EFIM/Kommission; EuG 28.1.2016 – T-667/14, ECLI:EU:T:2016:34 Rn. 16 – Slowenien/Kommission; EuG 7.2.2019 – T-11/17, ECLI:EU:T:2019:65 Rn. 54 – RK/Rat.

[87] EuG 3.2.2005 – T-19/01, ECLI:EU:T:2005:31 = BeckRS 2005, 70106 Rn. 71 – Chiquita Brands ua/Kommission; EuG 27.6.2012 – T-445/07, ECLI:EU:T:2012:321 = BeckEuRS 2012, 81309 Rn. 35–41 – Berning & Söhne/Kommission; EuG 14.12.2018 – T-298/16, ECLI:EU:T:2018:967 Rn. 92–108 – East West Consulting/Kommission; EuG 6.10.2021 – verb. Rs. T-351/18 und T-584/18, ECLI:EU:T:2021:669 Rn. 416 – Ukrselhosprom PCF und Versobank/EZB.

[88] Art. 64 Abs. 3 EuGHVfO, Art. 92 Abs. 7 EuGVfO. Vgl. auch EuGH 17.12.1998 – C-185/95 P, ECLI:EU:C:1998:608 Rn. 71 f. = EuZW 1999, 115 – Baustahlgewebe/Kommission; EuG 5.12.2006 – T-303/02, ECLI:EU:T:2006:374 = BeckRS 2006, 70936 Rn. 189 – Westfalen Gassen Nederland/Kommission; EuG 15.12.2021 – T-158/19, ECLI:EU:T:2021:902 Rn. 41 – Breyer/REA.

[89] EuGH 8.7.1999 – C-199/92 P, ECLI:EU:C:1999:358 Rn. 127 – Hüls/Kommission; EuGH 22.11.2007 – C-6/06 P, ECLI:EU:C:2007:702 Rn 70 – Cofradía de pescadores „San Pedro" de Bermeo ua/Rat.

[90] EuG 8.11.2000 – T-175/97, ECLI:EU:T:2000:259 Rn. 91 – Bareyt ua/Kommission; EuG 23.5.2014 – T-553/11, ECLI:EU:T:2014:275 Rn. 317 – European Dynamics Luxembourg/EZB; EuG 11.7.2019 – T-838/16, ECLI:EU:T:2019:494 Rn. 124 – BP/FRA.

[91] EuG 8.10.2008 – T-411/06, ECLI:EU:T:2008:419 = BeckRS 2008, 71042 Rn. 152 – Sogelma/EAR; EuG 5.2.2018 – T-208/16, ECLI:EU:T:2018:68 Rn. 143 – Ranocchia/ERCEA. Außerdem muss die Partei nachweisen, dass sie selbst vergeblich versucht hat, diese Unterlagen von der Gegenpartei zu erhalten (EuG 25.9.2002 – verb. Rs. T-201/00 und T-384/00, ECLI:EU:T:2002:224 Rn. 73 ff. – Ajour ua/Kommission).

den Akten gegeben worden und für seine Existenz lägen keine Beweise vor, wenn Verfasser, Adressat und Datum des Schreibens angegeben worden sind.[92]

Zur Behandlung von Beweisanträgen enthalten die Verfahrensordnungen lediglich vereinzelt ausdrückliche Regelungen.[93] Der Rechtsprechung kann entnommen werden, dass es Sache des zuständigen Spruchkörpers ist, die Sachdienlichkeit des Antrags im Hinblick auf den Streitgegenstand und die Erforderlichkeit der Beweiserhebung zu beurteilen.[94] Gibt das EuG dem Beweisantrag nicht statt, so wird dies oft in der das Verfahren abschließenden Entscheidung begründet. Danach obliegt es dem Rechtsmittelgericht zu prüfen, ob das erkennende Gericht nicht dadurch einen Rechtsirrtum begangen hat, dass es einen Beweisantrag abgelehnt hat.[95]

Ob eine Beweisaufnahme durchgeführt werden muss, entscheidet sich normalerweise aufgrund des Vorberichts des für die Rechtssache zuständigen Berichterstatters und, sofern es sich um ein Verfahren vor dem EuGH handelt, nach Anhörung des Generalanwalts. Die Beweisaufnahme wird durch einen Beweisbeschluss angeordnet, in dem gem. Art. 64 Abs. 1 EuGHVfO und Art. 92 Abs. 1 EuGVfO die zu beweisenden Tatsachen und die Beweismittel aufzuführen sind. Bevor Zeugenvernehmungen, die Einholung von Sachverständigengutachten oder Augenscheinseinnahmen angeordnet werden, sind die Parteien zu hören. Beweisbeschlüsse sind nicht gesondert anfechtbar.[96]

Die Durchführung der Beweisaufnahme obliegt entweder dem zur Entscheidung berufenen Spruchkörper oder aber dem damit beauftragten Berichterstatter (Art. 65 Abs. 1 EuGHVfO, Art. 92 Abs 4 EuGVfO). Der Generalanwalt nimmt an der Beweisaufnahme teil. Die Beweisaufnahme ist parteiöffentlich; ob die Parteien ihr beiwohnen, steht in ihrem Ermessen. Vor dem EuGH findet die Beweisaufnahme im Allgemeinen vor der mündlichen Verhandlung statt (vgl. Art. 75 EuGHVfO). Die Verfahrensordnung des EuG sieht vor, dass Beweisaufnahmen in jedem Verfahrensstadium stattfinden können (Art. 88 Abs. 1 EuGVfO). Der Beweistermin kann daher auch in der mündlichen Verhandlung beschlossen werden oder mit dieser zusammenfallen. Zeigt sich die Notwendigkeit einer Beweisaufnahme erst während der Urteilsberatung, so muss gem. Art. 83 EuGHVfO bzw. Art. 113 EuGVfO die mündliche Verhandlung wieder eröffnet werden.

---

[92] EuGH 4.3.1999 – C-119/97 P, ECLI:EU:C:1999:116 Rn. 107 ff. = WuW 1999, 391 – Ufex ua/Kommission.

[93] Diesbezüglich ist auf Art. 66 Abs. 3 EuGHVfO zu verweisen, demzufolge über einen Antrag einer Partei auf Vernehmung eines Zeugen durch mit Gründen versehenen Beschluss zu entscheiden ist. Eine entsprechende Formpflicht im Falle der Antragsabweisung ist in der Verfahrensordnung des EuG nicht anzutreffen (vgl. auch EuGH 26.3.2009 – C-113/07 P, ECLI:EU:C:2009:191 = BeckEuRS 2009, 495313 Rn. 51 – Selex Sistemi Integrati/Kommission).

[94] EuGH 17.12.1998 – C-185/95 P, ECLI:EU:C:1998:608 Rn. 70 = EuZW 1999, 115 – Baustahlgewebe/Kommission; EuGH 22.11.2007 – C-260/05 P, ECLI:EU:C:2007:700 = BeckEuRS 2007, 462874 Rn. 78 – Sniace/Kommission; EuGH 14.3.2013 – C-276/11 P, ECLI:EU:C:2013:163 Rn. 39 – Viega/Kommission; EuGH 30.1.2019 – C-440/18 P, ECLI:EU:C:2019:77 Rn. 5 – Verein Deutsche Sprache/Kommission. Dass das Gericht insoweit über ein Ermessen verfügt, kann nicht verneint werden, indem man sich auf den allgemeinen Grundsatz des Unionsrechts beruft, wonach jede Person das Recht auf ein faires Verfahren hat (EuGH 28.6.2005 – verb. Rs. C-189/02 P, C-202/02 P, C-205/02 P–C-208/02 P, C-213/02 P, ECLI:EU:C:2005:408 = BeckRS 2005, 70478 Rn. 69 – Dansk Rørindustri ua/Kommission; EuG 18.12.2008 – T-223/07 P, ECLI:EU:T:2008:606 = BeckEuRS 2008, 490575 Rn. 22 – Thierry/Kommission).

[95] EuGH 8.7.1999 – C-200/92 P, ECLI:EU:C:1999:359 Rn. 59 – ICI/Kommission; EuGH 4.10.2007 – C-320/05 P, ECLI:EU:C:2007:573 = BeckEuRS 2007, 465309 Rn. 64 – Olsen/Kommission; EuGH 13.1.2012 – C-462/10 P, ECLI:EU:C:2012:14 = BeckRS 2012, 80848 Rn. 22 – Evropaïki Dynamiki/EUA; EuGH 9.6.2011 – verb. Rs. C-465/09 P bis C-470/09 P, ECLI:EU:C:2011:372 Rn. 108 = EWS 2011, 338 – Diputación Foral de Vizcaya ua/Kommission.

[96] EuGH 4.10.1999 – C-349/99, ECLI:EU:C:1999:475 = BeckRS 2004, 76635 Rn. 10 – ADT/Kommission Projekt Gesellschaft.

E. Beweismaß und Beweiswürdigung

34 Das Verfahrensrecht der Unionsgerichte lässt die Frage offen, in welcher Weise der Gerichtshof das Ergebnis der Beweisaufnahme zu würdigen hat. Weder die Satzungen noch die Verfahrensordnungen enthalten Beweisregeln. Daraus und aus der Rechtsprechung lässt sich schließen, dass für das Verfahren vor den europäischen Gerichten der **Grundsatz der freien Beweiswürdigung** gilt und dass das alleinige Kriterium für die Beurteilung von Beweismitteln ihre Glaubwürdigkeit ist.[97] Demzufolge kommen keine starren gesetzlich festgelegten Regeln zur Anwendung, sondern die freie Überzeugung des Gerichts steht im Mittelpunkt. Danach ist eine umstrittene Tatsache bewiesen, wenn sie zur Überzeugung des Gerichts feststeht. Die vom Gericht vorgenommene Beweiswürdigung muss in sich widerspruchsfrei sein und darf nicht mit logischen Denkfehlern behaftet sein. Die Beweiswürdigung durch das EuG ist keine Rechtsfrage, die vom EuGH im Rechtsmittelverfahren überprüft werden könnte, es sei denn, das EuG hat Beweismittel „verfälscht" oder die Unrichtigkeit seiner Tatsachenfeststellungen ergibt sich aus den Verfahrensakten.[98] Sofern die Beweise ordnungsgemäß erhoben und die allgemeinen Grundsätze sowie die Vorschriften über die Beweislast und das Beweisverfahren eingehalten worden sind, ist es allein die Sache des EuG, den Wert der ihm vorgelegten Beweismittel zu würdigen.[99]

35 Inwiefern Unionsgerichte bei ihrer Urteilsfindung auch Unterlagen berücksichtigen können, für die nicht bewiesen ist, dass sie **auf rechtmäßige Weise** erlangt worden waren, scheint der EuGH jüngst geklärt zu haben. Wenn es zweifelhaft ist, ob das betroffene Dokument auf rechtmäßige Weise erlangt wurde, und kein überwiegendes öffentliches Interesse dargetan wurde, das seine Vorlage rechtfertigen könnte, dann ist es auf entsprechenden Antrag aus der Akte zu entfernen.[100] Das gilt grundsätzlich auch für Rechtsgutachten des Juristischen Dienstes eines Unionsorgans.[101]

36 Ausdrückliche Regeln für das **Beweismaß** enthalten die Verfahrensvorschriften ebenfalls nicht. Die Unionsgerichte sprechen diesbezüglich je nach Verfahrensart und Beweisgegenstand von „überzeugenden Beweisen",[102] von „hinreichend signifikanten und überzeugen-

---

[97] EuGH 29.10.2004 – C-360/02 P, ECLI:EU:C:2004:690 Rn. 28 – Ripa di Meana/Parlament; EuGH 25.1.2007 – C-407/04 P, ECLI:EU:C:2007:53 Rn. 63 – Dalmine/Kommission; EuGH 26.9.2018 – C-99/17 P, ECLI:EU:C:2018:773 Rn. 65 – Infineon Technologies/Kommission; EuGH 30.9.2021 – C-130/19, ECLI:EU:C:2021:782, Rn. 104 – Rechnungshof/Pinxten. Vgl. auch Everling WuW 1989, 877 (884); Gippini-Fornier World Competition Law and Economic Review 2010, 187 (191); Lasok, Lasok's European Court, Practice and Procedure, 3. Aufl. 2017, 999 ff.; Mehdi, La preuve devant les juridictions communautaires, 2007, S. 165 (174); Sibony/Barbier de la Serre CMLRev. 2008, 941 (974); Ule, DJT-Gutachten, 1966, S. 759.

[98] EuGH 17.12.1998 – C-185/95 P, ECLI:EU:C:1998:608 Rn. 24 = EuZW 1999, 115 – Baustahlgewebe/Kommission; EuGH 10.7.2001 – C-315/99 P, C-315/99 P, ECLI:EU:C:2001:391 = BeckRS 2004, 76293 Rn. 19 – Ismeri Europa/Rechnungshof; EuGH 25.1.2007 – verb. Rs. C-403/04 P, C-405/04 P, ECLI:EU:C:2007:52 Rn. 38 – Sumitomo Metal Industries und Nippon Steel/Kommission; EuGH 12.1.2017 – C-411/15 P, ECLI:EU:C:2017:11 Rn. 153 – Timab Industries und CFPR/Kommission; EuGH 18.3.2021 – C-440/19 P, ECLI:EU:C:2021:214 Rn. 50 – Pometon/Kommission.

[99] EuGH 25.1.2007 – verb. Rs. C-403/04 P, C-405/04 P, ECLI:EU:C:2007:52 Rn. 38 – Sumitomo Metal Industries und Nippon Steel/Kommission; EuGH 12.1.2017 – C-411/15 P, ECLI:EU:C:2017:11 Rn. 153 – Timab Industries und CFPR/Kommission; EuGH 18.3.2021 – C-440/19 P, ECLI:EU: C:2021:214 Rn. 50 – Pometon/Kommission.

[100] EuGH 30.9.2021 – C-130/19, ECLI:EU:C:2021:782 Rn. 104–116 – Rechnungshof/Pinxten. Hierzu anderes EuG 8.11.2018 – T-827/16, ECLI:EU:T:2018:756 Rn. 63–82 – QB/EZB.

[101] EuGH 30.1.2009 – C-9/08, ECLI:EU:C:2009:40 Rn. 17–23 – Donnici/Parlament; EuGH 31.1.2020 – C-457/18, ECLI:EU:C:2020:65 Rn. 64–73 – Slowenien/Kroatien; EuGH 30.9.2021 – C-130/19, ECLI:EU:C:2021:782 Rn. 17 – Rechnungshof/Pinxten. Zur Vorlage eines Verfahrensstücks. das im Rahmen von einem anderen Verfahren erlangt wurde, siehe EuG 18.11.2015 – T-73/12, ECLI:EU: T:2015:865 Rn. 32–47 – Einhell Germany ua/Kommission.

[102] EuGH 21.9.2006 – C-105/04 P, ECLI:EU:C:2006:592 = BeckRS 2006, 137713 Rn. 60 – Nederlandse Federatieve Vereniging voor de Groothandel op Elektrotechnisch Gebied/Kommission; EuGH 25.3.2021 – C-588/16 P, ECLI:EU:C:2021:242 Rn. 110 – Generics (UK)/Kommission.

den Beweismitteln",[103] von „eindeutigen Beweisen"[104] oder auch davon, dass die vorgelegten Beweise „relevant, glaubhaft und wahrscheinlich"[105] scheinen.[106] Mitunter kommen auch Beweiserleichterungen in Form von Vermutungsregeln oder Indizien- und Anscheinsbeweis zur Anwendung.[107]

---

[103] EuGH 31.3.1998 – verb. Rs. C-68/94 und C-30/95, ECLI:EU:C:1998:148 Rn. 228 = EuZW 1998, 299 – Frankreich und Société commerciale des potasses und de l'azote und Entreprise minière und chimique/Kommission; EuGH 10.7.2008 – C-413/06 P, ECLI:EU:C:2008:392 Rn. 50 – Bertelsmann und Sony Corporation of America/Impala.
[104] EuG 25.10.2002 – T-5/02, ECLI:EU:T:2002:264 = BeckRS 2003, 70156 Rn. 155 – Tetra Laval/Kommission; EuG 11.12.2013 – T-79/12, ECLI:EU:T:2013:635 Rn. 62 – Cisco Systems und Messagenet/Kommission.
[105] EuG 27.9.2006 – T-168/01, ECLI:EU:T:2006:265 = BeckRS 2006, 70744 Rn. 263 – GlaxoSmithKline Services/Kommission.
[106] Siehe hierzu Gippini-Fornier World Competition Law and Economic Review 2010, 187 (191 ff.).
[107] Lasok, Lasok's European Court, Practice and Procedure, 3. Aufl. 2017, 994 ff, 1009 ff; Zierke, Die Steuerungswirkung der Darlegungs- und Beweislast im Verfahren vor dem Gerichtshof der Europäischen Union, 2015, 448f, 455.

§ 22 Das mündliche Verfahren*

Übersicht

	Rn.
A. Die mündliche Verhandlung: Kern des mündlichen Verfahrens	1
B. Zweck der mündlichen Verhandlung	10
C. Vorbereitung der mündlichen Verhandlung	13
D. Ablauf der mündlichen Verhandlung	16
E. Schlussanträge des Generalanwalts	25
F. Wiedereröffnung des mündlichen Verfahrens	28

Schrifttum:
Erlbacher/Schima, Neuerungen in Organisation und Verfahren des EuGH, Ecotex 2013, 91 ff.; Inghelram, Les arrêts sans conclusions de l'avocat général: aperçu de l'application, depuis le traité de Nice, de l'article 20, dernier alinéa, du statut de la Cour, Il Diritto dell'Unione Europea (Dir. Un. Eur.) 2007, 183 ff.; Klinke, Suspension de l'instance et réouverture de la procédure orale, in Christianos, Evolution récente du droit judiciaire communautaire, Bd. II, 1995, S. 101 ff.; Marsch/Sanders, Gibt es ein Recht der Parteien auf Stellungnahme zu den Schlussanträgen des Generalanwalts? Zur Vereinbarkeit des Verfahrens vor dem EuGH mit Art. 6 I EMRK, EuR 2008, 345 ff.

A. Die mündliche Verhandlung: Kern des mündlichen Verfahrens

1   Das Verfahren vor dem EuGH gliedert sich nach Art. 20 Abs. 1 EuGH-Satzung in ein schriftliches und ein **mündliches Verfahren.** Entsprechendes gilt nach Art. 53 Abs. 1 EuGH-Satzung auch für das Verfahren vor dem EuG, soweit ein Rechtsstreit in dessen Zuständigkeit fällt.

2   Kern des mündlichen Verfahrens ist im Normalfall die **Durchführung einer mündlichen Verhandlung** in Luxemburg. Von diesem Grundsatz bestehen allerdings in der Praxis zahlreiche **Ausnahmen,** die sich teils aus der Satzung selbst, teils aus den Verfahrensordnungen der beiden Unionsgerichte ergeben.

3   So kommt es in aller Regel zu einer **Entscheidung ohne mündliche Verhandlung,** wenn eine Klage, ein Antrag oder ein Vorabentscheidungsersuchen per Beschluss als offensichtlich unzulässig abgewiesen wird oder die Unionsgerichtsbarkeit offensichtlich unzuständig ist (Art. 53 Abs. 2 EuGHVfO). Das EuG kann darüber hinaus sogar Klagen, denen offensichtlich jede rechtliche Grundlage fehlt, ohne vorherige mündliche Verhandlung als offensichtlich unbegründet abweisen (Art. 126 EuGVfO).

4   Ebenfalls ohne mündliche Verhandlung antwortet der EuGH im Normalfall auf Vorabentscheidungsersuchen, wenn die vorgelegten Fragen mit bereits entschiedenen Fragen übereinstimmen, wenn die Antwort auf die Vorlagefragen sich klar aus der Rechtsprechung ableiten lässt oder wenn kein Raum für vernünftige Zweifel an der Antwort besteht. Dann kommt ein **„vereinfachtes Verfahren"** zur Anwendung, bei dem das Vorabentscheidungsersuchen jederzeit durch mit Gründen versehenen **Beschluss** beantwortet werden kann (Art. 99 EuGHVfO).

5   Ist der EuGH als Rechtsmittelinstanz (Revisionsgericht) tätig, besteht zudem die Möglichkeit, im Wege des Beschlusses ohne mündliche Verhandlung ein **Rechtsmittel** für offensichtlich unzulässig oder unbegründet zu erklären (Art. 181 EuGHVfO), ausnahmsweise sogar einem Rechtsmittel, das offensichtlich zulässig und begründet ist, per Beschluss stattzugeben (Art. 182 EuGHVfO). Ist das Rechtsmittel zulassungsbedürftig (zB in markenrechtlichen Streitigkeiten, vgl. Art. 58a EuGH-Satzung), so wird über die Frage dieser Zulassung gleichfalls ohne mündliche Verhandlung summarisch entschieden (Art. 170b EuGHVfO).

6   Aber auch in „normalen" Verfahren können die Unionsgerichte – sowohl der EuGH als auch das EuG – ohne mündliche Verhandlung ein Urteil sprechen, sofern kein Verfahrens-

---

* Der vorliegende Beitrag bringt allein die porsönliche Auffassung des Autors zum Ausdruck.

beteiligter einen ordnungsgemäßen Antrag auf mündliche Verhandlung gestellt hat (Art. 76 Abs. 2 EuGHVfO, Art. 106 Abs. 3 EuGVfO).[1] Noch weitergehend kann der EuGH – anders insoweit als das EuG – sogar auf eine beantragte **mündliche Verhandlung verzichten,** wenn er sich schon auf der Grundlage des schriftlichen Verfahrens für ausreichend unterrichtet hält (Art. 76 Abs. 2 EuGHVfO). Von dieser Möglichkeit, sich über Anträge auf mündliche Verhandlung von Seiten von Verfahrensbeteiligten hinwegzusetzen, wird immer häufiger Gebrauch gemacht. Beim EuGH haben lediglich in Vorabentscheidungsverfahren noch diejenigen Verfahrensbeteiligten, die nicht am schriftlichen Verfahren teilgenommen haben, auf hinreichend begründeten Antrag einen Rechtsanspruch auf Durchführung einer mündlichen Verhandlung (Art. 76 Abs. 3 EuGHVfO). Gleichwohl kam es während der **Gesundheitskrise** der Jahre 2020/2021 in einer Reihe von Vorabentscheidungsverfahren dazu, dass trotz Vorliegens eines ordnungsgemäßen Antrags gemäß Art. 76 Abs. 3 EuGHVfO über ein Vorabentscheidungsersuchen letztlich ohne mündliche Verhandlung entschieden wurde. Erreicht wurde dies dadurch, dass der betreffende Verfahrensbeteiligte auf Rückfrage des EuGH auf die mündliche Verhandlung verzichtete und statt dessen *allen* Verfahrensbeteiligten – gleichsam als prozessleitende Maßnahme – nochmals die Möglichkeit eingeräumt wurde, einen weiteren Schriftsatz einzureichen. Die so bewirkte Verfahrensverzögerung wurde als weniger schwerwiegend angesehen als das Warten auf einen mündlichen Verhandlungstermin, der angesichts der seinerzeit geltenden Reisebeschränkungen womöglich auf Monate hinaus nicht hätte angesetzt werden können.

Ohne mündliche Verhandlung wird des Weiteren sowohl beim EuGH als auch beim EuG in bestimmten **unselbständigen Nebenverfahren** entschieden, die nicht zu einer Hauptsacheentscheidung führen. Dies gilt etwa für Fragen der Prozesskostenhilfe, der Zulassung von Streithelfern und der Kostenfestsetzung, aber auch für außerordentliche Rechtsbehelfe zu Entscheidungen des EuGH oder des EuG, wie etwa Anträge auf Wiederaufnahme des Verfahrens. Ebenfalls in diese Kategorie fällt die Entscheidung über die Einleitung eines außerordentlichen Überprüfungsverfahrens gegen Entscheidungen des EuG als Rechtsmittel- oder Vorabentscheidungsgericht bei ernsthafter Gefährdung der Einheit oder Kohärenz des Unionsrechts (Art. 256 Abs. 2 und 3 AEUV, Art. 193 EuGHVfO). 7

Hingegen hat es sich in **Gutachtenverfahren** vor dem EuGH (Art. 218 Abs. 11 AEUV) – obschon dort eine mündliche Verhandlung nicht zwingend vorgeschrieben ist (Art. 198 EuGHVfO) – angesichts der politischen und verfassungsrechtlichen Tragweite der dem Gerichtshof unterbreiteten Rechtsfragen zu den Außenbeziehungen der Union eingebürgert, so gut wie immer eine mündliche Verhandlung durchzuführen. 8

Im Verfahren des **einstweiligen Rechtsschutzes** liegt es im Ermessen der zuständigen Stelle (beim EuGH in der Regel dessen Vizepräsident, beim EuG dessen Präsident), ob die Parteien mündlich angehört werden sollen. Davon wird in der Praxis nur ausnahmsweise in besonders bedeutsamen und brisanten Fällen Gebrauch gemacht. 9

B. Zweck der mündlichen Verhandlung

Zweck der mündlichen Verhandlung ist in erster Linie die **effektive Verwirklichung des rechtlichen Gehörs** der Verfahrensbeteiligten. Sie soll ihnen durch die unmittelbare Erörterung der Sach- und Rechtslage mit dem Richter ermöglichen, auf eine Entscheidung in ihrem Sinne hinzuwirken. Außerdem trägt die **Öffentlichkeit** der Verhandlung zur **Transparenz** des Verfahrens und damit zur **Akzeptanz** der gerichtlichen Entscheidung bei, nicht nur durch die Parteien, sondern auch und vor allem durch die allgemeine Öffentlichkeit. 10

---

[1] Der Antrag ist innerhalb einer Frist von drei Wochen und zehn Tagen nach der Mitteilung vom Abschluss des schriftlichen Verfahrens zu stellen und ausreichend zu begründen (Art. 76 Abs. 1 EuGHVfO, Art. 106 Abs. 2 EuGVfO; zum Entfernungszuschlag vgl. Art. 51 EuGHVfO, Art. 60 EuGVfO).

11 Vor dem EuGH wie auch vor dem EuG findet in der mündlichen Verhandlung in erster Linie ein **Rechtsgespräch** zwischen den Verfahrensbeteiligten und den Unionsrichtern statt. In Direktklageverfahren können bisweilen aber auch etwaige noch offene **Tatsachenfragen** erörtert werden. Die mündliche Verhandlung bietet dabei die Gelegenheit, das Vorbringen aus dem schriftlichen Verfahren sowohl in tatsächlicher als auch in rechtlicher Hinsicht zu ergänzen, es in den entscheidenden Punkten zu vertiefen und näher zu erläutern, sowie die Fragen der Richter und des Generalanwalts zu beantworten. In begrenztem Umfang ermöglicht die mündliche Verhandlung auch, evtl. neue Argumente vorzutragen, welche sich aus Umständen ergeben mögen, die nach dem Abschluss des schriftlichen Verfahrens eingetreten sind, sowie auf Argumente der anderen Verfahrensbeteiligten zu antworten, zu denen im schriftlichen Verfahren keine Stellungnahme möglich war. Letzteres ist vor allem im Vorabentscheidungsverfahren relevant, weil dort jeder Verfahrensbeteiligte im Normalfall nur einen einzigen Schriftsatz einreichen darf, spielt aber auch in Direktklage- und Rechtsmittelverfahren eine Rolle, wenn alle vorgesehenen Schriftsätze ausgetauscht sind.

12 Die bloße Wiederholung des Vortrags aus dem schriftlichen Verfahren in den Plädoyers ist verpönt und sollte nach Möglichkeit vermieden werden. Immer häufiger gehen die Unionsgerichte im Übrigen dazu über, im Wege **prozessleitender Maßnahmen** den Verfahrensbeteiligten **Fragen zur mündlichen Beantwortung** aufzugeben oder sie um die **Konzentration ihrer mündlichen Ausführungen** auf bestimmte besonders entscheidungsrelevante Punkte zu ersuchen. In Verfahren mit zahlreichen Beteiligten, die im Kern dieselben Thesen vertreten, kann bisweilen auch darum ersucht werden, dass die Betroffenen sich untereinander abstimmen **(Konzertation),** um ständige Wiederholungen in ihren Plädoyers zu vermeiden. Gelegentlich lädt der EuGH aufgrund ihrer Expertise auch **Einrichtungen der Union** zur mündlichen Verhandlung, die normalerweise nicht am Verfahren beteiligt sind (Art. 24 Abs. 2 EuGH-Satzung), so etwa den Europäischen Datenschutzbeauftragten.

C. Vorbereitung der mündlichen Verhandlung

13 Die Unionsgerichte haben jeweils bestimmte zusätzliche Vorschriften bzw. Angaben veröffentlicht, die den Prozessbevollmächtigten die Vorbereitung der mündlichen Verhandlung erleichtern sollen: Es handelt sich um die **Praktischen Anweisungen** für die Parteien in den Rechtssachen vor dem Gerichtshof (EuGH) bzw. um die **Praktischen Durchführungsbestimmungen** zur Verfahrensordnung des Gerichts (EuG).[2]

14 Bis 2012 sah Art. 20 Abs. 4 EuGH-Satzung die Verlesung eines Sitzungsberichts zu Beginn der mündlichen Verhandlung vor. Von einer tatsächlichen Verlesung dieses Berichts hatte der EuGH jedoch bereits seit langem abgesehen; das EuG hatte von vornherein darauf verzichtet. Infolge der Streichung des obsoleten Verweises auf die Verlesung anlässlich der 2012 erfolgten Änderung der Satzung hat der EuGH nun ganz auf die Erstellung eines Sitzungsberichts verzichtet. Beim EuG bleibt es hingegen (vorerst) bei der bisherigen Praxis. Zur Vorbereitung der mündlichen Verhandlung erstellt also der Berichterstatter dort weiterhin einen **Sitzungsbericht.** Dieser enthält eine summarische Zusammenfassung des Sachverhalts und des wesentlichen Vorbringens der Beteiligten. Der Sitzungsbericht soll einerseits den Parteien ermöglichen, zu überprüfen, ob ihr Vorbringen richtig verstanden worden ist, und andererseits den anderen Mitgliedern des Spruchkörpers das Aktenstudium erleichtern. Er wird den Beteiligten normalerweise ca. drei Wochen vor der mündlichen Verhandlung zur Kenntnisnahme zugeschickt, damit diese möglichst vor der Sitzung eventuelle Bemerkungen oder Vorschläge zur Ergänzung des Sitzungsberichts machen

---

[2] Siehe außerdem die die „Hinweise für den Vortrag in der mündlichen Verhandlung", die sowohl vor dem EuGH als auch vor dem EuG gelten, sowie die vom EuG zusätzlich veröffentlichte „Merkliste Mündliche Verhandlung", beide zugänglich auf der Internetseite der Unionsgerichte unter https://curia.europa.eu.

können.³ In der Sitzung mündlich vorgebrachte Bemerkungen zum Sitzungsbericht sollten anschließend schriftlich in der Kanzlei eingereicht werden. Auf angebliche Unvollkommenheiten des Sitzungsberichts in einem Verfahren vor dem EuG können sich die Parteien, wenn sie zu Beginn der mündlichen Verhandlung keine Vorbehalte angemeldet haben, im Rechtsmittelverfahren vor dem EuGH nicht mehr berufen.⁴

Im Gegensatz zum **Vorbericht,** einem rein internen und vertraulichen Dokument des Berichterstatters, ist der **Sitzungsbericht** öffentlich. Er liegt im Normalfall am Tag der Verhandlung in der Verfahrenssprache vor dem Sitzungssaal aus und ist in der Kanzlei erhältlich, wird aber – anders als in den Anfangsjahren – schon seit geraumer Zeit nicht mehr in der Entscheidungssammlung abgedruckt.

D. Ablauf der mündlichen Verhandlung

Der **Termin zur mündlichen Verhandlung** wird vom Präsidenten der jeweils zuständigen Kammer festgesetzt, dem auch die **Sitzungsleitung** obliegt und der für die Aufrechterhaltung der Ordnung in der Sitzung zuständig ist (Art. 78 EuGHVfO, Art. 56 EuGVfO).

Das persönliche Erscheinen der Parteien ist nur in Ausnahmefällen erforderlich und wird dann ausdrücklich angeordnet. Im Regelfall genügt die ordnungsgemäße **Vertretung der Verfahrensbeteiligten** durch ihre Prozessbevollmächtigten. Von seltenen Ausnahmen abgesehen, sind diese gehalten, in Robe zu erscheinen.

Während der **Gesundheitskrise** der Jahre 2020/2021, die zeitweise durch diverse Reisebeschränkungen und eine erhebliche Reduzierung des Flugverkehrs gekennzeichnet war, gestatteten die Unionsgerichte einzelnen Verfahrensbeteiligten auf Antrag ausnahmsweise die Teilnahme an der mündlichen Verhandlung durch **Videozuschaltung,** sofern sie glaubhaft machen konnten, dass ihren Prozessvertretern das persönliche Erscheinen in Luxemburg praktisch unmöglich oder erheblich erschwert war. Grundvoraussetzung für eine Videozuschaltung ist allerdings, dass die Prozessvertreter die vergleichsweise hohen technischen Anforderungen der Unionsgerichte erfüllen können und seitens der Unionsgerichte freie Kapazitäten für den Aufbau solcher Verbindungen vorhanden sind. Im Falle technischer Schwierigkeiten kann gegebenenfalls zumindest das Redemanuskript des jeweiligen Prozessvertreters mit dessen Einverständnis von einem anwesenden Dolmetscher verlesen werden. Es bleibt abzuwarten, ob die Praxis der Videozuschaltung künftig in der einen oder anderen Form auch unabhängig vom Bestehen von Reisebeschränkungen beibehalten wird, etwa zur Vermeidung unnötiger Flugreisen aus Gründen des Umweltschutzes. In der Verfahrensordnung des EuG findet sich nunmehr eine ausdrückliche Rechtsgrundlage mit sehr restriktiven Voraussetzungen (Art. 107a EuGVfO). Mit Blick auf den Grundsatz der Unmittelbarkeit der Verhandlung und die Spontaneität des Austausches zwischen allen Beteiligten dürfte eine Ausweitung der Möglichkeiten der Videozuschaltung kritisch zu sehen sein.

Unmittelbar vor Beginn der Sitzung werden die Prozessvertreter zu einer kurzen nichtöffentlichen **Unterredung** mit den Mitgliedern des zuständigen Spruchkörpers gebeten, in der die Gestaltung der Sitzung besprochen wird.⁵ Anschließend eröffnet der Präsident die Sitzung. Dem Aufruf der Rechtssache durch den Kanzler folgen die **Plädoyers** der Prozessbevollmächtigten, deren Dauer sowohl beim EuGH als auch beim EuG begrenzt ist, und zwar grundsätzlich auf 15 Minuten für jeden Verfahrensbeteiligten. In mündlichen Verhandlungen mit großer Teilnehmerzahl kann die **Redezeit** weiter verkürzt werden, normalerweise dann auf zehn Minuten. Auf begründeten Antrag, der spätestens zwei Wochen vor der Sitzung zu stellen ist, kann die Redezeit eines Verfahrensbeteiligten aber

---

3 EuG, Praktische Durchführungsbestimmungen zur Verfahrensordnung des Gerichts, Rn. 147, 149.
4 EuGH 22.4.1999 – C-161/97 P, ECLI:EU:C:1999:193 = BeckRS 2004, 74570 – Kernkraftwerke Lippe-Ems/Kommission.
5 Während der Gesundheitskrise der Jahre 2020/2021 wurde aus Gründen des Infektionsschutzes auf solche Vorbesprechungen verzichtet.

auch verlängert werden.⁶ In ihren Plädoyers sollten sich die Prozessvertreter bemühen, Wiederholungen des bereits bekannten Inhalts ihrer Schriftsätze zu vermeiden, um die Verhandlung auf das Wesentliche zu konzentrieren. Nach den Plädoyers stellen die Richter und der Generalanwalt den Verfahrensbeteiligten in den meisten Fällen **Fragen** zur Vertiefung des bislang Vorgebrachten und zur Erörterung von Unklarheiten. Zum Abschluss erhalten die Prozessvertreter die Möglichkeit, im Wege einer kurzen **Schlussreplik** auf das zu erwidern, was andere während der mündlichen Verhandlung vorgebracht haben.

20   In Direktklageverfahren und in Rechtsmittelverfahren sind die Prozessvertreter in ihrem mündlichen Vorbringen aufgrund des Art. 127 Abs. 1 EuGHVfO bzw. des Art. 84 Abs. 1 EuGVfO an die bereits in ihren Schriftsätzen enthaltenen **Klage- und Verteidigungsgründe** gebunden (zur **Präklusion** neuer Angriffs- und Verteidigungsmittel im gerichtlichen Verfahren → § 23 Rn. 9, 42). In der mündlichen Verhandlung dürfen neue Klagegründe oder neue Verteidigungsgründe nur vorgebracht werden, wenn sie sich auf Umstände stützen, die nach dem Einreichen des letzten Schriftsatzes der jeweiligen Partei zutage getreten sind.⁷ Dagegen sind **neue Argumente** zur Ergänzung, Erläuterung oder Entwicklung bereits erhobener Klagegründe bzw. des Verteidigungsvorbringens einer Partei stets zulässig.⁸ In begründeten Ausnahmefällen können EuGH und EuG einer Partei auch gestatten, in der mündlichen Verhandlung noch Unterlagen vorzulegen, wenn dadurch der Anspruch der Gegenpartei auf rechtliches Gehör nicht beeinträchtigt wird.⁹ Bei Vorabentscheidungsverfahren ist zu beachten, dass der EuGH allein über Rechtsfragen des Unionsrechts zu befinden hat und weder zu den Tatsachen noch zum nationalen Recht als solchem Stellung nimmt.

21   Gemäß dem Grundsatz der **Öffentlichkeit der mündlichen Verhandlung** kann das Publikum nur in Ausnahmefällen ausgeschlossen werden (Art. 79 EuGHVfO, Art. 109 EuGVfO).¹⁰

22   Über die mündliche Verhandlung fertigt der Kanzler ein **Protokoll** an (Art. 33 EuGH-Satzung; Art. 84 EuGHVfO; Art. 114 EuGVfO), das sich allerdings in der Praxis lediglich als ein sehr knapp gehaltenes Verlaufsprotokoll darstellt und die Redebeiträge der Prozessvertreter weder inhaltlich zusammenfasst noch im Wortlaut wiedergibt. Prozesshandlungen der Parteien, beispielsweise eine teilweise Klagerücknahme, werden jedoch in der Sitzungsniederschrift festgehalten.

23   Ein Wortprotokoll der mündlichen Verhandlung wird nicht erstellt. Allerdings wird die Sitzung auf Tonband aufgezeichnet. Auf begründeten Antrag kann den Parteien oder den in Art. 23 EuGH-Satzung bezeichneten Beteiligten, die am schriftlichen oder mündlichen Verfahren teilgenommen haben, gestattet werden, die **Tonbandaufzeichnung** in der vom Vortragenden in der Verhandlung verwendeten Sprache in den Räumen des Gerichtshofs anzuhören (Art. 85 EuGHVfO, Art. 115 EuGVfO).

24   Eine **Direktübertragung** der mündlichen Verhandlung fand bislang bei den Unionsgerichten – anders als etwa beim Europäischen Gerichtshof für Menschenrechte in Straßburg – nicht statt. Seit April 2022 werden jedoch bestimmte Urteilsverkündungen live im Internet übertragen. Außerdem ist der EuGH dazu übergegangen, mündliche Verhandlungen in ausgewählten, besonders öffentlichkeitswirksamen Verfahren – in der Regel solche der Großen Kammer – zeitverzögert im Internet zu übertragen. Die Videoaufzeichnung solcher Verhandlungen kann dann im Wege eines Streaming im Internet während eines gewissen Zeitraums abgerufen werden, normalerweise einen halben Tag nach Ende

---

⁶ Praktische Anweisungen (EuGH) Rn. 60; Praktische Durchführungsbestimmungen (EuG) Rn. 163.
⁷ ZB EuGH verb. Rs. C-465/09 bis C-470/09 P, Slg. 2011, I-83 = BeckEuRS 2011, 578577 Rn. 84 f. – Territorio Historico Vizcaya ua/Kommission; EuG T-148/08, Slg. 2010, II-1681 = BeckEuRS 2008, 471961 Rn. 102–105 – Beifa Group/HABM.
⁸ ZB EuGH T-430/00 P, Slg. 2001, I-8547 Rn. 17 = BeckRS 2004, 77213 – Dürbeck/Kommission; EuG T-11/06, Slg. 2011, II-6681 Rn. 124 f. = BeckRS 2012, 80230 – Romana Tabacchi/Kommission.
⁹ EuG T-71/96, Slg. 1997 ÖD I A-339, II-2265 Rn. 22 – Berlingieri Vinzek/Kommission.
¹⁰ Art. 79 Abs. 1 EuGHVfO nennt als Beispiele für „wichtige Gründe" solche der Sicherheit der Mitgliedstaaten oder des Schutzes Minderjähriger; vgl. auch Art. 109 EuGVfO.

der Verhandlung. Für eine solche Übertragung sprechen der **Transparenzgedanke** und das Ansinnen, die Tätigkeit der Unionsgerichte einer weiteren Öffentlichkeit besser zugänglich zu machen. Gegen eine Übertragung lässt sich freilich einwenden, dass dies womöglich den Charakter der mündlichen Verhandlung – hin zu einer gewissen „Politisierung" – verändern und dem Tiefgang sowie der Spontaneität des Rechtsgesprächs abträglich sein könnte.

E. Schlussanträge des Generalanwalts

Während beim EuG die Bestellung eines Generalanwalts optional ist (Art. 30, 31 EuGVfO) und in der Praxis so gut wie nie vorkommt[11], verfügt der EuGH über ständige Generalanwälte, die an jedem Verfahren mitwirken und den jeweiligen Fall sowohl in prozessualer als auch in materiell-rechtlicher Hinsicht umfassend mitbetreuen. Nicht in allen Fällen bedeutet dies jedoch, dass der **Generalanwalt** sich gutachtlich umfassend in Form von **begründeten Schlussanträgen** äußert (Art. 252 AEUV idF des Vertrags von Nizza). Art. 20 Abs. 5 EuGH-Satzung bestimmt nämlich, dass der Gerichtshof nach Anhörung des Generalanwalts beschließen kann, ohne Schlussanträge zu entscheiden, wenn er der Auffassung ist, dass ein Fall keine neuen Rechtsfragen aufwirft. Auf diese Möglichkeit wird inzwischen in mehr als der Hälfte aller beim EuGH anhängigen Verfahren zurückgegriffen. Schlussanträge des Generalanwalts sind in der Praxis nurmehr solchen Fällen vorbehalten, in denen sich **genuin neue Rechtsfragen** stellen und der Generalanwalt somit einen echten **Beitrag zur Fortentwicklung des Unionsrechts** oder jedenfalls zur **Konsolidierung der Rechtsprechung** leisten kann. 25

Sofern der EuGH nicht auf die Schlussanträge verzichtet, gehören diese zum **mündlichen Verfahren**. Nur höchst ausnahmsweise stellt der Generalanwalt seine Schlussanträge unmittelbar im Anschluss an die mündliche Verhandlung. Im Regelfall wird zu einem späteren Zeitpunkt ein gesonderter **Verkündungstermin** zum Vortrag der Schlussanträge angesetzt (Art. 20 Abs. 4 EuGH-Satzung, Art. 82 EuGHVfO, Art. 112 EuGVfO), im Allgemeinen zwei bis drei Monate nach der mündlichen Verhandlung bzw., wenn keine mündliche Verhandlung stattfindet, nach der Zuweisung des Falls an eine Kammer. Seit Langem sind die Generalanwälte dazu übergegangen, von ihren Schlussanträgen nur noch den **Entscheidungsvorschlag** (ähnlich dem Tenor eines Urteils), nicht aber die häufig umfangreiche Begründung zu verlesen. In der Regel geschieht dies für mehrere Verfahren zugleich in einem Verkündungstermin, bei dem ein Generalanwalt „Sitzungsdienst" für seine Kollegen macht. Diese Vorgehensweise trägt zur Vereinfachung und zu einem effizienteren Verfahrensablauf bei, zumal die vollständige schriftliche Fassung der Schlussanträge dem Gerichtshof ohnehin vorliegt, den Verfahrensbeteiligten zugestellt und auch der Öffentlichkeit zugänglich gemacht wird, und zwar noch am Tag ihrer Verlesung. Unmittelbar im Anschluss an den Vortrag der Schlussanträge wird das mündliche Verfahren für geschlossen erklärt, und die zuständige Kammer tritt in die **Urteilsberatung** ein. 26

Die Schlussanträge sollen den Richtern die Entscheidungsfindung erleichtern, wobei der Spruchkörper jedoch nicht an den Vorschlag des Generalanwalts gebunden ist und in den allermeisten Fällen zumindest in der Begründung von ihm ganz oder teilweise abweicht. Dass die Parteien zu den Schlussanträgen nicht Stellung nehmen dürfen[12], ist im Schrifttum im Hinblick auf die Rechtsprechung zu Art. 6 EMRK bisweilen auf Kritik gestoßen, wurde aber vom EGMR bislang nicht beanstandet.[13] Ausnahmsweise kann der EuGH im Anschluss an die Schlussanträge das mündliche Verfahren wieder eröffnen, insbesondere 27

---

[11] Für den Fall der Wahrnehmung von Vorabentscheidungskompetenzen durch das EuG ist aber künftig auch dort regelmäßig mit der Bestellung eines Generalanwalts zu rechnen.
[12] Grundlegend EuGH 8.2.2000 – C-17/98, ECLI:EU:C:2000:70 = LMRR 2000, 24 – Emesa Sugar.
[13] EGMR 26.6.2012 – C-199/11, ECLI:EU:C:2012:388 Rn. 72–76 – Kress/Frankreich. Ausführlich zur Problematik Marsch/Sanders EuR 2008, 345.

dann, wenn der Generalanwalt neue Gesichtspunkte angesprochen hat, zu denen den Parteien noch rechtliches Gehör gewährt werden muss.

F. Wiedereröffnung des mündlichen Verfahrens

28 Gemäß Art. 83 EuGHVfO, Art. 113 EuGVfO können die Unionsgerichte das mündliche Verfahren wieder eröffnen und nochmals in eine mündliche Verhandlung eintreten. Da die Wiedereröffnung eines einmal abgeschlossenen Verfahrensabschnitts leicht in Widerspruch zur Konzentrationsmaxime geraten kann, sind die verfahrensrechtlichen Anforderungen diesbezüglich relativ streng. Die **Wiedereröffnung des mündlichen Verfahrens** kann daher nicht allein vom Präsidenten angeordnet werden, sondern erfordert einen Beschluss des zuständigen Spruchkörpers nach Anhörung des Generalanwalts. Erweist sich schon vor den Schlussanträgen des Generalanwalts die Notwendigkeit einer erneuten mündlichen Anhörung der Parteien, so gelten die Vorschriften über die Wiedereröffnung nicht, vielmehr genügt es, einen **neuen Termin zur weiteren mündlichen Verhandlung** anzusetzen. Auch wenn es nach einer Zwischenentscheidung – zB über die Zulässigkeit, über das Bestehen des Anspruchs bei einer Schadensersatzklage oder über einzelne Klagegründe – zu einer zweiten mündlichen Verhandlung über die noch nicht entschiedenen Fragen kommt, liegt keine Wiedereröffnung vor. Erst wenn der zuständige Spruchkörper bereits in die Urteilsberatung eingetreten ist, erfordert eine erneute mündliche Verhandlung die Wiedereröffnung des mündlichen Verfahrens. Kommt es dazu, so muss der Generalanwalt nach der zweiten mündlichen Verhandlung erneut Schlussanträge stellen.[14]

29 Auf der bisherigen Praxis aufbauend, präzisiert nunmehr Art. 83 EuGHVfO (Art. 113 Abs. 2 EuGVfO), unter welchen **Voraussetzungen** das mündliche Verfahren wiederzueröffnen ist. Drei **Fallgruppen** werden „insbesondere" genannt, was darauf hindeutet, dass die Liste nicht abschließend ist. In der ersten Gruppe finden sich die Fälle, in denen der Gerichtshof sich für unzureichend unterrichtet hält, zB wenn sich während der Urteilsberatung herausstellt, dass entscheidungserhebliche Punkte noch ungeklärt sind und die Parteien oder Dritte hierzu gehört werden sollen.[15] Die zweite Gruppe umfasst die Fälle, in denen eine Partei nach Abschluss der mündlichen Verhandlung eine neue Tatsache vorträgt, die entscheidungserheblich ist. Dies setzt allerdings voraus, dass die Partei diese Tatsache nicht schon früher vorbringen konnte (→ § 23 Rn. 9, 42). Bei der dritten Gruppe kommt es darauf an, ob ein zwischen den Parteien oder den in Art. 23 EuGH-Satzung bezeichneten Beteiligten nicht erörtertes Vorbringen entscheidungserheblich ist. Dies kann zB dann der Fall sein, wenn der Generalanwalt sich in seinen Schlussanträgen auf neue Elemente gestützt hat, zu denen die Verfahrensbeteiligten noch nicht Stellung nehmen konnten.[16] Dagegen rechtfertigt der bloße Wunsch der Parteien, zu den Schlussanträgen des Generalanwalts Stellung zu nehmen, die Wiedereröffnung nicht.[17] Erscheint der Vertreter einer Partei im Termin für die mündliche Verhandlung nicht, so kann dies die Wiedereröffnung nur rechtfertigen, wenn ein Fall von höherer Gewalt vorlag, also wenn seine Verhinderung durch ungewöhnliche, vom Willen der betroffenen Partei unabhängige Schwierigkeiten verursacht wurde, die auch bei Beachtung aller erforderlichen Sorgfalt unvermeidbar erscheinen.[18]

30 Die Wiedereröffnung des mündlichen Verfahrens kann außerdem erforderlich werden, wenn sich die **Zusammensetzung des zuständigen Spruchkörpers** ändert. Kommt

---

[14] ZB GA Stix-Hackl 14.3.2006 – SchlA C-475/03, ECLI:EU:C:2006:172 = IStR 2006, 783 – Banca popolare de Cremona; GA Stix-Hackl 5.10.2006 – SchlA C-292/04, ECLI:EU:C:2006:642 = ZIP 2007, 525 – Meilicke.

[15] EuGH 7.12.2006 – C-240/05, ECLI:EU:C:2006:763 = DStRE 2007, 1042 – Eurodental.

[16] EuGH 3.10.2006 – C-475/03, ECLI:EU:C:2006:629 = IStR 2006, 783 – Banca popolare de Cremona; EuGH 6.3.2007 – C-292/04, ECLI:EU:C:2007:132 = ZIP 2007, 525 – Meilicke.

[17] Grundlegend EuGH 4.2.2000 – C-17/98, ECLI:EU:C:1999:273 Rn. 10–18 – Slg. 2000, I-665 = BeckRS 2004, 74644 – Emesa Sugar.

[18] EuG 27.2.1996 – T-235/94, ECLI:EU:T:1996:22 Rn. 17 – Galtieri/Parlament.

etwa eine Kammer in einer ihr übertragenen Rechtssache während der Urteilsberatung zu dem Schluss, dass ein bedeutenderer Spruchkörper – im Regelfall die große Kammer – befasst werden sollte, so bedarf es nach Zuweisung des Falles an den neuen Spruchkörper einer erneuten mündlichen Verhandlung, da an der Urteilsberatung gem. Art. 32 Abs. 2 EuGHVfO, Art. 21 Abs. 2 EuGVfO nur die Richter teilnehmen können, die zuvor auch bei der mündlichen Verhandlung zugegen waren.[19] Auch wenn durch das Ausscheiden von Richtern – etwa beim gleichzeitigen Ablauf der Mandate mehrerer Richter – nach der mündlichen Verhandlung das für die Entscheidung des Spruchkörpers erforderliche **Quorum** nicht mehr erreicht wird, muss die mündliche Verhandlung vor der jeweiligen Kammer in ihrer neuen Zusammensetzung wiederholt werden und der Generalanwalt erneut Schlussanträge stellen.[20] Der Generalanwalt nimmt nicht an den Urteilsberatungen teil, weil es ein Gebot des fairen Verfahrens ist, dass er nicht zugleich Rechtsgutachter sein und den Arbeiten des Spruchkörpers beiwohnen kann (Art. 47 Abs. 2 GRCh, Art. 6 Abs. 1 EMRK).

---

[19] EuGH 25.1.2011 – C-382/08, ECLI:EU:C:2011:27 = EuZW 2011, 177 – Neukirchinger.
[20] ZB EuGH 18.12.2008 – verb. Rs. C-101/07 P, C-110/07 P, ECLI:EU:C:2008:741 Rn. 32–34 = NZG 2009, 419 – Coop de France und FNSEA/Kommission.

§ 23 Abweichungen vom normalen Verfahrensablauf*

Übersicht

	Rn.
A. Überblick	1
B. Das summarische Verfahren	2
C. Die Sonderverfahren zur Verkürzung der Verfahrensdauer	7
I. Direktklageverfahren	8
II. Vorabentscheidungsverfahren	14
1. Beschleunigtes Vorabentscheidungsverfahren	14
2. Eilvorlageverfahren	16
III. Vorrangige Behandlung	25
D. Die „vereinfachten" Verfahren	26
I. Direktklageverfahren	27
II. Vorabentscheidungsverfahren	31
E. Das Versäumnisverfahren	36
I. Allgemeines	36
II. Säumnis	37
III. Verfahren und Versäumnisurteil	40
IV. Rechtsbehelfe	43

Schrifttum:
Bartolini, The urgent preliminary ruling procedure: ten years on, Eur. Public Law, 24 (2018), 213 ff.; Dörr, Das beschleunigte Vorabentscheidungsverfahren im Raum der Freiheit, der Sicherheit und des Rechts, EuGRZ 2008, 349 ff.; Gaudissart, Les mesures d'organisation de la procédure, L'ambivalence de la bonne administration de la justice, 2017, Cream, 153 ff.; Gaudissart, Une procedure adaptée aux enjeux de l'Éspace de liberté, de sécurité et de justice: la procédure préjudicielle d'urgence, Sa justice: l'espace de liberté, de sécurité et de justice: liber amicorum en hommage à Yves B., 2022, Bruylant; Inghelram, Quelques réflexions relatives à l'utilisation de la procédure préjudicielle simplifiée par la Cour de justice des CE, Il Diritto dell'Unione europea (Dir. Un. Eur.) 2007, 285 ff.; Jaeger, Rechtsschutz in Eilverfahren vor dem Gericht der Europäischen Union (EuG): Schwerpunkte der Judikatur, eine Übersicht, IWRZ, 5 (2016), 201 ff.; Kronenberger, Actualité du renvoi préjudiciel: de la procédure préjudicielle d'urgence et de la procédure accélérée: quo vadis?, Contentieux de l'Union européenne, 2014, 397 ff.; Lenaerts, An overview of the accelerated and urgency procedures in the area of freedom, security and justice, Европейски правен преглед, I (2011), 32 ff.; Pirrung; Vorrangige, beschleunigte und Eilverfahren vor dem Europäischen Gerichtshof in Ehe- und Sorgerechtssachen, Grenzen überwinden, Prinzipien bewahren: Festschrift für Bernd von Hoffmann, 2011, 698 ff.; Tetang, L'office de la Cour de justice et la procédure préjudicielle d'urgence, Revue du droit de l'Union européenne. 1 (2022), 191 ff.; Wathelet, Accelerated Procedures before the European Court of Justice, Of Courts and Constitutions – Liber Amicorum in Honour of Nial Fennelly, Hart Publishing 2014; Wägenbaur, EuGH VerfO, 2. Aufl. 2017.

A. Überblick

1 Von dem in Art. 20 EuGH-Satzung und in den Verfahrensordnungen des EuGH und des EuG für den Normalfall vorgesehenen Verfahren, welches in einen schriftlichen und einen mündliche Verfahrensabschnitt gegliedert ist, sehen Satzung und Verfahrensordnungen verschiedene Abweichungen vor, um den Besonderheiten bestimmter Verfahrensarten oder einzelner Fälle Rechnung zu tragen. So ergehen Entscheidungen über Anträge auf vorläufigen Rechtsschutz in einem **summarischen Verfahren** (→ Rn. 2–6). Der besonderen Dringlichkeit einzelner Rechtssachen tragen die **Sonderverfahren zur Verkürzung der Verfahrensdauer** Rechnung (→ Rn. 7–20). In manchen Konstellationen können EuGH und EuG aus Gründen der Prozessökonomie **vereinfachte Verfahren** anwenden und auf bestimmte Verfahrensschritte verzichten (→ Rn. 21–26). Für das **Versäumnisverfahren** sehen Satzung und Verfahrensordnungen Sonderregeln vor (→ Rn. 27–35). Besonderheiten im Vergleich zum normalen Verfahrensablauf bestehen ferner zB im Rechtsmittel-

---

* Der vorliegende Beitrag bringt allein die persönliche Auffassung der Autorin zum Ausdruck.

verfahren (näher → § 25) und vor dem EuG in Streitigkeiten betreffend die Rechte des geistigen Eigentums.[1]

B. Das summarische Verfahren

Über Anträge auf einstweiligen Rechtsschutz (vgl. dazu → § 17) im Rahmen von Direktklageverfahren[2] sowie über Anträge auf Aussetzung der Zwangsvollstreckung nach Art. 299 Abs. 4 (ggf. iVm Art. 280) AEUV ist nach Art. 39 EuGH-Satzung in einem „abgekürzten Verfahren" zu entscheiden, das in den Verfahrensordnungen von EuGH und EuG geregelt ist und, soweit wegen der Besonderheiten derartiger Verfahren erforderlich, von einzelnen Bestimmungen der Satzung abweichen kann. Auch Anträge über die Aussetzung der Wirkung eines Urteils des EuG (siehe Art. 53 EuGVfO iVm Art. 60 des Statuts) und Rechtsmittel gegen Entscheidungen des EuG in Eilverfahren oder über die Zulassung von Streithelfern werden im **summarischen Verfahren** behandelt (näher → § 25 Rn. 12).

Vom normalen Verfahren unterscheidet sich das in den Art. 160–166 EuGHVfO und Art. 156–161 EuGVfO geregelte summarische Verfahren vor allem dadurch, dass die **Zuständigkeit** für die Entscheidung grundsätzlich beim **Präsidenten** des jeweiligen Unionsgerichts liegt.[3] Wenn der Präsident bzw. beim EuGH nunmehr Vizepräsident verhindert ist, wird er nach Maßgabe der Verfahrensordnung von einem anderen Richter vertreten.[4] Die Entscheidung kann ebenso auf einen Spruchkörper übertragen werden.[5] Von dieser Möglichkeit wird vor allem in Fällen von grundsätzlicher Bedeutung Gebrauch gemacht.[6] Die Verweisung an den Spruchkörper kann aber auch sinnvoll sein, wenn die Klage in der Hauptsache offensichtlich unzulässig oder offensichtlich unbegründet ist, so dass die Klage und der Antrag auf einstweiligen Rechtsschutz in einem einheitlichen Beschluss abgewiesen werden können.[7]

Was den **Verfahrensablauf** betrifft, besteht die Besonderheit des summarischen Verfahrens vor allem darin, dass es, anders als in Art. 20 EuGH-Satzung vorgesehen, **keine Zweiteilung in einen schriftlichen und einen mündlichen Verfahrensabschnitt** gibt.[8] Das summarische Verfahren wird mit einem **Antrag** eingeleitet, der mit **besonderem Schriftsatz** einzureichen ist.[9] Die Anforderungen an die Antragsschrift entsprechen weitgehend den Anforderungen, wie sie von den Verfahrensordnungen allgemein an Schriftsätze und insbes. an die Klageschrift gestellt werden.[10] Insbesondere muss die Antragsschrift den Streitgegenstand des Eilverfahrens bezeichnen und die Dringlichkeit und

---

[1] Art. 171–191 EuGVfO; siehe auch Art. 170a EuGHVfO.
[2] Im Vorabentscheidungsverfahren ist der EuGH dagegen nicht zuständig, einstweiligen Rechtsschutz zu gewähren; dies ist vielmehr allein Sache des vorlegenden nationalen Gerichts; s. zB EuGH 19.6.1990 – C-213/89, ECLI:EU:C:1990:257 Rn. 19 = NJW 1991, 2271 – Factortame; EuGH 24.10.2001 – C-186/01 R, ECLI:EU:C:2001:563 Rn. 13 = EuGRZ 2002, 300 – Dory.
[3] Art. 161 Abs. 1 EuGHVfO. Gemäß Art. 1 Abs. 1 des Beschlusses des Gerichtshof vom 23.10.2012 über die richterlichen Aufgaben des Vizepräsidenten des Gerichtshofs (ABl. 2012 L 300, 47) vertritt allerdings der Vizepräsident den Präsidenten bei der Erfüllung der in den Art. 160–166 EuGHVfO vorgesehenen richterlichen Aufgaben. Für das EuG s. Art. 157 Abs. 4 EuGVfO.
[4] Art. 161 Abs. 2 EuGHVfO. Gemäß Art. 1 Abs. 2 des Beschlusses des Gerichtshof v. 23.10.2012 wird der Vizepräsident verhindert, so werden seine Aufgaben von einem Kammerpräsidenten ausgeübt. Für das EuG s. Art. 157 Abs. 4 EuGVfO.
[5] Art. 161 Abs. 3 EuGHVfO, Art. 157 Abs. 4 EuGVfO.
[6] ZB EuGH 20.11.2017 – C-441/17 R, ECLI:EU:C:2017:877 – Kommission/Polen; EuGH 14.2.2002 – C-440/01 P(R), ECLI:EU:C:2002:95 = BeckRS 2004, 77273 – Kommission / Artegodan, Rücknahme der Zulassung von Humanarzneimitteln; EuGH 12.7.1996 – C-180/96 R, ECLI:EU:C:1996:308 = BeckRS 2004, 74735 – Vereinigtes Königreich / Kommission (BSE).
[7] ZB EuG 21.10.1993 – T-492/93 u. T-492/93 R, ECLI:EU:T:1993:85 – Nutral / Kommission.
[8] EuGH 25.3.1999, Willeme / Kommission, C-65/99 P(R), ECLI:EU:C:1999:176 Rn. 49–53 = BeckRS 2004, 77669 – Willeme.
[9] Art. 160 Abs. 4 EuGHVfO und Art. 156 Abs. 5 EuGVfO.
[10] So verweisen Art. 160 Abs. 4 EuGHVfO und Art. 156 Abs. 5 EuGVfO auf die Bestimmungen über die Klageschrift.

die Notwendigkeit der beantragten Anordnung in rechtlicher und tatsächlicher Hinsicht glaubhaft machen.[11] Dazu müssen die wesentlichen tatsächlichen und rechtlichen Gesichtspunkte, auf die sich der Antrag stützt, zusammenhängend und verständlich in der Antragsschrift dargelegt werden. Die bloße Verweisung auf die gleichzeitig eingereichte Klageschrift reicht dazu nicht aus.[12] Die Nichtbeachtung wesentlicher Anforderungen an Form und Inhalt der Antragsschrift hat die Unzulässigkeit des Antrags zur Folge (vgl. → § 20 zu den Folgen von Mängeln der Klageschrift).

5   Der **Antragsgegner** erhält Gelegenheit zur **Stellungnahme** innerhalb einer kurzen Äußerungsfrist (Art. 160 Abs. 5 EuGHVfO und Art. 157 Abs. 1 EuGVfO). Die Frist im konkreten Fall sowie die Frage, ob die Stellungnahme schriftlich oder mündlich erfolgen soll wird, vom Vize-Präsidenten (EuGH) bzw. Präsidenten (EuG) entschieden. In ganz dringenden Fällen sehen die Art. 160 Abs. 7 EuGHVfO und Art. 157 Abs. 2 EuGVfO vor, dass der Präsident auch schon vor der Stellungnahme des Antragsgegners über den Antrag auf vorläufigen Rechtsschutz entscheiden kann. Ein solcher Beschluss kann jederzeit von Amts wegen abgeändert oder aufgehoben werden. Stattdessen kann der Präsident seine Wirkung aber auch von vornherein auf den Zeitraum bis zu einer erneuten Entscheidung nach Anhörung der Gegenpartei befristen.[13] Die eigentliche Entscheidung über den Antrag, welche das summarische Verfahren beendet, erlässt der Präsident erst, nachdem der Antragsgegner sich äußern konnte.

6   Die Entscheidung im summarischen Verfahren hat normalerweise lediglich vorläufigen Charakter und darf der Entscheidung in der Hauptsache nicht vorgreifen.[14] Anders als ein Urteil oder ein das Hauptsacheverfahren beendender Beschluss erwächst sie nicht in Rechtskraft.[15] Auf Antrag einer Partei kann sie deshalb jederzeit wegen veränderter Umstände abgeändert oder aufgehoben werden. Dabei können nicht nur neue Tatsachen, sondern auch neue rechtliche Gesichtspunkte berücksichtigt werden, die zu einer anderen Entscheidung führen.[16] Schließlich hindert die Abweisung seines Antrags den Antragsteller nicht daran, einen weiteren, auf neue Tatsachen gestützten Antrag zu stellen, etwa wenn neue Umstände eingetreten sind, aus denen sich die Dringlichkeit der beantragten Maßnahme ergibt.[17]

C. Die Sonderverfahren zur Verkürzung der Verfahrensdauer

7   Nicht immer reicht der einstweilige Rechtsschutz im summarischen Verfahren aus, wenn in dringenden Fällen eine rasche gerichtliche Entscheidung nötig ist, da er nur eine vorläufige Regelung bis zur Entscheidung des Richters in der Hauptsache ermöglicht. Es gibt jedoch Situationen, in denen in denen binnen **kurzer Frist** eine **endgültige Entscheidung** erforderlich ist, wenn der gerichtliche Rechtsschutz nicht jeden praktischen Wert verlieren soll. So müssen etwa im Bereich der Fusionskontrolle die beteiligten Unternehmen schnell und definitiv wissen, ob ein Zusammenschluss durchgeführt werden darf oder nicht.[18] Um diesem Bedürfnis Rechnung zu tragen, haben EuGH und EuG im Jahr 2000

---

[11] Art. 160 Abs. 3 EuGHVfO und Art. 156 Abs. 4 EuGVfO.
[12] ZB EuG 15.1.2001 – T-236/00 R, ECLI:EU:T:2001:5 Rn. 34 – Stauner ua/Parlament und Kommission.
[13] ZB EuGH 19.10.2018 – C-619/18 R, ECLI:EU:C:2018:852 – Kommission/Polen; EuG 10.8.2001 – T-184/01 R, ECLI:EU:T:2001:200 – IMS Health/Kommission.
[14] Art. 39 Abs. 3 EuGH-Satzung. Anders ist das allerdings bei Entscheidungen über Rechtsmittel gegen die Nichtzulassung eines Streithelfers nach Art. 57 Abs. 3 EuGH-Satzung. Hier ist die Entscheidung des EuGH über die Zulassung des Streithelfers endgültig und wird rkr.
[15] EuGH 14.2.2002 – C-440/01 P(R), ECLI:EU:C:2002:95 Rn. 70 = BeckRS 2004, 77273 – Kommission/Artegodan.
[16] EuGH 14.2.2002 – C-440/01 P(R), ECLI:EU:C:2002:95 Rn. 76 = BeckRS 2004, 77273 – Kommission/Artegodan.
[17] Art. 164 EuGHVfO und Art. 151 Abs. 4 EuGVfO.
[18] Auch bei Rechtsstreitigkeiten um den Zugang zu Dokumenten der Organe greift einstweiliger Rechtsschutz oft nicht, da er die Hauptsache nicht vorwegnehmen darf, der einmal gewährte Zugang aber nicht

durch Änderungen ihrer Verfahrensordnungen die Möglichkeit eingeführt, bestimmte Rechtssachen in einem beschleunigten Verfahren zu entscheiden.[19] 2008 wurde ferner die Verfahrensordnung des EuGH erneut geändert, um die Möglichkeit zu schaffen, Vorhabentscheidungsersuchen im Bereich des Raums der Freiheit, der Sicherheit und des Rechts in einem Eilverfahren zu behandeln. In diesen Verfahren, die anderen Rechtssachen gegenüber Vorrang genießen wird das **schriftliche Verfahren abgekürzt,** während der **mündliche Verfahrensabschnitt** größeres Gewicht erhält.

I. Direktklageverfahren

Für Direktklagen ist das 2001 eingeführte beschleunigte Verfahren in den Art. 133–136 EuGHVfO und Art. 151–152 EuGVfO geregelt. Die Ausgestaltung des Verfahrens ist – trotz Abweichungen in Einzelheiten – in beiden Instanzen ähnlich. 8

Art. 133 Abs. 1 EuGHVfO erfordert, dass „**die Natur der Rechtssache**" „eine rasche Erledigung fordert". Art. 151 EuGVfO spricht dagegen von „**besonderer Dringlichkeit**" und den „**Umständen der Rechtssache**". Trotz der unterschiedlichen Formulierungen und unabhängig davon, ob die Eignung der Rechtssache für eine Behandlung im beschleunigten Verfahren mehr oder weniger im Vordergrund steht, behält dieses Verfahren vor beiden Gerichten einen strengen **Ausnahmecharakter.** Hierzu tragen auch konkrete Überlegungen bei, da die zügigere Behandlung dieser Fälle zu Lasten der Bearbeitung der „normalen" Verfahren geht und deren Dauer sich unangemessen verlängern würde, wenn der Anteil von Verfahren „auf der Überholspur" zu stark anstiege. Beim EuGH besteht die Möglichkeit, das beschleunigte Verfahren in den normalen Klageverfahren oder in den Rechtsmittelverfahren anzuwenden.[20] 9

In der Regel setzt das beschleunigte Verfahren einen **Antrag** des Klägers oder des Beklagten voraus, der mit besonderem Schriftsatz gleichzeitig mit der Klageschrift bzw. mit der Klagebeantwortung einzureichen ist.[21] Zu dem Antrag sind die anderen Parteien und ggf. der Generalanwalt zu hören. **Zuständig** für die Entscheidung über den Antrag ist beim **EuGH** der **Präsident** auf Vorschlag des Berichterstatters und beim **EuG** die **Kammer,** der die Rechtssache zugewiesen wurde.[22] Beim EuGH kann der Präsident ausnahmsweise von Amts wegen eine solche Entscheidung treffen.[23] Neben der besonderen Dringlichkeit des Falles ist für diese Entscheidung wichtig, ob sich die **Rechtssache ihrer Art nach** für die Behandlung in einem Verfahren **eignet,** dessen Schwerpunkt in der mündlichen Verhandlung liegt. Will der Kläger das beschleunigte Verfahren beantragen, so hat er deshalb bereits bei der Abfassung der **Klageschrift** auf **Kürze und Prägnanz** zu achten und sollte, was den Umfang der Anlagen angeht, Zurückhaltung walten lassen, da in Rechtssachen, die die Würdigung umfangreichen schriftlichen Materials erfordern, das beschleunigte Verfahren normalerweise weniger angebracht ist.[24] Den- 10

---

rückgängig gemacht werden kann, während das Recht auf Einsichtnahme nach einem langen Gerichtsverfahren für den Antragsteller oft kaum noch interessant ist.

[19] Zuvor hatte nach *ex* Art. 53 Abs. 3 EuGHVfO, *ex* Art. 55 Abs. 2 EuGVfO der Präsident nur die Möglichkeit, in besonderen Fällen die vorrangige Behandlung einer Rechtssache iRd mündlichen Verfahrens anzuordnen, vgl. Erlbacher/Schima Ecolex 2001, 165.

[20] Art. 133–136 EuGHVfO, die nach Art. 190 Abs. 1 EuGHVfO auf Rechtsmittelverfahren anwendbar sind; zB 15.7.2021 – C-584/20 P u. C-621/20 P, ECLI:EU:C:2021:601 Rn. 37 ff. Kommission/Landesbank Baden-Württemberg und SRB.

[21] Art. 133 Abs. 1 EuGHVfO, Art. 152 Abs. 1 EuGVfO.

[22] Art. 133 Abs. 1 EuGHVfO, Art. 151 Abs. 1 EuGVfO. Der Präsident des EuGH entscheidet üblicherweise durch einen mit Gründen versehenen Beschluss, der unanfechtbar ist. Zeitweise wurden die Gründe erst in der Endentscheidung bekannt gegeben zB EuGH 15.7.2021 – C-584/20 P u. C-621/20 P, ECLI:EU:C:2021:601 Rn. 37 ff. – Kommission/Landesbank Baden-Württemberg und SRB; EuGH 19.3.2019 – C-755/18 P, ECLI:EU:C:2019:221 Rn. 54 – Shindler ua/Rat.

[23] Art. 133 Abs. 3 EuGHVfO.

[24] Näher EuG, Praktische Durchführungsbestimmungen zur Verfahrensordnung des Gerichts vom 20.5.2015 (ABl. L 152 vom 18.6.2015, S. 1), Punkte A1 und A2.

noch muss die Klageschrift die Angriffsmittel des Klägers vollständig enthalten, da die Präklusionsvorschriften der Art. 127 Abs. 1 EuGHVfO, Art. 84 Abs. 1 EuGVfO auch im beschleunigten Verfahren gelten. Die ausführliche Darlegung der Argumente der Parteien soll dagegen vorrangig in der mündlichen Verhandlung und nicht in den Schriftsätzen stattfinden.

11 Beschließen EuGH oder EuG, im beschleunigten Verfahren zu entscheiden, so wird das schriftliche Verfahren dadurch abgekürzt, dass es grundsätzlich **keine zweite Schriftsatzrunde** gibt und dass eventuelle **Streithelfer keine Gelegenheit zur schriftlichen Stellungnahme** erhalten.[25] Beim EuG wird die Frist für die Klagebeantwortung außerdem auf einen Monat verkürzt.[26] Auch am EuGH können die üblichen Fristen für die Einreichung von Schriftsätzen verkürzt werden, wie auch deren zulässige Länge.[27] Wenn erforderlich, können Erwiderung und Gegenerwiderung sowie die Einreichung von Streithilfeschriftsätzen zugelassen werden. Beim EuGH entscheidet darüber der Präsident. Beim EuG kann die zuständige Kammer im Rahmen prozessleitender Maßnahmen nach Art. 88–90 EuGVfO die Einreichung dieser Schriftsätze gestatten. Normalerweise folgt auf den ersten Austausch von Schriftsätzen aber die mündliche Verhandlung, in der die Parteien ihr Vorbringen ergänzen und ggf. neue Beweismittel benennen können, deren Verspätung sie allerdings begründen müssen.[28] Damit liegt der Schwerpunkt des beschleunigten Verfahrens grundsätzlich in der mündlichen Verhandlung.

12 Art. 153 EuGVfO ordnet ausdrücklich an, dass Rechtssachen, in denen das beschleunigte Verfahren beschlossen wurde, mit **Vorrang** entschieden werden. Im Verfahren vor dem EuGH, dessen VerfO keine derartige Bestimmung enthält, ergibt sich die vorrangige Behandlung daraus, dass der Präsident unmittelbar nach Eingang der Klagebeantwortung den Termin für die mündliche Verhandlung festsetzt.[29]

13 Der EuGH hat bisher von der Möglichkeit, über Direktklagen im beschleunigten Verfahren zu entscheiden, nur in ganz wenigen (allerdings politisch wichtigen) Fällen Gebrauch gemacht.[30] Beim EuG kommen Anträge auf Entscheidung im beschleunigten Verfahren öfter vor, haben aber nur selten Erfolg.[31] Neben Fällen der Fusionskontrolle[32] hat das EuG von der Möglichkeit, im beschleunigten Verfahren zu entscheiden, auch in anderen Bereichen des Unionsrechts Gebrauch gemacht.[33] Die Kriterien, auf Basis derer

---

[25] Art. 134 EuGHVfO, Art. 154 Abs. 3 EuGVfO.
[26] Art. 154 Abs. 1 EuGVfO.
[27] EuGH Praktische Anweisungen für die Parteien in den Rechtssachen vor dem Gerichtshof (ABl. 2020, L 42 I, S. 1), Punkt 18.
[28] Art. 135 Abs. 2 EuGHVfO, Art. 155 Abs. 2 EuGVfO.
[29] Art. 135 Abs. 1 EuGHVfO.
[30] Aus dem EuGH, Jahresbericht, 2011, S. 117, ergibt sich, dass für die Zeitperiode 2007–2011 bei Direktklagen vor dem EuGH nur zwei Anträge gestellt wurden. Beide wurden abgewiesen. Zu den politisch wichtigen Fällen, in denen ein beschleunigtes Verfahren dennoch durchgeführt wurde, s. zB EuGH 13.7.2004 – C-27/04, ECLI:EU:C:2004:436 = EuR 2004, 738 – Kommission/Rat, Verfahren nach dem Wachstum- und Stabilitätspakt bei einem übermäßigen Defizit; EuGH 6.11.2012 – C-286/12, ECLI:EU:C:2012:687 – Kommission/Ungarn, Justizreform in Ungarn; EuGH 11.10.2017 – C-441/17, ECLI:EU:C:2017:794 – Kommission/Polen; EuGH 2.7.2019 – C-619/18 R, ECLI:EU:C:2019:575 – Kommission/Polen (Unabhängigkeit des Obersten Gerichts).
[31] Aus den Rechtsprechungsstatistiken des EuG aus dem Jahr 2022 (www.curia.europa.eu > Gericht > Rechtsprechungsstatistiken), S. 15, ergibt sich, dass für die Zeitperiode 2018 – 2022 bei Direktklagen vor dem EuG insgesamt 125 Anträge gestellt wurden und 6 Mal ein beschleunigtes Verfahren von Amts wegen beschlossen wurde. Insgesamt wurden in diesem Zeitraum 19 beschleunigte Verfahren durchgeführt.
[32] ZB EuG 11.9.2003 – C-77/02, ECLI:EU:C:2003:458 = BeckRS 2003, 70059 – Schneider/Kommission, sieben Monate; EuG 26.2.2007, OSA, C-282/06 – ECLI:EU:C:2007:114 = BeckRS 2008, 70203 – Sun Chemical Group ua/Kommission, neun Monate.
[33] So zB im Beihilferecht EuG 30.4.2002 – T-195/01 und T-207/01, ECLI:EU:T:2002:111 = BeckRS 2001, 14979 – Gibraltar/Kommission, acht Monate; im Wettbewerbsrecht EuG 11.7.2007 – T-170/06, ECLI:EU:T:2007:220 = BeckRS 2007, 70805 – Alrosa/Kommission, 12 Monate; beim Schutz gegen Dumpingpraktiken EuG 29.1.2008 – T-206/07, EU:T:2008:17 = BeckEuRS 2008, 466573 – Forhan Shunde/Rat, sieben Monate; im Bereich des Umweltschutzes EuG 27.6.2007 – T-182/06, ECLI:EU:

entschieden wird, ob einem Antrag auf beschleunigtes Verfahren stattgegeben wird, unterscheiden sich bedeutend zwischen EuGH und EuG. So sind rein wirtschaftliche Gründe vor dem EuGH nicht ausreichend.[34] Vielmehr ist erforderlich, dass eine Behandlung im normalen Verfahrensmodus nicht widergutzumachende Konsequenzen (z. B. für die Umwelt)[35] oder erhebliche negative Auswirkungen systemischer Art (z. B. die Beziehungen der EU mit Drittstaaten[36] oder das Funktionieren der Bankenunion[37]) mit sich bringen.

II. Vorabentscheidungsverfahren

1. Beschleunigtes Vorabentscheidungsverfahren. Das bereits 2000 eingeführte beschleunigte Vorabentscheidungsverfahren ist in Art. 105 EuGHVfO geregelt. Auch hier stellt die Entscheidung im beschleunigten Verfahren die Ausnahme dar. Entscheidend ist, dass **„die Art der Rechtssache ihre rasche Erledigung erfordert"** (→ Rn. 8). Den **Antrag** auf Entscheidung im beschleunigten Verfahren ist vom **vorlegenden Gericht** zu stellen; die Parteien des Ausgangsverfahrens haben kein Antragsrecht. Der Antrag muss Umstände anführen, aus denen sich die Dringlichkeit ergibt. Die Entscheidung trifft – wie im Direktklageverfahren – der **Präsident** auf Vorschlag des Berichterstatters und nach Anhörung des Generalanwalts. Ausnahmsweise kann der Präsident von Amts wegen eine solche Entscheidung treffen. Die Beteiligten des Ausgangsverfahrens werden vorher nicht angehört.[38] Gründe für die Durchführung des beschleunigten Verfahrens in der bisherigen Rechtsprechung waren Art und Sensibilität des Auslegungsbereichs, der Gegenstand des Vorabentscheidungsersuchens ist;[39] besonders gravierende Rechtsunsicherheit, die Gegenstand des Vorabentscheidungsersuchens ist;[40] Gefahr einer Verletzung von Grundrechten;[41] oder Gefahr schwerer Umweltschäden.[42]

14

Entscheidet der Präsident, das beschleunigte Verfahren anzuwenden, so bestimmt er **sofort** den **Termin für die mündliche Verhandlung.**[43] Dieser Termin wird den nach Art. 23 EuGH-Satzung Äußerungsberechtigten (Parteien des Ausgangsverfahrens, Mitgliedstaaten und Kommission sowie ggf. Rat, Parlament, EZB, EWR-Mitgliedstaaten und

15

T:2007:191 = BeckRS 2007, 70426 – Niederlande/Kommission, 11 Monate; im Bereich der Gemeinsamen Außen- und Sicherheitspolitik, Einfrieren von Geldern; EuG 9.7.2009 – T-246/08 und T-332/08, ECLI:EU:T:2009:266 = EuZW 2009, 555 – Melli Bank/Rat, 12 Monate; EuG 14.10.2009 – T-390/08, ECLI:EU:T:2009:401 = BeckRS 2011, 87097 – Bank Melli Iran/Rat, 11 Monate; EuG 8.6.2011 – T-86/11, ECLI:EU:T:2011:260 = BeckRS 2013, 80979 – Bamba/Rat, vier Monate; EuG 27.7.2022 – T-125/22, ECLI:EU:T:2022:483 – RT France/Rat, viereinhalb Monate. Im Vergleich zu den angegebenen Verfahrensdauern ist den EuG Rechtsprechungsstatistiken 2022, S. 9, zu entnehmen, dass bei „normalen" Verfahren vor dem EuG von einer Verfahrensdauer von ca. 40 Monaten in Wettbewerbssachen und von ca. 18 Monaten bei sonstigen Klagen zu rechnen ist.

[34] ZB EuGH 2.2.2015 – C-565/14 P, ECLI:EU:C:2015:56 – Romonta/Kommission.
[35] EuGH 11.20.2017 – C-441/17, ECLI:EU:C:2017:794 – Kommission/Polen.
[36] EuGH 7.4.2016 – C-104/16, PECLI:EU:C:2016:232 – Rat/Front Polisario.
[37] EuGH 15.7.2021 – C-584/20 P und C-621/20 P, ECLI:EU:C:2021:601 – Kommission/Landesbank Baden-Württemberg und SRB.
[38] Art. 105 Abs. 1 EuGHVfO.
[39] EuGH 22.2.2008 – C-66/08, ECLI:EU:C:2008:116 – Kozlowski.
[40] EuGH 4.10.2012 – C-370/12, ECLI:EU:C:2012:620 – Pringle; EuGH 15.2.2017 – C-670/16, ECLI:EU:C:2017:120 – Mengesteab; EuGH 15.2.2017 – C-646/16, ECLI:EU:C:2017:138 – Jafari; EuGH 28.2.2017 – C-42/17, ECLI:EU:C:2017:168 – M. A. S. und M. B.; EuGH 26.9.2018 – C-522/18, ECLI:EU:C:2018:786 – Zaklad Ubezpieczeń Społecznych; EuGH 19.10.2018 – C-621/18, ECLI:EU:C:2018:851 – Wightman ua; EuGH 14.12.2021 – C-490/20, ECLI:EU:C:2021:1008 Rn. 33 ff – Stolichna obshtna, rayon „Pancharevo"; EuGH 22.2.2022 – C-430/21, EU:C:2022:99 Rn. 30 ff – RS (Wirkung der Urteile eines Verfassungsgerichts).
[41] EuGH 15.7.2010 – C-296/10, ECLI:EU:C:2010:446 – Purrucker; EuGH 9.9.2011 – C-256/11, ECLI:EU:C:2011:571 – Dereci ua; EuGH 6.5.2014 – C-181/14, ECLI:EU:C:2014:740 – G; EuGH 5.6.2014 – C-169/14, ECLI:EU:C:2014:1388 – Sánchez Morcillo und Abril García; EuGH 1.2.2016 – C-698/15, ECLI:EU:C:2016:70 – Davis ua; EuGH 15.7.2020 – C-709/20, ECLI:EU:C:2021:602 Rn. 40 ff – The Department for Communities in Northern Ireland.
[42] EuGH 13.4.2016 – C-78/16 und C-79/16, ECLI:EU:C:2016:251 – Pesce ua.
[43] Art. 105 Abs. 2 EuGHVfO.

EFTA-Überwachungsbehörde) gleichzeitig mit der Zustellung des Vorabentscheidungsersuchens mitgeteilt. Der Präsident setzt diesen Beteiligten eine Frist von mindestens 15 Tagen, in der sie Schriftsätze oder schriftliche Erklärungen einreichen können. Er kann sie auffordern, den schriftlichen Vortrag auf die wesentlichen von der Vorlage aufgeworfenen Rechtsfragen zu beschränken. Vor der Sitzung erhalten alle Beteiligten die ggf. eingereichten Schriftsätze. Wie im „normalen" Vorabentscheidungsverfahren können die Äußerungsberechtigten in der Sitzung mündlich Stellung nehmen, auch wenn sie keinen Schriftsatz eingereicht haben.[44] In der Vergangenheit entfielen zur Straffung des Verfahrens üblicherweise die Schlussanträge des Generalanwalts. Heutzutage wird der Generalanwalt auch im Rahmen von beschleunigten Verfahren in Form von schriftlichen Schlussanträgen angehört, wenn dies die Komplexität der Rechtssache erfordert.[45] In ca. 10 % der von nationalen Gerichten vorgelegten Rechtssachen wird ein Antrag auf Durchführung des beschleunigten Verfahrens gestellt. Diesen Anträgen wird wiederum in ca. 10 % der Fälle stattgegeben.[46] Während die durchschnittliche Dauer der Vorabentscheidungsverfahren bei rund 18 Monaten liegt, konnten diese Verfahren in etwa 7 Monaten abgeschlossen werden.[47]

16 **2. Eilvorlageverfahren.** Für Fragen im Bereich des **Raums der Freiheit, der Sicherheit und des Rechts** (Titel V des dritten Teils des AEUV) besteht die Möglichkeit, diese in einem Eilverfahren zu behandeln. In diesem Bereich, der durch eine „intensive gesetzgeberische Tätigkeit" der Unionsorgane geprägt ist,[48] gilt seit dem Inkrafttreten des Vertrages von Lissabon die Zuständigkeit des Gerichtshofs für Vorabentscheidungen gem. Art. 267 AEUV uneingeschränkt. Die vom Raum der Freiheit, Sicherheit und des Rechts umfassten Materien betreffen den Grundrechtschutz in besonderem Maße. Hierzu zählt zB die justizielle Zusammenarbeit in Strafsachen (Art. 82–86 AEUV), die die Freiheit des Einzelnen betreffen kann. Ein effektiver Rechtsschutz steht daher unter dem Beschleunigungsgebot.[49] Als spezieller Ausdruck dieses Gebots sieht Art. 267 Abs. 4 AEUV für den Fall, dass eine Vorlagefrage „in einem schwebenden Verfahren, das eine inhaftierte Person betrifft" gestellt wird, ausdrücklich vor, dass der Gerichtshof „in kürzester Zeit" zu entscheiden hat. Zu dem Bereich Freiheit, Sicherheit und Recht gehören auch Asyl- und Einwanderungspolitik[50] sowie die justizielle Zusammenarbeit in Zivilsachen, wobei letztere sich auf Fragen des Familienrechts erstreckt.[51] Dass Fragen, die in einem Verfahren betref-

---

[44] Art. 105 Abs. 3, 4 EuGHVfO.
[45] Art. 105 Abs. 5 EuGHVfO. zB EuGH Schlussanträge des Generalanwalts Campos Sánchez-Bordona in der Rechtssache Wightman ua, C-621/18, ECLI:EU:C:2018:978.
[46] Aus den EuGH Rechtsprechungsstatistiken 2022 (www.curia.europa.eu > Gerichtshof > Rechtsprechungsstatistiken), S. 17, ergibt sich, dass in der Zeitperiode 2018–2022 in Vorabentscheidungsverfahren insgesamt 214 Anträge auf Durchführung eines beschleunigten Verfahrens gestellt wurden. Davon wurden 21 stattgegeben.
[47] EuGH Rechtsprechungsstatistiken 2022, S. 14. In der Rs. EuGH 12.7.2001 – C-189/01, ECLI:EU:C:2001:420 = NVwZ 2001, 1145 – Jippes ua (Bekämpfung der Maul- und Klauenseuche) betrug die Verfahrensdauer 76 Tage.
[48] Richter ZfRV 2010, 148 (148).
[49] Dörr EuGRZ 2008, 349 (351). Vorgelegte Verfahren bertreffen hier vor allem den Rahmenbeschluss 2002/584/JI des Rates vom 13.6.2002 über den Europäischen Haftbefehl und die Übergabeverfahren zwischen den Mitgliedstaaten – Stellungnahmen bestimmter Mitgliedstaaten zur Annahme des Rahmenbeschlusses (ABl. 2002, L 190, S. 1).
[50] Die VO (EU) Nr. 604/2013 des Europäischen Parlaments und des Rates vom 26.6.2013 zur Festlegung der Kriterien und Verfahren zur Bestimmung des Mitgliedstaats, der für die Prüfung eines von einem Drittstaatsangehörigen oder Staatenlosen in einem Mitgliedstaat gestellten Antrags auf internationalen Schutz zuständig ist (Neufassung) („Dublin III Verordnung") (ABl. 2013, L 180, S. 31) sowie die RL 2008/115/EG des Europäischen Parlaments und des Rates v. 16.12.2008 über gemeinsame Normen und Verfahren in den Mitgliedstaaten zur Rückführung illegal aufhältiger Drittstaatsangehöriger (ABl. 2008 L 348, 98) gehören zu den wichtigsten Rechtsakten dieses Rechtsgebiets.
[51] VO (EU) 2019/1111 des Rates vom 25.6.2019 über die Zuständigkeit, die Anerkennung und Vollstreckung von Entscheidungen in Ehesachen und in Verfahren betreffend die elterliche Verantwortung und über internationale Kindesentführungen (Neufassung) („Brüssel IIb") (ABl. 2019, L 178, S. 1).

fend eine drohende Auslieferung oder eine Kindesentziehung gestellt werden, ebenfalls rasch entschieden werden müssen, erscheint auch klar.

Die Grundlage der Regelung des Eilvorlageverfahrens findet sich in Art. 23a EuGH-Satzung und ist in Art. 107–114 EuGHVfO näher geregelt. Mit der Durchführung solcher Verfahren wird **eine bestimmte Kammer** betraut. In der Praxis erfüllen die mit fünf Richtern gebildeten Kammern turnusmäßig diese Funktion jeweils für ein Jahr.[52] Die designierte Kammer entscheidet – nach Anhörung des Generalanwalts – über die Anwendung des Eilverfahrens und in der Regel über die Vorlagefrage. In bestimmten Fällen kann die Kammer beschließen, nur mit drei Richtern zu tagen,[53] dies ist in der Praxis aber bisher nie geschehen. Umgekehrt ist bei besonders wichtigen oder komplexen Fällen eine Verweisung an einen größeren Spruchkörper möglich.[54]   **17**

Die Entscheidung ein Eilverfahren durchzuführen wird **grundsätzlich nur auf Antrag des nationalen Gerichts** getroffen.[55] Das vorlegende Gericht soll „die rechtlichen und tatsächlichen Umstände darlegen, aus denen sich die **Dringlichkeit** ergibt". Gemeint sind dabei insbes. die Gefahren, die bei Anwendung des gewöhnlichen Verfahrens drohen und das abweichende Verfahren rechtfertigen. Soweit möglich soll das nationale Gericht auch angeben, wie seiner Ansicht nach die Vorlagefragen beantwortet werden sollen.[56] Diese Angaben, die Ausdruck der Zusammenarbeit zwischen dem nationalen Richter und dem Gerichtshof sind, sollen konkret die Stellungnahme der Parteien des Ausgangsverfahrens und der sonstigen Verfahrensbeteiligten erleichtern. Ausnahmsweise kann der Gerichtshof auch von Amts wegen das Vorabentscheidungsersuchen einem Eilverfahren unterwerfen.[57]   **18**

Liegt ein solcher Antrag bzw. ein solches Ersuchen des Präsidenten vor, so veranlasst der Kanzler umgehend die **Zustellung** des Vorabentscheidungsersuchens an die in Art. 23 EuGH-Satzung bezeichneten Beteiligten, jedoch ohne eine Frist für die schriftliche Stellungnahme zu setzen. Im Rahmen der Beratungen der in Art. 108 EuGHVfO designierten Kammer („PPU-Kammer"), wird über die Durchführung des Eilverfahrens entschieden, sowie über die Frist für die Einreichung der schriftlichen Stellungnahme und die Frage, welche Beteiligten zur Einreichung einer solchen Stellungnahme berechtigt sind. Üblicherweise sind dies die Parteien des Ausgangsverfahrens, die Regierung des Mitgliedstaats, aus   **19**

---

[52] Art. 11 Abs. 2 EuGHVfO.
[53] Art. 113 Abs. 1 EuGHVfO.
[54] Art. 113 Abs. 2 EuGHVfO; zB EuGH 30.11.2009 – C-357/09 PPU, ECLI:EU:C:2009:741 – Kadzoev; EuGH 27.5.2014 – C-129/14 PPU, ECLI:EU:C:2014:586 – Spasic; EuGH 5.4.2016 – C-404/15 und C-659/15 PPU, ECLI:EU:C:2016:198 –, Aranyosi und Căldăraru; EuGH 25.7.2018 – C-216/18 PPU, ECLI:EU:C:2018:586 – Minister for Justice and Equality (Mängel des Justizsystems); EuGH 27.5.2019 – C-508/18 und C-82/19 PPU, ECLI:EU:C:2019:456 – OG und PI (Staatsanwaltschaften Lübeck und Zwickau); EuGH 2.4.2020 – C-897/19 PPU, ECLI:EU:C:2020:262 – Ruska Federacija; EuGH 17.12.2020 – C-354/20 PPU und C-412/20 PPU, ECLI:EU:C:2020:1033 – Openbaar Ministerie (Unabhängigkeit der ausstellenden Justizbehörde); EuGH 28.10.2022 – C-435/22 PPU, ECLI:EU:C:2022:852 – Generalstaatsanwaltschaft München (Auslieferung und ne bis in idem); EuGH 24.7.2023 – C-107/23 PPU, ECLI:EU:C:2023:606 – Lin. Für den Fall, dass die dringliche Rechtssache einen Zusammenhang mit einer bereits anhängigen Rechtssache aufweist, die einem Berichterstatter zugewiesen worden ist, der nicht der für Eilverfahren bestimmten Kammer angehört, sieht Art. 108 Abs. 2 EuGHVfO eine Abweichung von dieser Regel vor.
[55] Art. 107 Abs. 1 EuGHVfO.
[56] Art. 107 Abs. 2 EuGHVfO; EuGH Empfehlungen an die nationalen Gerichte bezüglich der Vorlage von Vorabentscheidungsverfahren (ABl. 2019, C 380, S. 1), Punkt 37.
[57] Art. 107 Abs. 1, 3 EuGHVfO. Der Präsident des Gerichtshofs kann die Anwendung des Eilverfahrens anregen, wenn dies dem ersten Anschein nach geboten erscheint. In diesem Fall beauftragt er die zuständige Kammer mit der Prüfung der Frage, ob ein Eilverfahren erforderlich ist. Bisher wurde in 5 Rechtssachen von dieser Möglichkeit Gebrauch gemacht: EuGH 22.12.2010 – C-491/10 PPU, ECLI:EU:C:2010:828 Rn. 38 ff. – Aguirre Zarraga; EuGH 10.4.2018 – C-85/18 PPU, ECLI:EU:C:2018:220 Rn. 29 ff. – CV; EuGH 12.12.2019 – C-566/19 PPU und C-626/19 PPU, ECLI:EU:C:2019:1077, Rn. 33 ff. – Parquet général du Grand-Duché de Luxembourg und Openbaar Ministerie (Staatsanwaltschaften Lyon und Tours); EuGH 8.11.2022 – C-704/20 und C-39/21, ECLI:EU:C:2022:858 Rn. 52 ff. – Staatssecretaris van Justitie en Veiligheid (Von Amts wegen erfolgende Prüfung der Haft); EuGH 12.1.2023 – C-583/22 PPU, ECLI:EU:C:2023:5 Rn. 38 ff. – MV (Gesamtstrafenbildung).

dem die Vorlage stammt, und die Kommission. Auch wird zu diesem Zeitpunkt bereits der Termin für die mündliche Verhandlung bestimmt.[58].

20 Lehnt die Kammer die Durchführung eines Eilverfahrens ab, so bestimmt sich das Verfahren fortan nach den Regeln des normalen Vorabentscheidungsverfahrens.[59]

21 Entscheidet die Kammer, dass die Vorlage in einem Eilverfahren behandelt wird, so wird die Rechtssache fortan mit dem Zusatz „PPU"[60] hinter der Rechtssachennummer geführt. Die Entscheidung über die Anwendung des Eilverfahrens wird wieder unverzüglich den in Art. 23 EuGH-Satzung bezeichneten Beteiligten zugestellt, zusammen mit der Frist für die schriftlichen Stellungnahmen der hierfür bestimmten Beteiligten und dem Termin für die mündliche Verhandlung.[61] Dieser **Ausschluss der anderen Äußerungsberechtigten vom schriftlichen Teil des Verfahrens** dient dazu den Übersetzungsaufwand zu beschränken und somit kurze Fristen einzuhalten.[62]

22 Die für die Einreichung der Schriftsätze gesetzte Frist wird je nach Einzelfall bestimmt, soll aber nicht auf weniger als zehn Werktage verkürzt werden.[63] Die Entscheidung kann auch eine Obergrenze für die Länge der Schriftsätze und eine Konzentration auf bestimmte Punkte festlegen.[64] In Fällen äußerster Dringlichkeit kann die Kammer entscheiden, vom schriftlichen Verfahren ganz abzusehen.[65]

23 An der **mündlichen Verhandlung** können **alle in Art. 23 EuGH-Satzung bezeichneten Beteiligten teilnehmen** und Stellung beziehen.[66] Dass die Rechtsgebiete, in denen das Eilverfahren anwendbar ist, oft neue, komplexe und mitunter politisch sensible Fragen aufwerfen, erklärt, dass im Rahmen solcher Verfahren eine vergleichsweise hohe Zahl von Mitgliedsstaaten in der mündlichen Verhandlung gehört werden will. Diese rege Teilnahme und die daraus resultierende Debatte unterstreichen noch weiter die außerordentlich wichtige Rolle der mündlichen Verhandlung in Eilvorlageverfahren.[67] Nach der mündlichen Verhandlung entscheidet die Kammer nach Anhörung des Generalanwalts.[68] Obwohl eine rein mündliche Anhörung ausreichend wäre, werden in der Praxis häufig schriftliche Schlussanträge veröffentlicht.[69]

24 In den Jahren 2018 – 2022 wurden 106 Anträge auf Durchführung eines Eilverfahrens gestellt. 50 Eilverfahren wurden durchgeführt (darunter vier auf Ersuchen des Präsidenten). In Durchschnitt dauerte das Verfahren 4,5 Monate.[70] Nahezu die Hälfte der Fälle betraf den europäischen Haftbefehl, ca. 15 % der Fälle betrafen jeweils sonstige Bereiche der Zusammenarbeit in Strafsachen sowie den Bereich Visa, Asyl und Einwanderung, und vier der Fälle betrafen Fragen des elterlichen Sorgerechts. Dies ist nicht weiter verwunderlich.

---

[58] Vgl. Art. 109 Abs. 1, 4 sowie Art. 108 EuGHVfO.
[59] Art. 109 Abs. 6 EuGHVfO. Gegebenenfalls kann eine Anwendung des beschleunigten Verfahrens in Betracht kommen. Siehe EuGH 17.7.2008 – C-66/08, EU:C:2008:437 = EuZW 2008, 581 – Kozlowski.
[60] Entstammt der französischen Bezeichnung dieses Eilverfahrens: **p**rocédure **p**réjudicielle d'**u**rgence.
[61] Vgl. Art. 109 Abs. 2, 4 EuGHVfO.
[62] Dies ist auch der Grund für die Bestimmung einer maximal zulässigen Seitenzahl der schriftlichen Stellungnahmen in manchen Verfahren.
[63] Erklärung des Rates anlässlich seines Beschlusses v. 20.12.2007 zur Änderung des Protokolls über die Satzung des Gerichtshofs (ABl. 2008 L 24, 44). In der Praxis liegt die Frist in der Regel bei 15 Tagen.
[64] Art. 109 Abs. 2 S. 2 EuGHVfO.
[65] Art. 111 EuGHVfO.
[66] Alle in Art. 23 EuGH-Satzung bezeichneten Beteiligten sind so bald wie möglich vom Termin der mündlichen Verhandlung zu informieren (Art. 109 Abs. 5 EuGHVfO).
[67] Richter ZfRV 2010, 148 (151).
[68] Art. 112 EuGHVfO.
[69] Normalerweise sollten die Schlussanträge etwa 3 Tage nach der mündlichen Verhandlung veröffentlicht werden. Aufgrund der hochkomplexen Fragen, die im Rahmen des Eilvorabentscheidungsverfahrens in den letzten Jahren vorgelegt wurden, lässt sich diese Frist jedoch in der Praxis nicht immer umsetzen; zB Schlussanträge des Generalanwalts Szpunar in der Rechtssache Generalbundesanwalt beim Bundesgerichtshof ua (Gesamtstrafenbildung), C-583/22 PPU, ECLI:EU:C:2022:974, veröffentlicht ca. einen Monat nach der mündlichen Verhandlung.
[70] EuGH Rechtsprechungsstatistiken 2022, Ss. 14 und 18.

In den letzten Jahren haben sich nämlich folgende Kriterien für die Durchführung eines Eilvorabentscheidungsverfahrens herausgebildet: die Vorabentscheidungsfrage wird in einem Verfahren gestellt, das eine inhaftierte Person betrifft;[71] es besteht die Gefahr der Verschlechterung der Eltern-Kind-Beziehung; sonstige Freiheitsentziehung; oder es besteht die Gefahr einer Verletzung von Grundrechten.[72]

III. Vorrangige Behandlung

Gem. Art. 53 Abs. 3 EuGHVfO hat der EuGH zudem die Möglichkeit, Rechtssachen mit Vorrang zu entscheiden. Diese Möglichkeit wurde in den vergangenen Jahren hauptsächlich in Fällen genutzt, in der die strengen Kriterien für ein beschleunigtes oder Eilverfahren nicht erfüllt wurden, aber dennoch eine gewisse Dringlichkeit bestand.[73] Für die Parteien macht sich eine solche vorrangige Behandlung häufig kaum bemerkbar, da die Verfahrensfristen wie im üblichen Verfahren festgesetzt werden. Der Vorrang macht sich lediglich intern am Gerichtshof bemerkbar: so sind die Fristen für die Übersetzung von Verfahrensschriftstücken und der Vorbereitung der Rechtssache durch die Kabinette deutlich verkürzt. Im Falle einer mündlichen Verhandlung wird diese ebenfalls vorrangig angesetzt. 25

D. Die „vereinfachten" Verfahren

Als „vereinfachte Verfahren" werden im Sprachgebrauch der Unionsgerichte verschiedene Verfahrensgestaltungen zusammengefasst, die zum großen Teil verhältnismäßig neueren Datums sind und die **Effizienz des Rechtsschutzes** dadurch verbessern sollen, dass sie es dem EuGH und dem EuG ermöglichen, in bestimmten Fällen **auf einzelne Bestandteile des „normalen" Urteilsverfahrens zu verzichten.** Von den „beschleunigten" Verfahren unterscheiden sich diese Gestaltungen insbes. dadurch, dass sie **keine Dringlichkeit** voraussetzen und dass die Rechtssachen, in denen sie zur Anwendung kommen, **keinen Vorrang** gegenüber anderen Verfahren genießen. Zu den Vorschriften, die vereinfachte Verfahren vorsehen, sind die Bestimmungen zu zählen, die den EuGH und das EuG ermächtigen, unter bestimmten Voraussetzungen zu jedem Zeitpunkt im Verfahren durch **Beschluss** zu entscheiden. 26

I. Direktklageverfahren

Eine Vereinfachung des Verfahrens liegt in den Fällen vor, in denen das **EuG** ohne vollständiges schriftliches Verfahren und ohne mündliche Verhandlung durch **Beschluss** über eine Direktklage entscheiden kann. Das ist zunächst nach Art. 126 EuGVfO der Fall, wenn das EuG für die Klage **offensichtlich unzuständig** ist, sie offensichtlich **unzulässig** ist oder ihr offensichtlich **jede rechtliche Grundlage fehlt.** Darüber hinaus können unzulässige Klagen durch Beschluss abgewiesen werden, sei es, dass von Amts wegen das Fehlen von unverzichtbaren Prozessvoraussetzungen feststellt wird,[74] sei es, dass die beklagte Partei beantragt hat, vorab über die Zulässigkeit zu entscheiden.[75] 27

---

[71] Sa Art. 267 Abs. 4 AEUV.
[72] EuGH Thematische Übersicht Eilvorabentscheidungsverfahren und beschleunigte Verfahren, S. 3 ff. (www.curia.europa.eu > Rechtsprechung > Zusammenstellungen nach Themen).
[73] ZB EuGH 12.11.2014 – C-656/13, ECLI:EU:C:2014:2364 Rn. 33 – L (Trennung von Vater und Kindern); EuGH 5.9.2019 – C-377/18, ECLI:EU:C:2019:670 Rn. 27 – AH ua (Unschuldsvermutung) (laufende Strafverfahren); EuGH 6.10.2021 – C-581/20, ECLI:EU:C:2021:808 Rn. 27 ff. – TOTO und Vianini Lavori (Vorlage im Rahmen eines Verfahrens zum vorläufigen Rechtsschutz); EuGH 1.8.2022 – C-14/21 und C-15/21, ECLI:EU:C:2022:604 Rn. 64 ff. – Sea Watch (Seenotrettung von Flüchtlingen); EuGH 16.6.2022 – C-229/21, ECLI:EU:C:2022:471 Rn. 38 ff. – Port de Bruxelles und Région de Bruxelles-Capitale (Gefährdung der wirtschaftlichen Interessen einer Partei).
[74] Art. 129 EuGVfO.
[75] Art. 130 EuGVfO.

28 Beim **EuGH** können offensichtlich unzulässige Klagen wie beim EuG durch **Beschluss** abgewiesen werden.[76] Anders als beim EuG ist die Abweisung einer offensichtlich unbegründeten Klage durch Beschluss nicht möglich, während offensichtlich unzulässige oder offensichtlich (un)begründete Rechtsmittel gegen Entscheidungen des EuG durch Beschluss verworfen werden können.[77]

29 Ein Beschluss nach Art. 53 Abs. 2 EuGHVfO bzw. Art. 126 EuGVfO kann von Amts wegen in jedem Verfahrensstadium gefällt werden, dh auch vor Zustellung der Klage an die Gegenpartei, ohne dass die Parteien zu dieser Möglichkeit gehört werden müssen.[78] Dies setzt voraus, dass die aus den Akten ergebenden Angaben eindeutig einen offensichtlichen Mangel an Zuständigkeit bzw. Begründetheit erkennen lassen. Dies ist zB der Fall, wenn eine Nichtigkeitsklage vor dem EuGH oder dem EuG gegen ein Urteil eines nationalen Gerichts gerichtet ist[79] oder wenn in einer Nichtigkeitsklage vor dem EuG die Argumentation des Klägers offensichtlich mit der ständigen Rechtsprechung der Unionsrichter nicht zu vereinbaren ist.[80]

30 Der Beschluss ist mit Gründen versehen, wobei die Begründung in der Regel knapp ausfällt. Die Veröffentlichung in der Sammlung ist eine Ausnahme. Gegen einen Beschluss des EuG kann ein Rechtsmittel eingereicht werden.[81]

II. Vorabentscheidungsverfahren

31 Art. 53 Abs. 2 EuGHVfO ermächtigt dem Gerichtshof auch ein Vorabentscheidungsersuchen durch begründeten Beschluss abzuweisen, wenn er offensichtlich unzuständig[82] oder das Ersuchen offensichtlich unzulässig ist.[83] Der Beschluss ergeht nach Anhörung des Generalanwalts, ggf. ohne das Verfahren fortzusetzen.

32 Darüber hinaus erlaubt das **vereinfachte Vorabentscheidungsverfahren,** das in Art. 99 EuGHVfO geregelt ist, dem EuGH in bestimmten Fällen durch begründeten Beschluss zu entscheiden. Wenn eine zur Vorabentscheidung vorgelegte Frage mit einer Frage übereinstimmt, über die der Gerichtshof bereits entschieden hat; wenn die Antwort auf eine solche Frage klar aus der Rechtsprechung abgeleitet werden kann; oder wenn die Beantwortung der zur Vorabentscheidung vorgelegten Frage keinen Raum für vernünftige Zweifel lässt

33 Die Vereinfachung im Verhältnis zum normalen Verfahren besteht zunächst darin, dass bei einer Entscheidung durch Beschluss die **mündliche Verhandlung einschließlich der Schlussanträge** des Generalanwalts (der nur intern angehört wird) **entfällt.** Außerdem kann ein solcher Beschluss gefällt werden, **ohne** dass zuvor das **schriftliche Verfahren** nach Art. 20 EuGH-Satzung durchgeführt zu werden braucht.[84] Damit kann das verein-

---

[76] Art. 53 Abs. 2 EuGHVfO.
[77] Art. 181, 182 EuGHVfO. ZB EuGH 16.11.2010 – C-73/10 P, ECLI:EU:C:2010:684 = BeckRS 2012, 82553 – Internationale Fruchtimport Gesellschaft Weichert/Kommission.
[78] Beim Gerichtshof muss aber der Generalanwalt gehört werden.
[79] ZB EuGH 16.5.2008 – C-49/08 – ECLI:EU:C:2008:286 = BeckRS 2010, 91858 – Raulin/Frankreich; EuG 14.6.2007 – T-77/07, ECLI:EU:T:2007:181 – Di Pasquale/Italien.
[80] ZB EuGH 1.7.1999 – C-155/98 P, ECLI:EU:C:1999:345 Rn. 11, 13 = BeckRS 2004, 74508 – Alexopoulou/Kommission; s. auch EuGH 14.10.1999 – C-437/98 P, EU:C:1999:503 Rn. 16–24 – Infrisa/Kommission: Stellt das Gericht im Rahmen einer Nichtigkeitsklage fest, dass fünf der sechs Klagegründe bereits im Wesentlichen in einem früheren Urteil des EuG geprüft wurden und dass der sechste Klagegrund offensichtlich unbegründet ist, so ist das Gericht berechtigt, zu erklären, dass der Klage offensichtlich jede rechtliche Grundlage fehlt.
[81] ZB EuGH 19.2.2009 – C-308/07 P, ECLI:EU:C:2009:103 Rn. 36–38 = BeckRS 2009, 70226 – Gorostiaga Atxalandabaso/Parlament: Ist der Rechtsmittelführer der Ansicht, dass das EuG den jetzt Art. 126 seiner VerfO nicht ordnungsgemäß angewandt hat, muss er dartun, dass es die Voraussetzungen für die Anwendung dieser Bestimmung falsch beurteilt hat.
[82] ZB wenn der Fall nicht in den Anwendungsbereich des Unionsrecht fällt. EuGH 6.20.2005 – C-328/04, Slg. 2005, I-8577 = EuGRZ 2005, 699 – Vajnai; EuGH 1.3.2011 – C-457/09, Slg. 2011, I-819 = BeckRS 2011, 80315 – Chartry; näher hierzu → § 10.
[83] ZB wenn der Sachverhalt nicht ausreichend dargestellt ist. EuGH 11.2.2004 – C-438/03, Slg. 2004, I-1605 = BeckRS 2004, 77253 – Cannito; näher hierzu → § 10.
[84] Inghelram Dir. Un. Eur. 2007, 285 (288), unter Berufung auf einem von zwei Richtern am EuGH verfassten Bericht; Schima Ecolex 2000, 534 (536).

fachte Vorabentscheidungsverfahren die Äußerungsmöglichkeiten der Verfahrensbeteiligten und der nach Art. 23 EuGH-Satzung zur Abgabe von Stellungnahmen befugten Mitgliedstaaten und Organe erheblich einschränken.[85] Nicht zu vergessen ist jedoch, dass es sich beim Vorabentscheidungsverfahren um ein rein interpretatorisches Verfahren handelt und der EuGH nicht in der Sache entscheidet. Üblicherweise werden die Hauptparteien nach Beendigung des Verfahrens vor dem Gerichtshof vor dem nationalen Vorlagegericht nochmals angehört bevor eine Entscheidung in der Sache ergeht.

Der (seltene) Fall der identischen Fragen[86] steht mit dem Fall, in dem sich die Antwort klar aus der Rechtsprechung ableiten lässt,[87] in enger begrifflicher Nähe. In beiden Fällen muss (zumindest) eine Entscheidung vorhanden sein, in der für das neue Ausgangsverfahren relevante Fragen der Auslegung (oder der Gültigkeit) der anwendbaren Norm des Unionsrechts bereits geklärt wurden. Dies entspricht den zwei ersten Konstellationen, in denen nach dem Urteil *Cilfit* eine Vorlagepflicht letztinstanzlicher Gerichte entfällt.[88] Der dritte Fall der Fragen, die hinsichtlich der Antwort keinen Raum für vernünftige Zweifel lassen, ist ebenfalls vom Urteil *Cilfit*[89] abgedeckt, wobei der Begriff des Zweifels nach hM unscharf bleibt.[90] Die Praxis des EuGH zeigt einerseits, dass die obersten Gerichte vorzulegen tendieren, selbst wenn ihnen die Antwort klar erscheint,[91] wobei der Gerichtshof sich in zumindest einem Fall auf die vom Vorlagegericht vorgeschlagene Antwort ausdrücklich gestützt und übernommen hat.[92] Anderseits zeigt die Praxis auch, dass der Gerichtshof sich selbst bei der Beurteilung der Frage, ob eine Antwort eindeutig ist, eine größere Freiheit nimmt als er den nationalen Gerichten im Urteil Clifit eingeräumt hat.[93]

Das vereinfachte Vorabentscheidungsverfahren wird in etwas mehr als 10 % der Fälle angewandt.[94] Es wurde ausgerechnet, dass dies im Vergleich zur durchschnittlichen Dauer eines normalen Vorabentscheidungsverfahrens von aktuell ca. 17 Monaten[95] zu einer Verkürzung von ungefähr sechs Monaten führt.[96]

E. Das Versäumnisverfahren

I. Allgemeines

Nach Art. 41 EuGH-Satzung kann in den Direktklageverfahren vor dem EuGH und dem EuG gegen einen ordnungsgemäß geladenen Beklagten, der keine schriftlichen Anträge

---

[85] Schima Ecolex 2000, 534 (536).
[86] ZB EuGH verb. Rs. C-405/96 bis C-408/96, Slg. 1998, I-4253 = BeckRS 2004, 77073 – Béton Express ua.
[87] ZB EuGH 2.12.2010 – C-334/09, Slg. 2010, I-12379 = BeckEuRS 2009, 503999 – Scheffler, gegenseitige Anerkennung der Führerscheine; EuGH 30.6.2011 – C-288/10, Slg. 2011, I-5835 = GRUR-Int. 2011, 853 – Wamo, unlautere Geschäftspraktiken.
[88] EuGH 6.10.1982 – C-283/81, Slg. 1982, 3415 Rn. 13 = NJW 1983, 1257 – Cilfit, wenn die gestellte Frage tatsächlich bereits in einem gleichgelagerten Fall Gegenstand einer Vorabentscheidung gewesen ist; EuGH 6.10.1982 – C-283/81, Slg. 1982, 3415 Rn. 14 = NJW 1983, 1257 – Cilfit, wenn bereits eine gesicherte Rspr. des EuGH vorliegt, durch die die betreffende Rechtsfrage gelöst ist, gleich in welcher Art von Verfahren sich diese Rspr. gebildet hat, und selbst dann, wenn die strittigen Fragen nicht vollkommen identisch sind; hierzu Inghelram Dir. Un. Eur. 2007, 285 (297); Schima Ecolex 2000, 534 (536).
[89] EuGH 6.10.1982 – C-283/81, Slg. 1982, 3415 Rn. 16 = NJW 1983, 1257 – Cilfit, wenn „keinerlei Raum für einen vernünftigen Zweifel an der Entscheidung der gestellten Frage bleibt". Allerdings darf das nationale Gericht nur dann davon ausgehen, „wenn es überzeugt ist, dass auch für die Gerichte der übrigen Mitgliedstaaten und den Gerichtshof die gleiche Gewissheit bestünde".
[90] Siehe zB Rüsken ZfZ 2011, 86 (86).
[91] Inghelram Dir. Un. Eur. 2007, 285 (298).
[92] EuGH 30.4.2004 – C-446/02, ECLI:EU:C:2004:284 Rn. 35 = BeckRS 2004, 77301 – Gouralnik.
[93] ZB EuGH 19.1.2005 – C-206/03, ECLI:EU:C:2005:31 Rn. 46 = BeckRS 2005, 70359 – SmithKline Beecham. Die gegebene Auslegung des Unionsrechts steht in Widerspruch zu einem anders lautenden Tarifavis der Weltzollorganisation. Hierzu Inghelram Dir. Un. Eur. 2007, 285 (300). Siehe auch 26.3.2021 – C-92/21, ECLI:EU:C:2021:258 – Fedasil.
[94] EuGH Rechtsprechungsstatistiken 2022, S. 8 (www.curia.europa.eu > Gerichtshof > Rechtsprechungsstatistiken).
[95] EuGH Rechtsprechungsstatistiken 2022, S. 14.
[96] Inghelram Dir. Un. Eur. 2007, 285 (292–295).

stellt, ein Versäumnisurteil erlassen werden. Ergänzende Bestimmungen zum Erlass von Versäumnisurteilen sind in den Verfahrensordnungen der europäischen Gerichte enthalten.[97] Die praktische Bedeutung des Versäumnisverfahrens ist gering. Als Beklagte kommen nach den Verträgen fast ausschließlich Unionsorgane oder Mitgliedstaaten in Betracht, während natürliche oder juristische Person vor den Unionsgerichten nur in den eher seltenen vertraglichen Streitigkeiten verklagt werden können,[98] für die die Zuständigkeit des EuGH oder des EuG nach Art. 272 AEUV vereinbart wurde. Dennoch kommt es mitunter nicht nur in Vertragsstreitigkeiten,[99] sondern auch in anderen Direktklageverfahren[100] zu Versäumnisurteilen.

II. Säumnis

37 Anders als das deutsche Zivilprozessrecht kennt das europäische Rechtsschutzsystem nur ein Versäumnisverfahren gegen den **Beklagten,** während für eine Säumnis des Klägers keine Regelung besteht.[101] Dies ist durch die Definition der **Säumnis** in der Satzung und den Verfahrensordnungen bedingt. Danach ist der Beklagte säumig, wenn er trotz ordnungsmäßiger Ladung keine schriftlichen Anträge stellt,[102] dh, wenn er keine form- und fristgerechte Klageerwiderung[103] eingereicht hat (Art. 152 Abs. 1 EuGHVfO, Art. 123 Abs. 1 EuGVfO). Dagegen wird eine Partei nicht als säumig angesehen, wenn sie trotz ordnungsgemäßer Ladung in der mündlichen Verhandlung nicht erscheint oder nicht ordnungsgemäß vertreten ist. In diesem Fall kommt es zu einem kontradiktorischen Urteil (s. → § 24) auf der Grundlage des Parteivorbringens im schriftlichen Verfahren.

38 Hat im Falle passiver **Streitgenossenschaft** einer von mehreren Beklagten keine schriftlichen Anträge gestellt, so hängt die Möglichkeit zum Erlass eines Versäumnisurteils gegen diesen Beklagten davon ab, ob eine einfache oder eine notwendige Streitgenossenschaft vorliegt.[104] **Streithelfer** des Beklagten können den Erlass eines Versäumnisurteils normalerweise nicht verhindern.[105]

---

[97] Art. 152 EuGHVfO; Art. 123 EuGVfO.
[98] Siehe jedoch EuG 19.10.2022 – T-242/17 RENV, ECLI:EU:T:2022:637 – SC/Eulex Kosovo.
[99] ZB EuGH 13.11.2001 – C-59/99, ECLI:EU:C:2001:604 = BeckRS 2004, 77600 – Kommission/Pereira Roldão & Filhos ua, Schiedsklausel; EuGH 11.10.2001 – C-77/99, ECLI:EU:C:2001:531 = BeckRS 2004, 77781 – Kommission/Oder-Plan Architektur, Schiedsklausel. Vgl. auch 12.11.2020 – C-842/19, ECLI:EU:C:2020:915 – Kommission/Belgien (Einkünfte aus ausländischen Immobilien).
[100] ZB in Personalstreitigkeiten EuG 15.11.2000 – T-20/00, ECLI:EU:T:2000:266 – Camacho-Fernandes/Kommission; im Vertragsverletzungsverfahren EuGH 25.4.1996 – C-274/93, ECLI:EU:C:1996:160 = BeckRS 2004, 75891 – Kommission/Luxemburg; bei Nichtigkeitsklage EuGH 12.7.2001 – C-365/99, ECLI:EU:C:2001:410 = BeckRS 2004, 76776 – Portugal/Kommission.
[101] Gegen den Kläger kann allenfalls ein unechtes Versäumnisurteil ergehen, wenn der Beklagte säumig ist, die Klage sich aber als unzulässig oder unbegründet herausstellt, vgl. EuGH 12.7.2001 – C-365/99, ECLI:EU:C:2001:410 = BeckRS 2004, 76776 – Portugal/Kommission.
[102] Art. 41 S. 1 EuGH-Satzung. Problematisch kann es im Hinblick auf diese Regelung sein, wenn bei der Anfechtungsklage gegen Entscheidungen der Beschwerdekammern des EUIPO das Amt als Beklagter keine eigenen Anträge stellt, etwa, weil es die Entscheidung der Beschwerdekammer selbst für falsch hält. Das EUIPO muss in diesem Fall als säumig angesehen werden. Vgl. EuG 15.1.2003 – T-99/01, ECLI:EU:T:2003:7 Rn. 14–15 = GRUR-RR 2003, 279 – Mystery Drinks/HABM.
[103] Ein Beklagter ist nicht schon säumig, wenn er eine mangelhafte bzw. unzulängliche Klageerwiderung einreicht. Eine Säumnis ist jedoch dann anzunehmen, wenn der Mangel derart gravierend ist, dass keine Verteidigungsabsicht mehr zu erkennen ist. Vgl. Schlussanträge des Generalanwalts Alber in der Rechtssache Kommission/SIVU und Hydro-Réalisations, C-172/97, ECLI:EU:C:1999:31 Rn. 31–37 – BeckRS 2004, 74669 – Kommission/SIVU und Hydro-Réalisations.
[104] EuGH 11.10.2001 – C-77/99, ECLI:EU:C:2001:531 = BeckRS 2004, 77780 – Kommission/Oder-Plan Architektur ua; EuGH 13.11.2001 – C-59/99, EU:C:2001:604 = BeckRS 2004, 77600 – Kommission/Pereira Roldão & Filhos ua.
[105] Eine Ausnahme besteht hiervon für die Rechtsstreitigkeiten, die Rechte des geistigen Eigentums betreffen. Hier kann kein Versäumnisurteil gefällt werden, wenn zwar das beklagte Amt säumig ist, jedoch eine der am Verfahren vor der Beschwerdekammer beteiligten Parteien als Streithelfer die Klageschrift form- und fristgerecht beantwortet hat (Art. 173 EuGVfO).

Ein Versäumnisverfahren findet nur auf **Antrag** des Klägers statt. Ob im Falle der 39
Säumnis des Beklagten ein solcher Antrag gestellt wird, steht im Belieben des Klägers. Er
kann sich stattdessen damit einverstanden erklären, dass das schriftliche Verfahren fortgesetzt
wird.[106] In diesem Fall wird dem Beklagten eine neue Frist zur Klagebeantwortung gesetzt.

III. Verfahren und Versäumnisurteil

Der Antrag auf Erlass eines Versäumnisurteils wird dem Beklagten zugestellt. Ob über den 40
Antrag mündlich verhandelt wird, steht im Ermessen des zuständigen Spruchkörpers.[107]

Anders als im deutschen Zivilprozess hat die Säumnis nicht zur Folge, dass der Tatsachen- 41
vortrag des Klägers als zugestanden gilt. Vielmehr ist die zuständige Instanz verpflichtet, zu
prüfen, ob die Klage ordnungsgemäß erhoben und zulässig ist und ob die Anträge des
Klägers „begründet erscheinen". Wie im kontradiktorischen Verfahren ist daher zunächst
die **Zulässigkeit** der Klage **von Amts wegen** voll zu prüfen.[108] Der EuGH hat vor Erlass
eines Versäumnisurteils den Generalanwalt anzuhören.

Das Versäumnisurteil ist ein Endurteil und dementsprechend gem. Art. 152 Abs. 4 42
EuGHVfO bzw. Art. 123 Abs. 4 EuGVfO vollstreckbar. Die **Vollstreckung** kann jedoch
solange ausgesetzt werden, bis über einen vom Beklagten eingelegten Einspruch entschieden
ist. Stattdessen kann der Unionsrichter die Vollstreckung von einer Sicherheitsleistung abhängig machen, deren Höhe und Art sich nach Maßgabe der jeweiligen Umstände bestimmt.

IV. Rechtsbehelfe

Der Beklagte kann gegen das Versäumnisurteil gem. Art. 152 Abs. 4 EuGHVfO iVm 43
Art. 156 Abs. 1, 2 EuGHVfO bzw. Art. 166 EuGVfO binnen eines Monats nach dessen
Zustellung **Einspruch** einlegen. Streithelfer auf Seiten der beklagten Partei haben kein
eigenes Einspruchsrecht. Für die Einspruchsschrift gelten die inhaltlichen und formalen
Anforderungen an die Klageschrift entsprechend. Zuständig ist das Gericht, welches das
Versäumnisurteil erlassen hat. Die Gegenpartei erhält Gelegenheit zur schriftlichen Stellungnahme. Der weitere Verlauf des Einspruchsverfahrens richtet sich nach den gleichen
Regeln wie das normale Direktklageverfahren.[109] Zu beachten ist insbes. die **Präklusion
verspäteten Vorbringens** nach Art. 127 Abs. 1 EuGHVfO bzw. 84 Abs. 1 EuGVfO, die
es dem säumigen Beklagten verwehrt, mit seinem Einspruch Verteidigungsmittel geltend
zu machen, die er in der Klageerwiderung hätte vorbringen können.[110] Über den Einspruch
wird durch Urteil entschieden, das mit der Urschrift des Versäumnisurteils verbunden
wird.[111] Hiergegen ist ein weiterer Einspruch nicht zulässig. Soweit das Versäumnisurteil
aufgehoben wird, tritt die Entscheidung über den Einspruch an dessen Stelle. Wird der
Einspruch dagegen zurückgewiesen, so behält das Versäumnisurteil seine Wirkung unter
dem ursprünglichen Datum.

Sowohl gegen ein Versäumnisurteil als auch gegen ein Urteil im Einspruchsverfahren des 44
EuG kann die jeweils unterlegene Partei ein **Rechtsmittel** einlegen (s. → § 25).

---

[106] EuG 3.4.2003 – T-18/02, ECLI:EU:T:2003:99 Rn. 13 – Österholm/Kommission.
[107] Art. 152 Abs. 2 EuGHVfO und Art. 123 EuGVfO. Der säumige Beklagte ist am Versäumnisverfahren
nicht beteiligt. Dies hindert ihn jedoch nicht, auf Grund neuer Tatsachen die Erledigung der Hauptsache
zu beantragen (EuG 26.11.1997 – T-39/97, ECLI:EU:T:1997:184 Rn. 20–23 – T. Port/Kommission).
[108] Art. 152 Abs. 3 EuGHVfO und Art. 123 Abs. 3 EuGVfO.
[109] Die Parteien heißen allerdings nicht mehr „Kläger" und „Beklagter", sondern „Einspruchsführer" und
„Einspruchsgegner".
[110] EuG 23.1.1995 – T-84/94, ECLI:EU:T:1995:9 Rn. 9 – Bilanzbuchhalter/Kommission. Soweit der Einspruchsführer sich dagegen auf später eingetretene Umstände stützt, greifen die Präklusionsvorschriften
nicht ein (EuGH 10.6.1999 – C-172/97, ECLI:EU:C:1999:288 – Kommission/SIVU und Hydro-
Réalisations).
[111] Art. 156 Abs. 5, 6 EuGHVfO und Art. 166 Abs. 6 EuGVfO.

§ 24 Die gerichtlichen Entscheidungen*

Übersicht

	Rn.
A. Überblick	1
B. Beratung und Entscheidung	6
C. Form und Inhalt der Entscheidungen	11
I. Urteile	11
II. Beschlüsse	17
D. Verkündung und Veröffentlichung	18
E. Entscheidungswirkungen	20
I. Rechtskraft und innerprozessuale Bindungswirkung	21
II. Gestaltungswirkung	24
III. Vollstreckbarkeit	28
IV. Die Pflicht, die sich aus dem Urteil ergebenden Maßnahmen zu ergreifen	29
F. Urteilsauslegung	30
I. Gegenstand	31
II. Antragsbefugnis	33
III. Verfahren und Entscheidung	37
IV. Verhältnis zu anderen Rechtsbehelfen	41
G. Urteilsberichtigung und Urteilsergänzung	44
I. Urteilsberichtigung	44
II. Urteilsergänzung	48
H. Verfahrensbeendigung ohne Sachentscheidung	50
I. Direktklagen	50
1. Einigung der Parteien	50
2. Klagerücknahme	53
3. Erledigung der Hauptsache	54
II. Vorabentscheidungsverfahren	55

Schrifttum:
Beck, The Legal Reasoning of the Court of Justice of the EU, 2012, Berrisch, Die neue Verfahrensordnung des EuGH – Verfahrensbeschleunigung auf Kosten des Anhörungsrechts, EuZW 2012, 881 f.; Bobek, Legal Reasoning of the Court of Justice of the EU, (2014) 39 European Law Review 418; Conway, The Limits of Legal Reasoning at the European Court of Justice, 2012; Degenhardt, Die Auslegung und Berichtigung von Urteilen des Gerichtshofs der Europäischen Gemeinschaften, 1969; Due, Understanding the reasoning of the Court of Justice, Mélanges en hommage à Fernand Schockweiler, 1999, 73 ff.; Ehricke, Die Bindungswirkung von des EuGH im Vorabentscheidungsverfahren nach deutschem Zivilprozessrecht und nach Gemeinschaftsrecht, 1997; Everling, Begründung der Urteile des Gerichtshofs der Europäischen Gemeinschaften, EuR 1994, 127 ff.; Everling, Der Beitrag des deutschen Rechts zur Rechtsprechung des Gerichtshofs der Europäischen Gemeinschaften, in Lüneburger Symposium für Hans Peter Ipsen, 1988, 63 ff.; Felder/Vogel, Handbuch Sprache im Recht, 2017; Kirschner/Klüpfel, Das Gericht erster Instanz der Europäischen Gemeinschaften, 2. Aufl. 1998; Klinke, Der Gerichtshof der Europäischen Gemeinschaften. Aufbau und Arbeitsweise, 1989; Oliver, Could the Wording of the Court's Judgments be improved? EuZW 2001, 257; Ossenbühl, Der gemeinschaftsrechtliche Staatshaftungsanspruch, DVBl 1992, 993 ff.; Toth, Anmerkung zum Urteil C-137/92 P, CMLR 1995, 271 ff.; Paunio, Legal Certainty in Multilingual EU Law – Language, discourse and reasoning at the European Court of Justice, Routledge 2016.

A. Überblick

1 **Verfahrensbeendende Entscheidungen** der Unionsgerichte ergehen entweder als Urteil oder als Beschluss. Durch **Urteil** wird sowohl im Direktklageverfahren als auch im Vorabentscheidungsverfahren meist dann entschieden, wenn das normale Verfahren mit einem schriftlichen und einem mündlichen Verfahrensabschnitt stattgefunden hat. In bestimmten Fällen ist die Entscheidung durch Urteil ausdrücklich vorgeschrieben. Das gilt etwa für das

---

* Dieser Beitrag basiert auf einer Neubearbeitung der von Sabine Hackspiel und Thomas Laut verfassten Beiträge der Vorauflage. Der vorliegende Beitrag bringt allein die persönliche Auffassung der Autorin zum Ausdruck.

Versäumnisurteil und die Entscheidung über den Einspruch gegen ein solches Urteil.[1] Auch für Entscheidungen über außerordentliche Rechtsbehelfe, also über den Drittwiderspruch[2] und die Wiederaufnahme[3] schreibt die Verfahrensordnung des Gerichtshofs grundsätzlich die Urteilsform vor.

Bei den Urteilen der Unionsgerichte handelt es sich meist um **Endurteile,** zu denen auch die **Teilurteile** gehören, welche einen abtrennbaren Teil des Rechtsstreits endgültig beenden. Gelegentlich kommt es zu **Zwischenurteilen,** etwa, wenn vorab über einzelne Klagegründe[4] oder auf Antrag des Beklagten über die Zulässigkeit der Klage entschieden wird.[5] Ob ein solcher Zwischenstreit über die Zulässigkeit durch Urteil oder durch Beschluss beendet wird, hängt in der Regel davon ab, ob eine mündliche Verhandlung durchgeführt worden ist. Im Schadensersatzprozess kann über das Bestehen des Anspruchs durch **Grundurteil** entschieden werden. Normalerweise setzt dieses Urteil den Parteien eine Frist zur Einigung auf die Höhe des Schadensersatzes. Gelingt dies nicht, wird das Verfahren bis zum Endurteil über die Schadenshöhe fortgesetzt.[6] 2

Als **Beschluss** können verfahrensbeendende Entscheidungen insbes. dann ergehen, wenn kein mündlicher Verfahrensabschnitt erforderlich ist. So haben die Unionsgerichte bei **unzulässigen Klagen** die Wahl, nach mündlicher Verhandlung durch Urteil zu entscheiden oder sie durch Beschluss abzuweisen.[7] In Vorabentscheidungsverfahren kann der EuGH durch Beschluss entscheiden, wenn die vorgelegte Frage mit einer Vorlagefrage übereinstimmt, über die bereits entschieden wurde, wenn die Antwort klar aus der Rechtsprechung abgeleitet werden kann oder wenn die Beantwortung keinen Raum für vernünftige Zweifel lässt.[8] Ferner kann der EuGH **offensichtlich unbegründete** Rechtsmittel durch Beschluss zurückweisen.[9] Dem EuG steht eine entsprechende Befugnis bei Klagen zu, denen offensichtlich jede rechtliche Grundlage fehlt.[10] Darüber hinaus kann der EuGH **offensichtlich begründeten** Rechtsmitteln durch Beschluss stattgeben.[11] Die **Erledigung der Hauptsache** wird normalerweise durch Beschluss des zuständigen Spruchkörpers festgestellt.[12] Bei **Klagerücknahme** oder **außergerichtlicher Einigung** ist dagegen der Präsident dafür zuständig, durch Beschluss die Streichung der Rechtssache im Register anzuordnen.[13] Schließlich ist die Beschlussform für die Entscheidung im Kostenfestsetzungsverfahren[14] und für die Urteilsberichtigung[15] vorgeschrieben. 3

Als Beschlüsse ergehen auch zahlreiche **Zwischenentscheidungen,** wie Beweisbeschlüsse und Entscheidungen über die Zulassung von Streithelfern, über Anträge auf Prozesskostenhilfe und über Anträge auf einstweiligen Rechtsschutz sowie über die Verbindung und Aussetzung von Verfahren. 4

---

[1] Art. 41 EuGH-Satzung, Art. 152 Abs. 1, Art. 156 Abs. 5 EuGHVfO, Art. 123 Abs. 1, 3 EuGVfO.
[2] Art. 157 Abs. 6 EuGHVfO.
[3] Art. 159 Abs. 6 EuGHVfO für die Entscheidung nach erneuter Prüfung der Hauptsache.
[4] So zB EuGH 9.9.1999 – T-110/98, ECLI:EU:T:1999:166 – RJB Mining/Kommission.
[5] Art. 151 EuGHVfO, Art. 130 EuGVfO.
[6] ZB EuGH 19.5.1992 – C-104/89 und C-37/90, ECLI:EU:C:1992:217 = NVwZ 1992, 1077– Mulder ua/Rat und Kommission (Grundurteil) und EuGH 27.1.2000 – C-104/89 und C-37/90, ECLI:EU:C:2000:38 – Mulder ua/Rat und Kommission (Endurteil).
[7] Das ist sowohl auf Antrag des Beklagten möglich, Art. 151 EuGHVfO, Art. 130 EuGVfO, als auch von Amts wegen, Art. 53 Abs. 2 EuGHVfO, Art. 126, 129 EuGVfO. Nach Art. 151 Abs. 5 EuGHVfO ist der Gerichtshof jedoch gehalten, über einen Zwischenstreit so bald wie möglich zu entscheiden und nur dann die Entscheidung dem Endurteil vorzubehalten, wenn besondere Umstände dies rechtfertigen.
[8] Art. 99 EuGHVfO; krit. Berrisch EuZW 2012, 881 (881).
[9] Art. 181 EuGHVfO. Dagegen kann der EuGH über offensichtlich unbegründete Klagen, anders als das EuG, nicht durch Beschluss entscheiden.
[10] Art. 126 EuGVfO.
[11] Art. 182 EuGHVfO.
[12] Art. 149 EuGHVfO, Art. 131 EuGVfO.
[13] Art. 147, 148 EuGHVfO, Art. 124, 125 EuGVfO, Art. 69 Abs. 2.
[14] Art. 145 Abs. 1 EuGHVfO, Art. 170 Abs. 3 EuGVfO.
[15] Art. 103 Abs. 3, Art. 154 Abs. 4 EuGHVfO, Art. 164 Abs. 4 EuGVfO.

5 Neben förmlichen Beschlüssen gibt es **„schlichte" Entscheidungen.** Zu diesen Entscheidungen, die den Parteien durch formloses Schreiben des Kanzlers mitgeteilt werden, zählen etwa die Verweisung einer vor dem Gerichtshof anhängigen Rechtssache an eine Kammer[16] oder die Verweisung an einen Spruchkörper innerhalb des EuG,[17] die Entscheidung über einen Antrag auf Durchführung des beschleunigten Verfahrens oder die Anordnung prozessleitender Maßnahmen.[18] Über solche Maßnahmen wird in Verfahren vor dem EuGH und dem EuG normalerweise auf Vorschlag des Berichterstatters in einer sogenannten Generalversammlung (EuGH) oder Konferenz (EuG) entschieden.[19]

B. Beratung und Entscheidung

6 Am Ende des mündlichen Verfahrensabschnitts erklärt der Präsident des zuständigen Spruchkörpers das mündliche Verfahren für abgeschlossen. Beim EuGH geschieht dies regelmäßig, nachdem der Generalanwalt seine Schlussanträge gestellt hat, beim EuG am Ende der mündlichen Verhandlung.[20] Der Spruchkörper tritt dann in die Beratung ein. Normalerweise legt er zunächst unter dem unmittelbaren Eindruck der Schlussanträge bzw. der mündlichen Verhandlung die Leitlinien fest, an denen sich der Urteilsentwurf des Berichterstatters orientieren soll. Dieser wird vom Berichterstatter in der Arbeitssprache redigiert und dem Spruchkörper übermittelt, der ihn anschließend iE berät.

7 Die Beratungen der Unionsgerichte unterliegen nach Art. 35 EuGH-Satzung einem strengen **Beratungsgeheimnis,** welches insbes. verbietet, dass das Ergebnis von Abstimmungen innerhalb des Spruchkörpers und die unterschiedlichen Auffassungen der Richter bekanntgegeben werden. Ob eine Entscheidung einstimmig oder mit Mehrheit ergangen ist, lässt sich den Entscheidungsgründen deshalb nicht entnehmen. Ebenso wenig dürfen, anders als im Recht vieler Mitgliedstaaten, **abweichende Meinungen** einzelner Richter veröffentlicht werden.[21] Dass die Unionsgerichte nach außen „mit einer Stimme sprechen" sichert die Unabhängigkeit der Richter und stärkt die Integrationsfunktion des Gerichtshofs. Ein Verzicht auf die Wahrung des Beratungsgeheimnisses oder Lockerungen, zB nach dem Ausscheiden eines Richters aus dem Gerichtshof oder bei einer Änderung der Rechtsprechung, sind nicht möglich.

8 Aus dem Beratungsgeheimnis folgt, dass an der Beratung ausschließlich die zur Entscheidung berufenen Richter des entsprechenden Spruchkörpers teilnehmen.[22] Weder der Generalanwalt noch die Mitarbeiter der Richter, der Kanzler, ein sonstiger Protokollführer oder Dolmetscher dürfen hinzugezogen werden. Daher müssen sich in der Beratung alle Richter nach Möglichkeit derselben Sprache bedienen. Dies ist im Allgemeinen die französische Arbeitssprache. Da die Richter keine Unterstützung seitens des Sprachendienstes erhalten, müssen sie die Arbeitssprache gut beherrschen, um – wie in den Verfahrensordnungen vorgesehen[23] – ihre Rechtsauffassung im Kollegenkreis vortragen und begründen zu können. Im Einzelfall können sich die Richter innerhalb des Spruchkörpers auch auf eine andere Arbeitssprache einigen. Dies kommt gelegentlich bei Kammerentscheidungen vor und setzt voraus, dass die beteiligten Richter diese andere Sprache (zB Englisch) ebenfalls gut beherrschen. Die Beratung von Beschlüssen kann, anders als die

---

[16] Vgl. Art. 60 Abs. 1 EuGHVfO.
[17] Vgl. Art. 14 Abs. 1, Art. 28 Abs. 3 EuGVfO.
[18] Art. 151 EuGVfO, vgl. auch Art. 61 EuGHVfO.
[19] Prozessleitende Maßnahmen können auch vom Berichterstatter oder Generalanwalt beschlossen werden (Art. 62 EuGHVfO).
[20] Der EuGH und das EuG können aber von einer mündlichen Verhandlung absehen, näher Art. 76 EuGHVfO, Art. 155 Abs. 1 EuGVfO.
[21] Klinke Gerichtshof Rn. 189; Oppermann/Classen/Nettesheim EuropaR § 13 Rn. 25; Wägenbaur, Court of Justice of the European Union, 2013, RP ECJ Art. 32 Rn. 6 f.
[22] Art. 32 Abs. 2 EuGHVfO, Art. 21 Abs. 1 EuGVfO. Die in Art. 32 Abs. 2 EuGHVfO vorgesehene Möglichkeit der Teilnahme eines Hilfsberichterstatters scheint keine praktische Bedeutung zu haben.
[23] Art. 32 Abs. 3 EuGHVfO, Art. 21 Abs. 3 EuGVfO.

Urteilsberatung, auch im Rahmen von Generalversammlungen oder Konferenzen stattfinden,[24] bei denen die Generalanwälte und der Kanzler anwesend sind. Deshalb verpflichten sich nicht nur die Richter, sondern auch Generalanwälte und Kanzler in ihrem Amtseid, das Beratungsgeheimnis zu wahren.[25] Eine Verletzung dieser Pflicht kann zur Amtsenthebung gem. Art. 6 EuGH-Satzung führen.

Die verschiedenen Spruchkörper des EuGH und des EuG entscheiden nach abschließender Aussprache über den Urteilsentwurf mit **einfacher Mehrheit**.[26] In der Praxis wird die Beratung allerdings durch die Suche nach einem möglichst breiten **Konsens** unter den Richtern bestimmt. Um Stimmengleichheit im Spruchkörper auszuschließen, können die Unionsgerichte nur in der Besetzung mit einer **ungeraden Richterzahl** rechtswirksam entscheiden.[27] Ist ein Richter verhindert, so scheidet der Richter mit dem geringsten Dienstalter aus dem Spruchkörper aus, es sei denn, er ist Berichterstatter. In diesem Fall nimmt der Richter, der ihm im Dienstalter unmittelbar vorgeht, an der Beratung nicht teil.[28] Wird in einem solchen Fall das nach Art. 17 EuGH-Satzung für eine wirksame Entscheidung, erforderliche **Quorum** nicht mehr erreicht, so muss bei dauernder Verhinderung die mündliche Verhandlung vor einem um andere Richter ergänzten Spruchkörper wiederholt werden.

9

Der am Ende der Beratung genehmigte – ggf. nochmals berichtigte – Urteilsentwurf[29] wird anschließend in die Verfahrenssprache übersetzt. Die Fassung des Urteils in der Verfahrenssprache gilt als Originaltext der Entscheidung und ist im Zweifelsfall verbindlich.[30] Hat an der Beratung ein Richter teilgenommen, dessen Muttersprache die Verfahrenssprache ist, so überprüft dieser den Text deshalb darauf, ob die Übersetzung mit dem Beratungsergebnis übereinstimmt.[31]

10

C. Form und Inhalt der Entscheidungen

I. Urteile

Mindestanforderungen an **Form und Inhalt der Urteile** enthalten die Art. 36–38 EuGH-Satzung. Sie werden durch Bestimmungen der Verfahrensordnungen[32] ergänzt. Von ihrem Aufbau her ähneln die Urteile der Unionsgerichte denen deutscher Gerichte. Sie gliedern sich in Rubrum, Entscheidungsgründe und Tenor. Im Unterschied zu den deutschen Urteilen wird der Tenor jedoch nicht an den Anfang, sondern an das Ende der Entscheidungsgründe gestellt.

11

Zu den Angaben, die die Urteile nach den Verfahrensordnungen enthalten müssen, gehört zunächst die Feststellung, dass es sich um ein Urteil des EuGH bzw. des EuG handelt. Neben dem Tag der Verkündung des Urteils werden alle an dem Verfahren Beteiligten nebst ihren Prozessbevollmächtigten sowie alle an der Entscheidungsfindung mitwirkenden Richter, der Kanzler und ggf. der Generalanwalt aufgeführt. Ferner finden sich Angaben zum Verfahrensablauf, insbes. die Daten der mündlichen Verhandlung und der Schlussanträge.

12

---

[24] In diesen Sitzungen wird auch über Beweisaufnahmen und verfahrensleitende Maßnahmen beraten und entschieden. Auch hierfür gilt das Beratungsgeheimnis.
[25] Art. 2, 8, 10 EuGH-Satzung.
[26] Art. 33 Abs. 4 EuGHVfO, Art. 21 Abs. 4 EuGVfO.
[27] Art. 17 S. 1 EuGH-Satzung.
[28] Art. 33 EuGHVfO iVm Art. 7 EuGHVfO, Art. 22 EuGVfO iVm Art. 8 EuGVfO.
[29] Die Urteilsentwürfe werden in der Arbeitssprache von den Urteilslektoren, dh Juristen französischer Muttersprache durchgesehen, um insbes. die korrekte Verwendung der französischen Rechtsterminologie sicherzustellen. Die korrigierte Fassung wird dem Spruchkörper zur Genehmigung vorgelegt.
[30] Vgl. Art. 38 Abs. 1 EuGHVfO, Art. 49 EuGVfO. Eventuelle Übersetzungsfehler können, wenn sie sich erst nachträglich herausstellen, im Urteilsberichtigungsverfahren korrigiert werden, → Rn. 44 ff. Teil G Kap. I.
[31] Klinke Gerichtshof Rn. 183.
[32] Art. 87 EuGHVfO, Art. 117 EuGVfO.

13 Unter der Überschrift „Urteil" folgen die **Entscheidungsgründe**. Zunächst erfolgt die von den Verfahrensordnungen geforderte kurze Darstellung des Sachverhaltes, der eine Darstellung des rechtlichen Rahmens des Rechtsstreits vorgeschaltet werden kann. Daran schließen sich in Direktklageverfahren Angaben zum Verfahrensablauf und die Anträge der Parteien an, während in Vorabentscheidungsverfahren die vom nationalen Gericht gestellten Fragen wiedergegeben werden, worauf die eigentliche Begründung für die Entscheidung folgt. Die Entscheidungsgründe enden mit Ausführungen zur Kostenentscheidung.

14 Die **Darstellung des Sachverhalts** in den Urteilen des EuGH hat sich im Lauf der Zeit erheblich gewandelt. Zunächst enthielten die Urteile einen umfangreichen Tatbestand, der den Sachverhalt und das Verfahren beschrieb und das Parteivorbringen ausführlich wiedergab. Ab 1986 wurde dieser Teil des Urteils erheblich gestrafft und in die Entscheidungsgründe eingegliedert. Für Einzelheiten verwies der Gerichtshof auf den Sitzungsbericht, der mit dem Urteil in der amtlichen Entscheidungssammlung veröffentlicht wurde. Diese Praxis musste jedoch wegen des erheblichen Übersetzungsaufwandes ab 1994 eingestellt werden. Dagegen stellt das EuG den Sachverhalt und das Parteivorbringen – insbes. die Angriffs- und Verteidigungsmittel der unterlegenen Partei – normalerweise im Urteil selbst relativ ausführlich dar, um dem EuGH die Überprüfung seiner Entscheidungen im Rechtsmittelverfahren zu ermöglichen.

15 Auch was die eigentliche **Begründung** der Entscheidungen betrifft, unterscheiden sich die Urteile des EuGH und des EuG deutlich. Die Urteile des EuGH zeichnen sich zumeist durch eine äußerst knappe, oft apodiktisch anmutende Begründung aus und folgen damit dem Vorbild der französischen Obergerichte.[33] Eine ausdrückliche Auseinandersetzung mit der wissenschaftlichen Literatur sucht man in den Urteilen des Gerichtshofs vergebens.[34] Während der EuGH früher auch seine eigenen Vorentscheidungen nur sparsam zitierte, verweist er nunmehr regelmäßig auf seine eigenen Urteile und auch gelegentlich auf die Rechtsprechung des EuG. Auf Hilfserwägungen und *obiter dicta* verzichtet der EuGH nach Möglichkeit, nicht zuletzt, um zu vermeiden, dass künftige Rechtssachen durch eine Entscheidung präjudiziert werden, die ihren Besonderheiten nicht Rechnung tragen konnte.[35] Der deutsche Rechtsanwender, der durch den Begründungsaufwand deutscher Bundesgerichte verwöhnt ist, sieht sich insoweit häufig auf „geistige Diät gesetzt"[36] und bedauert, dass Fragen zum dogmatischen Zusammenhang und zu vergleichbaren Entscheidungen in anderen Rechtsgebieten offenbleiben, so dass die Urteile des Gerichtshofs vielfach Raum für unterschiedliche Interpretationen lassen, die dann zu erneuten Vorabentscheidungsersuchen nationaler Gerichte führen können. Während der EuGH oft für die Kürze seiner Entscheidungen kritisiert wird, trifft das EuG gelegentlich der entgegengesetzte Vorwurf,[37] da es seine Entscheidungen wesentlich ausführlicher begründet. Dies liegt daran, dass das EuG grundsätzlich verpflichtet ist, alle Angriffs- oder Verteidigungsmittel der unterlegenen Partei zu prüfen, und dass seine Entscheidung, damit sie im Rechtsmittel Bestand haben kann, erkennen lassen muss, dass diese Prüfung tatsächlich stattgefunden hat.[38] Zudem trägt eine eingehende Begründung zur Akzeptanz der Entscheidungen des EuG und damit zu Vermeidung von Rechtsmitteln bei.

---

[33] Klinke Gerichtshof Rn. 199.
[34] Klinke Gerichtshof Rn. 201. Dagegen nehmen die Generalanwälte in geeigneten Fällen durchaus auf das Schrifttum Bezug. Zur Berücksichtigung ausländischer Stellungnahmen in Wissenschaft und Praxis durch den EuGH s. Everling in Lüneburger Symposium Ipsen, 1988, 65 f., der darauf hinweist, dass im Allgemeinen nur englische und französische Literatur gelesen werde.
[35] Klinke Gerichtshof Rn. 199.
[36] Ossenbühl DVBl 1992, 993 (994 f.), vgl. auch Due Mélanges en l'honneur de Schockweiler, 1999, 73 f.
[37] ZB Toth CMLR 1995, 271 (292).
[38] Jung EuR 1992, 247 (253). Die Begründungspflicht erfordert allerdings nicht, dass das Gericht bei seinen Ausführungen alle von den Parteien vorgetragenen Argumente ausf. behandelt: EuGH 7.1.2004 – C-204/00 P, C-205/00 P, C-211/00 P, C-213/00 P, C-217/00 P und C-219/00 P, ECLI:EU:C:2004:6 Rn. 372 = BeckRS 2004, 74942 – Aalborg Portland ua/Kommission.

Auf die Entscheidungsgründe folgt der **Tenor,** der bei kontradiktorischen Verfahren 16 auch den Kostenausspruch enthält.[39] Während der Tenor bei diesen Verfahren mit den Worten: „hat der Gerichtshof für Recht erkannt und entschieden" eingeleitet wird, besteht die entsprechende Formel im Vorabentscheidungsverfahren, dem nicht streitigen Charakter dieser Verfahren gemäß, nur aus den Worten: „für Recht erkannt". Die Urschrift der Entscheidung ist von den am Urteil beteiligten Richtern und vom Kanzler zu unterschreiben. Sie wird vom Kanzler mit einem Verkündungsvermerk versehen[40] und in der Kanzlei hinterlegt. Den Parteien wird der Text der Entscheidung üblicherweise am Tag der Verkündung mit der e-Curia Anwendung des Gerichtshofs zugestellt.[41]

II. Beschlüsse

Die Anforderungen an Form und Inhalt der Urteile gelten für **Beschlüsse** zum großen Teil 17 entsprechend. Das gilt insbes. für die Angaben über die entscheidende Instanz, die Verfahrensbeteiligten, das Datum der Entscheidung und die mitwirkenden Richter.[42] Allerdings brauchen nicht alle Beschlüsse begründet zu werden.[43] Anders als Urteile werden Beschlüsse auch dann, wenn sie von einem Spruchkörper stammen, nur von dessen Präsidenten und vom Kanzler unterschrieben.[44] Sie werden nicht verkündet, sondern den Parteien direkt zugestellt, üblicherweise am Tag der Unterschrift.

D. Verkündung und Veröffentlichung

Urteile werden in **öffentlicher Sitzung** verkündet.[45] Auch wenn nach Art. 37 EuGH- 18 Satzung die Urteile „in öffentlicher Sitzung verlesen" werden, betrifft dies in der Praxis lediglich den Tenor. Die Parteien werden von der Verkündung benachrichtigt, verzichten aber im Regelfall auf ein Erscheinen, da ihnen, bzw. ihren Prozess- oder Zustellungsbevollmächtigten, das Urteil zugestellt wird. Dies erfolgt üblicherweise über die e-Curia Anwendung des Gerichtshofs.[46] Das vollständige schriftliche Urteil mit den Entscheidungsgründen ist normalerweise auch am gleichen Tag im **Internet** auf der Seite des EuGH[47] verfügbar.

Den Kanzlern der Unionsgerichte obliegt es, für die **Veröffentlichung** der Entschei- 19 dungen in einer Rechtsprechungssammlung zu sorgen.[48] Die amtliche Sammlung wird nunmehr ausschließlich in digitaler Form auf der Webseite EUR-Lex veröffentlicht (kostenlos zugängliche amtliche Veröffentlichung). Die Sammlung enthält die Entscheidungen der Unionsgerichte sowie die Schlussanträge der Generalanwälte. Nachdem früher alle Urteile des EuGH und des EuG sowie bestimmte Beschlüsse in der amtlichen Sammlung veröffentlicht wurden, gibt es mittlerweile eine restriktivere Veröffentlichungspraxis. So werden Urteile der Kammern des EuGH mit drei oder fünf Richtern, die keine Vorabentscheidungsersuchen betreffen sowie Beschlüsse nicht mehr in der Sammlung veröffentlicht, sofern der betreffende Spruchkörper nichts anderes bestimmt. Beim EuG entscheiden die Kammern mit drei Richtern von Fall zu Fall über die Veröffentlichung ihrer Urteile. Urteile, die das EuG durch Einzelrichter erlässt, und Beschlüsse werden grundsätzlich nicht in der Sammlung veröffentlicht. Nicht in der Sammlung veröffentlichte Entscheidungen

---

39 Bei Vorabentscheidungen wird nur in den Gründen zur Kostenfrage Stellung genommen.
40 Art. 6 § 1 DienstA-EuGH.
41 Art. 88 Abs. 2 EuGHVfO, Art. 118 EuGVfO.
42 Art. 89 EuGHVfO, Art. 119 EuGVfO.
43 So zB Art. 116 Abs. 4, Art. 187 Abs. 3 EuGHVfO, Art. 148 Abs. 3 EuGVfO für die Bewilligung von Prozesskostenhilfe.
44 Art. 90 EuGHVfO.
45 Art. 37 EuGH-Satzung, Art. 88 Abs. 1 EuGHVfO, Art. 118 Abs. 1 EuGVfO.
46 Zur Zustellung über die EDV-Anwendung „e-Curia" s. Art. 6 der Beschlüsse des EuGH v. 16.10.2018 (ABl. 2018 L 293, 26) und des EuG v. 11.7.2018 (ABl. 2018 L 240, 72).
47 http://curia.europa.eu.
48 Art. 20 Abs. 3 EuGHVfO, Art. 35 Abs. 3 EuGVfO. Näher Art. 24 DienstA-EuGH, Art. 18 Abs. 4 DienstA-EuG.

können jedoch auf der Website des Gerichtshofes abgerufen werden, allerdings nur in der Verfahrenssprache und ggf. der Beratungssprache (Französisch).[49] Darüber hinaus wird über jede verfahrensbeendende Entscheidung eine Mitteilung im Amtsblatt veröffentlicht.[50]

E. Entscheidungswirkungen

20 Die Wirkungen der Entscheidungen der Unionsgerichte sind je nach der Verfahrensart unterschiedlich. Sie werden deshalb im Zusammenhang mit den verschiedenen Verfahren dargestellt und hier nur in einem Überblick zusammengefasst.

I. Rechtskraft und innerprozessuale Bindungswirkung

21 Der **Zeitpunkt des Eintritts der Rechtskraft** ist für die Urteile der verschiedenen Instanzen der Unionsgerichtsbarkeit unterschiedlich. Urteile des **EuGH** werden mit ihrer Verkündung rechtskräftig.[51] Das gilt sowohl für die formelle Rechtskraft, also die Unanfechtbarkeit, als auch für die materielle Rechtskraft, also die Bindung der Parteien an den Inhalt des Urteils. Bei erstinstanzlichen Urteilen des **EuG** tritt die Rechtskraft dagegen erst mit dem Ablauf der Rechtsmittelfrist oder mit der Zurückweisung des Rechtsmittels ein. Die Rechtskraft bewirkt im Direktklageverfahren ein **Verbot der Wiederholung** eines Prozesses mit dem gleichen Streitgegenstand zwischen den gleichen Parteien.[52] Darüber hinaus **bindet** sie die Parteien in zukünftigen Rechtsstreitigkeiten an die Entscheidung über den Streitgegenstand sowie an diejenigen Feststellungen tatsächlicher oder rechtlicher Art, die dem Urteil notwendig zugrunde gelegen haben.[53] Im Vorabentscheidungsverfahren sind die Parteien des nationalen Ausgangsverfahrens und alle mit diesem Verfahren befassten Gerichte an die Entscheidung des EuGH gebunden. Allerdings hindert die Rechtskraft des Urteils das vorlegende Gericht oder ein (zB als Rechtsmittelinstanz) mit dem gleichen Verfahren befasstes Gericht nicht daran, die vom EuGH entschiedene Frage erneut vorzulegen, wenn noch Unklarheiten bestehen oder wenn es Bedenken gegen die Entscheidung des EuGH hat.[54]

22 Mit der Urteilsverkündung sind **die Unionsgerichte** ferner **selbst** an den Inhalt ihrer Entscheidungen **gebunden**.[55] So kann etwa vom Inhalt eines Zwischenurteils über die Zulässigkeit oder über den Anspruchsgrund im Endurteil nicht mehr abgewichen werden. Die Möglichkeit einer späteren Urteilsberichtigung oder Urteilsergänzung (dazu → Rn. 44 ff.) ändert an der Bindungswirkung nichts, denn diese Verfahren haben nur das Ziel, den fehlerhaften oder unvollständigen Text des Urteils mit dem vom Unionsrichter gewollten Urteilsinhalt in Übereinstimmung zu bringen. Die Bindung der Unionsgerichte an ihre eigenen Urteile besteht nur innerhalb desselben Verfahrens. In einem neuen Rechtsstreit ist eine inhaltlich abweichende Entscheidung nur ausgeschlossen, soweit ihr die Rechtskraft oder die Gestaltungswirkung eines früheren Urteils entgegenstehen.

23 **Beschlüsse** können in Rechtskraft erwachsen und innerprozessuale Bindungswirkung entfalten, wenn sie das Verfahren beenden (→ Rn. 3)[56] oder wenn sie sonst einen der Rechtskraft fähigen Inhalt haben. Bei Beschlüssen im Verfahren über **einstweiligen**

---

[49] Nähere Informationen zur Veröffentlichungspraxis finden sich auf der Webseite des Gerichtshofs, http://curia.europa.eu > Rechtsprechung > Zugang zur elektronischen Sammlung.
[50] Art. 92 EuGHVfO, Art. 18 Abs. 3 DienstA-EuG.
[51] Art. 91 Abs. 1 EuGHVfO.
[52] ZB EuGH 1.4.1987 – 159/84, 12/85 und 264/85, ECLI:EU:C:1987:172 = BeckRS 2004, 71831 – Ainsworth ua/Kommission; ausf. Kirschner/Klüpfel Gericht erster Instanz Rn. 133.
[53] EuGH 19.2.1991 – C-281/89, ECLI:EU:C:1991:59 Rn. 12 ff. = BeckRS 2004, 75962 – Italien/Kommission.
[54] Art. 104 Abs. 2 EuGHVfO, vgl. EuGH 2.5.1996 – C-206/94, ECLI:EU:C:1996:182 = NZS 1996, 382 – Paletta; insbes. GA Cosmas 30.1.1996 – SchlA C-206/94, ECLI:EU:C:1996:20 Rn. 22 ff. = NZS 1996, 382 – Paletta.
[55] Vgl. Kirschner/Klüpfel Gericht erster Instanz Rn. 131.
[56] Vgl. Art. 91 Abs. 2 EuGHVfO.

Rechtsschutz ist das nicht der Fall.[57] Ändern sich die Umstände, die der Entscheidung zugrunde lagen, so kann jede Partei die Abänderung oder Aufhebung eines solchen Beschlusses beantragen.[58] Für den negativ beschiedenen Antragsteller besteht zudem die Möglichkeit, jederzeit einen weiteren, auf neue Tatsachen gestützten Antrag zu stellen.[59]

II. Gestaltungswirkung

Das einer **Nichtigkeitsklage** stattgebende Urteil entfaltet nach Art. 264 AEUV **Gestaltungswirkung,** denn es ändert die materielle Rechtslage dadurch, dass es den angefochtenen Rechtsakt *ex tunc* und mit Wirkung für und gegen jedermann vernichtet.[60] Im Interesse der Rechtssicherheit ermächtigt Art. 264 Abs. 2 AEUV den EuGH jedoch dazu, die Wirkung der Nichtigerklärung zu beschränken, und insbes. die (vorübergehende) Fortgeltung einzelner Wirkungen anzuordnen.[61] Eine der Gestaltungswirkung ähnliche Wirkung entfalten auch **Vorabentscheidungen,** durch die der EuGH nach Art. 267 Abs. 1 lit. b AEUV die Ungültigkeit einer Rechtshandlung feststellt, denn auch sie beseitigen den betroffenen Akt mit konstitutiver Wirkung aus der Unionsrechtsordnung.[62] 24

Die Gestaltungswirkung tritt nur ein, soweit der Nichtigkeitsklage stattgegeben wird. Ein **klageabweisendes Urteil** ändert die materielle Rechtslage nicht, sondern entfaltet lediglich Rechtskraft zwischen den Parteien.[63] Durch **Beschluss** kann eine Nichtigkeitsklage nur abgewiesen werden (→ Rn. 3). Ein solcher Beschluss entfaltet daher keine Gestaltungswirkung. Auch wenn im Rahmen der inzidenten Normenkontrolle nach Art. 277 AEUV die Rechtswidrigkeit und damit die Unanwendbarkeit einer Rechtsnorm im konkreten Fall festgestellt wird, tritt keine Gestaltungswirkung ein, da die allgemeine Geltung dieser Rechtsnorm dadurch nicht berührt wird.[64] 25

Die Gestaltungswirkung der Nichtigerklärung eines Rechtsakts wirkt zwar für und gegen alle, betrifft aber nur den angefochtenen Rechtsakt als solchen und nicht andere, parallel gelagerte Fälle. Wird etwa eine Entscheidung, mit der die Kommission gegen mehrere an einem Kartell beteiligte Unternehmen Geldbußen verhängt hat, nur von einem Teil dieser Unternehmen angefochten, so tritt die Gestaltungswirkung des der Klage stattgebenden Urteils nur insoweit ein, wie die Entscheidung diese Kläger betrifft. Soweit sie Verstöße anderer Adressaten feststellt und sanktioniert, die keine Klage erhoben haben, ändert das Nichtigkeitsurteil nichts an der Bestandskraft der Entscheidung.[65] 26

Die Gestaltungswirkung von **Urteilen des EuG** tritt – anders als die Rechtskraft – grundsätzlich mit deren Verkündung ein[66] und wird durch die Einlegung eines Rechtsmittels nicht beeinträchtigt. Eine Ausnahme besteht nach Art. 60 Abs. 2 EuGH-Satzung für die Fälle, in denen das EuG eine Verordnung für nichtig erklärt hat. Hier ist der Eintritt der Gestaltungswirkung an den Eintritt der Rechtskraft gebunden. Allerdings kann der Gerichtshof in beiden Fällen nach den Art. 278 und 279 AEUV einstweiligen Rechtsschutz gewähren und, je nach den Umständen, die Gestaltungswirkung des erstinstanzlichen Urteils oder die Wirkungen der Verordnung aussetzen oder sonstige einstweilige Anordnungen treffen. 27

---

[57] EuGH 14.2.2002 – C-440/01 P(R), ECLI:EU:C:2002:95 = BeckRS 2007, 32248 – Kommission/Artegodan.
[58] Art. 163 EuGHVfO, Art. 159 EuGVfO.
[59] Art. 164 EuGHVfO, Art. 160 EuGVfO.
[60] Kirschner/Klüpfel Gericht erster Instanz Rn. 134.
[61] Cremer in Calliess/Ruffert AEUV Art. 264 Rn. 3–6.
[62] Vgl. Haratsch/Koenig/Pechstein EuropaR Rn. 570.
[63] Kirschner/Klüpfel Gericht erster Instanz Rn. 134.
[64] Vgl. Grabitz/Hilf/Nettesheim/Stoll/Rigod AEUV Art. 277 Rn. 15.
[65] EuGH 14.9.1999 – C-310/97 P, ECLI:EU:C:1999:407 Rn. 52 ff. = EuR 2000, 241 – Kommission/AssiDomän Kraft Products ua.
[66] Art. 83 EuGVfO spricht insoweit von „Wirksamkeit".

III. Vollstreckbarkeit

28 Mit ihrer Verkündung sind die Urteile der Unionsgerichte vollstreckbar.[67] Bei den Urteilen des EuG hängt daher die Vollstreckbarkeit – wie die Gestaltungswirkung – nicht von der Rechtskraft ab.[68] Wird ein Rechtsmittel eingelegt, so kann jedoch im Wege des einstweiligen Rechtsschutzes die Vollstreckung ausgesetzt werden. Nicht alle Urteile der Unionsgerichte haben einen vollstreckbaren Inhalt. Das gilt nicht nur für Urteile im Vorabentscheidungsverfahren. Auch in Direktklageverfahren stellt die Verurteilung zu einer Leistung die Ausnahme dar, so dass eine Vollstreckung meist nur im Hinblick auf die Kostenerstattungspflicht in Frage kommt. Auch Beschlüsse sind vollstreckbar, soweit sie einen vollstreckungsfähigen Inhalt haben. Das gilt insbes. für Kostenfestsetzungsbeschlüsse.[69]

IV. Die Pflicht, die sich aus dem Urteil ergebenden Maßnahmen zu ergreifen

29 Die Vertragsverletzungsklagen nach Art. 258, 259 AEUV und die Untätigkeitsklage nach Art. 265 AEUV sind Feststellungsklagen, während es sich bei der Nichtigkeitsklage nach Art. 263 AEUV um eine Gestaltungsklage handelt. Keine dieser Klagearten erlaubt eine Verurteilung zu einem Handeln oder Unterlassen. Einen gewissen Ausgleich dafür stellt es dar, dass der AEUV in den Art. 260 Abs. 1 AEUV, Art. 266 AEUV über die Rechtskraft und die Gestaltungswirkung der Urteile hinaus als weitere Folge anordnet, dass die unterlegenen Beklagten (Mitgliedstaaten bzw. Unionsorgane) diejenigen Maßnahmen zu ergreifen haben, die sich aus den Urteilen der Unionsgerichte ergeben. Dabei obliegt es zunächst dem verurteilten Staat oder Organ, anhand des Tenors und der Gründe des Urteils zu beurteilen, welche Maßnahmen zum Vollzug des Urteils erforderlich sind. Kommt es zum Streit über die Erfüllung dieser Pflicht, so kann der Unionsrichter erneut angerufen werden. Im Vertragsverletzungsverfahren erlaubt dann Art. 260 Abs. 2 AEUV die Verurteilung des Mitgliedstaates, der seine Pflicht aus Art. 260 Abs. 1 AEUV verletzt, zu einem Zwangsgeld oder einem „Pauschalbetrag" (näher → § 6). Organen gegenüber kommt die Untätigkeitsklage in Betracht, wenn sie nach dem Urteil gar nichts tun, um ihrer Umsetzungspflicht nachzukommen. Sind sie dagegen tätig geworden, so kann ein Streit darüber, ob sie die richtigen Maßnahmen ergriffen haben, im Wege der Nichtigkeitsklage geklärt werden.

F. Urteilsauslegung

30 Angesichts der Aufgabe des EuGH, die einheitliche Anwendung des Unionsrechts in einer Union mit unterschiedlichen Sprachen und nationalen Rechtstraditionen sicherzustellen, ist es wichtig, dass bei Urteilen der Unionsgerichtsbarkeit Klarheit über den Urteilsausspruch (Tenor) und die ihn tragenden Urteilsgründe besteht. Aus diesem Grunde sieht die Satzung die Möglichkeit vor, Zweifel über den Sinn und die Tragweite eines Urteils im Wege der nachträglichen Auslegung auszuräumen.[70] Zur Auslegung berufen ist dasjenige Gericht, welches das Urteil erlassen hat.[71] Es wird nur auf Antrag einer Partei oder eines Unionsorgans tätig. Auf den ersten Blick erkennbar sind Auslegungsurteile am Zusatz „INT", der auf die Rechtssachennummer folgt.

I. Gegenstand

31 Gegenstand des Auslegungsverfahrens sind nach dem Wortlaut des Art. 43 EuGH-Satzung die **Urteile** der Unionsgerichte. Gemeint sind damit nur Urteile in kontradiktorischen

---

[67] Art. 280 AEUV, für das EuG iVm Art. 254 Abs. 6 AEUV.
[68] Vgl. Kirschner/Klüpfel Gericht erster Instanz Rn. 132.
[69] Art. 145 Abs. 3 EuGHVfO, Art. 170 Abs. 4 EuGVfO.
[70] Art. 43 EuGH-Satzung, ergänzt durch Art. 158 EuGHVfO, Art. 168 EuGVfO.
[71] Art. 153 Abs. 3 iVm Art. 158 EuGHVfO, Art. 168 EuGVfO.

Verfahren. Bei Entscheidungen des EuGH im **Vorabentscheidungsverfahren** kommt die Urteilsauslegung auf Antrag der Parteien oder von Unionsorganen dagegen nicht in Betracht.[72] Vielmehr kann hier das vorlegende Gericht die Klärung von Fragen, zu denen es keine eindeutige Antwort erhalten hat, durch eine erneute Vorlage erreichen.[73] Urteile des **EuG** können Gegenstand der Auslegung sein, auch wenn sie noch nicht rechtskräftig sind. Wird die Auslegung eines Urteils beantragt, das auch mit einem Rechtsmittel angegriffen wird, so kann das EuG seine Entscheidung über den Auslegungsantrag bis zur Entscheidung des EuGH über das Rechtsmittel aussetzen.[74] Auch **Beschlüsse** können Auslegungsgegenstand sein. Das gilt nicht nur für Beschlüsse, die wie ein Urteil das Verfahren in der Hauptsache beenden, sondern auch für solche in Kostenstreitsachen,[75] über Prozesskostenhilfe und über einstweiligen Rechtsschutz. Inwieweit neben Urteilen und Beschlüssen auch **Gutachten** (s. dazu → § 16) einer nachträglichen Auslegung durch den Gerichtshof fähig sind, wurde noch nicht entschieden. Im Ergebnis sollte man bei bestehenden Unklarheiten auch für diese eine nachträgliche Interpretation durch den Gerichtshof nicht ausschließen.

Auslegt werden können sowohl der **Urteilstenor** als auch die ihn **tragenden Gründe**, 32 nicht aber nur ergänzende oder erläuternde Feststellungen oder den Urteilsspruch nicht tragende Rechtsausführungen („obiter dicta").[76] Auch die Kostenentscheidung kann Gegenstand der Auslegung sein.[77] Im Wege der Urteilsauslegung können nur Fragen geklärt werden, die sich auf den **Inhalt der auszulegenden Entscheidung** selbst beziehen. Sie bezweckt die Beseitigung einer Unklarheit oder Mehrdeutigkeit, die Sinn und Tragweite des Urteils selbst insoweit berührt, als mit ihm die dem Gericht vorgelegte konkrete Streitigkeit entschieden werden sollte. Das ist insbes. der Fall, wenn sich bei der Vollstreckung eines Urteils Zweifel hinsichtlich seines Inhalts ergeben. Dagegen kann die Urteilsauslegung nicht dazu benutzt werden, Fragen zu klären, die das auszulegende Urteil (noch) nicht entschieden hat. Ein Antrag auf Auslegung eines Urteils ist deshalb **unzulässig,** wenn er Fragen betrifft, die über den Inhalt dieses Urteils hinausgehen, etwa, wenn er darauf abzielt, von dem angerufenen Gericht eine Stellungnahme zur **Geltung,** zur **Durchführung** oder zu den **Folgen** des von ihm erlassenen Urteils zu erlangen.[78] So kann durch die Urteilsauslegung insbes. nicht geklärt werden, welche Maßnahmen die unterlegene Partei nach Art. 260 Abs. 1 AEUV oder Art. 266 AEUV zu

---

[72] EuGH 14.11.2022 – C-410/20 INT, ECLI:EU:C:2022:906 – J. A. C. und M. C. P. R.
[73] Art. 104 EuGHVfO; zB EuGH C-143/23 – Mercedes-Benz Bank und Volkswagen-Bank sowie EuGH C-715/22, – Mercedes-Benz Bank; EuGH 9.1.2019 – C-444/18, ECLI:EU:C:2019:1 – Fluctus ua (Unzulässigkeit) sowie EuGH 18.5.2021 – C-920/19, ECLI:EU:C:2021:395 – Fluctus ua (Anwendung des Art. 99 EuGHVfO); EuGH 19.12.2019 – C-645/18, ECLI:EU:C:2019:1108 – Bezirkshauptmannschaft Hartberg-Fürstenfeld ua (Anwendung des Art. 99 EuGHVfO sowie EuGH 8.3.2022 – C-205/20, ECLI:EU:C:2022:168 – Bezirkshauptmannschaft Hartberg-Fürstenfeld (Unmittelbare Wirkung).
[74] Art. 69 lit. b EuGVfO.
[75] EuGH 21.1.1970 – 17/68–DEPE, ECLI:EU:C:1970:2 = BeckRS 2004, 71933 – Reinarz/Kommission.
[76] EuGH 28.6.1955 – 5/55–ITRP, ECLI:EU:C:1955:8 = BeckRS 2004, 73200 – Assider/Hohe Behörde.
[77] EuGH 19.1.1999 – C-245/95 P-INT, ECLI:EU:C:1999:4 = BeckRS 2004, 75404 – Kommission/NTN und Koyo Seiko; EuG 26.1.2017 – T-104/14 P–INTP, ECLI:EU:T:2017:33.
[78] EuG 5.10.2022 – T-517/19 INTP, ECLI:EU:T:2022:613 – Homoki/Kommission; EuG 24.7.1997 – T-573/93 (129), ECLI:EU:T:1997:126 – Caballero Montoya/Kommission; s. auch EuGH 28.6.1955 – 5/55 –ITRP, ECLI:EU:C:1955:8 = BeckRS 2004, 73200 – Assider/Hohe Behörde; EuGH 7.4.1965 – 70/63– ITRP, ECLI:EU:C:1965:37 = BeckRS 2004, 73569 – Collotti/Gerichtshof; EuGH 29.9.1983 – 9/81 INT, ECLI:EU:C:1983:252 Rn. 9 = BeckRS 2004, 73882 – Rechnungshof/Williams; EuGH 29.9.1983 – 206/81 INT, ECLI:EU:C:1983:253 Rn. 8, 11 – Alvarez/Parlament; EuGH 11.12.1986 – 25/86, ECLI:EU:C:1986:485 Rn. 9 = BeckRS 2004, 72642 – Suss/Kommission; EuGH 14.7.1993 – T-22/91 (129), ECLI:EU:T:1993:64 Rn. 6 ff. – Raiola-Denti ua/Rat; EuG 17.12.2008 – T-284/08 INTP, ECLI:EU:T:2008:593 Rn. 8 – People's Mojahedin Organization of Iran/Rat; EuGH 11.7.2013 – C-496/09 INT, ECLI:EU:C:2013:461 Rn. 8 – Kommission/Italien; EuGH 13.12.2018 – C-118/18 P-INT, ECLI:EU:C:2018:1007 Rn. 8 – Hochmann Marketing/EUIPO.

treffen hat⁷⁹ oder welche Folgen sich aus einer konkreten Entscheidung für andere, ähnlich gelagerte Fälle ergeben.⁸⁰

II. Antragsbefugnis

33   Nach der EuGH-Satzung sind die Parteien und die Unionsorgane berechtigt, einen Antrag auf Urteilsauslegung zu stellen. Mit **Parteien** sind grundsätzlich die Verfahrensbeteiligten des Rechtsstreits gemeint, in dem das interpretationsbedürftige Urteil ergangen ist. Dazu gehören auch die **Streithelfer**[81] und die Rechtsnachfolger der Verfahrensbeteiligten.[82] Insbesondere bei Entscheidungen mit „erga-omnes-Wirkung" sind deshalb nicht alle von der Entscheidung Betroffenen antragsberechtigt. Allerdings ist nach einer frühen Entscheidung des EuGH der Begriff der Partei weit auszulegen und kann auch Parteien eines Parallelverfahrens umfassen, die die Auslegung eines Urteils beantragt haben, welches den auch von ihnen angefochtenen Akt für nichtig erklärt hat, so dass über ihre Klage wegen Erledigung der Hauptsache nicht mehr entschieden wurde.[83] Dies gilt aber nur, wenn der Antragsteller in der Sache die gleiche Rechtsverletzung gerügt hatte, die in dem Parallelverfahren zur Nichtigkeit geführt hat.[84]

34   Die **Unionsorgane** sind unabhängig davon, ob sie Partei des Verfahrens waren, befugt, einen Auslegungsantrag zu stellen. Dieses Antragsrecht gilt für die in Art. 13 Abs. 1 EUV genannten Organe, also das Parlament, den Rat, die Kommission, die EZB und den Rechnungshof. Obwohl der Gerichtshof ebenfalls zu den Unionsorganen zählt, steht ihm kein von einer eventuellen Parteistellung unabhängiges Antragsrecht[85] zu, um von sich aus bei Urteilen des EuGH oder des EuG auf eine bestimmte Auslegung hinzuwirken. Diese Möglichkeit widerspräche der unparteiischen Stellung des Gerichtshofs. Ob sonstige Organe und Einrichtungen der Union, die vor den Unionsgerichten parteifähig sind (näher dazu → § 19 Rn. 2), die Auslegung von Urteilen beantragen können, auch wenn sie am Ausgangsverfahren nicht beteiligt waren, wurde anscheinend noch nicht entschieden. Da die Antragsbefugnis der Organe ein berechtigtes Interesse an der Auslegung voraussetzt, welches bei den spezialisierten Organen und Einrichtungen nur selten unabhängig von ihrer Parteistellung vorliegen wird, dürfte die Frage keine große praktische Bedeutung haben. Besteht aber ein berechtigtes Interesse an der Auslegung, so dürfte es keinen Grund geben, die Antragsbefugnis einer solchen Einrichtung auszuschließen. Im Gegensatz zu den Unionsorganen steht den **Mitgliedstaaten** keine privilegierte Antragsbefugnis zu. Sofern sie nicht selbst Partei in einem Rechtsstreit waren, können sie keine Auslegung von Entscheidungen der Unionsgerichte beantragen.

35   Die Zulässigkeit eines Auslegungsantrags setzt sowohl bei den Parteien als auch bei den privilegiert antragsbefugten Organen voraus, dass ein **berechtigtes Interesse** an der Aus-

---

[79] EuGH 20.4.1988 – 146/85–ITRP und 431/85–ITRP, ECLI:EU:C:1988:189 Rn. 5 ff – Diezler ua/WSA.; EuGH 13.7.1966 – 110/63–ITRP, ECLI:EU:C:1966:40 = BeckRS 2004, 70709 – Willame/Kommission.

[80] Vgl. EuGH 7.4.1965 – 70/63–ITRP, EU:C:1965:37 = BeckRS 2004, 73569 – Collotti/Gerichtshof; EuGH 29.9.1983 – 9/81 INT, ECLI:EU:C:1983:252 Rn. 12 f. = BeckRS 2004, 73882 – Rechnungshof/Williams; EuGH 14.7.1967 – 5/66, 7/66, 13/66 à 16/66 et 18/66 à 24/66, ECLI:EU:C:1967:31 = NJW 1967, 1722 – Kampffmeyer ua/Kommission.

[81] EuGH 19.1.1999 – C-245/95 P–INT, ECLI:EU:C:1999:4 Rn. 15 = BeckRS 2004, 75404 – Kommission/NTN und Koyo Seiko; EuGH 20.4.1988 – 146/85–ITRP und 431/85–ITRP, ECLI:EU:C:1988:189 – Diezler ua/WSARn. 4.

[82] EuGH 9.3.1977 – 41/73–ITRP, 43/73–ITRP und 44/73–ITRP, ECLI:EU:C:1977:41 = BB 1974, 883 – Générale sucrière und Béghin-Say/Kommission ua.

[83] EuGH 28.6.1955 – 5/55–ITRP, ECLI:EU:C:1955:8 = BeckRS 2004, 73200 – Assider/Hohe Behörde.

[84] Nach EuGH 14.7.1967–5/66, 7/66, 13/66 à 16/66 und 18/66 à 24/66, ECLI:EU:C:1967:31 = NJW 1967, 1722 – Kampffmeyer ua/Kommission, reicht es dagegen für die Antragsbefugnis nicht aus, dass sich eine Partei im Schadensersatzprozess auf das auszulegende Urteil, das zwischen Dritten ergangen ist, berufen will.

[85] Der EuGH kann in Personalstreitigkeiten Partei sein. In diesen Fällen wird man ihm die Möglichkeit der Urteilsauslegung nicht versagen dürfen.

legung glaubhaft gemacht wird.[86] Der EuGH hat ein solches Interesse als gegeben angesehen, wenn die Frage, welche der verschiedenen Auslegungsmöglichkeiten die richtige ist, unmittelbar die Rechte des Antragstellers berührt und ihm keine anderen Rechtsbehelfe zur Verfügung stehen, um Klarheit zu erreichen.[87]

Die Unionsgerichte können nur dann mit der Auslegung eines Urteils befasst werden, wenn zwischen den Parteien oder zwischen den antragsberechtigten Organen **Meinungsverschiedenheiten** hinsichtlich des Sinnes und der Tragweite der auszulegenden Entscheidung bestehen. Maßgeblich hierfür ist nach der Rechtsprechung des EuGH eine subjektive Betrachtung, dh selbst wenn „der Text der Entscheidungsgründe, dessen Auslegung beantragt wird, keine Unklarheiten enthält und daher grundsätzlich keiner Auslegung bedarf" (objektive Betrachtung), ist eine Urteilsauslegung zulässig, wenn die Parteien oder Organe das streitentscheidende Judikat verschieden interpretieren.[88] Dazu reicht es aus, wenn verschiedene Dienststellen innerhalb eines Organs unterschiedlicher Auffassung sind.[89] Besteht demgegenüber zwischen den Parteien kein Meinungsstreit, so ist das Auslegungsbegehren unzulässig.[90] Dass Inhalt und Bedeutung eines Urteils in der Lehre umstritten sind oder im wissenschaftlichen Schrifttum unterschiedliche Interpretationen vertreten werden, reicht für sich genommen nicht aus, den Gerichtshof mit einer Urteilsauslegung zu befassen. Die unterschiedlichen Sichtweisen können aber uU Anlass für Meinungsverschiedenheiten sein, die es rechtfertigen, eine Urteilsauslegung zu beantragen. 36

III. Verfahren und Entscheidung

Das Verfahren wird durch den **Antrag** einer Partei oder eines Organs eingeleitet. Er ist gegen sämtliche am ursprünglichen Rechtsstreit beteiligten Parteien zu richten. Die Verfahrensordnungen sehen vor, dass die **Anforderungen** an die Klageschrift für den Auslegungsantrag entsprechend gelten.[91] Außerdem muss dieser das auszulegende Urteil eindeutig bezeichnen[92] und die Stellen des Urteils angeben, deren Auslegung beantragt wird. Dazu sind die Zweifel an deren Bedeutung zu umschreiben. Ferner ist ein bestimmter Antrag erforderlich, der erkennen lässt, welche Auslegung dem Urteil nach Auffassung des Antragstellers beizulegen ist.[93] Ein Antrag auf Auslegung einer Entscheidung des EuGH oder des EuG ist innerhalb von zwei Jahren nach Verkündung des Urteils bzw. Zustellung des Beschlusses zu stellen.[94] Bei einem bereits vollzogenen Urteil kann jedoch das erforderliche Auslegungsinteresse fehlen. Ferner wird man auch den Gedanken der Verwirkung heranziehen können, wenn die Parteien über einen längeren Zeitraum keine Zweifel an dem Urteil zu erkennen gegeben haben und die mit dem Urteil verbundenen Wirkungen stillschweigend geduldet haben.[95] 37

Die (anderen) Parteien des Ausgangsrechtsstreits erhalten Gelegenheit, zu dem Antrag Stellung zu nehmen. Dritte, die ein berechtigtes Interesse am Ausgang des Auslegungsverfahrens haben, können als Streithelfer zugelassen werden.[96] Die Durchführung eines mündlichen Verfahrens ist nicht vorgeschrieben, dagegen verlangt die Verfahrensordnung 38

---

86 Art. 43 EuGH-Satzung.
87 EuGH 28.6.1955 – 5/55–ITRP, ECLI:EU:C:1955:8 = BeckRS 2004, 73200 – Assider/Hohe Behörde.
88 EuGH 28.6.1955 – 5/55–ITRP, ECLI:EU:C:1955:8 = BeckRS 2004, 73200 – Assider/Hohe Behörde.
89 EuGH 7.4.1965 – 70/63–ITRP, ECLI:EU:C:1965:37 = BeckRS 2004, 73569 – Collotti/Gerichtshof.
90 EuGH 13.7.1966 – 110/63–ITRP, ECLI:EU:C:1966:40 = BeckRS 2004, 70709 – Willame/Kommission.
91 Art. 158 Abs. 3 EuGHVfO, Art. 168 Abs. 3 EuGVfO.
92 ZB durch Angabe des Aktenzeichens, des Datums und der Parteien.
93 EuGH 13.7.1966, 110/63–ITRP, ECLI:EU:C:1966:40 = BeckRS 2004, 70709 – Willame/Kommission; Art. 158 Abs. 3 iVm Art. 120 lit. d), EuGHVfO, Art. 168 Abs. 3 EuGVfO iVm Art. 76 lit. d) EuGVfO.
94 Art. 158 Abs. 3 EuGHVfO, Art. 168 Abs. 2 EuGVfO.
95 Degenhardt, Die Auslegung und Berichtigung von Urteilen des Gerichtshofs der Europäischen Gemeinschaften, 1969, S. 63 ff.
96 EuGH 29.9.1983 – 9/81 INT, ECLI:EU:C:1983:252 Rn. 7 = BeckRS 2004, 73882 – Rechnungshof/Williams.

des EuGH die Anhörung des Generalanwalts.[97] Möglich ist auch, dass dieser Schlussanträge stellt.[98]

39 Die **Zuständigkeit** für die **Entscheidung** über den Antrag liegt bei dem Spruchkörper, der die auszulegende Entscheidung erlassen hat.[99] Dieser bleibt auch dann zuständig, wenn sich seine Zusammensetzung inzwischen geändert hat.[100]

40 Üblicherweise erfolgt die Behandlung eines Antrags auf Auslegung eines Urteils im **Beschlussverfahren**. Zunächst wird geprüft, ob eine Unklarheit bei der betreffenden Entscheidung in dem gerügten Sinne besteht und anschließend wird entschieden, wie das Urteil richtigerweise zu verstehen ist. Im Tenor wird dann eine Präzisierung der Textstellen des ursprünglichen Urteils vorgenommen.[101] Die Urschrift der auslegenden Entscheidung wird mit der Urschrift der ausgelegten Entscheidung verbunden. Am Rande der Urschrift der ausgelegten Entscheidung ist außerdem ein Hinweis auf die auslegende Entscheidung anzubringen.[102] Mit der Auslegung des Urteils sind keine Auswirkungen für die formelle und materielle Rechtskraft der Entscheidung verbunden. Die Kosten des Auslegungsverfahrens hat grundsätzlich die unterlegene Partei zu tragen,[103] also die, welche einen unzulässigen Antrag gestellt hat oder die mit ihrer Auffassung vom Sinn oder von der Tragweite des Urteils unterlegen ist.[104] Entspricht keine der Parteiauffassungen dem wirklichen Sinn des Urteils, so wie er vom Gerichtshof letztlich gedeutet wurde, so können die Kosten gegeneinander aufgehoben werden.

IV. Verhältnis zu anderen Rechtsbehelfen

41 Aus dem Vorstehenden ergibt sich bereits, dass der EuGH und das EuG den Anwendungsbereich des Urteilsauslegungsverfahrens eng auslegen. Hinzu kommt, dass die Unionsgerichte zur **Auslegung** ihrer eigenen früheren Urteile auch **im Rahmen anderer Verfahren** berufen sind, in denen es auf deren Inhalt ankommt.[105] Allerdings sind Situationen selten, in denen gleichzeitig mit der Urteilsauslegung ein anderes Verfahren in Betracht kommt, in dem über die Auslegung als Vorfrage für eine andere Entscheidung zu befinden ist. Hat etwa ein Unionsorgan, um seiner Pflicht zum Vollzug eines Urteils nachzukommen, eine Maßnahme getroffen, die nach Meinung der hiervon Betroffenen bei richtiger Auslegung dieser Entscheidung nicht oder nicht so hätte erlassen werden dürfen, so ist nicht die Urteilsauslegung, sondern die **Nichtigkeitsklage** der geeignete Rechtsbehelf.[106] Ein Antrag auf Auslegung der früheren Entscheidung wäre unzulässig, da diese keinesfalls über die Rechtmäßigkeit der später erlassenen Maßnahme entscheiden könnte. Außerdem könnte die Auslegung eines früheren Urteils den späteren Rechtsakt nicht beseitigen.[107] Ebenso wenig kann sich im Verhältnis zum **Vertragsverletzungsverfahren** eine Konkurrenz ergeben, wenn ein wegen vertragswidrigen Verhaltens verurteilter Mitgliedstaat

---

[97] Art. 158 Abs. 5 EuGHVfO.
[98] Näher GA VerLoren van Themaat 22.9.1983 – SchlA 206/81 INT, ECLI:EU:C:1983:240 – Alvarez/Parlament.
[99] Art. 153 Abs. 1 EuGHVfO.
[100] Ist dieser Spruchkörper jedoch nicht mehr beschlussfähig, weil die hierzu erforderliche Anzahl von Richtern nicht mehr erreicht werden kann, sieht Art. 153 Abs. 3 EuGHVfO die Verweisung an einen neuen Spruchkörper vor.
[101] ZB EuG 9.7.2009 – T-348/05 INTP, ECLI:EU:T:2009:261 = BeckEuRS 2008, 481789 – JSC Kirovo-Chepetsky Khimichesky Kombinat/Rat.
[102] Art. 158 Abs. 6 EuGHVfO, Art. 168 Abs. 6 EuGVfO.
[103] Es gelten die allgemeinen Kostenvorschriften der Art. 138 ff. EuGHVfO und Art. 134 ff. EuGVfO.
[104] ZB EuGH 7.4.1965 – 70/63–ITRP, ECLI:EU:C:1965:37 = BeckRS 2004, 73569 – Collotti/Gerichtshof; EuGH 19.1.1999 – C-245/95 P–INT, ECLI:EU:C:1999:4 Rn. 17 = EuZW 1998, 506 – Kommission/NTN und Koyo Seiko.
[105] ZB 9.8.1994 – C-412/92 P, ECLI:EU:C:1994:308 Rn. 35 = BeckRS 2004, 77112 – Parlament/Meskens.
[106] IErg ebenso Degenhardt, Die Auslegung und Berichtigung von Urteilen des Gerichtshofs der Europäischen Gemeinschaften, 1969, S. 79 ff.
[107] Vgl. auch EuG 12.12.2000 – T-11/00, ECLI:EU:T:2000:295 – Hautem/EIB.

infolge einer unrichtigen Urteilsdeutung überhaupt keine oder aber eine falsche Maßnahme trifft, denn auch hier ist über die Frage, welche Umsetzungsmaßnahmen erforderlich sind, im vorhergegangenen Urteil noch nicht entschieden worden.[108]

Dagegen kann das Auslegungsverfahren uU zu **Vollstreckungsrechtsbehelfen** in Konkurrenz treten.[109] Ergeben sich Zweifel über den vollstreckbaren Inhalt eines Urteils, so erscheinen sowohl ein Antrag auf Aussetzung der Zwangsvollstreckung[110] als auch ein Antrag auf Auslegung des Urteils denkbar. Im Verhältnis der beiden Rechtsbehelfe zueinander ist der Aussetzungsantrag jedoch der speziellere Rechtsbehelf, da der Vollstreckungsschuldner sein Ziel, die Zwangsvollstreckung zu unterbinden, auf diesem Wege unmittelbar, schneller und vor allem effektiver erreichen kann als im Wege der Urteilsauslegung.[111]

42

Die **Urteilsberichtigung** und die **Urteilsergänzung** haben andere Voraussetzungen und Wirkungen als die Urteilsauslegung. Die drei Verfahren schließen einander daher grundsätzlich aus. Allerdings kann es im Einzelfall bei Streitigkeiten über den Inhalt eines Urteils schwierig sein, im Voraus festzustellen, welches Verfahren einschlägig ist. Deshalb kann der Auslegungsantrag mit Hilfsanträgen verbunden werden, die auf Berichtigung und/oder Ergänzung des Urteils gerichtet sind.[112]

43

G. Urteilsberichtigung und Urteilsergänzung

I. Urteilsberichtigung

Die Unionsgerichte können, unbeschadet der Bestimmungen über die Auslegung von Entscheidungen, **Schreib- und Rechenfehler** sowie **offenbare Unrichtigkeiten** in Urteilen und Beschlüssen berichtigen.[113] Anders als die Urteilsauslegung und die Urteilsergänzung ist die Urteilsberichtigung auch im Vorabentscheidungsverfahren möglich.[114]

44

Als **berichtigungsfähige Fehler** nennen die Verfahrensordnungen Schreib- und Rechenfehler sowie offenbare Unrichtigkeiten. Unter Schreibfehlern sind orthographische Unrichtigkeiten, wie die unkorrekte Schreibweise einzelner Namen, oder sog. Abschreibfehler bei der Fertigung von Reinschriften und beglaubigten Urteilsausfertigungen zu verstehen. Rechenfehler sind das Ergebnis eines falschen rechnerischen Denkvorganges. Demgegenüber handelt es sich bei den offenbaren Unrichtigkeiten um Widersprüche zwischen dem Erklärten und dem tatsächlich vom Richter Gewollten. Offenkundig sind diese Fehler dann, wenn ohne Zweifel ersichtlich ist, dass etwas anderes gemeint ist, als tatsächlich ausgedrückt wurde. Der Urteilsberichtigung bedarf es nur, wenn die Originalentscheidung in der Verfahrenssprache den Fehler enthält.[115] Fehler, die sich im Rahmen der Übersetzung in die verschiedenen anderen Sprachen einschleichen, werden formlos im Zuge der Veröffentlichung des Urteils korrigiert.[116]

45

Mit der Fehlerkorrektur wird eine Änderung des Entscheidungstextes herbeigeführt. Diese kann sowohl den Tenor als auch die Entscheidungsgründe betreffen. Die Berichtigung darf den eigentlichen Entscheidungsinhalt jedoch nicht verändern. Ein anderes als das vom Spruchkörper gewollte Urteilsergebnis kann mit der Berichtigung nicht erreicht werden, da sie kein Rechtsmittel darstellt.[117]

46

---

[108] AA Degenhardt, Die Auslegung und Berichtigung von Urteilen des Gerichtshofs der Europäischen Gemeinschaften, 1969, S. 84 ff.
[109] Zu den Vollstreckungsrechtsbehelfen auf europäischer Ebene vgl. → § 30.
[110] Art. 280 AEUV iVm Art. 299 AEUV.
[111] Degenhardt, Die Auslegung und Berichtigung von Urteilen des Gerichtshofs der Europäischen Gemeinschaften, 1969, S. 89 f.
[112] ZB EuGH 19.1.1999 – C-245/95 P-INT, ECLI:EU:C:1999:4 Rn. 13 = BeckRS 2004, 75404 – Kommission/NTN und Koyo Seiko.
[113] Art. 103, 154 EuGHVfO, Art. 164 EuGVfO.
[114] Art. 103 EuGHVfO (Vorabentscheidungsersuchen), Art. 154 EuGHVfO (Klageverfahren).
[115] Dabei kann es sich auch um einen Fehler bei der Übersetzung aus der Arbeitssprache handeln.
[116] Klinke Gerichtshof Rn. 206.
[117] EuGH 31.1.1962 – C-19/60, ECLI:EU:C:1962:1.

47 Das Berichtigungsverfahren wird entweder **von Amts wegen** oder **auf Antrag** einer Partei eingeleitet. Antragsberechtigt ist jede Partei sowie die sie unterstützenden Streithelfer. Auch die Beteiligten eines Vorlageverfahrens haben ein Antragsrecht.[118] Der Antrag muss innerhalb einer **Frist** von zwei Wochen nach dem Tag der Urteilsverkündung beim judex a quo eingehen.[119] Die Berichtigung von Amts wegen ist nicht an eine Frist gebunden. Der EuGH entscheidet nach Anhörung des Generalanwalts.[120] Wurde die zu berichtigende Entscheidung im Rahmen eines Vorabentscheidungsverfahrens erlassen, ist eine Anhörung der Beteiligten nicht vorgesehen. Handelt es sich um ein Klageverfahren, können die Parteien nur dann Stellung nehmen, wenn sich ein Berichtigungsantrag auf die Entscheidungsformel oder einen tragenden Entscheidungsgrund bezieht.[121] Der Berichtigungsbeschluss wird mit der Urschrift des zu berichtigenden Urteils oder Beschlusses verbunden, wobei am Rand der Urschrift ein Hinweis auf die vorgenommene Berichtigung angebracht wird.[122] Eine gesonderte Veröffentlichung des Berichtigungsbeschlusses erfolgt normalerweise nicht.[123] Eine Kostenentscheidung enthalten Berichtigungsbeschlüsse normalerweise nicht. Das gilt insbes. im Fall der Berichtigung von Amts wegen. Wird demgegenüber ein Berichtigungsantrag als unzulässig abgewiesen, so können dem Antragsteller die Kosten des Verfahrens auferlegt werden.[124]

II. Urteilsergänzung

48 Die Ergänzung von Urteilen des **Gerichtshofs** ist möglich, wenn dieser nicht alle Anträge der Parteien beschieden hat oder wenn im Urteil die auch ohne Antrag erforderliche Kostenentscheidung fehlt.[125] Lücken in den Entscheidungsgründen, etwa die fehlende Behandlung einzelner Klagegründe, können dagegen nicht durch Urteilsergänzung behoben werden. Die Urteilsergänzung findet nur in **kontradiktorischen Verfahren** statt. Ist ein Urteil im Vorabentscheidungsverfahren lückenhaft, so kann das vorlegende nationale Gericht erneut die Fragen vorlegen, deren Antwort für seine Entscheidung erforderlich ist.[126] Wie auch sonst im Vorabentscheidungsverfahren haben die Parteien des Ausgangsverfahrens nicht die Möglichkeit, sich unmittelbar mit einem Ergänzungsantrag an den EuGH zu wenden. Hat das **EuG** Anträge der Parteien übergangen, so kann dies mit dem **Rechtsmittel** gerügt werden. Einer Urteilsergänzung bedarf es insoweit nicht. Anders ist das allerdings, wenn versäumt wurde, über die **Kosten** zu entscheiden, da ein allein den Kostenpunkt betreffendes Rechtsmittel nicht statthaft ist.[127] Daher steht dem EuG die Befugnis zur Ergänzung seiner Urteile nur im Fall der fehlenden Kostenentscheidung zu.[128] Enthält das Urteil des EuG eine Kostenentscheidung, unterscheidet diese aber nicht zwischen den Kosten des Hauptverfahrens und denen eines Verfahrens auf einstweiligen Rechtsschutz, so liegt darin kein Übergehen der Kostenentscheidung. Ein Antrag auf Urteilsergänzung ist daher in diesem Fall nicht zulässig.[129]

49 Die Urteilsergänzung findet nur auf Antrag statt. Ihn kann jede Partei innerhalb eines Monats nach Zustellung des Urteils stellen.[130] Eine Lückenfüllung von Amts wegen ist im

---

[118] Art. 103 Abs. 1 EuGHVfO iVm Art. 23 EuGH-Satzung.
[119] Diese Frist verlängert sich um die pauschale Entfernungsfrist von zehn Tagen, EuG 13.11.2001 – T-138/01 R, ECLI:EU:T:2001:264 – F/Rechnungshof.
[120] Art. 103 Abs. 2, Art. 154 Abs. 3 EuGHVfO.
[121] Art. 154 Abs. 2 EuGHVfO.
[122] Art. 103 Abs. 3, Art. 154 Abs. 4 EuGHVfO, Art. 164 Abs. 5 EuGVfO.
[123] Anders zB EuGH 24.4.1996 – C-19/93 P, EU:C:1996:158 – Rendo ua/Kommission.
[124] EuGH 15.12.1961 – 19/60, 21/60, 2/61 und 3/61, EU:C:1961:30 – Fives Lille Cail ua/Hohe Behörde; anders aber EuG 13.11.2001 – T-138/01 R, ECLI:EU:T:2001:264 – F/Rechnungshof (keine Kostenentscheidung).
[125] Art. 155 EuGHVfO.
[126] Art. 104 Abs. 2 EuGHVfO.
[127] Art. 58 Abs. 2 EuGH-Satzung, Art. 11 Abs. 2 Anh. I EuGH-Satzung.
[128] Art. 166 EuGVfO.
[129] EuG 11.10.1990 – T-50/89 (92), ECLI:EU:T:1990:57 Rn. 9 – Sparr/Kommission.
[130] Art. 155 Abs. 1 EuGHVfO, Art. 165 EuGVfO.

Gegensatz zur Berichtigung nicht vorgesehen. Über den Ergänzungsantrag entscheidet das Gericht, welches das unvollständige Urteil gefällt hat, nach Anhörung der anderen Parteien und ggf. des Generalanwaltes.[131]

H. Verfahrensbeendigung ohne Sachentscheidung

I. Direktklagen

1. Einigung der Parteien. Ein **Prozessvergleich** zwischen den streitenden Parteien ist als verfahrensbeendende Maßnahme in Verfahren vor dem EuGH **nicht vorgesehen.** Dagegen kann eine **außergerichtliche Einigung** der Parteien zur Streichung der Rechtssache im Register führen, wenn die Parteien gegenüber dem zuständigen Gericht erklären, dass sie auf die Geltendmachung ihrer Ansprüche verzichten.[132] Eine solche außergerichtliche Erledigung wird allerdings durch die Verfahrensordnungen des EuGH und des EuG für die praktisch wichtigsten Klagearten, nämlich die Nichtigkeits- und Untätigkeitsklagen, ausdrücklich ausgeschlossen.[133] Dieser Ausschluss wird damit begründet, dass die Rechtmäßigkeit von Hoheitsakten der Unionsorgane nicht der Disposition der Parteien unterliegen darf.[134]

50

In der Rechtspraxis ist die **einverständliche Beilegung von Streitigkeiten** vor dem EuGH und dem EuG dennoch möglich. Insbesondere das EuG macht von der Möglichkeit Gebrauch auf eine solche Einigung hinzuwirken. Dies ist entweder durch Erörterungstermine, zu denen die Parteien bzw. Vertreter, die zur Abgabe verbindlicher Erklärungen ermächtigt sind, persönlich geladen werden, möglich[135] oder durch das Treffen einer prozessleitenden Maßnahme gemäß Art. 89 EuGVfO iVm Art. 90 EuGVfO durch den Berichterstatter.[136] Bei Nichtigkeits- und Untätigkeitsklagen kann nach einer Einigung der Parteien der Prozess entweder dadurch beendet werden, dass der Kläger seine Klage zurücknimmt oder dadurch, dass der Beklagte die Erledigung der Hauptsache herbeiführt.

51

Art. 125a EuGVfO sieht für Beamtenstreitigkeiten ausdrücklich vor, dass das Gericht in jedem Verfahrensstadium eine gütliche Beilegung des Rechtsstreits prüfen kann. Einigen sich die Parteien auf eine Lösung zur Beendigung des Rechtsstreits, kann der Inhalt dieser Vereinbarung in einem Protokoll festgestellt werden. Danach wird die Rechtssache im Register gestrichen. Auf Antrag des Klägers und des Beklagten stellt der Präsident den Inhalt der Vereinbarung im Streichungsbeschluss fest.[137]

52

2. Klagerücknahme. Der Kläger kann die Klage bis zur Rechtskraft des Urteils[138] durch einseitige, schriftliche Erklärung oder in der mündlichen Verhandlung zurücknehmen.[139] Als Prozesshandlung ist die Klagerücknahme bedingungsfeindlich, unwiderruflich und unanfechtbar. Die Zustimmung des Beklagten zur Klagerücknahme ist nicht erforderlich.[140] Ihm muss jedoch Gelegenheit zur Stellungnahme gegeben werden, damit er sich zur Verteilung der Kosten äußern und insbes. den Antrag stellen kann, diese dem Kläger aufzuerlegen.[141] Nach Anhörung des Beklagten ordnet der Präsident durch Beschluss die **Streichung** der Rechtssache aus dem Register an. In diesem Beschluss entscheidet er über

53

---

[131] Art. 153 Abs. 1, Art. 155 Abs. 2, 3 EuGHVfO.
[132] Art. 147 EuGHVfO, Art. 124 EuGVfO. Pechstein EUProzR Rn. 277, sieht darin eine übereinstimmende Erledigungserklärung.
[133] Art. 147 Abs. 2 EuGHVfO, Art. 124 Abs. 2 EuGVfO.
[134] Pechstein EUProzR Rn. 228.
[135] Vgl. EuG 29.1.1990 – T-59/89, ECLI:EU:T:1990:8 – Yorck von Wartenburg/Parlament, Anordnung des persönlichen Erscheinens der Parteien in einer dienstrechtlichen Streitigkeit. S. auch EuG 29.9.2004 – T-394/02, ECLI:EU:T:2004:279 Rn. 32 – Lucaccioni/Kommission.
[136] ZB EuG 28.2021 – T-545/19, ECLI:EU:T:2021:47 Rn. 3 ff. – Global Steel Wire ua/Kommission.
[137] Art. 125b Abs. 2 EuGVfO.
[138] Pechstein EUProzR Rn. 229.
[139] Art. 148 EuGHVfO, Art. 125 EuGVfO.
[140] Klinke Gerichtshof Rn. 224.
[141] Art. 141 EuGHVfO, Art. 136 EuGVfO.

die **Kosten.** Die Vorschriften über die Klagerücknahme gelten entsprechend für die Rücknahme anderer Anträge, etwa auf einstweiligen Rechtsschutz.[142]

54 **3. Erledigung der Hauptsache.** Tritt nach Klageerhebung ein Ereignis ein, welches den Kläger klaglos stellt, können die Unionsgerichte nach Anhörung der Parteien jederzeit **von Amts wegen** feststellen, dass die Klage gegenstandslos geworden und die Hauptsache erledigt ist.[143] Die Entscheidung kann durch Beschluss ergehen. Erklärt eine der Parteien den Rechtsstreit **einseitig für erledigt,** so kann dies in einem Zwischenstreit nach Art. 151 EuGHVfO bzw. Art. 130 EuGVfO geklärt werden. Wird die Hauptsache für erledigt erklärt, entscheidet das Gericht über die Kosten nach freiem Ermessen.[144]

II. Vorabentscheidungsverfahren

55 Der Präsident ordnet die **Streichung** von **Vorabentscheidungsverfahren** aus dem Register an, wenn der nationale Richter den EuGH informiert, dass er seine Vorlage zurückzieht. Das kann der nationale Richter von sich aus tun, zB wenn sich das nationale Verfahren erledigt hat, etwa im Fall der Einigung der Parteien. Auch der EuGH kann die Initiative ergreifen, indem er beim nationalen Gericht anfragt, ob die Vorlage aufrechterhalten wird, wenn zwischenzeitlich in einem anderen Verfahren die gleiche Frage entschieden wurde. Die Rücknahme des Vorabentscheidungsersuchens kann jedoch nur bis zur Bekanntgabe des Termins der Urteilsverkündung erfolgen. Erfolgt eine Rücknahme nach dieser Bekanntgabe, so wird das Urteil dennoch verkündet.[145]

---

[142] Wägenbaur, Court of Justice of the European Union, 2013, RP ECJ Art. 148 Rn. 3.
[143] Art. 149 EuGHVfO, Art. 131 EuGVfO.
[144] Art. 142 EuGHVfO, Art. 137 EuGVfO.
[145] Art. 100 Abs. 1 EuGHVfO.

§ 25 Rechtsmittel, Rechtsbehelfe und Überprüfungsverfahren*

Übersicht

	Rn.
A. Vorbemerkung	1
B. Das Rechtsmittel gegen Entscheidungen des EuG	6
I. Allgemeines	6
II. Die anfechtbaren Entscheidungen	8
III. Die Berechtigung zum Einlegen des Rechtsmittels	14
1. Die Parteien des erstinstanzlichen Verfahrens	15
2. Die autonome Rechtsmittelbefugnis der Mitgliedstaaten und der Unionsorgane	20
IV. Zulassung des Rechtsmittels	22
V. Anträge der Parteien	28
VI. Anschlussrechtsmittel	29
VII. Rechtsrügen	31
1. Verbot der Veränderung des Streitgegenstandes und notwendige Präzisierung von Rechtsrügen	31
2. Die Abgrenzung von Rechts- und Tatsachenfragen	33
3. Zulässige Rügen	39
VIII. Ablauf des Rechtsmittelverfahrens	45
1. Rechtsmittelfrist	46
2. Rechtsmittelschrift und Rechtsmittelbeantwortung	48
IX. Die Entscheidung des EuGH	63
X. Das Verfahren vor dem EuG nach Aufhebung und Zurückverweisung	68
XI. Schriftsatzmuster	72
1. Rechtsmittelschrift	72
2. Zusammenfassung der geltend gemachten Rechtsgründe und -argumente	73
3. Antrag auf vertrauliche Behandlung und tabellarische Übersicht der vertraulichen Informationen	74
4. Antrag auf Zulassung eines Rechtsmittels	75
C. Das Überprüfungsverfahren	76
D. Die außerordentlichen Rechtsbehelfe	84
I. Allgemeines	84
II. Der Drittwiderspruch	85
III. Die Wiederaufnahme des Verfahrens	90

Schrifttum:

Azizi, Die Reform der Gerichtsbarkeit der Europäischen Gemeinschaften im Lichte der aktuellen Entwicklung in Völker- und Europarecht, 25. Österreichischer Völkerrechtstag, 2001, 167 ff.; Bölhoff, Das Rechtsmittelverfahren vor dem Gerichtshof der Europäischen Gemeinschaften: Verfahren, Prüfungsumfang und Kontrolldichte, 2001; Brügmann, Aufgaben und Wahl des Ersten Generalanwalts am Gerichtshof der Europäischen Union, EuR, 2021, Vol.56 (4), 493 ff.; Everling, Das Verfahren der Gerichte der EG im Spiegel der verwaltungsgerichtlichen Verfahren der Mitgliedstaaten, FS Starck, 2007, 535; Friden, Quelques réflexions sur la recevabilité d'un pourvoi contre un arrêt du Tribunal de première instance, Revue des Affaires Européennes 2000, 231 ff.; Gaudissart, La refonte du règlement de procédure de la Cour de justice, Cahiers de droit européen 2012/3, 603; Gaudissart, L'admission préalable des pourvois: une nouvelle procédure pour la Cour de justice, Cahiers de droit européen, 2020, 56(1), 177 ff.; Gros, Le pourvoi devant la Cour de justice des Communautés européennes, L'actualité juridique: droit administratif, 1995, 859 ff.; Langner, Der Europäische Gerichtshof als Rechtsmittelgericht, Der Prüfungsumfang im europäischen Rechtsmittelverfahren, 2003; Lenaerts/ Maselis/ Gutman, The procedural law of the European Union, 2014, Oxford University Press; Luszcz, European court procedure: a practical guide, 2020, Bloomsbury Academic: Hart Publishing Practitioner; Mahieu, Contentieux de l'Union européenne, 2014, Larcier; Molinier/Lotarski, Droit du contentieux de l'Union européenne, 2010; Naôme, Appeals before the Court of Justice of the European Union, 2018, Oxford University Press; Naômé, Procédure «RX»: le réexamen par la Cour de justice,

---

* Dieser Beitrag basiert auf einer Neubearbeitung der von Sabine Hackspiel und Anke Geppert verfassten Beiträge der Vorauflagen. Der vorliegende Beitrag bringt allein die persönliche Auffassung der Autorin zum Ausdruck.

d'affaires ayant fait l'objet d'un pourvoi devant le Tribunal; Journal de droit européen, 2010, 104 ff.; Naômé, Voies de recours, in Lamy Procédures communautaires, 2008;; Rideau/Picod, Le pourvoi sur les questions de droit, Revue du marché commun 1995, 584 ff.; Rousselot, La procédure de réexamen en droit de l'Union européenne, Cahiers de droit européen, 2014, 50(3), 535 ff.; Thiele, Das Rechtsschutzsystem nach dem Vertrag von Lissabon – (K)ein Schritt nach vorn?, EuR 2010, 30 ff.; Wägenbaur, Die Prüfungskompetenz des EuGH im Rechtsmittelverfahren, EuZW 1995, 199 ff.; Wägenbaur, The Right of Appeal to the Community Courts, Hurdles and Opportunities, ZEuS 2007, 161 ff.;; Wägenbaur, Court of Justice of the European Union, Commentary on Statute and Rules of Procedure, 2013; Wathelet/Wildemeersch, Contentieux européen, 2010, Wathelet/Van Raepenbusch, Le contrôle sur pourvoi de la Cour de justice des Communautés européennes, dix ans après la création du Tribunal de première instance, Mélanges en hommage à Fernand Schockweiler, 1999, 605 ff.

A. Vorbemerkung

1 Lag die Rechtsprechungsgewalt zunächst allein beim Gerichtshof (EuGH), so spricht in der Europäischen Union von heute auch das Gericht (früher Gericht erster Instanz, nachfolgend EuG) Recht.[1] Infolgedessen ist in den vergangenen knapp 35 Jahren ein ausgeklügeltes Rechtsmittelsystem der Unionsgerichtsbarkeit entstanden. Rechtsmittel erfüllen verschiedene Funktionen. Die Möglichkeit gegen die Entscheidung eines Gerichts ein Rechtsmittel bei einem höheren Gericht einlegen zu können, ist zum einen Teil des effektiven Rechtsschutzes, denn ein Rechtsmittel dient dem Rechtsschutz des Einzelnen,[2] der Qualität des Rechtsschutzes und der Legitimität der Entscheidungen.[3] In der Unionsrechtsordnung sichern Rechtsmittel zum anderen die einheitliche Auslegung und Anwendung der Verträge durch die beiden europäischen Gerichte.[4] Beide Rechtsmittelzwecke – das eine auf den Individualschutz, das andere auf das Allgemeininteresse gerichtet – stehen gleichwertig nebeneinander und müssen bei Anwendung der Rechtsmittelvorschriften berücksichtigt werden.[5]

2 Mit Errichtung des Gerichts erster Instanz 1989 wurde das Rechtsmittel gegen Entscheidungen des EuG zum EuGH eingeführt. Die Kompetenz für die Behandlung von Rechtsstreitigkeiten zwischen der Union und ihren Bediensteten wurde 2005 auf das Gericht für den öffentlichen Dienst (EuGöD) übertragen, mittlerweile aber wieder dem EuG anvertraut. Es gibt bislang kein Rechtsmittel gegen Entscheidungen des EuGH selbst. Allerdings könnte sich das mit dem Beitritt der Europäischen Union zur Europäischen Menschenrechtskonvention ändern.[6]

3 Rechtsmittelverfahren stellen alle Beteiligten vor gewisse Herausforderungen. Die verfahrensrechtlichen Vorschriften, die durch eine umfangreiche Rechtsprechung ausgefüllt wurden, sind so ausgestaltet, dass sie einerseits die Kontrolle des erstinstanzlichen Gerichts ermöglichen, andererseits aber einen schnellen Verfahrensabschluss ermöglichen. Schließlich soll die durch Gründung des EuG bezweckte Entlastung und Verfahrensbeschleunigung nicht durch Rechtsmittelverfahren wieder aufgehoben werden. Da es im Rechtsmittelverfahren immer um eine *Kontrolle der Anwendung des Rechts* durch das erstinstanzliche Gericht geht, werden die in erster Instanz festgestellten Tatsachen und Beweise im Regelfall nicht überprüft. Es dürfen keine neuen Anträge gestellt werden. Ebenso wenig ist es ausreichend, das Vorbringen aus erster Instanz einfach zu wiederholen, vielmehr müssen die Kritikpunkte am ergangenen Urteil genau benannt werden. Die präzise Formulierung der Rügen ist unbedingt notwendig, bereitet aber oft Schwierigkeiten.

4 Die Verfahrensordnung des EuGH ist 2012 inhaltlich und strukturell grundlegend überarbeitet worden. Durch die Reform sind viele Rechtsmittelvorschriften genauer und klarer

---

[1] Durch Art. 19 EUV wird klargestellt, dass das Gericht und die Fachgerichte keine eigenständigen Unionsorgane sind, sondern Teil des „Gerichtshofs der Europäischen Union".
[2] Beschluss des Rates zur Errichtung des EuG, ABl. 1988 L 319, 1, Erwgr. 3.
[3] Lenaerts/Maselis/Gutman, The procedural law of the European Union, 2014, Rn. 16.01.
[4] Art. 19 EUV.
[5] Karpenstein in Grabitz/Hilf/Nettesheim AEUV Art. 256 Rn. 9.
[6] Molinier/Lotarski, Droit du contentieux de l'Union européenne, 2010, S. 49.

gefasst worden, insbes. auch die zu Anschlussrechtsmitteln.[7] Seither ermöglicht es Art. 182 EuGHVfO dem EuGH einem offensichtlich begründeten Rechtsmittel durch Beschluss stattzugeben. Weitere Änderungen zielten auf Verfahrensbeschleunigung. Eine weitere bedeutende Änderung kam 2019 mit der Einführung eines Zulassungsverfahrens für eine bestimmte Gruppe von Rechtsmitteln hinzu.[8]

Die Anzahl der neu eingegangenen Rechtsmittelverfahren beim Gerichtshof lag im Jahr 2022 bei 209 und übersteigt somit beträchtlich die Anzahl neuer Direktklagen vor dem Gerichtshof (37). Im vergangenen Jahr wurde gegen rund 30 % der Entscheidungen des EuG ein Rechtsmittel zum EuGH eingelegt. Im Jahr 2022 beendete der EuGH 196 Rechtsmittelverfahren, davon endeten 38 mit einer vollständigen oder teilweisen Aufhebung der Entscheidung des EuG. In einem Großteil dieser Fälle entschied der EuGH direkt in der Sache ohne die Rechtssache an das EuG zurückzuverweisen. Die Dauer des Rechtsmittelverfahrens betrug 2022 im Durchschnitt 11,9 Monate.[9] **5**

B. Das Rechtsmittel gegen Entscheidungen des EuG

I. Allgemeines

Als Ausgleich für die Übertragung von Rechtsprechungskompetenzen auf das EuG wurde die Möglichkeit geschaffen, gegen dessen Entscheidungen ein auf Rechtsfragen beschränktes Rechtsmittel beim EuGH einzulegen.[10] Damit kontrolliert der EuGH das Verfahren und die Entscheidung des EuG. Ausgehend von Art. 256 Abs. 1 UAbs. 2 AEUV, finden sich die entsprechenden verfahrensrechtlichen Vorschriften in Art. 56 ff. EuGH-Satzung und Art. 167 ff. EuGHVfO. Bei der Ausgestaltung der verfahrensrechtlichen Vorschriften des Rechtsmittels zum EuGH haben die niederländische, belgische und französische Kassationsbeschwerde sowie die Revision des deutschen Rechts als Vorbild gedient.[11] **6**

Die Einlegung des Rechtsmittels hat **Devolutiveffekt,** dh die Rechtssache wird in eine höhere Instanz, zum EuGH, gehoben. Das Rechtsmittel hat grundsätzlich keinen **Suspensiveffekt,** Art. 60 Abs. 1 EuGH-Satzung schließt die aufschiebende Wirkung ausdrücklich aus. Spiegelbildlich dazu bestimmt Art. 121 EuGVfO, dass die Entscheidungen des EuG mit ihrer Verkündung „wirksam" werden. Deshalb muss zB ein Organ, dessen Handeln vom EuG für nichtig erklärt worden ist, binnen angemessener Frist die sich aus dem Nichtigkeitsurteil ergebenden Maßnahmen ergreifen, ohne das Urteil des EuGH auf das Rechtsmittel abzuwarten.[12] Davon unberührt bleibt die Möglichkeit des EuGH Maßnahmen zur Aussetzung des Vollzugs (Art. 278 AEUV) oder einstweilige Anordnungen (Art. 279 AEUV) zu treffen. Eine Ausnahme von der sofortigen Wirksamkeit der erstinstanzlichen Entscheidungen trifft Art. 60 Abs. 2 EuGH-Satzung für die Entscheidungen des EuG, in denen eine Verordnung für nichtig erklärt wird. Die für nichtig erklärte Verordnung verliert nicht ihre Wirkung mit Verkündung des erstinstanzlichen Urteils, sondern erst mit Eintritt der Rechtskraft, dh mit Ablauf der Rechtsmittelfrist oder mit der Zurückweisung des Rechtsmittels durch den EuGH. **7**

---

[7] IE Gaudissart Cahiers de droit européen 2012/3, S. 655 ff.
[8] Art. 58a EuGH-Satzung.
[9] Hierbei gilt allerdings zu beachten, dass es sich um einen Mittelwert handelt und viele Rechtsmittel im Beschlussverfahren entschieden werden. Hier beträgt die Verfahrensdauer ca. 6 Monate, wohingegen die Verfahrensdauer bei einem Rechtsmittel, das durch Urteil entschieden wird, durchschnittlich bei ca. 18 Monaten liegt. Alle Angaben sind dem statistischen Jahresbericht 2022 entnommen (erhältlich über www.curia.europa.eu > Das Organ > Jahresbericht > Rechtsprechungsstatistiken des Gerichtshofs).
[10] Die erste auf ein Rechtsmittel ergangene Entscheidung des EuGH 1.10.1991 – C-283/90 P, ECLI:EU:C:1991:361 = BeckRS 2004, 75974 – Raimund Vidrányi/Kommission.
[11] Lenaerts EuR 1990, 228 (242 f.).
[12] EuG 12.12.2000 – T-11/00, ECLI:EU:T:2000:295 Rn. 35–38 – Hautem/EIB.

II. Die anfechtbaren Entscheidungen

8 Die Entscheidungen, gegen die ein Rechtsmittel statthaft ist, sind in den Art. 56 Abs. 1, Art. 57 Abs. 2 EuGH-Satzung sowie Art. 9 des Anh. I der EuGH-Satzung abschließend aufgezählt. Anders als in einigen nationalen Rechtsordnungen ist das Rechtsmittel des Unionsrechts nicht vom Erreichen eines bestimmten Streitwertes oder von der Bedeutung der aufgeworfenen Fragen abhängig. Seit einer Änderung von Satzung und Verfahrensordnung im Jahr 2019 unterliegen Rechtsmittel gegen Entscheidungen des EuG, die eine Entscheidung einer unabhängigen Beschwerdekammer des Amts der Europäischen Union für geistiges Eigentum, des Gemeinschaftlichen Sortenamts, der Europäischen Chemikalienagentur oder der Agentur der Europäischen Union für Flugsicherheit betreffen, jedoch einem Zulassungsverfahren.[13]

9 Ein Rechtsmittel kann in erster Linie gegen **Endentscheidungen** eingelegt werden, dh Urteile und Beschlüsse, die die Instanz abschließen. Endentscheidungen des Gerichts sind auch Beschlüsse, in denen das EuG die **Erledigung der Hauptsache** erklärt. Weiterhin ist das Rechtsmittel statthaft gegen eine Entscheidung, durch die das EuG einen Wiederaufnahmeantrag zurückweist.[14] Ob die Anfechtung von **Streichungsbeschlüssen** des Präsidenten im Fall der außergerichtlichen Einigung mit anschließender Verzichtserklärung[15] oder nach Klagerücknahme[16] zulässig ist, ist zweifelhaft. Da in diesen Fällen jederzeit neu Klage erhoben werden kann, erscheint die Einlegung eines Rechtsmittels wenig sinnvoll.[17] Statthaft ist dagegen die Einlegung eines Rechtsmittels gegen ein **Versäumnisurteil.** Zwar kann gegen ein Versäumnisurteil auch ein Einspruch beim Gericht erhoben werden, jedoch ist kein Grund ersichtlich, der Partei deswegen die Rechtsmittelmöglichkeit zu versagen. Bei Einlegung eines Einspruchs beim Gericht und Einreichung eines Rechtsmittels beim EuGH, kann dieser die Entscheidung über das Rechtsmittel bis zur Entscheidung über den Einspruch aussetzen.[18]

10 Zu den anfechtbaren Entscheidungen gehören auch die, die über einen Teil des Streitgegenstandes ergangen sind. Das sind zum einen die echten **Teilentscheidungen,** die zB im Fall der Klagehäufung vorab über einzelne Anträge oder im Fall der Streitgenossenschaft gegenüber einzelnen Streitgenossen ergehen können. Zum anderen gehören hierzu **Zwischenurteile** über einzelne Klagegründe[19] oder **Grundurteile** im Schadensersatzprozess.[20] Ausdrücklich nennt Art. 56 EuGH-Satzung ferner diejenigen Entscheidungen, die einen Zwischenstreit nach Art. 130 EuGVfO über die Einrede der Unzuständigkeit des EuG oder die Unzulässigkeit der Klage beenden. Darunter fallen alle Entscheidungen, die damit, dass sie dieser Einrede stattgeben oder sie zurückweisen, eine der Parteien beschweren.[21]

11 Dagegen kann ein Beschluss des Gerichts, der den Antrag auf Prozesskostenhilfe zurückweist, nicht durch Rechtsmittel angegriffen werden.[22] Nicht angefochten werden können außerdem Beschlüsse und Entscheidungen des laufenden Verfahrens, zB ein Beschluss, mit dem der Kommission aufgegeben wird bestimmte Dokumente vorzulegen,[23] Beweisbeschlüsse, die Anordnung prozessleitender Maßnahmen, die Verweisung an einen anderen

---

[13] Art. 58a EuGH-Satzung, wofür Art. 256 AEUV eine rechtliche Grundlage bildet.
[14] EuGH 8.7.1999 – C-5/93 P, ECLI:EU:C:1999:364 Rn. 30 f. = BeckRS 2004, 77497 – DSM/Kommission.
[15] Art. 124 EuGVfO.
[16] Art. 125 EuGVfO.
[17] Siehe Karpenstein in Grabitz/Hilf/Nettesheim AEUV Art. 256 Rn. 15.
[18] Karpenstein in Grabitz/Hilf/Nettesheim AEUV Art. 256 Rn. 15.
[19] ZB EuG 9.9.1999 – T-110/98, ECLI:EU:T:1999:166 Rn. 29 f. – RJB Mining/Kommission und in der gleichen Rechtssache EuGH 1.8.2002 – C-427/99 P und C-371/00 P, ECLI:EU:C:2002:466 – UK Coal/Kommission.
[20] ZB EuG 26.2.1992 – T-17/89, T-21/89 und T-25/89, EU:T:1992:25 – Brazzelli ua/Kommission.
[21] EuGH 22.2.2005 – C-141/02 P, ECLI:EU:C:2005:98 Rn. 50 = NJW 2005, 1177 – Kommission/max.mobil.
[22] ZB EuGH 21.5.2019 – C-99/19 P, nv, ECLI:EU:C:2019:434 – BI/Kommission; 31.3.2023 – C-491/22 P, nv, ECLI:EU:C:2023:283 – KP/Rat ua.
[23] EuGH 4.10.1999 – C-349/99 P, EU:C:1999:475 – Kommission/ADT Projekt Gesellschaft.

Spruchkörper,[24] die Übertragung auf den Einzelrichter oder die Verbindung oder Aussetzung von Verfahren. Diese Entscheidungen können aber sofern sie einen Verstoß gegen Verfahrensregeln darstellen und sich zu Lasten des Rechtsmittelführers ausgewirkt haben, im Rahmen des Rechtsmittels gegen die Endentscheidung geprüft werden.[25] Nicht zulässig ist ein Anschlussrechtsmittel, das auf die Erklärung der Unzulässigkeit des Hauptrechtsmittels zielt.[26]

Nach Art. 57 EuGH-Satzung und Art. 10 Abs. 1 des Anh. I der EuGH-Satzung können **12** in zwei Fällen auch Entscheidungen eines anhängigen Verfahrens mit dem Rechtsmittel angegriffen werden. Statthaft ist ein Rechtsmittel gegen die **Ablehnung zur Zulassung als Streithelfer,** das binnen zwei Wochen nach Zustellung der ablehnenden Entscheidung, und damit in einer kürzeren Frist als gewöhnlich eingelegt werden muss.[27] Weiterhin kann ein Rechtsmittel gegen Beschlüsse über **Anträge auf einstweiligen Rechtsschutz** eingelegt werden, die die Aussetzung des Vollzuges der angefochtenen Entscheidung (Art. 278 AEUV), einstweilige Anordnungen (Art. 279 AEUV) oder die Aussetzung der Zwangsvollstreckung (Art. 299 Abs. 4 AEUV) betreffen.

Ausdrücklich ausgeschlossen ist nach Art. 58 EuGH-Satzung die isolierte Anfechtung der **13** Kostenentscheidung und von Kostenfestsetzungsbeschlüssen.[28]

III. Die Berechtigung zum Einlegen des Rechtsmittels

Im Hinblick auf die Berechtigung zum Einlegen des Rechtsmittels unterscheidet die Sat- **14** zung zwischen den Hauptparteien, den Mitgliedstaaten und Unionsorganen und den übrigen Streithelfern. Während die Rechtsmittel der Parteien grundsätzlich auf die Wahrung eigener Rechte abzielen, dienen die Rechtsmittel unbeteiligter Mitgliedstaaten und Organe der Wahrung der Unionsrechtsordnung.

1. Die Parteien des erstinstanzlichen Verfahrens. Nach dem Wortlaut der EuGH- **15** Satzung kann das Rechtsmittel von einer Partei eingelegt werden, die „mit ihren Anträgen ganz oder teilweise unterlegen" ist.[29] Die Partei kann nicht nur dann beschwert sein, wenn ihre Anträge vor dem EuG abgewiesen wurden (formelle Beschwer), sondern es kann sich aus den Urteilsgründen ergeben, dass das Urteil in Wirklichkeit nicht dem Antrag der Partei entspricht (materielle Beschwer) und damit die Rechtsmittelbefugnis begründet werden. So kann zB das beklagte Organ ein Urteil anfechten, welches die Klage gegen einen seiner Rechtsakte deswegen als unzulässig abweist, weil der angefochtene A¹ mit so schweren Fehlern behaftet ist, dass das EuG ihn als rechtlich inexistent ansieht.[30] ZB kann eine Partei teilweise auch dann mit ihren Anträgen unterlegen sein und damit die Aufhebung des erstinstanzlichen Urteils verlangen, wenn sich aus den Urteilsgründen ergibt, dass die Klage nicht in vollem Umfang, sondern nur teilweise Erfolg hatte, auch wenn der Tenor eine solche Einschränkung nicht enthält.[31]

Sollte nach dem Urteil des EuG und vor Einbringen des Rechtsmittels die Übertragung **16** einer juristischen Person an einen neuen Eigentümer eingetreten sein, so hängt es von den konkreten Umständen ab, ob der Gerichtshof den neuen Eigentümer als Partei im Rechts-

---

[24] EuG 4.9.2008 – T-413/06 P, EU:T:2008:309 Rn. 22 ff. = BeckEuRS 2008, 481710 – Gualtieri/Kommission.
[25] EuGH 15.1.2002 – C-171/00 P, EU:C:2002:17 Rn. 25 ff. = BeckRS 2002, 162002 – Liberos/Kommission, Qualifizierung der fehlerhaften Übertragung an den Einzelrichter als Verfahrensverstoß.
[26] EuGH 17.7.2008 – C-71/07 P, EU:C:2008:424 = BeckRS 2008, 70802 – Campoli/Kommission; FP-I-B-2-13 Rn. 40 ff.
[27] Siehe zB EuGH 30.11.2022 – C-617/22 P(I), ECLI:EU:C:2022:941 Rn. 20–22 – Euranimi/EAA und Kommission.
[28] EuGH 29.11.2007 – C-122/07 P, EU:C:2007:743 Rn. 22 f. = BeckEuRS 2007, 466660 – Eurostrategies/Kommission.
[29] Art. 56 Abs. 2 EuGH-Satzung.
[30] EuGH 15.6.1994 – C-137/92 P, ECLI:EU:C:1994:247 Rn. 48 – Kommission/BASF ua.
[31] EuGH 20.9.2001 – C-383/99 P, ECLI:EU:C:2001:461 Rn. 16 ff. = GRUR-Int. 2002, 47 – Procter&Gamble/HABM.

mittelverfahren zulässt. Bevor eine Entscheidung hierüber getroffen wird, werden die übrigen Parteien des Verfahrens gebeten Stellung zu dieser Problematik zu nehmen.[32] Im Zweifelsfall sollte das Rechtsmittel im Namen der vorherigen und aktuellen juristischen Person eingebracht werden um eine Unzulässigkeit des Rechtsmittels zu vermeiden.[33] Im Fall des Todes einer natürlichen Person haben die Rechtsnachfolger des Verstorbenen die Möglichkeit ein Rechtsmittel an seiner statt einzubringen. Verstirbt ein Rechtsmittelführer im Laufe des Verfahrens vor dem EuGH, so wird Letzterer das Verfahren in Bezug auf diese Person für erledigt erklären,[34] es sei denn die Rechtsnachfolger treten an seiner statt.

17   Natürliche oder juristische Personen, die nicht als Streithelfer vom EuG zugelassen worden sind, können gegen diese Entscheidung ein Rechtsmittel vor dem EuGH einlegen.[35] In allen anderen Fällen können **Streithelfer** nach Art. 56 Abs. 2 EuGH-Satzung nur dann Rechtsmittelführer sein, wenn sie von der Entscheidung des EuG „unmittelbar berührt" sind. Der Wortlaut weicht damit von Art. 40 Abs. 2 EuGH-Satzung ab, der für die Zulassung als Streithelfer im ersten Rechtszug ein „berechtigtes Interesse" für den Beitritt als Streithelfer ausreichen lässt. Die Praxis ist bei Zulassung der Streithelfer im ersten Rechtszug sehr großzügig. Ein berechtigtes Interesse wird zB bei Verbänden dann angenommen, wenn es um die Vertretung kollektiver oder allgemeiner Interessen geht. Da Art. 56 Abs. 2 EuGH-Satzung dagegen verlangt, dass der Streithelfer von der Entscheidung des EuG „unmittelbar berührt" sein muss, kann es für die Einlegung des Rechtsmittels nicht genügen, dass der Streithelfer im ersten Rechtszug zugelassen worden war und ein berechtigtes Interesse am Ausgang des Rechtsstreits hatte.[36] Die Frage, ob ein Urteil den Streithelfer unmittelbar berührt, ist deshalb nach ähnlichen Maßstäben wie die Klagebefugnis nach Art. 263 UAbs. 4 AEUV zu beurteilen.[37] In jedem Fall verfügt der EuGH bei der Prüfung der Rechtsmittelberechtigung eines Streithelfers aufgrund des erstinstanzlichen Verfahrens über mehr Informationen, so dass es durchaus möglich ist, dass der EuGH dem in erster Instanz zugelassene Streithelfer ein Rechtsmittel verweigert.[38]

18   Zu berücksichtigen ist, dass sofern es sich bei den Streithelfern um **Mitgliedstaaten oder Unionsorgane** handelt, diese auch dann ein Rechtsmittel einlegen können, wenn sie von dem erstinstanzlichen Verfahren nicht unmittelbar berührt sind. Es genügt, dass sie mit ihren Anträgen ganz oder teilweise unterlegen sind.[39] Wegen der verfahrensrechtlich privilegierten Stellung eines Mitgliedstaats kann die materielle Reichweite des Rechtsmittels einer solchen Partei somit zwangsläufig nur durch den Streitgegenstand beschränkt sein und nicht durch die Reichweite der Erklärungen, die sie vor dem Gericht abgegeben hat.[40]

19   Die Partei muss nicht nur beschwert sein, sie muss darüber hinaus ein **Rechtsschutzinteresse** haben, dh die Einlegung des Rechtsmittels muss ihr einen Vorteil bringen können.[41] Das Rechtsschutzinteresse darf auch während des Verfahrens nicht wegfallen,

---

[32] EuGH C-353/23 P, anhängig.
[33] Siehe EuGH 22.11.2021 – C-498/21 P, nv, ECLI:EU:C:2021:952 – Birkenstock IP und Birkenstock Sales/EUIPO. Vgl. EuGH 24.3.1993 – C-313/90, ECLI:EU:C:1993:111 Rn. 31 – CIRFS ua/Kommission.
[34] EuGH 15.6.2023 – C-501/21 P, ECLI:EU:C:2023:480 Rn. 29 – Shindler ua/Rat.
[35] Art. 57 Abs. 1 EuGH-Satzung.
[36] EuGH 24.9.2002 – C-74/00 P und C-75/00 P, ECLI:EU:C:2002:524 Rn. 55 – Falck und Acciaierie di Bolzano/Kommission.
[37] So auch Hackspiel → 2. Aufl. 2003, § 28 Rn. 12.
[38] Lenaerts/Maselis/Gutman, EU Procedural Law, 2014, Rn. 16.15.
[39] EuGH 5.10.2000 – C-432/98 P und C-433/98 P, ECLI:EU:C:2000:545,5 Rn. 22–23 – Rat/Chvatal ua.
[40] GA Jääskinen 7.4.2011 – SchlA verb. Rs. C-106/09 P und C-107/09 P, ECLI:EU:C:2011:215 Rn. 30 f. = BeckEuRS 2011, 646361 – Kommission und Spanien/Government of Gibraltar und Vereinigtes Königreich.
[41] EuGH 19.10.1995 – C-19/93 P, ECLI:EU:C:1995:339 Rn. 13 – Rendo ua/Kommission; s. auch EuGH 10.9.2009 – C-97/08 P, ECLI:EU:C:2009:536 Rn. 33 ff. = EuZW 2009, 816 – Akzo Nobel ua/Kommission.

sondern muss bis zum Erlass der gerichtlichen Sachentscheidung vorliegen.[42] Das Rechtsschutzinteresse kann insbes. dadurch wegfallen, dass nach dem Urteil des EuG neue Tatsachen eintreten, die dem Urteil seine für den Rechtsmittelführer nachteiligen Wirkungen nehmen.[43] Der Wegfall des Rechtsschutzinteresses kann von dem EuGH auch von Amts wegen während des Rechtsmittelverfahrens geprüft werden. Das Rechtsschutzinteresse eines Unternehmens, das gegen eine Ablehnungsentscheidung der Kommission vorgeht, mit der diese sich weigert, evtl. vertrauliche Schriftstücke zurückzugeben, bleibt solange gegeben, wie die Kommission die fraglichen Schriftstücke oder eine Kopie hiervon in Besitz hat.[44]

2. Die autonome Rechtsmittelbefugnis der Mitgliedstaaten und der Unionsorgane. Den Mitgliedstaaten und Unionsorganen kommt im Prozessrecht eine privilegierte Stellung zu. Sie besitzen eine **autonome Rechtsmittelbefugnis,** dh, sie können Entscheidungen des EuG auch dann anfechten, wenn sie nicht unmittelbar von der Entscheidung betroffen sind und selbst wenn sie am erstinstanzlichen Verfahren nicht beteiligt waren.[45] Die Mitgliedstaaten und Organe können sogar dann ein Rechtsmittel einlegen, wenn keiner der anderen Beteiligten des erstinstanzlichen Verfahrens das Urteil angreift. Mitgliedstaaten oder Organe, die ein Rechtsmittel einlegen, ohne im ersten Rechtszug Streithelfer gewesen zu sein, haben im Rechtsmittelverfahren die gleiche Stellung wie Mitgliedstaaten und Organe, die dem Rechtsstreit im ersten Rechtszug beigetreten sind.[46] Das heißt sie können nur die in erster Instanz gestellten Anträge der Parteien unterstützen, der Streitgegenstand des erstinstanzlichen Verfahrens darf durch das Rechtsmittel nicht verändert werden.[47] Durch diese privilegierte Stellung wird es den Mitgliedstaaten ermöglicht, ihre nationalen Interessen im Rahmen des Verfahrens vor den Unionsgerichten geltend zu machen und in gewissem Maße auf die Rechtsprechung Einfluss zu nehmen.[48]

Eine Ausnahme von dieser weiten Rechtsmittelbefugnis der Mitgliedstaaten und Unionsorgane gilt für Beamtensachen. Sofern sie dem Rechtsstreit nicht in erster Instanz beigetreten sind, können sie kein Rechtsmittel einlegen.[49]

IV. Zulassung des Rechtsmittels

Nach einer Änderung von Satzung und Verfahrensordnung unterliegen Rechtsmittel, die vor dem Verfahren vor dem EuG bereits von einer **unabhängigen Beschwerdekammer** gehört wurden, seit dem 1. Mai 2019 einem **Zulassungsverfahren.**[50] Konkret betrifft dies Rechtsmittel bezüglich Entscheidungen der Beschwerdekammern des Amts der Europäischen Union für geistiges Eigentum (EUIPO), des Gemeinschaftlichen Sortenamts (CPVO), der Europäischen Chemikalienagentur (ECHA) oder der Agentur der Europäischen Union für Flugsicherheit (EASA). Diese Rechtsmittel werden nur dann zugelassen, wenn damit eine für die Einheit, die Kohärenz oder die Entwicklung des Unionsrechts bedeutsame Frage aufgeworfen wird. Die Entscheidung über die Zulassung wird von einer speziell dafür konstituierten Kammer von drei Richtern getroffen, der der Vizepräsident vorsteht.[51]

---

[42] EuGH 17.4.2008 – C-373/06 P, C-379/06 P und C-382/06 P, EU:C:2008:230 Rn. 25 = BeckRS 2008, 70453 – Flaherty ua/Kommission.
[43] EuGH 25.1.2001 – C-111/99 P, ECLI:EU:C:2001:58 Rn. 18 – Lech-Stahlwerke/Kommission.
[44] EuGH 14.9.2010 – C-550/07 P, ECLI:EU:C:2010:512 Rn. 25 = NJW 2010, 3557 – Akzo Nobel Chemicals/Kommission.
[45] ZB Rechtsmittel Frankreichs gegen Urteil des EuG 11.12.1996 – T-70/94, EU:T:1996:185 – Comafrica und Dole Fresh Fruit Europe/Kommission; s. EuGH 21.1.1999 – C-73/97 P, EU:C:1999:13 = LMRR 1999, 135 – Frankreich/Comafrica ua.
[46] Art. 56 Abs. 3 EuGH-Satzung.
[47] Art. 170 Abs. 1 EuGHVfO.
[48] Karpenstein in Grabitz/Hilf/Nettesheim AEUV Art. 256 Rn. 25.
[49] Art. 56 Abs. 3 EuGH-Satzung.
[50] Art. 58a EuGH-Satzung.
[51] Art. 170b Abs. 2 EuGHVfO.

23 In Rechtssachen, die unter Artikel 58a der EuGH-Satzung fallen, ist der Rechtsmittelschrift ein **Antrag auf Zulassung** beizufügen.[52] Dieser Antrag muss als separates Dokument (individueller Anhang) der e-Curia Einreichung beigefügt werden und darf, unter strikter Berücksichtigung sämtlicher formeller Vorschriften der *Praktischen Anweisungen für die Parteien in den Rechtssachen vor dem Gerichtshof*,[53] **maximal 7 Seiten** umfassen (inklusive Titelseite und Anhänge).[54] Nichteinhaltung dieser in Art. 170a EuGHVfO niedergelegten Formvorschriften führt zu einer Aufforderung zur Mängelbehebung innerhalb einer „kurzen Frist", üblicherweise 3–5 Tage. Entspricht der Antrag nach einer solchen Aufforderung zur Mängelbehebung immer noch nicht den Formvorgaben der EuGHVfO, so entscheidet der Vizepräsident über die (Un-)Zulässigkeit des Rechtsmittels.[55] Ist der Rechtsmittelschrift gar kein Antrag auf Zulassung beigefügt, führt dies automatisch zur Unzulässigkeit des Rechtsmittels, ohne dass die Möglichkeit einer Mängelbehebung besteht, sollte die Frist für das Einbringen des Rechtsmittels bereits verstrichen sein.[56]

24 Inhaltlich muss der Antrag auf Zulassung gem. Art. 170a EuGHVfO die für **die Einheit, die Kohärenz oder die Entwicklung des Unionsrechts bedeutsame Frage** darlegen, die mit dem Rechtsmittel aufgeworfen wird, und sämtliche Angaben enthalten, die erforderlich sind, um es dem Gerichtshof zu ermöglichen, über diesen Antrag zu entscheiden, ohne auf die Rechtsmittelschrift zurückzugreifen. Konkret scheint der Gerichtshof zu erwarten, dass im Zulassungsantrag der Rechtsmittelgrund/die Rechtsmittelgründe genau und klar beschrieben werden; dass unter Angabe der Randnummern des angefochtenen Urteils, die beanstandet werden, sowie der Bestimmung des Unionsrechts, gegen die verstoßen worden sein soll, der angeblich begangene Rechtsfehler beschrieben wird; dass erklärt wird, wie sich der angeblich begangene Rechtsfehler auf das Ergebnis der angefochtenen Urteils ausgewirkt hat; dass erklärt wird, warum es sich bei den im Rechtsmittel angesprochenen Rechtsfragen um Fragen handelt, die für die Einheit, die Kohärenz oder die Entwicklung des Unionsrechts bedeutsam sind, wobei die Tragweite dieses Kriteriums über den Rahmen des angefochtenen Urteils und letztlich über den seines Rechtsmittels hinausgeht. Es muss dargetan werden, welche Rechtsfragen durch das Rechtsmittel aufgeworfen werden, aber auch, inwieweit sie bedeutsam sind, und zwar konkret anhand der Umstände des Einzelfalls und nicht lediglich mit allgemeinen Ausführungen.[57]

25 Eine kurze Antragsformel direkt im Rechtsmittel ist somit nicht ausreichend,[58] genauso wenig wie ein Antrag, der sich im Wesentlichen darauf beschränkt, geltend zu machen, dass die in der vorliegenden Entscheidung des EuG angeführte Rechtsprechung unter Umständen wie denen des vorliegenden Falles nicht anwendbar sei, ohne jedoch die Gründe anzugeben, aus denen eine solche Frage für die Einheit, die Kohärenz oder die Entwicklung des Unionsrechts bedeutsam sein soll, oder die Angabe dass die im Rechtsmittel aufgeworfene Rechtsfrage neu sei, ohne jedoch anzugeben, weshalb eine solche Frage für die Einheit, die Kohärenz oder die Entwicklung des Unionsrechts bedeutsam sein soll.[59]

---

[52] Art. 170a Abs. 1 EuGHVfO.
[53] ABl. 2020 L 42 I, S. 1. Zu berücksichtigen gilt insbesondere Punkt 40 der Praktischen Anweisungen.
[54] Art. 170a Abs. 2 EuGHVfO. Sa → Rn. 72 ff. XI. Schriftsatzmuster.
[55] Siehe EuGH 10.10.2022 – C-575/22 P, ECLI:EU:C:2022:772 Rn. 9–11 – Hochmann Marketing/EUIPO.
[56] ZB EuGH 12.7.2019 – C-412/19 P, ECLI:EU:C:2019:616 – Pan/EUIPO; EuGH 5.9.2019 – C-499/19 P, ECLI:EU:C:2019:683 – Lupu/EUIPO; EuGH 26.8.2020 – C-322/20 P, ECLI:EU:C:2020:706 Rn. 6 – Wonder Line/EUIPO; EuGH 30.10.2020 – C-425/20 P, ECLI:EU:C:2020:893 Rn. 5 – Welmax +/EUIPO; EuGH 6.10.2021 – C-468/21 P, ECLI:EU:C:2021:839 Rn. 5 – Electrodomesticos Taurus/EUIPO.
[57] Siehe EuGH 11.7.2023 C-93/23 P, ECLI:EU:C:2023:601 Rn. 22–24 und 29–31 – EUIPO/Neoperl.
[58] EuGH 21.5.2021 – C-201/21 P, ECLI:EU:C:2021:419 Rn. 5 – Foundation for the Protection of the Traditional Cheese of Cyprus named Halloumi/EUIPO; EuGH 2.2.2023 – C-783/22 P, ECLI:EU:C:2023:69 Rn. 6–7 – Bilkiewicz/EUIPO.
[59] EuGH 16.9.2019 – C-444/19 P, ECLI:EU:C:2019:746 Rn. 13–15 – Kiku/CPVO.

Die Hürde für eine Zulassung ist also sehr hoch. So wurden bis zum Ende des Gerichtsjahres 2022/2023 lediglich sieben Rechtsmittel, auf die Art. 58a der EuGH Satzung Anwendung findet, zugelassen. Als für die Einheit, die Kohärenz oder die Entwicklung des Unionsrechts bedeutsam angesehen wurden hierbei Rechtsfragen allgemeiner[60] oder konstitutioneller[61] Natur; Rechtsfragen, die sich aus dem Austritt des Vereinigten Königreichs aus der Europäischen Union ergaben;[62] oder Fragen prozessrechtlicher Natur.[63] Ausschlaggebend ist allerdings nicht die Rechtsfrage an sich, sondern eine gute **Begründung** des Zulassungsantrags.[64]

26

Der Beschluss über die Zulassung oder Nicht-Zulassung des Rechtsmittels ist **endgültig und entfaltet unmittelbare Wirkung.** Eine Anfechtungsmöglichkeit besteht nicht.[65]

27

V. Anträge der Parteien

Die Anträge des Rechtsmittelführers müssen nach Art. 169 Abs. 1 EuGHVfO einerseits die vollständige oder teilweise Aufhebung der Entscheidung des EuG und andererseits die vollständige oder teilweise Aufrechterhaltung der im ersten Rechtszug gestellten Anträge zum Gegenstand haben. Durch den Verweis „in der Gestalt der Entscheidungsformel" ist klar, dass das Rechtsmittel nicht allein auf die nach Ansicht der Rechtsmittelführer fehlerhafte Begründung der Entscheidung gestützt werden kann.[66] Art. 169 Abs. 2 EuGHVfO bringt eine gefestigte Rechtsprechung auf den Punkt, nach der das Rechtsmittel die beanstandeten Teile des Urteils und die rechtlichen Anträge, die diesen Antrag speziell stützen, genau bezeichnen muss.[67] Neue Anträge können gem. Art. 170 Abs. 1 EuGHVfO vor dem EuGH nicht gestellt werden. So kann zB, wenn in erster Instanz eine reine Nichtigkeitsklage erhoben worden war, im Rahmen des Rechtsmittels kein Antrag auf Schadensersatz gestellt werden.[68] Bei der Formulierung der Anträge sollte auf keinen Fall der Kostenantrag (für beide Instanzen) vergessen werden.

28

VI. Anschlussrechtsmittel

Der bzw. die Beklagte(n) und Streithelfer können ihrerseits mit einem Anschlussrechtsmittel die vollständige oder teilweise Aufhebung der Entscheidung des EuG beantragen. Eine Partei kann zugleich ein Rechtsmittel und ein Anschlussrechtsmittel gegen ein und dasselbe Urteil des EuG einlegen, und zwar ungeachtet dessen, dass dieses Urteil mehrere Rechtssachen betrifft und diese verbunden worden sind. Die zulässigen Anträge des Anschlussrechtsmittelführers unterscheiden sich insofern von denen des Rechtsmittelführers, da sie gem. Art. 178 Abs. 2 EuGHVfO auch auf die Aufhebung einer ausdrücklichen oder stillschweigenden Entscheidung über die Zulässigkeit der Klage vor dem Gericht gerichtet

29

---

[60] EuGH 10.12.2021 – C-382/21 P, ECLI:EU:C:2021:1050 – EUIPO/The KaiKai Company Jaeger Wichmann.
[61] EuGH 11.7.2023 – C-93/23 P, ECLI:EU:C:2023:601 – EUIPO/Neoperl.
[62] EuGH 18.4.2023 – C-751/22 P, ECLI:EU:C:2023:328 – Shopify/EUIPO; EuGH 16.11.2022 – C-337/22 P, ECLI:EU:C:2022:908 – EUIPO/Nowhere; EuGH 7.4.2022 – C-801/21 P, ECLI:EU:C:2022:295 – EUIPO/Indo European Foods.
[63] EuGH 11.7.2023 – C-93/23 P, ECLI:EU:C:2023:601 – EUIPO/Neoperl; EuGH 30.1.2023 – C-580/22 P, ECLI:EU:C:2023:126 – bonnanwalt/EUIPO; EuGH 8.5.2023 – C-776/22 P, ECLI:EU:C:2023:441 = GRUR-Prax 2023, 557 – Studio Legale Ughi e Nunziante/EUIPO.
[64] Vgl. EuGH 11.7.2023 – C-64/23 P, ECLI:EU:C:2023:556 – Neoperl/EUIPO und EuGH 11.7.2023 – C-93/23 P, ECLI:EU:C:2023:601 – EUIPO/Neoperl.
[65] Siehe 15.6.2022 – T-79/22, ECLI:EU:T:2022:371 Rn. 8–10 – Puma/Gerichtshof der Europäischen Union.
[66] EuGH 15.11.2012 – C-539/10 P und C-550/10 P, ECLI:EU:C:2012:711 Rn. 49 = BeckRS 2012, 82443 – Stichting Al-Aqsa/Rat ua.
[67] EuGH 30.6.2005 – C-286/04 P, ECLI:EU:C:2005:422 Rn. 42 = GRUR-Int. 2005, 823 – Eurocermex/HABM.
[68] EuGH 1.10.1991 – C-283/90 P, EU:C:1991:361 Rn. 8–10 – Vidrányi/Kommission; EuGH 22.12.2008 – C-198/07 P, ECLI:EU:C:2008:761 Rn. 62 – Gordon/Kommission; EuGH 7.3.2013 – C-289/12 P, EU:C:2013:153 Rn. 15 – Altner/Kommission.

sein können. Die in einem Anschlussrechtsmittel geltend gemachten Gründe und Argumente müssen sich von denen der Rechtsmittelbeantwortung unterscheiden.[69] Der Kläger bzw. jede andere Partei kann innerhalb von zwei Monaten auf das Anschlussrechtsmittel antworten.

30 Die 2012er-Reform der Verfahrensordnung des EuGH hat auf dem Gebiet der Rechtsmittel vor allem die Vorschriften zu den Anschlussrechtsmitteln verändert und klarer gefasst. Früher war das Anschlussrechtsmittel öfters in der Rechtsmittelbeantwortung „verpackt", war nicht immer als solches ohne weiteres erkennbar und erschwerte somit die Bearbeitung. Gemäß Art. 176 Abs. 2 EuGHVfO muss das Anschlussrechtsmittel nun in einem eigenen Schriftsatz enthalten sein. Ein Verstoß gegen diese Vorschrift hat bei Ablauf der Anschlussrechtsmittelfrist die Unzulässigkeit des Anschlussrechtsmittels zur Folge. Die Frist zur Einlegung eines Anschlussrechtsmittels beträgt wie die zur Rechtsmittelbeantwortung zwei Monate und zehn Tage[70] nach Zustellung der Rechtsmittelschrift.[71] Eine Unterscheidung zwischen selbständigen und unselbständigen Anschlussrechtsmitteln macht das Unionsprozessrecht nicht. Anschlussrechtsmittel sind vielmehr stets unselbständig und können deshalb nicht aufrechterhalten werden, wenn das Rechtsmittel zurückgenommen wird, sich auf andere Weise erledigt oder unzulässig ist.[72]

VII. Rechtsrügen

31 **1. Verbot der Veränderung des Streitgegenstandes und notwendige Präzisierung von Rechtsrügen.** Weder das Rechtsmittel noch die Rechtsmittelbeantwortung dürfen den vor dem EuG verhandelten Streitgegenstand verändern, Art. 170 Abs. 1 EuGHVfO. Konkret heißt das, dass in der Rechtsmittelinstanz keine neuen Angriffs- und Verteidigungsmittel bzw. Rechtsrügen vorgebracht werden dürfen, um nachzuweisen, dass das erstinstanzliche Urteil iErg falsch ist. Der EuGH beschränkt sich grundsätzlich darauf, zu kontrollieren, ob dem EuG bei der Beurteilung der in erster Instanz erhobenen Rügen ein Rechtsfehler unterlaufen ist, da Zweck des Rechtsmittelverfahrens die Kontrolle der Rechtsanwendung durch das EuG ist.[73] Die Beschränkung des Rechtsmittels auf den Streitstoff des erstinstanzlichen Verfahrens hindert den Rechtsmittelführer allerdings nicht daran, neue Rechtsfragen aufzuwerfen, zu deren Erörterung erst das Urteil des Gerichts und die darin nach seiner Auffassung enthaltenen Rechtsfehler Anlass geben, denn gem. Art. 127 Abs. 1 EuGHVfO[74] können neue Angriffs- und Verteidigungsmittel dann vorgebracht werden, sofern „sie auf rechtliche oder tatsächliche Gründe gestützt werden, die erst während des Verfahrens zutage getreten sind".[75] Eine weitere Ausnahme vom Ausschluss neuer Angriffs- und Verteidigungsmittel bilden die Gesichtspunkte, die der Unionsrichter von Amts wegen zu prüfen hat (so genannte *moyens d'ordre public*). Eine fehlende oder unzureichende Begründung stellt eine Verletzung wesentlicher Formvorschriften dar und ist ein Gesichtspunkt zwingenden Rechts, den der Unionsrichter von Amts wegen prüfen kann und muss.[76] Weiterhin hat der Unionsrichter eine Feststellung, die die Zuständigkeit

---

[69] Art. 178 Abs. 3 S. 2 EuGHVfO.
[70] Entfernungsfrist gem. Art. 51 EuGHVfO.
[71] Art. 176 Abs. 1 EuGHVfO.
[72] Art. 183 EuGHVfO.
[73] EuGH 1.6.1994 – C-136/92 P, ECLI:EU:C:1994:211 Rn. 59 = BeckRS 2004, 74349 – Kommission/Brazzelli Lualdi.
[74] Art. 127 EuGHVfO findet durch den Verweis in Art. 190 Abs. 1 EuGHVfO Anwendung im Rechtsmittelverfahren.
[75] ZB EuGH 2.10.2001 – C-449/99 P, ECLI:EU:C:2001:502 Rn. 87–89 = BeckRS 2001, 161490 – EIB/Hautem; EuG 8.7.2020 – T-576/18, EU:T:2020:304 Rn. 67 – Crédit agricole/EZB. Siehe jedoch 20.9.2018 – C-114/17 P, ECLI:EU:C:2018:753 Rn. 39–40 – Spanien/Kommission.
[76] EuGH 2.12.2009 – C-89/08 P, ECLI:EU:C:2009:742 Rn. 34–35 = BeckEuRS 2009, 507806 – Kommission/Irland; EuGH 20.12.2017 – C-677/15 P, ECLI:EU:C:2017:998 Rn. 36 – EUIPO/European Dynamics Luxembourg ua; EuGH 15.6.2023 – C-501/21 P, ECLI:EU:C:2023:480 Rn. 61 et seq – Shindler ua/Rat.

eines Unionsorgans betrifft, von Amts wegen zu treffen, auch wenn keine der Parteien dies beantragt hat.[77]

Bei der Formulierung ihrer Rügen müssen die Rechtsmittelführer besondere Sorgfalt 32 walten lassen, denn einerseits darf das Rechtsmittel den vor dem EuG verhandelten Streitgegenstand nicht verändern, andererseits darf es sich nicht darauf beschränken, die bereits vor dem EuG dargelegten Klagegründe und Argumente einfach zu wiederholen, ohne überhaupt eine speziell auf die Rechtsfehler gerichtete Argumentation zu enthalten.[78] Die Abgrenzung zwischen zulässigen Ausführungen im Rahmen der Darlegung eines Rechtsmittelgrundes und unzulässiger Wiederholung erstinstanzlichen Vorbringens kann schwierig sein. Das Rechtsmittel muss in jedem Fall die beanstandeten Teile des angefochtenen Urteils als auch die rechtlichen Argumente, auf die sich der Antrag auf Aufhebung des Urteils stützt, genau und unter Angabe der entsprechenden Randnummern der Entscheidung des EuG bezeichnen. Der Rechtsmittelführer kann sogar gezwungen sein, Rechtsfragen zu wiederholen, wenn er gerade die Interpretation oder Anwendung des Unionsrechts durch das Gericht angreift.[79] Ein Rechtsmittel kann sich zudem auf bereits im ersten Rechtszug vorgetragene Argumente stützen, wenn gerade dargelegt werden soll, dass das EuG durch die Zurückweisung des Vorbringens des Rechtsmittelführers Unionsrecht verletzt hat.[80] Der Rechtsmittelführer darf dagegen keine Gründe vortragen, auf die der Rechtsmittelführer in erster Instanz verzichtet hat oder die dort als unzulässig zurückgewiesen worden sind, es sei denn, mit dem Rechtsmittel wird gerügt, dass diese Zurückweisung einen Verfahrensverstoß darstellt.[81]

2. Die Abgrenzung von Rechts- und Tatsachenfragen. Das Rechtsmittel ist nach 33 Art. 256 Abs. 1 UAbs. 2 AEUV auf Rechtsfragen beschränkt, dh der EuGH überprüft im Rahmen des Rechtsmittelverfahrens grundsätzlich nicht die vom EuG festgestellten Tatsachen, sondern er beschränkt sich auf eine Rechtskontrolle. Die Konzentration auf Rechtsfragen entspricht einerseits dem Sinn und Zweck des Rechtsmittelverfahrens, in dem es um die Kontrolle der Auslegung und Anwendung des Rechts durch das EuG geht. Andererseits muss bedacht werden, dass bei einer Tatsachenkontrolle das Verfahren erheblich in die Länge gezogen würde. Die Rechtsprechung dazu ist gefestigt und umfangreich, die Anwendung im Einzelfall jedoch nicht immer eindeutig und einheitlich.

Im Rechtsmittelverfahren können die **Tatsachenfeststellungen**[82] und die **tatsächliche** 34 **Bewertung der Tatsachen** durch das EuG[83] nicht angegriffen werden. Von diesem Grundsatz wird aber in den Fällen eine Ausnahme gemacht, in denen sich eindeutig aus den Prozessakten ergibt, dass die Feststellungen des EuG offensichtlich unrichtig sind.[84] Der EuGH kann zB einem Rechtsmittel stattgeben, wenn sich aus der einfachen Lektüre eines

---

[77] EuGH 13.7.2000 – C-210/98 P, ECLI:EU:C:2000:397 Rn. 56 = BeckRS 2019, 641 – Salzgitter/Kommission; EuGH 26.2.2015 – C-564/13 P, ECLI:EU:C:2015:124 Rn. 20 – Planet/Kommission.
[78] ZB EuGH 1.2.2001 – C-300/99 P und C-388/99 P, ECLI:EU:C:2001:71 Rn. 37 – Area Cova ua/Rat; EuGH 3.2.2009 – C-231/08 P, ECLI:EU:C:2009:50 Rn. 45 – Giannini/Kommission; EuGH 24.2.2015 – C-164/14 P, ECLI:EU:C:2015:111 Rn. 21–23 – Pesquerias Riveirenses ua/Rat. Wathelet/Van Raepenbusch Mélanges en hommage à Schockweiler, 1999, 605 (620).
[79] Wägenbaur, Court of Justice of the European Union, Commentary on Statute and Rules of Procedure, 2013, Art. 168 Rn. 9; s. auch EuGH 13.1.2005 – C-254/03 P, ECLI:EU:C:2005:19 Rn. 32 = BeckRS 2005, 70033 – Vieira/Kommission.
[80] EuGH 25.5.2000 – C-82/98 P, ECLI:EU:C:2000:282 Rn. 21–23 = BeckRS 2004, 77823 – Kögler/Gerichtshof.
[81] EuGH 22.12.1993 – C-354/92 P, ECLI:EU:C:1993:952 Rn. 13 = BeckRS 2004, 76678 – Eppe/Kommission.
[82] Beispiele bei Wathelet/Van Raepenbusch Mélanges en hommage à Schockweiler, 1999, 605 (613).
[83] Wägenbaur Satzung-EuGH Art. 58 Rn. 18.
[84] EuGH 1.6.1994 – C-136/92 P, ECLI:EU:C:1994:211 Rn. 49 = BeckRS 2004, 74349 – Kommission/Brazzelli-Lualdi; EuGH 7.1.2004 – C-204/00 P, C-205/00 P, C-211/00 P, C-213/00 P, C-217/00 P und C-219/00 P, ECLI:EU:C:2004:6 Rn. 48 = BeckRS 2004, 74942 – Aalborg Portland A/S ua/Kommission.

für das Verfahren entscheidenden Schriftstücks ergibt, dass das EuG sich auf falsche Tatsachen gestützt hat und einen offensichtlichen Fehler begangen hat.[85]

35 So wenig wie der EuGH die Tatsachenfeststellungen überprüfen darf, ist er grundsätzlich auch nicht befugt, die **Beweise und die Beweiswürdigung** zu prüfen, auf die das EuG seine Tatsachenfeststellung gestützt hat. Es ist allein Sache des EuG, den Beweiswert der ihm vorgelegten Beweismittel zu beurteilen.[86] Es kommt nur darauf an, ob diese Beweise ordnungsgemäß erhoben und die allgemeinen Rechtsgrundsätze, zB die Unschuldsvermutung sowie die Vorschriften über die Beweislast und das Beweisverfahren eingehalten worden sind.[87] Die **Beweiswürdigung** durch das EuG kann allerdings dann überprüft werden, wenn das Beweismittel „verfälscht" worden ist.[88] Rügt der Rechtsmittelführer eine Verfälschung von Beweismitteln, so muss er genau angeben, welche Beweismittel das Gericht verfälscht haben soll, und welche Beurteilungsfehler das Gericht zu dieser Verfälschung veranlasst haben. Es genügt nicht, darzutun, dass ein Dokument anders ausgelegt werden könnte als durch das Gericht.[89]

36 Die Frage wann ein Beweismittel verfälscht ist, hat der EuGH in ständiger Rechtsprechung damit beantwortet, dass sich die Verfälschung offensichtlich, dh ohne neue Tatsachen- und Beweiswürdigung aus den Akten ergeben muss. Wie Generalanwältin Kokott in der Rechtssache PKK und KNK/Rat richtig festgestellt hat, ist diese Formulierung allerdings unklar, „weil auch die Feststellung einer Verfälschung ein Mindestmaß der Würdigung voraussetzt."[90] In seinem Urteil ist der EuGH diesem Einwand ohne weitere Begründung gefolgt und hat seine Definition der Beweisverfälschung nuanciert. Eine Verfälschung wird nun angenommen „wenn ohne die Erhebung neuer Beweise die Würdigung der vorliegenden Beweismittel offensichtlich unzutreffend ist."[91] In einer Beamtenstreitsache hat der EuGH die Verfälschung von Beweismitteln bejaht, weil das EuG dem Beförderungsausschuss des Dienstherrn vorgeworfen hatte, nur die Noten des Bediensteten berücksichtigt zu haben, dabei aber den anders lautenden Inhalt eines Protokolls außer Acht gelassen hatte.[92] Ein Beweismittel wird auch dann verfälscht, wenn das EuG einem Unternehmen, das Mitglied eines rechtswidrigen Kartells ist, zuschreibt, ein Schriftstück im Laufe einer Zusammenkunft verfasst zu haben, dieses Schriftstück jedoch von diesem Unternehmen nur vorgelegt und außerdem erst nach der Zusammenkunft verfasst wurde. Eine solche

---

[85] EuGH 7.1.2004 – C-204/00 P, C-205/00 P, C-211/00 P, C-213/00 P, C-217/00 P und C-219/00 P, EU:C:2004:6 Rn. 381–385 = BeckRS 2004, 74942 – Aalborg Portland A/S ua/Kommission.
[86] EuGH 16.7.2009 – C-385/07 P, ECLI:EU:C:2009:456 Rn. 163 f. = BeckEuRS 2009, 501013 – Der Grüne Punkt – Duales System Deutschland GmbH/Kommission.
[87] EuGH 2.3.1994 – C-53/92 P, EU:C:1994:77 Rn. 42 – Hilti/Kommission; EuGH 1.7.1986 – 185/85, ECLI:EU:C:1986:276 Rn. 24 = EuZW 1999, 115 – Baustahlgewebe/Kommission; EuGH 8.7.1999 – C-199/92 P, ECLI:EU:C:1999:358 Rn. 64 ff. = WuW 1999, 902 – Hüls/Kommission; EuGH 10.7.2008 – C-413/06 P, ECLI:EU:C:2008:392, Rn. 29 = BeckRS 2008, 70755 – Bertelsmann und Sony Corporation of America/Impala.
[88] EuGH 2.3.1994 – C-53/92 P, ECLI:EU:C:1994:77 Rn. 42 = EuZW 1994, 316 – Hilti/Kommission; EuGH 11.11.2003 – C-488/01 P, ECLI:EU:C:2003:608 Rn. 53 = BeckRS 2004, 77473 – Martinez/Parlament.
[89] EuGH 17.6.2010 – C-413/08 P, ECLI:EU:C:2010:346 Rn. 16 f. = BeckEuRS 2010, 521276 – Lafarge/Kommission; EuGH 8.3.2016 – C-431/14 P, ECLI:EU:C:2016:145 Rn. 32 f. – Griechenland/Kommission; EuGH 19.9.2019 – C-358/18 P, ECLI:EU:C:2019:763 Rn. 45 – Polen/Kommission; EuGH 28.1.2021 – C-466/19 P, ECLI:EU:C:2021:76 Rn. 43 f. – Qualcomm und Qualcomm Europe/Kommission.
[90] GA Kokott – SchlA C-229/05 P, ECLI:EU:C:2006:606 Rn. 42 = BeckRS 2007, 144759 – PKK und KNK/Rat.
[91] EuGH 18.1.2007 – C-229/05 P, ECLI:EU:C:2007:32 Rn. 37 = BeckRS 2007, 144759 – PKK und KNK/Rat. S. auch EuGH 23.3.2023 – C-640/20 P, ECLI:EU:C:2023:232 Rn. 78 – PV/Kommission; EuGH 27.4.2023 – C-549/21 P, ECLI:EU:C:2023:340 Rn. 73 – Fondazione Cassa di Risparmio di Pesaro ua/Kommission; EuGH 5.6.2023 – C-140/23 P(I), ECLI:EU:C:2023:446 Rn. 42 – Euranimi/Kommission.
[92] EuGH 3.4.2003 – C-277/01 P, ECLI:EU:C:2003:196 Rn. 50 = BeckRS 2004, 75915 – Europäisches Parlament/Ignacio Samper; weitere Beispiele Naômé Appeals before the Court of Justice of the European Union, 2018, S. 94.

Verfälschung kann das Urteil nicht ungültig machen, wenn sich das Gericht zusätzlich zu diesem Schriftstück auf mehrere weitere Beweismittel gestützt hat.[93]

Die tatsächliche Bewertung von Tatsachen ist von der **rechtlichen Qualifizierung von Tatsachen** abzugrenzen. Der EuGH ist zwar nicht befugt, vom EuG festgestellte oder beurteilte Tatsachen zu kontrollieren, soweit aber aus diesen Tatsachen rechtliche Folgen abgeleitet werden, kontrolliert der EuGH diese.[94] Geht es zB um die Prüfung der Frage, ob ein Unternehmen eine marktbeherrschende Stellung innehat, wozu eine Abgrenzung des relevanten Produktmarktes notwendig ist, so handelt es sich hierbei um eine rechtliche Folge und der EuGH kann überprüfen, ob das EuG alle relevanten Faktoren zur Bestimmung des Produktmarktes berücksichtigt hat.[95] Im Beamtenrecht hat der EuGH die Entscheidung, ob ein Brief als Beschwerde iSv Art. 90 Abs. 2 BSt angesehen werden kann, als eine Rechtsfrage angesehen, die im Rahmen eines Rechtsmittels aufgeworfen werden kann.[96] Auf dem Gebiet der außervertraglichen Haftung der Union ist die Frage, ob ein Kausalzusammenhang zwischen der auslösenden Tatsache und dem Schaden besteht, der eine Voraussetzung für die Begründung dieser Haftung ist, eine Rechtsfrage, die der Kontrolle durch den EuGH unterliegt.[97] Die Abgrenzung zwischen der tatsächlichen Bewertung und der rechtlichen Qualifizierung von Tatsachen ist nicht immer einfach. 37

Zur Illustrierung der Abgrenzung zwischen Tatsachen- und Rechtsfragen und damit der Kompetenz zwischen EuG und EuGH bietet sich die Rechtssache Ferriere Nord an, in welcher der EuGH ausgeführt hat, dass sofern das EuG im Rahmen seiner Befugnis zur unbeschränkten Ermessensnachprüfung den Betrag einer von der Kommission verhängten Geldbuße neu festsetzt, der EuGH im Rahmen des Rechtsmittels nicht seine eigene Beurteilung der Sanktion aus Gründen der Billigkeit an die Stelle der Bemessung der Geldbuße durch das EuG setzen kann. Das hindert ihn jedoch nicht daran, zu prüfen, ob das EuG auf alle Argumente, die der Rechtsmittelführer für eine Aufhebung oder Herabsetzung der Geldbuße vorgebracht hatte, hinreichend geantwortet hat.[98] Sollten dem EuG dabei rechtliche Fehler unterlaufen sein, wird die Geldbuße nicht durch den EuGH neu festgesetzt, sondern die erstinstanzliche Entscheidung aufgehoben und zurückverwiesen. Im Einzelfall kann der EuGH selbst die Geldbuße neu festsetzen, und zwar dann, wenn dies keine neuen Tatsachenfeststellungen und keine eigene Bewertung der Schwere des Verstoßes durch den EuGH erfordert.[99] 38

3. Zulässige Rügen. In Art. 58 Abs. 1 der EuGH-Satzung wird präzisiert, dass das Rechtsmittel zulässigerweise nur auf drei Gründe gestützt werden darf: auf die Unzuständigkeit des EuG, auf Verfahrensfehler oder auf die Verletzung von Unionsrecht. In der Praxis erweist sich die Zuordnung zu einer dieser Kategorien als wenig nützlich, dennoch sollen einige Beispiele gegeben werden. 39

Der praktisch kaum bedeutsame Rechtsmittelgrund der **Unzuständigkeit** erfasst auch die Fälle, in denen sich das EuG zu Unrecht für unzuständig erklärt hat.[100] Verstöße gegen die internen Zuständigkeitsregeln des EuG sind als Verfahrensfehler zu rügen. 40

---

[93] EuGH 19.3.2009 – C-510/06 P, ECLI:EU:C:2009:166 Rn. 132 ff. = BeckEuRS 2009, 495355 – Archer Daniels Midland/Kommission.
[94] EuGH 1.6.1994 – C-136/92 P, ECLI:EU:C:1994:211 Rn. 49 = BeckRS 2004, 74349 – Kommission/Brazzelli Lualdi ua; EuGH 28.5.1998 – C-7/95 P, ECLI:EU:C:1998:256 Rn. 21 = WuW 1998, 747 – Deere/Kommission.
[95] Lenaerts/Maselis/Gutmann, EU Procedural Law, 2014, Rn. 16.07.
[96] EuGH 29.6.2000 – C-154/99 P, ECLI:EU:C:2000:354 Rn. 11 – Politi/ETF.
[97] EuGH 9.6.2010 – C-440/07 P, Slg. 2009, I-6413 Rn. 192 f. = BeckEuRS 2009, 500978 – Kommission/Schneider Electric.
[98] EuGH 17.7.1997 – C-219/95 P, ECLI:EU:C:1997:375 Rn. 31 – Ferriere Nord/Kommission.
[99] EuGH 16.11.2000 – C-248/98 P, ECLI:EU:C:2000:625 Rn. 70 = EuR 2001, 234 – NV Koninklijke KNP BT/Kommission, Kartonkartell; s. auch EuGH 10.5.2007 – C-328/05 P, ECLI:EU:C:2007:277 Rn. 98 f. – SGL Carbon/Kommission.
[100] Wägenbaur Satzung-EuGH Art. 58 Rn. 20.

41 Mit dem Rechtsgrund **Verfahrensfehler** kann die Verletzung von Verfahrensvorschriften der Verträge, der Satzungen, der EuGVfO und von allgemeinen verfahrensbezogenen Grundsätzen des Unionsrechts geltend gemacht werden. Es führt nicht jeder **Verfahrensfehler** zur Aufhebung des erstinstanzlichen Urteils, sondern nur solche, welche die Interessen des Rechtsmittelführers beeinträchtigen.[101] Die verletzte Verfahrensnorm muss gerade dem **Schutz des Rechtsmittelführers** dienen.[102] Der Rechtsmittelführer muss darlegen, worin die Nichtbeachtung der betreffenden Vorschriften genau bestehen soll und in welcher Weise die angeblichen Verstöße seine Interessen beeinträchtigt haben sollen. Weiterhin muss vorgetragen werden, wie sich diese angeblichen Verstöße auf die Entscheidung ausgewirkt haben sollen.[103] Ein Verfahrensfehler liegt nicht darin, dass das EuG bestimmte **interne Organisationsmaßnahmen** ergriffen oder unterlassen hat. Der Rechtsmittelführer kann also nicht mit Erfolg rügen, dass die beantragte Verbindung von Rechtssachen unterblieben ist,[104] dass der Rechtsstreit an einen anderen Spruchkörper verwiesen[105] oder dass der Antrag auf Bestellung eines Generalanwalts abgelehnt worden ist.[106]

42 Als Verfahrensfehler kann zB die **Verletzung des rechtlichen Gehörs** der Verfahrensbeteiligten,[107] **Verstöße gegen die Grundsätze der Beweislast** oder des **Beweisverfahrens**[108] oder die **Verletzung der Verteidigungsrechte**[109] gerügt werden. Auch die **überlange Verfahrensdauer** vor dem EuG kann als Verstoß gegen den Grundsatz des effektiven gerichtlichen Rechtsschutzes gerügt werden. Die Nichteinhaltung einer angemessenen Entscheidungsfrist führt nur dann zur Aufhebung des angefochtenen Urteils, wenn es Anhaltspunkte dafür gibt, dass die überlange Verfahrensdauer Auswirkungen auf den Ausgang des Rechtsstreits gehabt hat.[110]

43 Unter Verfahrensfehler werden auch Begründungsfehler gefasst.[111] Im Rechtsmittelverfahren kann eine unzulängliche[112] oder widersprüchliche[113] Begründung des angefochtenen Urteils gerügt werden. Es kommt nicht auf die Ausführlichkeit der Begründung an, entscheidend ist, dass das EuG alle rechtlich relevanten Gesichtspunkte berücksichtigt hat.[114]

---

[101] Naômé, Appeals before the Court of Justice of the European Union, 2018, S. 111, mit Verweis auf EuGH 14.12.1995 – C-173/95 P, ECLI:EU:C:1995:461 Rn. 12 f. – Hogan/Gerichtshof; EuGH 8.1.2002 – C-248/99 P, ECLI:EU:C:2002:1 Rn. 62 – Frankreich/Monsanto und Kommission; EuGH 10.1.2002 – C-480/99 P, ECLI:EU:C:2002:8 Rn. 24 und 34 – Plant ua/Kommission und South Wales Small Mines.
[102] Zur überlangen Verfahrensdauer, vgl. EuGH 17.12.1998 – C-185/95 P, ECLI:EU:C:1998:608 Rn. 19 ff. = EuZW 1999, 115 – Baustahlgewebe/Kommission.
[103] EuGH 14.12.1995 – C-173/95 P, ECLI:EU:C:1995:461 Rn. 15 = BeckRS 2004, 74676 – Hogan/Gerichtshof.
[104] So iErg EuGH 8.1.2002 – C-248/99 P, ECLI:EU:C:2002:1 Rn. 46 = LMRR 2002, 61 – Frankreich/Monsanto und Kommission.
[105] Anders aber bei der Verweisung an den Einzelrichter nach Art. 14 § 2 EuGVfO, EuGH 15.1.2002 – C-171/00 P, ECLI:EU:C:2002:17 Rn. 25 ff. = BeckRS 2002, 162002 – Libéros/Kommission.
[106] EuGH 14.12.1995 – C-173/95 P, ECLI:EU:C:1995:461 Rn. 15 = BeckRS 2004, 74676 – Hogan/Gerichtshof.
[107] EuGH 10.1.2002 – C-480/99 P, ECLI:EU:C:2002:8 Rn. 20 = BeckRS 2002, 162017 – Gerry Plant/Kommission und South Wales Small Mines Association.
[108] EuGH 17.12.1998 – C-185/95 P, ECLI:EU:C:1998:608 Rn. 19 = EuZW 1999, 115 – Baustahlgewebe/Kommission; EuGH 4.3.1999 – C-119/97 P, ECLI:EU:C:1999:116 Rn. 107 = BeckRS 2004, 74205 – Ufex ua/Kommission; Lenaerts Cahiers de droit européen 2000, 323 ff. Rn. 53–54.
[109] EuGH 6.4.1995 – C-310/93 P, ECLI:EU:C:1995:101 Rn. 12 f. – BPB Industries und British Gypsum/Kommission.
[110] EuGH 16.7.2009 – C-385/07 P, ECLI:EU:C:2009:456 Rn. 183–193 = BeckEuRS 2009, 501013 – Der Grüne Punkt – Duales System Deutschland GmbH/Kommission; EuGH 2.10.2003 – C-199/99 P, ECLI:EU:C:2003:531 Rn. 41–56, 183–193 = BeckRS 2004, 74890 – Corus UK/Kommission.
[111] EuGH 10.7.2008 – C-413/06 P, ECLI:EU:C:2008:392 Rn. 30 = BeckRS 2008, 70755 – Bertelsmann AG ua/Independent Music Publishers and Labels (Impala).
[112] EuGH 1.10.1991 – C-283/90 P, ECLI:EU:C:1991:361 Rn. 29 – Vidrányi/Kommission.
[113] EuGH 17.12.1998 – C-185/95 P, ECLI:EU:C:1998:608 Rn. 25 = EuZW 1999, 115 – Baustahlgewebe/Kommission.
[114] GA Jacobs 10.11.1993 – SchlA C-53/92 P, ECLI:EU:C:1993:875 Rn. 27 = BeckRS 2004, 77543 – Jacobs Hilti/Kommission.

Hat das EuG zu Klagegründen oder Verteidigungsmitteln nicht oder nicht ausreichend Stellung genommen, so kann zugleich das rechtliche Gehör beeinträchtigt sein. Der Anspruch auf rechtliches Gehör in einem gerichtlichen Verfahren bedeutet nicht, dass der Richter auf das gesamte Vorbringen sämtlicher Parteien eingehen muss.[115] Bei Rüge der Verletzung des Anspruchs auf rechtliches Gehör müssen die Kläger darlegen, dass die angeblich unterbliebene Berücksichtigung bestimmter Teile ihres Vorbringens durch das EuG den Ausgang des Verfahrens beeinflusst und somit ihre Belange beeinträchtigt hat.[116]

Bei der **Verletzung von Unionsrecht** handelt es sich um einen Auffangtatbestand, der alle anderen Rechtsfehler des Gerichts erfasst, insbes. die fehlerhafte Auslegung und Subsumtion des Unionsrechts.[117] Prüfungsmaßstab sind sämtliche geschriebenen und ungeschriebenen Rechtssätze des primären und sekundären Unionsrechts.[118] Dazu gehören die allgemeinen Grundsätze des Unionsrechts, insbes. die Grundrechte,[119] sowie diejenigen Regeln des Völkerrechts, die Bestandteil der Unionsrechtsordnung sind.[120] Der EuGH prüft, ob die vom EuG herangezogenen Normen anwendbar sind,[121] ob das EuG sie richtig ausgelegt[122] und korrekt auf den Einzelfall angewendet hat.[123]

44

VIII. Ablauf des Rechtsmittelverfahrens

Die Mitgliedstaaten hatten bei Ausarbeitung der Regeln zum Rechtsmittelverfahren unterschiedliche Gesichtspunkte miteinander zu vereinbaren: Einerseits soll das Rechtsmittelverfahren möglichst zügig durchgeführt werden, um das Verfahren insgesamt nicht unnötig zu verlängern. Damit die beabsichtigte Entlastungswirkung durch das EuG eintreten kann, muss sich der Aufwand für das Rechtsmittelverfahren in Grenzen halten. Andererseits soll das Rechtsmittelverfahren eine wirksame Kontrolle der erstinstanzlichen Rechtsprechung gewährleisten. Auch im Rechtsmittelverfahren kann es zur Anwendung des beschleunigten Verfahrens nach Art. 190 EuGHVfO iVm Art. 133 EuGHVfO kommen, was in der Praxis jedoch eher selten der Fall ist.[124]

45

1. Rechtsmittelfrist. Die Rechtsmittelfrist beträgt gem. Art. 56 Abs. 1 EuGH-Satzung zwei Monate zzgl. einer pauschalen Entfernungsfrist von 10 Tagen[125] und beginnt ab Zustellung der angefochtenen erstinstanzlichen Entscheidung zu laufen. Eine kürzere Rechtsmittelfrist von zwei Wochen sieht die EuGH-Satzung für die Anfechtung der Ablehnung eines Antrags auf Zulassung als Streithelfer vor.[126]

46

Für die Berechnung der Rechtsmittelfrist gelten die allgemeinen Bestimmungen des Art. 49 EuGHVfO. Eine gesonderte Begründungsfrist, wie sie in einigen nationalen Prozessordnungen für Rechtsmittel vorgesehen ist, kennt das Unionsprozessrecht nicht. Die Rechtsmittelfrist ist eine Ausschlussfrist.[127] Wird die Rechtsmittelfrist aus Gründen ver-

47

---

[115] EuGH 15.4.2010 – C-485/08 P, ECLI:EU:C:2010:188 Rn. 39 ff. = BeckRS 2010, 90447 – Gualtieri/Kommission.
[116] EuGH 10.12.1998 – C-221/97 P, ECLI:EU:C:1998:597 Rn. 24 – Schröder ua/Kommission.
[117] Karpenstein in Grabitz/Hilf/Nettesheim AEUV Art. 256 Rn. 52.
[118] Karpenstein in Grabitz/Hilf/Nettesheim AEUV Art. 256 Rn. 52.
[119] Wägenbaur EuZW 1995, 199 (200); Bölhoff, Das Rechtsmittelverfahren vor dem Gerichtshof der Europäischen Gemeinschaften, 2001, S. 144–153.
[120] Vgl. zB EuG 22.1.1997 – T-115/94, ECLI:EU:T:1997:3 = EuZW 1997, 664 – Opel Austria/Rat.
[121] EuGH 9.6.1992 – C-30/91 P, ECLI:EU:C:1992:252 Rn. 26 ff. – Lestelle/Kommission.
[122] EuGH 4.10.1991 – C-185/90 P, ECLI:EU:C:1991:380 Rn. 13 ff. – Kommission/Gill; Bölhoff, Das Rechtsmittelverfahren vor dem Gerichtshof der Europäischen Gemeinschaften, 2001, S. 142 f.
[123] EuGH 17.7.1997 – C-219/95 P, ECLI:EU:C:1997:375 Rn. 31 ff. = EuZW 1997, 632 – Ferriere Nord/Kommission.
[124] Siehe Rechtsprechungsstatistiken des Gerichtshofs 2022 (www.curia.europa.eu > Gerichtshofs > Rechtsprechungsstatistiken), S. 14 und 17; vgl. aber EuGH 24.7.2003 – C-39/03 P, ECLI:EU:C:2003:418 = NVwZ 2003, 1361 – Kommission/Artegodan ua.
[125] Art. 51 EuGHVfO. Für die Berechnung der Gesamtfrist siehe 3.9.2020 – C-174/20 P, EU:C:2020:651 – STADA Arzneimittel/EUIPO.
[126] Art. 57 Abs. 2 EuGH-Satzung.
[127] EuGH 3.7.2008 – C-84/08 P, ECLI:EU:C:2008:384 = BeckRS 2010, 91873 – Pitsiorlas/Rat und EZB.

säumt, die als „Zufall" oder höhere Gewalt qualifiziert werden können, so kann nach Art. 45 Abs. 2 EuGH-Satzung auf Antrag Wiedereinsetzung in den vorigen Stand gewährt werden. Aufgrund der großzügigen Verfahrensvorschriften, die die Einreichung der Rechtsmittelschrift per Fax und E-Mail[128] genügen lassen und der zehntägigen Entfernungsfrist ist der EuGH jedoch sehr streng was die Beachtung der Rechtsmittelfrist betrifft, so dass der Antrag auf Wiedereinsetzung in der Regel schwer zu begründen sein dürfte.

48 **2. Rechtsmittelschrift und Rechtsmittelbeantwortung.** Die **Rechtsmittelschrift** wird üblicherweise im Wege der Anwendung e-curia eingereicht.[129] Wird das Rechtsmittel irrtümlicherweise beim EuG eingebracht, so übermittelt die Kanzlei des Gerichts den Schriftsatz zusammen mit den erstinstanzlichen Akten unverzüglich an die Kanzlei des EuGH.[130] Die Geschäftsverteilung richtet sich nach den allgemeinen Regeln.

49 In Art. 168 EuGHVfO sind die Anforderungen an den **Inhalt** der Rechtsmittelschrift aufgeführt. So muss die Rechtsmittelschrift insbes. die Rechtsmittelgründe und die mit dem Rechtsmittel verfolgten Anträge enthalten. Außerdem muss die Rechtsmittelschrift eine kurze Darstellung der Rechtsmittelgründe in einem separaten Dokument enthalten (s. auch XI. Schriftsatzmuster). Die Zusammenfassung der Rechtsmittelgründe dient vor allem der Veröffentlichung des Eingangs des Rechtsmittels im Amtsblatt.

50 Im Übrigen sind die Anforderungen des EuGH an die Darstellung der Rechtsmittelgründe hoch. Insbesondere ist wichtig, dass die angegriffenen Passagen des erstinstanzlichen Urteils genau bezeichnet werden und die Rügen klar und eindeutig auf die kritisierten Ausführungen des EuG Bezug nehmen.[131] Die Argumentation des Rechtsmittelführers muss dem EuGH ermöglichen, seine Rechtmäßigkeitskontrolle durchzuführen. Sofern es dem Vorbringen des Rechtsmittelführers an Genauigkeit mangelt, dieses Vorbringen als Ganzes genommen jedoch hinreichend klar erscheint, um mit der erforderlichen Genauigkeit die beanstandeten Teile des angefochtenen Urteils sowie die zur Begründung dieser Rüge herangezogenen rechtlichen Argumente zu ermitteln, ist das Rechtsmittel zulässig.[132] Die rechtlichen und tatsächlichen Umstände, auf die eine Klage gestützt ist, müssen sich zumindest in gedrängter Form unmittelbar aus der Rechtsmittelschrift ergeben. Es genügt nicht, wenn sie in einer Anlage zur Klageschrift genannt werden, denn das Gericht ist nicht verpflichtet, die Klagegründe, auf die sich die Klage möglicherweise stützen lasse, in den Anlagen zu suchen und zu bestimmen. Die Anlagen haben eine bloße Beweis- und Hilfsfunktion.[133]

51 Neben der Bezeichnung aller anderen Parteien (inkl. Streithelfer) des erstinstanzlichen Verfahrens ist anzugeben, wann die angefochtene Entscheidung dem Rechtsmittelführer zugestellt worden ist, damit die Einhaltung der Rechtsmittelfrist überprüft werden kann.[134] Zusammen mit dem Schriftsatz hat der Rechtsmittelführer die darin erwähnten Anlagen und die angefochtene Entscheidung, in der nicht-vertraulichen bzw. anonymisierten Fassung (insoweit zutreffend), einzureichen.[135] Allerdings führt die Nichtbeachtung dieser

---

[128] Die E-Mail muss ebenso wie das Fax unterschrieben sein, dh eine einfache E-Mail reicht nicht, es muss ein gescanntes und unterschriebenes Dokument eingereicht werden. Auch muss gem. Art. 57 Abs. 7 EuGHVfO das exakte Original der elektronisch übermittelten Rechtsmittelschrift innerhalb zehn weiterer Tage beim Gerichtshof eintreffen.
[129] Beschluss des Gerichtshofs vom 16.10.2018 über die Einreichung und die Zustellung von Verfahrensschriftstücken im Wege der Anwendung e-Curia (ABl. 2018 L 293, 37).
[130] Art. 167 Abs. 2 EuGHVfO.
[131] EuGH 4.7.2000 – C-352/98 P, ECLI:EU:C:2000:361 Rn. 34 – Bergaderm und Goupil/Kommission; EuGH 8.1.2002 – C-248/99 P, ECLI:EU:C:2002:1 Rn. 68 = LMRR 2002, 61 – Frankreich/Monsanto und Kommission.
[132] EuGH 14.10.2010 – C-67/09 P, ECLI:EU:C:2010:607 Rn. 48 f. = BeckRS 2010, 91208 – Nuova Agricast und Cofra/Kommission.
[133] EuGH 28.6.2005 – C-189/02 P, C-202/02 P, C-205/02 P bis C-208/02 P und C-213/02 P, ECLI:EU: C:2005:408 Rn. 91 ff. = BeckRS 2005, 70478 – Dansk Rørindustri ua/Kommission.
[134] Art. 168 Abs. 3 EuGHVfO. Das Fehlen der beiden zuletzt genannten Angaben macht das Rechtsmittel aber nicht unzulässig, EuGH 24.10.1996 – C-91/95 P, ECLI:EU:C:1996:407 – Tremblay ua/Kommission.
[135] Art. 168 Abs. 2 EuGHVfO iVm Art. 122 Abs. 1 EuGHVfO.

Vorschriften nicht zur Unzulässigkeit des Rechtsmittels.[136] Der Schriftsatz muss nach Art. 168 Abs. 2 EuGHVfO iVm Art. 119 Abs. 1 EuGHVfO vom Prozessbevollmächtigten oder vom Anwalt der Partei unterzeichnet werden. Die Partei kann niemals selbst unterzeichnen, selbst wenn es sich bei dem Rechtsmittelführer um einen vor einem nationalen Gericht zugelassenen Anwalt handelt.[137] Bei einer Einreichung über e-Curia gilt der login des einreichenden Rechtsanwalts als Unterschrift.[138] Gemäß Art. 168 Abs. 4 EuGHVfO können unter bestimmten Umständen Rechtsmittelschriften, die nicht den in Abs. 1–3 genannten (strengen) formalen Anforderungen genügen, mithilfe einer Mängelbehebung geheilt werden.

Alle Parteien des erstinstanzlichen Verfahrens sind auch im Rechtsmittelverfahren Partei. **52** Das gilt auch, wenn ein bislang am Rechtsstreit nicht beteiligter Mitgliedstaat oder ein nicht beteiligtes Organ ein Rechtsmittel einlegt. Wer in erster Instanz als Streithelfer beteiligt war, ist automatisch Partei im Rechtsmittelverfahren. Im Rechtsmittelverfahren ist darüber hinaus die erstmalige Zulassung neuer Streithelfer möglich. Sie müssen den Antrag auf Zulassung binnen eines Monats nach der Veröffentlichung der Mitteilung über das Rechtsmittel im Amtsblatt stellen. Die Zulassung als Streithelfer im Rechtsmittelverfahren setzt, sofern es sich nicht um Mitgliedstaaten oder Unionsorgane handelt, voraus, dass ein berechtigtes Interesse glaubhaft gemacht werden kann.[139] Ein berechtigtes Interesse nimmt die Rechtsprechung an, wenn die Person ein gegenwärtiges und direktes Interesse am Ausgang des Rechtsstreits hat.[140] In Rechtssachen zwischen Mitgliedstaaten, zwischen Organen der Union oder zwischen Mitgliedstaaten und Organen der Union bleibt natürlichen oder juristischen Personen der Beitritt als Streithelfer grundsätzlich verwehrt.[141]

Gemäß Art. 171 Abs. 2 EuGHVfO wird die Rechtsmittelschrift den anderen Parteien **53** der *betreffenden*[142] Rechtssache vor dem Gericht zugestellt. Dabei handelt es sich um eine wichtige Präzisierung. Waren nämlich in dem Verfahren vor dem Gericht mehrere Rechtssachen miteinander verbunden, so wird im Rechtsmittelverfahren nicht an alle Parteien der verbundenen Rechtssachen zugestellt, sondern nur an die Parteien der Rechtssache, an der der Rechtsmittelführer beteiligt war. Diese Vorschrift hat insbes. in umfangreichen Wettbewerbsverfahren große praktische Bedeutung.

Da die Rechtsmittelschrift allen anderen Parteien der Rechtssache vor dem Gericht **54** (meist) unmittelbar zugestellt wird, ist es besonders wichtig gfs. **vertrauliche Informationen** klar als solche zu markieren und der Rechtsmittelschrift in diesem Fall einen **separaten Antrag** auf vertrauliche Behandlung sowie eine tabellarische Übersicht der betreffenden Informationen (siehe > XI. Schriftsatzmuster) beizufügen. Über den Antrag entscheidet der Präsident durch Beschluss. Die Zustellung der Rechtsmittelschrift wird bis zur Entscheidung zurückgestellt. Üblicherweise werden nur Informationen, die bereits vor Gericht als vertraulich behandelt wurden, auch vor dem Gerichtshof als solche behandelt.[143] Sollte die Rechtsmittelschrift keine vertraulichen Informationen enthalten, obwohl eine Vertraulich-

---

[136] EuGH 24.10.2002 – C-82/01 P, ECLI:EU:C:2002:617 Rn. 9–11 = BeckRS 2004, 77821 – Aéroports de Paris/Kommission.
[137] EuGH 16.3.2006 – C-200/05 P, nv, EU:C:2006:187 – Correia de Matos/Kommission. (siehe auch → § 19 Rn. 9).
[138] Beschluss des Gerichtshofs vom 16.10.2018 über die Einreichung und die Zustellung von Verfahrensschriftstücken im Wege der Anwendung e-Curia (ABl. 2018 L 293, 37), Art. 3.
[139] Art. 40 Abs. 2 EuGH-Satzung.
[140] EuGH 16.7.2009 – C-385/07 P, ECLI:EU:C:2009:456 = BeckEuRS 2009, 501013 – Der Grüne Punkt – Duales System Deutschland/Kommission.
[141] Art. 40 Abs. 2 S. 2 EuGH-Satzung. EuGH 7.6.2022 – C-212/22 P(I), ECLI:EU:C:2022:460 Rn. 18 f. – SES Astra/Kommission.
[142] Hervorhebung durch die Verfasser.
[143] EuGH 13.12.2016 – C-591/16 P, ECLI:EU:C:2016:967 Rn. 5 – Lundbeck/Kommission; EuGH 25.9.2018 – C-499/18 P, ECLI:EU:C:2018:785 Rn. 6–12 – Bayer CropScience und Bayer/Kommission; EuGH 23.9.2021 – C-465/20 P, ECLI:EU:C:2021:772 Rn. 9 – Kommission/Irland ua; EuGH 11.10.2021 – C-451/21 P, ECLI:EU:C:2021:858 Rn. 8 – Luxemburg/Kommission.

55 Innerhalb von zwei Monaten zzgl. einer pauschalen Entfernungsfrist von zehn Tagen nach Zustellung der Rechtsmittelschrift können die anderen Parteien des betreffenden Verfahrens vor dem EuG eine **Rechtsmittelbeantwortung** einreichen. Diese Frist kann, wie die Rechtsmittelfrist, nicht verlängert werden.[144] Gemäß Art. 186 Abs. 3 EuGHVfO wird die Rechtsmittelfrist durch den Antrag auf Prozesskostenhilfe unterbrochen. Die formalen und inhaltlichen Anforderungen an den Schriftsatz regeln Art. 173 und 174 EuGHVfO. Gemäß Art. 172 EuGHVfO muss die Partei, die eine Rechtsmittelbeantwortung einreicht, ein Interesse an der Stattgabe oder der Zurückweisung des Rechtsmittels haben. Reicht der Rechtsmittelgegner keinen Schriftsatz ein, so prüft der EuGH auf der Grundlage der Rechtsmittelschrift, ob das Rechtsmittel begründet ist.[145] Im Interesse der Verfahrensbeschleunigung gibt es im Rechtsmittelverfahren nur dann Replik bzw. Duplik, wenn sie vom Präsidenten des EuGH zugelassen worden sind.[146] Der Rechtsmittelführer muss dazu binnen sieben Tagen[147] aus einer Entfernungsfrist von 10 Tagen nach Zustellung der Rechtsmittelbeantwortung einen gebührend begründeten Antrag stellen, dem der Präsident nachkommen kann, wenn er den weiteren Schriftsatzaustausch für erforderlich hält. An die Erforderlichkeit werden hohe Anforderungen gestellt. Insbesondere ist dann von einer Erforderlichkeit auszugehen, wenn der Rechtsmittelführer zu einer Unzulässigkeitseinrede oder zu in der Rechtsmittelbeantwortung neu aufgeworfenen Gesichtspunkten Stellung nehmen will. Gemäß Art. 175 Abs. 2 EuGHVfO kann die Seitenzahl und der Gegenstand der Schriftsätze durch Entscheidung des Präsidenten begrenzt werden, was in der Praxis nahezu immer der Fall ist.

56 **Verfahrenssprache** des Rechtsmittelverfahrens ist die Sprache, in der die mit dem Rechtsmittel angefochtene Entscheidung des EuG ergangen ist.[148] Die Rechtsmittelschrift muss grundsätzlich in dieser Sprache abgefasst sein. Mitgliedstaaten dürfen die Rechtsmittelschrift allerdings in ihrer eigenen Sprache einreichen.[149] Auf die Verfahrenssprache des Rechtsmittelverfahrens, die die anderen Parteien und der EuGH benutzen müssen, hat das keinen Einfluss (Art. 37 Abs. 2a EuGHVfO, Art. 38 Abs. 4 EuGHVfO).

57 Im Interesse der Verfahrensbeschleunigung findet im Rechtsmittelverfahren, wie auch in allen anderen Verfahren, eine mündliche Verhandlung im Prinzip nur dann statt, wenn sich der Gerichtshof durch die eingereichten Schriftsätze für nicht ausreichend unterrichtet hält. Mit Zustellung der Rechtsmittelbeantwortung beginnt jedoch eine dreiwöchige Frist zzgl. einer pauschalen Entfernungsfrist von 10 Tagen für die Parteien um einen begründeten Antrag auf mündliche Verhandlung stellen, der Gerichtshof muss diesem Antrag aber nicht folgen.[150] Anders als im Vorabentscheidungsverfahren können die Parteien im Rechtsmittelverfahren eine mündliche Verhandlung nicht erzwingen da Art. 76 Abs. 3 EuGHVfO auf Direktklagen und Rechtsmittel keine Anwendung findet.[151] Streithelfer haben grundsätzlich nicht das Recht, eine mündliche Verhandlung zu beantragen.[152]

58 Die Einlegung des Rechtsmittels hat grundsätzlich keine aufschiebende Wirkung. Der EuGH kann jedoch für die Dauer des Rechtsmittelverfahrens vorläufigen Rechtsschutz durch **Aussetzung der Wirkungen des angefochtenen Urteils** oder des mit der ur-

---

[144] Art. 172 EuGHVfO.
[145] EuGH 16.12.1999 – C-150/98 P, ECLI:EU:C:1999:616 Rn. 8 = BeckRS 2004, 74464 – Wirtschafts- und Sozialausschuss/E.
[146] Art. 175 EuGHVfO.
[147] Insgesamt also siebzehn Tage.
[148] Art. 37 Abs. 2a EuGHVfO.
[149] Das gilt sowohl für den Fall, dass der Mitgliedstaat als Streithelfer einer Partei am erstinstanzlichen Verfahren beteiligt war, als auch für den Fall des Rechtsmittels nach Art. 56 Abs. 3 EuGH-Satzung, denn auch in diesem Fall hat der Mitgliedstaat die Rechtsstellung eines Streithelfers.
[150] Art. 76 Abs. 1 und 2 EuGHVfO.
[151] Art. 76 Abs. 3 mit Verweis auf Art. 23 der EuGH-Satzung.
[152] Art. 129 Abs. 1 EuGHVfO.

sprünglichen Klage angefochtenen Aktes nach Art. 278 AEUV bzw. **einstweilige Anordnungen** nach Art. 279 AEUV gewähren. Zweck des vorläufigen Rechtsschutzes ist es, die volle Wirksamkeit der künftigen Endentscheidung zu gewährleisten, um eine Lücke in dem vom Gerichtshof gewährten Rechtsschutz zu verhindern.[153] Voraussetzungen und Verfahren für den Erlass einstweiliger Maßnahmen im Rahmen des Rechtsmittelverfahrens richten sich nach den Vorschriften der Art. 160–166 EuGHVfO über das summarische Verfahren, die im Rechtsmittelverfahren entsprechend gelten.[154] Die Entscheidungen im vorläufigen Rechtsschutz gehören zum Aufgabenbereich des Vizepräsidenten.[155]

Der Erlass einer solchen Maßnahme hängt von ihrer Dringlichkeit und Notwendigkeit **59** ab. **Dringlichkeit** liegt danach vor, wenn die Gewährung vorläufigen Rechtsschutzes erforderlich ist, um den Eintritt eines schweren und nicht wieder gutzumachenden Schadens zu verhindern.[156] Die Tatsachen, aus denen sich die Wahrscheinlichkeit eines solchen Schadens ergibt, hat der Antragsteller nachzuweisen.[157] **Notwendigkeit** der Gewährung vorläufigen Rechtsschutzes besteht zB dann, wenn das eingelegte Rechtsmittel grundsätzliche, vom Gerichtshof im Rechtsmittelverfahren zu behandelnde Fragen aufwirft, eine bedeutsame rechtliche Kontroverse besteht, deren Lösung sich nicht sogleich aufdrängt, so dass das Rechtsmittel dem ersten Anschein nach nicht einer ernstlichen Grundlage entbehrt *(fumus boni iuris)*.[158]

Im Übrigen finden auf das Rechtsmittelverfahren die Vorschriften der EuGHVfO über **60** die normalen Direktklageverfahren entsprechende Anwendung. Da sich das Rechtsmittelverfahren auf die Überprüfung von Rechtsfragen beschränkt, sind die Vorschriften über die Beweiserhebung von dieser Verweisung ausgenommen. Beweisanträge der Parteien sind daher im Rechtsmittelverfahren grundsätzlich unzulässig.

Über Rechtsmittel gegen die Ablehnung der Zulassung eines Streithelfers oder gegen **61** Entscheidungen im einstweiligen Verfahren ist im summarischen Verfahren nach Art. 39 EuGH-Satzung zu entscheiden. Zuständig ist der Vizepräsident des EuGH. Er entscheidet nach Anhörung des Generalanwaltes durch begründeten Beschluss, kann aber die Entscheidung auch dem EuGH übertragen. Die Bestimmungen der EuGHVfO zum einstweiligen Rechtsschutz sind auf das summarische Rechtsmittelverfahren nicht ohne weiteres übertragbar. So kann zB die Zulässigkeit des Rechtsmittels nach Art. 57 EuGH-Satzung nicht davon abhängig gemacht werden, dass beim EuGH ein Hauptsacheverfahren anhängig ist. Die Überprüfung der erstinstanzlichen Entscheidung ist auch hier auf Rechtsfragen beschränkt. Der Vizepräsident des EuGH kann prüfen, ob dem Präsidenten des EuG bei der Beurteilung des fumus boni iuris oder der Dringlichkeit ein Rechtsfehler unterlaufen ist und ob er bei der Entscheidung über einen Antrag, einen Beschluss über einstweilige Maßnahmen wegen veränderter Umstände aufzuheben, den Begriff der „veränderten Umstände" richtig ausgelegt hat.

Das Rechtsmittel kann jederzeit vor Urteilsverkündung **zurückgenommen** werden.[159] **62** Eventuell eingelegte Anschlussrechtsmittel werden damit gegenstandslos, und die erstinstanzliche Entscheidung erwächst in Rechtskraft. Grundsätzlich trägt in diesem Fall der Rechtsmittelführer die Kosten, doch kann der EuGH in entsprechender Anwendung des für die Klagerücknahme geltenden Art. 141 Abs. 2 EuGHVfO iVm Art. 184 Abs. 1

---

[153] EuGH 8.5.2003 – C-39/03 P-R, ECLI:EU:C:2003:269 Rn. 41 = EuZW 2003, 599 – Kommission/Artegodan ua.
[154] Art. 190 Abs. 1 EuGHVfO.
[155] Art. 10 Abs. 3 EuGHVfO und Beschluss des Gerichtshofs vom 23.10.2012 über die richterlichen Aufgaben des Vizepräsidenten des Gerichtshofs (2012/671/EU) (ABl. 2012 L 300, 47).
[156] EuGH 8.5.2003 – C-39/03 P-R, ECLI:EU:C:2003:269 Rn. 41 = EuZW 2003, 599 – Kommission/Artegodan ua.
[157] EuGH 17.7.2001 – C-180/01 P-R, ECLI:EU:C:2001:423 = BeckRS 2004, 74730 – Kommission/NALOO.
[158] EuGH 8.5.2003 – C-39/03 P-R, ECLI:EU:C:2003:269 Rn. 40 = EuZW 2003, 599 – Kommission/Artegodan ua.
[159] Art. 183 EuGH VfO.

EuGHVfO auch der Gegenpartei die Kosten auferlegen, wenn dies wegen ihres Verhaltens gerechtfertigt erscheint.

IX. Die Entscheidung des EuGH

63 Zum Abschluss des Rechtsmittelverfahrens sind grundsätzlich[160] drei Situationen denkbar: erstens, der EuGH weist das Rechtsmittel zurück, zweitens er hält das Rechtsmittel für zulässig und begründet, hebt die Entscheidung des EuG auf und verweist an das EuG zurück oder drittens, der EuGH hebt auf und entscheidet in der Sache selbst. Die Entscheidung über das Rechtsmittel ergeht entweder durch **Urteil** oder, wenn das Rechtsmittel offensichtlich unzulässig oder unbegründet ist, kann es der EuGH jederzeit durch begründeten **Beschluss** zurückweisen (Art. 181 EuGHVfO). Offensichtlich unzulässig ist ein Rechtsmittel wenn zB die zweimonatige Rechtsmittelfrist nicht eingehalten wurde oder nur das erstinstanzliche Vorbringen wiederholt wird. Im Hinblick auf seine gefestigte Rechtsprechung zur Zulässigkeit des Rechtsmittels weist der EuGH eine große Anzahl von Rechtsmitteln zurück.[161]

64 Das Rechtsmittel wird zurückgewiesen, wenn es entweder unzulässig ist oder wenn das erstinstanzliche Urteil keinerlei Rechtsfehler enthält. Das Rechtsmittel kann aber auch zurückgewiesen werden, selbst wenn der Entscheidung des EuG Rechtsfehler anhaften, nämlich dann, wenn sich das Ergebnis des erstinstanzlichen Urteils aus anderen als den vom EuG angeführten Gründen als richtig erweist.[162] In diesem Fall ersetzt die Begründung des EuGH die des EuG.[163] Das gilt erst recht, wenn das erstinstanzliche Urteil neben der rechtsfehlerhaften Begründung auch zutreffende Erwägungen enthält, die ausreichen, um die Entscheidung zu tragen.[164] Die Abweisung des Rechtsmittels hat zur Folge, dass die erstinstanzliche Entscheidung in Rechtskraft erwächst.

65 Ist das Rechtsmittel zulässig und begründet, so hebt der Gerichtshof die erstinstanzliche Entscheidung auf.[165] Art. 182 EuGHVfO erlaubt es dem Gerichtshof im Falle eines offensichtlich begründeten Rechtsmittels oder Anschlussrechtsmittels einen begründeten Beschluss zu erlassen. Offensichtlich begründet ist das Rechtsmittel dann, wenn es Fragen aufwirft, über die der Gerichtshof bereits entschieden hat.[166] Wenn die Rechtssache spruchreif ist, hat der EuGH die Wahl zwischen einer eigenen, **endgültigen Entscheidung** und der **Zurückverweisung** an das EuG. In der Mehrzahl der Fälle entscheidet der EuGH selbst. Voraussetzung ist Entscheidungsreife.[167] Nach Art. 170 Abs. 2 EuGHVfO hat der Rechtsmittelführer, sofern er beantragt, die Sache nach Aufhebung an das Gericht zurückzuverweisen, die Gründe darzulegen, warum die Sache nicht entscheidungsreif ist. Die Vorschrift bezweckt, den Gerichtshof möglichst in die Lage zu versetzen abschließend

---

[160] Außerdem kann auch der Fall der Streichung/Erledigung der Hauptsache eintreten.
[161] Siehe Rechtsprechungsstatistik 2022, S. 13 (www.curia.europa.eu > Gerichtshof > Rechtsprechungsstatistiken).
[162] Grundlegend EuGH 9.6.1992 – C-30/91 P, ECLI:EU:C:1992:252 Rn. 28 – Lestelle/Kommission; EuGH 2.4.1998 – C-367/95 P, ECLI:EU:C:1998:154 Rn. 77 = BeckRS 2004, 76786 – Kommission/Sytraval und Brink's France.
[163] Beispiele s. bei Wathelet/Wildemeersch, Contentieux européen, 2010 Rn. 404 Fn. 525.
[164] ZB EuGH 18.3.1993 – C-35/92 P, ECLI:EU:C:1993:104 Rn. 31 – Parlament/Frederiksen; EuGH 12.7.2001 – C-302/99 P und C-308/99 P, ECLI:EU:C:2001:408 Rn. 26 ff. = BeckRS 2004, 76165 – Kommission und Frankreich/TF1; Wathelet/Van Raepenbusch Mélanges en hommage à Schockweiler, 1999, 605 (621).
[165] Art. 61 Abs. 1 EuGH-Satzung.
[166] EuGH 22.10.2019 – C-58/19 P, ECLI:EU:C:2019:890 – Azarov/Rat; EuGH 21.4.2023 – C-306/22 P, ECLI:EU:C:2023:338 – Kirimova/EUIPO; EuGH 15.2.2023 – C-546/21 P, ECLI:EU:C:2023:123 – Fundacja Instytut na rzecz Kultury Prawnej Ordo Iuris/Parlament; EuGH 22.12.2022 – C-313/21 P und C-314/21 P, nv, ECLI:EU:C:2022:1045 – Rat/Kommission und Kommission/FI; EuGH 3.3.2022 – C-663/20 P, ECLI:EU:C:2022:162 – SRB/Hypo Vorarlberg Bank; EuGH 3.3.2022 – C-664/20 P, ECLI:EU:C:2022:161 – SRB/Portigon und Kommission.
[167] EuGH 16.7.2009 – C-440/07 P, ECLI:EU:C:2009:459 Rn. 212 ff. = BeckEuRS 2009, 500978 – Kommission/Schneider Electric.

zu urteilen, damit der Rechtsstreit nicht weiter in die Länge gezogen wird.[168] Zu einer Zurückverweisung kommt es zB dann, wenn die Beteiligten zu den Tatsachenfragen noch nicht vorgetragen haben,[169] die Prüfung komplexer Tatsachenfragen erforderlich ist,[170] weil das EuG die Klage zu Unrecht als unzulässig abgewiesen hatte,[171] weil es einen Klagegrund rechtsfehlerhaft als begründet angesehen und deshalb die anderen Rügen des Klägers nicht geprüft hat,[172] oder weil in erster Instanz ein Verfahrensverstoß vorgelegen hat.[173] Dass das EuG entscheidungserhebliche Klagegründe noch nicht geprüft hatte, schließt aber die Entscheidungsreife nicht in jedem Falle aus.[174]

War das Rechtsmittel, das zur Aufhebung des erstinstanzlichen Urteils geführt hat, von **66** einem am Ausgangsverfahren nicht beteiligten Mitgliedstaat oder Organ eingelegt worden, so kann der Gerichtshof (ähnlich wie nach der Vorschrift des Art. 264 Abs. 2 AEUV im Rahmen der Nichtigkeitsklage) in seiner Entscheidung diejenigen **Wirkungen** der aufgehobenen Entscheidung bezeichnen, die für die Parteien des Ausgangsrechtsstreits **fortgelten**.[175] Diese Vorschrift hat ihren Grund darin, dass die Rechtslage für die Parteien des Ausgangsverfahrens, wenn keine von ihnen ein Rechtsmittel eingelegt hat, nicht ohne ihr Zutun auf die Initiative eines unbeteiligten Dritten hin geändert werden darf.[176] Insbesondere für die in erster Instanz erfolgreiche Partei kann es eine erhebliche Härte darstellen, wenn die ihr günstige Entscheidung, mit der sich der Prozessgegner abgefunden hatte, aufgehoben wird. Bei seiner Ermessensentscheidung hat der Gerichtshof deshalb das Allgemeininteresse an der Durchsetzung der richtigen Entscheidung mit den Erfordernissen der Rechtssicherheit und mit den individuellen Schutzinteressen vor persönlichen Härten abzuwägen.[177]

Im Fall der Aufhebung und Zurückverweisung entscheidet das EuG über die Kosten **67** des gesamten Verfahrens, einschließlich des Rechtsmittelverfahrens vor dem EuGH (Art. 184 Abs. 2 EuGVfO). Bei Zurückweisung des Rechtsmittels werden die Kosten normalerweise dem Rechtsmittelführer auferlegt (Art. 184 Abs. 1 EuGHVfO, Art. 138 Abs. 1 EuGHVfO). Der EuGH kann die Kosten teilen, wenn jede Partei teils obsiegt, teils unterliegt oder wenn ein außergewöhnlicher Grund gegeben ist. Hinzuweisen ist auf Art. 184 Abs. 3 EuGHVfO, der eine Sonderregelung für den Fall vorsieht, dass ein nach von einem in erster Instanz unbeteiligten Mitgliedstaat oder Organ eingelegtes Rechtsmittel Erfolg hat. Der Gerichtshof kann die Kosten teilen oder dem obsiegenden Rechtsmittelführer auferlegen. Art. 184, Abs. 4 EuGHVfO sieht jedoch vor, dass einer erstinstanzlichen Streithilfepartei, die nicht selbst das Rechtsmittel eingelegt hat, nur dann die Kosten auferlegt werden können, wenn sie am Verfahren vor dem EuGH teilgenommen hat.

---

[168] Gaudissart Cahiers de droit européen 3/2012, S. 657.
[169] GA Kokott 8.3.2007 – SchlA C-334/05 P, ECLI:EU:C:2007:147 Rn. 28 = GRUR 2007, 700 – HABM/Shaker.
[170] EuGH 22.4.2008 – C-408/04 P, ECLI:EU:C:2008:236 Rn. 111 = BeckRS 2008, 70461 – Kommission/Salzgitter; EuGH 11.12.2008 – C-334/07 P, ECLI:EU:C:2008:709 Rn. 62 = BeckRS 2008, 71306 – Kommission/Freistaat Sachsen.
[171] ZB EuGH 5.5.1998 – C-404/96 P, EU:C:1998:196 – Glencore Grain/Kommission.
[172] EuGH 19.11.1998 – C-316/97 P, ECLI:EU:C:1998:558 Rn. 37 = BeckRS 2004, 76301 – Parlament/Gaspari.
[173] ZB bei Verstoß gegen die Beweislastregeln EuGH 5.10.1999 – C-433/97 P, ECLI:EU:C:1999:484 Rn. 16 ff. = BeckRS 2004, 77231 – IPK/Kommission; dagegen aber GA Mischo 12.12.1990 – SchlA C-361/89, ECLI:EU:C:1990:462 = BeckRS 2004, 76741 – Di Pinto, mit der Begründung, die Akte enthalte eine vollständige Darstellung des Rechtsstreits.
[174] ZB EuGH 14.10.1999 – C-104/97 P, ECLI:EU:C:1999:498 Rn. 69 – Atlanta/Europäische Gemeinschaft.
[175] Art. 61 Abs. 3 EuGH-Satzung.
[176] Lenaerts EuR 1990, 228 (245).
[177] Hackspiel → 2. Aufl. 2003, § 28 Rn. 43.

X. Das Verfahren vor dem EuG nach Aufhebung und Zurückverweisung

68 Die Einzelheiten des Verfahrens vor dem EuG nach Aufhebung und Zurückverweisung sind in Art. 215–219 EuGVfO geregelt. Mit der Zurückverweisung wird das Verfahren ohne Tätigwerden der Parteien wieder beim EuG anhängig.[178] Bei seiner neuen Entscheidung ist das EuG nach Art. 61 Abs. 2 EuGH-Satzung an die rechtliche Beurteilung der Entscheidung des EuGH gebunden. Respektiert das EuG diese Bindungswirkung nicht, so liegt darin ein Verfahrensfehler, der zur Aufhebung des Urteils in einem neuen Rechtsmittelverfahren führen kann. Auf andere Verfahren, die die gleichen Rechtsfragen aufwerfen, erstreckt sich die Bindungswirkung nicht.[179]

69 Für die Bestimmung des zuständigen Spruchkörpers stellt Art. 216 EuGVfO Regeln auf. Ihnen liegt jeweils der Gedanke zugrunde, dass die Rechtssache niemals einer kleineren Richterformation zugewiesen werden darf, als der, die sich vor Einlegung des Rechtsmittels mit der Sache befasst hat.[180] Bei Aufhebung einer **Kammerentscheidung** kann der Präsident die Sache einer anderen Kammer, die die gleiche Mitgliederzahl hat wie der Spruchkörper des Ausgangsverfahrens, zuweisen. War die angefochtene Entscheidung vom **Plenum oder der Großen Kammer** des EuG gefällt worden, so wird dieses wieder mit der Rechtssache befasst. **Einzelrichtersachen** können demselben Einzelrichter wieder übertragen werden. Dieser hat dann die Möglichkeit, die Rechtssache an die Kammer zu verweisen, der er angehört.[181]

70 Der **Ablauf des Verfahrens** hängt davon ab, in welchem Verfahrensstadium die aufgehobene Entscheidung gefällt worden war. War bei Erlass des zurückverweisenden Urteils das schriftliche Verfahren vor dem EuG abgeschlossen – was der Regelfall ist – so erhalten die Parteien, einschließlich der Streithelfer erster Instanz und der Streithelfer, die erstmals im Rechtsmittelverfahren zugelassen wurden,[182] nochmals Gelegenheit zur schriftlichen Stellungnahme.

71 Sofern vor dem EuG noch kein vollständiges schriftliches Verfahren stattgefunden hatte, zB weil die Klage in einem frühen Verfahrensstadium als unzulässig oder offensichtlich unbegründet abgewiesen worden war,[183] so wird es in dem Stadium fortgesetzt, in dem es sich vor der aufgehobenen Entscheidung befunden hatte.[184] Das Gericht hat insoweit durch prozessleitende Maßnahmen sicherzustellen, dass sich die Parteien zu den Folgerungen äußern können, die aus dem Urteil des EuGH zu ziehen sind. Der Beklagte kann innerhalb eines Monats nach Zustellung des Klägerschriftsatzes auf diesen antworten. Die Schriftsätze der Hauptparteien werden zusammen den Streithelfern übermittelt, die zu ihnen schriftlich Stellung nehmen können. Für das Parteivorbringen gilt auch in diesem Verfahrensstadium die Präklusionsvorschrift des Art. 84 EuGVfO. Das heißt einerseits, dass neue Angriffs- und Verteidigungsmittel ausgeschlossen sind, wenn sie bereits im ursprünglichen Verfahren hätten geltend gemacht werden können. Andererseits können die Parteien neues Vorbringen in den Prozess einführen, wenn es sich auf Tatsachen oder Rechtsgründe stützt, die erst nachträglich bekanntgeworden sind. Dann kann auf solche Tatsachen kein Antrag auf Wiederaufnahme des Verfahrens vor dem EuGH gestützt werden.

---

[178] Art. 215 EuGVfO.
[179] Hackspiel → 2. Aufl. 2003, § 28 Rn. 47.
[180] Wägenbaur EuGVfO Art. 118 Rn. 1.
[181] Art. 216 Abs. 3 EuGVfO.
[182] EuGH 1.8.2022 – C-74/22 P(I), ECLI:EU:C:2022:632 Rn. 95 f. – Soudal und Esko-Graphics/Magnetrol und Kommission.
[183] Nach Art. 126, 127 EuGVfO oder Art. 129 EuGVfO.
[184] Art. 217 Abs. 2 EuGVfO.

XI. Schriftsatzmuster[185]

1. Rechtsmittelschrift.[186]

72

AN DEN GERICHTSHOF DER EUROPÄISCHEN UNION
RECHTSMITTEL
Gegen das Urteil des Gerichts der Europäischen Union vom [Datum] in der Rechtssache T-xxx/xx [übliche Bezeichnung der Rechtssache], das der Rechtsmittelführerin am [Datum] zugestellt wurde,
eingereicht gemäß Art. 56 der Satzung des Gerichtshofs durch
[offizielle vollständige Bezeichnung/Name der Rechtsmittelführerin], [Sitz bei juristischen Personen/Anschrift bei natürlichen Personen]
vertreten durch [x. Familienname], Rechtsanwalt, mit folgender Zustellungsanschrift: [Anschrift der Kanzlei], der sich mit der Zustellung mittels e-Curia einverstanden erklärt,
andere Parteien des Verfahrens
[offizielle und vollständige Bezeichnung aller übrigen Parteien der Rechtssache vor dem Gericht, einschl. Streithelfer]

I. Einleitung
...

II. Rechtlicher Rahmen
...

III. Vorgeschichte des Rechtsstreits
...

IV. Verfahren vor dem Gericht und angefochtenes Urteil
...

V. Rechtsmittelgründe
...

VI. Anträge
Die Rechtsmittelführerin beantragt:
– Das Urteil des Gerichts der Europäischen Union vom [Datum] in der Rechtssache T-xxx/xx [übliche Bezeichnung der Rechtssache] aufzuheben,
– Den Rechtsstreit in der Sache zu entscheiden, und
– Der [Name der gegnerischen Partei] die Kosten des Verfahrens vor dem Gericht und dem Gerichtshof aufzuerlegen.
[Unterschrift der Prozessbevollmächtigten]

2. Zusammenfassung der geltend gemachten Rechtsgründe und -argumente.[187]

73

Zusammenfassung der geltend gemachten Rechtsgründe und –argumente
Rechtsmittel, eingereicht am [Datum] von [Name des Rechtsmittelführers] gegen das Urteil des Gerichts (x. Kammer) vom
[Datum] in der Rechtssache T-[xxx/xx] [übliche Bezeichnung der Rechtssache]
Parteien

---

[185] Alle Schriftsätze sind gem. den formellen Vorgaben der Praktischen Anweisungen für die Parteien in den Rechtssachen vor dem Gerichtshof (ABl. 2020 L 42 I, 1; auch unter www.curia.europa.eu > Gerichtshof > Verfahren, besonders Punkt 40) zu erstellen.

[186] Gemäß Punkt 21 der Praktischen Anweisungen für die Parteien in den Rechtssachen vor dem Gerichtshof (ABl. 2020 L 42 I, 1) sollte die Rechtsmittelschrift, sofern keine besonderen Umstände vorliegen, 25 Seiten nicht überschreiten. Besondere Umstände sollten in einem Begleitschreiben dargelegt werden. Dies können z.B. ein komplexer Sachverhalt und die unübliche Länge des angefochtenen Urteils oder die Vertretung mehrerer Parteien durch denselben Anwalt sein.

[187] Gemäß Punkt 22 der Praktischen Anweisungen für die Parteien in den Rechtssachen vor dem Gerichtshof (ABl. 2020 L 42 I, 1) sollte die Zusammenfassung maximal zwei Seiten umfassen. Idealerweise sollte die Zusammenfassung in Verfahren mit Deutsch als Verfahrenssprache außerdem im Konjunktiv verfasst sein.

Rechtsmittelführer: [Name des Rechtsmittelführers], vertreten durch xy, zh, uk, Rechtsanwälte/ Prozessbevollmächtigte
Andere Parteien der Rechtssache: [Namen der übrigen Parteien der Rechtssache vor dem Gericht, einschl. Streithelfer]

Anträge
Der Rechtsmittelführer beantragt,
- das Urteil des Gerichts der Europäischen Union vom [Datum] in der Rechtssache T-xxx/xx [übliche Bezeichnung der Rechtssache] aufzuheben,
- die Rechtssache in der Sache zu entscheiden/ die Rechtssache zur Entscheidung über die noch nicht geprüften Klagegründe an das Gericht zurückzuverweisen und
- die Kosten des Verfahrens vor dem Gericht und dem Gerichtshof der [Name der gegnerischen Partei] aufzuerlegen/ die Kostenentscheidung vorzubehalten.

Rechtsmittelgründe und wesentliche Argumente
Der Rechtsmittelführer stützt sein Rechtsmittel auf n Gründe.
Erstens macht der Rechtsmittelführer einen Verstoß gegen Art. y geltend da das Gericht …
Zweitens habe das Gericht Art. xxx AEUV rechtsfehlerhaft ausgelegt indem es …
… [weitere Rechtsmittelgründe]

74 3. Antrag auf vertrauliche Behandlung und tabellarische Übersicht der vertraulichen Informationen.

An den Gerichtshof der Europäischen Union
Antrag auf vertrauliche behandlung bestimmter informationen

Der Rechtsmittelführer beantragt, die in der beigefügten Tabelle aufgeführten und in der Rechtsmittelschrift/in den Anhängen zur Rechtsmittelschrift erwähnten Informationen als vertraulich zu behandeln. Diese Informationen wurden bereits vor dem Gericht als vertraulich behandelt (Beschluss des Gerichts vom [Datum] in der Rechtssache T-xxx/xx [übliche Bezeichnung]).
Eine nicht-vertrauliche Fassung der Rechtsmittelschrift ist ebenfalls beigefügt.
[Unterschrift der Prozessbevollmächtigten]

Schriftstück	Vertraulich behandelte Informationen	Antrag vor dem Gericht (Urheber, Datum, Seite und Randnummer)	Beschluss des Gerichts (mit Randnummer)
Rechtsmittelschrift, Randnummer m	Herstellungsformel des Produkts des Rechtsmittelführers	Antrag der XY GmbH vom [Datum], Seite h, Randnummer l	Beschluss des Gerichts vom [Datum] in der Rechtssache T-xxx/xx, Randnummer g
Anlage 5 zur Rechtsmittelschrift, Seite u	Name der Angestellten der XY GmbH	Antrag der XY GmbH vom [Datum], Seite i, Randnummer p	Beschluss des Gerichts vom [Datum] in der Rechtssache T-xxx/xx, Randnummer j
…	…	…	…

4. Antrag auf Zulassung eines Rechtsmittels.[188]

An den Gerichtshof der Europäischen Union
Antrag auf Zulassung eines Rechtsmittels

Gemäß Art. 58 der Satzung und Art. 170a der Verfahrensordnung des Gerichtshofs in Bezug auf das von [offizielle und vollständige Bezeichnung der Rechtsmittelführerin] gemäß Art. 56 der Satzung und Art. 167 der Verfahrensordnung des Gerichtshofs der Europäischen Union eingelegte Rechtsmittel gegen das Urteil des Gerichts der Europäischen Union vom [Datum] in der Rechtssache T-xxx/xx [übliche Bezeichnung der Rechtssache] mit welchem die Rechtsmittelführerin beantragt, (i) das angefochtene Urteil in der Rechtssache T-xxx/xx aufzuheben sowie (ii) die von der Klägerin in erster Instanz eingelegte Klage, welche sich gegen […] richtete, vollständig zurückzuweisen.

I. ZUSAMMENFASSUNG DES SACHVERHALTS UND DES VERFAHRENS
…

II. DAS ANGEFOCHTENE URTEIL
…

III. RECHTSMITTELGRÜNDE
…

IV. GRUND FÜR DIE ZULASSUNG DES RECHTSMITTELS
…

V. ANTRAG DER RECHTSMITTELFÜHRERIN
Aus den oben dargelegten Gründen beantragt die Rechtsmittelführerin:
Das Rechtsmittel zuzulassen.
[Unterschrift der Prozessbevollmächtigten]

C. Das Überprüfungsverfahren

Das Überprüfungsverfahren geht zurück auf den Vertrag von Nizza. Den Verfassern stellte sich die Frage, ob im Zusammenhang mit der Einrichtung der „gerichtlichen Kammern", (seit dem Vertrag von Lissabon als Fachgerichte bezeichnet) für deren Entscheidungen das EuG Rechtsmittelgericht ist, es möglich sein sollte, ein weiteres Rechtsmittel zum EuGH einzulegen. Jedoch hätte dies eine Überlastung des EuGH und weitere Verfahrensverlängerung bedeutet.[189] Somit wurde das Überprüfungsverfahren („réexamen") in die Unionsrechtsordnung eingeführt.[190] Es erlaubt dem EuGH in Ausnahmefällen Entscheidungen des EuG, die dieser als Rechtsmittelgericht getroffen hat zu überprüfen, „wenn die ernste Gefahr besteht, dass die Einheit oder Kohärenz des Unionsrechts berührt wird", Art. 256 Abs. 2 UAbs. 2 AEUV.

Durch das Überprüfungsverfahren wird gewährleistet, dass trotz der Übertragung von Kompetenzen an das EuG und die Fachgerichte, die Einheit des Unionsrechts gewahrt bleibt. Mit Auflösung des EuGöDs hat das Verfahren in den letzten Jahren immer mehr an Bedeutung verloren. Die ab dem Gerichtsjahr 2024/2025 beschlossene Übertragung von Kompetenzen an das EuG in Vorabentscheidungsverfahren gem. Art. 256 Abs. 3 AEUV[191] könnte allerdings zu einem Revival führen.

---

[188] Gemäß Art. 170a Abs. 2 darf der Zulassungsantrag sieben Seiten nicht überschreiten, die unter Berücksichtigung sämtlicher formeller Vorschriften der Praktischen Anweisungen für die Parteien in den Rechtssachen vor dem Gerichtshof (ABl. 2020 L 42 I, 1), und insbesondere deren Punkt 40, abzufassen sind.
[189] Wathelet/Wildemeersch, Contentieux européen, 2010, Rn. 385.
[190] Zu ähnlichen Verfahren in anderen Rechtsordnungen Kühn EuZ 2010, 4(5).
[191] Antrag des Gerichtshofs nach Art. 281 Abs. 2 des Vertrags über die Arbeitsweise der Europäischen Union zur Änderung des Protokolls Nr. 3 über die Satzung des Gerichtshofs der Europäischen Union, ZBB, 2023, Vol.35 (4), S. 244 ff.

78 Das erste Urteil des EuGH nach einem Überprüfungsverfahren ist am 17.12.2009[192] ergangen, worin er festgestellt hat, dass der EuG durch seine Deutung des Begriffs „Rechtsstreit, der zur Entscheidung reif ist"[193] die Einheit des Unionsrechts beeinträchtigt hat. Der EuG hat diesen Begriff in einer Weise ausgelegt, die es ihm ermöglichte, die Rechtssache an sich zu ziehen und in der Sache zu entscheiden, obwohl das bei ihm anhängige Rechtsmittel die Prüfung der Frage betraf, wie eine Einrede der Unzulässigkeit im ersten Rechtszug behandelt worden war und obwohl der Aspekt des Rechtsstreits weder im Rechtsmittelverfahren vor dem EuG noch vor dem EuGöD als Gericht des ersten Rechtszugs Gegenstand einer streitigen Erörterung war.[194]

79 Dem Ersten Generalanwalt[195] kommt bei dem Überprüfungsverfahren eine besondere Rolle zu: Nur er kann dem EuGH vorschlagen eine Entscheidung des EuG zu überprüfen, wenn er die Einheit oder die Kohärenz des Unionsrechts gefährdet sieht.[196] Da er in institutioneller und funktioneller Hinsicht Teil des Gerichtshofs ist, kann von einem „Selbstbefassungsrecht" gesprochen werden.[197] Der Generalanwalt, der angehalten ist, die Entscheidungen die das EuG als Rechtsmittelgericht trifft, im Auftrag des Ersten Generalanwalts systematisch zu sichten, muss seinen Vorschlag zur Überprüfung innerhalb eines Monats einreichen. Die Parteien haben kein entsprechendes Initiativrecht.

80 Gemäß Art. 191 EuGHVfO wird für die Dauer jeweils eines Jahres eine Kammer aus fünf Richtern gebildet. Diese Überprüfungskammer entscheidet dann über den Vorschlag des Ersten Generalanwaltes. Bei Eingang des Vorschlags des Ersten Generalanwaltes, bestimmt der Präsident des EuGH auf Vorschlag des Präsidenten der Überprüfungskammer einen der Richter als Berichterstatter.

81 Der EuGH muss dann innerhalb eines Monats entscheiden, ob er dem Vorschlag des Ersten Generalanwalts folgt und ein Überprüfungsverfahren durchführt oder nicht.[198] Folgt der EuGH dem Vorschlag des Generalanwaltes entscheidet er im Wege eines Eilverfahrens nach Art. 62a EuGH-Satzung, bei dem nur in Ausnahmefällen das mündliche Verfahren eröffnet wird.

82 Nach dem Wortlaut von AEUV und EuGH-Satzung wird die Entscheidung des EuG dann überprüft, wenn die ernste Gefahr besteht, dass die Einheit oder die Kohärenz des Unionsrechts berührt wird. Eine solche Beeinträchtigung liegt beispielsweise vor, wenn das betroffene Urteil ein Präzedenzfall für zukünftige Streitsachen sein kann; wenn eine Abweichung von der ständigen Rechtsprechung des EuGH vorliegt; wenn die Fehler des EuG Verfahrensregeln betreffen, die unabhängig vom jeweiligen Sachgebiet Anwendung finden; wenn das verletzte Recht grundlegenden und übergreifenden Charakter in der Unionsrechtsordnung hat; oder wenn den verletzten Bestimmungen des Unionsrechts besondere Bedeutung zugemessen wird, z. B. als Bestimmungen des Primärrechts.[199]

83 Die Rechtswirkungen des Urteils ergeben sich aus Art. 62b der EuGH-Satzung. Sofern der EuGH feststellt, dass das Urteil des EuG tatsächlich die Einheit oder die Kohärenz des

---

[192] EuGH 17.12.2009 – C-197/09 RX–II, ECLI:EU:C:2009:804 = BeckRS 2009, 71411 – Überprüfung M/EMEA; EuGH 28.2.2013 – C-334/12 RX–II, ECLI:EU:C:2013:134 = BeckEuRS 2012, 684412 – Überprüfung Arango Jaramillo ua/EIB.
[193] Art. 61 EuGH-Satzung und Art. 13 Abs. 1 Anhang der EuGH-Satzung.
[194] EuGH 17.12.2009 – C-197/09 RX–II, ECLI:EU:C:2009:804 = BeckRS 2009, 71411 – Überprüfung M/EMEA.
[195] Der Erste Generalanwalt wird alle drei Jahre direkt nach einer teilweisen Neubesetzung der Stellen der Generalanwälte aus deren Mitte gewählt (Art. 14 Abs. EuGVfO).
[196] Art. 62 Abs. 1 EuGH-Satzung. Siehe auch Brügmann EuR (2021) 56(4) 493 ff., 497.
[197] Kühn EuZ 2010, 4 (8).
[198] Art. 62 Abs. 2 EuGH-Satzung.
[199] ZB EuGH 17.12.2009 – C-197/09 RX–II, ECLI:EU:C:2009:804 Rn. 62–65 – Überprüfung M/EMEA; EuGH 26.3.2020 – C-542/18 RX–II und C-543/18 RX–II, ECLI:EU:C:2020:232 Rn. 85–87 – Überprüfung Simpson/Rat und HG/Kommission. Siehe auch EuGH 10.9.2015 – C-417/14 RX–II, ECLI:EU:C:2015:588; 19.9.2013 – C-579/12 RX–II, ECLI:EU:C:2013:570 – Überprüfung Kommission/Strack; EuGH 28.2.2013 – C-334/12 RX–II, ECLI:EU:C:2013:134 – Überprüfung Arango Jaramillo ua/EIB.

Unionsrechts beeinträchtigt, so verweist es die Sache an das EuG zurück, das an die rechtliche Beurteilung durch den EuGH gebunden ist. Der EuGH kann endgültig entscheiden, wenn die Rechtssache zur Entscheidung reif ist.

D. Die außerordentlichen Rechtsbehelfe[200]

I. Allgemeines

Drittwiderspruch und die **Wiederaufnahme** des Verfahrens ermöglichen die **Durchbrechung der Rechtskraft** von Entscheidungen des EuGH oder des EuG. Die Anforderungen an ihre Zulässigkeit sind sehr streng und ihre Bedeutung in der Praxis eher gering. Beim Drittwiderspruch wird das Urteil nicht von einer Partei, sondern von einem am bisherigen Verfahren unbeteiligten Dritten angegriffen wird, dessen Rechte es beeinträchtigt. Die Wiederaufnahme erlaubt es den Parteien, entscheidungserhebliche Tatsachen, die erst nach dem Urteil bekannt geworden sind, geltend zu machen. Beide Rechtsbehelfe können nur gegen Urteile in Direktklageverfahren gerichtet werden. Im Vorabentscheidungsverfahren sind sie nicht statthaft.[201]   84

II. Der Drittwiderspruch

Der Drittwiderspruch ist ein Rechtsbehelf, mit dem **Dritte**, die an einem gerichtlichen Verfahren nicht beteiligt waren, gleichwohl aber von der dort ergangenen Entscheidung in ihren **Rechten betroffen** sind, eine Änderung des Urteils oder des Beschlusses herbeiführen können. Die verfahrensrechtlichen Vorschriften finden sich in Art. 42 EuGH-Satzung geregelt, der durch die Vorschriften der Art. 157 EuGHVfO, Art. 167 EuGVfO ergänzt wird.   85

Aus der Systematik der Verfahrensordnung des EuGH ergibt sich, dass nur Urteile und Beschlüsse in **Direktklageverfahren** angegriffen werden können. Nach Art. 42 EuGH-Satzung können Mitgliedstaaten, Unionsorgane und -einrichtungen sowie alle natürlichen und juristischen Personen Drittwiderspruch einlegen, sofern das Urteil ihre **Rechte beeinträchtigt** und sie an dem Rechtsstreit, in dem das betreffende Urteil erlassen worden ist, weder als Partei noch als Streithelfer teilgenommen haben, aber grundsätzlich das Recht gehabt hätten.[202] Aus den Art. 157 Abs. 1c EuGHVfO ergibt sich darüber hinaus, dass den Drittwiderspruch nur erheben darf, wer **nicht in der Lage war, sich am Ausgangsverfahren zu beteiligen.**[203]   86

Der Kläger muss gerade **durch das angegriffene Urteil in seinen Rechten verletzt** sein. Die Beeinträchtigung kann sich sowohl aus dem Tenor als auch aus den tragenden Gründen des Urteils ergeben.[204] Eine bloße Beeinträchtigung rechtlicher oder finanzieller Interessen reicht nicht aus.[205]   87

Der Drittwiderspruch wird durch einen **Antrag** auf Änderung des angegriffenen Urteils erhoben und ist gegen sämtliche am Hauptverfahren beteiligten Parteien zu richten.[206]   88

---

[200] Ausf. zu den außerordentlichen Rechtsbehelfen s. Hackspiel → 2. Aufl. 2003, § 28 Rn. 50–73.
[201] EuGH 5.3.1986 – ECLI:EU:C:1986:104 = BeckRS 2004, 73545 – Wünsche, 69/85.
[202] EuGH 11.10.2018 – C-118/18 P-TO, ECLI:EU:C:2018:827 Rn. 6 – Hochmann und DAY Investments/Hochmann Marketing ua.
[203] Diese Einschränkung ist mit den höherrangigen Bestimmungen von Art. 42 EuGH-Satzung vereinbar, EuGH 12.7.1962 – 9/60-TO und 12/60-TO, ECLI:EU:C:1962:25 – Belgien/Vloeberghs und Hohe Behörde; EuGH 26.3.1992 – T-35/89, ECLI:EU:T:1992:47 – Ascasibar Zubizarreta.
[204] EuGH 10.12.1986 – 267/80–TO, EU:C:1986:472 = BeckEuRS 1986, 126555 – Birra Dreher/Riseria Modenese.
[205] EuGH 22.9.1987 – 292/84–TO, ECLI:EU:C:1987:376 = BeckEuRS 1987, 132883 – Bolognese ua/Scharf und Kommission; EuGH 11.10.2018 – C-118/18 P-TO, ECLI:EU:C:2018:827 Rn. 14 ff. – Hochmann und DAY Investments/Hochmann Marketing ua.
[206] Art. 157 Abs. 2 EuGHVfO.

Hierzu gehören auch die Streithelfer. Für den Antrag gelten die Anforderungen an die Klageschrift entsprechend.

89 Wenn die angegriffene Entscheidung die Rechte des Antragstellers tatsächlich in rechtswidriger Weise beeinträchtigt, ist sie entsprechend zu ändern.[207] Im Übrigen behält es seine ursprünglichen Wirkungen. Die Rechtskraft des Drittwiderspruchsurteils bindet sowohl die Parteien des Ausgangsverfahrens als auch den Antragsteller.[208]

III. Die Wiederaufnahme des Verfahrens

90 Die Wiederaufnahme des Verfahrens kann beantragt werden, wenn nach der Verkündung eines Urteils des EuGH oder des EuG eine Tatsache von entscheidender Bedeutung bekannt wird, von der vorher weder das erkennende Gericht noch die die Wiederaufnahme beantragende Partei Kenntnis hatten.[209]

91 Der Antrag auf Wiederaufnahme des Verfahrens kann gegen **Urteile oder Beschlüsse** des EuGH und des EuG in **kontadiktorischen Verfahren** gerichtet werden. Die Wiederaufnahme ermöglicht eine Durchbrechung der Rechtskraft, setzt aber nicht voraus, dass das angegriffene Urteil rechtskräftig ist. Aus Art. 69 EuGVfO ergibt sich, dass ein erstinstanzliches Urteil gleichzeitig mit dem Rechtsmittel und mit einem Antrag auf Wiederaufnahme angefochten werden kann. Das EuG kann in diesem Fall das Wiederaufnahmeverfahren aussetzen, bis über das Rechtsmittel entschieden wurde. Die Wiederaufnahme kann auch gegenüber **Entscheidungen des EuGH im Rechtsmittelverfahren** beantragt werden.[210]

92 Die Wiederaufnahme kann jede **Partei** des abgeschlossenen Verfahrens beantragen.

93 Als Wiederaufnahmegrund muss eine Tatsache geltend gemacht werden, die bereits zum Zeitpunkt der Verkündung des angefochtenen Urteils existierte, die aber weder dem Gericht noch der die Wiederaufnahme beantragenden Partei bekannt war und bei deren Kenntnis die Entscheidung möglicherweise anders ausgefallen wäre.[211] Der Begriff der **Tatsache** wird in einem weiten Sinn verstanden.

94 Die Tatsache muss bereits im Zeitpunkt der Verkündung des Urteils im Ausgangsverfahren vorgelegen haben („**Vorzeitigkeit**" der Tatsache).[212] Ändern sich die Umstände später, bedarf es der Wiederaufnahme nicht, denn solchen nachträglich eintretenden Tatsachen kann Rechnung getragen werden, ohne dass die Rechtskraft des ursprünglichen Urteils dem entgegensteht.

95 Die Tatsache darf dem Antragsteller und dem entscheidenden Gericht erst **nach der Verkündung der Entscheidung** im Ausgangsverfahren **bekannt geworden** sein. Auf Tatsachen oder Beweismittel, die von der Gegenpartei in der mündlichen Verhandlung in den Prozess eingeführt wurden, kann daher kein Wiederaufnahmeantrag gestützt werden.[213] Die nachträglich entdeckte Tatsache muss **entscheidungserheblich** sein. Für die Zulässigkeit der Wiederaufnahme braucht nicht festgestellt zu werden, dass die Tatsache den Ausgang des ursprünglichen Verfahrens in jedem Fall beeinflusst hätte; ausreichend ist, dass die Möglichkeit dazu bestand. Daran fehlt es zB, wenn die Tatsache nur für Hilfserwägungen im angefochtenen Urteil von Bedeutung ist.

96 Die Wiederaufnahme ist an eine doppelte Frist gebunden. Einerseits muss das Verfahren spätestens drei Monate nach Entdeckung der neuen Tatsachen angestrengt werden.[214] Nach

---

[207] Art. 157 Abs. 5 EuGHVfO.
[208] Plender, European Courts Procedure, 2001, Rn. 27.050.
[209] Art. 44 EuGH-Satzung und Art. 159 EuGHVfO.
[210] EuGH 26.10.1995 – C-199/94 P und C-200/94 P, ECLI:EU:C:1995:360 = BeckRS 2004, 74888 – Pevasa und Inpesca/Kommission.
[211] EuG 6.3.2002 – T-77/99 REV, ECLI:EU:T:2002:58 – Ojha/Kommission; EuGH 8.5.2019 – C-118/18 P-REV, ECLI:EU:C:2019:396 – Hochmann Marketing/EUIPO.
[212] ZB EuGH 25.2.1992 – C-185/90 P-REV, ECLI:EU:C:1992:84 – Gill/Kommission; offen gelassen EuGH 8.7.1999 – C-5/93 P, ECLI:EU:C:1999:364 – DSM/Kommission.
[213] EuG 6.3.2002 – T-77/99 REV, ECLI:EU:T:2002:58 – Ojha/Kommission.
[214] Art. 159 Abs. 2 EuGHVfO.

Ablauf von zehn Jahren seit Erlass des Urteils ist eine Wiederaufnahme auch bei Bekanntwerden neuer Tatsachen nicht mehr möglich.[215]

Das Wiederaufnahmeverfahren umfasst zwei Phasen. In der ersten Phase geht es nur um die **Zulässigkeit des Antrags,** während in der zweiten Phase die **Neuverhandlung** des ursprünglichen Rechtsstreits stattfindet.[216] Es wird mit einem Antrag eingeleitet, für den ähnliche Anforderungen gelten wie für die Klageschrift und der sich gem. Art. 159 Abs. 4 EuGHVfO gegen sämtliche Parteien des Rechtsstreits richtet, in dem die angefochtene Entscheidung ergangen ist. **97**

Zuständig ist stets die Instanz, die die ursprüngliche Entscheidung gefällt hat. **98**

In der **ersten Verfahrensphase** ist zu prüfen, ob der Wiederaufnahmegrund vorliegt, dh ob die Tatsache wirklich existiert, ob sie unbekannt war und ob sie sich auf das Resultat des Rechtsstreits hätte auswirken können. In der **zweiten Phase** des Wiederaufnahmeverfahrens wird der Rechtsstreit in der Hauptsache neu verhandelt und entschieden. Das Urteil am Ende dieses Verfahrensabschnitts entscheidet darüber, ob die als Wiederaufnahmegrund vorgebrachte Tatsache wirklich zu einer anderen Entscheidung führt. Ist das der Fall, so ist die Urschrift des abändernden Urteils mit der der ursprünglichen Entscheidung zu verbinden.[217] Ist der Wiederaufnahmeantrag offensichtlich unzulässig hat der EuGH seit einer Änderung der Verfahrensordnung gem. Art. 159a EuGHVfO die Möglichkeit im Beschlussverfahren zu entscheiden.[218] **99**

Entscheidungen des EuG im Wiederaufnahmeverfahren können mit einem Rechtsmittel zum EuGH angefochten werden. **100**

---

[215] Art. 44 Abs. 3 EuGH-Satzung.
[216] Art. 159 Abs. 5, 6 EuGHVfO.
[217] Art. 159 Abs. 7 EuGHVfO, Art. 169 Abs. 7 EuGVfO.
[218] EuGH 22.2.2022 – C-539/20 P-REV, ECLI:EU:C:2022:110 – Hochmann Marketing/Europäische Kommission.

§ 26 Kostenrecht*

Übersicht

	Rn.
A. Allgemeines	1
B. Prozesskosten	2
I. Gerichtskosten	2
II. Außergerichtliche Kosten der Parteien	5
C. Kostenentscheidung	7
I. Zeitpunkt	7
II. Inhalt	10
1. Regelfall	10
2. Kostenentscheidung bei Parteienmehrheit	14
3. Sonderfälle	16
a) Kostenentscheidung zu Lasten der obsiegenden Partei	16
b) Klage- oder Antragsrücknahme und Erledigung der Hauptsache	17
4. Die Kostenentscheidung im Vorabentscheidungsverfahren	19
D. Kostenfestsetzung	20
E. Prozesskostenhilfe	27
I. Allgemeines	27
II. Voraussetzungen	28
1. Bedürftigkeit	28
2. Erfolgsaussichten in der Hauptsache	29
III. Verfahren und Inhalt der Entscheidung	30
IV. Erstattungsanspruch der Gerichtskasse	38
V. Schriftsatzmuster	39
1. Antrag auf Prozesskostenhilfe im Rahmen eines Vorabentscheidungsverfahrens	39
2. Vorabantrag auf Bewilligung von Prozesskostenhilfe in Rechtsmittelverfahren	40

Schrifttum:

Christophe, L'accès au juge devant le TFP à travers la question des dépens, RUDH 2011 Vol. 20 N°1–3, 89 ff.; Fiebig, The Indemnification of Costs in Proceedings before the European Courts, CMLR 1997, 89 ff.; Jürschik und Dörrfuß, Auf hoher See und vor Gericht: Kriterien zur Kostenfestsetzung durch das EuG, EuZW 2023, 253 ff.; Kennedy, Paying the Piper: Legal Aid in proceedings before the Court of Justice, CMLR 1988, 559 fProceedings before the European Court of Justice; Costs and Legal Aid, J.Law Soc. Scotl. No. 4 (36) 1991, 139 ff. f.; Klinke, Introduction au régime des dépens et à celui de l'assistance judiciaire gratuite, in: Christianos (Hrsg.), Evolution récente du droit judiciaire communautaire, Bd. I, 1994, S. 133–164; Mail-Fouilleul, Les dépens dans le contentieux communautaire, 2005; Petrescu, Ensuring Equal Legal Aid to the Citizens in the European Procedural Law, Acta Juridica Hungarica No. 1 (55) 2014, 57 ff.; Podovsovnik, Der Kostenersatz bei Verfahren vor dem EuGH nach nationalem VwGH-Verfahren, Schriftenreihe Euro-Jus, Bd. 5, 2000; Roth, Europäisches Rechtsschutz- und Verfahrensrecht, 2014, Kap. 25 (« Prozesskostenhilfe »); Tagaras, Le Tribunal de la fonction publique et la questions des dépens, Mélanges Vandersanden, 2008, 971 ff.; Wägenbaur, EuGH VerfO, Satzung und Verfahrensordnungen des EuGH/EuG, 1. Aufl. 2008; Wägenbaur, Das Kostenfestsetzungsverfahren vor den Gemeinschaftsgerichten: Wer klagt gewinnt?, EuZW 1997, 197 ff.; Wolf, Kostenrecht und Kostenpraxis des Gerichtshofs der Europäischen Gemeinschaften, EuR 1976, 7 ff.

A. Allgemeines

1 Art. 38 EuGH-Satzung verpflichtet den Gerichtshof, über die Kosten zu entscheiden. Dabei geht es in erster Linie um die **Kostenverteilung** zwischen den Parteien in den kontadiktorischen Verfahren. Die Regeln über die Kostenlast, die auf dem Grundsatz beruhen, dass die im Rechtsstreit unterlegene Partei die Kosten trägt, finden sich in den

---

* Dieser Beitrag basiert auf einer Neubearbeitung der von Sabine Hackspiel und Anke Geppert verfassten Beiträge der Vorauflagen. Der vorliegende Beitrag bringt allein die persönliche Auffassung der Autorin zum Ausdruck.

Verfahrensordnungen des EuGH und des EuG.[1] Im Vorabentscheidungsverfahren ist die Entscheidung über die Kostenverteilung dagegen Sache des nationalen vorlegenden Gerichts.[2] Gutachten des Gerichtshofs nach Art. 218 Abs. 11 AEUV enthalten keine Kostenentscheidung. Von der Entscheidung über die Pflicht zur Kostentragung zu unterscheiden ist die **Kostenfestsetzung**, also die Entscheidung über die Höhe der Kosten, die eine Partei der anderen zu erstatten hat. Das Kostenfestsetzungsverfahren ist ebenfalls in den Verfahrensordnungen geregelt[3] und findet nur statt, wenn sich die Parteien über den zu erstattenden Betrag nicht einigen können. Das Verfahren vor den beiden europäischen Gerichten ist grundsätzlich **gerichtskostenfrei,**[4] doch sind die Parteien in bestimmten Fällen verpflichtet, Auslagen der Gerichte zu erstatten. Regelungen dazu enthalten die Zusätzliche Verfahrensordnung des EuGH („ZVerfO")[5] und die EuGVfO,[6] weitere Erläuterungen finden sich in den Praktischen Anweisungen für die Parteien in den Rechtssachen vor dem Gerichtshof[7] sowie den Praktischen Durchführungsbestimmungen zur Verfahrensordnung des Gerichts.[8] Trotz der weitgehenden Gerichtskostenfreiheit können die mit einem Verfahren vor den Unionsgerichten verbundenen Aufwendungen der Parteien, insbes. die Anwaltskosten, einen erheblichen Umfang erreichen. Die Verfahrensordnungen[9] und die ZVerfO des EuGH[10] sehen deshalb die Möglichkeit vor, bedürftigen Parteien **Prozesskostenhilfe** zu gewähren.

B. Prozesskosten

I. Gerichtskosten

Wie im deutschen Recht sind in den Verfahren vor den europäischen Gerichten Gerichtskosten und außergerichtliche Kosten zu unterscheiden. Für die **Gerichtskosten** gilt gem. Art. 143 EuGHVfO und Art. 90 EuGVfO der Grundsatz, dass die Verfahren vor dem Gerichtshof und dem Gericht kostenfrei sind. Das heißt, dass **keine Gerichtsgebühren** erhoben werden. Hinsichtlich der **Auslagen** der Gerichte gibt es dagegen mehrere Ausnahmen vom Grundsatz der Kostenfreiheit. 2

So können **vermeidbare Kosten,** also bspw. Aufwendungen des Gerichts, die durch unsachgemäße Prozessführung, etwa durch verspätetes Vorbringen, verursacht wurden, der Partei auferlegt werden, die sie veranlasst hat.[11] Kosten für Schreib- und Übersetzungsarbeiten, die nach Ansicht des Kanzlers das gewöhnliche Maß überschreiten, hat die Partei zu erstatten, die diese Arbeiten beantragt hat.[12] Auch die **Leistungen an Zeugen und Sachverständige,** die im Rahmen einer Beweiserhebung anfallen, tragen die Parteien.[13] Zeugen und Sachverständige haben gem. Art. 73 EuGHVfO, Art. 74 EuGVfO Anspruch auf Erstattung ihrer Reise- und Aufenthaltskosten sowie auf Entschädigung für ihren Verdienstausfall bzw. auf Vergütung ihrer Tätigkeit. Die entsprechenden Zahlungen nimmt die Gerichtskasse vor, nachdem der Zeuge oder Sachverständige seine Aussage gemacht hat. Im Einzelfall können die Gerichte einen Vorschuss auf die Reise- und Aufenthaltskosten 3

---
[1] Art. 137 ff. EuGHVfO und Art. 133 ff. EuGVfO.
[2] Art. 102 EuGHVfO, näher → Rn. 19.
[3] Art. 145 EuGHVfO und Art. 170 EuGVfO.
[4] Art. 143 EuGHVfO und Art. 139 EuGVfO.
[5] So verhalten sich die Art. 2 und 3 ZVerfO über die Kosten, die durch die Erledigung von Rechtshilfeersuchen bei nationalen Gerichten entstehen.
[6] Art. 37, Art. 139 EuGVfO.
[7] ABl. 2020 L 42 I, 1.
[8] ABl. 2015 L 152, 1 mit einer konsolidierten Fassung verfügbar unter www.curia.europa.eu > Gericht > Verfahren.
[9] Art. Art. 115 ff. EuGHVfO für Vorabentscheidungen und Art. 185 ff. EuGHVfO für Rechtsmittel, Art. 146 ff. EuGVfO.
[10] Art. 4 und 5 ZVerfO.
[11] Art. 143 lit. a EuGHVfO, Art. 139 lit. a EuGVfO.
[12] Art. 143 lit. b EuGHVfO, Art. 139 lit. b EuGVfO.
[13] Ausf. hierzu Wägenbaur EuZW 1997, 197 (198).

gewähren.[14] Diese Beträge sind von den Parteien zu erstatten, wobei sich aus der Kostenentscheidung ergibt, welchen Teil dieser Kosten jede Partei zu tragen hat.

4   Zu den Gerichtskosten, die die Parteien zu tragen haben, gehören auch die Auslagen für **Rechtshilfeersuchen**. Wenden sich die europäischen Gerichte im Wege eines Rechtshilfeersuchens an ein nationales Gericht mit der Bitte, einen Zeugen oder Sachverständigen an dessen Wohnsitz zu vernehmen,[15] so teilt dieses Gericht die dort entstandenen Kosten dem Gerichtshof bzw. dem Gericht mit, die sie zunächst erstatten. Nach der späteren Kostenentscheidung richtet sich, welche Partei mit diesen Kosten belastet wird.[16]

II. Außergerichtliche Kosten der Parteien

5   Hauptsächlich regelt die Kostenentscheidung jedoch, wie die **außergerichtlichen Kosten** der Parteien auf diese verteilt werden. Nach Art. 144 lit. b EuGHVfO und Art. 91 lit. b EuGVfO gehören zu den erstattungsfähigen Kosten die Aufwendungen der Parteien, die für das Verfahren notwendig waren, insbes. Reise- und Aufenthaltskosten, sowie die Vergütung der Bevollmächtigten, Beistände oder Anwälte. Dabei handelt es sich grundsätzlich nur um die Kosten, die durch das gerichtliche Verfahren verursacht werden. Aufwendungen, die den Parteien in einem **vorhergegangenen Verwaltungsverfahren** entstanden sind,[17] werden von der Kostenentscheidung nicht erfasst.[18] Anders ist das nur in Rechtsstreitigkeiten, die die Rechte des geistigen Eigentums im Sinne des vierten Titels der EuGVfO betreffen. Hier gehören zu den erstattungsfähigen Kosten auch die Aufwendungen der Parteien, die für das **Verfahren vor der Beschwerdekammer** des EUIPO oder des Gemeinschaftlichen Sortenamtes notwendig waren.[19]

6   Den größten Anteil an den Aufwendungen der Parteien haben die **Honorare von Anwälten** und Beiständen. Die Höhe dieser Vergütungen ist im Unionsrecht weder durch eine Gebührenordnung noch durch sonstige Bestimmungen geregelt. Im Verhältnis des Anwalts zu seinem Mandanten besteht auch keine Zuständigkeit der europäischen Gerichte über die Höhe der Vergütung zu befinden.[20] Die Befugnis zur Kostenfestsetzung betrifft allein die Entscheidung über den Betrag, dessen Erstattung eine Partei auf Grund der Kostenentscheidung von der Gegenpartei verlangen kann (näher zur Kostenfestsetzung → Rn. 22 und 23 Teil D).

C. Kostenentscheidung

I. Zeitpunkt

7   Gemäß Art. 137 EuGHVfO bzw. Art. 137 EuGVfO wird über die Kosten im **Endurteil** oder in dem Beschluss entschieden, der das Verfahren beendet. Zu den Endentscheidungen

---

[14] Zur Deckung der voraussichtlichen Kosten kann gem. Art. 100 Abs. 1 EuGVfO und Art. 73 EuGHVfO von den Parteien oder von einer Partei die Hinterlegung eines Vorschusses verlangt werden.
[15] Art. 29 EuGH-Satzung iVm Art. 1–3 ZVerfO des EuGH bzw. Art. 101 EuGVfO.
[16] Art. 3 ZVerfO des EuGH, Art. 101 Abs. 7 EuGVfO.
[17] Das gleiche gilt für die Kosten einer Bankgarantie, die zur Abwendung der Vollstreckung aus der angefochtenen Entscheidung gestellt wird, da die Kosten nicht „notwendig" sind (EuG 15.3.2000 – T-25/95, T-26/95, T-30/95 bis T-32/95, T-34/95 bis T-39/95, T-42/95 bis T-46/95, T-48/95, T-50/95 bis T-65/95, T-68/95 bis T-71/95, T-87/95, T-88/95, T-103/95 und T-104/95, ECLI:EU:T:2000:77 = BeckRS 2000, 70143 – Cimenteries/Kommission; und EuGH 13.12.2018 – C-150/17 P, ECLI:EU: C:2018:1014 Rn. 54 bis 63 – Europäische Union).
[18] ZB EuGH 21.10.1970 – 75/69–DEPE, ECLI:EU:C:1970:82 = BeckRS 2004, 73635 – Hake/Kommission; EuG 5.6.1993 – T-84/91 (92), ECLI:EU:T:1993:57 – Meskens/Parlament; EuG 15.3.2000 – T-25/95, T-26/95, T-30/95 bis T-32/95, T-34/95 bis T-39/95, T-42/95 bis T-46/95, T-48/95, T-50/95 bis T-65/95, T-68/95 bis T-71/95, T-87/95, T-88/95, T-103/95 und T-104/95, ECLI:EU:T:2000:77 = BeckRS 2000, 70143 – Cimenteries/Kommission, krit. Wägenbaur EuZW 1997, 197 (203); anders in einem Sonderfall EuG 11.7.2000 – T-35/00, ECLI:EU:T:2000:186 – Goldstein/Kommission.
[19] Art. 190 Abs. 2 EuGVfO.
[20] Eine Ausnahme davon besteht nur im Rahmen der Gewährung von Prozesskostenhilfe, Art. 5 Abs. 2 ZVerfO; Art. 148 Abs. 7 EuGVfO, näher → Rn. 34.

gehören Versäumnisurteile[21] und Entscheidungen über außerordentliche Rechtsbehelfe. Auch **Teilentscheidungen,** die bei objektiver Klagenhäufung über einen selbständigen Antrag endgültig entscheiden oder im Fall der Streitgenossenschaft das Verfahren für einen der Streitgenossen beenden, enthalten normalerweise eine Kostenentscheidung für den abgeschlossenen Teil des Verfahrens. Entscheidungen über **Zwischenstreitigkeiten** sind dagegen nur dann mit einer Kostenentscheidung zu versehen, wenn sie die Instanz beenden, zB wenn sie die Klage als unzulässig abweisen.[22] Andernfalls behalten sie, wie Zwischenurteile,[23] Grundurteile im Schadensersatzprozess[24] und sonstige Entscheidungen zu besonderen Verfahrensabschnitten (zB über Anträge auf einstweiligen Rechtsschutz,[25] auf Zulassung als Streithelfer,[26] auf vertrauliche Behandlung von Verfahrensdokumenten[27], oder auf Zulassung eines Rechtsmittels gem. Art. 58a der Satzung[28]), die Kostenentscheidung normalerweise dem Endurteil vor. Je nach ihrem Inhalt können solche Entscheidungen aber das Verfahren teilweise beenden und dann mit einer Kostenentscheidung verbunden werden, zB wenn ein Antrag auf Zulassung als Streithelfer abgelehnt wird.[29] Kommt es nicht zu einer Sachentscheidung, zB weil der Kläger seine Klage zurücknimmt oder sich die Parteien einigen, so wird das Verfahren durch einen Beschluss beendet, der die **Streichung** der Rechtssache im Register des zuständigen Gerichts anordnet und einen Kostenausspruch enthält.[30] Das gleiche gilt, wenn durch Beschluss die **Erledigung der Hauptsache** festgestellt wird.[31]

Entscheidungen des EuGH über **Rechtsmittel** enthalten eine Kostenentscheidung, wenn das Rechtsmittel zurückgewiesen wird oder wenn der EuGH nach Aufhebung des erstinstanzlichen Urteils selbst entscheidet.[32] Im zuerst genannten Fall betrifft die Kostenentscheidung des EuGH nur die Kosten des Rechtsmittelverfahrens, während die Entscheidung des EuG über die Kosten der ersten Instanz bestehen bleibt. Im zweiten Fall regelt der EuGH die Kostenverteilung für beide Instanzen.[33] Verweist der EuGH den Rechtsstreit dagegen an das EuG zurück, so wird die Kostenentscheidung vorbehalten. Das EuG entscheidet dann sowohl über die Kosten des erstinstanzlichen Verfahrens vor und nach dem Rechtsmittel als auch über die Kosten des Rechtsmittelverfahrens vor dem EuGH.[34]

Die Kostenentscheidung bildet normalerweise den letzten Punkt des Entscheidungstenors. Sie wird in einem gesonderten Abschnitt am Ende der Entscheidungsgründe kurz begründet.

II. Inhalt

1. Regelfall. Gemäß Art. 138 Abs. 1 EuGHVfO und Art. 134 Abs. 1 EuGVfO trägt im Regelfall die unterlegene Partei die Kosten des Verfahrens,[35] wenn die obsiegende Partei

---

[21] Art. 152 EuGHVfO, Art. 123 EuGVfO.
[22] zB EuG 17.1.2002 – T-236/00, ECLI:EU:T:2002:8 – Stauner ua/Parlament und Kommission.
[23] EuG 9.9.1999 – T-110/98, ECLI:EU:T:1999:166 – RJB Mining/Kommission.
[24] EuGH 19.5.1992 – C-104/89 und C-37/90, ECLI:EU:C:1992:217 = NVwZ 1992, 1077 – Mulder und Heinemann/Rat und Kommission.
[25] EuG 12.9.2001 – T-132/01 RII, ECLI:EU:T:2001:209 – Euroalliages ua/Kommission.
[26] EuG 3.6.1999 – T-138/98, ECLI:EU:T:1999:121 – ACAV ua/Rat.
[27] EuG 3.6.1997 – T-102/96, ECLI:EU:T:1997:82 = EuZW-Sonderausgabe 2019, 19 – Gencor/Kommission.
[28] EuGH 10.12.2021 – C-382/21 P, ECLI:EU:C:2021:1050 – EUIPO/The KaiKai Company Jaeger Wichmann; EuGH 30.1.2023 – C-580/22 P, ECLI:EU:C:2023:126 – bonnanwalt/EUIPO.
[29] EuG 3.6.1999 – T-138/98, ECLI:EU:T:1999:121 – ACAV ua/Rat.
[30] Art. 141 EuGHVfO, Art. 136 EuGVfO.
[31] Art. 142 EuGHVfO, Art. 137 EuGVfO, zB EuG 6.3.2001 – T-187/00, ECLI:EU:T:2001:76 – Gödecke/HABM-Teva Pharmaceutical (ACAMOL).
[32] Art. 184 Abs. 2 EuGVfO.
[33] Plender, European Courts Procedure, 2001, Rn. 15.010.
[34] Art. 219 EuGVfO.
[35] Zum Ursprung dieser Regel Fiebig CMLR 1997, 89 (90–91).

dies beantragt hat. Fehlt es an einem solchen Antrag, so kommt es ohne Rücksicht auf den Prozessausgang zur Kostenaufhebung, dh jede Partei muss ihre eigenen Kosten tragen.[36] Der Antrag ist grundsätzlich im ersten Schriftsatz zu stellen, den eine Partei einreicht (dh Klage, Klageerwiderung oder Streithilfeschriftsatz). Zwar haben EuGH und EuG es gelegentlich ausreichen lassen, dass ein Kostenantrag erst in der Replik[37] oder in der mündlichen Verhandlung gestellt wurde,[38] doch kann ein in der Replik oder der Duplik gestellter Kostenantrag auch als verspätet zurückgewiesen werden.[39] Der Antrag muss eindeutig darauf gerichtet sein, der Gegenpartei die Kosten aufzuerlegen. Das Begehren „nach Rechtslage" oder „gemäß den Bestimmungen der Verfahrensordnung" zu entscheiden, reicht dafür nicht immer aus, insbes., wenn der Antrag von einem Organ formuliert wird.[40]

11 Unterlegen ist die Partei, deren Anträge keinen Erfolg haben.[41] Auf Anträge, die dem Klageziel gegenüber keine eigenständige Bedeutung haben, kommt es dabei in der Regel nicht an. So kann der Beklagte auch dann als unterlegen angesehen werden, wenn der Kläger neben einem erfolgreichen Antrag auf Nichtigerklärung einen unzulässigen Antrag auf Feststellung oder Verurteilung eines Organs zu einem Handeln stellt. Da dem Unionsrichter im Kostenrecht ein weiter Ermessensspielraum zusteht, berücksichtigt er ein Unterliegen in unwesentlichen Nebenpunkten zumeist nicht und gelangt damit zu einer einfachen und praxisnahen Kostenentscheidung.[42]

12 Hat keiner der Verfahrensbeteiligten mit seinen Anträgen in vollem Umfange Erfolg, so kann der Gerichtshof die Kosten teilen oder gegeneinander aufheben.[43] Sofern es im Einzelfall gerechtfertigt ist, kann der Gerichtshof gem. Art. 138 Abs. 3 S. 2 EuGHVfO entscheiden, dass eine Partei außer ihren eigenen Kosten einen Teil der Kosten der Gegenpartei trägt. Das Prozessrecht räumt dem Gerichtshof hier ausdrücklich einen Ermessensspielraum ein. Maßgeblich für die Ermessensentscheidung sind vor allem die Bedeutung der einzelnen Streitpunkte und die mit ihrer Bearbeitung verbundenen Schwierigkeiten. Gelegentlich wird bei der Kostenentscheidung nach Verfahrensabschnitten differenziert, so zB bei Zwischenstreitigkeiten[44] oder Anträgen auf vorläufigen Rechtsschutz.[45] Normalerweise ist aber das Ergebnis des Rechtsstreits in der Hauptsache maßgeblich für die Kostenlast, so dass zB ein Kläger, der im Zwischenstreit über die Zulässigkeit obsiegt hat, dessen Klage aber als unbegründet abgewiesen wird, in aller Regel die Kosten des gesamten Verfahrens tragen muss.[46]

---

[36] Art. 141 Abs. 4 EuGHVfO bei Klage- oder Antragsrücknahme, Art. 136 Abs. 4 EuGVfO; zB EuGH 23.4.1986 – 294/83, ECLI:EU:C:1986:166 Rn. 56 = BeckRS 2004, 72996 – Les Verts/Parlament.
[37] EuG 6.4.1995 – T-149/89, ECLI:EU:T:1995:69 – Sotralentz/Kommission.
[38] ZB EuG 10.7.1990 – T-64/89, ECLI:EU:T:1990:42 = EuZW 1991, 564 – Automec/Kommission.
[39] EuGH 22.2.1989 – 92/87 und 93/87, ECLI:EU:C:1989:77 = RGZ 18, 431 – Kommission/Frankreich und Vereinigtes Königreich.
[40] EuGH 31.3.1992 – C-255/90 P, ECLI:EU:C:1992:153 – Burban/Parlament.
[41] Dass die Angriffs- oder Verteidigungsmittel der unterlegenen Partei teilweise begründet waren, wird normalerweise nicht berücksichtigt, wenn sich dies nicht auf den Tenor der Entscheidung ausgewirkt hat, zB EuG 25.6.1998 – T-371/94 und T-394/94, ECLI:EU:T:1998:140 – British Airways ua/Kommission, anders aber in Ausnahmefällen.
[42] Klinke in Christianos Rn. 374 f.; sa Wolf EuR 1976, 7 (15).
[43] Art. 138 Abs. 3 EuGHVfO, Art. 134 Abs. 3 EuGVfO.
[44] Vgl. EuGH 22.6.1989 – 70/87, ECLI:EU:C:1989:254 = BeckRS 2004, 73579 – Fediol/Kommission, Aufhebung der Kosten, da das beklagte Organ mit seinem Vorbringen, die Klage sei unzulässig, keinen Erfolg hatte. In diesem Fall hatte jedoch kein Zwischenstreit über die Zulässigkeit stattgefunden.
[45] ZB EuG 30.4.2002 – T-195/01 und T-207/01, ECLI:EU:T:2002:111 (2361 f.) = BeckRS 2001, 14979 – Gibraltar/Kommission. Die Partei, die im einstweiligen Rechtsschutzverfahren erfolgreich war und in der Hauptsache unterliegt, muss die getrennte Entscheidung über die Kosten des einstweiligen Verfahrens ausdrücklich beantragen, EuG 22.5.1990 – T-50/89, ECLI:EU:T:1990:32 = NJW 1990, 2121 – Sparr/Kommission.
[46] So ausdrücklich EuG 26.10.2000 – T-154/98, ECLI:EU:T:2000:243 – Asia Motor France ua/Kommission, vgl. auch EuGH 4.10.1991 – C-70/88, ECLI:EU:C:1991:373 Rn. 30 = NJW 1990, 1899 – Parlament/Rat, wo GA van Gerven allerdings vorgeschlagen hatte, dem Rat wegen seines Unterliegens im Zwischenstreit seine eigenen Kosten aufzuerlegen.

In der Vergangenheit fand ein **Kostenprivileg** der Unionsbediensteten Anwendung, wonach die Organe in Streitigkeiten mit ihren Bediensteten ihre Kosten selbst trugen, und zwar auch dann, wenn sie in dem Rechtsstreit obsiegt hatten. Dies ist nicht mehr der Fall.[47]

2. Kostenentscheidung bei Parteienmehrheit. Besteht die unterliegende Partei aus mehreren Personen, so entscheidet das in der Rechtssache zuständige Gericht nach Art. 138 Abs. 2 EuGHVfO bzw. Art. 134 Abs. 2 EuGVfO zugleich über eine Verteilung der Kosten auf die einzelnen **Streitgenossen.** Wie diese Aufteilung vorzunehmen ist, geht aus den Vorschriften allerdings nicht hervor. Der Gerichtshof und das Gericht verurteilen meist die unterlegenen Streitgenossen dazu, die Kosten der obsiegenden Partei als Gesamtschuldner zu tragen,[48] ohne festzulegen, welcher Betrag im Innenverhältnis auf den einzelnen Streitgenossen entfällt. Dazu ist nicht erforderlich, dass eine notwendige Streitgenossenschaft besteht, also dass die Entscheidung gegenüber den kostenpflichtigen Parteien in der Hauptsache nur einheitlich ergehen kann. Möglich ist aber auch die Verurteilung jedes Streitgenossen dazu, einen bestimmten Bruchteil der Kosten zu tragen.[49]

Streithelfer werden hinsichtlich der Kostenlast ähnlich behandelt wie die Hauptparteien. Streithelfer der unterlegenen Partei müssen normalerweise die Kosten tragen, die der obsiegenden Partei durch ihre Streithilfe entstanden sind, sie können aber auch gemeinsam mit der Hauptpartei als Gesamtschuldner verurteilt werden. Eine Sonderregelung für Streithelfer treffen allerdings Art. 140 EuGHVfO und Art. 138 EuGVfO. Danach tragen Mitgliedstaaten und Unionsorgane[50] stets ihre eigenen Kosten, unabhängig davon, ob die von ihnen unterstützte Partei obsiegt oder unterliegt. EuGH und EuG können darüber hinaus entscheiden, dass auch andere Streithelfer ihre eigenen Kosten tragen.[51]

3. Sonderfälle. a) Kostenentscheidung zu Lasten der obsiegenden Partei. Selbst wenn eine Partei den Rechtsstreit gewonnen hat, kann es vorkommen, dass sie dazu verurteilt wird, die Kosten ihres Gegners ganz oder teilweise zu tragen. So können der obsiegenden Partei nach Art. 139 EuGHVfO und Art. 135 EuGVfO die **Kosten** auferlegt werden, die sie der Gegenseite **ohne angemessenen Grund** oder gar **böswillig** verursacht hat. Hierzu rechnen insbes. die Kosten, die infolge unsachgemäßer Prozessführung oder unkorrekten außerprozessualen Verhaltens entstanden sind.[52] So kann das beklagte Organ nach dieser Vorschrift zur Kostentragung verurteilt werden, wenn sein rechtswidriges Verhalten den Rechtsstreit ausgelöst hat, auch wenn die Klage letztlich erfolglos bleibt.[53] Darüber hinaus eröffnet Art. 135 Abs. 1 EuGVfO, generell die Möglichkeit **aus Gründen der Billigkeit** die Kosten zu teilen oder gegeneinander aufzuheben.[54] Diese Regelung erlaubt zB, dem Umstand Rechnung zu tragen, dass das beklagte Organ durch sein Verhalten Anlass zur Erhebung einer unzulässigen oder unbegründeten Klage gegeben hat.[55]

---

[47] Siehe Wägenbaur EuGVfO Art. 88 Rn. 1 sowie zB EuGH 3.10.2022 – C-116/19 P-DEP, ECLI:EU:C:2022:751 – EUIPO/Schneider und EuGH 3.10.2022 – C-382/19 P-DEP, ECLI:EU:C:2022:752 – EUIPO/Pethke.
[48] ZB EuG 20.3.2002 – T-9/99, ECLI:EU:T:2002:70 Rn. 640 = BeckRS 2008, 70887 – HFB ua/Kommission und Tenor sowie EuG 8.11.2000 – T-485/93, T-491/93, T-494/93 und T-61/98, ECLI:EU:T:2000:255 – Dreyfus ua/Kommission.
[49] ZB EuGH 8.11.1983 – 96/82 bis 102/82, 104/82, 105/82, 108/82 und 110/82, ECLI:EU:C:1983:310 – IAZ International Belgium ua/Kommission.
[50] Das gleiche gilt für die Mitgliedstaaten des EWR, die keine EU-Mitgliedstaaten sind, und für die EFTA-Überwachungsbehörde.
[51] ZB EuG 7.7.1999 – T-89/96, ECLI:EU:T:1999:136 – British Steel/Kommission.
[52] So für den Fall, dass die Kommission dem späteren Kläger iRd Verwaltungsverfahrens keine Akteneinsicht gewährt hat, so dass dieser erst im Laufe des Gerichtsverfahrens von bestimmten Unterlagen Kenntnis nehmen konnte, EuG 15.3.2000 – T-25/95, T-26/95, T-30/95 bis T-32/95, T-34/95 bis T-39/95, T-42/95 bis T-46/95, T-48/95, T-50/95 bis T-65/95, T-68/95 bis T-71/95, T-87/95, T-88/95, T-103/95 und T-104/95, ECLI:EU:T:2000:77 = BeckRS 2000, 70143 – Cimenteries/Kommission.
[53] EuG 16.10.1996 – T-336/94, ECLI:EU:T:1996:148 Rn. 38 f. – Efisol/Kommission.
[54] ZB EuG 13.7.2006 – T-464/04, ECLI:EU:T:2006:216 Rn. 544–552 = BeckEuRS 2009, 500414 – Impala/Kommission.
[55] EuG 10.6.1990 – T-64/89, ECLI:EU:T:1990:42 = EuZW 1991, 564 – Automec/Kommission.

Zwischen dem Anwendungsbereich von Abs. 1 (Kostenteilung oder -aufhebung aus Gründen der Billigkeit) und Abs. 2 (Verurteilung der obsiegenden Partei, Kosten zu tragen, die sie ohne angemessenen Grund oder böswillig verursacht hat) bestehen gewisse Überschneidungen. Das EuG wählt in diesen Fällen die im Einzelfall angemessene Rechtsfolge nach seinem Ermessen aus.

17 **b) Klage- oder Antragsrücknahme und Erledigung der Hauptsache.** Dem Unterliegen in einem Prozess wird die **Klagerücknahme** nach Art. 141 EuGHVfO und Art. 136 EuGVfO bzw. die Rücknahme eines ein sonstiges Verfahren einleitenden Antrags gleich gestellt. Dementsprechend werden dem Zurücknehmenden auf Antrag der anderen Partei die Kosten des Rechtsstreits auferlegt.[56] Ohne einen solchen Antrag trägt jede Partei ihre eigenen Kosten,[57] während bei einer Einigung der Parteien über die Kosten, etwa im Rahmen einer außergerichtlichen Einigung über die Hauptsache, die europäischen Gerichte gemäß dieser Vereinbarung entscheiden.[58] Auf Antrag der Partei, die ihre Klage oder ihren Antrag zurücknimmt,[59] können die Gerichte auch der Gegenpartei die Kostenlast auferlegen, wenn dies wegen des Verhaltens dieser Partei gerechtfertigt erscheint. Dies betrifft namentlich die Fälle, in denen die beklagte Partei – normalerweise ein Organ oder, im Vertragsverletzungsverfahren, ein Mitgliedstaat – durch ein vorwerfbares Verhalten Anlass zur Klage gibt, dieses Verhalten nach Klageerhebung aber abstellt und so den Rechtsstreit hinfällig werden lässt.[60] Das ist zB der Fall, wenn eine Vertragsverletzung nach Klageerhebung abgestellt wird[61] oder wenn sich der angefochtene Akt nach Klageerhebung als rechtswidrig erweist,[62] er zurückgenommen oder durch einen anderen, den Kläger nicht belastenden Akt ersetzt worden ist.[63] Allerdings kommt es im Einzelfall auf die Gründe für die Rücknahme des Aktes an.[64]

18 Für den Fall der **Erledigung** des Rechtsstreits in **der Hauptsache** bestimmen Art. 142 EuGHVfO und Art. 137 EuGVfO, dass die Gerichte nach freiem Ermessen über die Kostenverteilung entscheiden können. Zweck dieser Regelung ist es sicherzustellen, dass nicht allein im Hinblick auf die Kostentragungspflicht schwierige rechtliche Erörterungen über die Zulässigkeit und die Begründetheit der Klage anzustellen sind. Im Rahmen dieser Ermessensentscheidung wird der Gerichtshof jedoch den Sach- und Streitstand im Zeitpunkt der Erledigung berücksichtigen und die Erfolgsaussichten nicht völlig außer Acht lassen.[65] Wenn sich die Erfolgsaussichten nicht eindeutig abschätzen lassen, werden die Kosten meist gegeneinander aufgehoben.[66] Die Kostenentscheidung ergeht mit dem verfahrensbeendenden Streichungsbeschluss.

---

[56] Art. 141 Abs. 1 EuGHVfO, Art. 136 Abs. 1 EuGVfO.
[57] Art. 141 Abs. 4 EuGHVfO, Art. 136 Abs. 4 EuGVfO.
[58] Art. 141 Abs. 3 EuGHVfO, Art. 136 Abs. 3 EuGVfO zB EuGH 20.12.2022 C-774/21 P, ECLI:EU:C:2022:1040 – NB/Gerichtshof der Europäischen Union.
[59] ZB EuG 26.1.2006 – T-317/03, ECLI:EU:T:2006:27 Rn. 2 f. = GRUR Int. 2006, 312 – Volkswagen/HABM.
[60] ZB EuG 20.1.1995 – T-124/93, ECLI:EU:T:1995:8 – Werner/Kommission.
[61] ZB EuGH 11.3.2022 – C-57/20, ECLI:EU:C:2022:229 – Kommission/Deutschland.
[62] EuG 6.7.2000 – T-150/98, ECLI:EU:T:2000:181 – De Haan Beheer/Kommission, Feststellung der Ungültigkeit des angefochtenen Aktes in einem Vorabentscheidungsverfahren.
[63] EuG 27.3.2001 – T-205/00, ECLI:EU:T:2001:102 – Renco/Rat, Klage gegen die Verweigerung des Zugangs zu den Akten eines Vergabeverfahrens, die zurückgenommen wurde, nachdem das beklagte Organ nicht vertrauliche Teile dieser Akten im Rahmen eines die Rechtmäßigkeit des Vergabeverfahrens betreffenden Parallelrechtsstreits vorgelegt hatte, ohne eine Änderung seiner Haltung zu begründen.
[64] EuG 22.2.2001 – T-189/00, ECLI:EU:T:2001:65 – „Invest" Import und Export and Invest commerce/Kommission, Angefochten war eine Verordnung über das Einfrieren von Geldern und ein Investitionsverbot betr. die Bundesrepublik Jugoslawien, die nach Klageerhebung wegen der veränderten politischen Situation in diesem Staat aufgehoben wurde. Hier wurde keine Ausnahme von dem Grundsatz gemacht, dass der Kläger nach einer Klagerücknahme alle Kosten des Verfahrens trägt.
[65] ZB EuGH 12.12.2019 – C-123/19 P und C-125/19 P, ECLI:EU:C:2019:1088 – Vans/EUIPO. Vgl. hierzu ebenfalls mit vielen Beispielen aus der Rspr. Wolf EuR 1976, 7 (20); Klinke in Christianos Rn. 388.
[66] zB EuG 10.1.2001 – T-153/00, ECLI:EU:T:2001:3 – Spain Pharma/Kommission.

4. Die Kostenentscheidung im Vorabentscheidungsverfahren. Vorabentscheidun- 19
gen, die auf Vorlage nationaler Gerichte ergehen, müssen ebenfalls eine Kostenentscheidung enthalten, Art. 38 EuGH-Satzung sieht keine Einschränkung vor. Im Gegensatz zu
den Entscheidungen über Direktklagen und Rechtsmittel wird die Kostenformel aber nicht
in den Tenor aufgenommen; die Kosten werden lediglich am Ende der Entscheidungsgründe behandelt. Dazu bestimmt Art. 102 EuGHVfO, dass die Entscheidung über die
Kosten des Vorabentscheidungsverfahrens Sache des nationalen Gerichts ist, welches den
EuGH angerufen hat. Sowohl hinsichtlich der Kostenlast als auch für die Kostenfestsetzung
gelten für das nationale Gericht dabei allein seine innerstaatlichen Kostenvorschriften.[67] Das
gilt auch dann, wenn das nationale Recht für diesen Fall keine ausdrücklichen Bestimmungen enthält. Allerdings ist die Kostenregelung, die sich aus dem nationalen Recht für das
Vorabentscheidungsverfahren ergibt, an den gemeinschaftsrechtlichen Grundsätzen der
Effektivität und der Gleichwertigkeit zu messen. Sie darf deshalb nicht so ausgestaltet sein,
dass sie dem einzelnen die Ausübung der durch die Unionsrechtsordnung verliehenen
Rechte unmöglich macht oder übermäßig erschwert, und sie darf nicht ungünstiger sein als
die Vorschriften über die Kosten vergleichbarer Zwischenverfahren des nationalen
Rechts.[68] Dies führt zu der Konsequenz, dass Vorlageverfahren zum EuGH je nach Mitgliedstaat unterschiedlich teuer sein können.[69] Unionsorgane oder Mitgliedstaaten, die sich
nach Art. 23 EuGH-Satzung an einem Vorabentscheidungsverfahren beteiligen, müssen
nach ständiger Rechtsprechung des Gerichtshofs ihre Kosten selber tragen, da ihr Beitrag
an der Klärung der vorgelegten Rechtsfrage im eigenen, bzw. im allgemeinen europäischen
Interesse erfolgt.[70]

D. Kostenfestsetzung

Die Kostenentscheidungen des EuGH und des EuG stellen regelmäßig nur fest, welchen 20
Anteil an den Prozesskosten jede Partei zu tragen hat. Muss danach eine Partei der anderen
ihre Kosten oder einen Teil davon erstatten, so müssen die Parteien mangels einer unionsrechtlichen Gebührenordnung grundsätzlich versuchen, sich über den Erstattungsbetrag zu
einigen. Kommt keine Einigung zustande, so entscheidet auf Antrag einer Partei beim EuG
die mit dem ursprünglichen Rechtsstreit befasste Kammer, beim EuGH die Kammer mit
drei Richtern, der der (oder die) für die Rechtssache zuständige Berichterstatter(in) angehört, über die erstattungsfähigen Kosten.[71] Streiten die Parteien im Anschluss an ein
Rechtsmittelverfahren über die Kosten beider Instanzen, so hängt die Zuständigkeit über
die Festsetzung der aus das erstinstanzliche Verfahren entfallenden Kosten von den Umständen der Rechtssache ab. Hat der EuGH selbst den Rechtsstreit endgültig entschieden
und auch die Entscheidung über die Kosten auf die Verfahren vor EuGH und EuG
entfallenden Kosten getroffen, so ist der EuGH für die Kostenfestsetzung beider Instanzen
zuständig. Hat der EuGH keine Entscheidung über die auf das erstinstanzliche Verfahren
entfallenden Kosten getroffen, so ist das EuG für die Kostenfestsetzung des erstinstanzlichen
Verfahrens zuständig.[72]

---

[67] EuGH 6.12.2001 – C-472/99, ECLI:EU:C:2001:663 = EuR 2001, 899 – Clean Car Autoservice/Stadt Wien.
[68] EuGH 6.12.2001 – C-472/99, ECLI:EU:C:2001:663 Rn. 28–29 = EuR 2001, 899 – Clean Car Autoservice/Stadt Wien.
[69] Klinke in Christianos Rn. 398.
[70] ZB EuGH 6.12.2001 – C-472/99, ECLI:EU:C:2001:663 Rn. 33 = EuR 2001, 899 – Clean Car Autoservice/Stadt Wien.
[71] Art. 145 Abs. 1 EuGHVfO, Art. 170 EuGVfO.
[72] EuGH 30.5.2018 – C-30/15 P-DEP2, ECLI:EU:C:2018:354 Rn. 19 – Simba Toys/EUIPO und Seven Towns; EuGH 1.10.2013 – C-521/09 P–DEP, ECLI:EU:C:2013:644 Rn. 9 bis 12 – Elf Aquitaine/Kommission; EuG 8.2.2018 – T-450/09 DEP, ECLI:EU:T:2018:81 Rn. 20 und 22 – Simba Toys/EUIPO – Seven Towns (Form eines Würfels mit Seiten mit einer Gitterstruktur).

21 Jeder Verfahrensbeteiligte, dh auch ein Streithelfer, kann einen **Antrag** auf Kostenfestsetzung stellen.[73] Der Antrag ist nur zulässig, wenn über die zu erstattenden Kosten Streit besteht. Er setzt daher jedenfalls voraus, dass der Kostengläubiger den Kostenschuldner zur Zahlung aufgefordert hat und dieser nicht bereit ist, den verlangten Betrag zu zahlen.[74] Dem Antrag auf Kostenfestsetzung sind entsprechende Nachweise über die Korrespondenz zwischen den Parteien beizufügen.[75] Eine Frist für den Antrag legen die Verfahrensordnungen nicht fest, doch verlangt die Rechtsprechung, dass er innerhalb **angemessener Frist** gestellt wird.[76] Dem Antrag ist eine Kostenaufstellung mit entsprechenden Belegen beizufügen.[77] Soweit nach dem Verfahrensrecht Anwaltszwang besteht, ist dieser auch hier zu beachten. Die Entscheidung ergeht nach Anhörung der Gegenpartei und ggf. des Generalanwaltes durch **unanfechtbaren Beschluss,** von dem die interessierte Partei zum Zwecke der Zwangsvollstreckung eine Ausfertigung beantragen kann.[78] Mit ihr setzt das jeweils zuständige Gericht nicht die Höhe der entstandenen Kosten fest, sondern bestimmt lediglich den Betrag, den die zur Erstattung der Kosten verurteilte Partei dem Gegner erstatten muss.[79]

22 Streit um die zu erstattenden Kosten betrifft meist die Höhe der **Anwaltskosten.**[80] Für die Frage, in welcher Höhe die **Honorare der Prozessvertreter** erstattet werden müssen, sind nationale Gebührenregelungen ebenso wenig maßgeblich[81] wie Honorarvereinbarungen, die eine Partei mit ihrem Rechtsbeistand getroffen hat.[82] Die europäischen Gerichte bestimmen den „für das Verfahren notwendigen" Betrag der Vergütung in freier Würdigung der Umstände des Einzelfalles, bei der ihnen ein weites Ermessen zusteht. Zu den Gesichtspunkten, die sie dabei berücksichtigen, gehören der Gegenstand und die Art des Rechtsstreits, seine Bedeutung für das Unionsrecht sowie seinen Schwierigkeitsgrad, den Arbeitsaufwand der tätig gewordenen Prozessvertreter im Zusammenhang mit dem Verfahren und das wirtschaftliche Interesse der Parteien am Ausgang des Prozesses.[83]

---

[73] Wolf EuR 1976, 7 (24).
[74] EuG 17.3.1999 – T-163/94 (92), ECLI:EU:T:1999:60 – NTN/Rat; EuG 10.12.2020 – T-63/19 DEP, ECLI:EU:T:2020:600 – Rot Front/EUIPO-Kondyterska korporatsiia „Roshen" (POWEH); EuG 24.1.2017 – T-251/14 DEP, ECLI:EU:T:2017:39 – Natorski und Pokrywa/EUIPO – PIS Opakowania (Türenteil).
[75] ZB EuG 6.10.2022 – T-512/20 DEP, nvicht veröffentlicht, ECLI:EU:T:2022:617 Rn. 8–12 – TrekStor/EUIPO (Schutzhüllen für Datenverarbeitungsgeräte). Beim Ausbleiben jeglicher Reaktion der Gegenseite sind Nachweise über die Zustellung der Forderung einzureichen (siehe EuG 20.6.2018 – T-20/09 P-DEP, ECLI:EU:T:2018:373 Rn. 12 – Kommission/Marcuccio).
[76] EuGH 21.6.1979 – 126/76 DEP, ECLI:EU:C:1979:158 – Dietz/Kommission; EuG 17.4.1996 – T-2/93 (92), ECLI:EU:T:1996:48 – Air France/Kommission; EuG 12.5.2021 – T-199/04 DEP, ECLI:EU:T:2021:302 Rn. 17–23 – Gul Ahmed Textile Mills/Rat.
[77] Plender, European Courts Procedure, 2001 Rn. 15–069, vgl. auch EuGH 30.10.1998 – T-290/94 (92), ECLI:EU:T:1998:255 – Kaysersberg/Kommission.
[78] Dieser Antrag auf Ausfertigung des Beschlusses ist rein administrativer Art und muss nicht im Antrag auf Kostenfestsetzung aufgeführt werden. Es reicht, ihn nach Beendigung des Verfahrens an die Kanzlei zu stellen. Siehe zB EuGH 4.3.2021 – C-514/18 P-DEP, ECLI:EU:C:2021:180 Rn. 51 und 52 – Schmid/Landeskammer für Land- und Forstwirtschaft in Steiermark; EuG 29.11.2016 – T-513/16 DEP, EU:T:2016:709 Rn. 21 – Brune/Kommission.
[79] EuG 22.3.2000 – T-97/95, ECLI:EU:T:2000:83 – Sinochem/Rat.
[80] Bei Reisekosten entstehen weniger Probleme da sie zum einen immer durch Belege nachgewiesen werden können und zum anderen die europäischen Gerichte aufgrund des hohen Preisniveaus in Luxemburg hier relativ großzügig sind.
[81] ZB EuG 8.11.1996 – T-120/89, ECLI:EU:T:1996:161 = EuZW 1991, 631 – Stahlwerke Peine-Salzgitter/Kommission; EuG 28.2.2023 – T-327/21 DEP, ECLI:EU:T:2023:103 – Scania CV/EUIPO (V8). Das schließt nicht aus, dass sie im Einzelfall einen Anhaltspunkt für die Beurteilung bilden können, ob die verlangten Honorare sich in einem angemessenen Rahmen bewegen, Plender, European Courts Procedure, 2001, Rn. 15–064.
[82] EuGH 26.11.1985 – 318/82–DEPE, ECLI:EU:C:1985:468 = NJW 1985, 2887 – Leeuwarder Papierwarenfabriek BV/Kommission; EuG 22.3.2000 – T-97/95, ECLI:EU:T:2000:83 – Sinochem/Rat; EuGH 3.9.2020 – C-265/17 P-DEP, ECLI:EU:C:2020:655 – United Parcel Service/Kommission.
[83] StRspr, zB EuGH 4.3.2021 – C-514/18 P-DEP, ECLI:EU:C:2021:180 Rn. 20 – Schmid/Landeskammer für Land- und Forstwirtschaft in Steiermark. Siehe auch EuGH 26.11.1985 – 318/82–DEPE, ECLI:EU:C:1985:468 = NJW 1985, 2887 – Leeuwarder Papierwarenfabriek/Kommission. S; EuG 28.2.2023 –

Inwieweit der Unionsrichter den erforderlichen Arbeitsaufwand und den Wert der 23
Arbeit eines Anwalts korrekt beurteilen kann, hängt davon ab, ob die Parteien dazu
hinreichend präzise Angaben gemacht und die entsprechenden Rechtfertigungen angeführt haben.[84] Entscheidend ist darzulegen, dass die geforderte Anzahl an Arbeitsstunden
und der geforderte Stundensatz gerechtfertigt sind. Hierbei gilt allerdings auch: je höher
der geforderte Stundensatz, desto mehr erwarten die europäischen Gerichte, dass der
Anwalt über Erfahrung und Fachwissen verfügt und demnach weniger Arbeitsstunden für
das Bearbeiten der Rechtssachen benötigt. Wichtig ist auch, ob der Anwalt die Partei
bereits in Vorverfahren vertreten hat und somit bereits eingearbeitet ist. Es liegt somit in
der Natur des Rechtsmittels, dass grundsätzlich weniger Arbeitsstunden anerkannt werden
als in erster Instanz. Was die Bedeutung des Rechtsstreits aus unionsrechtlicher Sicht und
den Schwierigkeitsgrad des Rechtsstreits betrifft, so beziehen sich die europäischen Gerichte in Ihrer Beurteilung der Notwendigkeit der geltend gemachten Arbeitsstunden auf
die „Üblichkeit" des Rechtsstreits im betroffenen Gebiet des Unionsrechts, auf die Anzahl
der geltend gemachten Klage- bzw. Rechtsmittelgründe sowie auf die Frage ob der
Rechtsstreit allein auf Basis bestehender Rechtsprechung entschieden werden konnte oder
ob neue Rechtsfragen im Verfahren aufgeworfen wurden. Die bloße Anwendung des
Unionsrechts, die Tatsache dass von einer mündlichen Verhandlung abgesehen wurde oder
dass der Gerichtshof ohne Schlussanträge des Generalanwalts entschieden hat sind eindeutige Hinweise darauf, dass die europäischen Gerichte den Schwierigkeitsgrad und die
Bedeutung eines Rechtsstreit für nicht besonders hoch einschätzen. Anhand des ermittelten Schwierigkeitsgrads ermitteln die europäischen Gerichte in freier Würdigung sodann
den notwendigen Arbeitsaufwand. Als notwendig werden normalerweise nur die Kosten
eines Anwalts angesehen,[85] der allerdings durch andere Anwälte derselben Kanzlei unterstützt werden kann.[86] Besondere Umstände können jedoch im Einzelfall die Mitwirkung
mehrerer Anwälte, bzw. Kanzleien, rechtfertigen.[87] Abzustellen ist jedoch auf die Gesamtzahl der aufgewendeten Arbeitsstunden.[88] Für die Vertretung eines **Streithelfers** ist
normalerweise ein geringeres Honorar angemessen als bei der unterstützten Hauptpartei.[89]
Bei der Beurteilung des wirtschaftlichen Interesses der Parteien am Ausgang des

---

T-327/21 DEP, ECLI:EU:T:2023:103 – Scania CV/EUIPO (V8) und EuGH 4.12.2019 – C-603/16 P–DEP, ECLI:EU:C:2019:1040 Rn. 19 f. – PT Wilmar Bioenergi Indonesia und PT Wilmar Nabati Indonesia/Rat.

[84] EuG 8.11.1996 – T-120/89, ECLI:EU:T:1996:161 = EuZW 1991, 631 – Stahlwerke Peine-Salzgitter/Kommission, vgl. auch EuG 23.1.2002 – T-101/00, ECLI:EU:T:2002:10 – Martín de Pablos/Kommission.

[85] ZB EuG 9.6.1993 – T-78/89, ECLI:EU:T:1993:45 – PPG Industries Glass/Kommission; EuG 15.3.2000 – T-337/94, ECLI:EU:T:2000:76 = BeckEuRS 2000, 241893– Enso-Gutzeit/Kommission.

[86] Fiebig CMLR 1997, 89 (119). Für die Kostenfestsetzung kommt es in diesem Fall darauf an, ob die insgesamt aufgewendete Arbeitszeit angemessen ist, EuG 15.3.2000 – T-337/94, ECLI:EU:T:2000:76 Rn. 20 f. = BeckEuRS 2000, 241893 – Enso-Gutzeit/Kommission. Siehe aber auch EuG 31.3.2023 T-24/19 DEP, ECLI:EU:T:2023:192 Rn. 54 f. – INC und Consorzio Stabile Sis/Kommission – der Aufwand für die Koordination zwischen den einzelnen Anwälten derselben Partei ist nicht erstattungsfähig.

[87] ZB EuGH 26.11.1985 – T-318/82–DEPE, ECLI:EU:C:1985:468 = NJW 1985, 2887 – Leeuwarder Papierwarenfabriek BV/Kommission; EuG 15.7.1998 – T-115/94, ECLI:EU:T:1998:166 = EuZW 1997, 664 – Opel Austria/Rat. Weitere Beispiele bei Wägenbaur EuZW 1997, 197 (200) und bei Plender, European Courts Procedure, 2001, Rn. 15.056. Wird während des Verfahrens ein neuer Anwalt eingeschaltet, so gehört die für dessen Einarbeitung erforderliche Arbeitszeit nicht zu den für das Verfahren erforderlichen Aufwendungen, EuG 15.3.2000 – T-337/94, ECLI:EU:T:2000:76 = BeckEuRS 2000, 241893 – Enso-Gutzeit/Kommission.

[88] ZB EuGH 4.3.2021 – C-514/18 P–DEP, ECLI:EU:C:2021:180 Rn. 40 – Schmid/Landeskammer für Land- und Forstwirtschaft in Steiermark.

[89] EuG 22.3.1999 – T-97/95, ECLI:EU:T:1999:62 – Sinochem/Rat. Die von der Hauptpartei gezahlten Honorare sind aber nicht unbedingt maßgeblich, wenn diese ein Organ ist, dessen Bedienstete einen großen Teil der für die Verfahren erforderlichen Arbeit geleistet haben, EuG 7.3.2000 – T-2/95, ECLI:EU:T:2000:57 – Industrie des poudres sphériques/Rat. Zu Übersetzungskosten des Intervenienten vgl. EuG 17.4.1996 – T-2/93, ECLI:EU:T:1996:48 – Air France/Kommission. Siehe auch Jürschik/Dörrfuß EuZW 2023, 253 (256).

Rechtsstreits kommt dem Vortrag des Antragstellers in der Regel besondere Bedeutung zu. Die Unionsgerichte erwarten hier eine detaillierte und genaue Darlegung von Zahlen und Fakten, was die finanziellen Auswirkungen des Rechtsstreits auf die jeweilige Partei betrifft.[90] Auch die Kosten für das Kostenfestsetzungsverfahren gelten als erstattungsfähig. Allerdings gehen Gericht und Gerichtshof davon aus, dass ein solches Verfahren weitgehend standardisiert ist und keine Schwierigkeit aufweist. Häufig werden somit nur zwei Arbeitsstunden für das Vorbereiten des Antrags als notwendig erachtet.

24 Das als angemessen anzusehende Honorar des Anwalts, den eine Partei in Anspruch genommen hat, ist auch dann erstattungsfähig, wenn für diese Partei – wie bei Mitgliedstaaten und Unionsorganen – kein Anwaltszwang besteht.[91] Dagegen können die Organe keinen Ersatz für die Arbeitszeit ihrer eigenen Bediensteten verlangen, die sie im Prozess vertreten haben.

25 Zu den erstattungsfähigen **Auslagen** der Parteien gehören die **Reise- und Aufenthaltskosten** der Anwälte,[92] Rechtsbeistände und Bevollmächtigten[93] für Termine bei den europäischen Gerichten.[94] Für die Reise- und Aufenthaltskosten der Parteien gilt dies jedoch nur dann, wenn ihre persönliche Anwesenheit für das Verfahren geboten ist, sei es, dass ihr Erscheinen vor dem Gerichtshof ausdrücklich angeordnet wurde, sei es, dass sie zur Sachverhaltsaufklärung erforderlich sein kann.[95] Reise- und Aufenthaltskosten sonstiger Personen, zB von Sachverständigen, die eine Partei beauftragt hat, können nur geltend gemacht werden, wenn deren Mitwirkung am Verfahren erforderlich war.[96] Die Kosten einer Rechtsschutzversicherung gehören nur in seltenen Ausnahmefällen zu den erstattungsfähigen Verfahrenskosten.[97]

26 Im Kostenfestsetzungsbeschluss werden die vom Kostengläubiger verlangten Beträge oft erheblich gekürzt, während die von den Kostenschuldnern angebotenen Summen meist überschritten werden.[98] Hinsichtlich der Begründung dieser Beschlüsse lassen sich zwei Ansätze unterscheiden. Einige Kammern neigen zur Festsetzung von globalen Beträgen auf der Grundlage einer Gesamtwürdigung aller Umstände, während andere Kammern detaillierte Berechnungen der einzelnen Kostenfaktoren vornehmen. In dem festgesetzten Betrag sind auch die Kosten des Kostenfestsetzungsverfahrens enthalten.[99] Eine eigene Kosten-

---

[90] Vgl. EuGH 4.3.2021 – C-514/18 P-DEP, ECLI:EU:C:2021:180 Rn. 44 – Schmid/Landeskammer für Land- und Forstwirtschaft in Steiermark; EuG 27.4.2020 – T-116/17 DEP, ECLI:EU:T:2020:168 – Spiegel-Verlag Rudolf Augstein und Sauga/EZB; EuG 5.3.2012 – T-446/07 DEP, ECLI:EU:T:2012:100 – Royal Appliance International/HABM.
[91] ZB EuG 12.12.1997 – T-167/94, ECLI:EU:T:1997:195 – Nölle/Rat und Kommission; EuG 12.11.1998 – T-294/97, ECLI:EU:T:1998:258 – Carrasco Benítez/Kommission.
[92] Sofern kein Missbrauch vorliegt, kann der Kostenschuldner gegen die Höhe der Reisekosten eines Anwalts nicht einwenden, dass die Gegenpartei einen näher am Gerichtssitz zugelassenen Anwalt hätte beauftragen können, EuG 12.6.2001 – T-95/98 DEP, ECLI:EU:T:2001:157 – Gogos/Kommission, griechischer Beamter, der sich durch einen in Athen zugelassenen Anwalt vertreten ließ.
[93] Organe und Mitgliedstaaten, die neben einem Bevollmächtigten durch einen Anwalt vertreten werden, können diese Kosten für beide Vertreter verlangen, vgl. EuG 12.12.1997 – T-167/94, ECLI:EU:T:1997:195 – Nölle/Rat und Kommission; EuGH 3.10.2022 – C-382/19 P-DEP, ECLI:EU:C:2022:752 – EUIPO/Pethke.
[94] Reisekosten, die für Konsultationen des Anwalts mit der Partei angefallen sind, werden dagegen nur ausnahmsweise ersetzt, vgl. Plender, European Courts Procedure, 2001 Rn. 15–064. Ebenfalls als nicht notwendig erachtet werden Honorarkosten für die Dauer der Reisezeit (siehe EuGH 4.10.2022 – C-488/16 P-DEP, ECLI:EU:C:2022:768 Rn. 29 – Freistaat Bayern/Bundesverband Souvenir – Geschenke – Ehrenpreise).
[95] EuGH 17.9.1981 – 24/79 DEP, ECLI:EU:C:1981:207 = BeckRS 2004, 72550 – Noëlle Oberthür/Kommission; krit. Fiebig CMLRev 1997, 89 (124).
[96] EuG 17.9.1998 – T-271/94, ECLI:EU:T:1998:222 – Branco/Kommission.
[97] EuG 27.11.2000 – T-78/99, ECLI:EU:T:2000:274 – Elder/Kommission.
[98] Beispiele bei Wägenbaur EuZW 1997, 197 (204); krit. zu der dadurch gegebenen Anreiz, die Unionsgerichte mit Kostenstreitigkeiten zu befassen, Plender, European Courts Procedure, 2001 Rn. 15–066 und Fiebig CMLRev 1997, 89 (129–133).
[99] EuG 27.11.2000 – T-78/99, ECLI:EU:T:2000:274 – Elder/Kommission.

entscheidung enthält der Kostenfestsetzungsbeschluss selbst dann nicht, wenn der Antrag zurückgewiesen wird. Verzugszinsen billigt der Gerichtshof für die Zeit vor dem Erlass des Kostenfestsetzungsbeschlusses nicht zu, wohl aber ab Zustellung des Kostenfestsetzungsbeschlusses, sofern dies vom Antragsteller beantragt wurde.[100] Wie jede andere Gerichtsentscheidung ist der Kostenfestsetzungsbeschluss der Auslegung durch den Gerichtshof fähig.[101]

E. Prozesskostenhilfe

I. Allgemeines

Die Verfahrensordnungen der beiden europäischen Gerichte sehen jeweils vor, dass einer **27** Partei, die außerstande ist, die Kosten des Verfahrens zu bestreiten, Prozesskostenhilfe gewährt werden kann.[102] In der Praxis ist dieses Verfahren insbes. vor dem EuG relevant, da der EuGH kaum noch für Klagen natürlicher Personen zuständig ist.[103] Dagegen entscheidet der EuGH über die Prozesskostenhilfe im Zusammenhang mit den bei ihm eingelegten Rechtsmitteln und in den Vorabentscheidungsverfahren. Bei letzteren hat die Gewährung von Prozesskostenhilfe nach nationalem Recht im Verfahren vor dem vorlegenden Gericht grundsätzlich Vorrang vor der Prozesskostenhilfe durch den EuGH, doch erlaubt Art. 115 ff. EuGHVfO es dem Gerichtshof, einer am Ausgangsverfahren beteiligten Partei Prozesskostenhilfe gewähren, um es ihr zu erleichtern, sich vor dem Gerichtshof vertreten zu lassen oder persönlich zu erscheinen.[104] Im Einzelfall können also nationale und europäische Prozesskostenhilfe zusammentreffen, wenn nach den mitgliedstaatlichen Vorschriften keine Unterstützung für das Verfahren vor dem EuGH gewährt werden kann oder diese nicht ausreicht.[105]

II. Voraussetzungen

1. Bedürftigkeit. Zu den Parteien, die Prozesskostenhilfe erhalten können, gehören **28** neben dem Kläger und dem Beklagten auch die Streithelfer.[106] Der Antragsteller muss seine Bedürftigkeit nachweisen, dh er muss aufzeigen, dass sein Einkommen und sein Vermögen bei Berücksichtigung seiner sonstigen Verpflichtungen (zB Familienunterhalt) für eine Prozessführung vor dem Gericht nicht ausreichen. Zum Nachweis dieser Bedürftigkeit sieht Art. 147 Abs. 3 EuGVfO insbes. die Vorlage einer entsprechenden **Bescheinigung der zuständigen innerstaatlichen Behörde** vor. Die Bedürftigkeit kann aber auch auf andere Art und Weise nachgewiesen werden. Als Beweismittel können zB aktuelle Gehaltsbescheinigungen oder sonstige Unterlagen dienen, die Aufschluss über Einkünfte, vorhandenes Vermögen und Belastungen geben.[107] Stellt eine Handelsgesellschaft einen Antrag auf Bewilligung von Prozesskostenhilfe, so sind nicht nur deren finanzielle Eigenmittel zu

---

[100] ZB EuGH 21.3.1972 – 6/72 R, ECLI:EU:C:1972:22 – Europemballage und Continental Can/Kommission; EuG 8.11.1996 – T-120/89, ECLI:EU:T:1996:161 = EuZW 1991, 631 – Stahlwerke Peine-Salzgitter/Kommission; EuG 7.2.2018 – T-745/15 DEP, Rn. 35 und 36 – Scorpio Poland/EUIPO – Eckes-Granini Group (YO!); EuG 19.1.2016 – T-685/13 DEP, ECLI:EU:T:2016:31 Rn. 35 – 38 – Copernicus-Trademarks/HABM – Blue Coat Systems (BLUECO.
[101] EuGH 21.1.1970 – 17/68–DEPE, ECLI:EU:C:1970:2 = BeckRS 2004, 71934 – Reinarz Kommission.
[102] Zu diesem Zweck stehen den Gerichten Haushaltsmittel zur Verfügung.
[103] Wägenbaur EuGHVfO Art. 76 Rn. 1.
[104] Vgl. zB EuGH 11.10.2001 – C-95/99 bis C-98/99 und C-180/99, ECLI:EU:C:2001:532 = BeckRS 2004, 77928 – Khalil ua/Bundesanstalt für Arbeit.
[105] Sa Plender, European Courts Procedure, 2001, Rn. 16.033 f.
[106] Wolf EuR 1976, 26.
[107] ZB eine aktuelle Bescheinigung über Sozialleistungen, die dem Antragsteller auf Grund von Bedürftigkeit gewährt werden, EuG 7.4.2000 – T-11/00 AJ, ECLI:EU:T:2000:103 – Hautem/EIB. Dagegen wurde eine Bescheinigung der Finanzbehörden über das zu versteuernde Einkommen in dem der Klageerhebung vorhergehenden Jahr nicht als ausreichend angesehen, EuG 15.5.2000 – T-101/00 AJ, ECLI:EU:T:2000:126 – Martín de Pablos/Kommission.

berücksichtigen bei der Beurteilung der wirtschaftlichen Lage, sondern auch die Mittel und finanziellen Möglichkeiten, auf deren Beschaffung eine begründete Aussicht besteht (wie zB ein Kredit von einem Finanzinstitut oder die finanziellen Mittel der Gesellschafter).[108] Sind die Unterlagen unzureichend oder unvollständig, kann der Gerichtshof ergänzende Angaben verlangen. Art. 115 Abs. 2 EuGHVfO verlangt für Prozesskostenhilfe im Vorabentscheidungsverfahren ebenso die Vorlage von allen Auskünften und Belegen, die eine Beurteilung der wirtschaftlichen Lage des Antragstellers ermöglichen. Die Vorschriften zur Prozesskostenhilfe im Rechtsmittelverfahren sind ähnlich gefasst.[109]

29 **2. Erfolgsaussichten in der Hauptsache.** Prozesskostenhilfe wird nicht gewährt, wenn die Klage **offensichtlich unzulässig oder unbegründet** ist.[110] Wird der Antrag vor der Klage eingereicht, muss er deshalb eine kurze Darstellung des Klagegegenstandes enthalten,[111] damit sich das zuständige Gericht einen Eindruck davon verschaffen kann, ob die Rechtsverfolgung der antragstellenden Partei Aussicht auf Erfolg verspricht. Beantragt eine Partei erst nach der Klageerhebung Prozesskostenhilfe, so können Gerichtshof und Gericht die Erfolgsaussichten dagegen anhand der Klageschrift prüfen. Im einen wie im anderen Fall handelt es sich um eine summarische Prüfung, so dass ein Prozesskostenhilfeantrag lediglich bei offensichtlicher Aussichtslosigkeit der Rechtsverfolgung zurückgewiesen wird. Im Vorabentscheidungsverfahren ist dieses Erfordernis nicht unmittelbar anwendbar; hier ergibt sich normalerweise schon aus der Tatsache, dass das nationale Gericht eine Vorlage für angebracht gehalten hat, dass die Rechtsverfolgung durch die bedürftige Partei nicht völlig aussichtslos oder mutwillig ist. Allerdings kommt Prozesskostenhilfe nicht in Betracht, wenn das Vorabentscheidungsersuchen unzulässig ist.[112]

III. Verfahren und Inhalt der Entscheidung

30 Prozesskostenhilfe wird nur auf **Antrag** gewährt. Im Verfahren vor dem EuG[113] ist die Verwendung eines entsprechenden vom Gericht gestellten Formulars obligatorisch: Ein in anderer Form als mit dem Formular gestellter Antrag auf Bewilligung von Prozesskostenhilfe wird nicht berücksichtigt. Gemäß Art. 147 Abs. 1 EuGVfO kann ein Prozesskostenhilfeantrag jederzeit, dh vor oder nach Klageerhebung gestellt werden, jedoch nur solange die Rechtssache anhängig ist. Der Antrag ist nicht an eine Frist gebunden und kann deshalb auch erst in einem späteren Stadium des Verfahrens erfolgen. Er kann wiederholt werden, wenn sich entscheidungserhebliche Umstände, wie zB die wirtschaftliche Situation des Antragstellers, ändern. Der Antrag unterliegt nicht dem Anwaltszwang.[114] Das gilt auch dann, wenn erst nach der Klageerhebung Prozesskostenhilfe beantragt wird.[115]

31 Nach Art. 147 Abs. 7 EuGVfO hemmt das Einreichen des Prozesskostenhilfeantrags den Lauf der Klagefrist bis zur Entscheidung des EuG über diesen Antrag. Gemäß Art. 186 Abs. 3. EuGHVfO hemmt die Einreichung eines Prozesskostenhilfeantrags für den Antragsteller die Rechtsmittelfrist. Dies besteht darin, dass die Frist für die Dauer der Bearbeitung des Antrags unterbrochen wird, jedoch mit Zustellung des Beschlusses über den Prozesskostenhilfeantrag die verbleibende Zeit abläuft.

32 Die **Zuständigkeit** für die Entscheidung über den Antrag ist bei den beiden Unionsgerichten unterschiedlich geregelt. Beim EuG ist der **Präsident** für die Gewährung von Prozesskostenhilfe zuständig, der die Entscheidung dem Gericht übertragen kann.[116] Wird

---

[108] EuGH 17.4.2023 – C-699/22 AJ, – Segimerus.
[109] Art. 185 ff. EuGHVfO.
[110] Art. 187 Abs. 1 EuGHVfO, Art. 146 Abs. 2 EuGVfO, zB EuG 1.12.2005 – T-382/05 AJ, ECLI:EU:T:2005:435 – Platte/Kommission; EuGH 12.10.2021 – C-272/21 AJ, – ZJ e. a.
[111] Art. 147 Abs. 4 EuGVfO, Art. 186 Abs. 1 EuGHVfO.
[112] Plender, European Courts Procedure, 2001, Rn. 16.034.
[113] EuGVfO Art. 147 Abs. 2.
[114] Art. 147 Abs. 6 EuGVfO.
[115] EuG 19.2.1997 – T-157/96 AJ, ECLI:EU:T:1997:17 – Affatato/Kommission.
[116] Art. 148 Abs. 2 EuGVfO.

der Prozesskostenhilfeantrag vor Erhebung der eigentlichen Klage gestellt, so bestimmt beim EuGH der Präsident einen Berichterstatter für die Rechtssache. Über die Gewährung der Prozesskostenhilfe entscheidet dann die **Kammer mit drei Richtern,** der der Berichterstatter angehört (→ Rn. 20).

Im Verfahren vor dem EuG erhält die Gegenpartei vor der Entscheidung über die beantragte Prozesskostenhilfe Gelegenheit zur schriftlichen Stellungnahme. Die Anhörung der Gegenpartei ist jedoch überflüssig, wenn der Antragsteller seine Bedürftigkeit nicht nachgewiesen hat bzw. die Klage offensichtlich unzulässig oder unbegründet ist.[117] Bei einem Antrag auf Bewilligung von Prozesskostenhilfe vor dem EuGH gibt es dagegen keine schriftliche Stellungnahme der Gegenpartei. Diese wird jedoch über die Einreichung eines solchen Antrags und die daraus folgende Unterbrechung der Rechtsmittelfrist informiert. 33

Prozesskostenhilfe wird normalerweise für die gesamte Instanz bewilligt. Kommt es zum Versäumnisurteil, so wird auch die Fortsetzung des Verfahrens nach einem Einspruch von dem Prozesskostenhilfebeschluss umfasst. Nicht gedeckt sind die Wiederaufnahme des Verfahrens oder der Drittwiderspruch, da hier die Erfolgsaussichten neu zu beurteilen sind. Im Einzelfall kann die Prozesskostenhilfe statt für das gesamte Verfahren nur für eine bestimmte Verfahrenshandlung gewährt werden.[118] Die Gewährung von Prozesskostenhilfe durch das EuG betrifft nur die Kosten des erstinstanzlichen Verfahrens, während für ein eventuelles Rechtsmittelverfahren ein neuer Antrag beim EuGH erforderlich ist. 34

Die europäischen Gerichte können im Beschluss über die Gewährung von Prozesskostenhilfe dem Antragsteller einen Anwalt beiordnen.[119] Häufig verfügt der Antragsteller jedoch bereits über einen Anwalt, der auch das Prozesskostenhilfegesuch bearbeitet hat. In diesem Fall wird lediglich eine bestimmte Summe zur Deckung der Anwaltskosten im Beschluss genannt. Wenn die bedürftige Partei ohne anwaltlichen Beistand ist und keinen Vorschlag macht, wird ein Anwalt von Amts wegen ernannt, nachdem die zuständige Stelle des durch das Verfahren betroffenen Staates[120] um entsprechende Vorschläge ersucht worden ist.[121] 35

Im Falle der Gewährung von Prozesskostenhilfe sind EuGH und EuG ausnahmsweise befugt, auch die Kosten festzusetzen, die der Anwalt für seine Tätigkeit im Rahmen des Verfahrens erhält.[122] Sie machen üblicherweise von der Möglichkeit Gebrauch, in dem Beschluss, mit dem die Prozesskostenhilfe bewilligt wird, eine Obergrenze festzulegen, die die Auslagen und Gebühren des Anwalts grundsätzlich nicht überschreiten dürfen. Wenn sich im Laufe des Verfahrens ergibt, dass die ursprünglich angesetzten Beträge nicht ausreichen, etwa weil zusätzliche Verfahrenshandlungen vorzunehmen sind, so kann ein weiterer Antrag gestellt werden.[123] Neben dem Honorar und den Auslagen des Anwalts können auch sonstige für das Verfahren erforderliche Kosten (zB Reisekosten der Partei) übernommen werden. 36

Wird Prozesskostenhilfe gewährt, so kann die Gerichtskasse bestimmte Kosten vorstrecken.[124] Damit ist aber weniger die Auszahlung der zur Rechtswahrnehmung notwendigen Beträge an die Partei oder ihren Anwalt gemeint als die vorübergehende Befreiung von 37

---

[117] Art. 148 Abs. 1 EuGVfO.
[118] ZB EuG 14.7.1995 – T-303/94 AJ, ECLI:EU:T:1995:143 = BeckEuRS 2010, 516520 – De Jong/Rat und Kommission, Prozesskostenhilfe nur für die Erhebung einer Schadensersatzklage; Prozesskostenhilfe für die Teilnahme des Anwalts an zwei informellen Sitzungen mit dem Ziel einer gütlichen Einigung.
[119] Art. 4 Abs. 1 ZVerfO, Art. 148 Abs. 6 EuGVfO, zB EuG 12.7.2019 – T-40/16, – MU/Parlament.
[120] In aller Regel wird es sich um den Heimatstaat des Antragstellers, um einen Staat, zu dem der Rechtsstreit eine besonders enge Beziehung aufweist, oder im Vorabentscheidungsverfahren um den Staat des vorlegenden Gerichts handeln. Welche Stelle jeweils in Betracht kommt, ergibt sich aus der Anl. II zur ZVErfO.
[121] Art. 4 Abs. 2 ZVerfO, Art. 148 Abs. 5 EuGVfO. Siehe zB 14.2.2012 – T-168/11 AJ, ECLI:EU: T:2012:79 Rn. 3 f. – AQ/Parlament.
[122] Art. 5 Abs. 2 ZVerfO; Art. 148 Abs. 7 EuGVfO.
[123] ZB EuG 1.2.1994 – T-278/93 R, T-280/93 R, T-541/93 R und T-555/93 R, ECLI:EU:T:1994:10 – Jones ua/Rat und Kommission.
[124] Art. 117, 188 Abs. 1 EuGHVfO iVm Art. 5 Abs. 1 ZVerfO, Art. 149 Abs. 1 EuGVfO.

evtl. im Laufe des Verfahrens fällig werdenden Kosten.[125] Darüber hinaus kann dem der bedürftigen Partei beigeordneten Anwalt ein Vorschuss auf sein Honorar ausgezahlt werden. Hierüber entscheidet auf Antrag der Präsident des zuständigen Gerichts.[126] Ändern sich die für die Gewährung der Prozesskostenhilfe maßgeblichen Umstände im Laufe des Verfahrens, so kann die Prozesskostenhilfe dem Begünstigten von Amts wegen oder auf Antrag der Gegenpartei wieder entzogen werden.[127]

IV. Erstattungsanspruch der Gerichtskasse

38 Gemäß Art. 188 Abs. 3 EuGHVfO, Art. 149 EuGVfO kann in der Kostenentscheidung des Endurteils angeordnet werden, dass die von der Gerichtskasse im Wege der Prozesskostenhilfe vorgestreckten Kosten vom Kostenschuldner eingezogen werden. EuGH und EuG machen von dieser Möglichkeit vor allem dann Gebrauch, wenn der Gegner der bedürftigen Partei die Kosten trägt,[128] doch ist die Anordnung der Einziehung zu Lasten der bedürftigen Partei nicht ausgeschlossen, wenn diese den Prozess verliert.[129] Die Beitreibung dieser Beträge obliegt dem Kanzler.

V. Schriftsatzmuster[130]

39 **1. Antrag auf Prozesskostenhilfe im Rahmen eines Vorabentscheidungsverfahrens. An den**
Gerichtshof der Europäischen Union
– Kanzlei des Gerichtshofs –
Rue du Fort Niedergrünewald
L – 2925 Luxemburg
Antrag auf Bewilligung von Prozesskostenhilfe in der Rechtssache C-.../., [übliche Bezeichnung] gem. Art. 115 der Verfahrensordnung des Gerichtshofs
Der Partei xy
Prozessbevollmächtigte: Rechtsanwältin B, Zustellungsanschrift [xxx], wobei der Zustellung mittels e-Curia zugestimmt wird.
Die Partei des Ausgangsverfahrens xy ist außerstande die Kosten des Verfahrens vor dem Gerichtshof der Europäischen Union zu bestreiten. Daher stellt sie Antrag auf Bewilligung von Prozesskostenhilfe gem. Art. 115 der Verfahrensordnung des Gerichtshofs.
Dem Antragsteller wurde bereits Prozesskostenhilfe vor dem vorlegenden Gericht gewährt. Diese deckt jedoch nicht die Kosten für das Verfahren vor dem Gerichtshof. In diesem Zusammenhang wird der Beschluss des [vorlegenden Gerichts] vom [Datum] vorgelegt **(Beilage 1)**.
Gem. Art. 115 Abs. 2 der Verfahrensordnung legt der Antragsteller Auskünfte und Belege vor, die eine Beurteilung seiner wirtschaftlichen Lage ermöglichen. Der Antragsteller bezieht gegenwärtig ein monatliches durchschnittliches Nettoeinkommen idH von ca. EUR [xxxx]. Die Lohnzettel der letzten drei Monate werden vorgelegt **(Beilage 2)**.

---
[125] ZB die von den Parteien zu leistenden Vorschüsse für die Kosten von Zeugen oder Sachverständigen.
[126] Art. 5 Abs. 2 Hs. 2 ZVerfO; Art. 149 Abs. 1 EuGVfO.
[127] Art. 118, 189 EuGHVfO, Art. 150 EuGVfO.
[128] ZB EuGH 3.7.1979 – 185/78 bis 204/78, ECLI:EU:C:1979:177 (2361) = BeckRS 2004, 72080 – Van Dam und Tenor und EuGH 12.12.2000 – T-11/00, ECLI:EU:T:2000:295 (4037) – Hautem/EIB; vgl. andererseits EuG 21.3.2002 – T-131/99, ECLI:EU:T:2002:83 (2081 f.) – Shaw und Falla/Kommission, Verurteilung des Empfängers der Prozesskostenhilfe zur Kostentragung, aber keine Anordnung der Einziehung im Tenor.
[129] ZB EuGH 8.7.1965 – 19/63 und 65/63, ECLI:EU:C:1965:68 (750) – Prakash/Kommission; EuGH 18.10.1977 – 25/68, ECLI:EU:C:1977:158 (1745) = BeckRS 2004, 72629 – Schertzer/Parlament.
[130] Alle Schriftsätze sind gem. den formellen Vorgaben der Praktischen Durchführungsbestimmungen zur Verfahrensordnung des Gerichts (ABl. 2015 L 152, 1; konsolidierte Fassung unter www.curia.europa.eu > Gericht > Verfahren, besonders Punkte 80 ff.) bzw. der Praktischen Anweisungen für die Parteien in den Rechtssachen vor dem Gerichtshof (ABl. 2020 L 42 I, 1; auch unter www.curia.europa.eu > Gerichtshof > Verfahren, besonders Punkt 40) zu erstellen.

Der Antragsteller verfügt über ein Bankkonto (Bank, Kontonummer), das einen Einlagenstand idH von EUR [xxx] aufweist. Die Kontoauszüge der letzten sechs Monate werden vorgelegt **(Beilage 3)**. Der Antragsteller besitzt auch sonst kein nennenswertes Vermögen. Der Antragsteller ist sorgepflichtig für [x] minderjährige Kinder. Zudem hat der Antragsteller monatlich EUR [xxx] an Mietzins zu bezahlen. Der Mietvertrag wird vorgelegt **(Beilage 4)**.

Aus den oben angeführten Gründen beantragt der Antragsteller die Bewilligung der Prozesskostenhilfe hinsichtlich der unten angeführten Kosten der Unterstützung und der Vertretung des Antragstellers vor dem Gerichtshof.

Gem. [der anwendbaren Bestimmungen zu den Honoraren von Rechtsanwälten] hat der Antragsteller nachstehende Kosten seiner Unterstützung und Vertretung vor dem Gerichtshof zu tragen:

1. Verfassen und Einbringen der schriftlichen Stellungnahme zum Vorabentscheidungsersuchen
[x] Std. à EUR [xxx]
Zusatz 1
Zusatz 2
USt. [x %]
SUMME:

2. Vertretung in der mündlichen Verhandlung vor dem Gerichtshof
[x] Std. Vorbereitung à EUR [xxx]
[x] Std. am Tag der Verhandlung à EUR [xxx]
Zusatz 1
Zusatz 2
SUMME:

3. Reise-, Verpflegungs- und Übernachtungskosten zwecks Vertretung in der mündlichen Verhandlung vor dem Gerichtshof
EUR [x] für 1 Flugticket Ort y – Luxemburg
EUR [x] für 1 Übernachtung im Hotel
EUR [x] per diem (Verpflegungspauschale)
SUMME:
Es wird daher beantragt, Prozesskostenhilfe idH von EUR [xxxx] zu bewilligen.

2. Vorabantrag auf Bewilligung von Prozesskostenhilfe in Rechtsmittelverfahren. 40
An den
Gerichtshof der Europäischen Union
– Kanzlei des Gerichtshofs –
Rue du Fort Niedergrünewald
L – 2925 Luxemburg
Vorabantrag auf Bewilligung von Prozesskostenhilfe im Rahmen des Einbringens eines Rechtsmittels gegen das Urteil des Gerichts der Europäischen Union vom [Datum] in der Rechtssache T-xx/xx, [übliche Bezeichnung] gem. Art. 185 der Verfahrensordnung des Gerichtshofs
ZV
Prozessbevollmächtigter: Rechtsanwalt E, Zustellungsanschrift [xxx], wobei der Zustellung mittels e-Curia zugestimmt wird.
Gegen
Europäische Kommission
Die Antragstellerin beabsichtigt ein Rechtsmittel gegen das Urteil des Gerichts der Europäischen Union vom [Datum] in der Rechtssache T-xx/xx, [übliche Bezeichnung] einzubringen. Das Urteil wurde am [Datum zugestellt]. Der Antrag wird somit innert

laufender Frist für die Einbringung des Rechtsmittels gestellt. Die Antragstellerin unterlag mit ihren Anträgen vor dem Gericht. Somit ist das Rechtsmittel zulässig.

41 Die Antragstellerin ist außerstande, die Kosten des Rechtsmittelverfahrens zu bestreiten. Gem. Art. 185 Abs. 2 der Verfahrensordnung legt die Antragstellerin Auskünfte und Belege vor, die eine Beurteilung ihrer wirtschaftlichen Lage ermöglichen. Die Antragstellerin bezieht gegenwärtig ein monatliches durchschnittliches Nettoeinkommen idH von ca. EUR [xxxx]. Die Lohnzettel der letzten drei Monate werden vorgelegt **(Beilage 1)**. Die Antragstellerin verfügt über ein Bankkonto (Bank, Kontonummer), das einen Einlagenstand idH von EUR [xxx] aufweist. Die Kontoauszüge der letzten sechs Monate werden vorgelegt **(Beilage 2)**. Die Antragstellerin besitzt auch sonst kein nennenswertes Vermögen und bezieht Sozialhilfe. Der aktuelle Sozialhilfebescheid wird vorgelegt **(Beilage 3)**. Die Antragstellerin ist sorgepflichtig für [x] minderjährige Kinder. Zudem hat die Antragstellerin monatlich EUR [xxx] an Mietzins zu bezahlen. Der Mietvertrag wird vorgelegt **(Beilage 4)**.

Kurze Schilderung des Sachverhalts […]

Im Rahmen des Rechtsmittels soll beantragt werden:
1. Das Urteil des Gerichts aufzuheben.
2. In der Sache zu entscheiden und den Beschluss vom [Datum] aufzuheben.
3. Der Kommission die Kosten aufzuerlegen.

Zur Unterstützung der Anträge sollen drei Rechtsmittelgründe vorgebracht werden. Erstens hat das Gericht in Rn. n-p des Urteils das Prinzip der Rechtssicherheit falsch ausgelegt. […] Zweitens macht die Antragstellerin einen Verstoß gegen Art. X geltend. […] Drittens wird ein Verstoß gegen Art. y geltend gemacht, da das Gericht seiner Begründungspflicht nicht nachgekommen ist. […]

Es wird gebeten, Rechtsanwalt E als Prozessbevollmächtigten beizuordnen.

§ 27 Fristversäumnis und Wiedereinsetzung in den vorigen Stand
A. Fristen
I. Allgemeines

Verfahrensfristen dienen v. a. der Verfahrensbeschleunigung, der **Rechtssicherheit** und 1
der Verhinderung von Diskriminierung.[1] Ihre Einhaltung ist **von Amts wegen** zu prüfen.[2]
Die Klagefristen stehen weder zur Disposition des EuGH noch der Beteiligten.[3] Zu
unterscheiden sind **gesetzliche Fristen** und **richterliche Fristen**. Erstere ergeben sich aus
dem AEUV, der Satzung und der jeweils anwendbaren Verfahrensordnung. Als wichtigste
seien genannt die Klagefristen[4], die Frist zur Klageerwiderung,[5] die Frist zur Stellungnahme
im Vorabentscheidungsverfahren,[6] die Frist des Antrags auf Zulassung zur Streithilfe,[7] die
Rechtsmittelfristen[8], die Frist zur Rechtsmittelbeantwortung[9] bzw. für das Anschlussrechtsmittel[10], die Anschlussrechtsmittelbeantwortung[11] und die Verjährungsfrist bei außervertraglicher Haftung[12]. Demgegenüber werden die richterlichen Fristen nach Ermessen bestimmt.[13]

II. Fristbeginn

Nach Jahren, Monaten, Wochen oder Tagen bemessene **gesetzliche Fristen** beginnen 2
grundsätzlich an dem Tag, der dem fristauslösenden Ereignis folgt (Art. 49 Abs. 1 lit. a
EuGHVerfO, Art. 58 Abs. 1 lit. a EuGVerfO). Bei der Anfechtung eines veröffentlichungspflichtigen Unionsaktes beginnt die Frist dagegen am (Ende des) **14. Tag nach
der Veröffentlichung** im ABl. (Art. 50 EuGHVerfO, Art. 59 EuGVerfO).[14] Erfolgt die
Veröffentlichung z. B. am 1. Tag eines Monats, so beginnt die Frist (schon) am 15.[15] Für
den Fristbeginn ist es nicht erforderlich, dass der veröffentlichte Rechtsakt bereits in Kraft
getreten ist.[16]

---

[1] EuGH 8.11.2007 – C-242/07 P, ECLI:EU:C:2007:672 Rn. 16 – Belgien; EuGH 14.1.2010 – C-112/09 P, ECLI:EU:C:2010:16 Rn. 20 – SGAE; EuGH 7.7.2016 – C-70/15, ECLI:EU:C:2016:524 Rn. 55 – Lebek; EuGH 14.3.2019 – C-700/18, ECLI:EU:C:2019:215 Rn. 19 – Hungary Restaurant Company Kft.; EuGH 7.11.2019 – C-280/18, ECLI:EU:C:2019:928 Rn. 54 – Flausch.
[2] EuGH 9.7.2009 – C-498/08 P, ECLI:EU:C:2009:447 Rn. 19 – Danesi; 23.4.2013 – C-478/11 P ua, ECLI:EU:C:2013:258 Rn. 53 – Gbagbo u a/Rat.
[3] EuGH 12.7.1984 – C-227/83, ECLI:EU:C:1984:276 Rn. 12 – Moussis.
[4] Zwei Monate bei der Nichtigkeitsklage (Art. 263 Abs. 6 AEUV) und bei der Untätigkeitsklage (Art. 265 Abs. 2 AEUV), drei Monate in Beamtensachen (Art. 91 § 3 Beamtenstatut; zu EIB-Beschäftigten s. EuGH 28.2.2013 – C-334/12, ECLI:EU:C:2013:134 – Arango Jaramillo), ein Monat bei Verfahren nach Art. 7 EUV (Art. 269 AEUV, Art. 206 EuGHVerfO); zur Fristhemmung durch freiwilligen Rechtsbehelf EuGH 21.2.2018 – C-326/16 P, ECLI:EU:C:2018:83 Rn. 26–28 – LL.
[5] Art. 124 Abs. 1 und 3 EuGHVerfO, Art. 81 Abs. 1 und 3, Art. 179, 185, 198 und 205 EuGVerfO.
[6] Art. 23 Abs. 2 bis 4 Satzung: Zwei Monate; beschleunigtes Vorabentscheidungsverfahren: Art. 105 Abs. 3 EuGHVerfO: vom Präsidenten bestimmte Frist (mind. 15 Tage); Eilvorabentscheidungsverfahren: Art. 109 Abs. 2 EuGHVerfO: im Einzelfall gesetzte Frist.
[7] Art. 130 Abs. 1 EuGHVerfO: Sechs Wochen ab Veröffentlichung im Amtsblatt.
[8] Art. 56, 45 bzw. Art. 57, 45 Satzung: Zwei Monate; Art. 9 Anhang 1 der Satzung.
[9] Art. 172 EuGHVerfO: Zwei Monate.
[10] Art. 176 EuGHVerfO: Zwei Monate.
[11] Art. 179 EuGHVerfO: Zwei Monate.
[12] Art. 46 Satzung: Fünf Jahre, vgl. EuG 23.5.2019 –T-107/17, ECLI:EU:T:2019:353 Rn. 29 ff – Steinhoff; Dörr/Lenz EurVerwRS Rn. 228; zur Verjährung des unionsrechtl. Staatshaftungsanspruchs nach dem mitgliedstaatlichen Recht s. EuGH 24.3.2009 – C-445/06, ECLI:EU:C:2009:178 – Danske Slagterier.
[13] Art. 52 EuGHVerfO, Art. 103 § 1 EuGVerfO, Art. 101 § 1 VerfO-GöD.
[14] EuGH 23.4.2013 – C-478/11 P ua, ECLI:EU:C:2013:258 Rn. 55 ff. – Gbagbo ua/Rat; entsprechende Anwendung bei Veröffentlichung nicht der Maßnahme, sondern deren Bekanntmachung, s. EuG 4.2.2014 – T-174/12 ua, ECLI:EU:T:2014:52 Rn. 64 ff. – Syrian Lebanese Commercial Bank.
[15] EuGH 17.5.2002 – C-406/01, ECLI:EU:C:2022:304 Rn. 14 – Deutschland/Parlament und Rat; Wägenbaur, EuZW 2002, 406.
[16] Happe, EuZW 1992, 297; Frenz EuropaR-HdB V Rn. 2812.

3 Hängt der Fristbeginn von der **Mitteilung der Maßnahme** ab (z. B. Art. 263 Abs. 6 Alt. 2 AEUV), welche unter Umständen auch mündlich oder durch schlüssiges Verhalten erfolgen kann, so ist für die Mitteilung und ihren Zeitpunkt das den Rechtsakt erlassende Organ beweispflichtig.[17] Weitere Voraussetzung ist die Mitteilung in einer Amtssprache des Mitgliedstaats, dem der Adressat angehört.[18] Eine Rechtsbehelfsbelehrung ist für den Lauf der Frist nicht nötig.[19] Eine Maßnahme, die gegenüber einer vorhergehenden Maßnahme nichts Neues enthält, sondern diese nur bestätigt, kann eine neue Klagefrist nicht in Gang setzen.[20]

4 Wird eine **Maßnahme nicht bekannt gegeben,** so ist derjenige, der keine Mitteilung der Maßnahme erhält, aber von ihr betroffen ist, gehalten, binnen angemessener Frist deren vollen Wortlaut anzufordern; ab Kenntniserlangung vom genauen Wortlaut und der Begründung läuft die Klagefrist.[21] Die zulässige Frist für diese Anforderung ist eine von den Umständen des Einzelfalls abhängige Frist;[22] zwei Monate sind zu lang.[23] Die Kenntnisnahme von der Entscheidung setzt die Klagefrist aber nicht in Gang, wenn die Maßnahme nach der ständigen Praxis des betreffenden Organs normalerweise im Amtsblatt veröffentlicht wird, eine Veröffentlichung tatsächlich aber nicht erfolgt.[24] Die Einreichung eines Antrags auf Bewilligung von Prozesskostenhilfe hemmt für den Antragsteller den Lauf der Klagefrist vor dem EuG bis zu dem Zeitpunkt, zu dem der Beschluss, mit dem über diesen Antrag entschieden wird, oder, in den Fällen des Artikels 148 Absatz 6, der Beschluss, in dem der mit der Vertretung des Antragstellers beauftragte Anwalt bestimmt wird, zugestellt wird (Art. 147 Abs. 7 EuGVerfO). Zur Zustellung von Schriftstücken des EuG bzw. des EuGH über e-Curia s. Art. 6 des Beschlusses des Gerichts vom 11. Juli 2018 über die Einreichung und die Zustellung von Verfahrensschriftstücken im Wege der Anwendung e-Curia, ABl. L 240/72, bzw. Beschluss des Gerichtshofs vom 16. Oktober 2018 über die Einreichung und die Zustellung von Verfahrensschriftstücken im Wege der Anwendung e-Curia, ABl. L 293/36.[25]

III. Fristende

5 **Gesetzliche Fristen** enden gemäß Art. 49 Abs. 1 lit. b EuGHVerfO, Art. 58 Abs. 1 lit. b EuGVerfO mit Ablauf des Tages, der in der letzten relevanten Zeiteinheit (Jahr, Monat etc.) **dieselbe Bezeichnung bzw. dieselbe Zahl** aufweist, wie der Tag, an dem das fristauslösende Ereignis eintrat. Fehlt bei einer nach Jahren oder Monaten bemessenen Frist im letzten Monat dieser Tag, so endet die Frist bereits mit Ablauf des letzten Tages dieses Monats.[26] Allerdings werden die so berechneten Verfahrensfristen um eine **pauschale Entfernungsfrist von zehn Tagen** verlängert (Art. 45 Abs. 1 Satzung, Art. 51 EuGHVerfO, Art. 60 EuGVerfO).[27] Fällt das so berechnete Fristende[28] auf einen Samstag,

---

[17] EuGH 10.1.2002 – C-480/99 P, ECLI:EU:C:2002:8 Rn. 50 – Plant; EuGH 21.2.2018 – C-326/16 P, ECLI:EU:C:2018:83 Rn. 49 – LL; Booß in: GHN Art. 230 Rn. 87; Pechstein EUProzR Rn. 180; Schwarze in Schwarze AEUV Art. 263 Rn. 69.
[18] EuGH 15.7.1970 – C-41/69, ECLI:EU:C:1970:71 Rn. 48 – ACF.
[19] EuGH 5.3.1999 – C-154/98 P, ECLI:EU:C:1999:124 Rn. 15 – Guerin automobiles EURL; Ehricke in Streinz EUV/AEUV Art. 263 Rn. 37, 72; Gundel in Ehlers GuG § 20 Rn. 13; Dörr/Lenz EurVerwRS Rn. 147.
[20] EuGH 13.1.2022 – C-351/20 P, ECLI:EU:C:2022:8 Rn. 49 – Dragnea.
[21] EuGH 12.7.2012 – C-334/12 RX, ECLI:EU:C:2013:134 Rn. 32 – Arango Jaramillo; 19.2.1998 – C-309/95, ECLI:EU:C:1998:66 Rn. 18 – Kommission.
[22] EuG 19.11.2018 – T-494/17, ECLI:EU:T:2018:804 Rn. 39 ff. – Iccrea Banca SpA.
[23] EuGH 5.3.1993 – C-102/92, ECLI:EU:C:1993:86 Rn. 19 – Ferriere Acciaierie Sarde.
[24] EuG 21.11.2005 – T-426/04, ECLI:EU:T:2005:405 Rn. 49 – Tramarin.
[25] EuGH 6.5.2021 – C-539/20 P, ECLI:EU:C:2021:361 Rn. 15–18 – Hochmann Marketing GmbH.
[26] Wird z. B. eine Entscheidung am 30. Dezember zugestellt, endet die zweimonatige Frist der Nichtigkeitsklage am 28. Februar, im Schaltjahr am 29. Februar.
[27] Auf Verjährungsfristen (z. B. Art. 46 Satzung) ist die Entfernungsfrist nicht anwendbar, EuGH 8.11.2012 – C-469/11 P, ECLI:EU:C:2012:705 Rn. 49 f. – Evropaiki Dynamiki; zur vom *EuGH* erfolglos vorgeschlagenen Streichung des Entfernungszuschlags vgl. Rats-Dok. 11147/11 v. 7.6.2011.
[28] EuG 20.11.1997 – T-85/97, ECLI:EU:T:1997:180 Rn. 25 – Horeca-Wallonie mwN.

Sonntag oder auf einen – in dem auf der EuGH-Homepage abrufbaren Beschluss des EuGH über die gesetzlichen Feiertage genannten – Feiertag, endet die Frist erst mit Ablauf des nächsten Werktages (Art. 49 Abs. 2 EuGHVerfO; Art. 58 Abs. 2 und 3 EuGVerfO). Eine Auslegung der Fristbestimmungen unter Rückgriff auf andere unionsrechtliche Rechtsakte ist untunlich.[29] Der Fristlauf wird durch die Gerichtsferien nicht gehemmt (Art. 49 Abs. 1 lit. e) EuGHVerfO; Art. 58 Abs. 1 lit. e EuGVerfO). Die Stellung eines Antrags auf Gewährung von Prozesskostenhilfe (Art. 115 EuGHVerfO, Art. 146 EuGVerfO) während des Laufs der Klagefrist führt nicht generell zur Verlängerung oder Hemmung der Klagefrist,[30] im Einzelfall eines nicht anwaltlich vertretenen, bedürftigen Klägers wurde aber eine Hemmung der Klagefrist angenommen.[31]

Richterliche Fristen werden dagegen durch Nennung des konkreten Tages, an dem **6** die Frist endet, angegeben. Eine Verlängerung um eine Entfernungsfrist findet hier nicht statt.

Fristverlängerung kommt bei gesetzlichen Fristen nur in Betracht, soweit dies aus- **7** drücklich gesetzlich vorgesehen ist (z. B. bei der Klageerwiderung, Art. 124 Abs. 3 EuGHVerfO: „ausnahmsweise"[32] Art. 81 Abs. 3 EuGVerfO, und bei dem Streithilfeschriftsatz, Art. 132 Abs. 1 EuGHVerfO). Eine Verlängerung richterlicher Fristen richtet sich nach Art. 52 EuGHVerfO, Art. 61 EuGVerfO. Sie kann noch nach Ablauf der ursprünglichen Frist erfolgen, setzt aber einen vor Fristablauf gestellten Antrag voraus (die verlängerten Fristen sind nicht um die pauschale Entfernungsfrist, Art. 51 EuGHVerfO, zu verlängern).

IV. Fristwahrung, Fristversäumnis

Für die Einhaltung bzw. Berechnung der Verfahrensfristen ist grundsätzlich auf den **Zeit-** **8** **punkt des Eingangs** des (unterschriebenen) Originalschriftsatzes **in der Kanzlei** des Gerichtshofs abzustellen. Es reicht auch der dortige Eingang der Kopie des unterzeichneten Originals, wenn das Original binnen zehn Tagen eintrifft, oder die elektronische Einreichung mittels e-Curia (Art. 57 Abs. 6 bis 8 EuGHVerfO).[33] Bei dem Gericht ist eine Einreichung grds. nur mittels e-Curia möglich (Art. 72 Abs. 1 EuGVerfO).

Wird die gesetzliche oder die richterliche **Frist versäumt,** kann die Prozesshandlung **9** grundsätzlich nicht mehr wirksam erfolgen (Ausschlussfrist), es sei denn es liegt ein begründeter Antrag auf Wiedereinsetzung in den vorigen Stand (s. B.) vor. Wird der angefochtene Rechtsakt wegen Versäumung der Klagefrist bestandskräftig, kann seine Wirksamkeit künftig weder direkt noch inzident in Frage gestellt werden.[34] Die Weigerung, eine frühere Entscheidung zu ändern, eröffnet i. d. R. keine neue Klagefrist.[35] Die Versäumung der Frist zur Klagebeantwortung eröffnet die Möglichkeit eines Versäumnisurteils (Art. 41 Satzung, Art. 152 EuGHVerfO).

B. Wiedereinsetzung in den vorigen Stand

Gesetzlich vorgesehen ist eine Wiedereinsetzung bei **Zufall** oder einem Fall **höherer** **10** **Gewalt** gemäß Art. 45 Abs. 2 Satzung.[36] Die Verfahrensordnungen enthalten hierzu keine

---

[29] EuGH 14.1.2010 – C-112/09 P, ECLI:EU:C:2010:16 Rn. 24 SGAE; Booß in Grabitz/Hilf/Nettesheim AEUV Art. 230 Rn. 83.
[30] EuG 24.11.1999 – T-109/98, ECLI:EU:T:1999:297 Rn. 25 – A. V. M.
[31] EuG 14.1.1993 – T-92/92 AJ, ECLI:EU:T:1993:3 – Slg. 1993, II-31 – Lallemand-Zeller.
[32] S. a. Dittert EuZW 2013, S. 726 (729).
[33] Zur Zustellung durch die Beschwerdekammer des EUIPO s. EuGH 10.4.2019 – C-282/18, ECLI:EU:C:2019:300 Rn. 37 ff. – The Green Effort Ltd.
[34] Dörr/Lenz EurVerwRS Rn. 147; Streinz Europarecht Rn. 609; Frenz EuropaR-HdB V Rn. 2817.
[35] EuG 15.3.1995 – T-514/93, ECLI:EU:T:1995:49 Rn. 44 – Cobrecaf U.A; EuGH 18.11.2003 – T-321/01, ECLI:EU:T:2003:238 Rn. 31– Internationaler Hilfsfonds e. V.
[36] EuGH 9.2.1984 –284/82, ECLI:EU:C:1984:47 Rn. 10 – Acciaierie Ferriere Busseni; EuGH 12.7.1984 – 209/83, ECLI:EU:C:1984:274 Rn. 21– Valsabbia.

näheren Vorgaben. In einem Art. 19 Abs. 4 der VO (EG) Nr. 1393/2007 über die Zustellung gerichtlicher und außergerichtlicher Schriftstücke in Zivil- oder Handelssachen in den Mitgliedstaaten betreffenden Verfahren hat der Gerichtshof allgemein ausgeführt, der Antrag auf Wiedereinsetzung in den vorigen Stand sei darauf gerichtet, einem Beklagten, der sich auf das Verfahren nicht eingelassen hat, das Recht wiederzugeben, eine Prozesshandlung vorzunehmen, nachdem die gesetzliche Frist für die Ausübung dieses Rechts abgelaufen sei; der Antrag ziele ebenso wie ein ordentlicher Rechtsbehelf darauf ab, Beklagten, die sich auf das Verfahren nicht eingelassen haben, die tatsächliche Wahrung der Verteidigungsrechte zu gewährleisten.[37] Allerdings fassen die Gerichte die Voraussetzungen sehr eng.[38] Die Begriffe der höheren Gewalt und des Zufalls umfassen ein objektives und ein subjektives Merkmal. Ersteres bezieht sich auf außergewöhnliche, außerhalb der Sphäre des Beteiligten liegende Umstände, z. B. überlange Postlaufzeiten, Streiks, Naturkatastrophen, verzögertes Verwaltungshandeln.[39] Letzteres hängt mit der Verpflichtung des Betroffenen zusammen, sich gegen die Folgen ungewöhnlicher Ereignisse zu wappnen, indem er geeignete Maßnahmen trifft, ohne „übermäßige Opfer" zu bringen. Insbesondere muss der Ablauf des Gerichtsverfahrens sorgfältig überwacht werden und für die Einhaltung der Fristen Sorgfalt walten.[40] Es ist nicht Aufgabe der Kanzlei, sich zur konkreten Fristberechnung zu äußern und es obliegt auch nicht dem Gericht, fehlende Sorgfalt der Parteien auszugleichen.[41] Die Stellung eines Antrags auf Gewährung von Prozesskostenhilfe führt nicht nur generell nicht zur Verlängerung oder Aussetzung der Klagefrist, sondern stellt auch regelmäßig keinen Zufall oder Fall höherer Gewalt dar.[42]

11 Zusätzlich zu den in Art. 45 Abs. 2 der Satzung normierten Wiedereinsetzungsgründen Zufall bzw. höhere Gewalt lässt der EuGH eine Wiedereinsetzung bei **entschuldbarem Irrtum** zu. Die vollständige Kenntnis der Endgültigkeit einer Entscheidung und der geltenden Klagefrist schließe als solche nicht aus, dass ein entschuldbarer Irrtum geltend gemacht werden kann, der geeignet ist, die Fristversäumnis zu rechtfertigen. Ein solcher Irrtum kann insbesondere eintreten, wenn das Unionsorgan ein Verhalten an den Tag gelegt hat, das für sich genommen oder aber maßgeblich geeignet war, bei einem gutgläubigen Bürger, der alle Sorgfalt aufwendet, eine verständliche Verwirrung hervorzurufen.[43] Darunter fallen z. B. falsche oder irreführende Informationen.[44] Fehler des Betroffenen bei der Fristberechnung sind grundsätzlich nicht entschuldbar.[45]

12 Das Verfahrensrecht sieht zwar – anders als z. B. § 60 VwGO – keine Frist zur Geltendmachung von Wiedereinsetzungsgründen vor, der EuGH erwartet aber von dem Fristsäumigen, die tatsächlichen Gründe, die eine etwaige Wiedereinsetzung rechtfertigen könnten, selbst schlüssig darzulegen.[46]

C. Nationale Verfahrensfristen

13 Verfahrensfristen des nationalen Rechts der Mitgliedstaaten beeinflussen selbstverständlich nicht den Ablauf des gerichtlichen Verfahrens vor den Unionsgerichten. Die Unionsrechts-

---

[37] EuGH 7.7.2016 – C-70/15, ECLI:EU:C:2016:524 Rn. 42 f. – Lebek.
[38] EuGH 8.11.2007 – C-242/07, ECLI:EU:C:2007:672 Rn. 16 – Belgien: „nur unter ganz außergewöhnlichen Umständen".
[39] EuGH 19.6.2019 – C-660/17 P, ECLI:EU:C:2019:509 Rn. 37 – RF; Pechstein, EU-Prozessrecht, Rn. 185; Wägenbaur, EuGH VerfO, 2. Aufl. 2017, S. 77 ff.
[40] EuGH 18.1.2005 – C-325/03 P, ECLI:EU:C:2005:28 Rn. 25 – Zuazaga Meabe; EuGH 8.11.2007 – C-242/07, ECLI:EU:C:2007:672 Rn. 17 – Belgien.
[41] EuGH 14.1.2010 – C-112/09 P, ECLI:EU:C:2010:16 Rn. 27 – Slg. 2010, I-351 – SGAE.
[42] EuG 24.11.1999 – T-109/98, ECLI:EU:T:1999:297 Rn. 28 – A. V. M.
[43] EuGH 14.1.2010 – C-112/09 P, ECLI:EU:C:2010:16 Rn. 20 – SGAE; EuGH 8.11.2007 – C-242/07, ECLI:EU:C:2007:672 Rn. 29 – Belgien.
[44] EuG 9.3.2000 – T-29/97, ECLI:EU:T:2000:58 – Liberos.
[45] EuGH 17.5.2002 – C-406/01, ECLI:EU:C:2002:304 Rn. 21 – Deutschland/Parlament und Rat; EuG 11.12.2006 – T-392/05, Rn. 36 – MMT.
[46] EuGH 23.4.2013 – C-478/11 P ua, ECLI:EU:C:2013:258 Rn. 72 – Gbagbo ua/Rat.

ordnung kann sich aber auf die Bemessung bzw. Wirksamkeit der Verfahrensfristen nach nationalem Recht auswirken, soweit auf Unionsrecht beruhende Ansprüche streitig sind.[47] Denn nach der ständigen Rechtsprechung des EuGH dürfen wegen des Grundsatzes des effektiven gerichtlichen Schutzes der den Einzelnen durch das Unionsrecht verliehenen Rechte die Verfahrensmodalitäten für Klagen, die den Schutz solcher Rechte gewährleisten sollen, nicht weniger günstig ausgestaltet sein als die für entsprechende innerstaatliche Klagen (Grundsatz der Äquivalenz) und sie dürfen die Ausübung der durch die Unionsrechtsordnung verliehenen Rechte nicht praktisch unmöglich machen oder übermäßig erschweren (Grundsatz der Effektivität). Dies betrifft z. B. die Zustellung von Entscheidungen bzw. die Wiedereinsetzung in den vorigen Stand in Bezug auf Art. 6 Abs. 1 und 3 der RL 2012/13/EU des Europäischen Parlaments und des Rates vom 22. Mai 2012 über das Recht auf Belehrung und Unterrichtung in Strafverfahren[48] oder die Anfechtung von UVP-pflichtigen Genehmigungen.[49] Es kann gegen Unionsrecht verstoßen, wenn eine nationale Wiedereinsetzungsfrist länger dauert, als eine unionsrechtlich bestimmte (auch wenn letztere auf einer Entscheidung des Mitgliedstaats beruht, vgl. Art. 19 Abs. 4, Art. 23 Abs. 1 der VO (EG) Nr. 1393/2007 über die Zustellung gerichtlicher und außergerichtlicher Schriftstücke in Zivil- oder Handelssachen in den Mitgliedstaaten).[50]

---

[47] EuGH 15.4.2008 – C-268/06, ECLI:EU:C:2008:223 Rn. 46 – Impact; EuGH 29.10.2009 – C-63/08, ECLI:EU:C:2009:666 Rn. 43 – Pontin.
[48] EuGH 22.3.2017 – C-124/16 ua, ECLI:EU:C:2017:228 Rn. 49–52 – Tranca; 14.5.2020 – C-615/18, ECLI:EU:C:2020:376 Rn. 53 – UY.
[49] EuGH 7.11.2019 – C-280/18, ECLI:EU:C:2019:928 Rn. 50 ff. – Flausch.
[50] EuGH 7.7.2016 – C-70/15, ECLI:EU:C:2016:524 Rn. 53–57 – Lebek.

Sechster Abschnitt. Durchsetzung unionsrechtlicher Titel

§ 28 Voraussetzungen der Zwangsvollstreckung

Übersicht

	Rn.
A. Allgemeines	1
B. Vollstreckungstitel	6
I. Rechtsakt gem. Art. 299 Abs. 1 AEUV	7
II. Titel gem. Art. 280 iVm 299 AEUV	13
1. Urteile isd Art. 280 AEUV	14
2. Umfang des Verweises auf Art. 299 AEUV	16
a) Keine Beschränkung auf Zahlungsverpflichtungen	17
b) Keine Herausnahme von Titeln gegen Mitgliedstaaten	19
3. Urteil hinsichtlich eines Vollstreckungstitels nach Art. 299 Abs. 1 AEUV	22
4. Zusammenfassung	23
C. Vollstreckungsparteien	24
I. Vollstreckungsgläubiger	24
II. Vollstreckungsschuldner	26
1. Natürliche und juristische Personen	26
2. Mitgliedstaaten	27
3. Drittstaaten	28
4. Union und Unionsorgane	29

Schrifttum:
Fritzsche, Discretion, Scope of Judicial Review and Institutional Balance in European Law, Common Market Law Review 47 (2010), 361; Giegerich, Luxemburg, Karlsruhe, Straßburg – Dreistufiger Grundrechtsschutz in Europa?, ZaöRV 50 (1990), 836; Härtel, Durchsetzbarkeit von Zwangsgeld-Urteilen des EuGH gegen Mitgliedstaaten, EuR 2001, 617; Hayden, Enforcement of Fines and Other Pecuniary Obligations Imposed by the ECB (Part I): European Level, European Company and Financial Law Review 18 (2021), 1011; Hayden, Enforcement of Fines and Other Pecuniary Obligations Imposed by the ECB (Part II): National Level, European Company and Financial Law Review 19 (2022), 76; Kallfaß, Durchsetzung des Unionsrechts in den Mitgliedstaaten – am Beispiel des Kartellrechts, EuR 2018, 175; Klamert, Die Durchsetzung finanzieller Sanktionen gegenüber den Mitgliedstaaten, EuR 2018, 159; Klinke, Der Gerichtshof der Europäischen Gemeinschaften, 1989; Pernice, Vollstreckung gemeinschaftsrechtlicher Zahlungstitel und Grundrechtsschutz, RIW 1986, 353; Runge, Die Zwangsvollstreckung aus Entscheidungen der Europäischen Gemeinschaften, AWD 1962, 337; Rupp, Materielles Prüfungsrecht bei Erteilung der europarechtlichen Vollstreckungsklauseln, NJW 1980, 640; Schmidt, Die Befugnis des Gemeinschaftsrichters zu unbeschränkter Ermessensnachprüfung, 2004; Schniewind, Vollstreckung und Vollstreckungsrechtsbehelfe im Recht der Europäischen Gemeinschaften, 1972; Sladic, Einstweiliger Rechtsschutz im Gemeinschaftsprozessrecht, 2008; Terhechte, Die Vollstreckung von EG-Bußgeldbescheiden in den Mitgliedstaaten der Europäischen Gemeinschaft – Rechtliche Grundlagen, Umsetzungspraxis und Rechtsmittel am Beispiel des Bundesrepublik Deutschland, EuZW 2004, 235; Thiele, Sanktionen gegen EG-Mitgliedstaaten zur Durchsetzung von Europäischem Gemeinschaftsrecht – Das Sanktionsverfahren nach Art. 228 Abs. 2 EG, EuR 2008, 320; van Gerven/Zuleeg, Sanktionen als Mittel zur Durchsetzung des Gemeinschaftsrechts, 1996.

A. Allgemeines

1 Recht zeichnet sich typischerweise durch dahinterstehenden Zwang aus. Bleibt die Folgewilligkeit eines adressierten Rechtssubjekts aus, bedarf es der Vollstreckung. Rechtsdurchsetzung ist wesentlich für die Aufrechterhaltung einer Rechtsordnung und somit auch elementar für die Unionsrechtsordnung.[1] Entsprechendes sieht auch das Unionsrecht vor, indem es die zwangsweise Durchsetzung von rechtlichen Verpflichtungen in Form der Vollstreckung ermöglicht, sofern die von einem Titel adressierten Parteien ihre Pflichten nicht erfüllen.

---

[1] van Gerven/Zuleeg, Sanktionen als Mittel zur Durchsetzung des Gemeinschaftsrechts, 1996, S. 11; Thiele EuR 2008, 320.

Die Durchsetzungsmöglichkeiten sind aufgrund der Besonderheiten der Unionsrechts- 2
ordnung allerdings beschränkt. Diese Beschränkung gründet sich insbesondere in der Ausgestaltung des Verfahrens und dem zwingenden Einsatz der zuständigen einzelstaatlichen Vollstreckungsbehörden. Traditionell ist das Vollstreckungsrecht aufgrund seines besonderen Hoheitsbezugs national radiziert und fokussiert. Die primärrechtlichen Vorgaben des Unionsrechts zur Vollstreckung spiegeln somit grundsätzlich die **dichotomische Kompetenzteilung** und Funktionsweise von Union und Mitgliedstaaten wider.

Wenngleich der unionsrechtlichen Zwangsvollstreckung gegenwärtig **keine große** 3
praktische Bedeutung zukommt[2], sind in der Rechtsordnung die Grundsätze für eine solche angelegt. Mit weiter zunehmender Relevanz des Unionsrechts, insbesondere im marktwirtschaftlichen Bereich, wird auch dessen Durchsetzung bedeutsamer werden. Die vollstreckungsfähigen Urteile des EuGH ebenso wie die der Kommission nehmen zahlenmäßig zu. Dennoch wird der Durchsetzung unionsrechtlicher Titel in der Wissenschaft bislang nur geringe Beachtung zuteil,[3] und sie scheint auch in der Praxis nur ganz eingeschränkte Bedeutung zu haben[4]. Die daher regelmäßig nicht vorhandene Erfahrung der Behörden, Gerichte und Beteiligten mit derartigen Verfahren macht ein präzises Vorgehen und die eingehende Befassung mit den rechtlichen Grundlangen der unionsrechtlichen Vollstreckung unverzichtbar.

Die Zuständigkeitsaufteilung zwischen der europäischen und der mitgliedstaatlichen 4
Ebene zieht eine Vielzahl an relevanten Fragen nach sich, die für Wahrung der individuellen (Grund-)Rechte der Vollstreckungsschuldner zentral sind[5].

Die für die nachfolgende Betrachtung maßgeblichen Vorschriften und Regelungen zur 5
Zwangsvollstreckung finden sich in den Art. 280, 299 AEUV (früher Art. 244, 256 EGV-Nizza, Art. 159, 164 EAGV und Art. 44, 92 EGKSV, die nahezu unverändert übernommen wurden)[6]. Im Falle der Vollstreckung gegen die Union als solche kann das Protokoll über die Vorrechte und Befreiungen der Europäischen Union relevant werden.[7]

B. Vollstreckungstitel

Grundlegende Voraussetzung jeder Vollstreckung ist zunächst ein entsprechender Titel. 6
Bemerkenswert am hier skizzierten System ist, dass nicht nur, wie üblich (vgl. für das deutsche Zivilverfahrensrecht nur §§ 704, 794 ZPO), Entscheidungen der Judikative und ihnen gleichgestellte den Gegenstand der Zwangsvollstreckung bilden, sondern Maßnahmen der Exekutive.

I. Rechtsakt gem. Art. 299 Abs. 1 AEUV

Gewissermaßen die „Grundnorm"[8] für die Ausgestaltung der unionsrechtlichen Vollstre- 7
ckung bildet Art. 299 AEUV. Der Artikel normiert in seinem ersten Absatz die Möglichkeit der (beschränkten) administrativen Selbsttitulierung zugunsten von **Rat, Kommission und Europäischer Zentralbank.** Eine Erweiterung der Selbsttitulierungsmöglichkeit nach Art. 299 Abs. 1 AEUV auf eigenständige Unionsagenturen ist zwar nicht im Wortlaut angelegt, wurde jedoch teilweise angenommen.[9] Jüngst haben zwei deutsche Gerichte

---

[2] So auch Saurer in FK-EUV/GRC/AEUV AEUV Art. 299 Rn. 2.
[3] Klamert EuR 2018, 159.
[4] Insb. im Hinblick auf die EZB: „it has been shown that, regarding the enforcement of [ECB] sanctions, practically no MS has a secure practice since there have been (if any) only a few cases", Hayden European Company and Financial Law Review 2022, 76 (84 f.).
[5] Hayden European Company and Financial Law Review 2022, 76 (83).
[6] Wobei freilich die in Art. 256 EGV-Nizza noch nicht enthaltene klarstellende Nennung der EZB zu erwähnen ist; die Rechtsakte der EZB waren früher über einen Verweis in Art. 110 EGV-Nizza erfasst.
[7] Protokoll (Nr. 7) über die Vorrechte und Befreiungen der Europäischen Union, ABl. 2012 C 326, 266.
[8] Gellermann in Streinz AEUV Art. 299 Rn. 2.
[9] S. in Bezug auf die EMA EuG 8.3.2012 – T-573/10, ECLI:EU:T:2012:114 Rn. 43 = BeckRS 2012, 80645; auch die Generalanwältin Kokott sah den wortlautgemäßen Ausschluss von dezentralen EU-

Vorlagebeschlüsse an den EuGH gerichtet, die Entscheidungen der Europäischen Chemikalienagentur (ECHA) betreffen, sodass von einer baldigen Klärung auszugehen ist.[10] Nicht Gegenstand von Art. 299 Abs. 1 AEUV sind Maßnahmen des Parlaments allein,[11] im Verbund mit dem Rat gefasste Maßnahmen hingegen schon[12]. Erfasst sind praktisch nur Beschlüsse iSd Art. 288 Abs. 4 AEUV; Richtlinien, Verordnungen und Empfehlungen kommen nicht in Betracht.[13]

8 Erlässt eine entsprechend ermächtigte Institution in den unionsrechtlich vorgesehenen Fällen einen Rechtsakt, welcher eine **Verpflichtung** des Adressaten **zur Geldzahlung** zum Gegenstand hat, handelt es sich bei diesem ipso iure um einen Titel, auf dessen Basis die Zwangsvollstreckung betrieben werden kann. Dies gilt ausweislich Art. 299 Abs. 1 2. Hs. AEUV allerdings **nicht gegenüber Staaten.**

9 Weiterhin verbleibt zu beachten, dass in Art. 299 Abs. 1 AEUV **selbst keine hinreichende Rechtsgrundlage** für den Erlass entsprechender Rechtsakte zu erkennen ist – eine solche muss vielmehr separat im restlichen primären oder sekundären Unionsrecht vorgesehen sein.[14]

10 Der nach Art. 299 Abs. 1 AEUV vollstreckbare Rechtsakt muss **hinreichend definiert** sein, er muss den Erfordernissen der inhaltlichen **Klarheit, Unbedingtheit und Endgültigkeit** genügen.[15] Dabei sind unterschiedliche Anforderungen einzuhalten. Zunächst muss feststellbar sein, von welchem **Zeitpunkt** an die Rechtswirkung eintreten soll. Sodann bedarf es einer ausreichenden **Entscheidungsbegründung,** aus der sich eindeutig der Umfang der auferlegten Verpflichtungen ergibt, und dass das nach der Geschäftsordnung vorgeschriebene Ausfertigungsverfahren nicht völlig missachtet wurde.[16] Da eine Zahlungsverpflichtung in Rede steht, muss sich insb. auch die Währung aus dem Rechtsakt ergeben;[17] wird in einem Staat vollstreckt, der an der Währungsunion teilnimmt, muss die Forderung auf Euro lauten, ansonsten ist die Landeswährung maßgeblich.[18] Die Festlegung einer Zahlungsfrist ist hingegen nicht unverzichtbare Voraussetzung.[19]

11 Welcher **Art der Rechtsakt** ist[20] und welcher **Natur der zugrundeliegende Anspruch** – insbesondere ob vertraglich oder außervertraglich –, hat keine Relevanz.[21] Dahingehend ist die Selbsttitulierung regelmäßig nicht beschränkt. Anderweitiges kann sich jedoch aus dem jeweiligen Rechtsakt ergeben, der den Rechtsrahmen für die ermächtigte EU-Instanz festlegt

12 Die in Art. 299 Abs. 1 AEUV genannten Institutionen können auch andersartige Leistungsverpflichtungen (Handlung, Duldung, Unterlassung) mittels Rechtsakt schaffen. Auf

---

Agenturen nicht als selbstverständlich an, vgl. GA Kokott 7.11.2019 – SchlA C-584/17, ECLI:ECLI:EU:C:2019:941 Rn. 41 = BeckRS 2019, 26999; dagegen aufgrund der besonderen Privilegierungsfunktion der Selbsttitulierung Saurer in Frankfurter Kommentar AEUV Art. 299 Rn. 4.

[10] OVG Magdeburg 12.5.2023 – 2 L 86/21, BeckRS 2023, 10236; VG Regensburg 11.4.2023 – RN 7 K 19.925, BeckRS 2023, 7868.
[11] Ruffert in Calliess/Ruffert AEUV Art. 299 Rn. 1; Saurer in FK-EUV/GRC/AEUV AEUV Art. 299 Rn. 4; krit. Schoo in Schwarze AEUV Art. 299 Rn. 3.
[12] Saurer in FK-EUV/GRC/AEUV AEUV Art. 299 Rn. 3; Krajewski/Rösslein in Grabitz/Hilf/Nettesheim AEUV Art. 299 Rn. 5. Siehe auch Geismann in von der Groeben/Schwarze/Hatje AEUV Art. 299 Rn. 6.
[13] Schoo in Schwarze AEUV Art. 299 Rn. 2; Krajewski/Rösslein in Grabitz/Hilf/Nettesheim AEUV Art. 299 Rn. 4.
[14] EuGH 16.7.2020 – C-584/17 P, ECLI:EU:C:2020:576 Rn. 53 = BeckRS 2020, 16086.
[15] Epping in HK-UnionsR AEUV Art. 299 Rn. 2; Ruffert in Calliess/Ruffert AEUV Art. 299 Rn. 2; Krajewski/Rösslein in Grabitz/Hilf/Nettesheim AEUV Art. 299 Rn. 6.
[16] EuG verb. Rs. T-79/89, 84/89 bis 86/89, 89/89, 91/89, 92/89, 94/89, 96/89, 98/89, 102/89, 104/89, Slg. 1992, II-315 (362).
[17] EuGH 9.3.1977, verb. Rs. 41, 43 und 44/73 – Slg. 1977, 445 = BeckRS 2004, 71133.
[18] So jedenfalls Ruffert in Calliess/Ruffert AEUV Art. 299 Rn. 2.
[19] Geismann in von der Groeben/Schwarze AEUV Art. 299 Rn. 4.
[20] EuGH 16.7.2020 – C-584/17 P, ECLI:EU:C:2020:576 Rn. 51 = BeckRS 2020, 16086.
[21] EuGH 16.7.2020 – C-584/17 P, ECLI:EU:C:2020:576 Rn. 57 = BeckRS 2020, 16086; Ruffert in Calliess/Ruffert AEUV Art. 299 Rn. 2.

die zwangsweise Durchführung solcher Pflichten findet Art. 299 AEUV keine Anwendung.[22] Ihre Vollstreckung richtet sich regelmäßig nach mitgliedstaatlichem Recht, sofern nicht das EU-Sekundärrecht Vorgaben vorsieht.[23]

II. Titel gem. Art. 280 iVm 299 AEUV

Der Gerichtshof der Europäischen Union iSv Art. 19 Abs. 1 EUV (mithin Gerichtshof, Gericht und Fachgerichte, vgl. auch Art. 254 Abs. 6, 257 Abs. 6 AEUV)[24] findet in Art. 299 AEUV keine Erwähnung. Gleichwohl sind auch seine Urteile vollstreckbar, wie sich aus dem Verweis von Art. 280 AEUV auf Art. 299 AEUV ergibt. 13

1. Urteile iSd Art. 280 AEUV. Der Begriff „Urteil" ist weit und untechnisch zu verstehen, mithin nicht auf (End- oder Zwischen-)Urteile zu beschränken.[25] Unbestritten handelt es sich auch bei sonstigen Entscheidungen der Gerichte, etwa Kostenfestsetzungsbeschlüssen[26] oder einstweiligen Anordnungen[27], um Entscheidungen mit Titelwirkung – wenngleich sich dies aus Gründen der Normhierarchie jedenfalls trotz entsprechender Anlagen nicht ausschließlich aus den Verfahrensordnungen von EuG und EuGH ergeben kann, die dies anerkennen.[28] 14

Überdies werden auch Prozessvergleiche sowie sonstige vor dem EuGH errichtete und für vollstreckbar erklärte Urkunden als Entscheidungen iSv Art. 280 AEUV und damit als vollstreckungsfähige Titel angesehen.[29] Es bedarf lediglich eines vollstreckbaren Inhaltes. 15

2. Umfang des Verweises auf Art. 299 AEUV. Die Ausgestaltung des Art. 280 AEUV führt aufgrund der dem Wortlaut nach prima facie unbeschränkt erscheinenden Verweisung auf Art. 299 AEUV weitere Fragen mit sich. 16

a) Keine Beschränkung auf Zahlungsverpflichtungen. Wie dargelegt ermöglicht Abs. 1 des Art. 299 AEUV für Rat, Kommission und Europäische Zentralbank eine Selbsttitulierung beschränkt auf Zahlungsverpflichtungen. Würde dies auch für die Titelwirkung gerichtlicher Entscheidungen gelten, wäre die Durchsetzungskraft der Entscheidungen von Unionsgerichten wesentlich limitiert. Daher ist davon auszugehen, dass alle Entscheidungen mit vollstreckungsfähigem Inhalt, nicht nur die auf Zahlung gerichteten, vollstreckbar sind.[30] 17

Als nicht vollstreckbar verbleiben lediglich jene Entscheidungen des EuGH, die exklusiv rechtsgestaltende oder feststellende Wirkungen entfalten und somit bereits keinen vollstreckungsfähigen Inhalt aufweisen.[31] Dies gilt insb. für die auch allgemein als nicht vollstreckungsfähig zu betrachtenden Feststellungsurteile im Rahmen von Vertragsverletzungsverfahren (→ § 6).[32] Deutlich wird dies auch durch die Anordnung der Möglichkeit zur 18

---

[22] Epping in HK-UnionsR AEUV Art. 299 Rn. 2; Kotzur in Geiger/Khan/Kotzur/Kirchmair AEUV Art. 299 Rn. 2; Krajewski/Rösslein in Grabitz/Hilf/Nettesheim AEUV Art. 299 Rn. 7.
[23] Kotzur in Geiger/Khan/Kotzur/Kirchmair AEUV Art. 299 Rn. 2, zust. Krajewski/Rösslein in Grabitz/Hilf/Nettesheim AEUV Art. 299 Rn. 7.
[24] allg. Meinung, s. nur Schwarze/Voet van Vormizeele in Schwarze AEUV Art. 280 Rn. 2.
[25] Frenz EuropaR-HdB V Rn. 3697; Stoll/Rigod in Grabitz/Hilf/Nettesheim AEUV Art. 280 Rn. 3; Gaitanides in von der Groeben/Schwarze/Hatje AEUV Art. 280 Rn. 3; Pache in HK-UnionsR AEUV Art. 280 Rn. 3; Schwarze/Voet van Vormizeele in Schwarze AEUV Art. 280 Rn. 4.
[26] EuGH 11.1.1977 – C-4-73, ECLI:EU:C:1975:114 Rn. 3 = BeckRS 2004, 71093; Klinke Gerichtshof Rn. 210; Pache in HK-UnionsR AEUV Art. 280 Rn. 3; Schwarze/Voet van Vormizeele in Schwarze AEUV Art. 280 Rn. 4.
[27] S. nur Pache in HK-UnionsR AEUV Art. 280 Rn. 3; Schwarze/Voet van Vormizeele in Schwarze AEUV Art. 280 Rn. 4.
[28] S. etwa Art. 145 Abs. 3 EuGH-VfO, Art. 170 Abs. 4 EuG-VfO im Hinblick auf Kostenfestsetzungen.
[29] Schwarze/Voet van Vormizeele in Schwarze AEUV Art. 280 Rn. 4.
[30] S. nur Wegener in Calliess/Ruffert AEUV Art. 280 Rn. 2.
[31] Middeke/Szczekalla JZ 1993, 288 mwN; Stoll/Rigod in Grabitz/Hilf/Nettesheim AEUV Art. 280 Rn. 2.
[32] Stoll/Rigod in Grabitz/Hilf/Nettesheim AEUV Art. 280 Rn. 3; Schoo in Schwarze AEUV Art. 299 Rn. 7; in diese Richtung mglw. auch GA Kokott 4.9.2014 – SchlA C-378/13, ECLI:EU:C:2014:2172 Rn. 79 = BeckRS 2015, 80015; Gaitanides in von der Groeben/Schwarze/Hatje AEUV Art. 280 Rn. 7.

Verhängung von Geldbußen und Zwangsgeldern gem. Art. 260 Abs. 2 UAbs. 2 AEUV (zu ihm ansonsten → § 6 Rn. 52), einer Klarstellung, die durch den Maastrichter Vertrag vorgenommen wurde und die im Falle der unmittelbaren Vollstreckbarkeit bereits auf der vorhergehenden Feststellungsebene zweckbefreit wäre.

19 b) Keine Herausnahme von Titeln gegen Mitgliedstaaten. Eine weitere Beschränkung der unionsadministrativen Selbsttitulierung besteht in der Ausnahme der Mitgliedstaaten vom Anwendungsbereich gem. Art. 299 Abs. 1 AEUV aE. Von einem unbeschränkten Verweis durch Art. 280 AEUV wäre auch diese Limitierung betroffen, sodass solche Entscheidungen des EuGH, die gegenüber Mitgliedstaaten ergehen, bereits anfänglich von der zwangsweisen Durchsetzung mangels Titelwirkung ausgeschlossen wären.[33] Vereinzelt wird Art. 280 AEUV dahingehend interpretiert.[34]

20 Motiv für diese Lesart ist nach einigen Ansichten ein bewusst gewollter Mechanismus zur Schonung der Souveränität der Mitgliedstaaten.[35] Dabei lassen sich allerdings auch zahlreiche andere Lösungs- und Ausnahmeansätze identifizieren, so etwa die Zulassung bestimmter Ausnahmen für Kostenfestsetzungsbeschlüsse oder die freiwillige Unterwerfung der jeweiligen Mitgliedstaaten im Rahmen von Schiedsverfahren.[36]

21 Gegen eine Übertragung der Begrenzungen des Art. 299 Abs. 1 AEUV auf die Fälle des Art. 280 AEUV spricht indes, dass bereits Art. 280 AEUV die Grundanordnung der **unbeschränkten Titelwirkung** für Entscheidungen des EuGH – auch solcher, die keine Zahlungspflichten beinhalten – enthält.[37] Der Verweis auf Art. 299 AEUV bezieht sich damit lediglich auf dessen Absätze 2 bis 4, in welchen das Verfahren der damit möglichen Vollstreckung – ergo die Rechtsfolgenseite eines Titels – geregelt ist.[38] Nur diese Lesart wird den Anforderungen an die Effektivität der Durchsetzung des Unionsrechts und der Letztentscheidungskompetenz des EuGH gerecht.[39] Unterliegt ein Mitgliedstaat in einem Vertragsverletzungsverfahren (Art. 259 AEUV), so mündet dies nur in einem (per se nicht vollstreckbaren) Feststellungsurteil. Für die Vollstreckung grundsätzlich geeignet ist sodann jedoch eine auf dem Feststellungsurteil fußende Sanktionsentscheidung nach Art. 260

---

[33] So etwa GA Jääskinen 16.5.2013 – SchlA C-292/11 P, ECLI:EU:C:2013:321 Rn. 65 = BeckRS 2014, 80208; Wohlfahrt in Dauses/Ludwigs EU-WirtschaftsR-HdB, P. IV. Rn. 181; Saurer in FK-EUV/GRC/AEUV AEUV Art. 299 Rn. 6, der anderseits die Beschränkung auf Zahlungsverpflichtungen nicht im Verweis inkludiert sehen will.

[34] Epiney in Bieber/Epiney/Haag/Kotzur EU § 9 Rn. 33; siehe auch die in Jakobs in Rengeling/Middeke/Gellermann Rechtsschutz-HdB, 3. Aufl. 2014, § 31 Rn. 10 Fn. 22 genannten Quellen.

[35] Im Detail siehe Pechstein EU-Prozessrecht, Rn. 318; Heidig EuR 2000, 768 (790); Härtel EuR 2001, 617 (620 ff.); Schniewind, Vollstreckung und Vollstreckungsrechtsbehelfe im Recht der Europäischen Gemeinschaften, 1972, S. 43; Bleckmann EuropaR Rn. 694; Schweitzer/Hummer/Obwexer EuropaR S. 93; Beutler/Bieber/Pipkorn/Streil, Die europäische Union, S. 251; GA Jääskinen 16.5.2013 – SchlA C-292/11 P, ECLI:EU:C:2013:321 Rn. 65 = BeckRS 2014, 80208.

[36] Siehe dazu Klinke Gerichtshof Rn. 211; aA Schniewind, Vollstreckung und Vollstreckungsrechtsbehelfe im Recht der Europäischen Gemeinschaften, 1972, S. 43; Wohlfahrt in Dauses/Ludwigs EU-WirtschaftsR-HdB P IV Rn. 181 erkennt Entscheidungen nach Art. 260 II AEUV als auf Basis des „effet utile"-Grundsatzes für ausnahmsweise vollstreckbar an und erklärt Art. 260 II AEUV zum lex specialis gegenüber Art. 280 AEUV.

[37] Ehricke in Streinz AEUV Art. 280 Rn. 2 f.; Wegener in Calliess/Ruffert AEUV Art. 280 Rn. 1 ff.; Frenz EuropaR-HdB V Rn. 3699; Epping in HK-UnionsR AEUV Art. 299, Rn. 3.

[38] Der Wortlaut deutet mit der Formulierung „gem. Art. 299 vollstreckbar" darauf, s. Frenz EuropaR-HdB V Rn. 3704; in anderen Sprachfassungen ist die Anlegung dieser Lesart noch deutlicher („dans les conditions", „under the conditions", „alle condizioni fissate dall'articolo 299", „en las condiciones que establece el artículo 299"; bereits historisch wurde in Bezug auf die Vorgängervorschrift, die unverändert übernommen wurde, davon ausgegangen, vgl., BT-Drs. 3440, 149; s. auch Stoll/Rigod in Grabitz/Hilf/Nettesheim AEUV Art. 280 Rn. 1; s. auch Pechstein in FK-EUV/GRC/AEUV AEUV Art. 280 Rn. 2; Gaitanides in von der Groeben/Schwarze/Hatje AEUV Art. 280 Rn. 2, aA Schwarze/Voet van Vormizeele in Schwarze AEUV Art. 280 Rn. 2, der aber andererseits die Reichweite des Verweises auch auf die Beschränkung auf Zahlungsverpflichtungen bestreitet, die sich ebenfalls aus Abs. 1 ergibt.

[39] Frenz EuropaR-HdB V Rn. 3703–3705; Kotzur/Dienelt in Geiger/Khan/Kotzur/Kirchmair AEUV Art. 280 Rn. 3; Wegener in Calliess/Ruffert AEUV Art. 280 Rn. 1; Ehricke in Streinz AEUV Art. 280 Rn. 2; Huck/Klieve EuR 2006, 399 (421); ähnlich Pache in HK-UnionsR AEUV Art. 280 Rn. 2.

Abs. 2 AEUV.⁴⁰ Ohne Vollstreckungsmöglichkeit dürfte eine derartige Sanktionsentscheidung im Zweifel wenig Durchschlagskraft besitzen. Somit handelt es sich gerade im Hinblick auf Finanzsanktionen, welche gegenüber den Mitgliedstaaten verhängt werden können, nach Formulierung des EuGH um die Resultate eines Vollstreckungsverfahrens⁴¹, dem somit nur die entsprechende Möglichkeit der zwangsweisen Durchsetzung der Forderungen genügen kann. Mit der ganz überwiegenden Ansicht⁴² ist somit von einer **Vollstreckbarkeit von gegen Mitgliedstaaten gerichteten Entscheidungen** auszugehen.

3. Urteil hinsichtlich eines Vollstreckungstitels nach Art. 299 Abs. 1 AEUV. Für 22 den Fall, dass ein bereits gem. Art. 299 Abs. 1 AEUV mit Titelwirkung versehener Rechtsakt vor dem Gerichtshof angegriffen wird, jedoch die in diesem Rechtsakt vorgesehene Verpflichtung nach dem rechtskräftigen Urteil ganz oder teilweise fortbesteht, tritt eine Veränderung bezüglich des Titels ein: Statt der dem Urteil zugrundeliegenden Exekutiventscheidung wird das gerichtliche Urteil als solches gem. Art. 280 iVm 299 AEUV zum Vollstreckungstitel im Hinblick auf die fragliche Verpflichtung. Diese Folge der **Titelersetzung** ergibt sich aus der Natur des bestätigenden Urteils als endgültige Festlegung der Vollstreckungsfähigkeit und Letztgestaltung des Rechtsaktes. Dies gilt insbesondere insoweit die Möglichkeit zur unbeschränkten Ermessensnachprüfung besteht (dazu → § 30 Rn. 20 ff.).⁴³

4. Zusammenfassung. Art. 280 AEUV weist allen Entscheidungen des Gerichts, der 23 (potentiellen) Fachgerichte sowie des Gerichtshofes⁴⁴, die einen vollstreckungsfähigen Inhalt haben – respektive auf ein Handeln, Dulden oder Unterlassen des Adressaten gerichtet sind – eine Titelwirkung zu, während Art. 299 AEUV lediglich mit Blick auf das in Abs. 2 bis 4 geregelte Vollstreckungsverfahren in Bezug genommen wird.

C. Vollstreckungsparteien

I. Vollstreckungsgläubiger

Gläubiger im Rahmen des Vollstreckungsverfahrens können sowohl die Europäische Union als auch die Parteien eines gerichtlichen Verfahrens vor dem Gerichtshof sein. 24

In den Fällen, in denen die Union als Vollstreckungsgläubiger auftritt, ist sie in ihrer 25 Gesamtheit betroffen, wird jedoch durch die Kommission oder den Rat vertreten. Die Bezeichnung des im Einzelfall vertretend tätig werdenden Unionsorgans als Gläubiger statt der Union ist allerdings unschädlich.⁴⁵

II. Vollstreckungsschuldner

1. Natürliche und juristische Personen. Die Zwangsvollstreckung auf Basis eines uni- 26 onsrechtlichen Titels ist sowohl gegen natürliche wie juristische Personen innerhalb der Union möglich.⁴⁶

2. Mitgliedstaaten. Eine Zwangsvollstreckung gegen Mitgliedstaaten scheint prima facie 27 nach dem unmissverständlichen Wortlaut des Art. 299 AEUV ausgeschlossen. Indes gilt dies

---

⁴⁰ S. Klamert EuR 2018, 159 (167); Epping in HK-UnionsR AEUV Art. 299 Rn. 3.
⁴¹ St. Rspr., vgl. EuGH 12.7.2005 – C-304/02 ECLI:EU:C:2005:444 Rn. 92 = BeckRS 2005, 70514; EuGH 15.1.2014 – C-292/11 P, ECLI:EU:C:2014:3 Rn. 40 = BeckRS 2014, 80031; EuG 27.6.2016 – T-810/14, ECLI:EU:T:2016:417 Rn. 72 = BeckRS 2016, 82163.
⁴² Siehe allgemein die zuvor genannten Quellen sowie Wegener in Calliess/Ruffert AEUV Art. 280 Rn. 2; Pache in HK-UnionsR AEUV Art. 280 Rn. 2.
⁴³ Giegerich ZaöRV 50 (1990), 836 (846 f.).
⁴⁴ Frenz EuropaR-HdB V Rn. 3697.
⁴⁵ Schniewind, Vollstreckung und Vollstreckungsrechtsbehelfe im Recht der Europäischen Gemeinschaften, 1972, S. 59, 66.
⁴⁶ Ruffert in Calliess/Ruffert AEUV Art. 299 Rn. 3; Saurer in FK-EUV/GRC/AEUV AEUV Art. 299 Rn. 1, 5; Schoo in Schwarze AEUV Art. 299 Rn. 9.

lediglich für die in Art. 299 aufgezählten Organe. Entscheidungen des in Art. 299 nicht genannten Gerichtshofs können vollstreckungsfähige Pflichten auferlegen. Diese unionsrechtliche Zulässigkeit führt jedoch nicht zwingend zur mitgliedstaatlichen Effektivität der Zwangsvollstreckung – die der betroffene Staat entsprechend der geschilderten Kompetenzverteilung im Zweifel „gegen sich selbst" durchführen müsste.

28 3. **Drittstaaten.** Eine Konstellation, in der Drittstaaten von einem vollstreckungsfähigen Titel (unmittelbar) betroffen sind, erscheint rein hypothetisch. Die Auffassungen in der Literatur zu dieser bisher nicht real gewordenen Problematik sind geteilt.[47] Eine Beschränkung der Vollstreckbarkeit entsprechender Urteile des Gerichtshofes aus positivem Unionsrecht ist jedenfalls nicht ersichtlich.

29 4. **Union und Unionsorgane.** Auch die Vollstreckung gegenüber der Union als solcher oder den Unionsorganen weist Besonderheiten auf. Zwar wäre das Vorgehen eines Mitgliedstaates der Union als durchführender Vollstreckungsstaat gegen die Union selbst ein ungewöhnlicher Vorgang, zumal diese als den Mitgliedstaaten weitestgehend gleichgestellt eingeordnet wird.[48] Andererseits regelt bereits Art. 343 AEUV iVm Art. 1 S. 3 des Protokolls über die Vorrechte und Befreiungen der EU[49], dass eine Vollstreckung in das Vermögen der EU keinesfalls unzulässig ist, sondern lediglich von einer entsprechenden **Ermächtigung durch den EuGH** abhängig ist.[50] Liegt eine solche vor, kann grundsätzlich unproblematisch in Vermögensgegenstände und Guthaben der Union vollstreckt werden.[51]

30 Somit lässt sich konstatieren, dass vollstreckungsfähige Titel im Grundsatz auch die Union als tauglichen Vollstreckungsschuldner verpflichten können. Regelmäßig wird dies nicht der Fall sein bei rechtsgestaltenden Urteilen, die Unionsakte für nichtig erklären (vgl. dazu auch Art. 266 Abs. 1 AEUV), oder Feststellungsurteilen, die keine Pflichten beinhalten. Soweit allerdings ein Unionsorgan oder die Union als solche zu einer Geldleistung – etwa zu Schadensersatz oder zur Nachzahlung von Bezügen im Rahmen einer dienstrechtlichen Streitigkeit – verpflichtet wird, kann auf Basis des entsprechenden Titels bei Vorliegen der nötigen Ermächtigung durch den EuGH die Zahlungspflicht zwangsweise durchgesetzt werden.[52]

31 Für den Fall, dass sich die Union durch eine vertragliche Schiedsklausel der Schiedsgerichtsbarkeit des EuGH unterwirft, sind auch die vollstreckungsfähigen Inhalte solcher Entscheidungen gegenüber der Union als Vollstreckungsschuldner mit Zwang durchsetzbar.[53]

32 Klarstellende Rechtsprechung in diesem Kontext existiert mangels rechtswidrigen Verhaltens der Union und ihrer Organe jedoch bisher nicht.[54]

---

[47] Dagegen etwa Ruffert in Calliess/Ruffert AEUV Art. 299 Rn. 3; Schroeder in Niedobitek EuropaR S. 610; Geismann in von der Groeben/Schwarze/Hatje AEUV Art. 299 Rn. 6.
[48] Bleckmann EuropaR, Rn. 694.
[49] Protokoll (Nr. 7) über die Vorrechte und Befreiungen der Europäischen Union, ABl. 2012, C 326, 266.
[50] Ehricke in Streinz AEUV Art. 280 Rn. 6, vgl. Ablehnung der Pfändung zweckgebundener Mittel der Kommission in EuGH 29.5.2001 – C-1/00, ECLI:EU:C:2001:296 = NJW 2001, 3109.
[51] So auch Ruffert in Calliess/Ruffert AEUV Art. 299 Rn. 3; Pache in HK-UnionsR AEUV Art. 280 Rn. 5; Schwarze/Voet van Vormizeele in Schwarze AEUV Art. 280 Rn. 5.
[52] Gaitanides in von der Groeben/Schwarze/Hatje AEUV Art. 280 Rn. 8.
[53] Klinke Gerichtshof Rn. 212; Stoll/Rigod in Grabitz/Hilf/Nettesheim AEUV Art. 280 Rn. 2.
[54] Beutler/Bieber/Pipkorn/Streil, Die europäische Union, S. 251; vgl. aber EuGH 17.6.1987 – 1/87 SE, ECLI:EU:C:1987:298 = BeckRS 2004, 70574; EuGH 10.1.1995 – C-1/94 S-A, ECLI:EU:C:1995:2 = BeckEuRS 1995, 207950.

§ 29 Durchführung der Zwangsvollstreckung

Schrifttum: vgl. § 28

A. Allgemeines

Die Durchführung der Zwangsvollstreckung kann ab dem Zeitpunkt des Vorliegens des 1
Titels beim Vollstreckungsgläubiger beginnen. Das zu empfehlende Vorgehen richtet sich nach dem zugrundeliegenden Titel: Für letztinstanzliche Entscheidungen des Gerichtshofes gilt die sofortige Vollstreckbarkeit qua unumstößlicher Rechtskraft. Andere Entscheidungen oder Rechtsakte mit angeordneter Titelfunktion, beispielsweise Beschlüsse der Kommission oder mit Rechtsmitteln angreifbare Urteile des Gerichts, können zwar bereits ab ihrem Ergehen als Grundlage für die Durchführung der Vollstreckung dienen. Allerdings erwachsen aus verfrühtem Vorgehen bei einer möglichen späteren Aufhebung der vollstreckbaren Entscheidung potentiell Schadensersatzansprüche zugunsten des Vollstreckungsschuldners.[1] Damit ist es regelmäßig sinnvoll, die Rechtsmittel- oder Anfechtungsfrist bzw. die Entscheidung über einen vom Vollstreckungsschuldner gestellten Aussetzungsantrag (→ § 30 Rn. 4 ff.) abzuwarten. Mit Beginn der eigentlichen Durchführung der Zwangsvollstreckung vollzieht sich ein Wechsel des Rechtsrahmens: Im unionseigenen Prozessrecht gibt es keinerlei Vorschriften über das Verfahren bei der Zwangsvollstreckung, wie sie etwa im achten Buch der deutschen ZPO niedergelegt sind. Vielmehr wird durch Art. 299 Abs. 2 AEUV auf das Zivilprozessrecht des jeweiligen Mitgliedstaates verwiesen, innerhalb dessen Territoriums die Vollstreckung durchgeführt werden soll.[2] Alles im Unionsrecht nicht Geregelte obliegt mithin dem mitgliedstaatlichen Recht, so etwa auch die Frage, ob die Zwangsvollstreckung gegen eine Person betrieben werden kann, die nicht Adressatin der Entscheidung der Kommission ist.[3] Der direkte Verweis in die mitgliedstaatlichen Vollstreckungsrechte ohne weitere Voraussetzungen bedeutet gleichzeitig, dass richtigerweise kein Exequaturerfordernis besteht.

Es gilt der Grundsatz der **Verfahrensautonomie der Mitgliedstaaten.**[4] Die Vollstre- 2
ckung unionsrechtlicher Titel innerhalb der Bundesrepublik Deutschland richtet sich gemäß Art. 299 Abs. 2 AEUV folglich nach den §§ 704 ff. ZPO als relevantes mitgliedstaatliches Recht. Es gelten somit auch für die Vollstreckung unionsrechtlicher Titel die **allgemeinen Vollstreckungsvoraussetzungen** von Titel (der sich nicht aus §§ 704, 794 f. ZPO ergibt, sondern unionsautonom in Art. 299 Abs. 1, Art. 280 iVm 299 AEUV geregelt ist; vgl. → § 28 Rn. 6 ff.), Klausel (→ § 29 Rn. 5 ff.) und Zustellung (→ § 29 Rn. 14 ff.),[5] sowie die besonderen Vollstreckungsvoraussetzungen, auf die hier nur teilweise eingegangen werden kann.[6] Bislang akademischer Natur, aber durchaus bedenkenswert ist die Überlegung, ob die Mitgliedstaaten statt des umfassenden zivilprozessualen Zwangsvollstreckungssystems lediglich einen gewissen Kanon an verfahrensrechtlichen Mindestgarantien anzuwenden verpflichtet werden sollten.[7]

---

[1] Geismann in von der Groeben/Schwarze/Hatje AEUV Art. 299 Rn. 5.
[2] S. dazu EuGH 9.5.1977 – verb. Rs. 41/73, 43/73, 44/73, ECLI:EU:C:1977:41 = BeckRS 2004, 71133; für eine Untersuchung der entsprechenden Bedingungen in unterschiedlichen Mitgliedstaaten siehe Hayden European Company and Financial Law Review 2022, 76.
[3] EuGH 9.11.2017 – C–217/16, ECLI:EU:C:2017:841 Rn. 31 = BeckEuRS 2017, 525927.
[4] EuGH 9.11.2017 – C–217/16, ECLI:EU:C:2017:841 Ls. 1, Rn. 16, 25 = BeckEuRS 2017, 525927.
[5] S. allgemein für das deutsche Recht nur Giers/Scheuch in Kindl/Meller-Hannich ZPO § 704 Rn. 3; Ulrici in BeckOK ZPO § 750 Rn. 1.
[6] S. etwa unten zu § 751 ZPO; s. auch Giers/Scheuch. in Kindl/Meller-Hannich ZPO § 704 Rn. 3.
[7] Hayden European Company and Financial Law Review 2021, 1011 (1028).

3   Es gelten die **Grundsätze der Äquivalenz und Effektivität**,[8] d. h. die nationalen Vorschriften dürfen nicht weniger günstig ausgestaltet sein als die für entsprechende innerstaatliche Sachverhalte geltenden (Äquivalenzgrundsatz) und sie dürfen die Ausübung der durch das Unionsrecht verliehenen Rechte nicht praktisch unmöglich machen oder übermäßig erschweren (Effektivitätsgrundsatz).[9] Dieses Zusammenspiel von Verfahrensautonomie der Mitgliedstaaten im Bereich der Zwangsvollstreckung und ihrer Begrenzung durch Äquivalenz und Effektivität scheint nahezu ubiquitär im Unionsrecht und findet sich ebenso etwa vielfach im Europäischen Zivilverfahrensrecht.[10]

4   Vollstreckung ist dort sinnvoll, wo der Schuldner Vermögen hat. Bei der – häufig erwartbaren – Vollstreckung in Gegenstände wird in aller Regel das Recht des Mitgliedstaats relevant, in welchem der jeweilige Vollstreckungsschuldner seinen Wohn- oder Geschäftssitz hat.[11] Sind Wohn- bzw. Geschäftssitz des Vollstreckungsschuldners ausnahmsweise nicht in dem Mitgliedstaat, in dem sich der Gegenstand befindet, in den vollstreckt werden soll, belegen, muss der Gläubiger die Vorgaben aus dem möglicherweise abweichend gestalteten nationalen Zivilprozessrecht hinnehmen, auch wenn diese das Vorgehen der Vollstreckungsbehörden zu dessen Nachteil limitieren.

B. Vollstreckungsklausel

I. Erteilung durch mitgliedstaatliche Behörde

5   Als Teil des formalisierten Vollstreckungsverfahrens bedarf es gegenüber dem Vollstreckungsgläubiger der Erteilung einer Vollstreckungsklausel. Diese wird **auf Antrag** (Art. 299 Abs. 3 AEUV) erteilt. Dabei wird, wenngleich Art. 299 Abs. 2 AEUV die Ausfertigung an sich nicht explizit nennt, eine **vollstreckbare Ausfertigung** des jeweiligen Titels erstellt. Die Wahrnehmung dieser Aufgabe fällt trotz ihrer unionsrechtlichen Regelung in Art. 299 Abs. 2 S. 2 AEUV einer mitgliedstaatlichen Behörde zu, welche vom jeweiligen Mitgliedstaat der Kommission und dem Gerichtshof gegenüber zu benennen ist.

6   Für die Erteilung der Klausel im Rahmen von Vollstreckungen innerhalb der Bundesrepublik Deutschland ist seit dem 1.4.2007 das **Bundesamt für Justiz** zuständig,[12] zuvor lag die Zuständigkeit beim BMJ[13]. Berichtspflichten der mitgliedstaatlichen Stellen oder eine Vernetzung der mitgliedstaatlichen Stellen untereinander, wie es im Europäischen Zivilverfahrensrecht üblich ist, sind für die mitgliedstaatlichen Stellen nach Art. 299 Abs. 2 S. 2 AEUV nicht vorgesehen.

7   Der **Inhalt der Vollstreckungsklausel** bestimmt sich im Rahmen von Vollstreckungsverfahren, für deren Durchführung das deutsche Recht maßgeblich ist, nach **§ 725 ZPO**. Ihr Mindestinhalt lautet: „Vorstehende Ausfertigung wird dem [Bezeichnung der Partei] zum Zwecke der Zwangsvollstreckung erteilt". Der zuständige Amtsträger hat diese Ausfertigung sodann zu unterzeichnen und mit dem Dienstsiegel zu versehen.

---

[8] So EuGH 9.11.2017 – C-217/16, ECLI:EU:C:2017:841, Ls. 1, Rn. 16, 25 = BeckEuRS 2017, 525927; zust. Ruffert in Calliess/Ruffert AEUV Art. 299 Rn. 4.
[9] EuGH 9.11.2017 – C-217/16, ECLI:EU:C:2017:841 Rn. 31 = BeckEuRS 2017, 525927 mwN.
[10] Teils sind hier reine Verweise auf das mitgliedstaatliche Verfahrensrecht wie in Art. 299 Abs. 2 AEUV, teils auch ausdrückliche Normierungen des Äquivalenzprinzips zu finden – siehe etwa Art. 41 Abs. 1 EuGVVO (VO (EU) 1215/2012), Art. 51 Abs. 1 Brüssel IIb-VO (VO (EU) 2019/1111), Art. 41 I EuUntVO (VO (EG) 4/2009), Art. 20 I EuVTVO (VO (EG) 805/2004), Art. 21 I EuMahnVO (VO (EG) 1896/2006), Art. 21 I EuBagVO (VO (EG) 861/2007), Art. 23 I EuKoPfVO (VO (EU) 655/2014).
[11] Vgl. Schmidt in von der Groeben/Thiesing/Ehlermann, 6. Aufl. 2003, EWGV Art. 192 Rn. 13.
[12] Bekanntmachung über die Zuständigkeit für die Erteilung der Vollstreckungsklausel zu Entscheidungen aufgrund des Rechts der Europäischen Union, 27.2.2007, BGBl. 2007 II 231.
[13] Siehe BGBl. 1961 II 50; BGBl. 1993 II 1940; BGBl. 1994 II 588.

II. Umfang der Prüfung der mitgliedstaatlichen Behörde

Die Kompetenz der zuständigen mitgliedstaatlichen Stelle, in diesem Rahmen eine Prüfung der Sach- und Rechtslage vorzunehmen, wird durch Art. 299 Abs. 2 AEUV beschränkt. Freilich muss die mitgliedstaatliche Stelle den Titel insoweit zur Kenntnis nehmen, als dies zur Prüfung, ob ihre Zuständigkeit eröffnet ist, erforderlich ist. Der eigentliche Prüfungsumfang ist sehr eng gefasst: Lediglich die formale **Echtheit des Titels,** somit die Authentizität des Ursprungs als Entscheidung eines europäischen Gerichts bzw. Rechtsakt einer von Art. 299 Abs. 1 Hs. 1 AEUV umfassten Institution, darf durch die Behörde verifiziert werden.[14] Für den Nachweis der Echtheit bedarf es bei Gerichtsentscheidungen regelmäßig einer beglaubigten Abschrift, bei Kommissionsentscheidungen kann potentiell mit Unterschriftenlisten abgeglichen werden. Über die Frage der Echtheit hinausgehender Rechtsschutz wird nur über Art. 299 Abs. 4 AEUV gewährleistet.[15] Das enge Verständnis der Authentizität, deren Prüfung in die mitgliedstaatliche Kompetenz fällt, gewährleistet die nötige Durchsetzungskraft entsprechender unionsrechtlicher Entscheidungen.[16] Das Erfordernis der Vorlage einer Übersetzung in einer mitgliedstaatlichen Amtssprache ist der entsprechenden Behörde zwecks Durchführung der (limitierten) Prüfung zuzugestehen.[17] Eine Kompetenz zur Prüfung der Zuständigkeit der tätig gewordenen Unionseinrichtung, oder gar zur gesamtheitlichen Beurteilung der Rechtmäßigkeit des Titels, besteht nicht. Am Maßstab mitgliedstaatlicher Grundrechte kann der Titel durch die Erteilungsbehörde oder nationale Prozessgerichte ebenfalls nicht gemessen werden.[18]

Nach dem – primärrechtlich zwar autoritativ aufgegebenen, aber in weite Ferne gerückten –[19] Beitritt der Union zur EMRK könnte eine Überprüfung der Rechtmäßigkeit des jeweiligen Titels am Maßstab der Konventionsnormen stattfinden.[20]

Die Vollstreckbarkeit kann allerdings bereits in Bezug auf den Titel vom Eintritt bestimmter Tatsachen abhängig gemacht werden. Dies ist etwa gem. Art. 152 Abs. 4 S. 2 EuGHVfO, Art. 123 Abs. 4 S. 2 EuGVfO bei der Vollstreckung aus Versäumnisurteilen der Fall, insoweit die Hinterlegung einer Sicherheitsleistung vom potentiellen Vollstreckungsgläubiger verlangt wird. Für einstweilige Anordnungen bestehen mit Art. 162 Abs. 2 EuGHVfO, Art. 158 Abs. 2 EuGVfO parallele Vorschriften. Die nationalen Behörden müssen die Vollstreckungsklausel in diesen Fällen erteilen. Nach dem jeweiligen mitgliedstaatlichen Recht, so etwa auch dem deutschen, kann die Zwangsvollstreckung jedoch regelmäßig erst mit tauglichem Nachweis des Eintritts der Bedingung seitens des Vollstreckungsgläubigers beginnen, s. § 751 Abs. 2 ZPO.

§ 328 ZPO, der subsidiär zu völkerrechtlichen Übereinkommen und Unionsrecht die Anerkennung ausländischer Urteile normiert, ist nicht auf unionsrechtliche Entscheidungen anwendbar, denn es handelt sich nicht um ein Urteil eines ausländischen Gerichts, sondern um einen Vollstreckungstitel sui generis. Entsprechendes gilt für § 722 ZPO. Dies ergibt sich schon aus den entsprechenden Zustimmungsgesetzen, welche die weitgehende Inte-

---

[14] EuGH 11.1.1977 – 4/73, ECLI:EU:C:1975:114 = BeckRS 2004, 71093; Schniewind, Vollstreckung und Vollstreckungsrechtsbehelfe im Recht der Europäischen Gemeinschaften, 1972, S. 60 f. (zum Umfang im Detail); Epping in HK-UnionsR AEUV Art. 299, Rn. 4; Ruffert in Calliess/Ruffert AEUV Art. 299 Rn. 4; Saurer in FK-EUV/GRC/AEUV AEUV Art. 299 Rn. 7; Kotzur in Geiger/Khan/Kotzur/Kirchmair AEUV Art. 299 Rn. 5; nach deutschem Verfassungsrecht zulässig gem. BVerfG 10.4.1987 – 2 BvR 1236/86 = NJW 1987, 3077; s. auch Geismann in von der Groeben/Schwarze AEUV Art. 299 Rn. 12 ff.
[15] Epping in HK-UnionsR AEUV Art. 299, Rn. 4.
[16] bzgl. EZB-Entscheidungen siehe Hayden European Company and Financial Law Review 2021, 1011 (1029).
[17] So auch Hayden European Company and Financial Law Review 2021, 1011 (1029).
[18] BVerfGE 73, 339 (375 f.) = NJW 1987, 577; BVerfG 10.4.1987 – 2 BvR 1236/86 = NJW 1987, 3077; sa Rupp FS Menger 1985, 859 ff.; Rupp NJW 1986, 640; idS auch Engel DV 25 (1992), 444; Epping in HK-UnionsR AEUV Art. 299 Rn. 4.
[19] EuGH 18.12.2014 – Gutachten 2/13, ECLI:EU:C:2014:2454 = BeckEuRS 2013, 736223.
[20] Pernice RIW 1986, 356; Giegerich ZaöRV 1990, 836 (844 ff.).

grierung der Unionsrechtsordnung in den Mitgliedstaaten bedingen.[21] Entsprechendes – Nichtanwendbarkeit – gilt freilich für die zahlreichen §§ 328, 722 ZPO überlagernden Instrumente des Europäischen Zivilverfahrensrechts.

12 Bei der Vollstreckung aus unionsrechtlichen Titeln besteht somit auch grundsätzlich aufgrund der von vornherein auf die Prüfung der Echtheit begrenzten Kontrolle der Klauselbehörde kein Raum für die Berücksichtigung der innerstaatlichen Rechtsbehelfe im Klauselverfahren.[22] Eine direkte oder analoge Anwendung dieser Rechtsbehelfe im Falle der (rechtswidrigen) Verweigerung der Klauselerteilung oder bei titelergänzenden/-übertragenden Klauseln (§§ 725 f. ZPO) wird teilweise diskutiert.[23] Dieses Problem der Kompetenzaufteilung zwischen unions- und mitgliedstaatlicher Ebene muss seine Lösung unter besonderer Beachtung der Eigenarten des jeweiligen mitgliedstaatlichen Prozessrechtes finden. Das vom EuGH zum Schlüsselelement der Kohärenz im Rechtsraum der Union charakterisierte Vorabentscheidungsverfahren könnte auch in diesem Fall eine besondere Rolle spielen, wenn die grundlegende Entscheidungskompetenz in solchen Fällen bei den mitgliedstaatlichen Gerichten als Primärentscheider verbleibt, diese sich bei Unsicherheiten jedoch gem. Art. 267 AEUV an den EuGH wenden könnten.[24]

13 Steht der materielle Bestand des Titels in Abrede, wird der unionsrechtliche Rechtsakt als Basis angezweifelt. Über dessen Rechtmäßigkeit und Fortbestand können nur die dazu berufenen europäischen Gerichte in den entsprechend vorgesehenen Rechtsschutzverfahren (→ § 30 Rn. 5) entscheiden.

C. Zustellung des Titels

14 Regelmäßig, doch nicht notwendigerweise, sehen die mitgliedstaatlichen Rechtsordnungen die Zustellung des Vollstreckungstitels als Voraussetzung vor.

15 Im deutschen Recht ist dies durch § 750 ZPO normiert. Demnach kann die Zwangsvollstreckung auf Basis des unionsrechtlichen Titels erst beginnen, wenn die wirksame Zustellung gegenüber dem Schuldner erfolgt ist.

16 Wird auf Basis eines Rechtsakts der Kommission oder des Rates vollstreckt, ist eine Zustellung schon unionsrechtlich durch Art. 297 AEUV vorgesehen bzw. normiert.

17 Für Vollstreckungen aus gerichtlichen Entscheidungen nach Art. 280 iVm 299 AEUV ist mangels anderweitiger Festlegungen § 750 Abs. 1 ZPO iVm § 317 ZPO anwendbar, sodass auf Betreiben des Gläubigers die Zustellung des Titels erfolgt. Die Klausel als solche ist hingegen nur in Fällen des § 750 Abs. 2 ZPO zuzustellen.[25]

D. Anrufung des Vollstreckungsorgans

18 Sobald die nötigen Voraussetzungen – Erteilung der Vollstreckungsklausel sowie ggf. Zustellung des Titels an den Vollstreckungsgläubiger – als zwingende formelle Bedingungen für eine rechtmäßige Vollstreckung erfüllt sind, kann die Zwangsvollstreckung erfolgen. Dies geschieht gem. Art. 299 Abs. 3 AEUV mittels unmittelbarer Anrufung des zuständigen mitgliedstaatlichen Vollstreckungsorgans durch den Vollstreckungsgläubiger.

---

[21] Vgl. Schniewind Vollstreckung und Vollstreckungsrechtsbehelfe im Recht der Europäischen Gemeinschaften, 1972, S. 62 ff; Schmidt in von der Groeben/Thiesing/Ehlermann, 6. Aufl. 2003, EWGV Art. 192 Rn. 8.
[22] Klinke Gerichtshof Rn. 214; Kallfaß EuR 2018, 175 (183).
[23] Schniewind, Vollstreckung und Vollstreckungsrechtsbehelfe im Recht der Europäischen Gemeinschaften, 1972, S. 67.
[24] So etwa in EuGH 9.11.2017 – C-217/16, ECLI:EU:C:2017:841 = BeckRS 2017, 130344.
[25] Schniewind, Vollstreckung und Vollstreckungsrechtsbehelfe im Recht der Europäischen Gemeinschaften, 1972, S. 67.

Zuständige Vollstreckungsorgane der Durchführung sind nach deutschem Recht der **19** Gerichtsvollzieher (§ 753 ZPO) und das Vollstreckungsgericht (§ 764 ZPO).[26]

Der weitere Verlauf der Vollstreckungsdurchführung richtet sich ausschließlich nach **20** dem jeweiligen mitgliedstaatlichen Recht unter Beachtung der – freilich für die meisten praktischen Zwecke nicht relevanten – Grundsätze der Äquivalenz und Effektivität.

---

[26] Ebenso Epping in HK-UnionsR AEUV Art. 299 Rn. 5; Schoo in Schwarze AEUV Art. 299 Rn. 13; Kotzur in Geiger/Khan/Kotzur/Kirchmair AEUV Art. 299 Rn. 6.

§ 30 Rechtsbehelfe in der Zwangsvollstreckung

Übersicht

	Rn.
A. Allgemeines	1
B. Unionsrecht	4
I. Aussetzung der Zwangsvollstreckung	4
1. Rechtlicher Rahmen	4
2. Unterscheidung zwischen vollstreckungs- und verwaltungsgerichtlichem Rechtsschutz	5
3. Mögliche Reichweite	6
a) Regelfall	6
b) Teilweise Aussetzung	7
c) Endgültige Beendigung	8
4. Das Verfahren im Rahmen des Aussetzungsantrages	10
a) Zulässigkeit	11
b) Begründetheit	16
5. Rechtsfolgen	17
II. Nachprüfung von Zwangsmaßnahmen, Art. 261 AEUV	20
1. Grundsätzliches	20
2. Reichweite	24
a) Zwangsmaßnahmen	24
b) Prüfungskompetenz	27
c) Rechtsmittelverfahren	29
3. Auswirkungen	30
a) Entscheidungskompetenz	30
b) Erstmalige Verhängung einer Zwangsmaßnahme und reformatio in peius	35
4. EuratomV	37
5. Verbundene Anträge und Anordnungen	38
C. Mitgliedstaatliches Recht	40
I. Grundsätzliches	40
II. Deutsches Recht	41
1. Zulässige Rechtsbehelfe	42
2. Unzulässigkeit der Vollstreckungsgegenklage	45

Schrifttum: vgl. § 28

A. Allgemeines

1 Dem Verhältnis zwischen unionsrechtlichem Titel und mitgliedstaatlichem Zwangsvollstreckungsverfahren korrespondiert eine entsprechend dichotome Aufteilung der Rechtsbehelfe: Während die Unionsgerichte über das **„Ob"** der Zwangsvollstreckung befinden, sind das jeweilige mitgliedstaatliche Recht und die Gerichte der Mitgliedstaaten für das **„Wie"** der Zwangsvollstreckung zuständig. Angeordnet wird dies durch die Zentralnorm des Art. 299 Abs. 4 AEUV, der in seinem S. 1 die Entscheidung über die Aussetzung dem Gerichtshof zuweist, während S. 2 die Prüfung der Ordnungsmäßigkeit der Vollstreckungsmaßnahmen den einzelstaatlichen Rechtsprechungsorganen auferlegt.

2 Hintergrund bildet, dass die unionsrechtlich bestimmte und zur Vollstreckungsgrundlage erhobene materielle Entscheidung nicht durch mitgliedstaatlichen Rechtsschutz im Rahmen des stattfindenden Vollstreckungsverfahrens konterkariert werden soll.[1] Andererseits soll auch die Souveränität der Mitgliedstaaten bei der Ausübung der klassisch-hoheitlichen Vollstreckungsmacht gewahrt werden, sodass die mitgliedstaatseigene Ausgestaltung von

---

[1] Vgl. Krajewski/Rösslein in Grabitz/Hilf/Nettesheim AEUV Art. 299 Rn. 16.

Verfahren und diesbezüglichem Rechtsschutz auch bei Maßnahmen auf Grundlage unionsrechtlicher Titel maßgeblich ist.

Unzweifelhaft bleibt die bloße Aufteilung in „Ob" und „Wie" defizitär. Rechtsprechung 3 zu den im Einzelfall intrikaten Abgrenzungsfragen ist nur rudimentär vorhanden.[2] Die parallele Existenz dieser unterschiedlichen Rechtsbehelfsverfahren mit eigenen Anwendungsbereichen, auf die im Folgenden detailliert eingegangen wird, demonstriert die Bandbreite der möglichen Fallgestaltungen.

B. Unionsrecht

I. Aussetzung der Zwangsvollstreckung

1. Rechtlicher Rahmen. Während das Primärrecht mit Art. 299 Abs. 4 AEUV die Aus- 4 gestaltungsentscheidung hinsichtlich der Möglichkeit der Nachprüfung durch den EuGH trifft, regeln die Verfahrensordnungen die prozessualen Voraussetzungen in Art. 156 ff. EuGVfO, Art. 160 ff. EuGHVfO. Deren Anwendbarkeit auf das Verfahren wird durch Art. 161 EuGVfO respektive Art. 165 EuGHVfO[3] bestimmt. Die Verfahrensordnungen rücken die Aussetzung der Zwangsvollstreckung damit in unmittelbare systematische Nähe zu den allgemeinen vorläufigen Rechtsschutzverfahren gem. Art. 278 f. AEUV (zu diesen Verfahren im Detail → § 17), womit deutlich wird, dass die Aussetzung der Zwangsvollstreckung gem. Art. 299 Abs. 4 AEUV gleichsam eine grundsätzlich nur vorläufige Rechtsschutzmöglichkeit, zugeschnitten auf die besonderen Fragen der unionsrechtlichen Vollstreckung, darstellt.

2. Unterscheidung zwischen vollstreckungs- und verwaltungsgerichtlichem 5 **Rechtsschutz.** Zwischen den allgemeinen vorläufigen Rechtsschutzverfahren nach Art. 278 f. AEUV, in denen der EuGH gewissermaßen als Verwaltungsgericht der Union urteilt, und dem speziellen vollstreckungsgerichtlichen Verfahren des Art. 299 AEUV besteht ein logisches Ablauf- bzw. Rangverhältnis.[4] Während eine als Titel dienende Entscheidung noch nicht rechtskräftig geworden ist, kann diese weiterhin angefochten und damit auch bei Erfolg eines entsprechenden Antrages (vorläufig) ausgesetzt werden. Dies wirkt sich unmittelbar auf die Vollstreckbarkeit aus, da mit einer Aussetzung der gesamten Entscheidung auch die Zwangsvollstreckung aus ebendieser verhindert wird.[5] Anträge einer Partei, die noch vor Rechtskraft der titelbildenden Entscheidung die Zwangsvollstreckung aus dieser gem. Art. 299 AEUV gerichtlich aussetzen wollen, können mangels sinnvollem Anwendungsraum vor Rechtskraft in die zu diesem Zeitpunkt rechtsschutzintensiveren allgemeinen verwaltungsgerichtlichen Aussetzungsanträge **umgedeutet** werden.[6]

3. Mögliche Reichweite. a) Regelfall. Als Ausgangsfall lässt sich bei Begründetheit des 6 Antrags die beschlussförmige Anordnung der zeitlich begrenzten Einstellung jedweder Maßnahmen der Zwangsvollstreckung aus dem streitgegenständlichen unionsrechtlichen Titel gegenüber dem Vollstreckungsschuldner durch den Gerichtshof definieren.

b) Teilweise Aussetzung. Der Wortlaut des Art. 299 Abs. 4 AEUV bestimmt, dass „die 7 Zwangsvollstreckung" ausgesetzt werden kann. Ob damit nur die Aussetzung der Zwangsvollstreckung in Gänze oder die Aussetzung auch einzelner Vollstreckungsmaßnahmen im

---

[2] So auch Geismann in von der Groeben/Schwarze AEUV Art. 299 Rn. 15.
[3] So auch EuGH 17.3.2023 – C–781/22 P-R, ECLI:EU:C:2023:226 Rn. 16.
[4] Von Subsidiarität ist die Rede bei Sladic, Einstweiliger Rechtsschutz im Gemeinschaftsprozessrecht, 2008, S. 80.
[5] EuGH 25.10.1983 – 107/82 R, ECLI:EU:C:1983:293 = NJW 1984, 1281; Frenz EuropaR-HdB V Rn. 3591.
[6] EuG 2.5.2007, T–297/05 R, ECLI:EU:T:2007:118 Rn. 19 = BeckRS 2008, 70194; Sladic, Einstweiliger Rechtsschutz im Gemeinschaftsprozessrecht, 2008, S. 78.

Rahmen eines Gesamtvollstreckungsverfahrens erfasst ist, lässt der Wortlaut nicht eindeutig erkennen. Argumentum a maiore ad minus ließe sich aus dem Umstand, dass die Vollstreckung insgesamt ausgesetzt werden kann, die Zulässigkeit weniger weitreichenderer Aussetzung einzelner Maßnahmen ableiten. Eine solche Aufsplittung der Vollstreckung ist indes nicht allen Rechtsordnungen der Union bekannt. Die Annahme einer solchen Teilaussetzungsbefugnis nur in jenen Rechtsordnungen, in denen einzelne Zwangsvollstreckungsmaßnahmen Gegenstand separater Aussetzungsanträge sein können, würde die einheitliche Rechtsanwendung im Rahmen des unionsrechtlichen Vollstreckungsverfahrens stören.[7] Hinsichtlich des Umfanges der in Art. 299 Abs. 4 AEUV normierten Aussetzungsbefugnis ist daher eine auf das **gesamte Vollstreckungsverfahren** bezogenen Zielrichtung anzunehmen. Die Frage, ob gleichwohl vor den mitgliedstaatlichen Gerichten Rechtsschutz gegen separate, möglicherweise im Einzelnen rechtswidrige Vollstreckungsmaßnahmen erlangt werden kann, wird von diesem Befund nicht determiniert.

8 **c) Endgültige Beendigung.** Bei der Aussetzung der Zwangsvollstreckung handelt es sich stets um eine vorläufige Maßnahme, wie schon die Systematik erkennen lässt. Gleichwohl kann es Gründe geben, aus denen die Durchführung der Zwangsvollstreckung insgesamt trotz Rechtskraft des ihr zugrundeliegenden Titels rechtswidrig wäre – so etwa bei rechtshemmenden oder rechtsvernichtenden Einreden. Diese im nationalen Recht anerkannten Figuren lassen sich auf die unionsrechtliche Ebene übertragen. Nicht ausdrücklich im Primärrecht geregelt ist allerdings, mit welchem Rechtsmittel eine solche endgültige Beendigung einer unionsrechtlichen Vollstreckung nach Rechtskraft des Titels erreicht werden könnte. Da der Art. 299 Abs. 4 AEUV als naheliegender Anknüpfungspunkt dem Rechtsschutzbedürfnis des Zwangsvollstreckungsschuldners Rechnung tragen soll, könnte das Aufgreifen dieser Vorschrift für den Antrag gegenüber dem Gerichtshof in Frage kommen.[8] Welcher Weg für den Rechtsschutz einschlägig ist, wenn der Vollstreckungsschuldner – ohne die Rechtmäßigkeit des ursprünglichen Vollstreckungstitels zu bestreiten – die Nichtvollstreckbarkeit aufgrund einer eingetretenen Änderung bezüglich des materiellen Anspruchs, der dem Titel zugrunde liegt, feststellen lassen will, geht nicht unmittelbar aus dem Wortlaut des Art. 299 Abs. 4 AEUV hervor. Aus der Aufteilungslogik zwischen „Ob" und „Wie" folgt jedoch ein gewichtiges Argument, diese Frage des **„Ob (noch)" der Zwangsvollstreckung auf unionsrechtlicher Ebene** einheitlich vom Gerichtshof der Europäischen Union klären zu lassen.

9 Als Voraussetzung für die Begründetheit eines solchen Antrages auf endgültige Einstellung der unionsrechtlichen Zwangsvollstreckung gem. Art. 299 Abs. 4 AEUV wird an das Vorliegen neuer Tatsachen, deren rechtliche Auswirkungen das Recht des Zwangsvollstreckungsgläubigers hemmen oder vernichten, angeknüpft.[9]

10 **4. Das Verfahren im Rahmen des Aussetzungsantrages.** Im Wesentlichen ist das Verfahren bei der Aussetzung der Zwangsvollstreckung gem. Art. 299 Abs. 4 AEUV dem der einstweiligen Anordnung und der Vollzugsaussetzung gem. Art. 278 f. AEUV gleich zu behandeln, wie Art. 161 EuGVfO und Art. 165 EuGHVfO anordnen.

11 **a) Zulässigkeit.** Eine Besonderheit kann sich beim Antrag auf Aussetzung der Zwangsvollstreckung hinsichtlich der Frage nach der Notwendigkeit eines Hauptsacheverfahrens ergeben. Für den vorläufigen Rechtsschutz wird typischerweise die vorherige oder gleichzeitige Klageerhebung in einem Hauptsacheverfahren vorausgesetzt, so im Verfahrensrecht des Gerichtshofes nach Art. 156 Abs. 1 EuGVfO sowie Art. 160 Abs. 1 EuGHVfO.

---

[7] S. dazu Schniewind, Vollstreckung und Vollstreckungsrechtsbehelfe im Recht der Europäischen Gemeinschaften, 1972, S. 159 ff.
[8] So wohl auch Geismann in von der Groeben/Schwarze AEUV Art. 299 Rn. 15 f.; Kotzur in Geiger/Khan/Kotzur/Kirchmair AEUV Art. 299 Rn. 8.
[9] Schniewind, Vollstreckung und Vollstreckungsrechtsbehelfe im Recht der Europäischen Gemeinschaften, 1972, S. 175 ff.

Da diese Vorschriften aufgrund der Verweisungsnormen lediglich entsprechend ange- 12
wendet werden, verbleibt Raum für Abweichungen vom eindeutigen Wortlaut.[10] Die
Notwendigkeit einer solchen Abweichung könnte durch die dichotome Teilung der Zuständigkeiten beim Rechtsschutz bezüglich unionsrechtlicher Zwangsvollstreckungen bedingt sein: Wenn etwa die in einem Mitgliedstaat getroffenen Zwangsvollstreckungsmaßnahmen der – zuweisungsgerecht den nationalen Gerichten überlassenen – rechtlichen Überprüfung unterworfen werden, ohne dass der Gerichtshof beteiligt ist, könnte sich für diese Dauer ein anzuerkennendes Bedürfnis des Vollstreckungsschuldners für die Anordnung der Vollstreckungsaussetzung ergeben.

Dementgegen ließe sich vorbringen, dass der Antrag auf Aussetzung der Zwangsvollstre- 13
ckung als Unterart des vorläufigen Rechtsschutzes stets ein Hauptsacheverfahren voraussetzt.[11] Insoweit wurde etwa nach Art der Entscheidung, die der Vollstreckung zugrunde liegt, unterschieden: Für Exekutiventscheidungen mit Titelwirkung sollte demnach eine Nichtigkeits- oder Untätigkeitsklage als Hauptsacheverfahren nötig sein, die sich gegen die Ablehnung oder Nichtbearbeitung eines Antrages auf Nichtvollziehung richtet. Wenn eine Entscheidung des Gerichtshofes als Grundlage für die Vollstreckung dient, sollte hingegen die Wiederaufnahme des Verfahrens, Drittwiderspruchsklage oder – im Falle von EuG-Entscheidungen – das Rechtsmittelverfahren als Hauptsache dienen können. Sofern nur die Art und Weise der Vollstreckung problematisch ist, könne dann auch ein entsprechendes Verfahren vor mitgliedstaatlichen Gerichten als Hauptsache angesehen werden.[12]

Eine solch rigide Interpretation, die den Regelfall des vorläufigen Rechtsschutzes als 14
simultanen Start- und Endpunkt der Auslegung anlegt, trägt den Besonderheiten des Antrages auf Aussetzung der Zwangsvollstreckung nicht hinreichend Rechnung. Die Notwendigkeit dessen hat der Unionsgesetzgeber schon durch die Normierung einer entsprechenden – und gerade nicht der direkten – Anwendung der Vorschriften über die allgemeinen vorläufigen Rechtsschutzverfahren verdeutlicht. Diese Sichtweise erfährt selbst von der Gegenauffassung eine Verstärkung, da diese mitgliedstaatliche Rechtsbehelfe – wenngleich nur in bestimmten Konstellationen – als hinreichende Hauptsacheverfahren ansehen, und damit eben eine (teilweise) entsprechende Anwendung in Anpassung auf die Zweigeteiltheit des Rechtsschutzes in der unionrechtlichen Zwangsvollstreckung annehmen.[13]

Zudem wird ohne Rechtskraft der titelbildenden Entscheidung regelmäßig der Antrag 15
gem. Art. 278 AEUV auf Vollzugsaussetzung statthaft sein, sodass für Anträge gem. Art. 299 Abs. 4 AEUV mit einem Direktklageverfahren als Hauptsacheverfahren kein Spielraum verbleibt. Die Anwendungsräume von Aussetzung des Vollzuges und Aussetzung der Zwangsvollstreckung sollten im Sinne der Rechtssicherheit jedoch getrennt bleiben.[14] Daher sprechen die besseren Argumente dafür, **kein Hauptsacheverfahren** für die Zulässigkeit des Antrages auf Aussetzung der Zwangsvollstreckung vorauszusetzen.[15]

b) Begründetheit. Die Begründetheit eines Antrages auf Aussetzung der Zwangsvollstre- 16
ckung weist regelmäßig keine Besonderheiten gegenüber den anderen vorläufigen Rechtsschutzverfahren vor dem Gerichtshof auf. Als besonderer Faktor für die Beurteilung der Notwendigkeit kann erneut die Mehrebenenstruktur relevant werden, insb. wenn mitglied-

---

[10] Schniewind, Vollstreckung und Vollstreckungsrechtsbehelfe im Recht der Europäischen Gemeinschaften, 1972, S. 165 ff.
[11] So etwa Geismann in von der Groeben/Schwarze AEUV Art. 299 Rn. 17; Sladic, Einstweiliger Rechtsschutz im Gemeinschaftsprozessrecht, 2008, S. 80.
[12] Schmidt in von der Groeben/Thiesing/Ehlermann, 4. Aufl. 1991, EWGV Art. 192 Rn. 25 ff.
[13] Dazu siehe Jakobs in Rengeling/Middeke/Gellermann Rechtsschutz-HdB, 3. Aufl. 2014, § 33 Rn. 17 ff.
[14] Zur Problematik bei nicht hinreichender Differenzierung vgl. auch EuG 22.11.1991 – T-77/91 R, ECLI:EU:T:1991:60 Rn. 20 ff.
[15] Vom Gerichtshof explizit offen gelassen in EuGH 30.5.2001 – C-334/97 R-EX, ECLI:EU:C:2001:297.

staatliche Gerichte bereits mit der Überprüfung der Art und Weise der Zwangsvollstreckung befasst sind, und dem Vollstreckungsschuldner ohne Aussetzung besondere Nachteile bei parallel fortgesetzter Vollstreckung drohen.[16]

17 **5. Rechtsfolgen.** Gem. Art. 158 Abs. 1 S. 1 EuGVfO bzw. Art. 162 Abs. 1 S. 1 EuGHVfO ergeht die Entscheidung über den Antrag auf Aussetzung der Zwangsvollstreckung in Form eines Beschlusses. Beschlüsse des EuGH sind dabei unanfechtbar.

18 Anzumerken ist, dass auch eine stattgebende Entscheidung sich nicht unmittelbar und materiell auf mitgliedstaatliche Vollstreckungsmaßnahmen auswirken kann, selbst wenn mit dem Beschluss die Vollstreckung insgesamt ausgesetzt wird. Vielmehr müssen die nach dem jeweiligen nationalen Verfahrensrecht nötigen Handlungen vorgenommen werden, um bereits begonnene Zwangsvollstreckungsmaßnahmen zu pausieren. Dies dient unzweifelhaft auch der Rechtssicherheit im Mehrebenensystem der unionsrechtlichen Vollstreckung. Gleichsam ist allerdings auch festzustellen, dass die zuständigen mitgliedstaatlichen Instanzen einen Aussetzungsbeschluss des Gerichtshofes entsprechend umsetzen müssen, sodass die Vornahme der nötigen Handlungen nach nationalem Verfahrensrecht eine implizite Vorgabe eines entsprechenden Beschlusses ist.[17]

19 Die Aussetzungswirkung entfällt entweder zu einem im Beschluss fakultativ festzulegenden Zeitpunkt oder, in Ermangelung eines solchen, mit Verkündung des Endurteils in einem potentiell betriebenen Hauptsacheverfahren, Art. 158 Abs. 3 EuGVfO, 162 Abs. 3 EuGHVfO. Bei Änderung der Umstände kann jederzeit ein neuer Antrag gestellt werden, vgl. Art. 159 EuGVfO, 163 EuGHVfO

II. Nachprüfung von Zwangsmaßnahmen, Art. 261 AEUV

20 **1. Grundsätzliches.** Art. 261 AEUV ermöglicht, die Kompetenzen des Gerichtshofes im Feld der Zwangsmaßnahmen zu erweitern. Im Rahmen von Nichtigkeitsklagen (→ § 7) sind nur bestimmte Klagegründe anerkannt, weshalb auch nur gewisse Rechtsfehler zu der Nichtigerklärung des fraglichen Rechtsaktes führen können. Diese Nichtigerklärung – oder andererseits die Klageabweisung wegen Unzulässigkeit oder Unbegründetheit – sind die einzigen Ausgangsmöglichkeiten, die sich dem Kläger in Nichtigkeitsverfahren vor dem Gerichtshof bieten. Nach Maßgabe des Art. 261 AEUV kann allerdings für Zwangsmaßnahmen eine **weitreichende Prüfungs- und Entscheidungskompetenz** zugunsten des Gerichtshofes angeordnet werden, die einerseits über die bekannten Rechtsfehler hinaus die Ermessensausübung beim Erlass der Zwangsmaßnahme vollständig justiziabel macht, andererseits als Konsequenz daraus die Möglichkeit der Abänderung der entsprechenden Maßnahme unmittelbar durch den Gerichtshof anlegt. Somit sind nicht mehr lediglich Nichtigerklärung oder Abweisung der Klage möglich, sondern auch Abänderung oder gar erstmalige Verhängung von Zwangsmaßnahmen durch den Gerichtshof.

21 Rechtsvergleichend kommt diese Möglichkeit der „Horizonterweiterung" der im französischen Rechtskreis bekannten „compétence de pleine juridiction", einer umfassenden Nachprüfungskompetenz, welche der „compétence de l'annulation", der vergleichsweise beschränkten reinen Aufhebungskompetenz, diametral gegenübersteht, nahe.[18]

22 Die Erweiterung muss in dem vom Rat oder Rat und Parlament gemeinsam erlassenen Rechtsakt, der die Ermächtigung zum Ergreifen der jeweiligen Zwangsmaßnahme beinhaltet, ausdrücklich vorgesehen sein. Regelmäßig ist die Rede von der Befugnis zur unbeschränkten (Ermessens-)Nachprüfung, wobei die Vorschrift des Art. 261 AEUV nicht

---

[16] Schniewind, Vollstreckung und Vollstreckungsrechtsbehelfe im Recht der Europäischen Gemeinschaften, 1972, S. 183 ff.
[17] Runge AWD 1962, 339.
[18] Schmidt, Die Befugnis des Gemeinschaftsrichters zu unbeschränkter Ermessensnachprüfung, 2004, S. 25 ff.; aber jedenfalls keine vollständige Übernahme des Instituts, vgl. Jakobs in Rengeling/Middeke/Gellermann Rechtsschutz-HdB, 3. Aufl. 2014, § 33 Rn. 6, 12.

zwingend in Referenz genommen wird.[19] Während die Nutzung der durch Art. 261 AEUV eröffneten Möglichkeit historisch eine Seltenheit darstellte, wird die umfassende Prüfungskompetenz dem Gerichtshof gerade im modernen Unionswettbewerbsrecht immer häufiger zugestanden. Darin kann auch eine Tendenz hin zur Verbesserung der rechtlichen Austarierung der Unionsgewalten erkannt werden, indem die regelmäßig ausgedehnten Einschätzungsspielräume der Kommission in diesen Rechtsgebieten durch die erweiterten Kompetenzen des Gerichtshofes im Sinne der „checks and balances" ein Gegengewicht erhalten.[20] Sollte der Unionsgesetzgeber von seiner Möglichkeit nach Art. 261 AEUV bei einem neuen Rechtsakt keinen Gebrauch machen, aber gleichzeitig der Kommission ein weites Ermessen einräumen, kann sich als Konsequenz überdies die Frage stellen, ob darin bereits ein Ermessensmissbrauch seitens des Gesetzgebers liegt, gegen den auf Basis des Art. 263 AEUV vorgegangen werden kann.[21] Auch kann die erweiterte Nachprüfbarkeit von Verwaltungssanktionen durch Art. 261 AEUV nötig für die **Konformität des jeweiligen Rechtsaktes mit Art. 47 GRCh bzw. Art. 6 EMRK** sein[22] – oder auch schlicht rechtsstaatlich angebracht.[23]

Ob in der Regelung des Art. 261 AEUV die Schaffung einer eigenen Verfahrensart zu sehen ist, lässt sich dem Wortlaut nicht eindeutig entnehmen. Jedoch wird bei Betrachtung der grundsätzlichen Zulässigkeit der Nichtigkeitsklage nach Art. 263 AEUV gegenüber den Zwangsmaßnahmen, den rechtshistorischen Ursprüngen des Art. 261 AEUV, dem im Vergleich zu den unstreitigen Hauptklagetypen des AEUV in Art. 263 ff. deutlich kürzeren Wortlaut sowie letztendlich auch der Rechtsprechungspraxis, in deren Rahmen der Gerichtshof ohne Weiteres Art. 261 AEUV als im Rahmen von Nichtigkeitsklagen anzuwendendes Sonderrecht nutzt,[24] deutlich, dass es sich nicht um eine eigenständige Klageart handeln kann. Vielmehr bleibt es bei einer teilweisen, wenngleich für das Verfahren im Einzelnen durchaus nicht unbedeutenden, Aufwertung der Prüfungs- und Entscheidungskompetenzen. 23

2. Reichweite. a) Zwangsmaßnahmen. Anwendbar ist Art. 261 AEUV auf Zwangsmaßnahmen. Unzweifelhaft umfasst sind schon nach diesem Wortlaut der deutschen Fassung solche Maßnahmen, die ein bestimmtes Verhalten für die Zukunft herbeiführen sollen. Typischerweise sind dies prospektiv wirkende Zwangsgelder.[25] Ob es sich bei Geldbußen, die retrospektiv vergangenes Verhalten ahnden sollen, um Zwangsmaßnahmen i. S. d. Art. 261 AEUV handelt, wird in der Praxis durch den Gerichtshof,[26] die Formulierung bestimmter Rechtsakte, die von Art. 261 AEUV Gebrauch machen,[27] und ebenso nach herrschender Meinung (wenngleich nicht unwidersprochen[28]) bejaht. Dogmatisch findet diese Ansicht eine maßgebliche Stütze in den anderen, gleichsam verbindlichen[29] sprachlichen Fassungen des Art. 261 AEUV, in denen von „penalties" (Englisch) oder „sanctions" (Französisch) die Rede ist. Diese Begrifflichkeiten lassen sich eher als die der 24

---

[19] Vgl. nicht abschließend: Art. 31 VO (EG) 1/2003; Art. 16 VO (EG) 139/2004; Art. 5 VO (EG) 2532/98; Art. 25 VO (EWG) 11/1960; Art. 15 Abs. 4 VO (EG) 80/2009; Art. 45 VO (EU) 2022/2560; Art. 81 VO (EU) 2022/2065; Art. 45 VO (EU) 2022/1925; Art. 8 Abs. 6 VO (EU) 2015/1589; Art. 143 Abs. 9 VO (EU) 2018/1046; vgl. auch Jakobs in Grabitz/Hilf/Nettesheim AEUV Art. 261 Rn. 3.
[20] Vgl. allgemein Teleki, Due Process and Fair Trial in EU Competition Law, 2021, S. 299 ff.; Fritzsche CMLRev. 47 (2010), 361; kritisch bzgl. der gerichtlichen Transparenz früh von Alemann EuZW 2006, 487.
[21] S. Jakobs in Rengeling/Middeke/Gellermann Rechtsschutz-HdB, 3. Aufl. 2014, § 33 Rn. 7.
[22] EuGH 18.7.2013 – C-501/11 P Rn. 33 ff. = BeckRS 2013, 81521.
[23] Booß in Grabitz/Hilf/Nettesheim AEUV Art. 261 Rn. 1; Schwarze EuZW 2003, 261 (266).
[24] Vgl. nur EuGH 10.7.2014 – C-295/12 P ECLI:EU:C:2014:2062, Rn. 42 ff. = BeckRS 2014, 81153, deutlich auch EuGH 6.11.2012 – C-199/11 ECLI:EU:C:2012:684, Rn. 63 = BeckRS 2012, 82344.
[25] Booß in Grabitz/Hilf/Nettesheim AEUV Art. 261 Rn. 6; Pechstein in FK-EUV/GRC/AEUV AEUV Art. 261 Rn. 3.
[26] Grundlegend EuGH 18.7.2013 – C-501/11 P = BeckRS 2013, 81521.
[27] S. Art. 31 VO 1/2003; Art. 45 VO 2022/1925.
[28] Insb. Brauneck EuR 2016, 724 (727 ff.).
[29] StRspr., s. nur EuGH 21.5.2014 – T-61/13, ECLI:EU:T:2014:265 Rn. 20 ff.

„Zwangsmaßnahme" mit der Inklusion von Geldbußen in den Anwendungsbereich des Art. 261 AEUV vereinbaren. Bei Geldbußen handelt es sich trotz der Ahndung von rechtlich missbilligtem und schuldhaftem Verhalten der vorherrschenden Ansicht – und ebenfalls der gelegentlichen expliziten Deklaration in den entsprechenden zugrundeliegenden Rechtsakten – zufolge nicht um Maßnahmen mit strafrechtlichem Charakter.[30]

25 Solche Sanktionen iSd Art. 261 AEUV können nur gegen natürliche und juristische Personen, nicht aber gegen die Mitgliedstaaten oder Unionsorganen gerichtet werden.

26 Maßnahmen der unionsrechtlichen Zwangsvollstreckung sind nicht von Art. 261 AEUV umfasst. Dabei bilden nämlich die Zwangsmaßnahmen häufig erst die Grundlage für eine spätere Zwangsvollstreckung, etwa die Beitreibung von zuvor ergangenen Geldbußen durch Zugriff auf das Vermögen des Täters.

27 **b) Prüfungskompetenz.** Als erste Stufe der erweiterten Kompetenzen lässt sich die breitere Prüfungskompetenz herausstellen. Während bei einer reinen Nichtigkeitsklage nach Art. 263 AEUV nur Aspekte der Rechtmäßigkeit eine Rolle spielen können, wird der Prüfungsrahmen im Rahmen des Art. 261 AEUV auf Fragen der Zweckmäßigkeit und Angemessenheit, sogar der Billigkeit im Einzelfall und Betrachtung bestimmter Prognoseentscheidungen erweitert. Das Spektrum der nötigen Faktenermittlungen und rechtlichen Ausführungen ist somit vergleichsweise breit und bietet dem Gerichtshof das Potential, eigene Erwägungen auch zu den zentralen Dimensionen des ausgeübten Ermessens hinsichtlich der jeweiligen Zwangsmaßnahme anzustellen. Dabei können auch die zentralen Aspekte der ursprünglichen Kommissionsentscheidung ersetzt werden. Faktisch wird dieser Rahmen jedoch vom Gerichtshof regelmäßig nicht in dem möglichen Maße ausgenutzt – was bei Betrachtung der trotz Art. 261 AEUV grundlegend richtigen Kompetenzaufteilung zwischen der Kommission als exekutiver Entscheidungsinstanz und dem Gerichtshof als judikativer Überprüfungsinstanz nicht überrascht.[31] In zeitlicher Hinsicht ist keine Beschränkung auf nur die Tatsachen, welche bereits zum Zeitpunkt des Erlasses der ursprünglichen Zwangsmaßnahme gegeben waren vorauszusetzen, vielmehr ist eine **umfassende Berücksichtigung aller Umstände** möglich.[32]

28 Ferner ist zu beachten, dass es sich trotz des weiten Spielraumes des Gerichtshofes bei der Ermessenskontrolle weiterhin um ein grundlegend streitiges Verfahren handelt und es somit an den Verfahrensbeteiligten liegt, dem Gericht die entscheidungsrelevanten tatsächlichen und rechtlichen Umstände vorzutragen.[33] Von Amts wegen müssen nur Gründe zwingenden Rechts berücksichtigt werden.[34] Insbesondere die sorgfältige Prüfung von Verhältnismäßigkeit, Gleichbehandlung und des Prinzips der individuellen Sanktionsfestsetzung werden von Art. 261 vorausgesetzt.[35]

29 **c) Rechtsmittelverfahren.** Sollte ein Rechtsstreit über eine Zwangsmaßnahme unter Einbeziehung des Art. 261 AEUV im Rechtsmittelverfahren vor den EuGH gelangen, ist zu beachten, dass dieser insoweit an Art. 256 Abs. 1 UAbs. 2 AEUV gebunden ist. Die Beurteilung des EuG, welche im erstinstanzlichen Verfahren zu den Urteilsgrundlagen wird, kann nicht durch eine vollständige Ermessensüberprüfung „zweiter Ordnung" durch den EuGH ersetzt werden.[36] Dieser ist vielmehr auf **Rechtsfehler- und Willkürkontrolle**

---

[30] S. etwa Art. 23 Abs. 5 VO 1/2003; EuG, 6.10.1994 – T-83/91 Slg. 1991, II-755, Rn. 235 f. = BeckRS 1994, 123023; zu den Charakteristika im Detail auch Pechstein in FK-EUV/GRC/AEUV AEUV Art. 261 Rn. 3; Booß in Grabitz/Hilf/Nettesheim AEUV Art. 261 Rn. 6 mwN zur Kritik.
[31] Von judicial self-restraint spricht Pechstein in FK-EUV/GRC/AEUV AEUV Art. 261 Rn. 7 mwN; in diesem Sinne auch EuG 4.2.2009 – T-145/06, ECLI:EU:T:2009:27 Rn. 32 = BeckRS 2009, 70171.
[32] EuGH 7.7.2016 – C-523/15 P, ECLI:EU:C:2016:541 Rn. 43 f. = BeckRS 2016, 81554.
[33] EuGH 26.1.2017 – C-609/13 P, ECLI:EU:C:2017:46 Rn. 32 = BeckRS 2017, 100512 mwN.; EuGH, 8.12.2011 – C-386/10 P, Slg. 2011, I-13090, Rn. 65 = BeckRS 2011, 81926.
[34] EuGH 10.7.2014 – C-295/12, P ECLI:EU:C:2014:2062 Rn. 213 = BeckRS 2014, 81153.
[35] Vgl. GA Rantos 7.7.2022 – SchlA C-42/21 P ECLI:EU:C:2022:537 Rn. 152 = BeckRS 2022, 16225.
[36] EuGH 6.4.1995 – C-310/93, ECLI:EU:C:1995:101 Rn. 34 = BeckRS 2004, 76242; EuGH 3.9.2009 – C-534/07 P, ECLI:EU:C:2009:505 Rn. 112 = BeckRS 2009, 70912.

beschränkt, wobei die Geltendmachung solcher Fehler des EuG im Rechtsmittelverfahren ausdrücklich und substantiiert erfolgen muss.[37]

3. Auswirkungen. a) Entscheidungskompetenz. Der umfassenden Nachprüfungskompetenz korrespondiert die gegenüber der Nichtigkeitsklage ebenfalls erweiterte Entscheidungskompetenz. Möglich ist dabei auf dieser zweiten Stufe des Art. 261 AEUV selbstverständlich aber auch die Nichtigerklärung als Ausgangsausspruch der grundlegenden Nichtigkeitsklage. Als Besonderheit zu beachten ist, dass der Gerichtshof in solchen Verfahren auch nicht an die üblichen Rechtsmängel aus Art. 263 AEUV gebunden ist, sondern eine Annullierung beruhend auf weitergehenden rechtlichen Erwägungen oder Billigkeitsüberlegungen, die im Spektrum der umfassenden Nachprüfungskompetenz Teil des Prüfungsumfanges sind, anordnen kann. 30

Wesentlich abweichend ist die Eröffnung der Möglichkeit zur Änderung des ursprünglich angeordneten Zwangsmittels durch den Gerichtshof. In diesem Rahmen ist nur dessen Festsetzung abänderlich, nicht jedoch solche Feststellungen, die den Tatbestand betreffen. Auch die vollständige Neuerteilung einer Zwangsmaßnahme würde den von Art. 261 AEUV geschaffenen Rahmen verlassen.[38] Gleichsam ist die Änderung des Adressaten einer Zwangsmaßnahme nicht umfasst.[39] 31

Im Ergebnis resultiert die Abänderung einer Zwangsmaßnahme nicht in der Schaffung einer abweichenden materiellrechtlichen Zwangsmaßnahme gegenüber der Ausgangszwangsmaßnahme. Stattdessen wird diese inhaltlich durch die Entscheidung des Gerichtshofes angepasst und besteht weiter fort.[40] 32

Auch gegenüber der innerhalb eines Rechtsmittelverfahrens bereits entschiedenen ersten Abänderung kann eine zweite Abänderung angeordnet werden. Dies jedoch nur aus solchen Gründen, die sich im Rahmen der Prüfungskompetenz in diesen Fällen feststellen lassen. 33

Unabhängig von der Rechtsfolge, die das Urteil des Gerichtshofes für die Zwangsmaßnahme vorsieht, wird diese nach eigenständigem Ermessen festgelegt. Das Ermessen muss auf Basis des jeweiligen Einzelfalles unter Beachtung der rechtlichen Voraussetzungen des zugrundeliegenden Rechtsaktes ausgeübt werden. 34

b) Erstmalige Verhängung einer Zwangsmaßnahme und reformatio in peius. Der Wortlaut des Art. 261 AEUV schließt sowohl die Verhängung einer Zwangsmaßnahme durch den Gerichtshof als auch eine Änderung dieser im Sinne einer für den Rechtsschutzsuchenden nachteiligen Neugestaltung (reformatio in peius) – beispielsweise durch Anhebung des zu entrichtenden Betrages einer Geldbuße[41] – ein.[42] Des Weiteren wird die Möglichkeit einer Erhöhung von Geldbußen oder Zwangsgeldern gelegentlich in dem Rechtsakt, der die erweiterten Befugnisse anordnet, ausdrücklich genannt.[43] Dies entspricht auch dem Zweck der erweiterten Kompetenzen, die dem Gerichtshof durch Art. 261 35

---

[37] EuGH 15.10.2002 – C-238/99 P ua, ECLI:EU:C:2002:582 Rn 618 ff. = BeckRS 2004, 75338; s. etwa zu Ungleichbehandlung EuGH 16.11.2000 – C-291/98 P, ECLI:EU:C:2000:631 Rn. 96 f. = BeckRS 2004, 76055; s. auch zu überlanger Verfahrensdauer EuGH 17.12.1998 – C-185/95 P, ECLI:EU: C:1998:608 Rn. 48 f., 141 f. = BeckRS 1998, 55507.
[38] EuGH 21.1.2016 – C-603/13 P, ECLI:EU:C:2016:38 Rn. 76 f. = BeckRS 2016, 80156; EuGH 3.9.2009 – C-534/07 P, ECLI:EU:C:2009:505 Rn. 54 = BeckRS 2009, 70912.
[39] EuG 8.7.2004 – verb. Rs. T-67,68,71,78/00, ECLI:EU:T:2004:221 Ls. 1, Rn. 47 = BeckRS 2004, 154776; EuG 14.12.2006 – verb. Rs. T-259/02 bis 264/02, T-211/02, ECLI:EU:T:2006:396 Rn. 72 f. = BeckRS 2006, 140069.
[40] EuGH 7.7.2016 – C-523/15 P, ECLI:EU:C:2016:541 Rn. 32 = BeckRS 2016, 81554; Booß in Grabitz/Hilf/Nettesheim AEUV Art. 261 Rn. 8.
[41] So geschehen in EuG 12.12.2007 – T-101/05, 111/05, ECLI:EU:T:2007:380 Rn. 222 f. = BeckRS 2007, 148956.
[42] Booß in Grabitz/Hilf/Nettesheim AEUV Art. 261 Rn. 15 mwN; richtig auch Ehricke in Streinz AEUV Art. 261 Rn. 8 zur Nichtanwendbarkeit des contra petitum-Grundsatzes; dagegen aber zuvor Jakobs in Rengeling/Middeke/Gellermann, Rechtsschutz-HdB, 3. Aufl. 2014, § 33 Rn. 10 mwN.
[43] S. Art. 31 VO (EG) 1/2003; Art. 17 VO (EWG) 17/62.

AEUV eingeräumt werden können. Insbesondere unter Betrachtung der erweiterten zeitlichen Betrachtungsspanne kann im Verfahren gegen eine Zwangsmaßnahme erst der wahre Umfang des zugrundeliegenden Verstoßes bekannt werden, oder die fehlende Einsicht des Klägers durch Aussagen gegenüber dem Gerichtshof eine (für die Bemessung relevante und berücksichtigungsfähige) Bestätigung erhalten. Dass ein Bestandteil eines Urteils auch ultra petita, also untypisch für ein streitiges Verfahren über den klägerischen Antrag hinaus, getroffen werden kann, erklärt sich gerade durch die besondere normative Stellung des Art. 261 AEUV, der mit seiner Erweiterung der Kompetenzen letztendlich die etablierten Strukturen im Sinne der pleine juridiction aufbrechen und ein „Mehr" zum typischen Nichtigkeitsverfahren ermöglichen will – was sich nicht zwingend exklusiv zugunsten des von der Zwangsmaßnahmen Betroffenen auswirken muss.[44] Auch eine möglicherweise erkennbare Tendenz in einigen mitgliedstaatlichen Rechtsordnungen, die reformatio in peius als besonders begründungsbedürftigen Sonderfall oder schlicht unzulässig herauszustellen, und daraus eine Ablehnung auch für das Unionsrecht abzuleiten[45], wird der Bedeutung des Art. 261 AEUV nicht hinreichend gerecht, gerade wenn die besseren Argumente auf unionsrechtlicher Ebene für eine Anerkennung eben dieser Möglichkeit sprechen.[46]

36   Wie eine erstmalige Verhängung von Zwangsmaßnahmen aufgrund des Art. 261 AEUV ausgestaltet sein soll, und ob der Kommission als Exekutive dabei eine Rolle als „Ankläger"[47] zukommen müsste, ist bisher ungeklärt. Von der theoretischen Möglichkeit, die jedenfalls dem Wortlaut nach in der deutschen Fassung des Art. 261 AEUV besteht, wurde – soweit erkenntlich – noch kein Gebrauch gemacht. Möglicherweise handelt es sich bei dieser aber auch lediglich um einen Übersetzungsfehler.[48]

37   **4. EuratomV.** Gemäß Art. 106a des EuratomV gilt Art. 261 AEUV auch für den EuratomV. Auf die vorstehenden Ausführungen kann daher auch für dieses Sachgebiet entsprechend verwiesen werden.

38   **5. Verbundene Anträge und Anordnungen.** Die durch Art. 261 AEUV in ihrer Reichweite wie zuvor geschildert modifizierte Nichtigkeitsklage kann auch mit weiteren Anträgen verbunden werden. Beispielsweise kann mittels einer verbundenen Schadensersatzklage gem. Art. 268 iVm 340 Abs. 2 AEUV die verzinste Rückzahlung einer insgesamt oder bezüglich ihrer Höhe rechtswidrigen Geldbuße als Zwangsmaßnahme verlangt werden.[49]

39   Auch ist in diesem Kontext denkbar, dass allgemeine Folgenbeseitigungsanordnungen ergehen, die sonstige schädliche Folgen der Zwangsmaßnahme rückgängig machen sollen.[50] Neben monetären Entschädigungen könnte beispielsweise eine mit der Maßnahme einhergegangene Rufschädigung im Rahmen einer öffentlich wahrnehmbaren Rücknahme zu beheben sein.[51] Dass der Ausspruch solch sachlich verbundener, allerdings nicht beantragter Anordnungen möglicherweise auch von Amts wegen erfolgen kann, ist bisher durch den EuGH nicht umfassend bejaht worden. Allerdings ist eine positive Tendenz

---

[44] So auch Jakobs in Rengeling/Middeke/Gellermann Rechtsschutz-HdB, 3. Aufl. 2014, § 33 Rn. 13, aber letztendlich ablehnend bzgl. der Möglichkeit einer reformatio in peius.
[45] Zuvor Jakobs in Rengeling/Middeke/Gellermann Rechtsschutz-HdB, 3. Aufl. 2014, § 33 Rn. 10.
[46] Es handelt sich ebenso wenig um eine mit dem Fall der mitgliedstaatlich untersagten reformatio in peius vergleichbare Gestaltung, wie sie in EuGH 25.11.2008 – C-455/06, ECLI:EU:C:2008:650 Rn. 44 ff. = BeckRS 2008, 71233 entschieden wurde.
[47] Jakobs in Rengeling/Middeke/Gellermann Rechtsschutz-HdB, 3. Aufl. 2014, § 33 Rn. 11.
[48] Bleckmann EuropaR, Rn. 657; Schweitzer/Hummer/Obwexer EuropaR, Rn. 433.
[49] EuGH 20.3.1984 – C-75/82, ECLI:EU:C:1984:116 = BeckRS 2004, 73641; s. auch Kotzur/Dienelt in Geiger/Khan/Kotzur/Kirchmair AEUV Art. 261 Rn. 7.
[50] Cremer in Calliess/Ruffert AEUV Art. 261 Rn. 7; Ehricke in Streinz AEUV Art. 261 Rn. 10; Booß in Grabitz/Hilf/Nettesheim AEUV Art. 261 Rn. 16.
[51] Booß in Grabitz/Hilf/Nettesheim AEUV Art. 261 Rn. 16.

erkennbar.⁵² Für vom konkreten Fall losgelöste, auf zukünftiges Verhalten gerichtete Anordnungen gilt dies jedoch nicht.⁵³

C. Mitgliedstaatliches Recht

I. Grundsätzliches

Die Prüfung der Ordnungsmäßigkeit der Vollstreckungsmaßnahmen obliegt gem. Art. 299 Abs. 4 S. 2 AEUV den nationalen Gerichten. Damit ist ebenfalls auf die nationalen Rechtsvorschriften zu diesen Vollstreckungsmaßnahmen im Einzelfall verwiesen. Der Umfang der Nachprüfung der mitgliedstaatlichen Gerichte umfasst eine Willkür- und Verhältnismäßigkeitskontrolle, wobei das der Vollstreckungsentscheidung zugrundeliegende Unionsrecht als Maßstab einbezogen werden muss.⁵⁴ Dies gilt auch mit Blick auf die **Grundrechtecharta,** da es sich um einen jedenfalls auch unionsrechtlich determinierten Sachverhalt handelt.⁵⁵

II. Deutsches Recht

Der Rechtsschutz im Zwangsvollstreckungsverfahren nach der deutschen Zivilprozessordnung umfasst verschiedene Verfahrensarten.⁵⁶

1. Zulässige Rechtsbehelfe. Als unproblematisch ist die Erinnerung gem. § 766 ZPO als Verfahren zur gerichtlichen Überprüfung der Einhaltung von Verfahrensvorschriften bei Vollstreckungsmaßnahmen zu beurteilen.⁵⁷ Dies gilt gleichsam für die sofortige Beschwerde gem. § 793 ZPO, deren Rechtsschutzziel die Überprüfung von Vollstreckungsentscheidungen auf ihre Rechtmäßigkeit ist.⁵⁸

Die Drittwiderspruchsklage gem. § 771 ZPO betrifft die Ordnungsmäßigkeit der Zwangsvollstreckung in der Dimension, dass möglicherweise durch die Vollstreckung beeinträchtigte Dritte sich gegen Eingriffe in ihre Rechte durch die Art und Weise der Durchführung der Zwangsvollstreckung wehren können, und ist daher im Rahmen von Art. 299 Abs. 4 S. 2 AEUV zulässig.⁵⁹ Die Klage auf vorzugsweise Befriedigung gem. § 805 ZPO und die Widerspruchsklage gem. § 878 ZPO dienen der anderweitigen Berücksichtigung der Rechte Dritter im Rahmen des Zwangsvollstreckungsverfahrens gegen den Vollstreckungsschuldner und sind daher ebenso zulässig.⁶⁰

Gegen die Erteilung der Vollstreckungsklausel als gem. Art. 299 Abs. 2 S. 1 AEUV durch das Recht des jeweiligen Mitgliedstaats determinierte Vollstreckungsmodalität sind die Rechtsbehelfe der Erinnerung und Klage gem. § 732 ZPO respektive § 768 ZPO im Rahmen des Art. 299 Abs. 4 S. 2 AEUV nicht untersagt.⁶¹ Diese können insbesondere bei

---

⁵² EuGH 16.12.1960 – 44/59, ECLI:EU:C:1960:47 = BeckRS 2004, 71197; EuGH 5.6.1980 – 24/79, ECLI:EU:C:1980:145 Ls. 2, Rn. 14 = BeckRS 2004, 72550; Cremer in Calliess/Ruffert AEUV Art. 261 Rn. 7 mwN.
⁵³ EuGH 16.6.1971 – 63 bis 75/70, ECLI:EU:C:1971:67 Ls. 1, Rn. 2 = BeckRS 2004, 73457.
⁵⁴ Vgl. EuGH 21.9.1989 – C-46/87, C-227/88, ECLI:EU:C:1989:337 = NJW 1989, 3080.
⁵⁵ Dazu Hayden European Company and Financial Law Review 2021, 1011 (1032 ff.).
⁵⁶ Siehe insgesamt auch Terhechte EuZW 2004, 235.
⁵⁷ Epping in HK-UnionsR AEUV Art. 299 Rn. 7; Schoo in Schwarze AEUV Art. 299 Rn. 17; Kotzur in Geiger/Khan/Kotzur/Kirchmair AEUV Art. 299 Rn. 9; Krajewski/Rösslein in Grabitz/Hilf/Nettesheim AEUV Art. 299 Rn. 19.
⁵⁸ Epping in HK-UnionsR AEUV Art. 299 Rn. 7; Kotzur in Geiger/Khan/Kotzur/Kirchmair AEUV Art. 299 Rn. 9; Krajewski/Rösslein in Grabitz/Hilf/Nettesheim AEUV Art. 299 Rn. 19.
⁵⁹ Epping in HK-UnionsR AEUV Art. 299 Rn. 7; Schoo in Schwarze AEUV Art. 299 Rn. 17; Kotzur in Geiger/Khan/Kotzur/Kirchmair AEUV Art. 299 Rn. 9; Krajewski/Rösslein in Grabitz/Hilf/Nettesheim AEUV Art. 299 Rn. 19.
⁶⁰ Epping in HK-UnionsR AEUV Art. 299 Rn. 7 für § 805 ZPO; Kotzur in Geiger/Khan/Kotzur/Kirchmair AEUV Art. 299 Rn. 9; Krajewski/Rösslein in Grabitz/Hilf/Nettesheim AEUV Art. 299 Rn. 19.
⁶¹ Epping in HK-UnionsR AEUV Art. 299 Rn. 7.

streitigen Fragen hinsichtlich des umstrittenen Prüfungsumfangs bei der Erteilung der Klausel (→ § 29 Rn. 8 ff.) relevant werden.

45 **2. Unzulässigkeit der Vollstreckungsgegenklage.** Die Vollstreckungsgegenklage nach § 767 ZPO ist hingegen ein Verfahren, welches die Zwangsvollstreckung aus dem Titel für unzulässig erklären soll. Dieses Verfahren ist bei der Vollstreckung unionsrechtlicher Titel grundsätzlich nicht anwendbar.[62] Es wird teilweise diskutiert, ob dies nur der Fall ist, wenn die Vollstreckbarkeit des Titels als solche Gegenstand der Vollstreckungsgegenklage nach § 767 ZPO wird, oder diese Verfahrensart – gemeinsam mit den entscheidungsbezogenen Anträgen auf Vollstreckungsschutz – vollständig gesperrt ist.[63] Relevanz erlangt das insbesondere dann, wenn sich Rechtsfragen bezüglich der zu vollstreckenden Titel außerhalb des exklusiv unionsrechtlichen Maßstabes stellen, etwa sobald ein Untergang des der Vollstreckung zu Grunde liegenden Anspruches durch (nationalrechtlich determinierte) Aufrechnung oder Erfüllung in Frage kommt.[64]

---

[62] Epping in HK-UnionsR AEUV Art. 299 Rn. 7; Schoo in Schwarze AEUV Art. 299 Rn. 17.
[63] Differenzierend Hetmeier in Lenz/Borchardt AEUV Art. 299 Rn. 9; zustimmend Krajewski/Rösslein in Grabitz/Hilf/Nettesheim AEUV Art. 299 Rn. 19; Frenz EuropaR-HdB V Rn. 1970; dagegen Gellermann in Streinz AEUV Art. 299 Rn. 12.
[64] Frenz EuropaR-HdB V Rn. 1970.

2. Teil. Rechtsschutz durch deutsche Gerichte

§ 31 Rechtsschutz durch das Bundesverfassungsgericht

Übersicht

	Rn.
A. Einleitung	1
B. Verfassungsgerichtlicher Rechtsschutz und Unionsrecht	2
I. Unionsrechtsakte als unmittelbarer Prüfungsgegenstand	2
1. Konkrete Normenkontrolle	3
a) Gegenüber primärem Unionsrecht	4
b) Gegenüber sekundärem Unionsrecht	5
2. Abstrakte Normenkontrolle	15
3. Individualverfassungsbeschwerde	16
4. Organstreit und Bund-Länder-Streit	22
5. Einrichtung eines Kompetenzgerichtshofs	23
II. Mittelbare Kontrolle von Unionsrechtsakten und vergleichbaren völkerrechtlichen Bindungen im Zusammenhang mit der Europäischen Union	24
1. Nationale Gesetzgebung als Anknüpfungspunkt der verfassungsgerichtlichen Kontrolle	25
a) Zustimmungsgesetze	26
b) Begleitgesetzgebung	29
c) Flankierungsgesetzgebung	30
2. Mittelbare Kontrolle von Rechtsakten im Zusammenhang mit der Europäischen Union	31
a) Primäres Unionsrecht	32
b) Sekundäres Unionsrecht	34
c) Sonstige Unionsrechtsakte	39
d) Sonstige Angelegenheiten der Europäischen Union	40
3. Besondere Sachentscheidungsvoraussetzungen	41
a) Hinreichende Begründung	41
b) Vorhergehende Auslegung der Unionsrechtsakte durch den EuGH	47
4. Verfahrensarten	52
a) Normenkontrollverfahren	52
b) Individualverfassungsbeschwerde	53
c) Sonstige Hauptsacheverfahren	60
5. Prüfungsmaßstab	61
a) Historie	61
b) Schranken der Integrationsermächtigung	63
C. Verfassungsgerichtlicher Rechtsschutz gegen nationale Ausführungs- und Vollzugsakte	82
I. Normative Ausführungsakte	82
1. Verfahrensarten	84
a) Individualverfassungsbeschwerde	87
b) Normenkontrolle	90
c) Organstreitverfahren	92
d) Bund-Länder-Streit	93
2. Besondere Sachentscheidungsvoraussetzungen und Prüfungsmaßstab	94
a) Unionsrechtlich bedingte Verfassungsverstöße	96
b) Allein ausführungsbedingte Verfassungsverstöße	99
II. Administrative Vollzugsakte	104
III. Vollzugsakte der Judikative	107

	Rn.
D. Durchsetzung des Unionsrechts in verfassungsgerichtlichen Rechtsschutzverfahren	110
I. Verletzung der Vorlagepflicht staatlicher Gerichte	111
1. Vorlagepflichten staatlicher Gerichte und das Recht auf den gesetzlichen Richter	113
2. Prüfungsmaßstab	115
II. Verfassungsgerichtliche Überprüfung der Unionskonformität staatlicher Hoheitsakte	122
E. Rechtsschutz gegen Verletzungen des sogenannten Rückschrittsverbotes	126
F. Verfassungsgerichtliche Kontrolle der deutschen Mitwirkung am Entscheidungsprozess der Europäischen Union	129
I. Verfahrensarten	130
1. Individualverfassungsbeschwerde	130
2. Bund-Länder Streit	138
3. Organstreitverfahren	139
II. Prüfungsmaßstab	141
1. Schranken der Integrationsermächtigung	141
2. Schranken der organschaftlichen Rechte	155
a) Beteiligungsrechte aus Art. 23 Abs. 2–6 GG	156
b) Statusrechte aus Art. 38 Abs. 1 S. 2 GG	161
c) Exkurs: Subsidiaritätsklage nach Art. 23 Abs. 1a GG	170
G. Annex: Einstweiliger Rechtsschutz	171

Schrifttum:

Augsberg, Von der Solange- zur Soweit-Rechtsprechung: Zum Prüfungsumfang des Bundesverfassungsgerichts bei richtlinienumsetzenden Gesetzen, DÖV 2010, 153 ff.; Bäcker, Altes und Neues zum EuGH als gesetzlichem Richter, NJW 2011, 270 ff.; Bäcker, Solange IIa oder Basta I?, Das Vorratsdaten-Urteil des Bundesverfassungsgerichts aus europarechtlicher Sicht, EuR 2011, 103 ff.; Benda/Klein, Verfassungsprozessrecht, 4. Aufl. 2020; Bergmann/Karpenstein, Identitäts- und Ultra-Vires-Kontrolle durch das Bundesverfassungsgericht – Zur Notwendigkeit einer gesetzlichen Vorlageverpflichtung, ZEuS 2009, 529 f.; von Bogdandy, Prinzipien der Rechtsfortbildung im Europäischen Rechtsraum, Überlegungen zum Lissabon-Urteil des BVerfG, NJW 2010, 1 ff.; von Bogdandy ua, Ein Rettungsschirm für europäische Grundrechte – Grundlagen einer unionsrechtlichen Solange-Doktrin gegenüber Mitgliedstaaten, ZaöRV 2012, 45 ff.; Britz, Kooperativer Grundrechtsschutz in der EU – Aktuelle Entwicklungen im Lichte neuerer Rechtsprechung des BVerfG, NJW 2021, 1489 ff.; Britz, Verfassungsrechtliche Effektuierung des Vorabentscheidungsverfahrens, NJW 2012, 1313 ff.; Burchardt, Die Ausübung der Identitätskontrolle durch das Bundesverfassungsgericht, ZaöRV 2016, 527 ff.; Burkiczak/Dollinger/Schorkopf, Bundesverfassungsgerichtsgesetz, 2. Aufl. 2021; Buschmann/Daiber, Subsidiaritätsrüge und Grundsatz der begrenzten Einzelermächtigung, DÖV 2011, 504 ff.; Callies, Vorrang des Unionsrechts und Kompetenzkontrolle im europäischen Verfassungsgerichtsverbund – Zuständigkeiten und Reformen zwischen BVerfG und EuGH im Lichte des Vertragsverletzungsverfahrens der EU-Kommission, NJW 2021, 2845 ff.; Callies, Konfrontation statt Kooperation zwischen BVerfG und EuGH – Zu den Folgen des Karlsruher PSPP-Urteils, NVwZ 2020, 897 ff.; Calliess, Der Kampf um den Euro: Eine „Angelegenheit der Europäischen Union" zwischen Regierung, Parlament und Volk, NVwZ 2012, 1 ff.; Calliess, Der EuGH als gesetzlicher Richter im Sinne des Grundgesetzes, NJW 2013, 1905 ff.; Calliess, Die neue Europäische Union nach dem Vertrag von Lissabon, 2010; Classen, Legitime Stärkung des Bundestages oder verfassungsrechtliches Prokrustesbett?, zum Urteil des BVerfG zum Vertrag von Lissabon, JZ 2009, 881 ff.; Classen, Der nationale Rechtsanwendungsbefehl für das Unionsrecht – eine dogmatisch verfehlte Konstruktion mit praktisch verfehlten Konsequenzen, EuR 2023, 4 ff.; Derksen, Vertragsverletzung durch höchstrichterliche Entscheidungen zu geldpolitischen Maßnahmen der EZB, EuZW 2021, 938 ff.; Detterbeck, Das Bundesverfassungsgericht – ein selbst ernannter Hüter der Unionsgrundrechte, JZ 2021, 593 ff.; Dingemann, Zwischen Integrationsverantwortung und Identitätskontrolle: Das „Lissabon"-Urteil des Bundesverfassungsgerichts, ZEuS 2009, 491 ff.; Dörr, Der europäisierte Rechtsschutzauftrag Deutscher Gerichte, 2003; Dörr, Rechtsprechungskonkurrenz zwischen nationalen und europäischen Verfassungsgerichten, DVBl 2006, 1088 ff.; Edenharter, Die EU-Grundrechte-Charta als Prüfungsmaßstab des Bundesverfassungsgerichts, DÖV 2020, 349 ff.; Ellerbrok/Pracht, Das Bundesverfassungsgericht als Taktgeber im horizontalen Verfassungsgerichtsverbund – Ausstrahlungswirkungen der Rechtsprechung zum Integrationsverfassungsrecht in Europa, EuR 2021, 188 ff.; Everling, Europas Zukunft unter der Kontrolle der nationalen Verfassungsgerichte, Anmerkungen zum Urteil des Bundesverfassungsgerichts v. 30.6.2009 über den Vertrag von Lissabon, EuR 2010, 91 ff.; Fastenrath, BVerfG verweigert willkürlich die Kooperation mit dem EuGH, NJW 2009, 272 ff.; Fickentscher, Der Schutz der Mitgliedstaaten und jur. Personen des öffentlichen Rechts durch die Unionsgrundrechte, EuR 2021, 79 ff.; Frenz, Demokratiebegründete nationale Mitwirkungsrechte und Aufgabenreservate, Im Blickpunkt: Das Lissabonurteil des BVerfG v. 30.6.2009, EWS 2009, 345 ff.; Frenz, Kastriertes Lissabon-Urteil? Die Relativierung durch den „Mangold"-Beschluss v. 6.7.2010, EWS 2010, 401 ff.; Gaede, Minimalistischer EU-Grundrechtsschutz bei der Kooperation im Strafverfahren, NJW 2013, 1279 ff.; Gärditz/Hillgruber, Volkssouveränität und Demokratie ernst genommen – Zum Lissabon-Urteil des BVerfG, JZ 2009, 872 ff.; Gas, Macht das Lissabon-Urteil des Bundesverfassungsgerichts die Option der De-facto-Subsidiaritätsklage durch ein Bundesland unmöglich?, DÖV 2010, 313 ff.; Geiß, Europäischer Grundrechtsschutz ohne Grenzen, DÖV 2014, 265 ff.; Gerken/Rieble/Roth/Stein/Streinz, „Mangold" als ausbrechender Rechtsakt, 2009; Götz, Das Maastricht-Urteil des Bundesverfassungsgerichts, JZ 1993, 1081 ff.; Goldmann, Langfristige Bindungen, Zum Urteil des BVerfG vom 6.12.2022 – NextGenEU – 2 BvR 547/21 und 2 BvR 798/21, NVwZ 2023, 791 ff.; Grimm, Eine neue Superinstanz in der EU, ZRP 2020, 129; Grimm, Das Grundgesetz als Riegel vor einer Verstaatlichung der Europäischen Union, zum Lissabon-Urteil des Bundesverfassungsgerichts, Der Staat 48 (2009), 475 ff.; Gött, Die ultra vires-Rüge nach dem OMT-Vorlagebeschluss des Bundesverfassungsgerichts, EuR 2014, 514 ff.; Halberstam/Möllers, The German Constitutional Court says „Ja zu Deutschland!", German Law Journal (GLJ) 2009, 1241; Haratsch, Die kooperative Sicherung der Rechtsstaatlichkeit durch die mitgliedstaatlichen Gerichte und Gemeinschaftsgerichte aus mitgliedstaatlicher Sicht, EuR-Beiheft 3/2008, 81 ff.; Heck, Rechtsschutz gegen durch EG-Richtlinien determiniertes Gesetzesrecht, NVwZ 2008, 523 ff.; Hilf, Solange II: Wie lange noch Solange?, EuGRZ 1987, 1 ff.; Hilpold, Stärkung der Vorlagepflicht letztinstanzlicher Gerichte, NJW 2021, 3290 ff.; Hilpold, Ein EU-Vertragsverletzungsverfahren gegen Deutschland wegen des PSPP-Urteils? – Eine Abwägung von Für und Wider, EWS 2020, 181 ff.; Hofmann/Heger, Zur neuen Grundrechts-Architektur im europäischen Mehrebenensystem, EuGRZ 2021, 1 ff.; Holz, Grundrechtsimmunes Gesetzesrecht, NVwZ 2007, 1153 ff.; Isensee, Integrationswille und Integrationsresistenz des Grundgesetzes, Das Bundesverfassungsgericht zum Vertrag von Lissabon, ZRP 2010, 33 ff.; Kahl, Bewältigung der Staatsschuldenkrise unter Kontrolle des Bundesverfassungsgerichts, DVBl 2013, 197 ff.; Kämmerer/Kotzur, Vollendung des Grundrechtsverbunds oder Heimholung des Grundrechtsschutzes? – Die BVerfG-Beschlüsse zum Recht auf Vergessen als Fanal, NVwZ 2020, 177 ff.; Ketterer, Anm. zu BVerfG-Urteil v. 7.9.2011, 2 BvR 987/19 ua, BayVBl 2012, 84 ff.; Kingreen, Die Grundrechte des Grundgesetzes im europäischen Grundrechtsföderalismus, JZ 2013, 801 ff.; Kirchhof, Grundrechtsschutz durch europäische und nationale Gerichte, NJW 2011, 3681 ff.; Kokott/Henze/Sobotta, Die Pflicht zur Vorlage an den Europäischen Gerichtshof und die Folgen ihrer Verletzung, JZ 2006, 633 ff.; Kottmann/Wohlfahrt, Der gespaltene Wächter?, Demokratie, Verfassungsidentität und Integrationsverantwortung im Lissabon-Urteil, ZaöRV 2009, 443 ff.; Krings, Die Kompetenzkontrolle der EU – einer muss es ja machen, ZRP 2020, 160 ff.; Kube, Affront oder Wegweisung? – Die EZB-Entscheidung des Bundesverfassungsgerichts, DVBl 2020, 1161 ff.; Kühling/Drechsler, Alles „acte clair"? – Die Vorlage an den EuGH als Chance, NJW 2017, 2950 ff.; Landau/Trésoret, Menschenrechtsschutz im europäischen Mehrebenensystem, DVBl 2012, 1329 ff.; Lang, Das Kooperationsverhältnis zwischen Bundesverfassungsgericht und Europäischem Gerichtshof nach dem PSPP-Urteil, Der Staat 2021, 99 ff.; Lange, Verschiebungen im europäischen Grundrechtssystem?, NVwZ 2014, 169 ff.; Lecheler, Zum Bananenmarkt-Beschluß des BVerfG, JuS 2001, 120 ff.; Lechner/Zuck, Bundesverfassungsgerichtsgesetz-Kommentar, 8. Aufl. 2019; Lenaerts, Kooperation und Spannung im Verhältnis von EuGH und nationalen Verfassungsgerichten, EuR 2015, 3 ff.; Lenz, Brauchen wir ein neues Kontrollverfahren für das Recht der Europäischen Union vor dem BVerfG?, ZRP 2010, 22 ff.; Ludwigs, Konsequenzen des PSPP-Urteils für die Kompetenzordnung 2020, 186 ff.; Ludwigs/Sikora, Der Vorrang des Unionsrechts unter Kontrollvorbehalt des BVerfG, EWS 2016, 121 ff.; Ludwigs, Der Ultra-vires-Vorbehalt des BVerfG – Judikative Kompetenzanmaßung oder legitimes Korrektiv?, NVwZ 2015, 537 ff.; Ludwigs, Kooperativer Grundrechtsschutz zwischen EuGH, BVerfG und EGMR, EuGRZ 2014, 273 ff.; Maidowsky, Identität der Verfassung und europäische Integration – BVerfGE 73, 339, JuS 1988, 114 ff.; Mader, Wege aus der Rechtsstaatsmisere: der neue EU-Verfassungsgrundsatz des Rückschrittsverbots und seine Bedeutung für die Wertedurchsetzung Teil 1, EuZW 2021, 917 ff.; Mader, der neue EU-Verfassungsgrundsatz des Rückschrittsverbots und seine Bedeutung für die Wertedurchsetzung Teil 2, EuZW 2021, 974 ff.; Makoski, Kooperativer Grundrechtsschutz im europäischen Mehrebenensystem (teil II), EuZW 2020, 1053 ff; Masing, Einheit und Vielfalt des Europäischen Grundrechtsschutzes, JZ 2015 477 ff.; Meyer, Rebels without a cause? Zur OMT-Vorlage des Bundesverfassungsgerichts, EuR 2014, 473 ff.; Meyer, EU-Gemeinschaftskredite NextGenerationEU, EuZW 2023, 221 ff.; Michael, Grenzen einer verschärften Vorlagekontrolle des Art. 267 Abs. 3 AEUV durch das BVerfG, JZ 2012, 870 ff.; Moench/Ruttloff, Verfassungsrechtliche Grenzen für die Delegation parlamentarischer Entscheidungsbefugnisse, DVBl 2012, 1261 ff.; Moench/Sander, Rechtsschutz vor deutschen Gerichten, in Rengeling (Hrsg.), Handbuch zum europäischen und deutschen Umweltrecht, Bd. I: Allgemeines Umweltrecht (EUDUR), 2. Aufl. 2003, § 46; Nettesheim, Gesetzgebungsverfahren im europäischen Staatenbund – zwischen Voluntarismus und Loyalitätspflicht, 2013; Nettesheim, Art. 23 GG, nationale Grundrechte und EU-Recht, NJW 1995, 2083 ff.; Nettesheim, Die Integrationsverantwortung – Vorgaben des BVerfG und gesetzgeberische Umsetzung, NJW 2010, 177 ff.; Nettesheim, Ein Individualrecht auf Staatlichkeit? Die Lissabon-Entscheidung des BVerfG, NJW 2009, 2867 ff.; Nettesheim, Verfassungsgerichtliche Vorgaben für den Umbau der Währungsunion, EuR 2011, 765 ff.; Nettesheim, Kompetenzdenken als Legitimationsdenken, JZ 2014, 585 ff.; Ohler, Herrschaft, Legitimation und Recht in der Europäischen Union – Anmerkungen zum Lissabon-Urteil des BVerfG, AöR 135 (2010), 153 ff.; van Ooyen, Mit „Mangold" zurück zu „Solange II"?, Der Staat 50 (2011), 45 ff.; Pache, Das Ende der europäischen Integration?, Das Urteil des Bundesverfassungsgerichts zum Vertrag von Lissabon, Zur Zukunft Europas und der Demokratie, EuGRZ

2009, 285 ff.; Pagenkopf, Schirmt das BVerfG vor Rettungsschirmen?, NVwZ 2011, 1473 ff.; Pauli/Beutel, Die ESM-Entscheidung des BVerfG: Wege aus der Sackgasse, BayVBl. 2014, 453 ff.; Payandeh, Die Nichtigkeit von EG-Richtlinien: Konsequenzen für den mitgliedsstaatlichen Umsetzungsakt im Lichte des Demokratieprinzips, DVBl 2007, 741 ff.; Pegatzky, Das Ultra-vires-Prinzip in der verfassungsgerichtlichen Rechtsprechung, NVwZ 2022, 761 ff.; Pernice, Der Schutz nationaler Identität in der Europäischen Union, AöR 136 (2011), 185 ff.; Piekenbrock, Vorlagen an den EUGH nach Art. 267 AEUV im Privatrecht, EuR 2011, 317 ff.; Polzin, Das Rangverhältnis von Verfassungs- und Unionsrecht nach der neuesten Rechtsprechung des BVerfG, JuS 2012, 1 ff.; Pracht, Residualkompetenzen des Bundesverfassungsgerichts, 2022; Preßlein, Grundgesetz vs. Grundrechtecharta? Zur europäisierten Grundrechtsprüfung des BVerfG nach den Beschlüssen zum „Recht auf Vergessen" + „Europäischer Haftbefehl III", EuR 2021, 247 ff.; Proelß, Zur verfassungsrechtlichen Kontrolle der Kompetenzmäßigkeit von Maßnahmen der Europäischen Union: Der „ausbrechende Rechtsakt" in der Praxis des BVerfG – Anmerkung zum Honeywell-Beschluss des BVerfG v. 6.7.2010, EuR 2011, 241 ff.; Rengeling, Das Zusammenwirken von Europäischem Gemeinschaftsrecht und nationalem, insbesondere deutschem Recht, DVBl 1986, 306 ff.; Riedl, Das CETA-Urteil im Kontext der Integrationsverantwortung – Anmerkung zu BVerfG, Urteil v. 2.3.2021, 2 BvE 4/16; Ritzer/Ruttloff, Die Kontrolle des Subsidiaritätsprinzips: Geltende Rechtslage und Reformperspektiven, EuR 2006, 116 ff.; Rodi, Machtverschiebungen in der Europäischen Union im Rahmen der Finanzkrise und Fragen der demokratischen Legitimation, JZ 2015, 373 ff.; Roth, Verfassungsgerichtliche Kontrolle der Vorlagepflicht an den EuGH, NVwZ 2009, 345 ff.; Ruffert, An den Grenzen des Integrationsverfassungsrechts: Das Urteil des Bundesverfassungsgerichts zum Vertrag von Lissabon, DVBl 2009, 1197 ff.; Ruffert, Kompetenz- und Identitätskontrolle von Europarecht nach dem Lissabon-Urteil – Ein neues Verfahren vor dem Bundesverfassungsgericht?, ZRP 2009, 195 ff.; Ruffert, Europas Richter Hand in Hand? – Das Kooperationsverhältnis zwischen BVerfG und EuGH nach Honeywell, EuZW 2011, 94 ff.; Ruffert, Europarecht und Verfassungsrecht: NextGenerationEU, JuS 2023, 277 ff.; Sander, BVerfG, EuGH und EZB im OMT-Verfahren – Wer bietet der Notenbank die Stirn?, EuZW 2016, 614 ff.; Satzger, Grund- und menschenrechtliche Grenzen für die Vollstreckung eines Europäischen Haftbefehls? – „Verfassungsgerichtliche Identitätskontrolle" durch das BVerfG vs. Vollstreckungsaufschub bei „außergewöhnlichen Umständen" nach dem EuGH, NStZ 2016, 514 ff.; Sauer, Jurisdiktionskonflikte in Mehrebenensystemen, Die Entwicklung eines Modells zur Lösung von Konflikten zwischen Gerichten unterschiedlicher Ebenen in vernetzten Rechtsordnungen, 2008; Sauer, „Solange" geht in Altersteilzeit – Der unbedingte Vorrang der Menschenwürde vor dem Unionsrecht, NJW 2016, 1134 ff.; Safferling, Der EuGH, die Grundrechtecharta und nationales Recht: Die Fälle Åkerberg Fransson und Melloni, NStZ 2014, 545 ff.; Scheffczyk, Verfassungsprozessuale Folgefragen von „Recht auf Vergessen I + II, NVwZ 2020, 977 ff.; Scherer, Solange II: Ein grundrechtspolitischer Kompromiß, JA 1987, 483 ff.; Schlaich/Korioth, Das Bundesverfassungsgericht, 12. Aufl. 2021; Schmidt, Die entfesselte EZB, JZ 2015, 317 ff.; Schmidt-Bleibtreu/Klein/Bethge, Bundesverfassungsgerichtsgesetz, Kommentar, Loseblattsammlung, Stand: Januar 2022; Schneider, Der Ultra-vires-Maßstab im Außenverfassungsrecht Skizze sicherer Vollzugszeitumgebungen für zwischenstaatliche und supranationale Integrationsprozesse, AöR 139 (2014), 196 ff.; Schönberger, Der introvertierte Rechtsstaat als Krönung der Demokratie? – Zur Entgrenzung von Art. 38 GG im Europaverfassungsrecht, JZ 2010, 1160 ff.; Schönberger, Lisbon in Karlsruhe: Maastricht's Epigones at Sea, German Law Journal (GLJ) 2009, 1201 ff.; Schorkopf, Die Europäische Union im Lot, Karlsruhes Rechtsspruch zum Vertrag von Lissabon, EuZW 2009, 718 ff.; Schorkopf, „Startet die Maschinen" – Das ESM-Urteil des BVerfG v. 12.9.2012, NVwZ 2012, 1273 ff.; Schröder, Die offene Flanke – die verfassungsrechtlichen Anforderungen an die Begleitgesetzgebung zum Vertrag von Lissabon, DÖV 2010, 303 ff.; Schwarze, Der politische Wille bei der europäischen Krisenbewältigung und Verfassungsreform, EuR 2023, 3 ff.; Shirvani, Die europäische Subsidiaritätsklage und ihre Umsetzung ins Deutsche Recht, JZ 2010, 753 ff.; Seiler, Das Bundesverfassungsgericht und der gesetzliche Richter, ZRP 2011, 164 ff.; Spieker, Werte, Vorrang, Identität: Der Dreiklang europäischer Justizkonflikte vor dem EuGH, EuZW 2022, 305 ff.; Starski, Die „strukturelle Vergleichbarkeit" von Art. 23 I GG und Art. 24 I GG, GRUR 2023, 537 ff.; Steinbach/Grund, Der EU-Corona-Aufbaufonds – nächste Etappe in die Fiskal- und Transferunion?, NJW 2023, 405 ff.; Steiner, Das Spannungsfeld zwischen europäischem Gemeinschaftsrecht und deutschem Verfassungsrecht, EuZA 2 (2009), 140 ff.; Stöbener de Mora, Anmerkung zu BVerfG, Beschluss v. 9.2.2022 – 2 BvR 1368/16, 2 BvE 3/16, 2 BvR 1823/16, 2 BvR 1482/16, 2 BvR 1444/16, EuZW 2022, 378 ff.; Streinz, Bundesverfassungsgerichtlicher Grundrechtsschutz und Europäisches Gemeinschaftsrecht, 1989; Streinz, Das Grundgesetz: Europafreundlichkeit und Europafestigkeit, Zum Lissabon-Urteil des Bundesverfassungsgerichts, ZfP 2009, 467 ff.; Stützel, Ultra-vires-Akte und Verfassungsidentität bei der Unterzeichnung und vorläufigen Anwendung von CETA, NVwZ 2022, 693 ff.; Terhechte, Nationale Gerichte und die Durchsetzung des EU-Rechts, EuR 2020, 569 ff.; Thüsing/Pötters/Traut, Der EuGH als gesetzlicher Richter iSv Art. 101 Abs. 1 S. 2 GG, NZA 2010, 930 ff.; Thym, Recht auf Vergessen als Paradigmenwechsel, JZ 2020, 1017 ff; Thym, Die Reichweite der EU-Grundrechte-Charta – Zu viel Grundrechtsschutz?, NVwZ 2013, 889 ff.; Voßkuhle, Der europäische Verfassungsgerichtsverbund, NVwZ 2010, 1 ff.; Walter, Integrationsgrenze Verfassungsidentität – Konzept und Kontrolle aus europäischer, deutscher und französischer Perspektive, ZaöRV 2012, 177 ff.; Walter, Verfassungsgerichtsbarkeit und europäische Integration, NVwZ-Beilage 2013, 27 ff.; Wedemeyer, Neue Entwicklungen des pluralen Grundrechtsschutzes im europäischen Mehrebenensystem – Anmerkungen zum Urteil des EuGH (GK) v. 17.12.2020, Rs. C-336/19 (Centraal Israëlitisch Consistoire de België); Wendel, Neue Akzente im europäischen Grundrechtsverbund – Die fachgerichtliche Vorlage an den EuGH als Prozessvoraussetzung der konkreten Normenkontrolle, EuZW 2012, 213 ff.;

Wernsmann, Grundrechtsschutz nach Grundgesetz und Unionsrecht vor dem BVerfG, NZG 2011, 1241 ff.; Wollenschläger, Anwendbarkeit der EU-Grundrechte im Rahmen einer Beschränkung von Grundfreiheiten – Bestätigung der ERT-Rechtsprechung durch den EuGH auch unter der Grundrechtecharta, EuZW 2014, 577 ff.; Wolff, De lege ferenda: Das Integrationskontrollverfahren – Diskussionsbeitrag zur Frage einer Fortbildung des Verfassungsprozessrechts nach dem Lissabon-Urteil des Bundesverfassungsgerichts v. 30.6.2009, DÖV 2010, 49 ff.

A. Einleitung

Das BVerfG ist nach den Bestimmungen des Grundgesetzes dafür zuständig, die Tätigkeit der Staatsorgane am Maßstab der Verfassung auf ihre Rechtmäßigkeit hin zu kontrollieren. Es agiert nach seinem eigenen Selbstverständnis als „Hüter der Verfassung".[1] Das Handeln aller staatlichen Gewalt unterliegt seiner Kontrolle. Soweit Akte der deutschen öffentlichen Gewalt zur Umsetzung oder Durchsetzung des Unionsrechts ergehen, ist die Prüfungskompetenz des BVerfG potenziell berührt. Das BVerfG erkennt an, dass die Effet-Utile-Regel, das Prinzip der Einheitlichkeit des Unionsrechts und der grundsätzliche Anwendungsvorrang des Unionsrechts „Teil des vom Grundgesetz gewollten Integrationsauftrags"[2] sind.[3] Der **Anwendungsvorrang** des Unionsrechts hat im Vertrag von Lissabon ausdrücklich in der „17. Schlusserklärung der Regierungskonferenz zum Vorrang"[4] seinen Niederschlag gefunden, auf die sich das deutsche Zustimmungsgesetz ebenfalls bezieht.[5] Der Anwendungsvorrang des Unionsrechts gegenüber dem nationalen (Verfassungs-)Recht ergibt sich ferner aus der Notwendigkeit, dass nur durch diese einheitliche Rechtswirksamkeit des Unionsrechts die Union als Rechtsgemeinschaft bestehen kann. Als Grundlage dieses Anwendungsvorrangs betont das BVerfG nun auch die Eigenständigkeit der Unionsrechtsordnung, soweit eine vertragliche Ermächtigung und die Übertragung von Hoheitsrechten auf Grundlage des Art. 23 Abs. 1 GG erfolgt ist.[6] Es löst sich damit von dem *rein völkerrechtlichen Verständnis*[7] des Kollisionsverhältnisses. Der Anwendungsvorrang des Unionsrechts findet jedoch seine **Grenze** im Spannungsfeld zwischen dem Prinzip der begrenzten Einzelermächtigung und der verfassungsrechtlichen Integrationsverantwortung als Mitgliedstaat.[8] Der verfassungsgerichtliche Rechtsschutz bezieht sich in diesem Zusammenhang auf die Einhaltung der verfassungsrechtlichen Grenzen der Integrationsermächtigung im Sinne eines Verfassungsvorbehalts.

B. Verfassungsgerichtlicher Rechtsschutz und Unionsrecht

I. Unionsrechtsakte als unmittelbarer Prüfungsgegenstand

Sofern primär- und sekundärrechtliche Unionsrechtsnormen verfassungsrechtlichen Bedenken unterliegen, können diese einer verfassungsgerichtlichen Normenkontrolle (Art. 93 Abs. 1 Nr. 2 GG, Art. 100 Abs. 1 GG) unterzogen werden. Überdies kann die inkriminierte Unionsnorm im Wege der Individualverfassungsbeschwerde (Art. 93 Abs. 1 Nr. 4a

---

[1] Vgl. hierzu Voßkuhle in v. Mangoldt/Klein/Starck GG Art. 93 Rn. 18, Art. 94 Rn. 32.
[2] BVerfG 30.6.2009 – 2 BvE 2/08 ua, NJW 2009, 2267 (2272) – Lissabon.
[3] BVerfG 30.6.2009 – 2 BvE 2/08 ua, NJW 2009, 2267 (2284 f.) – Lissabon; v. Bogdandy NJW 2010, 1 (2 ff.); BVerfG 2 BvR 2728/13 ua, NJW 2016, 2473 (2474) – EZB/OMT; zum Anwendungsvorrang vgl. Lenaerts EuR 2015, 3 (12 ff.).
[4] ABl. 2008 C 115, 344 bzw. ABl. 2010 C 83, 344.
[5] BVerfG 30.6.2009 – 2 BvE 2/08 ua, NJW 2009, 2267 (2285 f.) – Lissabon.
[6] BVerfG 6.7.2010 – 2 BvR 661/06, NJW 2010, 3422 (3423) – Honeywell; so auch in stRspr EuGH Gut 01/09 EuR 2011, 567 Rn. 68; EuGH C-409/06, Slg. 2010, I-8015 Rn. 53, 61, MMR 2010, 838 – Winner Wetten.
[7] So noch BVerfG 30.6.2009 – 2 BvE 2/08 ua, NJW 2009, 2267 (2285) – Lissabon.
[8] BVerfG 30.6.2009 – 2 BvE 2/08 ua, NJW 2009, 2267 (2272, 2285 f.) – Lissabon; BVerfG 6.7.2010 – 2 BvR 661/06, NJW 2010, 3422 (3423 f.) – Honeywell; Voßkuhle in v. Mangoldt/Klein/Starck GG Art. 93 Rn. 82c.

GG) angegriffen werden. Dies setzt allerdings voraus, dass das Unionsrecht in einem dieser Verfahren als zulässiger Prüfungsgegenstand in Betracht kommt.

3 **1. Konkrete Normenkontrolle.** Das in Art. 100 Abs. 1 GG geregelte Normenkontrollverfahren kommt in Betracht, wenn ein bundesdeutsches Gericht eine formalgesetzliche Rechtsnorm, auf deren Gültigkeit es für die Entscheidung eines bei ihm anhängigen Rechtsstreits ankommt, wegen Verstoßes gegen das Grundgesetz für verfassungswidrig hält.[9]

4 **a) Gegenüber primärem Unionsrecht.** Das primäre Unionsrecht eignet sich bereits deshalb nicht zum Gegenstand einer Richtervorlage, weil die unionsrechtlichen und die ihnen gleich gestellten Regelungen keine „Gesetze" iSd Art. 100 Abs. 1 GG sind. Den Gründungsverträgen kann (im Normalfall) keine Gesetzesqualität beigemessen werden, weil sie als ursprünglich **völkervertragliche Vereinbarungen** lediglich Rechte und Pflichten zwischen den vertragsschließenden Parteien begründen.[10] Selbst primärrechtliche Bestimmungen mit unmittelbarer Wirkung im Verhältnis zu Unionsbürgern scheiden als Prüfungsgegenstand aus, weil Art. 100 Abs. 1 GG nur deutsche, dh von deutschen Gesetzgebungsorganen erlassene Gesetze, erfasst.[11]

5 **b) Gegenüber sekundärem Unionsrecht.** Auch das Sekundärrecht ist Teil der eigenständigen Unionsrechtsordnung. Es wird von den Organen der EU auf der Grundlage primärrechtlicher Ermächtigungen erlassen. Eine unmittelbare Überprüfung im Wege der Normenkontrolle ist ebenso grundsätzlich unzulässig, wenngleich das BVerfG in ständiger Rechtsprechung für sich in Anspruch nimmt, das Sekundärrecht auf Kompetenzüberschreitungen und in engem Umfang auch materiell zu überprüfen.

6 **aa) Die Rechtsprechung des BVerfG.** Das BVerfG hält es für möglich, Verordnungen iSd Art. 288 AEUV (Art. 249 EGV-Nizza) im Rahmen der Normenkontrolle gem. Art. 100 Abs. 1 GG am Maßstab des Grundgesetzes zu prüfen.[12] Entsprechendes gilt für andere unmittelbar wirkende Rechtsakte der Union.[13] Der Kontrollanspruch des BVerfG wurde im Solange I-Beschluss[14] mit dem Fehlen eines europäischen Grundrechtskataloges, der dem des Grundgesetzes adäquat ist, begründet. Im Solange II-Beschluss[15] verkündete das BVerfG, solange auf die Kontrolle zu verzichten, als ein effektiver, dem Grundgesetz im Wesentlichen entsprechender Grundrechtsschutz gewährt werde[16]. Da ein solches Schutzniveau erreicht sei, werden Vorlagen nach Art. 100 Abs. 1 GG als unzulässig erachtet. Das BVerfG ging dabei weiterhin von einer prinzipiellen Prüfungskompetenz aus und verwies in seiner Begründung nicht auf die mangelnde Vorlagefähigkeit von sekundärem Unionsrecht.[17] Diese Leitlinien werden im Maastricht-Urteil bestätigt. Dort findet sich die Passage,

---

[9] Zu den Voraussetzungen dieses Verfahrens vgl. Löwer in Isensee/Kirchhof HStR § 70 Rn. 79 ff.; Sturm/Detterbeck in Sachs GG Art. 100 Rn. 7, 13 ff.
[10] Siekmann in v. Mangoldt/Klein/Starck GG Art. 100 Rn. 21.
[11] Vgl. BVerfG 29.5.1974 – 2 BvL 52/71, BVerfGE 37, 271 (300) = NJW 1974, 1697 – Solange I; BVerfG 8.10.1996 – 1 BvL 15/91, BVerfGE 95, 39 (44) = NJW 1997, 1359; BVerfG 30.6.2009 – 2 BvE 2/08 ua, NJW 2009, 2267 (2277) – Lissabon; Siekmann in v. Mangoldt/Klein/Starck GG Art. 100 Rn. 21; Müller-Terpitz in Schmidt-Bleibtreu/Hofmann/Henneke GG Art. 100 Rn. 7.
[12] BVerfG 29.5.1974 – 2 BvL 52/71, BVerfGE 37, 271 (278 ff.) = NJW 1974, 1697 – Solange I; BVerfG 22.10.1986 – 2 BvR 197/83, BVerfGE 73, 339 (387) = NJW 1987, 577 – Solange II; BVerfG 7.6.2000 – 2 BvL 1/97, BVerfGE 102, 147 (161) = NJW 2000, 3124 – Bananen; BVerfG 12.10.1993 – 2 BvR 2134/92 ua, BVerfGE 89, 155 (Ls. 7, 175) = NJW 1993, 3047 – Maastricht; BVerfG 30.6.2009 – 2 BvE 2/08 ua, NJW 2009, 2267 (2272 f.) – Lissabon.
[13] Vgl. allg. zu Maßnahmen des Europäischen Patentamtes BVerfG 27.1.2010 – 2 BvR 2253/06, NVwZ 2010, 641 (642); BVerfG 27.4.2010 – 2 BvR 1848/07, GRUR 2010, 1031 (1032).
[14] BVerfG 29.5.1974 – 2 BvL 52/71, BVerfGE 37, 271 (278 ff.) = NJW 1974, 1697 – Solange I.
[15] BVerfG 22.10.1986 – 2 BvR 197/83, BVerfGE 73, 339 = NJW 1987, 577 – Solange II.
[16] Für eine Übertragung der Solange-Doktrin auf den europäischen Grundrechtsschutz v. Bogdandy ua ZaöRV 2012, 45 ff., die sich für einen gesamteuropäischen, von Kompetenzfragen unabhängigen Mindestschutz der Grundrechte aussprechen, der *solange* nicht vom EuGH durchgesetzt wird, wie er von den nationalen Rechtsordnungen gewährt wird.
[17] Vgl. Lechner/Zuck BVerfGG § 80 Rn. 15.

wonach auch die Akte der autonomen supranationalen Hoheitsgewalt „die Grundrechtsberechtigten in Deutschland betreffen" und damit „die Gewährleistungen des Grundgesetzes und die Aufgaben des BVerfG (berühren), die den Grundrechtsschutz in Deutschland und insoweit nicht nur gegenüber deutschen Staatsorganen zum Gegenstand haben".[18] Dies ist im Sinne eines Bekenntnisses zur Option der unmittelbaren Überprüfung von Akten der Unionsorgane zu verstehen.[19] Im Bananenmarkt-Beschluss schließlich werden „Vorlagen von Gerichten, die eine Verletzung in Grundrechten des Grundgesetzes durch sekundäres Unionsrecht geltend machen", für unzulässig erklärt, „wenn ihre Begründung nicht darlegt, dass die europäische Rechtsentwicklung einschließlich der Rechtsprechung des EuGH nach Ergehen der Solange II-Entscheidung unter den erforderlichen Grundrechtsstandard abgesunken sei".[20] Wiederum wird auf das Maß des europäischen Grundrechtsschutzes, nicht aber auf die mangelnde Vorlagefähigkeit des sekundären Unionsrechts rekurriert. Die verfassungsgerichtliche Überprüfung einschlägiger sekundärrechtlicher Bestimmungen kommt daher nur dann zum Tragen, wenn das vorlegende Gericht darlegen kann, dass der gebotene Grundrechtsschutz generell nicht mehr gewährleistet ist. Solche Abweichungen mögen von theoretischer Art sein.[21] Das BVerfG betont dennoch die prinzipielle Möglichkeit einer Richtervorlage von Regelungen des sekundären Unionsrechts.[22]

Diese Grundsätze werden im Lissabon-Urteil durch das BVerfG ausdrücklich bestätigt **7** und fortgeschrieben. Hierbei wird zwischen der tradierten Grundrechtskontrolle gemäß der Solange II-Rechtsprechung sowie der Identitäts- und Ultra-vires-Kontrolle unterschieden.[23] Das BVerfG sieht sich „im Falle von Grenzdurchbrechungen bei der Inanspruchnahme von Zuständigkeiten durch Gemeinschafts- und Unionsorgane" dazu berufen, sekundäres Unionsrecht für unanwendbar zu erklären, wenn die bei der Übertragung von Hoheitsrechten nach Art. 23 Abs. 1 GG geltenden Grenzen oder die Verfassungsidentität nicht gewahrt werden.[24] Hoheitsrechte werden dabei jedenfalls dann übertragen, wenn die Europäische Union oder eine zwischenstaatliche Einrichtung zu Maßnahmen ermächtigt wird, die „ohne Dazwischentreten des deutschen Gesetzgebers" für die deutschen Rechtsunterworfenen Rechte und Pflichten begründen, dh „bei Befugnissen, die eine rechtliche Durchgriffswirkung besitzen".[25]

So schreibt sich das BVerfG letztlich eine Rechtsschutzaufgabe in Bezug auf identitäts- **8** verletzende oder kompetenzüberschreitende Rechtsakte zu (vgl. → Rn. 44 ff.; → Rn. 508; → Rn. 66 ff.). Diese Prüfungskompetenz stellt eine Ausprägung des unionsrechtlichen Grundsatzes der Wahrung der Staatlichkeit der Mitgliedstaaten nach Art. 4 Abs. 2 EUV dar. Das BVerfG sieht sich dabei im Einklang mit dem Grundsatz der Europafreundlichkeit des Grundgesetzes und damit zugleich auch dem europarechtlichen Grundsatz der loyalen Zusammenarbeit nach Art. 4 Abs. 3 EUV.[26] Als mögliche Verfahrensarten zieht es aus-

---

[18] BVerfG 12.10.1993 – 2 BvR 2134/92 ua, BVerfGE 89, 155 (Ls. 7, 175) = NJW 1993, 3047 – Maastricht.
[19] Götz JZ 1993, 1081 (1083); Meier NJW 1996, 1027 (1029); aA Dörr, Der europäisierte Rechtsschutzauftrag Deutscher Gerichte, 2003, S. 130 f.
[20] BVerfG 7.6.2000 – 2 BvL 1/97, NJW 2000, 3124 (Ls. 1) – Bananen; ebenso BVerfG 9.1.2001 – 1 BvR 1036/99, EuZW 2001, 255.
[21] Ludwigs EuGRZ 2014, 273 (274); Voßkuhle NVwZ 2010, 1 (6).
[22] Vgl. Löwer in Isensee/Kirchhof HStR § 70 Rn. 87.
[23] Mayer in Grabitz/Hilf/Nettesheim EUV Art. 19 Rn. 90; vgl. auch BVerfG 9.1.2001 – 2 BvR 2253/06, NVwZ 2010, 641 (643).
[24] BVerfG 30.6.2009 – 2 BvE 2/08 ua, NJW 2009, 2267 (2272, 2286) – Lissabon; BVerfG 6.7.2010 – 2 BvR 661/06, NJW 2010, 3422 (3425) – Honeywell.
[25] BVerfG 13.10.2022 – 2 BvR 1111/21, NVwZ 2023, 336 Rn. 91 f. Zurückhaltender zeigt sich das Gericht in dieser Entscheidung zur ESM-Reform allerdings, wenn es bloß um eine „faktische Änderung des Integrationsprogramms […] durch den Abschluss völkerrechtlicher Verträge jenseits des Primärrechts" geht. Allerdings können auch solche faktischen Änderungen, die in der Regel keine Übertragung von Hoheitsrechten nach Art. 23 Abs. 1 GG darstellen sollen, anhand von Art. 48 EUV auf ihre unions- und verfassungsrechtliche Zulässigkeit hin überprüft werden, so BVerfG 13.10.2022 – 2 BvR 1111/21, NVwZ 2023, 336 Rn. 101.
[26] BVerfG 30.6.2009 – 2 BvE 2/08 ua, NJW 2009, 2267 (2272) – Lissabon.

drücklich die konkrete Normenkontrolle (Art. 100 Abs. 1 GG), aber auch die abstrakte Normenkontrolle (Art. 93 Abs. 1 Nr. 2 GG), den Organstreit (Art. 93 Abs. 1 Nr. 1 GG), den Bund-Länder-Streit (Art. 93 Abs. 1 Nr. 3 GG) und die Verfassungsbeschwerde (Art. 93 Abs. 1 Nr. 4a GG) in Betracht. Ferner regt das Gericht die Schaffung eines zusätzlichen, speziell auf die Ultra-vires- und die Identitätskontrolle zugeschnittenen verfassungsgerichtlichen Verfahrens an, das darauf gerichtet ist, kompetenzüberschreitende oder identitätsverletzende Unionsrechtsakte im Einzelfall in Deutschland für unanwendbar zu erklären.[27] Nach Einschätzung des BVerfG bleibt also das sekundäre Unionsrecht ein potentiell zulässiger Prüfungsgegenstand auch der konkreten Normenkontrolle.[28]

9 Dabei verkennt das BVerfG nicht, dass es zur Kontrolle der Gültigkeit von Sekundärrecht grundsätzlich nicht berufen ist,[29] sondern es betont explizit den Vorrang des Rechtsschutzes auf Unionsebene.[30] Die Wirksamkeit des Sekundärrechts beurteilt sich anhand des primären Unionsrechts und unterliegt der ausschließlichen Jurisdiktionskompetenz des EuGH. Als überprüfbar wird aber die Anwendung einer solchen Bestimmung durch deutsche Behörden oder Gerichte bezeichnet, zumal hierin eine grundrechtsgebundene Ausübung deutscher Staatsgewalt liege.[31] Nicht die Gültigkeit, wohl aber die Frage nach der **Anwendbarkeit abgeleiteten Unionsrechts** in der Bundesrepublik Deutschland kann daher zum Gegenstand einer Richtervorlage erhoben werden.[32] Die Zulässigkeit einer solchen Vorlage hängt dann davon ab, ob es dem vorlegenden Gericht gelingt, die hierfür vom BVerfG aufgestellten hohen Hürden (vgl. → Rn. 41 ff.) zu überwinden.

10 Neue Fragen hinsichtlich des Prüfungsmaßstabes des Bundesverfassungsgerichts haben sich durch die Entscheidungen „Recht auf Vergessen" I und II (Erster Senat) und „Europäischer Haftbefehl III" (Zweiter Senat) ergeben. Darin erkennt das Bundesverfassungsgericht an, dass nunmehr auch die Unionsgrundrechte verfassungsgerichtlicher Prüfungsmaßstab sein können.[33] Gegenstand der Verfahren waren jeweils Verfassungsbeschwerden, in denen es um die Anwendung vollharmonisierten Unionsrechts durch nationale Stellen ging. Hiernach können die Grundrechte der EU-Charta soweit diejenigen des Grundgesetzes verdrängen, als es um die Anwendung zwingenden, vollharmonisierten Unionsrechts geht.[34] Soweit es hingegen nicht um innerstaatliche Vollzugsakte geht, die vollständig durch Unionsrecht determiniert sind, sollen weiterhin die Grundrechte des Grundgesetzes primärer Prüfungsmaßstab sein. Dahinter steckt die Vermutung, dass im Falle des Vorhandenseins eines Umsetzungsspielraums regelmäßig keine (vollständige) Einheitlichkeit des Grundrechtsschutzes beabsichtigt und notwendig ist. Vielmehr soll dann Rechtspluralität innerhalb eines unionsrechtlichen Rahmens möglich sein.[35] Genau das ist im Falle unionsrechtlich vollständig determinierter Sachverhalte jedoch nicht gewünscht. Dann geht

---

[27] BVerfG 30.6.2009 – 2 BvE 2/08 ua, NJW 2009, 2267 (2273) – Lissabon; zu möglichen Integrationskontrollverfahren de lege ferenda Wolff DÖV 2010, 49 ff.; einen speziellen Klagetyp wohl abl. Scholz in Dürig/Herzog/Scholz GG Art. 23 Rn. 40a.
[28] Müller-Terpitz in Schmidt-Bleibtreu/Hofmann/Henneke GG Art. 100 Rn. 13.
[29] So bereits BVerfG 29.5.1974 – 2 BvL 52/71, BVerfGE 37, 271 (281 f.) = NJW 1974, 1697 – Solange I; vgl. Lechner/Zuck BVerfGG § 80 Rn. 16; Everling EuR 2010, 91 (100).
[30] BVerfG 30.6.2009 – 2 BvE 2/08 ua, NJW 2009, 2267 (2272) – Lissabon.
[31] BVerfG 29.5.1974 – 2 BvL 52/71, BVerfGE 37, 271 (278 ff.) = NJW 1974, 1697 – Solange I; BVerfG 22.10.1986 – 2 BvR 197/83, BVerfGE 73, 339 (387) = NJW 1987, 577 – Solange II.
[32] BVerfG 30.6.2009 – 2 BvE 2/08 ua, NJW 2009, 2267 (2272, 2285) – Lissabon; BVerfG 6.7.2010 – 2 BvR 661/06, NJW 2010, 3422 (3425) – Honeywell.
[33] BVerfG 6.1.2019 – 1 BvR 16/13, NJW 2020, 300 (305) – Recht auf Vergessen I; BVerfG 6.11.2019 – 1 BvR 276/17, NJW 2020, 314 – Recht auf Vergessen II; BVerfG 1.12.2020 – 2 BvR 1845/18, NJW 2021, 1518 (1518) – Europäischer Haftbefehl III; Britz NJW 2021, 1489 (1489); Hofmann/Heger EuGRZ 2021, 1 (1); Makoski EuZW 2020, 1053 (1058); Edenharter DÖV 2020, 349 (350); Kämmerer/Kozur NVwZ 2020, 177 (177).
[34] BVerfG 1.12.2020 – 2 BvR 1845/18, NJW 2021, 1518 (1518) – Europäischer Haftbefehl III; BVerfG 6.11.2019 – 1 BvR 276/17, NJW 2020, 314 (314) – Recht auf Vergessen II; BVerfG 6.11.2019 – 1 BvR 16/13, NJW 2020, 300 (300) – Recht auf Vergessen I.
[35] BVerfG 6.11.2019 – 1 BvR 16/13, NJW 2020, 300 (300) – Recht auf Vergessen I; vgl. Wedemeyer, EuR 2021, 743.

es um vollständige Rechtsvereinheitlichung, die durch die Anwendung der mitgliedstaatlichen Grundrechtssätze gefährdet wäre.[36] Eine aktuelle Entscheidung des BVerfG aus dem Jahr 2023 zu den Mindestangaben im Europäischen Haftbefehl bestätigt diese neu eingeschlagene Rechtsprechungslinie.[37]

Ob vor dem Hintergrund dieser Rechtsprechung fortan Unionsrecht auch unmittelbar im Wege einer konkreten Normenkontrolle an den Unionsgrundrechten zu messen ist, wurde bislang nicht abschließend geklärt. **11**

bb) Tragfähigkeit des Lösungsweges. Auch wenn diese Rechtsprechungsgrundsätze durchaus Zuspruch erfahren haben,[38] bestehen gegen den Anspruch, sekundäres Unionsrecht im Wege der Normenkontrolle unmittelbar am Maßstab der Verfassung zu überprüfen, schon deshalb Bedenken, weil die Normenkontrolle hierfür nicht konzipiert ist. Art. 100 Abs. 1 GG ermöglicht die Überprüfung von **formellen nachkonstitutionellen Gesetzen** des deutschen Gesetzgebers, nicht aber von Rechtsakten der Unionsorgane.[39] Verordnungen der EU (sowie sonstige potentiell unmittelbar wirkende Rechtsakte) könnten zwar noch als „Gesetze" iSd Art. 100 Abs. 1 GG qualifiziert werden, zumal das Unionsrecht nicht zwischen förmlichen Gesetzen und hierauf gestützten Verordnungen (materielle Gesetze, die der konkreten Normenkontrolle nicht unterliegen) differenziert. Sie sind aber keine *deutschen* Gesetze – wie von Art. 100 Abs. 1 GG gefordert. Die **Anwendung sekundärrechtlicher Bestimmungen** durch deutsche Behörden und Gerichte, auf die das BVerfG verweist, sind zwar fraglos Akte der deutschen Hoheitsgewalt. Es handelt sich aber um keinen Vollzug *deutscher* Gesetze, die allein den zulässigen Gegenstand einer Normenkontrolle bilden können. Eine unmittelbare Anwendung des Art. 100 Abs. 1 GG kommt daher nicht in Betracht. **12**

Angesichts solcher Bedenken wird eine **analoge Anwendung des Art. 100 Abs. 1 GG** erwogen.[40] Auch das BVerfG spricht im Bananenmarkt-Beschluss mehrfach von Richtervorlagen „entsprechend Art. 100 Abs. 1 GG".[41] Das BVerfG hat jedoch keine Kompetenz, sekundäres Unionsrecht für nichtig zu erklären.[42] Für Rechtsakte der Unionsgewalt nimmt das BVerfG daher für sich den Sanktionsmechanismus insoweit in Anspruch, als lediglich die Unanwendbarkeit des sekundären Unionsrechts oder sonstiger Unionsakte wegen Überschreitung verfassungsrechtlicher Grenzen festgestellt werden kann.[43] Für eine solche Analogie fehlt es jedoch – zumindest was das primäre Unionsrecht angeht – an der notwendigen Regelungslücke. Denn es ist stets – worauf zurückzukommen sein wird – eine mittelbare Überprüfung des Unionsrechts im Wege einer konkreten Normenkontrolle des sich auf die Integrationsermächtigung gründenden Zustimmungsgesetzes möglich.[44] Das Zustimmungsgesetz verhilft dem für verfassungsrechtlich bedenklich erachteten Uni- **13**

---

36 Vgl. BVerfG 6.11.2019 – 1 BvR 16/13, NJW 2020, 300 (302) – Recht auf Vergessen I; vgl. Detterbeck JZ 2019, 593 (595).
37 BVerfG 15.2.2023 – 2 BvR 2009/22, NStZ-RR 2023, 152.
38 Vgl. nur Müller-Terpitz in Schmidt-Bleibtreu/Hofmann/Henneke GG Art. 93 Rn. 101, Art. 100 Rn. 13.
39 Dollinger in Burkiczak/Schorkopf/Dollinger BVerfGG § 80 Rn. 44; 52 f.; Sturm/Detterbeck in Sachs GG Art. 100 Rn. 11 mit der Anmerkung, dass sekundäres Unionsrecht unter strengen Voraussetzungen analog Art. 100 Abs. 1 GG vorgelegt werden könne; Wolff DÖV 2010, 49 (53).
40 VG Frankfurt 24.10.1996 – 1 E 798/95 (V) ua, EuZW 1997, 182 (185); Wolff DÖV 2010, 49 (53); Bergmann/Karpenstein ZEuS 2009, 529 (534); Sturm/Detterbeck in Sachs GG Art. 100 Rn. 11.
41 BVerfG 7.6.2000 – 2 BvL 1/97, NJW 2000, 3124 – Bananen; vom „in Art. 100 Abs. 1 GG zum Ausdruck kommenden Rechtsgedanken" sprechend auch BVerfG 30.6.2009 – 2 BvE 2/08 ua, NJW 2009, 2267 (2273) – Lissabon.
42 Hofmann/Heger EuGRZ 2021, 1 (9).
43 Vgl. hierzu BVerfG 30.6.2009 – 2 BvE 2/08 ua, NJW 2009, 2267 (2272, 2285) – Lissabon; BVerfG 6.7.2010 – 2 BvR 661/06, NJW 2010, 3422 (3425) – Honeywell; Lechner/Zuck BVerfGG § 80 Rn. 16; Voßkuhle SächsVBl 2013, 77 (80); Lecheler JuS 2001, 120 (122).
44 Moench/Sander in Rengeling, Handbuch zum europäischen und deutschen Umweltrecht, Bd. I, 2. Aufl. 2003, § 46 Rn. 30; Siekmann in v. Mangoldt/Klein/Starck GG Art. 100 Rn. 20 f.; Sauer, Jurisdiktionskonflikte in Mehrebenensystemen, 2008, S. 172 f.; Sauer ZRP 2009, 195 (197); Nettesheim JZ 2014, 585 (587).

onsrecht grundsätzlich zur innerstaatlichen Geltung und Anwendbarkeit. Es ist ein tauglicher Vorlagegegenstand, der daraufhin überprüft werden kann, ob die verfassungsrechtlichen Begrenzungen überschritten werden. Für problematische Fortbildungen des Verfahrensrechts besteht daher kein Anlass. Überdies besteht bereits für die Fachgerichte die Möglichkeit, eine Vorabentscheidung nach Art. 267 AEUV vor dem EuGH zu erwirken.[45] Hierzu sind die Fachgerichte sogar verpflichtet, sofern Zweifel hinsichtlich der Gültigkeit von Unionsrecht bestehen.[46]

14   Im Hinblick auf die neueren Entscheidungen des Bundesverfassungsgerichts zum Grundrechtsschutz bei der Anwendung von Unionsrecht ergibt sich hinsichtlich der geäußerten Kritik kein Änderungsbedarf. Es bleibt dabei, dass dem Bundesverfassungsgericht in Bezug auf unionsrechtliche Vorschriften grundsätzlich keine Verwerfungskompetenz zusteht. Diese Kompetenz liegt in erster Linie allein beim EuGH, Art. 267 AEUV.

15   **2. Abstrakte Normenkontrolle.** Gemäß Art. 93 Abs. 1 Nr. 2 GG ist die abstrakte Normenkontrolle statthaft zur Überprüfung der Verfassungsgemäßheit von **Bundes- oder Landesrecht**. Das Unionsrecht ist als autonome Rechtsordnung nicht Teil des Bundes- und Landesrechts und somit grundsätzlich kein tauglicher Gegenstand dieses Kontrollverfahrens.[47] Die Emissionshandel-Urteile bestätigen jedoch die eingeschlagene Rechtsprechungslinie und erklären Richtlinienrecht zum zulässigen Verfahrensgegenstand der abstrakten Normenkontrolle unter den Voraussetzungen des Solange II-Vorbehalts.[48] Im Lissabon-Urteil erhebt das BVerfG seine Reservekompetenz bzgl. europäischen Sekundärrechts zum verallgemeinerungsfähigen Grundsatz, der für alle denkbaren Verfahrensarten – ausdrücklich auch für die abstrakte Normenkontrolle (Art. 93 Abs. 1 Nr. 2 GG) – gelten soll.[49] Die Ausführungen zur konkreten Normenkontrolle bzgl. der Überprüfbarkeit des Unionsrechts (vgl. → Rn. 12 ff.) gelten entsprechend. Für diese extensive Erweiterung der Zuständigkeit besteht kein Bedürfnis. Demgemäß ist sie kaum begründbar.

16   **3. Individualverfassungsbeschwerde.** Gegenstand der Individualverfassungsbeschwerde gem. Art. 93 Abs. 1 Nr. 4a GG sind Akte der staatlichen, deutschen, an das Grundgesetz gebundenen öffentlichen Gewalt. Dabei kommt es entscheidend auf die **formale Qualifikation des Organs, das den Rechtsakt erlassen** hat, an.[50] Wenngleich Rechtsakte der Union (oftmals) unter Mitwirkung der deutschen Staatsgewalt erlassen werden, ändert dies nichts an der Qualität der rechtsetzenden Stelle als Unionsorgan. Folglich können **Rechtsakte der Union** grundsätzlich nicht als Akte „deutscher öffentlicher Gewalt" im Wege der Individualverfassungsbeschwerde angegriffen werden.[51] Zwar verfolgte das BVerfG anfänglich basierend auf dem Maastricht-Urteil eine Rechtsprechungslinie, die so verstanden werden konnte, dass auch gegenüber Akten von Unionsorganen, die sich *in Deutschland* auswirken, eine Individualverfassungsbeschwerde zulässig sein könne.[52] Heute ist jedoch

---

[45] Zum Vorabentscheidungsverfahren vgl. Lenaerts EuR 2015, 3 (5 ff.).
[46] Hofman/Heger EuGRZ 2021, 1 (9); Terhechte EuR 2020, 569 (571).
[47] Voßkuhle in v. Mangoldt/Klein/Starck GG Art. 93 Rn. 121; Wolff DÖV 2010, 49 (54); Sauer ZRP 2009, 195 (197).
[48] BVerfG 13.3.2007 – 1 BvF 1/05, NVwZ 2007, 937 (938) – Emissionshandel I; BVerfG 14.5.2007 – 1 BvR 2036/05, NVwZ 2007, 942 (942 f.) – Emissionshandel II.
[49] BVerfG 30.6.2009 – 2 BvE 2/08 ua, NJW 2009, 2267 (2273, 2285) – Lissabon; vgl. zur Kritik an der Reservekompetenz Gerken/Rieble/Roth/Stein/Streinz, „Mangold" als ausbrechender Rechtsakt, 2009, 53 ff.
[50] Vgl. Walter in Dürig/Herzog/Scholz GG Art. 93 Rn. 341 ff.
[51] BVerfG 21.6.2016 – 2 BvE 13/13, BeckRS 2016, 47387 Rn. 97 – EZB/OMT; BVerfG 5.5.2020 – 2 BvR 859/15, NJW 2020, 1647 Rn. 93 – PSPP; Sturm/Detterbeck in Sachs GG Art. 93 Rn. 85; vgl. Lechner/Zuck BVerfGG § 90 Rn. 120, 122.
[52] BVerfG 5.10.1993 – 2 BvR 2134/92 ua, BVerfGE 89, 155 (175) = NJW 1993, 3047 – Maastricht; BVerfG 7.7.2000 – 2 BvL 1/97, BeckRS 2000, 30121475 – Bananen; vgl. auch BVerfG 7.9.2011 – 2 BvR 987/10 ua, NJW 2011, 2946 (2948) – Griechenland-Hilfe; vgl. zur Kritik an dieser Auffassung nur Moench/Sander in Rengeling, Handbuch zum europäischen und deutschen Umweltrecht, Bd. I, 2. Aufl. 2003, § 46 Rn. 17 ff.

nach nicht unumstrittener, aber gefestigter Rechtsprechung des BVerfG anerkannt, dass nur in einer Vorfrage geprüft werden kann, ob die deutsche Staatsgewalt eine mögliche Handlungs- oder Unterlassungspflicht, die verfassungsrechtlich gebotene Integrationsverantwortung in Bezug auf einen Unionsakt wahrzunehmen, verletzt hat.[53] Rechtsakte der Europäischen Union können daher nur mittelbar zum Gegenstand einer Verfassungsbeschwerde gemacht werden, wenn sie unmittelbar zulasten des Bürgers wirken und die Wesensgehalte der Grundrechte schwerwiegend und nachhaltig beeinträchtigen oder wenn sie aus den Grenzen der ihnen eingeräumten Hoheitsrechte ausbrechen (ultra vires) und auf diese Weise für deutsche Verfassungsorgane Reaktionspflichten auslösen, welche sich aus deren Integrationsverantwortung ergeben.[54]

17 Auch bei intergouvernementalen Beschlüssen des Rates der Europäischen Union ist eine unmittelbar belastende Wirkung gegenüber den Bürgern regelmäßig nicht gegeben.[55] Anders kann dies nach jüngerer Rechtsprechung allerdings zu beurteilen sein, wenn es um die der deutschen Staatsgewalt zurechenbare Mitwirkungshandlung des Ratsvertreters zu einem solchen Beschluss geht.[56] Im Bereich der Gemeinsamen Außen- und Sicherheitspolitik sind bislang keine derartig wirkenden Befugnisse übertragen;[57] zumal fraglich ist, ob diese Bereiche unter die Angelegenheiten der Europäischen Union iSd Art. 23 GG fallen.[58] Ferner haben sonstige völkerrechtliche Verträge keine unmittelbaren Rechtswirkungen gegenüber Bürgern, selbst wenn sie in einem Ergänzungs- oder sonstigen besonderen Näheverhältnis zum Recht der Europäischen Union stehen.[59]

18 Diese Reduzierung des Prüfungsumfangs auf die Ultra-vires- und Identitätskontrolle in Bezug auf Handlungs- und Unterlassungspflichten der deutschen Staatsgewalt überzeugt, denn unmittelbar wirkende Maßnahmen der Europäischen Union sind systematisch vom Grundsatz her nicht geeignet, als Akte der deutschen, öffentlichen Gewalt eingestuft zu werden.[60] Hierfür besteht auch kaum ein praktisches Bedürfnis, da die Betroffenen auch Verfassungsbeschwerde gegen den nationalen Umsetzungsakt erheben können, der die in Streit stehende Unionsnorm vollzieht.[61] Existiert kein nationaler Ausführungsakt, da ein Rechtsakt eines supranationalen Organs bereits unmittelbar Rechtswirkungen entfaltet, müssen die deutschen Gerichte die hieraus resultierenden Rechtspflichten grundsätzlich beachten und anwenden.[62] In diesem Fall kann gegen das entsprechende Urteil des Fachgerichts Verfassungsbeschwerde erhoben werden, das den Unionsrechtsakt zum Gegenstand hat.[63] Dies entspricht iErg auch der Verfahrenskonstellation des **Honeywell-Beschlusses** des BVerfG.[64] Gegenstand dieser Verfassungsbeschwerde war nicht unmittelbar die Mangold-Entscheidung des EuGH,[65] sondern ein Urteil des BAG,[66] das die Feststellungen der Mangold-Entscheidung umsetzte.

---

53 BVerfG 5.5.2020 – 2 BvR 859/15 ua, BeckRS 2020, 7327 Rn. 89 – PSPP; Walter in Dürig/Herzog/Scholz GG Art. 93 Rn. 344; vgl. auch Morgenthaler in Epping/Hillgruber, BeckOK GG, 55. Edition Stand: 15.5.2023, GG Art. 93 Rn. 59.
54 Kment in Jarass/Pieroth GG Art. 93 Rn. 20; Morgenthaler in Epping/Hillgruber, BeckOK GG, 55. Edition Stand: 15.5.2023, GG Art. 93 Rn. 59; kritisch hierzu Classen EuR 2023, 4 (7 ff., 29); umfassender Überblick hierzu bei Pracht, Residualkompetenzen des Bundesverfassungsgerichts, 2022, 33 ff., 89 ff.
55 BVerfG 7.9.2011 – 2 BvR 987/10 ua, NJW 2011, 2946 (2950) – Griechenland-Hilfe.
56 BVerfG 9.2.2022 – 2 BvR 1368/16 ua, NVwZ 2022, 541 Rn. 137 ff. – CETA.
57 Vgl. auch BVerfG 30.6.2009 – 2 BvE 2/08 ua, NJW 2009, 2267 (2285 f.) – Lissabon.
58 Offenlassend BVerfG 19.6.2012 – 2 BvE 4/11, NVwZ 2012, 954 Rn. 105 – ESM/Euro-Plus-Pakt.
59 BVerfG 19.6.2012 – 2 BvE 4/11, NVwZ 2012, 954 Rn. 100 – ESM/Euro-Plus-Pakt; BVerfG 12.9.2012 – 2 BvE 6/12 ua, NJW 2012, 3145 Rn. 231 – ESM/Fiskalpakt.
60 Vgl. Morgenthaler in Epping/Hillgruber, BeckOK GG, 55. Edition Stand: 15.5.2023, GG Art. 93 Rn. 59; Sauer, Jurisdiktionskonflikte in Mehrebenensystemen, 2008, 173 f.
61 Classen in v. Mangoldt/Klein/Starck GG Art. 24 Abs. 1 Rn. 44, 46; Wolff DÖV 2010, 49 (56 f.); Dörr DVBl 2006, 1088 (1095 f.).
62 Classen in v. Mangoldt/Klein/Starck GG Art. 24 Abs. 1 Rn. 47; *Wolff* DÖV 2010, 49 (57).
63 Vgl. auch Kottmann/Wohlfahrt ZaöRV 2009, 443 (465).
64 BVerfG 6.7.2010 – 2 BvR 661/06, NJW 2010, 3422 – Honeywell.
65 EuGH 22.11.2005 – C-144/04, Slg. 2005, I-9981 = NZA 2005, 1345 – Mangold.
66 BAG 26.4.2006 – 7 AZR 500/04, NZA 2006, 1162.

19 Dies gilt grundsätzlich auch für Rechtsakte, die von zwischenstaatlichen Einrichtungen nach Art. 24 Abs. 1 GG erlassen werden. Dabei ging das BVerfG früher teilweise allerdings noch davon aus, dass eine Individualverfassungsbeschwerde aus Gründen des Rechtsschutzes unter bestimmten Voraussetzungen in diesen Fällen zulässig sein könne.[67] So wurde anfänglich vertreten, dass Akte nicht-deutscher Hoheitsgewalt dann Gegenstand der Verfassungsbeschwerde sein können, wenn Maßnahmen von internationalen, völkerrechtlich verselbständigten Organisationen die Grundrechtsberechtigten in Deutschland unmittelbar betreffen. Ihnen müssen als zwischenstaatliche supranationale Einrichtungen iSd Art. 23 Abs. 1 GG oder Art. 24 Abs. 1 GG Hoheitsrechte übertragen oder zumindest „ein vordem tatsächlich gegebenes oder rechtlich mögliches [...] Herrschaftsrecht zugunsten fremder Hoheitsgewalt zurückgenommen"[68] worden sein. Das Merkmal der Supranationalität hatte sich dabei nicht nur auf die generellen Befugnisse der Organisation zu beziehen. Vielmehr musste die konkret angegriffene Maßnahme **supranationaler Natur** sein und Rechtswirkungen über den Binnenbereich der Organisation hinaus entfalten.[69] Der Rechtsakt musste also „auf die Rechtsstellung des Adressaten unmittelbar de iure einwirken".[70]

20 Dem folgt der zweite Senat nun ausdrücklich nicht mehr und positioniert sich nun ausdrücklich dahingehend, dass derartige Maßnahmen nicht als Akte der öffentlichen Gewalt iSv Art. 93 Abs. 1 Nr. 4a GG iVm § 90 Abs. 1 BVerfGG qualifiziert werden können.[71] Damit bestätigt der Senat die Rechtsprechungslinie des BVerfG, wonach Maßnahmen von Organen, Einrichtungen und sonstigen Stellen der Union nicht unmittelbar mit der Verfassungsbeschwerde angegriffen werden können und überträgt diese Grundsätze aufgrund der „strukturellen Vergleichbarkeit" von Art. 23 Abs. 1 GG und Art. 24 Abs. 1 GG auf Fälle, die in den Anwendungsbereich von Art. 24 Abs. 1 GG fallen.[72] Gleichwohl könne auch hier neben dem Übertragungsakt selbst geprüft werden, ob „die Organe der zwischenstaatlichen Einrichtung [...] das vom Grundgesetz geforderte Minimum an Grundrechtsschutz verletzt haben sowie ob die deutschen Verfassungsorgane durch die Hinnahme solcher Maßnahmen ihrer Pflicht nicht nachgekommen sind, im Rahmen ihrer Kompetenzen darauf hinzuwirken, dass die vom Grundgesetz geforderten Mindeststandards nicht unterschritten werden, und die Maßnahmen in Deutschland unanwendbar sind".[73]

21 Ob angesichts der neueren Rechtsprechung des BVerfG (Recht auf Vergessen I + II, Europäischer Haftbefehl III) (vgl. → Rn. 108) in Zukunft auch die Möglichkeit einer Gesetzesverfassungsbeschwerde gegen Verordnungen oder zwingende Vorgaben einer Richtlinie umsetzendes Recht gegeben sein wird, bleibt abzuwarten. Das Bundesverfassungsgericht hat die Möglichkeit in seiner Entscheidung „Recht auf Vergessen II" jedenfalls nicht gänzlich ausgeschlossen. Dafür spricht, dass das Gericht gegenüber der deutschen Staatsgewalt umfassend Grundrechtsschutz gewährt.[74] Es statuiert, dass die Verfassungsbeschwerde „bewusst weit und umfassend konzipiert" sei.[75] Zu beachten ist jedoch, dass, wie bereits ausgeführt, nur der EuGH selbst über die Gültigkeit von Unionsrecht entscheidet, vgl. Art. 267 AEUV. Eine Verfassungsbeschwerde mit der Folge des § 95 Abs. 3 S. 2 BVerfGG kommt daher im Hinblick auf Verordnungen oder zwingendes EU-Recht

---

[67] So etwa BVerfG 4.4.2001 – 2 BvR 2368/99, NJW 2001, 2705 (2705); BVerfG 27.4.2010 – 2 BvR 1848/07, GRUR 2010, 1031 (1031 f.).
[68] BVerfG 18.12.1984 – 2 BvE 13/83, BVerfGE 68, 1 (90) = NJW 1985, 603 (606); vgl. hierzu auch Möllers/Reinhardt JZ 2012, 693 (695).
[69] BVerfG 22.6.2006 – 2 BvR 2093/05, NVwZ 2006, 1403 (1403 f.); Kment in Jarass/Pieroth GG Art. 93 Rn. 20.
[70] BVerfG 4.5.2006 – 2 BvR 120/03, NJW 2006, 2908 (2909); BVerfG 27.1.2010 – 2 BvR 2253/06, NJW 2010, 641 (642); BVerfG 27.4.2010 – 2 BvR 1848/07, GRUR 2010, 1031 (1031 f.); ähnlich BVerfG 30.6.2009 – 2 BvE 2/08 ua, NJW 2009, 2267 (2285 f.) – Lissabon.
[71] BVerfG 8.11.2022 – 2 BvR 2480/10 ua, GRUR 2023, 549 Rn. 115 – Rechtsschutzsystem EPA.
[72] BVerfG 8.11.2022 – 2 BvR 2480/10 ua, GRUR 2023, 549 Rn. 116 ff. – Rechtsschutzsystem EPA.
[73] BVerfG 8.11.2022 – 2 BvR 2480/10 ua, GRUR 2023, 549 Rn. 115, 120 – Rechtsschutzsystem EPA.
[74] BVerfG 6.11.2019 – 1 BvR 276/17; NVwZ 2020, 63 (67) – Recht auf Vergessen II; Scheffczyk NVwZ 2020, 977 (981).
[75] BVerfG 6.11.2019 – 1 BvR 276/17, NJW 2020, 314 (318) – Recht auf Vergessen II.

umsetzende nationale Rechtsvorschriften nicht in Betracht.[76] Stattdessen wird das Bundesverfassungsgericht eine Vorabentscheidung des EuGH zur Frage der Wirksamkeit des betreffenden Unionsrechts einzuholen haben. Dies trifft nur dann nicht zu, wenn es um nicht vollharmonisierende innerstaatliche Rechtsvorschriften geht, bei denen primär die Grundrechte des Grundgesetzes zur Anwendung gelangen.

4. Organstreit und Bund-Länder-Streit. Im Lissabon-Urteil betont das BVerfG seine 22 Ultra-vires- und Identitäts-Kontrollkompetenz hinsichtlich der Rechtsakte der europäischen Organe und Einrichtungen. Es erwähnt als mögliche Verfahrensarten die Normenkontrolle (Art. 93 Abs. 1 Nr. 2 GG und Art. 100 Abs. 1 GG), die Verfassungsbeschwerde (Art. 93 Abs. 1 Nr. 4a GG), aber auch den Organstreit (Art. 93 Abs. 1 Nr. 1 GG) und den Bund-Länder-Streit (Art. 93 Abs. 1 Nr. 3 GG).[77] In welchen Konstellationen eine verfassungsgerichtliche Überprüfung von Unionsrechtsakten im Wege des Organstreits oder des Bund-Länder-Streits denkbar sein könnte, lässt das Urteil unbeantwortet. Im Organstreitverfahren sind nur oberste Bundesorgane und deren mit eigenen Rechten ausgestattete Organteile parteifähig.[78] Im Bund-Länder-Streit treten nur die Bundesregierung für den Bund und die Landesregierungen für die Länder als Partei auf.[79] Insofern können supranationale Rechtsakte nicht unmittelbar Verfahrensgegenstand sein, da die rechtsetzenden Unionsorgane nicht parteifähig sind. Gegenstand können lediglich rechtserhebliche Maßnahmen oder Unterlassungen des nationalen Verfassungsrechts sein, die im Zusammenhang mit Unionsrechtsakten stehen; so bspw. die Mitwirkungsrechte nach Art. 23 GG sowie Fragen der nationalen Verantwortlichkeit und Haftung aufgrund supranationaler Rechtspflichten der Bundesrepublik Deutschland.[80] In einer aktuellen Entscheidung zum Umfang der Unterrichtungspflicht der Bundesregierung gegenüber dem Bundestag stellt das BVerfG in diesem Zusammenhang klar, dass die auswärtige Gewalt der Bundesregierung für Angelegenheiten der Europäischen Union der parlamentarischen Kontrolle offen stehen müsse.[81] Denn um den Kompetenzverlust des Parlaments ausgleichen oder wenigstens minimieren zu können, habe eine „stärkere Einbindung [...] in den Integrationsprozess"[82] „durch weitreichende Informations- und Mitwirkungsrechte"[83] zu erfolgen. Mithin statuiert Art. 23 Abs. 2 S. 2 GG zugunsten des Bundestages wie auch des Bundesrates „einen grundsätzlich umfassenden Unterrichtungsanspruch des Deutschen Bundestages", welcher im Wege des Organstreitverfahrens durchgesetzt werden kann.[84]

5. Einrichtung eines Kompetenzgerichtshofs. Vor dem Hintergrund des sog. PSPP- 23 Urteils des Bundesverfassungsgerichts[85] zum Staatsanleihenkaufprogramm der EZB wurde vermehrt die Schaffung eines Kompetenzgerichtshofs angeregt, dem die Überprüfung von Akten der Union auf mögliche Kompetenzüberschreitungen obliegen soll.[86] Vorgeschlagen wurde unter anderem die Einrichtung eines gemischten Spruchkörpers aus Richtern des EuGH und nationaler Verfassungs- bzw. Höchstgerichte, der – dem Vorabentscheidungsverfahren ähnelnden – in Fällen etwaiger Kompetenzüberschreitungen über die Einhaltung von Zuständigkeitsgrenzen wacht.[87] Gegen ein solches Gericht wird eingewandt, dass ihm

---

[76] Hofmann/Heger EuGRZ 2021, 1 (9); Scheffczyk NVwZ 2020, 977 (981).
[77] BVerfG 30.6.2009 – 2 BvE 2/08 ua, NJW 2009, 2267 (2273) – Lissabon.
[78] Bethge in Schmidt-Bleibtreu/Klein/Bethge, BVerfGG, Stand: Januar 2022, § 63 Rn. 23 ff.
[79] Schorkopf in Burkiczak/Schorkopf/Dollinger BVerfGG §§ 68, 69 Rn. 13 ff.
[80] So auch die Konstellation im Organstreit BVerfG 28.2.2012 – 2 BvE 8/11, NVwZ 2012, 495 Rn. 105 – Beteiligungsrechte des BT/EFSF; vgl. ferner Bethge in Schmidt-Bleibtreu/Klein/Bethge, BVerfGG, Stand: Januar 2022, BVerfGG § 64 Rn. 40 ff., § 69 Rn. 51 ff.; Wolff DÖV 2010, 49 (55 f.).
[81] BVerfG 26.10.2022 – 2 BvE 3/15, 2 BvE 7/15, NVwZ 2023, 54 Rn. 67.
[82] BVerfG 26.10.2022 – 2 BvE 3/15, 2 BvE 7/15, NVwZ 2023, 54 Rn. 71.
[83] BVerfG 26.10.2022 – 2 BvE 3/15, 2 BvE 7/15, NVwZ 2023, 54 Rn. 72.
[84] BVerfG 26.10.2022 – 2 BvE 3/15, 2 BvE 7/15, NVwZ 2023, 54 Rn. 64.
[85] BVerfG 5.5.2020 – 2 BvR 859/15, NJW 2020, 1647 – PSPP.
[86] Krings ZRP 2020, 160 (161); Grimm ZRP 2020, 129 (129).
[87] Krings ZRP 2020, 160 (161).

ein strukturelles Übergewicht zu Gunsten der EU-Seite immanent wäre.[88] Problematisch wird auch die Neutralität eines solchen Gerichts beurteilt, wenn die Hälfte der Richter dem EuGH angehören soll.[89] Ein Kompetenzgerichtshof könnte allerdings zu einer höheren, wechselseitigen Akzeptanz von getroffenen Entscheidungen in Kompetenzfragen führen.[90] Er könnte außerdem einem potenziellen Missbrauch der Ultra-vires-Kontrolle durch nationale Verfassungsgerichte vorbeugen.

II. Mittelbare Kontrolle von Unionsrechtsakten und vergleichbaren völkerrechtlichen Bindungen im Zusammenhang mit der Europäischen Union

24 Kommt das Unionsrecht nicht als tauglicher Prüfungsgegenstand eines verfassungsgerichtlichen Kontrollverfahrens in Betracht, müssen andere prozessuale Wege gefunden werden. So eröffnet der sich aus der Integrationsermächtigung ergebende Verfassungsvorbehalt gegenüber dem Unionsrecht eine mittelbare verfassungsgerichtliche Kontrolle anhand der nationalen Zustimmungsgesetze. Ferner wurden die parlamentarischen Beteiligungsrechte im Zusammenhang mit der Europäischen Union durch formelle Begleitgesetze näher ausgestaltet. Auch diese nationale Begleitgesetzgebung ist ein möglicher Anknüpfungspunkt für die verfassungsgerichtliche Kontrolle.

25 **1. Nationale Gesetzgebung als Anknüpfungspunkt der verfassungsgerichtlichen Kontrolle.** Neben den eigentlichen Zustimmungsgesetzen im engeren Sinne können auch sonstige nationale Gesetze Gegenstand eines verfassungsgerichtlichen Verfahrens sein, wenn deren Regelungszusammenhang in einem unmittelbaren Näheverhältnis zur Europäischen Union und deren Institutionen steht.

26 **a) Zustimmungsgesetze.** Die Teilnahme der Bundesrepublik Deutschland an der Europäischen Union beruht auf der Integrationsermächtigung (Art. 23 Abs. 1 GG; vormals Art. 24 Abs. 1 GG aF). Die Pflicht nationaler Instanzen, das autonome Unionsrecht anzuwenden, resultiert aus dem nationalen Zustimmungsgesetz. Dieses erteilt den insoweit maßgeblichen Anwendungsbefehl[91] für die grundsätzlich eigenständige Unionsrechtsordnung.[92] Die **verfassungsgerichtliche Kontrolle** kann sich auf diesen **nationalen Rechtsanwendungsbefehl** beziehen.[93] Gemäß einer verbreiteten Auffassung, der das BVerfG nun seit seinem Lissabon-Urteil ohne Auseinandersetzung mit seiner bisherigen Rechtsprechung gefolgt ist,[94] vollzieht sich die verfassungsgerichtliche Kontrolle des Unionsrechtsakts daher mittelbar über die Überprüfung der Verfassungskonformität des Zustimmungsgesetzes.[95] Diese Anknüpfung an das Zustimmungsgesetz ist regelmäßig nicht nur bei Unionsrechtsakten im engeren Sinn geboten, sondern auch in sonstigen Angelegenheiten der Europäischen Union (vgl. → Rn. 40).[96]

---

[88] Grimm ZRP 2020, 129 (129); vgl. zu den damit verbundenen organisatorischen Schwierigkeiten auch Classen EuR 2023, 4 (23).
[89] Grimm ZRP 2020, 129 (129); kritisch zum Vorschlag einer gemischt zusammengesetzten Kompetenzkammer auch: Ludwigs EWS 2020, 186 (191); Calliess NJW 2021, 2845 (2850).
[90] Vgl. Krings ZRP 2020, 160 (161); dies bezweifelnd: Lang Der Staat 2021, 99 (125).
[91] BVerfG 22.10.1986 – 2 BvR 197/83, BVerfGE 73, 339 (375) = NJW 1987, 577 – Solange II; BVerfG 30.6.2009 – 2 BvE 2/08 ua, NJW 2009, 2267 (2285) – Lissabon.
[92] Dies nun ausdrücklich anerkennend BVerfG 6.7.2010 – 2 BvR 661/06, NJW 2010, 3422 (3423) – Honeywell.
[93] Vgl. Dollinger in Burkiczak/Schorkopf/Dollinger BVerfGG § 80 Rn. 52; Gerken/Rieble/Roth/Stein/Streinz, „Mangold" als ausbrechender Rechtsakt, 2009, 42; Grimm Der Staat 2009, 474 (476, 478).
[94] BVerfG 30.6.2009 – 2 BvE 2/08 ua, BVerfGE 123, 267 (329) – Lissabon (insoweit nicht in NJW 2009, 2267 abgedr.); BVerfG 12.9.2012 – 2 BvE 6/12 ua, NJW 2012, 3145 Rn. 209 – ESM/Fiskalpakt.
[95] Vgl. Dollinger in Burkiczak/Schorkopf/Dollinger BVerfGG § 80 Rn. 52; Gerken/Rieble/Roth/Stein/Sauer, „Mangold" als ausbrechender Rechtsakt, 2009, 42; Jurisdiktionskonflikte in Mehrebenensystemen, 2008, 191 f.; Lecheler JuS 2001, 120 (122); Streinz ZfP 2009, 467 (471); Isensee ZRP 2010, 33 (34 f.); Nettesheim JZ 2014, 585 (587).
[96] BVerfG 19.6.2012 – 2 BvE 4/11, NVwZ 2012, 954 (958) – ESM/Euro-Plus-Pakt; BVerfG 12.9.2012 – 2 BvE 6/12 ua, NJW 2012, 3145 Rn. 231 – ESM/Fiskalpakt.

Zu beachten ist allerdings, dass das Zustimmungsgesetz erst ab dem **Zeitpunkt der** 27
Verabschiedung einen geeigneten Beschwerdegegenstand darstellen kann. Ein Vorgehen gegen künftig beabsichtigte Zustimmungsgesetze ist mithin unzulässig.[97] Allerdings nahm das BVerfG im Fall der umstrittenen vorläufigen Anwendung des Freihandelsabkommens zwischen der Europäischen Union und Kannada (CETA) an, dass auch schon die Zustimmung, dh der **Mitwirkungsakt** des deutschen Vertreters im Rat der Europäischen Union zum Beschluss über die vorläufige Anwendung des Abkommens, ein geeigneter Beschwerdegegenstand sein kann.[98] Denn schon diese Zustimmungshandlung könne „Risiken für die Einhaltung des Integrationsprogramms und die Wahrung der Verfassungsidentität" begründen und hierdurch möglicherweise die Wahlberechtigten „in ihrem Recht auf demokratische Selbstbestimmung aus Art. 38 Abs. 1 S. 1 iVm Art. 79 Abs. 3 GG" verletzen (vgl. → Rn. 135).[99]

Schließlich ist auch das **Fehlen eines Zustimmungsgesetzes** gem. Art. 23 Abs. 1 S. 2 28
GG ein rügefähiger Verfahrensgegenstand.[100] Unterlässt es die Bundesregierung eine nach Art. 23 Abs. 1 S. 2 GG erforderliche parlamentarische Ermächtigung einzuholen, ist regelmäßig der Kern der Verfassungsidentität parlamentarischer Demokratie (Art. 23 Abs. 1 S. 3 GG iVm Art. 79 Abs. 3 GG) berührt.

b) Begleitgesetzgebung. Zulässiger Verfahrensgegenstand ist neben den jeweiligen Zu- 29
stimmungsgesetzen auch die sog. Begleitgesetzgebung, wenn ein enger Sachzusammenhang mit der zugleich angegriffenen völkerrechtlichen Vereinbarung besteht.[101] Das ist namentlich dann anzunehmen, wenn das Gesetz die von Verfassungs wegen grundsätzlich gebotene **parlamentarische Rückanbindung** der völkerrechtlich vereinbarten Maßnahme sicherstellen soll und eine getrennte Betrachtung des Zustimmungsgesetzes und der Begleitgesetzgebung ebenso eine künstliche Aufspaltung eines einheitlichen Sachverhalts darstellte wie ihre Unterwerfung unter unterschiedliche Maßstäbe.[102] Es handelt sich dabei um Gesetze, die im zeitlichen Zusammenhang mit und unter inhaltlichem Bezug auf ein Zustimmungsgesetz zu einem völkerrechtlichen Vertrag beschlossen werden.[103] Durch die Begleitgesetzgebung werden insbes. die **verfassungsrechtlich gebotenen Beteiligungsrechte** der gesetzgebenden Körperschaften am europäischen Integrationsprozess im nationalen Recht auf der Ebene des einfachen Gesetzes abgebildet und konkretisiert.[104] Entsprechende allgemeine Regelungen finden sich im Gesetz über die Wahrnehmung der Integrationsverantwortung des Bundestages und des Bundesrates in Angelegenheiten der Europäischen Union (Integrationsverantwortungsgesetz – IntVG),[105] im Gesetz über die Zusammenarbeit von Bundesregierung und Deutschem Bundestag in Angelegenheiten der Europäischen Union (EUZBBG)[106] und im Gesetz über die Zusammenarbeit von Bund und Ländern in Angelegenheiten der Europäischen Union (EUZBLG).[107] Eine solche Begleitgesetzgebung kann auch den Abschluss oder den Vollzug völkerrechtlicher Verträge betreffen, die in einem unmittelbaren Näheverhältnis zur Europäischen Union und deren Institutionen stehen, ohne unmittelbar die Grundlagen der Union zu berühren.[108]

---

[97] So zum Ganzen BVerfG 9.2.2022 – 2 BvR 1368/16 ua, NVwZ 2022, 541 Rn. 155 – CETA.
[98] BVerfG 9.2.2022 – 2 BvR 1368/16 ua, NVwZ 2022, 541 Rn. 137 – CETA.
[99] BVerfG 9.2.2022 – 2 BvR 1368/16 ua, NVwZ 2022, 541 Rn. 147 – CETA.
[100] Hierfür auch Ketterer BayVBl. 2012, 84 (85).
[101] BVerfG 30.6.2009 – 2 BvE 2/08 ua, BVerfGE 123, 267 (329, 335) – Lissabon (insoweit nicht in NJW 2009, 2267 abgedr.).
[102] BVerfG 12.9.2012 – 2 BvE 6/12 ua, NJW 2012, 3145 f. Rn. 193, 209, 282 – ESM/Fiskalpakt.
[103] Ähnlich Schröder DÖV 2010, 303 f.
[104] BVerfG 30.6.2009 – 2 BvE 2/08 ua, NJW 2009, 2267 (2294) – Lissabon; BVerfG 12.9.2012 – 2 BvE 6/12 ua, NJW 2012, 3145 Rn. 282, 284 – ESM/Fiskalpakt.
[105] Vom 22.9.2009 (BGBl. 2009 I 3022), das durch Art. 1 des Gesetzes v. 1.12.2009 (BGBl. 2009 I 3822) geändert worden ist.
[106] Vom 4.7.2013 (BGBl. I 2170).
[107] Vom 12.3.1993 (BGBl. 1993 I 313), das zuletzt durch Art. 1 des Gesetzes v. 22.9.2009 (BGBl. 2009 I 3031) geändert worden ist.
[108] BVerfG 12.9.2012 – 2 BvE 6/12 ua, NJW 2012, 3145 Rn. 193, 209 – ESM/Fiskalpakt.

30 **c) Flankierungsgesetzgebung.** Denkbarer Gegenstand sind auch andere Gesetze (wie haushaltspolitische Ermächtigungen), die im unmittelbaren Zusammenhang zu Verpflichtungen stehen, die auf supranationaler oder völkerrechtlicher Ebene zu erfüllen sind, und die Handlungsfähigkeit der entsprechenden supranationalen Institutionen gewährleisten.[109] Insbesondere können **haushaltsrechtliche Ermächtigungen, mit denen supranationale oder völkervertragliche Verpflichtungen umgesetzt und flankiert** werden sollen und die im Einzelfall eine Fesselung des Haushaltsgesetzgebers bewirken und zu einer massiven Beeinträchtigung der Haushaltsautonomie führen können, Anknüpfungspunkt für die mittelbare verfassungsgerichtliche Überprüfung sein.[110]

31 **2. Mittelbare Kontrolle von Rechtsakten im Zusammenhang mit der Europäischen Union.** Gewisse Unsicherheiten bestehen allerdings in der Frage, ob nur das primäre oder auch das sekundäre Unionsrecht und sonstige Unionsrechtsakte auf diesem Wege einer verfassungsgerichtlichen Kontrolle unterworfen werden können. Eine Kontrolle kommt ferner für Rechtsakte in Betracht, die im Zusammenhang mit der Europäischen Union stehen, ohne dem Unionsrecht im engeren Sinn unmittelbar unterworfen zu sein.

32 **a) Primäres Unionsrecht.** Ebenso wie schon unter der Geltung der vormaligen Integrationsermächtigung des Art. 24 Abs. 1 GG a. F. bedarf es nach Art. 23 Abs. 1 S. 2 GG für die Übertragung von Hoheitsrechten eines Bundesgesetzes, das als Akt deutscher Hoheitsgewalt der verfassungsgerichtlichen Prüfung zugänglich ist. Dabei bildet die **Zustimmungs-, Begleit- oder Flankierungsgesetzgebung** als Norm des deutschen Rechts lediglich formal den Prüfungsgegenstand. Es bezieht seinen Inhalt aus den von ihm in Bezug genommenen Vorschriften des Primärrechts, denen es die Zustimmung erteilt.[111] Die vom BVerfG zu beantwortende Frage lautet daher, ob der entsprechende nationale Rechtsakt die ihm verfassungsrechtlich gezogenen Schranken der Integrationsermächtigung überschreitet, indem es einer bestimmten unionsrechtlichen Regelung infolge seines Anwendungsbefehls zur innerstaatlichen Geltung und Anwendbarkeit verhilft[112] oder national die erforderlichen Rechtswirkungen erzeugt oder flankiert. So war auch der Verfahrensgegenstand des Lissabon-Urteils ausdrücklich das Zustimmungsgesetz zum Vertrag von Lissabon,[113] wohingegen in der Griechenland-Hilfe-Entscheidung die verfassungsrechtliche Prüfung an die Flankierungsgesetzgebung knüpfte[114].

33 Einer auf diesem Wege zu bewirkenden (mittelbaren) Überprüfung des primären Unionsrechts kann nicht entgegnet werden, sie wäre „schlechthin irreal", weil keine ernsthaften Zweifel an der Verfassungsmäßigkeit der Zustimmungsgesetze bestünden.[115] Ergibt sich für primärrechtliche Vorschriften, dass sie tatsächlich als Vertragserweiterung oder Vertragsänderung wirken, ohne dass den formellen und materiellen Voraussetzungen des Art. 23 Abs. 1 GG genügt wurde, ist das BVerfG berechtigt, über die Verfassungskonformität zu entscheiden.[116]

---

[109] Vgl. BVerfG 7.9.2011 – 2 BvR 987/10 ua, NJW 2011, 2946 ff. – Griechenland-Hilfe; hierzu Ketterer BayVBl. 2012, 84.
[110] Vgl. BVerfG 7.9.2011 – 2 BvR 987/10 ua, NJW 2011, 2946 Rn. 103 – Griechenland-Hilfe; Ruffert EuR 2011, 842 (845).
[111] Hillgruber in Schmidt-Bleibtreu/Hofmann/Henneke GG Art. 24 Rn. 5; Sauer, Jurisdiktionskonflikte in Mehrebenensystemen, 2008, 192.
[112] Moench/Sander in Rengeling, Handbuch zum europäischen und deutschen Umweltrecht, Bd. I, 2. Aufl. 2003, § 46 Rn. 29; Ohler AöR 135 (2010), 153 (163 ff.); Grimm Der Staat 2009, 475 (480 ff.).
[113] Vgl. BVerfG 30.6.2009 – 2 BvE 2/08 ua, NJW 2009, 2267 ff. – Lissabon.
[114] Vgl. BVerfG 7.9.2011 – 2 BvR 987/10 ua, NJW 2011, 2946 ff. – Griechenland-Hilfe; hierzu Ketterer BayVBl. 2012, 84.
[115] So aber Ipsen EurGemeinschaftsR S. 290.
[116] Scholz in Dürig/Herzog/Scholz GG Art. 23 Rn. 41.

b) Sekundäres Unionsrecht. Neben dem Primärrecht können auch sekundäre Unionsrechtsakte in die **verfassungsgerichtliche Kontrolle der Zustimmungs- oder Flankierungsgesetze** einbezogen werden.[117]

Hiergegen lässt sich nicht einwenden, die Zustimmungs- oder Flankierungsgesetze bezögen sich einzig auf die zur Zeit ihres Erlasses bestehenden primärrechtlichen Bestimmungen, nicht hingegen auf die hierauf gestützten, nicht vorhersehbaren Akte des Sekundärrechts.[118] Die zeitliche Distanz zwischen der Verabschiedung des Zustimmungs- oder Flankierungsgesetzes und dem Erlass des jeweiligen Sekundärrechtsaktes ändert nichts daran, dass seine innerstaatliche Geltung auf dem nationalen Rechtsanwendungsbefehl beruht.[119] Ebenso wenig kann die deutsche Staatsgewalt im Falle des Widerspruchs zwischen sekundärem Unionsrecht und unverzichtbaren Essentialia der geltenden Verfassungsordnung durch eine entsprechende Interpretation der Kollisionsregel Abhilfe schaffen.[120] Denn es existiert keine allgemeine Kollisionsregel des Inhalts, dass Unionsrecht zwar nationalem Recht vorgehe, nicht aber den elementaren Grundsätzen – etwa gem. Art. 79 Abs. 3 GG – der geltenden Verfassungsordnung.

Vielmehr muss das Sekundärrecht in die Kontrolle der Zustimmungs- oder Flankierungsgesetze einbezogen werden. Maßgeblich ist also der sich auf das Sekundärrecht beziehende nationale normative Rechtsanwendungsbefehl. Ein sekundärrechtlich bedingter Verfassungsverstoß kann insoweit die (Teil-)Unwirksamkeit des im Zustimmungsgesetz gelegenen Anwendungsbefehls zur Folge haben. Entsprechendes muss für die Flankierungsgesetzgebung gelten, die keinen im Widerspruch zu Art. 23 Abs. 1 GG stehenden Sekundärrechtsakten zur Umsetzung verhelfen oder diese flankieren kann. Das Zustimmungs- oder Flankierungsgesetz selbst ist ein nationales, nachkonstitutionelles Gesetz, dessen Kontrolle gem. Art. 100 Abs. 1 GG in die ausschließliche Zuständigkeit des BVerfG fällt.[121] Wird ein Verfassungsverstoß von dem zur Entscheidung berufenen Fachgericht angenommen, ist es verpflichtet, dem BVerfG die Frage nach der Verfassungskonformität des im Zustimmungsgesetz enthaltenen Rechtsanwendungsbefehls oder sonstiger flankierender Gesetze zu unterbreiten.[122]

Bei der verfassungsgerichtlichen Kontrolle des Sekundärrechts untersucht das BVerfG, ob das **Zustimmungsgesetz** gegen die der Integrationsermächtigung durch Art. 23 Abs. 1 GG gesetzten Grenzen verstößt. Es ist verfassungswidrig, soweit auf der Grundlage der Rechtsetzungsermächtigung ein Sekundärrechtsakt erlassen wird, der seinerseits den verfassungsrechtlichen Anforderungen widerspricht.[123] Bestätigt sich im Rahmen dieser Prüfung ein Verfassungsverstoß, führt dies nicht zur Gesamtnichtigkeit des Zustimmungsgesetzes; vielmehr erfasst der Rechtsanwendungsbefehl des Zustimmungsgesetzes nicht den verfassungswidrigen, sondern lediglich den verfassungsgemäßen Teil des Unionsrechtsaktes.[124] Soweit von der Ermächtigungswirkung des Zustimmungsgesetzes in verfassungswidriger Weise Gebrauch gemacht wurde, entfällt der Anwendungsvorrang des Unionsrechts und dieses ist auf nationaler Ebene unanwendbar.[125]

---

[117] Hierfür auch Maidowsky JuS 1988, 114 (118); Streinz, Bundesverfassungsgerichtlicher Grundrechtsschutz und Europäisches Gemeinschaftsrecht, 1989, 160 ff.; Sauer, Jurisdiktionskonflikte in Mehrebenensystemen, 2008, 191 f.; Lecheler JuS 2001, 120 (122); Streinz ZfP 2009, 467 (471); Isensee ZRP 2010, 33 (34 f.).
[118] Ehle NJW 1964, 321 (325); ähnlich Ress/Ukrow EuZW 1990, 499 (505).
[119] Vgl. BVerfG 30.6.2009 – 2 BvE 2/08 ua, NJW 2009, 2267 (2285) – Lissabon; Grimm Der Staat 48 (2009), 474 (476, 478).
[120] Zuleeg, Das Recht der Europäischen Gemeinschaften im innerstaatlichen Bereich, 1969, S. 167 f.
[121] BVerfG 30.6.2009 – 2 BvE 2/08 ua, NJW 2009, 2267 (2273) – Lissabon; Classen JZ 2009, 881 (888); zweifelnd Gärditz/Hillgruber JZ 2009, 872 (873, 877).
[122] Vgl. Streinz, Bundesverfassungsgerichtlicher Grundrechtsschutz und Europäisches Gemeinschaftsrecht, 1989, 163; Bergmann/Karpenstein ZEuS 2009, 529 (534).
[123] Vgl. Maidowsky JuS 1988, 114 (118).
[124] Vgl. BVerfG 5.7.1967 – 2 BvL 29/63, BVerfGE 22, 134 (152); Hilf EuGRZ 1987, 1 (5); Maidowsky JuS 1988, 114 (118); Streinz, Bundesverfassungsgerichtlicher Grundrechtsschutz und Europäisches Gemeinschaftsrecht, 1989, 164 ff.
[125] Vgl. BVerfG 30.6.2009 – 2 BvE 2/08 ua, NJW 2009, 2267 (2272, 2284 f.) – Lissabon; Voßkuhle NVwZ 2010, 1 (6); krit. Frenz EWS 2010, 401 (402), der nicht den Anwendungsvorrang, sondern die Ver-

38 In vergleichbarer Weise ist eine nationale **Flankierungsgesetzgebung** darauf zu überprüfen, ob die verfassungsrechtlichen Anforderungen des Art. 23 Abs. 1 GG durch den jeweiligen Sekundärrechtsakt eingehalten werden. Ein nationales Gesetz darf schließlich nur die Umsetzung solcher Sekundärrechtsakte flankieren und deren Durchführung ermöglichen, wenn die innerstaatlichen verfassungsrechtlichen Grenzen gewahrt sind.

39 **c) Sonstige Unionsrechtsakte.** Dieselben Prinzipien gelten auch für die übrigen Rechtsakte supranationaler Einrichtungen und Institutionen. Ausgangspunkt sind die dem jeweiligen supranationalen Organ oder der jeweiligen zwischenstaatlichen Einrichtung vertraglich übertragenen Aufgaben und Befugnisse. Denn der Anwendungsvorrang der Rechtsakte bleibt auf nationaler Ebene von der Reichweite und dem Fortbestand der vertraglichen Übertragung und Ermächtigung durch das Zustimmungsgesetz abhängig. „Das BVerfG ist deshalb berechtigt und verpflichtet, Handlungen der europäischen Organe und Einrichtungen darauf zu überprüfen, ob sie auf Grund ersichtlicher Kompetenzüberschreitungen oder auf Grund von Kompetenzausübungen im nicht übertragbaren Bereich der Verfassungsidentität (Art. 79 Abs. 3 GG iVm Art. 1, 20 GG) erfolgen, und ggf. die Unanwendbarkeit kompetenzüberschreitender Handlungen für die deutsche Rechtsordnung festzustellen."[126] Hierbei wird geprüft, ob „eine das Prinzip der begrenzten Einzelermächtigung in offensichtlicher und strukturwirksamer Weise verletzende Überschreitung der durch Zustimmungsgesetz auf die Europäische Union übertragenen Hoheitsrechte"[127] vorliegt. Diese Grundsätze hat das BVerfG in seinem Honeywell-Beschluss explizit bei der Überprüfung einer möglichen Kompetenzüberschreitung bei der Rechtsfortbildung durch den EuGH zugrunde gelegt.[128] Die verfassungsrechtliche Überprüfung kann ferner an die nationale Begleit- oder Flankierungsgesetzgebung anknüpfen, welche die Umsetzbarkeit und die Handlungsfähigkeit der Union ermöglicht oder gewährleistet.[129]

40 **d) Sonstige Angelegenheiten der Europäischen Union.** Diese Grundsätze sind nicht nur für die Mitwirkung an supranationalen Einrichtungen (der EU) und Unionsrechtsakten im engeren Sinne[130] – also Vertragsänderungen, Änderungen des Primärrechts und Rechtsakte der Europäischen Union – anzuwenden, sondern auch für **„völkerrechtliches Ersatzunionsrecht"**[131] als „vergleichbare völkervertraglich eingegangene Bindungen, die im institutionellen Zusammenhang mit der supranationalen Union stehen".[132] Das Urteil zum ESM/Euro-Plus-Pakt präzisiert für die parlamentarischen Unterrichtungsrechte nach Art. 23 Abs. 2 S. 2 GG den Begriff „Angelegenheiten der Europäischen Union".[133] Angelegenheiten der EU liegen bereits vor, wenn „sie in einem Ergänzungs- oder sonstigen besonderen Näheverhältnis zum Recht der Europäischen Union stehen".[134] Mit dieser Erweiterung tritt das BVerfG Versuchen entgegen, durch eine Verlagerung von Entschei-

---

pflichtung der deutschen Organe, entsprechende Rechtsakte zu befolgen, unter verfassungsgerichtlichen Vorbehalt stellen will.

[126] BVerfG 6.7.2010 – 2 BvR 661/06, NJW 2010, 3422 (3423 f.) – Honeywell.
[127] BVerfG 6.7.2010 – 2 BvR 661/06, NJW 2010, 3422 (3425) – Honeywell.
[128] BVerfG 6.7.2010 – 2 BvR 661/06, NJW 2010, 3422 (3423 f.) – Honeywell; ähnlich BVerfG 7.9.2011 – 2 BvR 987/10 ua, NJW 2011, 2946 (2950 ff.) – Griechenland-Hilfe; hierfür bereits Steiner EuZA 2009, 140 (148 ff.); Ohler AöR 2010, 153 (169 ff.).
[129] Vgl. BVerfG 7.9.2011 – 2 BvR 987/10 ua, NJW 2011, 2946 ff. – Griechenland-Hilfe; BVerfG 12.9.2012 – 2 BvE 6/12 ua, NJW 2012, 3145 Rn. 209 – ESM/Fiskalpakt.
[130] BVerfG 12.10.1993 – 2 BvR 2134/92 va, DVBl 1993, 1254 (1255); BVerfG 30.6.2009 – 2 BvE 2/08 ua, BVerfGE 123, 267 (330, 361 f.) – Lissabon (insoweit nicht vollständig in NJW 2009, 2267 abgedr.).
[131] Zu diesem Begriff BVerfG 12.9.2012 – 2 BvE 6/12 ua, NJW 2012, 3145 Rn. 257 – ESM/Fiskalpakt, unter Verweis auf Lorz/Sauer DÖV 2012, 573 (575).
[132] BVerfG 7.9.2011 – 2 BvR 987/10 ua, NJW 2011, 2946 (2948 ff.) – Griechenland-Hilfe; vgl. zu dieser Klarstellung Ruffert EuR 2011, 842 (844); Ketterer BayVBl. 2012, 84; Fischer-Lescano/Oberndorfer NJW 2013, 9 (10 ff.).
[133] BVerfG 19.6.2012 – 2 BvE 4/11, NVwZ 2012, 954 Rn. 99 ff. – ESM/Euro-Plus-Pakt.
[134] BVerfG 19.6.2012 – 2 BvE 4/11, NVwZ 2012, 954 Rn. 100 ff. – ESM/Euro-Plus-Pakt; ähnlich auch der EuGH 27.11.2012 – C-370/12, NJW 2013, 29 ff. – Pringle.

dungen auf die völkerrechtliche Ebene der EU (außerhalb des ‚acquis communitaire'), diese der verfassungsgerichtlichen Identitäts- und Ultra-vires-Kontrolle zu entziehen.[135] Verfahrensgegenstand kann in diesem Zusammenhang neben dem **Zustimmungsgesetz,** das – wie eine haushaltspolitische Ermächtigung – erst die Handlungsfähigkeit einer Institution auf supranationaler Ebene begründet, auch die nationale **Begleit- und Flankierungsgesetzgebung** sein.[136]

3. Besondere Sachentscheidungsvoraussetzungen. a) Hinreichende Begründung. 41
Die Zulässigkeit eines Antrags auf verfassungsgerichtliche Überprüfung unterliegt teilweise besonderen Darlegungsanforderungen. Das BVerfG knüpft diese Voraussetzung nun ausdrücklich an die normativen Anforderungen des § 23 Abs. 1 S. 2 BVerfGG.[137]

aa) Gewährleistung des Grundrechtsschutzes auf Unionsebene. Das BVerfG betont 42 in der Solange II-Entscheidung, seine Gerichtsbarkeit über die Anwendung abgeleiteten Unionsrechts nicht mehr auszuüben, solange der EuGH einen wirksamen und dem Grundgesetz im Wesentlichen gleich zu achtenden Schutz der Grundrechte gegenüber der Hoheitsgewalt der Union generell gewährleistet.[138] Hieran anknüpfend werden Richtervorlagen im Bananenmarkt-Beschluss als von vornherein unzulässig qualifiziert, wenn nicht dargelegt wird, dass die europäische Rechtsentwicklung einschließlich der Rechtsprechung des EuGH nach Ergehen der Solange II-Entscheidung unter den erforderlichen **Grundrechtsstandard** abgesunken und der jeweils als unabdingbar gebotene Grundrechtsschutz generell nicht mehr gewährleistet ist.[139] Diese Grundsätze werden ferner im Lissabon-Urteil[140] und der Entscheidung zur Vorratsdatenspeicherung[141] bestätigt.[142] Das BVerfG hat damit für die von ihm für möglich gehaltene Prüfung sekundären Unionsrechts eine **besondere Zulässigkeitsvoraussetzung** kreiert, indem es aus der materiell-rechtlichen Feststellung eines hinreichenden Grundrechtsschutzes auf Unionsebene prozessuale Konsequenzen zieht.[143] Spätestens seit der Verbindlichkeit der Grundrechte-Charta gem. Art. 6 Abs. 1 S. 1 EUV dürfte eine relevante Unterschreitung des Grundrechtsstandards weitgehend hypothetisch sein.[144]

Eine uneingeschränkte Kontrollkompetenz – ohne besondere Zulässigkeitsvoraussetzung 43 – muss bestehen, wenn ein grundrechtlicher Schutzbereich tangiert ist, den das GG zwar gewährleistet, der jedoch auf Ebene des europäischen Grundrechtsschutzes keine Entsprechung findet.[145] Rechtliche Bedenken bestehen hinsichtlich der Gewährleistung des gesetzlichen Richters iSd Art. 101 Abs. 1 S. 2 GG durch den EuGH, da dieser keine eindeutige

---

[135] Ruffert EuR 2011, 842 (844); Calliess NVwZ 2013, 97 (98); Gröpl Der Staat 2013, 1 (10 f.); Nettesheim NJW 2013, 14 (14 f.); krit. Oppermann NJW 2013, 6 (7). Aus unionsrechtlicher Perspektive sind solche völkervertraglichen Vereinbarungen unter Mitgliedstaaten nur zulässig, wenn diese nicht im Widerspruch zu den Vorgaben des Unionsrechts stehen; hierzu Repasi EuR 2013, 45 ff.
[136] Vgl. BVerfG 7.9.2011 – 2 BvR 987/10 ua, NJW 2011, 2946 ff. – Griechenland-Hilfe; BVerfG 12.9.2012 – 2 BvE 6/12 ua, NJW 2012; 3145 Rn. 209 – ESM/Fiskalpakt.
[137] BVerfG 6.7.2010 – 2 BvR 661/06, NJW 2010, 3422 (3423) – Honeywell.
[138] BVerfG 22.10.1986 – 2 BvR 197/83, BVerfGE 73, 339 (376) = NJW 1987, 577 – Solange II.
[139] BVerfG 7.6.2000 – 2 BvL 1/97, NJW 2000, 3124 – Bananen; BVerfG 9.1.2001 – 1 BvR 1036/99, EuZW 2001, 255.
[140] BVerfG 30.6.2009 – 2 BvE 2/08 ua, BVerfGE 123, 267 (334 f.) – Lissabon (insoweit nicht in NJW 2009, 2267 abgedr.).
[141] BVerfG 2.3.2010 – 1 BvR 206/05 ua, NJW 2010, 833 (835) – Vorratsdatenspeicherung I.
[142] Vgl. auch BVerfG 13.3.2007 – 1 BvF 1/05, NVwZ 2007, 937 (938) – Emissionshandel I; BVerfG 14.5.2007 – 1 BvR 2036/05, NVwZ 2007, 942 (942) – Emissionshandel II; zu Maßnahmen des Europäischen Patentamtes: BVerfG 27.1.2010 – 2 BvR 2253/06, NVwZ 2010, 641 (642), und BVerfG 27.4.2010 – 2 BvR 1848/08, GRUR 2010, 1031 (1032); ferner BVerfG 19.7.2011 – 1 BvR 1916/09, NJW 2011, 3428 (3429).
[143] Für eine „negative Evidenzkontrolle" Nettesheim NJW 1995, 2083 (2084); für eine Prüfung auf einen „strukturellen Defekt" des unionsrechtlichen Grundrechtsschutzes Schlaich/Korioth, Das Bundesverfassungsgericht, 12. Aufl. 2021, Rn. 360b, 360c.
[144] Wendel EuZW 2012, 213 (214); Elicker/Heintz DVBl 2012, 141 (143); grundlegend zur Grundrechte-Charta Lenaerts EuR 2012, 3 ff.; Huber NJW 2011, 2385 ff.; Masing JZ 2015, 477 ff.
[145] Landau/Trésoret DVBl 2012, 1329 (1337); ähnlich Kirchhof NJW 2011, 3681 (3682).

und verbindliche Zuständigkeitszuweisung durch einen Geschäftsverteilungsplan kennt, wie ihn das BVerfG für deutsche Gerichte fordert.[146] Allerdings existieren mittlerweile klare, von der Rechtsprechung entwickelte Fallgruppen, bei deren Vorliegen eine Vorlage an den EuGH zu erfolgen hat.[147]

44 bb) Identitätsverletzende oder kompetenzüberschreitende Rechtsakte. Inwieweit im Bereich der identitätsverletzenden oder kompetenzüberschreitenden Rechtsakte vergleichbar hohe Anforderungen bestehen, ist noch nicht abschließend geklärt. Das BVerfG hat in seinem Honeywell-Beschluss[148] und anschließend in seinem Griechenland-Hilfe-Urteil[149] ausgeführt, dass die Begründungspflicht nach § 23 Abs. 1 S. 2 BVerfGG jedenfalls gebietet, ausreichend substantiiert darzulegen, warum ein Unionsrechtsakt die Grenzen der Unionskompetenzen missachtet oder in den Identitätskern parlamentarischer Kompetenzen eingreift. Neben Unionsrechtsakten kommen auch vergleichbare, völkervertraglich eingegangene Verbindungen und sonstige Angelegenheiten der Europäischen Union, die im institutionellen Zusammenhang mit der supranationalen Union stehen, als Anknüpfungspunkt in Betracht.[150] Die Begründung muss sich mit der Rechtsprechung des BVerfG zur Kompetenzkontrolle auseinandersetzen. Soweit die Einzelheiten der Maßstäbe noch nicht verfassungsgerichtlich präzisiert sind, müssen sich die Darlegungen zumindest mit den jeweiligen Anmerkungen in der Literatur auseinandersetzen.[151]

45 Eine weitere Konkretisierung der Begründungsanforderungen ist im Honeywell-Beschluss nur teilweise erfolgt. So ist darzulegen, dass die Kompetenzüberschreitung oder die Identitätsverletzung durch den Unionsrechtsakt **„hinreichend qualifiziert"** ist.[152] Es ist darzutun, „dass das kompetenzwidrige Handeln der Unionsgewalt offensichtlich ist und der angegriffene Akt im Kompetenzgefüge zwischen Mitgliedstaaten und Union im Hinblick auf das Prinzip der begrenzten Einzelermächtigung und die rechtsstaatliche Gesetzesbindung erheblich ins Gewicht fällt."[153] Die Substantiierung des Vorbringens dürfte geringfügig weniger strengen Anforderungen unterliegen als bei einer möglichen Verletzung nationaler Grundrechte durch europäische Rechtsakte. Denn im Gegensatz zum Grundrechtsschutz geht das BVerfG nicht nur von einer rein theoretischen „Reservekompetenz" aus, sondern behält sich konkret vor, „ausnahmsweise"[154] und unter „besonderen, engen Voraussetzungen"[155] Unionsrechtsakte in Deutschland für unanwendbar zu erklären.

46 Soll die im Maastricht-Urteil aufgestellte Prämisse vom Kooperationsverhältnis zwischen EuGH und BVerfG[156] Bestand haben, kann es sich hierbei auch nur um eine strukturelle Reservekompetenz handeln, die dem Solange II-Vorbehalt zumindest anzunähern ist.[157] Nur eine solche Auffassung genügt den Anforderungen des Grundsatzes der loyalen Zusammenarbeit zwischen der Union und den Mitgliedstaaten nach Art. 4 Abs. 3 EUV. Dies bedeutet eine **besondere Zulässigkeitsvoraussetzung.** Das BVerfG nimmt seine Reservekompetenz für die Identitäts- und Kompetenzkontrolle also nicht wahr, solange durch die Unionsorgane einschließlich des EuGH die – nach dem Prinzip der begrenzten Einzel-

---

[146] Vgl. hierzu Selder ZRP 2011, 164.
[147] Vgl. hierzu etwa: BVerfG 14.1.2021 – 1 BvR 2853/19, NJW 2021, 1005 (1006); BVerfG 19.12.2017 – 2 BvR 424/17, NJW 2018, 686 (687).
[148] BVerfG 6.7.2010 – 2 BvR 661/06, NJW 2010, 3422 (3423) – Honeywell.
[149] BVerfG 7.9.2011 – 2 BvR 987/10 ua, NJW 2011, 2946 (2947 ff.) – Griechenland-Hilfe.
[150] BVerfG 7.9.2011 – 2 BvR 987/10 ua, NJW 2011, 2946 (2948) – Griechenland-Hilfe; BVerfG 19.6.2012 – 2 BvE 4/11, NVwZ 2012, 954 Rn. 100 ff. – ESM/Euro-Plus-Pakt.
[151] So wohl BVerfG 6.7.2010 – 2 BvR 661/06, NJW 2010, 3422 (3423) – Honeywell.
[152] BVerfG 6.7.2010 – 2 BvR 661/06, NJW 2010, 3422 (3424) – Honeywell.
[153] BVerfG 6.7.2010 – 2 BvR 661/06, NJW 2010, 3422 (3424) – Honeywell.
[154] BVerfG 30.6.2009 – 2 BvE 2/08 ua, NJW 2009, 2267 (2285) – Lissabon.
[155] Vgl. BVerfG 30.6.20089 – 2 BvE 2/08 ua, NJW 2009, 2267 (2272, 2286) – Lissabon; BVerfG 6.7.2010 – 2 BvR 661/06, NJW 2010, 3422 (3425) – Honeywell.
[156] BVerfG 12.10.1993 – 2 BvR 2134/92 ua, NJW 1993, 3047 – Maastricht; ausdrücklich erneut BVerfG 6.7.2010 – 2 BvR 661/06, NJW 2010, 3422 (3424) – Honeywell.
[157] Ähnlich Nowak DVBl 2012, 861 (863).

ermächtigung übertragen und durch die Kompetenzausübungsschranke des Subsidiaritätsprinzips gem. Art. 5 EUV eingegrenzten – Unionskompetenzen gewahrt werden und keine **offensichtlichen und erheblichen Grenzüberschreitungen** erfolgen.[158] Ein bloßer Einzelfall kann genügen, wenn es sich um eine **strukturelle Verschiebung im Kompetenzgefüge** von existenzieller Tragweite handelt.[159] So wenn die haushaltspolitische Gesamtverantwortung auf die supranationale oder intergouvernmentale Ebene verlagert wurde und nicht mehr durch den Bundestag wahrgenommen werden kann.[160] Entsprechende Anträge sind künftig unzulässig, wenn nicht dargelegt wird, dass die europäische Rechtsentwicklung – einschließlich der Rechtsprechung des EuGH – nach Ergehen des Honeywell-Beschlusses unter den erforderlichen Standard der Wahrung der nationalen Kompetenzen und Identitäten fällt und die jeweils als unabdingbar gebotene Identitäts- und Kompetenzkontrolle generell nicht mehr gewährleistet ist oder eine strukturelle Verschiebung im Kompetenzgefüge vorliegt. Eine pauschale Behauptung, die Kontrolle der Subsidiarität erfolge durch den EuGH generell nicht hinreichend, genügt ohne Begründung eines strukturellen Defizits demgemäß nicht.[161]

b) Vorhergehende Auslegung der Unionsrechtsakte durch den EuGH. Die verfassungsgerichtliche Überprüfung der Zustimmungsgesetze unterscheidet sich von anderen verfassungsgerichtlichen Verfahren. Da die Zustimmungsgesetze nur den formalen Anknüpfungspunkt bilden, die materiell-rechtliche Überprüfung sich aber auf den Inhalt des Unionsrechts bezieht, zu dessen letztverbindlicher Auslegung allein der EuGH berufen ist, muss vor dem verfassungsgerichtlichen Verfahren regelmäßig eine **Vorbefassung durch den EuGH** erfolgen.[162] Ist diese noch nicht erfolgt, kommt im Einzelfall die Einleitung eines Vorabentscheidungsverfahrens nach Art. 267 Abs. 3 AEUV in Betracht. Die Voraussetzungen für die Vorbefassungspflicht des EuGH unterscheiden sich jedoch hinsichtlich des Vorbringens des nicht hinreichend gewährleisteten Grundrechtsschutzes einerseits und der kompetenzüberschreitenden oder identitätsverletzenden Rechtsakte andererseits.

47

aa) Gewährleistung des Grundrechtsschutzes auf Unionsebene. Soweit die Auslegung und Wirksamkeit des Unionsrechts in Frage steht, geht das BVerfG davon aus, dass im Rahmen des Kooperationsverhältnisses dem EuGH die **vorrangige Beurteilungskompetenz** zukommt. Das BVerfG überprüft potentielle, unionsrechtlich bedingte Rechtsverletzungen grundsätzlich nicht am Maßstab der Grundrechte des Grundgesetzes. Eine Entscheidung über die Unvereinbarkeit unionsrechtlicher Vorgaben mit den deutschen Grundrechten kommt überhaupt erst in Betracht, nachdem der EuGH eine Bewertung anhand der europäischen Grundrechte vorgenommen und die Vereinbarkeit festgestellt hat.[163] Die Fachgerichte sind daher verpflichtet, die Vereinbarkeit des zugrundeliegenden Unionsrechtsakts mit den Unionsgrundrechten zu prüfen. Im Zweifel müssen sie ein Vorabentscheidungsverfahren nach Art. 267 AEUV einleiten. Dies ist letztlich ein Gebot des effektiven Rechtsschutzes nach Art. 19 Abs. 4 GG und Ausprägung der Garantie des gesetzlichen Richters nach Art. 101 Abs. 1 S. 2 GG.[164] Erklärt daraufhin der EuGH

48

---

[158] BVerfG 5.5.20202 – 2 BvR 859/15, NJW 2020, 1647 (1648) – PSPP; ebenso Calliess, Die neue Europäische Union nach dem Vertrag von Lissabon, 2010, 266 f.; Ruffert DVBl 2009, 1197 (1205); Everling EuR 2010, 91 (101); dies verkennt Bäcker EuR 2011, 103 (117 ff.).
[159] Landau/Trésoret DVBl 2012, 1329 (1335); ausschließlich hierauf abstellend Sauer EuZW 2011, 94 (96 f.).
[160] BVerfG 12.9.2012 – 2 BvE 6/12 ua, NJW 2012, 3145 Rn. 196 – ESM/Fiskalpakt.
[161] BVerfG 5.5.2020 – 2 BvR 859/15, NJW 2020, 1648; Ruffert DVBl 2009, 1197 (1205); Bergmann/Karpenstein ZEuS 2009, 529 (534); Sauer ZRP 2009, 195 (196); Shirvani JZ 2010, 753 (758 f.).
[162] So auch Streinz in Isensee/Kirchhof HStR § 218 Rn. 82.
[163] BVerfG 2.3.2010 – 1 BvR 256/08 ua, NJW 2010, 833 (835) – Vorratsdatenspeicherung I; BVerfG 19.7.2011 – 1 BvR 1916/09, NJW 2011, 3428 (3433); Benda/Klein, Verfassungsprozessrecht, Rn. 95; Kirchhof NJW 2011, 3681 (3684 f.).
[164] BVerfG 13.3.2007 – 1 BvF 1/05, BVerfGE 118, 79 (97) = NVwZ 2007, 937 (938 f.). – Emissionshandel I; BVerfG 19.7.2011 – 1 BvR 1916/09, NJW 2011, 3428 (3433); Hofmann/Heger EuGRZ 2021, 1 (9).

den zugrundeliegenden Unionsrechtsakt für ungültig, wird ein hierauf beruhendes deutsches Umsetzungsgesetz nicht automatisch ebenfalls unbeachtlich.[165] Das deutsche Umsetzungsgesetz ist jedoch dann kein unionsbedingter Rechtsakt mehr und damit in vollem Umfang an den **Vorgaben des nationalen Verfassungsrechts** zu messen.[166]

49 Auch das BVerfG selbst hat eine entsprechende Vorlagepflicht nach Art. 267 AEUV, wenn es auf die Auslegung oder die Wirksamkeit des Unionsrechts ankommt, diese Vorfrage also entscheidungserheblich ist, und nicht bereits eine anderweitige Vorbefassung des EuGH stattgefunden hat.[167] Richtet sich eine Verfassungsklage unmittelbar gegen ein Umsetzungsgesetz, das „self-executing" ist und gegen das kein Primärrechtsschutz vor den Fachgerichten zulässig ist, kann der Antragsteller zugleich eine Vorlage nach Art. 267 AEUV an den EuGH durch das BVerfG anregen, um in der Folge eine uneingeschränkte Kontrolle anhand des Verfassungsrechts zu ermöglichen. Die Zulässigkeit der Klage ist dann ohne Weiteres gegeben.[168] Eine Beschränkung der Zulässigkeit aufgrund der „Reservekompetenz" des BVerfG soll in diesen Fällen nicht bestehen.[169] Das BVerfG verzichtet jedoch selbst auf eine Vorlage an den EuGH, sofern eine aus nationaler Sicht grundrechtskonforme Auslegung möglich und die Frage daher nicht entscheidungserheblich ist.

50 **bb) Identitätsverletzende oder kompetenzüberschreitende Rechtsakte.** Im Zusammenhang mit abgeleiteten identitätsverletzenden oder kompetenzüberschreitenden Unionsrechtsakten deutete das Lissabon-Urteil eine **Vorbefassungspflicht des EuGH** zunächst nur an, indem es für eine Prüfung durch das BVerfG voraussetzte, dass „Rechtsschutz auf Unionsebene nicht zu erlangen ist".[170] Ausweislich seines Honeywell-Beschlusses hält es das BVerfG nunmehr „vor der Annahme eines Ultra-vires-Akts der europäischen Organe und Einrichtungen" für erforderlich, „dem Gerichtshof im Rahmen eines Vorabentscheidungsverfahrens nach Art. 267 AEUV die Gelegenheit zur Vertragsauslegung sowie zur Entscheidung über die Gültigkeit und die Auslegung der fraglichen Rechtsakte zu geben." Das BVerfG dürfe für Deutschland keine Unanwendbarkeit des Unionsrechts feststellen, „solange der Gerichtshof keine Gelegenheit hatte, über die aufgeworfenen unionsrechtlichen Fragen zu entscheiden".[171] Denn der notwendige Vergleich des unionsrechtlichen Regelungsinhalts mit den verfassungsrechtlichen Anforderungen setze eine sichere Kenntnis von Regelungsgehalt und -bedeutung der unionsrechtlichen Norm voraus, die nur durch eine Auslegungsentscheidung des EuGH vermittelt werden kann.[172] Sofern nicht bereits ein Vorabentscheidungsverfahren durch ein Fachgericht eingeleitet wurde, ist das BVerfG damit selbst zur Vorlage des vermeintlichen Ultra-vires-Aktes angehalten, sofern dies entscheidungserheblich ist. Dies ist Ausdruck des „Kooperationsverhältnisses".[173]

51 Dasselbe muss auch für potentiell identitätsverletzende (völkerrechtliche) Primärrechtsakte gelten: Es ist eine vorhergehende Entscheidung der streitigen Auslegungsfrage durch

---

[165] Hierfür aber Wernsmann NZG 2011, 1241 (1243 f.), der den nationalen Umsetzungsakt wegen eines Verstoßes gegen Unionsrecht dann ebenfalls für unanwendbar hält.
[166] Vgl. BVerfG 13.3.2007 – 1 BvF 1/05, NVwZ 2007, 937 (938) – Emissionshandel I; BVerfG 2.3.2010 – 1 BvR 256/08 ua, NJW 2010, 833 (835) – Vorratsdatenspeicherung I; für eine Differenzierung nach formellen und materiellen Nichtigkeitsgründen der Richtlinie Heck NVwZ 2008, 523 (524 f.).
[167] Vgl. zu all dem BVerfG 2.3.2010 – 1 BvR 206/05 ua, NJW 2010, 833 (835) – Vorratsdatenspeicherung I; BVerfG 1.12.2020 – 2 BvR 2100/18, EuZW 2021, 445 (447); Voßkuhle SächsVBl 2013, 77 (80); Pagenkopf NVwZ 2011, 1473 (1479).
[168] BVerfG 2.3.2010 – 1 BvR 256/08 ua, NJW 2010, 833 (835) – Vorratsdatenspeicherung I.
[169] Vgl. hierzu auch die Kritik bei Bäcker EuR 2011, 103 (107 ff.).
[170] BVerfG 30.6.2009 – 2 BvE 2/08 ua, NJW 2009, 2267 (2272) – Lissabon.
[171] BVerfG 6.9.2010 – 2 BvR 661/06, NJW 2010, 3422 (3424) – Honeywell; hierzu Kirchhof in Isensee/Kirchhof HStR § 214 Rn. 188.
[172] Hierzu Calliess, Die neue Europäische Union nach dem Vertrag von Lissabon, 2010, S. 266; Frenz EWS 2010, 401 (403); Pache EuGRZ 2009, 285 (297 f.); für eine kodifizierte Vorlagepflicht des BVerfG Bergmann/Karpenstein ZEuS 2009, 529 (539 ff.).
[173] Krit. zur Vorlage von potentiellen Ultra-vires-Akten durch das BVerfG an den EuGH Kirchhof NJW 2013, 1 (5).

den EuGH geboten, bevor eine Identitätsverletzung festgestellt werden kann.[174] Das BVerfG prüft jedoch auch in diesen Konstellationen vorrangig, ob eine verfassungskonforme Auslegung der durch das nationale Zustimmungsgesetz erfassten Rechtsakte in Angelegenheiten der Union möglich und ein Vorlageverfahren damit entbehrlich ist.[175] Soweit damit völkerrechtliche Vereinbarungen einer verfassungskonformen Auslegung unterworfen werden, steht dies letztlich unter dem Vorbehalt der Akzeptanz auf völkerrechtlicher Ebene.[176]

4. Verfahrensarten. a) Normenkontrollverfahren. Als Verfahren zur mittelbaren Kontrolle des Unionsrechts kommen zunächst Normenkontrollen nach Art. 93 Abs. 2 Nr. 2 GG und Art. 100 Abs. 1 GG in Betracht. Den unmittelbaren Gegenstand dieses Verfahrens bildet das deutsche Zustimmungsgesetz, das in Widerstreit zur Verfassung gerät, soweit es sich auf eine unionsrechtliche Regelung bezieht, die mit den Schranken der Integrationsermächtigung nicht vereinbar ist.[177] Eine Bindung an Fristen besteht bei diesen Verfahrensarten nicht. 52

b) Individualverfassungsbeschwerde. Die Individualverfassungsbeschwerde gem. Art. 93 Abs. 1 Nr. 4a GG ermöglicht dem einzelnen Bürger, über das Zustimmungsgesetz eine mittelbare Kontrolle des Unionsrechts zu bewirken. Die Zustimmungsgesetze sind Akte öffentlicher Gewalt im Sinne dieser Vorschrift und können daher Gegenstand einer Verfassungsbeschwerde – in Gestalt einer sog. **„Wahlbürgerbeschwerde"**[178] – sein.[179] Dabei erachtet das BVerfG nach neuerer Rechtsprechung nun auch schon vor der Verabschiedung des Zustimmungsgesetzes die befürwortende Mitwirkungshandlung eines deutschen Vertreters im Rat als tauglichen Beschwerdegegenstand, soweit hierdurch möglicherweise eine Verletzung des Integrationsprogramms oder der Verfassungsidentität ermöglicht wird.[180] Die Mitwirkungshandlung sei dabei der „deutschen Staatsgewalt zurechenbar" und daher ebenfalls ein Akt der deutschen öffentlichen Gewalt (vgl. → Rn. 135).[181] 53

Für den Bereich **primärrechtlicher** Kompetenzübertragungen auf die Union hat das BVerfG bereits im Maastricht-Urteil anerkannt, dass eine Verletzung des Art. 38 Abs. 1 S. 1 GG im Verfahren der Verfassungsbeschwerde jedenfalls dann geltend gemacht werden kann, wenn die nach Art. 20 Abs. 1, 2 GG iVm Art. 79 Abs. 3 GG **unverzichtbaren Mindesterfordernisse demokratischer Legitimation verletzt** werden.[182] Im Lissabon-Urteil wird dieser Ansatz fortentwickelt. Art. 38 Abs. 1 GG begründe „einen Anspruch auf demokratische Selbstbestimmung, auf freie und gleiche Teilhabe an der in Deutschland ausgeübten Staatsgewalt sowie auf die Einhaltung des Demokratiegebots einschließlich der Achtung der verfassungsgebenden Gewalt des Volkes".[183] Es müsse ein hinreichendes Maß an Aufgaben und Befugnissen verbleiben, um die konkrete Verantwortung für das Handeln auf das 54

---

[174] Vgl. dazu Mayer in Grabitz/Hilf/Nettesheim EUV Art. 19 Rn. 91; Pernice AöR 136 (2011), 185 (217 f.); ders. EuR 2011, 151 (157 f.); differenzierend Scholz in Dürig/Herzog/Scholz GG Art. 23 Rn. 86 für Fälle, die sich als tatsächliche Änderung oder Erweiterung der Verträge darstellen, und im Vorfeld nicht den Voraussetzungen des Art. 23 Abs. 1 GG ausreichend nachgekommen worden ist. Hier dürfe das BVerfG unmittelbar selbst sowohl über die Vertrags- als auch über die Verfassungskonformität des Rechtsaktes entscheiden.
[175] BVerfG 12.9.2012 – 2 BvE 6/12 ua, NJW 2012, 3145 Rn. 254 ff. – ESM/Fiskalpakt.
[176] Lepsius EuZW 2012, 761 (762); Schorkopf NVwZ 2012, 1273 (1274 f.).
[177] Vgl. VG Frankfurt 24.10.1996 – 1 E 798/95 (V) ua, EuZW 1997, 182 (186); Sauer, Jurisdiktionskonflikte in Mehrebenensystemen, 2008, 191 f.; Streinz ZfP 2009, 467 (471); Isensee ZRP 2010, 33 (34 f.); vgl. Morgenthaler in Epping/Hillgruber, BeckOK GG, 55. Edition Stand: 15.5.2023, GG Art. 100, Rn. 14.
[178] Zu dieser Begrifflichkeit Schumann FG 50 Jahre Assistententagung, 2011, 52 (70).
[179] Vgl. Bethge in Schmidt-Bleibtreu/Klein/Bethge BVerfGG § 90 Rn. 209; Lechner/Zuck BVerfGG § 90 Rn. 126.
[180] So BVerfG 9.2.2022 – 2 BvR 1368/16 ua, NVwZ 2022, 541 Rn. 137, 139 ff. – CETA.
[181] Dazu BVerfG 9.2.2022 – 2 BvR 1368/16 ua, NVwZ 2022, 541 Rn. 137 f. – CETA.
[182] BVerfG 12.10.1993 – 2 BvR 2134/92 ua, BVerfGE 89, 155 (171 f.) = NJW 1993, 3047 – Maastricht.
[183] BVerfG 30.6.2009 – 2 BvE 2/08 ua, NJW 2009, 2267 (2268) – Lissabon.

nationale Parlament zurückführen zu können.[184] In der Zusammenschau mit Art. 146 GG wird zudem ein subjektives Recht gegen den potentiellen Verlust der deutschen Staatlichkeit durch Kompetenzübertragungen auf die Union abgeleitet.[185] Die durch die Wahl bewirkte Legitimation von Staatsgewalt und Einflussnahme auf deren Ausübung dürfe ferner nicht durch die Verlagerung von Aufgaben und Befugnissen des Bundestages auf die Union so entleert werden, dass das Demokratieprinzip verletzt wird.[186] Das Urteil zum Euro-Rettungsschirm führt weitergehend aus, die abwehrrechtliche Dimension des Art. 38 Abs. 1 GG verbiete es, Kompetenzen des gegenwärtigen oder künftigen Bundestages auf eine Art und Weise auszuhöhlen, die eine parlamentarische Repräsentation des Volkswillens, gerichtet auf die Verwirklichung des politischen Willens der Bürger, rechtlich oder praktisch unmöglich mache und damit das Wahlrecht entleere.[187] Damit werden grundlegende Entscheidungen der Außenpolitik, die mit Kompetenzübertragungen auf internationale Organisationen verbunden sind, potentiell der „Wahlbürgerbeschwerde" unterworfen.[188] Aspekte der Verfassungswidrigkeit aufgrund verfahrensrechtlicher Verstöße beim Erlass der Zustimmungsgesetze sind auf diesem Weg regelmäßig nicht rügefähig.[189]

55 Rügefähig sind die **Gewährleistungen des Sozialstaatsprinzips.** Hierfür ist darzulegen, inwiefern „die demokratischen Gestaltungsmöglichkeiten des Deutschen Bundestages auf dem Gebiet der Sozialpolitik durch die Zuständigkeiten der Europäischen Union" derart beschränkt werden, dass die Mindestanforderungen des Sozialstaatsprinzips durch den Deutschen Bundestag nicht mehr zu gewährleisten sind. Damit dürfte insbes. auch der sozialstaatlich geprägte, grundrechtliche Mindeststandard gemeint sein.[190] Originär objektive Verfassungs- und Staatsstrukturprinzipien werden somit in zum Teil bedenklicher Weise zu subjektiv-abwehrfähigen Rechtspositionen kristallisiert.[191]

56 Überschreitet indessen ein **(Sekundär-)Rechtsakt** die Grenzen der Integrationsgewalt des Unionsrechts, ist er nicht Teil der verfassungsmäßigen Ordnung und kann belastende Maßnahmen nicht legitimieren. Die Beschwerdebefugnis gegenüber abgeleiteten kompetenzüberschreitenden oder identitätsverletzenden Unionsrechtsakten ergibt sich dann aus den speziellen Grundrechten oder, sofern diese nicht in Betracht kommen, aus dem Auffanggrundrecht des Art. 2 Abs. 1 GG iVm Art. 20 Abs. 3 GG.[192] Der kompetenzüberschreitende oder identitätsverletzende Rechtsakt muss zudem eine **unmittelbare Betroffenheit** des Antragstellers begründen. Eines Rückgriffs auf Art. 38 Abs. 1 GG bedarf es hingegen nicht.[193]

57 **Nicht rügefähig** ist demgegenüber die bloße objektive Rechtswidrigkeit einer primär- oder sekundärrechtlichen Maßnahme in Angelegenheiten der Europäischen Union. Voraussetzung ist stets, dass der Antragsteller eine Betroffenheit in seiner eigenen Rechtsstellung oder seine rechtlich geschützten Interessen geltend machen kann.[194] Weder aus

---

[184] BVerfG 30.6.2009 – 2 BvE 2/08 ua, BVerfGE 123, 267 (330) – Lissabon (insoweit nicht in NJW 2009, 2267 abgedr.); ähnlich BVerfG 7.9.2011 – 2 BvR 987/10 ua, NJW 2011, 2946 (2948) – Griechenland-Hilfe.
[185] BVerfG 30.6.2009 – 2 BvE 2/08 ua, BVerfGE 123, 267 (331 f.) – Lissabon (insoweit nicht in NJW 2009, 2267 abgedr.); weiterführend zur Grenzüberschreitung der Verfassungsgebung Nettesheim Der Staat 51 (2012), 313 ff.
[186] BVerfG 30.6.2009 – 2 BvE 2/08 ua, BVerfGE 123, 267 (332 f.) – Lissabon (insoweit nicht in NJW 2009, 2267 abgedr.); BVerfG 7.9.2011 – 2 BvR 987/10 ua, NJW 2011, 2946 (2948) – Griechenland-Hilfe.
[187] BVerfG 7.9.2011 – 2 BvR 987/10 ua, NJW 2011, 2946 (2948) – Griechenland-Hilfe.
[188] Dies müsste wohl auch für einen Beitritt zu den Vereinten Nationen gelten; Tomuschat DVBl 2012, 1431.
[189] BVerfG 12.9.2012 – 2 BvE 6/12 ua, NJW 2012, 3145 Rn. 198 – ESM/Fiskalpakt.
[190] Uerpmann-Wittzack in v. Münch/Kunig GG Art. 23 Rn. 39.
[191] Ähnlich Nettesheim NJW 2009, 2867 (2868 ff.); Pache EuGRZ 2009, 285 (296); Denninger JZ 2010, 969 (971); Dingemann ZEuS 2009, 491 (497 f.); Dietlmeier BayVBl. 2012, 616 (619); noch kritischer Schönberger JZ 2010, 1160 (1162 ff.).
[192] So der Anknüpfungspunkt bei BVerfG 6.7.2010 – 2 BvR 661/06, NJW 2010, 3422 (3423) – Honeywell; Streinz in Isensee/Kirchhof HStR § 218 Rn. 86.
[193] Anders Murswiek JZ 2010, 702 (707).
[194] Vgl. hierzu BVerfG 12.9.2012 – 2 BvE 6/12 ua, NJW 2012, 3145 Rn. 199 – ESM/Fiskalpakt; ferner bereits Herz JA 2009, 573 (578).

Art. 19 Abs. 4 GG noch aus Art. 2 Abs. 1 GG oder Art. 3 Abs. 1 GG ist ein von der konkreten rechtlichen Betroffenheit unabhängiger **allgemeiner Gesetzesvollziehungsanspruch** ableitbar.

Unter welchen Voraussetzungen ein Beschwerdeführer die **Zuständigkeitsverteilung** 58 zwischen Plenum, Haushaltsausschuss und anderen Untergremien des Deutschen Bundestages bei der Wahrnehmung seiner Beteiligungsrechte in Angelegenheiten der Europäischen Union (vgl. → Rn. 161 ff.) als Verletzung des durch Art. 38 Abs. 1 GG, Art. 20 Abs. 1, 2 GG iVm Art. 79 Abs. 3 GG geschützten Kerns des Wahlrechts rügen kann, hat das BVerfG in der Eilentscheidung zum ESM/Fiskalpakt noch offen gelassen.[195] Da Wahlrechtsgleichheit und Gleichheit im Status als weitgehend spiegelbildliche Gewährleistungen in S. 1 und 2 des Art. 38 Abs. 1 GG ausgestaltet sind, müssen iErg aus der Perspektive des Wahlbürgers wie des Abgeordneten grundsätzlich die gleichen Verbürgungen rügefähig sein. Dies muss jedenfalls gelten, soweit nicht nur punktuell – aufgrund einer fehlerhaften parlamentarischen Praxis – Organrechte des Abgeordneten verletzt, sondern **Teilhaberechte** durch eine gesetzliche Regelung **dauerhaft entzogen** werden. Nicht über Art. 38 Abs. 1 S. 1 GG rügefähig ist „eine inhaltliche Kontrolle des demokratischen Prozesses", wie die Richtigkeit und Vollständigkeit der zugrundegelegten Tatsachen oder der durch die Bundesregierung zur Verfügung gestellten Informationen.[196] Auch die Rüge einer Verletzung der Beteiligungsrechte von Bundestag und Bundesrat aus Art. 23 Abs. 2–6 GG kann nicht Gegenstand einer Verfassungsbeschwerde sein, da diese Normen nicht in Art. 93 Abs. 1 Nr. 4a GG, § 13 Nr. 8a BVerfGG, § 90 Abs. 1 BVerfGG aufgeführt sind.[197]

Im Hinblick auf das jeweilige Zustimmungsgesetz ist die einjährige **Beschwerdefrist** des 59 § 93 Abs. 3 BVerfGG zu beachten. Ist diese für das jeweilige Zustimmungsgesetz bereits abgelaufen, kommt eine Kontrolle im Wege einer Inzidentprüfung im Rahmen eines Verfassungsbeschwerdeverfahrens mit einem zulässigen Prüfungsgegenstand – einem nationalen Vollzugs- oder fachgerichtlichen Rechtsprechungsakt – in Betracht. Bei künftigen (primärrechtlichen) Vertragsänderungen stellt sich die Sachlage freilich anders dar. Für den Rechtsschutz in Bezug auf **Sekundärrechtsakte** spricht zudem viel dafür, dass die Beschwerdefrist ohnehin erst ab deren **Erlass** zu laufen beginnt. Denn das Zustimmungsgesetz zur Übertragung von Hoheitsrechten auf die Union beginnt sich nach dem Willen des nationalen Gesetzgebers erst auszuwirken, wenn durch den Erlass des abgeleiteten Unionsrechtsaktes von der „Ermächtigung" Gebrauch gemacht wird.[198] Daher ist für den Fristbeginn auf diesen Zeitpunkt abzustellen. Ähnliches gilt für nationale Regelungen der Begleit- und Umsetzungsgesetzgebung.

c) Sonstige Hauptsacheverfahren. Auch im Wege des Organstreits (Art. 93 Abs. 1 Nr. 1 60 GG) und des Bund-Länder-Streits (Art. 93 Abs. 1 Nr. 3 GG) kann der Erlass eines Zustimmungsgesetzes verfassungsgerichtlich überprüft werden.[199] Für das Organstreitverfahren hat das BVerfG im Lissabon-Urteil die Anforderungen punktuell präzisiert. So soll der **einzelne Abgeordnete** in seiner Funktion als Organwalter seine aus Art. 38 Abs. 1 GG abzuleitenden Rechte nur geltend machen können, soweit es sich um originär **formell-organschaftliche Teilhaberechte** aufgrund seines **Abgeordnetenstatus'** handelt.[200] Die Ausübung

---

[195] BVerfG 12.9.2012 – 2 BvE 6/12 ua, NJW 2012, 3145 Rn. 294 – ESM/Fiskalpakt.
[196] BVerfG 17.4.2013 – 2 BvQ 17/13, NVwZ 2013, 858 Rn. 25 f. – Zypern-Hilfe.
[197] BVerfG 17.4.2013 – 2 BvQ 17/13, NVwZ 2013, 858 Rn. 27 – Zypern-Hilfe.
[198] Ebenso für den Erlass von Rechtsverordnungen auf Grundlage formal-gesetzlicher Ermächtigungsnormen BVerfG 18.5.2004 – 2 BvR 2374/99, BVerfGE 110, 370 (382) = NVwZ 2004, 1477; BVerfG 12.12.1984 – 1 BvR 1249/83 ua, BVerfGE 68, 319 (324 f.) = NJW 1985, 2185; Hömig in Schmidt-Bleibtreu/Klein/Bethge, BVerfGG, Stand: Januar 2022, § 93 Rn. 77.
[199] Für die Organklage stellte das BVerfG jüngst fest, dass auch bereits die Zustimmungshandlung eines deutschen Vertreters im Rahmen eines Beschlusses des Rates der Europäischen Union tauglicher Beschwerdegegenstand sein kann, BVerfG 9.2.2022 – 2 BvR 1368/16 ua, NVwZ 2022, 541 Rn. 156 – CETA (vgl. → Rn. 135).
[200] So die Konstellation bei BVerfG 28.2.2012 – 2 BvE 8/11, NVwZ 2012, 495 – Beteiligungsrechte des BT/EFSF.

der **materiell-substanziellen Teilhabe** soll **nur dem Bundestag als Ganzes** – als Organ – zustehen. Das gilt jedoch nicht für das Demokratieprinzip (iSd Art. 79 Abs. 3 GG iVm Art. 20 Abs. 1, 2 GG) in seiner Allgemeinheit, sondern nur für konkrete parlamentarische Rechte wie den wehrverfassungsrechtlichen Parlamentsvorbehalt. Eine Prozessstandschaft für den Bundestag wird jedenfalls nur den mit eigenen Rechten (vgl. §§ 63, 64 Abs. 1 BVerfGG) ausgestatteten Organteilen – wie den Fraktionen – und nicht dem einzelnen Abgeordneten zugestanden.[201] Ansonsten soll die Rechtsschutzmöglichkeit, als Bürger eine auf die materiellen Verbürgungen des Art. 38 Abs. 1 GG gestützte Verfassungsbeschwerde erheben zu können, gegenüber einer Organklage aus dem Abgeordnetenstatus vorrangig sein.[202] Weshalb das Recht auf materiell-substanzielle Teilhabe auf Seiten des aktiven Wählers gegenüber dem korrespondierenden Recht des gewählten Abgeordneten Vorrang haben soll,[203] ist nicht recht nachvollziehbar. Die Einleitung des Verfahrens ist an die in § 64 Abs. 3 BVerfGG (iVm § 69 BVerfGG) bezeichnete **Frist** gebunden. Diese Rechtsschutzmöglichkeit betrifft damit vorwiegend künftige Vertragsänderungen und flankierende völkerrechtliche Vereinbarungen, die den Erlass neuer Zustimmungsgesetze, einer Begleit- oder Umsetzungsgesetzgebung erforderlich machen.

61 **5. Prüfungsmaßstab. a) Historie.** Prinzipiell sind es die Normen des Grundgesetzes, die den vom BVerfG anzuwendenden Prüfungsmaßstab bilden. Geht es allerdings um die verfassungsgerichtliche Kontrolle der Zustimmungsgesetze zu den Gründungsverträgen und ihren späteren Änderungen, mithin um eine mittelbare Überprüfung primären oder sekundären Unionsrechts, ist dieser **Prüfungsmaßstab aufgrund der Teilnahme an der Europäischen Union verengt.**[204] Die verfassungsrechtliche Integrationsermächtigung gestattet eine Relativierung grundrechtlicher Gewährleistungen und verfassungsrechtlicher Prinzipien, die zu einer Einschränkung des vom Grundgesetz gewährleisteten Schutzes führen kann.[205] Der Integrationsgesetzgeber wird von seiner strikten Verfassungsbindung befreit. Er kann auch solchem Unionsrecht seine Zustimmung erteilen, das nicht vollständig den Anforderungen der Verfassungsordnung der Bundesrepublik Deutschland genügt. Zu wahren sind aber die verfassungsrechtlichen Begrenzungen der Integrationsgewalt.

62 Unter der Geltung der bis zum Abschluss des Maastrichter Unionsvertrages einschlägigen Integrationsermächtigung des Art. 24 Abs. 1 GG hat das BVerfG klargestellt, dass diese Vorschrift keine schrankenlose Übertragung von Hoheitsrechten erlaube. Die insoweit maßgeblichen Grenzen wurden dahin umschrieben, dass Art. 24 Abs. 1 GG es nicht gestatte, „im Wege der Einräumung von Hoheitsrechten für zwischenstaatliche Einrichtungen die Identität der geltenden Verfassungsordnung (…) durch Einbruch in ihr Grundgefüge, in die sie konstituierenden Strukturen aufzugeben".[206] Während sich das Schrifttum um eine nähere Konturierung dieses „Identitätsbegriffs" unter Rückgriff auf die Ewigkeitsgarantie des Art. 79 Abs. 3 GG bemühte,[207] hob das BVerfG in keiner seiner einschlägigen Entscheidungen auf diesen Gesichtspunkt ab und brachte damit zum Ausdruck, dass die Schranken des Art. 24 Abs. 1 GG nicht mit jenen des Art. 79 Abs. 3 GG identisch, sondern

---

[201] BVerfG 30.6.2009 – 2 BvE 2/08 ua, BVerfGE 123, 267 (337 ff.) – Lissabon (insoweit nicht in NJW 2009, 2267 abgedr.); BVerfG 12.9.2012 – 2 BvE 6/12 ua, NJW 2012, 3145 Rn. 206, 229 – ESM/Fiskalpakt; Dingemann ZEuS 2009, 491 (500 f.).
[202] BVerfG 30.6.2009 – 2 BvE 2/08 ua, BVerfGE 123, 267 (336 f.) – Lissabon (insoweit nicht in NJW 2009, 2267 abgedr.).
[203] Hierfür Dingemann ZEuS 2009, 491 (500).
[204] Angesprochen ist damit nur der materielle Prüfungsmaßstab; zu den formellen Erfordernissen der Integrationsermächtigung des Art. 23 GG vgl. Classen in v. Mangoldt/Klein/Starck GG Art. 23 Abs. 1 Rn. 64 ff.; Scholz in Dürig/Herzog/Scholz GG Art. 23 Rn. 127 ff.
[205] Vgl. nur Classen in v. Mangoldt/Klein/Starck GG Art. 23 Rn. 42 ff.
[206] BVerfG 22.10.1986 – 2 BvR 197/83, BVerfGE 73, 339 (375 f.) = NJW 1987, 577 – Solange II; ebenfalls BVerfG 29.5.1974 – 2 BvL 52/71, BVerfGE 37, 271 (279) = NJW 1974, 1697 – Solange I; BVerfG 23.6.1981 – 2 BvR 1107/77 ua, BVerfGE 58, 1 (30) = NJW 1982, 507 – Eurocontrol.
[207] Vgl. nur Klein VVDStRL 50 (1991), 71; Huber AöR 116 (1991), 226 f.

in seinem Vorfeld anzusiedeln sind. Welche über die Mindestschranke der Ewigkeitsgarantie hinausreichenden Begrenzungen Art. 24 Abs. 1 GG fordert, blieb aber weitgehend unsicher.

b) Schranken der Integrationsermächtigung. Die **Schranken der Integrationsermächtigung** sind nunmehr in **Art. 23 Abs. 1 GG** festgeschrieben, ohne dass diese aus Anlass der Gründung der Europäischen Union durch den Vertrag von Maastricht geschaffene Vorschrift die Probleme nachhaltig löst. Während die auf den Übertragungsgegenstand bezogene Schranke des Art. 23 Abs. 1 S. 3 GG iVm Art. 79 Abs. 3 GG grundlegende Verfassungsstrukturprinzipien gegen eine Aufgabe im Rahmen der europäischen Integration sichert, stellt die Struktursicherungsklausel des Art. 23 Abs. 1 S. 1 GG Anforderungen an den Übertragungsadressaten. Einer Europäischen Union, die den demokratischen, sozialen, föderativen Grundsätzen sowie dem Grundsatz der Subsidiarität nicht genügt oder keinen dem Grundgesetz im Wesentlichen vergleichbaren **Grundrechtsschutz** gewährleistet, darf keine Hoheitsgewalt übertragen werden. Ihren Hoheitsakten wäre die innerstaatliche Geltung zu versagen und die Unanwendbarkeit auszusprechen.[208] In seiner Entscheidung zum Europäischen Rahmenbeschluss betonte das BVerfG noch die Unterschiede zwischen dem Gemeinschaftsrecht im engeren Sinne und dem Unionsrecht im weiteren Sinne im Bereich der Polizeilichen und Justiziellen Zusammenarbeit in Strafsachen (PJZS) – die sog. „Dritte Säule" völkerrechtlicher Natur.[209] Durch die Einbeziehung in den Titel „Der Raum der Freiheit, der Sicherheit und des Rechts" im Zuge des Vertrages von Lissabon hat diese differenzierte Argumentation weitgehend ihre Grundlage verloren.[210]

Zur Konkretisierung der Maßstäbe hat das Lissabon-Urteil – neben den Anforderungen an den Grundrechtsschutz – zwei grundlegende Rügeformen in Angelegenheiten der Europäischen Union entwickelt: Die **Identitätskontrolle** bezieht sich auf die übertragbaren Kompetenzen. Ausgehend vom jeweiligen Kompetenzbestand ist zu überprüfen, inwieweit eine Kompetenzübertragung durch den Mitgliedstaat aufgrund der Vorgaben des nationalen Verfassungsrechts von vornherein begrenzt ist.[211] Die **Ultra-Vires-Kontrolle** betrifft hingegen die tatsächliche Ausübung der übertragenen Kompetenzen durch die ermächtigten Unionsorgane und -einrichtungen.[212] Zwischen den Kategorien der Identitätsverletzung und der Kompetenzüberschreitung bestehen Überschneidungen,[213] die sich insbes. im Rahmen von Vertragsänderungen, -ergänzungen, -anpassungen oder -(um-)interpretationen manifestieren können.[214]

aa) Gewährleistung des Grundrechtsschutzes auf Unionsebene. Es kann inzwischen als verfassungsgerichtlich etablierter Grundsatz gelten, dass eine Übertragung von Hoheitsrechten unzulässig ist, soweit ein dem **Grundgesetz** im Wesentlichen **vergleichbarer Grundrechtsschutz** auf europäischer Ebene iSv Art. 23 Abs. 1 S. 1 GG nicht gewährleistet wird.[215] Ob und inwieweit zudem ein Absinken des Grundrechtsschutzes auf Unionsebene durch primärrechtliche Veränderungen auf der Grundlage von Art. 1 Abs. 1 GG gerügt werden kann, deutet das BVerfG nur an.[216] Kraft des ausdrücklichen Verweises von Art. 23 Abs. 1 S. 3 GG iVm Art. 79 Abs. 3 GG auf Art. 1 GG ist eine Übertragung von

---
[208] BVerfG 30.6.2009 – 2 BvE 2/08 ua, NJW 2009, 2267 (2272, 2286) – Lissabon; BVerfG 6.7.2010 – 2f BvR 661/06, NJW 2010, 3422 (3425) – Honeywell.
[209] BVerfG 18.7.2005 – 2 BvR 2236/04, NJW 2005, 2289 (2291 f.) – Europäischer Haftbefehl.
[210] So auch Streinz ZfP 2009, 467 (477).
[211] Streinz ZfP 2009, 467 (478); Schorkopf EuZW 2009, 718 (722).
[212] Streinz ZfP 2009, 467 (478, 480); Schorkopf EuZW 2009, 718 (721 f.).
[213] Durner in Isensee/Kirchhof HStR § 216 Rn. 34; Walter ZaöRV 2012, 177 (183).
[214] Andeutend Müller-Franken NVwZ 2012, 1201 (1205).
[215] BVerfG 30.6.2009 – 2 BvE 2/08 ua, BVerfGE 123, 267 (335) – Lissabon (insoweit nicht in NJW 2009, 2267 abgedr.) unter Verweis auf BVerfG 22.10.1986 – 2 BvR 197/83, BVerfGE 73, 339 (376) = NJW 1987, 577 – Solange II; ebenfalls BVerfG 29.5.1974 – 2 BvL 52/71, BVerfGE 37, 271 (279 f.) = NJW 1974, 1697 – Solange I.
[216] BVerfG 30.6.2009 – 2 BvE 2/08 ua, BVerfGE 123, 267 (334, 354) – Lissabon (insoweit nicht in NJW 2009, 2267 abgedr.).

Hoheitsrechten jedoch unzulässig, wenn der durch Art. 1 GG und Art. 19 Abs. 2 GG verbürgte Wesensgehalt der Grundrechte als Teil der Verfassungsidentität (vgl. → Rn. 66 ff.) nicht auf Unionsebene gewährleistet ist.[217] Angesichts des unionsrechtlichen Grundrechtsstandards – wie er in Art. 6 EUV angelegt ist – dürfte dieser Prüfungsmaßstab kaum praktische Relevanz haben; zumal die EU auch formell der EMRK beitreten möchte.[218]

66 **bb) Identitätskontrolle – übertragbare Kompetenzen.** Das BVerfG nimmt in seinem Lissabon-Urteil auf das aus dem Wahlrecht abzuleitende Recht auf demokratische Teilhabe Bezug, vgl. Art. 38 Abs. 1 S. 1 GG iVm Art. 20 Abs. 1, 2 GG. Dieses ist nicht abwägungsfähig und gem. Art. 79 Abs. 3 GG unantastbar.[219] Der in Art. 23 Abs. 1 GG und der Präambel zu verortende **Grundsatz der Völker- und Europarechtsfreundlichkeit** gebietet, die Europäische Integration als Ziel und Auftrag der Verfassung wahrzunehmen.[220] Ausgeschlossen ist eine vollständige Preisgabe der deutschen Souveränität in einem europäischen Bundesstaat – dies erforderte eine Verfassungsneugebung nach Art. 146 GG.[221] Art. 38 Abs. 1 GG begründet somit eine Anspruchsposition gegen „Entstaatlichung".[222]

67 Die abwehrrechtliche Dimension des Art. 38 Abs. 1 GG kommt dabei in Konstellationen zum Tragen, in denen **offensichtlich** die Gefahr besteht, „dass die Kompetenzen des gegenwärtigen oder künftigen Bundestages auf eine Art und Weise ausgehöhlt werden, die eine parlamentarische Repräsentation des Volkswillens, gerichtet auf die Verwirklichung des politischen Willens der Bürger, rechtlich oder praktisch unmöglich macht."[223] Eine verstärkte Integration bedürfte also eines den Mitgliedstaaten vergleichbaren Integrationsniveaus.[224] Jedenfalls solange kein einheitliches Unionsvolk gleichheitsgerecht die demokratische Legitimation der Union sicherstellt, muss die Unionsgewalt an die demokratische Legitimation der mitgliedstaatlichen Hoheitsgewalt anknüpfen.[225] „Das Grundgesetz ermächtigt den Gesetzgeber zwar zu einer weitreichenden Übertragung von Hoheitsrechten auf die Europäische Union. Die Ermächtigung steht aber unter der Bedingung, dass dabei die souveräne Verfassungsstaatlichkeit auf der Grundlage eines Integrationsprogramms nach dem Prinzip der begrenzten Einzelermächtigung und unter **Achtung der verfassungsrechtlichen Identität als Mitgliedstaaten** gewahrt bleibt und zugleich die Mitgliedstaaten ihre Fähigkeit zu selbstverantwortlicher politischer und sozialer Gestaltung der Lebensverhältnisse nicht verlieren."[226] So kann keine Kompetenz-Kompetenz übertragen werden, die dazu ermächtigt, weitere eigene Hoheitsrechte zu begründen. Das unionsrechtliche **Prinzip der begrenzten Einzelermächtigung** nach Art. 5 Abs. 1 S. 1, Abs. 2 EUV ist somit zugleich ein grundgesetzliches Prinzip, das eine hinreichend bestimmte Kompetenzübertragung erfordert.[227] Dem Deutschen Bundestag müssen grundsätzlich „eigene Aufgaben und Befugnisse von substanziellem politischen Gewicht" verbleiben.[228] Das BVerfG begrenzt dabei seine **Kontrolldichte** weitgehend auf **„offensichtliche"** und

---

[217] Vgl. Classen in v. Mangoldt/Klein/Starck GG Art. 24 Abs. 1 Rn. 25 ff.; Sauer EuZW 2011, 94 (96 f.).
[218] Vgl. hierzu Oberwexer EuR 2012, 115 ff.; Jarass EuR 2013, 29 (43).
[219] BVerfG 30.6.2009 – 2 BvE 2/08 ua, NJW 2009, 2267 (2268 f.) – Lissabon; vgl. auch BVerfG 5.5.2020 – 2 BvR 859/15 ua, NJW 2020, 1647 (1649) – PSPP.
[220] BVerfG 30.6.2009 – 2 BvE 2/08 ua, NJW 2009, 2267 (2270) – Lissabon.
[221] BVerfG 30.6.2009 – 2 BvE 2/08 ua, NJW 2009, 2267 (2270 f.) – Lissabon; krit. zur potentiellen Instrumentalisierung des Art. 146 GG als Integrationshebel Herbst ZRP 2012, 33 ff.; Herdegen FS Papier, 2013, 59 (71 f.).
[222] BVerfG 30.6.2009 – 2 BvE 2/08 ua, NJW 2009, 2267 (2268 f.) – Lissabon.
[223] BVerfG 7.9.2011 – 2 BvR 987/10 ua, NJW 2011, 2946 (2948, 2951) – Griechenland-Hilfe.
[224] Cremer Jura 2010, 296 (304).
[225] BVerfG 30.6.2009 – 2 BvE 2/08 ua, NJW 2009, 2267 (2273 ff.) – Lissabon.
[226] BVerfG 30.6.2009 – 2 BvE 2/08 ua, NJW 2009, 2267 (2270) – Lissabon; vgl. zur Verfassungsidentität in Deutschland und Frankreich Walter ZaöRV 2012, 177 ff.
[227] BVerfG 30.6.2009 – 2 BvE 2/08 ua, NJW 2009, 2267 (2271) – Lissabon.
[228] BVerfG 30.6.2009 – 2 BvE 2/08 ua, NJW 2009, 2267 (2273) – Lissabon.

„**evidente Überschreitungen** von äußersten Grenzen".²²⁹ Ein klarer Maßstab, an dem die Grenze des Hinnehmbaren messbar wäre, existiert freilich nicht.²³⁰

Für eine „Vertragsunion souveräner Mitgliedstaaten" setzt das **Demokratieprinzip** sowie das ebenfalls in Art. 23 Abs. 1 S. 1 GG verankerte **Subsidiaritätsprinzip** inhaltliche Grenzen für die Übertragung von Hoheitsrechten. Den Mitgliedstaaten muss ein ausreichender **Raum zur politischen Gestaltung** der wirtschaftlichen, kulturellen und sozialen Lebensverhältnisse verbleiben, wobei insbes. das Strafrecht, die Verteidigung, das Budget, der Sozialstaat und die Kultur als Vorbehaltsbereiche gelten.²³¹ Dies betrifft namentlich die „Sachbereiche, die die Lebensumstände der Bürger, vor allem ihren von den Grundrechten geschützten privaten Raum der Eigenverantwortung und der persönlichen und sozialen Sicherheit, prägen, sowie solche politische Entscheidungen, die in besonderer Weise auf kulturelle, historische und sprachliche Vorverständnisse angewiesen sind, und die sich im parteipolitisch und parlamentarisch organisierten Raum einer politischen Öffentlichkeit diskursiv entfalten."²³² **68**

Das BVerfG zählt hierzu ua „die Staatsbürgerschaft, das zivile und militärische Gewaltmonopol, Einnahmen und Ausgaben einschließlich der Kreditaufnahme sowie die für die **Grundrechtsverwirklichung** maßgeblichen Eingriffstatbestände, vor allem bei intensiven Grundrechtseingriffen wie dem Freiheitsentzug in der Strafrechtspflege oder bei Unterbringungsmaßnahmen" sowie kulturelle Fragen der „Verfügung über die Sprache, die Gestaltung der Familien- und Bildungsverhältnisse, die Ordnung der Meinungs-, Presse- und Versammlungsfreiheit oder der Umgang mit dem religiösen oder weltanschaulichen Bekenntnis".²³³ Insbesondere soll auch Teil der verfassungsrechtlichen Identität sein, „dass die Freiheitswahrnehmung der Bürger nicht total erfasst und registriert werden darf".²³⁴ Es handelt sich insofern um den durch Art. 1, 19 Abs. 2 GG verbürgten Wesensgehalt der Grundrechte als Teil der Verfassungsidentität gem. Art. 79 Abs. 3 GG (vgl. → Rn. 65), dessen Gewährleistung auch auf supranationaler Ebene sichergestellt sein muss.²³⁵ Eine Kontrolldichte über die Grundsätze des Solange II-Vorbehaltes hinaus dürfte sich für die Grundrechtsgewährleistung daraus nicht ergeben. **69**

Das BVerfG begibt sich durch die Aufzählung der **Sachbereiche des nationalen „Hausguts"** in einen gewissen Widerspruch zu seiner Aussage, dass nicht „eine von vornherein bestimmbare Summe oder bestimmte Arten von Hoheitsrechten in der Hand des Staates bleiben müssten".²³⁶ Vielmehr nimmt es ohne hinreichende verfassungstheoretische Grundlage die abschließende Interpretationsmacht über die unveräußerliche Verfassungsstaatlichkeit für sich in Anspruch, die zumindest auch der politisch-gestalterischen Entscheidungskompetenz des Gesetzgebers unterliegt.²³⁷ Die benannten Sachbereiche können jedenfalls nicht als absolut unveräußerliches Hausgut aufgefasst werden. Eine partielle Übertragung muss bei grenzüberschreitendem Bezug möglich bleiben.²³⁸ Ausgeschlossen **70**

---

[229] BVerfG 7.9.2011 – 2 BvR 987/10 ua, NJW 2011, 2946 (2948, 2952) – Griechenland-Hilfe; BVerfG 5.5.2020 – 2 BvR 859/15 ua, NJW 2020, 1647 (1649) – PSPP; ähnlich BVerfG 12.9.2012 – 2 BvE 6/12 ua, NJW 2012, 3145 Rn. 271 – ESM/Fiskalpakt; krit. hierzu Pagenkopf NVwZ 2011, 1473 (1479 f.).
[230] Durner in Isensee/Kirchhof HStR § 216 Rn. 21, 25, 37; Mirschberger KritV 2011, 239 (245); Müller-Graff Integration 2009, 331 (337); Walter ZaöRV 2012, 177 (190 ff.); Dietlmeier BayVBl. 2012, 616 (620).
[231] Vgl. Ruffert EuR 2011, 842 (843).
[232] BVerfG 30.6.2009 – 2 BvE 2/08 ua, NJW 2009, 2267 (2273) – Lissabon.
[233] BVerfG 30.6.2009 – 2 BvE 2/08 ua, NJW 2009, 2267 (2274) – Lissabon.
[234] BVerfG 2.3.2010 – 1 BvR 256/08 ua, NJW 2010, 833 (839 f.) – Vorratsdatenspeicherung I.
[235] IdS wohl auch Voßkuhle NVwZ-Beilage 2013, 27.
[236] BVerfG 30.6.2009 – 2 BvE 2/08 ua, NJW 2009, 2267 (2273) – Lissabon.
[237] Vgl. zur Kritik Nettesheim NJW 2009, 2867 (2868 f.); Ruffert DVBl 2009, 1197 (1204 f.); Schönberger GLJ 2009, 1201 (1209); Halberstam/Möllers GLJ 2009, 1241 (1249 ff.); Ohler AöR 135 (2010), 153 (175); Kottmann/Wohlfahrt ZaöRV 2009, 443 (460 f.); Pernice AöR 136 (2011), 185 (211); van Ooyen Der Staat 2011, 45 (49).
[238] Andeutend BVerfG 30.6.2009 – 2 BvE 2/08 ua, NJW 2009, 2267 (2274) – Lissabon; vgl. auch Calliess, Die neue Europäische Union nach dem Vertrag von Lissabon, 2010, S. 268 ff.; Frenz EWS 2009, 345 (346).

kann lediglich eine derart weitreichende Preisgabe dieser Sachbereiche sein, die keinen „ausreichenden Raum zur politischen Gestaltung"[239] im Sinne eines nationalen Identitätsgestaltungsspielraums belässt.

71 Der unveräußerliche Identitätskern umfasst ferner „die Kontrolle über **grundlegende haushaltspolitische Entscheidungen**".[240] Insbesondere in seinen Entscheidungen zur Griechenland-Hilfe[241] und zum ESM/Fiskalpakt[242] führt das BVerfG diese verfassungsrechtlichen Maßstäbe aus, indem es eine Beschränkung der gesamtparlamentarischen Haushaltsverantwortung an **fünf allgemeine Kriterien** knüpft, die sich in den Verboten fremdbestimmter, unbestimmter, unüberschaubarer, unumkehrbarer und nicht verantwortbarer Eingriffe in die Haushaltsautonomie zusammenfassen lassen.[243] Es schreibt damit seine Ausführungen zur grundsätzlichen Unveräußerlichkeit des Kerngehalts des Haushaltsrechts – anknüpfend an das Lissabon-Urteil[244] – fort; relativiert jedoch zugleich die These der „Unveräußerlichkeit", indem es den Selbstgestaltungsvorbehalt auf einen Mitgestaltungsvorbehalt zurückführt.[245] Zumindest **institutionell-verfahrensrechtliche mitgliedstaatliche Beteiligungsrechte** müssen gewahrt bleiben; dies gilt über die Bereiche der Budgethoheit hinaus für alle Konstellationen, in denen die Verfassungsidentität berührt ist.[246]

72 Das BVerfG betont in seinem Urteil zu den Griechenland-Hilfen das **Budgetrecht des Bundestages** als „zentrales Element der demokratischen Willensbildung" und „umfassender parlamentarischer Regierungskontrolle", die „als eine wesentliche Ausprägung rechtsstaatlicher Demokratie" zu begreifen sei.[247] Eine Ausprägung des Identitätskerns der Verfassung (Art. 20 Abs. 1, 2 GG, Art. 79 Abs. 3 GG) besteht demnach darin, dass „der Haushaltsgesetzgeber seine Entscheidungen über Einnahmen und Ausgaben frei von Fremdbestimmung seitens der Organe und anderer Mitgliedstaaten der Europäischen Union trifft und dauerhaft ‚Herr seiner Entschlüsse' bleibt".[248] Für den Bereich der staatlichen Kreditaufnahme, der Übernahme von Bürgschaften oder sonstigen Gewährleistungen ergibt sich dies konkretisierend aus dem qualifizierten Gesetzesvorbehalt des Art. 115 Abs. 1 GG.[249] Bei überstaatlichen Vereinbarungen, die auf Grund ihrer Größenordnungen für das Budgetrecht von struktureller Bedeutung sein können, muss der parlamentarische Einfluss sowohl hinsichtlich jeder einzelnen Disposition als auch der konkreten Mittelverwendung gewahrt sein.[250] Dies kann insbes. durch risikobegrenzende

---

[239] BVerfG 30.6.2009 – 2 BvE 2/08 ua, NJW 2009, 2267 (2273) – Lissabon.
[240] BVerfG 30.6.2009 – 2 BvE 2/08 ua, NJW 2009, 2267 (2273) – Lissabon, unter Verweis auf BVerfG 12.10.1993 – 2 BvR 2134/92 ua, BVerfGE 89, 155 (207) = NJW 1993, 3047 – Maastricht; ferner BVerfG 7.9.2011 – 2 BvR 987/10 ua, NJW 2011, 2946 – Griechenland-Hilfe.
[241] BVerfG 7.9.2011 – 2 BvR 987/10 ua, NJW 2011, 2946 (2951) – Griechenland-Hilfe.
[242] BVerfG 12.9.2012 – 2 BvE 6/12 ua, NJW 2012, 3145 Rn. 210 ff. – ESM/Fiskalpakt; vgl. hierzu auch aus unionsrechtlicher Perspektive EuGH 27.11.2012 – C-370/12, NJW 2013, 29 ff. – Pringle; Nettesheim NJW 2013, 14 ff.; Antpöhler ZaöRV 2012, 353 ff.
[243] Hierzu grdl. Nettesheim EuR 2011, 765 (772 ff.).
[244] BVerfG 30.6.2009 – 2 BvE 2/08 ua, BVerfGE 123, 267 (361 f.) (insoweit nicht in NJW 2009, 2267 abgedr.).
[245] Vgl. hierzu auch Hufeld in Isensee/Kirchhof HStR § 215 Rn. 48 f.
[246] Ähnlich Hufeld in Isensee/Kirchhof HStR § 215 Rn. 76; Durner in Isensee/Kirchhof HStR § 216 Rn. 23 f.; Lepsius EuZW 2012, 761 f.
[247] BVerfG 7.9.2011 – 2 BvR 987/10 ua, NJW 2011, 2946 (2950) – Griechenland-Hilfe; vgl. auch; BVerfG 12.9.2012 – 2 BvE 6/12 ua, NJW 2012, 3145 Rn. 210 ff. – ESM/Fiskalpakt; BVerfG 6.12.2022 – 2 BvR 547/21, 2 BvR 798/21, NJW 2023, 425 Rn. 134 – Corona-Aufbaufonds.
[248] BVerfG 7.9.2011 – 2 BvR 987/10 ua, NJW 2011, 2946 (2951) – Griechenland-Hilfe; BVerfG 12.9.2012 – 2 BvE 6/12 ua, NJW 2012, 3145 Rn. 213 – ESM/Fiskalpakt; ähnlich BVerfG 28.2.2012 – 2 BvE 8/11, NVwZ 2012, 495 Rn. 109 – Beteiligungsrechte des BT/EFSF; BVerfG 5.5.2020 – 2 BvR 859/15 ua, NJW 2020, 1647 (1650) – PSPP.
[249] BVerfG 28.2.2012 – 2 BvE 8/11, NVwZ 2012, 495 Rn. 111 – Beteiligungsrechte des BT/EFSF. Das Notbewilligungsrecht des Finanzministers gem. Art. 112 GG ist hingegen grundsätzlich nicht anwendbar: Heun/Thiele JZ 2012, 973 (975); großzügiger Kalb/Rossmann NVwZ 2012, 1071 (1074).
[250] BVerfG 7.9.2011 – 2 BvR 987/10 ua, NJW 2011, 2946 (2951) – Griechenland-Hilfe; BVerfG 28.2.2012 – 2 BvE 8/11, NVwZ 2012, 495 Rn. 109 – Beteiligungsrechte des BT/EFSF; BVerfG 12.9.2012 – 2 BvE 6/12 ua, NJW 2012, 3145 Rn. 213 f. – ESM/Fiskalpakt.

Kriterien zu Gewährleistungshöhe, -zeitraum, -zweck, Vergabe- und Auszahlungsmodalitäten sowie durch parlamentarische Zustimmungsvorbehalte für die konkrete Mittelverwendung sichergestellt werden.[251] Damit ist klargestellt, dass bei Kreditermächtigungen auch Vollzugs- und Durchführungsmaßnahmen den konstitutiven Parlamentsvorbehalt des Art. 115 Abs. 1 GG auslösen können, der insofern der bloßen „Berücksichtigungspflicht" des Art. 23 Abs. 3 GG vorgeht.[252] Der parlamentarisch-budgetrechtliche Zustimmungs- und Kontrollvorbehalt gilt nicht nur für die Etablierung eines Finanzstabilitätssystems, sondern für jede einzelne Disposition, wenn deren Größe eine **strukturelle Bedeutung für das Budgetrecht** erreicht.[253] Die strukturelle Bedeutung ist dann zu verneinen, wenn es sich um eine untergeordnete oder bereits ausreichend klar durch das Parlament vorherbestimmte, lediglich konkretisierende Entscheidung handelt.[254] Das verfassungsrechtlich relevante Risiko kann dabei als Produkt aus Haftungshöhe und Eintrittswahrscheinlichkeit methodisch quantitativ bestimmt werden, wobei hinsichtlich der Eintrittswahrscheinlichkeit den handelnden Organen eine gewisse **Einschätzungsprärogative** zuzugestehen ist.[255] Eine dauerhafte Haftungsübernahme für fremde Staaten ist ebenso unzulässig[256] wie die monetäre Finanzierung durch die Europäische Zentralbank.[257] Die aus dem Demokratieprinzip abzuleitende **Obergrenze** ist überschritten, wenn aufgrund der eingegangenen Verpflichtungen die Haushaltsautonomie für einen nennenswerten Zeitraum „nicht nur eingeschränkt würde, sondern praktisch vollständig leerliefe".[258]

Vor jenem rechtlichen Hintergrund entschied das BVerfG jüngst zum umstrittenen **73** Corona-Aufbaufonds „Next Generation EU" (NGEU), dass in diesem Fall von „keine[r] offensichtliche[n] Verletzung des Integrationsprogramms" auszugehen sei[259] und konkretisiert somit den Umfang der verfassungsrechtlichen Überprüfbarkeit von übernommenen „Zahlungsverpflichtungen oder Haftungszusagen"[260] weiter. Bei NGEU handelt es sich um ein Wiederaufbauprogramm in Reaktion auf die Pandemiekrise, in dessen Rahmen die Kommission basierend auf Art. 5 Abs. 1 lit. a des Eigenmittelbeschlusses 2020[261] erstmals zur eigenständigen Kreditaufnahme von bis zu 750 Mrd. EUR zu Preisen von 2018 ermächtigt wird.[262] Da „die Ermächtigung zur Kreditaufnahme im Eigenmittelbeschluss vorgesehen ist, die Mittel ausschließlich zweckgebunden für eine der Europäischen Union zugewiesene Einzelermächtigung eingesetzt werden, die Kreditaufnahme zeitlich befristet und der Höhe nach begrenzt ist und die Summe der sonstigen Mittel den Umfang der Eigenmittel nicht übersteigt",[263] erachtet das BVerfG die Verfassungsbeschwerden im

---

[251] BVerfG 28.2.2012 – 2 BvE 8/11, NVwZ 2012, 495 Rn. 112 – Beteiligungsrechte des BT/EFSF; BVerfG 12.9.2012 – 2 BvE 6/12 ua, NJW 2012, 3145 Rn. 241 – ESM/Fiskalpakt; Nettesheim EuR 2011, 765 (774).
[252] Thym JZ 2011, 1011 f.; ähnlich Calliess NVwZ 2012, 1 (5 f.); Calliess VVDStRL 71 (2012), 113 (163).
[253] BVerfG 12.9.2012 – 2 BvE 6/12 ua, NJW 2012, 3145 Rn. 214 – ESM/Fiskalpakt. Indifferent noch Calliess NVwZ 2012, 1 (4); Ketterer BayVBl. 2012, 79 (86).
[254] Vgl. BVerfG 12.9.2012 – 2 BvE 6/12 ua, NJW 2012, 3145 Rn. 294 – ESM/Fiskalpakt.
[255] Hierzu Degenhart BayVBl. 2012, 517 (520); ähnlich Kube WM 2012, 245 (249); ferner Müller-Franken NVwZ 2012, 1201 (1204 ff.), der weitergehend eine ‚Marginalisierung' der Eintrittswahrscheinlichkeit fordert.
[256] BVerfG 12.9.2012 – 2 BvE 6/12 ua, NJW 2012, 3145 Rn. 214 – ESM/Fiskalpakt; BVerfG 5.5.2020 – 2 BvR 859/15 ua, NJW 2020, 1647 (1647) – PSPP; von Lewinski in Isensee/Kirchhof HStR § 217 Rn. 100.
[257] BVerfG 12.9.2012 – 2 BvE 6/12 ua, NJW 2012, 3145 Rn. 220, 276 – ESM/Fiskalpakt.
[258] BVerfG 7.9.2011 – 2 BvR 987/10 ua, NJW 2011, 2946 (2952) – Griechenland-Hilfe; BVerfG 12.9.2012 – 2 BvE 6/12 ua, NJW 2012, 3145 Rn. 216 – ESM/Fiskalpakt; BVerfG 6.12.2022 – 2 BvR 547/21, 2 BvR 798/21, NJW 2023, 425 Rn. 136 – Corona-Aufbaufonds; krit. Kahl DVBl 2013, 197 (201 f.); Gröpl Der Staat 52 (2013), 1 (14).
[259] BVerfG 6.12.2022 – 2 BvR 547/21, 2 BvR 798/21, NJW 2023, 425 Rn. 149 – Corona-Aufbaufonds; dem überwiegend zustimmend Goldmann NVwZ 2023, 791 (796).
[260] BVerfG 6.12.2022 – 2 BvR 547/21, 2 BvR 798/21, NJW 2023, 425 Rn. 136 – Corona-Aufbaufonds.
[261] Beschluss (EU, Euratom) 2020/2053 des Rates vom 14.12.2020 über das Eigenmittelsystem der Europäischen Union und zur Aufhebung des Beschlusses 2014/335/EU, Euratom.
[262] BVerfG 6.12.2022 – 2 BvR 547/21, 2 BvR 798/21, NJW 2023, 425 (425) – Corona-Aufbaufonds; Ruffert JuS 2023, 277 (277).
[263] BVerfG 6.12.2022 – 2 BvR 547/21, 2 BvR 798/21, NJW 2023, 425 Rn. 149 – Corona-Aufbaufonds.

Ergebnis für unbegründet. Dabei erkennt es auch „den weiten haushaltspolitischen Einschätzungsspielraum des Bundestages" an. Weist allerdings zugleich aufgrund nicht auszuschließender „erhebliche[r] Risiken für den Bundeshaushalt" darauf hin, dass die Bundesregierung und der Bundestag aufgrund ihrer Integrationsverantwortung verpflichtet seien, „die Verwendung der Mittel aus NGEU und die Entwicklung des mit ihm verbundenen Haftungsrisikos für den Bundeshaushalt fortlaufend zu beobachten und gegebenenfalls geeignete Maßnahmen zum Schutz des Bundeshaushalts zu ergreifen".[264] Die Entscheidung stieß indes in den eigenen Reihen des befassten Senats auf Kritik. So kam Verfassungsrichter *Müller,* der das Urteil nicht mittrug, in seinem Sondervotum unter anderem zu dem Ergebnis, dass die Entscheidung aufgrund der erheblichen Bedenken über die Vereinbarkeit des Eigenmittelbeschlusses 2020 mit dem Primärrecht dem EuGH hätte vorgelegt werden müssen. Ferner habe nach seiner Einschätzung keine „effektive Ultra-vires-Kontrolle" stattgefunden.[265]

74 Inwieweit sich aus der „Schuldenbremse" in Art. 109 Abs. 3, 5 GG, Art. 109a GG, Art. 115 Abs. 2 GG, Art. 143d GG eine weitergehende Begrenzung ergibt, ließ das BVerfG bislang offen.[266]

75 Unproblematisch ist schließlich, wenn zugleich völkerrechtlich eine vordergründig irreversible Bindung an diese oder vergleichbare im Grundgesetz bereits verankerte haushaltsrechtliche Maßstäbe festgeschrieben wird. Denn nach allgemeinen völkerrechtlichen Grundsätzen ist eine Lösung von solchen Verpflichtungen möglich und damit eine nachträgliche Grundgesetzänderung nicht ausgeschlossen.[267] Eine Rüge des Art. 14 Abs. 1 GG iVm Art. 88 S. 2 GG wegen der Einleitung einer inflationären Entwicklung kommt allenfalls bei einer evidenten und erheblichen Minderung des Geldwerts in Betracht.[268]

76 In **verfahrensrechtlicher Hinsicht** müssen die in Art. 23 GG verbürgten **Beteiligungsrechte** von Bundestag und Bundesrat bei der Mitwirkung auf europäischer Ebene entsprechend formalgesetzlich ausgestaltet sein.[269] Soweit Änderungs-, Brücken- und Flexibilitätsklauseln vereinfachte Änderungen des Primärrechts ermöglichen, muss deren Aktivierung an einen hinreichenden Mitwirkungsakt durch Bundestag und Bundesrat geknüpft werden.[270] Jede Form der Vertragsänderung bedarf einer qualifizierten Zustimmung durch förmliches Gesetz iSd Art. 23 Abs. 1 S. 3 GG iVm Art. 79 Abs. 2 GG, soweit hierdurch zugleich das GG geändert wird.[271] Für eine Ausfüllung von allgemeinen Brückenklauseln genügt jedoch dann eine parlamentarische Zustimmung – ohne förmliches Gesetz –, wenn die sachgebietsspezifischen Brückenklauseln bereits „hinreichend bestimmt" sind.[272] Allerdings sollen vereinfachte Vertragsänderungen auf Grundlage des Art. 48 Abs. 3 AEUV nicht daraufhin überprüfbar sein, ob deren Voraussetzungen tatsächlich vorlagen, da das Unionsrecht keine mitgliedstaatliche Parlamentsbeteiligung bei der Entscheidung über die

---

[264] So zum Ganzen BVerfG 6.12.2022 – 2 BvR 547/21, 2 BvR 798/21, NJW 2023, 425 Rn. 211 – Corona-Aufbaufonds.
[265] BVerfG 6.12.2022 – 2 BvR 547/21, 2 BvR 798/21, NJW 2023, 425 (443 ff.), Abweichende Meinung des Richters Müller, Rn. 2 – Corona-Aufbaufonds; siehe dazu auch Meyer EuZW 2023, 221 (225 f.). Diese Kritik teilend Schwarze EuR 2023, 30 (34); vgl. auch Steinbach/Grund NJW 2023, 405 (409 f.).
[266] BVerfG 7.9.2011 – 2 BvR 987/10 ua, NJW 2011, 2946 (2952) – Griechenland-Hilfe; BVerfG 12.9.2012 – 2 BvE 6/12 ua, NJW 2012, 3145 Rn. 224, 300 ff. – ESM/Fiskalpakt; krit. hierzu Pagenkopf NVwZ 2011, 1473 (1478 f.); Kube/Reimer ZG 2011, 332 (338, 340, 343 f.); wohl auch Mayer/Heidfeld NJW 2012, 422 (425).
[267] BVerfG 12.9.2012 – 2 BvE 6/12 ua, NJW 2012, 3145 Rn. 319 – ESM/Fiskalpakt; strenger Schorkopf VVDStRL 71 (2012), 183 (217); zurückhaltender Schorkopf NVwZ 2012, 1273 (1276).
[268] BVerfG 12.9.2012 – 2 BvE 6/12 ua, NJW 2012, 3145 Rn. 200, 219 – ESM/Fiskalpakt; krit. Kahl DVBl 2013, 197 (198 f.); Elicker/Heintz DVBl 2012, 141 (142 f.), weitergehend Pagenkopf NVwZ 2011, 1473 (1475 ff.).
[269] Deswegen bedurfte die nationale Begleitgesetzgebung auch der Nachbesserung; vgl. hierzu Calliess, Die neue Europäische Union nach dem Vertrag von Lissabon, 2010, S. 273 ff.; Nettesheim NJW 2010, 177 ff.; Schröder DÖV 2010, 303 ff.
[270] BVerfG 30.6.2009 – 2 BvE 2/08 ua, NJW 2009, 2267 (2289, 2293, 2295) – Lissabon.
[271] BVerfG 30.6.2009 – 2 BvE 2/08 ua, NJW 2009, 2267 (2281) – Lissabon.
[272] BVerfG 30.6.2009 – 2 BvE 2/08 ua, NJW 2009, 2267 (2283) – Lissabon.

Art des Vertragsänderungsverfahrens vorsieht.²⁷³ Wie die durch Art. 23 Abs. 1 S. 2 GG ermöglichten Hoheitsrechtsübertragungen von jenen abzugrenzen sind, die ausweislich des Art. 23 Abs. 1 S. 3 GG der Zustimmung der in Art. 79 Abs. 2 GG bezeichneten Mehrheiten bedürfen, ist im Detail ungeklärt.²⁷⁴ Einer Zustimmung durch den Bundesrat bedarf es nach verbreiteter Auffassung bei jeder Änderung der Verträge zur Europäischen Union.²⁷⁵ Art. 23 Abs. 1 S. 2 GG ist hiernach nur eine lex specialis zu Art. 59 Abs. 2 S. 1 GG in Angelegenheiten der Europäischen Union. Diese Auffassung verkennt jedoch, dass Hoheitsrechte im engeren Sinne nur übertragen werden, wenn zumindest „vordem tatsächlich gegebene oder rechtlich mögliche Herrschaftsrechte zugunsten fremder Herrschaftsgewalt zurückgenommen"²⁷⁶ werden. Liegen diese Voraussetzungen nicht vor, gelten für inhaltlich verfassungsändernde Fortentwicklungen der Europäischen Union nur die Bindungen des Art. 23 Abs. 1 S. 3 GG iVm Art. 79 Abs. 2, 3 GG.²⁷⁷

cc) Ultra-Vires-Kontrolle – übertragene Kompetenzen. Bereits im Maastricht-Urteil **77** nahm das BVerfG für sich die Kompetenz in Anspruch zu überprüfen, „ob Rechtsakte der europäischen Einrichtungen und Organe sich in den Grenzen der ihnen eingeräumten Hoheitsrechte halten oder aus ihnen ausbrechen."²⁷⁸ Hiergegen wird eingewandt, die Kontrolle von Sekundärrechtsakten der Unionsorgane anhand der primärrechtlichen Vorgaben obliege gem. Art. 19 Abs. 1 EUV ausschließlich dem EuGH. Parallele Kontrollbefugnisse durch innerstaatliche Gerichte gefährdeten die einheitliche Auslegung und den Vorrang des Unionsrechts.²⁷⁹ Trotz dieser Kritik hat das BVerfG seine Auffassung im Zuge des Lissabon-Urteils bestätigt und in seinem Honeywell-Beschluss die Voraussetzungen näher konkretisiert. Es verweist auf die Prinzipien der Kooperation und der gegenseitigen Rücksichtnahme gegenüber dem EuGH, aufgrund derer den Gerichten der Mitgliedstaaten – als den „Herren der Verträge" – in den „seltenen Grenzfällen möglicher Kompetenzüberschreitung seitens der Unionsorgane" eine „zurückhaltende und europarechtsfreundliche" Ausübung der Ultra-vires-Kontrolle zuzugestehen sei.²⁸⁰

Das BVerfG erkennt an, dass das Bekenntnis des GG zur europäischen Integration eine **78** politische Entwicklung und eine eigenständige Willensbildung durch die Unionsorgane bedingt. Das grundsätzliche Bekenntnis zur Besitzstandswahrung (acquis communitaire), die wirksame Kompetenzauslegung im Sinne der implied-powers-Lehre sowie das Prinzip des effet-utile sind tragende Prinzipien des Unionsrechts.²⁸¹ Wenn die Unionsorgane Zuständigkeiten neu begründen, erweitern, abrunden oder sachlich ausdehnen, besteht die Gefahr, dass diese außerhalb ihrer Ermächtigung handeln. Überschreiten die Unionsorgane die Grenzen ihrer Zuständigkeiten, steht dem BVerfG die Kompetenz zur Ultra-vires-Kontrolle zu. Es überprüft, „ob Rechtsakte der europäischen Organe und Einrichtungen sich unter Wahrung des gemeinschafts- und unionsrechtlichen Subsidiaritätsprinzips (Art. 5 Abs. 1 S. 2, Abs. 3 EUV) in den Grenzen der ihnen im Wege der begrenzten Einzelermächtigung eingeräumten Hoheitsrechte halten."²⁸²

---

²⁷³ BVerfG 12.9.2012 – 2 BvE 6/12 ua, NJW 2012, 3145 Rn. 9.
²⁷⁴ Vgl. nur Ohler AöR 2010, 153 (156 f.); Kottmann/Wohlfahrt ZaöRV 2009, 443 (459 f.); Kirchhof NJW 2013, 1 (3); Lorz/Sauer EuR 2012, 682 (685 f.).
²⁷⁵ Vgl. zu dieser Auffassung nur Lorz/Sauer DÖV 2012, 573 (575 ff.); EuR 2012, 682 (685 ff.); Wollenschläger DVBl 2012, 713 (714 f.).
²⁷⁶ BVerfG 18.12.1984 – 2 BvE 13/83, BVerfGE 68, 1 (90) = NJW 1985, 603; vgl. hierzu auch Möllers/Reinhardt JZ 2012, 693 (695).
²⁷⁷ Hierzu Kube WM 2012, 245 (247).
²⁷⁸ BVerfG 12.10.1993 – 2 BvR 2134/92 ua, BVerfGE 89, 155 (188) = NJW 1993, 3047 – Maastricht.
²⁷⁹ Vgl. zur Kritik Haratsch EuR-Beiheft 3/2008, 81 (98 ff.); Ohler AöR 2010, 153 (163 f.); Lenz ZRP 2010, 22 ff.; Proeß EuR 2011, 241 (247 ff.).
²⁸⁰ BVerfG 6.7.2010 – 2 BvR 661/06, NJW 2010, 3422 (3424) – Honeywell; hierzu Voßkuhle NJW 2013, 1329 (1331).
²⁸¹ BVerfG 30.6.2009 – 2 BvE 2/08 ua, NJW 2009, 2267 (2272) – Lissabon.
²⁸² BVerfG 30.6.2009 – 2 BvE 2/08 ua, NJW 2009, 2267 (2272) – Lissabon mwN; Kahl DVBl 2013, 197 (199).

79 Die im Einzelfall geltenden Maßstäbe wurden durch den Honeywell-Beschluss des BVerfG präzisiert und fortentwickelt. Eine Kompetenzüberschreitung liegt danach vor, wenn der Verstoß durch den Unionsrechtsakt **„hinreichend qualifiziert"** ist.[283] Das BVerfG nimmt damit ausdrücklich auf das Tatbestandsmerkmal aus dem europäischen Haftungsrecht – die Rechtssache *Fresh Marine* des EuGH[284] – Bezug. Eine **„hinreichend qualifizierte"** Kompetenzüberschreitung setzt damit voraus, „dass das kompetenzwidrige Handeln der Unionsgewalt **offensichtlich** ist und der angegriffene Akt im Kompetenzgefüge zwischen Mitgliedstaaten und Union im Hinblick auf das Prinzip der begrenzten Einzelermächtigung und die rechtsstaatliche Gesetzesbindung strukturell **erheblich** ins Gewicht fällt."[285] Insbesondere bestehen keine Generalermächtigungen oder die Kompetenz, sich weitere Kompetenzen zu verschaffen.[286] Ein Ultra-vires-Akt liegt also vor, wenn entweder ein neuer Kompetenzbereich für die Union zu Lasten der Mitgliedstaaten begründet wird oder eine bestehende Kompetenz mit dem Gewicht einer Neubegründung ausgedehnt wird.[287] Es muss eine gewichtige Verschiebung im **Kompetenzgefüge** vorliegen, die sich nicht auf Einzelfälle beschränkt, und belastende Wirkungen auf Grundrechte entstehen lässt, deren Belastungen nicht innerstaatlich ausgeglichen werden können.[288] Die Grenze zur verfassungsrechtlich erheblichen „strukturwirksamen Kompetenzverschiebung" muss nicht aufgrund einer isolierten Betrachtung eines Einzelaktes begründet sein.[289] Die Kompetenzüberschreitung kann sich auch aus der Zusammenschau einer fortschreitenden Entwicklung von Einzelakten ergeben.

80 Welche konkreten Anforderungen damit an das Handeln der einzelnen Unionsorgane zu stellen sind, hat das BVerfG bislang nur für die Rechtsprechungstätigkeit des EuGH präzisiert. So ist dem EuGH die Befugnis zur „Rechtsfortbildung in methodisch gebundener Rechtsprechung" zuzugestehen,[290] solange sie nicht „praktisch kompetenzbegründend" wirkt[291] und einer Rechtsetzung mit politischem Gestaltungsspielraum gleichkommt.[292] Einen Ultra-vires-Akt nähme das BVerfG bspw. an, wenn der EuGH für eine Bindung der Mitgliedstaaten durch die in der Grundrechte-Charta niedergelegten Grundrechte der Europäischen Union jeden sachlichen Bezug einer Regelung zum bloß abstrakten Anwendungsbereich des Unionsrechts oder rein tatsächliche Auswirkungen auf dieses ausreichen ließe.[293] Die europäische Charta der Grundrechte kann kompetenzgemäß nur in unmittelbar „unionsrechtlich geregelten Fallgestaltungen, aber nicht außerhalb derselben Anwendung finden".[294] Im Übrigen sind die „unionseigenen Methoden der Rechtsfindung" zu respektieren und ein „Anspruch auf Fehlertoleranz" einzuräumen.[295] Einen entsprechenden Anspruch auf Fehlertoleranz wird man anderen Unionsorganen allenfalls zugestehen können, wenn sich die betroffenen Rechtsakte auf einen klar umgrenzten Adressatenkreis beziehen und keine allgemeinverbindliche Wirkung entfalten.

---

[283] BVerfG 6.7.2010 – 2 BvR 661/06, NJW 2010, 3422 (3424) – Honeywell.
[284] EuGH 10.7.2003 – C-472/00 P, Slg. I-7541 Rn. 26 f. = BeckRS 2004, 77413 – Fresh Marine.
[285] BVerfG 6.7.2010 – 2 BvR 661/06, NJW 2010, 3422 (3424) – Honeywell; BVerfG 2 BvR 2728/13 ua, NJW 2014, 907 (908); BVerfG 5.5.2020 – 2 BvR 859/15 ua, NJW 2020, 1647 (1651) – PSPP; so bereits Steiner EuZA 2 (2009), 140 (148); gegen diese Verengung Gerken/Rieble/Roth/Stein/Streinz, „Mangold" als ausbrechender Rechtsakt, 2009, S. 63.
[286] BVerfG 6.7.2010 – 2 BvR 661/06, NJW 2010, 3422 (3425) – Honeywell.
[287] BVerfG 6.7.2010 – 2 BvR 661/06, NJW 2010, 3422 (3426) – Honeywell.
[288] BVerfG 6.7.2010 – 2 BvR 661/06, NJW 2010, 3422 (3425 f.) – Honeywell; Calliess, Die neue Europäische Union nach dem Vertrag von Lissabon, 2010, S. 266.
[289] Hierzu Proelß EuR 2011, 241 (254); ähnlich Kirchhof in Isensee/Kirchhof HStR § 214 Rn. 189.
[290] BVerfG 6.7.2010 – 2 BvR 661/06, NJW 2010, 3422 (3424) – Honeywell; ebenso Gerken/Rieble/Roth/Stein/Streinz, „Mangold" als ausbrechender Rechtsakt, 2009, S. 43; Everling EuR 2010, 91 (103); Steiner EuZA 2009, 140 (148).
[291] BVerfG 6.7.2010 – 2 BvR 661/06, NJW 2010, 3422 (3426) – Honeywell.
[292] Frenz EWS 2010, 401 (401).
[293] BVerfG 24.4.2013 – 1 BvR 1215/07, NJW 2013, 1499 Rn. 91 – Antiterrordatei.
[294] BVerfG 24.4.2013 – 1 BvR 1215/07, NJW 2013, 1499 Rn. 91 – Antiterrordatei, unter Verweis auf EuGH 26.2.2013 – C-617//10, NJW 2013, 1415 Rn. 19 ff. – Akerberg Fransson.
[295] BVerfG 6.7.2010 – 2 BvR 661/06, NJW 2010, 3422 (3425) – Honeywell.

Schwierigkeiten wirft die Prämisse des BVerfG auf, die Kompetenzkontrolle auch auf das 81 Subsidiaritätsprinzip zu erstrecken. Das Subsidiaritätsprinzip begrenzt nicht die Kompetenzverteilung, sondern die Ausübung bestehender Kompetenzen.[296] Inwieweit ein Regelungsziel auf Ebene der Mitgliedstaaten iSd Art. 5 Abs. 1 S. 2, Abs. 3 EUV hinreichend verwirklicht werden kann, ist an der Gesamtheit aller Mitgliedstaaten zu messen.[297] Da das BVerfG sich anmaßen müsste, die Leistungsfähigkeit aller Mitgliedstaaten zu beurteilen, ist das Subsidiaritätsprinzip nur eingeschränkt justiziabel. Die Reservekompetenz muss sich auf eine absolute Evidenzkontrolle reduzieren.

C. Verfassungsgerichtlicher Rechtsschutz gegen nationale Ausführungs- und Vollzugsakte

I. Normative Ausführungsakte

Das Unionsrecht enthält vielfach Handlungsgebote gegenüber den Mitgliedstaaten, deren 82 Erfüllung – etwa aus Gründen des Gesetzesvorbehalts – den **Erlass gesetzlicher Regelungen** erfordert. Im sekundärrechtlich geregelten Bereich sind es vorwiegend die Rechtsangleichungsrichtlinien der Union, die den Mitgliedstaaten Rechtsetzungspflichten auferlegen. Wenngleich Art. 288 Abs. 3 AEUV den innerstaatlichen Stellen die Wahl der Form und Mittel überantwortet, sind es aus Gründen des vom EuGH entwickelten Rechtsnormvorbehaltes[298] doch regelmäßig nur die normativen Umsetzungsakte, die eine insgesamt unionsrechtskonforme Verwirklichung der Richtlinienvorgaben ermöglichen. Schließlich können auch mitgliedstaatsgerichtete Beschlüsse (Art. 288 Abs. 4 AEUV) und unionsrechtliche Verordnungen (Art. 288 Abs. 2 AEUV) Rechtsetzungspflichten für die Mitgliedstaaten begründen. Letztere bedürfen zu ihrer innerstaatlichen Wirksamkeit grundsätzlich keiner Umsetzung.[299]

Da es hier regelmäßig um eine unionsrechtlich veranlasste Rechtsetzungstätigkeit der 83 Mitgliedstaaten geht, stellt sich die Frage, ob und in welchem Maße deutsche Rechtsetzungsakte, die zur Ausführung des Unionsrechts ergehen, der verfassungsgerichtlichen Überprüfung unterliegen.

1. Verfahrensarten. Eine verfassungsgerichtliche Überprüfung normativer Ausführungs- 84 akte im Rahmen der Normenkontrollverfahren (Art. 93 Abs. 1 Nr. 2 GG, Art. 100 Abs. 1 GG), der Individualverfassungsbeschwerde (Art. 93 Abs. 1 Nr. 4a GG) sowie des Organstreitverfahrens (Art. 93 Abs. 1 Nr. 1 GG) begegnet keinen grundlegenden Bedenken. Es handelt sich um Rechtsetzungsakte der deutschen Hoheitsgewalt, die grundsätzlich der Überprüfung durch das BVerfG zugänglich sind. Entsprechendes gilt auch für das Bund-Länder-Streitverfahren gem. Art. 93 Abs. 1 Nr. 3 GG.[300]

Im älteren Schrifttum wurde zum Teil die Auffassung vertreten, eine konkrete Normen- 85 kontrolle oder eine Verfassungsbeschwerde sei von vornherein unzulässig, da bei Ausführungsnormen, die sich innerhalb des unionsrechtlichen Rahmens halten, eine Verfassungsverletzung aus Gründen des Vorrangs des Europarechts nicht möglich sei.[301] Diese Auffassung berücksichtigt nicht, dass die europarechtlichen Vorgaben, zu deren Erfüllung der nationale Gesetzgeber tätig wird, ihn nicht davon entbinden können, die nationalen Gesetzgebungsverfahrens- oder Formvorschriften einzuhalten. Die Verletzung solcher Vorschriften kann

---
[296] Vgl. nur Ritzer/Ruttloff EuR 2006, 116 (119, 133).
[297] Everling EuR 2010, 91 (101); Ritzer/Ruttloff EuR 2006, 116 (120).
[298] Vgl. EuGH 28.2.1991 – C-131/88 P, Slg. 1991, I-825 = NVwZ 1991, 973 Rn. 70 ff. – Deutschland/Rat; Classen/Nettesheim in Oppermann/Classen/Nettesheim EuropaR § 9 Rn. 92.
[299] Eine Wiederholung des Regelungsinhalts der Verordnung ist grundsätzlich unionsrechtswidrig, weil hierdurch der unionsrechtliche Ursprung der Regelung verschleiert wird; vgl. Classen/Nettesheim, in Oppermann/Classen/Nettesheim EuropaR § 9 Rn. 79 ff.
[300] Vgl. Streinz, Bundesverfassungsgerichtlicher Grundrechtsschutz und Europäisches Gemeinschaftsrecht, 1989, S. 181 f.
[301] Ipsen EurGemeinschaftsR S. 737 f.; ähnlich Scherer JA 1987, 483 (489).

in jedem Falle im Wege der Verfassungsbeschwerde oder der konkreten Normenkontrolle gerügt werden.[302] Die Reichweite des Anwendungsvorrangs ist kein Problem der Zulässigkeit. Vielmehr betrifft die aus dem Anwendungsvorrang möglicherweise resultierende Fähigkeit des Unionsrechts, Verstöße gegen das nationale Verfassungsrecht zu decken, allein die Begründetheit solcher Verfahren. Denn der Anwendungsvorrang beeinflusst den anzuwendenden Prüfungsmaßstab des BVerfG.[303]

86 Dem rechtsschutzsuchenden Bürger stehen gegen normative Ausführungsakte vor allem die Verfassungsbeschwerde gem. Art. 93 Abs. 1 Nr. 4a GG und die konkrete Normenkontrolle gem. Art. 100 Abs. 1 GG (auf deren Durchführung der Bürger allerdings kaum Einfluss nehmen kann) offen.

87 a) **Individualverfassungsbeschwerde.** Eine nationale Ausführungsnorm ist unabhängig davon, ob es sich um ein formelles Parlamentsgesetz oder eine untergesetzliche Rechtsnorm in Form einer Verordnung oder Satzung handelt, ein zulässiger Gegenstand einer Verfassungsbeschwerde. Die Zulässigkeit des gegen eine Rechtsnorm gerichteten Verfahrens hängt jedoch wesentlich davon ab, dass der Beschwerdeführer behaupten kann, selbst, gegenwärtig und unmittelbar in einer grundrechtlich geschützten Position verletzt zu sein. Gerade an dem **Unmittelbarkeitserfordernis** mangelt es häufig, weil die Ausführungsnorm in der Regel einen weiteren Vollzugsakt erfordert.

88 Als potentielle Beschwerdeführer kommen neben natürlichen und inländischen juristischen Personen auch **ausländische juristische Personen** aus anderen Mitgliedstaaten in Betracht.[304] Art. 19 Abs. 3 GG ist entsprechend erweiternd auszulegen, soweit der Anwendungsbereich des Unionsrechts berührt ist. Dies ist ein Gebot des Anwendungsvorranges, des Diskriminierungsverbots im Rahmen der Grundfreiheiten und des allgemeinen Diskriminierungsverbots aus Art. 18 AEUV.

89 Eine weitere Zulässigkeitshürde ist der Grundsatz der **Subsidiarität** der Verfassungsbeschwerde. Danach sind über das Gebot der Rechtswegerschöpfung gem. § 90 Abs. 2 BVerfGG hinaus zuvor alle im Rahmen des fachgerichtlichen Verfahrens gegebenen Möglichkeiten zu nutzen, um der Rechtsverletzung abzuhelfen.[305] Zur Rechtswegerschöpfung zählen auch alle Möglichkeiten instanzgerichtlicher Inzidentkontrolle.[306] Das BVerfG propagiert teilweise, dass es dem Grundsatz der Subsidiarität widersprechen kann, wenn gegenüber dem Instanzgericht nicht hinreichend substantiiert eine Vorlage nach Art. 267 AEUV angeregt wurde, sofern hierzu begründeter Anlass bestand.[307] Begründeter Anlass soll insbes. bestehen, wenn eine Rechtsmittelzulassung begehrt wird, um eine Vorlage an den EuGH nach Art. 267 Abs. 3 AEUV durch das letztinstanzliche Rechtsmittelgericht sicherzustellen.[308] Damit werden die Zulässigkeitsanforderungen jedoch überspannt. Schließlich besteht kein Antragsrecht auf Vorlage zum EuGH. Ferner sind die Instanzgerichte zur sorgfältigen Prüfung der Vorlagepflichten auf Grundlage des Sachvortrags gehalten – *iura novit curia*.[309] Aus diesen Gründen lässt es das BVerfG nunmehr grundsätzlich genügen, wenn das Vorbringen bei rechtlicher Prüfung durch das Fachgericht eine Vorlage

---

[302] Vgl. Moench/Sander in Rengeling, Handbuch zum europäischen und deutschen Umweltrecht, Bd. I, 2. Aufl. 2003, § 46 Rn. 38.
[303] Vgl. Streinz, Bundesverfassungsgerichtlicher Grundrechtsschutz und Europäisches Gemeinschaftsrecht, 1989, S. 181.
[304] BVerfG 19.7.2011 – 1 BvR 1916/09, NJW 2011, 3428 (3430 ff.); ebenso bereits Zuck EuGRZ 2008, 680 ff.
[305] BVerfG 18.12.2007 – 2 BvR 2680/07, NVwZ-RR 2008, 611 (611 f.) mwN.
[306] Lechner/Zuck, BVerfGG, 8. Aufl. 2019, BVerfGG § 90 Rn. 167.
[307] BVerfG 18.12.2007 – 2 BvR 2680/07, NVwZ-RR 2008, 611 (612); ähnlich BVerfG 25.2.2004 – 1 BvR 2016/01, NVwZ 2004, 977 (979); BVerfG 9.9.2017 – 1 BvR 2560/15, BeckRS 2017, 129998; BVerfG 27.11.2017 – 1 BvR 1555/14, NVwZ 2018, 407; zust. Lechner/Zuck, BVerfGG, 8. Aufl. 2019, § 90 Rn. 167; zust. Scheffczyk NVwZ 2020, 979; Roth NVwZ 2009, 345 (348).
[308] BVerfG 21.11.2011 – 2 BvR 516/09 ua, NJW 2012, 598 (599 f.).
[309] Vgl. Terhechte EuR 2008, 567 (569).

an den EuGH als naheliegend erscheinen lässt.[310] Letztinstanzliche Gerichte sind ferner gem. Art. 267 Abs. 3 AEUV von Amts wegen zur Vorlage verpflichtet, so dass ein Hinweis grundsätzlich entbehrlich ist.[311]

b) Normenkontrolle. Die praktische Bedeutung der konkreten Normenkontrolle gem. Art. 100 Abs. 1 GG für den Rechtsschutz des Bürgers ist durch ihren nur **begrenzten Prüfungsgegenstand** eingeschränkt. In diesem Verfahren sind nur förmliche Gesetze des Bundes und der Länder vorlagefähig,[312] während die Kontrolle und Verwerfung untergesetzlicher Ausführungsakte den Verwaltungsgerichten obliegt. 90

Eine ähnliche Begrenzung des Prüfungsgegenstandes kennt die abstrakte Normenkontrolle gem. Art. 93 Abs. 1 Nr. 2 GG nicht.[313] Auf Antrag der Bundesregierung, einer Landesregierung oder eines Drittels der Mitglieder des Bundestages kann Unionsrecht ausführendes Bundes- oder Landesrecht auf **Gesetzes- oder Verordnungsebene** auf seine Verfassungsmäßigkeit hin überprüft werden. 91

c) Organstreitverfahren. Im Organstreitverfahren gem. Art. 93 Abs. 1 Nr. 1 GG entscheidet das BVerfG Streitigkeiten über den Umfang der Rechte und Pflichten oberster Bundesorgane oder anderer Beteiligter. Gegenstand dieses Verfahrens ist also nicht der normative Ausführungsakt als solcher. Dieses Verfahren kommt etwa in Betracht, wenn der Bundestag einer ihm obliegenden Pflicht zur normativen Ausführung des Unionsrechts nicht oder verspätet nachkommt. Denkbar ist ferner, dass der Bundespräsident die Ausfertigung und Verkündung eines gesetzlichen Ausführungsaktes verweigert, obwohl dieser nach Meinung des Antragstellers aufgrund einer Richtlinie in Kraft treten muss.[314] 92

d) Bund-Länder-Streit. Nach Art. 93 Abs. 1 Nr. 3 GG entscheidet das BVerfG auch über Meinungsverschiedenheiten hinsichtlich der Rechte und Pflichten des Bundes und der Länder. Dieses Verfahren des Bund-Länder-Streits kommt im hier interessierenden Zusammenhang etwa dann in Betracht, wenn das zuständige Organ eines Bundeslandes Ausführungsvorschriften, die unionsrechtlich gefordert sind, nicht erlässt oder die Verwaltungsbehörden eines Bundeslandes unmittelbar wirkendes Unionsrecht nicht oder unrichtig vollziehen.[315] 93

2. Besondere Sachentscheidungsvoraussetzungen und Prüfungsmaßstab. Soweit mitgliedstaatliches Ausführungsrecht unionsrechtlich geboten ist, unterliegt die rechtsetzende Stelle in der Bundesrepublik Deutschland den Anforderungen der Art. 1 Abs. 3 GG und Art. 20 GG. Die hieraus resultierenden Bindungen entfallen auch nicht, soweit die entsprechenden nationalen Normen in Erfüllung unionsrechtlicher Pflichten erlassen werden.[316] Anders als im Falle der Überprüfung der Zustimmungsgesetze bildet die jeweilige nationale Ausführungsnorm auch nicht bloß den formalen Anknüpfungspunkt zur (mittelbaren) verfassungsgerichtlichen Kontrolle des Unionsrechts, sondern Prüfungsgegenstand ist allein das nationale Recht. 94

Dennoch kann durch die Überprüfung der nationalen Ausführungsnorm das Unionsrecht berührt werden. Hier ist nach der **Art des Verfassungsverstoßes** zu unterscheiden.[317] Er 95

---
[310] BVerfG 19.7.2011 – 1 BvR 1916/09, NJW 2011, 3428 (3433 f.); Britz NJW 2012, 1313 (1315).
[311] BVerfG 21.11.2011 – 2 BvR 516/09 ua, NJW 2012, 598 (599 f.).
[312] Vgl. Siekmann in v. Mangoldt/Klein/Starck GG Art. 100 Abs. 1 Rn. 19 ff.; Sturm/Detterbeck in Sachs GG Art. 100 Rn. 7 ff. mwN.
[313] Vgl. Lechner/Zuck, BVerfGG, 8. Aufl. 2019, BVerfGG § 76 Rn. 10 ff.
[314] Vgl. Rengeling DVBl 1986, 306 (312), mit weiteren Beispielen.
[315] Vgl. Rengeling DVBl 1986, 306 (312).
[316] Vgl. BVerfG 14.5.2007 – 1 BvR 2036/05, NVwZ 2007, 942 (942) – Emissionshandel II; Augsberg DÖV 2010, 153 (155).
[317] Vgl. BVerfG 9.1.2001 – 1 BvR 1036/99, EuZW 2001, 255 (255); BVerfG 20.7.2004 – 1 BvR 1270/04, NVwZ 2004, 1346 (1346 f.); BVerfG 13.3.2007 – 1 BvF 1/05, NVwZ 2007, 937 (938) – Emissionshandel I; BVerfG 14.5.2007 – 1 BvR 2036/05, NVwZ 2007, 942 (942) – Emissionshandel II; BVerfG 2.3.2010 – 1 BvR 256/08 ua, NJW 2010, 833 (835) – Vorratsdatenspeicherung I.

kann sich zunächst aus der unionsrechtlichen Vorgabe selbst ergeben, die das nationale Recht umsetzt, mithin unionsbedingt sein. Oder er beruht auf sonstigen Verfassungsverstößen formeller oder materieller Art – namentlich im Falle unionsrechtlich vorgesehener Regelungsspielräume. Während sich der erstgenannte Verstoß dauerhaft auf das Unionsrecht auswirkt, bedingt letzterer lediglich eine Verzögerung der Ausführung des Unionsrechts. Diesen unterschiedlichen Folgen muss der anzulegende Prüfungsmaßstab Rechnung tragen.

96 **a) Unionsrechtlich bedingte Verfassungsverstöße.** Ein unionsrechtlich bedingter Verfassungsverstoß liegt vor, wenn die rechtsetzende Stelle der unionsrechtlichen Pflicht nur unter Verletzung ihrer Bindungen aus Art. 1 Abs. 3 GG, Art. 20 GG nachkommen kann.[318] Dies gilt für notwendige Ausführungsnormen zu unionsrechtlichen Verordnungen, die der nationalen Rechtsetzungsinstanz keinen Regelungsfreiraum belassen, um die unionsrechtlichen Erfordernisse mit den Bindungen der nationalen Verfassung in Einklang zu bringen.[319] Fälle dieser Art sind gleichfalls vorstellbar im Bereich der normativen Umsetzung unionsrechtlicher Richtlinien, die entweder detaillierte Vorgaben enthalten oder deren Umsetzungsspielraum nicht ausreicht, um eine sowohl dem Unionsrecht wie auch der nationalen Verfassung entsprechende Regelung zu treffen.[320] Letzteres kann bereits der Fall sein, wenn eine Richtlinie eine allgemeine „Systementscheidung" vorgibt.[321] Unerheblich ist hingegen, ob der Richtlinie ausnahmsweise wie einer Verordnung unmittelbare Wirkung zukommt. Denn die mitgliedstaatliche Umsetzungspflicht nach Art. 288 Abs. 3 AEUV besteht unabhängig davon, ob die Voraussetzungen der unmittelbaren Anwendbarkeit erfüllt sind.[322]

97 Die Annahme der Verfassungswidrigkeit der nationalen Ausführungsnorm bedeutete eine dauerhafte Beeinträchtigung der einheitlichen und gleichmäßigen Wirksamkeit der unionsrechtlichen Vorgabe. Um dies zu vermeiden, können hier keine anderen Anforderungen im Rahmen der Zulässigkeit (vgl. → Rn. 41 ff.) und kein anderer Kontrollmaßstab (vgl. → Rn. 61 ff.) gelten als bei der verfassungsgerichtlichen Überprüfung der Zustimmungsgesetze. Eine innerstaatliche Rechtsvorschrift, die eine Richtlinie in deutsches Recht umsetzt, wird grundsätzlich nicht an den **Grundrechten des Grundgesetzes** gemessen, soweit das Unionsrecht keinen Umsetzungsspielraum lässt, sondern zwingende Vorgaben macht.[323] Dann reduziert sich der an das unionsrechtlich determinierte Ausführungsrecht anzulegende Kontrollmaßstab auf jene Mindestanforderungen, die zu den unverzichtbaren Bestandteilen der geltenden Verfassungsordnung nach Art. 23 Abs. 1 GG zählen.[324] Ob das Bundesverfassungsgericht daneben eine Kontrolle der Rechtsvorschrift anhand der Grundrechtecharta vornimmt, ist bislang nicht geklärt. Ein derartiges Vorgehen wird aber seit den Bundesverfassungsgerichtsentscheidungen Recht auf Vergessen I und II sowie „Europäischer Haftbefehl" verbreitet befürwortet.[325]

98 Eine Reduzierung des Kontrollmaßstabs auf die verfassungsrechtlichen Mindestanforderungen nach Art. 23 Abs. 1 GG gilt ferner in den Fällen, in denen die ausfüllungsbedürftigen Unionsrechtsakte die **nationale Identität verletzen** oder **ultra vires** ergan-

---

[318] Vgl. Streinz, Bundesverfassungsgerichtlicher Grundrechtsschutz und Europäisches Gemeinschaftsrecht, 1989, S. 182.
[319] Vgl. Streinz, Bundesverfassungsgerichtlicher Grundrechtsschutz und Europäisches Gemeinschaftsrecht, 1989, S. 185 f.
[320] Vgl. BVerfG 2.3.2010 – 1 BvR 256/08 ua, NJW 2010, 833 (835) – Vorratsdatenspeicherung I.
[321] BVerfG 14.5.2007 – 1 BvR 2036/05, NVwZ 2007, 942 (942) – Emissionshandel II.
[322] BVerfG 13.3.2007 – 1 BvF 1/05, NVwZ 2007, 937 (938) – Emissionshandel I.
[323] BVerfG 20.7.2004 – 1 BvR 1270/04, NVwZ 2004, 1346 (1346 f.); BVerfG 13.3.2007 – 1 BvF 1/05, NVwZ 2007, 937 (938) – Emissionshandel I; BVerfG 14.5.2007 – 1 BvR 2036/05, NVwZ 2007, 942 (942) – Emissionshandel II; BVerfG 2.3.2010 – 1 BvR 256/08 ua, NJW 2010, 833 (835) – Vorratsdatenspeicherung I.
[324] Vgl. Moench/Sander in Rengeling, Handbuch zum europäischen und deutschen Umweltrecht, Bd. I, 2. Aufl. 2003, § 46 Rn. 42; Streinz, Bundesverfassungsgerichtlicher Grundrechtsschutz und Europäisches Gemeinschaftsrecht, 1989, S. 182, spricht von einer „mittelbaren Überprüfung des Gemeinschaftsrechts im weiteren Sinne".
[325] Scheffczyk NVwZ 2020, 977 (981); Hofmann/Heger EuGRZ 2021, 1 (9).

gen sind. Erginge ein identitätsverletzender oder ein Ultra-vires-Unionsakt in Gestalt einer Verordnung, käme eine Identitäts- oder eine Ultra-vires-Kontrolle ohne Weiteres nach den oben dargelegten Grundsätzen in Betracht. Soweit ein entsprechender Regelungsinhalt einer Richtlinie eine – vermeintliche – Umsetzungspflicht begründet, die iErg zu einem nationalen Umsetzungsakt geführt hat, müssen ebenfalls dieselben Anforderungen im Rahmen der Zulässigkeit (vgl. → Rn. 41 ff.) und derselbe Kontrollmaßstab (vgl. → Rn. 61 ff.) heranzuziehen sein.[326] Denn der nationale Umsetzungsakt beruht letztlich auf unionsrechtlichen Vorgaben, die nicht von der nationalen Hoheitsübertragung erfasst sind und dadurch innerstaatlich keine allgemeine Rechtswirkung und damit keine Umsetzungspflicht entfalten können. Der Umsetzungsakt ist auch nicht auf eine hinreichend demokratisch legitimierte eigene Willensbildung des nationalen Parlaments zurückzuführen, soweit dieses lediglich der vermeintlichen Umsetzungspflicht genügen wollte,[327] und damit ebenfalls unanwendbar. Im Bereich der unionsrechtlich bedingten Verfassungsverstöße sind die Grundsätze der Identitätskontrolle und der Ultra-vires-Kontrolle also entsprechend heranzuziehen.

b) Allein ausführungsbedingte Verfassungsverstöße. Anders gestaltet sich die rechtliche Lage, wenn Verfassungsverstöße **nicht unionsbedingt** sind, sondern ihre Ursache allein in der nationalen Ausführungsmaßnahme angelegt ist. Zu denken ist etwa an formelle Mängel im Gesetzgebungsverfahren oder – bspw. bei der Umsetzung von Richtlinien – eine nichtverfassungskonforme Ausfüllung des unionsrechtlich eröffneten Regelungsspielraums, der unter Wahrung der Bindungen aus Art. 1 Abs. 3 GG, Art. 20 Abs. 3 GG hätte ausgestaltet werden können.[328] Dasselbe gilt, wenn der EuGH – im Rahmen eines Vorabentscheidungs- oder auch eines sonstigen Verfahrens – die zugrundeliegende Richtlinie für ungültig erklärt hat. Das deutsche Umsetzungsgesetz ist dann kein unionsbedingter Rechtsakt mehr und damit in vollem Umfang an den **Vorgaben des nationalen Verfassungsrechts** zu messen.[329] Daher ist eine Verfassungsklage grundsätzlich auch ohne Weiteres zulässig, soweit dem Antragsteller gegen ein Umsetzungsgesetz keine Rechtsschutzmöglichkeit vor den Fachgerichten offensteht und er daher die Verfassungsklage gerade erhebt, um eine Vorlage nach Art. 267 AEUV an den EuGH durch das BVerfG zu bewirken und in der Folge eine uneingeschränkte Kontrolle anhand des Verfassungsrechts zu ermöglichen.[330] Eine Beschränkung der Zulässigkeit aufgrund der „Reservekompetenz" des BVerfG gilt in diesen Fällen nicht. Das BVerfG prüft jedoch vorrangig, ob überhaupt verfassungsrechtliche Bedenken bestehen oder ob ein Vorlageverfahren schon mangels Entscheidungserheblichkeit entbehrlich ist.[331]

Eine **besondere Zulässigkeitsvoraussetzung** hat das BVerfG in diesem Zusammenhang für die **konkrete Normenkontrolle** aufgestellt. Der umfassende Prüfungsmaßstab des BVerfG ist bei ausführungsbedingten Verfassungsverstößen nur eröffnet, wenn ein entsprechender unionsrechtlicher Umsetzungsspielraum besteht. Das vorlegende Gericht muss daher vorab klären, inwieweit das Gesetz, auf verbindlichen Vorgaben des Unionsrechts beruht.[332] Es handelt sich insofern um eine spezielle Ausprägung des Grundsatzes der Subsidiarität, die ausnahmsweise den Nachrang des verfassungsgerichtlichen Verfahrens

---

[326] Ähnlich auch Holz NVwZ 2007, 1153 (1155).
[327] Vgl. hierzu ausf. Payandeh DVBl 2007, 141 ff.
[328] Vgl. Hillgruber in Schmidt-Bleibtreu/Hofmann/Henneke GG Art. 23 Rn. 58; weitere Beispiele bei Streinz, Bundesverfassungsgerichtlicher Grundrechtsschutz und Europäisches Gemeinschaftsrecht, 1989, S. 183 ff.
[329] Vgl. BVerfG 13.3.2007 – 1 BvF 1/05, NVwZ 2007, 937 (938) – Emissionshandel I; BVerfG 2.3.2010 – 1 BvR 256/08 ua, NJW 2010, 833 (835) – Vorratsdatenspeicherung I; BVerfG 28.2.2012 – 1 BvR 1299/05, NJW 2012, 1419 (1421) – Vorratsdatenspeicherung II; für eine Differenzierung nach formellen und materiellen Nichtigkeitsgründen der Richtlinie: Heck NVwZ 2008, 523 (524 f.).
[330] BVerfG 2.3.2010 – 1 BvR 256/08 ua, NJW 2010, 833 (835) – Vorratsdatenspeicherung I; BVerfG 28.2.2012 – 1 BvR 1299/05, NJW 2012, 1419 (1421) – Vorratsdatenspeicherung II.
[331] Vgl. BVerfG 12.9.2012 – 2 BvE 6/12 ua, NJW 2012, 3145 Rn. 254 ff. – ESM/Fiskalpakt.
[332] BVerfG 1 BvL 3/08, NJW 2012, 45 (45 ff.); eing. Wendel EuR 2012, 213 ff.

gegenüber der Vorlage an den EuGH postuliert.³³³ Das vorlegende Gericht trifft dabei eine **besondere Begründungs- und Darlegungslast,** dass das Unionsrecht für die in Streit stehende Frage einen entsprechenden **Umsetzungsspielraum** belässt.³³⁴ Nur dann unterliegt die Vorlagefrage uneingeschränkt der Prüfung der Grundrechtskonformität und der Verfassungsmäßigkeit durch das BVerfG. Ist die Reichweite eines entsprechenden unionsrechtlichen Umsetzungsspielraum unklar – sind die Voraussetzungen der *acte clair*-Doktrin also nicht gegeben –, verdichtet sich auch für nicht letztinstanzliche Fachgerichte das Recht aus Art. 267 Abs. 2 AEUV zu einer **Vorlagepflicht** an den EuGH.³³⁵ Diese Verpflichtung ist letztlich im nationalen Verfassungsprozessrecht begründet, das eine mögliche Verletzung grundgesetzlicher Normen für eine Entscheidungserheblichkeit der Vorlagefrage voraussetzt.³³⁶ Kommt das Fachgericht dieser verfassungsrechtlichen Vorlagepflicht nicht nach, kann eine auf Art. 101 Abs. 1 S. 2 GG gestützte Verfassungsbeschwerde erhoben werden (vgl. → Rn. 111 ff.) – allerdings mit einer vollwertigen, über den Maßstab der Willkür hinaus reichenden Kontrolldichte.³³⁷ Dies dürfte über die konkrete Normenkontrolle hinaus auch für die **anderen Verfahrensarten** gelten.

101 Legt ein Fachgericht dem EuGH die Frage nicht vor, ob das Unionsrecht einen Umsetzungsspielraum einräumt, sondern geht von einer strikten Bindung aus, dann bleiben die Grundrechte des Grundgesetzes regelmäßig unberücksichtigt. Ein Gericht verstößt dann gegen die einschlägigen nationalen Grundrechte, wenn es einen durch das Unionsrecht gewährten **Umsetzungsspielraum verkennt** und daher die Grundrechte außer Betracht lässt.³³⁸

102 Für **allein ausführungsbedingte** Verfassungsverstöße bestehen grundsätzlich die verfassungsrechtlichen Bindungen der nationalen Rechtsetzung.³³⁹ Allerdings kann im Einzelfall eine unionsrechtskonforme Auslegung der Grundrechte geboten sein.³⁴⁰ So hat das BVerfG im Anwendungsbereich des Unionsrechts vor dem Hintergrund der europäischen Grundfreiheiten und – subsidiär – des allgemeinen Diskriminierungsverbots aus Art. 18 AEUV eine Grundrechtsfähigkeit auch europäischer juristischer Personen über dem Wortlaut des Art. 19 Abs. 3 GG hinaus im Wege der „Anwendungserweiterung" anerkannt.³⁴¹ Der Grundsatz der **unionsrechtskonformen Auslegung** kann im Anwendungsbereich des Unionsrechts folglich eine Berücksichtigung der Gewährleistungsgehalte der Grundfreiheiten oder sonstiger unionsrechtlicher Vorgaben bei der Interpretation **der nationalen Grundrechte** gebieten. Verzögert sich infolge der Nichtigkeit der nationalen Norm die innerstaatliche Ausführung des Unionsrechts, so handelt es sich um keine dauerhafte Beeinträchtigung. Die zur normativen Ausführung innerstaatlich berufene Stelle ist dann gehalten, eine gleichermaßen den unionsrechtlichen wie den verfassungsrechtlichen Bindungen entsprechende Regelung zu erlassen. Die Verzögerung der Umsetzung des Unionsrechts kann eine Vertragsverletzung sein, etwa wenn die Umsetzungsfrist einer Richtlinie bereits verstrichen ist. Eine Einengung des verfassungsgerichtlichen Kontrollmaßstabes hingegen rechtfertigt sie nicht.³⁴² Um diesen unionsrechtswidrigen Schwebezustand zu vermeiden, kann anstatt der Nichtigkeit auch lediglich die Verfassungswidrigkeit durch das BVerfG

---

[333] Michael JZ 2012, 870 (879).
[334] BVerfG 4.10.2011 – 1 BvL 3/08, NJW 2012, 45 (46 f.); ähnlich BVerfG 19.7.2011 – 1 BvR 1916/09, NJW 2011, 3428 (3432 f.).
[335] BVerfG 4.10.2011 – 1 BvL 3/08, NJW 2012, 45 (46).
[336] Ähnlich Foerster JZ 2012, 515 (516).
[337] Michael JZ 2012, 870 (879).
[338] BVerfG 19.7.2011 – 1 BvR 1916/09, NJW 2011, 3428 (3430 ff.); Britz NJW 2012, 1313 (1316).
[339] Ebenso BVerfG 9.1.2001 – 1 BvR 1036/99, EuZW 2001, 255 (255); Augsberg DÖV 2010, 153 (156 ff.).
[340] So ausdrücklich BVerfG 19.7.2011 – 1 BvR 1916/09, BVerfGE 129, 78 (99) = NJW 2011, 3428.
[341] BVerfG 19.7.2011 – 1 BvR 1916/09, BVerfGE 129, 78 (94 ff.) = NJW 2011, 3428; hierzu Ludwigs JZ 2013, 434 (435 ff.).
[342] Vgl. Streinz, Bundesverfassungsgerichtlicher Grundrechtsschutz und Europäisches Gemeinschaftsrecht, 1989, S. 183 f., 186 f.

festgestellt und dem Gesetzgeber – unter dem Ausspruch der Fortgeltung für eine Übergangsfrist – eine entsprechende Neuregelung aufgegeben werden.[343]

Eine Modifikation dieser Grundsätze zeichnet sich aufgrund des Art. 51 Abs. 1 S. 1 GRCh ab, wonach die Charta für die Union und für die Mitgliedstaaten ausschließlich bei der „Durchführung des Rechts der Union" anzuwenden ist.[344] Eine mitgliedstaatliche Durchführung des Unionsrechts ist – außer bei der unmittelbaren Anwendung oder Umsetzung von Unionsrecht – auch gegeben, wenn nationale Maßnahmen in Grundfreiheiten eingreifen[345] oder den Mitgliedstaaten Ermessensspielräume bei der Umsetzung eröffnet sind[346]. Der EuGH[347] hat dies im Grundsatz bestätigt. Im Ergebnis wird ein Handeln im „Geltungsbereich des Unionsrecht" – Fallgestaltungen, „die vom Unionsrecht erfasst" werden – mit der „Durchführung des Unionsrechts" gleichgesetzt.[348] Relativierend wirkt hingegen die Formulierung, die Charta finde „in unionsrechtlich geregelten Fallgestaltungen, aber nicht außerhalb derselben Anwendung".[349] Es genügt also nicht jede abstrakte Beziehung zum Unionsrecht, sondern es müssen hinreichend konkrete unionsrechtliche Verpflichtungen berührt sein.[350] Das BVerfG zieht hieraus einschränkend den Schluss, dass nur mittelbare Beeinflussungen unionsrechtlich geordneter Rechtsbeziehungen, rein tatsächliche Auswirkungen oder der sachliche Bezug zum bloß abstrakten Anwendungsbereich des Unionsrechts noch keine Bindung an die Grundrechte-Charta begründen könne.[351] Soweit in diesen Fällen die Grundrechte-Charta anwendbar ist, dürften die **Grundrechtsgewährleistungen der Union und der Mitgliedstaaten grundsätzlich nebeneinander anwendbar** sein – und damit treten auch die Prüfungskompetenzen von EuGH und BVerfG nebeneinander.[352] Bei bipolaren Sachverhalten führt der Grundsatz der Meistbegünstigung – wie er in Art. 53 GrCh angelegt ist – für diese Konstellationen der doppelten Grundrechtsgewährleistung zumeist zu sachgerechten Lösungen.[353] Die Unionsgrundrechte sind insofern als Gewährleistung eines Mindestschutzniveaus zu verstehen.[354] Der in Art. 23 Abs. 1 GG verankerte Grundsatz der Europafreundlichkeit kann im Einzelfall eine solche unionsrechtsfreundliche Interpretation der nationalen Grundrechte gebieten.[355] Schwierigkeiten treten in multipolaren Konstellationen auf, wenn sich eine hoheitliche Maßnahme auf das Spannungsverhältnis der Rechtspositionen mehrerer Grundrechtsträger bezieht. Diese Konfliktkonstellationen sind im Zweifel anhand des Anwendungsvorranges der Unionsgrundrechte aufzulösen,[356] da das Schutzniveau der Charta durch die nationalen

---

[343] Augsberg DÖV 2010, 153 (159).
[344] Die Bestimmungen der Europäischen Grundrechte-Charta für sich genommen sind nicht tauglich, als „Recht der Union" iSv Art. 51 Abs. 1 Hs. 2 GRCh mitgliedstaatliches Handeln der Charta zu unterwerfen, das nicht in Durchführung anderweitigen Unionsrechts ergangen ist. BVerfG 15.12.2011 – 2 BvR 148/11, NJW 2012, 1202 (Ls. 2, 1204).
[345] EuGH 18.6.1991 – C-260/89, Slg. 1991, I-2925 Rn. 42 = BeckRS 2004, 75777 – ERT; EuGH 25.3.2004 – C-71/02, Slg. 2004, I-3025 Rn. 48 – Karner; Wollenschläger EuZW 2014, 557 (578).
[346] EuGH 27.6.2006 – C-540/03, Slg. 2006, I-5769 Rn. 104 f. = NVwZ 2006, 1033 – Parlament/Rat; zu weiteren Konstellationen im Detail Jarass NVwZ 2012, 457 (458 ff.); Hoffmann/Rudolphi DÖV 2012, 597 ff.; v. Bogdandy ua ZaöRV 2012, 45 (55 ff.).
[347] EuGH 26.2.2013 – C-617/10, NJW 2013, 1415 Rn. 19 ff. – Akerberg Fransson.
[348] Rabe NJW 2013, 1407 (1408); Winter NZA 2013, 473 (476 f.); ähnlich Weiß EuZW 2013, 287 (288 f.).
[349] EuGH 26.2.2013 – C-617/10, NJW 2013, 1415 Rn. 19 – Akerberg Fransson.
[350] Ähnlich Thym NVwZ 2013, 889 (894); Geiß DÖV 2014, 265 (269); Lange NVwZ 2014, 169 ff.
[351] BVerfG 24.4.2013 – 1 BvR 1215/07, NJW 2013, 1499 Rn. 90 f. – Antiterrordatei.
[352] Kingreen in Calliess/Ruffert GRCh Art. 51 Rn. 8 f.; Kingreen JZ 2013, 801 (806 ff.); Szczekalla NVwZ 2006, 1019 (1021); Weiß EuZW 2013, 287 (290); Gooren NVwZ 2013, 564; Dannecker JZ 2013, 616 (618); Thym NVwZ 2013, 889 (895).
[353] Dannecker JZ 2013, 616 (618, 620); Jarass EuR 2013, 37 (38); Fassbender NVwZ 2010, 1049 (1052); Wegner HRRS 2013, 126 (129); Kingreen JZ 2013, 801 (806 ff.).
[354] Nettesheim, Gesetzgebungsverfahren im europäischen Staatenverbund, 2013, Kap. D II 1, 2; v. Danwitz EuGRZ 2013, 253 (261); Gstrein/Zeitzmann ZEuS 2013, 239 (258).
[355] Nettesheim, Gesetzgebungsverfahren im europäischen Staatenverbund, 2013, Kap. D II 2.
[356] Vgl. hierzu Jarass EuR 2013, 29 (38 f.); Thym NVwZ 2013, 889 (894); Gragl ZEuS 2011, 409 (424); Streinz/Michl EuZW 2011, 384 (386); Weiß EuZW 2013, 287 (290); Gärditz JZ 2013, 633 (636); Wegner HRRS 2013, 126 (129); Kingreen JZ 2013, 801 (808).

Grundrechtsstandards ansonsten durchbrochen oder „der Vorrang, die Einheit und die Wirksamkeit des Unionsrechts beeinträchtigt" würde.[357] Aus der Perspektive des BVerfG muss in den letztgenannten Fällen ein abschließender Kontrollvorbehalt nach den Solange II-Grundsätzen (vgl. → Rn. 3 ff.; → Rn. 48 f. sowie → Rn. 65) gelten.

II. Administrative Vollzugsakte

104 Wird Unionsrecht durch nationale Behörden in Gestalt **des mittelbaren indirekten Vollzugs** durchgeführt, handelt es sich um Akte der deutschen öffentlichen Gewalt, die – ebenso wie die normativen Ausführungsakte – der verfassungsgerichtlichen Kontrolle unterliegen.[358] Die Vollzugsbehörden sind in gleicher Weise wie die nationalen Rechtsetzungsinstanzen den sich aus Art. 1 Abs. 3 GG, Art. 20 GG ergebenden Bindungen unterworfen, von denen der Unionsbezug ihrer Tätigkeit sie – jedenfalls prinzipiell – nicht freistellt. Werden in einem zulässigerweise beim BVerfG anhängig gemachten Verfahren – vornehmlich kommt insoweit das Individualverfassungsbeschwerdeverfahren in Betracht – durch einen Vollzugsakt begründete Verfassungsverstöße gerügt, ist die Wahrung dieser verfassungsrechtlichen Bindungen zu überprüfen. Allerdings ist die **Reichweite der Verfassungsgebundenheit** unterschiedlich, je nachdem, ob die Behörden zwingende Vorgaben des Unionsrechts – ggf. vermittelt durch einen nationalen Ausführungsakt – zu beachten oder ob sie nicht vollständig durch Unionsrecht determiniertes innerstaatliches Recht zu vollziehen haben.

105 Demgemäß reduziert sich die verfassungsgerichtliche Kontrolle im Falle eines unionsbedingten Verfassungsverstoßes auf die Einhaltung der konstituierenden Strukturen der geltenden Verfassungsordnung (Art. 23 Abs. 1 GG).[359] Darüber hinaus werden nationale Vollzugsakte, wenn sie sich nach unionsrechtlich vollständig determiniertem Recht richten, am Maßstab der Unionsgrundrechte überprüft.[360]

106 Im Übrigen, also soweit Räume des rechtlich gebundenen Ermessens durch die unionsrechtlichen Vorgaben eröffnet sind, erfährt der Prüfungsmaßstab keine Einschränkung.[361] Prüfungsmaßstab sind dann also grundsätzlich nur die Grundrechte des Grundgesetzes, von denen vermutet wird, dass sie das grundrechtliche Schutzniveau des Unionsrechts gewährleisten.[362] Will ein Beschwerdeführer in solchen Fällen auch eine Überprüfung am Maßstab der Unionsgrundrechte erreichen, so muss er darlegen, dass die deutschen Grundrechte dem europäischen Schutzniveau nicht genügen. Er muss dazu Anhaltspunkte aus dem Wortlaut und dem Regelungszusammenhang des Fachrechts selbst oder aus der Rechtsprechung des EuGH vortragen.[363]

III. Vollzugsakte der Judikative

107 Neben dem administrativen Vollzug erfolgt ein Vollzug des Unionsrechts auch durch Akte der Judikative. Hierbei handelt es sich um Akte der deutschen öffentlichen Gewalt, die ebenso wie die normativen und administrativen Umsetzungsakte Gegenstand einer verfassungsgerichtlichen Kontrolle sein können. Im Rahmen der verfassungsgerichtlichen Kon-

---

[357] EuGH 26.2.2013 – C-399/11, ECLI:EU:C:2013:107 = EuZW 2013, 305 Rn. 58, 60 – Melloni; krit. hierzu Gaede NJW 2013, 1279 (1281).
[358] Eing. Schmidt-Aßmann in Dürig/Herzog/Scholz GG Art. 19 Abs. 4 Rn. 47d; Streinz, Bundesverfassungsgerichtlicher Grundrechtsschutz und Europäisches Gemeinschaftsrecht, 1989, S. 188 ff.
[359] Hillgruber in Schmidt-Bleibtreu/Hofmann/Henneke GG Art. 23 Rn. 52 ff.; Dörr DVBl 2006, 1088 (1096).
[360] BVerfG 6.11.2019 – 1 BvR 276/17, NJW 2020, 314 (314) Recht auf Vergessen II; Preßlein EuR 2021, 247 (264).
[361] Vgl. Moench/Sander in Rengeling, Handbuch zum europäischen und deutschen Umweltrecht, Bd. I, 2. Aufl. 2003, § 46 Rn. 47.
[362] Vgl. BVerfG 6.11.2019 – 1 BvR 276/17, NJW 2020, 314 (317); Thym JZ 2020, 1017 (1022).
[363] BVerfG 6.11.2019 – 1 BvR 16/13, NJW 2020, 300 (304) Recht auf Vergessen I; Scheffczyk NVwZ 2020, 977 (979).

trolle sind durch das Unionsrecht determinierte Urteile der deutschen Gerichte aufgrund des Anwendungsvorrangs des Rechts der Europäischen Union grundsätzlich nicht am Maßstab der deutschen Grundrechte zu messen.[364] Eine Grenze des Anwendungsvorrangs ergibt sich gemäß Art. 23 Abs. 1 Satz 3 GG allerdings aus der in Art. 79 Abs. 3 GG festgelegten Verfassungsidentität des Grundgesetzes. Im Rahmen der Identitätskontrolle kann das BVerfG überprüfen, ob die durch Art. 79 Abs. 3 GG für unantastbar erklärten Grundsätze der Verfassung berührt werden. Dies kann im Ergebnis dazu führen, dass Unionsrecht in Deutschland in begrenzten Einzelfällen für unanwendbar erklärt wird. Um zu verhindern, dass sich deutsche Gerichte ohne Weiteres über den Geltungsanspruch des Unionsrechts hinwegsetzen, verlangt eine europarechtsfreundliche Auslegung des Art. 79 Abs. 3 GG, dass – in Anlehnung an den in Art. 100 Abs. 1 GG niedergelegten Rechtsgedanken – die Feststellung der Verletzung der Verfassungsidentität allein dem BVerfG vorbehalten bleibt.[365]

In diesem Zusammenhang entschied das BVerfG in einem Beschluss vom 15.12.2015 **108** über eine Verfassungsbeschwerde gegen ein unionsrechtlich determiniertes Urteil des OLG Düsseldorf.[366] Das OLG erklärte die Auslieferung des Beschwerdeführers nach Italien auf Grundlage eines Europäischen Haftbefehls für zulässig, der zur Vollstreckung eines in Abwesenheit des Beschwerdeführers ergangenen Strafurteils erlassen wurde.[367] Das BVerfG führte in seinem Beschluss hierzu aus, dass das Schuldprinzip, welches rechtsstaatliche Mindestgarantien an Verfahrensrechten des Beschuldigten sicherstellt, als Ausprägung der Menschenwürdegarantie aus Art. 1 Abs. 1 GG zu der gemäß Art. 23 Abs. 1 S. 3 iVm 79 Abs. 3 GG unverfügbaren Verfassungsidentität zähle.[368] Diese verfahrensrechtlichen Mindestgarantien erfordern, dass der Beschuldigte über die Durchführung und den Abschluss des Verfahrens informiert wird und ihm die Möglichkeit eröffnet ist, sich nach Erlangung dieser Kenntnis auch im ersuchenden Staat nachträglich rechtliches Gehör zu verschaffen und sich effektiv zu verteidigen.[369] Insoweit müssen die Auslieferungsgerichte auch die Behandlung des Verfolgten im ersuchenden Staat im Blick behalten. Zwar endet die grundrechtliche Verantwortlichkeit der deutschen öffentlichen Gewalt grundsätzlich dort, wo ein Vorgang von einem fremden souveränen Staat nach dessen eigenem Willen gestaltet wird, gleichwohl darf die deutsche Hoheitsgewalt die Hand nicht zu Verletzungen der Menschenwürde durch andere Staaten reichen.[370] Vom Schutz des Art. 1 Abs. 1 GG ist daher auch eine Pflicht zur Aufklärung des Sachverhalts durch das über die Auslieferung entscheidende Gericht umfasst.[371] Hierzu muss das Gericht insbesondere von Amts wegen prüfen, welche Behandlung der Verfolgte im ersuchenden Staat zu erwarten hat.[372] Stellt

---

[364] BVerfG 15.12.2015 – 2 BvR 2735/14, NJW 2016, 1149 (1150); BVerfG 19.7.2011 – 1 BvR 1916/09, BVerfGE 129, 78 (100) = NJW 2011, 3428.
[365] BVerfG 15.12.2015 – 2 BvR 2735/14, NJW 2016, 1149 (1151); BVerfG 30.6.2009 – 2 BvE 2/08 ua, BVerfGE 123, 267 (354) = NJW 2009, 2267.
[366] BVerfG 15.12.2015 – 2 BvR 2735/14, NJW 2016, 1149 (1150); vgl. hierzu auch Sauer NJW 2016, 1134; Burchardt ZaöRV 2016, 527; Satzger NStZ 2016, 514 (516 ff.).
[367] BVerfG 15.12.2015 – 2 BvR 2735/14, NJW 2016, 1149 (1150); vgl. hierzu auch Sauer NJW 2016, 1134; Burchardt ZaöRV 2016, 527; Satzger NStZ 2016, 514 (516 ff.).
[368] BVerfG 15.12.2015 – 2 BvR 2735/14, NJW 2016, 1149 (1153); vgl. hierzu auch Sauer NJW 2016, 1134; Burchardt ZaöRV 2016, 527; Satzger NStZ 2016, 514 (516 ff.).
[369] BVerfG 15.12.2015 – 2 BvR 2735/14, NJW 2016, 1149 (1154); BVerfG 9.3.1983 – 2 BvR 315/83, BVerfGE 63, 332 (338) = NJW 1983, 1726; BVerfG 3.3.2004 – 2 BvR 26/04, BVerfGK 3, 27 (32 f.) = NStZ-RR 2004, 308; BVerfG 13.7.2004 – 2 BvR 1104/04 BVerfGK 3, 314 (318) = BeckRS 2004, 24006; BVerfG 4.7.2005 – 2 BvR 283/05, BVerfGK 6, 13 (18) = NStZ 2006, 102; BVerfG 24.1.1991 – 2 BvR 1704/90, NJW 1991, 1411.
[370] BVerfG 15.12.2015 – 2 BvR 2735/14, NJW 2016, 1149 (1154); BVerfG 26.1.1982 – 2 BvR 856/81, BVerfGE 59, 280 (282 f.) = NJW 1982, 1214; BVerfG 4.5.1982 – 1 BvR 1457/81, BVerfGE 60, 348 (355 ff.) = NJW 1982, 2728; BVerfG 9.3.1983 – 2 BvR 315/83, BVerfGE 63, 332 (337 f.) = NJW 1983, 1726; BVerfG 31.3.1987 – 2 BvM 2/86, BVerfGE 75, 1 (19) = NJW 1987, 2155; BVerfG 24.6.2003 – 2 BvR 685/03, BVerfGK 108, 129 (136 f.) = NVwZ 2003, 1499; BVerfG 6.7.2005 – 2 BvR 2259/04, BVerfGE 113, 154 (162 f.) = NJW 2005, 3483.
[371] BVerfG 15.12.2015 – 2 BvR 2735/14, NJW 2016, 1149 (1154).
[372] BVerfG 15.12.2015 – 2 BvR 2735/14, NJW 2016, 1149 (1154); BVerfG 10.7.1958 – 1 BvR 532/56, BVerfGE 8, 81 (84 f.) = NJW 1958, 1436 Ls.; BVerfG 14.11.1979 – 1 BvR 654/79, BVerfGE 52, 391

sich heraus, dass der vom Grundgesetz geforderte Mindeststandard durch den ersuchenden Mitgliedsstaat nicht eingehalten wird, darf das Gericht die Auslieferung nicht für zulässig erklären.[373] Dies rechtfertigt eine auf diese verfahrensrechtliche Mindestgarantien beschränkte Prüfung des Urteils an den Maßstäben des Grundgesetzes durch das BVerG, obwohl die Entscheidung unionsrechtlich determiniert ist.[374] Denn nach der Rechtsprechung des EuGH enthält der Rahmenbeschluss über den Europäischen Haftbefehl eine grundsätzliche abschließende Regelung.[375] Die Fachgerichte allerdings sind nicht davon entbunden, auch bei einer Auslieferung auf Grundlage eines Europäischen Haftbefehls die verfahrensrechtlichen Grundsätze des Art. 1 Abs. 1 GG in der Ausprägung des Schuldgrundsatzes sicherzustellen.[376]

109 Somit kann das BVerfG mit einer Identitätskontrolle auch im Rahmen einer Urteilsverfassungsbeschwerde befasst sein.[377] Um den strengen Anforderungen an eine Identitätskontrolle gerecht zu werden, legt das BVerfG an die Geltendmachung einer Identitätskontrolle im Rahmen der Verfassungsbeschwerde aber erhöhte Zulässigkeitsanforderungen an.[378] Der Beschwerdeführer muss im Einzelnen substantiiert darlegen, inwieweit im konkreten Einzelfall ein Akt der Judikative von der Verfassungsidentität umfasste Grundsätze und Pflichten missachtet.[379]

D. Durchsetzung des Unionsrechts in verfassungsgerichtlichen Rechtsschutzverfahren

110 Ging es bislang um den verfassungsgerichtlichen Rechtsschutz gegen staatliche Maßnahmen zur Ausführung und zum Vollzug des Unionsrechts, stellt sich nunmehr in umgekehrter Richtung die Frage, ob und inwieweit das BVerfG im Rahmen seiner Zuständigkeiten zur Durchsetzung des Unionsrechts beitragen kann.

I. Verletzung der Vorlagepflicht staatlicher Gerichte

111 Urteile nationaler Gerichte sind Gegenstand von Urteilsverfassungsbeschwerden gem. Art. 93 Abs. 1 Nr. 4a GG, wenn sie unter Verletzung der sich aus Art. 267 Abs. 3 AEUV (vgl. auch Art. 150 EAGV) oder weiterführenden Grundsätzen ergebenden Vorlagepflicht ergingen.

112 Die Verletzung einer unionsrechtlich begründeten Vorlagepflicht durch ein letztinstanzliches Hauptsachegericht führt nicht in jedem Falle zum Erfolg einer hierauf gestützten Verfassungsbeschwerde. Hinsichtlich der **Zulässigkeitsanforderungen** aufgrund des Grundsatzes der Rechtswegerschöpfung und der Subsidiarität iSd § 90 Abs. 2 S. 1 BVerfGG gelten die Ausführungen oben (vgl. → Rn. 89) weitgehend entsprechend. Um den Anforderungen des aus § 90 Abs. 2 BVerfGG abgeleiteten Grundsatzes der **materiellen Subsidiarität** zu genügen, muss jedoch bereits im fachgerichtlichen Verfahren auf die **Vorlagepflicht hingewiesen** und müssen die erheblichen Tatsachen vorgetragen worden sein.[380]

(406 f.) = NJW 1980, 516; BVerfG 23.2.1983 – 1 BvR 1019/82; BVerfGE 63, 215 (225) = NJW 1983, 1725; BVerfG 13.4.1983 – 1 BvR 866, 890/82, BVerfGE 64, 46 (59) = NJW 1983, 1721.
[373] BVerfG 15.12.2015 – 2 BvR 2735/14, NJW 2016, 1149 (1155); vgl. auch Satzger NStZ 2016, 514 (516); Sauer NJW 2016, 1134.
[374] BVerfG 15.12.2015 – 2 BvR 2735/14, NJW 2016, 1149 (1155).
[375] EuGH 26.2.2013 – C-399/11, ECLI:EU:C:2013:107 = NJW 2013, 1215 = EuZW 2013, 305 Rn. 55 ff. – Melloni; vgl. dazu auch Gaede NJW 2013, 1279; Safferling NStZ 2014, 545.
[376] BVerfG 15.12.2015 – 2 BvR 2735/14, NJW 2016, 1149 (1156).
[377] BVerfG 15.12.2015 – 2 BvR 2735/14, NJW 2016, 1149 (1151); BVerfG 30.6.2009 – 2 BvE 2/08 ua, BVerfGE 123, 267 (354 f.) = NJW 2009, 2267.
[378] BVerfG 15.12.2015 – 2 BvR 2735/14, NJW 2016, 1149 (1152); vgl. hierzu kritisch: Burchardt ZaöRV 2016, 527 (533 ff.).
[379] BVerfG 15.12.2015 – 2 BvR 2735/14, NJW 2016, 1149 (1152).
[380] Piekenbrock EuR 2011, 317 (344); Michael JZ 2012, 870 (875 f.).

2. Teil. Rechtsschutz durch deutsche Gerichte § 31

1. Vorlagepflichten staatlicher Gerichte und das Recht auf den gesetzlichen Richter. Spätestens seit dem Beschluss des BVerfG v. 22.10.1986[381] steht fest, dass der **EuGH als gesetzlicher Richter iSd Art. 101 Abs. 1 S. 2 GG** zu qualifizieren ist. Eine den Erfordernissen des Art. 267 Abs. 3 AEUV zuwiderlaufende Nichtvorlage einer die Auslegung des Unionsrechts oder die Gültigkeit der Rechtsakte der Unionsorgane betreffenden Frage kann daher die grundrechtsgleiche Garantie des gesetzlichen Richters verletzen.[382] Die Vorlagepflicht dient auch der Gewährleistung der Unionsgrundrechte.[383] Aufgrund der nur schwach ausgestalteten Individualklagemöglichkeit nach Art. 263 Abs. 4 AEUV war bislang keine generelle Einklagbarkeit des unionsrechtlichen Grundrechtsschutzes sichergestellt.[384] Über die Vorlagepflicht werden die Fachgerichte gehalten, das einschlägige Unionsrecht durch den EuGH an den Unionsgrundrechten überprüfen zu lassen. Ferner setzt die Vorlagepflicht die supranationalen Vorgaben des Art. 19 Abs. 1 UAbs. 2 EUV und die nationale Garantie effektiven Rechtsschutzes um, die übereinstimmend einen wirksamen Rechtsschutz in Angelegenheiten des Unionsrechts gebieten.[385] 113

Nicht jede Nichtvorlage einer das Unionsrecht betreffenden Rechtsfrage verletzt die Garantie des gesetzlichen Richters. Denn nicht jeder Spruchkörper, der zur Vorlage an den EuGH berechtigt ist, ist zugleich gesetzlicher Richter iSd Art. 101 Abs. 1 S. 2 GG – dies gilt auch umgekehrt. Die tatbestandlichen Voraussetzungen für ein „Gericht" iSd Art. 101 Abs. 1 S. 2 GG und des Art. 267 AEUV sind nicht vollständig deckungsgleich.[386] Ferner kommt ein Verstoß gegen Art. 101 Abs. 1 S. 2 GG nur in Betracht, wenn das nationale Gericht, welches von einer Vorlage Abstand genommen hat, unionsrechtlich gem. Art. 267 Abs. 3 AEUV oder aufgrund sonstiger Grundsätze hierzu verpflichtet war.[387] Zur Vorlage verpflichtet sind neben letztinstanzlichen Gerichten[388] auch die Instanzgerichte, sofern diese die Nichtigkeit eines Sekundärrechtsakts feststellen wollen und damit das Verwerfungsmonopol des EuGH berührt ist.[389] Ferner besteht eine – allerdings verfassungsrechtlich begründete – Vorlagepflicht der Fachgerichte, wenn zu klären ist, ob für den nationalen Gesetzgeber ein Umsetzungsspielraum besteht, dessen grundrechtskonforme Ausübung der umfänglichen Kontrolle des BVerfG unterliegt (vgl. → Rn. 102 f.). In Verfahren des einstweiligen Rechtsschutzes besteht grundsätzlich keine Vorlagepflicht,[390] es sei denn, es soll die Vollziehung eines auf einer Unionsverordnung beruhenden nationalen Verwaltungsaktes ausgesetzt werden.[391] Bei einer fakultativen Vorlage an den EuGH, die insbes. bei Instanzgerichten in Betracht kommt, ist eine Verletzung der Garantie des gesetzlichen Richters regelmäßig ausgeschlossen. 114

2. Prüfungsmaßstab. Nach stRspr des BVerfG setzt ein verfassungsrechtlich relevanter Verstoß gegen Art. 101 Abs. 1 S. 2 GG eine **willkürliche Verletzung** bestehender Zu- 115

---

[381] BVerfG 22.10.1986 – 2 BvR 197/83, BVerfGE 73, 339 (366 f.) = NJW 1987, 577 – Solange II; BVerfG 8.4.1987 – 2 BvR 687/85, BVerfGE 75, 223 = NJW 1988, 1459 – Kloppenburg.
[382] StRspr vgl. nur BVerfG 22.10.1986 – 2 BvR 197/83, BVerfGE 73, 339 (367 f.) = NJW 1987, 577 – Solange II; BVerfG 8.4.1987 – 2 BvR 687/85, BVerfGE 75, 223 = NJW 1988, 1459; BVerfG 9.11.1987 – 2 BvR 808/82, NJW 1988, 1456; BVerfG 27.8.1991 – 2 BvR 276/90, NJW 1992, 678; BVerfG 29.11.1991 – 2 BvR 1642/91, NVwZ 1992, 360; BVerfG 9.1.2001 – 1 BvR 1036/99, EuZW 2001, 255; BVerfG 29.4.2014 – 2 BvR 1572/10, NJW 2014, 2489.
[383] Hierzu und zum Folgenden Britz NJW 2012, 1313 (1316 f.); Voßkuhle SächsVBl 2013, 77 (79); Jarass EuR 2013, 29 (34 f.).
[384] Landau/Trésoret DVBl 2012, 1329 (1329 f.); zu den damit zusammenhängenden Streitfragen vgl. nur Kotzur EuR-Beiheft 1/2012, 7 (17 f.); Pötters/Werkmeister/Traut EuR 2012, 546 ff.; Petzold EuR 2012, 443 ff.; Thalmann EuR 2012, 452 ff.
[385] Schröder EuR 2011, 808 (811, 819, 822, 826).
[386] Vgl. hierzu die kasuistische Darstellung bei Piekenbrock EuR 2011, 317 (326 ff.).
[387] Zur Vorlagepflicht und ihren Ausnahmen: Oppermann/Classen/Nettesheim EuropaR § 13 Rn. 76 ff.
[388] Zur teilweise problematischen Beurteilung der Letztinstanzlichkeit der Zivilgerichte Piekenbrock EuR 2011, 317 (331 ff.).
[389] Piekenbrock EuR 2011, 317 (338 f.); Latzel/Streinz NJOZ 2013, 97 f.; Calliess NJW 2013, 1905 (1906).
[390] BVerfG 29.11.1991 – 2 BvR 1642/91, NVwZ 1992, 360; BVerfG 7.12.2006 – 2 BvR 2428/06, NJW 2007, 1521 (1522).
[391] BVerfG 19.10.2006 – 2 BvR 2023/06, ZUM 2006, 919 (920 f.).

ständigkeitsnormen voraus. Hierfür muss es sich um eine Auslegung oder Anwendung zuständigkeitsbegründender Vorschriften durch die Fachgerichte handeln, die die Bedeutung und Tragweite von Art. 101 Abs. 1 S. 2 GG grundlegend verkennt.[392] Art. 101 Abs. 1 S. 2 GG werde nur verletzt, wenn eine gerichtliche Entscheidung bei verständiger Würdigung der das Grundgesetz beherrschenden Gedanken **nicht mehr verständlich erscheine oder offensichtlich unhaltbar** sei.[393] Die Anforderungen hat das BVerfG in der jüngeren Vergangenheit weiter konkretisiert:[394] So muss das Gericht sich hinsichtlich des europäischen Rechts hinreichend kundig gemacht haben. Ferner hat das Gericht die Gründe anzugeben, um dem BVerfG die Kontrolle am Maßstab des Art. 101 Abs. 1 S. 2 GG zu ermöglichen.[395]

116 Der allgemein gültige **Willkürmaßstab** für die Auslegung und Anwendung der durch Art. 267 Abs. 3 AEUV (vgl. früher Art. 150 EAGV) begründeten Vorlagepflicht setzt demnach voraus, dass eine **entscheidungserhebliche materiell-unionsrechtliche Frage** in nicht vertretbarer Weise verkannt wurde. Die Entscheidungserheblichkeit beurteilt das Vorlagegericht in eigener Zuständigkeit und dabei auftretende Rechtsanwendungsfehler führen nicht zu einer Verletzung von Art. 101 Abs. 1 S. 2 GG.[396] Unter Berücksichtigung der Besonderheiten des Unionsrechts hat das BVerfG drei nicht abschließende **Fallgruppen** herausgebildet, bei denen ein Entzug des gesetzlichen Richters vorliegt:[397] Dies gilt erstens für Fallgestaltungen, in denen ein vorlagepflichtiges Hauptsachegericht die Vorlage einer entscheidungserheblichen unionsrechtlichen Frage nicht in Erwägung zieht, obwohl es selbst Zweifel bzgl. der richtigen Beantwortung der Frage hegt (**Grundsätzliche Verkennung der Vorlagepflicht**). Eine Verletzung des Art. 101 Abs. 1 S. 2 GG wird vom BVerfG zweitens bejaht, wenn ein vorlagepflichtiges Gericht in seiner Entscheidung bewusst von der Rechtsprechung des EuGH zu der in Rede stehenden Frage abweicht und gleichwohl nicht oder nicht erneut vorlegt (**Bewusstes Abweichen ohne Vorlagebereitschaft**). Drittens kann eine Verletzung von Art. 101 Abs. 1 S. 2 GG dann vorliegen, wenn einschlägige Rechtsprechung des EuGH noch nicht vorliegt oder aber

---
[392] BVerfG 10.7.1990 – 1 BvR 984/87, 1 BvR 985/87, BVerfGE 82, 286 (299) = NJW 1991, 217; BVerfG 3.11.1992 – 1 BvR 137/92, BVerfGE 87, 282 (286) = NJW 1993, 381; BVerfG 25.2.2010 – 1 BvR 230/09, NJW 2010, 1268 (1269); Classen in v. Mangoldt/Klein/Starck GG Art. 101 Rn. 52; Kühling/Drechsler NJW 2017, 2950 (2951).
[393] BVerfG 13.10.1970 – 2 BvR 618/68, BVerfGE 29, 198 (207) = NJW 1970, 2155; BVerfG 6.5.2008 – 2 BvR 2419/06, NVwZ-RR 2008, 658 (659); BVerfG 14.5.2007 – BvR 2036/05, NVwZ 2007, 942 (944 f.); BVerfG 14.7.2006 – 2 BvR 264/06, NZG 2006, 781 (781 f.); BVerfG 7.12.2006 – 2 BvR 2428/06, NJW 2007, 1521 (1521); BVerfG 30.8.2010 – 1 BvR 1631/08, GRUR 2010, 999 (1000); BVerfG 28.10.2009 – 2 BvR 2236/09, NJOZ 2010, 1428 (1429 f.) = BeckRS 2009, 41419; BVerfG 6.12.2006 – 1 BvR 2085/03, NVwZ 2007, 197 (198); BVerfG 28.1.2014 – 2 BvR 1561/12, NVwZ 2014, 646 (657); BVerfG 29.4.2014 – 2 BvR 1572/10, NJW 2015, 2489 (2490); BVerfG 18.8.2017 – 2 BvR 424/17, NJW 2018, 686 (687); ferner Degenhart in Sachs GG Art. 101 Rn. 17 ff.
[394] Vgl. BVerfG 14.7.2006 – 2 BvR 264/06, NZG 2006, 781 (781 f.); BVerfG 14.5.2007 – 1 BvR 2036/05, NVwZ 2007, 942 (945); BVerfG 20.2.2008 – 1 BvR 2722/06, NVwZ 2008, 780 (781); BVerfG 30.8.2010 – 1 BvR 1631/08, GRUR 2010, 999 (1000); BVerfG 25.2.2010 – 1 BvR 230/09, NJW 2010, 1268 (1269); BVerfG 28.10.2009 – 2 BvR 2236/09, NJOZ 2010, 1428 (1430) = BeckRS 2009, 41419; BVerfG 19.12.2017 – 2 BvR 424/17, NJW 2018, 686 (689).
[395] BVerfG 14.1.2021 – 2 1 BvR 2853/19, NJW 2021, 1005 (1007); BVerfG 18.8.2017 – 2 BvR 424/17, NJW 2018, 686 (687).
[396] BVerfG 31.5.1990 – 2 BvL 12/88 ua, BVerfGE 82, 159 (184) = NVwZ 1991, 53; BVerfG 10.11.2010 – 1 BvR 2065/10 Rn. 22, 25, ZUM 2011, 236; BVerfG 14.1.2021 – 1 BvR 2853/19, NJW 2021, 1005 (1006); BVerfG 19.12.2017 – 2 BvR 424/17, NJW 2018, 686 (687).
[397] Vgl. hierzu BVerfG 19.11.1987 – 2 BvR 808/82, NJW 1988, 1456 (1457); BVerfG 31.5.1990 – 2 BvL 12/88 ua, NVwZ 1991, 53 (57 f.); BVerfG 9.1.2001 – 1 BvR 1036/99, EuZW 2001, 255 (255 f.); BVerfG 6.12.2006 – 1 BvR 2085/03, NVwZ 2007, 197 (198); BVerfG 20.2.2008 – 1 BvR 2722/06, NVwZ 2008, 780 (780 f.); BVerfG 6.5.2008 – 2 BvR 2419/06, NVwZ-RR 2008, 658 (659); BVerfG 2 BvR 2213/06, NVwZ 2009, 519 (520); BVerfG 2 BvR 2661/06, NJW 2010, 3422 (3427); BVerfG 28.10.2009 – 2 BvR 2236/09, NJOZ 2010, 1428 (1429) = BeckRS 2009, 41419; BVerfG 5.1.2011 – 1 BvR 2870/10, NJW 2011, 1131 (1131 f.); BVerfG 19.7.2011 – 1 BvR 1916/09, NJW 2011, 3428 (3433 f.); BVerfG 29.4.2014 – 2 BvR 1572/10, NJW 2015, 2489 (2490); BVerfG 19.12.2017 – 2 BvR 424/17, NJW 2018, 686 (687); Roth NVwZ 2009, 345 (349).

der EuGH die entscheidungserhebliche Frage noch nicht erschöpfend behandelt hat, so dass eine Fortbildung der Rechtsprechung möglich erscheint (**Unvollständigkeit der Rechtsprechung**). Eine relevante Verkennung der Vorlagepflicht soll nur in Betracht kommen, wenn das letztinstanzliche Hauptsachegericht (entsprechendes gilt auch für Untergerichte, sofern sie vorlagepflichtig sind) den ihm in solchen Fällen notwendig zukommenden Beurteilungsrahmen in unvertretbarer Weise überschritten hat. Dies soll u. a. dann der Fall sein, wenn mögliche Gegenauffassungen zu der entscheidungserheblichen Frage gegenüber der vom Gericht vertretenen Meinung eindeutig vorzuziehen sind.[398] Ein Entzug des gesetzlichen Richters lag jedenfalls nach dem bislang vorherrschenden Maßstab nicht vor, wenn das Gericht die entscheidungserhebliche materielle Frage – und nicht etwa diejenige der Vorlagepflicht nach Art. 267 Abs. 3 AEUV – in vertretbarer Weise beantwortet hat.[399]

Dieser Prüfungsmaßstab der hergebrachten Rechtsprechung hat in der Literatur zum Teil erhebliche Kritik erfahren.[400] Zum Teil wird aus Gründen der Unionsrechtskonformität die Willkürkontrolle bei Art. 101 Abs. 1 S. 2 GG generell abgelehnt und im Lichte des in Art. 23 Abs. 1 S. 1 GG verankerten Grundsatzes der Europarechtsfreundlichkeit eine umfassende Kontrolldichte gefordert,[401] während andere für eine extensive und an der Rechtsprechung des EuGH zu Art. 267 Abs. 3 AEUV orientierte Interpretation des Willkürkriteriums plädieren.[402] Die **jüngste Entwicklung der Rechtsprechung** des BVerfG – einzelner Kammern[403] und des Ersten Senats selbst,[404] vereinzelt auch von Kammern des Zweiten Senats[405] – überholt die Kritik zunehmend, indem sie den Prüfungsmaßstab an die unionsrechtlichen Erfordernisse anpasst und auf die **Vertretbarkeit der Auslegung der Zuständigkeitsnorm des Art. 267 Abs. 3 AEUV** bezieht.[406] Danach sei die fachgerichtliche Anwendung des Art. 267 Abs. 3 AEUV offensichtlich unhaltbar und führe zu einer Verletzung von Art. 101 Abs. 1 S. 2 GG, sofern die eigene Lösung der entscheidungserheblichen Frage des Gerichts nicht auf die bestehende Rechtsprechung des EuGH zurückgeführt werden könne und auch nicht einer eindeutigen

---

[398] BVerfG 9.11.1987 – 2 BvR 808/82, NJW 1988, 1456 (1457); BVerfG 31.5.1990 – 2 BvL 12/88 ua, NVwZ 1991, 53 (57); BVerfG 9.1.2001 – 1 BvR 1036/99, EuZW 2001, 255 (256); BVerfG 28.10.2009 – 2 BvR 2236/09, NJOZ 2010, 1428 (1430) = BeckRS 2009, 41419; BVerfG 19.12.2017 – 2 BvR 424/17, NJW 2018, 686 (687); BVerfG 14.1.2021 – 1 BvR 2853/19, NJW 2021, 1005 (1007).

[399] Vgl. BVerfG 6.12.2006 – 1 BvR 2085/03, NVwZ 2007, 197 (198); BVerfG 14.5.2007 – 1 BvR 2036/05, NVwZ 2007, 942 (945); BVerfG 6.5.2008 – 2 BvR 2419/06, NVwZ-RR 2008, 658 (659); BVerfG 24.10.2011 – 2 BvR 1969/09, NVwZ 2012, 426 (427 f.); BVerfG 6.7.2010 – 2 BvR 2661/06, NJW 2010, 3422 (3427) – Honeywell.

[400] Vgl. Classen in v. Mangoldt/Klein/Starck GG Art. 101 Rn. 57 f.; Fastenrath NJW 2009, 272 (274 ff.); Fastenrath JZ 2012, 299 (300 ff.); Roth NVwZ 2009, 345 (349 f.).

[401] Hilf EuGRZ 1987, 1 (5 f.); Scherer JA 1987, 483 (487 f.); Callies NJW 2013, 1905 (1907).

[402] Vgl. Fastenrath NJW 2009, 272 (274 f.); Fastenrath JZ 2012, 299 (300 ff.); Roth NVwZ 2009, 345 (349 ff.); Proelß EuR 2011, 241 (259); wohl auch Sauer EuZW 2011, 94 (96).

[403] BVerfG 30.8.2010 – 1 BvR 1631/08, GRUR 2010, 999 (1000); BVerfG 10.11.2010 – 1 BvR 2065/10 Rn. 23, ZUM 2011, 236; BVerfG 21.12.2010 – 1 BvR 506/09 Rn. 16, ZUM 2011, 309; BVerfG 5.1.2011 – 1 BvR 2870/10, NJW 2011, 1131 (1131 f.); BVerfG 19.7.2011 – 1 BvR 1916/09, NJW 2011, 3428 (3433 f.); BVerfG 29.5.2012 – 1 BvR 640/11, NVwZ 2012, 1033 ff.; BVerfG 22.6.2011 – 1 BvR 2553/10, NJW-RR 2011, 1608 (1609 f.); BVerfG 7.6.2011 – 2 BvR 2109/09, LMRR 2011, 41; BVerfG 29.5.2012 – 1 BvR 3201/11 Rn. 23, NZA 2013, 164; BVerfG 16.4.2012 – 1 BvR 523/11, HFR 2012, 795.

[404] BVerfG 14.1.2021 – 1 BvR 2853/19, NJW 2021, 1005 (1006); BVerfG 25.1.2011 – 1 BvR 1741/09, NJW 2011, 1427 (1431), wobei der Erste Senat jedoch ausdrücklich keinen Widerspruch erkennen will zur restriktiveren Linie des Zweiten Senats in BVerfG 6.7.2010 – 2 BvR 661/06, NJW 2010, 3422 (3427) – Honeywell; krit. zum Honeywell-Beschluss daher Proelß EuR 2011, 241 (256 ff.).

[405] BVerfG 28.10.2009 – 2 BvR 2236/09, NJOZ 2010, 1428 (1429 f.) = BeckRS 2009, 41419; BVerfG 21.11.2011 – 2 BvR 516/09 ua, NJW 2012, 598 (599 f.); BVerfG 22.9.2011 – 2 BvR 947/11, NJW 2012, 161; BVerfG 15.12.2011 – 2 BvR 148/11, NJW 2012, 1202 Rn. 35 ff.

[406] BVerfG 18.8.2017 – 2 BvR 424/17, NJW 2018, 686 (687); BVerfG 14.1.2021 – 1 BvR 2853/19, NJW 2021, 1005 (1006); vgl. zur Entwicklung Classen in v. Mangoldt/Klein/Starck GG Art. 101 Rn. 56 f.; Thüsing/Pötters/Traut NZA 2010, 930 (932 f.); Bäcker NJW 2011, 270 ff.; Britz NJW 2012, 1313 (1314); Wernsmann NZG 2011, 1241 (1244); Selder ZRP 2011, 164.

Rechtslage entspreche.⁴⁰⁷ Das Gericht müsse die **entscheidungserhebliche Frage** vorlegen, es sei denn, die **entscheidungserhebliche Norm des Unionsrechts ist bereits Gegenstand einer Auslegung des EuGH gewesen** oder die **richtige Anwendung des Unionsrechts sei derart offenkundig, dass für einen vernünftigen Zweifel keinerlei Raum bleibe.** Davon dürfe das innerstaatliche Gericht ausgehen, wenn es überzeugt sei, dass auch für die Gerichte der übrigen Mitgliedstaaten und für den EuGH die gleiche Gewissheit bestünde. Nur wenn sich das Gericht ausreichend hinsichtlich des europäischen Rechts kundig gemacht habe, könne es von einer Vorlage absehen und die Frage in eigener Verantwortung in zumindest vertretbarer Weise beantworten.⁴⁰⁸ Würdigt das Gericht die im Zusammenhang mit der entscheidungserheblichen unionsrechtlichen Frage vorgetragenen Aspekte nicht in tragfähiger Weise, genügt bereits dieser Umstand für die Feststellung eines Verfassungsverstoßes.⁴⁰⁹ In der Sache nähert das BVerfG damit seinen **Prüfungsmaßstab** an die acte-clair-Doktrin des EuGH an und stellt iRd Art. 101 Abs. 1 S. 2 GG vergleichbare Anforderungen an die Auslegung und Anwendung des Art. 267 Abs. 3 AEUV wie der EuGH:⁴¹⁰ Es bleibt zwar bei einer Willkürprüfung durch das BVerfG, deren Maßstäbe an die Fallgruppen der bisherigen Rechtsprechung anknüpfen.⁴¹¹ Ihr Bezugspunkt ist aber nicht mehr die entscheidungserhebliche materielle Frage des Unionsrechts, sondern die Auslegung und Anwendung des Art. 267 Abs. 3 AEUV durch das Hauptsachegericht.⁴¹² Ein nationales Gericht ist bei ungeklärter Rechtslage zur Vorlage einer entscheidungserheblichen Frage nicht nur berechtigt, sondern sogar verpflichtet, wenn Gerichte anderer Mitgliedstaaten die Frage anders beurteilt haben. Es dürfte daher kaum ein Spielraum der Gerichte verbleiben, ohne Vorlage eine vertretbare und damit mit Art. 101 Abs. 1 S. 2 GG konforme Entscheidung zu treffen.⁴¹³

118 Der EuGH hat sich in einem Urteil aus 2021 (C-561/19) erneut zur Frage der Vorlagepflicht ausführlicher geäußert.⁴¹⁴ Die Entscheidung betrifft die Vorlagepflicht letztinstanzlicher Gerichte und war mit Spannung erwartet worden, da der Generalanwalt Bobek in seinem Schlussantrag für eine Ausweitung der Ausnahmen von der Vorlagepflicht plädierte und dies mit einer Überlastung des Rechtsschutzsystems der EU sowie mit einer gewachsenen Vertrautheit der nationalen Gerichte mit dem Unionsrecht begründete.⁴¹⁵ Der EuGH

---

[407] BVerfG 25.1.2011 – 1 BvR 1741/09, NJW 2011, 1427 (1431); BVerfG 25.2.2010 – 1 BvR 230/09, NJW 2010, 1268 (1269); BVerfG 30.8.2010 – 1 BvR 1631/08, GRUR 2010, 999 (1000); BVerfG 19.7.2011 – 1 BvR 1916/09, NJW 2011, 3428 (3433 f.); BVerfG 7.6.2011 – 1 BvR 2109/09, BeckRS 2011, 52452; BVerfG 18.8.2017 – 2 BvR 424/17, NJW 2018, 686 (687); vgl. hierzu Thüsing/Pötters/Traut NZA 2010, 930 ff.; anders noch BVerfG 20.9.2007 – 2 BvR 855/06, NJW 2008, 209 (212), zu BVerwG 26.1.2006 – 2 C 43/04, NJW 2006, 1828, in der das BVerwG zur Vorlagepflicht nicht Stellung genommen hatte.
[408] BVerfG 5.1.2011 – 1 BvR 2870/10, NJW 2011, 1131 (1131 f.); BVerfG 19.7.2011 – 1 BvR 1916/09, NJW 2011, 3428 (3433 f.); BVerfG 29.5.2012 – 1 BvR 640/11, NVwZ 2012, 1033 f.; BVerfG 21.11.2011 – 2 BvR 516/09 ua, NJW 2012, 598 (599 f.); BVerfG 29.5.2012 – 1 BvR 3201/11, NZA 2013, 164 Rn. 24; BVerfG 19.12.2017 – 2 BvR 424/17, NJW 2018, 686 (687); BVerfG 14.1.2021 – 1 BvR 2853/19, NJW 2021, 1005 (1006).
[409] BVerfG 24.10.2011 – 2 BvR 1969/09, NVwZ 2012, 426 (428); BVerfG 25.8.2008 – 2 BvR 2213/06, NVwZ 2009, 19 (521).
[410] EuGH 6.10.1982 – C-283/81, Slg. 1982, 3415 Rn. 16, 21, ECLI:EU:C:1982:335 = NJW 1983, 1257 – Cilfit; vgl. BVerfG 14.1.2021 – 1 BvR 2853/19, NJW 2021, 1005 (1006); hierzu Kokott/Henze/Sobotta JZ 2006, 633 (634 f.); Broberg/Fenger EuR 2010, 835 ff.
[411] BVerfG 5.1.2011 – 1 BvR 2870/10, NJW 2011, 1131 (1131 f.); BVerfG 25.1.2011 – 1 BvR 1741/09, NJW 2011, 1427 (1431); BVerfG 15.12.2011 – 2 BvR 148/11, NJW 2012, 1202 Rn. 35 ff.; Britz NJW 2012, 1313 (1314); Michael JZ 2012, 870 (872 f.).
[412] BVerfG 10.11.2010 – 1 BvR 2065/10 Rn. 23, ZUM 2011, 236; BVerfG 25.2.2010 – 1 BvR 230/09, NJW 2010, 1268 (1269); BVerfG 5.1.2011 – 1 BvR 2870/10, NJW 2011, 1131 (1131 f.); BVerfG 15.12.2011 – 2 BvR 148/11, NJW 2012, 1202 Rn. 35 ff.; BVerfG 19.12.2017 – 2 BvR 424/17, NJW 2018, 686 (687); BVerfG 14.1.2021 – 1 BvR 2853/19, NJW 2021, 1005 (1006); Bäcker NJW 2011, 270 (272); Thüsing/Pötters/Traut NZA 2010, 930 (931 f.).
[413] Vgl. Thüsing/Pötters/Traut NZA 2010, 930 (932 f.); Sauer EuZW 2011, 94 (96).
[414] EuGH 6.10.2021 – C-561/19, ECLI:EU:C:2021:799 = NJW 2021, 3303 ff. – Consorzio Italian Management ua/Rete Ferroviaria Italiana SpA.
[415] Hilpold NJW 2021, 3290 (3290).

blieb jedoch im Wesentlichen bei seiner Linie aus dem sog. C. I. L. F. T.-Urteil. Er stellte zudem fest, dass es allein Sache des nationalen Gerichts sei, darüber zu entscheiden, in welchem Verfahrensstadium es ein Vorabentscheidungsersuchen an den EuGH richtet.[416] Die Entscheidung über ein Vorabentscheidungsersuchen scheide allerdings dann aus, wenn es zu einem Zeitpunkt gestellt werde, zu dem das Verfahren vor dem vorlegenden Gericht bereits abgeschlossen sei, was insoweit der bereits gefestigten Rechtsprechung des EuGH entspricht. In diesem Zusammenhang stellten die Richter ferner klar, dass von einer Vorlage an den EuGH abgesehen werden könne, wenn das vor einem Gericht iSv Art. 267 Abs. 3 AEUV geltend gemachte Vorbringen gemäß den Verfahrensvorschriften des betreffenden Mitgliedstaats als unzulässig zurückzuweisen sei. Voraussetzung hierfür sei allerdings, dass die **Verfahrensvorschriften** die Grundsätze der **Äquivalenz** und der **Effektivität** wahrten.[417] Es muss sich demnach um Verfahrensvorschriften handeln, die nicht danach unterscheiden, ob ein Verstoß gegen Unions- oder innerstaatliches Recht gerügt wird (Äquivalenzgrundsatz). Darüber hinaus dürfen die betreffenden Verfahrensvorschriften die Ausübung der durch das Unionsrecht verliehenen Rechte nicht praktisch unmöglich machen oder übermäßig erschweren (Effektivitätsgrundsatz).

In der Literatur werden über die durch die bundesverfassungsgerichtliche Judikatur geprägten Konstellationen hinaus zwei weitere Fallgruppen vorgeschlagen, in denen hinsichtlich Art. 101 Abs. 1 S. 2 GG eine vollständige verfassungsgerichtliche – über den Willkürmaßstab hinaus – angezeigt sein soll:[418] Ein vorlagepflichtiges Gericht verkennt eine gebotene Vorlage an den EuGH betreffend die Gültigkeit eines Unionsrechtsaktes Art. 267 Abs. 3 AEUV iVm Abs. 1 lit. b Alt. 1 AEUV (unterlassene Gültigkeitsvorlage) oder ein Fachgericht übergeht eine Vorlagepflicht nach Art. 267 Abs. 3 iVm Abs. 1 lit. a oder lit. b AEUV, die zur Gewährleistung einer grundrechtskonformen Auslegung des Unionsrechts geboten ist (grundrechtskonforme Auslegung des Unionsrechts). **119**

Einen Sonderfall betreffen die Konstellationen, in denen die Reichweite eines unionsrechtlichen Umsetzungsspielraums unklar ist – die Voraussetzungen der acte-clair-Doktrin also nicht gegeben sind (vgl. → Rn. 102 f.). In diesen Fällen ist auch für nicht letztinstanzliche Fachgerichte das Recht aus Art. 267 Abs. 2 AEUV nicht nur fakultativ, sondern es besteht eine obligatorische **Vorlagepflicht** an den EuGH.[419] Denn gemäß der Solange II-Rechtsprechung (vgl. → Rn. 6 f.; → Rn. 15, 42) hängt von der Reichweite des Umsetzungsspielraumes ab, ob eine mögliche Verletzung grundgesetzlicher Normen in Betracht kommt. Verstößt ein nationales Gesetz nach Auffassung eines Fachgerichts sowohl gegen das Grundgesetz als auch gegen Unionsrecht, steht es ihm grundsätzlich frei, vorrangig die Normenkontrolle durch das BVerfG nach Art. 100 Abs. 1 GG oder eine Entscheidung des EuGH nach Art. 267 AEUV zu ersuchen.[420] Solange eines der beiden Verfahren anhängig ist, scheidet ein Verstoß gegen Art. 101 Abs. 1 S. 2 GG aus. Möglich ist zudem die Aussetzung des eigenen Verfahrens, wenn die Unionsrechtsfrage bereits Gegenstand eines anderen Vorabentscheidungsersuchens ist, dessen Ausgang abgewartet werden soll.[421] **120**

Auch das BVerfG selbst unterliegt der Vorlagepflicht aus Art. 267 Abs. 3 AEUV und damit der Verpflichtung aus Art. 101 Abs. 1 S. 2 GG, wobei Verstöße jedoch nicht im Wege der förmlichen Verfahren, sondern nur durch Gegenvorstellung gerügt werden können.[422] **121**

---

[416] EuGH 6.10.2021 – C-561/19, ECLI:EU:C:2021:799 = NJW 2021, 3303 (3307) – Consorzio Italian Management ua/Rete Ferroviaria Italiana SpA.
[417] EuGH 6.10.2021 – C-561/19, ECLI:EU:C:2021:799 = NJW 2021, 3303 (3307) – Consorzio Italian Management ua/Rete Ferroviaria Italiana SpA.
[418] Michael JZ 2012, 870 (878 ff.); Michael JZ 2013, 302 (303 f.).
[419] BVerfG 4.10.2011 – 1 BvL 3/08, NJW 2012, 45 (46).
[420] BVerfG 11.7.2006 – 1 BvL 4/00, BVerfGE 116, 202 (214 f.) = NJW 2007, 51; BVerfG 4.10.2011 – 1 BvL 3/08, NJW 2012, 45 (45); Britz NJW 2012, 1313 (1316); Voßkuhle SächsVBl 2013, 77 (80).
[421] Piekenbrock EuR 2011, 317 (338).
[422] Bethge in Schmidt-Bleibtreu/Klein/Bethge BVerfGG § 90 Rn. 243, 260; Benda/Klein, Verfassungsprozessrecht, 4. Aufl. 2020, Rn. 95, 554. Kahl DVBl 2013, 197 (199); Voßkuhle NJW 2013, 1329 (1331). *De lege ferenda* für ein Antragsrecht auf Anrufung des EuGH Pagenkopf ZRP 2012, 42 (45).

II. Verfassungsgerichtliche Überprüfung der Unionskonformität staatlicher Hoheitsakte

122 Während sich die Betrachtungen üblicherweise dem Problemfeld einer Instrumentalisierung des verfassungsgerichtlichen Rechtsschutzes zur Abwehr unionsbedingter Belastungen widmen, wurde in neuerer Zeit verschiedentlich erörtert, ob im Rahmen verfassungsgerichtlicher Rechtsschutzverfahren eine Überprüfung deutscher Hoheitsakte am Maßstab des Unionsrechts vorzunehmen ist.[423] So könnte das Verfahren der Verfassungsbeschwerde nach Art. 94 Abs. 1 Nr. 4a GG auch ausdrücklich zum Schutz der unionsrechtlich gewährleisteten Individualrechte (Grundrechte und Grundfreiheiten) eröffnet werden.

123 Ganz allgemein muss der Gewährleistungsgehalt der nationalen Grundrechte auch davor schützen, durch mit höherrangigem Recht unvereinbare Normen beeinträchtigt zu werden. Im Kontext des Unionsrechts ergeben sich dabei spezifische prozedurale wie materielle Anforderungen an den nationalen Gesetzgeber.[424] Ausgehend vom Grundsatz der Europarechtsfreundlichkeit des Grundgesetzes gem. Art. 23 Abs. 1 GG und der Loyalitätspflicht nach Art. 4 Abs. 3 EUV bestehen Koordinations- und Kooperationspflichten im Mehrebenensystem nicht nur für die Verwaltung und die Gerichtsbarkeit, sondern auch für den Gesetzgeber. Aus den entsprechenden **Koordinations- und Kooperationspflichten** des Gesetzgebers im vorstehenden Sinn lassen sich eine **prozedurale** und eine **materiell-rechtliche Komponente** ableiten:[425] In **prozeduraler Hinsicht** ist im Interesse der Europarechtsfreundlichkeit den **Institutionen der Union** dazu Gelegenheit zu geben, von einer beabsichtigten gesetzgeberischen Maßnahme **Kenntnis** zu nehmen und sich hierzu zu äußern, sofern diese Verantwortungsbereiche der EU berührt oder auf diese potenziell einwirkt. In **materiell-rechtlicher Hinsicht** sind die **Belange der Union** grundsätzlich zu **ermitteln** und zu **bewerten.** Sie fließen sodann – als einer neben anderen verfassungsrechtlich erheblichen Belangen – in die gesetzgeberische Abwägungsentscheidung ein. Diese Pflichten kommen zum Tragen, wenn Maßnahmen geplant sind, die sich hinreichend greifbar auf Verantwortlichkeiten der EU auswirken. Ähnlich ist der Ansatz zu verstehen, das Unionsrecht zähle zu „Recht und Gesetz" gem. Art. 20 Abs. 3 GG, so dass die Anwendung des Unionsrechts über das jeweils einschlägige Grundrecht zum Gegenstand der Verfassungsbeschwerde gemacht werden könne.[426] Diese Auffassung knüpft an die verfassungsgerichtliche Rechtsprechung an, die eine Pflicht zur Berücksichtigung der EMRK im Rahmen einer vertretbaren Gesetzesauslegung ebenfalls aus der Bindung an „Recht und Gesetz" gem. Art. 20 Abs. 3 GG ableitet.[427]

124 Nach der bisherigen Auffassung des BVerfG gehörten jedoch unionsrechtlich begründete Rechte grundsätzlich nicht zu den Grundrechten oder grundrechtsgleichen Rechten, gegen deren Verletzung nach Art. 93 Abs. 1 Nr. 4a GG, § 90 Abs. 1 BVerfGG mit der Verfassungsbeschwerde vorgegangen werden kann.[428] Die Prüfung der Vereinbarkeit einer innerstaatlichen Norm des einfachen Rechts mit den Bestimmungen des europäischen Unionsrechts fiel demnach **nicht in die Zuständigkeit des BVerfG**: Es handele sich nicht um die Überprüfung spezifischen Verfassungsrechts, auf die sich die Zuständigkeit des BVerfG beschränke, sondern um einen einfachen Normenkonflikt, der in die Zuständigkeit der Fachgerichtsbarkeit falle.[429] Eine Überprüfung von Unionsrechtsakten an den jeweils höherrangigen unionsrechtlichen Maßstäben scheide aus.[430] Diese restriktive Rechtspre-

---

[423] Sauer, Jurisdiktionskonflikte in Mehrebenensystemen, 2008, S. 168 f.; Moench/Sander in Rengeling, Handbuch zum europäischen und deutschen Umweltrecht, Bd. I, 2. Aufl. 2003, § 46 Rn. 44 f.
[424] Grundlegend hierzu Nettesheim, Gesetzgebungsverfahren im europäischen Staatenverbund, 2013, passim.
[425] Nettesheim, Gesetzgebungsverfahren im europäischen Staatenverbund, 2013, Kap. B II.
[426] So Voßkuhle SächsVBl 2013, 77 (79).
[427] BVerfG 14.10.2004 – 2 BvR 1481/04, BVerfGE 111, 307 (315 ff.) = NJW 2004, 3407.
[428] BVerfG 16.3.2004 – 1 BvR 1778/01, NVwZ 2004, 597 (598 f.); BVerfG 28.3.2006 – 1 BvR 1054/01, NJW 2006, 1261 (1261).
[429] Sauer, Jurisdiktionskonflikte in Mehrebenensystemen, 2008, S. 169.
[430] BVerfG 18.3.2014 – 2 BvR 1824/12 Rn. 11 f., NJW 2014, 1505.

chung war und ist angesichts des entwicklungsoffenen Grundsatzes der Europarechtsfreundlichkeit des Grundgesetzes zu überdenken. Zum einen nimmt das Bundesverfassungsgericht nun auch selbst eine Überprüfung der Anwendung von Unionsrecht durch nationale Stellen am Maßstab der Unionsgrundrechte vor.[431] Zum anderen hat es eine Überprüfung von Unionsrechtsakten anhand der Unionsgrundrechte auch nicht mehr gänzlich ausgeschlossen.[432] Gemäß dem sich aus dem Grundgesetz – insbes. aus Art. 19 Abs. 4 GG – ergebenden Recht auf effektiven Rechtsschutz obliegt es auch und insbesondere den Fachgerichten, die unionsrechtlichen Vorgaben für einen nationalen Ausführungsakt an den Unionsgrundrechten zu messen und ggf. ein Vorabentscheidungsverfahren nach Art. 267 AEUV durchzuführen.[433] Ein durch ein entsprechendes Unterlassen begründeter Verstoß gegen Art. 19 Abs. 4 GG kann vor dem BVerfG geltend gemacht werden. Die Fachgerichte sowie das Bundesverfassungsgericht werden damit iErg zu gemeinsamen Hütern der Unionsgrundrechte.[434] Hintergrund ist unter anderem, dass die nur schwach ausgestaltete Individualklagemöglichkeit nach Art. 263 Abs. 4 AEUV keine generelle Einklagbarkeit des unionsrechtlichen Grundrechtsschutzes gewährleistet. Das gleiche sollte künftig gelten, wenn nach Auffassung eines Instanzgerichts ein nationaler Rechtsakt aufgrund des Vorranges des Unionsrechts nicht anwendbar sein soll.[435]

Eine weitere Ausnahme ist anzuerkennen, wenn Verfassungsnormen ausdrücklich auf das Europarecht Bezug nehmen – wie das Kommunalwahlrecht für Unionsbürger nach Art. 28 Abs. 1 S. 3 GG.[436] Soweit sich aus der Verweisung Zweifelsfragen ergeben, sind diese jedoch zwingend durch das BVerfG dem EuGH vorzulegen. **125**

E. Rechtsschutz gegen Verletzungen des sogenannten Rückschrittsverbotes

Im Zuge jüngerer Entwicklungen innerhalb der Europäischen Union hatte sich der EuGH zuletzt vermehrt mit der Frage nach dem Umgang mit für den in Art. 2 EUV verankerten Wert der Rechtsstaatlichkeit bedrohlichen Entwicklungen auseinanderzusetzen. Als Ergebnis dieser Auseinandersetzung entwickelte er das sog. Rückschrittsverbot. Es hat eine Verpflichtung der Mitgliedstaaten zum Gegenstand, für einen wirksamen gerichtlichen Rechtsschutz, wie er in Art. 19 Abs. 1 Uabs 2 EUV, aber auch in Art. 6 und 13 EMRK und Art. 47 GrCh genannt ist, zu sorgen. Jeder Mitgliedstaat hat demnach sicherzustellen, dass die Unabhängigkeit der Justiz gewahrt bleibt. Die Mitgliedstaaten haben darüber hinaus alle Maßnahmen zu unterlassen, die diese Unabhängigkeit untergraben können.[437] Eine nationale Regelung über die Organisation der Justiz muss daher durch objektive und überprüfbare Erfordernisse einer geordneten Rechtspflege gerechtfertigt sein. Insbesondere muss gewährleistet werden, dass Regelungen nicht der politischen Kontrolle der Tätigkeit von Richtern und Staatsanwälten dienen.[438] **126**

Vor diesem Hintergrund wird es in Zukunft vor allem den nationalen Gerichten obliegen, ob sie in dieser Hinsicht mit Unionsrecht nicht in Einklang zu bringendes nationales Recht unangewendet lassen oder sich mit der Frage an den EuGH wenden, ob der Grundsatz des Vorrangs des Unionsrechts einer die Unabhängigkeit der Justiz schmä- **127**

---

[431] BVerfG 6.11.2019 – 1 BvR 16/13, NJW 2020, 300 (305) – Recht auf Vergessen I; BVerfG 6.11.2019 – 1 BvR 276/17, NJW 2020, 314 (314) – Recht auf Vergessen II; BVerfG 1.12.2020 – 2 BvR 1845/18, NJW 2021, 1518 (1518) – Europäischer Haftbefehl III.
[432] BVerfG 6.11.2019 – 1 BvR 276/17, NJW 2020, 314 (318).
[433] BVerfG 13.3.2007 – 1 BvF 1/05, BVerfGE 118, 79 (97) = NVwZ 2007, 937; Britz NJW 2012, 1313 (1315 f.); Voßkuhle SächsVBl 2013, 77 (79).
[434] Zur Hüterfunktion der Fachgerichte und zum Folgenden Britz NJW 2012, 1313 (1316 f.).
[435] Ähnlich Piekenbrock EuR 2011, 317 (339 f.).
[436] Vgl. hierzu Frenz VerwArch 101 (2010), 159 (165).
[437] Vgl. EuGH 19.11.2019 – C-624/18, C-625/18, EuZW 2020, 155 (158), Rn. 75; Mader EuZW 2021, 917 (921).
[438] EuGH 18.5.2021 – C-127/19, C-195/19, C-291/19, C 355/19, BeckRS 2021, 11056, Rn. 223; Mader EuZW 2021, 917 (921).

lernden nationalen Vorschrift entgegensteht.[439] Dies bedingt eine Kennzeichnung, Bewertung und Prüfung des rechtlichen und tatsächlichen Kontextes einer rechtsstaatsrelevanten Situation durch das mit einer solchen Frage befasste nationale Gericht, bevor eine Vorlage an den EuGH überhaupt erfolgen kann.[440] Diese Art der Vorbefassung des nationalen Gerichts mit ggf. späterer Weitergabe/Vorlage des erstellten „Lagebildes" an den EuGH wird als sog. Kontextmethode bezeichnet.[441] Wird die Vereinbarkeit einer nationalen Regelung mit dem Rückschrittsverbot bezweifelt und ist die nationale Regelung für den Rechtsstreit entscheidungserheblich, so wird es für deren Nichtanwendung durch das nationale Gericht bzw. für dessen eventuelle Vorlage an den EuGH entscheidend darauf ankommen, dass substantiiert zu einer Verletzung des sog. Rückschrittsverbotes vorgetragen wird.

128   In diesem Zusammenhang gilt es jedoch zu berücksichtigen, dass die Organisation der Justiz in den Mitgliedstaaten grundsätzlich allein in deren Zuständigkeit fällt. Der EuGH nimmt sich aber grds. nur solcher entscheidungserheblichen Fragen an, die die Auslegung des Unionsrechts und nicht rein nationaler Regelungen betreffen. Wie bereits angedeutet kann eine Auslegung des Unionsrechts nach Ansicht des EuGH allerdings durchaus von Bedeutung sein, wenn es um nationale Regelungen zur Organisation der Justiz geht.[442] Denn in einem solchen Fall müssen die Mitgliedstaaten bei der Ausübung ihrer Organisationszuständigkeit diejenigen Verpflichtungen einhalten, die sich für sie aus dem Unionsrecht ergeben. Insofern wird eine Vorlage an den EuGH durch das **Bundesverfassungsgericht** immer dann in Betracht zu ziehen sein, wenn der Gegenstand eines bundesverfassungsgerichtlichen Verfahrens auch die sich aus den unionsrechtlichen Rechtsstaatsprinzipien ergebenden Anforderungen betrifft. Darüber hinaus muss die Vorlage der jeweiligen Rechtsfrage an den EuGH nach den hierzu aufgestellten Grundsätzen (vgl. → Rn. 102 f.) angezeigt sein. Erfolgt in einem diese beiden Voraussetzungen zugrundeliegenden Fall keine Vorlage, so steht eine Verletzung von Art. 101 GG im Raum.

F. Verfassungsgerichtliche Kontrolle der deutschen Mitwirkung am Entscheidungsprozess der Europäischen Union

129   Fragen des verfassungsgerichtlichen Rechtsschutzes stellen sich überdies mit Blick auf die deutsche Mitwirkung am Entstehungsprozess des sekundären Unionsrechts, deren praktische Relevanz die Streitigkeiten um die Tabakrichtlinie[443], die Rundfunkrichtlinie[444] sowie das Anleihekaufprogramm der EZB[445] hinreichend belegen. Das Rechtsschutzziel kann insbes. darin liegen, die deutsche Mitwirkung am Erlass eines bestimmten, noch nicht beschlossenen Rechtsaktes zu verhindern oder die Verfassungswidrigkeit eines entsprechenden Tuns oder Unterlassens festzustellen.

I. Verfahrensarten

130   **1. Individualverfassungsbeschwerde.** Der Beschwerdeführer wird regelmäßig nicht bereits durch den Zustimmungsakt des deutschen Vertreters im Rat, sondern erst durch den

---

[439] Vgl. zur Entscheidungsbefugnis über die Frage der Erforderlichkeit einer Vorabentscheidung EuGH 19.11.2019 – C-585/18, C-624/18, C-625/18, EuZW 2020, 155 (159), Rn. 97; Mader EuZW 2021, 974 (977, 978).
[440] Vgl hierzu EuGH 2.3.2021 – C-824/18, ECLI:EU:C:2021:153 = BeckRS 2021, 3004 Rn. 105, 157 ff.; Mader EuZW 2021, 974 (977).
[441] Mader EuZW 2021, 974 (977).
[442] EuGH 18.5.2021 – C-83/19, C-127/19, C-195/19, C-291/19, C 355/19, BeckRS 2021, 11056 Rn. 110; EuGH 19.11.2019 – C-624/18, C-625/18, EuZW 2020, 155 (158) Rn. 75.
[443] Vgl. hierzu BVerfG 15.5.1989 – 2 BvQ 3/89, NJW 1990, 974; BVerfG 19.7.1992 – 2 BvR 1096/92, DÖV 1992, 1010.
[444] Vgl. hierzu BVerfG 22.3.1985 – 2 BvG 1/89, EuGRZ 1989, 337; BVerfG 22.3.1995 – 2 BvG 1/89, BVerfGE 92, 203 ff. = MDR 1995, 648.
[445] BVerfG 5.5.2020 – 2 BvR 859/15, NJW 2020, 1647 (1648) – PSPP.

erlassenen Unionsrechtsakt oder weitere Umsetzungsakte **selbst** und **unmittelbar** iSv § 90 Abs. 1 BVerfGG in seinen Grundrechten beeinträchtigt.[446] Das BVerfG hat insoweit zu Recht klargestellt, dass die Mitwirkung bei der Entstehung eines Unionsrechtsaktes den Beschwerdeführer nicht grundsätzlich unmittelbar beschwere.[447] Insbesondere eine Richtlinie könne erst nach ihrem Inkrafttreten und ihrer innerstaatlichen Verwirklichung eine Beschwer des Beschwerdeführers auslösen. Auch die Verordnung löse erst mit ihrem Inkrafttreten unmittelbare Rechtswirkungen und damit potentiell eine Beschwer aus.[448]

131 Dennoch wird teilweise eine Verfassungsbeschwerde gegen das **Abstimmungsverhalten des deutschen Vertreters** im Rat der Europäischen Union für zulässig erachtet.[449] Die dem jeweiligen supranationalen Rechtsakt konkret erteilte zustimmende Mitwirkungshandlung sei ein (prinzipiell) verfassungsgebundener Akt deutscher öffentlicher Gewalt, der eine (völkerrechtliche) Bindung der Bundesrepublik begründe und grundsätzlich der Jurisdiktionsmacht des BVerfG unterliege.[450] Im Ergebnis ist dies nicht richtig. Denn es fehlt schon an der unmittelbaren Auswirkung.

132 Nicht der Mitwirkungsakt als solcher, sondern erst der unter Mitwirkung des deutschen Vertreters erlassene Rechtsakt greift in die Sphäre des Bürgers ein. Zudem bliebe der Unionsrechtsakt gültig, auch wenn die Verfassungswidrigkeit des Mitwirkungsaktes festgestellt würde. Es ist daher grundsätzlich hinreichend, Rechtsschutz gegen den belastenden Unionsrechtsakt über das zugrundeliegende Zustimmungsgesetz zuzulassen. Dies gilt auch für den Fall, dass sich der angegriffene Mitwirkungsakt etwa auf eine unionsrechtliche Verordnung bezieht und regelmäßig mit dem Erlass des Rechtsaktes zusammenfällt.

133 Das prozessuale Unmittelbarkeitserfordernis ist demnach im Regelfall nicht erfüllt. Die nationalen Vertreter unterliegen bei der Mitwirkung und Beteiligung an Organschaften der Europäischen Union gleichwohl materiell der Bindung an die nationalen Grundrechte nach Art. 1 Abs. 3 GG, Art. 20 Abs. 3 GG.[451] Es ist zumindest ein Ausfluss der grundrechtlichen Schutzpflicht, Beeinträchtigung der durch die nationalen Grundrechte geschützten Freiräume durch supranationale Hoheitsakte möglichst zu verhindern.[452] Mitwirkungsakte sind daher nur ausnahmsweise ein zulässiger Beschwerdegegenstand, wenn ein qualifiziertes Unterlassen vorliegt, insbes. indem eine grundrechtlich gebotene Handlungspflicht verletzt wird.[453]

134 Bezieht sich ein Mitwirkungsakt auf einen identitätsverletzenden oder einen Ultra-vires-Rechtsakt der Union, kann zwar schon dieser die demokratiebezogenen Grenzen für europäisches Recht berühren. Allerdings ist auch in solchen Fällen das prozessuale Unmittelbarkeitserfordernis wie bei anderen Mitwirkungshandlungen grundsätzlich eigentlich erst durch den Unionsrechtsakt selbst verwirklicht. Denn letztlich greift systematisch betrachtet allein dieser – wie zuvor dargestellt (vgl. → Rn. 132) – in die Sphäre des Bürgers ein.

---

[446] Vgl. Classen in v. Mangoldt/Klein/Starck GG Art. 24 Rn. 48; vgl. Schmidt-Aßmann in Dürig/Herzog/Scholz GG Art. 19 Abs. 4 Rn. 50.
[447] BVerfG 12.5.1989 – 2 BvQ 3/89, NJW 1990, 974; BVerfG 9.7.1992 – 2 BvR 1096/92, DÖV 1992, 1010; BVerfG 16.10.2003 – 1 BvR 2075/03, NVwZ 2004, 209; BVerfG 7.9.2011 – 2 BvR 987/10 ua, NJW 2011, 2946 (2949 f.) – Griechenland-Hilfe.
[448] Zweifel an der Beschwer des Bürgers sind ferner deshalb angebracht, da auch bei Feststellung der Verfassungswidrigkeit der Zustimmung der Rechtsakt gültig bliebe. Vgl. nur Streinz, Bundesverfassungsgerichtlicher Grundrechtsschutz und Europäisches Gemeinschaftsrecht, 1989, S. 209.
[449] Vgl. Classen in v. Mangoldt/Klein/Starck GG Art. 24 Rn. 48; Streinz, Bundesverfassungsgerichtlicher Grundrechtsschutz und Europäisches Gemeinschaftsrecht, 1989, S. 206 f.
[450] Vgl. Schmidt-Aßmann in Dürig/Herzog/Scholz GG Art. 19 Abs. 4 Rn. 47b; Nettesheim EuR 2011, 765 (770).
[451] Ebenso Scholz in Dürig/Herzog/Scholz GG Art. 23 Rn. 87, der auch auf die Gegenansicht eingeht.
[452] Vgl. BVerfG 5.5.2020 – 2 BvR 859/15, NJW 2020, 1647 (1649) – PSPP; Classen in v. Mangoldt/Klein/Starck GG Art. 24 Rn. 56.
[453] BVerfG 7.9.2011 – 2 BvR 987/10 ua, NJW 2011, 2946 (2950) – Griechenland-Hilfe; BVerfG 5.5.2020 – 2 BvR 859/15, NJW 2020, 1647 (1648) – PSPP.

135 Für Fälle, in denen eine Verletzung des Rechts auf demokratische Selbstbestimmung aus Art. 38 Abs. 1 S. 1 GG im Raum steht, sieht das BVerfG dies in einer aktuellen Entscheidung zur vorläufigen Anwendung des CETA-Freihandelsabkommens nun aber deutlich weniger streng.[454] Danach könne auch die Mitwirkungshandlung des deutschen Vertreters im Rat tauglicher Beschwerdegegenstand sein (vgl. → Rn. 27), soweit dadurch auf einen Ratsbeschluss hingewirkt wird, der die Verfassungsidentität berühre oder die Grenzen des Integrationsprogramms überschreite.[455] Schon dieser Zustimmungsakt sei demzufolge dazu geeignet, Bürgerinnen und Bürger unmittelbar zu beschweren. Es bedürfe daher weder eines Vollzugsaktes noch der Vorklärung durch die Fachgerichte.[456] Da das Gericht andererseits aber auch davon ausgeht, dass der Ratsbeschluss nur „völkerrechtliche Verpflichtungen der Europäischen Union und damit mittelbar auch der Bundesrepublik Deutschland begründet",[457] lässt die Entscheidung eine nähere Auseinandersetzung mit dem Unmittelbarkeitskriterium vermissen. Damit wertet das BVerfG im Ergebnis die Ultra-vires-Kontrolle zum subjektiven Recht der Wahlbürger auf und eröffnet hierdurch eine Rechtsprechungslinie, die vom Ansatz her dazu geeignet ist, perspektivisch sämtliche unionsrechtliche Fragen auf nationaler Ebene selbst zu untersuchen.[458] Es bleibt daher abzuwarten, inwieweit sich diese Entscheidung auf die deutsche Mitwirkung am Entstehungsprozess des sekundären Unionsrechts auswirken wird.

136 Aus dem Erfordernis der **Rechtswegerschöpfung** gem. § 90 Abs. 2 S. 1 BVerfGG ergibt sich keine unüberwindliche Hürde für eine gegen den Zustimmungsakt gerichtete Verfassungsbeschwerde. Ungeachtet der im Schrifttum diskutierten Möglichkeit einer Inanspruchnahme verwaltungsgerichtlichen Rechtsschutzes,[459] dürfte die Rechtswegerschöpfung aus den in § 90 Abs. 2 S. 2 BVerfGG genannten Gründen regelmäßig entbehrlich sein.

137 Die Integritätsinteressen des Beschwerdeführers können in seltenen Extremfällen eine **präventiv** wirkende Kontrolle des Abstimmungsverhaltens im Rat gebieten. Im Wege einer **einstweiligen Anordnung** gem. § 32 BVerfGG kann die beabsichtigte Zustimmung versagt werden. Dies kommt allenfalls in Betracht, wenn nach dem Vortrag des Beschwerdeführers ohne den Erlass der einstweiligen Anordnung schwere und irreversible Grundrechtsbeeinträchtigungen zu erwarten sind, wohingegen eine zeitliche Aufschiebung der Mitwirkungshandlung auf europäischer Ebene keine schweren Nachteile begründet (vgl. → Rn. 173).[460]

138 **2. Bund-Länder Streit.** Gemäß Art. 93 Abs. 1 Nr. 3 GG entscheidet das BVerfG über Meinungsverschiedenheiten hinsichtlich der Rechte und Pflichten des Bundes und der Länder. Dieses Verfahren eröffnet den Bundesländern die Möglichkeit, die bundesdeutschen Mitwirkungshandlungen am Entstehungsprozess sekundären Unionsrechts verfassungsgerichtlich kontrollieren zu lassen.[461] Verfahrensgegenstand ist nur die **Mitwirkungshandlung**, nicht der Unionsrechtsakt selbst.[462] Das jeweilige Bundesland muss gem. § 69 BVerfGG iVm § 64 BVerfGG geltend machen können, durch die angegriffene Mitwirkungshandlung der Bundesregierung in seinen grundgesetzlich zugewiesenen Rechten und Pflichten verletzt oder unmittelbar gefährdet zu sein. Gerügt werden kann namentlich eine

---

[454] BVerfG 9.2.2022 – 2 BvR 1368/16 ua, NVwZ 2022, 541 Rn. 138 ff. – CETA.
[455] BVerfG 9.2.2022 – 2 BvR 1368/16 ua, NVwZ 2022, 541 Rn. 139 – CETA.
[456] BVerfG 9.2.2022 – 2 BvR 1368/16 ua, NVwZ 2022, 541 Rn. 149 – CETA.
[457] BVerfG 9.2.2022 – 2 BvR 1368/16 ua, NVwZ 2022, 541 Rn. 138 – CETA.
[458] So Pegatzky NVwZ 2022, 761 (768) („allgemeine Demokratierüge").
[459] Vgl. Streinz, Bundesverfassungsgerichtlicher Grundrechtsschutz und Europäisches Gemeinschaftsrecht, 1989, S. 209 f.
[460] Die verfassungsgerichtliche Rspr. schließt den Erlass einer einstweiligen Anordnung – unter äußerst strengen Anforderungen – nicht grundsätzlich aus; vgl. BVerfG 7.5.2010 – 2 BvR 987/10, NJW 2010, 1586 (1587) – Griechenland-Gewährleistungsübernahme; BVerfG 9.6.2010 – 2 BvR 1099/10, NJW 2010, 2418 (2419) – Euro-Rettungsschirm.
[461] Vgl. BVerfG 22.3.1995 – 2 BvG 1/89, BVerfGE 92, 203 (227) = MDR 1995, 648.
[462] Vgl. Bethge in Schmidt-Bleibtreu/Klein/Bethge, BVerfGG, Stand: Januar 2022, § 69 Rn. 59.

Verletzung der Grundsätze bundesfreundlichen Verhaltens[463] sowie des Subsidiaritätsprinzips nach Art. 23 Abs. 1 S. 1 GG[464], soweit Länderkompetenzen durch den Unionsrechtsakt berührt werden sollen. Einen weiteren möglichen Angriffspunkt bilden die in Art. 23 Abs. 1a–7 GG niedergelegten Beteiligungsrechte des Bundesrates und der Ländervertreter.[465] Ferner müssen auch Beeinträchtigungen der unabdingbaren Grundrechtsgewährleistung, der Verfassungsidentität und der Kompetenzgrenzen unter Berufung auf Art. 23 Abs. 1 GG geltend gemacht werden können. Auch in diesem Zusammenhang gebietet das Integritätsinteresse des Antragstellers, grundsätzlich eine präventiv wirkende Kontrolle – ggf. im Wege einer einstweiligen Anordnung gem. § 32 BVerfGG (vgl. → Rn. 171 ff.) – zuzulassen.

3. Organstreitverfahren. Der **Bundesrat** kann die ihm durch Art. 23 GG zuerkannten Mitwirkungsrechte zudem im Wege des Organstreitverfahrens gem. Art. 93 Abs. 1 Nr. 1 GG, §§ 63 ff. BVerfGG verteidigen. Entsprechendes gilt für den in diesem Verfahren gleichfalls beteiligtenfähigen **Bundestag,** dem durch Art. 23 Abs. 2, 3 GG Beteiligungsmöglichkeiten in Angelegenheiten der Europäischen Union verfassungskräftig eingeräumt wurden.[466] Hierzu zählen auch die Mitwirkungsrechte des Bundestages hinsichtlich vertragsändernder Rechtsakte der Union wie sie in §§ 2 ff. IntVG ausgestaltet sind. Diese Mitwirkungsrechte sind letztlich einfachgesetzliche Konkretisierungen des in Art. 23 Abs. 1 GG verankerten Demokratieprinzips im Zusammenhang mit Kompetenzübertragungen[467] und sind somit zugleich organschaftliche Rechte. Schließlich kann auch das „Klagerecht" nach Art. 23 Abs. 1a GG (vgl. → Rn. 170) im Wege des Organstreitverfahrens durchgesetzt werden. Die Fraktionen sind aufgrund der parlamentarischen Kontrollfunktion und aus Gründen des Minderheitenschutzes berechtigt, im Wege der Prozessstandschaft gem. § 63 BVerfGG Rechte des Bundestages geltend zu machen.[468] 139

Der einzelne **Abgeordnete** kann seine organschaftlichen Rechte aus Art. 38 Abs. 1 S. 2 GG ebenfalls im Wege des Organstreitverfahrens gem. Art. 93 Abs. 1 Nr. 1 GG, §§ 63 ff. BVerfGG geltend machen. Dies gilt insbes., wenn sein Status als Abgeordneter und das Recht auf Teilhabe an den parlamentarischen Prozessen dadurch beschränkt wird, dass einzelne Befugnisse auf parlamentarische Gremien delegiert werden.[469] 140

II. Prüfungsmaßstab

1. Schranken der Integrationsermächtigung. Die Mitwirkungshandlungen der bundesdeutschen Beteiligten am Prozess der Entstehung sekundären Unionsrechts unterliegen der prinzipiellen Verfassungsbindung aus Art. 1 Abs. 3, 20 Abs. 3 GG. Im Bereich der Entwicklung und vertraglichen Fortentwicklung der Union, aber auch beim Vollzug des Unionsrechts ist diese Verfassungsbindung – wie oben dargelegt – in gewisser Weise zu **relativieren.** Die Grenzen sind erst überschritten, wenn die unaufgebbaren Grundstrukturen der geltenden Verfassungsordnung tangiert werden. 141

Eine entsprechende Lockerung der Rückbindung an die Vorgaben der Verfassung ist auch hier angezeigt. Der Handlungs- und Entscheidungsspielraum der Bundesregierung ist aus Gründen des Unionsbezuges erweitert. Dem wird im Schrifttum zum Teil unter Hinweis auf den Gedanken einer „präventiv wirkenden Maßstäblichkeit" des nationalen 142

---

[463] BVerfG 22.3.1995 – 2 BvG 1/89, BVerfGE 92, 203 (227 f.) = NVwZ 1996, 1093; Classen in v. Mangoldt/Klein/Starck GG Art. 24 Abs. 1 Rn. 48, 56.
[464] Streinz in Sachs GG Art. 23 Rn. 38.
[465] Vgl. Lechner/Zuck, BVerfGG, 8. Aufl. 2019, Vor § 68 Rn. 8.
[466] Streinz in Sachs GG Art. 23 Rn. 112 ff.; Schlaich/Korioth, Das Bundesverfassungsgericht, 12. Aufl. 2021, Rn. 85, 87.
[467] BVerfG 30.6.2009 – 2 BvE 2/08 ua, NJW 2009, 2267 (2294 f.) – Lissabon.
[468] BVerfG 19.6.2012 – 2 BvE 4/11, NVwZ 2012, 954 Rn. 77 – ESM/Euro-Plus-Pakt; BVerfG 12.9.2012 – 2 BvE 6/12 ua, NJW 2012, 3145 Rn. 229 – ESM/Fiskalpakt.
[469] BVerfG 28.2.2012 – 2 BvE 8/11, NVwZ 2012, 495 Rn. 97 – Beteiligungsrechte des BT/EFSE.

Verfassungsrechts widersprochen.[470] Allein die Annahme einer strikten Beachtlichkeit der Verfassungsvorgaben für die deutsche Beteiligung am unionsrechtlichen Rechtsetzungsprozess wird für geeignet erachtet, der Entstehung grundgesetzwidrigen Unionsrechts zu begegnen.

143 Überzeugender ist es, den maßgeblichen verfassungsrechtlichen **Prüfungs- und Kontrollmaßstab** – unabhängig davon, ob Begründungs- und Vollzugsakte von Unionsrecht betroffen sind – einheitlich anhand des **Art. 23 Abs. 1 GG** zu bestimmen.[471] Die Integrationsermächtigung erlaubt es von Verfassungs wegen, den innerstaatlichen Rechtsraum auch solchem Unionsrecht zu eröffnen, das den verfassungsrechtlichen Anforderungen nicht vollen Umfangs entspricht. Wenn aber die einmal geschaffene Unionsnorm zu Lockerungen der Verfassungsbindungen führen kann, ist dies bereits im Prozess ihrer Entstehung zu berücksichtigen. Die Maßstäbe, die für die Übertragung von Hoheitsrechten und damit die Schaffung der primärrechtlichen Kompetenzen gelten, müssen bei der deutschen Beteiligung am unionsrechtlichen Rechtsetzungsprozess fortwirken. Andernfalls würden der Realisierung verfassungsrechtlich zulässig „übertragener" Kompetenzen weitere, vom nationalen Verfassungsrecht gerade nicht geforderte Hindernisse bereitet, die es aber weder beim Vollzug bestehenden Unionsrechts noch bei seiner Begründung geben darf.[472] Insofern müssen nicht nur die Maßstäbe des unabdingbaren Grundrechtsstandards Anwendung finden (vgl. → Rn. 65), sondern auch die Maßstäbe der Identitäts- und der Ultra-vires-Kontrolle (vgl. → Rn. 66 ff.). Vor diesem Hintergrund haben auch die diesbezüglichen besonderen Sachentscheidungsvoraussetzungen (vgl. → Rn. 41 ff.) zu gelten.

144 Das Bundesverfassungsgericht leitet aus Art. 20 Abs. 1 und 2, Art. 38 Abs. 1 S. 1 GG in Verbindung mit der **Integrationsverantwortung** nicht nur einen Schutz der Wahlberechtigten vor einer unzulässigen Übertragung von Hoheitsrechten her, sondern auch einen Schutz davor, dass Maßnahmen von Organen, Einrichtungen und sonstigen Stellen der Europäischen Union umgesetzt werden, die eine entsprechende Wirkung entfalten und jedenfalls faktisch einer mit dem Grundgesetz unvereinbaren Kompetenzübertragung gleichkommen.[473] Denn das dem Einzelnen garantierte Wahlrecht erschöpft sich nicht in einer formalen Legitimation der Bundesstaatsgewalt, sondern gibt dem Bürger auch das Recht, nur einer öffentlichen Gewalt ausgesetzt zu sein, die er auch beeinflussen und legitimieren kann.[474] Dies gewährt dem Bürger ein Recht darauf, dass die durch die Wahl legitimierte Staatsgewalt nicht durch eine Verlagerung von Befugnissen auf die Europäische Union entleert wird.[475]

145 Im Rahmen seiner Rechtsprechung zu dem OMT-Beschluss[476] der Europäischen Zentralbank stellt das BVerfG in diesem Zusammenhang erstmals **Handlungs- und Unterlassungspflichten für deutsche Verfassungsorgane,** Behörden und Gerichte auf.[477] Streitgegenstand dieses Verfahrens war die Mitwirkung der deutschen Bundesbank an dem Beschluss des Rates der EZB über „Technical features of Outright Monetary Transactions"

---

[470] So wohl Stern StaatsR III/1 S. 1236 f.
[471] Vgl. Classen in v. Mangoldt/Klein/Starck GG Art. 23 Rn. 73; Uerpmann-Wittzack in v. Münch/Kunig, 7. Aufl. 2021, GG Art. 23 Rn. 16.
[472] Vgl. Streinz, Bundesverfassungsgerichtliche Kontrolle über die deutsche Mitwirkung am Entscheidungsprozeß im Rat der Europäischen Gemeinschaften, 1990, S. 32.
[473] BVerfG 5.5.2020 – 2 BvR 859/15, NJW 2020, 1647 (1652) – PSPP; BVerfG 21.6.2016 – 2 BvR 2728/13 ua, NJW 2016, 2473 (2477) – EZB/OMT; vgl. hierzu auch: Schneider AöR 2014, 196 (245 f.); Kube DVBl 2020, 1161 (1165); Riedl EuR 2021, 631 (633).
[474] BVerfG 21.6.2016 – 2 BvR 2728/13 ua, NJW 2016, 2473 (2475) – EZB/OMT; vgl. hierzu auch: Schneider AöR 2014, 196 (245 f.); Kube DVBl 2020, 1161 (1165); Riedl EuR 2021, 631 (633).
[475] BVerfG 21.6.2016 – 2 BvR 2728/13 ua, NJW 2016, 2473 (2477) – EZB/OMT; BVerfG 30.6.2009 – 2 BvE 2/08 ua, BVerfGE 123, 267 (330) = NJW 2009, 2267; BVerfG 14.1.2014 – 2 BvR 2728/13 ua, BVerfGE 134, 366 (396) = NJW 2014, 907 (909); vgl auch Pauli/Beutel BayVBl. 2014, 453 (455).
[476] BVerfG 21.6.2016 – 2 BvR 2728/13 ua, NJW 2016, 2473 – EZB/OMT; BVerfG 14.1.2014 – 2 BvR 2728/13 ua, NJW 2014, 907.
[477] BVerfG 21.6.2016 – 2 BvR 2728/13 ua, NJW 2016, 2473 – EZB/OMT; BVerfG 14.1.2014 – 2 BvR 2728/13 ua, NJW 2014, 907; vgl dazu auch Meyer EuR 2014, 473; Sander EuZW 2016, 614.

(OMT-Beschluss)⁴⁷⁸ sowie die Untätigkeit der Bundesregierung und des Deutschen Bundestages bezüglich des OMT-Beschlusses.

Handelt ein Organ oder eine sonstige Stelle der Europäischen Union ultra vires, so dürfen Verfassungsorgane, Behörden oder Gerichte an der kompetenzüberschreitenden Entscheidung der EU nicht mitwirken und müssen aktiv Gegenmaßnahmen ergreifen.⁴⁷⁹ Diese Verpflichtung beruht auf der Integrationsverantwortung, welche alle Verfassungsorgane der Bundesrepublik Deutschland haben. Denn aus der Integrationsverantwortung folgt nicht allein eine Pflicht der Verfassungsorgane, bei der Übertragung von Hoheitsrechten dafür Sorge zu tragen, dass die demokratischen Grundsätze iSd Art. 20 Abs. 1 und Abs. 2 GG und die weiteren Vorgaben des Art. 23 Abs. 1 GG eingehalten werden.⁴⁸⁰ Vielmehr verpflichtet das Integrationsprogramm die Verfassungsorgane auch dazu, den Vollzug des Integrationsprogramms kontinuierlich zu überwachen, bei Identitätsverletzungen und offensichtlich sowie strukturell bedeutsamen Kompetenzüberschreitungen sowohl Mitwirkungs- und Umsetzungshandlungen zu unterlassen als auch aktiv auf die **Einhaltung des Integrationsprogramms hinzuwirken**.⁴⁸¹ Der Anspruch richtet sich insbesondere gegen die in diesem Bereich mit besonderen Kompetenzen ausgestatteten Verfassungsorgane Bundestag und Bundesregierung.⁴⁸² 146

Sie sind verpflichtet, im Rahmen ihrer Kompetenzen mit rechtlichen oder politischen Mitteln auf die Aufhebung der vom Integrationsprogramm nicht gedeckten Maßnahmen hinzuwirken und müssen – im Fall des Fortwirkens der Maßnamen – geeignete Vorkehrungen dafür treffen, dass die innerstaatlichen Auswirkungen dieser Maßnahmen so weit wie möglich begrenzt bleiben.⁴⁸³ Zu den geeigneten Maßnahmen zählen mit Blick auf die Bundesregierung eine Klage vor dem Gerichtshof der Europäischen Union, die Beanstandung der Maßnahme gegenüber den handelnden und den sie kontrollierenden Stellen, das Stimmverhalten in den Entscheidungsgremien der Europäischen Union einschließlich der Ausübung von Vetorechten und der Berufung auf den Luxemburger Kompromiss und Weisungen an nachgeordnete Stellen, die fraglichen Maßnahmen nicht anzuwenden.⁴⁸⁴ Zu den geeigneten Maßnahmen im Hinblick auf den Deutschen Bundestag zählt das Frage-, Debatten- und Entschließungsrecht, welches ihm zur Kontrolle der Bundesregierung in Angelegenheiten der europäischen Union zusteht, sowie die Subsidiaritätsklage gemäß Art. 23 Abs. 1a GG, das Enquêterecht gemäß Art. 44 GG und das Misstrauensvotum gemäß Art. 67 GG.⁴⁸⁵ 147

Zuletzt hat das Bundesverfassungsgericht hierzu erneut klargestellt, dass die Integrationsverantwortung eine Verpflichtung der Verfassungsorgane begründet, die durch Art. 38 Abs. 1 S. 1 iVm Art. 20 Abs. 2 S. 1 GG geschützten Rechtspositionen zu schützen.⁴⁸⁶ Dazu zählt unter anderem, dass der Bundestag als Volksvertretung in der Lage bleibt, seine 148

---

⁴⁷⁸ Vgl. hierzu Rodi JZ 2015, 737 (741); Meyer EuR 2014, 473 (476); Schmidt JZ 2015, 317 (320).
⁴⁷⁹ BVerfG 14.1.2014 – 2 BvR 2728/13 ua, NJW 2014, 907 (909); BVerfG 21.6.2016 – 2 BvR 2728/13 ua, NJW 2016, 2473 (2481) – EZB/OMT.
⁴⁸⁰ BVerfG 21.6.2016 – 2 BvR 2728/13 ua, NJW 2016, 2473 (2481) – EZB/OMT; BVerfG 14.1.2014 – 2 BvR 2728/13 ua, BVerfGE 134, 366 (395) = NJW 2014, 907 (909); BVerfG 30.6.2009 – 2 BvE 2/08 ua, BVerfGE 123, 267 (356) = NJW 2009, 2267.
⁴⁸¹ BVerfG 21.6.2016 – 2 BvR 2728/13 ua, NJW 2016, 2473 (2481) – EZB/OMT; BVerfG 14.1.2014 – 2 BvR 2728/13 ua, BVerfGE 134, 366 (395) = NJW 2014, 907 (909); Gött EuR 2014, 514 (522 ff.).
⁴⁸² BVerfG 21.6.2016 – 2 BvR 2728/13 ua, NJW 2016, 2473 (2481) – EZB/OMT; BVerfG 12.7.1994 – 2 BvE 3/92 ua, BVerfGE 90, 286 (381 ff.) = NJW 1994, 2207; BVerfG 7.5.2008 – 2 BvE 1/03, BVerfGE 121, 135 (156 ff.) = NJW 2008, 2018; BVerfG 19.6.2012 – 2 BvE 4/11, BVerfGE 131, 152 (195 ff.) = NVwZ 2012, 954; BVerfG 23.9.2015 – 2 BvE 6/11, NVwZ 2015, 1593 Rn. 67 ff.
⁴⁸³ BVerfG 21.6.2016 – 2 BvR 2728/13 ua, NJW 2016, 2473 (2482) – EZB/OMT; BVerfG 14.1.2014 – 2 BvR 2728/13 ua, BVerfGE 134, 366 (395) = NJW 2014, 907 (909).
⁴⁸⁴ BVerfG 21.6.2016 – 2 BvR 2728/13 ua, NJW 2016, 2473 (2482) – EZB/OMT.
⁴⁸⁵ BVerfG 21.6.2016 – 2 BvR 2728/13 ua, NJW 2016, 2473 (2482) – EZB/OMT.
⁴⁸⁶ BVerfG 5.5.2020 – 2 BvR 859/15, NJW 2020, 1647 (1652) – PSPP; Hofmann/Heger EuGRZ 2020, 176 (183).

haushaltspolitische Gesamtverantwortung wahrzunehmen. Wesentliche und bedeutende Aufgaben und Befugnisse müssen ihm, nicht nur in dieser Hinsicht, verbleiben.[487]

149 In seiner Entscheidung zum Anleihekaufprogramm der Europäischen Zentralbank (Public Sector Asset Purchase Programm, „PSPP")[488] hat das BVerfG hierzu konkret dargelegt, dass es zu einer Verletzung von Art. 38 Abs. 1 S. 1 iVm Art. 20 Abs. 1, 2 iVm Art. 79 Abs. 3 GG führen kann, sofern Bundestag und Bundesrat es unterlassen, darauf hinzuwirken, dass durch den Rat der EZB beschlossene Maßnahmen dem **Verhältnismäßigkeitsgrundsatz** entsprechen. Demnach hätten Bundestag und Bundesrat darauf drängen müssen, dass der Rat der Europäische Zentralbank überprüft und darlegt, ob das von ihm beschlossene Anleihekaufprogramm unter Berücksichtigung seines währungspolitischen Ziels und seiner wirtschaftspolitischen Auswirkungen zu rechtfertigen ist.[489] Erforderlich war somit eine wertende Gesamtbetrachtung, die auch die wirtschaftspolitischen Auswirkungen zulasten der Kompetenzen der Mitgliedstaaten in den Blick nimmt. Diese hätten mit den erhofften Vorteilen des Programms abgewogen werden müssen.[490] Der im Rahmen eines Vorabentscheidungsverfahrens mit der Angelegenheit befasste EuGH hatte eine solche Abwägung nach Auffassung des BVerfG jedoch nicht vorgenommen. Vielmehr habe das Gericht die wirtschaftspolitischen Auswirkungen des Anleihekaufprogramms völlig ausgeblendet und lediglich das Verlustrisiko berücksichtigt. Dies führe dazu, dass der auch im Unionsrecht als allgemeiner Rechtsgrundsatz anerkannte Verhältnismäßigkeitsgrundsatz seine Funktion verliere.[491] Der Verhältnismäßigkeitsgrundsatz hat nach Auffassung des BVerfG jedoch auch die Aufgabe, die Kompetenzen der Mitgliedsstaaten zu wahren. Ist dieser Schutz nicht mehr hinreichend gewährleistet und führt die Rechtsprechung des EuGH zu einer Kompetenzverschiebung zulasten der Mitgliedstaaten, so überschreitet der Gerichtshof sein ihm in Art. 19 Abs. 1 S. 2 EUV erteiltes Mandat.[492] Er handelt ultra vires.

150 Die Rechtsprechung des BVerfG zum PSPP-Urteil hat deutlich Kritik, nicht nur seitens der Kommission, erfahren. Letztere hat den Vorwurf erhoben, dass mit der Entscheidung des BVerfG zum PSPP-Programm die allgemeinen Grundsätze der Autonomie, des Anwendungsvorrangs, der Wirksamkeit und der einheitlichen Anwendung des Unionsrechts verletzt seien.[493] Sie hatte aus diesem Grund im Juni 2021 ein Vertragsverletzungsverfahren gegen die Bundesrepublik Deutschland eingeleitet. Dessen Durchführung wurde von Stimmen in der Literatur als durchaus konsequente Folge der Entscheidung des BVerfG betrachtet, da diesem die Auslegung des Grundsatzes der Verhältnismäßigkeit nach Art. 5 Abs. 1 S. 2 und Abs. 4 EUV – wie sie durch das Verlangen nach der Berücksichtigung wirtschafts- und sozialpolitischer Folgen erfolgt sei – nicht obliege. Das BVerfG könne allein die nationale Verfassung auslegen, nicht aber die europäischen Verträge.[494] Dieses Vertragsverletzungsverfahren stellte die Kommission am 2.12.2021 ein. Deutschland hatte zuvor förmlich erklärt, den Vorrang des EU-Rechts anzuerkennen und zukünftig die Wiederholung einer Ultra-vires Feststellung aktiv zu vermeiden.[495] Schließlich konnte sich

---

[487] BVerfG 5.5.2020 – 2 BvR 859/15, NJW 2020, 1647 (1652) – PSPP; BVerfG 30.7.2019 – 2 BvR 1685/14, NJW 2019, 3204 (3207 ff.); BVerfG 18.7.2017 – 2 BvR 859/15, NJW 2017, 2894 (2904); BVerfG 21.6.2016 – 2 BvR 2728/13, NJW 2016, 2473 (2480, 2481) – EZB/OMT.
[488] BVerfG 5.5.2020 – 2 BvR 859/15, NJW 2020, 1647 – PSPP.
[489] BVerfG 5.5.2020 – 2 BvR 859/15, NJW 2020, 1647 (1647) – PSPP; vgl. BVerfG 18.7.2017 – 2 BvR 859/15, NJW 2017, 2894 (2905).
[490] BVerfG 5.5.2020 – 2 BvR 859/15, NJW 2020, 1647 (1661) – PSPP; Callies NVwZ 2020, 897 (898).
[491] BVerfG 5.5.2020 – 2 BvR 859/15, NJW 2020, 1647 (1656) – PSPP; kritisch zu dieser Rechtsprechung: Hilpold EWS 2020, 181 (184).
[492] BVerfG 5.5.2020 – 2 BvR 859/15, NJW 2020, 1647 (1653) – PSPP; vgl. hierzu auch Callies NVwZ 2020, 897 (901).
[493] Vgl. etwa Deutscher Bundestag, 23.12.2012, Referat PE 2, Aktueller Begriff Europa, Vertragsverletzungsverfahren gegen die Bundesrepublik Deutschland aufgrund des PSPP-Urteils des Bundesverfassungsgerichts.
[494] Derksen EuZW 2021, 938 (943).
[495] https://germany.representation.ec.europa.eu/news/vertragsverletzungsverfahren-im-dezember-eu-kommission-stellt-verfahren-gegen-deutschland-wegen-ezb-2021-12-02_de, zuletzt abgerufen am 17.1.2021.

zwischenzeitlich auch der EuGH positionieren.⁴⁹⁶ So macht er etwa im Fall der rumänischen Justizreform deutlich, dass Fachgerichte nicht an Entscheidungen gebunden sind, die infolge der Feststellung einer Identitätsverletzung oder eines Ultra-vires-Aktes ein Urteil des EuGH missachten.⁴⁹⁷ Denn es sei „allein der Gerichtshof befugt [...], die Ungültigkeit einer Handlung der Union festzustellen".⁴⁹⁸

151 Vor diesem Hintergrund hat sich das BVerfG in jüngeren Entscheidungen wie zur vorläufigen Anwendung des **Freihandelsabkommens CETA**⁴⁹⁹ oder zum **Corona-Aufbaufonds**⁵⁰⁰ zwar deutlich zurückhaltender bei der Ultra-vires-Kontrolle sowie der Prüfung von Identitätsverletzungen gezeigt. Gleichwohl behält es trotz des erheblichen Gegenwindes von Kommission und EuGH seinen Kurs bei und rückt von der Grundidee einer auf nationaler Ebene schützenswerten Verfassungsidentität sowie der grundsätzlich möglichen Zurückweisung von Ultra-vires-Akten nicht ab.

152 In der Entscheidung zum Freihandelsabkommen zwischen der Europäischen Union und Kannada hatte das Gericht zu beurteilen, ob das befürwortende Abstimmungsverhalten des deutschen Vertreters am Beschluss des Rates der Europäischen Union zur vorläufigen Anwendung des CETA-Abkommens verfassungsrechtliche Bindungen missachtet.⁵⁰¹ Eine Verletzung von Art. 38 Abs. 1 S. 1 GG iVm Art. 20 Abs. 1 und Abs. 2, Art. 79 Abs. 3 GG läge demnach vor, wenn die Mitwirkungshandlung des Vertreters entweder eine Verletzung des Demokratieprinzips als Teil der Verfassungsidentität zur Folge hätte oder hierin die Zustimmung zu einem Ultra-vires-Akt zu sehen wäre.⁵⁰² Beides verneint das BVerfG allerdings. Grund dafür ist mitunter, dass das Abkommen nur insoweit für vorläufig anwendbar erklärt wurde, als es Gegenstände regelt, die unstreitig dem Zuständigkeitsbereich der Europäischen Union zugeordnet sind.⁵⁰³ Mithin sieht das BVerfG in der Zustimmung keine „offensichtliche und strukturell bedeutsame Kompetenzüberschreitung" im Sinne der Ultra-vires-Kontrolle.⁵⁰⁴ Ferner kommt das Gericht bei der nur vorläufigen Anwendung des Abkommens zu dem Ergebnis, dass auch der sog. Gemischte Ausschuss, den das Abkommen vorsieht, nicht den Demokratiegrundsatz und damit nicht die Verfassungsidentität verletze.⁵⁰⁵ Bei diesem Ausschuss handelt es sich um ein Gremium, das für alle Fragen über die Anwendung und Umsetzung des Abkommens zuständig ist, die sich zwischen den Vertragsstaaten im Rahmen ihrer Handels- und Investitionstätigkeit stellen.⁵⁰⁶ Zwar äußert das BVerfG explizit Zweifel an der zukünftigen „demokratische[n] Legitimation und Kontrolle" von Beschlüssen des Ausschusses.⁵⁰⁷ Jedenfalls im Rahmen der vorläufigen Anwendung des CETA-Abkommens ließ es diese Zweifel allerdings dahinstehen, da für diese Periode durch Erklärungen des Rates und der Kommission zum Ratsprotokoll die demokratische Legitimation nach Auffassung des Gerichts gewahrt wird. Hierzu zählt etwa gemäß Erklärung Nr. 19, dass der von der Union und ihren Mitgliedstaaten im Gemischten CETA-Ausschuss einzunehmende Standpunkt zu einem Beschluss dieses Ausschusses, der in die Zuständigkeit der Mitgliedstaaten fällt, einvernehmlich festgelegt wird.⁵⁰⁸

---

⁴⁹⁶ Siehe etwa EuGH 21.12.2021 – C-357/19 ua, EuZW 2022, 333; EuGH 22.2.2022 – C-430/21, NJW 2022, 2093, insb. Rn. 68 ff.; dazu Scholz in Dürig/Herzog/Scholz GG Art. 23 Rn. 40.
⁴⁹⁷ Siehe dazu Spieker EuZW 2022, 305 (305 f.); weiterführend zum „Integrationsverfassungsrecht" der Mitgliedstaaten sowie der Rolle des BVerfG in diesem Zusammenhang Ellerbrok/Pracht EuR 2021, 188 ff.
⁴⁹⁸ So EuGH 22.2.2022 – C-430/21, NJW 2022, 2093, Rn. 71.
⁴⁹⁹ BVerfG 9.2.2022 – 2 BvR 1368/16 ua, NVwZ 2022, 541 – CETA.
⁵⁰⁰ BVerfG 6.12.2022 – 2 BvR 547/21, 2 BvR 798/21, NJW 2023, 425 Rn. 134 – Corona-Aufbaufonds.
⁵⁰¹ BVerfG 9.2.2022 – 2 BvR 1368/16 ua, NVwZ 2022, 541 Rn. 174 – CETA.
⁵⁰² BVerfG 9.2.2022 – 2 BvR 1368/16 ua, NVwZ 2022, 541 Rn. 176 – CETA.
⁵⁰³ BVerfG 9.2.2022 – 2 BvR 1368/16 ua, NVwZ 2022, 541 Rn. 177 ff. – CETA.
⁵⁰⁴ BVerfG 9.2.2022 – 2 BvR 1368/16 ua, NVwZ 2022, 541 Rn. 144, 175, 177 ff. – CETA; siehe dazu auch Stöbener de Mora EuZW 2022, 378 (379).
⁵⁰⁵ BVerfG 9.2.2022 – 2 BvR 1368/16 ua, NVwZ 2022, 541 Rn. 187 ff. – CETA.
⁵⁰⁶ Stützel NVwZ 2022, 693 (696).
⁵⁰⁷ BVerfG 9.2.2022 – 2 BvR 1368/16 ua, NVwZ 2022, 541 Rn. 190 – CETA.
⁵⁰⁸ Siehe dazu BVerfG 9.2.2022 – 2 BvR 1368/16 ua, NVwZ 2022, 541 Rn. 191 – CETA; siehe dazu ausführlich Erklärungen für das Ratsprotokoll, Amtsblatt der Europäischen Union, 14.1.2017.

153 Auch die jüngere Entscheidung zum Corona-Aufbaufonds (ausführlich → Rn. 73) beschränkt sich auf die Anmerkung von Zweifeln,[509] anerkennt im Ergebnis aber sowohl die weite haushaltspolitische Einschätzungsprärogative des Bundestages[510] als auch den vertretbaren Auslegungsspielraum der europäischen Verträge[511]. Nichtsdestotrotz findet auch hier erneut eine umfassende Darstellung der Doktrin zur Verfassungsidentität und Ultra-vires-Kontrolle statt,[512] sodass sich das BVerfG voraussichtlich nicht vorschnell aus dem schwelenden Kompetenzkonflikt zurückziehen wird.

154 Diese Einschätzung wird auch durch die Entscheidung des BVerfG zum **Rechtsschutzsystem des Europäischen Patentamtes** gestärkt.[513] Denn hierin führte das Gericht aus, dass Maßnahmen von zwischenstaatlichen Einrichtungen iSv Art. 24 Abs. 1 GG zwar an und für sich nicht mit einer Verfassungsbeschwerde angegriffen werden können, da derartige Maßnahme keinen Akt der öffentlichen Gewalt iSv Art. 93 Abs. 1 Nr. 4a GG iVm § 90 Abs. 1 BVerfGG darstellen.[514] Gleichwohl könne das BVerfG zum einen überprüfen, ob die Organe der Einrichtung das „vom Grundgesetz geforderte Minimum an Grundrechtsschutz verletzen", und zum anderen, ob „die deutschen Verfassungsorgane ihrer Verpflichtung nachkommen, im Rahmen ihrer Kompetenzen darauf hinzuwirken, dass die vom Grundgesetz geforderten Mindeststandards nicht unterschritten werden".[515] Argumentativ stützt sich das Gericht dabei auf eine „strukturelle Vergleichbarkeit" von Art. 23 Abs. 1 GG und Art. 24 Abs. 1 GG,[516] wodurch auch ein gleicher „verfassungsrechtlicher Rechtsschutz" in den jeweiligen Anwendungsbereichen zu gewähren sei[517].[518] Die Entscheidung stellt damit einen weiteren Schritt des BVerfG dar, seine Maßstäbe der Integrationskontrolle zu konkretisieren,[519] sodass von einer baldigen Abkehr dieser in den letzten Jahren eingeschlagenen, teilweise konfrontativen Rechtsprechungslinie derzeit wohl nicht auszugehen ist.

155 **2. Schranken der organschaftlichen Rechte.** Etwas anderes gilt hingegen, wenn konkrete organschaftliche Rechte – wie in Art. 23 Abs. 1a–7 GG sowie Art. 23 Abs. 1 S. 2, Abs. 1a S. 3 GG iVm §§ 2 ff. IntVG oder Art. 38 Abs. 1 S. 2 GG verbürgt – geltend gemacht werden (zu Art. 23 Abs. 1a GG vgl. → Rn. 170). In diesen Fällen sind die Prinzipien der Europarechtsfreundlichkeit und der Integrationsverantwortung nicht unmittelbar berührt. Vielmehr geht es um die Abgrenzung der Aufgaben- und Befugnisbereiche unter den beteiligten Verfassungsorganen, die sich ausschließlich aus den durch die Verfassung eingeräumten Organrechten ergeben. Einer grundsätzlichen Modifikation des Prüfungsmaßstabs oder gar der Sachentscheidungsvoraussetzungen bedarf es unter diesen Umständen nicht.

156 **a) Beteiligungsrechte aus Art. 23 Abs. 2–6 GG.** Die wesentlichen organschaftlichen Mitwirkungs- und Beteiligungsrechte der Plena von Bundestag und Bundesrat werden durch Art. 23 Abs. 2–6 GG ausgestaltet. Art. 23 Abs. 3 S. 3 GG und Art. 23 Abs. 7 GG ermächtigen zum Erlass der entsprechenden Begleitgesetzgebung (vgl. → Rn. 29), durch die die parlamentarischen Mitwirkungsbefugnisse verfahrensrechtlich ausgeformt werden.

---

[509] Vgl. im Hinblick auf das Haftungsrisiko etwa BVerfG 6.12.2022 – 2 BvR 547/21, 2 BvR 798/21, NJW 2023, 425 Rn. 211 – Corona-Aufbaufonds.
[510] BVerfG 6.12.2022 – 2 BvR 547/21, 2 BvR 798/21, NJW 2023, 425 Rn. 211 – Corona-Aufbaufonds.
[511] Vgl. insofern die Einschätzung der Entscheidung durch Ruffert JuS 2023, 277 (280), wonach „die Probleme von NGEU nicht auf der Ebene des Grundgesetzes liegen […], sondern in der Auslegung der Verträge.
[512] BVerfG 6.12.2022 – 2 BvR 547/21, 2 BvR 798/21, NJW 2023, 425 Rn. 120 ff. – Corona-Aufbaufonds.
[513] BVerfG 8.11.2022 – 2 BvR 2480/10 ua, GRUR 2023, 549 – Rechtsschutzsystem EPA.
[514] BVerfG 8.11.2022 – 2 BvR 2480/10 ua, GRUR 2023, 549 Rn. 115 – Rechtsschutzsystem EPA.
[515] So BVerfG 8.11.2022 – 2 BvR 2480/10 ua, GRUR 2023, 549 Rn. 115, 120 – Rechtsschutzsystem EPA, wobei daneben auch eine Überprüfung des Übertragungsaktes selbst möglich ist.
[516] BVerfG 8.11.2022 – 2 BvR 2480/10 ua, GRUR 2023, 549 Rn. 117 – Rechtsschutzsystem EPA.
[517] BVerfG 8.11.2022 – 2 BvR 2480/10 ua, GRUR 2023, 549 Rn. 117 – Rechtsschutzsystem EPA.
[518] Siehe zum Ganzen auch Starski GRUR 2023, 537 (538 f.).
[519] So auch Starski GRUR 2023, 537 (538).

Nur soweit die auf dieser Grundlage erlassenen Normen in IntVG, EUZBBG, EUZBLG oder sonstigen Begleitgesetzen die verfassungsrechtlichen Vorgaben des Art. 23 GG konkretisieren und die aus der Verfassung selbst folgenden Rechte und Pflichten widerspiegeln und keine darüber hinaus reichenden Verfahrenserfordernisse aufstellen, ist deren Verletzung im verfassungsgerichtlichen Verfahren rügefähig.[520]

In Angelegenheiten der Europäischen Union (vgl. → Rn. 31 ff.) sieht Art. 23 Abs. 2 S. 1 GG für die Ausübung der auswärtigen Gewalt die **Mitwirkung von Bundestag und Bundesrat** vor. Bundestag und Bundesrat ist im Vorfeld Gelegenheit zur Stellungnahme zu geben (Art. 23 Abs. 3 S. 1 GG und Art. 23 Abs. 4 GG) und ihre Stellungnahme zu berücksichtigen (Art. 23 Abs. 3 S. 2 GG und Art. 23 Abs. 5 S. 1 GG) (vgl. → Rn. 22, 28) – bei einer schwerpunktmäßigen Berührung von Länderaufgaben schreibt Art. 23 Abs. 5 S. 2 GG sogar eine *maßgebliche* Berücksichtigung der Bundesratsstellungnahme vor.[521]

157

Mit dem Urteil zum ESM/Euro-Plus-Pakt hat das BVerfG das – „allein im Organstreitverfahren rügefähige"[522] – Recht von Bundestag und Bundesrat aus Art. 23 Abs. 2 S. 2 GG auf umfassende und frühestmögliche Unterrichtung durch die Bundesregierung grundlegend präzisiert. In der Entscheidung zu EUNAVFOR MED wurde ferner klargestellt, dass „Angelegenheiten der Europäischen Union" in einem weiten Sinne zu verstehen ist und dabei Angelegneheiten der GASP ebenso wie völkerrechtliche Verträge erfasst, wenn diese in einem Näheverhältnis zum Europarecht stehen.[523] Die Unterrichtung soll eine nicht nur nachvollziehende Rolle, sondern eine frühzeitige Möglichkeit der Einflussnahme auf die Willensbildung der Bundesregierung durch fundierte Stellungnahme ermöglichen[524] und damit zugleich einem legitimatorischen Kompensationsbedürfnis Rechnung tragen[525]. In verfahrenstechnischer Hinsicht gebietet der Verhältnismäßigkeitsgrundsatz zugunsten der übrigen Abgeordneten ein grundsätzlich unbeschränktes Recht auf Unterrichtung über die Angelegenheiten der Europäischen Union. In sachlicher Hinsicht muss die Information umfassend die Tätigkeiten aller beteiligten Akteure (Bundesregierung, Unionsorgane und -behörden, andere Mitgliedstaaten) einbeziehen.[526] Dies kann sich auch in einer fortlaufenden Pflicht materialisieren, die jedes Mal aktualisiert wird, wenn sich bei der Behandlung einer Angelegenheit neue politische oder rechtliche Fragen stellen, zu denen sich der Deutsche Bundestag noch keine Meinung gebildet hat.[527] Die Unterrichtung des Bundestages und seiner Abgeordneten muss umso höheren Anforderungen – hinsichtlich Qualität, Quantität, Aktualität und Verwertbarkeit – genügen, „je komplexer ein Vorgang ist, je tiefer er in den Zuständigkeitsbereich der Legislative eingreift und je mehr er sich einer förmlichen Beschlussfassung oder Vereinbarung annähert".[528] Das BVerfG leitet daraus – unter Wahrung des Kernbereiches exekutiver Eigenverantwortung – drei Gebote ab: Die Unterrichtung des Bundestages muss in sachlicher Hinsicht umfassend sein, in zeitlicher

158

---

[520] BVerfG 19.6.2012 – 2 BvE 4/11, NVwZ 2012, 954 Rn. 80 – ESM/Euro-Plus-Pakt; BVerfG 26.10.2022 – 2 BvE 3/15, NVwZ 2023, 54 Rn. 57 f. – EUNAVFOR MED.
[521] Grundlegend zu den einzelnen Streitfragen in diesem Zusammenhang Scholz in Dürig/Herzog/Scholz GG Art. 23 Rn. 127 ff.; zu den Beteiligungsrechten des Bundestages Mellein EuR 2011, 655 (657 ff.).
[522] BVerfG 12.9.2012 – 2 BvE 6/12 ua, NJW 2012, 3145 Rn. 260 – ESM/Fiskalpakt.
[523] BVerfG 26.10.2022 – 2 BvE 3/15, NVwZ 2023, 54 Rn. 73 ff., 103 ff. – EUNAVFOR MED; hierzu auch Singer NVwZ 2023, 65; Grieschek/Thörner EuR 2023, 393, 399 ff.
[524] BVerfG 19.6.2012 – 2 BvE 4/11, NVwZ 2012, 954 Rn. 107 – ESM/Euro-Plus-Pakt; BVerfG 26.10.2022 – 2 BvE 3/15, NVwZ 2023, 54 Rn. 89 ff. – EUNAVFOR MED; BVerfG 28.2.2012 – 2 BvE 8/11, NVwZ 2012, 495 Rn. 109 – Beteiligungsrechte des BT/EFSF; BVerfG 12.9.2012 – 2 BvE 6/12 ua, NJW 2012, 3145 Rn. 215 – ESM/Fiskalpakt; BVerfG 7.9.2011 – 2 BvR 987/10 ua, NJW 2011, 2946 (2951) – Griechenland-Hilfe.
[525] BVerfG 26.10.2022 – 2 BvE 3/15, NVwZ 2023, 54 Rn. 87 f. – EUNAVFOR MED; Kube AöR 2012, 205 (219 ff.); v. Kielmannsegg EuR 2012, 654 (661 f.).
[526] BVerfG 19.6.2012 – 2 BvE 4/11, NVwZ 2012, 954 Rn. 118 f. – ESM/Euro-Plus-Pakt; BVerfG 26.10.2022 – 2 BvE 3/15, NVwZ 2023, 54 Rn. 93 ff. – EUNAVFOR MED.
[527] BVerfG 26.10.2022 – 2 BvE 3/15, NVwZ 2023, 54 Rn. 95 f. – EUNAVFOR MED.
[528] BVerfG 19.6.2012 – 2 BvE 4/11, NVwZ 2012, 954 Rn. 117, 120 ff. – ESM/Euro-Plus-Pakt.

Hinsicht zum frühestmöglichen Zeitpunkt erfolgen und in einer zweckgerechten Weise ausgestaltet sein.

159 Das BVerfG betont weiter, dass die Geheimhaltungsbedürftigkeit einer Information ihrer Weiterleitung an den Bundestag „grundsätzlich" nicht entgegenstehe. Wenn das Wohl des Staates durch das Bekanntwerden der Information gefährdet werde, könne die Unterrichtung ausnahmsweise nach der Geheimschutzordnung „vertraulich erfolgen".[529] Dies setzt jedoch voraus, dass es sich nicht um Entscheidungen von erheblicher Tragweite handelt, zu denen nach Maßgabe des Demokratieprinzips der Öffentlichkeit Gelegenheit zu bieten ist, ihre Auffassungen auszubilden und zu vertreten, und so die Volksvertretung dazu anhält, Notwendigkeit und Umfang der zu beschließenden Maßnahmen in öffentlicher Debatte zu klären.[530] Eine Einschränkung ist allenfalls in zeitlicher Hinsicht zulässig.[531] Insbesondere während des Willensbildungsprozesses der Bundesregierung als dem Kernbereich der Exekutive.[532] Das Parlament ist zu unterrichten, sobald der zwingende Grund entfallen ist. Im Übrigen gebietet die „frühestmögliche Unterrichtung", dass das Parlament „in die Lage versetzt werden muss, sich fundiert mit dem Vorgang zu befassen und eine Stellungnahme zu erarbeiten, bevor die Bundesregierung nach außen wirksame Erklärungen" abgibt.[533] Die Bundesregierung ist ferner verpflichtet, in nachvollziehbarer und substanziierter Weise darzulegen und zu begründen, inwieweit sie sich auf ein Informationsverweigerungsrecht beruft.[534] Damit wird der Bundestag in die Lage versetzt, die Gründe der Unterrichtungsverweigerung nachzuvollziehen und die Erfolgsaussichten einer Inanspruchnahme verfassungsgerichtlichen Rechtsschutzes abzuschätzen.[535] Ein Nachschieben von Gründen erst im Organstreitverfahren ist daher unzulässig,[536] und dürfte daher verfassungsprozessual einer Präklusion unterliegen.

160 Adressat der Unterrichtung, die grundsätzlich in Schriftform zu erfolgen hat, ist das Plenum als Organ.[537] Mündliche Unterrichtungen sind nur als „Vorabinformationen" zulässig, wenn die schriftliche Information erst mit Verzögerung erfolgen kann.

161 b) **Statusrechte aus Art. 38 Abs. 1 S. 2 GG.** Bezüglich der **organschaftlichen Rechte des einzelnen Abgeordneten** stellt das BVerfG in der Entscheidung zu den „Beteiligungsrechten des Bundestages/EFSF" die Konvergenz von Art. 38 Abs. 1 S. 1 und 2 GG her. Aus dem – konkret durch das GG verfassten – Demokratieprinzip leitet sich aus der Perspektive des wahlberechtigten Bürgers wie auch aus dem Blickwinkel des Status' des Abgeordneten ein spiegelbildlicher verfassungsrechtlicher Gewährleistungsgehalt ab.[538] Wahlrechtsgleichheit und Gleichheit im Status bedingen einander. Das Recht des einzelnen Abgeordneten auf **gleiche und substanzielle Teilhabe an den grundlegenden und wesentlichen parlamentarischen Entscheidungen** ist sowohl in Art. 38 Abs. 1 S. 1 wie auch in S. 2 GG als abwehrrechtliches Postulat verankert. Der Schutzbereich des Statusrechts aus Art. 38 Abs. 1 S. 2 GG definiert sich maßgeblich durch die Repräsentationsfunktion des Bundestages als Verfassungsorgan. Alle Abgeordneten haben grundsätzlich die

---

[529] BVerfG 19.6.2012 – 2 BvE 4/11, NVwZ 2012, 954 Rn. 119, 153 – ESM/Euro-Plus-Pakt; BVerfG 26.10.2022 – 2 BvE 3/15, NVwZ 2023, 54 Rn. 121 – EUNAVFOR MED.
[530] BVerfG 26.10.2022 – 2 BvE 3/15, NVwZ 2023, 54 Rn. 115 – EUNAVFOR MED.
[531] BVerfG 28.2.2012 – 2 BvE 8/11, NVwZ 2012, 495 Rn. 128, 159 – Beteiligungsrechte des BT/EFSF; BVerfG 26.10.2022 – 2 BvE 3/15, NVwZ 2023, 54 Rn. 120 – EUNAVFOR MED.
[532] BVerfG 19.6.2012 – 2 BvE 4/11, NVwZ 2012, 954 Rn. 115, 124 – ESM/Euro-Plus-Pakt; BVerfG 26.10.2022 – 2 BvE 3/15, NVwZ 2023, 54 Rn. 116 ff. – EUNAVFOR MED.
[533] BVerfG 19.6.2012 – 2 BvE 4/11, NVwZ 2012, 954 (Ls. 3, Rn. 127) – ESM/Euro-Plus-Pakt.
[534] BVerfG 26.10.2022 – 2 BvE 3/15, NVwZ 2023, 54 Rn. 123 – EUNAVFOR MED.
[535] BVerfG 26.10.2022 – 2 BvE 3/15, NVwZ 2023, 54 Rn. 124 – EUNAVFOR MED.
[536] BVerfG 26.10.2022 – 2 BvE 3/15, NVwZ 2023, 54 Rn. 124 – EUNAVFOR MED.
[537] BVerfG 19.6.2012 – 2 BvE 4/11, NVwZ 2012, 954 Rn. 129 ff. – ESM/Euro-Plus-Pakt.
[538] BVerfG 28.2.2012 – 2 BvE 8/11, NVwZ 2012, 495 Rn. 101 ff. – Beteiligungsrechte des BT/EFSF; ebenso BVerfG 12.9.2012 – 2 BvE 6/12 ua, NJW 2012, 3145 Rn. 210 ff. – ESM/Fiskalpakt, wo einheitlich „Art. 38 Abs. 1 GG" geprüft wird.

gleichen grundlegenden Mitwirkungsbefugnisse, parlamentarischen Rede-, Stimm-, Initiativ- und sonstigen Beteiligungsrechte.[539]

Das BVerfG hat in der Entscheidung über die Beteiligungsrechte des Bundestags/EFSF **162** erstmals eingehend die verfassungsrechtlichen Voraussetzungen und Grenzen definiert, die für die Delegation von Aufgaben und Entscheidungsbefugnissen des Bundestagsplenums auf seine parlamentarischen Gremien und den damit verbundenen Entzug von Teilhaberechten der nicht in das Gremium berufenen Abgeordneten gelten.[540] Diese Maßgaben gelten im Zusammenhang mit supranational veranlassten Maßnahmen, sind jedoch auf rein nationale Sachverhalte ohne Weiteres übertragbar.[541] Das BVerfG verweist darauf, dass das GG in einigen ausdrücklich vorgesehenen Fällen normiert, dass der Bundestag „Befugnisse zur selbständigen und plenarersetzenden Wahrnehmung auf Ausschüsse übertragen kann".[542] Es lässt aber die Frage offen, ob dies auch ohne eine spezielle **verfassungsrechtliche Ermächtigung** durch Gesetz oder aufgrund der Geschäftsordnungsautonomie zulässig ist.[543] Die Einschränkung der Teilnahmerechte der Abgeordneten muss jedoch normativ auf derselben Ebene erfolgen wie ihre Gewährung. Es ist daher eine entsprechende Delegationsermächtigung durch die Verfassung erforderlich.[544] Die Ausnahmevorschrift des Art. 45 S. 2 GG bestätigt die hier vertretene Position.[545]

Die Entscheidung zu den „Beteiligungsrechten des Bundestages/EFSF" überträgt die **163** Grundrechtsdogmatik nun auch auf das Statusrecht des Abgeordneten. Beschränkungen dieses Statusrechts sind „nur zum Schutz anderer Rechtsgüter mit Verfassungsrang unter strikter Wahrung des Grundsatzes der Verhältnismäßigkeit zulässig".[546] Damit ist zunächst die *materielle* Voraussetzung für den Eingriff umschrieben: Ein anderes Rechtsgut mit Verfassungsrang muss die Einschränkung des Teilhaberechtes des Abgeordneten zwingend gebieten. Der Eingriff muss also nach dem **Gebot des geringstmöglichen Eingriffs** erforderlich und angemessen sein.[547]

Ein solches Rechtsgut von Verfassungsrang ist die **Funktionsfähigkeit des Par- 164 laments.** Zu diesem Zweck hat der Bundestag die in Art. 40 Abs. 1 S. 2 GG geregelte Geschäftsordnungsautonomie. Diese bezieht sich auf den Geschäftsgang und die Arbeitsweise des Parlaments, aber auch auf die Einrichtung von Ausschüssen, die Wahrnehmung der Initiativ-, Informations- und Kontrollrechte. Die Befugnis zur Selbstorganisation allein erlaubt es nicht, „den Abgeordneten Rechte vollständig zu entziehen".[548] Eine Aufgabenübertragung auf (Unter-)Ausschüsse ist nach der GO-BT (§ 54 Abs. 1 GO-BT, § 62 Abs. 1 GO-BT) auf die *Vorbereitung* der Beratungen und Beschlüsse des Plenums beschränkt und umfasst nicht die Delegation von Entscheidungsbefugnissen.[549]

Das BVerfG erkennt als weitere Gründe von Verfassungsrang eine besondere **Eilbedürf- 165 tigkeit und Belange des Geheimschutzes** an. Diese sind Grund und Grenze für den Entzug oder die Beschränkung von Abgeordnetenrechten. Ungeklärt ist, ob im Einzelfall noch andere Rechtsgüter von Verfassungsrang einen solchen Eingriff rechtfertigen kön-

---

[539] BVerfG 28.2.2012 – 2 BvE 8/11, NVwZ 2012, 495 Rn. 101 ff. – Beteiligungsrechte des BT/EFSF.
[540] BVerfG 28.2.2012 – 2 BvE 8/11, NVwZ 2012, 495 Rn. 119 – Beteiligungsrechte des BT/EFSF.
[541] Grundlegend zu dieser Entscheidung Moench/Ruttloff DVBl 2012, 1261 ff.
[542] BVerfG 28.2.2012 – 2 BvE 8/11, NVwZ 2012, 495 Rn. 122 – Beteiligungsrechte des BT/EFSF. Es nimmt dabei Bezug auf die Art. 45, 45c, 45d und 53a GG.
[543] BVerfG 28.2.2012 – 2 BvE 8/11, NVwZ 2012, 495 Rn. 122 – Beteiligungsrechte des BT/EFSF.
[544] Dazu instruktiv Kasten DÖV 1985, 222 ff.; Berg Der Staat 1970, 21 ff.; Kreuzer Der Staat 1968, 183 (184 ff.).
[545] Andeutend BVerfG 19.6.2012 – 2 BvE 4/11, NVwZ 2012, 954 Rn. 130 – ESM/Euro-Plus-Pakt.
[546] BVerfG 28.2.2012 – 2 BvE 8/11, NVwZ 2012, 495 Rn. 119, ähnlich Rn. 144 – Beteiligungsrechte des BT/EFSF.
[547] Moench/Ruttloff DVBl 2012, 1261 (1263 f.); ähnlich bereits Berg Der Staat 9 (1970), 21 (34).
[548] BVerfG 28.2.2012 – 2 BvE 8/11, NVwZ 2012, 495 Rn. 119 – Beteiligungsrechte des BT/EFSF.
[549] BVerfG 28.2.2012 – 2 BvE 8/11, NVwZ 2012, 495 Rn. 120 ff. – Beteiligungsrechte des BT/EFSF; Klein in Dürig/Herzog/Scholz GG Art. 40 Rn. 135 f. Insofern mögen die Ausführungen des BVerfG in diesem Zusammenhang „inhaltlich nicht recht passen", so Nettesheim NJW 2012, 1411.

nen.⁵⁵⁰ Für die Frage des ‚Ob' und ‚Wie' einer solchen Delegation können verfassungsrechtliche Gesichtspunkte der Eilbedürftigkeit und Vertraulichkeit nur *soweit* rechtfertigend wirken, als die konkrete Form der Ausgestaltung zwingend geboten ist.

166 Für das Kriterium besonderer **Eilbedürftigkeit** „setzt dies voraus, dass die Maßnahmen bei Befassung des Plenums ihren Zweck aus zeitlichen Gründen verfehlen würden, dass es daher der in Aussicht genommenen Größe des Sondergremiums bedarf und dass sie – die durch das Gremium zu treffende Entscheidung – unmittelbar im Anschluss an die Beratung und Beschlussfassung auch tatsächlich umgesetzt werden soll und umgesetzt wird."⁵⁵¹ Die Eilbedürftigkeit rechtfertigt eine Delegation von Entscheidungsbefugnissen auf parlamentarische Gremien also nur, wenn und soweit bei einer Entscheidung durch das Plenum erkennbar eine Überholung der Angelegenheit droht.

167 **Geheimschutzbelange** können eine Delegation regelmäßig nur rechtfertigen, wenn „auch die Tatsache der Beratung und der Beschlussfassung an sich geheim gehalten werden müssen, um den Erfolg einer Maßnahme nicht von vornherein unmöglich zu machen."⁵⁵² Bezieht sich die Geheimhaltungsbedürftigkeit lediglich auf den Inhalt der Beratung, kann der Vertraulichkeit durch die Instrumentarien der Geheimschutzordnung Rechnung getragen werden. Dies gilt nach Einschätzung des BVerfG „für die allermeisten Fallgestaltungen".⁵⁵³ Die Abgeordneten sind zu unterrichten, sobald der zwingende Grund entfallen ist. Das uneingeschränkte Unterrichtungsrecht des einzelnen Abgeordneten muss unmittelbar wiederaufleben, sobald kein Grund von Verfassungsrang (der regelmäßig mit dem Rechtfertigungsgrund identisch ist, der die Delegation für die Entscheidungsbefugnis auf das Gremium legitimiert) mehr entgegensteht.⁵⁵⁴

168 Nach dem **Grundsatz der Spiegelbildlichkeit** muss das entsprechende Untergremium als Delegatar ein verkleinertes Abbild des Plenums sein und die Struktur des Plenums in seiner politischen Gewichtung und dessen Mehrheitsverhältnisse grundsätzlich widerspiegeln.⁵⁵⁵ Die Besetzung des Gremiums hat aus demokratisch-legitimatorischen Gründen durch das Plenum zu erfolgen. Die substantielle Verkleinerung eines Gremiums kann durch besondere Gründe des Geheimschutzes nur ganz ausnahmsweise gerechtfertigt sein.⁵⁵⁶ Angesichts der Grundanforderungen demokratischer Legitimation dürfte – entgegen einer früheren verfassungsgerichtlichen Äußerung⁵⁵⁷ – die verfassungsrechtlich obligatorische Mindestgröße aber unterschritten sein, wenn nicht zumindest jede Fraktion bei der Besetzung des Gremiums berücksichtigt wird.

169 Weitere **Grenzen der Delegation** parlamentarischer Entscheidungsbefugnisse lassen sich aus der sog. „**Wesentlichkeitstheorie**" des BVerfG ableiten.⁵⁵⁸ Hiernach gebietet der im Rechtsstaatsprinzip und im Demokratiegebot wurzelnde Parlamentsvorbehalt, alle *wesentlichen* Entscheidungen dem Gesetzgeber zu überlassen.⁵⁵⁹ Für die Wesentlichkeit können insbes. die Grundrechtsrelevanz, der Adressatenkreis und die Langfristigkeit oder finanzielle

---

⁵⁵⁰ BVerfG 28.2.2012 – 2 BvE 8/11, NVwZ 2012, 495 Rn. 144 ff. – Beteiligungsrechte des BT/EFSF.
⁵⁵¹ BVerfG 28.2.2012 – 2 BvE 8/11, NVwZ 2012, 495 Rn. 145 – Beteiligungsrechte des BT/EFSF.
⁵⁵² BVerfG 28.2.2012 – 2 BvE 8/11, NVwZ 2012, 495 Rn. 149 – Beteiligungsrechte des BT/EFSF.
⁵⁵³ BVerfG 28.2.2012 – 2 BvE 8/11, NVwZ 2012, 495 Rn. 149 – Beteiligungsrechte des BT/EFSF; ähnlich BVerfG 19.6.2012 – 2 BvE 4/11, NVwZ 2012, 954 Rn. 119 – ESM/Euro-Plus-Pakt.
⁵⁵⁴ BVerfG 28.2.2012 – 2 BvE 8/11, NVwZ 2012, 495 Rn. 128, 158 f. – Beteiligungsrechte des BT/EFSF.
⁵⁵⁵ Dem trägt auch die Regelung des § 12 S. 1 GO-BT Rechnung, vgl. zu alldem BVerfG 28.2.2012 – 2 BvE 8/11, NVwZ 2012, 495 Rn. 126 ff. – Beteiligungsrechte des BT/EFSF, mwN aus der verfassungsgerichtlichen Rspr.
⁵⁵⁶ BVerfG 28.2.2012 – 2 BvE 8/11, NVwZ 2012, 495 Rn. 149 – Beteiligungsrechte des BT/EFSF, dürfte dieser Gedanke zumindest implizit zugrunde liegen.
⁵⁵⁷ BVerfG 14.1.1986 – 2 BvE 14/83, 2 BvE 4/84, BVerfGE 70, 324 (366) = NJW 1986, 907.
⁵⁵⁸ Hierzu Moench/Ruttloff DVBl 2012, 2161 (1267 f.).
⁵⁵⁹ Vgl. nur BVerfG 8.8.1978 – 2 BvL 8/77, DVBl 1979, 45 (46) = NJW 1979, 359; BVerfG 6.6.1989 – 1 BvR 727/84, DVBl 1989, 869 (870) = NJW 1989, 2877; BVerfG 6.7.1999 – 2 BvF 3/90, DVBl 1999, 1266 (1268) = NJW 1999, 3253; BVerfG 22.11.2001 – 2 BvE 6/99, DVBl 2002, 116 (119) = NJW 2002, 1559; Scholz in Pitschas/Uhle, Parlamentarische Demokratie in der Bewährung, 2012, 17 (26 f.); der Gesetzesvorbehalt korreliert insoweit mit einem Plenarvorbehalt, so zutr. Kasten DÖV 1985, 222 (225).

Erheblichkeit einer Entscheidung sprechen.[560] „Entscheidungen von erheblicher Tragweite" sind nach dem Urteil zu den Beteiligungsrechten des Bundestages/EFSF und zum ESM/Fiskalpakt insbes. solche, die „aufgrund ihrer Größenordnung für das Budgetrecht von struktureller Bedeutung sein können".[561] Eine plenarersetzende Delegation auf einen Ausschuss ist nur möglich, wenn es sich um eine untergeordnete oder bereits ausreichend klar durch das Plenum vorherbestimmte Entscheidung handelt.[562] Ergibt sich anhand der ‚Wesentlichkeit', dass eine Materie durch förmliches Parlamentsgesetz oder zumindest durch Plenarentscheidung zu regeln ist, bedeutet dies zugleich ein Verbot der Delegation auf parlamentarische Gremien.[563]

c) Exkurs: Subsidiaritätsklage nach Art. 23 Abs. 1a GG. Art. 23 Abs. 1a GG normiert nunmehr das Klagerecht des Bundestages und des Bundesrates gegen einen Unionsrechtsakt wegen Verletzung des unionsrechtlichen Subsidiaritätsprinzips vor dem EuGH. Die Regelung setzt das in Art. 8 des Protokolls (Nr. 2) über die Anwendung der Grundsätze der Subsidiarität und der Verhältnismäßigkeit[564] normierte Recht der Mitgliedstaaten um, im Namen der nationalen Parlamente oder deren Kammern eine auf die Verletzung des Subsidiaritätsprinzips gestützte Nichtigkeitsklage nach Art. 263 AEUV zu erheben. Das Subsidiaritätsprinzip setzt denknotwendig das Bestehen einer Kompetenz im Sinne der begrenzten Einzelermächtigung (Art. 5 Abs. 1 S. 1, Abs. 2 EUV) voraus, so dass die **Subsidiaritätsklage** vor dem EuGH auch gegen Ultra-vires-Akte gerichtet werden kann.[565] Das Quorum eines Viertels der Parlamentsmitglieder nach Art. 23 Abs. 1a S. 2 GG für die Initiierung der Klage ist verfassungsrechtlich unbedenklich.[566] Europarechtlich ist eine Ausgestaltung als Minderheitenrecht hingegen nicht angelegt, sondern lediglich eine Klage auf Veranlassung des gesamten Parlaments.[567] Kommen Bundestag oder Bundesrat einem zulässigen Antrag auf Erhebung einer entsprechenden Nichtigkeitsklage nach Art. 263 AEUV nicht nach oder übermittelt die Bundesregierung trotz eines entsprechenden Parlamentsbeschlusses keine entsprechende Nichtigkeitsklage an den EuGH, kann das antragsberechtigte Quorum die Klageerhebung vor dem EuGH im Wege des Organstreitverfahrens (Art. 93 Abs. 1 Nr. 1 GG) durchsetzen. Das antragsberechtigte Quorum des Bundestages beträgt gem. Art. 23 Abs. 1a S. 2 GG ein Viertel. Für den Bundesrat gilt das allgemeine Mehrheitsprinzip nach Art. 52 Abs. 3 S. 1 GG, solange keine abweichende einfachgesetzliche Regelung auf Grundlage des Art. 23 Abs. 1a S. 3 GG getroffen wird.[568]

G. Annex: Einstweiliger Rechtsschutz

Im Zusammenhang mit sämtlichen Hauptsacheverfahren kann grundsätzlich einstweiliger Rechtsschutz gewährt werden. Die einstweilige Anordnung kann auch schon vor Anhängigkeit der Hauptsache ergehen.[569] Der strenge Maßstab der Folgenabwägung gem. § 32 BVerfGG ist jedoch noch weiter verschärft, wenn völkerrechtliche oder außenpolitische

---

[560] Grzeszick in Dürig/Herzog/Scholz GG Art. 20 Rn. 107; Reimer in Hoffmann-Riem/Schmidt-Aßmann/Voßkuhle GVwR § 9 Rn. 48.
[561] BVerfG 28.2.2012 – 2 BvE 8/11, NVwZ 2012, 495 Rn. 109 – Beteiligungsrechte des BT/EFSF; BVerfG 12.9.2012 – 2 BvE 6/12 ua, NJW 2012, 3145 Rn. 294 – ESM/Fiskalpakt.
[562] BVerfG 12.9.2012 – 2 BvE 6/12 ua, NJW 2012, 3145 Rn. 294 – ESM/Fiskalpakt.
[563] Moench/Ruttloff DVBl 2012, 1261 (1267 f.); ähnlich Möllers/Reinhardt JZ 2012, 693 (700); Calliess VVDStRL 71 (2012), 113 (161); Berg Der Staat 9 (1970), 21 (34); Kasten DÖV 1985, 222 (225).
[564] ABl. 2008 C 115, 206.
[565] Pernice in Dreier, Stand: 2010, GG Art. 23 Rn. 92 f.; Buschmann/Daiber DÖV 2011, 504 (505 ff.).
[566] BVerfG 30.6.2009 – 2 BvE 2/08 ua, NJW 2009, 2267 (2293 f.) – Lissabon; Scholz in Dürig/Herzog/Scholz GG Art. 23 Rn. 112; Mellein EuR 2011, 655 (672 ff.).
[567] Vgl. Classen in v. Mangoldt/Klein/Starck GG Art. 23 Rn. 61; Uerpmann-Wittzack/Edenharter EuR 2009, 313 (315 ff.); aA Pernice in Dreier, Stand: 2010, GG Art. 23 Rn. 3b.
[568] Classen in v. Mangoldt/Klein/Starck GG Art. 23 Rn. 60; Shirvani JZ 2010, 753 (756 f.); Gas DÖV 2010, 313 (317 f.).
[569] BVerfG 17.4.2013 – 2 BvQ 17/13, NVwZ 2013, 858 Rn. 20 – Zypern-Hilfe.

Folgen in Rede stehen.⁵⁷⁰ Dabei ist zwischen unterschiedlichen Konstellationen zu differenzieren: Der Überprüfung eines nationalen Umsetzungsakts, der auf zwingenden unionsrechtlichen Vorgaben beruht, und der verfassungsgerichtlichen Kontrolle eines Zustimmungsgesetzes zu einem völkerrechtlichen Vertrag in Angelegenheiten der Europäischen Union einschließlich der entsprechenden Flankierungsgesetzgebung, die die Handlungsfähigkeit der supranationalen Institution erst ermöglicht.

172 In einem Verfahren gegen einen **nationalen Umsetzungsakt** kommt eine einstweilige Anordnung allenfalls in Betracht, wenn „aus der Vollziehung des Gesetzes den Betroffenen ein besonders schwerwiegender und irreparabler Schaden droht, dessen Gewicht das Risiko hinnehmbar erscheinen lässt, im Eilverfahren über die Entscheidungskompetenz des BVerfG in der Hauptsache hinauszugehen und das Unionsinteresse an einem effektiven Vollzug des Unionsrechts schwerwiegend zu beeinträchtigen."⁵⁷¹ In der **Folgenabwägung** kommt also den Belangen der Europäischen Union besonderes Gewicht zu. Bestehen hingegen erhebliche Zweifel an der Unionsrechtskonformität des dem Umsetzungsakt zugrunde liegenden Unionsrechtsakts kann Art. 19 Abs. 4 GG im Einzelfall umgekehrt auch die Gewährung einstweiligen Rechtsschutzes gebieten.⁵⁷²

173 Ist Verfahrensgegenstand das **Zustimmungsgesetz** zu einem völkerrechtlichen Vertrag in Angelegenheiten der Europäischen Union (einschließlich ggf. begleitender oder flankierender einfachgesetzlicher Regelungen), kann es im Einzelfall geboten sein, anstatt einer reinen Folgenabwägung eine **summarische Prüfung** anzustellen, ob die vorgetragenen verfassungsrechtlichen Gründe mit einem hohen Grad an Wahrscheinlichkeit die Feststellung der Verfassungswidrigkeit erwarten lassen.⁵⁷³ Eine solche summarische Prüfung ist angezeigt, wenn die behauptete Verfassungswidrigkeit mit hoher Wahrscheinlichkeit Belange des Art. 79 Abs. 3 GG berührt und daher in der Nichtgewährung von Rechtsschutz ein schwerer Nachteil für das gemeine Wohl iSd § 32 Abs. 1 BVerfGG läge. Dadurch soll unter anderem die Begründung völkerrechtlicher Bindungen verhindert werden, von denen eine Loslösung auch bei festgestellter Verfassungswidrigkeit in der Hauptsache nicht ohne Weiteres möglich wäre.⁵⁷⁴

---

⁵⁷⁰ BVerfG 12.9.2012 – 2 BvE 6/12 ua, NJW 2012, 3145 Rn. 190 – ESM/Fiskalpakt; BVerfG 23.6.2021 – 2 BvR 2216/20, GRUR-RS 2021, 17632, Rn. 50.
⁵⁷¹ BVerfG 11.3.2008 – 1 BvR 256/08, NVwZ 2008, 543 (544).
⁵⁷² BVerfG 20.7.2004 – 1 BvR 1270/04, NVwZ 2004, 1346 (1347).
⁵⁷³ BVerfG 20.4.2016 – 2 BvR 1368/16, NJW 2016, 1799 (1800); BVerfG 15.4.2021 – 2 BvR 547/21, NVwZ 2021, 866 (867); BVerfG 12.9.2012 – 2 BvE 6/12 ua, NJW 2012, 3145 Rn. 192 – ESM/Fiskalpakt; krit. zur Nichtberücksichtigung der Folgenabwägung in diesem Kontext Tomuschat DVBl 2012, 1431 (1432).
⁵⁷⁴ BVerfG 12.9.2012 – 2 BvE 6/12 ua, NJW 2012, 3145 Rn. 192, 194 – ESM/Fiskalpakt; Hölscheidt/Rohleder DVBl 2012, 806 (810).

§ 32 Verwaltungsgerichtlicher Rechtsschutz*

Übersicht

	Rn.
A. Einleitung	1
B. Unionsrechtliche Vorgaben für das nationale Verwaltungsrecht	2
I. Grundsatz der Verfahrensautonomie der Mitgliedstaaten	2
1. Fehlen einer einheitlichen Regelung	3
2. Mindeststandards der guten Verwaltung	5
II. Äquivalenz- und Effektivitätsprinzip	6
1. Der Äquivalenzgrundsatz	7
2. Der Effektivitätsgrundsatz	8
C. Erstinstanzliche Hauptsacheverfahren	9
I. Rechtsweg zu den Verwaltungsgerichten	10
II. Rechtsschutzformen	16
1. Anfechtungs- und Verpflichtungsklagen	17
2. Leistungsklagen	20
3. Feststellungsklagen	21
4. Normenkontrollen	25
III. Sachentscheidungsvoraussetzungen	26
1. Klage- bzw. Antragsbefugnis	26
a) Klagefähige Rechtspositionen des Unionsrechts	28
b) Unionsrechtlich veranlasste Rechtseinräumung	36
c) Vorbehalt anderweitiger Regelungen – Verbandsklagen im Umweltrecht	37
d) Präklusion	44
2. Widerspruchsverfahren	48
3. Fristen	49
IV. Besonderheiten der Begründetheitsprüfung	56
1. Beurteilungszeitpunkt	57
2. Vereinbarkeit streitentscheidender Normen mit dem Unionsrecht	59
3. Gerichtliche Kontrolldichte	62
4. Beweisrecht	63
5. Sonstige Aspekte	64
D. Das Rechtsmittelverfahren	66
I. Berufung und Revision	68
II. Beschwerde	73
III. Wiederaufnahme des Verfahrens	75
E. Vorläufiger Rechtsschutz	77
I. Die Rechtsprechung des Gerichtshofs	77
II. Vorläufiger Rechtsschutz gegen belastende Verwaltungsakte	84
1. Der Suspensiveffekt	85
a) Konfliktlage beim Vollzug des Unionsrechts	86
b) Konfliktbewältigung	87
2. Die gerichtliche Aussetzungsentscheidung	89
III. Die einstweilige Anordnung	95

Schrifttum:
Barczak, Die negative Feststellungsklage als allgemeine Normenabwehrklage, DVBl 2019, 1040 ff.; Burchardt, Die Ausübung der Identitätskontrolle durch das Bundesverfassungsgericht, ZaöRV 2016, 527 ff.; Burgi, Verwaltungsprozeß und Europarecht, 1996; Classen, Unionsrechtlicher Einfluss auf die Funktion der deutschen Verwaltungsgerichtsbarkeit?, NJW 2016, 2621 ff.; von Danwitz, Verwaltungsrechtliches System und Europäische Integration, 1996; von Danwitz, Aktuelle Fragen der Grundrechte, des Umwelt- und Rechtsschutzes in der Europäischen Union, DVBl 2008, 537 ff.; Di Fabio, Unabhängige Regulierungsbehörden und gerichtliche Kontrolldichte, EnWZ 2022, 291 ff.; Eckert, Klagebefugnis von Umweltverbänden: Nationales Recht und EuGH-Rechtsprechung, VR 2020, 1 ff.; Ehlers, Die Europäisierung des Verwaltungsprozeßrechts, 1999;

---

* Dieser Beitrag basiert auf den von Martin Gellermann verfassten Ausführungen der Vorauflagen.

§ 32

Ehlers, Europäisierung des Verwaltungsprozessrechts, DVBl 2004, 1441 ff.; Eichhorn/Meixner, (K)eine Pflicht zur Vorlage an den EuGH für letztinstanzliche Fachgerichte?, NJW 2023, 1911 ff.; Ellerbrok, Der transnationale Verwaltungsakt, JA 2022, 969 ff.; Gärditz, Die Entwicklung des Umweltrechts in den Jahren 2016–2018: Rechtsschutz, Klimaschutz und Diesel in Zeiten politischer Polarisierung, ZfU 2019, 369 ff.; Gärditz, Verwaltungsgerichtlicher Rechtsschutz im Umweltrecht, NVwZ 2014, 1 ff.; Gärditz, Europäisches Verwaltungsprozessrecht, JuS 2009, 385 ff.; Gellermann, Europäisierter Rechtsschutz im Umweltrecht, in Ipsen/Stüer (Hrsg.), FS Hans-Werner Rengeling zum 70. Geburtstag, 2008, 233 ff.; Guckelberger, Die Rechtsfigur der Genehmigungsfiktion, DÖV 2010, 109 ff.; Haensle, Der Willkürmaßstab bei der Garantie des gesetzlichen Richters bei Nichtvorlagen – bewährter Maßstab oder gemeinschaftsrechtliche Notwendigkeit einer Neuausrichtung?, DVBl 2011, 811 ff.; Hauser, Europarecht im deutschen Verwaltungsprozess (3): Vorläufiger Rechtsschutz und Gemeinschaftsrecht, VBlBW 2000, 377 ff.; Herz, Der EuGH als gesetzlicher Richter, DÖV 2013, 769 ff.; Hoppe/Beckmann, Gesetz über die Umweltverträglichkeitsprüfung; P. M. Huber, Die Europäisierung des verwaltungsgerichtlichen Rechtsschutzes, BayVBl. 2001, 557 ff.; Hummel, Der vorläufige Rechtsschutz im Verwaltungsprozess, JuS 2011, 413 ff.; Hummel, Verfassungs- und europarechtliche Rahmenbedingungen des vorläufigen Rechtsschutzes im Verwaltungsprozess, JuS 2011, 704 ff.; Jannasch, Einwirkungen des Gemeinschaftsrechts auf den vorläufigen Rechtsschutz, NVwZ 1999, 495 ff.; Jeremias, Beachtlichkeit von Gemeinschaftsrecht im Rahmen der prinzipalen Normenkontrolle nach § 47 VwGO, NVwZ 2014, 495 ff.; Kahl, Europäisches und nationales Verwaltungsorganisationsrecht. Von der Konfrontation zur Kooperation, Die Verwaltung 29 (1996), 341 ff.; Karpenstein/Kottmann, Vom Gegenzum Mitspieler – Das BVerfG und die Unionsgrundrechte, EuZW 2020, 185 ff.; Karpenstein, Praxis des EU-Rechts, 2013; Klein, Kompetenzielle Würdigung und verfassungsprozessuale Konsequenzen der „Recht auf Vergessen"-Entscheidungen, DÖV 2020, 341 ff.; Kleinschnittger, Auswirkungen des EuGH-Urteils v. 12.5.2011 zum Verbandsklagerecht für Umweltverbände, I+E 2011, 280 ff.; Keller, Begründungsfrist für einen Normenkontrollantrag, NVwZ 2021, 331 ff.; Keller, Drittanfechtungen im Umweltrecht durch Umweltvereinigungen und Individualkläger, NVwZ 2017, 1080 ff.; Kokott, Europäisierung des Verwaltungsprozeßrechts, DV 31 (1998), 335 ff.; Kulms, Der Effektivitätsgrundsatz. Eine Untersuchung zur Rechtsprechung des Europäischen Gerichtshofs, 2014; Landmann/Rohmer, Umweltrecht, Loseblatt-Kommentar, 101. Auflage 2023; Lehner, Deutscher und europäischer Grundrechtsschutz nach den Entscheidungen zum „Recht auf Vergessen" – Von der Alternativität zur Komplementarität?, JA 2022, 177 ff.; Ludwigs, Kontrolldichte der Verwaltungsgerichte, DÖV 2020, 405 ff.; Ludwigs, Die Verfahrensautonomie der Mitgliedstaaten, NVwZ 2018, 1417 ff.; Ludwigs/Pascher, Die Europäisierung des Verwaltungsrechts in der Fallbearbeitung, JuS 2022, 497 ff.; Lührs, Transnationale Verwaltungsentscheidungen, JuS 2022, 721 ff.; Martin-Ehlers, Drittschutz im Beihilfenrecht – Paradigmenwechsel in der deutschen Rechtsprechung, EuZW 2011, 583 ff.; Michl, Verwaltungsgerichtlicher Rechtsschutz in der Jacobs gap nach Maßgabe des Art. 19 I UAbs. 2 EUV, NVwZ 2014, 841 ff.; Moench/Sander, Rechtsschutz vor deutschen Gerichten, in Rengeling (Hrsg.), Handbuch zum europäischen und deutschen Umweltrecht, Bd. I (EUDUR I), 1998, § 46; Ohler/Weiß, Einstweiliger Rechtsschutz vor nationalen Gerichten und Gemeinschaftsrecht, NJW 1997, 2221 f.; Ollinger, Nachvollziehende Verfahrenskontrolle im EU-Beihilferecht, 2019; Otting/Olgemöller, Europäischer Rechtsschutz im Verwaltungsprozess, AnwBl. 3 (2010), 155 ff.; Pegatzky, Das Ultra-vires-Prinzip in der verfassungsgerichtlichen Rechtsprechung, NVwZ 2022, 761 ff.; Pernice/Rodenhoff, Die Gemeinschaftskompetenz für eine Richtlinie über den Zugang zu Gerichten in Umweltrechtsangelegenheiten, ZUR 2004, 149 ff.; Preßlein, Grundgesetz vs. Grundrechtecharta? Zur „europäisierten Grundrechtsprüfung" des BVerfG nach den Beschlüssen zum „Recht auf Vergessen" und „Europäischer Haftbefehl III", EuR 2021, 247 ff.; Rabe, Vorlagepflicht und gesetzlicher Richter, in: Bender/Breuer/Ossenbühl/Sendler (Hrsg.), Rechtsstaat zwischen Sozialgestaltung und Rechtsschutz, FS Konrad Redeker zum 70. Geburtstag, 1993, 201 ff.; Rauber, Vorlagepflicht und Rechtsmittelzulassung. Zur Problematik anfechtbarer Letztinstanzlichkeit im Lichte des Art. 267 Abs. 3 AEUV, EuR 2020, 22 ff.; Rennert, Beihilferechtliche Konkurrentenklagen vor deutschen Verwaltungsgerichten, EuZW 2011, 576 ff.; Rengeling, Deutsches und europäisches Verwaltungsrecht – wechselseitige Einwirkungen, VVDStRL 53 (1994), 202; Römling, Zugang zu Gerichten und Präklusion im Rahmen von Art. 9 Abs. 2 und 3 Aarhus-Konvention, ZUR 2021, 229 ff.; Römling, Europäisierung des Individualrechtsschutzes im Umweltrecht, NuR 2020, 686 ff.; Ruffert, Umweltrechtsschutz ohne methodische Grundlage? Zur neueren Rechtsprechung des EuGH und ihren Folgen für Deutschland, DVBl 2019, 1033 ff.; Saurer, Heilung von Verfahrensfehlern in umweltrechtlichen Zulassungsverfahren, NVwZ 2020, 1137 ff.; Scheffczyk, Verfassungsprozessuale Folgefragen von „Recht auf Vergessen I+II", NVwZ 2020, 977 ff.; Schenk, Strukturen und Rechtsfragen der gemeinschaftlichen Leistungsverwaltung, 2006; Schenke, Der maßgebliche Zeitpunkt für die Beurteilung von Verwaltungsakten im Rahmen der Anfechtungsklage, JuS 2019, 833 ff.; Schlacke, Die Novelle des UmwRG 2017, NVwZ 2017, 905 ff.; Schlacke, Aktuelles zum Umwelt-Rechtsbehelfsgesetz, NVwZ 2019, 1392 ff.; Schlaich/Korioth, Das Bundesverfassungsgericht, 2021; Schneider, Die Wiederaufnahme rechtskräftig abgeschlossener nationaler Verfahren nach EuGH-Entscheidungen, EuR 2017, 433 ff.; Schoch, Zur Europäisierung des Verwaltungsrechts, Juridica International 2014, 102 ff.; Schoch, Individualrechtsschutz im deutschen Umweltrecht unter dem Einfluss des Gemeinschaftsrechts, NVwZ 1999, 457 ff.; Schumacher/Fischer-Hüftle, Bundesnaturschutzgesetz, Kommentar, 3. Aufl. 2021; Seibert, Die gerichtliche Kontrolle von Verfahrensvorschriften nach § 4 UmwRG, NVwZ 2019, 337 ff.; Siegel, Rechtsschutz vor Gericht und im Verwaltungsverfahren, ZUR 2017, 451 ff.; Siegel, Die Präklusion im europäisierten Verwaltungsrecht, NVwZ 2016, 337; Siegel, Europäisierung des Öffentlichen Rechts, 2012; Steinbeiß-Winkelmann, Europäisierung des Verwaltungsrechtsschutzes, NJW 2010, 1233 ff.; Streinz,

Primär- und Sekundärrechtsschutz im Öffentlichen Recht, VVDStRL 61 (2002), 300 ff.; Terhechte, Nationale Gerichte und die Durchsetzung des EU-Rechts, EuR 2020, 569 ff.; Triantafyllou, Zur Europäisierung des vorläufigen Rechtsschutzes, NVwZ 1992, 129 ff.; Triantafyllou, Zur Subjektivierung des subjektiv öffentlichen Rechts, DÖV 1997, 192 ff.; Vincze, Europäisierung des nationalen Verwaltungsrechts – eine rechtsvergleichende Annäherung, ZaöRV 77 (2017), 235 ff.; Wegener, Der Braunbär lernt schwimmen, ZUR 2018, 217 ff.; Wegener, Gemeinwohl und Gemeinschaftsgerichtsbarkeit – Überlegungen zur gerichtlichen Verteidigung von Gemeininteressen im ius commune, ZEuS 1998, 183 ff.; Weidermann, Wegfall der Präklusion, DÖV 2017, 933 ff.; Wendel, Verwaltungsermessen als Mehrebenenproblem, 2019; Ziekow, Europa und der deutsche Verwaltungsprozess – Schlaglichter auf eine unendliche Geschichte, NVwZ 2010, 793 ff.

A. Einleitung

Die **nationalen Gerichte** sind entscheidende Akteure bei der Durchsetzung des Unionsrechts. „Jeder […] angerufene nationale Richter [ist] im Rahmen seiner Zuständigkeit dazu verpflichtet, das Gemeinschaftsrecht uneingeschränkt anzuwenden."[1] Sie fungieren insoweit als **funktionelle Unionsgerichte.**[2] Da das Unionsrecht in weiten Teilen als Verwaltungsrecht, insbes. als Wirtschaftsverwaltungsrecht zu qualifizieren ist,[3] dessen Vollzug zumeist den nationalen Behörden obliegt, kommt dem Rechtsschutz durch die Verwaltungsgerichtsbarkeit besondere Bedeutung zu. Werden im Vollzug durch die Mitgliedstaaten unionsrechtlich begründete Rechte der Bürger in Mitleidenschaft gezogen, muss den Betroffenen effektiver Rechtsschutz zur Verfügung stehen. Dies gebietet Art. 19 Abs. 1 UAbs. 2 EUV, der die Mitgliedstaaten dazu verpflichtet, die erforderlichen Rechtsbehelfe zu schaffen, „damit ein wirksamer Rechtsschutz in den vom Unionsrecht erfassten Bereichen gewährleistet ist." Die Garantie effektiven Rechtsschutzes war indes bereits als ein „allgemeiner Grundsatz des Unionsrechts, der sich aus den gemeinsamen Verfassungsüberlieferungen der Mitgliedstaaten ergibt"[4] und in Art. 6, 13 EMRK – sowie Art. 47 GRCh – verankert ist, anerkannt.[5] 1

B. Unionsrechtliche Vorgaben für das nationale Verwaltungsrecht

I. Grundsatz der Verfahrensautonomie der Mitgliedstaaten

Der effektive Rechtsschutz mit Blick auf das Unionsrecht vor nationalen Gerichten ist insbesondere deshalb von immensem Belang, weil der **indirekte Vollzug** den Regelfall des Vollzugs des Unionsrechts bildet. Demnach ergreifen die Mitgliedstaaten „alle zur Durchführung der verbindlichen Rechtsakte der Union erforderlichen Maßnahmen nach innerstaatlichem Recht" (Art. 291 Abs. 1 AEUV). Die Mitgliedstaaten vollziehen das Recht der Europäischen Union in eigener Kompetenz sowie in Ausübung originärer mitgliedstaatlicher Hoheitsgewalt, nicht auf Grund einer Delegation von Unionsgewalt.[6] Im Hinblick auf das gerichtliche Verfahren gilt der **Grundsatz der Verfahrensautonomie der Mitgliedstaaten** wonach es „mangels einschlägiger unionsrechtlicher Vorschriften Aufgabe der innerstaatlichen Rechtsordnung der einzelnen Mitgliedstaaten [ist], die Modalitäten […] von Verwaltungs- und Gerichtsverfahren zu regeln, die den Schutz der den Bürgern aus dem Unionsrecht erwachsenden Rechte gewährleisten sollen",[7] 2

---

[1] EuGH 9.3.1978 – C-106/77, ECLI:EU:C:1978:49 Rn. 21/23 = NJW 1978, 1741 – Simmenthal.
[2] Streinz EUV Art. 4 Rn. 61; Pechstein EUProzR Rn. 36; Terhechte EuR 2020, 569 (598 f.); Gärditz JuS 2009, 385 (388).
[3] Vgl. hierzu nur Schwarze EUVerwR, 1. Aufl. 1988, S. 5.
[4] EuGH 27.2.2018 – C-64/16, ECLI:EU:C:2018:117 Rn. 35 = EuZW 2018, 469 – Associação Sindical dos Juízes Portugueses; vgl. auch EuGH 15.5.1986 – C-222/84, ECLI:EU:C:1986:206 Rn. 18 = DVBl 1987, 227 – Johnston; EuGH 27.11.2001 – C-424/99, ECLI:EU:C:2001:642 Rn. 45 = BeckRS 2004, 77184 – Kommission/Österreich; EuGH 25.7.2002 – C-50/00 ECLI:EU:C:2002:462 Rn. 39 = EuR 2002, 699 – Unión de Pequeños Agricultores; EuGH 13.3.2007 – C-432/05, ECLI:EU:C:2007:163 Rn. 39 = NJW 2007, 3555 – Unibet.
[5] Zusf. EuGH 22.12.2010 – C-279/09, ECLI:EU:C:2010:811, Rn. 29 ff. = NJW 2011, 2496 – DEB.
[6] Rengeling VVDStRL 53 (1994), 202 (211).
[7] EuGH 2.4.2020 – C-480/18, ECLI:EU:C:2020:274 Rn. 73 = EuZW 2020, 632 – PrivatBank.

„[s]oweit das Gemeinschaftsrecht einschließlich der allgemeinen gemeinschaftsrechtlichen Grundsätze hierfür keine gemeinsamen Vorschriften enthält"[8] (sog. *„Soweit-Formel"*).

3   1. Fehlen einer einheitlichen Regelung. Dass das europäische Unionsrecht keine einheitlichen Regelungen für den mitgliedstaatlichen Vollzug enthält, ist primär darauf zurückzuführen, dass die Europäische Union über **keine Kompetenz** verfügt, das **Allgemeine Verwaltungsrecht** oder das **Verwaltungsprozessrecht** der Mitgliedstaaten im Bereich des Unionsrechtsvollzugs anzugleichen.[9] Eine solche Kompetenz ergibt sich auch nicht aus Art. 197 AEUV.[10] Regelungen des Organisations-, Verfahrens- und Prozessrechts können daher im Rahmen der begrenzten Einzelermächtigung (Art. 5 Abs. 1 S. 1 EUV) nur auf bereits vorhandene **Sachkompetenzen** gestützt werden,[11] bleiben dann aber notwendigerweise punktuell und auf konkrete fachspezifische Bereiche beschränkt.[12] Entscheidend ist, dass das Primärrecht den Organen der Union final strukturierte Kompetenzen zuweist, die einen Auftrag zur gegenstandsspezifischen Zielerreichung enthalten. Unionsrechtlich wird insoweit nicht zwischen materiellen und formellen Regelungsinhalten differenziert. Auch Organisations- oder Verfahrensvorgaben können daher unter eine Sachkompetenz fallen, wenn sie notwendig sind, die Erreichung des materiellen Regelungsziels durch formale Vorkehrungen abzusichern. Solche Regelungen beschränken sich dann aber schon aus Kompetenzgründen auf den fachspezifischen Anwendungsbereich des jeweiligen Sekundärrechtsakts.

4   Unionsrechtliche Vorgaben für das Verwaltungsverfahren und den Verwaltungsprozess finden sich u. a. im **Umweltrecht** (zB Umweltverträglichkeitsprüfung,[13] Öffentlichkeitsbeteiligung[14] und Umweltrechtsbehelfe[15]), im **Recht der Regulierung elektronischer Kommunikation** (Konsultationsverfahren[16]), im **Flüchtlingsrecht** (zB qualitative Anforderungen an die Tatsachenprüfung[17]) oder im **Vergaberecht** (Vergabeverfahren, Nachprüfungsverfahren).[18] Vorgaben für die Verwaltungsorganisation enthält u. a. die RL über die elektronische Kommunikation (Unabhängigkeit der nationalen Regulierungsbehörde[19]), oder die Dienstleistungsrichtlinie (einheitlicher Ansprechpartner[20]).[21] Die verwal-

---

[8] EuGH 21.9.1983 – C-205/82, ECLI:EU:C:1983:233 Rn. 17 = NJW 1984, 2024 – Deutsches Milchkontor; s. auch EuGH 16.12.1976 – C-33/76, ECLI:EU:C:1976:188 Rn. 5 = NJW 1977, 495 – Rewe; EuGH 25.7.1991 – C-208/90, ECLI:EU:C:1991:333 Rn. 16 – Emmott; GA Kokott 30.3.2017 SchlA – C-73/16, ECLI:EU:C:2017:253 Rn. 46 – Puškár; EuGH 24.10.2018 – C-234/17, ECLI:EU:C:2018:853 Rn. 21 = EuZW 2019, 82 – XC ua; begriffsprägend Rengelin GS Sasse, 1981, 197; Ludwigs DÖV 2020, 405 (412 f.); v. Danwitz DVBl 1998, 421 (422); Dauses EU-WirtschaftsR-HdB/Stettner B. III. Rn. 9.

[9] v. Danwitz EuVerwR S. 467 ff.; Calliess/Ruffert/Kahl EUV Art. 4 Rn. 127; Rengeling, Rechtsgrundsätze beim Verwaltungsvollzug des Europäischen Gemeinschaftsrechts, 1977, S. 242.

[10] St. Rspr., siehe EuGH 16.12.1976 – C- 33/76, ECLI:EU:C:1976:188 Rn. 5 = NJW 1977, 495 – Rewe, 495; Streinz AEUV Art. 197 Rn. 6; Gärditz DÖV 2010, 453 (462 f.); Lafarge European Public Law 16 (2010), 597 (609).

[11] Kahl Die Verwaltung 29 (1996), 341 (346); Sydow JuS 2005, 201 (203); für das Umweltrecht etwa Epiney NVwZ 1999, 485 (491 ff.); Pernice/Rodenhoff ZUR 2004, 149 ff.; für das Regulierungsrecht Gärditz in Löwer Neuere Europäische Vorgaben für den Energiebinnenmarkt, 2010, S. 23 (51 f.).

[12] Weitergehend aber wohl Schulze/Janssen/Kadelbach EuropaR-HdB/Gundel § 3 Rn. 114–118.

[13] RL 2011/92/EU v. 13.12.2011 (ABl. 2012 L 26, 1) geändert durch RL 2014/52/EU v. 16.4.2014 (ABl. 2014 L 124, 1).

[14] RL 2003/35/EG v. 26.5.2003 (ABl. 2003 L 156, 17).

[15] Art. 25 RL 2010/75/EU v. 24.11.2010 (ABl. 2010 L 334, 17); Art. 11 RL 2011/92/EU (ABl. 2012 L 26, 1).

[16] Art. 23 RL 2018/1972/EU v. 11.12.2018 (ABl. 2018 L 321, 36).

[17] Art. 10 Abs. 3 RL 2013/32/EU v. 26.6.2013 (ABl. 2013 L 180/60).

[18] RL 2014/24/EU v. 26.2.2014 (ABl. 2014 L 94, 65); RL 2007/66/EG v. 11.12.2007 (ABl. 2007 L 335, 31).

[19] Art. 6 RL 2018/1972/EU v. 11.12.2018 (ABl. 2018 L 321, 36); Art. 57 Abs. 4 RL 2019/944/EU v. 5.6.2019 (ABl. 2019 L 158, 125); Art. 39 Abs. 4 RL 2009/73/EG v. 13.7.2009 (ABl. 2009 L 211, 36, 94).

[20] Art. 6 RL 2006/123/EG v. 12.12.2006 (ABl. 2006 L 376, 94).

[21] Zahlreiche Beispiele aus verschiedenen Regelungsbereichen bei Kahl Die Verwaltung 29 (1996), 341 (353 ff.); ferner Ehlers/Pünder AllgVerwR/Pünder § 13 Rn. 23.

tungskooperationsrechtlichen Vorgaben der **Dienstleistungsrichtlinie** wurden in den §§ 8a ff., 41a, 71a ff. VwVfG umgesetzt.[22] Eine systematische Darstellung der darüber hinaus zahlreichen verfahrensrechtlichen Regelungen im besonderen Fachrecht der Union ist bislang jedoch nicht erfolgt.

2. Mindeststandards der guten Verwaltung. Bereits vor der Kodifizierung des **Art. 41 GRCh** hat der EuGH die „Grundsätze einer guten Verwaltungsführung" (ua Verhältnismäßigkeit, Vertrauensschutz, Gesetzmäßigkeit der Verwaltung etc) als **allgemeine Rechtsgrundsätze der Union** anerkannt.[23] Die Mindeststandards, die sich aus dem Grundrecht auf eine gute Verwaltung nach Art. 41 GRCh ergeben, beziehen sich dem klaren Wortlaut nach indes nur auf Verwaltungsverfahren der **Unionsorgane.** Nicht erfasst werden somit Verfahren vor **mitgliedstaatlichen Behörden,** selbst wenn diese Unionsrecht vollziehen.[24] Dass Art. 41 GRCh nicht unmittelbar zum Tragen kommt, ändert jedoch nichts daran, dass sein sachlicher Gehalt unter dem Gesichtspunkt des Effektivitätsprinzips (Art. 4 Abs. 3 EUV, → Rn. 8) als allgemeiner Grundsatz des Unionsrechts auch von den Mitgliedstaaten im indirekten Vollzug zu beachten ist.[25] So hat der EuGH bereits u. a. ein Recht auf Gehör in Verwaltungsverfahren, die zu nachteiligen Entscheidungen führen können,[26] ein Recht auf Akteneinsicht[27] oder die Verpflichtung, Verwaltungsentscheidungen zu begründen,[28] anerkannt. 5

II. Äquivalenz- und Effektivitätsprinzip

Die mitgliedstaatliche Verfahrensautonomie findet ihre Grenze im Grundsatz der Unionstreue (Art. 19 Abs. 1 UAbs. 2 EUV iVm Art. 4 Abs. 3 EUV).[29] Die Modalitäten des gerichtlichen Rechtsschutzes dürfen in Verfahren mit Unionsrechtsbezug nicht ungünstiger gestaltet sein als in rein nationalen Fällen **(Grundsatz der Äquivalenz);** überdies dürfen sie die Ausübung der durch die Unionsrechtsordnung verliehenen Rechte weder praktisch unmöglich machen noch übermäßig erschweren **(Grundsatz der Effektivität).**[30] Diesen Anforderungen ist bei der Ausgestaltung des nationalen Gerichtsorganisations- und Prozessrechts, zugleich aber auch bei dessen Auslegung und Anwendung im Einzelfall zu genügen. 6

---

[22] Hierzu Eisenmenger NVwZ 2010, 337 ff.; Guckelberger DÖV 2010, 109 ff.; Reichelt LKV 2010, 97 ff.
[23] S. bereits EuGH 29.11.1956 – C-8/55, ECLI:EU:C:1956:11 S. 297 (311) – Fédération Charbonnière de Belgique/Hohe Behörde; EuGH 8.5.2014 – C-604/12, ECLI:EU:C:2014:302 Rn. 49 ff. = NVwZ-RR 2014, 621 – N.; EuGH 8.5.2019 – C-230/18, ECLI:EU:C:2019:383 Rn. 57 = NVwZ 2019, 1664 – PI; Calliess/Ruffert/Ruffert EU-GRCharta Art. 41 Rn. 3 mwN.
[24] EuGH 17.12.2015 – C-419/14, ECLI:EU:C:2015:832 Rn. 83 = MMR 2016, 342 – WebMindLicenses; EuGH 9.3.2017 – C-141/15, ECLI:EU:C:2017:188 Rn. 60 – Doux; EuGH 26.3.2020 – verb. Rs. C-496/18 und C-497/18, ECLI:EU:C:2020:240 Rn. 63 = NZBau 2020, 598 – Hungeod; Jarass Charta der Grundrechte der europäischen Union Art. 41 Rn. 10; Classen, Gute Verwaltung im Recht der Europäischen Union, 2008, S. 76 ff.; Grzeszick EuR 2006, 161 (167 f.); Kańska European Law Journal 10 (2004), 296 (309); NK-EuGRCh/Magiera GRCh Art. 41 Rn. 9; Pfeffer, Das Recht auf eine gute Verwaltung, 2006, 102 ff.
[25] So iErg auch Calliess/Ruffert/Ruffert EU-GRCharta Art. 41 Rn. 9; Jarass GRCh EU-Grundrechte-Charta Art. 41 Rn. 11; Streinz GR-Charta Art. 41 Rn. 5–7; Goerlich DÖV 2006, 313 (317); Kańska European Law Journal 10 (2004), 296 (303 ff.).
[26] EuGH 22.11.2012 – C-277/11, ECLI:EU:C:2012:744 Rn. 81 f. = NVwZ 2013, 59 – M.M; EuGH 4.4.2019 – C-558/17 P, ECLI:EU:C:2019:289 Rn. 52 f. – OZ; EuG 7.2.2022 – T-301/19, ECLI:EU:T:2022:774 Rn. 112 f. – PNB Banka AS.
[27] EuGH 17.7.2014 – verb. Rs. C-141/12 und C-371/12, ECLI:EU:C:2014:2081 Rn. 66, 68 = NVwZ-RR 2014, 736 – Y. S.
[28] EuGH 9.11.2017 – C-46/16, ECLI:EU:C:2017:839 Rn. 39 – Valsts; EuGH 7.9.2021 – C-927/19, ECLI:EU:C:2021:700 Rn. 120 = NZBau 2021, 799 – Klaipedos; EuGH 15.6.2023 – C-721/21, ECLI:EU:C:2023:477 Rn. 33 – Eco Advocacy.
[29] Hierzu Terhechte EuR 2008, 143 (159).
[30] EuGH 27.6.2013 – C-93/12, ECLI:EU:C:2013:432 Rn. 39 – Agrokonsulting-04; vgl. auch EuGH 13.3.2007 – C-432/05, ECLI:EU:C:2007:163 Rn. 43 = NJW 2007, 3555 – Unibet; EuGH 12.2.2008 – C-2/06, ECLI:EU:C:2008:78 Rn. 57 = NVwZ 2008, 870 – Kempter; EuGH 8.7.2009 – C-246/09, ECLI:EU:C:2010:418 Rn. 25 = NJW 2010, 2713 – Bulicke; EuGH 8.3.2011 – C-240/09, ECLI:EU:C:2011:125 Rn. 48 = NVwZ 2011, 673 – Slowakischer Braunbär I; Pechstein EUProzR Rn. 48.

7 **1. Der Äquivalenzgrundsatz.** Dabei verlangt der Grundsatz der Äquivalenz, „dass die streitige nationale Regelung in gleicher Weise für Rechtsbehelfe gilt, die auf die Verletzung von den einzelnen aus dem Unionsrecht erwachsenden Rechten gestützt sind, wie für solche, die auf die Verletzung des innerstaatlichen Rechts gestützt sind, sofern diese Rechtsbehelfe einen ähnlichen Gegenstand und Rechtsgrund haben."[31] Insbesondere dürfen die für das Unionsrecht geltenden Verfahrensmodalitäten nicht weniger günstig ausgestaltet sein als die für entsprechende innerstaatliche Rechtsbehelfe. Dies führt zu einer Ausdehnung der Anwendbarkeit der innerstaatlichen Rechtsbehelfe auf Ansprüche, die sich aus dem Unionsrecht ergeben. Daraus folgt zB die Anwendung der nationalen Vorschriften über die Staatshaftungsklage auf einen Haftungsanspruch wegen einer Verletzung von Unionsrecht.[32] Der Äquivalenzgrundsatz bezieht sich hingegen nicht auf die Gleichwertigkeit der nationalen Verfahrensvorschriften. Das bedeutet, dass die Mitgliedstaaten nicht verpflichtet sind, verschiedene Arten von Rechtsbehelfen (zB zivilrechtliche und verwaltungsrechtliche) gleich zu behandeln.[33]

8 **2. Der Effektivitätsgrundsatz.** Der Effektivitätsgrundsatz fordert, dass Verfahrensmodalitäten und Vorschriften des nationalen Rechts nicht dazu führen, dass die „Tragweite und Wirksamkeit" des Unionsrechts beeinträchtigt wird. Dies ist insbesondere dann der Fall, wenn die Anwendung der nationalen Regelungen die Durchsetzung des Unionsrechts praktisch unmöglich machen würde.[34] Das Effektivitätsgebot ist weder als Optimierungsgebot, noch als höchstmöglicher Grad der Zielerreichung zu verstehen.[35] Stattdessen wurde es vom EuGH von Anfang an als flexibles Koordinierungsinstrument mit positiven Ausgestaltungsbedingungen für das nationale Verfahrensrecht verstanden.[36] Während die nationalen Verfahrensnormen formell unangetastet bleiben, hat der Effektivitätsgrundsatz faktisch zu einer Verpflichtung zu unionsrechtskonformer Auslegung geführt, die die Verfahrensautonomie der Mitgliedstaaten zuweilen enorm beschränkt.[37] Praktische Folge des Effektivitätsgrundsatzes ist insbesondere die Pflicht, Unionsrechtsverstöße zu sanktionieren,[38] sowie die Gewährleistung eines kohärenten[39] und effektiven Rechtsschutzes.[40] Der Effektivitätsgrundsatz ist zudem teilweise bereichsspezifisch im Sekundärrecht geregelt (s. zB die Art. 6 Abs. 4 und Art. 11 Abs. 3 S. 1, Abs. 5 UVP-RL).[41]

---

[31] EuGH 1.12.1998 – C-326/96, ECLI:EU:C:1998:577 Rn. 41 = EuZW 1999, 248 – Levez; EuGH 16.5.2000 – C-78/98, ECLI:EU:C:2000:247 Rn. 55 = EuZW 2000, 565 – Preston; s. auch Vincze ZaöRV 77 (2017), 235 (238).
[32] EuGH 26.1.2010 – C-118/08, ECLI:EU:C:2010:39 = NJW 2010, 2716 (Ls.) – Transportes Urbanos.
[33] EuGH 28.1.2015 – C-417/13, ECLI:EU:C:2015:38 Rn. 74 = DÖV 2015, 342 – ÖBB Personenverkehr; EuGH 6.10.2015 – C-61/14, ECLI:EU:C:2015:655 Rn. 67 – Orizzonte Salute; Kahl/Ludwigs VerwR-HdB/Galetta Bd. II § 46 Rn. 17.
[34] EuGH 21.9.1983 – C-205/82, ECLI:EU:C:1983:233 Rn. 22 = NJW 1984, 2024 – Deutsches Milchkontor; s. auch EuGH 13.7.2023 – C-615/21, ECLI:EU:C:2023:573 Rn. 47 – Napfény-Toll.
[35] Vincze ZaöRV 77 (2017), 235 (239).
[36] Streinz EUV Art. 4 Rn. 53; v. Danwitz DVBl 1998, 421 (422 ff.).
[37] Kahl/Ludwigs VerwR-HdB/Galetta Bd. II § 46 Rn. 29, 45.
[38] EuGH 21.9.1989 – C-68/88, ECLI:EU:C:1989:339 Rn. 23 f. = NJW 1990, 2245 – Kommission/Griechenland; EuGH 26.10.1995 – C-36/94, ECLI:EU:C:1995:351 Rn. 20 – Siesse; EuGH 30.9.2003 – C-167/01, ECLI:EU:C:2003:512 Rn. 62 = NJW 2003, 3331 – Inspire Art; EuGH 15.1.2004 – C-230/01, ECLI:EU:C:2004:20 Rn. 36 – Penycoed; EuGH 26.2.2013 – C-617/10, ECLI:EU:C:2013:280 Rn. 26 = NJW 2013, 1415 – Åkerberg Fransson; EuGH 19.12.2019 – C-752/18, ECLI:EU:C:2019:1114 Rn. 40 f. = NJW 2020, 907 – Deutsche Umwelthilfe; EuGH 1.10.2020 – C-603/19, ECLI:EU:C:2020:774 Rn. 59 – Úrad špeciálnej prokuratúry.
[39] EuGH 22.10.1987 – C-314/85, ECLI:EU:C:1987:452 Rn. 16 = NJW 1988, 1451 – Foto Frost; EuGH 21.2.1991 – verb. Rs. C-143/88 und C-92/89, ECLI:EU:C:1991:65 Rn. 18 = NVwZ 1991, 460 – Zuckerfabrik Süderdithmarschen; EuGH 9.11.1995 – C-465/93, ECLI:EU:C:1995:369 Rn. 22 = NJW 1996, 1333 – Atlanta.
[40] EuGH 19.6.1990 – C-213/89, ECLI:EU:C:1990:257 Rn. 21 = NJW 1991, 2271 – Factortame u. a.; EuGH 11.1.2001 – C-1/99, ECLI:EU:C:2001:10 Rn. 46 ff. = DVBl 2001, 539 – Kofisa Italia Srl; EuGH 13.3.2007 – C-432/05, ECLI:EU:C:2007:163 Rn. 42 = NJW 2007, 3555 – Unibet.
[41] RL 2011/92/EU v. 13.12.2011 (ABl 2012 L 26, 1); s. Kahl in Calliess/Ruffert EUV Art. 4 Rn. 128.

C. Erstinstanzliche Hauptsacheverfahren

Nahezu sämtliche Stadien des erstinstanzlichen Hauptsacheverfahrens im deutschen Verwaltungsprozess sind tiefgreifend vom Unionsrecht geprägt. Der folgende Abschnitt soll eine Übersicht über die zahlreichen Einwirkungsmöglichkeiten des Unionsrechts auf das nationale Verwaltungsprozessrecht verschaffen. 9

I. Rechtsweg zu den Verwaltungsgerichten

Vorbehaltlich einschlägiger aufdrängender Sonderzuweisungen[42] eröffnet die Generalklausel des § 40 Abs. 1 S. 1 VwGO den Rechtsweg zu den (allgemeinen) Verwaltungsgerichten, soweit es um öffentlich-rechtliche Streitigkeiten nichtverfassungsrechtlicher Art geht, die nicht durch Bundesgesetze einem anderen Gericht ausdrücklich zugewiesen sind. 10

Eine öffentlich-rechtliche Streitigkeit setzt zunächst voraus, dass um Rechtsschutz gegen einen **Akt der deutschen öffentlichen Gewalt** nachgesucht wird.[43] Klagen, die sich unmittelbar gegen (Rechts-)Akte der Unionsorgane richten, können im Verwaltungsrechtsweg grds. nicht verfolgt werden. Zwar hat das BVerfG die Rechtsschutzgarantie aus Art. 19 Abs. 4 GG im *Maastricht*-Urteil auf Handlungen der Union erweitert, denn auch „Akte einer besonderen, von der Staatsgewalt der Mitgliedstaaten geschiedenen öffentlichen Gewalt einer supranationalen Organisation betreffen die Grundrechtsberechtigten in Deutschland."[44] Sofern allerdings eine Streitsache der Zuständigkeit des Gerichtshofs der Europäischen Union zugewiesen ist, scheidet eine Zuständigkeit der mitgliedstaatlichen Gerichte aus.[45] Angesichts der ausgreifenden Kompetenzzuweisungen an die europäischen Gerichte, die das Unionsrecht vorsieht,[46] besteht daher faktisch keinerlei Zuständigkeit der nationalen Verwaltungsgerichte mehr. Gegen hoheitliche Handlungen von Unionsorganen und -agenturen gewährt insoweit ausschließlich der Gerichtshof der Europäischen Union – bestehend aus EuGH und EuG – Rechtsschutz.[47] 11

Differenzierter zu betrachten ist der Rechtsschutz mit Blick auf den sog. **transnationalen Verwaltungsakts.** Hierbei handelt es sich um eine behördliche Einzelfallentscheidung innerhalb des Souveränitätsbereichs eines Mitgliedstaates, die unmittelbar oder durch Anerkennung grenzüberschreitende Bindungswirkung in mehreren Staaten entfaltet.[48] Maßgebliche Anwendungsfälle sind bspw. Berufsqualifikationen (zB Diplome, akademische Grade), die nach der Diplomanerkennungs-RL grundsätzlich in allen Mitgliedstaaten akzeptiert werden müssen,[49] die sog. Schengen-Visa, die von allen Mitgliedstaaten nach Art. 10 des Schengen-Durchführungsübereinkommens ohne eigene Prüfung anzuerkennen sind und nicht zuletzt auch für die in einem anderen Mitgliedstaat ausgestellten EU-Führerscheine, die ausweislich des Art. 2 Führerschein-RL grundsätzlich auch hierzulande zum Führen eines Fahrzeugs berechtigen (§ 29 Abs. 1 FeV).[50] In diesen Fällen kann Rechtsschutz im anerkennenden Staat nur gegen den Anerkennungsakt als solchen ersucht 12

---

[42] Hierzu Gärditz/Haack VwGO § 40 Rn. 7 ff.; Wysk in Wysk VwGO § 40 Rn. 59; ausf. NK-VwGO/Sodan VwGO § 40 Rn. 131 ff.
[43] Burgi DVBl 1995, 772 (777 f.); Schoch/Schneider/Ehlers VwGO Vorb. § 40 Rn. 64; Kopp/Schenke/Ruthig VwGO § 40 Rn. 37; Martinez Soria VerwArch 89 (1998), 400 (406); Stern JuS 1998, 769 (770).
[44] BVerfG 12.10.1993 – 2 BvR 2134/92 = BVerfGE, 89, 155 (175) = NJW 1993, 3047 – Maastricht; Dies wird bestätigt durch Art. 274 AEUV, wonach „Streitsachen, bei denen die Union Partei ist, der Zuständigkeit der einzelstaatlichen Gerichte nicht entzogen" sind.
[45] Karpenstein, Praxis des EU-Rechts, 2. Aufl. 2013, § 2 Rn. 314; NK-VwGO/Sodan VwGO § 40 Rn. 129.
[46] Eine Übersicht findet sich bei Endler in Kuhla/Hüttenbrink Verwaltungsprozess L Rn. 116.
[47] Vgl. Art. 256 ff. AEUV sowie Art. 51 Protokoll Nr. 3 über die Satzung des Gerichtshofs der Europäischen Union; Kotzur/Dienelt in Geiger/Khan/Kotzur/Kirchmair AEUV Art. 256 Rn. 1 ff.; Ruthig in Kopp/Schenke VwGO § 40 Rn. 37c.
[48] Ramsauer in Kopp/Ramsauer VwVfG § 35 Rn 34; ausf. Ellerbrok JA 2022, 969; Lührs JuS 2022, 721 ff.
[49] RL 2005/36/EG v. 7.9.2005 (ABl. 2005 L 255, 22).
[50] RL 2006/126/EG v. 20.12.2006 (ABl. 2006 L 403, 18); Eing. Ramsauer in Kopp/Ramsauer VwVfG § 35 Rn. 34 ff.

13 werden. Die Verwaltungsentscheidung selbst kann nur vor den Gerichten des Erlassstaates angefochten werden.[51]

13 Stehen dagegen Aktivitäten bundesdeutscher Hoheitsträger in Frage, kommt es darauf an, ob es sich um eine öffentlich-rechtliche Streitigkeit handelt. Maßgeblich ist die „wahre Rechtsnatur" des streitigen Rechtsverhältnisses,[52] dessen öffentlich-rechtlicher Charakter davon abhängt, ob die für die Beurteilung der Streitigkeit maßgebliche Rechtsnorm dem öffentlichen Recht zugehört. Nach der vorherrschenden **modifizierten Subjektstheorie** (bzw. Sonderrechtstheorie) ist dies anzunehmen, wenn es sich bei der streitentscheidenden Norm um einen Rechtssatz handelt, dessen berechtigtes oder verpflichtetes Subjekt ein Träger hoheitlicher Gewalt ist.[53] Dieses Unterscheidungskriterium gelangt auch dann zur Anwendung, wenn die streitentscheidende Norm aus dem Unionsrecht stammt.[54] Das ist unproblematisch, soweit die Anwendung einer nationalen Rechtsvorschrift in Rede steht, die zur Umsetzung oder Durchführung des Unionsrechts erlassen wurde, gilt aber auch dann, wenn es sich bei der streitentscheidenden Norm um eine unionsrechtliche Bestimmung handelt. Gründet sich ein nationaler Vollzugsakt auf eine unmittelbar anwendbare Vorschrift des Unionsrechts, die allein staatliche Stellen zum Handeln ermächtigt oder leitet ein Unionsbürger den von ihm geltend gemachten Anspruch aus Regelungen des Primärrechts, Vorschriften einer EU-Verordnung oder einer unmittelbar wirkenden Richtlinienbestimmung her, deren Verpflichtungsadressat notwendig ein Träger hoheitlicher Gewalt ist, handelt es sich um eine öffentlich-rechtliche Streitigkeit.[55]

14 Für diese Streitigkeiten ist der Verwaltungsrechtsweg allerdings nicht eröffnet, soweit sie von verfassungsrechtlicher Art sind. Nach der **Theorie von der doppelten Verfassungsunmittelbarkeit**[56] ist dies anzunehmen, wenn die streitenden Parteien Verfassungsorgane oder sonst unmittelbar am Verfassungsleben beteiligte Rechtsträger sind und der Rechtsstreit in seinem Kern das Verfassungsrecht behandelt. Für öffentlich-rechtliche Streitigkeiten zwischen einer natürlichen oder juristischen Person und dem Staat oder sonstigen Trägern hoheitlicher Gewalt ist daher regelmäßig schon deshalb der Verwaltungsrechtsweg eröffnet, weil sie selbst keine Streitsubjekte im vorbezeichneten Sinne sind.

15 Die nach diesen Kriterien zu ermittelnde Zuständigkeit der allgemeinen Verwaltungsgerichtsbarkeit kommt nicht zum Tragen, wenn die Streitigkeit **besonderen Verwaltungsgerichten** zugewiesen ist.[57] Zu nennen sind hier zunächst die Finanzgerichte, die als besondere Verwaltungsgerichte gem. **§ 33 Abs. 1 Nr. 1 FGO** über Abgabenangelegenheiten zu entscheiden haben, soweit diese durch Bundes- oder Landesfinanzbehörden verwaltet werden. Unter unionsrechtlichen Aspekten sind namentlich Streitigkeiten im Bereich des Agrarverwaltungsrechts von Belang, das von den nationalen Zollbehörden abgewickelt wird.[58] Zu den Abgabenangelegenheiten zählen darüber hinaus die Streitigkeiten um Ausfuhrabgaben (§§ 5, 23 ff. MOG), Einfuhrgenehmigungen[59] und Währungsausgleichsbeträge,

---

[51] Kaufhold in Kahl/Ludwigs VerwR-HdB II § 48 Rn. 44; Ramsauer in Kopp/Ramsauer VwVfG § 35 Rn 34.
[52] StRspr.: GemSOGB 10.4.1986 – GmS-OGB 1/85 = NJW 1986, 2359 (2359); BVerwG 17.11.2008 – 6 B 41.08 = NVwZ-RR 2009, 308 (309); BGH 13.3.2008 – V ZB 113/07 = NVwZ-RR 2008, 742 (742); OVG Münster 27.4.2010 – 1 E 406/10 = NVwZ-RR 2010, 587 (587); BVerwG 17.3.2021 – 2 B 3/21 = NVwZ 2021, 1237 (1239).
[53] Vgl. nur Herbert in Gräber FGO § 33 Rn. 10; Gärditz/Haack VwGO § 40 Rn. 37 ff.; Schmidt/Keller in Meyer-Ladewig/Keller/Leitherer SGG § 51 Rn. 3c; Wysk in Wysk VwGO § 40 Rn. 97.
[54] NK-VwGO/Sodan VwGO § 40 Rn. 125–127; Burgi, Verwaltungsprozeß und Europarecht, 1996, S. 64; Karpenstein, Praxis des EU-Rechts, 2013, § 2 Rn. 315; Rengeling UmweltR-HdB I § 46 Rn. 56.
[55] Vgl. nur Gärditz/Haack VwGO § 40 Rn. 47; Dörr in NK-VwGO EVR Rn. 221.
[56] Vgl. nur Ehlers/Schneider in Schoch/Schneider VwGO § 40 Rn. 136; Wysk in Wysk VwGO § 40 Rn. 89; Hufen VerwProzR § 11 Rn. 49.
[57] Zu den sonstigen Fällen durch Bundesgesetz begründeter Zuständigkeit anderer Gerichte vgl. Sodan in NK-VwGO VwGO § 40 Rn. 476 ff.
[58] Rennert in Eyermann VwGO § 40 Rn. 147; Frenz EuropaR-HdB V Rn. 4054.
[59] VG Darmstadt 27.11.1976 – III E 274/76 = RiW/AWD 1977, 122; FG München 12.4.2011 – 14 K 1638/10, BeckRS 2011, 95573.

auf die die Regeln über die Abschöpfung entsprechend anwendbar sind.[60] Zu erwähnen ist zudem **§ 51 SGG,** der für Streitigkeiten auf dem Gebiet der sozialen Sicherheit in den bezeichneten Fällen den Rechtsweg zu den Sozialgerichten eröffnet.[61] Rechtsbehelfsregelungen aus dem Unionsrecht, wie zB Art. 79 DSGVO, der das Recht auf einen wirksamen gerichtlichen Rechtsbehelf enthält, regeln nur die örtliche Zuständigkeit, lassen jedoch die Rechtswegabgrenzung unberührt.[62]

II. Rechtsschutzformen

Der den Verwaltungs-, Finanz- und Sozialgerichten obliegende Schutz unionsrechtlich begründeter Rechte wird nach Maßgabe der nationalen Prozessordnungen im Rahmen der dort vorgesehenen Rechtsschutzverfahren gewährleistet (→ Rn. 1). Die Effektivität des Rechtsschutzes darf darunter nicht leiden, indessen ist es aus unionsrechtlicher Sicht nicht geboten, neben den nach nationalem Recht bestehenden Rechtsbehelfen weitere Rechtsschutzmöglichkeiten zur Wahrung des Unionsrechts einzuführen.[63] Die Festlegung der Rechtsschutzformen (Klage bzw. Antragsarten) bleibt grundsätzlich dem nationalen Prozessrecht vorbehalten, jedoch können deren spezielle Sachurteilsvoraussetzungen aufgrund unionsrechtlicher Einwirkung in einzelnen Beziehungen modifiziert werden. Welche Rechtsschutzform im Einzelfall zum Tragen kommt, beurteilt sich anhand des klägerischen Begehrens (§ 88 VwGO, § 96 FGO, § 123 SGG). 16

1. Anfechtungs- und Verpflichtungsklagen. Richtet sich das Begehren des Rechtsschutzsuchenden gegen einen belastenden Verwaltungsakt oder erstrebt er den Erlass eines begünstigenden Verwaltungsaktes, ist die Anfechtungs- bzw. Verpflichtungsklage, die zu den spezifischen Rechtsbehelfen vor den Verwaltungs-, Finanz- und Sozialgerichten zählen, statthaft. 17

Im Wege der **Anfechtungsklage** (§ 42 Abs. 1 VwGO, § 40 Abs. 1 FGO, § 54 Abs. 1 SGG) können behördliche Vollzugsakte zur gerichtlichen Überprüfung gestellt werden, die ihrer Rechtsnatur nach als Verwaltungsakte zu bewerten sind. Als solche sind grds. behördliche Maßnahmen auf dem Gebiet des öffentlichen Rechts zur rechtsverbindlichen Regelung eines Einzelfalls mit unmittelbarer Außenwirkung zu qualifizieren.[64] Die Anfechtungsklage kommt etwa zur Abwehr unionsrechtswidriger Abgabenbescheide,[65] daneben aber auch dann in Betracht, wenn im Rahmen einer Konkurrentenklage um Rechtsschutz gegen einen Beihilfebescheid nachgesucht wird, der einem Mitbewerber unter Verletzung der sich aus Art. 108 Abs. 3 S. 3 AEUV ergebenden Pflichten erteilt wurde.[66] Entsprechen- 18

---

[60] BFH 8.1.1991 – VII R 119/89, BFH/NV 1992, 65; BFH 18.6.1991 – VII R 122/89, BFH/NV 1992, 142; BFH 15.10.1991 – VII R 9/90, BFH/NV 1992, 425; BFH 17.8.1993 – VII R 137/92, BFH/NV 1994, 429; BFH 14.12.1999 – VII R 38/98, BFH/NV 2000, 763.
[61] Hierzu Frenz EuropaR-HdB V Rn. 4056.
[62] Nemitz in Ehmann/Selmayr DSGVO Art. 79 Rn. 4; Ruthig in Kopp/Schenke VwGO § 40 Rn. 3.
[63] EuGH 16.12.1976 – C- 33/76, ECLI:EU:C:1976:188 Rn. 44 = NJW 1977, 495 – Rewe; EuGH 13.3.2007 – C-432/05, ECLI:EU:C:2007:163 Rn. 47 = NJW 2007, 3339 – Unibet; EuGH 4.10.2018 – C–234/17, ECLI:EU:C:2018:853 Rn. 51 = EuZW 2019, 82 – XC ua; EuGH 15.4.2021 – C-30/19, ECLI:EU:C:2021:269 Rn. 55 = NJW 2021, 2873 – Braathens Regional Aviation; Glaser in Gärditz VwGO § 43 Rn. 28.
[64] § 35 S. 1 VwVfG, hierzu Ramsauer in Kopp/Ramsauer VwVfG § 35 Rn. 50 ff.; § 118 Abs. 1 AO, hierzu Grosse/Melchior/Lotz u. a. Abgabenordnung und Finanzgerichtsordnung Rn. 1223 ff.; zu Art. 5 Nr. 39 ZK, der für Zölle und bei der Einfuhr erhobene Verbrauchsteuern § 118 AO verdrängt: Teller in Gräber FGO Vor § 40 Rn. 11; § 31 SGB X, vgl. Keller in Meyer-Ladewig/Keller/Leitherer/Schmidt SGG Anhang § 54.
[65] S. zB BFH 7.6.2011 – VII R 36/10 = BFH/NV 2011, 1816; BFH 19.6.2013 – VII R 31/12 = BFH/NV 2013, 1651; FG München 20.10.2016 – 14 K 1770/13 = MwStR 2017, 586; Vgl. hierzu Huthmacher, Der Vorrang des Gemeinschaftsrechts im indirekten Kollisionen, 1985, S. 8.
[66] BVerwG 16.12.2010 – 3 C 44.09 = EuZW 2011, 269; EuGH 21.11.1991 – C-354/90, ECLI:EU:C:1991:440 Rn. 12 = NJW 1993, 49 – FNCE; EuGH 21.11.2013 – C-284/12, ECLI:EU:C:2013:755 Rn. 27–44 = NJW 2013, 3771 – Deutsche Lufthansa; EuGH 11.11.2015 – C-505/14, ECLI:EU:C:2015:742 Rn. 20–26 = NVwZ 2016, 600 – Klausner Holz Niedersachsen; OLG Düsseldorf 10.8.2022

des gilt, wenn gegen behördliche Entscheidungen vorgegangen werden soll, mit denen dem Adressaten die Vermittlung von Sportwetten untersagt[67] oder das Recht aberkannt wird, von der in einem anderen Mitgliedstaat erworbenen Fahrerlaubnis im Bundesgebiet Gebrauch zu machen.[68] Von hoher praktischer Relevanz sind zudem Entscheidungen des Fachplanungsrechts, gibt es doch heutzutage kaum noch einen Planfeststellungsbeschluss, der sich im Rahmen einer dagegen gerichteten Anfechtungsklage nicht dem Einwand der Verletzung des europäischen Umwelt- und Naturschutzrechts oder des zu seiner Umsetzung bestimmten nationalen Rechts konfrontiert sieht.[69] Nichts anderes gilt für immissionsschutzrechtliche Genehmigungen, mit denen die Errichtung und der Betrieb von Kraftwerken, Windkraftanlagen, Maställen sowie sonstigen Anlagen gestattet werden, die nachteilige Auswirkungen auf die Umwelt haben können.[70]

19   Die **Verpflichtungsklage** (§ 42 Abs. 1 VwGO, § 40 Abs. 1 FGO, § 54 Abs. 1 SGG) ist die statthafte Rechtsschutzform, wenn der Kläger den Erlass eines abgelehnten oder unterlassenen Verwaltungsakts begehrt. Sie ist daher auch einschlägig, um unionsrechtlich begründete oder vorgesehene Ansprüche auf bestimmte Leistungen durchzusetzen, über deren Erteilung durch Verwaltungsakt entschieden wird. Dies gilt zB für den Fall der Durchsetzung eines unionsrechtlichen Anspruchs auf Erhalt einer Subvention[71] oder eine Klage auf Erteilung einer Aufenthaltsgenehmigung, die in § 4 Abs. 2 AufenthG iVm Art. 6, 7 des Beschlusses des Assoziationsrates EWG/Türkei ihre Grundlage findet.[72] Daneben ist die Verpflichtungsklage die richtige Rechtsschutzform zur Durchsetzung von Informationsansprüchen, die sich aus den zur Umsetzung der RL 2003/4/EG bestimmten Vorschriften des Umweltinformationsgesetzes (§§ 3 ff. UIG) oder entsprechenden Regelungen des Landesrechts ergeben.[73]

20   **2. Leistungsklagen.** Ist dem Kläger an einem faktischen Verwaltungshandeln gelegen, das nicht im Erlass eines Verwaltungsaktes besteht, kann er sein diesbezügliches Leistungsbegehren im Wege der Leistungsklage verfolgen. Diese Klageart, die für das finanzgerichtliche und sozialgerichtliche Rechtsschutzverfahren in den § 40 Abs. 1 Alt. 3 FGO, § 54 Abs. 5 SGG normiert ist,[74] hat im Anwendungsbereich der Verwaltungsgerichtsordnung

---

– 3 Kart 1203/16, BeckRS 2022, 23117, 3.1.2.1.; Frenz EuropaR-HdB V Rn. 3882; Dörr/Lenz EuVerwRS Rn. 534; eing. Rennert EuZW 2011, 576 (578); krit. gegenüber der verwaltungsgerichtlichen Judikatur Martin-Ehlers EuZW 2011, 583 (588 ff.).

[67] EuGH 8.9.2010 – C-409/06, ECLI:EU:C:2010:503 = NVwZ 2010, 1419 – Winner Wetten GmbH; BVerwG 21.6.2006 – 6 C 19.06, NVwZ 2006, 1175 ff.; BayVGH 18.4.2012 – 10 BV 10.2506 Rn. 59–61, ZfWG 2012, 267; BVerfG 9.9.2014 – 1 BvL 2/14 Rn. 10–11, NVwZ-RR 2015, 1 ff.; VG Augsburg 18.1.2023 – Au 8 S 22.2471, BeckRS 2023, 10233.

[68] BVerwG 25.2.2010 – 3 C 15.09, EuZW 2010, 436 ff.; EuGH 1.3.2012 – C-467/10, ECLI:EU:C:2012:112 = NJW 2012, 1341 – Akyüz.

[69] Vgl. nur EuGH 14.1.2016 – C-399/14, ECLI:EU:C:2016:10 = NVwZ 2016, 595 – Grüne Liga Sachsen; BVerwG 7.7.2022 – 9 A 1.21, NVwZ 2023, 1076; BVerwG 23.6.2020 – 9 A 22.19, BVerwGE 168, 368; BVerwG 14.4.2010 – 9 A 5.08. NVwZ 2010, 1225 ff.; BVerwG 14.7.2011 – 9 A 12.10, NuR 2011, 866 ff.; OVG Lüneburg 20.5.2009 – 7 KS 28/07, NuR 2009, 719 ff.

[70] Vgl. etwa EuGH 25.6.2020 – C-24/19, ECLI:EU:C:2020:503 = NVwZ-RR 2020, 1008 – A u. a.; BVerwG 19.12.2019 – 7 C 28.18, ZUR 2020, 296–299; BVerwG 26.9.2019 – 7 C 5.18, NVwZ 2020, 477; BVerwG 2.11.2017 – 7 C 25.15, NVwZ 2018, 986; OVG Münster 1.12.2011 – 8 D 58/08.AK, NuR 2012, 342 ff.; OVG Magdeburg 26.10.2011 – 2 L 6/09, NuR 2012, 196.

[71] S. für eine Übersicht Schenk, Strukturen und Rechtsfragen der gemeinschaftlichen Leistungsverwaltung, 2006, S. 9 ff.; für die relevanten Direktzahlungen iRd GAP Calliess/Ruffert/Martinez AEUV Art. 40 Rn. 75 ff.; Rengeling Jura 1979, 236 (239 f.); weitere Beispiele bei Kadelbach KritV 1999, 378 (389 f.).

[72] Hierzu EuGH 3.6.2021 – C-194-20, ECLI:EU:C:2021:436 – Stadt Duisburg and droit de séjour; EuGH 21.12.2016 – verb. Rs. C–508/15 und C–509/15, ECLI:EU:C:2016:986 = NVwZ 2017, 537 – Ucar; EuGH 8.11.2012 – C-268/11, ECLI:EU:C:2012:504 = NVwZ 2012, 1235 – Dülger; VGH Kassel 8.4.2009 – 11 A 2264/08, EuZW 2009, 832 (Ls.); Dienelt in Bergmann/Dienelt Ausländerrecht Teil III Rn. 1 ff.

[73] Vgl. BVerwG 11.6.2019 – 6 A 2.17, NVwZ 2019, 1211; BVerwG 23.2.2017 – 7 C 31/15, NVwZ 2017, 1769; OVG Koblenz 2.6.2006 – 8 A 10267/06, NVwZ 2007, 351; VGH Mannheim 25.11.2008 – 10 S 2702/06, NuR 2009, 650 (651); Hufen VerwProzR § 15 Rn. 10 mwN.

[74] Teller in Gräber FGO § 40 Rn. 42 ff.; Keller in Meyer-Ladewig/Keller/Leitherer/Schmidt SGG § 54 Rn. 37 ff.

keine ausdrückliche Regelung erfahren, genießt indes auch dort allgemeine Anerkennung.[75] Sie findet ihre Grundlage in § 40 Abs. 1 VwGO iVm § 43 Abs. 2 VwGO und wird iÜ an mehreren Stellen des Gesetzes erwähnt (vgl. nur §§ 111, 113 Abs. 4 VwGO). Da im Wege der Leistungsklage die Verurteilung einer Behörde zu einer Handlung, Duldung oder Unterlassung erreicht werden kann, ist sie die statthafte Rechtsschutzform, um unionsrechtlich veranlasste Vornahme-, Unterlassungs- oder Folgenbeseitigungsansprüche gerichtlich durchzusetzen. Sie kommt bspw. in Betracht, um den Anspruch eines Betroffenen auf Aufstellung immissionsschutzrechtlicher Luftreinhalte- und Aktionspläne durchzusetzen.[76] In Gestalt der Unterlassungsklage ist sie die richtige Rechtsschutzform, wenn sich der Empfänger von EU-Agrarsubventionen gegen die im Internet erfolgte Veröffentlichung seiner persönlichen Daten zur Wehr setzen will.[77] Daneben kann die Leistungsklage zur Abwehr künftigen Verwaltungshandelns eingesetzt werden.[78] In der Gestalt der (vorbeugenden) Unterlassungsklage kann mit ihr die Unterlassung eines faktisch-hoheitlichen Verwaltungshandelns verlangt werden. So wurde bspw. der – aus Gründen einer fehlenden Klagebefugnis (§ 42 Abs. 2 VwGO analog) allerdings erfolglose – Versuch unternommen, auf diesem Wege die Unterlassung der Erteilung des bundesdeutschen Einvernehmens zur Aufnahme eines ökologisch wertvollen Gebietes in die Liste der Gebiete von gemeinschaftlicher Bedeutung (Art. 4 Abs. 2 FFH-RL) zu verhindern.[79] Im Falle eines besonders qualifizierten Rechtsschutzbedürfnisses kommt die vorbeugende Unterlassungsklage auch zur Abwehr des drohenden Erlasses eines Verwaltungsakts in Betracht,[80] der mit bindenden Vorgaben des Unionsrechts unvereinbar ist.

3. Feststellungsklagen. Erstrebt der Kläger die Feststellung des Bestehens oder Nicht- 21 bestehens eines Rechtsverhältnisses oder der Nichtigkeit eines Verwaltungsakts, so steht ihm hierfür die **Feststellungsklage** (§ 43 Abs. 1 VwGO, § 41 Abs. 1 FGO, § 55 Abs. 1 Ziff. 1, 4 SGG) zur Verfügung, soweit er seine Rechte nicht im Wege einer Gestaltungs- oder Leistungsklage verfolgen kann und ein berechtigtes Interesse an alsbaldiger Feststellung besteht. Den Gegenstand der Feststellungsklage bilden konkrete Rechtsverhältnisse, die aber nicht zwangsläufig zwischen den Beteiligten des Verwaltungsprozesses bestehen müssen. Da auch Drittrechtsverhältnisse einer Feststellung zugänglich sind,[81] ist die Feststellungsklage die richtige Rechtsschutzform zur Feststellung der Nichtigkeit eines öffentlich-rechtlichen Subventionsvertrages,[82] auf dessen Grundlage einem Konkurrenten eine Beihilfe unter Missachtung des unionsrechtlichen Durchführungsverbots (Art. 108 Abs. 3 S. 3 AEUV) gewährt wurde.[83] Praktische Bedeutung hat diese Klageart auch in einem eher untypisch gelagerten Fall gewonnen, in dem ein auf die Beseitigung von Tierkörpern spezialisiertes Unternehmen um die Feststellung nachsuchte, dass ein mit ihm konkurrie-

---

[75] Vgl. Sodan in NK-VwGO VwGO § 42 Rn. 39; Pietzcker/Marsch in Schoch/Schneider VwGO § 42 Abs. 1 Rn. 151; Steiner JuS 1984, 853 (855).
[76] Vgl. EuGH 19.12.2019 – C-752/18, ECLI:EU:C:2019:1114 = NJW 2020, 977 – Deutsche Umwelthilfe; BVerwG 5.9.2013 – 7 C 21.12 Rn. 18 = NVwZ 2014, 64; VG München 9.10.2012 – M 1 K 12.1046 BeckRS 2012, 60373 Rn. 1.1; EuGH 25.7.2008 – C-237/07, ECLI:EU:C:2008:447 Rn. 42 = NVwZ 2008, 984 – Janecek; Hufen VerwProzR § 28 Rn. 3; Klinger/Löwenberg ZUR 2005, 169 (173).
[77] Vgl. hierzu nur EuGH 9.11.2010 – verb. Rs. C-92/09 und C-93/09, ECLI:EU:C:2010:662 = NJW 2011, 1338 – Schecke GbR ua; OVG Münster 27.4.2009 – 16 B 566/09, BeckRS 2010, 51579; OVG Bautzen 10.3.2010 – 3 B 366/09, BeckRS 2010, 48213.
[78] Zur vorbeugenden Unterlassungsklage Pietzcker/Marsch in Schoch/Schneider VwGO § 42 Abs. 1 Rn. 162 ff.
[79] Vgl. OVG Lüneburg 17.4.2013 – 4 LC 34/11, NVwZ 2013, 1430; OVG Lüneburg 17.4.2013 – 4 LC 46/11, NuR 2013, 429 (430).
[80] OVG Münster 8.6.2017 – 4 B 307/17, NVwZ-RR 2018, 147; BVerwG 7.5.1987 – 3 C 53.85, NVwZ 1988, 410; Hufen VerwProzR § 16 Rn. 17.
[81] Sodan in NK-VwGO VwGO § 43 Rn. 37 ff.
[82] Eing. Maurer/Waldhoff AllgVerwR § 14 Rn. 41 ff.
[83] S. etwa OVG Berlin-Brandenburg 18.12.2017 – OVG 6 B 3.17, EuZW 2018, 323 ff.; Tegethoff in Tegethoff in Kopp/Ramsauer VwVfG § 59 Rn. 12; Maurer/Waldhoff AllgVerwR § 14 Rn. 48; Ehlers Jura 2007, 179 (183).

render Zweckverband von seinen Mitgliedern künftig Umlagen nach seiner Verbandsordnung nur nach vorheriger Genehmigung durch die EU-Kommission erheben darf.[84]

22 Daneben kommt die Feststellungsklage grds. zur **Durchsetzung des Unionsrechts** in Betracht, wenn der Bürger Rechtsschutz gegen staatliche Normativakte begehrt, die keines Vollzugsaktes bedürfen.[85] Zu beachten ist indes, dass weder die Nichtigkeit einer mit Grundfreiheiten, Grundrechten oder sonstigem Primärrecht unvereinbaren sekundärrechtlichen Norm[86] noch die Unanwendbarkeit einer mit unmittelbar wirkendem EU-Recht unvereinbaren nationalen Norm für sich betrachtet ein der Feststellung zugängliches Rechtsverhältnis bildet.[87] Eine Ausnahme gilt nur für den Fall, dass ohne die Feststellungsklage die Durchsetzung der durch das Unionsrecht gewährten Rechte unmöglich würde. In diesem Fall kann auch eine abstrakte Rechtsfrage Gegenstand der Feststellungsklage sein.[88] Im Rahmen einer Klage nach § 43 Abs. 1 VwGO kann aber jedenfalls die Feststellung begehrt werden, dass wegen der Nichtigkeit bzw. Unanwendbarkeit des in Rede stehenden Normativakts in einem konkreten Fall keine rechtlichen Beziehungen im Verhältnis zu einem anderen Beteiligten bestehen.[89] Im Zuge der sodann erforderlich werdenden Inzidentkontrolle kann – ggf. nach Einholung einer Vorabentscheidung des Gerichtshofs (Art. 267 AEUV) – die Gültigkeit sekundären Unionsrechts ebenso geklärt werden wie die zwischen den Beteiligten umstrittene Frage der Anwendbarkeit eines nationalen Normativaktes.[90] Zu denken ist etwa an Situationen, in denen eine Behörde für den Fall der Nichtbeachtung der vom Bürger für ungültig oder unanwendbar erachteten Norm besondere Sanktionen in Aussicht stellt.[91] Der Feststellung zugänglich ist zudem die im Einzelfall streitige Frage, ob aufgrund einer Rechtsnorm eine bestimmte Verhaltenspflicht besteht oder infolge der Nichtigkeit bzw. Unanwendbarkeit der Norm nicht entstanden ist.[92] In solchen Fällen bildet nicht die jeweilige Norm, sondern das Bestehen bzw. Nichtbestehen der von ihrer Gültigkeit bzw. Anwendbarkeit abhängigen Rechte und Pflichten den Gegenstand der Feststellungsklage.

23 Schließlich kommt die Möglichkeit einer Feststellungsklage zur **Überprüfung von sekundärem Unionsrecht** in Betracht. Eine großzügige Auslegung von § 43 VwGO ist geboten, wenn die Feststellungsklage die einzige Rechtsschutzmöglichkeit gegen unionsrechtliche Sekundärrechtsakte ist, die der Kläger für unvereinbar mit dem EU-Primärrecht hält.[93] Grund dafür ist die hohe Hürde des Art. 263 Abs. 4 AEUV, wonach Nichtigkeitsklagen von Bürgern oder Unternehmen nur „gegen die an sie gerichteten oder sie unmittelbar und individuell betreffenden Handlungen sowie gegen Rechtsakte mit Verordnungscharakter, die sie unmittelbar betreffen und keine Durchführungsmaßnahmen nach

---

[84] OVG Koblenz 24.11.2009 – 6 A 10113/09, EuZW 2010, 274 ff.
[85] S. bereits EuGH 13.12.1994 – C-306/93, ECLI:EU:C:1994:407 = NJW 1995, 2543 – SMW Winzersekt; Dörr in NK-VwGO EVR Rn. 224; Classen in Schulze/Janssen/Kadelbach HdB-EuropaR § 4 Rn. 110; Frenz EuropaR-HdB V Rn. 3890; Gärditz JuS 2009, 385 (389); Lenz/Staeglich NVwZ 2004, 1421 (1425 ff.).
[86] Vgl. Schenke in Kopp/Schenke VwGO § 43 Rn. 8g; Michl NVwZ 2014, 841 (844); Ehlers Jura 2007, 179 (181).
[87] BVerwG 23.8.2007 – 7 C 2.07, NVwZ 2007, 1428 (1429); BVerwG 8.2.1983 – 7 B 11.83, NVwZ 1983, 548 (Ls.); Wysk in Wysk VwGO § 43 Rn. 31.
[88] Karpenstein, Praxis des EU-Rechts, 2. Aufl. 2013, § 2 Rn. 321 unter Bezugnahme auf EuGH 11.9.2003 – C-13/01, ECLI:EU:C:2003:447 Rn. 54 f. = DVBl 2004, 34 – Safalero; bestätigt in EuGH 28.7.2011 – C-69/10, ECLI:EU:C:2011:524 Rn. 54 = NVwZ 2011, 1380 – Samba Diouf.
[89] BVerwG 23.8.2007 – 7 C 2.07, NVwZ 2007, 1428 (1429); Barczak DVBl 2019, 1040 (1043); Dörr in NK-VwGO EVR Rn. 224.
[90] OVG Münster 22.6.2017 – 13 B 762/17 juris Rn. 42 = NVwZ-RR 2018, 43; Sodan in NK-VwGO VwGO § 43 Rn. 58a; Glaser in Gärditz VwGO § 43 Rn. 28 Barczak DVBl 2019, 1040 (1040 f., 1049).
[91] BVerwG 23.6.2016 – 2 C 18.15 Rn. 19 ff. = NVwZ-RR 2016, 907; BVerwG 30.9.1999 – 3 C 39.98, DVBl 2000, 636; BVerwG 25.5.2009 – 8 C 1.09, NVwZ 2009, 1170 (1171).
[92] Vgl. BVerwG 28.1.2010 – 8 C 19.09, NVwZ 2010, 1300 (1302); Schenke in Kopp/Schenke VwGO § 43 Rn. 12; Sodan in NK-VwGO VwGO § 43 Rn. 58; Hüttenbrink in Kuhla/Hüttenbrink Verwaltungsprozess Kap. D Rn. 231.
[93] Karpenstein, Praxis des EU-Rechts, 2. Aufl. 2013, Rn. 317; Gärditz/Glaser VwGO § 43 Rn. 32.

sich ziehen" zulässig sind. Zur Ermittlung der individuellen Betroffenheit entwickelte der EuGH die sog. **"Plaumann-Formel",** die verlangt, dass die natürlichen oder juristischen Personen „von der angefochtenen Handlung wegen bestimmter persönlicher Eigenschaften oder aufgrund von Umständen betroffen sind, die sie aus dem Kreis aller übrigen Personen herausheben und sie dadurch in ähnlicher Weise individualisieren wie einen Adressaten".[94] Zwar wurde diese sehr restriktive Formel durch Art. 263 Abs. 4 Alt. 3 AEUV etwas entschärft, jedoch sind die neu eingeführten „Rechtsakte mit Verordnungscharakter" grds. nur solche, die ohne Mitwirkung von Rat und Parlament erlassen wurden und mithin bloße Durchführungsakte der Kommission und Agenturen darstellen.[95] Um die so entstandene Rechtsschutzlücke zu füllen, sind die nationalen Gerichte verpflichtet, das nationale Prozessrecht „möglichst so auszulegen und anzuwenden, dass natürliche und juristische Personen die Rechtmäßigkeit jeder nationalen Entscheidung oder Maßnahme, mit der eine Gemeinschaftshandlung allgemeiner Geltung auf sie angewandt wird, gerichtlich anfechten und sich dabei auf die Ungültigkeit dieser Handlung berufen können."[96]

In Fällen, in denen eine Nichtigkeitsklage nach Art. 263 Abs. 4 AEUV nicht in Betracht **24** kommt, sind daher im Wege der unionsrechtskonformen Auslegung geringere Anforderungen an das Vorliegen eines konkreten Rechtsverhältnisses und die Subsidiarität der Feststellungsklage zu stellen. Allerdings kommt nach stRspr jedoch weder eine Feststellungsklage noch anderweitiger Rechtsschutz in Betracht, wenn der Kläger gegen die unionsrechtliche Vorschrift Nichtigkeitsklage erheben konnte.[97] Sofern der Kläger die Möglichkeit hatte, einen Unionsrechtsakt anzufechten, jedoch die Ausschlussfrist von zwei Monaten (Art. 263 Abs. 6 AEUV) versäumt hat, darf er „nicht die Möglichkeit haben, vor den nationalen Gerichten anlässlich einer Klage gegen die von den nationalen Behörden getroffenen Maßnahmen zur Durchführung dieser Entscheidung deren Rechtmäßigkeit erneut in Frage [zu] stellen".[98] „Wenn man nämlich in derartigen Fällen zulassen würde, daß sich der Betroffene vor dem nationalen Gericht unter Berufung auf die Rechtswidrigkeit der Entscheidung deren Durchführung widersetzen kann, würde ihm damit die Möglichkeit geboten, die Bestandskraft, die die Entscheidung ihm gegenüber nach Ablauf der Klagefrist besitzt, zu umgehen."[99]

4. Normenkontrollen. Gemäß § 47 Abs. 1 VwGO entscheidet das Oberverwaltungs- **25** gericht im Rahmen seiner Gerichtsbarkeit über die Gültigkeit von Satzungen nach den Vorschriften des Baugesetzbuchs, Rechtsverordnungen aufgrund des § 246 Abs. 2 BauGB sowie im Rang unter dem Landesgesetz stehenden Rechtsvorschriften, soweit das Landesrecht dies bestimmt.[100] Im Rahmen dieser Normenkontrolle überprüft das Gericht die

---

[94] EuGH 3.10.2013 – C-583/11 P, ECLI:EU:C:2013:625 Rn. 72 = NVwZ 2014, 53 – Inuit; vgl. EuGH 15.7.1963 – C-25/62, ECLI:EU:C:1963:17 = NJW 1963, 2246 – Plaumann; EuGH 15.7.2021 – C-453/19 P, ECLI:EU:C:2021:608 Rn 32 f. – Deutsche Lufthansa.
[95] Karpenstein, Praxis des EU-Rechts, 2. Aufl. 2013, Rn. 317.
[96] EuGH 25.7.2002 – C-50/00 P, ECLI:EU:C:2002:462 Rn. 42 = NJW 2002, 2935 – Unión de Pequeños Agricultores; s. auch GA Kokott 11.4.2019 – SchlA verb. Rs. C–663/17 P, C–665/17 P und C–669/17 P, ECLI:EU:C:2019:323 Rn. 87 – EZB/Trasta Komercbanka.
[97] Vgl. EuGH 22.6.2023 – C-268/22 ECLI:EU:C:2023:508 Rn. 33 ff. – VITOL; EuGH 25.7.2018 – C-135/16, ECLI:EU:C:2018:582 Rn. 17 = NVwZ 2018, 1288 – Georgsmarienhütte; EuGH 28.3.2017 – C-72/15, EU:C:2017:236 Rn. 67 = NVwZ 2018, 50 – Rosneft; EuGH 17.2.2011 – C–494/09, ECLI:EU:C:2011:87 Rn. 22 und 23 – Bolton Alimentari; EuGH 29.6.2010 – C–550/09, ECLI:EU:C:2010:382 Rn. 46 und 48 = NJW 2010, 2413 – E und F; so auch Glaser in Gärditz VwGO § 43 Rn. 33.
[98] EuGH 9.3.1994 – C-188/92, ECLI:EU:C:1994:90 Rn. 17 = DVBl 1994, 1122 – Textilwerke Deggendorf I; bestätigt u. a. in EuGH 4.2.2016 – verb. Rs. C–659/13 und C–34/14, ECLI:EU:C:2016:74 Rn. 56 = EuZW 2016, 440 – C & J Clark International und Puma; EuGH 10.3.2021 – C–708/19, ECLI:EU:C:2021:190 Rn. 32 – Von Aschenbach & Voss.
[99] EuGH 9.3.1994 – C-188/92, ECLI:EU:C:1994:90 Rn. 18 = DVBl 1994, 1122 – Textilwerke Deggendorf I.
[100] Dies gilt allg. in Baden-Württemberg (§ 4 AGVwGO BW), Brandenburg (§ 4 Abs. 1 BbgVwGG), Bremen (Art. 7 Abs. 1 AGVwGO Br), Hessen (§ 15 Abs. 1 HessAGVwGO), Mecklenburg-Vorpommern (§ 13 AGGerStrG MV), Niedersachsen (§ 7 NdsAGVwGO), Saarland (§ 18 SaarlAGVwGO), Sachsen

Vereinbarkeit der jeweiligen Rechtsvorschrift mit dem gesamten höherrangigen formellen und materiellen Recht. Dabei zieht die deutsche Rechtsprechungspraxis mittlerweile auch EU-Recht weitestgehend selbstverständlich als Prüfungsmaßstab im Rahmen von § 47 VwGO heran.[101] Der dagegen gerichtete Einwand, es handele sich dabei nicht um Recht der Bundesrepublik Deutschland, sondern um Regelungen einer eigenständigen Rechtsordnung, verfängt schon deshalb nicht, weil das materielle Unionsrecht dem „Gesetz und Recht" iSd Art. 20 Abs. 3 GG zugehört,[102] das von allen staatlichen Organen zu beachten ist. Im Übrigen wird vornehmlich die Erwägung angeführt, dass ein Verstoß gegen Unionsrecht nur zur Unanwendbarkeit der nationalen Norm, nicht aber zu ihrer Unwirksamkeit führen kann.[103] Gem. § 47 Abs. 5 VwGO ziele das Normenkontrollverfahren jedoch ausdrücklich auf eine Entscheidung über die Unwirksamkeit der in Frage stehenden Rechtsvorschrift ab. Als Prüfungsmaßstab könnten daher nur solche Vorschriften fungieren, deren Verletzung eine Ungültigkeit der überprüften Vorschrift bewirkt. Auch wenn es zutrifft, dass dem Unionsrecht im Konfliktfall kein Geltungs-, sondern lediglich ein Anwendungsvorrang gebührt, der die Unanwendbarkeit entgegenstehenden mitgliedstaatlichen Rechts bewirkt, kann dieser Umstand allein es nicht rechtfertigen, unmittelbar geltendes Unionsrecht im Rahmen einer Normenkontrolle unberücksichtigt zu lassen. Dafür besteht von vornherein kein Anlass, soweit eine zur Überprüfung gestellte untergesetzliche Norm auf eine Ermächtigungsgrundlage gestützt wurde, die dem Unionsrecht zuwiderläuft; in diesem Fall ist sie ohne Rechtsgrundlage erlassen und verfällt als solche dem Verdikt der Nichtigkeit.[104] Aber auch in Fällen eines Widerspruchs zwischen einschlägigem Unionsrecht und zu überprüfender Rechtsvorschrift kann der Normenkonflikt nicht ohne Folge bleiben. Abgesehen davon, dass dies mit dem Zweck der Normenkontrolle kaum vereinbar wäre,[105] widerspräche es dem Äquivalenzgebot, wollte man das Unionsrecht bei der Überprüfung einer Norm am Maßstab höherrangigen Rechts außer Acht lassen.[106] § 47 Abs. 5 S. 2 VwGO, der die Unwirksamkeitserklärung betrifft, lässt sich ebenfalls nicht mit Erfolg ins Feld führen,[107] da der Rechtsfolgenausspruch durchaus einer Anpassung zugänglich ist.[108] Die Unanwendbarkeitserklärung stellt insoweit ein Minus zu der in § 47 Abs. 5 S. 2 VwGO vorgesehenen Unwirksamkeitserklärung dar.[109] Kann das Unionsrecht danach als unmittelbarer Prüfungsmaßstab fungieren, sind gelegentlich präferierte konstruktive Umwege – etwa über das sich auf die Integrationsermächtigung gründende Zustimmungsgesetz[110] – entbehrlich.

(§ 24 SächsJG), Sachsen-Anhalt (§ 10 AGVwGO LSA), Schleswig-Holstein (§ 5 AGVwGO SH) und Thüringen (§ 4 ThürAGVwGO); in beschränktem Umfang findet die Normenkontrolle statt in Bayern (Art. 4 AGVwGO Bay.) und Rheinland-Pfalz (§ 4 AGVwGO RP), während Berlin, Hamburg und Nordrhein-Westfalen (§ 47 Abs. 1 Nr. 2 VwGO keinen Gebrauch gemacht haben); vgl. hierzu Kerkmann/Huber in Gärditz VwGO § 47 Rn. 126; Hoppe in Eyermann VwGO § 47 Rn. 29; Schenke in Kopp/Schenke VwGO § 47 Rn. 23.

[101] Vgl. nur BVerwG 26.1.2023 – 10 CN 1.23, BeckRS 2023, 10962; BVerwG 23.12.1994 – 3 NB 1.93, NVwZ-RR 1995, 358 (359); OVG Lüneburg 10.4.2013 – 1 KN 33/10, NuR 2013, 424 (Ls. 4); Kerkmann/Huber in Gärditz VwGO § 47 Rn. 119; Schenke in Kopp/Schenke VwGO § 47 Rn. 99; Wysk in Wysk VwGO § 47 Rn. 59; Dörr/Lenz EuVerwRS Rn. 532; Ehlers DVBl 2004, 1441 (1445); Otting/Olgemöller AnwBl 3 (2010), 155 (158).

[102] Wysk in Wysk VwGO Vorb. §§ 40–53 Rn. 23; Steinbeiß-Winkelmann NJW 2010, 1233 mwN.

[103] In dieser Hinsicht Hoppe in Eyermann VwGO § 47 Rn. 31; Rinze NVwZ 1996, 458 (459 f.).

[104] Ehlers, Die Europäisierung des Verwaltungsprozeßrechts, 1999, S. 40.

[105] Panzer in Schoch/Schneider VwGO § 47 Rn. 89.

[106] Karpenstein, Praxis des EU-Rechts, 2. Aufl. 2013, § 2 Rn. 323; Ehlers DVBl 2004, 1441 (1445); Huber BayVBl. 1998, 584 (589); Pache/Burmeister NVwZ 1996, 979 (980 f.).

[107] In dieser Hinsicht aber Rinze NVwZ 1996, 458 (459).

[108] Ziekow in NK-VwGO § 47 Rn. 353a, 357.

[109] BVerwG 23.12.1994 – 3 NB 1.93 = NVwZ-RR 1995, 358 (359); Schenke in Kopp/Schenke VwGO § 47 Rn. 99; Karpenstein, Praxis des EU-Rechts, 2. Aufl. 2013, § 2 Rn. 323; Ehlers DVBl 2004, 1441 (1445); zurückhaltend: Hoppe in Eyermann VwGO § 47 Rn. 31; Jeremias NVwZ 2014, 495 (496).

[110] VGH Mannheim 14.5.1992 – 9 S 2730/86 = VBlBW 1992, 333 (335).

III. Sachentscheidungsvoraussetzungen

1. Klage- bzw. Antragsbefugnis. Eine Anfechtungs- oder Verpflichtungsklage kann – 26 vorbehaltlich anderweitiger Bestimmungen – nach Maßgabe der § 42 Abs. 2 VwGO, § 40 Abs. 2 FGO, § 54 Abs. 1 S. 2 SGG nur erheben, wer geltend machen kann, „durch den Verwaltungsakt oder seine Ablehnung oder Unterlassung in seinen Rechten verletzt zu sein." Entsprechendes gilt für den Normenkontrollantrag einer natürlichen oder juristischen Person (§ 47 Abs. 2 S. 1 VwGO) sowie für Leistungs- und Feststellungsklagen, die in zulässiger Weise nur erhoben werden können, wenn der Kläger über die erforderliche Klagebefugnis verfügt. Während dies bei finanz- und sozialgerichtlichen Leistungsklagen eine ausdrückliche Regelung erfahren hat (§ 40 Abs. 2 FGO, § 54 Abs. 5 SGG), ergibt es sich im Verwaltungsprozess aus einer analogen Anwendung des § 42 Abs. 2 VwGO. Ob diese Bestimmung zur Vermeidung der dem Verwaltungsprozess fremden Popularklage auch im Falle einer Feststellungsklage entsprechend anzuwenden ist, wird uneinheitlich beurteilt;[111] die Rechtsprechung bekennt sich allerdings zu der Auffassung, dass die Zulässigkeit der Feststellungsklage davon abhängt, dass der Kläger mit ihrer Erhebung die Verwirklichung eigener Rechte verfolgt.[112]

Das Erfordernis einer Klage- bzw. Antragsbefugnis unterliegt aus Sicht des Unionsrechts 27 keiner prinzipiellen Beanstandung. Nach der Rechtsprechung des EuGH ist es „grundsätzlich Sache des nationalen Rechts, die Klagebefugnis und das Rechtsschutzinteresse des Einzelnen zu bestimmen; doch verlangt das Gemeinschaftsrecht, dass die nationalen Rechtsvorschriften das Recht auf einen effektiven gerichtlichen Rechtsschutz nicht beeinträchtigen."[113] Die Gestaltung des nationalen Gerichtsorganisations- und Verfahrensrechts darf also dessen Gestaltung in unionsrechtlich relevanten Konstellationen weder ungünstiger als in rein nationalen Fällen sein noch die Ausübung unionsrechtlich begründeter Rechte unmöglich machen oder übermäßig erschweren (→ Rn. 6). Diesen Begrenzungen läuft es nicht zuwider, wenn die Inanspruchnahme gerichtlichen Rechtsschutzes von dem Erfordernis einer Klage- bzw. Antragsbefugnis abhängig gemacht wird.[114] Diskriminierungen gehen hiermit von vornherein nicht einher und dem Effektivitätsprinzip ist Rechnung getragen, zumal Einvernehmen darüber besteht, dass innerstaatlich unmittelbar anwendbares Unionsrecht den Bürgern Rechtspositionen verleihen kann, die geeignet sind, eine Klage- bzw. Antragsbefugnis iSd § 42 Abs. 2 VwGO, § 40 Abs. 2 FGO, § 54 Abs. 1 S. 2 SGG zu vermitteln.

a) Klagefähige Rechtspositionen des Unionsrechts. Entscheidend ist daher in erster 28 Linie, anhand welcher Kriterien die Existenz unionsrechtlich eingeräumter Rechtspositionen zu ermitteln ist. Ungeachtet aller Bemühungen hat sich in dieser Hinsicht bis heute keine einheitliche Linie herauszubilden vermocht. Die europäische Gerichtsbarkeit orientiert sich am Einzelfall und enthält sich verallgemeinernder Aussagen. Die literarische Diskussion wurde mit großer Intensität geführt, hat aber allseits anerkannte Ergebnisse nicht zu Tage gefördert. Als geklärt darf immerhin gelten, dass die im bundesdeutschen Recht nach wie vor dominierende Schutznormtheorie[115] in ihrer ursprünglichen Auspra-

---

[111] BVerwG 2.12.2015 – 10 C 18/14, NVwZ-RR 2016, 344 Rn. 17; eing. Sodan in NK-VwGO VwGO § 42 Rn. 373 f.; Happ in Eyermann VwGO § 43 Rn. 4; Wahl/Schütz in Schoch/Schneider VwGO § 42 Abs. 2 Rn. 23 ff.; Hufen VerwProzR § 18 Rn. 17 mwN.
[112] Vgl. nur BVerwG 29.6.1995 – 2 C 32.94, NJW 1996, 139; BVerwG 28.11.2007 – 9 C 10/07, NVwZ 2008, 423 Rn. 14; BVerwG 24.5.2011 – 6 B 2.11, BeckRS 2011, 51860 Rn. 6; BVerwG 6.5.2020 – 8 C 12.19, NVwZ-RR 2021, 270 Rn. 12; BSG 26.11.2020 – B 14 AS 47/18 R, BSGE 131, 106 Rn. 23; Wysk in Wysk VwGO § 43 Rn. 62; Ehlers Jura 2007, 179 (188).
[113] EuGH 11.9.2003 – C-13/01, ECLI:EU:C:2003:447 Rn. 50 = DVBl 2004, 34 – Safalero; EuGH 11.7.1991 verb. Rs. C-87/90, C-88/90, C-89/90, C-87/90, C-88/90 und C-89/90, ECLI:EU: C:1991:314 Rn. 24 = EuZW 1993, 60 – Verholen and Others; EuGH 16.7.2009 – C-12/08, ECLI:EU:C:2009:466 Rn. 49 = ZIP 2010, 52 (Ls.) – Mono Car Styling; BVerwG 20.6.2013 – 8 C 39.12, NVwZ-RR 2014, 94 Rn. 36; OVG Berlin-Brandenburg 30.6.2016 – 1 B 2.14 BeckRS 2016, 54437 Rn. 43.
[114] Ebenso Burgi Verwaltungsprozeß und Europarecht, 1996, 64; v. Danwitz EuVerwR S. 586.
[115] Hierzu Sodan in NK-VwGO VwGO § 42 Rn. 388.

gung nicht zur Beantwortung der Frage herangezogen werden kann, ob Vorschriften des Unionsrechts zur Klage berechtigende Positionen vermitteln.[116] Insoweit ist davon auszugehen, dass das Unionsrecht aus sich heraus bestimmt, welche seiner Rechtsvorschriften den Unionsbürgern gerichtlich durchsetzbare Positionen einräumen. Mag es sich dabei auch eher um eine Tendenzaussage handeln, verfährt das Unionsrecht bei der Zuerkennung klagefähiger Positionen doch großzügiger als das deutsche Recht.[117]

29 Rechte der Unionsbürger können ihre normative Grundlage sowohl im Primär- als auch im Sekundärrecht finden. Ob eine Norm des Unionsrechts dem Einzelnen Rechte einräumt, hängt zunächst davon ab, ob die jeweilige Bestimmung **unmittelbar anwendbar** ist, dh eine unbedingte und genaue Handlungsanweisungen erteilt und als solche einer unmittelbaren Anwendung zugänglich ist bzw. unmittelbare innerstaatliche Wirkungen entfaltet.[118] Fehlt es daran, weil die in Rede stehende Vorschrift lediglich programmatische Aussagen oder Vorgaben beinhaltet, deren Konkretisierung ein Tätigwerden des Unionsgesetzgebers erfordert oder den Mitgliedstaaten vorbehalten bleibt, ist sie von vornherein ungeeignet, Rechte Einzelner zu begründen.[119]

30 Die **unmittelbare Wirkung** ist somit eine notwendige, aber keine hinreichende Bedingung für die Rechtsbegründungskraft einer Norm des Unionsrechts. Zwar ist einzuräumen, dass die dem Themenfeld der unmittelbaren Richtlinienwirkung gewidmete Judikatur des Gerichtshofs zunächst durchaus Anlass bot, von einem allgemeinen Normvollziehungsanspruch auszugehen.[120] Spätestens jedoch seit der *Großkrotzenburg*-Entscheidung ist geklärt, dass die unmittelbare Wirkung einer Richtlinie von der Frage zu unterscheiden ist, ob sich Einzelne auf unbedingte und hinreichend genaue Vorschriften einer nicht umgesetzten Richtlinie berufen können.[121] Beide Aspekte müssen in dem Sinne getrennt voneinander betrachtet werden, als die Möglichkeit einzelner Unionsbürger, normstrukturell hierzu geeignete Bestimmungen für sich in Anspruch zu nehmen, eine denkbare, aber keine zwangsläufige Folge ihrer unmittelbaren Wirkung ist. Einen allgemeinen Normvollziehungsanspruch kennt das Unionsrecht daher nicht.[122] Stattdessen hängt die Entstehung individueller Rechte der Unionsbürger von der Erfüllung weiterer Bedingungen ab.

31 Zur Klärung der Frage nach der Existenz individueller Rechte stellt der Gerichtshof zumeist auf die „Zielsetzung sowie die einschlägigen Bestimmungen" der jeweiligen Vor-

---

[116] Dörr in NK-VwGO EVR Rn. 226; Ehlers DVBl 2004, 1441 (1445).
[117] Vgl. nur Dörr/Lenz EuVerwRS Rn. 538; Ehlers, Die Europäisierung des Verwaltungsprozeßrechts, 1999, 58; Gärditz JuR 2009, 385 (389); Ruffert DVBl 1998, 69 (72); Steinbeiß-Winkelmann NJW 2010, 1233 (1234 f.).
[118] Vgl. nur Dörr in NK-VwGO EVR Rn. 226; Karpenstein, Praxis des EU-Rechts, 2. Aufl. 2013, § 2 Rn. 326; Kokott DV 31 (1998), 335 (353); Schoch NVwZ 1999, 457 (462); Stern JuS 1998, 769 (770); Ziekow NVwZ 2010, 793 (794).
[119] EuGH 23.2.1994 – C-236/92, ECLI:EU:C:1994:60 Rn. 8 ff. = NVwZ 1994, 885 – Cava; EuGH 9.11.1999 – C-365/97, ECLI:EU:C:1999:544 Rn. 62 = BeckRS 2004, 76774 – Kommission/Italien; EuGH 10.3.2011 – C-379/09, ECLI:EU:C:2011:131 Rn. 15 = NZA 2011, 561 – Casteels; EuGH 26.5.2011 – verb. Rs. C-165/09 bis C-167/09, ECLI:EU:C:2009:393 Rn. 97 = EuZW 2012, 79 – Stichting Natuur en Milieu ua.; EuGH 30.4.2020 – C-584/18, ECLI:EU:C:2020:324 Rn. 64 – Blue Air – Airline Management Solutions; GA Collins 13.7.2023 SchlA – C-260/22, ECLI:EU:C:2023:583 Rn. 35 ff. – Seven.One Entertainment Group.
[120] Vgl. v. Danwitz, Verwaltungsrechtliches System und Europäische Integration, 1996, 233 f.; v. Danwitz DÖV 1996, 481 (489); iErg auch Ruffert, Subjektive Rechte im Umweltrecht der Europäischen Gemeinschaft, 1996, 241 ff., der zur Bekämpfung von Umsetzungsdefiziten von der unmittelbaren Wirkung einer Richtlinie auf hierdurch begründete Rechte schließen will.
[121] EuGH 11.8.1995 – C-431/92, ECLI:EU:C:1995:260 Rn. 26 = NVwZ 1996, 369 – Kommisson/Deutschland; EuGH 16.9.1999 – C-435/97, ECLI:EU:C:1999:418 Rn. 68 = EuZW 2001, 224 (Ls.) – WWF; VG Hamburg 2.10.2020 – 5 E 3819/20 Rn. 35; entgegen der früheren Rechtsprechung aus EuGH 19.1.1982 – C-8/81, ECLI:EU:C:1982:7 = NJW 1982, 499 – Becker; ausf. s. Ruffert in Calliess/Ruffert AEUV Art. 288 Rn. 67 ff.; König/Kleinlein in Schulze/Janssen/Kadelbach EuropaR § 2 Rn. 60, 70.
[122] Otting/Olgemöller AnwBl 3 (2010), 155 (159); eing. Ehlers Die Europäisierung des Verwaltungsprozeßrechts, 1999, 48 ff.

schrift ab.¹²³ Die darin zum Ausdruck kommende Rechtssatzabhängigkeit bringt es mit sich, dass es nicht auf eine – wie auch immer geartete – faktische Betroffenheit eigener Interessen ankommt,¹²⁴ sondern der Umstand von Belang ist, ob das Schutzziel der Regelung auch die Interessen Einzelner umfasst.¹²⁵ Dies erfordert einen **gewissen Individualbezug,** der bei den Grundfreiheiten und den Grundrechten auf der Hand liegt¹²⁶ und sich bei sekundärrechtlichen Bestimmungen, deren rechtsgewährender Gehalt – wie dies zB bei Art. 3 der Umweltinformationsrichtlinie¹²⁷ der Fall ist – bereits im Normtext einen hinreichenden Niederschlag gefunden hat,¹²⁸ als unproblematisch erweist. Jenseits derart klarer Fälle lässt der Gerichtshof es namentlich im Referenzgebiet des Umweltrechts genügen, wenn eine Rechtsvorschrift dem „Schutz der menschlichen Gesundheit" oder der Volksgesundheit dient.¹²⁹ Individuelle Rechte werden durch Normen des Unionsrechts daher bereits dann begründet, wenn sie „auf den Schutz eines typisierten Interesses der Gesamtheit" gerichtet sind.¹³⁰ Dagegen kommt es nicht darauf an, dass sie den Gesundheitsschutz eines abgrenzbaren und von der Allgemeinheit unterscheidbaren Personenkreises intendieren.¹³¹ Die Unterschiede zur deutschen Schutznormtheorie treten an dieser Stelle deutlich zu Tage und erklären, warum diese Lehre allenfalls in einer „unionsrechtlich aufgeladenen Variante" zum Tragen kommen kann.¹³² Die Schlussfolgerungen des Gerichtshofs zeigen, dass es für die Anerkennung von subjektiv-öffentlichen Rechten ausreicht, wenn die in Frage stehende Norm allgemein den Schutz von personenbezogenen Gütern bezweckt. Mögen der personale Charakter des Schutzgutes in Fällen des Gesundheitsschutzes auch besonders nahe liegen, hat der Gerichtshof den individualschützenden Gehalt auch solcher Normen anerkannt, die allgemein dem Schutz der Verbraucher dienen,¹³³ auf einen wirksamen Konkurrenz- und Wettbewerbsschutz gerichtet sind¹³⁴

---

¹²³ EuGH 3.10.2019 – C-197/18, ECLI:EU:C:2019:824 Rn. 35 = NVwZ 2019, 1587 – Wasserleitungsverband Nördliches Burgenland u.a.; zur Schutznormorientierung vgl. nur Dörr/Lenz EuVerwRS Rn. 537; Ehlers DVBl 2004, 1441 (1445); Steinbeiß-Winkelmann NJW 2010, 1233 (1234); Ziekow NVwZ 2010, 793 (795); Gärditz NVwZ 2014, 1 ff.
¹²⁴ In dieser Hinsicht aber Winter DVBl 1991, 657 (662) Fn. 45; ferner Halfmann VerwArch 91 (2000), 74 (82); Wegener ZEuS 1998, 183 (192 f.).
¹²⁵ Dörr in NK-VwGO EVR Rn. 226; Ehlers DVBl 2004, 1441 (1445); Epiney VVDStRL 61 (2002), 362 (397).
¹²⁶ Vgl. nur v. Danwitz EuVerwR, S. 512; für die Grundfreiheiten s. zB BVerwG 10.11.1998 – 6 C 30.98, NVwZ 2000, 1290 (1294); VGH Kassel 23.7.2012 – 8 B 2244/11, NVwZ-RR 2013, 144; VG Göttingen 15.12.2017 – 2 B 961/17, BeckRS 2017, 137747; für die GRCh s. Schenke in Kopp/Schenke VwGO § 42 Rn. 153.
¹²⁷ RL 2003/4/EG v. 28. Januar 2003 (ABl. 2003 L 41, 26).
¹²⁸ Vgl. hierzu Epiney, Umweltrecht in der Europäischen Union, 2005, 6. Kap. B. II. Rn. 39 ff.
¹²⁹ EuGH 30.5.1991 – C-361/88, ECLI:EU:C:1991:224 Rn. 16 = NVwZ 1991, 866 – Kommission/Deutschland; EuGH 30.5.1991 – C-59/89, ECLI:EU:C:1991:225 Rn. 19 = NVwZ 1991, 868 – Kommission/Deutschland; EuGH 25.7.2008 – C-237/07, ECLI:EU:C:2008:447 Rn. 38 = NVwZ 2008, 984 – Janecek; EuGH 26.5.2011 – verb. Rs. C-165/09 und C-167/09, ECLI:EU:C:2011:348 Rn. 94 = EuZW 2012, 950 – Stichting Natuur en Milieu ua; EuGH 3.10.2019 – C-197/18, ECLI:EU: C:2019:824 Rn. 35 ff. = NVwZ 2019, 1587 – Wasserleitungsverband Nördliches Burgenland u.a.; EuGH 22.12.2022 – C-61/21, ECLI:EU:C:2022:1015 Rn. 51 = NJW 2023, 827 – Ministre de la Transition écologique und Premier ministre; Couzinet DVBl 2008, 754 (761); Otting/Olgemöller AnwBl 3 (2010), 155 (158).
¹³⁰ v. Danwitz EuVerwR S. 514; Schoch NordÖR 2002, 1 (8).
¹³¹ S. aber GA Kokott 16.12.2010 – SchlA C-165/09 bis C-167/09, ECLI:EU:C:2010:775 Rn. 140 = BeckEuRS 2011, 576968 – Stichting Natuur en Milieu ua, die dem Aspekt eines „eingrenzbaren Personenkreises" Bedeutung zuerkennen will.
¹³² Dörr in NK-VwGO EVR Rn. 226; Ehlers DVBl 2004, 1441 (1445).
¹³³ EuGH 8.10.1996 – verb. Rs. C-178/94, C-179/94, C-188/94, C-189/94, C-190/94, ECLI:EU: C:1996:375 Rn. 44 = NJW 1996, 3141 – Dillenkofer ua; EuGH 31.3.2023 – C-100/21, ECLI:EU: C2023:229 Rn. 81 ff. = NJW 2023, 1111 – Mercedes-Benz Group.
¹³⁴ EuGH 18.3.1997 – C-282/95 P, ECLI:EU:C:1997:159 Rn. 39 = BeckRS 9998, 74182 – Guérin automobiles; EuGH 20.9.2001 – C-453/99, ECLI:EU:C:2001:465 Rn. 23 = EuR 2002, 216 – Courage; EuGH 13.7.2006 – verb. Rs. C-295/04 bis C-298/04, ECLI:EU:C:2006:461 Rn. 39 = EuZW 2006, 529 – Manfredi ua; EuGH 24.10.2018 – C-595/17 ECLI:EU:C:2018:854 Rn. 35 = NJW 2019, 349 – Apple Sales International u.a.; BGH 29.10.2019 – KZR 39/19 Rn. 19, NJW 2020, 1436.

oder das Funktionieren des gemeinsamen Marktes zum Gegenstand haben.[135] Zieht man überdies in Betracht, dass ihm zur Anerkennung subjektiver Rechte gelegentlich sogar genügte, wenn eine Regelung auf die wirksame Sicherung eines bedeutenden Gutes der Allgemeinheit (Grundwasser) abzielt[136] und sogar für Recht erkannt wurde, dass „dem Einzelnen aus [...] der Habitatrichtlinie" Rechte erwachsen, die dem mitgliedstaatlichen Schutz anvertraut sind,[137] ist dies nur erklärbar, wenn man sich von der Vorstellung befreit, dass allenfalls die auf den Schutz typischer Individualgüter gerichteten Regelungen geeignet sind, Rechte Einzelner zu begründen. Stattdessen genügt bereits die im Interesse der Allgemeinheit gelegene rechtliche Sicherung wichtiger Güter und Belange, die eine Angelegenheit sämtlicher Unionsbürger ist und daher zwangsläufig dem Einzelnen als Teil dieser Gesamtheit zugutekommt.[138] Der notwendige Individualbezug verdankt sich daher schlicht der Erwägung, dass eine dem Wohl der Allgemeinheit geltende Bestimmung den Schutz der Einzelnen umfasst.[139] Unionsrechtliche Normen, die dem Schutz und der Erhaltung von Gemeingütern dienen oder Belange des gemeinen Wohls sichern, können daher prinzipiell als Grundlage individueller Rechte fungieren und einzelnen Unionsbürgern die Möglichkeit eröffnen, die normbedingten Vorteile für sich in Anspruch zu nehmen.

32 Ist der Kreis der zur Rechtsbegründung geeigneten Normen des Unionsrechts danach auch großzügig bemessen, eröffnet dies dennoch nicht die Möglichkeit der Popularklage, die der deutschen Rechtsordnung fremd ist und die einzuführen auch das Unionsrecht nicht gebietet.[140] Vielmehr hat der Gerichtshof verschiedentlich darauf hingewiesen, dass keineswegs jedermann, sondern allein „natürliche oder juristische Personen, die unmittelbar von [...] Richtlinienbestimmungen betroffen sind, die Einhaltung der entsprechenden Verpflichtungen bei den zuständigen Behörden – gegebenenfalls auch auf dem Rechtsweg – einfordern können müssen."[141] Auch wenn dieses der Eingrenzung des berechtigten Personenkreises dienende Merkmal noch der näheren Konkretisierung bedarf, kommt darin doch zum Ausdruck, dass sich nur jene Marktbürger eine hierzu geeignete Vorschrift zunutze machen können, die ein „unmittelbares Interesse" an ihrer Einhaltung haben.[142]

---

[135] EuGH 4.12.1997 – C-97/96, ECLI:EU:C:1997:581 Rn. 18 f. = NJW 1998, 129 – Daihatsu; EuGH 9.3.2017 – C-398/15, ECLI:EU:C:2017:197 Rn. 51 = EuZW 2017, 784 – Manni.

[136] EuGH 28.2.1991 – C-131/88, ECLI:EU:C:1991:87 Rn. 7 = NVwZ 1991, 973 – Kommission/Deutschland.

[137] EuGH 8.3.2011 – C-240/09, ECLI:EU:C:2011:125 Rn. 47 = NVwZ 2011, 673 – Slowakischer Braunbär I; in diese Richtung tendierend auch Epiney VVDStRL 61 (2002), 393 (403); Gellermann, Natura 2000, 2001, S. 260; aA GA Kokott 29.1.2004 – SchlA C-127/02, ECLI:EU:C:2004:60 Rn. 143 – Waddenvereniging und Vogelbeschermingsvereniging; BVerwG 17.2.2021 – 7 C 3.20, NVwZ 2021, 984 Rn. 9 ff.; BVerwG 27.1.2022 – 9 A 10.20, NVwZ 2022, 724 Rn. 21; OVG Hamburg 19.2.2001 – 2 Bs 370/00, NuR 2001, 592 (595); OVG Schleswig 22.1.2003 – 1 K 1/01, NuR 2003, 186 f.

[138] Deutlich in diese Richtung EuGH 26.5.2011 – verb. Rs. C-165/09 und C-167/09, ECLI:EU:C:2011:348 Rn. 94 = EuZW 2012, 950 – Stichting Natuur en Milieu ua., wo der Gerichtshof den rechtsbegründenden Charakter „ganz besonders" im Falle einer „Richtlinie, die eine Eindämmung und Reduzierung der Luftverschmutzung und damit den Schutz der Gesundheit der Bevölkerung bezweckt" anerkennt.

[139] Vgl. Epiney NVwZ 1999, 485 (487); Wegener in Lübbe-Wolf, Der Vollzug des europäischen Umweltrechts, 1996, 160 f.

[140] Vgl. nur Sodan in NK VwGO VwGO § 42 Rn. 365; Kokott DV 31 (1998), 335 (357); Gärditz JuS 2009, 385 (389); Ruffert JZ 2007, 1102 (1103); Schoch NVwZ 1999, 457 (463).

[141] EuGH 3.10.1998 – C-197/18, EU:C:2019:824 Rn. 32 = NVwZ 2019, 1587 – Wasserleitungsverband Nördliches Burgenland u. a.; s. auch EuGH 30.5.1991 – C-361/88, ECLI:EU:C:1991:224 Rn. 16 = NVwZ 1991, 866 – Kommission/Deutschland; EuGH 17.10.1991 – C-58/89, ECLI:EU:C:1991:391 Rn. 14 = NVwZ 1992, 459 – Kommission/Deutschland; EuGH 12.12.1996 – C-298/95, ECLI:EU:C:1996:501 Rn. 16 = NVwZ 1997, 369 – Kommission/Deutschland; EuGH 25.7.2008 – C-237/07, ECLI:EU:C:2008:447 Rn. 39 = NVwZ 2008, 984 – Janecek; EuGH 28.5.2020 – C-535/18 ECLI:EU:C:2020:391 Rn. 123 ff. = NVwZ 2020, 1177 – Land Nordrhein-Westfalen; hierzu Calliess NVwZ 2006, 1 (3).

[142] EuGH 24.6.1987 – verb. Rs. C-87/90 bis C-89/90, ECLI:EU:C:1991:314 Rn. 23 = EuZW 1993, 60 – Verholen; EuGH 25.7.2008 – C-237/07, ECLI:EU:C:2008:447 Rn. 39 = NVwZ 2008, 984 – Janecek; hierzu Ziekow NVwZ 2010, 793 (794).

Eine derartige Interessenlage kann jenen Unionsbürgern attestiert werden, die infolge 33 einer Missachtung einschlägiger Vorschriften des Unionsrechts gerade in jenen Interessen betroffen sind, deren Schutz die entsprechende Norm bezweckt.[143] Aus einer Regelung des Verbraucherschutzes können daher nur den Verbrauchern Rechte erwachsen, denen der von der Norm vorgesehene Schutz im Einzelfall vorenthalten wird; ebenso kann die Einhaltung eines im Interesse des Gesundheitsschutzes festgelegten Grenzwertes für Luftschadstoffe nur von den Unionsbürgern geltend gemacht werden, die infolge einer Missachtung dieser Norm in ihrer Gesundheit gefährdet werden und schließlich können sämtliche Trinkwasserkonsumenten auf die Einhaltung der Grenzwerte für Oberflächengewässer drängen, die Wasser aus einem diesen Anforderungen nicht entsprechenden Gewässer beziehen.[144]

Besondere Anforderungen gelten iRd UVP-RL,[145] dessen Art. 11 vorsieht, dass „Mit- 34 glieder der **betroffenen Öffentlichkeit,** die ein **ausreichendes Interesse** haben […] Zugang zu einem Überprüfungsverfahren vor einem Gericht haben […], um die materiell-rechtliche und verfahrensrechtliche Rechtmäßigkeit von Entscheidungen, Handlungen oder Unterlassungen anzufechten".[146] Den unbestimmten Rechtsbegriff des „ausreichenden Interesses" näher zu konkretisieren, obliegt jedoch – in den Grenzen von Äquivalenz- und Effektivitätsgrundsatz – den Mitgliedstaaten.[147] Dabei „steht es dem nationalen Gesetzgeber […] u. a. frei, die Rechte, deren Verletzung ein Einzelner im Rahmen eines gerichtlichen Rechtsbehelfs gegen eine Entscheidung, Handlung oder Unterlassung im Sinne von Art. 11 der Richtlinie 2011/92 geltend machen kann, auf subjektiv-öffentliche Rechte zu beschränken, d. h. auf individuelle Rechte, die nach dem nationalen Recht als subjektiv-öffentliche Rechte qualifiziert werden können".[148] Den Mitgliedstaaten steht dabei ein beträchtlicher Spielraum zu.[149] So bestimmt sich die Klagebefugnis Einzelner gegen Entscheidungen, Handlungen oder Unterlassungen im Anwendungsbereich von Art. 11 UVP-RL letztlich wieder nach der deutschen Schutznormtheorie.[150]

Die auf diesem Wege begründeten Rechte der Unionsbürger sind dem Schutz der 35 staatlichen Gerichte anvertraut und müssen einer gerichtlichen Geltendmachung zugänglich sein. Aus der Sicht des nationalen Rechts stellt sich allerdings die Frage, in welcher Weise diese Rechtspositionen mit dem nationalen Prozessrecht verzahnt sind. Während noch Einvernehmen darüber herrscht, dass zumindest jene unionsrechtlich begründeten Positionen Rechte iSd § 42 Abs. 2 VwGO (bzw. § 40 Abs. 2 FGO, § 54 Abs. 1 SGG) darstellen, die auch bei Anlegung der Kriterien der Schutznormtheorie als solche zu begreifen sind,[151] ist dies bei aus dem Unionsrecht stammenden Rechtspositionen, die diesen Anforderungen nicht entsprechen, weniger gewiss. Zwar sollen auch sie nach **dem materiell-rechtlichen Lösungsmodell** als echte subjektive Rechte zu begreifen sein,[152] dagegen plädieren die Vertreter einer **prozessualen Lösung** für eine Sicht, nach der es sich lediglich um

---

[143] Epiney VVDStRL 61 (2002), 362 (406); Götz DVBl 2002, 1 (4); Winter NVwZ 1999, 467 (473); eing. Gellermann Natura 2000, 2001, 261 ff.
[144] S. etwa EuGH 3.10.2019 – C–197/18, EU:C:2019:824 Rn. 40 = NVwZ 2019, 1587 – Wasserleitungsverband Nördliches Burgenland u. a.; dazu Römling NuR 2020, 686 (688).
[145] RL 2011/92/EU v. 13. Dezember 2011 (ABl. 2012 L 26, 1).
[146] Hervorhebungen vom Autor.
[147] EuGH 16.4.2015 – C–570/13, ECLI:EU:C:2015:231 Rn. 36, 37 – Gruber.
[148] EuGH 16.4.2015 – C–570/13, ECLI:EU:C:2015:231 Rn. 40 – Gruber; EuGH 12.5.2011 – C–115/09, EU:C:2011:289 Rn. 36 und 45 = NJW 2011, 2779 – BUND; EuGH 28.5.2020 – C–535/18, ECLI:EU:C:2020:391 Rn. 57 = NVwZ 2020, 1177 – Land Nordrhein-Westfalen.
[149] EuGH 7.11.2013 – C–72/12, ECLI:EU:C:2013:712 Rn. 50 = NVwZ 2014, 49 – Altrip; EuGH 28.5.2020 – C–535/18, ECLI:EU:C:2020:391 Rn. 59 = NVwZ 2020, 1177 – Land Nordrhein-Westfalen.
[150] In diesem Sinne BVerwG 4.9.2020 – 3 B 41.19, NVwZ 2021, 736 Rn. 8.
[151] Vgl. etwa Moench/Sander in Rengeling UmweltR-Hdb I § 46 Rn. 68 ff.
[152] In diesem Sinne Dörr in NK-VwGO EVR Rn. 226; Nettesheim AöR 132 (2007), 333 (387); v. Danwitz EuVerwR S. 587; Ehlers DVBl 2004, 1441 (1446); Frenz DVBl 1995, 408 (412); Gärditz JuS 2009, 385 (389); Pernice EuR 1994, 325 (339 f.); diff. Ziekow NVwZ 2010, 739 (796).

individuelle Berechtigungen zur gerichtlichen Geltendmachung der Verletzung gemeinschaftsrechtlicher Vorschriften handelt;[153] deren gemeinschaftsrechtlich gebotene Klagbarkeit soll sich dann unter dem Aspekt einer anderweitigen gesetzlichen Bestimmung aus § 42 Abs. 2 Hs. 1 VwGO (bzw. § 40 Abs. 2 Hs. 1 FGO, § 54 Abs. 1 S. 2 Hs. 1 SGG) ergeben. Auch wenn das materiell-rechtliche Modell dem Diskriminierungsverbot wohl eher gerecht wird,[154] mag seine Vorzugswürdigkeit letztlich dahinstehen, zumal die praktischen Unterschiede beider Ansätze iErg eher gering sein dürften.[155]

36 **b) Unionsrechtlich veranlasste Rechtseinräumung.** Unionsrechtliche Richtlinien sind auf Umsetzung durch die Mitgliedstaaten angelegt und begründen zumindest im vertraglich vorgesehenen Normalfall des Art. 288 Abs. 3 AEUV aus sich heraus keine Rechte der Unionsbürger. Will eine Richtlinie Rechtsansprüche der Unionsbürger auf Einhaltung der in ihr vorgesehenen Regelungen gewährleistet wissen, bestehen in Ansehung der Klage- bzw. Antragsbefugnis keine Besonderheiten, wenn der nationale Gesetzgeber der individuellen Schutzrichtung des Sekundärrechts Rechnung trägt und im Rahmen der Umsetzung entsprechende subjektive Rechte begründet. Gewährt die nationale Umsetzungsnorm dagegen – gemessen am Maßstab der deutschen Schutznormtheorie – keine individuellen Rechte, ist ihr der unionsrechtlich gebotene drittschützende Gehalt im Wege einer richtlinienkonformen Interpretation zuzuerkennen. Mag das Unionsrecht individuelle Rechte auch nicht selbst einräumen, so entfaltet es auf diesem Wege doch seine norminternen Wirkungen.[156]

37 **c) Vorbehalt anderweitiger Regelungen – Verbandsklagen im Umweltrecht.** Nach § 42 Abs. 2 VwGO (analog) ist die Zulässigkeit einer Klage von der Geltendmachung einer Verletzung eigener Rechte abhängig, soweit gesetzlich nichts anderes bestimmt ist. Zu diesen anderweitigen Bestimmungen zählen vor allem die sog. **Verbandsklagen,** die sich vereinzelt in bestimmten Bereichen der deutschen Rechtsordnung finden (etwa § 8 Abs. 3 UWG für das Wettbewerbsrecht, § 33 Abs. 4 GWB für das Kartellrecht oder § 15 BGG für das Gleichstellungsrecht).[157] Dazu gehören auch jene Regelungen, die es anerkannten Natur- und Umweltschutzvereinigungen im Interesse der Verminderung der im Felde des Naturschutz- und Umweltrechts viel beklagten Vollzugsdefizite erlauben, gerichtlichen Rechtsschutz in Anspruch zu nehmen, ohne in eigenen Rechten verletzt zu sein.

38 Eine bundesweit einheitliche Regelung der naturschutzrechtlichen Vereinsklage wurde erstmals im Zuge der im Jahre 2002 erfolgten Novelle des Bundesnaturschutzgesetzes geschaffen (§ 61 BNatSchG aF). In der nunmehr geltenden Fassung ermöglicht es **§ 64 BNatSchG** Naturschutzvereinigungen, gegen einen – allerdings begrenzten – Kreis von Entscheidungen (zB Befreiungen, Planfeststellungen) Rechtsbehelfe nach Maßgabe der VwGO einzulegen, ohne die Verletzung eigener Rechte geltend machen zu müssen. Das gilt indes nur, soweit § 1 Abs. 3 UmwRG dem nicht entgegensteht und setzt iÜ voraus, dass die Vereinigung in ihrem satzungsgemäßen Aufgaben- und Tätigkeitsbereich betroffen ist, zur Mitwirkung im Verwaltungsverfahren berechtigt war und sich hierbei in der Sache geäußert hat oder ihr keine Gelegenheit zur Äußerung gegeben wurde. Zudem muss sie geltend machen, dass die Entscheidung gegen spezifisch naturschutzrechtliche oder solche Vorschriften verstößt, die zumindest auch den Belangen des Naturschutzes und der Landschaftspflege zu dienen bestimmt sind. Da § 64 Abs. 1 BNatSchG die Einlegung von „Rechtsbehelfen gegen" die in § 63 Abs. 1 Nr. 2–4, Abs. 2 Nr. 4a–7 BNatSchG genann-

---

[153] Wahl in Schoch/Schneider VwGO Vorb. § 42 Abs. 2 Rn. 128; Berkemann in Berkemann/Halama, Bau- und Umweltrichtlinien der EG, 2008, 267 Rn. 485; Everling RIW 1992, 379 (384 f.).
[154] Classen VerwArch 88 (1997), 645 (678); eher skeptisch Kokott DV 31 (1998), 335 (351).
[155] Kokott DV 31 (1998), 335 (351); Moench/Sander in Rengeling UmweltR-HdB I § 46 Rn. 72; Otting/Olgemöller AnwBl 3 (2010), 155 (159).
[156] Ruffert in Calliess/Ruffert AEUV Art. 288 Rn. 43 ff.; Happ in Eyermann VwGO § 42 Rn. 89a; Dörr in NK-VwGO EVR Rn. 225; Schenke in Kopp/Schenke VwGO § 42 Rn. 152; Karpenstein, Praxis des EU-Rechts, 2013, § 2 Rn. 327; Ramsauer JuS 2012, 769 (773).
[157] Eing. s. Fellenberg/Schille in Landmann/Rohmer UmweltRVorb. UmwRG Rn. 5.

ten Entscheidungen gestattet, kommen – neben dem Widerspruch iSd § 68 Abs. 1 VwGO – in erster Linie die Anfechtungsklage (§ 42 Abs. 1 VwGO) sowie – in Verfahren des vorläufigen Rechtsschutzes – Anträge nach § 80a Abs. 3 VwGO, § 80 Abs. 5 VwGO in Betracht.[158] Überdies vermittelt § 64 Abs. 1 BNatSchG eine Befugnis zur Erhebung solcher Rechtsbehelfe, die auf die Feststellung der Rechtswidrigkeit oder Nichtvollziehbarkeit oder auf eine Ergänzung rechtsbehelfsfähiger Entscheidungen um zusätzliche Kompensationsmaßnahmen oder eine Erhöhung festgesetzter Ersatzgelder gerichtet sind.[159] Auch wenn der – durch § 1 Abs. 3 UmwRG maßgeblich reduzierte – Anwendungsbereich des § 64 Abs. 1 BNatSchG und die sich hierauf gründende Rügebefugnis anerkannter Naturschutzvereinigungen begrenzt sind, kann die Bestimmung in dem ihr verbliebenen Einsatzfeld doch einen Beitrag zur Durchsetzung des Umweltrechts der Union leisten. Neben den unmittelbar wirkenden Regelungen des europäischen Naturschutzrechts[160] können davon auch Normen des Immissionsschutz-, Wasser- und Abfallrechts profitieren, die sich dem – zumeist aus unionsrechtlicher Quelle gespeisten – integrierten Ansatz verpflichtet wissen, auf einen ganzheitlichen Umweltschutz hinzuwirken und daher iSd § 64 Abs. 1 Nr. 1 BNatSchG „zumindest auch" dem Schutz der Belange des Naturschutzes und der Landschaftspflege dienen.[161]

39 Von dem Vorbehalt des § 42 Abs. 2 VwGO hat der Bundesgesetzgeber daneben Gebrauch gemacht, um der Vorgabe aus der Öffentlichkeitsbeteiligungs-RL[162] und der Aarhus-Konvention (AK)[163] Rechnung zu tragen, anerkannten Nichtregierungsorganisationen eine Klagemöglichkeit zu schaffen, die namentlich im Falle der Zulassung bestimmter umweltrelevanter Projekte vorsehen, die Verletzung umweltrechtlicher Vorschriften einer gerichtlichen Kontrolle zuzuführen. Mit dem zur innerstaatlichen Verwirklichung bestimmten **Umwelt-Rechtsbehelfsgesetz (UmwRG)** wurde dem Gebäude des nationalen Rechtsschutzsystems ein weiterer unionsrechtlich veranlasster Baustein eingefügt, der anerkannten sowie die Anerkennungsvoraussetzungen erfüllenden inländischen und ausländischen Umweltvereinigungen die Möglichkeit bietet, gegen die in § 1 Abs. 1 S. 1 UmwRG genannten Entscheidungen oder deren Unterlassung Rechtsbehelfe einzulegen, ohne eine Verletzung eigener Rechte geltend machen zu müssen. Das Gesetz hat sich jedoch zu einer „Dauerbaustelle des deutschen Umweltrechts"[164] entwickelt und war seit seiner Einführung Gegenstand zahlreicher Novellierungen. Insbesondere die zahlreichen Begrenzungen in der enumerativen Aufzählung der Klagegegenstände in § 1 Abs. 1 S. 1 UmwRG wurden immer wieder von der Rechtsprechung korrigiert.

40 So setzte § 2 Abs. 1 Nr. 1 UmwRG zu Beginn noch voraus, dass die Vereinigung eine Verletzung umweltschützender Vorschriften geltend macht, die „Rechte Einzelner begründen" (sog. „Schutznormakzessorietät").[165] Als Reaktion hat der Europäische Gerichtshof im sog. *Trianel*-Urteil sodann klargestellt, dass es für die Klagebefugnis von Nichtregierungsorganisationen, die sich für den Umweltschutz einsetzen, ausreicht, wenn die Rechtsvorschrift „nur" die Interessen der Allgemeinheit schützt. Es kommt daher nicht darauf an,

---

[158] Für einen Überblick s. Heselhaus in Frenz/Müggenborg BNatSchG § 64 Rn. 9; Gellermann in Landmann/Rohmer UmweltR BNatSchG § 64 Rn. 5.
[159] Vgl. BVerwG 9.6.2004 – 9 A 11.03, NVwZ 2004, 1486 (1496); VGH Mannheim 2.11.2006 – 8 S 1269/04, VBlBW 2007, 343.
[160] BVerwG 27.1.2000 – 4 C 2.99, NVwZ 2000, 1171 (1172); BVerwG 17.5.2002 – 4 A 28.01, NVwZ 2002, 1243; Heselhaus in Frenz/Müggenborg BNatSchG § 64 Rn. 27.
[161] BVerwG 27.6.2019 – 7 C 22.17, NVwZ-RR 2020, 772; Fischer-Hüftle in Schumacher/Fischer-Hüftle, BNatSchG § 64 Rn. 27 f.; Gellermann in Landmann/Rohmer UmweltR BNatSchG § 64 Rn. 18; Heselhaus in Frenz/Müggenborg BNatSchG § 64 Rn. 27.
[162] RL 2003/35/EG v. 26. Mai 2003 (ABl. 2003 L 156, 17).
[163] Übereinkommen über den Zugang zu Informationen, die Öffentlichkeitsbeteiligung an Entscheidungsverfahren und den Zugang zu Gerichten in Umweltangelegenheiten („Aarhus-Konvention"), UNTS 2161, 447 (25. Juni 1998); es handelt sich hierbei um ein gemischtes Abkommen, dem sowohl die Bundesrepublik Deutschland als auch die Europäische Union beigetreten sind.
[164] Kloepfer/Durner Umweltschutzrecht § 5 Rn. 18.
[165] S. § 2 Abs. 1 Nr. 1 UmwRG in der vor dem 29.1.2013 geltenden Fassung.

ob die in Rede stehenden Vorschriften über einen Schutznormcharakter verfügen, denn es „widerspräche [...] zum einen dem Ziel, der betroffenen Öffentlichkeit „einen weiten Zugang zu Gerichten" zu gewähren, und zum anderen dem Effektivitätsgrundsatz, wenn die betreffenden Verbände nicht auch eine Verletzung von aus dem Umweltrecht der Union hervorgegangenen Rechtsvorschriften geltend machen können, nur weil Letztere Interessen der Allgemeinheit schützen. Denn wie der Ausgangsrechtsstreit zeigt, nähme dies den Umweltverbänden weitgehend die Möglichkeit, die Beachtung der aus dem Unionsrecht hervorgegangenen Rechtsvorschriften überprüfen zu lassen, die in den meisten Fällen auf das allgemeine Interesse und nicht auf den alleinigen Schutz der Rechtsgüter Einzelner gerichtet sind."[166] Eine nationale Rechtsvorschrift, die anerkannte Umweltvereinigungen insofern auf die Rüge der Verletzung individueller Rechte beschränkt und ihnen in einem gerichtlichen Verfahren die Möglichkeit nimmt, eine Überprüfung einschlägiger Entscheidungen am Maßstab jener umweltrechtlichen Rechtsvorschriften zu erwirken, die aus dem Unionsrecht hervorgegangen sind, ist mit Art. 11 UVP-RL (ehemals Art. 10a UVP-RL) nicht vereinbar.[167] In der Folge wurde § 2 Abs. 1 Nr. 1 UmwRG a. F. angepasst, da den Unzulänglichkeiten des nationalen Umsetzungsgesetzes auch im Wege einer richtlinienkonformen Interpretation nicht abgeholfen werden konnte.[168] Um eine lückenlose Umsetzung des Art. 11 UVP-RL sowie des Art. 9 Abs. 2 AK zu bewirken, wurde der auf das Erfordernis subjektiver Rechte verweisende Satzteil gestrichen.

41 Ebenfalls zu einer Erweiterung der Rechtsschutzmöglichkeiten von anerkannten Umwelt- und Naturschutzvereinigungen haben zudem die kontrovers rezipierten Urteile zum „Slowakischen Braunbär"[169] und „Protect"[170] geführt. Beide Urteile betreffen insbesondere die Frage, ob aus Art. 9 Abs. 3 AK iVm Art. 47 der Grundrechte-Charta der Europäischen Union (GRCh) eine Pflicht zur Eröffnung effektiven gerichtlichen Rechtsschutzes folgt, um die Vereinbarkeit von nationalen Entscheidungen mit europäischem Umweltrecht überprüfen lassen zu können, selbst wenn die Nichtregierungsorganisation nach nationalem Recht nicht klagebefugt ist.[171] Der Gerichtshof entschied zunächst in seiner Entscheidung zum „Slowakischen Braunbär", dass Art. 9 Abs. 3 AK nicht unmittelbar anwendbar sei, weil dessen Bestimmungen „keine klare und präzise Verpflichtung enthalten, die die rechtliche Situation Einzelner unmittelbar regeln könnte."[172] Jedoch ergäbe sich aus dem Gebot des effektiven Rechtsschutzes, dass die nationalen Gerichte das Verfahrensrecht unionsrechtskonform auslegen müssen, um es „einer Umweltschutzorganisation [...] zu ermöglichen, eine Entscheidung, die am Ende eines Verwaltungsverfahrens ergangen ist, das möglicherweise im Widerspruch zum Umweltrecht der Union steht, vor einem Gericht anzufechten".[173] Diese Rechtsprechung wurde dann im Kontext eines österreichischen Verfahrens im sog. „Protect"-Urteil konkretisiert und erweitert, indem der Gerichtshof zunächst urteilte, dass „Kriterien, die derart streng sind, dass es für Umweltorganisationen praktisch unmöglich ist, Handlungen und Unterlassungen im Sinne von Art. 9 Abs. 3 des

---

[166] EuGH 12.5.2011 – C-115/09, ECLI:EU:C:2011:289 Rn. 46 = NJW 2011, 2779 – BUND/Bezirksregierung Arnsberg.
[167] EuGH 12.5.2011 – C-115/09, ECLI:EU:C:2011:289 Rn. 44 ff., 50 = NJW 2011, 2779 – BUND/Bezirksregierung Arnsberg; eing. Kment in Beckmann/Kment UVPG/UmwRG UmwRG § 2 Rn. 20 ff.; Wegener ZUR 2011, 363 ff.
[168] BVerwG 29.9.2011 – 7 C 21.09, NVwZ 2012, 176; Schlacke NVwZ 2019, 1392 (1393); die Möglichkeit in Rechnung stellend dagegen Gärditz JuS 2009, 385 (391).
[169] EuGH 8.3.2011 – C-240/09, ECLI:EU:C:2011:125 = NVwZ 2011, 673 – Slowakischer Braunbär I.
[170] EuGH 20.12.2017 – C-664/15, ECLI:EU:C:2017:987 = NVwZ 2018, 225 – Protect.
[171] Vgl. EuGH 8.3.2011 – C-240/09, ECLI:EU:C:2011:125 Rn. 50 = NVwZ 2011, 673 – Slowakischer Braunbär I; EuGH 20.12.2017 – C-664/15, ECLI:EU:C:2017:987 Rn. 54 ff. = NVwZ 2018, 225 – Protect; Zu den Auswirkungen dieser Judikate auch Eckert VR 2020, 1 (2 f.).
[172] EuGH C-240/09, ECLI:EU:C:2011:125 Rn. 45 = NVwZ 2011, 673 – Slowakischer Braunbär I; so auch OVG Koblenz 27.2.2013 – 8 B 10254/13, ZUR 2013, 291 f.; Berkemann DVBl 2011, 1253 (1255 f.); Seibert NVwZ 2013, 1040 (1043).
[173] EuGH 8.3.2011 – C-240/09, ECLI:EU:C:2011:125 Rn. 51 = NVwZ 2011, 673 – Slowakischer Braunbär I; hierzu Epiney EurUP 2012, 88 (89); Schlacke ZUR 2011, 312 ff.

Übereinkommens von Aarhus anzufechten, […] […] nicht zulässig" seien.[174] Unter Berufung auf seine *Simmenthal*-Rechtsprechung folgert der Gerichtshof schließlich, dass die nationalen Gerichte verpflichtet sind, „jede – auch spätere – entgegenstehende nationale Rechtsvorschrift aus eigener Entscheidungsbefugnis unangewendet"[175] zu lassen.

Methodisch dürfte man das Ergebnis des Gerichtshofs in Frage stellen, denn letztlich hat der EuGH den nicht unmittelbar anwendbaren Art. 9 Abs. 3 AK iVm Art. 47 GRCh in ein – zutiefst kontrovers diskutiertes – unionsrechtliches Klagerecht transformiert.[176] So kritisch man die methodische Vorgehensweise des EuGH auch beurteilen mag, halten sich die praktischen Folgen des Urteils für die deutsche Rechtsprechung wohl in Grenzen. Die deutschen Fachgerichte haben schon nach dem Urteil zum „Slowakischen Braunbär" ihre Rechtsprechung entsprechend angepasst und „in erweiternder Auslegung" des § 42 Abs. 2 VwGO für Recht erkannt, dass anerkannte Umweltverbände die Einhaltung unionsrechtlicher Umweltschutzvorschriften erzwingen,[177] oder behördliche Entscheidungen angreifen können, die mit dem EU-Artenschutzrecht unvereinbar waren.[178] Und auch deutsche Gesetzgeber hatte bereits vor Erlass des „Protect"-Urteils Maßnahmen ergriffen und im Jahr 2017 eine entsprechende Novellierung durch das UmwRG-Reformierungsgesetzes durchgeführt, mit der er auf das Urteil des Gerichtshofs zum „Slowakischen Braunbär" aus 2011 und die negative Beurteilung des UmwRG durch das Aarhus Compliance Committee aus dem Jahr 2014 reagierte.[179] Ergebnis der Reform wurde „eine kleine Verwaltungsgerichtsordnung",[180] die zahlreiche verwaltungsverfahrens- und prozessrechtliche Sonderregelungen enthält. Neben dem Wegfall materieller Präklusionsvorschriften, sorgte die Reform für eine erhebliche Ausweitung des Anwendungsbereichs, u. a. durch die Einführung der Auffangregelung des § 1 Abs. 1 S. 1 Nr. 5 UmwRG, wonach es Umweltverbänden ermöglicht wird, gegen „Verwaltungsakte oder öffentlich-rechtliche Verträge, durch die andere als in den Nummern 1 bis 2b genannte Vorhaben unter Anwendung umweltbezogener Rechtsvorschriften des Bundesrechts, des Landesrechts oder unmittelbar geltender Rechtsakte der Europäischen Union zugelassen werden" vorzugehen.[181] Dies dürfte nicht die letzte Reform des UmwRG gewesen sein. Insbesondere die Fragmentierung und Unübersichtlichkeit des so entstandenen Sonder-Verwaltungsprozessrechts im Bereich des Umwelt- und Naturschutzrechts bleibt teilweise schwer verständlich und daher weiterhin Gegenstand anhaltender Kritik.[182] Relevant könnte v. a. das Urteil C-873/19 werden, mit dem der EuGH Kfz-Typgenehmigungen für verbandsklagefähig erklärt hat;[183] das dürfte wohl zu einer erneuten Erweiterung des Anwendungsbereichs des UmwRG zwingen.

---

[174] EuGH 20.12.2017 – C-664/15, ECLI:EU:C:2017:987 Rn. 48 = NVwZ 2018, 225 – Protect.
[175] EuGH 20.12.2017 – C-664/15, ECLI:EU:C:2017:987 Rn. 56 = NVwZ 2018, 225 – Protect.
[176] Bestätigt in EuGH 8.11.2022 – C-873/19 ECLI:EU:C:2022:857 Rn. 66 = NJW 2022, 3769 – Deutsche Umwelthilfe; So auch Gärditz ZfU 2019, 369 (380); Wegener ZUR 2018, 217 (219); Klinger NVwZ 2018, 231 f.; kritisch: Ruffert DVBl 2019, 1033 ff.; Kment in Beckmann/Kment UVPG/UmwRG UmwRG § 2 Rn. 9; dagegen: VG Düsseldorf 24.1.2018 – 6 K 12341/17 BeckRS 2018, 1408 Rn. 161 ff.; zurückhaltend auch OVG Lüneburg 30.7.2013 – 12 MN 300/12, BeckRS 2013, 53932.
[177] VG Wiesbaden 16.8.2012 – 4 K 165/12.WI, BeckRS 2012, 55841; ebenso VG München 9.10.2012 M 1 – K 12.1046, ZUR 2012, 699 (700) mAnm Klinger; VG Wiesbaden 10.10.2011 – 4 K 757/11.WI, ZUR 2012, 113 (115); VG Schleswig 20.11.2019 – 3 A 113/18, BeckRS 2019, 29226 Rn. 211 ff.; VGH Baden-Württemberg 18.3.2019 – 10 S 1977/18, NVwZ 2019, 813; s. aber: BVerwG 28.11.2019 – 7 C 2.18, NVwZ 2020, 891.
[178] VG Osnabrück 27.2.2015 – 3 A 5/15, ZUR 2015, 428; VGH Kassel 14.5.2012 – 9 B 1918/11, NuR 2012, 493 (495); OVG Koblenz 6.2.2013 – 1 B 11266/12.OVG = ZUR 2013, 293 (296); VG Augsburg 13.2.2013 – Au 2 S 13.143, NuR 2013, 284; dagegen: OVG Lüneburg 6.4.2017 – 12 KN 8/16, BeckRS 2017, 108519.
[179] Beschluss V/9h der 5. Vertragsstaatenkonferenz vom 2. Juli 2014.
[180] Schlacke NVwZ 2019, 1392 (1394).
[181] eing. s. Kment in Beckmann/Kment UVPG/UmwRG UmwRG § 2 Rn. 10 ff.; Schlacke NVwZ 2019, 1392 (1394 ff.).
[182] Gärditz ZfU 2019, 369 (380).
[183] EuGH 8.11.2022 – C-873/19 ECLI:EU:C:2022:857 = NJW 2022, 3769 – Deutsche Umwelthilfe.

43 Um den Anforderungen des Art. 13 der Umwelthaftungs-RL[184] zu genügen, wurde anerkannten oder als anerkannt geltenden Umweltvereinigungen bislang durch § 11 Abs. 2 USchadG die Möglichkeit eröffnet, in entsprechender Anwendung der Vorschriften des UmwRG gerichtlichen Rechtsschutz gegen Entscheidungen oder Unterlassungen nach dem Umweltschadensgesetz in Anspruch zu nehmen.[185] Durch Art. 1 Nr. 1 des Gesetzes zur Änderung des Umwelt-Rechtsbehelfsgesetzes vom 29. Januar 2013 wurde § 1 Abs. 1 UmwRG um eine neue Nr. 3 ergänzt, die den Anwendungsbereich des Gesetzes auf Entscheidungen nach dem Umweltschadensgesetz erweitert. Dem korrespondierend stellt die neu gefasste Vorschrift des § 11 Abs. 2 USchadG nunmehr klar, dass für Rechtsbehelfe anerkannter Vereinigungen gegen Entscheidungen oder Unterlassungen nach dem Umweltschadensgesetz das Umwelt-Rechtsbehelfsgesetz gilt. Inhaltliche Änderungen sind mit dieser Umgestaltung nicht verbunden, indessen hat der Gesetzgeber damit einen Schritt zur Systematisierung der Rechtsbehelfsmöglichkeiten anerkannter Umweltvereinigungen unternommen.[186]

44 **d) Präklusion.** Die zur Inanspruchnahme gerichtlichen Rechtsschutzes erforderliche Klage- bzw. Antragsbefugnis (§ 42 Abs. 2 VwGO, § 47 Abs. 2 S. 1 VwGO) setzt grundsätzlich die Geltendmachung der Verletzung eigener Rechte voraus. Ist der Rechtsschutzsuchende durch (materielle) Präklusionsvorschriften (zB § 73 Abs. 4 S. 3 VwVfG) daran gehindert, im gerichtlichen Verfahren jene Tatsachen vorzubringen, aus denen sich die Möglichkeit der Verletzung eigener Rechte ergibt, ist der von ihm erhobene Rechtsbehelf in Fällen eines offensichtlichen Einwendungsausschlusses bereits unzulässig, andernfalls mangels tatsächlicher Rechtsverletzung jedenfalls unbegründet.[187]

45 Insbesondere die Präklusionsvorschriften des deutschen Fachplanungsrechts sind nachhaltig von der Rechtsprechung des Europäischen Gerichtshofs geprägt worden. Im Rahmen eines Vorabentscheidungsverfahrens zu § 2 Abs. 3 UmwRG a. F. äußerte sich der Gerichtshof erstmalig zu der Vereinbarkeit von materiellen Präklusionsregelungen und dem Unionsrecht.[188] Gemäß § 2 Abs. 3 UmwRG a. F. waren jegliche Einwendungen der Umwelt- und Naturschutzvereinigungen im Rechtsbehelfsverfahren ausgeschlossen, sofern sie bereits im Verfahren nach § 1 Abs. 1 UmwRG hätten geltend gemacht werden können. Der Gerichtshof erachtete die Norm als mit Art. 11 UVP-RL und Art. 25 Industrieemissionen-RL[189] unvereinbar, da die Beschränkung, die aus der Präklusionsregelung folge, der Zielsetzung der beiden Richtlinien, im Bereich des Umweltschutzes einen weitreichenden Zugang zum Gericht zu gewähren, widerspräche.[190] Zwar sei die Verpflichtung, alle verwaltungsbehördlichen Rechtsbehelfe zu erschöpfen, nicht zu beanstanden, jedoch „lassen es diese unionsrechtlichen Vorschriften nicht zu, die Gründe, auf die er einen gerichtlichen Rechtsbehelf stützen kann, zu beschränken. […] § 2 Abs. 3 UmwRG […] stell[t] jedoch besondere Bedingungen auf, die die gerichtliche Kontrolle einschränken und die weder nach Art. 11 der Richtlinie 2011/92 noch nach Art. 25 der Richtlinie 2010/75 vorgesehen sind."[191] Die Vorschrift war somit nach dem Urteil des Gerichtshofs mit dem Ziel der

---

[184] RL 2004/35/EG v. 21. April 2004 (ABl. 2004 L 143, 56).
[185] Vgl. VG Saarlouis 12.9.2012 – 5 K 209/12, NuR 2013, 439 (440); eing. hierzu Beckmann/Wittmann in Landmann/Rohmer, UmweltRUSchadG § 11 Rn. 11 ff.; Schrader/Hellenbroich ZUR 2007, 289 ff.
[186] BT-Drs. 17/10957, 15.
[187] Schenke in Kopp/Schenke VwGO § 42 Rn. 179; Jarass BImSchG § 10 Rn. 94; Kahl/Gärditz UmweltR § 7 Rn. 43; Wahl/Schütz in Schoch/Schneider VwGO § 42 Abs. 2 Rn. 107; wohl auch Wysk in Wysk VwGO § 42 Rn. 133; generell für Unbegründetheit Hufen VerwProzR § 23 Rn. 18; Papier NJW 1980, 313 (316 f.).
[188] EuGH 15.10.2015 – C-137/14 ECLI:EU:C:2015:683 Rn. 75, 77 = NJW 2015, 3495 – Europäische Kommission/Bundesrepublik Deutschland.
[189] RL 2010/75/EU v. 24. November 2010 (ABl. 2010 L 334, 17).
[190] EuGH 15.10.2015 – C-137/14 ECLI:EU:C:2015:683 = NJW 2015, 3495 – Europäische Kommission/Bundesrepublik Deutschland; Kment in Beckmann/Kment UVPG/UmwRG UmwRG § 2 Rn. 6; Weidermann DÖV 2017, 933 (938).
[191] EuGH 15.10.2015 – C-137/14 ECLI:EU:C:2015:683 Rn. 76, 78 = NJW 2015, 3495 – Europäische Kommission/Bundesrepublik Deutschland; Winkler in Beckmann/Kment UVPG/UmwRG UmwRG

Richtlinien, eine umfassende materiell- und verfahrensrechtliche Kontrolle von Rechtsakten im gerichtlichen Verfahren zu ermöglichen, nicht vereinbar. In der Folge entschied sich der bundesdeutsche Gesetzgeber den § 2 Abs. 3 UmwRG a. F. ersatzlos zu streichen.

Dies bedeutet indes nicht, dass sämtliche Präklusionsregelungen per se unionsrechtswidrig sind und beseitigt werden müssen. Als Kompensation für § 2 Abs. 3 UmwRG a. F. existiert nun § 5 UmwRG, wonach Einwendungen ausgeschlossen sind, „wenn die erstmalige Geltendmachung im Rechtsbehelfsverfahren missbräuchlich oder unredlich ist."[192] Darüber hinaus findet die materielle Präklusionsvorschrift des § 73 Abs. 4 S. 3 VwVfG gem. § 7 Abs. 3 UmwRG zumindest „gegen eine Entscheidung nach § 1 Absatz 1 Satz 1 Nummer 1 bis 2b" UmwRG keine Anwendung.[193] Im Falle des Immissionsschutzrechts zB entschied sich der Gesetzgeber für eine Modifizierung von § 10 Abs. 3 S. 5 BImSchG, dessen materielle Präklusionsvorschrift durch eine formelle ersetzt wurde.[194] Auch der vom Gerichtshof im selben Urteil beanstandete § 73 Abs. 4 VwVfG[195] ist weiterhin in Kraft. Allerdings wurde dessen Anwendbarkeit durch die Einführung von § 7 Abs. 4 UmwRG und §§ 18 Abs. 1 S. 4, 1 Abs. 4 S. 1 UVPG für UVP-pflichtige Planfeststellungsbeschlüsse weitestgehend entschärft.[196] Insgesamt kann jedoch von einem umfassenden Wegfall der materiellen Präklusion im deutschen UVP-, Industrieanlagen- und Fachplanungsrecht gesprochen werden.[197] Bereits in seinem „Protect"-Urteil hat der Gerichtshof seine Anforderungen an die Zulässigkeit einer materiellen Präklusionsvorschrift dahingehend präzisiert, dass diese gerechtfertigt sein kann, „wenn sie gesetzlich vorgesehen ist, den Wesensgehalt dieses Rechts achtet und unter Wahrung des Grundsatzes der Verhältnismäßigkeit erforderlich ist und den von der Union anerkannten dem Gemeinwohl dienenden Zielsetzungen oder den Erfordernissen des Schutzes der Rechte und Freiheiten anderer tatsächlich entspricht".[198] Diese Voraussetzung sah er im Falle einer niederländischen Vorschrift, die eine Präklusion für den Fall des berechtigten Vorwurfs der Nichtbeteiligung vorsah, als erfüllt an.[199]

Präklusionsregelungen haben sich also grds den Anforderungen zu fügen, die sich namentlich aus dem unionsrechtlichen Effektivitätsgrundsatz ergeben.[200] Weder dürfen sie in ihrer konkreten Ausgestaltung noch in der Art ihrer Anwendung die Ausübung unionsrechtlich begründeter Rechte bzw. die Geltendmachung der Verletzung des Unionsrechts praktisch unmöglich machen oder übermäßig erschweren. Diese Grenzen werden überschritten, wenn die Modalitäten des nationalen Rechts keine angemessenen Möglichkeiten zur Erhebung von Einwendungen bieten, was namentlich bei zu knapp bemessenen Äußerungsfristen der Fall sein kann. Nicht mehr hinnehmbare Erschwernisse können sich aber auch ergeben, wenn bei der Anwendung an sich unionsrechtskonform gestalteter Präklusionsregelungen überzogene Anforderungen an ein präklusionsvermeidendes Vorbringen gestellt werden. Letzteres ist sicher nicht der Fall, solange es bei Klagen Privater zur Überwindung der Präklusionshürden als genügend erachtet wird, wenn die Einwendungen zumindest in „groben Zügen" erkennen lassen, welche Rechtsgüter aus Sicht des Einwenders betroffen sind und welche Beeinträchtigungen ihnen

---

§ 5 Rn. 1; Happ in Eyermann UmwRG § 5 Rn. 1; Schenke in Kopp/Schenke VwGO § 42 Rn. 223; für eine unionsrechtskonforme Ausgestaltung der Präklusionsregelung s. EuGH 14.1.2021 – C-826/18, ECLI:EU:C:2021:7 – Stichting Varkens in Nood u.a; Römling ZUR 2021, 229 (235 ff.).
[192] Eing. s. Siegel ZUR 2017 451 (454 ff.).
[193] S. dazu: Gärditz/Schlacke UmwRG § 7 Rn. 18; Weidermann DÖV 2017, 933 (942 f.).
[194] Schlacke NVwZ 2017, 905 (909).
[195] EuGH 15.10.2015 – C-137/14 ECLI:EU:C:2015:683 Rn. 75, 78 = NJW 2015, 3495 – Europäische Kommission/Bundesrepublik Deutschland.
[196] BVerwG 14.3.2018 – 4 A 5/17, NVwZ 2018, 1323; Schenke in Kopp/Schenke VwGO § 42 Rn. 224; Schlacke NVwZ 2019, 1392 (1394).
[197] Krüger in Kerkmann/Fellenberg Naturschutzrecht in der Praxis § 16 Rn. 4.
[198] EuGH 20.12.2017 – C-664/15, ECLI:EU:C:2017:987 Rn. 90 = NVwZ 2018, 225 – Protect.
[199] EuGH 14.1.2021 – C-826/18, ECLI:EU:C:2021:7 Rn. 67 – Stichting Varkens in Nood u. a.
[200] Classen in Schulze/Janssen/Kadelbach HdB-EuropaR § 4 Rn. 124.

drohen.²⁰¹ Dem wird die stRspr des BVerwG auch gerecht, denn „[d]ie Darlegungsanforderungen orientieren sich an den Möglichkeiten planungsbetroffener Laien. Ausführungen, die einen wissenschaftlich-technischen Sachverstand erfordern, können nicht verlangt werden."²⁰²

48 2. Widerspruchsverfahren. Dem Grundsatz des effektiven Rechtsschutzes läuft es nach den Erkenntnissen des Gerichtshofs nicht zuwider, wenn ein Mitgliedstaat ein obligatorisches Schlichtungsverfahren zur außergerichtlichen Beilegung einer Streitigkeit zur Zulässigkeitsvoraussetzung für eine Klage bestimmt.²⁰³ Angesichts dessen sieht sich auch die Notwendigkeit, vor Erhebung der Anfechtungs- oder Verpflichtungsklage ein verwaltungsbehördliches Vorverfahren durchzuführen (§ 68 Abs. 1, 2 VwGO, § 44 Abs. 1 FGO, § 78 Abs. 1, 3 SGG),²⁰⁴ keinen unionsrechtlichen Bedenken ausgesetzt.²⁰⁵ Weder wirkt diese Sachentscheidungsvoraussetzung diskriminierend noch wird hierdurch die Verwirklichung unionsrechtlich begründeter Rechte in einer dem Effektivitätsgrundsatz zuwiderlaufenden Weise unmöglich gemacht. Stattdessen dient das Vorverfahren einer Verbesserung des Rechtsschutzes (Art. 47 GRCh), zumal in diesem Rahmen eine neuerliche Überprüfung des behördlichen Vorgehens erfolgt, die sich nicht auf eine Betrachtung der Rechtmäßigkeit der in Rede stehenden Entscheidung beschränkt, sondern sich gerade auch auf deren Zweckmäßigkeit erstreckt. Auch der Umstand, dass der Widerspruch binnen Monatsfrist zu erheben ist, begegnet keinen Bedenken, zumal der Gerichtshof diese Frist bereits für angemessen erachtet hat.²⁰⁶ Konflikte mit dem Unionsrecht werden daher allenfalls durch § 68 Abs. 1 S. 2 VwGO (§ 78 Abs. 1 S. 2 SGG) hervorgerufen, soweit hierdurch das Vorverfahren in Fällen für entbehrlich erklärt wird, in denen das Sekundärrecht eine Pflicht zur Durchführung eines außergerichtlichen Verfahrens vor Klageerhebung begründet.²⁰⁷ Erinnert sei insoweit nur an die durch Art. 38 Abs. 2 Freizügigkeits-RL²⁰⁸ aufgehobenen Bestimmungen der Art. 8, 9 RL 64/221/EWG,²⁰⁹ deren Fortgeltung mit Blick auf den hieran anknüpfenden verfahrensrechtlichen Ausweisungsschutz für türkische Staatsangehörige jedoch noch immer nicht abschließend geklärt ist.²¹⁰

49 3. Fristen. Während es bei Leistungs- und Feststellungsklagen keine Fristen einzuhalten gilt, können Anfechtungs- und Verpflichtungsklagen in zulässiger Weise nur unter Wahrung der hierfür gesetzlich vorgesehenen **Klagefrist** von einem Monat erhoben werden (§ 74 VwGO, § 47 FGO, § 87 SGG). Wird diese Frist versäumt, schließt dies – vorbehaltlich einer Wiedereinsetzung in den vorigen Stand (§ 60 Abs. 1 VwGO, § 56 Abs. 1 FGO,

---

²⁰¹ BVerwG 3.3.2011 – 9 A 8.10, NVwZ 2011, 1256; BVerwG 7 A 9.09 3.5.2011, NVwZ 2012, 47 Rn. 30; BVerwG 14.7.2011 – 9 A 14.10, NVwZ 2012, 180; OVG Rheinland-Pfalz 29.9.2020 – 1 C 10840/19, DÖV 2021, 318.
²⁰² BVerwG 3.5.2011 – 7 A 9/09, NVwZ 2012, 47.
²⁰³ EuGH 18.3.2010 – verb. Rs. C-317/08 bis C-320/08, ECLI:EU:C:2010:146 Rn. 53 = EuZW 2010, 550 – Rosalba Alassini ua.; EuGH 14.6.2017 – C-75/16, ECLI:EU:C:2017:457 Rn. 52 = EuZW 2017, 736 – Menini und Rampanelli; EuGH 27.9.2017 – C-73/16, ECLI:EU:C:2017:725 Rn. 70 = EuZW 2017, 952 – Puškár.
²⁰⁴ Zum Widerspruchsverfahren als Voraussetzung des Gerichtszugangs in VwGO, FGO und SGG, vgl. Steinbeiß-Winkelmann/Ott NVwZ 2011, 914 ff.
²⁰⁵ Ebenso Ehlers, Die Europäisierung des Verwaltungsprozeßrechts, 1999, 73; v. Danwitz EuVerwR S. 587; Otting/Olgemöller AnwBl 3 (2010), 155 (161).
²⁰⁶ EuGH 16.12.1976 – C- 33/76 ECLI:EU:C:1976:188 Rn. 5 = NJW 1977, 495 – Rewe.
²⁰⁷ EuGH 29.4.2004 – C-482/01 u. 493/01, ECLI:EU:C:2004:262 Rn. 105 ff. = NVwZ 2004, 1099 – Orfanopoulos u.a.; Dörr in NK-VwGO EVR Rn. 231; Ehlers, Die Europäisierung des Verwaltungsprozeßrechts, 1999, 73; Frenz EuropaR-HdB V Rn. 4012; Nachw. entsprechender sekundärrechtlicher Regelungen bei Tonne Effektiver Rechtsschutz durch staatliche Gerichte als Forderung des Europäischen Gemeinschaftsrechts, 1997, 371 Fn. 65.
²⁰⁸ RL 2004/38/EG v. 29. April 2004 (ABl. 2004 L 229, 35).
²⁰⁹ Hierzu EuGH 2.6.2005 – C-136/03, ECLI:EU:C:2005:340 = ZAR 2005, 208 – Dörr.
²¹⁰ BVerfG 24.10.2011 – 2 BvR 1969/09, NVwZ 2012, 426; gegen eine Fortgeltung: BVerwG 15.4.2013 – 1 B 22.12, NVwZ-RR 2013, 774; VG München 26.7.2012 – M 24 K 12.2896, BeckRS 2012, 59828 unter Berufung auf EuGH 8.12.2011 – C-371/08, ECLI:EU:C:2011:809 Rn. 71 = NVwZ 2012, 422 – Ziebell.

§ 67 Abs. 1 SGG) – die Inanspruchnahme gerichtlichen Rechtsschutzes auch in Fällen aus, in denen die Verletzung unionsrechtlich begründeter Rechte in Rede steht. Mag das Erfordernis der Wahrung der Klagefrist die Rechtsverfolgung auch behindern, besteht dennoch kein Anlass zu unionsrechtlicher Beanstandung. Nach den Erkenntnissen des Gerichtshofs ist eine im Interesse der Rechtssicherheit erfolgende Festsetzung angemessener Ausschlussfristen grundsätzlich nicht geeignet, die Ausübung unionsrechtlich begründeter Rechte praktisch unmöglich zu machen oder übermäßig zu erschweren.[211] Die der mitgliedstaatlichen Prozessautonomie gezogenen Grenzen werden daher durch die Einführung oder Beibehaltung von Klagefristen nicht überschritten, sofern sie sich als angemessen erweisen. Auch wenn eine einmonatige Klagefrist vergleichsweise knapp bemessen sein mag, stellt dies ihre Angemessenheit nicht in Frage. Namentlich ist zu berücksichtigen, dass die Klagefrist erst mit der Zustellung bzw. Bekanntgabe einer Verwaltungsentscheidung zu laufen beginnt, die mit einer ordnungsgemäßen Rechtsbehelfsbelehrung versehen ist (§ 58 Abs. 1 VwGO). Fehlt es daran, wird anstelle der Monatsfrist die in § 58 Abs. 2 VwGO geregelte Jahresfrist in Gang gesetzt. Entspricht die Belehrung dagegen den an sie zu stellenden Anforderungen, erhält der Betroffene die zur Rechtsverfolgung erforderlichen Informationen über die Art des Rechtsbehelfs, das zuständige Gericht und die einzuhaltende Frist. Da er hierdurch frühzeitig in den Stand versetzt wird, die zur Inanspruchnahme gerichtlichen Rechtsschutzes erforderlichen Schritte einzuleiten, kann es kaum als unangemessen betrachtet werden, wenn ihm hierfür ein zeitlicher Rahmen von einem Monat zur Verfügung steht. Das gilt umso mehr, als der Gerichtshof die Monatsfrist des § 70 VwGO für angemessen erachtet hat[212] und daher kein Grund zu der Annahme besteht, dass dies bei der für Anfechtungs- und Verpflichtungsklagen maßgeblichen Frist abweichend zu bewerten wäre.[213] Eine Verkürzung dieser Fristen dürfte allerdings kaum in Betracht zu ziehen sein.

50 Obwohl die Festsetzung angemessener Ausschlussfristen unionsrechtlich grundsätzlich gebilligt wird, bekannte sich der Gerichtshof in der **Rechtssache *Emmot*** zu der Auffassung, dass sich ein säumiger Mitgliedstaat nicht auf die verspätete Einlegung einer Klage berufen kann, mit der ein Bürger Rechte geltend macht, die ihm aus einer nicht ordnungsgemäß umgesetzten Richtlinie erwachsen. Verantwortlich war dafür die Erwägung, dass die Marktbürger vor Erlass der erforderlichen Umsetzungsmaßnahmen nicht im Stande sind, vollen Umfangs von ihren Rechten Kenntnis zu erlangen. Da der Zustand der Unsicherheit erst durch die korrekte Erfüllung der Umsetzungspflicht behoben werde, kann „sich der säumige Mitgliedstaat bis zum Zeitpunkt der ordnungsgemäßen Umsetzung der Richtlinie nicht auf die Verspätung einer Klage berufen".[214]

51 Diese pauschalen Aussagen, die im Schrifttum eine kritische Würdigung erfuhren,[215] wurden in nachfolgenden Judikaten relativiert, in denen sich die Klarstellung findet, dass

---

[211] EuGH 16.12.1976 – C-33/76 ECLI:EU:C:1976:188 Rn. 5 = NJW 1977, 495 – Rewe; EuGH 9.2.1999 – C-343/96, ECLI:EU:C:1999:59 Rn. 25 = NVwZ 1999, 633 – Dilexport Srl; EuGH 24.3.2009 – C-445/06, ECLI:EU:C:2009:178 Rn. 32 = NVwZ 2009, 771 – Danske Slagterier; EuGH 9.7.2020 – verb. Rs. C–698/18 und C–699/18, EU:C:2020:537 Rn. 62 = WM 2020, 1409 – Raiffeisen Bank und BRD Groupe Société Générale; EuGH 10.6.2021 – verb. Rs. C–776/19 bis C–782/19, ECLI:EU:C:2021:470 Rn. 31 = WM 2021, 1882 – BNP Paribas.
[212] EuGH 16.12.1976 – C-33/76 ECLI:EU:C:1976:188 Rn. 5 = NJW 1977, 495 – Rewe; vgl. auch EuGH 19.6.2006 – verb. Rs. C-392/04, C-422/04, ECLI:EU:C:2006:586 Rn. 59 f. = NJW 2007, 136 (Ls.) – Germany und Arcor; EuGH 20.12.2017 – C-500/16, ECLI:EU:C:2017:996 Rn. 42 – Caterpillar; EuGH 7.11.2019 – C–280/18, ECLI:EU:C:2019:928 Rn. 54 – Flausch.
[213] Vgl. BFH 16.9.2010 – V R 57/09, NVwZ 2011, 253; Schenke in Kopp/Schenke VwGO § 74 Rn. 4; Dörr in NK-VwGO EVR Rn. 233 f.; Burgi, Verwaltungsprozeß und Europarecht, 1996, 65; Classen in Schulze/Janssen/Kadelbach HdB-EuropaR § 4 Rn. 114; Ehlers DVBl 2008, 1441 (1446); Gärditz JuS 2009, 385 (391); Otting/Olgemöller AnwBl 3 (2010), 155 (160).
[214] EuGH 25.7.1991 – C-208/90, ECLI:EU:C:1991:333 Rn. 23 = BeckRS 2004, 74972 – Emmott.
[215] Vgl. nur Brenner in NK-VwGO VwGO § 74 Rn. 14; v. Teller in Gräber FGO § 47 Rn. 3; Burgi Verwaltungsprozeß und Europarecht, 1996, 66; Götz DVBl 2002, 1 (5); Müller-Franken DVBl 1998, 758 (760 ff.); Stadie NVwZ 1994, 435 (435 ff.).

die Entscheidung in der Rechtssache *Emmot* „durch die besonderen Umstände jenes Falles gerechtfertigt war, in dem der Klägerin des Ausgangsverfahrens jegliche Möglichkeit genommen war, ihren auf die Richtlinie gestützten Anspruch auf Gleichbehandlung geltend zu machen".[216] Entgegen ersten Befürchtungen wurde damit keine generelle Fristenhemmung aus Anlass der unzureichenden Umsetzung einer Richtlinie ausgesprochen, sondern lediglich zum Ausdruck gebracht, dass eine nationale Fristenregelung außer Anwendung bleiben muss, wenn andernfalls die Durchsetzung richtliniengestützter Rechte im Einzelfall wegen der ihn prägenden Besonderheiten praktisch unmöglich wäre.[217] Eine Hemmung der Klagefrist kommt daher nur in besonders gelagerten Fällen und – in Ansehung der Gegebenheiten des Falles *Emmot* – namentlich dann in Betracht, wenn eine rechtzeitige Anrufung des nationalen Gerichts durch behördliches Fehlverhalten erschwert oder vereitelt wird und infolgedessen ein Rechtsverlust droht.[218]

52 Neben den Klagefristen können sich auch **Klagebegründungsfristen,** wie sie namentlich im Fachplanungsrecht geläufig sind (§ 6 UmwRG § 17e Abs. 5 FStrG, § 18e Abs. 5 AEG, § 43e Abs. 3 EnWG, § 10 Abs. 4 LuftVG, § 14e Abs. 5 WaStrG), für die Durchsetzung des Unionsrechts als hinderlich erweisen. Werden die zur Begründung der Klage dienenden Tatsachen und Beweismittel erst nach Ablauf der Begründungsfrist beigebracht, kann das Gericht den Vortrag nach Maßgabe des § 87b Abs. 3 VwGO zurückweisen und ohne weitere Ermittlungen entscheiden. Die schon aus verfassungsrechtlichen Gründen (Art. 103 Abs. 1 GG) restriktiv zu interpretierenden Vorschriften sehen sich trotz der sich mit ihnen verbundenen Präklusionswirkung aus der Perspektive des unionsrechtlichen Effektivitätsgebots iErg keinen Bedenken ausgesetzt.[219]

53 Das gilt für die Klagebegründungsfrist des iRd UmwRG-Novelle von 2017 reformierten **§ 6 UmwRG** (§ 4a Abs. 1 UmwRG a.F.) schon deshalb, weil diese Frist – zumal bei umfangreichen und komplexen Entscheidungen – auf Antrag der klagenden Umweltvereinigung durch den Vorsitzenden oder den Berichterstatter verlängert werden kann (§ 6 S. 4 UmwRG). Diese Möglichkeit steht im Anwendungsfeld der genannten fachplanungsrechtlichen Vorschriften nicht zur Verfügung, indessen ist zu berücksichtigen, dass die Rechtsprechung keine hohen Anforderungen an ein die Präklusionsfolge des § 87b Abs. 3 VwGO vermeidendes fristgerechtes Vorbringen stellt. Es genügt, wenn der Kläger „die ihn beschwerenden Tatsachen so konkret [angibt], dass der Lebenssachverhalt, aus dem er den mit der Klage verfolgten Anspruch ableitet, unverwechselbar feststeht", während ihm eine nachfolgende Vertiefung und Präzisierung seines Vorbringens unbenommen bleibt.[220] Zudem gilt für die formelle Präklusionsvorschrift des § 6 UmwRG die Besonderheit, dass das Gericht den Vortrag nach Maßgabe des § 87b Abs. 3 S. 1 Nr. 2 VwGO nur zurückweisen und ohne weitere Ermittlungen entscheiden kann, wenn die Verspätung des Vortrags nicht genügend entschuldigt ist.[221] Dies bedeutet, dass § 6 UmwRG weitestgehend von § 87b Abs. 3 VwGO entkoppelt ist und der Antragsteller nicht mehr nachweisen muss,

---

[216] EuGH 27.10.1993 – C-338/91, ECLI:EU:C:1993:857 Rn. 19 ff. = BeckRS 2004, 76544 – Steenhorst-Neerings; EuGH 6.12.1994 – C-410/92, ECLI:EU:C:1994:401 Rn. 26 = BeckRS 2004, 77104 – Elsie Rita Johnson; EuGH 28.11.2000 – C-88/99, ECLI:EU:C:2000:652 Rn. 33 f. = NJW 2001, 741 – Roquette Frères; EuGH 24.3.2009 – C-445/06, ECLI:EU:C:2009:178 Rn. 54 = NVwZ 2009, 771 – Danske Slagterier.

[217] Dörr/Lenz EuVerwRS Rn. 563 sprechen zutr. von einer einzelfallbezogenen Anwendung des Effektivitätsgebots.

[218] Vgl. GA Mischo 23.4.1991 SchlA – C-208/90, ECLI:EU:C:1991:164 (I-4291) = BeckRS 2004, 74972 – Emmott; ferner BFH 16.9.2010 – V R 57/09, NVwZ 2011, 253 Rn. 26; Dörr/Lenz EuVerwRS Rn. 563; Levedag in Gräber FGO Anhang Rn. 112 f.; Karpenstein, Praxis des EU-Rechts, 2. Aufl. 2013, § 2 Rn. 329.

[219] Seibert NVwZ 2013, 1040 (1046).

[220] BVerwG 21.12.2010 – 7 A 14.09, NJW 2011, 8; BVerwG 30.8.1993 – 7 A 14.9, NVwZ 1994, 371 (372); BVerwG 18.2.1998 – 11 A 6.97, NVwZ-RR 1998, 592 f.; Sauthoff in Müller/Schulz FStrG § 17e Rn. 33.

[221] BVerwG 27.11.2018 – 9 A 8.17, NVwZ 2019, 1202; Fellenberg/Schiller in Landmann/Rohmer UmweltR UmwRG § 6 Rn. 6.

dass eine nachträgliche Beibringung von Erklärungen und Beweismitteln nicht zu einer Verfahrensverzögerung führt. Vor diesem Hintergrund erscheint die in der Norm angeordnete formelle Präklusion mit den im „Protect"-Urteil aufgestellten Anforderungen an eine Präklusionsregelung (→ Rn. 44) vereinbar und unionsrechtlich unbedenklich.[222]

Rechtsschutz in Bezug auf behördliche Verfahrenshandlungen. Verleiht das Unionsrecht den Bürgern subjektive Verfahrensrechte, muss das nationale Recht um der effektiven Durchsetzbarkeit entsprechender Positionen willen die Möglichkeit der Inanspruchnahme eines wirksamen gerichtlichen Rechtsschutzes bieten. Dabei kann es sich als hinderlich erweisen, dass § 44a S. 1 VwGO selbständige Rechtsbehelfe gegen behördliche Verfahrenshandlungen für unzulässig erklärt.[223] Die Einhaltung von Verfahrensbestimmungen kann danach nicht isoliert erzwungen, sondern ihre Verletzung muss im Zusammenhang mit einem gegen die behördliche Sachentscheidung gerichteten Rechtsbehelf geltend gemacht werden. Steht – wie im Falle des unionsrechtlich fundierten **Umweltinformationsanspruchs** – ein verfahrensunabhängiges Recht in Rede, bereitet § 44a S. 1 VwGO von vornherein keine Probleme, weil derartige Berechtigungen vom Anwendungsbereich der Vorschrift nicht erfasst werden.[224] Anders ist dies dagegen in dem viel diskutierten Fall einer fehlenden oder unzulänglichen **Umweltverträglichkeitsprüfung** zu bewerten. Da § 44a S. 1 VwGO Verfahrenshandlungen betrifft, die im Zusammenhang mit einem schon begonnenen und noch nicht abgeschlossenen Verwaltungsverfahren stehen und der Vorbereitung einer regelnden Sachentscheidung dienen,[225] werden betroffene Unionsbürger hierdurch an der isolierten Geltendmachung einer Verletzung der ihnen nach zutreffender Auffassung durch die UVP-RL zuerkannten Rechte auf eine Umweltverträglichkeitsprüfung gehindert.[226] Mit dem unionsrechtlichen Effektivitätsgebot ist dies solange vereinbar, wie der Kläger „über einen Rechtsweg verfügt, der die Wahrung der ihm durch das Unionsrecht verliehenen Rechte gewährleistet und auf dem er eine Gerichtsentscheidung erwirken kann, mit der die Unvereinbarkeit der fraglichen Regelung mit dem Unionsrecht festgestellt wird."[227] Unter unionsrechtlichen Gesichtspunkten ist es daher ausreichend, wenn die Verletzung unionsrechtlicher Verfahrensrechte im Sachentscheidungsverfahren geltend gemacht werden kann.

In dieser Hinsicht erwies sich insbes. die Fehlerfolgenregelung des **§ 46 VwVfG** als problematisch, deren Anwendung in der Rechtsprechung dazu führte, dass die Verfehlung der an eine Umweltverträglichkeitsprüfung gestellten verfahrensrechtlichen Anforderungen praktisch sanktionslos blieb.[228] Die „unheilige Allianz von § 44a VwGO und § 46 VwVfG"[229] hat ihre unionsrechtliche Brisanz mittlerweile allerdings durch die Reform des UmwRG 2017 eingebüßt. Auf eine Vorlage des BVerwG hin entschied der Gerichtshof in seiner *Altrip*-Entscheidung 2013, dass der Unionsgesetzgeber „in keiner Weise die Gründe beschränkt hat, die zur Stützung eines Rechtsbehelfs vorgebracht werden können.

---

[222] So auch Kerkmann/Schröter EurUP 2017, 126 (133 ff.); Fellenberg/Schiller in Landmann/Rohmer UmweltR UmwRG § 6 Rn. 12 ff.

[223] Zur umstrittenen Einordnung des § 44a VwGO als Element der Klagebefugnis, des Rechtsschutzbedürfnisses oder als selbständige negative Sachentscheidungsvoraussetzung, vgl. Stelkens/Schenk in Schoch/Schneider VwGO § 44a Rn. 20.

[224] Vgl. nur Schenke in Kopp/Schenke VwGO § 44a Rn. 4a; Ehlers DVBl 2008, 1441 (1446).

[225] BVerwG 18.1.2022 – 6 B 21.21, NJW 2022, 1115; BVerwG 1.9.2009 – 6 C 4.09, NVwZ 2009, 1558 Rn. 21 mwN.

[226] Vgl. BVerwG 24.3.2021 – 4 VR 2.20, NVwZ 2022, 564; OVG Koblenz 25.1.2005 – 7 B 12114/04, ZUR 2005, 246 (247 f.); Karpenstein, Praxis des EU-Rechts, 2. Aufl. 2013, § 2 Rn. 324; Kadelbach Allgemeines Verwaltungsrecht unter europäischem Einfluß, 1999, 422; Kahl VerwArch 95 (2004), 1 (27); Scheidler NVwZ 2005, 863 (865) jeweils mwN; aA OVG Lüneburg 11.2.2004 – 8 LA 206/03, NuR 2004, 404; OVG Münster 1.7.2002 – 10 B 788/02, NVwZ 2003, 361 (362).

[227] EuGH 28.7.2011 – C-69/10, ECLI:EU:C:2011:524 Rn. 54 = NVwZ 2011, 1380 – Samba Diouf; Dörr in NK-VwGO EVR Rn. 228, 230.

[228] Vgl. nur BVerwG 8.6.1995 – 4 C 4.94, BVerwGE 98, 339 (361 f.) = NVwZ 1996, 381; BVerwG 25.1.1996 – 4 C 5.95, BVerwGE 100, 238 (247, 252) = NVwZ 1996, 788; Darstellung der Rspr. bei Kahl VerwArch 95 (2004), 1 (26).

[229] Ziekow NVwZ 2005, 263 (264).

Jedenfalls wollte er die Möglichkeit, einen Verfahrensfehler geltend zu machen, nicht an die Voraussetzung knüpfen, dass dieser Fehler Auswirkungen auf den Inhalt der angegriffenen endgültigen Entscheidung hatte."[230] Da der Überprüfung von Verfahrensfehlern eine besondere Bedeutung zukäme, muss die betroffene Öffentlichkeit „grundsätzlich jeden Verfahrensfehler geltend machen können."[231] Indes gilt dieser Grundsatz nicht absolut und der Gerichtshof räumte ein, dass eine Rechtsverletzung nicht vorliege, wenn „die angegriffene Entscheidung ohne den geltend gemachten Verfahrensfehler nicht anders ausgefallen wäre."[232] Letzteres konkretisierte der Gerichtshof wenig später unter Berufung auf sein *Altrip*-Urteil, als er dem zuständigen nationalen Gericht aufgab, den Umstand der Entscheidungsbeeinflussung aufzuklären, „ohne dem Rechtsbehelfsführer in irgendeiner Form die [...] Beweislast für den Kausalzusammenhang aufzubürden".[233] Der Bundesgesetzgeber reagierte auf diese Urteile mit einer zweifachen Novellierung des § 4 Abs. 1, 1a UmwRG. Dieser sieht nunmehr vor, dass im Falle von Zulassungsentscheidungen nach § 1 UmwRG die genannten Verfahrensfehler bei der Durchführung der UVP als absolute Verfahrensfehler zu bewerten sind.[234] Für alle übrigen Verfahrensfehler gilt gem. § 4 Abs. 1a UmwRG weiterhin die Grundregel des § 46 VwVfG mit der Modifizierung des § 4 Abs. 1a S. 2 UmwRG, wonach eine Beeinflussung der Entscheidung in der Sache vermutet wird, wenn eine solche Beeinflussung weder bewiesen noch widerlegt werden kann.[235]

IV. Besonderheiten der Begründetheitsprüfung

56 Sind die Sachentscheidungsvoraussetzungen erfüllt, hat das um Rechtsschutz ersuchte Gericht in Abhängigkeit von der jeweiligen Rechtsschutzform in der Sache zu klären, ob dem Kläger ein von ihm geltend gemachter Anspruch auf Aufhebung oder Erlass eines Verwaltungsaktes oder Erbringung einer sonstigen Leistung tatsächlich zusteht, einem auf die Feststellung des Bestehens oder Nichtbestehens eines Rechtsverhältnisses gerichtetes Ersuchen zu entsprechen oder eine zur Überprüfung gestellte untergesetzliche Norm aus Gründen der Verletzung höherrangigen Rechts für ungültig zu erklären ist. Weist der jeweilige Rechtsstreit Bezüge zum Unionsrecht auf, sind im Rahmen der Begründetheitsprüfung gewisse Besonderheiten zu beachten.[236]

57 **1. Beurteilungszeitpunkt.** Der Einfluss des Unionsrechts tritt bereits bei der Bestimmung des für die Beurteilung der Sach- und Rechtslage maßgeblichen Zeitpunkts zu Tage. Obwohl sich die Frage nach dem maßgeblichen Beurteilungszeitpunkt grundsätzlich anhand der einschlägigen Regeln der nationalen Rechtsordnung beantwortet,[237] ist es aus Gründen der Effektivität des Rechtsschutzes doch erforderlich, den Zeitpunkt so zu wählen, dass die Geltendmachung unionsrechtlich verliehener Rechte nicht über-

---

[230] EuGH 7.11.2013 – C-72/12, ECLI:EU:C:2013:712 Rn. 47 = NJW 2014, 991 – Altrip.
[231] EuGH 7.11.2013 – C-72/12, ECLI:EU:C:2013:712 Rn. 48 = NJW 2014, 991 – Altrip.
[232] EuGH 7.11.2013 – C-72/12, ECLI:EU:C:2013:712 Rn. 48 = NJW 2014, 991 – Altrip; eine solche Nichtbeeinflussung wurde etwa angenommen in BVerwG 21.1.2016 – 4 A 5.14, NVwZ 2016, 844; BVerwG 14.3.2018 – 4 A 5.17, NVwZ 2018, 1322; ausf. s. Emmenegger in Mann/Sennekamp/Uechtritz VwVfG § 46 Rn. 27 f.
[233] EuGH 15.10.2015 – C-137/14, ECLI:EU:C:2015:683 Rn. 60 = NJW 2015, 3495 – Europäische Kommission/Bundesrepublik Deutschland.
[234] Ramsauer in Kopp/Ramsauer VwVfG § 46 Rn. 5d; Fellenberg/Schiller in Landmann/Rohmer, Umweltrecht UmwRG § 4 Rn. 10 ff.; Dörr in NK-VwGO EVR Rn. 230; eing. Seibert NVwZ 2019, 337 (338 ff.); Saurer NVwZ 2020, 1137 (1139).
[235] Ausf. BVerwG 21.1.2016 – 4 A 5/14, NVwZ 2016, 844; BVerwG 28.4.2016 – 9 A 9.15, NVwZ 2016, 1710; vgl. auch Knappe DVBl 2016, 798 (799); zustimmend Ludwigs NVwZ 2016, 1257 (1262).
[236] Vgl. Ehlers, Die Europäisierung des Verwaltungsprozeßrechts, 1999, 62; Moench/Sander in Rengeling UmweltR-HdB I § 46 Rn. 78.
[237] EuGH 21.1.1999 – C-120/97, ECLI:EU:C:1999:14 Rn. 39 f. = EuZW 1999, 503 – Upjohn; EuGH 29.4.2004 – verb. Rs. C-482/01 und C-493/01, ECLI:EU:C:2004:262 Rn. 80 = NVwZ 2004, 1099 – Orfanopoulos und Oliveri.

mäßig erschwert wird.²³⁸ Namentlich bei Anfechtungsklagen sind Situationen zu berücksichtigen, in denen dem Effektivitätsgebot nur genügt ist, wenn nicht auf den Zeitpunkt der letzten behördlichen Entscheidung abgestellt,²³⁹ sondern eine bis zum Zeitpunkt der gerichtlichen Entscheidung eintretende Änderung der Sach- und Rechtslage berücksichtigt wird.²⁴⁰ Exemplarischen Beleg bietet dafür die verwaltungsgerichtliche Judikatur im Felde des Ausländerrechts. Ging man zunächst noch davon aus, dass es bei Ausweisungen von Ausländern auf den Zeitpunkt der behördlichen Entscheidung ankommt,²⁴¹ sah sich das Bundesverwaltungsgericht vor dem Hintergrund der Rechtsprechung des Gerichtshofs bereits im Jahre 2004 veranlasst, die Rechtmäßigkeit der Ausweisung eines freizügigkeitsberechtigten Unionsbürgers unter Berücksichtigung der Sach- und Rechtslage im Zeitpunkt der gerichtlichen Entscheidung zu beurteilen.²⁴² Diese Rechtsprechung wurde anschließend auf sämtliche Ausweisungsentscheidungen²⁴³ erstreckt und kommt mittlerweile auch in Fällen der Aufenthaltsbeendigung durch Rücknahme oder Widerruf von Aufenthaltstiteln zum Tragen.²⁴⁴ Die Entwicklungen im Bereich des Ausländerrechts zeigen, dass die übliche Bestimmung des maßgeblichen Beurteilungszeitpunkts anhand des materiellen Rechts²⁴⁵ offenbar über ein hinreichendes Maß an Flexibilität verfügt, um Anforderungen des Unionsrechts in gebührender Weise Rechnung zu tragen.

Die Notwendigkeit, nach Erlass der behördlichen Entscheidung eintretende Änderungen der Umstände im gerichtlichen Verfahren zu berücksichtigen, mag am ehesten nachzuvollziehen sein, wenn Rechte der Unionsbürger in Rede stehen,²⁴⁶ ist hierauf aber nicht beschränkt. Kraft der ihnen obliegenden Loyalitätsverpflichtung (Art. 4 Abs. 3 EUV) sind die nationalen Gerichte generell verpflichtet, im Rahmen ihrer Zuständigkeit sämtliche Maßnahmen allgemeiner oder besonderer Art zu ergreifen, um die sich aus Richtlinien der Union ergebenden Verpflichtungen zu erfüllen.²⁴⁷ Das verlangt nicht bloß nach einer richtlinienkonformen Interpretation, sondern gebietet es zugleich, erst nach Erlass einer angegriffenen behördlichen Entscheidung auftretenden Veränderungen der Sachlage Rechnung zu tragen, wenn die Vorgaben einschlägigen Unionsrechts andernfalls verfehlt oder ihrer praktischen Wirksamkeit beraubt würden. Wohl nicht zuletzt deshalb hat das Bundesverwaltungsgericht im Anwendungsfeld des europäisierten Artenschutzrechts dem Aspekt einer Ansiedlung geschützter Tierarten, die erst nach Erlass eines Planfeststellungs-

58

---

[238] Vgl. EuGH 29.4.2004 – verb. Rs. C-482/01 und C-493/01, ECLI:EU:C:2004:262 Rn. 82 = NVwZ 2004, 1099 – Orfanopoulos und Oliveri.
[239] Vgl. nur Bamberger in Wysk VwGO § 113 Rn. 16; Hufen VerwProzR § 24 Rn. 8.
[240] Dörr in NK-VwGO EVR Rn. 238; Karpenstein, Praxis des EU-Rechts, 2. Aufl. 2013, § 2 Rn. 342.
[241] Vgl. nur BVerwG 5.5.1998 – 1 C 17.97, NVwZ 1999, 425 (426).
[242] BVerwG 16.2.2022 – 1 C 6.21, BVerwGE 175, 16; BVerwG 16.12.2021 – 1 C 60.20, InfAuslR 2022, 264; BVerwG 3.8.2004 – 1 C 30.02, NVwZ 2005, 220 (222); vgl. auch EuGH 8.5.2018 – C-82/16 ECLI:EU:C:2018:308 Rn. 96 = NVwZ 2018, 1859 – K. A. u.a.; zur Ausweisung eines nach dem ARB 1/80 aufenthaltsberechtigten türkischen Staatsangehörigen, BVerwG 15.3.2005 – 1 C 2.04, NVwZ 2005, 1074 (1075); vgl. hierzu Bader JuS 2006, 199 f.
[243] BVerwG 18.2.2021 – 1 C 4/20, NVwZ 2021, 878; BVerwG 16.12.2021 – 1 C 60.20, InfAuslR 2022, 264; BVerwG 22.2.2017 – 1 C 3.16, NVwZ 2017, 1883; BVerwG 15.11.2007 – 1 C 45.06, NVwZ 2008, 434 Rn. 18; VGH Mannheim 9.8.2011 – 11 S 245/11, NVwZ-RR 2011, 994 (996).
[244] BVerwG 29.6.2015 – 1 C 2/15, NVwZ-RR 2015, 790; BVerwG 22.3.2012 – 1 C 3.11, NVwZ-RR 2012, 529; BVerwG 13.4.2010 – 1 C 10.09, NVwZ 2010, 1369 Rn. 11; BayVGH 16.8.2011 – 10 CS 11.432, DÖV 2011, 903; VG Trier 6.10.2020 – 1 K 25/20.TR, BeckRS 2020, 40527; Schenke JuS 2019, 833 (839); Überblick bei Dörig NVwZ 2010, 921 (922); vgl. auch Hailbronner Ausländerrecht AsylG § 73 Rn. 154.
[245] BVerwG 4.12.2020 – 3 C 5.20, NJW 2021, 1970; BVerwG 15.11.2007 – 1 C 45.06, NVwZ 2008, 434 Rn. 13; Bamberger in Wysk VwGO § 113 Rn. 15; Wolff in NK-VwGO VwGO § 113 Rn. 94.
[246] EuGH 29.4.2004 – verb. Rs. C-482/01 und C-493/01, ECLI:EU:C:2004:262 Rn. 80 = NVwZ 2004, 1099 – Orfanopoulos und Oliveri; Ziekow NVwZ 2010, 793 (798).
[247] EuGH 10.4.1984 – C-14/83, ECLI:EU:C:1984:153 Rn. 26 = NJW 1984, 2021 – Colson und Kamann; EuGH 13.11.1990 – C-106/89, ECLI:EU:C:1990:395 Rn. 8 = BeckRS 2004, 74075 – Marleasing; EuGH 7.8.2018 – C-122/17, ECLI:EU:C:2018:631 Rn. 38 – Smith.

beschlusses erfolgt, seine Aufmerksamkeit gewidmet,[248] obwohl es für dessen Beurteilung an sich nur auf den Erlasszeitpunkt ankommt.[249] Nicht anders wird dies in Fällen zu beurteilen sein, in denen ein Planfeststellungsbeschluss in Anwendung der projektbezogenen Vorschriften des Habitatschutzrechts erlassen wird. Selbst wenn die behördliche Entscheidung den Anforderungen des Art. 6 Abs. 3 FFH-RL (§ 34 Abs. 1, 2 BNatSchG) vollauf genügt, entbindet dies nach den Erkenntnissen des Gerichtshofs nicht von der durch Art. 6 Abs. 2 FFH-RL begründeten Pflicht, projektbedingte Verschlechterungen der Schutzgüter eines Natura 2000-Gebietes zu vermeiden, die im Zeitpunkt der behördlichen Entscheidung weder bekannt noch erkennbar waren.[250] Ist die Behörde daher aus unionsrechtlichen Gründen genötigt, auf nachträgliche Veränderungen der Sachlage durch Anpassung oder Aufhebung ihres rechtmäßig erlassenen Planfeststellungsbeschlusses zu reagieren, besteht in Ansehung der durch Art. 4 Abs. 3 EUV begründeten Loyalitätspflicht Grund zu der Annahme, dass solche Umstände auch bei der gerichtlichen Beurteilung nicht außer Acht gelassen werden dürfen. Das gilt umso mehr, als die maßgeblichen Richtlinienbestimmungen klar zum Ausdruck bringen, dass projektbedingte Verschlechterungen allenfalls in Ausnahmefällen bei Vorliegen der restriktiv gefassten Voraussetzungen des Art. 6 Abs. 4 FFH-RL (§ 34 Abs. 3–5 BNatSchG) hingenommen werden dürfen. Die praktische Wirksamkeit des europäischen Habitatschutzrechts wäre daher entscheidend geschwächt, würden die Gerichte bei ihrer Beurteilung Änderungen der Sachlage nach Erlass eines Planfeststellungsbeschlusses nicht berücksichtigten.

59 **2. Vereinbarkeit streitentscheidender Normen mit dem Unionsrecht.** Handelt es sich bei der für die Streitentscheidung maßgeblichen Norm um eine Bestimmung des sekundären Unionsrechts, hat das angerufene Gericht zuvörderst ihre Übereinstimmung mit den Vorgaben des Primärrechts und namentlich ihre Vereinbarkeit mit den Unionsgrundrechten[251] zu prüfen. Kommen dem Gericht bei Anwendung dieses Prüfungsmaßstabs Zweifel hinsichtlich der Gültigkeit der sekundärrechtlichen Bestimmung oder ist es sogar von ihrer Ungültigkeit überzeugt, darf es die unionsrechtliche Vorschrift bei seiner Entscheidung dennoch nicht von sich aus unangewendet lassen. Stattdessen hat es dem Gerichtshof eine die Gültigkeit der Unionsnorm betreffende Frage zur Vorabentscheidung gem. Art. 267 AEUV zu unterbreiten, denn die nationalen Gerichten sind „nicht befugt […], selbst die Ungültigkeit von Handlungen der Gemeinschaftsorgane festzustellen".[252] Schließt sich der Gerichtshof diesen Zweifeln nicht an und bestätigt die Gültigkeit der Norm, ist das vorlegende Gericht an diese Feststellung gebunden. Ihm verbleibt dann allenfalls noch die Möglichkeit, die unionsrechtliche Bestimmung zum Gegenstand einer Normenkontrolle iSd Art. 100 GG zu erheben, soweit es den „unantastbaren Kerngehalt der Verfassungsidentität des Grundgesetzes" berührt sieht oder den Fall eines „ausbrechenden Hoheitsaktes" für gegeben erachtet.[253]

---

[248] BVerwG 7.7.2022 – 9 A 1.21, NVwZ 2023, 1076; BVerwG 12.8.2009 – 9 A 64.07, DVBl 2010, 395; hierzu Korbmacher in Mitschang, Bauen und Naturschutz, 2011, S. 97 (103).
[249] BVerwG 7.7.1978 – 4 C 79.76, BVerwGE 56, 110 (121) = NJW 1979, 64; BVerwG 26.6.1992 – 4 B 1–11.92, NVwZ 1993, 572; BVerwG 14.4.2010 – 9 A 5.08, NVwZ 2010, 1225; BVerwG 20.3.2018 – 9 B 43.16, NVwZ 2018, 1076.
[250] EuGH 7.9.2004 – C-127/02, ECLI:EU:C:2004:482 Rn. 37 f. = EuZW 2004, 730 – Waddenzee; EuGH 14.1.2010 – C-226/08, ECLI:EU:C:2010:10 Rn. 49 = NVwZ 2010, 310 – Papenburg/Deutschland; EuGH 14.1.2016 – C-399/14, ECLI:EU:C:2016:10 Rn. 33 = NVwZ 2016, 595 – Grüne Liga Sachsen; BVerwG 15.7.2016 – 9 C 3.16 Rn. 42 = NVwZ 2016, 1631.
[251] Hierzu Streinz in Streinz EUV Art. 6 Rn. 24 ff.
[252] EuGH 22.10.1987 – C-314/85 ECLI:EU:C:1987:452 Rn. 20 = NJW 1988, 1451 – Foto-Frost; EuGH 22.2.2022 – C-430/21, ECLI:EU:C:2022:99 Rn. 71 = NJW 2022, 2093 – RS; Ehricke in Streinz AEUV Art. 267 Rn. 45; Kotzur/Dienelt in Geiger/Khan/Kotzur/Kirchmair AEUV Art. 267 Rn. 20 mwN.
[253] Vgl. nur BVerfG 30.6.2009 – 2 BvE 2/08, 2 BvE 5/08, 2 BvR 1010/08, 2 BvR 1022/08, 2 BvR 1259/08, 2 BvR 182/09, BVerfGE 123, 267 = NJW 2009, 2267 – Lissabon; BVerfG 5.5.2020 – 2 BvR 859/15, BVerfGE 154, 17 Rn. 105 ff. = NJW 2020, 1647 – PSPP; Darstellung des aktuellen Standes der Rspr. des BVerfG bei Pegatzky NVwZ 2022, 761 ff.; Burchardt ZaöRV 2016, 527 ff.; Schlaich/Korioth Das Bundesverfassungsgericht Rn. 360b ff.

Sind dagegen Vorschriften des nationalen Rechts für die Entscheidung des Rechtsstreits **60** maßgeblich, hat das hierzu berufene Gericht sowohl die Unionsrechtskonformität als auch die verfassungsrechtliche Zulässigkeit der einschlägigen Bestimmungen zu prüfen. Die allen staatlichen Gerichten obliegende Pflicht, „das nationale Recht im Lichte des Wortlauts und des Zwecks" des Unionsrechts auszulegen, bringt es zunächst mit sich, dass nationale Bestimmungen stets unionsrechtskonform interpretiert und angewendet werden müssen.²⁵⁴ Lassen sich die Normwidersprüche auf diesem Wege jedoch nicht auflösen und stellt sich – ggf. nach vorheriger Einholung einer die Auslegung des Unionsrechts betreffenden Vorabentscheidung des Gerichtshofs – heraus, dass die staatliche Bestimmung den zur Entscheidung gestellten Sachverhalt in Widerspruch zu einer unmittelbar anwendbaren Unionsnorm regelt, ist das Gericht aus Gründen des unionsrechtlichen Anwendungsvorrangs gehalten, den Rechtsstreit unter Außerachtlassung der nationalen Norm zu entscheiden, indem es „erforderlichenfalls jede – auch spätere – entgegenstehende Bestimmung des nationalen Rechts aus eigener Entscheidungsbefugnis unangewendet lässt, ohne dass es die vorherige Beseitigung dieser Bestimmung auf gesetzgeberischem Weg oder durch irgendein anderes verfassungsrechtliches Verfahren beantragen oder abwarten müsste".²⁵⁵

Von unmittelbarer Bedeutung für das verwaltungsgerichtliche Verfahren sind in diesem **61** Zusammenhang die bundesverfassungsgerichtlichen Urteile zum sog. **„Recht auf Vergessen I"** und **„II"**, in denen sich das BVerfG zu der Anwendbarkeit der GRCh als Prüfungsmaßstab in der Verfassungsbeschwerde geäußert hat.²⁵⁶ Gem. Art. 51 GRCh sind die Mitgliedstaaten „ausschließlich bei der Durchführung des Rechts der Union" an die Charta gebunden. Ob als Prüfungsmaßstab für mitgliedstaatliches Handeln die nationalen Grundrechte oder die Unionsgrundrechte gelten, bestimmt sich nach den Erkenntnissen des BVerfG danach, ob den Mitgliedstaaten bei dieser Durchführung des Unionsrechts noch ein eigener Gestaltungsspielraum verbleibt. Haben die Mitgliedstaaten bei der Umsetzung des Unionsrechts eigene Spielräume, so sind grds die Grundrechte des GG maßgeblich. In diesen Fällen zielt die Unionsrechtsordnung „regelmäßig nicht auf eine Einheitlichkeit des Grundrechtsschutzes".²⁵⁷ Zudem kann vermutet werden, dass das „grundrechtliche Schutzniveau des Unionsrechts durch die Anwendung der Grundrechte des Grundgesetzes mitgewährleistet ist".²⁵⁸ Die Grundrechte des GG sind aber „im Lichte der Charta auszulegen".²⁵⁹ Handelt es sich hingegen um „eine unionsrechtlich vollständig vereinheitlichte Materie"²⁶⁰, in der den Mitgliedstaaten keinerlei Gestaltungsspielraum verbleibt, so werden als Prüfungsmaßstab ausschließlich die Unionsgrundrechte angewendet. Methodisch erfolgt dies mittels einer erweiternden Auslegung des Begriffs der „Grundrechte" in Art. 93 Abs. 1 Nr. 4a GG, der unionsrechtskonform so interpretiert wird, dass er nicht nur die Grundrechte des GG, sondern auch die der GRCh erfasst. Konsequenz dieser grundrechtsfreundlichen Rechtsprechung ist, dass nicht nur die Verletzung nationaler Grundrechte, sondern auch die von Unionsgrundrechten iRd Verfassungsbeschwerde direkt rügefähig ist. Letzt-

---

[254] EuGH 10.4.1984 – C-14/83, ECLI:EU:C:1984:153 Rn. 26 = NJW 1984, 2021 – Colson und Kamann; EuGH 26.10.2016 – C-611/14 ECLI:EU:C:2016:800 Rn. 32 = GRUR 2016, 1307 – Canal Digital Danmark; EuGH 7.8.2018 – C-122/17, ECLI:EU:C:2018:631 Rn. 39 – Smith; eing. Schroeder in Streinz AEUV Art. 288 Rn. 110 ff. mit zahlreichen Nachweisen.
[255] EuGH 5.4.2022 – C-140/20, ECLI:EU:C:2022:258 Rn. 118 = EuZW 2022, 536 – G. D. mit Bezug auf EuGH 15.7.1964 – C-6/64, ECLI:EU:C:1964:66 Rn. 12 = NJW 1964, 2371 – Costa/E. N. E. L.; BVerfG 6.7.2010 – 2 BvR 2661/06, EuZW 2010, 828; BVerwG 20.2.2020 – 1 C 21.19, BeckRS 2020, 12411 Rn. 40; Streinz in Streinz EUV Art. 4 Rn. 35 ff.
[256] BVerfG 6.11.2019 – 1 BvR 16/13, NJW 2020, 300 – Recht auf Vergessen I; BVerfG 6.11.2019 – 1 BvR 276/17, NJW 2020, 314 – Recht auf Vergessen II; s. dazu Lehner JA 2022, 177; Preßlein EuR 2021, 247; Karpenstein/Kottmann EuZW 2020, 185; Kämmerer/Kotzur NVwZ 2020, 177; Scheffczyk NVwZ 2020, 977; Wendel JZ 2020, 157.
[257] BVerfG 6.11.2019 – 1 BvR 16/13, NJW 2020, 300 – Recht auf Vergessen I; Lehner JA 2022, 177 (182).
[258] BVerfG 6.11.2019 – 1 BvR 16/13, NJW 2020, 300 – Recht auf Vergessen I.
[259] BVerfG 6.11.2019 – 1 BvR 16/13, NJW 2020, 300 Rn. 60 – Recht auf Vergessen I.
[260] BVerfG 6.11.2019 – 1 BvR 276/17, NJW 2020, 314 Rn. 32 – Recht auf Vergessen II.

lich werden damit die Befugnisse des BVerfG erweitert.[261] Durch die Urteile wird auch das Verhältnis des BVerfG zu den Fachgerichten, die grds. „den unionsrechtlichen Grundrechtsschutz zu gewährleisten"[262] haben, rekalibriert. Das verwaltungsgerichtliche Verfahren wird zwar insoweit nicht zu einem „vorgezogenen Unionsgrundrechtsstreit" aufgeladen, jedoch wird das den Bürgern gegebene grundrechtliche Schutzversprechen vom BVerfG in Rahmen seiner „grundrechtsspezifischen Kontrollfunktion"[263] nun auch in Bezug auf die GRCh gegenüber den Fachgerichten eingelöst, deren Urteile zumindest im unionsrechtlich volldeterminierten Bereich direkt am Maßstab der Unionsgrundrechte überprüft werden können.[264] Die Konsequenz daraus ist, dass die Fachgerichte verstärkt die GRCh und die entsprechende Rechtsprechung des EuGH berücksichtigen und zur Anwendung bringen müssen, indem sie in jedem Einzelfall prüfen, ob die zu entscheidende Rechtsfrage unionsrechtlich vollständig determiniert ist.[265] Die Beantwortung dieser Frage „richtet sich in aller Regel nach den Normen, aus denen die Rechtsfolgen für den streitgegenständlichen Fall abzuleiten sind, also danach, ob das streitgegenständliche Rechtsverhältnis und die sich aus ihm konkret ergebenden Rechtsfolgen durch das Unionsrecht oder das nationale Recht festgelegt werden."[266]

62 **3. Gerichtliche Kontrolldichte.** Die Effektivität des gerichtlichen Schutzes unionsrechtlich verbürgter Rechte hängt nicht zuletzt davon ab, ob die Unionsrechtskonformität staatlichen Handelns in vollem Umfang gerichtlich kontrolliert wird. Dennoch sieht es sich trotz der hiermit einhergehenden Reduzierung der gerichtlichen Kontrolldichte keinen prinzipiellen Bedenken ausgesetzt, wenn mitgliedstaatlichen Behörden im indirekten Vollzug des Unionsrechts Beurteilungs- bzw. Ermessensspielräume zuerkannt werden.[267] Nach den Erkenntnissen des Gerichtshofs bleibt es grundsätzlich den Mitgliedstaaten vorbehalten, im Rahmen ihrer Verfahrensautonomie über die Art und Weise der richterlichen Kontrolle sowie deren Intensität zu entscheiden. Da es mit dem unionsrechtlichen Grundsatz des effektiven Rechtsschutzes vereinbar sei, der Europäischen Kommission ein gerichtlich nur in beschränktem Umfang überprüfbares Ermessen namentlich bei komplexen wirtschaftlichen Beurteilungen einzuräumen, gebiete es das Unionsrecht nicht, dass die Mitgliedstaaten Verfahren der gerichtlichen Nachprüfung entsprechender Entscheidungen nationaler Behörden einführen, die eine weitergehende richterliche Nachprüfung umfassen, als sie der Gerichtshof in vergleichbaren Fällen vornimmt.[268] Dies bringt es mit sich, dass auch ein nationaler Richter das Vorliegen der Tatbestandsvoraussetzungen und ihrer rechtlichen

---

[261] Kritisch insoweit Haug in Bergmann, Handlexikon der Europäischen Union, Recht auf Vergessen I und II-Entscheidungen, der insofern von einer „kühnen Selbstermächtigung" des BVerfG spricht; Klein DÖV 2020, 341 (342 f.); zustimmend Kühling NJW 2020, 275 (279 f.).
[262] BVerfG 6.11.2019 – 1 BvR 276/17, NJW 2020, 314 Rn. 62 – Recht auf Vergessen II.
[263] BVerfG 6.11.2019 – 1 BvR 276/17, NJW 2020, 314 Rn. 62 – Recht auf Vergessen II.
[264] Wendel JZ 2020, 157 (161); Karpenstein/Kottmann EuZW 2020, 185 (189); Scheffczyk NVwZ 2020, 977 (979); Edenharter DÖV 2020, 349 (352 f.).
[265] Vgl. als Reaktionen der Fachgerichtsbarkeit, etwa BVerwG 9.3.2023 – 3 C 15.21, GewArch 2023, 304 (306); BVerwG 27.4.2022 – 6 C 3.21, NVwZ 2022, 1293; BVerwG 17.12.2021 – 7 C 7.20, NVwZ 2022, 803; BVerwG 30.1.2020 – 10 C 18.19, NVwZ 2020, 1368.
[266] BVerwG 27.4.2022 – 6 C 3.21, NVwZ 2022, 1293 (1297).
[267] EuGH 21.1.1999 – C-120/97, ECLI:EU:C:1999:14 Rn. 35 = EuZW 1999, 503 – Upjohn; EuGH 24.4.2008 – C-55/06, ECLI:EU:C:2008:244 Rn. 169 = NJW 2008, 2324 (Ls.) – Arcor; Dörr in NK-VwGO EVR Rn. 236; Wendel, Verwaltungsermessen als Mehrebenenproblem, 2019, 52 f.; Karpenstein, Praxis des EU-Rechts, 2. Aufl. 2013, § 2 Rn. 334; di Fabio EnWZ 2022, 291; Gärditz NVwZ 2009, 1005 (1007 f.); Otting/Olgemöller AnwBl 3 (2010), 155 (161).
[268] EuGH 21.1.1999 – C-120/97, ECLI:EU:C:1999:14 Rn. 35 = EuZW 1999, 503 – Upjohn; EuGH 24.4.2008 – C-55/06, ECLI:EU:C:2008:244 Rn. 169 f. = NJW 2008, 2324 (Ls.) – Arcor; EuGH 24.10.2013 – verb. Rs. C–214/12 P, C–215/12 P und C–223/12 P, ECLI:EU:C:2013:682 Rn. 77 ff. = EuZW 2014, 36 – Land Burgenland; EuGH 20.12.2017 – C-81/16 P, ECLI:EU:C:2017:1003 Rn. 70 – Spanien/Kommission; EuGH 30.3.2021 – 3 C 7.20, NVwZ-RR 2021, 801; Wendel, Verwaltungsermessen als Mehrebenenproblem, 2019, S. 53; Ollinger, Nachvollziehende Verfahrenskontrolle im EU-Beihilferecht, 2019, 2 ff., 25 ff., 201 ff.; v. Danwitz EuVerwR S. 591 f.; verschiedene Beispiele bei Ludwigs DÖV 2020, 405 (413).

Bewertung durch die Behörde zu prüfen und insbes. der Frage nachzugehen hat, „ob die Behörde die gültigen Verfahrensbestimmungen eingehalten hat, von einem richtigen Verständnis des anzuwendenden Gesetzesbegriffs ausgegangen ist, den erheblichen Sachverhalt vollständig und zutreffend ermittelt hat und sich bei der eigentlichen Beurteilung an allgemeingültige Bewertungsmaßstäbe gehalten, insbesondere das Willkürverbot nicht verletzt hat".[269] Im Ergebnis etabliert das Unionsrecht daher einen Mindeststandard, hindert die Mitgliedstaaten aber nicht daran, eine intensivere gerichtliche Kontrolle behördlicher Beurteilungen bzw. Ermessensbetätigungen vorzusehen. Eine gerichtliche Kontrollintensität, wie sie nach den Erkenntnissen des Bundesverfassungsgerichts in Ansehung des Art. 19 Abs. 4 GG geboten ist,[270] sieht sich daher keinen unionsrechtlichen Bedenken ausgesetzt.

4. Beweisrecht. Soweit es die gerichtliche Beweiserhebung anbelangt, ist zu beachten, **63** dass das Unionsrecht die maßgeblichen Beweisregeln gelegentlich selbst aufstellt.[271] Exemplarischen Beleg bieten dafür Art. 8 Antidiskriminierungs-RL (Gleichbehandlungsgrundsatz Rasse und ethnische Herkunft)[272] und Art. 10 RL 2000/78/EG (Gleichbehandlung in Beschäftigung und Beruf). Auch ist darauf hinzuweisen, dass der Gerichtshof in Ansehung artenschutzrechtlicher Ausnahmebestimmungen (Art. 9 VRL[273]) für Recht erkannte, dass die Beweislast für die Erfüllung der dort normierten Voraussetzungen von der nationalen Stelle zu tragen ist, die über sie entscheidet.[274] Im Übrigen ist bei der Anwendung nationaler Beweis- oder Beweislastregeln zu beachten, dass sie mit dem unionsrechtlichen Äquivalenz- und Effektivitätsgrundsatz vereinbar sein müssen.[275] Hiermit übereinstimmend hat der Gerichtshof verschiedentlich klargestellt, dass Beweisregeln des staatlichen Rechts mit dem Unionsrecht unvereinbar sind, wenn sie – etwa durch Mitwirkungsverbote, die Unwiderleglichkeit behördlicher Bescheinigungen oder durch Vermutungsregelungen – die Durchsetzung gemeinschaftsrechtlicher Ansprüche[276] oder die Geltendmachung von Verstößen gegen das Gemeinschaftsrecht unmöglich machen.[277] Dies ist etwa dann der Fall, wenn Beweislastregeln „es praktisch unmöglich oder übermäßig schwierig machen, die Erstattung von unter Verstoß gegen das Gemeinschaftsrecht erhobenen Abgaben zu erreichen",[278] weil sie „dem Abgabepflichtigen die Beweislast dafür auferlegen, daß die zu Unrecht gezahlten Abgaben nicht auf andere Personen abgewälzt worden sind, oder für besondere Beschränkungen hinsichtlich der Form der zu erbringenden Beweise [gelten], wie es beim Ausschluß aller Beweismittel außer dem Urkundenbeweis der Fall ist".[279]

---

[269] BVerwG 17.9.2015 – 1 C 37.14, NVwZ 2016, 161 Rn. 21; vgl. auch EuGH 21.1.1999 – C-120/97, ECLI:EU:C:1999:14 Rn. 34 = EuZW 1999, 503 – Upjohn; EuGH 18.6.2002 – C-92/00, ECLI:EU:C:2002:379 Rn. 61 f. = EuR 2003, 71 – Hospital Ingenieure Krankenhaustechnik Planungs-Gesellschaft mbH (HI); EuGH 26.6.2019 – C-723/17, ECLI:EU:C:2019:533 Rn. 45 f. = NJW 2019, 2833 – Craeynest; Hatje in Schwarze, Verfahren und Rechtsschutz im europäischen Wirtschaftsrecht, 2010, 124 (132 ff., 137).
[270] BVerfG 10.12.2009 – 1 BvR 3151/07 NVwZ 2010, 435 Rn. 60; BVerfG 31.5.2011 – 1 BvR 857/07, NVwZ 2011, 1062 Rn. 90 ff.; BVerwG 17.9.2015 – 1 C 37.14, NVwZ 2016, 161 Rn. 21.
[271] v. Danwitz EuVerwR S. 589.
[272] RL 2000/43/EG v. 29. Juni 2000 (ABl. 2000 L 180, 22).
[273] RL 2009/147/EG v. 30. November 2009 (ABl. 2010 L 20, 7).
[274] EuGH 15.12.2005 – C-344/03, ECLI:EU:C:2005:770 Rn. 39, 60 = BeckRS 2005, 70992 – Kommission/Finnland; EuGH 12.7.2007 – C-507/04, ECLI:EU:C:2007:427 Rn. 198 = BeckRS 2007, 70508 – Kommission/Österreich.
[275] Hierzu Dörr in NK-VwGO EVR Rn. 232; Ehlers, Die Europäisierung des Verwaltungsprozessrechts, 1999, 103.
[276] EuGH 9.2.1999 – C-343/96, ECLI:EU:C:1999:59 Rn. 48 = NVwZ 1999, 633 – Dilexport; EuGH 21.9.2000 – verb. Rs. C-441/98 und C-442/98, ECLI:EU:C:2000:479 Rn. = BeckRS 2004, 77281 – Michailidis; EuGH 21.6.2017 – C-621/15 ECLI:EU:C:2017:484 Rn. 25 f. = NJW 2017, 2739 – N. W. u.a.; EuGH 28.4.2022 – C-86/20 ECLI:EU:C:2022:320 Rn. 76 – Vinařství U Kapličky s. r. o.; v. Danwitz EuVerwR S. 588 f.
[277] EuGH 17.7.1997 – C-242/95, ECLI:EU:C:1997:376 Rn. 25 ff. = BeckRS 2004, 75377 – GT-Link.
[278] EuGH 9.11.1083 – C-199/82 ECLI:EU:C:1983:318 Rn. 14 – San Giorgio.
[279] EuGH 9.2.1999 – C-343/96, ECLI:EU:C:1999:59 Rn. 48 = NVwZ 1999, 633 – Dilexport.

64 5. Sonstige Aspekte. Den Gerichten ist es versagt, über die gestellten Anträge hinauszugehen oder dem Kläger etwas anderes als von ihm beantragt zuzusprechen (§ 88 VwGO, § 123 SGG, § 96 FGO). Setzt sich der Kläger gegen die belastende Nebenbestimmung eines ihn begünstigen Verwaltungsaktes (zB Beihilfe) zur Wehr und stellt sich im gerichtlichen Verfahren heraus, dass die Gewährung der Begünstigung einschlägigen Bestimmungen des Unionsrechts widerspricht, sind sie daher gehindert, den Streitgegenstand zum Nachteil des Klägers zu verändern. Obwohl die Wahrung des Unionsrechts zu den Aufgaben nationaler Gerichte gehört (Art. 4 Abs. 3 EUV), bietet dies dennoch keinen Anlass zur Beanstandung,[280] hat der Gerichtshof doch für Recht erkannt, dass der nationale „Richter nicht dazu verpflichtet [ist], von Amts wegen eine Vorschrift des Gemeinschaftsrechts anzuwenden, wenn er infolge einer derartigen Anwendung den im einschlägigen nationalen Recht verankerten Grundsatz des Verbots der *reformatio in peius* durchbrechen müsste."[281]

65 Nicht unerwähnt bleiben darf schließlich, dass sich das Unionsrecht auch im Bereich der Kosten des gerichtlichen Verfahrens auswirken kann. Mit Blick auf die sekundärrechtlichen Bestimmungen der Art. 11 UVP-RL und Art. 25 Industrieemissions-RL, vermöge derer die gerichtlichen Verfahren nicht übermäßig teuer sein dürfen, sah sich Irland dem Vorwurf der Kommission konfrontiert, dass es keine nationale Bestimmung gibt, die eine Obergrenze für die Kosten bestimmt, die von einem unterlegenen Kläger zu zahlen sind. Der Gerichtshof bestätigte den Vorwurf und ließ das Argument, die irischen Gerichte könnten davon absehen, der unterlegenen Partei die Kosten aufzuerlegen, mit dem Hinweis zurück, dass es sich dabei um eine bloße Rechtsprechungspraxis handele, die nicht als rechtswirksame Erfüllung der richtliniengestützten Verpflichtung zu erachten sei.[282] In einem weiteren Verfahren hat der Gerichtshof indes entschieden, dass eine ähnliche Kostenregelung keine unmittelbare Wirkung zugunsten eines Einzelnen entfaltet.[283] Nichtsdestotrotz sind die nationalen Gerichte verpflichtet, entsprechende Kostenregelungen „in einer Weise auszulegen, dass der Einzelne nicht aufgrund der möglicherweise resultierenden finanziellen Belastung daran gehindert wird, einen gerichtlichen Rechtsbehelf, der in den Anwendungsbereich dieses Artikels fällt, einzulegen oder weiterzuverfolgen."[284] Im Schrifttum wurden daher bereits Zweifel geäußert, ob die §§ 154 ff. VwGO mit den unionsrechtlichen Vorgaben in Übereinstimmung stehen.[285]

D. Das Rechtsmittelverfahren

66 In verwaltungs- und sozialgerichtlichen Verfahren kommen als förmliche Rechtsbehelfe, mit denen der Betroffene die Überprüfung einer gerichtlichen Entscheidung erreichen kann, die Berufung (§§ 124–131 VwGO; §§ 143–159 SGG), die Revision (§§ 132–145 VwGO; §§ 160–171 SGG) und die Beschwerde (§§ 146–152 VwGO; §§ 172–178 SGG) einschließlich der Nichtzulassungsbeschwerde in Betracht. Die Rechtsmittel im Finanzgerichtsprozess sind demgegenüber auf die Revision (§§ 115–127 FGO), die Nichtzulassungsbeschwerde (§ 116 FGO) und die Beschwerde (§§ 128–133 FGO) beschränkt.[286]

67 Die Wirkungen dieser Rechtsmittel sind dahingehend charakterisiert, dass sie den Eintritt der Rechtskraft der angegriffenen Entscheidung hemmen **(Suspensiveffekt)** und die Ent-

---

[280] Classen in Schulze/Janssen/Kadelbach HdB-EuropaR § 4 Rn. 124; Gärditz JuS 2009, 385 (393); Schenke in Kopp/Schenke VwGO § 88 Rn. 6.
[281] EuGH 25.11.2008 – C-455/06, ECLI:EU:C:2008:650 Rn. 48 = NJW 2009, 1405 – Heemskerk; EuGH 13.2.2014 – C-18/13, ECLI:EU:C:2014:69 Rn. 37 = DB 2014, 461 – Maks Pen EOOD; BFH 16.12.2020 – I R 41/17 Rn. 33 = DB 2021, 2393.
[282] EuGH 29.10.2009 – C-427/07, ECLI:EU:C:2009:457 Rn. 93 f. = BeckEuRS 2009, 500998 – Kommission/Irland.
[283] EuGH 17.10.2018 – C-167/17, ECLI:EU:C:2018:833 Rn. 33 – Klohn.
[284] EuGH 17.10.2018 – C-167/17, ECLI:EU:C:2018:833 Rn. 36 – Klohn.
[285] Ziekow NVwZ 2010, 793 (798).
[286] Ratschow in Gräber FGO Vor § 115 Rn. 35.

scheidungszuständigkeit eines höheren Gerichts begründen (**Devolutiveffekt**).[287] Ihre Zulässigkeit hängt im Wesentlichen von ihrer Statthaftigkeit, der erforderlichen Beschwer des Rechtsmittelführers sowie ihrer form- und fristgerechten Einlegung ab. Darüber hinaus muss der Rechtsmittelführer beteiligten- und prozessfähig und bereits am Verfahren beteiligt gewesen sein; er darf ferner keinen Rechtsmittelverzicht erklärt oder die Möglichkeit zur Einlegung des Rechtsmittels verwirkt haben.[288] Hier ist nicht der Raum, die Einzelheiten des Rechtsmittelverfahrens darzulegen; insoweit muss auf die einschlägige prozessrechtliche Literatur verwiesen werden.[289] Die nachfolgende Darstellung beschränkt sich daher im Wesentlichen auf die Besonderheiten unionsrechtlich bedeutsamer Rechtsmittelverfahren.

I. Berufung und Revision

Während die Berufung grundsätzlich zu einer umfassenden Überprüfung des erstinstanzlichen Urteils sowohl in rechtlicher als auch in tatsächlicher Hinsicht führt und selbst neu vorgebrachte Tatsachen in diesem Verfahren Berücksichtigung finden (§ 128 S. 2 VwGO, § 157 S. 2 SGG), dient das Revisionsverfahren ausschließlich einer Überprüfung in rechtlicher Hinsicht,[290] wobei die revisionsgerichtliche Kontrolle auf die Verletzung revisiblen Rechts beschränkt ist (§ 137 Abs. 1 VwGO, § 118 Abs. 1 FGO, § 162 SGG). Auch wenn die einschlägigen Bestimmungen insoweit in erster Linie auf das Bundesrecht verweisen, ist doch anerkannt, dass auch das primäre und sekundäre Recht der Europäischen Union zum revisiblen Recht gehört, zumal es im Gegensatz zu (nicht revisiblem) Landes- und Partikularrecht aufgrund einheitlicher Kompetenz im gesamten Bundesgebiet gilt.[291] Dabei ist in Ansehung des Sekundärrechts nicht von Belang, ob das Unionsrecht innerstaatlich unmittelbar anwendbar ist.[292] In Ansehung des Sekundärrechts prüft das Revisionsgericht daher auch, ob die Vorschriften des nationalen Rechts in einer richtlinienkonformen Weise ausgelegt wurden.[293] **68**

Jenseits der sich dem Äquivalenz- und Effektivitätsgebot verdankenden allgemeinen Anforderungen sind die Einwirkungen des Unionsrechts auf das nationale Rechtsmittelrecht gering.[294] Zu beachtende Besonderheiten im Hinblick auf die Unionsrechtsrelevanz ergeben sich vorwiegend unter dem Aspekt des Erfordernisses einer vorherigen Zulassung des Rechtsmittels.[295] Berufung und Revision erfordern zu ihrer Statthaftigkeit der vorherigen Zulassung (§§ 124, 132 VwGO; §§ 144, 160 SGG; § 115 FGO), die nur in Frage kommt, wenn bestimmte Zulassungsgründe erfüllt sind. Aus Gründen ihrer besonderen Relevanz werden im Folgenden nur die einschlägigen revisionsrechtlichen Vorschriften **69**

---

[287] Vgl. nur Blanke in NK-VwGO VwGO Vorb. § 124 Rn. 1; Rudisile in Schoch/Schneider VwGO Vorb. § 124 Rn. 1, 6.
[288] Einzelheiten bei Schenke in Kopp/Schenke VwGO Vorb. § 124 Rn. 27 ff.; Gärditz/Dietz VwGO § 124 Rn. 1 ff.; Happ in Eyermann VwGO Vor § 124 Rn. 19 ff.
[289] Hufen VerwProzR §§ 40–42; Kuhla in Kuhla/Hüttenbrink Verwaltungsprozess Kap. F Rn. 1–290.
[290] Blanke in NK-VwGO VwGO Vorb. § 124 Rn. 18 f.
[291] StRspr. vgl. BVerfG 31.5.1990 – 2 BvL 12, 13/88, 2 BvR 1436/87, BVerfGE 82, 159 (196) = NJW 1991, 830 (Ls.); BVerfG 22.12.1992 – 2 BvR 557/88, NVwZ 1993, 883 (884); BVerwG 12.6.1970 – VII C 35.69, BVerwGE 35, 277 (278) = BayVBl 1970, 363; BVerwG 21.7.1983 – 3 C 11.82, NVwZ 1984, 518; BVerwG 18.11.2011 – 1 B 13.11, BeckRS 2011, 56520 Rn. 4; Eichberger/Buchheister in Schoch/Schneider VwGO § 137 Rn. 39; Schenke in Kopp/Schenke VwGO § 137 Rn. 5; Kuhlmann in Wysk VwGO § 137 Rn. 5; Karpenstein, Praxis des EU-Rechts, 2. Aufl. 2013, Rn. 357.
[292] Eichberger/Buchheister in Schoch/Schneider VwGO § 137 Rn. 40; Neumann/Korbmacher in NK-VwGO VwGO § 137 Rn. 54; Ratschow in Gräber FGO § 118 Rn. 13.
[293] Vgl. etwa BVerwG 6.12.1996 – 7 C 64/95, NJW 1997, 753; Kuhlmann in Wysk VwGO § 137 Rn. 5; Suerbaum in BeckOK VwGO § 137 Rn. 15.
[294] Dörr in NK-VwGO EVR Rn. 252; vgl. auch Czybulka/Hösch in NK-VwGO VwGO § 132 Rn. 8, 32; Buchheister in Schoch/Schneider VwGO § 132 Rn. 12a.
[295] Zur Unionsrechtskonformität der verschiedentlich bestehenden Erfordernisse fristgerechter Begründung Ehlers, Die Europäisierung des Verwaltungsprozeßrechts, 1999, 81 ff.

70 Ausweislich der § 132 Abs. 2 Ziff. 1 VwGO, § 160 Abs. 2 Ziff. 1 SGG, § 115 Abs. 2 Ziff. 1 FGO ist die Revision zuzulassen, wenn die Rechtssache grundsätzliche Bedeutung hat (**Grundsatzrevision**). Mit Rücksicht auf die Funktion dieses Zulassungsgrundes hat eine Rechtssache nur dann grundsätzliche Bedeutung, „wenn für die angefochtene Entscheidung der Vorinstanz eine konkrete, fallübergreifende und bislang ungeklärte Rechtsfrage des revisiblen Rechts von Bedeutung war, deren Klärung im Revisionsverfahren zu erwarten ist und zur Erhaltung der Einheitlichkeit der Rechtsprechung oder zur Weiterentwicklung des Rechts geboten erscheint".[296] Geht es bei dem Rechtsstreit um die Auslegung von Unionsrecht, ist der Zulassungsgrund einschlägig, wenn in einem künftigen Revisionsverfahren voraussichtlich eine Vorabentscheidung des Gerichtshofs gem. Art. 267 AEUV erforderlich ist und keine Gründe vorliegen, die die Vorlagepflicht des letztinstanzlich entscheidenden Gerichts entfallen lassen (→ § 10 Rn. 71 ff.).[297] Ist das richtige Verständnis einer Norm des Unionsrechts für die zu treffende Entscheidung wesentlich – sei es, dass sie selbst die Entscheidungsgrundlage bildet oder ihr Inhalt für die Auslegung einer entscheidungsbeachtlichen nationalen Norm bedeutsam ist – und sieht das Gericht – wozu es gem. Art. 267 Abs. 2 AEUV berechtigt sein kann – von einer Vorlage an den Gerichtshof ab, muss die Revision wegen der grundsätzlichen Bedeutung der Sache zugelassen werden. Anderes gilt nur dann, wenn die dem Revisionsgericht obliegende Vorlagepflicht gem. Art. 267 Abs. 3 AEUV ausnahmsweise entfällt. Dieser Ausnahmefall greift aber nur dann ein, wenn die unionsrechtliche Rechtslage derart offenkundig ist, dass kein Raum für vernünftige Zweifel an der Entscheidung der gestellten Frage verbleibt oder die maßgebliche Rechtsfrage bereits durch eine gesicherte Rechtsprechung des Gerichtshofs geklärt ist (→ § 10 Rn. 73, 75).[298] Überdies erscheint es durchaus naheliegend, von einer grundsätzlichen Bedeutung im Regelfall auch dann auszugehen, wenn im Verlaufe des Rechtsstreits bereits eine Vorabentscheidung eingeholt wurde.[299] Den auf diesem Wege gewonnenen Erkenntnissen wird nämlich nicht selten eine über den konkreten Rechtsstreit hinausweisende Bedeutung für die einheitliche Auslegung und Anwendung des nationalen Rechts zukommen.

71 Darüber hinaus ist die Revision gem. § 132 Abs. 2 Ziff. 3 VwGO, § 115 Abs. 2 Ziff. 3 FGO, § 160 Abs. 2 Ziff. 3 SGG zuzulassen, wenn ein Verfahrensmangel geltend gemacht wird (und in Fällen der § 132 Abs. 2 Ziff. 3 VwGO, § 116 Abs. 2 Ziff. 3 FGO auch vorliegt[300]), „auf dem die angefochtene Entscheidung beruhen kann" (**Verfahrensrevision**). Die Missachtung einer dem Gericht obliegenden Vorlageverpflichtung gem. Art. 267 AEUV stellt einen Zulassungsgrund im Sinne dieser Vorschrift jedenfalls dann dar, wenn die Nichtvorlage an den Gerichtshof bei verständiger Würdigung der das Grundgesetz bestimmenden Gedanken nicht mehr verständlich erscheint oder offensichtlich unhaltbar ist[301] und in diesem Sinne willkürlich erfolgte.[302] Da der Gerichtshof gesetzlicher Richter iSd

---

[296] StRspr, vgl. nur BVerwG 8.3.2017 – 9 B 57.16, NVwZ 2018, 675 Rn. 2 mwN.
[297] StRspr vgl. BVerwG 20.3.1986 – 3 B 3.86, NJW 1987, 601; BVerwG 30.1.1996 – 3 NB 2.94, NJW 1997, 178; BVerwG 22.12.2021 – 7 BN 1.21, NVwZ 2022, 720 Rn. 10; ferner BVerfG 3.3.2014 – 1 BvR 2534/10, NJW 2014, 1796 Rn. 24; Schenke in Kopp/Schenke VwGO § 132 Rn. 10; Buchheister in Schoch/Schneider VwGO § 132 Rn. 49 mwN; Ratschow in Gräber FGO § 115 Rn. 135; Karpenstein, Praxis des EU-Rechts, 2. Aufl. 2013, § 2 Rn. 358.
[298] Vgl. nur EuGH 6.10.1982 – C-283/81, ECLI:EU:C:1982:335 Rn. 16 = NJW 1983, 1257 – C. I. L. F. I. T; BVerwG 12.10.2022 – 6 C 10.20, NVwZ 2023, 685 Rn. 75; zur acte-clair-Doktrin auch Ehricke in Streinz AEUV Art. 267 Rn. 47.
[299] Moench/Sander in Rengeling UmweltR-HdB I § 46 Rn. 94.
[300] Vgl. hierzu Buchheister in Schoch/Schneider VwGO § 132 Rn. 105.
[301] BVerfG 6.10.2017 – 2 BvR 987/16, NJW 2018, 606; zur fallgruppenweisen Konkretisierung des so umschriebenen Willkürmaßstabs Classen in Schulze/Janssen/Kadelbach HdB-EuropaR § 4 Rn. 128; Roth NVwZ 2009, 345 (349 ff.); s. auch Eichhorn/Meixner NJW 2023, 1911 ff.; Herz DÖV 2013, 769 ff.
[302] Vgl. etwa BVerfG 30.9.2022 – 2 BvR 2222/21, NJW 2022, 3413 Rn. 51; BVerfG 28.1.2014 – 2 BvR 1561/12, NJW 2014, 764 Rn. 180 f.; BVerwG 20.3.1986 – 3 B 3.86, NJW 1987, 601; BVerwG

Art. 101 Abs. 1 S. 2 GG ist,[303] ermangelt es einer vorschriftsmäßigen Besetzung des Gerichts (§ 138 Nr. 1 VwGO), wenn einer bestehenden Vorlageverpflichtung in willkürlicher Weise nicht entsprochen wird.[304] Dieser Zulassungstatbestand wird in unionsrechtlich relevanten Verfahren allerdings eher selten verwirklicht sein. Berufungsgerichte sind keine letztinstanzlich entscheidenden Gerichte iSd Art. 267 Abs. 3 AEUV, solange noch das Rechtsmittel der Nichtzulassungsbeschwerde (§ 133 VwGO, § 116 FGO, 160a SGG) möglich ist (→ § 10 Rn. 68).[305] Zur Vorlage an den Gerichtshof sind sie daher berechtigt (Art. 267 Abs. 2 AEUV), in Ansehung etwaiger die Auslegung des Unionsrechts betreffender Fragen aber nicht verpflichtet. Das ihnen eingeräumte Vorlageermessen verdichtet sich nur ausnahmsweise zur Vorlagepflicht, nämlich dann, wenn das Gericht die Ungültigkeit einer unionsrechtlichen Norm annimmt.[306] Dies festzustellen, ist allein Sache des Gerichtshofs.

72 Die **Divergenzrevision** kommt nur in Betracht, wenn das Gericht von einer Entscheidung eines der in § 132 Abs. 2 Ziff. 2 VwGO, § 115 Abs. 2 Ziff. 2 FGO, § 160 Abs. 2 Ziff. 2 SGG ausdrücklich genannten Gerichte abweicht und das Urteil auf dieser Abweichung beruht. Da der Europäische Gerichtshof dort nicht genannt ist, können Abweichungen von seinen Entscheidungen nicht mit der Divergenzrüge geltend gemacht werden.[307] In Ansehung der Divergenzrevision kann sich daher allenfalls die Frage stellen, ob sie nicht ihren eigentlich tragenden Grund der Gewährleistung der Rechtseinheit verfehlt, wenn die Abweichung Folge der Bindung an eine eingeholte Vorabentscheidung ist. Schließlich ist auch das Revisionsgericht in derselben Angelegenheit an den Spruch des Gerichtshofs gebunden.[308] Ihm verbleibt aber die Möglichkeit, den Gerichtshof zur weiteren Klärung der unionsrechtlichen Frage erneut um Vorabentscheidung zu ersuchen,[309] so dass eine Abänderung des mit der Revision angegriffenen Urteils jedenfalls nicht von vornherein ausgeschlossen erscheint.

II. Beschwerde

73 Das Rechtsmittel der Beschwerde ist gegen Entscheidungen des Verwaltungsgerichts, des Vorsitzenden und des Berichterstatters statthaft, die weder Urteile noch Gerichtsbescheide sind (§ 146 Abs. 1 VwGO, § 128 Abs. 1 FGO, § 172 Abs. 1 SGG). Die Beschwerde findet also vornehmlich gegen gerichtliche Beschlüsse statt;[310] dagegen kommt sie in den gesetzlich bezeichneten Fällen nicht in Betracht. Aus diesem Grunde unterliegen namentlich

---

8.10.2007 – 3 B 16.07, NJOZ 2007, 4547; BFH 14.1.2014 – III B 89/13, BFH/NV 2014, 514; Dörr in NK-VwGO EVR Rn. 143 f.; Glaesner EuR 1990, 143 (149); Ratschow in Gräber FGO § 115 Rn. 273; eing. Haensle DVBl. 2011, 811 (816); Karpenstein, Praxis des EU-Rechts, 2. Aufl. 2013, § 2 Rn. 359.

[303] Vgl. nur BVerfG 14.1.2021 – 1 BvR 2853/19, NJW 2021, 1005; BVerfG 30.8.2010 – 1 BvR 1631/08, NJW 2011, 288 Rn. 46; BVerfG 29.11.1991 – 2 BvR 1642/91, NVwZ 1992, 360.

[304] BVerwG 8.10.2007 – 3 B 16.07, NJOZ 2007, 4547; Eichberger/Buchheister in Schoch/Schneider VwGO § 138 Rn. 56; Schenke in Kopp/Schenke VwGO § 138 Rn. 6; Wegener in Calliess/Ruffert AEUV Art. 267 Rn. 36.

[305] Vgl. EuGH 4.6.2000 – C-99/00, ECLI:EU:C:2002:329 Rn. 16 = EuZW 2002, 476 – Lyckeskog; Classen in Schulze/Janssen/Kadelbach HdB-EuropaR § 4 Rn. 120; Buchheister in Schoch/Schneider VwGO § 132 Rn. 12a; krit. dazu Rauber EuR 2020, 22 (28).

[306] EuGH 3.10.2013 – C-583/11 P, ECLI:EU:C:2013:625 Rn. 96 = NVwZ 2014, 53 – Inuit; EuGH 22.10.1987 – C-314/85, ECLI:EU:C:1987:452 Rn. 20 = NJW 1988, 1451 – Foto-Frost; BVerwG 26.10.2016 – 10 C 3.15, NVwZ 2017, 974 Rn. 30; BVerwG 8.10.2007 – 3 B 16.07, NJOZ 2007, 4547 Rn. 16.

[307] BVerwG 2.5.2022 – 1 B 39.22, NVwZ 2022, 1214 Rn. 14; BVerwG 26.1.2010 – 9 B 40.09, BeckRS 2010, 47305; Kuhlmann in Wysk VwGO § 132 Rn. 29; Buchheister in Schoch/Schneider VwGO § 132 Rn. 66.

[308] EuGH 16.6.2015 – C-62-14, ECLI:EU:C:2015:400 Rn. 16 = NJW 2015, 2013 – Gauweiler; vgl. Beckmann, Probleme des Vorabentscheidungsverfahrens nach Art. 177 EWG-Vertrag, 1988, 96; Lieber, Über die Vorlagepflicht des Art. 177 EWG-Vertrag und deren Missachtung, 1986, 119 f.

[309] EuGH 11.6.1987 – C-14/86, ECLI:EU:C:1987:275 Rn. 12 = BeckRS 2004, 71620 – Pretore di Salo; BVerwG 27.4.2022 – 6 C 3.21 Rn. 24 = NVwZ 2022, 1293.

[310] Überblick über beschwerdefähige Entscheidungen bei Kaufmann in BeckOK VwGO § 146 Rn. 1.

prozessleitende Verfügungen, Aufklärungsanordnungen, Vertagungsbeschlüsse, Fristbestimmungen, Beweisbeschlüsse, Beschlüsse über die Ablehnung von Beweisanträgen, über Verbindung und Trennung von Verfahren und Ansprüchen keiner gerichtlichen Überprüfung in einem Beschwerdeverfahren (§ 146 Abs. 2 VwGO, § 128 Abs. 2 FGO, § 172 Abs. 2 SGG).

74 Gerichtliche Vorlagebeschlüsse iSd Art. 267 AEUV finden in dieser Aufzählung nicht beschwerdefähiger Entscheidungen keine Erwähnung. Ausgehend vom Wortlaut der genannten Bestimmungen erscheint eine dagegen gerichtete Beschwerde daher nicht ausgeschlossen. Auch der EuGH selbst sieht die einheitliche Anwendung des Unionsrechts „nicht durch die Möglichkeit beeinträchtigt, eine Beschwerde gegen die Entscheidung des nationalen Gerichts [dem EuGH zu befassen] einzulegen".[311] Dennoch entspricht es der überwiegend vertretenen Auffassung, dass Vorlageentscheidungen einer Anfechtung im Beschwerdeverfahren unzugänglich sind (→ § 10 Rn. 127).[312] Diese erweiternde Auslegung der § 146 Abs. 2 VwGO, § 128 Abs. 2 FGO, § 172 Abs. 2 SGG ist angesichts des Zwecks dieser Regelung gerechtfertigt[313] und wird durch den Umstand bestätigt, dass auch Vorlagebeschlüsse gem. Art. 100 Abs. 1 GG an das Bundesverfassungsgericht im Beschwerdeverfahren nicht anfechtbar sind.[314] Im Übrigen ist daran zu erinnern, dass es mit der durch Art. 267 Abs. 2 AEUV eingeräumten Vorlagebefugnis für nationale Gericht unvereinbar ist, wenn eine Rechtsmittelinstanz die Vorlageentscheidung im Nachhinein für nicht erheblich und erforderlich erklären könnte, „da die Beurteilung dieser Gesichtspunkte in die ausschließliche Zuständigkeit des Gerichtshofs fällt, über die Zulässigkeit von Vorlagefragen zu entscheiden".[315] Das schließt einen im nationalen Recht vorgesehenen Rechtsbehelf gegen Vorlageentscheidungen zwar nicht aus,[316] führt aber doch dazu, dass für inhaltliche Überprüfungen faktisch kein Raum verbleibt.[317] Die Anerkennung der mangelnden Beschwerdefähigkeit von Vorlagebeschlüssen verfügt daher zugleich über den Vorzug, die durch Art. 267 Abs. 2 AEUV eingeräumte Vorlageberechtigung wirksam vor unionsrechtswidrigen Übergriffen der Rechtsmittelinstanz abzusichern. Die Stellung des nationalen Richters als Herr über die Vorlagefragen wird in dieser Hinsicht auch durch Art. 100 Abs. 1 Satz 2 EuGHVfO bestätigt, wonach das Vorabentscheidungsersuchen bis zur Bekanntgabe des Termins der Urteilsverkündung zurückgezogen werden kann (→ § 10 Rn. 98).[318] Die Rücknahme führt zur Streichung der Rechtssache, wobei etwaige bereits getätigte Schlussanträge der Generalanwälte nach Ermessen des Gerichts noch in der amtlichen Sammlung veröffentlicht werden können.

III. Wiederaufnahme des Verfahrens

75 Ein rechtskräftig abgeschlossenes Verwaltungs-, Finanz- oder sozialgerichtliches Verfahren kann gem. § 153 VwGO, § 134 FGO, § 179 SGG unter Durchbrechung der Rechtskraft

---

[311] EuGH 17.7.1997 – C-334/95, ECLI:EU:C:1997:378 Rn. 52 = EuZW 1997, 629 – Krüger.
[312] VGH Mannheim 19.9.2001 – 9 S 1464/01, NVwZ-RR 2002, 236; OLG Celle 10.10.2008 – 9 W 78/08, EuZW 2009, 96; VG Schleswig 20.9.2018 – 12 A 69/18, BeckRS 2018, 28772 Rn. 190; Ratschow in Gräber FGO § 128 Rn. 13; Calliess/Ruffert/Wegener AEUV Art. 267 Rn. 26; Schenke in Kopp/Schenke VwGO § 94 Rn. 9b; Kuhlmann in Wysk VwGO § 146 Rn. 4; Rudisile in Schoch/Schneider VwGO § 146 Rn. 11b; aA Karpenstein in Grabitz/Hilf/Nettesheim Das Recht der EU AEUV Art. 267 Rn. 43; Dörr in NK-VwGO EVR Rn. 141; Guckelberger in NK-VwGO VwGO § 146 Rn. 38.
[313] Vgl. BFH 27.1.2981 – VII B 56/80, BFHE 132, 217 (218) = BeckRS 1981, 22005616.
[314] Vgl. nur BGH 10.10.2012 – XII ZB 444/11, NJW 2012, 3784 Rn. 14; OLG Düsseldorf 3.7.1992 – 1 Ws 552/92, NJW 1993, 411; Schenke in Kopp/Schenke VwGO § 94 Rn. 9b; Rudisile in Schoch/Schneider VwGO § 146 Rn. 11b.
[315] EuGH 23.11.2021 – C-564/19, ECLI:EU:C:2021:949 Rn. 72 = NJW 2022, 601 – IS; EuGH 16.12.2008 – C-210/06, ECLI:EU:C:2008:723 Rn. 95, 98 = NJW 2009, 569 – Cartesio.
[316] EuGH 23.11.2021 – C-564/19, ECLI:EU:C:2021:949 Rn. 72 = NJW 2022, 601 – IS; EuGH 12.2.1974 – 146/73, ECLI:EU:C:1974:12 Rn. 3 = BeckRS 2004, 71680 – Rheinmühlen-Düsseldorf.
[317] Pechstein EU-ProzessR Rn. 882.
[318] S. nur Art. 100 Abs. 1 Satz 1 der Verfahrensordnung des Gerichtshofs; dazu Karpenstein in Grabitz/Hilf/Nettesheim Das Recht der EU AEUV Art. 267 Rn. 41.

der gerichtlichen Entscheidung im Wege der Nichtigkeits- bzw. Restitutionsklage wieder aufgenommen werden. Die Zulässigkeit einer solchen Wiederaufnahmeklage hängt davon ab, dass die Voraussetzungen der für entsprechend anwendbar erklärten §§ 578–591 ZPO erfüllt sind.

Im hier interessierenden Zusammenhang kann sich die Frage stellen, ob eine gegen ein rechtskräftiges Urteil gerichtete Restitutionsklage in Betracht kommt, wenn sich infolge einer nachträglichen Entscheidung des Gerichtshofs in einer anderen Rechtssache herausstellt, dass das nationale Gericht die unionsrechtliche Rechtslage verkannt hat. Dieser Fall wird in den Wiederaufnahmegründen des § 580 ZPO nicht erwähnt. § 580 Nr. 8 ZPO kommt schon deshalb nicht in Betracht, weil sie allein die Wiederaufnahme aus Anlass der Feststellung einer Verletzung der Europäischen Konvention zum Schutz der Menschenrechte durch den EGMR betrifft, die auf einem Urteil im selben Verfahrenszug beruht.[319] Die Norm trifft zudem keine Aussage zu rechtskräftigen Gerichtsentscheidungen, die mit dem Unionsrecht unvereinbar sind.[320] Eine analoge Anwendung dieser Bestimmung oder der Vorschrift des § 580 Nr. 6 ZPO verbietet sich, zumal die Wiederaufnahmegründe abschließend konzipiert sind und keine Anhaltspunkte dafür bestehen, dass der Gesetzgeber der Wiederaufnahmeklage gegen ein rechtskräftiges Urteil allein aus dem Grunde habe stattgeben wollen, weil nachträglich eine höchstrichterliche Entscheidung eine diesem Urteil widersprechende Rechtsauffassung vertreten hat.[321]

E. Vorläufiger Rechtsschutz

I. Die Rechtsprechung des Gerichtshofs

Das Verfahren des vorläufigen Rechtsschutzes ist stark von der Rechtsprechung des EuGH geprägt. Während sich der Gerichtshof in anderen Bereichen darauf beschränkt, die Anwendbarkeit nationalen Verfahrens- und Prozessrechts den Grenzen des Effektivitäts- und Äquivalenzgrundsatzes zu unterwerfen, hat er durch die Entwicklung eines gemeinsamen europäischen Standards zumindest mit Blick auf vorläufige nationale Aussetzungsentscheidungen eine weitgehende **Vereinheitlichung des einstweiligen Rechtsschutzes** bewirkt.

Den Auftakt zu dieser Entwicklung bildete die **Factortame-Entscheidung**,[322] die sich noch am ehesten mit den bis dahin geltenden Grundsätzen vereinbaren lässt. Der Gerichtshof nahm dort unter Hinweis auf die volle Wirksamkeit des Gemeinschaftsrechts ein nationales Gericht in die Pflicht, zur Sicherung der hierdurch begründeten Rechte selbst dann vorläufigen Rechtsschutz zu gewähren, wenn eine nationale Rechtsnorm – in concreto die Grundregel des Common Law, nach der ein einstweiliger Rechtsschutz gegen die Krone nicht in Betracht kommt – dies untersagt.

In der **Tafelwein-Entscheidung** bejahte er dann die Frage, ob eine nationale Behörde beim Vollzug einer europäischen Verordnung den gegen ihre Entscheidungen gerichteten Widersprüchen Betroffener den Suspensiveffekt (§ 80 Abs. 1 VwGO) nehmen und die sofortige Vollziehung gem. § 80 Abs. 2 S. 1 Nr. 4 VwGO anordnen muss unter Hinweis auf die Notwendigkeit der Gewährleistung einer effektiven Verwirklichung des Unionsrechts.[323]

---

[319] Meller-Hannich in Prütting ZPO § 580 Rn. 19.
[320] Kremer EuR 2007, 470 (478); Poelzig JZ 2007, 858 ff.
[321] BFH 27.9.1977 – VII K 1/76, ZfZ 1978, 18 (19); OVG Lüneburg 4.3.2008 – 10 LA 73/08, BeckRS 2008, 34293; LAG Hessen 29.4.2013 – 17 Sa 1547/12, NZA-RR 2013, 551; Greger in Zöller ZPO § 580 Rn. 2; Karpenstein in Grabitz/Hilf/Nettesheim AEUV Art. 267 Rn. 103; Schenke in Kopp/ Schenke VwGO § 153 Rn. 8a; eing. Guckelberger in NK-VwGO VwGO § 153 Rn. 79.
[322] EuGH 19.6.1990 – C-213/89, ECLI:EU:C:1990:257 Rn. 21 = NJW 1991, 2271 – Factortame.
[323] EuGH 10.7.1990 – C-217/88, ECLI:EU:C:1990:290 = EuZW 1990, 384 – Tafelwein; dazu auch EuGH 9.11.1995 – C-465/93, ECLI:EU:C:1995:369 Rn. 26 = NJW 1996, 1333 – Atlanta.

80 Einen bedeutenden Schnitt in das Netz prozessualer Bestimmungen der Mitgliedstaaten nahm der Gerichtshof in seinem **Süderdithmarschen-Urteil**[324] vor. Er bestätigte dort zunächst, dass – ungeachtet seines Entscheidungsmonopols – auch mitgliedstaatliche Gerichte unter gewissen Voraussetzungen zur Aussetzung europäischen Sekundärrechts befugt sind, wenn sie eine von staatlichen Behörden zu vollziehende Verordnung für ungültig erachten. Zugleich entwickelten die Luxemburger Richter – vorwiegend in Anlehnung an die in Art. 278 AEUV genannten Kriterien – einheitliche Bedingungen, von deren Erfüllung diese Befugnis nationaler Gerichte abhängig ist und erkannten für Recht, dass ein nationales Gericht die Aussetzung der Vollziehung des auf einer Unionsverordnung beruhenden Verwaltungsaktes nur anordnen darf, wenn erhebliche Zweifel an deren Gültigkeit bestehen, dem Antragsteller ein schwerer, nicht wiedergutzumachender Schaden droht, die Unionsinteressen angemessene Berücksichtigung finden und die Frage nach der Gültigkeit der Verordnung dem Gerichtshof zur Entscheidung vorgelegt wird.[325]

81 In der Rechtssache **Atlanta**[326] wurde betont, dass Entsprechendes im Falle des Erlasses einer einstweiligen Anordnung gilt, mit der sich ein staatliches Gericht über eine von ihm als ungültig erachtete Verordnung der Union hinwegsetzen will. Welchen vorläufigen Rechtsschutz die nationalen Gerichte den Bürgern aufgrund des Unionsrechts gewähren müssten dürfe nicht davon abhängen, ob diese die Aussetzung der Vollziehung eines auf einer EU-Verordnung beruhenden nationalen Verwaltungsaktes oder den Erlass einer einstweiligen Anordnung beantragen.[327] Etwas anderes soll aber nach dem Urteil **T. Port** gelten,[328] wenn das Unionsrecht für Härtefälle eine Entscheidung der Kommission vorsieht. In diesen Fällen sind die nationalen Gerichte „nicht befugt […], im Rahmen eines Verfahrens zur Gewährung vorläufigen Rechtsschutzes vorläufige Maßnahmen zu erlassen, bis die Kommission […] einen Rechtsakt zur Regelung der bei den Marktbeteiligten vorliegenden Härtefälle erlassen hat".[329]

82 Denn der Untätigkeit eines Organs könne sich der Einzelne nur im Wege einer Untätigkeitsklage nach Art. 265 Abs. 3 AEUV und eines in diesem Rahmen gestellten Antrags auf einstweilige Anordnung gem. Art. 279 AEUV erwehren.[330]

83 Angesichts der weitreichenden Folgen für den vorläufigen Rechtsschutz wurde diese Rechtsprechungslinie des EuGH im Schrifttum mitunter stark kritisiert.[331] Dennoch hat der Gerichtshof seinen Ansatz auch in den Folgejudikaten bestätigt.[332] Im Folgenden

---

[324] EuGH 21.2.1991 – verb. Rs. C-143/88 und C-92/89, ECLI:EU:C:1991:65 Rn. 33 = NJW 1991, 2207 (Ls.) – Süderdithmarschen; bestätigt und konkretisiert durch EuGH 4.2.2000 – C-17/98, ECLI:EU:C:2000:70 Rn. 68 f. = DVBl 2000, 548 – Emesa Sugar; EuGH 6.12.2005 – verb. Rs. C-453/03, C-11/04, C-12/04, C-194/04, ECLI:EU:C:2005:202 Rn. 103 ff. = DStRE 2005, 1093 – ABNA; EuGH 13.3.2007 – C-432/05, ECLI:EU:C:2007:163 Rn. 79 = NJW 2007, 3555 – Unibet; EuGH 6.5.2021 – C-142/20, ECLI:EU:C:2021:368 Rn. 61 = EuZW 2021, 714 – Analisi G. Caracciolo.

[325] EuGH 21.2.1991 – verb. Rs. C-143/88 und C-92/89, ECLI:EU:C:1991:65 Rn. 23 ff. = NJW 1991, 2207 (Ls.) – Süderdithmarschen.

[326] EuGH 9.11.1995 – C-465/93, ECLI:EU:C:1995:369 = NJW 1996, 1333 – Atlanta.

[327] EuGH 9.11.1995 – C-465/93, ECLI:EU:C:1995:369 Rn. 26 ff., 31 ff. = NJW 1996, 1333 – Atlanta; s. auch EuGH 26.11.1996 – C-68/95, ECLI:EU:C:1996:452 Rn. 48 = NJW 1997, 1125 – T. Port.

[328] EuGH 26.11.1996 – C-68/95, ECLI:EU:C:1996:452 = NJW 1997, 1125 – T. Port.

[329] EuGH 26.11.1996 – C-68/95, ECLI:EU:C:1996:452 Rn. 62 = NJW 1997, 1125 – T. Port.

[330] EuGH 26.11.1996 – C-68/95, ECLI:EU:C:1996:452 Rn. 59 = NJW 1997, 1125 – T. Port.

[331] Nachdrücklich Schoch in Schoch/Schneider VwGO § 80 Rn. 393 und § 123 Rn. 68e; krit. zur Kompetenzfrage auch Schenke in Kopp/Schenke VwGO § 80 Rn. 154; Puttler in NK-VwGO VwGO § 80 Rn. 18; Hauser VBlBW 2000, 377 (382); Lehr, Einstweiliger Rechtsschutz und Europäische Union, 1997, 387; Schoch Juridica International 21 (2014), 102 (117); Siegel, Europäisierung des Öffentlichen Rechts, 2012, Rn. 467; Ohler/Weiß NJW 1997, 2221 ff.; anders aber Ehlers, Die Europäisierung des Verwaltungsprozeßrechts, 1999, 128 ff.; Jannasch NVwZ 1999, 495 f.; Kahl AöR 144 (2019).

[332] Vgl. nur EuGH 6.10.2021 – C-487/19, ECLI:EU:C:2021:798 Rn. 142 = EuGRZ 2021, 525 – W.Ż.; EuGH 6.5.2021 – C-142/20, ECLI:EU:C:2021:368 Rn. 61 = EuZW 2021, 714 – Caracciolo; so bereits Schoch NVwZ 1999, 248.

werden die Konsequenzen beleuchtet, die sich aus dieser Judikatur für die Gewährung vorläufigen Rechtsschutzes in verwaltungsrechtlichen Streitigkeiten ergeben.

II. Vorläufiger Rechtsschutz gegen belastende Verwaltungsakte

In den der allgemeinen Verwaltungsgerichtsbarkeit zugewiesenen Streitigkeiten vollzieht sich der vorläufige Rechtsschutz auf der Grundlage der §§ 80, 80a VwGO, soweit die Anfechtungsklage in der Hauptsache die statthafte Rechtsschutzform darstellt (vgl. § 123 Abs. 5 VwGO). Die Finanzgerichte gewähren in diesen Fällen vorläufigen Rechtsschutz nach Maßgabe des § 69 FGO (vgl. § 114 Abs. 5 FGO), in den sozialgerichtlichen Verfahren beurteilt er sich anhand der Vorschriften der §§ 86a, 86b SGG. In den unionsrechtlich relevanten Fallkonstellationen sind es insbesondere **zwei Problemschwerpunkte,** denen besondere Bedeutung zukommt. Neben den vom Gerichtshof unionsweit einheitlich ausgestalteten Voraussetzungen, unter denen vorläufiger Rechtsschutz zu gewähren ist, bereitet vor allem der Suspensiveffekt, den Widerspruch und Anfechtungsklage je nach einschlägiger Prozessordnung in unterschiedlichem Maße entfalten, in Fällen mit Unionsrechtsbezug gewisse Schwierigkeiten.

1. Der Suspensiveffekt. In den verwaltungsgerichtlichen Streitigkeiten wird der vorläufige Rechtsschutz gegen belastende Verwaltungsakte grundsätzlich durch die gesetzliche Anordnung des § 80 Abs. 1 VwGO bewirkt. Hiernach tritt bereits durch Erhebung von Widerspruch und Anfechtungsklage eine aufschiebende Wirkung ein, die jedwede Verwirklichung des betroffenen Verwaltungsaktes hindert.[333] Entsprechendes gilt mittlerweile auch in den sozialgerichtlichen Angelegenheiten (§ 86a Abs. 1 SGG).[334] Ganz anders hingegen gestaltet sich die rechtliche Lage im Bereich der Finanzgerichtsordnung, die keine vergleichbaren Regelungen kennt. Vielmehr bestimmt § 69 Abs. 1 FGO ausdrücklich, dass durch die Erhebung einer Klage die Vollziehung des angefochtenen Verwaltungsaktes nicht gehemmt wird (Ausnahme: § 69 Abs. 5 FGO).[335]

a) Konfliktlage beim Vollzug des Unionsrechts. Unter unionsrechtlichen Aspekten birgt der kraft Gesetzes eintretende Suspensiveffekt insoweit Konfliktpotenzial in sich, als sich hiermit die Gefahr einer unzureichenden Durchsetzung des Unionsrechts verbindet. Dies zeigt sich vor allem beim dem Tafelwein-Urteil des Gerichtshofs zugrunde liegenden Sachverhalt.[336] Dort hatte die Kommission gem. Art. 41 VO (EWG) Nr. 337/79 über die gemeinsame Weinmarktordnung eine gemeinschaftsweite **Zwangsdestillation** von 12 Mio. Hektoliter Tafelwein angeordnet, von denen rund 70.000 Hektoliter auf deutsche Erzeuger entfielen. Auf Grundlage der entsprechenden Kommissionsverordnung erließen deutsche Behörden insgesamt 614 Bescheide, die die betroffenen Erzeuger zur Destillation bzw. Ablieferung zur Destillation verpflichteten. Gegen 506 dieser Bescheide wurde Widerspruch erhoben. Aufgrund des Suspensiveffekts wurden iErg nur noch 13 % der gesamten Menge destilliert und das Ziel der Verordnung, nämlich bestimmte Überschussmengen vom Markt zu nehmen, in der Bundesrepublik nicht erreicht. Dieses Beispiel belegt mit hinreichender Deutlichkeit, dass die Effektivität des Unionsrechts in beträchtlichem Maße gefährdet werden kann, wenn ungeachtet der Besonderheiten des Einzelfalles eine automatische Suspendierung der im direkten Vollzug von Unionsrecht erlassenen Verwaltungsentscheidungen kraft Gesetzes angeordnet wird.[337] Diese Automatik erlaubt für sich betrachtet keine einzelfallorientierte Abwägung, bei der die Ziele des Unionsgesetzgebers berücksichtigt werden können.

---

[333] Vgl. nur Saurenhaus in Wysk VwGO § 80 Rn. 8; Hufen VerwProzR § 32 Rn. 3.
[334] Vgl. Keller in Meyer-Ladewig/Keller/Leitherer/Schmidt SGG § 86a Rn. 2 ff.
[335] Vgl. Stapperfend in Gräber FGO § 69 Rn. 1.
[336] EuGH 10.7.1990 – C-217/88, ECLI:EU:C:1990:290 = EuZW 1990, 384 – Tafelwein; Jannasch NVwZ 1999, 495 (496).
[337] Vgl. nur Jannasch NVwZ 1999, 495 (496); Mögele BayVBl. 1993, 129 (140); Triantafyllou NVwZ 1992, 129 (132).

87 **b) Konfliktbewältigung.** Das deutsche Verwaltungsprozessrecht hält indes in seinem derzeitigen Bestand hinreichende Lösungsmöglichkeiten bereit, um der Notwendigkeit einer effektiven Verwirklichung des Unionsrechts angemessen Rechnung zu tragen. Zutreffend wird zwar im Schrifttum darauf hingewiesen, dass die kraft Gesetzes erfolgte Anordnung der sofortigen Vollziehbarkeit gem. **§ 80 Abs. 2 S. 1 Nr. 3 VwGO** nicht geeignet ist, die bezeichneten Schwierigkeiten zu überwinden.[338] Zwar erscheint es angesichts der Parallele zu § 137 VwGO nicht von vornherein ausgeschlossen, das Unionsrecht als „Bundesrecht" im Sinne dieser Vorschrift zu verstehen. Die interpretatorische Einbeziehung scheitert jedoch in der Regel daran, dass die überragende Bedeutung der Rechtsschutzgarantie des Art. 19 Abs. 4 GG eine ausdrückliche und eindeutige Regelung der Ausnahmen von der Grundregel des Art. 80 Abs. 1 VwGO erfordert,[339] die durch den schlichten Unionsrechtsbezug einer Angelegenheit nicht ersetzt werden kann.

88 Dagegen bietet die Vorschrift des **§ 80 Abs. 2 S. 1 Nr. 4 VwGO** ein hinreichendes Korrektiv des „Aussetzungsmechanismus". Die Vorschrift ermöglicht es den Vollzugsbehörden, die sofortige Vollziehung eines Verwaltungsaktes im öffentlichen Interesse anzuordnen und gestattet es durchaus, den Interessen der Union in hinreichendem Maße Rechnung zu tragen.[340] Dass diese Interessen zugleich als öffentliche Interessen im Sinne dieser Vorschrift zu bewerten sind, sollte angesichts der Pflicht zur unionsrechtskonformen Interpretation keinen Bedenken ausgesetzt sein. In der Praxis wird dies aber nicht selten übersehen. Nun genügt allerdings nicht jedes öffentliche Interesse, um eine Anwendung des § 80 Abs. 2 S. 1 Nr. 4 VwGO zu rechtfertigen, sondern es bedarf eines „besonderen öffentlichen Interesses", das über das für den Erlass des Verwaltungsaktes erforderliche Interesse hinausgeht[341] und nur ausnahmsweise mit ihm zusammenfallen kann. Die insoweit gebotene Abwägung hat in Fällen mit Unionsrechtsbezug unter besonderer Berücksichtigung der europäischen Belange zu erfolgen. Diese Abwägung wird vorwiegend aus Gründen der Vorrangstellung des Unionsrechts und der Notwendigkeit einer effektiven Realisierung der europäischen Interessen beeinflusst und im Sinne der unionsrechtlichen Erfordernisse gesteuert.[342] Nur besonders schwerwiegende Gründe des Einzelfalles können sich zulasten der unionalen Vollzugsinteressen auswirken. Ein Überwiegen unionsrechtlicher Gründe hat iÜ zur Konsequenz, dass die Behörde nicht aus Opportunitätserwägungen vom Erlass einer Vollzugsanordnung absehen kann. Denn reine Zweckmäßigkeitsüberlegungen dürfen nicht dazu führen, eine effektive Realisierung des Unionsrechts zu hindern. Zutreffend wird daher darauf hingewiesen, dass sich das durch § 80 Abs. 2 S. 1 Nr. 4 VwGO gewährte behördliche Ermessen in Fallgestaltungen mit Bezügen zum Unionsrecht im Regelfall auf Null reduziert.[343]

89 **2. Die gerichtliche Aussetzungsentscheidung.** Der weitere zu behandelnde Problemkreis betrifft die gerichtliche Aussetzungsentscheidung, die auf der Grundlage der § 80 Abs. 5 VwGO, § 69 Abs. 3 FGO, § 86b Abs. 1 SGG getroffen wird. In diesem Zusam-

---

[338] Puttler in NK-VwGO VwGO § 80 Rn. 15; Schoch in Schoch/Schneider VwGO § 80 Rn. 218; v. Danwitz EuVerwR S. 596; aA in Fällen, in denen sich eine Pflicht zur Anordnung der sofortigen Vollziehung aus dem Sekundärrecht ergibt, Streinz in Streinz EUV Art. 4 Rn. 62; Dörr in NK-VwGO EVR Rn. 243; so auch OVG Lüneburg 9.5.2012 – 10 ME 43/12, DVBl 2012, 1032.

[339] Vgl. Schoch in Schoch/Schneider VwGO § 80 Rn. 154.

[340] OVG Lüneburg 26.6.2020 – 10 ME 112/20, NVwZ-RR 2020, 826; OVG Münster 6.9.2016 – 13 B 621/16, NVwZ-RR 2017, 41; OVG Lüneburg 9.5.2012 – 10 ME 43/12, DVBl 2012, 1032; Puttler in NK-VwGO VwGO § 80 Rn. 72; Schoch in Schoch/Schneider VwGO § 80 Rn. 218; Burgi, Verwaltungsprozeß und Europarecht, 1996, S. 70; Ludwigs/Pascher JuS 2022, 497 (501); Hummel JuS 2011, 413 (415); Huber BayVBl. 2001, 557 (582); aA Haibach DÖV 1996, 60; Vedder EWS 1991, 10 (17).

[341] Vgl. nur Kuhla in Kuhla/Hüttenbrink, Verwaltungsprozess Kap. J Rn. 70; Külpmann in Finkelburg/Dombert/Külpmann VorlRS § 39 Rn. 758 ff. mwN.

[342] Vgl. OVG Lüneburg 26.6.2020 – 10 ME 112/20, NVwZ-RR 2020, 826; Ehlers, Die Europäisierung des Verwaltungsprozeßrechts, 1999, 128 f.; Ludwigs/Pascher JuS 2022, 497 (501); Triantafyllou NVwZ 1992, 129 (133).

[343] Schoch in Schoch/Schneider VwGO § 80 Rn. 232; Ludwigs/Pascher JuS 2022, 497 (501); Dörr DVBl 2008, 1401 (1406 f.); Rosenfeld EuZW 2007, 59 (60); Triantafyllou NVwZ 1992, 129 (133); zurückhaltend Puttler in NK-VwGO VwGO § 80 Rn. 15.

menhang sind ebenfalls die einheitlichen Voraussetzungen zu beachten, von deren Vorliegen es abhängt, ob ein nationales Gericht einen auf eine Unionsverordnung gestützten Verwaltungsakts im einstweiligen Rechtsschutz aussetzen kann.[344] Zumindest dann, wenn die Ungültigkeit der zugrunde liegenden Verordnung in Frage steht, sind die Erfolgsaussichten einer Klage in der Hauptsache (§ 80 Abs. 5 VwGO; § 86b Abs. 1 SGG)[345] oder ernstliche Zweifel an der Rechtmäßigkeit des angefochtenen Verwaltungsaktes (§ 69 Abs. 3 FGO)[346] nicht mehr die maßgeblichen und vom Gericht im Rahmen seiner Entscheidung heranzuziehenden Beurteilungskriterien. Vielmehr darf ein staatliches Gericht aus Sicht des Gerichtshofs die Vollziehung eines auf einer EU-Verordnung beruhenden Verwaltungsaktes nur unter den **Voraussetzungen** aussetzen, dass

- es erhebliche Zweifel an der Gültigkeit der Verordnung hat und die Frage der Gültigkeit, sofern der Gerichtshof mit ihr noch nicht befasst ist, diesem selbst vorlegt,
- die Entscheidung dringlich ist und dem Antragsteller ein schwerer und nicht wiedergutzumachender Schaden droht, wobei rein finanzielle Schäden nicht ausreichen und
- das Gericht das Interesse der Union, dass eine Verordnung nicht vorschnell außer Anwendung gelassen wird, angemessen berücksichtigt.[347]

Mit Blick auf die erste Voraussetzung verlangt der EuGH „erhebliche Zweifel an der 90 Gültigkeit der Gemeinschaftsverordnung".[348] Später erweiterte der Gerichtshof dieses Erfordernis, welches „bedeutet, daß das nationale Gericht sich nicht darauf beschränken kann, an den Gerichtshof ein Vorabentscheidungsersuchen zur Prüfung der Gültigkeit der Verordnung zu richten, sondern daß es zum Zeitpunkt des Erlasses der Maßnahme des vorläufigen Rechtsschutzes angeben muß, weshalb es meint, daß der Gerichtshof die Ungültigkeit dieser Verordnung feststellen muß."[349] Während Letzteres auf eine weitergehende Begründungspflicht hindeutet, wonach selbst gewichtige Zweifel nicht ausreichen, sondern das nationale Gericht von der Ungültigkeit der Unionsnorm überzeugt sein muss,[350] wird es im Schrifttum hingegen zumeist für ausreichend erachtet, dass ernst zu nehmende Zweifel hinsichtlich der Gültigkeit der unionsrechtlichen Grundlage des in Rede stehenden Verwaltungsaktes bestehen.[351]

Umstritten ist überdies die gebotene **Vorabentscheidung,** die – soweit der Gerichtshof 91 mit ihr noch nicht befasst ist – nach verschiedentlich vertretener Auffassung noch in das Eilverfahren einbezogen werden muss.[352] Hierbei gilt es zu differenzieren: hat das angerufe-

---

[344] → Rn. 80 f.
[345] Saurenhaus in Wysk VwGO § 80 Rn. 50; Keller in Meyer-Ladewig/Keller/Leitherer/Schmidt SGG § 86b Rn. 12 f.
[346] Stapperfend in Gräber FGO § 69 Rn. 116.
[347] EuGH 21.2.1991 – verb. Rs. C-143/88 und C-92/89, ECLI:EU:C:1991:65 Rn. 33 = NJW 1991, 2207 (Ls.) – Süderdithmarschen; EuGH 4.2.2000 – C-17/98, ECLI:EU:C:2000:70 Rn. 69 = DVBl 2000, 548 – Emesa Sugar; EuGH 29.3.2012 – C-243/10, ECLI:EU:C:2012:182 Rn. 48 – Kommission/Italien; s. auch BVerfG 8.9.2020 – 1 BvR 895/16, NVwZ 2016, 1171 Rn. 37; FG Hamburg 25.5.2023 – 4 V 92/21, BeckRS 2023, 16669 Rn. 12 ff.; FG Hamburg 10.4.2018 – 4 V 194/16, BeckRS 2018, 10754 Rn. 44; Schwarze FS Börner, 1992, 396 f.
[348] EuGH 21.2.1991 – verb. Rs. C-143/88 und C-92/89, ECLI:EU:C:1991:65 Rn. 33 = NJW 1991, 2207 (Ls.) – Süderdithmarschen.
[349] EuGH 9.11.1995 – C-465/93, ECLI:EU:C:1995:369 Rn. 36 = NJW 1996, 1333 – Atlanta; vgl. auch EuGH 21.2.1991 – verb. Rs. C-143/88 und C-92/89, ECLI:EU:C:1991:65 Rn. 24, 35 f. = NJW 1991, 2207 (Ls.) – Süderdithmarschen; EuGH 22.12.2010 – C-304/09, ECLI:EU:C:2010:812 Rn. 46 und 51 = EuZW 2011, 517 – Kommission/Italien; Karpenstein, Praxis des EU-Rechts, 2. Aufl. 2013, § 2 Rn. 349.
[350] Dörr/Lenz EuVerwRS Rn. 587.
[351] Dörr in NK-VwGO EVR Rn. 245; Schoch in Schoch/Schneider VwGO § 80 Rn. 395; Gärditz JuS 2009, 385 (392).
[352] Vgl. Kotzur/Dienelt in Geiger/Khan/Kotzur/Kirchmair AEUV Art. 267 Rn. 22; Karpenstein in Grabitz/Hilf/Nettesheim AEUV Art. 267 Rn. 60; Dombert in Finkelnburg/Dombert/Külpmann VorlRS § 21 Rn. 310; Ehlers, Die Europäisierung des Verwaltungsprozeßrechts, 1999, 132; Hummel JuS 2011, 704 (707); wohl auch Saurenhaus in Wysk VwGO § 80 Rn. 56; aA Schoch in Schoch/Schneider VwGO § 80 Rn. 395.

ne Gericht lediglich **Auslegungszweifel,** so kann der nationale Richter in „summarischen und eilbedürftigen Verfahren, [...] welche die Gewährung vorläufigen Rechtsschutzes zum Gegenstand haben"[353] von einer Vorlage absehen, sofern „in einem ordentlichen Verfahren zur Hauptsache eine erneute Prüfung jeder im summarischen Verfahren nur vorläufig entschiedenen Rechtsfrage möglich ist, gleichgültig, ob dieses Verfahren unter allen Umständen oder nur auf Betreiben der unterlegenen Partei eingeleitet werden muss".[354] Den Anforderungen ist daher genügt, wenn ein Gericht, bei dem sowohl ein Verfahren der Hauptsache als auch ein solches des vorläufigen Rechtsschutzes anhängig ist, die Vorlage dem Verfahren der Hauptsache vorbehält.[355]

92 Eine Vorlageverpflichtung besteht allerdings auch im einstweiligen Rechtsschutzverfahren, wenn es um die **Gültigkeit** und nicht die Auslegung eines Unionsrechtsaktes geht. In diesen Fällen darf „ein nationales Gericht die Vollziehung eines auf einer Gemeinschaftsverordnung beruhenden nationalen Verwaltungsakts nur aussetzen [...] wenn es erhebliche Zweifel an der Gültigkeit der Gemeinschaftsverordnung hat und die Frage dieser Gültigkeit, sofern der Gerichtshof mit ihr noch nicht befaßt ist, diesem selbst vorlegt".[356] Dies wird durch die nachfolgende Rechtsprechung bestätigt, in der der EuGH festgestellt hat, dass der nationale Richter „im Rahmen der Gewährung vorläufigen Rechtsschutzes einstweilige Anordnungen nur solange treffen und aufrechterhalten [kann], als der Gerichtshof nicht festgestellt hat, daß die Prüfung der Vorabentscheidungsfragen nichts ergeben hat, was die Gültigkeit der fraglichen Verordnung beeinträchtigen könnte."[357] Dies bedeutet, dass auch Entscheidungen im Eilverfahren unverzüglich aufzuheben sind, wenn die Rechtmäßigkeit der in Frage gestellten unionsrechtlichen Norm vom EuGH bestätigt wurde. Angesichts dessen, dass nicht jedes Eilverfahren zwingend ein Hauptsacheverfahren nach sich zieht, wäre zudem auch die einheitliche Anwendung des Unionsrechts gefährdet, würde man die Vorlageentscheidung in diesen Fällen auf das Hauptsacheverfahren beschränken (→ § 10 Rn. 79).[358] Dem Unionsinteresse und dem effektiven Rechtsschutz entspricht es in solchen Fallkonstellationen, die Vorlagefragen mit einem Antrag auf ein beschleunigtes Vorabentscheidungsverfahren nach Art. 105 Abs. 1 EuGHVfO zu verbinden.[359]

93 Bestehen hinreichende Gültigkeitszweifel, kommt eine gerichtliche Aussetzung nur in Betracht, wenn sie dringlich und erforderlich ist, um den Antragsteller vor einem schweren und nicht wiedergutzumachenden Schaden zu bewahren. Finanzielle Schäden gelten in diesem Zusammenhang von vornherein nicht als irreparabel.[360] Ein rein finanzieller Schaden „kann nur unter besonderen Umständen als nicht oder nur schwer wieder gutzumachen angesehen werden, da er Gegenstand eines späteren finanziellen Ausgleichs sein kann".[361] Solche „besonderen Umstände liegen etwa dann vor, wenn sich die um einstweiligen Rechtsschutz ersuchende Person „in einer Situation befände, die ihre Existenz gefährden könnte".[362] Im Übrigen hat das Gericht das Vollzugsinteresse der Union bei seiner Ent-

---

[353] EuGH 24.5.1977 – C-107/76, ECLI:EU:C:1977:89 Rn. 5 = NJW 1977, 1585 – Hoffmann-La Roche.
[354] EuGH 24.5.1977 – C-107/76, ECLI:EU:C:1977:89 Rn. 5 = NJW 1977, 1585 – Hoffmann-La Roche.
[355] Vgl. BVerfG 19.9.2017 – 1 BvR 1928/17, BayVBl 2018, 354; BVerfG 17.1.2017 – 2 BvR 2013/16, NVwZ 2017, 470 Rn. 15; VGH BaWü 11.7.2019 – 6 S 2759/18, VBlBW 2020, 195; OVG Lüneburg 15.3.2011 – 11 ME 59/11, NVwZ-RR 2011, 458 (459); Karpenstein in Grabitz/Hilf/Nettesheim AEUV Art. 267 Rn. 59; Schenke in Kopp/Schenke VwGO § 80 Rn. 164; Jannasch NVwZ 1999, 495 (497).
[356] EuGH 21.2.1991 – verb. Rs. C-143/88 und C-92/89, ECLI:EU:C:1991:65 Rn. 33 = NJW 1991, 2207 (Ls.) – Süderdithmarschen.
[357] EuGH 9.11.1995 – C- 465/93, ECLI:EU:C:1995:369 Rn. 38 = NJW 1996, 1333 – Atlanta.
[358] So auch Karpenstein, Praxis des EU-Rechts, 2. Aufl. 2013, § 3 Rn. 384.
[359] Karpenstein, Praxis des EU-Rechts, 2. Aufl. 2013, § 2 Rn. 351.
[360] EuGH 21.2.1991 – verb. Rs. C-143/88 und C-92/89, ECLI:EU:C:1991:65 Rn. 29 = NJW 1991, 2207 (Ls.) – Süderdithmarschen; hierzu auch OVG Berlin-Brandenburg 7.11.2005 – 8 S 93/05, NVwZ 2006, 104 (106) und OVG Berlin-Brandenburg 29.12.2006 – 8 S 42.06, BeckRS 2007, 20982 Rn. 26; eing. Karpenstein, Praxis des EU-Rechts, 2. Aufl. 2013, § 2 Rn. 353; Streinz EuropaR Rn. 732.
[361] EuG 28.5.2001 – T-53/01 R, ECLI:EU:T:2001:143 Rn. 119 – Poste Italiane; EuG 18.10.2007 – T-238/07 R, ECLI:EU:T:2007:313 Rn. 50 – Ristic AG.
[362] EuG 28.5.2001 – T-53/01 R, ECLI:EU:T:2001:143 Rn. 120 – Poste Italiane.

scheidung angemessen zu berücksichtigen. Dies verlangt nach einer Abwägung, die dem Interesse der Union an einer effektiven Durchsetzung des EU-Rechts in gebührender Weise Rechnung trägt. Maßgeblich ist dabei vor allem, ob dem Rechtsakt nicht jede praktische Wirkung genommen wird, wenn er vorläufig unbeachtet bleibt. Birgt der Erlass einer vorläufigen Maßnahme ein finanzielles Risiko der Union in sich, muss dem nationalen Gericht die Möglichkeit offen stehen, von dem Antragsteller hinreichende Sicherheiten (zB Kaution, Hinterlegung) zu verlangen.[363] Im Rahmen der Prüfung der genannten Voraussetzungen hat das nationale Gericht bereits getroffene Entscheidungen der europäischen Gerichtsbarkeit über die Gültigkeit des in Rede stehenden Rechtsaktes zu beachten.[364] Wurde dessen Gültigkeit bereits festgestellt und lassen sich dagegen keine gewichtigen neuen Argumente ins Feld führen, kommt eine gerichtliche Aussetzungsentscheidung nicht mehr in Betracht.[365]

Die vom Gerichtshof entwickelten Voraussetzungen sind ausschließlich in Fällen bedeutsam, in denen es um die Frage der Ungültigkeit der einem Verwaltungsakt zugrundeliegenden Norm des Unionsrechts geht. Hingegen verbietet sich jede Erstreckung dieses restriktiven Beurteilungsmaßstabes auf Fallkonstellationen, in denen eine gültige Rechtsvorschrift der Union im indirekten Vollzug fehlerhaft angewandt wurde[366] oder in denen der Antrag „nicht auf die Aussetzung der Wirkungen einer nationalen Bestimmung gerichtet ist, die auf einer Gemeinschaftsverordnung beruht, deren Rechtmäßigkeit in Frage gestellt wird, sondern auf die Aussetzung der Wirkungen nationaler Rechtsvorschriften, deren Vereinbarkeit mit dem Gemeinschaftsrecht bezweifelt wird."[367] Die vom Gerichtshof entwickelten Voraussetzungen sind auf den Fall einer angenommenen Ungültigkeit einer unionsrechtlichen Rechtsgrundlage zugeschnitten. Überdies ist zu berücksichtigen, dass sich der EuGH bei der Entwicklung dieser Voraussetzungen vorwiegend an der Vorschrift des Art. 278 AEUV orientiert hat. Nun mag es noch angehen, den nationalen Gerichten die für Entscheidungen der europäischen Gerichtsbarkeit maßgeblichen Kriterien verbindlich vorzugeben, wenn sie – und sei es auch nur ausnahmsweise und vorläufig – über Rechtsfragen, nämlich die Gültigkeit einer Gemeinschaftsverordnung, befinden, deren Beantwortung nach dem System der Verträge allein dem Gerichtshof vorbehalten ist. Für einen aus anderen Gründen in Frage kommenden vorläufigen Rechtsschutz hält das Unionsrecht dagegen keine einheitlichen Beurteilungsmaßstäbe bereit, weil hierüber zu befinden ausschließlich Sache der staatlichen Gerichte ist.[368] In Fallkonstellationen dieser Art verbleibt es bei den üblicherweise im Rahmen der § 80 Abs. 5 VwGO, § 69 Abs. 3 FGO, § 86b Abs. 1 SGG anzuwendenden Beurteilungsmaßstäben, die – ebenso wie jene des § 80 Abs. 2 S. 1 Nr. 4 VwGO – eine angemessene Berücksichtigung auch der gemeinschaftlichen Interessen erlauben.[369]

---

[363] EuGH 6.12.2005 – verb. Rs. C-453/03, C-11/04, C-12/04, C-194/04, ECLI:EU:C:2005:202 Rn. 107 = DStRE 2005, 1093 – ABNA; EuGH 9.11.1995 – C-465/93, ECLI:EU:C:1995:369 Rn. 45 = NJW 1996, 1333 – Atlanta; Lengauer EuR Beiheft 3/2008, 69 (74); Karpenstein, Praxis des EU-Rechts, 2. Aufl. 2013, § 2 Rn. 354.

[364] EuGH 9.11.1995 – C-465/93, ECLI:EU:C:1995:369 Rn. 46 = NJW 1996, 1333 – Atlanta; EuGH 17.7.1997 – C-334/95, ECLI:EU:C:1997:378 Rn. 44, 47 = EuZW 1997, 629 – Krüger; NK-VwGO Dörr EVR Rn. 249.

[365] Dörr in NK-VwGO EVR Rn. 249.

[366] Huber BayVBl. 2001, 557 (583); Jannasch NVwZ 1999, 495 (497); vgl. auch Karpenstein, Praxis des EU-Rechts, 2. Aufl. 2013, § 2 Rn. 348; aA Classen in Schulze/Janssen/Kadelbach HdB-EuropaR § 4 Rn. 119.

[367] EuGH 13.3.2007 – C-432/05, ECLI:EU:C:2007:163 Rn. 79 = NJW 2007, 3555 – Unibet; OVG Koblenz 4.11.2003 – 8 B 11220/03, NVwZ 2004, 363 f.; Puttler in NK-VwGO VwGO § 80 Rn. 17; Finkelnburg/Dombert/Külpmann VorlRS § 45 Rn. 997.

[368] Vgl. Schoch in Schoch/Schneider VwGO § 80 Rn. 396.

[369] Eing. Ehlers, Die Europäisierung des Verwaltungsprozeßrechts, 1999, 128 f.

III. Die einstweilige Anordnung

95 Die vom Gerichtshof in der Süderdithmarschen-Rechtsprechung entwickelten Maßstäbe sind in gleicher Weise heranzuziehen, wenn anstelle der Aussetzung der Vollziehung eines Verwaltungsaktes der Erlass einer einstweiligen Anordnung (§ 123 VwGO, § 86b Abs. 2 SGG, § 114 FGO) in Rede steht, die es mit sich bringt, dass eine EU-Verordnung vorläufig unanwendbar wird. Da sich ein mitgliedstaatliches Gericht in beiden Fällen über eine als ungültig erachtete Norm des sekundären Unionsrechts hinwegzusetzen trachtet, wäre es angesichts der Ergebnisäquivalenz kaum plausibel, wenn die Art des Rechtsschutzverfahrens Einfluss auf den anzulegenden Beurteilungsmaßstab gewinnen könnte.[370] Dementsprechend dürfen einstweilige Anordnungen in Fällen solcher Art nur ergehen, wenn erhebliche Zweifel an der Gültigkeit des EU-Rechtsaktes bestehen und die Gültigkeitsfrage dem Gerichtshof vorgelegt wird, die Entscheidung dringlich in dem Sinne ist, dass die Anordnung der Vermeidung eines schweren und nicht widergutzumachenden Schadens dient und das Interesse der Union angemessen berücksichtigt wird.

96 Geht es dagegen der Sache nach – wie im **Fall T. Port** – um die Gewährung vorläufigen Rechtsschutzes wegen der Untätigkeit eines Unionsorgans, fällt diese Aufgabe in die ausschließliche Zuständigkeit der Unionsgerichtsbarkeit, während ihre Wahrnehmung den staatlichen Gerichten versagt ist.[371] Dagegen lassen sich fraglos Bedenken unter dem Aspekt des effektiven Rechtsschutzes erheben,[372] zumal das Unionsrecht eine Verpflichtungsklage nicht kennt und die Möglichkeit einzelner Marktbürger, Untätigkeitsklage zu erheben keineswegs über jeden Zweifel erhaben ist. Dennoch erscheint es im Grundsatz zutreffend, eine ausschließliche Kompetenz der europäischen Gerichtsbarkeit anzunehmen, wenn im Schwerpunkt das Fehlverhalten eines Unionsorgans in Rede steht.[373] Anderes mag aber zumindest dann gelten, wenn auf Unionsebene keine Abhilfe erreichbar ist.[374]

97 Im Übrigen aber sind keine grundstürzenden Veränderungen des Beurteilungsmaßstabes zu beobachten. Die gerichtliche Entscheidung erfordert – unabhängig davon, ob es sich um eine Sicherungsanordnung iSd § 123 Abs. 1 S. 1 VwGO, § 86b Abs. 2 S. 1 SGG, § 114 Abs. 1 S. 1 FGO oder um eine Regelungsanordnung iSd § 123 Abs. 1 S. 2 VwGO, § 86b Abs. 2 S. 2 VwGO, § 114 Abs. 1 S. 2 FGO handelt – eine umfassende Abwägung der im jeweiligen Einzelfall relevanten Interessen. Im Rahmen dieser Abwägung ist in Fällen mit Unionsrechtsbezug das Interesse der Union an einer effektiven Verwirklichung ihres Rechts mit dem ihm jeweils zukommenden und durch seine Vorrangstellung beeinflussten Gewicht zu berücksichtigen.[375]

---

[370] Die Kriterien bei einem Sachverhalt mit Bezügen zum Unionsrecht übernehmend BVerfG 18.5.2016 – 1 BvR 895/16, NVwZ 2016, 1171 Rn. 37; OVG Lüneburg 1.12.2015 – 10 ME 25/15, DÖV 2016, 265; OVG Saarlouis 14.1.2011 – 3 B 332/10, NVwZ-RR 2011, 264 (Ls.); Dörr in NK-VwGO EVR Rn. 244; Streinz EuropaR Rn. 734; Ehlers DVBl 2004, 1441 (1450); Otting/Olgemöller AnwBl 2010, 155 (162).

[371] EuGH 26.11.1996 – C-68/95, ECLI:EU:C:1996:452 Rn. 53 ff. = NJW 1997, 1125 – T. Port; hierzu Dörr in NK-VwGO EVR Rn. 251 f.; v. Danwitz EuVerwR S. 595 f.

[372] Koenig EuZW 1997, 206 (207); Ohler/Weiß NJW 1997, 2221 (2221 f.).

[373] Jannasch NVwZ 1999, 495 (499 f.).

[374] In dieser Hinsicht Streinz EuropaR Rn. 736.

[375] Ausdrücklich BVerfG 2.3.2010 – 1 BvR 256/08, BVerfG 11.3.2008 – BvR 256/08, BVerfGE 121, 1 (18) = BeckRS 2008, 33389; BVerfG 18.5.2016 – 1 BvR 895/16, NVwZ 2016, 1171 Rn. 36; Triantafyllou NVwZ 1992, 129 (131 f.).

§ 33 Rechtsschutz im Bereich der Zivilgerichtsbarkeit*

Übersicht

	Rn.
A. Einleitung	1
B. Zuständigkeitsfragen im Verhältnis der europäischen zur nationalen Zivilgerichtsbarkeit	5
I. Zivilgerichtliche Zuständigkeiten des Gerichtshofs	6
1. Außervertragliche Haftung der Union	7
2. Streitsachen zwischen der Union und ihren Bediensteten	12
3. Kartellsachen	15
4. Schiedssachen	16
II. Kompetenzkonflikte	19
C. Unionalisierung des Internationalen Zivilverfahrensrechts für den europäischen Raum	25
I. Überblick über die wichtigsten Entwicklungsschritte im Europäischen Zivilverfahrensrecht	25
II. Erleichterung des Zugangs zum Recht	36
1. E-Justiz-Aktionsplan und Europäisches E-Justiz-Portal	37
2. Prozesskostenhilferichtlinie	43
3. Mediationsrichtlinie, ADR-Richtlinie, ODR-VO	44
III. Die Brüssel Ia-VO als Kernstück des Europäischen Zivilverfahrensrechts	48
IV. Europäische Erkenntnisverfahren	50
V. Die schrittweise Abschaffung des Exequaturverfahrens	55
D. Europäisches Recht und deutsches Zivilprozessrecht	61
I. Ausgewählte Fragen der internationalen Zuständigkeit	66
1. Die Regelung der internationalen Zuständigkeit durch die §§ 12 ff. ZPO	66
a) Kein Verlust der Doppelfunktionalität der §§ 12 ff. ZPO durch die Brüssel Ia-VO	66
b) Die Regelung der örtlichen Zuständigkeit durch europäische Normen	70
2. Der Gerichtsstand des Vermögens (forum fortunae)	71
a) Kein europäischer Vermögensgerichtsstand in der Brüssel Ia-VO	71
b) Der Vermögensgerichtsstand in § 23 ZPO	72
3. Staatsangehörigkeitszuständigkeit im Internationalen Erbverfahrensrecht	74
a) Staatsangehörigkeitszuständigkeit nach § 343 Abs. 2 FamFG	74
b) Subsidiäre Staatsangehörigkeitszuständigkeit nach Art. 10 Abs. 1 lit. a EuErbVO	76
4. Staatsangehörigkeitszuständigkeit im Internationalen Familienprozessrecht	78
a) Art. 3 Abs. 1 lit. a sechster Gedankenstrich Var. 1 Brüssel IIa-VO	79
b) Art. 3 Abs. 1 lit. b Brüssel IIa-VO	81
5. Die Missbräuchlichkeit von Gerichtsstandsklauseln und Schiedsklauseln nach der Klausel-RL	83
II. Prozessfähigkeit und persönliches Erscheinen	85
1. Alternative Anknüpfung der Prozessfähigkeit	85
2. Anordnung persönlichen Erscheinens der Parteien	87
3. Zugang von Ausländern zur deutschen Justiz	88
III. Sprache und Recht im Verfahren	89
1. Deutsch als Gerichtssprache	89
a) Englisch als Gerichtssprache im Hinblick auf den Justizstandort Deutschland	91
b) Vereinbarkeit von Englisch als Gerichtssprache mit Verfassungs- und Unionsrecht	94

---

* Der Autor dieses Kapitels, Prof. Dr. Peter Mankowski, ist am 10. Februar 2022 verstorben. Der Beitrag wurde zuletzt redaktionell aber nicht inhaltlich aktualisiert.

	Rn.
c) Modellprojekt des OLG-Bezirks Köln seit 2010	97
d) Gesetzesentwurf auf Initiative der Länder Nordrhein-Westfalen und Hamburg (KfiHG)	98
2. § 293 ZPO und die Ermittlung des Rechts von EU-Mitgliedstaaten	99
a) § 293 ZPO im Hinblick auf Diskriminierungsverbot und Grundfreiheiten	99
b) Die Möglichkeiten der Ermittlung mitgliedstaatlichen ausländischen Rechts	102
3. Revisibilität ausländischen Rechts	105
a) Irrevisibilität ausländischen Recht nach § 545 Abs. 1 ZPO aF	106
b) Revisibilität ausländischen Rechts nach § 545 Abs. 1 ZPO nF	107
c) Revisibilität ausländischen mitgliedstaatlichen Rechts nach europarechtskonformer Auslegung des § 545 Abs. 1 ZPO nF	110
IV. Zustellungs- und beweisrechtliche Fragen	111
1. Europäische Zustellungsverordnung (EuZVO) und Europäische Beweisverordnung (EuBVO)	111
2. Verhältnis der EuZVO zu nationalen Zustellungsvorschriften, insbes. zur fiktiven Inlandszustellung	115
3. Beweiskraft ausländischer öffentlicher Urkunden	118
a) Beweiskraft ausländischer öffentlicher Urkunden nach § 438 ZPO	118
b) Beweiskraft ausländischer öffentlicher Urkunden nach Artt. 59 EuErbVO; 8 EuGüVO; 58 EuPartVO	121
c) Beweiskraft ausländischer öffentlicher Urkunden nach der UrkundenVO	123
4. Beweismaß und europäisches Unionsrecht	124
V. Die Absicherung des Zivilverfahrens mit mitgliedstaatlichem Bezug	126
1. Ausländersicherheit nach § 110 ZPO	127
2. Der Arrestgrund der Auslandsvollstreckung nach § 917 Abs. 2 ZPO	128
VI. Revision und Wiederaufnahme bei fehlerhafter Anwendung des Unionsrechts	134
1. Fehlerhafte Nichtzulassung der Revision	134
2. Aufhebung des nationalen Urteils bzw. Wiederaufnahme des Verfahrens	135
3. Durchbrechung der materiellen Rechtskraft wegen eines unionsrechtlichen effet utile	140
VII. Prozessbürgschaft einer Bank aus dem EU-Ausland	144
VIII. Europäisches Verbraucherschutzrecht und Beschränkung von Klagerechten der Verbraucher	149
IX. Ausgewählte Beispiele für Einflüsse einzelner Sekundärrechtsakte auf das nationale Zivilprozessrecht	152
1. Handelsregistergebühren für gesellschaftsrechtliche Eintragungen	152
a) Fantask-Rechtsprechung des EuGH	152
b) Sachliche Reichweite bei Handelsregistergebühren	156
c) Nationalrechtliche Ausdehnung auf andere Registergebühren?	162
2. Bindung an Entscheidungen der EU-Kommission im Kartell-, Fusionskontroll- und Beihilferecht	164
3. Kostenerstattung und Enforcement-Richtlinie	165
E. Materielles Zivilrecht und Unionsrecht	169
I. Unionsrechtskonforme Auslegung	169
II. Richtlinienwirkungen und Private	171
1. Keine horizontale Direktwirkung	171
2. Ausnahme bei nur gemeinsam möglicher Rechtswahrnehmung	173
3. Ausnahme bei öffentlichrechtlichen Vorfragen (indirekte horizontale Wirkung)	174
4. Ausnahme bei Durchsetzung öffentlicher Interessen durch Private	175
5. Ausnahme bei Verweigerung vertraglicher Erfüllung unter Berufen auf richtlinienwidriges nationales Recht?	177

		Rn.
6. Indirekte horizontale Wirkung über „Vergrundrechtlichung" von Richtlinieninhalten		179
7. Indirekte horizontale Wirkung über Äquivalenz- und Effektivitätsprinzip im Prozessrecht?		180
III. Staatshaftung und Unionsrecht		181
1. Staatshaftung wegen Verletzung von jeder Art Unionsrecht		181
2. Beabsichtigte Verleihung subjektiver Rechte durch das Unionsrecht		185
3. Qualifizierter Verstoß gegen Unionsrecht		187
4. Haftungssubjekt		196
5. Umfang des Schadensersatz		198
6. Mitverschuldenseinwand		201
7. Haftungsprivilegien des nationalen Rechts		202
a) Haftungsausschluss wegen Nichtinanspruchnahme von Primärrechtsschutz		202
b) Spruchrichterprivileg		203
c) Subsidiarität der Staatshaftung		209
8. Verjährung		210
9. Prozessuale Durchsetzung in Deutschland		211

Schrifttum:

Adolphsen, Konsolidierung des Europäischen Zivilverfahrensrechts, FS Athanassios Kaissis, 2012, 1; Althammer, Verfahren mit Auslandsbezug nach dem neuen FamFG, IPrax 2009, 381; Armbrüster, Englischsprachige Zivilprozesse vor deutschen Gerichten?, ZRP 2011, 102; Bach, Drei Entwicklungsschritte im europäischen Zivilprozessrecht, Kommissionsentwurf für eine Reform der EuGVVO, ZRP 2011, 97; Bachmayer, Ausgewählte Problemfelder bei Nachlasssachen mit Auslandsberührung, BWNotZ 2010, 146; Beaumont/Fitchen/Halliday, The evidentiary effects of authentic acts in the Member States of the European Union, Study PE 556.935, 2016; A. Beck, Unionsrechtliche Staatshaftung der EU-Mitgliedstaaten für jduikatives Unrecht, Diss. Potsdam 2015 <https://publishup.uni-potsdam.de/opus4-ubp/frontdoor/deliver/index/docId/8021/file/beck_diss.pdf>; Breuer, Staatshaftung für judikatives Unrecht, 2011; Cadet, Main Features of the Revised Brussels I Regulation, EuZW 2013, 218; Cazet, Le relevé d'office, une application tempérée de la primauté aus ervice de la protection des justiciales, Re. dr. UE 2017, 53; Dilger, Stille Wasser gründen tief – die Cour de cassation zur EheGVO aF, IPRax 2006, 617; H. Dörner, Die Europäisierung des Rechts der öffentlichen Urkunden, FS 25 Jahre DNotI, 2018, 745; Eichel, Die Revisibilität ausländischen Rechts nach der Neufassung von § 545 Abs. 1 ZPO, IPRax 2009, 389; Eidenmüller/Prause, Die europäische Mediationsrichtlinie – Perspektiven für eine gesetzliche Regelung der Mediation in Deutschland, NJW 2008, 2737; Ewer, Das Öffentlichkeitsprinzip – ein Hindernis für die Zulassung von Englisch als konsensual-optionaler Gerichtssprache?, NJW 2010, 1323; Fallon, La condition procédurale du droit applicable en matière civile, selon la Cour de justice de l'union européenne, Liber amicorum Christian Kohler. 2018, S. 51; Flessner, Deutscher Zivilprozess auf Englisch. Der Gesetzesentwurf des Bundesrates im Lichte von Staatsrecht, Grundrechten und Europarecht, NJW 2011, 3544; Flessner, Deutscher Zivilprozess auf Englisch. Der Gesetzesentwurf des Bundesrates im Lichte von Staatsrecht, Grundrechten und Europarecht, NJOZ 2011, 1913; Flessner, Diskriminierung von grenzüberschreitenden Rechtsverhältnissen im europäischen Zivilprozess, ZEuP 2006, 737; Fornasier, Auf dem Weg zu einem euopäischen Justizraum – Der Beitrag des Europäischen Justiziellen Netzes für Zivil- und Handelssachen, ZEuP 2010, 477, 478; Gascón Inchausti/Hess (eds.), The future of the European law of civil procedure – Coordination or harmonisation?, 2020; Giannopoulos, Der Einfluss der Rechtsprechung des EuGH auf das nationale Zivilprozessrecht der Mitgliedstaaten, 2006; Gotsche, Der BGH im Wettbewerb der Zivilrechtsordnungen, 2008; Graf v. Westphalen, Die Gerichtssprache ist nicht mehr nur deutsch, AnwBl 3/2009, 214; Gullo, Das neue Mediationsgesetz: Anwendung in der wirtschaftsrechtlichen Praxis, GWR 2012, 385; Hau, Das System der internationalen Entscheidungszuständigkeit im europäischen Eheverfahrensrecht, FamRZ 2000, 1333; Hau, Europarechtliche Vorgaben zum Beweismaß im Zivilprozess, FS Hanns Prütting, 2018, S. 325; Havu, Full, Adequate and Commensurate Compensation for Damages under EU Law: A Challenge for National Courts?, (2018) 43 Eur. L. Rev. 24; Heckel, Die fiktive Inlandszustellung am dem Rückzug – Rückwirkungen des europäischen Zustellungsrechts auf das nationale Recht, IPrax 2008, 218; Heiderhoff, Keine Inlandszustellung an Adressaten mit ausländischem Wohnsitz mehr?, EuZW 2006, 235; v. Hein, Die Neufassung der Europäischen Gerichtsstands- und Vollstreckungsverordnung (EuGVVO), RIW 2013, 97; v. Hein, Die Abschaffung des Exequaturverfahrens durch die Revision der europäischen Gerichtsstands- und Vollstreckungsverordnung: Eine Gefährdung des Verbraucherschutzes?, FS Daphne-Ariane Simotta, 2012, 645; Heinze, Fiktive Inlandszustellungen und der Vorrang des europäischen Zivilverfahrensrechts, IPRax 2010, 155; Heinze, Europäisches Primärrecht und Zivilprozess, EuR 2008, 654; Hess/L. Hübner, Die Revisibilität ausländischen Rechts nach der Neufassung des § 545 ZPO, NJW 2009, 3132; Herb, Europäisches Gemeinschaftsrecht und nationaler Zivilprozess, 2007; Hess/Law (eds.), Implementing EU Consumer Rights by National Procedural Law, 2019; Hess/Ortolani (eds.), Impediments of National

Procedural Law to the Free Movement of Judgments, 2019; Hirsch/Gerhardt, Die „alternative Streitbeilegung" hat Konjunktur, Nicht nur die Mediation kann befriedend wirken, ZRP 2012, 189; H. Hoffmann, Kammern für internationale Handelssachen, Eine juristisch-ökonomische Untersuchung zu effektiven Justizdienstleistungen im Außenhandel, 2011; H. Hoffmann/Handschell, Pro & Contra Englisch als Rechtssprache?, ZRP 2010, 103; Holzner, Europäisches E-Justiz-Portal in Betrieb genommen, MMR-Aktuell 2010, 305999; Hoppe, Englisch als Verfahrenssprache – Möglichkeiten de lege lata und de lege ferenda, IPrax 2010, 373; Huber, Koordinierung europäischer Zivilprozessrechtsinstrumente, FS Athanassios Kaissis, 2012, 413; P. Huber, Prozessführung auf Englisch vor Spezialkammern für internationale Handelssachen, FS Daphne-Ariane Simotta, 2012, 245; Illmer, Ziel verfehlt – Warum Englisch als Verfahrenssprache in § 1062 ZPO zuzulassen ist, ZRP 2011, 170; Jastrow, EG-Richtlinie 8/2003 – Grenzüberschreitende Prozesskostenhilfe in Zivilsachen, MDR 2004, 75; Jastrow, Zur Ermittlung ausländischen Rechts: Was leistet das Londoner Auskunftsübereinkommen in der Praxis?, IPrax 2004, 402; Krans/Nylund (eds.), Procedural autonomy across Europe, 2020; Kranz, EU law and national civil procedural law: an invisible pillar, ERPL 2015, 567; Magnus/Mankowski, The Proposal for the Reform of Brussels I, ZVglRWiss 110 (2011), 252; Mankowski, CESL – who needs it?, IHR 2012, 45; Mankowski, Der Vorschlag für ein Gemeinsames Europäisches Kaufrecht (CESL), IHR 2012, 1; Mankowski Zur Regelung von Sprachfragen im europäischen Internationalen Zivilverfahrensrecht, FS Athanassios Kaissis, 2012, 607; Mansel, Der Verordnungsvorschlag für ein Gemeinsames Europäisches Kaufrecht, WM 2012, 1253 und WM 2012, 1309; Mansel, Kritisches zur Urkundsinhaltsanerkennung, IPrax 2011, 341; Mansel, Negotium und instrumentum – Zur Urkundenanerkennung und Urkundenannahme im Europäischen Kollisionsrecht, Liber amicorum Christian Kohler, 2018, 301; Micklitz, The Targeted Full Harmonisation Approach: Looking Behind the Curtain, in Howells/Schulze (Hrsg.), Modernising and Harmonising Consumer Contract Law, 2009, S. 47; Micklitz/Reich, Der Kommissionsvorschlag v. 8.10.2008 für eine Richtlinie über „Rechte der Verbraucher", oder: „der Beginn des Endes einer Ära…", EuZW 2009, 279; Musielak/Voit, ZPO, 18. Aufl. 2021; Nylund/Strandberg (eds.), Civil procedure and harmonisation of law, 2019; Pietzcker, Rechtsprechungsbericht zur Staatshaftung, AöR 132 (2007), 393; B. Otto, Das Wiederaufnahmerecht und die Wiederaufnahme rechtskräftig geschlossener Verfahren bei unionsrechtswidrigen Urteilen im Zivilprozess, 2018; Poelzig, Die Aufhebung rechtskräftiger zivilgerichtlicher Urteile unter dem Einfluss des Europäischen Gemeinschaftsrechts, JZ 2007, 858; H. Prütting, In Englisch vor deutschen Gerichten verhandeln? Den Justizstandort Deutschland stärken: Nicht nur Deutsch als Gerichtssprache zulassen, AnwBl 2/2010, 113; Rauscher, EuZPR/EuIPR, Bd. I, 5. Aufl. 2021, Bd. II-V, 4. Aufl. 2015/2016; Rechberger, Zur „Zirkulation" öffentlicher Urkunden in Europa, FS Nikolaos Klamaris, Bd. II, 2016, 436; Rechberger, Die neue EU-Urkunden-Verordnung – Was lange währt, wird endlich gut?, FS Reinhold Geimer zum 80. Geb., 2017, 545; Remien, Iuria novit curia und die Ermittlung fremden Rechts im europäischen Rechtsraum der Art. 61 ff. EGV – für ein neues Vorabentscheidungsverfahren bei mitgliedstaatlichen Gerichten, in Basedow/Drobnig/Ellger/Hopt/Kötz/Kulms/Mestmäcker (Hrsg.), Aufbruch nach Europa – 75 Jahre Max-Planck-Institut für Privatrecht, 2001, S. 617; Remmert, Englisch als Gerichtssprache: Nothing ventured, nothing gained, ZIP 2010, 1579; Risse, Das Mediationsgesetz – eine Kommentierung, SchiedsVZ 2012, 244; C. Schall, Nationale Grundbuchverfahren im Lichte der Europäischen Union – Das EuGH-Urteil Piringer: Rechtssicherheit bei grenzüberschreitenden Grundstückstransaktionen, FS Ludwig Bittner, 2018, S. 583; Schellack, Selbstermittlung oder ausländische Auskunft unter dem europäischen Rechtsauskunftsübereinkommen, 1998; C. Schmitz, Die „Annahme" öffentlicher Urkunden nach Art. 59 Abs. 1 EuErbVO, 2020; M. Schwab/Giesemann, Die Verbraucherrechte-Richtlinie: Ein wichtiger Schritt zur Vollharmonisierung im Binnenmarkt: EuZW 2012, 253; Schwartze, Die Ermittlung und Anwendung des Vertragsrechts anderer EU-Staaten im deutschen Zivilprozess nach § 293 ZPO – ein besonderer Fall, FS Hilmar Fenge, 1996, 127; Sommerlad/Schrey, Die Ermittlung ausländischen Rechts im Zivilprozess und die Folgen der Nichtermittlung, NJW 1991, 1377; Storskrubb, Civil Procedure and EU Law – A Policy Area Uncovered, 2008; Sujecki, Die Entwicklung des europäischen Privat- und Zivilprozessrechts im Jahr 2011, EuZW 2012, 327; Sujecki, Die Entwicklung des europäischen Privat- und Zivilprozessrechts im Jahr 2010, EuZW 2011, 287; Sujecki, Entwicklung des Europäischen Privat- und Zivilprozessrechts in den Jahren 2008 und 2009, EuZW 2010, 44; Tamm/Rott, Verbraucherrecht in neuem Aufbruch: VuR Editorial 2012, 1; Tietjen, Die Bedeutung des sekundären Richterprivilegien im System des gemeinschaftsrechtlichen Staatshaftungsrechts – Das EuGH-Urteil „Traghetti de Mediterraneo.", EWS 2007, 15; Tönsfeuerborn, Einflüsse des Diskriminierungsverbots und der Grundfreiheiten der EG auf das nationale Zivilprozessrecht, 2002; Trautmann, Ausländisches Recht vor deutschen und englischen Gerichten, ZEuP 2006, 283; Voß, Die Durchbrechung der Rechtskraft nationaler Zivilgerichtsurteile zu Gunsten des unionsrechtlichen „effet utile"?, 2019; R. Wagner, Die politischen Leitlinien zur justiziellen Zusammenarbeit in Zivilsachen im Stockholmer Programm, IPrax 2010, 97; R. Wagner, Vereinheitlichung des Internationalen Privat- und Zivilverfahrensrechts neun Jahre nach Inkrafttreten des Amsterdamer Vertrags, NJW 2008, 2225; R. Wagner/Beckmann, Beibehaltung oder Absachaffung des Vollstreckbarerklärungsverfahrens in der EuGVVO?, RIW 2011, 44; Weitz, Die geplante Erstreckung der Zuständigkeitsordnung der Brüssel I-VO auf drittstaatsansässige Beklagte, FS Daphne-Ariane Simotta, 2012, 679; v. Westphalen, Verbraucherschutz nach zwei Jahrzehnten Klauselrichtlinie, NJW 2013, 961; C. Wolf, Renaissance des Vermögensgerichtsstands?, FS Daphne-Ariane Simotta, 2012, 717; Zantis, Das Richterspruchprivileg in nationaler und gemeinschaftsrechtlicher Hinsicht, 2010.

A. Einleitung

Die Tätigkeit der Zivilgerichte wird kaum weniger vom Unionsrecht beeinflusst als jene 1
der Verwaltungsgerichte. Denn die überwiegende Mehrzahl zumal der jüngeren zivilrechtlichen Gesetze ist vom Unionsrecht entweder veranlasst oder zumindest betroffen. ZB beruht das moderne **Verbraucherschutzrecht,** wie man es in Deutschland heute in §§ 305–310, 312–312d, 312 f., 355–359, 481–487, 491–494, 497–502, 651a–651l, 655a–655e BGB und durchgängig im ProdHaftG, außerdem z. B. in § 7 UWG, findet, auf entsprechenden EU-Richtlinien.[1] Die zunächst sehr ambitioniert geplante „Verbraucherrechte-Richtlinie"[2] fasst lediglich die zuvor schon bestehenden Richtlinien über Haustürgeschäfte und Vertragsabschlüsse im Fernabsatz in einem Dokument zusammen und harmonisiert einige Regelungen der vorherigen, sodann außer Kraft getretenen Richtlinien. Die Gestaltungen des modernen Gesellschaftsrechts sind ebenfalls zu einem ganz wesentlichen Teil durch EWG/EG/EU-Richtlinien vorgegeben. Hinzu kommt der gewichtige Einfluss des Primärrechts.[3] Die Liste der Beispiele ließe sich nahezu beliebig verlängern, etwa um die seinerzeitige Verbrauchsgüterkaufrichtlinie[4] oder die E-Commerce-Richtlinie[5] und deren Umsetzung in §§ 433–479, 651 BGB bzw. im komplett novellierten TMG und in § 312g BGB. Denn kaum ein Aspekt des Zivilrechts, namentlich des wirtschaftsregulierenden Zivilrechts, hat keine Binnenmarktrelevanz und läge deshalb außerhalb der angemaßten Regelungskompetenz der Unionsorgane. Allenfalls das Familien- und das Erbrecht dürften insoweit auszunehmen sein,[6] soweit es sich nicht um grenzüberschreitende Sachverhalte handelt.[7] Das bisher weitgehend unberührt gebliebene Sachenrecht könnte gegenwärtig noch die Ruhe vor einem möglichen Sturm erleben,[8] obwohl Art. 350 AEUV eine nicht zu unterschätzende (Kompetenz-)Hürde darstellt.

Am Horizont zeichneten sich eine Zeitlang sogar übergreifend Konturen eines – ggf. 2
sogar als EU-Verordnung zu etablierenden – **Europäischen Zivilgesetzbuchs** ab. Die Arbeiten der Study Group on a European Civil Code sowie der acquis-Group sind über ein akademisch – konkret rechtsvergleichend – interessantes Ergebnis in Form des 2008 durch die Kommission eingebrachten Draft Common Frame of Reference indes nicht hinausgekommen und sind als politisch gescheitert anzusehen. Die Kommission (forciert insbes. durch die damalige Justizkommissarin *Viviane Reding*) versuchte, wenigstens einen Teil des DCFR in die rechtspolitische Realität zu retten, indem sie am 11.10.2011 einen Vorschlag für ein Gemeinsames Europäisches Kaufrecht (GEK, in der englischen Variante: CESL)

---

[1] Aufzählung der betreffenden Richtlinien auf damaligem Stand zB bei W.-H. Roth FS Drobnig, 1998, 135 (135 f.); die seinerzeit einschlägigen Richtlinien kommentiert Grundmann, Europäisches Schuldvertragsrecht, 1999. Zum heutigen Stand siehe Michael Stürner, Europäisches Vertragsrecht, 2021.
[2] RL 2011/83/EU des Europäischen Parlaments und des Rates v. 25. Oktober 2011 über die Rechte der Verbraucher, ABl. 2011 L 304, 64. Hierzu zB Micklitz, in Howells/Reiner/Schulze (Hrsg.), Modernising and Harmonising Consumer Contract Law, 2009, S. 47; Micklitz/Reich EuZW 2009, 279; Schwab/Giesemann EuZW 2012, 253; Tamm/Rott VuR Editorial, 2012, 1.
[3] Siehe nur umf. Steindorff, EG-Vertrag und Privatrecht, 1996; Remien, Zwingendes Vertragsrecht und Grundfreiheiten des EG-Vertrages, 2003; Mülbert ZHR 159 (1995), 2; Möllers EuR 1998, 20.
[4] RL 99/44/EG des Europäischen Parlaments und des Rates v. 25. Mai 1999 zu bestimmten Aspekten des Verbrauchsgüterkaufs und der Garantien für Verbrauchsgüter, ABl. 1999 L 171, 12.
[5] RL 2000/31/EG des Europäischen Parlaments und des Rates v. 8. Juni 2000 über bestimmte rechtliche Aspekte der Dienste der Informationsgesellschaft, insbes. des elektronischen Geschäftsverkehrs, im Binnenmarkt, ABl. 2000 L 178, 1.
[6] Vgl. aber Antokolskaia/de Hondt/Steenhoff, Een zoektocht naar Europees familierecht, 1999.
[7] Siehe zum Internationalen Güter-, Unterhalts-, Ehescheidungs- und Erbrecht samt Verfahrensrecht Brüssel II-VO, Brüssel IIa-VO, EuUntVO, Rom III-VO, EuErbVO, EuGüVO, EuPartVO und Brüssel IIb-VO auf der Grundlage des Aktionsplans des Rates und der Kommission v. 3.12.1998 zur bestmöglichen Umsetzung der Bestimmungen des Amsterdamer Vertrages über den Aufbau eines Raumes der Freiheit und der Sicherheit und des Rechts, ABl. 1999 C 19, 1 Nr. 41a–c.
[8] Siehe insoweit immerhin schon Aktionsplan des Rates und der Kommission v. 3.12.1998 zur bestmöglichen Umsetzung der Bestimmungen des Amsterdamer Vertrages über den Aufbau eines Raumes der Freiheit und der Sicherheit und des Rechts, ABl. 1999 C 19, 1 Nr. 41 f.

vorlegte.⁹ Auch dieser scheiterte jedoch. Die beiden Richtlinien 2019/770/EU[10] und 2019/771/EU[11] sind die sehr sektorspezifischen und rechtspolitisch deutlich anders, nämlich im Kontext einer Digitalstrategie für den Binnenmarkt positionierten Überbleibsel des einst großen Projekts.

3 Alle bisher genannten Bereiche betreffen jedoch die materielle Entscheidungsgrundlage, nicht das Zivilverfahrensrecht als solches. Materielles Recht und Verfahrensrecht sind auch für das Verhältnis von Zivilgerichtsbarkeit und Unionsrecht zueinander strikt zu trennen. Von einer umfassenden Europäisierung des Zivilprozessrechts kann dagegen kaum eine Rede sein.[12] Fast alle bisherigen Ansätze haben punktuellen Charakter.

4 Das in den 1990ern zeitweise angedachte Projekt eines Europäischen Zivilprozessrechts kulminierte zwar in einem von einer Arbeitsgruppe unter *Marcel Storme* vorgelegten Grobentwurf.[13] Es wurde jedoch nicht wirklich weiterverfolgt und hat keine echten Spuren hinterlassen. European Law Institute (ELI) und UNIDROIT verfolgen seit 2013 das große Projekt von (Model) European Rules of Civil Procedure, vom ELI im September 2020 verabschiedet.[14] Dies ist jedoch eine rein private Initiative ohne Auftrag durch die Legislativorgane der EU.[15] Als gescheitert kann wiederum der 2017 vorgelegte Richtlinienvorschlag des Europäischen Parlaments zu Mindeststandards im Zivilprozess[16] gelten,[17] denn die zu formellen Gesetzesinitiativen ausschließlich befugte Kommission hat ihn nicht aufgegriffen. Für die Rechtspraxis gilt es also allein, die schon aufgeworfenen Einzelfragen der Europäisierung kraft geltenden Unionsrechts im Zivilprozess zu beachten.

---

[9] KOM(2011) 635 endgültig; hierzu u. a. Mankowski IHR 2012, 1; IHR 2012, 4, Mansel WM 2012, 1253; WM 2012, 1309.

[10] Richtlinie (EU) 2019/770 des Europäischen Parlaments und des Rates vom 20. Mai 2019 über bestimmte vertragsrechtliche Aspekte der Bereitstellung digitaler Inhalte und digitaler Dienstleistungen, ABl. 2019 L 136, 1.

[11] Richtlinie (EU) 2019/770 des Europäischen Parlaments und des Rates vom 20. Mai 2019 über bestimmte vertragsrechtliche Aspekte des Warenkaufs, zur Änderung der Verordnung (EU) 2017/2394 und der Richtlinie 2009/22/EG sowie zur Aufhebung der Richtlinie 1999/44/EG, ABl. 2019 L 136, 28.

[12] Siehe Stadler FG 50 Jahre BGH, Bd. III, 2000, 645.

[13] Storme, Approximation of Judiciary Law in the European Union, 1994; s. außerdem zB Prütting FS Baumgärtel, 1990, 457; Kerameus 43 Am. J. Comp. L. 401 (1995); Storme FS Drobnig, 1998, 177; Schwartze ERPL 2000, 135.

[14] Kurzabriss der Genese unter <https://www.europeanlawinstitute.eu/projects-publications/current-projects-feasibility-studies-and-other-activities/current-projects/civil-procedure/>. Meilensteine waren u. a. 1st Exploratory Workshop 18/19 October 2013 in Wien; Approval des ELI Council im Februar 2014 <http://www.europeanlawinstitute.eu/projects/current-project-cntd/article/from-transnational-principles-to-european-rules-on-civil-procedure>; ELI/UNIDROIT Conference „Building European Rules on Civil Procedure", ERA 26./27.11.2015; Preliminary Feasibility Study of April 2016 (prepared by Rolf Stürner) <https://www.unidroit.org/english/governments/councildocuments/2016session/cd-95-13add-02-e.pdf>. Die weiteren Schritte sind minutiös aufgelistet unter <https://www.europeanlawinstitute.eu/projects-publications/current-projects-feasibility-studies-and-other-activities/current-projects/civil/> und <https://www.unidroit.org/work-in-progress/transnational-civil-procedure>.

[15] Aus der Diskussion u. a. Vincent Smith, Unif. L. Rev. 2019, 1; Gascón Inchausti/Trocker/Michael Stürner, Unif. L. Rev. 2019, 14; Rolf Stürner, FS Volkert Vorwerk, 2019, 313; Silvestri, in Gascón Inchausti/Burkhard Hess (eds.), The Future of the European Law of Civil Procedure – Coordination or Harmonisation?, 2020, 199; Michael Stürner, in Gascón Inchausti/Burkhard Hess (eds.), The Future of the European Law of Civil Procedure – Coordination or Harmonisation?, 2020, 205; Christoph A. Kern, in Gascón Inchausti/Burkhard Hess (eds.), The Future of the European Law of Civil Procedure – Coordination or Harmonisation?, 2020, 223; Gascón Inchausti, Cuad. Der. Trans. 13 (1) (2021), 277; Wilke EuZW 2021, 187; ders., in Leible/Terhechte (Hrsg.), Europäisches Rechtsschutz – und Verfahrensrecht, 2. Aufl. 2021, 1399 (§ 35).

[16] Bericht des Europäischen Parlaments (JURI) vom 6.6.2017 mit Empfehlungen an die Kommission zu gemeinsamen Mindeststandards des Zivilprozessrechts in der EU 2015/2084(INL), PE 593.974 – A8-2017-0210_DE. Dazu u. a. Gascón Inchausti, in Gascón Inchausti/Burkhard Hess (eds.), The Future of the European Law of Civil Procedure – Coordination or Harmonisation?, 2020, 241; Richard, in Gascón Inchausti/Burkhard Hess (eds.), The Future of the European Law of Civil Procedure – Coordination or Harmonisation?, 2020, 265.

[17] Mankowski GPR 2020, 190, 191.

B. Zuständigkeitsfragen im Verhältnis der europäischen zur nationalen Zivilgerichtsbarkeit

Der Begriff „europäische Zivilgerichtsbarkeit" mag zunächst erstaunen, kann man sich den 5
EuGH doch kaum als Entscheidungsinstanz in Zivilsachen vorstellen. Jedoch entzieht
Art. 274 AEUV (ehemals Art. 240 EGV-Nizza; Art. 155 EAGV) Rechtsstreitigkeiten, an
denen die Union beteiligt ist, dem nationalen Richter, soweit für solche Streitigkeiten eine
Sonderzuweisung an den *EuGH* besteht. Sonderzuweisungen setzten sich auch unter dem
EGKSV durch, obwohl diesem ein Pendant zu Art. 240 EGV-Nizza fehlte.[18]

I. Zivilgerichtliche Zuständigkeiten des Gerichtshofs

Wenn man die Kompetenzverteilung zwischen den Rechtswegen innerhalb des deutschen 6
Prozessrechts als Maßstab anlegt, besitzt der EuGH die nachfolgend aufgeführten Zuständigkeiten auf Gebieten, welche das deutsche Recht dem Zivilrecht zuordnen würde.

1. Außervertragliche Haftung der Union. Art. 268 AEUV erklärt den EuGH für 7
zuständig, wenn die Streitsache **Schadensersatz** aus **außervertraglicher Haftung der
Union** für Schäden, die ihre Organe oder Bediensteten in Ausübung ihrer Amtstätigkeit
verursacht haben, nach Art. 340 Abs. 2 AEUV zum Gegenstand hat. Die Zuständigkeit des
EuGH ist nicht eng begrenzt auf Schäden aus eigentlicher hoheitlicher Tätigkeit. Vielmehr
reicht es aus, wenn zwischen den Aufgaben der Unionsorgane und dem schadensstiftenden
Ereignis eine unmittelbare innere Beziehung besteht,[19] der geltend gemachte Schaden also
der Union zurechenbar ist.[20] Bei Anlegen deutschrechtlicher Terminologie könnte man
von einer Art Doktrin vom Schutzweck der Norm sprechen. Der Union zuzuzählen ist,
wie Art. 13 Abs. 1 EUV nunmehr unmissverständlich klarstellt, auch die EZB.

Die Union haftet und der EuGH ist zuständig für unmittelbares Tätigwerden ihrer 8
eigenen **Organe,** aber auch für das Tätigwerden mitgliedstaatlicher Behörden, wenn diese
ohne eigene Spielräume eine rechtswidrige Unionsverordnung befolgen[21] oder auf Weisung
der Kommission handelten.[22] Gleiches gilt ausnahmsweise, wenn das Beschreiten des innerstaatlichen Rechtswegs dem Geschädigten im Einzelfall unzumutbar ist, weil die nationalen
Klagemöglichkeiten den Schutz des Einzelnen nicht wirksam sicherstellen.[23]

Art. 3 Abs. 1 lit. c Ratsbeschluss 88/591/EGKS/EWG/Euratom[24] erklärt über Art. 256 9
Abs. 1 AEUV das EuG für erstinstanzlich zuständig. Gegen dessen Entscheidung ist ein auf
Rechtsfragen beschränktes Rechtsmittel zum *EuGH* statthaft. Statthafte Klageart kann vor
dem *EuG* auch eine **Klage auf Feststellung der Schadensersatzhaftung dem Grunde
nach** sein, wenn sich der Schaden noch nicht berechnen, aber mit hoher Wahrscheinlichkeit voraussehen lässt.[25] Die Grundlage für die erstinstanzliche Kompetenz des *EuG* hat der
Vertrag von Nizza im Primärrecht selbst etabliert, was durch den Vertrag von Lissabon in
Art. 256 Abs. 1 UAbs. 1 AEUV übernommen wurde.

---

[18] EuGH 16.12.1960 – C-6/60, ECLI:EU:C:1960:48 – Slg. 1960, 1163 (1184) = BeckRS 2004, 73385 – Humblet/Belgischer Staat; Schumann ZZP 78 (1965), 77 (85).
[19] Nur Gilsdorf EuR 1975, 73 (107).
[20] Kotzur in Geiger/Khan/Kotzur/Kirchmair AEUV Art. 268 Rn. 3.
[21] EuGH 19.5.1982 – C-64/76, ECLI:EU:C:1982:184 – Slg. 1979, 3091 (3113) = BeckRS 2004, 73473 – Dumortier Frères/Rat.
[22] EuGH 26.2.1986 – C-175/84, ECLI:EU:C:1986:85 Rn. 23 – Slg. 1986, 753 = BeckRS 2004, 71990 – Krohn/Kommission.
[23] EuGH 30.5.1989 – C-20/88, ECLI:EU:C:1989:221 Rn. 15 – Slg. 1989, 1553 = BeckRS 2004, 72241 – Roquette frères/Kommission.
[24] Beschluss des Rates v. 24.10.1988 zur Errichtung eines Gerichts erster Instanz der Europäischen Gemeinschaften (88/591/EGKS, EWG, Euratom), ABl. 1988 L 319, 1, zuletzt geändert durch Beschluss des Rates der Europäischen Union v. 1.1.1995 zur Anpassung der Dokumente betr. den Beitritt neuer Mitgliedstaaten zur Europäischen Union (95/1/EG, Euratom, EGKS), ABl. 1995 L 1, 1.
[25] EuGH 2.6.1976 – C-56/74 bis 60/74, ECLI:EU:C:1976:78 Rn. 6 – Slg. 1976, 711 = NJW 1976, 2072 – Kampffmeyer/Kommission und Rat; EuGH 14.1.1987 – C-281/84, ECLI:EU:C:1987:3 Rn. 14 – Slg. 1987, 49 = BeckRS 2004, 72914 – Zuckerfabrik Bedburg/Rat und Kommission.

10 Dagegen besteht keine besondere Kompetenzzuweisung an den EuGH für die **vertragliche Haftung der Union**. Insoweit sind nach Art. 274 AEUV, Art. 188 Abs. 1 EAGV die nationalen Gerichte zuständig. Art. 274 AEUV garantiert und begründet indes keine Zuständigkeit der nationalen Gerichte, sondern verweist auf das nationale Prozessrecht. Diesem obliegt es, über den Rechtsweg sowie die internationale, örtliche, sachliche und funktionelle Zuständigkeit der einzelnen Spruchkörper zu entscheiden.[26]

11 Theoretisch besteht damit die Gefahr, dass Schadensersatzansprüche aus demselben Sachverhalt, aber aus verschieden zu qualifizierenden Anspruchsgrundlagen in gänzlich verschiedenen Rechtswegen zu verfolgen sind.[27] Dies droht allerdings nur bei **konkurrierenden Ansprüchen**. Es erscheinen mehrere Wege denkbar, um dieser Gefahr Herr zu werden. Der erste bestünde darin, eine Annexkompetenz des EuGH auch für konkurrierende vertragliche Ansprüche zu bejahen. Dies wäre eine teleologische Extension des Art. 268 AEUV mit teleologischer Reduktion des Art. 274 AEUV. Angesichts des Auffangcharakters von Art. 274 AEUV ließe sich durchaus vertreten, diesen hinter eine ungeschriebene Annexkompetenz zurücktreten zu lassen. Ein Dammbruch mit unabsehbaren Weiterungen, der Art. 274 AEUV entwerten würde, wäre dies jedenfalls nicht. Der zweite ist weniger radikal. Er besteht in einer Aussetzung des vor dem nationalen Gericht anhängigen vertraglichen Haftungsverfahrens bis zum Abschluss des deliktischen Haftungsverfahrens vor dem EuGH, nach deutschem Recht über § 148 ZPO.[28] Den pragmatischsten Weg, nämlich jenen durch Rechtsgestaltung, geht die Union seit geraumer Zeit, indem sie für ihre Vertragsbeziehungen Schiedsklauseln zu Gunsten des *EuGH* vereinbart.[29]

12 **2. Streitsachen zwischen der Union und ihren Bediensteten.** Gleichsam als Arbeitsgerichte der Union werden EuG und EuGH tätig, soweit Art. 270 AEUV ihm die **Streitigkeiten zwischen der Union und deren Bediensteten** zuweist. Diese Streitigkeiten sind zugewiesen, soweit sie sich innerhalb der Grenzen und nach Maßgabe der Bedingungen abspielen, die im Statut der Beamten festgelegt sind oder sich aus den Beschäftigungsbedingungen der Bediensteten ergeben. Art. 3 Abs. 1 lit. a des vorgenannten Ratsbeschlusses (Rn. 4) erklärt das EuG für den gesamten sachlichen Anwendungsbereich des Art. 270 AEUV zur Eingangsinstanz. Auch insoweit hat der Vertrag von Nizza die Kompetenzgrundlage des EuG mit Art. 225 Abs. 1 UAbs. 1 EGV ins Primärrecht selber verschoben, was durch den Vertrag von Lissabon in Art. 256 Abs. 1 UAbs. 1 AEUV nachvollzogen wurde. Die einschlägige Rechtsprechung wurde von 1994 bis 2011 in einer eigenen Sammlung (ÖD) veröffentlicht.

13 Die Eingangszuständigkeit wurde durch den Vertrag von Nizza – wiederum nachvollzogen durch den Vertrag von Lissabon – noch wesentlich gestärkt und spezialisiert: Art. 257 AEUV (vormals Art. 225a EGV-Nizza) sieht die Bildung so genannter gerichtlicher Kammern als fachlich spezialisierter Spruchkörper vor. Die Übertragung der Beamtensachen der Union auf solche Spruchkörper gilt als wichtiger Anwendungsfall der Neuregelung.[30]

14 Maßgebliche Regelungen sind die Art. 90–91a BSt[31].[32] Für die sonstigen Bediensteten sind diese Vorschriften nach Art. 46, 73, 83, 97 Beschäftigungsbedingungen für die sons-

---

[26] Schwarze in Schwarze AEUV Art. 274 Rn. 4.
[27] Schumann ZZP 78 (1965), 77 (88).
[28] Schumann ZZP 78 (1965), 77 (89); Rosenberg/Schwab/Gottwald, Zivilprozessrecht, 15. Aufl. 1993, S. 82 (§ 18 II 1a); Geimer, Internationales Zivilprozessrecht, 4. Aufl. 2001, Rn. 246b.
[29] Krück in von der Groeben/Schwarze/Hatje AEUV Art. 274 Rn. 1 ff.
[30] Siehe Schlussakte der Konferenz von Nizza, 16. Erklärung zu Art. 225a des Vertrages zur Gründung der Europäischen Union; Sack EuZW 2001, 77 (78).
[31] VO (EWG, Euratom, EGKS) Nr. 259/68 des Rates v. 29. Februar 1968 zur Festlegung des Statuts der Beamten der Europäischen Gemeinschaften und der Beschäftigungsbedingungen für die sonstigen Bediensteten dieser Gemeinschaften sowie zur Einführung von Sondermaßnahmen, die vorübergehend auf die Beamten der Kommission anwendbar sind, ABl. 1968 L 56, 1.
[32] EuGH 23.1.1997 – C-246/95, ECLI:EU:C:1997:33 – Slg. 1997, I-403 = BeckRS 2004, 75412 – Myrianne Coen/Belgischer Staat.

tigen Bediensteten der Europäischen Gemeinschaften entsprechend anwendbar.³³ Richtiger **Klagegegner** ist entgegen dem Wortlaut des Art. 270 AEUV nicht die Union als solche, sondern dasjenige **Unionsorgan,** zu dessen Dienstbereich die jeweilige Anstellungsbehörde gehört.³⁴

3. Kartellsachen. Zum Zivilrecht mindestens im weiteren Sinne zählen **Kartellsachen.** 15 Jedenfalls für private enforcement, den gewollten Standard nach der RL 2004/104/EU³⁵, bedarf dies keiner weiteren Begründung. Jedenfalls in Deutschland ist aber die Entscheidung selbst in Kartellsachen des public enforcement den Zivilgerichten (nämlich dem OLG Köln, vor der Sitzverlegung des Bundeskartellamts von Berlin nach Bonn dem KG) und nicht den Verwaltungsgerichten zugewiesen. Daher kann man auch die nach Art. 263 Abs. 4 AEUV bestehende Zuständigkeit des EuGH zur Entscheidung über kartellrechtliche Entscheidungen der Kommission zum Rechtsschutz im Bereich der Zivilgerichtsbarkeit zählen. Diese Zuständigkeit bildet einen wesentlichen und praktisch überaus relevanten Teil des direkten Rechtsschutzes von Privaten gegen Maßnahmen europäischer Organe. Eingangsinstanz ist wiederum das EuG, im Vertrag von **Lissabon** primärrechtlich festgeschrieben durch Art. 256 Abs. 1 UAbs. 1 AEUV.

4. Schiedssachen. Eine zivilgerichtliche Zuständigkeit des EuGH kann sich schließlich 16 aus einer **Schiedsklausel** in einem von der EU oder für Rechnung der EU abgeschlossenen privatrechtlichen Vertrag ergeben. Kompetenznormen sind Art. 272 AEUV, Art. 153 EAGV. Insoweit wird die Zuständigkeit des EuGH durch Vereinbarung der Vertragsparteien begründet. Die Zuständigkeit des EuGH vereinbaren zu können erscheint sinnvoll, weil auch durch solche Verträge wichtige Unionsinteressen berührt sein können, die man ungern der Beurteilung durch ein mitgliedstaatliches Gericht überantwortet sähe.³⁶ **Privatrechtliche Verträge** sind Verträge, welche dem Zivilrecht eines Mitgliedstaates oder eines Drittstaates unterliegen, insbes. solche zur **Bedarfsdeckung.**³⁷

Eine Partei des Vertrages muss die Union oder eine rechtlich selbstständige Institution 17 sein, die im eigenen Namen, aber mit Wirkung für den Unionshaushalt handelt; die Gegenpartei kann ein beliebiges Rechtssubjekt sein (näher → § 15).³⁸ Sachlich gilt eine getroffene Schiedsabrede zumindest für die eigentlichen Erfüllungsansprüche aus dem Vertrag.³⁹ Mangels abweichender Einschränkung erfasst sie aber in der Regel auch Streitigkeiten um eine **Vertragsbeendigung** oder Vertragsaufsage, **Sekundäransprüche** und sogar **Rückabwicklungsansprüche,** die im Zusammenhang mit dem Vertrag erwachsen, also namentlich Schadensersatz- und Bereicherungsansprüche.⁴⁰

---

³³ Kotzur in Geiger/Khan/Kotzur/Kirchmair AEUV Art. 270 Rn. 2.
³⁴ Dauses in Dauses EU-WirtschaftsR-HdB Abschn. P Kap. I Rn. 8; Wegener in Calliess/Ruffert AEUV Art. 270 Rn. 5.
³⁵ Richtlinie 2014/104/EU des Europäischen Parlaments und des Rates vom 26.11.20214 über bestimmte Vorschriften für Schadensersatzklagen nach nationalem Recht wegen Zuwiderhandlung gegen wettbewerbsrechtliche Bestimmungen der Mitgliedstaaten und der Europäischen Union, ABl. 2014 L 349, 1.
³⁶ Siehe nur Mégret/Waelbroeck, Le droit de la CE – commentaire Mégret, 1990, EWGV Art. 181 Anm. 1; Karpenstein in Grabitz/Hilf/Nettesheim AEUV Art. 272 Rn. 3; Schwarze in Schwarze AEUV Art. 272 Rn. 2.
³⁷ Grunwald EuR 1984, 227 (242); Karpenstein in Grabitz/Hilf/Nettesheim AEUV Art. 272 Rn. 16.
³⁸ Gellermann in Rengeling/Middeke/Gellermann, Handbuch des Rechtsschutzes in der Europäischen Union, 1. Aufl. 1994, Rn. 487.
³⁹ EuGH 11.2.1993 – C-142/91, ECLI:EU:C:1993:54 – Slg. 1993, I-553 = BeckRS 2004, 74394 – Cebag/Kommission.
⁴⁰ Siehe nur EuGH 18.12.1986 – C-426/85, ECLI:EU:C:1986:501 Rn. 11 – Slg. 1986, 4057 = BeckRS 2004, 71171 – Kommission/Zoubek; EuGH 8.4.1992 – C-209/90, ECLI:EU:C:1992:172 Rn. 13 – Slg. 1992, I-2613 = BeckRS 2004, 74982 – Kommission/Feilhauer; EuGH 1.6.1995 – C-42/94, ECLI:EU:C:1995:163 Rn. 5 – Slg. 1995, I-1417 = BeckRS 2004, 77153 – Heidemij Advies/Parlament; EuGH 20.2.1997 – C-114/94, ECLI:EU:C:1997:68 Rn. 82 – Slg. 1997, I-803 = BeckRS 2004, 74163 – IDE/Kommission; EuGH 3.12.1998 – C-337/96, ECLI:EU:C:1998:582 Rn. 49 – Slg. 1998, I-7943 = BeckRS 2004, 76537 – Kommission/IRACO; EuGH 27.4.1999 – C-69/97, ECLI:EU:C:1999:204 Rn. 35 – Slg. 1999, I-2363 = BeckRS 2004, 77710 – Kommission/SNUA; EuGH 16.1.2001 – C-40/98,

18 Der EuGH wird unter Art. 272 AEUV **nicht** als **Schiedsgericht im Sinne der ZPO** tätig.[41] Der Grund dafür liegt allerdings nicht darin, dass die Parteien an Zusammensetzung und Verfahren des EuGH nach Satzung und VerfO gebunden wären.[42] Entsprechende Bindungen ohne weitergehende Kompetenzen der Parteien können auch bei „normalen" institutionellen Schiedsgerichten vorkommen. Entscheidend ist vielmehr der auch hier durchschlagende Charakter des EuGH als Unionsorgan.[43] Damit ließe es sich nicht vereinbaren, wenn ein Schiedsurteil des EuGH von einem mitgliedstaatlichen Gericht wieder aufgehoben werden könnte, wie es bei „normalen" Schiedssprüchen der Fall ist (nach deutschem Recht gem. § 1059 ZPO). Die Schiedsklausel zu Gunsten des EuGH schließt die Zuständigkeit nationaler Gerichte aus, sodass diese sich auf erhobene Schiedseinrede hin für unzuständig erklären und eine der Schiedsabrede zuwider erhobene Klage abweisen müssen. Art. 272 AEUV regelt die Zulässigkeit einer entsprechenden Schiedsabrede abschließend.[44] Daher kann strengeres nationales Recht, das konkret die Schiedsfähigkeit verneint oder sonst eine Schiedsabrede für unzulässig hält, nicht greifen.[45] Mit Rücksicht auf seine Stellung im Organgefüge kann der EuGH auch nur als letztinstanzliches Schiedsgericht, nicht als erstinstanzliches mit einer übergeordneten Schiedsberufungsinstanz vereinbart werden.[46]

II. Kompetenzkonflikte

19 Soweit dem EuGH zivilgerichtliche Kompetenzen übertragen sind, besteht funktionell wegen einer abdrängenden Sonderzuweisung eigener Art keine Zuständigkeit deutscher nationaler Zivilgerichte. Der EuGH ist insoweit kraft unionsrechtlicher Regelung, die Vorrang vor jeder Zuweisung im nationalen Prozessrecht beansprucht, ausschließlich zuständig. Deutlichster Beleg dafür ist der Umkehrschluss aus Art. 274 AEUV. Die Union soll eben gegenüber den mitgliedstaatlichen Gerichten unabhängig sein.[47] Diese Ausschließlichkeit greift auch, wenn die Zuständigkeit des EuGH konkret auf einer Schiedsvereinbarung beruht. Denn abstrakter Kompetenztitel des EuGH ist dann Art. 272 AEUV. Dieser wird durch die konkrete Schiedsvereinbarung nur aktualisiert. Die Option, den EuGH zum vereinbarten Gericht erheben zu können, besteht kraft Unionsrechts. Auf sie kommt es für die **Abgrenzung der Gerichtsbarkeiten** an. Anders verhielte es sich nur dann, wenn die Vertragsparteien die Option nur dergestalt wahrnähmen, dass die Anrufung des EuGH als Schiedsgericht bloß fakultativ, aber nicht obligatorisch wäre. In der Praxis kommen solche fakultativen Schiedsklauseln zu Gunsten des EuGH aber nicht vor.

20 Theoretisch kann es daher keine echten Zuständigkeitskonflikte zwischen europäischer und nationaler Zivilgerichtsbarkeit geben.[48] Ein entgegen einer bestehenden Zuständigkeit des EuGH angerufenes mitgliedstaatliches Gericht muss sich für unzuständig erklären.[49]

ECLI:EU:C:2001:19 Rn. 26–58 – Slg. 2001, I-307 = BeckRS 2004, 77042 – Kommission/TVR; EuGH 16.1.2001 – C-41/98, ECLI:EU:C:2001:20 Rn. 28–71 – Slg. 2001, I-341 = BeckRS 2004, 77101 – Kommission/TVR.

[41] Schumann ZZP 78 (1965), 77 (95); Gellermann Beeinflussung des bundesdeutschen Rechts durch Richtlinien der EG dargestellt am Beispiel des Europäischen Umweltrechts, 1994, Rn. 1178; Kotzur in Geiger/Khan/Kotzur/Kirchmair AEUV Art. 272 Rn. 1; Schwarze in Schwarze AEUV Art. 272 Rn. 3.

[42] So aber Kotzur in Geiger/Khan/Kotzur/Kirchmair AEUV Art. 272 Rn. 1; Schwarze in Schwarze AEUV Art. 272 Rn. 3.

[43] Vgl. Schwarze in Schwarze AEUV Art. 272 Rn. 3.

[44] Karpenstein in Grabitz/Hilf/Nettesheim AEUV Art. 272 Rn. 6.

[45] EuGH 8.4.1992 – C-209/90, ECLI:EU:C:1992:172 Rn. 13 – Slg. 1992, I-2613 = BeckRS 2004, 74982 – Kommission/Feilhauer; EuGH 6.4.1995 – C-299/93, ECLI:EU:C:1995:100 Rn. 11 – Slg. 1995, I-839 = BeckRS 2004, 76127 – Bauer/Kommission; Schwarze in Schwarze AEUV Art. 272 Rn. 4.

[46] Schwarze in Schwarze AEUV Art. 272 Rn. 12; Karpenstein in Grabitz/Hilf/Nettesheim AEUV Art. 272 Rn. 11.

[47] Siehe nur Schwarze in Schwarze AEUV Art. 274 Rn. 1.

[48] EuGH 14.12.1962 – C-31/62 u. 33/62, ECLI:EU:C:1962:49 – Slg. 1962, 1030 (1040) = BeckRS 2004, 73121 – Wöhrmann; Schumann ZZP 78 (1965), 77 (84 f.).

[49] Schwarze in Schwarze AEUV Art. 274 Rn. 3.

Dogmatisch betrifft dies nicht das Bestehen deutscher Gerichtsbarkeit.[50] Denn der EuGH ist bekanntlich gesetzlicher Richter iSv Art. 101 Abs. 1 S. 2 GG und muss daher auch Teil der deutschen Gerichtsbarkeit sein. Eher könnte man versuchen, die Kategorie der internationalen Zuständigkeit zu bemühen.[51] Indes geht es hier nicht um den klassischen Konflikt der internationalen Zuständigkeit, welches Staates Gerichte entscheiden sollen bzw. ob die eigenen Gerichte im Verhältnis zu anderen Staaten entscheiden dürfen. Vielmehr geht es um einen Konflikt zwischen supranationaler und nationaler Gerichtsbarkeit. Systematisch sollte man dies berücksichtigen, indem man eine eigene Zuständigkeitskategorie eröffnet, deren Prüfung jener der internationalen Zuständigkeit noch vorgelagert ist.[52]

21 Sofern die Zuständigkeit des EuGH von einer Auslegung unionsrechtlicher Normen abhängt, bildet das Vorlageverfahren nach Art. 267 AEUV den richtigen Mechanismus, um supranationale und nationale Gerichtsbarkeit zu koordinieren.[53] Das nationale Gericht, das sich nach den Grenzen der EuGH-Zuständigkeit fragt, muss diese Vorfrage vorlegen und das vor ihm anhängige Verfahren nach § 148 ZPO aussetzen.[54] Die Entscheidung des EuGH ist dann für das vorlegende Gericht verbindlich.

22 Der Koordinationsmechanismus des Vorlageverfahrens kann aber nicht mehr helfen, wenn das nationale Gericht bereits bestands- oder rechtskräftig über die Zuständigkeitsfrage entschieden hat.[55] Dann droht ein **Kompetenzkonflikt,** sei es ein positiver (beide Gerichte wollen zuständig sein) oder ein negativer (kein Gericht will zuständig sein). Der **positive Kompetenzkonflikt** soll dahingehend aufzulösen sein, dass der Entscheidung des EuGH auch innerstaatliche Geltung verschafft werden solle.[56] Freilich ist nicht recht ersichtlich, wie dies geschehen soll, wenn das Verfahren vor den nationalen Gerichten bereits abgeschlossen ist. Wäre dann ein Wiederaufnahmeverfahren anzustrengen? Solange der Rechtsstreit noch anhängig ist, wird praktisch und pragmatisch ein auf Verletzung des unionsrechtlichen Kompetenztitels gestütztes Rechtsmittel des nationalen Rechts helfen.

23 Gefährlicher erscheint der **negative Kompetenzkonflikt.** Wurde ausnahmsweise zuerst der EuGH angerufen und hat dieser seine Zuständigkeit verneint, so bindet dies die nationalen Gerichte. Der EuGH ist aber nicht an die Feststellungen des nationalen Gerichts gebunden, mit denen dieses die eigene Kompetenz verneint und die Zuständigkeit des EuGH bejaht.[57] Dann droht eine Rechtsschutzverweigerung für den einzelnen Bürger. Um diese zu vermeiden, wird eine großzügige Auslegung der unionsrechtlichen Kompetenztitel[58] oder des nationalen Rechts[59] angeraten. Die Verantwortung, den negativen Kompetenzkonflikt zu lösen, würde so dem jeweils später befassten Gericht aufgebürdet, dem man nachgerade Manipulationen an seinem forumeigenen Prozessrecht ansinnt. Die Normhierarchie wird dabei außer Acht gelassen. Besser erscheint eine andere, an der Normhierarchie orientierte Lösung: Wenn das nationale Gericht seine eigene Zuständigkeit verneint, ist dies unter deutschem Prozessrecht nur eine Prozessentscheidung. Diese entfal-

---

[50] Entgegen Rosenberg/Schwab/Gottwald, Zivilprozessrecht, 15. Aufl. 1993, S. 84 (§ 18 Abs. 2 S. 3) sowie Schumann ZZP 78 (1965), 77 (85 Fn. 45).
[51] So Schumann ZZP 78 (1965), 77 (85) sowie Rosenberg/Schwab/Gottwald, Zivilprozessrecht, 15. Aufl. 1993, S. 84 (§ 18 II 3); Geimer, Internationales Zivilprozessrecht, 8. Aufl. 2020, Rn. 246e; Gellermann Beeinflussung des bundesdeutschen Rechts durch Richtlinien der EG dargestellt am Beispiel des europäischen Umweltrechts, 1994, Rn. 1179.
[52] Basse, Das Verhältnis zwischen der Gerichtsbarkeit des Gerichtshofs der Europäischen Gemeinschaften und der deutschen Zivilgerichtsbarkeit, 1967, S. 111 f., 154.
[53] Kotzur in Geiger/Khan/Kotzur/Kirchmair AEUV Art. 274 Rn. 5.
[54] Siehe nur OLG Düsseldorf 18 W 58/92, EuZW 1993, 327 (327 f.) = VersR 1994, 1204; Hartmann in Baumbach/P. Hartmann/Anders/Gehle 79. Aufl. 2021, ZPO § 148 Rn. 16.
[55] Karpenstein in Grabitz/Hilf/Nettesheim AEUV Art. 274 Rn. 14; Schwarze in Schwarze AEUV 4. Aufl. 2019, Art. 274 Rn. 5.
[56] Karpenstein in Grabitz/Hilf/Nettesheim AEUV Art. 274 Rn. 15; Schwarze in Schwarze AEUV 4. Aufl. 2019, Art. 274 Rn. 5.
[57] Gellermann in Rengeling/Middeke/Gellermann, Handbuch des Rechtsschutzes in der Europäischen Union, 1. Aufl. 1994, Rn. 1183; Krück in von der Groeben/Schwarze/Hatje AEUV Art. 274 Rn. 9.
[58] Krück in von der Groeben/Schwarze/Hatje AEUV Art. 274 Rn. 9.
[59] Schumann ZZP 78 (1965), 77 (87).

tet nach deutschem Prozessrecht keine materielle Rechtskraft. Sie löst nicht die Folgen einer res iudicata aus. Eine zweite Klage aus demselben Sachverhalt wäre also nicht bereits wegen des res iudicata-Einwands unzulässig. Die im ersten Verfahren getroffene negative Zuständigkeitsentscheidung dürfte das nationale Gericht im zweiten Verfahren nicht mehr aufrechterhalten, wenn der EuGH seinerseits entschieden hat, dass der Fall nicht in seine Kompetenz fällt. Die Entscheidung des EuGH führt dann über Art. 274 AEUV zu einer Zuständigkeit der nationalen Gerichte, die diese im zweiten Klageverfahren wahrzunehmen haben.

24 Eine weitere Ausnahme von der Koordination durch Vorlage wird gemeinhin bejaht, wenn die Kompetenzstreitigkeit sich auf eine Schiedsklausel zu Gunsten des EuGH bezieht, weil die Schiedsklausel als solche nicht Gegenstand eines Vorabentscheidungsverfahrens sein könne.[60] Von der generellen Funktion des Vorlageverfahrens her betrachtet, das der abstrakten Klärung von Rechtsfragen dienen soll, erscheint dies vorderhand richtig. Freilich steht hier die so genannte Kompetenz-Kompetenz in Rede. Generell hat das prorogierte Schiedsgericht zwar keine ausschließliche Kompetenz-Kompetenz, also die ausschließliche Kompetenz, über die Wirksamkeit der Schiedsklausel zu entscheiden. Im Verhältnis zwischen nationalem Gericht und supranationalem „Schiedsgericht" sui generis (→ Rn. 17) mit vorrangigem Kompetenztitel im Unionsrecht sollte dieser allgemeine Grundsatz aber nicht durchschlagen. Den Weg dorthin sollte man über eine Vorlage frei machen. Der dogmatische Preis ist nicht zu hoch und sachlich dadurch gerechtfertigt, dass die schiedsklauselbedingte Zuständigkeit des EuGH eben ihre Besonderheiten hat.

C. Unionalisierung des Internationalen Zivilverfahrensrechts für den europäischen Raum

I. Überblick über die wichtigsten Entwicklungsschritte im Europäischen Zivilverfahrensrecht

25 Der Vertrag von Amsterdam hat in Art. 61 lit. c EGV, Art. 65 lit. a EGV (den heutigen Art. 67 Abs. 4 AEUV, Art. 81 AEUV) eine Kompetenz des Rates für Maßnahmen auf den wichtigsten Teilgebieten des Internationalen Zivilverfahrensrechts (IZVR) geschaffen, soweit das IZVR die justizielle Zusammenarbeit innerhalb der EU und das Funktionieren des Binnenmarktes betrifft.[61] Insofern handelt sich dabei um eine weitreichende Kompetenz, die immer dann zum Tragen kommt, wenn ein grenzüberschreitender Bezug in Rede steht.[62] Aus der Vorschrift wird deutlich, dass es primär um eine Koordinierung und Vernetzung der Prozessrechte der Mitgliedsstaaten geht und nicht um Rechtsvereinheitlichung.[63] In dieser Hinsicht wurde die Kompetenz bisher mit großem Elan ausgeübt und binnen relativ kurzer Zeit in einem sektoriellen Ansatz eine Vielzahl einschlägiger Verordnungen und Richtlinien mit zum Teil eigenständigen europäischen Verfahren und thematischen Überschneidungen erlassen:

26 Wichtigster Sekundärrechtsakt des Europäischen Internationalen Zivilverfahrensrechts ist heute die Brüssel Ia-VO, ab dem 10.1.2015 wirksam nach Maßgabe der Übergangsregel in ihrem Art. 66. Flankiert wird sie im Bereich des Internationalen Scheidungs- und Kindes-

---

[60] Schwarze in Schwarze AEUV Art. 274 Rn. 5.
[61] Adolphsen FS Kaissis, 2012, 1 (2). Zur Grundlagendiskussion um die Vergemeinschaftung, heute Unionalisierung von IPR und IZVR zB Kohler Rev.crit. dr. int.pr. 88 (1999), 1; de Miguel Asensio REDI 1998-2, 373; Schack ZEuP 1999, 805; Besse ZEuP 1999, 107; Basedow C. M. L. Rev, 37 (2000), 687; Drobnig King's College L.J. 11 (2000), 190; Pocar Riv.dir.int.priv.proc. 2000, 873; Kotuby NILR 2001, 1; Remien CMLRev 38 (2001), 1; van Houtte in van Houtte/Pertegás Sender, Het nieuwe Europese IPR: van verdrag naar verordening, 2001, 1; Mansel/J. Baur, Systemwechsel im europäischen Kollisionsrecht, 2002.
[62] Zur Uneinigkeit im Hinblick auf das Tatbestandsmerkmal des „unmittelbaren grenzüberschreitenden Bezugs" Hess in Grabitz/Hilf/Nettesheim AEUV Art. 81 Rn. 26–30.
[63] Hess in Grabitz/Hilf/Nettesheim AEUV Art. 81 Rn. 1.

sorgerechts durch die Brüssel IIa-VO, die in ihrer revidierten Fassung seit dem 1.3.2005 gilt.[64] Diese wurde zum 1.8.2022 abgelöst durch die Brüssel IIb-VO.[65] Zudem wurde 2004 mit der Vollstreckungstitelverordnung (EuVTVO)[66] ein Europäischer Vollstreckungstitel geschaffen. 2006 und 2007 traten ein eigenständiges Europäisches Bagatellverfahren (EuGFVO)[67] und das Europäische Mahnverfahren (EuMVVO)[68] hinzu, beides 2015 novelliert.[69] Alle diese Rechtsakte existieren auch nach dem Wirksamwerden der Brüssel Ia-VO fort und geben Titelgläubigern Optionsmöglichkeiten für eine informierte Wahl zwischen mehreren Durchsetzungsregimen, soweit ihre jeweiligen Anwendungsvoraussetzungen erfüllt sind.[70] 2013 trat für einen speziellen Bereich die EuGewSchVO hinzu.[71]

Das allgemeine Internationale Insolvenzrecht wird durch die Europäische Insolvenzverordnung (EuInsVO) geregelt, ursprünglich von 2000,[72] heute von 2015.[73] Richtlinien über das Internationale Insolvenzrecht für Versicherungsunternehmen[74] und für Kreditinstitute,[75] deren Umsetzung in Deutschland zum Teil in Sonderregeln in VAG bzw. KWG, zum anderen Teil in die Reform des Internationalen Insolvenzrechts integriert 2003 erfolgt ist. Die zweite dieser Richtlinien wurde durch die BRRD[76] abgelöst, zu der es ein eigenes deutsches BRRD-Umsetzungsgesetz[77] gibt. **27**

---

[64] VO (EG) Nr. 2201/2003 des Rates v. 27. November 2003 über die Zuständigkeit und die Anerkennung und Vollstreckung von Entscheidungen in Ehesachen und in Verfahren betr. die elterliche Verantwortung und zur Aufhebung der VO (EG) Nr. 1346/2000, ABl. 2003 L 338, 1 (Brüssel IIa-VO).

[65] VO (EU) Nr. 2019/1111 des Europäischen Parlaments und des Rates v. 25. Juni 2019 über die Zuständigkeit, die Anerkennung und Vollstreckung von Entscheidungen in Ehesachen und in Verfahren betr. die elterliche Verantwortung und über Kindesentführungen, ABl. 2019 L 178, 1 (Brüssel IIb-VO).

[66] VO (EG) Nr. 805/2004 des Rates v. 21. April 2004 zur Einführung eines europäischen Vollstreckungstitels für unbestrittene Forderungen, ABl. 2004 L 143, 15.

[67] VO (EG) Nr. 861/2007 des Rates v. 11. Juli 2007 zur Einführung eines europäischen Verfahrens für geringfügige Forderungen, ABl. 2007 L 199, 1.

[68] VO (EG) Nr. 1896/2006 des Rates v. 12. Dezember 2006 zur Einführung eines europäischen Mahnverfahrens, ABl. 2006 L 399, 1.

[69] VO (EU) 2015/2421 des Europäischen Parlaments und des Rates zur Änderung der Verordnung (EU) Nr. 861/2007 des Rates zur Einführung eines europäischen Verfahrens für geringfügige Forderungen und der Verordnung (EG) Nr. 1896/2006 des Rates zur Einführung eines europäischen Mahnverfahrens, ABl. 2015 L 341, 1.

[70] Näher z. B. v. Hein/Kruger (eds.), Informed Choices in Cross-Border Enforcement, 2021.

[71] VO (EU) 2015/2421 des Europäischen Parlaments und des Rates v. 12 Juni 2013 über die gegenseitige Anerkennung von Schutzmaßnahmen in Zivilsachen, ABl. 2013 L 181, 4.

[72] VO (EG) Nr. 1346/2000 des Rates v. 29. Mai 2000 über Insolvenzverfahren, ABl. 2000 L 160, 1.

[73] VO (EG) 2015/848 des Europäischen Parlaments und des Rates v. 20. Mai 2015 über Insolvenzverfahren, ABl. 2015 L 141, 19.

[74] Richtlinie 2001/17/EG des Europäischen Parlaments und des Rates vom 19. März 2001 über die Sanierung und Liquidation von Versicherungsunternehmen, ABl. 2001 L 110, 28. Dazu insbesondere Männle Die Richtlinie 2001/17/EG des Europäischen Parlaments und des Rates über die Sanierung und Liquidation von Versicherungsunternehmen und ihre Umsetzung ins deutsche Recht, 2007.

[75] Richtlinie 2001/24/EG des Europäischen Parlaments und des Rates vom 4. April 2001 über die Sanierung und Liquidation von Kreditinstituten, ABl. 2001 L 125, 15. Dazu insbesondere Pannen, Krise und Insolvenz bei Kreditinstituten, 3. Aufl. 2010.

[76] Richtlinie 2014/59/EU des Europäischen Parlaments und des Rates vom 15. Mai 2014 zur Festlegung eines Rahmens für die Sanierung und Abwicklung von Kreditinstituten und Wertpapierfirmen und zur Änderung der Richtlinie 82/891/EWG des Rates, der Richtlinien 2001/24/EG, 2002/47/EG, 2004/25/EG, 2005/56/EG, 2007/36/EG, 2011/35/EU, 2012/30/EU und 2013/36/EU sowie der Verordnungen (EU) Nr 1093/2010 und (EU) Nr 648/2012 des Europäischen Parlaments und des Rates, ABl. 2014 L 173, 190. Dazu Gabriel Moss, EU Banking and Insurance Insolvency, 2017; Haentjens/Bob Wessels, Research Handbook on Cross-Border Bank Resolution, 2019.

[77] Gesetz zur Umsetzung der Richtlinie 2014/59/EU des Europäischen Parlaments und des Rates vom 15. Mai 2014 zur Festlegung eines Rahmens für die Sanierung und Abwicklung von Kreditinstituten und Wertpapierfirmen und zur Änderung der Richtlinie 82/891/EWG des Rates, der Richtlinien 2001/24/EG, 2002/47/EG, 2004/25/EG, 2005/56/EG, 2007/36/EG, 2011/35/EU, 2012/30/EU und 2013/36/EU sowie der Verordnungen (EU) Nr 1093/2010 und (EU) Nr 648/2012 des Europäischen Parlaments und des Rates (BRRD-Umsetzungsgesetz) vom 10.12.2014, BGBl. 2014 I 2091.

28 Die grenzüberschreitende Zustellung und Beweisaufnahme innerhalb der Europäischen Union unterliegen der Zustellungsverordnung (EuZVO)[78] und der Beweisverordnung (EuBVO)[79], beide 2020 novelliert mit Wirkung ab 1.7.2022.[80] Schon 2003 wurde die Prozesskostenhilferichtlinie (Prozesskostenhilfe-RL)[81] verabschiedet, um durch Mindeststandards im Hinblick auf Prozesskostenzuschüsse den Zugang zum Recht zu erleichtern. Eine Förderung der außergerichtlichen Streitbeilegung soll die Mediationsrichtlinie (Mediations-RL)[82] erzielen.

29 Am 18.6.2011 ersetzte die Unterhaltsverordnung (EuUnthVO) die im Hinblick auf Unterhaltssachen anwendbaren Vorschriften der seinerzeitigen Brüssel I-VO.[83] Die für Erbfälle nach dem 17.8.2015 geltende EuErbVO[84] enthält ebenfalls Vorschriften zur internationalen Zuständigkeit und zur Anerkennung und Vollstreckung von Entscheidungen in Erbsachen. Sie führt zudem das Europäische Nachlasszeugnis als genuin europäisches Instrument ein. Dem sind 2016 EuGüVO und EuPartVO – im Wege der Verstärkten Zusammenarbeit – als Verordnungen des Internationalen Güterrechts der Ehe[85] und der eingetragenen Partnerschaften[86] gefolgt, die ebenfalls Regelungen zur internationalen Zuständigkeit, der Anerkennung und Vollstreckung enthalten.

30 Um die Vollstreckung von Entscheidungen effizienter gestalten zu können, hat die Kommission mit der EuBvKoPfVO[87] einen Schritt ins Zwangsvollstreckungsrecht unternommen, allerdings begrenzt auf grenzüberschreitende Sachen und Sicherungsfunktionen. Die Kernmaterien des Zwangsvollstreckungsrechts lässt dies weiterhin unberührt in der Kompetenz der Mitgliedstaaten. Das Grünbuch Effiziente Vollstreckung gerichtlicher Entscheidungen in der EU: Transparenz des Schuldnervermögens[88] hat dagegen keinen Rechtsakt nach sich gezogen.

---

[78] VO (EG) Nr. 1393/2007 des Rates v. 13. Januar 2007 über die Zustellung gerichtlicher und außergerichtlicher Schriftstücke in Zivil- und Handelssachen in den Mitgliedstaaten und zur Aufhebung der VO (EG) Nr. 1348/2000, ABl. 2007 L 324, 79.

[79] VO (EG) Nr. 1206/2001 des Rates v. 28. Mai 2001 über die Zusammenarbeit zwischen den Gerichten auf dem Gebiet der Beweisaufnahme in Zivil- und Handelssachen in den Mitgliedstaaten, ABl. 2001 L 174, 1.

[80] VO (EU) 2020/1783 des Europäischen Parlaments und des Rates v. 25. November 2020 über die Zusammenarbeit zwischen den Gerichten auf dem Gebiet der Beweisaufnahme in Zivil- und Handelssachen in den Mitgliedstaaten, ABl. 2020 L 405, 1. Dazu insbesondere Knöfel RIW 2021, 247; Richard Rev. crit. dr. int. pr. 2021, 67.
VO (EU) 2020/1784 des Europäischen Parlaments und des Rates v. 25. November 2020 über die Zustellung gerichtlicher und außergerichtlicher Schriftstücke in Zivil- und Handelssachen in den Mitgliedstaaten, ABl. 2020 L 405, 40.

[81] RL 2003/8/EG des Rates v. 27. Januar 2003 zur Verbesserung des Zugangs zum Recht bei Streitsachen mit grenzüberschreitendem Bezug durch Festlegung gemeinsamer Mindestvorschriften für die Prozesskostenhilfe in derartigen Streitsachen, ABl. 2003 L 26, 41.

[82] RL 2008/52/EG des Rates v. 21. Mai 2008 über bestimmte Aspekte der Mediation in Zivil- und Handelssachen, ABl. 2008 L 136, 3.

[83] VO (EG) Nr. 4/2009 des Rates v. 18. Dezember 2008 über die Zuständigkeit, das anwendbare Recht, die Anerkennung und Vollstreckung von Entscheidungen und die Zusammenarbeit in Unterhaltssachen, ABl. 2009 L 7, 1.

[84] VO (EU) Nr. 650/2012 des Rates v. 4. Juli 2012 über die Zuständigkeit, das anzuwendende Recht, die Anerkennung und Vollstreckung von Entscheidungen und die Annahme und Vollstreckung öffentlicher Urkunden in Erbsachen sowie zur Einführung eines Europäischen Nachlasszeugnisses, ABl. 2012 L 201, 107.

[85] Verordnung (EU) 2016/1103 des Rates v. 24. Juni 2016 zur Durchführung einer Verstärkten Zusammenarbeit im Bereich der Zuständigkeit, des anzuwendenden Rechts und der Anerkennung und Vollstreckung von Entscheidungen in Fragen des Ehegüterrechts ABl. 2016 L 183, 1.

[86] Verordnung (EU) 2016/1104 des Rates v. 24. Juni 2016 zur Durchführung einer Verstärkten Zusammenarbeit im Bereich der Zuständigkeit, des anzuwendenden Rechts und der Anerkennung und Vollstreckung von Entscheidungen in Fragen güterrechtlicher Wirkungen eingetragener Partnerschaften, ABl. 2016 L 183, 30.

[87] Verordnung (EU) Nr. 655/2014 des Europäischen Parlaments und des Rates v. 15. Mai 2014 zur Einführung eines Verfahrens für einen Europäischen Beschluss zur vorläufigen Kontenpfändung im Hinblick auf die Erleichterung der grenzüberschreitenden Eintreibung von Forderungen, ABl. 2014 L 189, 59.

[88] KOM(2008) 128 endgültig.

Indem die Unionsorgane die ihnen eröffnete Kompetenz zur Sekundärrechtsetzung sehr 31
aktiv und engagiert wahrgenommen haben, hat sich zugleich für das Internationale Zivilverfahrensrecht die praktische Bedeutsamkeit innerhalb des Unionsrechts zum Sekundärrecht hin verschoben. Denn das Unionsrecht ist spezifischer und detailreicher, als das Primärrecht je sein kann. Zudem ist es die jeweils sektorspezifische Konkretisierung des Primärrechts. Das europäische IZVR der Praxis ist das Sekundärrecht. Große Leitlinien aus dem Primärrecht selber bestehen allenfalls im Hintergrund. Der Raum der Sicherheit, der Freiheit und des Rechts aber schlägt sich zuvörderst im Sekundärrecht nieder. Indem die Gesetzgebungskompetenz der Union im Zivilverfahrensrecht grundsätzlich auf grenzüberschreitende Sachverhalte beschränkt, überantwortet Art. 81 Abs. 1 AEUV zugleich gerade die Binnenmarktsachverhalte und die binnenmarktrelevanten Sachverhalte des Internationalen Zivilverfahrensrechts dem Sekundärrecht.

Hervorzuheben ist eine Besonderheit, die aus der systematischen Stellung des damaligen 32
Art. 65 lit. a EGV-Amsterdam im Titel IV des Dritten Teils des EGV resultiert: Nach den Protokollen zum Vertrag vom Amsterdam waren Unionsrechtsakte, die auf diesen Titel gestützt sind, für **Großbritannien** und **Irland** nur verbindlich, wenn diese sich an der Annahme und Anwendung solcher Maßnahmen beteiligen wollen und dies ausdrücklich erklären. Großbritannien und Irland haben jeweils für die Geltung der internationalzivilverfahrensrechtlichen Verordnungen optiert.[89] Art. 81 Abs. 1 lit. a AEUV unterliegt gleichen Einschränkungen. Protokoll Nr. 20 zum AEUV zementiert die besondere Stellung heute noch Irlands und bis zum Brexit auch des Vereinigten Königreichs. Für **Dänemark** sind Unionsrechtsakte, die auf Titel IV und heute z. B. Art. 81 AEUV gestützt werden, eigentlich schlechterdings unverbindlich. Dänemark hat sich auch keine opt in-Möglichkeit vorbehalten.

Eine Erleichterung erfährt die Justizielle Zusammenarbeit der EU mit Dänemark trotz 33
Protokoll Nr. 22 zum Vertrag von Lissabon. Obgleich Dänemark nach Art. 2 weiterhin ausgenommen ist, schafft Art. 3 die Option, an Rechtsakten der EU teilzunehmen. Dies gilt auch für Rechtsakte, die zwischen 1999 und 2009 erlassen wurden, sofern Dänemark für eine Teilnahme an den zugehörigen Änderungsvorschriften optiert.[90] Eine gesonderte staatsvertragliche Entsprechung findet sich für Dänemark seit dem 1.7.2007 im Hinblick auf die seinerzeitige Brüssel I-VO und die EuZVO – darüber hinaus nimmt Dänemark bislang nicht an der justiziellen Zusammenarbeit in Zivilsachen teil.[91] Brüssel Ia-VO, EuUnthVO und Novelle der EuZVO werden als Änderungen der erstrecken Rechtsakte ebenfalls kraft der bestehenden bilateralen Übereinkommen zwischen der EU und Dänemark erstreckt.[92]

Der Erlass aller dieser Rechtsakte und vorbereitenden Maßnahmen steht im Einklang 34
mit dem „Stockholmer Programm"[93] des Europäischen Rates aus dem Jahre 2009, das dem Haager Programm nachgefolgt ist und in dem die politischen Leitlinien zur justiziellen Zusammenarbeit in Zivilsachen für den Zeitraum 2010–2014 festgelegt wurden. Kernpunkte des Programms stellen die Abstimmung der im Zivilverfahrensrecht erlassenen Rechtsakte,[94] die graduelle Abschaffung des Exequaturverfahrens[95] und die Schaffung eines europäischen E-Justiz-Portals (E-Justiz-Aktionsplan),[96] sowie die Online-Abwick-

---

[89] Diese Vorgehensweise wird sich erstmals in der Anwendung der EuUntVO auswirken, da diese unterschiedliche Anerkennungsregime vorsieht orientiert am Vereinheitlichungsstand des Kollisionsrechts; vgl. Hess in Grabitz/Hilf/Nettesheim AEUV Art. 81 Rn. 58.
[90] Hess in Grabitz/Hilf/Nettesheim AEUV Art. 81 Rn. 59.
[91] Hess in Grabitz/Hilf/Nettesheim AEUV Art. 81 Rn. 60; Abkommen zwischen der Europäischen Gemeinschaft und dem Königreich Dänemark über die Zustellung gerichtlicher und außergerichtlicher Schriftstücke in Zivil- und Handelssachen, ABl. 2008 L 331, 21.
[92] Näher Mankowski NZFam 2015, 346.
[93] Das Stockholmer Programm – Ein offenes und sicheres Europa im Dienste und zum Schutz der Bürger, in Kraft seit dem 4.5.2010, ABl. 2010 C 115, 01; ausf. dazu Wagner IPRax 2010, 97 sowie Sensburg GPR 2010, 158.
[94] Hess in Grabitz/Hilf/Nettesheim AEUV Art. 81 Rn. 19.
[95] v. Hein RIW 2013, 97 (97).
[96] ABl. 2009 C 75, 1.

lung[97] europäischer Verfahren dar. Das nachfolgende Brüsseler Programm von 2014[98] geht deutlich weniger ins Detail,[99] sondern belässt es bei großen und damit groben Linien.

35 Auf der anderen Seite impliziert die Beschränkung der Unionskompetenz aus Art. 81 Abs. 1 AEUV auf grenzüberschreitende Sachverhalte im Umkehrschluss, dass das Zivilprozessrecht grundsätzlich ein Residualbereich mitgliedstaatlicher Rechtssetzung bleiben soll. Die Mitgliedstaaten genießen insoweit im Prinzip procedural autonomy, Prozessrechtsautonomie, Verfahrensautonomie.

II. Erleichterung des Zugangs zum Recht

36 Der erleichterte Zugang zur Justiz stellt eine der tragenden Säulen eines reibungslos funktionierenden Binnenmarktes dar.[100] Dazu ist notwendig, dass sich Bürger der Europäischen Union mühelos über das europäische und das mitgliedstaatliche Recht informieren können, dass die Justizbehörden und Angehörige von Rechtsberufen von einer stärkeren Vernetzung der nationalen Justizsysteme profitieren, und dass die Hürden, die grenzüberschreitende Prozesse mit sich bringen, langfristig weiter abgebaut werden.

37 **1. E-Justiz-Aktionsplan und Europäisches E-Justiz-Portal.** Kernanliegen des mehrjährigen Aktionsplans 2009–2013 für die europäische E-Justiz[101] ist die Erleichterung des Zugangs zum Recht innerhalb der Europäischen Union und die horizontale Vernetzung der Justizsysteme der Mitgliedstaaten. Vorteile ergeben sich daraus insbes. im Hinblick auf die Vereinfachung grenzüberschreitender Gerichtsverfahren, die Verkürzung von Verfahrensfristen und die Reduktion von Verfahrenskosten. Demzufolge ist der Aktionsplan sowohl auf die Schaffung eines Informationssystems für die Bürger Europas als auch auf die Etablierung eines Arbeitsinstruments für Angehörige der Rechtsberufe und der Justizbehörden gerichtet.[102] Im Zentrum steht die Errichtung des Europäischen E-Justiz-Portals, das den Zugang zu Informationen im Justizbereich, die Einrichtung papierloser Verfahren und die Kommunikation zwischen den Justizbehörden erleichtern soll.[103]

38 Das Europäische E-Justizportal hat im Juli 2010 seinen Betrieb aufgenommen.[104] Unter Menüpunkten wie „Recht", „Arbeitshilfen" oder „Dynamische Formulare" finden sich zahlreiche Informationen und Hilfestellungen sowohl zum materiellen Recht als auch den europäischen Verfahren, sowie der Vollstreckung von Urteilen. Besonders hervorzuheben ist der Menüpunkt „Register", der Verlinkungen auf Unternehmens-, Grundbuch- und Insolvenzregister bereithält. Sehr anwenderfreundlich ist die Weiterleitung auf die mitgliedstaatlichen Informationen – ein Klick auf die Landesflagge reicht aus. Das europäische Justizportal will zudem bereits bestehende Angebote in sich aufnehmen; insbesondere bestehen Verlinkungen sowohl auf das Europäische Justizielle Netz[105] als auch auf den Europäischen Justiziellen Atlas.[106]

39 Das **Europäische Justizielle Netz (European Judicial Network)** dient, insbesondere über die Einrichtung von Kontaktstellen, der gegenseitigen Information der mitgliedstaatlichen Justiz und ergänzt so als Kooperationsplattform europäische Rechtshilfemechanismen.[107] Das Europäische Justizielle Netz kann auch zur Auskunft über ausländisches mit-

---

[97] Wagner IPRax 2010, 97 (99).
[98] Schlussfolgerungen des Europäischen Rates (Tagung vom 26. bis 27.6.2014) betreffend den Raum der Freiheit, der Sicherheit und des Rechts und einige damit zusammenhängende Querschnittsthemen, ABl. 2014 C 240, 5.
[99] Leible in Leible/Terhechte § 14 Rn. 67.
[100] Eidenmüller/Prause NJW 2008, 2737 (2737).
[101] Mehrjähriger Aktionsplan 2009–2013 für die europäische E-Justiz, ABl. 2009 C 75, 1.
[102] Mehrjähriger Aktionsplan 2009–2013 für die europäische E-Justiz, ABl. 2009 C 75, 1 Rn. 21 f.
[103] Mehrjähriger Aktionsplan 2009–2013 für die europäische E-Justiz, ABl. 2009 C 75, 1 Rn. 26–31.
[104] https://e-justice.europa.eu.
[105] http://ec.europa.eu/civiljustice/index_de.htm.
[106] http://ec.europa.eu/justice_home/judicialatlascivil/html/index_de.htm.
[107] Fornasier ZEuP 2010, 477 (478, 489).

gliedstaatliches Recht durch eben diejenigen Institutionen, die das Recht selbst anwenden, genutzt werden und ist insofern wesentlich weniger formell als das Europäische Rechtsauskunftsübereinkommen aus dem Jahr 1968.[108] Der Europäische Justizielle Atlas informiert über den Gerichtsaufbau und die Zuständigkeiten mitgliedstaatlicher Gerichte sowie die verschiedenen europäischen Verfahren. Den Schwerpunkt des Ausbaus der Europäischen E-Justiz werden auch in kommender Zeit die Fortentwicklung der Online-Abwicklung europäischer Verfahren sowie die Vernetzung nationaler Register darstellen.[109] Justizielle Zusammenarbeit auf diesem gehobenen Arbeitsniveau ist zwar keine Alltagszusammenarbeit, hat aber nicht zu unterschätzende normative Implikationen und stärkt das Vertrauen in Europa in der Richterschaft.[110]

Die **Europäische Rechtsakademie** in Trier ist ein weiteres Forum, um Verständnis für 40 das europäische Recht zu wecken und zu vertiefen. Organisiert ist sie als öffentliche Stiftung; zu den Stiftern zählen primär die Mitgliedstaaten der EU. Sie steht mit ihren Veranstaltungen für eine besondere Form der Wissensvermittlung.

Daneben existieren immer neue Projekte der EU-Organe, die auf klassisches **Training** 41 und Schulung insbesondere von Richtern setzen. Über Jahre war Training das zentrale Element für eine Förderung in den ausgeschriebenen Projekten der GD Justiz. Vertrautheit der Justizpraktiker mit den europäischen Rechtsakten zu fördern und ein Bewusstsein dafür zu schaffen, in welchem Maße das Unionsrecht heute die Rechtsordnungen der Mitgliedstaaten durchdrungen hat, ist eine wichtige Aufgabe.[111] Solchen informatorischen, „weichen" Maßnahmen kommt eine besondere Bedeutung zu, denn nur ausreichende Informiertheit der Akteure lässt die grenzüberschreitende Zusammenarbeit wirklich und effektiv funktionieren.[112] Europäische Schulungen für Angehörige aller Rechtsberufe und Austauschprogramme hat sich die EU bereits seit dem Stockholmer Programm auf die Fahnen geschrieben.[113] Dem sind etliche Schritte und weitere Ankündigungen gefolgt, stetig fortgeschrieben in den aufeinanderfolgenden Programmen „Justiz" für Siebenjahreszeiträume.[114] Der justiziellen Zusammenarbeit gerade in Zivilsachen sind sogar eine eigene VO[115] und ein eigener Beschluss[116] gewidmet.

Man kann in vergleichender Zusammenschau durchaus betonen, dass in der zivilgericht- 42 lichen Praxis fehlende Kenntnis des EU-Rechts oder Desinteresse am EU-Recht in allen Mitgliedstaaten Realität sind und damit unionspolitisch Chancen vergeben.[117] Indes sollten sich Europarechtler und Internationalzivilprozessrechtler immer bewusst sein, dass die grenzüberscheitenden Fälle nur einen Bruchteil aller Zivilsachen ausmachen und sich selbst im Zeitalter der EU am Rande und nicht im Zentrum bewegen, so dass aus Praktikersicht die Amortisation von Investitionen in spezifische Kenntnisse in Abwägung zu knappen

---

[108] Ausf. dazu Fornasier ZEuP 2010, 477 (493–495); Londoner Europäisches Übereinkommen betr. Auskünfte über ausländisches Recht v. 7.6.1968, BGBl. 1974 II 938.
[109] Einen Überblick gibt R. Wagner IPRax 2010, 97 (99).
[110] Näher Storskrubb, Civil Procedure and EU Law – A Policy Area Uncovered, 2008, 238–245.
[111] Zum größeren Kontext Storskrubb, Civil Procedure and EU Law – A Policy Area Uncovered, 2008, 249–258.
[112] Leible in Leible/Terhechte § 14 Rn. 92.
[113] KOM (2010) 71 endg. 25. Außerdem KOM (2011) 551 endg.; Entschließung des Europäischen Parlaments v. 14.3.2012 zur justiziellen Aus- und Fortbildung, ABl. 2013 C 251 E/42.
[114] Verordnung (EU) Nr. 1382/2013 des Europäischen Parlaments und des Rates vom 17. Dezember 2013 zur Einrichtung des Programms „Justiz" für den Zeitraum 2014 bis 2020, ABl. 2013 L 354/73; Verordnung (EU) 2021/693 des Europäischen Parlaments und des Rates vom 28. April 2021 zur Einrichtung des Programms „Justiz" und zur Aufhebung der Verordnung (EU) Nr. 1382/2013, ABl. 2021 L 156, 21.
[115] Verordnung (EG) Nr. 743/2002 des Rates vom 25. April 2002 über eine allgemeine Rahmenregelung der Gemeinschaft für Aktivitäten zur Erleichterung der justiziellen Zusammenarbeit in Zivilsachen, ABl. 2002 L 115, 1.
[116] Beschluss Nr. 1149/2007 des Europäischen Parlaments und des Rates v. 25.9.2007 zur Auflegung des spezifischen Programms „Ziviljustiz" als Teil des Generellen Programms „Grundrechte und Justiz" für den Zeitraum 2007–2013, ABl. 2007 L 257, 16. Bericht der Kommission dazu für 2002–2006, KOM (2005) 34 endg.
[117] Krans/Nylund, in Krans/Nylund (eds.), Procedural Autonomy Across Europe, 2020, 1 (10 f.).

eigenen Zeitressourcen fraglich erscheinen mag,[118] solange das Unionsrecht nicht in das Alltagswerkzeug des forumeigenen Zivilprozessrechts einbricht.

43 **2. Prozesskostenhilferichtlinie.** Die Europäische Prozesskostenhilferichtlinie (Prozesskostenhilfe-RL)[119] aus 2003 zielt darauf ab, wirtschaftliche Hürden bei der Durchsetzung grenzüberschreitender Forderungen abzubauen. Bei grenzüberschreitenden Sachverhalten in Zivil- und Handelssachen legt die Richtlinie fest, dass Unionsbürger und Drittstaatenangehörige mit rechtmäßigem gewöhnlichem Aufenthalt in der EU lediglich ein europäisches Standardformular[120] bei ihrem Wohnsitz-Gericht einreichen müssen, um Prozesskostenhilfe im Ausland zu beantragen. Dieser Antrag wird dann nach Übersetzung durch das Gericht an das mitgliedstaatliche Gericht, bei dem das Verfahren durchgeführt wird, übermittelt, welches sodann über die Prozesskostenhilfebewilligung entscheidet.[121] Eine Mindestharmonisierung der Prozesskostenhilfebewilligung wird dadurch erzielt, dass Prozesskostenhilfe nach nationalem Recht mangels Erreichung eines bestimmten Schwellenwertes nicht abgelehnt werden kann, wenn im Wohnsitzstaat Prozesskostenhilfe aufgrund eines höheren Schwellenwertes – etwa wegen höherer Lebenshaltungskosten – gewährt werden würde.[122] Die Prozesskostenhilferichtlinie ist in §§ 1076–1078 ZPO mit Verweis auf die §§ 114 ff. ZPO umgesetzt.

44 **3. Mediationsrichtlinie, ADR-Richtlinie, ODR-VO.** Mit der Europäischen Mediationsrichtlinie (Mediations-RL)[123] aus dem Jahre 2008 verfolgte der Europäische Gesetzgeber das Ziel, die nationalen Rechtssysteme mit Hilfe einer Mindestharmonisierung im Bereich der alternativen Streitbeilegung (Alternative Dispute Resolution – ADR) zu ergänzen und so die Hürden zwischenstaatlicher gerichtlicher Auseinandersetzungen abzufedern. Ein Mediationsverfahren ist dann sinnvoll, wenn es nicht in erster Linie um die Klärung rein rechtlicher Probleme oder eine komplexe Beweiserhebung geht, sondern der Ausgleich sich gegenüberstehender Interessen im Vordergrund steht – insbes. bei Parteien innerhalb einer Geschäftsbeziehung, die grundsätzlich fortgeführt werden soll.[124] Gerade bei derartigen grenzüberschreitenden Konflikten kann die Aussicht auf ein fremdes Verfahrensrecht, differierendes materielles Recht und auch die Notwendigkeit von Anerkennungs-, Vollstreckbarerklärungs- oder Vollstreckungsverfahren die Parteien von einer Klageerhebung absehen lassen.[125] Die Mediations-RL will dem beggenen, indem sie einen rechtlichen Mindestrahmen zur Regelung der Durchführung von Mediationsverfahren bereitstellt. Die Richtlinie wurde mit Inkrafttreten des Mediationsgesetzes am 26.7.2012 in Deutschland umgesetzt.[126]

45 Kerninhalte der Mediationsrichtlinie stellen nicht der Ablauf des Mediationsverfahrens dar, sondern das Verhältnis von Mediationsverfahren und nationalem Zivilprozessrecht für grenzüberschreitende Streitigkeiten. Dabei wird das Mediationsverfahren nach Art. 3a S. 1 Mediations-RL als „(…) strukturiertes Verfahren unabhängig von seiner Bezeichnung, in dem zwei oder mehr Streitparteien mit Hilfe eines Mediators auf freiwilliger Basis selbst versuchen, eine Vereinbarung über die Beilegung ihrer Streitigkeiten zu erzielen." Dabei

---

[118] Mankowski GPR 2020, 181.
[119] RL 2003/8/EG des Rates v. 27. Januar 2003 zur Verbesserung des Zugangs zum Recht bei Streitsachen mit grenzüberschreitendem Bezug durch Festlegung gemeinsamer Mindestvorschriften für die Prozesskostenhilfe in derartigen Streitsachen, ABl. 2003 L 26, 41.
[120] Diese werden auf dem E-Justiz-Portal bereitgestellt; https://e-justice.europa.eu/content_legal_aid_forms-157-de.doc.
[121] Jastrow MDR 2004, 75 (76); Fischer ZAP 2005, 1287 (1288).
[122] Art. 5 Abs. 4 Prozesskostenhilfe-RL; Erwgr. 15 Prozesskostenhilfe-RL; ausf. dazu Jastrow MDR 2004, 75 (77).
[123] RL 2008/52/EG über bestimmte Aspekte der Mediation in Zivil- und Handelssachen v. 21. Mai 2008, ABl. 2008 L 136, 3.
[124] Hirsch ZRP 2012, 189 (189 f.).
[125] Eidenmüller/Prause NJW 2008, 2737 (2737).
[126] Gesetz zur Förderung der Mediation und anderer Verfahren der außergerichtlichen Konfliktbeilegung, BGBl. 2012 I 1577.

wurden insbes. Regelungen zum Vertraulichkeitsschutz mittels eines Aussageverweigerungsrechts (Art. 7 Mediations-RL), zur Verjährungshemmung durch das Verfahren (Art. 8 Mediations-RL) und der Vollstreckbarkeit von Mediationsvergleichen (Art. 6 Mediations-RL) getroffen. Art. 5 Mediations-RL sieht in Ergänzung dieser Punkte ein Vorschlagsrecht für Richter in Bezug auf die Durchführung eines Mediationsverfahrens vor.[127]

Die Umsetzung dieser Richtlinienvorgaben im Mediationsgesetz sieht in § 4 MediationsG die Verschwiegenheitspflicht des Mediators vor, mit der ein Zeugnisverweigerungsrecht nach § 383 Abs. 1 Nr. 6 ZPO korrespondiert.[128] Eine gesonderte Regelung der Verjährungsunterbrechung durch das Mediationsverfahren war wegen § 203 BGB nicht notwendig. Und schlussendlich hat man – entgegen der im Gesetzesentwurf[129] noch vorgesehenen Regelung der Vollstreckbarkeit in § 796d ZPO – auf eine gesonderte Normierung verzichtet, die angesichts § 794 Abs. 1 Nr. 1, 5 ZPO auch nicht als erforderlich erscheint.[130] Einer der essentiellen Inhalte des deutschen Mediationsgesetzes ist folglich in der Umsetzung der Richtlinienregelung zur Vertraulichkeit des Mediationsverfahrens zu sehen. Diese ermöglicht häufig erst einen konsensualen Interessenaustausch und stellt gegebenenfalls auch den für die Parteien entscheidenden Vorteil der Mediation gegenüber der Öffentlichkeit des Gerichtsverfahrens dar.[131] **46**

Der MediationsRL haben sich, gestützt auf Art. 114 AEUV, die ADR-RL[132] und die ODR-VO[133] hinzugesellt. Umsetzung der ADR-RL und Durchführung der ODR-VO in Deutschland ist das VSBG[134]. Alle diese Rechtsakte haben indes keinen besonderen Bezug gerade auf grenzüberschreitende Verhältnisse. **47**

III. Die Brüssel Ia-VO als Kernstück des Europäischen Zivilverfahrensrechts

Die wichtigste internationalzivilprozessrechtliche Verordnung stellt die Verordnung über die Zuständigkeit sowie die Anerkennung und Vollstreckbarerklärung von Entscheidungen in (allgemeinen) Zivil- und Handelssachen (typischerweise Brüssel Ia-VO genannt, aber auch EuGVVO oder EuGVO oder Brussels I Recast oder Revised Brussels I) dar. Ihr Regelungsgehalt liegt in der Vereinheitlichung der mitgliedstaatlichen Rechte im Hinblick auf die internationale Zuständigkeit in allgemeinen Zivil- und Handelssachen sowie in der Vereinfachung der Formalitäten für Anerkennung und Vollstreckung gerichtlicher Entscheidungen innerhalb der Mitgliedstaaten.[135] Auf die Brüssel Ia-VO als Zentrum des Europäischen Internationalen Zivilverfahrensrechts wird zudem auch durch andere Verordnungen Bezug genommen und die Auslegung der in ihr verwendeten Begriffe durch den EuGH kann im Zuge der europäisch-einheitlichen Auslegung im Regelfall auch auf das weitere Europäische Zivilverfahrensrecht übertragen werden.[136] **48**

Nach drei Jahren der Diskussion um die Reform der seinerzeitigen Brüssel I-VO wurde ihre Neufassung vom Rat der EU am 6.12.2012 beschlossen; ihre Revision, die Brüssel Ia-VO, ist am 10.1.2015 wirksam geworden. Die äußerst ambitionierten Pläne für die Reform der Brüssel I-VO umfassten u. a. die Erweiterung ihres Anwendungsbereichs auf Drittstaa- **49**

---

[127] Ausf. zu den Inhalten der Richtlinie, Eidenmüller/Prause NJW 2008, 2737 (2738 ff.).
[128] Risse SchiedsVZ 2012, 244 (250); Gullo GWR 2012, 385 (385).
[129] BT-Drs. 17/5335, 7 (21).
[130] Gullo GWR 2012, 385 (385).
[131] Risse SchiedsVZ 2012, 244 (250).
[132] RL 2013/11/EU des Europäischen Parlaments und des Rates v. 21. Mai 2013 über die alternative Beilegung verbraucherrechtlicher Streitigkeiten und zur Änderung der Verordnung (EG) Nr. 2006/2004 und der Richtline 2009/22/EG, ABl. 2013 L 165, 63.
[133] VO (EU) Nr. 425/2013 des Europäischen Parlaments und des Rates v. 21. Mai 2013 über die Online-Beilegung verbraucherrechtlicher Streitigkeiten und zur Änderung der Verordnung (EG) Nr. 2006/2004 und der Richtline 2009/22/EG, ABl. 2013 L 165, 1.
[134] Gesetz über die alternative Streitbeilegung in Verbrauchersachen (Verbraucherstreitbeilegungsgesetz – VSBG), BGBl. 2016 I 254.
[135] Stadler in Musielak/Voit, ZPO, 18. Aufl. 2021, Vorb. Europäisches Zivilprozessrecht Rn. 3.
[136] Adolphsen FS Kaissis, 2012, 1 (1).

tensachverhalte, die Schaffung eines Vermögensgerichtsstandes, die weitergehende Prävention von forum shopping durch Anpassung der Regelungen zu Rechtshängigkeit und einstweiligem Rechtsschutz, und schlussendlich die Abschaffung des Exequaturverfahrens. Die Rechtshängigkeitsregelungen wurden dahingehend geändert, dass Gerichtsstandsvereinbarungen als solche nicht mehr hinter einer rein zeitlichen Prioritätsregelung zurücktreten (Art. 31 Abs. 2, 3 Brüssel Ia-VO)[137] und dass ein „Sicherheitsventil" im Hinblick auf die Behandlung in Drittstaaten anhängiger und potenziell langwieriger Verfahren (Art. 33 Abs. 1 lit. b Brüssel Ia-VO; Erwgr. 24 Abs. 1 Brüssel Ia-VO) eingeführt wurde.[138] Dem forum shopping soll zudem damit begegnet werden, dass im Bereich des einstweiligen Rechtsschutzes nur solche Entscheidungen anerkennungsfähig sind, die von einem nach der Brüssel Ia-VO zuständigen Hauptsachegericht erlassen wurden. Begründet sich die Internationale Zuständigkeit eines Gerichts hingegen auf den stark divergierenden nationalen Regelungen der internationalen Zuständigkeit, so soll die Wirkung der angeordneten Maßnahmen auf dessen Mitgliedsstaat begrenzt sein.[139] Im Hinblick auf die Kernaspekte des Reformvorhabens – Drittstaatensachverhalte, Vermögensgerichtsstand, Abschaffung des Exequatur – blieb die Umsetzung jedoch in nicht unerheblichem Maße hinter den Vorschlägen aus 2010 zurück.[140] Die Grundkonzeption wurde folglich beibehalten, jedoch Defizite der vormaligen Brüssel I-VO im Wege einer Detailkorrektur ausgeglichen.

IV. Europäische Erkenntnisverfahren

50 Der Europäische Gesetzgeber hat zwei eigenständige europäische Erkenntnisverfahren ausgestaltet, zum einen das Europäische Mahnverfahren (EuMVVO) und zum anderen das Europäische Bagatellverfahren (EuGFVO).

51 Das europäische Mahnverfahren[141] steht seit dem 12.12.2008 zur Verfügung und bezweckt eine erleichterte Geltendmachung vertraglicher Ansprüche, weshalb – im Gegensatz zu den anderen verfahrensrechtlichen Rechtsakten – im Grundsatz die Geltendmachung außervertraglicher Ansprüche (zB Delikt) ausgeschlossen sein soll.[142] Verfahrensgegenstand sind nach Art. 4 EuMVVO nur fällige Geldforderungen. Kernüberlegung ist, – wie beim deutschen Mahnverfahren auch – dass die Forderung unbestritten bleiben wird und so zügig vollstreckt werden kann.[143] Am Ende des Europäischen Mahnverfahrens steht der Erlass eines europäischen Zahlungsbefehls, der einen Vollstreckungstitel darstellt und EU-weit – mit Ausnahme von Dänemark – Geltung beansprucht. Der Europäische Zahlungsbefehl soll innerhalb von 30 Tagen erlassen werden gemäß Art. 12 EuMVVO. Ergänzende Bestimmungen zur EuMVVO befinden sich in §§ 1087–1096 ZPO.

52 Seit dem 1.1.2009 können Gläubiger auch den Weg der EuGFVO beschreiten. Auch hier steht die erleichterte Vollstreckbarkeit im Vordergrund: Nach Art. 20 EuGFVO steht am Ende des Verfahrens ebenfalls ein europäischer Vollstreckungstitel, der weder Anerkennung noch Exequatur bedarf und europaweit – mit Ausnahme von Dänemark – Geltung beansprucht.[144] Ziel der Verordnung ist es, die Beilegung grenzüberschreitender Streitigkeiten mit einem Streitwert von ursprünglich bis zu 2.000 EUR, nach dem Wirksamwer-

---

[137] Cadet EuZW 2013, 218 (219); Bach ZRP 2011, 97 (98); Magnus/Mankowski ZVglRWiss 110 (2011), 252 (285 ff.).
[138] Vgl. v. Hein RIW 2013, 97 (106).
[139] So ausdrücklich Erwgr. 33 Brüssel Ia-VO; vgl. auch Art. 2 lit. a S. 2 Brüssel Ia-VO.
[140] Ausf. v. Hein RIW 2013, 97 und Cadet EuZW 2013, 218.
[141] Vgl. zum Verhältnis zum deutschen internationalen Mahnverfahren innerhalb der EU Hess, Europäisches Zivilprozessrecht, 2. Aufl. 2021, § 10 Rn. 80–83.
[142] Art. 2 Abs. 2 lit. d EuMVVO; Junker, Internationales Zivilprozessrecht, 5. Aufl. 2020, § 31 Rn. 20; Gruber, in Rauscher, EuZPR/EuIPR, 4. Aufl. 2015, EuMVVO Einl. Rn. 10.
[143] Gruber, in Rauscher, EuZPR/EuIPR, 4. Aufl. 2015, EG-MahnVO Einl. Rn. 4; Schlosser/Hess, EU-Zivilprozessrecht, 3. Aufl. 2015, EuMVVO Einl. Rn. 1.
[144] Varga in Rauscher, EuZPR/EuIPR, 4. Aufl. 2015, EG-BagatellVO Einl. Rn. 1.

den der Novelle von 2015 bis zu 5.000 EUR zu beschleunigen.[145] Im Gegensatz zum Europäischen Mahnverfahren steht das Bagatellverfahren auch für außervertragliche Forderungen zur Verfügung und beschränkt sich nicht auf Geldforderungen; Feststellungs-, Gestaltungs- und Herausgabeklagen sind also eingeschlossen. Auch hier wird ein formularmäßiges Verfahren in der Regel schriftlich durchgeführt, vgl. Art. 4 EuGFVO. Die Ergänzungsvorschriften zur EuGFVO finden sich in §§ 1097–1109 ZPO.

Kein originär europäisches Erkenntnisverfahren stellt der Europäische Vollstreckungstitel 53 nach der EuVTVO dar, denn hier baut der europäische Titel auf einer nationalen Entscheidung – die in einem nationalen Verfahren gewonnen wurde – auf. Diese wird lediglich als europäischer Vollstreckungstitel bestätigt und erlangt so europaweite – mit Ausnahme von Dänemark – Wirkung.[146] Aus diesem Grund ist der sachliche Anwendungsbereich der EuVTVO nach ihrem Art. 3 Abs. 1 EuVTVO auch auf unbestrittene Forderungen beschränkt.[147] Auch hier geht der europäische Gesetzgeber von Passivität seitens des Schuldners aus.[148] Seine Vollstreckung unterliegt wiederum dem nationalen Recht,[149] sodass mit der EuVTVO lediglich ein europäisches Klauselerteilungsverfahren geschaffen wurde. Dieses sollte eine erhebliche Zeitersparnis gegenüber dem herkömmlichen Exequaturverfahren bewirken.[150] Ergänzt wird die EuVTVO in Deutschland durch das Ausführungsrecht der §§ 1079–1086 ZPO.

Innerhalb des sich überschneidenden sachlichen Anwendungsbereichs der Verordnungen, also zB bei einer fälligen vertraglichen Forderung unter 5.000 EUR aus einem grenzüberschreitenden Sachverhalt, hat der Gläubiger folglich die Wahl, ob er sich des Bagatellverfahrens, des Mahnverfahrens, des nationalen Verfahrens mit europäischem Vollstreckungstitel oder einer direkten Vollstreckung unter der Brüssel Ia-VO bedienen will. Die eigentliche Vollstreckung der Entscheidung erfolgt dann jedoch nach dem jeweiligen nationalen mitgliedstaatlichen Recht des Zweitstaats. 54

V. Die schrittweise Abschaffung des Exequaturverfahrens

Im Zeichen eines Europas der Justiziellen Zusammenarbeit in Zivilsachen und der gegenseitigen Anerkennung (vgl. Art. 81 AEUV) besteht eines der Kernanliegen der Europäischen Kommission darin, das Exequaturverfahren für Entscheidungen aus den Mitgliedstaaten der EU abzuschaffen.[151] Ausgangspunkt ist eine nationale mitgliedstaatliche Entscheidung, der grundsätzlich nur Wirkung im Hoheitsgebiet dieses Mitgliedsstaates zukommt. Diese Entscheidung muss grundsätzlich ein Anerkennungs- und Vollstreckbarerklärungsverfahren durchlaufen im Vollstreckungsstaat, um dort hoheitliche Wirkung zu entfalten. Vollständige Urteilsfreizügigkeit innerhalb der Europäischen Union bedarf allerdings des wechselseitigen Vertrauens in die jeweiligen nationalen Rechtssysteme, abgesichert durch den acquis communautaire. Diese lässt sich jedoch trotz Anerkennung nicht realisieren, wenn der Urteilsvollstreckung ein umfangreiches Exequaturverfahren vorgeschaltet ist. 55

---

[145] Junker, Internationales Zivilprozessrecht, 5. Aufl. 2020, § 31 Rn. 22; Varga, in Rauscher, EuZPR/EuIPR, 4. Aufl. 2015, EG-BagatellVO Einl. Rn. 3.
[146] Vgl. Schlosser/Hess, EU-Zivilprozessrecht, 3. Aufl. 2015, EuVTVO Art. 1 Rn. 1, 8; Pabst in Rauscher, EuZPR/EuIPR, 4. Aufl. 2015, EuVTVO Einl. Rn. 10 f.
[147] Schlosser/Hess, EU-Zivilprozessrecht, 3. Aufl. 2015, EuVTVO Art. 1 Rn. 6; vgl. zur den im Hinblick auf den ordre public strittigen Punkten ausf. Hess, Europäisches Zivilprozessrecht, 2. Aufl. 2021, § 10 Rn. 4–9.
[148] Pabst in Rauscher, EuZPR/EuIPR, 4. Aufl. 2015, EuVTVO Einl. Rn. 18, 30 f.; hierin liegt jedoch gleichzeitig einer der Kernpunkte der rechtswissenschaftlichen Diskussion um die EuVTVO, insbes. im Hinblick auf die europaweite Vollstreckbarkeit von Versäumnisurteilen.
[149] Hess, Europäisches Zivilprozessrecht, 2. Aufl. 2021, § 10 Rn. 24.
[150] Pabst in Rauscher, EuZPR/EuIPR, 4. Aufl. 2015, EuVTVO Einl. Rn. 12, 29.
[151] Hess in Grabitz/Hilf/Nettesheim AEUV Art. 81 Rn. 32 f.; Wagner/Beckmann RIW 2011, 44 (45); v. Hein RIW 2013, 97 (108); Adolphsen FS Kaissis, 2012, 1 (9); Huber FS Kaissis, 2012, 413 (417); Magnus/Mankowski ZVglRWiss 110 (2011), 252 (291 ff.).

56 Aus diesem Grund ging die Brüssel I-VO in ihrer ursprünglichen Fassung einen Schritt weiter als das EuGVÜ, das noch die Anerkennungshindernisse des Art. 27 EuGVÜ von Amts wegen im Exequaturverfahren überprüfen ließ. Mit dem Inkrafttreten der Brüssel I-VO wurde die Überprüfung der Anerkennungshindernisse in ein nachgelagertes Beschwerdeverfahren verschoben.[152] In der Folge wurden in 90 % der Fälle die Anerkennungshindernisse nicht mehr im Vollstreckbarerklärungsverfahren geprüft[153] und damit eine fortschreitende Automatisierung der Urteilsvollstreckung erzielt. Während die Brüssel I-VO bislang nur ein schlankeres Exequaturverfahren brachte, führten die ihr zeitlich nachfolgenden Verordnungen immer weitergehende Zwischenstufen in Richtung eines Fortfalls der Zweitkontrolle von Urteilen ein.

57 Eingeleitet wurde diese Entwicklung von der EuVTVO, wonach eine mitgliedstaatliche Entscheidung als „Europäischer Vollstreckungstitel" bestätigt werden kann, der dann ohne das Erfordernis einer Vollstreckbarerklärung, eines zwischengeschalteten Exequaturverfahrens zu vollstrecken ist.[154] Die Bestätigung im Ursprungsstaat ersetzt somit die Vollstreckbarerklärung des Vollstreckungsstaates; der prozessuale Akt der Wirkungserstreckung wird damit auf den Erststaat verlagert und auf die gesamte EU ausgedehnt.[155] Theoretisch hätte die EuVTVO das Brüssel I-System verdrängen können, weil sie gerade Versäumnisentscheidungen abdeckt, welche ausweislich der vorhandenen Statistiken die deutliche Mehrzahl der Exequaturverfahren ausmachen.[156] Die EuVTVO ist aber in der Praxis kaum genutzt worden und nicht in das übliche Arsenal der Rechtsberater diffundiert. Ihre politische Eisbrecherfunktion aber hat sie voll erfüllt: Sie hat gezeigt, dass ein System der direkten Vollstreckung unter Abschaffung des Exequatur keine untragbaren Ergebnisse zeitigt. Damit hat sie den Boden für den Übergang zu einem solchen System als Regelfall unter der Brüssel Ia-VO bereitet.[157]

58 Weitere Zwischenschritte in der Entwicklung zwischen EuVTVO und Brüssel Ia-VO stellen als eigenständige europäische Erkenntnisverfahren die EuMVVO und die EuGFVO dar. Die EuGFVO enthält gegenüber der EuMVVO den nächsten Integrationsschritt: Erstmalig entfällt für streitige Forderungen das Exequaturverfahren.[158] Die Brüssel IIa-VO wiederum nutzt eine Mischlösung aus EuGVÜ, Brüssel I-VO und EuVTVO.[159] Die EuUntVO folgt ebenfalls einer Mischvariante aus EuVTVO und Brüssel I-VO.[160]

59 Im Zuge dieser heterogenen Situation im Europäischen Zivilverfahrensrecht sollte nach der Absicht des Kommissionsvorschlags die Reform der Brüssel I-VO eine vollständige Abkehr vom Erfordernis des Exequatur unter den Mitgliedstaaten im Bereich des Zivil- und Handelsrechts mit sich bringen. Die Kommission sah fehlende Vereinbarkeit des Exequaturverfahrens mit einem „Binnenmarkt ohne Grenzen", bereits bestehenden Instrumenten ohne Exequatur und der Tatsache, dass nur bei bis zu 5 % der Vollstreckbarerklärungen Rechtsbehelfe eingelegt würden.[161] Dennoch wiegt schwer, dass mit der Abschaffung einer Kontrollinstanz das Vollstreckungsverfahren generell gläubigerfreundlichkeit einhergeht, da eine Berufung des Schuldners auf die Verletzung rechtlichen Gehörs oder den ordre public zunächst ausscheidet.[162] Derzeit sehen diejenigen Verordnungen ohne Exequatur daher noch grundsätzlich einen Rechtsbehelf im Vollstreckungs-

---

[152] v. Hein RIW 2013, 97 (108); Cadet EuZW 2013, 218 (221).
[153] Hess in Grabitz/Hilf/Nettesheim AEUV Art. 81 Rn. 33.
[154] v. Hein FS Simotta, 2012, 645 (645).
[155] Peter Huber FS Kaissis, 2012, 413 (417).
[156] Näher Mankowski FS Kropholler, 2008, 829.
[157] Mankowski in Mankowski (ed.), Research Handbook on the Brussels Ibis Regulation, 2020, 230.
[158] Hess, Europäisches Zivilprozessrecht, 2. Aufl. 2021, § 10 Rn. 88.
[159] Adolphsen FS Kaissis, 2012, 1 (10).
[160] Peter Huber FS Kaissis, 2012, 413 (418); Adolphsen FS Kaissis, 2012, 1 (11).
[161] Rolf Wagner/Beckmann RIW 2001, 44 (46 f.).
[162] Hier liegt ein Kernpunkt der Bedenken der Mitgliedstaaten; vgl. Bach ZRP 2011, 97 (98); Wagner/Beckmann RIW 2001, 44 (52); Hess in Grabitz/Hilf/Nettesheim AEUV Art. 81 Rn. 33; krit. zur Gefährdung des Verbraucherschutzes durch die Abschaffung des Exequatur v. Hein FS Simotta, 2012, 645.

staat vor.¹⁶³ Aus diesem Grunde zielte der Kommissionsvorschlag nicht nur auf die eine Abschaffung des Exequaturs, sondern wollte auch besondere Garantien, welche den Schuldner absichern sollten.¹⁶⁴

60 Der geplante Systemwechsel ist jedoch an eben diesen Punkten gescheitert,¹⁶⁵ sodass in der Brüssel Ia-VO zwar formell das Exequaturverfahren abgeschafft ist, der Schuldner aber weiterhin nach Art. 46 Brüssel Ia-VO die Verweigerung der Vollstreckung beantragen kann für den Fall des Vorliegens eines Anerkennungsversagungsgrundes nach Art. 45 Brüssel Ia-VO.¹⁶⁶ In dieser Hinsicht wurde lediglich der hoheitliche Aspekt des Exequaturverfahrens abgeschafft – die Kontrollaspekte, insbesondere der ordre public des Zweitstaates, bleiben erhalten. Das ist ein Kompromiss zwischen formeller Freizügigkeit und materieller Kontrolle als Grundlage für wechselseitiges Vertrauen. Art. 46 Brüssel Ia-VO führt ein so genanntes „umgekehrtes Verfahren" ein, das die Aktivitätslast auf den Titelschuldner verlagert, während der Titelgläubiger erst einmal davon profitiert, dass die Vollstreckungswirkung automatisch und ohne eine ihn treffende Notwendigkeit eines Zwischenverfahrens der Vollstreckbarerklärung auf den Zweitstaat erstreckt wird.¹⁶⁷

D. Europäisches Recht und deutsches Zivilprozessrecht

61 Die Grundmaximen des Unionsrechts, insbes. das Diskriminierungsverbot aus Art. 18 AEUV und die Grundfreiheiten, können sich auf vielfältige Weise auf das Zivilverfahren mit Auslandsbezug auswirken.¹⁶⁸ Friktionen ergeben sich dann in Bezug auf Normen des autonomen Zivilprozessrechts, die Verfahren mit Auslandsbezug betreffen. Hervorzuheben sind Bereiche wie das Internationale Zivilverfahrensrecht, die Bereiche der Gerichtssprache, der Revisibilität ausländischen Rechts oder auch der Zustellung und des Beweises. Dem könnte man etwa Hindernisse für die Urteilsfreizügigkeit noch zur Seite stellen.¹⁶⁹ Es ergibt sich also die Frage, ob und inwieweit Normen des nationalen, konkret aus deutscher Sicht: des deutschen Zivilprozessrechts gegen elementare Grundsätze des Unionsrechts verstoßen. Speziell für das Internationale Zivilprozessrecht ist auch zu bedenken, dass es sich gerade der Sachverhalte mit Auslandsbezug annimmt und ein deren Besonderheiten angemessenes Regime errichten will; das kann Einfluss auf die Handhabung von Diskriminierungsverboten haben, bis hin zu deren funktionaler Reduktion auf eine Rationalitätskontrolle.¹⁷⁰

62 Dies betrifft insbesondere die speziellen Grundfreiheiten. So mag sub specie der Warenverkehrsfreiheit eine Maßnahme aus dem Zivilprozessrecht eines Mitgliedstaats zwar zur Folge haben, dass für die Wirtschaftsteilnehmer unterschiedliche Verfahrensvorschriften gelten, je nachdem, ob sie die Staatsangehörigkeit des betreffenden Mitgliedstaats besitzen oder nicht. Jedoch ist, der Umstand, dass Bürger eines anderen Mitgliedstaats aus diesem Grund zögern würden, Waren an Kunden in diesem Mitgliedstaat zu verkaufen, die dessen Staatsangehörigkeit besitzen, zu ungewiss und zu mittelbar, als dass eine solche nationale Maßnahme als geeignet angesehen werden könnte, den innergemeinschaftlichen Handel zu behindern.¹⁷¹ Der Kausalitätszusammenhang zwischen einer möglichen Beeinträchtigung

---

¹⁶³ Rolf Wagner/Beckmann RIW 2001, 44 (53).
¹⁶⁴ v. Hein FS Simotta, 2012, 645 (656); v. Hein RIW 2013, 97 (108); Adolphsen FS Kaissis, 2012, 1 (11); Hess in Grabitz/Hilf/Nettesheim AEUV Art. 81 Rn. 33; Bach ZRP 2011, 97 (99).
¹⁶⁵ Cadet EuZW 2013, 218 (221 f.); v. Hein RIW 2013, 97 (109).
¹⁶⁶ v. Hein RIW 2013, 97 (109).
¹⁶⁷ Rolf Wagner NJW 2012, 1333 (1334); v. Hein RIW 2013, 97, 109; Rolf Wagner TranspR 2015, 45 (54); d'Avout Int. J. Proc. L. 5 (2015), 239 (249); v. Hein RabelsZ 82 (2018), 550 (551); Mankowski in Rauscher, Art. 39 Brüssel Ia-VO Rn. 21.
¹⁶⁸ Siehe nur Leible in Leible/Terhechte § 14 Rn. 8 mwN.
¹⁶⁹ Näher Hess/Ortolani (eds.), Impediments of National Procedural Law to the Free Movement of Judgments, 2019.
¹⁷⁰ Leible in Leible/Terhechte § 14 Rn. 13.
¹⁷¹ EuGH 7.4.2011 – C-291/09, ECLI:EU:C:2011:217 Rn. 17 – Slg. 2011, I-2685 – Franceso Guarnieri unter Hinweis auf EuGH 7.3.1990 – C-69/88, ECLI:EU:C:1990:97 Rn. 11 – Slg. 1990, I-58 – Krantz;

des innergemeinschaftlichen Handelsverkehrs und der in Rede stehenden unterschiedlichen Behandlung kann insoweit nicht als erwiesen gelten.[172]

63 Fundamentale Vorgaben des Unionsrechts auch für das Zivilprozessrecht sind der Äquivalenz- und der Effektivitätsgrundsatz: Die Modalitäten der Rechtsdurchsetzung von Unionsrecht und in Sachen mit grenzüberschreitenden Bezügen dürfen nicht ungünstiger sein als die, die bei ähnlichen internen Sachverhalten gelten (Grundsatz der Äquivalenz); und sie dürfen nicht so ausgestaltet sein, dass sie die Ausübung der durch die Unionsrechtsordnung eingeräumten Rechte praktisch unmöglich machen oder übermäßig erschweren (Grundsatz der Effektivität).[173]

64 Der Äquivalenzgrundsatz verlangt, dass die betreffende nationale Regelung in gleicher Weise für Rechtsbehelfe gilt, die auf die Verletzung des Unionsrechts gestützt sind, wie für solche, die auf die Verletzung des innerstaatlichen Rechts gestützt sind, sofern diese Rechtsbehelfe einen ähnlichen Gegenstand und Rechtsgrund haben.[174] Insoweit ist es allein Sache des nationalen Gerichts, das unmittelbare Kenntnis von den anwendbaren Verfahrensmodalitäten hat, die Gleichartigkeit der betreffenden Rechtsbehelfe unter dem Gesichtspunkt ihres Gegenstands, ihres Rechtsgrundes und ihrer wesentlichen Merkmale zu prüfen.[175]

65 Der Grundsatz der Effektivität gebietet insbesondere, dass jeder Fall, in dem sich die Frage stellt, ob eine nationale Verfahrensvorschrift die Anwendung des Unionsrechts unmöglich macht oder übermäßig erschwert, unter Berücksichtigung der Stellung dieser Vorschrift im gesamten Verfahren, des Verfahrensablaufs und der Besonderheiten des Verfahrens vor den verschiedenen nationalen Stellen zu prüfen ist.[176] Dabei sind gegebenenfalls die Grundsätze zu berücksichtigen, die dem nationalen Rechtsschutzsystem zugrunde liegen, wie der Schutz der Verteidigungsrechte, der Grundsatz der Rechtssicherheit und der ordnungsgemäße Ablauf des Verfahrens.[177]

I. Ausgewählte Fragen der internationalen Zuständigkeit

66 **1. Die Regelung der internationalen Zuständigkeit durch die §§ 12 ff. ZPO. a) Kein Verlust der Doppelfunktionalität der §§ 12 ff. ZPO durch die Brüssel Ia-VO.** Während die Regelungen der örtlichen Zuständigkeit schon auf ein konkret angerufenes Gericht abzielen, geht es bei der Frage internationaler Zuständigkeit um die Abgrenzung des Zuständigkeitsbereichs deutscher Gerichte gegenüber ausländischen Gerichten

---

EuGH 14.7.1994 – C–379/92, ECLI:EU:C:1994:296 Rn. 24 – Slg. 1994, I–3453 – Peralta; EuGH 5.10.1995 – C–96/94, ECLI:EU:C:1995:308 Rn. 41 – Slg. 1995, I–2883 – Centro Servizi Spediporto und EuGH 22.6.1999 – C–412/97, ECLI:EU:C:1999:324 Rn. 11 – Slg. 1999, I–3845 – ED; im Anschluss an GAin Sharpston, SchlA 7.4.2011 – C–291/09, ECLI:EU:C:2010:520 Rn. 46f.

[172] EuGH 7.4.2011 – C–291/09, ECLI:EU:C:2011:217 Rn. 17 – Slg. 2011, I-2685 – Franceso Guarnieri.

[173] Siehe nur grundlegend EuGH 16.12.1976 – C–33/76, ECLI:EU:C:1976:188 Rn. 5 – Slg. 1976, 1989 – ReWe-Zentralfinanz e.G.; EuGH 16.12.1976 – C–45/76, ECLI:EU:C:1976:191 Rn. 11, 18 – Slg. 1976, 2043 – Comet und z.B. EuGH 3.12.2009 – C–2/08, ECLI:EU:C:2009:506 Rn. 27 – Fallimento Olimpiclub; EuGH 10.7.2014 – C–213/13, ECLI:EU:C:2014: 2067 Rn. 54 – Impresa Pizzarotti; EuGH 11.11.2015 – C–505/14, ECLI:EU:C:2015:742 Rn. 40 – Klausner Holz Niedersachsen.

[174] Siehe nur grundlegend EuGH 14.12.1995 – C–312/93, ECLI:EU:C:1995:437 Rn. 12 – Slg. 1995 I-4599 – Peterbroeck und z.B. EuGH 27.2.2014 – C–470/12, ECLI:EU:C:2014:101 Rn. 47 – Pohotovosť mwN; EuGH 9.7.2020 – C–698/18 u. C-699/18, ECLI:EU:C:2020:537 Rn. 76 – Raiffeisen.

[175] Siehe nur EuGH 12.2.2015 – C–567/13, ECLI:EU:C:2015:88 Rn. 44 – Baczó u. Vizsnyiczai; EuGH 9.7.2020 – C–698/18 u. C-699/18, ECLI:EU:C:2020:537 Rn. 77 – Raiffeisen.

[176] Siehe nur grundlegend EuGH 14.12.1995 – C–312/93, ECLI:EU:C:1995:437 Rn. 12 – Slg. 1995 I-4599 – Peterbroeck und z.B. EuGH 14.3.2013 – C–415/11, ECLI:EU:C:2013:164 Rn. 53 – Aziz; EuGH 14.11.2013 – C–537/12 u. C–116/13, ECLI:EU:C:2013:759 Rn. 53 – Banco Popular España.

[177] Siehe nur EuGH 3.9.2009 – C–2/08, ECLI:EU:C:2009:506 Rn. 27 – Fallimento Olimpiclub; EuGH 6.10.2015 – C–69/14, ECLI:EU:C:2015:662 Rn. 36f. – Târşia; EuGH 11.11.2015 – C–505/14, ECLI:EU:C:2015:742 Rn. 41 – Klausner Holz Niedersachsen; EuGH 26.3.2020 – C–496/18, ECLI:EU:C:2019:537 Rn. 48 – Addiko Bank; EuGH 9.7.2020 – C–698/18 u. C-699/18, ECLI:EU:C:2020:537 Rn. 60 – Raiffeisen.

allgemein. An diesem Punkt setzt das Prinzip der Doppelfunktionalität[178] der örtlichen Zuständigkeitsnormen an: Sobald eine örtliche Zuständigkeit des Gerichts nach den §§ 12 ff. ZPO gegeben ist, besteht ebenso eine internationale Zuständigkeit der deutschen Gerichte; die örtliche Zuständigkeit indiziert folglich die internationale Zuständigkeit. Der BGH hat sich insofern der Rechtsprechung des RG angeschlossen[179] und auch das Schrifttum folgt diesem Grundsatz nahezu einhellig.[180]

In ihrem Anwendungsbereich überlagert jedoch die Brüssel Ia-VO die nationalen doppelfunktionalen Vorschriften. Das europäische IZVR regelt grundsätzlich nur das Verhältnis der Mitgliedstaaten untereinander. Für die Brüssel Ia-VO ist ausweislich ihres Art. 4 Abs. 1 Brüssel Ia-VO prinzipielles Abgrenzungskriterium, ob der Beklagte seinen Wohnsitz bzw. seinen Sitz in der EU hat. Im Bereich der internationalen Zuständigkeit erleidet der Grundsatz jedoch Ausnahmen.[181] Hier nehmen die Mitgliedstaaten durchaus Kompetenzen gegenüber Nicht-EU-Ausländern in Anspruch, unabhängig davon, ob diese in der EU leben oder nicht. Dies gilt namentlich für die ausschließlichen Zuständigkeiten nach Art. 24 Brüssel Ia-VO. Diese greifen immer, wenn die dort benannten Anknüpfungspunkte im EU-Gebiet belegen sind, selbst dann, wenn alle Beteiligten ihren Wohnsitz bzw. Sitz außerhalb der EU haben.[182] Eine wichtige Ausnahme gilt auch für Gerichtsstandsvereinbarungen, denn nach Art. 25 Abs. 1 S. 1 Brüssel Ia-VO kommt es für sie nicht auf den Wohnsitz der Vereinbarungsparteien an. Besondere Ausnahmen bestehen für die Klägergerichtsstände der Verbraucher in Art. 18 Abs. 1 Var. 2 Brüssel Ia-VO und er Arbeitnehmer in Art. 21 Abs. 2 iVm Abs. 1 lit. b Brüssel Ia-VO. Für die Gerichtsstände der rügelosen Einlassung aus Art. 26 Brüssel Ia-VO und der Streitgenossenschaft aus Art. 8 Nr. 1 Brüssel Ia-VO sind Ausnahmen diskutabel, bedürfen aber näherer Begründung.[183] Das Bestehen einer Ausnahme bedeutet, dass auch in den von dieser Ausnahme erfassten Fällen mit Drittstaatenbezug nicht auf die Doppelfunktionalität der §§ 12 ff. ZPO zurückgegriffen werden kann. 67

Das Reformvorhaben der Kommission zur damaligen Brüssel I-VO enthielt demgegenüber nicht nur eine sehr partielle, sondern eine umfassende Regelung der internationalen besonderen Zuständigkeiten auch für diejenigen Sachverhalte, in denen der Beklagte seinen Wohnsitz nicht in einem Mitgliedsstaat hat.[184] Dieser Bereich war bislang im Grundsatz den nationalen doppelfunktionalen Regelungen der örtlichen Zuständigkeit vorbehalten.[185] Konsequenz einer so weitgehenden Reform der Brüssel I-VO wäre nun im Grundsatz der Verlust der Doppelfunktionalität derjenigen Regelungen der örtlichen Zuständigkeit, die in den sachlichen Anwendungsbereich der Brüssel Ia-VO fallen, gewesen.[186] Für eine einheitliche Regelung der internationalen Zuständigkeit im Hinblick auf Drittstaatenansässige sprachen vor allem das Argument der Übersichtlichkeit der Rechtsanwendung, die Vermeidung von Diskriminierung und ein Gleichlauf mit den lois uni- 68

---

[178] Heinrich in Musielak/Voit ZPO § 12 Rn. 17; Patzina in MüKoZPO, 5. Aufl. 2016, ZPO § 12 Rn. 90–93.
[179] RG IV 665/28, RGZ 126, 196 (199); RG II 169/35, RGZ 150, 265 (268); BGH GSZ 1/65, BGHZ 44, 46 (47 f.) = NJW 1965, 1665 = JZ 1966, 237 mAnm Neuhaus; Patzina in MüKoZPO, 5. Aufl. 2016, ZPO § 12 Rn. 90.
[180] Patzina in MüKoZPO, 5. Aufl. 2016, ZPO § 12 Rn. 90 mwN.
[181] Eingehend Mankowski in Leible/Terhechte § 33 Rn. 11–25.
[182] Cuniberti Clunet 135 (2008), 963 (988); Bach ZRP 2011, 97 (97); Mankowski in Rauscher, EuZPR/EuIPR, 5. Aufl. 2021, Art. 24 Brüssel Ia-VO Rn. 5.
[183] Näher Mankowski in Leible/Terhechte § 33 Rn. 23–25 mwN.
[184] Magnus/Mankowski ZVglRWiss 110 (2011), 252 (262 f.); Cadet EuZW 2013, 218 (219); v. Hein RIW 2013, 97 (100).
[185] Zu beachten ist jedoch das Luganer Übereinkommen aus 2007 im Hinblick auf die Vertragsstaaten, die nicht Mitgliedstaaten der EU sind.
[186] „Künftig sollen die Zuständigkeitsregelungen der EuGVVO eine „loi uniforme" bilden: Sie müssen von europäischen Gerichten also immer angewendet werden, ganz gleich, wo der Beklagte wohnt. Die §§ 12 ff. ZPO verlieren damit ihre Doppelfunktionalität." Bach ZRP 2011, 97 (97); ebenso, aber die Ausnahme des einstweiligen Rechtsschutzes benennend Weitz FS Simotta, 2012, 679 (687).

formes der Rom-Verordnungen.[187] Zugang zu den Gerichten eines Mitgliedstaates sollte auch bei einem in einem Drittstaat ansässigen Beklagten ermöglicht werden.[188]

69 Großer politischer Widerstand[189] verhinderte jedoch einen Systemwechsel in diesem Bereich, sodass es im Wesentlichen bei der derzeitigen Regelung bleibt. Hauptargument war, dass die Regelungen der internationalen Zuständigkeit innerhalb der EU auf einer Vertrauensbasis beruhen, die gegenüber Drittstaaten so nicht existiert, zumal diese oft auch exorbitante Zuständigkeiten gegenüber in der EU ansässigen Beklagten anwenden.[190] Eine Erweiterung der Brüssel Ia-VO auf Sachverhalte mit Drittstaatenbezug gilt jedoch im Hinblick auf die Gerichtsstandsvereinbarung nach Art. 25 Brüssel Ia-VO und demgemäß auch die rügelose Einlassung (Art. 26 Brüssel Ia-VO), wenn man diese als stillschweigende nachträgliche Gerichtsstandsvereinbarung begreifen will.[191] Zudem ist eine Regelung zum Umgang mit der Rechtshängigkeit von Verfahren in Drittstaaten (Artt. 33; 34 Brüssel Ia-VO) hinzugekommen. Am Grundsatz der Doppelfunktionalität der §§ 12ff. ZPO für Drittstaatenfälle hat sich im Rahmen des Übergangs zur Brüssel Ia-VO jedoch nichts geändert, da es insoweit eben nicht zu einer Vollharmonisierung und zu europäischen Regeln gekommen ist.

70 **b) Die Regelung der örtlichen Zuständigkeit durch europäische Normen.** Die bisher erlassenen Unionsrechtsakte berühren grundsätzlich nur das *Internationale* Zivilverfahrensrecht der Mitgliedstaaten, nicht aber deren für rein innerstaatliche Sachverhalte geltendes „normales" Zivilverfahrensrecht. Gleichwohl regeln die besonderen und ausschließlichen Zuständigkeitstatbestände der Brüssel I-VO regelmäßig nicht nur die internationale, sondern auch die **örtliche Zuständigkeit** der mitgliedstaatlichen Gerichte und greifen damit in den sachlichen Anwendungsbereich des nationalen Prozessrechts über. Sie tun dies jedoch nur in Fällen mit Auslandsbezug. Gleiches gilt für die Brüssel IIa-VO und die Brüssel IIb-VO. Die EuInsVO 2015 sieht ebenso wie die EuInsVO 2000 weiterhin von einer – sei es auch nur partiellen – Mitregelung der örtlichen Zuständigkeit ganz ab. Sie beschränken sich – ebenso wie Art. 4 Abs. 1 Brüssel Ia-VO – auf die Festlegung der internationalen Zuständigkeit. Sie bestimmen also nur, die Gerichte welchen Mitgliedstaats zur Entscheidung berufen sind. Sie überlassen die weitere Festlegung, welches unter den Gerichten des international zuständigen Mitgliedstaates örtlich zuständig ist, dagegen dem Prozessrecht des betreffenden Mitgliedstaates. In den Fällen der Mitregelung der örtlichen Zuständigkeit durch die vorrangig anwendbaren europäischen Normen scheidet jedenfalls eine zusätzliche Anwendung der §§ 12ff. ZPO oder anderer deutscher Normen aus dem jeweiligen Teilbereich des Verfahrensrechts für die örtliche Zuständigkeit aus.

71 **2. Der Gerichtsstand des Vermögens (forum fortunae). a) Kein europäischer Vermögensgerichtsstand in der Brüssel Ia-VO.** Der Kommissionsvorschlag zur Reform der Brüssel I-VO umfasste zudem die Schaffung eines Vermögensgerichtsstandes in Art. 25 revBrüssel I-VO-E. Dieses Vorhaben stand in engem Zusammenhang mit der Erweiterung des Anwendungsbereiches der Zuständigkeitsvorschriften auf in Drittstaaten ansässige Beklagte.[192] Das Hauptargument für diese Neuerung lag darin, dass durch die bestehenden Regelungen weder die Rechtsstaatlichkeit der drittstaatlichen Entscheidung noch deren Vollstreckung in der EU belegenes Vermögen gesichert sei und Vollstreckungsoasen verhindert werden müssten.[193] Art. 25 revBrüssel I-VO-E sollte aber keineswegs einen ex-

---

[187] Ausf. v. Hein RIW 2013, 97 (100f.); ähnlich Weitz FS Simotta, 2012, 679 (685).
[188] Weitz FS Simotta, 2012, 679 (685); ähnlich auch Magnus/Mankowski ZVglRWiss 110 (2011), 252 (262ff.).
[189] Cadet EuZW 2013, 218 (219).
[190] Cadet EuZW 2013, 218 (219).
[191] Zur Erweiterung ausf., insbes. im Hinblick auf die Schutzregimes der Brüssel Ia-VO, v. Hein RIW 2013, 97 (101); Magnus/Mankowski ZVglRWiss 110 (2011), 252 (272ff.).
[192] Wolf FS Simotta, 2012, 717 (727).
[193] Wolf FS Simotta, 2012, 717 (728).

orbitanten Gerichtsstand zur Folge haben – verhindert werden sollte dies durch eine subsidiäre Anwendung des Gerichtsstandes einerseits und die Anforderungen, die der Entwurf durch einen angemessenen Vermögenswert und einen ausreichenden Mitgliedstaatsbezug (Art. 25 lit. a, b revBrüssel I-VO-E) an den genuine link stellte.[194] Wie auch bei den übrigen systemverändernden Reformvorschlägen konnte sich die Kommission jedoch auch hier nicht gegen die politischen Widerstände durchsetzen.[195]

b) Der Vermögensgerichtsstand in § 23 ZPO. Der vieldiskutierte Vermögensgerichtsstand aus § 23 ZPO findet grundsätzlich dann Anwendung, wenn ein Beklagter keinen Wohnsitz in Deutschland hat, wohl aber ein Teil seines Vermögens in Deutschland belegen ist. Auch wenn die Norm ihrem Wortlaut nach nicht nach Staatsangehörigkeit von Kläger oder Beklagtem differenziert, so stellt die Klage eines Deutschen gegen einen im Ausland ansässigen Beklagten, zumeist mit ausländischer Staatsangehörigkeit, ihren Hauptanwendungsfall dar.[196] § 23 ZPO findet auch Anwendung im Falle von Klagen gegen ausländische juristische Personen.[197] Dies kommt einem forum actoris, einem **Klägergerichtsstand,** für Inländer sehr nahe. Der grundsätzlich sehr weite und stark einschränkungsbedürftige Anwendungsbereich des § 23 ZPO und die daraus folgenden Fragen der Vereinbarkeit mit dem Völker- und Unionsrecht werden durch Art. 5 Abs. 2 Brüssel Ia-VO jedoch etwas entschärft. Innerhalb des Anwendungsbereiches der Brüssel I-VO findet die Vorschrift nach Art. 5 Abs. 2 Brüssel Ia-VO[198] keine Anwendung, also grundsätzlich dann, wenn der Beklagte keinen Wohnsitz in einem Mitgliedstaat hat – mit Ausnahme des einstweiligen Rechtsschutzes.[199] Problematisch bleiben also diejenigen Fallgruppen, in denen das Europäische System Internationaler Zuständigkeit die Anwendung des § 23 ZPO nicht ausgeschlossen hat – bspw. in erbrechtlichen Streitigkeiten bis zur Geltung der EuErbVO für Erbfälle ab dem 17.8.2015 – und diejenigen, in denen der Beklagte mit EU-Staatsangehörigkeit seinen Wohnsitz außerhalb der EU hat.

Die Rechtsprechung liest in § 23 S. 1 ZPO einschränkend in völkerrechtskonformer Auslegung ein ungeschriebenes Tatbestandsmerkmal hinein, dass der Rechtsstreit zusätzlich einen hinreichenden Inlandsbezug zu Deutschland aufweisen müsse.[200] Der Inlandsbezug muss über die Belegenheit von Vermögenswerten des Beklagten in Deutschland hinausgehen. Ein solcher zusätzlicher Inlandsbezug soll sich u. a. daraus ergeben können, dass der Kläger seinen Wohnsitz oder gewöhnlichen Aufenthalt bzw. Sitz in Deutschland hat oder Deutscher ist.[201] Beide Kriterien erscheinen in der Tat diskriminierungsverdächtig.[202] Abhilfe vermöchte aber wohl eine unionsrechtskonforme Inländergleichstellung von EU-Ausländern im Wege richterlicher Rechtsfortbildung zu schaffen.[203] Diskutiert wird ebenfalls, die Internationale Zuständigkeit nach § 23 ZPO dann abzulehnen, wenn der

---

[194] Vgl. Art. 25 Brüssel I-VO-E; ebenso Bach ZRP 2011, 97 (98); krit. Weitz FS Simotta, 2012, 679 (688); Weber RabelsZ 75 (2011), 619 (639 f.); die Detailprobleme der Regelung herausstellend Magnus/Mankowski ZVglRWiss 110 (2011), 252 (267 f.).
[195] v. Hein RIW 2013, 97 (100).
[196] Aus diesem Grunde wird die Vorschrift als „Ausländerforum" oder exorbitanter Gerichtsstand bezeichnet. Patzina in MüKoZPO, 5. Aufl. 2016, § 23 Rn. 2; Schack ZZP 97 (1984), 48 ff.
[197] Patzina in MüKoZPO, 5. Aufl. 2016, § 23 Rn. 2.
[198] Art. 5 Abs. 2 Brüssel Ia-VO, Art. 6 Abs. 2 Brüssel Ia-VO.
[199] Patzina in MüKoZPO, 5. Aufl. 2016, § 23 Rn. 12; Heinrich in Musielak/Voit ZPO § 23 Rn. 6, 19.
[200] StRspr, grdl. BGH XI ZR 206/90, BGHZ 115, 90 = NJW 1991, 3092; außerdem zB BGH XI ZR 261/95 = NJW 1997, 324 (325) = LM Heft 3/1997 ZPO § 23 Nr. 10 mAnm Geimer; BGH X ARZ 1071/96 = NJW 1997, 325 (326) = JR 1997, 462 mAnm Mankowski; Patzina in MüKoZPO, 5. Aufl. 2016, § 23 Rn. 1; ausf. dazu Heinrich in Musielak/Voit ZPO § 23 Rn. 2 f.
[201] BGH XII ZR 40/91 = NJW-RR 1993, 5; BGH XI ZR 261/95 = NJW 1997, 324 (325) = IPRax 1997, 257; OLG Stuttgart 5 U 77/89 = NJW 1990, 829 (831); OLG Frankfurt a. M. 16 U 140/91 = WM 1993, 1670 (1671); auch BGH XI ZR 206/90, BGHZ 115, 90 (98) = NJW 1991, 3092; OLG München 7 U 2583/92 = WM 1992, 2115 (2117 f.); Patzina in MüKoZPO, 5. Aufl. 2016, § 23 Rn. 15.
[202] v. Wilmowsky ZaöRV 1990, 231 (275); H. Koch IPRax 1997, 229 (230 ff.); auch Geimer NJW 1991, 3072 (3074); Gieseke EWS 1994, 149 (153 f.).
[203] Koch IPRax 1997, 229 (232 f.).

Kläger Ausländer ist.[204] Auch die vom Europäischen Internationalen Zivilprozessrecht noch nicht geregelten Materien können einen Zusammenhang mit den unionsrechtlichen Grundfreiheiten aufweisen. Insofern steht also ein Verstoß des § 23 ZPO gegen die berührten Grundfreiheiten als besondere Diskriminierungsverbote zur Diskussion.[205] Allerdings bliebe ebenso eine Rechtfertigung durch überwiegende Klägerinteressen zu untersuchen. Denn der **Vermögensgerichtsstand** erlaubt dem Kläger einen besonders effektiven Zugriff. Er schafft Nähe zu potenziellen Vollstreckungsobjekten und kann so der Mühe entheben, später ein Urteil im Gerichtsausland für vollstreckbar erklären lassen zu müssen.

74   **3. Staatsangehörigkeitszuständigkeit im Internationalen Erbverfahrensrecht. a) Staatsangehörigkeitszuständigkeit nach § 343 Abs. 2 FamFG.** In § 343 Abs. 2 FamFG wird an die Staatsangehörigkeit geknüpft, wenn ein deutscher Erblasser weder Wohnsitz noch Aufenthalt in Deutschland hatte. Vorrangig zuständigkeitsbegründend ist jedoch der Aufenthalt des Erblassers zum Zeitpunkt seines Todes in Deutschland, § 343 Abs. 1 FamFG. Nach § 343 Abs. 3 FamFG sind in denjenigen Fällen, in denen ein ausländischer Erblasser weder Wohnsitz noch Aufenthalt in Deutschland hatte, die deutschen Gerichte international zuständig, sofern sich Nachlassgegenstände in Deutschland befinden. Auch insoweit könnte man argumentieren, dass deutsche Erben (vermittelt durch das ius-sanguinis-Prinzip) gegenüber Erben mit nichtdeutscher, mitgliedstaatlicher Staatsangehörigkeit bevorzugt werden. Dennoch sollte nicht übersehen werden, dass Nachlassverfahren in einem Staat im Grundsatz nur dann angestrengt werden, sofern Nachlassgegenstände in diesem Staat auch vorhanden sind. Insofern steht dann auch mitgliedstaatlichen Erben ein Gerichtsstand offen. Darüber hinaus sind in doppelfunktionaler Anwendung der Norm die deutschen Gerichte nun auch international für den gesamten Nachlass zuständig, was bedeutet, dass der allgemeine Erbschein auch bei Anwendung ausländischen Erbrechts weltweite Geltung entfaltet.[206] Damit ist das Diskriminierungspotenzial des § 343 Abs. 2 FamFG im Hinblick auf Erben mit nicht-deutscher, mitgliedstaatlicher Staatsangehörigkeit gegenüber der Regelung des Gleichlaufgrundsatzes maßgeblich entschärft worden.

75   Hinzu kommt, dass § 343 FamFG in seiner doppelfunktionalen Ausprägung für Erbfälle ab dem 17.8.2015 von den Art. 4 ff. EuErbVO abgelöst wird, vgl. Art. 83 Abs. 1 EuErbVO. Fragen der Diskriminierung stellen sich in Bezug auf § 343 Abs. 2 FamFG folglich nur noch für diejenigen Erbfälle zwischen Anwendungsbeginn des FamFG und Wirksamwerden der EuErbVO.

76   **b) Subsidiäre Staatsangehörigkeitszuständigkeit nach Art. 10 Abs. 1 lit. a EuErbVO.** Die Regelungen der EuErbVO[207] haben nach Art. 83 Abs. 1 EuErbVO, Art. 84 Abs. 1 EuErbVO für Erbfälle ab dem 17.8.2015 insgesamt die nationalen Vorschriften im Erbkollisionsrecht und Internationalen Erbverfahrensrecht abgelöst. Art. 1, 2 EuErbVO regeln nur ihren sachlichen Anwendungsbereich; der personale Anwendungsbereich wird dagegen nicht eingegrenzt. Dementsprechend gelten die autonomen Regelungen zur Internationalen Zuständigkeit in Erbsachen auch nicht bei Drittstaatenbezug fort. Art. 4 EuErbVO stellt im Hinblick auf die Internationale Zuständigkeit in Nachlasssachen auf die Gerichte des Mitgliedstaates mit dem letzten gewöhnlichen Aufenthalt des Erblassers ab. Art. 10 Abs. 1 lit. a EuErbVO statuiert hilfsweise eine subsidiäre Zuständigkeit der Gerichte des Mitgliedstaates, dessen Staatsangehörigkeit der Erblasser zum Zeitpunkt seines

---

[204] ABl. H. Roth in Stein/Jonas ZPO 23. Aufl. 2014, § 23 Rn. 9; abl. Patzina in MüKoZPO, 5. Aufl. 2016, § 23 Rn. 10; ausf. auch Heinrich in Musielak/Voit ZPO § 23 Rn. 5.
[205] Pfeiffer, Internationale Zuständigkeit und prozessuale Gerechtigkeit, 1995, S. 698–700.
[206] Mayer in MüKoZPO, 3. Aufl. 2010, FamFG § 343 Rn. 27.
[207] VO (EU) Nr. 650/2012 des Rates v. 4. Juli 2012 über die Zuständigkeit, das anzuwendende Recht, die Anerkennung und Vollstreckung von Entscheidungen und die Annahme und Vollstreckung öffentlicher Urkunden in Erbsachen sowie zur Einführung eines Europäischen Nachlasszeugnisses, ABl. 2012 L 201, 107.

Todes besaß, sofern er zu diesem Zeitpunkt seinen gewöhnlichen Aufenthalt nicht in einem Mitgliedstaat der EuErbVO der EU hatte und sich im Forummitgliedstaat Nachlassvermögen befindet. Bezugspunkt ist nicht die Staatsangehörigkeit der Erben, sondern jene des Erblassers. Dabei wird nicht zwischen mitgliedstaatlichen Staatsangehörigkeiten differenziert.

Zudem besteht doppeltsubsidär, unabhängig von der Staatsangehörigkeit, nach Art. 10 Abs. 2 EuErbVO ein Gerichtsstand überall, wo sich Nachlassgegenstände befinden, allerdings in der Kognitionsbefugnis beschränkt auf genau diese Nachlassgegenstände, also nicht erstreckt auf den weltweit vorfindlichen Nachlass insgesamt. Darüber findet der Erbe immer dort eine internationale Zuständigkeit vor, wo sich auch ein Teil der Erbschaft befindet, unabhängig von seiner Staatsangehörigkeit. **77**

4. Staatsangehörigkeitszuständigkeit im Internationalen Familienprozessrecht. **78**
Unmittelbar an die Staatsangehörigkeit eines Beteiligten knüpfen dagegen mehrere Zuständigkeitstatbestände im Internationalen Familienprozessrecht an. In der Brüssel IIa-VO[208] sind dies Art. 3 Abs. 1 lit. a sechster Gedankenstrich Var. 1 Brüssel IIa-VO und Art. 3 Abs. 1 lit. b Brüssel IIa-VO lässt ausreichen, dass beide Ehegatten die Staatsangehörigkeit des Forumstaates besitzen. Lit. a sechster Gedankenstrich Var. 1 verlangt dagegen, dass ein Staatsangehöriger des Forumstaates mindestens sechs Monate vor Klagerhebung seinen gewöhnlichen Aufenthalt im Forumstaat hatte. Delikaterweise kann hier ein Konflikt zwischen Sekundärrecht und Primärrecht bestehen. Es führt jedenfalls kein Weg daran vorbei, dass die direkte Anknüpfung an die Staatsangehörigkeit eines Beteiligten eine offene **Diskriminierung** darstellen kann.[209] Namentlich Art. 18 AEUV könnte sich der Differenzierung ebenfalls entgegenstemmen.[210]

a) Art. 3 Abs. 1 lit. a sechster Gedankenstrich Var. 1 Brüssel IIa-VO.
Ein scheidungswilliger Deutscher würde nach Art. 3 Abs. 1 lit. a sechster Gedankenstrich Var. 1 Brüssel IIa-VO in Deutschland schon auf Grund seiner Staatsangehörigkeit einen Gerichtsstand finden, ein gleichermaßen scheidungswilliger Franzose dagegen nicht. Damit ist nach einer Rechtfertigung dieser Diskriminierung zu fragen. Immerhin lässt sie sich für einige Fälle rechtfertigen aus dem Gedanken des forum necessitatis:[211] Wenn ansonsten überhaupt kein Richter, wo auch immer, sich für zuständig erklären würde, muss aus Gründen der Justizgewährung ein Residualforum eröffnet werden. Bei Art. 3 Abs. 1 lit. a sechster Gedankenstrich Var. 1 Brüssel IIa-VO lässt sich auch anführen, dass die Anknüpfung an die Staatsangehörigkeit dort sehr abgeschwächt und stark konditioniert sei.[212] Der Sache nach kann man die Staatsangehörigkeit dort nach Wortlaut und Aufbau der Norm sogar als zusätzliche Voraussetzung für eine Anknüpfung an den gewöhnlichen Aufenthalt nur eines Ehegatten sehen.[213] Allerdings wäre dies kein durchschlagendes Argument, da anerkanntermaßen auch Anknüpfungen an den gewöhnlichen Aufenthalt versteckte Diskriminierungen nach der Staatsangehörigkeit sein können. **79**

---

[208] VO (EG) Nr. 2201/2003 des Rates v. 27. November 2003 über die Zuständigkeit und die Anerkennung und Vollstreckung von Entscheidungen in Ehesachen und in Verfahren betr. die elterliche Verantwortung und zur Aufhebung der VO (EG) Nr. 1346/2000, ABl. 2003 L 338, 1 (Brüssel IIa-VO). Die Brüssel IIa-VO verdrängt in ihrem Anwendungsbereich grundsätzlich alle Gerichtsstände des nationalen Rechts. Das FamFG findet im Hinblick auf die internationale Zuständigkeit dann keine Anwendung mehr.

[209] Zur Staatsangehörigkeit als weitgehend abgelehnten Kriterium internationaler Zuständigkeit Borrás in Magnus/Mankowski, Brussels IIbis Regulation, 2. Aufl. 2016, Art. 3 note 12.

[210] Hau FamRZ 2002, 1593 (1596); Garber in Gitschthaler, Internationales Familienrecht, 2019, Art. 3 Brüssel IIa-VO Rn. 80–82; Nademleinsky/Neumayr, Internationales Familienrecht, 2. Aufl. 2017, Rn. 05.28; Martin Weber in Mayr, Handbuch des europäischen Zivilverfahrensrechts, 2017, Rn. 4.94; Simotta in Fasching/Konecny, Zivilprozessgesetze, 2. Aufl. 2010, Art. 3 EuEheKindVO Rn. 151 f. mwN; Gottwald in MüKoFamFG, 2. Aufl. 2019, Art. 3 Brüssel IIa-VO Rz 24 mwN; Hausmann, Internationales und Europäisches Familienrecht, 2. Aufl. 2018, Art 3 EuEheVO Rz 89 mwN.

[211] Van der Velden in Op recht – Bundel aangeboden aan A. V. M. Struycken, 1996, S. 357 (364).

[212] Vgl. Kohler NJW 2001, 10 (11).

[213] Hau FamRZ 2000, 1333 (1334) sowie Wagner IPRax 2000, 512 (519).

80 Ein (eingeschränktes) forum actoris wie Art. 3 Abs. 1 lit. a sechster Gedankenstrich Var. 1 Brüssel IIa-VO mag man rechtspolitisch kritisieren und ablehnen.[214] Zwischen rechtspolitischer Kritik an der Wünschbarkeit und unionsrechtlich unzulässiger Diskriminierung bestehen aber erhebliche Unterschiede. Trotzdem bleibt festzuhalten, dass Angehörigen des Forumstaates doppelt so schnell wie Angehörigen anderer EU-Staaten ein Gerichtsstand offen steht, weil die Staatsangehörigkeit die Mindestaufenthaltsdauer im Forumstaat halbiert.[215] Insoweit werden sie begünstigt, weil sie weniger lang warten müssen und Eheauflösungsverfahren früher einleiten können. Diese Begünstigung auf der Gerichtsstandsebene wird auch nicht dadurch ausgeglichen, dass die materiellen Scheidungsrechte zumeist längere Wartefristen aufstellen, bevor sie ein Scheidungsbegehren für begründet erklären. Denn die materiellen Wartefristen laufen ab einem anderen Zeitpunkt als der Aufenthaltsnahme im Forumstaat, nämlich in der Regel ab der faktischen Trennung der Ehegatten. Zu einem anderen Ergebnis hinsichtlich Art. 18 AEUV gelangt man, sofern man eine Diskriminierung dann ablehnt, wenn jeder Unionsbürger in seinem Heimatstaat ein Forum vorfindet und nicht die Unionsbürger verschiedener Staaten im Hinblick auf ein und dasselbe Forum verglichen werden.[216] Sofern man von ein und demselben Forumstaat als Vergleichsmaßstab ausgeht, ist aber eine Begünstigung und korrespondierende Diskriminierung nicht von der Hand zu weisen.[217] Eine Rechtfertigung über das Rechtssicherheitsargument im Vergleich zum gewöhnlichen Aufenthalt scheidet aus; denn dann dürfte das System der Zuständigkeit nicht als Ganzes auf dem gewöhnlichen Aufenthalt fußen. Auch die Argumente der Heimatflucht und der wesenseigenen Zuständigkeit für eigene Staatsangehörige vermögen in einem Europa des wechselseitigen Vertrauens nicht eine derartige Benachteiligung zu tragen.[218]

81 b) Art. 3 Abs. 1 lit. b Brüssel IIa-VO. Art. 3 Abs. 1 lit. b Brüssel IIa-VO lässt die gemeinsame Forumstaatsangehörigkeit beider Ehegatten für die internationale Zuständigkeit ausreichen. Damit werden Partner von gemischtnationalen Ehen diskriminiert.[219] Ihnen steht die zusätzliche Option des Art. 3 Abs. 1 lit. b Brüssel IIa-VO nicht zur Verfügung. Die Begünstigung wird sogar relativ noch größer, wenn man[220] für Mehrstaater keine Effektivitätsprüfung anstellt und auch eine ineffektive Staatsangehörigkeit des Forumstaates ausreichen lässt. Differenzierungskriterium ist unmittelbar die Staatsangehörigkeit. Grundsätzlich drohte jedenfalls keine unannehmbare Rechtsschutzverweigerung, wenn es Art. 3 Abs. 1 lit. b Brüssel IIa-VO nicht gäbe. Dann bliebe nämlich immer noch der umfangreiche Katalog des jetzigen Art. 3 Abs. 1 lit. a Brüssel IIa-VO. Die maximale Konsequenz bestünde darin, dass der scheidungswillige Ehegatte ein Jahr zuwarten müsste, bevor er einen Gerichtsstand für sein Scheidungsbegehren in seinem Aufenthaltsstaat hätte. Essentiell gilt es jedoch zu sehen, dass Art. 3 Abs. 1 lit. b Brüssel IIa-VO nicht an die Staatsangehörigkeit des Einzelnen, sondern an die Gemeinsamkeit der Ehegatten anknüpft, also an eine besondere Nähebeziehung zum gemeinsamen Heimatstaat und dass diese Nähebeziehung ein Forum im gemeinsamen Heimatstaat zu rechtfertigen vermag.[221]

---

[214] So namentlich Pirrung ZEuP 1999, 834 (844 f.); Jayme IPRax 2000, 165 (167 f.) sowie de Boer FJR 1999, 244 (249 f.).
[215] Hau FamRZ 2000, 1333 (1336); Schack RabelsZ 2001, 615 (623).
[216] Rauscher in Rauscher, EuZPR/EuIPR, 4. Aufl. 2015, Brüssel IIa-VO Art. 3 Rn. 47.
[217] So auch Dilger IPRax 2006, 617 (619 mwN in Fn. 30); ebenso Hau FamRZ 2000, 1333 (1336).
[218] Ausf. dazu Hau FamRZ 2000, 1333 (1336); aA zum Argument der Heimatflucht Rauscher, IPR, 4. Aufl. 2012, § 15 Rn. 2058.
[219] Hau FamRZ 2000, 1333 (1336).
[220] Wie zB Vlas WPNR 2001, 440 (444).
[221] Im Vordringen befindliche Ansicht; so auch Dilger IPRax 2006, 617 (620) mwN in Fn. 38; ebenso Gottwald in MüKoZPO, 5. Aufl. 2017, EheGVO Art. 3 Rn. 26; ähnlich Rauscher in Rauscher, EuZPR/EuIPR, 4. Aufl. 2015, Brüssel IIa-VO Art. 3 Rn. 54, der jedoch darauf abstellt, dass wiederum jeder EU-Bürger in seinem eigenen Heimatstaat dieselbe Möglichkeit einer internationalen Zuständigkeit hat; eine Rechtfertigung abl. jedoch Hau FamRZ 2000, 1333 (1336); auf die Heimatverbundenheit

Der OGH[222] hat die Problematik dem EuGH vorgelegt. **82**

5. Die Missbräuchlichkeit von Gerichtsstandsklauseln und Schiedsklauseln nach **83**
der Klausel-RL. Weniger mit dem Primär- als vielmehr mit dem Sekundärrecht können Gerichtsstandsklauseln und Schiedsklauseln in Verbraucherverträgen kollidieren. **Gerichtsstandsklauseln** bezwecken in der Regel[223] eine Zuständigkeitskonzentration bei dem prorogierten Gericht, ähnlich legen Schiedsklauseln die Derogation nationaler Gerichte zugunsten eines Schiedsgerichts fest. In der Folge bedingen sie alle anderen Gerichtsstände ab. Sie greifen also in den Zugang der Parteien zu den Gerichten ein. Dadurch stehen sie in einem latenten Konflikt mit Art. 3 Abs. 3 **Klausel-RL** iVm Anhang Nr. 1 lit. q **Klausel-RL**.[224] Diesen Konflikt hat die Océano Grupo-Entscheidung des EuGH deutlich gemacht.[225] Zwar ist der Anhang zur Klausel-RL für die Mitgliedstaaten nicht verbindlich, jedoch leitet er die Auslegung des verbindlichen Art. 3 Abs. 3 Klausel-RL.[226] Normalfall des Anhang Nr. 1 lit. q Klausel-RL sind zwar Klageverzichtsklauseln. Sachlich ist er jedoch weit genug, um Gerichtsstandsklauseln, ja sogar Schieds- oder Mediationsklauseln[227] zu erfassen.[228] Denn die Abbedingung eines Gerichtsstands umfasst einen Verzicht jedes potenziellen Klägers darauf, Rechtsschutz gerade vor dem derogierten Gericht zu suchen. Insoweit steht ein partieller Klageverzicht vor. Für Verbraucher kann der Zwang, einen unter Umständen weit entfernten Gerichtsstand aufsuchen zu müssen, erhebliche Kosten mit sich bringen, von einer Klage abschrecken und so die Effektivität der Rechtsverfolgung erheblich vermindern.[229] Darin wird regelmäßig ein Missbrauch überlegener Gestaltungsmacht seitens des Unternehmers liegen.[230]

In den letzten Jahren sind aufgrund von Vorlageverfahren zahlreiche weitere Entschei- **84**
dungen, insbes. zu Schiedsklauseln in Verbraucherverträgen, ergangen.[231] Die Rechtsprechung des EuGH behandelt dabei zwei zentrale Punkte: zum einen geht es um die Frage, wann ein nationales Gericht verpflichtet ist, eine Missbrauchskontrolle nach der Richtlinie vorzunehmen; die zweite Frage thematisiert die Auslegung und Anwendung der Maßstäbe für Missbräuchlichkeit einer Klausel. Den Grundstein zur Beantwortung der ersten Frage

---

abstellend aber einen Verstoß gegen Art. 18 AEUV bejahend Spellenberg in Staudinger, BGB, Neubearbeitung 2005, EheGVO Art. 3 Rn. 9.
[222] OGH 29.9.2020, Zak 2020/617 (Kolmasch).
[223] Möglich und durchaus verbreitet sind auch Klauseln, in denen nur ein zusätzlicher Gerichtsstand prorogiert wird.
[224] RL 93/13/EWG des Rates v. 5. April 1993 über missbräuchliche Klauseln in Verbraucherverträgen, ABl. 1993 L 95, 29.
[225] EuGH 27.6.2000 – C-240/98 bis C-244/98, ECLI:EU:C:2000:346, Rn. 21–24, Slg. 2000, I-4941 – Océano Grupo Editorial und Salvat Editores = NJW 2000, 2571 = JZ 2001, 245 mAnm Schwartze; dazu Freitag EWiR Art. 3 RL 93/13/EWG 1/2000, 783; Staudinger DB 2000, 2058; Reynaud Rev. trim. dr. civ. 2000, 839; Bernardeau Rev. eur. dr. consomm. 2000, 261; Augi/Baratella Eur. L. Forum 3-2000/01, 83; Borges RIW 2000, 933; Borges NJW 2001, 2081; Hau IPRax 2001, 96; Frenk WPNR 6431 (2001), 73; Whittaker (2001) 117 LQR 215; M. B. M. Loos NTBR 2001, 98; Masquefa JCP, éd. E, 2001 supp. no. 2, 23; Leible RIW 2001, 422; Leible JA-R 2000, 173; Buchberger ÖJZ 2001, 441; Stuyck (2001) 38 C. M. L. Rev. 719.
[226] Siehe zur Diskussion Tenreiro/Karsten, in Schulte-Nölke/Schulze, Europäische Rechtsangleichung und nationale Privatrechte, 1999, S. 223 (258–260); Schwartze, Europäische Sachmängelgewährleistung beim Warenkauf, 2000, S. 407 f.; Leible RIW 2001, 422 (426 f.).
[227] Brieske in Henssler/Koch, Mediation in der Anwaltspraxis, 2000, § 9 Rn. 118; Mankowski MDR 8/2001, R 17 gegen Eidenmüller, Vertrags- und Verfahrensrecht der Wirtschaftsmediation, 2001, S. 17 f. sowie Wagner, Prozeßverträge, 1999, S. 446.
[228] Borges RIW 2000, 933 (936 f.).
[229] EuGH 27.6.2000 – C-240/98 bis C-244/98, ECLI:EU:C:2000:346 – Rn. 21–24 – Slg. 2000, I-4941 – Océano Grupo Editorial und Salvat Editores = NJW 2000, 2571; Standard Bank London Ltd. v. Apostolakis and another (2001) Lloyd's Rep. Bank. 240 (250) para. 49 (Q. B. D., Steel J.); Freitag EWiR Art. 3 RL 93/13/EWG 1/2000, 783 (784); Schwartze JZ 2001, 246 (248); Hau IPRax 2001, 96 (96); Leible RIW 2001, 422 (427).
[230] Wolf in Wolf/Horn/Lindacher, AGBG, 4. Aufl. 1999, RL 93/13/EWG Anh. Rn. 213; Pfeiffer FS Schütze, 1999, 671; Freitag EWiR Art. 3 RL 93/13/EWG 1/2000, 783 (784).
[231] Ausführlich von Basedow in MüKoBGB, 6. Aufl. 2012, Vorb. § 305 Rn. 36–45.

legte der EuGH in der Océano Grupo-Entscheidung, in der der EuGH feststellte, dass ein nationales Gericht die Missbräuchlichkeit einer Klausel von Amts wegen prüfen kann.[232] In den Entscheidungen Cofidis,[233] Mostaza Claro[234] und Pannon GSM[235] wurde diese Rechtsprechung weitergeführt hin zu einer Verpflichtung des nationalen Gerichts, die Missbräuchlichkeit zu kontrollieren.[236] In dem Verfahren VB Pénzügyi Lízin Zrt. stellte der EuGH zudem heraus, dass die Klausel-RL eine Durchbrechung des Beibringungsgrundsatzes gebiete, sodass eine Amtsermittlungspflicht, unabhängig vom Parteivorbringen, bestehe.[237] Noch einen Schritt weiter ging der EuGH in den Rechtssachen „Asturcom Telecomunicaciones[238] und Pohotovost s. r. o.,[239] in denen er festhielt, dass die Rechtskraft eines Schiedsspruches zwar grundsätzlich– auch bei missbräuchlicher Schiedsklausel – beachtlich sei; falls allerdings das nationale Verfahrensrecht vorsehe, dass das Vollstreckungsgericht die Wirksamkeit der Schiedsvereinbarung prüfe, so müsse dann auch von Amts wegen die Vereinbarkeit mit der Klausel-RL geprüft werden.[240] Folglich wird die Prüfkompetenz der nationalen Gerichte durch Schiedsklauseln nicht beschränkt.[241] Die Frage nach der Prüfung der Missbräuchlichkeit einer Klausel beantwortete der EuGH in leichter Abweichung vom Grundsatz der Océano Grupo-Entscheidung im Verfahren Freiburger Kommunalbauten GmbH/Hofstetter[242] dahingehend, dass der EuGH zwar die Kompetenz für die Auslegung des Begriffs der Missbräuchlichkeit auf Grundlage der Klausel-RL inne habe, die Überprüfung einer bestimmten Klausel anhand dieser Kriterien allerdings in den Verantwortungsbereich des nationalen Gerichts falle.[243] Dies wurde in Mostaza Claro und Pannon GSM bestätigt.

II. Prozessfähigkeit und persönliches Erscheinen

85 **1. Alternative Anknüpfung der Prozessfähigkeit.** Die **Prozessfähigkeit** einer Partei unterliegt grundsätzlich dem Heimatrecht dieser Partei. Jedoch gilt ein Ausländer, obwohl er nach seinem Heimatrecht nicht prozessfähig ist, gem. § 55 ZPO doch in Deutschland als prozessfähig, wenn er nach deutschem Recht prozessfähig ist. In der Terminologie des Internationalen Privatrechts gesprochen wird die Prozessfähigkeit von Ausländern vor deutschen Gerichten also alternativ[244] angeknüpft:[245] Es reicht aus, wenn die Prozessfähigkeit nach einem von zwei Rechten gegeben ist, nämlich dem Heimatrecht oder dem

---

[232] Basedow in MüKoBGB, 6. Aufl. 2012, BGB Vorb. § 305 Rn. 37; ähnlich Dauses EU-WirtschaftsR-HdB Abschn. V Verbraucherschutz Rn. 652; v. Westphalen NJW 2013, 961 (962).
[233] EuGH 21.11.2002 – C-473/00,ECLI:EU:C:2002:705, Slg. 2002, I-10875 – Cofidis SA/Fredout = NJW 2003, 275.
[234] EuGH 26.10.2006 – C-168/05, ECLI:EU:C:2006:675, Slg. 2006, I-10421 = EuZW 2006, 734 = NJW 2007, 135 – Elisa María Mostaza Claro/Centro Móvil Milenium SL.
[235] EuGH 4.6.2009 – C-243/08, ECLI:EU:C:2009:350, Slg. 2009, I-4713 = EuZW 2009, 503 = NJW 2009, 2367 – Pannon GSM Távközlési Rt./Erzsébet Sustinkne Györfi.
[236] Vgl. dazu ausf. mwN Basedow in MüKoBGB, 8. Aufl. 2019, Vorb. § 305 Rn. 38; vgl. auch Coester in Staudinger, BGB, Eckpfeiler des Zivilrechts, Neubearb. 2020, AGB Kap. E Rn. 12.
[237] So auch Basedow in MüKoBGB, 8. Aufl. 2019, BGB Vorb. § 305 Rn. 38.
[238] EuGH 6.10.2009 – C-40/08, ECLI:EU:C:2009:305, Slg. 2009, I-9579 = EuZW 2009, 852 = NJW 2010, 47 – Asturcom Telecomunicaciones SL/Cristina Rodríguez Nogueira; dazu Mankowski EWiR 2010, 91.
[239] EuGH 16.11.2010 – C-76/10, ECLI:EU:C:2010:685, Slg. 2010, I-11557 = BeckRS 2012, 81370 – Pohotovost' s. r. o./Iveta Korckovská.
[240] Basedow in MüKoBGB, 8. Aufl. 2019, Vorb. § 305 Rn. 38.
[241] Coester in Staudinger, BGB, Eckpfeiler des Zivilrechts, Neubearb. 2020, AGB Kap. E Rn. 12.
[242] EuGH 1.4.2004 – C-237/02, ECLI:EU:C:2004:209, Slg. 2004, I-3403 = EuZW 2004, 349 = NJW 2004, 1674 – Freiburger Kommunalbauten.
[243] Coester, in Staudinger, BGB, Eckpfeiler des Zivilrechts, Neubearb. 2020, AGB Kap. E Rn. 11; Basedow in MüKoBGB, 8. Aufl. 2019, Vorb. § 305 Rn. 41 f.
[244] Die internationalprivatrechtliche Terminologie stimmt hier nicht mit derjenigen der formalen Logik überein. Richtigerweise müsste man eigentlich von einer disjunktiven Anknüpfung sprechen, weil die beiden Teile der Anknüpfung einander nicht wechselseitig ausschließen.
[245] Zum internationalprivatrechtlichen Begriff der alternativen Anknüpfung Baum, Alternativanknüpfungen, 1985, S. 58, 68 et passim, Rn. 564–567; v. Hoffmann/Thorn, Internationales Privatrecht, 9. Aufl. 2007,

deutschen Recht. Ist jemand nach deutschem Recht (gemeint ist § 52 ZPO iVm §§ 104–107 BGB) prozessfähig, so kann praktisch offenbleiben, ob er nach seinem Heimatrecht prozessfähig ist oder nicht.[246]

§ 55 ZPO soll den inländischen Rechtsverkehr schützen.[247] Dieser darf davon ausgehen, dass jemand prozessfähig ist, wenn er nach inländischen Maßstäben prozessfähig ist. Insbesondere kann man sich auf die Prozessfähigkeit eines ausländischen Beklagten nach deutschem Recht verlassen.[248] Bedeutung hat § 55 ZPO zum einen für Familiensachen Minderjähriger[249] und zum anderen, wenn das Volljährigkeitsalter im ausländischen Recht höher liegt als im deutschen Recht.[250] Dieser Schutz des inländischen Prozessrechtsverkehrs und des Klägers im Inland ist allerdings nur dann effektiv, wenn die erstrittene Entscheidung keiner Anerkennung oder Vollstreckbarerklärung im Heimatstaat des Beklagten bedarf.[251] Unter unionsrechtlichen Aspekten ist fraglich, ob § 55 ZPO eine wirkliche **Diskriminierung** von Ausländern gegenüber Deutschen begründet. Denn erster Schritt ist eigentlich die Anknüpfung an das Heimatrecht.[252] Diese erfolgt auch für Deutsche. Insoweit werden Deutsche und Ausländer auf der rechtsanwendungsrechtlichen Ebene genau gleich behandelt. Eine allseitige[253] Anknüpfung ist keine verbotene Diskriminierung, auch wenn sie an die Staatsangehörigkeit anknüpft.[254] Art. 4 Abs. 3 EUV erfasst grundsätzlich nicht Benachteiligungen, die sich aus den Unterschieden zwischen den einzelnen Rechtsordnungen der Mitgliedstaaten ergeben, sofern die zur Anwendung berufene Rechtsordnung ihrerseits nicht diskriminiert.[255] Ausländer werden auch nicht regelhaft benachteiligt, indem sie häufiger vor Gericht zitiert werden könnten als Deutsche. Die zusätzliche Anknüpfung an deutsches Recht führt vielmehr zu Anwendung gleicher Maßstäbe auf Ausländer und Deutsche: Wenn ein Deutscher nach deutschem Recht nicht prozessfähig ist, ist auch ein Ausländer unter deutschem Recht nicht prozessfähig. Andererseits kann § 55 ZPO sogar zum Vorteil ausländischer Kläger ausschlagen. Diese können Verfahrensbeteiligte sein, wenn sie nur nach deutschem Recht, nicht aber nach ihrem Heimatrecht prozessfähig sind. Außerdem können sie durch prozessuale Handlungen wie Geständnisse oder Anerkenntnisse materielle Rechte entgegen dem eigenen Heimatrecht beeinflussen.[256] Insoweit erweitert § 55 ZPO den eigenen Aktions- und Optionskreis für Ausländer.

2. Anordnung persönlichen Erscheinens der Parteien. Persönlich erscheinen zu müssen, trifft eine Partei umso härter, je weiter sie vom Prozessort entfernt wohnt. Mit der Entfernung steigen Mühen, Zeit und Kosten. Dies gilt erst recht für grenzüberschreitende

---

§ 5 Rn. 117; Kropholler, Internationales Privatrecht, 6. Aufl. 2006, S. 141 (§ 20 Abs. 2); v. Bar/Mankowski, Internationales Privatrecht, Bd. I, 2. Aufl. 2003, § 7 Rn. 103 ff.
[246] Hausmann in Staudinger, BGB, Art. 7–12 EGBGB, Neubearb. 2007, EGBGB Art. 7 Rn. 98.
[247] Siehe nur Schack, Internationales Zivilverfahrensrecht, 8. Aufl. 2021, Rn. 603; Hausmann in Staudinger, BGB, Art. 7–12; 47; 48 EGBGB, Neubearb. 2019, EGBGB Art. 7 Rn. 98.
[248] Hausmann in Staudinger, BGB, Art. 7–12; 47; 48 EGBGB, Neubearb. 2019, EGBGB Art. 7 Rn. 98.
[249] KG, JW 1936, 3570 (3571) mAnm Süß.
[250] Schack, Internationales Zivilverfahrensrecht, 5. Aufl. 2010, Rn. 603.
[251] Gottwald in Walther J. Habscheid/Beys, Grundfragen des Zivilprozessrechts, 1991, S. 3, 74; Nagel/Gottwald, Internationales Zivilprozessrecht, 8. Aufl. 2020, § 4 Rn. 39.
[252] Siehe nur OLG Düsseldorf 6 U 250/92, IPRax 1996, 423 (424) mAnm Kronke.
[253] Eine Anknüpfung heißt allseitig, wenn sie potenziell jede Rechtsordnung dieser Erde zur Anwendung berufen kann.
[254] v. Bar, Internationales Privatrecht, Bd. I, 1987, Rn. 168; Kreuzer in Müller-Graff, Gemeinsames Privatrecht in der Europäischen Union, 1993, S. 373 (416); Fallon Hommage à François Rigaux, 1993, 187 (217); Sonnenberger ZVglRWiss 95 (1996), 3 (15 f.); Höpping, Auswirkungen der Warenverkehrsfreiheit auf das IPR, 1997, S. 109–111.
[255] EuGH 13.2.1969 – C-14/68, ECLI:EU:C:1969:4 Rn. 13, Slg. 1969, 1 = NJW 1969, 1000 – Wilhelm/Bundeskartellamt; EuGH 20.10.1993 – C-92/92 u. C-326/92, ECLI:EU:C:1993:847, Rn. 30, Slg. 1993, I-5145 = NJW 1994, 375 – Phil Collins; EuGH 24.11.1993 – C-267/91 u. C-268/91, ECLI:EU:C:1993:905, Rn. 8, Slg. 1993, I-6097 = NJW 1994, 121 – Keck und Mithouard; EuGH 1.2.1996 – C-177/94, ECLI:EU:C:1996:24, Rn. 17, Slg. 1996, I-161 = BeckRS 2004, 74705 – Perfili; Reitmaier, Inländerdiskriminierung nach dem EWG-Vertrag, 1984, S. 30–33.
[256] Hausmann in Staudinger BGB Art. 7–12; 47; 48 EGBGB, Neubearb. 2019, EGBGB Art. 7 Rn. 98.

Anreisen. Die Grundanlage für eine Diskriminierung von im EU-Ausland Ansässigen gegenüber in Deutschland Ansässigen scheint also hinsichtlich der **Anordnung des persönlichen Erscheinens** gegeben. Jedoch nimmt § 141 Abs. 1 ZPO Rücksicht auf die erkannte Problemlage: § 141 Abs. 1 S. 2 ZPO verpflichtet das Gericht, von der Anordnung des persönlichen Erscheinens abzusehen, wenn einer Partei wegen großer Entfernung oder aus sonstigem wichtigem Grund die persönliche Wahrnehmung des Termins nicht möglich ist. Es steht also ein differenziertes Instrumentarium zur Verfügung. Bei grenznahen Prozessen scheidet eine Diskriminierung schon tatbestandlich aus. Man kann zB jemandem, der in Maastricht lebt, zumuten, zu einem Prozess in Aachen zu erscheinen. In Aachen erscheinen zu müssen würde jemanden, der in Flensburg, Garmisch-Partenkirchen oder Frankfurt an der Oder lebt, weit härter treffen als den in Maastricht Lebenden. Im Ausland Ansässige stehen sogar in einer Hinsicht besser: Sie haben, wenn sie trotz Anordnung des persönlichen Erscheinens ausbleiben, keine effektive Vollstreckung von Ordnungsgeldern nach § 141 Abs. 3 S. 1 ZPO zu fürchten, weil die Zwangsbefugnisse deutscher Gerichte an der deutschen Grenze enden.[257]

88 **3. Zugang von Ausländern zur deutschen Justiz.** Kein Problem ist der **Zugang von Ausländern zur deutschen Justiz.** Insoweit bestehen keine prinzipiellen Zugangsbeschränkungen allein für Ausländer. Der **Justizgewährungsanspruch,** wie er sich auch auf Dienstleistungsfreiheit und unionsrechtliches allgemeines Diskriminierungsverbot stützen lässt,[258] ist vollkommen gewahrt. Bei Sachverhalten mit Auslandsbezug innerhalb des Binnenmarktes garantiert die Brüssel Ia-VO passende und sachgerechte Gerichtsstände. Das Interesse des Beklagten gebietet, dem Kläger nicht überall einen Gerichtsstand zu eröffnen, sondern (Mindest-)Bezüge zum Forumstaat zu verlangen.[259]

III. Sprache und Recht im Verfahren

89 **1. Deutsch als Gerichtssprache.** § 184 GVG bestimmt: „Die **Gerichtssprache** ist deutsch." Dies gilt für den Zivil- und den Strafprozess als auch über § 9 Abs. 2 Var. 3 ArbGG für den Arbeitsgerichts- und über § 55 VwGO für den Verwaltungsgerichtsprozess,[260] mit Einschränkungen durch supra- und internationale Regelungen auch im Sozialgerichtsprozess. Der deutschen Sprache nicht mächtige Ausländer belastet die Vorschrift mit **Übersetzungen** einerseits der von ihnen vorzulegenden Dokumente (zumindest auf Verlangen des Gerichts), jedenfalls der von ihnen einzureichenden Schriftsätze ins Deutsche und andererseits der in Deutsch abgefassten Verfahrensdokumente und des in Deutsch sich abspielenden Verhandlungsgeschehens in ihre Heimatsprache. Im Anwaltsprozess mit einem deutschen Anwalt als Prozessbevollmächtigtem mindert sich die unmittelbare Übersetzungslast um die eigenen Schriftsätze. Übersetzungs- und Dolmetscherkosten sind zwar erstattungsfähig, soweit die ausländische Partei obsiegt. Außerdem trifft auch deutschsprachige Parteien die Last, fremdsprachige Dokumente übersetzen zu müssen, soweit das Gericht dies verlangt. In der Praxis ist die Übersetzungslast jenseits der Schriftsätze zumeist dadurch gemildert, dass die Gerichte fremdsprachige Dokumente akzeptieren und ausreichen lassen, wenn die Richter der entsprechenden Sprache selbst mächtig sind; dies ist rechtlich unbedenklich.[261] Mit Blick auf § 185 GVG, namentlich dessen zweiten Absatz, ist es in der mündlichen Verhandlung auch zulässig, dass ein der betreffenden Fremdsprache mächtiger Richter mit der ausländischen Partei in deren Sprache spricht.[262] Schließlich

---

[257] OLG München 28 W 2329/95, NJW-RR 1996, 59.
[258] v. Wilmowsky ZaöRV 1990, 231 (275 f.).
[259] Siehe nur v. Wilmowsky ZaöRV 1990, 231 (276).
[260] BVerwG 9.2.1996 – 9 B 418/95 = NJW 1996, 1553; Jacob VBlBW 1991, 205.
[261] BGH 2.3.1988 – IVb ZB 10/88 = NJW 1989, 1432 (1433); BVerwG 9.2.1996 – 9 B 418/95 = NJW 1996, 1553; Lückemann in Zöller, ZPO, 33. Aufl. 2020, GVG § 184 Rn. 1; Graf v. Westphalen AnwBl 2009, 214.
[262] Lückemann in Zöller, ZPO, 33. Aufl. 2020, GVG § 184 Rn. 1 sowie KG, HRR 1935 Nr. 991.

bestehen verfassungs- und menschenrechtliche Garantien aus Art. 103 Abs. 1 GG, Art. 3 Abs. 3 GG, Art. 19 Abs. 4 GG bzw. Art. 6 Abs. 1 S. 1 EMRK.[263] Den letztgenannten Aspekten zum Trotz ist § 184 GVG ein diskriminierender Charakter kaum abzusprechen.[264] Er wird regelmäßig Ausländer häufiger treffen und stärker belasten als Inländer. Mit der funktionell beschränkten Inländergleichbehandlung von EU-Marktbürgern ist eine stärkere Belastung von Ausländern aber nicht in Einklang zu bringen.[265]

Indes könnte § 184 GVG durch überwiegende Gemeinwohlbelange oder Interessen anderer Beteiligter gerechtfertigt sein. Seinem Zweck nach sichert er die Verständlichkeit des Geschehens im Gericht.[266] Die anderen Parteien oder Beteiligten haben ihrerseits einen Anspruch aus Art. 6 Abs. 1 S. 1 EMRK, dass ihnen Dokumente einer ausländischen Partei in die Gerichtssprache übersetzt werden, wenn sie selber die betreffende ausländische Sprache nicht beherrschen.[267] Ein denkbarer Ausweg wäre eine Unionsrechtskonforme Auslegung des § 184 GVG, derzufolge die Prozessführung einer Partei in einer der Amtssprachen der EU erfolgen kann.[268] Sofern man allerdings verlangte, dass eine Übersetzung zumindest fremdsprachiger bestimmender Schriftsätze ins Deutsche alsbald nachzureichen sei oder dass der Rechtsstreit seine Wurzel im Unionsrecht haben müsse,[269] spränge man zu kurz. Keinen durchschlagenden unionsrechtlichen Bedenken begegnet, dass deutsche Gerichte ihre Entscheidungen, als Hoheitsakt, nur in Deutsch absetzen. Richtigerweise ist dem Sprachunkundigen die Wiedereinsetzung in den vorigen Stand zu gewähren, wenn er infolge seiner Sprachunkenntnis in entschuldbarer Weise die Rechtsmittelfrist versäumt hat.[270] 90

a) Englisch als Gerichtssprache im Hinblick auf den Justizstandort Deutschland. 91
In den letzten Jahren ist eine lebhafte Diskussion um den Wettbewerb der Justizstandorte und die Förderung des Justizstandortes Deutschland entstanden. Als Antwort auf die im Jahre 2007 von der englischen Law Society herausgegebenen Broschüre „The Jurisdiction of Choice" wurde 2008 in Deutschland die zweisprachige Broschüre „Law – made in Germany" herausgegeben.[271] Zusätzlich sollten common law und civil law mittels der Broschüre „Kontinentales Recht – global, sicher, flexibel, kostengünstig" gegenübergestellt werden.[272] Die Image-Broschüren sollen die Vorteile des jeweiligen nationalen Rechts und des Justizstandortes herausstellen und um Verfahren werben.[273] Deutlich wird, dass seitens der deutschen Anwaltschaft ein großes Bedürfnis für die Einführung von Englisch als Gerichtssprache besteht.[274]

Im gleichen Zuge wird diskutiert, das deutsche Gerichtsverfahren auch für die englische Sprache zu öffnen. Die Vorteile dieses Vorhabens liegen auf der Hand: Gegenüber Englisch als Welt- und Wirtschaftssprache stellt die deutsche Sprache natürlich eine Hürde dar. Verträge, die auf Englisch abgeschlossen werden, werden tendenziell auch englischem 92

---

[263] FG des Saarlandes 2 K 174/87, EFG 1989, 28; FG Hamburg 4 K 8/17, ZVertriebsR 2017, 317 (318) m. krit. Anm. Flohr; Leipold FS Matscher, 1993, 287 (291 ff.).
[264] Vgl. zur Sprachenfrage in einem Südtiroler Strafverfahren EuGH 24.11.1998 – C-274/96, ECLI:EU:C:1998:563, Slg. 1998, I-7637 = BeckRS 2004, 75893 – Bickel und Franz; dazu Desolre Cah. dr. eur. 2000, 311.
[265] Lässig, Deutsch als Gerichts- und Amtssprache, 1980, S. 79 f. mit S. 72–75.
[266] Paulus JuS 1994, 367 (369); Albers in Baumbach/P. Hartmann/Anders/Gehle, ZPO, 79. Aufl. 2021, GVG § 184 Rn. 1.
[267] Schwander SZIER 1998, 426 (427).
[268] Den ersten Schritt in diese Richtung geht FG des Saarlandes 30.9.1988 – 2 K 174/87, NJW 1989, 3112.
[269] So vorsichtig noch FG des Saarlandes 30.9.1988 – 2 K 174/87, NJW 1989, 3112.
[270] Lässig, Deutsch als Gerichts- und Amtssprache, 1980, S. 78.
[271] http://www.lawmadeingermany.de/Law-Made_in_Germany.pdf. Es beteiligten sich sämtliche Standesorganisationen der Anwaltschaft, vgl. Hoppe IPRax 2010, 373 (377); dazu auch Remmert ZIP 2010, 1579.
[272] http://www.kontinentalesrecht.de/tl_files/kontinental-base/Broschuere_DE.PDF. Illmer ZRP 2011, 170 (171).
[273] Huber FS Simotta, 2012, 245 (245 f.); ausf. zum Justizstandort und den Broschüren Remmert ZIP 2010, 1579.
[274] Hoppe IPRax 2010, 373 (377).

Recht unterstellt.[275] Wird das Gerichtsverfahren ausschließlich auf Deutsch durchgeführt, so wirkt sich diese Hürde auf die Vereinbarung der internationalen Zuständigkeit deutscher Gerichte unmittelbar aus. Dies hat natürlich auch wirtschaftliche Konsequenzen, denn grundsätzlich sind die deutschen Gerichte im internationalen Vergleich günstig, sorgfältig und effizient – hätten im Wettbewerb der Justizstandorte also eine gute Position.[276] Gleichzeitig bestehen Auswirkungen auf die Wahl deutschen Rechts, denn Parteien vereinbaren im Regelfall einen Gleichlauf von Gerichtsstand und anwendbarem Recht;[277] dass die Anwendung eines für das gewählte Gericht fremden Rechts vereinbart wird, kommt eher selten vor. Somit könnte die Zulassung der englischen Sprache vor deutschen Gerichten auch dazu führen, dass deutsches Recht, das international einen guten Ruf genießt,[278] insgesamt häufiger gewählt wird. Die Abwanderung in das Schiedsverfahren könnte vermieden werden.[279] In der Zulassung von Englisch als Gerichtssprache liegt also grundsätzlich großes Potenzial für den Justizstandort Deutschland.[280]

93 Die geäußerten Bedenken sind in erster Linie praktischer Natur. Hauptkritikpunkt ist die Frage, ob die deutsche Justiz der Einführung von Englisch als Gerichtssprache derzeit gewachsen ist. Sind deutsche Juristen der englischen Sprache in ausreichendem Maße mächtig? Kann auf genug Gerichtspersonal mit ausreichenden Sprachkenntnissen zurückgegriffen werden? Wie soll eine amtliche Übersetzung der deutschen Gesetzestexte aussehen? Ist eine wortgetreue Übersetzung deutscher juristischer Begriffe ins Englische überhaupt möglich? Verlöre das deutsche Recht nicht an Präzision?[281] Die Durchführung eines Verfahrens in einer fremden Sprache und die Anwendung des eigenen Rechts in fremder Sprache bergen immer ein Risiko. Es sollte aber nicht vergessen werden, dass deutsche Juristen schon heute häufig international, zum Teil auf Englisch, arbeiten und dass die Zahl der deutschen Juristen mit einem Masterabschluss aus dem englischsprachigen Ausland stetig zunimmt. Zudem würden Fortbildungsangebote eingerichtet werden. Große Bedenken hinsichtlich der Qualifikation deutscher Richter und Anwälte sollten also nicht bestehen.[282] Außerdem wird gerade nicht gefordert, die zusätzliche Sprachqualifikation im Rahmen der Ausbildung zum Volljuristen als notwendigen Bestandteil zu etablieren. Schon heute existieren englische Übersetzungen deutscher Gesetze; und der vermeintliche Präzisionsverlust durch Übersetzung kann mittels Umschreibungen oder den Gebrauch des deutschen Fachbegriffs in der Klammer, aufgefangen werden. Es sollte auch nicht vergessen werden, dass schon heute deutsche Richter ausländisches Recht mittels englischer Übersetzung korrekt anwenden und Dokumente in fremder Sprache unübersetzt zulassen. Die Anwendung des deutschen Rechts in einem englischsprachigen Verfahren sollte für im deutschen Recht ausgebildete Richter und Anwälte mit zusätzlicher Sprachqualifikation also keine allzu große Hürde darstellen.

94 **b) Vereinbarkeit von Englisch als Gerichtssprache mit Verfassungs- und Unionsrecht.** Das Hauptaugenmerk der rein juristischen Diskussion um die Einführung von Englisch als Verfahrenssprache liegt jedoch auf der Vereinbarkeit mit dem Öffentlichkeitsgrundsatz. Im Hinblick auf die Nutzung von (nur) Englisch als weiterer Verfahrenssprache stellt sich zudem auch die Frage, ob dies mit dem Unionsrecht vereinbar ist.

95 Der Öffentlichkeitsgrundsatz birgt in seinem Kern ein sehr sinnvolles Kontrollelement. Die Öffentlichkeit soll Gerichtsverfahren verfolgen können und den Justizapparat so der

---

[275] Armbrüster ZRP 2011, 102 (103).
[276] Prütting AnwBl 2/2010, 113; insbes. zur Kostenfrage v. Westphalen AnwBl 3/2009, 214; zu den niedrigen Kosten und der größeren Rechtssicherheit Armbrüster ZRP 2011, 102 (103).
[277] Illmer ZRP 2011, 170 (170 f.); vgl. auch Ewer NJW 2010, 1323; Prütting AnwBl 2/2010, 113; bezogen auf die Chance für den Justizstandort Deutschland BT-Drs. 71/2163, 7 f.
[278] BT-Drs. 71/2163, 7.
[279] Hoppe IPRax 2010, 373 (373 f.).
[280] So auch v. Westphalen AnwBl 3/2009, 214.
[281] Armbrüster ZRP 2011, 102 (103).
[282] So auch Remmert ZIP 2010, 1579 (1581).

sozialen Kontrolle aussetzen.²⁸³ Bei einem Gerichtsverfahren, in dem auf Englisch verhandelt wird, Schriftsätze auf Englisch verfasst sind und auch das Urteil in Englisch abgefasst ist, stellt sich nun die Frage, ob hier eine soziale Kontrolle durch die Öffentlichkeit noch möglich ist. Dies ist anhand zweier Gesichtspunkte zu bejahen: zum einen ist Maßstab für eine hinreichende Kontrollmöglichkeit durch die Öffentlichkeit nicht, dass die Öffentlichkeit den juristischen Fragestellungen en detail folgen kann. Erforderlich zur Wahrung des Grundsatzes ist lediglich, dass man sich ohne Umwege Kenntnis von Ort und Zeit der Verhandlung und grundsätzlich tatsächlichen Zugang zu dieser verschaffen kann, denn eine Aufbereitung juristischer Spezialmaterien für den – auch deutschsprachigen – Laien kann nicht gewährleistet werden.²⁸⁴ Zum anderen gaben in einer Umfrage der Europäischen Union ca. 50 % der Befragten an, über ausreichende Sprachkenntnisse im Englischen zu verfügen.²⁸⁵ In einer deutschlandweiten Umfrage aus 2008 waren es 67 %.²⁸⁶ Nicht vernachlässigt werden sollte auch die Rolle und „Übersetzungstätigkeit" der Medien im Rahmen der Gerichtsberichterstattung,²⁸⁷ die nur durch Nutzung einer anderen Sprache keinen grundlegend anderen Charakter erhält. Im Übrigen gilt auch der Grundsatz der Öffentlichkeit nicht uneingeschränkt. Er wird durchbrochen zugunsten entgegenstehender Interessen, vor allem zum Schutze von Persönlichkeitsrechten.²⁸⁸ Sollte man nun den Öffentlichkeitsgrundsatz durch die Zulassung von Englisch als Verfahrenssprache als nicht gewahrt ansehen,²⁸⁹ so ist zumindest die Förderung des Justizstandortes Deutschland als ein Gemeinwohlbelang anzusehen, der ausreichend ist, den Grundsatz der Öffentlichkeit zu beschränken.²⁹⁰

Im Hinblick auf das Unionsrecht stellt sich aber die Frage, ob man wegen der Zulassung **96** von Englisch das deutsche Gerichtsverfahren nicht auch für alle EU-Amtssprachen öffnen müsste, um die Diskriminierung von Nicht-Deutschen mit Unionsbürgerschaft nach Art. 18 AEUV zu verhindern. Dies ist zu verneinen.²⁹¹ Die Durchführung von Gerichtsverfahren nur auf Deutsch und Englisch bevorzugt diejenigen Unionsbürger mit Deutsch oder Englisch als Muttersprache, und es werden andere Amtssprachen der Union benachteiligt.²⁹² Dies ist jedoch durch die herausragende Stellung von Englisch als Sprache des internationalen Handelsverkehrs sehr wohl gerechtfertigt.²⁹³ Zudem wird die Ansicht geäußert, dass Deutschland die Pflicht der EU ihre sprachliche Vielfalt zu wahren, untergrabe.²⁹⁴ Dem ist entgegen zu setzen, dass sich auch der Unionsgesetzgeber aus Praktikabilitätserwägungen auf Englisch, Französisch und Deutsch beschränkt;²⁹⁵ auch hat der EuGH betont, dass das Primärrecht der EU kein Prinzip der Gleichheit aller Sprachen etabliere.²⁹⁶ Mithin sind die Kriterien eines Rechtfertigungsgrundes im Sinne des Art. 18 AEUV eingehalten.²⁹⁷ Die Einführung von Englisch als weiterer Gerichtssprache wäre unionsrechtlich folglich unbedenklich.

---

²⁸³ Ewer NJW 2010, 1323 (1324).
²⁸⁴ BVerfG 24.1.2001 – 1 BvR 2623/95, BVerfGE 103, 44 (64) = NJW 2001, 1633 „Prozesse finden in der, aber nicht für die Öffentlichkeit statt."; Remmert ZIP 2010, 1579 (1582); Hoppe IPRax 2010, 373 (375); auch Armbrüster ZRP 2011, 102 (104).
²⁸⁵ Europäische Kommission, Generaldirektion Bildung und Kultur, Europäer und Sprachen: eine Sondererhebung, 2001, S. 3 f.; Ewer NJW 2010, 1323 (1324).
²⁸⁶ BT-Drs. 17/2163, 9.
²⁸⁷ Prütting AnwBl 2/2010, 113 (114); ähnlich Armbrüster ZRP 2011, 102 (104).
²⁸⁸ Remmert ZIP 2010, 1579 (1582); ausf. auch Ewer NJW 2010, 1323 (1325); vgl. auch BT-Drs. 71/2163, 8 f.
²⁸⁹ So bspw. Flessner NJOZ 2011,1913 (1914).
²⁹⁰ Ähnlich Remmert ZIP 2010, 1579 (1582).
²⁹¹ So auch Hoppe IPRax 2010, 373 (375); allg. zur Bestimmung der Gerichtssprache durch die lex fori im Verhältnis zum Europarecht Mankowski FS Kaissis, 2012, 607 (625).
²⁹² Flessner NJW 2011, 3544 (3545); Flessner NJOZ 2011, 1913 (1922).
²⁹³ So auch Hoppe IPRax 2010, 373 (375); aA Flessner NJW 2011, 3544 (3545); ebenso Flessner NJOZ 2011, 1913 (1922).
²⁹⁴ Flessner NJW 2011, 3544 (3545); ausf. Flessner NJOZ 2011, 1913 (1923).
²⁹⁵ Hoppe IPRax 2010, 373 (375).
²⁹⁶ EuGH 9.9.2003 – C-361/01 P, ECLI:EU:C.2003:434 Rn. 82, 93 – Slg. 2003, I-8283 = GRUR-Int. 2004, 35 – Kik/HABM; ebenso Hoppe IPRax 2010, 373 (375).
²⁹⁷ Hoppe IPRax 2010, 373 (375).

97 c) Modellprojekt des OLG-Bezirks Köln seit 2010. Seit Anfang 2010 läuft auf Grundlage von § 185 Abs. 2 GVG ein Modellprojekt der Landgerichte Aachen, Bonn und Köln und des Zivilsenats des OLG Köln.[298] Dazu wurden gesonderte Kammern für internationale Handelssachen ins Leben gerufen. § 185 Abs. 2 GVG erlaubt es, unter Zustimmung aller Beteiligten ein Gerichtsverfahren in englischer Sprache durchzuführen, wobei allerdings Urteil und Schriftsätze weiterhin auf Deutsch abgefasst werden müssen.[299] Wie erfolgreich das aussichtsreiche Modellprojekt sein wird, kann noch nicht gesagt werden. In seinen ersten Jahren waren nur sehr wenige Verfahren rechtshängig,[300] deren Durchführung jedoch durchweg positiv beurteilt wurde.[301] Bemängelt wurde lediglich, dass nicht auch Schriftsätze und Vergleich auf Englisch abgefasst werden konnten.[302] Zu bedenken ist, dass ein Projekt dieser Art eine lange Vorlaufzeit benötigt, da sowohl ein hinreichender Bekanntheitsgrad des Projekts als auch entsprechende Gerichtsstandsvereinbarungen in den Verträgen vonnöten sind.[303]

98 d) Gesetzesentwurf auf Initiative der Länder Nordrhein-Westfalen und Hamburg (KfiHG). Einen Schritt weiter als das Modellprojekt auf Basis des geltenden Rechts geht ein Gesetzesvorhaben, das auf eine Initiative der Länder Nordrhein-Westfalen und Hamburg im Bundesrat beruht (KfiHG)[304]. Handelssachen mit internationalem Bezug sollen auch auf Englisch verhandelt werden können unter Nutzung englischsprachiger Schriftsätze, Beschlüsse und Urteile, sofern die Parteien dem zustimmen.[305] Der Spruchkörper soll wie reguläre Kammern für Handelssachen mit einem Berufsrichter und zwei Laienrichtern besetzt werden. Die Neufassung des § 184 GVG sieht als deutlichste Abgrenzung zur geltenden Regelung vor, dass auch Protokolle und Gerichtsentscheidungen auf Englisch abzufassen sind.[306] Kernkriterium bleibt die Vereinbarung der Parteien über die Durchführung des Verfahrens auf Englisch.[307] Bestandteil des Entwurfs ist jedoch auch ein „Sicherheitsnetz" – sollte das Verfahren sich auf Englisch als nicht durchführbar erweisen, kann das Verfahren entweder mit Dolmetschern oder auf Deutsch fortgeführt werden.[308] Das Gesetzesvorhaben wurde überwiegend, auch vom deutschen Anwaltsverein und der Bundesnotarkammer, positiv aufgenommen.[309] Andererseits gab es Stimmen, welche das Vorhaben als Aufgabe der deutschen Rechtskultur sahen.[310] Kritisch wurde auch angemerkt, dass die Erweiterung der Verfahrenssprachen nicht gleichermaßen für das Schiedsverfahren beabsichtigt gewesen sei[311] und dass die Beschränkung auf Handelssachen zu kurz greife.[312] Die Bundesregierung bezeichnete den Gesetzesentwurf als „präzedenzlose Pro-

---

[298] Krit. dazu, ob die weite Auslegung von § 185 Abs. 2 GVG dieses Modellprojekt zu tragen vermag Armbrüster ZRP 2011, 102 (102 f.).
[299] Armbrüster ZRP 2011, 102.
[300] Huber FS Simotta 2012, 245 (248).
[301] OLG Köln Justizstandort Köln 2012, 8, http://www.olg-koeln.nrw.de/001_wir_ueber_uns/009_standortpapier_2012/Standortpapier-2012--Endfassung_gesch.pdf; zu LG Köln, 38 O 1/11, ausf. Huff, Modellprojekt in NRW – LG Köln goes international, Legal Tribune v. 29.11.2011, http://www.lto.de/recht/hintergruende/h/modellprojekt-in-nrw-lg-koeln-goes-international/; Hoffmann, Kammern für internationale Handelssachen, 2011, S. 214.
[302] Huff, Modellprojekt in NRW – LG Köln goes international, Legal Tribune v. 29.11.2011, http://www.lto.de/recht/hintergruende/h/modellprojekt-in-nrw-lg-koeln-goes-international/.
[303] Zur Ungeeignetheit statistischer Angaben bei der Bewertung des Pilotprojekts Huber FS Simotta, 2012, 245 (249).
[304] BR-Drs. 42/10. Der BR beschloss den Entwurf des KfiHG im Mai 2010, Illmer ZRP 2011, 170. BT-Drs. 17/2163. Erste Lesung in der 130. Sitzung des Bundestags am 29.9.2011 mit Verweisung an den Rechtsausschuss und den Ausschuss für Wirtschaft und Technologie, vgl. Flessner NJOZ 2011, 1913, Fn. 4.
[305] Huber FS Simotta, 2012, 245 (248 f.).
[306] Hoppe IPRax 2010, 373 (375).
[307] Ausf. zu den Inhalten des Gesetzesentwurfs Remmert ZIP 2010, 1579 (1580); Flessner NJW 2011, 3544.
[308] Remmert ZIP 2010, 1579 (1582).
[309] Hoffmann, Kammern für internationale Handelssachen, 2011, S. 213; Remmert ZIP 2010, 1579 (1580).
[310] Handschell ZRP 2010, 103; mwN Armbrüster ZRP 2011, 102 (103).
[311] Illmer ZRP 2011, 170 (170 f.).
[312] Hoffmann, Kammern für internationale Handelssachen, 2011, S. 214 f.

blemstellung", die „vertiefter Diskussion" bedürfe.³¹³ Die Mehrheit der Sachverständigen, die am 9.11.2011 im Rechtsausschuss gehört wurden, befürwortete ebenfalls das Gesetzesvorhaben.³¹⁴

2. § 293 ZPO und die Ermittlung des Rechts von EU-Mitgliedstaaten. a) § 293 ZPO im Hinblick auf Diskriminierungsverbot und Grundfreiheiten. Auch § 293 ZPO harrt noch des unionsrechtlichen Härtetests, soweit er sich auf die **Ermittlung ausländischen Rechts,** genauer: des Rechts anderer EU-Mitgliedstaaten bezieht. Die Anwendung eines bestimmten ausländischen Rechts setzt nach den Regeln des deutschen Internationalen Privatrechts einen Bezug zu jener Rechtsordnung voraus, sei es (soweit statthaft) durch Rechtswahl, sei es durch prägende objektive Momente. Ein solcher Bezug wird zumeist durch Merkmale einer ausländischen Partei (namentlich Niederlassung, Sitz, Staatsangehörigkeit, gewöhnlicher Aufenthalt) begründet. Ausländisches Recht spielt aber im deutschen Zivilprozess eine Sonderrolle. Zwar trifft primär das Gericht eine **Amtsermittlungspflicht,** jedoch sind sekundär die Parteien zur Mitwirkung verpflichtet. Die Mitwirkungspflicht wird umso aktueller, je heimischer eine Partei in der betreffenden Rechtsordnung ist. Ihre volle Last scheint vorderhand Ausländer häufiger treffen zu können als Inländer. 99

Indes kann insoweit die Parteirolle als Korrektiv wirken: Ein Kläger wird gut daran tun, das anwendbare ausländische Sachrecht hinreichend vorzutragen und zu substantiieren, wenn er den Anforderungen an einen schlüssigen Klagevortrag genügen will.³¹⁵ Es existiert aber keine Regel, dass Ausländer häufiger auf der Basis ausländischen Rechts klagten als Deutsche. Eine Diskriminierung von EU-Ausländern durch § 293 ZPO zu bejahen fällt daher schwer.³¹⁶ 100

Allerdings bleibt zu überlegen, ob eine Sonderbehandlung EU-ausländischen Rechts gegenüber deutschem Recht nicht geeignet ist, den Leistungsaustausch zwischen den Mitgliedstaaten in grundfreiheitenrelevanter Weise zu beeinträchtigen.³¹⁷ Konsequenz daraus könnte sein, dass der Richter EU-ausländisches Recht in gleicher Weise ermitteln muss wie inländisches und insbes. den teuren Beweis durch Sachverständigengutachten vermeiden sollte.³¹⁸ Damit verminderte man aber die Richtigkeitsgewähr entscheidend. Ausländisches Recht kennen Richter keineswegs so gut wie deutsches. Oft versperren schon Sprachprobleme und fehlende Quellen den Zugang zu ihm. Sachverständige sind oft das einzige, fast immer aber das zuverlässigste Mittel, um diese Hürden zu überwinden. Daraus ergibt sich aber auch, dass eine Diskriminierung, sofern sie denn bejaht werden sollte, in jedem Falle gerechtfertigt ist, da von dem einzelnen Richter nicht erwartet werden kann, dass er in gleichem Maße Kenntnis der inländischen sowie EU-ausländischer Rechtsordnungen hat.³¹⁹ 101

b) Die Möglichkeiten der Ermittlung mitgliedstaatlichen ausländischen Rechts. § 293 ZPO gewährt dem Richter – unter Achtung pflichtgemäßen Auswahlermessens – eine Fülle von Erkenntnisquellen im Hinblick auf die Ermittlung ausländischen Rechts, da er nicht abschließend auf die Beweisvorschriften der ZPO verweist.³²⁰ Sie reichen von rein gerichtsinterner Erforschung über das Internet über informelle Auskünfte von Privatpersonen bis hin zu förmlichen Beweisverfahren, sofern das Gericht diese wählt.³²¹ Auch die Parteien können ihrerseits Informationen über das ausländische Recht beibringen, an die der Richter jedoch nicht gebunden ist. Der im deutschen Gerichtsverfahren 102

---
313 BT-Drs. 17/2163, 15.
314 http://www.bundestag.de/dokumente/textarchiv/2011/36400205_kw45_pa_recht/.
315 OLG München 11.4.2000 – 11 W 1298/00, RPfleger 2000, 425; Mankowski MDR 2001, 194 (195).
316 IErg übereinstimmend Schwartze FS Fenge, 1996, 127 (141).
317 So Schwartze FS Fenge, 1996, 127 (142).
318 Dafür Schwartze FS Fenge, 1996, 127 (143 f.).
319 Heinze EuR 2008, 654 (687).
320 Sonnenberger in MüKoBGB, 5. Aufl. 2010, IPR Einl. Rn. 624 ff. (so nicht mehr in 8. Aufl. 2020).
321 Trautmann ZEuP 2006, 283 (296 ff.); Sommerlad/Schrey NJW 1991, 1377 (1379).

bei weitem am häufigsten eingeschlagene Weg besteht in der Einholung eines Sachverständigengutachtens zum ausländischen Recht, was allerdings sowohl kosten- als auch zeitintensiv ist.

103 Es besteht zudem die Möglichkeit der Nutzung des Londoner Europäischen Übereinkommens betreffend Auskünfte über ausländisches Recht von 1968,[322] das 1975 für Deutschland in Kraft trat. Auskünfte im Bereich des Zivil- und Handelsrechts und das korrespondierende Verfahrens- und Gerichtsverfassungsrecht sind erfasst. Vorteile gegenüber Sachverständigengutachten liegen in der weitgehenden Kostenfreiheit der Auskünfte.[323] Erledigungsdauer und die Qualität der Auskünfte werden grundsätzlich positiv betrachtet.[324] Gravierendster Nachteil des Übereinkommens ist die Tatsache, dass lediglich abstrakte Rechtsfragen beantwortet werden und so keine Subsumtion unter den übermittelten Sachverhalt stattfindet.[325] Art. 7 des Übereinkommens statuiert, dass die Antwort auf das Ersuchen in „objektiver und unparteiischer Weise" über das ausländische Recht unterrichten soll. An diese Antwort ist das Gericht nach Art. 8 nicht gebunden. Aus diesem Grunde wird lediglich von 20 bis 50 Ersuchen pro Jahr aus Deutschland ausgegangen.[326] Mehr Ersuchen werden hingegen an Deutschland aus dem Ausland gerichtet.[327] Insgesamt vermag das Übereinkommen das Problem der Informationsbeschaffung zu ausländischem Recht aus deutscher Sicht also nicht effektiv genug zu lösen.[328]

104 Deshalb soll innerhalb der Europäischen Union nun ein effizienterer Weg beschritten werden. Das Europäische E-Justizportal soll die horizontale Vernetzung der Justizsysteme ermöglichen und Informationen über die nationalen Rechtsordnungen bereitstellen, die einen ersten Ansatzpunkt für informelle Informationsbeschaffung darstellen (vgl. → Rn. 29 f.). Ebenso kann das Europäische Justizielle Netz auch zur Auskunft über ausländisches mitgliedstaatliches Recht durch eben diejenigen Institutionen, die das Recht selbst anwenden, genutzt werden und ist insofern wesentlich weniger formell als das Europäische Rechtsauskunftsübereinkommen aus 1968.[329] Die Nutzung dieser Möglichkeiten hat das Potenzial einer wesentlich schnelleren und kostengünstigeren Bereitstellung von Informationen über ausländisches mitgliedstaatliches Recht.

105 **3. Revisibilität ausländischen Rechts.** Im Hinblick auf den inländischen Prozess, in dem die Anwendung ausländischen Rechts eine tragende Rolle spielt, stellt sich die Frage, ob die Fehlanwendung ausländischen Rechts einen Revisionsgrund darstellen kann. Im Ausland wird diese Frage uneinheitlich beantwortet;[330] in Deutschland wurde die Revisibilität zunächst schon aufgrund des klaren Wortlauts des § 545 Abs. 1 ZPO aF abgelehnt, wenngleich die Thematik nun unter § 545 Abs. 1 ZPO nF wieder offen erscheint.

106 **a) Irrevisibilität ausländischen Rechts nach § 545 Abs. 1 ZPO aF.** § 545 Abs. 1 ZPO aF erklärt eine Verletzung ausländischen Rechts für nicht revisibel.[331] Darin lag angesichts zunehmender Internationalisierung eine nicht unbedenkliche qualitative Rechts-

---

[322] Londoner Europäisches Übereinkommen betr. Auskünfte über ausländisches Recht v. 7.6.1968, BGBl. 1974 II 938.
[323] Jastrow IPRax 2004, 402 (403).
[324] Jastrow IPRax 2004, 402 (403).
[325] Prütting in MüKoZPO, 5. Aufl. 2016, § 293 Rn. 23 ff.; Trautmann ZEuP 2006, 283 (298).
[326] Prütting in MüKoZPO, 5. Aufl. 2016, § 293 Rn. 46; zwischen 1999 und 2000 waren es bspw. 32 Ersuchen, Jastrow IPRax 2004, 402 (403); Schellack, Selbstermittlung oder ausländische Auskunft unter dem europäischen Rechtsauskunftsübereinkommen, 1998, S. 270 f.
[327] Jastrow IPRax 2004, 402 (404).
[328] Zur kritischen Beurteilung des Übereinkommens auch Remien in Basedow/Drobnig/Ellger/Hopt/Kötz/Kulms/Mestmäcker, Aufbruch nach Europa, 2001, S. 617 (618 f.) mwN.
[329] Ausf. dazu Fornasier ZEuP 2010, 477 (493 ff.); zum Europäischen Justiziellen Netz auch Jastrow IPRax 2004, 402 (405), der jedoch keine Verdrängung des Europäischen Übereinkommens erwartet.
[330] Ausführlicher Rechtsvergleich bei Gotsche, Der BGH im Wettbewerb der Zivilrechtsordnungen, 2008, S. 113–123; Beispiele bei Flessner ZEuP 2006, 737 (738).
[331] Ausf. dazu Gotsche, Der BGH im Wettbewerb der Zivilrechtsordnungen, 2008, S. 75–82.

schutzbeschränkung.³³² Obgleich die herrschende Meinung die Revisibilität ausländischen Rechts unter Bezugnahme auf den Wortlaut der Norm („Verletzung von Bundesrecht") verneinte, befürwortete sie jedoch eine Änderung des Gesetzestextes dahingehend, dass auch die Anwendung ausländischen Rechts einen Revisionsgrund darstellen müsse.³³³ Eine „Umgehungsmöglichkeit" dieser Vorschrift stellte die Rüge nach § 293 ZPO dar, mit der Aussage, dass der Inhalt ausländischen Rechts nicht hinreichend ermittelt worden sei.³³⁴ Um dies zu verhindern, entwickelten sich zahlreiche Fallgruppen und Abgrenzungsmöglichkeiten, die die Grenze zwischen der Korrektur der Fehlermittlung und der nicht gewollten Korrektur der Fehlanwendung ausländischen Rechts ziehen sollten.³³⁵ Allerdings erscheint eine klare Grenzziehung hier praktisch unmöglich; der BGH hat in einigen Fällen also auch ausländisches Recht ermittelt und angewandt.³³⁶

b) Revisibilität ausländischen Rechts nach § 545 Abs. 1 ZPO nF. Die Änderung des Wortlauts der Norm („Verletzung des Rechts") in ihrer Neufassung legt nun nahe, dass auch die Anwendung ausländischen Rechts revisibel sein soll, da von dem Begriff des Bundesrechts Abstand genommen wurde.³³⁷ In Frage steht also eine teleologische Reduktion des § 545 Abs. 1 ZPO nF. Im Hinblick auf den Willen des Gesetzgebers erscheint diese Frage dennoch weiterhin offen.³³⁸ Der Wortlaut der Norm wurde in den letzten Zügen des Gesetzgebungsverfahrens geändert³³⁹ und die Gesetzesbegründung nennt lediglich die Erweiterung der Revisibilität von Bundesrecht auf das Landesrecht als Motivation für die Änderung.³⁴⁰ Eine Ausweitung der Revisibilität auch auf ausländisches Recht wird nicht zur Sprache gebracht.³⁴¹ Systematische Argumente lassen die Frage der Revisibilität ebenfalls unbeantwortet: zwar ist die Anwendung ausländischen Rechts in anderen Gerichtsbarkeiten ohne Weiteres möglich (vgl. zB § 73 Abs. 1 ArbGG, § 72 Abs. 1 FamFG, § 337 Abs. 1 StPO), andererseits verlöre § 560 ZPO prinzipiell seinen Anwendungsbereich, wenn man die vollständige Revisibilität ausländischen sowie Landes- und Bundesrechts annähme.³⁴² Denn nach § 560 ZPO hat das Revisionsgericht die Anwendung ausländischen Rechts inhaltlich ungeprüft seiner Entscheidung zugrunde zu legen. Teleologische Gesichtspunkte sprechen für die Revisibilität ausländischen Rechts, denn die Revision als solche betrifft nicht nur die Wahrung und Fortbildung deutschen Rechts,³⁴³ sondern auch Gerechtigkeitsgesichtspunkte – warum soll derjenige, der sich auf einen Anspruch aus ausländischem Recht stützt, in geringerem Maße vor Fehlurteilen geschützt werden?³⁴⁴ Ebenso soll nach dem Willen des Gesetzgebers der Revision eine „maximale Wirkungsbreite" zukommen – diese kann nur unter Einbeziehung der Revision ausländischer Rechtsnormen bestehen.³⁴⁵ Schlussendlich soll die Revision die abschließende Klärung grundsätzlicher Rechtsfragen ermöglichen; über den Einzelfall hinausgehende Bedeutung

---

³³² Pfeiffer LM Heft 10/1992 ZPO § 293 Nr. 18 Bl. 2R f.
³³³ So ausdrücklich Eichel IPRax 2009, 389 (390 Fn. 20 f. mwN).
³³⁴ Hess/Hübner NJW 2009, 3132 (3133).
³³⁵ So auch Hess/Hübner NJW 2009, 3132 (3135).
³³⁶ Hess/Hübner NJW, 2009, 3132 (3135 Fn. 14); weitere Beispiele bei Gotsche, Der BGH im Wettbewerb der Zivilrechtsordnungen, 2008, S. 127 ff.
³³⁷ Ausländisches Recht wird als Recht, nicht als Tatsache betrachtet, Eichel IPRax 2009, 389 (390).
³³⁸ So auch Althammer IPRax 2009, 381 (389).
³³⁹ Hess/Hübner NJW 2009, 3132 (3132).
³⁴⁰ BT-Drs. 16/9733, 301 f.; dies nicht als Ausschlusskriterium für die Revisibilität ausländischen Rechts sehend Hess/Hübner NJW 2009, 3132 (3132 f.); offenlassend Althammer IPRax 2009, 381 (389).
³⁴¹ BT-Drs. 16/9733, 301 f.
³⁴² Allenfalls könnte § 560 ZPO durch die Verweisung anderer Verfahrensnormen auf die Vorschriften der ZPO einen sehr beschränkten Anwendungsbereich entfalten. So auch Eichel IPRax 2009, 389 (390); Krüger in MüKoZPO, 4. Aufl. 2012, § 545 Rn. 11.
³⁴³ Diesen Argumentationsansatz entkräftend Gotsche, Der BGH im Wettbewerb der Zivilrechtsordnungen, 2008, S. 107 f.
³⁴⁴ Eichel IPRax 2009, 389 (392); ausf. zur Funktion der Revisionskontrolle und zur Gefahr der Fehlurteile Gotsche, Der BGH im Wettbewerb der Zivilrechtsordnungen, 2008, S. 83–85, 86 ff.
³⁴⁵ Eichel IPRax 2009, 389 (392).

beinhalten jedoch auch zunehmend Entscheidungen über ausländisches Recht,[346] deren absolute Zahl steigt und die sich zunehmend ähneln, bspw. im Bereich der englischen Ltd.

108 Auch sprechen gewichtige Argumente für die Revisibilität ausländischen Rechts: Die Anwendung des Gründungsrechts auf Gesellschaften aus dem EU-Ausland, also die Anwendung ausländischen Rechts auf deren Binnenangelegenheiten, erhöht das Bedürfnis für eine weitere Instanz, welche die korrekte Anwendung eben dieses Binnenrechts in großem Umfang kontrolliert. Ebensolche Notwendigkeit besteht insbes. auch in den Bereichen des Erbrechts und des Vertragsrechts[347]. In dieser Hinsicht spielt der Revisionsgrund des § 543 Abs. 2 Nr. 2 Alt. 2 ZPO eine besondere Rolle, denn zum einen kann die Rechtsprechung inländischer Gerichte zum ausländischen Recht von derjenigen ausländischer Gerichte abweichen, zum anderen kann auch die Rechtsprechung verschiedener inländischer Gerichte zum ausländischen Recht voneinander abweichen.[348] Auch das Argument des Eingriffs in die Souveränität des jeweiligen Staates trägt nicht, denn mangels einer Bindungswirkung der Beurteilung ausländischen Rechts durch inländische Gerichte kann von einem Eingriff nicht die Rede sein – darüber hinaus ist die fehlende Bindungswirkung im Hinblick auf Instanzgerichte und den BGH identisch zu beurteilen – und erstere sind nicht an der Beurteilung des bzw. der Überprüfung der Anwendung ausländischen Rechts gehindert.[349]

109 Wenngleich die Auslegung von § 545 Abs. 1 ZPO nF in weiten Teilen mit offenem Ergebnis scheint, bleibt dennoch festzuhalten, dass keinerlei Gründe für eine teleologische Reduktion der Norm ersichtlich sind[350] – die Ratio der Vorgängernorm ist heutzutage als überholt zu betrachten. Mithin ist die Anwendung ausländischen Rechts nach der Neufassung des § 545 Abs. 1 ZPO als revisibel anzusehen.[351] Der BGH hat die Frage, ob § 545 Abs. 1 ZPO nunmehr auch die Revisibilität ausländischen Rechts statuiert, bislang allerdings offengelassen.[352]

110 c) Revisibilität ausländischen mitgliedstaatlichen Rechts nach europarechtskonformer Auslegung des § 545 Abs. 1 ZPO nF. Deutlicher stellt sich die Frage der Revisibilität ausländischen mitgliedstaatlichen Rechts unter Diskriminierungsgesichtspunkten dar. Die **Anwendung ausländischen Rechts** wird Ausländer statistisch häufiger treffen als Deutsche. Dessen **Nichtrevisibilität** könnte daher eine versteckte Diskriminierung von Ausländern unter Art. 18 AEUV sein. Indes differenziert § 545 Abs. 1 ZPO nach Rechtsordnungen, nicht nach Merkmalen des Revisionsklägers. Es gibt keine Regel, dass in einem Prozess, der auf der Basis materiellen ausländischen Rechts entschieden wurde, Ausländer häufiger Revisionskläger wären als Deutsche.[353] Eine mittelbare Diskriminierung kommt danach nur noch in den Bereichen in Betracht, in denen die Diskriminierung kollisionsrechtlich vermittelt ist, also das anwendbare Recht an die Staatsangehörigkeit anknüpft,[354] vornehmlich im Internationalen Familienrecht[355] und im Internationalen Gesellschaftsrecht, da auf ihre Binnenangelegenheiten Gründungsorts-

---

[346] So auch Eichel IPRax 2009, 389 (392).
[347] Hess/Hübner NJW 2009, 3132 (3132 f.).
[348] Zur Abweichungsgefahr ausf. Gotsche, Der BGH im Wettbewerb der Zivilrechtsordnungen, 2008, S. 87–106; auch Hess/Hübner NJW 2009, 3132 (3134).
[349] Hess/Hübner NJW 2009, 3132 (3134); Gotsche, Der BGH im Wettbewerb der Zivilrechtsordnungen, 2008, S. 109.
[350] So auch Eichel IPRax 2009, 389 (393); für eine Revisibilität ausländischen Rechts auch Hess/Hübner NJW 2009, 3132; Geimer in Zöller, ZPO, 33. Aufl. 2020, ZPO § 293 Rn. 28.
[351] AA W. Krüger in MüKoZPO 6. Aufl. 2016, § 545 Rn. 11, mwN; Reichold in Thomas/Putzo, 42. Aufl. 2021, ZPO § 545 Rn. 8, 9.
[352] BGH I ZR 86/11 Rn. 18 = NJW 2013, 1730; BGH 3.2.2011 – V ZB 54/10 = NJW 2011, 1818 Rn. 14; BGH 12.11.2009 – Xa ZR 76/07 = NJW 2010, 1070 Rn. 21.
[353] Sa Schwartze FS Fenge, 1996, 127 (141); ebenso zu Art. 12 EGV Flessner ZEuP 2006, 737 (738); dies als Ausgangspunkt nehmen auch Gotsche, Der BGH im Wettbewerb der Zivilrechtsordnungen, 2008, S. 161 ff.
[354] Ähnlich Gotsche, Der BGH im Wettbewerb der Zivilrechtsordnungen, 2008, S. 162 f.
[355] Auch Flessner ZEuP 2006, 737 (739) zu Art. 12 EGV.

recht³⁵⁶ angewendet wird. Sofern man eine Diskriminierung tatbestandlich bejaht,³⁵⁷ wird sich für § 545 Abs. 1 ZPO eine überzeugende Rechtfertigung kaum finden lassen. Zwingende Gründe des Gemeinwohls im Sinne des EuGH sind jedenfalls nicht ersichtlich.³⁵⁸ In europarechtskonformer Anwendung von § 545 Abs. 1 ZPO ist folglich zumindest die Anwendung mitgliedstaatlichen Rechts revisibel.

IV. Zustellungs- und beweisrechtliche Fragen

1. Europäische Zustellungsverordnung (EuZVO) und Europäische Beweisverordnung (EuBVO). Die völkerrechtliche Konzeption internationaler Rechtshilfe orientiert sich an dem Gedanken der Souveränität. Die Durchführung eines Zivilprozesses ist mithin Ausübung dieser staatlichen Souveränität; Verfahrensbestandteile, die auf das Territorium eines anderen Staates zugreifen müssen, erfordern daher die Mithilfe des ausländischen Staates, häufig über konsularische Vertreter und die jeweiligen Außenministerien.³⁵⁹ Diese Perspektive hat unweigerlich Nachteile für den Zivilprozess mit Auslandsberührung zur Folge. Das erkennende Gericht und auch die Parteien haben insbes. keinerlei Anspruch auf Durchführung der Rechtshilfe als „Akt der Außenpolitik".³⁶⁰ Zudem muss die Beweiserhebung nach mindestens zwei verschiedenen Prozessrechten konsolidiert werden.³⁶¹ Völkerrechtlich suchten die Haager Übereinkommen Vereinfachungs- und Beschleunigungsmöglichkeiten zu finden.³⁶²

Die europäischen Rechtshilfeverordnungen haben hier zu einem deutlichen Perspektivwechsel geführt; Rechtshilfe unterliegt innerhalb des europäischen Rechtsraumes nicht mehr dem Souveränitätsgedanken, sondern vielmehr der Frage der Verwirklichung prozessualer Verfahrensrechte, wie dem Gebot effektiven Rechtsschutzes.³⁶³ EuZVO und EuBVO ermöglichen innerhalb ihres Anwendungsbereichs Hoheitsakte mit unmittelbarer Wirkung auf dem Territorium des jeweiligen Mitgliedstaates, wie Art. 14 EuZVO und Art. 17 EuBVO unmissverständlich belegen. Folglich findet auch nur ein Verfahrensrecht Anwendung. Eine Einschränkung gilt aber z. B. im Bereich ausländischer Zeugnispflichten, die mit Zustimmungserfordernissen ausgestattet sind. Hervorzuheben ist der direkte Kontakt zwischen ersuchendem und ersuchtem Gericht auf Basis von Standardformularen, der zu einem wesentlichen Effizienzgewinn innerhalb der innereuropäischen Rechtshilfe führt.³⁶⁴

Die EuZVO³⁶⁵ gilt in ihrer gegenwärtigen Fassung seit dem 13.11.2008. Ihre novellierte Fassung,³⁶⁶ Versuch einer teilweisen Anpassung an die Elektronisierung im internationalen Rechtsverkehr, gilt seit dem 1.7.2022. Die EuZVO erfasst die grenzüberschrei-

---

³⁵⁶ Die Zugehörigkeit der Gesellschaft zum Gründungsstaat entspricht der Staatsangehörigkeit iRd Art. 18 AEUV; zu Art. 12 EGV Flessner ZEuP 2006, 737 (739); ebenso Gotsche, Der BGH im Wettbewerb der Zivilrechtsordnungen, 2008, S. 163.
³⁵⁷ So bspw. Gotsche, Der BGH im Wettbewerb der Zivilrechtsordnungen, 2008, S. 171.
³⁵⁸ Näher v. Bar/Mankowski, Internationales Privatrecht, Bd. I, 2. Aufl. 2003; so auch Flessner ZEuP 2006, 737 (739); nach Gotsche bleibt einzig das Argument der Funtionsfähigkeit der Revisionsinstanz, das die Diskriminierung aber nicht zu rechtfertigen vermag, Gotsche, Der BGH im Wettbewerb der Zivilrechtsordnungen, 2008, S. 178.
³⁵⁹ Hess, Europäisches Zivilprozessrecht, 2. Aufl. 2021, § 3 Rn. 63; dazu auch Junker, Internationales Zivilprozessrecht, 5. Aufl. 2020, § 25 Rn. 2.
³⁶⁰ Hess, Europäisches Zivilprozessrecht, 2. Aufl. 2021, § 3 Rn. 64.
³⁶¹ Hess, Europäisches Zivilprozessrecht, 2. Aufl. 2021, § 3 Rn. 64.
³⁶² Ausführliche Nachw. bei Hess, Europäisches Zivilprozessrecht, 2. Aufl. 2021, § 3 Rn. 63, Fn. 284.
³⁶³ Hess, Europäisches Zivilprozessrecht, 2. Aufl. 2021, § 3 Rn. 67 f.
³⁶⁴ Hess, Europäisches Zivilprozessrecht, 2. Aufl. 2021, § 3 Rn. 674 f.; zur Verkürzung der Verfahrensdauer auch Schütze, Das internationale Zivilprozessrecht in der ZPO, 2. Aufl. 2011, S. 301, 319.
³⁶⁵ VO (EG) Nr. 1393/2007 des Rates v. 13. Januar 2007 über die Zustellung gerichtlicher und außergerichtlicher Schriftstücke in Zivil- und Handelssachen in den Mitgliedstaaten und zur Aufhebung der VO (EG) Nr. 1348/2000, ABl. 2007 L 324, 79.
³⁶⁶ VO (EG) Nr. 2020/1784 des Europäischen Parlaments und des Rates v. 25. November 2020 über die Zustellung gerichtlicher und außergerichtlicher Schriftstücke in Zivil- und Handelssachen in den Mitgliedstaaten und zur Aufhebung der VO (EG) Nr. 1348/2000, ABl. 2020 L 405, 40.

tende Übermittlung gerichtlicher und außergerichtlicher Schriftstücke in Zivil- und Handelssachen zwischen den Mitgliedstaaten, jedoch nicht den Zustellungsvorgang als solchen.[367] Durchführungsbestimmungen sind in den §§ 1067–1071 ZPO enthalten. Bislang ist ein nennenswerter Effizienzgewinn durch die Reduktion auf Erledigungszeiten von ein bis drei Monaten.[368] Problematisch ist jedoch weiterhin das Verhältnis von EuZVO und mitgliedstaatlichem Zustellungsrecht, insbesondere soweit nicht geregelt ist, wann die Zustellung eines Schriftstücks Rechtshilfe erfordert.[369]

114 Die grenzüberschreitende Informationsbeschaffung durch das Gericht wird durch die stark unterschiedlich ausgeprägten Beweisrechte der Mitgliedstaaten zwar verkompliziert. Seit dem 1.1.2004 schafft aber die EuBVO[370] deutliche Abhilfe. Sie bezieht sich nach ihrem Art. 1 EuBVO auf die gesamte justizielle Informationsbeschaffung zwischen Mitgliedstaaten.[371] Die deutschen Ausführungsvorschriften finden sich in §§ 1072–1075 ZPO. Art. 17 EuBVO eröffnet, als zweite Option neben der in Art. 10–16 EuBVO vorgesehenen aktiven Rechtshilfe durch Stellen des Beweisaufnahmestaates vor Ort, noch die Möglichkeit des Prozessgerichts, die Beweisaufnahme selbst in einem anderen Mitgliedstaat durchzuführen, wenn dieser dies zulässt (passive Rechtshilfe).[372]

115 **2. Verhältnis der EuZVO zu nationalen Zustellungsvorschriften, insbes. zur fiktiven Inlandszustellung.** Im Hinblick auf einen Verstoß gegen das Diskriminierungsverbot des Art. 18 AEUV stellten sich Probleme im Bereich des Erfordernisses eines Zustellungsbevollmächtigten nach § 184 Abs. 1 S. 1 ZPO, im Bereich der Zustellung von Versäumnisurteilen und Vollstreckungsbescheiden nach § 339 ZPO und bei der öffentlichen Zustellung nach § 185 ZPO.[373] Eines der Kernprobleme bestand darin, dass die EuZVO nicht für Dänemark als Mitglied der Europäischen Union galt. Seit 2008 besteht jedoch ein bilaterales völkerrechtliches Übereinkommen zwischen der Europäischen Gemeinschaft, heute Union, und dem Königreich Dänemark über die Geltung der EuZVO,[374] sodass eine unterschiedliche Behandlung der jeweiligen Unionsbürger ausscheidet. Belang hat nur noch die Abgrenzung des vorrangigen Anwendungsbereichs der EuZVO von den Vorschriften des nationalen Rechts. Geklärt ist das Verhältnis der Zustellungsvorschriften für die Auslandszustellung, die der vorrangigen EuZVO angepasst wurden.[375] Die EuZVO genießt innerhalb ihres sachlichen Anwendungsbereichs immer dann Vorrang, wenn der Empfänger eines mitgliedstaatlichen gerichtlichen Schriftstücks in einem anderen Mitgliedstaat ansässig ist und seine Anschrift bekannt oder kein Bevollmächtigter im Inland benannt ist; dies wird durch § 183 Nr. 5 ZPO nochmals ausdrücklich herausgestellt.

116 Problematisch war jedoch lange, inwieweit eine Inlandszustellung, die eine Auslandszustellung gerade vermeiden soll, im Anwendungsbereich der EuZVO möglich sein kann. Im Zentrum der Diskussion stand dabei § 184 Abs. 2 ZPO.[376] Eine Minderansicht vertrat

---

[367] Junker, Internationales Zivilprozessrecht, 5. Aufl. 2020, § 25 Rn. 6 ff.; Hess, Europäisches Zivilprozessrecht, 2. Aufl. 2021, § 8 Rn. 8 f.
[368] Hess, Europäisches Zivilprozessrecht, 2. Aufl. 2021, § 8 Rn. 25.
[369] Hess, Europäisches Zivilprozessrecht, 2. Aufl. 2021, § 8 Rn. 25; ähnlich Junker, Internationales Zivilprozessrecht, 5. Aufl. 2020, § 25 Rn. 3.
[370] VO (EG) Nr. 1206/2001 des Rates v. 28. Mai 2001 über die Zusammenarbeit zwischen den Gerichten auf dem Gebiet der Beweisaufnahme in Zivil- und Handelssachen in den Mitgliedstaaten, ABl. 2001 L 174, 1.
[371] Junker, Internationales Zivilprozessrecht, 5. Aufl. 2020, § 26 Rn. 4 ff.
[372] Schütze, Das internationale Zivilprozessrecht in der ZPO, 2. Aufl. 2011, S. 319; Hess, Europäisches Zivilprozessrecht, 2. Aufl. 2021, § 8 Rn. 33 f.
[373] Ausf. zur Übergabe bei zufälligem Aufenthalt im Inland und zur öffentlichen Zustellung Heiderhoff EuZW 2006, 235 (237); ebenfalls zur Übergabe bei zufälligem Aufenthalt im Inland Düsterhaus NJW 2013, 443.
[374] Abkommen zwischen der Europäischen Gemeinschaft und dem Königreich Dänemark über die Zustellung gerichtlicher und außergerichtlicher Schriftstücke in Zivil- und Handelssachen, ABl. 2008 L 331, 21.
[375] Heiderhoff EuZW 2006, 235 (236).
[376] Die Anwendbarkeit abl. Heiderhoff EuZW 2006, 253 (237) mwN; Heinze EuR 2008, 654 (685); Heinze IPRax 2010, 155 (160).

die Anwendbarkeit der fiktiven Inlandszustellung unter dem Gesichtspunkt, dass die Zustellung nicht unter tatsächlicher Grenzüberschreitung erfolge.[377] Verkannt wurde dabei, dass der Anwendungsbereich der Brüssel Ia-VO hier eröffnet ist, unabhängig davon, ob das nationale Recht eine tatsächliche Auslandszustellung erforderlich macht. Die Anwendbarkeit von § 184 ZPO hatte der BGH schon 2011 mit Hinweis auf § 183 Nr. 5 ZPO verneint.[378] Zur generellen Unzulässigkeit einer fiktiven Inlandszustellung im Anwendungsbereich der EuZVO hat der BGH sich jedoch nicht geäußert.

In Alder/Orlowska hat der EuGH diese Rechtsfrage zugunsten der EuZVO beantwortet.[379] Zum einen betonte der EuGH, dass bei Zustellung eines mitgliedstaatlichen gerichtlichen Schriftstücks in einem anderen Mitgliedstaat die EuZVO nur bei unbekannter Anschrift oder Bevollmächtigung keine Anwendung finde.[380] Die abschließende Aufzählung der in der EuZVO vorgesehenen Zustellungsarten enthalte keine fiktive Inlandszustellung; deshalb sei eine derartige nationale Regelung unzulässig.[381] Zudem gewährleiste die fiktive Inlandszustellung auch nicht den Schutz der Verteidigungsrechte in dem Maße, wie ihn die EuZVO verlange.[382] Das Telos der fiktiven Inlandszustellung gehe gerade dahin, der Auslandszustellung auszuweichen und auch die Schutzstandards der EuZVO auszuschalten. Daraus kann man ein sehr weitgehendes Verbot der fiktiven Inlandszustellung folgern.[383] 117

3. Beweiskraft ausländischer öffentlicher Urkunden. a) Beweiskraft ausländischer 118
öffentlicher Urkunden nach § 438 ZPO. Die volle und gleichmäßige Durchsetzung des Unionsrechts würde beeinträchtigt werden können, wenn in jedem Mitgliedstaat beliebig hohe Anforderungen an den **Beweis** der jeweiligen Tatbestandsvoraussetzungen gestellt werden dürften.[384] Durch strenge bis übersteigerte prozessuale Anforderungen würde man dann gleichsam durch die Hintertür das Unionsrecht einer effektiven Anwendung entziehen. Daher kann das sekundäre Unionsrecht sachliche Beweisregeln implizieren. Insbesondere können Normen, die zur Anerkennung bzw. Annahme von **Urkunden** oder Belegen aus anderen Mitgliedstaaten zwingen, solchen Urkunden oder Belegen eine besondere Wertigkeit zuweisen und nur ausnahmsweise einen gleichsam durchbrechenden Gegenbeweis zulassen.[385]

Ein Beispiel dafür bieten die berühmten Paletta-Entscheidungen des EuGH zur Anerkennung ärztlicher **Atteste** aus anderen Mitgliedstaaten und deren Bedeutung für die Pflicht des Arbeitgebers zur Lohnfortzahlung im Krankheitsfall.[386] Kaum eine andere Entscheidung vermöchte aber auch die damit verbundenen Gefahren deutlicher zu zeigen. Der EuGH hat z. B. gut daran getan,[387] die Wirkung von Bescheinigungen heute A 1, früher E 101 nicht über den eigentlich sozialversicherungsrechtlichen Bereich hinaus wirken zu 119

---

[377] Ausf. Heckel IPRax 2008, 218 (221, 223 f.); abl. Heinze IPRax 2010, 155 (159); ebenso Düsterhaus NJW 2013, 443.
[378] BGH 2.2.2011 – VIII ZR 190/10, NJW 2011, 1885 mAnm Sujecki = DZWiR 2011, 441 (443).
[379] EuGH 19.12.2012 – C-325/11, ECLI:EU:C:2012:824 = EuZW 2013, 187 = NJW 2013, 443 mAnm Düsterhaus – Alder/Orlowska; vgl. auch EuGH 13.10.2005 – C-522/03, ECLI:EU:C:2005:606, Slg. 2005, I-8639 = EuZW 2005, 753 = NJW 2005, 3627 – Scania Finance France SA.
[380] EuGH 19.12.2012 – C-325/11, ECLI:EU:C:2012:824 Rn. 24 = EuZW 2013, 187 (188) – Alder/Orlowska.
[381] EuGH 19.12.2012 – C-325/11, ECLI:EU:C:2012:824 Rn. 32, 42 = EuZW 2013, 187 (188) – Alder/Orlowska. mit Blick auf eine polnische Regelung.
[382] EuGH 19.12.2012 – C-325/11, ECLI:EU:C:2012:824 Rn. 40 = EuZW 2013, 187 (189) – Alder/Orlowska; ebenso Heinze IPRax 2010, 155 (159).
[383] Okońska RIW 2013, 262; Heinze IPRax 2013, 132; Michael Stürner ZZP 2013, 137; Bajons ecolex 2013, 633; Carrillo Pozo REDI 2013-1, 266; Marchal Escalona AEDIPr XII (2012), 979; Cornette Rev. crit. dr. int. pr. 102 (2013), 700. Offener Kondring EWS 2013, 128.
[384] Schlosser Jura 1998, 65 (69).
[385] Umfassend für den Teilbereich der authentischen Urkunden Fitchen, Authentic Instruments in Private International Law, 2020.
[386] Schlosser Jura 1998, 65 (69).
[387] Mankowski RIW 2020, 751.

lassen und ihnen insbesondere keine allgemeingültige Statusfestlegung als Arbeitnehmer oder Selbstständiger zuzuschreiben.[388]

120 Es stellt sich daher die Frage, ob aufgrund von Art. 18 AEUV mitgliedstaatliche Urkunden von zusätzlichen Hürden befreit werden müssten, dh das grundsätzliche Erfordernis der Legalisation (§ 438 Abs. 2 ZPO) entfallen müsste zugunsten der Gleichstellung mit inländischen Urkunden,[389] insbes. der Echtheitsvermutung nach § 437 ZPO. Es besteht zwar ein Europäisches Übereinkommen zur Befreiung von ausländischen Urkunden von der Legalisation;[390] dieses ist aber nicht in allen Mitgliedsstaaten in Kraft getreten. Es herrscht also nicht aufgrund vorrangigen Völkerrechts eine Gleichbehandlung der EU-Mitgliedstaaten. Eine Diskriminierung kommt hier insbes. im Bereich der Personenstandsurkunden in Betracht, denn ausländische Staatsangehörige nutzen zur Beweiserbringung tendenziell häufiger ausländische Urkunden.[391] Sollte man hier eine Diskriminierung annehmen, so wären offensichtlich Rechtfertigungsgründe gegeben:[392] die unterschiedlich ausgestalteten Registersysteme der Mitgliedstaaten, die Hürde der fremden Sprache (die ja innerhalb der europäischen Rechtsakte durch Formblätter überwunden wird) und die fehlende Kenntnis deutscher Richter von den Typisierungen ausländischer Urkunden.[393] Die Sprachbarriere wirkt sich auch auf die Praktikabilität von Erkundigungen bei der ausstellenden ausländischen Behörde aus.[394] Ein Verstoß gegen das Diskriminierungsverbot ist daher nicht anzunehmen.

121 **b) Beweiskraft ausländischer öffentlicher Urkunden nach Artt. 59 EuErbVO; 8 EuGüVO; 58 EuPartVO.** Auf der sekundärrechtlichen Ebene liegt Art. 59 **EuErbVO**. Er führt das seinerzeit innovative Institut der *Annahme* öffentlicher Urkunden zwischen den Mitgliedstaaten ein, sachlich beschränkt auf grenzüberschreitende Erbsachen im Anwendungsbereich der EuErbVO. Er hat die praktisch sehr bedeutsamen Erbnachweise auf der Basis nationalen Rechts (also z. B. deutsche **Erbscheine**) im Blick, während das Europäische Nachlasszeugnis als zusätzliche Option daneben seinen eigenen Regeln unterliegt. Art. 59 Abs. 1 UA 1 EuErbVO schreibt mitgliedstaatlichen öffentlichen Urkunden explizit die gleiche formelle Beweiskraft im „annehmenden" Zweitstaat wie in ihrem Ursprungsmitgliedstaat zu oder die damit am ehesten vergleichbare Wirkung, soweit dies nicht dem ordre public des Zweitstaats zuwiderlaufen würde. Artt. 58 EuGüVO; 58 EuPartVO haben dies für öffentliche Urkunden im Güterrecht der Ehen und registrierten Partnerschaften übernommen.

122 „Annahme" ist als autonomes Konzept[395] in diesem Kontext ein Neologismus, die Neuschöpfung eines juristischen Terminus,[396] ein „unvoreingenommener Begriff".[397] Das

---

[388] EuGH 14.5.2020 – C-17/19, ECLI:EU:C:2020:379 – Bouygues Travaux publics = RIW 2020, 748 mAnm Mankowski.

[389] Dazu ausf. Heinze EuR 2008, 654 (686); ebenso Tönsfeuerborn, Einflüsse des Diskriminierungsverbots und der Grundfreiheiten der EG auf das nationale Zivilprozessrecht, 2002, S. 94 f.

[390] Europäisches Übereinkommen zur Befreiung der von diplomatischen oder konsularischen Vertretern errichteten Urkunden von der Legalisation v. 7.6.1968, BGBl. 1971 II 86; Jayme/Hausmann, Internationales Privat- und Verfahrensrecht, 20. Aufl. 2020, Nr. 251; dazu auch Tönsfeuerborn, Einflüsse des Diskriminierungsverbots und der Grundfreiheiten der EG auf das nationale Zivilprozessrecht, 2002, S. 94.

[391] Eine Diskriminierung bejahend Heinze EuR 2008, 654 (686); eine Diskriminierung für andere Urkunden als Personenstandsurkunden abl. Tönsfeuerborn, Einflüsse des Diskriminierungsverbots und der Grundfreiheiten der EG auf das nationale Zivilprozessrecht, 2002, S. 94 f.

[392] So Heinze EuR 2008, 654 (686); anders, schon eine Diskriminierung hinsichtlich nicht-personenstandsrechtlicher Urkunden ablehnend, Tönsfeuerborn, Einflüsse des Diskriminierungsverbots und der Grundfreiheiten der EG auf das nationale Zivilprozessrecht, 2002, S. 94 f.

[393] Heinze EuR 2008, 654 (686).

[394] Heinze EuR 2008, 654 (686).

[395] Beaumont/Fitchen/Halliday, The evidentiary effects of authentic acts in the Member States of the European Union, Study PE 556.935, 2016, 43; Franzmann/Schwerin in Geimer/R. Schütze Internationaler Rechtsverkehr in Zivil- und Handelssachen, Losebl. 1973 ff., Art. 59 EuErbVO Rn. 7 (2016).

[396] Mansel Liber amicorum Christian Kohler, 2018, 301 (303).

[397] C. Schmitz, Die „Annahme" öffentlicher Urkunden nach Art. 59 Abs. 1 EuErbVO, 2020, 135.

gedankliche Konzept dürfte auf die EuGH-Entscheidung Dafeki[398] zurückzuführen sein.[399] Funktionell bewirkt die „Annahme" jedoch nur (aber immerhin) eine Erstreckung der nach erststaatlichem Recht bestehenden Beweiswirkung auf den Zweitstaat.[400] Dagegen führt sie nicht zur Verbindlichkeit der Urkundsinhalte und der beurkundeten Tatsachen für den Zweitstaat. Art. 59 EuErbVO betrifft nur das instrumentum, aber nicht das negotium der öffentlichen Urkunde und bleibt damit deutlich unter einer vollen Anerkennung.[401] Art. 59 II EuErbVO ist ebenfalls kein Durchbruch zur allgemeinen Anerkennung von Rechtslagen, denn partout die Statusverhältnisse klammert er als Vorfragen aus.[402]

c) Beweiskraft ausländischer öffentlicher Urkunden nach der UrkundenVO. Die 123 UrkundenVO[403] geht das Problem auf der sekundärrechtlichen Ebene genereller an. „öffentliche Urkunden" sind nach Art. 3 I litt. a-j UrkundenVO von Behörden eines Mitgliedstaats ausgestellte Urkunden über Geburt, Tod, Namen,[404] Ehe und eingetragene Partnerschaft, Abstammung und Adoption. Die UrkundenVO befasst sich aber wiederum nur mit der Zirkulation des Instruments, nicht dagegen mit dem negotium, den inhaltlichen Wirkungen.[405] Art. 2 IV UrkundenVO stellt – wie schon Art. 2 II Vorschlag zur Annahme öffentlicher Urkunden[406] – ausdrücklich klar, dass er nicht die Anerkennung *des Inhalts* öffentlicher Urkunden regelt. Die UrkundenVO will der Sache nach die einschlägigen Haager Übereinkommen ersetzen und insbesondere die Legalisation und die Apostille abschaffen.[407] Die Beschränkung ist eine bewusste politische Entscheidung. Die Vehemenz der Opposition gegen den zweiten Teil des vorangegangenen Grünbuchs,[408] geteilt von allen Mitgliedstaaten außer Dänemark,[409] hat zu einer klugen Bescheidung und Selbstbeschränkung auf dessen ersten Teil geführt, den freien Verkehr öffentlicher Urkunden.[410] Die Überprüfung der Echtheit öffentlicher Urkunden soll für

---

[398] EuGH 2.12.1997 – C-336/94, ECLI:EU:C:1997:579, Slg. 1997, I-6761 Rn. 19 f. = EuZW 1998, 47 – Eftalia Dafeki/Landesversicherungsanstalt Baden-Württemberg = StAZ 1998, 117 mAnm G. Otto.
[399] Mansel Liber amicorum Christian Kohler, 2018, 301 (309).
[400] Basedow FS Dieter Martiny, 2014, 243 (244); Buschbaum FS Dieter Martiny, 2014, 259 (269); Mansel Liber amicorum Christian Kohler, 2018, 301 (303, 307 f.); Mankowski ErbR 2019, 426 (427); C. Schmitz, Die „Annahme" öffentlicher Urkunden nach Art. 59 Abs. 1 EuErbVO, 2020, S. 136–141.
[401] Mansel Liber amicorum Christian Kohler, 2018, 301 (303 f., 305 f.); Mansel in Die Person im Internationalen Privatrecht – Liber amicorum Erik Jayme, 2019, 27 (35); C. Schmitz, Die „Annahme" öffentlicher Urkunden nach Art. 59 Abs. 1 EuErbVO, 2020, 124 f., 133–135 sowie Foyer in Khairallah/Revillard (Hrsg.), Droit européen des successions. Le règlement de 4 juillet 2012, 2103, 141, 149, 161.
[402] Buschbaum FS Dieter Martiny, 2014, 259 (273 ff.).
[403] VO (EU) Nr. 2016/1191 des Europäischen Parlaments und des Rates vom 6.7.2016 zur Förderung der Freizügigkeit von Bürgern und Unternehmen durch die Vereinfachung der Anforderungen an die Vorlage bestimmter öffentlicher Urkunden innerhalb der Europäischen Union und zur Änderung der Verordnung (EU) Nr. 1024/2012, ABl. EU 2016 L 200/1.
[404] Zum Namensrecht siehe den Vorschlag einer EU-Verordnung bei Dutta/Rainer Frank/Freitag/Helms/Krömer/Pintens StAZ 2014, 33 und englisch in YbPIL 15 (2013/2014), 31.
[405] Pataut RTDEur 2013, 917 (923); de Goetzen AEDIPr XIV-XV (2014–2015), 417 (421); Mankowski FS Dagmar Coester-Waltjen, 2015, 571 (575); Sieberichs StAZ 2016, 262 (263); Vettorel RDIPP 2016, 1060 (1064); Mansel/Thorn/R. Wagner IPRax 2017, 1 (7); Mansel Liber amicorum Christian Kohler, 2018, 301 (310); Mansel in Die Person im Internationalen Privatrecht – Liber amicorum Erik Jayme, 2019, 27 (34); Strobel, Internationales Privatrecht in der Strafprozessordnung am Beispiel der §§ 52, 395 und 406 StPO, 2019, 356; Schlürmann ZEuP 2019, 691 (703); L. Hübner RabelsZ 2021, 106 (112).
[406] Vorschlag für eine Verordnung des Europäischen Parlaments und des Rates zur Förderung der Freizügigkeit von Bürgern und Unternehmen durch die Vereinfachung der Annahme bestimmter öffentlicher Urkunden innerhalb der Europäischen Union und zur Änderung der Verordnung (EU) Nr. 1024/2012, von der Kommission vorgelegt am 24.4.2013, KOM (2013) 228 endg.
[407] Pataut RTDEur 2013, 917 (921).
[408] Vorschlag für eine Verordnung des Europäischen Parlaments und des Rates zur Förderung der Freizügigkeit von Bürgern und Unternehmen durch die Vereinfachung der Annahme bestimmter öffentlicher Urkunden innerhalb der Europäischen Union und zur Änderung der Verordnung (EU) Nr. 1024/2012, von der Kommission vorgelegt am 24.4.2013, KOM (2013) 228 endg.
[409] Siehe Frodl NZ 2012, 129 (134 f.).
[410] Begründung der Kommission, KOM (2013) 228 endg. S. 7 sub 2.

den Regelfall weiterhin entfallen,[411] und Bürgern wie Unternehmen sollen Übersetzungskosten erspart bleiben.[412] Es soll aber eben nur die Prüfung der Echtheit entfallen, nicht zugleich jene der inhaltlichen Richtigkeit.

124 **4. Beweismaß und europäisches Unionsrecht.** Vereinzelt finden sich im Unionsrecht Regeln zum **Beweismaß** oder Regeln, denen man Vorgaben für das Beweismaß in den nationalen Zivilprozessrechten[413] entnehmen mag. Allerdings regelt das Unionsrecht Beweismaßfragen nicht systematisch und folgt keinem übergreifenden Konzept. Vielmehr nimmt es sich des Sachkomplexes nur punktuell und ohne eigenes System an.[414] Beispiele sind Artt. 5 RL 2014/104/EU; 7 EuBvKPfVO sowie Artt. 9 Abs. 1 S. 1 EuGFVO; 11 Abs. 1 S. 1 lit. b EuMVVO; 67 Abs. 1 S. 1 EuErbVO.[415] Folge des Art. 5 RL 2014/104/EU ist, dass die Schadensbemessung nicht dem Regelbeweismaß des § 286 ZPO, sondern dem geringerer Beweismaß des § 287 Abs. 1 ZPO unterliegt.[416]

125 Nicht selten finden sich die einschlägigen Vorschriften sogar in materiellrechtlichen Regelungskontexten. Das ändert aber nichts daran, dass das Beweismaß eine prozessrechtliche Frage bleibt.[417] Artt. 19 Rom I-VO; 22 Rom II-VO machen deutlich, allein in welchem Umfang Beweisfragen aus europäischer Sicht materiellrechtlich zu qualifizieren sind. Im Umkehrschluss sind die in ihnen nicht materiellrechtlich qualifizierten Beweisfragen prozessrechtlich zu qualifizieren, selbst soweit sie jeweils in den zweiten Absätzen nicht explizit als prozessrechtliche Elemente der lex fori processus unterworfen werden. In diese zweite Kategorie gehört grundsätzlich das Beweismaß.

V. Die Absicherung des Zivilverfahrens mit mitgliedstaatlichem Bezug

126 In mehreren früher strittigen Punkten hat der deutsche Gesetzgeber auf Verdikte des EuGH gegen Normen des deutschen Zivilprozessrechts reagiert und ausdrückliche Neuregelungen vorgenommen. Dies betrifft namentlich die **Ausländersicherheit** nach § 110 ZPO und den **Arrestgrund der Auslandsvollstreckung** nach § 917 Abs. 2 ZPO. Beide wurden mit Wirkung vom 1.10.1998 durch das 3. RPflGÄndG[418] angepasst.

127 **1. Ausländersicherheit nach § 110 ZPO.** § 110 Abs. 1 ZPO nimmt Kläger mit gewöhnlichem Aufenthalt (oder bei Gesellschaften: Sitz) innerhalb der EU oder des EWR von der Pflicht, Prozesskostensicherheit zu leisten, aus. Regelungen ohne solche Ausnahme hatte der EuGH gleich mehrfach als unzulässige Diskriminierungen verworfen.[419] Zuvor war eine unionsrechtskonforme Auslegung der Vorgängervorschrift erforderlich. Die Änderung zugunsten der Gleichbehandlung von Klägern mit gewöhnlichem Aufenthalt in der EU oder dem EWR trat 1998 in Kraft. Zudem stellt § 110 ZPO nicht mehr auf die

---

[411] Begründung der Kommission, KOM (2013) 228 endg. S. 7 sub 2.
[412] Begründung der Kommission, KOM (2013) 228 endg. S. 6 sub 1.3.2.
[413] Zu deren Stand insoweit die Beiträge in Tichý (ed.), Standard of Proof in Europe, 2019.
[414] Hau in Krans/Nylund (eds.), Procedural Autonomy Across Europe, 2020, 81 (93). Bestandsaufnahme und Kritik auf damaligem Stand bei Marauhn, Bausteine eines europäischen Beweisrechts, 2007.
[415] Hau FS Hanns Prütting, 2019, 325 (329–333); Hau in Krans/Nylund (eds.), Procedural Autonomy Across Europe, 2020, 81 (93–97).
[416] BGH 12.7.2016 – KZR 25/14 = NJW 2016, 3527 (3532).
[417] Hau FS Hanns Prütting, 2019, 325 (333).
[418] Drittes Gesetz zur Änderung des Rechtspflegergesetzes und anderer Gesetze v. 6.8.1998, BGBl. 1998 I 2030.
[419] EuGH 26.9.1996 – C-43/95, ECLI:EU:C:1996:357 Slg. 1996, I-4661 = NJW 1996, 3407 – Data Delecta und Forsberg; EuGH 20.3.1997 – C-323/95, ECLI:EU:C:1997:169 Slg. 1997, I-1711 = NJW 1998, 2127 – Hayes; EuGH 20.10.1997 – C-122/96, Slg. 1997, I-5235 = NJW 1997, 3299 – Saldanha u. MTS sowie zuvor schon EuGH 1.7.1993 – C-20/92, ECLI:EU:C:1993:280, Slg. 1993, I-3777 = NJW 1993, 2431 – Hubbard; dazu Andreas Zimmermann RIW 1992, 707; Schlosser EuZW 1993, 659; Bungert IStR 1993, 481; Bungert EWS 1993, 315; Wolf RIW 1993, 797; Bork/Schmidt-Parzefall JZ 1994, 18; Rohlfs NJW 1995, 2211; Mankowski EWiR § 110 ZPO 1/96, 1151; Jäger EWS 1997, 37; Jäger NJW 1997, 1220; Walker EWiR Art. 6 EGV 1/97, 1081; Czernich ÖJZ 1998, 251; Streinz/Leible IPRax 1998, 162; Ahrens ZZP Int. 2 (1997), 155 (erschienen 1998); Ackermann (1998) 35 C.M.L Rev 783; Ehricke IPRax 1999, 311; Kubis ZEuP 1999, 967.

Staatsangehörigkeit, sondern auf den gewöhnlichen Aufenthalt des Klägers ab.[420] Diesen Wechsel vom Staatsangehörigkeits- zum Aufenthaltsprinzip hat allein die Rechtsprechung des EuGH bewirkt.[421] Damit scheidet auch eine Diskriminierung von Staatsangehörigen anderer EU-Mitgliedstaaten gegenüber Deutschen aus. Von dem Wechsel profitieren auch alle EWR-Ansässigen, selbst wenn es sich dabei um Liechtenstein handelt.[422] Deutsche mit gewöhnlichem Aufenthalt außerhalb der EU oder des EWR müssen ebenso wie Kläger anderer Nationalitäten eine Prozesskostensicherheit leisten.

2. Der Arrestgrund der Auslandsvollstreckung nach § 917 Abs. 2 ZPO.

§ 917 Abs. 2 ZPO wurde 1998 um den zweiten Satz ergänzt. Diesem zufolge kam der Arrestgrund der Auslandsvollstreckung nicht mehr in Betracht, soweit eine Vollstreckung der zu sichernden Entscheidung in einem Mitgliedstaat des EuGVÜ[423] in Rede stand.[424] Die vorhergehende Fassung enthielt eine solche Einschränkung noch nicht und hatte vor dem EuGH keinen Bestand.[425] Obwohl der EuGH dabei wesentliche Aspekte außer Acht ließ,[426] musste die Praxis eine entsprechende Einschränkung schon im Wege der unionsrechtskonformen Auslegung (genauer: Restriktion) des § 917 Abs. 2 ZPO aF vornehmen.[427] Nach dem EuGH enthielt die Vorgängernorm eine versteckte Form der Diskriminierung, da Auslandsvollstreckungen überwiegend Personen, die nicht die deutsche Staatsangehörigkeit besitzen, betreffen. Die Vollstreckungsrisiken seien in allen Mitgliedstaaten als gleich anzusehen.[428] Allein die Notwendigkeit einer Vollstreckung im EU-Ausland kann also keinen Arrestgrund bedeuten.

Der Arrestgrund des § 917 Abs. 2 S. 1 ZPO in seiner derzeit geltenden Fassung nimmt jedoch nicht mehr explizit die Vollstreckung in einem Mitgliedstaat der EU oder der Brüssel Ia-VO aus, sondern stellt auf die Verbürgung der Gegenseitigkeit ab. Im Anwendungsbereich von Brüssel Ia-VO und LugÜ ist die erforderliche Gegenseitigkeit unzweifelhaft gegeben.[429] Die Diskriminierungswirkung durch die unwiderlegliche Vermutung unter Verzicht auf eine konkrete Gefährdung wird folglich durch die Gegenseitigkeitsverbürgung im europäischen Raum wieder aufgehoben. Daher wird der Rechtsprechung des EuGH zum diskriminierenden Charakter des § 917 Abs. 2 ZPO aF weiterhin entsprochen. § 917 Abs. 1 ZPO bleibt zwar weiterhin auch im Verhältnis zu Mitgliedstaaten trotz Verbürgung der Gegenseitigkeit anwendbar. Allerdings ist dabei zu beachten, dass es sich nicht um die abstrakte Vermutung der Vollstreckungserschwerung handelt, sondern dass jeweils ein konkreter Nachweis erforderlich ist. Tatsächliche Schwierigkeiten bei der

---

[420] Vgl. ausf. zu den Verfahren und der Neuregelung Tönsfeuerborn, Einflüsse des Diskriminierungsverbots und der Grundfreiheiten der EG auf das nationales Zivilprozessrecht, 2002, S. 38–41.
[421] Rolf A. Schütze AG 2021, 75 (75).
[422] Lindacher Liber amicorum Christian Kohler, 2018, 311.
[423] Wenn man denn auf die Erleichterungen der Vollstreckbarerklärung durch Staatsverträge abstellen will, wäre es nur konsequent, auch eine drohende Auslandsvollstreckung in Mitgliedstaaten des LugÜ nicht ausreichen zu lassen; s. nur Mankowski EWiR § 917 ZPO 1/96, 1007 (1008); Kropholler/C. H. Hartmann FS Drobnig, 1998, 337 (340 f.) mwN.
[424] Eing. dazu Kropholler/C. H. Hartmann FS Drobnig, 1998, 337 (338 ff.).
[425] EuGH 10.2.1994 – C-398/92, ECLI:EU:C:1994:52, Slg. 1994, I-467 = NJW 1994, 1271 – Mund & Fester.
[426] Siehe die eingehende Kritik von Mankowski NJW 1995, 306; Schack ZZP 108 (1995), 47.
[427] OLG München 11.3.1995 – 25 W 952/95 = IPRax 1996, 339 = OLG-Report München 1995, 92 (dazu H. Roth IPRax 1996, 324); OLG Frankfurt a. M. 11.4.1995 – 12 W 50/95, RIW 1996, 965 = OLG-Report Frankfurt 1995, 155; OLG Karlsruhe 7.5.1996 – 2 UF 59/96 = NJW-RR 1997, 450; OLG Bremen 2.8.1996 – 5 WF 81/96 = IPRspr. 1996 Nr. 199 (dazu Mankowski WiB 1996, 1072); OLG Frankfurt a. M. 25.9.1996 – 8 U 160/96 = IPRspr. 1996 Nr. 200 (dazu Finger FuR 1997, 93); LG Hamburg 14.8.1996 – 317 S 144/96 = RIW 1997, 67 (68) (dazu Mankowski EWiR § 917 ZPO 1/96, 1007; Kaum WiB 1997, 1053); LG Köln 15.5.1997 – 16 O 263/97 = ZIP 1997, 1165 = RIW 1998, 238 (dazu Sinz EWiR § 7 KO 1/98, 377).
[428] Tönsfeuerborn, Einflüsse des Diskriminierungsverbots und der Grundfreiheiten der EG auf das nationales Zivilprozessrecht, 2002, S. 42.
[429] Gottwald in MüKoZPO, 5. Aufl. 2017, Brüssel Ia-VO Art. 35 Rn. 13.

Vollstreckung können folglich auch innerhalb der EU berücksichtigt werden und zu einem Arrestgrund führen.[430]

130 Geklärt ist jedoch nicht, ob die Arrestprivilegierung durch den Arrestgrund der Auslandsvollstreckung in Drittstaaten nur den Entscheidungen deutscher Gerichte oder auch jenen von Gerichten aus EU-Mitgliedstaaten oder Mitgliedstaaten des LugÜ zugutekommt. Eine solche Arrestprivilegierung zu versagen[431] könnte mit dem Unionsrecht in zweierlei Hinsicht konfligieren: Zum einen sieht der EuGH die Mitgliedstaaten als einen einheitlichen Rechtsraum an.[432] Dies spräche für eine Gleichstellung Brüssel Ia-VO-ausländischer mit inländischen Entscheidungen auch hinsichtlich der Arrestprivilegierung.[433] Indes krankt dieser Ansatz daran, dass seine Prämisse nicht zutrifft. Auch die Brüssel I-VO kennt noch die Institute der Anerkennung und Vollstreckbarerklärung von Entscheidungen aus dem einen in einem anderen Mitgliedstaat. Die nationalen Grenzen der Judikative hebt die Brüssel I-VO nicht auf. Sie schafft keinen EU-weit einheitlichen europäischen Vollstreckungstitel. Ein einheitlicher Rechtsraum, in dem jede Entscheidung überall ipso iure gleiche Wirkungen hätte, besteht gerade nicht.[434] Es gibt keine Grundfreiheit auf ipso iure-Freizügigkeit gerichtlicher Titel.[435]

131 Indes könnte eine versteckte **Diskriminierung** vorliegen, wenn sich erhärten ließe, dass Arrestkläger aus dem EU-Ausland sich seltener auf § 917 Abs. 2 ZPO berufen können als in Deutschland ansässige Arrestkläger.[436] § 917 Abs. 2 S. 1 ZPO enthält in keinem Fall eine offene Diskriminierung, denn er differenziert weder nach der Staatsangehörigkeit noch nach dem Wohnsitz oder gewöhnlichen Aufenthalt des Arrestklägers.[437] Für die Annahme einer versteckten Diskriminierung werden jedoch drei Argumente vorgebracht: Erstens komme § 917 Abs. 2 S. 1 ZPO als Arrestgrund nur zur Anwendung, soweit eine Vollstreckung in einem Drittstaat in Rede stehe. Wenn man die Vermutung aufstelle, dass in Drittstaaten zumeist Drittstaatsansässige ihr Vermögen hätten, ergebe sich daraus, dass die Vorschrift vornehmlich gegen Ausländer greife.[438] Zweitens fielen die zur Verfügung stehenden Gerichtsstände zumeist mit dem Wohnsitz oder Sitz des Arrestklägers zusammen.[439] Drittens sei die Mehrzahl derjenigen, die im Inland Arrestverfahren anstrengten, im Inland ansässig.[440]

132 Das erste Argument vermag ersichtlich eine unionsrelevante Diskriminierung nicht zu tragen. Eine Diskriminierung von Nicht-EU-Ausländern, die keine EU-Marktbürger sind, verbietet Art. 18 AEUV nicht. Das zweite Argument erschütterte im Ansatz das gesamte Recht der internationalen Zuständigkeit. Ihm zuwider muss man auch das Gebot effektiven Rechtsschutzes in Rechnung stellen. Im Eilverfahren gebietet dieses, solche Gerichtsstände zur Verfügung zu stellen, die einen schnellen und effektiven Zugriff gewährleisten oder zumindest möglich machen. Allein dem dritten Argument vermag man eine gewisse Berechtigung nicht abzusprechen. Indes könnte man mit ihm das gesamte Zivilprozessrecht

---

[430] OLG Dresden 7.12.2006 – 21 UF 410/06, NJW-RR 2007, 659; Drescher in MüKoZPO, 5. Aufl. 2016, § 917 Rn. 13; Huber in Musielak/Voit ZPO § 917 Rn. 5–7; Mankowski RIW 2004, 587 (590).
[431] So zB AG Pirmasens 2 C 97/96, RIW 1997, 1042; diff. AG Hamburg, IPRspr. 1996 Nr. 197a S. 477.
[432] EuGH 10.2.1994 – C-398/92, ECLI:EU:C:1994:52, Slg. 1994, I-467 Rn. 19 = NJW 1994, 1271 – Mund & Fester.
[433] OLG Frankfurt a. M. 2.12.1998 – 13 U 175/98, OLG-Report Frankfurt 1999, 74 (75) = InVo 1999, 252; LG Hamburg 14.8.1996 – 317 S 144/96 = RIW 1997, 67 (68); Ress JuS 1995, 967 (971); Grunsky in Stein/Jonas, ZPO, 21. Aufl. 1996, § 917 Rn. 17; Mennicke EWS 1997, 117 (121 f.).
[434] Mankowski NJW 1995, 306 (308); Mankowski EWiR § 917 ZPO 1/96, 1007 (1008); Fuchs RIW 1996, 280 (286); Fuchs IPRax 1998, 25 (28).
[435] Kaum WiB 1997, 1053.
[436] Kropholler/C. H. Hartmann FS Drobnig, 1998, 337 (354 ff.); Sessler WM 2001, 497 (501) sowie Mennicke EWS 1997, 117 (120).
[437] Siehe nur Mankowski NJW 1995, 306 (307); Mennicke EWS 1997, 117 (120); Kaum WiB 1997, 1053; Kropholler/C. H. Hartmann FS Drobnig, 1998, 337 (353 f.).
[438] Kropholler/C. H. Hartmann FS Drobnig, 1998, 337 (355).
[439] Kropholler/C. H. Hartmann FS Drobnig, 1998, 337 (355 ff.).
[440] Kropholler/C. H. Hartmann FS Drobnig, 1998, 337 (357 f.) sowie Sessler WM 2001, 497 (501).

zum Einsturz bringen. Natürlich wird vorrangig derjenige im Inland ein Verfahren anstrengen, der im Inland leichten Zugang zu den Gerichten hat. Das ganze Zivilverfahrensrecht betrifft im Inland angestrengte Verfahren und wäre deshalb von einem Argument betroffen, dass sich auf die Wahrscheinlichkeit stützt, mit welcher der Verfahrenseinleitende im Inland ansässig ist.

Für die Inklusion prospektiver Entscheidungen aus dem EU-Ausland spricht auch Art. 47 Abs. 1 Brüssel I-VO, der statuiert, dass der Kläger bei einer nach der Brüssel I-VO anzuerkennenden Entscheidung die Möglichkeit hat, einstweilige Maßnahmen (wie auch den Arrest) nach dem Recht des Vollstreckungsmitgliedstaates ohne Vollstreckbarerklärung zu nutzen.[441] Mitgliedstaatliche Entscheidungen sollen auf demselben Absicherungsniveau stehen können wie inländische Entscheidungen.[442]

133

VI. Revision und Wiederaufnahme bei fehlerhafter Anwendung des Unionsrechts

1. Fehlerhafte Nichtzulassung der Revision. Nach dem Wegfall der Streitwertrevision entscheidet gem. § 543 ZPO nur noch das Berufungsgericht über die **Zulassung der Revision.** Das Revisionsgericht ist gem. § 543 Abs. 2 S. 2 ZPO an die Zulassung der Revision durch das Berufungsgericht gebunden. Gebunden war es vor der ZPO-Reform auch an die Nichtzulassung.[443] Dies galt selbst bei einem Rechtsirrtum des Berufungsgerichts über die Zulassungsvoraussetzungen.[444] Die ZPO kannte bis zum 1.1.2002 und dem Inkrafttreten des § 544 ZPO anders als VwGO und FGO kein Institut der **Nichtzulassungsbeschwerde.** Unionsrechtliche Relevanz konnte dies erlangen, wenn das Berufungsgericht verkannt hatte, dass im konkreten Rechtsstreit unionsrechtliche Fragen eine Vorlage des Revisionsgerichts an den EuGH nach Art. 267 Abs. 3 AEUV erforderlich machten.[445] Solche unionsrechtlichen Fragen verliehen dem Rechtsstreit grundsätzliche Bedeutung damals im Sinne von § 546 Abs. 1 S. 2 Nr. 1 ZPO aF,[446] heute im Sinne von § 543 Abs. 2 S. 1 Nr. 1 ZPO Abhilfe gegen die Bindung an die Nichtzulassung durch das Berufungsgericht erschien zur Wahrung der Unionstreue aus Art. 4 Abs. 3 EUV geboten.[447] Rechtstechnisch ließ sich solche Abhilfe dadurch verwirklichen, dass das Revisionsgericht eine fristgerecht eingelegte Revision annahm und insoweit keine Bindung an die Nichtzulassung durch das Berufungsgericht bestand.[448] Abhilfe erschien jedoch nicht möglich, wenn die in der Berufungsinstanz belastete Partei keine Revision einlegte. Die Nichtzulassungsbeschwerde als Institut einzuführen wäre ein zu schwer wiegender Struktureingriff in das nationale Zivilprozessrecht gewesen, als dass er im Wege richterlicher Rechtsfortbildung hätte geleistet werden können.

134

2. Aufhebung des nationalen Urteils bzw. Wiederaufnahme des Verfahrens. Eine parallele Problematik ergibt sich auch heute noch, wenn sich nach rechtskräftigem Abschluss eines Verfahrens herausstellt, dass das entscheidungsfällende Gericht Unionsrecht falsch angewandt hat. Eine solche nachlaufende Entwicklung kann sich namentlich durch eine später ergehende Entscheidung des EuGH ergeben. Für den nationalen Prozess stellt sich dann die Frage nach einer möglichen Aufhebung des Urteils oder der **Wiederaufnahme des Prozesses.**

135

Wird durch den EuGH nachträglich die Unionsrechtswidrigkeit einer nationalen Entscheidung festgestellt, so führt dies nicht automatisch zur Aufhebung der Entscheidung,

136

---

[441] Ausf. dazu Heinze EuR 2008, 654 (685 f.).
[442] Ausf. dazu Heinze EuR 2008, 654 (685 f.).
[443] BGH 26.9.1979 – VIII ZR 87/79 = NJW 1980, 344.
[444] BGH 12.3.1980 – IV ZR 102/78, BGHZ 76, 305 = NJW 1980, 1626; BGH 23.1.1980 – IV ZR 217/79 = FamRZ 1980, 233 (234).
[445] H. Koch EuZW 1995, 78 (83).
[446] Siehe BVerwG 22.7.1986 – 3 B 104/85, LRE 19, 93 (94) = BeckRS 1986, 31317639; BVerwG 22.10.1986 – 3 B 43/86 = NJW 1988, 664, für die parallele Frage im Verwaltungsprozess.
[447] H. Koch EuZW 1995, 78 (83).
[448] H. Koch EuZW 1995, 78 (83).

denn der EuGH hält nicht die Funktion einer Superrevisionsinstanz über den nationalen Gerichten.[449] Der betreffende Mitgliedstaat ist lediglich nach Art. 260 AEUV gezwungen, diejenigen erforderlichen Maßnahmen zu ergreifen, die sich aus dem Urteil ergeben. Der genaue Inhalt dieser Pflicht ist strittig.[450] Die Aufhebung eines nationalen Urteils kann demzufolge auch nur auf nationaler Ebene stattfinden. Es stellt sich also die Frage, ob die Mitgliedstaaten aus Art. 260 AEUV verpflichtet sind, Verfahren zu schaffen, durch die gegen das Unionsrecht verstoßende Entscheidungen aufgehoben werden können.

137 In Kapferer[451] hatte der EuGH noch deutlich betont, dass das Unionsrecht nicht verlange, dass ein Mitgliedstaat von seinen Regelungen der Rechtskraft abweicht; dh, dass also kein Gebot zur Aufhebung rechtskräftiger unionsrechtswidriger Entscheidungen bestehe.[452] Zur Begründung wird ua angeführt, dass das Unionsrecht lediglich die Ausnutzung bestehender Verfahren erfordere, nicht die Schaffung neuer. Wenngleich dies die Grundlinie des EuGH ist, so hat er dennoch die Frage der Beibehaltung der nationalen Rechtskraft bisweilen relativiert.[453] Im Ausnahmefall muss also diskutiert werden, ab welchem Umfang eines Gemeinschaftsrechtsverstoßes eine Überwindung der nationalen Rechtskraft angezeigt ist – zu bejahen ist dies sicherlich, in den Fällen, in denen ein Nationalstaat die unionsrechtliche Regelung gezielt zu unterlaufen sucht, ggf. auch bei Verletzung von Gemeinschaftsgrundrechten.[454] Für den Regelfall gilt jedoch die Beibehaltung der Rechtskraft des gemeinschaftsrechtswidrigen Urteils auf Basis des geltenden Rechts, eine Aufhebung ist hier bislang nicht möglich.[455]

138 In § 580 ZPO ist ein entsprechender **Wiederaufnahmegrund** bis heute nicht aufgeführt. Bei strengem und wortlautgetreuem Verständnis scheidet eine Wiederaufnahme daher aus.[456] Für dieses negative Ergebnis streitet auch, dass der Gesetzgeber generell die nachträgliche Änderung der Rechtslage durch neue höchstrichterliche Rechtsprechung nicht zum Wiederaufnahmegrund erhoben hat.[457] Nur § 580 Nr. 8 ZPO durchbricht dies explizit für den spezifischen Fall, dass der EGMR einen Verstoß gegen die EMRK feststellt. Eine verfahrensrechtsvergleichende Umschau in den Prozessrechten der anderen Mitgliedstaaten sichert dies ab.[458] Eine solche Umschau kann deshalb Bedeutung haben, weil sie allgemeine Prozessrechtsgrundsätze auch für die prozessuale Umsetzung des Unionsrechts im Rahmen der nationalen Prozessrechte indizieren kann.[459] Dies könnte den Konflikt zwischen voller Effektivität des Unionsrechts und der Rechtskraft von Entscheidungen zu Gunsten der Rechtskraft ausgehen lassen.

139 Die Gegenposition bestünde in einer analogen Anwendung des § 580 Nr. 6, 7 ZPO oder § 580 Nr. 8 ZPO,[460] um dem Unionsrecht seine volle Effektivität zu verleihen.[461] Dass 2006 § 580 Nr. 8 ZPO eingefügt wurde, macht deutlich, dass die Durchbrechung der

---

[449] Poelzig JZ 2007, 858 (859) mwN.
[450] Poelzig JZ 2007, 858 (859 Fn. 18) mwN.
[451] EuGH 16.3.2006 – C-234/04, ECLI:EU:C:2006:178, Slg. 2006, I-2585 = BeckRS 9998, 92919 – Kapferer/Schlank und Schick.
[452] Ruffert JZ 2006, 905 (905 f.); Poelzig JZ 2007, 858 (860).
[453] Sehr ausf. dazu Poelzig JZ 2007, 858 (860–862).
[454] Vgl. Ruffert JZ 2006, 905 (906); ähnlich Poelzig JZ 2007, 858 (862).
[455] Poelzig JZ 2007, 858 (864).
[456] BFHE 123, 310 (312) = BStBl. II 1978, 21 = DVBl 1978, 501 = NJW 1978, 511.
[457] BFHE 123, 310 (312) = BStBl. II 1978, 21 = DVBl 1978, 501 = NJW 1978, 511.
[458] H. Koch EuZW 1995, 78 (84) mwN.
[459] H. Koch EuZW 1995, 78 (79–82) unter Hinweis auf EuGH 12.7.1957 – verb. Rs. 7/56, 3/57 bis 7/57, ECLI:EU:C:1957:7, Slg. 1957, 86 (118) = BeckRS 2004, 73551 – Algera; EuGH 16.12.1976 – 33/76, ECLI:EU:C:1976:188, Slg. 1976, 1989 Rn. 5 = NJW 1977, 495 – Rewe/Landwirtschaftskammer Saarland.
[460] Zur analogen Anwendung von § 580 Nr. 6 ZPO, Poelzig JZ 2007, 858 (867); abl. auch Musielak/Voit in Musielak/Voit, ZPO, 18. Aufl. 2021, § 580 Rn. 12; die analoge Anwendung von § 570 Nr. 7 ZPO abl. OLG Köln 31.3.2004 – 6 U 158/03 = BeckRS 2004, 4474.
[461] Meier EuR 1976, 158 (160 f.); Meier EuZW 1991, 11 (14); Huthmacher, Der Vorrang des Unionsrechts bei indirekten Kollisionen, 1985, S. 214 f.; Bernhardt, Verfassungsprinzipien, Verfassungsfunktion, Verfassungsprozessrecht im EWG-Vertrag, 1987, S. 341 f.

Rechtskraft aufgrund einer Entscheidung eines außerhalb des nationalen Instanzenzugs stehenden Gerichts jedenfalls nicht gänzlich abgelehnt wird.[462] In einem Wertungsschluss aus § 580 Nr. 6 ZPO ist demzufolge auch in diesem Fall anzuwenden. Nur so lässt sich eine effektive Anwendung des Unionsrechts und – in Parallele zur EMRK – seiner Grundrechte gewährleisten.

3. Durchbrechung der materiellen Rechtskraft wegen eines unionsrechtlichen effet utile. Formelle Wiederaufnahme mit möglicher formeller Aufhebung ist ein ebenso radikaler wie aufwändiger Schritt. Insbesondere wäre er mit einem weiteren Verfahren und dem Zeitablauf durch dieses Verfahren verbunden. Den Zielkonflikt zwischen einem effet utile des betroffenen Unionsrechtsakts und der materiellen Rechtskraft bei fehlerhafter Anwendung von Unionsrecht löst der EuGH in **Klausner Holz** auf einem informellen Weg:[463] Er lässt den effet utile vorgehen und statuiert insoweit eine ausnahmsweise Durchbrechung der Regeln über die materielle Rechtskraft aus dem Zivilprozessrecht des jeweiligen Forumsstaats.[464] Der Grundsatz der unionsrechtskonformen Auslegung verlange von den nationalen Gerichten, unter Berücksichtigung des gesamten innerstaatlichen Rechts und unter Anwendung der dort anerkannten Auslegungsmethoden alles zu tun, was in ihrer Kompetenz liege, um die volle Wirksamkeit des Unionsrechts zu gewährleisten und zu einem Ergebnis zu gelangen, das mit dem vom Unionsrecht verfolgten Ziel im Einklang stehe.[465] Ein deutsches Gericht habe zu prüfen, ob die ausdrücklich in § 322 ZPO genannte Einschränkung auf entschiedene Fragen es ihm nicht gestatte, § 322 ZPO dahin auszulegen, dass die Rechtskraft sich nur auf das rechtliche Begehren erstrecke, über das es entschieden habe, und demnach ein Gericht nicht daran hindere, im Rahmen eines späteren Rechtsstreits über Rechtsfragen zu entscheiden, über die in dieser unanfechtbaren Entscheidung nicht entschieden worden sei.[466]

Der EuGH ist im Ausgangspunkt durchaus bereit, der Rechtskraft auch in den nationalen Rechtsordnungen erhebliche Bedeutung zur Gewährleistung sowohl des Rechtsfriedens und der Beständigkeit rechtlicher Beziehungen als auch einer geordneten Rechtspflege zuzugestehen, indem nach Ausschöpfung des Rechtswegs oder nach Ablauf der Rechtsmittelfristen unanfechtbar gewordene Gerichtsentscheidungen nicht mehr in Frage gestellt werden können.[467] Daher gebiete das Unionsrecht es einem nationalen Gericht nicht in jedem Fall, von der Anwendung innerstaatlicher Verfahrensvorschriften, aufgrund deren eine Entscheidung Rechtskraft erlangt, abzusehen, selbst wenn dadurch ein durch die fragliche Entscheidung eingetretener Verstoß gegen das Unionsrecht beseitigt werden könnte.[468]

Fehlten einschlägige unionsrechtliche Vorschriften, sei es nach dem Grundsatz der Verfahrensautonomie Sache der innerstaatlichen Rechtsordnungen der Mitgliedstaaten, die Modalitäten der Wirkung der Rechtskraft festzulegen. Dabei seien jedoch der Äquivalenz- und der Effektivitätsgrundsatz zu beachten.[469] Eine nationale Rechtsvorschrift, die aufgrund

---

[462] Poelzig JZ 2007, 858 (864); zu § 580 Nr. 8 ZPO Musielak/Voit in Musielak/Voit, ZPO, 18. Aufl. 2021, § 580 Rn. 24.
[463] Zur vorherigen Entwicklung der EuGH-Rechtsprechung Voß, Die Durchbrechung der Rechtskraft nationaler Zivilgerichtsurteile zu Gunsten des unionsrechtlichen „effet utile"?, 2019, 66–110 mit Nachweisen.
[464] EuGH 11.11.2015 – C–505/14, ECLI:EU:C:2015:742, Rn. 34–46 – Klausner Holz Niedersachsen.
[465] Z. B. EuGH 24.1.2012 – C–282/10, ECLI:EU:C:2012:33, Rn. 27 – Dominguez mwN.
[466] EuGH 11.11.2015 – C–505/14, ECLI:EU:C:2015:742, Rn. 36 – Klausner Holz Niedersachsen.
[467] EuGH 11.11.2015 – C–505/14, ECLI:EU:C:2015:742, Rn. 38 – Klausner Holz Niedersachsen unter Hinweis auf EuGH 3.9.2009 – C–2/08, ECLI:EU:C:2009:506, Rn. 22 – Fallimento Olimpiclub; EuGH 6.10.2015 – C–69/14, ECLI:EU:C:2015:662, Rn. 28 – Târşia.
[468] EuGH 11.11.2015 – C–505/14, ECLI:EU:C:2015:742, Rn. 39 – Klausner Holz Niedersachsen unter Hinweis auf EuGH 16.3.2006 – C–234/04, ECLI:EU:C:2006:178, Rn. 22 – Kapferer; EuGH 3.9.2009 – C–2/08, ECLI:EU:C:2009:506, Rn. 23 – Fallimento Olimpiclub; EuGH 22.12.2010 – C–507/08, ECLI:EU:C:2010:802, Rn. 60 – Kommission/Slowakische Republik; EuGH 10.7.2014 – C–213/13, ECLI:EU:C:2014:2067, Rn. 59 – Impresa Pizzarotti und EuGH 6.10.2015 – C–69/14, ECLI:EU:C:2015:662, Rn. 29 – Târşia.
[469] EuGH 11.11.2015 – C–505/14, ECLI:EU:C:2015:742, Rn. 40 – Klausner Holz Niedersachsen.

einer rechtskräftigen Entscheidung eines nationalen Gerichts in einem Rechtsstreit, der nicht denselben Gegenstand habe und nicht den Beihilfecharakter der streitigen Verträge betreffe, hindere die nationalen Gerichte daran, sämtliche Konsequenzen aus einem Verstoß gegen Art. 108 Abs. 3 Satz 3 AEUV zu ziehen, und sei daher als mit dem Effektivitätsgrundsatz unvereinbar anzusehen. Eine so weitreichende Behinderung der effektiven Anwendung des Unionsrechts und insbesondere der Bestimmungen über die Kontrolle staatlicher Beihilfen könne durch den Grundsatz der Rechtssicherheit nicht angemessen gerechtfertigt werden.[470]

143   Das Beihilferecht mag zwar den konkreten Anlass gegeben haben und mag besonderen Sprengstoff bergen, weil es besondere Brisanz haben kann.[471] Trotzdem sind diese Ausführungen nicht auf das Beihilferecht beschränkt, sondern das Beihilferecht steht exemplarisch, pars pro toto, für Materien des Unionsrechts, deren effet utile über den Transmissionsriemen des Effektivitätsgrundsatzes Vorrang vor den nationalen Rechtskraftregeln auch im Zivilprozess reklamiert.[472] Eine unionsrechtskonforme Auslegung bzw. Reduktion des § 322 ZPO erscheint insoweit indes möglich.[473]

VII. Prozessbürgschaft einer Bank aus dem EU-Ausland

144   § 108 ZPO aF verwies für die Tauglichkeit von **Prozessbürgen** implizit auf § 239 BGB. Nach § 239 Abs. 1 BGB ist zur Sicherheitsleistung tauglicher Bürge, wer ein der Höhe der zu leistenden Sicherheit angemessenes Vermögen besitzt und seinen allgemeinen Gerichtsstand im Inland hat. Nach § 108 Abs. 1 S. 2 Var. 1 ZPO ist heute die Bürgschaft eines im Inland zum Geschäftsbetrieb befugten **Kreditinstituts** Regelsicherheit. Problematisch ist das Merkmal der Zulassung im Inland bzw. unter altem Recht das Merkmal des allgemeinen Gerichtsstandes im Inland. Zulassung im Inland meint das Bestehen einer Niederlassung im Inland. Ob man das grenzüberschreitende Stellen einer Bankbürgschaft als Kapitaltransfer[474] oder als Dienstleistung[475] versteht, hat als systematische Einordnungsfrage Bedeutung. In Rede steht je nach Einordnung ein Verstoß gegen Art. 56 AEUV oder gegen Art. 63 AEUV. Eine Besonderheit liegt in jedem Fall darin, dass primär[476] nicht Rechte einer der Prozessparteien betroffen sind, sondern Grundfreiheiten eines Dritten. Zulassung im Inland, dh Begründung einer Niederlassung im Inland, oder generelle Ansässigkeit im Inland sind diskriminierende Merkmale. Die Grundfreiheiten sind aber besondere Diskriminierungsverbote.

145   Sowohl die Dienstleistungsfreiheit als auch die **Kapitalverkehrsfreiheit** stellen strenge Anforderungen an eine Rechtfertigung für Diskriminierungen. In Betracht kommen dafür nur Belange der öffentlichen Ordnung. Eine Rechtfertigung durch zwingende Erfordernisse des Allgemeinwohls wäre dagegen nur bei nichtdiskriminierenden Beschränkungen möglich.[477] Die öffentliche Ordnung ist für Dienstleistungsfreiheit wie für Kapitalverkehrs-

---

[470] EuGH 11.11.2015 – C-505/14, ECLI:EU:C:2015:742, Rn. 45 – Klausner Holz Niedersachsen unter Hinweis auf EuGH 3.9.2009 – C-2/08, ECLI:EU:C:2009:506, Rn. 31 – Fallimento Olimpiclub; EuGH 9.9.2015 – C-160/14, ECLI:EU:C:2015:565, Rn. 59 – Ferreira da Silva e Brito.
[471] Siehe Frenz DVBl 2016, 45; Harald Weiß EuZW 2016, 60; Gundel EWS 2016, 2; Kopczyński EWiR 2016, 223; Streinz NVwZ 2016, 609; Laukemann GPR 2016, 172.
[472] Eingehend Voß, Die Durchbrechung der Rechtskraft nationaler Zivilgerichtsurteile zu Gunsten des unionsrechtlichen „effet utile"?, 2019, 171–218.
[473] Näher Voß, Die Durchbrechung der Rechtskraft nationaler Zivilgerichtsurteile zu Gunsten des unionsrechtlichen „effet utile"?, 2019, 126–154.
[474] So OLG Düsseldorf 18.9.1995 – 4 U 231/93, ZIP 1995, 1667 (1668) = WM 1995, 1993; Retemeyer, Sicherheitsleistung durch Bankbürgschaft, 1995, S. 51 f.; Taupitz FS Lüke, 1997, 845 (857 f.).
[475] So Ehricke EWS 1994, 259 (261); Ehricke RabelsZ 1995, 598 (607); Mülbert ZHR 159 (1995), 2 (29); Mankowski EWiR § 108 ZPO 1/95, 1035 (1036); Mankowski WuB VII A. § 108 ZPO 1.96, 187 (188); Ralle WiB 1996, 87 (88); Fuchs RIW 1996, 280 (284); Reich ZBB 2000, 177 (178); mit Differenzierungen auch Schöne WM 1989, 873 (876).
[476] Sekundär mag man auch die passive Dienstleistungsfreiheit, die Dienstleistungsempfangsfreiheit der zur Sicherheitsleistung verpflichteten Prozesspartei wie des begünstigten Bürgschaftsgläubigers beeinträchtigt sehen; Reich ZBB 2000, 177 (177).
[477] Siehe nur Ehricke EWS 1994, 259 (261 f.) mit umfangreichen Nachweisen aus der Rspr. des EuGH.

freiheit ausländerpolizeirechtlich zu verstehen. Eine tatsächliche und hinreichend schwere Gefährdung muss Grundinteressen der Gesellschaft berühren.[478] Art. 6 Abs. 1 lit. b Var. 3 AEUV ist insoweit nicht anders auszulegen als Art. 52 Abs. 1 AEUV iVm Art. 62 AEUV.[479] Der Schutz von Individualbelangen einzelner Drittbetroffener fällt nicht darunter.[480] § 108 Abs. 1 S. 2 ZPO wie § 239 Abs. 1 BGB können sich aber nur auf Individualbelange des Bürgschaftsgläubigers stützen, die Nachteile einer Vollstreckung im Ausland mit ihren zusätzlichen Kosten und Mühen zu vermeiden.[481] Die in ihnen bei wörtlichem Verständnis angelegte Diskriminierung lässt sich daher europarechtlich nicht rechtfertigen.[482] Auf Brüssel I-VO oder LugÜ kommt es dabei überhaupt nicht an.[483]

Bestätigung findet dies in der Ambry-Entscheidung des EuGH: Dieser zufolge verstieß die im französischen Recht für Sicherheitsleistungen im Zusammenhang mit der Pauschalreise-Richtlinie bestehende Pflicht, eine zweite Sicherheit durch ein in Frankreich ansässiges Institut stellen zu lassen, wenn eine erste Sicherheit von einem im EU-Ausland ansässigen Finanzinstitut gestellt war, gegen Art. 66 AEUV, ohne dass dies unionsrechtlich gerechtfertigt gewesen wäre.[484] **146**

Geboten ist eine **Inländergleichbehandlung** von Bürgen (insbes. Banken), die im EU-Ausland ansässig sind. Mittel dafür ist eine europarechtskonforme Extension des § 108 Abs. 1 S. 2 ZPO und des § 239 Abs. 1 BGB. Abzustellen ist nicht mehr auf eine Niederlassung im Inland oder den allgemeinen Gerichtsstand in Deutschland, sondern auf den allgemeinen Gerichtsstand in einem EU- oder EWR-Mitgliedstaat.[485] Teilweise wurden zusätzliche einschränkende Kautelen aufgestellt:[486] Erstens müssten in der Bürgschaftsurkunde deutsches Recht und ein deutscher Gerichtsstand vereinbart werden;[487] zweitens müsse der Bürge einen inländischen Zustellungsbevollmächtigten benennen; drittens dürfe eine Auslandsvollstreckung nur in Mitgliedstaaten des EuGVÜ oder des LugÜ in Betracht kommen. Zumindest die ersten beiden dieser Kautelen wären ihrerseits diskriminierend, weil sie rein inlandsbezogen sind. Unionsrechtlich lassen sie sich nicht halten.[488] Im EU- oder EWR-Ausland ansässige Kreditinstitute dürfen sich zwar nach § 53b Abs. 2, 7 KWG erleichtert und über eine Zweigniederlassung sogar ohne besonderes behördliches Zulassungsverfahren in Deutschland niederlassen. Das verschlägt aber nicht, soweit die Nieder- **147**

---

[478] EuGH 27.10.1977 – 30/77, ECLI:EU:C:1977:172, Slg. 1977, 1999, Rn. 33, 35 = BeckRS 2004, 73063 – Bouchereau.
[479] Weber EuZW 1992, 561 (563); Mankowski WuB VII A. § 108 ZPO 1.96, 187 (188 f.); auch Taupitz FS Gerhard Lüke, 1997, 845 (858).
[480] Ehricke EWS 1994, 259 (262); Mankowski EWiR § 108 ZPO 1/95, 1035 (1036); Mankowski WuB VII A. § 108 ZPO 1.96, 187 (189); Taupitz FS Gerhard Lüke, 1997, 845 (860 f.).
[481] Foerste ZBB 2001, 483, (484, 486).
[482] OLG Hamburg 4.5.1995 – 5 U 118/93 = NJW 1995, 2859; OLG Düsseldorf 18.9.1995 – 4 U 231/93, ZIP 1995, 1667 (1668) = WM 1995, 1993; Ehricke EWS 1994, 259 (262); Ehricke RabelsZ 1995, 598 (607); Mülbert ZHR 1995, 2 (31); Toth EWS 1995, 281 (282); Retemeyer, Sicherheitsleistung durch Bankbürgschaft, 1995, S. 52; Ralle WiB 1995, 602; Ralle WiB 1996, 87 (88); Mankowski EWiR § 108 ZPO 1/95, 1035 (1036); Mankowski WuB VII A. § 108 ZPO 1.96, 187 (189); Zeller EWiR § 108 ZPO 2/95, 1139; Taupitz FS Lüke, 1997, 845 (861); Reich ZBB 2000, 177 (178 ff.) sowie OLG Koblenz 2 W 105/95, RIW 1995, 775 = EWS 1995, 282.
[483] Dies übersehen OLG Düsseldorf 18.9.1995 – 4 U 231/93, ZIP 1995, 1667 (1668) = WM 1995, 1993; Ralle WiB 1995, 602; Reich ZBB 2000, 177 (179 f.).
[484] EuGH 1.12.1998 – C-410/96, ECLI:EU:C:1998:578, Slg. 1998, I-7875, Rn. 22–40 = BeckRS 2004, 77105 – Ambry.
[485] Ehricke EWS 1994, 259 (262); Retemeyer, Sicherheitsleistung durch Bankbürgschaft, 1995, S. 54; Heinrichs, in Palandt, BGB, 61. Aufl. 2002, BGB § 239 Rn. 1; ähnlich Stadler FG 50 Jahre BGH, Bd. III, 2000, 645 (647), gebundene Ermessensentscheidung. Über eine – nach der hier vertretenen Ansicht – weitere Ausdehnung auf Banken mit Sitz in Mitgliedstaaten des LugÜ, aber nicht der EU oder des EWR (dafür Fuchs RIW 1996, 280 (286)) bleibt nachzudenken. Betroffen wären davon namentlich Banken in der Schweiz.
[486] OLG Hamburg 4.5.1995 – 5 U 118/93 = NJW 1995, 2859; dazu Toth EWS 1995, 280; Mankowski EWiR § 108 ZPO 1/95, 1035.
[487] So auch Reich ZBB 2000, 177 (180); ähnlich Fuchs RIW 1996, 280 (289).
[488] Mankowski EWiR § 108 ZPO 1/95, 1035 (1036); Mankowski WuB VII A. § 108 ZPO 1.96, 187 (188).

lassung im Inland Voraussetzung der Regelsicherheit wäre. Denn dahinter steckte doch ein mittelbarer Zwang dazu, eine Niederlassung in Deutschland zu begründen, um in den Markt für Prozessbürgschaften effektiv einbrechen zu können. Der Korrespondenzabschluss vom Ausland aus ohne die Kosten einer festen inländischen Präsenz bliebe mittelbar verwehrt.[489] Es kann auch keinen Unterschied machen, ob es unter neuem Recht um die Anerkennung als Regelsicherheit oder unter altem Recht um die Anerkennung als Sicherheit überhaupt geht.[490] Die Unterschiede sind graduell, ändern aber nichts am prinzipiell diskriminierenden und deshalb zu beseitigenden Charakter.

148 Inländergleichbehandlung heißt dagegen nicht, dass man hinsichtlich der persönlichen Anforderungen Bürgen aus dem EU-Ausland anders beurteilen müsste oder dürfte als inländische Bürgen. An der Anforderung, dass der Bürge hinreichendes Vermögen haben müsse, ändert sich nichts.[491] Die **Bonität des Bürgen** ist weiterhin zu prüfen.[492] Unionsrechtlich ist das Erfordernis zulässig, dass ein Nachweis für die Tauglichkeit der zu stellenden Sicherheit nach bestimmten und objektiv festgelegten Kriterien erbracht werden muss.[493] Die entsprechende Prüfung kann bei Bürgen aus dem Ausland aufwendiger sein,[494] jedoch ist dies einzelfallabhängig.[495] Ein wichtiges Indiz ist, ob die bürgende Bank in ihrem Sitzstaat als **Zoll- oder Steuerbürge** zugelassen ist.[496]

VIII. Europäisches Verbraucherschutzrecht und Beschränkung von Klagerechten der Verbraucher

149 Auch der Verbraucherschutz ist nach Art. 169 AEUV eine Maxime und ein Leitprogramm im Unionsrecht. Soweit man Art. 169 AEUV ein unmittelbar wirkendes subjektives Recht des einzelnen Verbrauchers auf Information entnehmen will,[497] kann sich dies auch im Zivilprozessrecht niederschlagen.[498] Dann gehörten alle Normen der ZPO theoretisch auf diesen Prüfstand.[499] In anderen Mitgliedstaaten als Deutschland wirkt die Pflicht zur amtswegigen Anwendung des EU-Verbraucherschutzrechts,[500] insbesondere der KlauselRL[501], samt daraus folgender Pflicht, sicherstellende Maßnahmen gegen dem Verbraucher ungünstige irreversible Ergebnisse zu treffen,[502] als Motor. Die Europäisierung des Zivilprozessrechts geschieht durchaus schleichend und subtil durch Mechanismen der Zielverfolgung und der Anreizsetzung.[503]

---

[489] Vgl. Foerste ZBB 2001, 483 (486 f.), der dieses Ergebnis durchaus befürwortet.
[490] Entgegen Foerste ZBB 2001, 483 (486 f.).
[491] OLG Koblenz 2 W 105/95, RIW 1995, 775 = EWS 1995, 282 (283); Retemeyer, Sicherheitsleistung durch Bankbürgschaft, 1995, S. 54; Taupitz FS Lüke, 1997, 845 (861).
[492] Mankowski WuB VII A. § 108 ZPO 1.96, 187 (189).
[493] GA Mischo SchlA 14.5.1998 – C-410/96, ECLI:EU:C:1998:227, Slg. 1998, I-7877 (7887 f. Rn. 36) – Ambry.
[494] OLG Koblenz 29.3.1995 – 2 W 105/95, RIW 1995, 775 = EWS 1995, 282 (283); Retemeyer, Sicherheitsleistung durch Bankbürgschaft, 1995, S. 54.
[495] Taupitz FS Lüke, 1997, 845 (861 Fn. 68).
[496] Mankowski WuB VII A. § 108 ZPO 1.96, 187 (189).
[497] So Reich VuR 1999, 3 (6 f.) sowie tendenziell Staudenmayer RIW 1999, 733 (734).
[498] Eingehend zum Komplex Hess/Law (eds.), Implementing EU Consumer Rights by National Procedural Law, 2019.
[499] Heiderhoff ZEuP 2001, 276 (283).
[500] Grundlegend EuGH 27.6.2000 – C-240/98 bis C-244/98, ECLI:EU:C:2000:346, Slg. 2000, I-4941 Rn. 26–28 – Océano Grupo Editorial und Salvat Editores = NJW 2000, 2571; EuGH 21.11.2002 – C-473/00, ECLI:EU:C:2002:705, Slg. 2002, I-10875, Rn. 32–36 – Cofidis.
Dazu z. B. Hess/Taelman in Hess/Law (eds.), Implementing EU Consumer Rights by National Procedural Law, 2019, 95, 111–128.
[501] Richtlinie 93/13/EWG des Rates vom 5. April 1993 über mißbräuchliche Klauseln in Verbraucherverträgen, ABl. 1993 L 95/29.
[502] Siehe nur EuGH 14.3.2013 – C-415/11, ECLI:EU:C:2013:164, Rn. 59–64 – Aziz; EuGH 3.10.2013 – C-32/12, ECLI:EU:C:2013:637, Rn. 39 – Duarte Hueros; EuGH 14.11.2013 – C-537/12 u. C-116/13, ECLI:EU:C:2013:759, Rn. 54–61 – Banco Popular España.
[503] Ferrand Gaz. Pal. 30/31 juillet 2014, Nos 211 à 212, 6 (7 f.).

Als Beispiel dafür, dass die Antworten durchaus differenzierend ausfallen, sei die EuGH-Entscheidung **Raiffeisen** genannt: Einerseits stehen Artt. 2 lit. b; 6 Abs. 1; 7 Abs. 1 KlauselRL nationalen Rechtsvorschriften nicht entgegen, denen zufolge zwar für eine Klage auf Feststellung der Nichtigkeit einer missbräuchlichen Klausel in einem zwischen einem Gewerbetreibenden und einem Verbraucher geschlossenen Vertrag keine Verjährungsfrist gilt, aber eine Klagefrist für die Geltendmachung der sich aus dieser Feststellung ergebenden Restitutionswirkung eine Verjährungsfrist vorsieht, sofern diese Frist nicht weniger günstig ausgestaltet ist als die für entsprechende innerstaatliche Klagen geltende (Äquivalenzgrundsatz) und sie die Ausübung der durch die Unionsrechtsordnung und insbesondere durch die Richtlinie 93/13 verliehenen Rechte nicht praktisch unmöglich macht oder übermäßig erschwert (Effektivitätsgrundsatz).[504]

150

Andererseits stehen Artt. 2 lit. b; 6 Abs. 1; 7 Abs. 1 KlauselRL sowie die Grundsätze der Äquivalenz, der Effektivität und der Rechtssicherheit einer gerichtlichen Auslegung der gleichen nationalen Rechtsvorschriften entgegen, nach der für die Klage auf Erstattung der Beträge, die aufgrund einer missbräuchlichen Klausel in einem zwischen einem Verbraucher und einem Gewerbetreibenden geschlossenen Vertrag rechtsgrundlos gezahlt wurden, eine Verjährungsfrist von drei Jahren gilt, die mit dem Tag der vollständigen Erfüllung dieses Vertrags zu laufen beginnt, wenn vermutet wird – ohne dass es dafür einer Prüfung bedürfte –, dass der Verbraucher zu diesem Zeitpunkt von der Missbräuchlichkeit der in Rede stehenden Klausel Kenntnis haben müsste, oder wenn der Lauf dieser Frist für entsprechende, auf bestimmte innerstaatliche Vorschriften gestützte Klagen erst ab der gerichtlichen Feststellung des Grundes beginnt, auf dem diese Klagen beruhen.[505]

151

IX. Ausgewählte Beispiele für Einflüsse einzelner Sekundärrechtsakte auf das nationale Zivilprozessrecht

1. Handelsregistergebühren für gesellschaftsrechtliche Eintragungen. a) Fantask-Rechtsprechung des EuGH. Art. 10 lit. c RL 69/335/EWG[506] verbietet den Mitgliedstaaten von Gesellschaften – abgesehen von der Gesellschaftssteuer – Steuern oder Abgaben auf die Registereintragung oder sonstigen Formalitäten zu erheben, welche der Aufnahme der operativen Gesellschaftstätigkeit wegen der Rechtsform der Gesellschaft zwingend vorangeht. Allerdings gestattet Art. 12 Abs. 1 lit. e RL 69/335/EWG, Gebühren für die Eintragung zu erheben. Diese Regelungen sind durch die RL 2017/1132/EU[507] nicht berührt worden. Eine **Gebühr** als Voraussetzung für ein Eingreifen des Ausnahmetatbestands liegt nach den Entscheidungen Fantask, Agas, Modelo I, Modelo II, IGI und SONAE des EuGH nur dann vor, wenn sie aufwandsbezogen berechnet wird.[508] Der Gebühr als Gegenleistung muss die Verwaltungsleistung in ihrem Wert entsprechen. Dies ist nicht der Fall, wenn die so genannten Gebühren für Eintragungen nicht nach dem Verwaltungsaufwand, sondern nach dem Wert des einzutragenden Gegenstands bemessen werden. Solche wertabhängigen „Gebühren", die mit steigendem Gegenstandswert mitsteigen, stehen außer Verhältnis zu den Kosten, welche der Verwaltung bei der Eintragungsförmlichkeit ent-

152

---

[504] EuGH 9.7.2020 – C–698/18 u. C–699/18, ECLI:EU:C:2020:537, Rn. 58 – Raiffeisen.
[505] EuGH 9.7.2020 – C–698/18 u. C–699/18, ECLI:EU:C:2020:537, Rn. 83 – Raiffeisen.
[506] RL 69/335/EWG des Rates v. 17. Juli 1969 betr. die indirekten Steuern auf die Ansammlung von Kapital, ABl. 1969 L 249, 25.
[507] RL 2017/1132/EU des Europäischen Parlaments und des Rates v. 14. Juni 2017 über bestimmte Aspekte des Gesellschaftsrechts, ABl. 2017 L 169, 46.
[508] EuGH 2.12.1997 – C–188/95, ECLI:EU:C:1997:580, Slg. 1997, I–6783 Rn. 29–31 = NVwZ 1998, 833 – Fantask; EuGH 27.10.1998 – C–152/97, ECLI:EU:C:1998:511, Slg. 1998, I–6553, Rn. 21 = BeckRS 2004, 74482 – Agas; EuGH 29.9.1999 – C–56/98, ECLI:EU:C:1999:460, Slg. 1999, I–6427 Rn. 24–32 = NJW 2000, 939 – Modelo I; EuGH 21.9.2000 – C–19/99, ECLI:EU:C:2000:481, Slg. 2000, I–7213, Rn. 16–27 = NZG 2000, 1115 – Modelo II (dazu Ehrke ELR 2000, 371); EuGH 26.9.2000 – C–134/99, ECLI:EU:C:2000:503, Slg. 2000, I–7717, Rn. 22–35 = IStR 2000, 750 – IGI (dazu Ehrke ELR 2000, 413); EuGH 21.6.2001 – C–206/99, ECLI:EU:C:2001:347, Slg. 2001, 4679, Rn. 21–43 = ZIP 2001, 1145 – SONAE – Tecnologia de Informao SA/Direco-Geral dos Registos e Notariado.

stehen.[509] Sie sind deshalb keine Gebühren im Sinne des Art. 12 Abs. 1 lit. e RL 69/335/ EWG, sondern unzulässige Abgaben.[510] Darauf können sich die Unionsbürger gegenüber den Registerverwaltungen berufen. Denn Richtlinien haben bei hinreichender inhaltlicher Bestimmtheit der einzelnen Vorschrift eine vertikale Direktwirkung gegen den fehlerhaft umsetzenden Mitgliedstaat.[511] Diese Voraussetzungen sind konkret erfüllt.[512]

153 Im deutschen Kostenrecht kann die **Fantask-Rechtsprechung** rechtstechnisch dadurch berücksichtigt werden, dass **Kostenbescheiden** ein **Vorbehalt der Vorläufigkeit** bis zur gesetzlichen Neuregelung hinzugefügt wird.[513] Eine Alternative bestünde darin, dass die Register- und Beschwerdegerichte Mindestwerte für zweifelsfrei entstandene Kosten ansetzen.[514] Unionsrechtlich wäre dies nicht zu beanstanden. Denn insoweit ist keine strenge Einzelbewertung nach konkreten Kosten verlangt, vielmehr reicht eine durchschnittliche Berechnung typischer Eintragungskosten aus.[515] Der EuGH erlaubt selber, dass die allgemeinen Kosten der zuständigen Registerverwaltung miteinbezogen werden können, soweit sie auf die entsprechenden Vorgänge entfallen.[516] Sämtliche mit der Eintragung zusammenhängenden Kosten, insbes. Sach- und Personalkosten, dürfen berücksichtigt werden.[517]

154 **Mischkalkulationen** innerhalb der handelsregistergerichtlichen Eintragungen sind also in Grenzen möglich.[518] Andere Eintragungen und andere Aufgaben der Registerbehörde müssen aber, selbst wenn sie isoliert Defizite produzieren, außer Betracht bleiben.[519] Beim Wert der Eintragung als Grundlage der Gebührenbemessung müssen mittelbare wirtschaftliche oder rechtliche Vorteile außer Betracht bleiben.[520] Unerheblich ist auch die Bedeutung und Größe der Gesellschaft, sodass eine Quersubventionierung kleinerer durch größere Gesellschaften nicht stattfindet.[521]

155 Weitere Konsequenz muss ein **Anspruch** der Beteiligten **auf Rückforderung** in der Vergangenheit erhobener, nicht am tatsächlichen Verwaltungsaufwand orientierter Gebühren sein, soweit diese den tatsächlichen Verwaltungsaufwand überstiegen.[522] Nur so lässt sich die grundsätzliche ex tunc-Wirkung von Entscheidungen des EuGH sichern.[523]

---

[509] EuGH 2.12.1997 – C-188/95, ECLI:EU:C:1997:580, Slg. 1997, I-6783, Rn. 29–31 = NVwZ 1998, 833 – Fantask; LG Frankenthal 1 HK T 5/98, NJW 1999, 1343 = WM 1999, 1634 (1635).
[510] Ökonomische Analyse der Fantask-Rechtsprechung bei Arrunada Eur. J. L. & Econ. 11 (2001), 281.
[511] StRspr des EuGH seit EuGH 6.7.1970 – 9/70, ECLI:EU:C:1970:78, Slg. 1970, 825, Rn. 5, 10 = NJW 1970, 2182 – Grad/Finanzamt Traunstein.
[512] EuGH 29.9.1999 – C-56/98, ECLI:EU:C:1999:460, Slg. 1999, I-6427, Rn. 34 = NJW 2000, 939 – Modelo I; EuGH 21.9.2000 – C-19/99, ECLI:EU:C:2000:481 Slg. 2000, I-7213 = NZG 2000, 1115 – Modelo SGPS SA/Director-Geral dos Registos e Notariado; EuGH 26.9.2000 – C-134/99, ECLI:EU:C:2000:503, Slg. 2000, I-7717 Rn. 37 = IStR 2000, 750 – IGI Investimentos Imobiliários SA/Fazenda Pública.
[513] OLG Zweibrücken 23.6.1999 – 3 W 107/99 = WM 1999, 1631 (1634); OLG Zweibrücken 8.11.1999 – 3 W 219/99 = NJW-RR 2000, 1094 (1095); LG Frankenthal 14.1.1999 – 1 HK T 5/98 = NJW-RR 2000, 1018.
[514] So LG Hildesheim 3.6.1998 – 11 T 4/98, WM 1998, 2373 (2375).
[515] EuGH 2.12.1997 – C-188/95, ECLI:EU:C:1997:580, Slg. 1997, I-6783, Rn. 29–31 = NVwZ 1998, 833 – Fantask; Gustavus ZIP 1998, 502 (503); Knut Werner Lange WuB II N. Art. 10 RL 85/303/EWG 1.99, 252 (253).
[516] EuGH 2.12.1997 – C-188/95, ECLI:EU:C:1997:580, Slg. 1997, I-6783, Rn. 29–31 = NVwZ 1998, 833 – Fantask; EuGH 21.6.2001 – C-206/99, ECLI:EU:C:2001:347, Slg. 2001, 4679, Rn. 20–43 = ZIP 2001, 1145 – SONAE – Tecnologia de Informao SA/Direco-Geral dos Registos e Notariado.
[517] EuGH 2.12.1997 – C-188/95, ECLI:EU:C:1997:580, Slg. 1997, I-6783, Rn. 34 = NVwZ 1998, 833 – Fantask; EuGH 21.6.2001 – C-206/99, ECLI:EU:C:2001:347, Slg. 2001, 4679, Rn. 20–43 = ZIP 2001, 1145 – SONAE – Tecnologia de Informao SA/Direco-Geral dos Registos e Notariado.
[518] Gustavus ZIP 1998, 502 (503).
[519] Gustavus ZIP 1998, 502 (503).
[520] EuGH 21.6.2001 – C-206/99, ECLI:EU:C:2001:347, Slg. 2001, 4679, Rn. 20–43 = ZIP 2001, 1145 – SONAE – Tecnologia de Informao SA/Direco-Geral dos Registos e Notariado.
[521] EuGH 21.6.2001 – C-206/99, ECLI:EU:C:2001:347, Slg. 2001, 4679, Rn. 20–43 = ZIP 2001, 1145 – SONAE – Tecnologia de Informao SA/Direco-Geral dos Registos e Notariado.
[522] EuGH 26.9.2000 – C-134/99, ECLI:EU:C:2000:503, Slg. 2000, I-7717, Rn. 22–35 = IStR 2000, 750 – IGI; eing. dazu, insbes. zur Verjährung solcher Ansprüche, Gustavus ZIP 1998, 502 (504); Sprockhoff NZG 1999, 747 (750 f.); Wolf ZIP 2000, 949.
[523] Ehrke ELR 2000, 413 (415).

b) Sachliche Reichweite bei Handelsregistergebühren. Die sachliche Reichweite der 156
Fantask-Rechtsprechung bedarf der Überlegung. Fantask selber trifft eine klare Aussage für
die Eintragung von Kapitalgesellschaften und von Kapitalerhöhungen bei Kapitalgesellschaften.[524] Die Entscheidung Gas betrifft einen Sonderfall, aus dem sich verallgemeinerungsfähige Aussagen kaum ableiten lassen. Ihr lässt sich jedoch entnehmen, dass man genau
prüfen sollte, ob die tatbestandlichen Voraussetzungen des Art. 10 lit. c RL 69/335/EWG
in der einzelnen Konstellation wirklich erfüllt sind.[525] Allerdings ist daneben über Art. 10
lit. a RL 69/335/EWG auch Art. 4 RL 69/335/EWG zu beachten. Aus ihm ergibt sich
die sachliche Einbeziehung von Erhöhungen des Gesellschaftsvermögens durch Gesellschafterleistungen und des Gesellschaftskapitals aus Gesellschaftsmitteln.[526]

Art. 4 Abs. 1 lit. a–c RL 69/335/EWG bilden zugleich die Differenzierungslinie dafür, 157
in welchem Umfang die Fantask-Grundsätze für formwechselnde **Umwandlungen** oder
für **Verschmelzungen** nach dem UmwG greifen.[527] Die deutschen Gerichte wenden die
Fantask-Grundsätze in weitem Umfang an. Sie haben diese ausgedehnt auf die **Eintragung
von Zweigniederlassungen** inländischer Kapitalgesellschaften,[528] die Eintragung von
Zweigniederlassungen ausländischer Kapitalgesellschaften[529] und die Eintragung einer **Prokura**.[530] Dagegen soll das Verfahren zur Ergänzung des Aufsichtsrates nach § 104 Abs. 2, 3
AktG keine für die Tätigkeit der Gesellschaft wesentliche Förmlichkeit betreffen und nicht
unter die Fantask-Rechtsprechung fallen.[531]

Der EuGH hat entschieden, dass die Gebühren für Beurkundungen und Beglaubigungen 158
der **Notare** im Landesdienst Baden-Württembergs mit Art. 10 lit. c RL 69/335/EWG
nicht vereinbar sind.[532] Bei diesen besteht die Besonderheit der quasi-beamteten Stellung.
Die Gebühren der selbständig und freiberuflich tätigen Notare dagegen sind keine Steuern,
da sie weder dem Staat zufließen noch für allgemeine staatliche Zwecke eingesetzt werden,
sondern Einkünfte von Privatpersonen darstellen.[533]

Zumindest einzelne Justizverwaltungen sehen die Eintragungen folgender Gegenstände 159
als erfasst an: Bargründung; Sachgründung; Kapitalerhöhung; Satzungsänderungen; inländische Zweigniederlassungen; Neueintragungen und Veränderungen im HRA.[534] Durch
Art. 10 lit. c RL 69/335/EWG geboten ist eine solche Ausdehnung dieses Umfangs nicht
zwingend.[535]

Bei der Eintragung von inländischen Niederlassungen ausländischer Kapitalgesellschaften 160
ist allerdings zu beachten, dass die ausländischen Kapitalgesellschaften als solche im Inland
nicht eingetragen werden können, die Errichtung einer Zweigniederlassung also eine

---

[524] Dem folgend LG Frankenthal 14.1.1999 – 1 HK T 5/98 = NJW-RR 2000, 1018.
[525] Vgl. Vogt WuB II N. Art. 12 RL 69/335/EWG 2.99, 604 (606).
[526] Sprockhoff NZG 1999, 747 (749).
[527] Eing. Sprockhoff NZG 1999, 747 (749 f.).
[528] BayObLG 25.11.1998 – 3 Z BR 164/98 = NJW 1999, 652 (653 f.) = WM 1999, 1622, (1623 ff.) (dazu Keil EWiR § 26 KostO 3/99, 223; Bortloff BB 1999, 492; Vogt WuB II N. Art. 10 RL 85/303/EWG 2.99, 983); BayObLG 2.12.1998 – 3 Z BR 244/98 = WM 1999, 1625 (1626 f.) = ZIP 1999, 363 (dazu Gustavus EWiR § 26 KostO 2/99, 221); OLG Zweibrücken 3 W 107/99, WM 1999, 1631 (1632 f.); LG Hildesheim 3.6.1998 – 11 T 4/98, WM 1998, 2373 (2374 f.) (dazu Lange WuB II N. Art. 10 RL 85/303/EWG 1.99, 252).
[529] BayObLG 9.12.1998 – 3 Z BR 245/98, WM 1999, 1627 (1629); OLG Köln 16.11.1998 – 2 Wx 45/98, NJW 1999, 1341 (1342) = WM 1999, 1629 (1630 f.).
[530] OLG Köln 6.12.1999 – 2 Wx 26/99, OLG-Report Köln 2000, 230 = NZG 2000, 362.
[531] BayObLG 29.3.2000 – 3 Z BR 11/00, FGPrax 2000, 129.
[532] EuGH 21.3.2002 – C-264/00, ECLI:EU:C:2002:201 = ZIP 2002, 663 Rn. 31–35 – Gründerzentrum-Betrieb-GmbH/Land Baden-Württemberg mAnm Görk = DB 2002, 834 mAnm Römermann.
[533] Görk DNotZ 1999, 851 (857 f.); Görk ZIP 2002, 667 (668) mwN = Anm. zu EuGH 21.3.2002 – C-264/00, ECLI:EU:C:2002:201, Slg. 2002, 3333 = EuR 2002, 400 – Gründerzentrum-Betriebs-GmbH/Land Baden-Württemberg; Römermann DB 2002, 836 (836 f.) verweist aber zu Recht auf die konkurrenzrechtlichen Auswirkungen auch auf die Gebührenhöhe der selbstständigen Notare.
[534] Justizministerium Baden-Württemberg ZIP 1998, 1246 (1248); Rundschreiben des Ministeriums für Justiz des Landes Rheinland-Pfalz v. 10.6.1998, JurBüro 1998, 566.
[535] Lange WuB II N. Art. 10 RL 85/303/EWG 1.99, 252 (253); Vogt WuB II N. Art. 12 RL 69/335/EWG 2.99, 604 (606).

ähnliche Bedeutung hat wie die Errichtung einer deutschen Gesellschaft.[536] Hinzu kommt die wirtschaftliche Austauschbarkeit inländischer (unselbständiger) Zweigniederlassungen und inländischer Tochtergesellschaften für das operative Geschäft. Die Eintragung über die Gründung einer inländischen Tochtergesellschaft wäre aber von der Fantask-Rechtsprechung erfasst. Generell muss die Fantask-Rechtsprechung auch die Aufhebungsakte zu Eintragungen, die „Austragungen", erfassen; für actus positivus und actus negativus vel contrarius müssen dieselben Grundsätze gelten.[537] Dies folgt auch aus der zumindest entsprechend heranzuziehenden Wertung des § 13 Abs. 5 HGB.[538]

161 Einen weiteren Problempunkt berührt die Frage, inwieweit **Personengesellschaften** in den Genuss der Fantask-Rechtsprechung kommen. Die Antwort sollte sich am Kapitalgesellschaftsbegriff des Art. 3 RL 69/335/EWG orientieren. Danach wären zumindest solche Kommanditgesellschaften erfasst, bei denen keine natürliche Person unbeschränkt haftet, also jede „Kapitalgesellschaft & Co. KG".[539] Dem entspricht deutschrechtlich der Ansatz des § 5 Abs. 2 Nr. 3 KVStG.[540][541] Bei isolierter Betrachtung des Art. 10 RL 69/335/EWG könnte man sogar daran denken, sämtliche Kommanditgesellschaften in den Genuss der allein aufwandsbezogenen Gebühren kommen zu lassen.[542]

162 **c) Nationalrechtliche Ausdehnung auf andere Registergebühren?** Über den Bereich gesellschaftsrechtlicher Eintragungen in das Handelsregister hinausgreifend könnte die Fantask-Rechtsprechung mittelbar Bedeutung auch für andere Gebührentatbestände haben. So bemessen sich die Gebühren in Grundbuchsachen gem. §§ 18 ff., 60 ff., 32 KostO nach dem Wert des Grundstücks und nicht nach dem konkreten Verwaltungsaufwand. Gleiches gilt nach §§ 32, 84 KostO für Eintragungen im Seeschiffsregister. Art. 3 Abs. 1 GG könnte eine Gleichbehandlung von anderen wertbezogenen Gebühren mit den Handelsregistergebühren gebieten.[543] Nur das nationale Recht kann dafür den Transmissionsriemen bieten. Die Gesellschaftssteuer-RL jedenfalls ist sachlich nicht einschlägig. Art. 12 Abs. 1 lit. d RL 69/335/EWG erlaubt sogar ausdrücklich Abgaben auf die Bestellung, Eintragung und Löschung von Grundpfandrechten. Aus rein unionsrechtlicher Perspektive ist daher eine aufwandsbezogene Gebührenberechnung in **Grundbuchsachen** nicht geboten,[544] selbst nicht für das Einbringen eines Grundstücks in eine Gesellschaft.[545]

163 Alle grundbuchähnlichen Gebühren, insbes. diejenigen für Eintragungen in das **Schiffregister,** sperren sich in der weiteren Folge gegen eine Übertragung der Fantask-Rechtsprechung mittels des Gleichheitssatzes.[546] Dasselbe gilt für Gebühren der **freiwilligen Gerichtsbarkeit,** zB für die amtliche Verwahrung und Eröffnung eines Testaments (selbst dann, wenn der Nachlass im Wesentlichen aus der Beteiligung an einer KG besteht oder ein Erbschein nur für die Anmeldung zum Handelsregister benötigt wird).[547] Der Union fehlt es an einer umfassenden Kompetenz, die Gebühren im Bereich der freiwilligen Gerichtsbarkeit zu harmonisieren.[548] Der Fantask-Rechtsprechung ist also kein allgemeiner

---

536 Vogt WuB II N. Art. 10 RL 85/303/EWG 2.99, 983 (984).
537 Vogt WuB II N. Art. 10 RL 85/303/EWG 2.99, 983 (985).
538 Vogt WuB II N. Art. 10 RL 85/303/EWG 2.99, 983 (985).
539 Gustavus ZIP 1998, 502 (503); Sprockhoff NZG 1999, 747 (748 f.).
540 Kapitalverkehrsteuergesetz v. 17.11.1972, BGBl. 1972 I 2129.
541 BayObLG 2.12.1998 – 3 Z BR 244/98, WM 1999, 1625 (1626) = ZIP 1999, 363.
542 Gustavus ZIP 1998, 502 (503).
543 Dafür Klein/Schmahl WuB II N. Art. 12 RL 69/335/EWG 1.99, 248 (249); dagegen OLG Oldenburg 11.9.2000 – 9 W 25/00, OLG-Report Celle/Braunschweig/Oldenburg 2000, 334 (335) = BeckRS 2009, 881.
544 BayObLG 6.12.2000 – 3 Z BR 280/00, RPfleger 2001, 269.
545 BayObLGZ 2001, 275, ZIP 2002, 302; Vogt WuB II N. Art. 12 RL 69/335/EWG 2.99, 604 (606).
546 OLG Oldenburg 11.9.2000 – 9 W 25/00, TranspR 2001, 142 (143) = OLG-Report Celle/Braunschweig/Oldenburg 2000, 334 (335); LG Hamburg 321 O 38/99, TranspR 2001, 141; Grau TranspR 2001, 144.
547 BayObLG 28.10.1999 – 3 Z BR 300/99, ZIP 2000, 186; BayObLG 3 Z BR 95/01, FGPrax 2002, 42 (44 f.) zust. Fabis EWiR Art. 10c RL 69/355/EWG 1/2000, 927 (928).
548 Fabis ZIP 1999, 1041 (1043); Fabis EWiR Art. 10c RL 69/355/EWG 1/2000, 927 (928).

Grundsatz zu entnehmen.[549] Im internen deutschen Recht erscheinen Differenzierungen zwischen den einzelnen Gebührentatbeständen für die verschiedenen Eintragungen jedenfalls nicht willkürlich; immerhin bilden nach dem Wert berechnete Gebühren das Interesse des Antragstellers an der Eintragung ab.[550]

2. Bindung an Entscheidungen der EU-Kommission im Kartell-, Fusionskontroll- und Beihilferecht. Auf vielen Gebieten verlangen effet utile und unionsrechtlich begründete ausschließliche Kompetenzen der Kommission eine **Bindung** der mitgliedstaatlichen Gerichte sub specie Loyalität aus Art. 4 Abs. 3 EUV an bestimmte **Entscheidungen der EU-Kommission.** Dies gilt namentlich für das Kartellrecht, das Fusionskontrollrecht und das Beihilferecht.[551] Sekundärrechtlicher Ankerpunkt ist im Kartellrecht Art. 16 VO (EG) Nr. 1/2003[552], der seinerseits Kodifikation vorangegangener Rechtsprechung des EuGH[553] ist.[554] Zu nennen sind außerdem Artt. 23a VO (EG) Nr. 659/1999[555]; 29 VO (EU) Nr. 2015/1589[556]. Der EuGH hat dem in Canal+ die Verpflichtungszusage der Kommission unter Art. 9 VO (EG) Nr. 1/2003 hinzugefügt.[557]

164

3. Kostenerstattung und Enforcement-Richtlinie. Art. 14 Enforcement-RL[558] verlangt von den Mitgliedstaaten sicherzustellen, dass die Prozesskosten und sonstigen Kosten der obsiegenden Partei bei Prozessen zur Durchsetzung von Rechten des Geistigen Eigentums in der Regel, soweit sie zumutbar und angemessen sind, von der unterlegenen Partei getragen werden, sofern Billigkeitsgründe dem nicht entgegenstehen. Er soll das Schutzniveau für geistiges Eigentum erhöhen, indem er verhindern soll, dass ein Geschädigter von der Einleitung eines gerichtlichen Verfahrens zur Sicherung seiner Rechte abgehalten wird.[559] Zu den Prozesskosten zählen auch die Anwaltshonorare,[560] aber im spezifischen Kontext der EnforcementRL auch die Honorare technischer Berater.[561]

165

Erwägungsgrund (17) EnforcementRL ist zu entnehmen, dass die in dieser Richtlinie vorgesehenen Maßnahmen, Verfahren und Rechtsbehelfe in jedem Einzelfall so bestimmt werden, dass den spezifischen Merkmalen dieses Falles gebührend Rechnung getragen werden sollte. Diese Zielsetzung könnte prinzipiell gegen eine pauschale Festlegung der Erstattung der Prozesskosten als solche sprechen, da diese Festlegung weder die Erstattung der Kosten, die der obsiegenden Partei tatsächlich in einem konkreten Fall entstanden sind,

166

---

[549] BayObLG 6.12.2000 – 3 Z BR 280/00, RPfleger 2001, 269.
[550] OLG Oldenburg 11.9.2000 – 9 W 25/00, TranspR 2001, 142 (143) mAnm Grau = OLG-Report Celle/Braunschweig/Oldenburg 2000, 334 (335).
[551] Umfassend v. Graevenitz, Sicherung der einheitlichen Anwendung des Wettbewerbsrechts, 2018.
[552] Verordnung (EG) Nr. 1/2003 des Rates vom 16. Dezember 2002 zur Durchführung der in den Artikeln 81 und 82 des Vertrags niedergelegten Wettbewerbsregeln, ABl. 2003 L 1, 1.
[553] Siehe nur EuGH 13.2.1969 – 14/68, ECLI:EU:C:1969:4, Slg. 1969, 1 = BeckRS 2004, 71606 Rn. 6–9 – Walt Wilhelm; EuGH 6.2.1973 – 48/72, ECLI:EU:C:1973:11, Slg. 1973, 77 = BeckRS 2004, 73175 Rn. 9–13 – Brasserie de Haecht; EuGH 14.12.2000 – C-344/98, ECLI:EU:C:2000:689, Slg. 2000, I-11369 = EuZW 2001, 113 Rn. 46–60 – Masterfoods.
[554] v. Graevenitz EuZW 2021, 246 (247).
[555] Verordnung (EG) Nr. 659/1999 des Rates vom 22. März 1999 über besondere Vorschriften für die Anwendung von Artikel 93 des EG-Vertrags, ABl. 1999 L 83, 1.
[556] Verordnung (EU) 2015/1589 des Rates vom 13. Juli 2015 über besondere Vorschriften für die Anwendung von Artikel 108 des Vertrags über die Arbeitsweise der Europäischen Union, ABl. 2015 L 248, 19.
[557] EuGH 9.12.2020 – C-132/19P, ECLI:EU:C:2020:1007 = EuZW 2021, 252 Rn. 107–115 – Canal+ = NZKart 2021, 100 mAnm Gundel = ZUM 2021, 230 mAnm Thomas Ackermann/Johannes Blaschczok; dazu v. Graevenitz EuZW 2021, 246; v. Kalben WuW 2021, 100; Fangmann ZUM 2021, 220.
[558] Richtlinie 2004/48/EG des Europäischen Parlaments und des Rates vom 29. April 2004 zur Durchsetzung der Rechte des geistigen Eigentums, ABl. EG 2004 L 195, 16.
[559] EuGH C-406/09, Slg. 2011, I-9773 Rn. 48, 49 = NJW 2011, 3568 – Bayer Realchemie; dazu Giebel NJW 2011, 3570; Dominik Weiß GRUR-Prax 2011, 502; Mankowski EWiR 2012, 85; Sujecki EuZW 2012, 160; Markus LMK 2012, 328304.
[560] EuGH 28.7.2016 – Rs C-57/15, ECLI:EU:C:2016:611 Rn. 22 = GRURInt 2016, 963 – United Video Properties.
[561] EuGH 28.7.2016 – Rs C-57/15, ECLI:EU:C:2016:611 Rn. 33–40 = GRURInt 2016, 963 – United Video Properties.

§ 33

167 noch, allgemeiner, die Berücksichtigung aller spezifischen Merkmale des Einzelfalls gewährleisten würde.[562]

167 Die abschreckende Wirkung einer Klage wegen Verletzung eines Rechts des geistigen Eigentums nach Art. 3 Abs. 2 EnforcementRL würde erheblich geschwächt, wenn der Verletzer nur zur Erstattung eines geringen Teils der zumutbaren Anwaltskosten, die dem Inhaber des verletzten Rechts des geistigen Eigentums entstanden sind, verurteilt werden dürfte.[563]

168 Im Ergebnis verlangt Art. 14 EnforcementRL daher eine höhere Kostenerstattung als in „normalen" Verfahren.[564] Das deutsche Recht – anders als das in United Video Properties streitgegenständliche belgische – gewährleistet dies im Prinzip seit jeher.[565] Grundsätzlich aber dringt Art. 14 EnforcementRL in die Verfahrensautonomie der Mitgliedstaaten ein, in Kontrast zB zur VergabeRL[566], wie der EuGH sie in Orizzonte Salute[567] verstanden hat.[568]

E. Materielles Zivilrecht und Unionsrecht

I. Unionsrechtskonforme Auslegung

169 Das nationale Zivilrecht steht ebenso wie das nationale öffentliche Recht normhierarchisch unter dem Unionsrecht. Daher gilt auch für das nationale Zivilrecht, dass es, wenn irgend möglich, so auszulegen ist, dass kein Konflikt mit dem Unionsrecht besteht. Das Gebot **unionsrechtskonformer Auslegung**[569] erfasst auch das Zivilrecht. Besondere Bedeutung hat es als Gebot richtlinienkonformer Auslegung für die wachsende Zahl zivilrechtlicher Normen, die auf Richtlinien des Unionsrechts zurückgehen.

170 Auch in dieser Spielart der **richtlinienkonformen Auslegung** ist es jedoch keineswegs auf spezifische **Umsetzungsakte für Richtlinien** beschränkt, sondern erfasst alle Normen des Zivilrechts, seien diese auch vollständig nationalen Ursprungs oder – wie etwa viele bis heute unverändert gebliebene Normen des BGB, die noch von 1896 stammen – schon lange vor Gründung der EWG geschaffen.[570] Jede beliebige Bestimmung des BGB muss sich dem Unionsrecht und dessen Anforderungen stellen.[571] Dies gilt auch, wenn und soweit die richtlinienkonforme Auslegung nationalen Rechts Nachteile für den Einzelnen mit sich bringen sollte, verglichen mit der nur „national" ausgelegten nationalen Vorschrift.[572] Freilich reicht das Gebot richtlinienkonformer Auslegung als solches nur so weit wie die Richtlinie selber.[573] Insoweit waltet aus Gleichbehandlungsgründen eine gespaltene

---

[562] EuGH 28.7.2016 – Rs C-57/15, ECLI:EU:C:2016:611 Rn. 23 = GRURInt 2016, 963 – United Video Properties.
[563] EuGH 28.7.2016 – C-57/15, ECLI:EU:C:2016:611, Rn. 27 = GRURInt 2016, 963 – United Video Properties.
[564] Dorn GRUR-Prax 2016, 424; Joachim Gruber IWRZ 2017, 34.
[565] Dorn GRUR-Prax 2016, 424.
[566] Richtlinie 2014/24/EU des Europäischen Parlaments und des Rates vom 26. Februar über die öffentliche Auftragsvergabe, ABl. 2014 L 94, 65.
[567] EuGH 6.10.2015 – C-61/14, ECLI:EU:C:2015:655 – Orizzonte Salute.
[568] Taelman/Werbrouck in Krans/Nylund (eds.), Procedural Autonomy Across Europe, 2020, 13, 21–28.
[569] Monografisch Klamert, Die richtlinienkonforme Auslegung nationalen Rechts, 2001; aus der Rspr. s. nur EuGH 22.6.2000 – C-318/98, ECLI:EU:C:2000:337, Slg. 2000, I-4785, Rn. 42 = NVwZ 2001, 313 – Fornasar; EuGH 27.6.2000 – verb. Rs. C-240/98 bis C-244/98, ECLI:EU:C:2000:346, Slg. 2000, I-4941, Rn. 30 = NVwZ 2018, 225 – Océano Grupo Editorial und Salvat Editores; EuGH 13.7.2000 – C-456/98, ECLI:EU:C:2000:402, Slg. 2000, I-6007 Rn. 16 = NJW 2000, 3267 – Centrosteel.
[570] Zur umfassenden Geltung des Rechtsangleichungsauftrags für das Privatrecht bereits Hallstein RabelsZ 1964, 211 (214); speziell zur richtlinienkonformen Auslegung Ehricke RabelsZ 1995, 598 (603); Everling ZGR 1992, 376 (385); Everling ZEuP 1997, 796 (799); daneben Taschner FS Steffen, 1995, 479.
[571] Reich VuR 2000, 261 (261 f.); Haratsch/Koenig/Pechstein EuropaR Rn. 178 ff.
[572] Siehe nur EuGH 13.7.2000 – C-456/98, ECLI:EU:C:2000:402, Slg. 2000, I-6007, Rn. 16 = NJW 2000, 3267 – Centrosteel; EuGH 3.10.2000 – C-371/97, ECLI:EU:C:2000:526, Slg. 2000, I-7881 = BeckRS 2004, 76821 Rn. 45 – Gozza.
[573] Siehe nur Hennrichs ZGR 1997, 66 (76 f.); Reiner Schulze in Reiner Schulze (Hrsg.), Auslegung europäischen Privatrechts und angeglichenen Rechts, 1999, S. 9 (18).

Auslegung.⁵⁷⁴ Für die gleichlaufende Auslegung überschießender nationaler Rechtsakte besteht aber ein Gebot quasi-richtlinienkonformer Auslegung als Kohärenzgebot innerhalb des nationalen Rechts.⁵⁷⁵ Weitere Grenze für die richtlinienkonforme Auslegung ist der Wortlaut der auszulegenden nationalen Normen; es gibt keine richtlinienkonforme Auslegung contra legem.⁵⁷⁶

II. Richtlinienwirkungen und Private

1. Keine horizontale Direktwirkung. Richtlinien entfalten selbst dann, wenn sie überhaupt nicht, unvollständig oder inkorrekt umgesetzt wurden, **keine horizontale Direktwirkung** im Verhältnis zwischen Parteien des Privatrechts.⁵⁷⁷ Der einzelne kann sich also anderen Privaten gegenüber nicht darauf berufen, dass ihm eine Richtlinie eine bestimmte, gegen jenen anderen wirkende Rechtsposition einräume, wenn diese Rechtsposition keinen Niederschlag im anwendbaren nationalen Recht gefunden hat. Adressaten der Richtlinien sind nämlich nur die Mitgliedstaaten. Diese treffen Umsetzungsaufträge aus der Richtlinie. An Private können sich diese spezifischen Verpflichtungen aus der Richtlinie nicht richten. 171

Ein Privater muss sich daher nicht an der Lage unter der Richtlinie orientieren, sondern vielmehr an der Lage unter dem anwendbaren Recht. Man kann ihm nicht zum Vorwurf machen und zu seinem Nachteil ausschlagen lassen, dass der betreffende Mitgliedstaat die Richtlinie nicht korrekt umgesetzt hat. Die **vertikale Direktwirkung** der Richtlinie ist ein Sanktionsinstrument gegen den fehlerhaft agierenden Mitgliedstaat. Dieser soll keine Vorteile aus seinem Fehlverhalten haben. Ihm soll jeder Anreiz genommen werden, nicht korrekt umzusetzen. Vielmehr soll er den größtmöglichen Anreiz erhalten, korrekt umzusetzen. Dieser Sanktionsgedanke kann gegen einen Privaten nicht zum Zuge kommen. 172

2. Ausnahme bei nur gemeinsam möglicher Rechtswahrnehmung. Ausnahmsweise kann eine Richtlinie vorsehen, dass Privaten ein Recht einzuräumen ist, das diese nur gemeinsam wahrnehmen können. Die Richtlinie sieht dann Rechtspositionen der Privaten vor, welche diese als gewährte Privatautonomie (oder im IPR: Parteiautonomie) wahrnehmen können. Soweit die betreffenden Regelungen perfekt regelungsintensiv sind, also keinen Umsetzungsspielraum lassen, nimmt ein Umsetzungsdefizit den Privaten nicht die Rechtsmacht, die ihnen die Richtlinie verleihen will. Vielmehr können sie sich gegenüber 173

---

⁵⁷⁴ BGH XI ZR 91/99, BGHZ 150, 248, 260–264; BGH 29.4.2013 – VII ZR 203/10, WM 2012, 469 Rn. 26; BGH IV ZR 76/11, BGHZ 201, 101 Rn. 29; II ZB 25/17, ZIP 2021, 566 Rn. 13.

⁵⁷⁵ Näher Hommelhoff FG 50 Jahre BGH, Bd. II, 2000, 889 (915f.); Tröger ZEuP 2003, 525 (525f.); Christian Mayer/Schürnbrand JZ 2004, 525; Habersack/Christian Mayer in Riesenhuber, Europäische Methodenlehre, 3. Aufl. 2015, § 15 Rn. 2. Anerkannt in BGH VIII ZR 226/11, BGHZ 195, 135 Rn. 22 mwN; BGH II ZB 25/17, ZIP 2021, 566 Rn. 13.

⁵⁷⁶ EuGH 16.6.2005 – C-105/03, ECLI:EU:C:2005:386, Slg. 2005, I-5285, Rn. 47 – Pupino; EuGH 4.7.2006 – C-212/04, ECLI:EU:C:2006:443, Slg. 2006, I-6057, Rn. 110 – Adeneler; EuGH 15.4.2008 – C-268/06, ECLI:EU:C:2008:223, Slg. 2008, I-2483, Rn. 100, 103 – Impact; EuGH 24.1.2012 – C-282/10, ECLI:EU:C:2012:33 = NJW 2012, 509 Rn. 25 – Dominguez; EuGH 22.1.2019 – C-193/17, ECLI:EU:C:2019:43 = NZA 2019, 297 Rn. 74 – Cresco Investigation; EuGH 8.5.2019 – C-486/18, ECLI:EU:C:2019:379 = NZA 2019, 1131 Rn. 38 – Praxair MRC; EuGH 11.9.2019 – C–143/18, ECLI:EU:C:2019:701, Rn. 38 – Romano; BVerfG 26.9.2011 – 2 BvR 2216/06 u.a., WM 2012, 1179, 1181; BGH XI ZR 759/17, ZIP 2019, 2248 Rn. 22; BGH XI ZR 198/19, ZIP 2020, 865 Rn. 13.

⁵⁷⁷ EuGH 26.2.1986 – 152/84, ECLI:EU:C:1986:84, Slg. 1986, 723, Rn. 48 = NJW 1986, 2178 – Marshall/Southampton and South-West Hampshire Area Health Authority; EuGH 12.5.1987 – 372–374/85, ECLI:EU:C:1987:222, Slg. 1987, 2141, Rn. 24 – Traen; EuGH 11.6.1987 – 14/86, ECLI:EU:C:1987:275, Slg. 1987, 2545, Rn. 19 = BeckRS 2004, 71620 – Pretore di Salò/X; EuGH 13.11.1990 – C–106/89, ECLI:EU:C:1990:395, Slg. 1990, I-4135, Rn. 6 = BeckRS 2004, 74075 – Marleasing; EuGH 14.7.1994 – C–91/92, ECLI:EU:C:1994:292, Slg. 1994, I-3325, Rn. 24f. = NJW 1994, 2473 – Faccini Dori; EuGH 7.3.1996 – C–192/94, ECLI:EU:C:1996:88, Slg. 1996, I-1281, Rn. 17 = NJW 1996, 1401 – El Corte Inglés; EuGH 11.7.1996 – verb. Rs. C–71/94, C–72/94, C–73/94, ECLI:EU:C:1996:286, Slg. 1996, I-3603, Rn. 26 = GRUR-Int. 1996, 1150 – Eurim-Pharm; EuGH 4.12.1997 – C–97/96, ECLI:EU:C:1997:581, Slg. 1997, I-6843, Rn. 26 = DStR 1998, 214 – Daihatsu Deutschland; EuGH 22.9.1986 – C–185/97, ECLI:EU:C:1998:424, Slg. 1998, I-5199, Rn. 19 = EuZW 1999, 43 – Coote; EuGH 13.7.2000 – C–456/98, ECLI:EU:C:2000:402, Slg. 2000, I-6007, Rn. 15 = NJW 2000, 3267 – Centrosteel.

dem Staat, dessen Umsetzung defizitär ist, auf die ihnen richtliniengemäß zustehende Privat- oder Parteiautonomie berufen. Dies ist keine Richtlinienwirkung zu Lasten eines Privaten. Denn hier geht es um **gemeinsame Rechtswahrnehmung aller Beteiligten.** Wenn ein Beteiligter eine bestimmte Vereinbarung nicht will, braucht er einem entsprechenden Vorschlag der Gegenseite nur nicht zuzustimmen, und es kommt keine Vereinbarung zustande. Wollen dagegen *alle* Beteiligten eine bestimmte Vereinbarung, so eröffnet ihnen eine erweiterte Funktionsweise der vertikalen Direktwirkung von Richtlinien die dafür nötige Autonomie.[578]

174 **3. Ausnahme bei öffentlichrechtlichen Vorfragen (indirekte horizontale Wirkung).** Eine weitere Ausnahme besteht, soweit staatliches Handeln die Beziehungen zwischen den Privaten gestaltet. Insoweit verlängert sich über eine indirekte horizontale Wirkung das Umsetzungsverschulden des Staates in die privatrechtlichen Beziehungen.[579] Einfallstor dafür ist ein präjudizieller Einfluss des Unionsrechts bei den zu beantwortenden öffentlichrechtlichen Vorfragen.[580]

175 **4. Ausnahme bei Durchsetzung öffentlicher Interessen durch Private.** Eine dritte Ausnahme betrifft die Konstellation, dass Private **öffentliche Interessen durchsetzen.**[581] In Betracht kommen namentlich Wettbewerbsverfahren, in denen Private richtlinienwidrige Normen des nationalen Rechts zur Grundlage von Unterlassungs- oder Schadensersatzbegehren machen. Funktional übernimmt der Private dann die Durchsetzung des mitgliedstaatlichen Rechts im öffentlichen Interesse. Er könnte hinweggedacht und durch eine Behörde ersetzt werden. Das nationale Lauterkeitsrecht durch Private durchsetzen zu lassen, drohte auf diesem Wege zu einer strategischen Option der Mitgliedstaaten zu werden, um der vertikalen Direktwirkung von Richtlinien zu entgehen. Eine solche Umgehung ist nicht zuzulassen.[582]

176 Allerdings erscheint eine **Rückausnahme** zur Ausnahme angebracht, soweit der Private **eigene Schäden** liquidiert. Insoweit nimmt er eigene und keine öffentlichen Interessen wahr. Die mit der nationalen Norm evtl. auch verfolgten öffentlichen Interessen stehen dann aus seiner Sicht wie aus der Sicht des Prozessgegners am Rande und sind Begleiterscheinungen. Insoweit könnte der Kläger gedanklich auch nicht durch eine Behörde ersetzt werden. Deshalb überzeugt auch das Reflexargument nicht, dass sich die Wettbewerbssituation insgesamt verändere, weil richtlinienwidrige staatliche Normen nicht mehr angewandt werden dürften.[583] Darin liegt nämlich eine petitio principii. Deren Grundaussage wird schon dadurch konterkariert, dass ein beklagter Wettbewerber sich zu seiner Verteidigung auf richtlinienwidriges nationales Recht berufen kann.[584] Die Wettbewerbssituation ändert sich also keineswegs komplett, und richtlinienwidriges nationales

---

[578] Näher Mankowski, Seerechtliche Vertragsverhältnisse im Internationalen Privatrecht, 1995, S. 561–563; dem folgend Spinellis, Das Vertrags- und Sachenrecht des internationalen Kunsthandels, 2000, S. 356.
[579] Siehe EuGH 12.3.1996 – C-441/93, ECLI:EU:C:1996:92, Slg. 1996, I-1347, Rn. 60 = BeckRS 2004, 77279 – Pafitis; EuGH 12.11.1996 – C-201/94, ECLI:EU:C:1996:432, Slg. 1996, I-5819, Rn. 39 = BeckRS 2004, 74929 – Smith & Nephew und Primecrown; EuGH 26.9.2000 – C-443/98, ECLI:EU: C:2000:496, Slg. 2000, I-7535 Rn. 44 = EuR 2000, 968 – Unilever.
[580] Lackhoff/Nyssens (1998) 23 Eur. L. Rev. 397; Hilson/Downes (1999) 24 Eur. L. Rev. 121 (125–130); Lenz/Tynes/Young (2000) 25 Eur. L. Rev. 509; Weatherill (2001) 26 Eur. L. Rev. 177 (183).
[581] EuGH 30.4.1996 – C-194/94, ECLI:EU:C:1996:172, Slg. 1996, I-2201, Rn. 55 = EuZW 1996, 379 = ZLR 1996, 437 mAnm Everling – CIA Security International mAnm Fronia (dazu Slot (1996) 33 C. M. L. Rev. 1035; Porchia Dir. com. e sc. int. 1996, 545; Lecrenier J. Trib. Dr. Eur. 1997, 1; Castillo Rev. Marché Commun 1997, 51; Vorbach ÖZW 1997, 110); Gundel EuZW 2001, 143 (145 f.); vgl. auch EuGH 18.6.1991 – C-369/89, ECLI:EU:C:1991:256, Slg. 1991, I-2971, Rn. 15–17 = BeckRS 2004, 76797 – Piageme I; EuGH 12.10.1995 – C-85/94, ECLI:EU:C:1995:312, Slg. 1995, I-2955, Rn. 21 = BeckRS 2004, 77845 – Piageme II.
[582] Slot (1996) 33 C. M. L. Rev. 1035 (1049 f.); Gundel EuZW 2001, 143 (145).
[583] So aber Lackhoff/Nyssens (1998) 23 Eur. L. Rev. 397, 403 (406); Gundel EuZW 2001, 143 (146) sowie Craig/de Búrca, EU Law, 2. Aufl. 1998, S. 207.
[584] EuGH 16.7.1998 – C-355/96, ECLI:EU:C:1998:374, Slg. 1998, I-4799, Rn. 36 f. = EuZW 1998, 563 – Silhouette International Schmied mAnm Renck.

Recht ist nicht schlechterdings unanwendbar. Hinzu tritt das Belastungsverbot. Denn indem man ihm einen nach nationalem Recht bestehenden Schadensersatzanspruch zum Ausgleich eigener, tatsächlich erlittener Nachteile versagte, würde man dem Kläger eine Rechtsposition nehmen und ihn damit belasten.

5. Ausnahme bei Verweigerung vertraglicher Erfüllung unter Berufen auf richt- 177 linienwidriges nationales Recht? Schließlich wird seit kurzem eine vierte Ausnahme behauptet. Sie soll die Konstellation betreffen, dass eine Partei eines Vertrages die Erfüllung ihrer vertraglichen Pflichten verweigert und sich dafür auf richtlinienwidrige Vorschriften des nationalen Rechts beruft.[585] In der Rechtsprechung des EuGH ist diese Ausnahme keineswegs fest etabliert. Der EuGH hat sie bisher nicht anerkannt,[586] sondern sich in der einschlägigen Entscheidung mit einer Exegese aus der konkret betroffenen Richtlinie beholfen unter ausdrücklicher Abgrenzung gegenüber der weiterhin abgelehnten horizontalen Direktwirkung.[587] In der mitgliedstaatlichen Rechtsprechung zur Unanwendbarkeit nationaler Nachtarbeitsverbote hat sie aber einen gewissen Rückhalt.[588]

Eine entsprechende Ausnahme geriete jedoch in Konflikt mit dem tragenden Prinzip des 178 Vertragsrechts, nämlich pacta sunt servanda.[589] Zusätzlich zum nationalen Recht auch auf Richtlinien Rücksicht nehmen zu müssen unterminierte die kommerzielle Planung.[590] Es öffnete ein unwillkommenes Ventil für Versuche, sich aus Verträgen zu lösen.[591] Dadurch provozierte es ineffiziente Streitigkeiten und vernichtete Ressourcen.

6. Indirekte horizontale Wirkung über „Vergrundrechtlichung" von Richtlini- 179 eninhalten. Ein sehr komplexer Weg zu einer indirekten horizontalen Wirkung führt über eine „Vergrundrechtlichung" von Richtlinieninhalten. An Stelle der Richtlinie wird gleichsam die Hülle eines Unionsgrundrechts genutzt, wenn es eine – isoliert betrachtet – hinreichend bestimmte Richtlinienbestimmung gibt, die geeignet ist, die Position zu konkretisieren.[592] Den äußeren Rahmen zieht dabei Art. 51 Abs. 1 S. 1 GRC: Der betroffene Mitgliedstaat muss sich in der Umsetzung von Unionsrecht bewegen.[593] Für die Entwicklung der Rechtsprechungslinie stehen Mangold,[594] Kücükdeveci,[595] AMS,[596] Egenberger,[597] Bauer u. Willmeroth.[598]

7. Indirekte horizontale Wirkung über Äquivalenz- und Effektivitätsprinzip im 180 Prozessrecht? Das Prozessrecht kennt Äquivalenz- und Effektivitätsprinzip als unionsrechtliche Grenzen für die grundsätzlich bestehende Verfahrensautonomie der Mitgliedstaaten. Über die Hintertür dieser Prinzipien erzielt der EuGH im Prozessrecht oft Ergeb-

---

[585] Eing. Gundel EuZW 2001, 143 (146 ff.).
[586] ABl. für den konkreten Fall sogar GA Jacobs SchlA 27.1.2000 – C-443/98, ECLI:EU:C:2000:57, Slg. 2000, I-7537 (7555 ff.) = EuR 2000, 968 – Unilever sowie Hakenberg ZEuP 2001, 889 (895).
[587] EuGH 26.9.2000 – C-443/98, ECLI:EU:C:2000:496, Slg. 2000, I-7535, 7582 (7584) = EuR 2000, 968 – Unilever.
[588] Corte di Cassazione, sez. lav., 20.11.1997 (Forin/TI UNO s. n. c.), Riv. it. dir. pubbl. com. 1998, 1391 mAnm Faro; Cour d'appel Riom 3.10.1994 (Association d'education populaire de la Plaine/de Jesus), JCP, éd. G, 1995 IV 103; Conseil des prudhommes Laval 5.11.1998, Dr. soc. 1999, 133.
[589] Dieser Grundsatz ist auch im Unionsrecht, namentlich im Sekundärrecht, anerkannt; s. nur Bülow FS Söllner, 2000, 189.
[590] Weatherill (2001) 26 Eur. L. Rev. 177 (181).
[591] Weatherill (2001) 26 Eur. L. Rev. 177 (181).
[592] So auf den Punkt Heiko Sauer Jura 2021, 387 (394 f.).
[593] EuGH 23.9.2008 – C-427/06, ECLI:EU:C:2008:517 Rn. 32 – Bartsch.
[594] EuGH 22.11.2005 – C-144/04, ECLI:EU:C:2005:709 Rn. 75 – Mangold.
[595] EuGH 19.1.2010 – C-555/07, ECLI:EU:C:2010:21 Rn. 49 – Kücükdeveci.
[596] EuGH 15.1.2014 – C-176/12, ECLI:EU:C:2014:2 Rn. 41- AMS.
[597] EuGH 17.4.2018 – C-414/16, ECLI:EU:C:2018:257 Rn. 47 – Egenberger.
[598] EuGH 6.11.2018 – verb. Rs. C-569/16, C-570/16, ECLI:EU:C:2018:871 Rn. 85 – Bauer u. Willmeroth.

nisse, die jenen einer horizontalen Wirkung gleichkommen.[599] Nur die Terminologie ist anders und zieht weniger Aufmerksamkeit und weniger Angriffe auf sich.

III. Staatshaftung und Unionsrecht

181 **1. Staatshaftung wegen Verletzung von jeder Art Unionsrecht. Staatshaftung** ist in Deutschland vor den Zivilgerichten geltend zu machen. Dies gilt auch für **unionsrechtliche Haftungsansprüche,** die sich gegen die Mitgliedstaaten, in Deutschland also gegen den Staat Bundesrepublik Deutschland, richten. Der **unionsrechtliche Staatshaftungsanspruch** ist eine der bedeutsamsten richterrechtlichen Entwicklungen im gesamten Unionsrecht. Der EuGH hat – unter intensiver literarischer Begleitung namentlich aus Deutschland[600] – seine Rechtsprechung gefestigt und mit dieser einen Baustein nach dem anderen in das System eingefügt. Zu nennen[601] sind die Entscheidungen **Francovich,**[602] Wagner Miret,[603] Brasserie du pêcheur,[604] El Corte Inglés,[605] British Telecom,[606] Hedley Lomas,[607] Dillenkofer,[608] Denka-

---

[599] Rideau J.-Cl. Europe fasc. 191 (2014); Cadiet in Burkhard Hess/Lenaerts (eds.), The 50th Anniversary of European Law of Civil Procedure, 2020, 203 (291-228); Law/Nowak in Gascón Inchausti/Burkhard Hess (eds.), The Future of the Europen Law of Civil Procedure, 2020, 17 (44).

[600] Siehe nur Ukrow, Richterliche Rechtsfortbildung durch den EuGH, 1995, S. 273–338; Cornils, Der unionsrechtliche Staatshaftungsanspruch, 1995; Deckert EuR 1997, 203; Goffin Cah. dr. eur. 1997, 531; Saenger JuS 1997, 865; Hermes Die Verwaltung 31 (1998), 371; Binia, Das Francovich-Urteil des Europäischen Gerichtshofs im Kontext des deutschen Staatshaftungsrechts, 1998; Hidien, Die unionsrechtliche Staatshaftung in den EU-Mitgliedstaaten, 1998; Beljin, Staatshaftung im Europarecht, 2000; Schwarzenegger, Staatshaftung – unionsrechtliche Vorgaben und ihre Auswirkungen auf nationales Recht, 2001.

[601] Ergänzend ist hinzuweisen auf EuGH 15.6.1999 – C-321/97, ECLI:EU:C:1999:307, Slg. 1999, I-3551, Rn. 28–46 = BeckRS 2004, 76354 – Andersson und Wåkerås-Andersson. Die Staatshaftung wurde dort aus besonderen intertemporalen Gründen für einen Beitrittsstaat verneint.

[602] EuGH 19.11.1991 – verb. Rs. C-6/90, C-9/90, ECLI:EU:C:1991:428, Slg. 1991, I-5357, Rn. 28–46 = NJW 1992, 165 – Francovich; dazu Schaub EWiR Art. 189 EWGV 1/92, 49; Fischer EuZW 1992, 41; Bahlmann DWiR 1992, 61; Barav J. C. P. 1992 Jur. 21783, 14; Barone/Pardolesi Foro it. 1992 IV col. 146; Ponzanelli Foro it. 1992 IV col. 150; Schockweiler Rev.trim. dr. eur. 1992, 27 (40–50); Betlem/Rood NJB 1992, 250; Brenninkmeijer NJB 1992, 256; Snoep NJB 1992, 260; Hailbronner JZ 1992, 284; Meier RIW 1992, 245; Emmert EWS 1992, 56 (61–63); Schlemmer-Schulte/Ukrow EuR 1992, 67; Parker (1992) 108 LQR 181; Buschhaus JA 1992, 142; Pesendorfer RdW 1992, 102; Eilmannsberger/Erhart ecolex 1992, 213; Preiskel (1992) Int'l. Bus. Lawyer 294; Duffy (1992) 17 Eur. L. Rev. 133; Smith (1992) Eur. Comp. L. Rev. 129; Carbelutti Revue du Marché Unique Européen 1992, 187; Karl RIW 1992, 440; Triantafyllou DÖV 1992, 564; Bebr (1992) 29 C. M. L. Rev. 557; Häde BayVBl. 1992, 449; Szyszczak (1992) 55 Mod. L. Rev. 690; Ossenbühl DVBl 1992, 993; Pieper NJW 1992, 2454; Cumming (1992) JBL 610; Nettesheim DÖV 1992, 999; Campesan/dal Ferro Riv. dir. eur. 1992, 313; Curtin SEW 1993, 93; Ross (1993) 56 Mod. L. Rev. 55; Steiner (1993) 18 Eur. L. Rev. 3; Prieß NVwZ 1993, 118; Caranta (1993) 52 Cambridge L. J. 272; Geiger DVBl 1993, 465; van Gerven T. P. R. 1993, 5; Bok TPR 1993, 37; Fabricius UfR 1993 B 241; Tash 31 Col. J. Trans. L. 377 (1993); Plaza Martin (1994) 43 ICLQ 26; Kopp DÖV 1994, 201; Jarass NJW 1994, 881; Gellermann EuR 1994, 342.

[603] EuGH 16.12.1993 – C-334/92, ECLI:EU:C:1993:945, Slg. 1993, I-6911, Rn. 22 = EuZW 1994, 182 mAnm Bröhmer – Wagner Miret.

[604] EuGH 5.3.1996 – verb. Rs. C-46/93, C-48/93, ECLI:EU:C:1996:79, Slg. 1996, I-1029, Rn. 15–57 = NZA 2018, 35 – Brasserie du pêcheur und Factortame; dazu Streinz EuZW 1996, 201; Brinker WiB 1996, 602; Ehlers JZ 1996, 776; Meier NVwZ 1996, 660; Beul EuZW 1996, 748; Finke DZWir 1996, 361; Krohn EWiR § 839 BGB 1/96, 1123; Fines Rev.trim. dr. eur. 1997, 69; Wathelet/van Raepenbusch Cah. dr. eur. 1997, 13; Böhm JZ 1997, 53; Wissink SEW 1997, 78; Oliver (1997) 34 C. M. L.Rev. 635; Dantonel-Cor Rev.trim. dr. eur. 1998, 75.

[605] EuGH 7.3.1996 – C-192/94, ECLI:EU:C:1996:88, Slg. 1996, I-1281, Rn. 22 = NJW 1996, 1401 – El Corte Inglés; dazu Bülow EWiR Art. 129a EGV 1/96, 599; Niebling WiB 1996, 866; Finke DZWir 1996, 361.

[606] EuGH 26.3.1996 – C-392/93, ECLI:EU:C:1996:131, Slg. 1996, I-1631, Rn. 38 = BeckRS 2004, 76981 – British Telecommunications.

[607] EuGH 23.5.1996 – C-5/94, ECLI:EU:C:1996:205, Slg. 1996, I-2553, Rn. 24 = BeckRS 2004, 77498 – Hedley Lomas.

[608] EuGH 8.10.1996 – verb. Rs. C-178/94, C-179/94, C-188/94, C-189/94, C-190/94, ECLI:EU:C:1996:375, Slg. 1996, I-4845, Rn. 19–29 = NJW 1996, 3141 – Dillenkofer; dazu Papier/Dengler EWiR Art. 189 EGV 1/96, 1027; Streinz/Leible ZIP 1996, 1931; Huff NJW 1996, 3190; Reich EuZW 1996, 709; Klagian ZfRV 1997, 6; Hakenberg AnwBl 1997, 56; Eidenmüller JZ 1997, 201; Wehlau DZWir 1997, 100; Herdegen/Rensmann ZHR 161 (1997), 522; Gonzalez Rev. der.com.eur. 1997, 261.

vit,[609] Sutton,[610] Bonifaci,[611] Palmisani,[612] Maso,[613] Verband Deutscher Daihatsu-Händler,[614] Norbrook Laboratories,[615] Brinkmann Tabakfabriken,[616] Konle,[617] Rechberger,[618] Haim,[619] Lindöpark,[620] Metallgesellschaft,[621] Larsy,[622] [623] Köbler,[624] Kühne & Heitz,[625] Arcor,[626] Traghetti del Mediterraneo,[627] A. G. M.-COS.MET Srl,[628] Danske Slagterier,[629] Transportes Urbanos,[630] Specht,[631] Unland,[632] ÖBB Personenverkehr,[633] Ferreira da Silva e Brito,[634] Tomášová,[635] Ullens de Schooten.[636]

Damit schließt der EuGH im Interesse des Individualrechtsschutzes eine wesentliche Lücke im unionsrechtlichen Haftungssystem.[637] Er hat eine sehr effektive Sanktionskategorie ent- **182**

---

[609] EuGH 17.10.1996 – verb. Rs. C-283/94, C-292/94, C-293/94, Slg. 1996, I-5063, Rn. 47–50 = NJW 1997, 119 – Denkavit.
[610] EuGH 22.4.1997 – C-66/95, ECLI:EU:C:1997:207, Slg. 1997, I-2163, Rn. 31–36 = BeckRS 2004, 77677 – Sutton.
[611] EuGH 10.7.1997 – verb. Rs. C-94/95, C-95/95, ECLI:EU:C:1997:348, Slg. 1997, I-3969, Rn. 47–50 = ZIP 1997, 1663 – Bonifaci und Berto; dazu Wimmer ZIP 1997, 1635; Oetker EWiR Art. 4 RL 80/987/EWG 1/98, 229; Heinze KTS 1998, 513.
[612] EuGH 10.7.1997 – C-261/95, ECLI:EU:C:1997:351, Slg. 1997, I-4025, Rn. 24–27 = ZIP 1997, 1666 – Palmisani; dazu Oetker EWiR Art. 189 EGV 1/98, 217.
[613] EuGH 10.7.1997 – C-373/95, ECLI:EU:C:1997:353, Slg. 1997, I-4051 Rn. 34–38 = ZIP 1997, 1658 – Maso; dazu Wimmer ZIP 1997, 1635; Lübbig WiB 1997, 1164; Krause ZIP 1998, 56; Peters-Lange EWiR § 141b AFG 1/98, 241.
[614] EuGH 4.12.1997 – C-97/96, ECLI:EU:C:1997:581, Slg. 1997, I-6843, Rn. 25 = DStR 1998, 214 – Daihatsu Deutschland; dazu Schulze-Osterloh ZIP 1997, 2157; Schulze-Osterloh ZIP 1998, 1721; de Weerth BB 1998, 366; Schön JZ 1998, 194; Klein AnwBl 1998, 88; Lenenbach DZWir 1998, 265; Crezelius ZGR 1999, 252; Hirte NJW 1999, 36.
[615] EuGH 2.4.1998 – C-127/95, ECLI:EU:C:1998:151, Slg. 1998, I-1531, Rn. 107–112 = EuZW 1998, 721 – Norbrook Laboratories.
[616] EuGH 24.9.1998 – C-319/96, ECLI:EU:C:1998:429, Slg. 1998, I-5255, Rn. 24–28 = DStRE 1998, 774 – Brinkmann.
[617] EuGH 1.6.1999 – C-302/97, ECLI:EU:C:1999:271, Slg. 1999, I-3099, Rn. 58 = NVwZ 2000, 303 – Konle; dazu Lengauer (2000) 37 C.M L. Rev. 181; Dossi ecolex 2000, 337; Gundel DVBl 2001, 95; Weber NVwZ 2001, 287.
[618] EuGH 15.6.1999 – C-140/97, ECLI:EU:C:1999:306, Slg. 1999, I-3499, Rn. 72 = EuZW 1999, 468 mAnm Tonner – Rechberger.
[619] EuGH 4.7.2000 – C-424/97, ECLI:EU:C:2000:357, Slg. 2000, I-5123, Rn. 26 = ZIP 2000, 1215 – Haim; dazu Voigtländer EWiR Art. 43 EG 2/01, 227; Streinz JuS 2001, 285; Gautier Clunet 128 (2001), 598.
[620] EuGH 18.1.2001 – C-150/99, ECLI:EU:C:2001:34 Rn. 36–39 = IStR 2001, 149 mAnm Dziadkowski – Stockholm Lindöpark; dazu Lohse BB 2001, 1028.
[621] EuGH 8.3.2001 – verb. Rs. C-397/98, C-410/98, ECLI:EU:C:2001:134 Rn. 91 = BB 2001, 467 = BeckRS 2004, 77014 – Metallgesellschaft.
[622] EuGH 28.6.2001 – C-118/00, ECLI:EU:C:2001:368 Rn. 36–40 = BeckRS 2004, 74191 – Larsy.
[623] Aus der deutschen Rspr. namentlich BGH 24.10.1996 – III ZR 127/91, BGHZ 134, 30 = NJW 1997, 123 = JR 1997, 324 mAnm Pache (dazu Brinker WiB 1997, 156; Hatje EuR 1997, 297; Deards (1997) 22 Eur. L. Rev. 620; Baumeister BayVBl. 2000, 225).
[624] EuGH 30.9.2003 – C-224/01, ECLI:EU:C:2003:513 Rn. 30–59 = NJW 2003, 3539 – Köbler.
[625] EuGH 6.12.2005 – C-453/03, ECLI:EU:C:2005:741 Rn. 28 = BeckRS 2005, 70934 – Kühne & Heitz.
[626] EuGH 19.9.2006 – verb. Rs. C–392/04 u. C–422/04, ECLI:EU:C:2006:586 Rn. 52 = MMR 2007, 27 – Arcor.
[627] EuGH 13.6.2006 – C-173/03, ECLI:EU:C:2006:391 Rn. 51 = IStR 2006, 611 – Traghetti del Mediterraneo.
[628] EuGH 17.4.2007 – C-470/03, ECLI:EU:C:2007:213 Rn. 104 = EuZW 2007, 480 – A. G. M.-COS.MET Srl.
[629] EuGH 24.3.2009 – C-445/06, ECLI:EU:C:2009:178 Rn. 31 = IStR 2009, 277 – Danske Slagterier.
[630] EuGH 26.1.2010 – C–118/08, ECLI:EU:C:2010:39 Rn. 48 = BeckRS 2009, 70771 – Transportes Urbanos y Servicios Generales SAL.
[631] EuGH 19.6.2014 – C-501/12, ECLI:EU:C:2014:2005 Rn. 97–115 = NVwZ 2013, 1294 – Specht.
[632] EuGH 9.9.2015 – C-20/13, ECLI:EU:C:2015:561 Rn. 72 = NVwZ 2016, 131 – Unland.
[633] EuGH 28.1.2015 – C-417/13, ECLI:EU:C:2015:38 Rn. 42 f. = NZA 2015, 217 – ÖBB Personenverkehr AG.
[634] EuGH 9.9.2015 – C-160/14, ECLI:EU:C:2015:565 Rn. 46–60 – Ferreira da Silva e Brito.
[635] EuGH 28.7.2016 – C-168/15, ECLI:EU:C:2016:602 Rn. 18–26 – Tomášová.
[636] EuGH 15.11.2016 – C-268/15, ECLI:EU:C:2016:874 Rn. 41 – Ullens de Schooten.
[637] Oppermann, Europarecht, 5. Aufl. 2011, Rn. 178.

wickelt⁶³⁸ und damit die anderen gegen die Mitgliedstaaten gerichteten Sanktionen insbes. im Richtlinienbereich ergänzt. Legitimierende Grundlagen sind der effet utile des Unionsrechts, der Schutz vom Unionsrecht beabsichtigter subjektiver Rechte der Marktbürger und das auf Art. 4 Abs. 3 EUV gestützte Prinzip der Unionstreue⁶³⁹ sowie der in den Rechtsordnungen der Mitgliedstaaten geltende allgemeine Grundsatz, dass eine rechtswidrige Handlung oder Unterlassung die Verpflichtung zum Ersatz des dadurch verursachten Schadens nach sich zieht.⁶⁴⁰ Der unionsrechtliche Staatshaftungsanspruch kann konkurrierend mit explizit geregelten Ansprüchen existieren, auch solchen gegen Dritte, z. B. aus § 15 AGG.⁶⁴¹

183 Die unionsrechtliche Staatshaftung der Mitgliedstaaten ist zwar anhand der Verletzung von Umsetzungspflichten für Richtlinien entwickelt worden. Sie beschränkt sich jedoch sachlich nicht darauf. Vielmehr ist sie ein allgemeiner Grundsatz, der bei prinzipiell jeder Verletzung von Unionsrecht (sowohl des primären als auch des sekundären) greifen kann.⁶⁴² Die Verletzung jener Umsetzungspflichten war nur Anlass und ist bis heute prominentestes Beispiel für den allgemeinen unionsrechtlichen Staatshaftungsanspruch. Das Beispiel erschöpft aber nicht, sondern ist Basis eines Induktionsschlusses. Taugliche Verletzungsobjekte sind namentlich Verordnungen und Entscheidungen der Kommission oder des Rates nach Art. 288 AEUV.⁶⁴³

184 Nur die Haftungsvoraussetzungen im Detail sollten gemäß dem ursprünglichen Konzept leicht differieren, je nach der Art des Rechtsverstoßes.⁶⁴⁴ Die neuere Rechtsprechung des *EuGH* seit der Entscheidung **Dillenkofer**⁶⁴⁵ tendiert jedoch zu einem grundsätzlich einheitlichen Haftungstatbestand ohne wirkliche Differenzierung.⁶⁴⁶ Die ursprüngliche, leicht abweichende Formulierung kann man rückblickend als spezielle Ausprägung des allgemeinen Tatbestands verstehen.⁶⁴⁷ Freilich dürfte bei der Tatbestandsvoraussetzung des hinreichend qualifizierten Verstoßes gegen Unionsrecht immer noch der rechte Platz sein, um einem weiten Ermessensspielraum des nationalen Gesetzgebers Rechnung zu tragen.⁶⁴⁸

185 **2. Beabsichtigte Verleihung subjektiver Rechte durch das Unionsrecht.** Erste Voraussetzung der unionsrechtlichen Verleihung ist, dass das Unionsrecht bezweckt, dem einzelnen Marktbürger **subjektive Rechte** zu geben.⁶⁴⁹ Dieses Erfordernis eines individuellen Schutzzwecks schließt Popularklagen aus. Der Marktbürger wird nicht zum Anwalt der Allgemeinheit oder der Union, sondern kann nur die Verletzung in eigenen Rechtspositionen rügen. Der unionsrechtliche Begriff des subjektiven Rechts ist weiter zu verstehen als der enge

---

[638] Siehe nur v. Danwitz DVBl 1997, 1 (3); Ossenbühl, Staatshaftungsrecht, 5. Aufl. 1998, S. 495; Ossenbühl/Cornils, Staatshaftungsrecht, 6. Aufl. 2013, S. 593.
[639] EuGH 19.11.1991 – verb. Rs. C-6/90, C-9/90, ECLI:EU:C:1991:428 Rn. 36 = NJW 1992, 165 – Francovich.
[640] EuGH 15.3.1996 – verb. Rs. C-46/93, C-48/93, ECLI:EU:C:1996:79 Rn. 29 = NZA 2018, 355 – Brasserie du pêcheur und Factortame.
[641] EuGH 28.1.2015 – C-417/13, ECLI:EU:C:2015:38, Rn. 42 f. = NZA 2015, 217 – ÖBB Personenverkehr AG; BVerwG 2 C 1.16, BVerwGE 158, 334 Rn. 45 = NVwZ 2016, 1627 mAnm Stuttmann.
[642] EuGH 5.3.1996 – verb. Rs. C-46/93, C-48/93, ECLI:EU:C:1996:79 Rn. 16–57 = NZA 2018, 355 – Brasserie du pêcheur und Factortame; EuGH 23.5.1996 – C-5/94, ECLI:EU:C:1996:205 Rn. 23–25 = BeckRS 2004, 77498 – Hedley Lomas sowie EuGH 14.1.1997 – verb. Rs. C-192/95 bis C-218/95, ECLI:EU:C:1997:12 Rn. 34 = BeckEuRS 2019, 604598 – Comateb; EuGH 17.7.1997 – 242/95, ECLI:EU:C:1997:376 Rn. 58 = BeckRS 2004, 75377 – GT-Link; EuGH 20.11.1997 – 90/96, ECLI:EU:C:1997:553 Rn. 31 = BeckRS 2004, 77891 – Petrie.
[643] BGH 14.12.2000 – III ZR 151/99, WM 2001, 868 (869 f.) = JZ 2001, 456 (457 f.) mAnm Classen.
[644] EuGH 19.11.1991 – verb. Rs. C-6/90, C-9/90, ECLI:EU:C:1991:428 Rn. 38 = NJW 1992, 165 – Francovich.
[645] EuGH 8.10.1996 – verb. Rs. C-178/94, C-179/94, C-188/94, C-189/94, C-190/94, ECLI:EU:C:1996:375 Rn. 19–28 = NJW 1996, 3141 – Dillenkofer.
[646] Hidien, Die unionsrechtliche Staatshaftung in den EU-Mitgliedstaaten, 1998, S. 38–40; Detterbeck/Windthorst/Sproll, Staatshaftungsrecht, 2000, § 6 Rn. 27–30; Beljin, Staatshaftung im Europarecht, 2000, S. 19–22.
[647] Saenger JuS 1997, 865 (869 f.); Cremer JuS 2001, 643 (645).
[648] Siehe Cremer JuS 2001, 643 (644 f.).
[649] Grdl. EuGH 19.11.1991 – verb. Rs. C-6/90, C-9/90, ECLI:EU:C:1991:428 Rn. 40 = NJW 1992, 165 – Francovich.

Begriff des subjektiv-öffentlichen Rechts im deutschen Verwaltungsrecht.[650] Man muss den intendierten **Schutzzweck** des betreffenden Unionsrechtsakts, genauer: dessen einzelner Normen ermitteln.[651]

Nicht erforderlich ist, dass das Unionsrecht selber dem Marktbürger bereits das subjektive 186 Recht verliehen hat; entscheidend ist vielmehr, dass das Unionsrecht darauf ausgerichtet ist, subjektive Rechtspositionen zu begründen.[652] Anderenfalls könnte nämlich eine Verletzung von Richtlinien nicht verfolgt werden, weil diese nicht unmittelbar gelten und daher dem Marktbürger – außerhalb der vertikalen Direktwirkung – keine Rechte verleihen.[653] Der Mitgliedstaat kann sich nicht gerade dadurch, dass er versäumt, eine Richtlinie richtig umzusetzen und mit der Umsetzung dem Bürger subjektive Rechte zu geben, seiner Haftung entziehen.

3. Qualifizierter Verstoß gegen Unionsrecht. Der richterrechtlich entwickelte unions- 187 rechtliche Staatshaftungsanspruch ist zudem in einem Zusammenhang mit den sachlichen Maßstäben des Art. 340 Abs. 2 AEUV zu sehen; diese sind unter dem Vorbehalt, dass der effet utile des verletzten Unionsrechtsakts gewahrt ist, auch hier heranzuziehen.[654] Von Bedeutung für das Vorliegen einer Verletzung ist insbes., ob der betreffende Unionsrechtsakt den Mitgliedstaaten Spielräume zum Ausfüllen in eigener Verantwortung lässt und ob die konkret getroffenen Maßnahmen des betreffenden Mitgliedstaates sich im Rahmen solcher Spielräume halten.[655] Generell gilt die Maxime, dass der Mitgliedstaat nicht strenger beurteilt werden darf als die Union selber.[656] Anzustreben ist ein möglichst einheitliches Haftungssystem für Union und Mitgliedstaaten.[657] Konsequenterweise[658] hat der EuGH daher auch von seiner Staatshaftungsrechtsprechung Rückkoppelungen auf die Haftung der Union vorgenommen.[659]

Eine **drittgerichtete Amtspflicht** oder deren Verletzung sind keine Voraussetzungen des 188 unionsrechtlichen Staatshaftungsanspruchs.[660] Ebenso wenig sind ein schuldhaftes Handeln des Staates oder ein individuelles **Verschulden** der konkret agierenden staatlichen Amtsträger verlangt;[661] an deren Stelle tritt vielmehr die Notwendigkeit eines hinreichend qualifizierten Verstoßes gegen Unionsrecht.[662] Es gibt kein Verschuldenserfordernis über den qualifizierten Verstoß hinaus.[663]

Ob ein hinreichend **qualifizierter Verstoß** vorliegt, beurteilt sich nach allen Gesichts- 189 punkten, welche den Sachverhalt vor dem nationalen Gericht kennzeichnen; insbes. sind in Rechnung zu stellen:[664] das Maß an Klarheit und Genauigkeit der verletzten Vorschrift (die

---

[650] v. Danwitz DVBl 1996, 481; Reich EuZW 1996, 709; Ossenbühl, Staatshaftungsrecht, 5. Aufl. 1998, S. 506; Ossenbühl/Cornils, Staatshaftungsrecht, 6. Aufl. 2013, S. 604.
[651] Ein herausragendes Beispiel bietet Three Rivers District Council and others v. Bank of England (No. 3) [2000] 3 All E. R. 1 (19c–32j, 45j–48c) (HL, per Lords Hope of Craighead bzw. Millett) (dazu Allott, (2001) 60 Cambridge L. J. 4).
[652] Siehe nur Herdegen/Rensmann ZHR 161 (1997), 522 (539); Ossenbühl, Staatshaftungsrecht, 6. Aufl. 1998, S. 506; Ossenbühl/Cornils, Staatshaftungsrecht, 6. Aufl. 2013, S. 604.
[653] Ossenbühl, Staatshaftungsrecht, 5. Aufl. 1998, S. 506; Ossenbühl/Cornils, Staatshaftungsrecht, 6. Aufl. 2013, S. 604.
[654] EuGH 5.3.1996 – verb. Rs. C-46/93, C-48/93, ECLI:EU:C:1996:79 Rn. 41 – Brasserie du pêcheur und Factortame; Herdegen/Rensmann ZHR 161 (1997), 522 (535 f.).
[655] Siehe BGH 14.12.2000 – III ZR 151/99 = WM 2001, 868 (870 f.).
[656] Neisser/Verschraegen, Die Europäische Union, 2001, Rn. 17.024.
[657] Fruhmann ÖJZ 1996, 401 (408 f.).
[658] Zust. mit eingehender Begründung Tridimas (1001) 38 C. M. L. Rev. 301 (322–330).
[659] EuGH 4.7.2000 – C-352/98 P, ECLI:EU:C:2000:361 Rn. 43 f. = BeckRS 2004, 76667 – Bergaderm u. Goupil/Kommission.
[660] Hobe RIW 2000, 389 (390).
[661] Reg. v. Secretary of State for Transport, ex parte Factortame Ltd. (No. 5) (1999) 3 W. L. R. 1062 (1075 E) (HL, per Lord Slynn of Hadley).
[662] Streinz/Leible ZIP 1996, 1931 (1932 f.); Leible ZHR 162 (1998), 594 (604); sa Nassall WM 1999, 657 (659).
[663] EuGH 5.3.1996 – verb. Rs. C-46/93, C-48/93, ECLI:EU:C:1996:79 Rn. 80 – Brasserie du pêcheur und Factortame.
[664] Die folgende Aufzählung ist eine wichtige Hilfestellung, aber weder erschöpfend noch abschließend; Reg. v. Secretary of State for Transport, ex parte Factortame Ltd. (No. 5) (1999) 3 W. L. R. 1062 (1083 B-C) (HL, per Lord Hope of Craighead).

ihrerseits wieder in einem Wechselspiel mit Komplexität und Novität des konkreten Sachverhalts steht[665]); die Frage, ob der Verstoß oder der Schaden vorsätzlich oder unbeabsichtigt begangen bzw. zugefügt wurde; die Entschuldbarkeit oder Unentschuldbarkeit eines etwaigen **Rechtsirrtums;** der Umstand, dass das Verhalten eines Unionsorgans möglicherweise dazu beigetragen hat, dass unionsrechtswidrige Maßnahmen oder Praktiken beibehalten oder eingeführt wurden.[666] Für einen qualifizierten Verstoß sind also sowohl objektive als auch subjektive Gesichtspunkte zu berücksichtigen.[667] Verschuldenselemente fließen zwar in die Haftungsvoraussetzungen ein,[668] sind aber kein eigenständiger Prüfungspunkt. Im Ergebnis ist das Tatbestandsmerkmal des hinreichend qualifizierten Verstoßes gegen Unionsrechts das entscheidende und ausschlaggebende.[669]

190 Die unionsrechtliche Staatshaftung kann auch durch ein **Handeln oder Unterlassen des nationalen Gesetzgebers** ausgelöst werden.[670] Es besteht also eine Haftung für **legislatives Unrecht** wie für legislative Versäumnisse. Ein Verstoß durch erlassene einzelstaatliche Gesetzgebung ist dann hinreichend qualifiziert, wenn der Mitgliedstaat bei der Ausübung seiner Gesetzgebungsbefugnis deren Grenzen offenkundig und erheblich überschritten hat.[671] Wird ein unionsrechtlich erteilter Rechtssetzungsauftrag überhaupt nicht oder nur verspätet wahrgenommen, so liegt immer ein hinreichend qualifizierter Verstoß vor.[672] Wenn der einzelne Mitgliedstaat nicht angekündigt hat, dass er Öffnungsklauseln in Richtlinien nutzen will, um erlaubterweise bestimmte Fallgruppen vom Anwendungsbereich der nationalen Umsetzung auszunehmen, so haftet er auch für eine Verletzung jener Richtlinienbestimmungen, von denen Ausnahmen prinzipiell möglich wären.[673]

191 Bei einer **unzulänglichen Richtlinienumsetzung** dagegen ist verlangt, dass die vom betreffenden Mitgliedstaat vorgenommene Auslegung der Richtlinie in einem offenkundigen Widerspruch zu deren Wortlaut und dem mit der Richtlinie verfolgten Ziel stehen muss.[674] Die Abweichung muss so eklatant sein, dass keine vernünftigen Zweifel an der Unionsrechtswidrigkeit des nationalen Umsetzungsaktes verbleiben können.[675] In der Sache gilt so eine Art flexiblen verobjektivierten Verschuldensmaßstabs.[676] Für die maßgeblichen Spielräume kommt es nicht auf das einzelne Staatsorgan und dessen evtl. durch nationales Recht einge-

---

[665] Reg. v. Secretary of State for Transport, ex parte Factortame Ltd. (No. 5) (1999) 3 W. L. R. 1062, 1087 E-F (HL, per Lord Clyde).
[666] EuGH 5.3.1996 – verb. Rs. C-46/93, C-48/93, ECLI:EU:C:1996:79 Rn. 56 – Brasserie du pêcheur und Factortame; EuGH 4.7.2000 – C-424/97, ECLI:EU:C:2000:357 Rn. 43 = ZIP 2000, 1215 – Haim; EuGH 28.6.2001 – C-118/00, ECLI:EU:C:2001:368 Rn. 39 = BeckRS 2004, 74191 – Larsy.
[667] EuGH 5.3.1996 – verb. Rs. C-46/93, C-48/93, ECLI:EU:C:1996:79 Rn. 78 – Brasserie du pêcheur und Factortame.
[668] Barbara Müller ecolex 1996, 428 (430).
[669] Freitag/Allstadt BKR 2021, 1 (5).
[670] EuGH 5.3.1996 – verb. Rs. C-46/93, C-48/93, ECLI:EU:C:1996:79 Rn. 32–36– Brasserie du pêcheur und Factortame.
[671] EuGH 5.3.1996 – verb. Rs. C-46/93, C-48/93, ECLI:EU:C:1996:79 Rn. 55 – Brasserie du pêcheur und Factortame; EuGH 26.3.1996 – C-392/93, ECLI:EU:C:1996:131 Rn. 42 = BeckRS 2004, 76981 – British Telecommunications; EuGH 8.10.1996 – verb. Rs. C-178/94, C-179/94, C-188/94, C-189/94, C-190/94, ECLI:EU:C:1996:375 Rn. 25 = NJW 1996, 3141 – Dillenkofer; EuGH 17.10.1996 – verb. Rs. C-283/94, C-292/94, C-293/94, ECLI:EU:C:1996:387 Rn. 50 = BeckEuRS 2018, 571161 – Denkavit; EuGH 2.4.1998 – C-127/95, ECLI:EU:C:1998:151 Rn. 109 = EuZW 1998, 721 – Norbrook Laboratories; EuGH 28.6.2001 – C-118/00, ECLI:EU:C:2001:368 Rn. 38 = BeckRS 2004, 74191 – Larsy.
[672] EuGH 23.3.1996 – C-5/94, ECLI:EU:C:1996:205 Rn. 28 = BeckRS 2004, 77498 – Hedley Lomas; EuGH 8.10.1996 – verb. Rs. C-178/94, C-179/94, C-188/94, C-189/94, C-190/94, ECLI:EU:C:1996:375, Slg. 1996, I-4845, Rn. 29 = NJW 1996, 3141 – Dillenkofer; EuGH 24.9.1998 – C-319/96, ECLI:EU:C:1998:429 Rn. 28 = DStRE 1998, 774 – Brinkmann; LG Bonn 1 O 186/98, WM 1999, 1972 (1975) (dazu Hobe RIW 2000, 389; Hafke WuB I L 6.–1.00, 557).
[673] Three Rivers District Council and others v. Bank of England (No. 3) (2000) 3 All E. R. 1, 47f–g (HL, per Lord Millett).
[674] EuGH 26.3.1996 – C-392/93, ECLI:EU:C:1996:131 Rn. 42 f. = BeckRS 2004, 76981 – British Telecommunications; Leible ZHR 162 (1998), 594 (605).
[675] Leible ZHR 162 (1998), 594 (605 f.).
[676] Herdegen/Rensmann ZHR 161 (1997), 522 (545).

räumte Spielräume an, sondern auf den von Unionsrecht für die Mitgliedstaaten gesetzten Spielraum.[677] Schöpft der Mitgliedstaat einen vermeinten Ermessensspielraum in vertretbarer Weise aus, so haftet er nicht.[678] Das Staatsorgan hat aber jeweils den Ergebnisstand zugrunde zu legen, der bei Vornahme seines Aktes besteht, nicht den früheren, wie er bestanden haben mag, als der verletzte Unionsrechtsakt erlassen wurde.[679] Nicht mehr vertretbar ist eine Maßnahme, die mit etablierter Rechtsprechung des EuGH nicht in Einklang steht.[680]

Ermessen ist hier nicht im Sinne des deutschen Verwaltungsrechts zu verstehen, sondern als Beurteilungsspielraum der entscheidenden Instanzen.[681] Von der EU-Kommission geäußerte Ansichten sind nicht präjudiziell.[682] Allerdings wird ein Handeln des Mitgliedstaates entgegen einer sich als zutreffend erweisenden Ansicht von EU-Institutionen grundsätzlich weniger vertretbar sein und einen kaum entschuldbaren **Rechtsirrtum** begründen.[683] Dies gilt umso mehr, wenn sich der Mitgliedstaat in Widerspruch zu einer feststehenden Rechtsprechung des EuGH setzt.[684] Eine Entschuldigung folgt keineswegs bereits daraus, dass sich der Mitgliedstaat hat rechtlich beraten lassen, bevor er handelte oder nicht handelte.[685]   **192**

Dass **Nichtigkeitsklage** zum EuGH gegen eine umzusetzende Richtlinie erhoben ist, entbindet nicht von der Umsetzungsverpflichtung. Diese besteht vielmehr fort, denn Klagen haben im Unionsprozessrecht ausweislich Art. 278 S. 1 AEUV keinen Suspensiveffekt. In der Folge wird auch der Staatshaftungsanspruch gegen den nicht umsetzenden Mitgliedstaat nicht beeinträchtigt.[686] Die Feststellung des qualifizierten Verstoßes durch den EuGH ist zwar hinreichende, aber keine notwendige Voraussetzung der Staatshaftung.[687]   **193**

Eine unionsrechtliche Staatshaftung scheidet indes aus, wenn sich das von der Richtlinie gewollte Ziel bereits durch richtlinienkonforme Auslegung des jeweiligen nationalen Rechts erreichen lässt.[688] Die **richtlinienkonforme Auslegung hat Vorrang** vor der insoweit subsidiären Staatshaftung. Es greift ein anderer **Sanktionsmechanismus** gegen den säumigen Mitgliedstaat, der diesem hinreichende Anreize vermittelt, das Unionsrecht zu befolgen. Richtlinienkonforme Auslegung ist zum einen das mildere Mittel und erfordert zum anderen kein weiteres Verfahren zur Durchsetzung. Insoweit ist sie bei vergleichbarer Effektivität ressourcenschonender und damit im ökonomischen Sinn effizienter. Ist gar ein direkter Effekt der Richtlinie möglich, so scheidet eine Staatshaftung erst recht aus, wenn die Organe des betreffenden Staates diesen Effekt korrekt erkannt und beachtet haben.[689]   **194**

Die unionsrechtliche Staatshaftung ist **Erfolgshaftung**.[690] Inwieweit bei einer Richtlinie deren Ziel erreicht wird, beurteilt sich nach dem tatsächlichen Erfolg der Umsetzung.[691] Die Verletzung der Umsetzungsverpflichtung kann Staatshaftungsansprüche des Benachteiligten,   **195**

---

[677] Gautier Clunet 128 (2001), 598 (599).
[678] LG Berlin 23 O 650/00, EuZW 2001, 511 (512) = ZIP 2001, 1636 (1638) mkritAnm Hirte = DB 2002, 258 (259) mkritAnm Thietz-Bartram.
[679] Hirte ZIP 2001, 1638 (1639) sowie Thietz-Bartram DB 2002, 260.
[680] Hirte ZIP 2001, 1638 (1639).
[681] Ossenbühl, Staatshaftungsrecht, 5. Aufl. 1998, S. 507; Ossenbühl/Cornils, Staatshaftungsrecht, 6. Aufl. 2013, S. 605.
[682] Reg. v. Secretary of State for Transport, ex parte Factortame Ltd. (No. 5) (1999) 3 W.L.R. 1062, 1078 E (HL, per Lord Slynn of Hadley).
[683] Reg. v. Secretary of State for Transport, ex parte Factortame Ltd. (No. 5) (1999) 3 W.L.R. 1062 (1085 B-C, 1088 D-F) (HL, per Lords Hope of Craighead bzw. Clyde).
[684] Reg. v. Secretary of State for Transport, ex parte Factortame Ltd. (No. 5) (1999) 3 W.L.R. 1062 (1087 G-H) (HL, per Lord Clyde).
[685] Reg. v. Secretary of State for Transport, ex parte Factortame Ltd. (No. 5) (1999) 3 W.L.R. 1062 (1080 E-G) (HL, per Lord Hoffmann).
[686] LG Bonn 1 O 186/98, WM 1999, 1972 (1975); Hobe RIW 2000, 389.
[687] EuGH 5.3.1996 – verb. Rs. C-46/93, C-48/93, ECLI:EU:C:1996:79 Rn. 93 = NZA 2018, 355 – Brasserie du pêcheur und Factortame.
[688] EuGH 16.12.1993 – C-334/92, ECLI:EU:C:1993:945 Rn. 22 = NJW 1994, 921 – Wagner Miret; EuGH 14.7.1994 – C-91/92, ECLI:EU:C:1994:292 Rn. 26 f. = NJW 1994, 2473 – Faccini Dori; EuGH 24.9.1998 – C-111/97, ECLI:EU:C:1998:434 Rn. 21 = BeckRS 2004, 74141 – EvoBus Austria.
[689] EuGH 24.9.1998 – C-319/96, ECLI:EU:C:1998:429 Rn. 5281 = DStRE 1998, 774 – Brinkmann.
[690] Schoißwohl ecolex 1998, 963 (965).
[691] Neisser/Verschraegen, Die Europäische Union, 2001, Rn. 17.024.

dem nicht die von der Richtlinie vorgesehene Rechtsposition gewährt wird, gegen den betreffenden Mitgliedstaat auch dann auslösen, wenn ihm jene Rechtsposition gegen andere Private einzuräumen ist.[692] Der Bürger erleidet durch die (Umsetzungs-)Praxis des Mitgliedstaats eben auch im Privatrecht einen Schaden, weil ihm eine unrichtige Umsetzung Ansprüche oder sonstige Rechtspositionen gegen andere Private vorenthält.[693]

196 **4. Haftungssubjekt.** Gerade in einem föderalen Staat wie der Bundesrepublik stellt sich die Frage danach, welche staatliche Gliederung konkret Schuldner des unionsrechtlichen Staatshaftungsanspruchs ist. Der Ausgangspunkt, dass eine unionsrechtliche Staatshaftung bestehen muss, ist aber klar: Die Kompetenzverteilung zwischen dem Staat und seinen einzelnen Organen im Inneren der Staatsorganisation kann nicht von der Verantwortung gegenüber dem Bürger nach außen entbinden.[694] Die Schadensersatzverpflichtung des Mitgliedstaates für einen staatlichen Stellen zuzurechnenden Verstoß gegen Unionsrecht besteht unabhängig vom Charakter der verstoßenden Stelle und der Passivlegitimation im Detail.[695] Der richtige Schuldner beurteilt sich nach dem Recht des in Anspruch genommenen Staates.[696]

197 Prinzipiell sind formell selbstständige Gliedeinheiten der Mitgliedstaaten als Schuldner verantwortlich,[697] soweit sie eigene Kompetenzräume wahrzunehmen und auszufüllen hatten und nicht durch Vorgaben der Zentralgewalt gebunden waren.[698] Dies setzt die richtigen Anreize, um Kompetenzen verantwortungsbewusst und so auszuüben, dass der materielle Rechtsschutz des Einzelnen möglichst gewahrt bleibt.[699] Dagegen verschlägt nicht, dass formell der Gesamtstaat Vertragspartner des AEUV ist.[700] Denn die Ratifikation bindet nicht nur den Gesamtstaat als solchen, sondern auch alle dessen Gliedeinheiten. Ebenso wenig lässt sich der Gesamtstaat zum Haftungssubjekt erklären, weil er ja seine Gliedeinheiten innerstaatlich anhalten könnte, das Unionsrecht einzuhalten.[701] Ob er dies kann, ist eine Frage der innerstaatlichen Kompetenzverteilung. In jedem Fall würden dadurch aber einerseits die Anreize zu indirekt und andererseits die zu befürwortende Koppelung zwischen Kompetenz und Haftung aufgelockert.

198 **5. Umfang des Schadensersatz.** Der Schadensersatz[702] muss einen effektiven Schutz der Rechtsposition des Einzelnen gewährleisten; grundsätzlich richten sich Art und Umfang des Schadensersatzes aber nach dem nationalen Recht.[703] Art. 340 Abs. 2 AEUV wäre zwar eine mögliche Richtschnur auch auf der Rechtsfolgenseite,[704] ist aber dort in der Rechtsprechung des *EuGH* noch nicht benutzt worden. Eine unionsrechtliche Vorgabe ist indes, dass der

---

[692] (EuGH-Vorlage) LG Bonn 1 O 310/93, NJW 1994, 2489 (2490 f.) = EuZW 1994, 442 (444); LG Bonn 6.6.1994 – 1 O 317/93, NJW 1994, 2492 (2492 f.) = EuZW 1994, 445 (446) mAnm Huff.
[693] Zur Berechnung von Schaden und zu leistender Entschädigung am Beispiel des nicht hinreichenden Einräumens verbraucherschützender Widerrufsrechte Eidenmüller JZ 1997, 201 (203); Michaels/Kamann JZ 1997, 601 (607 f.).
[694] Voigtländer EWiR Art. 43 EG 2/01, 227 (228).
[695] EuGH 28.6.2001 – C-118/00, ECLI:EU:C:2001:368 Rn. 35 = BeckRS 2004, 74191 – Larsy.
[696] EuGH 1.6.1999 – C-302/97, ECLI:EU:C:1999:271 Rn. 63 f. = NVwZ 2000, 303 – Konle; Anagnostaras (2001) 26 Eur. L. Rev. 139 (153–156).
[697] GA van Gerven 27.10.1993 – SchlA C-128/92, ECLI:EU:C:1993:860, Slg. 1994, I-1209 (1248) = BeckRS 2004, 74282 – Banks; Dermot Coppinger v. The County Council of the County of Waterford Irish High Ct. March 22, 1996 (dazu Travers (1997) 22 Eur. L. Rev. 173); Lewis, Remedies and the Enforcement of European Community Law, 1996, S. 143.
[698] Anagnostaras (2001) 26 Eur. L. Rev. 139 (150 f.).
[699] Anagnostaras (2001) 26 Eur. L. Rev. 139 (151).
[700] So aber Maurer FS Boujong, 1996, 591 (606 f.); Folz Liber amicorum Seidl-Hohenveldern, 1998, 175 (196).
[701] So aber Maurer FS Boujong, 1996, 591 (606 f.); Folz Liber amicorum Seidl-Hohenveldern, 1998, 175 (196).
[702] Zu dessen Bemessung u. a. Havu (2018) 43 Eur. L. Rev. 24.
[703] EuGH 5.3.1996 – verb. Rs. C-46/93, C-48/93, ECLI:EU:C:1996:79 Rn. 83 – Brasserie du pêcheur und Factortame; EuGH 10.7.1997 – verb. Rs. C-94/95, C-95/95, ECLI:EU:C:1997:348 Rn. 48–53 = ZIP 1997, 1663 – Bonifaci und Berto; EuGH 10.7.1997 – C-261/95, ECLI:EU:C:1997:351 Rn. 35 = ZIP 1997, 1666 – Palmisani; EuGH 10.7.1997 – C-373/95, ECLI:EU:C:1997:353 Rn. 41 = ZIP 1997, 1658 – Maso.
[704] Beljin, Staatshaftung im Europarecht, 2000, S. 37 f.

Schadensersatz den **entgangenen Gewinn** umfassen muss.[705] Dagegen ist nicht klar, ob das Unionsrecht **Naturalrestitution** verlangt, wenn das nationale Recht als Instrument nur Ersatz bzw. Ausgleich in Geld kennt.[706]

Richtigerweise[707] ist nur solcher Schaden zu ersetzen, der vom Schutzzweck der verletzten **199** unionsrechtlichen Norm gedeckt ist.[708] Dies kann zu durchaus differenzierten Lösungen führen. Verlangt die Richtlinie zB eine Zwangssicherung gegen **Insolvenzrisiken** und ordnet zugleich eine Art Selbstbehalt des Gläubigers an, so ist jedenfalls dieser Selbstbehalt vom erlittenen Schaden abzuziehen, und nur der über die Insolvenzquote hinausgehende Schaden ist ersatzfähig; zudem ist der Insolvenzanspruch an den Staat abzutreten.[709] Diese Lösung ist nicht übermäßig, sondern genau im richtigen Maße gläubigerfreundlich.[710]

Ein Schadensersatzanspruch scheidet jedenfalls aus, soweit es konkret an der **Kausalität** **200** zwischen qualifiziertem Unionsrechtsverstoß und Schaden fehlt, weil auch korrekte Umsetzungsmaßnahmen den Schadenseintritt nicht verhindert hätten.[711] Die Kausalität beurteilt sich prinzipiell nach der Adäquanztheorie.[712]

6. Mitverschuldenseinwand. Gegenüber dem unionsrechtlichen Staatshaftungsanspruch **201** kann die verklagte Körperschaft den Einwand klägerischen Mitverschuldens erheben. Bei der Bestimmung des ersatzfähigen Schadens ist zu berücksichtigen, ob sich der Geschädigte in angemessener Form um die Verhinderung des Schadenseintritts oder die Begrenzung des Schadensumfangs bemüht hat.[713] Den Geschädigten trifft insbes. eine Schadensminderungs- oder Schadensminimierungspflicht. Dies ist – wie bei jedem Schadensersatzanspruch – sinnvoll, damit der Geschädigte nicht auf Kosten des Schädigers spekulieren kann. Allerdings sind dabei weitere Faktoren zu beachten: Dem Geschädigten gereicht es nicht zum Nachteil, wenn er Selbstschutzmaßnahmen unterlassen hat, welche vom verletzten Rechtsakt des Unionsrechts als nicht geeignet eingestuft werden, um der regulierten Gefahr zu begegnen.[714] Generell ist der Schutzzweck des verletzten Unionsrechtsakts ein wichtiger Aspekt: Ein **Mitverschulden** kann man dem Geschädigten nicht vorwerfen, wenn er genau solche Selbstschutzmaßnahmen unterlässt, welche der verletzte Unionsrechtsakt ihm abnehmen will.[715]

---

[705] EuGH 5.3.1996 – verb. Rs. C-46/93, C-48/93, ECLI:EU:C:1996:79 Rn. 87 – Brasserie du pêcheur und Factortame; EuGH 8.3.2001 – verb. Rs. C-397/98, C-410/98, ECLI:EU:C:2001:134 Rn. 91 = NVwZ 2018, 1380 – Metallgesellschaft; Hidien, Die unionsrechtliche Staatshaftung in den EU-Mitgliedstaaten, 1998, S. 63–66; Ruffert in Calliess/Ruffert AEUV Art. 340 Rn. 72; Detterbeck/Windthorst/Sproll, Staatshaftungsrecht, 2000, § 6 Rn. 36; Beljin, Staatshaftung im Europarecht, 2000, S. 65.
[706] Bejahend Jud ecolex 2001, 100.
[707] IErg so auch EuGH 15.6.1999 – C-140/97, ECLI:EU:C:1999:306 Rn. 74 = NJW 1999, 3181 – Rechberger.
[708] Rebhahn JBl. 1996, 749 (755 f.).
[709] LG Bonn 1 O 186/98, WM 1999, 1972 (1977).
[710] Spunda ecolex 1999, 442 (443).
[711] EuGH 5.3.1996 – verb. Rs. C-46/93, C-48/93, ECLI:EU:C:1996:79 Rn. 51 – Brasserie du pêcheur und Factortame; Reg. v. Secretary of State for Transport, ex parte Factortame Ltd. (No. 5) (1999) 3 W. L. R. 1062 (1072 H) (HL, per Lord Slynn of Hadley); östOGH JBl. 2000, 785 (787); östOGH JBl. 2001, 445 (449); OLG Köln 7 U 178/99, VersR 2001, 988 (990); LG Berlin 23 O 650/00, EuZW 2001, 511 (512) = ZIP 2001, 1636 (1637 f.) mAnm Hirte = DB 2002, 258 (259) mit konkret krit. Anm. Thietz-Bartram; Rebhahn JBl. 1996, 749 (753); Hatje EuR 1997, 297 (307); Öhlinger/Potacs, Unionsrecht und staatliches Recht, 2. Aufl. 2001, S. 173.
[712] Prieß NVwZ 1993, 118 (123); Jarass NJW 1994, 881 (883); Detterbeck VerwArch 1994, 159 (189); Maurer FS Boujong, 1996, 591 (605); Folz Liber amicorum Seidl-Hohenveldern, 1998, 175 (194).
[713] EuGH 5.3.1996 – verb. Rs. C-46/93, C-48/93, ECLI:EU:C:1996:79 Rn. 84 – Brasserie du pêcheur und Factortame; EuGH 8.10.1996 – verb. Rs. C-178/94, C-179/94, C-188/94, C-189/94, C-190/94, ECLI:EU:C:1996:375 Rn. 72 = BB 2019, 313 = NJW 1996, 3141 – Dillenkofer; OLG Köln 8.6.2000 – 7 U 208/99, VersR 2001, 990 (990) = RW 2002, 239 (241); LG Bonn 16.4.1999 – 1 O 186/98, WM 1999, 1972 (1977); LG Bonn 10.11.1999 – 1 O 55/99, WM 2000, 618 (620) (dazu Hafke WuB I L 6.–2.00, 560).
[714] EuGH 8.10.1996 – verb. Rs. C-178/94, C-179/94, C-188/94, C-189/94, C-190/94, ECLI:EU:C:1996:375 Rn. 73 = BB 2019, 313 = NJW 1996, 3141 – Dillenkofer; LG Bonn 10.11.1999 – 1 O 55/99, WM 2000, 618 (620).
[715] LG Bonn 16.4.1999 – 1 O 186/98, WM 1999, 1972 (1977); LG Bonn 10.11.1999 – 1 O 55/99, WM 2000, 618 (620); s. auch OLG Köln 8.6.2000 – 7 U 208/99, VersR 2001, 990 = RIW 2002, 239.

202 **7. Haftungsprivilegien des nationalen Rechts. a) Haftungsausschluss wegen Nichtinanspruchnahme von Primärrechtsschutz.** Eine Regelung wie § 839 Abs. 3 BGB dürfte den Rahmen des zugelassenen Mitverschuldenseinwands sprengen.[716] Sie führt bei einem rein formalen Verschulden des Gläubigers schon zu einem völligen Freiwerden des Staates. Allerdings ist diskussionswürdig, ob entsprechende weitergehende Obliegenheiten nach nationalem Recht, namentlich innerhalb einer angemessenen Frist **Primärrechtsschutz** gegen staatliche Einzelangriffe durch Klage wahrnehmen zu müssen, neben dem Mitverschuldenseinwand bestehen und greifen könnten. Letztlich handelt es sich bei einer Obliegenheit der skizzierten Art um einen **Verfristungstatbestand,** der nach denselben unionsrechtlichen Regeln zu beurteilen wäre wie ein Verjährungstatbestand.

203 **b) Spruchrichterprivileg.** Eine offene Flanke war lange Zeit die Frage, ob und, wenn ja, in welchem Umfang ein **Spruchrichterprivileg** wie § 839 Abs. 2 BGB den unionsrechtlichen Staatshaftungsanspruch begrenzen kann.[717] Auch Gerichte sind Organe der Mitgliedstaaten. Auch sie stehen in der Pflicht, das Unionsrecht korrekt anzuwenden und nicht zu verletzen. Deutlichster Beleg dafür sind die aus Art. 4 Abs. 3 EUV abgeleiteten Pflichten zur unionsrechtskonformen Auslegung und zum Verleihen vertikaler Direktwirkung für Richtlinien. Beide richten sich spezifisch an den Rechtsanwender in den Mitgliedstaaten und damit zuvörderst an Gerichte.

204 Ohne ein Spruchrichterprivileg müsste der Staat nach den Grundsätzen der unionsrechtlichen Staatshaftung auch für die hinreichend qualifizierte fehlerhafte Anwendung von Unionsrecht durch seine Gerichte einstehen.[718] Denn eine Differenzierung nach Art und Zuschnitt der handelnden Organe lässt sich der Rechtsprechung des EuGH gerade nicht entnehmen.[719] Misslich wären dabei die sich ergebenden Konstellationen der gerichtlichen Entscheidung in (quasi-)eigener Sache.[720] Haftungsprivilegien zumindest der Höchstgerichte ließen sich auf die Endlichkeit jeden Rechtsschutzes stützen.[721]

205 Eine denkbare Stellschraube wäre allerdings bereits die hinreichende Qualität der Verletzung von Unionsrecht. Dabei müsste man zunächst den Beurteilungs- und Ermessensspielraum mit einfließen lassen. Insoweit erscheint vorstellbar, dass man einen qualifizierten Unionsrechtsverstoß nur bei willkürlichen oder an Rechtsbeugung grenzenden Entscheidungen bejahte.[722] Freilich käme man dann zu dem Problem unterschiedlicher Rechtsbeugungsgrenzen in den nationalen Prozessrechten. Ein **Willkürverbot** ließe sich dagegen besser unionsrechtlich ausbauen. Sodann könnte die **richterliche Unabhängigkeit** den Maßstab höher legen. Eine weitere Einschränkung wäre im Wege der teleologischen Restriktion

---

[716] Hatje EuR 1997, 297 (305); Beljin, Staatshaftung im Europarecht, 2000, S. 66 f. sowie v. Danwitz DVBl 1998, 421 (425) mit Fn. 40; anders aber Ossenbühl DVBl 1992, 993 (994); Prieß EuZW 1993, 118 (124); Streinz EuZW 1993, 599 (603); Detterbeck VerwArch 1994, 159 (190); Maurer FS Boujong, 1996, 591 (606); Folz Liber amicorum Seidl-Hohenveldern, 1998, 175 (194); Papier in Rengeling, Handbuch des deutschen und europäischen Umweltrechts, Bd. I, 1998, § 43 Rn. 44; Detterbeck/Windthorst/Sproll, Staatshaftungsrecht, 2000, § 6 Rn. 69 sowie Fruhmann ÖJZ 1996, 401 (412).
[717] Dafür Herdegen/Rensmann ZHR 161 (1997), 522 (554 f.); Ossenbühl, Staatshaftungsrecht, 5. Aufl. 1998, S. 514; Ossenbühl/Cornils, Staatshaftungsrecht, 6. Aufl. 2013, S. 612.
Dagegen Beul EuZW 1996, 748; Thalmair DStR 1996, 1975 (1979); Wehlau DZWir 1997, 100 (106); Deckert EuR 1997, 203 (226); Wendenburg EuZW 2016, 115 (116). Eingehende Diskussion insbes. durch Toner (1997) 17 Yearb. Eur. L. 165.
[718] So Fruhmann ÖJZ 1996, 401 (407); Rebhahn JBl. 1996, 749 (760); Funk ecolex 1997, 553 (556); Temple Lang Liber amicorum in Honour of Lord Slynn of Hadley, Bd. I, 2000, 235 (254 ff.); Öhlinger/Potacs, Unionsrecht und staatliches Recht, 2. Aufl. 2001, S. 172; ausdrücklich offenlassend öStOGH ecolex 2001, 100 (Ls.) mAnm Jud.
[719] Fruhmann ÖJZ 1996, 401 (407).
[720] Funk ecolex 1997, 553 (556); Öhlinger/Potacs, Unionsrecht und staatliches Recht, 2. Aufl. 2001, S. 172.
[721] Rebhahn JBl. 1996, 749 (760).
[722] Der Gedanke entstammt einem Diskussionsbeitrag von Heribert Hirte während des Symposiums zum 75-jährigen Bestehen des Max-Planck-Instituts für ausländisches und internationales Privatrecht in Hamburg v. 18.9.2001.

dahingehend denkbar, dass hier ausnahmsweise ein Vorabentscheidungsverfahren zum EuGH zur Voraussetzung der Staatshaftung würde.[723]

Eine unionsrechtliche Staatshaftung wegen judikativer Versäumnisse beinhaltet insbes. Fälle, in denen ein Gericht eine Vorlage an den EuGH unterlassen hat.[724] Dabei stehen zum einen mögliche Verletzungen einer Vorlagepflicht durch konkret letztinstanzliche Gerichte unter Art. 267 Abs. 3 AEUV und zum anderen Ermessensfehlgewichtungen bei Entscheidungen konkret nicht letztinstanzlicher Gerichte über eine fakultative Vorlage unter Art. 267 Abs. 2 AEUV in Rede.[725] Für Verletzungen einer wirklich bestehenden Vorlagepflicht könnte man argumentieren, dass insoweit die Möglichkeit eines von der Kommission eingeleiteten Vertragsverletzungsverfahrens[726] ausreichende Sanktion sei.[727] Gedanklich erinnert dies an die Subsidiarität der unionsrechtlichen Staatshaftung gegenüber der richtlinienkonformen Auslegung (→ Rn. 117). Jedoch kann das Argument letztlich nicht durchschlagen, weil man mit ihm jede unionsrechtliche Staatshaftung zu Fall bringen könnte. Denn die unionsrechtliche Staatshaftung setzt einen qualifizierten Verstoß des betreffenden Mitgliedstaates gegen Unionsrecht voraus. Damit wären immer, wenn die Haftungsvoraussetzungen erfüllt sind, auch die Voraussetzungen für ein Vertragsverletzungsverfahren gegeben. Subsidiarität gegenüber der Möglichkeit eines Vertragsverletzungsverfahrens würde also die unionsrechtliche Staatshaftung als Institut der Existenz berauben.

206

In der Entscheidung **Köbler**[728] stellte der EuGH klar, dass die völkerrechtlich tradierte Ansicht eines nach außen einheitlichen Staatsgebildes erst recht für die Unionsebene gelten muss.[729] Demnach haftet der Mitgliedstaat auch für das Fehlverhalten seiner Judikative.[730] Die Bedenken, der auch durch den Gerichtshof (konkret z. B. auch in Bezug auf Schiedssprüche[731]) anerkannte Grundsatz der Rechtskraft sei ebenso wie die Unabhängigkeit des Richters durch eine solche Haftung beeinträchtigt, nimmt der EuGH ernst.[732] Demnach ist – der Stellungnahme der Kommission folgend – ein für die Begründung des Staatshaftungsanspruchs notwendiger „hinreichend qualifizierter Verstoß" nur in Fällen anzunehmen, in denen dieser Verstoß „offenkundig" ist.[733] Dem Merkmal der „Offenkundigkeit" entspricht dabei auf nationaler Ebene ungefähr das Kriterium der „groben Fahrlässigkeit".[734]

207

Diese Rechtsprechung konkretisierte der EuGH in der Entscheidung **Traghetti del Mediterraneo**[735] dahingehend, dass ein nationaler Gesetzgeber gehindert ist, die praktische Durchsetzbarkeit des Staatshaftungsanspruchs für judikatives Unrecht auf Fälle von Vorsatz

208

---

[723] Rebhahn JBl. 1996, 749 (760); Öhlinger/Potacs, Unionsrecht und staatliches Recht, 2. Aufl. 2001, 172.
[724] Eing. Beul EuZW 1996, 748.
[725] Wendenburg EuZW 2016, 115 (116).
[726] Siehe dazu Carl Otto Lenz NJW 1994, 2063 (2065).
[727] So Ossenbühl, Staatshaftungsrecht, 5. Aufl. 1998, S. 514; Ossenbühl/Cornils, Staatshaftungsrecht, 6. Aufl. 2013, S. 612.
[728] EuGH 30.9.2003 – C-224/01, ECLI:EU:C:2003:513 = NJW 2003, 3539 – Köbler.
[729] EuGH 30.9.2003 – C-224/01, ECLI:EU:C:2003:513 Rn. 32 = NJW 2003, 3539 – Köbler.
[730] Dem folgend z. B. EuGH 9.9.2015 – C-160/14, ECLI:EU:C:2015:565 Rn. 46–60 – Ferreira da Silva e Brito.
Umfassend zum Komplex Breuer, Staatshaftung für judikatives Unrecht, 2011; A. Beck, Unionsrechtliche Staatshaftung der EU-Mitgliedstaaten für judikatives Unrecht, Diss. Potsdam 2015 <https://publishup.uni-potsdam.de/opus4-ubp/frontdoor/deliver/index/docId/8021/file/beck_diss.pdf>.
[731] EuGH 1.6.1999 – C-126/97, ECLI:EU:C:1999:269 Rn. 46–48 = EuZW 1999, 565 – Eco Swiss.
[732] Breuer, Staatshaftung für judikatives Unrecht, 2011, S. 457, weist nicht zu Unrecht darauf hin, dass der EuGH in dogmatisch fragwürdiger Weise zunächst eine Kollision mit dem Prinzip der Bestandskraft richterlicher Entscheidungen verneint, anschließend aber dennoch ein Spannungsverhältnis sieht, welches zu besonderer Sensibilität Anlass gebiete.
Siehe die Abwägung in EuGH 9.9.2015 – C-160/14, ECLI:EU:C:2015:565, Rn. 54–59 – Ferreira da Silva e Brito.
[733] EuGH 30.9.2003 – C-224/01, ECLI:EU:C:2003:513 Rn. 53 = NJW 2003, 3539 – Köbler; EuGH 28.7.2016 – C-168/15, ECLI:EU:C:2016:602, Rn. 24–26 – Tomášová.
[734] Pietzcker AöR 132 (2007), 393 (462).
[735] EuGH 13.6.2006 – C-173/03, ECLI:EU:C:2006:391 = IStR 2006, 611 – Traghetti del Mediterraneo; hierzu Breuer, Staatshaftung für judikatives Unrecht, 2011, S. 464.

oder grober Fahrlässigkeit zu beschränken.[736] In der Praxis sind jedoch kaum Fälle denkbar, in denen ein Verstoß „offenkundig" ist, wenn ein nationaler Richter lediglich einfach fahrlässig gehandelt hat. Der EuGH wollte wohl lediglich klarstellen, dass die Frage der Offenkundigkeit des Rechtsverstoßes stets einer Einzelfallabwägung unterliegt, ohne dass ein Mitgliedstaat im Vorhinein diesen Maßstab beschränken kann.[737] Für die Bundesrepublik Deutschland bedeutet dies, dass die Einschränkung des § 839 Abs. 2 S. 1 BGB auf Fälle der Staatshaftung wegen judikativer Verstöße gegen Unionsrecht keine Anwendung findet.[738]

209 c) Subsidiarität der Staatshaftung. Ein letztes Moment auf dem Prüfstand ist die **Subsidiaritätsklausel** des § 839 Abs. 1 S. 2 BGB.[739] Ihr zufolge greift eine Haftung wegen Fahrlässigkeit des Amtsträgers nur subsidiär. Tatbestandlich lässt sie sich nur schwer mit den unionsrechtlichen Vorgaben in Einklang bringen, denen zufolge der unionsrechtliche Staatshaftungsanspruch grundsätzlich verschuldensunabhängig und gewisse Verschuldensmomente nur im Rahmen des qualifizierten Verstoßes berücksichtigt. Eine Abstufung der Staatshaftung nach Verschuldensgraden ist dem Unionsrecht fremd, wenn die Hürde des qualifizierten Verstoßes erst einmal genommen ist. Zudem geht es im Unionsrecht um eine genuine Haftung des Staates als solchen, nicht um eine auf den Staat übergeleitete Haftung des einzelnen Amtsträgers. Die unionsrechtliche Staatshaftung soll den effet utile des Unionsrechts sichern. Von dieser Grundlage her muss ein geeigneter Anreiz bestehen, auch fahrlässige Verstöße zu unterlassen. Praktisch kann man sich zudem zumindest im Bereich der Richtlinienumsetzung nur schwer Konstellationen vorstellen, in denen neben dem Staat noch eine weitere Person haftet.

210 8. **Verjährung.** Die **Verjährung** des unionsrechtlichen Staatshaftungsanspruchs richtet sich nach dem nationalen Recht des in Anspruch genommenen Staates.[740] Die Fünfjahresfrist des Art. 46 EuGH-Satzung ist nicht einschlägig.[741] Selbst eine einjährige Verjährungsfrist des nationalen Rechts soll akzeptabel sein, soweit sie keine negative Abweichung speziell für den unionsrechtlichen Staatshaftungsanspruch im Vergleich mit den Staatshaftungsansprüchen des nationalen Rechts begründet.[742] In Deutschland greift die dreijährige Verjährungsfrist nach § 195 BGB (bzw. für Altfälle vor dem 1.1.2002 nach § 852 Abs. 1 BGB 1896).[743]

211 9. **Prozessuale Durchsetzung in Deutschland.** Für die prozessuale Durchsetzung des Staatshaftungsanspruchs enthält das Unionsrecht keine eigenen Regeln. Vielmehr bedient es sich insoweit – wie allgemein bei Fehlen spezieller Regelungen – des Rechtsschutzinstrumentariums des nationalen Rechts; dabei gilt die Maßgabe, dass das nationale Verfahrensrecht die Voraussetzungen nicht ungünstiger gestalten darf als bei vergleichbaren materiellrechtlichen Klagen rein nationalen Zuschnitts, also diskriminierungsfrei sein muss, die Effektivität des Unionsrechts wahren muss und die unionsrechtlich gewährten Positionen des Bürgers nicht verkürzen darf.[744] In Deutschland richten sich dementsprechend Zuständigkeit und Verfahren für unionsrechtliche Staatshaftungsansprüche gegen deutsche Stellen nach § 839 BGB.[745]

---

[736] Hierzu Zantis, Das Richterspruchprivileg in nationaler und gemeinschaftsrechtlicher Hinsicht, 2010, S. 127–129.
[737] Zantis, Das Richterspruchprivileg in nationaler und gemeinschaftsrechtlicher Hinsicht, 2010, S. 129.
[738] EWS 2007, 15.
[739] Für deren Zulässigkeit Maurer FS Boujong, 1996, 591 (605); Folz Liber amicorum Seidl-Hohenveldern, 1998, 175 (194).
[740] EuGH 10.7.1997 – C-261/95, ECLI:EU:C:1997:351 Rn. 27 f. = ZIP 1997, 1666 – Palmisani; Streinz EuZW 1993, 599 (603); Beljin, Staatshaftung im Europarecht, 2000, S. 73 f.; Öhlinger/Potacs, Unionsrecht und staatliches Recht, 2. Aufl. 2001, S. 176; Neisser/Verschraegen, Die Europäische Union, 2001, Rn. 17.025.
[741] Folz Liber amicorum Seidl-Hohenveldern, 1998, 175 (195); Neisser/Verschraegen, Die Europäische Union, 2001, Rn. 17.025; aA Prieß NVwZ 1993, 118 (124); Detterbeck VerwArch 1994, 159 (191).
[742] EuGH 10.7.1997 – C-261/95, ECLI:EU:C:1997:351 Rn. 28 = ZIP 1997, 1666 – Palmisani.
[743] Geiger DVBl 1993, 465 (474); Streinz EuZW 1993, 599 (603); Maurer FS Boujong, 1996, 591 (606); Folz Liber amicorum Seidl-Hohenveldern, 1998, 175 (195).
[744] EuGH 5.3.1996 – verb. Rs. C-46/93, C-48/93, ECLI:EU:C:1996:79 Rn. 67 – Brasserie du pêcheur und Factortame.
[745] LG Bonn 16.4.1999 – 1 O 186/98, WM 1999, 1972 (1974).

3. Teil. Rechtsschutz im Straf- und Bußgeldrecht

§ 34 Strafgerichtsbarkeit*

Übersicht

	Rn.
A. Einführung	1
B. Kompetenzen der Europäischen Union auf dem Gebiet des Straf- und Bußgeldrechts und des Rechts sonstiger Verwaltungssanktionen mit punitivem Charakter	8
I. Kriminalstrafrechtliche Kompetenzen	8
1. Grundsatz der begrenzten Einzelermächtigung	8
2. Kompetenz zur Angleichung strafrechtlicher Rechtsvorschriften der Mitgliedstaaten (Art. 83 Abs. 1 UAbs. 1, Abs. 2 AEUV)	11
3. Kompetenz zur Bekämpfung von Betrugsdelikten und sonstigen rechtswidrigen Handlungen zum Nachteil der Europäischen Union (Art. 325 AEUV)	18
II. Kompetenz zur Einführung unionsrechtlicher Geldbußen	21
III. Kompetenz zur Einführung sonstiger Verwaltungssanktionen punitiven Charakters	26
C. Von den mitgliedstaatlichen Gerichten zu berücksichtigender Einfluss des Unionsrechts auf das nationale Strafrecht	27
I. Erweiterung des nationalen Strafrechtsschutzes	27
1. Ausweitung des Anwendungsbereichs des nationalen Strafrechts mittels Assimilierung	28
a) Assimilierung durch die Europäische Union	28
b) Assimilierung durch die Mitgliedstaaten	32
2. Erstreckung der nationalen Straf- und Bußgeldvorschriften auf Verstöße gegen das Unionsrecht durch nationale Blankettgesetze	36
II. Verpflichtung der Mitgliedstaaten zur Verfolgung und Sanktionierung der Verletzung von Unionsrecht	37
III. Begrenzungen des nationalen Strafrechts durch Unionsrecht	40
1. Anwendungsvorrang des Unionsrechts	40
2. Unionsrechtskonforme Auslegung des nationalen Rechts	47
IV. Rechtsschutz zur Sicherstellung der unionsrechtlichen Vorgaben im Rahmen des Vorabentscheidungsverfahrens	50
1. Vorlageberechtigung und -verpflichtung der Gerichte	51
a) Strafgerichte als Gerichte iSd Art. 267 AEUV	52
b) Berechtigung zur Vorlage in Straf- und Bußgeldverfahren	55
c) Berechtigung oder Verpflichtung zur Vorlage	56
2. Durchführung des Vorabentscheidungsverfahrens im strafrechtlichen Haupt-, Zwischen- und Ermittlungsverfahren	57
a) Vorlageverfahren im Haupt- und Zwischenverfahren	58
b) Vorlageverfahren im Ermittlungsverfahren	66
3. Überprüfung des Vorabentscheidungsverfahrens nach dem Rechtsmittelsystem der Strafprozessordnung	73
a) Fehlende Anfechtbarkeit des Vorlagebeschlusses	74
b) Anfechtung der unterlassenen Vorlage im Revisionsverfahren	75
c) Berücksichtigung des Vorabentscheidungsverfahrens bei der Entscheidung über die Nichtannahme der Berufung oder Revision	79
d) Keine sofortige Beschwerde gegen die Ablehnung eines Rechtsmittels als „offensichtlich unbegründet"	83

---

* Dieser Beitrag gibt ausschließlich die persönliche Auffassung der Verfasserin wider und bindet in keinerlei Hinsicht die Institutionen, für die sie arbeitet.

	Rn.
e) Bindung der Tatsachengerichte an die rechtliche Beurteilung des Revisionsgerichts?	84
f) Konkurrenz supranationaler und innerstaatlicher Vorlagepflichten	86
4. Rechtskraft unionsrechtswidriger Strafurteile und ihre Durchbrechung	89
a) Rechtskraft unionsrechtswidriger Strafurteile	90
b) Durchbrechung der Rechtskraft unionsrechtswidriger Strafurteile	94
5. Praktische Bedeutung des Vorabentscheidungsverfahrens auf dem Gebiet des Strafrechts	99
6. Rechtsschutz gegen die Nichtvorlage	100
D. Geldbußen im Europäischen Wettbewerbsrecht	106
I. Geldbußen wegen verbotener Wettbewerbsbeschränkungen	108
1. Rechtsgrundlagen der wettbewerbsrechtlichen Bußgeldvorschriften	108
2. Geldbußen bei Verstößen gegen die wettbewerbsrechtlichen Verbotsnormen der Art. 101, 102 AEUV	110
a) Anwendungsbereich der wettbewerbsrechtlichen Vorschriften	110
b) Rechtsnatur des Verfahrens	118
c) Sanktionierung von Verfahrensverstößen und Verletzungen des materiellen Wettbewerbsrechts	120
3. Rechtsschutz bei Bußgeldentscheidungen	136
a) Ermächtigung des Rates zur Erweiterung der gerichtlichen Nachprüfung und Entscheidung (Art. 261 AEUV)	136
b) Erweiterung der gerichtlichen Nachprüfung und Entscheidung	139
4. Zuständigkeit des Gerichts und des Gerichtshofs	148
a) Anwendbarkeit von Art. 31 VO (EG) Nr. 1/2003 auf das Verfahren vor dem Gericht	148
b) Zuständigkeit des Gerichts im ersten Rechtszug	153
c) Zuständigkeit des Gerichtshofs als Rechtsmittelinstanz	163
II. Geldbußen wegen Verstößen gegen die EG-Fusionskontrollverordnung	170
1. Rechtsgrundlagen der Fusionskontrolle	170
2. Anwendungsbereich der EG-Fusionskontrollverordnung	171
3. Fusionskontrollverfahren	173
a) Anmeldung von Zusammenschlüssen	174
b) Aufschub des Vollzugs von Zusammenschlüssen	175
c) Prüfung der Anmeldung und Einleitung des Verfahrens	176
d) Ermittlungs- und Entscheidungsbefugnisse der Kommission	180
4. Bußgeldvorschriften der EG-Fusionskontrollverordnung	182
a) Minderschwere Verstöße	182
b) Schwerwiegende Verstöße	184
5. Rechtsschutz bei Bußgeldentscheidungen	185
III. Geldbußen wegen Verstöße gegen das Gesetz über digitale Märkte (Digital Markets Act)	188
1. Geldbußen wegen Nichteinhaltung der Verpflichtungen in den Art. 5, 6 und 7 DMA und Verstößen gegen Verfahrensregeln	190
a) Unternehmen als Normadressaten	191
b) Bußgeldtatbestände	192
2. Rechtsschutz bei Bußgeldentscheidungen	195
IV. Geldbußen im Abkommen über den Europäischen Wirtschaftsraum	197
1. Geltung der Wettbewerbsregeln	197
2. Zuständigkeit im Verwaltungsverfahren	198
3. Rechtsschutz bei Bußgeldentscheidungen	199
E. Geldbußen im Europäischen Datenschutzrecht	200
I. Das Sanktionsregime der DS-GVO	201
II. Geldbußen wegen Verstößen gegen die DS-GVO	204
1. Normadressaten	205
a) Unternehmen als Adressaten der Bußgeldentscheidung	206
b) Unternehmensbegriff	207

	Rn.
2. Bußgeldtatbestände	221
a) Formelle Verstöße gegen die Bestimmungen der DS-GVO	222
b) Materielle Verstöße gegen die Bestimmungen der DS-GVO	223
3. Rechtsschutz bei Bußgeldentscheidungen	226
a) Gewährleistung eines effektiven Rechtsschutzes als Zielvorgabe des Art. 83 Abs. 8 DS-GVO	226
b) Administrative und gerichtliche Kontrolle	228
F. Geldbußen im Europäischen Bankenrecht	231
I. Verordnung (EG) Nr. 2532/98 des Rates vom 23. November 1998 über das Recht des Europäischen Zentralbank, Sanktionen zu verhängen	234
1. Unternehmen als Sanktionsadressaten	235
2. Grenzen und Bedingungen für die Ausübung der Sanktionskompetenz der Europäischen Zentralbank	236
II. Verordnung (EG) Nr. 2157/1999 der Europäischen Zentralbank vom 23. September 1999 über das Recht der Europäischen Zentralbank, Sanktionen zu verhängen	241
III. Verordnung (EU) Nr. 1024/2013 des Rates vom 15. Oktober 2013 zur Übertragung besonderer Aufgaben im Zusammenhang mit der Aufsicht über Kreditinstitute auf die Europäische Zentralbank	244
1. Sanktionen „nach Maßgabe der Verordnung (EG) Nr. 2532/98" gemäß Art. 18 Abs. 7 SSM-VO	245
a) Bedeutende und weniger bedeutende beaufsichtigte Unternehmen als Sanktionsadressaten	246
b) Verfahrensregeln	248
2. Verwaltungsgeldbußen oder gegebenenfalls andere im einschlägigen Unionsrecht vorgesehene Geldbußen gemäß Art. 18 Abs. 1 SSM-VO	249
a) Kreditinstitute, Finanzholdinggesellschaften und gemischte Finanzholdinggesellschaften als Adressaten der Verwaltungsgeldbußen bzw. anderen im einschlägigen Unionsrecht vorgesehenen Geldbußen	250
b) Sanktionierung der Verstöße gegen eine Anforderung aus direkt anwendbaren Rechtsakten der Union	255
3. Grenzen und Bedingungen für die Ausübung der Sanktionskompetenz der Europäischen Zentralbank	256
4. Rechtsschutz gegen die Sanktionsbeschlüsse	261
a) Administrativer Rechtsschutz	262
b) Gerichtlicher Rechtsschutz	266
5. Entscheidungen in Rechtsformen des nationalen Rechts	277
G. Justizielle Zusammenarbeit in Strafsachen und polizeiliche Zusammenarbeit	278
I. Entwicklung der justiziellen Zusammenarbeit in Strafsachen und polizeilichen Zusammenarbeit	278
II. Justizielle Zusammenarbeit in Strafsachen (Art. 82–86 AEUV)	282
1. Europäischer Haftbefehl	287
a) Rechtlicher Rahmen	289
b) Anwendungsbereich des Europäischen Haftbefehls und der Grundsatz der beiderseitigen Strafbarkeit	291
c) Zuständigkeit	292
d) Auslieferungsverfahren	294
e) Rechtsschutz gegen den Europäischen Haftbefehl	298
2. Europäische Ermittlungsanordnung	303
a) Rechtlicher Rahmen	304
b) Anwendungsbereich der Europäischen Ermittlungsanordnung	307
c) Zuständigkeit	309
d) Erlass und Ausführung der Europäischen Ermittlungsanordnung	313
e) Rechtsschutz gegen die Europäische Ermittlungsanordnung	314
f) Verwertung	332

	Rn.
3. Eurojust	333
a) Zuständigkeiten und Aufgaben	333
b) Rechtsschutz gegen Maßnahmen von Eurojust	337
4. Europäische Staatsanwaltschaft	346
a) Zuständigkeit und Aufgaben	347
b) Rechtsschutz gegen Maßnahmen der Europäischen Staatsanwaltschaft	358
5. Europäisches Amt für Betrugsbekämpfung (Office européen de lutte anti fraude – OLAF)	381
a) Zuständigkeiten und Aufgaben	383
b) Rechtsschutz gegen Maßnahmen von OLAF	393
III. Polizeiliche Zusammenarbeit	402
1. Rechtsschutz vor nationalen Gerichten	403
2. Rechtsschutz vor dem Gerichtshof der Europäischen Union bei Rechtsakten nach Inkrafttreten des Vertrags von Lissabon	404
3. Europol	406
a) Zuständigkeit und Aufgaben	406
b) Rechtsschutz gegen Maßnahmen von Europol	411
c) Immunität von Europol und deren Personal	422

Schrifttum:
Aden, Europäische Rechtsgrundlagen und Institutionen des Polizeihandelns, in Lisken/Denninger (Hrsg.), Handbuch des Polizeirechts: Gefahrenabwehr – Strafverfolgung – Rechtsschutz, 7. Aufl. 2021, Abschnitt M; Ahlbrecht, Europäische Ermittlungsanordnung – Durchsuchung à la Europäischer Haftbefehl, StV 2018, 601 ff.; Ahlbrecht/Böhm/Esser/Eckelmans, Internationales Strafrecht: Auslieferung – Rechtshilfe – EGMR – internationale Gerichtshöfe, 2. Aufl. 2017; Ahlbrecht/Börgers, Rechtsschutz gegen die Gewährung eines Auskunftsverweigerungsrechtes (§ 55 StPO) für den gemäß § 59 IRG vernommenen Entlastungszeugen, ZIS 2008, 218 ff.; Albrecht, Das neue EU-Datenschutzrecht – von der Richtlinie zur Verordnung. Überblick und Hintergründe zum finalen Text für die Datenschutz-Grundverordnung der EU nach der Einigung im Trilog, CR 2016, 88 ff.; Albrecht/Braum, Kontingentes „Europäisches Strafrecht" in actio: Schwerpunkte, Konturen, Defizite, KritV 2001, 312 ff.; Albrecht/Jotzo, Das neue Datenschutzrecht der EU, 2017; Ambos, Internationales Strafrecht: Strafanwendungsrecht – Völkerstrafrecht – Europäisches Strafrecht – Rechtshilfe, 5. Aufl. 2018; Ambos/König/Rackow (Hrsg.), Rechtshilferecht in Strafsachen, 2. Aufl. 2020; Ambos/Rackow/Schork, Die Europäische Ermittlungsanordnung aus Verteidigersicht, StV 2021, 126 ff.; Appel, Kompetenzen der Europäischen Gemeinschaft zur Überwachung und sanktionsrechtlichen Ausgestaltung des Lebensmittelrechts, in Dannecker (Hrsg.), Lebensmittelstrafrecht und Verwaltungssanktionen in der Europäischen Union, 1994, 165 ff.; Bachmaier Winter, European Investigation order for obtaining evidence in the criminal proceedings Study of the proposal for a European directive, ZIS 2010, 580 ff.; van Bael/Bellis, Competition Law of the European Community, 3. Aufl. 1994; Barbe, Une triple étape pour le troisième pilier de l'union européenne, RMC 2002, 5 ff.; Barbier de La Serre/Winckler, Legal Issues Regarding Fines Imposed in EU Competition Proceedings, Journal of European Competition Law & Practice 2010, 327 ff.; Barthe/Gericke (Hrsg.), Karlsruher Kommentar zur Strafprozessordnung mit GVG, EGGVG und EMRK, 9. Aufl. 2023; Bebr, Anmerkung zur Entscheidung des EuGH vom 12.2.1974 – C-146/73 – Rheinmühlen-Düsseldorf/Einfuhr- und Vorratsstelle für Getreide und Futtermittel, EuR 1974, 358 ff.; Bechtold, Die Grundzüge der neuen EWG-Fusionskontrolle, RIW 1990, 253 ff.; Bechtold, Zum Ermessen der Kommission in Bußgeldverfahren, WuW 2009, 1115; Bechtold/Bosch/Brinker, EU-Kartellrecht: Artikel 101–106 AEUV, EU-Kartell-VO 1/2003, Gruppenfreistellungsverordnungen, Vertikalvereinbarungen (330/2010), Kraftfahrzeugsektor (461/2010), Technologietransfer (316/2014), Forschung und Entwicklung (1217/2010), Spezialisierung (1218/2010) und Versicherungen (267/2010) sowie EU-FusionskontrollVO (139/2004), Kommentar, 4. Aufl. 2023; Behr/Tannen, Droht das Zeitalter der Datenschutzgeldbußen? – Haftungsrisiken wegen Datenschutzverstößen und was Unternehmen dagegen tun können, CCZ 2020, 120 ff.; Beisse, Grundsatzfragen der Auslegung des neuen Bilanzrechts, BB 1990, 2007 ff.; Berg, Die neue EG-Fusionskontrollverordnung – Praktische Auswirkungen der Reform, BB 2004, 561 ff.; Bergmann/Burholt, Nicht Fisch und nicht Fleisch – Zur Änderung des materiellen Prüfkriteriums in der Europäischen Fusionskontrollverordnung, EuZW 2004, 161; Bergmann/Möhrle/Herb, Datenschutzrecht, Kommentar: Europäische Datenschutz-Grundverordnung, Bundesdatenschutzgesetz, Datenschutzgesetze der Länder, Bereichsspezifischer Datenschutz, Band 2, März 2023; Bergt, Sanktionierung von Verstößen gegen die Datenschutz-Grundverordnung, DuD 2017, 555 ff.; Beulke/Swoboda, Strafprozessrecht, 16. Aufl. 2022; Biermann, Art. 23 VO (EG) Nr. 1/2003, in Immenga/Mestmäcker, Wettbewerbsrecht, Band 1. EU, Kommentar zum Europäischen Kartellrecht, 6. Aufl. 2019; Bleckmann, Gemeinschaftsrechtliche Probleme des Entwurfs des Bilanzrichtlinie-Gesetzes, BB 1984, 1525 ff.; Bleckmann, Die Richtlinie im Europäischen Gemeinschaftsrecht und im Deutschen Recht, in Leffson/Rückle/Großfeld (Hrsg.), Handwörterbuch unbestimmter Rechtsbegriffe

im Bilanzrecht des HGB, 1986, 11 ff.; Bleckmann, Anmerkung zur Entscheidung des EuGH vom 21.9.1989 – C-68/88– Kommission/Griechenland, WuR 1991, 285 f.; Bleckmann, Die Überlagerung des nationalen Strafrechts durch das Europäische Gemeinschaftsrecht, in: Küper/Welp in Verbindung mit Dencker/Marxen/ Schneider/Schumann/Struensee/Vormbaum (Hrsg.), Beiträge zur Rechtswissenschaft, Festschrift für Walter Stree und Johannes Wessels zum 70. Geburtstag, 1993, 107 ff.; Böhm, Das neue Europäische Haftbefehlsgesetz, NJW 2006, 2592 ff.; Böhm, Die Umsetzung der Europäischen Ermittlungsanordnung – Strafprozessualer Beweistransfer auf neuer Grundlage, NJW 2017, 1512 ff.; Böhm, Ohrfeige für Musterknaben – Deutsche Staatsanwaltschaft ist keine unabhängige Behörde, NZWiSt 2019, 325 ff.; Böse, Strafen und Sanktionen im europäischen Gemeinschaftsrecht, 1996; Böse, The Obligation of Member States to Penalise Infringements of Community Law: From Greek Maize to French Farmers, R. A. E. – L. E. A. 2001–2002, 103 ff.; Böse, Rechtsschutz durch den EuGH, in Sieber/Satzger/v. Heintschel-Heinegg (Hrsg.), Europäisches Strafrecht, 2. Aufl. 2014, § 54; Böse, Die Europäische Ermittlungsanordnung – Beweistransfer nach neuen Regeln?, ZIS 2014, 152 ff.; Böse, Die Europäische Staatsanwaltschaft „als" nationale Strafverfolgungsbehörde? Kritik eines neuen Rechtsschutzmodells, JZ 2017, 82 ff.; Boll, Kein Verbotsirrtum im EU-Kartellrecht – Anmerkung zur Entscheidung des EuGH vom 18.6.2013 – C-681/11, BeckRS 2013, 81227, GWR 2013, 319; Boms, Ahndung von Ordnungswidrigkeiten nach der DS-GVO in Deutschland – Ist § 43 Abs. 4 BDSG unionsrechtskonform?, ZD 2019, 536 ff.; Bonichot, Droit communautaire, RSC 1990, 155 f.; Born, Datenschutz und Straf- und Ordnungswidrigkeitenrecht, in Specht/Mantz (Hrsg.), Handbuch Europäisches und deutsches Datenschutzrecht – Bereichsspezifischer Datenschutz in Privatwirtschaft und öffentlichem Sektor, 2019, § 8; Brahms/Gut, Zur Umsetzung der Richtlinie Europäische Ermittlungsanordnung in das deutsche Recht – Ermittlungsmaßnahmen auf Bestellschein?, NStZ 2017, 388 ff.; Braum, Das „Corpus Juris" – Legitimität, Erforderlichkeit und Machbarkeit, JZ 2000, 493 ff.; Braun/Capito/Marchetti/Njoume Ekango, Die Ausübung der Zuständigkeiten der Union, in Höreth/Janowski/Kühnhardt (Hrsg.), Die Europäische Verfassung. Analyse und Bewertung ihrer Strukturentscheidungen, 2005, 169 ff.; Brechmann, Die richtlinienkonforme Auslegung. Zugleich ein Beitrag zur Dogmatik der EG-Richtlinie, 1994; Bridge, The European Communities and the Criminal Law, CLR 1976, 88 ff.; Briguglio, Zur Vorlage gemäß Art. 177 EWG-Vertrag nach einer Zurückverweisung vom Revisions-/Kassationsgericht an das untergeordnete Gericht – Eine Untersuchung unter besonderer Berücksichtigung des deutschen und italienischen Zivilprozeßrechts, in Lindacher/Pfaff/Roth/Schlosser/Wieser (Hrsg.), Festschrift für Walther J. Habscheid zum 65. Geburtstag, 1989, 47 ff.; Brinker, Zuständigkeitsverteilung zwischen Wettbewerbsbehörden in Kartell- und Fusionskontrollverfahren in Schwarze, Europäisches Wirtschafts- und Wettbewerbsrecht in der Wirtschaftskrise, 2010, 42 ff.; Brodowski, Die Europäische Staatsanwaltschaft – eine Einführung, StV 2017, 684 ff.; Brodowski, Unionsgrundrechte im Strafrecht: Ein neuer Maßstab für die verfassungsgerichtliche Kontrolle, StV 2021, 682 ff.; Brodowski, Transnationale Strafverteidigung, in Müller/Schlothauer/Knauer (Hrsg.), Münchener Anwaltshandbuch Strafverteidigung, 3. Aufl. 2022, § 22; Brodowski, Zusammenarbeit mit Dritten im Ermittlungsverfahren, in Herrnfeld/Esser (Hrsg.), Europäische Staatsanwaltschaft, Handbuch, 2022, § 8; Brömmelmeyer, Der Kronzeuge im EU-Kartellrecht – unter besonderer Berücksichtigung des Richtlinienvorschlags der Kommission vom 22.3.2017, NZKart 2017, 551 ff.; Brüner/Spitzer, OLAF, in Sieber/Satzger/v. Heintschel-Heinegg (Hrsg.), Europäisches Strafrecht, 2. Aufl. 2014, § 43; Bruns, Der strafrechtliche Schutz der europäischen Marktordnungen für die Landwirtschaft, 1980; Bülte, Das Datenschutzbußgeldrecht als originäres Strafrecht der Europäischen Union, StV 2017, 460 ff.; Bueren/Imgarten, Rechtsschutz beim Settlement-Verfahren der Europäischen Kommission, ZWeR 2021, 2 ff.; Burchard, Auslieferung (Europäischer Haftbefehl), in Böse (Hrsg.), Europäisches Strafrecht, 2. Aufl. 2021, § 14; Burnley, Group Liability for Antitrust Infringements: Responsibility and Accountability, World Competition 33, 4 (2010), 595 ff.; Calliess, Auf dem Weg zu einem einheitlichen europäischen Strafrecht? – Kompetenzgrundlagen und Kompetenzgrenzen einer dynamischen Entwicklung –, ZEuS 2008, 3 ff.; Canenbley/Steinvorth, Kartellbußgeldverfahren, Kronzeugenregelungen und Schadensersatz – Liegt die Lösung des Konflikts „de lege ferenda" in einem einheitlichen Verfahren?, in Forschungsinstitut für Wirtschaftsverfassung und Wettbewerb e. V. (FIW) (Hrsg.), Wettbewerbspolitik und Kartellrecht in der Marktwirtschaft, Festschrift 50 Jahre FIW: 1960 bis 2010, 143 ff.; Cirener/Radtke/Rissing-van in Saan/Rönnau/Schluckebier (Hrsg.), Strafgesetzbuch, Leipziger Kommentar, Band 19: §§ 331 bis 358, 13. Aufl. 2024; Cornelius, Die „datenschutzrechtliche Einheit" als Grundlage des bußgeldrechtlichen Unternehmensbegriff nach der EU-DSGVO, NZWiSt 2016, 421 ff.; Cornelius, Straf- und Ordnungswidrigkeitenvorschriften im Bereich des betrieblichen Datenschutzes, in Forgó/Helfrich/ Schneider, Betrieblicher Datenschutz, 3. Aufl. 2019, Teil XIV.; Costa-Cabral/Lynskey, Family ties: The intersection between data protection and competition in EU Law, CML Rev. 2017, 11 ff.; Crede/Franz, Deutsche Fusionskontrolle in Schulte (Hrsg.), Handbuch Fusionskontrolle, 3. Aufl. 2020, Kapitel 2; Csonka/ Juszczak/Sason, The Establishment of the European Public Prosecutor´s Office – The Road from Vision to Reality, eucrim 2017, 125 ff.; Cuerda Riezu, Besitzt die Europäische Gemeinschaft ein ius puniendi?, in Schünemann/Suárez González (Hrsg.), Bausteine des europäischen Wirtschaftsstrafrechts, Madrid-Symposium für Klaus Tiedemann, 1994, 367 ff.; Däubler/Wedde/Weichert/Sommer, DS-GVO und BDSG, Kompaktkommentar, 2. Aufl. 2020; Dannecker, Das intertemporale Strafrecht, 1993; Dannecker, Sanktionen und Grundsätze des Allgemeinen Teils im Wettbewerbsrecht der Europäischen Gemeinschaft in Schünemann/ Suárez González (Hrsg.), Bausteine des europäischen Wirtschaftsstrafrechts, Madrid-Symposium für Klaus Tiedemann, 1994, 331 ff.; Dannecker, Strafrecht der Europäischen Gemeinschaft, in Eser/Huber (Hrsg.), Strafrechtsentwicklung in Europa, Bd. 4.3, 1995, 1965 ff.; Dannecker, Strafrecht in der Europäischen Gemeinschaft – Eine Herausforderung für Strafrechtsdogmatik, Kriminologie und Verfassungsrecht, JZ 1996,

869 ff.; Dannecker, Das Europäische Strafrecht in der Rechtsprechung des Bundesgerichtshofs in Strafsachen, in Canaris/Heldrich/Hopt/Roxin/Schmidt/Widmaier (Hrsg.), 50 Jahre Bundesgerichtshof, Festgabe aus der Wissenschaft, Bd. IV, 2000, 339 ff.; Dannecker, Bußgeldvorschriften, in Ulmer (Hrsg.), HGB-Bilanzrecht: Rechnungslegung. Abschlussprüfung. Publizität. Großkommentar, Teilbd. 2: §§ 290–342a HGB. Konzernabschluß, Prüfung und Publizität., 2002, § 334 HGB; Dannecker, Die Dynamik des materiellen Strafrechts unter dem Einfluss europäischer und internationaler Entwicklungen, ZStW 117 (2005), 697 ff.; Dannecker, Anmerkung zur Entscheidung des EuGH vom 26.2.2013 – C-617/10 – Åkerberg Fransson, JZ 2013, 616 ff.; Dannecker, Der Grundsatz der Einmaligkeit der Strafverfolgung: Verbot der Parallelverfolgung vor erstmaliger rechtskräftiger Sanktionierung, in Engelhart/Kudlich/Vogel (Hrsg.), Digitalisierung, Globalisierung und Risikoprävention – Festschrift für Ulrich Sieber zum 70. Geburtstag, Teilband II, 2021, 1073 ff.; Dannecker, Zur bußgeldrechtlichen Verantwortung der Unternehmen in der Europäischen Union, NZWiSt 2022, 85 ff.; Dannecker/Bülte, Die Entwicklung des Wirtschaftsstrafrechts unter dem Einfluss des Europarechts, in Wabnitz/Janovsky/Schmitt (Hrsg.), Handbuch Wirtschafts- und Steuerstrafrecht, 5. Aufl. 2020, Kapitel 2; Dannecker/Dannecker, Europäische und verfassungsrechtliche Vorgaben für das materielle und formelle Unternehmensstrafrecht, NZWiSt 2016, 162 ff.; Dannecker/Fischer-Fritsch, Das EG-Kartellrecht in der Bußgeldpraxis, 1989; Dannecker/Schröder, Tatbestände mit supranationaler Schutzrichtung (Europadelikte), in Böse (Hrsg.), Europäisches Strafrecht, 2. Aufl. 2021, § 8; Dannecker/Streinz, Umweltpolitik und Umweltrecht: Strafrecht, in Rengeling (Hrsg.), Handbuch zum europäischen und deutschen Umweltrecht, Bd. I, 2. Aufl. 2003, § 8; Dauses, Das Vorabentscheidungsverfahren nach Art. 177 EG-Vertrag, 2. Aufl. 1995; Degenhart, Anmerkung zur Entscheidung des EuGH vom 18.6.1991 – C-260/89 – ERT/DEP, JZ 1992, 685 ff.; Deimel, Rechtsgrundlagen einer europäischen Zusammenschlußkontrolle: Das Spannungsfeld zwischen Fusionskontrollverordnung und den Wettbewerbsregeln des EWG-Vertrages, 1992; Dekeyser/Roques, The European Commission's Settlement Procedure in Cartel Cases, The Antitrust Bulletin: Vol. 55, No. 4/2010, 819 ff.; Delmas-Marty (Hrsg.), Corpus Juris der strafrechtlichen Regelungen zum Schutz der finanziellen Interessen der Europäischen Union, 1998; Deutscher, Die Kompetenzen der Europäischen Gemeinschaften zur originären Strafgesetzgebung, 2000; Dieblich, Der strafrechtliche Schutz der Rechtsgüter der Europäischen Gemeinschaften, 1985; Dreher, Kartellrechtliche Kronzeugenprogramme und Gesellschaftsrecht, ZWeR 2009, 397 ff.; Duesberg, Die Europäische Staatsanwaltschaft – Anklage im Namen der Europäischen Union, NJW 2021, 1207 ff.; Duesberg, Europäische Strafverteidigung – Ausgewogene Kräfteverhältnisse in transnationalen Strafverfahren, NJW 2022, 596 ff.; Eckard, Anwendung und Durchsetzung des Kartellverbots im dezentralen Legalausnahmesystem – Eine verfahrens- und materiellrechtliche Betrachtung unter Berücksichtigung des more economic approach, 2011; Edenharter, Die EU-Grundrechte-Charta als Prüfungsmaßstab des Bundesverfassungsgerichts, DÖV 2020, 349 ff.; Ehmann/Selmayr (Hrsg.), Datenschutz-Grundverordnung, 2. Aufl. 2018; Eisele, Datenverkehr im Rahmen der PJZS, in Sieber/Satzger/v. Heintschel-Heinegg (Hrsg.), Europäisches Strafrecht, 2. Aufl. 2014, § 49; Emmert, Europarecht, 1996; Erb/Schäfer (Hrsg.), Münchener Kommentar zum Strafgesetzbuch, Bd. 6: §§ 298–358 StGB, 4. Aufl. 2022; Erbežnik, European Public Prosecutor's Office (EPPO) – too much, too soon, and without legitimacy?, EuCLR 5 (2015), 209 ff.; Esser, Befugnisse der Europäischen Union auf dem Gebiet des Strafrechts? Möglichkeiten des Art. III-271 des Vertrags über eine Verfassung für Europa – Aufgaben und Praxis europäischer Polizei und Justizbehörden (OLAF, Europol, Eurojust, Europäische Staatsanwaltschaft), in Zuleeg (Hrsg.), Europa als Raum der Freiheit, der Sicherheit und des Rechts, 2007, 25 ff.; Esser, EU-Strafrecht ohne EU-richterliche Kontrolle – Individualrechtsschutz durch den EuGH?, StRR 2010, 133 ff.; Esser, Eurojust vor neuen Aufgaben?, StV 2020, 636 ff.; Esser, Rechtsschutz, in Herrnfeld/Esser (Hrsg.), Europäische Staatsanwaltschaft, Handbuch, 2022, § 12; Eßer/Kramer/von Lewinski (Hrsg.), (Auernhammer), DSGVO/BDSG – Datenschutz-Grundverordnung; Bundesdatenschutzgesetz und Nebengesetze, Kommentar, 8. Aufl. 2023; Fastenrath/Skerka, Sicherheit im Schengen-Raum nach dem Wegfall der Grenzkontrollen – Mechanismen und rechtliche Probleme grenzüberschreitender polizeilicher und justizieller Zusammenarbeit, ZEuS 2009, 219 ff.; Faust/Spittka/Wybitul, Milliardenbußgelder nach der DS-GVO? Ein Überblick über die neuen Sanktionen bei Verstößen gegen den Datenschutz, ZD 2016, 120 ff.; Fawzy, Die Errichtung von Eurojust – zwischen Funktionalität und Rechtsstaatlichkeit, 2005; Feiler/Forgó, EU-DSGVO, EU-Datenschutz-Grundverordnung, Kurzkommentar, 2017; Fernández Martín/Teixeira, The imposition of regulatory sanctions by the European Central Bank, E. L. Rev. 2000, 391 ff.; Fezer, Zum Verständnis der sog. Annahmeberufung (§ 313 StPO), NStZ 1995, 265 ff.; v. Fragstein, Die Einwirkungen des EG-Rechts auf den vorläufigen Rechtsschutz nach deutschem Verwaltungsrecht, 1997; Franzen/Gallner/Oetker (Hrsg.), Kommentar zum Europäischen Arbeitsrecht, 5. Aufl. 2024; Frenz, Handbuch Europarecht, Band 5: Wirkungen und Rechtsschutz, 2010; Fromm, EG-Rechtsetzungsbefugnis im Kriminalstrafrecht – Der Schutz der finanziellen Interessen der EG nach der neuesten Rechtsprechung des EuGH sowie im Lissabonner Vertrag, 2009; Fuchs, Bemerkungen zur gegenseitigen Anerkennung justizieller Entscheidungen, ZStW 116 (2004), 368 ff.; Fuhlrott, Anmerkung zur Entscheidung des EuGH vom 5.12.2023 – C-807/21 – Deutsche Wohnen, EuZW 2024, 85 f.; Gaede, Grund- und Verfahrensrechte im europäisierten Strafverfahren, in Böse (Hrsg.), Europäisches Strafrecht, 2. Aufl. 2021, § 3; Gärditz, Der Strafprozeß unter dem Einfluss europäischer Richtlinien, wistra 1999, 293 ff.; Gassner/Seith (Hrsg.), Ordnungswidrigkeitengesetz, Handkommentar, 2. Aufl. 2020; Gehring/Mäger, Kartellrechtliche Grenzen von Kooperationen zwischen Wettbewerbern – Neue Leitlinien der EU-Kommission, DB 2011, 398 ff.; Geradin/Mattioli, The Transactionalization of EU Competition Law: A Positive Development?, JECLP 2017, 634 ff.; Gercke/Temming/Zöller (Hrsg.), Strafprozessordnung, 7. Aufl. 2023; Gierschmann/Schlender/Stentzel/Veil (Hrsg.), Kommentar Datenschutz-Grundverordnung, 2018; Gleß, Das Europäische Amt für Betrugsbekämp-

fung (OLAF), EuZW 1999, 618 ff.; Gleß, Zum Prinzip der gegenseitigen Anerkennung, ZStW 116 (2004), 353 ff.; Gleß/Grote/Heine, Justitielle Einbindung und Kontrolle von Europol durch Eurojust. Gutachten im Auftrag des Bundesministeriums der Justiz, 30. April 2004; Gleß/Lüke, Rechtsschutz gegen grenzüberschreitende Strafverfolgung in Europa, JURA 2000, 400 ff.; Glos/Benzing, Institutioneller Rahmen: SSM, EZB und nationale Aufsichtsbehörden, in Binder/Glos/Riepe (Hrsg.), Handbuch Bankenaufsichtsrecht, 2. Aufl. 2020, § 2; Göhler (Hrsg.), Gesetz über Ordnungswidrigkeiten: OWiG, 18. Aufl. 2021; Gola (Hrsg.), Datenschutz-Grundverordnung – VO (EU) 2016/679, Kommentar, 2. Aufl. 2018; Gola/Heckmann (Hrsg.), Datenschutz-Grundverordnung – VO (EU) 2016/679, Bundesdatenschutzgesetz, Kommentar, 3. Aufl. 2022; Golla, Säbelrasseln in der DS-GVO: Drohende Sanktionen bei Verstößen gegen die Vorgaben zum Werbedatenschutz, RDV 2017, 123 ff.; Golland, Bußgelder bei Datenschutzverstößen durch Unternehmen, NJW 2024, 325 ff.; Goose, Einschränkung der Vorlagebefugnis nach Art. 177 Abs. 2 EWGV durch die Rechtsmittelgerichte? Zugleich Besprechung der Urteile des EuGH in den Rechtssachen 146 und 166/73, RIW/AWD 1975, 660 ff.; Gourdet, Europäischer Grundrechtsschutz – Die Anwendung der Unionsgrundrechte in den Mitgliedstaaten der Europäischen Union und ihr Verhältnis zu den nationalen Grundrechten, 2021; Graf (Hrsg.), BeckOK GVG, 21. Ed. 15.11.2023; Graf (Hrsg.) BeckOK OWiG, 40. Ed. 1.10.2023; Graf (Hrsg.), BeckOK StPO mit RiStBV und MiStra, 50. Ed. 1.1.2024; Grams, Zur Gesetzgebung der Europäischen Union – Eine vergleichende Strukturanalyse aus staatsorganisatorischer Sicht, 1998; Gröblinghoff, Die Verpflichtung des deutschen Strafgesetzgebers zum Schutz der Interessen der Europäischen Gemeinschaften, 1996; Grotz, Eurojust, in Sieber/Satzger/v. Heintschel-Heinegg, Europäisches Strafrecht, 2. Aufl. 2014, § 45; Grünewald, Zur Frage eines europäischen Allgemeinen Teils des Strafrechts, JZ 2011, 972 ff.; Grützner/Pötz/Kreß/Gazeas/Brodowski (Hrsg.), Internationaler Rechtshilfeverkehr in Strafsachen, 3. Aufl. 2022; Hackel, Konzerndimensionales Kartellrecht – Grundsatzfragen der Zurechnung und Haftung bei Bußgeldbescheiden gegen verbundene Unternehmen, 2012; Hamers, Der Petitionsausschuß des Europäischen Parlaments und der Europäische Bürgerbeauftragte, 1999; Hamran/Szabova, European Public Prosecutor's Office – Cui bono?, NJECL 4 (2013), 40 ff.; Harings, Grenzüberschreitende Zusammenarbeit der Polizei- und Zollverwaltungen, in Schmidt-Assmann/Schöndorf-Haubold (Hrsg.), Der Europäische Verwaltungsverbund, 2005, 127 ff.; Hauck, Europarechtliche Vorgaben für das nationale Strafverfahren, in Böse (Hrsg.), Europäisches Strafrecht, 2. Aufl. 2021, § 11; Hecker, Europäisches Strafrecht, 5. Aufl. 2015; Hecker, Europäisches Strafrecht, 6. Aufl. 2021; Hederström, The Commission's legislative package on settlement procedures in cartel cases, in Weiß (Hrsg.), Die Rechtsstellung Betroffener im modernisierten EU-Kartellverfahren, 2010, 9 ff.; Heger, Perspektiven des Europäischen Strafrechts nach dem Vertrag von Lissabon, ZIS 2009, 406 ff.; Heid, Raum der Freiheit, der Sicherheit und des Rechts (RFSR), in Dauses/Ludwigs, Handbuch des EU-Wirtschaftsrechts, 59. EL Oktober 2023, Abschnitt S.; Heidenhain, Zur Klagebefugnis Dritter in der europäischen Fusionskontrolle, EuZW 1991, 590 ff.; Heinrichs, Umsetzung der EG-Richtlinie über missbräuchliche Klauseln in Verbraucherverträgen durch Auslegung, NJW 1995, 153 ff.; v. Heintschel-Heinegg, Europäischer Haftbefehl, in Sieber/Satzger/v. Heintschel-Heinegg, Europäisches Strafrecht, 2. Aufl. 2014, § 37; Heise, Europäisches Gemeinschaftsrecht und nationales Strafrecht – Die Auswirkungen des Vorrangs des Gemeinschaftsrechts und der gemeinschaftsrechtskonformen Rechtsanwendung auf das deutsche materielle Strafrecht, 1998; Heitzer, Punitive Sanktionen im Europäischen Gemeinschaftsrecht, 1997; Hellmann, Die Bonusregelung des BKartA im Lichte der Kommissionspraxis zur Kronzeugenmitteilung, EuZW 2000, 741 ff.; Herrnfeld, Entstehungsgeschichte – Rechtsgrundlage – Errichtung der EUStA, in Herrnfeld/Esser (Hrsg.), Europäische Staatsanwaltschaft, Handbuch, 2022, § 2; Herrnfeld, Aufgaben, Grundprinzipien, Struktur, interne Verfahrensregelungen, in Herrnfeld/Esser (Hrsg.), Europäische Staatsanwaltschaft, Handbuch, 2022, § 4; Herrnfeld/Brodowski, Zuständigkeiten der EUStA, in Herrnfeld/Esser (Hrsg.), Europäische Staatsanwaltschaft, Handbuch, 2022, § 5; Herrnfeld/Esser, Einführung, in Herrnfeld/Esser (Hrsg.), Europäische Staatsanwaltschaft, Handbuch, 2022, § 1; Herrmann/Michl, Wirkungen von EU-Richtlinien, JuS 2009, 1065 ff.; Heß, Die Einwirkungen des Vorabentscheidungsverfahrens nach Art. 177 EGV auf das deutsche Zivilprozeßrecht, ZZP 108 (1995), 59 ff.; Hirsbrunner, Settlements in EU-Kartellverfahren – Kritische Anmerkungen nach den ersten Anwendungsfällen –, EuZW 2011, 12 ff.; Hirsbrunner, Die Entwicklung der europäischen Fusionskontrolle im Jahr 2011, EuZW 2012, 646 ff.; Hirsbrunner/v. Köckritz, Da capo senza fine – Das Sony/BMG-Urteil des EuGH, EuZW 2008, 591 ff.; Hoffmann, Unionsgrundrechte als verfassungsrechtlicher Prüfungsmaßstab, NVwZ 2020, 33 ff.; Hofmann/Heger/Gharibyan, Die Wandlung des Grundrechtsschutzes durch das Bundesverfassungsgericht – Recht auf Vergessen I und II als „Solange III"?, KritV 2019, 277 ff.; Holzinger, Missbrauch einer Monopolstellung durch unterschiedliche Bedingungen bei gleichwertigen Leistungen – Anmerkung zur Entscheidung des EuGH vom 15.3.2007 – C-95/04 P – British Airways/Kommission u.a., EuZW 2007, 313 f.; Honer, Die Grundrechte der EU-Grundrechtecharta, JA 2021, 219 ff.; Hossenfelder/Lutz, Das neue Durchführungsverordnung zu den Artikeln 81 und 82 EG-Vertrag, WuW 2003, 118 ff.; Huber, Das Corpus Juris als Grundlage eines Europäischen Strafrechts, Europäisches Kolloquium, Trier, 4. – 6. März 1999, 2000; Huber, Recht der Europäischen Integration, 2. Aufl. 2002; Hugger, Zur strafbarkeitserweiternden richtlinienkonformen Auslegung deutscher Strafvorschriften, NStZ 1993, 421 ff.; Idot, Chronique internationale: droit communautaire, Rev. science crim. 1997, 690 ff.; Ihwas, Das neue Datenschutzstrafrecht – Bußgeldrisiken für Unternehmen nach der DSGVO und Strafbarkeitsrisiken für Individualpersonen nach dem BDSG, NZWiSt 2021, 289 ff.; Immenga, Die Sicherung unverfälschten Wettbewerbs durch Europäische Fusionskontrolle, WuW 1990, 371 ff.; Ipsen, Europäisches Gemeinschaftsrecht, 1972; Irmscher, Rechtsschutz gegen „naming and shaming" im EU-Rechtsschutzsystem – eine Analyse anhand des Single Supervisory Mechanism (SSM), EWS 2016, 318 ff.; Jaeger, Die möglichen Auswirkungen einer Reform des EG-Wettbewerbsrechts für die nationalen Gerichte, WuW 2000, 1062 ff.; Jakob-Siebert, Der Europäische Wirtschaftsraum: Wettbewerbspolitik in einer neuen Dimension, WBl. 1992, 118 ff.; Janicki, EG-Fusionskontrolle auf dem Weg zur praktischen Umsetzung, WuW 1990, 195 ff.; Jarass, Charta der Grundrechte der Europäischen Union unter Einbeziehung der sonstigen Grundrechtsregelungen des Primärrechts und der EMRK, Kommentar, 4. Aufl. 2021; Johannes, Das Strafrecht im Bereich der Europäischen Gemeinschaften, EuR 1968, 63 ff.; Johannes, Zur Angleichung des Straf- und Strafprozeßrechts in der Europäischen Wirtschaftsgemeinschaft, ZStW 83 (1971), 532 ff.; Jokisch, Gemeinschaftsrecht und Strafverfahren. Die Überlagerung des deutschen Stafprozeßrechts durch das Europäische Gemeinschaftsrecht, dargestellt anhand ausgewählter Problemfälle, 2000; Jokisch/Jahnke, Der Raum der Freiheit, der Sicherheit und des Rechts, in Sieber/Satzger/v. Heintschel-Heinegg (Hrsg.), Europäisches Strafrecht, 2. Aufl. 2014, § 2; Jung, Konturen und Perspektiven des europäischen Strafrechts, JuS 2000, 417 ff.; Jung, Europäisches Strafrecht (Teil II), ZStW 116 (2004), 475 ff.; Juszczak/Sason, The Directive on the Fight against Fraud to the Union's Financial Interests by means of Criminal Law (PFI Directive), eucrim 2017, 80 ff.; Kämmerer/Kotzur, Vollendung des Grundrechtsverbunds oder Heimholung des Grundrechtsschutzes? Die BVerfG-Beschlüsse zum „Recht auf Vergessen" als Fanal, NVwZ 2020, 177 ff.; Kaiafa-Gbandi, The Commission's Proposal for a Directive on the Fight Against Fraud to the EU Financial Interests by Means of Criminal Law (COM (2012) 363 final) – An Assessment Based on the Manifesto for a European Criminal Policy, EuCLR 3 (2012), 319 ff.; Karpenstein, Das Vorabentscheidungsverfahren in Leible/Terhechte (Hrsg.), Europäisches Rechtsschutz- und Verfahrensrecht, 2. Aufl. 2021; Kaufmann, Vorabentscheidungsverfahren, in Dauses/Ludwigs (Hrsg.), Handbuch des EU-Wirtschaftsrechts, Bd. 1, 57. EL August 2022, Abschnitt P. Kapitel II.; Kazimierski, Rechtsschutz im Rahmen der Europäischen Bankenaufsicht, 2020; Keller/Kelnhofer, Anmerkung zur Entscheidung des BGH vom 5.4.2000 – 5 StR 169/00, wistra 2000, 269; Kiekebusch, Der Grundsatz der begrenzten Einzelermächtigung, 2017; Kindhäuser/Schumann, Strafprozessrecht, 7. Aufl. 2023; Kingreen, Ne bis in idem: Zum Gerichtswettbewerb um die Deutungshoheit über die Grundrechte – Anmerkung zur Entscheidung des EuGH vom 26.2.2013 (C-617/10) –, EuR 2013, 446 ff.; Kingreen/Poscher, Grundrechte, Staatsrecht II, 39. Aufl. 2023; Klamert, Unschärfen der Kompetenzverteilung im Wettbewerbsrecht und das Loyalitätsgebot als ausgleichendes Kooperationsprinzip, EuZW 2017, 131 ff.; Klees, Zu viel Rechtssicherheit für Unternehmen durch die neue Kronzeugenmitteilung in europäischen Kartellverfahren?, WuW 2002, 1056 ff.; Klein, Kompetenzielle Würdigung und verfassungsprozessuale Konsequenzen der „Recht auf Vergessen"-Entscheidungen, DÖV 2020, 341 ff.; Kling/Thomas, Kartellrecht, 2. Aufl. 2016; Klumpe, Anmerkung zur Entscheidung des EuGH vom 6.10.2021 – C-882/19 – Sumal SL/Mercedes Benz Trucks España SL, NJW 2021, 3589; Knauer/Kudlich/Schneider (Hrsg.), Münchener Kommentar zur Strafprozessordnung, Bd. 1: §§ 1–150 StPO, 2. Aufl. 2023, Bd. 3/1: §§ 333–499 StPO, 2019; Knierim/Oehmichen/Beck/Geisler, Gesamtes Strafrecht aktuell, 2018; Koch, Die neuen Befugnisse der EG zur Kontrolle von Unternehmenszusammenschlüssen, EWS 1990, 65 ff.; Koch, Einwirkungen des Gemeinschaftsrechts auf das nationale Verfahrensrecht, EuZW 1995, 78 ff.; Kommission der Europäischen Gemeinschaften, XXII. Bericht über die Wettbewerbspolitik 1992 (Im Zusammenhang mit dem „XXVI. Gesamtbericht über die Tätigkeit der Europäischen Gemeinschaften 1992" veröffentlichter Bericht), 1993; Kort, Was ändert sich für Datenschutzbeauftragte, Aufsichtsbehörden und Betriebsrat mit der DS-GVO? Die zukünftige Rolle der Institutionen rund um den Beschäftigtendatenschutz, ZD 2017, 3 ff.; König, Zur geplanten Stärkung der nationalen Wettbewerbsbehörden bei der Durchsetzung des EU-Kartellrechts, NZKart 2017, 397 ff.; Koenigs, Die VO Nr. 1/2003: Wende im EG-Kartellrecht, DB 2003, 755; Körber, Art. 1 Anwendungsbereich FKVO, in Immenga/Mestmäcker, Wettbewerbsrecht, Band 3. Fusionskontrolle, Kommentar zum Europäischen und Deutschen Kartellrecht, 6. Aufl. 2020; Kraul, Einführung in Kraul (Hrsg.), Das neue Recht der digitalen Dienste – Digital Services Act (DAS), 2023, 1; Krehl, Strafbarkeit des Siegelbruchs (§ 136 Abs. 2 StGB) bei Verletzung ausländischer Zollplomben?, NJW 1992, 604 ff.; Kreis, Ermittlungsverfahren der EG-Kommission in Kartellsachen, RIW/AWD 1981, 281 ff.; Krenberger/Krumm, Ordnungswidrigkeitengesetz, Kommentar, 7. Aufl. 2022; Kretschmer, Europol, Eurojust, OLAF – was ist das und was dürfen die?, JURA 2007, 169 ff.; Krohm, Die wirtschaftliche Einheit als Bußgeldadressat unter der Datenschutz-Grundverordnung, RDV 2017, 221 ff.; Kühl, Europäisierung der Strafrechtswissenschaft, ZStW 109 (1997), 777 ff.; Kühling, Das „Recht auf Vergessenwerden" vor dem BVerfG – November(r)evolution für die Grundrechtsarchitektur im Mehrebenensystem, NJW 2020, 275 ff.; Kühling/Buchner (Hrsg.), Datenschutz-Grundverordnung, Bundesdatenschutzgesetz: DS-GVO / BDSG, Kommentar, 4. Aufl. 2024; Kühling/Martini/Heberlein/Kühl/Nink/Weinzierl/Wenzel, Die Datenschutz-Grundverordnung und das nationale Recht – Erste Überlegungen zum innerstaatlichen Regelungsbedarf, 2016; Kühn, Grundzüge des neuen Eilverfahrens vor dem Gerichtshof der Europäischen Gemeinschaften im Rahmen von Vorabentscheidungsersuchen, EuZW 2008, 263 ff.; Kühne, Anmerkung zur Entscheidung des EuGH vom 9.3.2006 – C-436/04 – an Esbroeck, JZ 2006, 1019 ff.; Kuhl, The Initiative for a Directive on the Protection of the EU Financial Interests by Substantive Criminal Law, eucrim 2012, 63 ff.; Kuhl, The European Public Prosecutor's Office – More Effective, Equivalent, and Independent Criminal Prosecution against Fraud?, eucrim 2017, 135 ff.; Kuhl/Spitzer, Das Europäische Amt für Betrugsbekämpfung (OLAF), EuR 2000, 671 ff.; Lachenmann/Stürzl, Einspruch gegen Bußgeldbescheid wegen Datenschutzverstoß – Formulärmuster zum Vorgehen gegen Bußgeldbescheid, ZD 2021, 463 ff.; Lackhoff, The Framework Regulation (FR) for the Single Supervisory Mechanism (SSM) – an Overview, Journal of International Banking Law and Regulation 2014, 498 ff.; Lagodny, Traditionelles Auslieferungs- und Rechtshilferecht (horizontale Rechtshilfe), in Sieber/Satzger/v. Heintschel-Heinegg, Europäisches Strafrecht, 2. Aufl. 2014, § 31; Langen/Bunte (Hrsg.), Kartellrecht, Kommentar, Bd. 2: Europäisches Kartellrecht, Vergaberecht,

(GWB) und Sonderbereiche, 14. Aufl. 2022; Laue, Öffnungsklauseln in der DS-GVO – Öffnung wohin? Geltungsbereich einzelstaatlicher (Sonder-)Regelungen, ZD 2016, 463 ff.; Laue/Kremer, Das neue Datenschutzrecht in der betrieblichen Praxis, 2. Aufl. 2019; Lehmann/Manger-Nestler, Einheitlicher Europäischer Aufsichtsmechanismus: Bankenaufsicht durch die EZB, ZBB 2014, 2 ff.; Lenz/Hansel (Hrsg.), Bundesverfassungsgerichtsgesetz, Handkommentar, 3. Aufl. 2020; Leonhardt, Die Europäische Ermittlungsanordnung in Strafsachen – Umsetzungsanforderungen für den deutschen Gesetzgeber, 2017; Lesinska-Adamson, Anwendung des Unternehmensbegriffs bei der Bußgeldzumessung – Anmerkung zur Entscheidung des EuGH vom 25.11.2020 – C-823/18 P, IR 2021, 114 ff.; Lieber, Über die Vorlagepflicht des Artikel 177 EWG-Vertrag und deren Mißachtung, 1986; Linsmeier/Balssen, Die Kommission macht Ernst: Erstmals Durchsuchungen wegen Gun Jumping, BB 2008, 741 ff.; Löwe-Rosenberg (Hrsg.), Die Strafprozeßordnung und das Gerichtsverfassungsgesetz: StPO, Bd. 3/1: §§ 94–111a, 27. Aufl. 2018, Bd. 4/1: §§ 112–136a, 27. Aufl. 2019, Bd. 6: §§ 212–255a, 27. Aufl. 2019, Bd. 7: §§ 256–295, 27. Aufl. 2020, Bd. 7/2: §§ 312–373a, 26. Aufl. 2013, Bd. 11: GVG, EGGVG, 27. Aufl. 2021; Loewenheim/Meessen/Riesenkampff/Kersting/Meyer-Lindemann (Hrsg.), Kartellrecht, Kommentar zum Deutschen und Europäischen Recht, 4. Aufl. 2020; Lüttger, Bemerkungen zur Methodik und Dogmatik des Strafschutzes für nichtdeutsche öffentliche Rechtsgüter in Vogler in Verbindung mit Herrmann/Krümpelmann/Moos/Triffterer/Leibinger/Schaffmeister/Meyer/Hünerfeld/Behrendt (Hrsg.), Festschrift für Hans-Heinrich Jescheck zum 70. Geburtstag, Halbband I, 1985, 121 ff.; MacNeil, Enforcement and Sanctioning, in Moloney/Ferran/Payne (Hrsg.), The Oxford handbook of financial regulation, 2015, 280 ff.; Magnus, Das Weisungsrecht der Staatsanwaltschaft – das deutsche Modell auch für Europa?, GA 2014, 390 ff.; Magnus, Die endgültige EU-Verordnung zur Europäischen Staatsanwaltschaft – Der große Wurf?, HRRS 2018, 143 ff.; Mansdörfer, Das europäische Strafrecht nach dem Vertrag von Lissabon – oder: Europäisierung des Strafrechts unter nationalstaatlicher Mitverantwortung, HRRS 2010, 11 ff.; Marletta, Interinstitutional Relationship of European Bodies in the Fight against Crimes Affecting the EU's Financial Interests – Past Experience and Future Models, eucrim 2016, 141 ff.; Marsch, Kontrafakturen und Cover-Versionen aus Karlsruhe – Anmerkungen zu den „Recht auf Vergessen"-Entscheidungen des Bundesverfassungsgerichts (6.11.2019, 1 BvR 16/13 und 1 BvR 276/17), ZEuS 2020, 597 ff.; Martini/Wagner/Wenzel, Das neue Sanktionsregime der DSGVO – ein scharfes Schwert ohne legislativen Feinschliff – Teil 1 –, VerwArch 2018, 163 ff.; Maur, Verletzung der Europäischen Konvention zum Schutze der Menschenrechte und Grundfreiheiten als neuer Wiederaufnahmegrund im Strafverfahren, NJW 2000, 338 ff.; Meyer, Verteidigung gegen einen EU-Haftbefehl, StV 2020, 644 ff.; Meyer, Aufgaben der EUStA – Rolle im System europäischer Strafverfolgung, in Herrnfeld/Esser (Hrsg.), Europäische Staatsanwaltschaft, Handbuch, 2022, § 3; Meyer/Hüttemann, Internationale Fahndung nach Personen – von Steckbriefen, Rotecken und Funksprüchen, ZStW 128 (2016), 394 ff.; Meyer-Goßner/Schmitt, Strafprozessordnung, Gerichtsverfassungsgesetz, Nebengesetze und ergänzende Bestimmungen, 66. Aufl. 2023; Meyer-Lindemann, Anmerkung zur Entscheidung des EuGH vom 18.6.2013 – C-681/11, EuZW 2013, 626 f.; Michl, Die Neuausrichtung des Bundesverfassungsgerichts in der digitalisierten Grundrechtelandschaft, JURA 2020, 479 ff.; Meyer-Mews, Zur Bedeutung der erweiterten Grundrechtsprüfung durch das BVerfG für das Strafverfahren nach dem „Recht-auf-Vergessen-II-Beschluss", StV 2020, 564 ff.; Middeke, Das Vorabentscheidungsverfahren, in Rengeling/Middeke/Gellermann, Handbuch des Rechtsschutzes in der Europäischen Union, 3. Aufl. 2014, § 10; Miersch, Kommentar zur EG-Verordnung Nr. 4064/89 über die Kontrolle von Unternehmenszusammenschlüssen, 1991; Miersch/Israel, Weiterer Gang des Verwaltungsverfahrens in Kamann/Ohlhoff/Völcker (Hrsg.), Kartellverfahren und Kartellprozess, Handbuch, 2017, § 10; Mitsch (Hrsg.), Karlsruher Kommentar zum Gesetz über Ordnungswidrigkeiten, 5. Aufl. 2018; Mitsilegas, European prosecution between cooperation and integration: The European Public Prosecutor's Office and the rule of law, MJ 2021, 245 ff.; Möhrenschlager, Einbeziehung ausländischer Rechtsgüter in den Schutzbereich nationaler Straftatbestände, in Dannecker (Hrsg.), Die Bekämpfung der Subventionsbetrugs im EG-Bereich, 1993, 162 ff.; Moll, Europäisches Strafrecht durch nationale Blankettstrafgesetzgebung?: Eine Untersuchung zur strafrechtskonstituierenden Wirkung des EG-Rechts unter besonderer Berücksichtigung der allgemeinen verfassungsrechtlichen Anforderungen an Blankettverweisungen, 1998; Morris, The Fines Imposed in EEC Competition Cases in Light of the Pioneer Hi-Fi Decision, California Western International Law Journal Vol. 14 (1984), 425 ff.; Muckel, „Recht auf Vergessen II", JA 2020, 237 ff.; Müller-Graff, Der Rechtsschutz in der Bankenaufsicht der Europäischen Zentralbank, in Hau/Schmidt (Hrsg.), Trierer Festschrift für Walter F. Lindacher zum 80. Geburtstag, 2017, 287 ff.; Müller-Graff, Die Bankenaufsicht der EZB vor Gericht, ZHR 182 (2018), 239 ff.; Murschetz, Auslieferung und Europäischer Haftbefehl – Kontinentaleuropäische und anglo-amerikanische materielle Prinzipien des Auslieferungsrechts im Vergleich zum Europäischen Haftbefehl und dessen Umsetzung in Österreich, 2007; Naucke, Strafrecht – eine Einführung, 9. Aufl. 2000; Nelles/Tinkl/Lauchstädt, Strafrecht, in Schulze/Zuleeg/Kadelbach (Hrsg.), Europarecht – Handbuch für die deutsche Rechtspraxis, 3. Aufl. 2015, § 42; Niestedt/Boeckmann, Verteidigungsrechte bei internen Untersuchungen des OLAF – das Urteil Franchet und Byk des Gerichts erster Instanz und die Reform der Verordnung (EG) Nr. 1073/1999, EuZW 2009, 70 ff.; Nieto, Fraudes Comunitarios, 1996; Nolde, Sanktionen nach der EU-Datenschutz-Grundverordnung, in Taeger (Hrsg.), Smart world – smart law? Weltweite Netze mit regionaler Regulierung, 2016, 757 ff.; Nolde, Sanktionen nach DSGVO und BDSG – neu: Wem droht was warum?, PinG 2017, 114 ff.; Nürnberger, Die zukünftige Europäische Staatsanwaltschaft – Eine Einführung, ZJS 2009, 494 ff.; Oehler, Internationales Strafrecht, 2. Aufl. 1983; Oehler, Fragen zum Strafrecht der Europäischen Gemeinschaft, in Vogler in Verbindung mit Herrmann/Krümpelmann/Moos/Triffterer/Leibinger/Schaffmeister/Meyer/Hünerfeld/

§ 34

Behrendt (Hrsg,), Festschrift für Hans-Heinrich Jescheck zum 70. Geburtstag, Halbband II, 1985, 1399 ff.; Oehler, Der europäische Binnenmarkt und sein wirtschaftsstrafrechtlicher Schutz, in Arzt/Fezer/Weber/Schlüchter/Rössner (Hrsg.), Festschrift für Jürgen Baumann zum 70. Geburtstag, 1992, 561 ff.; Oehmichen, Anmerkung zur Entscheidung des BGH vom 21.4.2020 – 6 StR 41/20, FD-StrafR 2020, 429515; Oehmichen/Schmid, Das Kaninchen aus dem Hut – § 131 StPO und die Zuständigkeit deutscher (Amts-)Gerichte für den Erlass des Europäischen Haftbefehls, StraFo 2019, 397 ff.; Oehmichen/Weißenberger, Die Europäische Ermittlungsanordnung – praxisrelevante Aspekte der deutschen Umsetzung im IRG, StraFo 2017, 316 ff.; Ohler, Bankenaufsicht und Geldpolitik in der Währungsunion, 2015; Ortega Gonzalez, The cartel settlement procedure in practice, E. C. L. R. 2011, 170 ff.; van Ooyen, Karlsruhe und die EU-Grundrechtecharta: ein „europafeindlicher" Rückfall hinter Solange II? Zu den Entscheidungen des Bundesverfassungsgerichts Recht auf Vergessen I und II, RuP 2020, 190 ff.; Ostendorf/Brüning, Strafprozessrecht, 4. Aufl. 2021; Otto, Das Corpus Juris der strafrechtlichen Regelungen zum Schutz der finanziellen Interessen der Europäischen Union – Anmerkungen zum materiellrechtlichen Teil –, JURA 2000, 98 ff.; Paal/Pauly (Hrsg.), Datenschutz-Grundverordnung – Bundesdatenschutzgesetz, 3. Aufl. 2021; Pabsch, Der strafrechtliche Schutz der überstaatlichen Hoheitsgewalt, 1965; Pache, Der Schutz der finanziellen Interessen der Europäischen Gemeinschaften, 1994; Panizza, Ausgewählte Probleme der Bonusregelung des Bundeskartellamts vom 7. März 2006, ZWeR 2008, 58 ff.; Pechstein, EU-Prozessrecht, 4. Aufl. 2011; Pfeiffer, Das strafrechtliche Beschleunigungsgebot, in Arzt/Fezer/Weber/Schlüchter/Rössner (Hrsg.), Festschrift für Jürgen Baumann zum 70. Geburtstag, 1992, 329 ff.; Pfeiffer, Keine Beschwerde gegen EuGH-Vorlagen?, NJW 1994, 1996 ff.; Plath (Hrsg.), DSGVO/BDSG/TTDSG, Kommentar zu DSGVO, BDSG und TTDSG, 4. Aufl. 2023; Polley/Seeliger, Die neue Mitteilung der Europäischen Kommission über den Erlass und die Ermäßigung von Geldbußen in EG-Kartellsachen, EuZW 2002, 397 ff.; Polzin, Die Erhöhung von Kartellbußgeldern durch den Unionsrichter, WuW 2011, 454 ff.; Postberg, Die polizeiliche und justizielle Zusammenarbeit in Strafsachen im Wandel – unter besonderer Berücksichtigung der Organisation Eurojust, 2011; Pühs, Der Vollzug von Gemeinschaftsrecht: Formen und Grenzen eines effektiven Gemeinschaftsrechtsvollzugs und Überlegungen zu seiner Effektuierung, 1997;; Rabe, OLAF – auch ein Rechtsproblem, NVwZ-Sonderheft für Rechtsanwalt Prof. Dr. Hermann Weber zum 65. Geburtstag am 10. November 2001, 54 ff.; Rackow, Zum Stand der Dinge in Sachen Europäischer Staatsanwaltschaft, KriPoZ 2017, 295 ff.; Radtke, Mehrfachverfolgung durch verschiedene Schengen-Vertragsstaaten – Ein- und Ausfuhr derselben Betäubungsmittel – Anmerkung zur Entscheidung des EuGH vom 9.3.2006 – C-436/04 – Van Esbroeck, NStZ 2008, 162 ff.; Ranft, Strafprozeßrecht, 3. Aufl. 2005; Rengeling, Europäisches Gemeinschaftsrecht und nationaler Rechtsschutz – unter besonderer Berücksichtigung der Rechtsprechung des Europäischen Gerichtshofs und deutscher Gerichte, in Bieber/Bleckmann/Capotorti/Constantinesco/Ehlermann/Everling/Frowein/Georgel/Glaesner/Golsong/Grabitz/von der Groeben/Hand/Kohler/Mitchell/Nicolaysen/Rabe/Scheuner/Stein/Tomuschat/Zuleeg/Zweigert (Hrsg.), Das Europa der zweiten Generation: Gedächtnisschrift für Christoph Sasse, Band I, 1981, 197 ff.; Rengeling/Jakobs, Neuere Entwicklungen des Rechts der Europäischen Gemeinschaften, DÖV 1983, 369 ff.; Reumann, Die Europäische Zentralbank: zwischen Selbstbestimmung und vertragsgemäßer Zusammenarbeit mit der Gemeinschaft, 2001; Rheinbay, Die Errichtung einer Europäischen Staatsanwaltschaft, 2014; Rieckhoff, Der Vorbehalt des Gesetzes im Europarecht, 2007; Riegel, Aktuelle Fragen des europäischen strafrechtlichen Verfahrens- und Haftungsrechts unter besonderer Berücksichtigung der neueren Rechtsprechung des EuGH, DVBl 1978, 469 ff; Riesenkampff, Die Haftung im Konzern für Verstöße gegen europäisches Kartellrecht, in Hilty/Drexl/Nordemann (Hrsg.), Schutz von Kreativität und Wettbewerb, Festschrift für Ulrich Loewenheim zum 75. Geburtstag, 2009, 529 ff.; Ritter/Wirtz, Art. 103 AEUV, in Immenga/Mestmäcker, Wettbewerbsrecht, Band 1: EU, Kommentar zum Europäischen Kartellrecht, 6. Aufl. 2019; Rizvi, Entfesselte Bussenpraxis im Wettbewerbsrecht?, AJP/PJA 2010, 452 ff.; Rodríguez Iglesias, Der EuGH und die Gerichte der Mitgliedstaaten – Komponenten der richterlichen Gewalt in der Europäischen Union, NJW 2000, 1889 ff.; Ronsfeld, Rechtshilfe, Anerkennung und Vertrauen – Die Europäische Ermittlungsanordnung, 2015; Rosenau, Zur Europäisierung im Strafrecht, ZIS 2008, 9 ff.; Roth, Verfassungsgerichtliche Kontrolle der Vorlagepflicht an den EuGH, NVwZ 2009, 345 ff.; Roxin/Schünemann, Strafverfahrensrecht, 30. Aufl. 2022; Ruthig/Böse, Europol, in Böse (Hrsg.), Europäisches Strafrecht, 2. Aufl. 2021, § 20; Sachs, Verfassungsprozessrecht, Verfassungsbeschwerde und Unionsgrundrechte, JuS 2020, 284 ff.; Säcker/Bien/Meier-Beck/Montag (Hrsg.), Münchener Kommentar zum Wettbewerbsrecht, Band 1, Teilband 1, Europäisches Wettbewerbsrecht, 4. Aufl. 2023; Safferling, Internationales Strafrecht – Strafanwendungsrecht – Völkerstrafrecht – Europäisches Strafrecht, 2011; Sandweg, Der strafrechtliche Schutz auswärtiger Staatsgewalt, 1965; Satzger, Die Europäisierung des Strafrechts – Eine Untersuchung zum Einfluß des Europäischen Gemeinschaftsrechts auf das deutsche Strafrecht, 2001; Satzger, Gefahren für eine effektive Verteidigung im geplanten europäischen Verfahrensrecht, StV 2003, 137 ff.; Satzger, Das Strafrecht als Gegenstand europäischer Gesetzgebungstätigkeit, KritV 2008, 17 ff.; Satzger, Es bleibt „keinerlei Raum für einen vernünftigen Zweifel", … dass der BGH gegen seine Vorlagepflicht aus Art. 267 Abs. 3 AEUV verstößt!, in Bockemühl/Gierhake/Müller/Walter (Hrsg.), Festschrift für Bernd von Heintschel-Heinegg, 2015, 391 ff.; Satzger, Internationales und Europäisches Strafrecht: Strafanwendungsrecht; Europäisches Straf- und Strafverfahrensrecht; Völkerstrafrecht, 10. Aufl. 2022; Satzger/Schluckebier/Widmaier (Hrsg.), Strafprozessordnung mit GVG und EMRK, Kommentar, 5. Aufl. 2023; Schantz/Wolff, Das neue Datenschutzrecht, 2017; Schellenberg, Das Verfahren vor der Europäischen Kommission und dem Europäischen Gerichtshof für Menschenrechte, 1983; Schlaich/Korioth, Das Bundesvefassungsgericht, 12. Aufl. 2021; Schmidt, Die Befugnis des Gemeinschaftsrichters zu unbeschränkter Ermessensnachprüfung, 2004; Schmidt, Der DMA auf einen Blick in Schmidt (Hübener) (Hrsg.) Das neue Recht der digitalen Märkte – Digital Markets Act (DMA), 2023, § 1; Schmidt/Koyuncu, Kartellrechtliche Compliance-Anforderungen an den Informationsaustausch zwischen Wettbewerbern, BB 2009, 2551 ff.; Schmidt-Bleibtreu/Klein/Bethge (Hrsg.), Bundesverfassungsgerichtsgesetz, Kommentar, Band 1, 63. EL Juni 2023; Schneider, Sanctioning by the ECB and national authorities within the Single Supervisory Mechanism, EuZW-Beilage 2014, 18 ff.; Schneiderhan, Europäische Ermittlungsanordnung schließt Lücke im Unionsrecht, DRiZ 2014, 176 ff.; Scholz/Haus, Geldbußen im EG-Kartellrecht und Einkommensteuerrecht, EuZW 2002, 682 ff.; Schomburg/Lagodny (Hrsg.), Internationale Rechtshilfe in Strafsachen, 6. Aufl. 2020; Schramm, Auf dem Weg zur Europäischen Staatsanwaltschaft, JZ 2014, 749 ff.; Schramm, Internationales Strafrecht: Strafanwendungsrecht, Völkerstrafrecht, Europäisches Strafrecht, 2. Aufl. 2018; Schreibauer/Spittka, Art. 83 DS-GVO, in Wybitul (Hrsg.), Handbuch EU-Datenschutz-Grundverordnung, 2017; Schröder, Europäische Richtlinien und deutsches Strafrecht – Eine Untersuchung über den Einfluß europäischer Richtlinien gemäß Art. 249 Abs. 3 EGV auf das deutsche Strafrecht, 2002; Schroeder/Verrel, Strafprozessrecht, 8. Aufl. 2022; Schultze/Pautke/Wagener, Vertikal-GVO – Gruppenfreistellungsverordnung für vertikale Vereinbarungen, Praxiskommentar, 4. Aufl. 2019; Schünemann, Fortschritte und Fehltritte in der Strafrechtspflege der EU, GA 2004, 193 ff.; Schulte/Just (Hrsg.), Kartellrecht: GWB, Kartellvergaberecht, EU-Kartellrecht, 2. Aufl. 2016; Schuster, Die Europäische Ermittlungsanordnung – Möglichkeiten einer gesetzlichen Realisierung, StV 2015, 393 ff.; Schwartmann/Jaspers/Thüsig, Kugelmann (Hrsg.), DS-GVO/BDSG, Datenschutz-Grundverordnung, Bundesdatenschutzgesetz, 2. Aufl. 2020; Schwarze (Hrsg.), Verfahren und Rechtsschutz im europäischen Wirtschaftsrecht, 2010; Schweitzer/Hummer, Europarecht, 5. Aufl. 1996; Seitz, Grundsätze der ordnungsgemäßen Verwaltung und der Gleichbehandlung – Sanktionsreduzierung wegen Nichtbeachtung der im Gemeinschaftsrecht geltenden Verfahrensgarantien durch die Europäische Kommission, EuZW 2008, 525 ff.; Sevenster, Criminal Law and EC Law, CML Rev. 1992, 29 ff.; Sieber, Europäische Einigung und Europäisches Strafrecht, ZStW 103 (1991), 957 ff.; Siekmann (Hrsg.), EWU – Kommentar zur Europäischen Währungsunion, 2013; Silberzahn, Rechtsschutz gegen OLAF, JA 2016, 205 ff.; Simitis/Hornung/Spiecker gen. Döhmann (Hrsg.), Datenschutzrecht – DSGVO mit BDSG, 2019; Sinn, Die Einbeziehung der Internationalen Rechtspflege in den Anwendungsbereich der Aussagedelikte, NJW 2008, 3526 ff.; Skouris, Stellung und Bedeutung des Vorabentscheidungsverfahrens im europäischen Rechtsschutzsystem, EuGRZ 2008, 343 ff.; Soltész, Bußgeldreduzierung bei Zusammenarbeit mit der Kommission in Kartellsachen – „Kronzeugenmitteilung", EWS 2000, 240 ff.; Soltész, Belohnung für geständige Kartellsünder – Erste Settlements im Europäischen Kartellrecht, BB 2010, 2123 ff.; Soltész, Anmerkung zur Entscheidung des EuG vom 15.12.2010 – T-141/08 – E.ON Energie/ Kommission, EuZW 2011, 234 f.; Spindler/Schuster (Hrsg.), Recht der elektronischen Medien, Kommentar, 4. Aufl. 2019; Spittka/Zirnstein, Verhängung von DS-GVO-Geldbußen, GRUR-Prax 2024, 17; Srock, Rechtliche Rahmenbedingungen für die Weiterentwicklung von Europol, 2006; Staebe/Denzel, Die neue europäische Fusionskontrollverordnung (VO 139/2004), EWS 2004, 194 ff.; Stiegel, Grünbuch der Kommission zur Schaffung einer Europäischen Staatsanwaltschaft, ZRP 2003, 172 ff.; Streinz, Europarecht: Anwendungsbereich der EU-Grundrechtecharta, JuS 2013, 568 ff.; Streinz, Europarecht, 12. Aufl. 2023; Streinz/ Ohler/Herrmann, Der Vertrag von Lissabon zur Reform der EU, 3. Aufl. 2010; Strobel, Die Untersuchungen des Europäischen Amtes für Betrugsbekämpfung (OLAF) – Kontrollen der EU im Grenzbereich zwischen Verwaltungsverfahren und strafrechtlichen Ermittlungsverfahren, 2012; Stürzl/Lachenmann, Strafverfahren und Ordnungswidrigkeiten in Koreng/Lachenmann (Hrsg.), Formularhandbuch Datenschutzrecht, 3. Aufl. 2021, Kapitel O; Suurnäkki/Tierno Centella, Commission adopts revised Leniency Notice to reward companies that report hard-core cartels, Competition Policy Newsletter 1 – 2007, 7 ff.; Swoboda, Strafrechtliche Verfassungsbeschwerden im Anschluss an die Entscheidungen des 1. Bundesverfassungsgerichtssenats zum Recht auf Vergessen I und II – Inwieweit bleibt Bedarf und Raum für die Rüge einer Identitätskontrolle?, ZIS 2021, 66 ff.; Sydow/Marsch (Hrsg.), DS-GVO | BDSG, Datenschutz-Grundverordnung | Bundesdatenschutzgesetz, Handkommentar, 3. Aufl. 2022; Taeger/Gabel (Hrsg.), DSGVO – BDSG – TTDSG, 4. Aufl. 2022; Thomas, Die Anwendung europäischen materiellen Rechts im Strafverfahren, NJW 1991, 2233 ff.; Tiedemann, Wirtschaftsstrafrecht im Ausland – Skizzen zur Entwicklung und Reform, GA 1969, 321 ff.; Tiedemann, Anmerkung zur Entscheidung des EuGH vom 21.9.1989 – C-68/88 – Kommission/Griechenland, EuZW 1990, 100 f.; Tiedemann, Der Strafschutz der Finanzinteressen der Europäischen Gemeinschaft, NJW 1990, 2226 ff.; Tiedemann, Europäisches Gemeinschaftsrecht und Strafrecht, NJW 1993, 23 ff.; Tiedemann/Otto, Literaturbericht Wirtschaftsstrafrecht (Teil I), ZStW 102 (1990), 94 ff.; Tierno Centella, The new settlement procedure in selected cartel cases, Competition Policy Newsletter 3 – 2008, 30 ff.; Tittor, OLAF und die Europäisierung des Strafverfahrens, 2006; Toros/Weiß, Echte Kooperation?! – Wandel des Grundrechtsschutzes im Mehrebenensystem – Zu den Entscheidungen „Recht auf Vergessen I" und „Recht auf Vergessen II" des BVerfG, ZJS 2020, 100 ff.; Trentmann, Eurojust und Europäische Staatsanwaltschaft – Auf dem richtigen Weg?, ZStW 129 (2017), 108 ff.; Trüg/Ulrich, Auf der Suche nach der verlorenen Kompetenz – Der Erlass Europäischer Haftbefehle, NJW 2019, 2811 ff.; Tschekushina, Rechtliche Aspekte der geldpolitischen Instrumente des Europäischen Systems der Zentralbanken, 2008; Tzouganatos, EC Merger Regulation 139/04: The Substantive Issues, RabelsZ 69 (2005), 746 ff.; Uebele, Das „Unternehmen" im europäischen Datenschutzrecht, EuZW 2018, 440 ff.; Viefhues, Anmerkung zur Entscheidung des EuGH vom 19.7.2012 – C-376/11 – Pie Optiek, EuZW 2012, 792 ff.; Vogel, Die Kompetenz der EG zur Einführung supranationaler Sanktionen, in Dannecker (Hrsg.), Die Bekämpfung des Subventionsbetrugs im EG-Bereich, 1993, 170 ff.; Vogel, Geldwäsche – ein europaweit harmonisierter Straftatbestand?, ZStW 109 (1997), 335 ff.; Vogel, Die Strafgesetzgebungskompetenzen der Europäischen Union nach Art. 83,

86 und 325 AEUV, in Ambos (Hrsg.), Europäisches Strafrecht post-Lissabon, 2011, 41 ff.; Vogler, Die Bedeutung der Rechtsweggarantie des Grundgesetzes für den Rechtsschutz im Rechtshilfeverfahren, NJW 1982, 468 ff.; Volk/Engländer, Grundkurs StPO, 10. Aufl. 2021; Voß, Erfahrungen und Probleme bei der Anwendung des Vorabentscheidungsverfahrens nach Art. 177 EWGV aus der Sicht eines deutschen Richters, EuR 1986, 95 ff.; Vossen, Rechtsschutz in der europäischen Bankenaufsicht – Zugleich ein Beitrag zum Rechtsschutz im Europäischen Verwaltungsverbund, 2020; Wägenbaur, Die Fusionskontrollverordnung soll neu gefasst werden, ZRP 2003, 71 f.; Wägenbaur, Satzung und Verfahrensordnungen des Gerichtshofs und des Gerichts der Europäischen Union, 2. Aufl. 2017; Wagemann, Verfahren bei Kartellordnungswidrigkeiten aus der Sicht des Bundeskartellamtes, in Schwarze (Hrsg.), Verfahren und Rechtsschutz im europäischen Wirtschaftsrecht, 2010, 82 ff.; Walter/Grünewald (Hrsg.), BeckOK BVerfGG, 16. Ed. 1.12.2023; Wasmeier, Stand und Perspektiven des EU-Strafrechts: Eine Erwiderung auf kritische Anmerkungen, ZStW 116 (2004), 320 ff.; Wasmeier, Von der herkömmlichen Rechtshilfe zur gegenseitigen Anerkennung – Entwicklungslinien der strafrechtlichen Zusammenarbeit, in Sieber/Satzger/v. Heintschel-Heinegg (Hrsg.), Europäisches Strafrecht, 2. Aufl. 2014, § 32; Wasserburg, § 79 Abs. 1 BVerfGG im Spannungsverhältnis zwischen Rechtssicherheit und materieller Gerechtigkeit, StV 1982, 237 ff.; Weber, Der Raum der Freiheit, der Sicherheit und des Rechts im Vertrag von Lissabon, BayVBl. 2008, 485 ff.; Weber/Rotter, Einheitliche Bußgeldfestsetzung im Europäischen Wirtschaftsraum – Die neuen Leitlinien des EDSA zur Berechnung von Bußgeldern, ZD 2022, 415 ff.; de Weerth, Die Bilanzordnungswidrigkeiten nach § 334 HGB unter besonderer Berücksichtigung der europarechtlichen Bezüge, 1994; Weigend, Strafrecht durch internationale Vereinbarungen – Verlust an nationaler Strafrechtskultur?, ZStW 105 (1993), 774 ff.; Weigend, Strafrecht der Europäischen Union nach dem Vertrag von Lissabon – Eine deutsche Perspektive in Kardas/Sroka/Wróbel (Hrsg.), Państwo prawa i prawo karne. Księga jubileuszowa Profesora Andrzeja Zolla (Festschrift für Andrzej Zoll zum 70. Geburtstag am 27. Mai 2012), Band II, 2012, 205 ff.; Weiß, Der Unternehmensbegriff im europäischen und deutschen Kartellrecht – Zugleich ein Beitrag zur Frage gemeinschaftsrechtlich determinierter oder national autonomer Auslegung des Kartellrechtlichen Unternehmensbegriffs, 2012; Weißer, Strafrecht, in Schulze/Janssen/Kadelbach (Hrsg.), Europarecht – Handbuch für die deutsche Rechtspraxis, 4. Aufl. 2020, § 16; Weiß, Öffnungsklauseln in der DSGVO und nationale Verwirklichung im BDSG – „Vollharmonisierung light", 2022; Weitbrecht, Die Kronzeugenmitteilung in EG-Kartellsachen, EuZW 1997, 555 ff.; Weitbrecht, Europäisches Kartellrecht 2000/2001, EuZW 2002, 581 ff.; Weitbrecht, Das neue EG-Kartellverfahrensrecht, EuZW 2003, 69 ff.; Wendel, Das Bundesverfassungsgericht als Garant der Unionsgrundrechte, JZ 2020, 157 ff.; Wendt, Öffnung der Verfassungsbeschwerde für die Unionsgrundrechte – Neugestaltung des europäischen Grundrechtsföderalismus durch das BVerfG, DVBl 2020, 549 ff.; Werry, Das neue EDSA-Bußgeldmodell – neue Spielregeln für Datenschutzverstöße – Einheitliches Modell mit Potenzial zum Revolutionieren der Bußgeldpraxis in Europa, MMR 2022, 628 ff.; Weyembergh/Brière, The future cooperation between OLAF and the European Public Prosecutor's Office, NJECL 9 (2018), 62 ff.; Wilson, Fusionskontrolle, in Dauses/Ludwigs (Hrsg.), Handbuch des EU-Wirtschaftsrechts, Band 1, 59. EL Oktober 2023, Abschnitt H. Kapitel I. § 4; Winkler, Die Rechtsnatur der Geldbuße im Wettbewerbsrecht der Europäischen Wirtschaftsgemeinschaft, 1971; Wirth, Die Europäische Staatsanwaltschaft, 2022; Wolff/Brink/v. Ungern-Sternberg (Hrsg.), BeckOK Datenschutzrecht, 46. Ed. 1.11.2023; Wolter, Vorabentscheidungsverfahren und Beschleunigungsgebot in Strafsachen – Unter besonderer Berücksichtigung des Eilvorabverfahrens zum Gerichtshof der Europäischen Union nach Art. 104b der Verfahrensordnung, 2011; Wolter/Deiters (Hrsg.), SK-StPO: Systematischer Kommentar zur Strafprozessordnung. Mit GVG und EMRK, Band IV: §§ 198–246 StPO, 5. Aufl. 2015, Band VII: §§ 333–373a, 5. Aufl. 2015; Wortmann, Die Europäische Ermittlungsanordnung in Strafsachen – Die EU-Vorgaben und ihre Umsetzung in Deutschland, 2020; Wybitul/König, EDSA-Leitlinien zur Berechnung von DS-GVO-Geldbußen – Große Risiken für Unternehmen mit hohen Umsätzen, ZD 2022, 422 ff.; Zagouras, Verwaltungssanktionen der Europäischen Zentralbank: Bußgelder, Kompetenzen, Bemessungsmaßstäbe, WM 2017, 558 ff.; Zelger, Der Begriff des „Unternehmens" im europäischen Datenschutzrecht – Vorbild europäisches Kartellrecht?, EuR 2021, 478 ff.; Zieher, Das sog. Internationale Strafrecht nach der Reform – Der Rechtsgrund bei Straftaten im Ausland nach den §§ 5 und 6 StGB, 1977; Zimmer, Art. 101 AEUV, in Immenga/Mestmäcker, Wettbewerbsrecht, Band 1. EU, Kommentar zum Europäischen Kartellrecht, 6. Aufl. 2019; Zimmermann, Die Europäische Ermittlungsanordnung: Schreckgespenst oder Zukunftsmodell für grenzüberschreitende Strafverfahren?, ZStW 127 (2015), 143 ff.; Zimmermann, Die Zuständigkeit der EuStA im Ermittlungsverfahren und der Grundsatz „ne bis in idem" in Niederhuber (Hrsg.), Die neue Europäische Staatsanwaltschaft – Bedeutung, Herausforderungen und erste Erfahrungen, 2023, 21 ff.; Zöller/Bock, Eurojust und EJN, in Böse (Hrsg.), Europäisches Strafrecht, 2. Aufl. 2021, § 21; Zöller/Bock, Europäische Staatsanwaltschaft, in Böse (Hrsg.), Europäisches Strafrecht, 2. Aufl. 2021, § 22; Zöller/Bock, OLAF, in Böse (Hrsg.), Europäisches Strafrecht, 2. Aufl. 2021, § 23; Zuleeg, Das Recht der Europäischen Gemeinschaften im innerstaatlichen Bereich, 1969; Zuleeg, Der Beitrag des Strafrechts zur europäischen Integration, JZ 1992, 761 ff.

A. Einführung

1 Die geraume Zeit vorherrschende Vorstellung, dass das Strafrecht und das Strafverfahrensrecht als Ausdruck staatlicher Souveränität der Mitgliedstaaten frei von Einflüssen des

Gemeinschafts- bzw. Unionsrechts seien,[1] wurde längst durch die Erkenntnis abgelöst, dass das europäische Recht auch in diesem Bereich keineswegs bedeutungslos ist (näher dazu → Rn. 27 ff.). Gerade im Zuge der Bestrebungen nach fortschreitender europäischer Integration und der Entwicklung eines einheitlichen europäischen Raums der Freiheit, der Sicherheit und des Rechts im Rahmen der Europäischen Union besteht die Notwendigkeit einer **Angleichung der nationalen Strafrechtsordnungen,** auch im Hinblick auf die Entwicklung eines vereinheitlichten europäischen Strafrechts.[2]

Wegen der vielfältigen Einflüsse des europäischen Rechts kann von einer „**Europäisierung" des Strafrechts**[3] gesprochen werden. Zwar sind die Mitgliedstaaten mangels eigener kriminalstrafrechtlicher Kompetenz der Europäischen Union weiterhin für die Straf- und Strafverfahrensgesetzgebung zuständig (→ Rn. 8 ff.), sofern man von der unionalen Kompetenz auf dem Gebiet der Betrugsbekämpfung (Art. 325 AEUV; Art. 280 EGV-Nizza, Art. 280 EGV-Amsterdam; Art. 209a EGV-Maastricht) absieht (näher dazu → Rn. 18 ff.). Jedoch ergeben sich aus dem Unionsrecht rechtliche Vorgaben, die sowohl die nationale Legislative als auch die nationale Judikative im Rahmen der Anwendung und Auslegung der nationalen Rechtsnormen zu berücksichtigen haben. So kann sich aus dem Unionsrecht – insbesondere aus Art. 4 Abs. 3 EUV (Art. 10 EGV-Nizza; Art. 10 EGV-Amsterdam; Art. 5 EGV-Maastricht; Art. 5 EWGV) – die positive Pflicht der Mitgliedstaaten ergeben, die Geltung und Wirksamkeit des Unionsrechts (auch) dadurch zu gewährleisten, dass sie Interessen der Europäischen Union mit strafrechtlichen Mitteln ebenso schützen wie die entsprechenden nationalen Interessen (→ Rn. 37 ff.). In diesem Zusammenhang sind die zuständigen staatlichen Stellen aus Gründen der Unionstreue verpflichtet, auch bei der Ahndung von Verstößen gegen das Unionsrecht dieselbe Sorgfalt walten zu lassen wie bei der Ahndung von Verstößen gegen das nationale Recht. Außerdem gilt die Charta der Grundrechte der Europäischen Union (2007/C 303/01) vom 12. Dezember 2007[4] (GRCh) ausweislich ihres Art. 51 Abs. 1 S. 1 Alt. 2 „für die Mitgliedstaaten ausschließlich bei der Durchführung des Rechts der Union". Der Gerichtshof bestimmt den Anwendungsbereich der Charta extensiv und unterwirft sowohl das materielle Strafrecht als auch das Strafverfahrensrecht, wenn es um die Sanktionierung in einem unionsrechtlich geleiteten Bereich, wie etwa dem der Mehrwertsteuer, geht, den Unionsgrundrechten;[5] sie findet nach seiner ERT-Rechtsprechung auf die Grundfreiheiten Anwendung.[6] Daneben kann sich das europäische Recht auch negativ, in begrenzender Weise, auf das nationale Strafrecht auswirken (→ Rn. 40 ff.).[7]

Die Sanktionierung in den Bereichen des **Europäischen Wettbewerbsrecht,** des **Europäischen Datenschutzrechts** und des **Europäischen Bankenrechts,** mit dem unionsrechtlich vorgesehenen Instrument der **Geldbuße gegen Unternehmen,** unterliegt ebenfalls den strafrechtlichen Garantien der Charta wie auch der Konvention zum Schutz der Menschenrechte und Grundfreiheiten[8] (EMRK) und steht im Vordergrund des Recht-

---

[1] Vgl. hierzu Jung JuS 2000, 417 (417 ff.); Kühl ZStW 109 (1997), 777 (790); Thomas NJW 1991, 2233 (2233 ff.); Tiedemann NJW 1993, 23 (23 ff.).
[2] Vgl. Delmas-Marty, Corpus Juris der strafrechtlichen Regelungen zum Schutz der finanziellen Interessen der Europäischen Union, 1998, passim; Huber, Das Corpus Juris als Grundlage eines Europäischen Strafrechts, 2000, passim; Braum JZ 2000, 493 (493 ff.); Otto JURA 2000, 98 (98 ff.).
[3] Vgl. Satzger, Die Europäisierung des Strafrechts, 2001, S. 8 f.; Jung JuS 2000, 417 (417 ff.); Kühl ZStW 109 (1997), 777 (785, 788, 796).
[4] ABl. 2007 C 303, 1; BGBl. 2008 II 1165; ABl. 2010 C 83, 389; ABl. 2012 C 326, 391; ABl. 2016 C 202, 389.
[5] EuGH 26.2.2013 – C-617/10, ECLI:EU:C:2013:105 = JZ 2013, 613 – Åkerberg Fransson m. Anm. Dannecker JZ 2013, 616 (616 ff.); Kingreen EuR 2013, 446 (446 ff.); Streinz JuS 2013, 568 (568 ff.).
[6] EuGH 18.6.1991 – C-260/89, ECLI:EU:C:1991:254 Rn. 41 ff., Slg. 1991, I-2925 Rn. 41 ff. = JZ 1992, 682 – ERT/DEP m. Anm. Degenhart JZ 1992, 685 (685 ff.).
[7] Dannecker ZStW 117 (2005), 697 (724 ff.).
[8] In der Fassung vom 22.10.2010, BGBl. 2010 II 1198, zuletzt geändert durch Protokoll Nr. 15 zur Konvention zum Schutz der Menschenrechte und Grundfreiheiten vom 24.6.2013 (BGBl. 2014 II 1034, 1035).

schutzes in der Europäischen Union auf dem Gebiet des **Straf- und Bußgeldrechts.** Der Rechtsschutz in der Europäischen Union auf dem Gebiet des **Strafrechts** wird von den Auswirkungen der unionsrechtlichen Vorgaben auf das nationale Straf- und Strafverfahrensrecht maßgeblich geprägt. Auch im Strafrecht gilt das **Gebot effektiven Individualrechtsschutzes,** wonach weder Handlungen der Mitgliedstaaten noch der Unionsorgane der Kontrolle, ob diese mit dem geltenden Unionsrecht vereinbar sind, entzogen sein dürfen[9] (speziell zum Rechtsschutz bei Bußgeldentscheidungen → Rn. 136 ff., Rn. 185 f., Rn. 195 f., Rn. 199, Rn. 226 ff., Rn. 261 ff., gegen den Europäischen Haftbefehl → Rn. 298 ff., im Rahmen der Ausführung der Europäischen Ermittlungsanordnung → Rn. 314 ff. sowie gegen Maßnahmen von Eurojust → Rn. 337 ff., Europäischer Staatsanwaltschaft → Rn. 357 ff., Europäischem Amt für Betrugsbekämpfung (OLAF) → Rn. 391 ff. und Europol → Rn. 409 ff.). Die Instrumente der Nichtigkeitsklage (Art. 263 Abs. 4 AEUV; Art. 230 Abs. 4 EGV-Nizza; Art. 230 Abs. 4 EGV-Amsterdam; Art. 173 Abs. 4 EGV-Maastricht; Art. 173 Abs. 2 EWGV) und des Vorabentscheidungsverfahrens (Art. 267 AEUV; Art. 234 EGV-Nizza; Art. 234 EGV-Amsterdam; Art. 177 EGV-Maastricht; Art. 177 EWGV) bieten ein umfassendes Rechtsschutzsystem **durch das Gericht und den Gerichtshof.** Soweit jedoch das Unionsrecht von den Mitgliedstaaten angewendet wird, wird der Rechtsschutz **durch die Mitgliedstaaten** gewährt, auch wenn Rechtmäßigkeitsmaßstab das Unionsrecht ist (→ Rn. 27 ff.). Um die **Interpretationshoheit des Gerichtshofs** zu gewährleisten, müssen die nationalen Gerichte ggf. vom Vorabentscheidungsverfahren (→ Rn. 50 ff.) Gebrauch machen. Denn allein der europäischen Gerichtsbarkeit steht das Verwerfungsmonopol für Unionsrechtsakte zu.

4 Im Bereich des **Europäischen Wettbewerbsrechts** sieht das Unionsrecht **Geldbußen** vor, die von der Europäischen Kommission gegen Unternehmen wegen Verstößen zum einen gegen Art. 101, 102 AEUV (Art. 81, 82 EGV-Nizza; Art. 81, 82 EGV-Amsterdam; Art. 85, 86 EGV-Maastricht; Art. 85, 86 EWGV) (→ Rn. 110 ff.) und zum anderen gegen die Verordnung (EG) Nr. 139/2004 des Rates vom 20. Januar 2004 über die Kontrolle von Unternehmenszusammenschlüssen („EG-Fusionskontrollverordnung")[10] (VO (EG) Nr. 139/2004) (→ Rn. 170 ff.) verhängt werden können. Weiterhin werden Verstöße gegen Bestimmungen der Verordnung (EU) 2022/1925 des Europäischen Parlaments und des Rates vom 14. September 2022 über bestreitbare und faire Märkte im digitalen Sektor und zur Änderung der Richtlinien (EU) 2019/1937 und (EU) 2020/1828 (Gesetz über digitale Märkte)[11] mit Geldbußen bedroht (→ Rn. 188 ff.). Die Zuwiderhandlungen gegen die – Art. 101, 102 AEUV nachgebildeten – Art. 53, 54 des Abkommens über den Europäischen Wirtschaftsraum vom 2. Mai 1992[12] (EWR-Abkommen) können mit **Geldbußen** geahndet werden, welche die EFTA-Überwachungsbehörde festsetzt (→ Rn. 197 ff.). Gegen die genannten Geldbußen, bei denen es sich um strafrechtliche Sanktionen im weiteren Sinne, vergleichbar den deutschen, italienischen und portugiesischen Ordnungswidrigkeiten, handelt, ist ein direkter Rechtsschutz durch die europäischen Gerichte und – im Europäischen Wirtschaftsraum – auch durch den EFTA-Gerichtshof möglich.

---

[9] Vgl. EuGH 23.4.1986 – C-294/83, ECLI:EU:C:1986:166 Rn. 23, Slg. 1986, 1339 Rn. 23 = BeckRS 2004, 72996 – Les Verts/Parlament.
[10] ABl. 2004 L 24, 1.
[11] ABl. 2022 L 265, 1, berichtigt ABl. 2023 L 116, 30.
[12] ABl. 1994 L 1, 3, zuletzt geändert durch Übereinkommen zwischen der Europäischen Union, Island, dem Fürstentum Liechtenstein und dem Königreich Norwegen über einen EWR-Finanzierungsmechanismus für den Zeitraum 2014 – 2021 vom 28. Mai 2016, ABl. 2016 L 141, 3. Das Abkommen wurde für die Bundesrepublik Deutschland ratifiziert durch Gesetz zu dem Abkommen vom 2. Mai 1992 über den Europäischen Wirtschaftsraum (EWR-Abkommen) vom 31. März 1993, BGBl. 1993 II 266, und trat in der Fassung der Bekanntmachung über das Inkrafttreten des Abkommens über den Europäischen Wirtschaftsraum (EWR-Abkommen) und des Anpassungsprotokolls zu diesem Abkommen vom 6.4.1994, BGBl. 1994 II 515, am 1.1.1994 in Kraft.

Die Fortentwicklung des **Europäischen Datenschutzrechts** zum originären Sanktio- 5
nenrecht der Europäischen Union spiegelt das ausdifferenzierte Sanktionssystem des Art. 83
der Verordnung (EU) 2016/679 des Europäischen Parlaments und des Rates vom 27. April
2016 zum Schutz natürlicher Personen bei der Verarbeitung personenbezogener Daten,
zum freien Datenverkehr und zur Aufhebung der Richtlinie 95/46/EG (Datenschutz-
Grundverordnung)[13] (DS-GVO) (→ Rn. 200 ff.) wider. Die „wirksam[e], verhältnismäßig
[e] und abschreckend[e]"[14] Verhängung von Verwaltungssanktionen in Gestalt der –
ebenfalls dem Strafrecht im weiteren Sinne zuzuordnenden – **Geldbußen** nach Art. 83
DS-GVO durch eine vom jeweiligen Mitgliedstaat gemäß Art. 51 DS-GVO eingerichtete
unabhängige staatliche Stelle für die Überwachung der Anwendung der DS-GVO in Funktion einer Aufsichtsbehörde bzw. durch die zuständigen nationalen Gerichte[15] ist auf die
Ahndung von Verstößen gegen die Bestimmungen der DS-GVO gerichtet (→ Rn. 204 ff.)
und bildet den Gegenstand des gerichtlichen Rechtsschutzes nach nationalem Recht.

In Parallele zum Europäischen Wettbewerbsrecht (→ Rn. 4) ermächtigen Art. 132 Abs. 3 6
AEUV (Art. 110 Abs. 3 EGV-Nizza; Art. 110 Abs. 3 EGV-Amsterdam; Art. 108a Abs. 3
EGV-Maastricht), Art. 34.3. des Protokolls (Nr. 4) über die Satzung des Europäischen
Systems der Zentralbanken und der Europäischen Zentralbank vom 26. Oktober 2012[16]
(EZB-Satzung) die Europäische Zentralbank, Unternehmen bei Nichteinhaltung der Ver-
pflichtungen aus Verordnungen und Beschlüssen der Europäischen Zentralbank mit **Geld-
bußen** zu belegen (→ Rn. 231 ff.). Gegen die sowohl im geldpolitischen als auch im
Bereich des **Europäischen Bankenrechts** mögliche Sanktionierung mit diesem Sankti-
onsinstrument des Strafrechts im weiteren Sinne durch die Europäische Zentralbank
gewährt das Unionsrecht den Rechtsschutz auf Unionsebene, zu dessen Zweck dem
Gerichtshof die Zuständigkeit für die Überprüfung der endgültigen Entscheidung über die
Bebußung übertragen wurde.

Schließlich wurde die **polizeiliche und justizielle Zusammenarbeit in Strafsachen** 7
(PJZS) durch den am 1. Dezember 2009 in Kraft getretenen Vertrag von Lissabon neu
geregelt und die Zuständigkeit des Gerichtshofs in diesem Bereich ausgedehnt
(→ Rn. 278 ff.; → Rn. 402). Die früheren intergouvernementalen Strukturen wurden
durch eine „Supranationalisierung" dieses Bereichs ersetzt. Insbesondere gilt nunmehr der
Vorrang des Unionsrechts in vollem Umfang. Außerdem können auch unmittelbar an-
wendbare Verordnungen eingesetzt werden. Die Grundlage für die Zusammenarbeit im
Bereich der Strafverfolgung bildet Art. 82 AEUV (Art. 31 Abs. 1 lit. a bis d EUV-Nizza;
Art. 31 lit. a bis d EUV-Amsterdam; Art. K.1 Nr. 7 EUV-Maastricht) und ist Basis für das
im Entstehen befindliche **„Europäische Strafverfahrensrecht"**. Mit der Etablierung der
Europäischen Staatsanwaltschaft (→ Rn. 345 ff.) wird eine effektive Aufklärung und
Verfolgung der Straftaten zum Nachteil der finanziellen Interessen der Europäischen Union
angestrebt und zur Errichtung eines Raums der Freiheit, der Sicherheit und des Rechts ein
Beitrag geleistet.

---

[13] ABl. 2016 L 119, 1, berichtigt ABl. 2016 L 314, 72, ABl. 2018 L 127, 2 und ABl. 2021 L 74, 35.
[14] Vgl. Art. 83 Abs. 1, Abs. 9 S. 2 DS-GVO; s. auch Erwägungsgründe 151 S. 4 und 152 S. 1 DS-GVO.
[15] Die Möglichkeit einer Verhängung von den durch die zuständige Aufsichtsbehörde in die Wege geleiteten Geldbußen durch die zuständigen nationalen Gerichte sieht Art. 83 Abs. 9 S. 1 DS-GVO für die Mitgliedstaaten vor, deren Rechtsordnungen – wie des Königreichs Dänemark und der Republik Estland (s. Erwägungsgrund 151 S. 1 DS-GVO) – keine Geldbußen vorsehen.
[16] ABl. 2012 C 326, 230.

B. Kompetenzen der Europäischen Union auf dem Gebiet des Straf- und Bußgeldrechts und des Rechts sonstiger Verwaltungssanktionen mit punitivem Charakter

I. Kriminalstrafrechtliche Kompetenzen

8   **1. Grundsatz der begrenzten Einzelermächtigung.** Die Kompetenzen der Europäischen Union zur Rechtsetzung ergeben sich aus dem Primärrecht der Union. Hierbei gilt auch nach dem Vertrag von Lissabon der **Grundsatz der begrenzten Einzelermächtigung,**[17] dh die Rechtsetzungsorgane der Union bedürfen einer **ausdrücklichen Kompetenzzuweisung,** um Rechtsakte erlassen zu können, denn sie sind gemäß Art. 5 Abs. 1 S. 1, Abs. 2 EUV (Art. 5 Abs. 1 EGV-Nizza; Art. 5 Abs. 1 EGV-Amsterdam; Art. 3b Abs. 1 EGV-Maastricht sowie Art. 5 EUV-Nizza; Art. 5 EUV-Amsterdam; Art. E EUV-Maastricht) und Art. 288 Abs. 1 AEUV (Art. 249 Abs. 1 EGV-Nizza; Art. 249 Abs. 1 EGV-Amsterdam; Art. 189 Abs. 1 EGV-Maastricht; Art. 189 Abs. 1 EWGV) zur Rechtsetzung nur „für die Ausübung der Zuständigkeiten der Union" berechtigt.[18]

9   Vor dem Inkrafttreten des Vertrags von Lissabon waren die einzelnen Ermächtigungen in den Verträgen teilweise so weit formuliert, dass ihr Wortlaut grundsätzlich auch strafrechtliche Maßnahmen rechtfertigen konnte, ohne dass eine ausdrückliche Ermächtigung in den Verträgen ausgesprochen war.[19] Die Mitgliedstaaten betrachteten jedoch das Strafrecht als Ausdruck ihrer eigenen Souveränität[20] und erkannten eine eigene kriminalstrafrechtliche Kompetenz der Europäischen Gemeinschaften nicht an. Dagegen wurde zwar geltend gemacht, das Strafrecht dürfe nicht schlechthin aus dem Anwendungsbereich des Gemeinschaftsrechts ausgeschlossen sein, denn die Mitgliedstaaten seien verpflichtet, ihr nationales Recht in den Dienst der Integration zu stellen, und die Annahme eines absoluten Souveränitätsvorbehalts bei den Mitgliedstaaten erweise sich aus integrativer Sicht als kontraproduktiv.[21] Es bestand jedoch Einigkeit darüber, dass die Ausübung einer so wesentlichen Befugnis wie die Androhung und Verhängung echter Kriminalstrafen einer ausdrücklichen Ermächtigung der vertragsschließenden Staaten bedurfte. Dies musste schon deshalb gelten, weil die Organe der Europäischen Gemeinschaften nur bedingt demokratisch legitimiert waren.[22] Daher stimmten sowohl die Rechtsprechung des Gerichtshofs,[23] der die strafrechtliche Kompetenz als ureigene Aufgabe den Mitgliedstaaten ausdrücklich zusprach,[24] und des Bundesgerichtshofs[25] als auch das Schrifttum[26] weitgehend darin überein, dass die Mit-

---

[17] Eing. hierzu Kiekebusch, Der Grundsatz der begrenzten Einzelermächtigung, 2017, passim; Bast in Grabitz/Hilf/Nettesheim EUV Art. 5 Rn. 13 ff.; Calliess in Calliess/Ruffert EUV Art. 5 Rn. 7 ff.; Geiger/Kirchmair in Geiger/Khan/Kotzur/Kirchmair EUV Art. 5 Rn. 3 f.; Kadelbach in von der Groeben/Schwarze/Hatje EUV Art. 5 Rn. 4 ff.; Lienbacher in Schwarze EUV Art. 5 Rn. 6 ff.; Pache in FK-EUV/GRC/AEUV EUV Art. 5 Rn. 17 ff.; Streinz in Streinz EUV Art. 5 Rn. 8 ff.; Vedder in Vedder/Heintschel von Heinegg EUV Art. 5 Rn. 7 ff.; vgl. auch Hecker Europäisches Strafrecht, 6. Aufl. 2021, Kapitel 4 Rn. 31.
[18] Streinz EuropaR Rn. 553.
[19] Vgl. Sieber ZStW 103 (1991), 957 (969).
[20] Weigend ZStW 105 (1993), 774 (775 mwN); vgl. auch Böse, Strafen und Sanktionen im europäischen Gemeinschaftsrecht, 1996, S. 55 ff.
[21] Zuleeg JZ 1992, 761 (762); zust. Appel in Dannecker, Lebensmittelstrafrecht und Verwaltungssanktionen in der Europäischen Union, 1994, 165 (165, 169 ff., 177).
[22] Vgl. dazu Deutscher, Die Kompetenzen der Europäischen Gemeinschaften zur originären Strafgesetzgebung, 2000, S. 317 ff.; Grams, Zur Gesetzgebung der Europäischen Union, 1998, S. 65 ff.; Oehler FS Baumann, 1992, 561 (561).
[23] EuGH 11.11.1981 – C-203/80, ECLI:EU:C:1981:261 Rn. 27, Slg. 1981, 2595 Rn. 27 = BeckRS 2004, 72255 – Casati; EuGH 2.2.1989 – C-186/87, ECLI:EU:C:1989:47 Rn. 19, Slg. 1989, 195 Rn. 19 = NJW 1989, 2183 – Cowan/Trésor public.
[24] EuGH 2.2.1977 – C-50/76, ECLI:EU:C:1977:13, Slg. 1977, 137 = NJW 1977, 1009 – Amsterdam Bulb BV/Produktschap voor Siergewassen; EuGH 10.7.1990 – C-326/88, ECLI:EU:C:1990:291, Slg. 1990, I-2911 = RIW 1991, 683 – Hansen.
[25] BGH 6.6.1973 – 1 StR 82/72, BGHSt 25, 190 (193 f.) = NJW 1973, 1562.
[26] Vgl. nur Böse, Strafen und Sanktionen im europäischen Gemeinschaftsrecht, 1996, S. 55 ff.; Dannecker Festgabe 50 Jahre BGH, Bd. IV, 2000, 339 (346 ff.); Dannecker/Streinz in Rengeling UmweltR-HdB I

gliedstaaten beim Abschluss der Römischen Verträge den Europäischen Gemeinschaften keine originäre strafrechtliche Kompetenz zur Setzung eines supranationalen Strafrechts[27] übertragen haben. Damit war der Erlass gemeinschaftlicher Strafnormen im Rahmen von Verordnungen der Europäischen Gemeinschaften, die unmittelbare Wirkung gegenüber dem Einzelnen entfalten, ausgeschlossen.

Die Neufassung des Primärrechts durch den Vertrag von Lissabon brachte diesbezüglich grundlegende Änderungen, auch wenn es nach wie vor kein supranationales, durch die Europäische Union selbst gesetztes unmittelbar geltendes Strafrecht gibt.[28] Nunmehr ist der Europäischen Union eine sog. „geteilte" Zuständigkeit (Art. 4 AEUV) eingeräumt: primär eine **Angleichungskompetenz** durch Richtlinien **(Art. 83 Abs. 1 UAbs. 1, Abs. 2 AEUV)**, die sich auf die Tatbestandsvoraussetzungen und die Rechtsfolgen bezieht (→ Rn. 11 ff.), und eine „echte" **Rechtsetzungskompetenz** zur Bekämpfung von Betrugsdelikten und sonstigen rechtswidrigen Handlungen zum Nachteil der Europäischen Union **(Art. 325 Abs. 4 AEUV)**[29] als subsidiäre Befugnis (→ Rn. 18 ff.),[30] womit das Unionsrecht eine Kompetenz zum Erlass von Verordnungen strafrechtlichen Inhalts enthält.[31] Für die **Assimilierung** (Rn. 28 ff.) nationaler Strafvorschriften zum Schutz originärer Unionsrechtsgüter kann sich die Europäische Union auf ihre Kompetenz aus **Art. 4 Abs. 3 EUV** (Art. 10 EGV-Nizza; Art. 10 EGV-Amsterdam; Art. 5 EGV-Maastricht; Art. 5 EWGV) stützen, der den **Grundsatz der Unionstreue (Loyalitätsgebot)** beinhaltet.[32]

2. Kompetenz zur Angleichung strafrechtlicher Rechtsvorschriften der Mitgliedstaaten (Art. 83 Abs. 1 UAbs. 1, Abs. 2 AEUV). Die Angleichung der Rechtsvorschriften der Mitgliedstaaten im Sinne einer Festlegung von Mindestvorschriften durch Richtlinien des Europäischen Parlaments und des Rates[33] in den in Art. 82 Abs. 2 UAbs. 1 AEUV (Art. 31 Abs. 1 lit. c EUV-Nizza; Art. 31 lit. c EUV-Amsterdam) und Art. 83 Abs. 1 UAbs. 1, Abs. 2 AEUV (Art. 31 Abs. 1 lit. e EUV-Nizza; Art. 31 lit. e EUV-Amsterdam) genannten Bereichen bildet einen Gegenstand der – in den Art. 82 ff. AEUV geregelten – justiziellen Zusammenarbeit in Strafsachen.

Während Art. 82 Abs. 2 UAbs. 1 AEUV die Europäische Union zu einer direkten, funktional gebundenen Angleichung der **strafverfahrensrechtlichen** Vorschriften der Mitgliedstaaten durch die Festlegung von **Mindestvorschriften,** die sich auf das gesamte innerstaatliche Strafverfahren beziehen können,[34] mittels Richtlinien ausdrücklich ermächtigt, hat ihre Ermächtigung zur Setzung **kriminalstrafrechtlicher Mindestvorgaben** mit Art. 83 Abs. 1 und 2 AEUV eine detaillierte Verankerung im Primärrecht erfahren. Als zentrale Kompetenznorm für die Harmonisierung materiellen Strafrechts im Raum der

---

§ 8 Rn. 55; Deutscher, Die Kompetenzen der Europäischen Gemeinschaften zur originären Strafgesetzgebung, 2000, S. 309 ff.; Gröblinghoff, Die Verpflichtung des deutschen Strafgesetzgebers zum Schutz der Interessen der Europäischen Gemeinschaften, 1996, S. 141; Oehler FS Baumann, 1992, 561 (561); Pühs, Der Vollzug von Gemeinschaftsrecht, 1997, S. 276 f.; Satzger, Die Europäisierung des Strafrechts, 2001, S. 92 ff.; Schröder, Europäische Richtlinien und deutsches Strafrecht, 2002, S. 104 ff.; Vogel in Dannecker, Die Bekämpfung des Subventionsbetrugs im EG-Bereich, 1993, 170 (175 ff.); Gärditz wistra 1999, 293 (293 ff.); Tiedemann NJW 1993, 23 (23 ff.), jeweils m. w. N.; a. A. Pache, Der Schutz der finanziellen Interessen der Europäischen Gemeinschaften, 1994, S. 341.
[27] Zur Problematik eines europäischen Begriffs des Strafrechts und der Abgrenzung zwischen Kriminalstrafrecht und Strafrecht im weiteren Sinne Hecker Europäisches Strafrecht, 6. Aufl. 2021, Kapitel 4 Rn. 54 f.
[28] Vgl. Hecker Europäisches Strafrecht, 6. Aufl. 2021, Kapitel 4 Rn. 58.
[29] Fromm, EG-Rechtsetzungsbefugnis im Kernstrafrecht, 2009, S. 73 f.; Safferling, Internationales Strafrecht, 2011, § 10 Rn. 42; Calliess ZEuS 2008, 3 (37); Heger ZIS 2009, 406 (416); Rosenau ZIS 2008, 9 (16).
[30] Mansdörfer HRRS 2010, 11 (12, 17).
[31] Vgl. Hecker Europäisches Strafrecht, 6. Aufl. 2021, Kapitel 4 Rn. 70 mwN.
[32] Vgl. Hecker Europäisches Strafrecht, 6. Aufl. 2021, Kapitel 7 Rn. 2 f.
[33] Vogel/Eisele in Grabitz/Hilf/Nettesheim AEUV Art. 82 Rn. 46.
[34] Meyer in von der Groeben/Schwarze/Hatje AEUV Art. 82 Rn. 37 f. mwN.

Freiheit, der Sicherheit und des Rechts[35] beinhaltet diese Vorschrift mit der Harmonisierungskompetenz bei besonders schwerer grenzüberschreitender Kriminalität (Art. 83 Abs. 1 UAbs. 1 AEUV) und einer dynamisch angelegten Annexkompetenz zur Harmonisierung des Strafrechts in bereits durch Unionsrecht angeglichenen Politikbereichen (Art. 83 Abs. 2 AEUV)[36] „**zwei distinkte Kompetenzen** unterschiedlicher Provenienz und Finalität".[37] Vor der ausdrücklichen primärrechtlichen Normierung der letztgenannten Rechtsgrundlage, Mitgliedstaaten zum Erlass nationaler Strafvorschriften in Richtlinien anzuweisen,[38] wurde im Schrifttum eine Anweisungskompetenz gegenüber den Mitgliedstaaten teilweise als Annexkompetenz zu den einzelnen, im Vertrag enthaltenen Rechtsgrundlagen anerkannt, die die Gemeinschaft zur Angleichung, Koordinierung und Harmonisierung mitgliedstaatlicher Rechtsvorschriften ermächtigte.[39] Diese Auffassung fußte auf der sog. „implied-powers"-Lehre, die der Gerichtshof im Rahmen seiner integrationsfreundlichen und an der praktischen Wirksamkeit des Gemeinschaftsrechts – dem effet utile – orientierten Rechtsprechung anerkannt hat.[40] Teilweise wurde die Anweisungskompetenz zur strafrechtlichen Harmonisierung auf Art. 100 EGV-Maastricht (Art. 94 EGV-Amsterdam; Art. 94 EGV-Nizza; nunmehr Art. 115 AEUV) bzw. Art. 100a EGV-Maastricht (Art. 95 EGV-Amsterdam; Art. 95 EGV-Nizza; nunmehr Art. 114 AEUV) gestützt.[41]

13 Die mit Art. 83 Abs. 1 UAbs. 1, Abs. 2 AEUV erfolgte Normierung spezieller Kompetenzgrundlagen für die Angleichung der strafrechtlichen Vorschriften der Mitgliedstaaten schließt zum Schutz der in Art. 83 Abs. 3 AEUV verankerten Sicherungsmechanismen den Erlass von strafrechtlichen Maßnahmen aus, und zwar sowohl auf der Grundlage bloßer Vorschriften über die Zusammenarbeit wie Art. 33 AEUV, der weder zur Angleichung des mitgliedstaatlichen Zollstrafrechts noch des Strafverfahrensrechts ermächtigt,[42] als auch auf der Grundlage anderer gegenüber Art. 83 AEUV subsidiärer Harmonisierungsnormen. Zu Letzteren gehört die in Art. 79 Abs. 2 lit. d AEUV parallel zu Art. 83 Abs. 1 UAbs. 1, UAbs. 2 AEUV aufgeführte Harmonisierungskompetenz der Europäischen Union zur strafrechtlichen Bekämpfung des Menschenhandels.[43]

14 Mit der ausdrücklichen Verankerung im Primärrecht wurde die Kompetenz der Europäischen Union zur Erteilung strafrechtlicher Anweisungen in Richtlinien zugleich bestimmten Grenzen unterworfen. Das **Subsidiaritätsprinzip**[44] des Art. 5 Abs. 3 UAbs. 1 EUV (Art. 5 Abs. 2 EGV-Nizza; Art. 5 Abs. 2 EGV-Amsterdam; Art. 3b Abs. 2 EGV-Maas-

---

[35] Meyer in von der Groeben/Schwarze/Hatje AEUV Art. 83 Rn. 1; Satzger in Streinz AEUV Art. 83 Rn. 1.
[36] Satzger in Streinz AEUV Art. 83 Rn. 4.
[37] Meyer in von der Groeben/Schwarze/Hatje AEUV Art. 83 Rn. 1.
[38] Dazu Bleckmann FS Stree/Wessels, 1993, 107 (111); Dannecker/Streinz in Rengeling UmweltR-HdB I § 8 Rn. 62 ff.; vgl. Vogel in Dannecker, Die Bekämpfung des Subventionsbetrugs im EG-Bereich, 1993, 170 (172); Albrecht/Braum KritV 2001, 312 (319 f.); Sieber ZStW 103 (1991), 957 (968, 972 f.); Tiedemann NJW 1993, 23 (26).
[39] Appel in Dannecker, Lebensmittelstrafrecht und Verwaltungssanktionen in der Europäischen Union, 1994, 165 (172, 177 m. w. N.); Dannecker in Eser/Huber, Strafrechtsentwicklung in Europa, Bd. 4.3, 1995, 1965 (2023).
[40] Vgl. EuGH 9.7.1987 – verb. Rs. C-281/85, C-283/85, C-284/85, C-285/85, C-287/85, ECLI:EU:C:1987:351, Slg. 1987, 3203 = BeckRS 2004, 72915 – Deutschland, Frankreich, Niederlande, Dänemark, Vereinigtes Königreich/Kommission.
[41] Vgl. dazu Appel in Dannecker, Lebensmittelstrafrecht und Verwaltungssanktionen in der Europäischen Union, 1994, 165 (172, 174 f.); Dannecker in Eser/Huber, Strafrechtsentwicklung in Europa, Bd. 4.3, 1995, 1965 (2023); Vogel in Dannecker, Die Bekämpfung des Subventionsbetrugs im EG-Bereich, 1993, 170 (172).
[42] Ohler in Streinz AEUV Art. 33 Rn. 12; a. A. Satzger, Internationales und Europäisches Strafrecht, 10. Aufl. 2022, § 8 Rn. 22; Schramm, Internationales Strafrecht, 2. Aufl. 2018, Kapitel 4 Rn. 19.
[43] Satzger in Streinz AEUV Art. 83 Rn. 4; Thym in Grabitz/Hilf/Nettesheim AEUV Art. 79 Rn. 35.
[44] Eing. hierzu Bast in Grabitz/Hilf/Nettesheim EUV Art. 5 Rn. 49 ff.; Callies in Callies/Ruffert EUV Art. 5 Rn. 20 ff.; Geiger/Kirchmair in Geiger/Khan/Kotzur/Kirchmair EUV Art. 5 Rn. 5 ff.; Kadelbach in von der Groeben/Schwarze/Hatje EUV Art. 5 Rn. 25 ff.; Lienbacher in Schwarze EUV Art. 5 Rn. 15 ff.; Pache in FK-EUV/GRC/AEUV EUV Art. 5 Rn. 52 ff.; Streinz in Streinz EUV Art. 5 Rn. 20 ff.; Vedder in Vedder/Heintschel von Heinegg EUV Art. 5 Rn. 14 ff.

tricht) beschränkt sie auf Sachverhalte, die auf nationaler Ebene nicht effektiv geregelt werden können.⁴⁵ Dabei ist zu beachten, dass das Subsidiaritätsprinzip keine Kompetenzschranke, sondern eine **Kompetenzausübungsschranke** darstellt, mithin voraussetzt, dass überhaupt eine Kompetenz der Union besteht.⁴⁶ Jedoch spielt der Subsidiaritätsgedanke auch dann eine Rolle, wenn die Problematik an Relevanz gewinnt, Unionskompetenzen in Randbereichen wie dem Strafrecht zu konkretisieren.⁴⁷

Darüber hinaus dürfen nach dem in Art. 5 Abs. 4 UAbs. 1 S. 1 EUV (Art. 5 Abs. 3 EGV-Nizza; Art. 5 Abs. 3 EGV-Amsterdam; Art. 3b Abs. 3 EGV-Maastricht) festgeschriebenen **Verhältnismäßigkeitsprinzip**⁴⁸ Anweisungen zum Erlass von Strafgesetzen nur dann getroffen werden, wenn dies zur Erreichung der Ziele der Verträge erforderlich ist. **15**

Bedenken bestehen hinsichtlich des für die Rechtsangleichung in Art. 83 Abs. 1 UAbs. 1, Abs. 2 AEUV vorgesehenen Instruments der **Richtlinie,** die gemäß Art. 288 Abs. 3 AEUV (Art. 249 Abs. 3 EGV-Nizza; Art. 249 Abs. 3 EGV-Amsterdam; Art. 189 Abs. 3 EGV-Maastricht; Art. 189 Abs. 3 EWGV) für die Mitgliedstaaten zielverbindlich ist, ihnen jedoch die Wahl der Form und Mittel zur Zielerreichung überlässt. Die Europäische Union verwendete ursprünglich die Handlungsform der **Richtlinie,** wenn sie von ihrer Anweisungskompetenz Gebrauch machte,⁴⁹ und verpflichtete die Mitgliedstaaten unter Berufung auf die Rechtsprechung des Gerichtshofs im sog. „Griechischen Maisskandal"⁵⁰ zum Erlass geeigneter und wirksamer Sanktionen zum Schutz bestimmter Rechtsgüter.⁵¹ Es zeigte sich jedoch bereits unter Geltung des Vertrags zur Gründung der Europäischen Gemeinschaft die Tendenz, den Mitgliedstaaten detaillierte Vorgaben auch zum Inhalt der Sanktionsnormen zu machen;⁵² so wurden die strafbaren Handlungen zum Teil wörtlich vorgegeben und Mindestvorschriften für Art und Höhe der Strafen getroffen.⁵³ Dieses Vorgehen war und ist bedenklich, weil damit die Richtlinie der Rechtsform der Verordnung stark angenähert wird, durch die aufgrund ihrer Verbindlichkeit und unmittelbaren Geltung in den Mitgliedstaaten **supranationales Strafrecht** gesetzt würde. Zwar entfaltet eine solche Richtlinie wegen ihres für den Einzelnen belastenden Inhalts auch nach Ablauf der Umsetzungsfrist keine unmittelbare Wirkung in den Mitgliedstaaten, wenn sie noch nicht in nationales Recht umgesetzt ist. Jedoch wird der den Charakter der Rechtsform „Richtlinie" mitprägende Umsetzungsspielraum für die Mitgliedstaaten erheblich verkleinert, ohne dass hierfür eine primärrechtliche Rechtsgrundlage besteht. **16**

Nach Art. 83 Abs. 1 UAbs. 1 AEUV gilt auch für Richtlinien strafrechtlichen Inhalts, dass ein **ordentliches Gesetzgebungsverfahren** nach Art. 294 AEUV (Art. 251 EGV- **17**

---

⁴⁵ Vgl. Gröblinghoff, Die Verpflichtung des deutschen Strafgesetzgebers zum Schutz der Interessen der Europäischen Gemeinschaften, 1996, S. 135 f.; Dannecker/Streinz in Rengeling UmweltR-HdB I § 8 Rn. 62.
⁴⁶ Vgl. Dannecker/Streinz in Rengeling UmweltR-HdB I § 8 Rn. 55; Streinz EuropaR Rn. 178.
⁴⁷ Dannecker/Streinz in Rengeling UmweltR-HdB I § 8 Rn. 55.
⁴⁸ Eing. hierzu Bast in Grabitz/Hilf/Nettesheim EUV Art. 5 Rn. 66 ff.; Calliess in Calliess/Ruffert EUV Art. 5 Rn. 44 ff.; Geiger/Kirchmair in Geiger/Khan/Kotzur/Kirchmair EUV Art. 5 Rn. 17 ff.; Kadelbach in von der Groeben/Schwarze/Hatje EUV Art. 5 Rn. 49 ff.; Lienbacher in Schwarze EUV Art. 5 Rn. 35 ff.; Pache in FK-EUV/GRC/AEUV EUV Art. 5 Rn. 132 ff.; Streinz in Streinz EUV Art. 5 Rn. 43 ff.; Vedder in Vedder/Heintschel von Heinegg EUV Art. 5 Rn. 34 ff.
⁴⁹ Vgl. umf. dazu Schröder, Europäische Richtlinien und deutsches Strafrecht, 2002, passim.
⁵⁰ EuGH 21.9.1989 – C-68/88, ECLI:EU:C:1989:339, Slg. 1989, 2965 = NJW 1990, 2245 – Kommission/Griechenland m. Anm. Bleckmann WuR 1991, 285 (285 f.) und Tiedemann EuZW 1990, 100 (100 f.); vgl. auch Böse, Strafen und Sanktionen im europäischen Gemeinschaftsrecht, 1996, S. 410 f.; Gröblinghoff, Die Verpflichtung des deutschen Strafgesetzgebers zum Schutz der Interessen der Europäischen Gemeinschaften, 1996, S. 12 ff.; Bonichot RSC 1990, 155 (155 f.).
⁵¹ Vgl. zB die Richtlinie 79/409/EWG des Rates vom 2. April 1979 über die Erhaltung der wildlebenden Vogelarten, ABl. 1979 L 103, 1, zuletzt geändert durch Art. 18 der Richtlinie 2009/147/EG des Europäischen Parlaments und des Rates vom 30. November 2009 über die Erhaltung der wildlebenden Vogelarten, ABl. 2010 L 20, 7; s. auch Dannecker/Streinz in Rengeling, Rengeling UmweltR-HdB I § 8 Rn. 63.
⁵² Vgl. Sieber ZStW 103 (1991), 957 (965).
⁵³ Vgl. Böse R. A. E. – L. E. A. 2001–2002, 103 (103 ff.).

Nizza; Art. 251 EGV-Amsterdam; Art. 189b EGV-Maastricht) (Mitentscheidungsverfahren) durchzuführen ist. Für Harmonisierungsrichtlinien nach Art. 83 Abs. 2 AEUV ist das Verfahren anzuwenden, das für den zu harmonisierenden Bereich gilt, mithin das **ordentliche** oder das **besondere Gesetzgebungsverfahren**. Zudem ist die „Notbremsenfunktion" des Art. 83 Abs. 3 AEUV zu beachten, die als „Veto"-Recht den Mitgliedstaaten auch nach Art. 82 Abs. 3 AEUV zusteht.

18 **3. Kompetenz zur Bekämpfung von Betrugsdelikten und sonstigen rechtswidrigen Handlungen zum Nachteil der Europäischen Union (Art. 325 AEUV).** Art. 325 AEUV (Art. 280 EGV-Nizza; Art. 280 EGV-Amsterdam; Art. 209a EGV-Maastricht) enthält die Befugnis der Europäischen Union, die erforderlichen „abschreckenden Maßnahmen" zur Verhütung und Bekämpfung von gegen ihre finanziellen Interessen gerichteten Betrugsdelikten und sonstigen rechtswidrigen Handlungen zu beschließen, die einen „effektiven Schutz bewirken" (Art. 325 Abs. 1 AEUV; Art. 280 Abs. 1 EGV-Nizza; Art. 280 Abs. 1 EGV-Amsterdam; vgl. Art. 209a Abs. 1 EGV-Maastricht). Ein abschreckender, effektiver und gleichwertiger Schutz der finanziellen Interessen umfasst auch strafrechtliche Sanktionen.

19 Art. 325 Abs. 4 AEUV (Art. 280 Abs. 4 EGV-Nizza; Art. 280 Abs. 4 EGV-Amsterdam) regelt das Gesetzgebungsverfahren für die erforderlichen Maßnahmen zur Gewährleistung eines effektiven und gleichwertigen Schutzes in den Mitgliedstaaten und bildet zudem die Rechtsgrundlage für die Gesetzgebung zur Verhütung und Bekämpfung von gegen die finanziellen Interessen der Europäischen Union gerichteten Betrugsdelikten und sonstigen rechtswidrigen Handlungen. Dadurch wird eine **genuine Strafrechtsetzungskompetenz** der Europäischen Union begründet.[54] Die Bedenken, die sich aus dem Demokratieprinzip ergaben, sind wohl nicht mehr in der bisherigen Weise aufrechtzuerhalten. Denn die Beteiligung des Europäischen Parlaments als Entscheidungsgremium sichert – auch wenn es nicht die Bürgerinnen und Bürger der Mitgliedstaaten, sondern die Unionsbürgerinnen und Unionsbürger repräsentiert (Art. 14 Abs. 2 UAbs. 1 S. 1 EUV) – eine gewisse demokratische Legitimation. Jedoch stellt sich die Frage, ob Art. 325 Abs. 4 AEUV, der nicht wie Art. 83 Abs. 3 AEUV eine **„Notbremsenregelung"** vorsieht, eine derart weitreichende Befugnis zur Bekämpfung von Betrugsdelikten zum Nachteil der Europäischen Union geben soll. Deshalb ist die verfahrensrechtliche **„Notbremse"** des Art. 83 Abs. 3 AEUV auf strafrechtsangleichende Richtlinien zur Bekämpfung der gegen die Interessen der Europäischen Union gerichteten Betrugsdelikten **analog** anzuwenden.[55]

20 Gemäß Art. 325 Abs. 5 AEUV (Art. 280 Abs. 5 EGV-Nizza; Art. 280 Abs. 5 EGV-Amsterdam) legt die Kommission in Zusammenarbeit mit den Mitgliedstaaten dem Europäischen Parlament und dem Rat jährlich einen **Bericht über die Maßnahmen** vor, die zur Durchführung von Art. 325 AEUV (Art. 280 EGV-Nizza; Art. 280 EGV-Amsterdam; Art. 209a EGV-Maastricht) getroffen wurden.

II. Kompetenz zur Einführung unionsrechtlicher Geldbußen

21 Ausdrückliche Ermächtigungen für den Rat, auf Vorschlag der Kommission und nach Anhörung des Europäischen Parlaments, supranationale Geldbußen einzuführen, finden sich in **Art. 103 AEUV** (Art. 83 EGV-Nizza; Art. 83 EGV-Amsterdam; Art. 87 EGV-

---

[54] So Vogel in Ambos, Europäisches Strafrecht post-Lissabon, 2011, 41 (41, 48); Satzger, Internationales und Europäisches Strafrecht, 10. Aufl. 2022, § 8 Rn. 22; Grünewald JZ 2011, 972 (973); Satzger KritV 2008, 17 (25 ff.).

[55] Bejahend Meyer in von der Groeben/Schwarze/Hatje AEUV Art. 83 Rn. 70; Vogel/Eisele in Grabitz/Hilf/Nettesheim AEUV Art. 83 Rn. 98; Dannecker/Schröder in Böse, Europäisches Strafrecht, 2. Aufl. 2021, § 8 Rn. 29; Weigend FS Zoll, 2012, 205 (212 f.); Ambos, Internationales Strafrecht, 5. Aufl. 2018, § 11 Rn. 11; Hecker Europäisches Strafrecht, 6. Aufl. 2021, Kapitel 8 Rn. 25; Satzger, Internationales und Europäisches Strafrecht, 10. Aufl. 2022, § 9 Rn. 62; Schramm, Internationales Strafrecht, 2. Aufl. 2018, Kapitel 4 Rn. 55; aA mangels planwidriger Regelungslücke Vogel in Ambos, Europäisches Strafrecht post-Lissabon, 2011, 41 (41, 49).

Maastricht; Art. 87 EWGV), von denen der Rat auch mehrfach Gebrauch gemacht hat. Praktische Bedeutung kommt ihnen insbesondere im **Wettbewerbsrecht** der Europäischen Union zu (→ Rn. 106 ff.). Die auf diesem Gebiet eingeräumten Ermächtigungen hat der Rat in allen kartellrechtlichen Durchführungsvorschriften, so z. B. in Art. 23 der Verordnung (EG) Nr. 1/2003 des Rates vom 16. Dezember 2002 zur Durchführung der in den Artikeln 81 und 82 des Vertrags niedergelegten Wettbewerbsregeln[56] (VO (EG) Nr. 1/2003, „Kartellverfahrensverordnung") (→ Rn. 120 ff.) und in Art. 14 VO (EG) Nr. 139/2004 (→ Rn. 181 ff.), wahrgenommen und die Verhängung von Geldbußen gegen Unternehmen vorgesehen.

Seit dem Inkrafttreten des Vertrags von Lissabon verfügt die Europäische Union mit **Art. 16 Abs. 2 AEUV,** der auch im Bereich der justiziellen Zusammenarbeit in Strafsachen und polizeilichen Zusammenarbeit gilt, über eine ausdrückliche, die Bereiche der Verarbeitung personenbezogener Daten und des freien Datenverkehrs umfassende doppelte Regelungskompetenz, womit die bisher maßgebliche Binnenmarktkompetenz verdrängt und die zweipolige Finalität des Datenschutzrechts der Europäischen Union akzentuiert wird.[57] Als **Annex** beinhaltet diese Vorschrift ungeachtet der Ermangelung einer ausdrücklichen Bestimmung auch eine Regelungskompetenz der Europäischen Union für Vorgaben, die den Erlass von Verwaltungssanktionen wie **Geldbußen** im **Datenschutzrecht** betreffen, worauf sich das Sanktionssystem des Art. 83 DS-GVO stützen lässt.[58] 22

Innerhalb der Grenzen und unter den Bedingungen, die der Rat nach dem Verfahren des Art. 129 Abs. 4 AEUV (Art. 107 Abs. 6 EGV-Nizza; Art. 107 Abs. 6 EGV-Amsterdam; Art. 106 Abs. 6 EGV-Maastricht) und Art. 41 EZB-Satzung festlegt, berechtigen im **Bankenrecht Art. 132 Abs. 3 AEUV** (Art. 110 Abs. 3 EGV-Nizza; Art. 110 Abs. 3 EGV-Amsterdam; Art. 108a Abs. 3 EGV-Maastricht) und **Art. 34.3. EZB-Satzung** die Europäische Zentralbank, bei Nichteinhaltung von den aus ihren Verordnungen und Beschlüssen resultierenden Verpflichtungen die Unternehmen mit Geldbußen zu belegen. Die Ausgestaltung dieser Befugnis erfolgte durch die Verordnung (EG) Nr. 2532/98 des Rates vom 23. November 1998 über das Recht der Europäischen Zentralbank, Sanktionen zu verhängen[59] (VO (EG) Nr. 2532/98) (→ Rn. 234 ff.), nach deren Maßgabe im aufsichtlichen Zuständigkeitsbereich die Europäische Zentralbank gemäß Art. 18 Abs. 7 der Verordnung (EU) Nr. 1024/2013 des Rates vom 15. Oktober 2013 zur Übertragung besonderer Aufgaben im Zusammenhang mit der Aufsicht über Kreditinstitute auf die Europäische Zentralbank[60] (SSM-VO) im Fall eines Verstoßes gegen ihre Verordnungen oder Beschlüsse Sanktionen verhängen kann (→ Rn. 234 ff.). Dies gilt unbeschadet ihrer Befugnis nach Art. 18 Abs. 1 SSM-VO, die vorsätzlichen oder fahrlässigen Verstöße gegen unmittelbar anwendbares Sekundärrecht mit Verwaltungsgeldbußen zu ahnden (→ Rn. 244 ff.). 23

Daneben können die Gerichte der Europäischen Union Geldbußen gegen **ausbleibende Zeugen** verhängen und mit der gleichen Sanktion die unberechtigte **Verweigerung der Aussage oder der Eidesleistung** ahnden. Diese Ermächtigung ergibt sich für das Gericht aus **Art. 95 Abs. 2 und 3 der Verfahrensordnung des Gerichts** vom 4. März 24

---

[56] ABl. 2003 L 1, 1, zuletzt geändert durch Anhang I der Verordnung (EG) Nr. 487/2009 des Rates vom 25. Mai 2009 zur Anwendung von Artikel 81 Absatz 3 des Vertrags auf bestimmte Gruppen von Vereinbarungen und aufeinander abgestimmten Verhaltensweisen im Luftverkehr vom 25. Mai 2009, ABl. 2009 L 148, 1.
[57] Franzen in Franzen/Gallner/Oetker, Kommentar zum Europäischen Arbeitsrecht, 5. Aufl. 2024, AEUV Art. 16 Rn. 7 f.; Kingreen in Calliess/Ruffert AEUV Art. 16 Rn. 5 f.; Schneider in Wolff/Brink/v. Ungern-Sternberg, BeckOK Datenschutzrecht, 46. Ed. 1.11.2023, Syst. B. Rn. 60; Wolf in FK-EUV/GRC/AEUV AEUV Art. 16 Rn. 14.
[58] Holländer in Wolff/Brink/v. Ungern-Sternberg, BeckOK Datenschutzrecht, 46. Ed. 1.11.2021, DS-GVO Art. 83 Rn. 4 mwN.
[59] ABl. 1998 L 318, 4, geändert durch die Verordnung (EU) Nr. 2015/159 des Rates vom 27. Januar 2015 zur Änderung der Verordnung (EG) Nr. 2532/98 über das Recht der Europäischen Zentralbank, Sanktionen zu verhängen, ABl. 2015 L 27, 1.
[60] ABl. 2013 L 287, 63, berichtigt ABl. 2015 L 218, 82.

2015⁶¹ (EuGVfO), während der Gerichtshof die Verhängung von Geldbußen auf **Art. 27 des Protokolls über die Satzung des Gerichtshofs der Europäischen Union** vom 26. Februar 2001⁶² (EuGH-Satzung) **iVm Art. 69 Abs. 2** bzw. **3 der Verfahrensordnung des Gerichtshofs** vom 25. September 2012⁶³ (EuGHVfO) stützen kann.

25   Umstritten war, inwieweit die Europäische Union auch über die genannten Kompetenzen hinaus generell Bußgeldtatbestände erlassen kann. Zwar können gemäß **Art. 261 AEUV** (Art. 229 EGV-Nizza; Art. 229 EGV-Amsterdam; Art. 172 EGV-Maastricht; **Art. 172 EWGV**) aufgrund der Verträge vom Europäischen Parlament und vom Rat gemeinsam sowie vom Rat erlassene Verordnungen hinsichtlich der darin vorgesehenen Zwangsmaßnahmen dem Gerichtshof der Europäischen Union eine Zuständigkeit übertragen, welche die Befugnis zu unbeschränkter Ermessensnachprüfung und zur Änderung oder Verhängung solcher Maßnahmen umfasst. In Anknüpfung an die bereits aus der Vergangenheit bekannte Diskussion um die Ableitung aus – mit dem Art. 261 AEUV und seinen Vorgängernormen nahezu identischen – Art. 172 EWGV⁶⁴ einer **allgemeinen Befugnis des Rates,** Verstöße gegen Verordnungen der Europäischen Gemeinschaften auch mit „strafrechtlichen" Folgen zu versehen,⁶⁵ ist eine generelle Kompetenz der Europäischen Union zum Erlass von Bußgeldtatbeständen auf der Grundlage des Art. 261 AEUV äußerst **fragwürdig.** Vor dem Hintergrund, dass Art. 103 AEUV (Art. 83 EGV-Nizza; Art. 83 EGV-Amsterdam; Art. 87 EGV-Maastricht; Art. 87 EWGV) die ausdrückliche Ermächtigung für das Gebiet des Wettbewerbsrechts enthält und das Sanktionsinstrument der Geldbuße explizit vorsieht, kann die im Wesentlichen allgemein gefasste Rechtsgrundlage des Art. 261 AEUV eine derart bedeutende Ermächtigung schwerlich implizit enthalten.⁶⁶ Der Verzicht auf eine diesbezügliche Klarstellung durch die Mitgliedstaaten bei den Reformen der Verträge bestätigt die hier vertretene Ansicht, die den Blick auf Art. 325 Abs. 4 AEUV (Art. 280 Abs. 4 EGV-Nizza; Art. 280 Abs. 4 EGV-Amsterdam) bestärkt.

III. Kompetenz zur Einführung sonstiger Verwaltungssanktionen punitiven Charakters

26   Von den Kriminalstrafen und Geldbußen sind die sonstigen supranationalen Sanktionen des Sekundärrechts zu unterscheiden. Bei ihnen handelt es sich um **verwaltungsrechtliche Sanktionen,** wie es sie vor allem im **Agrar- und Fischereibereich** gibt. Die ganz hM ging von einer Kompetenz der Europäischen Gemeinschaften zum Erlass von Verwaltungssanktionsvorschriften punitiven Charakters aus.⁶⁷ Verordnungen, die diese Sanktionen enthalten, waren fast ausschließlich solche der Kommission zur Durchführung von Ratsverordnungen. Allgemeine Grundsätze, die für diese Sanktionen gelten, so etwa das Verhält-

---

[61] ABl. 2015 L 105, 1, zuletzt geändert durch Art. 1 der Änderungen der Verfahrensordnung des Gerichts vom 30. November 2022, ABl. 2023 L 44, 8.
[62] ABl. 2001 C 80, 53, zuletzt geändert durch Art. 1 der Verordnung (EU, Euratom) 2019/629 des Europäischen Parlaments und des Rates vom 17. April 2019 zur Änderung des Protokolls Nr. 3 über die Satzung des Gerichtshofs der Europäischen Union, ABl. 2019 L 111, 1.
[63] ABl. 2012 L 265, 1, zuletzt geändert durch Art. 1 der Verfahrensordnung des Gerichtshofs vom 26. November 2019, ABl. 2019 L 316, 103.
[64] Winkler, Die Rechtsnatur der Geldbuße im Wettbewerbsrecht der Europäischen Wirtschaftsgemeinschaft, 1971, S. 23 f.; Tiedemann GA 1969, 321 (329); Tiedemann NJW 1990, 2226 (2232); vgl. auch Heitzer, Punitive Sanktionen im Europäischen Gemeinschaftsrecht, 1997, S. 145.
[65] Ipsen, Europäisches Gemeinschaftsrecht, 1972, S. 533 ff.
[66] Dannecker/Bülte in Wabnitz/Janovsky/Schmitt, Handbuch Wirtschafts- und Steuerstrafrecht, 5. Aufl. 2020, Kapitel 2 Rn. 174; vgl. Gröblinghoff, Die Verpflichtung des deutschen Strafgesetzgebers zum Schutz der Interessen der Europäischen Gemeinschaften, 1996, S. 115; Vogel in Dannecker, Die Bekämpfung des Subventionsbetrugs im EG-Bereich, 1993, 170 (182).
[67] Dannecker in Eser/Huber, Strafrechtsentwicklung in Europa, Bd. 4.3, 1995, 1965 (2015); Deutscher, Die Kompetenzen der Europäischen Gemeinschaften zur originären Strafgesetzgebung, 2000, S. 281 ff.; Heitzer, Punitive Sanktionen im Europäischen Gemeinschaftsrecht, 1997, S. 164 f.; Pache, Der Schutz der finanziellen Interessen der Europäischen Gemeinschaften, 1994, S. 304 ff.; Sieber ZStW 103 (1991), 957 (969); Tiedemann NJW 1990, 2226 (2232) Tiedemann NJW 1993, 23 (27).

nismäßigkeitsprinzip, das Rückwirkungsverbot und das Milderungsgebot, die Regelungen für die Verfolgungs- und Vollstreckungsverjährung und über das Verhältnis zu nationalen Sanktionen, sind in der Verordnung (EG, Euratom) Nr. 2988/95 des Rates vom 18. Dezember 1995 über den Schutz der finanziellen Interessen der Europäischen Gemeinschaften[68] festgehalten. Mit dieser Verordnung wurden erste Schritte zur Harmonisierung auf Gemeinschaftsebene getan. Um wirksam gegen Schädigungen der Finanzinteressen der Europäischen Gemeinschaften vorgehen zu können, sieht sie die Einführung von verwaltungsrechtlichen Maßnahmen und Sanktionen als Reaktion auf Handlungen zum Nachteil der finanziellen Interessen der Gemeinschaften vor. Diese Maßnahmen können auch neben Kriminalstrafen ausgesprochen werden und sollen von den Verwaltungsbehörden der Mitgliedstaaten verhängt werden. Der Vertrag von Lissabon hat diesbezüglich zu keinen Änderungen geführt.

C. Von den mitgliedstaatlichen Gerichten zu berücksichtigender Einfluss des Unionsrechts auf das nationale Strafrecht

I. Erweiterung des nationalen Strafrechtsschutzes

Auch wenn der Europäischen Union in nur begrenztem Umfang strafrechtliche Kompetenz zukommt, besteht doch das Bedürfnis nach strafrechtlichem Schutz unionaler Rechtsgüter. Außerhalb der strafrechtlichen Kompetenz der Europäischen Union muss dieser Rechtsgüterschutz durch die Mitgliedstaaten gewährleistet werden. Deshalb werden die nationalen Strafrechtsordnungen sowie die mitgliedstaatliche Strafgesetzgebung in wesentlichem Umfang durch das Unionsrecht beeinflusst, und auch die mitgliedstaatlichen Gerichte müssen in ihrer Rechtsprechung die unionsrechtlichen Vorgaben berücksichtigen.

1. Ausweitung des Anwendungsbereichs des nationalen Strafrechts mittels Assimilierung. a) Assimilierung durch die Europäische Union. Bereits die Gemeinschaftsorgane bedienten sich, um auf dem Gebiet des Kriminalstrafrechts Gemeinschaftsrechtsgüter mit strafrechtlichen Mitteln schützen zu können, in Teilbereichen eines bestimmten Verweisungssystems: Gemeinschaftliche Regelungen verwiesen auf nationale Strafrechtsnormen, wodurch der Anwendungsbereich der nationalen Strafrechtsordnungen ausgeweitet wurde **(Assimilierung)** und die den Schutz nationaler Rechtsgüter bezweckenden Strafnormen auch für die entsprechenden Gemeinschaftsrechtsgüter für anwendbar erklärt wurden.[69] Durch solche Verweisungen entstanden neue, abgeleitete Normen, so dass insofern von einem **gemeinschaftlichen Strafrecht** gesprochen werden konnte.[70]

Die Verweisungen im **Primärrecht,** die die Ausdehnung des Anwendungsbereichs nationaler Straftatbestände bestimmen, betreffen zum einen die Eidesverletzungen, die vor dem Gericht und dem Gerichtshof begangen werden,[71] und zum anderen den Geheim-

---

[68] ABl. 1995 L 312, 1; näher dazu Heitzer, Punitive Sanktionen im Europäischen Gemeinschaftsrecht, 1997, S. 34 ff.
[69] Dannecker Festgabe 50 Jahre BGH, Bd. IV, 2000, 339 (349 ff.); Dannecker/Bülte in Wabnitz/Janovsky/Schmitt, Handbuch Wirtschafts- und Steuerstrafrecht, 5. Aufl. 2020, Kapitel 2 Rn. 196; Dannecker/Schröder in Böse, Europäisches Strafrecht, 2. Aufl. 2021, § 8 Rn. 2 ff.; s. auch Cuerda Riezu in Schünemann/Suárez González, Bausteine des europäischen Wirtschaftsstrafrechts, 1994, 367 (373); vgl. hierzu Hecker Europäisches Strafrecht, 6. Aufl. 2021, Kapitel 7 Rn. 1 ff.
[70] Dannecker Festgabe 50 Jahre BGH, Bd. IV, 2000, 339 (349 ff.); Tiedemann NJW 1993, 23 (25).
[71] Vgl. dazu Böse, Strafen und Sanktionen im europäischen Gemeinschaftsrecht, 1996, S. 107 ff.; Dannecker in Eser/Huber, Strafrechtsentwicklung in Europa, Bd. 4.3, 1995, 1965 (1998 ff.); Lüttger FS Jescheck, Halbbd. I, 1985, 121 (165 ff.); Möhrenschlager in Dannecker, Die Bekämpfung des Subventionsbetrugs im EG-Bereich, 1993, 162 (165); Oehler FS Jescheck, Halbbd. II, 1985, 1399 (1409 f.); Oehler, Internationales Strafrecht, 2. Aufl. 1983, S. 483 f., 549 f.; Pabsch, Der strafrechtliche Schutz der überstaatlichen Hoheitsgewalt, 1965, S. 155 f.; Pache, Der Schutz der finanziellen Interessen der Europäischen Gemeinschaften, 1994, S. 232 f.; Sandweg, Der strafrechtliche Schutz auswärtiger Staatsgewalt, 1965, S. 155 ff.; Satzger, Die Europäisierung des Strafrechts, 2001, S. 575 ff.; Satzger, Internationales und Europäisches

nisverrat der Bediensteten der Atomüberwachungsbehörden.[72] Im Kontext der strafrechtlichen Ahndung von Eidesverletzungen bestimmt Art. 30 EuGH-Satzung, dass jeder Mitgliedstaat die Eidesverletzung eines Zeugen oder Sachverständigen wie eine vor seinen eigenen in Zivilsachen zuständigen Gerichten begangene Straftat behandelt und auf Anzeige des Gerichtshofs den Täter vor seinen zuständigen Gerichten verfolgt. Ähnliche Regelung enthält Art. 194 Abs. 1 UAbs. 2 EAGV, wonach jeder Mitgliedstaat eine Verletzung der Verpflichtung zur Geheimhaltung von den unter Geheimschutz stehenden Vorgängen, Informationen, Kenntnissen, Unterlagen oder Gegenständen im vertraglichen Anwendungsbereich als einen Verstoß gegen seine Geheimhaltungsvorschriften behandelt, hinsichtlich des sachlichen Rechts und der Zuständigkeit seine Rechtsvorschriften über die Verletzung der Staatssicherheit oder die Preisgabe von Berufsgeheimnissen anwendet und jeden seiner Gerichtsbarkeit unterstehenden Urheber einer derartigen Verletzung auf Antrag eines beteiligten Mitgliedstaats oder der Kommission verfolgt.[73]

30 Neben den bestehenden primärrechtlichen Verweisungen finden sich auch im **Sekundärrecht** Verordnungen, die für die Verletzung unionsrechtlicher Normen auf die inhaltlich entsprechenden nationalen Strafvorschriften und ihre Anwendbarkeitserklärungen Bezug nehmen,[74] so im Kontext der Wahrung von Geheimhaltungspflichten Art. 5 Abs. 2 der bis zum 31. Dezember 1963 geltenden Verordnung Nr. 28 zur Durchführung einer Lohnerhebung[75] (VO (EWR) Nr. 28/62) für die Verfolgung von Zuwiderhandlungen gegen Art. 5 Abs. 1 VO (EWR) Nr. 28/62, insbesondere die Verletzung von Geschäfts- und Betriebsgeheimnissen. Eine gleichlautende Regelung enthielt Art. 5 Abs. 2 der bis zum 31. Dezember 1967 geltenden Verordnung Nr. 188/64/EWG des Rates vom 12. Dezember 1964 zur Durchführung einer Erhebung über Struktur und Verteilung der Löhne in Industrie und Handwerk.[76] Ein weiteres Beispiel einer sekundärrechtlichen Verweisungsnorm stellt Art. 10 Abs. 4 der bis zum 15. Januar 2007 geltenden Verordnung (EG) Nr. 1681/94 der Kommission vom 11. Juli 1994 betreffend Unregelmäßigkeiten und die Wiedereinziehung zu Unrecht gezahlter Beträge im Rahmen der Finanzierung der Strukturpolitiken sowie die Einrichtung eines einschlägigen Informationssystems[77] dar, die fol-

---

Strafrecht, 10. Aufl. 2022, § 8 Rn. 11 ff.; Schellenberg, Das Verfahren vor der Europäischen Kommission und dem Europäischen Gerichtshof für Menschenrechte, 1983, S. 137 f., 227 f.; Zieher, Das sog. Internationale Strafrecht nach der Reform, 1977, S. 120; Johannes EuR 1968, 63 (69 ff.); Johannes ZStW 83 (1971), 532 (546 ff.); Krehl NJW 1992, 604 (605 f.); Rosenau ZIS 2008, 9 (9 ff.); Tiedemann NJW 1993, 23 (25); Zuleeg JZ 1992, 761 (762). Der deutsche Gesetzgeber hat im Jahr 2008 den Schutzbereich der Aussagedelikte ausdrücklich auf falsche Angaben in einem Verfahren vor einem internationalen Gericht, das durch einen für die Bundesrepublik Deutschland verbindlichen Rechtsakt errichtet worden ist, erstreckt; dazu Hecker Europäisches Strafrecht, 6. Aufl. 2021, Kapitel 7 Rn. 10 f.; Sinn NJW 2008, 3526 (3527).

[72] Vgl. dazu Ambos, Internationales Strafrecht, 5. Aufl. 2018, § 11 Rn. 25; Dannecker in Eser/Huber, Strafrechtsentwicklung in Europa, Bd. 4.3, 1995, 1965 (2001 f.); Satzger, Internationales und Europäisches Strafrecht, 10. Aufl. 2022, § 8 Rn. 16; Bridge CLR 1976, 88 (88 ff.).

[73] Näher zur primärrechtlichen Verweisung auf nationale Straftatbestände Dannecker Festgabe 50 Jahre BGH, Bd. IV, 2000, 339 (349 ff.); Dannecker/Bülte in Wabnitz/Janovsky/Schmitt, Handbuch Wirtschafts- und Steuerstrafrecht, 5. Aufl. 2020, Kapitel 2 Rn. 197; Dannecker/Schröder in Böse, Europäisches Strafrecht, 2. Aufl. 2021, § 8 Rn. 2 ff.; Hecker Europäisches Strafrecht, 6. Aufl. 2021, Kapitel 7 Rn. 6 ff.

[74] Dannecker Festgabe 50 Jahre BGH, Bd. IV, 2000, 339 (349 ff.); Dannecker/Bülte in Wabnitz/Janovsky/Schmitt, Handbuch Wirtschafts- und Steuerstrafrecht, 5. Aufl. 2020, Kapitel 2 Rn. 198; Hecker Europäisches Strafrecht, 6. Aufl. 2021, Kapitel 7 Rn. 14.

[75] ABl. 1962 P 41, 1277.

[76] ABl. 1964 P 214, 3634.

[77] ABl. 1994 L 178, 43, aufgehoben durch Art. 54 Abs. 1 der Verordnung (EG) Nr. 1828/2006 der Kommission vom 8. Dezember 2006 zur Festlegung von Durchführungsvorschriften zur Verordnung (EG) Nr. 1083/2006 des Rates mit allgemeinen Bestimmungen über den Europäischen Fonds für regionale Entwicklung, den Europäischen Sozialfonds und den Kohäsionsfonds und der Verordnung (EG) Nr. 1080/2006 des Europäischen Parlaments und des Rates über den Europäischen Fonds für regionale Entwicklung, ABl. 2006 L 371, 1, berichtigt ABl. 2007 L 45, 3, zuletzt geändert durch die Durchführungsverordnung (EU) Nr. 1269/2013 der Kommission vom 18. Dezember 2013 zur Änderung der

gende Regelung enthielt: „Die in welcher Form auch immer aufgrund dieser Verordnung übermittelten oder erhaltenen Angaben fallen unter das Berufsgeheimnis und genießen den Schutz, der für ähnliche Informationen nach den einzelstaatlichen Rechtsvorschriften des Mitgliedstaats, der diese Angaben erhalten hat, und nach den entsprechenden für die Gemeinschaftsorgane geltenden Bestimmungen gewährt wird. Ferner dürfen diese Angaben nicht zu anderen als den in dieser Verordnung vorgesehenen Zwecken verwendet werden, es sei denn, daß die übermittelnden Behörden hierzu ausdrücklich ihre Zustimmung erteilt haben und daß die Bestimmungen in dem Mitgliedstaat der Behörde, welche die Angaben erhalten hat, einer solchen Übermittlung oder Verwendung nicht entgegen stehen."

Vom Erlass von Verordnungen, die auf nationale Strafvorschriften verweisen, haben bereits die Gemeinschaftsorgane abgesehen,[78] weil im Schrifttum die gemeinschaftsrechtliche Kompetenz, die Strafbarkeit bestimmter Verhaltensweisen zu begründen und damit gleichsam unmittelbar geltendes materielles Strafrecht zu setzen, zunehmend in Frage gestellt wurde.[79]

b) Assimilierung durch die Mitgliedstaaten. Die Einbeziehung unionaler Rechtsgüter in den nationalen strafrechtlichen Schutz geschieht nicht nur durch unionsrechtliche Verweisungsnormen, sondern vor allem auch durch gesetzliche Regelungen der Mitgliedstaaten selbst. Während Individualrechtsgüter universalen Schutz durch das nationale Strafrecht erhalten, unterfallen Rechtsgüter ausländischer Rechtsordnungen – so auch diejenigen der Europäischen Union – regelmäßig nicht dem Schutz der nationalen Strafnormen. Um diese Regelungslücke zu schließen, haben die Mitgliedstaaten bestimmte Straftatbestände in ihrem Anwendungsbereich dadurch ausgeweitet, dass einzelne Tatbestandsmerkmale ausdrücklich auch europäische Rechtsgüter erfassen. So hat der deutsche Gesetzgeber in den Anwendungsbereich der Vorschriften der Abgabenordnung (AO)[80] über **Steuerhinterziehung** (§ 370 Abs. 1, Abs. 2, Abs. 3 S. 2 Nr. 2 Var. 2, Nr. 3 AO), die nach § 370 Abs. 7 AO auch für außerhalb ihres Geltungsbereiches begangene Taten gelten, und des Strafgesetzbuches (StGB)[81] über die **Verletzung von Privatgeheimnissen** (§ 203 Abs. 2 S. 1 Nr. 1 Var. 2, Abs. 4 S. 2 Nr. 1, Abs. 5 StGB) und die **Verwertung fremder Geheimnisse** (§ 204 StGB), zu deren Geheimhaltung jeweils unter anderem Organe und Mitglieder eines Organs einer Berufsausübungsgesellschaft von europäischen niedergelassenen Rechtsanwälten oder einer Berufsausübungsgesellschaft von niedergelassenen europäischen Patentanwälten verpflichtet sind, wie auch über die **Verletzung des Dienstgeheimnisses und einer besonderen Geheimhaltungspflicht** (§ 353b Abs. 1 S. 1 Nr. 4, S. 2, Abs. 3 StGB) den **Europäischen Amtsträger** einbezogen, dessen Begriff er in § 11 Abs. 1 Nr. 2a StGB legaldefinierte.[82] Daneben wurde **Europäischer Amtsträger**

Verordnung (EG) Nr. 802/2004 zur Durchführung der Verordnung (EG) Nr. 139/2004 des Rates über die Kontrolle von Unternehmenszusammenschlüssen, ABl. 2013 L 336, 1.

[78] Pache, Der Schutz der finanziellen Interessen der Europäischen Gemeinschaften, 1994, S. 236.
[79] Vgl. nur Bruns, Der strafrechtliche Schutz der europäischen Marktordnungen für Landwirtschaft, 1980, S. 91; Dieblich, Der Strafrechtliche Schutz der Rechtsgüter der Europäischen Gemeinschaften, 1985, S. 245 f.; Oehler FS Jescheck, Halbbd. II, 1985, 1399 (1407 f.); aA Johannes EuR 1968, 63 (108 ff.).
[80] In der Fassung der Bekanntmachung vom 1. Oktober 2002, BGBl. 2002 I 3866, berichtigt BGBl. 2003 I 61, zuletzt geändert durch Art. 23 und 24 des Gesetzes zur Förderung geordneter Kreditzweitmärkte und zur Umsetzung der Richtlinie (EU) 2021/2167 über Kreditdienstleister und Kreditkäufer sowie zur Änderung weiterer finanzrechtlicher Bestimmungen (Kreditzweitmarktförderungsgesetz) vom 22.12.2023, BGBl. 2023 I 411.
[81] In der Fassung der Bekanntmachung vom 13. November 1998, BGBl. 1998 I 3322, zuletzt geändert durch Art. 1 des Gesetzes zur Überarbeitung des Sanktionenrechts – Ersatzfreiheitsstrafe, Strafzumessung, Auflagen und Weisungen sowie Unterbringung in einer Entziehungsanstalt vom 26.7.2023, BGBl. 2023 I 203, geändert durch Gesetz zur Änderung des Verkehrsstatistikgesetzes und des Berufskraftfahrerqualifikationsgesetzes sowie des Gesetzes zur Überarbeitung des Sanktionenrechts – Ersatzfreiheitsstrafe, Strafzumessung, Auflagen und Weisungen sowie Unterbringung in einer Entziehungsanstalt vom 16.8.2023, BGBl. 2023 I 218.
[82] Die Anwendung der Vorschriften des Strafgesetzbuches über Verletzung von Privatgeheimnissen (§§ 203 Abs. 2 S. 1 Nr. 1, S. 2, Abs. 4 und 5, 205 StGB aF), Verwertung fremder Geheimnisse (§§ 204, 205 StGB

in den Täterkreis der **Urkundenfälschung** nach § 267 Abs. 1, Abs. 2, Abs. 3 S. 2 Nr. 4 Var. 2 StGB sowie der **Betrugshandlungen** nach § 263 Abs. 1, Abs. 2, Abs. 3 S. 2 Nr. 4 Var. 2 StGB und § 264 Abs. 1, Abs. 2 S. 2 Nr. 2 Var. 2 StGB einbezogen; nach § 264 Abs. 2 S. 2 Nr. 3 Var. 2 StGB begründet seine Beteiligung das Vorliegen eines besonders schweren Falles. Eine Strafbarkeit als Täter im Bereich der **Korruptionsdelikte** sehen § 331 Abs. 1 Var. 2, Abs. 2 S. 1 Var. 2, S. 2 StGB und § 332 Abs. 1 S. 1 Var. 2, S. 3, Abs. 2 S. 1 Var. 2, Abs. 3 StGB für **Europäische Amtsträger** vor, die nach § 333 Abs. 1 Var. 2, Abs. 2 Var. 2 StGB und § 334 Abs. 1 S. 1 Var. 2, Abs. 2 S. 1 Var. 2, S. 2, Abs. 3 StGB auch Begünstigte sein können; nach § 331 Abs. 2 S. 1 Var. 3, S. 2 StGB und § 332 Abs. 2 S. 1 Var. 3, Abs. 3 StGB sind auch **ausländische Schiedsrichter** als taugliche Täter erfasst,[83] korrespondierend ist die Vorteilsgewährung an diesen Personenkreis nach § 333 Abs. 2 Var. 3 StGB und seine Bestechung nach § 334 Abs. 2 S. 1 Var. 3, S. 2, Abs. 3 StGB gleichermaßen strafbar.[84]

33   Für Straftaten im Amt nach den §§ 331 bis 337 StGB, die im Ausland von einem Europäischen Amtsträger, dessen Dienststelle ihren Sitz im Inland hat, oder gegenüber einem Europäischen Amtsträger oder Schiedsrichter, der zur Zeit der Tat Deutscher ist, oder einer nach § 335a StGB gleichgestellten Person, die zur Zeit der Tat Deutsche ist, begangen werden, ist die **Strafrechtsanwendung** in § 5 Nr. 15 lit. b, lit. d StGB geregelt.

34   Neben der durch eine Gleichstellungsregelung in § 335a StGB bewirkten Erweiterung der Anwendbarkeit der §§ 331 ff. StGB auf Taten durch ausländische und internationale Bedienstete wie auch auf Taten gegenüber solchen wurde bereits durch Art. 2 § 2 Int-BestG[85] die **Bestechung ausländischer Abgeordneter im Zusammenhang mit internationalem geschäftlichen Verkehr** unter Strafe gestellt und die Geltung des deutschen

---

aF) sowie Verletzung des Dienstgeheimnisses (§ 353b Abs. 1 S. 1 Nr. 1, S. 2, Abs. 3 und 4 StGB aF) auch auf die Mitglieder des Verwaltungsrates, den Direktor, die stellvertretenden Direktoren, den Finanzkontrolleur, die Mitglieder des Haushaltsausschusses, die Bediensteten von Europol, die Verbindungsbeamten sowie die anderen nach Art. 32 Abs. 2 des Übereinkommens aufgrund von Artikel K.3 des Vertrags über die Europäische Union über die Errichtung eines Europäischen Polizeiamts (Europol-Übereinkommen), ABl. 1995 C 316, 2, zur Verschwiegenheit oder zur Geheimhaltung besonders verpflichteten Personen bestimmte – mit Wirkung vom 30.6.2017 durch Art. 1 des Ersten Gesetzes zur Änderung des Europol-Gesetzes vom 23.6.2017, BGBl. 2017 I 1882, aufgehobener – Art. 2 § 8 des Gesetzes zu dem Übereinkommen vom 26.7.1995 aufgrund von Art. K.3 des Vertrags über die Europäische Union über die Errichtung eines Europäischen Polizeiamts (Europol-Gesetz) (Verkündungstitel) vom 16. Dezember 1997, BGBl. 1997 II 2150, zuletzt geändert durch Art. 8 des Gesetzes zur europäischen Vernetzung der Transparenzregister und zur Umsetzung der Richtlinie (EU) 2019/1153 des Europäischen Parlaments und des Rates vom 20.6.2019 zur Nutzung von Finanzinformationen für die Bekämpfung von Geldwäsche, Terrorismusfinanzierung und sonstigen schweren Straftaten (Transparenzregister- und Finanzinformationsgesetz) vom 25.6.2021, BGBl. 2021 I 2083.

[83] Korte in Erb/Schäfer, Münchener Kommentar zum Strafgesetzbuch, Bd. 6, 4. Aufl. 2022, StGB § 332 Rn. 36; Sowada in Cirener/Radtke/Rissing-van Saan/Rönnau/Schluckebier, Leipziger Kommentar StGB, Bd. 19, 13. Aufl. 2024, StGB § 332 Rn. 23 mwN.

[84] Bis zur Aufhebung mit Wirkung vom 26.11.2015 durch Art. 2 des Gesetzes zur Bekämpfung der Korruption vom 20.11.2015, BGBl. 2015 I 2025, sah Art. 2 § 1 des Gesetzes zu dem Protokoll vom 27.9.1996 aufgrund von Artikel K.3 des Vertrags über die Europäische Union zum Übereinkommen über den Schutz der finanziellen Interessen der Europäischen Gemeinschaften (EU-Bestechungsgesetz – EUBestG) vom 10.9.1998, BGBl. 1998 II 2340, zuletzt geändert durch Art. 2 des Gesetzes zur Bekämpfung der Korruption vom 20.11.2015, BGBl. 2015 I 2025, eine Gleichstellung von ausländischen mit inländischen Amtsträgern bei Bestechungshandlungen vor. Art. 2 § 2 EUBestG ordnete die Geltung der §§ 332, 334 bis 336 StGB aF auch für eine im Ausland begangene Tat unter anderem bei Begehung der Tat durch den ausländischen Täter, der als Gemeinschaftsbeamter iSd Art. 1 des Protokolls aufgrund von Artikel K.3 des Vertrags über die Europäische Union zum Übereinkommen über den Schutz der finanziellen Interessen der Europäischen Gemeinschaften vom 27.9.1996, ABl. 1996 C 313, 1, einer gemäß den Verträgen zur Gründung der Europäischen Gemeinschaften geschaffenen Einrichtung mit Sitz im Inland angehörte, oder gegenüber einer nach Art. 2 § 1 EUBestG gleichgestellten Person, soweit sie Deutsche war, an.

[85] Gesetz zu dem Übereinkommen vom 17.12.1997 über die Bekämpfung der Bestechung ausländischer Amtsträger im internationalen Geschäftsverkehr (Gesetz zur Bekämpfung internationaler Bestechung – IntBestG) vom 10.9.1998, BGBl. 1998 II 2327, geändert durch Art. 5 des Gesetzes zur Bekämpfung der Korruption vom 20.11.2015, BGBl. 2015 I 2025.

Strafrechts für die Bestechungshandlungen nach Art. 2 § 2 IntBestG durch Art. 2 § 3 IntBestG bei Begehung der Tat von einem Deutschen im Ausland angeordnet.[86] Die strafrechtliche Pönalisierung auch **im ausländischen Wettbewerb** von **Bestechlichkeit und Bestechung im geschäftlichen Verkehr** sehen die Bestimmungen in § 299 Abs. 1 Nr. 1, Abs. 2 Nr. 1 StGB vor, während die **Bestechlichkeit** und **Bestechung im Gesundheitswesen** durch die §§ 299a und 299b StGB strafrechtlich erfasst werden.

Zusätzlich zur soeben dargelegten Erweiterung der Strafbarkeit setzt eine Bestrafung von im Ausland begangenen Straftaten voraus, dass die Voraussetzungen des **Strafanwendungsrechts** (§§ 3 ff. StGB) vorliegen. Dabei kommt insbesondere eine Anwendung des § 5 StGB in Betracht, der Auslandstaten mit besonderem Inlandsbezug regelt. 35

2. Erstreckung der nationalen Straf- und Bußgeldvorschriften auf Verstöße gegen das Unionsrecht durch nationale Blankettgesetze. Neben der Assimilierung von nationalen Strafvorschriften durch die Gesetzgebung auf europäischer Ebene erstreckten die nationalen Gesetzgeber den Anwendungsbereich ihrer Straf- und Bußgeldtatbestände dadurch, dass mittels einer Verweisung auf unionsrechtliche Ver- und Gebote straf- und bußgeldrechtliche Blanketttatbestände gebildet wurden, in denen lediglich die wesentlichen Voraussetzungen für die Sanktionierung sowie Art und Maß der Sanktion bestimmt sind, die konkrete Beschreibung des Straf- oder Bußgeldtatbestandes aber durch die Verweisung auf ausfüllende Vorschriften in unmittelbar geltenden Rechtsakten der Europäischen Union ersetzt werden. Nach hM,[87] insbes. auch nach Auffassung des Bundesverfassungsgerichts,[88] sind solche **Blankettverweisungen auf europäisches Recht** ebenso zulässig wie solche auf nationales Recht. Blankettverweisungen auf europäisches Recht finden sich vor allem im Lebens- und Futtermittelstrafrecht, im Weinstrafrecht, im Steuer- und Zollstrafrecht, im Außenwirtschaftsstrafrecht, im Naturschutz- und Markenstrafrecht, im Arzneimittelstrafrecht sowie in den Strafnormen des Gesetzes zur Überwachung des Verkehrs mit Grundstoffen, die für die unerlaubte Herstellung von Betäubungsmitteln missbraucht werden können (Grundstoffüberwachungsgesetz – GÜG) vom 11. März 2008[89].[90] 36

---

[86] Bis zur Aufhebung mit Wirkung vom 26.11.2015 durch Art. 5 des Gesetzes zur Bekämpfung der Korruption vom 20.11.2015, BGBl. 2015 I 2025, ordnete Art. 2 § 1 IntBestG eine Gleichstellung von ausländischen mit inländischen Amtsträgern bei Bestechungshandlungen an. § 2 des – ebenfalls zu gleicher Zeit durch Art. 3 des Gesetzes zur Bekämpfung der Korruption vom 20.11.2015, BGBl. 2015 I 2025 aufgehobenen – Gesetzes über das Ruhen der Verfolgungsverjährung und die Gleichstellung der Richter und Bediensteten des Internationalen Strafgerichtshofes vom 21.6.2002, BGBl. 2002 I 2144, enthielt eine Gleichstellungsklausel zur Anwendung der §§ 331 bis 336, 338 StGB aF hinsichtlich der Richter, Amtsträger und sonstigen Bediensteten des Internationalen Strafgerichtshofs. Nach § 1 Abs. 2 Nr. 10 der bis 25.11.2015 geltenden Fassung des Gesetzes über den Schutz der Truppen des Nordatlantikpaktes durch das Straf- und Ordnungswidrigkeitenrecht (NATO-Truppen-Schutzgesetz – NTSG), BGBl. 2008 I 490, zuletzt geändert durch Art. 2 Abs. 1 des Zweiundfünfzigsten Gesetzes zur Änderung des Strafgesetzbuches – Stärkung des Schutzes von Vollstreckungsbeamten und Rettungskräften vom 23.5.2017, BGBl. 2017 I 1226, waren die § 333 Abs. 1, 3, § 334 Abs. 1, 3, § 335 Abs. 1 Nr. 1 lit. b, Abs. 2 Nr. 1 und 3, § 336 StGB aF auch auf Taten gegenüber Soldaten, Beamten und besonders verpflichteten Bediensteten der in der Bundesrepublik Deutschland stationierten Truppen der nichtdeutschen Vertragsstaaten der NATO anzuwenden.
[87] Näher dazu Moll, Europäisches Strafrecht durch nationale Blankettstrafgesetzgebung?, 1998, S. 49 ff.
[88] BVerfG 13.10.1970 – 2 BvR 618/68, BVerfGE 29, 198 (210) = NJW 1970, 2155; BVerfG 6.5.1987 – 2 BvL 11/85, BVerfGE 75, 329 (342) = NJW 1987, 3175.
[89] BGBl. 2008 I 306, zuletzt geändert durch Art. 8z des Gesetzes zur Stärkung der hochschulischen Pflegeausbildung zur Erleichterung bei der Anerkennung ausländischer Abschlüsse in der Pflege und zur Änderung weiterer Vorschriften (Pflegestudiumstärkungsgesetz – PflStudStG) vom 12.12.2023, BGBl. 2023 I 359.
[90] Näher dazu Moll, Europäisches Strafrecht durch nationale Blankettstrafgesetzgebung?, 1998, S. 49 ff.; Dannecker/Bülte in Wabnitz/Janovsky/Schmitt, Handbuch Wirtschafts- und Steuerstrafrecht, 5. Aufl. 2020, Kapitel 2 Rn. 299.

II. Verpflichtung der Mitgliedstaaten zur Verfolgung und Sanktionierung der Verletzung von Unionsrecht

37 Im Rahmen der Erweiterung des nationalen Strafrechtsschutzes kommt der Verpflichtung der Mitgliedstaaten zur Verfolgung und Sanktionierung der Verletzung unionsrechtlicher Normen besondere Bedeutung zu. Der Gerichtshof hat diese – bereits auf die gemeinschaftsrechtlichen Regelungen bezogene – Verpflichtung in einem Vertragsverletzungsverfahren – im sog. „Griechischen Maisskandal" – festgestellt und konkretisiert. In diesem Rahmen hatte er eine Verletzung des Art. 5 EWGV (Art. 5 EGV-Maastricht; Art. 10 EGV-Amsterdam; Art. 10 EGV-Nizza; nunmehr Art. 4 Abs. 3 UAbs. 2, 3 EUV) durch die Griechische Republik bejaht, weil sie keine straf- und disziplinarrechtlichen Verfahren gegen Personen und Beamte eingeleitet hatte, die an Betrügereien im Zusammenhang mit Agrarabschöpfungen beteiligt waren.[91] Aus dem Grundsatz der Gemeinschaftstreue und dem Effizienzprinzip[92] ergab sich nach Ansicht des Gerichtshofs die Verpflichtung der Mitgliedstaaten, alle geeigneten Maßnahmen zu treffen, um die Geltung und Wirksamkeit des Gemeinschaftsrechts zu gewährleisten. Hierzu gehöre auch, dass Verstöße gegen das Gemeinschaftsrecht nach ähnlichen sachlichen und verfahrensrechtlichen Regelungen geahndet werden wie gleichartige Verstöße gegen nationales Recht. Zwar verbleibe den Mitgliedstaaten die Wahl bezüglich der Sanktionen; die nationalen Stellen müssten aber bei Verstößen gegen das Gemeinschaftsrecht mit derselben Sorgfalt vorgehen, die sie bei der Anwendung nationaler Vorschriften walten ließen **(Gleichstellungserfordernis)**.[93] Darüber hinaus müssten die Sanktionen jedenfalls wirksam, verhältnismäßig und abschreckend sein **(Mindesttrias)**.[94]

38 Ausgehend von dieser Rechtsprechung kann sich die Verpflichtung zum Erlass von Sanktionsnormen zum einen aus dem Primärrecht iVm Art. 4 Abs. 3 UAbs. 2, 3 EUV (Art. 10 EGV-Nizza; Art. 10 EGV-Amsterdam; Art. 5 EGV-Maastricht; Art. 5 EWGV) ergeben, wenn der Gesetzgeber im Primärrecht angelegte Rechtsgüter schützen will. Zum anderen kann eine solche Verpflichtung der mitgliedstaatlichen Gesetzgeber auch aus dem Sekundärrecht iVm Art. 4 Abs. 3 UAbs. 2, 3 EUV entstehen, wenn Verhaltensnormen zur Anwendung verholfen werden soll und strafrechtlich relevante Rechtsgüter geschützt werden müssen. Eine Verpflichtung der Mitgliedstaaten zur Einführung einer Strafbarkeit von juristischen Personen, wenn ihnen eine solche bisher fremd war, kann aus der Verpflichtung zur effektiven Sanktionierung der Verletzung von unionsrechtlichen Normen hingegen nicht abgeleitet werden. Eine solche Verpflichtung hat der Gerichtshof ausdrücklich abgelehnt, weil Zuwiderhandlungen gegen europäisches Verordnungsrecht durch die Anwendung von Bestimmungen hinreichend bestraft werden können, die mit den Grundprinzipien des nationalen Strafrechts in Einklang stehen, sofern die sich daraus ergebenden Sanktionen wirksam, verhältnismäßig und abschreckend sind.[95]

39 Die Wahl der sachgerechten Maßnahmen, auch der strafrechtlichen Sanktionen, obliegt den Mitgliedstaaten; sie können insbesondere die Sanktionen bestimmen, die ihnen sachgerecht erscheinen.[96] Die Sanktionsnormen dürfen dabei nicht unverhältnismäßig sein, ins-

---

[91] EuGH 21.9.1989 – C-68/88, ECLI:EU:C:1989:339, Slg. 1989, 2965 = NJW 1990, 2245 – Kommission/Griechenland m. Anm. Bleckmann WuR 1991, 285 (285 f.) und Tiedemann EuZW 1990, 99 (100 f.); vgl. auch Böse, Strafen und Sanktionen im europäischen Gemeinschaftsrecht, 1996, S. 410 f.; Gröblinghoff, Die Verpflichtung des deutschen Strafgesetzgebers zum Schutz der Interessen der Europäischen Gemeinschaften, 1996, S. 12 ff.; Bonichot RSC 1990, 155 (155 f.).
[92] Bleckmann FS Stree/Wessels, 1993, 107 (109 f.)
[93] Vgl. dazu Zuleeg JZ 1992, 761 (767).
[94] EuGH 10.7.1990 – C-326/88, ECLI:EU:C:1990:291 Rn. 17, Slg. 1990, I-2911 Rn. 17 = BeckRS 2004, 70816 – Hansen; EuGH 2.10.1991 – C-7/90, ECLI:EU:C:1991:363 Rn. 11, 13, Slg. 1991, I-4371 Rn. 11, 13 = BeckRS 2004, 77713 – Vandevenne ua.
[95] EuGH 2.10.1991 – C-7/90, ECLI:EU:C:1991:363, Slg. 1991, I-4371 = BeckRS 2004, 77713 – Vandevenne ua.
[96] EuGH 2.2.1977 – C-50/76, ECLI:EU:C:1977:13, Slg. 1977, 137 = NJW 1977, 1009 – Amsterdam Bulb BV/Produktschap voor Siergewassen; vgl. auch EuGH 10.4.1984 – C-14/83, ECLI:EU:

besondere nicht durch unangemessene Strenge eine der Grundfreiheiten beeinträchtigen oder den Wettbewerb verzerren. Bislang hat sich die Union im Sekundärrecht weitgehend damit begnügt, die Forderung nach wirksamen Sanktionen in den Mitgliedstaaten zu erheben, ohne die konkrete Art und das Ausmaß der Sanktionen näher festzulegen. Hierzu verwendet die Kommission insbesondere die Formulierung, die Mitgliedstaaten hätten „geeignete Maßnahmen" zum Schutz bestimmter Interessen zu treffen.[97] Es ist allerdings fraglich, ob die Europäische Union auf diese Weise die Mitgliedstaaten auch verpflichten kann, ganz bestimmte Sanktionen anzudrohen. Die Richtlinie ist für jeden Mitgliedstaat, an den sie gerichtet ist, gemäß Art. 288 Abs. 3 AEUV (Art. 249 Abs. 3 EGV-Nizza; Art. 249 Abs. 3 EGV-Amsterdam; Art. 189 Abs. 3 EGV-Maastricht; Art. 189 Abs. 3 EWGV) nur hinsichtlich des zu erreichenden Ziels verbindlich und überlässt den innerstaatlichen Stellen die Wahl und die Form der Mittel (→ Rn. 16). Insofern reicht es als Rechtfertigung für die Verpflichtung zur Einführung bestimmter Sanktionen nicht aus, dass einzelne Verstöße überhaupt nicht oder in den Mitgliedstaaten nach unterschiedlichen Maßstäben geahndet werden. Die Notwendigkeit zu einer bestimmten einheitlichen Unionsinitiative ist lediglich dann gegeben, wenn durch die Unterschiede in den Mitgliedstaaten schwerwiegende Wettbewerbsverzerrungen herbeigeführt werden oder die Erreichung der von der Europäischen Union verfolgten Ziele ernsthaft gefährdet erscheint.

III. Begrenzungen des nationalen Strafrechts durch Unionsrecht

1. Anwendungsvorrang des Unionsrechts. Vorschriften des Unionsrechts und des nationalen Rechts, die denselben Lebensvorgang betreffen, kommen grundsätzlich nebeneinander zur Anwendung.[98] Dabei ist das nationale Recht unionsrechtskonform auszulegen (→ Rn. 47 ff.). Die Auslegung findet jedoch dort ihre Grenzen, wo sich die unionsrechtlichen und die nationalen Regelungen widersprechen. In einem solchen Kollisionsfall hat nach der Rechtsprechung des Gerichtshofs[99] das Unionsrecht **Anwendungsvorrang,** so dass es in seinem Anwendungsbereich das nationale Recht verdrängt oder zur Anpassung zwingt. 40

Der Vorrang des **primären Unionsrechts** wird allgemein anerkannt.[100] Gleiches gilt im Bereich des **sekundären Unionsrechts** für Verordnungen, die gemäß Art. 288 Abs. 2 S. 2 (Art. 249 Abs. 2 S. 2 EGV-Nizza; Art. 249 Abs. 2 S. 2 EGV-Amsterdam; Art. 189 Abs. 2 S. 2 EGV-Maastricht; Art. 189 Abs. 2 S. 2 EWGV) in allen Teilen verbindlich sind und in jedem Mitgliedstaat unmittelbar gelten. Hingegen bedürfen Richtlinien zu ihrer Wirksamkeit im innerstaatlichen Recht der Umsetzung durch die zuständigen nationalen Gesetzgeber. Nur im Falle ihrer unmittelbaren Anwendbarkeit kommt ihnen Vorrang vor dem nationalen Recht zu. 41

Vor dem Hintergrund des für das Unionsrecht eingeräumten **Vorrangs vor dem nationalen Strafrecht**[101] können sich primäres und sekundäres Unionsrecht unmittelbar 42

C:1984:153, Slg. 1984, 1891 = BeckRS 2004, 71617 – Von Colson und Kamann/Land Nordrhein-Westfalen.
[97] Vgl. den Überblick über die Richtlinien und Verordnungen, die die Mitgliedstaaten allgemein zum Erlass von Strafnormen verpflichten, bei Dannecker/Bülte in Wabnitz/Janovsky/Schmitt, Handbuch Wirtschafts- und Steuerstrafrecht, 5. Aufl. 2020, Kapitel 2 Rn. 192 ff.
[98] EuGH 15.7.1964 – C-6/64, ECLI:EU:C:1964:66, Slg. 1964, 1253 (1270) = BeckRS 1964, 105086 – Costa/E. N. E. L.; vgl. auch Heise, Europäisches Gemeinschaftsrecht und nationales Strafrecht, 1998, S. 5 ff.
[99] Grdl. EuGH 15.7.1964 – C-6/64, ECLI:EU:C:1964:66, Slg. 1964, 1253 = BeckRS 1964, 105086 – Costa/E. N. E. L.; in diesem Zusammenhang s. auch BVerfG 29.5.1974 – 2 BvL 52/71, BVerfGE 37, 271 = NJW 1974, 1697 – Solange I; BVerfG 22.10.1986 – 2 BvR 197/83, BVerfGE 73, 339 = NJW 1987, 577 – Solange II.
[100] Zum Gemeinschaftsrecht Zuleeg, Das Recht der Europäischen Gemeinschaften im innerstaatlichen Bereich, 1969, S. 155.
[101] Zur Unanwendbarkeit einer italienischen Bußgeldvorschrift EuGH 13.3.1997 – C-358/95, ECLI:EU:C:1997:149, Slg. 1997, I-1431 = BeckRS 2004, 76714 – Morellato/USL n. 11 di Pordenone; zum

auf das nationale Strafrecht und die Strafbarkeit bestimmter Verhaltensweisen in den Mitgliedstaaten auswirken, was gleichermaßen für das **nationale Ordnungswidrigkeitenrecht** gilt. Auf den Punkt gebracht hat es der Gerichtshof in der Rechtssache „Sagulo u.a.",[102] als er zusammenfassend festhielt, dass „die innerstaatlichen Stellen [...] wegen der Nichtbeachtung einer mit dem Gemeinschaftsrecht unvereinbaren Vorschrift keine Sanktion verhängen [dürfen]".[103] Im Falle einer aufgrund von einer solchen innerstaatlichen Vorschrift erfolgten strafrechtlichen Verurteilung kann ihre Rechtskraft in einem neuen Verfahren „keine Verschärfung der zu verhängenden Strafen rechtfertigen".[104]

43 In diesem Zusammenhang sind insbesondere die **Grundsätze der unmittelbaren Anwendbarkeit von Richtlinien** relevant. Dem Unionsrecht kommt stets Vorrang vor dem nationalen Recht zu, wenn die Frist für die Umsetzung einer Richtlinie nach Begehung der Tat, aber vor Verurteilung abgelaufen ist, wenn die Richtlinie weiterhin inhaltlich bestimmt und unbedingt ist und zudem die Vorschriften der Richtlinie für den Beschuldigten günstiger als die des nationalen Rechts sind. Strafschärfende Gesetzesänderungen kommen erst nach Umsetzung der Richtlinie in nationales Recht zur Anwendung; vor Ablauf der Umsetzungsfrist kann eine Richtlinie keine den Beschuldigten treffenden Pflichten statuieren. Nur wenn die Richtlinie günstiger als das nationale Recht ist, gilt nach dem strafrechtlichen **Grundsatz der „lex mitior"**, dass zum Zeitpunkt der Verkündung des Urteils das mildeste Gesetz anzuwenden ist.[105] Darüber hinaus sind bei der Anwendung des nationalen Strafrechts die günstigeren Bestimmungen einer Richtlinie auch dann zu berücksichtigen, wenn zur Zeit der Verurteilung die Umsetzungsfrist noch nicht abgelaufen ist.[106] Abgesehen von den lediglich für Zeitgesetze geltenden Ausnahmen[107] verstieße es gegen den Verhältnismäßigkeitsgrundsatz, wenn ein Verhalten bestraft würde, das in absehbarer Zeit sanktionslos gestellt wird.

44 In seiner unionsrechtlichen Ausprägung wirkt der **Verhältnismäßigkeitsgrundsatz** ebenfalls begrenzend auf nationale strafrechtliche Sanktionen.[108] Diesen Einfluss konkretisierte der Gerichtshof in der Rechtssache „Casati",[109] als er unter Anerkennung der grundsätzlichen Zuständigkeit der Mitgliedstaaten für „die Strafgesetzgebung und die Strafverfahrensvorschriften" folgende Feststellung traf: „Die administrativen oder strafrechtlichen Maßnahmen dürfen nicht über den Rahmen des unbedingt Erforderlichen hinausgehen, die Kontrollmodalitäten dürfen nicht so beschaffen sein, daß sie die vom Vertrag gewollte Freiheit einschränken, und es darf daran keine Sanktion geknüpft sein, die so außer Verhältnis zur Schwere der Tat steht, daß sie sich als eine Behinderung der Freiheit erweist."[110] Auch Sanktionen, „die zu dem Verstoß angesichts der bloßen Ordnungsfunktion der verletzten Norm außer Verhältnis stehen",[111] dürfen nicht verhängt werden.

---

schwedischen Lebensmittelstrafrecht EuGH 1.6.1999 – C-319/97, ECLI:EU:C:1999:272, Slg. 1999, I-3143 = BeckRS 2004, 76324 – Kortas.
[102] EuGH 14.7.1977 – C-8/77, ECLI:EU:C:1977:131, Slg. 1977, 1495 = NJW 1977, 1579 – Sagulo ua.
[103] EuGH 14.7.1977 – C-8/77, ECLI:EU:C:1977:131 Rn. 6, Slg. 1977, 1495 Rn. 6 = NJW 1977, 1579 – Sagulo ua.
[104] EuGH 14.7.1977 – C-8/77, ECLI:EU:C:1977:131 Rn. 8, Slg. 1977, 1495 Rn. 8 = NJW 1977, 1579 – Sagulo ua.
[105] EuGH 1.6.1999 – C-319/97, ECLI:EU:C:1999:272, Slg. 1999, I-3143 = BeckRS 2004, 76324 – Kortas.
[106] EuGH 29.10.1998 – C-230/97, ECLI:EU:C:1998:521 Rn. 38, Slg. 1998, I-6781 Rn. 38 = BeckRS 2004, 75266 – Awoyemi; EuGH 1.6.1999 – C-319/97, ECLI:EU:C:1999:272, Slg. 1999, I-3143 = BeckRS 2004, 76324 – Kortas.
[107] Näher dazu Dannecker, Das intertemporale Strafrecht, 1993, S. 434 ff.
[108] Vgl. dazu Sevenster CML Rev. 1992, 29 (46).
[109] EuGH 11.11.1981 – C-203/80, ECLI:EU:C:1981:261, Slg. 1981, 2595 = BeckRS 2004, 72255 – Casati.
[110] EuGH 11.11.1981 – C-203/80, ECLI:EU:C:1981:261 Rn. 27, Slg. 1981, 2595 Rn. 27 = BeckRS 2004, 72255 – Casati; s. auch EuGH 3.7.1980 – C-157/79, ECLI:EU:C:1980:179 Rn. 19, Slg. 1980, 2171 Rn. 19 = BeckRS 2004, 71811 – Regina/Pieck; EuGH 25.2.1988 – C-299/86, ECLI:EU:C:1988:103 Rn. 18 ff., Slg. 1988, 1213 Rn. 18 ff. = BeckRS 2004, 73026 – Drexl.
[111] EuGH 15.12.1976 – C-41/76, ECLI:EU:C:1976:182 Rn. 36, Slg. 1976, 1921 Rn. 36 = NJW 1977, 1007 – Donckerwolcke u.a./Procureur de la République u.a.; vgl. auch EuGH 30.11.1977 – C-52/77, ECLI:EU:C:1977:196 Rn. 33 ff., Slg. 1977, 2261 Rn. 33 ff. = BeckRS 2004, 73266 – Cayrol/Rivoira.

Neben dem Verhältnismäßigkeitsgrundsatz kommt auch dem unionsrechtlichen **Diskriminierungsverbot** strafbarkeitsbegrenzende Funktion zu. Daraus können sich bereits die inhaltlichen Grenzen für die Zuständigkeit der Mitgliedstaaten für das Straf- und Strafverfahrensrecht ergeben, wie sie der Gerichtshof in der Rechtssache „Cowan/Trésor public"[112] mit folgender Feststellung gezogen hat: „Derartige Rechtsvorschriften dürfen weder zu einer Diskriminierung von Personen führen, denen das Gemeinschaftsrecht einen Anspruch auf Gleichbehandlung verleiht, noch die vom Gemeinschaftsrecht garantierten Grundfreiheiten beschränken."[113] Das Diskriminierungsverbot kann insbesondere betroffen sein, wenn im Zusammenhang mit der Warenverkehrsfreiheit oder der Arbeitnehmerfreizügigkeit Handlungen, die einen Unionsbezug aufweisen, im Verhältnis zu vergleichbaren Verhaltensweisen mit einem nationalen Bezug strenger geahndet werden.[114] Darüber hinaus kann auch die Höhe einer strafrechtlichen Sanktion gegen das unionsrechtliche Diskriminierungsverbot verstoßen. 45

Abgesehen vom Anwendungsvorrang vor dem nationalen Strafrecht kommt dem Unionsrecht auch **Vorrang vor dem nationalen Strafverfahrensrecht** zu. Dies gilt sowohl für das Primär- als auch für das Sekundärrecht der Europäischen Union. Anwendungsvorrang haben insbesondere die in der Charta der Grundrechte der Europäischen Union verankerten, die Mitgliedstaaten bei der Durchführung des Unionsrechts bindenden (Art. 51 Abs. 1 S. 1 GRCh) **Grundrechte,** die nach Art. 6 Abs. 1 UAbs. 1 EUV die Europäische Union ausdrücklich anerkennt. In Form von justiziellen Garantien der Art. 47–50 GRCh prägen sie zunehmend das nationale Strafverfahrensrecht[115] und bilden den Prüfungsmaßstab der verfassungsgerichtlichen Kontrolle der Anwendung einer nationalen strafverfahrensrechtlichen Norm durch deutsche Stellen, wenn diese Norm vollständig unionsrechtlich determiniert ist (→ Rn. 102 ff.). 46

2. Unionsrechtskonforme Auslegung des nationalen Rechts. Eine erhebliche Bedeutung erlangt das Unionsrecht auch bei der Auslegung des nationalen Rechts. Insbesondere auf dem Gebiet des Strafrechts hat sich die **unionsrechtskonforme Auslegung** nationaler Rechtsnormen als bedeutsamer Europäisierungsfaktor erwiesen.[116] In der Praxis spielt insbesondere die **richtlinienkonforme Auslegung,** die sich nach ständiger Rechtsprechung des Gerichtshofs auf das gesamte nationale Recht bezieht,[117] die zentrale Rolle.[118] Hierbei handelt es sich jedoch nur um einen Unterfall der unionsrechtskonformen Auslegung.[119] Dogmatisch wird die unionsrechtskonforme Auslegung auf Art. 4 Abs. 3 UAbs. 2 und 3 EUV (Art. 10 EGV-Nizza; Art. 10 EGV-Amsterdam; Art. 5 EGV-Maastricht; Art. 5 EWGV) und die Umsetzungsverpflichtung aus Art. 288 Abs. 3 AEUV (Art. 249 Abs. 3 47

---

[112] EuGH 2.2.1989 – C-186/87, ECLI:EU:C:1989:47, Slg. 1989, 195 = NJW 1989, 2183 – Cowan/Trésor public.
[113] EuGH 2.2.1989 – C-186/87, ECLI:EU:C:1989:47 Rn. 19, Slg. 1989, 195 Rn. 19 = NJW 1989, 2183 – Cowan/Trésor public; vgl. auch EuGH 11.11.1981 – C-203/80, ECLI:EU:C:1981:261, Slg. 1981, 2595 = BeckRS 2004, 72255 – Casati.
[114] Vgl. hierzu EuGH 10.7.1984 – C-63/83, ECLI:EU:C:1984:255, Slg. 1984, 2689 = BeckRS 2004, 73464 – Kirk; EuGH 22.9.1983 – C-271/82, ECLI:EU:C:1983:243 Rn. 19, Slg. 1983, 2727 Rn. 19 = NJW 1984, 2022 – Auer/Ministère public.
[115] Hierzu Gaede in Böse, Europäisches Strafrecht, 2. Aufl. 2021, § 3 Rn. 61 ff.; Ambos, Internationales Strafrecht, 5. Aufl. 2018, § 10 Rn. 156 ff.; Hecker, Europäisches Strafrecht, 6. Aufl. 2021, Kapitel 1 Rn. 27, Kapitel 4 Rn. 39 ff.; Satzger, Internationales und Europäisches Strafrecht, 10. Aufl. 2022, § 7 Rn. 9 ff.; Brodowski StV 2021, 682 (686 f.); Honer JA 2021, 219 ff.
[116] Brechmann, Die richtlinienkonforme Auslegung, 1994, passim; Ambos, Internationales Strafrecht, 5. Aufl. 2018, § 11 Rn. 49 ff.; Hecker, Europäisches Strafrecht, 6. Aufl. 2021, Kapitel 10 Rn. 1; Satzger, Internationales und Europäisches Strafrecht, 10. Aufl. 2022, § 9 Rn. 102 ff.
[117] EuGH 10.4.1984 – C-14/83, ECLI:EU:C:1984:153 Rn. 26, Slg. 1984, 1891 Rn. 26 = BeckRS 2004, 71617 – Von Colson und Kamann/Land Nordrhein-Westfalen; EuGH 10.4.1984 – C-79/83, ECLI:EU:C:1984:155 Rn. 26, Slg. 1984, 1921 Rn. 26 = BeckRS 2004, 73704 – Harz/Deutsche Tradax; EuGH 13.11.1990 – C-106/89, ECLI:EU:C:1990:395 Rn. 8, Slg. 1990, I-4135 Rn. 8 = BeckRS 2004, 74075 – Marleasing/Comercial Internacional de Alimentación.
[118] Herrmann/Michl JuS 2009, 1065 (1065 ff.).
[119] Hecker, Europäisches Strafrecht, 6. Aufl. 2021, Kapitel 10 Rn. 2.

EGV-Nizza; Art. 249 Abs. 3 EGV-Amsterdam; Art. 189 Abs. 3 EGV-Maastricht; Art. 189 Abs. 3 EWGV) gestützt.

48 Das Gebot der unionsrechtskonformen Auslegung soll sich allerdings nicht auf **Umsetzungsakte** der Mitgliedstaaten beschränken. Die nationalen Gerichte müssten, soweit sie das nationale Recht auszulegen hätten – gleich, ob es sich um vor oder nach der Richtlinie erlassene Vorschriften handelt –, die Auslegung so weit wie möglich am Wortlaut und Zweck der Richtlinie ausrichten, um das mit der Richtlinie verfolgte Ziel zu erreichen.[120] Somit ist nach Auffassung des Gerichtshofs das **gesamte nationale Recht** im Lichte des Wortlauts und des Zwecks einer Richtlinie auszulegen, sofern es nur in den unionsrechtlichen Regelungsbereich fällt.[121] Damit schließt der Gerichtshof auch das Strafrecht mit ein, das unionsrechtskonform auszulegen und im Lichte des Unionsrechts fortzubilden ist.[122] Hierbei geht der Gerichtshof davon aus, dass unionsrechtliche Normen stets gleich auszulegen sind, sei es im Rahmen eines außerstrafrechtlichen Verfahrens oder im Rahmen des Strafrechts, wenn dieses außerstrafrechtliche Normen des Unionsrechts in Bezug nimmt.[123]

49 Grenzen für die unionsrechtskonforme Auslegung im Strafrecht ergaben sich vor der Geltung der Charta der Grundrechte der Europäischen Union aus den **verfassungsrechtlichen Vorgaben des nationalen Rechts,**[124] so aus dem **Bestimmtheitsgrundsatz,** der die Grenze für die Auslegung auf den möglichen Wortlaut der Vorschrift festlegt.[125] Nunmehr greift der **unionsrechtliche Bestimmtheitsgrundsatz** ein, der gleichermaßen die Wortlautgrenze kennt. Diese gilt bei der unionsrechtskonformen Auslegung auch dann, wenn ein klar erkennbarer Widerspruch zwischen nationalem Gesetz und Richtlinie der Europäischen Union oder zwischen einer an einer solchen Richtlinie orientierten Auslegung und dem nationalen Verfassungsrecht besteht. Der Gerichtshof hat ausdrücklich festgestellt, dass die richtlinienkonforme Auslegung „ihre Grenzen in den allgemeinen Rechtsgrundsätzen, die Teil des Gemeinschaftsrechts sind, und insbesondere in dem Grundsatz der Rechtssicherheit und im Rückwirkungsverbot" finde.[126] „Es ist Sache des nationalen Gerichts, das zur Durchführung der Richtlinie erlassene Gesetz unter voller Ausschöpfung des Beurteilungsspielraums, den ihm das nationale Recht einräumt, in Übereinstimmung mit den Anforderungen des Gemeinschaftsrechts auszulegen und anzuwenden."[127] Der Wortlaut des Gesetzes, aber auch der erkennbar andere Wille des Gesetzgebers muss daher im Strafrecht eine Grenze für die unionskonforme Interpretation bilden.[128]

---

[120] EuGH 13.11.1990 – C-106/89, ECLI:EU:C:1990:395 Rn. 8, Slg. 1990, I-4135 Rn. 8 = BeckRS 2004, 74075 – Marleasing/Comercial Internacional de Alimentación.
[121] Eing. dazu Brechmann, Die richtlinienkonforme Auslegung, 1994, S. 69; Heinrichs NJW 1995, 153 (154).
[122] Näher dazu Dannecker JZ 1996, 869 (873); Hugger NStZ 1993, 421 (421 ff.); zur richtlinienkonformen Auslegung des Straftatbestandes der Geldwäsche Vogel ZStW 109 (1997), 335 (348 f.).
[123] Vgl. EuGH 27.2.1986 – C-238/84, ECLI:EU:C:1986:88 Rn. 15, Slg. 1986, 795 Rn. 15 = BeckRS 2004, 72531 – Röser.
[124] A. A. Hugger NStZ 1993, 421 (421 ff.).
[125] Dannecker in Schünemann/Suárez González, Bausteine des europäischen Wirtschaftsstrafrechts, 1994, 331 (345).
[126] EuGH 8.10.1987 – C-80/86, ECLI:EU:C:1987:431 Rn. 13, Slg. 1987, 3969 Rn. 13 = BeckRS 2004, 73753 – Kolpinghuis Nijmegen; vgl. dazu Zuleeg JZ 1992, 761 (765).
[127] EuGH 10.4.1984 – C-14/83, ECLI:EU:C:1984:153 Rn. 28, Slg. 1984, 1891 Rn. 28 = BeckRS 2004, 71617 – Von Colson und Kamann/Land Nordrhein-Westfalen; EuGH 10.4.1984 – C-79/83, ECLI:EU: C:1984:155 Rn. 28, Slg. 1984, 1921 Rn. 28 = BeckRS 2004, 73704 – Harz/Deutsche Tradax.
[128] Vgl. Bleckmann in Leffson/Rückle/Großfeld, Handwörterbuch unbestimmter Rechtsbegriffe im Bilanzrecht des HGB, 1986, S. 28; Beisse BB 1990, 2007 (2012); Bleckmann BB 1984, 1525 (1526); vgl. auch Dieblich, Der strafrechtliche Schutz der Rechtsgüter der Europäischen Gemeinschaften, 1985, S. 148 ff.; Gröblinghoff, Die Verpflichtung des deutschen Strafgesetzgebers zum Schutz der Interessen der Europäischen Gemeinschaften, 1996, S. 51 f.; Heise, Europäisches Gemeinschaftsrecht und nationales Strafrecht, 1998, S. 151 ff.; Möhrenschlager in Dannecker, Die Bekämpfung des Subventionsbetrugs im EG-Bereich, 1993, 162 (164).

IV. Rechtsschutz zur Sicherstellung der unionsrechtlichen Vorgaben im Rahmen des Vorabentscheidungsverfahrens

Das wichtigste prozessuale Instrument, um die Anwendung des Unionsrechts in den Mitgliedstaaten sicherzustellen, ist das **Vorabentscheidungsverfahren nach Art. 267 AEUV** (Art. 234 EGV-Nizza; Art. 234 EGV-Amsterdam; Art. 177 EGV-Maastricht; Art. 177 EWGV). Es gehört zu den Eckpfeilern des unionsrechtlichen Verfahrenssystems[129] und findet auch auf die justizielle Zusammenarbeit in Strafsachen und polizeiliche Zusammenarbeit nach ihrer Einbeziehung in den supranationalen Rahmen (→ Rn. 278 ff.) Anwendung. Durch dieses vor dem Gerichtshof der Europäischen Union durchzuführende Verfahren wird das **Auslegungsmonopol des Gerichtshofs** für alle Fragen des Unionsrechts gesichert und so seine einheitliche Anwendung in allen Mitgliedstaaten gewährleistet.[130] Für jede unionsrechtliche Auslegungs- oder Gültigkeitsfrage eines mitgliedstaatlichen Gerichts ist der Gerichtshof grundsätzlich ausschließlich zuständig. Außerdem wird durch das Vorabentscheidungsverfahren auch **Individualrechtsschutz** garantiert,[131] dem gerade auf dem Gebiet des Strafrechts besondere Bedeutung zukommt.

50

1. Vorlageberechtigung und -verpflichtung der Gerichte. Nach Art. 267 AEUV ist nur ein „**Gericht**" eines Mitgliedstaats (Art. 267 Abs. 2 AEUV) (Art. 234 Abs. 2 EGV-Nizza; Art. 234 Abs. 2 EGV-Amsterdam; Art. 177 Abs. 2 EGV-Maastricht; Art. 177 Abs. 2 EWGV) bzw. ein einzelstaatliches „**Gericht**" (Art. 267 Abs. 3 AEUV) (Art. 234 Abs. 3 EGV-Nizza; Art. 234 Abs. 3 EGV-Amsterdam; Art. 177 Abs. 3 EGV-Maastricht; Art. 177 Abs. 3 EWGV) zur Vorlage an den Gerichtshof berechtigt bzw. verpflichtet.[132] Natürliche und juristische Personen sind zur Vorlage im Rahmen des Vorabentscheidungsverfahren nach Art. 267 AEUV nicht befugt. Der Einzelne kann ein Vorlageverfahren immer nur anregen oder beantragen, nicht aber erzwingen.

51

a) Strafgerichte als Gerichte iSd Art. 267 AEUV. Der Begriff des **Gerichts** ist unionsrechtlich zu bestimmen. Der Gerichtshof hat dies dahingehend präzisiert, dass es sich um einen Spruchkörper handeln muss, der mit **unabhängigen Richtern** besetzt ist und der auf gesetzlicher Grundlage ständig damit betraut ist, Rechtstatsachen unabhängig zu entscheiden.[133] Es müssen **bindende Entscheidungen mit Rechtsprechungscharakter,** dh Entscheidungen nach Rechtsnormen und nicht nach Billigkeit, getroffen werden.

52

---

[129] Pechstein, EU-Prozessrecht, 4. Aufl. 2011, Rn. 471 ff.; Rodríguez Iglesias NJW 2000, 1889 (1895); zur Stellung und Bedeutung des Vorabentscheidungsverfahrens im europäischen Rechtsschutzsystem Skouris EuGRZ 2008, 343 (343 ff.).
[130] Böse in Sieber/Satzger/v. Heintschel-Heinegg, Europäisches Strafrecht, 2. Aufl. 2014, § 54 Rn. 5; Schweitzer/Hummer, Europarecht, 5. Aufl. 1996, Rn. 520.
[131] Wegener in Calliess/Ruffert AEUV Art. 267 Rn. 19; Böse in Sieber/Satzger/v. Heintschel-Heinegg, Europäisches Strafrecht, 2. Aufl. 2014, § 54 Rn. 5; Dauses, Das Vorabentscheidungsverfahren nach Art. 177 EG-Vertrag, 2. Aufl. 1995, S. 48; Hecker, Europäisches Strafrecht, 6. Aufl. 2021, Kapitel 6 Rn. 3; Huber, Recht der Europäischen Integration, 1996, § 21 Rn. 20; Jokisch, Gemeinschaftsrecht und Strafverfahren, 2000, S. 171 f., 175 f.; Middeke in Rengeling/Middeke/Gellermann, Handbuch des Rechtsschutzes in der Europäischen Union, 3. Aufl. 2014, § 10 Rn. 8.
[132] Wegener in Calliess/Ruffert AEUV Art. 267 Rn. 19; Middeke in Rengeling/Middeke/Gellermann, Handbuch des Rechtsschutzes in der Europäischen Union, 3. Aufl. 2014, § 10 Rn. 21.
[133] EuGH 17.9.1997 – C-54/96, ECLI:EU:C:1997:413 Rn. 23 m. w. N., Slg. 1997, I-4961 Rn. 23 mwN = NJW 1997, 3365 – Dorsch Consult Ingenieursgesellschaft/Bundesbaugesellschaft Berlin; EuGH 21.3.2000 – verb. Rs. C-110/98, C-111/98, C-112/98, C-113/98, C-114/98, C-115/98, C-116/98, C-117/98, C-118/98, C-119/98, C-120/98, C-121/98, C-122/98, C-123/98, C-124/98, C-125/98, C-126/98, C-127/98, C-128/98, C-129/98, C-130/98, C-131/98, C-132/98, C-133/98, C-134/98, C-135/98, C-136/98, C-137/98, C-138/98, C-139/98, C-140/98, C-141/98, C-142/98, C-143/98, C-144/98, C-145/98, C-146/98, C-147/98, ECLI:EU:C:2000:145 Rn. 33, Slg. 2000, I-1577 Rn. 33 = BeckRS 2004, 74132 – Gabalfrisa u.a.; EuGH 14.6.2001 – C-178/99, ECLI:EU:C:2001:331 Rn. 13, Slg. 2001, I-4421 Rn. 13 = BeckRS 2004, 74514 – Salzmann; EuGH 15.1.2002 – C-182/00, ECLI:EU:C:2002:19 Rn. 12, Slg. 2002, I-547 Rn. 12 = BeckRS 2004, 74747 – Lutz ua; EuGH 27.4.2006 – C-96/04, ECLI:EU:C:2006:254 Rn. 12 ff., Slg. 2006, I-3561 Rn. 12 ff. = BeckRS 2006, 70349 – Familiensache: Standesamt Stadt Niebüll; s. auch EuGH 30.3.1993 – C-24/92, ECLI:EU:C:1993:118 Rn. 15, Slg. 1993, I-1277 Rn. 15 = BeckRS 2004, 75352 – Corbiau/Administration des contributions.

53 Bei den **Strafgerichten** handelt es sich unstreitig um Gerichte iSd Art. 267 AEUV. Im Bußgeldverfahren gelten die Vorschriften der Strafprozessordnung entsprechend, soweit keine Sonderregelungen im Gesetz über Ordnungswidrigkeiten (OWiG)[134] getroffen worden sind (§ 46 Abs. 1 OWiG). Daher sind die Strafgerichte auch in diesem Verfahren „Gerichte" iSd Art. 267 AEUV. Dagegen treffen die **Verwaltungsbehörden,** die für den Erlass des Bußgeldbescheides zuständig sind, keine unabhängigen Entscheidungen, da sie weisungsgebunden sind.[135] Sie sind deshalb keine Gerichte iSd Art. 267 AEUV.

54 Ebenfalls eine Behörde und kein Gericht iSd Art. 267 AEUV ist die **Staatsanwaltschaft,** weil es bei ihr sowohl an dem Rechtsprechungscharakter ihrer Entscheidungen als auch an der gerichtlichen Unabhängigkeit fehlt.[136] Selbst bei Entscheidungen, die die Staatsanwaltschaft in eigener Kompetenz treffen kann und die deshalb als rechtsprechungsähnlich einzustufen sind – so die **Einstellungsentscheidungen** nach §§ 153 ff. StPO,[137] bei denen der Staatsanwaltschaft ein eigenes Ermessen zusteht –, handelt sie nicht als Gericht im obigen Sinne, weil es ihr an der für ein Gericht erforderlichen Unabhängigkeit fehlt. So hat der Gerichtshof die Vorlageberechtigung der italienischen Procura della Republica, die im Wesentlichen dieselben Aufgaben wie die deutsche Staatsanwaltschaft wahrnimmt, verneint, weil sie nicht in völliger Unabhängigkeit ein Verfahren entscheide, sondern dieses dem Gericht zur Kenntnis bringe.[138] Eine Vorlageberechtigung für die am 1. Juni 2021[139] den operativen Betrieb aufgenommene Europäische Staatsanwaltschaft wird durch Art. 42 Abs. 2 lit. b der Verordnung (EU) 2017/1939 des Rates vom 12. Oktober 2017 zur Durchführung einer Verstärkten Zusammenarbeit zur Errichtung der Europäischen Staatsanwaltschaft (EUStA)[140] (EUStA-VO) nicht begründet, zumal die in Art. 42 Abs. 2 lit. a EUStA-VO explizit vorgenommene Beschränkung der Vorlage auf die Gerichte der Mitgliedstaaten als Ausdruck ihrer Zuständigkeit für die Kontrolle der Verfahrenshandlung der Europäischen Staatsanwaltschaft zu verstehen ist, auf die Art. 42 Abs. 2 lit. a EUStA-VO Bezug nimmt.[141] Daher ist die Staatsanwaltschaft generell nicht vorlageberechtigt.[142] Wenn dieses Organ der Rechtspflege Zweifel an der Vereinbarkeit einer Strafnorm mit dem Unionsrecht hat, muss es dies dem zuständigen Gericht mitteilen, damit dieses die zu entscheidende Auslegungs- oder Gültigkeitsfrage dem Gerichtshof vorlegen kann.

---

[134] In der Fassung der Bekanntmachung vom 19.2.1987, BGBl. 1987 I 602, zuletzt geändert durch Art. 5 des Zweiten Gesetzes zur Änderung schifffahrtsrechtlicher Vorschriften vom 14.3.2023, BGBl. 2023 I 73.

[135] Dannecker in Ulmer, HGB-Bilanzrecht, Teilbd. 2, 2002, HGB § 334 Rn. 10; a. A. de Weerth, Die Bilanzordnungswidrigkeiten nach § 334 HGB unter besonderer Berücksichtigung der europarechtlichen Bezüge, 1994, S. 87 ff.

[136] Dauses, Das Vorabentscheidungsverfahren nach Art. 177 EG-Vertrag, 2. Aufl. 1995, S. 86; Satzger, Die Europäisierung des Strafrechts, 2001, S. 660; ebenso für die französische Staatsanwaltschaft Idot Rev. science crim. 1997, 690 (690 ff.).

[137] Strafprozessordnung in der Fassung der Bekanntmachung vom 7. April 1987, BGBl. 1987 I 1074, berichtigt BGBl. 1987 I 1319, zuletzt geändert durch Art. 2 des Gesetzes zur Überarbeitung des Sanktionenrechts – Ersatzfreiheitsstrafe, Strafzumessung, Auflagen und Weisungen sowie Unterbringung in einer Entziehungsanstalt vom 26. Juli 2023, BGBl. 2023 I 203.

[138] EuGH 12.12.1996 – verb. Rs. C-74/95, C-129/95, ECLI:EU:C:1996:491 Rn. 19, Slg. 1996, I-6609 Rn. 19 = BeckRS 2004, 77753 – X.

[139] Vgl. Art. 1 des Durchführungsbeschlusses (EU) 2021/856 der Kommission vom 25. Mai 2021 zur Festlegung des Zeitpunkts, ab dem die Europäische Staatsanwaltschaft ihre Ermittlungs- und Strafverfolgungsaufgaben übernimmt, ABl. 2021 L 188, 100.

[140] ABl. 2017 L 283, 1, zuletzt geändert durch Art. 1 der Delegierten Verordnung (EU) 2020/2153 der Kommission vom 14. Oktober 2020 zur Änderung der Verordnung (EU) 2017/1939 des Rates in Bezug auf die Kategorien operativer personenbezogener Daten und die Kategorien betroffener Personen, deren operative personenbezogene Daten von der Europäischen Staatsanwaltschaft im Register der Verfahrensakten verarbeitet werden dürfen, ABl. 2020 L 431, 1, berichtigt ABl. 2020 L 433, 80.

[141] Vgl. Esser in Herrnfeld/Esser, Europäische Staatsanwaltschaft, 2022, § 12 Rn. 111.

[142] EuGH 12.12.1996 – verb. Rs. C-74/95, C-129/95, ECLI:EU:C:1996:491 Rn. 18 ff., Slg. 1996, I-6609 Rn. 18 ff. = BeckRS 2004, 77753 – X.

b) **Berechtigung zur Vorlage in Straf- und Bußgeldverfahren.** Obwohl es sich bei 55 den Strafgerichten unstreitig um Gerichte iSd Art. 267 AEUV handelt, wurde früher in Zweifel gezogen, ob auch in Strafverfahren eine Vorlageberechtigung der Gerichte besteht. Der Gerichtshof hat die **Art des Verfahrens** jedoch als **irrelevant** angesehen und ausdrücklich klargestellt, dass nicht zwischen strafrechtlichen und sonstigen Verfahren unterschieden wird, da „[d]as Gemeinschaftsrecht […] nicht verschiedene Geltung haben [kann], je nachdem auf welchem Gebiet des innerstaatlichen Rechts es seine Wirkungen zeitigen kann".[143] Daher sind nach inzwischen hM die Gerichte auch in Straf- und Bußgeldverfahren zur Vorlage berechtigt. Hingegen sind die Staatsanwaltschaften, die bereits keine Gerichte iSd Art. 267 AEUV sind (→ Rn. 54), nicht vorlageberechtigt;[144] gleiches gilt für die für den Erlass von Bußgeldbescheiden zuständigen Verwaltungsbehörden (→ Rn. 53).[145]

c) **Berechtigung oder Verpflichtung zur Vorlage.** Die nationalen Gerichte müssen bei 56 ihrer Rechtsprechung den Einfluss und die Vorgaben des europäischen Rechts auf das nationale Straf- und Strafverfahrensrecht berücksichtigen.[146] Bei Zweifeln über die Auslegung und die Geltung von Unionsrecht im konkreten Fall muss bzw. kann das nationale Gericht entscheidungserhebliche Fragen dem Gerichtshof nach Art. 267 AEUV vorlegen, um dessen Vorabentscheidung einzuholen. Die Frage, ob ein nationales Gericht nur die Möglichkeit zur Vorlage hat oder ob es eine diesbezügliche Pflicht trifft, kann teilweise dem Wortlaut des Art. 267 AEUV entnommen werden, dessen Abs. 3 eine **Verpflichtung zur Vorlage** statuiert, wenn die Entscheidung des Gerichts in dem konkreten Fall[147] nicht mehr mit Rechtsmitteln angefochten werden kann (obligatorisches Vorabentscheidungsverfahren). Hingegen besteht eine **Vorlageermächtigung** nach Art. 267 Abs. 2 AEUV für nicht-letztinstanzliche Gerichte (fakultatives Vorabentscheidungsverfahren). Diese Ermächtigung wird nach der Rechtsprechung des Gerichtshofs allerdings zur Vorlagepflicht in den Fällen, in denen das nationale Gericht eine Vorschrift des Unionsrechts oder eine sonstige Handlung eines Unionsorgans für ungültig erachtet und außer Anwendung lassen will, wenn es mithin um Fragen der Rechtsgeltung geht. Mit Rücksicht auf den Grundsatz der Einheitlichkeit der Anwendung des Unionsrechts, auf die Rechtssicherheit und auf das im Rechtsschutzsystem des Vertrags angelegte Verwerfungsmonopol des Gerichtshofs seien – wie der Gerichtshof in der Rechtssache „Foto-Frost/Hauptzollamt Lübeck-Ost"[148] bekundete – „die nationalen Gerichte nicht befugt […], selbst die Ungültigkeit von Handlungen der Gemeinschaftsorgane festzustellen".[149] Eine Ausnahme von der Vorlageverpflichtung erkennt der Gerichtshof an, wenn die Rechtsfrage bereits geklärt oder die richtige Anwendung des Unionsrechts „derart offenkundig ist, daß für einen vernünftigen Zweifel keinerlei Raum bleibt" (sog. **acte-claire-Doktrin**).[150] Jedoch bestehen gegen

---

[143] EuGH 21.3.1972 – C-82/71, ECLI:EU:C:1972:20 Rn. 5, Slg. 1972, 119 Rn. 5 = BeckRS 2004, 73779 – S. A. I. L.; EuGH 27.2.1986 – C-238/84, ECLI:EU:C:1986:88 Rn. 15, Slg. 1986, 795 Rn. 15 = BeckRS 2004, 72531 – Röser; Jokisch, Gemeinschaftsrecht und Strafverfahren, 2000, S. 176; Nieto, Fraudes Comunitarios, 1996, S. 248; Satzger, Die Europäisierung des Strafrechts, 2001, S. 660 f.; Thomas NJW 1991, 2233 (2235).
[144] EuGH 22.10.1987 – C-314/85, ECLI:EU:C:1987:452, Slg. 1987, 4199 = NJW 1988, 1451 – Foto-Frost/Hauptzollamt Lübeck-Ost; Hecker, Europäisches Strafrecht, 6. Aufl. 2021, Kapitel 6 Rn. 6.
[145] Hecker, Europäisches Strafrecht, 6. Aufl. 2021, Kapitel 6 Rn. 6; zust. Böse in Sieber/Satzger/v. Heintschel-Heinegg, Europäisches Strafrecht, 2. Aufl. 2014, § 54 Rn. 8.
[146] Von „Vorformen europäischen Strafrechts" spricht diesbezüglich Naucke, Strafrecht, 9. Aufl. 2000, § 4 Rn. 138.
[147] Huber, Recht der Europäischen Integration, 2. Aufl. 2002, § 21 Rn. 33; Schweitzer/Hummer, Europarecht, 5. Aufl. 1996, Rn. 530; Streinz EuropaR Rn. 712.
[148] EuGH 22.10.1987 – C-314/85, ECLI:EU:C:1987:452, Slg. 1987, 4199 = NJW 1988, 1451 – Foto-Frost/Hauptzollamt Lübeck-Ost.
[149] EuGH 22.10.1987 – C-314/85, ECLI:EU:C:1987:452 Rn. 13 ff., 19 f., Slg. 1987, 4199 Rn. 13 ff., 19 f. = NJW 1988, 1451 – Foto-Frost/Hauptzollamt Lübeck-Ost.
[150] EuGH 6.10.1982 – C-283/81, ECLI:EU:C:1982:335 Rn. 21, Slg. 1982, 3415 Rn. 21 = BeckRS 1982, 108239 – CILFIT/Ministero della Sanità; Wegener in Calliess/Ruffert AEUV Art. 267 Rn. 33; Böse in

diese Doktrin angesichts der erhöhten Anforderungen an die Rechtssicherheit im Strafrecht Bedenken, so dass sich ein Strafgericht hierauf nicht berufen sollte, um sich ein Vorlageverfahren zu ersparen.[151]

57 **2. Durchführung des Vorabentscheidungsverfahrens im strafrechtlichen Haupt-, Zwischen- und Ermittlungsverfahren.** Das Strafverfahren in der Bundesrepublik Deutschland weist gegenüber anderen Verfahrensarten Besonderheiten auf, die auch bei der Durchführung des Vorabentscheidungsverfahrens zu berücksichtigen sind. Dem Hauptverfahren geht das Ermittlungsverfahren voraus, in dem der Sachverhalt unter der Herrschaft der Staatsanwaltschaft ermittelt wird. Bieten die Ermittlungen „genügenden Anlaß" zur Erhebung der öffentlichen Klage (§ 170 Abs. 1 StPO), erhebt die Staatsanwaltschaft Anklage. Das Gericht prüft im Zwischenverfahren, ob der von der Staatsanwaltschaft behauptete hinreichende Tatverdacht besteht, und lässt dann, falls es diesen bejaht, die Anklage zur Hauptverhandlung zu. Erst danach wird die Hauptverhandlung durchgeführt, in der über die Strafbarkeit entschieden und die Strafe verhängt wird.

58 **a) Vorlageverfahren im Haupt- und Zwischenverfahren.** Das **Hauptverfahren** weist gegenüber den anderen Prozessarten keine prozessualen Besonderheiten auf, so dass eine Vorlage in diesem Verfahrensabschnitt unstreitig möglich ist. Dabei ist bereits im Zwischenverfahren die Vorlage an den Gerichtshof möglich. Dies hat das Bundesverfassungsgericht ausdrücklich bejaht und damit begründet, dass das Strafgericht **in jedem Stadium des Strafverfahrens** mit besonderer Sorgfalt prüfen muss, ob in einer entscheidungserheblichen Frage Zweifel bei der Auslegung des Unionsrechts bestehen und die Vorlage an den Gerichtshof erforderlich ist.[152] Die Vorlage an den Gerichtshof ist auch noch **nach Erlass des Eröffnungsbeschlusses** möglich. Das Gericht ist bei der Entscheidung, in welchem Verfahrensabschnitt es die Frage vorlegen will, grundsätzlich frei,[153] da es aufgrund der unmittelbaren Kenntnis des Sachverhalts am besten entscheiden kann, in welchem Verfahrensstadium eine Vorabentscheidung erforderlich ist.[154]

59 **aa) Vorlageermessen und Anforderungen an die Sachverhaltsklärung.** Nach Art. 267 Abs. 2 AEUV steht den unterinstanzlichen Gerichten bei der Entscheidung über die Vorlage ein **Ermessen** zu.[155] Dieses Ermessen kann durch den **Ermittlungsgrundsatz** (§§ 155 Abs. 2, 160 Abs. 2, 244 Abs. 2 StPO) begrenzt werden,[156] wonach die Strafverfolgungsorgane den Sachverhalt von Amts wegen vollständig erforschen und aufklären müssen.[157] Hierzu gehört auch die Klärung der Frage, ob das Verhalten des Beschuldigten tatsächlich strafbar ist, und dies kann vom Unionsrecht abhängen (→ Rn. 27 ff.;

Sieber/Satzger/v. Heintschel-Heinegg, Europäisches Strafrecht, 2. Aufl. 2014, § 54 Rn. 8; Roth NVwZ 2009, 345 (346 f.).
[151] Satzger, Die Europäisierung des Strafrechts, 2001, S. 662 f.; vgl. auch Nieto, Fraudes Comunitarios, 1996, S. 525.
[152] Vgl. BVerfG 10.7.1989 – 2 BvR 751/89, NJW 1989, 2464.
[153] EuGH 27.6.1991 – C-348/89, ECLI:EU:C:1991:278, Slg. 1991, I-3277 = NVwZ 1993, 461 – Mecanarte-Metalurgica da Lagoa/Alfandega do Porto.
[154] EuGH 10.3.1981 – verb. Rs. C-36/80, C-71/80, ECLI:EU:C:1981:62 Rn. 7, Slg. 1981, 735 Rn. 7 = BeckRS 2004, 70980 – Irish Creamery Milk Suppliers Association; EuGH 10.7.1984 – C-72/83, ECLI:EU:C:1984:256 Rn. 10, Slg. 1984, 2727 Rn. 10 = BeckRS 2004, 73601 – Campus Oil; EuGH 11.6.1987 – C-14/86, ECLI:EU:C:1987:275 Rn. 11, Slg. 1987, 2545 Rn. 11 = BeckRS 2004, 71620 – Pretore di Salò/X.
[155] S. auch Middeke in Rengeling/Middeke/Gellermann, Handbuch des Rechtsschutzes in der Europäischen Union, 3. Aufl. 2014, § 10 Rn. 57.
[156] Für eine Ermessensreduktion auf Null Jung ZStW 116 (2004), 475 (505); a. A. Böse in Sieber/Satzger/v. Heintschel-Heinegg, Europäisches Strafrecht, 2. Aufl. 2014, § 54 Rn. 10.
[157] Schmitt in Meyer-Goßner/Schmitt, Strafprozessordnung, 66. Aufl. 2023, StPO § 244 Rn. 10, 11; Beulke/Swoboda, Strafprozessrecht, 16. Aufl. 2022, Rn. 51; Ranft, Strafprozeßrecht, 3. Aufl. 2005, Rn. 1541; Roxin/Schünemann, Strafverfahrensrecht, 30. Aufl. 2022, § 15 Rn. 1 ff.; Schroeder/Verrel, Strafprozessrecht, 8. Aufl. 2022, Rn. 234; Volk/Engländer, Grundkurs StPO, 10. Aufl. 2021, § 18 Rn. 15.

→ Rn. 40 ff.). Voraussetzung einer Vorlage an den Gerichtshof ist dabei nicht, dass der Sachverhalt abschließend geklärt ist.[158] Auch diesbezüglich steht es im Ermessen des nationalen Gerichts, den **Umfang der erforderlichen Sachaufklärung** zu bestimmen, um sicherzustellen, dass die Vorlagefrage auch tatsächlich entscheidungserheblich ist.[159] Jedoch sollten im Strafverfahren aus Gründen der Prozessökonomie und im Interesse einer weitgehenden Konkretisierung der Rechtsfrage die Ermittlungen möglichst weit vorangetrieben werden. Nach der einschlägigen Rechtsprechung des Gerichtshofs ist es erforderlich, „den rechtlichen Rahmen zu umreißen", in den sich die fragliche Rechtsauslegung einfügen soll, so dass „es je nach der Gestaltung des Falles von Vorteil sein [kann], wenn zum Zeitpunkt der Vorlage an den Gerichtshof der Sachverhalt und die ausschließlich nach nationalem Recht zu beurteilenden Fragen geklärt sind".[160] Diesbezüglich bedarf es einer differenzierenden Sicht: Wenn die Frage nach der Auslegung des Unionsrechts auf alle Fälle relevant ist, weil sich der Beschuldigte im konkreten Fall mit Sicherheit strafbar gemacht hat und es lediglich um die Strafhöhe geht, muss die Vorlage möglichst früh erfolgen, um die Verfahrensverlängerung durch das Vorlageverfahren kurz zu halten. Wenn von der Auslegungsfrage hingegen abhängt, ob die Strafbarkeit im konkreten Fall überhaupt besteht, sind die nationalen Fragen vorab zu klären, da ein Abwarten der Entscheidung des Gerichtshofs unverhältnismäßig wird, wenn es hierauf im Ergebnis nicht ankommt.

bb) Konflikt der Vorlage an den Gerichtshof mit dem Beschleunigungsgebot. Eine 60 wesentliche Maxime des deutschen Strafprozessrechts ist der **Beschleunigungsgrundsatz** (Art. 2 Abs. 2 S. 2 GG[161] iVm Art. 20 Abs. 3 GG, Art. 6 Abs. 1 EMRK), wonach der Beschuldigte innerhalb angemessener Frist über den gegen ihn erhobenen Vorwurf, eine Straftat begangen zu haben, Klarheit erhalten muss.[162] An diesen allgemeinen Rechtsgrundsatz, der zudem durch Art. 47 Abs. 2 S. 1 GRCh garantiert wird, sind auch die Organe der Union gebunden. Betrug die durchschnittliche Verfahrensdauer eines Vorabentscheidungsverfahrens im Jahr 2007 **19,3** Monate,[163] im Jahr 2008 **16,8** Monate,[164] im Jahr 2009 **17,0** Monate,[165] im Jahr 2010 **16,1** Monate,[166] im Jahr 2011 **16,3** Monate,[167] im Jahr 2012

---

[158] EuGH 10.3.1981 – verb. Rs. C-36/80, C-71/80, ECLI:EU:C:1981:62 Rn. 6, Slg. 1981, 735 Rn. 6 = BeckRS 2004, 70980 – Irish Creamery Milk Suppliers Association; Rengeling/Jakobs DÖV 1983, 369 (374).
[159] Jokisch, Gemeinschaftsrecht und Strafverfahren, 2000, S. 178, 181.
[160] EuGH 12.7.1979 – C-244/78, ECLI:EU:C:1979:198 Rn. 5, Slg. 1979, 2663 Rn. 5 = BeckRS 2004, 72583 – Union laitière normande/French Dairy Farmers; EuGH 10.3.1981 – verb. Rs. C-36/80, C-71/80, ECLI:EU:C:1981:62 Rn. 6, Slg. 1981, 735 Rn. 6 = BeckRS 2004, 70980 – Irish Creamery Milk Suppliers Association; EuGH 16.7.1992 – C-83/91, ECLI:EU:C:1992:332 Rn. 26, Slg. 1992, I-4871 Rn. 26 = BeckRS 2004, 77828 – Meilicke/ADV-ORGA.
[161] Grundgesetz für die Bundesrepublik Deutschland vom 23.5.1949, BGBl. 1949 I 1, zuletzt geändert durch Art. 1 des Gesetzes zur Änderung des Grundgesetzes (Artikel 82) vom 19.12.2022, BGBl. 2022 I 2478.
[162] Eing. dazu Pfeiffer FS Baumann, 1992, 329 (329 ff.); Wolter, Vorabentscheidungsverfahren und Beschleunigungsgebot in Strafsachen, 2011, S. 74 ff.
[163] Gerichtshof der Europäischen Union, Jahresbericht 2007, S. 98; Gerichtshof der Europäischen Union, Jahresbericht 2008, S. 100; Gerichtshof der Europäischen Union, Jahresbericht 2009, S. 98; Gerichtshof der Europäischen, Jahresbericht 2010, S. 102; Gerichtshof der Europäischen Union, Jahresbericht 2011, S. 144.
[164] Gerichtshof der Europäischen Union, Jahresbericht 2008, S. 100; Gerichtshof der Europäischen Union, Jahresbericht 2009, S. 98; Gerichtshof der Europäischen Union, Jahresbericht 2010, S. 102; Gerichtshof der Europäischen Union, Jahresbericht 2011, S. 114; Gerichtshof der Europäischen Union, Jahresbericht 2012, S. 110.
[165] Gerichtshof der Europäischen Union, Jahresbericht 2013, S. 100; abweichend davon Gerichtshof der Europäischen Union, Jahresbericht 2009, S. 98 (17,1 Monate); Gerichtshof der Europäischen Union, Jahresbericht 2010, S. 102 (17,1 Monate); Gerichtshof der Europäischen Union, Jahresbericht 2011, S. 114 (17,1 Monate); Gerichtshof der Europäischen Union, Jahresbericht 2012, S. 110 (17,1 Monate).
[166] Gerichtshof der Europäischen Union, Jahresbericht 2012, S. 110; Jahresbericht 2013, S. 100; Jahresbericht 2014, S. 114; Gerichtshof der Europäischen Union, Jahresbericht 2010, S. 102; Gerichtshof der Europäischen Union, Jahresbericht 2011, S. 114.
[167] Gerichtshof der Europäischen Union, Jahresbericht 2013, S. 100; Jahresbericht 2014, S. 114; Jahresbericht 2015, S. 92; Abweichend davon Gerichtshof der Europäischen Union, Jahresbericht 2011, S. 114 (16,4 Monate); Gerichtshof der Europäischen Union, Jahresbericht 2012, S. 110 (16,4 Monate).

15,6 Monate,[168] im Jahr 2013 **16,3 Monate**,[169] im Jahr 2014 **15,0 Monate**,[170] im Jahr 2015 **15,3 Monate**,[171] im Jahr 2016 **15,0 Monate**,[172] im Jahr 2017 **15,7 Monate**,[173] im Jahr 2018 **16,0 Monate**,[174] im Jahr 2019 **15,5 Monate**,[175] im Jahr 2020 **15,8 Monate**[176] und im Jahr 2021 **16,7 Monate**,[177] stellte der Gerichtshof im Jahr 2022 hinsichtlich der Verfahrensdauer fest, dass „immer mehr vor den Gerichtshof gebrachte Streitigkeiten sensible und komplexe Fragen aufwerfen, die mehr Beratungs- und Zeitaufwand erfordern", und „[d]ie zunehmende Komplexität der dem Gerichtshof vorgelegten Fragen […] sich […] an der etwas längeren durchschnittlichen Verfahrensdauer bei Vorabentscheidungssachen [zeigt] (17,3 Monate gegenüber 16,7 Monaten im Jahr 2021)."[178] Jedoch kann die Pflicht der nationalen Gerichte zur Vorlage gemäß Art. 267 AEUV angesichts der dargestellten Verfahrensdauer eines Vorabentscheidungsverfahrens nicht durch das Beschleunigungsgebot ausgeschlossen werden,[179] zumal Art. 267 Abs. 4 AEUV eine Entscheidung des Gerichtshofs innerhalb kürzester Zeit vorsieht, falls das Verfahren eine inhaftierte Person betrifft. Denn dem Interesse an einer korrekten und gleichmäßigen Durchführung des Unionsrechts kommt ein hoher Stellenwert zu, dem sich die Gerichte nicht durch eine einschränkende Auslegung des Beschleunigungsgrundsatzes entziehen können.[180] Einer von dem Beschuldigten nicht zu vertretenen Verfahrensverlängerung, die die Durchführung eines Vorlageverfahrens bedeutet, muss bei den Rechtsfolgen durch eine Strafmilderung, in Extremfällen durch eine Verfahrenseinstellung nach § 153 Abs. 2 StPO Rechnung getragen werden.[181]

61 Die Einführung des auf Antrag des vorlegenden Gerichts oder auf Anregung des Präsidenten des Gerichtshofs von Amts wegen (Art. 107 Abs. 1, Abs. 3 EuGHVfO) und nach

---

[168] Gerichtshof der Europäischen Union, Jahresbericht 2013, S. 100; Jahresbericht 2014, S. 114, Jahresbericht 2015, S. 92; Abweichend davon Gerichtshof der Europäischen Union, Jahresbericht 2012, S. 110 (15,7 Monate); Gerichtshof der Europäischen Union, Jahresbericht 2016, S. 104.
[169] Gerichtshof der Europäischen Union, Jahresbericht 2013, S. 100; Gerichtshof der Europäischen Union, Jahresbericht 2014, S. 114; Gerichtshof der Europäischen Union, Jahresbericht 2015, S. 92; Gerichtshof der Europäischen Union, Jahresbericht 2016, S. 104; Gerichtshof der Europäischen Union, Jahresbericht 2017, S. 122.
[170] Gerichtshof der Europäischen Union, Jahresbericht 2014, S. 114; Gerichtshof der Europäischen Union, Jahresbericht 2015, S. 92; Gerichtshof der Europäischen Union, Jahresbericht 2016, S. 104; Gerichtshof der Europäischen Union, Jahresbericht 2017, S. 122; Gerichtshof der Europäischen Union, Jahresbericht 2018, S. 142.
[171] Gerichtshof der Europäischen Union, Jahresbericht 2015, S. 92; Gerichtshof der Europäischen Union, Jahresbericht 2016, S. 104; Gerichtshof der Europäischen Union, Jahresbericht 2017, S. 122; Gerichtshof der Europäischen Union, Jahresbericht 2018, S. 142; Gerichtshof der Europäischen Union, Jahresbericht 2019, S. 182.
[172] Gerichtshof der Europäischen Union, Jahresbericht 2016, S. 104; Gerichtshof der Europäischen Union, Jahresbericht 2017, S. 122; Gerichtshof der Europäischen Union, Jahresbericht 2018, S. 142; Gerichtshof der Europäischen Union, Jahresbericht 2019, S. 182; Gerichtshof der Europäischen Union, Jahresbericht 2020, S. 237.
[173] Gerichtshof der Europäischen Union, Jahresbericht 2017, S. 122; Gerichtshof der Europäischen Union, Jahresbericht 2018, S. 142; Gerichtshof der Europäischen Union, Jahresbericht 2019, S. 182; Gerichtshof der Europäischen Union, Jahresbericht 2020, S. 237; Gerichtshof der Europäischen Union, Jahresbericht 2021, S. 238, 255.
[174] Gerichtshof der Europäischen Union, Jahresbericht 2018, S. 142; Gerichtshof der Europäischen Union, Jahresbericht 2019, S. 182; Gerichtshof der Europäischen Union, Jahresbericht 2020, S. 237; Gerichtshof der Europäischen Union, Jahresbericht 2021, S. 238, 255.
[175] Gerichtshof der Europäischen Union, Jahresbericht 2019, S. 182; Gerichtshof der Europäischen Union, Jahresbericht 2020, S., 237; Gerichtshof der Europäischen Union, Jahresbericht 2021, S. 238, 255.
[176] Gerichtsof der Europäischen Union, Jahresbericht 2020, S. 237; Abweichend davon Gerichtshof der Europäischen Union, Jahresbericht 2021, S. 238, 255 (15,9 Monate).
[177] Gerichtsof der Europäischen Union, Jahresbericht 2021, S. 238, 255.
[178] Gerichtshof der Europäischen Union, Pressemitteilung Nr. 42/23 vom 3. März 2023.
[179] Jokisch, Gemeinschaftsrecht und Strafverfahren, 2000, S. 197; Satzger, Die Europäisierung des Strafrechts, 2001, S. 666 f.
[180] Hecker, Europäisches Strafrecht, 6. Aufl. 2021, Kapitel 6 Rn. 21; Wolter, Vorabentscheidungsverfahren und Beschleunigungsgebot in Strafsachen, 2011, S. 228.
[181] BGH 26.6.1996 – 3 StR 199/95, NJW 1996, 2739; zu dem Vorschlag, einen strafrechtlichen Spruchkörper des Gerichtshofs zu errichten, wodurch zur beschleunigten Entscheidungsfindung beigetragen werden könnte, vgl. Satzger, Die Europäisierung des Strafrechts, 2001, S. 669.

Entscheidung der in Art. 108 EuGHVfO bezeichneten Kammer über die Dringlichkeit (Art. 108 EuGHVfO) durchzuführenden **Eilvorabentscheidungsverfahrens** zum 1. März 2008 realisiert eine weitere Möglichkeit zur Verfahrensbeschleunigung und zur Effektivierung des Rechtsschutzes in der Europäischen Union.[182] Die Restriktion des Anwendungsbereichs auf Vorlagefragen, die Auslegung oder Gültigkeit der Art. 67–89 AEUV einschließlich des hieraus abgeleiteten Unionsrechts (Art. 23a EuGH-Satzung; Art. 107 EuGHVfO) betreffen, sowie die Abhängigkeit von der Beurteilung der „Dringlichkeit" durch den Gerichtshof stehen jedoch einer Auflösung des Konflikts der Vorlage an den Gerichtshof mit dem Beschleunigungsgebot letztlich im Wege.[183]

cc) Aussetzung des Strafverfahrens. Wenn sich ein Strafgericht zur Vorlage an den Gerichtshof entschließt, stellt sich die Frage, ob es das Strafverfahren aussetzt. Im Hinblick darauf, dass das Vorlageverfahren inhaltlich eine große Ähnlichkeit zu dem Verfahren nach Art. 100 GG aufweist,[184] liegt es nahe, das Strafverfahren mit der Mitteilung der Vorlagefrage an den Gerichtshof auszusetzen. Eine ausdrückliche Regelung, nach der die Aussetzung erfolgen kann, fehlt jedoch in der Strafprozessordnung. § 262 Abs. 2 StPO, der die Aussetzung bei der Klärung zivilrechtlicher Vorfragen regelt, kann nicht direkt angewendet werden, weil die Vorlagefrage keine Klärung eines außerstrafrechtlichen Rechtsverhältnisses darstellt.[185] Für eine **analoge Anwendung des § 262 Abs. 2 StPO**[186] spricht, dass diese Vorschrift über ihren Wortlaut hinaus auf verwaltungs-, finanz-, arbeits- und sozialrechtliche Vorfragen erstreckt wird[187] und eine Erstreckung dieser Regelung für tatsächliche Rechtsverhältnisse auch auf Rechtsfragen angesichts der vergleichbaren Rechtsfolgen geboten ist, um die planwidrige Regelungslücke zu schließen, die bei der Schaffung der Strafprozessordnung noch nicht vorhersehbar war. Allerdings stellt § 262 Abs. 2 StPO die Aussetzung in das Ermessen des Gerichts, so dass die h. M. für entscheidungserhebliche Vorfragen, weil diese nur vom Gerichtshof mit bindender Wirkung entschieden werden können, entgegen dem Gesetzeswortlaut eine Rechtspflicht bejaht.[188] Aus diesem Grund ist es vorzugswürdig, die Vorlage an den Gerichtshof als **Aussetzungsgrund sui generis** anzusehen.[189] Im Ergebnis besteht jedenfalls Einigkeit, dass im Falle der Vorlage eine Aussetzung des Strafverfahrens möglich und erforderlich ist. Wenn beim Gerichtshof bereits ein Vorabentscheidungsverfahren anhängig ist, das die gleiche Rechtsfrage betrifft, kann das Strafverfahren ohne gleichzeitige Vorlage an den Gerichtshof ausgesetzt werden.[190]

dd) Erfordernis eines einheitlichen Beschlusses über die Aussetzung des Strafverfahrens und die Vorlage an den Gerichtshof. Die Aussetzung des Strafverfahrens und die Vorlage an den Gerichtshof ergehen in einem **einheitlichen Beschluss,** den das Gericht – ebenso wie bei Art. 100 GG – in voller Besetzung zu treffen hat. Die Entscheidung hierüber liegt in der alleinigen Zuständigkeit des Gerichts. Die Parteien haben kein formelles Antragsrecht und können auch nicht auf die Vorlage verzichten;[191] sie können eine Vorlage lediglich anregen, ohne dass diese Anregung für den nationalen Richter verbindlich ist. Die Vorlage wird dem Gerichtshof von dem nationalen Gericht direkt zugeleitet.[192]

---
[182] Wolter, Vorabentscheidungsverfahren und Beschleunigungsgebot in Strafsachen, 2011, S. 204.
[183] Eing. zur Kritik des Eilvorabentscheidungsverfahrens Wolter, Vorabentscheidungsverfahren und Beschleunigungsgebot in Strafsachen, 2011, S. 151 ff.
[184] Satzger, Die Europäisierung des Strafrechts, 2001, S. 659 mwN.
[185] Vgl. Stuckenberg in Löwe-Rosenberg, StPO, Bd. 7, 27. Aufl. 2020, StPO § 262 Rn. 43.
[186] So insbesondere Jokisch, Gemeinschaftsrecht und Strafverfahren, 2000, S. 180.
[187] Beckemper in Gercke/Temming/Zöller, Strafprozessordnung, 7. Aufl. 2023, StPO § 262 Rn. 1.
[188] Schmitt in Meyer-Goßner/Schmitt, Strafprozessordnung, 66. Aufl. 2023, StPO § 262 Rn. 11 mwN.
[189] Vgl. Dauses, Das Vorabentscheidungsverfahren nach Art. 177 EG-Vertrag, 2. Aufl. 1995, S. 95 f.; zust. Satzger, Die Europäisierung des Strafrechts, 2001, S. 661 Fn. 2773.
[190] OLG Düsseldorf 2.12.1992 – 18 W 58/92, NJW 1993, 1661; krit. dazu Heß ZZP 108 (1995), 59 (59).
[191] BVerfG 22.10.1986 – 2 BvR 197/83, BVerfGE 73, 339 (369) = NJW 1987, 577 – Solange II.
[192] Voß EuR 1986, 95 (98).

64 Der Vorlagebeschluss ist – ebenso wie im Verfahren nach Art. 100 GG – zu **begründen**.[193] Das Gericht muss insbesondere darlegen, weshalb die in Betracht gezogene Auslegung des Unionsrechts entscheidungserheblich ist. Dabei ist die Vorlagefrage abstrakt zu fassen, da der Gerichtshof nicht den konkreten Rechtsstreit entscheidet. Jedoch muss der Gerichtshof in tatsächlicher und rechtlicher Hinsicht soweit über den Ausgangsfall informiert werden, dass er die vorgelegte Frage erschöpfend beantworten kann.

65 **ee) Möglichkeit der Aussetzung des Vorabentscheidungsverfahrens und der Aufhebung des Vorlagebeschlusses.** Das vorlegende Gericht kann jederzeit die Aussetzung des Vorabentscheidungsverfahrens beantragen oder den Vorlagebeschluss aufheben. In letzterem Falle wird das Verfahren vor dem Gerichtshof hinfällig. Weiterhin endet das Verfahren, wenn der Gerichtshof eine Sachentscheidung trifft oder die Vorlage als unzulässig zurückweist.

66 **b) Vorlageverfahren im Ermittlungsverfahren. aa) Vorlage durch den Ermittlungsrichter.** Das Ermittlungsverfahren wird von der Staatsanwaltschaft geführt. Sie ist „Herrin des Ermittlungsverfahrens".[194] Jedoch ist sie nicht zur Vorlage an den Gerichtshof berechtigt (→ Rn. 54 f.). Daher kommt eine Vorlage an den Gerichtshof nur ausnahmsweise in Betracht, wenn nämlich ein Gericht bereits im Ermittlungsverfahren eine Entscheidung trifft und dabei unionsrechtliche Vorgaben zu berücksichtigen sind. Gerichtliche Entscheidungen im Ermittlungsverfahren sind bei **Grundrechtseingriffen** wie der Durchsuchung, Beschlagnahme, Telekommunikationsüberwachung, Verhängung der Untersuchungshaft etc. erforderlich. In diesen Fällen müssen die Ermittlungsmaßnahmen vom Richter genehmigt werden, weil sie besonders schwerwiegend sind.[195] Die Tatsache, dass diese richterlichen Entscheidungen nicht in einem streitigen Gerichtsverfahren ergehen, ist für die Vorlageberechtigung bzw. -verpflichtung irrelevant, da es nach Auffassung des Gerichtshofs auf die Verfahrensart nicht ankommt (→ Rn. 55). Es reicht aus, dass sich bei der Anwendung prozessualer Zwangsmittel eine Frage nach der Auslegung des Unionsrechts als entscheidungsrelevant erweist.

67 **bb) Eilbedürftigkeit der richterlichen Entscheidung.** Einer **Vorlage im Ermittlungsverfahren** wird in der Regel die Eilbedürftigkeit der Entscheidung entgegenstehen, da die meisten Grundrechtseingriffe im Zusammenhang mit Ermittlungsmaßnahmen keinen Aufschub dulden und deshalb auch keine Aussetzung des Ermittlungsverfahrens erlauben. Wenn aber der Eingriff zunächst vorgenommen wird, bevor der Gerichtshof Gelegenheit zur Entscheidung hatte, kann der Eingriff im Nachhinein nicht mehr rückgängig gemacht werden. Außerdem ist zu berücksichtigen, dass in der dem Ermittlungsverfahren nachfolgenden Hauptverhandlung nur über die Strafbarkeit oder Straflosigkeit, nicht aber über die Rechtmäßigkeit der Ermittlungsmaßnahmen entschieden wird. Allenfalls im Rahmen eventuell eingreifender Beweisverwertungsverbote, die sich aus der Rechtswidrigkeit der Beweisaufnahme ergeben können,[196] wird noch über die Rechtmäßigkeit der Grundrechtseingriffe entschieden. Daher stellt sich die Frage, wie der Eilbedürftigkeit der

---

[193] Str., da nicht ausdrücklich vorgeschrieben, vgl. Stuckenberg in Löwe-Rosenberg, StPO, Bd. 7, 27. Aufl. 2020, StPO § 262 Rn. 49; Gaitanides in von der Groeben/Schwarze/Hatje AEUV Art. 267 Rn. 47 ff. mwN.

[194] Schmitt in Meyer-Goßner/Schmitt, Strafprozessordnung, 66. Aufl. 2023, StPO Einl. Rn. 60; Beulke/Swoboda, Strafprozessrecht, 16. Aufl. 2022, Rn. 480; Ranft, Strafprozeßrecht, 3. Aufl. 2005, Rn. 200 f.; Roxin/Schünemann, Strafverfahrensrecht, 30. Aufl. 2022, § 4 Rn. 3; Schroeder/Verrel, Strafprozessrecht, 8. Aufl. 2022, Rn. 68, 95; Volk/Engländer, Grundkurs StPO, 10. Aufl. 2021, § 8 Rn. 1.

[195] Vgl. nur Ranft, Strafprozeßrecht, 3. Aufl. 2005, Rn. 599 f.; Roxin/Schünemann, Strafverfahrensrecht, 30. Aufl. 2022, § 29 Rn. 7.

[196] Schmitt in Meyer-Goßner/Schmitt, Strafprozessordnung, 66. Aufl. 2023, StPO Einl. Rn. 55; Beulke/Swoboda, Strafprozessrecht, 16. Aufl. 2022, Rn. 702 ff.; Ranft, Strafprozeßrecht, 3. Aufl. 2005, Rn. 1607; Roxin/Schünemann, Strafverfahrensrecht, 30. Aufl. 2022, § 24 Rn. 13 ff.; Schroeder/Verrel, Strafprozessrecht, 8. Aufl. 2022, Rn. 111 ff.; Volk/Engländer, Grundkurs StPO, 10. Aufl. 2021, § 28 Rn. 4 f.

richterlichen Entscheidung Rechnung zu tragen ist. Hierbei muss danach differenziert werden, ob die Vorlage an den Gerichtshof im Ermessen des Gerichts steht, das entscheidende Gericht mithin zur Vorlage berechtigt ist, oder ob es hierzu verpflichtet ist (→ Rn. 56).

(1) Vorlageermessen. Wenn die Vorlage an den Gerichtshof im Ermessen des Gerichts **68** steht, schließt die Eilbedürftigkeit nach hM[197] eine Vorlage nicht aus, weil nur so dem Bedürfnis nach einheitlicher Anwendung des Unionsrechts in den Mitgliedstaaten Rechnung getragen werden kann[198] und der Verfahrensgegenstand im Hauptverfahren ein anderer ist.[199] Wenn man gleichwohl eine Vorlageberechtigung verneinte, würden wichtige Rechtsbereiche wie die Rechtmäßigkeit und Dauer der Untersuchungshaft, die im Hauptverfahren nur noch eine geringe Rolle spielen, von der Vorlage an den Gerichtshof letztlich ausgenommen. Allein die Eilbedürftigkeit des Ermittlungsverfahrens stellt damit keine ausreichende Grundlage für eine Beschränkung der Vorlagebefugnis des Art. 267 AEUV dar. Vielmehr steht dem nationalen Richter die Vorlagebefugnis auch im Ermittlungsverfahren zu, wenn er dies für erforderlich hält. Wenn allerdings das Ermittlungsverfahren – ebenso wie das Zwischen- und Hauptverfahren – ausgesetzt und bis zur Beantwortung der vorgelegten Frage durch den Gerichtshof keine weitere Entscheidung getroffen wird, verliert die Ermittlungsmaßnahme in der Regel ihre praktische Bedeutung. Denn selbst eine Entscheidung im abgekürzten Verfahren nach Art. 39 EuGH-Satzung würde mehrere Wochen oder Monate in Anspruch nehmen und damit zu lange dauern. Deshalb kann das Ermittlungsverfahren – anders als das Hauptverfahren – nicht bis zur Beantwortung der vorgelegten Frage durch den Gerichtshof ausgesetzt werden. Vielmehr muss der Ermittlungsrichter über die Ermittlungsmaßnahme wie die Durchsuchung, Beschlagnahme, Telekommunikationsüberwachung etc. oder die Verhängung der Untersuchungshaft selbst sofort entscheiden. Hierbei hat er seine eigene Auslegung des Unionsrechts zugrunde zu legen. Dies bedeutet, dass im Ermittlungsverfahren die **Eilbedürftigkeit grundsätzlich Vorrang vor dem Abwarten der Entscheidung in dem Vorlageverfahren** hat.

Damit stellt sich aber die Frage, ob der Gerichtshof seine Zuständigkeit verliert, wenn die **69** konkrete Ermittlungsmaßnahme in einem Strafverfahren bereits durchgeführt worden ist. Nach der Rechtsprechung des Gerichtshofs entfällt seine Zuständigkeit, wenn das Ausgangsverfahren vor dem nationalen Richter abgeschlossen ist.[200] Dies ist jedoch noch nicht der Fall, wenn der konkrete Eingriff durchgeführt und abgeschlossen ist. Vielmehr ist zu berücksichtigen, dass der konkrete Eingriff, den die Ermittlungsmaßnahme bedeutet, der Durchführung des Strafverfahrens insgesamt dient und deshalb das Ausgangsverfahren erst **mit Vorliegen eines rechtskräftigen Urteils beendet** ist.[201] Gleichwohl bestehen Bedenken, das Vorliegen eines gerichtlichen Verfahrens allein deshalb zu bejahen, weil im staatsanwaltschaftlichen Ermittlungsverfahren eine punktuelle Zuständigkeit des Gerichts besteht. Denn das Hauptverfahren ist noch nicht eröffnet. Hier ist es notwendig, von dem Erfordernis eines anhängigen Verfahrens im gerichtlichen Sinne abzusehen, um den Besonderheiten der nationalen Verfahrensordnungen Rechnung zu tragen. Ansonsten läge es in der Hand der Mitgliedstaaten, durch eine Übertragung der Ermittlungsbefugnisse vom

---

[197] Gaitanides in von der Groeben/Schwarze/Hatje AEUV Art. 267 Rn. 55; v. Fragstein, Die Einwirkungen des EG-Rechts auf den vorläufigen Rechtsschutz nach deutschem Verwaltungsrecht, 1997, S. 141.
[198] EuGH 24.5.1977 – C-107/76, ECLI:EU:C:1977:89 Rn. 4 f., Slg. 1977, 957 Rn. 4 f. = BeckRS 2004, 70676 – Hoffmann-La Roche/Centrafarm; vgl. EuGH 27.10.1982 – verb. Rs. C-35/82, C-36/85, ECLI:EU:C:1982:368 Rn. 8, Slg. 1982, 3723 Rn. 8 = BeckRS 2004, 70935 – Morson and Jhanjan/Staat der Niederlanden.
[199] Jokisch, Gemeinschaftsrecht und Strafverfahren, 2000, S. 187.
[200] EuGH 21.4.1988 – C-338/85, ECLI:EU:C:1988:194 Rn. 11, Slg. 1988, 2041 Rn. 11 = BeckRS 2004, 70863 – Pardini/Ministero del commercio con l'estero; EuGH 4.10.1991 – C-159/90, ECLI:EU:C:1991:378 Rn. 12, Slg. 1991, I-4685 Rn. 12 = NJW 1993, 776 – Society for the Protection of Unborn Children Ireland/Grogan ua.
[201] Jokisch, Gemeinschaftsrecht und Strafverfahren, 2000, S. 189.

juge d'instruction (Ermittlungsrichter) auf die Staatsanwaltschaft die Durchführung eines Vorlageverfahrens für bestimmte Rechtsbereiche und Fragestellungen generell auszuschließen.

70   Wenn der Gerichtshof somit erst nach Durchführung der Ermittlungsmaßnahme über die Vorfrage entscheidet, kann diese Entscheidung nicht mehr bei der Ermittlungshandlung berücksichtigt werden. Lediglich wenn über die Rechtsfolge einer rechtswidrigen Ermittlungshandlung entschieden werden muss, weil sich die Frage nach einem **Beweisverwertungsverbot**, einer **Entschädigung für Strafverfolgungsmaßnahmen** nach §§ 2, 4 StrEG[202] oder den **allgemeinen Regeln der Staatshaftung** stellt, ist die Würdigung des unionsrechtswidrigen Handelns im nationalen Strafverfahren erforderlich.

71   **(2) Vorlagepflicht.** Ein Entscheidungsmonopol des Gerichtshofs besteht, wenn es nicht um Auslegungsfragen, sondern um die auch für unterinstanzliche Gerichte bestehende Vorlagemöglichkeit in **Gültigkeitsfragen** geht.[203] In diesen Fällen ist die Vorlage an den Gerichtshof grundsätzlich verpflichtend. Der Gerichtshof sieht die nationalen Gerichte auch in vorläufigen Verfahren zur Vorlage verpflichtet an, wenn sie bezüglich der Gültigkeit entscheidungserheblichen Unionsrechts erhebliche Zweifel haben.[204] Die unterinstanzlichen Gerichte dürfen bei Gültigkeitsfragen – anders als bei Auslegungsfragen – bei der Entscheidungsfindung nicht ihre eigene Beurteilung der Gültigkeit des Unionsrechts zugrunde legen.[205] Damit entsteht aber ein Spannungsverhältnis zwischen dem Schutz der Unionsrechtsordnung durch Beachtung des Verwerfungsmonopols des Gerichtshofs[206] und der Eilbedürftigkeit des Ermittlungsverfahrens.

72   Im Kontext des vorläufigen Rechtsschutzes knüpft der Gerichtshof die Befugnis des nationalen Gerichts, die Vollziehung eines auf einem europäischen Rechtsakt beruhenden nationalen Verwaltungsakts auszusetzen, an Prämissenbündel an und betrachtet sie lediglich dann als gegeben, wenn das nationale Gericht erhebliche Zweifel an der Gültigkeit des Rechtsakts hat und die Frage dieser Gültigkeit, sofern der Gerichtshof mit ihr noch nicht befasst ist, diesem selbst vorlegt, wenn die Entscheidung dringlich ist und dem Antragsteller ein schwerer und nicht wiedergutzumachender Schaden droht, wenn dem fraglichen Rechtsakt nicht jede praktische Wirksamkeit genommen wird, wenn er nicht sofort angewandt wird sowie wenn das nationale Gericht bei der Prüfung aller dieser Voraussetzungen die Entscheidungen des Gerichtshofs oder des Gerichts über die Rechtmäßigkeit des Rechtsakts oder einen Beschluss im Verfahren des vorläufigen Rechtsschutzes betreffend gleichartige einstweilige Anordnungen auf europäischer Ebene beachtet.[207] Soweit dies damit begründet wird, dass der Individualrechtsschutz gefährdet wäre, wenn der Verwaltungsakt erst ausgesetzt würde, nachdem der Gerichtshof die Ungültigkeit des Rechtsakts festgestellt hat, und somit einen nationalen Verfahrenszweck – das Individualrechtsschutz-

---

[202] Gesetz über die Entschädigung für Strafverfolgungsmaßnahmen (StrEG) vom 8. März 1971, BGBl. 1971 I 157, zuletzt geändert durch Art. 1 des Dritten Gesetzes zur Änderung des Gesetzes über die Entschädigung für Strafverfolgungsmaßnahmen (StrEG) vom 30. September 2020, BGBl. 2020 I 2049.
[203] Streinz EuropaR Rn. 704.
[204] EuGH 21.2.1991 – verb. Rs. C-143/88, C-92/89, ECLI:EU:C:1991:65, Slg. 1991, I-415 = NVwZ 1991, 460 – Zuckerfabrik Süderdithmarschen und Zuckerfabrik Soest/Hauptzollamt Itzehoe und Hauptzollamt Paderborn.
[205] Vgl. EuGH 22.10.1987 – C-314/85, ECLI:EU:C:1987:452 Rn. 20, Slg. 1987, 4199 Rn. 20 = NJW 1988, 1451 – Foto-Frost/Hauptzollamt Lübeck-Ost.
[206] Dazu EuGH 22.10.1987 – C-314/85, ECLI:EU:C:1987:452, Slg. 1987, 4199 = NJW 1988, 1451 – Foto-Frost/Hauptzollamt Lübeck-Ost.
[207] EuGH 21.2.1991 – verb. Rs. C-143/88, C-92/89, ECLI:EU:C:1991:65 Rn. 21 ff., 33, Slg. 1991, I-415 Rn. 21 ff., 33 = NVwZ 1991, 460 – Zuckerfabrik Süderdithmarschen und Zuckerfabrik Soest/Hauptzollamt Itzehoe und Hauptzollamt Paderborn; EuGH 9.11.1995 – C-465/93, ECLI:EU:C:1995:369 Rn. 30 ff., 51, Slg. 1995, I-3761 Rn. 30 ff., 51 = NJW 1996, 1333 – Atlanta Fruchthandelsgesellschaft ua (I)/Bundesamt für Ernährung und Forstwirtschaft; EuGH 17.7.1997 – C-334/95, ECLI:EU:C:1997:378 Rn. 43 ff., Slg. 1997, I-4517 Rn. 43 ff. = BeckRS 2004, 76518 – Krüger/Hauptzollamt Hamburg-Jonas; EuGH 6.12.2005 – C-461/03, ECLI:EU:C:2005:742 Rn. 17 ff., Slg. 2005, I-10513 Rn. 17 ff. = BeckRS 2005, 70935 – Gaston Schul Douane-expediteur.

bedürfnis – berücksichtigt, kann der Verfahrenszweck des strafrechtlichen Ermittlungsverfahrens ebenfalls berücksichtigt werden. Daher kann die **Effektivität der Strafrechtspflege** es rechtfertigen, dass ein nationales Gericht einen europäischen Rechtsakt als ungültig behandelt, sofern die Entscheidung für das Ermittlungsverfahren dringlich und unerlässlich ist.[208]

3. Überprüfung des Vorabentscheidungsverfahrens nach dem Rechtsmittelsystem der Strafprozessordnung. Weiterhin stellt sich die Frage, ob der Beschuldigte das Vorlageersuchen eines nationalen Strafgerichts und den Aussetzungsbeschluss anfechten kann. Da Art. 267 AEUV eine Anfechtung des Vorlageersuchens und der Aussetzung nach nationalem Recht nicht ausschließt, bestimmt sich die Anfechtbarkeit allein nach **nationalem Verfahrensrecht**.[209] Hiervon bleibt die Kompetenz des Gerichtshofs, über die Gültigkeit oder Auslegung des Unionsrechts zu entscheiden, unberührt.

a) Fehlende Anfechtbarkeit des Vorlagebeschlusses. Die hM in Rechtsprechung und Schrifttum lehnt die Anfechtbarkeit mittels Beschwerde gegen ein Vorabentscheidungsersuchen gemäß Art. 267 Abs. 2 AEUV ab.[210] Speziell aus strafprozessualer Sicht wird mehrheitlich befürwortet, dass Aussetzungsbeschlüsse wegen ihres das Urteil vorbereitenden Charakters stets der Beschwerde entzogen und damit nicht anfechtbar sind (§ 305 StPO).[211] Daher besteht im Strafverfahren keine Möglichkeit, gegen den Aussetzungs- und Vorlagebeschluss im Falle der Vorlage an den Gerichtshof vorzugehen.[212] Ebenso wenig kann ein Beschluss, der die Aussetzung und damit die Vorlage an den Gerichtshof ablehnt, gemäß § 305 StPO mit der Beschwerde angefochten werden. Eine unterlassene Vorlage und Aussetzung des Verfahrens kann daher nur im Wege des Rechtsmittels gegen die Endentscheidung angefochten werden.[213]

b) Anfechtung der unterlassenen Vorlage im Revisionsverfahren. Das Unionsrecht unterliegt als innerstaatlich unmittelbar geltendes Recht auch im strafrechtlichen Revisionsverfahren einer gerichtlichen Kontrolle. Die Rechtsverletzung ist durch die Sachrüge geltend zu machen.[214] Dabei ist zwischen dem Vorlagerecht in Fragen der Auslegung des Unionsrechts und der Vorlagepflicht in Fragen der Gültigkeit des Unionsrechts zu unterscheiden.

aa) Auslegungsfragen. Soweit die Auslegung des Unionsrechts in Frage steht, ist das Instanzgericht gemäß Art. 267 Abs. 2 AEUV nicht zur Vorlage verpflichtet, sondern kann nach eigenem Ermessen hierüber entscheiden. Jedoch steht den Prozessbeteiligten Anspruch auf **ermessensfehlerfreie Entscheidung über die Vorlage** zu. Vor dem Hintergrund, dass die Ablehnung der Aussetzung nach den allgemeinen Regeln lediglich bei rechtsfehlerhafter oder willkürlicher Ermessensausübung angreifbar ist, ist die Aussicht auf Erfolg einer revisionsrechtlichen Überprüfung des Vorlageermessens in den Fällen fakultativer Vorlage in der Praxis als gering einzuschätzen.[215]

bb) Gültigkeitsfragen. Steht die Gültigkeit einer Unionsnorm in Frage, weil zB ein Blankettstrafgesetz eine unionsrechtliche Verbotsnorm in Bezug nimmt, trifft nicht nur das

---
[208] Jokisch, Gemeinschaftsrecht und Strafverfahren, 2000, S. 193.
[209] EuGH 16.6.1970 – C-31/68, ECLI:EU:C:1970:52, Slg. 1970, 404 = BeckRS 2004, 73126 – Chanel/Cepeha.
[210] Vgl. zu Art. 177 Abs. 2 EWGV BFH 27.1.1981 – VII B 56/80, BFHE 132, 217 = BeckRS 1981, 22005616; Goose RIW/AWD 1975, 660 (661 ff.); Riegel DVBl 1978, 469 (477); zu Art. 177 EGV-Maastricht aA Pfeiffer NJW 1994, 1996 (2000 ff.).
[211] Becker in Löwe-Rosenberg, StPO, Bd. 6, 27. Aufl. 2020, StPO § 228 Rn. 40; a. A. Deiters/Albrecht in SK-StPO, Bd. IV, 5. Aufl. 2015, StPO § 228 Rn. 21 mwN.
[212] Stuckenberg in Löwe-Rosenberg, StPO, Bd. 7, 27. Aufl. 2020, StPO § 262 Rn. 58.
[213] Becker in Löwe-Rosenberg, StPO, Bd. 6, 27. Aufl. 2019, StPO § 228 Rn. 43.
[214] Jokisch, Gemeinschaftsrecht und Strafverfahren, 2000, S. 199.
[215] Jokisch, Gemeinschaftsrecht und Strafverfahren, 2000, S. 199 f. mwN.

letztinstanzliche, sondern jedes Strafgericht die Pflicht zur Vorlage.[216] Verzichtet es hierauf, so kann darin eine Verletzung des Gesetzes liegen, die einen relativen Revisionsgrund (§ 337 StPO) darstellt. Als Gesetz im strafprozessualen Sinne (§ 7 EGStPO[217]) ist jede Rechtsnorm anzusehen. Hierzu gehören auch ausländische Rechtsnormen, soweit sie im Inland Wirkungen entfalten,[218] sowie Normen des Unionsrechts, denen Vorrang vor dem nationalen Recht zukommt. Daher kann ein Verstoß gegen die Aussetzungs- und Vorlagepflicht im Wege der **Revision** gerügt werden.[219] Hierbei handelt es sich nicht um einen absoluten Revisionsgrund iSd § 338 Nr. 8 StPO, denn das Vorlageverfahren dient der objektiven Klärung von Rechtsfragen und nicht der Verteidigung des Angeklagten.[220] Daher kann allein die **Verfahrensrüge** gemäß § 337 StPO erhoben werden, die nur dann Erfolg hat, wenn das Urteil auf der Verletzung der Vorlagepflicht beruht. Dies ist der Fall, wenn nicht ausgeschlossen werden kann, dass die Verurteilung des Angeklagten auf diesem Verfahrensfehler beruht.[221] Hierfür reicht die Möglichkeit, dass durch die unterlassene Vorlage ein relevanter rechtlicher Gesichtspunkt keine Berücksichtigung gefunden hat, bereits aus. Dies wird in Gültigkeitsfragen in der Regel der Fall sein, so dass die Revision begründet ist.[222]

78 Voraussetzung der Reversibilität ist nicht, dass der Angeklagte die Durchführung des Vorabentscheidungsverfahrens beantragt oder dessen Nichtdurchführung gerügt hat. Denn der Verlust von Verfahrensrügen durch Verzicht oder Verwirkung ist nur in engen Grenzen möglich.[223] Nicht die Prozessbeteiligten, sondern die Strafgerichte trifft die Verantwortung für ein einwandfreies Verfahren. Insbesondere im Zusammenhang mit der Durchführung des Vorlageverfahrens dürfen den **Parteien keine Mitwirkungspflichten** auferlegt werden, da die Entscheidung darüber, ob im Prozess eine Frage dem Gerichtshof vorgelegt werden soll oder nicht, ausschließlich beim Gericht liegt. Wenn jedoch den Prozessbeteiligten keine Mitwirkungsrechte bei der Entscheidung über die Durchführung des Vorabentscheidungsverfahrens zustehen, darf sie bei der revisionsrechtlichen Würdigung der unterlassenen Vorlage kein Vorwurf einer unterlassenen Mitwirkung treffen.[224] Die unterlassene obligatorische Vorlage stellt somit einen Revisionsgrund dar, ohne dass die Vorlage durch die Beteiligten im vorherigen Verfahren geltend gemacht worden sein müsste.

79 c) Berücksichtigung des Vorabentscheidungsverfahrens bei der Entscheidung über die Nichtannahme der Berufung oder Revision. aa) Entscheidung über die Nichtannahme der Berufung. Gegen erstinstanzliche Urteile des Amtsgerichts kann gemäß § 312 StPO Berufung eingelegt werden. Lediglich für Bagatellfälle – die Verwirkung von geringen Geldstrafen und Geldbußen – ist nach § 313 Abs. 1 S. 1, 2 StPO vorgesehen, dass das Berufungsgericht die Annahme des Rechtsmittels ablehnen kann, wenn dieses „offensichtlich unbegründet" ist (§ 313 Abs. 2 S. 1 StPO).[225] In letzteren Fällen kann sich eine Kollision zwischen einem Vorabentscheidungsverfahren und der Annahmebedürftigkeit des nationalen Rechtsmittels ergeben, da während dem Amtsgericht als erstinstanzlichem Gericht in unionsrechtlichen Auslegungsfragen keine Verpflichtung

---

[216] Jokisch, Gemeinschaftsrecht und Strafverfahren, 2000, S. 200; Hecker, Europäisches Strafrecht, 6. Aufl. 2021, Kapitel 6 Rn. 6.
[217] Einführungsgesetz zur Strafprozeßordnung (EGStPO) vom 1. Februar 1877, RGBl. 1877 346, zuletzt geändert durch Art. 6a, 6b des Gesetzes zur Stärkung des Schutzes der Bevölkerung und insbesondere vulnerabler Personengruppen vor COVID-19 vom 16. September 2022, BGBl. 2022 I 1454.
[218] Franke in Löwe-Rosenberg, StPO, Bd. 7/2, 26. Aufl. 2013, StPO § 337 Rn. 8.
[219] Stuckenberg in Löwe-Rosenberg, StPO, Bd. 7, 27. Aufl. 2020, StPO § 262 Rn. 62.
[220] Jokisch, Gemeinschaftsrecht und Strafverfahren, 2000, S. 201.
[221] Vgl. BGH 2.10.1951 – 1 StR 434/51, BGHSt 1, 346 (350) = NJW 1952, 192; BGH 15.11.1968 – 4 StR 190/68, BGHSt 22, 278 (280) = NJW 1969, 473.
[222] Jokisch, Gemeinschaftsrecht und Strafverfahren, 2000, S. 201.
[223] Schmitt in Meyer-Goßner/Schmitt, Strafprozessordnung, 66. Aufl. 2023, StPO § 337 Rn. 41, 42.
[224] Jokisch, Gemeinschaftsrecht und Strafverfahren, 2000, S. 201 f.
[225] Eing. zur Annahmeberufung Fezer NStZ 1995, 265 (265 ff.).

zur Vorlage auferlegt ist, nimmt es im Falle der späteren Nichtannahme der Berufung durch das Berufungsgericht nachträglich die Position einer letzten Instanz ein, die zur Vorlage verpflichtet gewesen wäre.[226] Im Ergebnis würde daher ein nicht vorlagewilliges Berufungsgericht über die Möglichkeit verfügen, durch die Nichtannahme der Berufung die Erfüllung der Vorlagepflicht zu verhindern.

Bei noch klärungsbedürftigen Fragen des Unionsrechts führt die Nichtannahme der Berufung zu einer Gefährdung der im Unionsrecht begründeten Rechte, da offen bleibt, ob das Amtsgericht das Unionsrecht eigenmächtig zum Nachteil eines Verfahrensbeteiligten ausgelegt hat.[227] Wenn das Amtsgericht von einer bestehenden Rechtsprechung des Gerichtshofs zum Nachteil des Angeklagten abweicht, liegt sogar eine über eine bloße Gefährdung hinausgehende Beeinträchtigung der Rechte des Angeklagten vor.[228] Angesichts der umfassenden Prüfungspflicht des Berufungsgerichts kommt es auch in diesem Kontext nicht darauf an, ob die Verletzung von Unionsrecht gerügt worden ist. Um diesem Umstand Rechnung zu tragen, muss das Landgericht die Vorlagepflicht nach Art. 267 Abs. 3 AEUV bei der Zulassung des Rechtsmittels in der Form berücksichtigen, dass es die Berufung in der Regel anzunehmen hat.[229] Dies bedeutet, dass immer dann, wenn im Rechtsmittelverfahren die Vorlage an den Gerichtshof erforderlich ist, von der „grundsätzlichen Bedeutung" einer Rechtssache auszugehen ist. Die grundsätzliche Bedeutung resultiert in diesen Fällen aus der Verpflichtung der Mitgliedstaaten, alle Maßnahmen, welche die Verwirklichung der Ziele der Union gefährden könnten, zu unterlassen (Art. 4 Abs. 3 UAbs. 3 Alt. 2 EUV; Art. 10 Abs. 2 EGV-Nizza; Art. 10 Abs. 2 EGV-Amsterdam; Art. 5 Abs. 2 EGV-Maastricht; Art. 5 Abs. 2 EWGV), die Vorlageverpflichtung gemäß Art. 267 Abs. 3 AEUV zu respektieren und dem Betroffenen den Weg zu seinem gesetzlichen Richter offen zu halten.[230] Daher ist das Merkmal der **„offensichtlichen Unbegründetheit" unionsrechtskonform** dahingehend **auszulegen,** dass eine noch offene Vorlagefrage an den Gerichtshof die „offensichtliche Unbegründetheit" der Berufung ausschließt. Nur auf diese Weise kann die Erfüllung der Vorlagepflicht des Art. 267 Abs. 3 AEUV sichergestellt und der Bedeutung des Unionsrechts Rechnung getragen werden.[231]

Die Entscheidung über die Annahme der Berufung ergeht durch Beschluss des Berufungsgerichts (§ 322 Abs. 1 S. 2 HS. 2 StPO), der begründet werden muss, wenn die Berufung abgelehnt wird.[232] Die Entscheidungsgründe müssen insbesondere dann näher ausgeführt werden, wenn der Beschwerdeführer neue Tatsachen oder rechtliche Aspekte angekündigt hat, um die erstinstanzliche Feststellung zu entkräften. Da sich insoweit die Erfolgsaussichten des Verfahrens in den Anforderungen an die Begründung widerspiegeln, bedarf auch die **Berufungsablehnung** in Fällen mit europarechtlichen Bezügen einer **besonderen Begründung,** wobei auf die Verpflichtung zur Vorlage aus Art. 267 Abs. 3 AEUV näher einzugehen ist. Auf diese Weise wird sichergestellt, dass sich das Berufungsgericht tatsächlich mit dem gerügten Problemkreis auseinandergesetzt hat.[233] Wird hiergegen verstoßen, so kann nur mittels einer **Verfassungsbeschwerde** nach Art. 93 Abs. 1 Nr. 4a GG iVm §§ 13 Nr. 8a, 90 ff. BVerfGG[234] vorgegangen werden.

bb) Entscheidung über die Nichtannahme der Revision. Für die Regelung des § 349 Abs. 2 StPO, nach der die Revision auf Antrag der Staatsanwaltschaft abgelehnt werden

---

[226] Jokisch, Gemeinschaftsrecht und Strafverfahren, 2000, S. 202.
[227] Vgl. Koch EuZW 1995, 78 (83).
[228] Jokisch, Gemeinschaftsrecht und Strafverfahren, 2000, S. 203.
[229] Vgl. zu Art. 177 Abs. 3 EGV-Maastricht Heß ZZP 108 (1995), 59 (99).
[230] Vgl. Jokisch, Gemeinschaftsrecht und Strafverfahren, 2000, S. 203.
[231] Vgl. Jokisch, Gemeinschaftsrecht und Strafverfahren, 2000, S. 203.
[232] BVerfG 18.5.1996 – 2 BvR 2847/95, NJW 1996, 2785.
[233] Jokisch, Gemeinschaftsrecht und Strafverfahren, 2000, S. 204.
[234] Gesetz über das Bundesverfassungsgericht (Bundesverfassungsgerichtsgesetz – BVerfGG) in der Fassung der Bekanntmachung vom 11.8.1993, BGBl. 1993 I 1473, zuletzt geändert durch Art. 4 des Gesetzes zur Umsetzung der Richtlinie (EU) 2016/680 im Strafverfahren sowie zur Anpassung datenschutzrechtlicher Bestimmungen an die Verordnung (EU) 2016/679 vom 20.11.2019, BGBl. 2019 I 1724.

kann, wenn sie „offensichtlich unbegründet" ist, gelten die Ausführungen zur Nichtannahme der Berufung entsprechend (→ Rn. 79 ff.). Auch die Revisionsinstanz darf nicht durch Ablehnung der Annahme des Rechtsmittels ihre Vorlagepflicht umgehen und muss deshalb die Revision stets annehmen, wenn erkennbar ist, dass in einem zukünftigen Verfahren voraussichtlich gemäß Art. 267 Abs. 3 AEUV eine Vorabentscheidung des Gerichtshofs einzuholen sein wird.

83 **d) Keine sofortige Beschwerde gegen die Ablehnung eines Rechtsmittels als „offensichtlich unbegründet".** Für die Ablehnung der Annahme der Berufung trotz der unionsrechtlichen Erfordernisse sieht die Strafprozessordnung – anders als die Verwaltungsgerichtsordnung – kein spezielles Verfahren der Nichtzulassungsbeschwerde vor, bei dem die ablehnende Entscheidung erneut überprüft werden kann. Vielmehr ist der Beschluss der Nichtannahme gemäß § 322a S. 2 StPO unanfechtbar.[235] Dies hat zur Folge, dass der Angeklagte auch im Falle einer unberechtigten Ablehnung der Berufung keine Rechtsschutzmöglichkeiten nach dem Rechtsmittelsystem der Strafprozessordnung mehr hat. Unbenommen bleibt ihm nur die Möglichkeit, im Wege einer **Verfassungsbeschwerde** nach Art. 93 Abs. 1 Nr. 4a GG iVm §§ 13 Nr. 8a, 90 ff. BVerfGG einen Entzug des gesetzlichen Richters (Art. 101 Abs. 1 S. 2 GG) zu rügen. Aus diesem Grund wird im Schrifttum die Forderung erhoben, in solchen Fällen **§ 322 Abs. 2 StPO analog** anzuwenden und die sofortige Beschwerde gemäß § 311 StPO zuzulassen, die als Instrument gegen die Verwerfung der Berufung als unzulässig durch das Berufungsgericht eingesetzt werden kann.[236] Die analoge Anwendung des § 322 Abs. 2 StPO auf die – mit dem Fall der rechtlich falschen Einstufung der Berufung vergleichbaren – Konstellation, in der das Berufungsgericht die Vorlagebedürftigkeit einer Rechtsfrage übersehen hat, ist für den Angeklagten insoweit von Bedeutung, als dadurch für einen Ausgleich von Lücken der zur Problematik des Entzugs des gesetzlichen Richters ergangenen bundesverfassungsgerichtlichen Rechtsprechung gesorgt wird.[237]

84 **e) Bindung der Tatsachengerichte an die rechtliche Beurteilung des Revisionsgerichts?** Im Falle der Aufhebung des angefochtenen Urteils durch das Revisionsgericht und der Zurückverweisung der Sache zur Entscheidung an das Instanzgericht ist letzteres nach § 358 Abs. 1 StPO an die Entscheidung des Revisionsgerichts gebunden. Sofern das Revisionsgericht jedoch in seiner Entscheidung von einer **Rechtsansicht des Gerichtshofs abweicht** oder die **Entscheidungsrelevanz** einer unionsrechtlichen Auslegungs- oder Gültigkeitsfrage **erst nach der Zurückverweisung zur erneuten Entscheidung erkannt wird,** hätte die Bindung des unterinstanzlichen Gerichts an die Entscheidung des Revisionsgerichts zur Folge, dass das Instanzgericht nicht mehr gemäß Art. 267 Abs. 2 AEUV zur Vorlage befugt wäre.[238] Die innerstaatliche Bestimmung des § 358 Abs. 1 StPO würde Art. 267 Abs. 2 AEUV durch die Bindung an die Rechtsauffassung des Rechtsmittelgerichts einschränken und damit die Kompetenz des Gerichtshofs zur letztverbindlichen Auslegung des Unionsrechts beschneiden. Vor dem Hintergrund, dass das Vorlageverfahren unterschiedliche Auslegungen des Unionsrechts verhindern soll, kann eine innerstaatliche Rechtsnorm, welche die Gerichte an die rechtliche Beurteilung eines übergeordneten Gerichts binden würde, diesen Gerichten nicht das Recht nehmen, dem Gerichtshof die Auslegungsfrage vorzulegen.[239] Etwas anderes gilt nur dann, wenn die von einem unterinstanzlichen Gericht gestellte Frage eine sachliche Identität mit einer Frage aufweist, die ein letztinstanz-

---

[235] OLG Düsseldorf 28.10.1993 – 1 Ws 979/93, StV 1994, 122.
[236] So Jokisch, Gemeinschaftsrecht und Strafverfahren, 2000, S. 205.
[237] Jokisch, Gemeinschaftsrecht und Strafverfahren, 2000, S. 205.
[238] Vgl. Jokisch, Gemeinschaftsrecht und Strafverfahren, 2000, S. 206.
[239] Vgl. EuGH 16.1.1974 – C-166/73, ECLI:EU:C:1974:3 Rn. 2 ff., Slg. 1974, 33 Rn. 2 ff. = BeckRS 1974, 106488 – Rheinmühlen Düsseldorf/Einfuhr- und Vorratsstelle für Getreide und Futtermittel; vgl. dazu Briguglio FS Habscheid, 1989, 47 (47 ff.); Rengeling Gedächtnisschrift Sasse, 1981, 197 (221); Bebr EuR 1974, 358 (361).

liches Gericht bereits vorgelegt hat.²⁴⁰ Daher kann auch § 358 Abs. 1 StPO die Vorlagebefugnis des Instanzgerichts gemäß Art. 267 Abs. 2 AEUV nicht begrenzen.

Die – ohne eine Vorlage der Frage an den Gerichtshof gefasste – Entscheidung des Revisionsgerichts über die Auslegung oder Gültigkeit des Unionsrechts lässt die Befugnis des Instanzgerichts zur Vorlage unberührt, wenn es die Auffassung des Revisionsgerichts für unvereinbar mit dem Unionsrecht hält.²⁴¹ Dieser vom Gerichtshof vertretene Standpunkt entspricht dem Sinn des Vorabentscheidungsverfahrens, wie es die Mitgliedstaaten vertraglich vereinbart haben.²⁴² 85

f) Konkurrenz supranationaler und innerstaatlicher Vorlagepflichten. aa) Vorlagepflicht an den Bundesgerichtshof gemäß § 121 Abs. 2 GVG. Nach § 121 Abs. 2 GVG²⁴³ besteht die Pflicht zur Vorlage an den Bundesgerichtshof, wenn zwischen mehreren Oberlandesgerichten oder zwischen einem Oberlandesgericht und dem Bundesgerichtshof in einer Rechtsfrage divergierende Auffassungen vertreten werden. Die daraufhin ergehende Entscheidung des Bundesgerichtshofs entfaltet Bindungswirkung.²⁴⁴ Diese **Vorlagepflicht an den Bundesgerichtshof** kann mit der Vorlagepflicht aus Art. 267 Abs. 3 AEUV **an den Gerichtshof kollidieren,** wenn sich zugleich die Frage nach der Auslegung des Unionsrechts oder nach dessen Gültigkeit stellt. Das Kollisionsverhältnis zwischen den Vorlagepflichten löst der Bundesgerichtshof zulasten der nationalen Vorlagepflicht auf, die hinter der vorrangigen Zuständigkeit des Gerichtshofs für die verbindliche Auslegung des europäischen Rechts zurückzutreten hat.²⁴⁵ 86

In dem Sonderfall, dass der Gerichtshof zu der Rechtsfrage bereits anderweitig eine Entscheidung getroffen hat, ist das Oberlandesgericht nicht gehindert, dieser Auffassung zu folgen, auch wenn die Entscheidung des Gerichtshofs keine Rechtskraft im formellen Sinne entfaltet und deshalb das Oberlandesgericht nicht bindet. Das Oberlandesgericht kann daher auch erneut eine Vorlage an den Gerichtshof beschließen.²⁴⁶ Selbst wenn zu der unionsrechtlichen Rechtsfrage noch keine Entscheidung des Gerichtshofs ergangen ist, führt die Abweichung von der Auslegung anderer Gerichte nicht zur Vorlagepflicht an ein nationales Gericht, sondern allein zur Befugnis oder zur Pflicht zur Vorlage an den Gerichtshof.²⁴⁷ Ein Oberlandesgericht darf somit auf dem Gebiet des Unionsrechts von der Entscheidung eines anderen Oberlandesgerichts ohne Vorlage gemäß § 121 Abs. 2 GVG an den Bundesgerichtshof abweichen.²⁴⁸ 87

bb) Vorlagepflicht an den Großen Senat gemäß § 132 Abs. 2 GVG. Die Rechtsprechung des Bundesgerichtshofs zu § 121 Abs. 2 GVG (→ Rn. 86 f.) ist auch auf die Vorlagepflicht nach § 132 Abs. 2 GVG anwendbar, wonach bei Differenzen innerhalb eines Gerichts eine Vorlage an den Großen Senat des jeweiligen Gerichts zu erfolgen hat. Intendiert ein Senat von der Entscheidung eines anderen Senats in der Auslegung einer Norm des Unionsrechts abzuweichen und sich der Rechtsprechung des Gerichtshofs anzuschließen, so wird dadurch keine Pflicht zur Vorlage nach § 132 Abs. 2 GVG begründet.²⁴⁹ 88

---

²⁴⁰ EuGH 16.1.1974 – C-166/73, ECLI:EU:C:1974:3 Rn. 4, Slg. 1974, 33 Rn. 4 = BeckRS 1974, 106488 – Rheinmühlen Düsseldorf/Einfuhr- und Vorratsstelle für Getreide und Futtermittel.
²⁴¹ Jokisch, Gemeinschaftsrecht und Strafverfahren, 2000, S. 207.
²⁴² Vgl. Rengeling Gedächtnisschrift Sasse, 1981, 197 (211).
²⁴³ Gerichtsverfassungsgesetz in der Fassung der Bekanntmachung vom 9. Mai 1975, BGBl. 1075 I 1077, zuletzt geändert durch Art. 2 des Gesetztes zur Änderung des Gesetzes gegen Wettbewerbsbeschränkungen und andere Gesetze vom 25.10.2023, BGBl. 2023 I 294.
²⁴⁴ BGH 30.10.1997 – 4 StR 24/97, BGHSt 43, 277 = NJW 1998, 321; Feilcke in Barthe/Gericke, Karlsruher Kommentar zur Strafprozessordnung, 9. Aufl. 2023, GVG § 121 Rn. 47.
²⁴⁵ BGH 31.1.1989 – 4 StR 304/88, BGHSt 36, 92 = NStZ 1989, 325.
²⁴⁶ Jokisch, Gemeinschaftsrecht und Strafverfahren, 2000, S. 207.
²⁴⁷ BGH 31.1.1989 – 4 StR 304/88, BGHSt 36, 92 = NStZ 1989, 325.
²⁴⁸ BGH 27.11.1984 – 1 StR 376/84, BGHSt 33, 76 = NJW 1985, 2904.
²⁴⁹ Jokisch, Gemeinschaftsrecht und Strafverfahren, 2000, S. 208.

89 **4. Rechtskraft unionsrechtswidriger Strafurteile und ihre Durchbrechung.** Erwächst ein zu dem Unionsrecht in Widerspruch stehendes Strafurteil in Rechtskraft, kollidieren nationales Prozessrecht und Unionsrecht.[250] Ein solcher Fall liegt vor, wenn ein Täter wegen eines nach nationalem Strafrecht verbotenen Verhaltens, das jedoch nach dem Unionsrecht erlaubt ist, verurteilt worden ist. Vor dem Hintergrund, dass ein Freispruch hätte erfolgen müssen, stellt sich in derartigen Konstellationen die Frage, ob Rechtskraft unionsrechtswidriger Strafurteile eintritt und ob diese gegebenenfalls im Wege der Wiederaufnahme der Verfahren durchbrochen werden kann.

90 **a) Rechtskraft unionsrechtswidriger Strafurteile.** Das **Unionsrecht** kennt keine verfahrensrechtlichen Vorschriften, welche die Rechtskraft unionsrechtswidriger Strafurteile regeln. Vielmehr bestimmt sich das Verfahrensrecht nach dem Recht der Mitgliedstaaten.

91 Das **deutsche Strafprozessrecht** erkennt im Interesse der Rechtssicherheit und des Rechtsfriedens letztinstanzliche Entscheidungen sowie unanfechtbar gewordene Gerichtsentscheidungen als endgültig an. Wenn eine Entscheidung nicht mehr angefochten werden kann, erwächst sie in formelle Rechtskraft, welche die Unabänderlichkeit der Entscheidung zur Folge hat. Darüber hinaus erwächst das formell rechtskräftige Urteil in materielle Rechtskraft. Voraussetzung für den Eintritt der Rechtskraft ist nicht die inhaltliche Richtigkeit der Entscheidung. Vielmehr wird dem Rechtsfrieden Vorrang vor der materiellen Gerechtigkeit eingeräumt. Ausnahmen bilden lediglich besonders schwerwiegende, geradezu unerträgliche und offenkundige Verstöße gegen die rechtstaatliche Ordnung, die zur Nichtigkeit des Urteils führen, sowie Nichturteile, die nicht einmal ihrem äußeren Anschein nach als Urteile anzusehen sind.[251] Diese Voraussetzungen liegen bei unionsrechtswidrigen Urteilen nicht vor. Dies bedeutet aber, dass das nationale Institut der Rechtskraft dem Verstoß gegen das Unionsrecht grundsätzlich Beständigkeit verleiht.

92 Allerdings greift der Gerichtshof im Verwaltungs- und Zivilrecht auf das **Effizienzgebot** (effet util) sowie das **Gebot der Gleichbehandlung** zurück, um einen Ausgleich zwischen den Interessen der Union an der praktischen Wirksamkeit ihres Rechts und der verfahrensmäßigen Autonomie der Mitgliedstaaten herzustellen.[252] Auch im Strafprozess besteht ein Interesse der Union daran, dass die unionsrechtlichen Vorgaben bei der Sanktionierung nicht verletzt werden. Weiterhin ist der Beschuldigte daran interessiert, nicht dem Unionsrecht zuwider verurteilt zu werden.

93 Wenn man jedoch die Kriterien der **Effizienz** und der **Gleichbehandlung** auf die Rechtskraft gerichtlicher Strafurteile anwendet, bestehen keine Bedenken gegen die Anerkennung der Rechtskraft strafrechtlicher Entscheidungen. Denn die Gleichbehandlung gebietet, dass sämtliche Urteile, unabhängig davon, ob sie das Unionsrecht berühren, der Rechtskraft unterliegen. Im Hinblick auf die Effizienz macht die Rechtskraft die unionsrechtlich geschützten Positionen nicht „praktisch unmöglich", weil die Rechtskraftwirkung nur das Ende eines prozessualen Gesamtvorgangs darstellt, bei dem das Unionsrecht zu beachten war.[253] Im Ergebnis kann daher festgehalten werden, dass auch unionsrechtswidrige Strafurteile in Rechtskraft erwachsen können.

94 **b) Durchbrechung der Rechtskraft unionsrechtswidriger Strafurteile.** In den Fällen unionsrechtswidriger Strafurteile hätte das verurteilende Gericht die zu entscheidende Frage dem Gerichtshof vorlegen müssen. Hiergegen ist der Rechtsbehelf der **Verfassungs-**

---

[250] Jokisch, Gemeinschaftsrecht und Strafverfahren, 2000, S. 208.
[251] Vgl. nur Beulke/Swoboda, Strafprozessrecht, 16. Aufl. 2022, Rn. 777; Roxin/Schünemann, Strafverfahrensrecht, 30. Aufl. 2022, § 52 Rn. 24 ff.
[252] EuGH 16.12.1976 – C-33/76, ECLI:EU:C:1976:188 Rn. 5, Slg. 1976, 1989 Rn. 5 = BeckRS 2004, 70834 – Rewe/Landwirtschaftskammer für das Saarland; EuGH 14.12.1995 – C-312/93, ECLI:EU:C:1995:437 Rn. 12, Slg. 1995, I-4599 Rn. 12 = BeckRS 2004, 76259 – Peterbroeck, Van Campenhout & Cie/Belgischer Staat; EuGH 14.12.1995 – verb. Rs. C-430/93, C-431/93, ECLI:EU:C:1995:441 Rn. 17, Slg. 1995, I-4705 Rn. 17 = BeckRS 2004, 77215 – Van Schijndel/Stichting Pensioenfonds voor Fysiotherapeuten.
[253] Vgl. Satzger, Die Europäisierung des Strafrechts, 2001, S. 672 f.

beschwerde nach Art. 93 Abs. 1 Nr. 4a GG iVm §§ 13 Nr. 8a, 90 ff. BVerfGG möglich. Diese ist statthaft, da der Gerichtshof als **„gesetzlicher Richter"** iSd Art. 101 Abs. 1 S. 2 GG anzusehen ist.[254] Wenn jedoch die Einlegungsfrist des § 93 BVerfGG verstrichen ist, kann der Verstoß gegen die Vorlagepflicht an den Gerichtshof eine Wiederaufnahme des Verfahrens nicht rechtfertigen. Somit können nur Verstöße gegen materielles Unionsrecht zur Durchbrechung der Rechtskraft führen.

Wichtigster Fall der Durchbrechung der Rechtskraft nach nationalem Recht ist das **95 Wiederaufnahmeverfahren,** das der Gesetzgeber in den §§ 359 ff. StPO geregelt hat.[255] Hierbei handelt es sich um einen außerordentlichen Rechtsbehelf, der nur bei unerträglichen Fehlern eingreift.[256] Durch die Beschränkung der Wiederaufnahmemöglichkeiten wird dem grundsätzlichen Vorrang des Rechtsfriedens und der Rechtssicherheit vor der materiellen Gerechtigkeit Rechnung getragen. Nur in den abschließend in den §§ 359, 362, 373a StPO und § 79 Abs. 1 BVerfGG aufgezählten Fällen findet eine Durchbrechung der formellen Rechtskraft im Interesse der materiellen Gerechtigkeit statt. Eine falsche Anwendung oder Auslegung von Rechtsnormen reicht hierfür grundsätzlich nicht aus.

Bei den **Wiederaufnahmegründen** handelt es sich in aller Regel um solche, die die **96** Überprüfung der tatsächlichen Grundlage des rechtskräftigen Urteils, nicht aber die Nachprüfung von Rechtsfehlern ermöglichen. Ein rechtlicher Mangel des Urteils kann nur im Falle vorsätzlich falscher Rechtsanwendung (§§ 359 Nr. 3, 362 Nr. 3 StPO), der Verletzung der Konvention zum Schutz der Menschenrechte und Grundfreiheiten (§ 359 Nr. 6 StPO) sowie der Nichtigerklärung eines Gesetzes (§ 79 Abs. 1 BVerfGG) zur Wiederaufnahme des Verfahrens führen. Hingegen ist ein **Verstoß gegen das Unionsrecht** kein solcher Grund für eine Wiederaufnahme.[257] Für diese restriktive Haltung spricht insbesondere, dass der Gesetzesentwurf der SPD-Fraktion[258] aus dem Jahre 1996, nach dem die Wiederaufnahmegründe speziell um Rechtsanwendungsfehler erweitert und Verstöße gegen Europäisches Gemeinschaftsrecht als Revisionsgrund aufgenommen werden sollten,[259] insoweit nicht umgesetzt worden ist.[260]

Dennoch kann sich ein unionsrechtliches Gebot zur Durchbrechung der Rechtskraft **97** mittels Wiederaufnahme eines durch rechtskräftiges Urteil abgeschlossenen Verfahrens unter dem vom Gerichtshof herangezogenen Kriterium der Gleichbehandlung ergeben. Voraussetzung hierfür ist, dass der den nationalen Wiederaufnahmegründen zugrundeliegende Gedanke auch auf unionsrechtswidrige Strafurteile übertragbar ist und es sachlich nicht zu rechtfertigen ist, die Wiederaufnahme der Verfahren bei rein nationalen Rechtsfehlern zu ermöglichen, bei vergleichbaren Fällen mit Unionsbezug jedoch zu versagen. Ein erster Ansatzpunkt könnte sich aus **§ 359 Nr. 6 StPO,** der die Wiederaufnahme des

---

[254] StRspr., BVerfG 22.10.1986 – 2 BvR 197/83, BVerfGE 73, 339 (366 f.) = NJW 1987, 577; BVerfG 8.4.1987 – 2 BvR 687/85, BVerfGE 75, 223 (245) = NJW 1988, 1459; BVerfG 31.5.1990 – 2 BvL 12/88, 2 BvL 13/88, 2 BvR 1436/87, BVerfGE 82, 159 (192) = NVwZ 1991, 53; BVerfG 6.7.2010 – 2 BvR 2661/06, BVerfGE 126, 286 (315) = NJW 2010, 3422; BVerfG 25.1.2011 – 1 BvR 1741/09, BVerfGE 128, 157 (186 f.) = NJW 2011, 1427; BVerfG 19.7.2011 – 1 BvR 1916/09, BVerfGE 129, 78 (105) = NJW 2011, 3428; BVerfG 28.1.2014 – 2 BvR 1561/12, 2 BvR 1562/12, 2 BvR 1563/12, 2 BvR 1564/12, BVerfGE 135, 155 (230) = NVwZ 2014, 646; Böse in Sieber/Satzger/v. Heintschel-Heinegg, Europäisches Strafrecht, 2. Aufl. 2014, § 54 Rn. 5.

[255] Dazu Engländer/Zimmermann in Knauer/Kudlich/Schneider, Münchener Kommentar zur Strafprozessordnung, Bd. 3/1, 2019, StPO Vorb. zu § 359 Rn. 1 ff.; Frister in SK-StPO, Bd. VII, 5. Aufl. 2015, StPO Vorb. zu § 359 Rn. 1 ff.; Kaspar in Satzger/Schluckebier/Widmaier, Strafprozessordnung, 5. Aufl. 2023, StPO Vorb. zu §§ 359 ff. Rn. 1 ff.; Schmitt in Meyer-Goßner/Schmitt, Strafprozessordnung, 66. Aufl. 2023, StPO Vorb. zu § 359 ff. Rn. 1 ff.; Tiemann in Barthe/Gericke, Karlsruher Kommentar zur Strafprozessordnung, 9. Aufl. 2023, StPO Vorb. § 359 Rn. 1 ff.

[256] Vgl. nur Roxin/Schünemann, Strafverfahrensrecht, 30. Aufl. 2022, § 57 Rn. 1.

[257] Temming in Gercke/Temming/Zöller, Strafprozessordnung, 7. Aufl. 2023, StPO § 359 Rn. 34; Schmitt in Meyer-Goßner/Schmitt, Strafprozessordnung, 66. Aufl. 2023, StPO § 359 Rn. 52.

[258] Entwurf eines Gesetzes zur Reform des strafrechtlichen Wiederaufnahmerechts, BT-Drs. 13/3594, S. 1 ff.

[259] Entwurf eines Gesetzes zur Reform des strafrechtlichen Wiederaufnahmerechts, BT-Drs. 13/3594, S. 2 ff.; hierzu Maur NJW 2000, 338 (338).

[260] Gesetz zur Reform des strafrechtlichen Wiederaufnahmerechts vom 9. Juli 1998, BGBl. 1998 I 1802.

Verfahrens im Falle der Feststellung der Konventionswidrigkeit eines Strafurteils durch den Europäischen Gerichtshof für Menschenrechte zulässt, ergeben. Durch die Regelung des § 359 Nr. 6 StPO wollte der Gesetzgeber jedoch nicht primär konventionswidrige Verurteilungen beseitigen, sondern dem Urteilsspruch des Europäischen Gerichtshofs für Menschenrechte, den der Verurteilte erstritten hat, im nationalen Recht Geltung verschaffen.[261] Da das Unionsrecht bereits kein Klagerecht gegen nationale Verurteilungen vorsieht und das Vorabentscheidungsverfahren nach Art. 267 AEUV kein primär dem Individualrechtsschutz dienendes Verfahren ist, kann die Situation des § 359 Nr. 6 StPO nicht mit der eines unionsrechtswidrigen Strafurteils verglichen werden. Daher kann eine Pflicht zur Gleichbehandlung konventions- und unionsrechtswidriger Strafurteile nicht begründet und ein Wiederaufnahmegrund nicht auf § 359 Nr. 6 StPO gestützt werden.[262]

98 Hingegen sieht **§ 79 Abs. 1 BVerfGG** für eine den unionsrechtswidrigen Verurteilungen vergleichbare Konstellation die Wiederaufnahme des Verfahrens vor: Nach § 79 Abs. 1 BVerfGG ist die Wiederaufnahme möglich, wenn das Strafurteil auf einer vom Bundesverfassungsgericht für nichtig oder mit dem Grundgesetz für unvereinbar erklärten Norm oder auf einer von diesem Gericht für unvereinbar mit dem Grundgesetz erklärten Normauslegung beruht. Durch diesen Wiederaufnahmegrund soll vermieden werden, dass jemand gezwungen ist, den auf einem verfassungswidrigen Strafgesetz beruhenden Makel der Strafe auf sich lasten zu lassen.[263] Nicht erforderlich ist, dass der Verurteilte selbst die Verfassungsbeschwerde eingereicht hat, die zur Nichtigerklärung der Norm geführt hat. Strafrechtliche Verurteilungen, die auf unionsrechtswidrigen Normen beruhen, entfalten eine ebenso intensive Eingriffswirkung wie sonstige nationale Strafurteile. Zwar kann in Bezug auf das Unionsrecht nicht von höherrangigem Recht gesprochen werden, gleichwohl kommt dem Unionsrecht Anwendungsvorrang vor dem nationalen Recht zu. Dieser Vorrang führt zu demselben Ergebnis wie die Nichtigkeit einer Norm wegen Verstoßes gegen höherrangiges Verfassungsrecht und ist vor allem mit der Alternative der Unvereinbarkeitserklärung einer Norm durch das Bundesverfassungsgericht vergleichbar, die lediglich zu einer Rechtsanwendungssperre führt.[264] Daher würde eine Differenzierung zwischen für verfassungswidrig erklärten Normen einerseits und unionsrechtswidrigen Normen andererseits gegen das **Gebot der Gleichbehandlung** verstoßen. Deshalb ist es geboten, § 79 Abs. 1 BVerfGG im Wege der **unionsrechtskonformen Auslegung** auf solche Entscheidungen des Gerichtshofs zu erstrecken, die die Rolle der Unvereinbarkeits- oder Nichtigkeitserklärung des Bundesverfassungsgerichts einnehmen. Zu nennen sind zum einen **Nichtigkeitsklagen** nach Art. 263 AEUV (Art. 230 EGV-Nizza; Art. 230 EGV-Amsterdam; Art. 173 EGV-Maastricht, Art. 173 EWGV), bei denen es sich um Gestaltungsurteile mit Wirkung ex tunc und erga omnes handelt.[265] Damit entfällt für eine Verurteilung, die auf eine solche für nichtig erklärte Norm gestützt ist, die Rechtsgrundlage. Gleiches gilt für Urteile des Gerichtshofs in **Vertragsverletzungsverfahren** gemäß Art. 258 f. und 259 AEUV (Art. 226 und 227 EGV-Nizza; Art. 226 und 227 EGV-Amsterdam; Art. 169 und 170 EGV-Maastricht; Art. 169 und 170 EWGV), in denen festgestellt wird, dass die Bundesrepublik Deutschland durch den Erlass oder die unterlassene Ände-

---

[261] Schmitt in Meyer-Goßner/Schmitt, Strafprozessordnung, 66. Aufl. 2023, StPO § 359 Rn. 52.
[262] Jokisch, Gemeinschaftsrecht und Strafverfahren, 2000, S. 219 f.; Satzger, Die Europäisierung des Strafrechts, 2001, S. 678 ff.
[263] BVerfG 10.5.1961 – 2 BvR 55/61, BVerfGE 12, 338 (340) = NJW 1961, 1203; BVerfG 6.12.2005 – 1 BvR 1905/02, BVerfGE 115, 51 (63) = BeckRS 2005, 31716; vgl. auch BVerfG 7.7.1960 – 2 BvR 435/60, 2 BvR 440/60, BVerfGE 11, 263 (265) = BeckRS 1960, 285; Bethge in Schmidt-Bleibtreu/Klein/Bethge, Bundesverfassungsgerichtsgesetz, Bd. 1, 63. EL Juni 2023, BVerfGG § 79 Rn. 3, 28; Lenz/Hansel in Lenz/Hansel, Bundesvefassungsgerichtsgesetz, 3. Aufl. 2020, BVerfGG § 79 Rn. 29; Karpenstein/Schneider-Buchheim in Walter/Grünewald, BeckOK BVerfGG, 16. Ed. 1.12.2023, BVerfGG § 79 Rn. 11; Schlaich/Korioth, Das Bundesverfassungsgericht, 12. Aufl. 2021, 5. Teil Rn. 391.
[264] Vgl. Bethge in Schmidt-Bleibtreu/Klein/Bethge, Bundesverfassungsgerichtsgesetz, Bd. 1, 63. EL Juni 2023, BVerfGG § 79 Rn. 30; Wasserburg StV 1982, 237 (242).
[265] Vgl. Dauses, Das Vorabentscheidungsverfahren nach Art. 177 EG-Vertrag, 2. Aufl. 1995, S. 32 f.; Emmert, Europarecht, 1996, § 19 Rn. 122.

rung oder Aufhebung der Strafnorm gegen Unionsrecht verstoßen hat. Ein solches Urteil kommt einer Rechtsanwendungssperre im Falle einer Unvereinbarkeitserklärung durch das Bundesverfassungsgericht nahe.[266] Schließlich müssen auch Urteile des Gerichtshofs in **Vorabentscheidungsverfahren** gemäß Art. 267 AEUV (Art. 234 EGV-Nizza; Art. 234 EGV-Amsterdam; Art. 177 EGV-Maastricht; Art. 177 EWGV) berücksichtigt werden, die nicht die Bundesrepublik Deutschland unmittelbar betreffen, denn jedes in Zukunft mit derselben Frage befasste Gericht muss der Vorabentscheidung Folge leisten oder die Frage an den Gerichtshof erneut vorlegen. Da Vorabentscheidungen ex tunc wirken, entfalten sie eine der Unvereinbarkeitserklärung des Bundesverfassungsgerichts vergleichbare Wirkung, wenn sich aus ihnen die Unvereinbarkeit einer nationalen Strafnorm oder einer bestimmten Auslegung einer Strafnorm mit Unionsrecht ergibt.

5. Praktische Bedeutung des Vorabentscheidungsverfahrens auf dem Gebiet des Strafrechts. Erfolg und Funktion des Vorabentscheidungsverfahrens sind abhängig von der „Vorlagefreundlichkeit" der nationalen Gerichte.[267] Von der Möglichkeit, die Vorabentscheidung des Gerichtshofs einzuholen, hat der Bundesgerichtshof mehrfach Gebrauch gemacht,[268] jedoch auch über komplexe europarechtliche Fragestellungen entschieden, ohne zuvor ein Vorabentscheidungsersuchen an den Gerichtshof gerichtet zu haben:[269] In der Regel berücksichtigt er bei der Anwendung und Auslegung des nationalen Rechts die europarechtlichen Vorgaben selbstständig. Die **rechtswidrige Nichtvorlage** durch ein nationales Gericht stellt nach nahezu einhelliger Ansicht[270] als eine **Verletzung der Pflicht zur Unionstreue** nach Art. 4 Abs. 3 EUV (Art. 10 EGV-Nizza; Art. 10 EGV-Amsterdam; Art. 5 EGV-Maastricht; Art. 5 EWGV) eine dem jeweiligen Mitgliedstaat zurechenbare Vertragsverletzung dar, die in einem **Vertragsverletzungsverfahren** von der Kommission (Art. 258 AEUV; Art. 226 EGV-Nizza; Art. 226 EGV-Amsterdam; Art. 169 EGV-Maastricht; Art. 169 EWGV) wie auch einem anderen Mitgliedstaat (Art. 259 AEUV; Art. 227 EGV-Nizza; Art. 227 EGV-Amsterdam; Art. 170 EGV-Maastricht; Art. 170 EWGV) gerügt werden kann und – wie das zu einer Verurteilung der Französischen Republik führende Verfahren belegt[271] – auch wird, wenngleich zuvor die Kommission aus Opportunitätserwägungen von einer Klageerhebung wegen unterlassener Vorlage abgesehen hat.[272] Im Hinblick auf die Unabhängigkeit der Gerichte und das in Art. 267 AEUV etablierte System der Zusammenarbeit nationaler und unionaler Gerichtsbarkeit dürfte sich die Kontrolle auch rechtlich auf Fälle systematischer, evidenter oder grundsätzlich bedeutsamer Vorlagepflichtverletzungen beschränken.[273]

99

6. Rechtsschutz gegen die Nichtvorlage. Für den Einzelnen besteht die Möglichkeit, die strafgerichtliche Nichtvorlage nach Erschöpfung des Rechtswegs durch Erhebung einer

100

---

[266] Satzger, Die Europäisierung des Strafrechts, 2001, S. 682 f.
[267] Dazu allg. Dauses, Das Vorabentscheidungsverfahren nach Art. 177 EG-Vertrag, 2. Aufl. 1995, S. 162; Lieber, Über die Vorlagepflicht des Art. 177 EWG-Vertrag und deren Mißachtung, 1986, S. 126 ff.
[268] BGH 5.4.2000 – 5 StR 169/00, wistra 2000, 267 mAnm Keller/Kelnhofer wistra 2000, 269; BGH 28.5.2013 – 3 StR 437/12, PharmR 2013, 379; BGH 22.7.2015 – 1 StR 447/14, MwStR 2016, 808; BGH 21.4.2020 – 6 StR 41/20, BeckRS 2020, 8445 mAnm Oehmichen FD-StrafR 2020, 429515.
[269] S. nur BGH 25.10.2010 – 1 StR 57/10, BGHSt 56, 11 = BeckRS 2010, 27838; BGH 1.12.2010 – 2 StR 420/10, BeckRS 2010, 30899; BGH 5.3.2014 – 2 StR 616/12, NJW 2014, 2595; kritisch dazu Satzger FS von Heintschel-Heinegg, 2015, 391 (392 ff.).
[270] Borchardt in Lenz/Borchardt, EU-Verträge, 6. Aufl. 2012, AEUV Art. 267 Rn. 48; Ehricke in Streinz AEUV Art. 267 Rn. 49; Gaitanides in von der Groeben/Schwarze/Hatje AEUV Art. 267 Rn. 69; Kaufmann in Dauses/Ludwigs WirtschaftsR-HdB P. II Rn. 222; Pache in Vedder/Heinegg AEUV Art. 267 Rn. 35; Wegener in Calliess/Ruffert AEUV Art. 267 Rn. 35.
[271] EuGH 4.10.2018 – C-416/17, ECLI:EU:C:2018:811 = BeckRS 2018, 23555 – Kommission/Frankreich (Steuervorabzug für ausgeschüttete Dividenden).
[272] Dazu Ehricke in Streinz AEUV Art. 267 Rn. 49.
[273] Wegener in Calliess/Ruffert AEUV Art. 267 Rn. 35; aA Satzger FS von Heintschel-Heinegg, 2015, 391 (399 f.); Ehricke in Streinz AEUV Art. 267 Rn. 49, der „im Interesse des mittelbaren Individualrechtsschutzes" für eine nicht zu restriktive Handhabung der Einleitung von Vertragsverletzungsverfahren plädiert.

Verfassungsbeschwerde nach Art. 93 Abs. 1 Nr. 4a GG iVm §§ 13 Nr. 8a, 90 ff. BVerfGG zu rügen. Doch darf diese wegen der fehlenden Angreifbarkeit einer Nichtvorlage nur auf Art. 101 Abs. 1 S. 2 GG, nicht auf Art. 100 Abs. 1 GG gestützt werden.[274] Wenn eine Vorlage an die Verfassungsgerichte gemäß Art. 100 Abs. 1 GG geboten ist, haben diese Gerichte die Stellung eines gesetzlichen Richters iSd Art. 101 Abs. 1 S. 2 GG. Einen Verstoß gegen diese Vorschrift nimmt das Bundesverfassungsgericht dann an, wenn das Verhalten des Fachgerichts auf Willkür beruht[275] und die Auslegung und Anwendung von Zuständigkeitsnormen durch die Fachgerichte bei verständiger Würdigung der das Grundgesetz bestimmenden Gedanken „nicht mehr verständlich erscheinen und offensichtlich unhaltbar sind".[276] Dies gilt auch, wenn die Bedeutung und Tragweite des Art. 101 Abs. 1 S. 2 GG grundlegend verkannt worden ist.[277] Vor dem Hintergrund, dass der Gerichtshof **„gesetzlicher Richter"** iSd Art. 101 Abs. 1 S. 2 GG ist[278] (→ Rn. 94), und die genannten Grundsätze auch für die unionsrechtliche Zuständigkeitsvorschrift des Art. 267 Abs. 3 AEUV Geltung entfalten,[279] konzentriert sich die gerichtliche Kontrolle des Bundesverfassungsgerichts darauf, ob die Zuständigkeitsregel des Art. 267 Abs. 3 AEUV „in offensichtlich unhaltbarer Weise gehandhabt worden ist".[280] Einen Verstoß gegen Art. 101 Abs. 1 S. 2 GG infolge der Verletzung der unionsrechtlichen Vorlagepflicht[281] betrachtet das Bundesverfassungsgericht demnach bei **grundsätzlicher Verken-**

---

[274] Vgl. BVerfG 6.4.1965 – 2 BvR 141/65, BVerfGE 18, 440 (447 f.) = NJW 1965, 1014.
[275] BVerfG 11.5.1965 – 2 BvR 259/63, BVerfGE 19, 38 (42 f.) = NJW 1965, 1323; BVerfG 14.5.1968 – 2 BvR 544/63, BVerfGE 23, 288 (320) = NJW 1968, 1667; BVerfG 13.10.1970 – 2 BvR 618/68, BVerfGE 29, 198 (207) = NJW 1970, 2155; BVerfG 9.6.1971 – 2 BvR 225/69, BVerfGE 31, 145 (169) = NJW 1971, 2122; BVerfG 12.4.1983 – 2 BvR 678/81, 2 BvR 679/81, 2 BvR 680/81, 2 BvR 681/81, 2 BvR 683/81, BVerfGE 64, 1 (20 f.) = NJW 1983, 2766; BVerfG 20.12.2002 – 1 BvR 2305/02, NJW 2003, 418 (419); ebenso BayVerfGH 9.6.1988 – 86-VI-87, BayVerfGHE 41, 51 = BayVBl. 1988, 527.
[276] StRspr., vgl. BVerfG 16.1.1957 – 1 BvR 134/56, BVerfGE 6, 45 (53) = NJW 1957, 337; BVerfG 11.5.1965 – 2 BvR 259/63, BVerfGE 19, 38 (43) = NJW 1965, 1323; BVerfG 31.5.1990 – 2 BvL 12/88, 2 BvL 13/88, 2 BvR 1436/87, BVerfGE 82, 159 (195) = NVwZ 1991, 53; BVerfG 1.10.2004 – 1 BvR 2221/03, NJW 2005, 737 (738); BVerfG 16.2.2005 – 2 BvR 581/03, NJW 2005, 2689; BVerfG 14.5.2007 – 1 BvR 2036/05, BVerfGK 11, 189 = NVwZ 2007, 942 (944 f.); BVerfG 6.7.2010 – 2 BvR 2661/06, BVerfGE 126, 286 = BeckRS 2010, 52067; BVerfG 28.1.2014 – 2 BvR 1561/12, 2 BvR 1563/12, 2 BvR 1564/12, BVerfGE 135, 155 = NVwZ 2014, 646; BVerfG 29.4.2014 – 2 BvR 1572/10, NJW 2014, 2489; BVerfG 16.12.2021 – 2 BvR 2076/21, 2 BvR 2113/21, NStZ-RR 2022, 76; ähnlich zu Art. 6 EMRK EGMR 13.6.2002 – Nr. 43454/98, BeckRS 2002, 166370 – Bakker/Österreich; EGMR 20.9.2011 – Nr. 3989/07, 38353/07, NJOZ 2012, 2149 – Ullens de Schooten u. Rezabek/Belgien.
[277] BVerfG 10.7.1990 – 1 BvR 984/87, 1 BvR 985/87, BVerfGE 82, 286 (296 ff.) = BeckRS 1990, 113201; BVerfG 30.9.2020 – 1 BvR 495/19, NJW 2021, 1156.
[278] StRspr., BVerfG 22.10.1986 – 2 BvR 197/83, BVerfGE 73, 339 (366 f.) = NJW 1987, 577; BVerfG 8.4.1987 – 2 BvR 687/85, BVerfGE 75, 223 (245) = NJW 1988, 1459; BVerfG 31.5.1990 – 2 BvL 12/88, 2 BvL 13/88, 2 BvR 1436/87, BVerfGE 82, 159 (192) = NVwZ 1991, 53; BVerfG 6.7.2010 – 2 BvR 2661/06, BVerfGE 126, 286 (315) = NJW 2010, 3422; BVerfG 25.1.2011 – 1 BvR 1741/09, BVerfGE 128, 157 (186 f.) = NJW 2011, 1427; BVerfG 19.7.2011 – 1 BvR 1916/09, BVerfGE 129, 78 (105) = NJW 2011, 3428; BVerfG 28.1.2014 – 2 BvR 1561/12, 2 BvR 1562/12, 2 BvR 1563/12, 2 BvR 1564/12, BVerfGE 135, 155 (230) = NVwZ 2014, 646; Böse in Sieber/Satzger/v. Heintschel-Heinegg, Europäisches Strafrecht, 2. Aufl. 2014, § 54 Rn. 5.
[279] BVerfG 28.1.2014 – 2 BvR 1561/12, 2 BvR 1562/12, 2 BvR 1563/12, 2 BvR 1564/12, BVerfGE 135, 155 = NVwZ 2014, 646 (657); vgl. BVerfG 31.5.1990 – 2 BvL 12/88, 2 BvL 13/88, 2 BvR 1436/87, BVerfGE 82, 159 (194) = NVwZ 1991, 53.
[280] Vgl. BVerfG 31.5.1990 – 2 BvL 12/88, 2 BvL 13/88, 2 BvR 1436/87, BVerfGE 82, 159 (195) = NVwZ 1991, 53; BVerfG 30.1.2002 – 1 BvR 1542/00, NJW 2002, 1486 (1487); BVerfG 10.5.2002 – 1 BvR 1685/01, BeckRS 2002, 22015; BVerfG 10.12.2003 – 1 BvR 2480/03, NZBau 2004, 164; vgl. auch BVerfG 14.10.1998 – 2 BvR 588/98, NVwZ 1999, 293; BVerfG 20.12.2002 – 1 BvR 2305/02, NJW 2003, 418 (418 f.).
[281] Vgl. BVerfG 13.10.1970 – 2 BvR 618/68, BVerfGE 29, 198 (207) = NJW 1970, 2155; BVerfG 31.5.1990 – 2 BvL 12/88, 2 BvL 13/88, 2 BvR 1436/87, BVerfGE 82, 159 (194) = NVwZ 1991, 53; BVerfG 6.7.2010 – 2 BvR 2661/06, BVerfGE 126, 286 (315) = NJW 2010, 3422; BVerfG 28.1.2014 – 2 BvR 1561/12, 2 BvR 1562/12, 2 BvR 1563/12, 2 BvR 1564/12, BVerfGE 135, 155 (231 f. Rn. 180) = NVwZ 2014, 646; BVerfG 19.12.2017 – 2 BvR 424/17, BVerfGE 147, 364 Rn. 40 = NJW 2018, 686.

nung der Vorlagepflicht,[282] bei **bewusstem Abweichen von der Rechtsprechung des Gerichtshofs** zu einer entscheidungserheblichen Frage des Unionsrechts **ohne Vorlagebereitschaft**,[283] oder, falls einschlägige, hinreichend eindeutige und erschöpfende Rechtsprechung des Gerichtshofs zu einer entscheidungserheblichen Frage des Unionsrechts fehlt, bei **unvertretbarer Überschreitung des Beurteilungsrahmens** durch das Fachgericht[284] als gegeben.[285]

Die auf die Wahrung der sich unmittelbar aus dem Grundgesetz ergebenden Garantie **101** des gesetzlichen Richters (Art. 101 Abs. 1 S. 2 GG) beschränkte Kontrolle der fachgerichtlichen Einhaltung der Vorlagepflicht aus Art. 267 Abs. 3 AEUV durch das Bundesverfassungsgericht findet in den Konstellationen statt, in denen die den Fachgerichten überlassene Auslegung von Primär- oder Sekundärrecht der Europäischen Union in Frage steht.[286]

Im Fall **unionsgrundrechtlich** begründeter Auslegungszweifel kann das Bundesverfas- **102** sungsgericht für die Überprüfung der Handhabung der Vorlagepflicht nach Art. 267 Abs. 3 AEUV durch das letztinstanzliche Fachgericht ebenfalls den Vertretbarkeitsmaßstab des Art. 101 Abs. 1 S. 2 GG heranziehen.[287] Vor dem Hintergrund, dass das Rechtsinstrument der Verfassungsbeschwerde eine umfassende Grundrechtskontrolle einschließlich der Fehlerfreiheit der – in einer nicht durch Vorlagen auf den Gerichtshof verlagerbaren eigenen grundrechtlichen Verantwortung der Fachgerichte liegenden – Grundrechtsanwendung im Einzelfall gewährleistet, hält das Bundesverfassungsgericht in seiner Rolle eines Garanten eines umfassenden innerstaatlichen Grundrechtsschutzes in derartigen Konstellationen die Vornahme einer Kontrolle der Fachgerichte auf Einhaltung der unionsrechtlichen Vorlagepflichten unter der Perspektive der Garantie des gesetzlichen Richters nach Art. 101 Abs. 1 S. 2 GG seit seiner sog. „Recht auf Vergessen II"-Rechtsprechung[288] für unzurei-

---

[282] Vgl. BVerfG 31.5.1990 – 2 BvL 12/88, 2 BvL 13/88, 2 BvR 1436/87, BVerfGE 82, 159 (195) = NVwZ 1991, 53; BVerfG 6.7.2010 – 2 BvR 2661/06, BVerfGE 126, 286 (316) = NJW 2010, 3422; BVerfG 25.1.2011 – 1 BvR 1741/09, BVerfGE 128, 157 (187) = NJW 2011, 1427; BVerfG 19.7.2011 – 1 BvR 1916/09, BVerfGE 129, 78 (106) = NJW 2011, 3428; BVerfG 28.1.2014 – 2 BvR 1561/12, 2 BvR 1562/12, 2 BvR 1563/12, 2 BvR 1564/12, BVerfGE 135, 155 (232) = NVwZ 2014, 646.
[283] Vgl. BVerfG 31.5.1990 – 2 BvL 12/88, 2 BvL 13/88, 2 BvR 1436/87, BVerfGE 82, 159 (195) = NVwZ 1991, 53; BVerfG 6.7.2010 – 2 BvR 2661/06, BVerfGE 126, 286 (316 f.) = NJW 2010, 3422; BVerfG 25.1.2011 – 1 BvR 1741/09, BVerfGE 128, 157 (187 f.) = NJW 2011, 1427; BVerfG 19.7.2011 – 1 BvR 1916/09, BVerfGE 129, 78 (106) = NJW 2011, 3428; BVerfG 28.1.2014 – 2 BvR 1561/12, 2 BvR 1562/12, 2 BvR 1563/12, 2 BvR 1564/12, BVerfGE 135, 155 (232) = NVwZ 2014, 646.
[284] Vgl. BVerfG 31.5.1990 – 2 BvL 12/88, 2 BvL 13/88, 2 BvR 1436/87, BVerfGE 82, 159 (195 f.) = NVwZ 1991, 53; BVerfG 6.7.2010 – 2 BvR 2661/06, BVerfGE 126, 286 (317) = NJW 2010, 3422; BVerfG 25.1.2011 – 1 BvR 1741/09, BVerfGE 128, 157 (188) = NJW 2011, 1427; BVerfG 19.7.2011 – 1 BvR 1916/09, BVerfGE 129, 78 (106 f.) = NJW 2011, 3428; BVerfG 28.1.2014 – 2 BvR 1561/12, 2 BvR 1562/12, 2 BvR 1563/12, 2 BvR 1564/12, BVerfGE 135, 155 (232 f.) = NVwZ 2014, 646.
[285] BVerfG 29.4.2014 – 2 BvR 1572/10, NJW 2014, 2489 (2490); BVerfG 19.12.2017 – 2 BvR 424/17, BVerfGE 147, 364 (380 f. Rn. 41 ff.) = NJW 2018, 686; s. auch BVerfG 9.11.1987 – 2 BvR 808/82, NJW 1988, 1456; BVerfG 31.5.1990 – 2 BvL 12/88, 2 BvL 13/88, 2 BvR 1436/87, BVerfGE 82, 159 (195) = NVwZ 1991, 53; BVerfG 6.12.2006 – 1 BvR 2085/03, BVerfGK 10, 19 (29) = NVwZ 2007, 197; Wegener in Calliess/Ruffert AEUV Art. 267 Rn. 36 f; Middeke in Rengeling/Middeke/Gellermann, Handbuch des Rechtsschutzes in der Europäischen Union, 3. Aufl. 2014, § 10 Rn. 71.
[286] BVerfG 6.11.2019 – 1 BvR 276/17, BVerfGE 152, 216 (246 Rn. 75) = NJW 2020, 314 – Recht auf Vergessen II.
[287] BVerfG, 6.11.2019 – 1 BvR 276/17, BVerfGE 152, 216 (245 f. Rn. 74) = NJW 2020, 314 – Recht auf Vergessen II; vgl. auch BVerfG 19.12.2017 – 2 BvR 424/17, BVerfGE 147, 364 (380 ff.) = NJW 2018, 686.
[288] BVerfG 6.11.2019 – 1 BvR 276/17, BVerfGE 152, 216 = NJW 2020, 314 – Recht auf Vergessen II; hierzu ua Edenharter DÖV 2020, 349 (349 ff.); Hoffmann NVwZ 2020, 33 (33 ff.); Hofmann/Heger/Gharibyan KritV 2019, 277 (283 ff.); Kämmerer/Kotzur NVwZ 2020, 177 (177 ff.); Klein DÖV 2020, 341 (341 ff.); Kühling NJW 2020, 275 (275 ff.); Marsch ZEuS 2020, 597 (603 ff.); Meyer-Mews StV 2020, 564 (564 ff.); Michl JURA 2020, 475 (483 ff.); Muckel JA 2020, 237 (483 ff.); Sachs JuS 2020, 284 (284 ff.); Swoboda ZIS 2021, 66 (66 ff.); Toros/Weiß ZJS 2020, 100 (102 ff.); van Ooyen RuP 2020, 190 (190 ff.); Wendel JZ 2020, 157 (157 ff.); Wendt DVBl 2020, 549 (549 ff.); s. ferner Gourdet, Europäischer Grundrechtsschutz, 2021, S. 396 ff.

chend.²⁸⁹ Stellt das Bundesverfassungsgericht im **unionsrechtlich vollständig determinierten Bereich** keinen Verstoß gegen Art. 101 Abs. 1 S. 2 GG fest, führt es bei Nichteinschlägigkeit vorrangrelativierender Reservevorbehalte²⁹⁰ über diese Kontrolle hinaus gemäß Art. 23 Abs. 1 S. 1 GG eine Prüfung der Vereinbarkeit fachgerichtlicher Auslegung unionsrechtlich determinierten Rechts mit der Charta der Grundrechte der Europäischen Union durch, da Letztere im Bereich des vollständig vereinheitlichten Unionsrechts den Grundrechtsschutz bei Anwendung der im Rahmen von nach Art. 23 Abs. 1 S. 2 GG übertragenen Hoheitsbefugnissen erlassenen Regelungen gewährleistet.²⁹¹

103   Eine Prüfung am Maßstab der – nach Maßgabe des Art. 51 Abs. 1 GrCh innerstaatlich anwendbaren – Unionsgrundrechte kann allerdings lediglich dann vorgenommen werden, wenn Gerichtshof die Auslegung der Unionsgrundrechte bereits geklärt hat oder die anzuwendenden Auslegungsgrundsätze aus sich heraus offenkundig sind – etwa auf der Grundlage einer Rechtsprechung des Europäischen Gerichtshofs für Menschenrechte, die im Einzelfall auch den Inhalt der Charta bestimmt (vgl. Art. 52 Abs. 3 und 4 GRCh).²⁹² Hat der Gerichtshof die Auslegung der Unionsgrundrechte weder bereits geklärt noch sind die anzuwendenden Auslegungsgrundsätze aus sich heraus offenkundig, legt das Bundesverfassungsgericht wegen der Auslegung der Unionsgrundrechte die darauf konzentrierte Frage selbst nach Art. 267 AEUV dem Gerichtshof vor.²⁹³ Ein wesentliches Indiz für eine Vorlagepflicht der Fachgerichte ist nach Auffassung des Bundesverfassungsgerichts insbesondere dann gegeben, „wenn in der Rechtspraxis der Mitgliedstaaten über den Einzelfall hinausreichende unterschiedliche Verständnisse der Unionsgrundrechte zum Ausdruck kommen".²⁹⁴ Einem Verstoß gegen Art. 101 Abs. 1 S. 2 GG durch das Bundesverfassungsgericht selbst – eine innerstaatlich letztentscheidende Instanz iSd Art. 267 Abs. 3 AEUV hinsichtlich der fehlerfreien fachgerichtlichen Anwendung der Unionsgrundrechte –,²⁹⁵ kann mit grundgesetzlichen Mitteln nicht begegnet werden.²⁹⁶ Da die Missachtung der Vorlagepflicht einen Unionsrechtsverstoß darstellt, der zu einem Vertragsverletzungsverfahren gegen den Mitgliedstaat führen kann, dessen Gericht den Verstoß zu verantworten hat, kann die bundesverfassungsgerichtliche Nichtvorlage allein zum Gegenstand eines **Vertragsverletzungsverfahrens**²⁹⁷ bzw. des **Verfahrens vor dem Europäischen Gerichtshof für Menschenrechte**²⁹⁸ gemacht werden.²⁹⁹ Die Erosion der einheitlichen Geltung der Unionsgrundrechte als Folge fehlender Vorlagebereitschaft des Bundesverfassungsgerichts könnte in der strafrechtlichen Praxis dadurch vermieden werden, dass die Strafgerichte in Zukunft die unionsgrundrechtlich begründe-

---

²⁸⁹ BVerfG 6.11.2019 – 1 BvR 276/17, BVerfGE 152, 216 (242 ff. Rn. 64 ff.) = NJW 2020, 314 – Recht auf Vergessen II.
²⁹⁰ BVerfG 6.11.2019 – 1 BvR 276/17, BVerfGE 152, 216 (233 Rn. 42, 235 f. Rn. 47 ff.) = NJW 2020, 314 – Recht auf Vergessen II; Wendel JZ 2020, 157 (158).
²⁹¹ BVerfG 6.11.2019 – 1 BvR 276/17, BVerfGE 152, 216 (233 ff. Rn. 42 ff., 235 f. Rn. 74) = NJW 2020, 314 – Recht auf Vergessen II.
²⁹² BVerfG 6.11.2019 – 1 BvR 276/17, BVerfGE 152, 216 (244 Rn. 70) = NJW 2020, 314 – Recht auf Vergessen II.
²⁹³ BVerfG 6.11.2019 – 1 BvR 276/17, BVerfGE 152, 216 (244 Rn. 69 f., 245 f. Rn. 74) = NJW 2020, 314 – Recht auf Vergessen II.
²⁹⁴ BVerfG, 6.11.2019 – 1 BvR 276/17, BVerfGE 152, 216 (244 f. Rn. 71) = NJW 2020, 314 – Recht auf Vergessen II.
²⁹⁵ Vgl. EuGH 6.10.1982 – C-283/81, ECLI:EU:C:1982:335 Rn. 21, Slg. 1982, 3415 Rn. 21 = NJW 1983, 1257 – CILFIT/Ministero della Sanità; BVerfG, 6.11.2019 – 1 BvR 276/17, BVerfGE 152, 216 (244 Rn. 69) = NJW 2020, 314 – Recht auf Vergessen II.
²⁹⁶ Kingreen/Poscher, Grundrechte, Staatsrecht II, 39. Aufl. 2023, Rn. 1407; Wendel JZ 2020, 157 (166).
²⁹⁷ Vgl. EuGH 4.10.2018 – C-416/17, ECLI:EU:C:2018:811 = BeckRS 2018, 23555 – Kommission/Frankreich (Steuervorabzug für ausgeschüttete Dividenden).
²⁹⁸ Gestützt auf Art. 6 EMRK, vgl. EGMR 8.4.2014 – Nr. 17120/09 Rn. 31 ff., NVwZ-RR 2015, 546 – Dhahbi/Italien; EGMR 13.6.2002 – Nr. 43454/98, BeckRS 2002, 166370 – Bakker/Österreich; EGMR 20.9.2011 – Nr. 3989/07, 38353/07, NJOZ 2012, 2149 – Ullens de Schooten u. Rezabek/Belgien.
²⁹⁹ Wendel JZ 2020, 157 (166).

ten Auslegungsfragen vermehrt selbst nach Art. 267 Abs. 3 AEUV dem Gerichtshof vorlegen.[300]

Im **gestaltungsoffenen Spielraumbereich,** welcher nach der Annahme des Bundesverfassungsgerichts in sog. „Recht auf Vergessen I"-Rechtsprechung[301] nicht auf eine Einheitlichkeit des Grundrechtsschutzes zielt und Grundrechtsvielfalt zulässt, findet die bundesverfassungsgerichtliche Kontrolle – wenn auch unter Berücksichtigung europäischer Einflusslinien[302] – dagegen „primär am Maßstab der Grundrechte des Grundgesetzes"[303] statt, für welche die Vermutung gilt, dass sie das grundrechtliche Schutzniveau der Europäischen Union regelmäßig mitgewährleisten.[304] Diese – widerlegliche – „Vermutung der Mitgewährleistung" stützt das Bundesverfassungsgericht auf „übergreifende Verbundenheit des Grundgesetzes und der Charta in einer gemeinsamen europäischen Grundrechtstradition" wie auch auf die Rückbindung an die Mindeststandards der Europäischen Menschenrechtskonvention, den die beiden Regelungswerke unterliegen.[305] Liegen konkrete und hinreichende Anhaltspunkte vor, dass durch die Prüfung am Maßstab vom Grundgesetz das grundrechtliche Schutzniveau des Unionsrechts ausnahmsweise nicht gewährleistet wird[306] oder das unionsrechtliche Fachrecht – auch wenn es den Mitgliedstaaten Gestaltungsspielraum lässt – ausnahmsweise nicht auf Grundrechtsvielfalt ausgerichtet ist, sondern engere grundrechtliche Maßgaben enthält,[307] finden die Unionsgrundrechte auch im gestaltungsoffenen Spielraum unmittelbar Anwendung.

104

Die für den Prüfungsmaßstab maßgebliche Differenzierung zwischen vollständig vereinheitlichtem und gestaltungsoffenem Unionsrecht wird für die unionsrechtlich vollständige Vereinheitlichung anhand einer Auslegung des jeweils anzuwendenden Fachrechts vorgenommen. Die Frage der Gestaltungsoffenheit wird dabei weder aufgrund einer allgemeinen Betrachtung des Regelungsbereichs noch entlang der im deutschen Recht bekannten Abgrenzung zwischen unbestimmten Rechtsbegriffen und Ermessen bestimmt, sondern jeweils in Bezug auf die konkret auf den Fall anzuwendenden Vorschriften in ihrem Kontext unter Einbeziehung der Prüfung beurteilt, ob die jeweilige Norm des Unionsrechts „auf die Ermöglichung von Vielfalt und die Geltendmachung verschiedener Wertungen angelegt ist, oder ob sie nur dazu dienen soll, besonderen Sachgegebenheiten hinreichend flexibel Rechnung zu tragen, dabei aber von dem Ziel der gleichförmigen Rechtsanwendung getragen ist".[308] In diesem Kontext gilt zu beachten, dass die Rechtsform allein nach Auffassung des Bundesverfassungsgerichts nicht über das Ergebnis der Beurteilung entscheiden kann: „Auch Verordnungen können durch Öffnungsklauseln Gestaltungsfreiräume der Mitgliedstaaten begründen, ebenso wie Richtlinien zwingende und abschließende Vorgaben machen kön-

105

---

[300] Vgl. Kingreen/Poscher, Grundrechte, Staatsrecht II, 39. Aufl. 2023, Rn. 1407.
[301] BVerfG 6.11.2019 – 1 BvR 16/13, BVerfGE 152, 152 = NJW 2020, 300 – Recht auf Vergessen I; hierzu ua Edenharter DÖV 2020, 349 (349 ff.); Hoffmann NVwZ 2020, 33 (33 ff.); Hofmann/Heger/Gharibyan KritV 2019, 277 (283 ff.); Kämmerer/Kotzur NVwZ 2020, 177 (17 ff.); Klein DÖV 2020, 341 (341 ff.); Kühling NJW 2020, 275 (275 ff.); Marsch ZEuS 2020, 597 (603 ff.); Michl JURA 2020, 479 (487 ff.); Muckel JA 2020, 237 (483 ff.); Swoboda ZIS 2021, 66 (66 ff.); Toros/Weiß ZJS 2020, 100 (102 ff.); van Ooyen RuP 2020, 190 (190 ff.); Wendel JZ 2020, 157 (157 ff.); Wendt DVBl 2020, 549 (551 f.); s. ferner Gourdet, Europäischer Grundrechtsschutz, 2021, S. 396 ff.
[302] BVerfG 6.11.2019 – 1 BvR 16/13, BVerfGE 152, 152 (177 ff. Rn. 61 f.) = NJW 2020, 300 – Recht auf Vergessen I.
[303] BVerfG 6.11.2019 – 1 BvR 16/13, BVerfGE 152, 152 (170 ff. Rn. 45 ff.) = NJW 2020, 300 – Recht auf Vergessen I.
[304] BVerfG 6.11.2019 – 1 BvR 16/13, BVerfGE 152, 152 (172 ff. Rn. 50 ff., 175 ff. Rn. 55 ff.) = NJW 2020, 300 – Recht auf Vergessen I.
[305] BVerfG 6.11.2019 – 1 BvR 16/13, BVerfGE 152, 152 (175 ff. Rn. 57 ff.) = NJW 2020, 300 – Recht auf Vergessen I; Wendel JZ 2020, 157 (161).
[306] BVerfG 6.11.2019 – 1 BvR 16/13, BVerfGE 152, 152 (179 Rn. 63, 180 ff. Rn. 67 ff.) = NJW 2020, 300 – Recht auf Vergessen I.
[307] BVerfG 6.11.2019 – 1 BvR 16/13, BVerfGE 152, 152 (179 f. Rn. 65, 181 Rn. 68) = NJW 2020, 300 – Recht auf Vergessen I.
[308] BVerfG 6.11.2019 – 1 BvR 276/17, BVerfGE 152, 216 (246 f. Rn. 78, 247 f. Rn. 80) = NJW 2020, 314 – Recht auf Vergessen II.

nen. Von einer vollständig vereinheitlichten Regelung ist aber grundsätzlich auszugehen, wenn eine Verordnung einen bestimmten Sachverhalt abschließend regelt. Dabei werden deren Regelungen nicht schon dadurch insgesamt gestaltungsoffen, dass sie für eng eingegrenzte Sonderkonstellationen die Möglichkeit abweichender Regelungen schaffen. Solche Öffnungsklauseln lassen Gestaltungsmöglichkeiten nur in dem jeweils freigegebenen Umfang, erlauben aber nicht, die Anwendung der Regelung insgesamt an den Grundrechten des Grundgesetzes zu messen."[309] Führt im Einzelfall eine parallele Anwendung sowohl der nationalen Grundrechte als auch der Unionsgrundrechte nicht zu unterschiedlichen Ergebnissen, dürfen die Fachgerichte schwierige Abgrenzungsfragen nach der Reichweite der Vereinheitlichung dahinstehen lassen.

D. Geldbußen im Europäischen Wettbewerbsrecht

106 Wie der Vertrag zur Gründung der Europäischen Wirtschaftsgemeinschaft in Art. 3 lit. f enthielt der Vertrag zur Gründung der Europäischen Gemeinschaft in der Fassung von Maastricht in Art. 3 lit. g und in den Fassungen von Amsterdam und Nizza in Art. 3 Abs. 1 lit. g als Zielvorgabe die Sicherstellung eines unverfälschten Wettbewerbs, dessen Verwirklichung unter anderem durch die unternehmensbezogenen Wettbewerbsregeln der Art. 85–90 EWGV, Art. 85–90 EGV-Maastricht, Art. 81–86 EGV-Amsterdam bzw. Art. 81–86 EGV-Nizza (nunmehr Art. 101–106 AEUV) gesichert werden sollte. Seit dem Inkrafttreten des Vertrags von Lissabon am 1.12.2009 ist dieses Vertragsziel neben dem Ziel der Errichtung eines Binnenmarkts in Art. 3 Abs. 3 EUV nicht mehr explizit erwähnt, sodass der Eindruck einer gewissen Herabstufung des Wettbewerbs in der Hierarchie der Unionsziele entstehen kann, der zusätzlich durch die Regelung des Art. 3 Abs. 1 lit. b AEUV verstärkt wird.[310] Dem steht allerdings entgegen, dass die **Art. 101, 102 AEUV** inhaltsgleich die materiell-rechtlichen und verfahrensrechtlichen Bestimmungen der Art. 81, 82 EGV-Nizza gegen Beeinträchtigungen des europäischen Wettbewerbs übernommen haben, die ihrerseits keine Abweichungen gegenüber dem Regelungsgehalt der Bestimmungen in Art. 81, 82 EGV-Amsterdam, Art. 85, 86 EGV-Maastricht und Art. 85, 86 EWGV aufweisen. Die Vorschriften der Art. 101, 102 AEUV untersagen **wettbewerbsbeschränkende Vereinbarungen, Beschlüsse und Verhaltensweisen** (→ Rn. 116) sowie den **Missbrauch einer marktbeherrschenden Stellung** (→ Rn. 117). Diese Verbotsnormen sind sowohl von der Kommission als auch von den nationalen Behörden und Gerichten anzuwenden. Außerdem enthält das Primärrecht mit **Art. 103 AEUV** (Art. 83 EGV-Nizza, Art. 83 EGV-Amsterdam, Art. 87 EGV-Maastricht, Art. 87 EWGV) nach wie vor eine Ermächtigungsgrundlage zur Einführung von unionsrechtlichen Bußgeldvorschriften, von der – in Gestalt des Art. 87 EWGV – der Rat durch den Erlass der Verordnung Nr. 17: Erste Durchführungsverordnung zu den Artikeln 85 und 86 des Vertrages[311] vom 6.2.1962 („Kartellverordnung") (VO (EWG) Nr. 17/62) erstmals Gebrauch gemacht hat.[312] Diese Verordnung wurde durch die am 24. Januar 2003 in Kraft getretene, auf Art. 83 EGV-Amsterdam gestützte Verordnung (EG) Nr. 1/2003 des Rates vom 16. Dezember 2002 zur Durchführung der in den Artikeln 81, 82 des EG-Vertrags niedergelegten Wettbewerbsregeln (VO (EG) Nr. 1/2003) (→ Rn. 21) ersetzt.[313]

---
[309] BVerfG 6.11.2019 – 1 BvR 276/17, BVerfGE 152, 216 (247 Rn. 79) = NJW 2020, 314 – Recht auf Vergessen II.
[310] Eilmansberger/Kruis in Streinz AEUV vor Art. 101 Rn. 1.
[311] ABl. 1962 P 13, 204, zuletzt geändert durch die Verordnung (EG) Nr. 1216/1999 des Rates vom 10. Juni 1999 zur Änderung der Verordnung Nr. 17: Erste Durchführungsverordnung zu den Artikeln 81 und 82 des Vertrages, ABl. 1999 L 148, 5.
[312] Eing. zur Sanktionspraxis der Kommission auf der Grundlage von Art. 15 Abs. 2 VO (EWG) Nr. 17/62 Dannecker/Fischer-Fritsch, Das EG-Kartellrecht in der Bußgeldpraxis, 1989, S. 134 ff.; Morris, California Western International Law Journal Vol. 14 (1984), 425 (425 ff.).
[313] Von der Aufhebung der VO (EWG) Nr. 17/62 durch Art. 43 Abs. 1 VO (EG) Nr. 1/2003 war Art. 8 Abs. 3 VO (EWG) Nr. 17/62 ausgenommen.

Die ausdrücklichen Bestimmungen über die **Kontrolle von Unternehmenszusam-** 107
menschlüssen waren weder im Vertrag zur Gründung der Europäischen Wirtschaftsgemeinschaft noch im Vertrag zur Gründung der Europäischen Gemeinschaft in den Fassungen von Maastricht, Amsterdam und Nizza enthalten, sie beinhaltet der Vertrag über die Arbeitsweise der Europäischen Union ebenfalls nicht. Auf der Grundlage der Art. 87 EWGV (Art. 87 EGV-Maastricht; Art. 83 EGV-Amsterdam; Art. 83 EGV-Nizza; nunmehr Art. 103 AEUV) und Art. 235 EWGV (Art. 235 EGV-Maastricht; Art. 308 EGV-Amsterdam; Art. 308 EGV-Nizza; nunmehr Art. 352 AEUV) wurde die am 21.9.1990 in Kraft getretene Verordnung (EWG) Nr. 4064/89 des Rates vom 21.12.1989 über die Kontrolle von Unternehmenszusammenschlüssen[314] („Fusionskontrollverordnung") (VO (EWG) Nr. 4064/89) erlassen, die das europäische Instrumentarium zum Schutz des freien Wettbewerbs maßgeblich erweitert und die Effizienz der Kontrolle durch die Sanktionierung der Verstöße mit Geldbußen gesteigert hat. Diese wurde durch die auf Art. 83 und 308 EGV-Nizza gestützte Verordnung (EG) Nr. 139/2004 des Rates vom 20.1.2004 über die Kontrolle von Unternehmenszusammenschlüssen („EG-Fusionskontrollverordnung") (VO (EG) Nr. 139/2004) (→ Rn. 4), die am 18.2.2004 in Kraft getreten ist, ersetzt.

I. Geldbußen wegen verbotener Wettbewerbsbeschränkungen

1. Rechtsgrundlagen der wettbewerbsrechtlichen Bußgeldvorschriften. Der Ver- 108
trag über die Arbeitsweise der Europäischen Union selbst droht keine supranationalen Geldbußen an. Jedoch enthielt bereits Art. 87 Abs. 1 EWGV die Ermächtigung und zugleich die Verpflichtung für den Rat, binnen drei Jahren nach Inkrafttreten des Vertrags zur Gründung der Europäischen Wirtschaftsgemeinschaft alle zweckdienlichen Verordnungen oder Richtlinien zur Verwirklichung der in den Art. 85 und 86 EWGV niedergelegten Grundsätze zu erlassen. Nach Art. 87 Abs. 2 lit. a EWGV war insbesondere die Beachtung der in Art. 85 Abs. 1 und 86 EWGV genannten Verbote wettbewerbsbeschränkender Vereinbarungen, Beschlüsse und Verhaltensweisen sowie des Missbrauchs einer marktbeherrschenden Stellung durch die Einführung von Geldbußen und Zwangsgeldern zu gewährleisten. Diese Verpflichtung wurde durchgehend beibehalten (Art. 87 Abs. 1, Abs. 2 lit. a EGV-Maastricht; Art. 83 Abs. 1, Abs. 2 lit. a EGV-Amsterdam; Art. 83 Abs. 1, Abs. 2 lit. a EGV-Nizza) und findet sich nunmehr in Art. 103 Abs. 1, Abs. 2 lit. a AEUV. Damit ist die Einführung von Geldbußen und Zwangsgeldern zur Gewährleistung der in Art. 101 Abs. 1 und 102 AEUV genannten Verbote als zweckdienliche regelungsbedürftige Materie dem Rat nach Art. 103 Abs. 1 AEUV verpflichtend vorgegeben.[315] Während dabei die in Art. 103 Abs. 2 lit. a AEUV vorgesehene **Geldbuße** primär auf die Ahndung einer in der Vergangenheit begangenen Rechtsverletzung ausgerichtet ist,[316] general- wie auch spezialpräventive Zwecke[317] verfolgt und zudem dem

---

[314] ABl. 1989 L 395, 1, berichtigt ABl. 1990 L 73, 34, ABl. 1990 L 257, 13, ABl. 1998 L 3, 16, zuletzt geändert durch die Verordnung (EG) Nr. 1310/97 des Rates vom 30.6.1997 zur Änderung der Verordnung (EWG) Nr. 4064/89 des Rates über die Kontrolle von Unternehmenszusammenschlüssen, ABl. 1997 L 180, 1, berichtigt ABl. 1998 L 3, 16, ABl. 1998 L 40, 17.
[315] Jung in Calliess/Ruffert AEUV Art. 103 Rn. 16; Ludwigs in Grabitz/Hilf/Nettesheim AEUV Art. 103 Rn. 7; Nowak in FK-EUV/GRC/AEUV Art. 103 Rn. 15; Reidlinger in Streinz AEUV Art. 103 Rn. 9; Ritter/Wirtz in Immenga/Mestmäcker, Wettbewerbsrecht, Bd. 1. EU Teil 1, 6. Aufl. 2019, AEUV Art. 103 Rn. 2; Sturhahn in Loewenheim/Meessen/Riesenkampff/Kersting/Meyer-Lindemann, Kartellrecht, 4. Aufl. 2020, AEUV Art. 103 Rn. 1; Klamert EuZW 2017, 131 (132).
[316] Vgl. EuGH 15.7.1970 – C-45/69, ECLI:EU:C:1970:73 Rn. 53, Slg. 1970, 769 Rn. 53 = BeckRS 2004, 71214 – Boehringer Mannheim/Kommission; Biermann in Immenga/Mestmäcker, Wettbewerbsrecht, Bd. 1 EU Teil 1, 6. Aufl. 2019, VO(EG) Nr. 1/2003 Art. 23 Rn. 335; Korte in MüKoWettbR AEUV Art. 103 Rn. 28; Ludwigs in Grabitz/Hilf/Nettesheim AEUV Art. 103 Rn. 21; Schröter in von der Groeben/Schwarze/Hatje AEUV Art. 103 Rn. 30.
[317] Während im Sinne der negativen Generalprävention mit der Verhängung von Geldbußen die Erzielung einer Abschreckungswirkung der Allgemeinheit verbunden wird, wird der positiven Generalprävention im Sinne der Bestätigung der Rechtsordnung eine wichtige Bedeutung bei der Wahl dieser Sanktion beigemessen. Vgl. zum generalpräventiven Zweck der Geldbuße EuGH 7.6.1983 – verb. Rs. C-100/80,

Ziel der Gewinnabschöpfung[318] dient, stellt das nach Art. 103 Abs. 2 lit. a AEUV ebenfalls zulässige **Zwangsgeld** – auch bei der infolge verbotener Wettbewerbsbeschränkungen im Einzelfall nicht auszuschließenden Verhängung in unverhältnismäßiger Höhe[319] – eine rein verwaltungsrechtliche Beugemaßnahme dar, womit die Abstellung gegenwärtiger und die Vorbeugung zukünftiger Verstöße gegen Handlungs-, Duldungs- oder Unterlassungspflichten der Unternehmen, die auf Entscheidungen der Kommission beruhen, angestrebt wird.[320] Die repressive Zwecksetzung der Geldbuße, die primär der Vergeltung vorwerfbar begangenen Unrechts dient, hat die Zuordnung zum **Strafrecht im weiteren Sinne** zur Folge (→ Rn. 4).[321] Der materiellen Rechtsnatur der Geldbuße als punitive Sanktion steht die Regelung des Art. 23 Abs. 5 VO (EG) Nr. 1/2003 nicht entgegen, die den Entscheidungen über die Festsetzung von Geldbußen einen strafrechtlichen Charakter abspricht.[322] Die Zuordnung der Geldbußen zum Strafrecht im weiteren Sinne bedeutet, dass sie den strafrechtlichen Garantien der Konvention zum Schutz der Menschenrechte und Grundfreiheiten und der Charta der Grundrechte der Europäischen Union unterliegen.

109 Die in Art. 87 Abs. 1 EWGV, Art. 87 Abs. 1 EGV-Maastricht, Art. 83 Abs. 1 EGV-Amsterdam, Art. 83 Abs. 1 EGV-Nizza und Art. 103 Abs. 1 AEUV verankerten Bestimmungen stellen die Rechtsgrundlagen für den Erlass von Rechtsverordnungen zur Durchführung des Europäischen Kartellrechts dar. Zu diesen Rechtsverordnungen gehören die auf Art. 87 EWGV gestützte VO (EWG) Nr. 17/62 (→ Rn. 106) und die auf Art. 83 EGV-Amsterdam beruhende nachfolgende VO (EG) Nr. 1/2003 (→ Rn. 21, 106), die der Kommission weitgehende Ermittlungs-, Entscheidungs- und Sanktionsbefugnisse gegen Unternehmen und Unternehmensvereinigungen gewähren. Damit gehört das Kartellrecht zu den wenigen Bereichen, in denen der Kommission eine supranationale Sanktionskompetenz eingeräumt ist. Art. 87 EWGV dient außerdem dem Erlass mehrerer Ratsverordnungen zu bestimmten Wirtschaftsbereichen, wie etwa der Verordnung (EWG) Nr. 1017/68 des Rates vom 19.7.1968 über die Anwendung von Wettbewerbsregeln auf dem Gebiet des Eisenbahn-, Straßen- und Binnenschiffsverkehrs[323] (VO (EWG) Nr. 1017/68), der

---

C-101/80, C-102/80, C-103/80, ECLI:EU:C:1983:158, Slg. 1983, 1825 = BeckRS 2004, 70610 – Musique Diffusion française/Kommission; EuGH 17.6.2010 – C-413/08 P, ECLI:EU:C:2010:346 Rn. 102, Slg. 2010, I-5361 Rn. 102 = BeckRS 2010, 90751 – Lafarge/Kommission; EuG 8.9.2016 – T-472/13, ECLI:EU:T:2016:449 Rn. 822 f. = BeckRS 2016, 82303 – Lundbeck/Kommission; Biermann in Immenga/Mestmäcker, Wettbewerbsrecht, Bd. 1. EU Teil 1, 6. Aufl. 2019, VO (EG) Nr. 1/2003 Vor Art. 23 Rn. 25 f., Art. 23 Rn. 336; Nowak in Loewenheim/Meessen/Riesenkampff/Kersting/Meyer-Lindemann, Kartellrecht, 4. Aufl. 2020, VerfVO Art. 23 Rn. 4; Schröter in von der Groeben/Schwarze/Hatje AEUV Art. 103 Rn. 30; zu spezialpräventivem Zweck der Geldbuße EuGH 15.7.1970 – C-41/69, ECLI:EU:C:1970:71, Slg. 1970, 661 = BeckRS 2004, 71129 – Chemiefarma/Kommission; Biermann in Immenga/Mestmäcker, Wettbewerbsrecht, Bd. 1. EU Teil 1, 6. Aufl. 2019, VO (EG) Nr. 1/2003 Art. 23 Rn. 336; Dannecker/Fischer-Fritsch, Das EG-Kartellrecht in der Bußgeldpraxis, 1989, S. 348; Nowak in Loewenheim/Meessen/Riesenkampff/Kersting/Meyer-Lindemann, Kartellrecht, 4. Aufl. 2020, VerfVO Art. 23 Rn. 4; Schröter in von der Groeben/Schwarze/Hatje AEUV Art. 103 Rn. 30.

[318] Vgl. KOM 12.12.1978 – IV/29.430, ABl. 1979 L 16, 9 (16) – Kawasaki; KOM 25.3.1992 – IV/30.717-A, ABl. 1992 L 95, 50 (65) – Eurocheque: Helsinki Vereinbarung; KOM 1.4.1992 – IV/32.450, ABl. 1992 L 134, 1 (21 ff.) – Reederausschüsse in der Frankreich-Westafrika-Fahrt; KOM 17.12.1995 – IV/26.699, ABl. 1976 L 95, 1 (18) – Chiquita; Biermann in Immenga/Mestmäcker, Wettbewerbsrecht, Bd. 1. EU Teil 1, 6. Aufl. 2019, VO (EG) Nr. 1/2003 Vor Art. 23 Rn. 27, Art. 23 Rn. 224; Nowak in Loewenheim/Meessen/Riesenkampff/Kersting/Meyer-Lindemann, Kartellrecht, 4. Aufl. 2020, VerfVO Art. 23 Rn. 4; Dannecker/Schröder in Böse, Europäisches Strafrecht, 2. Aufl. 2021, § 8 Rn. 256; Scholz/Haus EuZW 2002, 682 (682 ff.).

[319] A. A. wegen faktisch repressiver Zwecksetzung Satzger, Die Europäisierung des Strafrechts, 2001, S. 81.

[320] Korte in MüKoWettbR AEUV Art. 103 Rn. 28; Schröter in von der Groeben/Schwarze/Hatje AEUV Art. 103 Rn. 30 mwN.

[321] Rieckhoff, Der Vorbehalt des Gesetzes im Europarecht, 2007, S. 221 mwN; Hecker EurStrafR Kapitel 4 Rn. 55; Satzger, Internationales und Europäisches Strafrecht, 10. Aufl. 2022, § 8 Rn. 2, 6.

[322] Hecker EurStrafR Kapitel 4 Rn. 55; Satzger, Internationales und Europäisches Strafrecht, 10. Aufl. 2022, § 8 Rn. 2, 6.

[323] ABl. 1968 L 175, 1, zuletzt geändert durch Art. 36 VO (EG) Nr. 1/2003, mit Ausnahme von Art. 13 Abs. 3 aufgehoben durch Art. 4 der Verordnung (EG) Nr. 169/2009 des Rates vom 26. Februar 2009

Verordnung (EWG) Nr. 4056/86 des Rates vom 22.12.1986 über die Einzelheiten der Anwendung der Artikel 85 und 86 des Vertrags auf den Seeverkehr[324] (VO (EWG) Nr. 4056/86) oder der Verordnung (EWG) Nr. 3975/87 des Rates vom 14.12.1987 über die Einzelheiten der Anwendung der Wettbewerbsregeln auf Luftfahrtunternehmen[325] (VO (EWG) Nr. 3975/87). Diese Verordnungen enthielten im Wesentlichen Bußgeldbestimmungen, wie sie auch Art. 23 VO (EG) Nr. 1/2003 vorsieht.

2. Geldbußen bei Verstößen gegen die wettbewerbsrechtlichen Verbotsnormen 110
der Art. 101, 102 AEUV. a) Anwendungsbereich der wettbewerbsrechtlichen
Vorschriften. aa) Unternehmen als Normadressaten. Adressat der Art. 101 und 102 AEUV sind nur Unternehmen, Unternehmensvereinigungen sowie Vereinigungen von Unternehmensvereinigungen.[326] Die auf die Anwendung der inhaltsgleichen Art. 81 und 82 EGV-Amsterdam konzipierten[327] Bußgeldvorschriften des Art. 23 VO (EG) Nr. 1/2003 richten sich gleichermaßen an Unternehmen und Unternehmensvereinigungen,[328] nicht hingegen an die für das Unternehmen handelnden natürlichen Personen.

Im primären Unionsrecht enthält der Vertrag über die Arbeitsweise der Europäischen 111
Union bezüglich der Normadressaten keine Vorgaben; dies gilt gleichermaßen für den Vertrag zur Gründung der Europäischen Gemeinschaft in den Fassungen von Maastricht, Amsterdam und Nizza.[329] Auch die VO (EG) Nr. 1/2003 sieht keine Konkretisierung des

---

über die Anwendung von Wettbewerbsregeln auf dem Gebiet des Eisenbahn-, Straßen- und Binnenschiffsverkehrs, ABl. 2009 L 61, 1.

[324] ABl. 1986 L 378, 4, berichtigt ABl. 1988 L 117, 34, zuletzt geändert durch Art. 38 VO (EG) Nr. 1/2003, mit Ausnahme von Art. 1 Abs. 3 lit. b und c, Art. 3 bis 7, Art. 8 Abs. 2 und Art. 26 aufgehoben durch Art. 1 der Verordnung (EG) Nr. 1419/2006 des Rates vom 25. September 2006 zur Aufhebung der Verordnung (EWG) Nr. 4056/86 über die Einzelheiten der Anwendung der Artikel 85 und 86 des Vertrags auf den Seeverkehr und zur Ausweitung des Anwendungsbereichs der Verordnung (EG) Nr. 1/2003 auf Kabotage und internationale Trampdienste, ABl. 2006 L 269, 1.

[325] ABl. 1987 L 374, 1, zuletzt geändert durch die Verordnung (EWG) Nr. 2410/92 des Rates vom 23.7.1992 zur Änderung der Verordnung (EWG) Nr. 3975/87 über die Einzelheiten der Anwendung der Wettbewerbsregeln auf Luftfahrtunternehmen, ABl. 1992 L 240, 18, mit Ausnahme von Art. 6 Abs. 3 aufgehoben durch Art. 1 der Verordnung (EG) Nr. 411/2004 des Rates vom 26. Februar 2004 zur Aufhebung der Verordnung (EWG) Nr. 3975/87 und zur Änderung der Verordnung (EWG) Nr. 3976/87 sowie der Verordnung (EG) Nr. 1/2003 hinsichtlich des Luftverkehrs zwischen der Gemeinschaft und Drittländern, ABl. 2004 L 68, 1.

[326] de Bronett in Schulte/Just, Kartellrecht, 2. Aufl. 2016, AEUV Art. 101 Rn. 11 ff. mwN; vgl. zu Art. 85, 86 EWGV Tiedemann/Otto ZStW 102 (1990), 94 (101).

[327] Vgl. Art. 1 VO (EG) Nr. 1/2003.

[328] Zur wirtschaftlichen Einheit bei Konzerngesellschaften: EuGH 10.9.2009 – C-97/08 P, ECLI:EU:C:2009:536 Rn. 54 f., Slg. 2009, I-8237 Rn. 54 f. = EuZW 2009, 816 – Akzo Nobel ua/Kommission; EuGH 24.9.2009 – verb. Rs. C-125/07 P, C-133/07 P, C-135/07 P, C-137/07 P, ECLI:EU:C:2009:576 Rn. 79, Slg. 2009, I-8681 Rn. 79 = BeckRS 2009, 71059 – Erste Group Bank ua/Kommission; EuGH 1.7.2010 – C-407/08 P, ECLI:EU:C:2010:389 Rn. 64, Slg. 2010, I-6375 Rn. 64 = BeckRS 2010, 90817 – Knauf Gips/Kommission; EuGH 20.1.2011 – C-90/09 P, ECLI:EU:C:2011:21 Rn. 34 ff., Slg. 2011, I-1 Rn. 34 ff. = BeckRS 2011, 80061 – General Química ua/Kommission; EuG 24.3.2011 – T-386/06, ECLI:EU:T:2011:115 Rn. 132 f., Slg. 2011, II-1267 Rn. 132 f. = BeckRS 2011, 80303 – Pegler/Kommission; EuGH 29.3.2011 – C-201/09 P, C-216/09 P, ECLI:EU:C:2011:190, Slg. 2011, I-2239 = BeckRS 2011, 80309 – ArcelorMittal Luxemburg/Kommission und Kommission/ArcelorMittal Luxemburg u.a.; EuGH 29.9.2011 – C-520/09 P, ECLI:EU:C:2011:619, Slg. 2011, I-8901 = BeckRS 2011, 81413 – Arkema/Kommission; EuGH 29.9.2011 – C-521/09 P, ECLI:EU:C:2011:620, Slg. 2011, I-8947 = BeckRS 2011, 81414 – Elf Aquitaine/Kommission; EuGH 27.4.2017 – C-516/15 P, ECLI:EU:C:2017:314 = BeckRS 2017, 108057 – Akzo Nobel ua/Kommission; EuGH 6.10.2021 – C-882/19, ECLI:EU:C:2021:800 Rn. 38 ff. = NJW 2021, 3583 – Sumal – mAnm Klumpe NJW 2021, 3589; ausf. hierzu Biermann in Immenga/Mestmäcker, Wettbewerbsrecht, Bd. 1. EU Teil 1, 6. Aufl. 2019, VO (EG) Nr. 1/2003 Vor Art. 23 Rn. 82 ff. mwN; Hackel, Konzerndimensionales Kartellrecht, 2012, S. 140 ff.; Riesenkampff FS Loewenheim, 2009, 529 (529 ff.); s. auch Burnley World Competition 33, 4 (2010), 595 (595 ff.).

[329] Die Legaldefinition eines Unternehmensbegriffs enthält Art. 196 lit. b. EAGV und enthielt Art. 80 des Vertrags über die Gründung der Europäischen Gemeinschaft für Kohle und Stahl vom 18. April 1951, BGBl. 1951 II 447, zuletzt geändert durch Art. 4 des Vertrags von Nizza zur Änderung des Vertrags über die Europäische Union, der Verträge zur Gründung der Europäischen Gemeinschaften sowie einiger

Begriffs „Unternehmen" vor. Hingegen kennt Art. 1 des Protokolls 22 über die Definition der Begriffe „Unternehmen" und „Umsatz" (Artikel 56)[330] eine Definition des Begriffs „Unternehmen" für Zwecke der Zuweisung der Einzelfälle nach Art. 56 EWR-Abkommen: Unternehmen ist „jedes Rechtssubjekt, das eine kommerzielle oder wirtschaftliche Tätigkeit ausübt". Im sekundären Unionsrecht erfasst Art. 2 lit. b der Richtlinie 2006/111/EG der Kommission vom 16.11.2006 über die Transparenz der finanziellen Beziehungen zwischen den Mitgliedstaaten und den öffentlichen Unternehmen sowie über die finanzielle Transparenz innerhalb bestimmter Unternehmen[331] „öffentliches Unternehmen", nämlich jedes Unternehmen, auf das die öffentliche Hand aufgrund Eigentums, finanzieller Beteiligung, Satzung oder sonstiger Bestimmungen, die die Tätigkeit des Unternehmens regeln, unmittelbar oder mittelbar einen beherrschenden Einfluss ausüben kann. Diese Kriterien sind allerdings für wirtschaftliche Tätigkeit nicht ausschlaggebenden.[332]

112 Vor dem Hintergrund, dass es sich bei dem Unternehmensbegriff im Europäischen Kartellrecht um einen autonomen Begriff des Unionsrechts[333] handelt, der zwecks einheitlicher Anwendung in den Mitgliedstaaten unabhängig von deren Rechtsordnungen zu bilden ist,[334] nimmt der Gerichtshof in ständiger Rechtsprechung eine eigenständige weite[335] Auslegung des Unternehmensbegriffs vor, die auf einem funktionalen Verständnis beruht. Im Gegensatz zum **(materiell-)institutionellen Unternehmensbegriff,** der sich an institutionellen bzw. organisatorischen Kriterien orientiert[336] und von einer „einheitliche[n], einem selbstständigen Rechtssubjekt zugeordnete[n] Zusammenfassung personeller, materieller und immaterieller Faktoren, mit welcher auf Dauer ein bestimmter wirtschaftlicher Zweck verfolgt wird",[337] ausgeht, richtet sich der Inhalt des **funktionalen Unternehmensbegriffs** nach der Tätigkeit der möglichen Normadressaten, wodurch der Anwendungsbereich des Wettbewerbsrechts flexibilisiert und präzisiert wird.[338] Im Europäischen Kartellrecht wird er aus dem Normzusammenhang, dem Sinn und Zweck der Wettbewerbsvorschriften[339] dahingehend bestimmt, dass als Unternehmen im wettbewerbsrechtlichen Sinn „jede eine wirtschaftliche Tätigkeit ausübende Einheit unabhängig von ihrer Rechtsform und der Art ihrer Finanzierung"[340] gilt.

---

damit zusammenhängender Rechtsakte, unterzeichnet in Nizza am 26. Februar 2001, ABl. 2001 C 80, 36, berichtigt ABl. 2001 C 96, 27.
[330] ABl. 1994 L 1, 185; zum EWR-Abkommen (Rn. 4).
[331] ABl. 2006 L 318, 17.
[332] Säcker/Steffens in MüKoWettbR AEUV Art. 101 Rn. 4.
[333] EuGH 14.3.2019 – C-724/17, ECLI:EU:C:2019:204 Rn. 47 = EuZW 2019, 374 – Skanska Industrial Solutions ua; EuGH 6.10.2021 – C-882/19, ECLI:EU:C:2021:800 Rn. 38 = NJW 2021, 3583 – Sumal mAnm Klumpe NJW 2021, 3589; Säcker/Steffens in MüKo WettbR AEUV Art. 101 Rn. 2; Weiß in Calliess/Ruffert AEUV Art. 101 Rn. 25.
[334] Säcker/Steffens in MüKoWettbR AEUV Art. 101 Rn. 2.
[335] Zimmer in Immenga/Mestmäcker, Wettbewerbsrecht, Bd. 1 EU Teil 1, 6. Aufl. 2019, AEUV Art. 101 Rn. 15.
[336] Hierzu Weiß, Der Unternehmensbegriff im europäischen und deutschen Kartellrecht, 2012, S. 81 ff.
[337] EuGH 13.7.1962 – Verb. Rs. C-17/61, C-20/61, ECLI:EU:C:1962:30, Slg. 1962, 655, 687 = BeckRS 1962, 104978 – Klöckner-Werke AG ua/Hohe Behörde; s. auch EuGH 22.3.1961 – C-42/59, ECLI:EU:C:1961:5, Slg. 1961, 111 (164 f.) = BeckRS 2004, 71150 – S. N. U. P. A. T./Hohe Behörde; EuGH 13.7.1962 – C-19/61, ECLI:EU:C:1962:31, Slg. 1962, 719 (750) = BeckRS 2004, 72116 – Mannesmann AG/Hohe Behörde.
[338] Säcker/Steffens in MüKoWettbR AEUV Art. 101 Rn. 6.
[339] Hengst in Langen/Bunte AEUV Art. 101 Rn. 5; Zimmer in Immenga/Mestmäcker, Wettbewerbsrecht, Bd. 1 EU Teil 1, 6. Aufl. 2019, AEUV Art. 101 Rn. 9.
[340] StRspr., EuGH 23.4.1991 – C-41/90, ECLI:EU:C:1991:161 Rn. 21, Slg. 1991, I-1979 Rn. 21 = NJW 1991, 2891 – Höfner und Elser/Macrotron; EuGH 17.2.1993 – verb. Rs. C-159/91, C-160/91, ECLI:EU:C:1993:63 Rn. 17, Slg. 1993, I-637 Rn. 17 = NJW 1993, 2597 – Poucet und Pistre/AGF und Cancava; EuGH 19.1.1994 – C-364/92, ECLI:EU:C:1994:7 Rn. 18, Slg. 1994, I-43 Rn. 18 = NJW 1994, 2344 – SAT Fluggesellschaft/Eurocontrol; EuGH 16.11.1995 – C-244/94, ECLI:EU:C:1995:392 Rn. 14, Slg. 1995 I-4013 Rn. 14 = BeckRS 2004, 75393 – FFSA ua/Ministère de l'Agriculture et de la Pêche; EuGH 11.12.1997 – C-55/96, ECLI:EU:C:1997:603 Rn. 21, Slg. 1997, I-7119 Rn. 21 = EuZW 1998, 274 – Job Centre; EuGH 12.9.2000 – verb. Rs. C-180/98, C-181/98, C-182/98, C-183/98, C-

Die strikte Ausrichtung des derart entwickelten Unternehmensbegriffs am Schutzweck **113** der Wettbewerbsregeln zeigt sich darin, dass neben dem sog. **Selbständigkeitspostulat** (→ Rn. 114) prägendes Merkmal die **wirtschaftliche Tätigkeit** ist, dh „jede Tätigkeit, die darin besteht, Güter oder Dienstleistungen auf einem bestimmten Markt anzubieten",[341] die Tätigkeiten hoheitlicher oder privater Natur wie auch Tätigkeiten außerhalb des Wettbewerbs in Ermangelung eines „Bezug[s] zum Wirtschaftsleben"[342] nicht erfüllen.[343] Während auch jedem vorgelagerten Erwerb von Gütern, die anschließend einer nicht-wirtschaftlichen Tätigkeit dienen sollen, die Eigenschaft einer wirtschaftlichen Tätigkeit abgesprochen wird,[344] zählen zu den für eine – teleologisch und anhand zahlreicher Indizien zu bestimmende – wirtschaftliche Tätigkeit **unbeachtlichen Kriterien** unter anderem die Rechtsform, die Rechtspersönlichkeit, die Gewinnerzielungsabsicht, der Unternehmenssitz und die Tätigkeitsdauer.[345] Als **hinreichende Kriterien** für eine wirtschaftliche Tätigkeit werden hingegen regelmäßig die Entgeltlichkeit einer Leistung und die Gewinnerzielungsabsicht angesehen.[346]

184/98, ECLI:EU:C:2000:428 Rn. 74, Slg. 2000, I-6451 Rn. 74 = BeckRS 2004, 74737 – Pavlov ua; EuGH 25.10.2001 – C-475/99, ECLI:EU:C:2001:577 Rn. 19, Slg. 2001, I-8089 Rn. 19 = EuZW 2002, 25 – Ambulanz Glöckner; EuGH 22.1.2002 – C-218/00, ECLI:EU:C:2002:36 Rn. 22, Slg. 2002, I-691 Rn. 22 = BeckRS 2004, 75165 – Cisal; EuGH 19.2.2002 – C-309/99, ECLI:EU:C:2002:98 Rn. 46, Slg. 2002, I-1577 Rn. 46 = EuZW 2002, 172 – Wouters ua; EuGH 24.10.2002 – C-82/01 P, ECLI:EU:C:2002:617 Rn. 75, Slg. 2002, I-9297 Rn. 75 = BeckRS 2004, 77821 – Aéroports de Paris/Kommission; EuGH 16.3.2004 – verb. Rs. C-264/01, C-306/01, C-354/01, C-355/01, ECLI:EU:C:2004:150 Rn. 46, Slg. 2004, I-2493 Rn. 46 = NJW 2004, 2723 – AOK-Bundesverband ua; EuGH 28.6.2005 – verb. Rs. C-189/02 P, C-202/02 P, C-205/02 P, C-206/02 P, C-207/02 P, C-208/02 P, C-213/02 P, ECLI:EU:C:2005:408 Rn. 112, Slg. 2005, I-5425 Rn. 112 = BeckRS 2005, 70478 – Dansk Rørindustri ua/Kommission; EuGH 10.1.2006 – C-222/04, ECLI:EU:C:2006:8 Rn. 107, Slg. 2006, I-289 Rn. 107 = EuZW 2006, 306 – Cassa di Risparmio di Ferenze ua; EuGH 11.7.2006 – C-205/03 P, ECLI:EU:C:2006:453 Rn. 25, Slg. 2006, I-6295 Rn. 25 = ZfBR 2007, 497 – FENIN/Kommission; EuGH 14.12.2006 – C-217/05, ECLI:EU:C:2006:784 Rn. 39, Slg. 2006, I-11987 Rn. 39 = EuZW 2007, 150 – Confederación Española de Empresarios de Estaciones de Servicio; EuGH 11.12.2007 – C-280/06, ECLI:EU:C:2007:775 Rn. 38, Slg. 2007, I-10893 Rn. 38 = EuZW 2008,93 – ETI ua; EuGH 5.3.2009 – C-350/07, ECLI:EU:C:2009:127 Rn. 34, Slg. 2009 I-1513 Rn. 34 = EuZW 2009, 296 – Kattner Stahlbau; EuGH 10.9.2009 – C-97/08 P, ECLI:EU:C:2009:536 Rn. 54, Slg. 2009, I-8237 Rn. 54 = EuZW 2009, 816 – Akzo Nobel ua/Kommission; EuGH 19.7.2012 – verb. Rs. C-628/10 P, C-14/11 P, ECLI:EU:C:2012:479 Rn. 42 = BeckRS 2012, 81494 – Alliance One International und Standard Commercial Tobacco/Kommission und Commission/Alliance One International ua; EuGH 28.2.2013 – C-1/12, ECLI:EU:C:2013:127 Rn. 35 = BeckRS 2013, 80415 – Ordem dos Técnicos Oficiais de Contas; EuGH 11.7.2013 – C-440/11 P, ECLI:EU:C:2013:514 Rn. 36 = NZKart 2013, 367 – Kommission/Stichting Administratiekantoor Portielje; EuGH 27.4.2017 – C-516/15 P, ECLI:EU:C:2017:314 Rn. 47 = BeckRS 2017, 108057 – Akzo Nobel ua/Kommission.

[341] EuGH 16.6.1987 – C-118/85, ECLI:EU:C:1987:283 Rn. 7, Slg. 1987, 2599 Rn. 7 = BeckRS 2004, 71333 – Kommission/Italien; EuGH 18.6.1998 – C-35/96, ECLI:EU:C:1998:303 Rn. 36, Slg. 1998, I-3851 Rn. 36 = BeckRS 2004, 76641 – Kommission/Italien; EuGH 12.9.2000 – verb. Rs. C-180/98, C-181/98, C-182/98, C-183/98, C-184/98, ECLI:EU:C:2000:428 Rn. 75, Slg. 2000, I-6451 Rn. 75 = BeckRS 2004, 74737 – Pavlov ua; EuGH 25.10.2001 – C-475/99, ECLI:EU:C:2001:577 Rn. 19, Slg. 2001, I-8089 Rn. 19 = EuZW 2002, 25 – Ambulanz Glöckner; EuGH 19.2.2002 – C-309/99, ECLI:EU:C:2002:98 Rn. 47, Slg. 2002, I-1577 Rn. 47 = EuZW 2002, 172 – Wouters ua; EuGH 24.10.2002 – C-82/01 P, ECLI:EU:C:2002:617 Rn. 79, Slg. 2002, I-9297 Rn. 79 = BeckRS 2004, 77821 – Aéroports de Paris/Kommission; EuGH 10.1.2006 – C-222/04, ECLI:EU:C:2006:8 Rn. 108, Slg. 2006, I-289 Rn. 108 = EuZW 2006, 306 – Cassa di Risparmio di Firenze ua; KOM 10.2.1999 – IV.35.767, ABl. 1999 L 69, 24 Rn. 22 – Ilmailulaitos/Luftfartsverket; KOM 15.6.2001 – COMP34/950, ABl. 2001 L 233, 37 Rn. 70 – Eco-Emballages. Geringfügig abweichende Definition in KOM 20.7.1999 – IV/36.888, ABl. 2000 L 5, 55 Rn. 65 – Fußball-Weltmeisterschaft 1998, wonach als wirtschaftliche Tätigkeit „jede – auch nicht auf Gewinn ausgerichtete – Tätigkeit [gilt], die auf den Austausch von Wirtschaftsgütern gerichtet ist".
[342] EuGH 19.2.2002 – C-309/99, ECLI:EU:C:2002:98 Rn. 57, Slg. 2002, I-1577 Rn. 57 = EuZW 2002, 172 – Wouters ua; EuGH 28.2.2013 – C-1/12, ECLI:EU:C:2013:127 Rn. 40 = BeckRS 2013, 80415 – Ordem dos Técnicos Oficiais de Contas.
[343] Säcker/Steffens in MüKoWettbR AEUV Art. 101 Rn. 8 f. mwN.
[344] Säcker/Steffens in MüKoWettbR AEUV Art. 101 Rn. 8, 46 mwN.
[345] Säcker/Steffens in MüKoWettbR AEUV Art. 101 Rn. 9 ff. mwN.
[346] Säcker/Steffens in MüKoWettbR AEUV Art. 101 Rn. 18 ff. mwN.

114 Mit dem sog. **Selbstständigkeitspostulat** wird dem kartellrechtlichen Bedürfnis nach Sicherung freier unternehmerischer Entscheidungsspielräume zur Entfaltung des Wettbewerbsprozesses Rechnung getragen und die Fähigkeit der eine wirtschaftliche Tätigkeit ausübenden Einheit zu einer autonomen Teilnahme am Wirtschaftsleben, der das Tragen von **wirtschaftlichem Risiko** des eigenen Verhaltens im mit Risiken verbundenen Wettbewerb[347] und die Willensbildung unabhängig von etwaigen verbundenen Einheiten immanent ist, zum Merkmal des Unternehmensbegriffs erhoben.[348]

115 Eine wirtschaftliche Unselbständigkeit einzelner Akteure, die nach Auffassung des Gerichtshofs eine unabhängige Willensbildung[349] und eigene Handlungsspielräume ausschließt, bildet die Substanz des Konzepts der **„wirtschaftlichen Einheit"**,[350] womit der Unternehmensbegriff „eine im Hinblick auf den jeweiligen Vertragsgegenstand bestehende wirtschaftliche Einheit [bezeichnet], selbst wenn diese wirtschaftliche Einheit rechtlich aus mehreren, natürlichen oder juristischen, Personen gebildet wird."[351] Die derart aufgefasste wirtschaftliche Einheit besteht in einer einheitlichen Organisation persönlicher, materieller und immaterieller Mittel, die dauerhaft einen bestimmten wirtschaftlichen Zweck verfolgt und die an einer Zuwiderhandlung iSv Art. 101 Abs. 1 AEUV beteiligt sein kann.[352] Verstößt eine solche wirtschaftliche Einheit gegen Art. 101 Abs. 1 AEUV, so führt der Begriff „Unternehmen" und somit das Konzept der „wirtschaftlichen Einheit" zu einer gesamtschuldnerischen Haftung der Einheiten, die zum Zeitpunkt der Begehung der Zuwiderhandlung die wirtschaftliche Einheit bilden,[353] soweit sie einer einheitlichen Wil-

---

[347] EuGH 16.12.1975 – C-40/73, ECLI:EU:C:1975:174 Rn. 26, Slg. 1975, 1663 Rn. 26 = BeckRS 2004, 71110 – Suiker Unie ua/Kommission.
[348] Sacker/Steffens in MüKo WettbR AEUV Art. 101 Rn. 49.
[349] Dahingehend EuGH 28.6.2005 – verb. Rs. C-189/02 P, C-202/02 P, C-205/02 P, C-206/02 P, C-207/02 P, C-208/02 P, C-213/02 P, ECLI:EU:C:2005:408 Rn. 117, Slg. 2005, I-5425 Rn. 117 = BeckRS 2005, 70478 – Dansk Rørindustri ua/Kommission.
[350] EuGH 25.11.1971 – C-22/71, ECLI:EU:C:1971:113 Rn. 7 ff., Slg. 1971, 949 Rn. 7 ff. = BeckRS 2004, 72372 – Béguelin Import/G.L. Import Export; EuGH 14.7.1972 – C-48/69, ECLI:EU:C:1972:70 Rn. 132/135, Slg. 1972, 619 Rn. 132/135 = BeckRS 2004, 73172 – ICI/Kommission; EuG 12.1.1995 – T-102/92, ECLI:EU:T:1995:3 Rn. 51, Slg. 1995, II-17 Rn. 51 = EuZW 1995, 583 – Viho/Kommission; EuGH 16.3.2000 – verb. Rs. C-395/96 P, C-396/96 P, ECLI:EU:C:2000:132 Rn. 35, Slg. 200, I-1365 Rn. 35 = BeckRS 2004, 77003 – Compagnie Maritime Belge Transports ua/Kommission.
[351] EuGH 12.7.1984 – C-170/83, ECLI:EU:C:1984:271 Rn. 11, Slg. 1984, 2999 Rn. 11 = BeckRS 1984, 110226 – Hydrotherm; EuGH 14.12.2006 – C-217/05, ECLI:EU:C:2006:784 Rn. 40, Slg. 2006, I-11987 Rn. 40 = EuZW 2007, 150 – Confederación Española de Empresarios de Estaciones de Servicio; EuGH 10.9.2009 – C-97/08 P, ECLI:EU:C:2009:536 Rn. 55, Slg. 2009, I-8237 Rn. 55 = EuZW 2009, 816 – Akzo Nobel ua/Kommission; EuGH 20.1.2011 – C-90/09 P, ECLI:EU:C:2011:21 Rn. 35, Slg. 2011, I-1 Rn. 35 = BeckRS 2011, 80061 – General Química ua/Kommission; EuGH 27.4.2017 – C-516/15 P, ECLI:EU:C:2017:314 Rn. 48 = BeckRS 2017, 108057 – Akzo Nobel ua/Kommission.
[352] EuGH 1.7.2010 – C-407/08 P, ECLI:EU:C:2010:389 Rn. 84, 86, Slg. 2010, I-6375 Rn. 84, 86 = BeckRS 2010, 90817 – Knauf Gips/Kommission. Zur wirtschaftlichen Einheit bei Konzerngesellschaften EuGH 10.9.2009 – C-97/08 P, ECLI:EU:C:2009:536 Rn. 54 f., Slg. 2009, I-8237 Rn 54 f. = EuZW 2009, 816 – Akzo Nobel ua/Kommission; EuGH 24.9.2009 – verb. Rs. C-125/07 P, C-133/07 P, C-135/07 P, C-137/07 P, ECLI:EU:C:2009:576 Rn. 79, Slg. 2009, I-8681 Rn. 79 = BeckRS 2009, 71059 – Erste Group Bank ua/Kommission; EuGH 20.1.2011 – C-90/09 P, ECLI:EU:C:2011:21 Rn. 34 ff., Slg. 2011, I-1 Rn. 34 ff. = BeckRS 2011, 80061 – General Química ua/Kommission; EuG 24.3.2011 – T-386/06, ECLI:EU:T:2011:115 Rn. 132 f., Slg. 2011, II-1267 Rn. 132 f. = BeckRS 2011, 80303 – Pegler/Kommission; EuGH 29.3.2011 – verb. Rs. C-201/09 P, C-216/09 P, ECLI:EU:C:2011:190, Slg. 2011, I-2239 = BeckRS 2011, 80309 – ArcelorMittal Luxembourg/Kommission und Commission/ArcelorMittal Luxembourg ua; EuGH 29.9.2011 – C-520/09 P, ECLI:EU:C:2011:619, Slg. 2011, I-8901 = Arkema/Kommission; EuGH 29.9.2011 – C-521/09 P, ECLI:EU:C:2011:620, Slg. 2011, I-8947 = BeckRS 2011, 81414 – Elf Aquitaine/Kommission; EuGH 27.4.2017 – C-516/15 P, ECLI:EU:C:2017:314 = BeckRS 2017, 108057 – Akzo Nobel ua/Kommission; EuGH 6.10.2021 – C-882/19, ECLI:EU:C:2021:800 Rn. 38 ff. = NJW 2021, 3583 – Sumal mAnm Klumpe NJW 2021, 3589; ausf. hierzu Biermann in Immenga/Mestmäcker, Wettbewerbsrecht, Bd. 1. EU Teil 1, 6. Aufl. 2019, VO Nr. 1/2003 Vor Art. 23 Rn. 82 ff. mwN; s. auch Hackel, Konzerndimensionales Kartellrecht, 2012, S. 140 ff.; Riesenkampff FS Loewenheim, 2009, 529 (529 ff.); Burnley World Competition 33, 4 (2010), 595 (595 ff.).
[353] EuGH 6.10.2021 – C-882/19, ECLI:EU:C:2021:800 Rn. 42 ff. = NJW 2021, 3583 – Sumal mAnm Klumpe NJW 2021, 3589; vgl. idS zur gesamtschuldnerischen Haftung für Geldbußen EuGH 26.1.2017 –

lensbildung unterliegen und auf dem sachlichen Markt tätig sind, auf welchem der Kartellrechtsverstoß stattfand.[354] Mit Hilfe des Konzepts der „wirtschaftlichen Einheit" wird die Beurteilung der Autonomie und Selbstständigkeit für ein eigenständiges wettbewerbsbeschränkendes Verhalten, die Abgrenzung zwischen einer Vereinbarung iSd Art. 101 Abs. 1 AEUV und einem einseitigen Verhalten des Geschäftsherrn iSd Art. 102 AEUV sowie die Zurechnung von festgestellten Wettbewerbsverstößen zur konkreten natürlichen oder juristischen Person für die Bestimmung der Bußgeldadressaten vorgenommen.[355] Im letzteren Kontext zielt das Konzept der „wirtschaftlichen Einheit" darauf ab, ein Entziehen der Bußgeldverantwortlichkeit durch gesellschaftsrechtliche Umstrukturierungen der Unternehmen zu verhindern.[356] Die konsequente Anwendung dieses Konzepts führt zu einer gesamtschuldnerischen Haftung, welche die durch einheitliches wirtschaftliches Handeln am Markt geprägte Zugehörigkeit zur wirtschaftlichen Einheit widerspiegelt.

bb) Wettbewerbsbeschränkende Vereinbarungen und Verhaltensweisen (Art. 101 Abs. 1 AEUV). Die materiell-rechtlichen Wettbewerbsverbote sind in Art. 101 und 102 AEUV geregelt. Nach Art. 101 Abs. 1 AEUV sind alle Vereinbarungen[357] zwischen Unternehmen, Beschlüsse[358] von Unternehmensvereinigungen und aufeinander abgestimmte Verhaltensweisen[359] untersagt, die den Handel zwischen den Mitgliedstaaten zu beeinträchtigen geeignet sind und eine Verhinderung, Einschränkung oder Verfälschung des Wettbewerbs bezwecken oder bewirken.[360] Damit geht das Europäische Wettbewerbsrecht vom Verbotsprinzip bei **horizontalen und vertikalen Wettbewerbsbeschränkungen** aus. Verboten sind sowohl Vereinbarung als auch abgestimmtes Verhalten (concerted practices).[361]

cc) Missbrauch einer marktbeherrschenden Stellung (Art. 102 AEUV). Art. 102 AEUV verbietet die missbräuchliche Ausnutzung einer beherrschenden Stellung auf dem Binnenmarkt oder auf einem wesentlichen Teil desselben durch ein oder mehrere Unternehmen, soweit dies zur Beeinträchtigung des Handels zwischen Mitgliedstaaten führen

---

C-625/13 P, ECLI:EU:C:2017:52 Rn. 150 = BeckRS 2017, 100499 – Villeroy & Boch/Kommission; EuGH 25.11.2020 – C-823/18 P, ECLI:EU:C:2020:955 Rn. 61 mwN = BeckRS 2020, 32088 – Kommission/GEA Group mAnm Lesinska-Adamson IR 2021, 114 (114 ff.).
[354] EuGH 6.10.2021 – C-882/19, ECLI:EU:C:2021:800 Rn. 45 ff. = NJW 2021, 3583 – Sumal – mAnm Klumpe NJW 2021, 3589.
[355] Säcker/Steffens in MüKoWettbR AEUV Art. 101 Rn. 50.
[356] Säcker/Steffens in MüKo WettbR AEUV Art. 101 Rn. 50 mwN.
[357] EuG 8.7.2008 – T-99/04, ECLI:EU:T:2008:256, Slg. 2008, II-1501 = BeckRS 2008, 70741 – AC-Treuhand/Kommission; EuG 29.6.2012 – T-360/09, ECLI:EU:T:2012:332 = BeckRS 2012, 81353 – E.ON Ruhrgas und E.ON/Kommission; EuG 29.6.2012 – T-370/09, ECLI:EU:T:2012:333 = BeckRS 2013, 80492 – GDF Suez/Kommission; de Bronett in Schulte/Just, Kartellrecht, 2. Aufl. 2016, AEUV Art. 101 Rn. 38 ff. mwN; Hengst in Langen/Bunte AEUV Art. 101 Rn. 85 ff.; Zimmer in Immenga/Mestmäcker, Wettbewerbsrecht, Bd. 1. EU Teil 1, 6. Aufl. 2019, AEUV Art. 101 Abs. 1 Rn. 68 ff. mwN; vgl. auch Biermann in Immenga/Mestmäcker, Wettbewerbsrecht, Bd. 1. EU Teil 1, 6. Aufl. 2019, VO (EG) Nr. 1/2003 Art. 23 Rn. 71 f.
[358] de Bronett in Schulte/Just, Kartellrecht, 2. Aufl. 2016, AEUV Art. 101 Rn. 50 mwN; BKartA 21.12.2007 – B 3–6/05 Rn. 26 = BeckRS 2009, 8246.
[359] de Bronett in Schulte/Just, Kartellrecht, 2. Aufl. 2016, AEUV Art. 101 Rn. 46 ff. mwN.
[360] EuGH 20.11.2008 – C-209/07, ECLI:EU:C:2008:643, Slg. 2008, I-8637 = BeckRS 2008, 71211 – Beef Industry Development und Barry Brothers; EuGH 4.6.2009 – C-8/08, ECLI:EU:C:2009:343, Slg. 2009, I-4529 = EuZW 2009, 505 – T-Mobile Netherlands ua; EuGH 6.10.2009 – verb. Rs. C-501/06 P, C-513/06 P, C-515/06 P, C-519/06 P, ECLI:EU:C:2009:610, Slg. 2009, I-9291 = GRUR Int. 2010, 509 – GlaxoSmithKline Services ua/Kommission ua; EuGH 13.10.2011 – C-439/09, ECLI:EU:C:2011:649 Rn. 34 ff., Slg. 2011, I-9419 Rn. 34 ff. = GRUR Int. 2011, 1077 – Pierre Fabre Dermo-Cosmétique; eing. dazu Hengst in Langen/Bunte AEUV Art. 101 Rn. 2 f., 85 ff.
[361] Dazu EuG 8.7.2008 – T-99/04, ECLI:EU:T:2008:256, Slg. 2008, II-1501 = BeckRS 2008, 70741 – AC-Treuhand/Kommission; EuGH 4.6.2009 – C-8/08, ECLI:EU:C:2009:343, Slg. 2009, I-4529 = EuZW 2009, 505 – T-Mobile Netherlands ua; EuGH 15.12.2010 – T-427/08, ECLI:EU:T:2010:517, Slg. 2010, II-5865 = GRUR Int. 2011, 527 – CEAHR/Kommission; Biermann in Immenga/Mestmäcker, Wettbewerbsrecht, Bd. 1. EU Teil 1, 6. Aufl. 2019, VO (EG) Nr. 1/2003 Art. 23 Rn. 67; Gehring/Mäger DB 2011, 398 (401); Schmidt/Koyuncu BB 2009, 2551 (2552 f.).

kann.³⁶² Der Tatbestand des Art. 102 AEUV hat folgende drei Voraussetzungen: das Bestehen einer marktbeherrschenden Stellung,³⁶³ ihre missbräuchliche Ausnutzung³⁶⁴ und die Möglichkeit einer Beeinträchtigung des Handels zwischen den Mitgliedstaaten.³⁶⁵ Das Missbrauchsverbot erfasst sowohl **Diskriminierungen**³⁶⁶ und den **Ausbeutungsmissbrauch** gegenüber vor- und nachgelagerten Wirtschaftsstufen **(vertikal)**³⁶⁷ als auch den **Behinderungsmissbrauch** gegenüber Unternehmen auf derselben Wirtschaftsstufe **(horizontal),**³⁶⁸ wobei der Behinderungsmissbrauch als das ernstere Problem des Monopolmissbrauchs anzusehen ist.³⁶⁹

118 **b) Rechtsnatur des Verfahrens.** Für das Verfahren unterscheidet die VO (EG) Nr. 1/2003 nicht zwischen Verwaltungs- und Bußgeldsachen: Für alle verfahrensabschließenden Entscheidungen – Negativattest, Feststellung eines Verstoßes, Untersagung, Verhängung einer Geldbuße – ist das gleiche Verfahren vorgesehen. Hierbei handelt es sich nach ständiger Rechtsprechung des Gerichtshofs³⁷⁰ nicht um ein strafrechtliches, sondern um ein **Verwaltungsverfahren,** selbst wenn Geldbußen verhängt werden.³⁷¹

119 Für alle in der VO (EG) Nr. 1/2003 vorgesehenen Entscheidungen mit belastender Rechtswirkung gilt das **Opportunitätsprinzip.** Es besteht sowohl ein Entschließungs- als auch ein Auswahlermessen der Kommission. Dies gilt auch für die Bußgeldverhängung, für die ausschließlich die Kommission zuständig ist.³⁷²

120 **c) Sanktionierung von Verfahrensverstößen und Verletzungen des materiellen Wettbewerbsrechts.** Art. 23 VO (EG) Nr. 1/2003 unterscheidet zwischen leichten und schweren Kartellordnungswidrigkeiten: In Art. 23 Abs. 1 VO (EG) Nr. 1/2003 werden für Mitwirkungsverstöße Geldbußen bis zu einem Höchstbetrag von **1 % des** im vorausgegan-

---

³⁶² EuG 17.9.2007 – T-201/04, ECLI:EU:T:2007:289 Rn. 229, Slg. 2007, II-3601 Rn. 229 = BeckRS 2007, 70806 – Microsoft/Kommission; EuGH 10.7.2008 – C-413/06 P, ECLI:EU:C:2008:392 Rn. 120, Slg. 2008, I-4951 Rn. 120 = BeckRS 2008, 70755 – Bertelsmann und Sony Corporation of America/Impala. Einen kurzen Überblick über die Entscheidungspraxis der Kommission und des Gerichtshofs auf der Grundlage von Art. 82 EGV-Amsterdam und Art. 86 EWGV gibt Weitbrecht EuZW 2002, 581 (585 f.).
³⁶³ Bulst in Langen/Bunte AEUV Art. 102 Rn. 32 ff. mwN; Weber in Schulte/Just, Kartellrecht, 2. Aufl. 2016, AEUV Art. 102 Rn. 31 ff.
³⁶⁴ Eing. Bulst in Langen/Bunte AEUV Art. 102 Rn. 82 ff.; Weber in Schulte/Just, 2. Aufl. 2016, Kartellrecht, AEUV Art. 102 Rn. 47 ff.
³⁶⁵ Bulst in Langen/Bunte AEUV Art. 102 Rn. 385 mwN; Weber in Schulte/Just, Kartellrecht, 2. Aufl. 2016, AEUV Art. 102 Rn. 113 ff.
³⁶⁶ EuG 17.9.2007 – T-201/04, ECLI:EU:T:2007:289 Rn. 319, Slg. 2007, II-3601 Rn. 319 = BeckRS 2007, 70806 – Microsoft/Kommission.
³⁶⁷ EuG 24.5.2007 – T-151/01, ECLI:EU:T:2007:154 Rn. 121, Slg. 2007, II-1607 Rn. 121 = BeckRS 2007, 70337 – Duales System Deutschland/Kommission; KOM 15.11.2011 – COMP/39.592, ABl. 2012 C 8, 8 – Standard & Poor's.
³⁶⁸ EuG 24.5.2007 – T-151/01, ECLI:EU:T:2007:154 Rn. 122, Slg. 2007, II-1607 Rn. 122 = BeckRS 2007, 70337 – Duales System Deutschland/Kommission; EuG 9.9.2010 – T-155/06, ECLI:EU:2010:370, Slg. 2010, II-4361 = BeckRS 2010, 91065 – Tomra Systems ua/Kommission.
³⁶⁹ Vgl. dazu EuGH 15.3.2007 – C-95/04 P, ECLI:EU:C:2007:166, Slg. 2007, I-2331 = EuZW 2007, 306 – British Airways/Kommission mAnm Holzinger EuZW 2007, 313 (313 f.); EuGH 2.4.2009 – C-202/07 P, ECLI:EU:C:2009:214 Rn. 41 ff., Slg. 2009, I-2369 Rn. 41 ff. = BeckRS 2011, 80008 – France Télécom/Kommission; EuGH 14.10.2010 – C-280/08 P, ECLI:EU:C:2010:603, Slg. 2010, I-9555 = BeckRS 2010, 91187 – Deutsche Telekom/Kommission; Dannecker/Fischer-Fritsch, Das EG-Kartellrecht in der Bußgeldpraxis, 1989, S. 20 f.
³⁷⁰ EuGH 13.7.1966 – C-56/64, ECLI:EU:C:1966:41, Slg. 1966, 322 (385 f.) = BeckRS 2004, 73330 – Consten und Grundig/Kommission der EWG; EuGH 15.7.1970 – C-44/69, ECLI:EU:C:1970:72 Rn. 20, Slg. 1970, 733 Rn. 20 = BeckRS 2004, 71199 – Buchler & Co./Kommission; EuGH 18.5.1982 – C-155/79, ECLI:EU:C:1982:157 Rn. 23, Slg. 1982, 1575 Rn. 23 = GRUR Int 1983, 38 – AM & S/Kommission.
³⁷¹ Biermann in Immenga/Mestmäcker, Wettbewerbsrecht, Bd. 1 EU Teil 1, 6. Aufl. 2019, VO (EG) Nr. 1/2003 Vor Art. 23 Rn. 214; Sauer in Schulte/Just, Kartellrecht, 2. Aufl. 2016, VO (EG) Nr. 1/2003 Art. 23 Rn. 30.
³⁷² Biermann in Immenga/Mestmäcker, Wettbewerbsrecht, Bd. 1 EU Teil 1, 6. Aufl. 2019, VO (EG) Nr. 1/2003 Vor Art. 23 Rn. 225 f.

genen Geschäftsjahr erzielten **Gesamtumsatzes** angedroht, in Abs. 2 sind für Verletzungen des materiellen Kartellrechts Geldbußen vorgesehen, die jeweils **10% des** von dem einzelnen an der Zuwiderhandlung beteiligten Unternehmen bzw. der Unternehmensvereinigung im vorausgegangenen Geschäftsjahr erzielten **Gesamtumsatzes** nicht übersteigen dürfen. Hierbei handelt es sich nicht um eine Bußgeldobergrenze, sondern um eine die Geldbuße begrenzende „Kappungsgrenze", die nicht überschritten werden darf, und die sich auf den Gesamtumsatz des Unternehmens oder der Unternehmensvereinigung und nicht auf den Umsatz mit den von den Wettbewerbsverstößen tangierten Produkten (sog. relevanter Umsatz) bezieht.[373]

Im Bereich der **Zwangsgelder** besteht mit der in Art. 24 VO (EG) Nr. 1/2003 für die Verhängung von Zwangsgeldern nach seiner Maßgabe vorgegebenen Obergrenze von **5% des** im vorausgegangenen Geschäftsjahr erzielten **durchschnittlichen Tagesumsatzes** für jeden Tag des Verzugs keine numerisch festgelegte Zwangsgeldhöchstgrenze.[374]

aa) Verfahrensverstöße. Gemäß Art. 23 Abs. 1 VO (EG) Nr. 1/2003 sind Pflichtverletzungen der Unternehmen bei der Informationsgewinnung mittels **Auskunftsverlangen oder Nachprüfungen durch die Kommission** im Rahmen ihrer Ermittlungen bußgeldbewehrt (Art. 23 Abs. 1 lit. a iVm Art. 17, 18 Abs. 2 VO (EG) Nr. 1/2003; Art. 23 Abs. 1 lit. b iVm Art. 17, 18 Abs. 3 VO (EG) Nr. 1/2003; Art. 23 Abs. 1 lit. c iVm Art. 20, 20 Abs. 4 VO (EG) Nr. 1/2003; Art. 23 Abs. 1 lit. d iVm Art. 20 Abs. 2 lit. e VO (EG) Nr. 1/2003; Art. 23 Abs. 1 lit. e iVm Art. 20 Abs. 2 lit. d VO (EG) Nr. 1/2003).[375] Neben der Pflichtverletzung setzt eine Ahndung den Nachweis von Vorsatz oder Fahrlässigkeit seitens des Unternehmens oder der Unternehmensvereinigung voraus.

Das Unterlassen der Beantwortung eines **einfachen Auskunftsverlangens** nach Art. 18 Abs. 2 VO (EG) Nr. 1/2003 kann nicht mit einer Geldbuße geahndet werden. Die Kommission ist in diesem Fall gezwungen, eine förmliche Entscheidung zu erlassen; erst dann ist das Unterlassen der Auskunftserteilung seitens des Unternehmens oder der Unternehmensvereinigung bußgeldbewehrt. Falls das formlose Antwortschreiben jedoch unrichtige oder irreführende Angaben enthält, kann wegen dieses Verstoßes sofort eine Geldbuße verhängt werden (Art. 23 Abs. 1 lit. a VO (EG) Nr. 1/2003).[376] Inhaltlich zutreffende, aber unvollständig erteilte Auskünfte gelten dabei nur dann als unrichtig, wenn sie den Anschein einer vollständigen Auskunft erwecken.[377] Dagegen verpflichtet ein **qualifiziertes Auskunftsverlangen** nach Art. 18 Abs. 3 VO (EG) Nr. 1/2003 zur Auskunftserteilung. Zusätzlich zu unrichtigen und irreführenden Angaben sind hier auch unvollständige und verspätete Angaben gemäß Art. 23 Abs. 1 lit. b VO (EG) Nr. 1/2003 bußgeldbewehrt.[378]

bb) Verstöße gegen das materielle Wettbewerbsrecht. Von den Mitwirkungsverstößen sind die schweren, in Art. 23 Abs. 2 lit. a VO (EG) Nr. 1/2003 bußgeldbewehrten

---

[373] Zu den Beispielen aus der Kommissionspraxis Sauer in Schulte/Just, Kartellrecht, 2. Aufl. 2016, VO (EG) Nr. 1/2003 Art. 23 Rn. 76; Deutscher, Die Kompetenzen der Europäischen Gemeinschaften zur originären Strafgesetzgebung, 1999, S. 134 ff.
[374] Bechtold/Bosch/Brinker in Bechtold/Bosch/Brinker VO (EG) Nr. 1/2003 Art. 24 Rn. 6; Biermann in Immenga/Mestmäcker, Wettbewerbsrecht, Bd. 1 EU Teil 1, 6. Aufl. 2019, VO (EG) Nr. 1/2003 Art. 24 Rn. 16.
[375] Eing. dazu Biermann in Immenga/Mestmäcker, Wettbewerbsrecht, Bd. 1 EU Teil 1, 6. Aufl. 2019, VO (EG) Nr. 1/2003 Art. 23 Rn. 1 f., Rn. 7 ff.
[376] KOM 17.11.1981 – IV/30.211, ABl. 1982 L 27, 31 – Comptoir Commercial d'Importation; KOM 11.12.1981 – IV/AF 511, ABl. 1982 L 211, 32 – National Panasonic (France) S.A.; KOM 11.12.1981 – IV/AF 512, ABl. 1982 L 113, 18 – S. A. National Panasonic (Belgium) N. V.
[377] EuGH 20.6.1978 – C-28/77, ECLI:EU:C:1978:133 Rn. 69/70, Slg. 1978, 1391 Rn. 69/70 = BeckRS 2004, 72900 – Tepea/Kommission; eing. dazu Biermann in Immenga/Mestmäcker, Wettbewerbsrecht, Bd. 1. EU Teil 1, 6. Aufl. 2019, VO (EG) Nr. 1/2003 Art. 23 Rn. 30; Dannecker/Fischer-Fritsch, Das EG-Kartellrecht in der Bußgeldpraxis, 1989, S. 51; Kreis RIW/AWD 1981, 295 (295 ff.).
[378] Eing. dazu Biermann in Immenga/Mestmäcker, Wettbewerbsrecht, Bd. 1 EU Teil 1, 6. Aufl. 2019, VO (EG) Nr. 1/2003 Art. 23 Rn. 24 ff.; Sauer in Schulte/Just, Kartellrecht, 2. Aufl. 2016, VO (EG) Nr. 1/2003 Art. 23 Rn. 68.

§ 34　　　　　　　　　　　　　　　　　　　　　　　　　　　　Strafgerichtsbarkeit

Verstöße gegen Art. 81 oder 82 EGV-Amsterdam (nunmehr Art. 101, 102 AEUV) zu trennen. Diese Wettbewerbsregeln dienen der **Sicherung der individuellen wirtschaftlichen Freiheit,** sollen aber auch den **Wettbewerb als Institution** garantieren, um dadurch zur Verwirklichung der allgemeinen Vertragsziele beizutragen.[379] So soll im Interesse der Allgemeinheit und insbesondere der Verbraucher eine optimale Nutzung der Produktionsfaktoren bewirkt sowie wirtschaftlicher und technischer Fortschritt ermöglicht werden.

125　Verstöße gegen die materiellen Wettbewerbsverbote können nach Art. 23 Abs. 2 VO (EG) Nr. 1/2003 von der Kommission mit **Geldbußen gegen die Unternehmen und Unternehmensvereinigungen** geahndet werden, wenn schuldhafte Zuwiderhandlungen gegen das materielle Wettbewerbsrecht vorliegen. Sanktionen gegen die für das Unternehmen handelnden natürlichen Personen sind nicht vorgesehen.

126　Die noch nach Art. 15 Abs. 5 VO (EWG) Nr. 17/62 vorgesehene Anmeldungsmöglichkeit wettbewerbsbeschränkender Vereinbarungen entfiel mit der Abschaffung des zentralisierten Genehmigungssystems und der Einführung des **Legalausnahmesystems**[380] in Art. 1 VO (EG) Nr. 1/2003.[381] Zuvor waren nur das Kartellverbot des Art. 81 Abs. 1, 2 EGV-Amsterdam (davor des Art. 85 Abs. 1, 2 EGV-Maastricht bzw. Art. 85 Abs. 1, 2 EWGV) sowie das Missbrauchsverbot des Art. 82 EGV-Amsterdam (davor des Art. 86 EGV-Maastricht bzw. Art. 86 EWGV) unmittelbar anwendbar. Kam jedoch eine Freistellung vom Kartellverbot gemäß Art. 81 Abs. 3 EGV-Amsterdam wie davor gemäß Art. 85 Abs. 3 EGV-Maastricht bzw. Art. 85 Abs. 3 EWGV in Betracht, so war ein Freistellungsakt erforderlich, für dessen Erteilung gemäß Art. 9 Abs. 1 VO (EWG) Nr. 17/62 eine ausschließliche Zuständigkeit der Kommission bestand. Die Einführung des Prinzips der Legalausnahme hatte zur Folge, dass damit Art. 81 Abs. 3 EGV-Amsterdam (nunmehr Art. 101 Abs. 3 AEUV) unmittelbar anwendbar ist und es daher nach Art. 1 Abs. 2 VO (EG) Nr. 1/2003 keines gesonderten Freistellungsakts mehr seitens der Kommission bedarf. Folglich müssen Unternehmen und Unternehmensvereinigungen nunmehr in eigener Verantwortung prüfen, ob eine Verhaltensweise iSv Art. 101 Abs. 1 AEUV wettbewerbsbeschränkend ist und ob die Voraussetzungen des Art. 101 Abs. 3 AEUV vorliegen, wodurch sich die Eigenverantwortung der Unternehmen und der Unternehmensvereinigungen erhöht. Die Beweislast für das Vorliegen der Voraussetzungen des Art. 101 Abs. 3 AEUV obliegt dabei gemäß Art. 2 S. 2 VO (EG) Nr. 1/2003 den Unternehmen und Unternehmensvereinigungen. Dies gilt nach Auffassung der Kommission auch für die Geldbußen der Europäischen Union sowie im Rahmen der nationalen Bußgeld- und Strafverfahren.[382]

127　**cc) Kooperationsmöglichkeiten im Rahmen der Bußgeldfestsetzung.** Am 8. Dezember 2006 wurde die Mitteilung der Kommission über den Erlass und die Ermäßigung von Geldbußen in Kartellsachen (2006/C 298/11)[383] (Leniency-Bekanntmachung) von der

---

[379] Vgl. Bulst in Langen/Bunte AEUV Art. 102 Rn. 9 ff.
[380] Näher zum System der Legalausnahme und ihrer Bedeutung für das Bußgeldrecht Biermann in Immenga/Mestmäcker, Wettbewerbsrecht, Bd. 1. EU Teil 1, 6. Aufl. 2019, VO (EG) Nr. 1/2003 Art. 23 Rn. 61 f. mwN.
[381] Näher dazu Biermann in Immenga/Mestmäcker, Wettbewerbsrecht, Bd. 1. EU Teil 1, 6. Aufl. 2019, VO (EG) Nr. 1/2003 Vor Art. 23 Rn. 148 ff.; Hossenfelder/Lutz WuW 2003, 118 (119); Jaeger WuW 2000, 1062 (1066); Koenigs DB 2003, 755 (755 ff.); Weitbrecht EuZW 2003, 69 (70).
[382] Näher dazu Biermann in Immenga/Mestmäcker, Wettbewerbsrecht, Bd. 1. EU Teil 1, 6. Aufl. 2019, VO (EG) Nr. 1/2003 Vor Art. 23 Rn. 65 ff.; Schultze/Pautke/Wagener, Vertikal-GVO, 4. Aufl. 2019, Einl. Rn. 16 ff.; Eckard, Anwendung und Durchsetzung des Kartellverbots im dezentralen Legalausnahmesystem, 2011, S. 90 ff.
[383] ABl. 2006 C 298, 17, zuletzt geändert durch Mitteilung der Kommission – Änderung der Mitteilung der Kommission über den Erlass und die Ermäßigung von Geldbußen in Kartellsachen (2015/C 256/01) vom 5. August 2015, ABl. 2015 C 256, 1. Näher dazu Bechtold/Bosch/Brinker in Bechtold/Bosch/Brinker VO (EG) Nr. 1/2003 Art. 23 Rn. 71; Biermann in Immenga/Mestmäcker, Wettbewerbsrecht, Bd. 1 EU Teil 1, 6. Aufl. 2019, VO (EG) Nr. 1/2003 Art. 23 Rn. 243 ff.; Klose in MüKo WettbR Leniency-Bekanntmachung Rn. 1 ff.

Kommission³⁸⁴ erlassen, welche die Mitteilung der Kommission über den Erlass und die Ermäßigung von Geldbußen in Kartellsachen (2002/C 45/03) vom 19. Februar 2002³⁸⁵ ersetzt, die wiederum an die Stelle der bis dahin geltenden Mitteilung der Kommission über die Nichtfestsetzung oder die niedrigere Festsetzung von Geldbußen in Kartellsachen (96/ C 207/04) vom 18. Juli 1996³⁸⁶ trat. Durch die Mitteilung sollten größere Anreize für die Aufdeckung von Kartellen geschaffen und gleichzeitig die präventive Wirkung erhöht werden.³⁸⁷

Um einen **Erlass der Geldbuße**³⁸⁸ zu erreichen, muss das Unternehmen als erstes Informationen und Beweismittel vorlegen, die es der Kommission nach deren Ansicht bei einer ex ante-Betrachtung ermöglichen, gezielte Nachprüfungen im Zusammenhang mit dem mutmaßlichen Kartell durchzuführen (Rn. 8 lit. a der Leniency-Bekanntmachung) oder im Zusammenhang mit dem mutmaßlichen Kartell eine Zuwiderhandlung festzustellen (Rn. 8 lit. b der Leniency-Bekanntmachung).³⁸⁹ Weiter muss das Unternehmen seine Teilnahme an dem Kartell spätestens zu dem Zeitpunkt einstellen, zu dem es die Beweismittel für das mutmaßliche Kartell vorlegt (Rn. 12 lit. b der Leniency-Bekanntmachung).³⁹⁰ Auch ist es sowohl für den Bußgelderlass als auch für die Bußgeldermäßigung erforderlich, dass das Unternehmen während des gesamten Verwaltungsverfahrens mit der Kommission zusammenarbeitet³⁹¹ und alle in seinem Besitz befindlichen oder ihm verfügbaren Beweismittel vorlegt (Rn. 12 lit. a der Leniency-Bekanntmachung).³⁹² Zudem darf das Unternehmen andere Unternehmen nicht durch die Ausübung wirtschaftlichen Drucks zur Teilnahme an dem Kartell gezwungen haben (Rn. 13 der Leniency-Bekanntmachung). Ein Bußgelderlass scheidet aus, wenn das Unternehmen Beweise vernichtet, verfälscht oder unterdrückt, nachdem es eine Antragstellung in Betracht gezogen hat, ebenso, wenn das Unternehmen den Leniency-Antrag (bewusst) vorzeitig offenlegt (Rn. 12 lit. c der Liniency-Bekanntmachung) bzw. die Kommission nicht über eine (auch ungewollte) Offenlegung informiert.³⁹³

128

---

³⁸⁴ Zur Zuständigkeit der Kommission zum Erlass von „Verhaltensnormen mit Hinweischarakter" EuGH 26.1.2017 – C 619/13 P, ECLI:EU:C:2017:50 Rn. 46 ff. = BeckRS 2017, 100534 – Mamoli Robinetteria/Kommission; vgl. auch EuGH 28.6.2005 – verb. Rs. C-189/02 P, C-202/02 P, C-205/02 P, C-206/02 P, C-207/02 P, C-208/02 P, C-213/02 P, ECLI:EU:C:2005:408 Rn. 209, 211, 213, 250, Slg. 2005, I-5425 Rn. 209, 211, 213, 250 = BeckRS 2005, 70478 – Dansk Rørindustri ua/Kommission; EuGH 18.7.2013 – C 501/11 P, ECLI:EU:C:2013:522 Rn. 58, 67 ff. = BeckRS 2013, 81521 – Schindler Holding u.a./Kommission.
³⁸⁵ ABl. 2002 C 45, 3. Näher dazu Bechtold/Bosch/Brinker in Bechtold/Bosch/Brinker VO (EG) Nr. 1/2003 Art. 23 Rn. 70; Biermann in Immenga/Mestmäcker, Wettbewerbsrecht, Bd. 1. EU Teil 1, 6. Aufl. 2019, VO (EG) Nr. 1/2003 Art. 23 Rn. 241 f.; Kless WuW 2002, 1056 (1056 ff.); Polley/Seeliger EuZW 2002, 397 (397 ff.).
³⁸⁶ ABl. 1996 C 207, 4. Näher dazu Bechtold/Bosch/Brinker in Bechtold/Bosch/Brinker VO (EG) Nr. 1/2003 Art. 23 Rn. 69 f.; Biermann in Immenga/Mestmäcker, Wettbewerbsrecht, Bd. 1 EU Teil 1, 6. Aufl. 2019, VO (EG) Nr. 1/2003 Art. 23 Rn. 239 f.; zur Kommissionspraxis bezüglich der alten Kronzeugenregelung vgl. Hellmann EuZW 2000, 741 (742 ff.).
³⁸⁷ KOM Pressemitteilung IP/02/247 vom 13. Februar 2002, S. 1, 3; KOM Pressemitteilung IP/06/1705 vom 712.2006, S. 1.
³⁸⁸ Nähere Ausführungen zum Antrag auf Erlass und zum bedingten Erlass bei Biermann in Immenga/Mestmäcker, Wettbewerbsrecht, Bd. 1 EU Teil 1, 6. Aufl. 2019, VO (EG) Nr. 1/2003 Art. 23 Rn. 262 ff.; Niggemann in Streinz AEUV Dritter Teil, Titel VII, Kapitel 1, Abschnitt 1, EU-Kartellverfahren Rn. 58; Schroeder in Grabitz/Hilf/Nettesheim AEUV Art. 101 Rn. 822 ff.
³⁸⁹ Suurnäkki/Tierno Centella Competition Policy Newsletter 1 – 2007, 7 (8).
³⁹⁰ Sauer in Schulte/Just, Kartellrecht, 2. Aufl. 2016, VO (EG) Nr. 1/2003 Art. 23 Rn. 195.
³⁹¹ EuG 9.9.2011 – T-12/06, ECLI:EU:T:2011:441 Rn. 126 ff., Slg. 2011, II-5639 Rn. 126 ff. = BeckRS 2011, 81503 – Deltafina/Kommission; Surnäkki/Tierno Centella Competition policy Newsletter 1 – 2007, 7 (8).
³⁹² EuG 9.9.2011 – T-12/06, ECLI:EU:T:2011:441 Rn. 131 f. mwN, Slg. 2011, II-5639 Rn. 131 f. mwN = BeckRS 2011, 81503 – Deltafina/Kommission. Krit. zu den Verteidigungsmöglichkeiten des kooperierenden Unternehmens Soltész EWS 2000, 240 (241); Weitbrecht EuZW 1997, 555 (557 f.).
³⁹³ KOM 20.10.2005 – COMP/C.38.281/B.2 Rn. 408–460, ABl. 2006 L 353, 45 – Rohtabak Italien; EuG 9.9.2011 – T-12/06, ECLI:EU:T:2011:441 Rn. 124 ff., Slg. 2011, II-5639 Rn. 124 ff. = BeckRS 2011, 81503 – Deltafina/Kommission.

§ 34

129 Dabei gilt das sog. **Marker-System,** das es den Unternehmen ermöglicht, frühzeitig einen Antrag auf Kronzeugenbehandlung zu stellen und erst anschließend innerhalb einer bestimmten Frist interne Ermittlungen zur Beweisbeschaffung für die Kommission durchzuführen. Innerhalb dieser Frist hat das Unternehmen somit einen rangwahrenden Marker platziert, der verhindert, dass ein anderer Kartellbeteiligter ihm durch die Vorlage von Beweismitteln zuvorkommt. Dies gilt jedoch nur für den Antrag auf vollständigen Erlass der Geldbuße, für eine Bußgeldermäßigung gilt weiterhin, dass ein förmlicher Antrag gestellt werden muss.[394]

130 Um eine **Ermäßigung der Geldbuße** zu erreichen, müssen die durch das Unternehmen vorgelegten Beweismittel einen erheblichen Mehrwert gegenüber den bereits im Besitz der Kommission befindlichen Beweismitteln darstellen (Rn. 24 der Leniency-Bekanntmachung). Der Gerichtshof und das Gericht verlangen in diesem Zusammenhang, dass die Kooperation des Unternehmens und die von ihm übergebenen Informationen als „Zeichen eines Geistes der echten Zusammenarbeit" gewertet werden können.[395] Außerdem muss das Unternehmen seine Beteiligung an der mutmaßlichen Zuwiderhandlung spätestens zum Zeitpunkt der Beweismittelvorlage einstellen (Rn. 12 lit. b der Leniency-Bekanntmachung) und die unter Rn. 12 lit. c der Leniency-Bekanntmachung genannten Bedingungen erfüllen (Rn. 24 der Leniency-Bekanntmachung). Dabei sieht die Leniency-Bekanntmachung eine strikte Prioritätsregel vor, wonach Unternehmen entsprechend der zeitlichen Reihenfolge, in der sie Beweismittel mit einem erheblichen Mehrwert liefern, eine **Ermäßigung** nur in einem bestimmten Rahmen erhalten können. So legt die Leniency-Bekanntmachung fest, dass das erste Unternehmen, welches Beweismittel mit erheblichem Mehrwert vorlegt, eine Ermäßigung von **30 %** bis **50 %** erhält, die Geldbuße des zweiten Beweismittel mit erheblichem Mehrwert vorlegenden Unternehmens um **20 %** bis **30 %** ermäßigt wird und jedes weitere Unternehmen, welches der Kommission Beweismittel mit erheblichem Mehrwert übergibt, einen Nachlass von bis zu **20 %** erhält (Rn. 26 der Leniency-Bekanntmachung).

131 Bei einer bloßen Ermäßigung der Geldbuße besitzt die Kommission **Ermessen** bezüglich der Höhe der Geldbuße; sie muss dabei jedoch den Gleichheitsgrundsatz beachten.[396] Ob die durch das Unternehmen vorgelegten Beweismittel tatsächlich einen Mehrwert darstellen und inwieweit die zu verhängende Geldbuße ermäßigt wird, entscheidet die Kommission endgültig erst am Ende des Verwaltungsverfahrens. Der **Gerichtshof** besitzt nach Art. 31 VO (EG) Nr. 1/2003 ein **umfassendes Überprüfungsrecht,** das die rechtmäßige Ausübung des Ermessens ebenso einschließt wie die richtige Anwendung der Kronzeugenregelung (→ Rn. 140 ff.).[397] Die ihr gegenüber bestehende Autonomie der mitgliedstaatlichen Kronzeugenregelungen für die nationalen Kartellrechte hat er grundsätzlich unterstrichen,[398] welche mit der erlassenen Richtlinie (EU) 2019/1 des Europäi-

---

[394] Eing. dazu Dreher ZWeR 2009, 397 (397 ff.); Panizza ZWeR 2008, 58 (85); Seitz EuZW 2008, 525 (528).
[395] EuGH 28.6.2005 – verb. Rs. C-189/02 P, C-202/02 P, C-205/02 P, C-206/02 P, C-207/02 P, C-208/02 P, C-213/02 P, ECLI:EU:C:2005:408 Rn. 395 f., Slg. 2005, I-5425 Rn. 395 f. = BeckRS 2005, 70478 – Dansk Rørindustri ua/Kommission; EuGH 29.6.2006 – C-301/04 P, ECLI:EU:C:2006:432 Rn. 68, Slg. 2006, I-5915 Rn. 68 = BeckRS 2006, 137934 – Kommission/SGL Carbon AG; EuG 14.12.2006 – verb. Rs. T-259/02, T-260/02, T-261/02, T-262/02, T-263/02, T-264/02, T-271/02, ECLI:EU:T:2006:396 Rn. 530, Slg. 2006, II-5169 Rn. 530 = BeckRS 2006, 140069 – Raiffeisen Zentralbank Österreich/Kommission; EuG 12.12.2007 – verb. Rs. T-101/05, T-111/05, ECLI:EU:T:2007:380 Rn. 92, Slg. 2007, II-4949 Rn. 92 = BeckRS 2007, 148956 – BASF und UCB/Kommission.
[396] EuG 17.5.2011 – T-343/08, ECLI:EU:T:2011:218 Rn. 64 f., 100 ff., 134 ff., Slg. 2011, II-2287 Rn. 64 f., 100 ff., 134 ff. = BeckRS 2011, 81220 – Arkema France/Kommission; EuG 16.6.2011 – T-186/06, ECLI:EU:T:2011:276 Rn. 394 f., Slg. 2011, II-2839 Rn. 394 f. = BeckRS 2011, 80992 – Solvay/Kommission; EuG 13.7.2011 – verb. Rs. T-144/07, T-147/07, T-148/07, T-149/07, T-150/07, T-154/07, ECLI:EU:T:2011:364 Rn. 333 ff., Slg. 2011, II-5129 Rn. 333 ff. = BeckRS 2011, 142199 – ThyssenKrupp Liften Ascenseurs/Kommission.
[397] Bechtold WuW 2009, 1115; Rizvi AJP/PJA 2010, 452 (456).
[398] Vgl. EuGH 18.6.2013 – C-681/11, ECLI:EU:C:2013:404 Rn. 45 ff. = BeckRS 2013, 81227 – Schenker & Co ua mAnm Boll GWR 2013, 319 (319); Meyer-Lindemann EuZW 2013, 626 (626 f.); s. auch EuGH

schen Parlaments und des Rates vom 11. Dezember 2018 zur Stärkung der Wettbewerbsbehörden der Mitgliedstaaten im Hinblick auf eine wirksamere Durchsetzung der Wettbewerbsvorschriften und zur Gewährleistung des reibungslosen Funktionierens des Binnenmarkts[399] harmonisiert wurden.[400]

Die Kommission hat zum 30. Juni 2008 das **Vergleichsverfahren (Settlement)** eingeführt, das als weiteres Kooperationsinstrument neben die Kronzeugenregelung tritt.[401] Die Kartellbeteiligten haben nach diesem (vereinfachten) Verfahren die Möglichkeit, nach einer summarischen Mitteilung der Bedenken durch die Kommission und einer ggf. nur beschränkten Akteneinsicht ihre Kartellbeteiligung einzuräumen. Dafür wird die ansonsten zu verhängende Geldbuße durch die Kommission um **10 %** reduziert.[402] Über die Angemessenheit eines Vergleichsverfahrens entscheidet die Kommission nach eigenem Ermessen.[403] Die rechtlichen Grundlagen des Vergleichsverfahrens finden sich in der Verordnung (EG) Nr. 622/2008 der Kommission vom 13. Juni 2008 zur Änderung der Verordnung (EG) Nr. 773/2004 hinsichtlich der Durchführung von Vergleichsverfahren in Kartellfällen,[404] die die Normierung der Ausgestaltung des Vergleichsverfahrens in die Verordnung (EG) Nr. 773/2004 der Kommission vom 7. April 2004 über die Durchführung von Verfahren auf der Grundlage der Artikel 81 und 82 EG-Vertrag durch die Kommission[405] (VO (EG) Nr. 773/2004) integrierte. Zudem hat die Kommission die Mitteilung der Kommission über die Durchführung von Vergleichsverfahren bei dem Erlass von Entscheidungen nach Artikel 7 und Artikel 23 der Verordnung (EG) Nr. 1/2003 des Rates in Kartellfällen (2008/C 167/01)[406] vom 2. Juli 2008 (Vergleichsmitteilung) veröffentlicht, die neben den konkreten Verfahrensvoraussetzungen auch eine Regelung zur Bußgeldermäßigung enthält.

Spätestens mit Einleitung des Verfahrens nach Art. 11 Abs. 6 VO (EG) Nr. 1/2003 durch die Kommission müssen parallele Maßnahmen der nationalen Wettbewerbsbehörden im Europäischen Wirtschaftsraum eingestellt werden. Es gilt das Verbot paralleler Ermittlungsverfahren vor rechtskräftiger Sanktionierung.[407] Nach Einleitung des Verfahrens kann die Kommission eine Frist setzen, innerhalb die Parteien schriftlich ihre Bereitschaft signalisieren können, Vergleichsgespräche im Hinblick auf die mögliche Vorlage von Vergleichsausführungen aufzunehmen (Art. 10a Abs. 1 UAbs. 1 S. 1 VO (EG) Nr. 773/

20.1.2016 – C-428/14, ECLI:EU:C:2016:27 Rn. 29 ff. = BeckRS 2016, 80122 – DHL Express (Italy) und DHL Global Forwarding (Italy).

[399] ABl. 2019 L 11, 3.
[400] Näher zu den Kreuzungen im Kartellrecht Brömmelmeyer NZKart 2017, 551 (551 ff.); s. auch König NZKart 2017, 397 (397 ff.).
[401] Barbier de La Serre/Winckler Journal of European Competition Law & Practice 2010, 327 (341 f.); Canenbley/Steinvorth FS 50 Jahre FIW: 1960 bis 2010, 143 (146); Dekeyser/Roques The Antitrust Bulletin: Vol. 55, No. 4/2010, 819 (819 ff.); Weiß, Die Rechtsstellung Betroffener in modernisierten EU-Kartellverfahren, 2010, 9 (9 f.); Miersch/Israel in Kamann/Ohlhoff/Völcker, Kartellverfahren und Kartellprozess, 2017, § 10 Rn. 14 ff.; Ortega Gonzalez E.C.L.R. 2011, 170 (170 ff.); Tierno Centella Competition Policy Newsletter 3/2008, 30 (32); Wagemann in Schwarze, Verfahren und Rechtsschutz im europäischen Wirtschaftsrecht, 2010, 82 (97 f.).
[402] Ortega Gonzalez E.C.L.R. 2011, 170 (172); Tierno Centella Competition Policy Newsletter 3 – 2008, 30 (35).
[403] EuG 17.5.2011 – T-343/08, ECLI:EU:T:2011:218 Rn. 191, Slg. 2011, II-2287 Rn. 191 = BeckRS 2011, 81220 – Arkema France/Kommission; Sauer in Schulte/Just, Kartellrecht, 2. Aufl. 2016, VO (EG) Nr. 1/2003 Art. 23 Rn. 222.
[404] ABl. 2008 L 171, 3.
[405] ABl. 2004 L 123, 18, zuletzt geändert durch Art. 1 der Verordnung (EU) 2015/1348 der Kommission vom 3. August 2015 zur Änderung der Verordnung (EG) Nr. 773/2004 über die Durchführung von Verfahren auf der Grundlage der Artikel 81 und 82 EG-Vertrag durch die Kommission, ABl. 2015 L 208, 3.
[406] ABl. 2008 C 167, 1, geändert durch die Mitteilung der Kommission – Änderung der Mitteilung der Kommission über die Durchführung von Vergleichsverfahren bei dem Erlass von Entscheidungen nach Artikel 7 und Artikel 23 der Verordnung (EG) Nr. 1/2003 des Rates in Kartellfällen (2015/C 256/02) vom 5.8.2015, ABl. 2015 C 256, 2.
[407] Eing. dazu Dannecker FS Sieber, Teilband II, 2021, 1073 (1073 ff.).

2004).⁴⁰⁸ Danach finden drei förmliche Treffen satt, in deren Rahmen die beteiligten Unternehmen über die Vorwürfe informiert werden und Akteneinsicht erhalten sowie im Anschluss die Vergleichsausführungen verfassen und abgeben. Die Vergleichsausführungen nach Art. 10a Abs. 2 VO (EG) Nr. 773/2004 sollen dabei das Eingeständnis der Zuwiderhandlung, die Angabe eines Höchstbetrages der Geldbuße, die Bestätigung, über die Beschwerdepunkte der Kommission informiert zu sein und Gelegenheit zur Stellungnahme gehabt zu haben, den Verzicht auf (erneute) Akteneinsicht bzw. mündliche Anhörung sowie die Zustimmung, dass die Mitteilung der Beschwerdepunkte und der endgültigen Entscheidung in einer bestimmten Amtssprache zugestellt wird, enthalten (Rn. 20 der Vergleichsmitteilung).

134 Die Unternehmen dürfen Vergleichsersuche in Form von Vergleichsausführungen nicht einseitig widerrufen (Rn. 22 der Vergleichsmitteilung). Nach dem Abschluss der Treffen versendet die Kommission eine **Mitteilung der Beschwerdepunkte** entsprechend dem Inhalt der Vergleichsausführungen und setzt eine Frist von wenigstens zwei Wochen, innerhalb derer die Unternehmen erklären müssen, dass die Beschwerdepunkte dem Inhalt der Vergleichsausführungen entsprechen und sie **unwiderruflich** (und unabhängig vom etwaigen Ausscheiden eines anderen Unternehmens) **am Vergleichsverfahren teilnehmen** (Rn. 26 der Vergleichsmitteilung).⁴⁰⁹ So hat letztlich nur die Kommission die Möglichkeit, das Verfahren zu beenden. Einen Rechtsmittelverzicht sieht das Vergleichsverfahren nicht vor.⁴¹⁰

135 Die Verfahren, die nach der Vergleichsmitteilung abgewickelt wurden,⁴¹¹ zeigen, dass es auch sog. **Hybridverfahren**⁴¹² gibt, in deren Rahmen betroffene Unternehmen aus dem bereits begonnenen Vergleichsverfahren ausscheiden, was den erhofften Effizienzgewinn des Vergleichsverfahrens schmälert. Die **Befugnis des Gerichtshofs zur uneingeschränkten Ermessensnachprüfung** wird durch das Vergleichsverfahren nicht eingeschränkt.⁴¹³

136 **3. Rechtsschutz bei Bußgeldentscheidungen. a) Ermächtigung des Rates zur Erweiterung der gerichtlichen Nachprüfung und Entscheidung (Art. 261 AEUV).** Nach **Art. 263 Abs. 1 S. 1 AEUV** (Art. 230 Abs. 1 EGV-Nizza; Art. 230 Abs. 1 EGV-Amsterdam, Art. 173 Abs. 1 EGV-Maastricht; Art. 173 Abs. 1 EWGV) überwacht der Gerichtshof der Europäischen Union die Rechtmäßigkeit der Gesetzgebungsakte sowie der Handlungen des Rates, der Kommission und der Europäischen Zentralbank, soweit es sich nicht um Empfehlungen oder Stellungnahmen handelt, sowie die Rechtmäßigkeit der Handlungen des Europäischen Parlaments und des Europäischen Rates mit Rechtswirkungen gegenüber Dritten. Eine gerichtliche Überprüfung der Rechtmäßigkeit kommt nur

---

⁴⁰⁸ Hierzu Miersch/Israel in Kamann/Ohlhoff/Völcker, Kartellverfahren und Kartellprozess, 2017, § 10 Rn. 49 ff.
⁴⁰⁹ Soltèsz BB 2010, 2123 (2123 ff.).
⁴¹⁰ Da die Unternehmen im Vergleichsverfahren ihre Haftbarkeit jedoch anerkennen müssen, wird ihnen faktisch ein Großteil ihrer Verteidigungsrechte abgeschnitten, s. EuG 29.4.2004 – verb. Rs. T-236/01, T-239/01, T-244/01, T-245/01, T-246/01, T-251/01, T-252/01, ECLI:EU:T:2004:118 Rn. 108, Slg. 2004, II-1181 Rn. 108 = BeckRS 2004, 70271 – Tokai Carbon/Kommission; EuG 8.10.2008 – T-69/04, ECLI:EU:T:2008:415, Slg. 2008, II-2567 Rn. 84 ff. = BeckRS 2008, 71045 – Schunk und Schunk Kohlenstoff-Technik/Kommission; Sauer in Schulte/Just, Kartellrecht, 2. Aufl. 2016, VO (EG) Nr. 1/2003 Art. 23 Rn. 246; Dekeyser/Roques The Antitrust Bulletin: Vol. 55, No. 4/2010, 819 (833 ff.); Hirsbrunner EuZW 2011, 12 (13).
⁴¹¹ Mit graphischem Überblick Geradin/Mattioli JECLP 2017, 634 (638 f.); s. auch Bueren/Imgarten ZWeR 2021, 2 (3).
⁴¹² KOM Pressemitteilung IP10/985 vom 20. Juli 2010; KOM 20.7.2010 – COMP/38866 – Futterphosphate; KOM 4.2.2015 – AT.39861 – Yen-Zinsderivate; KOM 25.5.2016 – AT.39792 – Stahl-Strahlmittel; KOM 7.12.2016 – AT.39914 – Euro-Zinsderivate; zu hybriden Fällen Bueren/Imgarten ZWeR 2021, 2 (7 ff.).
⁴¹³ EuGH 1.7.2010 – C-407/08 P, ECLI:EU:C:2010:389 Rn. 90, Slg. 2010, I-6375 Rn. 90 = BeckRS 2010, 90817 – Knauf Gips/Kommission; EuGH 29.3.2011 – C-352/09 P, ECLI:EU:C:2011:191 Rn. 155, Slg. 2011, I-2359 Rn. 155 = BeckRS 2011, 80310 – ThyssenKrupp Nirosta/Kommission.

wegen Unzuständigkeit, Verletzung wesentlicher Formvorschriften, Verletzung des Unionsrechts oder einer bei Durchführung des Vertrags über die Arbeitsweise der Europäischen Union bzw. des Vertrags über die Europäische Union anzuwendenden Rechtsnorm oder wegen Ermessensmissbrauchs in Betracht. Ein der Klage stattgebendes Urteil kann sich nur auf einen dieser Rechtsmängel gründen.[414]

Art. 261 AEUV (Art. 229 EGV-Nizza; Art. 229 EGV-Amsterdam; Art. 172 GV-Maastricht; Art. 172 EWGV), eröffnet dem Rat die Möglichkeit, die Zuständigkeit des Gerichtshofs bei der Nachprüfung von Entscheidungen der Unionsorgane mit Zwangscharakter, Buß- und Zwangsgeldentscheidungen, über Art. 263 AEUV hinaus zu erweitern und ihn zur **unbeschränkten Nachprüfung** und zur **Ersetzung der Kommissionsentscheidung** durch eine eigene Entscheidung zu ermächtigen. 137

Art. 261 AEUV ermächtigt dazu, in den vom Rat oder von Rat und Europäischem Parlament gemeinsam erlassenen Verordnungen die gerichtliche Zuständigkeit hinsichtlich der **Verhängung von Zwangsmaßnahmen** – Geldbußen und Zwangsgeldern – besonders zu regeln. Die Verordnung kann insoweit ein besonderes Klageverfahren vor dem Gerichtshof vorsehen, das die Aufhebung und Änderung, aber auch die Verhängung von Zwangsmaßnahmen durch den Gerichtshof gestattet.[415] 138

b) Erweiterung der gerichtlichen Nachprüfung und Entscheidung. Die Erweiterung der gerichtlichen Befugnisse erfolgte bisher nur in wenigen Einzelfällen. Mit Ausnahme der unbeschränkten Zuständigkeit für die gerichtliche Überprüfung der endgültigen Entscheidung über die Verhängung einer Sanktion durch die Europäische Zentralbank gemäß Art. 5 VO (EG) Nr. 2532/98 (→ Rn. 23; 193 ff.) treffen die erlassenen Verordnungen alle die europäische **Wettbewerbs- und Verkehrspolitik.** So hat der Rat von der Ermächtigung des Art. 172 EWGV (Art. 172 EGV-Maastricht; Art. 229 EGV-Amsterdam; Art. 229 EGV-Nizza; nunmehr Art. 261 AEUV) auf dem Gebiet der Wettbewerbspolitik mit Art. 17 VO (EWG) Nr. 17/62 (nunmehr Art. 31 VO (EG) Nr. 1/2003) Gebrauch gemacht und dadurch die Sanktionsbefugnisse um die rechtsstaatlich gebotene gerichtliche Dimension ergänzt. Gleiches gilt für die EG-Fusionskontrollverordnung (Art. 16 VO (EG) Nr. 139/2004) sowie für Verordnungen, welche die Anwendung der Wettbewerbsregeln auf den Transport- und Verkehrssektor zum Gegenstand haben (Art. 24 VO (EWG) Nr. 1017/68 (Rn. 109); Art. 21 VO (EWG) Nr. 4056/86 (Rn. 109); Art. 14 VO (EWG) Nr. 3975/87 (Rn. 109); Art. 25 Abs. 2 der Verordnung Nr. 11 über die Beseitigung von Diskriminierungen auf dem Gebiet der Frachten und Beförderungsbedingungen gemäß Artikel 79 Absatz (3) des Vertrages zur Gründung der Europäischen Wirtschaftsgemeinschaft vom 27.6.1960;[416] Art. 17 der Verordnung (EWG) Nr. 2299/89 des Rates vom 24.7.1989 über einen Verhaltenskodex in Zusammenhang mit computergesteuerten Buchungssystemen;[417] Art. 15 Abs. 5 VO (EG) Nr. 80/2009.[418] Im Hinblick darauf, dass es an einer eigenständigen Regelung für das Rechtsschutzbedürfnis und Fristen fehlt, müssen die Bestimmungen des Art. 263 AEUV entsprechend angewandt werden.[419] Die Statthaftigkeit der Nichtigkeitsklage gegen die Entscheidung über die Verhängung von Zwangsmaßnah- 139

---

[414] Eing. dazu Cremer in Calliess/Ruffert AEUV Art. 263 Rn. 1 ff.
[415] Cremer in Calliess/Ruffert AEUV Art. 261 Rn. 1 ff.
[416] ABl. 1960 P 52, 1121, BGBl. 1960 II 2209, zuletzt geändert durch Art. 1 der Verordnung (EG) Nr. 569/2009 des Rates vom 12.6.2008 zur Änderung der Verordnung Nr. 11 über die Beseitigung von Diskriminierungen auf dem Gebiet der Frachten und Beförderungsbedingungen gemäß Artikel 79 Absatz 3 des Vertrags zur Gründung der Europäischen Wirtschaftsgemeinschaft, ABl. 2008 L 161, 1.
[417] ABl. 1989 L 220, 1, aufgehoben durch Art. 17 der Verordnung (EG) Nr. 80/2009 des Europäischen Parlaments und des Rates vom 14.1.2009 über einen Verhaltenskodex in Bezug auf Computerreservierungssysteme und zur Aufhebung der Verordnung (EWG) Nr. 2299/89 des Rates, ABl. 2009 L 35, 47, (VO (EG) Nr. 80/2009).
[418] Booß in Grabitz/Hilf/Nettesheim AEUV Art. 261 Rn. 2 f. mwN; Ehricke in Streinz AEUV Art. 261 Rn. 4.
[419] Cremer in Calliess/Ruffert AEUV Art. 263 Rn. 78, 80 ff.

men wird vorausgesetzt.[420] Daher kann diesbezüglich auf die allgemeinen Regeln zur Nichtigkeitsklage verwiesen werden (dazu → Rn. 136, 156 ff.).

140 Nach **Art. 31 VO (EG) Nr. 1/2003** hat der Gerichtshof bei Klagen gegen Entscheidungen der Kommission, in denen eine Geldbuße oder ein Zwangsgeld festgesetzt ist, die Befugnis zur unbeschränkten Nachprüfung der Entscheidung iSv Art. 261 AEUV; er kann die festgesetzte Geldbuße oder das festgesetzte Zwangsgeld aufheben, herabsetzen[421] oder erhöhen.[422] Die Umschreibung der Befugnisse mit „unbeschränkter Ermessensnachprüfung" und „Änderung oder Verhängung solcher Maßnahmen" in Art. 261 AEUV ist dem französischen und belgischen Verwaltungsrecht entnommen, welche die „compétence de pleine juridiction" kennen.[423] Dies bedeutet, dass die Zwangsmaßnahmen in tatsächlicher und rechtlicher Hinsicht in vollem Umfang bezüglich der erforderlichen Tatsachenfeststellung sowie hinsichtlich der Zweckmäßigkeit und Angemessenheit, der Richtigkeit wirtschaftlicher Prognosen, der allgemeinen Billigkeit etc. überprüfbar sind.[424] Diese unbeschränkte Nachprüfungsbefugnis ist dabei die notwendige Vorbedingung für die „uneingeschränkte Entscheidungsbefugnis" des Gerichtshofs.[425] Dies bestätigte auch der Europäische Gerichtshof für Menschenrechte in der Rechtssache Menarini Diagnostics S. R. L. Italie[426] zum italienischen Kartellverfahren, der ebenfalls für ausreichend ansieht, wenn zunächst eine Behörde entscheidet und anschließend ein Gericht angerufen werden kann, das die Garantien des Art. 6 EMRK wahrt und über volle Prüfungs- und Entscheidungsbefugnis verfügt.[427] Der Gerichtshof kann sein eigenes Ermessen an die Stelle desjenigen der Kommission setzen.[428]

141 Die uneingeschränkte Entscheidungsbefugnis beinhaltet eine Rechtmäßigkeitskontrolle und ergänzend ein uneingeschränktes Nachprüfungsrecht bspw. auf Nachvollziehbarkeit der Entscheidung.[429] Auch ohne Vorliegen eines Rechtsfehlers oder einer unzutreffenden Tatsachenwürdigung kann die von der Kommission verhängte **Zwangsmaßnahme geän-**

---

[420] Dies gilt unabhängig davon, ob man Art. 261 AEUV als ein eigenes Verfahren ansieht, vgl. Cremer in Calliess/Ruffert AEUV Art. 261 Rn. 1.
[421] Eine Herabsetzung des Bußgeldes um die Hälfte wurde zB durch das Gericht in Rechtssachen Cimenteries CBR/Kommission vorgenommen, EuG 15.3.2000 – verb. Rs. T-25/95, T-26/95, T-30/95, T-31/95, T-32/95, T-34/95, T-35/95, T-36/95, T-37/95, T-38/95, T-39/95, T-42/95, T-43/95, T-44/95, T-45/95, T-46/95, T-48/95, T-50/95, T-51/95, T-52/95, T-53/95, T-54/95, T-55/95, T-56/95, T-57/95, T-58/95, T-59/95, T-60/95, T-61/95, T-62/95, T-63/95, T-64/95, T-65/95, T-68/95, T-69/95, T-70/95, T-71/95, T-87/95, T-88/95, T-103/95, T-104/95, ECLI:EU:T:2000:77, Slg. 2000, II-491 = BeckRS 2000, 70143 – Cimenteries CBR/Kommission.
[422] EuG 12.12.2007 – verb. Rs. T-101/05, T-111/05, ECLI:EU:T:2007:380, Slg. 2007, II-4949 = BeckRS 2007, 71037 – BASF und UCB/Kommission; EuG 28.4.2010 – T-446/05, ECLI:EU:T:2010:165 Rn. 144, Slg. 2010, II-1255 Rn. 144 = BeckRS 2010, 90509 – Amann & Söhne und Cousin Filterie/Kommission; s. auch EuG 17.12.2009 – T-58/01, ECLI:EU:T:2009:520 Rn. 269, Slg. 2009, II-4781 Rn. 269 = BeckRS 2011, 80105 mwN – Solvay/Kommission; Polzin WuW 2011, 454 (454 ff.).
[423] S. auch EuGH 10.12.1957 – C-8/56, ECLI:EU:C:1957:12, Slg. 1957, 191 (202) = BeckRS 2004, 73722 – A.L.M.A./Hohe Behörde. Eing. dazu Schmidt, Die Befugnis des Gemeinschaftsrichters zu unbeschränkter Ermessensnachprüfung, 2004, S. 25 ff.; Cremer in Calliess/Ruffert AEUV Art. 261 Rn. 3 mwN; Ehricke in Streinz AEUV Art. 261 Rn. 5 mwN.
[424] Cremer in Calliess/Ruffert AEUV Art. 261 Rn. 4; Ehricke in Streinz AEUV Art. 261 Rn. 5.
[425] EuGH 8.2.2007 – C-3/06 P, ECLI:EU:C:2007:88 Rn. 61, Slg. 2007, I-1331 Rn. 61 = EuZW 2007, 145 – Groupe Danone/Kommission; EuG 12.12.2007 – verb. Rs. T-101/05, T-111/05, ECLI:EU:T:2007:380 Rn. 213, Slg. 2007, II-4949 Rn. 213 = BeckRS 2007, 71037 – BASF und UCB/Kommission; EuG 17.5.2011 – T-343/08, ECLI:EU:T:2011:218 Rn. 203 ff., Slg. 2011, II-2287 Rn. 203 ff. = BeckRS 2011, 81220 – Arkema France/Kommission.
[426] EGMR 27.9.2011 – 43509/08, BeckRS 2012, 80668 – Menarini Diagnostics S. R. L./Italie.
[427] EGMR 27.9.2011 – 43509/08 Rn. 58 f., BeckRS 2012, 80668 – Menarini Diagnostics S. R. L./Italie.
[428] EuGH 8.12.2011 – C-386/10 P, ECLI:EU:C:2011:815 Rn. 64 ff., Slg. 2011, I-13085 Rn. 64 ff. = BeckRS 2011, 81926 – Chalkor/Kommission; Cremer in Calliess/Ruffert AEUV Art. 261 Rn. 3 ff.
[429] EuGH 8.12.2011 – C-386/10 P, ECLI:EU:C:2011:815 Rn. 54, Slg. 2011, I-13085 Rn. 54 = BeckRS 2011, 81926 – Chalkor/Kommission; EuGH 8.12.2011 – C-272/09 P, ECLI:EU:C:2011:810 Rn. 94, Slg. 2011 I-12789 Rn. 94 = BeckRS 2011, 81924 – KME Germany ua/Kommission.

dert oder aufgehoben werden, wenn sie dem Gericht unangemessen erscheint.[430] Über die Änderung oder Beseitigung der Zwangsmaßnahmen hinaus ist der Gerichtshof auch zur Regelung der damit zusammenhängenden Fragen berechtigt. Dies gilt zB für die Anordnung, dass die rechtswidrig zurückgehaltenen Zahlungen zu verzinsen sind,[431] für Schadensersatzansprüche, die den Betroffenen zugesprochen werden können,[432] sowie für die Anordnung der Folgenbeseitigung, die zur Rehabilitierung des betroffenen Unternehmens geboten ist.

In der Praxis bezieht sich die gerichtliche Kontrolle vor allem auf die Einhaltung der verfahrensmäßigen Rechte der Beteiligten sowie auf den Nachweis des den Unternehmen vorgeworfenen Verhaltens.[433] Von der Möglichkeit der eigenen Tatsachenfeststellung wird in der Praxis nur selten Gebrauch gemacht.[434] Als Gründe für die Aufhebung der Kommissionsentscheidung stehen daher **Verfahrensfehler** und insbesondere **Nachweisprobleme** im Vordergrund. Grundsätzlich werden die Zwangsmaßnahmen der Kommission auch bezüglich des materiellen Rechts überprüft. Hierbei betreffen die eher seltenen materiellrechtlichen Korrekturen überwiegend **Kausalitäts-, Zurechnungs-, Schuld- und Bußgeldbemessungsfragen,** nicht hingegen kartellrechtliche Fragen der Abgrenzung des erlaubten vom verbotenen Verhalten.[435] Die von der Kommission angestellten Ermessenserwägungen, ob eine Geldbuße verhängt werden soll, werden in der Regel nicht überprüft.[436] Dies gilt auch für die Ausübung des Opportunitätsprinzips bei Zwangsgeldfestsetzungen. Hingegen findet inzwischen eine Überprüfung der **Angemessenheit der Höhe der verhängten Geldbußen und Zwangsgelder** statt. Außerdem hat der Gerichtshof in der Rechtssache Schindler Holding u.a./Kommission[437] im Anschluss an die Rechtssachen Chalkor/Kommission[438] und KME Germany u.a./Kommission[439] entschieden, dass das Gericht losgelöst von Bußgeldleitlinien oder der Leniency-Bekanntmachung eine allgemeine Rechtmäßigkeitskontrolle vornehmen muss.[440]

Auch das **Gericht** (→ Rn. 148 ff.) verhält sich entsprechend und nimmt die **unbeschränkte Entscheidungsbefugnis** in rechtsstaatlich gebotener Weise unter Wahrung des judicial self restraint wahr.[441] Die Entscheidungen des Gerichts werden wiederum vom **Gerichtshof** überprüft, der sich hierbei, obwohl ihm nach Art. 31 VO (EG) Nr. 1/2003 (vorher Art. 17 VO (EWG) Nr. 17/62) eine umfassende Nachprüfungs- und Entscheidungskompetenz zukommt, auf eine **Rechtskontrolle** beschränkt. Die Wahrnehmung der umfassenden Kompetenzen des Gerichtshofs gegenüber den Entscheidungen des Gerichts ist angesichts der Tatsache, dass bereits im erstinstanzlichen Verfahren eine umfassende

---

[430] EuGH 8.12.2011 – C-386/10 P, ECLI:EU:C:2011:815 Rn. 64 ff., Slg. 2011, I-13085 Rn. 64 ff. = BeckRS 2011, 81926 – Chalkor/Kommission.
[431] EuGH 25.10.1983 – C-107/82, ECLI:EU:C:1983:293 Rn. 139 ff., Slg. 1983, 3151 Rn. 139 ff. = BeckRS 2004, 70682 – AEG/Kommission; EuGH 20.3.1984 – verb. Rs. C-75/82, C-117/82, ECLI:EU: C:1984:116 Rn. 19, Slg. 1984, 1509 Rn. 19 = BeckRS 2004, 73641 – Razzouk ua/Kommission.
[432] EuGH 4.7.1963 – C-32/62, ECLI:EU:C:1963:15, Slg. 1963, 109 (124) = BeckRS 2004, 70761 – Alvis/ Rat der EWG; EuGH 14.2.1978 – C-27/76, ECLI:EU:C:1978:22 Rn. 280 ff., Slg. 1978, 207 Rn. 280 ff. = BeckRS 2004, 72814 – United Brands/Kommission.
[433] EuG 4.2.2009 – T-145/06, ECLI:EU:T:2009:27 Rn. 32, Slg. 2009, II-145 Rn. 32 = BeckRS 2009, 70171 – Omya/Kommission; näher dazu Dannecker/Fischer-Fritsch, Das EG-Kartellrecht in der Bußgeldpraxis, 1989, S. 59 ff.
[434] S. bereits Dannecker/Fischer-Fritsch, Das EG-Kartellrecht in der Bußgeldpraxis, 1989, S. 60.
[435] Dannecker/Fischer-Fritsch, Das EG-Kartellrecht in der Bußgeldpraxis, 1989, S. 59.
[436] S. bereits Dannecker/Fischer-Fritsch, Das EG-Kartellrecht in der Bußgeldpraxis, 1989, S. 60.
[437] EuGH 18.7.2013 – C-501/11 P, ECLI:EU:C:2013:522 = BeckRS 2013, 81521 – Schindler Holding u.a./Kommission.
[438] EuGH 8.12.2011 – C-386/10 P, ECLI:EU:C:2011:815 Rn. 54, Slg. 2011, I-13085 Rn. 54 = BeckRS 2011, 81926 – Chalkor/Kommission.
[439] EuGH 8.12.2011 – C-272/09 P, ECLI:EU:C:2011:810 Rn. 94, Slg. 2011, I-12789 Rn. 94 = BeckRS 2011, 81924 – KME Germany ua/Kommission.
[440] EuGH 18.7.2013 – C-501/11 P, ECLI:EU:C:2013:522 Rn. 33 = BeckRS 2013, 81521 – Schindler Holding u.a./Kommission.
[441] EuG 17.5.2013 – verb. Rs. T-147/09, T-148/09, ECLI:EU:T:2013:259 Rn. 110 ff. = BeckRS 2013, 81008 – Trelleborg Industrie/Kommission.

Überprüfung stattfindet, weder erforderlich noch rechtsstaatlich zwingend geboten. Sie beruhen darauf, dass Art. 17 VO (EWG) Nr. 17/62 (heute Art. 31 VO (EG) Nr. 1/2003) vor Errichtung des Gerichts erlassen worden ist, der damals die alleinige gerichtliche Überprüfung der behördlichen Zwangsmaßnahmen durch den Gerichtshof geregelt hat. Auch nach Errichtung des Gerichts (→ Rn. 148) wurde diese Vorschrift beibehalten, so dass die grundsätzlich unbeschränkte Überprüfungs- und Entscheidungskompetenz des Gerichtshofs, der nunmehr in Wettbewerbssachen erst als zweitinstanzliches Gericht tätig ist, erhalten geblieben ist. Würde der Gerichtshof allerdings von der ihm eingeräumten umfassenden Überprüfungs- und Entscheidungsbefugnis Gebrauch machen, so könnte die durch die Errichtung des Gerichts angestrebte Entlastung nicht erreicht werden. Aus diesem Grund ist das Vorgehen des Gerichtshofs, der die Entscheidungen des Gerichts nur in rechtlicher Hinsicht überprüft, zu befürworten.

144 Demgegenüber kommt im **Bereich der Bußgeldentscheidungen** das umfassende Überprüfungsrecht zum Tragen, um die Höhe der Geldbußen gerichtlich neu festzusetzen, was häufig der Fall ist. Hiervon wird nicht nur Gebrauch gemacht, wenn die Kommissionsentscheidung auf Rechtsfehlern beruht oder Verfahrensfehler bei der Tatsachenfeststellung gemacht wurden.[442] Besonderes Augenmerk wird bei den verhängten Geldbußen auch auf deren Angemessenheit im Hinblick auf die Schwere des Verstoßes gelegt; dabei werden die Schwere und Dauer des vorgeworfenen Verstoßes,[443] seine wirtschaftlichen Auswirkungen, das schuldhafte Verhalten, das Vorliegen von Schuldausschließungsgründen, die Leistungsfähigkeit und Größe des Unternehmens sowie allgemeine Gesichtspunkte der Billigkeit überprüft.[444] Die Auffassung von Generalanwalt Warner,[445] die Höhe der Geldbuße sollte durch den Gerichtshof nur geändert werden, wenn dieser überzeugt ist, dass deren Festsetzung in tatsächlicher oder rechtlicher Hinsicht ein wesentlicher Irrtum anhaftet, war bis zur Einführung des Gerichts angesichts der unbeschränkten Überprüfbarkeit von Sanktionsmaßnahmen fragwürdig. Der Gerichtshof hat deshalb auch stets sein Ermessen bezüglich der Sanktionshöhe an die Stelle des Ermessens der Kommission gesetzt und die Geldbußen selbst berechnet. Nachdem der Gerichtshof nunmehr nur noch als zweitinstanzliches Gericht tätig wird, ist die von Generalanwalt Warner erhobene Forderung, nur in tatsächlicher oder rechtlicher Hinsicht fragwürdige Geldbußen zu korrigieren, bezüglich der Überprüfung der erstinstanzlichen Entscheidungen des Gerichts berechtigt.

145 Nach dem Wortlaut des Art. 31 S. 2 VO (EG) Nr. 1/2003 und des Art. 16 VO (EG) Nr. 139/2004 kann der Gerichtshof **Zwangsmaßnahmen** der Kommission auch **erhöhen**. Das Verbot der **reformatio in peius** gilt nach dem Wortlaut des Art. 261 AEUV

---

[442] Dannecker/Fischer-Fritsch, Das EG-Kartellrecht in der Bußgeldpraxis, 1989, S. 63.
[443] EuGH 21.2.1984 – C-86/82, ECLI:EU:C:1984:65 Rn. 57, Slg. 1984, 883 Rn. 57 = GRUR Int. 1985, 332 – Hasselblad/Kommission; EuG 6.10.1994 – T-83/91, ECLI:EU:T:1994:246 Rn. 240 f., Slg. 1994 II-755 Rn. 240 f. = BeckRS 1994, 123023 – Tetra Pak/Kommission; EuG 15.3.2006 – T-15/02, ECLI:EU:T:2006:74 Rn. 145, 213, Slg. 2006, II-497 Rn. 145, 213 = BeckRS 2006, 16125 – BASF/Kommission; EuGH 12.11.2009 – C-564/08 P, ECLI:EU:C:2009:703 Rn. 58 = EuZW 2010, 39 – SGL Carbon/Kommission; EuG 25.6.2010 – T-66/01, ECLI:EU:T:2010:255 Rn. 372, Slg. 2010, II-2631 Rn. 372 = BeckRS 2010, 90781 – Imperial Chemical Industries/Kommission; EuG 8.9.2010 – T-29/05, ECLI:EU:T:2010:355 Rn. 228 ff., Slg. 2010, II-4077 Rn. 228 ff. = BeckRS 2010, 91070 – Deltafina/Kommission.
[444] Vgl. nur EuGH 9.11.1983 – C-322/81, ECLI:EU:C:1983:313 Rn. 111, Slg. 1983, 3461 Rn. 111 = BeckRS 2004, 70794 – Michelin/Kommission; EuGH 21.2.1984 – C-86/82, ECLI:EU:C:1984:65 Rn. 57, Slg. 1984, 883 Rn. 57 = GRUR Int. 1985, 332 – Hasselblad/Kommission.
[445] EuGH 12.7.1979 – verb. Rs. C-32/78, C-36/78, C-37/78, C-38/78, C-39/78, C-40/78, C-41/78, C-42/78, C-43/78, C-44/78, C-45/78, C-46/78, C-47/78, C-48/78, C-49/78, C-50/78, C-51/78, C-52/78, C-53/78, C-54/78, C-55/78, C-56/78, C-57/78, C-58/78, C-59/78, C-60/78, C-61/78, C-62/78, C-63/78, C-64/78, C-65/78, C-66/78, C-67/78, C-68/78, C-69/78, C-70/78, C-71/78, C-72/78, C-73/78, C-74/78, C-75/78, C-76/78, C-77/78, C-78/78, C-79/78, C-80/78, C-81/78, C-82/78, ECLI:EU:C:1979:191, Slg. 1979, 2435 (2494) = GRUR Int. 1980, 105 – BMW Belgium/Kommission.

nicht. Gleichwohl gehört es zum Wesen der „unbeschränkte[n] Rechtsprechung",[446] dass im Rahmen der vollen Sachprüfung durch das Gericht auch die Verhängung der für das festgestellte Verhalten angemessenen Sanktion nicht ausgeschlossen bleibt, selbst wenn sie die von der Kommission verhängte Zwangsmaßnahme übersteigt.[447]

Praktische Bedeutung kann die Möglichkeit zur Erhöhung der Zwangsmaßnahmen dann erlangen, wenn sich die Täuschung der Kommission durch das betroffene Unternehmen im Vorverfahren und die Ursächlichkeit dieses Irrtums für die Verhängung einer niedrigen Geldbuße erst während des gerichtlichen Verfahrens herausstellen.[448] Angesichts der beschränkten Möglichkeiten der Kommission, eine Beweisaufnahme durchzuführen, kann die Situation eintreten, dass erst die Sachaufklärung durch das Gericht oder den Gerichtshof den wahren Umfang der Zuwiderhandlung offenbart. Dies kann eine Erhöhung der von der Kommission verhängten Geldbuße durch das Gericht rechtfertigen. Ein weiterer Anwendungsfall für eine Erhöhung der Geldbuße ergibt sich daraus, dass die Kommission die Mitwirkung der betroffenen Unternehmen bei der Aufklärung des Sachverhalts im Verwaltungsverfahren durch entsprechend mildere Geldbußen honoriert. Auch in solchen Fällen ist es denkbar, dass erst im gerichtlichen Verfahren der volle Sachverhalt offenbar wird, der eine höhere Sanktion erfordert.[449] Eine Erhöhung der Geldbußen und Zwangsgelder ist weiterhin in Fällen denkbar, in denen die Kommission unter Vernachlässigung wesentlicher Gesichtspunkte zur Festsetzung eines im Vergleich zur sonstigen Praxis unvertretbar niedrigen Betrages gelangt ist.[450] Allerdings wäre eine Erhöhung der verhängten Geldbußen durch die Gerichte insofern fragwürdig, als sie eine rechtsstaatlich nicht vertretbare Abschreckungswirkung gegenüber dem Rechtsschutzbegehren bei Entscheidungen über Zwangsmaßnahmen bedeuten kann, die mit dem Gebot der richterlichen Zurückhaltung gegenüber der sachnäheren Verwaltungsbehörde nicht zu vereinbaren wäre.[451]

Ungeklärt ist, ob auf der Grundlage des Art. 261 AEUV in einem anhängigen Verfahren **erstmalig Zwangsmaßnahmen verhängt** werden dürfen. Der Wortlaut des Art. 261 AEUV – „Verhängung solcher Maßnahmen" – lässt dies durchaus zu. Allerdings handelt es sich bei Art. 261 AEUV um eine Vorschrift, die lediglich den Kompetenzrahmen vorgibt, den die entsprechende Verordnung ausfüllen werden muss. Die gegenwärtig geltende Verordnung im Wettbewerbsbereich enthält aber keine Ermächtigung der Gerichte, Zwangsmaßnahmen zu verhängen, wenn die Kommission hiervon abgesehen hat, sondern setzt das Bestehen von Zwangsmaßnahmen voraus, die von der Kommission verhängt worden sind. Daher ist eine Berechtigung des Gerichtshofs und des Gerichts, von sich aus Zwangsmaßnahmen zu verhängen, zu **verneinen**.[452]

---

[446] EuGH 10.12.1957 – C-8/56, ECLI:EU:C:1957:12, Slg. 1957, 191 (202) = BeckRS 2004, 43722 – A. L. M.A/Hohe Behörde.
[447] Gaitanides in von der Groeben/Schwarze/Hatje AEUV Art. 261 Rn. 16; vgl. EuGH 29.6.2006 – C-301/04 P, ECLI:EU:C:2006:432 Rn. 70, Slg. 2006, I-5915 Rn. 70 = BeckRS 2006, 137934 – Kommission/SGL Carbon AG, wobei die hier vorgenommene Erhöhung des durch das Gericht festgesetzten Betrages durch den Gerichtshof nicht im Rahmen der unbeschränkten Kontrolle, sondern wegen eines Rechtsfehlers erfolgte. EuG 12.12.2007 – verb. Rs. T-101/05, T-111/05, ECLI:EU:T:2007:380 Rn. 222 f., Slg. 2007, II-4949 Rn. 222 f. = BeckRS 2007, 71037 – BASF und UCB/Kommission;
[448] EuG 29.4.2004 – verb. Rs. T-236/01, T-239/01, T-244/01, T-245/01, T-246/01, T-251/01, T-252/01, ECLI:EU:T:2004:118 Rn. 165, 417 f., Slg. 2004, II-1181 Rn. 165, 417 f. = BeckRS 2004, 70271 – Tokai Carbon/Kommission; EuG 12.12.2007 – verb. Rs. T-101/05, T-111/05, ECLI:EU:T:2007:380 Rn. 92, Slg. 2007, II-4949 Rn. 92 = BeckRS 2007, 71037 – BASF und UCB/Kommission.
[449] Feddersen in Grabitz/Hilf, Das Recht der Europäischen Union, 40. Aufl. 2009, VO (EG) Nr. 1/2003 Art. 31 Rn. 10 ff.
[450] Sura in Langen/Bunte VO (EG) Nr. 1/2003 Art. 31 Rn. 4.
[451] Sura in Langen/Bunte VO (EG) Nr. 1/2003 Art. 31 Rn. 4.
[452] Borchardt in Lenz/Borchardt, EU-Verträge, 6. Aufl. 2012, AEUV Art. 261 Rn. 6; Biermann in Immenga/Mestmäcker, Wettbewerbsrecht, Bd. 1. EU Teil 1, 6. Aufl. 2019, VO (EG) Nr. 1/2003 Art. 31 Rn. 29.

§ 34

148 **4. Zuständigkeit des Gerichts und des Gerichtshofs. a) Anwendbarkeit von Art. 31 VO (EG) Nr. 1/2003 auf das Verfahren vor dem Gericht.** Das Gericht übt seine Tätigkeit seit September 1989 aus und wurde auf der Grundlage des Art. 168a EGV-Maastricht mit Beschluss des Rates vom 24. Oktober 1988 zur Errichtung eines Gerichts erster Instanz der Europäischen Gemeinschaften (88/591/EGKS, EWG, Euratom)[453] dem Gerichtshof beigeordnet. Dieser Beschluss regelte unter anderem den Sitz, die Zusammensetzung und die Zuständigkeit und nahm die erforderlichen Änderungen an den Protokollen über die Satzung des Gerichtshofs der Europäischen Gemeinschaft für Kohle und Stahl, über die Satzung des Gerichtshofs der Europäischen Wirtschaftsgemeinschaft und über die Satzung des Gerichtshofs der Europäischen Atomgemeinschaft vor. Mit der Einführung dieses Gerichts wurde das Ziel verfolgt, den Gerichtshof zu entlasten und den Individualrechtsschutz durch **Schaffung einer besonderen Tatsacheninstanz** zu verbessern.

149 Das Gericht ist gemäß Art. 256 Abs. 1 UAbs. 1 S. 1 AEUV (Art. 225 Abs. 1 UAbs. 1 S. 1 EGV-Nizza; Art. 225 Abs. 1 S. 1, Abs. 2 EGV-Amsterdam; Art. 168a Abs. 1 S. 1, Abs. 2 EGV-Maastricht) unter anderem für Entscheidungen im ersten Rechtszug über Nichtigkeitsklagen natürlicher und juristischer Personen (Art. 263 Abs. 4 AEUV; Art. 230 Abs. 4 EGV-Nizza; Art. 230 Abs. 4 EGV-Amsterdam; Art. 173 Abs. 4 EGV-Maastricht; Art. 173 Abs. 2 EWGV), Untätigkeitsklagen natürlicher und juristischer Personen (Art. 265 Abs. 3 AEUV; Art. 232 Abs. 3 EGV-Nizza; Art. 232 Abs. 3 EGV-Amsterdam; Art. 175 Abs. 3 EGV-Maastricht; Art. 175 Abs. 3 EWGV), Schadenersatzklagen natürlicher und juristischer Personen wegen außervertraglicher Haftung der Union (Art. 268 AEUV; Art. 235 EGV-Nizza; Art. 235 EGV-Amsterdam; Art. 178 EGV-Maastricht; Art. 178 EWGV), Rechtsstreitigkeiten zwischen der Union und deren Bediensteten (Art. 270 AEUV; Art. 236 EGV-Nizza; Art. 236 EGV-Amsterdam; Art. 179 EGV-Maastricht; Art. 179 EWGV), einschließlich der Rechtsstreitigkeiten zwischen den Organen, Einrichtungen und sonstigen Stellen und deren Bediensteten (Art. 50a EuGH-Satzung) und Schiedsklagen natürlicher und juristischer Personen (Art. 272 AEUV; Art. 238 EGV-Nizza; Art. 238 EGV-Amsterdam; Art. 181 EGV-Maastricht; Art. 181 EWGV) zuständig, mit Ausnahme derjenigen Klagen, die einem nach Art. 257 AEUV (Art. 225a EGV-Nizza) gebildeten Fachgericht übertragen werden, und der Klagen, die gemäß Art. 51 EuGH-Satzung dem Gerichtshof vorbehalten sind. Dabei kann die EuGH-Satzung gemäß Art. 256 Abs. 1 UAbs. 1 S. 2 AEUV (Art. 225 Abs. 1 UAbs. 1 S. 2 EGV-Nizza) die Zuständigkeit des Gerichts für andere Kategorien von Klagen vorsehen. In besonderen in der EuGH-Satzung festgelegten Sachgebieten ist das Gericht für Vorabentscheidungen nach Art. 267 AEUV (Art. 234 EGV-Nizza; Art. 234 EGV-Amsterdam; Art. 177 EGV-Maastricht; Art. 177 EWGV) gemäß Art. 256 Abs. 3 UAbs. 1 AEUV (Art. 225 Abs. 3 UAbs. 1 EGV-Nizza) zuständig. Es entscheidet über Anträge natürlicher und juristischer Personen auf Erlass einer einstweiligen Anordnung (Art. 279 AEUV; Art. 243 EGV-Nizza; Art. 243 EGV-Amsterdam; Art. 186 EGV-Maastricht; Art. 186 EWGV) und auf Aussetzung der Vollziehung von Maßnahmen eines Unionsorgans (Art. 278 S. 2 AEUV; Art. 242 S. 2 EGV-Nizza; Art. 242 S. 2 EGV-Amsterdam; Art. 185 S. 2 EGV-Maastricht; Art. 185 S. 2 EWGV). Die Klagen der Mitgliedstaaten, die sich gegen Beschlüsse des Rates gemäß Art. 108 Abs. 2 UAbs. 3 AEUV (Art. 88 Abs. 2 UAbs. 3 EGV-Nizza; Art. 88 Abs. 2 UAbs. 3 EGV-Amsterdam; Art. 93 Abs. 2 UAbs. 3 EGV-Maastricht; Art. 93 Abs. 2 UAbs. 3 EWGV), gegen die vom Rat aufgrund einer Verordnung des Rates über handelspolitische Schutzmaßnahmen iSv Art. 207 AEUV (Art. 133 EGV-Nizza; Art. 133 EGV-Amsterdam; Art. 113 EGV-Maastricht; Art. 113 EWGV) erlassenen Rechtsakte, gegen die im Rahmen der Ausübung der Durchführungsbefugnisse gemäß

---

[453] ABl. 1988 L 319, 1, berichtigt ABl. 1989 L 241, 4, mit Ausnahme von Art. 3 aufgehoben durch Art. 10 des Vertrags von Nizza zur Änderung des Vertrags über die Europäische Union, der Verträge zur Gründung der Europäischen Gemeinschaften sowie einiger damit zusammenhängender Rechtsakte, unterzeichnet in Nizza am 26. Februar 2001, ABl. 2001 C 80, 1.

Art. 291 Abs. 2 AEUV vorgenommenen Handlungen des Rates (Art. 256 Abs. 1 Uabs. 1 S. 1 AEUV iVm Art. 51 lit a) Ziff. i EuGH-Satzung) richten, unterliegen ebenfalls der Jurisdiktion des Gerichts.[454]

Art. 256 Abs. 2 UAbs. 1 AEUV (Art. 225 Abs. 2 UAbs. 1 EGV-Nizza) erstreckt die **150** Zuständigkeit des Gerichts auf Entscheidungen über Rechtsmittel gegen die Entscheidungen der Fachgerichte.

Art. 31 VO (EG) Nr. 1/2003 (wie zuvor Art. 17 VO (EWG) Nr. 17/62) findet nach **151** seinem Wortlaut nur auf den Gerichtshof Anwendung. Grundsätzlich obliegt diesem die Aufgabe der Rechtsschutzgewährung. Zwar fehlt eine ausdrückliche Bestimmung, dass abgeleitetes Verordnungsrecht wie Art. 31 VO (EG) Nr. 1/2003, welches das Verfahren oder die Zuständigkeit des Gerichtshofs betrifft, entsprechend für das Gericht gilt. Gleichwohl sind derartige Vorschriften auch auf das Gericht anzuwenden; dies gilt auch für Art. 31 VO (EG) Nr. 1/2003 (wie zuvor für Art. 17 VO (EWG) Nr. 17/62). Denn im Hinblick darauf, dass die Wahrnehmung der betreffenden Zuständigkeiten des Gerichtshofs auf das Gericht übergegangen ist, sind derartige Vorschriften im Lichte des die Zuständigkeitsübertragung regelnden höherrangigen Primärrechts dahingehend auszulegen, dass das Gericht im Rahmen seiner Zuständigkeiten an die Stelle des Gerichtshofs tritt. Eine Anpassung der betreffenden Verordnungsbestimmungen war daher nicht erforderlich, sie gelten auch für das Gericht.

Demgemäß hat das Gericht ebenso wie der Gerichtshof in den seiner Zuständigkeit **152** unterliegenden Rechtssachen die Befugnis zur unbeschränkten Tatsachen- und Ermessensnachprüfung sowie zur Änderung oder Erhöhung von Geldbußen und Zwangsmaßnahmen, soweit dies dem Gerichtshof durch eine Verordnung gemäß Art. 261 AEUV (Art. 229 EGV-Nizza; Art. 229 EGV-Amsterdam; Art. 172 EGV-Maastricht; Art. 172 EWGV) übertragen worden ist (→ Rn. 139 ff.).

b) Zuständigkeit des Gerichts im ersten Rechtszug. Für Klagen gegen Zwangsmaß- **153** nahmen der Kommission ist das Gericht im ersten Rechtszug zuständig. Es ist nicht an die Rechtsprechung des Gerichtshofs gebunden, verweist aber in der Praxis regelmäßig auf dessen Entscheidungen.[455]

aa) Aufschiebende Wirkung. Klagen beim Gericht haben nach Art. 278 S. 1 AEUV **154** (Art. 242 S. 1 EGV-Nizza; Art. 242 S. 1 EGV-Amsterdam; Art. 185 S. 1 EGV-Maastricht; Art. 185 S. 1 EWGV) keine aufschiebende Wirkung. Wie der Gerichtshof kann aber auch das Gericht in den bei ihm anhängigen Rechtssachen den Vollzug der angefochtenen Maßnahme gemäß Art. 278 S. 2 AEUV (Art. 242 S. 2 EGV-Nizza; Art. 242 S. 2 EGV-Amsterdam; Art. 185 S. 2 EGV-Maastricht) aussetzen.

bb) Verfahrensablauf. Der Verfahrensablauf vor dem Gericht wird durch die nach Maß- **155** gabe von Art. 254 Abs. 5 AEUV (Art. 224 Abs. 5 EGV-Nizza; Art. 225 Abs. 4 EGV-Amsterdam; Art. 168a Abs. 4 EGV-Maastricht) erlassene **Verfahrensordnung des Gerichts** (EuGVfO) geregelt und ergänzt. Die EuGVfO vom 4. März 2015 trat an die Stelle der EuGVfO vom 2. Mai 1991,[456] die sich in weiten Teilen eng an die Verfahrensordnung des Gerichtshofs vom 19. Juni 1991[457] anlehnte.[458]

Gemäß Art. 263 Abs. 6 AEUV (Art. 230 Abs. 5 EGV-Nizza; Art. 230 Abs. 5 EGV- **156** Amsterdam; Art. 173 Abs. 5 EGV-Maastricht; Art. 173 Abs. 5 EWGV) muss die Klage innerhalb einer Frist von zwei Monaten erhoben werden. Diese Frist verlängert sich um eine pauschale Entfernungsfrist von zehn Tagen (Art. 60 EuGVfO). Die **zweimonatige**

---

[454] Pechstein in FK-EUV/GRC/AEUV AEUV Art. 256 Rn. 6.
[455] van Bael/Bellis, Competition Law of the European Community, 3. Aufl. 1994, Rn. 1138.
[456] ABl. 1991 L 136, 1, berichtigt ABl. 1991 L 193, 44, ABl. 1991 L 317, 34, aufgehoben durch Art. 226 EuGVfO vom 4. März 2003, ABl. 2015 L 105, 1.
[457] ABl. 1991 L 176, 7, berichtigt ABl. 1992 L 383, 117, ABl. 2003 L 227, 56, aufgehoben durch Art. 209 EuGHVfO vom 25. September 2012, ABl. 2012 L 265, 1.
[458] Näher dazu van Bael/Bellis, Competition Law of the European Community, 3. Aufl. 1994, Rn. 1144.

Klagefrist ist eine Ausschlussfrist, deren Einhaltung von Amts wegen geprüft wird und die nicht der Verfügung der Parteien oder des Gerichts unterliegt.[459] Die Klagefrist beginnt am Tage nach der Bekanntgabe der Kommissionsentscheidung an den Betroffenen oder, wenn die Maßnahme veröffentlicht wird, am 15. Tage nach ihrem Erscheinen im Amtsblatt der Europäischen Union (vgl. Art. 59 EuGVfO). Wird eine Handlung weder veröffentlicht noch dem Betroffenen mitgeteilt, so beginnt die Frist von dem Zeitpunkt an zu laufen, an dem der Betroffene von dieser Handlung Kenntnis erlangt hat. Die Klage muss innerhalb der Klagefrist bei der Kanzlei des Gerichts eingehen. Der Ablauf von Fristen hat nur dann keinen Nachteil für den Kläger zur Folge, wenn er nachweist, dass Zufall oder höhere Gewalt vorliegt, dh wenn auch bei Anwendung der gebotenen Sorgfalt die Fristversäumnis nicht verhindert worden wäre (Art. 45 Abs. 2 iVm Art. 53 Abs. 1 EuGH-Satzung).[460]

157 Die beim Gericht einzureichende Klageschrift muss mindestens den in **Art. 21 iVm Art. 53 Abs. 1 EuGH-Satzung, Art. 76 EuGVfO** bezeichneten Inhalt haben. Hierzu gehört auch eine kurze **Darstellung der Klagegründe** (Art. 21. Abs. 1 iVm Art. 53 Abs. 1 EuGH-Satzung, Art. 76 lit. d) EuGVfO). Der Kläger hat deshalb nach Ablauf der Klagefrist keine weitere Begründungsfrist, in der die Klagebegründung nachgereicht werden könnte.

158 Das gerichtliche Verfahren gliedert sich in einen **schriftlichen** und einen **mündlichen Verfahrensabschnitt**. Beide Abschnitte sind grundsätzlich zwingend vorgeschrieben. Nur in Ausnahmefällen – zB bei offensichtlicher Unzulässigkeit der Klage – kann auf eine mündliche Verhandlung verzichtet werden.

159 Gegen alle rechtsmittelfähigen Entscheidungen des Gerichts können innerhalb einer Frist von zwei Monaten, beginnend mit der Zustellung der angefochtenen Entscheidung (Art. 56 Abs. 1 EuGH-Satzung), **Rechtsmittel beim Gerichtshof** eingelegt werden.

160 cc) Rechtsmittel. Rechtsmittelfähig sind alle **verfahrensbeendenden Entscheidungen des Gerichts,** nicht hingegen prozessleitende Verfügungen und Kostenentscheidungen (Art. 56 Abs. 1 EuGH-Satzung, Art. 58 Abs. 2 EuGH-Satzung). Eine Beschränkung des Rechtsmittels nach dem Streitwert oder durch Rechtsmittelzulassung ist nicht vorgesehen.

161 Das Rechtsmittel hat keine aufschiebende Wirkung (Art. 60 Abs. 1 EuGH-Satzung). Gegen die Zwangsmaßnahmen der Kommission kann nicht im Wege einer Art „Sprungrevision" beim Gerichtshof Klage erhoben werden.

162 dd) Vollstreckbarkeit. Urteile des Gerichts sind, soweit sie einer Partei eine Zahlung auferlegen, gemäß Art. 280 AEUV (Art. 244 EGV-Nizza; Art. 244 EGV-Amsterdam; Art. 187 EGV-Maastricht; Art. 187 EWGV) iVm Art. 299 AEUV (Art. 256 EGV-Nizza; Art. 256 EGV-Amsterdam; Art. 192 EGV-Maastricht; Art. 192 EWGV) vollstreckbar. Für die Vollstreckung gelten die **Vorschriften des Zivilprozessrechts des Vollstreckungsstaats.** Die Erteilung der Vollstreckungsklausel erfolgt nach Art. 299 AEUV. Der Rechtsmittelführer kann jedoch im Verfahren der einstweiligen Anordnung beantragen, dass der Gerichtshof die Vollstreckung der angefochtenen Entscheidung des Gerichts aussetzt und die erforderliche einstweilige Anordnung trifft (Art. 60 Abs. 2 EuGH-Satzung).

163 c) Zuständigkeit des Gerichtshofs als Rechtsmittelinstanz. aa) Umfassende Nachprüfungs- und Entscheidungsbefugnis des Gerichtshofs. Gegen die erstinstanzliche Entscheidung des Gerichts kann beim Gerichtshof grundsätzlich ein auf **Rechtsfragen** beschränktes Rechtsmittel eingelegt werden (Art. 256 Abs. 1 UAbs. 2 AEUV (Art. 225 Abs. 1 UAbs. 2 EGV-Nizza; Art. 225 Abs. 1S. 1 EGV-Amsterdam; Art. 168a Abs. 1 S. 1 EGV-Maastricht), Art. 58 Abs. 1 EuGH-Satzung).[461] Ungeachtet der ausschließlichen Zuständigkeit des Gerichts für die Feststellung und die tatsächliche Bewertung von Tatsachen

---
[459] Gaitanides in von der Groeben/Schwarze/Hatje AEUV Art. 263 Rn. 105 mwN
[460] Dittert in von der Groeben/Schwarze/Hatje EuGH-Satzung Art. 45 Rn. 5 ff.
[461] Eing. hierzu Wägenbaur, EuGH VerfO, 2. Aufl. 2017, EuGH-Satzung Art. 58 Rn. 4 ff.

sowie die Beweiswürdigung[462] ist eine im Rahmen eines Rechtsmittels revisible Rechtsfrage bei – ohne erneute Würdigung der Tatsachen[463] – tatsächlicher, offensichlich aus den Prozessakten hervorgehenden Unrichtigkeit der erstinstanzlichen Feststellungen[464] wie auch in Fällen offensichtlicher Verfälschungen von Beweismitteln[465] durch das Gericht gegeben. In letzteren Konstellationen muss der Rechtsmittelführer insbesondere genau angeben, welche Beweismittel das Gericht verfälscht haben soll, und die Beurteilungsfehler darlegen, die das Gericht seines Erachtens zu dieser Verfälschung veranlasst haben.[466] In diesem Zusammenhang reicht es nicht aus, wenn ein Rechtsmittel sich darauf beschränkt, die bereits vor dem Gericht dargelegten Klagegründe und Argumente einschließlich derjenigen, die auf ein ausdrücklich vom Gericht zurückgewiesenes Tatsachenvorbringen gestützt waren, zu wiederholen, ohne den fraglichen Rechtsfehler zu bezeichnen.[467]

In der Praxis wird die Tatsachen- und Ermessensüberprüfung allerdings insbesondere vom Gericht vorgenommen,[468] und der Gerichtshof beschränkt sich in der Regel auf die Überprüfung der Rechtmäßigkeit der verhängten Geldbuße bzw. des festgesetzten Zwangsgeldes. **164**

Ist das Rechtsmittel zulässig und begründet, so hebt der Gerichtshof die Entscheidung des Gerichts auf. Bei Spruchreife entscheidet er selbst. Andernfalls kann er die Sache an das Gericht zurückverweisen, das an die rechtliche Beurteilung des Gerichtshofs gebunden ist (Art. 61 Abs. 1 S. 2, Abs. 2 EuGH-Satzung). **165**

bb) Verfahrensablauf. Gemäß Art. 281 Abs. 1 AEUV (Art. 245 Abs. 1 EGV-Nizza; Art. 245 Abs. 1 EGV-Amsterdam, Art. 188 Abs. 1 EGV-Maastricht; Art. 188 Abs. 1 EWGV) wird die EuGH-Satzung in einem besonderen Protokoll festgelegt, das über Art. 51 EUV (Art. 311 EGV-Nizza; Art. 311 EGV-Amsterdam; Art. 239 EGV-Maastricht; **166**

---

[462] EuGH 1.6.1994 – C-136/92 P, ECLI:EU:C:1994:211 Rn. 49, Slg. 1994, I-1981 Rn. 49 = BeckRS 2004, 74349 – Kommission/Brazzelli Lualdi ua; EuGH 16.3.2000 – C-284/98 P, ECLI:EU:C:2000:134 Rn. 31, Slg. 2000 I-1527 Rn. 31 = BeckRS 2004, 75988 – Parlament/Bieber; EuGH 30.3.2000 – C-265/97 P, ECLI:EU:C:2000:170 Rn. 139, Slg. 2000, I-2061 Rn. 139 = BeckRS 2004, 75820 – VBA/Florimex ua; EuGH 7.1.2004 – verb. Rs. C-204/00 P, C-205/00 P, C-211/00 P, C-213/00 P, C-217/00 P, C-219/00 P, ECLI:EU:C:2004:6 Rn. 48, Slg. 2004, I-123 Rn. 48 = BeckRS 2004, 74942 – Aalborg Portland ua/Kommission; EuGH 30.6.2005 – C-286/04 P, ECLI:EU:C:2005:422 Rn. 43, Slg. 2005, I-5797 Rn. 43 = BeckRS 2005, 70483 – Eurocermex/HABM; EuGH 22.5.2014 – C-35/12 P, ECLI:EU:C:2014:348 Rn. 39 = BeckRS 2014, 80908 – ASPLA/Kommission; EuGH 26.1.2017 – C-614/13 P, ECLI:EU:C:2017:63 Rn. 35 = BeckRS 2017, 100532 – Masco ua/Kommission.
[463] EuGH 28.5.1998 – C-8/95 P, ECLI:EU:C:1998:257 Rn. 72, Slg. 1998, I-3175 Rn. 72 = BeckRS 2004, 77803 – New Holland Ford/Kommission; EuGH 30.3.2000 – C-265/97 P, ECLI:EU:C:2000:170 Rn. 139, Slg. 2000 I-2061 Rn. 139 = BeckRS 2004, 75820 – VBA/Florimex ua; EuGH 30.3.2000 – C-266/97 P, ECLI:EU:C:2000:171 Rn. 92, Slg. 2000, I-2135 Rn. 92 = BeckRS 2004, 75831 – VBA/VGB ua.
[464] EuGH 1.6.1994 – C-136/92 P, ECLI:EU:C:1994:211 Rn. 49, Slg. 1994, I-1981 Rn. 49 = BeckRS 2004, 74349 – Kommission/Brazzelli Lualdi ua; EuGH 16.3.2000 – C-284/98 P, ECLI:EU:C:2000:134 Rn. 31, Slg. 2000 I-1527 Rn. 31 = BeckRS 2004, 75988 – Parlament/Bieber; EuGH 7.1.2004 – verb. Rs. C-204/00 P, C-205/00 P, C-211/00 P, C-213/00 P, C-217/00 P, C-219/00 P, ECLI:EU:C:2004:6 Rn. 48, Slg. 2004, I-123 Rn. 48 = BeckRS 2004, 74942 – Aalborg Portland ua/Kommission; EuGH 30.6.2005 – C-286/04 P, ECLI:EU:C:2005:422 Rn. 43, Slg. 2005, I-5797 Rn. 43 = BeckRS 2005, 70483 – Eurocermex/HABM.
[465] EuGH 2.3.1994 – C-53/92 P, ECLI:EU:C:1994:77 Rn. 42, Slg. 1994, I-667 Rn. 42 = BeckRS 2004, 77543 – Hilti/Kommission; EuGH 3.3.2005 – C-499/03 P, ECLI:EU:C:2005:136 Rn. 40, Slg. 2005, I-1751 Rn. 40 = BeckRS 2005, 70166 – Biegi Nahrungsmittel und Commonfood/Kommission; EuGH 6.4.2006 – C-551/03 P, ECLI:EU:C:2006:229 Rn. 54, Slg. 2006, I-3173 Rn. 54 = BeckRS 2006, 137936 – General Motors; EuGH 26.1.2017 – C-614/13 P, ECLI:EU:C:2017:63 Rn. 35 = BeckRS 2017, 100532 – Masco ua/Kommission.
[466] EuGH 7.1.2004 – verb. Rs. C-204/00 P, C-205/00 P, C-211/00 P, C-213/00 P, C-217/00 P, C-219/00 P, ECLI:EU:C:2004:6 Rn. 50, Slg. 2004, I-123 Rn. 50 = BeckRS 2004, 74942 – Aalborg Portland ua/Kommission.
[467] EuGH 7.1.2004 – verb. Rs. C-204/00 P, C-205/00 P, C-211/00 P, C-213/00 P, C-217/00 P, C-219/00 P, ECLI:EU:C:2004:6 Rn. 51, Slg. 2004, I-123 Rn. 51 = BeckRS 2004, 74942 – Aalborg Portland ua/Kommission.
[468] Vgl. van Bael/Bellis, Competition Law of the European Community, 3. Aufl. 1994, Rn. 1140.

Art. 239 EWGV) integrierender Bestandteil der Verträge ist. Sie kann vom Europäischen Parlament und vom Rat gemäß dem ordentlichen Gesetzgebungsverfahren mit Ausnahme ihres Titels I, welcher die Rechtsstellung der Richter und Generalanwälte zum Gegenstand hat, und ihres Art. 64, welcher Bestimmungen über die Sprachenfrage für Verfahren vor der Unionsgerichtsbarkeit betrifft, geändert werden (Art. 281 Abs. 2 S. 1 AEUV).

167 Die **Verfahrensordnung des Gerichtshofs (EuGHVfO)** enthält eine nähere Ausgestaltung der durch die einschlägigen Bestimmungen des Vertrags über die Europäische Union, des Vertrags über die Arbeitsweise der Europäischen Union, des Vertrags zur Gründung der Europäischen Atomgemeinschaft und der EuGH-Satzung vorgegebenen Rahmenbedingungen. Das Verfahren vor dem Gerichtshof entspricht weitgehend dem vor dem Gericht (dazu → Rn. 155 ff.).[469] Es besteht aus einem **schriftlichen** und einem **mündlichen Verfahrensabschnitt** (Art. 20 EuGH-Satzung, Art. 53 Abs. 1 EuGHVfO), dessen Einzelheiten in der Verfahrensordnung festgelegt sind (Art. 167 ff. EuGHVfO).

168 Das **schriftliche Verfahren** beschränkt sich dabei grundsätzlich auf zwei Schriftsätze: die Rechtsmittelschrift und die Rechtsmittelbeantwortung. Nur auf Antrag kann durch Entscheidung des Präsidenten des Gerichtshofs eine Erwiderung und Gegenerwiderung zugelassen werden. Den entsprechenden Antrag muss der Rechtsmittelführer innerhalb von sieben Tagen (zzgl. der Entfernungsfrist von zehn Tagen) nach Zustellung der Rechtsmittelbeantwortung stellen (Art. 175 Abs. 1 EuGHVfO, Nr. 29 der Praktischen Anweisungen für die Parteien in den Rechtssachen vor dem Gerichtshof[470]).

169 **cc) Vollstreckbarkeit.** Die Urteile des Gerichtshofs sind gemäß Art. 280 AUEV (Art. 244 EGV-Nizza; Art. 244 EGV-Amsterdam; Art. 187 EGV-Maastricht; Art. 187 EWGV) iVm Art. 299 AEUV (Art. 256 EGV-Nizza; Art. 256 EGV-Amsterdam; Art. 192 EGV-Maastricht; Art. 192 EWGV) vollstreckbar.

II. Geldbußen wegen Verstößen gegen die EG-Fusionskontrollverordnung

170 **1. Rechtsgrundlagen der Fusionskontrolle.** Die Fusionskontrolle dient der Überwachung des Zusammenschlusses von Unternehmen, um den freien Wettbewerb zu erhalten. Der Vertrag zur Gründung der Europäischen Wirtschaftsgemeinschaft selbst enthielt keine Bestimmungen über die Kontrolle von Unternehmenszusammenschlüssen. Der Rat verabschiedete am 21. Dezember 1989 auf der Grundlage der Art. 87 EWGV (später Art. 87 EGV-Maastricht; Art. 83 EGV-Amsterdam; Art. 83 EGV-Nizza; nunmehr Art. 103 AEUV) und 235 EWGV (Art. 235 EGV-Maastricht; Art. 308 EGV-Amsterdam; Art. 308 EGV-Nizza; nunmehr Art. 352 AEUV) zur Ermöglichung einer wirksamen Kontrolle der Unternehmenszusammenschlüsse entsprechend ihren Auswirkungen auf die Wettbewerbsstruktur in der Gemeinschaft[471] die **VO (EWG) Nr. 4064/89** (→ Rn. 107), die am 21.9.1990 in Kraft getreten ist.[472] Mit Wirkung vom 1.5.2004 wurde sie durch Art. 25 Abs. 1 der EG-Fusionskontrollverordnung – **VO (EG) Nr. 139/2004** (→ Rn. 4) – aufgehoben,[473] die am 18.2.2004 in Kraft getreten ist und seit dem 1.5.2004

---

[469] Zu den Abweichungen vgl. van Bael/Bellis, Competition Law of the European Community, 3. Aufl. 1994, Rn. 1152.
[470] ABl. 2020 LI 42, 1.
[471] Vgl. Erwägungsgrund 7 VO (EWG) Nr. 4064/89.
[472] Zur Entstehungsgeschichte dieser Verordnung vgl. Miersch, Kommentar zur EG-Verordnung Nr. 4064/89 über die Kontrolle von Unternehmenszusammenschlüssen, 1991, S. 1 ff., und zu deren Anwendung vgl. Kommission der europäischen Gemeinschaften, XXII. Bericht über die Wettbewerbspolitik 1992, 1993, Rn. 221 ff.
[473] Art. 26 Abs. 2 VO (EG) Nr. 139/2004 sieht als Übergangsbestimmung vor, dass die VO (EWG) Nr. 4064/89 jedenfalls noch auf Zusammenschlüsse Anwendung findet, die vor dem Zeitpunkt der Anwendbarkeit der VO (EG) Nr. 139/2004 Gegenstand eines Vertragsabschlusses, eines Übernahmeangebots oder sonst Gegenstand eines Kontrollübergangs im Sinne von Art. 4 Abs. 1 VO (EWG) Nr. 4064/89 waren. Die praktische Relevanz dieser Übergangsbestimmung ist äußerst gering und kann nur noch für nicht angemeldete Zusammenschlüsse vor dem 1. Mai 2004 Bedeutung erlangen. Dazu

Geltung entfaltet.[474] Die VO (EG) Nr. 139/2004 zeichnet sich durch flexiblere Prüfungsfristen aus und stärkt den Grundsatz der Einmalanmeldung von Fusionen mit „gemeinschaftsweiter Bedeutung"[475] zur Vermeidung von Mehrfachanmeldungen.[476] Daneben wurde auch das materielle Prüfkriterium zur Beurteilung von Zusammenschlussvorhaben umgestaltet. Früher dominierte der sog. **Marktbeherrschungstest.** Danach war ein Zusammenschluss nur dann zu untersagen, wenn er eine beherrschende Stellung begründete oder verstärkte, durch die wirksamer Wettbewerb im Gemeinsamen Markt oder in einem wesentlichen Teil desselben erheblich behindert wurde. Nach der Neufassung der Fusionskontrolle und der Implementierung der sog. **„Significant Impediment to Effective Competition"-Tests (SIEC-Tests)** kommt es bei Zusammenschlüssen entscheidend darauf an, ob sie einen wirksamen Wettbewerb im Gemeinsamen Markt oder in einem wesentlichen Teil desselben erheblich behindern würden (vgl. Art. 2 Abs. 3 VO (EG) Nr. 139/2004). Das Marktbeherrschungskriterium ist zu einem Regelfallbeispiel für eine derartige Wettbewerbsbehinderung herabgestuft worden.[477] Aufgrund der Ermächtigungsgrundlage des Art. 23 Abs. 1 VO (EG) Nr. 139/2004 wurde außerdem die Durchführungsverordnung (EU) 2023/914 der Kommission vom 20. April 2023 zur Durchführung der Verordnung (EG) Nr. 139/2004 des Rates über die Kontrolle von Unternehmenszusammenschlüssen und zur Aufhebung der Verordnung (EG) Nr. 802/2004 der Kommission[478] (VO (EU) 2023/914) erlassen, welche die Einzelheiten des Verfahrens festlegt und die Verordnung (EG) Nr. 802/2004 der Kommission vom 7. April 2004 zur Durchführung der Verordnung (EG) Nr. 139/2004 des Rates über die Kontrolle von Unternehmenszusammenschlüssen[479] (VO (EG) Nr. 802/2004) ablöst, die weiterhin lediglich für Zusammenschlüsse gilt, die unter die Verordnung (EG) Nr. 139/2004 fallen und spätestens am 31. August 2023 angemeldet wurden (Art. 25 Abs. 2 VO (EU) 2023/914). Die europäische Fusionskontrolle hat grundsätzlich Vorrang vor der nationalen Fusionskontrolle und vor der Fusionskontrolle aufgrund der Art. 101 und 102 AEUV.[480]

2. Anwendungsbereich der EG-Fusionskontrollverordnung. Die EG-Fusionskontrollverordnung erfasst Zusammenschlüsse von Unternehmen im Sinne einer Eingliederung sowie jeden Anteilserwerb eines Unternehmens und jeden Abschluss von Unternehmensverträgen, der einem Unternehmen die Kontrolle über ein anderes Unternehmen verschafft (uU auch im Wege des Kontrollerwerbs; Art. 3 Abs. 1 VO (EG) Nr. 139/2004).[481] Vo- **171**

Ablasser-Neuhuber in Loewenheim/Meessen/Riesenkampff/Kersting/Meyer-Lindemann, Kartellrecht, 4. Aufl. 2020, FKVO Art. 26 Rn. 2.

[474] Grdl. zu den Änderungen vgl. Berg BB 2004, 561 (561 ff.); Tzouganatos RabelsZ 2005, 746 (746 ff.); vgl. auch Wilson in Dauses/Ludwigs EU-WirtschaftsR-HdB H I § 4 Rn. 5 ff.

[475] In der seit Inkrafttreten des Vertrags von Lissabon in der Kommissionspraxis etablierten Terminologie – „unionsweiter Bedeutung", vgl. Käseberg in Langen/Bunte FKVO Art. 1 Rn. 5 ff.; von Rosenberg in Schulte/Just, Kartellrecht, 2. Aufl. 2016, FKVO Art. 1 Rn. 27 ff.

[476] Vgl. Pressemitteilung IP/04/70 vom 20. Januar 2004 = EuZW 2004, 66; Wägenbaur ZRP 2003, 71 (72); tatsächlich ist das Verfahren vor der Kommission jedoch sehr aufwändig, s. Hirsbrunner EuZW 2012, 646 (646).

[477] Vgl. Bergmann/Burholt EuZW 2004, 161; Staebe/Denzel EWS 2004, 194 (199 ff.); zu den Änderungen Berg BB 2004, 561 (561 ff.); zu den Kriterien einer Marktbeherrschung EuGH 10.7.2008 – C-413/06 P, ECLI:EU:C:2008:392, Slg. 2008, I-4951 = BeckRS 2008, 70755 – Bertelsmann und Sony Corporation of America/Impala; Hirsbrunner/v. Köckritz EuZW 2008, 591 (591 ff.).

[478] ABl. 2023 L 119, 22.

[479] ABl. 2004 L 133, 1, berichtigt ABl. 2004 L 172, 9, zuletzt geändert durch die Durchführungsverordnung (EU) Nr. 1269/2013 der Kommission vom 5. Dezember 2013 zur Änderung der Verordnung (EG) Nr. 802/2004 zur Durchführung der Verordnung (EG) Nr. 139/2004 des Rates über die Kontrolle von Unternehmenszusammenschlüssen, ABl. 2013 L 336, 1.

[480] Crede/Franz in Schulte, Handbuch Fusionskontrolle, 3. Aufl. 2020, Kapitel 2 Rn. 107 ff.

[481] Eing. hierzu Käseberg in Langen/Bunte FKVO Art. 1 Rn. 10 ff., FKVO Art. 3 Rn. 23 ff.; von Rosenberg in Schulte/Just, Kartellrecht, 2. Aufl. 2016, FKVO Art. 1 Rn. 10 ff., FKVO Art. 3 Rn. 4 ff.

raussetzung für ein Eingreifen der europäischen Fusionskontrolle durch die Kommission ist, dass der Zusammenschluss „gemeinschaftsweite Bedeutung" bzw. – in der seit Inkrafttreten des Vertrags von Lissabon in der Kommissionspraxis etablierten Terminologie – „unionsweite Bedeutung" hat (Art. 1 Abs. 1 VO (EG) Nr. 139/2004).[482] Diese wird an verschiedenen Umsatzschwellen gemessen: dem weltweiten Gesamtumsatz aller beteiligten Unternehmen zusammen von mehr als **5 Mrd. EUR** und einem unionsweiten Gesamtumsatz von mindestens zwei beteiligten Unternehmen von jeweils mehr als **250 Mio. EUR,** wenn nicht die beteiligten Unternehmen jeweils mehr als **zwei Drittel** ihres unionsweiten Gesamtumsatzes in ein und demselben Mitgliedstaat erzielen (Art. 1 Abs. 2 VO (EG) Nr. 139/2004), bzw. dem weltweiten Gesamtumsatz aller beteiligten Unternehmen zusammen von mehr als **2,5 Mrd. EUR** und einem die Höhe von jeweils **100 Mio. EUR** übersteigenden Gesamtumsatz aller beteiligten Unternehmen in mindestens drei Mitgliedsstaaten, wobei in jedem dieser mindestens drei Mitgliedstaaten ein Gesamtumsatz mindestens zweier beteiligten Unternehmen mehr als **25 Mio. EUR** betragen und der unionsweite Gesamtumsatz von mindestens zwei beteiligten Unternehmen jeweils **100 Mio. EUR** übersteigen muss. Dies gilt nicht, wenn die beteiligten Unternehmen jeweils mehr als **zwei Drittel** ihres unionsweiten Gesamtumsatzes in ein und demselben Mitgliedstaat erzielen (Art. 1 Abs. 3 VO (EG) Nr. 139/2004).[483] Unternehmen, deren beabsichtigter Zusammenschluss diese Umsatzschwellenwerte überschreitet, ist eine **bußgeldbewehrte Anmeldeverpflichtung vor Durchführung des Zusammenschlusses** (→ Rn. 183) auferlegt (Art. 4 iVm Art. 14 Abs. 2 lit. a) VO (EG) Nr. 139/2004). Die Kommission hat daraufhin zu prüfen, ob der Zusammenschluss mit dem Gemeinsamen Markt vereinbar ist. Dies ist zu verneinen, wenn durch den Zusammenschluss eine beherrschende Marktstellung begründet oder verstärkt oder wenn ein wirksamer Wettbewerb im Gemeinsamen Markt oder in einem wesentlichen Teil desselben erheblich behindert würde.[484] Im Hinblick auf die Durchführung des EWR-Abkommens berücksichtigt die Kommission nicht nur die Lage der Unternehmen im Gemeinsamen Markt, sondern auch im Gebiet des Europäischen Wirtschaftsraums. Die EG-Fusionskontrollverordnung ist ferner auf Unternehmen aus Drittstaaten anwendbar, und zwar unabhängig davon, wo der Zusammenschluss vollzogen werden soll, sofern sich der Zusammenschluss in der Union auswirkt.[485]

172 Vor Inkrafttreten der EG-Fusionskontrollverordnung mussten die Unternehmen Genehmigungsverfahren in allen von der Fusion betroffenen Staaten anstrengen. Seit der Einführung der europäischen Fusionskontrolle ist dies nicht mehr erforderlich. Die Unternehmen müssen nur noch **ein** Verfahren vor der Kommission betreiben, das alle nationalen Verfahren ersetzt.

173 3. **Fusionskontrollverfahren.** Das Fusionskontrollverfahren ist in der EG-Fusionskontrollverordnung geregelt. Weitere Vorschriften über die Anmeldungen nach Art. 4 VO (EG) Nr. 139/2004, über Form, Inhalt und andere Einzelheiten der Anmeldungen, über die Fristen sowie über die Anhörung, welche die Verfahrensausgestaltung im Einzel-

---

[482] Käseberg in Langen/Bunte FKVO Art. 1 Rn. 5 ff.; von Rosenberg in Schulte/Just, Kartellrecht, 2. Aufl. 2016, FKVO Art. 1 Rn. 27 ff.

[483] Eing. zu den Schwellenwerten des Art. 1 Abs. 2 und 3 VO (EG) Nr. 139/2004; Bechtold/Bosch/Brinker in Bechtold/Bosch/Brinker VO (EG) 139/2004 Art. 1 Rn. 6 ff.; Hirsbrunner in von der Groeben/Schwarze/Hatje FKVO Art. 1 Rn. 8 ff.; Käseberg in Langen/Bunte FKVO Art. 1 Rn. 27 ff.; MüKo-WettbR/Koch FKVO Art. 1 Rn. 25 ff.; Körber in Immenga/Mestmäcker, Wettbewerbsrecht, Fusionskontrolle Bd. 3., 6. Aufl. 2020, FKVO Art. 1 Rn. 8 ff.; von Rosenberg in Schulte/Just, Kartellrecht, 2. Aufl. 2016, FKVO Art. 1 Rn. 29 ff.; Simon in Loewenheim/Meessen/Riesenkampff/Kersting/Meyer-Lindemann Kartellrecht, 4. Aufl. 2020, FKVO Art. 1 Rn. 17 ff.; Wilson in Dauses/Ludwigs, EU-WirtschaftsR-HdB H I § 4 Rn. 39 ff.

[484] Näher dazu Bechtold RIW 1990, 253 (259 ff.); Koch EWS 1990, 65 (65 ff.); vgl. auch Immenga, WuW 1990, 371 (373 ff.); Janicki WuW 1990, 195 (195 ff.).

[485] Bechtold, RIW 1990, 253 (260 f.); Koch, EWS 1990, 65 (67).

nen betreffen, sind in der VO (EU) 2023/914 geregelt. In offensichtlich unproblematischen Fällen findet ein vereinfachtes Verfahren Anwendung.[486]

a) Anmeldung von Zusammenschlüssen. Nach **Art. 4 Abs. 1 UAbs. 1 VO (EG) Nr. 139/2004** ist jeder Zusammenschluss von unionsweiter Bedeutung vor seinem Vollzug bei der Kommission anzumelden. Die starren Fristen der Vorgängerregelung (Art. 4 Abs. 1 VO (EWG) Nr. 4064/89) sind damit weggefallen. Gemäß Art. 4 Abs. 1 UAbs. 2 VO (EG) Nr. 139/2004 ist eine Anmeldung schon dann möglich, wenn die beteiligten Unternehmen der Kommission glaubhaft machen, dass ein Zusammenschluss beabsichtigt ist.[487]

174

b) Aufschub des Vollzugs von Zusammenschlüssen. Die förmliche Anmeldung löst gemäß Art. 7 Abs. 1 VO (EG) Nr. 139/2004 für die Erfüllungsgeschäfte ein **Vollzugsverbot** aus, bis der Zusammenschluss gemäß Art. 6 Abs. 1 lit. b VO (EG) Nr. 139/2004 oder Art. 8 Abs. 1 oder 2 VO (EG) Nr. 139/2004 bzw. aufgrund einer Vermutung nach Art. 10 Abs. 6 VO (EG) Nr. 139/2004 durch die Kommission freigegeben wird.[488] Nach Art. 7 Abs. 3 VO (EG) Nr. 139/2004 kann die Kommission auf Antrag eine Befreiung von dem Vollzugsverbot erteilen. Gegen das Verbot verstoßende Rechtsgeschäfte sind schwebend unwirksam. Es besteht die Möglichkeit, eine solche Befreiung mit Bedingungen und Auflagen zu verbinden.

175

c) Prüfung der Anmeldung und Einleitung des Verfahrens. Gemäß Art. 6 Abs. 1 S. 1 VO (EG) Nr. 139/2004 beginnt die Kommission unmittelbar nach dem Eingang der Anmeldung mit deren Prüfung. Innerhalb von höchstens 25 Arbeitstagen muss die Kommission eine **förmliche Entscheidung nach Art. 6 Abs. 1 VO (EG) Nr. 139/2004 erlassen** (Art. 10 Abs. 1 UAbs. 1 VO (EG) Nr. 139/2004). Wenn der Kommission eine Mitteilung eines Mitgliedstaats nach Art. 9 Abs. 2 VO (EG) Nr. 139/2004 zugeht, in der Bedenken gegen den Zusammenschluss erhoben werden können, bzw. die beteiligten Unternehmen nach Art. 6 Abs. 2 VO (EG) Nr. 139/2004 anbieten, Verpflichtungen einzugehen, um die Vereinbarkeit des Zusammenschlusses mit dem Gemeinsamen Markt sicherzustellen, verlängert sich diese Frist um zehn Arbeitstage (Art. 10 Abs. 1 UAbs. 2 VO (EG) Nr. 139/2004).

176

Unter der Voraussetzung, dass kein Zusammenschluss iSd Art. 3 VO (EG) Nr. 139/2004 vorliegt oder das Vorhaben keine unionsweite Bedeutung nach Art. 1 Abs. 2 oder Abs. 3 VO (EG) 139/2004 hat, wird die **Unanwendbarkeit der EG-Fusionskontrollverordnung** gemäß Art. 6 Abs. 1 lit. a VO (EG) Nr. 139/2004 festgestellt.

177

Wenn der Zusammenschluss nach Ansicht der Kommission in den Anwendungsbereich der EG-Fusionskontrollverordnung fällt, jedoch kein Anlass zu ernsthaften Bedenken hinsichtlich seiner Vereinbarkeit mit dem Gemeinsamen Markt besteht, trifft die Kommission die **Entscheidung, keine Einwände zu erheben** und erklärt den Zusammenschluss für vereinbar mit dem Gemeinsamen Markt (Art. 6 Abs. 1 lit. b S. 1 VO (EG) Nr. 139/2004).

178

Gibt der Zusammenschluss, der in den Anwendungsbereich der EG-Fusionskontrollverordnung fällt, Anlass zu ernsthaften Bedenken hinsichtlich seiner Vereinbarkeit mit dem Gemeinsamen Markt, trifft die Kommission die Entscheidung, das Verfahren einzuleiten (Art. 6 Abs. 1 lit. c S. 1 VO (EG) Nr. 139/2004). Solange nicht der Kommission die Glaubhaftmachung der Aufgabe des Zusammenschlusses vorliegt oder sie nach Entschei-

179

---

[486] Bekanntmachung der Kommission über die vereinfachte Behandlung bestimmter Zusammenschlüsse gemäß der Verordnung (EG) Nr. 139/2004 des Rates über die Kontrolle von Unternehmenszusammenschlüssen (2023/C 160/1), ABl. 2023 C 160, 1.
[487] Brinker in Schwarze, Verfahren und Rechtsschutz im europäischen Wirtschaftsrecht, 2010, 42 (47 f.); Maass in Langen/Bunte FKVO Art. 4 Rn. 9 ff.; von Rosenberg in Schulte/Just, Kartellrecht, 2. Aufl. 2016, FKVO Art. 4 Rn. 17 ff.
[488] Eing. zum vorzeitigen Vollzug eines Zusammenschlusses Linsmeier/Balssen BB 2008, 741 (741 ff.); Kommission, Mitteilung vom 13. Dezember 2007, MEMO/07/573 – Mergers: Commission has carried out inspections in the S PVC sector.

dung gemäß Art. 6 Abs. 1 lit. c S. 1 VO (EG) Nr. 139/2004 den Fall gemäß Art. 9 VO (EG) Nr. 139/2004 an einen Mitgliedstaat verweist, schließt die Kommission das Verfahren in der Regel innerhalb von höchstens 90 Arbeitstagen (Art. 10 Abs. 3 UAbs. 1 S. 1 VO (EG) Nr. 139/2004) nach seiner Einleitung mit einer förmlichen Entscheidung über die Freigabe oder Untersagung des Vorhabens nach Art. 8 Abs. 1 bis 3 VO (EG) Nr. 139/2004 ab. Diese Frist erhöht sich auf 105 Arbeitstage (Art. 10 Abs. 3 UAbs. 1 S. 2 VO (EG) Nr. 139/2004), wenn die beteiligten Unternehmen gemäß Art. 8 Abs. 2 UAbs. 2 VO (EG) Nr. 139/2004 anbieten, Verpflichtungen einzugehen, um die Vereinbarkeit des Zusammenschlusses mit dem Gemeinsamen Markt sicherzustellen, und die Verpflichtungszusagen nicht weniger als 55 Arbeitstage nach Einleitung des Verfahrens eingereicht werden. Neben der automatischen Fristverlängerung bei Abgabe von Verpflichtungszusagen iSd Art. 8 Abs. 2 UAbs. 2 VO (EG) Nr. 139/2004 kann in komplexen Fällen eine Verlängerung der Frist um bis zu 20 Arbeitstage auf Antrag des Anmelders oder – seine Zustimmung vorausgesetzt – auf Anregung der Kommission gewährt werden (Art. 10 Abs. 3 UAbs. 2 VO (EG) Nr. 139/2004).

180 **d) Ermittlungs- und Entscheidungsbefugnisse der Kommission.** Kommt die Kommission nach Einleitung des Verfahrens gemäß Art. 6 Abs. 1 lit. c VO (EG) Nr. 139/2004 zu dem Ergebnis, dass sie zur Erfüllung der ihr übertragenen Aufgaben Informationen über ein Zusammenschlussvorhaben benötigt, die in der Anmeldung nicht enthalten sind, oder wenn sie vorhandene Daten auf ihre Richtigkeit hin überprüfen will, so sehen Art. 11 ff. VO (EG) Nr. 139/2004 die Möglichkeit des **Auskunftsverlangens** sowie das **Recht auf Nachprüfung** durch Behörden der Mitgliedstaaten und durch die Kommission selbst vor. Diese Ermittlungsbefugnisse sind weitgehend denen der Kartellverordnung nachgebildet.[489]

181 Stellt die Kommission fest, dass durch den Zusammenschluss in der angemeldeten Form wirksamer Wettbewerb im Gemeinsamen Markt oder in einem wesentlichen Teil desselben nicht erheblich behindert würde (Art. 2 Abs. 2 VO (EG) Nr. 139/2004) und – im Falle des Art. 2 Abs. 4 VO (EG) Nr. 139/2004 – die Vorschrift des Art. 81 Abs. 3 EGV (nunmehr Art. 101 Abs. 1 AEUV) nicht verletzt wurde, erklärt sie gemäß Art. 8 Abs. 1 UAbs. 1 VO (EG) Nr. 139/2004 ohne Einschränkungen für **vereinbar mit dem Gemeinsamen Markt**. Wenn die Kommission zu dem Ergebnis kommt, dass der Zusammenschluss nach entsprechenden Änderungen durch die beteiligten Unternehmen die Kriterien des Art. 2 Abs. 2 VO (EG) Nr. 139/2004 und ggf. Art. 2 Abs. 4 VO (EG) Nr. 139/2004 erfüllt und genehmigungsfähig ist, erklärt sie gemäß Art. 8 Abs. 2 UAbs. 1 VO (EG) Nr. 139/2004 den Zusammenschluss für **vereinbar mit dem Gemeinsamen Markt**. Diese Entscheidung kann mit Bedingungen und Auflagen verbunden werden (Art. 8 Abs. 2 UAbs. 2 VO (EG) Nr. 139/2004). Wenn ein Zusammenschluss die Genehmigungsvoraussetzungen nicht erfüllt, wird er für **unvereinbar mit dem Gemeinsamen Markt** erklärt (Art. 8 Abs. 3 VO (EG) Nr. 139/2004). Sofern der Zusammenschluss bereits vollzogen ist, kann die Kommission in einer Entscheidung nach Art. 8 Abs. 3 VO (EG) Nr. 139/2004 oder in einer gesonderten Entscheidung die Trennung der zusammengefassten Unternehmen oder Vermögenswerte, die Beendigung der gemeinsamen Kontrolle oder andere Maßnahmen anordnen, um den wirksamen Wettbewerb wiederherzustellen (Art. 8 Abs. 4 VO (EG) Nr. 139/2004).

182 **4. Bußgeldvorschriften der EG-Fusionskontrollverordnung. a) Minderschwere Verstöße.** Die Kommission kann gemäß **Art. 14 Abs. 1 VO (EG) Nr. 139/2004** gegen die in Art. 3 Abs. 1 lit. b VO (EG) Nr. 139/2004 bezeichneten Personen sowie gegen Unternehmen und Unternehmensvereinigungen Geldbußen bis zu einem Höchstbetrag von **1% des** von dem beteiligten Unternehmen oder der beteiligten Unternehmensver-

---

[489] Miersch, Kommentar zur EG-Verordnung Nr. 4064/89 über die Kontrolle von Unternehmenszusammenschlüssen, 1991, S. 149.

einigung erzielten **Gesamtumsatzes** iSv Art. 5 VO (EG) Nr. 139/2004 festsetzen, wenn sie vorsätzlich oder fahrlässig
- in einem Antrag, einer Bestätigung, einer Anmeldung oder Anmeldungsergänzung nach Art. 4, 10 Abs. 5 oder Art. 22 Abs. 3 VO (EG) Nr. 139/2004 unrichtige oder irreführende Angaben machen,
- bei der Erteilung einer nach Art. 11 Abs. 2 VO (EG) Nr. 139/2004 verlangten Auskunft unrichtige oder irreführende Angaben machen,
- bei der Erteilung einer durch Entscheidung gemäß Art. 11 Abs. 3 VO (EG) Nr. 139/2004 verlangten Auskunft unrichtige, unvollständige oder irreführende Angaben machen oder die Auskunft nicht innerhalb der gesetzten Frist erteilen,
- bei Nachprüfungen nach Art. 13 VO (EG) Nr. 139/2004 die angeforderten Bücher oder sonstigen Geschäftsunterlagen nicht vollständig vorlegen oder die in einer Entscheidung nach Art. 13 Abs. 4 VO (EG) Nr. 139/2004 angeordneten Nachprüfungen nicht dulden,
- in Beantwortung einer nach Art. 13 Abs. 2 lit. e VO (EG) Nr. 139/2004 gestellten Frage eine unrichtige oder irreführende Auskunft erteilen, eine von einem Beschäftigten erteilte unrichtige, unvollständige oder irreführende Antwort nicht innerhalb einer von der Kommission gesetzten Frist berichtigen oder in Bezug auf Fakten im Zusammenhang mit dem Gegenstand und dem Zweck einer durch Entscheidung nach Art. 13 Abs. 4 VO (EG) Nr. 139/2004 angeordneten Nachprüfung keine vollständige Antwort erteilen oder eine vollständige Antwort verweigern,
- die von den Bediensteten der Kommission oder den anderen von ihr ermächtigten Begleitpersonen nach Art. 13 Abs. 2 lit. d VO (EG) Nr. 139/2004 angebrachten Siegel gebrochen haben.[490]

Die bußgeldbewehrten Anmelde-, Auskunfts- und Duldungspflichten entsprechen den in der VO (EG) Nr. 1/2003 geregelten Pflichten (→ Rn. 122 f.). **183**

b) Schwerwiegende Verstöße. Gemäß **Art. 14 Abs. 2 VO (EG) Nr. 139/2004** kann **184** die Kommission gegen Personen oder Unternehmen **Geldbußen** in Höhe von bis zu **10 %** **des** nach Maßgabe des Art. 5 VO (EG) Nr. 139/2004 berechneten **Gesamtumsatzes** festsetzen, wenn sie vorsätzlich oder fahrlässig
- einen Zusammenschluss vor seinem Vollzug nicht gemäß Art. 4 VO (EG) Nr. 139/2004 oder Art. 22 Abs. 3 VO (EG) Nr. 139/2004 anmelden, es sei denn, dies ist ausdrücklich gemäß Art. 7 Abs. 2 VO (EG) Nr. 139/2004 oder aufgrund einer Entscheidung gemäß Art. 7 Abs. 3 VO (EG) Nr. 139/2004 zulässig,
- einen Zusammenschluss unter Verstoß gegen Art. 7 VO (EG) Nr. 139/2004 vollziehen,
- einen durch Entscheidung nach Art. 8 Abs. 3 VO (EG) Nr. 139/2004 für unvereinbar mit dem Gemeinsamen Markt erklärten Zusammenschluss vollziehen oder den in einer Entscheidung nach Art. 8 Abs. 4 VO (EG) Nr. 139/2004 oder Art. 8 Abs. 5 VO (EG) Nr. 139/2004 angeordneten Maßnahmen nicht nachkommen,
- einer durch Entscheidung nach Art. 6 Abs. 1 lit. b VO (EG) Nr. 139/2004, Art. 7 Abs. 3 VO (EG) Nr. 139/2004 oder Art. 8 Abs. 2 UAbs. 2 VO (EG) Nr. 139/2004 auferlegten Bedingung oder Auflage zuwiderhandeln.

5. Rechtsschutz bei Bußgeldentscheidungen. Die in der EG-Fusionskontrollverord- **185** nung vorgesehenen Entscheidungen der Kommission unterliegen nach Art. 16 VO (EG) Nr. 139/2004 der **Rechtmäßigkeitskontrolle durch den Gerichtshof.** Diese Verordnung verweist damit hinsichtlich der Rechtsschutzmöglichkeiten auf die Art. 263 ff. AEUV

---

[490] Im Dezember 2010 hat das Gericht das erste Bußgeld wegen Siegelbruch bestätigt, EuG 15.12.2010 – T-141/08, ECLI:EU:T:2010:516, Slg. 2010, II-5761 = EuZW 2011, 230 – E.ON Energie/Kommission m Anm. Soltész EuZW 2011, 234 (234 f.); im Jahr 2011 hat die Kommission in einem weiteren Fall eine Geldbuße verhängt, s. KOM 24.5.2011 – COMP/39.796, ABl. 2011 C 251, 4 – Suez Environment – Siegelbruch.

§ 34　Strafgerichtsbarkeit

(Art. 230 ff. EGV-Nizza; Art. 230 ff. EGV-Amsterdam; Art. 173 ff. EGV-Maastricht; Art. 173 ff. EWGV).[491] Diese Vorschriften stellen daher die allgemeine Rechtsgrundlage für den gerichtlichen Rechtsschutz in Fusionsfällen dar.

186　In Art. 16 VO (EG) Nr. 139/2004 hat der Rat zudem von der zum Zeitpunkt seines Erlasses in Art. 229 EGV-Nizza (nunmehr Art. 261 AEUV) vorgesehenen Ermächtigung Gebrauch gemacht und dem Gerichtshof eine unbeschränkte Ermessensnachprüfung von Entscheidungen, mit denen die Kommission eine Geldbuße nach Art. 14 VO (EG) Nr. 139/2004 oder ein Zwangsgeld nach Art. 15 VO (EG) Nr. 139/2004 festgesetzt hat, eingeräumt. Art. 16 VO (EG) Nr. 139/2004 entspricht nahezu wörtlich Art. 31 VO (EG) Nr. 1/2003 (zuvor Art. 17 VO (EWG) Nr. 17/62), so dass auf die dortigen Ausführungen verwiesen werden kann (→ Rn. 140 ff.). Die Verordnung selbst enthält darüber hinaus nur wenige Regelungen zu den Klagemöglichkeiten bestimmter Entscheidungsadressaten (Art. 9 Abs. 9 VO (EG) Nr. 139/2004; Art. 11 Abs. 3 VO (EG) Nr. 139/2004; Art. 13 Abs. 4, 16 VO (EG) Nr. 139/2004). Sonderregelungen zu den Klagemöglichkeiten Dritter fehlen gänzlich.

187　Zuständiges Gericht **für klagende Mitgliedstaaten** nach Art. 263 AEUV (Art. 230 EGV-Nizza; Art. 230 EGV-Amsterdam; Art. 173 EGV-Maastricht; Art. 173 EWGV) bzw. Art. 265 AEUV (Art. 232 EGV-Nizza; Art. 232 EGV-Amsterdam; Art. 175 EGV-Maastricht; Art. 175 EWGV) ist unmittelbar der **Gerichtshof. Für Klagen natürlicher oder juristischer Personen** nach Art. 263 AEUV bzw. Art. 265 AEUV ist erstinstanzlich das **Gericht** zuständig (Art. 256 Abs. 1 UAbs. 1 S. 1 AEUV) (Art. 225 Abs. 1 UAbs. 1 S. 1 EGV-Nizza; Art. 225 Abs. 1 UAbs. 1 S. 1 EGV-Amsterdam; Art. 168a Abs. 1, Abs. 2 EGV-Maastricht). Dem steht nicht entgegen, dass die VO (EG) Nr. 139/2004 in Art. 16 und 21 Abs. 2 von dem „Gerichtshof" spricht.[492] Gegen Entscheidungen des Gerichts kann nach Art. 56 der EuGH-Satzung ein **Rechtsmittel zum Gerichtshof** eingelegt werden.

III. Geldbußen wegen Verstößen gegen das Gesetz über digitale Märkte (Digital Markets Act)

188　Die insbesondere auf der Grundlage von Art. 114 AEUV[493] erlassene Verordnung (EU) 2022/1925 des Europäischen Parlaments und des Rates vom 14. September 2022 über bestreitbare und faire Märkte im digitalen Sektor und zur Änderung der Richtlinien (EU) 2019/1937 und (EU) 2020/1828 (Gesetz über digitale Märkte) (Digital Markets Act – DMA)[494] dient dem reibungslosen Funktionieren des digitalen Binnenmarkts und seiner Prozesse durch eine sektorübergreifende (horizontale) Regulierung.[495] Hiermit wird auf den digitalen Wandel und die damit einhergehende Steigerung der Bedeutung der digitalen Dienste in der Wirtschaft reagiert[496] und auf diese Weise ein **Grundpfeiler der europäischen Digitalstrategie**[497] gesetzt.

189　Der DMA, der am 1. November 2022 in Kraft getreten ist, legt Unternehmen, die zentrale Plattformdienste[498] iSd Art. 2 Nr. 2 DMA bereitstellen und nach Art. 3 DMA als

---

[491] Vgl. Deimel, Rechtsgrundlagen einer europäischen Zusammenschlusskontrolle, 1992, S. 125.
[492] Heidenhain EuZW 1991, 590 (591).
[493] Hierzu König in Steinrötter EU-Plattformregulierung-HdB § 11 Rn. 2 mwN.
[494] Zum rechtspolitischen Hintergrund König in Steinrötter EU-Plattformregulierung-HdB § 11 Rn. 5 ff.; zu den wirtschaftspolitischen und ökonomischen Hintergründen Mendelsohn/Budzinski in Schmidt/Hübener Der neue DMA § 2 Rn. 2 ff.
[495] Kraul in Kraul Der neue DAS § 1 Rn. 11.
[496] Vgl. Erwägungsgrund 1 DMA.
[497] Schmidt in Schmidt/Hübener Der neue DMA § 1 Rn. 1
[498] Eing. dazu Bongartz/Kirk in HK-DMA Art. 2 Rn. 4 ff.; Heinze/Kettler in Steinrötter EU-Plattformregulierung-HdB § 12 Rn. 6 ff.; König in MüKoWettbR DMA Art. 2 Rn. 8 ff.; s. auch König in Steinrötter EU-Plattformregulierung-HdB § 11 Rn. 33 ff.; Swamy-von Zastrow/Pahlen in Schmidt/Hübener Der neue DMA § 3 Rn. 5 ff.

Torwächter benannt worden sind,[499] in den Art. 5,[500] 6[501] und 7[502] DMA nach Art. 13 Abs. 3 DMA „vollständig und wirksam" einzuhaltende Verpflichtungen[503] auf. Diese Verpflichtungen beziehen sich „auf diejenigen Praktiken, die unter Berücksichtigung der Merkmale des digitalen Sektors als die Bestreitbarkeit untergrabend oder als unfair angesehen werden – oder beides – und die besonders negative unmittelbare Auswirkungen auf gewerbliche Nutzer und Endnutzer haben",[504] und sollen „die Bestreitbarkeit und Fairness […] hinsichtlich der im Benennungsbeschluss aufgeführten zentralen Plattformdienste […] [sowie] anderer digitaler Produkte und Dienstleistungen gewährleisten, bei denen Torwächter ihre Funktion als Zugangstor für sich nutzen und die häufig zusammen mit den zentralen Plattformdiensten oder zu deren Unterstützung bereitgestellt werden".[505] Mit den Geldbußen nach Art. 30 DMA – Sanktionen des Strafrechts im weiteren Sinne[506] – und den Zwangsgeldern nach Art. 31 DMA soll das reibungslose Funktionieren des Binnenmarkts durch die Gewährleistung der „Bestreitbarkeit und Fairness der Märkte im digitalen Sektor[507] im Allgemeinen und für gewerbliche Nutzer und Endnutzer zentraler Plattformdienste, die von Torwächtern bereitgestellt werden, im Besonderen"[508] sichergestellt werden.

1. Geldbußen wegen Nichteinhaltung der Verpflichtungen in den Art. 5, 6 und 7 DMA und Verstößen gegen Verfahrensregeln. Art. 30 DMA, der sich an Art. 23 VO (EG) Nr. 1/2003 orientiert,[509] sieht in Abs. 1, 2 und 3 Tatbestände vor, die eine Verhängung von Geldbußen durch die Kommission wegen Nichteinhaltung der Verpflichtungen in den Art. 5, 6 und 7 DMA und Verstößen gegen Verfahrensregeln ermöglichen und eine Ahndungs-, Präventions- und Abschöpfungsfunktion erfülle.[510]

190

---

[499] Hierzu Bongartz/Kirk in HK-DMA Art. 2 Rn. 2 f.; Bueren/Weck in MüKoWettbR DMA Art. 3 Rn. 26 ff.; Heinze/Kettler in Steinrötter EU-Plattformregulierung-HdB § 12 Rn. 43 ff.; Käseberg/Gappa in HK-DMA Art. 3 Rn. 1 ff.; König in MüKoWettbR DMA Art. 2 Rn. 3 ff.; König in Steinrötter EU-Plattformregulierung-HdB § 11 Rn. 30 ff.; Swamy-von Zastrow/Pahlen in Schmidt/Hübener Der neue DMA § 3 Rn. 1 ff., Rn. 11 ff.
[500] Eing. zu den Pflichten nach Art. 5 DMA Bueren/Weck in MüKoWettbR DMA Art. 5 Rn. 1 ff.; Heinz in HK-DMA Art. 5 Abs. 3 Rn. 32 ff.; Heinz in HK-DMA Art. 5 Abs. 4 Rn. 62 ff.; Heinz in HK-DMA Art. 5 Abs. 5 Rn. 91 ff.; Heinz in HK-DMA Art. 5 Abs. 7 Rn. 136 ff.; Heinz in HK-DMA Art. 5 Abs. 8 Rn. 171 ff.; Louven in BeckOK InfoMedienR, 42. Ed. 1.8.2023, DMA Art. 5 Rn. 2 ff.; Podszun in HK_DMA Art. 5 Abs. 2 Rn. 10 ff.; Podszun in HK-DMA Art. 5 Abs. 6 Rn. 120 ff.; Wolf-Posch in HK-DMA Art. 5 Abs. 9 und 10 Rn. 196 ff.
[501] Eing. zu den Pflichten nach Art. 6 DMA Bongartz/Kirk in HK-DMA Art. 6 Abs. 13 Rn. 331 ff.; Bueren/Weck in MüKoWettbR DMA Art. 6 Rn. 1 ff.; Heinz in HK-DMA Art. 6 Abs. 5 Rn. 83 ff.; Herbers in HK-DMA Art. 6 Abs. 3 Rn. 23 ff.; Herbers in HK-DMA Art. 6 Abs. 4 Rn. 53 ff.; Herbers in HK-DMA Art. 6 Abs. 6 Rn. 119 ff.; Herbers in HK-DMA Art. 6 Abs. 7 Rn. 136 ff.; Louven in BeckOK InfoMedienR, 42. Ed. 1.8.2023, DMA Art. 6 Rn. 3 ff.; Schwab in HK-DMA Art. 6 Abs. 12 Rn. 280 ff.; Wolf-Posch in HK-DMA Art. 6 Abs. 2 Rn. 2 ff.; Wolf-Posch in HK-DMA Art. 6 Abs. 8 Rn. 159 ff.; Wolf-Posch in HK-DMA Art. 6 Abs. 9 Rn. 178 ff.; Wolf-Posch in HK-DMA Art. 6 Abs. 10 Rn. 205 ff.; Wolf-Posch in HK-DMA Art. 6 Abs. 11 Rn. 256 ff.
[502] Eing. zu den Pflichten nach Art. 7 DMA Bueren/Weck in MüKoWettbR DMA Art. 7 Rn. 1 ff.; Herbers in HK-DMA Art. 7 Rn. 1 ff.; Louven in BeckOK InfoMedienR, 42. Ed. 1.8.2023, DMA Art. 7 Rn. 1 ff.
[503] Eing. dazu Gasser/Hegener in Schmidt/Hübener Der neue DMA § 6 Rn. 1 ff.; König in Steinrötter EU-Plattformregulierung-HdB § 11 Rn. 38 ff.; König in Steinrötter EU-Plattformregulierung-HdB § 13 Rn. 1 ff.; Podszun/Schwab in HK-DMA Art. 5 Abs. 1 Rn. 1 ff.
[504] Erwägungsgrund 31 S. 3 DMA.
[505] Erwägungsgrund 31 S. 5 DMA.
[506] Vgl. hierzu auch Schubert in MüKoWettbR DMA Art. 30 Rn. 2.
[507] Hierzu König in Steinrötter EU-Plattformregulierung-HdB § 11 Rn. 19 ff.
[508] Erwägungsgründe 7 S. 1 und 31 DMA, Art. 1 Abs. 1 DMA.
[509] Huerkamp/Nuys in HK-DMA Art. 30 Rn. 2 mwN, Rn. 4; Schubert in MüKoWettbR DMA Art. 30 Rn. 6.
[510] Huerkamp/Nuys in HK-DMA Art. 30 Rn. 8.

191 a) Unternehmen als Normadressaten. Adressaten der Geldbußen nach Art. 30 DMA sind **Unternehmen** und **Unternehmensvereinigungen**.[511] Gemäß Art. 2 Nr. 27 DMA ist unter einem „Unternehmen" „eine Einheit [zu verstehen], die eine wirtschaftliche Tätigkeit ausübt, unabhängig von ihrer Rechtsform und der Art ihrer Finanzierung, einschließlich aller verbundenen Unternehmen, die durch die unmittelbare oder mittelbare Kontrolle eines Unternehmens durch ein anderes Unternehmen eine Gruppe bilden. Als „Unternehmen, das zentrale Plattformdienste bereitstellt und nach Artikel 3 [DMA] benannt worden ist", ist der „Torwächter"[512] nach Art. 2 Nr. 1 DMA ein tauglicher Sanktionsadressat.

192 b) Bußgeldtatbestände. Art. 30 Abs. 1, 2 und 3 DMA zählt die bußgeldbewerten Verstöße gegen Bestimmungen des DMA, die in **formelle** und **materielle Verstöße** eingeteilt werden können, abschließend auf.[513]

193 aa) Formelle Verstöße gegen die Bestimmungen des DMA. Formelle Verstöße haben die vorsätzliche oder fahrlässige[514] Verletzung von Verfahrensvorschriften zum Gegenstand, welche Mitwirkungs- und Informationspflichten im Zusammenhang mit der Benennung als Torwächter nach Art. 3 DMA (Art. 30 Abs. 3 lit. a, lit. b DMA), der Planung der Zusammenschlüsse (Art. 30 Abs. 3 lit. c DMA), der Verwendung der Techniken zum Verbraucher-Profiling für die im Benennungsbeschluss nach Art. 3 Abs. 9 DMA aufgeführten zentralen Plattformdienste (Art. 30 Abs. 3 lit. d DMA), den Auskunfts- und Befragungsbefugnissen der Kommission nach Art. 21 DMA bzw. Art. 22 DMA (Art. 30 Abs. 3 lit. e, lit. f DMA), den Nachprüfungen nach Art. 23 DMA (Art. 30 Abs. 3 lit. g, lit. h DMA), der Überwachung von Verpflichtungen nach Art. 26 DMA (Art. 30 Abs. 3 lit. i DMA), der Einführung einer Compliance-Funktion nach Art. 28 DMA (Art. 30 Abs. 3 lit. j GMA) und der Einsicht in die Akten der Kommission gemäß Art. 34 Abs. 4 DMA (Art. 30 Abs. 3 lit. k DMA) betreffen.[515] Die Geldbußen, die sowohl gegen Torwächter iSd Art. 2 Nr. 1 DMA als auch gegen Unternehmen, die keine Torwächter sind, und gegen Unternehmensvereinigungen verhängt werden können, sind bis zu einem Höchstbetrag von **1 %** des im vorausgegangenen Geschäftsjahr weltweit erzielten **Gesamtumsatzes** des Unternehmens bzw. der Unternehmensvereinigung möglich. Sie dienen primär dem Schutz des Verfahrens und flankieren die Einhaltung der materiellen Verhaltensvorschriften.[516]

194 bb) Materielle Verstöße gegen Bestimmungen des DMA. Die – in Art. 30 Abs. 1 DMA abschließend geregelten – **materiellen Verstöße** betreffen Verpflichtungen der Torwächter aus Art. 5, 6 und 7 DMA[517] (Art. 30 Abs. 1 lit. a DMA), von der Kommission in einem Beschluss nach Art. 8 Abs. 2 DMA festgelegte Maßnahmen (Art. 30 Abs. 1 lit. b DMA), im Falle systematischer Verstöße nach Art. 18 Abs. 1 DMA verhängte Abhilfemaßnahmen (Art. 30 Abs. 1 lit. c DMA), einstweilige Maßnahmen nach Art. 24 DMA (30 Abs. 1 lit. d DMA) sowie Verpflichtungszusagen, die nach Art. 25 DMA für

---

[511] Hierzu Schubert in MüKoWettbR DMA Art. 30 Rn. 11 ff.
[512] Hierzu Bongartz/Kirk in HK-DMA Art. 2 Rn. 2 f.; Bueren/Weck in MüKoWettbR DMA Art. 3 Rn. 26 ff.; Heinze/Kettler in Steinrötter EU-Plattformregulierung-HdB § 12 Rn. 43 ff.; Käseberg/Gappa in HK-DMA Art. 3 Rn. 1 ff.; König in MüKoWettbR DMA Art. 2 Rn. 3 ff.; König in Steinrötter EU-Plattformregulierung-HdB § 11 Rn. 30 ff.; Swamy-von Zastrow/Pahlen in Schmidt/Hübener Der neue DMA § 3 Rn. 1 ff., Rn. 11 ff.
[513] Schubert in MüKoWettbR DMA Art. 30 Rn. 1.
[514] Hierzu sowie zu den Irrtümern Hübener/Reims in Schmidt/Hübener Der neue DMA § 10 Rn. 9; Huerkamp/Nuys in HK-DMA Art. 30 Rn. 62 ff.; Schubert in MüKoWettbR DMA Art. 30 Rn. 15 ff.
[515] Hierzu Hübener/Reims in Schmidt/Hübener Der neue DMA § 10 Rn. 7 f.; Huerkamp/Nuys in HK-DMA Art. 30 Rn. 29, Rn. 42 ff.; Schubert in MüKoWettbR DMA Art. 30 Rn. 4, Rn. 30 ff.
[516] Huerkamp/Nuys in HK-DMA Art. 30 Rn. 13.
[517] Eing. dazu Gasser/Hegener in Schmidt/Hübener Der neue DMA § 6 Rn. 1 ff.; König in Steinrötter EU-Plattformregulierung-HdB § 11 Rn. 38 ff.; König in Steinrötter EU-Plattformregulierung-HdB § 13 Rn. 1 ff.; Podszun/Schwab in HK-DMA Art. 5 Abs. 1 Rn. 1 ff.

bindend erklärt wurden (Art. 30 Abs. 1 lit. e DMA).[518] Geahndet werden können vorsätzliche und fahrlässige Verstöße.[519] Die Kommission kann gegen Torwächter in einem Nichteinhaltungsbeschluss Geldbußen bis zu einem Höchstbetrag von **10 % des** im vorausgegangenen Geschäftsjahr weltweit erzielten **Gesamtumsatzes** sanktionieren.[520]

2. Rechtsschutz bei Bußgeldentscheidungen. Der Rechtsschutz gegen die Verhängung einer Geldbuße nach Art. 30 DMA oder eines – bis zu einem Höchstbetrag von **5 % des** im vorausgegangenen Geschäftsjahr weltweit erzielten durchschnittlichen **Tagesumsatzes** des betreffenden Unternehmens oder der betreffenden Unternehmensvereinigung möglichen – Zwangsgelds nach Art. 31 DMA entspricht dem Rechtsschutz, wie er im Bereich des Europäischen Wettbewerbsrechts vorgesehen ist.[521] Die genannten Sanktionen unterliegen gem. **Art. 45 S. 1 DMA iVm Art. 261 AEUV** (Art. 229 EGV-Nizza; Art. 229 EGV-Amsterdam; Art. 172 EGV-Maastricht; Art. 172 EWGV) einer unbeschränkten Ermessensnachprüfung durch den **Gerichtshof,** der gemäß Art. 45 S. 2 iVm Art. 261 AEUV (Art. 229 EGV-Nizza; Art. 229 EGV-Amsterdam; Art. 172 EGV-Maastricht; Art. 172 EWGV) zur Aufhebung, Herabsetzung und Erhöhung der verhängten Geldbußen oder Zwangsgelder befugt ist. In diesem Zusammenhang ist insbesondere die **Nichtigkeitsklage** nach Art. 263 Abs. 4 AEUV (Art. 230 EGV-Nizza; Art. 230 EGV-Amsterdam; Art. 173 EGV-Maastricht; Art. 173 EWGV) als statthafter Rechtsbehelf gegen die genannten Beschlüsse der Kommission hervorzuheben.[522] 195

Der Rechtsschutz gegen die nach Art. 44 Abs. 1 DMA vorgesehene Veröffentlichung des Sanktionsbeschlusses richtet sich nach der im Einzelfall gewählten Entscheidungsform.[523] Ist die Entscheidung der Kommission über die Veröffentlichung der verhängten Sanktion Bestandteil des Beschlusses, so kann dieser in einem **Verfahren des einstweiligen Rechtsschutzes** nach Art. 279 AEUV[524] (Art. 243 EGV-Nizza; Art. 243 EGV-Amsterdam; Art. 186 EGV-Maastricht; Art. 186 EWGV) sowie im **Nichtigkeitsverfahren** nach Art. 263 Abs. 4 AEUV (Art. 230 EGV-Nizza; Art. 230 EGV-Amsterdam; Art. 173 EGV-Maastricht; Art. 173 EWGV) überprüft werden. Ansonsten ist die Überprüfung der Veröffentlichung des Sanktionsbeschlusses der Kommission in diesen Verfahren ebenfalls möglich, weil diese Handlung als reiner Informationsakt das betroffene Unternehmen unmittelbar und individuell betrifft. Daneben kann die Veröffentlichung der Verhängung einer Sanktion den Gegenstand eines **Vorabentscheidungsverfahrens** nach Art. 267 AEUV (Art. 234 EGV-Nizza; Art. 234 EGV-Amsterdam; Art. 177 EGV-Maastricht; Art. 177 EWGV) bilden.[525] 196

IV. Geldbußen im Abkommen über den Europäischen Wirtschaftsraum

1. Geltung der Wettbewerbsregeln. Im Rahmen der Verhandlungen über das am 1. Januar 1994 in Kraft getretenen EWR-Abkommen (→ Rn. 4) erfolgte eine integrale und vollständige Übernahme der europäischen Wettbewerbsregeln in das EWR-Abkommen. Diese Regeln sind in Art. 16 EWR-Abkommen (staatliche Handelsmonopole), in Art. 53 ff. EWR-Abkommen sowie in dem Protokoll 25 (Kohle und Stahl) enthalten und 197

---

[518] Hierzu Hübener/Reims in Schmidt/Hübener Der neue DMA § 10 Rn. 6; Huerkamp/Nuys in HK-DMA Art. 30 Rn. 28, Rn. 30 f.; Schubert in MüKoWettbR DMA Art. 30 Rn. 3, Rn. 29.
[519] Hierzu sowie zu den Irrtümern Hübener/Reims in Schmidt/Hübener Der neue DMA § 10 Rn. 9; Schubert in MüKoWettbR DMA Art. 30 Rn. 15 ff.
[520] Hierzu Schubert in MüKoWettbR DMA Art. 30 Rn. 25.
[521] Vgl. Schubert in MüKoWettbR DMA Art. 30 Rn. 35.
[522] Eing. dazu Hübener/Reims in Schmidt/Hübener Der neue DMA § 10 Rn. 35 ff.; s. auch Huerkamp/Nuys in HK-DMA Art. 30 Rn. 104 f.; Schubert in MüKoWettbR DMA Art. 30 Rn. 35.
[523] Vgl. zum Rechtsschutz gegen die Veröffentlichung des Sanktionsbeschlusses der Europäischen Zentralbank Müller-Graff FS Lindacher, 2017, 287 (295).
[524] Zum einstweiligen Rechtsschutz in DMA-Angelegenheiten Hübener/Reims in Schmidt/Hübener Der neue DMA § 10 Rn. 47 ff.
[525] Vgl. zum Rechtsschutz gegen die Veröffentlichung des Sanktionsbeschlusses der Europäischen Zentralbank Müller-Graff FS Lindacher, 2017, 287 (295); Müller-Graff ZHR 182 (2018), 239 (246).

im Hinblick auf ihre direkte Anwendung vor nationalen Gerichten den Unionsbestimmungen qualitativ gleichgestellt.[526] Der Anwendungsbereich von – den Art. 101 und 102 AEUV wörtlich entsprechenden – Art. 53 und 54 EWR-Abkommen erstreckt sich dabei auf jedes direkt oder indirekt im Europäischen Wirtschaftsraum geschäftlich tätigen Unternehmen ungeachtet seines Sitzes.

198 **2. Zuständigkeit im Verwaltungsverfahren.** Für die Überwachung und Anwendung der Wettbewerbsregeln des EWR-Abkommens sind die Kommission sowie die EFTA-Überwachungsbehörde als ein „unabhängiges Überwachungsorgan" (Art. 108 Abs. 1 EWR-Abkommen) zuständig, das vergleichbare Kompetenzen wie die Kommission hat und über die gleichen Ermittlungsbefugnisse wie diese verfügt. Im Kartellverfahren besteht für die EFTA-Überwachungsbehörde somit die Möglichkeit, Ermittlungen durchzuführen und **Geldbußen** zu verhängen. Um Kompetenzüberschneidungen zu vermeiden, gilt grundsätzlich das **Prinzip der ausschließlichen Zuständigkeit,** das Art. 56 EWR-Abkommen für den Anwendungsbereich des – dem Art. 101 AEUV nachgebildeten – Art. 53 EWR-Abkommen und des – dem Art. 102 AEUV nachgebildeten – Art. 54 EWR-Abkommen näher ausformt. Alle supranationalen Sanktionen werden von der Kommission, deren Zuständigkeit sich aus Art. 288 AEUV (Art. 249 EGV-Nizza; Art. 249 EGV-Amsterdam; Art. EGV-Maastricht; Art. 189 EWGV) ergibt, oder von der EFTA-Überwachungsbehörde in einem verwaltungsrechtlich ausgestalteten Verfahren verhängt.

199 **3. Rechtsschutz bei Bußgeldentscheidungen.** Die gerichtliche Kontrolle im Europäischen Wettbewerbsrecht wird durch das EWR-Abkommen nicht verändert: Das **Gericht** und der **Gerichtshof** sind für alle von der Kommission getroffenen Entscheidungen zuständig. Die Kontrolle über Entscheidungen der EFTA-Überwachungsbehörde übt ein unabhängiger **EFTA-Gerichtshof** aus (Art. 108 Abs. 2 EWR-Abkommen).

E. Geldbußen im Europäischen Datenschutzrecht

200 Die Verordnung (EU) 2016/679 des Europäischen Parlaments und des Rates vom 27. April 2016 zum Schutz natürlicher Personen bei der Verarbeitung personenbezogener Daten, zum freien Datenverkehr und zur Aufhebung der Richtlinie 95/46/EG (Datenschutz-Grundverordnung) (DS-GVO) (→ Rn. 5) etabliert ein weiteres Regime der „angemessenen, harten und abschreckenden"[527] Sanktionen einschließlich solcher strafrechtlicher Art. Diese Verordnung, die am 4. Mai 2016 im Amtsblatt der Europäischen Union veröffentlicht wurde[528] und am 24. Mai 2016 in Kraft getreten ist,[529] ist ab dem 25. Mai 2018

---

[526] Vgl. dazu Jakob-Siebert Wbl. 1992, 118 (118 ff.).
[527] Lit. D der Entschließung des Europäischen Parlaments vom 6. Juli 2011 zum Gesamtkonzept für den Datenschutz in der Europäischen Union (2011/2025(INI)) (2013/C 33 E/10), ABl. 2013 C 33 E, 101. Vgl. Art. 83 Abs. 1 DS-GVO; s. auch Erwägungsgrund 152 und Art. 84 Abs. 1 S. 2 DS-GVO, womit ein Auftrag an die Mitgliedstaaten verbunden ist, von einer Regelung Gebrauch zu machen, die wirksame, verhältnismäßige und abschreckende Sanktionen vorsieht.
[528] ABl. 2016 L 119, 1, berichtigt ABl. 2016 L 314, 72, ABl. 2018 L 127, 2 und ABl. 2021 L 74, 35.
[529] Vgl. Art. 99 Abs. 1 DS-GVO iVm Art. 297 Abs. 2 UAbs. 2 S. 2 AEUV (Art. 254 Abs. 1 S. 2 EGV-Nizza; Art. 254 Abs. 1 S. 2 EGV-Amsterdam; Art. 191 Abs. 1 S. 2 EGV-Maastricht; Art. 191 Abs. 1 S. 2 EWGV, Art. 3 Abs. 1 UAbs. 2 iVm Art. 3 Abs. 2 lit. b, Art. 4 Abs. 2 der Verordnung (EWG, Euratom) Nr. 1182/71 des Rates vom 3. Juni 1971 zur Festlegung der Regeln für die Fristen, Daten und Termine, ABl. 1971 L 124, 1; s. auch Ehmann in Ehmann/Selmayr, Datenschutz-Grundverordnung, 2. Aufl. 2018, DS-GVO Art. 99 Rn. 3; Golland in Taeger/Gabel, DS-GVO – BDSG – TTDSG, 4. Aufl. 2022, DS-GVO Art. 99 Rn. 4; Gundel in Wolff/Brink/v. Ungern-Sternberg, BeckOK Datenschutzrecht, 46. Ed. 1.11.2023, DS-GVO Art. 99 Rn. 1; Hornung/Spiecker gen. Döhmann in Simitis/Hornung/Spiecker gen. Döhmann, Datenschutzrecht, 2019, DS-GVO Art. 99 Rn. 2; Jenny in Plath, DS-GVO/BDSG/TTDSG, 4. Aufl. 2023, DS-GVO Art. 99 Rn. 1; Kühling/Raab in Kühling/Buchner, DS-GVO/BDSG, 4. Aufl. 2024, DS-GVO Art. 99 Rn. 1; v. Lewinski in Auernhammer, DS-GVO/BDSG, 8. Aufl. 2023, DS-GVO Art. 99 Rn. 4; Pauly in Paal/Pauly, DS-GVO – BDSG, 3. Aufl. 2021, DS-GVO Art. 99 Rn. 1; Piltz in Gola/Heckmann, DS-GVO – BDSG, 3. Aufl. 2022, DS-GVO Art. 99 Rn. 4; Cornelius NZWiSt

3. Teil. Rechtsschutz im Straf- und Bußgeldrecht § 34

in jedem Mitgliedstaat unmittelbar geltendes Recht (Art. 99 Abs. 2 DS-GVO, Art. 288 Abs. 2 S. 2 AEUV (Art. 249 Abs. 2 S. 2 EGV-Nizza; Art. 249 Abs. 2 S. 2 EGV-Amsterdam; Art. 108a Abs. 2 S. 2 EGV-Maastricht; Art. 189 Abs. 2 S. 2 EWGV)). Sie markiert eine fortschreitende **Europäisierung des Sanktionenrechts**.[530]

I. Das Sanktionsregime der DS-GVO

Nach Art. 24 der Richtlinie 95/46/EG des Europäischen Parlaments und des Rates vom **201** 24. Oktober 1995 zum Schutz natürlicher Personen bei der Verarbeitung personenbezogener Daten und zum freien Datenverkehr[531] (Richtlinie 95/46/EG), welche mit Wirkung vom 25. Mai 2018 durch die DS-GVO außer Kraft gesetzt wurde (Art. 94 Abs. 1 DS-GVO), mussten die Mitgliedstaaten für Verstöße gegen nationale Vorschriften, die in Umsetzung des Europäischen Datenschutzrechts erlassen worden sind, Sanktionen festlegen; hierfür bestanden nur „vage Vorgaben".[532] Hingegen enthalten Art. 83 f. DS-GVO unmittelbar geltende detaillierte Maßgaben für die Verhängung der Sanktionen durch die nationalen Behörden und unterstreicht damit die Bedeutung des Unionsrechts für das nationale Sanktionenrecht der Mitgliedstaaten.[533] Die Formulierung von konkreten bußgeldbewehrten Tatbeständen einschließlich der Vorgaben für die Zumessung von Geldbußen in Art. 83 DS-GVO in Zusammenschau mit der möglichen Verhängung von über diese Mindeststandards hinausreichenden Sanktionen in Art. 84 DS-GVO geht weit über die für das europäisierte nationale Strafrecht typischen Vorgaben für Mindestsanktionen oder für zwingend sanktionierende Handlungsweisen hinaus. Daher wird ihr die Bedeutung eines weiteren Schritts zu einer echten **Europäisierung des Strafrechts** in Form des Bußgeldrechts beigemessen.[534] Gleichzeitig geht die Fortentwicklung des Europäischen Datenschutzrechts hin zu einem **originären Sanktionenrecht** der Europäischen Union[535] mit einer weiteren **Annäherung von Kartell- und Datenschutzrecht** im Sinne der Kohärenz der Rechtsordnung einher, welche durch die generelle Anknüpfung an das Sanktionssystem im Europäischen Wettbewerbsrecht, die Heranziehung dessen Methodologie[536] sowie die Berücksichtigung der im Bereich des Europäischen Wettbewerbsrechts entwickelten Rechtsprechung des Gerichtshofs[537] im Sanktionssystem des Art. 83 DS-GVO und des zu ihm im direkten Zusammenhang stehenden Art. 84 DS-GVO zum Ausdruck gebracht wird.[538]

2016, 421 (421); Laue ZD 2016, 463 (463); aA Sydow in Sydow/Marsch, DS-GVO – BDSG, 3. Aufl. 2022, DS-GVO Art. 99 Rn. 1; Kort ZD 2017, 3 (3); Uebele EuZW 2018, 440 (440).
[530] Bülte StV 2017, 460 (460).
[531] ABl. 1995 L 281, 31, berichtigt ABl. 2017 L 40, 78, geändert durch Anhang II Nr. 18 der Verordnung (EG) Nr. 1882/2003 des Europäischen Parlaments und des Rates vom 29. September 2003 zur Anpassung der Bestimmungen über die Ausschüsse zur Unterstützung der Kommission bei der Ausübung von deren Durchführungsbefugnissen, die in Rechtsakten vorgesehen sind, für das Verfahren des Artikels 251 des EG-Vertrags gilt, an den Beschluss 1999/468/EG des Rates, Abl. 2003 L 284, 1.
[532] Feldmann in Gierschmann/Schlender/Stentzel/Veil, Datenschutz-Grundverordnung, 2018, DS-GVO Art. 83 Rn. 1.
[533] Bülte StV 2017, 460 (460); Dannecker/Bülte in Wabnitz/Janovsky/Schmitt, Handbuch Wirtschafs- und Steuerstrafrecht, 5. Aufl. 2020, 2. Kapitel Rn. 109f, 109g; s. auch Ihwas NZWiSt 2021, 289 (289 f.).
[534] Dannecker/Bülte in Wabnitz/Janovsky/Schmitt, Handbuch Wirtschafts- und Steuerstrafrecht, 5. Aufl. 2020, 2. Kapitel Rn. 109g.
[535] Bülte StV 2017, 460 (460); vgl. auch Nemitz in Ehmann/Selmayr, Datenschutz-Grundverordnung, 2. Aufl. 2018, DS-GVO Art. 83 Rn. 1.
[536] S. Erwägungsgrund 150 S. 3 DS-GVO mit dem Verweis auf Art. 101 und 102 AEUV; Nemitz in Ehmann/Selmayr, Datenschutz-Grundverordnung, 2. Aufl. 2018, DSGVO Art. 83 Rn. 6.
[537] S. Fn. 4 in den Leitlinien für die Anwendung und Festsetzung von Geldbußen im Sinne der Verordnung (EU) 2016/679, Artikel-29-Datenschutzgruppe, 17/DE WP 253 vom 3. Oktober 2017.
[538] Bergt in Kühling/Buchner, DS-GVO/BDSG, 4. Aufl. 2024, DS-GVO Art. 83 Rn. 2; Nemitz in Ehmann/Selmayr, Datenschutz-Grundverordnung, 2. Aufl. 2018, DS-GVO Art. 83 Rn. 6; Cornelius NZWiSt 2016, 421 (421 f.); Dannecker NZWiSt 2022, 85 (94); allgemein zum Verhältnis vom Datenschutz- und Wettbewerbsrecht Costa-Cabral/Lynskey CML Rev. 2017, 11 (11 ff.).

202 Geprägt von der Intention, „zur Vollendung eines Raums der Freiheit, der Sicherheit und des Rechts und einer Wirtschaftsunion, zum wirtschaftlichen und sozialen Fortschritt, zur Stärkung und zum Zusammenwachsen der Volkswirtschaften innerhalb des Binnenmarkts sowie zum Wohlergehen natürlicher Personen bei[zu]tragen",[539] trägt die DS-GVO den neuen, auf die rasche technologische Entwicklung und die Globalisierung zurückgehenden datenschutzrechtlichen Herausforderungen Rechnung[540] und reagiert auf die unter der Geltung der Richtlinie 95/46/EG bestandenen, aus den Unterschieden bei ihrer Umsetzung und Anwendung erwachsenen Abweichungen im Schutzniveau für die Rechte und Freiheiten von natürlichen Personen im Zusammenhang mit der Verarbeitung personenbezogener Daten in den Mitgliedstaaten.[541] Vor dem Hintergrund, dass derartige Unterschiede im Schutzniveau „den unionsweiten freien Verkehr solcher Daten behindern", folglich „ein Hemmnis für die unionsweite Ausübung von Wirtschaftstätigkeiten darstellen, den Wettbewerb verzerren und die Behörden an der Erfüllung der ihnen nach dem Unionsrecht obliegenden Pflichten hindern [können]",[542] strebt die DS-GVO ihre Beseitigung und die Gewährung eines unionsweiten wirksamen Schutzes personenbezogener Daten auf einem gleichmäßigen Datenschutzniveau unter anderem durch die Sicherstellung der gleichwertigen Sanktionierungsmöglichkeiten im Falle der Verletzung von Vorschriften zum Schutz personenbezogener Daten zu erreichen an.[543]

203 Zu diesem Zweck und im Interesse einer „konsequenteren Durchsetzung" der Vorschriften der DS-GVO wurde neben Maßnahmen der Aufsichtsbehörden oder an Stelle solcher Maßnahmen die Verhängung von „Sanktionen einschließlich Geldbußen"[544] für Verstöße gegen die DS-GVO ermöglicht. Hiermit verbunden ist bei den strafrechtlichen Sanktionen die Ermächtigung der Mitgliedstaaten, diese für Verstöße gegen auf der Grundlage und in den Grenzen der DS-GVO erlassene nationale Vorschriften festzulegen.[545] Dementsprechend erfuhr das Sanktionsregime der DS-GVO eine Ausgestaltung, nach der der Regelungsgehalt des Art. 84 DS-GVO überwiegend die von den Mitgliedstaaten zu bestimmenden **strafrechtlichen Sanktionen** erfasst, wohingegen Art. 83 DS-GVO die **verwaltungsrechtlichen Sanktionen** gegen Private normiert, die der Regelungskompetenz der Europäischen Union unterfallen.[546]

II. Geldbußen wegen Verstößen gegen die DS-GVO

204 In der Bestrebung, „die verwaltungsrechtlichen Sanktionen bei Verstößen gegen [die DS-GVO] zu vereinheitlichen und ihnen mehr Wirkung zu verleihen",[547] stattet Art. 83 DS-GVO jede von einem Mitgliedstaat gemäß Art. 51 DS-GVO eingerichtete unabhängige staatliche Stelle in der Funktion einer Aufsichtsbehörde (Art. 4 Nr. 21 DS-GVO) mit der Befugnis aus, „unter Berücksichtigung aller besonderen Umstände und insbesondere der Art, Schwere und Dauer des Verstoßes und seiner Folgen sowie der Maßnahmen, die ergriffen worden sind, um die Einhaltung der aus [der DS-GVO] erwachsenden Ver-

---

[539] Erwägungsgrund 2 S. 2 DS-GVO.
[540] Vgl. Erwägungsgründe 6 und 9 DS-GVO.
[541] Vgl. Erwägungsgrund 9 DS-GVO. Neben dem innerhalb der Mitgliedstaaten erheblich divergierenden Durchsetzungsniveau und den erheblichen Unterschieden im materiellen Recht dürften die für eine ausreichende staatliche Kontrolle der Einhaltung der datenschutzrechtlichen Bestimmungen hinderliche andauernde Unterausstattung und Überlastung der Aufsichtsbehörden sowie eine Zurückhaltung der Aufsichtsbehörden für das Durchsetzungsdefizit des Datenschutzrechts unter der Geltung der Richtlinie 95/46/EG ursächlich gewesen sein; s. Bergt in Kühling/Buchner, DS-GVO/BDSG, 4. Aufl. 2024, DS-GVO Vor Art. 77–84 Rn. 1, Art. 83 Rn. 1.
[542] Erwägungsgründe 9 S. 2, 3 und 13 S. 1, 2 DS-GVO.
[543] Vgl. Erwägungsgründe 11 und 13 DS-GVO.
[544] Erwägungsgrund 148 S. 1, 4 DS-GVO.
[545] Erwägungsgrund 149 S. 1 DS-GVO.
[546] Vgl. Boehm in Simitis/Hornung/Spiecker gen. Döhmann, Datenschutzrecht, 2019, DS-GVO Art. 83 Rn. 2.
[547] Erwägungsgrund 150 S. 1 DS-GVO.

pflichtungen zu gewährleisten und die Folgen des Verstoßes abzuwenden oder abzumildern"[548] wie auch in Orientierung an den Prinzipien der Wirksamkeit, Verhältnismäßigkeit und dem Ziel der Abschreckung[549] zusätzlich zu oder anstelle von Maßnahmen nach Art. 58 Abs. 2 lit. a bis h und j DS-GVO Geldbußen zu verhängen. Als ein Instrument mit im Vergleich zu den einzelfallbezogenen individuellen Rechtsbehelfen gegenüber den Aufsichtsbehörden, den Verantwortlichen und den Auftragsverarbeitern höherer **„Disziplinierungsfunktion"** dient die in Art. 83 DS-GVO normierte Verhängung der Geldbußen sowohl **spezialpräventiven** als auch **generalpräventiven Zwecken,** wobei insbesondere auch der Verbleib der aus Datenschutzverstößen gezogenen Vorteile bei den Unternehmen verhindert werden soll.[550] Mit der Ausrichtung auf Vergeltung für vorwerfbar begangenes Unrecht weist die in Art. 83 DS-GVO vorgesehene Geldbuße eine **repressive Zwecksetzung** auf und ist als punitive Sanktion dem **Strafrecht im weiteren Sinne** zuzuordnen.

1. Normadressaten. Während die zur Verhängung von Geldbußen ermächtigten **Aufsichtsbehörden** sowie die durch die Öffnungsklausel des Art. 83 Abs. 7–9 DS-GVO einbezogenen **Gesetzgeber** auf nationaler und – angesichts der Vorgaben in Art. 83 Abs. 8 DS-GVO – europäischer Ebene anhand der Fassung von Art. 83 DS-GVO als Normadressaten identifizierbar sind,[551] geht der Kreis der Normadressaten der Geldbußen aus Art. 83 Abs. 4–6 DS-GVO selbst nicht mit gewünschter Eindeutigkeit hervor.[552] In diesem Zusammenhang bestimmt lediglich **Art. 83 Abs. 4 DS-GVO** expressis verbis, dass Normadressaten der Geldbußen ausschließlich die **Verantwortlichen** iSd Art. 4 Nr. 7 DS-GVO und die **Auftragsverarbeiter** iSd Art. 4 Nr. 8 DG-GVO im Fall des Art. 83 Abs. 4 lit. a DS-GVO, die **Zertifizierungsstellen** im Fall des Art. 83 Abs. 4 lit. b DS-GVO und die **Überwachungsstellen** im Fall des Art. 83 Abs. 4 lit. c DS-GVO sind. Dagegen müssen die Normadressaten der ohne eine pflichtenbezogene Einschränkung des Bußgeldadressatenkreises[553] formulierten Bußgeldtatbestände des Art. 83 Abs. 5 DS-GVO und des – teilweise mit Art. 83 Abs. 5 lit. e DS-GVO tatbestandlich identischen, auf die Adressaten einer Anweisung einer Aufsichtsbehörde nach Art. 58 Abs. 2 DS-GVO fokussierten – Art. 83 Abs. 6 DS-GVO nach materiellen Regelungen bestimmt werden.[554] Die Regelungen des Art. 83 Abs. 3, Abs. 2 i. V. m. Art. 58 Abs. 2 DS-GVO, des Art. 83 Abs. 5 lit. a i. V. m. Art. 5 DS-GVO und die Ausrichtung der Rechte der Betroffenen gemäß Art. 12 bis 22 DS-GVO erlauben eine Auslegung dahingehend, dass – vorbehaltlich einer anderweitigen expliziten Adressierung – den Kreis der Normadressaten der Geldbußen gemäß **Art. 83 Abs. 5** und **Abs. 6 DS-GVO** die **Verantwortlichen** und die **Auftragsverarbeiter**[555] in

---

[548] Erwägungsgrund 150 S. 1, 2 DS-GVO.
[549] Vgl. Art. 83 Abs. 1 DS-GVO; Nemitz in Ehmann/Selmayr, Datenschutz-Grundverordnung, 2. Aufl. 2018, DS-GVO Art. 83 Rn. 7.
[550] Nemitz in Ehmann/Selmayr, Datenschutz-Grundverordnung, 2. Aufl. 2018, DS-GVO Art. 83 Rn. 1.
[551] Vgl. Feldmann in Gierschmann/Schlender/Stentzel/Veil, Datenschutz-Grundverordnung, 2018, DS-GVO Art. 83 Rn. 3 f.
[552] Golla in Auernhammer, DS-GVO/BDSG, 8. Aufl. 2023, DS-GVO Art. 83 Rn. 7; vgl. Boehm in Simitis/Hornung/Spiecker gen. Döhmann, Datenschutzrecht, 2019, DS-GVO Art. 83 Rn. 47.
[553] Bergt in Kühling/Buchner, DS-GVO – BDSG, 3. Aufl. 2020, DS-GVO Art. 83 Rn. 22.
[554] Vgl. Becker in Plath, DS-GVO/BDSG/TTDSG, 4. Aufl. 2023, DS-GVO Art. 83 Rn. 27; Boehm in Simitis/Hornung/Spiecker gen. Döhmann, Datenschutzrecht, 2019, DS-GVO Art. 83 Rn. 47 ff.; vgl. auch Nolde in Taeger, Smart World – Smart Law?, 2016, 757 (758).
[555] Becker in Plath, DS-GVO/BDSG/TTDSG, 4. Aufl. 2023, DS-GVO Art. 83 Rn. 5, 27; Boehm in Simitis/Hornung/Spiecker gen. Döhmann, Datenschutzrecht, 2019, DS-GVO Art. 83 Rn. 47; Born in Specht/Mantz, Handbuch Europäisches und deutsches Datenschutzrecht, 2019, § 8 Rn. 20; Eckhardt in Spindler/Schuster, Recht der elektronischen Medien, 4. Aufl. 2019, DS-GVO Art. 83 Rn. 65; Gola in Gola/Heckmann, DS-GVO – BDSG, 3. Aufl. 2022, DS-GVO Art. 83 Rn. 21; Golla in Auernhammer, DS-GVO/BDSG, 8. Aufl. 2023, DS-GVO Art. 83 Rn. 7; vgl. Golla RDV 2017, 123 (125); Holländer in Wolff/Brink/v. Ungern-Sternberg, BeckOK Datenschutzrecht, 46 Ed. 1.11.2023, DS-GVO Art. 83 Rn. 8; Nolde PinG 2017, 114 (117 f.). Zur Erweiterung des Bußgeldadressatenkreises Bergt in Kühling/Buchner, DS-GVO – BDSG, 3. Aufl. 2020, DS-GVO Art. 83 Rn. 22 f.; Bergt DuD 2017, 555 (561); Boms ZD 2019, 536 (536); Bülte StV 2017, 460 (468 f.); Nolde PinG 2017, 114 (118 f.).

den genannten Sinnen, die **Zertifizierungsstellen**[556] sowie die **Überwachungsstellen**[557] bilden.

206 a) **Unternehmen als Adressaten der Bußgeldentscheidung.** Erwägungsgrund 150 DS-GVO enthält lediglich den Hinweis darauf, dass neben den (natürlichen) Personen, „bei denen es sich nicht um Unternehmen handelt" (Erwägungsgrund 150 S. 4 DS-GVO), „Unternehmen" mit Geldbußen belegt werden können (Erwägungsgrund 150 S. 3 DS-GVO). Werden Geldbußen Unternehmen auferlegt, sollte zu diesem Zweck nach Erwägungsgrund 150 S. 3 DS-GVO der Begriff „Unternehmen" im Sinne der Art. 101 und 102 AEUV verstanden werden. Für die Entscheidung darüber, ob und unter welchen Voraussetzungen eine Bußgeldverhängung nach Art. 83 Abs. 4–6 DS-GVO gegen einen Verantwortlichen, der eine juristische Person ist, in Betracht kommt, ist der Begriff „Unternehmen" iSd Art. 101 und 102 AEUV nach Auffassung des Gerichtshofs wohl irrelevant.[558] Dabei legt er, wenn auch nicht explizit, dem Konzept des Art. 83 DS-GVO[559] das Modell einer unionsrechtlichen **Verbandsverantwortung sui generis** zugrunde[560] nach dem das vorsätzliche oder fahrlässige Verhalten einer natürlichen person, die keine Leistungsfunktion innehaben muss, dem Verband zugerechnet wird. Einigkeit besteht darüber, dass diese bußgeldrechtliche Verantwortung auf der Prämisse einer bestehenden Pflicht des Unternehmens beruht, sich derart zu organisieren, dass Rechtsverstöße ausbleiben.[561] Vor dem Hintergrund, dass die bußgeldrechtliche Verantwortung des Verbandes die Zurechnung der Handlungen sämtlicher Mitarbeiter ermöglicht,[562] kommt es auf die Ermittlung und Benennung der konkret Person, die den Vorwurf einer Zuwiderhandlung trifft, nicht an.[563] Auch wenn unternehmensintern Regeln aufgestellt worden sind und sich die Mitarbeiter hieran nicht gehalten haben, wird dadurch ebenso wenig eine Entlastung des Unternehmens begründet[564] wie durch das mangelhafte Funktionieren der internen Organisation.[565]

207 b) **Unternehmensbegriff.** Der Begriff des Unternehmens wird in Art. 83 DS-GVO expressis verbis zur **Festlegung des Bußgeldrahmens** in den Absätzen 4 bis 6 verwendet, der bei einer Unternehmensbebußung von bis zu **2 %** (Art. 83 Abs. 4 DS-GVO) bzw. bis

---

[556] Bergt in Kühling/Buchner, DS-GVO/BDSG, 4. Aufl. 2024, DS-GVO Art. 83 Rn. 22 f.; Boehm in Simitis/Hornung/Spiecker gen. Döhmann, Datenschutzrecht, 2019, DS-GVO Art. 83 Rn. 47; Gola in Gola/Heckmann, DS-GVO – BDSG, 3. Aufl. 2022, DS-GVO Art. 83 Rn. 21.
[557] Gola in Gola/Heckmann, DS-GVO/BDSG, 3. Aufl. 2022, DS-GVO Art. 83 Rn. 21.
[558] EuGH 5.12.2023 – C-807/21, ECLI:EU:C:2023:950 Rn. 53 = EuZW 2024, 80 – Deutsche Wohnen.DS-GVO
[559] Albrecht CR 2016, 88 (96); Bergt DuD 2017, 555 (556).
[560] Vgl. Bergt DuD 2017, 555 (556); Bergt in Kühling/Buchner, DS-GVO/BDSG, 4. Aufl. 2024, DS-GVO Art. 83 Rn. 2, 20 f. mwN; Cornelius in Forgó/Helfrich/Schneider, Betrieblicher Datenschutz, 3. Aufl. 2019, Teil XIV. Rn. 88; 46. Ed. 1.11.2023, DS-GVO Art. 83 Rn. 9 ff.
[561] Bergt DuD 2017, 555 (556); Bergt in Kühling/Buchner, DS-GVO/BDSG, 4. Aufl. 2024, DS-GVO Art. 83 Rn. 20 mwN; Dannecker NZWiSt 2022, 85 (94); vgl. auch Moos/Schefzig in Taeger/Gabel, DS-GVO – BDSG – TTDSG, 4. Aufl. 2022, DS-GVO Art. 83 Rn. 79.
[562] Faust/Spittka/Wybitul ZD 2016, 120 (121).
[563] Boehm in Simitis/Hornung/Spiecker gen. Döhmann, Datenschutzrecht, 2019, DS-GVO Art. 83 Rn. 40; Bergt in Kühling/Buchner, DS-GVO/BDSG, 4. Aufl. 2024, DS-GVO Art. 83 Rn. 20 mwN; Holländer in BeckOK DatenschutzR, 46. Ed. 1.11.2023, DS-GVO Art. 83 Rn. 11; Faust/Spittka/Wybitul ZD 2016, 120 (121); vgl. auch Biermann in Immenga/Mestmäcker, Wettbewerbsrecht, Bd. 1. EU Teil 1, 6. Aufl. 2019, VO (EG) Nr. 1/2003 Vor Art. 23 f. Rn. 126 mwN; vgl. EuGH 7.6.1983 – verb. Rs. C-100/80, C-101/80, C-102/80, C-103/80, ECLI:EU:C:1983:158 Rn. 97, Slg. 1983, 1825 Rn. 97 = BeckRS 2004, 70610 – Musique Diffusion française/Kommission; EuGH 7.2.2013 – C-68/12, ECLI:EU:C:2013:71 Rn. 25 = EuZW 2013, 438 – Slovenská sporiteľňa; EuGH 21.6.2016 – C-542/14, ECLI:EU:C:2016:578 Rn. 23 f. = EuZW 2016, 737 – VM Remonts ua; EuGH 16.2.2017 – C-95/15 P, ECLI:EU:C:2017:125 Rn. 34 = BeckRS 2017, 101804 – H & R Chem-Pharm/Kommission.
[564] Vgl. EuGH 18.7.2013 – C-501/11 P, ECLI:EU:C:2013:522 = BeckRS 2013, 81521 – Schindler Holding ua/Kommission.
[565] EuGH 30.9.2009 – T-161/05, ECLI:EU:T:2009:366 Rn. 55, Slg. 2009, II-3555 Rn. 55 = BeckRS 2009, 71074 – Hoechst/Kommission.

zu **4 %** (Art. 83 Abs. 5 und 6 DS-GVO) **des gesamten** weltweit erzielten **Jahresumsatzes** des vorangegangenen Geschäftsjahrs reicht.[566] Die im Bußgeldrahmen zum Ausdruck gebrachte Bedeutung des Unternehmensbegriffs unterscheidet sich im sanktionsrechtlichen Kontext von seiner sonstigen Verwendung in der DS-GVO, wo er als Grundlage für die Bestimmung von Der Art. 40 Abs. 1, Art. 42 Abs. 1 und Art. 30 Abs. 5 DS-GVO privilegierten Kleinstunternehmen sowie kleinen und mittleren Unternehmen (KMU)[567] oder als Element des Begriffs „Unternehmensgruppe" und der Gruppe von Unternehmen dient, für welche die DS-GVO Sonderbestimmungen vorsieht.[568]

Nach Erwägungsgrund 150 S. 3 DS-GVO soll der Begriff „Unternehmen" im Sinne der Art. 101 und 102 AEUV ausgelegt werden, wenn „Geldbußen Unternehmen auferlegt [werden]". Die damit in Bezug genommene Anwendung des weiten **kartellrechtlichen Unternehmensbegriffs,**[569] der sich durch ein **funktionales Verständnis** auszeichnet (→ Rn. 112 ff.), weist im bußgeldrechtlichen Kontext des „nicht-unternehmensbezogenen" Datenschutzrechts[570] in mehrfacher Hinsicht Fragen auf. **208**

Hat die Feststellung einer „wirtschaftlichen Einheit" (→ Rn. 115) im Europäischen Kartellrecht wegen fehlenden Wettbewerbs zwischen den konzernzugehörigen Gesellschaften die Unanwendbarkeit der Kartellverbote der Art. 101 und 102 AEUV zur Folge,[571] so ist die Rechtslage im Europäischen Datenschutzrecht, das kein dem Europäischen Kartellrecht vergleichbares Konzernprivileg kennt,[572] eine andere. Der kartellrechtliche Unternehmensbegriff ist mit den im Datenschutzrecht verwendeten Begriffen „Verantwortlicher", „Unternehmen" sowie „Unternehmensgruppe" nicht identisch. **209**

Wird als **„Verantwortlicher"** „die natürliche oder juristische Person, Behörde, Einrichtung oder andere Stelle [legaldefiniert], die allein oder gemeinsam mit anderen über die Zwecke und Mittel der Verarbeitung von personenbezogenen Daten entscheidet" (Art. 4 Nr. 7 Hs. 1 DS-GVO), so handelt es sich bei dem **„Unternehmen"** im datenschutzrechtlichen Sinne um „eine natürliche oder juristische Person, die eine wirtschaftliche Tätigkeit **210**

---

[566] Eckhardt in Spindler/Schuster, Recht der elektronischen Medien, 4. Aufl. 2019, DS-GVO Art. 83 Rn. 70.
[567] Gemäß Art. 2 des Antrags zur Empfehlung der kommission vom 6. Mai 2003 betreffend die Definition der Kleinstunternehmen sowie der kleinen und mittleren Unternehmen (2003/361/EG), bekannt gegeben unter Aktenzeichen K(2003) 1422, Abl. 2003 L 124, 36 (Empfehlung 2003/361/EG), auf dessen Maßgeblichkeit für die Definition des Begriffs „Kleinstunternehmen sowie kleine und mittlere Unternehmen" Erwägungsgrund 13 S. 5 DS-GVO hinweist, wird innerhalb der Kategorie des KMU ein Kleinstunternehmen als ein Unternehmen definiert, das weniger als 10 Personen beschäftigt und dessen Jahresumsatz bzw. Jahresbilanz 2 Mio. EUR nicht überschreitet (Art. 2 Abs. 3 des Anhangs zur Empfehlung 2003/361/EG), während unter einem kleinen Unternehmen ein Unternehmen verstanden wird, das weniger als 50 Personen beschäftigt und dessen Jahresumsatz bzw. Jahresbilanz 10 Mio. EUR nicht übersteigt (Art. 2 Abs. 2 des Anhangs zur Empfehlung 2003/361/EG). Die Größenklassen der KMU setzt sich aus Unternehmen zusammen, die weniger als 250 Personen beschäftigt und deren Jahresumsatz von höchstens 50 Mio. EUR erzielenoder deren Jahresbilanzsumme sich auf höchstens 43 Mio. EUR beläuft (Art. 2 Abs. 1 des Anhangs zur Empfehlung 2003/361/EG).
[568] Uebele EuZW 2018, 440 (440 f.).
[569] Für die Anwendung des kartellrechtlichen Unternehmensbegriffs im Rahmen des Art. 83 DS-GVO etwa Feiler/Forgó, EU-DS-GVO, 2017, DS-GVO Art. 83 Rn. 12; Nemitz in Ehmann/Selmayr, Datenschutz-Grundverordnung, 2. Aufl. 2018, DS-GVO Art. 83 Rn. 42; Albrecht/Jotzo, Das neue Datenschutzrecht der EU, 2017, Teil 8 Rn. 35; Zelger EuR 2021, 478 (483 ff.); wohl auch Holländer in Wolff/Brink/ v. Ungern-Sternberg, BeckOK Datenschutzrecht, 46 Ed. 1.11.2023, DS-GVO Art. 83 Rn. 13 ff.; zweifelnd Gola in Gola/Heckmann, DS-GVO – BDSG, 3. Aufl. 2022, DS-GVO Art. 83 Rn. 23 f.; Popp in Sydow/Marsch, DS-GVO/BDSG DS-GVO Ar. 83 kritisch; Frenzel in Paal/Pauly, DS-GVO – BDSG, 3. Aufl. 2021, DS-GVO Art. 83 Rn. 20; Daust/Spittka/Wybitul ZD 2016, 120 (123 f.); Schreibauer/Spittka in Wybitul DS-GVO Art. 83 Rn. 24 ff.; gegen die Anwendung des kartellrechtlichen Unternehmensbegriffs im Rahmen von Art. 83 DS-GVO Laue/Kremer, Das neue Datenschutzrecht in der betrieblichen Praxis, 2. Aufl. 2019, § 11 Rn. 31.
[570] Dannecker/Dannecker NZWiSt 2016, 162 (166).
[571] EuGH 12.7.1984 – C-170/83, ECLI:EU:C:1984:271 Rn. 11, Slg. 1984, 2999 Rn. 11 = BeckRS 1984, 110226 – Hydrotherm; Cornelius NZWiSt 2016, 421 (423 m. w. N.).
[572] Cornelius in Forgó/Helfrich/Schneider, Betrieblicher Datenschutz, 3. Aufl. 2019, Teil XIV. Rn. 94; Cornelius NZWiSt 2016, 421 (423 mwN); Faust/Spittka/Wybitul ZD 2016, 120 (122 ff.).

ausübt, unabhängig von ihrer Rechtsform, einschließlich Personengesellschaften oder Vereinigungen, die regelmäßig einer wirtschaftlichen Tätigkeit nachgehen" (Art. 4 Nr. 18 DS-GVO). „[E]ine Gruppe, die aus einem herrschenden Unternehmen und den von diesem abhängigen Unternehmen besteht", wird als **„Unternehmensgruppe"** bezeichnet (Art. 4 Nr. 19 DS-GVO).

211 Während die letztgenannte Legaldefinition im Lichte der Anwendung des kartellrechtlichen Unternehmensbegriffs nahelegt, dass der Unternehmensbegriff sich jeweils nur auf ein Rechtssubjekt bezieht, liegt eine Bezugnahme expressis verbis auf die Rechtsform der juristischen Person sowohl in Art. 4 Nr. 7 Hs. 1 Var. 2 DS-GVO als auch in Art. 4 Nr. 18 Var. 2 DS-GVO vor. Mit dem damit verknüpften Erfordernis der Rechtsfähigkeit,[573] das neben der natürlichen Person stets nur eine juristische Person oder Personengesellschaft erfüllt, gelten Personenmehrheiten als solche nicht als Unternehmen iSd Art. 4 Nr. 18 DS-GVO.[574] Ob ein Unternehmen als eine juristische Person nach der jeweiligen nationalen Rechtsordnung zu qualifizieren ist, ist angesichts der unionsrechtlichen Ausprägung für den Unternehmensbegriff nach Art. 101 und 102 AEUV dagegen unerheblich.[575] Die Maßgeblichkeit der „wirtschaftlichen Einheit" (→ Rn. 115) hat zur Folge, dass der Unternehmensbegriff Einheiten erfasst, die aus mehreren natürlichen oder juristischen Personen bestehen[576] und – als Unternehmensgruppe oder Konzern – mehrere einzelne Unternehmen umfassen.[577]

212 Nach ständiger Rechtsprechung des Gerichtshofs[578] verbietet die Notwendigkeit einer einheitlichen Anwendung und Auslegung einer Vorschrift des Unionsrechts eine isolierte Betrachtung in einer ihrer Fassungen, vielmehr hat die Auslegung „nach dem wirklichen Willen ihres Urhebers und dem von diesem verfolgten Zweck namentlich im Licht ihrer Fassung in allen […] Sprachen" zu erfolgen.

213 Während die deutsche Sprachfassung der DS-GVO sowohl in Art. 4 Nr. 18 DS-GVO als auch in Art. 83 Abs. 4–6 DS-GVO und in Erwägungsgrund 150 S. 3 DS-GVO den gleichlautenden Begriff „Unternehmen" verwendet, zeigt die englische Sprachfassung der DS-GVO die Anknüpfung in Art. 83 Abs. 4–6 DS-GVO an den Begriff „undertaking", welcher mit der Terminologie in Erwägungsgrund 150 S. 3 DS-GVO („undertaking") und in Art. 4 Nr. 19 DS-GVO („group of undertakings") verwendeten Begrifflichkeit übereinstimmt. Hiervon weicht der Art. 4 Nr. 18 DS-GVO wie auch in Art. 4 Nr. 20, 47 Abs. 1 li. A, Abs. 2 lit. a, h, j, l, m, 88 Abs. 2 DS-GVO und in Erwägungsgrund 110 DS-GVO verwendete Ausdruck „enterprise(s)" für die Umschreibung einer „Gruppe von Unternehmen, die eine gemeinsame Wirtschaftstätigkeit ausüben", ab. Daraus wird deutlich, dass für die Festlegung einer umsatzabhängigen Sanktion in der englischen Sprach-

---

[573] Str., vgl. nur Stockenhuber in Grabitz/Hilf/Nettesheim AEUV Art. 101 Rn. 52 ff.; Weiß in Calliess/Ruffert AEUV Art. 101 Rn. 27 mwN; Ziebarth in Sydow/Marsch, DS-GVO/BDSG, 3. Aufl. 2022, DS-GVO Art. 4 Rn. 207.
[574] Uebele EuZW 2018, 440 (441).
[575] Weiß in Calliess/Ruffert AEUV Art. 101 Rn. 25; Cornelius in Forgó/Helfrich/Schneider, Betrieblicher Datenschutz, 3. Aufl. 2019, Teil XIV. Rn. 90; Cornelius NZWiST 2016, 421 (422).
[576] EuGH 12.7.1984 – C-170/83, ECLI:EU:C:1984:271 Rn. 11, Slg. 1984, 2999 Rn. 11 = BeckRS 1984, 110226 – Hydrotherm; EuGH 14.12.2006 – C-217/05, ECLI:EU:C:2006:784 Rn. 40, Slg. 2006, I-11987 Rn. 40 = EuZW 2007, 150 – Confederación Española de Empresarios de Estaciones de Servicio; EuGH 10.9.2009 – C-97/08 P, ECLI:EU:C:2009:536 Rn. 55, Slg. 2009 I-8237 Rn. 55 = EuZW 2009, 816 – Akzo Nobel ua/Kommission; EuGH 20.1.2011 – C-90/09 P, ECLI:EU:C:2011:21 Rn. 35 = BeckRS 2011, 80061 – General Química ua/Kommission; EuGH 27.4.2017 – C-516/15 P, ECLI:EU:C:2017:314 Rn. 48 = BeckRS 2017, 108057 – Akzo Nobel ua/Kommission.
[577] Vgl. hierzu Zimmer in Immenga/Mestmäcker WettbR, 6. Aufl. 2019, AEUV Art. 101 Rn. 26 ff.
[578] Vgl. insbesondere EuGH 12.11.1969 – C-29/69, ECLI:EU:C:1969:57 Rn. 3, Slg. 1969, 419 Rn. 3 = BeckRS 2004, 72956 – Stauder/Stadt Ulm; EuGH 7.7.1988 – C-55/87, ECLI:EU:C:1988:377 Rn. 15, Slg. 1988, 3845 Rn. 15 = BeckRS 2004, 73327 – Moksel/BALM; EuGH 20.11.2001 – C-268/99, ECLI:EU:C:2001:616 Rn. 47, Slg. 2001, I-8615 Rn. 47 = BeckRS 2004, 75845 – Jany ua; EuGH 27.1.2005 – C-188/03, ECLI:EU:C:2005:59 Rn. 33, Slg. 2005, I-885 Rn. 33 = EuZW 2005, 145 – Junk; vgl. auch EuGH 17.7.1997 – C-219/95 P, ECLI:EU:C:1997:375 Rn. 15, Slg. 1997, I-4411 Rn. 15 = BeckRS 2004, 75176 – Ferriere Nord/Kommission.

fassung die in Art. 4 Nr. 18 DS-GVO verankerte begriffliche Erfassung des Unternehmens ebenso wenig maßgebend ist wie sie in Art. 4 Nr. 19 DS-GVO vorgenommen wird.[579] Geht aus dem Begriff „enterprise" die eindeutige Ausrichtung auf wirtschaftliche Tätigkeit hervor, so lässt sich dem erst im Rahmen der Trilog-Beratungen in Abkehr von der ursprünglich vorgesehenen Anknüpfung an das „Unternehmen mit Erwerbscharakter" aufgenommenen Verweis auf Art. 101 und 102 AEUV[580] eine denkbare Bedeutung eines Abgrenzungsmerkmals zwischen wirtschaftlicher- und nicht-wirtschaftlicher Tätigkeit beimessen,[581] die ihrerseits von der Prämisse der Ausübung einer wirtschaftlichen Tätigkeit in Art. 4 Nr. 18 DS-GVO[582] und von einer umsatzorientierten Verhängung von Geldbußen im bußgeldrechtlichen Sanktionsmodell des Europäischen Kartellrechts revidiert wird.[583] Eine äquivalente sprachliche Differenzierung durch die in Art. 4 Nr. 18 DS-GVO verwendete Terminologie einerseits und die von dieser Legaldefinition abweichende Begrifflichkeit in Art. 83 Abs. 4–6 DS-GVO und in Erwägungsgrund 150 S. 3 DS-GVO andererseits weisen die bulgarische,[584] dänische,[585] kroatische,[586] slowenische[587] und – mit gewisser Abweichung – gälische[588] Sprachfassung der DS-GVO auf.

Dieser Befund sprachlicher Art, soweit er als Hinweis auf die fehlende Übertragbarkeit **214** der einer rechtlichen und formalen Unternehmenskonzeption folgenden Definition eines Unternehmens nach Art. 4 Nr. 18 DS-GVO auf datenschutzrechtliche Bußgeldbestimmungen interpretiert wird,[589] ermöglicht die Auslegung des Art. 83 Abs. 4–6 DS-GVO dahingehend, im Falle der Unternehmensbebußung der Interpretation des Unternehmensbegriffs das Verständnis im Sinne der Art. 101 und 102 AEUV zugrunde zu legen. Dabei wird unter Berücksichtigung des Gebotes des „effet utile"[590], lediglich derjenigen Auslegung der Vorzug gegeben welche die Vertragsziele am meisten fördert, sodass die Auslegung nach dem wirklichen Willen des Verordnungsgebers – wie vom Gerichtshof gefordert – ohne Einräumung des Vorrangs einer Landessprache[591] erfolgt. Auch wenn die Verortung dieses Willens – möglicherweise „der Hektik der Trilog-Verhandlungen geschuldet"[592] – systematisch in einem Erwägungsgrund erfolgte, der als solcher im Gegensatz zum verfügenden Teil eines Rechtsakts der Europäischen Union rechtlich nicht verbindlich ist und weder eine Abweichung von den Bestimmungen des betreffenden Rechtsakts noch eine Auslegung dieser Bestimmungen in einem ihrem Wortlaut eindeutig

---

[579] Cornelius in Forgó/Helfrich/Schneider, Betrieblicher Datenschutz, 3. Aufl. 2019, Teil XIV. Rn. 103; Cornelius NZWiSt 2016, 421 (423 f.).
[580] Vgl. Rat der Europäischen Union 15039/15, Vorschlag für eine Verordnung des Europäischen Parlaments und des Rates zum Schutz natürlicher Personen bei der Verarbeitung personenbezogener Daten und zum freien Datenverkehr (Datenschutz-Grundverordnung) [erste Lesung] – Analyse des endgültigen Kompromisstextes im Hinblick auf eine Einigung; Cornelius NZWiSt 2016, 421 (424); Cornelius in Forgó/Helfrich/Schneider, Betrieblicher Datenschutz, 3. Aufl. 2019, Teil XIV. Rn. 98; Krohm RDV 2017, 221 (223).
[581] Vgl. Faust/Spittka/Wybitul ZD 2016, 120 (124).
[582] Dannecker/Schröder in Böse, Europäisches Strafrecht, 2. Aufl. 2021, § 8 Rn. 329.
[583] Cornelius in Forgó/Helfrich/Schneider, Betrieblicher Datenschutz, 3. Aufl. 2019, Teil XIV. Rn. 98; Cornelius NZWiSt 2019, 421 (424).
[584] Art. 4 Nr. 18 DS-GVO: „дружество,"; Art. 83 Abs. 4–6 DS-GVO und Erwägungsgrund 150 S. 3 DS-GVO: „предприятие,".
[585] Art. 4 Nr. 18 DS-GVO: „foretagende"; Art. 83 Abs. 4–6 DS-GVO und Erwägungsgrund 150 S. 3 DS-GVO: „virksomhed".
[586] Art. 4 Nr. 18 DS-GVO: „poduzeće"; Art. 83 Abs. 4–6 DS-GVO und Erwägungsgrund 150 S. 3 DS-GVO: „poduzetnik".
[587] Art. 4 Nr. 18 DS-GVO: „podjetje"; Art. 83 Abs. 4–6 DS-GVO: „družbe"; Erwägungsgrund 150 S. 3 DS-GVO verwendet hingegen den Begriff „podjetje".
[588] Art. 4 Nr. 18 DS-GVO: „fiontar"; Art. 83 Abs. 4 und Abs. 6 DS-GVO: „fionta(i)r"; Art. 83 Abs. 5 DS-GVO und Erwägungsgrund 150 S. 3 DS-GVO: „gnótha(i)s".
[589] Cornelius in Forgó/Helfrich/Schneider, Betrieblicher Datenschutz, 3. Aufl. 2019, Teil XIV. Rn. 97.
[590] Bergmann/Möhrle/Herb, Datenschutzrecht, 2. Bd., 60. EL August 2020, DS-GVO Art. 83 Rn. 24.
[591] Vgl. EuGH 27.3.1990 – C-372/88, ECLI:EU:C:1990:140 Rn. 18, Slg. 1990, I-1345 Rn. 18 = BeckRS 2004, 71021 – Milk Marketing Board/Cricket St Thomas.
[592] Krohm RDV 2017, 221 (225).

widersprechenden Sinne zu rechtfertigen vermag,[593] kann darin eine zu beachtende Auslegungshilfe gesehen werden.[594] Wird die Entstehung der gegenständlichen Bestimmungen in einem rechtskonformen Gesetzgebungsverfahren unterstellt,[595] so kann aus der bewussten Deutungslenkung bzw. Auslegungsdirektive[596] in Erwägungsgrund 150 S. 3 DS-GVO auf die Kenntnis des Verordnungsgebers von der Diskrepanz zwischen der auf Art. 101 und 102 AEUV basierten und einer nach Art. 4 Nr. 18 DS-GVO ihre Geltung für die gesamte Verordnung beanspruchenden[597] Interpretation des Unternehmensbegriffs geschlossen werden.[598] Durch die infolge einer derartigen Auslegung mögliche Ermittlung des Höchstbetrages einer Geldbuße auf der Grundlage des von einem im Sinne einer „wirtschaftlichen Einheit" verstandenen Unternehmen erzielten Umsatzes steht auch insofern im Einklang mit dem Willen des Verordnungsgebers, als durch die damit erzielbare spürbare Bebußung eine ausdrücklich angestrebte harte und abschreckende Sanktionierung erreicht werden kann, die jede der Untereinheiten einer „wirtschaftlichen Einheit" treffen kann.[599]

215 Der anhand der englischen Sprachfassung aufgezeigte Weg zur Heranziehung der Ausführungen in Erwägungsgrund 150 S. 3 DS-GVO für die Auslegung des Unternehmensbegriffs unter Berücksichtigung der Art. 83 Abs. 4–6 DS-GVO in exakten Differenzierung in der englischen Sprachfassung zwischen den Begriffen „enterprise" und „group of undertakings" und dem damit nicht gleichzusetzenden Begriff „undertaking" steht im Einklang mit einer weiteren, an den Schutzzwecken des Datenschutzrechts ausgerichteten funktionalen Auslegung des Unternehmensbegriffs in Art. 83 Abs. 4–6 DS-GVO, der das Konzept der **„datenschutzrechtlichen Einheit"** zugrunde liegt.[600] Dabei ist nach dieser mit den Unterschieden bei den datenschutzrechtlichen und kartellrechtlichen Normadressaten begründeten „Modifikation nach dem Verantwortlichkeitsprinzip" maßgebend, inwieweit eine fehlende Unabhängigkeit über das „Ob" und „Wie" der Datenverarbeitung zu verzeichnen ist.[601] In diesem Zusammenhang kommt es bei einem Unternehmensverbund darauf an, in welchem Maß andere Unternehmen auf die Einhaltung bestimmter datenschutzrechtlicher Prozeduren im Hinblick auf Zwecke und Mittel der Datenverarbei-

---

[593] EuGH 19.6.2014 – C-345/13, ECLI:EU:C:2014:2013 Rn. 31 = BeckRS 2014, 81015 – Karen Millen Fashions; EuGH 13.9.2018 – C-287/17, ECLI:EU:C:2018:707 Rn. 33 = BeckRS 2018, 21394 – Česká pojišťovna; s. auch EuGH 19.11.1998 – C–162/97, ECLI:EU:C:1998:554 Rn. 54, Slg. 1998, I–7477 Rn. 54 = BeckRS 2004, 74578 – Nilsson ua; EuGH 24.11.2005 – C-136/04, ECLI:EU:C:2005:716 Rn. 32, Slg. 2005, I-10095 Rn. 32 = BeckRS 2005, 70929 – Deutsches Milch-Kontor; EuGH 10.1.2006 – C-344/04, ECLI:EU:C:2006/10 Rn. 76 = BeckRS 2006, 70031; vgl. EuGH 25.11.1998 – C–308/97, ECLI:EU:C:1998:566 Rn. 30, Slg. 1998, I–7685 Rn. 30 = BeckRS 2004, 76219 – Manfredi/Regione Puglia. Allgemein zum Begründungserfordernis für Rechtsakte Saurer in FK-EUV/GRC/AEUV AEUV Art. 296 Rn. 12 f.; s. Golla in Auernhammer, DS-GVO/BDSG, 8. Aufl. 2023, DS-GVO Art. 83 Rn. 26; Laue/Kremer, Das neue Datenschutzrecht in der betrieblichen Praxis, 2. Aufl. 2019, § 11 Rn. 31; Faust/Spittka/Wybitul ZD 2016, 120 (124).
[594] EuGH 15.5.1997 – C-355/95 P, ECLI:EU:C:1997:241 Rn. 21, Slg. 1997, I-2549 Rn. 21 = NVwZ 1998, 269 – TWD/Kommission; EuGH 29.4.2004 – C–298/00 P, ECLI:EU:C:2004:240 Rn. 97, Slg. 2004, I-4087 Rn. 97 = BeckRS 2004, 76116 – Italien/Kommission; EuGH 19.11.2009 – verb. Rs. C-402/07, C-432/07, ECLI:EU:C:2009:716 Rn. 42, Slg. 2009, I-10923 Rn. 42 = BeckRS 2009, 71284 – Sturgeon ua.
[595] Vgl. Cornelius in Forgó/Helfrich/Schneider, Betrieblicher Datenschutz, 3. Aufl. 2019, Teil XIV. Rn. 98; Cornelius NZWiSt 2016, 421 (424).
[596] Nemitz in Ehmann/Selmayr, Datenschutz-Grundverordnung, 2. Aufl. 2018, DS-GVO Art. 83 Rn. 42, der die Bestimmung in Erwägungsgrund 150 S. 3 DS-GVO als eine gegenüber den Regelungen in Art. 4 Nr. 18 und DS-GVONr. 19 DS-GVO spezielle Regelung bzw. eine Auslegungsdirektive einstuft.
[597] Vgl. Cornelius in Forgó/Helfrich/Schneider, Betrieblicher Datenschutz, 3. Aufl. 2019, Teil XIV. Rn. 102, Cornelius NZWiSt 2016, 421 (423).
[598] Uebele EuZW 2018, 440 (445).
[599] Dannecker/Schröder in Böse, Europäisches Strafrecht, 2. Aufl. 2021, § 8 Rn. 229.
[600] Cornelius in Forgó/Helfrich/Schneider, Betrieblicher Datenschutz, 3. Aufl. 2019, Teil XIV. Rn. 99 ff.; Cornelius NZWiSt 2016, 421 (426); zur Kritik an diesem Ansatz Uebele EuZW 2018, 440 (444).
[601] Cornelius in Forgó/Helfrich/Schneider, Betrieblicher Datenschutz, 3. Aufl. 2019, Teil XIV. Rn. 99, Cornelius NZWiSt 2016, 421 (426).

tung durch ein datenschutzrechtlich „herrschendes" Unternehmen verpflichtet werden können, das unter Einbeziehung des Erwägungsgrundes 37 DS-GVO und auch des Vergleichs mit dem Erwägungsgrund 36 S. 8 DS-GVO danach bestimmt wird, „welches Unternehmen die Zwecke und Mittel der Datenverarbeitung festlegt".[602] In der Maßgeblichkeit der **tatsächlichen Möglichkeit** zur Hinwirkung auf die Umsetzung von datenschutzrechtlichen Bestimmungen bzw. zur tatsächlichen Kontrollausübung für das herrschende Unternehmen kommt das diesen Ansatz prägende funktionale Verständnis zum Tragen, der bei entscheidendem Einfluss der Muttergesellschaft auf die Datenverarbeitung in einer Tochtergesellschaft im Falle der Begehung von Datenschutzverstößen durch die Tochtergesellschaft im Einflussbereich der einheitlichen Leitung der Muttergesellschaft die Einbeziehung des Umsatzes der Konzernmutter für die Ermittlung der Bußgeldgrenze schlichtweg für „konsequent" erachtet.[603]

Ist der Verweis im Erwägungsgrund 150 S. 3 DS-GVO auf den Begriff „Unternehmen" **216** im Sinne der Art. 101 und 102 AEUV im speziellen Zusammenhang der Berechnung von Geldbußen für in Art. 83 Abs. 4 bis 6 DS-GVO genannte Verstöße zu verstehen,[604] „ist eine Aufsichtsbehörde, wenn sie aufgrund ihrer Befugnisse nach Art. 58 Abs. 2 DSGVO beschließt, gegen einen Verantwortlichen, der ein Unternehmen im Sinne der Art. 101 und 102 AEUV ist oder einem solchen angehört, eine Geldbuße gemäß Art. 83 DSGVO zu verhängen, nach Art. 83 im Licht des 150. Erwägungsgrundes der DSGVO verpflichtet, bei der Berechnung der Geldbußen für die in Art. 83 Abs. 4 bis 6 DSGVO genannten Verstöße den Begriff ‚Unternehmen' im Sinne der Art. 101 und 102 AEUV zugrunde zu legen."[605] „Dieser Unternehmensbegriff umfasst für die Zwecke der Anwendung der in den Art. 101 und 102 AEUV niedergelegten Wettbewerbsregeln jede eine wirtschaftliche Tätigkeit ausübende Einheit unabhängig von ihrer Rechtsform und der Art ihrer Finanzierung. Er bezeichnet somit eine wirtschaftliche Einheit, auch wenn diese aus rechtlicher Sicht aus mehreren natürlichen oder juristischen Personen besteht. Diese wirtschaftliche Einheit besteht in einer einheitlichen Organisation persönlicher, materieller und immaterieller Mittel, die dauerhaft einen bestimmten wirtschaftlichen Zweck verfolgt […]. So ergibt sich aus Art. 83 Abs. 4 bis 6 DSGVO, der die Berechnung der Geldbußen für die in diesen Absätzen aufgeführten Verstöße betrifft, dass, wenn der Adressat der Geldbuße ein Unternehmen im Sinne der Art. 101 und 102 AEUV ist oder einem solchen angehört, der Höchstbetrag für die Geldbuße auf der Grundlage eines Prozentsatzes des gesamten weltweit erzielten Jahresumsatzes des vorangegangenen Geschäftsjahrs des betreffenden Unternehmens berechnet wird. Letztlich kann […] nur eine Geldbuße, deren Höhe anhand der tatsächlichen oder materiellen Leistungsfähigkeit des Adressaten von der Aufsichtsbehörde unter Zugrundelegung des Begriffs der wirtschaftlichen Einheit [im obigen Sinne] festgesetzt wird, die drei in Art. 83 Abs. 1 DSGVO genannten Voraussetzungen erfüllen, sowohl wirksam und verhältnismäßig als auch abschreckend zu sein."[606]

Die Interpretation des Unternehmensbegriffs in Art. 83 Abs. 4–6 DS-GVO durch die **217** aufsichtsbehördliche Praxis spiegelt sich in den **Leitlinien 04/2022 zur Berechnung von**

---

[602] Cornelius in Forgó/Helfrich/Schneider, Betrieblicher Datenschutz, 3. Aufl. 2019, Teil XIV. Rn. 99; Cornelius NZWiSt 2016, 421 (426).
[603] Cornelius in Forgó/Helfrich/Schneider, Betrieblicher Datenschutz, 3. Aufl. 2019, Teil XIV. Rn. 99; Cornelius NZWiSt 2016, 421 (426).
[604] EuGH 5.12.2023 – C-807/21, ECLI:EU:C:2023:950 Rn. 55 = EuZW 2024, 80 – Deutsche Wohnen mAnm Fuhlrott EuZW 2024, 85 (85 f.); Golland NJW 2024, 325 (325 ff.); Spittka/Ziernstein GRUR-Prax 2024, 17.
[605] EuGH 5.12.2023 – C-807/21, ECLI:EU:C:2023:950 Rn. 59 = EuZW 2024, 80 – Deutsche Wohnen mAnm Fuhlrott EuZW 2024, 85 (85 f.); Golland NJW 2024, 325 (325 ff.); Spittka/Ziernstein GRUR-Prax 2024, 17.
[606] EuGH 5.12.2023 – C-807/21, ECLI:EU:C:2023:950 Rn. 56 ff. = EuZW 2024, 80 – Deutsche Wohnen mAnm Fuhlrott EuZW 2024, 85 (85 f.); Golland NJW 2024, 325 (325 ff.); Spittka/Ziernstein GRUR-Prax 2024, 17.

Geldbußen nach DS-GVO[607] wider,[608] die zur Harmonisierung der Methodik der Aufsichtsbehörden bei der Bestimmung der Bußgeldhöhe in der Europäischen Union bzw. im gesamten Europäischen Wirtschaftsraum vom Europäischen Datenschutzausschuss (EDSA) in Erfüllung seines Auftrags aus Art. 70 Abs. 1 S. 2 lit. k DS-GVO am 12. Mai 2022 veröffentlich und am 24. Mai 2023 nach einer öffentlichen Konsultation angenommen worden sind. In Rn. 118–120 finden sich dazu folgende Ausführungen:

218 „As for the term 'undertaking', the European legislator provides explicit further clarification. Recital 150 GDPR states: 'Where administrative fines are imposed on an undertaking, an undertaking should be understood to be an undertaking in accordance with Articles 101 and 102 TFEU for those purposes.'

219 Therefore, Article 83(4)–(6) GDPR in light of recital 150 relies on the concept of undertaking in accordance with Articles 101 and 102 TFEU,[...] without prejudice to Article 4(18) GDPR (which gives a definition of an enterprise) and Article 4(19) GDPR (which defines a group of undertakings). The former concept is mainly used in Chapter V GDPR, in the phrase group of enterprises engaged in a joint economic activity. Besides that, the term is applied in a general sense, not as the addressee of a provision or obligation.

220 Accordingly, in cases where the controller or processor is (part of) an undertaking in the sense of Articles 101 and 102 TFEU, the combined turnover of such undertaking as a whole can be used to determine the dynamic upper limit of the fine [...], and to ensure that the resulting fine is in line with the principles of effectiveness, proportionality and dissuasiveness (Article 83(1) GDPR)[...]."

221 **2. Bußgeldtatbestände. Art. 83 Abs. 4–6 DS-GVO** enthält eine abschließende, insbesondere auf die Einhaltung der Vorgaben des materiellen europäischen Datenschutzrechts, den technischen und organisatorischen Schutz von Daten sowie Durchsetzungsbefugnisse der Aufsichtsbehörden ausgerichtete[609] Regelung der bußgeldbewehrten Verstöße gegen die Bestimmungen der DS-GVO, die sich in **formelle** bzw. formale[610] und **materielle** Verstöße aufteilen lassen.[611]

222 **a) Formelle Verstöße gegen die Bestimmungen der DS-GVO.** Formelle Verstöße haben die Verletzung administrativer Pflichten der Verantwortlichen und der Auftragsverarbeiter gemäß den Art. 8, 11, 25–39, 42 und 43 DS-GVO (Art. 83 Abs. 4 lit. a DS-GVO), der Zertifizierungsstelle gemäß den Art. 42 und 43 DS-GVO (Art. 83 Abs. 4 lit. b DS-GVO) und der Überwachungsstelle gemäß Art. 41 Abs. 4 DS-GVO (Art. 83 Abs. 4 lit. c DS-GVO) zum Gegenstand und können gemäß **Art. 83 Abs. 4 DS-GVO** mit den nach Maßgabe von Art. 83 Abs. 2 DS-GVO zu verhängenden und zu bemessenden Geldbußen von bis zu **10 000 000 EUR** oder im Falle eines Unternehmens von bis zu **2 % seine** gesamten weltweit erzielten **Jahresumsatzes** des vorangegangenen Geschäftsjahrs sanktioniert werden.[612]

---

[607] Guidelines 04/2022 on the calculation of administrative fines under the GDPR Version 2.1; vgl. hierzu Weber/Rotter ZD 2022, 415 (415 ff.); Werry MMR 2022, 628 (628 ff.); Wybitul/König ZD 2022, 422 (422 ff.).

[608] Vgl. Nguyen in Gola/Heckmann, DS-GVO – BDSG, 3. Aufl. 2022, DS-GVO Art. 70 Rn. 8.

[609] Becker in Plath, DS-GVO/BDSG/TTDSG, 4. Aufl. 2023, DS-GVO Art. 83 Rn. 26.

[610] In dieser Terminologie Bergt in Kühling/Buchner, DS-GVO/BDSG, 4. Aufl. 2024, DS-GVO Art. 83 Rn. 63.

[611] Bergt in Kühling/Buchner, DS-GVO/BDSG, 4. Aufl. 2024, DS-GVO Art. 83 Rn. 63; Behr/Tannen CCZ 2020, 120 (122); s. auch Bergmann/Möhrle/Herb, Datenschutzrecht, 2. Bd., 60. EL August 2020, DS-GVO Art. 83 Rn. 71; Holländer in Wolff/Brink/v. Ungern-Sternberg, BeckOK Datenschutzrecht, 46. Ed. 1.11.2021, DS-GVO Art. 83 Rn. 47 ff.; Moos/Schefzig in Taeger/Gabel DS-GVO-BDSG-TTDSG, 4. Aufl. 2022, DS-GVO Art. 83 Rn. 134 ff.

[612] Eing. dazu Becker in Plath, DS-GVO/BDSG/TTDSG, 4. Aufl. 2023, DS-GVO Art. 83 Rn. 26 f.; Bergmann/Möhrle/Herb, Datenschutzrecht, 2. Bd., 60. EL August 2020, DS-GVO Art. 83 Rn. 68 ff.; Bergt in Kühling/Buchner, DS-GVO/BDSG, 4. Aufl. 2024, DS-GVO Art. 83 Rn. 63 ff.; Boehm in Simitis/Hornung/Spiecker gen. Döhmann, Datenschutzrecht, 2019, DS-GVO Art. 83 Rn. 44 ff.; Cornelius in Forgó/Helfrich/Schneider, Betrieblicher Datenschutz, 3. Aufl. 2019, Teil XIV. Rn. 58 ff.; Feldmann in Gierschmann/Schlender/Strentzel/Veil, Datenschutz-Grundverordnung, 2018, DS-GVO Art. 83 Rn. 18 f.; Frenzel in Paal/Pauly, DS-GVO – BDSG, 3. Aufl. 2021, DS-GVO Art. 83 Rn. 22; Gola in Gola/Heckmann, DS-GVO – BDSG, 3. Aufl. 2022, DS-GVO Art. 83 Rn. 29 f.; Golla in Auernhammer,

b) Materielle Verstöße gegen die Bestimmungen der DS-GVO. Dagegen zeichnen 223 sich die **materiellen Verstöße** gegen die Grundsätze für die Verarbeitung personenbezogener Daten, einschließlich der Bedingungen für die Einwilligung, gemäß den Art. 5, 6, 7 und 9 DS-GVO (Art. 83 Abs. 5 lit. a DS-GVO), die Rechte der betroffenen Personen gemäß den Art. 12 bis 22 DS-GVO (Art. 83 Abs. 5 lit. b DS-GVO), die Übermittlung personenbezogener Daten an einen Empfänger in einem Drittland oder an eine internationale Organisation gemäß den Art. 44–49 DS-GVO (Art. 83 Abs. 5 lit. c DS-GVO), alle Pflichten gemäß den Rechtsvorschriften der Mitgliedstaaten, die im Rahmen der Art. 85 ff. erlassen wurden (Art. 83 Abs. 5 lit. d DS-GVO), sowie die Nichtbefolgung einer Anweisung oder einer vorübergehenden oder endgültigen Beschränkung oder Aussetzung der Datenübermittlung durch die Aufsichtsbehörde gemäß Art. 58 Abs. 2 DS-GVO oder Nichtgewährung des Zugangs unter Verstoß gegen Art. 58 Abs. 1 DS-GVO (Art. 83 Abs. 5 lit. e DS-GVO) häufig durch die konkreten Gefährdungen oder Schädigungen des Persönlichkeitsrechts der betroffenen Person aus.[613] Vor diesem Hintergrund sieht **Art. 85 Abs. 5 DS-GVO** die Ahndung mit den nach Maßgabe von Art. 83 Abs. 2 DS-GVO zu verhängenden und zu bemessenden Geldbußen von bis zu **20 000 000 EUR** oder im Fall eines Unternehmens von bis zu **4 % seines** gesamten weltweit erzielten **Jahresumsatzes** des vorangegangenen Geschäftsjahrs vor.[614]

Neben der in Art. 83 Abs. 5 lit. e DS-GVO bußgeldbewehrten Nichtbefolgung einer 224 eine Übermittlung in Drittstaaten betreffenden Anweisung wird in **Art. 83 Abs. 6 DS-GVO** mit den nach Maßgabe von Art. 83 Abs. 2 DS-GVO zu verhängenden und zu bemessenden Geldbußen von bis zu **20 000 000 EUR** oder im Fall eines Unternehmens von bis zu **4 % seines** gesamten weltweit erzielten **Jahresumsatzes** des vorangegangenen Geschäftsjahrs generell die Nichtbefolgung einer Verfügung der Aufsichtsbehörde gemäß Art. 58 Abs. 2 DS-GVO erfasst.[615] Dies hat in formaler Hinsicht zur Folge, dass bei einem

---

DS-GVO/BDSG, 8. Aufl. 2023, DS-GVO Art. 83 Rn. 25 ff.; Holländer in Wolff/Brink/v. Ungern-Sternberg, BeckOK Datenschutzrecht, 46. Ed. 1.11.2021, DS-GVO Art. 83 Rn. 52 ff.; Moos/Schefzig in Taeger/Gabel, DS-GVO – BDSG – TTDSG, 4. Aufl. 2022, DS-GVO Art. 83 Rn. 134 ff.; Nemitz in Ehmann/Selmayer DS-GVO Art. 83 Rn. 33 f.; Popp in Sydow/Marsch, DS-GVO/BDSG, 3. Aufl. 2022, DS-GVO Art. 83 Rn. 4 ff.; Schwartmann/Jacquemain in Schwartmann/Jaspers/Thüsing/Kugelmann, DS-GVO/BDSG, 2. Aufl. 2020, DS-GVO Art. 83 Rn. 109 ff.; Sommer in Däubler/Wedde/Weichert/ Sommer, DS-GVO und BDSG, 2. Aufl. 2020, DS-GVO Art. 83 Rn. 28; s. auch Albrecht CR 2016, 88 (96).

[613] Vgl. Bergt in Kühling/Buchner, DS-GVO/BDSG, 4. Aufl. 2024, DS-GVO Art. 83 Rn. 63.

[614] Eing. dazu Becker in Plath, DS-GVO/BDSG/TTDSG, 4. Aufl. 2023, DS-GVO Art. 83 Rn. 26 f.; Bergmann/Möhrle/Herb, Datenschutzrecht, 2. Bd., 60. EL August 2020, DS-GVO Art. 83 Rn. 71 ff.; Bergt in Kühling/Buchner, DS-GVO/BDSG, 4. Aufl. 2024, DS-GVO Art. 83 Rn. 63 ff.; Boehm in Simitis/ Hornung/Spiecker gen. Döhmann, Datenschutzrecht, 2019, DS-GVO Art. 83 Rn. 47 ff.; Cornelius in Forgó/Helfrich/Schneider, Betrieblicher Datenschutz, 3. Aufl. 2019, Teil XIV. Rn. 65 ff.; Feldmann in Gierschmann/Schlender/Strentzel/Veil, Datenschutz-Grundverordnung, 2018, DS-GVO Art. 83 Rn. 20; Feiler/Forgó, EU-DS-GVO, 2017, DS-GVO Art. 83 Rn. 14 ff.; Frenzel in Paal/Pauly, DS-GVO – BDSG, 3. Aufl. 2021, DS-GVO Art. 83 Rn. 23 f.; Gola in Gola/Heckmann, DS-GVO – BDSG, 3. Aufl. 2022, DS-GVO Art. 83 Rn. 31 f.; Golla in Auernhammer, DS-GVO/BDSG, 8. Aufl. 2023, DS-GVO Art. 83 Rn. 30 ff.; Holländer in Wolff/Brink/v. Ungern-Sternberg, BeckOK Datenschutzrecht, 46. Ed. 1.11.2021, DS-GVO Art. 83 Rn. 61 ff.; Moos/Schefzig in Taeger/Gabel, DS-GVO – BDSG – TTDSG, 4. Aufl. 2022, DS-GVO Art. 83 Rn. 138 ff.; Nemitz in Ehmann/Selmayer, DS-GVO Art. 83 Rn. 33 f.; Popp in Sydow/Marsch, DS-GVO/BDSG, 3. Aufl. 2022, DS-GVO Art. 83 Rn. 9; Schwartmann/Jacquemain in Schwartmann/Jaspers/Thüsing/Kugelmann, DS-GVO/BDSG, 2. Aufl. 2020, DS-GVO Art. 83 Rn. 112 ff.; Sommer in Däubler/Wedde/Weichert/Sommer, DS-GVO und BDSG, 2. Aufl. 2020, DS-GVO Art. 83 Rn. 29 f.; s. auch Albrecht CR 2016, 88 (96).

[615] Eing. dazu Becker in Plath, DS-GVO/BDSG/TTDSG, 4. Aufl. 2023, DS-GVO Art. 83 Rn. 26 f.; Bergmann/Möhrle/Herb, Datenschutzrecht, 2. Bd., 60. EL August 2020, DS-GVO Art. 83 Rn. 74 ff.; Bergt in Kühling/Buchner, DS-GVO/BDSG, 4. Aufl. 2024, DS-GVO Art. 83 Rn. 63 ff.; Boehm in Simitis/ Hornung/Spiecker gen. Döhmann, Datenschutzrecht, 2019, DS-GVO Art. 83 Rn. 51; Cornelius in Forgó/Helfrich/Schneider, Betrieblicher Datenschutz, 3. Aufl. 2019, Teil XIV. Rn. 71; Feldmann in Gierschmann/Schlender/Strentzel/Veil, Datenschutz-Grundverordnung, 2018, DS-GVO Art. 83 Rn. 21; Frenzel in Paal/Pauly, DS-GVO – BDSG, 3. Aufl. 2021, DS-GVO Art. 83 Rn. 25 f.; Gola in Gola/Heckmann, DS-GVO – BDSG, 3. Aufl. 2022, DS-GVO Art. 83 Rn. 33; Golla in Auernhammer,

Verstoß gegen eine vollstreckbare Anweisung der Aufsichtsbehörde die Unterziehung der den behördlichen Vorgaben konträren Handlung einer Prüfung dahingehend entbehrlich ist, ob diese den materiellen Regelungen der DS-GVO zuwiderläuft.[616]

225 Verstößt ein Verantwortlicher oder ein Auftragsverarbeiter bei gleichen oder miteinander verbundenen Verarbeitungsvorgängen vorsätzlich oder fahrlässig gegen mehrere Bestimmungen der DS-GVO, so darf nach expliziter Bestimmung in Art. 83 Abs. 3 DS-GVO der Gesamtbetrag der Geldbuße den Betrag für den schwerwiegendsten Verstoß nicht übersteigen.

226 **3. Rechtsschutz bei Bußgeldentscheidungen. a) Gewährleistung eines effektiven Rechtsschutzes als Zielvorgabe des Art. 83 Abs. 8 DS-GVO.** Ähnlich wie die auf die aufsichtsbehördliche Wahrnehmung der datenschutzrechtlichen Handlungsbefugnisse im Allgemeinen gemünzte lex generalis des Art. 58 Abs. 4 DS-GVO, gebietet **Art. 83 Abs. 8 DS-GVO** die **Gewährleistung eines effektiven Rechtsschutzes** gegen Sanktionen nach Art. 83 DS-GVO,[617] indem er eine obligatorische Öffnungsklausel etabliert[618] und einen Regelungsauftrag an die Mitgliedstaaten und die Union[619] adressiert, neben den „ordnungsgemäße[n] Verfahren" „wirksam[e] gerichtlich[e] Rechtsbehelfe" vorzusehen.[620] Dabei impliziert der Wortlaut der Vorschrift, dass das Unionsrecht den Mitgliedstaaten im Rahmen der zwischen den nationalen Gesetzgeber und dem europäischen Gesetzgeber geteilten Regelungsverantwortung einen weiten Regelungsspielraum einräumt, den sie durch den Erlass sämtlicher für die Verfahrensgestaltung erforderlichen verfahrensrechtlichen Begleitregelungen einschließlich des Rechtsschutzes ausfüllen können.[621] Fällt nach

---

DS-GVO/BDSG, 8. Aufl. 2023, DS-GVO Art. 83 Rn. 30, 35; Holländer in Wolff/Brink/v. Ungern-Sternberg, BeckOK Datenschutzrecht, 46. Ed. 1.11.2021, DS-GVO Art. 83 Rn. 77; Moos/Schefzig in Taeger/Gabel, DS-GVO – BDSG – TTDSG, 4. Aufl. 2022, DS-GVO Art. 83 Rn. 144 ff.; Nemitz in Ehmann/Selmayer, DS-GVO Art. 83 Rn. 37; Popp in Sydow/Marsch, DS-GVO – BDSG, 3. Aufl. 2022, DS-GVO Art. 83 Rn. 10; Schwartmann/Jacquemain in Schwartmann/Jaspers/Thüsing/Kugelmann, DS-GVO/BDSG, 2. Aufl. 2020, DS-GVO Art. 83 Rn. 112, 117; Sommer in Däubler/Wedde/Weichert/Sommer, DS-GVO und BDSG, 2. Aufl. 2020, DS-GVO Art. 83 Rn. 31.

[616] Frenzel in Paal/Pauly, DS-GVO – BDSG, 3. Aufl. 2021, DS-GVO Art. 83 Rn. 25.
[617] Schantz/Wolff, Das neue Datenschutzrecht, 2017, Rn. 1111.
[618] Auf den obligatorischen Charakter der Öffnungsklausel, die verpflichtend auszufüllen ist, deutet der Wortlaut von Art. 83 Abs. 8 DS-GVO hin, wonach die Ausübung der eigenen Befugnisse durch eine Aufsichtsbehörde angemessenen Verfahrensgarantien gemäß dem Unionsrecht und dem Recht der Mitgliedstaaten, einschließlich wirksamer gerichtlicher Rechtsbehelfe und ordnungsgemäßer Verfahren, unterliegen „muss"; hierzu Martini/Wagner/Wenzel VerwArch 2018, 163 (177); s. auch Feldmann in Gierschmann/Schlender/Stentzel/Veil, Datenschutz-Grundverordnung, 2018, DS-GVO Art. 83 Rn. 32; Moos/Schefzig in Taeger/Gabel, DS-GVO – BDSG – TTDSG, 4. Aufl. 2022, DS-GVO Art. 83 Rn. 158; Kühling/Martini/Heberlein/Kühl/Nink/Weinzierl/Wenzel, Die Datenschutz-Grundverordnung und das nationale Recht, 2016, S. 10; Bergt in Kühling/Bucher, DS-GVO/BDSG, 4. Aufl. 2024, DS-GVO Art. 83 Rn. 112 mwN; grundlegend zu den Öffnungsklauseln im Datenschutzrecht Weiß, Öffnungsklauseln in der DS-GVO und nationale Verwirklichung im BDSG, 2022, passim.
[619] Eine derartige Auslegung des Art. 83 Abs. 8 DS-GVO dürfte bereits der Hinweis auf die Geltung des Unionsrechts untermauern, s. etwa die deutsche („muss angemessenen Verfahrensgarantien gemäß dem Unionsrecht und dem Recht der Mitgliedstaaten […] unterliegen"), die englische („shall be subject to appropriate procedural safeguards in accordance with Union and Member State law") und die französische („est soumis à des garanties procédurales appropriées conformément au droit de l'Union et au droit des États membres") Sprachfassung des Art. 83 Abs. 8 DS-GVO, so Martini/Wagner/Wenzel VerwArch 2018, 163 (177); aA Feldmann in Gierschmann/Schlender/Stenzel/Veil, DS-GVO Art. 83 rn. 32; 46. Ed. 1.11.2021, DS-GVO Art. 83 Rn. 82; Nemitz in Ehmann/Selmayr, Datenschutz-Grundverordnung, 2. Aufl. 2018, DS-GVO Art. 83 Rn. 11, Popp in Sydow/Marsch, DS-GVO – BDSG, 3. Aufl. 2022, DS-GVO Art. 83 Rn. 27; DS-GVO; wohl auch Moos/Schefzig in Taeger/Gabel, DS-GVO – BDSG – TTDSG, 4. Aufl. 2022, DS-GVO Art. 83 Rn. 158DS-GVO, die eine Regelungskompetenz allein bei den Mitgliedstaaten sehen.
[620] Martini/Wagner/Wenzel VerwArch 2018, 163 (177 f.); s. auch Kühling/Martini/Heberlein/Kühl/Nink/Weinzierl/Wenzel, Die Datenschutz-Grundverordnung und das nationale Recht, 2016, S. 10.
[621] Golla in Auernhammer, DS-GVO/BDSG, 8. Aufl. 2023, DS-GVO Art. 83 Rn. 40; Popp in Sydow/Marsch, DS-GVO – BDSG, 3. Aufl. 2022, DS-GVO Art. 83 Rn. 27; Martini/Wagner/Wenzel VerwArch 2018, 163 (178).

dem **Grundsatz der Verfahrensautonomie** die Festlegung der Modalitäten der verfahrensrechtlichen Umsetzung in Ermangelung der unionsrechtlichen Vorgaben in den Verantwortungsbereich der Mitgliedstaaten, so müssen diese das ihnen gemäß Art. 83 Abs. 8 DS-GVO eingeräumte „Konkretisierungsermessen" jedenfalls solange ausüben,[622] wie der Erlass einer Verfahrensordnung seitens des Unionsgesetzgebers unterbleibt.[623]

Vor dem Hintergrund einer bereits durch die Regelung des **Art. 78 Abs. 1 DS-GVO** 227 erbrachten Garantie der **Gewährleistung eines effektiven Rechtsschutzes** durch die Sicherstellung des Rechts einer jeden natürlichen oder juristischen Person auf einen wirksamen gerichtlichen Rechtsbehelf gegen einen sie betreffenden rechtsverbindlichen Beschluss der Aufsichtsbehörde, der unbeschadet eines anderweitigen verwaltungsrechtlichen oder außergerichtlichen Rechtsbehelfs besteht, lässt Art. 83 Abs. 8 DS-GVO auf die Intention des europäischen Gesetzgebers schließen, keine abschließende Regelung des Sanktionstatbestandes auf europäischer Ebene zu treffen.[624] Haben die nationalen und der europäische Gesetzgeber nach Art. 83 Abs. 8 DS-GVO zu gewährleisten, dass die Ausübung der eigenen Befugnisse durch eine Aufsichtsbehörde angemessenen Verfahrensgarantien einschließlich wirksamer gerichtlicher Rechtsbehelfe und ordnungsgemäßer Verfahren unterliegt, so ist darin in Ermangelung einer eigenständigen Regelung zum Bußgeldverfahren und zum effektiven gerichtlichen Rechtsschutz[625] eine **Zielvorgabe** zu sehen.[626] Der in dieser Vorschrift implizierte[627] auszufüllende rechtliche Rahmen wird gleichzeitig mithilfe eines vorgegebenen Maßstabs für entsprechende Rechtsbehelfe und Verfahrensgarantien konturiert, den die einen Referenzpunkt für die Angemessenheit der Verfahrensgarantien markierenden[628] „allgemeinen Grundsätz[e] des Unionsrechts und der Charta, einschließlich des Rechts auf wirksamen Rechtsschutz und ein faires Verfahren,"[629] setzen.[630] Während das Recht auf wirksamen gerichtlichen Rechtsschutz als eine verfahrensrechtliche Mindestgewährleistung dem Art. 47 Abs. 1 GrCh sowie die an jede Person gerichtete Zusicherung eines fairen Verfahrens vor Gericht[631] dem Art. 47 Abs. 2 S. 1 GrCh unmittelbar entnommen werden können, lässt sich aus Art. 41 Abs. 1 und 2 GrCh ein – für das bußgeldrechtliche Verwaltungsverfahren relevantes – Jedermannsrecht auf eine unparteiische und gerechte Verfahrensdurchführung innerhalb einer angemessenen Frist ableiten.[632] Ungeachtet des lediglich die Organe, Einrichtungen und sonstigen Stellen der Union verpflichtenden Wortlauts der letztgenannten Vorschrift erstreckt sich die bindende, als Ausdruck eines allgemeinen Grundsatzes des Unionsrechts[633] von ihrem materiellen Gehalt ausgehende Wirkung auf die Mitgliedstaaten, soweit ihre Behörden das Unionsrecht

---

[622] Vgl. EuGH 7.1.2004 – C-201/02, ECLI:EU:C:2004:12 Rn. 70 f., Slg. 2004, I-723 Rn. 70 f. = BeckRS 2004, 74924 – Wells; vgl. auch EuGH 3.9.2009 – C-2/08, ECLI:EU:C:2009:506 Rn. 24, Slg. 2009, I-7501 Rn. 24 = EuR 2010, 532 – Fallimento Olimpiclub; EuGH 6.10.2009 – C-40/08, ECLI:EU:C:2009:615 Rn. 38, Slg. 2009, I-9579 Rn. 38 = SchiedsVZ 2010, 110 – Asturcom Telecomunicaciones.
[623] Martini/Wagner/Wenzel VerwArch 2018, 163 (178).
[624] Schantz/Wolff, Das neue Datenschutzrecht, 2017, Rn. 1111, die dieses Ergebnis auf die Auslegung der den Mitgliedstaaten durch Art. 83 Abs. 7 DS-GVO eingeräumten Gestaltungsbefugnis zur Zulassung des Sanktionstatbestandes im Fall der alleinigen oder mit anderen gemeinsamen Entscheidung über die Zwecke und Mittel der Verarbeitung von personenbezogenen Daten (vgl. Art. 4 Nr. 7 DS-GVO) oder Verarbeitung von personenbezogenen Daten im Auftrag des Verantwortlichen (vgl. Art. 4 Nr. 8 DS-GVO) durch die Behörde oder öffentliche Stelle stützen; diese Gestaltungsbefugnis beziehe sich lediglich auf die Anwendbarkeit des Art. 82 Abs. 1–6 DS-GVO als solche und umfasse nicht die Befugnis der Mitgliedstaaten, die inhaltlichen Vorgaben abzuändern.
[625] Popp in Sydow/Marsch, DS-GVO – BDSG, 3. Aufl. 2022, DS-GVO Art. 83 Rn. 27.
[626] Martini/Wagner/Wenzel VerwArch 2018, 163 (178).
[627] Vgl. Golla in Auernhammer, DS-GVO – BDSG, 8. Aufl. 2023, DS-GVO Art. 83 Rn. 45.
[628] Martini/Wagner/Wenzek VerwArch 2018, 163 (178).
[629] Erwägungsgrund 148 S. 4 DS-GVO.
[630] Vgl. Sommer in Däubler/Wedde/Weichert/Sommer, DS-GVO und BDSG, 2. Aufl. 2020, DS-GVO Art. 83 Rn. 33.
[631] Vgl. Jarass, Charta der Grundrechte der Europäischen Union, 4. Aufl. 2021, GRCh Art. 47 Rn. 39.
[632] Martini/Wagner/Wenzel VerwArch 2018, 163 (179).
[633] EuGH 8.5.2014 – C-604/12, ECLI:EU:C:2014: 302, Rn. 49 ff. = BeckRS 2014, 80832 – N.

durchführen (Art. 197 Abs. 3 S. 1 AEUV; Art. 291 Abs. 1 AEUV).[634] Über Art. 51 Abs. 1 S. 1 GrCh finden bei der Durchführung von Unionsrecht durch die Mitgliedstaaten weitere angemessene unionsrechtliche Verfahrensgarantien der Art. 47–50 GrCh auf das aufsichtsbehördliche Bußgeldverfahren unmittelbare Anwendung,[635] auch wenn sie in dieser Verfahrensart nicht „dieselbe Tragweite" wie im Strafverfahren aufweisen müssen.[636] Als für das aufsichtsbehördliche Bußgeldverfahren besonders bedeutsam erweisen sich die in Art. 48 Abs. 1 GrCH verankerte Unschuldsvermutung, die in Art. 48 Abs. 2 GrCh niedergelegten sog. Verteidigungsrechte, die in Art. 49 GrCh verorteten Grundsätze der Gesetzmäßigkeit und Verhältnismäßigkeit sowie das in Art. 50 GrCh festgeschriebene Verbot der Doppelbestrafung,[637] dessen Geltung bei intendierter Inanspruchnahme des Rechts aus Art. 84 DS-GVO durch den nationalen Gesetzgeber zusätzlich zu der Auferlegung einer unter Art. 83 DS-GVO als strafähnlich zu qualifizierenden Geldbuße an Relevanz gewinnt.[638] Daneben sind auch die Garantien der EMRK, insbesondere das Recht auf faires Verfahren nach Art. 6 Abs. 1 S. 1 EMRK sowie das Recht auf wirksame Beschwerde nach Art. 13 EMRK, zu beachten.[639]

228 **b) Administrative und gerichtliche Kontrolle.** Vor dem Hintergrund, dass der Rechtsschutz gegen die Verhängung von Geldbußen sich unbeschadet der Möglichkeit einer **Vorlage an den Gerichtshof** in jedem Stadium des Verfahrens nach dem **nationalen Recht** der Mitgliedstaaten richtet,[640] gelten in der Bundesrepublik Deutschland über **§ 41 des Bundesdatenschutzgesetzes (BDSG)**[641] vom 30. Juni 2017 für Verstöße nach Art. 83 Abs. 4–6 DS-GVO und in diesem Zusammenhang geführte Verfahren, vorbehaltlich einer anderweitigen gesetzlichen Bestimmung, die Vorschriften des Gesetzes über Ordnungswidrigkeiten sowie – hinsichtlich der Letzteren – die allgemeinen Gesetze über das Strafverfahren sinngemäß bzw. entsprechend, einschließlich der darin verankerten verfahrensmäßigen Garantien[642] (§ 41 Abs. 1 S. 1, Abs. 2 S. 1 BDSG). Ausgenommen hiervon sind die Bestimmungen zur Bußgeldhöhe (§ 17 OWiG), die Regelungen über die behördliche Zuständigkeit (§§ 35, 36 OWiG) sowie §§ 56 – 58, 87, 88, 99 und 100 OWiG, deren Materie den Regelungsgegenstand der Vorschriften der DS-GVO bildet.[643] **§ 41 BDSG,**

---

[634] Vgl. Jarass, Charta der Grundrechte der Europäischen Union, 4. Aufl. 2021, GRCh Art. 41 Rn. 9.
[635] Boehm in Simitis/Hornung/Spiecker gen. Döhmann, Datenschutzrecht, 2019, DS-GVO Art. 83 Rn. 56; Holländer in Wolff/Brink/v. Ungern-Sternberg, BeckOK Datenschutzrecht, 46. Ed. 1.11.2021, DS-GVO Art. 83 Rn. 82; Moos-Schefzig in Taeger/Gabel, DS-GVO – BDSG – TTDSG, 4. Aufl. 2022, DS-GVO Art. 83 Rn. 159.
[636] Vgl. EuG 8.7.2008 – T-99/04, ECLI:EU:T:2008:256 Rn. 113 = BeckRS 2008, 70741 – AC-Treuhand/Kommission.
[637] Vgl. Martini/Wagner/Wenzel VerwArch 2018, 163 Fn. 82.
[638] Boehm in Simitis/Hornung/Spiecker gen. Döhmann, Datenschutzrecht, 2019, DS-GVO Art. 83 Rn. 56.
[639] Holländer in Wolff/Brink/v. Ungern-Sternberg, BeckOK Datenschutzrecht, 46. Ed. 1.11.2021, DS-GVO Art. 83 Rn. 82; Moos-Schefzig in Taeger/Gabel, DS-GVO – BDSG – TTDSG, 4. Aufl. 2022, DS-GVO Art. 83 Rn. 159.
[640] Nemitz in Ehmann/Selmayr, Datenschutz-Grundverordnung, 2. Aufl. 2018, DS-GVO Art. 83 Rn. 49.
[641] BGBl. 2017 I 2097, zuletzt geändert durch Art. 9, Art. 10 des Gesetzes zur Anpassung der Bundesbesoldung und -versorgung für die Jahre 2023 und 2024 sowie zur Änderung weiterer dienstrechtlicher Vorschriften (BBVAnpÄndG 2023/2024) vom 22. Dezember 2023, BGBl. 2023 I 414.
[642] Becker in Plath, DS-GVO/BDSG/TTDSG, 4. Aufl. 2023, DS-GVO Art. 83 Rn. 29.
[643] Während der Anwendung von § 17 OWiG die abschließende Regelung der Höhe des Bußgeldes in Art. 83 Abs. 4–6 DS-GVO im Wege steht, folgt die Zuständigkeit der Aufsichtsbehörden für die Verhängung von Geldbußen als Regelungsmaterie der §§ 35 und 36 OWiG unmittelbar aus Art. 83 DS-GVO. Die Regelung der Verwarnung in Art. 58 Abs. 2 lit. b DS-GVO schließt die Anwendung von §§ 56 – 58 OWiG aus, wohingegen der Ausschluss von §§ 87, 88, 99 und 100 OWiG aus dem Kreis der anwendbaren Vorschriften die Nichtanwendung einzelner Vorschriften zu Geldbußen gegen eine juristische Person und zu Nebenfolgen sowie zur Vollstreckung von Nebenfolgen sicherstellt. Hierzu Entwurf eines Gesetzes zur Anpassung des Datenschutzrechts an die Verordnung (EU) 2016/679 und zur Umsetzung der Richtlinie (EU) 2016/680 (Datenschutz-Anpassungs- und -Umsetzungsgesetz EU – DSAnpUG-EU), BT-Drs. 18/11325, S. 108; Boehm in Simitis/Hornung/Spiecker gen. Döhmann, Datenschutzrecht, 2019, DS-GVO Art. 83 Rn. 59; Schwartmann/Burkhardt in Schwartmann/Jaspers/Thüsing/Kugelmann, DS-GVO/BDSG, 2. Aufl. 2020, DS-GVO Anhang Art. 83/§ 41 BDSG Rn. 49.

der entsprechend dem Regelungsauftrag des Art. 83 Abs. 8 DS-GVO[644] durch Art. 1 des Gesetzes zur Anpassung des Datenschutzrechts an die die Verordnung (EU) 2016/679 und zur Umsetzung der Richtlinie (EU) 2016/680 (Datenschutz-Anpassungs- und -Umsetzungsgesetz EU – DSAnpUG-EU)[645] vom 30. Juni 2017 eingeführt wurde und am 25. Mai 2018 in Kraft getreten ist, geht damit der allgemeinen Verpflichtung aus den Art. 197 Abs. 3 S. 1 und 291 Abs. 1 AEUV zur Gewährleistung der Durchführung des Unionsrechts nach und füllt den von Art. 83 Abs. 8 DSGVO vorgegebenen Rahmen durch die Konkretisierung seiner pauschalen Zielvorgabe aus.

Gegen den Bußgeldbescheid der nach Art. 58 Abs. 2 lit. i DS-GVO zu seinem Erlass befugten Aufsichtsbehörde[646] kann der Bußgeldadressat – bei juristischen Personen durch die vertretungsberechtigten Organe[647] – innerhalb von zwei Wochen nach Zustellung schriftlich oder zur Niederschrift bei der Aufsichtsbehörde gemäß § 41 Abs. 2 BDSG iVm § 67 Abs. 1 S. 1 OWiG **Einspruch** einlegen,[648] der auf bestimmte Beschwerdepunkte – wie etwa die **Höhe der Geldbuße**[649] – beschränkt werden kann, § 41 Abs. 2 BDSG iVm § 67 Abs. 2 OWiG. Wird dieser „Rechtsbehelf eigener Art"[650] wegen Fristversäumnis,[651] eines Formverstoßes oder der aus sonstigen Gründen resultierenden Unwirksamkeit der Einlegung nach § 41 Abs. 2 BDSG iVm § 69 Abs. 1 S. 1 OWiG bereits als **unzulässig** verworfen, steht dem von der Zurückweisung des Einspruchs als unzulässig Betroffenen innerhalb zwei Wochen nach Zustellung **Antrag auf gerichtliche Entscheidung** zu, der an das nach § 68 OWiG zuständige Gericht zu richten ist. Hält die Aufsichtsbehörde bei formell ordnungsgemäß eingelegtem Einspruch den Bußgeldbescheid aufrecht und gibt sie das Verfahren gemäß § 41 Abs. 2 BDSG iVm § 69 Abs. 3 S. 1 OWiG an die örtlich zuständige Staatsanwaltschaft ab, so kann diese – anders als im regulären Bußgeldverfahren und um der primärrechtlich verankerten Unabhängigkeit der Datenschutzaufsicht Rechnung zu tragen[652] – das Verfahren nach § 41 Abs. 2 S. 3 BDSG iVm §§ 69 Abs. 4 S. 2, 47 Abs. 1 OWiG nur mit **Zustimmung der Aufsichtsbehörde** einstellen, die bei Einstellungen aus Opportunitätsgründen einzuholen ist.[653] Wird das Verfahren nicht eingestellt

229

---

[644] Golla in Auernhammer, DS-GVO – BDSG, 7. Aufl. 2020, DS-GVO Art. 83 Rn. 45.
[645] BGBl. 2017 I 2097.
[646] In Ermangelung einer nach Art. 83 Abs. 9 DS-GVO möglichen abweichenden Bestimmung sind in der Bundesrepublik Deutschland grundsätzlich die Aufsichtsbehörden der Länder nach § 40 BDSG und ausnahmsweise die oder der Bundesbeauftragte für den Datenschutz und die Informationsfreiheit nach §§ 8 ff. BDSG für die bußgeldrechtliche Verfolgung von Verstößen nach Art. 83 Abs. 4–6 DS-GVO zuständig; s. Brodowski/Nowak in Wolff/Brink/v. Ungern-Sternberg, BeckOK Datenschutzrecht, 46. Ed. 1.11.2023, BDSG § 41 Rn. 29.
[647] Krenberger/Krumm in Krenberger/Krumm, OWiG, 7. Aufl. 2022, OWiG § 67 Rn. 9.
[648] Eing. dazu Bergmann/Möhrle/Herb, Datenschutzrecht, Band 2, 60. EL August 2020, DS-GVO Art. 83 Rn. 93; Brodowski/Nowak in Wolff/Brink/v. Ungern-Sternberg, BeckOK Datenschutzrecht, 46. Ed. 1.11.2023, BDSG § 41 Rn. 32; Schwartmann/Burkhardt in Schwartmann/Jaspers/Thüsing/Kugelmann, DS-GVO/BDSG, 2. Aufl. 2020, DS-GVO Anhang Art. 83/§ 41 BDSG Rn. 50; Stürzl/Lachenmann in Koreng/Lachenmann, Formularhandbuch Datenschutzrecht, 3. Aufl. 2021, Kapitel O., III. Anm. 1.–9.; Lachenmann/Stürzl ZD 2021, 463 (463 f.).
[649] Seitz/Bauer in Göhler, OWiG, 18. Aufl. 2021, OWiG § 67 Rn. 34e.
[650] OLG Düsseldorf 17.8.1999 – 5 Ss (OWi) 339/98 (OWi) 156/98 I = NStZ 2000, 42 (43); Ellbogen in Mitsch, Karlsruher Kommentar zum Gesetz über Ordnungswidrigkeiten, 5. Aufl. 2018, § 67 Rn. 1 mwN; Gertler in Graf, BeckOK OWiG, 40. Ed. 1.10.2023, § 67 Rn. 1.
[651] Der Antrag auf Wiedereinsetzung in den vorigen Stand kann gleichzeitig mit dem Rechtsbehelf nach § 41 BDSG iVm § 69 Abs. 1 S. 2 OWiG eingelegt werden; s. Blum/Stahnke in Gassner/Seith, Ordnungswidrigkeitengesetz, 2. Aufl. 2020, § 69 Rn. 3; Seitz/Bauer in Göhler, OWiG, 18. Aufl. 2021, § 69 Rn. 8.
[652] Entwurf eines Gesetzes zur Anpassung des Datenschutzrechts an die Verordnung (EU) 2016/679 und zur Umsetzung der Richtlinie (EU) 2016/680 (Datenschutz-Anpassungs- und -Umsetzungsgesetz EU – DSAnpUG-EU), BT-Drs. 18/11325, S. 108, 117.
[653] Entwurf eines Gesetzes zur Anpassung des Datenschutzrechts an die Verordnung (EU) 2016/679 und zur Umsetzung der Richtlinie (EU) 2016/680 (Datenschutz-Anpassungs- und -Umsetzungsgesetz EU – DSAnpUG-EU), BT-Drs. 18/11325, S. 108; Brodowski/Nowak in Wolff/Brink/v. Ungern-Sternberg, BeckOK Datenschutzrecht, 46. Ed. 1.11.2023, BDSG § 41 Rn. 33; Gertler in Graf, BeckOK OWiG, 40. Ed. 1.10.2023, OWiG § 69 Rn. 107; Lachenmann/Stürzl ZD 2021, 463 (464).

und vom nach § 41 Abs. 2 BDSG iVm § 68 Abs. 1 OWiG zuständigen Amtsgericht im Bezirk des Sitzes der Aufsichtsbehörde oder – bei Verhängung von Geldbußen in Höhe von über 100.000 Euro – nach § 41 Abs. 1 S. 3 BDSG zuständigen Landgericht übernommen,[654] das den Einspruch für wirksam hält und diesem entweder mit Urteil (§ 71 OWiG) oder mit Beschluss (§ 72 OWiG) nicht abhilft, so ist gegen das Urteil nach § 71 OWiG bzw. Beschluss nach § 72 OWiG unter den in § 79 OWiG festgelegten Voraussetzungen **Rechtsbeschwerde** zulässig. Eine Anfechtung der im Wege eines Beschlusses nach § 79 Abs. 5 OWiG grundsätzlich zu ergehenden Entscheidung des Rechtsbeschwerdegerichts über die Rechtsbeschwerde ist nicht möglich.[655]

230 Hält man den – dem deutschen Ordnungswidrigkeitenrecht prinzipiell fremden – **vorbeugenden Rechtsschutz** gegen eine konkret drohende Verhängung von Geldbußen zum Zwecke der Klärung einer präjudiziellen verwaltungsrechtlichen „Vorfrage", die nach § 154d oder § 262 StPO eine Aussetzung des Verfahrens zur Folge haben kann, für sachgerecht, so sind diesem Rechtsschutz enge Grenzen zu ziehen.[656]

F. Geldbußen im Europäischen Bankenrecht

231 Vergleichbar der wettbewerbsrechtlichen Parallelregelung in Art. 103 Abs. 2 lit. a AEUV (→ Rn. 106, 108) räumen primärrechtlich **Art. 132 Abs. 3 AEUV** (Art. 110 Abs. 3 EGV-Nizza; Art. 110 Abs. 3 EGV-Amsterdam; Art. 108a Abs. 3 EGV-Maastricht), **Art. 34.3. EZB-Satzung** (→ Rn. 6) der Europäischen Zentralbank die Befugnis ein, in ihrem **gesamten sachlichen Zuständigkeitsbereich**[657] Unternehmen bei Nichteinhaltung der Verpflichtungen aus ihren Verordnungen und Beschlüssen mit Geldbußen oder in regelmäßigen Abständen zu zahlenden Zwangsgeldern zu belegen.[658] Diese Sanktionen beruhen auf der im Interesse der Preisstabilität zur Durchsetzung und Effektuierung der Verordnungen und Beschlüssen der Europäischen Zentralbank verliehenen[659] beschränkten[660] Sanktionskompetenz. Jedenfalls die **Geldbußen** nach Art. 132 Abs. 3 AEUV werden dem **Strafrecht im weiteren Sinne** zugerechnet,[661] mit der Folge, dass die strafverfassungsrechtlichen Garantien anzuwenden sind. Die verwaltungsrechtliche Beugemaßnahme[662] des **Zwangsgeldes** nach Art. 132 Abs. 3 AEUV wird vereinzelt dem Strafrecht im

---

[654] Hierzu Schwartmann/Burkhardt in Schwartmann/Jaspers/Thüsing/Kugelmann, DS-GVO/BDSG, 2. Aufl. 2020, DS-GVO Anhang Art. 83/§ 41 BDSG Rn. 51.
[655] Krenberger/Krumm in Krenberger/Krumm, OWiG, 7. Aufl. 2022, § 79 Rn. 136.
[656] Eing. dazu Schwartmann/Burkhardt in Schwartmann/Jaspers/Thüsig, Kugelmann, DS-GVO/BDSG, 2. Aufl. 2020, DS-GVO Anhang Art. 83/§ 41 BDSG Rn. 53 ff.
[657] Kempen in Streinz AEUV Art. 132 Rn. 8.
[658] Eing. dazu Ohler/Schmidt-Wenzel in Siekmann, EWU, 2013, AEUV Art. 132 Rn. 89 ff.; Fernández-Martín/Teixeira E. L. Rev. 2000, 391 (391 ff.); hierzu auch Griller in Grabitz/Hilf/Nettesheim, AEUV Art. 132 Rn. 14 ff.; Häde in Calliess/Ruffert, AEUV Art. 132 Rn. 9; Kempen in Streinz AEUV Art. 132 Rn. 8 f.; Manger-Nestler in FK-EUV/GRC/AEUV AEUV Art. 132 Rn. 17; Rodi in HK-UnionsR AEUV Art. 132 Rn. 20; Schulte in von der Groeben/Schwarze/Hatje AEUV Art. 132 Rn. 53 ff., 96 ff.; Wutscher in Schwarze AEUV Art. 132 Rn. 10.
[659] Kempen in Streinz AEUV Art. 132 Rn. 8; Rodi in HK-UnionsR AEUV Art. 132 Rn. 20; Tschekuschina, Rechtliche Aspekte der geldpolitischen Instrumente des Europäischen Systems der Zentralbanken, 2008, S. 61.
[660] Kempen in Streinz AEUV Art. 132 Rn. 8; Manger-Nestler in FK-EUV/GRC/AEUV AEUV Art. 132 Rn. 17; Rodi in HK-UnionsR AEUV Art. 132 Rn. 20.
[661] Glos/Benzing in Binder/Glos/Riepe, Handbuch Bankenaufsichtsrecht, 2. Aufl. 2020, § 2 Rn. 68; Ohler/Schmidt-Wenzel in Siekmann, EWU, 2013, AEUV Art. 132 Rn. 89 mwN; Ohler, Bankenaufsicht und Geldpolitik in der Währungsunion, 2015, § 5 Rn. 238; Rieckhoff, Der Vorbehalt des Gesetzes im Europarecht, 2007, S. 221 mwN; Hecker, Europäisches Strafrecht, 2. Aufl. 2021, Kapitel 4 Rn. 55; vgl. Satzger, Internationales und Europäisches Strafrecht, 10. Aufl. 2022, § 8 Rn. 2, 6; Vossen, Rechtsschutz in der europäischen Bankenaufsicht, 2020, S. 184.
[662] Hecker, Europäisches Strafrecht, 2. Aufl. 2021, Kapitel 4 Rn. 56; vgl. Glos/Benzing in Binder/Glos/Riepe, Handbuch Bankenaufsichtsrecht, 2. Aufl. 2020, § 2 Rn. 67; Ohler, Bankenaufsicht und Geldpolitik in der Währungsunion, 2015, § 5 Rn. 238, 245; Vossen, Rechtsschutz in der Europäischen Bankenaufsicht, 2020, S. 184; zum in Art. 103 Abs. 2 lit. a AEUV vorgesehenen Zwangsgeld vgl. Korte

weiteren Sinne zugerechnet;[663] im Einzelfall wird sie – gebietsübergreifend – für möglich gehalten, wenn die Höhe des Zwangsgeldes, an dem zugrunde liegenden Verstoß gemessen, als unverhältnismäßig erscheint und eine faktisch repressive Zwecksetzung einer versteckten Strafsanktion im weiteren Sinne offenbart.[664] Anders als bei der Geldbuße ist die Verhängung vom Zwangsgeld ungeachtet der für dieses Instrument in der sekundärrechtlichen Ausgestaltung verwendeten Terminologie auch bei Nichteinhaltung der Verpflichtungen aus den Verordnungen und Beschlüssen der Europäischen Zentralbank nicht auf die Ahndung eines in der Vergangenheit liegenden Rechtsverstoßes gerichtet[665] und verfolgt das Ziel, einen Zwang zu einem rechtskonformen Verhalten gegenüber dem Adressaten auszuüben.[666] Wird die aufsichtsrechtliche Verpflichtung durch den Adressaten erfüllt und somit der Zweck der Maßnahme erreicht, ist eine weitere Erhebung vom Zwangsgeld ausgeschlossen.[667]

232 Vor dem Hintergrund der mit den Sanktionen der Europäischen Zentralbank verbundenen hohen Eingriffsintensität setzt ihre Verhängung eine rechtsstaatskonforme Rechtsgrundlage voraus,[668] die Verletzungstatbestand, Art und Rahmen der zu verhängenden Sanktion hinreichend bestimmt.[669]

233 Aufgrund der Unbestimmtheit der Tatbestandsvoraussetzungen des Art. 132 Abs. 3 AEUV legt in diesem Zusammenhang der Rat gemäß Art. 132 Abs. 3 AEUV, Art. 34.3. EZB-Satzung die „Grenzen" und „Bedingungen" für die Sanktionskompetenz der Europäischen Zentralbank im Verfahren des Art. 129 Abs. 4 AEUV iVm Art. 41 EZB-Satzung im Wege einer sekundärrechtlichen Konkretisierung[670] des Art. 34.3. EZB-Satzung fest,[671] die auf Vorschlag der Kommission oder auf Empfehlung der Europäischen Zentralbank mit Anhörungsrechten des jeweils anderen Organs sowie des Europäischen Parlaments zu erlassen ist (Art. 129 Abs. 4 AEUV). Von dieser Befugnis hat der Rat durch den Erlass der Verordnung (EG) Nr. 2532/98 des Rates vom 23. November 1998 über das Recht der Europäischen Zentralbank, Sanktionen zu verhängen[672] (VO (EG) Nr. 2532/98) Gebrauch

---

in MüKoWettbR AEUV Art. 103 Rn. 29; Schröter in von der Groeben/Schwarze/Hatje AEUV Art. 103 Rn. 30.
[663] Ohler/Schmidt-Wenzel in Siekmann, EWU, 2013, AEUV Art. 132 Rn. 89 mwN; differenzierend für „Strafgelder" Glos/Benzing in Binder/Glos/Riepe, Handbuch Bankenaufsichtsrecht, 2. Aufl. 2020, § 2 Rn. 67 f.
[664] Satzger, Die Europäisierung des Strafrechts, 2001, S. 81.
[665] Hecker, Europäisches Strafrecht, 2. Aufl. 2021, Kapitel 4 Rn. 55; Kazimierski, Rechtsschutz im Rahmen der Europäischen Bankenaufsicht, 2020, S. 75.
[666] Kazimierski, Rechtsschutz im Rahmen der Europäischen Bankenaufsicht, 2020, S. 75; Ohler, Bankenaufsicht und Geldpolitik in der Währungsunion, 2015, § 5 Rn. 238, 245; Vossen, Rechtsschutz in der europäischen Bankenaufsicht, 2020, S. 184.
[667] Ohler, Bankenaufsicht und Geldpolitik in der Währungsunion, 2015, § 5 Rn. 245.
[668] EuGH 18.11.1987 – C-137/85, ECLI:EU:C:1987:493 Rn. 15, Slg. 1987, 4587 Rn. 15 = BeckRS 2004, 71581 – Maizena/BALM; s. auch EuG 8.10.2008 – T-69/04, ECLI:EU:T:2008:415 Rn. 28 f., Slg. 2008, II-2567 Rn. 28 f. = BeckRS 2008, 71045 – Schunk und Schunk Kohlenstoff-Technik/Kommission; Ohler/Schmidt-Wenzel in Siekmann, EWU, 2013, AEUV Art. 132 Rn. 89 und zum Vorbehalt des Gesetzes im Recht der Europäischen Union Rn. 35; Rodi in HK-UnionsR AEUV Art. 132 Rn. 20; Schulte in von der Groeben/Schwarze/Hatje AEUV Art. 132 Rn. 53; vgl. Tschekuschina, Rechtliche Aspekte der geldpolitischen Instrumente des Europäischen Systems der Zentralbanken, 2008, S. 61 f.
[669] Vgl. EuGH 3.5.2007 – C-303/05, ECLI:EU:C:2007:261 Rn. 50, Slg. 2007, I-3633 Rn. 50 = NJW 2007, 2237 – Advocaten voor de Wereld; Schulte in von der Groeben/Schwarze/Hatje AEUV Art. 132 Rn. 53.
[670] Becker in Siekmann, EWU, 2013, AEUV Art. 129 Rn. 75; Khan/Richter in Geiger/Khan/Kotzur/Kirschmair AEUV Art. 129 Rn. 6.
[671] Ohler/Schmidt-Wenzel in Siekmann, EWU, 2013, AEUV Art. 132 Rn. 90; Schulte in von der Groeben/Schwarze/Hatje AEUV Art. 132 Rn. 53; Wutscher in Schwarze AEUV Art. 132 Rn. 10; Reumann, Die Europäische Zentralbank: zwischen Selbstbestimmung und vertragsgemäßer Zusammenarbeit mit der Gemeinschaft, 2005, S. 145; Tschekuschina, Rechtliche Aspekte der geldpolitischen Instrumente des Europäischen Systems der Zentralbanken, 2008, S. 61 f.
[672] ABl. 1998 L 318, 4, zuletzt geändert durch die Verordnung (EU) 2015/159 des Rates vom 27. Januar 2015 zur Änderung der Verordnung (EG) Nr. 2532/98 über das Recht der Europäischen Zentralbank, Sanktionen zu verhängen, ABl. 2015 L 27, 1.

gemacht. Art. 132 Abs. 3 AEUV und Art. 34.3. EZB-Satzung bilden die Grundlage für die Sanktionierung von Unternehmen sowohl im geldpolitischen als auch im aufsichtlichen Bereich, wobei im Letzteren die Sanktionsbefugnisse der Europäischen Zentralbank sich auch aus der Verordnung (EU) Nr. 1024/2013 des Rates vom 15. Oktober 2013 zur Übertragung besonderer Aufgaben im Zusammenhang mit der Aufsicht über Kreditinstitute auf die Europäische Zentralbank[673] (SSM-VO) ergeben.

I. Verordnung (EG) Nr. 2532/98 des Rates vom 23. November 1998 über das Recht des Europäischen Zentralbank, Sanktionen zu verhängen

234 Um ein einheitliches Vorgehen der Europäischen Zentralbank bei der Verhängung von Sanktionen in den verschiedenen Zuständigkeitsbereichen zu erreichen, setzt die VO (EG) Nr. 2532/98, die insbesondere auf der Grundlage des Art. 108a Abs. 3 EGV-Maastricht (Art. 110 Abs. 3 EGV-Amsterdam; Art. 110 Abs. 3 EGV-Nizza; nunmehr Art. 132 Abs. 3 AEUV) und Art. 34.3. des Protokolls (Nr. 3) über die Satzung des Europäischen Systems der Zentralbanken und der Europäischen Zentralbank vom 7. Februar 1992[674] erlassen worden ist, das Konzept um, dass „alle übergeordneten und verfahrensrechtlichen Bestimmungen für die Verhängung dieser Sanktionen in einer einzigen Verordnung des Rates enthalten sind", auf die sich andere Verordnungen des Rates „bei den Grundsätzen und Verfahren hinsichtlich der Verhängung von Sanktionen" beziehen.[675] Ergibt sich zwischen den Bestimmungen sonstiger Verordnungen des Rates, die der Europäischen Zentralbank die Sanktionskompetenz einräumen, und den Bestimmungen der VO (EG) Nr. 2532/98 ein Widerspruch, so haben die Ersteren gemäß Art. 6 Abs. 1 VO (EG) Nr. 2532/98 Vorrang. In ihrem Anwendungsbereich erfasst die VO (EG) Nr. 2532/98 die Verhängung von Sanktionen durch die Europäische Zentralbank gegen Unternehmen für die Nichteinhaltung der Verpflichtungen, die sich aus ihren Beschlüssen und Verordnungen ergeben (Art. 1a Abs. 1 VO (EG) Nr. 2532/98).

235 **1. Unternehmen als Sanktionsadressaten.** Die Verhängung von Sanktionen durch die Europäische Zentralbank richtet sich an **Unternehmen** iSd Art. 1 Nr. 3 VO (EG) Nr. 2532/98. Unternehmen werden definiert als „natürliche oder juristische Personen des privaten oder öffentlichen Rechts innerhalb eines teilnehmenden Mitgliedstaats, ausgenommen Personen des öffentlichen Rechts bei der Erfüllung ihres öffentlichen Auftrags, die Verpflichtungen unterliegen, die sich aus Verordnungen und Entscheidungen der Europäischen Zentralbank ergeben, und zwar einschließlich der Zweigstellen oder sonstigen ständigen Niederlassungen, die Unternehmen, die ihre Hauptverwaltung oder ihren juristischen Sitz außerhalb eines teilnehmenden Mitgliedstaats haben, in einem teilnehmenden Mitgliedstaat unterhalten".

236 **2. Grenzen und Bedingungen für die Ausübung der Sanktionskompetenz der Europäischen Zentralbank.** Entsprechend der Trennung zwischen dem geldpolitischen und dem aufsichtsrechtlichen Aufgabenbereich der Europäischen Zentralbank[676] differenziert die VO (EG) Nr. 2532/98 bei den zu verhängenden **„Sanktionen"**, d. h. den **Geldbußen** und den **in regelmäßigen Abständen zu zahlenden Strafgeldern** (Art. 1 Nr. 7 VO (EG) Nr. 2532/98). Dabei umschreibt der Begriff der **„Geldbuße"** gemäß

---

[673] ABl. 2013 L 287, 63, berichtigt ABl. 2015 L 218, 82.
[674] ABl. 1992 C 191, 68, zuletzt geändert durch Art. 1 Abs. 4 lit. B, Abs. 5 lit. a, Abs. 6 lit. a, Abs. 8 lit. b, Abs. 11 des Protokolls (Nr. 1) zur Änderung der Protokolle zum Vertrag über die Europäische Union, zum Vertrag zur Gründung der Europäischen Gemeinschaft und/oder zum Vertrag zur Gründung der Europäischen Atomgemeinschaft, zum Vertrag von Lissabon zur Änderung des Vertrags über die Europäische Union und des Vertrags zur Gründung der Europäischen Gemeinschaft, unterzeichnet in Lissabon am 13. Dezember 2007, ABl. 2007 C 306, 165, berichtigt ABl. 2008 C 111, 56 und ABl. 2009 C 290, 1.
[675] Erwägungsgründe 3 und 4 VO (EG) Nr. 2532/98; s. auch Kempen in Streinz AEUV Art. 132 Rn. 8.
[676] Vgl. Erwägungsgründe 73 S. 1 und 77 S. 2 sowie Art. 25 Abs. 1, Abs. 2 S. 1, S. 2, Abs. 5 S. 1, Art. 32 Abs. 1 S. 2 lit. l SSM-VO.

Art. 1 Nr. 5 VO (EG) Nr. 2532/98 „ein[en] Geldbetrag, den ein Unternehmen als Sanktion zu zahlen hat", und der Begriff der **„in regelmäßigen Abständen zu zahlende[n] Strafgelder"** gemäß Art. 1 Nr. 6 S. 1 VO (EG) Nr. 2532/98 „Geldbeträge, die ein Unternehmen im Fall einer fortlaufenden Übertretung entweder als Bestrafung zu zahlen hat, oder die die Absicht verfolgen, die betroffenen Personen zur Einhaltung von aufsichtsrechtlichen Verordnungen und Beschlüssen der Europäischen Zentralbank zu zwingen".

Wenn keine gegenteilige Bestimmung in einer besonderen Verordnung des Rates vorliegt, bestimmt Art. 2 Abs. 1 VO (EG) Nr. 2532/98 für die Sanktionen der Europäischen Zentralbank **im geldpolitischen Bereich,** dass für **Geldbußen** die Obergrenze von **500 000 EUR** gilt (Art. 2 Abs. 1 lit. a VO (EG) Nr. 2532/98); für **in regelmäßigen Abständen zu zahlende Strafgelder** in einem Zeitraum von höchstens sechs Monaten wird die Obergrenze von **10 000 EUR** pro Tag der Nichteinhaltung einer Verpflichtung aus einer Verordnung oder Entscheidung der Europäischen Zentralbank durch das Unternehmen – **„Übertretung"** (Art. 1 Nr. 4 VO (EG) Nr. 2532/98) – vorgegeben (Art. 2 Abs. 1 lit. b VO (EG) Nr. 2532/98). 237

Im Falle der Übertretungen in Bezug auf Beschlüsse und Verordnungen, welche die Europäische Zentralbank **in Ausübung ihrer Aufsichtsaufgaben** erlassen hat, beträgt gemäß Art. 4a Abs. 1 lit. a VO (EG) Nr. 2532/98 die Obergrenze für **Geldbußen das zweifache des** aufgrund der Übertretung erzielten **Gewinns** oder **des** aufgrund der Übertretung **verhinderten Verlustes,** sofern sich diese Beträge beziffern lassen, oder **10 % des jährlichen Gesamtumsatzes** des Unternehmens. Bei Letzterem handelt es sich gemäß Art. 4a Abs. 2 lit. a S. 1 VO (EG) Nr. 2532/98 um „den jährlichen Umsatz des betroffenen Unternehmens im vorausgegangenen Geschäftsjahr iSd einschlägigen Unionsrechts, der, falls nicht verfügbar, anhand des aktuellsten Jahresabschlusses einer solchen Person berechnet wird". Wenn das betroffene Unternehmen die Tochtergesellschaft einer Muttergesellschaft ist, bildet die Grundlage für die Errechnung der zu verhängenden Geldbuße der jährliche Gesamtumsatz gemäß dem letzten konsolidierten Jahresabschluss, der, falls nicht verfügbar, anhand des aktuellsten Jahresabschlusses einer solchen Person berechnet wird (Art. 4a Abs. 2 lit. a S. 2 VO (EG) Nr. 2532/98). Für **in regelmäßigen Abständen zu zahlende Strafgelder** in einem Zeitraum von maximal sechs Monaten ist die Obergrenze, wenn die Europäische Zentralbank gegen das Unternehmen in Ausübung ihrer Aufsichtsaufgaben vorgeht, **5 % des durchschnittlichen Tagesumsatzes** pro Tag der Übertretung (Art. 4a Abs. 1 lit. b VO (EG) Nr. 2532/98). 238

Die Entscheidung über die Verhängung und die Wahl der Sanktion gegen ein Unternehmen erfolgt gemäß Art. 2 Abs. 2 und 3 VO (EG) Nr. 2532/98 unter Berücksichtigung des **Grundsatzes der Verhältnismäßigkeit** und der **Umstände des jeweiligen Einzelfalls,** wie sie in Art. 2 Abs. 3 VO (EG) Nr. 2532/98 beispielhaft aufgezählt sind. 239

Mit der Normierung von Fristen in den Art. 4 und 4c VO (EG) Nr. 2532/98 und der Festlegung der Verfahrensregel in Art. 3 und 4b VO (EG) Nr. 2532/98 statuiert der Rat weitere Vorgaben für die Ausübung der Sanktionskompetenz der Europäischen Zentralbank. 240

II. Verordnung (EG) Nr. 2157/1999 der Europäischen Zentralbank vom 23. September 1999 über das Recht der Europäischen Zentralbank, Sanktionen zu verhängen

Die Europäische Zentralbank hat sowohl im Hinblick auf die einschlägigen Verfahren als auch im Hinblick auf deren Umsetzung den Rechtsrahmen für die Ausübung der Sanktionskompetenz auszufüllen.[677] Sie hat deshalb insbesondere auf der Grundlage des Art. 110 Abs. 3 EGV-Amsterdam (Art. 110 Abs. 3 EGV-Nizza; nunmehr Art. 132 Abs. 3 AEUV), Art. 34.3 und Art. 19.1 des Protokolls (Nr. 3) über die Satzung des Europäischen Systems der Zentralbanken und der Europäischen Zentralbank die Verordnung (EG) Nr. 2157/ 241

---

[677] Vgl. Erwägungsgrund 5 VO (EG) Nr. 2532/98.

1999 der Europäischen Zentralbank vom 23. September 1999 über das Recht der Europäischen Zentralbank, Sanktionen zu verhängen,[678] (VO (EG) Nr. 2157/1999) erlassen.[679] Ihre – der VO (EG) Nr. 2532/98 ebenfalls eigene[680] – Zielsetzung auf den **geldpolitischen Bereich** drückt bereits Art. 1a VO (EG) Nr. 2157/1999 aus, der die Geltung der Verordnung für die Verwaltungssanktionen, die die Europäische Zentralbank bei der Ausübung ihrer Aufsichtsaufgaben verhängen kann, explizit ausschließt und den Anwendungsbereich ausschließlich für Sanktionen eröffnet, die die Europäische Zentralbank bei der Ausübung ihrer nicht die Aufsicht betreffenden Zentralbankaufgaben verhängen kann.

242 Die VO (EG) Nr. 2157/1999, die in Wahrnehmung der von Art. 110 Abs. 1, 1. Gedankenstrich Hs. 2 EGV-Amsterdam (Art. 110 Abs. 1, 1. Gedankenstrich Hs. 2 EGV-Nizza; nunmehr Art. 132 Abs. 1, 1. Gedankenstrich Hs. 2 AEUV) und von Art. 6 Abs. 2 VO (EG) Nr. 2532/98 verliehenen Kompetenz zum **Erlass von Durchführungsverordnungen** zustande gekommen ist, enthält Konkretisierungen insbesondere hinsichtlich der **Verfahrensrechte der Unternehmen.** In diesem Zusammenhang trägt die VO (EG) Nr. 2157/1999 unter anderem dem strafrechtlichen Charakter der Sanktionen zum einen dadurch Rechnung, dass sie in Art. 2 Abs. 1 S. 1 VO (EG) Nr. 2157/1999 auf den **Grundsatz „ne bis in idem"** rekurriert, welcher der Einleitung von mehr als einem Übertretungsverfahren gegen das gleiche Unternehmen aufgrund des gleichen Sachverhalts im Wege steht.[681] Zum anderen wird durch die detaillierten Normierungen in Art. 6 VO (EG) Nr. 2157/1999 „ein hohes Maß an Schutz der Verteidigungsrechte"[682] des von einem Übertretungsverfahren betroffenen Unternehmens gewährleistet, welche durch die explizite Geltungsanordnung der **Grundsätze der Vertraulichkeit** und **der Geheimhaltung** für die Durchführung eines Übertretungsverfahrens in Art. 7 VO (EG) Nr. 2157/1999 nicht nur nicht beeinträchtigt,[683] sondern verstärkt werden.[684] Daneben muss die Europäische Zentralbank bei der Durchführung des Verfahrens zur Festlegung der entsprechenden Sanktionen sicherstellen, dass „die Verteidigungsrechte Dritter gemäß den allgemeinen Rechtsgrundsätzen und der Rechtsprechung des Gerichtshofs der Europäischen Gemeinschaften, insbesondere gemäß der bestehenden Rechtsprechung hinsichtlich der Unter-

---

[678] ABl. 1999 L 264, 21, zuletzt geändert durch Art. 1 der Verordnung (EU) 2023/1092 der Europäischen Zentralbank vom 25. Mai 2023 zur Änderung der Verordnung (EG) Nr. 2157/1999 über das Recht der Europäischen Zentralbank, Sanktionen zu verhängen (EZB/1999/4), (EZB/2023/13), ABl. 2023 L 146, 15.
[679] Vgl. Ohler, Bankenaufsicht und Geldpolitik in der Währungsunion, 2015, § 5 Rn. 237; Ohler/Schmidt-Wenzel in Siekmann, EWU, 2013, AEUV Art. 132 Rn. 90, 95.
[680] Die Bestimmungen für die Verhängung von Sanktionen bei Übertretungen in Bezug auf von der Europäischen Zentralbank in Ausübung ihrer Aufsichtsaufgaben erlassene Beschlüsse und Verordnungen wurden erst durch die auf Empfehlung für eine Verordnung des Rates zur Änderung der Verordnung (EG) Nr. 2532/98, über das Recht der Europäischen Zentralbank Sanktionen zu verhängen (EZB/2014/19) (Vorgelegt von der Europäischen Zentralbank), (2014/C 144/02), ABl. 2014 C 144, 2, erlassene Verordnung (EU) 2015/159 des Rates vom 27. Januar 2015 zur Änderung der Verordnung (EG) Nr. 2532/98 über das Recht der Europäischen Zentralbank, Sanktionen zu verhängen, ABl. 2015 L 27, 1, eingeführt.
[681] Vgl. auch Erwägungsgrund 7 VO (EG) Nr. 2157/1999. Zur Problematik einer unter einem Verstoß gegen die in der VO (EG) Nr. 2532/98 festgelegten Formvorgaben ergangenen Entscheidung der Europäischen Zentralbank im Hinblick auf den Grundsatz „ne bis in idem" Ohler/Schmidt-Wenzel in Siekmann, EWU, 2013, AEUV Art. 132 Rn. 94.
[682] Vgl. Erwägungsgrund 8 VO (EG) Nr. 2157/1999.
[683] Vgl. Erwägungsgründe 8, 13 S. 5 und insbesondere 11 S. 2 VO (EG) Nr. 2157/1999, wonach „[d]ie Vertraulichkeit und die Geheimhaltung [...] nicht die Verteidigungsrechte des betroffenen Unternehmens [beeinträchtigen]."
[684] In diesem Lichte stellt die Veröffentlichung einer Entscheidung über die Verhängung einer Sanktion „eine außergewöhnliche Maßnahme" dar, welche die Europäische Zentralbank auch erst nach angemessener Berücksichtigung „der voraussichtlichen Auswirkungen einer solchen Entscheidung auf den Ruf des betroffenen Unternehmens und der legitimen Geschäftsinteressen dieses Unternehmens" treffen darf, ohne dass damit die Offenlegung von vertraulichen Informationen erlaubt wird, vgl. Erwägungsgrund 13 S. 2, S. 5 und Art. 9 Abs. 1 VO (EG) Nr. 2157/1999.

suchungsbefugnisse der Europäischen Kommission im Bereich Wettbewerb, soweit wie möglich berücksichtigt werden".[685]

Die in Art. 10 VO (EG) Nr. 2157/1999 für Fälle der geringfügigen Übertretungen 243 vorgesehene Anwendung eines **vereinfachten Übertretungsverfahrens** bei Sanktionen, die den Betrag von **25 000 EUR** nicht überschreiten, minimiert auch dann die von den Sanktionen für das Unternehmen ausgehende belastende Wirkung, wenn die Sanktionierung lediglich „[i]m Interesse einer sicheren und effizienten administrativen Abwicklung"[686] erfolgt.

III. Verordnung (EU) Nr. 1024/2013 des Rates vom 15. Oktober 2013 zur Übertragung besonderer Aufgaben im Zusammenhang mit der Aufsicht über Kreditinstitute auf die Europäische Zentralbank

Die Verhängung von **Sanktionen**[687] „nach Maßgabe der Verordnung (EG) 244 Nr. 2532/98" als Ausdruck der empfindlichen repressiven Sanktionsbefugnisse der Europäischen Zentralbank[688] und die Verhängung von **Verwaltungsgeldbußen** ermöglichen die unter der Überschrift „Verwaltungssanktionen" gefassten **Regelungsregime des Art. 18 SSM-VO**. Gestützt auf Art. 127 Abs. 6 AEUV wird der rechtliche Rahmen für die Aufsicht der Europäischen Zentralbank über Kreditinstitute in der Eurozone sowie den freiwillig am Single Supervisory Mechanism (SSM) teilnehmenden Mitgliedstaaten festgelegt.

1. Sanktionen „nach Maßgabe der Verordnung (EG) Nr. 2532/98" gemäß Art. 18 245 Abs. 7 SSM-VO.

Bei Verstößen gegen Verordnungen oder Beschlüsse der Europäischen Zentralbank sieht **Art. 18 Abs. 7 SSM-VO** die Verhängung von Sanktionen „nach Maßgabe der Verordnung (EG) Nr. 2532/98" für die Zwecke der Wahrnehmung der nach Art. 4 Abs. 1 und Abs. 2 sowie Art. 5 VO (EU) Nr. 1024/2013 der Europäischen Zentralbank übertragenen besonderen Aufgaben[689] im Zusammenhang mit der Aufsicht über Kreditinstitute in den Mitgliedstaaten, deren Währung der Euro ist oder die eine enge Zusammenarbeit nach Maßgabe des Art. 7 SSM-VO eingegangen sind (Art. 2 Nr. 1 VO (EU) Nr. 1024/2013), vor. Neben der Befugnis der Europäischen Zentralbank zur Ahndung von Verstößen gegen unmittelbar anwendbares Unionsrecht mit dem Instrument der Verwaltungsgeldbußen nach Art. 18 Abs. 1 SSM-VO und der ihr verliehenen Befugnis, die nationalen Behörden zur Verhängung von Sanktionen bei Verstößen gegen die eine Umsetzung in nationales Recht bedürfenden Unionsrechtsakte nach Art. 18 Abs. 5 SSM-VO anzuweisen, bildet er ein weiteres Regelungsregime des Art. 18 SSM-VO.[690] Da das Sanktionsregime des Art. 18 Abs. 7 SSM-VO im Konglomerat der Bestimmungen für die Verhängung von Sanktionen durch die Europäische Zentralbank für die Nichteinhaltung

---

[685] Erwägungsgrund 5 VO (EG) Nr. 2157/1999.
[686] Vgl. Erwägungsgrund 15 VO (EG) Nr. 2157/1999.
[687] Allgemein zu Sanktionen im Rahmen der Bankenaufsicht MacNeil in Moloney/Ferran/Payne, The Oxford handbook of financial regulation, 2015, 280 (280 ff.).
[688] Vgl. Vossen, Rechtsschutz in der europäischen Bankenaufsicht, 2020, S. 183.
[689] Zu den der Europäischen Zentralbank nicht übertragenen, bei den nationalen Behörden verbliebenen Aufgaben zählen neben der „Befugnis zur Entgegennahme von Mitteilungen der Kreditinstitute im Zusammenhang mit dem Niederlassungsrecht und der Dienstleistungsfreiheit […] die Beaufsichtigung von Einrichtungen, die keine Kreditinstitute iSd Unionsrechts sind, die aber nach nationalem Recht wie Kreditinstitute zu beaufsichtigen sind, die Beaufsichtigung von Kreditinstituten aus Drittländern, die in der Union eine Zweigstelle errichten oder grenzüberschreitend Dienstleistungen erbringen, die Überwachung von Zahlungsdienstleistungen, die Durchführung der täglichen Überprüfung von Kreditinstituten, die Wahrnehmung der Funktionen der zuständigen Behörden in Bezug auf Kreditinstitute hinsichtlich der Märkte für Finanzinstrumente und die Bekämpfung des Missbrauchs des Finanzsystems für Geldwäsche und Terrorismusfinanzierung sowie der Verbraucherschutz"; s. Erwägungsgrund 28 SSM-VO.
[690] Hierzu Vossen, Rechtsschutz in der europäischen Bankenaufsicht, 2020, S. 183, der von zwei Regelungsregimen des Art. 18 SSM-VO ausgeht; Lackhoff Journal of International Banking Law and Regulation 2014, 498 (509) unterscheidet hingegen zwischen drei Regelungsregimen des Art. 18 SSM-VO.

der sich aus ihren Verordnungen oder Beschlüssen ergebenden Verpflichtungen auf die Befugnis zur Sanktionsverhängung „nach Maßgabe der Verordnung (EG) Nr. 2532/98" beschränkt ist, enthalten **Art. 4a, 4b** und **4c VO (EG) Nr. 2532/98** besondere **Bestimmungen für die Sanktionsobergrenzen, Verfahrensregeln und Fristen,** die bei der Verhängung von Sanktionen im Rahmen der Ausübung von Aufsichtsaufgaben durch die Europäische Zentralbank zu beachten sind.

246 a) **Bedeutende und weniger bedeutende beaufsichtige Unternehmen als Sanktionsadressaten.** Art. 18 Abs. 7 SSM-VO enthält keine näheren Angaben zum Adressatenkreis der nach dieser Vorschrift möglichen Sanktionen „nach Maßgabe der Verordnung (EG) Nr. 2532/98". Diesbezüglich enthält Art. 122 der Verordnung (EU) Nr. 468/2014 der Europäischen Zentralbank vom 16. April 2014 zur Einrichtung eines Rahmenwerks für die Zusammenarbeit zwischen der Europäischen Zentralbank und den nationalen zuständigen Behörden und den nationalen benannten Behörden innerhalb des einheitlichen Aufsichtsmechanismus (SSM-Rahmenverordnung) (EZB/2014/17)[691] (SSM-RahmenVO) Konkretisierungen. Diese Verordnung, die insbesondere auf der Grundlage der Art. 127 Abs. 6 und 132 AEUV (Art. 110 EGV-Nizza, Art. 110 EGV-Amsterdam, Art. 108a EGV-Maastricht), Art. 34 EZB-Satzung sowie Art. 4 Abs. 3, Art. 6 und Art. 33 Abs. 2 SSM-VO erlassen wurde, enthält – wenn auch nicht ausschließlich – Vorschriften zu den Verfahren für den Erlass von gegen die beaufsichtigten Unternehmen oder andere Personen gerichteten Aufsichtsbeschlüssen (Art. 1 Abs. 1 lit. f SSM-RahmenVO), deren Spezialfall die Beschlüsse der Europäischen Zentralbank über die Verhängung von Verwaltungssanktionen nach Art. 18 SSM-VO bilden.[692]

247 Die Befugnisse der Europäischen Zentralbank, „die in Artikel 2 der Verordnung (EG) Nr. 2532/98 vorgesehenen und nach Artikel 18 Absatz 7 der SSM-Verordnung verhängten Geldbußen und in regelmäßigen Abständen zu zahlenden Strafgelder" als **„Verwaltungssanktionen"** iSd Art. 120 lit. b SSM-RahmenVO nach Art. 18 Abs. 7 SSM-VO zu verhängen, erstreckt Art. 122 SSM-RahmenVO auf **bedeutende beaufsichtigte Unternehmen** (Art. 122 lit. a SSM-RahmenVO) und – sofern die einschlägigen Verordnungen oder Beschlüsse der Europäischen Zentralbank weniger bedeutenden Unternehmen Verpflichtungen gegenüber der Europäischen Zentralbank auferlegen – **weniger bedeutende beaufsichtigte Unternehmen** (Art. 122 lit. b SSM-RahmenVO), wenn sie die Verpflichtungen aus Verordnungen oder Beschlüssen der Europäischen Zentralbank nicht einhalten. Dabei erfüllt den Begriff eines **„bedeutende[n] beaufsichtigte[n] Unternehmen[s]"** „ein bedeutendes beaufsichtigtes Unternehmen in einem Mitgliedstaat des Euro-Währungsgebiets", mithin „ein beaufsichtigtes Unternehmen, das in einem Mitgliedstaat des Euro-Währungsgebiets niedergelassen ist und gemäß einem Beschluss der Europäischen Zentralbank auf Grundlage von Artikel 6 Absatz 4 oder Absatz 5 Buchstabe b der SSM-Verordnung den Status eines bedeutenden beaufsichtigten Unternehmens hat" (Art. 2 S. 2 Nr. 16 lit. a SSM-RahmenVO iVm Art. 2 S. 2 Nr. 17 SSM-RahmenVO). Daneben wird von diesem Begriff auch „ein bedeutendes beaufsichtigtes Unternehmen in einem nicht dem Euro-Währungsgebiet angehörenden, teilnehmenden Mitgliedstaat" erfasst, worunter „ein beaufsichtigtes Unternehmen, das in einem nicht dem Euro-Währungsgebiet angehörenden teilnehmenden Mitgliedstaat niedergelassen ist und gemäß einem Beschluss der Europäischen Zentralbank aufgrundlage von Artikel 6 Absatz 4 oder Absatz 5 Buchstabe b der SSM-Verordnung den Status eines bedeutenden beaufsichtigten Unternehmens hat"(Art. 2 S. 2 Nr. 16 lit. b SSM-RahmenVO iVm Art. 2 S. 2 Nr. 18 SSM-RahmenVO), zu verstehen ist. Ein **„weniger bedeutendes beaufsichtigtes Unternehmen"** liegt vor, wenn dieses entweder „ein weniger bedeutendes beaufsichtigtes Unternehmen in einem Mitgliedstaat des Euro-Währungsgebiets", mithin „ein beaufsichtigtes Unternehmen, das in einem Mitgliedstaat des Euro-Währungsgebiets niedergelassen ist und nicht den

---

[691] ABl. 2014 L 141, 1, berichtigt ABl. 2017 L 113, 64, ABl. 2018 L 65, 49.
[692] Kazimierski, Rechtsschutz im Rahmen der Europäischen Bankenaufsicht, 2020, S. 225.

Status eines bedeutenden beaufsichtigten Unternehmens iSv Artikel 6 Absatz 4 der SSM-Verordnung hat" (Art. 2 S. 2 Nr. 7 lit. a SSM-RahmenVO iVm Art. 2 S. 2 Nr. 8 SSM-RahmenVO), ist oder welches als – nicht näher definiertes – „ein weniger bedeutendes beaufsichtigtes Unternehmen in einem nicht dem Euro-Währungsgebiet angehörenden Mitgliedstaat, der ein teilnehmender Mitgliedstaat ist" (Art. 2 S. 2 Nr. 7 lit. b SSM-RahmenVO), zu qualifizieren ist.

b) Verfahrensregeln. „Für die Zwecke der in Artikel 18 Absatz 7 der SSM-Verordnung 248 vorgesehenen Verfahren" werden die in der VO (EG) Nr. 2532/98 festgelegten Verfahrensregeln durch die in Art. 123 ff. SSM-RahmenVO verankerten Verfahrensregeln ergänzt, die nach Art. 121 Abs. 2 SSM-RahmenVO gemäß den Art. 25 und 26 SSM-VO angewandt werden. Von Bedeutung sind insbesondere die in Art. 126 SSM-RahmenVO normierten Verfahrensrechte der betroffenen beaufsichtigten Unternehmen im Rahmen der Untersuchung mutmaßlicher Verstöße.

2. Verwaltungsgeldbußen oder gegebenenfalls andere im einschlägigen Unions- 249
recht vorgesehene Geldbußen gemäß Art. 18 Abs. 1 SSM-VO. Auf der Grundlage von Art. 18 Abs. 1 SSM-VO[693] als einer „Kernregelung im aufsichtsbezogenen Sanktionssystem der Europäischen Zentralbank"[694] kann die Europäische Zentralbank für die Zwecke der Wahrnehmung der ihr durch die SSM-VO übertragenen Aufgaben **Verwaltungsgeldbußen oder gegebenenfalls andere im einschlägigen Unionsrecht vorgesehene Geldbußen** gegen Kreditinstitute, Finanzholdinggesellschaften oder gemischte Finanzholdinggesellschaften verhängen, wenn diese vorsätzlich oder fahrlässig gegen eine Anforderung aus direkt anwendbaren Rechtsakten der Union verstoßen und das Unionsrecht wegen dieses Verstoßes die Möglichkeit zur Verhängung von Verwaltungsgeldbußen für die zuständigen Behörden vorsieht. Dabei ist es grundsätzlich irrelevant, ob das Kreditinstitut bedeutend oder weniger bedeutend iSv Art. 6 Abs. 4 SSM-VO ist.[695]

a) Kreditinstitute, Finanzholdinggesellschaften und gemischte Finanzholdigge- 250
sellschaften als Adressaten der Verwaltungsgeldbußen bzw. anderen im einschlägigen Unionsrecht vorgesehenen Geldbußen. Den Adressatenkreis der für die Zwecke der Wahrnehmung der durch die SSM-VO der Europäischen Zentralbank übertragenen Aufgaben zu verhängenden Verwaltungsgeldbußen oder gegebenenfalls anderen im einschlägigen Unionsrecht vorgesehenen Geldbußen legt Art. 18 Abs. 1 SSM-VO mit **Kreditinstituten, Finanzholdinggesellschaften** und **gemischten Finanzholdinggesellschaften** fest.

aa) Kreditinstitut. Ist unter einem **„Kreditinstitut"** gemäß Art. 2 Nr. 3 SSM-VO „ein 251
Kreditinstitut iSd Art. 4 Abs. 1 Nr. 1 der Verordnung (EU) Nr. 575/2013"[696] zu ver-

---

[693] In dieser Bestimmung sieht Ohler die alleinige Rechtsgrundlage für die Verhängung Geldbußen im aufsichtlichen Zuständigkeitsbereich der Europäischen Zentralbank; s. Ohler, Bankenaufsicht und Geldpolitik in der Währungsunion, 2015, § 5 Rn. 238; aA Vossen, Rechtsschutz in der Europäischen Bankenaufsicht, 2020, S. 184, der mit den Bestimmungen des Art. 18 Abs. 7 und Abs. 1 SSM-VO von zwei unterschiedlichen Rechtsgrundlagen für die Sanktionsart der Geldbuße ausgeht, jedoch Art. 18 Abs. 7 SSM-VO iVm Art. 2 Abs. 1 lit. a, Art. 4a Abs. 1 lit. a VO (EG) 2532/98 für lex specialis hält, wenn Verstöße gegen Verordnungen und Beschlüssen vorliegen. In diesem Sinne im Ergebnis wohl auch Lackhoff Journal of International Banking Law and Regulation 2014, 498 (510). Für die Möglichkeit der Verhängung von Geldbußen gemäß Art. 18 Abs. 7 SSM-VO unabhängig von der Sanktionierung für Verstöße gegen direkt anwendbares Unionsrecht Kazimierski, Rechtsschutz im Rahmen der Europäischen Bankenaufsicht, 2020, S. 77.
[694] Zagouras WM 2017, 558 (561).
[695] Ohler, Bankenaufsicht und Geldpolitik in der Währungsunion, 2015, § 5 Rn. 239; Zagouras WM 2017, 558 (563); zweifelnd Schneider EuZW-Beilage 2014, 18 (29 f.); aA Kazimierski, Rechtsschutz im Rahmen der Europäischen Bankenaufsicht, 2020, der unter Verweis auf Wortlaut von der Erstreckung der Befugnis nach Art. 18 Abs. 1 SSM-VO nur auf bedeutende Kreditinstitute ausgeht.
[696] Verordnung (EU) Nr. 575/2013 des Europäischen Parlaments und des Rates vom 26. Juni 2013 über Aufsichtsanforderungen an Kreditinstitute und zur Änderung der Verordnung (EU) Nr. 648/2012, (VO (EU) Nr. 575/2013), ABl. 2013 L 176, 1, berichtigt ABl. 2013 L 208, 68, ABl. 2013 L 321, 6,

stehen, so handelt es sich um ein Unternehmen, dessen Tätigkeit entweder darin besteht, „Einlagen oder andere rückzahlbare Gelder des Publikums entgegenzunehmen und Kredite für eigene Rechnung zu gewähren" (Art. 4 Abs. 1 Nr. 1 lit. a VO (EU) Nr. 575/2013) oder „eine der in Anhang I Abschnitt A Nummern 3 und 6 der Richtlinie 2014/65/EU des Europäischen Parlaments und des Rates[697] genannten Tätigkeiten auszuüben, sofern das Unternehmen kein Waren- und Emissionszertifikatehändler, Organismus für gemeinsame Anlagen oder Versicherungsunternehmen ist und einer der folgenden [unter Art. 4 Abs. 1 Nr. 1 lit. b VO (EU) Nr. 575/2013 geregelten] Sachverhalte zutrifft:

i. der Gesamtwert der konsolidierten Bilanzsumme des Unternehmens beträgt 30 Mrd. EUR oder mehr;

ii. der Gesamtwert der Vermögenswerte des Unternehmens liegt unter 30 Mrd. EUR und das Unternehmen gehört einer Gruppe an, in der der Gesamtwert der konsolidierten Bilanzsumme aller Unternehmen der Gruppe, die einzeln über Gesamtvermögenswerte von weniger als 30 Mrd. EUR verfügen und eine der in Anhang I Abschnitt A Nummern 3 und 6 der Richtlinie 2014/65/EU genannten Tätigkeiten ausüben, 30 Mrd. EUR oder mehr beträgt, oder

iii. der Gesamtwert der Vermögenswerte des Unternehmens liegt unter 30 Mrd. EUR und das Unternehmen gehört einer Gruppe an, in der der Gesamtwert der konsolidierten Bilanzsumme aller Unternehmen der Gruppe, die eine der in Anhang I Abschnitt A Nummern 3 und 6 der Richtlinie 2014/65/EU genannten Tätigkeiten ausüben, 30 Mrd. EUR oder mehr beträgt, wobei die konsolidierende Aufsichtsbehörde in Abstimmung mit dem Aufsichtskollegium eine entsprechende Entscheidung trifft, um möglichen Umgehungsrisiken und potenziellen Risiken für die Finanzstabilität der Union entgegenzuwirken.

252 Für den Zweck des Buchstaben b Ziffern ii und iii werden in dem Fall, dass das Unternehmen einer Drittlandgruppe angehört, die gesamten Vermögenswerte jeder Zweigstelle der Drittlandgruppe, die in der Union zugelassen ist, in den kombinierten Gesamtwert der Vermögenswerte aller Unternehmen der Gruppe eingerechnet."

253 **bb) Finanzholdinggesellschaft.** Handelt es sich bei dem Sanktionsadressaten „Finanzholdinggesellschaft" nach Art. 2 Nr. 4 SSM-VO um „eine Finanzholdinggesellschaft iSd Art. 4 Abs. 1 Nr. 20 der VO (EU) Nr. 575/2013", so ist damit „ein Finanzinstitut [gemeint], das keine gemischte Finanzholdinggesellschaft ist und dessen Tochterunternehmen ausschließlich oder hauptsächlich Institute oder Finanzinstitute sind; die Tochterunternehmen eines Finanzinstituts sind dann hauptsächlich Institute oder Finanzinstitute, wenn mindestens eines dieser Tochterunternehmen ein Institut ist und wenn über 50 % des Eigenkapitals, der konsolidierten Bilanzsumme, der Einkünfte, des Personals des Finanzinstituts oder eines anderen von der zuständigen Behörde als relevant erachteten Indikators Tochterunternehmen zuzuordnen sind, bei denen es sich um Institute oder Finanzinstitute handelt".

254 **cc) Gemischte Finanzholdinggesellschaft iSd Art. 2 Nr. 15 RL 2002/87/EG.** Bei dem Sanktionsadressaten „gemischte Finanzholdinggesellschaft" handelt es sich ausweislich des Art. 2 Nr. 5 SSM-VO um „eine gemischte Finanzholdinggesellschaft iSd Art. 2 Nr. 15 der Richtlinie 2002/87/EG des Europäischen Parlaments und des Rates vom 16. Dezem-

---

ABl. 2015 L 193, 166, ABl. 2017 L 20, 3, ABl. 2023 L 92, 29, zuletzt geändert durch Art. 5 der Verordnung (EU) 2023/2869 des Europäischen Parlaments und des Rates vom 13. Dezember 2023 zur Änderung bestimmter Verordnungen in Bezug auf die Einrichtung und die Funktionsweise des zentralen europäischen Zugangsportals, ABl. 2023 L 2869, 1.

[697] Richtlinie 2014/65/EU des Europäischen Parlaments und des Rates vom 15. Mai 2014 über Märkte für Finanzinstrumente sowie zur Änderung der Richtlinien 2002/92/EG und 2011/61/EU, ABl. 2014 L 173, 349, berichtigt ABl. 2015 L 74, 38, ABl. 2016 L 188, 28, ABl. 2016 L 273, 35, ABl. 2017 L 64, 116, ABl. 2017 L 278, 56, zuletzt geändert durch Art. 12 der Richtlinie (EU) 2023/2864 des Europäischen Parlaments.

ber 2002 über die zusätzliche Beaufsichtigung der Kreditinstitute, Versicherungsunternehmen und Wertpapierfirmen eines Finanzkonglomerats"[698] und somit um „ein nicht der Aufsicht unterliegendes Mutterunternehmen, das zusammen mit seinen Tochterunternehmen, von denen mindestens eines ein beaufsichtigtes Unternehmen ist, das seinen Sitz in der Union hat, und anderen Unternehmen ein Finanzkonglomerat bildet."

b) Sanktionierung der Verstöße gegen eine Anforderung aus direkt anwendbaren Rechtsakten der Union. Die Verhängung von Verwaltungsgeldbußen nach Art. 18 Abs. 1 SSM-VO sanktioniert die vollendeten vorsätzlichen oder fahrlässigen rechtswidrigen Verstöße gegen eine Anforderung aus direkt anwendbaren Rechtsakten der Union – den Verordnungen des Unionsgesetzgebers, der Kommission oder der Europäischen Zentralbank einschließlich der von der Europäischen Zentralbank erlassenen Beschlüssen – durch einen Adressaten der Regelung infolge eines Tuns oder Unterlassens.[699] Legt man den Verstößen im Sinne dieser Vorschrift das Verständnis von zurechenbaren, in der rechtswidrigen Nichterfüllung einer sekundärrechtlichen Pflicht aufgrund einer derartigen Verordnung oder eines derartigen Beschlusses bestehenden Handlungen oder Unterlassungen zugrunde, so wird dem Unternehmen das Verschulden des unternehmensintern für das sanktionierende Verhalten im konkreten Fall die Verantwortung Tragenden zugerechnet.[700] 255

3. Grenzen und Bedingungen für die Ausübung der Sanktionskompetenz der Europäischen Zentralbank. Die Sanktionen müssen gemäß Art. 18 Abs. 3 S. 1 SSM-VO „wirksam, verhältnismäßig und abschreckend" sein. Art. 18 Abs. 1 SSM-VO erfüllt diese Vorgabe hinsichtlich der Höhe der zu verhängenden Verwaltungsgeldbußen durch den Sanktionsrahmen von **bis zur zweifachen Höhe** der aufgrund des Verstoßes erzielten **Gewinne** oder **verhinderten Verluste** – sofern diese sich beziffern lassen – oder von bis zu **10 % des jährlichen Gesamtumsatzes** iSd einschlägigen Unionsrechts einer juristischen Person im vorangegangenen Geschäftsjahr. Der in dieser Vorschrift genannte jährliche Gesamtumsatz bezeichnet gemäß Art. 128 S. 1 SSM-RahmenVO „den jährlichen Gesamtumsatz iSv Artikel 67 der Richtlinie 2013/36/EU,[701] den ein beaufsichtigtes Unternehmen gemäß seinem letzten Jahresabschluss erzielt hat" und somit „d[en] jährlichen Gesamtnettoumsat[z] einschließlich des Bruttoertrags,[702] bestehend aus Zinserträgen und ähnlichen Erträgen, Erträgen aus Aktien, anderen Anteilsrechten und variabel verzinslichen/festverzinslichen Wertpapieren sowie Erträgen aus Provisionen und Gebühren entsprechend Artikel 305 der Verordnung (EU) Nr. 575/2013 des Unternehmens im vorangegangenen Geschäftsjahr".[703] Gehört das beaufsichtigte Unternehmen, das den Verstoß begangen hat, einer beaufsichtigten Gruppe an, ist gemäß Art. 128 S. 2 SSM-RahmenVO der relevante jährliche Gesamtumsatz „der sich aus dem konsolidierten Jahresabschluss der 256

---

[698] ABl. 2002 L 35, 1, zuletzt geändert durch Art. 1 der Richtlinie (EU) 2023/2864 des Europäischen Parlaments und des Rates vom 13. Dezember 2023 zur Änderung bestimmter Richtlinien in Bezug auf die Einrichtung und die Funktionsweise des zentralen europäischen Zugangsportals, ABl. 2023 L 2864, 1.
[699] Ohler, Bankenaufsicht und Geldpolitik in der Währungsunion, 2015, § 5 Rn. 241 f.
[700] So Ohler, Bankenaufsicht und Geldpolitik in der Währungsunion, 2015, § 5 Rn. 241; zweifelnd Schneider EuZW-Beilage 2014, 18 (22).
[701] Richtlinie 2013/36/EU des Europäischen Parlaments und des Rates vom 26. Juni 2013 über den Zugang zur Tätigkeit von Kreditinstituten und die Beaufsichtigung von Kreditinstituten, zur Änderung der Richtlinie 2002/87/EG und zur Aufhebung der Richtlinien 2006/48/EG und 2006/49/EG, ABl. 2013 L 176, 338, berichtigt ABl. 2013 L 208, 73, ABl. 2017 L 20, 1, ABl. 2020 L 203, 95, ABl. 2020 L 436, 77, zuletzt geändert durch Art. 10 der Richtlinie (EU) 2023/2864 des Europäischen Parlaments und des Rates vom 13. Dezember 2023 zur Änderung bestimmter Richtlinien in Bezug auf die Einrichtung und die Funktionsweise des zentralen europäischen Zugangsportals, ABl. 2023 L 2864, 1 (RL 2013/36/EU).
[702] Ist das Unternehmen nach Art. 67 Abs. 1 lit. e RL 2013/36/EU Tochterunternehmen eines Mutterunternehmens, bezeichnet „Bruttoertrag" den Bruttoertrag, der im vorangegangenen Geschäftsjahr im konsolidierten Abschluss des Mutterunternehmens an der Spitze der Gruppe ausgewiesen wurde, Art. 67 Abs. 2 UAbs. 2 RL 2013/36/EU.
[703] Vgl. Art. 65 Abs. 2 UAbs. 2 lit. e RL 2013/36/EU.

beaufsichtigen Gruppe ergebende jährliche Gesamtumsatz." Handelt es sich bei der juristischen Person um die Tochtergesellschaft einer Muttergesellschaft, so ist gemäß Art. 18 Abs. 2 SSM-VO der relevante jährliche Gesamtumsatz iSd Vorschrift „der jährliche Gesamtumsatz, der im vorangegangenen Geschäftsjahr im konsolidierten Abschluss der an der Spitze stehenden Muttergesellschaft ausgewiesen ist."

257 Gemäß Art. 18 Abs. 1 SSM-VO setzt die Verhängung einer Verwaltungsgeldbuße durch die Europäische Zentralbank zwingend die Befugnis der Aufsichtsbehörden zur Verhängung von Verwaltungsgeldbußen für den Fall eines vorsätzlichen oder fahrlässigen Verstoßes gegen eine Anforderung aus direkt anwendbaren Rechtsakten der Union voraus, die sich aus dem materiellen Aufsichtsrecht der Union ergeben muss.[704] Diese Bedingung schränkt die Befugnis der Europäischen Zentralbank nach Art. 18 Abs. 1 SSM-VO in zweierlei Hinsicht ein: Zum einen muss ein Normverstoß gegen einen Sekundärrechtsakt vorliegen, und zum anderen muss es sich um eine Verwaltungssanktion (zB Art. 66 Abs. 2, Art. 67 Abs. 2 RL 2013/36/EU) handeln,[705] für deren Verhängung die Europäische Zentralbank zuständig ist.

258 Gemäß Art. 18 Abs. 3 S. 2 SSM-VO ist für die Entscheidung, ob eine Sanktion verhängt wird und welche Art von Sanktionen geeignet ist, für das Handeln der Europäischen Zentralbank Art. 9 Abs. 2 SSM-VO einzuhalten, der für die Ausübung der Aufsichts- und Untersuchungsbefugnisse durch die Europäische Zentralbank unter anderem den „Einklang" mit den in Art. 4 Abs. 3 UAbs. 1 SSM-VO genannten Rechtsakten fordert (Art. 9 Abs. 2 S. SSM-VO). Die in Art. 18 Abs. 3 SSM-VO für die Verhängung von Sanktionen vorgegebenen Kriterien der **Wirksamkeit, Verhältnismäßigkeit** und **Abschreckung** lassen sich hinsichtlich der Festsetzung der Art der Verwaltungssanktionen und der Höhe der Geldbußen durch die in Art. 70 RL 2013/36/EU ausgeführten „maßgeblichen Umstände" konkretisieren,[706] zu denen die Schwere und Dauer des Verstoßes, der Grad an Verantwortung der für den Verstoß verantwortlichen natürlichen oder juristischen Person und ihre Finanzkraft, die Höhe der durch sie erzielten Gewinne bzw. verhinderten Verluste, das Maß ihrer Bereitschaft zur Zusammenarbeit mit der zuständigen Behörde, ihre frühere Verstöße wie auch die Verluste, die Dritten durch den Verstoß entstanden sind, sowie alle möglichen systemrelevanten Auswirkungen des Verstoßes zählen.

259 Im Einklang mit Art. 18 Abs. 4 SSM-VO, der die Anwendung von Art. 18 SSM-VO „nach Maßgabe der Rechtsakte nach Artikel 4 Absatz 3 Unterabsatz 1 dieser Verordnung einschließlich – soweit angemessen – der Verfahren nach der Verordnung (EG) Nr. 2532/98" vorgibt, gelten gemäß Art. 121 Abs. 1 SSM-RahmenVO für die Zwecke der in Art. 18 Abs. 1 SSM-VO vorgesehenen Verfahren nur die in Art. 123 ff. SSM-RahmenVO festgelegten Verfahrensregeln.

260 Die aus dem Sanktionscharakter der Verwaltungsgeldbußen resultierende Verpflichtung zur Wahrung der für strafrechtliche Sanktionen geltenden grundrechtlichen Anforderungen zwingt die Europäische Zentralbank auch bei Verhängung von Verwaltungsgeldbußen zur Beachtung sowohl der Anforderungen an ein faires Verfahren iSv Art. 6 Abs. 1 EMRK, der Art. 47 GrCh entspricht, als auch von Art. 50 GrCh, der einer doppelten Sanktionierung des gleichen Verstoßes durch die Europäische Zentralbank und eine nationale zuständige Behörde entgegensteht.[707] Dem Verbot der Verobjektivierung des Adressaten einer Verwaltungsgeldbuße trägt auch in diesem Zusammenhang Art. 126 SSM-RahmenVO Rechnung, indem er die Verfahrensrechte der Unternehmen herausstellt.

261 **4. Rechtsschutz gegen die Sanktionsbeschlüsse.** Die der Europäischen Zentralbank nach Art. 282 Abs. 3 S. 3 AEUV und Art. 130 AEUV (Art. 108 EGV-Nizza; Art. 108 EGV-Amsterdam; Art. 107 EGV-Maastricht) gewährte umfassende Unabhängigkeit, wel-

---
[704] Ohler, Bankenaufsicht und Geldpolitik in der Währungsunion, 2015, § 5 Rn. 242.
[705] Vgl. Ohler, Bankenaufsicht und Geldpolitik in der Währungsunion, 2015, § 5 Rn. 242.
[706] Ohler, Bankenaufsicht und Geldpolitik in der Währungsunion, 2015, § 5 Rn. 243.
[707] Ohler, Bankenaufsicht und Geldpolitik in der Währungsunion, 2015, § 5 Rn. 240.

che die Verleihung einer Rechtspersönlichkeit, die Verfügung über eigene Mittel, eigenen Haushalt und eigene Beschlussorgane sowie die Ausstattung mit Vorrechten und Befreiungen für die Aufgabenwahrnehmung als Faktoren stärken können,[708] entbindet dieses Organ der Europäischen Union[709] (Art. 13 Abs. 1 UAbs. 2 6. Gedankenstrich EUV) weder von administrativer noch von gerichtlicher Kontrolle. Sie erstreckt sich auf die Sanktionen der Europäischen Zentralbank gegenüber Unternehmen, die einer vollen Überprüfbarkeit unterliegen.[710]

a) Administrativer Rechtsschutz. Der Rechtsschutz gegen die von der Europäischen Zentralbank in Ausübung ihrer Befugnisse erlassenen Beschlüsse wird auf administrativer Ebene durch **Art. 24 Abs. 5 SSM-VO** gewährleistet. Gemäß Art. 24 Abs. 5 S. 1, Abs. 6 SSM-VO iVm Art. 7 des Beschlusses der Europäischen Zentralbank vom 14. April 2014 zur Einrichtung eines administrativen Überprüfungsausschusses und zur Festlegung der Vorschriften für seine Arbeitsweise (EZB/2014/16) (2014/360/EU)[711] (Beschluss EZB/2014/16) kann jede natürliche oder juristische Person in den Fällen des Art. 24 Abs. 1 SSM-VO die Überprüfung eines an sie gerichteten oder sie unmittelbar und individuell betreffenden Beschlusses der Europäischen Zentralbank nach der SSM-VO innerhalb eines Monats nach seiner Bekanntgabe oder, sofern eine solche Bekanntgabe nicht erfolgt ist, innerhalb eines Monats ab dem Zeitpunkt, zu dem sie von dem Beschluss Kenntnis erlangt hat, bei der **Europäischen Zentralbank** beantragen. Neben dem damit auch für die beaufsichtigten Unternehmen im Falle der Verhängung von Verwaltungssanktionen nach Art. 18 SSM-VO sichergestellten verwaltungsinternen Rechtsschutz, dient die interne administrative Überprüfung der **Selbstkontrolle** der Europäischen Zentralbank.[712]

262

Art. 24 Abs. 1 S. 2 SSM-VO macht die verfahrensmäßige und materielle Übereinstimmung der im Rahmen der Ausübung der durch die SSM-VO übertragenen Befugnisse ergangenen Beschlüsse der Europäischen Zentralbank mit der SSM-VO zum **Prüfungsmaßstab des administrativen Überprüfungsausschusses** (Administrative Board of Review),[713] der sich – wie Art. 10 Abs. 2 Beschluss EZB/2014/16 klarstellt – auf die Prüfung der vom Antragsteller in dem Antrag auf Überprüfung angeführten Begründung und auf die Prüfung von Verstößen gegen wesentliche Formforschriften beschränkt. Mit diesem auf der Grundlage von Art. 24 (Abs. 10) SSM-VO erlassenen Rechtsakt für die Zwecke einer internen administrativen Überprüfung der Beschlüsse von der Europäischen Zentralbank eingerichtet,[714] setzt sich der administrative Überprüfungsausschuss gemäß Art. 24 Abs. 2 S. 1 SSM-VO iVm Art. 3 Abs. 1, 2 S. 1 Beschluss EZB/2014/16 aus fünf Personen zusammen, „die ein hohes Ansehen genießen, aus den Mitgliedstaaten stammen und nachweislich über einschlägige Kenntnisse und berufliche Erfahrungen, auch im Aufsichtswesen, von ausreichend hohem Niveau im Bankensektor oder im Bereich anderer Finanzdienstleistungen verfügen". Als weisungsfreie[715] Mitglieder eines unabhängigen Gremiums innerhalb der Europäischen Zentralbank[716] dürfen sie weder zum aktuellen Personal der Europäischen Zentralbank noch der zuständigen Behörden oder anderer Organe, Errichtungen,

263

---
[708] EuGH 10.7.2003 – C-11/00, ECLI:EU:C:2003:395 Rn. 132, Slg. 2003, I-7147 Rn. 132 = EuR 2003, 847 – Kommission/EZB.
[709] Zu den hiergegen wegen der möglichen Gefährdung einer unabhängigen Geldpolitik gerichteten Bedenken Streinz/Ohler/Herrmann, Der Vertrag von Lissabon zur Reform der EU, 3. Aufl. 2010, S. 69; s. auch Streinz EuropaR Rn. 1165.
[710] Ohler/Schmidt-Wenzel in Siekmann, EWU, 2013, AEUV Art. 132 Rn. 103.
[711] ABl. 2014 L 175, 47, zuletzt geändert durch Art. 1 des Beschlusses (EU) 2023/864 der Europäischen Zentralbank vom 13.4.2023 zur Änderung des Beschlusses EZB/2014/16 zur Einrichtung eines administrativen Überprüfungsausschusses und zur Festlegung der Vorschriften für seine Arbeitsweise (EZB/2023/11), ABl. 2023 C 112, 46.
[712] Ohler, Bankenaufsicht und Geldpolitik in der Währungsunion, 2015, § 5 Rn. 248.
[713] Vgl. Zagouras WM 2017, 558 (565).
[714] Vgl. Art. 24 Abs. 1 SSM-VO; Art. 2 Beschluss EZB/2014/16.
[715] Art. 24 Abs. 2 S. 4 SSM-VO iVm Art. 4 Abs. 4 S. 2 Beschluss EZB/2014/16.
[716] Vgl. Art. 24 Abs. 4 S. 1 SSM-VO iVm Art. 3 Abs. 2 S. 2 Beschluss EZB/2014/16; Ohler, Bankenaufsicht und Geldpolitik in der Währungsunion, 2015, § 5 Rn. 247.

Ämter und Agenturen der Mitgliedstaaten oder der Union gehören, das an der Wahrnehmung der der Europäischen Zentralbank durch die VO (EU) Nr. 1024/2013 übertragenen Aufgaben beteiligt ist.

264 Der Antrag auf Überprüfung begründet gemäß Art. 24 Abs. 8 S. 1 SSM-VO keine aufschiebende Wirkung für den Vollzug des angefochtenen Beschlusses, dessen Vollzug bei erforderlichen Umständen ausgesetzt werden kann (Art. 24 Abs. 8 S. 2 SSM-VO).

265 Der administrative Rechtsschutz ist fakultativ und „berührt nicht das Recht, gemäß den Verträgen ein Verfahren vor dem EuGH anzustrengen" (Art. 24 Abs. 11 SSM-VO).

266 **b) Gerichtlicher Rechtsschutz.** Die organisationsrechtliche Eigenständigkeit der Europäischen Zentralbank und der nationalen zuständigen Behörden bringt Art. 35 EZB-Satzung zum Tragen.[717] Als Ausdruck der Einbindung der Europäischen Zentralbank in das europäische Rechtsschutzsystem bestimmt Art. 35.1 S. 1 EZB-Satzung, dass die Handlungen und Unterlassung der Europäischen Zentralbank in den Fällen und unter den Bedingungen, die in den Verträgen vorgesehen sind, der Überprüfung und Auslegung durch den **Gerichtshof der Europäischen Union** unterliegen. Während der Gerichtshof der Europäischen Union gemäß Art. 51 lit. b EuGH-Satzung für die aufsichtlichen Klagen der Unionsorgane zuständig ist, sind die Direktklagen nach Art. 263 Abs. 4 AEUV (Art. 230 Abs. 4 EGV-Nizza; Art. 230 Abs. 4 EGV-Amsterdam; Art. 173 Abs. 4 EGV-Maastricht; Art. 173 Abs. 2 EWGV) gegen Verordnungen und Beschlüsse der Europäischen Zentralbank gemäß Art. 256 AEUV (Art. 225 EGV-Nizza; Art. 225 EGV-Amsterdam; Art. 168a EGV-Maastricht) von der Rechtsprechungsbefugnis des **Gerichts** gedeckt.[718]

267 **aa) Sanktionsbeschlüsse der Europäischen Zentralbank.** Nach der Bestimmung des Art. 5 VO (EG) Nr. 2532/98 wird dem **Gerichtshof der Europäischen Gemeinschaften** explizit die unbeschränkte Zuständigkeit für die Überprüfung der endgültigen Entscheidung über die Verhängung einer Sanktion übertragen, welche mit dem Verweis auf Art. 172 EGV-Maastricht (Art. 229 EGV-Amsterdam; Art. 229 EGV-Nizza; nunmehr Art. 261 AEUV) die Befugnis zur unbeschränkten Ermessensnachprüfung und zur Änderung oder Verhängung von der in der Verordnung vorgesehenen Zwangsmaßnahmen umfasst.

268 Mit dem Verweis auf Art. 263 AEUV (Art. 230 EGV-Nizza; Art. 230 EGV-Amsterdam; Art. 173 EGV-Maastricht; Art. 173 EWGV) stellt Erwägungsgrund 60 SSM-VO klar, dass die Beschlüsse, mit dem einem Unternehmen Sanktionen für Verstöße gegen eine Verordnung oder einen Beschluss der Europäischen Zentralbank auferlegt werden, mit der **Nichtigkeitsklage** gemäß Art. 263 Abs. 4 AEUV vor dem Gerichtshof anfechtbar sind. Bei dem nach Art. 1a VO (EG) Nr. 2532/98 gewählten – für die Verhängung der Sanktion als Regelung eines Einzelfalles tauglichen[719] – Handlungsinstrument eines Beschlusses, das auch der „Instrumentenkasten des Art. 4 Abs. 3 SSM-VO" gemäß Art. 132 Abs. 1 SSM-RahmenVO für die Verhängung von Verwaltungssanktionen iSv Art. 120 SSM-Rahmen-VO vorsieht, handelt es sich um einen **adressatenbezogenen Beschluss nach Art. 132 Abs. 1, 2. Gedankenstrich AEUV,** der als Rechtsakt der Europäischen Zentralbank eine Zahlungsverpflichtung auferlegt und gemäß Art. 299 Abs. 1 AEUV ein **vollstreckbarer Titel** ist.[720] Normtechnisch ist diese Handlungsform der Europäischen Zentralbank im Sinne der unionsrechtlichen Handlungsform des Art. 288 Abs. 4 AEUV zu verstehen, die als eine in allen ihren Teilen verbindliche Entscheidung lediglich gegenüber dem Sankti-

---

[717] Vgl. Ohler, Bankenaufsicht und Geldpolitik in der Währungsunion, 2015, § 5 Rn. 246.
[718] Ohler, Bankenaufsicht und Geldpolitik in der Währungsunion, 2015, § 5 Rn. 246.
[719] Diese Handlungsform ist ebenfalls für die Verfahrenseinleitung geeignet; s. Ohler/Schmidt-Wenzel in Siekmann, EWU, 2013, AEUV Art. 132 Rn. 33, 89; vgl. Schulte in von der Groeben/Schwarze/Hatje AEUV Art. 132 Rn. 12.
[720] Erwägungsgrund 9 VO (EG) Nr. 2532/98; Ohler/Schmidt-Wenzel in Siekmann, EWU, 2013, AEUV Art. 132 Rn. 89.

onsadressaten verbindlich ist[721] und die zu ergreifen die Europäische Zentralbank nach Art. 132 Abs. 1, 2. Gedankenstrich AEUV als einer lex specialis gegenüber dem allgemeineren Art. 288 Abs. 1 AEUV[722] iVm Art. 34.1. EZB-Satzung befugt ist. Die Beschlüsse der Europäischen Zentralbank, welche die jeweilige Zahlungsverpflichtung begründen, richten sich direkt an das jeweilige Adressat und können aus der Rechtsschutzperspektive von diesem im Wege der **Nichtigkeitsklage** gemäß Art. 263 Abs. 4 AEUV (Art. 230 Abs. 4 EGV-Nizza; Art. 230 Abs. 4 EGV-Amsterdam; Art. 173 Abs. 4 EGV-Maastricht; Art. 173 Abs. 2 EWGV) gerichtlich überprüft werden.[723]

Die – außerdem lediglich in Bereichen der Wettbewerbs- und der Verkehrspolitik der Union[724] bestehende – Erweiterung der gerichtlichen Befugnisse ermöglicht dem Gerichtshof, im Rahmen der Begründetheitsprüfung einer gegen den Sanktionsbeschluss gerichteten Nichtigkeitsklage neben einer **Rechtskontrolle** der Sanktionsentscheidung eine **Zweckmäßigkeits- und Billigkeitskontrolle** vorzunehmen und die streitige Zwangsmaßnahme in Richtung einer Ermäßigung wie auch einer Erhöhung des verhängten Sanktionsbetrages zu ändern.[725] Während die nach Maßgabe der VO (EG) Nr. 2532/98 sowohl im geldpolitischen als auch gemäß Art. 18 Abs. 7 SSM-VO im aufsichtlichen Bereich zu verhängenden Sanktionen vom Anwendungsbereich des Art. 5 VO (EG) Nr. 2532/98 umfasst sind und mithin der unbeschränkten Ermessensnachprüfung unterliegen, beschränkt sich die gerichtliche Überprüfung der Sanktionsbeschlüsse nach Art. 18 Abs. 1 SSM-VO auf die übliche Rechtmäßigkeitsprüfung, deren Ergebnis zu einer Nichtigerklärung des Sanktionsbeschlusses oder einer Klageabweisung führt. Ein Rückgriff auf Art. 5 VO (EG) Nr. 2532/98 ist sowohl angesichts des unmittelbaren Erlasses des Sanktionsbeschlusses nach Maßgabe der SSM-VO als auch der nach Art. 121 SSM-RahmenVO für die Sanktionsverfahren gemäß Art. 18 Abs. 1 SSM-VO ausschließlicher Geltung der Verfahrensvorschriften der SSM-RahmenVO nicht angebracht.

Eine denkbare – wenngleich praxisirrelevante – Erhebung einer **Nichtigkeitsklage** nach Art. 263 Abs. 3 AEUV gegen Sanktionsbeschlüsse **durch Dritte** würde dagegen regelmäßig in Ermangelung der unmittelbaren und individuellen Betroffenheit zum Scheitern verurteilt sein.[726] Ebenfalls nicht von Erfolg gekrönt sein dürfte die – eher praxisrelevantere – Erhebung einer auf den Erlass einer Sanktion gerichteten **Konkurrentenklage,** der aufgrund der fehlenden Klagebefugnis bereits die Zulässigkeit abgesprochen werden müsste.[727]

---

[721] Vgl. Art. 288 Abs. 4 S. 2 AEUV.
[722] Ohler/Schmidt-Wenzel in Siekmann, EWU, 2013, AEUV Art. 132 Rn. 4.
[723] Kazimierski, Rechtsschutz im Rahmen der Europäischen Bankenaufsicht, 2020, S. 226.
[724] Aus dem Bereich der allgemeinen Wettbewerbspolitik s. etwa VO (EWG) Nr. 17/62 (→ Rn. 106); VO (EG) Nr. 1/2003 (→ Rn. 21); die EG-Fusionskontrollverordnung VO (EG) Nr. 139/2004 (→ Rn. 4); aus dem Transport- und Verkehrssektor s. Verordnung Nr. 11 über die Beseitigung von Diskriminierungen auf dem Gebiet der Frachten und Beförderungsbedingungen gemäß Artikel 79 Absatz (3) des Vertrages zur Gründung der Europäischen Wirtschaftsgemeinschaft, ABl. 1960 P 52, 1121; Verordnung (EWG) Nr. 1017/68 des Rates vom 19.7.1968 über die Anwendung von Wettbewerbsregeln auf dem Gebiet des Eisenbahn-, Straßen- und Binnenschiffsverkehrs, ABl. 1968 L 175, 1; Verordnung (EWG) Nr. 4056/86 des Rates vom 22.12.1986 über die Einzelheiten der Anwendung der Artikel 85 und 86 des Vertrages auf den Seeverkehr, ABl. 1986 L 378, 4; Verordnung (EWG) Nr. 678/87 des Rates vom 26.1.1987 über die Anwendung des Systems von Ursprungszeugnissen des Internationalen Kaffee-Übereinkommens vom 1983 in quotenfreien Gebieten, ABl. 1987 Nr. L 69, 1; Verordnung (EWG) Nr. 3975/87 des Rates vom 14.12.1987 über die Einzelheiten der Anwendung der Wettbewerbsregeln auf Luftfahrtunternehmen, ABl. 1987 L 374, 1; Verordnung (EWG) Nr. 2299/89 des Rates vom 24. Juli 1989 über einen Verhaltenskodex im Zusammenhang mit computergestützten Buchungssystemen, ABl. 1989 L 220, 1. S. auch Borchardt in Lenz/Borchardt, EU-Verträge, 6. Aufl. 2012, AEUV Art. 261 Rn. 2; Gaitanides in von der Groeben/Schwarze/Hatje AEUV Art. 261 Rn. 6; Ehricke in Streinz AEUV Art. 261 Rn. 4.
[725] Ehricke in Streinz AEUV Art. 261 Rn. 6; Kotzur/Dienelt in Geiger/Khan/Kotzur/Kirchmair, AEUV Art. 261 Rn. 4; Kazimierski, Rechtsschutz im Rahmen der Europäischen Bankenaufsicht, 2020, S. 228 f.
[726] Kazimierski, Rechtsschutz im Rahmen der Europäischen Bankenaufsicht, 2020, S. 226.
[727] Kazimierski, Rechtsschutz im Rahmen der Europäischen Bankenaufsicht, 2020, S. 226.

271 **bb) Rechtsschutz gegen die Veröffentlichung der Sanktionsbeschlüsse der Europäischen Zentralbank.** Die Problematik des – vom Rechtschutz gegen den Sanktionsbeschluss selbst zu unterscheidenden – Rechtsschutzes gegen seine auf Grundlage von Art. 132 Abs. 2 AEUV iVm Art. 34.2 EZB-Satzung möglichen Veröffentlichung erwächst aus der rechtlich abgesicherten Praxis der an die Verhängung einer Sanktion anschließenden Veröffentlichung des Sanktionsbeschlusses durch die Europäische Zentralbank und den damit verbundenen schädlichen Effekten des Phänomens „naming and shaming" für das Unternehmen. Der Umstand, dass die Veröffentlichung von „jedem Beschluss, mit dem einem Unternehmen Sanktionen gegen eine Verordnung oder einen Beschluss der Europäischen Zentralbank verhängt werden" bzw. von „jeder Sanktion" nach Art. 18 Abs. 1 SSM-VO selbst durch die Einlegung eines dagegen gerichteten Rechtsmittels nach den rigorosen Bestimmungen von Art. 1a Abs. 3 UAbs. 1 VO (EG) Nr. 2532/98 und Art. 18 Abs. 6 SSM-VO nicht unterbunden wird, verleiht der Frage nach dem effektiven Rechtsschutz gegen die Veröffentlichung eine besondere Schärfe: Ist gegen einen Beschluss über die Verhängung einer Sanktion eine Beschwerde beim Gerichtshof anhängig, so verpflichtet dies die Europäische Zentralbank sowohl nach Art. 1a Abs. 3 UAbs. 4 VO (EG) Nr. 2532/98 als auch nach Art. 132 Abs. 2 SSM-RahmenVO lediglich zur unverzüglichen Veröffentlichung von Angaben zum Stand und Ergebnis des betreffenden Verfahrens auf ihrer amtlichen Website.

272 Folgt daraus zwangsläufig, dass jede Sanktion veröffentlicht werden muss, so gilt dies unabhängig von der Schwere der fraglichen Zuwiderhandlung.[728]

273 Gemäß Art. 1a Abs. 3 UAbs. 2 S. 1 VO (EG) Nr. 2532/98 und Art. 132 Abs. 1 S. 1 SSM-RahmenVO veröffentlicht die Europäische Zentralbank die Beschlüsse über die Verhängung von Sanktionen gegen Unternehmen nach der Bekanntgabe des betreffenden Beschlusses dem Unternehmen auf ihrer Webseite grundsätzlich unter Angabe von Art und Wesen des Verstoßes sowie Nennung des betroffenen Unternehmens und stellt nach Art. 1a Abs. 3 UAbs. 5 VO (EG) Nr. 2532/98, Art. 132 Abs. 3 SSM-RahmenVO sicher, dass die veröffentlichten Informationen mindestens fünf Jahre auf ihrer Website bleiben.

274 Eine von diesem Grundsatz abweichende, in Art. 1a Abs. 3 UAbs. 2 S. 2, UAbs. 3 S. 1 VO (EG) Nr. 2532/98 und Art. 132 Abs. 1 S. 1, 2 SSM-RahmenVO vorgesehene Veröffentlichung von Beschlüssen über Sanktionen in **anonymisierter Form** betrifft die – abschließend aufgezählten[729] – Konstellationen, in denen eine nicht anonymisierte Veröffentlichung entweder die Stabilität der Finanzmärkte oder die laufenden strafrechtliche Ermittlungen gefährden würde (Art. 1a Abs. 3 UAbs. 2 S. 2 lit. a VO (EG) Nr. 2532/98, Art. 132 Abs. 1 S. 1 lit. a SSM-RahmenVO) oder – sofern sich dies ermitteln lässt – dem betroffenen beaufsichtigten Unternehmen einen unverhältnismäßigen Schaden zufügen würde (Art. 1a Abs. 3 UAbs. 2 S. 2 lit. b VO (EG) Nr. 2532/98, Art. 132 Abs. 1 S. 1 lit. b SSM-RahmenVO). Dabei sind bei der Bestimmung der Bedeutung von – mit dem Art. 1a Abs. 3 UAbs. 2 S. 2 lit. b VO (EG) Nr. 2532/98 inhaltsgleichen – Art. 132 Abs. 1 S. 1 lit. b SSM-RahmenVO, der wie jede Durchführungsverordnungsbestimmung „nach Möglichkeit in Übereinstimmung mit der Grundverordnung auszulegen ist",[730] „nicht nur sein Wortlaut zu berücksichtigen, sondern auch der Zusammenhang, in dem diese Vorschrift steht, und die Ziele, die mit der Regelung verfolgt werden, zu der sie gehört".[731] Einer vom Gericht vorgenommenen wörtlichen Auslegung des Art. 132 Abs. 1 SSM-RahmenVO lässt sich entnehmen, dass „die Schwere der Zuwiderhandlung eines Kredit-

---

[728] Vgl. EuG 8.7.2020 – T-203/18, ECLI:EU:T:2020:313 Rn. 82 = BeckRS 2020, 14914 – VQ/EZB.
[729] Vgl. EuG 8.7.2020 – T-203/18, ECLI:EU:T:2020:313 Rn. 79 = BeckRS 2020, 14914 – VQ/EZB.
[730] EuG 8.7.2020 – T-203/18, ECLI:EU:T:2020:313 Rn. 78 = BeckRS 2020, 14914 – VQ/EZB; EuGH 19.7.2012 – C-376/11, ECLI:EU:C:2012:502 Rn. 34 mwN = EuZW 2012, 790 – Pie Optiek mAnm. Viefhues EuZW 2012, 792 ff.
[731] EuG 8.7.2020 – T-203/18, ECLI:EU:T:2020:313 Rn. 77 = BeckRS 2020, 14914 – VQ/EZB; vgl. in diesem Sinne EuGH 7.6.2005 – C-17/03, ECLI:EU:C:2005:362 Rn. 41 mwN = EuZW 2005, 695 – VEMW ua.

instituts kein relevanter Umstand ist, wenn die [Europäische Zentralbank] über die Anwendung der Ausnahme nach Art. 132 Abs. 1 Buchst. b der SSM-Rahmenverordnung zu entscheiden hat."[732] Insgesamt ist „Bewertung der in Art. 132 Abs. 1 Buchst. b der SSM-Rahmenverordnung genannten Voraussetzung, die die ‚Unverhältnismäßigkeit' des Schadens infolge einer Veröffentlichung ohne Anonymisierung des Namens des fraglichen Unternehmens betrifft, allein auf der Grundlage der Bewertung der Auswirkungen, die eine unterlassene Anonymisierung auf die Situation des Unternehmens hat, vorzunehmen [...], ohne den Grad der Schwere der ihm zur Last gelegten Zuwiderhandlung zu berücksichtigen."[733] Liegen die genannten Umstände vor, ist jedoch ihr Wegfall in absehbarer Zeit zu erwarten, so kann die vorgesehene Veröffentlichung nach Art. 1a Abs. 3 UAbs. 3 S. 2 VO (EG) Nr. 2532/98 lediglich um den entsprechenden Zeitraum verschoben werden.

Der Rechtsschutz gegen die Veröffentlichung des Sanktionsbeschlusses richtet sich nach **275** der im Einzelfall gewählten **Entscheidungsform**.[734] Ist die Entscheidung der Europäischen Zentralbank über die Veröffentlichung der verhängten Sanktion gegen das Kreditinstitut nicht Bestandteil des im Wege eines Nichtigkeitsverfahren überprüfbaren Beschlusses über die Verhängung einer Sanktion,[735] so stellt sie auch dann eine im **Verfahren des einstweiligen Rechtsschutzes** nach Art. 279 AEUV (Art. 243 EGV-Nizza; Art. 243 EGV-Amsterdam; Art. 186 EGV-Maastricht; Art. 186 EWGV) sowie im **Nichtigkeitsverfahren** rechtschutzfähige Handlung dar, wenn sie nicht an das betroffene Unternehmen gerichtet ist, dieses aber unmittelbar und individuell betrifft.[736]

Während die Veröffentlichung der Verhängung einer Sanktion den Gegenstand eines **276 Vorabentscheidungsverfahrens** nach Art. 267 AEUV (Art. 234 EGV-Nizza; Art. 234 EGV-Amsterdam; Art. 177 EGV-Maastricht; Art. 177 EWGV) bilden kann, ist eine Anfechtung im Inzidentverfahren in Ermangelung der Qualität als Rechtsakt mit allgemeiner Geltung nicht möglich.[737]

5. Entscheidungen in Rechtsformen des nationalen Rechts. Die Verhängung von **277** Verwaltungssanktionen bei Verstößen gegen nationale Rechtsvorschriften im Zusammenhang mit dem Einheitlichen Aufsichtsmechanismus (Single Supervisory Mechanism – SSM) obliegt den nationalen Behörden, die derartige Sanktionen jedoch lediglich gegen direkt von der Europäischen Zentralbank beaufsichtigte Kreditinstitute nach Aufforderung der Europäischen Zentralbank zur Einleitung des Verfahrens zu diesem Zweck verhängen sollten.[738] Von einer entsprechenden Befugnis nach nationalem Recht können die nationalen zuständigen Behörden nach Anweisung der Europäischen Zentralbank nach Art. 18 Abs. 5 UAbs. 1 SSM-VO etwa dann Gebrauch machen, wenn die von der Befugnis der Europäischen Zentralbank nicht erfassten Sanktionen verhängt werden sollen, der Verstoß gegen eine Anforderung aus nicht direkt anwendbaren Rechtsakten der Union vorliegt oder es sich bei dem Adressaten nicht um ein Unternehmen (vgl. Art. 18 Abs. 5 UAbs. 2 SSM-VO, Art. 134 Abs. 1 SSM-RahmenVO) handelt.[739] Werden von den nationalen Aufsichtsbehörden eigenständige Entscheidungen in Rechtsformen des nationalen Rechts getroffen, richtet sich der Rechtsschutz nach **nationalem Recht**.[740] Dieser erfolgt vor den Gerichten der Mitgliedstaaten, die ausschließlich für die Überprüfung von Maßnahmen

---
[732] EuG 8.7.2020 – T-203/18, ECLI:EU:T:2020:313 Rn. 81 = BeckRS 2020, 14914 – VQ/EZB.
[733] EuG 8.7.2020 – T-203/18, ECLI:EU:T:2020:313 Rn. 87 = BeckRS 2020, 14914 – VQ/EZB.
[734] Müller-Graff FS Lindacher, 2017, 287 (295).
[735] Vgl. EuG 8.7.2020 – T-203/18, ECLI:EU:T:2020:313 Rn. 82 = BeckRS 2020, 14914 – VQ/EZB; EuG 8.7.2020 – T-576/18, ECLI:EU:T:2020:304 = BeckRS 2020, 26062 – Crédit agricole/EZB.
[736] Müller-Graff FS Lindacher, 2017, 287 (295); Müller-Graff ZHR 182 (2018), 239 (246). Zur Problematik der Veröffentlichung eines Beschlusses über die Verhängung von Verwaltungssanktionen als tauglicher Gegenstand einer Nichtigkeitsklage ausführlich Irmscher EWS 2016, 318 (319 ff.); Kazimierski, Rechtsschutz im Rahmen der Europäischen Bankenaufsicht, 2020, 226 f.
[737] Müller-Graff, FS Lindacher, 2017, 287 (195); Müller-Graff ZHR 182 (2018), 239 (246).
[738] Dannecker/Schröder in Böse, Europäisches Strafrecht, 2. Aufl. 2021, § 8 Rn. 322.
[739] Vgl. Ohler, Bankenaufsicht und Geldpolitik in der Währungsunion, 2015, § 5 Rn. 242.
[740] Lehmann/Manger-Nestler ZBB/JBB 2014, 2 (21).

nationaler Behörde nach Maßgabe des innerstaatlichen Prozessrechts auch dann zuständig sind, wenn diese sich als „Konsequenz von Verordnungen, Beschlüssen oder Weisungen" der Europäischen Zentralbank positionieren,[741] wobei den Sanktionsadressaten die Möglichkeit einer gerichtlichen Klärung im Wege des **Vorabentscheidungsverfahrens nach Art. 267 AEUV** (Art. 234 EGV-Nizza; Art. 234 EGV-Amsterdam; Art. 177 EGV-Maastricht; Art. 177 EWGV) unbenommen bleibt.[742]

G. Justizielle Zusammenarbeit in Strafsachen und polizeiliche Zusammenarbeit

I. Entwicklung der justiziellen Zusammenarbeit in Strafsachen und polizeilichen Zusammenarbeit

278 Die justizielle Zusammenarbeit in Strafsachen und polizeiliche Zusammenarbeit haben lange Zeit außerhalb der vertraglichen Grundlagen der Europäischen Union und ihrer Vorgängerinnen in Arbeitsgruppen stattgefunden, welche Regierungen der Mitgliedstaaten eingerichtet haben. Zu nennen sind die im Jahr 1976 entstandene TREVI-Kooperation (Terrorisme, Radicalisme, Extrémisme, Violence Internationale) in der Terrorismusbekämpfung, ein auf dem Gebiet der Drogenbekämpfung im Jahr 1989 eingesetzter Ausschuss nationaler Vertreter CELAD (Comité Européen de la Lutte Anti-Drogue), die mit der gegenseitigen Amtshilfe befasste Arbeitsgruppe der Zollverwaltungen GAM '92 (Groupe d'Assistance Mutuelle) und die Arbeitsgruppe für justizielle Zusammenarbeit.[743] Diese Zusammenarbeit wurde von einem Teil der Mitgliedstaaten durch das Übereinkommen zwischen den Regierungen der Staaten der Benelux-Wirtschaftsunion, der Bundesrepublik Deutschland und der Französischen Republik betreffend den Schrittweisen Abbau der Kontrollen an den gemeinsamen Grenzen vom 14.6.1985[744] (Schengener Übereinkommen) vertieft. Durch den Vertrag von Maastricht wurde erstmals für die „Zusammenarbeit in den Bereichen Justiz und Inneres" ein vertraglicher Rahmen in Art. K EUV-Maastricht geschaffen. Mit dem Vertrag von Amsterdam wurden anschließend die Bereiche Asylpolitik, Außengrenzen und Einwanderungspolitik sowie justizielle Zusammenarbeit in Zivilsachen in den Vertrag zur Gründung der Europäischen Gemeinschaft überführt, mit der Folge, dass der Anwendungsbereich der Art. 29 ff. EUV-Amsterdam (Art. 29 ff. EUV-Nizza) auf die polizeiliche und justizielle Zusammenarbeit in Strafsachen (PJZS) beschränkt war. Zugleich wurde die Zuständigkeit des Gerichtshofs auf diesen Bereich ausgedehnt (Art. 35 EUV-Amsterdam, Art. 35 EUV-Nizza). Schließlich wurde der Schengen-Besitzstand durch ein Protokoll[745] zum Vertrag von Amsterdam in den Rahmen der Europäischen Union einbezogen.

279 Die Integration der Europäischen Gemeinschaft in die Europäische Union bewirkte eine Vereinigung des im früheren Titels IV des Vertrags zur Gründung der Europäischen Gemeinschaft (Art. 61 ff. EGV-Amsterdam; Art. 61 ff. EGV-Nizza) „Visa, Asyl, Einwanderung und andere Politiken betreffend den freien Personenverkehr" geregelten supranationalisierten Teils der mitgliedstaatlichen Zusammenarbeit in den Bereichen Justiz und Inneres mit der bisher im Wesentlichen intergouvernemental strukturierten PJZS unter dem Titel V „Der Raum der Freiheit, der Sicherheit und der Rechts" des Vertrags über die Arbeitsweise der Europäischen Union (Art. 67 ff. AEUV). Dadurch wurde eine effektivere Durchführbarkeit des Raums der Freiheit, der Sicherheit und des Rechts ermöglicht.[746]

---

[741] Vgl. Ohler, Bankenaufsicht und Geldpolitik in der Währungsunion, 2015, § 5 Rn. 246.
[742] Lehmann/Manger-Nestler ZBB/JBB 2014, 2 (21).
[743] Eing. dazu Röben in Grabitz/Hilf/Nettesheim AEUV Art. 67 Rn. 1; s. zu alledem Meyer in von der Groeben/Schwarze/Hatje AEUV Vor Art. 82–86 Rn. 4 ff.
[744] ABl. 2000 L 239, 13.
[745] Protokoll zur Einbeziehung des Schengen-Besitzstands in den Rahmen der Europäischen Union ABl. 1997 C 340, 93, nunmehr Protokoll (Nr. 19) über den in den Rahmen der Europäischen Union einbezogenen Schengen-Besitzstand, ABL. 2012 C 326, 290.
[746] Streinz in Streinz Präambel EUV, Rn. 6; Weiß/Satzger in Streinz AEUV Art. 67 Rn. 3, 8.

Die Bildung eines solchen Raums wird durch die Europäische Union sichergestellt (vgl. Art. 67 Abs. 1 AEUV) und konkretisiert das in Art. 3 Abs. 2 EUV genannte Ziel der Union, „[…] ihren Bürgerinnen und Bürgern einen Raum der Freiheit, der Sicherheit und der Rechts ohne Binnengrenzen [zu bieten]".[747]

In diesem Raum der Freiheit, der Sicherheit und des Rechts strebt die Europäische Union an, ein hohes Maß an Sicherheit zu gewährleisten, das durch die gemeinsame Tätigkeit der Mitgliedstaaten zur Verhütung und Bekämpfung von Kriminalität in Form der justiziellen Zusammenarbeit in Strafsachen (Art. 82 ff. AEUV (Art. 31 Abs. 1 lit. a bis d, lit. e, Abs. 2 EUV-Nizza; Art. 31 Abs. 1 lit. a bis d, lit. e, Abs. 2 EUV-Amsterdam)) und polizeilichen Zusammenarbeit (Art. 87 ff. AEUV (Art. 30 Abs. 1, Abs. 2, 32 EUV-Nizza; Art. 30 Abs. 1, Abs. 2, 32 EUV-Amsterdam)) erreicht werden soll (vgl. Art. 67 Abs. 3 AEUV).[748] Diese in Art. 67 Abs. 3 AEUV ohne jegliche Einschränkungen genannte Aufgabe der **Kriminalitätsbekämpfung durch justizielle Zusammenarbeit in Strafsachen und polizeiliche Zusammenarbeit** deutet auf die Notwendigkeit eines Vorgehens gegen jegliche Art der Kriminalität hin, zumal weder eine Begrenzung des Tätigkeitsfeldes der Union auf die schwerwiegende und grenzüberschreitende Kriminalität noch eine Unterscheidung zwischen den Formen der organisierten und nicht-organisierten Kriminalität, wie sie noch in Art. 29 EUV-Nizza (Art. 29 EUV-Amsterdam) vorgesehen war, vorhanden ist.[749] In systematischer Hinsicht ergibt sich jedoch eine faktische Beschränkung der justiziellen Zusammenarbeit in Strafsachen und polizeilicher Zusammenarbeit auf die Aufklärung und Verfolgung von Straftaten („Bekämpfung") sowie die Kriminalprävention („Verhütung") im **Bereich der grenzüberschreitenden Schwerkriminalität** (vgl. etwa Art. 83 Abs. 1 AEUV, Art. 85 Abs. 1 AEUV, Art. 86 Abs. 4 AEUV).[750] Eine Abgrenzung hat lediglich der Bereich der Verhütung und Bekämpfung von Rassismus und Fremdenfeindlichkeit mit der Verankerung in Art. 67 Abs. 3 AEUV als autonomer Tätigkeitsbereich erfahren, der trotz fehlender näherer Ausgestaltung im Vertrag über die Arbeitsweise der Europäischen Union eine gemeinsame ethische Einstellung kundtut und ein Vorgehen der Union unabhängig von der Strafbarkeit des dieses Gebiet berührenden Verhaltens in den Mitgliedstaaten gestattet.[751]

Die Neuregelung im Bereich der justiziellen Zusammenarbeit in Strafsachen und der polizeilichen Zusammenarbeit eliminiert zwar die früheren Schwierigkeiten bei der Kompetenzabgrenzung in diesem Bereich und erhöht die Transparenz und Handlungsfähigkeit der Europäischen Union,[752] lässt aber erhebliche Rechtsschutzdefizite bestehen.[753] Während vor dem Inkrafttreten des Vertrags von Lissabon ein Individualrechtsschutz im strafrechtlichen Bereich auf der europäischen Ebene aufgrund der verbindlichen Geltung der in Art. 6 EUV-Nizza (Art. 6 EUV-Amsterdam; Art. F EUV-Maastricht) genannten Grundrechte lediglich für die Gemeinschaften sowie die Mitgliedstaaten als Träger der Europäischen Union kaum möglich war und die Zuständigkeit des Gerichtshofs im Bereich der strafrechtlichen Zusammenarbeit auf die Durchführung des Vorabentscheidungsverfahrens begrenzt war, erweitert der Vertrag von Lissabon durch die Bindung der Union an die Grund- und Menschenrechte (vgl. Art. 6 EUV (Art. 6 EUV-Nizza; Art. 6 EUV-Amsterdam)) und die Supranationalisierung der strafrechtlichen Zusammenarbeit den **Zustän-**

---

[747] Wasmeier in Sieber/Satzger/v. Heintschel-Heinegg, Europäisches Strafrecht, 2. Aufl. 2014, § 32 Rn. 18.
[748] Zu den besonderen Regelungen für das Vereinigte Königreich, Irland und das Königreich Dänemark s. Art. 1 des Protokolls (Nr. 21) über die Position des Vereinigten Königreichs und Irlands hinsichtlich des Raums der Freiheit, der Sicherheit und des Rechts, ABl. 2016 C 202, 295, sowie Art. 1 des Protokolls (Nr. 22) über die Position Dänemarks, ABl. 2016 C 202, 298.
[749] Postberg, Die polizeiliche und justitielle Zusammenarbeit in Strafsachen im Wandel – unter besonderer Berücksichtigung der Organisation Eurojust, S. 26; Weiß/Satzger in Streinz AEUV Art. 67 Rn. 33.
[750] Postberg, Die polizeiliche und justitielle Zusammenarbeit in Strafsachen im Wandel – unter besonderer Berücksichtigung der Organisation Eurojust, S. 26; Weiß/Satzger in Streinz AEUV Art. 67 Rn. 33.
[751] Weiß/Satzger in Streinz AEUV Art. 67 Rn. 35 mwN.
[752] Weiß/Satzger in Streinz AEUV Art. 67 Rn. 8 mwN.
[753] Nelles/Tinkl/Lauchstädt in Schulze/Zuleeg/Kadelbach EuropaR-HdB § 42 Rn. 76.

digkeitsbereich des Gerichtshofs, der nun die im Wege der **Nichtigkeitsklage gemäß Art. 263 Abs. 4 AEUV** (Art. 230 Abs. 4 EGV-Nizza; Art. 230 Abs. 4 EGV- Amsterdam; Art. 173 Abs. 4 EGV-Maastricht; Art. 173 Abs. 2 EWGV) von natürlichen und juristischen Personen gerügten Unionsmaßnahmen der strafrechtlichen Zusammenarbeit auf ihre Rechtmäßigkeit hin überprüfen kann.[754] Allerdings kann von dem Betroffenen neben einer Überprüfung der ihn unmittelbar betreffenden Rechtsakte mit Verordnungscharakter, die keine Durchführungsmaßnahmen nach sich ziehen, eine gerichtliche Kontrolle lediglich bei Handlungen der Union und ihrer Organe angestrebt werden, „die verbindliche Rechtswirkungen erzeugen, die geeignet sind, die Interessen des Betroffenen zu beeinträchtigen, indem sie seine Rechtsstellung in qualifizierter Weise ändern".[755] Diese Voraussetzungen erfüllen im Bereich der überwiegend auf die Datenverarbeitung und den allgemeinen behördlichen Informationsaustausch konzentrierten justiziellen Zusammenarbeit in Strafsachen und polizeilichen Zusammenarbeit lediglich wenige Handlungen, denn eine unmittelbare Rechtswirkung iSd Art. 263 Abs. 1 AEUV und folglich der Rechtsweg zum Gerichtshof ist dann nicht gegeben, wenn die strafrechtlichen Ermittlungen seitens der nationalen Behörde auf die im Wege der Informationsübermittlung erfolgte Veranlassung einer europäischen Stelle erfolgt.[756]

II. Justizielle Zusammenarbeit in Strafsachen (Art. 82–86 AEUV)

282 Die justizielle Zusammenarbeit in Strafsachen bildet ein Kernelement zur Erreichung von Bedingungen, welche die Schaffung eines „Raums der Freiheit, der Sicherheit und des Rechts" in der Europäischen Union ermöglichen und sicherstellen.[757] Sie erstreckt sich auf **die gesamte Strafrechtspflege unter Einbeziehung der gerichtlichen Tätigkeit**.[758]

283 Gemäß Art. 82 Abs. 1 UAbs. 1 AEUV beruht die justizielle Zusammenarbeit in Strafsachen in der Union auf dem **Grundsatz der gegenseitigen Anerkennung gerichtlicher Urteile und Entscheidungen** und umfasst die Angleichung der Rechtsvorschriften der Mitgliedstaaten in den in Art. 82 Abs. 2 und Art. 83 AEUV genannten Bereichen. Der Grundsatz der gegenseitigen Anerkennung, der seit dem Vertrag von Lissabon vom Vorrang des Unionsrechts unter Geltung aller möglichen, im ordentlichen Gesetzgebungsverfahren nach Art. 289 Abs. 1 AEUV iVm Art. 294 AEUV (Art. 251 EGV-Nizza; Art. 251 EGV-Amsterdam; Art. 189b EGV-Maastricht) erlassenen Handlungsformen geprägt ist,[759] stellt dabei die Basis für die strafrechtliche Zusammenarbeit der Mitgliedstaaten dar.[760]

---

[754] Nelles/Tinkl/Lauchstädt in Schulze/Zuleeg/Kadelbach EuropaR-HdB § 42 Rn. 62 f.
[755] So die ständige Rspr. des Gerichtshofs, s. etwa zu Art. 173 EWGV EuGH 11.11.1981 – Rs. 60/81, ECLI:EU:C:1981:264 Rn. 9, Slg. 1981, 2639 Rn. 9 = BeckRS 2004, 73415 – IBM/Kommission; EuGH 4.10.1991 – C-117/91, ECLI:EU:C:1991:382 Rn. 13, Slg. 1991, I-4837 Rn. 13 = BeckRS 2004, 74187 – Bosman/Kommission; zu Art. 230 EGV-Nizza EuGH 9.12.2004 – C-123/03 P, ECLI:EU:C:2004:783 Rn. 44, Slg. 2004, I-11647 Rn. 44 = BeckRS 2004, 78251 – Kommission/Greencore; EuG 6.4.2006 – T-309/03, ECLI:EU:T:2006:110 Rn. 47, Slg. 2006, II–1173 Rn. 47 = BeckRS 2006, 70453 – Camós Grau/Kommission; EuG 4.10.2006 – T-193/04, ECLI:EU:T:2006:292 Rn. 67, Slg. 2006, II-3995 Rn. 67 = BeckRS 2006, 70773 – Tillack/Kommission; EuGH 13.10.2011 – verb. Rs. C-463/10 P, C-475/10 P, ECLI:EU:C:2011:656 Rn. 36 = BeckRS 2012, 80038 – Deutsche Post und Deutschland/Kommission; EuGH 13.2.2014 – C-31/13 P, ECLI:EU:C:2014:70 Rn. 54 = BeckRS 2014, 80410 – Ungarn/Kommission; EuGH 25.10.2017 – C-599/15 P, ECLI:EU:C:2017:801 Rn. 47 = BeckRS 2017, 128552 – Rumänien/Kommission; EuGH 20.2.2018 – C-16/16 P, ECLI:EU:C:2018:79 Rn. 31 = BeckRS 2018, 1481 – Belgien/Kommission; EuGH 26.3.2019 – C-621/16 P, ECLI:EU:C:2019:251 Rn. 44 = BeckRS 2019, 4163 – Kommission/Italien; EuGH 9.7.2020 – C-575/18 P, ECLI:EU: C:2020:530 Rn. 46 = BeckRS 2020, 15223 – Tschechische Republik/Kommission.
[756] Nelles/Tinkl/Lauchstädt in Schulze/Zuleeg/Kadelbach, Europarecht, 3. Aufl. 2015, § 42 Rn. 76 m. w. N.
[757] Hecker, Europäisches Strafrecht, 5. Aufl. 2015, Kapitel 12 Rn. 1.
[758] Hecker, Europäisches Strafrecht, 5. Aufl. 2015, Kapitel 12 Rn. 2.
[759] Satzger in Streinz AEUV Art. 82 Rn. 1.
[760] Jokisch/Jahnke in Sieber/Satzger/v. Heintschel-Heinegg, Europäisches Strafrecht, 2. Aufl. 2014, § 2 Rn. 29; krit. Braun/Capito/Marchetti/Njoume Ekango in Höreth/Janowski/Kühnhardt, Die Europäi-

Die Idee des Grundsatzes einer gegenseitigen Anerkennung ist nicht neu. Dieses Rechts- 284
institut wurde ursprünglich von der Kommission zum Zweck der Beschleunigung des
Warenverkehrs im Rahmen eines Binnenmarktes entwickelt.[761] In strafrechtlicher Hinsicht
erlangte dieser Grundsatz seine Bedeutung durch eine Tagung des Europäischen Rates
vom 15. und 16.10.1999 in Tampere, im Rahmen derer der Grundsatz der gegenseitigen
Anerkennung gerichtlicher Entscheidungen zum Eckpfeiler für die Schaffung eines echten
europäischen Rechtsraums erklärt wurde. Danach kann das Ziel der Geltung dieses Grundsatzes in der Gewährleistung eines „Raums der Freiheit, der Sicherheit und des Rechts"
durch die **einheitliche Rechtspraxis** gesehen werden, die nicht zuletzt durch das komplementäre Hilfsmittel einer Angleichung der mitgliedstaatlichen Rechtsvorschriften gefördert werden soll[762] (vgl. auch Art. 67 Abs. 3 AEUV).

Nach dem Grundsatz der gegenseitigen Anerkennung sollen die in einem Mitgliedstaat 285
der Union vom zuständigen Hoheitsträger ordnungsgemäß erlassenen justiziellen Maßnahmen eine gleichwertige Anerkennung mit daraus resultierenden Rechtsfolgen in jedem
anderen Mitgliedstaat finden, wobei auf eine **inhaltliche Überprüfung** zugunsten einer
effektiven grenzüberschreitenden Strafverfolgung[763] **verzichtet** wird. Daraus ergeht, dass
eine gegenseitige Anerkennung von Rechtsakten auf dem Vertrauen der Mitgliedstaaten
und der Einzelnen in die jeweiligen Strafjustizsysteme basiert.[764] Die damit verbundenen
Schwierigkeiten[765] erklären die bisherige Zurückhaltung der Mitgliedstaaten, von dieser
Möglichkeit Gebrauch zu machen. Eine Ausnahme hiervon stellen der Rahmenbeschluss
des Rates vom 13.6.2002 über den Europäischen Haftbefehl und die Übergabeverfahren
zwischen den Mitgliedstaaten[766] (Rahmenbeschluss 2002/584/JI – RB-EUHb)
(→ Rn. 287) sowie die Richtlinie 2014/41/EU des Europäischen Parlaments und des Rates
vom 3.4.2014 über die Europäische Ermittlungsanordnung in Strafsachen[767] (Richtlinie
2014/41/EU-RL-EEA)(→ Rn. 304) dar.

Auch wenn ein großer Vorteil der Anerkennung nationaler Rechtmaßnahmen den Mit- 286
gliedstaaten die Beibehaltung ihres nationalen Rechtssystems ermöglicht,[768] sah sich dieses
Rechtsinstitut seit jeher harter **Kritik** ausgesetzt. So wird gegen den Grundsatz der gegenseitigen Anerkennung insbesondere die fehlende Übertragbarkeit dieses auf die Besonderheiten des Binnenmarktes mit dem dort geltenden Ordre-Public-Vorbehalt zugeschnittenen Konzepts auf die justizielle Zusammenarbeit in Strafsachen angeführt, wodurch es zu
einer Grundrechtsbeschränkung, insbesondere zu einer Verkürzung der Verteidigungsrechte des Einzelnen, kommt.[769] Außerdem begünstigt die gegenseitige Anerkennung die
Anwendung der punitivsten nationalen Rechtsordnung, was durch eine verbindliche Vereinbarung von Zuständigkeitsverteilungen zwischen den Mitgliedstaaten als Ausgleich

---

sche Verfassung, 2005, 169 (207); Fuchs ZStW 116 (2004), 368 (368); Gleß, ZStW 116 (2004), 353 (356 ff.); Schünemann GA 2004, 193 (202).
[761] Satzger in Streinz AEUV Art. 82 Rn. 11.
[762] Satzger in Streinz AEUV Art. 82 Rn. 2, 10.
[763] Satzger in Streinz AEUV Art. 82 Rn. 9.
[764] EuGH 11.2.2003 – verb. Rs. C-187/01, C-385/01, ECLI:EU:C:2003:87 Rn. 33, Slg. 2003, I-1345 Rn. 33 = NJW 2003, 1173 – Gözütok und Brügge.
[765] Dazu Überblick bei Satzger in Streinz AEUV Art. 82 Rn. 13.
[766] ABl. 2002 L 190, 1, zuletzt geändert durch Art. 2 des Rahmenbeschlusses 2009/299/JI des Rates vom 26. Februar 2009 zur Änderung der Rahmenbeschlüsse 2002/584/JI, 2005/214/JI, 2006/783/JI, 2008/909/JI und 2008/947/JI zur Stärkung der Verfahrensrechte von Personen und zur Förderung der Anwendung des Grundsatzes der gegenseitigen Anerkennung auf Entscheidungen, die im Anschluss an eine Verhandlung ergangen sind, zu der die betroffene Person nicht erschienen ist, ABl. 2009 L 81, 24.
[767] ABl. 2014, L 130, 1, berichtigt ABl. 2015 L 143, 16, zuletzt geändert durch Art. 1 der Richtlinie (EU) 2022/228 des Europäischen Parlaments und des Rates vom 16.2.22 zur Änderung der Richtlinie 2014/41/EU im Hinblick auf deren Angleichung an die Unionsvorschriften über den Schutz personenbezogener Daten, ABl. 2022 L 39, 1.
[768] Wasmeier ZStW 116 (2004), 320 (321).
[769] Satzger in Streinz AEUV Art. 82 Rn. 11 ff. mwN.; Murschetz, Auslieferung und Europäischer Haftbefehl, 2007, S. 304 f. mwN.

zwischen den kollidierenden Rechtsgütern im Wege praktischer Konkordanz[770] vermieden werden sollte.

287 **1. Europäischer Haftbefehl.** Nach dem Grundsatz der gegenseitigen Anerkennung wird jeder Europäische Haftbefehl von den Mitgliedstaaten vollstreckt (Art. 1 Abs. 2 RB-EUHb). Er kann somit zu den in der Praxis wohl bedeutsamsten Maßnahmen der gegenseitigen Anerkennung strafrechtlicher justizieller Entscheidungen gezählt werden, die durch die Vereinfachung und Beschleunigung des Auslieferungsverfahrens zwischen den Mitgliedstaaten die Entwicklung der Union zu einem Raum der Freiheit, der Sicherheit und des Rechts effektiv fördern.

288 Mit diesem Rechtsinstitut wurde die Schaffung eines „System[s] des freien Verkehrs strafrechtlicher justizieller Entscheidungen"[771] innerhalb der Union angestrebt. Dadurch sollte in diesem Bereich ein im Vergleich zu der ursprünglich unüberschaubaren und auf einer Vielzahl von Abkommen[772] basierenden Kooperation der Mitgliedstaaten ein neues, von politischen Gesichtspunkten unbeeinflusstes System der Übergabe[773] verdächtiger oder verurteilter Personen zwischen Justizbehörden eingeführt werden, das die früheren Abkommen ersetzt.

289 **a) Rechtlicher Rahmen.** Den rechtlichen Rahmen des Europäischen Haftbefehls gibt der am 7.8.2002 in Kraft getretene Rahmenbeschluss 2002/584/JI (→ Rn. 285) vor, dessen Umsetzung ins nationale Recht in der Bundesrepublik Deutschland durch das Gesetz zur Umsetzung des Rahmenbeschlusses über den Europäischen Haftbefehl und die Übergabeverfahren zwischen den Mitgliedstaaten der Europäischen Union (Europäisches Haftbefehlsgesetz – EuHbG)[774] vom 20.7.2006 erfolgte, das mit den Bestimmungen zur „Unterstützung von Mitgliedstaaten der Europäischen Union" bzw. nach Neufassung durch Art. 1 des Gesetzes zur Umsetzung des Rahmenbeschlusses des Rates vom 22.7.2003 über die Vollstreckung von Entscheidungen über die Sicherstellung von Vermögensgegenständen oder Beweismitteln in der Europäischen Union vom 6.6.2003 über Vollstreckung von Entscheidungen über die Sicherstellung von Vermögensgegenständen oder Beweismitteln in der Europäischen Union vom 6.6.2008[775] zum „Auslieferungs- und Durchlieferungsverkehr mit Mitgliedstaaten der Europäischen Union" einen integralen Teil des Gesetzes über die internationale Rechtshilfe in Strafsachen (IRG)[776] (§§ 78–83i IRG) bildet.[777]

---

[770] Lagodny in Sieber/Satzger/v. Heintschel-Heinegg, Europäisches Strafrecht, 2. Aufl. 2014, § 31 Rn. 46.
[771] Vgl. Erwägungsgrund 5 S. 3 RB-EUHb.
[772] S. etwa Europäisches Auslieferungsübereinkommen vom 13.12.1957 (SEV Nr. 24), BGBl. 1964 II 1369, 1371, BGBl. 1976 II 1778, BGBl. 1982 II 995; Zusatzprotokoll zum Europäischen Auslieferungsübereinkommen vom 15.10.1975 (SEV Nr. 86); Zweites Zusatzprotokoll zum Europäischen Auslieferungsübereinkommen vom 17.3.1978 (SEV Nr. 98), BGBl. 1990 II 118; BGBl. 1991 II 874; Drittes Zusatzprotokoll zum Europäischen Auslieferungsübereinkommen vom 10.11.2010 (SEV Nr. 209), BGBl. 2014 II 1062, 1063, BGBl. 2016 II 857; Viertes Zusatzprotokoll zum Europäischen Auslieferungsübereinkommen vom 20.9.2012 (SEV Nr. 212); Übereinkommen aufgrund von Artikel K.3 des Vertrags über die Europäische Union über das vereinfachte Auslieferungsverfahren zwischen den Mitgliedstaaten der Europäischen Union vom 10.3.1995, ABl. 1995 C 78, 2, BGBl. 1998 II 2229, 2230; BGBl. 2012 II 262; Übereinkommen aufgrund von Artikel K.3 des Vertrags über die Auslieferung zwischen den Mitgliedstaaten der Europäischen Union vom 27.9.1996, ABl. 1996 C 313, 12, BGBl. 1998 II 2253, 2254; BGBl. 2012 II 258.
[773] Hecker, Europäisches Strafrecht, 6. Aufl. 2021, Kapitel 11 Rn. 9; vgl. Erwägungsgrund 5 RB-EUHb.
[774] BGBl. 2006 I 1721.
[775] BGBl. 2008 I 995.
[776] In der Fassung der Bekanntmachung vom 27.6.1994, BGBl. 1994 I 1537, zuletzt geändert durch BGBl. 2021 II 316.
[777] Die erste Fassung des Gesetzes zur Umsetzung des Rahmenbeschlusses über den Europäischen Haftbefehl und die Übergabeverfahren zwischen den Mitgliedstaaten der Europäischen Union (Europäisches Haftbefehlsgesetz – EuHbG) vom 21.7.2004, BGBl. 2004 I 1748, die am 23.8.2004 in Kraft trat und den achten Teil mit dem Titel „Unterstützung von Mitgliedstaaten der Europäischen Union" (§§ 78–83i IRG) im IRG bildete, wurde vom Bundesverfassungsgericht mit dem Urteil vom 18.7.2005 – 2 BvR 2236/04, BVerfGE 113, 273 = NJW 2005, 2289 ff., wegen Verstoßes gegen Art. 2 Abs. 1 iVm Art. 20 Abs. 3, 16 Abs. 2 und 19 Abs. 4 GG für nichtig erklärt. Die geltende Fassung des Art. 6 des Gesetzes zur

Art. 1 Abs. 1 RB-EUHb definiert den Europäischen Haftbefehl als „eine justizielle Ent- **290** scheidung, die in einem Mitgliedstaat ergangen ist und die Festnahme und Übergabe einer gesuchten Person durch einen anderen Mitgliedstaat zur Strafverfolgung oder zur Vollstreckung einer Freiheitsstrafe oder einer freiheitsentziehenden Maßregel der Sicherung bezweckt". Sie ersetzt das Auslieferungsersuchen im Falle der Festnahme[778] und ist mit einer Ausschreibung des Gesuchten im als polizeiliches Erfassungs- und Abfragesystem zur Personen- und Sachfahndung verfassten Schengener Informationssystem (SIS)[779] verbunden, sofern nicht die Ausschreibung zur Festnahme zwecks Überstellung oder Auslieferung nach der Verordnung (EU) 2018/1862 des Europäischen Parlaments und des Rates vom 28.11.2018 über die Einrichtung den Betrieb und die Nutzung des Schengener Informationssystems (SIS) im Bereich der polizeilichen Zusammenarbeit und der justiziellen Zusammenarbeit in Strafsachen, zur Änderung und Aufhebung des Beschlusses 2007/533/JI des Rates und zur Aufhebung der Verordnung (EG) Nr. 1986/2006 des Europäischen Parlaments und des Rates und des Beschlusses 2010/261/EU der Kommission,[780] gleich als Europäischer Haftbefehl gemäß § 83a Abs. 2 IRG gilt.[781] Die Funktion des Europäischen Haftbefehls besteht folglich darin, die Vollstreckung von nationalen Haftbefehlen in den anderen Mitgliedstaaten der Union und somit die Durchsetzung des Rechts zu gewährleisten.[782] Hieraus folgt, dass eine nationale Anordnung der Haft zum Zeitpunkt des Erlasses dieses Fahndungsinstruments feststehen muss.[783] Auf Grund des in Art. 8 Abs. 1 lit. c RB-EUHb aufgestellten Erfordernisses der zu den formellen Mindestvoraussetzungen eines Europäischen Haftbefehls[784] zählenden Angabe im Europäischen Haftbefehl, „ob ein vollstreckbares Urteil, ein Haftbefehl oder eine andere vollstreckbare justizielle Entscheidung mit gleicher Rechtswirkung nach den Artikeln 1 und 2 [RB-EUHb] vorliegt", enthält das System des Europäischen Haftbefehls „einen zweistufigen Schutz der Verfahrens- und Grundrechte, der der gesuchten Person zugutekommen muss, da zu dem gerichtlichen Schutz auf der ersten Stufe beim Erlass einer nationalen justiziellen Entscheidung wie eines nationalen Haftbefehls der Schutz hinzukommt, der auf der zweiten Stufe bei der Aus-

---

Durchführung der Verordnungen (EU) 2018/1860, 2018/1861 und 2018/1862 über die Einrichtung, den Betrieb und die Nutzung des Schengener Informationssystems der dritten Generation sowie zur Änderung des Aufstiegsfortbildungsförderungsgesetzes und des BDBOS-Gesetzes (SIS-III-Gesetz) vom 19.12.2022, BGBl. 2022 I 2632 Europäischen Haftbefehlsgesetzes – vom 20.7.2006 trat am 2.8.2006 in Kraft.

[778] S. hierzu OLG Stuttgart 9.7.2004 – 3 Ausl. 80/04 = NJW 2004, 3437 (3438), das den Europäischen Haftbefehl dem Ersuchen um eine Auslieferung gleichstellt; Böhm NJW 2006, 2592 (2593).
[779] Eisele in Sieber/Satzger/v. Heintschel-Heinegg, Europäisches Strafrecht, 2. Aufl. 2014, § 49 Rn. 5: Das SIS als Fahndungsdatei soll die Gewährleistung der öffentlichen Sicherheit und Ordnung einschließlich der Sicherheit des Staats sowie die Anwendung der Bestimmungen des Schengener Durchführungsübereinkommens im Bereich des Personenverkehrs im Schengener Raum sicherstellen (vgl. Art. 93 des Übereinkommens zur Durchführung des Übereinkommens von Schengen vom 14.6.1985 zwischen den Regierungen der Staaten der Benelux-Wirtschaftsunion, der Bundesrepublik Deutschland und der Französischen Republik betreffend den schrittweisen Abbau der Kontrollen an den gemeinsamen Grenzen vom 19.6.1990 (SDÜ), ABl. 2000 L 239, 19, zuletzt geändert durch Art. 4 der Verordnung (EU) 2023/2667 des Europäischen Parlaments und des Rates vom 22.11.2023 zur Änderung der Verordnungen (EG) Nr. 767/2008, (EG) Nr. 810/2009 und (EU) 2017/2226 des Europäischen Parlaments und des Rates, der Verordnung (EG) Nr. 693/2003 und (EG) Nr. 694/2003 des Rates und des Übereinkommens zur Durchführung des Übereinkommens von Schengen in Hinblick auf die Digitalisierung des Visumverfahrens, ABl. 2023 L 2667, 1.
[780] ABl. 2018 L 312, 56, berichtigt ABl. 2019 L 316 I, 4; ABl. 2021 L 336, 51, ABl. 2022 L 181, 37, zuletzt geändert durch Art. 1 der Verordnung (EU) 2022/1190 des Europäischen Parlaments und des Rates vom 6.7.2022 zur Änderung der Verordnung (EU) 2018/1862 in Bezug auf die Eingabe von Informationsausschreibungen zu Drittstaatsangehörigen im Interesse der Union in das Schengener Informationssystem (SIS), ABl. 2022 L 185, 1.
[781] Vgl. OLG Celle 16.4.2009 – 2 VAs 3/09 = NStZ 2010, 534 unter II Ziff. 1.
[782] Frenz, Handbuch Europarecht, Band 5, 2010, Kapitel 26 Rn. 4141.
[783] v. Heintschel-Heinegg in Sieber/Satzger/v. Heintschel-Heinegg, Europäisches Strafrecht, 2. Aufl. 2014, § 37 Rn. 5 f.
[784] Heger/Wolter in Ambos/König/Rackow, Rechtshilferecht in Strafsachen, 2. Aufl. 2020, RB-EUHb Art. 8 Rn. 683.

stellung des Europäischen Haftbefehls, zu der es gegebenenfalls kurze Zeit nach dem Erlass dieser nationalen justiziellen Entscheidung kommen kann, zu gewährleisten ist."[785]

291 **b) Anwendungsbereich des Europäischen Haftbefehls und der Grundsatz der beiderseitigen Strafbarkeit.** Der Anwendungsbereich des Europäischen Haftbefehls erstreckt sich auf alle Personen, welche die nach den Rechtsvorschriften des **Ausstellungsmitgliedstaats** mit einer Freiheitsstrafe oder einer freiheitsentziehenden Maßregel der Sicherung im Höchstmaß von mindestens zwölf Monaten bedrohten Handlungen begangen haben oder zu einer Strafe bzw. der Anordnung einer Maßregel der Sicherung, deren Maß mindestens vier Monate beträgt, verurteilt worden sind (vgl. Art. 2 Abs. 1 RB-EUHb). Eine Übergabe des Betroffenen kann dabei von der Strafbarkeit der den Erlass des Europäischen Haftbefehls erforderlich machenden Handlung im Recht des **Vollstreckungsmitgliedstaats** abhängig gemacht werden (vgl. Art. 2 Abs. 4 RB-EUHb) und im Falle der Straflosigkeit des fraglichen Verhaltens zur Verweigerung der Auslieferung berechtigen (vgl. Art. 4 Nr. 1 RB-EUHb). Von diesem **Grundsatz der beiderseitigen Strafbarkeit,** der in der Bundesrepublik Deutschland seine Verankerung in § 3 IRG fand, wird lediglich dann eine Ausnahme gemacht[786] und auf eine Prüfung der beiderseitigen Strafbarkeit im Auslieferungsverfahren verzichtet, wenn die die europäische Fahndung begründende Handlung den Tatbestand einer Katalogtat des Art. 2 Abs. 2 RB-EUHb erfüllt und diese Straftat im Ausstellungsmitgliedstaat mit einer freiheitsentziehenden Sanktion im Höchstmaß von mindestens drei Jahren bedroht ist (vgl. Art. 2 Abs. 2 RB-EUHb und § 81 Nr. 4 IRG).

292 **c) Zuständigkeit.** Die Zuständigkeit für den Erlass eines Europäischen Haftbefehls richtet sich nach den einschlägigen **Vorschriften der Mitgliedstaaten** (vgl. Art. 6 Abs. 1 RB-EUHb) und ist angesichts der damit zu treffenden justiziellen Entscheidung im Sinne eines faktisch einen anderen Mitgliedstaat verpflichtenden Akts bei einer „ausstellenden Justizbehörde" („judicial authority") konzentriert.[787] Ungeachtet des den Mitgliedstaaten grundsätzlich eingeräumten Spielraums bei der Bestimmung der für die Ausstellung eines Europäischen Haftbefehls nach nationalem Recht zuständigen Behörde strebt der Gerichtof eine unionskonforme und einheitliche Bestimmung der Anforderungen an justizielle Entscheidungsträger an.[788] Im Lichte der Zweistufigkeit des Verfahrens bei der Ausstellung eines Europäischen Haftbefehls, der die „dem Inlandshaftbefehl nachfolgende Entscheidung zur Fahndung im Ausland mit dem Ziel einer Auslieferung"[789] verkörpert, ist die angestrebte Einheitlichkeit bei der Bestimmung von Kriterien im Sinne ihrer Gleichheit unabhängig davon gemeint, ob der justizielle Entscheidungsträger bei der Ausstellung eines Inlandshaftbefehls (1. Stufe) oder bei der Ausstellung eines Europäischen Haftbefehls (2. Stufe) tätig wird.[790] Am Wortlaut des Art. 6 Abs. 1 des RB-EUHb und im Gesamtkontext der europäischen Vorgaben ausgelegt, erfasst der Begriff „Justizbehörde" nach Auffassung des

---

[785] EuGH 1.6.2016 – Rs. C-241/15, ECLI:EU:C:2016:385 Rn. 56 = BeckRS 2016, 81080 – Bob-Dogi; EuGH 27.5.2019 – verb. Rs. C-508/18, C-82/19 PPU, ECLI:EU:C:2019:456 Rn. 67 = BeckRS 2019, 9722 – OG (Parquet de Lübeck). Zur Unzulänglichkeit der deutschen Fassung in Bezug auf die Wendung „gerichtlichen Schutz auf der ersten Stufe" Burchard in Böse, Europäisches Strafrecht, 2. Aufl. 2021, § 14 Rn. 48 Fn. 147.
[786] Im Regelfall findet in der Bundesrepublik Deutschland eine Prüfung der beiderseitigen Strafbarkeit statt, vgl. § 78 Abs. 1 IRG iVm § 3 IRG.
[787] EuGH 10.11.2016 – C-452/16 PPU, ECLI:EU:C:2016:858 Rn. 27 ff. = BeckRS 2016, 82662– Poltorak; EuGH 10.11.2016 – C-477/16 PPU, ECLI:EU:C:2016:861 Rn. 28 ff. = BeckRS 2016, 82664 – Kovalkovas.
[788] EuGH 10.11.2016 – C-452/16 PPU, ECLI:EU:C:2016:858 Rn. 30 ff. = BeckRS 2016, 82662– Poltorak; EuGH 10.11.2016 – C-477/16 PPU, ECLI:EU:C:2016:861 Rn. 31 ff. = BeckRS 2016, 82664 – Kovalkovas; vgl. auch EUGH 28.7.2016 – C-294/16 PPU, ECLI:EU:C:2016:610 Rn. 37 = BeckRS 2016, 81794 – JZ.
[789] Inhofer in Graf, BeckOK StPO mit RiStBV und MiStra, 50. Ed. 1.1.2024, RB-EUHb Art. 1 Rn. 6, zustimmend Burchard in Böse, Europäisches Strafrecht, 2. Aufl. 2021, § 14 Rn. 48.
[790] Burchard in Böse, Europäisches Strafrecht, 2. Aufl. 2021, § 14 Rn. 49.

Gerichtshofs sämtliche an der Strafrechtspflege mitwirkende Behörden, die ausnahmslos unabhängig von der Exekutive agieren.[791] Findet eine zweifache unabhängige Verfahrens- und Grundrechtsprüfung im ersuchenden Staat statt, so müsse die Justizbehörde die Gewährleistung des Rechtsschutzes in objektiver Weise wahrnehmen können, „unter Berücksichtigung aller be- und entlastenden Gesichtspunkte und ohne Gefahr zu laufen, dass ihre Entscheidungsbefugnis Gegenstand externer Anordnungen oder Weisungen, insbesondere seitens der Exekutive, ist, so dass kein Zweifel daran besteht, dass die Entscheidung, den Europäischen Haftbefehl auszustellen, von dieser Behörde getroffen wurde und nicht letzten Endes von der Exekutive".[792] Vor diesem Hintergrund sollen unter den Begriff „ausstellende Justizbehörde" iSd Art. 6 Abs. 1 RB-EUHb „nicht die Staatsanwaltschaften eines Mitgliedstaats fallen, die der Gefahr ausgesetzt sind, im Rahmen des Erlasses einer Entscheidung über die Ausstellung eines Europäischen Haftbefehls unmittelbar oder mittelbar Anordnungen oder Einzelweisungen seitens der Exekutive, etwa eines Justizministers, unterworfen zu werden".[793] Sind – wie etwa im deutschen Recht[794] – die Staatsanwaltschaften im Rahmen der Ausstellung dieser Haftbefehle unmittelbar oder mittelbar Anordnungen oder Einzelweisungen der Exekutive, etwa eines Justizministers, unterworfen, so können auch sie Europäische Haftbefehle iSd Art. 1 Abs. 1 RB-EUHb ausstellen, „sofern zwingend vorgeschrieben ist, dass die Haftbefehle, bevor sie von den Staatsanwaltschaften übermittelt werden können, von einem Gericht bewilligt werden, das Zugang zur gesamten, etwaige Anordnungen oder Einzelweisungen der Exekutive enthaltenden Ermittlungsakte hat, das in unabhängiger und objektiver Weise prüft, ob die Voraussetzungen für die Ausstellung der Haftbefehle vorliegen und ob sie verhältnismäßig sind, und das damit eine eigenständige Entscheidung trifft, die den Haftbefehlen ihre endgültige Form gibt".[795]

Eine Ermächtigungsgrundlage für die Ausstellung eines Europäischen Strafbefehls in der Bundesrepublik Deutschland bildet § 131 Abs. 1 StPO iVm, je nach Sachverhaltskonstellation, den §§ 112 ff., 125 f., 162, 457 Abs. 3 S. 3, 463 Abs. 1 StPO sowie §§ 77 Abs. 1 und 78 Abs. 1 IRG, der europarechtskonform auszulegen ist.[796] **293**

---

[791] EuGH 10.11.2016 – C-452/16 PPU, ECLI:EU:C:2016:858 Rn. 32 ff. = BeckRS 2016, 82662 – Poltorak; EuGH 10.11.2016 – C-477/16 PPU, ECLI:EU:C:2016:861 Rn. 33 ff. = BeckRS 2016, 82664 – Kovalkovas; EuGH 27.5.2019 – C-508/18, C-82/19 verb. Rs. C-508/18, C-82/19 PPU, ECLI:EU:C:2019:456 Rn. 49 ff. = BeckRS 2019, 9722 – OG (Parquet de Lübeck); EuGH 27.5.2019 – C-509/18, ECLI:EU:C:2019:457 Rn. 28 ff. = BeckRS 2019, 9647 – PF (Generalstaatsanwalt von Litauen).

[792] EuGH 27.5.2019 – verb. Rs. C-508/18, C-82/19 PPU, ECLI:EU:C:2019:456 Rn. 73 = BeckRS 2019, 9722 – OG (Parquet de Lübeck); EuGH 27.5.2019 – C-509/18, ECLI:EU:C:2019:457 Rn. 51 = BeckRS 2019, 9647 – PF (Generalstaatsanwalt von Litauen); vgl. in diesem Sinne EuGH 10.11.2016 – C-477/16 PPU, ECLI:EU:C:2016:861 Rn. 42 = BeckRS 2016, 82664 – Kovalkovas.

[793] EuGH 27.5.2019 – verb. Rs. C-508/18, C-82/19 PPU, ECLI:EU:C:2019:456 Rn. 90 = BeckRS 2019, 9722 – OG (Parquet de Lübeck).

[794] Das externe Weisungsrecht der Landesjustizministerien gegenüber den deutschen Staatsanwaltschaften findet seine Grundlage in § 146 GVG.

[795] EuGH 9.10.2019 – C-489/19 PPU, ECLI:EU:C:2019:849 Rn. 49 = NJW 2020, 203 – NJ (Parquet de Vienne); vgl. auch EuGH 12.12.2019 – C-625/19 PPU, ECLI:EU:C:2019:1078 = BeckRS 2019, 31230 – Openbaar Ministerie (Staatsanwaltschaft Schweden).

[796] LG Bamberg 26.6.2019 – 21 Qs 25/19, BeckRS 2019, 17260 Rn. 8 ff.; OLG Zweibrücken 11.7.2019 – 1 Ws 203/19, NJW 2019, 2869 Rn. 2 ff.; OLG Hamm 1.8.2019 – 2 Ws 96/19, BeckRS 2019, 17146 Rn. 10 ff.; OLG Frankfurt a. M. 12.9.2019 – 2 Ws 60/19, NStZ-RR 2019, 356 (356); OLG Schleswig 6.2.2020 – 2 Ws 13/20, BeckRS 2020, 4320 Rn. 6; BVerfG 28.9.2020 – 2 BvR 1435/20, BeckRS 2020, 25154 Rn. 4; Ahlbrecht in Gercke/Temming/Zöller, Strafprozessordnung, 7. Aufl. 2023, § 131 Rn. 2; Gerhold in MüKoStPO § 131 Rn. 1; Hackner in Schomburg/Lagodny, Internationale Rechtshilfe in Strafsachen, 6. Aufl. 2020, IRG Vor § 68 Rn. 25b; Niester in Graf, BeckOK StPO mit RiStBV und MiStra, 49. Ed. 1.10.2023, StPO § 131 Rn. 2; Satzger/Widmaier/Schluckebier, Strafprozessordnung, 5. Aufl. 2023, StPO § 131 Rn. 5; Böhm NZWiSt 2019, 325 (328 f.); Meyer/Hüttemann ZStW 128(2016), 394 (401 ff.); aA etwa Schmitt in Meyer-Großner/Schmitt, StPO, 66. Aufl. 2023, StPO Vor § 112 Rn. 9 ff., § 131 Rn. 1; Oemichen/Schmid StraFo 2019, 397 (398 f.); Trüg/Ulrich NJW 2019, 2811 (2812 ff.).

§ 34

294 **d) Auslieferungsverfahren. (1) Auslieferung zum Zwecke der Strafverfolgung.** Während die **Auslieferung**[797] deutscher Staatsangehöriger an Staaten, die nicht Mitglied der Europäischen Union sind, unzulässig ist,[798] ist die **Auslieferung Deutscher** im Unionsgebiet nur unter den engen Voraussetzungen des § 80 IRG möglich, wobei an die Auslieferung des Betroffenen in Abhängigkeit vom Zweck der Maßnahme unterschiedliche Anforderungen gestellt werden. So darf für die Auslieferung des Betroffenen zum Zwecke der **Strafverfolgung** kein maßgeblicher Inlandsbezug der Tat vorliegen, der in der Regel dann gegeben ist, wenn die Tathandlung vollständig oder in wesentlichen Teilen im Geltungsbereich des IRG begangen wurde und der Erfolg zumindest in wesentlichen Teilen dort eingetreten ist (vgl. § 80 Abs. 1 IRG, § 80 Abs. 2 S. 1 Nr. 2, S. 2 IRG). Entscheidend ist vielmehr ein maßgeblicher Bezug der Tat zum ersuchenden Mitgliedstaat (§ 80 Abs. 1 S. 1 Nr. 2 IRG), bzw. im Falle einer zweiseitigen Tatortanbindung das Ergebnis einer unter der Berücksichtigung mehrerer Kriterien wie Tatvorwurf, praktische Erfordernisse und Möglichkeiten einer effektiven Strafverfolgung sowie die grundrechtlich geschützten Interessen des Verfolgten im Lichte der mit der Schaffung eines Europäischen Rechtsraums verbundenen Ziele vorgenommenen Interessenabwägung (vgl. § 80 Abs. 2 S. 3 IRG). Des Weiteren ist für die Zulässigkeit der Auslieferung eine gesicherte Rücküberstellung des Betroffenen (vgl. § 80 Abs. 1 S. 1 Nr. 1 IRG, § 80 Abs. 2 S. 1 Nr. 1 IRG iVm § 80 Abs. 1 S. 1 Nr. 1 IRG) und – sofern weder ein maßgeblicher Auslands- noch Inlandsbezug gegeben ist – das Vorliegen beiderseitiger Strafbarkeit und die Gewissheit erforderlich, dass bei konkreter Abwägung der widerstreitenden Interessen das schutzwürdige Vertrauen des Verfolgten in seine Nichtauslieferung nicht überwiegt (vgl. § 80 Abs. 2 S. 1 Nr. 3 IRG).

295 Die **Auslieferung eines Ausländers,** der **im Inland** seinen **gewöhnlichen Aufenthalt** hat, zum Zwecke der **Strafverfolgung** ist unzulässig, wenn bei einer auf die Strafverfolgung gerichteten Auslieferung eines Deutschen eine solche gemäß § 80 Abs. 1 und 2 IRG nicht zulässig wäre (vgl. § 83b Abs. 2 Nr. 1 IRG). Bei den **Angehörigen ausländischer Staaten** müssen lediglich die Anforderungen des § 83a Abs. 1 IRG beachtet werden.[799]

296 **(2) Auslieferung zum Zwecke der Strafvollstreckung.** Die **Auslieferung eines Deutschen** zum Zwecke der **Strafvollstreckung** ist dagegen nur zulässig, wenn der Verfolgte nach Belehrung zu richterlichem Protokoll zustimmt, § 80 Abs. 3 S. 1 IRG. Für die **Auslieferung eines Ausländers mit dem gewöhnlichen Aufenthalt im Inland**[800] zum Zwecke der **Strafvollstreckung** ist ebenfalls seine Zustimmung, die richterlich zu protokollieren ist, erforderlich. Verweigert der Betroffene dagegen die Erteilung des Einverständnisses in die Auslieferung und überwiegt sein schutzwürdiges Interesse an der Strafvollstreckung im Inland, so kann die Bewilligung der Auslieferung abgelehnt werden, vgl. § 83b Abs. 2 Nr. 2 IRG.

297 Diese und die weiteren in § 83b IRG abschließend geregelten Bewilligungshindernisse ermöglichen den Generalstaatsanwaltschaften als zuständigen Bewilligungsbehörden der Länder, eine Bewilligung der Auslieferung auch bei der Erfüllung der im IRG normierten Auslieferungsvoraussetzungen zu verweigern,[801] und konkretisieren die in § 79 IRG normierte grundsätzliche Pflicht des ersuchten Staates zur Auslieferungsbewilligung. Die Normierung dieser Pflicht im IRG deklariert die Beibehaltung des traditionellen zweistufigen Auslieferungsmodells und ist insofern als eine grundlegende Abkehr von den Vorgaben des

---

[797] Eing. zum Wesen der Auslieferung Murschetz, Auslieferung und Europäischer Haftbefehl, 2007, S. 5 ff.
[798] v. Heintschel-Heinegg in Sieber/Satzger/v. Heintschel-Heinegg, Europäisches Strafrecht, 2. Aufl. 2014, § 37 Rn. 40 Fn. 71.
[799] v. Heintschel-Heinegg in Sieber/Satzger/v. Heintschel-Heinegg, Europäisches Strafrecht, 2. Aufl. 2014, § 37 Rn. 48.
[800] Bei der Auslieferung von anderen ausländischen Staatsangehörigen müssen auch in diesem Fall die Anforderungen des § 83a Abs. 1 IRG eingehalten werden.
[801] Hecker, Europäisches Strafrecht, 6. Aufl. 2021, Kapitel 11 Rn. 25.

RB-EUHb[802] aufzufassen, als dadurch dem als „Instrumenten der Zusammenarbeit mit klarer gemeinschaftlicher Tendenz" konzipierten Europäischen Haftbefehl ein zwischenstaatlicher Charakter verliehen wird.[803]

e) Rechtsschutz gegen den Europäischen Haftbefehl. Die Besonderheit des Europäischen Haftbefehls als ein auf der nationalen Haftanordnung beruhendes europäisches Fahndungsmittel wirft berechtigte Fragen nach den Möglichkeiten des Rechtsschutzes gegen den Europäischen Haftbefehl für den Betroffenen auf, die sich vor allem auf die Zuständigkeitsprobleme fokussieren. 298

Der Rechtsschutz gegen die – vollumfänglich justiziablen – rechtlichen Kriterien der Zulässigkeitsvoraussetzungen und der Versagungsgründe ist zwischen Ausstellungsstaat und Vollstreckungsstaat aufgeteilt (sog. **gespaltener Rechtsschutz**). Die Anordnung des Europäischen Haftbefehls kann grundsätzlich nur im Ausstellungsstaat zum Gegenstand des auf Aufhebung gerichteten Verfahrens gemacht werden, die Vollstreckung ist hingegen nur im Vollstreckungsstaat anfechtbar.[804] Denkbar wäre sowohl das Vorgehen mit den Mitteln des europäischen Rechtsschutzes als auch die Inanspruchnahme von innerstaatlichen Rechtsbehelfen. 299

aa) Ordentliche Rechtsbehelfe. Während die Alternative des europäischen Rechtsschutzes dem Betroffenen mangels Eröffnung des Rechtswegs zum Gerichtshof der Europäischen Union verwehrt ist, eröffnet ihm der Umstand, dass der Europäische Haftbefehl zugleich das **Auslieferungsersuchen und das Ersuchen um Festnahme** impliziert,[805] auf den ersten Blick die Möglichkeit, im Wege eines Verfahrens gemäß **§§ 23 ff. EGGVG**[806] vorzugehen. Diese Möglichkeit der Anfechtung von Justizverwaltungsakten setzt insbesondere das Vorliegen einer Maßnahme voraus, die auf dem Gebiet der innerstaatlichen Strafrechtspflege ergangen ist.[807] Bei **eingehenden Ersuchen um Auslieferung** ist die innerstaatliche Strafrechtspflege nicht betroffen, weil das Ersuchen im Dienst der ausländischen Strafrechtspflege steht. **Ausgehende Ersuchen um Auslieferung** in die Bundesrepublik Deutschland sind primär auf die Pflege der Beziehungen zu auswärtigen Staaten gerichtet[808] und unterfallen deshalb nicht der innerstaatlichen Strafrechtspflege. Daher kann weder die im ersuchten Staat von den zuständigen Stellen erlassene **Bewilligung der Auslieferung und anderer ausländischen Rechtshilfeersuchen** noch ein **Rechtshilfeersuchen der Bundesrepublik Deutschland an ausländische Staaten** gemäß § 23 Abs. 1 EGGVG angefochten werden.[809] Da die unmittelbare Betroffenheit des Antragstellers erst durch eine Entscheidung des ersuchten Staates begründet werden kann und ein bloßes Ersuchen um Auslieferung bzw. Festnahme noch keinen Eingriff in seine geschützten Rechte seitens der 300

---

[802] Der RB-EUHb sieht ein „einstufiges" Auslieferungsverfahren vor, das im Gegensatz zum herkömmlichen „zweistufigen" Auslieferungsverfahren keine Bewilligung der zuständigen Regierungsbehörde über die Personenherausgabe erfordert und als rein justizielles Verfahren zwischen den involvierten mitgliedstaatlichen Justizbehörden abgewickelt wird (vgl. Art. 9 Abs. 1 RB-EUHb sowie die Ausführungen bei Hecker, Europäisches Strafrecht, 6. Aufl. 2021, Kapitel 11 Rn. 10).

[803] Einen Überblick über die kritischen Stimmen bezüglich dieser rahmenbeschlusswidrigen Regelung gibt v. Heintschel-Heinegg in Sieber/Satzger/v. Heintschel-Heinegg, Europäisches Strafrecht, 2011, § 37 Rn. 34, Fn. 65.

[804] Meyer StV 2020, 644 (644); allg. dazu Böse in Grützner/Pötz/Kreß/Gazeas/Brodowski, Internationaler Rechtshilfeverkehr in Strafsachen, 3. Aufl. 2022, IRG Vor § 78 Rn. 35 ff.

[805] v. Heinschel-Heinegg in Sieber/Satzger/v. Heintschel-Heinegg, Europäisches Strafrecht, 2. Aufl. 2014, § 37 Rn. 5.

[806] Einführungsgesetz zum Gerichtsverfassungsgesetz vom 27.1.1877, RGBl. 1877 77, zuletzt geändert durch Art. 3 des Gesetzes zur Fortentwicklung der Strafprozessordnung und zur Änderung weiterer Vorschriften vom 25.6.2021, BGBl. 2021 I 2099.

[807] Vogler NJW 1982, 468 (470 mwN).

[808] Vgl. KG 31.3.1993 – ZS 1412/92 – 4 VAs 33/92 = NStZ 1993, 606 (606 mwN); Gerson in Löwe-Rosenberg, StPO, Bd. 11, 27. Aufl. 2022, EGGVG § 23 Rn. 36 mwN; Köhnlein in Graf, BeckOK GVG, 21. Ed. 15.11.2023, EGGVG § 23 Rn. 98; Ahlbrecht/Börgers ZIS 2008, 218 (221); Vogler NJW 1982, 468 (470 f.).

[809] Schmitt in Meyer-Goßner/Schmitt, StPO, 66. Aufl. 2023, EGGVG § 23 Rn. 4 mwN.

Bundesrepublik Deutschland darstellt,[810] bleiben ihm jegliche Anfechtungsmöglichkeiten dieser Komponenten des Europäischen Haftbefehls verwehrt.[811] Dies gilt ebenfalls für den **Erlass** eines Europäischen Haftbefehls, der einem Auslieferungsersuchen gleichsteht (→ Rn. 287) und deshalb weder im Verfahren nach §§ 23 ff. EGGVG noch anderweitig anfechtbar ist.[812]

301 Eine Überprüfung der **Ausschreibung zur Festnahme** im Schengener Informationssystem (SIS) im Wege eines Verfahrens gemäß **§ 98 Abs. 2 S. 2 StPO analog** ist dagegen möglich, da es sich bei dem Europäischen Haftbefehl um eine Ausschreibung zur Festnahme iSd § 131 StPO handelt (vgl. § 83a Abs. 2 IRG).[813] Des Weiteren steht dem Betroffenen der Rechtsweg zu den nationalen Gerichten offen, wenn er sich gegen den nationalen Haftbefehl wehren will. Die erfolgreiche Haftbeschwerde gemäß § 304 Abs. 1 StPO bzw. § 310 Abs. 1 Nr. 1 StPO kann zur Aufhebung des nationalen Haftbefehls gemäß § 120 StPO führen und entzieht dann dem Europäischen Haftbefehl seine Existenzgrundlage.

302 **bb) Außerordentliche Rechtsbehelfe.** Als außerordentlicher Rechtsbehelf gegen die nach § 13 Abs. 1 S. 2 IRG unanfechtbare **Entscheidung** des Oberlandesgerichts **über die Zulässigkeit der Auslieferung** und – ebenfalls unanfechtbare – **Bewilligungsentscheidung** der Generalstaatsanwaltschaft auf innerstaatlicher Ebene ist die **Verfassungsbeschwerde** nach Art. 93 Abs. 1 Nr. 4a GG iVm §§ 13 Nr. 8a, 90 ff. BVerfGG statthaft,[814] mit der eine Überprüfung eines Ersuchens auf Vereinbarkeit mit dem Grundgesetz für den Fall erreicht werden kann, dass das vorrangig anzuwendende Unionsrecht im Widerspruch zu unverzichtbaren Grundsätzen der deutschen Verfassungsordnung steht.[815] Wegen ungenügender Rechtsschutzgewährung gemäß Art. 19 Abs. 4 GG verspricht die Verfassungsbeschwerde im Kontext der Durchsetzung grundrechtstragender Versagungsgründe einen effektiven Schutz gegen eine – trotz Bindung gemäß Art. 51 GrCh – unzureichende Beachtung der Charta der Grundrechte der Europäischen Union im Zulässigkeitsverfahren, in welchem das Oberlandesgericht über das Vorliegen der rechtlichen Zulässigkeitsvoraussetzungen einer Auslieferung sowie über die Entscheidung der Bewilligungsbehörde über das Nichtvorliegen von Bewilligungshindernissen befindet.[816] Vor dem Hintergrund einer engen Umgrenzung des möglichen Beschwerdegegenstandes dürfte sich die Verfassungsbeschwerde wie auch die – ebenfalls gegen die Bewilligungsentscheidung nach Erschöpfung des nationalen Rechtswegs statthafte – **Individualbeschwerde** nach Art. 34 EMRK regelmäßig gegen die Auslieferungsentscheidung des Oberlandesgerichts richten.[817] Alternativ kommt die **Individualbeschwerde** nach dem Fakultativprotokoll zum Internationalen Pakt für bürgerliche und politische Rechte (IPbpR)[818] in Betracht, soweit die angegriffene Entscheidung von einem Gericht eines Staates, der – wie die Bundesrepublik Deutschland – das Fakultativprotokoll unterzeichnet hat, erlassen worden ist.[819]

---

[810] OLG München 18.10.1974 – 1 V As 67/74, NJW 1975, 509; BVerfG 25.3.1981 – 2 BvR 1258/79, BVerfGE 57, 9 = NJW 1981, 1154 (1154 f.).
[811] OLG Celle 16.4.2009 – 2 VAs 3/09, NStZ 2010, 534 mwN.
[812] Meyer in Ambos/König/Rackow, Rechtshilferecht in Strafsachen, 2. Aufl. 2020, IRG Vor §§ 83h, 93i Rn. 1046; Köhnlein in Graf, BeckOK GVG, 21. Ed. 15.11.2023, EGGVG § 23 Rn. 98; so wohl noch Hackner in Schomburg/Lagodny, Internationale Rechtshilfe in Strafsachen, 6. Aufl. 2020, IRG Vor § 83h Rn. 2.
[813] OLG Celle 16.4.2009 – 2 Vas 3/09, NStZ 2010, 534; Glaser in Hannich, Karlsruher Kommentar zur Strafprozessordnung, 9. Aufl. 2023, StPO § 131 Rn. 21; Köhnlein in Graf, BeckOK GVG, 21. Ed. 15.11.2023, StPO § 131 Rn. 98.
[814] Eing. dazu Schierholt in Schomburg/Lagodny, Internationale Rechtshilfe in Strafsachen, 6. Aufl. 2020, IRG § 13 Rn. 9 ff.; Meyer StV 2020, 644 (646).
[815] Meyer StV 2020, 644 (646 f.).
[816] Hierzu Meyer StV 2020, 644 (646 f.).
[817] Meyer StV 2020, 644 (646 f.).
[818] -International Covenant on Civil and Political Rights (ICCPR); in der Schweiz UNO-Pakt II.
[819] König/Voigt in Ambos/König/Rackow, Rechtshilferecht in Strafsachen, 2. Aufl. 2020, § 13 Rn. 166.

3. Teil. Rechtsschutz im Straf- und Bußgeldrecht § 34

2. Europäische Ermittlungsanordnung. Neben dem Rechtsakt des Europäischen Haft- 303 befehls ist als weiteres prominentes Beispiel einer sekundärrechtlichen Ausformung des Grundsatzes der gegenseitigen Anerkennung die **Europäische Ermittlungsanordnung** zu nennen.[820] Ausgehend von der im Rahmen der Tagung des Europäischen Rates vom 15. und 16.10.1999 in Tampere dem Grundsatz der gegenseitigen Anerkennung beigemessenen Bedeutung (→ Rn. 283) und den in diesem Lichte geformten Schlussfolgerungen des Europäischen Rates nahm der Rat am 29.11.2000 ein Maßnahmenprogramm zur Umsetzung des Grundsatzes der gegenseitigen Anerkennung gerichtlicher Entscheidungen in Strafsachen[821] an, dessen oberste Priorität mit den Maßnahmen Nr. 6 und Nr. 7 der Annahme eines Rechtsakts zur Anwendung des Grundsatzes der gegenseitigen Anerkennung auf die **Sicherstellung von Beweismitteln und Vermögensgegenständen** eingeräumt wurde. Mit dem Rahmenbeschluss 2003/577/JI des Rates vom 22. Juli 2003 über die Vollstreckung von Entscheidungen über die Sicherstellung von Vermögensgegenständen oder Beweismitteln in der Europäischen Union[822] (Rahmenbeschluss 2003/577/JI) wurden Vorschriften für die Anerkennung und Vollstreckung der **Sicherstellungsentscheidung** getroffen. Gemäß Art. 2 lit. c Rahmenbeschluss 2003/577/JI wurde damit „jede von einer zuständigen Justizbehörde des Entscheidungsstaats[823] getroffene Maßnahme, mit der vorläufig jede Vernichtung, Veränderung, Verbringung, Übertragung oder Veräußerung von Vermögensgegenständen verhindert werden soll, deren Einziehung angeordnet werden könnte oder die ein Beweismittel darstellen könnten", im Hoheitsgebiet eines anderen Mitgliedstaats erfasst. Mit diesen Regelungen nahm der Grundsatz der gegenseitigen Anerkennung, der auch für im Rahmen des Ermittlungsverfahrens ergangene Anordnungen Geltung entfalten sollte, die insbesondere auf eine unverzügliche Sicherstellung von Beweismaterial und Beschlagnahmen abzielen,[824] im Bereich der Beweisrechtshilfe seine ersten Konturen an. Die auf die **Sicherstellung** von den sich in einem anderen Mitgliedstaat befindenden Beweisen konzentrierte und insoweit lediglich zum Teil vollzogene rechtliche Erfassung des Beweismittel betreffenden Spektrums der justiziellen Zusammenarbeit in Strafsachen in Zusammenschau mit der de lege lata im Rahmen von Rechtshilfeverfahren zu ersuchenden anschließenden **Übermittlung** der Beweismittel an einen anderen Mitgliedstaat förderte den – nach dem ausgearbeiteten Vorschlag der Kommission[825] im Haager Programm zur Stärkung von Freiheit, Sicherheit und Recht in der Europäischen Union[826] angelegten[827] – Erlass des Rahmenbeschlusses 2008/978/JI des Rates vom 18. Dezember 2008 über die Europäische Beweisanordnung zur Erlangung von Sachen, Schriftstücken und Daten zur Verwendung in Strafsachen[828] (Rahmenbeschluss 2008/978/JI). Damit wurde die Anwendung des Grundsatzes der gegenseitigen Anerkennung auf eine in Form einer **Europäischen Beweisanordnung** ergangene justizielle Entscheidung zur Erlangung von Sachen, Schriftstücken und Daten zur Verwendung in

---

[820] Hecker, Europäisches Strafrecht, 6. Aufl. 2021, Kapitel 11 Rn. 4.
[821] Maßnahmenprogramm zur Umsetzung des Grundsatzes der gegenseitigen Anerkennung gerichtlicher Entscheidungen in Strafsachen (2001/C 12/02), ABl. 2001 C 12, 10.
[822] ABl. 2003 L 196, 45, aufgehoben durch Art. 39 Abs. 1 der Verordnung (EU) 2018/1805 des Europäischen Parlaments und des Rates vom 14. November 2018 über die gegenseitige Anerkennung von Sicherstellungs- und Einziehungsentscheidungen, ABl. 2018 L 303, 1.
[823] Bei dem „Entscheidungsstaat" handelt es sich gemäß Art. 2 lit. a Rahmenbeschluss 2003/577/JI um „den Mitgliedstaat, in dem eine Justizbehörde iSd einzelstaatlichen Rechts des Entscheidungsstaats eine Sicherstellungsentscheidung im Rahmen eines Strafverfahrens erlassen, für rechtsgültig erklärt oder auf andere Weise bestätigt hat".
[824] Erwägungsgrund 2 Rahmenbeschluss 2003/577/JI.
[825] Vorschlag für einen Rahmenbeschluss des Rates über die Europäische Beweisanordnung zur Erlangung von Sachen, Schriftstücken und Daten zur Verwendung in Strafverfahren, KOM(2003) 688 endgültig.
[826] ABl. 2005 C 53, 1.
[827] Vgl. Punkt 3.3.1. des Haager Programms zur Stärkung von Freiheit, Sicherheit und Recht in der Europäischen Union, ABl. 2005 C 53, 12.
[828] ABl. 2008 L 350, 72, aufgehoben durch Art. 1 der Verordnung (EU) 2016/95 des Europäischen Parlaments und des Rates vom 20. Januar 2016 zur Aufhebung bestimmter Rechtsakte im Bereich der polizeilichen und justiziellen Zusammenarbeit in Strafsachen, ABl. 2016 L 26, 9.

Strafsachen,⁸²⁹ sichergestellt. Vor dem Hintergrund, dass der Anwendungsbereich des genannten Rahmenbeschlusses auf bereits erhobene Beweismittel beschränkt war und die Verfahren der Rechtshilfe weiterhin zur Anwendung kommen konnten, erwies sich der durch die beiden Beschlüsse gebildete Rechtsrahmen für die Erhebung von Beweismitteln letztlich als „zu fragmentiert und zu kompliziert".⁸³⁰

304 a) **Rechtlicher Rahmen.** Getragen von der Intention, die geltenden Bestimmungen für die Beweiserhebung in Strafsachen durch eine einzige, sämtliche Beweismittel umfassende Regelung zu ersetzen,⁸³¹ verkörpert die auf Art. 82 Abs. 1 UAbs. 2 lit. a AEUV gestützte, auf Initiative des Königreichs Belgien, der Republik Bulgarien, der Republik Estland, des Königreichs Spanien, der Republik Österreich, der Republik Slowenien und des Königreichs Schweden⁸³² erlassene, am 21.5.2014 in Kraft getretene Richtlinie 2014/41/EU – RL-EEA (→ Rn. 285) einen neuen Ansatz, dem ein einheitliches Instrument der **Europäischen Ermittlungsanordnung** zugrunde liegt.

305 In Gestalt „eine[r] gerichtliche[n] Entscheidung, die von einer Justizbehörde eines Mitgliedstaats (,Anordnungsstaat') zur Durchführung einer oder mehrerer spezifischer Ermittlungsmaßnahme(n) in einem anderen Mitgliedstaat (,Vollstreckungsstaat') zur Erlangung von [– auch sich bereits im Besitz der zuständigen Behörden des Vollstreckungsstaats befindenden (Art. 1 Abs. 1 UAbs. 2 RL-EEA) –] Beweisen gemäß [der RL-EEA] erlassen oder validiert wird" (Art. 1 Abs. 1 UAbs. 1 RL-EEA), bildet die Europäische Ermittlungsanordnung einen **einheitlichen Rechtsrahmen für den strafprozessualen Beweistransfer zwischen den Mitgliedstaaten der Europäischen Union,**⁸³³ die zur Vollstreckung jeder Europäischen Ermittlungsanordnung nach dem Grundsatz der gegenseitigen Anerkennung und gemäß den Bestimmungen der RL-EEA verpflichtet sind (Art. 1 Abs. 2 RL-EEA). Durch die Etablierung eines einheitlichen Verfahrens für die grenzüberschreitende Beweisgewinnung, das den festgelegten Form- und Fristerfordernissen folgt und verstärkte Kommunikations- und Kooperationsverpflichtungen auferlegt, soll die Vereinfachung, Beschleunigung und transparente Ausgestaltung der grenzüberschreitenden Strafverfolgung erreicht werden.⁸³⁴

306 Die RL-EEA ersetzte zur Umsetzung des Grundsatzes der gegenseitigen Anerkennung für die durch sie gebundenen Mitgliedstaaten die Rahmenbeschlüsse 2003/577/JI und 2008/978/JI (Art. 34 Abs. 2 UAbs. 1 RL-EEA) sowie die völkerrechtlichen Grundlagen der zwischenstaatlichen Zusammenarbeit⁸³⁵ (Art. 34 Abs. 1 RL-EEA) durch verbindliche

---

⁸²⁹ Vgl. Art. 1 Abs. 1 Rahmenbeschluss 2008/978/JI.
⁸³⁰ Erwägungsgrund 5 RL-EEA; s. auch Bachmaier Winter ZIS 2010, 580 (583).
⁸³¹ Vgl. Punkt 4 im am 11.11.2009 vorgelegten Grünbuch „Erlangung verwertbarer Beweise in Strafsachen aus einem anderen Mitgliedstaat", KOM(2009) 624 endgültig.
⁸³² Vgl. die im April 2010 eingereichte Initiative des Königreichs Belgien, der Republik Bulgarien, der Republik Estland, des Königreichs Spanien, der Republik Österreich, der Republik Slowenien und des Königreichs Schweden für eine Richtlinie des Europäischen Parlaments und des Rates vom … über die Europäische Ermittlungsanordnung in Strafsachen (2010/C 165/02), ABl. 2010 C 165, 22.
⁸³³ Böse ZIS 2014, 152 (152); Brahms/Gut NStZ 2017, 388 (388).
⁸³⁴ Brahms/Gut NStZ 2017, 388 (389).
⁸³⁵ Europäisches Übereinkommen über die Rechtshilfe in Strafsachen vom 20.4.1959 (EuRhÜbk), BGBl. 1964 II 1369, 1386, zuletzt geändert durch Art. 1 bis Art. 6 des Zweiten Zusatzprotokolls zum Europäischen Übereinkommen über die Rechtshilfe in Strafsachen vom 8.11.2001, BGBl. 2014 II 1038, 1039, sowie die zugehörigen beiden Zusatzprotokolle (Zusatzprotokoll zum Europäischen Übereinkommen über die Rechtshilfe in Strafsachen vom 17.3.1978 (SEV Nr. 99), BGBl. 1990 II 124; BGBl. 1991 II 909; Zweites Zusatzprotokoll zum Europäischen Übereinkommen über Rechtshilfe in Strafsachen vom 8.11.2001 (SEV Nr. 182), BGBl. 2014 II 1038; BGBl. 2015 II 520) und die nach Artikel 26 jenes Übereinkommens geschlossenen zweiseitigen Vereinbarungen (Art. 34 Abs. 1 lit. a RL-EEA); Übereinkommen zur Durchführung des Übereinkommens von Schengen vom 14.6.1985 zwischen den Regierungen der Staaten der Benelux-Wirtschaftsunion, der Bundesrepublik Deutschland und der Französischen Republik betreffend den schrittweisen Abbau der Kontrollen an den gemeinsamen Grenzen vom 19.6.1990, ABl. 2000 L 239, 19, zuletzt geändert durch Art. 4 der Verordnung (EU) 2023/2667 des Europäischen Parlaments und des Rates vom 22.11.2023 zur Änderung der Verordnungen (EG) Nr. 767/2008, (EG) Nr. 810/2009 und (EU) 2017/2226 des Europäischen Parlaments und des Rates, der Ver-

und abschließende Vorgaben für sämtliche grenzüberschreitenden, unter Anwendung des Grundsatzes der gegenseitigen Anerkennung vorzunehmenden strafrechtlichen Ermittlungsmaßnahmen.[836] Die Umsetzung der RL-EEA erfolgte in der Bundesrepublik Deutschland mit Wirkung zum 22.5.2017 durch Ergänzung der Regelungen zur sonstigen bzw. kleinen Rechtshilfe zwischen den Mitgliedstaaten der Europäischen Union im Zehnten Teil des Gesetzes über die internationale Rechtshilfe in Strafsachen (§§ 91a–91j, 92d IRG).[837]

b) Anwendungsbereich der Europäischen Ermittlungsanordnung. In ihrem Anwendungsbereich erfasst die Europäische Ermittlungsanordnung **sämtliche Ermittlungsmaßnahmen,** allerdings mit Ausnahme der in Art. 13 des Übereinkommens vom 29.5.2000 über die Rechtshilfe in Strafsachen zwischen den Mitgliedstaaten der Europäischen Union – gemäß Artikel 34 des Vertrags über die Europäische Union vom Rat erstellt –[838] (Eu-RhÜbk) und im Rahmenbeschluss des Rates vom 13. Juni 2002 über gemeinsame Ermittlungsgruppen (2002/465/JI)[839] (Rahmenbeschluss 2002/465/JI) vorgesehenen **Bildung einer gemeinsamen Ermittlungsgruppe** und der **Erhebung von Beweismitteln innerhalb einer solchen Ermittlungsgruppe,** soweit dies nicht zum Zwecke der Anwendung des Art. 13 Abs. 8 Eu-RhÜbk und des Art. 1 Abs. 8 Rahmenbeschluss 2002/465/JI (Art. 3 RL-EEA, Erwägungsgrund 8 RL-EEA) erfolgt, **der grenzüberschreitenden Observation** nach Art. 40 SDÜ (Erwägungsgrund 9 RL-EEA) sowie – im Umkehrschluss aus Art. 25 Abs. 2 RL-EEA[840] – der **Vernehmungen von Beschuldigten im Wege der Telefonkonferenz.** Durch die Fokussierung des Regelungsgegenstandes der RL-EEA auf die **grenzüberschreitende Beweiserhebung** werden die nicht auf die Erlangung von Beweismitteln gerichteten Ersuchen vom Anwendungsbereich der Europäischen Ermittlungsanordnung ausgenommen, sodass für Zustellungen und Ladungen (Art. 7 ff. EuRhÜbk), Auskünfte zu Strafregistereinträgen (Art. 13 EuRhÜbk), Abgabe der Strafverfolgung (Art. 21 EuRhÜbk) sowie die unmittelbare Zustellung von Verfahrensurkunden (Art. 5 Eu-RhÜbk) die **bisherigen Rechtsgrundlagen** Anwendung finden.[841] Als Verfahren, für welche die Europäische Ermittlungsanordnung erlassen werden kann, kommen neben den Strafverfahren (Art. 4 lit. a RL-EEA) sämtliche Verfahren in Betracht, die Verwaltungs- oder Justizbehörden wegen Handlungen eingeleitet haben und die nach dem nationalen Recht des Anordnungsstaats als Zuwiderhandlungen gegen Rechtsvorschriften geahndet werden können, sofern gegen die Entscheidung ein insbesondere in Strafsachen zuständiges Gericht angerufen werden kann (Art. 4 lit. b, lit. c RL-EEA). Verfahren im beschriebenen Sinne, die sich auf Straftaten oder Zuwiderhandlungen beziehen und für die im Anordnungsstaat eine juristische Person zur Verantwortung gezogen oder bestraft werden kann, werden durch Art. 4 lit. d RL-EEA explizit einbezogen.

---

ordnungen (EG) Nr. 693/2003 und (EG) Nr. 694/2003 des Rates und des Übereinkommens zur Durchführung des Übereinkommens von Schengen in Hinblick auf die Digitalisierung des Visumverfahrens, ABl. 2023 L 2667, 1 (Art. 34 Abs. 1 lit. b RL-EEA); Übereinkommen – gemäß Artikel 34 des Vertrags über die Europäische Union vom Rat erstellt – über die Rechtshilfe in Strafsachen zwischen den Mitgliedstaaten der Europäischen Union vom 29.5.2000, ABl. 2000 C 197, 3, BGBl. 2005 II 650, 651 (Art. 34 Abs. 1 lit. c RL-EEA).

[836] Weißer in Schulze/Janssen/Kadelbach, Europarecht, 4. Aufl. 2020, § 16 Rn. 96; vgl. auch Hauck in Böse, Europäisches Strafrecht, 2. Aufl. 2021, § 11 Rn. 91.
[837] Viertes Gesetz zur Änderung des Gesetzes über die internationale Rechtshilfe in Strafsachen, vom 5.1.2017, BGBl. 2017 I 31. Eing. dazu Brahms/Gut NStZ 2017, 388 (389 ff.).
[838] ABl. 2000 C 197, 3, BGBl. 2005 II 650, 651.
[839] ABl. 2002 L 162, 1, zuletzt geändert durch Art. 1 der Richtlinie (EU) 2022/211 des Europäischen Parlaments und des Rates vom 16.2.2022 zur Änderung des Rahmenbeschlusses 2002/465/JI des Rates im Hinblick auf dessen Angleichung an die Unionsvorschriften über den Schutz personenbezogener Daten, ABl. 2022 L 37, 1.
[840] Entwurf eines ... Gesetzes zur Änderung des Gesetzes über die internationale Rechtshilfe in Strafsachen, BT-Drs. 18/9757, S. 19, 56.
[841] Trautmann in Schomburg/Lagodny, Internationale Rechtshilfe in Strafsachen, 6. Aufl. 2020, IRG Vor § 91a Rn. 5.

308 Unter Berücksichtigung dieser Vorgaben finden die §§ 91a–91j IRG keine Anwendung auf die Bildung von gemeinsamen Ermittlungsgruppen sowie auf die Erhebung von Beweismitteln innerhalb einer solchen Ermittlungsgruppe (§ 91a Abs. 2 Nr. 1 IRG),[842] auf grenzüberschreitende Observationen (§ 91a Abs. 2 Nr. 2 IRG) und auf Vernehmen von Beschuldigten im Wege einer Telefonkonferenz (§ 91a Abs. 2 Nr. 3 IRG).

309 **c) Zuständigkeit.** Der für die **Anordnung einer Europäischen Ermittlungsanordnung** zuständige Personenkreis wird in erster Linie von einem Richter, einem Gericht, einem Ermittlungsrichter oder einem Staatsanwalt unter der Prämisse der jeweiligen Zuständigkeit in dem betreffenden Fall gebildet (Art. 2 lit. c sublit. i RL-EEA). Die Zugehörigkeit zu diesem Personenkreis berechtigt zur Überprüfung der Einhaltung der Voraussetzungen für den Erlass einer Europäischen Ermittlungsanordnung und anschließenden Validierung der Europäischen Ermittlungsanordnung vor ihrer Übermittlung an die Vollstreckungsbehörde, soweit die Europäische Ermittlungsanordnung von einer anderen – ebenfalls für ihren Erlass durch Art. 2 lit. c sublit. ii RL-EEA legitimierten – Behörde des Mitgliedstaats erlassen wurde, die in dem betreffenden Fall in ihrer Eigenschaft als Ermittlungsbehörde in einem Strafverfahren nach nationalem Recht für die Anordnung der Erhebung von Beweismitteln zuständig ist.

310 Die Zuständigkeit für die **Vollstreckung einer Europäischen, Ermittlungsanordnungen** bestimmt Art. 2 lit. d S. 1 RL-EEA dahingehend, dass es sich um eine Behörde handeln muss, die für die Anerkennung einer Europäischen Ermittlungsanordnung und für die Sicherstellung ihrer Vollstreckung gemäß der RL-EEA und den in vergleichbaren innerstaatlichen Fällen anzuwendenden Verfahren zuständig ist.

311 Im deutschen Recht richtet sich die **Zuständigkeit nach den allgemeinen Vorschriften** (§ 74 Abs. 2 S. 1 IRG, Ziff. 1 der Vereinbarung zwischen der Bundesregierung und den Landesregierungen von Baden-Württemberg, Bayern, Berlin, Brandenburg, Bremen, Hamburg, Hessen, Mecklenburg-Vorpommern, Niedersachsen, Nordrhein-Westfalen, Rheinland-Pfalz, Saarland, Sachsen, Sachsen-Anhalt, Schleswig-Holstein und Thüringen über die Zuständigkeit im Rechtshilfeverfahren mit dem Ausland in strafrechtlichen Angelegenheiten (Zuständigkeitsvereinbarung 2004) vom 28.4.2004[843] iVm den Delegationserlassen der Länder).[844] Die Bundesregierung ist der Verpflichtung gemäß Art. 33 Abs. 1 lit. a RL-EEA zur Angabe der Behörde bzw. der Behörden, die nach dem nationalen Recht gemäß Art. 2 lit. c und d RL-EEA zuständig ist bzw. sind, wenn die Bundesrepublik Deutschland Anordnungs- oder Vollstreckungsstaat ist, durch folgende Erklärung der Bundesrepublik Deutschland zur Umsetzung der Richtlinie 2014/41/EU des Europäischen Parlaments und des Rates vom 3.4.2014 über die Europäische Ermittlungsanordnung in Strafsachen vom 14.3.2017[845] nachgekommen:

312 „Anordnungs- und Vollstreckungsbehörden können in der Bundesrepublik Deutschland – je nach der im Einzelfall einschlägigen Zuständigkeitsregelung der Länder – zum einen **sämtliche Justizbehör-**

---

[842] Für gemeinsame Ermittlungsgruppe und Beweiserhebung im Rahmen einer solchen Gruppe finden die bisherigen europäischen Rechtsinstrumente, nämlich Art. 13 Eu-RhÜbk und der Rahmenbeschluss 2002/465/JI, umgesetzt in § 93 IRG, weiterhin Anwendung. Ist eine gemeinsame Ermittlungsgruppe auf die Mitwirkung von Mitgliedstaaten der Europäischen Union angewiesen, die nicht zu den die Gruppe bildenden Mitgliedstaaten gehören, kann sie entsprechende Gesuche auf der Grundlage der RL-EEA stellen; Entwurf eines … Gesetzes zur Änderung des Gesetzes über die internationale Rechtshilfe in Strafsachen, BT-Drs. 18/9757, S. 55 f.
[843] Banz. 2004 Nr. 100, 11494.
[844] Trautmann in Schomburg/Lagodny, Internationale Rechtshilfe in Strafsachen, 6. Aufl. 2020, IRG Vor § 91a Rn. 12.
[845] Notification of the transposition of Directive 2014/41/EU on European Investigation Order in criminal matters by Germany; Schreiben der Ständigen Vertretung der Bundesrepublik Deutschland bei der Europäischen Union an die Generaldirektion Justiz und Verbraucherschutz der Europäischen Kommission vom 14.3.2017, Aktenzeichen Pol 350.82/2, S. 2; Oehmichen in Knierim/Oehmichen/Beck/Geisler Gesamtes Strafrecht aktuell, 2018, Kapitel 23 Rn. 36; Trautmann in Schomburg/Lagodny, Internationale Rechtshilfe in Strafsache, 6. Aufl. 2020, IRG Vor § 91a Rn. 12.

den sein, also insbesondere der Generalbundesanwalt beim Bundesgerichtshof, die Staatsanwaltschaften, die Generalstaatsanwaltschaften und die Zentrale Stelle in Ludwigsburg [Zentrale Stelle der Landesjustizverwaltungen zur Aufklärung nationalsozialistischer Verbrechen],[846] sowie alle für Strafsachen zuständigen Gerichte.

Zum anderen können Anordnungs- und Vollstreckungsbehörden **auch die Verwaltungsbehörden** sein, die nach dem Recht der Bundesrepublik Deutschland für die Verfolgung und Ahndung von Ordnungswidrigkeiten zuständig sind.

Für Ersuchen, die deutsche Verwaltungsbehörden an einen anderen Mitgliedstaat der Europäischen Union richten, ist in Übereinstimmung mit Artikel 2 Buchstabe c der RL EEA vorgesehen, dass eine Bestätigung grundsätzlich durch die Staatsanwaltschaft bei dem Landgericht erfolgen muss, in dessen Bezirk die Verwaltungsbehörde ihren Sitz hat. Die Länder können die Zuständigkeit für die Bestätigung abweichend hiervon einem Gericht zuweisen oder die örtliche Zuständigkeit der bestätigenden Staatsanwaltschaft abweichend regeln (§ 91j Absatz 2 IRG).

Ersuchen von deutschen Finanzbehörden, die ein strafrechtliches Ermittlungsverfahren nach § 386 Absatz 2 der Abgabenordnung (AO) eigenständig führen, bedürfen keiner Bestätigung durch eine Justizbehörde oder durch ein Gericht. Die Finanzbehörden nehmen in diesem Fall gemäß § 399 Absatz 1 der AO in Verbindung mit § 77 Absatz 1 IRG die Rechte und Pflichten einer Staatsanwaltschaft wahr und handeln somit selbst als justizielle Behörde iSv Artikel 2 Buchstabe c der RL EEA."

d) Erlass und Ausführung der Europäischen Ermittlungsanordnung. Der Erlass **313** einer Europäischen Ermittlungsanordnung durch einen Mitgliedstaat der Europäischen Union setzt eine Verhältnismäßigkeitsprüfung unter Berücksichtigung der Notwendigkeit der grenzüberschreitenden Durchführung (Art. 6 Abs. 1 lit. a RL-EEA) sowie die Feststellung voraus, dass der fragliche Eingriff bei einem vergleichbaren nationalen Sachverhalt unter denselben Bedingungen angeordnet werden könnte (Art. 6 Abs. 1 lit. b RL-EEA).[847] Die Ausführung der durch einen anderen Mitgliedstaat der Europäischen Union erlassenen Europäischen Ermittlungsanordnung richtet sich dann nach den **§§ 91a ff. IRG**.[848] Sie hat zu erfolgen, sofern keine Zulässigkeitshindernisse, etwa die Nichterfüllung der an die dem Ersuchen zugrunde liegende Tat gestellten Anforderungen (§ 91b Abs. 1 Nr. 1 IRG, Art. 11 Abs. 1 lit. e, lit. g, lit. h RL-EEA), das Bestehen von Zeugnis- oder Auskunftsverweigerungsrechten nach nationalem Recht (§ 91b Abs. 1 Nr. 2 lit. a IRG, Art. 11 Abs. 1 lit. a RL-EEA) oder die Unvereinbarkeit der Rechtshilfeleistung mit dem europäischen Ordre Public (§ 91b Abs. 3 iVm § 73 S. 2 IRG, Art. 11 Abs. 1 lit. f RL-EEA), gegeben sind und kein in § 91e Abs. 1 IRG aufgeführter Grund vorliegt, welcher der Bewilligung der Rechtshilfe entgegensteht.[849] Neben den ausdrücklich so bezeichneten „Voraussetzungen der Zulässigkeit" bzw. „Zulässigkeitsvoraussetzungen" für die Leistung der Rechtshilfe in den §§ 91b und 91c IRG finden sich materielle Zulässigkeitsvoraussetzungen bzw. die zur zwingenden Ablehnung eines Ersuchens führenden Gründe in den Bestimmungen des § 91d Abs. 1 IRG und § 91f IRG.[850]

e) Rechtsschutz gegen die Europäische Ermittlungsanordnung. Der Rechtsschutz **314** gegen die Europäische Ermittlungsanordnung folgt in seiner Ausgestaltung dem gespaltenen

---

[846] Ergänzung der Erklärung der Bundesrepublik Deutschland zur Umsetzung der Richtlinie 2014/41/EU des Europäischen Parlaments und des Rates vom 3.4.2014 über die Europäische Ermittlungsanordnung in Strafsachen vom 14.3.2017 – Amendment to the notification of the transposition of Directive 2014/41/EU on European Investigation Order in criminal matters by Germany, Schreiben der Ständigen Vertretung der Bundesrepublik Deutschland bei der Europäischen Union an den stellvertretenden Generaldirektor der Generaldirektion Justiz und Verbraucherschutz der Europäischen Kommission vom 26.3.2018, Aktenzeichen Pol 350.82/2, S. 1 f.
[847] Weißer in Schulze/Janssen/Kadelbach, Europarecht, 4. Aufl. 2020, § 16 Rn. 97.
[848] Hierzu Ahlbrecht StV 2018, 601 (601 ff.); Brahms/Gut NStZ 2017, 388 (388 ff.); s. auch Oehmichen/Weißenberger StraFo 2017, 316 (317 ff).
[849] Brodowski in Müller/Schlothauer/Knauer, Münchener Anwaltshandbuch Strafverteidigung, 3. Aufl. 2022, § 22 Rn. 67.
[850] Brahms/Gut NStZ 2017, 388 (391).

Rechtsschutzsystem im traditionellen Rechtshilferecht.[851] Dies ergibt sich aus **Art. 14 Abs. 2 RL-EEA,** der für den Rechtsschutz des Betroffenen gegen den Erlass der Europäischen Ermittlungsanordnung im Anordnungsstaat und gegen deren Anerkennung und Vollstreckung im Vollstreckungsstaat maßgeblich ist. Diese Regelung geht von der Rechtswegspaltung im Sinne „einer sachangemessenen Aufgabenverteilung bei der grenzüberschreitenden Beweiserhebung und dem in diesem Zusammenhang zu gewährleistenden Rechtsschutz als Bestandteile der international-arbeitsteiligen Strafverfolgung"[852] aus. Die arbeitsteilige Vorgehensweise der zuständigen Behörden wirkt sich auf die gerichtliche Kontrolle insoweit begrenzend aus, als sie bei der Nachprüfbarkeit Berücksichtigung findet und im Rahmen einer nach den Verantwortungsbereichen getrennten Prüfung beurteilt werden soll.[853]

315 Das auf Art. 47 Abs. 1 GRCh zurückgehende Erfordernis der Gewährleistung gerichtlichen Rechtsschutzes sowohl gegen den Erlass als auch gegen die Vollstreckung einer Europäischen Ermittlungsanordnung im Anordnungs- bzw. Vollstreckungsstaat präzisiert Art. 14 Abs. 1 RL-EEA dahingehend, dass er den Mitgliedstaaten die Verpflichtung auferlegt, dafür Sorge zu tragen, dass gegen die in der Europäischen Ermittlungsanordnung angegebenen Ermittlungsmaßnahmen Rechtsbehelfe eingelegt werden können, die den Rechtsbehelfen in einem vergleichbaren innerstaatlichen Fall gleichwertig sind.[854] Der Vorstellung des europäischen Gesetzgebers zufolge sollten dabei die Mitgliedstaaten gemäß ihrem nationalen Recht die Anwendbarkeit dieser Rechtsbehelfe nicht zuletzt dadurch sicherstellen, dass alle Betroffenen rechtzeitig über die Möglichkeiten und Modalitäten zur Einlegung der Rechtsbehelfe belehrt werden.[855] Neben der Gewährleistung einer Rechtsbehelfsbelehrung (Art. 14 Abs. 3 RL-EEA) betrifft das damit aufgegriffene **Gebot der Gleichbehandlung** mit innerstaatlichen Ermittlungsmaßnahmen die Fristen für die Einlegung eines Rechtsbehelfs (Art. 14 Abs. 4 RL-EEA) sowie eine aufschiebende Wirkung von Rechtsbehelfen (Art. 14 Abs. 6 RL-EEA).[856]

316 Während **Art. 14 Abs. 1 RL-EEA** die im Vollstreckungsstaat angreifbare **Vollstreckung** der Europäischen Ermittlungsanordnung betrifft, rekurriert **Art. 14 Abs. 2 RL-EEA** auf ihre **Anordnung,**[857] indem er – ohne die Garantien der Grundrechte im Vollstreckungsstaat zu schmälern – die Anfechtbarkeit von sachlichen Gründen für den Erlass der Europäischen Ermittlungsanordnung ausschließlich im Wege einer **Klage im Anordnungsstaat** vorsieht, der eine erfolgreiche Anfechtung der Anerkennung oder Vollstreckung einer Europäischen Ermittlungsanordnung im Einklang mit seinem nationalen Recht (Art. 14 Abs. 7 S. 1 RL-EEA) zu berücksichtigen hat. Diese Struktur entspricht dem der RL-EEA zugrunde liegenden Grundverständnis, das von der ausschließlichen Maßgeblichkeit des Rechts des Anordnungsstaats für die Rechtmäßigkeit der Maßnahme ausgeht (vgl. Art. 9 Abs. 1 RL-EEA) und dem Vollstreckungsstaat die Regelung der Vollstreckungsmodalitäten der im Wege der Rechtshilfe angeforderten Maßnahme überlässt, die als Bestandteil des Strafverfahrens im Anordnungsstaat angesehen werden kann.[858]

---

[851] Ronsfeld, Rechtshilfe, Anerkennung und Vertrauen – Die Europäische Ermittlungsanordnung, 2015, S. 65, 189; Wortmann, Die Europäische Ermittlungsanordnung in Strafsachen, 2020, S. 208 f.; Böse ZIS 2014, 152 (159); s. auch Leonhardt, Die Europäische Ermittlungsanordnung in Strafsachen, 2017, S. 7 f., 10, 97 ff., 177, 297 f.
[852] Böse ZIS 2014, 152 (159 f.); vgl. auch Leonhardt, Die Europäische Ermittlungsanordnung in Strafsachen, 2017, S. 93 f.
[853] Böse ZIS 2014, 152 (157).
[854] Vgl. Erwägungsgrund 22 S. 1, 3 RL-EEA; Böse ZIS 2014, 152 (159).
[855] Erwägungsgrund 22 S. 2 RL-EEA.
[856] Leonhardt, Die Europäische Ermittlungsanordnung in Strafsachen, 2017, S. 94; Ronsfeld, Rechtshilfe, Anerkennung und Vertrauen – Die Europäische Ermittlungsanordnung, 2015, S. 189 mwN; Böse ZIS 2014, 152 (159).
[857] Wortmann, Die Europäische Ermittlungsanordnung in Strafsachen, 2020, S. 208.
[858] Vgl. Trautmann in Schomburg/Lagodny, Internationale Rechtshilfe in Strafsachen, 6. Aufl. 2020, IRG Vor § 91a Rn. 4; Zimmermann ZStW 127 (2015), 143 (147 mwN).

Einen einheitlichen Rechtsbehelf gegen die Europäischen Ermittlungsanordnung sieht 317
Art. 14 RL-EEA nicht vor. Vor dem Hintergrund, dass der deutsche Gesetzgeber weder
der Bestimmung des Art. 14 Abs. 1 RL-EEA eine Verpflichtung zur Einführung „neuer
oder rechtsspezifischer Rechtsbehelfe" entnehmen konnte,[859] noch sich zu einer umfassenden Reform des Rechtsschutzsystems des IRG aufgrund der Umsetzung der RL-EEA
veranlasst sah, hielt er für den Bereich der strafrechtlichen Zusammenarbeit mit den Mitgliedstaaten der Europäischen Union die Etablierung neuer Rechtsbehelfe oder neuer
gerichtlicher Zuständigkeiten für „nicht sachgerecht".[860] Damit erweist sich der Rechtsschutz gegen die Europäische Ermittlungsanordnung insgesamt als komplex, gleichzeitig
jedoch als unzureichend.[861] Nach dem Wortlaut des IRG ist er lediglich dann eröffnet,
wenn eine Übergabe eines Gegenstandes an den anderen Staat erfolgen soll (§ 66 IRG) und
eine durch die Herausgabe bedingte Rechtsverletzung geltend gemacht wird (§ 61 Abs. 1
S. 2 Alt. 2 IRG).[862]

Die in Umsetzung des Art. 14 RL-EEA erlassenen Bestimmungen zum Rechtsschutz 318
und zu Rechtsbehelfen finden sich in **§ 91i IRG,** der zum einen die gerichtliche Kontrolle durch das Oberlandesgericht im Falle seiner Befassung über § 61 Abs. 1 S. 1 oder
§ 61 Abs. 1 S. 2 IRG auf das **Bestehen von Bewilligungshindernissen** (§ 91e Abs. 1
IRG), den **Aufschub der Bewilligung** (§ 91e Abs. 2 IRG) sowie die **Missachtung des
Verhältnismäßigkeitsprinzips im Rahmen der Möglichkeit des Rückgriffs auf
andere Ermittlungsmaßnahmen** (§ 91f Abs. 1 und 2 IRG) (§ 91i Abs. 1 IRG) erstreckt und zum anderen die in das Ermessen gestellte Aussetzung der Übermittlung von
Beweismitteln für die Dauer eines laufenden Rechtsbehelfsverfahrens (§ 91i Abs. 2 IRG)
wie auch die Unterrichtungspflichten in Bezug auf die in der Bundesrepublik Deutschland
als ersuchtem Mitgliedstaat eingelegten Rechtsbehelfe (§ 91i Abs. 3 IRG) regelt.[863] Im
Übrigen finden im Grundsatz die **allgemeinen Rechtsbehelfe**, ggf. über **§ 77 IRG**,
Anwendung.[864]

aa) Rechtsschutz gegen eingehende Ersuchen. (1) Einwendungen gegen die sach- 319
lichen Gründe für den Erlass einer Europäischen Ermittlungsanordnung. Richtet
sich als Folge des Grundsatzes der gegenseitigen Anerkennung[865] der Rechtsschutz gegen
die Anordnung der Europäischen Ermittlungsanordnung nach den im jeweiligen Anordnungsstaat geltenden Regeln (Art. 14 Abs. 2 Hs. 1 RL-EEA), so kann der Betroffene gegen
die **sachlichen Gründe**, die zum Erlass der Europäischen Ermittlungsanordnung geführt
haben,[866] mit den im Anordnungsstaat vorgesehenen strafprozessualen Rechtsmitteln vorgehen.[867] Neben der Problematik der Strafbarkeit des ins Visier der Behörde genommenen
Verhaltens nach dem Recht des Anordnungsstaates und der Feststellung eines hinreichenden Tatverdachts sind damit insbesondere Fragen der Rechtmäßigkeit und Verhältnismäßigkeit der fraglichen Ermittlungsmaßnahme im Anordnungsstaat betroffen.[868] Die Ein-

---

[859] Entwurf eines … Gesetzes zur Änderung des Gesetzes über die internationale Rechtshilfe in Strafsachen, BT-Drs. 18/9757, S. 29; Brahms/Gut NStZ 2017, 388 (394).
[860] Entwurf eines … Gesetzes zur Änderung des Gesetzes über die internationale Rechtshilfe in Strafsachen, BT-Drs. 18/9757, S. 30.
[861] Ambos/Rackow/Schork StV 2021, 126 (128 mwN).
[862] Brodowski in Müller/Schlothauer/Knauer, Münchener Anwaltshandbuch Strafverteidigung, 3. Aufl. 2022, § 22 Rn. 69.
[863] Wörner in Ambos/König/Rackow, Rechtshilferecht in Strafsachen, 2. Aufl. 2020, IRG § 91i Rn. 616.
[864] Wörner in Ambos/König/Rackow, Rechtshilferecht in Strafsachen, 2. Aufl. 2020, IRG § 91i Rn. 616; Oehmichen in Knierim/Oehmichen/Beck/Geisler, Gesamtes Strafrecht aktuell, 2018, Kapitel 23 Rn. 54.
[865] Wörner in Ambos/König/Rackow, Rechtshilferecht in Strafsachen, 2. Aufl. 2020, IRG § 91i Rn. 618.
[866] Hierzu Wortmann, Die Europäische Ermittlungsanordnung in Strafsachen, 2020, S. 209.
[867] Vgl. Leonhardt, Die Europäische Ermittlungsanordnung in Strafsachen, 2017, S. 292.
[868] Zimmermann in Schomburg/Lagodny, Internationale Rechtshilfe in Strafsachen, 6. Aufl. 2020, IRG § 91i Rn. 2.

wendungen bestimmen sich nach dem **Recht des ersuchenden Staates** und müssen in dessen Ermittlungsverfahren geltend gemacht werden.[869]

320 Die Auswirkungen des – die Bundesrepublik Deutschland als Vollstreckungsstaat treffenden – Postulats der Geltung der Grundrechtsgarantien in Art. 14 Abs. 2 HS 2 RL-EEA auf den Grundsatz der gegenseitigen Anerkennung und den Rechtsschutz hat der deutsche Gesetzgeber ausdrücklich der Rechtspraxis überlassen.[870] Praktische Relevanz kommt dabei insbesondere der Feststellung eines hinreichenden **Tatverdachts** durch ein deutsches Gericht im Rahmen der Prüfung einer Maßnahme unter **Richtervorbehalt** nach nationalem Strafprozessrecht zu, der nach Art. 2 lit. d S. 2 RL-EEA ausdrücklich möglich bleibt.[871] In diesem Zusammenhang wird im Schrifttum zumindest die Durchführung einer **Plausibilitätsprüfung** auf Vorliegen des Tatverdachts erwogen.[872] Soweit die geltende Rechtsordnung für die Ermittlungsmaßnahme mit der Normierung des Richtervorbehalts in formeller Hinsicht oder mit einem erhöhten Verdachtsgrad in materieller Hinsicht besondere Voraussetzungen vorsieht, darf im Vollstreckungsstaat eine **Verhältnismäßigkeitsprüfung** durchgeführt werden.[873] Wird die Verhältnismäßigkeit der Durchführung in der Bundesrepublik Deutschland geprüft, so müssten darüber hinaus Fehleinschätzungen der zuständigen Behörde im ersuchenden Mitgliedstaat im Rechtsschutz gegen die in der Bundesrepublik Deutschland vorgenommene Handlung berücksichtigt werden können.[874]

321 Angesichts der Schwierigkeiten, die mit der Erlangung des Rechtsschutzes in einem ausländischen Staat verbunden sind,[875] hält der Verordnungsgeber für Fälle, in denen Einwendungen gegen die sachlichen Gründe für den Erlass einer Europäischen Ermittlungsanordnung von einem Beteiligten im Vollstreckungsstaat geltend gemacht werden, die Übermittlung der Einwendungen an die Anordnungsbehörde und eine entsprechende Unterrichtung des Beteiligten für „angebracht".[876] Dieses **„Brückenkopf-Modell"**,[877] das der Erleichterung der Wahrnehmung von Rechtsbehelfen durch den Betroffenen dient und von der Bundesrepublik Deutschland im Rahmen der Richtlinienverhandlungen eingebracht worden ist, ist in seinem aus Art. 9 Abs. 6 S. 2 des Vertrags zwischen der Bundesrepublik Deutschland und der Republik Österreich über Amts- und Rechtshilfe in Verwaltungssachen vom 31. Mai 1988[878] bekannt.[879] Hierbei soll die Vollstreckungsbehörde als eine Art „Briefkasten" fungieren, ohne an weiterreichende Pflichten als die Entgegennahme und Weiterleitung der – nicht notwendigerweise in Form von förmlichen Rechtsbehelfen eingekleideten – Einwendungen gebunden zu sein. Dabei könnte im Interesse des Betroffenen eine sprachliche Erleichterung für die Kommunikation der Einwendungen

---

[869] Vgl. OLG Frankfurt a. M. 29.5.2013 – 2 Ws 103/12 = BeckRS 2013, 10043; Entwurf eines … Gesetzes zur Änderung des Gesetzes über die internationale Rechtshilfe in Strafsachen, BT-Drs. 18/9757, S. 31.
[870] Entwurf eines … Gesetzes zur Änderung des Gesetzes über die internationale Rechtshilfe in Strafsachen, BT-Drs. 18/9757, S. 31.
[871] Entwurf eines … Gesetzes zur Änderung des Gesetzes über die internationale Rechtshilfe in Strafsachen, BT-Drs. 18/9757, S. 31.
[872] Wörner in Ambos/König/Rackow, Rechtshilferecht in Strafsachen, 2. Aufl. 2020, IRG § 91i Rn. 618; Böse ZIS 2014, 152 (159); Schuster StV 2015, 393 (396).
[873] Böse ZIS 2014, 152 (158 f.).
[874] Zimmermann ZStW 127 (2015), 143 (169, 174).
[875] Zimmermann ZStW 127 (2015), 143 (169 mwN); vgl. Böse ZIS 2014, 152 (160); Schneiderhan DRiZ 2014, 176 (179).
[876] Erwägungsgrund 22 S. 3 RL-EEA.
[877] Ratsdokument 9927/11 COPEN 103, S. 10.
[878] BGBl. 1990 II 357, 358; Der Vertrag wurde als ein Abkommen zur Erleichterung der Verwaltungskooperation konzipiert und nicht als Instrument der justiziellen Zusammenarbeit in Strafsachen; s. dazu Trautmann in Schomburg/Lagodny, Internationale Rechtshilfe in Strafsachen, 6. Aufl. 2020, IRG vor § 86 Rn. 11.
[879] Nach Art. 9 Abs. 6 des Vertrags zwischen der Bundesrepublik Deutschland und der Republik Österreich über Amts- und Rechtshilfen in Verwaltungssachen vom 31. Mai 1988 sind „Einwendungen gegen das Bestehen, die Höhe oder die Vollstreckbarkeit des zu vollstreckenden Anspruchs […] außerhalb des ersuchten Verfahrens bei der zuständigen Stelle des ersuchenden Staates nach dessen Recht zu erledigen. Werden solche Einwendungen bei der ersuchten Stelle erhoben, so sind sie der ersuchenden Stelle zu übermitteln, deren Entscheidung abzuwarten ist."

sowie die verhältnismäßig unkomplizierte Eröffnung des Kommunikationskanals mit der Anordnungsbehörde erreicht werden.[880]

(2) Einwendungen gegen die Zulässigkeit der Europäischen Ermittlungsanord- 322
nung. Die Einwendungen gegen die Zulässigkeit der Europäischen Ermittlungsanordnung kann der Betroffene im **Wege der Rechtsmittel gegen die konkrete Vornahmehandlung** erheben.[881] Der Rechtsschutz gegen die **Vornahmehandlung,** die ausschließlicher Regelungsgegenstand des Art. 14 Abs. 1 RL-EEA ist,[882] wird im deutschen Recht über **§ 77 Abs. 1 IRG** mit den strafprozessualen Rechtsschutzmöglichkeiten gewährleistet.[883] Von praktischer Relevanz ist die **Beschwerde** nach § 304 StPO, bei der eine aufschiebende Wirkung gemäß § 307 Abs. 2 StPO ausnahmsweise gerichtlich angeordnet und überprüft[884] werden kann. Bei einer **Beschlagnahme** kann sich der Betroffene mit dem **Antrag auf gerichtliche Entscheidung** gemäß **§ 98 Abs. 2 S. 2 StPO** zur Wehr setzen, den er – ggf. in analoger Anwendung des § 98 Abs. 2 S. 2 StPO – auch bei **sonstigen Vornahmehandlungen** stellen kann.[885] Eine uneingeschränkte Rechtsschutzmöglichkeit besteht dabei bis zur Erledigung der Vornahmehandlung, die erst mit Erreichung ihres in der Leistung einer Rechtshilfe nach außen durch Übermittlung der erlangten Informationen bzw. Gegenständen an den ersuchenden Staat bestehenden Zwecks eintritt.[886]

Fand die Übermittlung von erlangten Informationen bzw. Gegenständen an den er- 323
suchenden Staat statt, kann sich das erforderliche berechtigte Feststellungsinteresse, das Voraussetzung für einen als Rechtsmittel gegen **erledigte Vornahmehandlungen** zulässigen **Fortsetzungsfeststellungsantrag** ist, aus den Auswirkungen der Entscheidung über die Rechtmäßigkeit der Rechtshilfehandlung auf die Beurteilung der Verwertbarkeit der erlangten Beweise im ersuchenden Staat ergeben.[887]

Ist für die Leistung einer Rechtshilfe eine Vornahmehandlung nicht erforderlich, kann 324
mit einem **Antrag auf gerichtliche Entscheidung** ebenfalls Rechtsschutz erreicht werden. In diesen Konstellationen der Rechtshilfe, so etwa bei einem **Auskunftsverlangen,** stellt ein solcher Antrag einen nach § 77 Abs. 1 IRG i. V. m. §§ 22 und 23 ff. EGGVG zulässigen Rechtsbehelf dar.[888] Im Kontext der **Verkehrsdatenerhebung** nach § 100g

---

[880] Entwurf eines ... Gesetzes zur Änderung des Gesetzes über die internationale Rechtshilfe in Strafsachen, BT-Drs. 18/9757, S. 31; Leonhart, Die Europäische Ermittlungsanordnung in Strafsachen, 2017, S. 297 ff.; Zimmermann in Schomburg/Lagodny, Internationale Rechtshilfe in Strafsachen, 6. Aufl. 2020, IRG § 91i, Rn. 15, III B 1a Einf. Rn. 15.
[881] Vgl. BVerfG 24.6.1997 – 2 BvR 1581/95 = BeckRS 1997, 126335; Wörner in Ambos/König/Rackow, Rechtshilferecht in Strafsachen, 2. Aufl. 2020, IRG § 91i Rn. 619; Oehmichen in Knierim/Oehmichen/Beck/Geisler, Gesamtes Strafrecht aktuell, 2018, Kapitel 23 Rn. 55; s. auch Böhm NJW 2017, 1512 (1515).
[882] Entwurf eines ... Gesetzes zur Änderung des Gesetzes über die internationale Rechtshilfe in Strafsachen, BT-Drs. 18/9757, S. 29.
[883] Entwurf eines ... Gesetzes zur Änderung des Gesetzes über die internationale Rechtshilfe in Strafsachen, BT-Drs. 18/9757, S. 29 f.; Wörner in Ambos/König/Rackow, Rechtshilferecht in Strafsachen, 2. Aufl. 2020, IRG § 91i Rn. 619; Wortmann, Die Europäische Ermittlungsanordnung in Strafsachen, 2020, S. 211; Zimmermann in Schomburg/Lagodny, Internationale Rechtshilfe in Strafsachen, 6. Aufl. 2020, IRG § 91i Rn. 3.
[884] Entwurf eines ... Gesetzes zur Änderung des Gesetzes über die internationale Rechtshilfe in Strafsachen, BT-Drs. 18/9757, S. 29 f., 32.
[885] Entwurf eines ... Gesetzes zur Änderung des Gesetzes über die internationale Rechtshilfe in Strafsachen, BT-Drs. 18/9757, S. 29 f.; Wörner in Ambos/König/Rackow, Rechtshilferecht in Strafsachen, 2. Aufl. 2020, IRG § 91i Rn. 619; Wortmann, Die Europäische Ermittlungsanordnung in Strafsachen, 2020, S. 211; Oehmichen in Knierim/Oehmichen/Beck/Geisler, Gesamtes Strafrecht aktuell, 2018, Kap. 23 Rn. 55.
[886] Trautmann/Zimmermann in Schomburg/Lagodny, Internationale Rechtshilfe in Strafsachen, 6. Aufl. 2020, IRG Vor § 59 Rn. 73; Ahlbrecht/Böhm/Esser/Eckelmans, Internationales Strafrecht, 2. Aufl. 2017, Rn. 1333.
[887] Ahlbrecht/Böhm/Esser/Eckelmans, Internationales Strafrecht, 2. Aufl. 2017, Rn. 1333 mwN.
[888] Entwurf eines ... Gesetzes zur Änderung des Gesetzes über die internationale Rechtshilfe in Strafsachen, BT-Drs. 18/9757, S. 30; Trautmann/Zimmermann in Schomburg/Lagodny, Internationale Rechtshilfe

StPO ist der Antrag auf gerichtliche Entscheidung gemäß § 77 IRG iVm § 101a StPO möglich.[889] Ergänzend kann der Betroffene **nachträglichen Rechtsschutz** in Anspruch nehmen, der bei dem praxisrelevanten **Einsatz verdeckter Ermittler** nach § 110a StPO gemäß § 77 Abs. 1 IRG i. V. m. § 101 StPO gewährt wird.[890]

325 **(3) Einwendungen gegen die Bewilligung einer Europäischen Ermittlungsanordnung.** Eine Anfechtung von Bewilligungsentscheidungen und der damit verbundenen Entscheidungen in Ausübung des Bewilligungsermessens (§ 91 IRG)[891] im Rahmen von eingehenden Ersuchen lässt der Gesetzgeber über den **Verwaltungsrechtsweg** nach § 40 VwGO bzw. § 123 VwGO grundsätzlich zu,[892] obwohl dieser Weg zur Aufsplittung der – am Verwaltungsgericht, am Amtsgericht oder am Oberlandesgericht zu erhebenden – Rechtsbehelfe führt.[893] Die beim Oberlandesgericht aus verfahrensökonomischen Gründen gemäß § 91 Abs. 1 IRG angesiedelte **Zuständigkeitskonzentration** ist im Sinne einer rein **akzessorischen Kontrolle** zu verstehen, die zum einen wegen einer denkbaren Ermessensfehlerhaftigkeit der Bewilligungsentscheidung bei dem nicht gegebenen zwingenden Zulässigkeitshindernis, zum anderen wegen der zeitlich der Bewilligungsentscheidung häufig vorgelagerten Vorlage zum Oberlandesgericht nach § 61 IRG Bedenken auslöst.[894] Diese Vorlagepflicht trifft im Anwendungsbereich der Integrationslösung des Bundesverfassungsgerichts unter anderem das Gericht, das im Rahmen des Vornahmerechtsschutzes angerufen wurde. Damit wird in solchen Konstellationen **mittelbar** eine Prüfung der Bewilligungsentscheidungen erreicht.[895] Die derart begründete **Prüfkompetenz** des Oberlandesgerichts, die im Falle einer Vorlage nach § 61 Abs. 1 S. 1 IRG oder einer Antragstellung nach § 61 Abs. 1 S. 2 IRG auszuüben ist, deckt gemäß § 91i Abs. 1 S. 1 IRG die den Regelungsgegenstand von **§ 91e Abs. 3 IRG** bildenden positiven wie negativen Entscheidungen über die Bewilligung nach § 91e Abs. 1 IRG oder den Aufschub der Bewilligung nach § 91e Abs. 2 IRG[896] ab, deren gerichtliche Kontrolle in Orientierung an § 79 Abs. 2 S. 3 IRG auf die Feststellung von **Ermessensfehler** beschränkt ist.[897] Eine Entscheidung in der Sache kann lediglich dann ergehen, wenn ausnahmsweise eine **Ermessensreduktion auf Null** anzunehmen ist, die

---

in Strafsachen, 6. Aufl. 2020, IRG Vor § 59 Rn. 63, 69; Wörner in Ambos/König/Rackow, Rechtshilferecht in Strafsachen, 2. Aufl. 2020, IRG § 91i Rn. 619; Wortmann, Die Europäische Ermittlungsanordnung in Strafsachen, 2020, S. 211; Oehmichen in Knierim/Oehmichen/Beck/Geisler, Gesamtes Strafrecht aktuell, 2018, Kapitel 23 Rn. 55; Ahlbrecht StV 2018, 601 (607); Böhm NJW 2017; 512 (514).

[889] Wörner in Ambos/König/Rackow, Rechtshilferecht in Strafsachen, 2. Aufl. 2020, IRG § 91i Rn. 619.
[890] Wörner in Ambos/König/Rackow, Rechtshilferecht in Strafsachen, 2. Aufl. 2020, IRG § 91i Rn. 619.
[891] Zimmermann in Schomburg/Lagodny, Internationale Rechtshilfe in Strafsachen, 6. Aufl. 2020, IRG § 91i Rn. 5.
[892] Eine Anfechtbarkeit von – positiven oder negativen – Bewilligungsentscheidungen im Rahmen von eingehenden Ersuchen auf der Grundlage der RL-EEA dürfte nach Auffassung des Gesetzgebers „grundsätzlich zu bejahen sein"; s. Entwurf eines … Gesetzes zur Änderung des Gesetzes über die internationale Rechtshilfe in Strafsachen, BT-Drs. 18/9757, S. 30, 78. Nach dem Hinweis von Zimmermann soll die Bewilligungsentscheidung selbst nicht anfechtbar sein; s. Zimmermann in Schomburg/Lagodny, Internationale Rechtshilfe in Strafsachen, 6. Aufl. 2020, IRG § 91i Rn. 3.
[893] Kritisch Wörner in Ambos/König/Rackow, Rechtshilferecht in Strafsachen, 2. Aufl. 2020, IRG § 91i Rn. 620 mit dem Vorschlag, „das OLG einheitlich für alle Rechtsbehelfe für zuständig zu erklären"; in diesem Sinne auch Oehmichen in Knierim/Oehmichen/Beck/Geisler, Gesamtes Strafrecht aktuell, 2018, Kapitel 23 Rn. 57; Böhm NJW 2017, 1512 (1515).
[894] Zimmermann in Schomburg/Lagodny, Internationale Rechtshilfe in Strafsachen, 6. Aufl. 2020, IRG § 91i Rn. 6, Rn. 14.
[895] Zimmermann in Schomburg/Lagodny, Internationale Rechtshilfe in Strafsachen, 6. Aufl. 2020, IRG § 91i Rn. 7.
[896] Zimmermann in Schomburg/Lagodny, Internationale Rechtshilfe in Strafsachen, 6. Aufl. 2020, IRG § 91i Rn. 8.
[897] Entwurf eines Gesetzes zur Änderung des Gesetzes über die internationale Rechtshilfe in Strafsachen, BT-Drs. 18/9757, S. 78; Zimmermann in Schomburg/Lagodny, Internationale Rechtshilfe in Strafsachen, 6. Aufl. 2020, IRG § 91i Rn. 10.

eine Unzulässigkeit der Leistung von Rechtshilfe zur Folge hat.[898] Wenn keine Zulässigkeitshindernisse vorliegen und ausschließlich **Ermessensfehler** im Raum stehen, die eine Verletzung der Unionsgrundrechte des Betroffenen sein können, kann neben einer Vorlage zum Oberlandesgericht wegen einer möglichen Unzulässigkeit der Rechtshilfe gemäß § 91b Abs. 3 IRG hilfsweise eine Überprüfung der Ermessensentscheidung beantragt werden; alternativ kann eine Vorlage an das Oberlandesgericht auf eine Ermessensreduktion auf Null gestützt und hilfsweise eine Rüge des Ermessensfehlers erhoben werden.[899] Im Falle der Ermessensfehlerhaftigkeit der Bewilligungsentscheidung kann, wenn das Oberlandesgericht die Zulässigkeit der Rechtshilfe vorab festgestellt hat, die Ermessensausübung im Rahmen einer – nach dem Rechtsgedanken des § 33 IRG wohl möglichen – erneuten Prüfung der Zulässigkeit der Rechtshilfe zum Gegenstand der gerichtlichen Kontrolle gemacht werden.[900]

Neben den Entscheidungen nach § 91e Abs. 3 IRG erstreckt sich die **Prüfkompetenz** 326 des Oberlandesgerichts gemäß § 91i Abs. 1 S. 1 IRG auf die positiven wie negativen Entscheidungen über den Rückgriff auf andere Ermittlungsmaßnahmen, der bei Erzielung des gleichen Ergebnisses wie mit der in dem Ersuchen nach § 91d Abs. 1 IRG angegebenen Ermittlungsmaßnahme durch die weniger einschneidende Ermittlungsmaßnahme (**§ 91f Abs. 1 IRG**) und – unter dieser Prämisse – bei Nichtexistenz der in dem Ersuchen angegebenen Ermittlungsmaßnahme im für das deutsche Straf- und Bußgeldverfahren geltenden Recht (vgl. § 1 Abs. 1 und 2 IRG, § 77 Abs. 1 und 2 IRG) (**§ 91f Abs. 2 Nr. 1 IRG**) oder bei ihrer Nichtverfügbarkeit in einem vergleichbaren innerstaatlichen Fall (**§ 91f Abs. 2 Nr. 2 IRG**) vorzunehmen ist.[901] Bei den Entscheidungen nach § 91f Abs. 1 und 2 IRG ist den zuständigen Stellen kein Ermessen, sondern lediglich ein an den Verhältnismäßigkeitskriterien orientieren **Beurteilungsspielraum** über Anwendung und Auswahl der zu vollstreckenden Maßnahme eingeräumt, der gerichtlich **vollständig überprüfbar** ist.[902]

bb) Rechtsschutz gegen ausgehende Ersuchen. Vor dem Hintergrund, dass der 327 Rechtsschutz gegen die Anordnung der Europäischen Ermittlungsanordnung sich nach den im jeweiligen Anordnungsstaat geltenden Regeln (Art. 14 Abs. 2 Hs. 1 RL-EEA) richtet, wird der Rechtsschutz gegen ausgehende Ersuchen nach § 91j IRG in Ermangelung anderweitiger konkreter Bestimmungen mit den für die angeordnete Maßnahme **in der Strafprozessordnung vorgesehenen Rechtsmitteln** gewährleistet.[903] Sieht die im ersuchten Staat geltende Rechtsordnung keine Rechtsmittel gegen eine anordnende Maßnahme vor oder sind Rechtsmittel gegen die Durchführung konkreter Maßnahmen – wie etwa bei verdeckten Ermittlungen – aus zeitlichen Gründen ineffektiv, wird im deutschen Verfahren zumindest die **Wahrung der Verteidigungsrechte** in materieller Hinsicht

---

[898] Wörner in Ambos/König/Rackow, Rechtshilferecht in Strafsachen, 2. Aufl. 2020, IRG § 91i Rn. 620; Zimmermann in Schomburg/Lagodny, Internationale Rechtshilfe in Strafsachen, 6. Aufl. 2020, IRG § 91i Rn. 10.
[899] Zimmermann in Schomburg/Lagodny, Internationale Rechtshilfe in Strafsachen, 6. Aufl. 2020, IRG § 91i Rn. 14.
[900] Zimmermann in Schomburg/Lagodny, Internationale Rechtshilfe in Strafsachen, 6. Aufl. 2020, IRG § 91i Rn. 14.
[901] Zur Einbeziehung der Entscheidungen über die Zurückweisung einer Europäischen Ermittlungsanordnung wegen fehlender Verfügbarkeit der Maßnahme nach § 91f Abs. 5 IRG in die gerichtliche Kontrolle Zimmermann in Schomburg/Lagodny, Internationale Rechtshilfe in Strafsachen, 6. Aufl. 2020, IRG § 91i Rn. 11.
[902] Entwurf eines Gesetzes zur Änderung des Gesetzes über die internationale Rechtshilfe in Strafsachen, BT-Drs. 18/9757, S. 78; Wörner in Ambos/König/Rackow, Rechtshilferecht in Strafsachen, 2. Aufl. 2020, IRG § 91i Rn. 620; Zimmermann in Schomburg/Lagodny, Internationale Rechtshilfe in Strafsachen, 6. Aufl. 2020, IRG § 91i Rn. 12.
[903] Wörner in Ambos/König/Rackow, Rechtshilferecht in Strafsachen, 2. Aufl. 2020, IRG § 91i Rn. 621; Oehmichen in Knierim/Oehmichen/Beck/Geisler, Gesamtes Strafrecht aktuell, 2018, Kapitel 23 Rn. 60.

und die **Gewährleistung eines fairen Verfahrens** im Vollstreckungsstaat zu prüfen sein.[904]

328 cc) **Rechtsschutz gegen die Entscheidung über eine Aussetzung der Übermittlung von Beweismitteln.** Die positive wie negative, in das pflichtgemäße Ermessen gestellte Entscheidung über eine nach § 91i Abs. 2 IRG in Umsetzung von Art. 13 Abs. 2 S. 1 RL-EEA zulässige **Aussetzung der Übermittlung von** erlangten oder der ersuchten Behörde vorliegenden **Beweismitteln** an den ersuchenden Mitgliedstaat, die bei Einlegung vom – nicht näher konkretisierten – Rechtsbehelf gegen den Erlass der Europäischen Ermittlungsanordnung in dem ersuchenden Mitgliedstaat (§ 91i Abs. 2 Nr. 1 IRG) oder in der Bundesrepublik Deutschland (§ 91i Abs. 2 Nr. 2 IRG) möglich und, wenn die Übermittlung dem Betroffenen „einen schweren und irreparablen Schaden zufügen würde", nach Art. 13 Abs. 2 S. 2 RL-EEA durch die Ermessenreduktion auf Null zwingend ist, ist **nicht isoliert anfechtbar** und muss aus diesem Grund nicht begründet werden.[905] Der gesetzgeberischen Einschätzung zufolge stellen die innerstaatlichen Möglichkeiten zur Kontrolle der Bewilligungsentscheidung, der Vornahmehandlung oder der sonstigen Leistung der Rechtshilfe „ein angemessener Rechtsschutz" sicher, zumal Rechtsbehelfe gegen einzelne Ermittlungsmaßnahmen grundsätzlich keine aufschiebende Wirkung entfalten.[906] Die rechtlich mögliche Anordnung der aufschiebenden Wirkung nach § 77 Abs. 1 IRG iVm § 307 Abs. 2 StPO bei einer Beschwerde ist zu begründen und unterliegt der gerichtlichen Kontrolle.[907]

329 dd) **Sonstiger Rechtsschutz.** Ebenso wie im Rechtsschutz gegen einen Europäischen Haftbefehl besteht für den Betroffenen die Möglichkeit, eine Verfassungsbeschwerde Art. 93 Abs. 1 Nr. 4a GG iVm §§ 13 Nr. 8, 90 ff. BVerfGG zum Bundesverfassungsgericht einzulegen, auch wenn das Rechtshilferecht durch die RL-EEA vollständig unionsrechtlich determiniert ist.[908] Denn auch für die Anwendung von Unionsverfassungsrecht ist das Bundesverfassungsgericht zuständig.

330 Die Fragen der Auslegung der RL-EEA können zum Gegenstand eines **Vorabentscheidungsverfahrens** nach Art. 267 AEUV gemacht werden.[909]

331 Rechtsbehelfe im Rahmen der **Sicherstellung und Einziehung** sind in § 96d IRG iVm Art. 33 der Verordnung (EU) 2018/1805 des Europäischen Parlaments und des Rates vom 14. November 2018 über die gegenseitige Anerkennung und Sicherstellungs- und Einbeziehungsentscheidungen[910] geregelt.

332 f) **Verwertung.** Die Einlegung eines Rechtsmittels bewirkt nicht, dass die Durchführung der Ermittlungsmaßnahme aufgeschoben wird, es sei denn, dies ist in vergleichbaren innerstaatlichen Fällen vorgesehen (Art. 14 Abs. 6 RL-EEA).

---

[904] Wörner in Ambos/König/Rackow, Rechtshilferecht in Strafsachen, 2. Aufl. 2020, IRG § 91i Rn. 621; Oehmichen in Knierim/Oehmichen/Beck/Geisler, Gesamtes Strafrecht aktuell, 2018, Kapitel 23 Rn. 60; Böhm NJW 2017, 1512 (1515).
[905] Entwurf eines ... Gesetzes zur Änderung des Gesetzes über die internationale Rechtshilfe in Strafsachen, BT-Drs. 18/9757, S. 79; Zimmermann in Schomburg/Lagodny, Internationale Rechtshilfe in Strafsachen, IRG § 91i Rn. 18 ff., Rn. 23; Wörner in Ambos/König/Rackow, Rechtshilferecht in Strafsachen, 2. Aufl. 2020, IRG § 91i Rn. 626.
[906] Entwurf eines ... Gesetzes zur Änderung des Gesetzes über die internationale Rechtshilfe in Strafsachen, BT-Drs. 18/9757, S. 79.
[907] Entwurf eines ... Gesetzes zur Änderung des Gesetzes über die internationale Rechtshilfe in Strafsachen, BT-Drs. 18/9757, S. 79; Wörner in Ambos/König/Rackow, Rechtshilferecht in Strafsachen, 2. Aufl. 2020, IRG § 91i Rn. 626.
[908] Brodowski in Müller/Schlothauer/Knauer, Münchener Anwaltshandbuch Strafverteidigung, 3 Aufl. 2022, § 22 Rn. 69.
[909] Brodowski in Müller/Schlothauer/Knauer, Münchener Anwaltshandbuch Strafverteidigung, 3 Aufl. 2022, § 22 Rn. 69.
[910] ABl. 2018 L 303, 1.

3. Teil. Rechtsschutz im Straf- und Bußgeldrecht   § 34

3. Eurojust. a) Zuständigkeiten und Aufgaben. Das Auslieferungsverfahren soll der 333
gesetzgeberischen Intention zufolge unter Einhaltung der in § 83c IRG festgesetzten
Fristen ablaufen, deren Missachtung zwar keine Haftentlassung,[911] jedoch zumindest die
Überprüfung der Haftfortdauer des Betroffenen veranlassen kann.[912] Darüber hinaus begründet die Fristenüberschreitung eine Pflicht, **Eurojust** von den die Verzögerung begründenden Umständen in Kenntnis zu setzen (vgl. § 83c Abs. 5 IRG und Art. 17 Abs. 7 S. 1
RB-EUHb). Die Einschaltung dieser mit dem Beschluss des Rates vom 28. Februar 2002
über die Errichtung von Eurojust zur Verstärkung der Bekämpfung der schweren Kriminalität (2002/187/JI)[913] (Beschluss 2002/187/JI) ins Leben gerufenen[914] und mit eigener
Rechtspersönlichkeit ausgestatteten (Art. 1 Abs. 2 Beschluss 2002/187/JI) **zentralen Stelle für justizielle Zusammenarbeit** sieht auf der Ebene des Europäischen Haftbefehls
einerseits Art. 16 Abs. 2 RB-EUHb vor, der die Teilnahme von Eurojust an einer Entscheidungsfindung bei Mehrfachersuchen ausdrücklich regelt.

Hierin spiegelt sich das konsequente europäische Streben nach einer Effizienzsteigerung 334
bei der Verfolgung von schwerer Kriminalität durch die Erleichterung der mitgliedstaatlichen Kooperation auf dem Gebiet der **justiziellen Zusammenarbeit** wider – ein Gedanke, welcher der Errichtung von Eurojust zugrunde lag.[915] Um die Äquivalenz zu Europol
zu betonen und Eurojust einen Europol vergleichbaren Stellenwert zu verleihen, wurde
Eurojust in den Artikeln Art. 29 Abs. 2, 2 – 31 EUV-Nizza kodifiziert und findet seine
gesetzliche Verankerung seit der Novellierung der rechtlichen Grundlagen durch den Vertrag von Lissabon in Art. 85 AEUV. Während Art. 31 Abs. 2 EUV-Nizza in Umsetzung
der gesetzgeberischen Vorgaben[916] die **Aufgaben von Eurojust** auf eine Erleichterung
einer sachgerechten Koordinierung der nationalen Strafverfolgungsbehörden und der Erledigung von Rechtshilfe- und Auslieferungsersuchen sowie eine Unterstützung bei den
strafrechtlichen Ermittlungen in Fällen mit Bezug zu schwerer grenzüberschreitender,
namentlich organisierter Kriminalität beschränkte, führte der Vertrag von Lissabon zu einer
Erweiterung und Präzisierung des ursprünglichen Tätigkeitskreises.[917] Dies macht sich insbesondere in der Kompetenzverdichtung für das Europäische Parlament und den Rat in
diesem Bereich bemerkbar, die sich in der Ermächtigung der genannten Organe zur

---

[911] Entwurf eines Gesetzes zur Umsetzung des Rahmenbeschlusses über den Europäischen Haftbefehl und
    die Übergabeverfahren zwischen den Mitgliedstaaten der Europäischen Union (Europäisches Haftbefehlsgesetz – EuHbG), BT-Drs. 15/1718, S. 22.
[912] Dazu OLG Karlsruhe 23.2.2005 – 1 AK 24/04 = NJW 2005, 1206 (1206 f.); OLG Karlsruhe 20.12.2006
    – 1 AK 46/06 = NJW 2007, 617 (618).
[913] ABl. 2002 L 63, 1, berichtigt ABl. 2002 L 196, 63, aufgehoben durch Art. 81 Abs. 1 der Verordnung
    (EU) Nr. 2018/1727 des Europäischen Parlaments und des Rates vom 14. November 2018 betreffend die
    Agentur der Europäischen Union für justizielle Zusammenarbeit in Strafsachen (Eurojust) und zur Ersetzung und Aufhebung des Beschlusses 2002/187/JI des Rates, ABl. 2018 L 295, 138, berichtigt
    ABl. 2019 L 215, 3, zuletzt geändert durch Art. 1 der Verordnung (EU) 2023/2131 des Europäischen
    Parlaments und des Rates vom 4. Oktober 2023 zur Änderung der Verordnung (EU) 2018/1727 des
    Europäischen Parlaments und des Rates sowie des Beschlusses 2005/671/Il des Rates im Hinblick auf
    digitalen Informationsaustausch in Terrorismusfällen, ABl. 2023 L 2023/2131. In der Bundesrepublik
    Deutschland fand dieser Beschluss mit dem Inkrafttreten des Gesetzes zur Umsetzung des Beschlusses
    (2002/187/JI) des Rates vom 28. Februar 2002 über die Errichtung von Eurojust zur Verstärkung der
    Bekämpfung der schweren Kriminalität (Eurojust-Gesetz–EJG) vom 12. Mai 2004, BGBl. 2004 I 902,
    aufgehoben durch Art. 4 S. 2 Nr. 2 des Gesetzes zur Durchführung der Eurojust-Verordnung vom
    9. Dezember 2019, BGBl. 2019 I 2010, am 18. Mai 2004 uneingeschränkte Anwendung (vgl. § 13 EJG).
[914] Die „Vorläufige Stelle zur justiziellen Zusammenarbeit" (sog. Pro-Eurojust) als Vorgängerin der heutigen
    Gestalt von Eurojust hatte bereits am 1. März 2001 ihre Tätigkeit begonnen. Ihrer Einrichtung lag der
    Beschluss des Rates vom 14. Dezember 2000 über die Einrichtung einer vorläufigen Stelle zur justiziellen
    Zusammenarbeit (2000/799/JI), ABl. 2000 L 324, 2, zugrunde; dazu Grotz in Sieber/Satzger/v. Heintschel-Heinegg, Europäisches Strafrecht, 2. Aufl. 2014, § 45 Rn. 3 ff.; Barbe, RMC 2002, 5 (7).
[915] Vgl. Schlussfolgerung Nr. 46 des Vorsitzes des Europäischen Rates zur Sondertagung des Europäischen
    Rates in Tampere am 15. und 16. Oktober 1999.
[916] Vgl. Schlussfolgerung Nr. 46 des Vorsitzes des Europäischen Rates von zur Sondertagung des Europäischen Rates in Tampere am 15. und 16. Oktober 1999.
[917] Weber BayVBl. 2008, 485 (488).

Hustus

Regelung[918] des Aufbaus, der Arbeitsweise, des Tätigkeitsbereiches und der Aufgaben von Eurojust im ordentlichen Gesetzgebungsverfahren nach Art. 289 Abs. 1, 294 AEUV[919] (Art. 251 EGV-Nizza; Art. 251 EGV-Amsterdam; Art. 189b EGV-Maastricht) äußert (vgl. Art. 85 Abs. 1 UAbs. 2 AEUV). Wenn diese Neuregelung das funktionale Kerngebiet von Eurojust auch unberührt lässt und nach wie vor nach Art. 85 Abs. 1 AEUV Eurojust den Auftrag hat, die Koordinierung und Zusammenarbeit zwischen den mitgliedstaatlichen Behörden, bspw. durch die Informationsübermittlung oder durch Anregungen im ermittlungs- bzw. rechtshilferelevanten Bereich[920] bei der Verfolgung schwerer[921] grenzüberschreitender[922] Kriminalität, zu unterstützen und zu stärken, kam es doch zu einem Kompetenzzuwachs von Eurojust im Rahmen der vom europäischen Verordnungsgeber festzulegenden Aufgaben (vgl. Art. 85 Abs. 1 UAbs. 2 AEUV). Zu erwähnen ist insbesondere die Möglichkeit einer eigenständigen Einleitung strafrechtlicher Ermittlungsmaßnahmen[923] durch Eurojust (Art. 85 Abs. 1 UAbs. 2 S. 2 lit. a AEUV), auch wenn die Zuständigkeit zur Durchführung von Zwangsmaßnahmen den Mitgliedstaaten vorbehalten ist,[924] sowie einer Verstärkung der justiziellen Zusammenarbeit etwa durch eine enge Zusammenarbeit mit dem Europäischen Justiziellen Netz (Art. 85 Abs. 1 UAbs. 2 S. 2 lit. c AEUV).

335 Auf der Grundlage des Art. 85 AEUV durch die Verordnung (EU) Nr. 2018/1727 des Europäischen Parlaments und des Rates vom 14. November 2018 betreffend die Agentur der Europäischen Union für justizielle Zusammenarbeit in Strafsachen (Eurojust) und zur Ersetzung und Aufhebung des Beschlusses 2002/187/JI des Rates[925] (Eurojust-VO) im Zuge der Umsetzung der in Art. 85 Abs. 1 UAbs. 2 lit. a bis c AEUV genannten Aufgaben-Trias erfolgte Erweiterung der operativen Befugnisse von Eurojust versetzt nunmehr die durch diesen Rechtsakt aus der Taufe gehobene (Art. 1 Abs. 1 Eurojust-VO), an die Stelle der durch Beschluss 2002/187/JI errichtete Stelle Eurojust getretene (Art. 1 Abs. 2 Eurojust-VO), mit eigener Rechtspersönlichkeit ausgestattete (Art. 1 Abs. 3 Eurojust-VO) **„Agentur der Europäischen Union für justizielle Zusammenarbeit in Strafsachen (Eurojust)"** als deren Rechtsnachfolgerin in die Lage, eine proaktivere Rolle durch Einleitung von Ermittlungsmaßnahmen und Vorschläge zur Einleitung von Strafverfolgungsmaßnahmen einzunehmen.[926]

336 Während Art. 4 Abs. 1 lit. a Beschluss 2002/187/JI die Zuständigkeit von Eurojust weitgehend an die von Europol koppelte, erfuhr Eurojust mit Art. 3 Abs. 1 S. 1 Eurojust-VO

---

[918] Der gesetzgeberischen Intention zufolge sollen die Einzelheiten zu den genannten Materien im Wege der Verordnungen festgelegt werden (vgl. Art. 85 Abs. 1 UAbs. 2 AEUV), da sie allgemeine Geltung haben, in allen Teilen verbindlich sind und unmittelbar in jedem Mitgliedstaat gelten (vgl. Art. 288 Abs. 2 AEUV).
[919] Im Rahmen des Gesetzgebungsverfahrens ist insbesondere Art. 76 AEUV zu beachten, demzufolge die Rechtsakte für Eurojust auf Vorschlag der Kommission oder auf Initiative eines Viertels der Mitgliedstaaten erlassen werden (s. auch Art. 289 Abs. 4 AEUV; Art. 249 Abs. 2 EGV-Nizza; Art. 249 Abs. 2 EGV-Amsterdam; Art. 189 Abs. 2 EGV-Maastricht; Art. 189 Abs. 2 EWGV).
[920] Dannecker in Streinz AEUV Art. 85 Rn. 6 f.
[921] Zum Begriff der schweren Kriminalität in Art. 85 AEUV Dannecker in Streinz AEUV Art. 85 Rn. 10 mwN.
[922] Die strafrechtlichen Angelegenheiten im rein nationalen Bereich finden dagegen keine Berücksichtigung.
[923] Die bisherige Handlungsbefugnis von Eurojust in diesem Bereich war auf die rechtlich unverbindliche Anregung von Ermittlungsmaßnahmen bei den nationalen Behörden beschränkt. Eine Kompetenzerweiterung in diesem Bereich verneinen Nelles/Tinkl/Lauchstädt in Schulze/Zuleeg/Kadelbach EuropaR-HdB § 42 Rn. 116; aA Dannecker in Streinz AEUV Art. 85 Rn. 8 mwN.
[924] Dannecker in Streinz AEUV Art. 85 Rn. 8.
[925] ABl. 2018 L 295, 138, berichtigt ABl. 2019 L 215, 3, zuletzt geändert durch Art. 1 der Verordnung (EU) 2023/2131 des Europäischen Parlaments und des Rates vom 4. Oktober 2023 zur Änderung der Verordnung (EU) 2018/1727 des Europäischen Parlaments und des Rates sowie des Beschlusses 2005/671/Il des Rates im Hinlbick auf digitalen Informationsaustausch in Terrorismusfällen, ABl. 2023, L 2023/2131. In der Bundesrepublik Deutschland regelt die Durchführung der Eurojust-VO das am 12. Dezember 2019 in Kraft getretene Gesetz über Eurojust und das Europäische Justizielle Netz in Strafsachen (Eurojust-Gesetz – EJG) vom 9. Dezember 2019, BGBl. 2019 I 2010, (vgl. § 1 EJG).
[926] Erwägungsgründe 9 und 12 Eurojust-VO; Vogel/Eisele in Grabitz/Hilf/Nettesheim AEUV Art. 85 Rn. 4a; Esser StV 2020, 636 (636 ff.).

eine originäre und eigenständige Zuständigkeitsbestimmung.[927] Auf der Grundlage von Art. 85 Abs. 1 AEUV umfasst die Zuständigkeit von Eurojust, die in Anhang I der Eurojust-VO genannten **„Formen schwerer Kriminalität"**[928] wie etwa Terrorismus, organisierte Kriminalität, Drogenhandel, Geldwäschehandlungen, Kriminalität im Zusammenhang mit nuklearen und radioaktiven Substanzen, Schleuserkriminalität, Menschenhandel, illegaler Handel mit Organen und menschlichem Gewebe, Raub, Betrugsdelikte, Verbrechen gegen die Menschlichkeit und Kriegsverbrechen sowie die mit den Katalogtaten im Zusammenhang stehenden Straftaten iSd Art. 3 Abs. 4 Eurojust-VO. Bei anderen als den in Anhang I genannten Arten von Straftaten kann Eurojust im Einklang mit den auferlegten Aufgaben die Ermittlungen und Strafverfolgungsmaßnahmen auf Ersuchen einer zuständigen Behörde eines Mitgliedstaats unterstützen (Art. 3 Abs. 3 Eurojust-VO). Die in Kongruenz mit Art. 85 Abs. 1 AEUV in Art. 2 Abs. 1 Eurojust-VO vorgenommene Begrenzung der Zuständigkeit von Eurojust auf Strafverfahren mit transnationaler Dimension erfährt in Art. 3 Abs. 6 S. 1 Eurojust-VO insofern eine Ausnahme, als nach dieser Bestimmung Eurojust auf Ersuchen der zuständigen Behörde eines Mitgliedstaats oder der Kommission Ermittlungen und Strafverfolgungsmaßnahmen unterstützen kann, die allein diesen Mitgliedstaat berühren, wenn sie Auswirkungen auf der Ebene der Union haben.[929]

b) Rechtsschutz gegen Maßnahmen von Eurojust. Die Möglichkeit, die Handlungen 337 der Einrichtungen und sonstigen Stellen der Union mit Rechtswirkung gegenüber Dritten – folglich auch solche von Eurojust – der Rechtmäßigkeitskontrolle des Gerichtshofs der Europäischen Union zu unterstellen, gewährt seit dem Inkrafttreten des Vertrags von Lissabon **Art. 263 Abs. 1 S. 2 AEUV.** Während nach der früheren Rechtslage ein Individualverfahren im Rahmen von Art. 35 EUV-Nizza (Art. 35 EUV-Amsterdam; Art. K.7 EUV-Maastricht) vor dem Gerichtshof nicht vorgesehen war, können die Betroffenen gegen die Maßnahmen von Eurojust im Wege einer **Nichtigkeitsklage** gemäß Art. 263 Abs. 4 AEUV (Art. 230 Abs. 4 EGV-Nizza; Art. 230 Abs. 4 EGV-Amsterdam; Art. 173 Abs. 4 EGV-Maastricht; Art. 173 Abs. 2 EWGV) oder einer **Schadensersatzklage gemäß Art. 268 AEUV** (Art. 288 Abs. 2 EGV-Nizza; Art. 288 Abs. 2 EGV-Amsterdam, Art. 215 Abs. 2 EWGV) iVm Art. 340 Abs. 2 AEUV (Art. 235 EGV-Nizza; Art. 235 EGV-Amsterdam; Art. 178 EGV-Maastricht; Art. 178 EWGV) vorgehen. Dies gilt uneingeschränkt für alle nach dem Inkrafttreten des Vertrags von Lissabon erlassenen Maßnahmen von Eurojust.

Als besonders praxisrelevant erweisen sich die **Rechtsschutzmöglichkeiten im Zu-** 338 **sammenhang mit dem Umgang mit personenbezogenen Daten,** zu deren Verarbeitung Eurojust ausdrücklich befugt ist (vgl. Art. 26 f. Eurojust-VO).

Das **Auskunftsrecht** jeder Person, deren operativen personenbezogenen Daten von 339 Eurojust verarbeitet wurden, stellt Art. 31 Eurojust-VO sicher. Für die Ausübung dieses Rechts kann die betroffene Person nach ihrer Wahl einen Antrag bei Eurojust oder der nationalen Kontrollbehörde eines Mitgliedstaats, der unverzüglich an Eurojust weitergeleitet wird (Art. 31 Abs. 1 Eurojust-VO), stellen. Wird das Auskunftsrecht in der Bundesrepublik Deutschland geltend gemacht, so sind gemäß § 9 Abs. 1 des Gesetzes über Eurojust und das Europäische Justizielle Netz in Strafsachen (Erojust-Gesetz-EJG) vom 9.12.2019[930] der Bundesbeauftragte für den Datenschutz und die Informationsfreiheit iSd § 8 Abs. 1 BDSG sowie um die zuständigen Aufsichtsbehörden der Länder nationale Kontrollbehörden iSd Art. 31 Abs. 1 Eurojust-VO.

---

[927] Zöller/Bock in Böse, Europäisches Strafrecht, 2. Aufl. 2021, § 21 Rn. 13.
[928] Zum Begriff der „schweren Kriminalität" Dannecker in Streinz AEUV Art. 88 Rn. 10.
[929] Zöller/Bock in Böse, Europäisches Strafrecht, 2. Aufl. 2021, § 21 Rn. 13.
[930] BGBl. 2019 I 2010, verkündet als Art. 1 des Gesetzes zur Durchführung der Eurojust-Verordnung vom 9.12.2019, BGBl. 2019 I 2010.

340 Der **europäische Datenschutzbeauftragte** ist zuständig für die Überwachung und Gewährleistung der Anwendung der Bestimmungen der Eurojust-VO und der Verordnung (EU) 2018/1725 des Europäischen Parlaments und des Rates vom 23.10.2018 zum Schutz natürlicher Personen bei der Verarbeitung personenbezogener Daten durch die Organe, Einrichtungen und sonstigen Stellen der Union, zum freien Datenverkehr und zur Aufhebung der Verordnung (EG) Nr. 45/2001 und des Beschlusses Nr. 1247/2002/EG[931] (VO (EU) 2018/1725) zur Wahrung der Grundrechte und Grundfreiheiten natürlicher Personen bei der Verarbeitung operativer personenbezogener Daten durch Eurojust sowie für die Beratung von Eurojust und der betroffenen Personen in allen die Verarbeitung operativer personenbezogener Daten betreffenden Angelegenheiten (Art. 40 Abs. 1 S. 1 Eurojust-VO). Er ist befugt, unter den im AEUV festgelegten Voraussetzungen den Gerichtshof der Europäischen Union anzurufen (vgl. Art. 40 Abs. 3 lit. f Eurojust-VO) und kann nach Art. 40 Abs. 3 lit. g Eurojust-VO einem beim Gerichtshof anhängigen Verfahren beitreten. In diesem Zusammenhang sieht Art. 43 Abs. 1 Eurojust-VO das Recht auf Einlegung einer **Beschwerde beim Europäischen Datenschutzbeauftragten** vor. Dieses Recht steht jeder betroffenen Person zu, soweit sie der Ansicht ist, dass die Verarbeitung sie betreffender operativer personenbezogener Daten durch Eurojust nicht mit der Eurojust-VO oder der Verordnung (EU) 2018/1725 im Einklang steht. Gegen die Entscheidungen des Europäischen Datenschutzbeauftragten betreffend operative personenbezogene Daten kann **Klage beim Gerichtshof** erhoben werden (Art. 44 Eurojust-VO).

341 Im Kontext der im Einklang mit Art. 340 Abs. 2 AEUV (Art. 288 Abs. 2 EGV-Nizza; Art. 288 Abs. 2 EGV-Amsterdam; Art. 215 Abs. 2 EGV-Maastricht; Art. 215 Abs. 2 EWGV) vorgesehenen Haftung von Eurojust für den aus der unbefugten oder fehlerhaften Datenverarbeitung resultierenden Schaden kann die betroffene Person nach Art. 46 Abs. 2 Eurojust-VO eine **Schadensersatzklage** gegen Eurojust gemäß Art. 268 AEUV (Art. 235 EGV-Nizza; Art. 235 EGV-Amsterdam; Art. 178 EGV-Maastricht; Art. 178 EWGV) vor dem Gerichtshof erheben.

342 Abgesehen von der Haftung wegen unbefugter oder fehlerhafter Datenverarbeitung und unabhängig von der Haftung nach Art. 76 Eurojust-VO ist Eurojust nach Art. 78 Abs. 3 Eurojust-VO im Bereich der **außervertraglichen Haftung** zum Ersatz jeglicher von der Agentur oder ihrem Personal in Ausübung des Amtes verursachten Schäden nach den allgemeinen, den Rechtsordnungen der Mitgliedstaaten gemeinsamen Rechtsgrundsätzen verpflichtet, der in Streitfällen zum Gegenstand des Verfahrens vor dem Gerichtshof gemacht werden kann (Art. 78 Abs. 5 Eurojust-VO). Dabei werden von der Schadensersatzpflicht auch Schäden erfasst, die von einem nationalen Mitglied, einem Stellvertreter oder einem Assistenten in Ausübung seines Amtes verursacht worden sind (vgl. Art. 78 Abs. 4 S. 1 Eurojust-VO).

343 Die **vertragliche Haftung** von Eurojust bestimmt sich gemäß Art. 78 Abs. 1 Eurojust-VO nach dem auf den Vertrag anzuwendenden Recht, wobei für Entscheidungen aufgrund einer Schiedsklausel in einem von Eurojust geschlossenen Vertrag nach der ausdrücklichen Regelung in Art. 78 Abs. 2 Eurojust-VO die Zuständigkeit beim Gerichtshof konzentriert ist.

344 Gegen Entscheidungen von Eurojust nach Art. 8 der Verordnung (EG) Nr. 1049/2001 des Europäischen Parlaments und des Rates vom 30.5.2001 über den Zugang der Öffentlichkeit zu Dokumenten des Europäischen Parlaments, des Rates und der Kommission[932] (VO (EG) Nr. 1049/2001) kann nach Maßgabe der Art. 228 AEUV (Art. 195 EGV-Nizza; Art. 195 EGV-Amsterdam; Art. 138e EGV-Maastricht) und 263 AEUV (Art. 230 EGV-Nizza; Art. 230 EGV-Amsterdam; Art. 173 EGV-Maastricht; Art. 173 EWGV) **Beschwerde beim Europäischen Bürgerbeauftragten** eingelegt oder **Klage beim Gerichtshof** erhoben werden (Art. 74 Abs. 3 Eurojust-VO).

---

[931] ABl. 2018 L 295, 39.
[932] ABl. 2001 L 145, 43.

Im Übrigen können die Fragen der Gültigkeit und der Auslegung der Handlungen von **345** Eurojust als einer Einrichtung der Union iSd Art. 267 Abs. 1 lit. b AEUV zum Gegenstand eines **Vorabentscheidungsverfahrens nach Art. 267 AEUV** (Art. 234 EGV-Nizza; Art. 234 EGV-Amsterdam; Art. 177 EGV-Maastricht; Art. 177 EWGV) gemacht werden.[933]

4. Europäische Staatsanwaltschaft. Ausgehend von Eurojust[934] kann nach Art. 86 **346** Abs. 1 UAbs. 1 S. 1 AEUV eine Europäische Staatsanwaltschaft eingesetzt werden, um Straftaten zum Nachteil der finanziellen Interessen der Union[935] zu bekämpfen. Die Idee der Europäischen Staatsanwaltschaft geht auf das **Corpus Juris** zurück, das erste Konturen aufzeigte,[936] und wurde in der Folge als Vorschlag der Kommission in Vorbereitung der Regierungskonferenz von Nizza im Jahr 2000 aufgegriffen.[937] Eine vertiefte Erörterung findet sich sodann in dem im Jahr 2001 vorgelegten **„Grünbuch zum strafrechtlichen Schutz der finanziellen Interessen der Europäischen Gemeinschaften und zur Schaffung einer Europäischen Staatsanwaltschaft"**[938] sowie in der im Jahr 2003 erlassenen **Follow-up-Mitteilung.**[939] Auf eine breitere Grundlage wurde das Projekt der Europäischen Staatsanwaltschaft als Kern des Art. III-274 des gescheiterten **Vertrags über eine Verfassung für Europa**[940] vom 29.10.2004 (VVE) gestellt. Eine rechtliche Verankerung findet sich erst in Art. 86 AEUV.[941] Die Einführung dieser Regelung war erforderlich wegen der Zersplitterung des europäischen Strafrechtsraums, der Schwerfälligkeit und der Unzweckmäßigkeit der klassischen justiziellen Zusammenarbeit zwischen den Mitgliedstaaten sowie der erschwerten Strafverfolgung bei Erkenntnissen aus Verwaltungsverfahren; zugleich bestand das Bedürfnis nach effizienteren Ermittlungen innerhalb der Organe und Einrichtungen in Europa und der Errichtung einer Europäischen Staats-

---

[933] Karpenstein in Grabitz/Hilf/Nettesheim AEUV Art. 267 Rn. 19 mwN; Karpenstein in Leible/Terhechte, Europäisches Rechtsschutz- und Verfahrensrecht, 2. Aufl. 2021, § 8 Rn. 23 mwN; s. auch Wasmeier/Maschl-Clausen in von der Groeben/Schwarze/Hatje AEUV Art. 85 Rn. 85.

[934] Zur Auslegung dieser Formulierung eing. Wirth, Die Europäische Staatsanwaltschaft, 2022, S. 413 ff.; Hinterhofer in FK-EUV/GRC/AEUV AEUV Art. 86 Rn. 17 ff.; Zöller/Bock in Böse, Europäisches Strafrecht, 2. Aufl. 2021, § 22 Rn. 44; Trentmann ZStW 129 (2017), 108 (127 ff.). Eing. zur Beziehung zu Eurojust Meyer in Herrnfeld/Esser, Europäische Staatsanwaltschaft, 2022, § 3 Rn. 63 ff.

[935] Zum Begriff der „finanziellen Interessen" und zu den Schädigungen der finanziellen Interessen der Union ausführlich Rheinbay, Die Errichtung einer Europäischen Staatsanwaltschaft, 2014, S. 7 ff.

[936] Vgl. Corpus Juris in der Fassung von Florenz; Wirth, Die Europäische Staatsanwaltschaft, 2022, S. 15 ff.; Nürnberger ZJS 2009, 494 (496).

[937] Ergänzender Beitrag der Kommission zur Regierungskonferenz über die institutionellen Reformen – „Schutz der finanziellen Interessen der Gemeinschaft: das Amt eines europäischen Staatsanwalts" vom 29.9.2000, KOM(2000) 608 end., der darauf abstellte, eine Rechtsgrundlage für die Ermöglichung der Errichtung der Europäischen Staatsanwaltschaft in dem zu diesem Zeitpunkt geltenden Vertrag zur Gründung der Europäischen Gemeinschaft zu integrieren (neuer Art. 280a EGV), die die Bestimmungen über die Ernennung, die Entlassung und die Beschreibung der Aufgaben des europäischen Staatsanwalts einschließlich der wichtigsten Merkmale dieses Amtes beinhaltet.

[938] KOM(2001) 715 end.

[939] Follow-up-Mitteilung „Grünbuch zum strafrechtlichen Schutz der finanziellen Interessen der Europäischen Gemeinschaften und zur Schaffung einer Europäischen Staatsanwaltschaft" vom 19.3.2003, KOM (2003), 128 end., die in einem Follow-up-Bericht die allgemeine, den Reaktionen auf die Frage nach der Notwendigkeit einer Europäischen Staatsanwaltschaft gewidmete Bewertung sowie auf die institutionellen und rechtlichen Fragen ausgerichtete themenbezogene Bewertung der öffentlichen Konsultation zum Grünbuch zusammenfasst und die Stellungnahme zu den Folgemaßnahmen enthält. Vgl. zur Resonanz Stiegel ZRP 2003, 172 (173).

[940] ABl. 2004 C 310, 1, zuletzt geändert durch Art. 13, Art. 14 und Art. 15 des Protokolls über die Bedingungen und Einzelheiten der Aufnahme der Republik Bulgarien und Rumäniens in die Europäische Union vom 25.4.2005, ABl. 2005 L 157, 29.

[941] Zur historischen Entwicklung etwa Rheinbay, Die Errichtung einer Europäischen Staatsanwaltschaft, 2014, S. 80 ff.; Wirth, Die Europäische Staatsanwaltschaft, 2022, S. 114 ff.; Herrnfeld in Herrnfeld/Esser, Europäische Staatsanwaltschaft, 2022, § 2 Rn. 1 ff.; Dannecker in Streinz AEUV Art. 86 Rn. 1 ff.; Suhr in Calliess/Ruffert AEUV Art. 86 Rn. 2 ff.; Zöller/Bock in Böse, Europäisches Strafrecht, 2. Aufl. 2021, § 22 Rn. 3 ff.; Hamran/Szabova NJECL 4 (2013), 40 (42 ff.); Nürnberger ZJS 2009, 494 (494 ff.).

anwaltschaft,[942] die einen einschneidenden Eingriff in die Souveränität der Mitgliedstaaten bedeutete.[943] Hierauf reagiert Art. 86 Abs. 1 UAbs. 1 S. 1 AEUV in zweifacher Weise: mit dem Erfordernis eines besonderen Gesetzgebungsverfahrens iSv Art. 289 Abs. 2 AEUV,[944] das für die Errichtung einer Europäischen Staatsanwaltschaft durch Verordnung einen **einstimmigen Beschluss des Rates** nach mehrheitlicher[945] **Zustimmung des Europäischen Parlaments** erfordert (Art. 86 Abs. 1 UAbs. 1 S. 2 AEUV),[946] sowie mit der primärrechtlich abgesicherten[947] Zulassung einer **optionalen**[948] Errichtung dieser supranationalen Institution mit Entscheidungsbefugnissen.[949] Entsprechend dem dadurch geebneten Weg zur sekundärrechtlichen Einrichtung einer Europäischen Staatsanwaltschaft ermöglicht Art. 86 Abs. 1 UAbs. 2 und 3 AEUV einer Gruppe von mindestens neun Mitgliedstaaten eine **Verstärkte Zusammenarbeit** zu begründen. Als über den am 17.7.2013 von der Europäischen Kommission vorgelegten „**Vorschlag für eine Verordnung des Rates über die Errichtung der Europäischen Staatsanwaltschaft**"[950] im Rat keine Einstimmigkeit und im Europäischen Rat kein Einvernehmen iSd Art. 86 Abs. 1 UAbs. 3 AEUV erzielt werden konnte, galt mit dem am 3.4.2017 von dem Königreich Belgien, der Republik Bulgarien, der Bundesrepublik Deutschland, der Republik Finnland, der Französischen Republik, der Hellenischen Republik, der Republik Kroatien, der Republik Litauen, dem Großherzogtum Luxemburg, der Portugiesischen Republik, Rumänien, der Slowakischen Republik, der Republik Slowenien, dem Königreich Spanien, der Tschechischen Republik und der Republik Zypern gegenüber dem Europäischen Parlament, dem Rat und der Kommission bekundeten Wunsch zur Begründung einer Verstärkten Zusammenarbeit zur Errichtung einer Europäischen Staatsanwaltschaft, der sich am 19.4.2017 der Republik Lettland, am 1.6.2017 der Republik Estland, am 9.6.2017 der Republik Österreich und am 22.6.2017 der Italienische Republik angeschlossen haben, die Ermächtigung zu einer Verstärkten Zusammenarbeit nach Art. 20 Abs. 2 EUV iVm Art. 329 Abs. 1 AEUV (Art. 27a bis 27e, 40 bis 40b, 43 bis 45 EUV-Nizza sowie Art. 11, 11a EGV-Nizza; Art. 40, 43 bis 45 EUV-Amsterdam sowie Art. 11 EGV-Amsterdam) als erteilt (Art. 86 Abs. 1 UAbs. 3 AEUV). Im Verfahren nach Art. 331 AEUV (Art. 27a bis 27e, 40 bis 40b, 43 bis 45 EUV-Nizza sowie Art. 11, 11a EGV-Nizza; Art. 40, 43 bis 45 EUV-Amsterdam sowie Art. 11 EGV-Amsterdam) erfolgte mit dem Beschluss (EU) 2018/1094 der Kommission vom 1.8.2018 zur Bestätigung der Beteiligung der Niederlande an der Verstärkten Zusammenarbeit zur Errichtung der Europäischen Staatsanwaltschaft[951] sowie dem Beschluss (EU) 2018/1103 der Kommission vom 7.8.2018 zur Bestätigung der Beteiligung Maltas an der Verstärkten Zusammenarbeit zur Errichtung der Europäischen

---

[942] Grünbuch zum strafrechtlichen Schutz der finanziellen Interessen der Europäischen Gemeinschaften und zur Schaffung einer Europäischen Staatsanwaltschaft, KOM(2001) 715 end., S. 15 ff.; Ergänzender Beitrag der Kommission zur Regierungskonferenz über die institutionellen Reformen – „Schutz der finanziellen Interessen der Gemeinschaft: das Amt eines europäischen Staatsanwalts" vom 29.9.2000, KOM(2000) 608 end., S. 3 ff. S. auch Nürnberger ZJS 2009, 494 (495, 500); Satzger StV 2003, 137 (138).
[943] Vgl. zu diesem und anderen Einwänden Vogel/Eisele in Grabitz/Hilf/Nettesheim AEUV Art. 86 Rn. 7; Magnus GA 2014, 390 (399).
[944] Böse in Schwarze AEUV Art. 86 Rn. 13; Rosenau/Petrus in Vedder/Heintschel v. Heinegg AEUV Art. 86 Rn. 11.
[945] Böse in Schwarze AEUV Art. 86 Rn. 13; Suhr in Calliess/Ruffert AEUV Art. 86 Rn. 9; Zöller/Bock in Böse, Europäisches Strafrecht, 2. Aufl. 2021, § 22 Rn. 7.
[946] Dannecker in Streinz AEUV Art. 86 Rn. 4; vgl. Schoo in Schwarze AEUV Art. 289 Rn. 9; krit. Erbežnik EuCLR 5 (2015), 209 (214).
[947] Zöller/Bock in Böse, Europäisches Strafrecht, 2. Aufl. 2021, § 22 Rn. 7; s. auch Ambos, Internationales Strafrecht, 5. Aufl. 2018, § 13 Rn. 24; Satzger, Internationales und Europäisches Strafrecht, 10. Aufl. 2022, § 10 Rn. 21.
[948] Vgl. von Art. 86 Abs. 1 UAbs. 1 S. 1, wonach „der Rat […] eine Europäische Staatsanwaltschaft einsetzen [kann]".
[949] Dannecker in Streinz AEUV Art. 86 Rn. 5; s. auch Zöller/Bock in Böse, Europäisches Strafrecht, 2. Aufl. 2021, § 22 Rn. 7.
[950] KOM(2013) 534 end.
[951] ABl. 2018 L 196, 1.

3. Teil. Rechtsschutz im Straf- und Bußgeldrecht § 34

Staatsanwaltschaft[952] der Beitritt zu einer Verstärkten Zusammenarbeit zwei weiterer Mitgliedstaaten. Mit der Verordnung (EU) 2017/1939 des Rates vom 12.10.2017 zur Durchführung einer Verstärkten Zusammenarbeit zur Errichtung der Europäischen Staatsanwaltschaft (EUStA)[953] (EUStA-VO) wurde die Europäische Staatanwaltschaft als eine mit eigener Rechtspersönlichkeit ausgestattete[954] (Art. 3 Abs. 2 EUStA-VO), von den Unionsorganen und – ungeachtet der Formulierung in Art. 86 Abs. 1 AEUV – auch von Eurojust unabhängige[955] (Art. 6 Abs. 1 S. 1 EUStA-VO) „unteilbare Einrichtung der Union" errichtet, „die als eine einheitliche Behörde mit einem dezentralen Aufbau handelt" (Art. 8 Abs. 1 iVm Art. 1 EUStA-VO).[956] Diese Behörde hat ihre operative Tätigkeit am 1.6.2021 aufgenommen.[957]

a) Zuständigkeit und Aufgaben. Mit der **„Bekämpfung von Straftaten zum Nachteil der finanziellen Interessen der Union"** wird in Art. 86 Abs. 1 UAbs. 1 S. 1 AEUV die **sachliche Zuständigkeit** der – mit begrenzter Zuständigkeit[958] ausgestatteten – Europäischen Staatsanwaltschaft primärrechtlich umrissen, die sich nach ihren in Art. 86 Abs. 2 S. 1 AEUV – und sekundärrechtlich in Art. 4 S. 1 EUStA-VO – festgehaltenen **Aufgaben** der **strafrechtlichen Untersuchung** und **Verfolgung** sowie der **Anklageerhebung**[959] in Bezug auf Personen richtet, die als Täter oder Teilnehmer die in der nach Art. 86 (Abs. 1) AEUV erlassenen EUStA-VO festgelegten Straftaten zum Nachteil der finanziellen Interessen der Union begangen haben.[960] 347

Die Europäische Staatsanwaltschaft hat als „Herrin" des Ermittlungsverfahrens[961] die bessere Durchsetzung des Finanzschutzrechts der Union als Hauptauftrag[962] und muss deshalb die Ermittlungen führen und Strafverfolgungsmaßnahmen ergreifen sowie – bis zum Abschluss des Verfahrens[963] (Art. 4 S. 2 EUStA-VO) – die auch primärrechtlich explizit geforderten (Art. 86 Abs. 2 S. 2 AEUV) staatsanwaltlichen Aufgaben vor mitgliedstaatlichen Gerichten wahrnehmen (Art. 4 S. 2 EUStA-VO). Diese Aufgaben betreffen – entsprechend der Konkretisierung der Vorgaben des Art. 86 Abs. 1 S. 1 AEUV in Art. 22 Abs. 1 S. 1 EUStA-VO – Straftatbestände, die in der auf Art. 83 Abs. 2 AEUV gestützten Richtlinie (EU) 2017/1371 des Europäischen Parlaments und des Rates vom 5.7.2017 über die strafrechtliche Bekämpfung von gegen die finanziellen Interessen der Union gerichte- 348

---

[952] ABl. 2018 L 201, 2.
[953] ABl. 2017 L 283, 1, zuletzt geändert durch Art. 1 der Delegierten Verordnung (EU) 2020/2153 der Kommission vom 14.10.2020 zur Änderung der Verordnung (EU) 2017/1939 des Rates in Bezug auf die Kategorien operativer personenbezogener Daten und die Kategorien betroffener Personen, deren operative personenbezogene Daten von der Europäischen Staatsanwaltschaft im Register der Verfahrensakten verarbeitet werden dürfen, ABl. 2020 L 431, 1, berichtigt ABl. 2020 L 433, 80.
[954] Herrnfeld in Herrnfeld/Esser, Europäische Staatsanwaltschaft, 2022, § 2 Rn. 20, 27; § 4 Rn. 43.
[955] Herrnfeld in Herrnfeld/Esser, Europäische Staatsanwaltschaft, 2022, § 2 Rn. 20, 29; § 4 Rn. 43.
[956] Hierzu Herrnfeld in Herrnfeld/Esser, Europäische Staatsanwaltschaft, 2022, § 2 Rn. 34 ff.
[957] Vgl. Art. 120 Abs. 2 UAbs. 2, UAbs. 3 EUStA-VO und Art. 1 des Durchführungsbeschlusses (EU) 2021/856 der Kommission vom 25.5.21 zur Festlegung des Zeitpunkts, zu dem die Europäische Staatsanwaltschaft ihre Ermittlungs- und Strafverfolgungsaufgaben übernimmt, ABl. 2021 L 188, 100; Herrnfeld/Esser in Herrnfeld/Esser, Europäische Staatsanwaltschaft, 2022, § 1 Rn. 1; Herrnfeld in Herrnfeld/Esser, Europäische Staatsanwaltschaft, 2022, § 2 Rn. 1; Duesberg NJW 2022, 596 (596).
[958] Rosenau/Petrus in Vedder/Heintschel v. Heinegg AEUV Art. 86 Rn. 2; vgl. Herrnfeld/Brodowski in Herrnfeld/Esser, Europäische Staatsanwaltschaft, 2022, § 5 Rn. 2, die von einer geteilten Zuständigkeit der Europäischen Staatsanwaltschaft ausgehen.
[959] Vgl. Erwägungsgrund 89 S. 1 EUStA-VO.
[960] Vgl. Herrnfeld/Brodowski in Herrnfeld/Esser, Europäische Staatsanwaltschaft, 2022, § 5 Rn. 1.
[961] Vgl. zu terminologischen Differenzierung zwischen dem Ermittlungsverfahren und der Strafverfolgung Art. 26 bis 33 EUStA-VO und Art. 34 bis 40 EUStA-VO; Herrnfeld in Herrnfeld/Esser, Europäische Staatsanwaltschaft, 2022, § 4 Rn. 1.
[962] Meyer in Herrnfeld/Esser, Europäische Staatsanwaltschaft, 2022, § 3 Rn. 1.
[963] Wie dem Erwägungsgrund 31 EUStA-VO zu entnehmen ist, ist unter dem „Abschluss des Verfahrens" „die endgültige Klärung der Frage zu verstehen […], ob der Verdächtige oder Beschuldigte die Straftat begangen hat, gegebenenfalls einschließlich der Festlegung des Strafmaßes und der abschließenden Entscheidung über alle verfügbaren Rechtshandlungen oder Rechtsbehelfe, bis hierüber rechtskräftig entschieden ist".

tem Betrug[964] (RL (EU) 2017/1371) in ihrer Umsetzung in nationales Recht festgelegt sind, unabhängig davon, ob dieselbe strafbare Handlung im nationalen Recht als eine andere Art von Straftat eingestuft werden könnte. Ausweislich ihres in Art. 1 umschriebenen Gegenstandes legt die RL (EU) 2017/1371 „Mindestvorschriften für die Definition von Straftatbeständen und Strafen zur Bekämpfung von Betrug und sonstigen gegen die finanziellen Interessen der Union gerichteten rechtswidrigen Handlungen" fest und beinhaltet in den Art. 3 und 4 mit dem Deliktskanon des Betrugs (Art. 3 RL (EU) 2017/1371) einschließlich des – gesondert geregelten – Mehrwertsteuerbetrugs (Art. 3 Abs. 2 lit. d RL (EU) 2017/1371), der Geldwäsche (Art. 4 Abs. 1 RL (EU) 2017/1371), der Bestechlichkeit und Bestechung (Art. 4 Abs. 2 RL (EU) 2017/1371) sowie der missbräuchlichen Verwendung von Mitteln oder Vermögenswerten (Art. 4 Abs. 3 RL (EU) 2017/1371) als – an das französische Akronym PIF („Protection des intérêts financiers") in ihrer Bezeichnung angelehnten – sog. **PIF-Delikten** vier verschiedene Delikte bzw. Typen von gegen die finanziellen Interessen der Union gerichteten Handlungen.[965] Den Begriff der „**finanzielle[n] Interessen der Union**" erstreckt Art. 2 Abs. 1 lit. a RL (EU) 2017/1371 auf sämtliche Einnahmen, Ausgaben und Vermögenswerte, die vom Haushaltsplan der Union oder von den Haushaltsplänen der nach den Verträgen geschaffenen Organe, Einrichtungen und sonstigen Stellen der Union oder von den von diesen verwalteten und überwachten Haushaltsplänen erfasst, von ihnen erworben oder ihnen geschuldet werden.

349 Sind andere **Straftaten** mit einer unter Art. 22 Abs. 1 EUStA-VO fallenden strafbaren Handlung **untrennbar verbunden,** so werden auch sie der sachlichen Zuständigkeit der Europäischen Staatsanwaltschaft gemäß Art. 22 Abs. 3 EUStA-VO zugeordnet, die in diesem Fall die Vorgaben des **Art. 25 Abs. 3 EUStA-VO** zu beachten hat.[966] Eine untrennbare Verbindung wird dabei in Abhängigkeit davon bestimmt, ob die Verurteilung oder ein Freispruch allein wegen des PIF-Delikts eine Strafverfolgung der anderen Tat infolge der Geltung des **Doppelbestrafungsverbots** (Art. 50 GRCh, Art. 54 SDÜ) unmöglich machen würde,[967] wofür „die Identität der materiellen Tat, verstanden als das Vorhandensein eines Komplexes konkreter, unlösbar miteinander verbundener Umstände",[968] maßgebend ist.[969]

350 Mit der Erstreckung der Zuständigkeit der Europäischen Staatsanwaltschaft in Art. 22 Abs. 2 EUStA-VO auf die Straftaten bezüglich der **Beteiligung an einer kriminellen Vereinigung** iSd in nationales Recht umgesetzten[970] Rahmenbeschlusses 2008/841/JI des

---

[964] ABl. 2017 L 198, 29, berichtigt ABl. 2017 L 350, 50. In der Bundesrepublik Deutschland erfolgte die Umsetzung der RL (EU) 2017/1371 durch das Gesetz zur Umsetzung der Richtlinie (EU) 2017/1371 des Europäischen Parlaments und des Rates vom 5. Juli 2017 über die strafrechtliche Bekämpfung von gegen die finanziellen Interessen der Union gerichtetem Betrug vom 19.6.2019, BGBl. 2019 I 844. Eing. zu dieser Richtlinie Juszczak/Sason eucrim 2017, 80 (80 ff.); Kaiafa-Gbandi EuCLR 3 (2012), 319 (319 ff.); Kuhl eucrim 2012, 63 (63 ff.).
[965] Zöller/Bock in Böse, Europäisches Strafrecht, 2. Aufl. 2021, § 22 Rn. 24. Eing. zu den einzelnen PIF-Straftaten Herrnfeld/Brodowski in Herrnfeld/Esser, Europäische Staatsanwaltschaft, 2022, § 5 Rn. 16 ff.
[966] Hierzu Zimmermann in Niederhuber, Die neue Europäische Staatsanwaltschaft, 2023, 21 (21 ff.).
[967] Vgl. Erwägungsgrund 54 EUStA-VO.
[968] EuGH 9.3.2006 – C-436/04, ECLI:EU:C:2006:165 Rn. 35 f., Slg. 2006, I-2333 Rn. 35 f. = BeckRS 2006, 70201 – Van Esbroeck mAnm Kühne JZ 2006, 1019 (1019 ff.); Radtke NStZ 2008, 162 (162 ff.).
[969] Herrnfeld/Brodowski in Herrnfeld/Esser, Europäische Staatsanwaltschaft, 2022, § 5 Rn. 50 mwN.
[970] Das Erfordernis der Pönalisierung betrifft zum einen das „Verhalten einer Person, die sich vorsätzlich und in Kenntnis entweder des Ziels und der allgemeinen Tätigkeit der kriminellen Vereinigung oder der Absicht der Vereinigung, die betreffenden Straftaten zu begehen, aktiv an den kriminellen Tätigkeiten der Vereinigung beteiligt, einschließlich durch Bereitstellung von Informationen oder materiellen Mitteln, Anwerbung neuer Mitglieder oder durch jegliche Art der Finanzierung der Tätigkeiten der Vereinigung, und sich bewusst ist, dass diese Beteiligung zur Durchführung der kriminellen Tätigkeiten der Vereinigung beiträgt" (Art. 2 lit. a Rahmenbeschluss 2008/841/JI) und zum anderen das „Verhalten einer Person, das darin besteht, mit einer oder mehreren Personen eine Vereinbarung über die Ausübung einer Tätigkeit zu treffen, die, falls durchgeführt, der Begehung von in Artikel 1 [des Rahmenbeschlusses 2008/841/JI] genannten Straftaten gleichkäme – auch wenn diese Person nicht an der tatsächlichen Durchführung der Tätigkeit beteiligt ist" (Art. 2 lit. b Rahmenbeschluss 2008/841/JI). Die Bundesrepublik Deutschland kam dieser Verpflichtung mit Anpassung von § 129 StGB nach.

Rates vom 24.10.2008 zur Bekämpfung der organisierten Kriminalität[971] (Rahmenbeschluss 2008/841/JI) unter der Prämisse des auf der Begehung von Straftaten nach Art. 22 Abs. 1 EUStA-VO liegenden, anhand einer wertenden Gesamtbetrachtung insbesondere der Quantität und Qualität der Straftaten[972] zu bestimmenden Schwerpunktes der strafbaren Aktivitäten der kriminellen Vereinigung[973] wird der sachliche Zuständigkeitsbereich der Europäischen Staatsanwaltschaft positivrechtlich abgerundet.

Die Maßstäbe für die **sachliche Zuständigkeit** der Europäischen Staatsanwaltschaft setzen sich aus **europäischen und nationalen Komponenten** zusammen.[974] Die sachliche Zuständigkeit ist gegeben, wenn eine **Straftat** nach dem **nationalen Recht** eines teilnehmenden Mitgliedstaats entweder einen **Straftatbestand** erfüllt, welcher **der Umsetzung der RL (EU) 2017/1371** (Art. 22 Abs. 1 S. 1 EUStA-VO) oder **des Rahmenbeschlusses 2008/841/JI** (Art. 22 Abs. 2 EUStA-VO) infolge eines zu diesen Regelwerken bestehenden spezifischen Zusammenhangs **dient,** oder aber eine Zusammenhangstat (Art. 22 Abs. 3 S. 1 EUStA-VO) darstellt, soweit keine in Art. 22 EUStA-VO verankerte **Begrenzung** einschlägig ist.[975] So begrenzt Art. 22 Abs. 1 S. 2 EUStA-VO die Zuständigkeit der Europäischen Staatsanwaltschaft für den nach Art. 3 Abs. 2 lit. d RL (EU) 2017/1371 in nationales Recht umzusetzenden Mehrwertsteuerbetrug auf die vorsätzlichen Handlungen oder Unterlassungen nach dieser Bestimmung, die das Hoheitsgebiet von zwei oder mehr Mitgliedstaaten betreffen und einen Gesamtschaden von mindestens 10 Mio. EUR umfassen. Dagegen entzieht Art. 22 Abs. 4 EUStA-VO die Straftaten in Bezug auf nationale direkte Steuern einschließlich der mit diesen untrennbar verbundenen Straftaten dem Zuständigkeitsbereich der Europäischen Staatsanwaltschaft gänzlich. Eine weitere Einschränkung zugunsten der nationalen Strafverfolgung erfährt der sachliche Zuständigkeitsbereich der Europäischen Staatsanwaltschaft durch das Erfordernis eines auf der Begehung von Straftaten nach Art. 22 Abs. 1 EUStA-VO liegenden Schwerpunktes bei strafbaren Aktivitäten einer kriminellen Vereinigung.[976] 351

Art. 86 Abs. 4 AEUV sieht ausdrücklich die Möglichkeit zur Erweiterung der Einsetzungsbefugnis nach Art. 86 Abs. 1 AEUV und des Zuständigkeitsbereichs nach Art. 86 Abs. 2 AEUV auf die **Bekämpfung schwerer Kriminalität mit grenzüberschreitender Dimension** vor dem Hintergrund des Bedarfs an einem gemeinsamen unionalen Handeln in diesem Bereich vor. 352

Die **territoriale** Zuständigkeit der Europäischen Staatsanwaltschaft richtet sich nach dem **Territorialitätsprinzip** und ist gemäß Art. 23 lit. a EUStA-VO gegeben, wenn die in Art. 22 EUStA-VO genannten Straftaten ganz oder teilweise im Hoheitsgebiet eines oder mehrerer Mitgliedstaaten begangen[977] wurden.[978] Eine lediglich teilweise in einem Mitgliedstaat, der an der Verstärkten Zusammenarbeit teilnimmt, begangene Tat begründet bereits die territoriale Zuständigkeit der Europäischen Staatsanwaltschaft; ihre teilweise oder 353

---

[971] ABl. 2008 L 30, 42.
[972] Herrnfeld/Brodowski in Herrnfeld/Esser, Europäische Staatsanwaltschaft, 2022, § 5 Rn. 44.
[973] Eine „kriminelle Vereinigung" iSd Rahmenbeschlusses 2008/841/JI erfordert „einen auf längere Dauer angelegten organisierten Zusammenschluss", der „nicht zufällig zur unmittelbaren Begehung eines Verbrechens gebildet wird und der auch nicht notwendigerweise förmlich festgelegte Rollen für seine Mitglieder, eine kontinuierliche Mitgliedschaft oder eine ausgeprägte Struktur hat" (Art. 1 Nr. 2 Rahmenbeschluss 2008/841/JI), „von mehr als zwei Personen, die, um sich unmittelbar oder mittelbar einen finanziellen oder sonstigen materiellen Vorteil zu verschaffen, in Verabredung handeln, um Straftaten zu begehen, die mit einer Freiheitsstrafe oder einer freiheitsentziehenden Maßregel der Besserung und Sicherung im Höchstmaß von mindestens vier Jahren oder einer schwereren Strafe bedroht sind" (Art. 1 Nr. 1 Rahmenbeschluss 2008/841/JI).
[974] Herrnfeld/Brodowski in Herrnfeld/Esser, Europäische Staatsanwaltschaft, 2022, § 5 Rn. 9; Zöller/Bock in Böse, Europäisches Strafrecht, 2. Aufl. 2021, § 22 Rn. 25.
[975] Herrnfeld/Brodowski in Herrnfeld/Esser, Europäische Staatsanwaltschaft, 2022, § 5 Rn. 9 f.
[976] Herrnfeld/Brodowski in Herrnfeld/Esser, Europäische Staatsanwaltschaft, 2022, § 5 Rn. 9.
[977] Zur Auslegung dieses Merkmals Herrnfeld/Brodowski in Herrnfeld/Esser, Europäische Staatsanwaltschaft, 2022, § 5 Rn. 58 ff.
[978] Zöller/Bock in Böse, Europäisches Strafrecht, 2. Aufl. 2021, § 22 Rn. 28; Brodowski StV 2017, 684 (685); Csonka/Juszczak/Sason eucrim 2017, 125 (129); Magnus HRRS 2018, 143 (147).

überwiegende Begehung im Hoheitsgebiet eines nicht an der Errichtung der Europäischen Staatsanwaltschaft beteiligten Mitgliedstaats schließt die Zuständigkeit der Europäischen Staatsanwaltschaft nicht aus.[979]

354 Die originäre Tätigkeit der Europäischen Staatsanwaltschaft in den nicht an der Verstärkten Zusammenarbeit teilnehmenden Mitgliedstaaten der Europäischen Union ermöglichen die für die **personelle Zuständigkeit** der Europäischen Staatsanwaltschaft maßgebenden Regelungen des Art. 23 lit. b und c EUStA-VO. In Anknüpfung an das **aktive Personalitätsprinzip** erstreckt Art. 23 lit. b EUStA-VO die Zuständigkeit der Europäischen Staatsanwaltschaft auf die außerhalb des Hoheitsgebiets eines Mitgliedstaats begangenen Straftaten iSd Art. 22 EUStA-VO, wenn diese von einem Staatsangehörigen eines Mitgliedstaats begangen wurden und ein Mitgliedstaat über Gerichtsbarkeit für solche Straftaten verfügt.[980] Wurden die in Art. 22 EUStA-VO genannten Straftaten außerhalb der in Art. 23 lit. a EUStA-VO genannten Hoheitsgebiete von einer Person begangen, die zum Zeitpunkt der Straftat dem Statut oder den Beschäftigungsbedingungen unterlag, so ist die Europäische Staatsanwaltschaft gemäß dem das **aktive Hoheitsträgerprinzip** zum Ausdruck bringenden Art. 23 lit. c EUStA-VO für sie auch in diesem Kontext zuständig, wenn ein Mitgliedstaat über eine Gerichtsbarkeit für solche Straftaten verfügt.[981] Mit diesem in Art. 23 lit. b und c EUStA-VO verankerten Erfordernis der **exterritorialen Gerichtsbarkeit** wird iSd Art. 327 AEUV (Art. 43 lit. h, 44 Abs. 2 S. 3 EUV-Nizza; Art. 43 Abs. 1 lit. f, Abs. 2 S. 2 EUV-Amsterdam) erreicht, dass die Verstärkte Zusammenarbeit die Rechte und die Souveränitätssphären der nicht an der Verstärkten Zusammenarbeit beteiligten Mitgliedstaaten „achtet".[982]

355 Vorbehaltlich anderweitiger Bestimmungen insbesondere in Art. 47 ff. EUStA-VO sind von § 23 EUStA-VO die Mitgliedstaaten erfasst, die im Rahmen einer gemäß Art. 86 Abs. 1 UAbs. 3 AEUV fingierten Ermächtigung oder kraft eines nach Art. 331 Abs. 1 UAbs. 2 oder 3 AEUV angenommenen Beschlusses an der Verstärkten Zusammenarbeit zur Errichtung der Europäischen Staatsanwaltschaft teilnehmen (Art. 2 Nr. 1 EUStA-VO). Während dies für die Anknüpfung an das Hoheitsgebiet eines oder mehrerer Mitgliedstaaten nach Art. 23 lit. a EUStA-VO wie auch für die Anknüpfung an die Staatsangehörigkeit in Art. 23 lit. b EUStA-VO uneingeschränkte Geltung beansprucht, kommt es in Art. 23 lit. c EUStA-VO, bezogen auf Beamte oder sonstige Bedienstete der Union, insoweit zu einer Durchbrechung, als hier deren Staatsangehörigkeit irrelevant ist, sofern einer der teilnehmenden Mitgliedstaaten Gerichtsbarkeit für derartige Taten hat.[983]

356 Die **zeitliche Zuständigkeit** bzw. **Zuständigkeitsausübung**[984] der Europäischen Staatsanwaltschaft umfasst gemäß Art. 120 Abs. 2 EUStA-VO sämtliche in ihre Zuständigkeit fallenden Straftaten, die nach dem – auf den zwanzigsten Tag nach der (am 31.10.2017 erfolgten) Veröffentlichung im Amtsblatt der Europäischen Union festgelegten (Art. 120 Abs. 1 EUStA-VO) – Zeitpunkt des Inkrafttretens der EUStA-VO begangen wurden. Dies bedeutet für die ursprünglich an der Errichtung der Europäischen Staatsanwaltschaft beteiligten Mitgliedstaaten (→ Rn. 346), dass hierunter ausschließlich Taten fallen, die am 20.11.2017 oder danach begangen wurden. Hingegen bilden für das Königreich der Niederlande der 22.8.2018 und für die Republik Malta der 28.8.2018 den Zuständigkeitsstichtag, wobei der Handlung oder dem Unterlassen der gebotenen Handlung des präsumtiven Täters nach dem jeweils maßgeblichen Zeitpunkt die ausschlaggebende Bedeutung zukommt.[985]

---

[979] Herrnfeld/Brodowski in Herrnfeld/Esser, Europäische Staatsanwaltschaft, 2022, § 5 Rn. 57.
[980] Zöller/Bock in Böse, Europäisches Strafrecht, 2. Aufl. 2021, § 22 Rn. 28; Brodowski StV 2017, 684 (685); Csonka/Juszczak/Sason eucrim 2017, 125 (129); Magnus HRRS 2018, 143 (147).
[981] Zöller/Bock in Böse, Europäisches Strafrecht, 2. Aufl. 2021, § 22 Rn. 28; Brodowski StV 2017, 684 (685); Csonka/Juszczak/Sason eucrim 2017, 125 (129); vgl. auch Magnus HRRS 2018, 143 (147), die von einem modifizierten aktiven Personalitätsprinzip ausgeht, das Art. 23 lit. b und c EUStA-VO enthält.
[982] Zöller/Bock in Böse, Europäisches Strafrecht, 2. Aufl. 2021, § 22 Rn. 28.
[983] Herrnfeld/Brodowski in Herrnfeld/Esser, Europäische Staatsanwaltschaft, 2022, § 5 Rn. 55.
[984] Herrnfeld/Brodowski in Herrnfeld/Esser, Europäische Staatsanwaltschaft, 2022, § 5 Rn. 53.
[985] Herrnfeld/Brodowski in Herrnfeld/Esser, Europäische Staatsanwaltschaft, 2022, § 5 Rn. 53 mwN.

Ist nach Art. 22 und 23 EUStA-VO die Zuständigkeit der Europäischen Staatsanwalt- **357** schaft gegeben und wird sie durch Einleitung eines Ermittlungsverfahrens (Art. 26 EUStA-VO) oder durch Übernahme eines laufenden Verfahrens im Wege der Evokation (Art. 27 EUStA-VO) ausgeübt, so hat sie unter den Voraussetzungen und Grenzen des Art. 25 Abs. 2, 3 und 4 EUStA-VO „Vorrang vor nationalen Zuständigkeitsansprüchen"[986] der Mitgliedstaaten, deren nationale Behörden dem die EUStA-VO prägenden Prinzip der „geteilten Zuständigkeit" zufolge an der Ausübung eigener Zuständigkeit gehindert sind (Art. 25 Abs. 1 EUStA-VO).[987]

b) Rechtsschutz gegen Maßnahmen der Europäischen Staatsanwaltschaft. Die **358** Notwendigkeit der Gewährleistung eines effektiven, wirksamen gerichtlichen Rechtsschutzes gegenüber Handlungen und Maßnahmen der Europäischen Staatsanwaltschaft und damit einhergehenden teilweise erheblichen und nachhaltigen Eingriffen in sensible Grund- und Verfahrensrechte der Betroffenen ergibt sich aus der Zusammenschau der unionsrechtlichen Garantien und allgemeinen Grundsätze, wie sie in Art. 19 Abs. 1 UAbs. 2 EUV, Art. 47 Abs. 1, Abs. 2 S. 1 GrCh enthalten und vom Europäischen Gerichtshof für Menschenrechte zu Art. 6 Abs. 1 EMRK und zu Art. 13 EMRK entwickelt worden sind.[988]

Nach der ausdrücklichen und – in der Intention der Ausbalancierung der mitglied- **359** staatlichen Souveränitätsinteressen und europäischen Integrationsinteressen[989] – **abschließend**[990] formulierten Statuierung in Art. 86 Abs. 3 AEUV legt die nach Art. 86 Abs. 1 AEUV zu erlassende Verordnung neben der Satzung[991] der Europäischen Staatsanwaltschaft, den Einzelheiten für die Erfüllung ihrer Aufgaben und den für ihre Tätigkeit geltenden Verfahrensvorschriften **die Regeln für die Zulässigkeit von Beweismitteln** und **für die gerichtliche Kontrolle** der von der Europäischen Staatsanwaltschaft bei der Erfüllung ihrer Aufgaben vorgenommenen Prozesshandlungen fest. In der Zusammenschau mit dem auf die Zuständigkeitsbestimmung in Art. 86 Abs. 1 UAbs. 1 S. 1, Abs. 2 AEUV beschränkten Regelungsgehalt des Art. 86 AEUV im Hinblick auf den Aufgabenbereich und die Funktionsweise der Europäischen Staatsanwaltschaft wird damit dem Verordnungsgeber ein **weiter Spielraum**[992] bei der Ausgestaltung der konkreten Modalitäten der Einrichtung der Europäischen Staatsanwaltschaft einschließlich des Aufbaus, der Arbeitsweise, der Aufgaben und der Befugnisse dieser Institution eingeräumt und zugleich die Bestimmung über die bedeutenden rechtsstaatliche Grundsätze berührenden Themenkomplexe einer **sekundärrechtlichen Umsetzung** überlassen.[993] Ausgehend von dem in Art. 47 Abs. 1 GRCh verankerten, unionsrechtlich anerkannten und als Ausprägung des zu den gemeinsamen Verfassungsüberlieferungen der Mitgliedstaaten iSv Art. 6 Abs. 3 EUV (Art. 6 Abs. 2 EUV-Nizza; Art. 6 Abs. 2 EUV-Amsterdam; Art. F Abs. 2 EUV-Maastricht) gehörenden Rechtsstaatsprinzips angesehenen **Grundrecht auf einen wirksamen Rechtsbehelf** obliegt es dem Verordnungsgeber, die gerichtliche Kontrolle sowohl der eingreifenden **Ermittlungs- und Zwangsmaßnahmen** als auch der **Anklageerhebung** in Hinsicht auf den ordnungsgemäßen Ablauf des Ermittlungsverfahrens und die Einhaltung

---

[986] Erwägungsgrund 58 S. 1 EUStA-VO.
[987] Herrnfeld/Brodowski in Herrnfeld/Esser, Europäische Staatsanwaltschaft, 2022, § 5 Rn. 67 ff.
[988] Esser in Herrnfeld/Esser, Europäische Staatsanwaltschaft, 2022, § 12 Rn. 1 ff. mwN.
[989] Vgl. Vogel/Eisele in Grabitz/Hilf/Nettesheim AEUV Art. 86 Rn. 60.
[990] Vogel/Eisele in Grabitz/Hilf/Nettesheim AEUV Art. 86 Rn. 60; Wasmeier/Killmann in von der Groeben/Schwarze/Hatje AEUV Art. 86 Rn. 55, die diese Vorschrift insbesondere angesichts des in Art. 5 Abs. 1 S. 1, Abs. 2 EUV (Art. 5 Abs. 1 EGV-Nizza; Art. 5 Abs. 1 EGV-Amsterdam; Art. 3b Abs. 1 EGV-Maastricht sowie Art. 5 EUV-Nizza; Art. 5 EUV-Amsterdam; Art. 6 EUV-Maastricht) verankerten Grundsatzes der begrenzten Einzelermächtigung als abschließend betrachten.
[991] Zum Inhalt der Satzung Vogel/Eisele in Grabitz/Hilf/Nettesheim AEUV Art. 86 Rn. 61 mwN.
[992] Vgl. Europäischer Konvent, Übermittlungsvermerk des Präsidiums für den Konvent mit dem Betr.: Raum der Freiheit, der Sicherheit und des Rechts, Entwurf von Artikel 31 des Teils I, Entwurf von Artikeln des Teils II, CONV 614/03 vom 14.3.2003, S. 29; Fawzy, Die Errichtung von Eurojust, 2005, S. 116; Dannecker in Streinz AEUV Art. 86 Rn. 10; Wasmeier/Killmann in von der Groeben/Schwarze/Hatje AEUV Art. 86 Rn. 54.
[993] Dannecker in Streinz AEUV Art. 86 Rn. 10.

der Voraussetzungen für die Eröffnung des Hauptverfahrens, die Beweiserhebung oder die Zuständigkeit der Gerichte in zuständigen Mitgliedstaaten zu gewährleisten.[994] Während die Mitgliedstaaten zur Einrichtung der „Gerichte" und Bereitstellung entsprechender gerichtlicher Rechtsbehelfe und Verfahren auf nationaler Ebene „in den vom Unionsrecht erfassten Bereichen" nach Art. 19 Abs. 1 UAbs. 2 EUV und im Sinne eines allgemeinen Grundsatzes des Unionsrechts verpflichtet sind, gewährt Art. 47 Abs. 2 S. 1 GRCh jeder Person ein Recht darauf, dass ihre Sache von einem unabhängigen, unparteiischen und zuvor durch Gesetz errichteten Gericht in einem fairen Verfahren, öffentlich und innerhalb angemessener Frist verhandelt wird. Ordnet man in Anlehnung an Art. 6 Abs. 1 EMRK dem Begriff der **„Sache"** iSd Art. 47 Abs. 2 S. 1 GRCh die **„strafrechtliche Anklage"** zu, deren weite Auslegung im sachlichen und zeitlichen Kontext der Europäische Gerichtshof für Menschenrechte vertritt, so ist bereits das **strafrechtliche Ermittlungsverfahren** vom Schutzgehalt des Art. 47 Abs. 2 CRCh erfasst.[995] Dies wird durch Art. 6 Abs. 1 EMRK und Art. 13 EMRK bzw. die zu diesen Normen vom EGMR entwickelten Leitlinien flankiert, die über Art. 6 Abs. 3 EUV als allgemeine Grundsätze Bestandteil des Unionsrechts sind.

360 Auch wenn Art. 86 AEUV keine Ermächtigung zur Einsetzung **Europäischer (Straf-) Gerichte,** die über die Schuld- und Straffrage sowie über Rechtsmittel entscheiden, beinhaltet,[996] ist eine Übertragung der gerichtlichen Kontrolle von Verfahrenshandlungen der Europäischen Staatsanwaltschaft auf ein europäisches Gericht nicht ausgeschlossen.[997] Entsprechend folgt die Ausgestaltung des Rechtsschutzes gegen Maßnahmen der Europäischen Staatsanwaltschaft in der sekundärrechtlichen Umsetzung einem komplexen Modell der **Aufspaltung des gerichtlichen Rechtsschutzes** zwischen den nationalen und unionalen Gerichten: Während die auf der zentralen Ebene getroffenen Entscheidungen einer unionsgerichtlichen Kontrolle unterliegen, sind die nationalen Gerichte für die auf der dezentralen Ebenen getroffenen Entscheidungen zuständig.[998]

361 **aa) Rechtsschutz vor nationalen Gerichten. (1) Verfahrenshandlungen mit Rechtswirkung gegenüber Dritten als Gegenstand der Kontrolle durch nationale Gerichte.** Nach Art. 42 Abs. 1 S. 1 EUStA-VO unterliegen **Verfahrenshandlungen** der Europäischen Staatsanwaltschaft **mit Rechtswirkung gegenüber Dritten** „im Einklang mit den Anforderungen und Verfahren des nationalen Rechts" der Kontrolle durch die nach nationalem Recht zuständigen **nationalen Gerichte der Mitgliedstaaten.** Explizit bezieht der Verordnungsgeber in den Anwendungsbereich dieser Vorschrift Verfahrenshandlungen ein, welche die **Wahl des** – nach den in EUStA-VO niedergelegten Kriterien zu bestimmenden – **Mitgliedstaats** iSd Art. 36 Abs. 3 EuStA-VO betreffen, dessen Gerichte für die Entscheidung über die Anklage zuständig sein sollen,[999] und welche angesichts

---

[994] Vogel/Eisele in Grabitz/Hilf/Nettesheim AEUV Art. 86 Rn. 66; vgl. hierzu auch Böse JZ 2017, 82 (83 f.).
[995] EGMR 24.11.1993 – 13972/88, ECLI:CE:ECHR:1993:1124JUD2001397288 Rn. 36 = BeckRS 1993, 124873 – Imbrioscia/Schweiz; EGMR 27.11.2008 – 36391/02, ECLI:CE:ECHR:2008:1127JUD003639102 Rn. 50 = BeckRS 2009, 22737 – Salduz/Türkei; EGMR 13.9.2016 – verb.RS. 50541/08, 50571/08, 50573/08, 40351/09, ECLI:CE:ECHR:2016:0913JUD005054108 Rn. 253 = BeckRS 2016, 111649 Ibrahim ua/Vereinigtes Königreich; EGMR 9.11.2018 – 71409/10, ECLI:CE:ECHR:2018: 1109JUD007140910 Rn. 119, 124 = BeckRS 2018, 33762 – Beuze/Belgien; EGMR 23.5.2019 – 51979/17, ECLI:CE:ECHR:2019:0523JUD005197917 Rn. 74 = BeckRS 2019, 19256 – Doyle/Irland.
[996] Vogel/Eisele in Grabitz/Hilf/Nettesheim AEUV Art. 86 Rn. 12; Schramm JZ 2014, 749 (757); vgl. auch Böse in Schwarze AEUV Art. 86 Rn. 10.
[997] Vgl. Böse in Schwarze AEUV Art. 86 Rn. 10; Vogel/Eisele in Grabitz/Hilf/Nettesheim AEUV Art. 86 Rn. 12.
[998] Böse JZ 2017, 82 (83 mwN); s. auch Rackow KriPoZ 2017, 295 (299).
[999] § 16 Abs. 2 StPO sieht die Möglichkeit einer gerichtlichen Überprüfung einer grenzüberschreitenden Forumswahl auf Einwand des Angeklagten vor, der im Ermittlungsverfahren bis zum Beginn der Vernehmung zur Sache in der Hauptverhandlung gelten gemacht werden kann; hierzu Entwurf eines Gesetzes zur Durchführung der Verordnung (EU) 2017/1939 des Rates vom 12.10.2017 zur Durchführung einer Verstärkten Zusammenarbeit zur Errichtung der Europäischen Staatsanwaltschaft und zur Änderung

der ihnen attestierten „Rechtswirkung gegenüber Dritten" sowie der möglichen Erschwerung einer effektiven Verteidigung[1000] der gerichtlichen Kontrolle durch die einzelstaatlichen Gerichte „spätestens im Hauptverfahren" unterliegen sollten:[1001] Entweder bestätigt das nationale Gericht die Auswahl des Forums, oder die Auswahl wird zum Gegenstand eines Vorabentscheidungsersuchens über die Gültigkeit der Handlung der Europäischen Staatsanwaltschaft nach Art. 267 AEUV. Die Gewährung eines separaten gerichtlichen Rechtsschutzes für Betroffene in den Mitgliedstaaten erscheint ungeachtet der Gefahr etwaiger widersprüchlicher Entscheidungen angebracht, wenn die Rechtswirkung von einer Verfahrenshandlung der Europäischen Staatsanwaltschaft in verschiedenen Mitgliedstaaten ausgeht.[1002] Wie Erwägungsgrund 87 Abs. 2 S. 2 EUStA-VO verdeutlicht, soll mit Art. 42 Abs. 1 S. 1 EUStA-VO gewährleistet werden, dass die Verfahrenshandlungen der Europäischen Staatsanwaltschaft, die vor Anklageerhebung vorgenommen werden und Rechtswirkung gegenüber Dritten entfalten, zum Gegenstand der gerichtlichen Kontrolle durch nationale Gerichte werden. Bilden die Verfahrenshandlungen der Europäischen Staatsanwaltschaft den Gegenstand einer Entscheidung des nationalen Gerichts in erster Instanz, so unterliegen auch die gegen sie nach nationalem Recht[1003] vorgesehenen Rechtsbehelfe den verfahrensrechtlichen Bestimmungen der Mitgliedstaaten.

362 Bei der Zuständigkeit der nationalen Gerichte verbleibt es gemäß Art. 42 Abs. 1 S. 2 EUStA-VO auch, wenn die Europäische Staatsanwaltschaft eine Verfahrenshandlung mit Rechtswirkung gegenüber Dritten **unterlässt**, obwohl sie nach EUStA-VO zu ihrer Vornahme rechtlich verpflichtet wäre. Ungeachtet der formalen Begrenzung der nationalen Gerichtskontrolle auf das **pflichtwidrig behauptete Unterlassen** einer unmittelbar aus der EUStA-VO resultierenden Handlungspflicht der Europäischen Staatsanwaltschaft unterliegt wohl auch ein pflichtwidriges Unterlassen nach nationalem Recht, auf das die genannte Verordnung ergänzend Bezug nimmt, dem nationalen Rechtsschutz.[1004]

363 Während die Verfahrenshandlungen der Europäischen Staatsanwaltschaft den Anknüpfungspunkt der grundsätzlichen Zuständigkeit der nationalen Judikative bilden, stellt das Merkmal der „Rechtswirkung gegenüber Dritten" entgegen dem Wortlaut des Art. 42 Abs. 1 EUStA-VO keine in Stein gemeißelte Prämisse für die Zuständigkeit dar. Um der Gefahr einer Verkürzung eines im nationalen Recht vorgesehenen, über die EUStA-VO hinausgehenden Rechtsschutzes entgegenzuwirken,[1005] werden auch **Verfahrenshandlungen** der Europäischen Staatsanwaltschaft **ohne Rechtswirkung gegenüber Dritten** der justiziellen Kontrolle nach nationalem Recht unterworfen, „[w]enn nationales Recht eine gerichtliche Kontrolle von Verfahrenshandlungen ohne Rechtswirkung gegenüber Dritten oder rechtliche Schritte in Bezug auf andere Fälle von Untätigkeit vorsieht".[1006] Eine die Mitgliedstaaten treffende Verpflichtung, eine gerichtliche Kontrolle von Verfahrenshandlungen ohne Rechtswirkung gegenüber Dritten durch die zuständigen nationalen Gerichte

---

weiterer Vorschriften, BT-Drs. 19/17963, S. 63; Bachler in Graf, BeckOK StPO mit RiStBV und MiStra, 50. Ed. 1.1.2024, StPO § 16 Rn. 5.; Ellbogen in Knauer/Kudlich/Schneider, MüKoStPO, Bd. 1, 2. Aufl. 2023, StPO § 16 Rn. 10a; Geilhorn in Barthe/Gericke, Karlsruher Kommentar zur Strafprozessordnung, 9. Aufl. 2023, StPO § 16 Rn. 5 f.; Schmitt in Meyer-Großner/Schmitt, Strafprozessordnung, 66. Aufl. 2023, StPO § 16 Rn. 7; Esser in Herrnfeld/Esser, Europäische Staatsanwaltschaft, 2022, § 12 Rn. 87.

[1000] Ausführlich zu den mit der Ausübung der Wahlmöglichkeit durch die Europäische Staatsanwaltschaft für den Beschuldigten verbundenen Nachteilen Esser in Herrnfeld/Esser, Europäische Staatsanwaltschaft, 2022, § 12 Rn. 84 f. mwN.
[1001] Erwägungsgrund 87 Abs. 2 S. 3 EUStA-VO.
[1002] Esser in Herrnfeld/Esser, Europäische Staatsanwaltschaft, 2022, § 12 Rn. 45.
[1003] Als einschlägige Rechtsbehelfe sieht das deutsche Recht die Instrumente einer Beschwerde nach § 304 StPO, einer sofortigen Beschwerde nach § 310 StPO sowie einer weiteren Beschwerde nach § 311 StPO vor.
[1004] Esser in Herrnfeld/Esser, Europäische Staatsanwaltschaft, 2022, § 12 Rn. 33 f.
[1005] Entwurf eines Gesetzes zur Durchführung der Verordnung (EU) 2017/1939 des Rates vom 12.10.2017 zur Durchführung einer Verstärkten Zusammenarbeit zur Errichtung der Europäischen Staatsanwaltschaft und zur Änderung weiterer Vorschriften, BT-Drs. 19/17963, S. 35.
[1006] Erwägungsgrund 87 Abs. 3 S. 2 EUStA-VO.

Hustus

vorzusehen, wird dabei nicht auferlegt.[1007] Der in Art. 42 Abs. 1 EUStA-VO nicht konturierte rechtliche Prüfungsmaßstab lässt sich unter Heranziehung des Erwägungsgrundes 88 Abs. 2 S. 1 EUStA-VO dahingehend konkretisieren, dass dem zuständigen nationalen Gericht eines Mitgliedstaats im Rahmen des nach nationalem Recht anwendbaren Rechtsbehelfs die Überprüfung der Vereinbarkeit der ergangenen bzw. unterlassenen Verfahrenshandlung der Europäischen Staatsanwaltschaft **sowohl mit Unionsrecht als auch mit nationalem Recht,** dh „im Einklang mit den Anforderungen und Verfahren des nationalen Rechts", obliegt.[1008] Mithin wird bei der Überprüfung der Vereinbarkeit einer Verfahrenshandlung auf der Grundlage des nationalen Rechts iSd Erwägungsgrundes 88 Abs. 2 S. 1 EUStA-VO durch das nationale Gericht auch die inhaltliche Kontrolle, die sich in formaler Hinsicht nach den Anforderungen und Verfahren des nationalen Rechts richtet, einbezogen.[1009] Hinsichtlich der damit angesprochenen Anwendbarkeit der nationalen, den Rechtsschutz gegenüber den Verfahrenshandlungen der Europäischen Staatsanwaltschaft gewährenden Normen stellt für die gerichtliche Kontrolle der Verfahrenshandlungen der Europäischen Staatsanwaltschaft in der Bundesrepublik Deutschland § 2 EUStAG[1010] sicher, dass die Vorschriften über strafrechtliche Verfahren, insbesondere die Strafprozessordnung, das Gerichtsverfassungsgesetz, das Jugendgerichtsgesetz und die Abgabenordnung Anwendung finden.[1011]

364 (a) **Verfahrenshandlung als Prämisse des nationalen Rechtsschutzes.** In Ermangelung einer Konkretisierung der – für die Eröffnung der Zuständigkeit der nationalen Gerichte maßgeblichen – „Verfahrenshandlung" der Europäischen Staatsanwaltschaft iSd Art. 42 Abs. 1 EUStA-VO durch den Verordnungsgeber, ist die Klassifizierung eines Vorgangs als „Verfahrenshandlung" in Vermeidung des Widerspruchs zum Rechtsschutzkonzept des Art. 42 Abs. 1 EUStA-VO nach **unionsrechtlichen Maßstäben** vorzunehmen.[1012] Im Umkehrschluss aus Erwägungsgrund 89 S. 1 EUStA-VO ist das Merkmal „Verfahrenshandlung" in Art. 42 Abs. 1 EUStA-VO dahingehend auszulegen, dass hierunter Handlungen der Europäischen Staatsanwaltschaft „in Ausübung ihrer Aufgaben der **Ermittlung, Verfolgung oder Anklageerhebung"** fallen.[1013] **Maßnahmen** und **Handlungen der Fachbehörden,** die im Rahmen eines Verfahrens der Europäischen Staatsanwaltschaft vorgenommen werden oder auf ihre Veranlassung iSd Art. 28 Abs. 1 EUStA-VO ergehen, werden der Europäischen Staatsanwaltschaft zugerechnet und können deshalb als „Verfahrenshandlungen" iSd Art. 42 Abs. 1 EUStA-VO durch die nationalen Gerichte kontrolliert werden.[1014]

365 (b) **Qualifizierte Rechtswirkung der Verfahrenshandlung.** Art. 42 Abs. 1 EUStA-VO erfordert eine – gegen einen Dritten gerichtete – Rechtswirkung, die eine Verfahrenshandlung der Europäischen Staatsanwaltschaft erzeugen muss. Diese Voraussetzung erfüllt die Verfahrenshandlung der Europäischen Staatsanwaltschaft in Anlehnung an das tradierte autonome unionsrechtliche Begriffsverständnis bei Art. 263 Abs. 1 AEUV (Art. 230 Abs. 1 EGV-Nizza; Art. 230 Abs. 1 EGV-Amsterdam; Art. 173 Abs. 1 EGV-Maastricht), wenn

---

[1007] Vgl. Erwägungsrund 87 Abs. 3 S. 3 EUStA-VO.
[1008] Entwurf eines Gesetzes zur Durchführung der Verordnung (EU) 2017/1939 des Rates vom 12.10.2017 zur Durchführung einer Verstärkten Zusammenarbeit zur Errichtung der Europäischen Staatsanwaltschaft und zur Änderung weiterer Vorschriften, BT-Drs. 19/17963, S. 36; Esser in Herrnfeld/Esser, Europäische Staatsanwaltschaft, 2022, § 12 Rn. 26, 48 ff.
[1009] Esser in Herrnfeld/Esser, Europäische Staatsanwaltschaft, 2022, § 12 Rn. 49 f.
[1010] Gesetz zur Ausführung der EU-Verordnung zur Errichtung der Europäischen Staatsanwaltschaft (Europäische-Staatsanwaltschaft-Gesetz – EUStAG) vom 10.7.2020, BGBl. 2020 I 1648.
[1011] Vgl. hierzu auch Entwurf eines Gesetzes zur Durchführung der Verordnung (EU) 2017/1939 des Rates vom 12.10.17 zur Durchführung einer Verstärkten Zusammenarbeit zur Errichtung der Europäischen Staatsanwaltschaft und zur Änderung weiterer Vorschriften, BT-Drs. 19/17963, S. 36; Duesberg NJW 2021, 1207 (1210).
[1012] Esser in Herrnfeld/Esser, Europäische Staatsanwaltschaft, 2022, § 12 Rn. 35.
[1013] Esser in Herrnfeld/Esser, Europäische Staatsanwaltschaft, 2022, § 12 Rn. 35 f.
[1014] Esser in Herrnfeld/Esser, Europäische Staatsanwaltschaft, 2022, § 12 Rn. 43 mwN.

sie im Außenverhältnis eine **verbindliche Verfahrensregel** etabliert oder die **Interessen des Betroffenen direkt und durch eine qualifizierte Änderung seiner Rechtsstellung beeinflusst**.[1015] Eine damit legitimierte „**qualifizierte Rechtswirkung**" können sowohl die explizit an den Adressaten gerichteten Maßnahmen und Handlungen der Europäischen Staatsanwaltschaft als auch solche Maßnahmen auslösen, die eine individuelle und unmittelbare Betroffenheit iSd Art. 263 Abs. 4 AEUV begründen.[1016] Allerdings ist die Annahme einer unmittelbaren Rechtswirkung bei der **Entscheidung über die Einleitung des Verfahrens** zweifelhaft.[1017] Bei **Berichten, Meinungsäußerungen, Stellungnahmen** sowie **allgemeinen Auskünften** der Europäischen Staatsanwaltschaft ohne einen konkreten Personenbezug ist eine unmittelbare Rechtswirkung abzulehnen.[1018] Hingegen entfaltet die abschließende **Entscheidung über die Verfahrenseinstellung** regelmäßig die erforderliche konkrete Rechtswirkung.[1019] Unter der Prämisse einer eigenständigen – „trennbaren" – Rechtswirkung und der Ineffektivität des Rechtsschutzes gegen die finale Entscheidung der Europäischen Staatsanwaltschaft können auch die **vorläufigen,** ihr vorverlagerten **Entscheidungen** im Strafverfahren[1020] und die **im Ermittlungsverfahren ergriffenen Maßnahmen** ebenfalls eine „qualifizierte Rechtswirkung" erzeugen.[1021]

(c) „Dritte" als Adressaten der Rechtswirkung der Verfahrenshandlung. In Orientierung an der parallelen Bestimmung des Art. 263 Abs. 1 AEUV und der Judikatur zur Klagebefugnis als Voraussetzung der Nichtigkeitsklage[1022] unterfallen der Kategorie des „**Dritten**" in Art. 42 Abs. 1 EUStA-VO neben den **Verdächtigen** und **Beschuldigten** das **Opfer,** sonstige **Zeugen** sowie **andere betroffene Personen,** wie etwa ein Organ der Union oder ein Mitgliedstaat, deren Rechte durch die Verfahrenshandlungen der Europäischen Staatsanwaltschaft beeinträchtigt werden können.[1023] 366

(2) Rechtsschutz gegen (Zwangs-)Maßnahmen im Rahmen der in der Bundesrepublik Deutschland geführten Ermittlungsverfahren. Der Rechtsschutz gegen die von der Europäischen Staatsanwaltschaft im Rahmen der in der Bundesrepublik Deutschland geführten Ermittlungsverfahren angeordneten und vollzogenen **Zwangsmaßnahmen** richtet sich – mit Ausnahme weniger bereichsspezifischer Kontrollinstrumente – im Regelfall nach **§ 98 Abs. 2 StPO in ggf. (doppelt) analoger Anwendung** und kann gemäß § 98 Abs. 2 S. 3 StPO iVm § 162 StPO iVm § 21e Abs. 1 S. 1 GVG vor dem 367

[1015] Vgl. EuGH 31.3.1971 – C-22/70, ECLI:EU:C:1971:32 Rn. 38/42, 52/54, Slg. 1971, 263 Rn. 38/42, 52/54 = BeckRS 2004, 72371 – Kommission/Rat; EuGH 12.9.2006 – C-131/03 P, ECLI:EU:C:2006:541 Rn. 54, Slg. 2006, I-7795 Rn. 54 = BeckRS 2006, 137720 – Reynolds Tobacco ua/Kommission; EuGH 25.6.2020 – C-14/19 P, ECLI:EU:C:2020:492 Rn. 69 = BeckRS 2020, 13478 – CSUE/KF; Dörr in Grabitz/Hilf/Nettesheim AEUV Art. 263 Rn. 38 ff.; Ehricke in Streinz AEUV Art. 263 Rn. 21; Esser in Herrnfeld/Esser, Europäische Staatsanwaltschaft, 2022, § 12 Rn. 37.
[1016] Vgl. EuGH 13.10.2011 – verb. Rs. C-463/10 P, C-475/10 P, ECLI:EU:C:2011:656 Rn. 38, Slg. 2011, I-9639 Rn. 38 = BeckRS 2012, 80038 – Deutsche Post und Deutschland/Kommission.
[1017] Verneinend Esser in Herrnfeld/Esser, Europäische Staatsanwaltschaft, 2022, § 12 Rn. 40; bejahend Mitsilegas MJ 2021, 245 (255, 261 f.).
[1018] Esser in Herrnfeld/Esser, Europäische Staatsanwaltschaft, 2022, § 12 Rn. 40 mwN; vgl. hierzu bezogen auf Art. 263 AEUV Cremer in Calliess/Ruffert AEUV Art. 263 Rn. 15 ff.; Ehricke in Streinz AEUV Art. 263 Rn. 22.
[1019] Vgl. zur Maßnahme, eine Beschwerde zu den Akten zu legen, EuGH 16.6.1994 – C-39/93 P, ECLI:EU:C:1994:253 Rn. 28, Slg. 1994, I-2681 Rn. 28 = BeckRS 2004, 76963 – S. F. E. I. ua/Kommission.
[1020] Vgl. beispielhaft zur Entscheidung der Kommission über die Weiterleitung von Unterlagen EuGH 24.6.1986 – C-53/85, ECLI:EU:C:1986:256 Rn. 20, Slg. 1986, 1965 Rn. 20 = BeckRS 2004, 73286 – AKZO Chemie/Kommission.
[1021] Esser in Herrnfeld/Esser, Europäische Staatsanwaltschaft, 2022, § 12 Rn. 39 f.
[1022] S. etwa EuGH 4.6.1986 – C-78/85, ECLI:EU:C:1986:227 Rn. 11, Slg. 1986, 1753 Rn. 11 = BeckRS 2004, 73685 – Groupe des droites européennes/Parlament; EuGH 9.10.1990 – C-366/88, ECLI:EU:C:1990:348 Rn. 9, Slg. 1990, I-3571 Rn. 9 = BeckRS 2004, 70996 – Frankreich/Kommission; EuGH 23.3.1993 – C-314/91, ECLI:EU:C:1993:109 Rn. 9, Slg. 1993, I-1093 Rn. 9 = BeckRS 2004, 76277 – Weber/Parlament.
[1023] Vgl. Erwägungsgrund 87 Abs. 2 EUStA-VO; Esser in Herrnfeld/Esser, Europäische Staatsanwaltschaft, 2022, § 12 Rn. 41.

Ermittlungsrichter bei dem Amtsgericht erreicht werden, in dessen Bezirk die Staatsanwaltschaft ihren Sitz hat.[1024] Als Sitz der Europäischen Staatsanwaltschaft fingiert § 3 Abs. 3 EUStAG den Dienstort des gemäß Art. 13 Abs. 1 EUStA-VO mit den Ermittlungen betrauten Delegierten Europäischen Staatsanwalts oder des nach Art. 31 Abs. 1 S. 2 EUStA-VO unterstützend tätig werdenden Delegierten Europäischen Staatsanwalts. Gegen die Ablehnung eines Antrags auf gerichtliche Entscheidung nach § 98 Abs. 2 StPO (analog) als unzulässig oder unbegründet ist eine **Beschwerde** nach § 304 StPO statthaft, worüber gemäß §§ 73 Abs. 1 und 76 GVG eine Beschwerdekammer des örtlich zuständigen Landgerichts entscheidet.[1025]

368 Der gerichtliche Rechtsschutz gegen **verdeckte (Zwangs-)Maßnahmen** (vgl. Art. 30 Abs. 1 lit. e und f EUStA-VO) auf Anordnung der Europäischen Staatsanwaltschaft[1026] richtet sich nach **§ 101 Abs. 7 S. 2 StPO,** der – ohne einen Nachweis eines besonderen Rechtsschutzinteresses nach Beendigung der Maßnahme zu verlangen[1027] – eine Überprüfung der Rechtmäßigkeit der Maßnahme sowie der Art und Weise ihres Vollzugs durch das nach § 101 Abs. 7 S. 1 StPO iVm § 3 Abs. 3 EUStAG zuständige Gericht am Dienstort des Delegierten Europäischen Staatsanwalts ermöglicht.[1028] Das Rechtsmittel gegen die Ablehnung eines Antrags auf gerichtliche Entscheidung ist die **sofortige Beschwerde** nach § 311 StPO, dessen Statthaftigkeit in § 101 Abs. 7 S. 3 StPO geregelt ist.

369 Speziell bei Anordnung einer **vorläufigen Festnahme** durch den Delegierten Europäischen Staatsanwalt nach Art. 33 Abs. 1 EUStA-VO gewährleistet **§ 128 StPO** in Umsetzung von Art. 104 Abs. 3 GG den gerichtlichen Rechtsschutz auf nationaler Ebene iSd Art. 42 Abs. 1 EUStA-VO.[1029] Gegen die **Vollstreckung eines** auf Antrag des mit der Führung eines Verfahrens betrauten Delegierten Europäischen Staatsanwalts vom – nach Maßgabe des § 162 StPO zuständigen – Ermittlungsrichter erlassenen **Haftbefehls,** die eine „Verfahrenshandlung" der Europäischen Staatsanwaltschaft iSv Art. 42 Abs. 1 EUStA-VO darstellt, ist über Art. 42 Abs. 1 EUStA-VO der nationale gerichtliche Rechtsschutz im Zusammenhang mit der Vorführung nach § 115 StPO eröffnet, sodass sie in ihrer Art und Weise überprüft werden kann.[1030] Vor dem Hintergrund, dass eine vom Gericht in originärer Kompetenz angeordnete Maßnahme bereits begrifflich nicht als – den nationalen Rechtsschutz über Art. 42 Abs. 1 EUStA-VO eröffnende – „Verfahrenshandlung der Europäischen Staatsanwaltschaft" qualifiziert werden kann, ist die gerichtliche Kontrolle der auf Antrag der Staatsanwaltschaft oder von Amts wegen erfolgten gerichtlichen **Anordnung** in Ermangelung eines speziellen strafprozessualen Rechtsschutzes auf Unionsebene über Art. 30 und 33 EUStA-VO auf nationaler Ebene möglich.[1031]

370 Gegen die **gerichtliche Anordnung** einer von der Europäischen Staatsanwaltschaft beantragten Maßnahme wie auch gegen eine nachträgliche **gerichtliche Bestätigung** einer von dieser Institution durchgeführten (Zwangs-)Maßnahme steht dem Betroffenen das Arsenal der allgemeinen im deutschen Strafprozessrecht vorgesehenen Rechtsbehelfe – **Beschwerde nach** § 304 StPO, **weitere Beschwerde nach** § 310 StPO, **sofortige**

[1024] Esser in Herrnfeld/Esser, Europäische Staatsanwaltschaft, 2022, § 12 Rn. 53 ff.; Böse JZ 2017, 82 (84); vgl. Duesberg NJW 2021, 1207 (1210); Schramm JZ 2014, 749 (757); Rackow KriPoZ 2016, 295 (299).
[1025] Esser in Herrnfeld/Esser, Europäische Staatsanwaltschaft, 2022, § 12 Rn. 60; vgl. auch Greven in Barthe/Gericke, Karlsruher Kommentar zur Strafprozessordnung, 9. Aufl. 2023, StPO § 98 Rn. 27; Hauschild in Knauer/Kudlich/Schneider, Münchener Kommentar zur Strafprozessordnung, Bd. 1, 2. Aufl. 2023, StPO § 98 Rn. 40; Menges in Löwe-Rosenberg, Die Strafprozeßordnung und das Gerichtsverfassungsgesetz, Bd. 3/1, 27. Aufl. 2019, StPO § 98 Rn. 70.
[1026] Vgl. § 100e Abs. 1 S. 2 StPO; § 100f Abs. 4 StPO; § 100i Abs. 3 StPO; § 100j Abs. 3 S. 2 StPO.
[1027] Vgl. Kindhäuser/Schumann, Strafprozessrecht, 7. Aufl. 2023, § 29 Rn 7; Ostendorf/Brüning, Strafprozessrecht, 4. Aufl. 2021, § 13 Rn. 10.
[1028] Esser in Herrnfeld/Esser, Europäische Staatsanwaltschaft, 2022, § 12 Rn. 72; vgl. Henrichs/Weingast in Barthe/Gericke, Karlsruher Kommentar zur Strafprozessordnung, 9. Aufl. 2023, StPO § 101 Rn. 34; Kindhäuser/Schumann, Strafprozessrecht, 7. Aufl. 2023, § 29 Rn. 7.
[1029] Esser in Herrnfeld/Esser, Europäische Staatsanwaltschaft, 2022, § 12 Rn. 63.
[1030] Esser in Herrnfeld/Esser, Europäische Staatsanwaltschaft, 2022, § 12 Rn. 68.
[1031] Esser in Herrnfeld/Esser, Europäische Staatsanwaltschaft, 2022, § 12 Rn. 67 ff. mwN.

3. Teil. Rechtsschutz im Straf- und Bußgeldrecht   § 34

Beschwerde nach § 311 StPO – zur Verfügung.[1032] Die Kontrolle freiheitsentziehender gerichtlich angeordneter Maßnahmen kann mit den Rechtsbehelfen der **Haftprüfung** nach § 117 StPO, die der Ermittlungsrichter beim Amtsgericht am Dienstort des Delegierten Europäischen Staatsanwalts gemäß § 162 StPO iVm § 3 EUStAG durchführt, und der **Haftbeschwerde** nach § 304 StPO erreicht werden, über die eine Beschwerdekammer am Landgericht entscheidet.[1033]

Neben der gerichtlichen Kontrolle von Zwangsmaßnahmen kann gegen die **Versagung** 371 **der Akteneinsicht** durch die Europäische Staatsanwaltschaft der gerichtliche Rechtsschutz gemäß § 147 Abs. 5 S. 2 StPO erreicht werden.[1034]

Der Rechtsweg gegen den die Entscheidung der Europäischen Staatsanwaltschaft über 372 die **Einstellung des Verfahrens** nach § 39 EUStA-VO dokumentierenden Bescheid gemäß § 171 S. 1 StPO hängt vom Rechtsgrund der behaupteten Mangelhaftigkeit ab und kann entweder nach nationalem Recht oder unmittelbar nach Unionsrecht bestritten werden. Während die Einstellungsentscheidung der Europäischen Staatsanwaltschaft als ihre „Verfahrenshandlung" iSv Art. 42 Abs. 1 EUStA-VO nach nationalem Recht bei einem **Fehler auf der Grundlage des nationalen Rechts** mit einem **Antrag auf gerichtliche** Entscheidung nach § 172 Abs. 2 S. 1–4 StPO iVm § 3 Abs. 5 S. 3 EUStAG vor dem nach § 172 Abs. 4 StPO zuständigen Oberlandesgericht angefochten werden kann, kann gegen sie **„unmittelbar auf der Grundlage des Unionsrechts"** gemäß **Art. 42 Abs. 3 EUStA-VO** ausschließlich im Wege einer **Nichtigkeitsklage** nach § 263 Abs. 4 AEUV (Art. 230 Abs. 4 EGV-Nizza; Art. 230 Abs. 4 EGV-Amsterdam; Art. 173 Abs. 4 EGV-Maastricht; Art. 173 Abs. 4 EWGV) vorgegangen werden.[1035] Der **Eröffnungsbeschluss** des nationalen Gerichts kann vom Angeklagten nicht angefochten werden (§ 210 Abs. 1 StPO). Gegen den Beschluss, durch den die Eröffnung des Hauptverfahrens abgelehnt oder abweichend von dem Antrag der Staatsanwaltschaft die Verweisung an ein Gericht niederer Ordnung ausgesprochen worden ist, steht der Staatsanwaltschaft sofortige Beschwerde zu (§ 210 Abs. 2 StPO).

Der **Rechtsschutz gegen sonstige** in einem Verfahren der Europäischen Staatsanwalt- 373 schaft ergriffenen **Maßnahmen** kann im Verfahren nach **§§ 23 ff. EGGVG** oder nach von § **40 VwGO** erreicht werden, die als Rechtsschutzmöglichkeiten außerhalb der Strafprozessordnung Art. 42 Abs. 1 EUStA-VO ebenfalls umfasst.[1036]

bb) Rechtsschutz nach europäischem Recht. Ungeachtet des Grundsatzes des natio- 374 nalen Rechtsschutzes nach Art. 42 Abs. 1 EUStA-VO überlässt Art. 42 Abs. 2 EUStA-VO die gerichtliche Kontrolle im Wege der **Vorabentscheidung** gemäß Art. 267 AEUV (Art. 234 EGV-Nizza; Art. 234 EGV-Amsterdam; Art. 177 EGV-Maastricht; Art. 177 EWGV) dem Gerichtshof, der neben der Auslegung oder Gültigkeit der Bestimmungen des Unionsrechts einschließlich der EUStA-VO (Art. 42 Abs. 2 lit. b EUStA-VO)[1037] und – speziell[1038] – der Auslegung der Art. 22 und 25 EUStA-VO in Bezug auf etwaige Zuständigkeitskonflikte[1039] zwischen der Europäischen Staatsanwaltschaft und den zuständi-

---

[1032] Esser in Herrnfeld/Esser, Europäische Staatsanwaltschaft, 2022, § 12 Rn. 66.
[1033] Esser in Herrnfeld/Esser, Europäische Staatsanwaltschaft, 2022, § 12 Rn. 71.
[1034] Esser in Herrnfeld/Esser, Europäische Staatsanwaltschaft, 2022, § 12 Rn. 64.
[1035] Esser in Herrnfeld/Esser, Europäische Staatsanwaltschaft, 2022, § 12 Rn. 73 ff.
[1036] Esser in Herrnfeld/Esser, Europäische Staatsanwaltschaft, 2022, § 12 Rn. 91.
[1037] Die Klarstellung in Art. 42 Abs. 2 lit. b EUStA-VO lässt die Kontrollmöglichkeiten der nationalen Gerichte nach Art. 267 AEUV unberührt. Hierzu Esser in Herrnfeld/Esser, Europäische Staatsanwaltschaft, 2022, § 12 Rn. 109 f. mwN.
[1038] Esser in Herrnfeld/Esser, Europäische Staatsanwaltschaft, 2022, § 12 Rn. 121.
[1039] Vgl. in diesem Zusammenhang die Bestimmung des Art. 25 Abs. 6 S. 1 EUStA-VO, wonach bei Uneinigkeit zwischen der Europäischen Staatsanwaltschaft und den nationalen Strafverfolgungsbehörden darüber, ob die strafbare Handlung in den Anwendungsbereich der Art. 22 Abs. 2 oder 3 oder Art. 25 Abs. 2 oder 3 fällt, die Entscheidung über die Zuständigkeit für das Ermittlungsverfahren im betreffenden Fall bei den nationalen Behörden liegt, die für die Verteilung der Strafverfolgungszuständigkeiten auf nationaler Ebene zuständig sind.

gen nationalen Behörden[1040] (Art. 42 Abs. 2 lit. c EUStA-VO) namentlich über die Gültigkeit einer (unterlassenen)[1041] Verfahrenshandlung der Europäischen Staatsanwaltschaft entscheidet, sofern die Verfahrenshandlung „unmittelbar auf der Grundlage des Unionsrechts" in Frage gestellt wird (Art. 42 Abs. 2 lit. a EUStA-VO). In Anknüpfung an die Herkunft der Norm, nach der sich die Rechtmäßigkeit bestimmt, obliegt demnach dem Gerichtshof die gerichtliche Kontrolle der Verfahrenshandlungen der Europäischen Staatsanwaltschaft, auch wenn sie keine „Rechtswirkung gegenüber Dritten" entfalten,[1042] und zwar auf der Grundlage des Unionsrechts. Hingegen bleiben für die Überprüfung der Verfahrenshandlung der Europäischen Staatsanwaltschaft nach Maßgabe des nationalen Rechts die nationalen Gerichte zuständig.[1043] Ist eine sowohl im Unionsrecht als auch im nationalen Recht geregelte Rechtsfrage für die Gültigkeit einer Verfahrenshandlung der Europäischen Staatsanwaltschaft maßgeblich, ist ihre Ungültigkeitserklärung nach Art. 42 Abs. 1 EUStA-VO lediglich bei Identität des relevanten Schutzgehalts in beiden Rechtsordnungen möglich.[1044] Dagegen ist eine Vorlage an den Gerichtshof nach Art. 42 Abs. 2 lit. a EUStA-VO unausweichlich, soweit sich der unionsrechtliche Schutz im Vergleich zum nationalen Schutz als „weitergehend" erweist.[1045] Auf Antrag des vorlegenden Gerichts oder von Amts wegen durch den Gerichtshof ist die Durchführung eines **Eilvorabentscheidungsverfahrens** nach Art. 107 ff. EuGHVfO möglich, in dem auch die Tätigkeit der Europäischen Staatsanwaltschaft zum Gegenstand des Verfahrens gemacht werden kann.[1046]

375 Während Beschlüsse oder sonstige Entscheidungen der Europäischen Staatsanwaltschaft im **Vereinfachten Strafverfolgungsverfahren** (Art. 40 EUStA-VO),[1047] über die **Verweisung und Übertragung von Verfahren an bzw. auf die nationalen Behörden** (Art. 34 EUStA-VO) oder über den **Abschluss des Verfahrens auf anderem Wege nach nationalen Recht** (Art. 5 Abs. 3 EUStA-VO) der Kontrolle der nationalen Gerichte nach Art. 42 Abs. 1 EUStA-VO unterworfen sind,[1048] unterliegen die **Beschlüsse der Europäischen Staatsanwaltschaft** – der Ständigen Kammer – nach Art. 39 Abs. 1 EUStA-VO[1049] **über die Einstellung eines Verfahrens** gemäß Art. 42 Abs. 3 EUStA-VO im Einklang mit Art. 263 Abs. 4 AEUV der Kontrolle der Gerichtshofs, sofern sie **unmittelbar** auf der Grundlage des Unionsrechts angefochten werden. Ist ein **allgemeiner Individualrechtsschutz** auf unionsrechtlicher Ebene mit dem Konzept des Art. 42 Abs. 2 EUStA-VO nicht intendiert,[1050] ermöglicht diese Bestimmung in Art. 42 Abs. 3 EUStA-VO die Überprüfung der Rechtmäßigkeit von Einstellungsbeschlüssen unmittelbar auf der Grundlage des Unionsrechts und – in diesem Zusammenhang – etwa der Zuständigkeit, der Wahrung wesentlicher Formvorschriften oder der Ermessensausübung.[1051] Während die Eröffnung des Rechtswegs zum Gerichtshof nach Art. 42 Abs. 3 EUStA-VO

[1040] Wie dem Erwägungsgrund 62 S. 2 EUStA-VO zu entnehmen ist, sollten unter dem Begriff der zuständigen nationalen Behörden die Justizbehörden verstanden werden, die nach dem nationalen Recht für die Entscheidung über die Zuständigkeitsverteilung zuständig sind. Für die Bundesrepublik Deutschland weist § 142b Abs. 2 S. 1 GVG die Zuständigkeit für die Entscheidung über die Zuständigkeitsverteilung iSv Art. 25 Abs. 6 EUStA-VO dem Generalbundesanwalt zu. Ergeht auf Antrag der betroffenen Staatsanwaltschaft oder der Europäischen Staatsanwaltschaft die Entscheidung des Generalbundesanwalts über die Zuständigkeitsverteilung, so kann gegen sie die betroffene Staatsanwaltschaft oder Europäische Staatsanwaltschaft gemäß § 142b Abs. 2 S. 2 GVG Beschwerde beim Bundesgerichtshof erheben; vgl. dazu Duesberg NJW 2021, 1207 (1209).
[1041] Esser in Herrnfeld/Esser, Europäische Staatsanwaltschaft, 2022, § 12 Rn. 34, 96.
[1042] Esser in Herrnfeld/Esser, Europäische Staatsanwaltschaft, 2022, § 12 Rn. 95.
[1043] Böse JZ 2017, 82 (84).
[1044] Esser in Herrnfeld/Esser, Europäische Staatsanwaltschaft, 2022, § 12 Rn. 106.
[1045] Esser in Herrnfeld/Esser, Europäische Staatsanwaltschaft, 2022, § 12 Rn. 106.
[1046] Esser in Herrnfeld/Esser, Europäische Staatsanwaltschaft, 2022, § 12 Rn. 107.
[1047] Hierzu Wirth, Die Europäische Staatsanwaltschaft, 2022, S. 371 ff.
[1048] Esser in Herrnfeld/Esser, Europäische Staatsanwaltschaft, 2022, § 12 Rn. 124.
[1049] Esser in Herrnfeld/Esser, Europäische Staatsanwaltschaft, 2022, § 12 Rn. 123 mwN.
[1050] Vgl. Esser in Herrnfeld/Esser, Europäische Staatsanwaltschaft, 2022, § 12 Rn. 114.
[1051] Esser in Herrnfeld/Esser, Europäische Staatsanwaltschaft, 2022, § 12 Rn. 127.

die Anwendbarkeit von §§ 172 bis 177 GVG nach § 3 Abs. 5 S. 1 EUStAG ausschließt, können jenseits des Regelungsrahmens von Art. 39 EUStA-VO nach nationalem Recht bestehende Optionen der endgültigen Einstellung eines Verfahrens zum Gegenstand der Kontrolle durch die nationalen Gerichte nach Maßgabe der im innerstaatlichen Recht vorgesehenen Modalitäten gemacht werden.[1052]

Für **Streitigkeiten im Zusammenhang mit Schadensersatzforderungen** gegenüber der Europäischen Staatsanwaltschaft im Bereich der **außervertraglichen Haftung** übertragen – ungeachtet der zugrunde liegenden Ursachen[1053] – Art. 42 Abs. 4, Art. 113 Abs. 5 EUStA-VO im Einklang mit Art. 268 AEUV (Art. 235 EGV-Nizza; Art. 235 EGV-Amsterdam; Art. 178 EGV-Maastricht; Art. 178 EWGV) die Zuständigkeit an den Gerichtshof. Dadurch wird Geltendmachung von Entschädigungsansprüchen für die infolge von auf einer Anordnung der Europäischen Staatsanwaltschaft beruhenden (rechtmäßigen) Strafverfolgungsmaßnahmen im Rahmen von letztlich eingestellten Verfahren erlittenen, Schäden nach nationalem Recht auch bei Unanwendbarkeit des Gesetzes über die Entschädigung für Strafverfolgungsmaßnahmen nach § 8 S. 1 EUStAG nicht ausgeschlossen, für die Ansprüche auf Entschädigung für zurechenbare Schäden durch die auf einer Anordnung einer deutschen Strafverfolgungsbehörde oder einem deutschen Gericht beruhenden Strafverfolgungsmaßnahmen bleibt das Gesetz über die Entscheidung für Strafverfolgungsmaßnahmen gemäß § 8 S. 2 EUStAG hingegen anwendbar. Während mithin die kollidierenden nationalen Vorschriften zur Entschädigung für Strafverfolgungsmaßnahmen und für insoweit der Europäischen Staatsanwaltschaft zurechenbare Schäden durch die Regelungen in Art. 113 Abs. 3 und 4 EUStA-VO im Wege des Anwendungsvorrangs verdrängt werden und folglich auch ein Anspruch auf Entschädigung wegen einer unangemessenen Verfahrensdauer nach §§ 198–201 GVG gemäß § 5 Abs. 2 EUStAG ausgeschlossen ist, kann eine Entscheidung auf den sich über Art. 113 EUStA-VO unmittelbar aus dem von der EUStA-VO in Bezug genommenen Unionsrecht (Art. 5 Abs. 3 S. 1 und 2 EUStA-VO) ergebenden Anspruchsgrundlagen verlangt werden.[1054]

Explizit weisen Art. 42 Abs. 5 EUStA-VO, Art. 113 Abs. 2 EUStA-VO die Zuständigkeit für **Streitigkeiten im Zusammenhang mit Schiedsklauseln** in von der Europäischen Staatsanwaltschaft geschlossenen Verträgen im Einklang mit Art. 272 AEUV (Art. 238 EGV-Nizza; Art. 238 EGV-Amsterdam; Art. 181 EGV-Maastricht; Art. 181 EWGV) dem Gerichtshof zu, der nach Art. 42 Abs. 6 EUStA-VO auch über **Streitigkeiten im Zusammenhang mit Personalangelegenheiten**[1055] im Einklang mit

376

377

[1052] Esser in Herrnfeld/Esser, Europäische Staatsanwaltschaft, 2022, § 12 Rn. 129.
[1053] Esser in Herrnfeld/Esser, Europäische Staatsanwaltschaft, 2022, § 12 Rn. 130.
[1054] Esser in Herrnfeld/Esser, Europäische Staatsanwaltschaft, 2022, § 12 Rn. 132 mwN.
[1055] Ausweislich der Bestimmung in Art. 96 Abs. 1 UAbs. 1 EUStA-VO und unter der Berücksichtigung der in Erwägungsgrund 114 EUStA-VO, enthaltenen Verweis auf die Verordnung Nr. 31 (EWG), 11 (EAG) des Rates über das Statut der Beamten und über die Beschäftigungsbedingungen für die sonstigen Bediensteten der Europäischen Wirtschaftsgemeinschaft und der Europäischen Atomgemeinschaft, ABl. 1962 P 45, 1385,, gelten vorbehaltlich anderweitiger Bestimmungen der EUStA-VO für den Europäischen Generalstaatsanwalt und die Europäischen Staatsanwälte, die Delegierten Europäischen Staatsanwälte, den Verwaltungsdirektor und das Personal der Europäischen Staatsanwaltschaft das Statut der Beamten der Europäischen Union [in der Fassung der Verordnung (EWG, Euratom, EGKS) Nr. 259/68 des Rates vom 29.2.1968 zur Feststellung des Statuts der Beamten der Europäischen Gemeinschaften und der Beschäftigungsbedingungen für die sonstigen Bediensteten dieser Gemeinschaften sowie zur Einführung von Sondermaßnahmen, die vorübergehend auf die Beamten der Kommission anwendbar sind, ABl. 1968 L 56, 1] vom 18.12.1961, ABl. 1968 L 56, 1, zuletzt geändert durch die Delegierte Verordnung (EU) 2016/1611 der Kommission vom 7.7.2016 zur Überprüfung der Erstattungstabelle für Dienstreisen der Beamten und sonstigen Bediensteten der Europäischen Union in den Mitgliedstaaten, ABl. 2016 L 242, 1, (EU-BeamtStat), Beschäftigungsbedingungen für die sonstigen Bediensteten der Europäischen Union [in der Fassung der Verordnung (EWG, Euratom, EGKS) Nr. 259/68 des Rates vom 29.2.1968 zur Feststellung des Statuts der Beamten der Europäischen Gemeinschaften und der Beschäftigungsbedingungen für die sonstigen Bediensteten dieser Gemeinschaften sowie zur Einführung von Sondermaßnahmen, die vorübergehend auf die Beamten der Kommission anwendbar sind, ABl. 1968 L 56, 1] vom 18.12.1961, ABl. 1968 L 56, 1, zuletzt geändert durch die Verordnung (EU) Nr. 423/2014 des Europäischen Parlaments und des Rates vom 16.4.2014 zur

Art. 270 AEUV (Art. 236 EGV-Nizza; Art. 236 EGV-Amsterdam; Art. 179 EGV-Maastricht; Art. 179 EWGV) und speziell in Bezug auf die **Entlassung** des Europäischen Generalstaatsanwalts oder der Europäischen Staatsanwälte im Einklang mit Art. 14 Abs. 5 bzw. Art. 16 Abs. 5 EUStA-VO nach Art. 42 Abs. 7 EUStA-VO entscheidet.

378 Eine gerichtliche Überprüfung im Einklang mit Art. 263 Abs. 4 AEUV (Art. 230 Abs. 4 EGV-Nizza; Art. 230 Abs. 4 EGV-Amsterdam; Art. 173 Abs. 4 EGV-Maastricht; Art. 173 Abs. 4 EWGV) durch den Gerichtshof von **Entscheidungen** der Europäischen Staatsanwaltschaft, **welche die Rechte** der betroffenen Person **nach Kapitel VIII der EUStA-VO** (Art. 47 ff. EUStA-VO) **berühren,** sieht Art. 42 Abs. 8 EUStA-VO vor, der vordergründig angesichts der detaillierten und weitgehend abschließend kodifizierten Materie des Datenschutzes in der EUStA-VO insoweit eine von der in Art. 42 Abs. 1 EUStA-VO für „Verfahrenshandlungen" begründeten Zuständigkeit der nationalen Gerichte abweichende Sonderbestimmung enthält.[1056] Im Kontext der Rechtsschutzmöglichkeiten im Zusammenhang mit den operativen personenbezogenen Daten ist der Anspruch nach Art. 58 EUStA-VO gegen die Europäische Staatsanwaltschaft zu nennen, die in dieser Vorschrift genannten Informationen zur Verfügung stellen muss, und das Auskunftsrecht über die operativen personenbezogenen Daten nach Art. 59 EUStA-VO. Die betroffene Person kann nach Art. 61 Abs. 1 EUStA-VO Berichtigung oder nach Art. 61 Abs. 2 EUStA-VO Löschung sie betreffender operativer personenbezogener Daten verlangen. Eine Einschränkung der Verarbeitung personenbezogener Daten ist nach Art. 61 Abs. 3 EUStA-VO möglich. Die – teilweise oder vollständige – Nichterteilung von Informationen und Auskünften durch die Europäische Staatsanwaltschaft als „Entscheidung" iSd Art. 42 Abs. 8 EUStA-VO kann die betroffene Person im Wege einer **Beschwerde** nach Art. 265 Abs. 3 AEUV (Art. 232 Abs. 3 EGV-Nizza; Art. 232 Abs. 3 EGV-Amsterdam; Art. 175 Abs. 3 EGV-Maastricht; Art. 175 Abs. 3 EWGV) vor dem Gerichtshof angreifen.[1057] Ist die betroffene Person der Ansicht, dass die Verarbeitung der sie betreffenden operativen personenbezogenen Daten durch die Europäische Staatsanwaltschaft gegen die EUStA-VO verstößt, so kann sie von dem ihr nach Art. 88 EUStA-VO zustehenden **Recht auf Beschwerde beim Europäischen Datenschutzbeauftragten** Gebrauch machen, dessen Entscheidung sie nach Art. 89 EUStA-VO zum Gegenstand einer **Klage beim Gerichtshof** machen kann.

379 Weiterhin überprüft der Gerichtshof nach Art. 263 Abs. 1, Abs. 4 AEUV Handlungen und Entscheidungen der Europäischen Staatsanwaltschaft, bei denen es sich nicht um – der Kontrolle der nationalen Gerichte überlassene – Verfahrenshandlungen handelt, wie etwa **Entscheidungen über das Recht auf Zugang der Öffentlichkeit zu Dokumenten** oder **Entscheidungen** gemäß Art. 17 Abs. 3 EUStA-VO **über die Entlassung eines Delegierten Europäischen Staatsanwalts oder sonstige administrative Entscheidungen** (Art. 42 Abs. 8 EUStA-VO). Vor dem Hintergrund, dass die Bestimmung der EUStA-VO über die gerichtliche Kontrolle die Befugnisse des Gerichtshofs zur Kontrolle der **verwaltungsrechtlichen Entscheidungen** der Europäischen Staatsanwaltschaft mit Rechtswirkung gegenüber Dritten – „Entscheidungen, die sie nicht in Ausübung ihrer Aufgaben der Ermittlung, Verfolgung oder Anklageerhebung getroffen hat" – unberührt lässt,[1058] stellen sie einen tauglichen Klagegenstand dar.[1059]

380 In dem für das Handeln der Europäischen Staatsanwaltschaft relevanten volldeterminierten Bereich können die Verfahrenshandlungen der Europäischen Staatsanwaltschaft auf ihre

---

Angleichung der Dienst- und Versorgungsbezüge der Beamten und sonstigen Bediensteten der Europäischen Union sowie der Berichtigungskoeffizienten, die auf diese Dienst- und Versorgungsbezüge anwendbar sind, mit Wirkung vom 1. Juli 2012, ABl. 2014 L 129, 12, sowie die diesbezüglichen Durchführungsregelungen, die die Organe der Union im gegenseitigen Einvernehmen erlassen haben.

[1056] Esser in Herrnfeld/Esser, Europäische Staatsanwaltschaft, 2022, § 12 Rn. 136.
[1057] Esser in Herrnfeld/Esser, Europäische Staatsanwaltschaft, 2022, § 12 Rn. 137 mwN.
[1058] Erwägungsgrund 89 S. 1 EUStA-VO.
[1059] Esser in Herrnfeld/Esser, Europäische Staatsanwaltschaft, 2022, § 12 Rn. 139.

Vereinbarkeit mit den Unionsgrundrechten im Wege einer **Verfassungsbeschwerde** gemäß Art. 93 Abs. 1 Nr. 4a GG iVm §§ 13 Nr. 8a, 90 ff. BVerfGG überprüft werden. Liegt – wie insbesondere im Bereich der strafprozessualen Zwangsmaßnahmen – noch keine volle Harmonisierung durch das Unionsrecht vor, so bilden die nationalen Grundrechte den Kontrollmaßstab für die Verfahrenshandlungen der Europäischen Staatsanwaltschaft.[1060] Auch die Handlungen der ihr gegenüber weisungsgebundenen **nationalen Polizei-, Zoll-, Steuer-, Fachbehörden und Fachämter** werden der Europäischen Staatsanwaltschaft zugerechnet, wenn sie in deren Auftrag ausgeführt werden. Dies hat zur Folge, dass auch solche Handlungen zum Gegenstand der gerichtlichen Kontrolle im Rahmen einer Verfassungsbeschwerde gemacht werden können.[1061]

5. Europäisches Amt für Betrugsbekämpfung (Office européen de lutte anti fraude – OLAF). Enge, auf gegenseitige Zusammenarbeit im Rahmen der jeweiligen Aufgabenbereiche, den Austausch von Informationen, Komplementarität und die Vermeidung von Doppelarbeit gründenden Beziehungen zur Europäischen Staatsanwaltschaft baut und pflegt das **Europäische Amt für Betrugsbekämpfung** (Office européen de lutte antifraude – OLAF) im Zeichen des Zwecks auf, „alle verfügbaren Mittel" für den Schutz der finanziellen Interessen der Union durch die Komplementarität ihrer jeweiligen Mandate und durch die von ihm geleistete Unterstützung der Tätigkeit der Europäischen Staatsanwaltschaft zu nutzen.[1062]

381

OLAF wurde als ein innerhalb der und durch die Kommission eingerichtetes, unabhängiges Amt[1063] durch den am 1.6.1999 in Kraft getretenen Beschluss der Kommission vom 28.4.1999 zur Errichtung des Europäischen Amtes für Betrugsbekämpfung (OLAF) (1999/352/EG, EGKS, Euratom)[1064] (Beschluss 1999/352/EG, EGKS, Euratom) auf der Grundlage von Art. 162 EGV-Maastricht (Art. 218 EGV-Amsterdam; Art. 218 EGV-Nizza) sowie den wortgleichen Art. 16 EGKSV und Art. 131 EAGV ins Leben gerufen. Mit seiner Errichtung wurde die Task-force „Koordinierung der Maßnahmen zur Betrugsbekämpfung", welche die Nachfolgerin der im Jahre 1989 eingerichteten Dienststelle für die Koordinierung der Betrugsbekämpfung (Unité de coordination de la lutte anti-fraude – UCLAF)[1065] des Generalsekretariats der Kommission war, abgelöst.[1066] Die OLAF verliehenen konkreten Handlungsermächtigungen[1067] finden sich in der am 1.10.2013 in Kraft getretenen, insbesondere auf Art. 325 AEUV iVm Art. 106a EAGV gestützten Verordnung (EU, Euratom) Nr. 883/2013 des Europäischen Parlaments und des Rates vom 11.9.2013 über die Untersuchungen des Europäischen Amtes für Betrugsbekämpfung (OLAF) und zur Aufhebung der Verordnung (EG) Nr. 1073/1999 des Europäischen Parlaments und des Rates und der Verordnung (Euratom) Nr. 1074/1999 des Rates[1068] (VO (EU, Euratom) Nr. 883/2013), die über die überwiegend administrativen Vorgaben des Errichtungsbeschlusses hinausgeht. Eine weitere bedeutsame Rechtsgrundlage bildet die Interinstitutio-

382

[1060] Esser in Herrnfeld/Esser, Europäische Staatsanwaltschaft, 2022, § 12 Rn. 152 ff.
[1061] Esser in Herrnfeld/Esser, Europäische Staatsanwaltschaft, 2022, § 12 Rn. 163, 167.
[1062] Vgl. Art. 1 Abs. 4a VO (EU, Euratom) Nr. 883/2013 und Art. 101 Abs. 1 EUStA-VO; eing. zur Beziehung zur Europäischen Staatsanwaltschaft Meyer in Herrnfeld/Esser, Europäische Staatsanwaltschaft, 2022, § 3 Rn. 68 ff.
[1063] Meyer in Herrnfeld/Esser, Europäische Staatsanwaltschaft, 2022, § 3 Rn. 68 ff.; Ahlbrecht in Ahlbrecht/Böhm/Esser/Eckelmans, Internationales Strafrecht, 2. Aufl. 2018, Rn. 1448.
[1064] ABl. 1999 L 136, 20; zuletzt geändert durch den Beschluss (EU) 2015/2418 der Kommission vom 18.12.2015 zu Änderung des Beschlusses 1999/352/EG, EGKS, Euratom zur Errichtung des Europäischen Amtes für Betrugsbekämpfung (OLAF), ABl. 2015 L 133, 148.
[1065] Hierzu Gleß EuZW 1999, 618 (619); Kretschmer JURA 2007, 169 (174).
[1066] Vgl. Erwägungsgrund 3 Beschluss 1999/352/EG, EGKS, Euratom.
[1067] Zöller/Bock in Böse, Europäisches Strafrecht, 2. Aufl. 2021, § 23 Rn. 9 f.
[1068] ABl. 2013 L 248, 1, zuletzt geändert durch Art. 1 der Verordnung (EU, Euratom) 2020/2223 des Europäischen Parlaments und des Rates vom 23. Dezember 2020 zur Änderung der Verordnung (EU, Euratom) Nr. 883/2013 im Hinblick auf die Zusammenarbeit mit der Europäischen Staatsanwaltschaft und die Wirksamkeit der Untersuchungen des Europäischen Amtes für Betrugsbekämpfung, ABl. 2020 L 437, 49.

nelle Vereinbarung vom 25.5.1999 zwischen dem Europäischen Parlament, dem Rat der Europäischen Union und der Kommission der Europäischen Gemeinschaften über die internen Untersuchungen des Europäischen Amtes für Betrugsbekämpfung (OLAF).[1069]

383 **a) Zuständigkeiten und Aufgaben.** Den sachlichen Aufgabenbereich von OLAF bestimmen Art. 2 Beschluss 1999/352/EG, EGKS, Euratom und Art. 1 VO (EU, Euratom) Nr. 883/2013.

384 **aa) Externe und interne Verwaltungsuntersuchungen von OLAF.** Die primäre, mit Art. 325 AEUV (Art. 280 EGV-Nizza; Art. 280 EGV-Amsterdam, Art. 209a EGV-Maastricht) inhaltlich konforme Aufgabe von OLAF besteht insbesondere in der Bekämpfung von Betrug, Korruption und allen anderen rechtswidrigen Handlungen zum Nachteil der finanziellen Interessen der Europäischen Union und der Europäischen Atomgemeinschaft.[1070] Zu diesem Zweck führt OLAF **externe** (Art. 2 Abs. 1 UAbs. 1 Beschluss 1999/352/EG, EGKS, Euratom, Art. 1 Abs. 1 und Art. 3 VO (EU, Euratom) Nr. 883/2013) und **interne** (Art. 2 Abs. 1 UAbs. 2 S. 1 Beschluss 1999/352/EG, EGKS, Euratom, Art. 1 Abs. 4 S 1 und Abs. 4 VO (EU, Euratom) Nr. 883/2013) **Verwaltungsuntersuchungen** durch, die in ihrer letzteren Form die Aufdeckung von schwerwiegenden Handlungen im Zusammenhang mit der Ausübung der beruflichen Tätigkeiten im Binnenbereich der Union sicherstellen sollen (Art. 2 Abs. 1 UAbs. 2 S. 2 lit. b Beschluss 1999/352/EG, EGKS, Euratom, Art. 1 Abs. 4 S. 2 VO (EU, Euratom) Nr. 883/2013). Ausweislich der in Art. 2 Nr. 4 Hs. 1 VO (EU, Euratom) Nr. 883/2013 verankerten Begriffsbestimmung beinhalten „**Verwaltungsuntersuchungen**" „Kontrollen, Überprüfungen und sonstigen Maßnahmen, die OLAF gemäß Art. 3 und 4 [VO (EU, Euratom) Nr. 883/2013] durchführt, um die in Art. 1 [VO (EU, Euratom) Nr. 883/2013] festgelegten Ziele zu erreichen und gegebenenfalls den Beweis für Unregelmäßigkeiten bei den von ihm untersuchten Handlungen zu erbringen". Die im Fokus der Beweiserbringung stehende „**Unregelmäßigkeit**" ist gemäß Art. 2 Nr. 2 VO (EU, Euratom) Nr. 883/2013 eine „Unregelmäßigkeit" iSd Art. 1 Abs. 2 der Verordnung (EG, Euratom) Nr. 2988/95 des Rates vom 18.12.1995 über den Schutz der finanziellen Interessen der Europäischen Gemeinschaften[1071] (VO (EG, Euratom) Nr. 2988/95), die „bei jedem Verstoß gegen eine Gemeinschaftsbestimmung als Folge einer Handlung oder Unterlassung eines Wirtschaftsteilnehmers" vorliegt, „die einen Schaden für den Gesamthaushaltsplan der Gemeinschaften oder die Haushalte, die von den Gemeinschaften verwaltet werden, bewirkt hat bzw. haben würde, sei es durch die Verminderung oder den Ausfall von Eigenmitteleinnahmen, die direkt für Rechnung der Gemeinschaften erhoben werden, sei es durch eine ungerechtfertigte Ausgabe." Ohne an das **Legalitätsprinzip** gebunden zu sein,[1072] kann eine derartige Untersuchung vom Generaldirektor von OLAF nach Art. 5 Abs. 1 S. 1 VO (EU, Euratom) Nr. 883/2013 im Falle eines hinreichenden Verdachts eines Betrugs, der Korruption oder sonstiger rechtswidriger Handlungen zum Nachteil der finanziellen Interessen der Union[1073] eingeleitet werden, und zwar vom Generaldirektor von sich aus, auf Ersuchen

---

[1069] ABl. 1999 L 136, 15.
[1070] Vgl. Art. 2 Abs. 1 sowie Erwägungsgründe 4 und 6 Beschluss 1999/352/EG, EGKS, Euratom; s. auch Art. 1 Abs. 1, Abs. 4 sowie Erwägungsgründe 3 und 6 VO (EU, Euratom) Nr. 883/2013; Strobel, Die Untersuchungen des Europäischen Amtes für Betrugsbekämpfung (OLAF), 2012, S. 43 f.; Zöller/Bock in Böse, Europäisches Strafrecht, 2. Aufl. 2021, § 23 Rn. 16; Kuhl/Spitzer EuR 2000, 671 (678).
[1071] ABl. 1995 L 312, 1.
[1072] Brodowski in Herrnfeld/Esser, Europäische Staatsanwaltschaft, 2022 § 8 Rn. 36, 39; Kuhl eucrim 2017, 135 (140); Weyembergh/Brière NJECL 9 (2018), 62 (67 ff.).
[1073] Der Begriff „Betrug, Korruption und sonstige rechtswidrige Handlungen zum Nachteil der finanziellen Interessen der Union" hat gemäß Art. 2 Nr. 1 VO (EU, Euratom) Nr. 883/2013 die Bedeutung, die in den einschlägigen Rechtsakten der Union auf diese Begriffe angewandt wird der Begriff „sonstige rechtswidrige Handlungen" schließt Unregelmäßigkeit iSv Art. 1 Abs. 2 VO (EG, Euratom) Nr. 2988/95 ein.

eines Organs, einer Einrichtung oder sonstigen Stelle der Europäischen Union oder auf Ersuchen eines Mitgliedstaats (Art. 5 Abs. 2 VO (EU, Euratom) Nr. 883/2013).

Art. 2 Nr. 4 Hs. 2 VO (EU, Euratom) Nr. 883/2013 stellt klar, dass durch die Verwaltungsuntersuchungen von OLAF weder die Befugnisse der Europäischen Staatsanwaltschaft noch der zuständigen Behörden der Mitgliedstaaten zur Einleitung und Durchführung eines Strafverfahrens tangiert werden. Dies hat insbesondere zur Folge, dass strafrechtliche Ermittlungen der Europäischen Staatsanwaltschaft nach Art. 101 Abs. 2 EUStA-VO grundsätzlich Priorität vor Verwaltungsuntersuchungen durch OLAF haben (Art. 7 Abs. 1 S. 1, S. 2 VO (EU, Euratom) Nr. 883/2013), und zwar im Umfang der Reichweite der potenziellen ne-bis-in-idem-Wirkung, sofern die Europäische Staatsanwaltschaft nach Art. 26 EUStA-VO oder Art. 27 EUStA-VO zum fraglichen Sachverhalt bereits Ermittlungen eingeleitet hat.[1074] **385**

Zur Durchführung **externer Untersuchungen** übt OLAF die Befugnisse der Kommission aus, welche ihr durch Art. 2 und 5 der Verordnung (Euratom, EG) Nr. 2185/96 des Rates vom 11. November 1996 betreffend die Kontrollen und Überprüfungen vor Ort durch die Kommission zum Schutz der finanziellen Interessen der Europäischen Gemeinschaften vor Betrug und anderen Unregelmäßigkeiten[1075] (VO (Euratom, EG) Nr. 2185/96) sowie Art. 9 VO (EG, Euratom) Nr. 2988/95 übertragen wurden (Art. 2 Abs. 1 Beschluss 1999/352/EG, EGKS).[1076] Hiervon umfasst sind die Kontrollen und Überprüfungen[1077] vor Ort in den **Mitgliedstaaten,** in **Drittstaaten** sowie in den Räumlichkeiten **internationaler Organisationen** nach Maßgabe der VO (EU, Euratom) Nr. 883/2013 und – bei etwaigen durch sie nicht erfassten Sachverhalten – nach Maßgabe der VO (Euratom, EG) Nr. 2185/96 (Art. 3 Abs. 1, Abs. 2 VO (EU, Euratom) Nr. 883/2013). Diese Maßnahmen beinhalten den Zugang zu sämtlichen mit dem untersuchenden Sachverhalt zusammenhängenden Informationen, Schriftstücken und Daten einschließlich der Befugnis zu ihrer Sicherstellung (Art. 3 Abs. 5 UAbs. 2 S. 1 VO (EU, Euratom) Nr. 883/2013) und zur Ergreifung von Sicherungsmaßnahmen in Bezug auf Beweismittel (vgl. Art. 7 VO (Euratom, EG) Nr. 2185/96, Art. 3 Abs. 5 i. V. m. Art. 4 Abs. 2 VO (EU, Euratom) Nr. 883/2013) wie auch den Zugang zu den Räumlichkeiten und Grundstücken (Art. 5 VO (Euratom, EG) Nr. 2185/96) bei den im Sinne der VO (EG, Euratom) Nr. 2988/95 und der VO (Euratom, EG) Nr. 2185/96 verstandenen Wirtschaftsteilnehmern (Art. 2 Nr. 6 VO (EU, Euratom) Nr. 883/2013), deren Verpflichtung zur Kooperation mit OLAF bei dessen Untersuchungen Art. 3 Abs. 3 S. 1 VO (EU, Euratom) Nr. 883/2013 explizit vorschreibt. **386**

Neben den externen Untersuchungen, die sich auf nationaler Ebene abspielen, ist OLAF für die Durchführung **interner (administrativer) Untersuchungen** auf Unionsebene zuständig und hat Zugang zu sämtlichen mit dem zu untersuchenden Sachverhalt zusammenhängenden Informationen und Daten wie auch die Befugnis zur Anfertigung von Kopien, zum Bezug von Auszügen sowie zur Sicherstellung von Schriftstücken und dem Inhalt von Datenträgern. Um die Ermittlungen durchzuführen, hat OLAF Zugang zu allen Räumlichkeiten. Die internen Untersuchungen können innerhalb sämtlicher in Art. 13 EUV genannten **Organe** und **Einrichtungen** sowie in allen auf dem sekundärrechtlichen Wege geschaffenen **Institutionen** durchgeführt werden.[1078] Um Zugang zu Informationen über den zu untersuchenden Sachverhalt zu erhalten, sieht Art. 4 Abs. 3 VO (EU, Euratom) Nr. 883/2013 die Möglichkeit vor, Kontrollen und Überprüfungen vor Ort in den **387**

[1074] Brodowski in Herrnfeld/Esser, Europäische Staatsanwaltschaft, 2022, § 8 Rn. 36, 42.
[1075] ABl. 1996 L 292, 2.
[1076] Strobel, Die Untersuchungen des Europäischen Amtes für Betrugsbekämpfung (OLAF), 2012, S. 47; Zöller/Bock in Böse, Europäisches Strafrecht, 2. Aufl. 2021, § 23 Rn. 18.
[1077] Ausführlich zu Kontrollbefugnissen von OLAF Strobel, Die Untersuchungen des Europäischen Amtes für Betrugsbekämpfung (OLAF), 2012, S. 152 ff.
[1078] Zöller/Bock in Böse, Europäisches Strafrecht, 2. Aufl. 2021, § 23 Rn. 19; Silberzahn JA 2016, 205 (206).

Räumlichkeiten von Wirtschaftsteilnehmern vorzunehmen – dies bedeutet eine Kombination von internen mit externen Untersuchungen.[1079] Während bei **externen Untersuchungen** OLAF in Anknüpfung an die Tätigkeit von UCLAF grundsätzlich einer Bindung an das im jeweiligen Mitgliedstaat geltende Verfahrensrecht unterliegt und keine Zwangsmaßnahmen ergreifen darf, erweist sich bei den **internen Untersuchungen** seine Position insofern als stärker, als OLAF auch gegen den Willen der Adressaten seiner Untersuchungstätigkeit ermitteln kann.[1080]

388 Für die im Laufe **interner Untersuchungen** von OLAF erlangten Informationen über Sachverhalte, die in die Zuständigkeit einer nationalen Justizbehörde fallen, sieht Art. 12 Abs. 2 UAbs. 1 VO (EU, Euratom) Nr. 883/2013 eine Übermittlung an die Justizbehörden des betroffenen Mitgliedstaats vor, die auf nationaler Ebene zum Gegenstand eines strafrechtlichen Ermittlungsverfahrens gemacht werden können. Gemäß Art. 11 Abs. 3 S. 1 VO (EU, Euratom) Nr. 883/2013 werden die nach Abschluss einer **externen Untersuchung** erstellten Berichte und Empfehlungen zusammen mit allen sachdienlichen Schriftstücken gemäß den für externe Untersuchungen geltenden Regelungen den zuständigen Behörden der betroffenen Mitgliedstaaten sowie erforderlichenfalls dem betroffenen Organ, der betroffenen Einrichtung oder der betroffenen sonstigen Stelle übermittelt. Die nach Abschluss einer **internen Untersuchung** erstellten Berichte und Empfehlungen werden gemäß Art. 11 Abs. 4 S. 1 VO (EU, Euratom) Nr. 883/2013 zusammen mit allen sachdienlichen Schriftstücken dem betroffenen Organ, der betroffenen Einrichtung oder der betroffenen sonstigen Stelle übermittelt. Auf Grundlage der übermittelten Informationen treffen die zuständigen Behörden des betroffenen Mitgliedstaats bzw. das Organ, die Einrichtung oder die sonstige Stelle die erforderlichen Folgemaßnahmen der Untersuchungen und setzen OLAF hierüber in Kenntnis (Art. 11 Abs. 3 S. 2, Abs. 4 S. 2 VO (EU, Euratom) Nr. 883/2013).

389 Ungeachtet des repressiven Charakters der Untersuchungstätigkeit, der OLAF in Ausübung einer klar erkennbaren Untersuchungsautonomie mit starken Bezügen zum Strafrecht nachgeht, handelt es sich nicht um eine Strafverfolgungstätigkeit im förmlichen Sinne.[1081] Zwar ist die Untersuchungstätigkeit von OLAF auf die **Bekämpfung** von Betrug, Korruption und sonstigen rechtswidrigen Handlungen zum Nachteil der finanziellen Interessen sowie auf die **Aufdeckung** von Unregelmäßigkeiten iSd Art. 1 Abs. 2 VO (EG, Euratom) Nr. 2988/95 und schwerwiegenden Handlungen im Zusammenhang mit der Ausübung der beruflichen Tätigkeit ausgerichtet. In Ermangelung der strafrechtlichen Kompetenzen, die zu einer eigenständigen Sanktionierung strafbaren Verhaltens führen, wurde mit der Errichtung von OLAF in der „Ersten Säule" des „Drei-Säulen-Modells" der Europäischen Union weder eine „weit in den strafrechtlich relevanten Bereich hineinragende Ermittlungsbehörde"[1082] noch eine „besondere Institution der europäischen Strafrechtsverfolgung",[1083] sondern eine **Verwaltungsbehörde** ins Leben gerufen, die ausweislich Art. 2 Abs. 1 Beschluss 1999/352/EG, EGKS, Euratom externe und interne Verwaltungsuntersuchungen durchführt.[1084]

390 **bb) Unterstützungs- und Koordinierungstätigkeiten.** OLAF hat neben **zentrale Aufgabe**[1085] der Untersuchung von Betrug, Korruption und anderen rechtswidrigen

---

[1079] Zöller/Bock in Böse, Europäisches Strafrecht, 2. Aufl. 2021, § 23 Rn. 19.
[1080] Zöller/Bock in Böse, Europäisches Strafrecht, 2. Aufl. 2021, § 23 Rn. 18 f.; eing. zu den Zwangs- und Sicherungsbefugnissen von OLAF Strobel, Die Untersuchungen des Europäischen Amtes für Betrugsbekämpfung (OLAF), 2012, S. 171 ff.; Tittor, OLAF und die Europäisierung des Strafverfahrens, 2006, S. 15 f.
[1081] Tittor, OLAF und die Europäisierung des Strafverfahrens, 2006, S. 17.
[1082] Rabe NVwZ-Sonderheft für Rechtsanwalt Prof. Dr. Hermann 2001, 54 (56).
[1083] Brüner/Spitzer in Sieber/Satzger/v. Heintschel-Heinegg, Europäisches Strafrecht, 2. Aufl. 2014, § 43 Rn. 3.
[1084] Zöller/Bock in Böse, Europäisches Strafrecht, 2. Aufl. 2021, § 23 Rn. 5, 23, 35 mwN der vermittelnden Ansichten; Kretschmer JURA 2007, 169 (175); für eine „Doppelnatur" von OLAF Silberzahn JA 2016, 205 (206 mwN der vermittelnden Ansichten).
[1085] Vgl. Schoo in Schwarze AEUV Art. 325 Rn. 30.

Handlungen zum Nachteil der finanziellen Interessen der Union und neben der Befugnis zu bereichsspezifischen supranationalen Kontrollen in Form eines sog. „**unionsunmittelbaren Vollzugs**",[1086] auch operative Tätigkeiten übernommen. Konkret hat OLAF gemäß Art. 2 Abs. 2 Beschluss 1999/352/EG, EGKS, Euratom und Art. 1 Abs. 2 VO (EU, Euratom) Nr. 883/2013 den Auftrag, die Mitgliedstaaten bei der Organisation einer Zusammenarbeit zum Schutz der finanziellen Interessen der Union zu unterstützen und zu koordinieren sowie Amtshilfe zu leisten,[1087] insbesondere durch die Koordinierung des Austauschs operativer Erfahrungen und bewährter Verfahrensweisen im Bereich des Schutzes der finanziellen Interessen der Union und die Unterstützung gemeinsamer Betrugsbekämpfungsmaßnahmen mit und unter den Mitgliedstaaten. Für die nationalen Polizei- und Justizbehörden übernimmt OLAF die Funktion eines direkten Ansprechpartners (Art. 2 Abs. 6 Beschluss 1999/352/EG).

cc) Konzeptionelle und legislative Tätigkeit. OLAF erarbeitet im Rahmen der Wahrnehmung konzeptioneller und legislativer Tätigkeit (Art. 2 Abs. 3, Abs. 4 Beschluss 1999/352/EG, EGKS, Euratom und Art. 1 Abs. 2 VO (EU, Euratom) Nr. 883/2013), die klassische Aufgabe der Kommission nach Art. 17 Abs. 1 EUV bzw. Art. 288 ff. AEUV ist, die Konzepte zur Betrugsbekämpfung und bereitet die Gesetzgebungsinitiativen der Kommission zum Schutz der finanziellen Interessen der Union vor.[1088] 391

dd) Sonstige Aufgaben. Die Beauftragung von OLAF mit der Wahrnehmung sonstiger operationeller Aufgaben der Kommission in Sachen Betrugsbekämpfung erstreckt sich insbesondere auf die **Informationssammlung und -auswertung** einschließlich der Errichtung der dafür erforderlichen Strukturen (Art. 2 Abs. 5 lit. a, lit. b Beschluss 1999/352/EG, EGKS, Euratom) sowie auf die Leistung technischer Unterstützung insbesondere in Fragen der Fortbildung (Art. 2 Abs. 5 lit. c Beschluss 1999/352/EG, EGKS, Euratom).[1089] 392

b) Rechtsschutz gegen Maßnahmen von OLAF. Neben der allgemeinen verwaltungsinternen Kontrolle durch die Kommission, der primärrechtlichen politischen Kontrolle sowie der externen Finanzkontrolle durch den Europäischen Rechnungshof[1090] ist die Tätigkeit von OLAF in seiner Eigenschaft als unabhängige Dienststelle der Europäischen Kommission mit Entscheidungsautonomie[1091] aus der Perspektive des Individualrechtsschutzes den Mechanismen einer **außergerichtlichen Kontrolle** und **gerichtlichen Kontrolle durch die europäischen Gerichte** unterworfen. In Abhängigkeit von der Untersuchungstätigkeit von OLAF unterscheiden sich die gerichtlichen Rechtsschutzmöglichkeiten danach, ob das Anliegen des Individualrechtsschutzes die im Rahmen einer internen oder externen Untersuchung getroffenen Maßnahmen betrifft. 393

(1) Verwaltungsinterne Kontrolle. Zur regelmäßigen objektiven ex-post-Kontrolle der Wahrnehmung der Untersuchungsbefugnisse von OLAF wurde der **Überwachungsausschuss** errichtet (Art. 4 Beschluss 1999/352/EG, EGKS, Euratom; Art. 15 VO (EU, Euratom) Nr. 883/2013). Dieser ist auf die **verwaltungsinterne Kontrolle** beschränkt und ist **keine Beschwerdeinstanz** für etwaige Interessenverletzungen externer Dritter.[1092] 394

[1086] Hecker Europäisches Strafrecht, 6. Aufl. 2021, Kapitel 13 Rn. 17.
[1087] Schoo in Schwarze AEUV Art. 325 Rn. 26; Brüner/Spitzer in Sieber/Satzger/v. Heintschel-Heinegg, Europäisches Strafrecht, 2. Aufl. 2014, § 43 Rn. 50; Zöller/Bock in Böse, Europäisches Strafrecht, 2. Aufl. 2021, § 23 Rn. 26.
[1088] Hierzu Brüner/Spitzer in Sieber/Satzger/v. Heintschel-Heinegg, Europäisches Strafrecht, 2. Aufl. 2014, § 43 Rn. 49; Zöller/Bock in Böse, Europäisches Strafrecht, 2. Aufl. 2021, § 23 Rn. 27; Silberzahn JA 2016, 205 (206).
[1089] Hierzu Brüner/Spitzer in Sieber/Satzger/v. Heintschel-Heinegg, Europäisches Strafrecht, 2. Aufl. 2014, § 43 Rn. 55.
[1090] Eing. dazu Brüner/Spitzer in Sieber/Satzger/v. Heintschel-Heinegg, Europäisches Strafrecht, 2. Aufl. 2014, § 43 Rn. 68 ff.
[1091] Hecker Europäisches Strafrecht, 6. Aufl. 2021, Kapitel 13 Rn. 16 mwN.
[1092] Brüner/Spitzer in Sieber/Satzger/v. Heintschel-Heinegg, Europäisches Strafrecht, 2. Aufl. 2014, § 43 Rn. 74 mwN.

Missstände und Fehlentwicklungen hinsichtlich des Schutzes der Betroffenen kann der Untersuchungsausschuss lediglich in den an den Direktor von OLAF gerichteten Stellungnahmen und an den Rat, das Europäische Parlament, die Kommission und den Europäischen Rechnungshof adressierten Berichten über Ergebnisse und Folgemaßnahmen von amtlichen Untersuchungen aufzeigen. Insoweit unterscheiden sich die außergerichtlichen Handlungsoptionen gegen Maßnahmen von OLAF nicht von den allgemein gegenüber Handlungen von Unionsorganen anwendbaren Mechanismen.

395 **(2) Beschwerde beim Europäischen Bürgerbeauftragten.** Mit der nach **Art. 228 Abs. 1 UAbs. 1 AEUV (Art. 195 Abs. 1 UAbs. 1 EGV-Nizza; Art. 195 Abs. 1 UAbs. 1 EGV-Amsterdam; Art. 138e Abs. 1 UAbs. 1 EGV-Maastricht)** eröffneten Möglichkeit, Missstände bei der Tätigkeit der Organe, Errichtungen oder sonstigen Stellen der Union zum Gegenstand einer **Beschwerde beim Europäischen Bürgerbeauftragten** zu machen, kann auch gegen die Tätigkeit von OLAF vorgegangen werden. Stellt der Europäische Bürgerbeauftragte einen Missstand fest, so ist OLAF zur Beseitigung verpflichtet.[1093] Diese Pflicht kann jedoch vom Europäischen Bürgerbeauftragten in Ermangelung eines eigenen Klagerechts[1094] gerichtlich nicht durchgesetzt werden.

396 **(3) Beschwerde beim Europäischen Datenschutzbeauftragten.** Die Verletzung der Rechte bei der Verarbeitung von personenbezogenen Daten kann im Wege der **Beschwerde beim Europäischen Datenschutzbeauftragten** nach Art. 63 Abs. 1 VO (EU) 2018/1725 geltend gemacht werden, dessen Entscheidung im Wege einer Klage beim Gerichtshof einer Kontrolle unterworfen werden kann (Art. 64 Abs. 2 VO (EU) 2018/1725).

397 **(4) Rechtsschutz gegen die im Rahmen interner Untersuchungen getroffenen Maßnahmen von OLAF.** Während das nach Art. 17 Abs. 7 VO (EU, Euratom) Nr. 883/2013 eingerichtete Beratungs- und Kontrollverfahren einschließlich einer von amtsinternen Sachverständigen in den Bereichen Recht und Untersuchungsverfahren durchzuführenden Rechtmäßigkeitsprüfung kein den Rechtsweg eröffnendes förmliches Beschwerdeverfahren darstellt,[1095] ermöglicht **Art. 90a S. 2 EU-BeamtStat** den von internen Untersuchungen betroffenen Beamten der Union eine **Beschwerde** gemäß Art. 90 Abs. 2 EU-BeamtStat an den Generaldirektor von OLAF zu richten, gegen den daraufhin ergangenen Bescheid den **Rechtsweg** zum Gericht nach **Art. 91 EU-BeamtStat** eröffnet ist. Mit der Prämisse einer, im Zusammenhang mit der Untersuchung von OLAF ergangenen, den Betroffenen beschwerenden Maßnahme bildet eine die Rechtssphäre des Betroffenen nicht nur unerheblich beeinträchtigende Maßnahme den Prüfungsgegenstand.

398 Eine **Inzidentkontrolle der Untersuchungsmaßnahme** OLAFs ist im Wege des Rechtsschutzes gegen eine im Rahmen eines Disziplinarverfahrens verhängte Disziplinarmaßnahme möglich, soweit dieses aufgrund einer von OLAF durchgeführten internen Untersuchung eingeleitet und vollzogen wurde.[1096]

399 Im Falle einer Einleitung eines wegen der Untersuchungsergebnisse OLAFs veranlassten Strafverfahrens vor einem nationalen Gericht kann die Überprüfung der Rechtmäßigkeit der Untersuchungsmaßnahme im Rahmen eines **Vorabentscheidungsverfahrens** gemäß Art. 267 AEUV (Art. 234 EGV-Nizza; Art. 234 EGV-Amsterdam; Art. 177 EGV-Maastricht; Art. 177 EWGV) erreicht werden.[1097]

[1093] Vgl. Kluth in Calliess/Ruffert AEUV Art. 228 Rn. 11.
[1094] Hamers, Der Petitionsausschuß des Europäischen Parlaments und der Europäische Bürgerbeauftragte, 1999, S. 215 f.
[1095] Brüner/Spitzer in Sieber/Satzger/v. Heintschel-Heinegg, Europäisches Strafrecht, 2. Aufl. 2014, § 43 Rn. 69 m. w. N.
[1096] Brüner/Spitzer in Sieber/Satzger/v. Heintschel-Heinegg, Europäisches Strafrecht, 2. Aufl. 2014, § 43 Rn. 80.
[1097] Vgl. EuG 4.10.2006 – T-193/04, ECLI:EU:T:2006:292 Rn. 80, Slg. 2006, II-3995 Rn. 80 = BeckRS 2006, 70773 – Tillack/Kommission; Brüner/Spitzer in Sieber/Satzger/v. Heintschel-Heinegg, Europäi-

Die im Rahmen von Untersuchungen entstandenen Schäden können im Wege einer **400 Schadensersatzklage** nach Art. 268 AEUV (Art. 235 EGV-Nizza; Art. 235 EGV-Amsterdam; Art. 178 EGV-Maastricht; Art. 178 EWGV) iVm Art. 340 Abs. 2 AEUV (Art. 288 Abs. 2 EGV-Nizza; Art. 288 Abs. 2 EGV-Amsterdam; Art. 215 Abs. 2 EGV-Maastricht; Art. 215 Abs. 2 EWGV) geltend gemacht werden.[1098]

(5) Rechtsschutz gegen die im Rahmen externer Untersuchungen getroffenen 401 Maßnahmen von OLAF. In Ermangelung von Spezialregelungen für eine gerichtliche Kontrolle der im Rahmen externer Untersuchungen getroffenen Maßnahmen von OLAF richtet sich der Rechtsschutz nach den allgemeinen Grundsätzen. Bei der nicht auszuschließenden konkreten und unmittelbarer Rechtsverletzung durch Maßnahmen OLAFs kann der Betroffene die **Nichtigkeitsklage** gemäß Art. 263 Abs. 4 AEUV (Art. 230 Abs. 4 EGV-Nizza; Art. 230 Abs. 4 EGV-Amsterdam; Art. 173 Abs. 4 EGV-Maastricht; Art. 173 Abs. 2 EWGV) zum Gerichtshof erhoben werden.[1099] Daneben können auch die im Rahmen externer Untersuchungen getroffenen Maßnahmen von OLAF inzident im Rahmen eines **Vorabentscheidungsverfahrens** gemäß Art. 267 AEUV (Art. 234 EGV-Nizza; Art. 234 EGV-Amsterdam; Art. 177 EGV-Maastricht; Art. 177 EWGV) auf ihre Rechtmäßigkeit hin überprüft werden.[1100] Die im Rahmen von externen Untersuchungen herbeigeführten Schäden können zum Gegenstand einer **Schadensersatzklage** gemäß Art. 268 AEUV (Art. 235 EGV-Nizza; Art. 235 EGV-Amsterdam; Art. 178 EGV-Maastricht; Art. 178 EWGV) gemacht werden.[1101]

III. Polizeiliche Zusammenarbeit

Die wesentlichen Prinzipien der polizeilichen Zusammenarbeit haben mit Inkrafttreten **402** des Vertrags von Lissabon ihre Verankerung in **Art. 87 AEUV** (Art. 30 Abs. 1 EUV-Nizza; Art. 30 Abs. 1 EUV-Amsterdam; Art. K.2 EGV-Maastricht) gefunden. Dieser Regelung zufolge entwickelt die Union eine unmittelbare Kooperation mit mitgliedstaatlichen Behörden in verschiedenen Bereichen, deren Aufzählung jedoch nicht abschließend ist.[1102] Zu diesem Zweck ermächtigt Art. 87 Abs. 2 AEUV das Europäische Parlament und den Rat zum Erlass von Maßnahmen, die im Unterschied zu der vor dem Inkrafttreten des Vertrags von Lissabon bestehenden Rechtslage nicht mehr auf dem einstimmigen Ratsbeschluss beruhen,[1103] sondern nunmehr zum Zwecke der Erhöhung der Handlungsfähigkeit der Union bei der polizeilichen Zusammenarbeit mit qualifizierter Ratsmehrheit im Wege des ordentlichen Gesetzgebungsverfahrens gemäß Art. 289 Abs. 1 AEUV **iVm Art. 340 Abs. 2 AEUV** (Art. 288 Abs. 2 EGV-Nizza; Art. 288 EGV-Ams-

---

sches Strafrecht, 2. Aufl. 2014, § 43 Rn. 80; Zöller/Bock in Böse, Europäisches Strafrecht, 2. Aufl. 2021, § 23 Rn. 35; Silberzahn JA 2016, 205 (208).
[1098] Vgl. EuG 6.4.2006 – T-309/03, ECLI:EU:T:2006:110 Rn. 78, Slg. 2006, II-1173 Rn. 78 = BeckRS 2006, 70453 – Camós Grau/Kommission; EuG 8.7.2008 – T-48/05, ECLI:EU:T:2008:257, Slg. 2008, II-1585 = BeckRS 2009, 70676 – Franchet und Byk/Kommission; s. dazu Brüner/Spitzer in Sieber/Satzger/v. Heintschel-Heinegg, Europäisches Strafrecht, 2. Aufl. 2014, § 43 Rn. 79; Zöller/Bock in Böse, Europäisches Strafrecht, 2. Aufl. 2021, § 23 Rn. 35; Niestedt/Boeckmann EuZW 2009, 70 (70).
[1099] Brüner/Spitzer in Sieber/Satzger/v. Heintschel-Heinegg, Europäisches Strafrecht, 2. Aufl. 2014, § 43 Rn. 81. Zöller/Bock in Böse, Europäisches Strafrecht, 2. Aufl. 2021, § 23 Rn. 36.
[1100] EuG 4.10.2006 – T-193/04, ECLI:EU:T:2006:292 Rn. 80, Slg. 2006, II-3995 Rn. 80 = BeckRS 2006, 70773 – Tillack/Kommission; vgl. auch EuGH 22.10.1987 – C-314/85, ECLI:EU:C:1987:452 Rn. 20, Slg. 1987, 4199 Rn. 20 = BeckRS 1987, 5078 – Foto Frost/Hauptzollamt Lübeck-Ost; Zöller/Bock in Böse, Europäisches Strafrecht, 2. Aufl. 2021, § 23 Rn. 36.
[1101] Vgl. EuGH 10.7.2001 – C-315/99 P, ECLI:EU:C:2001:391 Rn. 29 f., Slg. 2001, I-5281 Rn. 29 f. = BeckRS 2004, 76293 – Ismeri Europa/Rechnungshof; hierzu Brüner/Spitzer in Sieber/Satzger/v. Heintschel-Heinegg, Europäisches Strafrecht, 2. Aufl. 2014, § 43 Rn. 82; Zöller/Bock in Böse, Europäisches Strafrecht, 2. Aufl. 2021, § 23 Rn. 36.
[1102] Dannecker in Streinz AEUV Art. 87 Rn. 2.
[1103] Gemäß Art. 34 Abs. 2 S. 2 EUV-Nizza war für Rechtsakte, die auf Art. 30 Abs. 1 EUV-Nizza beruhten, ein einstimmiger Ratsbeschluss erforderlich.

§ 34

terdam; Art. 215 Abs. 2 EGV-Maastricht; Art. 215 Abs. 2 EWGV), Art. 294 AEUV (Art. 251 EGV-Nizza; Art. 251 EGV-Amsterdam; Art. 189b EGV-Maastricht) erfolgen. Die in diesem Verfahren ergangenen Rechtsakte (Rahmenbeschlüsse, Übereinkommen etc.) können die **Informationssammlung und -verarbeitung** als Grundlage jeder weitergehenden Zusammenarbeit im gesamten Bereich der Kriminalitätsbekämpfung[1104] unter Verwendung hoch technisierter, durch die Möglichkeit der Erfassung und Abfrage von ermittlungs- und fahndungsrelevanten Daten dem effektiven Informationsaustausch im europäischen Rahmen dienenden Informationssysteme[1105] wie das **SIS**,[1106] das

---

[1104] Dannecker in Streinz AEUV Art. 87 Rn. 5.

[1105] Ein nichtautomatisierter Informationsaustausch in der Europäischen Union ist ebenfalls möglich und praktizierbar; dazu Dannecker in Streinz AEUV Art. 87 Rn. 14 f.

[1106] Der Einsatz des in Art. 92 ff. SDÜ geregelten Schengener Informationssystems als ein computergestütztes Abfrage- und Erfassungssystem im Bereich der Fahndung nach Personen und Sachen in der Schengen-Zone soll der Übermittlung von Rechtshilfeersuchen dienen und den Kontrollmangel beheben, welchen die im Wege des Schengener Übereinkommens erreichte Grenzöffnung auslöste. Mit dem am 9. April 2013 in Betrieb genommenen Schengener Informationssystem der zweiten Generation (SIS II), welches nicht zuletzt auf Grund der auf den Vertrag von Lissabon zurückgehende Kompetenzerweiterung durch zwei Rechtsakte wie Beschluss 2007/533/JI des Rates vom 12. Juni 2007 über die Einrichtung, den Betrieb und die Nutzung des Schengener Informationssystems der zweiten Generation (SIS II), ABl. 2007 L 205, 63, aufgehoben durch Art. 78 Abs. 1 der Verordnung (EU) 2018/1862 des Europäischen Parlaments und des Rates vom 28. November 2018 über die Einrichtung, den Betrieb und die Nutzung des Schengener Informationssystems (SIS) im Bereich der polizeilichen Zusammenarbeit und der justiziellen Zusammenarbeit in Strafsachen, zur Änderung und Aufhebung des Beschlusses 2007/533/JI des Rates und zur Aufhebung der Verordnung (EG) Nr. 1986/2006 des Europäischen Parlaments und des Rates und des Beschlusses 2010/261/EU der Kommission, ABl. 2018 L 312, 56, berichtigt ABl. 2019 L 316 I 4, ABl. 2021 L 336, 51, ABl. 2022 L 181, 37, zuletzt geändert durch Art. 1 der Verordnung (EU) 2022/1190 des Europäischen Parlaments und des Rates vom 6. Juli 2022 zur Änderung der Verordnung (EU) 2018 (1862) in Bezug auf die Eingabe von Informationsausschreibungen zu Drittstaatsangehörigen im Interesse der Union in das Schengener Informationssystem (SIS), ABl. 2022 L 185, 1 und die Verordnung (EG) Nr. 1987/2006 des Europäischen Parlaments und des Rates vom 20. Dezember 2006 über die Einrichtung, den Betrieb und die Nutzung des Schengener Informationssystems der zweiten Generation (SIS II), ABl. 2006 L 381, 4, berichtigt ABl. 2015 L 23, 19, zuletzt geändert durch Art. 63 und Art. 65 der Verordnung (EU) 2018/1861 des Europäischen Parlaments und des Rates vom 28. November 2018 über die Einrichtung, den Betrieb und die Nutzung des Schengener Informationssystems (SIS) im Bereich der Grenzkontrollen, zur Änderung des Übereinkommens zur Durchführung des Übereinkommens von Schengen und zur Änderung und Aufhebung der Verordnung (EG) Nr. 1987/2006, ABl. 2018 L 312, 14, zuletzt geändert durch Art. 5 der Verordnung (EU) 2021/1152 des Europäischen Parlaments und des Rates vom 7. Juli 2021 zur Änderung der Verordnungen (EG) Nr. 767/2008, (EU) 2017/2226, (EU) 2018/1240, (EU) 2018/1860, (EU) 2018/1861 und (EU) 2019/817 hinsichtlich der Festlegung der Bedingungen für den Zugang zu anderen EU-Informationssystemen für die Zwecke des Europäischen Reiseinformations- und -genehmigungssystems, ABl. 2021 L 249, 15, geschaffen werden musste, wurde eine auf Grund der Erweiterung der Europäischen Union notwendig gewordene effektive technische Unterstützung im Informationsverkehr angestrebt, welche insbesondere durch die Möglichkeit der Verarbeitung biometrischer Daten erreicht werden soll; s. hierzu Dannecker in Streinz AEUV Art. 87 Rn. 7 ff. mwN. Mit Umsetzung der Verordnung (EU) 2018/1860 des Europäischen Parlaments und des Rates vom 28. November 2018 über die Nutzung des Schengener Informationssystems für die Rückkehr illegal aufhältiger Drittstaatsangehöriger, ABl. 2018 L 312, 1, zuletzt geändert durch Art. 6 der Verordnung (EU) 2021/1134 des Europäischen Parlaments und des Rates vom 7. Juli 2021 zur Änderung der Verordnungen (EG) Nr. 767/2008, (EG) Nr. 810/2009, (EU) 2016/399, (EU) 2017/2226, (EU) 2018/1240, (EU) 2018/1860, (EU) 2018/1861, (EU) 2019/817 und (EU) 2019/1896 des Europäischen Parlaments und des Rates und zur Aufhebung der Entscheidung 2004/512/EG und des Beschlusses 2008/633/JI des Rates zur Reform des Visa-Informationssystems, ABl. 2021 L 248, 11, der Verordnung (EU) 2018/1861 des Europäischen Parlaments und des Rates vom 28. November 2018 über die Einrichtung, den Betrieb und die Nutzung des Schengener Informationssystems (SIS) im Bereich der Grenzkontrollen, zur Änderung des Übereinkommens zur Durchführung des Übereinkommens von Schengen und zur Änderung und Aufhebung der Verordnung (EG) Nr. 1987/2006, ABl. 2018 L 312, 14, zuletzt geändert durch Art. 5 der Verordnung (EU) 2021/1152 des Europäischen Parlaments und des Rates vom 7. Juli 2021 zur Änderung der Verordnungen (EG) Nr. 767/2008, (EU) 2017/2226, (EU) 2018/1240, (EU) 2018/1860, (EU) 2018/1861 und (EU) 2019/817 hinsichtlich der Festlegung der Bedingungen für den Zugang zu anderen EU-Informationssystemen für die Zwecke des Europäischen Reiseinformations- und -genehmigungssystems, ABl. 2021 L 249, 15, und der Verordnung (EU) 2018/1862 des Europäischen Parlaments und des Rates vom 28. November 2018 über die Einrichtung, den Betrieb und die Nutzung des Schengener Informationssystems (SIS) im

ZIS,[1107] das VIS[1108] oder das **Europol-Informationssystem** zum Gegenstand haben (vgl. Art. 87 Abs. 2 lit. a AEUV).[1109] Die Rechtsakte können sich weiterhin auf die **Aus- oder Weiterbildung und den Austausch von Personal** beziehen[1110] (Art. 87

Bereich der polizeilichen Zusammenarbeit und der justiziellen Zusammenarbeit in Strafsachen, zur Änderung und Aufhebung des Beschlusses 2007/533/JI des Rates und zur Aufhebung der Verordnung (EG) Nr. 1986/2006 des Europäischen Parlaments und des Rates und des Beschlusses 2010/261/EU der Kommission, ABl. 2018 L 312, 56, berichtigt ABl. 2019 L 316 I, 4, ABl. 2021 L 336, 51, ABl. 2022 L 181, 37, zuletzt geändert durch Art. 1 der Verordnung (EU) 2022/1190 des Europäischen Parlaments und des Rates vom 6. Juli 2022 zur Änderung der Verordnung (EU) 2018/1862 in Bezug auf die Eingabe von Informationsausschreibungen zu Drittstaatsangehörigen im Interesse der Union in das Schengener Informationssystem (SIS), ABl. 2022 L 185, 1, erfolgte eine Erweiterung des Rechtsrahmens des SIS, in deren Folge auch von SIS 3.0 gesprochen wird; s. Heid in Dauses/Ludwigs EU-WirtschaftsR-HdB S. Rn. 183; Suhr in Calliess/Ruffert AEUV Art. 87 Rn. 13.

[1107] Das durch den Rechtsakt des Rates vom 26. Juli 1995 über die Fertigstellung des Übereinkommens über den Einsatz der Informationstechnologie im Zollbereich (95/C 316/02), ABl. 1995 C 316, 33, ins Leben gerufene und auf dem Beschluss 2009/917/JI des Rates vom 30. November 2009 über den Einsatz der Informationstechnologie im Zollbereich, ABl. 2009 Nr. L 323, 20, berichtigt ABl. 2010 Nr. L 234, 17, (ZIS-Beschluss) basierende Zollinformationssystem stellt eine für die mitgliedstaatlichen Behörden, Eurojust und Europol zugängliche zentrale Datenbank dar, welche dem Zweck dient, die Verhinderung, Ermittlung und Verfolgung schwerer Zuwiderhandlungen gegen einzelstaatliche Rechtsvorschriften zu unterstützen, indem Daten schneller zur Verfügung gestellt werden und auf diese Weise die Effizienz der Kooperations- und Kontrollverfahren der Zollverwaltungen der Mitgliedstaaten gesteigert wird (Art. 1 Abs. 2 ZIS-Beschluss); s. hierzu Dannecker in Streinz AEUV Art. 87 Rn. 12.

[1108] Mit der Errichtung des Visa-Informationssystems durch die Entscheidung des Rates vom 8. Juni 2004 zur Einrichtung des Visa-Informationssystems (VIS) (2004/512/EG), ABl. 2004 L 213, 5, wurde neben der Verbesserung der gemeinsamen Visumspolitik etwa durch die Vereinfachung des Visa-Antragsverfahrens, Verhinderung des „Visa-Shoppings" und der Kontrollen an den Außengrenzen, auch die Verhütung, Aufklärung und Verfolgung terroristischer und anderer schwerer Straftaten angestrebt. Die Einzelheiten hinsichtlich des Datenaustauschverkehrs regeln neben der Verordnung (EG) Nr. 767/2008 des Europäischen Parlaments und des Rates vom 9. Juli 2008 über das Visa-Informationssystem (VIS) und den Datenaustausch zwischen den Mitgliedstaaten über Visa für einen kurzfristigen Aufenthalt (VIS-Verordnung), ABl. 2008 L 218, 60, zuletzt geändert durch Art. 2 der Verordnung (EU) 2021/1152 des Europäischen Parlaments und des Rates vom 7. Juli 2021 zur Änderung der Verordnungen (EG) Nr. 767/2008, (EU) 2017/2226, (EU) 2018/1240, (EU) 2018/1860, (EU) 2018/1861 und (EU) 2019/817 hinsichtlich der Festlegung der Bedingungen für den Zugang zu anderen EU-Informationssystemen für die Zwecke des Europäischen Reiseinformations- und -genehmigungssystems, ABl. 2021 L 249, 15, sowie dem Beschluss 2008/633/JI des Rates vom 23. Juni 2008 über den Zugang der benannten Behörden der Mitgliedstaaten und von Europol zum Visa-Informationssystem (VIS) für Datenabfragen zum Zwecke der Verhütung, Aufdeckung und Ermittlung terroristischer und sonstiger schwerwiegender Straftaten, ABl. 2008 L 218, 129, zuletzt geändert durch Art. 10 der Verordnung (EU) 2021/1134 des Europäischen Parlaments und des Rates vom 7. Juli 2021 zur Änderung der Verordnungen (EG) Nr. 767/2008, (EG) Nr. 810/2009, (EU) 2016/399, (EU) 2017/2226, (EU) 2018/1240, (EU) 2018/1860, (EU) 2018/1861, (EU) 2019/817 und (EU) 2019/1896 des Europäischen Parlaments und des Rates und zur Aufhebung der Entscheidung 2004/512/EG und des Beschlusses 2008/633/JI des Rates zur Reform des Visa-Informationssystems, ABl. 2021 L 248, 11, auch der durch sieben Mitgliedstaaten außerhalb des Rechtsrahmens der Europäischen Union geschlossene Vertrag vom 27. Mai 2005, BGBl. 2006 II 626, mit Ausführungsgesetz, BGBl. 2006 I 1458, bzw. der ihn in den Rechtsrahmen der Europäischen Union überführende Beschluss 2008/615/JI des Rates vom 23. Juni 2008 zur Vertiefung der grenzüberschreitenden Zusammenarbeit, insbesondere zur Bekämpfung des Terrorismus und der grenzüberschreitenden Kriminalität, ABl. 2008 L 210, 1, welche intergouvernementale Rechtsgrundlagen des VIS darstellen; s. hierzu Dannecker in Streinz, AEUV Art. 87 Rn. 13. Am 2. August 2021 sind die neuen Regeln zur Modernisierung des Visa-Informationssystems (VIS) in Kraft getreten, die auf die Erhöhung der inneren Sicherheit und Verbesserung des Grenzmanagements abzielen.

[1109] Die Möglichkeit des Einsatzes des Europol-Informationssystems ist in Art. 88 Abs. 2 S. 2 lit. a AEUV (Art. 30 Abs. 1 lit. b EUV-Nizza; Art. 30 Abs. 1 lit. b EUV-Amsterdam) vorgesehen.

[1110] Die in diesen Rahmen ergangenen Programme wie STOP DAPHNE, ABl. 1996 L 322, 7; OISIN, ABl. 1997 L 7, 5; SHERLOCK, ABl. 1996 L 287, 7; Orientierungsrahmen in Bezug auf Verbindungsbeamte, ABl. 1996 L 268, 2; GROTIUS, ABl. 1996 L 287, 3; FALCONE, ABl. 1998 L 99, 8 konnten sich in der Praxis durchsetzen, sodass neben der Schaffung neuer (STOP II, ABl. 2001 L 186, 7; OISIN II, ABl. 2001 L 186, 4; GROTIUS II, ABl. 2001 L 186, 1; HIPPOKRATES, ABl. 2001 L 186, 11; DAPHNE II, ABl. 2004 L 143, 1; DAPHNE III, ABl. 2007 L 173, 19; auch die Errichtung einer Europäischen Polizeiakademie (EPA bzw. CEPOL) mit dem Beschluss des Rates vom 22. Dezember 2000 über die Errichtung der Europäischen Polizeiakademie (EPA), ABl. 2000 Nr. L 336, 1, aufgehoben durch Art. 29 des Beschlusses 2005/681/JI des Rates vom 20. September 2005 zur Errichtung der Europäischen Polizei-

Abs. 2 lit. b AEUV (Art. 30 Abs. 1 lit. c EUV-Nizza; Art. 30 Abs. 1 lit c EUV-Amsterdam) oder die **gemeinsamen Ermittlungstechniken** regeln (Art. 87 Abs. 2 lit. c AEUV (Art. 30 Abs. 1 lit. d EUV-Nizza; Art. 30 Abs. 1 lit. d EUV-Amsterdam[1111]). Außerdem kann der Rat nach Anhörung des Europäischen Parlaments einstimmig (Art. 87 Abs. 3 UAbs. 1 S. 2 AEUV) über den Erlass von Maßnahmen entscheiden, welche die **operative Zusammenarbeit zwischen den mitgliedstaatlichen Behörden** betreffen. Dieser bereits in Art. 30 Abs. 1 lit. a EUV-Amsterdam und Art. 30 Abs. 1 lit. a EUV-Nizza ausgewiesene Bereich der PJZS erstreckt sich auf die Abstimmung und gemeinsame Durchführung einzelner konkreter polizeilicher Maßnahmen und soll im Wege der grenzüberschreitenden Observation, der grenzüberschreitenden Nacheile, des Einsatzes verdeckter Ermittler, des Austauschs von Personal, der Bildung gemeinsamer Ermittlungsgruppen und kontrollierter Lieferungen zwischen den zuständigen mitgliedstaatlichen Behörden als Formen der operativen Zusammenarbeit die Kooperation der Mitgliedstaaten in der Gefahrenabwehr und Strafverfolgung fördern.[1112]

403 **1. Rechtsschutz vor nationalen Gerichten.** Der gegen die Maßnahmen der polizeilichen Zusammenarbeit gewährte **Rechtsschutz** lässt sich insgesamt als defizitär qualifizieren,[1113] wobei dieser Umstand auf die Überlagerung der Befugnisse aus den mitgliedstaatlichen Rechtsordnungen zurückgeführt wird.[1114] Dies verdeutlicht bereits der Umstand, dass die Gewährung des Rechtsschutzes gegen den grenzüberschreitenden Informationsaustausch von der Maßnahme abhängt, gegen die vorgegangen wird. Strebt der Betroffene die Abwehr der Übermittlung von Daten nach Bundesrepublik Deutschland an, so ist die Zuständigkeit deutscher Gerichte zu verneinen, da diesem Vorgang eine hoheitliche, der Staatenimmunität unterliegende Maßnahme zugrunde liegt.[1115] Dem Betroffenen steht jedoch die Möglichkeit offen, vor **deutschen Gerichten** gegen ein **Informationsersuchen deutscher Behörden** vorzugehen oder die **Überprüfung der Verwendung von übermittelten Daten** zu veranlassen.[1116]

404 **2. Rechtsschutz vor dem Gerichtshof der Europäischen Union bei Rechtsakten nach Inkrafttreten des Vertrags von Lissabon.** Der Rechtsweg zum Gerichtshof ist gegen die im Zusammenhang mit den Formen der operativen Zusammenarbeit ergangenen Maßnahmen nicht gegeben; der Betroffene kann nur dann das Handeln grenzüberschreitend tätiger Beamten vor Gerichten des Einsatz- oder eines anderen Mitgliedstaats überprüfen lassen, wenn die zu überprüfende Maßnahme die Außenwirkung

---

akademie und zur Aufhebung des Beschlusses 2000/820/JI, ABl. 2005 Nr. L 256, 63, aufgehoben durch Art. 40 Abs. 1 der Verordnung (EU) 2015/2219 des Europäischen Parlaments und des Rates vom 25. November 2015 über die Agentur der Europäischen Union für die Aus- und Fortbildung auf dem Gebiet der Strafverfolgung (EPA) und zur Ersetzung sowie Aufhebung des Beschlusses 2005/681/JI des Rates, ABl. 2015 Nr. L 319, 1, (VO (EU) 2015/2219), mit anschließender Umwandlung in eine Agentur der Europäischen Union (Art. 1 VO (EU) 2015/2219)) die Fortführung und Ergänzung (wie etwa durch ein auf dem Beschluss des Rates vom 22. Juli 2002 basierenden Rahmenprogramm für die polizeiliche und justizielle Zusammenarbeit in Strafsachen (AGIS) (2002/630/JI), ABl. 2002 L 203, 5, ersetzt durch Beschluss des Rates vom 12. Februar 2007 zur Auflegung des spezifischen Programms „Kriminalprävention und Kriminalitätsbekämpfung" als Teil des Generellen Programms „Sicherheit und Schutz der Freiheitsrechte" für den Zeitraum 2007 bis 2013 (2007/125/JI), ABl. 2007 L 58, 7) alter Programme beabsichtigt ist.

[1111] Diese Norm strebt der Optimierung der Ermittlungstätigkeit durch die Aufdeckung schwerwiegender Formen der organisierten Kriminalität an und stellt insofern eine Erweiterung des ihr vorangegangenen Art. 30 Abs. 1 lit. d EUV-Nizza dar, als sie durch die Festlegung einzelner Ermittlungstätigkeit zur Angleichung nationaler Ermittlungs- und Fahndungstechniken verhilft.
[1112] Hierzu ausf. Dannecker in Streinz AEUV Art. 87 Rn. 25 ff. mwN.
[1113] Der Überblick zu den Vorschläge zur Behebung dieses Defizits s. bei Nelles/Tinkl/Lauchstädt in Schulze/Zuleeg/Kadelbach EuropaR-HdB § 42 Rn. 108 mwN.
[1114] Nelles/Tinkl/Lauchstädt in Schulze/Zuleeg/Kadelbach EuropaR-HdB § 42 Rn. 107 mwN.
[1115] Fastenrath/Skerka ZEuS 2009, 219 (255).
[1116] Fastenrath/Skerka ZEuS 2009, 219 (255).

entfaltet[1117] und den Beamten bzw. Behörden des Einsatz[1118]- oder eines anderen Mitgliedstaats[1119] zugerechnet werden kann.[1120] Hingegen sind die **im Bereich der polizeilichen Zusammenarbeit erlassenen Rechtsakte** iSd Art. 87 Abs. 2, 3 AEUV **durch den Gerichtshof** gerichtlich überprüfbar.

Der **Vertrag von Lissabon** führte zwar zugunsten der Möglichkeit eines effektiven Individualrechtsschutzes, der Durchführung eines Vertragsverletzungsverfahrens sowie der Verstärkung der Zuständigkeiten des Gerichtshofs für das Vorabentscheidungsverfahren zum Verlust der Sonderposition der PJZS in Fragen des Rechtsschutzes, indem er die Streitigkeiten in diesem Bereich mit Ausnahme solcher, welche der Regelung des mit dem Art. 35 Abs. 5 EUV-Nizza (Art. 35 Abs. 5 EUV-Amsterdam) inhaltsidentischen **Art. 276 AEUV** unterliegen, den allgemeinen Verfahrensvorschriften über den Rechtsschutz vor dem Gerichtshof (→ Rn. 50 ff.) unterstellte.[1121] Uneingeschränkt gilt dies aber lediglich für alle erst nach dem Inkrafttreten des Vertrages von Lissabon erlassenen oder zumindest geänderten[1122] Maßnahmen im Bereich der justiziellen Zusammenarbeit in Strafsachen und polizeilichen Zusammenarbeit. 405

3. Europol. a) Zuständigkeit und Aufgaben. Art. 86 Abs. 2 AEUV statuiert die Zuständigkeit der **Europäischen Staatsanwaltschaft** für die strafrechtliche Untersuchung, Verfolgung sowie die Anklageerhebung, die sie ggf. in Verbindung mit **Europol** ausüben kann. Neben der Möglichkeit einer Aufgabendelegation bei der Ermittlungstätigkeit im Zuständigkeitsbereich von Art. 86 AEUV an Europol begründet diese Ermächtigung zugleich eine solche der partiellen justiziellen Einbindung dieser Einrichtung.[1123] Im Rahmen der von **Art. 102 EUStA-VO** vorausgesetzten **operativen als auch technischen Zusammenarbeit**[1124] zwischen der Europäischen Staatsanwaltschaft und Europol kann die Europäische Staatsanwaltschaft bei Europol die Übermittlung sämtlicher sachdienlichen Informationen über eine in ihre materielle, personelle und territoriale Zuständigkeit[1125] fallende Straftat sowie Unterstützung durch Analysen für ein konkretes Ermittlungsverfahren beantragen. Während dabei das investigative Unterstützungspotential von Europol in Ermangelung eigener Eingriffsbefugnisse und Befugnisse zur Verhängung von Zwangsmaßnahmen limitiert ist,[1126] lassen sich aus seinen bei umfangreichen grenzübergreifenden Durchsuchungen und Zugriffen unter Beweis gestellten Koordinierungsmöglichkeiten und ggf. aus der Zusammenarbeit in Gemeinsamen Ermittlungsgruppen Synergieeffekte in der operativen Durchführung von Ermittlungshandlungen gewinnen.[1127] Die aus **Art. 88 Abs. 1 AEUV** für Europol im Verhältnis zur Europäischen Staatsanwaltschaft begründete allgemeine Unterstützungspflicht wird gemäß Art. 102 Abs. 1 EUStA-VO durch eine Arbeitsvereinbarung festgelegt.[1128] 406

Eine enge Zusammenarbeit mit **Europol** sieht ferner **Art. 49 Abs. 5 Eurojust-VO** vor, die **Eurojust,** soweit dies für die Wahrnehmung der Aufgaben beider Agenturen und 407

[1117] Dieses Kriterium ist bspw. beim Austausch von Verbindungsbeamten nicht erfüllt; s. hierzu Dannecker in Streinz AEUV Art. 87 Rn. 25, 28.
[1118] So bei der Zusammenarbeit durch kontrollierte Lieferungen und gemeinsame Ermittlungsgruppen.
[1119] Vor andere als Gerichte des Einsatzstaates gehören die Maßnahmen im Zusammenhang mit dem Einsatz verdeckter Ermittler, der grenzüberschreitenden Observation und der grenzüberschreitenden Nacheile. Näher dazu Fastenrath/Skerka ZEuS 2009, 219 (244 ff.); Gleß/Lüke JURA 2000, 400 (402 f.); zum Rechtsschutz gegen Maßnahmen im Rahmen der grenzüberschreitenden Zusammenarbeit Harings in Schmidt-Aßmann/Schöndorf-Haubold, Der Europäische Verwaltungsverbund, 2005, 127 (143 ff.).
[1120] Näher dazu Dannecker in Streinz AEUV Art. 87 Rn. 31 mwN.
[1121] Weiß/Satzger in Streinz AEUV Art. 67 Rn. 15.
[1122] Vgl. Art. 10 Abs. 2 des Protokolls (Nr. 36) über die Übergangsbestimmungen, ABl. 2010 C 83, 322.
[1123] Gleß/Grote/Heine, Justitielle Einbindung und Kontrolle von Europol durch Eurojust, 2004, S. 31 f.
[1124] Brodowski in Herrnfeld/Esser, Europäische Staatsanwaltschaft, 2022, § 8 Rn. 57 ff.; Meyer in Herrnfeld/Esser, Europäische Staatsanwaltschaft, 2022, § 3 Rn. 77.
[1125] Brodowski in Herrnfeld/Esser, Europäische Staatsanwaltschaft, 2022, § 8 Rn. 58.
[1126] Marletta eucrim 2016, 141 (143).
[1127] Meyer in Herrnfeld/Brodowski, Europäische Staatsanwaltschaft, 2022, § 3 Rn. 78.
[1128] Satzger, Internationales und Europäisches Strafrecht, 10. Aufl. 2022, § 10 Rn. 5.

zur Verwirklichung ihrer Ziele von Belang ist, begründen und pflegen soll.[1129] Diese Bestrebung spiegelt sich in Art. 85 Abs. 1 UAbs. 1 Hs. 2 AEUV iVm Art. 2 Abs. 1 Hs. 2 Eurojust-VO wider, wonach Eurojust sich bei der Erledigung seiner Aufgaben außer der von den Behörden der Mitgliedstaaten durchgeführten Operationen und gelieferten Informationen auch solcher von Europol bedienen soll, zumal alle der Zuständigkeit von Europol unterliegenden Kriminalitätsformen und Straftaten in den allgemeinen Zuständigkeitsbereich von Eurojust fallen (vgl. Art. 3 Abs. 1 iVm Anhang I (Europol-VO) und Art. 3 Abs. 1 iVm Anhang 1 der Verordnung (EU) 2016/794 des Europäischen Parlaments und des Rates vom 11. Mai 2016 über die Agentur der Europäischen Union für die Zusammenarbeit auf dem Gebiet der Strafverfolgung (Europol) und zur Ersetzung und Aufhebung der Beschlüsse 2009/371/JI, 2009/934/JI, 2009/935/JI, 2009/936/JI und 2009/968/JI des Rates[1130] (Eurojust-VO); ihrerseits ergreift Eurojust nach Art. 49 Abs. 1 S. 1 Hs. 1 Eurojust-VO alle geeigneten Maßnahmen um sicherzustellen, dass Europol im Rahmen des Aufgabenbereichs von Europol und nach einem Treffer/kein-Treffer-Verfahren indirekten Zugriff auf die an Eurojust übermittelten Informationen hat.

408 Der Errichtung von Europol lag das am 1. Oktober 1998 in Kraft getretene Übereinkommen aufgrund von Artikel K.3 des Vertrags über die Europäische Union über die Errichtung eines Europäischen Polizeiamtes (Europol-Übereinkommen) vom 26. Juli 1995[1131] zugrunde, an dessen Stelle der Europol vollständig in den unionsrechtlichen Rahmen integrierende[1132] Beschluss des Rates vom 6. April 2009 zur Errichtung des Europäischen Polizeiamts (Europol) (2009/371/JI)[1133] (Europol-Beschluss) am 1. Januar 2010 getreten ist und den mit Wirkung vom 1. Mai 2017 die Europol-VO ersetzte. Ursprünglich als ein Europäisches Polizeiamt (Art. 1 Abs. 1 Europol-Übereinkommen) mit eigener Rechtspersönlichkeit (Art. 26 Abs. 1 Europol-Übereinkommen) konzipiert, war Europol unter Geltung des Europol-Beschlusses Rechtsnachfolger des durch das Europol-Übereinkommen errichteten Europäischen Polizeiamts (art. 1 Abs. 2 Europol-Beschluss), bevor durch Art. 1 Abs. 1 Europol-VO „eine Agentur der Europäischen Union für die Zusammenarbeit auf dem Gebiet der Strafverfolgung (Europol)" errichtet wurde, die gemäß Art. 62 Abs. 1 S. 2 Europol-VO Rechtspersönlichkeit besitzt und unabhängig ist.[1134]

409 Während die ursprüngliche Zuständigkeit von Europol als Nachfolger der European Drug Unit (EDU)[1135] sich auf die Verhütung und Bekämpfung des illegalen Drogenhandels, des illegalen Handels mit nuklearen und radioaktiven Substanzen, der Schleuserkriminalität, des Menschenhandels und der Kraftfahrzeugkriminalität beschränkte (vgl. Art. 2 Abs. 2 UAbs. 1 Europol-Übereinkommen) und Europol ausschließlich im Falle des Vorhandenseins einer kriminellen Organisationsstruktur tätig werden durfte (vgl. Art. 2 Abs. 1 Europol-Übereinkommen), beschäftigt sich Europol heute mit der **organisierten Kriminalität, dem Terrorismus** und zahlreichen anderen, im Anhang I der Europol-VO aufgeführten Formen **schwerer Kriminalität**[1136] (vgl. Art. 3 Abs. 1 Europol-VO),

---

[1129] Die wesentlichen Elemente dieser Zusammenarbeit legt das Abkommen zwischen Eurojust und Europol (Agreement between Eurojust and Europol) vom 1. Oktober 2009 fest, das gemäß Art. 26 am 1. Januar 2010 in Kraft getreten ist und das vorherige Abkommen zwischen Eurojust und Europol vom 9. Juni 2004 gemäß Art. 24 ersetzt.
[1130] ABl. 2016 L 135, 53, zuletzt geändert durch Art. 1 der Verordnung (EU) 2022/991 des Europäischen Parlaments und des Rates vom 8 Juni 2022 zur Änderung der Verordnung (EU) 2016/794 in Bezug auf die Zusammenarbeit von Europol mit privaten Parteien, die Verarbeitung personenbezogener Daten durch Europol zur Unterstützung strafrechtlicher Ermittlungen und die Rolle von Europol in Forschung und Innovation, ABl. 2022 L 169, 1.
[1131] ABl. 1995 C 316, 2.
[1132] Nelles/Tinkl/Lauchstädt in Schulze/Zuleeg/Kadelbach EuropaR-HdB § 42 Rn. 86.
[1133] ABl. 2009 L 121, 37, aufgehoben durch Art. 75 Abs. 1 der Europol-Verordnung.
[1134] Erwägungsgrund 61 S. 1 Europol-VO und Art. 57 Abs. 3 Europol-VO.
[1135] Nelles/Tinkl/Lauchstädt in Schulze/Zuleeg/Kadelbach EuropaR-HdB § 42 Rn. 86.
[1136] Auch Art. 88 Abs. 1 AEUV teilt die schwere Kriminalität, die zwei oder mehr Mitgliedstaaten betrifft, den Terrorismus und die Kriminalitätsformen, die ein gemeinsames Interesse verletzen, das Gegenstand

die im Wesentlichen den im Rahmenbeschluss über den Europäischen Haftbefehl genannten Deliktsgruppen entsprechen.[1137] Darüber hinaus erstreckt Art. 3 Abs. 2 Europol-VO die Ziele von Europol auf alle im Zusammenhang mit den in Anhang I der Europol-VO und in Art. 3 Abs. 1 Europol-VO genannten Delikten stehenden Straftaten. Neben diesen einzelnen Zuständigkeitsmodifikationen ist der Verzicht auf das Erfordernis des Vorhandenseins einer kriminellen Organisationsstruktur besonders zu betonen, der bereits durch Art. 4 Abs. 1 Europol-Beschluss erfolgte. Dadurch ist es Europol möglich, bei allen schwerwiegenden Formen der internationalen Kriminalität tätig zu werden.[1138]

Die Hauptaufgabe von Europol als **Europäische Datensammlungszentrale** ist die Erhebung und Verarbeitung von Daten über die in strafrechtlicher[1139] und für Europol relevanter[1140] Hinsicht in Erscheinung getretenen Personen auf der Basis[1141] des Europol-Informationssystems[1142] und Europol-Analysesystems[1143] mit dem Zweck, das gesammelte Material den Mitgliedstaaten,[1144] den Unionseinrichtungen,[1145] den Drittstaaten oder den internationalen Organisationen[1146] zur Verfügung zu stellen. Im operativen Bereich nimmt Europol zur Unterstützung und Stärkung der Tätigkeit der zuständigen mitgliedstaatlichen

410

---

einer Politik der Union ist, dem Zuständigkeitsbereich von Europol zu. Während die im Vertrag über die Arbeitsweise der Europäischen Union geregelte Zuständigkeit von Europol mit der Erstreckung der Tätigkeit von Europol auf Kriminalitätsformen, die ein gemeinsames Interesse verletzen, das Gegenstand einer Politik der Union ist, über die Grenzen einer im Europol-Beschluss festgelegten Zuständigkeit hinausging, stellt die Europol-VO die Kongruenz mit Art. 88 Abs. 1 AEUV sicher, indem sie die Unterstützung und Verstärkung der Tätigkeit der zuständigen Behörden der Mitgliedstaaten sowie deren gegenseitige Zusammenarbeit bei der Verhütung und Bekämpfung der zwei oder mehr Mitgliedstaaten betreffenden schweren Kriminalität, des Terrorismus und der Kriminalitätsformen, die ein gemeinsames Interesse verletzen, das Gegenstand einer Politik der Union ist, zu den Zielen von Europol erhebt.

[1137] Satzger, Internationales und Europäisches Strafrecht, 10. Aufl. 2022, § 10 Rn. 5.
[1138] Entwurf eines Gesetzes zur Änderung des Europol-Gesetzes, des Europol-Auslegungsprotokollgesetzes und des Gesetzes zu dem Protokoll vom 27. November 2003 zur Änderung des Europol-Übereinkommens und zur Änderung des Europol-Gesetzes, BT-Drs. 16/12924, S. 8.
[1139] Den Vorgaben des Art. 18 Abs. 2 lit. a iVm Anhang II Abschnitt A. Abs. 1 Europol-VO (Art. 12 Abs. 1 lit. a und b Europol-Beschluss; Art. 8 Europol-Übereinkommen) gemäß dürfen personenbezogenen Daten unter anderem zu Zwecken des Abgleichs zur Ermittlung etwaiger Zusammenhänge oder anderer relevanter Verbindungen zwischen Informationen in Bezug auf Personen verarbeitet werden, die einer Straftat oder der Beteiligung an einer Straftat im Zuständigkeitsbereich von Europol verdächtig sind, wegen einer solchen Tat verurteilt worden sind oder bei denen die Gefahr der Begehung einer solchen Straftat besteht.
[1140] Art. 18 Abs. 2 lit. b, c und d Europol-VO sieht die Verarbeitung von personenbezogenen Daten zu Zwecken der strategischen oder themenbezogenen Analyse, der operativen Analyse und zur Erleichterung des Informationsaustauschs zwischen Mitgliedstaaten, Europol, anderen Unionseinrichtungen, Drittstaaten und internationalen Organisationen vor.
[1141] Während Art. 10 ff. des Europol-Beschlusses die konkreten Angaben zu den von Europol betriebenen Datenbanken enthielten, liegt der Europol-VO ein geändertes, von den konkret genutzten IT-Verfahren unabhängigen Regelungskonzept zugrunde, das die Zwecke der Datenverarbeitung und die Kategorien personenbezogener Daten, die für diese Zwecke verarbeitet werden dürfen, abschließend festlegt (Art. 18 iVm Anhang II Europol-VO); dazu Aden in Lisken/Denninger, Handbuch des Polizeirechts, 7. Aufl. 2021, Abschnitt M Rn. 126 ff., 213 ff.
[1142] Das Europol-Informationssystem stellt – im Gegensatz zum Schengener Informationssystem – kein Fahndungssystem, sondern ein Recherchesystem dar, das die Erkenntnisse über die vom Zuständigkeitsbereich von Europol erfassten Straftaten und die daran beteiligten Personen nach Maßgabe von Art. 18 iVm Anhang II Abschnitt A. Europol-VO beinhaltet; dazu Aden in Lisken/Denninger, Handbuch des Polizeirechts, 7. Aufl. 2021, Abschnitt M Rn. 214.
[1143] Das Europol-Analysesystem ermöglicht auf der Grundlage der darin enthaltenen, aus dem Informationssystem, aus „offenen" und „nicht offenen Quellen" stammenden Daten nach Maßgabe von Art. 18 iVm Anhang II, Abschnitt B. Europol-VO grenzüberschreitende analytische polizeiliche Arbeit; dazu Aden in Lisken/Denninger, Handbuch des Polizeirechts, 7. Aufl. 2021, Abschnitt M Rn. 215.
[1144] Die Modalitäten des Zugangs der Mitgliedstaaten zu von Europol gespeicherten Informationen bestimmt Art. 20 Abs. 1 bis 3 Europol-VO.
[1145] Die Übermittlung personenbezogener Daten an Unionseinrichtungen findet nach Maßgabe von Art. 24 Europol-VO statt.
[1146] Die Übermittlung personenbezogener Daten an Drittstaaten und internationale Organisationen ist in Art. 25 Europol-VO normiert.

Behörden die Koordinierung, Organisation und Durchführung von Ermittlungs- und von operativen Maßnahmen vor, die gemeinsam mit ihnen oder im Rahmen gemeinsamer Ermittlungsgruppen nach Maßgabe von Art. 5 Europol-VO sowie ggf. in Verbindung mit Eurojust durchgeführt werden (vgl. Art. 88 Abs. 2 UAbs. 1 S. 2 lit. b AEUV iVm Art. 4 Abs. 1 UAbs. 1 lit. c Europol-VO), was eine grundsätzliche Abkehr von der ursprünglich Europol zugewiesenen untergeordneten Rolle in diesem Bereich darstellt.[1147] Die selbständige Durchführung von Ermittlungen durch Europol ist im Umkehrschluss zu Art. 88 Abs. 1 AEUV und Art. 88 Abs. 2 UAbs. 1 S. 2 lit. b AEUV jedoch nicht vorgesehen, da die Tätigkeit der Agentur der gesetzlichen Intention zufolge in der Unterstützung und Verstärkung der nationalen Polizei- und Strafverfolgungsbehörden im Rahmen einer gemeinsamen Zusammenarbeit mit den Mitgliedstaaten oder anderen Beteiligten bestehen soll.[1148] Dies bestätigt auch die Regelung des Art. 88 Abs. 3 S. 1 AEUV, wonach die Vornahme operativer Maßnahmen durch Europol nur in Verbindung und in Absprache mit den Behörden der in ihrem Hoheitsgebiet betroffenen Mitgliedstaaten erfolgen kann, welche sich die Möglichkeit der Zwangsmittelanwendung vorbehalten (vgl. Art. 88 Abs. 3 S. 2 AEUV).

411 **b) Rechtsschutz gegen Maßnahmen von Europol.** Die rege Teilnahme Europols am datenrechtlichen Verkehr hat bereits vor Inkrafttreten des Vertrags von Lissabon zahlreiche Fragen nach den Rechtsschutzmöglichkeiten der betroffenen Personenkreise in diesem Bereich aufgeworfen. Die Aufwertung der Befugnisse Europols durch den Vertrag von Lissabon hat insofern die bestehende Situation verschärft, als dadurch neue, nicht weniger komplizierte Probleme hinsichtlich des Schutzes gegen operative Maßnahmen Europols hinzugekommen sind.

412 **aa) Rechtsschutz gegen traditionelle datenrechtliche Maßnahmen.** Die Hauptfunktion von Europol als Datensammlungszentrale veranlasste den Gesetzgeber, die datenschutzrechtlichen Fragen detailliert zu regeln. Dies führte zur **Aufteilung der datenschutzrechtlichen Verantwortung** gemäß den Vorgaben des Art. 38 Europol-VO (Art. 29 Europol-Beschluss; Art. 15 Europol-Übereinkommen) zwischen den Mitgliedstaaten und Europol.

[1147] Vgl. Art. 6 Europol-Beschluss, der entsprechend den Vorgaben des Art. 30 Abs. 2 lit. a EUV-Nizza (Art. 30 Abs. 2 lit a EUV-Amsterdam) die Funktion von Europol im Bereich der Ermittlungstätigkeit auf die unterstützende Teilnahme an gemeinsamen Ermittlungsgruppen begrenzte und von der ebenfalls in Art. 30 Abs. 2 lit. a EUV-Nizza enthaltenen Möglichkeit der Kompetenzerweiterung keinen Gebrauch machte. Die Bedingungen für die Mitwirkung des Europol-Personals in der Gruppe legt die Vereinbarung zur Einsetzung einer gemeinsamen Ermittlungsgruppe fest (Art. 5 Abs. 1 S. 2 Europol-VO).

[1148] Gemäß Art. 6 Abs. 1 Europol-VO ersucht Europol in bestimmten Fällen die zuständigen Behörden der betreffenden Mitgliedstaaten über die nationalen Stellen um Einleitung, Durchführung oder Koordination strafrechtlicher Ermittlungen, wenn sie der Auffassung ist, dass strafrechtliche Ermittlungen über eine unter ihre Ziele fallende Straftat eingeleitet werden sollte. In der Bundesrepublik Deutschland ist gemäß § 1 S. 1 Nr. 1 des Gesetzes zur Anwendung der Verordnung (EU) 2016/794 des Europäischen Parlaments und des Rates vom 11. Mai 2016 über die Agentur der Europäischen Union für die Zusammenarbeit auf dem Gebiet der Strafverfolgung (Europol) und zur Ersetzung und Aufhebung der Beschlüsse 2009/371/JI, 2009/934/JI, 2009/935/JI, 2009/936/JI und 2009/968/JI des Rates (Europol-Gesetz – EuropolG) vom 16. Dezember 1997, BGBl. 1997 II 2150, zuletzt geändert durch Art. 8 des Gesetzes zur europäischen Vernetzung der Transparenzregister und zur Umsetzung der Richtlinie (EU) 2019/1153 des Europäischen Parlaments und des Rates vom 20. Juni 2019 zur Nutzung von Finanzinformationen für die Bekämpfung von Geldwäsche, Terrorismusfinanzierung und sonstigen schweren Straftaten (Transparenzregister- und Finanzinformationsgesetz) vom 25. Juni 2021, BGBl. 2021 I 2083 iVm § 3 Abs. 1 des Gesetzes über das Bundeskriminalamt und die Zusammenarbeit des Bundes und der Länder in kriminalpolizeilichen Angelegenheiten (Bundeskriminalamtgesetz – BKAG) vom 1. Juni 2017, BGBl. 2017 I 1354, berichtigt BGBl. 2019 I 400, zuletzt geändert durch Art. 3 des Gesetzes zur Durchführung der Verordnungen (EU) 2018/1860, 2018/1861 und 2018/1862 des Rates zur Einrichtung, den Betrieb und die Nutzung des Schengener Informationssystems der dritten Generation sowie zur Änderung des Aufstiegsfortbildungsförderungsgesetzes und des BDBOS-Gesetzes (SIS-III-Gesetz) vom 19. Dezember 2022, BGBl. 2022 I 2632, das Bundeskriminalamt nationale Stelle für Europol.

Die Rechtmäßigkeit der Übermittlung personenbezogener Daten an Europol und des 413
Abrufs dieser Daten durch einen Mitgliedstaat unterliegt der Kontrolle durch die nationale
Kontrollbehörde, die zu diesem Zweck gemäß **Art. 42 Abs. 4 Europol-VO** (Art. 33
Abs. 2 Europol-Beschluss; Art. 23 Abs. 2 Europol-Übereinkommen) von der betroffenen
Person nach Maßgabe des nationalen Rechts ersucht werden kann. Die Überwachung des
datenschutzrechtlichen Verkehrs obliegt in der Bundesrepublik Deutschland dem **Bundesbeauftragten für den Datenschutz und die Informationsfreiheit,** der gemäß § 5
Abs. 1 S. 1 EuropolG die Aufgaben der nationalen Kontrollbehörde gemäß Art. 42 Europol-VO wahrnimmt. Die Maßnahmen der nationalen Behörden sind mit den durch das
nationale Recht zur Verfügung gestellten Rechtsmitteln angreifbar.[1149]

Die Kontrolle und Sicherstellung der Anwendung der Bestimmungen der Europol-VO 414
zum Schutz der Grundrechte und Grundfreiheiten natürlicher Personen bei der Verarbeitung personenbezogener Daten durch Europol obliegt dagegen dem Europäischen Datenschutzbeauftragten, der Europol und die betroffenen Personen in allen die Verarbeitung
personenbezogener Daten betreffenden Angelegenheiten berät (vgl. Art. 43 Abs. 1
S. 1 Europol-VO). In diesem Zusammenhang stellt **Art. 47 Abs. 1 Europol-VO** das
Recht jeder betroffenen Person auf **Beschwerde** beim **Europäischen Datenschutzbeauftragten** bei Verstößen der Verarbeitung sie betreffender personenbezogener Daten
durch Europol gegen die Europol-VO sicher. Dieses Recht wird durch die Möglichkeit
der Erhebung einer Klage beim **Gerichtshof der Europäischen Union** gegen eine
Entscheidung des Europäischen Datenschutzbeauftragten flankiert (vgl. **Art. 48 Europol-VO**). Im Falle von Europol umfasst die gerichtliche Kontrolle nach Art. 263 Abs. 1 S. 2
AEUV auch die einzelnen Handlungen dieser Einrichtung der Europäischen Union, denn
die im Rahmen der primären Tätigkeit von Europol erfolgte Eingabe, Verarbeitung und
Übermittlung von Daten entfaltet angesichts des durch die Charta der Grundrechte der
Europäischen Union geschützten Rechts auf den Schutz personenbezogener Daten Rechtswirkung gegenüber Dritten. Dies gilt selbst dann, wenn die Rechtmäßigkeit der durch die
beanstandete Maßnahme Europols ausgelösten Folgemaßnahmen nationaler Behörden untersucht werden muss.

Neben dem Verfahren zur Überprüfung der einzelnen Handlungen Europols oder der 415
Mitgliedstaaten kann eine widerrechtliche Datenverarbeitung auch **Schadensersatzansprüche** des Betroffenen begründen. Art. 49, 50 Europol-VO (Art. 52, 53 Europol-Beschluss; Art. 38, 39 Europol-Übereinkommen) begründen eine Haftung der Mitgliedstaaten und Europols für Schäden, die durch die fehlerhafte Verarbeitung personenbezogener Daten entstanden sind oder von Europols Dienststellen oder Bediensteten in Ausübung
ihrer Amtstätigkeit verursacht wurden. Während die Klagen gegen den Mitgliedstaat bei
dem **zuständigen nationalen Gericht des betreffenden Mitgliedstaats** zu erheben
sind, ist für die Klagen gegen Europol wegen der fehlerhaften Verarbeitung personenbezogener Daten wie auch für Streitfälle im Zusammenhang mit der Gewährung von Schadensersatz im Bereich der **außervertraglichen Haftung** der **Gerichtshof** zuständig (vgl.
Art. 50 Abs. 1 S. 2 Europol-VO, Art. 49 Abs. 4 i. V. m. Abs. 2 Europol-VO).

bb) Rechtsschutz gegen operative Maßnahmen. Die in Art. 88 Abs. 2 S. 2 lit. b 416
AEUV für Europol enthaltene Befugnis, die Koordinierung, Organisation und Durchführung von Ermittlungen sowie von operativen Maßnahmen vorzunehmen, welche entweder gemeinsam mit den zuständigen Behörden der Mitgliedstaaten oder im Rahmen
gemeinsamer Ermittlungsgruppen durchgeführt werden, begründet auch auf der Rechtsschutzebene das Bedürfnis nach einer Differenzierung.

Soweit es dem Betroffenen um den Rechtsschutz gegen die im Rahmen **gemeinsamer** 417
Ermittlungsgruppen durchgeführten Handlungen der in gemeinsame Ermittlungsgruppen national eingebundenen Europol-Bediensteten geht, bietet sich die Möglichkeit des

---

[1149] Dannecker in Streinz AEUV Art. 88 Rn. 21.

nationalen Rechtswegs an, da die fraglichen Handlungen der die Strafverfolgung durchführenden nationalen Behörden zurechenbar sind.[1150]

418 Als schwieriger erweist sich die Frage nach der zuständigen Gerichtsbarkeit im Falle des Rechtsschutzes gegen Handlungen Europols, die auf die Teilnahme an gemeinsamen operativen Maßnahmen zurückzuführen sind. In dieser Hinsicht wäre sowohl die alleinige Zuständigkeit der nationalen Gerichte als auch eine solche des Gerichtshofs denkbar. Während gegen letztere insbesondere die Regelung des Art. 276 AEUV spricht, welche die Überprüfung der Rechtmäßigkeit der Maßnahmen nationaler Behörde der Befugnis des Gerichtshofs entzieht und im Falle der Befugniseinräumung über die Kontrolle der gemeinsam durchgeführten operativen Maßnahmen Europols an den Gerichtshof zwangsläufig missachten würde, erscheint die Zuordnung jeglicher fraglichen Handlungen der nationalen Gerichten weiterführend.[1151] Zutreffender und der Komplexität der Materie entsprechend erscheint jedoch eine Aufteilung der **Zuständigkeit** zwischen nationalen und europäischen Instanzen, welche nicht nach dem handelnden Personenkreis, sondern **nach der Zurechnung der Handlungen zu Europol bzw. zu den nationalen Stellen**[1152] vorgenommen werden muss.[1153]

419 Nach expliziter Bestimmung des Art. 49 Abs. 2 Europol-VO erstreckt sich die Zuständigkeit des Gerichtshofs der Europäischen Union auf Entscheidungen aufgrund einer **Schiedsklausel** in einem von Europol geschlossenen Vertrag.

420 Gegenstand einer Beschwerde beim Europäischen Bürgerbeauftragten oder einer Klage beim Gerichtshof der Europäischen Union können die Entscheidungen von Europol nach Art. 8 VO (EG) Nr. 1049/2001 bilden, die ausweislich der Bestimmung in Art. 63 Abs. 1 Europol-VO „für die Dokumente Europols" gilt (vgl. Art. 65 Abs. 3 Europol-VO).

421 **cc) Rechtsschutz gegen andere im Zusammenhang mit Europol erlassene Maßnahmen.** Gegen Maßnahmen, beruhend auf der Europol-VO, steht für die Betroffenen der Rechtsweg zum Gerichtshof offen, den sie nach den allgemeinen Regelungen über den Rechtsschutz zu bestimmenden Möglichkeiten bestreiten können.[1154]

422 **c) Immunität von Europol und deren Personal.** Gemäß Art. 63 Abs. 1 Europol-VO findet das dem Vertrag über die Europäische Union und dem Vertrag über die Arbeitsweise der Europäischen Union beigefügte Protokoll (Nr. 7) über die Vorrechte und Befreiungen der Europäischen Union vom 8. April 1965[1155] auf Europol und ihr Personal Anwendung. Die Immunität von Europol-Bediensteten wird durch Art. 63 Abs. 1 Europol-VO iVm Art. 11 lit. a des Protokolls (Nr. 7) über die Vorrechte und Befreiungen der Europäischen Union insoweit garantiert, als damit „Befreiung von der Gerichtsbarkeit bezüglich der von ihnen in amtlicher Eigenschaft vorgenommenen Handlungen, einschließlich ihrer mündlichen und schriftlichen Äußerungen [...]" erteilt wird, die auch nach Beendigung ihrer Amtstätigkeit gilt. Die Gewährung dieser in ihrer Reichweite beschränkten Immunität erscheint angesichts der Europol inzwischen übertragenen Aufgaben sowie angesichts des erreichten Integrationsniveaus problematisch[1156] und erfordert deshalb eine restriktive Auslegung.

[1150] Dannecker in Streinz AEUV Art. 88 Rn. 26; Hinterhofer in FK-EUV/GRC/AEUV AEUV Art. 88 Rn. 40; Esser in Zulceg, Europa als Raum der Freiheit, der Sicherheit und des Rechts, 2007, 25 (41); Srock, Rechtliche Rahmenbedingungen für die Weiterentwicklung von Europol, 2006, S. 234 f.
[1151] Srock, Rechtliche Rahmenbedingungen für die Weiterentwicklung von Europol, 2006, S. 234 f.
[1152] In diesem Fall würde es bei der Zuständigkeit der nationalen Gerichte auch dann verbleiben, wenn die rechtswidrige Handlung die Europol-Bediensteten begangen haben.
[1153] Streinz/Ohler/Herrmann, Der Vertrag von Lissabon zur Reform der EU, 3. Aufl. 2010, S. 166; zust. Dannecker in Streinz AEUV Art. 88 Rn. 28.
[1154] Dannecker in Streinz AEUV Art. 88 Rn. 29.
[1155] ABl. 2012 C 326, 266.
[1156] Ruthig/Böse in Böse, Europäisches Strafrecht, 2. Aufl. 2021, § 20 Rn. 72.

Sachverzeichnis

(Die fettgesetzten Ziffern bezeichnen die Paragraphen,
die mageren die Randnummern)

Abkommen **16** 5 ff.
acte clair **10** 75
acte éclairé **10** 73
acte-claire-Doktrin **31** 117; **34** 56
administratives Handeln **9** 31
ADR-Richtlinie **33** 44 ff.
Agentur der Europäischen Union für justizielle Zusammenarbeit in Strafsachen **34** 335
Agenturen der Union
– Nichtigkeitsklage **7** 31
Akteneinsicht
– in die Akten des EuGH und des EuG **18** 27 ff.
Aktenzeichen
– der Rechtssachen vor den Unionsgerichten **20** 13 f.
Aktivlegitimation **9** 8
Amtsermittlungspflicht **33** 99
Amtshaftungsanspruch
– Amtstätigkeit **9** 29 ff.
– Art der Ersatzleistung **9** 44
– Kausalität **9** 43
– Organe und Bedienstete **9** 27 f.
– rechtmäßiges Verhalten **9** 39
– Rechtswidrigkeit **9** 33 ff.
– Schaden **9** 41 f.
– Schutznorm **9** 34 ff.
– Verschulden **9** 40
– Verzinsung **9** 46
Amtshaftungsklagen **9** 4 ff.
– aktive Parteifähigkeit **9** 9
– Begründetheit **9** 25 ff.
– Klageerhebung **9** 13 f.
– Klagefrist **9** 15
– passive Parteifähigkeit **9** 10 f.
– Rechtsschutzbedürfnis **9** 17 ff.
– Verhältnis zu anderen unionsrechtlichen Rechtsschutzmöglichkeiten **9** 18 ff.
– Verhältnis zu nationalen Rechtsbehelfen **9** 21 ff.
– Vorverfahren **9** 12
– Wesen und Bedeutung **9** 4 f.
– Zulässigkeit **9** 6 ff.
– Zuständigkeit **9** 7
Anfechtbarkeit des Vorlagebeschlusses **34** 74
Anfechtung
– unterlassene Vorlage im Revisionsverfahren **34** 75 ff.
– Vorlageersuchen **34** 73 ff.
Angelegenheit der Europäischen Union **31** 40

anhängiger Rechtsstreit **11** 7 ff.
Anlagen
– zu Schriftsätzen allgemein **20** 9
– zur Klageschrift **20** 22, 44
Anlagenverzeichnis **20** 9
Anleihkaufprogramm der EZB **31** 129
Annahme **33** 122
Annexkompetenz **34** 12
Anordnung des persönlichen Erscheinens **33** 87
Anschlussrechtsmittel **25** 29 f.
Antidumpingrecht
– Nichtigkeitsklage **7** 103
Antidumpingverfahren
– Nichtigkeitsklage **7** 57
Antisubventionsrecht
– Nichtigkeitsklage **7** 103
Antisubventionsverfahren
– Nichtigkeitsklage **7** 57
Antragsbefugnis **24** 33 ff.
Anwaltskosten **9** 41
Anwaltszwang
– Verfahren vor dem EuGH **19** 9
Anwendbarkeit von EU-Richtlinien, unmittelbare **34** 43
Anwendung des Unionsrechts durch den EuGH **4** 14
Anwendungsvorrang des Unionsrechts **34** 40 ff.
a-priori-Kontrolle **16** 2
Äquivalenzgrundsatz **29** 3; **31** 118; **32** 7; **33** 63 ff., 150
Äquivalenzprinzip **33** 180
Arrestgrund
– Auslandsvollstreckung **33** 128 ff.
Arrestprivilegierung **33** 130
Arysta-Entscheidung **5** 134
Assimilierung **34** 10
– durch die Europäische Union **34** 28 ff.
– durch die Mitgliedstaaten **34** 32 ff.
Atlanta-Entscheidung des EuGH **32** 81
Atteste **33** 119
Aufsichtsklage **13** 31
– zwischen Mitgliedstaaten **6** 3
Ausbeutungsmissbrauch **34** 117
Ausländersicherheit **33** 127
ausländische öffentliche Urkunden
– Beweiskraft **33** 118 ff.
Auslandsvollstreckung
– Arrestgrund **33** 128 ff.
Auslegung **4** 7 ff.
– Methoden **4** 8

951

Sachverzeichnis

fette Zahlen = §§

– richtlinienkonforme **33** 170
– unionsrechtliche **33** 169
Auslegungsentscheidungen **10** 127 ff.
Auslegungsfrage **10** 36 ff.
Auslegungskompetenz **10** 37
Auslieferung
– Strafvollstreckung **34** 296
Auslieferungsersuchen **34** 300
Auslieferungsverfahren
– Europäischer Haftbefehl **34** 294 ff.
Ausschluss der Öffentlichkeit **18** 21
Ausschreibung zur Festnahme **34** 301
Ausschuss der Regionen
– Nichtigkeitsklage des AdR **7** 18
– Untätigkeitsklage des AdR **8** 11
außerordentliche Rechtsbehelfe **25** 84 ff.
außervertragliche Haftung der Union **33** 7 ff.
Aussetzung **5** 176 ff.
– des Ermittlungsverfahrens **34** 62 ff.
– des Verfahrens vor EuGH, EuG oder EuGöD **20** 52 f.
Aussetzung der Zwangsvollstreckung
– Begründetheit des Antrages **30** 16 ff.
– Zulässigkeit des Antrags **30** 11 ff.
Aussetzungsentscheidung
– gerichtliche **32** 89

Bagatellfälle **34** 79
Bail-out-Verbot **9** 35
Bananenmarkt-Beschlus **31** 6, 13, 42
Bankensektor **34** 23
BASF Grenzach-Entscheidung **5** 134
Beamtenklagen **1** 19
Befangenheit
– Ausschluss von Gerichtspersonen **20** 20
Begleitgesetz **31** 24
Begleitgesetzgebung **31** 29
Begründungspflicht **10** 62
Beihilfenbegünstigte
– Nichtigkeitsklage **7** 59
Beihilfenkontrolle
– Nichtigkeitsklage **7** 59, 103
Beihilfenrecht
– Untätigkeitsklage **8** 28
Beiladung **19** 21, 48
Beratungsgeheimnis **24** 7 f.
Berufung
– Nichtannahme **34** 79 ff.
Berufungsablehnung **34** 81
beschleunigtes Verfahren
– im Direktklageverfahren **23** 8 ff.
Beschleunigtes Verfahren
– im Vorabentscheidungsverfahren vor dem EuGH **10** 118 ff.
beschleunigtes Verfahren
– im Vorabentscheidungsverfahren vor dem EuGH **23** 14 f.
Beschleunigungsgrundsatz **18** 12 ff.; **34** 60

Beschluss **24** 3 f., 17
– Aussetzung **30** 17 ff.
– einstweiliger Rechtsschutz **17** 131 ff.
– Klageabweisung **23** 27 f.
– Vorabentscheidungsverfahren **23** 31 ff.
Beschwerde
– bei der Kommission **6** 2 f., 64 ff.
Beschwerdekammer **3** 9, 68
Beteiligungsrechte **31** 156
Betroffenheit
– individuelle **7** 71 ff.
– unmittelbare **7** 79
Betrugsdelikte **34** 336
Beugemaßnahme **34** 108
Beurteilungszeitpunkt **32** 57 ff.
Bevollmächtigte
– in Verfahren vor den Unionsgerichten **19** 9 f.
Beweis
– Gegenstand **21** 5
Beweisanträge **21** 28 ff.
Beweiskraft
– ausländische öffentliche Urkunden **33** 118 ff.
Beweislast **21** 6 ff.
Beweismaß
– europäisches Unionsrecht **33** 124
Beweismittel
– Aussetzung der Übermittlung **34** 328
Beweismittelkatalog **21** 22 ff.
Beweisrecht **32** 63
Beweisverfahren **21** 28 ff.
Beweisverordnung (EuBVO) **33** 28
Beweiswürdigung **21** 34 ff.
Bindungswirkung
– erga omnes **10** 130 f., 136
– im Ausgangsverfahren **10** 127 ff.
Blankettgesetze **34** 36
Blankettverweisung **34** 36
Bonität
– des Bürgen **33** 148
BRRD-Umsetzungsgesetz **33** 27
Brückenkopf-Modell **34** 321
Brüssel-Ia-VO **33** 25, 33, 48, 54, 58 ff., 66 ff.
Brüssel-IIa-VO **33** 26, 58, 79 ff.
Brüssel-IIb-VO **33** 26
Brüssel-I-VO **33** 33, 58 f.
Budgetrecht **31** 72
Bundesländer
– Klageberechtigung bei Untätigkeitsklagen **8** 13
– Parteifähigkeit vor den Unionsgerichten **19** 4
– Vertragsverletzung durch **6** 40
Bundesrat
– Mitwirkung **31** 157
Bundestag
– Mitwirkung **31** 157
Bundesverfassungsgericht **1** 12 f.; **31** 1 ff.
– Maastricht-Urteil **1** 12
– PSPP-Urteil **1** 12
Bund-Länder-Streit **31** 8, 22, 60, 93, 138

Bürge
- Bonität **33** 148
- Steuerbürge **33** 148
- Zollbürge **33** 148
Bußgeldentscheidungen **34** 144
- Rechtsmittel **34** 185 ff.
- Rechtsschutz **34** 199, 226 ff.
Bußgeldermäßigung **34** 130
- Ermäßigung **34** 130
Bußgeldfestsetzung **34** 127 ff.
Bußgeldrahmen
- Datenschutz **34** 207
Bußgeldverfahren **34** 55
Bußgeldvorschriften
- EG-Fusionskontrollverordnung **34** 182 ff.

CETA-Freihandelsabkommen **31** 135
Charta der Grundrechte der Europäischen Union **34** 2
Common Frame of Reference **33** 2
Corona-Aufbaufonds „Next Generation EU" (NGEU) **31** 73, 151 ff.
Corpus Juris **34** 346
COVID-19-Pandemie
- Bekämpfung ökonomischer Folgen **1** 1
- Corona-Aufbaufonds „Next Generation EU" (NGEU) **31** 73, 151 ff.
- Europäische Investitionsbank **13** 3
- mündliche Verhandlung per Videokonferenz **18** 17
- Vakzine **1** 1
- Vorabentscheidungsverfahren gem. Art. 267 AEUV **10** 15

Dänemark **33** 32
Datenschutz-Grundverordnung (DS-GVO) **34** 200 ff.
- Aufsichtsbehörden **34** 205
- Auftragsverarbeiter **34** 205
- Bußgeldtatbestände **34** 221 ff.
- Geldbußen **34** 204
- materielle Verstöße **34** 223 ff.
- Sanktionsregime **34** 201 ff.
- Überwachungsstellen **34** 205
- Zertifizierungsstellen **34** 205
Datenschutzrecht **34** 22
Datenschutzrechtliche Einheit **34** 215
Deggendorf-Doktrin **11** 25
Deggendorf-Rechtsprechung
- EuGH **10** 48
Demokratiegebot **31** 54
Demokratieprinzip **31** 68
Devolutiveffekt **32** 67
Dialog **10** 6
Dienstanweisung
- für den Kanzler (EuGHKanzlDA) **2** 20
Dienstleistungsrichtlinie **32** 4
Differenzhypothese **9** 45

Direktklage **12** 10
Diskriminierungsverbot **33** 99
Dispositionsmaxime **18** 4 ff.
Disziplinierungsfunktion **34** 204
Divergenzrevision **32** 72
Doppelfunktionalität **33** 66 ff.
Drei-Säulen-Konzept **1** 3
Dringlichkeit **5** 5 ff., 68 ff.
- eigener Schaden **5** 74 ff.
- einstweiliger Rechtsschutz **17** 49 ff.
- Irreparabilität **17** 70 ff.
- Schaden **5** 74 ff.
Drittstaaten
- Klageberechtigung bei Nichtigkeitsklage **7** 21
Drittstaatenbezug **33** 69
Drittwiderspruch **25** 85 ff.
Drittwiderspruchsklage **19** 22; **30** 43
Drogenhandel **34** 336
Du Pont de Remours-Entscheidung **5** 134
Durchführungsbestimmungen **2** 22

E-Commerce-Richtlinie **33** 1
e-Curia **2** 26; **10** 110; **20** 3 ff., 10
- Nichtigkeitsklage **7** 88, 123
Effektivitätsgrundsatz **29** 3; **31** 118; **32** 8; **33** 63 ff., 150
Effektivitätsprinzip **33** 180
effet utile **31** 1; **33** 140 ff.
EFTA-Überwachungsbehörde **34** 4, 198
- Parteifähigkeit **19** 2
EG-Fusionskontrollverordnung
- Anwendungsbereich **34** 171
- Bußgeldvorschriften **34** 182 ff.
- Geldbußen wegen Verstößen gegen **34** 170 ff.
eidesstaatliche Versicherungen **5** 156
Eidesstaatliche Versicherungen
- einstweiliger Rechtsschutz **17** 115
Eignungsprüfungsausschuss **1** 10
Eilbedürftigkeit **34** 67 ff.
Eilverfahren **10** 78 f.
- Antragsanzahl **23** 24
Eilvorabentscheidungsverfahren **10** 122 ff.; **34** 61, 374
Eilvorlageverfahren **10** 122 ff.; **23** 16 ff.
Eingangsgericht **3** 84
Einrede
- anderweitige Rechtshängigkeit **12** 6
- Antragsberechtigung **12** 12
- der Rechtswidrigkeit **11** 2, 22
- Direktklagen **12** 10
- entgegenstehende Rechtskraft **12** 6
- Entscheidung der Unionsgerichte **12** 21 ff.
- fehlende Klagebefugnis **12** 6
- fehlende Passivlegitimation **12** 8
- fehlendes Rechtsschutzinteresse **12** 6
- Frist **12** 15
- Klagebeantwortung **12** 14

953

Sachverzeichnis

fette Zahlen = §§

– Klagebegehren auf einen unzulässigen Gegenstand gerichtet **12** 6
– Missachtung von Formvorschriften **12** 6
– prozeßhindernde **12** 1
– Unzulässigkeit **12** 6
– Unzulässigkeit des Rechtsmittels **12** 11
– Unzuständigkeit des EuGH/EuG **12** 6
Einrichtungen und sonstige Stellen der Europäischen Union **10** 40
– Nichtigkeitsklage **7** 31 f.
– Untätigkeitsklage **8** 18
Einspruch
– Versäumnisurteil **23** 43
Einstellungsentscheidungen **34** 54
einstweilige Anordnung **5** 180 ff.; **32** 95 ff.
– Erforderlichkeit **5** 183
einstweiliger Rechtsschutz **5** 1 ff.; **31** 171 ff.
– Akzessorietät **5** 25 ff.; **17** 13, 16 f.
– Änderung der Umstände **5** 212; **17** 160
– Antrag **5** 37 ff.; **17** 20 ff.
– Antragsschrift **17** 146
– Ausblick **17** 190 ff.
– Aussetzung **17** 40, 133 ff.
– Begründetheit **5** 58 ff.
– Beschluss **5** 187 ff.; **17** 131 ff.
– Darlegungs- und Beweislast **5** 154 ff.; **17** 114 ff.
– Dauer **17** 154
– Dringlichkeit **5** 68 ff.; **17** 2 f., 49 ff.
– eidesstaatliche Versicherung **17** 115
– eigener Schaden **17** 54
– einstweilige Anordnung **17** 40, 136 ff.
– Existenzgefährdung **17** 88 ff.
– Frist **5** 22; **17** 13 f., 152, 181
– fumus boni iuris **17** 120 ff.
– inaudita alter parte **17** 156 ff.
– Interessenabwägung **17** 7, 125 ff., 179
– Intervention **17** 166 ff.
– Irreparabilität **17** 68, 78 ff.
– Kausalität **17** 60 ff.
– kontradiktorisches Verfahren **17** 147 ff.
– Maßnahmen gegen die Unionsverwaltung **17** 28
– nachgereichte Schriftstücke **17** 151
– neuer Antrag **5** 211; **17** 159
– Rechtsmittel **17** 162 ff.
– Rechtsprechungsänderung **17** 181
– Rechtsschutzinteresse **5** 49 ff.; **17** 32 ff.
– restriktive Maßnahmen **17** 187 ff.
– Schaden **17** 65 ff.
– Schadenseintritt **17** 65 ff.
– Schwere **17** 68, 74 ff.
– sofortige Vollziehbarkeit **17** 4
– Spielraum des Richters **5** 97
– Sprache **17** 153
– Stillhaltefrist **5** 228
– Streithilfe **17** 166 ff.
– Verfahren **5** 12 ff., 195 ff.; **17** 146 ff.

– vertrauliche Informationen **17** 182 ff.
– Vollstreckungstitel **17** 143
– Voraussetzungen **17** 43
– Vorlagepflicht **10** 69
– Wechselwirkung **17** 45
– Wirksamkeit **17** 142 ff.
– Zulässigkeit **5** 17 ff.
– Zulässigkeit des Antrags **5** 19; **17** 11 ff.
– Zulässigkeit des Hauptsacheverfahrens **17** 37
– Zuständigkeit **5** 21; **17** 9, 12
– Zuständigkeit des Richters **5** 43 ff.
– Zwangsgeld **5** 47; **17** 30
– Zwischenverfügung **17** 156 ff.
Einzelrichter **3** 65, 70 ff.
E-Justiz-Aktionsplan **33** 34, 37 ff.
E-Mail
– Einreichung und Zustellung **20** 6
Emmot-Entscheidung des EuGH **32** 50
Empfehlung **10** 41
EMRK **2** 4; **18** 3
Endurteil **24** 2
Enforcement-RL
– Kostenerstattung **33** 165 ff.
Enquêterecht **31** 147
Erbkollisionsrecht **33** 76 f.
Erbprozessrecht, internationales **33** 74 ff.
Erbscheine **33** 121
Erbverfahrensrecht, internationales **33** 74
Erfolgshaftung **33** 195
Erinnerung **30** 42
Erledigung der Hauptsache **24** 54
Ermessen
– bei Einleitung eines Vertragsverletzungsverfahrens **6** 25
– Missbrauch als Klagegrund bei der Nichtigkeitsklage **7** 112 ff.
Ermittlung ausländischen Rechts
– Mitgliedstaaten **33** 99 ff., 102 ff.
Ermittlungsgruppe **34** 307
Ermittlungsverfahren
– strafrechtliches **34** 57 ff.
– Vorlageverfahren **34** 66
ESZB-Satzung
– Klagen **13** 59 ff.
EuBvKoPfVO **33** 30
EuErbVO **33** 121
EuG s. a. Gericht
EuGewSchVO **33** 26
EuGH **1** 9 ff.; **3** 2 ff.
– s. a. Gerichtshof; s. a. Gerichtshof der Europäischen Union (EuGH)
– Arbeitslast **1** 19
– einstweiliger Rechtsschutz **5** 11
– Verwerfungsmonopol für Unionsakte **10** 65
– vormals Gerichtshof der Europäischen Gemeinschaft **1** 8
EU-Grundrechtscharta **18** 3
EuGüVO **33** 29

954

EUIPO **19** 45
EuPartVO **33** 29
EuratomV **30** 37
Euratom-Vertrag (EAGV) **7** 4; **8** 3
Eurojust **34** 333 ff.
– Aufgaben **34** 334
– Nichtigkeitsklage **7** 31
Europafreundlichkeit **31** 103
Europäische Atomgemeinschaft **9** 1
Europäische Atomgemeinschaft (Euratom) **10** 18
Europäische Bagatellverfahren (EuGFVO) **33** 50 ff.
Europäische Beweisverordnung (EuBVO) **33** 111 ff.; **34** 303
Europäische Datensammlungszentrale **34** 410
Europäische E-Justizportal **33** 104
Europäische Erkenntnisverfahren **33** 50 ff.
Europäische Ermittlungsanordnung **34** 303 ff.
– Anwendungsbereich **34** 307 ff.
– Beschwerde **34** 322
– Einwendung gegen die Zulässigkeit **34** 322
– Erlass **34** 313
– Ermessensfehler **34** 325
– Ermessensfehlerhaftigkeit der Bewilligungsentscheidung **34** 325
– Ermessensreduktion auf Null **34** 325
– Plausibilitätsprüfung **34** 320
– Rechtsschutz **34** 314 ff.
– Verhältnismäßigkeitsprüfung **34** 320
– Vollstreckung **34** 316
– Zuständigkeit **34** 309 ff.
Europäische Gemeinschaften **1** 3
Europäische Gerichtsbarkeit **2** 1
Europäische Insolvenzverordnung (EuInsVO) **33** 26
Europäische Investitionsbank
– COVID-19-Pandemie **13** 3
– Doppelnatur **13** 13
– Funktion **13** 3
– Gemeinschaftsinstitutionen **13** 13
– Haftung **13** 14
– Mitglieder **13** 4
– Organbeschlüsse **13** 39 ff.
– Rechtspersönlichkeit **13** 2, 11 ff.
– Schadensersatzklage gegen **13** 51
– Sonderstellung **13** 2
– Verwaltungsrat **13** 4, 27 ff., 45
Europäische Justizielle Netz **33** 39, 104
Europäische Kommission
– Klagebefugnis bei Nichtigkeitsklage **7** 44
– Nichtigkeitsklage der **7** 13
– Nichtigkeitsklage gegen die **7** 23 ff.
– Pflicht zur Einleitung eines Vertragsverletzungsverfahrens **6** 25
– Untätigkeitsklage der **8** 10
– Untätigkeitsklage gegen die **8** 15
– Vertragsverletzungsverfahren (Aufsichtsklage) **6** 2, 10 ff.

Europäische Mahnverfahren (EuMVVO) **33** 26, 50 ff.
Europäische Mediationsrichtlinie (Mediations-RL) **33** 44 ff.
Europäische Menschenrechtskonvention (EMRK) **10** 89
Europäische Nachlasszeugnis **33** 29
Europäische Rat
– Nichtigkeitsklage gegen **7** 26 ff.
Europäische Rechtsakademie **33** 40 ff.
Europäische Staatsanwaltschaft **34** 54, 346 ff.
– außervertraglichen Haftung **34** 376
– Beschwerde **34** 370
– Einstellung des Verfahrens **34** 372
– gerichtliche Anordnung **34** 370
– Rechtsschutz **34** 358 ff.
– sachliche Zuständigkeit **34** 347 ff.
– sofortige Beschwerde **34** 370
– Verfahrenshandlungen **34** 361 ff.
– Versagung der Aktensicht **34** 371
– zeitliche Zuständigkeit **34** 356
– Zuständigkeitsausübung **34** 356
Europäische Union **1** 1
– Fortentwicklung **1** 16
– Schutz des finanziellen Interesses **34** 18
Europäische Union der Zustellungsverordnung (EuZVO) **33** 28
Europäische Wirtschaftsgemeinschaft **34** 108
Europäische Zentralbank **9** 11; **34** 23, 231 ff.
– Aktivlegitimation **13** 52
– Aufgaben **13** 7
– Beschlussorgane **13** 6
– Geldbußen **34** 236 ff.
– Grenzen der Sanktionskompetenz **34** 256 ff.
– Klagebefugnis bei Nichtigkeitsklage **7** 45
– Klagerechte **13** 53 ff.
– Nichtigkeitsklage **13** 62
– Nichtigkeitsklage der **7** 18
– Nichtigkeitsklage gegen **7** 23, 30
– Passivlegitimation **13** 52
– Rechtspersönlichkeit **13** 5
– Sanktionskompetenz **34** 241 ff.
– Schadensersatzklage **13** 65
– Selbstkontrolle **34** 262
– Unabhängigkeit **13** 5, 23
– Untätigkeitsklage **13** 64
– Untätigkeitsklage der **8** 12
– Untätigkeitsklage gegen **8** 15, 24
– Verhängung von Sanktionen **34** 234 ff.
– Verhängung von Verwaltungssanktionen **34** 246 ff.
– Veröffentlichung des Sanktionsbeschlusses **34** 271 ff.
– Vorabentscheidungsverfahren **13** 67
Europäische Zustellungsverordnung (EuZVO) **33** 111 ff.
Europäischer Bürgerbeauftragter **34** 395
– Beschwerde bei **34** 336

Sachverzeichnis

fette Zahlen = §§

Europäischer Datenschutzbeauftragter **34** 332 f., 378, 396, 414
Europäischer Gerichtshof für Menschenrechte (EGMR) **10** 89
– Verfahren **34** 103
Europäischer Haftbefehl **34** 287 ff.
– Anwendungsbereich **34** 291
– Auslieferungsverfahren **34** 294 ff.
– Ausschreibung zur Festnahme **34** 290
– Grundsatz der beiderseitigen Strafbarkeit **34** 291
– Mindestangaben **31** 10
– Rechtsschutz **34** 298
– Zuständigkeit **34** 292
Europäischer Rat
– Nichtigkeitsklage der **7** 13
– Nichtigkeitsklage gegen **7** 23
– Untätigkeitsklage des **8** 10
– Untätigkeitsklage gegen **8** 15
Europäischer Rechnungshof
– Klagebefugnis bei Nichtigkeitsklage **7** 45
– Nichtigkeitsklage des **7** 18
– Nichtigkeitsklage gegen **7** 31
– Untätigkeitsklage des **8** 10 f.
– Untätigkeitsklage gegen **8** 16
Europäischer Vollstreckungstitel **33** 53, 57
Europäisches Amt für Betrugsbekämpfung (Office européen de lutte anti – fraude – OLAF) **34** 381 ff.
– s. a. OLAF
Europäisches Bagatellverfahren (EuGFVO) **33** 26
Europäisches Bankenrecht
– Geldbußen **34** 231 ff.
Europäisches Datenschutzrecht **34** 5
– Geldbußen **34** 200 ff.
Europäisches E-Justiz-Portal **33** 34, 37 ff.
Europäisches Habitatschutzrecht **32** 58
Europäisches Haftbefehlsgesetz (EuHbG) **34** 289
Europäisches Integrationsprojekt **1** 2
Europäisches Kartellrecht **34** 106
– Unternehmensbegriff **34** 112
Europäisches Parlament **34** 21 ff.
– Klagebefugnis bei Nichtigkeitsklage **7** 44
– Klageberechtigung bei Nichtigkeitsklage **7** 13
– Nichtigkeitsklage des **7** 17
– Nichtigkeitsklage gegen **7** 23, 29
– Untätigkeitsklage des **8** 10 f.
– Untätigkeitsklage gegen **8** 15
Europäisches Strafverfahrensrecht **34** 7
Europäisches Verbraucherschutzrecht **33** 149
Europäisches Zivilgesetzbuch **33** 2
Europäisches Zivilprozessrecht **33** 4, 25
Europäisches Zivilverfahrensrecht **33** 48 f.
Europarechtsfreundlichkeit **31** 66, 123
European Judicial Network **33** 39

Europol **34** 406
– Immunität **34** 422
– Nichtigkeitsklage **7** 31
– Rechtsschutz **34** 411 ff.
Europol-Analysesystem **34** 410
Europol-Informationssystem **34** 402, 410
EuZVO
– Verhältnis zu nationalen Zustellungsvorschriften **33** 115 ff.
EWR-Abkommen **34** 198 f.
Exequaturverfahren
– schrittweise Abschaffung **33** 55 ff.
Existenzgefährdung **5** 110 ff.; **17** 88 ff.
– juristische Personen **17** 91 ff.
– natürliche Personen **17** 101

Fachgerichte **3** 3
– vormals Gerichtliche Kammern **1** 8
– Zusammensetzung **3** 47 ff.
Factortame-Entscheidung des EuGH **32** 78
Familienprozessrecht, internationales **33** 78
Fantask-Rechtsprechung des EuGH **33** 152 ff.
Feststellungsklage **5** 180; **6** 4; **8** 2
– bei Klagen betreffend die Erfüllung von Verpflichtung **13** 31
– bei Schiedsklauseln **14** 16
– bei Schiedsverträgen **15** 16
Feststellungsurteil **6** 49 f.; **8** 50
– bei Klagen betreffend die Erfüllung von Verpflichtung **13** 36
fiktive Inlandzustellung **33** 115 ff.
Finanzholdinggesellschaften **34** 253
Finanzholdinggesellschaften, gemischte **34** 254
Flankierungsgesetz **31** 34 ff.
Flankierungsgesetzgebung **31** 30
Flüchtlingsrecht **32** 4
Folgenbeseitigungsanordnungen **30** 39
Formvorschriften
– Verletzung von als Klagegrund bei der Nichtigkeitsklage **7** 102 ff.
Fortentwicklung des Unionsrechts **10** 11 f.
forum fortunae **33** 71
Freihandelsabkommens CETA **31** 151 ff.
Frist
– für den Antrag auf Zulassung als Streithelfer **19** 33
– Rechtsmittel **25** 46
Fristbeginn **27** 2
Fristende **27** 5
Fristversäumnis **27** 8 f.
fumus boni iuris **5** 161 ff.; **17** 120 ff.
Fusionskontrolle **34** 170
– Nichtigkeitsklage **7** 103
– Untätigkeitsklage **8** 28
Fusionskontrollverfahren **34** 173 ff.
Fusionskontrollverordnung **34** 107

magere Zahlen = Rn.

Gebot der unionsrechtskonformen Auslegung **34** 48
Gebot effektiven Individualrechtsschutzes **34** 3
Geheimschutz
– Eilbedürftigkeit und Belange **31** 165 ff.
geistiges Eigentum
– Sprachenregelung **18** 35
Geldbußen **34** 4 f., 106, 108, 170 ff.
– Datenschutz-Grundverordnung (DS-GVO) **34** 204
– Europäische Zentralbank **34** 236 ff.
– Europäisches Bankenrecht **34** 231 ff.
Geldbußen, supranationale **34** 21
Geldwäschehandlungen **34** 336
Geldzahlung
– Zwangsvollstreckung **28** 8
Generalanwälte **3** 45 f.
– EuGH **3** 34 ff.
Generalversammlung **3** 67
Gericht **3** 2 ff.
– s. a. *EuG*
– Begriff **34** 51 ff.
– Neubesetzung **3** 43
– Verfahrensordnung **2** 18
– vormals Gericht erster Instanz **1** 8, 18
– Zusammensetzung **3** 41 ff.
– Zuständigkeit **34** 148 ff.
– Zuständigkeitsbereich **3** 6
Gericht für den öffentlichen Dienst (GöD) **3** 49
Gericht im ersten Rechtszug
– Zuständigkeit **34** 153
gerichtliche Kammer **3** 8 f.
Gerichtsbarkeit
– freiwillige **33** 163
Gerichtsbarkeit(en) **1** 8; **4** 23 ff.
– sonstige Funktionen **4** 34
– Union **2** 8
Gerichtshof **2** 2 ff.; **3** 1 ff.
– s. a. *EuGH*; s. a. *Gerichtshof der Europäischen Union (EuGH)*
– Auslegungsmonopol **34** 50
– digitaler **2** 26
– gerichtliche Kontrolle **34** 228
– Gerichtsbarkeit(en) **2** 8
– Grundlagennorm **2** 9
– Hüter der Verfassung **4** 2
– Interpretationshoheit **34** 3
– Protokoll **2** 11
– Rechtmäßigkeitskontrolle **34** 185
– Rechtsmittelinstanz **34** 163 ff.
– Rechtsschutzauftrag **4** 2
– Satzung **2** 11 f.
– Verfahrensordnung **2** 16
– Vorabentscheidungsempfehlung **2** 21
– Zuständigkeit **34** 148 ff.
Gerichtshof der Europäischen Union (EuGH) **1** 7
– s. a. *EuGH*

– Reformvorschlag 2022 für Vorabentscheidungsverfahren **3** 13 ff.
– Vollstreckbarkeit der Urteile **28** 13
– Zusammensetzung **3** 24 ff.
Gerichtskasse
– Erstattungsanspruch **26** 38
Gerichtskostenfreiheit **26** 1 f.
Gerichtssprache **33** 89 ff.
– Englisch als **33** 91 ff.
Gerichtsstandsklausel **33** 83
– Missbräuchlichkeit **33** 83 f.
Geschäftsverteilung **2** 23 ff.
Gesellschaftssteuer-RL **33** 162
Gesetzesentwurf auf Initiative der Länder Nordrhein-Westfalen und Hamburg (KfiHG) **33** 98
gesetzliche Frist **27** 1 ff.
gesetzlicher Richter **34** 94, 100
Gestaltungsklage **7** 2
Gestaltungswirkung
– von Urteilen der Unionsgerichte **24** 24 ff.
Gesundheitskrise 2020/2021
– mündliche Verhandlung **22** 18
– ohne mündliche Verhandlung **22** 6 f.
Gleichgewicht
– institutionelles ~ **2** 5
Gleichstellungserfordernis **34** 37
Griechischer Mais-Entscheidung des EuGH **34** 37
Großbritannien **33** 32
Große Kammer **3** 62 ff.
Grundbuchsachen **33** 162
Grundfreiheiten **33** 99
Grundrechtsschutz **31** 6 f., 63
– Unionsebene **31** 42, 48, 65
Grundsatz der Verfahrensautonomie der Mitgliedstaaten **32** 2 ff.
Grundsätze einer guten Verwaltungsführung **32** 5
Grundsatzrevision **32** 70
Grundurteil **24** 2
Gültigkeitsentscheidungen **10** 135 ff.
Gültigkeitsfragen **10** 57 ff.
Gutachterverfahren **16** 1 ff.
– Antragsberechtigte **16** 4
– Antragsgegenstand **16** 5 f.
– präventive Vereinbarkeitsprüfung **16** 2
– Prüfungsumfang **16** 11
– Suspensiveffekt **16** 12
– Verbindlichkeit **16** 13
– Verfahrensbeteiligte **19** 55

Haftungsansprüche
– unionsrechtliche **33** 181
Haftungssubjekt **33** 196
Handelsregistergebühren **33** 152
– sachliche Reichweite **33** 156
Handlungen **10** 41
Handlungspflicht
– bei rechtswidriger Untätigkeit **8** 48

Sachverzeichnis

fette Zahlen = §§

– bei Untätigkeit **8** 47
– eines Mitgliedstaats **6** 45, 50
Harmonisierung **34** 26
Hauptgeschäftsstellenbeamte **3** 56
Hauptsacheverfahren
– erstinstanzliche **32** 9 ff.
– sonstige **31** 60
– Zulässigkeit **5** 54
Hoheitsträgerprinzip
– aktives **34** 354
höhere Gewalt **27** 10
Honeywell-Beschluss
– BVerfG **31** 18
Honeywell-Kriterien **13** 22
Hüter der Verfassung **4** 2
Hybridverfahren **34** 135
hypothetischer Schaden **9** 42

ICATraffic/Kommission
– EuG **5** 226
Identitätskontrolle **31** 8, 18, 40, 64, 66 ff., 109
illegaler Handel mit Organen und menschlichem Gewebe **34** 336
Immunität **3** 32
implied-powers-Doktrin **4** 8
„implied-powers"-Lehre **34** 12
inaudita alter parte **5** 206 ff.
Individualklagen
– Klageberechtigung bei Nichtigkeitsklage **7** 46 ff.
– Klagegegenstand bei Untätigkeitsklagen **8** 24 ff.
– Nichtigkeitsklage **7** 58
Individualrechtsschutz **10** 13 f.
Individualverfassungsbeschwerde **31** 2, 16, 53 ff., 84, 87 ff.
Inkompatibilität **3** 32
Inländergleichbehandlung **33** 147
Inlandsbezug **33** 73
Innerstaatliche Gerichte **1** 20
Insolvenz **5** 122
Instanzenzug **3** 77 ff.
Integrationsermächtigung
– Schranken **31** 63, 141 ff.
Integrationsverantwortung **31** 144
Integrationsverband **4** 15
Interessenabwägung **5** 9, 167 ff.
Interessenvereinigungen **5** 76
Intering **5** 226
Internationales Erbverfahrensrecht **33** 74, 76 f.
Internationales Familienprozessrecht **33** 78
Intervention **19** 19 ff.
– einstweiliger Rechtsschutz **17** 166 ff.
Inzidentkontrolle
– Nichtigkeitsklage **11** 8
– Schadensersatzklage **11** 8
– Vorabentscheidungsverfahren **11** 9

Inzidentrüge **11** 1
– Klagegründe **11** 27
– Präklusion **11** 25
– Wirkung **11** 28 ff.
Irland **33** 32
Irrevisibilität
– ausländisches Recht **33** 106
Irrtum, entschuldbarer **27** 11
ius-sanguinis-Prinzip **33** 74

Jurisdiktionskompetenz
– EuGH **31** 9
juristische Personen
– Begriff **7** 22
– Existenzgefährdung **17** 91 ff.
– Klagebefugnis bei Nichtigkeitsklage **7** 46 ff.
Justiz und Inneres **1** 5
Justizgewährungsanspruch **33** 88
justizielle Zusammenarbeit im Rahmen des IZVR **33** 25
justizielle Zusammenarbeit in Strafsachen und polizeiliche Zusammenarbeit **34** 278 ff.
Justizstandort Deutschland **33** 91

Kabinett **3** 33
Kammer **3** 65 ff.
Kanzler **3** 55 ff.
Kapitalverkehrsfreiheit **33** 145
Kartellbeteiligung **34** 132
Kartellrecht **34** 120 ff.
– Nichtigkeitsklage **7** 61, 103
– Untätigkeitsklage **8** 28
Kartellsachen **33** 15
Katalogtat
– Eurojust-VO **34** 336
Klageänderung **20** 35 ff.
Klageantrag, unbezifferter **9** 14
Klagebeantwortung **20** 44
Klageberechtigte **8**
– nichtprivilegierte **8** 13, 25
– privilegierte **8** 9 ff.
– privilegierte/teilprivilegierte **7** 44 f.
Klageberechtigung
– des Rates der EZB **13** 27
– des Verwaltungsrates der EIB **13** 27, 40 ff.
Klagegegenstand
– Beschlüsse **13** 44 ff.
– Organbeschlüsse der EIB **13** 44 ff.
– Schiedsverträge **15** 13 ff.
– Stellungnahmen **13** 44
– Verpflichtungen der EIB-Satzung **13** 30
– Verpflichtungen der EZB-Satzung **13** 30
Klagegegner
– des Rates der EZB **13** 29
– Organbeschlüsse der EIB **13** 43
Klagegründe **18** 5
– Nichtigkeitsklage **7** 81

958

magere Zahlen = Rn.   **Sachverzeichnis**

– Präklusion neuer **20** 23
– Zusammenfassung **20** 22
Klagenhäufung **20** 27 ff.
Klägergerichtsstand **33** 72
Klagerücknahme **24** 53
Klageschrift
– Anforderungen **20** 21 ff.
– Behebung von Mängeln **20** 22
– Muster **7** 126 ff.
– Nichtigkeitsklage **7** 123 ff.
Klagverzichtsklausel **33** 83
Klausel-RL **33** 83
KMU- und Midcapunternehmen **13** 3
Kommission **34** 132
– Ermittlungs- und Entscheidungsbefugnisse **34** 180
– Nichtigkeitsklage gegen **7** 25
– Wächterin des Unionsrecht **5** 79
Kompetenzanmaßung **4** 4
Kompetenzausübungsschranke **34** 14
Kompetenzgerichtshof **31** 23
Kompetenzkonflikte **33** 19 ff.
Kompetenzkonflikte, negative **33** 23
Kompetenzkonflikte, positive **33** 22
Kompetenzkonflikte zwischen EuGH und EuG **3** 84 ff.
Konfliktbewältigung **32** 87 f.
Konkurrentenklage **34** 270
Konsultationsverfahren **32** 4
Kontrolldichte **7** 115; **32** 62 ff.
Kontrolle, mittelbare **31** 31 ff.
Kontrolle, verfassungsgerichtliche **31** 25 ff.
Konzentrationsmaxime **18** 12 ff.
Kooperationsverhältnis **1** 12
Kostenentscheidung
– außergerichtliche Kosten **26** 5 f.
– bei Erledigung der Hauptsache **26** 18
– bei Klagerücknahme **26** 17
– bei Parteienmehrheit **26** 14 f.
– bei Streithilfe **26** 15
– im Rechtsmittelverfahren **25** 67
– im Vorabentscheidungsverfahren **26** 19
– Regelfall **26** 10
– Zeitpunkt **26** 7 ff.
– zu Lasten der obsiegenden Partei **26** 16
Kostenfestsetzung **26** 20 ff.
Kostenregelung **32** 65
Kostenverteilung **26** 1
Kreditinstitute
– Verwaltungsgeldbußen **34** 251 f.
Kriegsverbrechen **34** 336
Kriminalität im Zusammenhang mit nuklearen und radioaktiven Substanzen **34** 328
Kriminalitätsbekämpfung
– justizielle Zusammenarbeit in Strafsachen und polizeiliche Zusammenarbeit **34** 280
Kumulierung **13** 10

Legalausnahmesystem **34** 126
Leistungsklage **5** 180
– bei Schiedsklauseln **14** 16
– bei Schiedsverträgen **15** 16
Leitlinien 04/2022 zur Berechnung von Geldbußen nach DS-GVO **34** 217
Lissabon-Vertrag **1** 6 ff.; **34** 10
live-Übertragung
– Schlussanträge **18** 20
– Urteilsverkündung **18** 20
Londoner Europäisches Übereinkommen **33** 103
Loyalitätsverpflichtung **32** 58
Luxemburger Gerichtshof **1** 7

Mahnschreiben **6** 12 ff.
Marker-System **34** 129
Marktanteile
– Verlust **17** 102 ff.
Marktanteilverlust **5** 129 ff.
Marktbeherrschungskriterium **34** 170
Mediationsrichtlinie (Mediations-RL) **33** 28
Mediationsverfahren **33** 44 ff.
Menschenhandel **34** 328
Menschenrechtsbeschwerde **10** 89
Milderungsgebot **34** 26
Mindesttrias **34** 37
Mischkalkulationen
– innerhalb der handelsregistergerichtlichen Eintragungen **33** 154
Missbrauchsverbot **34** 117
Misstrauensvotum **31** 147
Mitgliedstaaten
– Klagebefugnis bei Nichtigkeitsklage **7** 44
– Klagen zwischen **6** 3
– Nichtigkeitsklage der **7** 13
– Parteifähigkeit vor den Unionsgerichten **19** 4
– Untätigkeitsklage der **8** 23
– Vertragsverletzungsverfahren zwischen **6** 26 ff.
Mitteilung einer Maßnahme gem. Art. 263 Abs. 6 2. Alt. AEUV **27** 3
Mitteilung im Amtsblatt
– über Rechtssachen vor dem EuGH und dem EuG **20** 15
– über verfahrensbeendende Entscheidungen **24** 19
Mitverschuldenseinwand
– Staatshaftungsanspruch **33** 201
Modellprojekt des OLG-Bezirks Köln **33** 97
modifizierte Subjektstheorie **32** 13
Monopolmissbrauch **34** 117
mündliche Verhandlung **22** 1 ff.
– Ablauf **22** 16 ff.
– einstweiliger Rechtsschutz **22** 9
– Entscheidung ohne **22** 3 ff.
– Gutachtenverfahren **22** 8
– im Rechtsmittelverfahren **25** 57

Sachverzeichnis
fette Zahlen = §§

– Sitzungsbericht **22** 14 f.
– vereinfachtes Verfahren **22** 4
– Videozuschaltung **22** 18
– Vorbereitung **22** 13 ff.
– Vorbericht **22** 15
– Wiedereröffnung **22** 28 ff.
– Zweck **22** 10 ff.
Mündlichkeitsprinzip **18** 17

Nachprüfungskompetenz **30** 30 ff.
Nachprüfungsverfahren **32** 4
nationale Fristen **27** 13
nationales Recht **4** 16
Naturalrestitution **9** 44
– Unionsrecht **33** 198
natürliche Personen
– Existenzgefährdung **17** 101
– Klagebefugnis bei Nichtigkeitsklage **7** 46 ff.
Nebenintervention **19** 21
Negativattest **34** 118
Nexans France-Entscheidung **5** 243
Nichtigkeitsklage **7** 1 ff.; **13** 53 f.; **30** 27; **33** 193; **34** 98, 270, 401
– Anforderungsfrist **7** 86
– Begründetheit **7** 97 ff.
– Entscheidung **7** 117 ff.
– Europäische Zentralbank als Beklagte **13** 62
– Gegenstand **7** 34 ff.
– individuelle Betroffenheit **7** 71 ff.
– Inzidentkontrolle **11** 8
– Klage gegen Bankorgane **13** 46
– Klageberechtigte **7** 12 ff.
– Klagefrist **7** 82 ff.
– Klagegegner **7** 23 ff.
– Klagegründe **7** 81
– Klageschrift **7** 123 ff.
– Rechtsschutzbedürfnis **7** 92 ff.
– Verhältnis zu anderen Rechtsbehelfen **7** 6 ff.
– Verhältnis zu Rechtsgutachten **16** 15
– Verhältnis zum Vorabentscheidungsverfahren **10** 48; **11** 9
– Zulässigkeit **7** 9 ff.
– Zuständigkeit **7** 9 ff., 122
Nichtigkeitsurteil **7** 117 ff.
Nichtrevisibilität **33** 110
Nichtzulassungsbeschwerde **33** 134
Nizza-Vertrag **1** 19
Normenkontrolle **31** 90 f.
Normenkontrolle, abstrakte **31** 15
Normenkontrolle, inzidente **11** 1 ff.; **13** 58
– Abgrenzung zum Zwischenverfahren **12** 4
– Entscheidungserheblichkeit **11** 13 f.
– Funktionen **11** 3
– Zuständigkeit des EuGH/EuG **11** 12
Normenkontrolle, konkrete **31** 3 ff., 8, 11 ff., 100

Normenkontrollverfahren **31** 52, 84
Notare **33** 158
Notbremsenfunktion **34** 17

oberstes Rechtsprechungsorgan **1** 18
ODR-VO **33** 44 ff.
Öffentlichkeitsgrundsatz **33** 95
Öffentlichkeitsprinzip **18** 19 ff.
Offizialprinzip **18** 4
OHBSystem/Kommission
– EuG **5** 226
OLAF
– Aufgaben **34** 383 ff.
– externe und interne Verwaltungsuntersuchungen **34** 384 ff.
– Rechtsschutz **34** 393 ff.
– zentrale Aufgabe **34** 390
Opportunitätsprinzip **34** 119
Organhandlungen **10** 40
Organisationseinheiten, unterstaatliche
– Klagebefugnis bei Nichtigkeitsklage **7** 65
Organisationsform EuGH/EuG **3** 4
organisierte Kriminalität **34** 328, 409
Organstreit **31** 8, 22
Organstreitverfahren **31** 84, 92, 139

Parlament
– Funktionsfähigkeit **31** 164
Parteifähigkeit
– vor den Unionsgerichten **19** 2 ff.
Parteiwechsel **20** 42
Passivlegitimation **9** 8
Personalitätsprinzip
– aktives **34** 354
Personengesellschaften **33** 161
persönliches Erscheinen der Parteien **21** 23
piecemeal engineering **1** 1
PIF-Delikte **34** 348 f.
Pilkington-Group-Entscheidung **5** 105, 239 ff.
Plaumann-Formel **32** 23
– Nichtigkeitsklage **7** 52 ff.
Plenum **3** 59 ff., 65
Plenumsentscheidungen **3** 31
polizeiliche und justizielle Zusammenarbeit in Strafsachen (PJZS) **7** 5; **34** 7, 402
– Rechtsschutz **34** 402
Polnische Justizreform **4** 4
Präklusion **32** 44 ff.
Präklusions-Rechtsprechung **11** 6
praktische Anweisungen für die Parteien
– vor den Unionsgerichten **20** 2
Präsident **3** 54
– Unionsgericht **23** 3
Primärrechtsschutz **33** 202
privilegierte Parteien
– in Verfahren vor den Unionsgerichten **19** 7 f.
Prokura **33** 157

960

Prorogation
- Schiedsklauseln **14** 3
- Schiedsverträge **15** 3

Prozessbürgen **33** 144

Prozessfähigkeit **33** 85 ff.
- vor den Unionsgerichten **19** 6

prozesshindernde Einrede **9** 15

Prozesskosten **26** 2 ff.

Prozesskostenhilfe **26** 27 ff.; **27** 10
- Vorabentscheidungsverfahren gem. Art. 267 AEUV **10** 137 f.

Prozesskostenhilferichtlinie (Prozesskostenhilfe-RL) **33** 28, 43

prozessleitende Maßnahmen **21** 3, 16 ff.

Prozessstandschaft **7** 16

Prozessvergleich **24** 50

Prozessvollmacht **20** 25

Prozessvoraussetzungen **12** 5 ff.

Prüfungsmaßstab
- Bundesverfassungsgericht **31** 61 ff., 94 ff., 115 ff., 141 ff.

PSPP-Urteil **4** 4

Public Sector Purchase Programme (PSPP) **13** 23

qualifizierter Verstoß
- Unionsrecht **33** 187

Quorum
- der Spruchkörper bei EuGH und EuG **22** 30

rapport préalable **10** 112

Rat der Europäischen Union
- Klagebefugnis bei Nichtigkeitsklage **7** 44
- Nichtigkeitsklage des **7** 13

RATP-Entscheidung **5** 243

Raub **34** 328

Recht
- Begriff **4** 7

Recht auf Vergessen I und II **32** 61

rechtliches Gehör
- im Gerichtsverfahren **18** 25 f.

Rechtmäßigkeitsüberprüfung **13** 48

Rechtsakt
- vollstreckbarer **28** 7 ff.

Rechtsakte, binneninstitutionelle **11** 17

Rechtsakte, identitätsverletzende **31** 8, 44 ff., 50

Rechtsakte, kompetenzüberschreitende **31** 8, 44 ff., 50

Rechtsakte mit Verordnungscharakter **7** 70 ff.
- Untätigkeitsklage **8** 29

Rechtsanwendungsbefehl, nationaler **31** 26

Rechtsbeschwerde **34** 229

Rechtserkenntnisquelle **4** 11

Rechtserzeugung
- judizielle Rechtserzeugung **4** 12

Rechtsfortbildung **4** 12

Rechtsfrage **12** 2

Rechtsgemeinschaft
- Hüter und Bewahrer **4** 13

Rechtshängigkeit **20** 33 f.

Rechtskraft **24** 21 ff.

Rechtsmittel **3** 76 ff.; **34** 160
- Abgrenzung von Rechts- und Tatsachenfragen **25** 33 ff.
- anfechtbare Entscheidungen **25** 8 ff.
- Antrag auf Zulassung **25** 23
- Aufhebung **25** 68 ff.
- autonome Rechtsmittelbefugnis der Mitgliedstaaten und Unionsorgane **25** 20 f.
- Beweiswürdigung **25** 35
- bezüglich Entscheidungen der Beschwerdekammern des Amts der Europäischen Union für geistiges Eigentum (EUIPO) **25** 22
- der Agentur der Europäischen Union für Flugsicherheit (EASA) **25** 22
- des Gemeinschaftlichen Sortenamts (CPVO) **25** 22
- Devolutiveffekt **25** 7
- einstweiliger Rechtsschutz **17** 162 ff.
- Europäische Chemikalienagentur (ECHA) **25** 22
- gegen die Ablehnung der Zulassung als Streithelfer **19** 42 f.
- gegen die Ablehnung der Zulassung eines Streithelfers **25** 17, 61
- Hürde einer Zulassung **25** 26
- im Vorabentscheidungsverfahren vor dem EuGH **10** 67 ff.
- Rechtsmittelbefugnis der Parteien des erstinstanzlichen Verfahrens **25** 15 ff.
- Rechtsrügen **25** 31 ff.
- Suspensiveffekt **25** 7
- Verfahrensfehler **25** 41 ff.
- Verletzung des Unionsrechts **25** 44
- Vorabentscheidungsersuchen **10** 101
- Zulässigkeit **25** 39 ff.
- Zulassungsentscheidung **25** 22
- Zurücknahme **25** 62
- Zurückverweisung **25** 68 ff.

Rechtsmittelbeantwortung **25** 31

Rechtsmittelführer
- Anträge **25** 28

Rechtsmittelgericht **1** 18

Rechtsmittelinstanz
- Zuständigkeit des Gerichtshofs **34** 163 ff.

Rechtsmittelschrift **25** 48 ff.

Rechtsmittelverfahren **5** 214 ff.; **11** 11
- Anzahl **25** 5
- Rechtsrügen **25** 31 ff.

Rechtsschutz
- administrativer **34** 262
- Bußgeldentscheidungen **34** 199, 215 ff.
- Durchsetzung des Unionsrechts **31** 110 ff.
- effektiver **1** 14
- Europäische Ermittlungsanordnung **34** 314 ff.

961

Sachverzeichnis

fette Zahlen = §§

- Europäische Staatsanwaltschaft **34** 358 ff.
- Europäischer Haftbefehl **34** 298
- Europol **34** 411 ff.
- gegen Verletzungen des sogenannten Rückschrittsverbotes **31** 126
- gerichtlicher **34** 266 ff.
- gespaltener **34** 299
- Nichtvorlage **34** 100
- OLAF **34** 393 ff.
- polizeiliche Zusammenarbeit **34** 402
- Unterscheidung zwischen vollstreckungs- und verwaltungsrechtlichem **30** 5
- Zwangsmaßnahmen **34** 367 ff.

Rechtsschutzinteresse **5** 49 ff.
Rechtsschutzsystem **1** 7, 14
- duales **1** 20

Rechtsschutzverbund **1** 20 f.
Rechtsstaatlichkeit
- rechtsstaatliche Grundsätze **4** 9

Rechtsverletzung **5** 145
- Kausal- und Wertungszusammenhang zwischen drohendem Schaden und **5** 82 ff.

Rechtswahrnehmung **33** 173
Rechtswegerschöpfung **31** 136
Referenten
- EuGH **3** 33

reformatio in peius **32** 64
Reformvorschlag 2022
- Vorabentscheidungsverfahren gem. Art. 267 AEUV **3** 13 ff.

Registergebühren
- nationalrechtliche Ausdehnung **33** 162

Reputationsschaden **17** 81
restriktive Maßnahmen **5** 245 ff.
Revisibilität
- ausländisches Recht **33** 105, 107 ff.

Revision **34** 77
- fehlerhafte Nichtzulassung **33** 134
- Nichtannahme **34** 82

Revisionsgrund
- Fehlanwendung ausländischen Rechts **33** 105

Richter
- EuGH **3** 24 ff.
- Recht auf gesetzlichen **31** 113
- Spielraum, einstweiliger Rechtsschutz **5** 97
- Zuständigkeit, einstweiliger Rechtsschutz **5** 43 ff.

Richtervorlage **31** 6
Richtlinie
- Umsetzungsverpflichtung **33** 193

richtlinienkonforme Auslegung **33** 170
Richtlinienumsetzung
- unzulängliche **33** 191

Richtlinienwirkung
- horizontale Direktwirkung **33** 171
- indirekte horizontale Wirkung **33** 174, 179
- Parteiautonomie **33** 173

- Privatautonomie **33** 173
- vertikale Direktwirkung **33** 172

Rückwirkungsverbot **34** 26
Rügeberechtigung **11** 19 ff.
Rügegegenstand **11** 15 ff.
Rundfunkrichtlinie **31** 129

Sachentscheidungsvoraussetzungen **12** 4
Sachentscheidungsvoraussetzungen, besondere **31** 41 ff., 94 ff.
Sachverhaltsaufklärung
- durch den EuGH und das EuG **18** 9
- im Rechtsmittelverfahren **21** 2

Sachverhaltsklärung **34** 59
Sachverständige
- Sprachenregelung **18** 33

Sachverständigengutachten **21** 26
Samstag **27** 5
Sanktionen
- Agrar- und Fischereibereich **34** 26
- Europäische Zentralbank **34** 234 ff.
- verwaltungsrechtliche **34** 26

Sanktionierung
- Verpflichtung zur Verfolgung **34** 37 ff.

Sanktionsregime
- Europäisches Datenschutzrecht **34** 201 ff.

Säumnis **23** 37
Schaden
- anderer **17** 81 ff.
- drohender **5** 82 ff.
- finanzieller **17** 81 ff.
- hinreichende Wahrscheinlichkeit **17** 65 ff.
- Irreparabilität **5** 92, 100 ff.; **17** 8, 70 ff., 78 ff., 84 ff.
- naher Schadenseintritt **17** 65 ff.
- Schwere **5** 142 ff., 146 ff., 230 ff.; **17** 68, 75 ff., 111 f., 175
- Unterscheidung zwischen finanziellem und anderem **5** 103 ff.
- Vermeidbarkeit **5** 86 ff.

Schadensabwälzung **9** 45
Schadensabwehr **5** 86 ff.
Schadenseintritt
- hinreichende Wahrscheinlichkeit **5** 89 ff.

Schadensersatz **33** 7 ff., 198 ff.
Schadensersatzklage **34** 329, 333, 400
- Europäische Zentralbank als Beklagte **13** 65
- gegen Europäische Investitionsbank **13** 51
- Inzidentkontrolle **11** 8
- verbundene **30** 38

Schadensminderung **9** 45
Schadensminimierungspflicht **33** 201
Schiedsgericht
- Gerichtshof als **15** 2

Schiedsklauseln
- anzuwendendes Recht **14** 20 ff.
- Aufhebung **14** 4
- Ausnahmebestimmung **14** 1

962

magere Zahlen = Rn.

Sachverzeichnis

– Formerfordernis **14** 14
– Klageart **14** 16
– Missbräuchlichkeit **33** 83 f.
– Prorogation **14** 3
– Prüfungsrecht **14** 18 ff.
– Vereinbarung **14** 12
– Vollstreckung **14** 23 f.
– Widerklage **14** 6
– Wirksamkeit **14** 14 f.
– Zuständigkeit des Gerichtshofs **14** 7
Schiedssachen **33** 16
Schiedsverträge
– Klagegegenstand **15** 13 ff.
– Prorogation **15** 3
– Prüfungsmaßstab **15** 19
– Schriftform **15** 10
– Vertragsparteien **15** 7 f., 11 f.
– Vollstreckung **15** 20
– Wirksamkeit **15** 9 f.
– Zuständigkeit des Gerichtshofs **15** 5 f.
– Zuständigkeit EuGH/EuG **15** 1
Schiffregister **33** 163
Schleuserkriminalität **34** 328
schlichte Entscheidungen **24** 5
Schlussantrag des Generalanwalts **3** 39 f.; **22** 25 ff.
– Stellungnahme der Prozessbeteiligten bzw. Anhörungsberechtigten **3** 40
Schriftsatzmuster
– Antrag auf Zulassung als Streithelfer vor dem EuG **19** 49 ff.
Schriftstücke
– Einreichung und Zustellung **20** 3 ff.
Schuldenbremse **31** 74
Schutznormakzessorietät **32** 40
Schutznormtheorie **32** 28, 31
Schwerkriminalität
– grenzüberschreitende **34** 280
Selbständigkeitspostulat **34** 113 f.
Selbsttitulierung **28** 7 ff.
Sicherstellung
– Beweismittel und Vermögensgegenstände **34** 303
SIS **34** 402
Sitzungsbericht **22** 14 f.
sofortige Beschwerde **30** 42; **34** 83
sofortige Vollziehung **32** 79
Sonntag **27** 5
Souveränitätsvorbehalt **34** 9
Soweit-Formel **32** 2
Sozialgerichtsbarkeit **4** 28
Sozialstaatsprinzip **31** 55
Spruchkörper **3** 58 ff.
Spruchrichterprivileg **33** 203 ff.
SSM-RahmenVO **34** 246
Staatsangehörigkeitszuständigkeit **33** 74
Staatsangehörigkeitszuständigkeit, subsidiäre **33** 76 f.

Staatshaftung **10** 83 f.; **33** 188 ff.
– bei Vertragsverletzung **6** 63
– Subsidiarität **33** 209
– Unionsrecht **33** 181 ff.
Staatshaftungsanspruch
– Mitverschuldenseinwand **33** 201
– prozessuale Durchsetzung in Deutschland **33** 211
Statusrechte **31** 161 ff.
Stellungnahme
– als Gegenstand eines Vorabentscheidungsersuchen **10** 41
Stellungnahme der Kommission, begründete
– im Vertragsverletzungsverfahren **6** 18 ff., 29 f.
Steuerbürge **33** 148
Stillhaltefrist **5** 228; **17** 170
Stillhaltepflicht **17** 177
– keine **5** 233 f.
Stockholmer Programm **33** 34
Strafbarkeit
– Grundsatz der beiderseitigen ~ **34** 291
Strafgerichte **34** 52
Strafgerichtsbarkeit **4** 31 ff.
Strafrecht
– europäisches **4** 32
– supranationales **34** 16
Strafrechtspflege
– Effektivität **34** 72
Strafsachen
– justizielle Zusammenarbeit **34** 282 ff.
Strafurteile
– Durchbrechung der Rechtskraft unionsrechtswidriger **34** 94
– Rechtskraft unionsrechtswidriger **34** 90 ff.
Strafverfahren **34** 55
– Aussetzung **34** 62 ff.
– Aussetzungsgrund **34** 62 ff.
Strafverfahrensrecht **34** 2
Streitgenossenschaft
– in Verfahren vor den Unionsgerichten **19** 12 ff.
Streithelfer **5** 219 ff.; **19** 24 ff., 36 f.; **20** 46
– Beteiligung am Rechtsmittelverfahren **25** 51
– Kostenentscheidung **26** 15
– Rechtsmittelbefugnis **25** 15
Streithilfe **12** 13
– einstweiliger Rechtsschutz **17** 166 ff.
– im Verfahren vor den Unionsgerichten **19** 19 ff.
– in Streitigkeiten betreffend die Rechte des geistigen Eigentums **19** 44 ff.
Streitigkeiten
– Personalangelegenheiten **34** 377
– Schiedsklauseln **34** 377
Streitigkeiten betreffend die Rechte des geistigen Eigentums
– Sprachenregelung **18** 35
– Streithilfe **19** 44 ff.

963

Sachverzeichnis fette Zahlen = §§

Streitigkeiten zwischen Union und deren Bediensteten **33** 12 ff.
Streitschlichtung **1** 15
Streitverkündung **19** 21
Stufenklage **20** 29
Subsidiarität **31** 112
– Staatshaftung **33** 209
Subsidiaritätsklage **7** 15; **19** 4; **31** 147, 170
Subsidiaritätsklausel
– Staatshaftung **33** 209
Subsidiaritätsprinzip **31** 68; **34** 14
Süderdithmarschen-Entscheidung des EuGH **32** 80
summarisches Verfahren **23** 2 ff.
Supranationalisierung **2** 2
Supranationalität **31** 19
Suspensiveffekt **32** 67, 79, 85 ff.
Syndikusanwälte
– in Verfahren vor den Unionsgerichten **19** 9

T. Port-Entscheidung des EuGH **32** 81
Tabakrichtlinie **31** 129
Tafelwein-Entscheidung des EuGH **32** 79
Taminco-Entscheidung **5** 134
Tatsachenfeststellungen **25** 34 f.
Tatsachengericht
– Bindung an rechtliche Beurteilung des Revisionsgerichts **34** 84
Teilhaberechte **31** 58
– formell-organschaftliche **31** 60
– materiell-substanzielle **31** 60
Teilurteil **24** 2
Telefax
– Einreichung und Zustellung **20** 6
Territorialitätsprinzip **34** 353
Terrorismus **34** 328, 409
Theorie von der doppelten Verfassungsunmittelbarkeit **32** 14
Titel
– Echtheit **29** 8
– Zustellung **29** 14 ff.
Titelersetzung **28** 22
Titelwirkung, unbeschränkte **28** 21
Transparenzgrundsatz **18** 27 ff.

Übereinkunft, geplante
– als Gegenstand gutachterlicher Kontrolle **16** 5 f.
Überprüfung
– von Entscheidungen des EuG durch den EuGH **25** 6 ff.
Überprüfungsverfahren **25** 1 ff., 76 ff.
Übersetzungen **33** 89
Übertretung **34** 237
Ukraine
– Angriffskrieg der Russischen Föderation **1** 1
Ultra-vires-Kontrolle **31** 8, 18, 40, 50, 64, 73, 77 ff., 135

Umweltinformationsanspruch **32** 54
Umwelt-Rechtsbehelfsgesetz (UmwRG) **32** 39 f.
Umweltverträglichkeitsprüfung **32** 54 f.
Unabhängigkeit
– der Richter des EuGH und des EuG **18** 23
Union
– Parteifähigkeit **19** 3
Unionsbedienstete
– Wegfall Kostenprivileg **26** 13
Unionsgrundrechte
– als verfassungsgerichtlicher Prüfungsmaßstab **31** 10
Unionsorgane **10** 40
Unionsrecht **30** 4 ff.
– Auslegung **10** 9 f.
– Durchsetzung **32** 22
– Fortentwicklung **10** 11 f.
– Überprüfung von sekundärem ~ **32** 23
Unionsrecht als unmittelbarer Prüfungsgegenstand **31** 2 ff.
Unionsrecht, primäres **31** 2, 4, **32** f.; **34** 41
Unionsrecht, sekundäres **31** 2, 5 ff., **34** ff.; **34** 41
Unionsrechtsakt **31** 2 ff., 24 ff.
– sonstiger **31** 39
– verletzter **33** 187
– vorgehende Auslegung durch den EuGH **31** 47
unionsrechtskonforme Auslegung **33** 169
Unionsrechtsordnung **2** 4 ff.
Unionstreue
– Verletzung **34** 99
Unions-Vertrag (EUV-Maastricht) **1** 3
United Phosphorus-Entscheidung **5** 98
Universalgericht **2** 3
Unmittelbarkeitsprinzip **18** 18
Untätigkeitsklage **13** 46, 55 ff.
– Antrag **8** 43
– Bedeutung **8** 2
– Begründetheit **8** 46
– Europäische Zentralbank als Beklagte **13** 64
– Gegenstand **8** 19 ff.
– Klageantrag **8** 52
– Klageberechtigte **8** 8 ff.
– Klagefrist **8** 37 ff.
– Klagegegner **8** 15 ff.
– Klageschrift **8** 43 ff., 51
– Rechtsschutzbedürfnis **8** 38 ff.
– Statthaftigkeit **8** 21
– Subsidiarität **8** 2
– Vorverfahren **8** 30 ff.
– Zulässigkeit **8** 4 ff.
– Zuständigkeit **8** 4 ff.
Unterhaltsverordnung (EuUnthVO) **33** 29
Unterlassungsklage
– bei Schiedsklauseln **14** 16
– bei Schiedsverträgen **15** 16
Unternehmen **34** 210

964

magere Zahlen = Rn.

Sachverzeichnis

Unternehmensbegriff **34** 111 ff., 207
– kartellrechtlicher **34** 208
Unternehmenszusammenschlüsse
– Kontrolle **34** 107
Unterschrift
– des Prozessbevollmächtigten unter Schriftsätze **20** 7
Untersuchungsgrundsatz **18** 8 ff.
Unzuständigkeit
– als Klagegrund bei der Nichtigkeitsklage **7** 100 f.
Urkunden **33** 118
UrkundenVO **33** 123
Urteil der Unionsgerichte **24** 1 ff., 11 ff.
– Begründung **24** 15
– Verkündung **24** 18 f.
Urteil des Gerichtshofs **10** 43
Urteile
– im Sinne des Art. 280 AEUV **28** 14
Urteilsauslegung **24** 30 ff.
Urteilsberichtigung **24** 44 ff.
Urteilsergänzung **24** 48
Urteilsfreizügigkeit **33** 55

Vanbreda-Entscheidung **5** 6, 95, 223 ff., 233
Verantwortlicher **34** 210
Verbandsgerichte **10** 29
Verbandsklage
– Umweltrecht **32** 37 ff.
Verbindung
– von Verfahren vor dem EuGH oder dem EuG **20** 49 ff.
Verbraucherschutz
– Unionsrecht **33** 149
Verbraucherschutzrecht **33** 1
Verbrauchsgüterkaufrichtlinie **33** 1
Verbrechen gegen die Menschlichkeit **34** 328
vereinfachtes Verfahren **23** 26
– im Direktklageverfahren **23** 27 f.
– im Vorabentscheidungsverfahren **23** 31 ff.
Vereinigungen
– Klagebefugnis bei Nichtigkeitsklage **7** 63 f.
Verfahren
– Dauer **5** 204
– einstweiliger Rechtsschutz **5** 195 ff.
– Fristen **5** 202
– kontradiktorisches **5** 197 ff.
– Sprache **5** 203
Verfahrensautonomie **32** 2
– Grenzen **32** 6
Verfahrensdauer
– Überschreitung einer angemessenen **18** 16
Verfahrensfehler **34** 142
Verfahrenshandlungen
– Dritte als Adressaten **34** 366
– Europäische Staatsanwaltschaft **34** 361 ff.
– qualifizierte Rechtswirkung **34** 365
– Rechtswirkung gegenüber Dritten **34** 361 ff.

Verfahrensordnung **2** 14 ff.
– Gericht **2** 18
– zusätzliche **2** 17
Verfahrensrevision **32** 71
Verfahrensrüge **34** 77
Verfahrenssprache **18** 31 ff.
– im Rechtsmittelverfahren **25** 56
Verfassungsbeschwerde **10** 70, 85 ff.; **31** 8, 16 ff., 122; **32** 61; **34** 83, 100, 380
Verfassungsgebundenheit
– Reichweite **31** 104
Verfassungsgericht **1** 13
Verfassungsgerichtsbarkeit **4** 24 ff.
Verfassungsverbund **1** 21
Verfassungsverstoß
– allein ausführungsbedingter **31** 99 ff., 102
– Art **31** 95
– unionsrechtlich bedingter **31** 96 ff.
Verfügungsgrundsatz **18** 4 ff.
Vergabekammern **10** 30
Vergaberecht **5** 6, 26, 33, 223 ff.; **17** 6, 169; **32** 4
Vergabeverfahren **32** 4
Vergleichsverfahren (Settlement) **34** 132
Verhältnismäßigkeitsprinzip **34** 15, 26, 44
Verhandlungsgrundsatz **18** 8 ff.
Verjährung
– unionsrechtlichen Staatshaftungsanspruch **33** 210
Verleihung subjektiver Rechte
– Unionsrecht **33** 185
Vermögensgerichtsstand **33** 72 ff.
Veröffentlichung **27** 2
Verordnung **34** 26
Verordnung Nr. 1/2003 **34** 21, 108, 118 ff.
– Bußgeldsachen **34** 118
– Verfahrensverstöße **34** 122 ff.
– Verwaltungssachen **34** 118
Verpflichtungsklage **5** 180
Versäumnisurteil **23** 40 ff.
– Einspruch **23** 43
Versäumnisverfahren **23** 36 ff.
Verschulden bei Vertragsschluss **9** 2
Verschulden, mitwirkendes
– Umfang des Ersatzanspruchs **9** 45
Vertrag, öffentlich-rechtlicher **14** 1, 11, 21 f.
Vertrag, privatrechtlicher **14** 1, 11
Vertrag von Amsterdam **4** 5, 20
Vertrag von Lissabon **3** 10 f.; **4** 6, 22; **7** 3 ff.; **34** 404
Vertrag von Maastricht **4** 5, 19
Vertrag von Nizza **3** 5 ff.; **4** 21
Vertragliche Haftung der Union **9** 2; **33** 10
Vertragsverletzung
– als Klagegrund bei der Nichtigkeitsklage **7** 105 ff.
– durch Bundesländer **6** 40
– durch nationale Gerichte **6** 41 f.

965

Sachverzeichnis

fette Zahlen = §§

- durch öffentliche Unternehmen **6** 43
- durch Private **6** 44
- durch Untätigkeit eines Unionsorgans **8** 48
- durch Unterlassen **6** 44 f.
- Staatshaftung **6** 63
Vertragsverletzungsklage **5** 180
Vertragsverletzungsverfahren **5** 34, 181; **10** 81 f.; **11** 10; **34** 98, 103
- Antrag **6** 33
- Aufsichtsklage **6** 2, 10 ff.
- Bedeutung **6** 2 ff., 10
- Begründetheit **6** 39 ff.
- Durchsetzung des vertragskonformen Zustands **6** 51 ff.
- Einleitung **6** 25, 64 ff.
- Entscheidung **6** 49 ff.
- Gegenstand **6** 13, 20, 27 ff., 34
- Klageantrag **6** 67
- Klagebefugnis **6** 9
- Klageberechtigte **6** 9
- Klagefrist **6** 35
- Klagegegner **6** 36
- Klageschrift **6** 33 f.
- Pauschalbetrag **6** 52
- Rechtsschutzbedürfnis **6** 37 f.
- Verteidigungsmöglichkeiten **6** 48
- Vorverfahren **6** 10 ff.
- Zulässigkeit **6** 6 ff.
- Zuständigkeit **6** 7 f.
- Zwangsgeld **6** 52 ff.
- zwischen Mitgliedstaaten **6** 26 ff.
vertrauliche Behandlung
- gegenüber Streithelfern **19** 37 f.
Vertretung der Parteien
- in Verfahren vor den Unionsgerichten **19** 9 f.
Verwaltungsakt, transnationale **32** 12
Verwaltungsgeldbußen **34** 249 ff.
- Kreditinstitute **34** 251 f.
Verwaltungsgerichte
- Rechtsweg **32** 10 ff.
verwaltungsgerichtlicher Rechtsschutz **32** 1 ff.
- Anfechtungsklage **32** 18
- Begründetheit der Klage **32** 52 ff.
- Berufung **32** 68 ff.
- Beschwerde **32** 73 f.
- Beweisrecht **32** 63
- Feststellungsklage **32** 21 ff.
- Klage- und Antragsbefugnis **32** 26 ff.
- Klagebegründungsfrist **32** 52 f.
- Klagefrist **32** 49 ff.
- Leistungsklage **32** 20
- Normenkontrolle **32** 25
- Revision **32** 68 ff.
- Verfahrensfehler **32** 55
- Verpflichtungsklage **32** 19
- vorläufiger Rechtsschutz **32** 77 ff.
- Widerspruchsverfahren **32** 48
- Wiederaufnahme des Verfahrens **32** 75 f.

Verwaltungsgerichtsbarkeit **4** 27
Verwaltungsprozess
- unionsrechtliche Vorgaben **32** 4
Verwaltungssanktionen
- Europäische Zentralbank **34** 246 ff.
Verwaltungstätigkeit **10** 32
Verwaltungsverfahren
- unionsrechtliche Vorgaben **32** 4
Videokonferenz
- mündliche Verhandlung während COVID-19-Pandemie **18** 17
VIS **34** 402
Völkerrecht **4** 15; **31** 1
völkerrechtliche Abkommen
- als Prüfungsmaßstab **7** 108
völkerrechtliche Verträge
- Vorabentscheidungsverfahren **10** 41
völkerrechtliches Ersatzunionsrecht **31** 40
Völkerrechtsfreundlichkeit **31** 66
Vollstreckbarerklärungsverfahren **33** 56
Vollstreckbarkeit **34** 162
- von Urteilen der Unionsgerichte **24** 28
Vollstreckung
- bei Schiedsklauseln **14** 23 f.
- bei Schiedsverträgen **15** 20
Vollstreckungsgegenklage
- Unzulässigkeit **30** 45
Vollstreckungsklausel **29** 5 ff., 10
Vollstreckungsparteien **28** 24 ff.
- Drittstaaten **28** 28
- Mitgliedstaaten **28** 27
- natürliche und juristische Personen **28** 26
- Unionsorgane **28** 29 ff.
Vollstreckungstitel **28** 6 ff.; **29** 1 ff.
Vollstreckungstitelverordnung (EuVTVO) **33** 26, 53 ff.
Vollzugsakte, administrative **31** 104 ff.
Vollzugsakte, judikative **31** 107
Vollzugsbehörden **31** 104
Vorabentscheidung **10** 126 ff.; **32** 91
Vorabentscheidungen **1** 19
Vorabentscheidungsempfehlung
- Gerichtshof **2** 21
Vorabentscheidungsersuchen **31** 118
- s. a. Vorabentscheidungsverfahren gem. Art. 267 AEUV
- Aufhebung **10** 101
- paralleles **10** 95
- Rechtsmittel gegen **10** 100
- Rücknahme **10** 98
Vorabentscheidungsverfahren **19** 52 ff.; **24** 55
- Europäische Zentralbank als Beklagte **13** 67
- Inzidentkontrolle **11** 9
Vorabentscheidungsverfahren gem. Art. 267 AEUV **3** 75; **10**; **10** 2 ff.; **34** 50 ff., 98, 399
- s. a. Vorabentscheidungsersuchen
- Amtsblatt **10** 102
- Anonymität **10** 104

magere Zahlen = Rn.

- Anwaltszwang **10** 106
- Ausgangsverfahren **10** 102 ff.
- Auslegung **10** 57
- Auslegungsfragen **10** 36 ff., 66; **34** 76
- Begründung **10** 62 ff.
- beschleunigtes Verfahren **10** 118 ff.
- Beteiligte **10** 103
- COVID-19-Pandemie **10** 15
- dezentrales Rechtsschutzsystem **10** 9
- Eilbedürftigkeit **34** 67 ff.
- elektronische Einreichung, schriftliche Stellungnahme **10** 110
- Entscheidungserheblichkeit **10** 50 ff.
- Funktion **10** 8 ff.
- Gegenstand **10** 35 ff.
- Gültigkeit **10** 66 ff.
- Gültigkeitsfragen **10** 66; **34** 77
- mündliches Verfahren **10** 113 ff.
- Prozesskostenhilfe **10** 137 f.
- rechtswidrige Nichtvorlage **34** 99
- Reformvorschlag 2022 **3** 13 ff.
- schriftliches Verfahren **10** 107 ff.
- und Nichtigkeitsklage **7** 7 f.
- Verfahren auf nationaler Ebene **10** 91 ff.
- Verfahren vor dem Gerichtshof **10** 102 ff.
- Verfahrensdauer **10** 17; **34** 60
- Verfahrenssprache **10** 105
- Verhältnis zu Rechtsgutachten **16** 15
- Vorlageberechtigung **10** 24 ff.; **34** 56
- Vorlagebeschluss **10** 94
- Vorlagefrage **10** 54 ff.
- Vorlagepflicht **10** 65 ff.
- Vorlageverpflichtung **34** 56
- Zulässigkeit **10** 20 ff.
- Zuständigkeit **10** 21 ff.
- Zwischenverfahren **10** 5 ff.

Vorbefassung
- EuGH **31** 47

Vorbefassungspflicht
- EuGH **31** 50

Vorbericht **10** 112; **20** 48; **22** 15

Vorlagebereitschaft
- bewusstes Abweichen ohne **31** 116

Vorlagebeschluss
- Bestand **10** 98 ff.
- fehlende Anfechtbarkeit **34** 74

Vorlageermächtigung **34** 56

Vorlageermessen **34** 68 ff.

Vorlageersuchen
- Anfechtung **34** 73 ff.

Vorlagepflicht **31** 120 f.
- an Bundesgerichtshof **34** 86
- an den Großen Senat **34** 88
- Ausnahmen **10** 71 ff.
- Durchsetzung **10** 80 ff.
- einstweiliger Rechtsschutz **10** 69
- EuGH **31** 100
- grundsätzliche Verkennung der **31** 116

- Gültigkeitsfragen **10** 76 ff.; **34** 71
- innerstaatliche **34** 86
- letztinstanzlicher Gerichte **31** 118
- staatlicher Gerichte **31** 111 ff.
- supranationale **34** 86
- Vorabentscheidungsverfahren gem. Art. 267 AEUV **10** 65 ff.

Vorlageverfahren
- Ermittlungsverfahren **34** 66
- Hauptverfahren **34** 58 ff.
- Zwischenverfahren **34** 58 ff.

vorläufige Festnahme **34** 369

vorläufiger Rechtsschutz **32** 84 ff.
- während des Rechtsmittelverfahrens **25** 58 ff.

Vorverfahren
- bei Untätigkeitsklage **8** 30 ff.
- bei Vertragsverletzungsverfahren **6** 10 ff.
- Entbehrlichkeit **6** 32

Wächterin des Unionsrechts
- Kommission **5** 79

Waffengleichheit **18** 22

Wahrer des Unionsrechts **4** 1

Wald von Białowieża-Entscheidung **5** 8, 41

Wechselwirkung **5** 64 ff.

Wesentlichkeitstheorie **31** 169

Wettbewerb **34** 108 ff.

Wettbewerbsbehinderung **34** 170

Wettbewerbsbeschränkungen **34** 108 ff.
- horizontale **34** 116 f.
- vertikale **34** 116 f.

Wettbewerbsklagen **1** 19

Wettbewerbsrecht **34** 4, 21

Wettbewerbsregeln **34** 109

Wettbewerbsverstoß **34** 4

Widerklage **20** 32
- bei Schiedsklauseln **14** 6

Wiederaufnahme des Prozesses **33** 135

Wiederaufnahme des Verfahrens **25** 90 ff.; **33** 135 ff.

Wiederaufnahmegrund **33** 138

Wiederaufnahmeverfahren
- Wiederaufnahmegründe **34** 95 f.

Wiedereinsetzung in den vorigen Stand **27** 10 ff.
- Nichtigkeitsklage **7** 91

Willkürmaßstab **31** 116

Willkürverbot **33** 205

Wirtschafts- und Sozialausschuss
- Nichtigkeitsklage des WSA **7** 20
- Untätigkeitsklage des WSA **8** 11
- Untätigkeitsklage gegen WSA **8** 17

Zahlungsverpflichtungen
- keine Beschränkung auf **28** 17 f.

Zentralbanken, nationale
- Nichtigkeitsklage **7** 22

Zeugen
- Sprachenregelung **18** 33

Sachverzeichnis

fette Zahlen = §§

Zeugenvernehmung **21** 25
ZIS **34** 402
Zivilgerichtsbarkeit **4** 29 f.
Zivilverfahrensrecht, deutsches **33** 61 ff.
Zivilverfahrensrecht, europäisches **33** 25
Zivilverfahrensrecht, internationales **33** 25 ff.
Zollbürge **33** 148
Zufall **27** 10
Zulässigkeitsvoraussetzung, besondere **31** 42
Zulassung
– Revision **33** 134
Zurechnungszusammenhang **9** 43
Zusammenschlüsse
– Anmeldung **34** 174
– Aufschub des Vollzugs **34** 175
– Vollzugsverbot **34** 175
Zuständigkeit, internationale **33** 66 ff.
Zuständigkeit, örtliche **33** 70
Zuständigkeit, sachliche **4** 18 ff.
Zuständigkeiten der Europäischen Gerichte gem. Art. 256 AEUV **3** 73 ff.
Zuständigkeitskonflikt **33** 18 ff.
Zustellung
– der Klage **20** 24
– fiktive Inlandzustellung **33** 115 ff.
– technische Kommunikationsmittel **20** 24
Zustellungsbevollmächtigter **19** 11
Zustimmungsgesetz **31** 26 ff., 37, 173
– Überprüfung der Verfassungskonformität **31** 26
Zwangsdestillation **32** 86
Zwangsgeld **5** 47; **6** 52 ff.; **34** 108, 121, 234
– bei Klagen betreffend die Erfüllung von Verpflichtung **13** 37
Zwangsmaßnahmen **34** 138 ff.
– Änderung **30** 35
– erweiterte Kompetenzen **30** 27
– Klagen gegen **34** 153 ff.

– Nachprüfung **30** 20 ff.
– Nachprüfungskompetenz **30** 30 ff.
– Rechtsmittelverfahren **30** 29
– Rechtsschutz **34** 367 ff.
– Reichweite **30** 24 ff.
– Verhängung **30** 35
Zwangsvollstreckung **28** 2
– allgemeine Vollstreckungsvoraussetzungen **29** 2
– Aussetzung **30** 4 ff.
– deutsches Recht **30** 41 ff.
– endgültige Beendigung **30** 8 f.
– Geldzahlung **28** 8
– mitgliedstaatliches Recht **30** 40 ff.
– „Ob" **30** 1 ff.
– Rechtsbehelfe **30** 42 ff.
– Rechtsschutz **30** 41 ff.
– teilweise Aussetzung **30** 7
– unmittelbare Anrufung des zuständigen Vollstreckungsorgans **29** 18
– Verfahren bei Aussetzung **30** 10 ff.
– Verfahrensautonomie der Mitgliedstaaten **29** 2
– „Wie" **30** 1 ff.
Zweigniederlassung **33** 157
Zwischenentscheidungen **24** 4
Zwischenstreit **12** 1, 8
Zwischenurteil **24** 2
Zwischenverfahren **12** 1, 12
– Abgrenzung zur inzidenten Normenkontrolle **12** 4
– Antragsberechtigung **12** 12
– Direktklagen **12** 10
– Entscheidung der Unionsgerichte **12** 21 ff.
– Frist **12** 15
– Fristsetzung **12** 17 f.
– mündliche Verhandlung **12** 19
– Verfahrensbeschleunigung **12** 16
Zwischenverfügung **5** 206 ff.; **17** 156 ff.